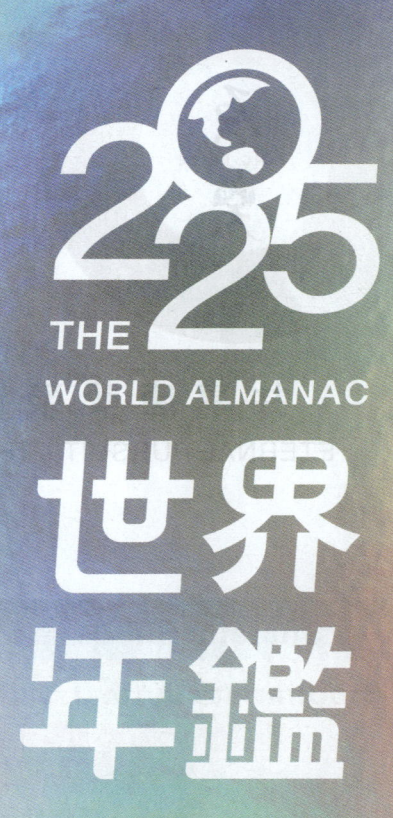

2025
THE
WORLD ALMANAC

世界
年鑑

2024 唐獎榮耀展
TANG PRIZE EXHIBITION

共享唐獎榮耀　展望無限未來
ETERNAL PURSUIT：THE LEGACY OF THE TANG PRIZE

- Sustainable Development　永續發展
- Biopharmaceutical Science　生技醫藥
- Sinology　漢學
- Rule of Law　法治

2024 **11/7** (四)(THU) → 2026 **11/6** (五)(FRI)

國立科學工藝博物館一樓東側廊道（高雄）
National Science & Technology Museum (Kaohsiung)

主辦單位：唐獎教育基金會
Tang Prize Foundation

Website　Facebook

上善若水，永續領航

Green Carbon =
Carbon Storage – Carbon Emission

Anniversary 100
永豐餘

編輯室報告

（一）本年鑑於1990年開始彙編，每年出版，現已邁入第36年，其中2010年至2012年，以網路資料庫形式發行，2013年恢復紙本出版，內容刊登當年度重要議題，年底之前發行。

（二）2025年鑑除彙整過去一年間中華民國與世界各國重大之人與事變遷，臚列國內外各項重要且具參考價值資訊與統計外，並刊載解釋性報導與本社駐海外記者撰寫的專題報導，瞻望未來世局。

（三）本年鑑分為四篇，分門別類，詳盡完整。第一篇為全球重要議題分析及影像2024、十大新聞、大事紀；第二篇為國內部分，涵蓋人文地理、政治、外交、國防、經濟、科技、教育、傳播、藝文、衛生、環保等；第三篇為兩岸關係，介紹兩岸政策及中國大陸現況；第四篇為國際部分，著重政治、經濟、軍事等國際情勢以及全球近200個國家簡介，分別按地區彙整輯入。

（四）專文分析2024年全球大事，包含：超級大選年，牽動地緣政治；中國消費疲弱、房地產探底，青年失業率創新高；俄烏僵局未解，中東戰火升級，西方與非西方陣營衝突加劇；人工智慧應用百家爭鳴，全球第一部AI監管法案誕生。

（五）資料蒐集時間原則上截至當年10月底為止，惟重大事件付梓前仍予輯入，以使年鑑內容具有時效性。

（六）國內外重要事件、人物、機構、統計、調查等資料均予收錄。國內外重要記事則註記發生年月日，人事或組織變遷亦載明時間。部分新聞照片取材自美聯社（Associated Press, AP）。

（七）本年鑑中如僅稱「年」則為曆年，自1月1日起至12月31日止；如稱「年度」則為會計年度，88年以前年度為自上年7月1日起至當年6月30日止，88年7月1日起會計年度改為曆年制，表列89年度為自88年7月1日起至89年12月31日止，以銜接調整新舊會計年度；如稱「學年度」指自當年8月1日起至次年7月31日止。

（八）刊載之統計資料以政府部門發布之正式數據為準；當年數據以上半年或首3季為準，尚缺部分於次一年版補足，或同時刊列前一年統計。

（九）各機關提供統計資料事後會有所修正，所載數字如有與本年鑑所列數據不同者，以當年數字為準；部分統計資料以尾數四捨五入處理。

（十）本年鑑所涉中國大陸統計資料，以其正式公布者為依據。

目錄 Contents

第一篇・重大新聞

第一章　專題報導

川普強勢回歸白宮
美國與全球迎變局 25
　　石秀娟／華府

中國產能過剩倒灌全球
升高貿易緊張 27
　　廖文綺／台北

消費疲弱房地產探底
中國經濟陷泥淖 28
　　張淑伶／台北

哈瑪斯、真主黨、葉門叛軍
以色列三地開戰 30
　　賴素芬／特拉維夫

庫斯克逆襲難扭轉乾坤
烏俄戰爭仍陷僵局 32
　　陳亦偉／台北

法大選左翼逆轉勝
右派新總理考驗重重 34
　　曾婷瑄／巴黎

英國大選變天
保守黨結束14年執政 35
　　陳韻聿／倫敦

歐洲「極右派」崛起
恐衝擊移民與環保政策 37
　　黃雅詩／羅馬

李顯龍交棒黃循財
迎新世代新加坡夢 39
　　吳昇鴻／新加坡

印總理莫迪「慘贏」
第三任期挑戰大 41
　　李晉緯／新德里

日本終結負利率
17年來首升息 43
　　戴雅真／東京

影像2024 45

▲一些被哈瑪斯劫持為人質的以色列人家屬，在美國國務卿布林肯（Antony Blinken）訪問以色列時，於其下榻飯店外抗議。（AP）

第二章　世界之最

全球清廉印象指數　丹麥衛冕第一 57
全球和平惡化　衝突數量創新高 61
全球自由報告　台灣蟬聯亞洲第二 68
生活費最貴城市　香港居冠 74
幸福國家排名　芬蘭七連霸 78
百大價值品牌　蘋果價值首破兆 82
財星500大企業　沃爾瑪穩坐榜首 86
富比世最吸金運動員　C羅第四度奪冠 91
富比世富豪榜　阿爾諾穩登全球首富 94
QS世界大學排名　麻省理工學院13連霸 97
泰晤士世界大學排名
台大172下滑20名 101

第三章　十大新聞

2024年十大新聞
（國內、國際、中國大陸）............ 108
最近五年十大新聞
（國內、國際、中國大陸）............ 110

第四章　大事紀

國內大事紀 120
國際大事紀 140
中國大陸大事紀 160
2024年逝世名人錄－國內 173
2024年逝世名人錄－國外 174

▲2024年9月20日，iPhone16上市首日，印度孟買蘋果專賣店現購買人潮。(AP)

第二篇・國內部分

第一章　人文與地理

台灣簡史 177
台灣地理 181
台灣土地面積與行政區劃 185
台灣重要數據一覽表 185
台灣戶口數與人口密度 186
台灣出生與死亡人口 187
台灣結婚及離婚統計 187
原住民各族簡介 190
原住民族群人口數統計 195
台灣客家族群分布地區 196
博愛特區抗議七年
原轉小教室宣布拔營 196
原住民姓名登記可單列傳統姓名
促進族群融合平等 197
立院三讀
增漢人姓氏也可取得原住民身分規定 197
台南首創平埔族群認同註記 198
王光祿狩獵案無罪確定 199
睽違40年　大陸三鄉復辦聯合運動會 199
臺南400　慶祝活動多元齊發 201
牡丹社事件150週年
屏東舉辦系列紀念活動 204
北港進香　獲列國家重要民俗 204
文資法修法　盼歷史建築受應有保護 205
少子加老化
國發會推估2070年台灣人口剩1497萬 205

第二章　政治與政府

蔡總統新年談話：
這八年世界關鍵字一定有台灣 206
第16任總統副總統
賴清德蕭美琴宣誓就職 208
賴總統就職演說：
打造民主和平繁榮新台灣 209
賴總統國慶演說
喊話中國共同維護全球和平 213
國慶大會　中職啦啦隊活力應援 217
卓榮泰接閣揆　宣示強力打詐 221
韓國瑜江啟臣當選立院正副院長 223
賴總統領軍氣候、防衛、健康委員會 223
國會職權修正案三讀
增訂藐視國會罪 226
113年度中央政府總預算三讀 230
114年度總預算案付委審查 231
三班護病比上路　拚兩年入法 232
軍公教114年加薪3% 232
立院三讀國家機密檔案不再永久保密 233
政府組織概述 234
政府機關首長 236

行政院所屬各部會首長 238
議會首長和議員 241

第三章　選舉與政黨

賴蕭配558萬勝選
破八年政黨輪替魔咒 249
國民黨檢討敗選三因素　藍白合未成功 ... 251
柯文哲：承擔敗選最大責任 252
日專家：台灣大選鼓舞民主陣營 252
國會三黨不過半　藍52席綠51席白8席 ... 254
12區域立委連任失利
北市四議員進國會 254
中選會公告第11屆立委當選人名單 257
六場公職補選
國民黨、無黨籍各拿下三勝 258
議會層級首例　金門議長罷免案流會 258
基隆市長謝國樑罷免案未通過 259
民進黨全代會改選
新賴系拿六席中常委 261
國民黨全代會　聚焦國際化年輕化 262
柯文哲：深耕中南部
民眾黨不會是小藍或小綠 262

▲2024總統大選開票賴蕭配票數領先，聚集在競總外的民進黨支持者情緒高昂。

柯文哲為政治獻金風波致歉
請假暫別黨主席職務 263
柯文哲涉京華城案遭收押
民眾黨集體決策盼挺過風暴 264
選舉補助款買商辦
柯文哲：用我名字買監督力道更大 265
國民黨歷任領導人 266
國民黨歷任中央委員會秘書長 266
民進黨歷任黨主席 267
民進黨歷任中央黨部秘書長 267
主要政黨組織與人事 267
朱立倫訪美
強調透過對話穩定區域安全 268
全國性公投電子連署系統4/10上線 269
黨產會成立後首例
中投欣裕台股權收歸國有 270
不滿黨產會追徵8.6億元
國民黨敗訴確定 271

第四章　外交與僑務

聖克里斯多福總理訪台
賴總統軍禮歡迎 272
賴總統接見捷克訪團　盼共創繁榮 273
卸任總統首訪歐洲
蔡英文為台灣國際地位固樁 274
全球第三個　歐洲議會通過挺台決議 .. 276
美前駐聯大使海利：
超前部署強化台美夥伴關係 276
谷立言就任AIT處長
盼深化台美夥伴關係 278
晉見賴總統
谷立言：美挺台自我防衛能力 278
谷立言首次記者會
三要務助台提升全社會韌性 279
前AIT處長孫曉雅獲頒大綬景星勳章 .. 281
歐盟駐台代表谷力哲就任 281
總統凱達格蘭論壇致詞
中國威權擴張對象不限台灣 281
斯洛伐克前總理：
台灣是經濟韌性模範 283
前日相野田佳彥：
多國重申台海和平成國際共識 283

石破茂率團來訪
與賴總統相談甚歡 284
索巨額金援不成　諾魯突襲式斷交 285
林佳龍任特使　出訪拉美五邦交國 288
COP28友邦接連力挺
籲肯定台灣貢獻 288
賴總統：台瓜兩國齊心協力
沒有克服不了的困難 289
林佳龍投書全球各大媒體
籲聯合國納入台灣 290
聯大總辯論　友邦聲援台灣 290
吐瓦魯總理會賴總統談2758號決議
批聯合國制度偽善 291
太平洋島國論壇
外交部：感謝三友邦紐澳挺台 292
徐佳青：僑務工作「向下扎根」 294
徐佳青：加強全球僑胞連結
打造經濟日不落國 295
僑務委員會議開幕
賴總統：有台灣才有中華民國 295
徐佳青：不與中共玩零和遊戲
台灣走自己的路 296
國人可以免簽證、
落地簽證方式前往之國家或地區 297

第五章　國安與國防

114年國防預算6470億創新高
國防部：強化不對稱戰力 303
美學者：台灣應速增軍費至GDP 5%
嚴肅看生存威脅 303
國軍M41D戰車等千項裝備將汰除
撙節32億經費 304
顧立雄接任國防部長
實質文人領軍里程碑 304
勇鷹高教機邁入量產
國機國造里程碑 306
105公厘輪型戰車具獵殲功能
展現國軍自主研發成果 308
賴總統首度主持將官晉任典禮
重申互不隸屬主權不容侵犯 310
蔡賴聯袂見證雲林艦交船
傳承推進國艦國造 311

慶祝國家海洋日
賴總統高雄主持雲林艦成軍 311
首批高效能艦艇全數交艦
蔡總統：證明台灣自主造艦能量 312
國防部五年兵力整建計畫
秉持創新不對稱 313
軍備局打造T112新式步槍
射擊距離精準度大幅提升 314
中共對台威脅態樣
軍機艦逼近12浬列高強度威脅 314
國防創新小組引進民間成熟技術
強化不對稱戰力 315
拜登17次對台軍售　強化國防嚇阻力 316
拜登簽署5.67億美元對台軍援
學者：強化國軍戰場感知力 321
漢光40號演習
兩階段驗證聯合防衛戰力 321
漢光40號聚焦無劇本演練
本島採實兵不實彈 322
海空精準飛彈射擊操演
驗證聯合作戰能力 325
天馬操演實彈射擊拖式飛彈
新拖式2B儎台及發射器首度參訓 326
中共圍台軍演
國防部：嚴密監控共軍動態 326
中共軍演
美國務院罕見嚴厲回應「嚴重關切」..... 328
2024台北安全對話
聚焦建構嚇阻能力的重要性 329
睽違22年
德國兩艘軍艦穿越台灣海峽 331
多國軍艦通過台海　反對中國改變現狀 ... 331
陸海空軍懲罰法三讀修正
悔過期間不計入役期與年資 332
保障軍人救濟權益
立院三讀軍人權益事件處理法 332
中國男子快艇闖淡水河
海巡署坦承疏失強化防務 333
監院國軍反情報調查報告
中共滲透轉為要求簽署投降宣誓書 334
台商父子當共諜利誘軍人
簽效忠自願書洩漢光演習機密 334
幻象戰機失事　全面停檢後恢復戰訓 335

第六章　經貿與科技

四年國家發展計畫
拚AI產值115年破兆 336
AI拉抬資通訊出貨
112年出口史上第三高 336
113上半年出口2250億美元
同期次高 337
COMPUTEX滿血復活
九大AI科技巨頭齊集台北 337
黃仁勳談AI下一步　Rubin數位人類入列 ... 338
台灣AI硬體實力強　輝達超微來台布局 ... 342
魏哲家接台積電董事長　全面掌舵 343
台積電布局全球　同步擴大台灣投資 344
台積電超車三星
台灣百大企業10年市值勝韓國 348
四月電價調漲
近七成一般住宅電價漲3% 348
AI帶動用電年增2.8%
經濟部盼支持電力建設 349
AI製造用電可觀
曾文生：設廠請到支持電源開發縣市 350
核三廠一號機停機　核電占比降至3% 350
行政院拍板兆元投資國家方案 352
台灣經濟自由度全球第四 352
IMD世界競爭力　台灣全球第八 353
台美貿易倡議第二階段談判落幕 354
林信義APEC邀請訪台
拜登親切回應I will 356

▲2024台北國際電腦展（COMPUTEX）登場，本屆以「AI串聯，共創未來」為主軸，聚焦生成式AI技術。

六月景氣燈號亮紅燈　兩年半首見 356
勞動部公務員疑遭職場霸凌輕生
北分署長謝宜容免職 357
中小企業加薪抵稅優惠延長10年 357
勞雇協商同意得延後強制退休年齡 358
最低工資連九漲　調幅4.08% 359
平均每人國民所得與每人國民生產毛額 ... 361
世界主要國家（地區）
平均每人國內生產毛額 361
國民經濟重要指標 362
主要國家經濟成長率 362
主要國家外匯存底 362
世界主要國家（地區）失業率 363
中華民國勞動力、就業及失業指標 363
外籍勞工在台人數—按國籍分 363
中華民國歷年各種物價指數銜接表 364
中華民國能源供給結構 365
中華民國發購電及售電量 365
中華民國能源消費結構 366
台灣工業區之開發 366
中華民國進出口貿易值 367
農牧戶戶數及人口數 367
台灣科技產業園區發展 368
僑外投資及國內企業對外投資 369

第七章　財政與金融

央行兩波房市管制　史上最重打炒房 371
新青安房貸亂象　每人限貸一次 372
總統澄清無限貸令　關切首購族權益 373
房地合一稅連11紅
上半年實徵293億創同期新高 374
全台56.3萬人囤房　年增3% 374
電價調漲　央行升息半碼打擊通膨 376
央行數位新台幣初步規畫出爐 377
基本生活費擬升至20.9萬
逾200萬戶省稅 377
所得低於62.6萬
單身租屋上班族免稅 379
所得最窮最富差6.12倍　四年最低 379
家庭財富差距擴大至66.9倍 380
全球金融雜誌最富國排名
台灣領先中日韓 381

修正所得稅法　保護扣繳義務人權益 383
穆迪標普維持台灣主權評等 383
政院修娛樂稅法　電影演唱會可停徵 383
接軌國際　跨國企業最低稅率升至15%... 384
繳稅王台積電受惠台版晶片法
營所稅額降至千億以下 386
北市首發社會責任債券　用來蓋捷運 386
台股上半年大漲28%　亞洲之冠 387
台積電衝上千元　市值破26兆 387
ADR勁揚　台積電躋身一兆美元俱樂部... 389
台積電占比逾三成　台股落入窄基指數... 390
鴻海股價衝200元　創16年高點 390
台股崩跌1807點　跌點跌幅創新高 392
台股開戶數創新高　破1300萬人 393
勞動基金賺逾7000億
收益率12.8% 創新高 393
政院拍板　當沖降稅延到116年底 393
台股ETF上半年規模2.45兆創新高 395
債券ETF規模破2.5兆　散戶也青睞 396
金管會開放主動式及多資產ETF 396
央行金融穩定報告　密切關注ETF風險... 397
台中商銀逾10億公款遭挪用
金管會重罰1500萬 397
2024年台股走勢圖 400
2024年匯率走勢圖 400
2024年黃金走勢圖 400
2024年原油走勢圖 401
中央政府歲出總決算—政事別 401
中央政府歲入總決算—來源別 402
台灣近年重要金融指標 403

▲在人工智慧（AI）熱潮推動下，2024年上半年台灣股市大漲28%，漲幅高居亞洲之冠。

第八章　教育與體育

第34屆中研院新科院士28人獲選 406
廖俊智獲選EMBO外籍院士 409
獎勵中生代優秀學者
中研院揭曉首屆中研學者 409
113學年度大學申請、分發錄取率低 410
申請入學意外掛零
成大歷史系分發入學滿招 412
世新中文、真理台文114學年停招 412
四所大專校院退場
近900名學生轉校安置 413
台灣第一人
邱美虹獲IUPAC化學教育終身貢獻獎 414
培養專業新力軍
四大新增學士後護理學系 414
國中小早自習午休禁考試
督導辦法八月上路 416
閩南語認證考試
114年正名「台灣台語」 416
巴黎奧運台灣獲二金五銅　史上次佳 416
奧運羽球男雙「麟洋配」奪金連霸 418
挺過性別爭議　台灣女兒林郁婷摘金 420
郭婞淳連三屆奧運奪牌　台灣第一人 422
奧運最後一役　戴資穎帶傷無緣晉級 422
扛三賽事無緣獎牌
林昀儒喊話「下個四年」 423
謝淑薇生涯九座大滿貫
獨缺奧運獎牌 425
莊智淵告別26年國家隊生涯
六朝元老續為台灣桌球奉獻 426
桌球亞錦賽男團台灣連三屆摘銀 427
巴黎帕運台灣獲三銀二銅
2004年以來最佳成績 427
蕭翔文巴黎帕運跆拳道摘銅
台灣隊首面獎牌 429
威廉波特世界少棒賽
龜山國小再獲亞軍 429
次青少棒世錦賽台灣三連霸
新明國中隊獲冠軍 429
U15世界盃棒球賽　台灣隊連三屆季軍 430
U18亞青棒台灣擊敗日本
睽違17年奪隊史第三冠 430

室外拔河世錦賽
台灣六金二銀一銅史上最佳 430
台北羽球賽林俊易男單摘金
史上純本土第二人 430
李哲輝楊博軒男雙摘金
搭檔國際賽第五冠 431
台北國際射擊大獎賽
台灣隊13金6銀4銅 432
首屆亞青/亞青少射箭錦標賽
台灣獲十金六銀五銅 432
12強棒球賽完封日本
台灣隊奪三大國際賽首座世界冠軍 432
體育部114年成立
籌設會議廣邀巴黎奧運選手 433
周思齊引退大巨蛋連二天四萬人滿場 434

第九章　醫療與健保

癌症新藥百億基金　拚115年達標 435
優化兒童醫療照護第二期
政院砸135億 435
政院拍板六年56億　強化全民心理健康 436
再生醫療法三讀　禁胎兒提供細胞 436
立院主決議　健保平均點值
114年六月底達一點0.95元 437
邱泰源：114、115年不漲健保費 437
口罩令全面解除
醫療老人福利機構鬆綁 439
COVID-19夏季流行
七月上旬達到高峰 439
颱風後類鼻疽大流行
確診80例創新高 440
10大死因　癌症榜首COVID-19第六 441
寶林茶室食物中毒案六死
衛福部認定邦克列酸所致 441
蘇丹紅辣椒粉風波延燒
食安危機衝擊全台 442
慢性病等五類開放線上看病
247萬人受惠 442
掛號費不設上限　醫療機構自行調整 443
國中男生公費接種HPV疫苗
拚114年開打 444
未滿七歲增六次兒童發展篩檢上路 444

預立醫療照護諮商健保給付
末期病患等四大對象適用 444
在宅急症照護　三類感染症患者優先 445
長照機構住民補助調增至12萬
6.8萬人受惠 446
化粧品管理新制
沒登錄不准賣也不能送 446
嬰幼兒食品等三類　加嚴控管重金屬 448
19類癌別適用NGS健保給付
每年兩萬癌患受惠 448
三陰性乳癌新藥納健保　逾400人受惠 ... 449
免費心理諮商　15至45歲都適用 449
健保砸3.5億　推動三高全人照護 450
達文西手術應用廣　擴增46項納健保 450
健保擴大遠距醫療　新增69鄉鎮適用 451
罕病律師陳俊翰遺志
SMA健保取消給付限制 451
全身型膿疱性乾癬生物製劑納健保 452
台灣65歲以上失智盛行率近8%
約35萬人 452
避免污名化　猴痘改名M痘 454
頑固型憂鬱症具遺傳
研究證實一等親罹病風險增九倍 454
腸病毒71型易引起重症
降低高血糖可減少風險 455
調查：逾65歲長者
每六人就有一人憂鬱症 455
WHA落幕
挺台及雙邊會談數皆創疫後新高 456
台灣解除福島五縣食品進口管制 456
傳統豬瘟拔針滿週年
台拚亞洲唯一「豬瘟非疫國」 457
台灣抗羊痘10多年
世界動物衛生組織認非疫國 457
台大北榮揭慢性腎病關鍵兩基因 458
中研院解密大規模細胞死亡之謎
有助癌症治療 458
衛福部數位網路性別暴力調查
近六成民眾曾遭遇 459
台灣醫療機構及執業醫事人員數 460
國人主要死因、死亡人數及死亡率 461
國人主要癌症死亡人數及死亡率 462
台灣法定傳染病病例及患者統計 463

第十章　媒體與文化

世界新聞自由指數　台灣升至27名 464
NCC組織法三讀修正
委員限連任一次並刪除延任規定 464
NCC網路傳播政策白皮書初稿出爐
促網媒成立自律組織 464
配合打詐新法　數發部NCC推新制 465
公視兒少頻道「小公視」開台 468
迪士尼集團旗下頻道撤台
替補頻道NCC附負擔許可 468
三立入股中嘉
NCC開罰中嘉限期出清股權 469
立院成立鏡電視調查小組
國會職權修法後首例 469
3G網路關閉
台灣電信邁入VoLTE時代 471
台灣大超額頻譜改正未完善
NCC累計罰960萬 471
台灣數位信任協會成立
數發部盼建安全環境減少詐騙 471
中央社百年社慶　彰顯媒體永續價值 472
作家小野接任文化部長
提四大施政理念 474
2024台灣文博會移師台南
逾62萬人參觀破紀錄 474
文化奧運台灣館好評如潮
15天湧七萬人 475
富邦美術館開幕
普立茲克建築獎得主在台首作 478
妮妃雅變裝秀奪冠　破亞洲魔咒 478
台片《女兒的女兒》、《鬼才之道》
多倫多影展雙獲獎 479
《臺灣漫遊錄》奪美國家圖書獎
史上首本台灣小說獲殊榮 480
行政院文化獎
傅朝卿阮義忠林亨泰獲殊榮 480
第23屆國家文藝獎 481
第48屆金鼎獎 481
第15屆金漫獎 485
第35屆傳藝金曲獎 485
第35屆流行音樂金曲獎 486
第59屆廣播金鐘獎 487

▲第59屆電視金鐘獎，藝人苗可麗在節目類、戲劇類都獲獎，開心持雙獎座合影。

第59屆電視金鐘獎 489
第61屆金馬獎 490

第十一章　生活與環保

併排臨停等八項交通輕微違規
不開放檢舉 491
立院三讀
道路固定設施妨礙通行最高罰15萬 492
零死亡願景　路權團體發起全台散步節 492
台鐵改制　蔡總統：這段路走了20年 493
阿里山林鐵　睽違15年全線通車 495
台鐵彩繪列車西拉雅號亮相
行駛嘉義屏東區間 495
台鐵常客電子票證回饋
最高優惠等同八折 496
北北桃YouBike違規記點新制
最重停權兩年 496
基隆石垣海運航線　最快114年中開航 498
遊覽車114年6月起
須裝設駕駛識別功能 498
酒駕處分變嚴
吊照兩次重考照須強制酒癮治療 498
30多年未調整
入境免稅額調高到3.5萬 499
赴100國可享免簽入境
台灣護照排名全球第69位 499

全球百大機場評比
桃機第66進步16名 500
美雜誌票選
台灣再獲亞洲最佳休閒旅遊目的地 500
租屋電費新制
房東違規超收最重罰50萬元 500
租金補貼延長至115年
114年起申請戶數增為75萬戶 502
資訊透明化
內政部公布全台租屋市場行情 502
國際碳交易首發8.8萬噸
金控最大買家 505
碳交所引進自然碳權
首批藍綠碳專案上架 506
證交所拚永續
成全球首家碳中和交易所 506
碳費一般費率300元
AB優惠費率50、100元 506
國內碳權六專案上架
最低每噸2500元 507
整合淨零轉型　綠色戰略辦公室揭牌 510
首批國有地種碳匯　森崴能源華寶得標 510
培養員工成減碳尖兵
金控導入內部碳定價機制 511
內政部推綠建築標章
逾1.3萬公私有建物取得認證 511
淨零減碳趨勢推升
上半年綠電交易10.4億度年增41% 511
環境部強化四大產業沼氣發電
年供四萬家戶使用 512
飲料店禁一次用塑膠杯　全台上路 512
中華民國國民出國目的地人數統計 514
空氣品質指標 515
家庭主要設備普及率與自有住宅概況 518
台灣河川污染現況 519
台灣自然保護區域 520

第十二章　司法與人權

死刑釋憲案　部分合憲但限縮適用範圍 521
國會職權修法釋憲案
多數條文違憲立即失效 522
刑法修正案三讀　虐童刑責加重 524

兒少條例修正三讀
付費觀看最重關七年 525
家庭暴力防治法修正三讀
完整被害人權益保障 526
道路交通安全基本法三讀
洗刷行人地獄目標零死亡 527
公然侮辱罪是否侵害言論自由
憲法法庭：合憲但限縮範圍 528
侵害言論自由　侮辱職務罪違憲失效 529
消防員身高設限違憲
最高行政法院改判提告女勝訴 530
卓榮泰主持首場中央廉政會議
宣示貪瀆零容忍 531
京華城容積率暴增引爭議
柯文哲遭羈押禁見 535
鄭文燦涉華亞科土地開發貪污
桃檢起訴求重刑12年 537
竹北天坑案
新竹縣長楊文科涉貪遭起訴 538
高虹安詐領助理費案
一審判七年四月 539
三寶放貸案二審加重判
何壽川：上訴捍衛清白 540
辜仲諒涉掏空中信及利益輸送朱國榮
無罪確定 541
陳水扁涉洗錢案獲判免訴
高院撤銷發回更審 542
受刑人爭取在監投票勝訴
桃選會上訴 543

生前贈與擬制為遺產規定
憲法法庭宣判部分違憲 543
促轉雙法三讀修正通過
國家機密檔案不再永久保密 544
新住民基本法三讀　擴大新住民定義 545
首次519白色恐怖記憶日
陳建仁盼轉型正義持續 546
人權館不義遺址標示揭牌
讓白色恐怖歷史不被遺忘 548

第十三章　災難與事故

花蓮7.2強震　釀18死災損逾29億 549
凱米颱風　10死2失蹤904傷 550
竹市集合式住宅晴空匯火警
兩消防員殉職 551
山陀兒颱風襲台　4死1失蹤719傷 552
海龍風電降壓站二氧化碳外洩
2死15傷 553
虎尾飼料廠吊車墜落　3死1重傷 554
高雄湖內鋁工廠氣爆　2死6傷 554
高雄遊覽車自撞涵洞　1死15傷 554
新自強號撞土石流　脫軌釀9傷 554
屏東安泰醫院火災釀9死 555
台灣近年災害性地震 556
台灣規模六以上地震 556
台灣歷年有感地震次數 557
台灣天然災害損失 557
道路交通事故─肇事件數、肇事原因 558

▲颱風山陀兒10月3日中午登陸高雄，帶來狂風驟雨，市區路口號誌桿慘遭強風吹倒在地。

第三篇・兩岸關係

第一章　兩岸政策

▲台灣公民陣線等團體2024年2月27日抗議中國海警登檢台灣觀光船。

總統：中華人民共和國75歲
不可能是中華民國祖國 561
總統國慶演說：
中華人民共和國無權代表台灣 562
賴總統：
對等尊嚴下台灣願與中國交流合作 563
登時代雜誌封面
賴總統：兩岸互不隸屬是事實 563
賴總統：與民主夥伴共同撐起保護傘 564
黃埔建軍百年
賴總統：不接受首戰即終戰 565
賴總統引中俄領土爭議駁收台主張 566
823砲戰週年
賴總統：保護台澎金馬捍衛中華民國 566
紀念六四
賴總統：民主自由才能保護人民 566
BBC專訪
蔡總統：台海仍可能維持和平 567
卓榮泰：兩岸善意門已開 569
邱垂正出任陸委會主委 569
中國未開放團客來台
觀光署停招赴陸旅遊團 570
中共對台工作會議
強調反台獨與戰略主動 573

中國懲治台獨規範　最重可判死刑 575
中國裁定台灣聚碳酸酯存在傾銷 576
中國對台取消ECFA部分關稅減讓 577
共軍時隔44年發射洲際飛彈
總統府譴責 577
中國稱遭國軍駭客攻擊
國安單位：做賊喊抓賊 578

第二章　兩岸事務

吳豐山任海基會董事長 580
海基會推動台商交流互補互利 580
陸委會捐助海基會增七千多萬惹議 581
海基會第12屆董監事名單 582
中國取消34項台灣農產品免關稅 583
中國學位生來台納入健保 584
北京馬習二會　馬英九談九二共識 584
金門快艇案　兩岸協商達成共識 586
金門釣客遭中國滯留近五個月後返家 588
澎湖漁船遭中國扣留　繳完罰款獲釋 588
楊智淵被中共控分裂國家判刑九年 590
巴黎長榮桂冠酒店拒掛五星旗引爭議 590
台灣藝人在中國被迫表態
賴總統盼國人諒解 591
兩岸貿易依存度降　創10年新低 592
兩岸函件往返及來去電話量 593
台灣對中國大陸及香港貿易 594
海基會協處台商經貿糾紛案件處理統計 .. 595
大陸地區人民進入台灣地區（各類交流）
人數統計表 596
台灣核准對中國大陸投資金額 596
兩岸交流統計 598

第三章　中國大陸地區現況

中國大陸地區政經概況 600
中共軍費七兆三千多億元　成長7.2% 602
2024中國經濟成長目標5%左右 603
中國面臨通貨緊縮壓力
經濟前景難樂觀 605

中國房地產爛尾遍地
官方救房市難救信心 608
中國青年失業率連創新高 610
鼎泰豐華北14家門市吹熄燈號 611
三中全會：賦予中國城市自主權
取消住房限購 611
中國取消兩會總理記者會
逾30年傳統中斷 612
中國保守國家秘密法上路
緊縮國安尺度 613
中美逐步恢復軍事交流　穩中有憂 614

美眾院通過制裁中共暴政法案 615
美對中國電動車加稅至100% 615
日本男童深圳遇刺亡　中國：個案 617
北京中軸線列入世界文化遺產 619
香港政經概況 620
澳門政經概況 622
香港基本法23條立法通過 623
美歐譴責香港泛民初選案裁決 625
香港立場新聞前總編輯被判刑21個月 626
岑浩輝當選澳門特首 627
廣東珠海汽車衝撞案35死43傷 628

第四篇・國際部分

第一章　國際焦點

全球首部AI監管法
歐盟上路 631
　　田習如／布魯塞爾

歐盟農民怒上街頭
農業政策改革受阻 633
　　曹宇帆／台北

孟加拉學潮反公職配額
暴力鎮壓釀逾千死 634
　　王嘉語／台北

俄朝結軍事同盟
北韓軍援俄烏戰場 636
　　廖禹揚／首爾

印尼總統大選
普拉伯沃爭議中勝出 638
　　李宗憲／雅加達

2024年各國總統、總理異動 640

南韓增招醫學生政策
掀起醫師罷工浪潮 642
　　廖禹揚／首爾

香港通過基本法23條
英美嚴厲譴責 643
　　張謙／香港

從對峙到衝撞
中菲南海衝突加劇 645
　　林行健／馬尼拉

泰國歷史性修法
通過同婚合法化 647
　　呂欣憓／曼谷

蒲亭無懸念連任
將執政至2030年 648
　　李佩珊／台北

金磚國家添成員
挑戰西方秩序 650
　　黃自強／吉隆坡

巴黎奧運華麗落幕
駁斥質疑寫歷史新頁 652
　　曾婷瑄／巴黎

輝達寫歷史
競爭者難望其項背 656
　　廖漢原／紐約

▲巴黎奧運開幕式首創在塞納河上舉行，各國代表團以遊河方式登場。（AP）

日本再提戰略互惠
對中關係挑戰大 657
　　楊明珠／東京

北約公開譴責中國
深化與印太合作 659
　　鍾佑貞／華府

拉美顧經濟
平衡與中關係 661
　　唐雅陵／聖保羅

出口導向如雙面刃
德國經濟雄風不再 662
　　林尚縈／柏林

現代鴉片戰爭
美國藥物成癮大流行 664
　　張欣瑜／舊金山

吹響國際反避稅號角
全球最低稅負制上路 666
　　陳亦偉／台北

越南政壇動盪
一年多三國家主席下台 667
　　陳家倫／河內

第二章　世界各國簡介

亞洲

中華民國 670
中華人民共和國 672
阿富汗伊斯蘭共和國 673
亞美尼亞共和國 674
亞塞拜然共和國 675
巴林王國 676
孟加拉人民共和國 677
不丹王國 678
汶萊 679
緬甸聯邦共和國 680
柬埔寨王國 681
喬治亞 682
香港特別行政區 683
印度共和國 685
印度尼西亞共和國 686
伊朗伊斯蘭共和國 687
伊拉克共和國 689
以色列 690
日本 691
約旦哈什米王國 693
哈薩克共和國 694
大韓民國（南韓） 696
朝鮮民主主義人民共和國（北韓） 697
科威特 698
吉爾吉斯共和國 700
寮人民民主共和國 701
黎巴嫩共和國 702
澳門特別行政區 703
馬來西亞 704
馬爾地夫共和國 705
蒙古國 706
尼泊爾聯邦民主共和國 707
阿曼王國 709
巴基斯坦伊斯蘭共和國 710
巴勒斯坦國 711
菲律賓共和國 712
卡達 714
沙烏地阿拉伯王國 715
新加坡共和國 716
斯里蘭卡民主社會主義共和國 717
敘利亞阿拉伯共和國 718
塔吉克共和國 719
泰王國 720
東帝汶民主共和國 722
土耳其共和國 723

土庫曼 724
阿拉伯聯合大公國 725
烏茲別克共和國 726
越南社會主義共和國 727
葉門共和國 728

大洋洲

澳大利亞聯邦 730
斐濟共和國 732
吉里巴斯共和國 733
馬紹爾群島共和國 734
密克羅尼西亞聯邦 736
諾魯共和國 737
紐西蘭 738
帛琉共和國 740
巴布亞紐幾內亞獨立國 741
薩摩亞獨立國 743
索羅門群島 744
東加王國 745
吐瓦魯 746
萬那杜共和國 748

歐洲

阿爾巴尼亞共和國 749
安道爾侯國 750
奧地利共和國 751
白俄羅斯共和國 752
比利時王國 753
波士尼亞與赫塞哥維納 754
保加利亞共和國 755
克羅埃西亞共和國 756
賽普勒斯共和國 757
捷克共和國 759
丹麥王國 760
愛沙尼亞共和國 762
芬蘭共和國 763
法蘭西共和國 764
德意志聯邦共和國 766
希臘共和國 768
教廷 769
匈牙利 771
冰島共和國 772
愛爾蘭共和國 773

義大利共和國 774
科索沃共和國 776
拉脫維亞共和國 777
列支敦斯登侯國 778
立陶宛共和國 779
盧森堡大公國 780
馬爾他共和國 782
摩爾多瓦共和國 783
摩納哥侯國 784
蒙特內哥羅 784
荷蘭王國 786
北馬其頓共和國 787
挪威王國 789
波蘭共和國 791
葡萄牙共和國 792
羅馬尼亞 793
俄羅斯聯邦 795
聖馬利諾共和國 797
塞爾維亞 798
斯洛伐克共和國 800
斯洛維尼亞共和國 801
西班牙王國 802
瑞典王國 804
瑞士聯邦 805
烏克蘭 806
大不列顛與北愛爾蘭聯合王國（英國）... 807

美洲

安地卡及巴布達 812
阿根廷共和國 813
巴哈馬 814
巴貝多 815
貝里斯 816
玻利維亞共和國 817
巴西聯邦共和國 818
加拿大 820
智利共和國 821
哥倫比亞共和國 822
哥斯大黎加共和國 823
古巴共和國 825
多米尼克 826
多明尼加共和國 827
厄瓜多共和國 828

▲阿根廷在美洲盃足球賽以1比0擊敗哥倫比亞衛冕成功，收下隊史第16座冠軍。（AP）

薩爾瓦多共和國	829
格瑞那達	831
瓜地馬拉共和國	832
蓋亞那合作共和國	833
海地共和國	834
宏都拉斯共和國	836
牙買加	837
墨西哥合眾國	838
尼加拉瓜共和國	839
巴拿馬共和國	841
巴拉圭共和國	842
秘魯共和國	844
聖克里斯多福及尼維斯	845
聖露西亞	847
聖文森及格瑞那丁	848
蘇利南共和國	849
千里達及托巴哥共和國	850
美利堅合眾國	851
烏拉圭共和國	856
委內瑞拉波利瓦共和國	857

非洲

阿爾及利亞人民民主共和國	859
安哥拉共和國	860
貝南共和國	861
波札那共和國	862
布吉納法索	863
蒲隆地共和國	865
喀麥隆共和國	866
維德角共和國	867
中非共和國	868
查德共和國	869
葛摩聯邦	871
剛果民主共和國	872
剛果共和國	874
象牙海岸共和國	875
吉布地共和國	876
埃及阿拉伯共和國	877
赤道幾內亞共和國	878
厄利垂亞	879
史瓦帝尼王國	880
衣索比亞聯邦民主共和國	882
加彭共和國	883
甘比亞共和國	884
迦納共和國	885
幾內亞共和國	886
幾內亞比索共和國	887
肯亞共和國	888
賴索托王國	890
賴比瑞亞共和國	891
利比亞	892
馬達加斯加共和國	894
馬拉威共和國	895
馬利共和國	896

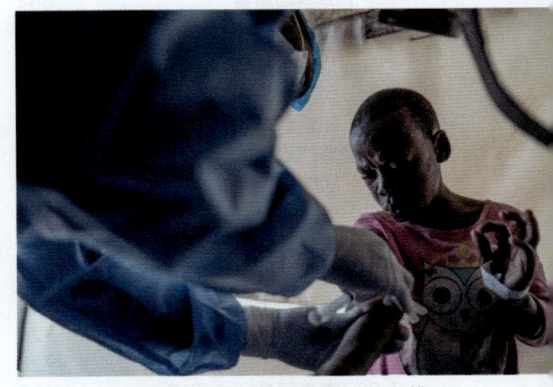

▲醫療人員為剛果民主共和國一名M痘患者施行照護。（AP）

茅利塔尼亞伊斯蘭共和國 898
模里西斯共和國 899
摩洛哥王國 900
莫三比克共和國 901
納米比亞共和國 902
尼日共和國 903
奈及利亞聯邦共和國 904
盧安達共和國 905
聖多美普林西比民主共和國 906
塞內加爾共和國 908
塞席爾共和國 909
獅子山共和國 910
索馬利亞聯邦共和國 911
南非共和國 913
南蘇丹共和國 914
蘇丹共和國 915
坦尚尼亞聯合共和國 917
多哥共和國 918
突尼西亞共和國 919
烏干達共和國 920
尚比亞共和國 921
辛巴威共和國 922

第三章　國際組織

聯合國 924
一、聯合國主要機構 924
　（一）大會 924
　（二）安全理事會 925
　（三）經濟與社會理事會 925
　（四）秘書處 926
　（五）國際法院 926
　（六）託管理事會 926
二、聯合國專門機構 927
　（一）國際貨幣基金 927
　（二）世界銀行 927
　（三）聯合國糧食暨農業組織 927
　（四）國際農業發展基金 927
　（五）國際勞工組織 928
　（六）國際海事組織 928
　（七）世界衛生組織 928
　（八）聯合國教科文組織 929
　（九）聯合國兒童基金會 929
　（十）國際民航組織 929
　（十一）聯合國政府間氣候變遷
　　　　　問題小組 930
三、聯合國相關機構 930
　（一）國際原子能總署 930
　（二）世界貿易組織 930
　（三）國際刑事法院 931
　（四）國際移民組織 931
其他國際組織 931
〔軍事篇〕 931
　（一）北大西洋公約組織 931
　（二）美日安保條約 932
〔政治篇〕 932
　（一）歐洲聯盟 932
　（二）大英國協 933
　（三）美洲國家組織 933
　（四）非洲聯盟 933
　（五）阿拉伯聯盟 934
　（六）南美洲進步論壇 934
〔經濟篇〕 934
　（一）亞洲基礎設施投資銀行
　　　　（亞投行） 934
　（二）20國集團 935
　（三）東南亞國家協會 935
　（四）跨太平洋夥伴全面進步協定 ... 935
　（五）區域全面經濟夥伴協定 936
　（六）經濟合作暨發展組織 936
　（七）石油輸出國組織 937
　（八）亞太經濟合作會議 937
　（九）金磚國家 937
　（十）美國-墨西哥-加拿大協定
　　　　（美墨加協定） 938
　（十一）南方共同市場 938
　（十二）美洲開發銀行 939
　（十三）亞洲開發銀行 939
　（十四）中美洲銀行 939
　（十五）南太平洋區域漁業管理組織 ... 940
　（十六）北太平洋漁業委員會 940
〔媒體篇〕 940
　無國界記者組織 940
〔其他篇〕 940
　（一）國際刑警組織 940
　（二）國際奧林匹克委員會 941

（三）國際紅十字會 941
（四）國際特赦組織 942
（五）世界動物衛生組織 942
（六）國際捕鯨委員會 942
（七）瀕臨絕種野生動植物國際
　　　貿易公約（華盛頓公約）...... 943
（八）國際綠色和平組織 943
（九）生物多樣性公約 943
（十）無國界醫生組織 943
（十一）國際扶輪社 943
（十二）艾格蒙聯盟洗錢防制組織... 944
（十三）國際透明組織 944

第四章　獎賞與紀錄

第96屆奧斯卡金像獎 945
第77屆英國電影金像獎 946
第81屆金球獎 946
第74屆柏林影展 947
第81屆威尼斯影展 948
第77屆坎城影展 949
第75屆艾美獎 949
第76屆艾美獎 950
第66屆葛萊美獎 951
第108屆普立茲獎 951
第67屆世界新聞攝影獎 952
2023《時代》雜誌風雲人物：
泰勒絲單獨獲選　演藝圈第一人 953
《時代》雜誌2024百大人物 953
第六屆唐獎 958
2024年諾貝爾獎 959
第33屆夏季奧運
達到歷史性的性別平等 962
第17屆夏季帕運 963
歐洲足球錦標賽
西班牙踢倒英格蘭四度封王 964
美洲盃足球賽　阿根廷奪冕冠軍 965
澳網　辛納奪冠　10年來三巨頭外第一人
謝淑薇包辦混雙、女雙雙冠寫紀錄 ... 965
法網　艾卡拉茲奪三種場地大滿貫金盃
斯威雅蒂封后　完成三連霸 967
溫網　艾卡拉茲男單二連霸
卡雷茨科娃生涯首度封后 967

美網　辛納歷經禁藥爭議後奪冠
莎芭蓮卡擊敗地主好手封后 968

第五章　災難與事故

2023年11月～2024年10月
全球極端天候與重大天災 969
極端高溫下朝覲　麥加朝聖死亡破千 ... 975
格陵蘭冰川融速20年來加快五倍 976
科學家憂亞馬遜森林歷史性乾旱 976
甲烷排放創新高　全球抗暖不容忽視 ... 977
暖化使珊瑚礁出現第四次大規模白化 ... 978
40年來1.35億人早死應與空污有關 ... 978
全球20大首都變熱
35度以上天數增52% 979
南極洲罕見冬季熱浪　具高風險 979
2023年野火創新高
加拿大成第四大碳排國 979
2023年11月～2024年10月　全球強震 ... 980
日本石川強震281死　宮崎地震14人傷 ... 980
2023年11月～2024年10月
全球重大空難 981
日航降落意外379人全員脫困
獲卓越飛安管理獎 983
2023年11月～2024年10月
全球重大恐怖暴力攻擊 984

▲2024年9月29日，尼泊爾因暴雨引發土石流，首都加德滿都救援人員運送1名因土石流而受害民眾的遺體。（AP）

美國職業美足封王遊行槍擊事件不斷 987	2023年11月～2024年10月 全球火車重大意外事故 989
近25年美重大校園槍案 可倫拜高中最致命 988	2023年11月～2024年10月 全球重大船難 990
黎巴嫩真主黨遭呼叫器爆炸攻擊 989	

廣告索引

唐獎教育基金會 2	中國信託商業銀行 394
永豐餘投資控股股份有限公司 3	凱基金融控股股份有限公司 .... 398、399
新北大眾捷運公司 .... 66、67	財團法人中小企業信用保證基金 ... 404、405
中國輸出入銀行 .... 77、87	台灣管理學會 415
林業及自然保育署 .... 80、81	台灣行銷研究學會 424
北投麗禧溫泉酒店 .... 106、107	資訊工業策進會 428
南投縣政府 182	臺南市政府 438
台灣高鐵 188	日藥本舖股份有限公司 447
福容大飯店 189	合作金庫人壽保險股份有限公司 453
客家委員會 200	桃園市政府新聞處 .... 466、467
臺南市政府文化局 .... 202、203	中央社訊息服務 470
高雄市政府新聞局 .... 218、219	華南銀行 473
國軍退除役官兵輔導委員會 309	文化部文化資產局 .... 476、477
新北市政府消防局 .... 318、319	聚場文化有限公司 484
台灣中油股份有限公司 .... 340、341	安永心食館 494
新竹市環境保護局 .... 346、347	漢來大飯店 497
台灣電力公司 351	臺南市政府 501
臺中市政府秘書處 355	法務部 504
和泰集團 360	環境部氣候變遷署 .... 508、509
遠東商業銀行 375	漢來美食 513
全國農業金庫 378	新北市政府環境保護局 .... 516、517
臺灣期貨交易所 382	大陸委員會 572
臺灣集中保管結算所 385	阿里山林業鐵路及文化資產管理處 ... 654、655
中央社影像空間 385	國立故宮博物院 669
農業部資源永續司 388	長榮集團 .... 封底
第一商業銀行 391	慶祝中央社100週年 .... 書籤

Chapter 1
重大新聞

§ 第一章　專題報導

川普強勢回歸白宮
美國與全球迎變局

海外特派直擊

石秀娟／華府

　　美國2024年11月5日舉行大選，4年前連任失利的共和黨籍前總統川普擊敗副總統賀錦麗，強勢重返白宮。「川普2.0」帶著執政經驗、強烈怨恨、極端主張，也拿到更穩的政治基礎與豁免權，將引領美國和全球進入不確定的時代。

　　78歲的川普（Donald Trump）將是美國就職年齡最高的總統、132年來首位連任敗北後隔屆成功捲土重來的總統，以及首位被刑事定罪的總統。

　　川普在進入政界前是房地產大亨和實境秀明星，2016年當選總統出人意料。他的自傳《交易的藝術》（Trump: The Art of the Deal）風靡一時。

　　美國總統拜登（Joe Biden）2024年7月因年歲被迫退選，民主黨提名賀錦麗（Kamala Harris）。川普對決賀錦麗僅100多天，期間他的言辭充斥怨恨、歧視與極端主張，最後關頭民主黨以「法西斯」、「希特勒」形容川普，拜登也出現以「垃圾」作為形容詞的爭議發言，本次大選被美國媒體形容為史上最「暗黑」的選戰。

　　川普在選戰期間，一再以對抗、煽動性的論調，激起支持者的不安全感。例如，他多次稱賀錦麗為「激進左派瘋子」。對於挺賀錦麗的共和黨籍前聯邦眾議員麗茲・錢尼（Liz Cheney），川普甚至威脅要把「槍口對向她」。

　　川普最終拿下312張選舉人票，超過270張的當選門檻，賀錦麗有226張。普選票方面，截至台灣時間2024年11月19日，川普拿到約7,650萬張（約占50%），賀錦麗約7,386萬張（約占48.1%）。相差約200多萬票，郵寄選票統計可能會縮小差距。

　　這是川普3次參選以來，首度拿下

▲2024年11月6日，美國共和黨總統候選人前總統川普（左）與他的副手范斯（JD Vance）（右）在佛羅里達州的棕櫚灘郡會展中心慶祝勝選。（AP）

全數7個關鍵搖擺州，也是他首次在普選票贏過民主黨的對手。共和黨籍總統候選人上一次在普選票勝出，要追溯到前總統小布希（George W. Bush）在2004年競選連任時。

國會方面，在參議院改選的34席中，共和黨攻下關鍵州，重掌參議院；眾議院2024年全數改選，共和黨維持多數。川普當選後，稱選民給他「前所未有」、「強大」的授權，他將領導美國的「黃金年代」。

川普集爭議於一身，他因偽造商業紀錄以掩蓋女星封口費，被控34項罪名，2024年5月遭判刑。他另因涉入干預2020年大選認證的國會山莊暴動案、推翻喬治亞州2020選舉結果案及不當處理機密文件案遭起訴，此4大案共面臨91項罪名。

川普上任後，這4大案未來4年內應不會再審。官司有望解套之外，川普第1任內任命3名保守派大法官，促成最高法院2024年7月賦予總統執行公務行為的刑事豁免權，讓他可規避潛在的法律風險，未來執政更能放手一搏。

相對於川普，賀錦麗為檢察官出身，公共服務生涯創下多個「第一位女性」的紀錄，是移民家庭追求美國夢的成功故事，選戰主打捍衛民主、讓每個人都有機會追求更好生活的美國核心價值，但政策說明力欠佳，能力與選戰策略在選後飽受檢討。

分析選民的投票動向，川普稱獲得選民「前所未有」、「強大」的授權，其實有點誇大其詞，美國仍有將近半數的選民不支持川普。而共和黨能贏得參議院多數，主要也是因為改選的選區對共和黨有利。

儘管如此，川普獲得選民支持的政治基礎的確更穩固。以地域論，傳統共和黨的紅州變得更紅、搖擺州轉紅，而傳統藍州對民主黨的支持度則轉弱。

根據研究，川普的死忠支持者多數是白人、年紀偏大的男性、立場高度保守、支持宗教與愛國等價值、較少有大學學歷、住鄉村或小城鎮、收入偏低。

他們多數關注擁槍權、反墮胎（信仰生命起源於胚胎）、力挺加強警察執法、保護白人和基督教、阻止非法移民，以及採取保護美國產業的貿易保護主義等。

川普以「美國優先」（America First）、「讓美國再度偉大」（Make America Great Again，MAGA）、「拿回我們的國家」（Take our Country Back）等口號向這群因經濟結構與社會變遷而被忽視、不安，質疑政府失能的選民訴求。

川普有超過8成的支持者是白人，至於新增的支持群，根據出口民調分析，主要來自拉丁裔男性、年輕及沒有大學學歷的選民，也有少數非裔選民。

川普當選反映過半選民關注經濟、移民、對政府體制與政治菁英的不滿，以及文化價值觀的分歧。他們擔憂，在經濟、人口結構、價值觀方面，美國沒有走在正確的道路上，而川普可以帶來必要的改變，他個人的爭議已是次要。

川普曾提出多項極端主張，包括遣返無證移民、終止出生公民權、動用軍隊處理無證移民及他所謂的「內部敵人」、推翻應對氣候變遷的規範、結束對同志社群的法律保護，及停止聯邦政府推動的多元、公平、包容計畫等。

在對外關係方面，川普曾說，將對中國商品課徵至少60%的關稅，其他國家則是10%至20%；重新評估美國在北大西洋公約組織（NATO）的角色；對穆斯林國家重啟旅行禁令；在美國建造飛彈防禦系統等，以符合「美國優先」的原則。

川普表示，要盡速結束俄烏戰爭，但拒絕表態支持烏克蘭，引起烏克蘭與歐洲的憂慮。他較拜登更挺以色列的立場，也讓加薩走廊巴勒斯坦的民眾感到恐慌。

對於台灣議題，川普多次提及，台灣應付給美國防衛費用，也曾說，台灣的國防預算應占台灣國內生產毛額（GDP）的10%。他也質疑拜登政府吸引半導體產業到美國投資的補貼政策，引起他上任後是否修改相關政策的討論。

川普強勢回歸，排除黨內反對派，建立忠誠的MAGA團隊，將大幅改變美國的內政、外交格局，並牽動全球的政治經濟，影響勢將超越他的第1任期。

中國產能過剩倒灌全球
升高貿易緊張

廖文綺／台北

「中國產能過剩」的爭議在2024年又重新進入大眾視野，尤其在2024年4月美國財政部長葉倫（Janet Yellen）訪中時，中美雙方針對「中國有無產能過剩」的話題多次交鋒，使這一議題熱度達到高峰，並一路延燒，多國接連對中國產品加徵關稅。

世界各國對中國「產能過剩」的指控早已不是第一次。10年前，美國鋼鐵業因中國傾銷遭到重挫；歐盟許多太陽能板製造商也因中國傾銷而倒閉。而近年中國產能過剩再度掀起討論的主要產品，是電動車、鋰電池、太陽能板等「新三樣」。

中國之所以不斷出現產能過剩問題，與其舉國體制有關。當中國政府著重發展某個產業時，政策會往該產業傾斜。而地方政府也會配合中央，對重點發展的產業提供土地優惠、稅費減免、財政獎勵補貼等激勵措施。在雙重補貼政策之下，企業一窩蜂湧入特定產業投資，最終導致生產過剩。

以2024年討論中國生產過剩時最常被提到的電動車為例，歐洲聯盟執行委員會（European Commission）6月發布的中國電動車初步調查結果就指出，中國對電動車產業的補貼從中央到地方，涵蓋「整條供應鏈」，從鋰電池礦區的原料端到電動車製造，乃至運輸至歐盟港口，所有過程都受到補貼。此外，在消費端也減免購置稅，促進企業投入電動車發展。

《華爾街日報》引述研究公司清科（Zero2IPO）的數據指出，2009至2017年，中國向電動汽車製造商提供了約580億美元（約新台幣1.8兆元）的大額補貼。德國智庫「基爾世界經濟研究所」（Kiel Institute for the World Economy）的報告指出，光是中國電動車龍頭比亞迪2020年獲得政府直接補貼就達約2.2億歐元，2022年更增至21億歐元，總計至少獲得高達34億歐元的補貼。

中國傾「舉國體制」推動電動車發展之下，不只是傳統車企投入發展電動車，也催生許多造車新勢力，如「蔚小理」（蔚來汽車、小鵬汽車、理想汽車），還有許多產業跨界投入造車，如百度、小米等科技公司以及房地產企業恆大。激烈競爭之下，

▲中國傾「舉國體制」推動電動車發展。圖為在北京車展上展出的比亞迪「海鷗」車款。（AP）

中國車企形成「內捲」（內部高度競爭），而內捲的結果就是價格戰。

從2023年開始，中國電動車企紛紛壓低價格，如比亞迪的「海鷗」車款售價最便宜只要人民幣7.38萬。在價格戰之下，常常是賣一台虧一台，如2024年才推出電動車的小米，賣一台車大約就虧人民幣6萬，真正能獲益的電動車企業少之又少，根據2023年財報，能實現盈利的中國新能源車企只有比亞迪和理想汽車。

中國官方報告指出，2023年中國乘用車產能利用率為47.5%，當產能利用率低於60%時，就意味著「嚴重的產能過剩」。根據車商和地方政府的規劃，預計中國新能源車產能將在2025年超過3,600萬輛，預估全年銷量約1,700萬輛，因此會有近2,000萬輛的過剩產能，遠超國內需求。

從出口數據來看，中國新能源汽車2023年出口120.3萬輛，大增78%，中國純電動車在全球市占率達62%，引起各國警惕，若繼續放任其低價傾銷到海外，將威脅各國自家電動車的發展。

在葉倫2024年訪中之旅結束後的5月，美國宣布對中國輸美電動車及電池、電腦晶片和醫療產品等一系列產品大幅加徵關稅，其中電動車稅率從25%升至100%。8月，加拿大政府也跟進美國，對中國電動車課徵100%關稅。

歐盟執委會從2023年10月就開始調查中國進口電動車是否接受政府過度補貼，2024年7月開始對中國電動車加徵最高為37.6%的暫時性反補貼關稅。其他國家如土耳其也對中國汽車徵收40%的額外關稅；巴西也從2024年起逐步提高中國新能源車的關稅。

中國政府對歐美加徵關稅表達強烈抗議，指他們是典型的「保護主義」，背後目的在打壓中國經貿科技發展。中國也對歐美輸中產品祭出反制措施，如推進對歐盟乳製品和白蘭地的反補貼調查，並討論提高歐美進口的大排氣量汽車臨時關稅，掀起各國對新一輪貿易戰的擔憂。

歐盟執委會主席范德賴恩（Ursula von der Leyen）早在2023年3月率先提出對中國「去風險化」（de-risking）的概念，強調在不與中國脫鉤的情況下，加強歐盟政治及經濟安全，減少對中依賴。該策略也獲得七大工業國集團（G7）的共識，同意將供應鏈多元化，避免過度仰賴單一國家。在此趨勢之下，各國與中國的貿易摩擦恐還將持續一段時間。 E

消費疲弱房地產探底
中國經濟陷泥淖

張淑伶／台北

中國經濟2024年目標是GDP成長率達到5%，就算能達成目標，但數字背後呈現出的消費疲弱、通貨緊縮危機、投資信心不足等問題依舊，房地產開發及銷售更是持續探底，經濟陷入泥淖。在COVID-19疫情封控結束後，中國經濟復甦如曇花一現，過去累積的問題暴露，泡沫一一破裂。

首先是股市。上海證券交易所綜合股價指數已多年在3,000點徘徊，儘管2023年官方先後發布多項提振股市政策，卻不改頹勢，2024年2月初更跌破2,700點，大批憤怒的民眾湧入美國駐中國大使館微博留言宣洩不滿。2月7日，中國證監會黨委書記及證監會主席換人，由吳清接替已在位5年的易會滿。

吳清上任後嚴懲上市公司財務造假等違規行為，並力促有條件的上市公司主動分

▲龐大難解的「爛尾樓」問題是民眾對房市缺乏信心的原因之一。（AP）

紅，希望改善上市公司把股市當「提款機」，但盈利能力弱、股民賺不到錢的情況。4月時，國務院時隔10年再次提出資本市場指導性文件，強調加強監管、推動中長期資金入市等。

9月下旬，在中國財金部門召開記者會宣布對房市、股市的超預期政策下，上證綜指曾在短短5天拉升了20%。不過，後市仍取決於中國實體經濟的恢復情況以及上市公司的盈利能力。

拖累經濟最嚴重的是房地產。2024年以來，房地產情況可用「跌勢不止、未曾見底」形容，中古屋價格至2024年10月已連跌30個月。以1至10月數據來看，全國房地產開發投資持續從1月的年減9%一路下降至10.3%；住宅銷售面積年減17.7%，住宅銷售額年減22%。

官方在5月推出較大力度的「517新政」，救市手段包括降低自備款比例、取消房貸利率下限等放寬信貸措施後，各城市房價仍舊下跌，北京的中古屋房價更退回2016年。

龐大難解的「爛尾樓」問題是民眾對房市缺乏信心的原因之一。2024年1月，官方推出房地產融資協調機制，將可以給予融資支持的建案「白名單」推送給商業銀行，盼以此緩解開發商資金不足問題。中國住房和城鄉建設部副部長董建國8月下旬表示，已鎖定按照合約應該在2024年底前交付的396萬間住房，作為「保交房」攻堅戰的目標任務。

「517新政」還包括由中國央行設立3,000億元（人民幣，下同，約新台幣1兆3,500億元）保障性住房再貸款，支持地方政府收購已建成未出售的商品房用作保障房（類似社宅）。此外，傳聞已久的政府下場買房浮上檯面，但分析多指出，如果要把住房去化（銷售）週期壓降到18個月以內，大概估算需要約7兆元的資金。

房地產低迷的影響是長期性的。9月中共中央政治局會議首次提出，要促進房地產市場「止跌回穩」，官方在同月決定下調購房自備款比例至15%、降準兩碼、降政策利率以及降低存量房貸利率，政策力度超預期。中國房市需用多長時間才能回穩，外界仍在觀察。

中國內需疲軟，3月以來，反映消費的社會消費品零售總額成長承壓。其中，4月和6月社會消費品零售總額年增分別為2.3%、2%，處於2023年年初以來的新低點。向來是高檔餐廳與奢侈品消費高地的北京、上海、廣州、深圳，這4個一線城市6月的消費數據出現斷崖式下跌，上海甚至年減9.4%。

消費者物價指數（CPI）1月至10月都處在不到1%的增幅，顯示通縮壓力仍在。為了刺激消費，官方發布有關汽車和家電「以舊換新」的補貼政策。「車加家電」的以舊換新，直接關聯10餘兆元的消費。

但即使在當前中國最有前景的新能源汽車領域，也面臨不斷降價競爭、獲利薄弱的困境。業界普遍認為，當前市占率比利潤更重要，生存下來為第一重點，只要降價還管用，那就不得不降價；加上產能過剩、海外市場

對中國電動車又存有戒心，因此對多數廠牌來說，新能源汽車都在苦戰。

民間固定資產投資增速在3月後就一路往下，顯示企業信心不足。在經濟形勢不佳的大背景下，過去3年被打壓或整治的行業，在2024年8月都有了放寬的消息：曾被指為「精神鴉片」的網路遊戲放寬版號發放；脫口秀綜藝節目時隔一年多重回線上；就連「雙減」教育政策下備受打壓的補教業，官方也鼓勵學校引進第三方機構提供的非學科類公益課後服務。然而，民營企業與社會活力短期內還很難看到提振。

10月初，中國財政部表示，針對穩增長、擴內需、化風險，將陸續推出一攬子有針對性的增量政策舉措。

當前中國經濟面臨的不只是短期景氣週期問題，還有國際格局變化以及長期制度問題等。退休的北京清華大學社會學教授孫立平說，中國過去幾十年經濟快速發展，其動力直接來自和平紅利、改革紅利、勞動力紅利，現在面臨的困境，與這三大紅利的逐步消失直接相關。 Ⓔ

哈瑪斯、真主黨、葉門叛軍
以色列三地開戰

海外特派直擊

賴素芬／特拉維夫

以色列在2024年面臨建國76年來最嚴峻的危機和存亡挑戰。肇因是2023年10月7日，巴勒斯坦伊斯蘭組織哈瑪斯（Hamas）突襲以色列，發射數千枚火箭彈，數千名武裝分子突破加薩與以色列的邊界，對社區和軍事基地發動攻擊，屠殺至少1,200名平民，並挾持約240名人質，包括高齡長者、幼童和婦女。這慘劇被比喻為以色列的「911事件」，甚至被形容為該國的「珍珠港時刻」。

以哈戰爭爆發以來，以色列一方面進攻加薩，志在摧毀哈瑪斯及解救人質，同時又需應付所謂「抵抗軸心」（Axis of Resistance）的介入。這個伊朗所撐腰的反以色列軍事聯盟，除了哈瑪斯以外，主要威脅來自伊朗所資助的黎巴嫩真主黨（Hezbollah）及葉門叛軍「青年運動」（Houthi），對以色列構成南北夾攻的壓力。

在對抗哈瑪斯方面，以色列進攻的策略是將加薩走廊分為北、中、南區，以3階段由北往南逐步摧毀哈瑪斯和其用於躲藏和儲存武器的地道系統。隨著戰場的推進，數百萬加薩居民被迫流離顛沛。

2024年2月以色列國防軍部隊攻進南加薩大城汗尤尼斯（Khan Younis），報告稱這是自入侵加薩以來「最激烈的戰鬥」。以軍密集的轟炸和地面攻擊迫使流離失所的加薩居民撤離至南加薩的埃及邊境及拉法市（Rafah）。

2024年5月，停火談判曾一度有望達成，但是否徹底結束戰爭的分歧使得進程再度陷入僵局。儘管國際法庭要求以色列停止軍事行動，但時任以色列國防部長葛朗特（Yoav Gallant）表示，除非哈瑪斯被徹底摧毀或人質獲釋，行動不會終止。

除了國防軍的攻擊，以色列國家安全局和情報系統也不斷在加薩與相關地區配合運作，逐一精準消除哈瑪斯的高階將領。

7月13日，以色列空襲汗尤尼斯，炸死哈瑪斯軍事部門首領戴夫（Mohammed Deif）；7月31日，哈瑪斯政治領袖哈尼雅（Ismail Haniyeh）在伊朗首都德黑蘭參加伊朗新任總統就職典禮期間，在下榻的外賓賓館遇襲身亡，雖然以色列未承認暗殺行動；10月16日，哈瑪斯領導人辛瓦（Yahya Sinwar）在加薩南

部的一場槍戰遭以軍擊斃。

根據加薩衛生部統計，到2024年10月7日為止，加薩死亡人數已達4萬1,870人，超過半數為婦女及兒童。

而以哈開戰以來，與哈瑪斯關係密切的黎巴嫩真主黨幾乎每天都與以色列跨境交火，向以色列北部邊境社區與戈蘭高地進行火箭襲擊，迫使北部邊境地區的6萬名居民撤離家園。

對於真主黨的挑釁，10個月來以色列多半採取被動防衛，直到2024年7月底真主黨火箭襲擊戈蘭高地邁季代勒沙姆斯（Majdal Shams）小鎮，造成12名孩童喪生，至少20多人受傷，以色列才展開一系列精準襲擊，包括7月30日晚間精準擊斃真主黨最高階軍事指揮官舒庫爾（Fuad Shukr），讓真主黨悠言將「血債血還」報復。

以色列軍方8月25日因偵測到真主黨正準備進行「大規模」襲擊，先發制人開轟黎巴嫩，派出大約100架以色列空軍（IAF）戰機擊中並摧毀數以千計設置在黎巴嫩南部的真主黨火箭發射器。當天黎巴嫩真主黨也宣稱出動無人機並發射逾320枚火箭彈攻擊以色列，並擊中11個軍事目標。

9月23日，以色列大舉空襲真主黨據點，黎巴嫩當局統計，有500多人喪命、數萬人逃難，這是國家數十年來死傷最慘重的一天，以色列和黎巴嫩真主黨之間的衝突就此大幅升級，9月30日起以色列更數度攻擊首都貝魯特市區。

真主黨領導人納斯拉勒（Hassan Nasrallah）9月27日死於以色列對貝魯特南部的空襲。伊朗為報復以色列接連狙殺哈瑪斯、真主黨高層，10月1日晚間發射約200枚彈道飛彈打擊以色列各處，以色列則在10月26日凌晨空襲伊朗回敬，中東緊張局勢升高。

此外，自以哈開戰，葉門叛軍「青年運動」就不時向以色列南部發射飛彈，並對紅海商業船隻進行攻擊，宣稱是聲援巴勒斯坦人和報復以色列的軍事行動。「青年運動」正式名稱為「真主虔信者」（Ansar Allah），是由伊朗提供武器和軍事訓練。

從2024年1月開始，美國和英國主導的國際聯盟已對「青年運動」發射一系列巡弋飛彈，以色列並未參與這些行動。直到7月19日，以色列經濟中心特拉維夫首次遭到無人機襲擊，造成一名以色列公民死亡。「青年運動」表示為其負責，宣稱使用新型無人機，能夠「繞過敵方攔截系統」。

▲2024年9月12日，巴勒斯坦人走在遭受以色列戰火轟炸的南加薩大城汗尤尼斯，周遭房屋建築只剩下斷壁殘垣。（AP）

隔天，以色列立即採取行動，以軍戰機空襲葉門荷台達港（Hodeidah Port）附近的「青年運動」目標進行報復，造成至少3人死亡，數十人受傷。葉門叛軍指責以色列針對平民和發電廠。以色列軍方則表示「青年運動」利用這座港口接收來自伊朗的武器。以色列總理尼坦雅胡（Benjamin Netanyahu）強調，荷台達港被用於軍事目的，並表示這次行動顯示以色列對威脅的嚴肅回應。

2024年以色列的3地開戰和人質危機讓以色列政府面臨空前的抗議與不滿，公眾對尼坦雅胡政府的支持大幅下降，每週都有集會示威，主要源於對尼坦雅胡處理以哈戰爭及人質危機的廣泛不滿，並隨著時間推移，規模顯著擴大，不滿情緒持續蔓延。

9月1日，以色列國防軍於加薩地道尋獲6具人質遺體後，更是引發強烈悲憤，數十萬以國民眾上街抗議，譴責尼坦雅胡拖延人質談判。以色列總工會宣布全國性大罷工，向政府施壓儘快達成協議。Ⓔ

庫斯克逆襲難扭轉乾坤
烏俄戰爭仍陷僵局

陳亦偉／台北

俄羅斯2022年2月24日入侵烏克蘭，這場二戰結束以來歐陸規模最大戰事形成了僵局。烏克蘭2023年夏季大反攻失利後讓出戰場主動權，進入2024年後，在主要戰線烏東頓巴斯（Donbas）節節敗退，縱然2024年8月初逆襲打入俄國庫斯克（Kursk）開闢新戰局，仍難扭轉整體戰場陷入被動態勢。

在俄烏戰爭將屆滿兩週年前夕，烏軍宣布從烏東戰略要城阿夫迪夫卡（Avdiivka）撤離。阿夫迪夫卡距俄軍占領的頓內茨克（Donetsk）首府僅約24公里，是通往頓內茨克的門戶。阿夫迪夫卡市內的焦化廠曾是烏克蘭最大焦煤產地，是烏東頓巴斯地區的經濟支柱與象徵，然而從2014年親俄民兵控制頓巴斯的頓內茨克、盧甘斯克（Luhansk）兩州大片土地後，阿夫迪夫卡就淪為政府軍與親俄民兵的交戰前線。莫斯科稱基輔政權8年來不斷從阿夫迪夫卡砲擊親俄地帶，造成烏東俄語區居民慘重死傷。

BBC認為阿夫迪夫卡淪陷，是俄軍在頓巴斯戰線自2023年5月奪得巴赫姆特（Bakhmut）後又一重大斬獲。俄國入侵烏克蘭以來，先後在烏南港市馬立波（Mariupol）、烏東雙連城北頓內茨克（Sievierodonetsk）與利西昌斯克（Lysychansk）、烏東巴赫姆特等攻城作戰取勝。

西方媒體認為，攻下阿夫迪夫卡是俄軍2023年成功抵擋住烏克蘭夏季大反攻後重要的戰場勝利，也是戰場主動權重歸俄軍之手最明顯例證；反觀烏軍一直受大反攻失利所累，從兵員、武器、彈藥、士氣到財政均告短缺。

烏克蘭受損規模極為龐大。據世界銀行（World Bank）近期研究，重建烏克蘭經濟恐要花近5,000億美元。有200萬套住房受損或被毀、近600萬人逃出國。雖然基輔方面透過立法等各項配套持續徵兵、動員補充前線，卻因美國受共和黨強力杯葛援烏而不時面臨車火、彈藥斷炊；反觀俄羅斯的財務遭西方空前制裁下仍保持彈性，天然氣出口固然下滑，石油輸出量卻持平，主要仰賴印度和中國採購。

烏克蘭總統澤倫斯基2024年2月撤換烏軍原任總司令扎盧茲尼（Valery Zaluzhny），改派地面部隊司令瑟爾斯基（Oleksandr Syrsky）接任。為扭轉烏東戰線劣勢，烏克蘭

▲2024年8月16日，一名烏克蘭士兵走過俄羅斯庫斯克州蘇賈鎮（Sudzha）的市政廳。（AP）

在2024年8月6日從東北部蘇米（Sumy）發起逆襲，打入俄國西部境內的庫斯克，儘管攻勢一度順利，但卻未能達成吸引俄軍轉移兵力、緩解烏東戰線壓力的最重要戰略目標，反而造成烏軍在東線兵力變薄，讓俄軍在烏東快速推進，直逼烏軍力守的頓內茨克後勤與交通樞紐波克羅夫斯克（Pokrovsk，也稱紅軍城）。俄軍拿下波克羅夫斯克，距離他們定下奪取整個頓內茨克州的目標將更近一步。

美國援烏動搖除因戰事曠日費時而疲乏外，主要在於國內越來越多聲浪認為華府的戰略重心應擺在對付中國，因中國是比俄國更為強大的競爭對手。

美國共和黨高級戰略策師的柯伯吉（Elbridge Colby）表示，美國工業基礎衰落、無法快速補充烏克蘭彈藥庫存，讓外交政策選項受限。

他說：「我們現在如同一間過度擴張的企業，得在資源匱乏下運營，卻偏偏處於選擇艱難的世局。搞成今天這樣是我們自己的錯，因為像拜登和一些資深共和黨人還在相信美國能做到一切已做不到的事，加上歐洲自己不挺身而出。」

除美國之外，歐洲兩年多下來也開始對援烏力不從心。歐盟2023年承諾提供烏克蘭100萬發砲彈，但後來只到位約1/3。相較之下，美國估計單是北韓就已供應俄羅斯約100萬發砲彈。

戰況前景晦暗，使得烏克蘭民調顯示願和談的烏克蘭民眾變多。

《紐約時報》指出，烏克蘭獨立媒體ZN.UA在2024年7月中一份調查顯示，44%的受訪烏克蘭民眾贊成與俄國展開正式談判；基輔社會學國際研究所（KIIS）7月23日發布的民調顯示，雖仍有高達55%的受訪烏克蘭民眾反對，卻有近1/3的人同意犧牲部分領土換取停戰，比例為一年前的3倍。

KIIS的民調還顯示，戰事衝擊最烈地區之一的烏國南部，民眾態度翻轉尤其顯著。這裡所謂烏南包括第聶伯羅（Dnipro）、札波羅熱（Zaporizhzhia）、尼古拉耶夫（Mykolaiv）、赫松（Kherson）與敖德薩（Odesa）等地。

超過半數的烏南受訪者，不是回答願犧牲部分領土，就是回答「很難講」；堅持寸土不讓的比例掉到46%，然而一年前，86%的烏南民眾堅決反對犧牲土地。Ⓔ

法大選左翼逆轉勝
右派新總理考驗重重

海外特派直擊

曾婷瑄／巴黎

2024年6月9日，歐洲議會選舉落幕，極右翼在法國、義大利與奧地利等國都成大贏家。

法國總統馬克宏（Emmanuel Macron）堪稱這屆選舉最大輸家，因他領導的復興黨（Renaissance）大敗給瑪琳·雷朋（Marine Le Pen）領導的反移民、疑歐極右派國民聯盟（RN）。後者獲得票數超過執政黨2倍，拿下法國93%選區。

調查指出，國民聯盟年輕黨魁、政治新星巴德拉（Jordan Bardella）的高人氣，以及不滿執政黨經濟、移民政策，都是選民想「換人做做看」的原因。

眼看自家慘輸與極右派影響力飆升，馬克宏於開票當晚意外宣布解散國會下議院國民議會，盼選民用新的國會大挫國民聯盟的氣勢。

然而，這個讓自家人都錯愕不已的豪賭引發政壇大地震，因為若改選後國民聯盟人氣不墜，復興黨很可能就要讓出總理位置，形成總統、總理不同黨的左右共治。

面對國會解散提前選舉，各政黨嚴陣以待，討論策略準備應戰。左翼政黨社會黨（PS）、歐洲生態綠黨（EELV）、極左派不屈法國（LFI）與法國共產黨（PCF）儘管內部分歧，且在許多基本議題上彼此對立，仍決定放下成見，成立新人民陣線（NFP），在各選區共同推舉1位候選人，應戰國會改選。

而傳統右派共和黨（LR）黨魁則史無前例宣布將與國民聯盟合作，但不少黨內同僚無法接受進而被迫出走，使法國政壇處於大亂鬥的混戰狀態。

法國國民議會總計577個席次，與總統大選一樣採取「單一選區多數決兩輪投票制」，1區選出1人。

6月30日首輪登場，極右勢如破竹，拿下1/3選票居首，左翼約為28%，執政黨僅21%，為歷史性挫敗，法媒形容總統馬克宏「慘輸」、「在淘汰邊緣」。

首輪投票中獲過半選票，且得票達登記選民人數的25%逕直接勝選，國民聯盟精神領袖瑪琳·雷朋首輪就在她的選區宣布當選。

▲2024年9月21日，法國民眾響應左翼政黨的號召走上街頭，抗議總統馬克宏任命巴尼耶出任總理的決定。（AP）

若無人勝出，則只要獲得登記選民人數12.5%以上選票的候選人皆可進入第2輪，因此接下來許多選區都呈現執政中間派、左翼聯盟和極右翼的「三腳督」局面。

面對如此險境，左翼和中間派都推出了足以使第2輪風雲變色、勢力大翻盤的投票策略。

為避免極右派獲更多席次，不屈法國領袖梅蘭雄（Jean-Luc Mélenchon）隨即向黨內喊話，要求若選區出現三腳督且得票率排名第3的候選人，主動放棄競選，集中票數「防堵國民聯盟」。

社會黨第一書記弗和（Olivier Faure）也警告，「極右派首度可能治理國家」。他呼籲只要選區「有極右派當選的風險」的同志，就須自行退選。

執政聯盟「同在」（Ensemble）做出同樣要求，一切為了打擊極右派國民聯盟。最後，共有超過210名中間或左翼候選人退出第2輪選舉，聯合狙擊國民聯盟。

戰略顯然奏效。7月7日國會決選結果出爐：最失望的要屬由國民聯盟以及傳統右派共和黨部分議員組成的右翼聯盟。儘管選前民調領先，國民聯盟得票次僅125席，距過半所需的289席非常遙遠。

反觀左翼聯盟新人民陣線，在結盟與棄保策略支持下，逆轉勝拿下182席，喜出望外成國會第一勢力。馬克宏的中間派陣營雖然比上一屆國會少了80多席，但也未如預測那麼不堪，仍保住164席居次。

不願與極右派結盟的共和黨則因深耕地方而保住近50席，跟上屆62席次相比些微下滑。

然而，若說國民聯盟遭「滑鐵盧」卻也未必，因該黨席次大增50多席，突破過往紀錄。且若只看個別政黨而非聯盟席次，國會最大黨仍是125席的國民聯盟；第2大黨則是99席的執政復興黨；第3則是不屈法國，有72席。

國民聯盟黨魁巴德拉發表言論，除感謝「愛國」選民外，同時強調「國民聯盟達成了歷史上最重要的進展」。

這次選舉沒有單一政黨或聯盟取得過半席次，左中右三強鼎立的態勢讓法國陷入極大不確定性。取得最多議席的政黨通常有優先權籌組聯合內閣，或選擇走少數執政之路。法國總統保有絕對的總理任命權，只是按慣例會任命國會多數議員同意的對象。

馬克宏首先拒絕了新人民陣線推舉人選，即誓言廢除馬克宏退休改革制度的37歲經濟學者卡斯特（Lucie Castets）。在一連串政黨磋商後，馬克宏於9月5日宣布，任命73歲政壇資深老將巴尼耶（Michel Barnier）出任第26屆總理，他是右派戴高樂主義支持者，是第五共和最年長總理。

馬克宏的決定遭大量批評，尤以新人民陣線砲火最猛烈。他們指控馬克宏「拒絕遵守人民主權與投票結果」，表示將推動倒閣，同時連署罷免總統。

剛上任的巴尼耶須盡可能結盟，而他帶領的少數內閣在國會的日子註定如履薄冰，隨時面臨可能的不信任投票，為不穩的法國政壇增添更多變數。 E

英國大選變天
保守黨結束14年執政

海外特派直擊

陳韻聿／倫敦

英國於2024年7月4日舉行大選，改選國會下議院現有650席。根據計票結果，原最大在野黨工黨斬獲超過400席，為保守黨長達14年的執政畫下句點。

根據英國制度與慣例，內閣成員主要由下議院議員組成，贏得下議院最多席次的政黨

為執政黨，黨魁則成為首相。在外界多推測大選較有可能於秋季登場之際，時任保守黨籍首相蘇納克（Rishi Sunak）5月22日突然宣布，大選將於7月4日舉行。當時他說，該是時候讓選民決定國家該往哪裡走了。

保守黨自2010年起執政，期間歷經與「脫歐」（脫離歐盟，Brexit）有關的國內外政治和社會震盪，自2022年中至該年10月總計約3個月期間，更快速換了2次首相，讓原本就對保守黨執政表現下滑、對政治人物操守及政黨內鬥，與政壇「口水戰」紛起感到不滿的選民，更心生反感或倦怠。

然而，2024年春季起，英國幾項重要經濟數據出現穩定上揚趨勢。這是各界推測蘇納克決定「提前」舉行大選、讓朝野政治紛爭告一段落的主要原因之一。雖然這也意味保守黨國會議員參選人無法有更多時間說服選民再相信他們一次。

根據英國制度與慣例，大選日期由首相拍板定案，但宣布日期與大選登場日期之間，需留有至少25個工作天。這與大選需在國會解散25天（扣除假日）後舉行有關，而國會解散與大選宣布日期不一定是同一天。經首相請求，國會由君主解散。

在2024年大選前，英國最後一次舉行大選是2019年12月12日。按慣例，英國國會下議院議員任期最多5年，由首次開議日起算。2019年選出的議員於該年12月17日第一次集會，因此最晚需於2024年12月17日終止任期。也就是說，蘇納克原可以讓大選晚至2025年1月下旬舉行。

在大選日期確定前，工黨即在絕大多數民意調查結果大幅領先保守黨。不過，在英國國會大選「單一選區（每個選區僅1人當選）相對多數制」的選制下，僅看政黨整體民意支持度還不夠，能夠在個別選區勝出，進而為政黨在國會進帳席次才是硬道理。

換言之，即便全國總得票數勝出，若無法

▲英國首相施凱爾（左一）於2024年7月6日主持首次內閣會議。（AP）

在個別選區有效將參選人得票數轉化為具體席次，則選戰就不算成功。

就選戰打法而言，工黨明顯較保守黨成功許多。工黨在選戰期間對許多政策細節刻意保持「戰略模糊」，這在工黨政府於2024年7月5日上台後，陸續釋出提高稅賦、削減冬季能源費用補貼等「半突襲式」政策訊號後，更是明顯。

之所以稱為「半突襲式」是因為，對較細心的觀察人士而言，工黨在選戰期間的用字遣詞早已為未來的政策「彈性操作」預留空間，例如僅表示不會給「勞動大眾」提高所得稅等稅賦，未言明執政後有意提高資本利得稅（capital gains tax）。然而，廣義的「勞動大眾」未必都不會受資本利得稅提高影響，最直接的例子包括買賣房產。

工黨在選戰期間成功激勵所謂的「英雄選民」，鼓勵他們勇於克服自己對政黨政治的倦怠和疑慮及政黨偏見，為自己和國家邁向更美好未來、為「改變」投下神聖一票。

工黨並一再強調工黨政府「跨黨派」、「國家優先於政黨」的治理訴求，以及英國無論如何都必須「改變」。這些「英雄選民」在2019年大選可能投票支持保守黨或工黨，也可能支持英國脫歐，與多數工黨支持者主張續留歐盟不同。

工黨黨魁施凱爾（Keir Starmer）2024年7月就任英國首相，他的高階選戰顧問在英國媒體撰文指出，工黨主打經濟和民生等廣大選民關切的核心議題，包括可負擔的房價和改善就業勞動條件，並仔細研究不同類型搖擺選民的特色，因此成功吸引跨黨派選民支持。

不過，儘管贏得「歷史性勝利」，英國工黨自贏得執政權當天起，即不乏隱憂。

從選舉結果看，工黨全國得票率僅約34%，是歷來贏得執政權的英國國會多數黨最低得票率。此外，儘管選前多項民調顯示工黨的民意支持度穩定領先保守黨約20個百分點，得票率顯示，工黨僅領先保守黨10個百分點。

2024年英國大選投票率偏低，僅約6成，且保守黨和工黨2大黨的得票率加總結果未超過6成。這也顯示儘管英國國會選舉現行選制不利小黨贏得席次，一如各項研究指出的趨勢，英國近年搖擺或中間選民增加、「策略性投票」較以往常見，「死忠」選民人數則下降。

未來數年執政對工黨而言，很有可能將是比大選更「硬」的硬仗。🅔

歐洲「極右派」崛起
恐衝擊移民與環保政策

海外特派直擊

黃雅詩／羅馬

歐洲政治版圖2024年有顯著「右派崛起」趨勢，包括義大利、荷蘭、匈牙利、斯洛伐克、芬蘭、克羅埃西亞都出現右派政黨執政，在法、德等國，右派政黨的支持度與影響力也節節攀升。

法國極右派領袖瑪琳·雷朋（Marine Le Pen）在7月國會選舉中獲得戰術勝利，讓法國執政黨左翼聯盟無法在國會取得絕對多數，法國政局陷入動盪危機。

在總理懸缺2個月後，法國總統馬克宏（Emmanuel Macron）9月宣布任命右派的政壇老將巴尼耶（Michel Barnier）出任總理，引起左派強烈反彈。

德國中左翼執政黨同樣面臨右派進逼，德國極右翼政黨「另類選擇黨」（AfD）9月2日在圖林根邦（Thuringia）選舉勝出，這是二戰結束以來，德國極右翼政黨首度在地方選舉成為第一大黨。

各界預估，在2025年德國聯邦大選，AfD勢必利用民眾對移民和犯罪的擔憂，繼續重創德國中左翼總理蕭茲（Olaf Scholz）的聯合政府。

在2024年6月歐洲議會選舉中，多數歐洲執政黨都聲勢受挫，義大利總理梅洛尼（Giorgia Meloni）領導的右派「義大利兄弟黨」卻逆勢擴張，讓她贏得歐洲「極右派女王」稱號。

此外，極右翼的奧地利自由黨9月底在國會大選打敗保守派執政黨，贏得歷史性勝利，這是自由黨首度在全國性大選勝選；瑞典2026年將舉行國會大選，極右派政黨「民主黨」來勢洶洶，該黨目前已位居瑞典第2大黨。

歐洲近數十年來，幾乎都是相對中庸的中左派或中右派掌權，「極右派」從邊緣小黨快速竄起為一方之霸，成為學界關注現象。專家認為，主因是民眾對全球化與移民問題不滿，讓擅長訴諸民粹的極右派找到舞台，另有許多人對主流政黨提出的經濟解決方案感到失望。

經濟學家分析，從2008年全球經濟衰退以來，歐洲多數地區的經濟成長都停滯不前，許多民眾內心充滿憤怒不滿。極右派政治領袖此時登高一呼，將經濟與社會問題歸咎於「移民」，讓民眾找到宣洩怒氣的代罪羔羊。

學者認為，極右派政治人物能吸引普羅大眾，因為他們可以替複雜問題提供容易理解的「簡化答案」，極右派使用辛辣尖酸的言詞攻擊移民，或大剌剌反對「政治正確」的環保議題，甚至會讓一些年輕人覺得很酷，彷彿「說出大家不敢說的話」。

即使在專家眼中，極右派政治人物提出的解方常是「誤診」，但在全球面臨戰亂、經濟衰退等危機下，許多民眾只想尋求情感上的認同，極右派領導者展現的霸氣，有助支持者暫忘不安與恐懼，並且感覺「草根的聲音被聽見」。

不過歐洲「右傾」的後續影響引發學界憂心，例如歐洲議會的職責是審查與批准法案，極右派勢力抬頭，對移民、氣候、貿易、國防等政策，都可能產生衝擊。

▲2024年6月1日，義大利總理梅洛尼（中）、義大利兄弟黨成員和候選人在歐盟議會選舉前的一次集會上在舞台上向群眾揮手致意。（AP）

極右派反移民的立場，恐使歐洲多國制定更嚴厲的移民法規，但也有專家指出，歐洲高度仰賴移民提供廉價的勞動力，就算極右派高舉反移民大旗，仍須做出妥協，只能針對打擊非法移民的部分雷厲風行，很難全面推動「排外」政策。

至於極右派民族主義是否將促進「疑歐論」，不利歐盟採取一致行動與政策，這在匈牙利2024年7月開始輪值歐盟主席之後，挑戰已經浮現，匈牙利總理奧班（Viktor Orban）7月單獨出訪俄、中，發表與歐盟相左的俄烏和平言論。

歐盟對此立刻採取了因應之道，歐盟多國以降級參與在匈牙利舉行的非正式部長會議來抵制，執委會也決定，所有執委下半年都不出席上述會議。

反觀其他歐洲極右派政黨，倒也並未因與匈牙利奧班政府的政治光譜接近，就擁抱親中、俄立場。儘管奧班親暱稱呼義大利總理梅洛尼為右派保守陣營的「姊妹」，梅洛尼上台後，反而扭轉了先前義大利中左派政府的親中路線，執意退出中國的「一帶一路」政策，在俄烏戰爭爆發以來，義大利一直穩站力挺烏克蘭立場。

在氣候變遷議題方面，極右派反對環境政策衝擊農民利益。過去5年來，歐盟「綠色新政」（Green Deal）雖達到一定成果，卻也引起農民團體多次上街抗議。

在歐洲議會席次增加的右派陣營，持續施壓歐盟執委會主席范德賴恩（Ursula von der Leyen），盼放寬對農民的減碳與減少溫室氣體排放要求，並對汽車、石化產業讓步。

范德賴恩2024年7月獲選連任，綠黨是支持她勝利的關鍵少數，使歐盟環保政策得以大致延續先前路線。

不過面對新的政治局面，范德賴恩仍做出微調，她在歐洲議會投票前提出新的5年政綱，將過去的「綠色新政」轉為「潔淨產業新政」（Clean Industrial Deal），將重點更多放在促進新能源產業，減少各種嚴厲管制措施和時限，被視為是以「多點胡蘿蔔、少點棍棒」的手腕，緩解來自右派的挑戰。Ⓔ

李顯龍交棒黃循財
迎新世代新加坡夢

海外特派直擊

吳昇鴻／新加坡

72歲的新加坡前總理李顯龍於2024年5月15日卸任，交棒給51歲的時任副總理兼財政部長黃循財，由他擔任新加坡第4任總理。面對國際局勢變化多端、地緣政治角力力道增加，及全球化受到挑戰，黃循財如何帶領獅城乘風破浪、維持競爭優勢成為課題。

按照新加坡政治制度，總理是國會議員且由國會多數黨領袖擔任。新加坡自1965年獨立建國以來，一直由人民行動黨執政，李顯龍是第3代團隊領導人。

回顧李顯龍執政時期，身為新加坡建國總理李光耀之子的他，曾在軍中官拜准將，1984年當選國會議員而開始從政之路。有別於李光耀昔日的激昂演說與鐵腕特質，在新加坡國內或對外事務上，李顯龍是展現更商討式的領導風格，並改造新加坡的出口導向型經濟，同時也聚焦發展諸如生物科技和電子等先進工業及金融服務。

新加坡在文化與歷史上對東方和西方世界有著深厚淵源，李顯龍積極平衡這些關係，不願在美國和中國競爭之中選邊站，而是另闢蹊徑、為新加坡開創扮演外交調解人角色的利基。

從2015年台灣海峽兩岸的「馬習會」，到

2018年美國與北韓「川金會」場地，李顯龍執政的新加坡都扮演舉足輕重角色。

李顯龍掌權20年，開創獅城經濟多元化、引領新加坡度過全球金融危機，以及挺過COVID-19（2019冠狀病毒疾病）疫情，成功讓新加坡在全球外交及經濟舞台占有一席之地。然而，法新社等外媒曾報導，李顯龍對反對人士祭出誹謗法不手軟，而官僚體系如果有人涉貪或是搞裙帶關係必遭起訴。

綜觀各項事蹟，李顯龍在這個國家刻下了自己的印記。

51歲的黃循財，是首位在新加坡獨立後出生的總理，也是一位有美國學士和碩士文憑的經濟學家，是各界眼中的社群媒體愛好者，也是政府抗疫小組、有效因應疫情危機的領導人。

他在社群平台形容自己是「書蟲、吉他手和愛狗人士」。政治觀察家穆斯塔法（Mustafa Izzuddin）認為，黃循財「帶來一個更符合不同世代的領導風格」。

20多年前，黃循財以經濟師身分加入貿工部展開公務員生涯，先後在貿工部、財政部、衛生部任職，也曾擔任李顯龍的首席私人祕書、掌管能源市場管理局。

2011年黃循財正式步入政壇，當選國會議員後，曾任國防部兼教育部政務部長、文化社區及青年部長、國家發展部長、教育部長等職，歷練豐富且多元。

2020年，全球爆發疫情，新加坡政府成立跨部會抗疫工作小組，黃循財就是小組的聯合領導人之一，肩負擘劃防疫政策的重責大任，同時親上火線，在一場場記者會上說明各項防疫政策，讓他的曝光度頓時增加不少。

令人印象深刻的是，當時疫情嚴重，黃循財在國會發言感謝抗疫前線人員時忍不住哽咽、流下男兒淚，展現鐵漢也有柔情一面。網路上也可看到他過去自彈自唱經典老歌〈月亮代表我的心〉、台語歌曲〈我問天〉的影片，彈奏功力可見一斑，同時展現親民、接地氣特質。

黃循財於2024年8月18日完成首次國慶群眾大會演說，談及穩定物價、雙語政策及年輕世代的新加坡夢。新加坡政府也祭出補助計畫，每戶家庭可獲總值新幣800元鄰里購物券，還有雜費補助等措施，可見解決物價上漲是政府政策的重中之重。

新加坡持續在亞洲、甚至全球經貿領域提

▲2024年5月15日，新加坡新任總理黃循財在宣誓就職後發表談話。（AP）

升重要地位，不過，隨著資金流動加上通膨，使得物價居高難下，影響日常民生，成為剛入社會的新鮮人面對的首要壓力。

過去幾十年，新加坡曾流行以所謂「5Cs」詮釋「新加坡夢」，即指有現金（cash）、信用卡（credit card）、私人公寓（condominium）、汽車（car）和俱樂部會員（club membership）是所謂的人生贏家。

但對現今年輕世代來說，相較於追求物質，也期待更有空間表達自我想法，例如希望社會的氣氛更重視表達意見自由的藝術產業，期盼所謂「成功」定義有更多彈性、重視「career（職涯）與community（社群）」。

從黃循財對外演說中，不乏提及有關年輕人的內容，相較於歷任政府，黃循財帶領的新政府將面對更多勇於發表意見的青年，以及迎接更開放、更多元聲音的社會期待，此時如何調整政策以符合社會所需將是課題。Ⓔ

印總理莫迪「慘贏」
第三任期挑戰大

海外特派直擊

李晉緯／新德里

印度總理莫迪（Narendra Modi）所屬「印度人民黨」（Bharatiya Janata Party, BJP）2024年選舉非但沒如其所言狂掃400席，表現甚至還比不上2019年拿下303席的成績。在只獲240席的情況下，必須仰賴與「國家民主聯盟」（National Democratic Alliance, NDA）聯手，才能在543席的下議院中擁有過半席次進而執政。

這樣「慘贏」的結果顯示，印度經濟等民生問題未妥善解決，讓莫迪的光環褪色，當總理的第3個任期勢必也要面對不少挑戰。

人口超過14億的印度，是全球人口第一多的國家，第18屆下議院選舉，有包含1,800萬首投族在內的9億7,000萬選民，締造歷史新高紀錄。

由於具投票資格的人數量實在太多，全國在同一天投票，將會讓選務、保全人員出現調度上的困難。因此這次選舉在2024年4月展開後，依照不同選區分7輪進行，一直到6月才正式落幕。

印度下議院分543個選區，每區各選出1名議員，因此共計有543席，掌握過半數的272席就能成為多數黨而享有組閣權，總理一般來說也由多數黨領袖出任。

印度下議院選舉5年進行一次，上次選舉是在2019年，當時莫迪所屬的BJP搶下303席，加上盟友「國家民主聯盟」共獲353席。

上次選舉BJP輕鬆拿下過半數席次，讓莫迪對這次選舉信心滿滿，選前更發下豪語，稱BJP要奪下超過400席，孰料表現不如預期，最終僅拿下240席，加上NDA一共也只獲293席，成績都不如上次選舉。

這次BJP在印度人口最多的北方邦（Uttar Pradesh）只拿下33席，幾乎只有上次贏得63席的一半。

不過，雖然印度國大黨（Indian National Congress, INC）為首的「印度全國發展包容性聯盟」（Indian National Developmental Inclusive Alliance, INDIA）表現超乎預期，共拿下234席，但仍讓莫迪贏得第3個總理任期。

過去10年來，莫迪一直以權威方式掌管政府，但這次選舉表現不如各方期待，讓莫迪

須依賴NDA，才能在下議院成為多數，可能會為他的治理帶來一些不確定性。

拉胡爾・甘地（Rahul Gandhi）曾是INC黨主席，他在上次大選後辭去黨主席職務，但仍是黨內人氣最高的意見領袖，他在這次選後與現任黨主席卡爾基（Mallikarjun Kharge）共同主持的記者會上就直接表示，這樣的數字代表人民想要表達的訊息，也說明了印度最貧窮的人捍衛了憲法。

BJP在這次選戰中，不斷強調印度經濟快速發展，經濟規模超越早年的殖民國英國，國際地位也因地緣政治及成功主辦20國集團（G20）峰會而大幅提升，但失業問題未獲改善，物價也居高不下，似乎才是平民百姓最關心的議題。

印度過去在莫迪和BJP掌政下，經濟發展確實有往上爬的趨勢，但占多數的底層人民，生活並未因此獲得太多改善，尤其疫情爆發對他們的衝擊，至今依然存在，貧富差距未來勢必仍是印度國內矛盾的一個焦點。

除此之外，為了吸引在該國占大多數的印度教徒，莫迪甚至在2024年1月親自到印度教聖城阿尤德亞（Ayodhya）羅摩神廟（Ram temple）為廟內供奉的羅摩神像主持開光儀式。即便成功引起選民的激情，但最終卻沒有反映在選票上，因為BJP並未拿下羅摩神廟所在地的席位，顯示此種操作手法在地方上的接受度已達到極限。

莫迪在這次選戰一直強打印度教民族主義，北方邦就是重點執行的地方，那裡也被BJP視為基本票倉，但當地其實也有印度最多的穆斯林，莫迪在羅摩神廟討好印度教徒的舉動，另一方面也引起少數族裔的反感。

選前印度地方上就有「這是一場不公平選舉」的聲浪，因為BJP掌握了政府各級機構，能讓國家機器為其服務，也掌控了在媒體中的話語權，經費上更是緊抓在手。

即便BJP這次仍算「勝選」，不過並未達到原本預期可以「大勝」的目標，倒是反對黨靠「異常出色」的表現，避免了最壞的情況，讓

▲2024年6月4日，莫迪宣布贏得第3個總理任期，圖為他抵達新德里的印度人民黨總部時受到支持者的歡迎。（AP）

印度的民主、憲法價值得以續存。

這樣的結果，可說是人民對BJP掌權和該黨推行各項政策的「無聲抗議」，也讓人對印度選民的良知，及對印度民主制度的未來增添了些許信心。

由於這次選戰，BJP唯一的焦點就是被不斷神化的莫迪，BJP的失利，被視為是莫迪個人一大挫折。 Ｅ

日本終結負利率
17年來首升息

海外特派直擊

戴雅真／東京

日本銀行從2016年2月16日開始實施「負利率政策」。所謂負利率政策，是指中央銀行（日銀）對民間金融機構留存在央行的「當座預金」（企業用的收支帳戶）施加負利率，也就是存款者反而需要支付利息給銀行，旨在促進金融機構把資金轉向企業貸款和投資，以刺激經濟和擺脫通貨緊縮。

日本實施負利率政策的背景要一路回溯至1985年。當時，美國面臨貿易赤字，為了糾正過高的美元匯率，號召包括日本、英國、法國及德國在內的5個主要發達國家達成了《廣場協議》，聯合干預外匯市場，使美元對日圓及德國馬克等主要貨幣貶值，此後日圓開始升值，導致出口減少，經濟進入低迷期。

為此，日銀開始採取量化寬鬆政策，下調貼現率，企業借錢變得更加容易，紛紛積極投資，景氣得以復甦。此外，由於低利率借貸的便利性，加上景氣復甦帶來過剩的流通資金，企業和個人積極投資股票與不動產，興起投機熱潮，使得價格飛速上漲。

然而，股票與不動產的漲幅逐漸脫離實際價格，為了遏止經濟過熱，日銀自1989年起實施緊縮政策，導致股票與不動產交易停滯，價格暴跌。

資產價格膨脹至超出實際價格的經濟狀態被稱為「泡沫經濟」，隨著日銀的緊縮政策，泡沫經濟破滅，日本進入長期的經濟不景氣和通貨緊縮局面。

推動負利率政策實施的契機，來自在2012年12月大選中大獲全勝的前日本首相安倍晉三。當時為了擺脫經濟衰退與通貨緊縮，自由民主黨提出了「三支箭」經濟策略，包括「大膽的貨幣政策」、「靈活的財政政策」，以及「鼓勵民間投資的經濟成長策略」，後來被稱為「安倍經濟學」。

其中，「大膽的貨幣政策」從隔年開始實施。2013年4月，黑田東彥就任日銀總裁，宣稱「要讓市場上流通的貨幣增加1倍，目標是實現物價每年穩定上漲2%的通貨膨脹目標」。

然而，儘管透過購買國債等方式向市場注入大量資金，卻未能實現預期的2%目標。為此，日銀在2016年1月的金融政策會議上決定實施「負利率政策」，將利率調至0以下，增加在市場上流通的貨幣量。

「負利率政策」帶來的正面影響包括房貸利率下降，使得購房變得容易；日圓貶值，推動出口行業收益提升，進而帶動股市上漲。然而，另一方面也引發存款利率下降，以及民間金融機構收益惡化等副作用。

泡沫經濟破滅後，日本長期維持低利率政策，使得資金需求低落。景氣復甦的幅度有限，導致員工薪資停滯、消費萎縮，形成了惡

▲2024年3月19日，日銀宣布解除負利率政策，亞洲股市走勢不一。（AP）

性循環。

在1987年至2022年的35年期間，日本的物價上漲了約20%，因此，日銀的貨幣寬鬆政策並非毫無成效。然而，考慮到七大工業國（G7）其他國家的物價同期上漲了2至2.5倍，對於負利率政策是否有效果的意見分歧。

2022年2月俄羅斯入侵烏克蘭，推升全球通膨，包括美國聯準會（Fed）和歐洲中央銀行（ECB）在內的世界各國央行紛紛升息以抑制通膨，唯有日銀依舊堅持貨幣寬鬆政策。

2022年4月到2024年1月，日本核心消費者物價指數（CPI）年增率連續1年10個月維持在2%以上，合乎日銀設定的目標；2024年3月日本「春鬥」（年度勞資薪資談判）爭取到的加薪幅度達5.28%，幅度創1991年以來新高，在企業獲利情況改善的背景下，外界預期日銀會放棄超寬鬆貨幣政策。

結果不出預料，在2024年3月19日的金融政策會議上，日銀表示，由於穩定地實現2%通膨目標，因此決定解除全球最後的負利率政策，做出了17年來首次升息的決定。

日銀將適用於存款的利率設定為0.1%，促使金融機構在短期市場交易的「無擔保隔夜拆款利率」提升至0%至0.1%區間。另外，日銀還決定取消將10年期公債殖利率維持在0%左右的殖利率曲線控制（YCC）政策，以及停止購買指數股票型基金（ETF），象徵從2013年4月以來的大規模金融寬鬆政策迎來了轉折點。

日銀終結負利率政策，帶來的影響可能包括存款利率上升、人壽保險費用降低，以及房貸利率上升等。

隨著日本央行邁向政策正常化的第一步，市場關注點轉向未來的升息與購買國債策略。雖然日銀總裁植田和男強調維持金融寬鬆的重要性，但也暗示根據物價走勢，有進一步升息的可能性。

在2024年7月31日的金融政策會議上，日銀宣布第2波升息，將政策利率從原本0%到0.1%上調到0.25%左右，重回2008年12月的0.3%左右水準，從8月1日起適用，並表示如果未來的日本經濟與物價符合日銀預期發展，將繼續調升政策利率，調整貨幣寬鬆程度。Ⓔ

TAIWAN

1 中華民國第16任總統賴清德(中左)、副總統蕭美琴(中,白衣者)113年5月20日宣誓就職,圖為賴總統與蕭副總統陪送卸任總統蔡英文(中右)離開總統府。

2 國會職權修法審查,立法院會113年5月24日再度挑燈夜戰審理,場外關注人潮越晚越多,立法院旁的台灣基督長老教會濟南教會晚間也被人群包圍。

3 台灣變裝皇后妮妃雅登上巴黎文化奧運台灣館，為巴黎的觀眾帶來全新節目《寶島富麗秀》，呈現台灣山海自然地貌，以及夜市、廟宇等人文風光。

4 台灣網球名將謝淑薇（左）與波蘭選手傑林斯基（Jan Zielinski）搭檔，2024年分別在澳洲網球公開賽及溫布頓網球公開賽，拿下了2座大滿貫混雙冠軍，締造台將紀錄。

5 巴黎奧運羽球男雙「麟洋配」寫下歷史，創下台灣隊首個奧運連霸紀錄。圖為李洋、王齊麟面對丹麥組合時，李洋（前）飛身救球，最後拿下勝利。

影像2024

6 2024年世界12強棒球賽,台灣隊11月24日在日本東京巨蛋寫下歷史新頁,奪得首次世界冠軍,總教練曾豪駒(前右)賽後率全隊合影,與國人分享金牌喜悅。

7 2024台灣燈會在台南,高鐵燈區在元宵節前試燈,不少民眾提前到場欣賞美麗燈飾藝術。

8 花蓮113年4月3日發生芮氏規模7.2地震,造成2棟房屋傾斜、民眾受困,圖為倒塌的天王星大樓旁建築物上懸掛「花蓮加油」字樣的布條。

1 以色列國防軍在加薩尋獲6具人質遺體，因而引發以色列全國大規模抗議，圖為民眾聚集首都特拉維夫街頭示威，使總理納坦雅胡面對越來越大的政治壓力。（AP）

2 天主教教宗方濟各出訪亞太4國，圖為他在巴布亞紐幾內亞體育場舉行週日彌撒後，發出強烈的和平與環保訴求，並與身著傳統服裝的人們會面。（AP）

3 2024年9月摩羯（Yagi）颱風肆虐緬甸，引發大規模洪災，死亡人數激增逾200人，圖為民眾在斷橋上涉水而過。（AP）

4 2024年10月1日，即將卸任的日本首相岸田文雄（中）離開辦公室時發表演說。（AP）

5 北韓領導人金正恩強調南韓是「他國」、「敵國」的事實，警告若敵國侵犯北韓主權，北韓將不受條件約束、毫不猶豫使用武力，圖為2024年9月南韓首爾火車站，電視螢幕上出現的金正恩畫面。（AP）

美國職棒道奇隊日本球星大谷翔平的愛犬「彈額頭」，2024年8月28日為比賽開球，圖為牠叼著球從投手丘直奔本壘板，完美完成開球任務。大谷高興地與「彈額頭」擊掌。（AP）

2023年11月大選獲得壓倒性勝利的阿根廷總統米雷伊（Javier Milei），被時代雜誌（TIME）選為2024年最具影響力的百位領導人之一，時代雜誌評論，在米雷伊的執政下，阿根廷將沒有回頭路。圖為他在美國紐約證券交易所敲響開盤鐘後合影。（AP）

和黨角
nald
第2位

（左）
總統競
mala
名人。
為賀錦

5 墨西哥首位女總統薛恩鮑姆（Claudia Sheinbaum）2024年10月1日宣誓就任，她在國會接受總統飾帶後，向支持者揮手致意。（AP）

6 委內瑞拉總統大選投票，馬杜洛（Nicolas Maduro）再度當選連任，但遭到美國、歐盟、秘魯等國質疑，圖為委國反對黨領袖馬查多（Maria Corina Machado）持續率領民眾上街抗議。（AP）

EUROPE

1 歐洲太空總署（ESA）與德國的航太中心（DLR），選在德國西部大城科隆設置登月太空人訓練中心，模擬未來在月球上行動的時候，可能遭遇的各種環境。圖為太空人完成訓練後，與歐空局局長約瑟夫・阿施巴赫（Josef Aschbacher）擊掌。（AP）

2 美國影星湯姆克魯斯（Tom Cruise）2024年8月11日，在巴黎奧運閉幕式上騎著摩托車從天而降，將旗幟移交給下屆奧運主辦城市洛杉磯。（AP）

3 G7領導人2024年7月在華盛頓舉行的北約峰會合影,北約峰會此次聯合宣言,重申支持烏克蘭建立擊敗俄羅斯的軍力,並稱中國是俄羅斯侵烏的「關鍵支持者」。(AP)

4 西班牙網壇新星艾卡拉茲(Carlos Alcaraz)(左)2024年7月14日在溫網男單決賽以直落三,擊敗塞爾維亞名將喬科維奇(Novak Djokovic),溫網男單2連霸。(AP)

5 聯合國大會投票決定將每年的7月11日定為國際反思和紀念日,以紀念1995年斯雷布雷尼察(Srebrenica)種族滅絕事件。圖為29週年時,人們在刻有遇難者名字的紀念碑上獻花。(AP)

AFRICA | 影像2024

1 WHO於2024年8月14日宣布M痘（mpox，舊稱猴痘）病毒為國際關注公共衛生緊急事件，圖為疫情爆發中心，剛果民主共和國患有M痘的兒童在一家診所等待治療。（AP）

2 西非與中非政變國家中，查德軍政府最先透過選舉恢復憲政，過渡總統馬哈馬特（Mahamat Idriss Deby）贏得2024年5月6日總統大選，但一些反對黨強烈抗議有作票疑慮。圖為該國一名婦女投票。（AP）

3 肯亞、坦尚尼亞、蒲隆地等東非國家受暴雨影響，引發嚴重洪水、土石流災情，光肯亞就有逾百人罹難、數十萬人無家可歸，圖為肯亞一處村落4月洪災後過情形。（AP）

4 全世界最大考古博物館「吉薩大埃及博物館」2024年10月16日開放主展覽廊廳，圖為廳內各種大型千年古文物撲面而來的強大氣勢，讓人頓時有種回到古代的震撼穿梭感。

5 美國國家海洋暨大氣總署指出，因被漁具纏住、被船隻撞擊或驚擾，以及氣候變遷對其食物來源的可能影響，自2016年以來座頭鯨死亡率不斷上升，圖為2024年10月15日一頭死去的座頭鯨躺在南非開普敦海灘上。（AP）

6 為因應數十年來最嚴重乾旱引發的糧食短缺危機，辛巴威批准撲殺200頭大象供民眾食用，引發動保人士批評，辛巴威境內的大象數量高居全球第2，僅次於鄰國波札那。（AP）

§ 第二章　世界之最

全球清廉印象指數　丹麥衛冕第一

國際透明組織（Transparency International，簡稱TI）2024年1月30日公布2023年全球清廉印象指數（Corruption Perception Index，簡稱CPI），在全球180個納入評比的國家和地區中，丹麥為全球最廉潔國家，台灣排名第28名，較前一年下降3名。

全球清廉印象指數以滿分100代表高度清廉，0分代表最貪腐，丹麥維持90分，蟬聯全球最廉潔國家，芬蘭以87分排名第2，紐西蘭85分排名第3，挪威第4，新加坡第5，瑞典、瑞士位居第6，荷蘭第8，德國、盧森堡並列第9名。

至於全球最貪腐國家是索馬利亞，僅得11分，位列第180名。

台灣在這次評比中獲得67分，排名全球第28名，較2022年下降1分，名次下降3名。排名依舊維持東亞第4，僅次於新加坡（83分，第5名）、香港（75分，第14名）和日本（73分，第16名）。

台灣透明組織指出，台灣排名雖仍列全球前15%，但和高分組國家有距離，需持續改善。2022年台灣進行「聯合國反貪腐公約國家報告」第2次國際審查，來台參與審查的國際委員提出不少政策與法規制度的改進建議，顯示台灣對於貪腐的預防仍有改進空間，政府主管機關應予以重視。

清廉印象指數是由國際透明組織蒐集過去兩年來自12個組織的13個原始調查資料而成。根據評比，2023年全球平均分數為43分，西歐和歐盟國家平均65分為最廉潔的區域，亞太地區國家平均分數45分次之，美洲國家平均43分，其他區域平均則都處於40分以下。

國際透明組織指出，過去20年，雖然有190個國家參與簽署《聯合國反貪腐公約》，但在2012到2023這12年，在全球180個國家中，

▲2023年全球清廉印象指數出爐，丹麥排名第一。圖為哥本哈根的克里斯蒂安堡宮，丹麥的行政、司法、立法機構總部皆位於此。（AP）

只有28個國家的廉政狀況有改善，118個國家維持原地踏步，34個國家的貪腐狀況則更惡化，顯示大多數國家對於反貪腐仍是紙上談兵，不見成效。

值得關注的是，排名在前30的國家中，有7個國家分數上升，13個國家分數持平，但有11個國家分數呈現下滑，以紐西蘭、冰島和英國下降2分為最多。英國從2017年的82分，一路下降到2023年的71分，顯示即便是過往廉政情況表現良好的國家，仍未能擺脫貪腐對國家治理的影響。

國際透明組織自1995年開始公布清廉印象指數，CPI是針對世界各國公部門貪腐情況進行評比，指數主要調查對象包括外商人士、專家學者以及民眾等，透過測量調查對象對於各國公務人員和政治人物貪腐程度的實質感受，反映出主觀印象評價。

國家清廉度排行榜

排名	國家地區	2023	2022	2021	2020
1	丹麥	90	90	88	88
2	芬蘭	87	87	88	85
3	紐西蘭	85	87	88	88
4	挪威	84	84	85	84
5	新加坡	83	83	85	85
6	瑞典	82	83	85	85
6	瑞士	82	82	84	85
8	荷蘭	79	80	82	82
9	德國	78	79	80	80
9	盧森堡	78	77	81	80
11	愛爾蘭	77	77	74	72
12	加拿大	76	74	74	77
12	愛沙尼亞	76	74	74	75
14	澳洲	75	75	73	77
14	香港	75	76	76	77
16	比利時	73	73	73	76
16	日本	73	73	73	74
16	烏拉圭	73	74	73	71
19	冰島	72	74	74	75
20	奧地利	71	71	74	76
20	法國	71	72	71	69
20	塞席爾	71	70	70	66
20	英國	71	73	78	77
24	巴貝多	69	65	65	64
24	美國	69	69	67	67
26	不丹	68	68	68	68
26	阿拉伯聯合大公國	68	67	69	71
28	台灣	67	68	68	65
29	智利	66	67	67	67
30	巴哈馬	64	64	64	63
30	維德角	64	60	58	58
32	南韓	63	63	62	61
33	以色列	62	63	59	60
34	立陶宛	61	62	61	60
34	葡萄牙	61	62	62	61
36	拉脫維亞	60	59	59	57
36	聖文森及格瑞那丁	60	60	59	59
36	西班牙	60	60	61	62
39	波札那	59	60	55	60
40	卡達	58	58	63	63
41	捷克	57	56	54	54
42	多米尼克	56	55	55	55
42	義大利	56	56	56	53
42	斯洛維尼亞	56	56	57	60
45	哥斯大黎加	55	54	58	57
45	聖露西亞	55	55	56	56
47	波蘭	54	55	56	56
47	斯洛伐克	54	53	52	49
49	賽普勒斯	53	52	53	57
49	喬治亞	53	56	55	56

49	格瑞那達	53	52	53	53	83	布吉納法索	41	42	42	40
49	盧安達	53	51	53	54	83	科索沃	41	41	39	36
53	斐濟	52	53	55	N/A	83	南非	41	43	44	44
53	沙烏地阿拉伯	52	51	53	53	83	越南	41	42	39	36
55	馬爾他	51	51	54	53	87	哥倫比亞	40	39	39	39
55	模里西斯	51	50	54	53	87	象牙海岸	40	37	36	36
57	克羅埃西亞	50	50	47	47	87	蓋亞那	40	40	39	41
57	馬來西亞	50	47	48	51	87	蘇利南	40	40	39	38
59	希臘	49	52	49	50	87	坦尚尼亞	40	38	39	38
59	納米比亞	49	49	49	51	87	突尼西亞	40	40	44	44
61	萬那杜	48	48	45	43	93	印度	39	40	40	40
62	亞美尼亞	47	46	49	49	93	哈薩克	39	36	37	38
63	約旦	46	47	49	49	93	賴索托	39	37	38	41
63	科威特	46	42	43	42	93	馬爾地夫	39	40	40	43
63	蒙特內哥羅	46	45	46	45	97	摩洛哥	38	38	39	40
63	羅馬尼亞	46	46	45	44	98	阿爾巴尼亞	37	36	35	36
67	保加利亞	45	43	42	44	98	阿根廷	37	38	38	42
67	聖多美普林西比	45	45	45	47	98	白俄羅斯	37	39	41	47
69	牙買加	44	44	44	44	98	衣索比亞	37	38	39	38
70	貝南	43	43	42	41	98	甘比亞	37	34	37	37
70	迦納	43	43	43	43	98	尚比亞	37	33	33	33
70	阿曼	43	44	52	54	104	阿爾及利亞	36	33	33	36
70	塞內加爾	43	43	43	45	104	巴西	36	38	38	38
70	索羅門群島	43	42	43	42	104	塞爾維亞	36	36	38	39
70	東帝汶	43	42	41	40	104	烏克蘭	36	33	32	33
76	巴林	42	44	42	42	108	波士尼亞與赫塞哥維納	35	34	35	35
76	中國	42	45	45	42	108	多明尼加	35	32	30	28
76	古巴	42	45	46	47	108	埃及	35	30	33	33
76	匈牙利	42	42	43	44	108	尼泊爾	35	34	33	33
76	摩爾多瓦	42	39	36	34	108	巴拿馬	35	36	36	35
76	北馬其頓	42	40	39	35	108	獅子山	35	34	34	33
76	千里達及托巴哥	42	42	41	40	108	泰國	35	36	35	36
						115	厄瓜多	34	36	36	39

排名	國家					排名	國家				
115	印尼	34	34	38	37	149	孟加拉	24	25	26	26
115	馬拉威	34	34	35	30	149	中非共和國	24	24	24	26
115	菲律賓	34	33	33	34	149	伊朗	24	25	25	25
115	斯里蘭卡	34	36	37	38	149	黎巴嫩	24	24	24	25
115	土耳其	34	36	38	40	149	辛巴威	24	23	23	24
121	安哥拉	33	33	29	27	154	亞塞拜然	23	23	30	30
121	蒙古國	33	33	35	35	154	瓜地馬拉	23	24	25	25
121	秘魯	33	36	36	38	154	宏都拉斯	23	23	23	24
121	烏茲別克	33	31	28	26	154	伊拉克	23	23	23	21
125	尼日	32	32	31	32	158	柬埔寨	22	24	23	21
126	薩爾瓦多	31	33	34	36	158	剛果共和國	22	21	21	19
126	肯亞	31	32	30	31	158	幾內亞比索	22	21	21	19
126	墨西哥	31	31	31	31	161	厄利垂亞	21	22	22	21
126	多哥	31	30	30	29	162	阿富汗	20	24	16	19
130	吉布地	30	30	30	27	162	蒲隆地	20	17	19	19
130	史瓦帝尼	30	30	32	33	162	查德	20	19	20	21
130	茅利塔尼亞	30	30	28	29	162	葛摩聯邦	20	19	20	21
133	玻利維亞	29	31	30	31	162	剛果民主共和國	20	20	19	18
133	巴基斯坦	29	27	28	31	162	緬甸	20	23	28	28
133	巴布亞紐幾內亞	29	30	31	27	162	蘇丹	20	22	20	16
136	加彭	28	29	31	30	162	塔吉克	20	24	25	25
136	寮國	28	31	30	29	170	利比亞	18	17	17	17
136	馬利	28	28	29	30	170	土庫曼	18	19	19	19
136	巴拉圭	28	28	30	28	172	赤道幾內亞	17	17	17	16
140	喀麥隆	27	26	27	25	172	海地	17	17	20	18
141	幾內亞	26	25	25	28	172	北韓	17	17	16	18
141	吉爾吉斯	26	27	27	31	172	尼加拉瓜	17	19	20	22
141	俄羅斯	26	28	29	30	176	葉門	16	16	16	15
141	烏干達	26	26	27	27	177	南蘇丹	13	13	11	12
145	賴比瑞亞	25	26	29	28	177	敘利亞	13	13	13	14
145	馬達加斯加	25	26	26	25	177	委內瑞拉	13	14	14	15
145	莫三比克	25	26	26	25	180	索馬利亞	11	12	13	12
145	奈及利亞	25	24	24	25						

資料來源：國際透明組織，2024年1月30日。

全球和平惡化　衝突數量創新高

總部位於澳洲雪梨的非營利組織—經濟與和平研究所（Institute for Economics & Peace, IEP）2024年6月11日公布全球和平指數（2024 Global Peace Index, GPI）報告，冰島蟬聯全球最和平的國家，台灣排名第43名，和平狀態屬「高」。

報告顯示，全球最和平的國家是冰島，以總分1.112連續第2年位居榜首，其次為愛爾蘭、奧地利、紐西蘭及新加坡；排名第6至第10分別為瑞士、葡萄牙、丹麥、斯洛維尼亞、馬來西亞。儘管歐洲繼續籠罩在俄烏戰爭的陰影下，但歐洲仍是全世界最和平地區，在排名前10的國家中占7個，另外3個在亞太地區的國家分別為紐西蘭、新加坡及馬來西亞，其中馬來西亞取代日本擠進10名內。

亞洲各國排名方面，新加坡位居第5名，依舊是亞洲之冠。台灣第43名在和平之列，居亞洲第6，排在新加坡、馬來西亞、日本、不丹、越南之後。中國排名88，和平狀態屬「中等」；葉門則被列為最不和平的國家。

全球和平指數涵蓋163個國家及地區、全球99.7%的人口，針對社會治安及安全、國內外衝突程度、軍事化程度3大面向及23項指標進行評比。和平指數介於1至5，1代表最和平，5代表最不和平。

報告指出，各國和平指數平均下滑0.56%，97個國家的和平狀況惡化、92個國家捲入境外衝突，並有108個國家的軍事化程度加劇，這些數據皆為2008年全球和平指數推出以來最嚴重的一年。

以色列—哈瑪斯戰爭、俄羅斯入侵烏克蘭及相關後果是全球和平惡化主因，2024全球和平指數的排名中，以色列、俄羅斯、烏克蘭皆在倒數10名內。報告統計了目前的56起衝突，是二戰以來最多的一次。2023年有162,000人因衝突而死亡，近3/4的死亡數是以哈戰爭、俄烏戰爭所造成。由於暴力衝突，有1.1億人成為難民或境內流離失所者，目前有16個國家收容了超過50萬難民。

衝突持續為政府和企業帶來重大的供應

▲根據全球和平指數報告，俄烏戰爭等衝突是全球和平惡化主因。圖為歐盟執委會主席范德賴恩（中右）於烏克蘭基輔的一個帳篷裡參觀烏克蘭國家緊急服務處（SESU）總部。（AP）

鏈風險，2023年，暴力對全球經濟的影響為19.1兆美元，即每人2,380美元。較前一年增加1,580億美元，主要是由於衝突造成的GDP損失增加了20%。

經濟與和平研究所執行主席基利亞（Steve Killelea）表示，衝突數量創紀錄、軍事化加劇以及國際戰略競爭惡化，帶來的商業風險從未如此之高，加劇當前全球經濟的脆弱性。世界各國政府和企業必須加緊努力，在許多小衝突升級為更大的危機之前解決它們。

全球和平指數排名

排名	國家（中文）	國家（英文）	得分	排名變動
1	冰島	Iceland	1.112	←→
2	愛爾蘭	Ireland	1.303	←→
3	奧地利	Austria	1.313	↑ 1
4	紐西蘭	New Zealand	1.323	↓ 1
5	新加坡	Singapore	1.339	↑ 3
6	瑞士	Switzerland	1.35	↑ 3
7	葡萄牙	Portugal	1.372	↓ 1
8	丹麥	Denmark	1.382	↓ 3
9	斯洛維尼亞	Slovenia	1.395	↓ 2
10	馬來西亞	Malaysia	1.427	↑ 2
11	加拿大	Canada	1.449	↓ 1
12	捷克	Czechia	1.459	↓ 1
13	芬蘭	Finland	1.474	↑ 2
14	匈牙利	Hungary	1.502	↑ 4
15	克羅埃西亞	Croatia	1.504	↑ 1
16	比利時	Belgium	1.51	↓ 2
17	日本	Japan	1.525	↓ 4
18	荷蘭	Netherlands	1.527	↑ 1
19	澳洲	Australia	1.536	↑ 2
20	德國	Germany	1.542	↓ 4
21	不丹	Bhutan	1.564	↑ 3
22	模里西斯	Mauritius	1.577	←→
23	西班牙	Spain	1.597	↑ 7
24	愛沙尼亞	Estonia	1.615	↑ 3
25	科威特	Kuwait	1.622	↑ 1
26	保加利亞	Bulgaria	1.629	↑ 5
27	斯洛伐克	Slovakia	1.634	↓ 2
28	挪威	Norway	1.638	↓ 5
29	卡達	Qatar	1.656	↓ 9
30	拉脫維亞	Latvia	1.661	↓ 3
31	立陶宛	Lithuania	1.672	↑ 6
32	波蘭	Poland	1.678	↓ 3
33	義大利	Italy	1.692	←→
34	英國	United Kingdom	1.703	↓ 2

35	蒙特內哥羅	Montenegro	1.746	↑5
36	羅馬尼亞	Romania	1.755	↓1
37	阿曼	Oman	1.761	↑4
38	北馬其頓	North Macedonia	1.764	↓2
39	瑞典	Sweden	1.782	↓5
40	希臘	Greece	1.793	↑17
41	越南	Vietnam	1.802	↓3
42	阿爾巴尼亞	Albania	1.809	↓3
43	台灣	Taiwan	1.818	↓1
44	馬達加斯加	Madagascar	1.838	↑2
45	蒙古國	Mongolia	1.845	↔
46	南韓	South Korea	1.848	↑6
47	阿根廷	Argentina	1.855	↑2
48	印尼	Indonesia	1.857	↓4
49	寮國	Laos	1.861	↑1
50	波札那	Botswana	1.863	↓3
51	東帝汶	Timor-Leste	1.882	↓3
52	烏拉圭	Uruguay	1.893	↑3
53	阿拉伯聯合大公國	United Arab Emirates	1.897	↑31
54	塞爾維亞	Serbia	1.93	↑8
55	迦納	Ghana	1.938	↓5
56	科索沃	Kosovo	1.945	↑3
57	尚比亞	Zambia	1.948	↑2
58	哥斯大黎加	Costa Rica	1.95	↓5
59	哈薩克	Kazakhstan	1.954	↑19
60	烏茲別克	Uzbekistan	1.957	↑15
61	波士尼亞與赫塞哥維納	Bosnia and Herzegovina	1.961	↓5
62	納米比亞	Namibia	1.972	↑1
63	摩爾多瓦	Moldova	1.976	↓2
64	智利	Chile	1.978	↓10
65	坦尚尼亞	Tanzania	1.987	↑11
66	獅子山	Sierra Leone	1.993	↓23
67	約旦	Jordan	1.998	↓9
68	玻利維亞	Bolivia	2.009	↓2
69	賴比瑞亞	Liberia	2.025	↓5
70	柬埔寨	Cambodia	2.028	↓6
71	塔吉克	Tajikistan	2.035	↑19
72	安哥拉	Angola	2.043	↑19
73	巴拉圭	Paraguay	2.044	↓4
73	突尼西亞	Tunisia	2.044	↑6
75	泰國	Thailand	2.048	↑11
76	亞美尼亞	Armenia	2.052	↓2
77	吉爾吉斯	Kyrgyz Republic	2.053	↑18

78	摩洛哥	Morocco	2.054	↑ 14
79	馬拉威	Malawi	2.063	↓ 12
80	尼泊爾	Nepal	2.069	↓ 12
81	巴林	Bahrain	2.072	↑ 16
82	甘比亞	The Gambia	2.079	↓ 13
82	土庫曼	Turkmenistan	2.079	↓ 2
84	塞內加爾	Senegal	2.084	↓ 15
85	幾內亞比索	Guinea-Bissau	2.085	↓ 12
86	法國	France	2.088	↓ 14
87	千里達及托巴哥	Trinidad and Tobago	2.092	↓ 10
88	中國	China	2.101	↓ 6
88	賽普勒斯	Cyprus	2.101	↓ 5
90	阿爾及利亞	Algeria	2.11	↓ 2
91	牙買加	Jamaica	2.119	↑ 2
92	盧安達	Rwanda	2.12	↑ 4
93	孟加拉	Bangladesh	2.126	↓ 8
94	赤道幾內亞	Equatorial Guinea	2.132	↓ 14
95	茅利塔尼亞	Mauritania	2.136	↓ 6
96	巴拿馬	Panama	2.14	↓ 9
97	多明尼加	Dominican Republic	2.157	↑ 5
98	古巴	Cuba	2.16	←→
99	秘魯	Peru	2.179	↑ 5
100	喬治亞	Georgia	2.195	↓ 6
100	斯里蘭卡	Sri Lanka	2.195	↓ 1
102	沙烏地阿拉伯王國	Saudi Arabia	2.206	↑ 5
103	史瓦帝尼	Eswatini	2.209	↑ 3
104	菲律賓	Philippines	2.21	↑ 4
105	埃及	Egypt	2.212	↑ 4
106	亞塞拜然	Azerbaijan	2.248	↓ 3
107	薩爾瓦多	El Salvador	2.25	↑ 21
107	莫三比克	Mozambique	2.25	↑ 3
109	象牙海岸	Côte d'Ivoire	2.255	↓ 9
110	剛果	Republic of the Congo	2.261	↑ 6
111	蓋亞那	Guyana	2.286	↑ 1
112	白俄羅斯	Belarus	2.291	↑ 3
113	尼加拉瓜	Nicaragua	2.295	↑ 12
114	貝南	Benin	2.306	↓ 1
115	巴布亞紐幾內亞	Papua New Guinea	2.315	↓ 10
116	印度	India	2.319	↑ 5
117	瓜地馬拉	Guatemala	2.332	←→
118	加彭	Gabon	2.372	↓ 18
119	吉布地	Djibouti	2.374	↓ 8
120	多哥	Togo	2.381	↓ 2
121	辛巴威	Zimbabwe	2.396	↓ 1

122	肯亞	Kenya	2.409	↓ 3
123	宏都拉斯	Honduras	2.415	↑ 1
124	幾內亞	Guinea	2.423	↑ 2
125	賴索托	Lesotho	2.461	↓ 3
126	烏干達	Uganda	2.477	↓ 3
127	南非	South Africa	2.507	↑ 2
128	利比亞	Libya	2.528	↑ 4
129	蒲隆地	Burundi	2.567	↓ 2
130	厄瓜多	Ecuador	2.572	↓ 16
131	巴西	Brazil	2.589	↔
132	美國	United States of America	2.622	↓ 2
133	伊朗	Iran	2.682	↑ 10
134	黎巴嫩	Lebanon	2.693	↓ 1
135	查德	Chad	2.704	↑ 5
136	厄利垂亞	Eritrea	2.748	↑ 5
137	喀麥隆	Cameroon	2.773	↑ 1
138	墨西哥	Mexico	2.778	↓ 1
139	土耳其	Türkiye	2.78	↔
140	巴基斯坦	Pakistan	2.783	↑ 2
140	尼日	Niger	2.792	↓ 6
142	委內瑞拉	Venezuela	2.821	↑ 3
143	海地	Haiti	2.827	↓ 9
144	衣索比亞	Ethiopia	2.845	↑ 5
145	巴勒斯坦	Palestine	2.872	↓ 9
146	哥倫比亞	Colombia	2.887	↔
147	奈及利亞	Nigeria	2.907	↔
148	緬甸	Myanmar	2.943	↑ 6
149	布吉納法索	Burkina Faso	2.969	↓ 1
150	中非共和國	Central African Republic	3.009	↑ 1
151	伊拉克	Iraq	3.045	↑ 2
152	北韓	North Korea	3.055	↓ 2
153	索馬利亞	Somalia	3.091	↑ 2
154	馬利	Mali	3.095	↓ 2
155	以色列	Israel	3.115	↓ 11
156	敘利亞	Syria	3.173	↑ 2
157	俄羅斯	Russia	3.249	↑ 2
158	剛果民主共和國	Democratic Republic of the Congo	3.264	↑ 4
159	烏克蘭	Ukraine	3.28	↓ 3
160	阿富汗	Afghanistan	3.294	↔
161	南蘇丹	South Sudan	3.324	↑ 2
162	蘇丹	Sudan	3.327	↓ 5
163	葉門	Yemen	3.397	↓ 2

資料來源：經濟與和平研究所，2024年6月11日。
說明：和平指數介於1至5，1代表最和平，5代表最不和平。

捷運聯盟與新加坡 SMRT 集團簽署合作 MOU

捷運聯盟與新加坡SMRT集團
簽署合作備忘錄
與國際接軌相互汲取成功經驗

繼112年9月份，由全台五家捷運公司共同簽訂「捷運聯盟」合作備忘錄，創下台灣軌道界首次聯盟的合作之後，113年9月五家捷運公司與新加坡「SMRT集團」(SMRT Corporation Ltd.)共同簽訂合作備忘錄，跨出海外交流的重要里程碑。本次合作備忘錄主要內容包括：「加強人才交流，共同培育軌道專業人才」、「技術專業知能分享，精進系統營運品質」、「建立聯合採購機制，共同開發維修備品，降低購置成本」、「發展商業合作，朝商店經營、廣告、行銷活動等項目互相進駐為方向」等四大面向，由人才、技術、採購到商業合作，全方位地共同交流，雙方皆相當期待未來之推展。

新北市長侯友宜致詞時表示，新加坡的捷運系統從1987年開始營運，到今年即將要屆滿37年，是國際上捷運系統的老前輩，無論是人才、技術交流分享、聯合採購、商業合作等層面，透過雙邊的密切交流，相互汲取成功經驗，相信台灣的捷運系統能夠越來越精進。侯友宜也表示，期待各捷運公司齊心協力透過「捷運聯盟」共同合作、攜手成長，讓所有民眾都能享有更好的捷運服務。

捷運聯盟召集人、新北捷運公司董事長林祐賢表示,本次合作備忘錄簽訂讓「捷運聯盟」不只是國內各捷運公司之間的交流、合作,而是跨出臺灣與國際接軌。林祐賢也表示,臺灣早期興建捷運系統時也是前往新加坡取經,淵源相當深厚;相信透過這次合作備忘錄的簽署,雙方可以更密切的交流,一起攜手邁進。

本屆擔任「捷運聯盟」召集主辦的新北捷運公司亦與SMRT地鐵有限公司(SMRT Trains Ltd.)簽訂「姊妹地鐵締結協議書」,主要合作內容包含促進雙方人才與專業技術交流、商業合作、共同行銷與推廣城市觀光,及合作推展ESG相關策略等。此外,桃園捷運公司亦同步與SMRT地鐵有限公司簽訂「姊妹地鐵締結協議書」,捷運聯盟各成員與新加坡之間的合作相當地熱絡。

現場除了遠道而來「SMRT集團」佘文民主席、鄞雲斌首席執行長等一行來賓以及五家捷運公司的董事長皆出席與會外;更邀請包括新北市長侯友宜、臺北市副秘書長張溫德、桃園市副市長王明鉅、臺中市秘書長黃崇典及高雄市捷運局吳嘉昌局長等市府代表,以及新加坡駐台北商務辦事處葉偉傑代表共同見證,場面十分隆重。

「捷運聯盟」於112年成立後,迄今已舉辦2場捷運聯盟交流會及2場捷運聯盟平台幕僚會議;已完成之具體合作交流項目包含成立2個資訊平台、辦理2場技術交流會、聯合採購多案及1場企業永續活動,成功促進五家捷運公司之間技術交流與資源共享。並將持續朝前述四大面向,共同討論合作方案並據以推動,相信本次與「新加坡SMRT集團」簽訂合作備忘錄後,未來能激盪出更多合作交流之可能性。

捷運聯盟與新加坡SMRT集團簽署合作MOU

新北捷運公司與新加坡SMRT地鐵公司簽署姐妹地鐵

新北捷運公司與新加坡SMRT地鐵公司簽署姐妹地鐵

新北捷運公司與新加坡SMRT地鐵公司簽署姐妹地鐵

新北大眾捷運公司 廣告

全球自由報告　台灣蟬聯亞洲第二

▲根據2024年全球自由報告，日本自由度為亞洲之冠。圖為動漫產業蓬勃的東京秋葉原商圈。（AP）

國際人權組織「自由之家」（Freedom House）2024年2月29日公布「2024年全球自由報告」（Freedom in the World 2024），僅芬蘭獲得滿分100分，台灣獲得94分高分，繼續名列自由國家，在亞洲僅次於日本。

「自由之家」是以人民獲得「政治權利」（Political Rights）和「公民自由」（Civil Liberties）的狀況作為指標，對全球195個國家和15個地區進行評比。

報告評比出自由度前10名的國家，芬蘭拔得頭籌，紐西蘭、瑞典並列第2名，挪威為第3名，加拿大、丹麥、愛爾蘭、盧森堡、荷蘭、聖馬利諾同列第4名。

根據報告，台灣總分獲得94分，與2023年持平，包括在「政治權利」項目獲得38分（滿分40分），「公民自由」項目得到56分（滿分60分），持續被列為「自由」（Free）國家。台灣與同樣拿到94分的冰島、智利、捷克、巴貝多並列全球第7名；在亞洲則僅次於獲得96分的日本，排名第2。

排名倒數的國家及地區中，納戈爾諾-卡拉巴赫以負3分排名最後，其次為0分的西藏、1分的敘利亞及南蘇丹。

中國在報告中維持2023年的得分，「政治權利」拿到負2分（滿分40分），「公民自由」僅11分（滿分60分），總計9分，再度被列為「不自由」（Not free）國家。

目前，全球近38%的人口生活在被評為「不自由」的國家，42%的人口生活在「部分自由」的國家，只有20%的人口生活在「自由」的國家。報告顯示，2023年全球自由度連續第18年下降，其中有52個國家的政治權利和公民自由程度惡化。全球自由度下降的主要原因，來自於選舉操縱、戰爭和對多元化（不同政治理念、宗教或族裔身分）的攻擊。

針對最新報告，自由之家主席阿布拉莫維茨（Michael J. Abramowitz）表示，全球自由倒退了一大步，且2024年世界將面臨另一場嚴峻考驗，至少有40個國家（占世界人口的5分之2以上）將舉行全國性選舉。

他並指出，東歐、南高加索、中東、非洲薩赫爾等地的武裝衝突持續侵犯人們的基本權利，如果民主國家不應對這些挑戰，未來幾年全球將有更多人被剝奪基本自由權，最終會影響到每個人的安全和自由。

世界自由度評比					
國家／地區（中文）	國家／地區（英文）	政治權利	公民自由	總分
自由（Free）				
芬蘭	Finland	40	60	100
紐西蘭	New Zealand	40	59	99
瑞典	Sweden	40	59	99
挪威	Norway	39	59	98
加拿大	Canada	39	58	97
丹麥	Denmark	40	57	97
愛爾蘭	Ireland	39	58	97

盧森堡	Luxembourg	38	59	97
荷蘭	Netherlands	39	58	97
聖馬利諾	San Marino	39	58	97
日本	Japan	40	56	96
比利時	Belgium	39	57	96
瑞士	Switzerland	39	57	96
葡萄牙	Portugal	39	57	96
斯洛維尼亞	Slovenia	39	57	96
烏拉圭	Uruguay	40	56	96
澳洲	Australia	38	57	95
愛沙尼亞	Estonia	38	57	95
冰島	Iceland	37	57	94
智利	Chile	38	56	94
捷克	Czechia	36	58	94
台灣	Taiwan	38	56	94
巴貝多	Barbados	37	57	94
德國	Germany	39	54	93
奧地利	Austria	37	56	93
安道爾	Andorra	38	55	93
多米尼克	Dominica	37	56	93
吐瓦魯	Tuvalu	37	56	93
馬紹爾群島	Marshall Islands	38	55	93
賽普勒斯	Cyprus	38	54	92
密克羅尼西亞	Micronesia	37	55	92
帛琉	Palau	37	55	92
聖露西亞	St. Lucia	38	54	92
維德角	Cabo Verde	38	54	92
英國	United Kingdom	38	53	91
巴哈馬	The Bahamas	38	53	91
哥斯大黎加	Costa Rica	38	53	91
義大利	Italy	36	54	90
西班牙	Spain	37	53	90
斯洛伐克	Slovakia	37	53	90
列支敦斯登	Liechtenstein	33	57	90
吉里巴斯	Kiribati	37	53	90
聖文森及格瑞那丁	St. Vincent and the Grenadines	36	54	90
法國	France	38	51	89
立陶宛	Lithuania	38	51	89
格瑞那達	Grenada	37	52	89
聖克里斯多福及尼維斯	St. Kitts and Nevis	35	54	89
拉脫維亞	Latvia	37	51	88

貝里斯	Belize	34	53	87
馬爾他	Malta	35	52	87
阿根廷	Argentina	35	50	85
希臘	Greece	35	50	85
模里西斯	Mauritius	35	50	85
安地卡及巴布達	Antigua and Barbuda	33	52	85
蒙古	Mongolia	36	48	84
薩摩亞	Samoa	32	52	84
聖多美普林西比	São Tomé and Príncipe	35	49	84
南韓	South Korea	33	50	83
美國	United States	33	50	83
克羅埃西亞	Croatia	34	49	83
巴拿馬	Panama	35	48	83
羅馬尼亞	Romania	35	48	83
千里達及托巴哥	Trinidad and Tobago	33	49	82
萬那杜	Vanuatu	32	50	82
摩納哥	Monaco	25	57	82
東加	Tonga	31	50	81
迦納	Ghana	35	45	80
牙買加	Jamaica	33	47	80
波蘭	Poland	33	47	80
南非	South Africa	33	46	79
蘇利南	Suriname	34	45	79
塞席爾	Seychelles	34	45	79
保加利亞	Bulgaria	32	46	78
納米比亞	Namibia	31	46	77
諾魯	Nauru	34	43	77
北賽普勒斯*	Northern Cyprus	27	49	76
所羅門群島	Solomon Islands	28	47	75
以色列	Israel	34	40	74
蓋亞那	Guyana	30	43	73
巴西	Brazil	30	42	72
波札那	Botswana	28	44	72
東帝汶	Timor-Leste	33	39	72
哥倫比亞	Colombia	31	39	70
部分自由（Partly free）				
蒙特內哥羅	Montenegro	27	42	69
阿爾巴尼亞	Albania	28	40	68
多明尼加	Dominican Republic	27	41	68
厄瓜多	Ecuador	29	38	67
北馬其頓	North Macedonia	28	39	67

塞內加爾	Senegal	28	39	67
印度	India	33	33	66
馬拉威	Malawi	29	37	66
玻利維亞	Bolivia	27	39	66
斐濟	Fiji	27	39	66
賴索托	Lesotho	30	36	66
秘魯	Peru	27	39	66
匈牙利	Hungary	24	41	65
賴比瑞亞	Liberia	30	34	64
不丹	Bhutan	30	33	63
巴拉圭	Paraguay	26	37	63
尼泊爾	Nepal	28	34	62
貝南	Benin	19	42	61
摩爾多瓦	Moldova	26	35	61
巴布亞紐幾內亞	Papua New Guinea	22	39	61
墨西哥	Mexico	27	33	60
獅子山	Sierra Leone	24	36	60
科索沃	Kosovo	28	32	60
喬治亞	Georgia	22	36	58
菲律賓	Philippines	25	33	58
馬達加斯加	Madagascar	24	34	58
印尼	Indonesia	29	28	57
塞爾維亞	Serbia	18	39	57
亞美尼亞	Armenia	23	31	54
斯里蘭卡	Sri Lanka	22	32	54
尚比亞	Zambia	23	31	54
馬來西亞	Malaysia	22	31	53
薩爾瓦多	El Salvador	21	32	53
肯亞	Kenya	22	30	52
突尼西亞	Tunisia	16	35	51
波士尼亞與赫塞哥維納	Bosnia and Herzegovina	17	34	51
甘比亞	The Gambia	22	28	50
烏克蘭	Ukraine	21	28	49
象牙海岸	Côte d'Ivoire	19	30	49
新加坡	Singapore	19	29	48
宏都拉斯	Honduras	22	26	48
瓜地馬拉	Guatemala	17	29	46
奈及利亞	Nigeria	20	24	44
莫三比克	Mozambique	14	30	44
馬爾地夫	Maldives	21	23	44
幾內亞比索	Guinea-Bissau	17	26	43
索馬利蘭*	Somaliland	17	26	43

黎巴嫩	Lebanon	13	29	42
多哥	Togo	15	27	42
葛摩聯邦	Comoros	16	26	42
香港*	Hong Kong	9	32	41
孟加拉	Bangladesh	15	25	40
茅利塔尼亞	Mauritania	15	24	39
阿布哈茲*	Abkhazia	17	22	39
科威特	Kuwait	14	24	38
摩洛哥	Morocco	13	24	37
泰國	Thailand	12	24	36
坦尚尼亞	Tanzania	12	24	36
巴基斯坦	Pakistan	14	21	35
不自由（Not free）				
烏干達	Uganda	10	24	34
約旦	Jordan	11	22	33
土耳其	Turkey	17	16	33
尼日	Niger	6	27	33
阿爾及利亞	Algeria	10	22	32
幾內亞	Guinea	7	23	30
海地	Haiti	11	19	30
伊拉克	Iraq	16	14	30
巴基斯坦喀什米爾*	Pakistani Kashmir	9	20	29
安哥拉	Angola	10	18	28
汶萊	Brunei	7	21	28
吉爾吉斯	Kyrgyzstan	4	23	27
辛巴威	Zimbabwe	10	17	27
布吉納法索	Burkina Faso	3	24	27
馬利	Mali	6	20	26
印度喀什米爾*	Indian Kashmir	6	20	26
卡達	Qatar	7	18	25
吉布地	Djibouti	5	19	24
阿曼	Oman	6	18	24
柬埔寨	Cambodia	4	19	23
哈薩克	Kazakhstan	5	18	23
盧安達	Rwanda	8	15	23
約旦河西岸*	West Bank	4	18	22
衣索比亞	Ethiopia	10	10	20
加彭	Gabon	2	18	20
越南	Vietnam	4	15	19
剛果民主共和國	Democratic Republic of the Congo	4	15	19
埃及	Egypt	6	12	18

阿拉伯聯合大公國	United Arab Emirates	5	13	18
剛果共和國	Republic of the Congo	2	15	17
史瓦帝尼	Eswatini	1	16	17
聶斯特河沿岸*	Transnistria	5	12	17
尼加拉瓜	Nicaragua	4	12	16
委內瑞拉	Venezuela	1	14	15
喀麥隆	Cameroon	6	9	15
查德	Chad	1	14	15
蒲隆地	Burundi	4	10	14
俄羅斯	Russia	4	9	13
寮國	Laos	2	11	13
巴林	Bahrain	2	10	12
古巴	Cuba	1	11	12
烏茲別克	Uzbekistan	2	10	12
南奧塞提亞*	South Ossetia	3	9	12
伊朗	Iran	4	7	11
葉門	Yemen	1	9	10
中國	China	-2	11	9
利比亞	Libya	1	8	9
白俄羅斯	Belarus	2	6	8
緬甸	Myanmar	0	8	8
沙烏地阿拉伯	Saudi Arabia	1	7	8
索馬利亞	Somalia	2	6	8
加薩走廊*	Gaza Strip	3	5	8
亞塞拜然	Azerbaijan	0	7	7
蘇丹	Sudan	-3	9	6
阿富汗	Afghanistan	1	5	6
中非共和國	Central African Republic	1	4	5
赤道幾內亞	Equatorial Guinea	0	5	5
塔吉克	Tajikistan	0	5	5
西撒哈拉*	Western Sahara	-3	7	4
厄利垂亞	Eritrea	1	2	3
北韓	North Korea	0	3	3
土庫曼	Turkmenistan	0	2	2
克里米亞*	Crimea	-2	4	2
東頓巴斯*	Eastern Donbas	-1	3	2
敘利亞	Syria	-3	4	1
南蘇丹	South Sudan	-3	4	1
西藏*	Tibet	-2	2	0
納戈爾諾-卡拉巴赫*	Nagorno-Karabakh	-3	0	-3

資料來源：自由之家（Freedom House），2024年2月29日。
說明：*表示為地區而不是獨立國家。

生活費最貴城市　香港居冠

國際諮詢公司美世（Mercer）2024年6月17日公布「2024年度城市生活成本調查報告」（2024 Cost of Living City Ranking），香港依舊為全球外派人員生活費用最高城市，台灣有3個城市進入排行榜，台北排名居全球第69名，較2023年下降12個名次；排名第132的台中、排名第149的高雄，生活成本也較前一年下降。

此排名包含全球226個城市，藉由調查每個城市的住宿、交通、伙食、服裝、娛樂及家庭用品等200多項消費指標，計算與對比出外派人員的生活費。

根據報告，全球生活費最昂貴城市前10名分別為：香港、新加坡、蘇黎世、日內瓦、巴塞爾、伯恩、紐約、倫敦、拿索、洛杉磯。

生活成本最低的10個城市城市依序為：哈瓦那、溫荷克、德班、杜尚別、布蘭泰爾、喀拉蚩、比許凱克、伊斯蘭馬巴德、拉哥斯、阿布加。

亞洲10大最昂貴城市分別為香港、新加坡、上海、北京、首爾、深圳、東京、台北、廣州、釜山。從整個亞洲地區來看，通貨膨脹、燃料和食品價格以及全球經濟放緩等因素，影響了生活水準成本。

美世亞洲國際調派解決方案負責人Tracey Ma說明，雖然許多亞洲城市由於貨幣貶值、較和緩的通貨膨脹及房價變動，因而排名下降，就整體而言，亞洲地區的經濟正逐漸復甦。

這項調查是協助跨國公司和政府確定國際外派人員的薪資策略。政府和大公司利用調查數據來保護員工在海外調動時的購買力，例如租賃住宿費用數據，用於評估當地國際外派人員的住房補貼。

調查顯示，通貨膨脹、匯率波動直接影響國際外派員工的薪資和儲蓄。經濟和地緣政治的動盪加劇，以及當地的衝突和緊急情況，導致住房、公共建設、地方稅收等方面的開支增加。

在排名較高的城市（香港、新加坡和蘇黎世），住房、交通以及較高的商品和服務成本等因素，導致生活成本居高不下。相反地，在伊斯蘭馬巴德、拉哥斯、阿布加，國際外派員工的生活成本明顯較低，部分原因是因為貨幣貶值。

此外，報告也指出在當今日新月異的全球格局中，一個地點具有吸引力的原因遠遠超出了單純的成本考量範疇，除了成本外，生活品質、安全保障、基礎設施等，已成為決定一個地點是否具有吸引力的關鍵因素。

▲美世諮詢公司2024年6月17日公布調查報告，新加坡蟬聯全球外派人員生活費用第2高城市。（AP）

全球城市生活費昂貴排名

2024年排名	城市	國家／地區	2023年排名
1	香港 Hong Kong	香港	1
2	新加坡 Singapore	新加坡	2
3	蘇黎世 Zurich	瑞士	3
4	日內瓦 Geneva	瑞士	4
5	巴塞爾 Basel	瑞士	5
6	伯恩 Bern	瑞士	7
7	紐約 New York	美國	6

8	倫敦 London	英國	17		31	柏林 Berlin	德國	37
9	拿索 Nassau	巴哈馬	10		32	首爾 Seoul	南韓	16
10	洛杉磯 Los Angeles	美國	11		33	墨西哥市 Mexico City	墨西哥	79
11	哥本哈根 Copenhagen	丹麥	9		34	深圳 Shenzhen	中國	20
12	檀香山 Honolulu	美國	15		35	法蘭克福 Frankfurt	德國	48
13	舊金山 San Francisco	美國	14		36	聖約瑟 San Jose	哥斯大黎加	63
14	班基 Bangui	中非共和國	26		37	布魯塞爾 Brussels	比利時	41
15	杜拜 Dubai	阿拉伯聯合大公國	18		38	慕尼黑 Munich	德國	38
16	特拉維夫 Tel Aviv	以色列	8		39	達卡 Dakar	塞內加爾	66
17	邁阿密 Miami	美國	22		40	赫爾辛基 Helsinki	芬蘭	34
18	吉布地市 Djibouti	吉布地	27		41	都柏林 Dublin	愛爾蘭	51
19	波士頓 Boston	美國	21		42	蒙特維多 Montevideo	烏拉圭	54
20	芝加哥 Chicago	美國	24		43	阿布達比 Abu Dhabi	阿拉伯聯合大公國	43
21	恩加米那 N'Djamena	查德	40		44	海牙 The Hague	荷蘭	46
22	華盛頓 Washington	美國	23		45	自由市 Libreville	加彭	52
23	上海 Shanghai	中國	12		46	費城 Philadelphia	美國	50
24	維也納 Vienna	奧地利	25		47	盧森堡 Luxembourg	盧森堡	58
25	北京 Beijing	中國	13		48	聖胡安 San Juan	波多黎各	44
26	康納克立 Conakry	幾內亞	39		49	東京 Tokyo	日本	19
27	亞特蘭大 Atlanta	美國	29		50	休士頓 Houston	美國	61
28	西雅圖 Seattle	美國	31		51	杜塞道夫 Dusseldorf	德國	74
29	巴黎 Paris	法國	35		52	奧斯陸 Oslo	挪威	60
30	阿姆斯特丹 Amsterdam	荷蘭	28		53	愛丁堡 Edinburgh	英國	86

排名	城市	國家	分數
54	漢堡 Hamburg	德國	62
55	達拉斯 Dallas	美國	53
56	布拉格 Prague	捷克	33
57	米蘭 Milan	義大利	49
58	雪梨 Sydney	澳洲	56
59	明尼阿波利斯 Minneapolis	美國	67
60	努美阿 Noumea	新喀里多尼亞	70
61	里加 Riga	拉脫維亞	64
62	匹茲堡 Pittsburgh	美國	65
63	杜阿拉 Douala	喀麥隆	81
64	維多利亞 Victoria	塞席爾	42
65	波特蘭 Portland	美國	72
66	巴塞隆納 Barcelona	西班牙	75
67	羅馬 Rome	義大利	59
68	格拉斯哥 Glasgow	英國	109
69	台北市 Taipei	台灣	57
71	廣州 Guangzhou	中國	36
73	墨爾本 Melbourne	澳洲	71
75	里昂 Lyon	法國	92
76	馬德里 Madrid	西班牙	83
77	布宜諾斯艾利斯 Buenos Aires	阿根廷	45
88	釜山 Busan	南韓	68
89	布里斯本 Brisbane	澳洲	82
92	多倫多 Toronto	加拿大	90
93	青島 Qingdao	中國	55
100	里斯本 Lisbon	葡萄牙	117
101	溫哥華 Vancouver	加拿大	116
102	斯德哥爾摩 Stockholm	瑞典	95
104	雅典 Athens	希臘	97
105	南京 Nanjing	中國	73
129	曼谷 Bangkok	泰國	105
130	伊斯坦堡 Istanbul	土耳其	185
131	馬尼拉 Manila	菲律賓	133
132	台中市 Taichung	台灣	124
149	高雄市 Kaohsiung	台灣	138
217	哈瓦那 Havana	古巴	225
218	溫荷克 Windhoek	納米比亞	222
219	德班 Durban	南非	220
220	杜尚別 Dushanbe	塔吉克	223
221	布蘭泰爾 Blantyre	馬拉威	198
222	喀拉蚩 Karachi	巴基斯坦	226
223	比許凱克 Bishkek	吉爾吉斯	224
224	伊斯蘭馬巴德 Islamabad	巴基斯坦	227
225	拉哥斯 Lagos	奈及利亞	47
226	阿布加 Abuja	奈及利亞	140

資料來源：美世諮詢公司，2024年6月17日。

廣告

幸福國家排名　芬蘭七連霸

聯合國（UN）2024年3月20日公布「世界幸福報告」（World Happiness Report 2024），在全球143個國家和地區中，芬蘭連續7年穩居最幸福國家。台灣排名第31，居亞太地區第4，領先中國、日本及韓國等東亞國家。

根據2024年版「世界幸福報告」，在調查的143個國家和地區中，全球最幸福國家前10名依序為芬蘭、丹麥、冰島、瑞典、以色列、荷蘭、挪威、盧森堡、瑞士、澳洲，其中有8個歐洲國家。

值得注意的是，美國僅獲得23名，首度掉出20名以外，令許多專家學者十分驚訝。進一步觀察調查結果，發現美國名次下跌，主因為30歲以下族群的幸福指數急遽下滑。

台灣以6.503分排名第31，以0.02分略遜於亞鄰的新加坡（第30名），但優於日本（第51名）、韓國（第52名）、中國（第60名）、蒙古國（第77名）及香港（第86名），而同為東亞的北韓不在這次的排名中。

與2023年相比，台灣的排名從第27名下降至第31名，整體分數從6.535下降至6.503。中國則從第64名進步至第60名，分數也從5.818增加到5.973。香港的分數即便從5.308微幅上升到5.316，仍從第82名退步到第86名。

全球最不幸福的10個國家依序為尚比亞、史瓦帝尼、馬拉威、波札那、辛巴威、剛果民主共和國、獅子山、賴索托、黎巴嫩、阿富汗。飽受戰亂之苦的阿富汗，自2020年以來就一直在榜中墊底。

烏克蘭遭受俄羅斯侵略，俄烏戰爭至今仍如火如荼，報告顯示，烏克蘭的排名從2023年第92名滑落至2024年的第105名，相對的，俄羅斯則從2023年第70名，微幅降至2024年的第72名。

聯合國自2012年起開始公布「世界幸福報告」，以美國市場研究公司蓋洛普（Gallup）的數據為基礎，由牛津大學領導的全球團隊分析結果。該調查衡量與全球生活品質相關的14個關鍵領域，有些是客觀且易於衡量，有些較主觀且複雜，是基於觀察和社會科學指數，並且主要根據問卷調查。由於單年數據比較不穩定，自2013年以來，「世界幸福報告」採最近3年平均結果進行國際比較。

這項排名不僅根據個人對生活滿意度的自我評估，還依據6個關鍵指標：人均GDP、出生時的健康預期壽命、社會支持度、是否能自由選擇生活、慷慨程度，以及對貪腐程度的感知，分數加總後進行排名，滿分為10分，最低為0分。

▲世界幸福報告2024年3月20日公布，台灣排名第31，蟬聯東亞第一。圖為在高雄愛河展出的黃色小鴨，2024年2月14日情人節當天上演親吻秀。

幸福國家排名

排名	國家（中文）	國家（英文）	幸福指數
1	芬蘭	Finland	7.741
2	丹麥	Denmark	7.583
3	冰島	Iceland	7.525
4	瑞典	Sweden	7.344
5	以色列	Israel	7.341
6	荷蘭	Netherlands	7.319
7	挪威	Norway	7.302
8	盧森堡	Luxembourg	7.122
9	瑞士	Switzerland	7.060
10	澳洲	Australia	7.057
11	紐西蘭	New Zealand	7.029
12	哥斯大黎加	Costa Rica	6.955
13	科威特	Kuwait	6.951

14	奧地利	Austria	6.905		54	越南	Vietnam	6.043
15	加拿大	Canada	6.900		55	葡萄牙	Portugal	6.030
16	比利時	Belgium	6.894		56	匈牙利	Hungary	6.017
17	愛爾蘭	Ireland	6.838		57	巴拉圭	Paraguay	5.977
18	捷克	Czechia	6.822		58	泰國	Thailand	5.976
19	立陶宛	Lithuania	6.818		59	馬來西亞	Malaysia	5.975
20	英國	United Kingdom	6.749		60	中國	China	5.973
21	斯洛維尼亞	Slovenia	6.743		61	宏都拉斯	Honduras	5.968
22	阿拉伯聯合大公國	United Arab Emirates	6.733		62	巴林	Bahrain	5.959
23	美國	United States	6.725		63	克羅埃西亞	Croatia	5.942
24	德國	Germany	6.719		64	希臘	Greece	5.934
25	墨西哥	Mexico	6.678		72	俄羅斯	Russia	5.785
26	烏拉圭	Uruguay	6.611		80	印尼	Indonesia	5.568
27	法國	France	6.609		86	香港	Hong Kong	5.316
28	沙烏地阿拉伯	Saudi Arabia	6.594		92	伊拉克	Iraq	5.166
29	科索沃	Kosovo	6.561		93	尼泊爾	Nepal	5.158
30	新加坡	Singapore	6.523		94	寮國	Laos	5.139
31	台灣	Taiwan	6.503		103	巴勒斯坦	State of Palestine	4.879
32	羅馬尼亞	Romania	6.491		104	喀麥隆	Cameroon	4.874
33	薩爾瓦多	El Salvador	6.469		105	烏克蘭	Ukraine	4.873
34	愛沙尼亞	Estonia	6.448		118	緬甸	Myanmar	4.354
35	波蘭	Poland	6.442		119	柬埔寨	Cambodia	4.341
36	西班牙	Spain	6.421		126	印度	India	4.054
37	塞爾維亞	Serbia	6.411		127	埃及	Egypt	3.977
38	智利	Chile	6.360		128	斯里蘭卡	Sri Lanka	3.898
39	巴拿馬	Panama	6.358		129	孟加拉	Bangladesh	3.886
40	馬爾他	Malta	6.346		134	尚比亞	Zambia	3.502
41	義大利	Italy	6.324		135	史瓦帝尼	Eswatini	3.502
42	瓜地馬拉	Guatemala	6.287		136	馬拉威	Malawi	3.421
43	尼加拉瓜	Nicaragua	6.284		137	波札那	Botswana	3.383
44	巴西	Brazil	6.272		138	辛巴威	Zimbabwe	3.341
45	斯洛伐克	Slovakia	6.257		139	剛果民主共和國	Democratic Republic of the Congo	3.295
46	拉脫維亞	Latvia	6.234		140	獅子山	Sierra Leone	3.245
47	烏茲別克	Uzbekistan	6.195		141	賴索托	Lesotho	3.186
48	阿根廷	Argentina	6.188		142	黎巴嫩	Lebanon	2.707
49	哈薩克	kazakhstan	6.188		143	阿富汗	Afghanistan	1.721
50	賽普勒斯	Cyprus	6.068					
51	日本	Japan	6.060					
52	南韓	South Korea	6.058					
53	菲律賓	Philippines	6.048					

資料來源：聯合國，2024年3月20日。

林業及自然保育署

農業部林業及自然保育署
阿里山林業鐵路及文化資產管理處

阿里山林鐵
台灣走向世界的名片

Smile Go!

廣告

百大價值品牌　蘋果價值首破兆

全球品牌數據分析公司凱度集團（Kantar）2024年6月12日公布BrandZ™全球百大最有價值品牌排行榜（Most Valuable Global Brands 2024），蘋果突破1兆美元奪冠，也是首個突破1兆美元大關的品牌，締造歷史性的里程碑。

百大最有價值品牌排行榜前10名分別是：蘋果、谷歌、微軟、亞馬遜、麥當勞、輝達、Visa、臉書、甲骨文、騰訊。與前一年榜單比較，前5強並無異動，但輝達、臉書、甲骨文3個品牌，取代路易威登、萬事達、可口可樂，成為新10強成員。

本屆百大價值品牌榜以科技品牌為主，反映了科技在日常生活中的穩固地位。連3年奪冠的蘋果，品牌價值較2023年增加15%，達到1兆159億美元。

速食業龍頭麥當勞維持第5名，得益於其持續創新，包括將AI應用於動態菜單、訂單預測等，顯示目前非科技品牌也在探索AI運用的各種可能性。輝達在2024年排名中進步18名，躍升至第6名，彰顯出AI是日常生活中的生力軍。臉書時隔一年重新躋身前10，而甲骨文則首次進入10強榜單。

首次進入榜單的品牌包括運動服飾品牌露露樂檬lululemon（第92名，206億美元）和啤酒品牌可樂娜Corona（第100名，190億美元）。

2024年全球前10名品牌的品牌價值首次與其他90個頂級品牌的總和相當，呈現「大者愈大」的現象。除了中國品牌騰訊之外，10強名單清一色為美國企業，然而騰訊同時是品牌價值唯一呈現負成長者，成長率比2023年減少4%。

自動資料處理公司（44）、ServiceNow（53）、威睿（88）、露露樂檬（92）、可樂娜（100）首次上榜，戴爾（81）、奧樂齊（91）、拼多多（94）、滙豐（98）重新上榜。這9個品牌中有4個屬於商業技術與服務平台（Business Technology and Services Platforms），反映了科技業的重點從面向消費者轉向B2B服務。

2024年全球百大價值品牌總價值為8.3兆美元，較2023年提升20%，並接近2022年的高峰8.7兆美元。此數據突顯了頂級品牌的韌性，儘管全球經濟存在不確定性，強勢品牌仍蓬勃發展。

百大價值品牌榜以財務數據分析、消費者訪談等方式進行調查，涵蓋全球2萬餘個品牌，自2006年推出以來，全球百大品牌價值成長了474%，進入百強的門檻從40億美元提高到190億美元，提高了354%。

品牌價值成長最多的排行榜，在生成式AI、空間運算領域占據核心地位的輝達，以178%成長率傲視全球，AI巨頭奧多比、超微半導體同樣令人矚目，品牌價值分別成長66%和53%。

2023年品牌成長榜前20名皆非科技品牌，2024年尖端科技、媒體／娛樂品牌重返榮耀，隨著臉書、Instagram、優步、網飛和Booking.com復甦成長，這些公司共同證明了科技創新是企業加速成長的關鍵。

▲全球百大最有價值品牌2024年6月12日揭曉，輝達以178%成長率傲視全球。圖為輝達執行長黃仁勳。

全球百大最有價值品牌

排名	品牌（中文）	品牌（英文）	領域	品牌價值／百萬美元	品牌價值增減%比2023	排名升降比2023	國家
1	蘋果	Apple	科技業	1,015,900	15%	0	美國
2	谷歌	Google	媒體／娛樂	753,474	30%	0	美國
3	微軟	Microsoft	科技業	712,883	42%	0	美國
4	亞馬遜	Amazon	零售業	576,622	23%	0	美國
5	麥當勞	McDonald's	速食業	221,902	16%	0	美國
6	輝達	Nvidia	科技業	201,840	178%	18	美國
7	Visa	Visa	金融服務	188,929	12%	-1	美國
8	臉書	Facebook	媒體／娛樂	166,751	79%	4	美國
9	甲骨文	Oracle	科技業	145,498	58%	4	美國
10	*騰訊	Tencent	媒體／娛樂	135,215	-4%	-3	中國
11	萬事達	MasterCard	金融服務	134,251	21%	-2	美國
12	路易威登	Louis Vuitton	精品業	129,857	4%	-4	法國
13	Instagram	Instagram	媒體／娛樂	113,916	93%	16	美國
14	沙烏地阿拉伯國家石油公司	Aramco	能源	107,722	2%	-3	沙烏地阿拉伯
15	可口可樂	Coca-Cola	食品業	106,453	0%	-5	美國
16	國際商業機器	IBM	科技業	98,636	13%	1	美國
17	愛馬仕	Hermès	精品業	93,676	23%	2	法國
18	*貴州茅台	Moutai	酒業	85,565	-2%	0	中國
19	奧多比	Adobe	科技業	84,821	66%	16	美國
20	埃森哲	Accenture	科技業	81,935	11%	2	美國
21	威瑞森	Verizon	電信業	81,473	-8%	-5	美國
22	美國電話電報公司	AT&T	電信業	76,452	-14%	-7	美國
23	網飛	Netflix	媒體／娛樂	74,919	51%	13	美國
24	家得寶	The Home Depot	零售業	74,712	0%	-4	美國
25	德國電信	Telekom/T-Mobile	電信業	73,516	13%	1	德國
26	特斯拉	Tesla	汽車業	71,910	6%	-1	美國
27	耐吉	Nike	服飾業	71,616	-4%	-6	美國
28	*阿里巴巴	Alibaba	零售業	69,946	-24%	-14	中國
29	沃爾瑪	Walmart	零售業	69,700	16%	-1	美國
30	星巴克	Starbucks	速食業	69,625	13%	-3	美國

31	YouTube	YouTube	媒體／娛樂	66,882	26%	3	美國
32	領英	Linkedin	媒體／娛樂	65,299	35%	5	美國
33	優比速	UPS	物流	63,389	-14%	-10	美國
34	好市多	Costco	零售業	60,489	13%	-1	美國
35	*抖音	TikTok	媒體／娛樂	60,401	36%	6	中國
36	香奈兒	Chanel	精品業	60,152	8%	-5	法國
37	萬寶路	Marlboro	菸草業	57,820	0%	-7	美國
38	思科	Cisco	科技業	56,369	20%	0	美國
39	思愛普	SAP	科技業	55,670	60%	9	德國
40	高通	Qualcomm	科技業	54,739	1%	-8	美國
41	超微半導體	AMD	科技業	51,860	53%	9	美國
42	企業雲計算公司	Salesforce	科技業	51,570	49%	7	美國
43	Intuit	Intuit	科技業	51,066	32%	1	美國
44	自動資料處理公司	ADP	科技業	50,277	新	新	美國
45	Xfinity	Xfinity	電信業	45,515	3%	-5	美國
46	塔塔諮詢服務	Tata Consultancy Services	科技業	44,790	7%	-4	印度
47	HDFC銀行	HDFC Bank	金融服務	43,260	新	新	印度
48	英特爾	Intel	科技業	42,970	29%	4	美國
49	迪士尼	Disney	媒體／娛樂	42,639	-9%	-10	美國
50	德州儀器	Texas Instruments	科技業	41,205	0%	-7	美國
51	三星	Samsung	科技業	40,074	24%	3	南韓
52	Spectrum	Spectrum	電信業	39,933	7%	-6	美國
53	ServiceNow	ServiceNow	科技業	39,759	新	新	美國
54	XBOX	XBOX	科技業	39,722	31%	6	美國
55	美國運通	American Express	金融服務	39,720	7%	-8	美國
56	巴黎萊雅	L'Oreal Paris	個人保養	39,510	4%	-11	法國
57	美卡多	Mercado Libre	零售業	32,831	41%	15	阿根廷
58	*海爾	Haier	物聯網	32,347	6%	1	中國
59	摩根大通	J.P. Morgan	金融服務	32,243	27%	9	美國
60	聯合健康保險	UnitedHealthcare	金融服務	31,803	3%	-3	美國
61	優步	Uber	科技業	31,377	71%	35	美國
62	大通銀行	Chase	金融服務	31,328	40%	13	美國
63	*中國移動	China Mobile	電信業	31,017	34%	10	中國
64	加拿大皇家銀行	RBC	金融服務	31,000	-8%	-13	加拿大

65	富國銀行	Wells Fargo	金融服務	30,855	-5%	-12	美國
66	豐田	Toyota	汽車業	30,243	6%	-4	日本
67	*中國工商銀行	ICBC	金融服務	27,734	9%	2	中國
68	西門子	Siemens	跨產業集團	27,330	23%	9	德國
69	中亞銀行	BCA	金融服務	27,152	20%	5	印尼
70	Zara	Zara	服飾業	27,101	47%	24	西班牙
71	*華為	HUAWEI	科技業	26,670	-14%	-13	中國
72	羅威公司	Lowe's	零售業	26,612	24%	11	美國
73	巴帝電信	Airtel	電信業	25,263	13%	3	印度
74	印福思	Infosys	科技業	24,686	-6%	-8	印度
75	肯德基	KFC	速食業	24,640	12%	5	美國
76	古馳	GUCCI	精品業	23,820	-9%	-11	義大利
77	多倫多道明銀行	TD	金融服務	23,747	-9%	-10	加拿大
78	埃克森美孚	ExxonMobil	能源	23,528	7%	1	美國
79	Paypal	Paypal	金融服務	23,516	-22%	-18	美國
80	寶馬	BMW	汽車業	23,163	11%	7	德國
81	戴爾	Dell Technologies	科技業	23,138	41%	新	美國
82	澳洲聯邦銀行	CommBank	金融服務	23,127	5%	-4	澳洲
83	賓士	Mercedes-Benz	汽車業	22,798	-5%	-12	德國
84	紅牛	Red Bull	食品業	22,150	19%	9	奧地利
85	聯邦快遞	FedEx	物流	21,941	20%	12	美國
86	宜家	IKEA	零售業	21,937	4%	0	瑞典
87	日本電信電話	NTT	電信業	21,565	1%	-3	日本
88	威睿	Vmware	科技業	21,505	新	新	美國
89	索尼	Sony	科技業	21,504	21%	10	日本
90	*中國平安	Ping An	金融服務	21,134	0%	-5	中國
91	奧樂齊	ALDI	零售業	21,024	22%	新	德國
92	露露樂檬	Lululemon	服飾業	20,616	24%	新	加拿大
93	伏德風	Vodafone	電信業	20,429	-24%	-30	英國
94	*拼多多	Pinduoduo	零售業	20,369	61%	新	中國
95	百威	Budweiser	酒業	20,138	1%	-7	美國
96	*農夫山泉	Nongfu Spring	食品業	19,968	-8%	-15	中國
97	美國銀行	Bank of America	金融服務	19,574	-9%	-15	美國
98	滙豐	HSBC	金融服務	19,563	17%	新	英國
99	DHL	DHL	物流	19,208	3%	-7	德國
100	可樂娜	Corona	酒業	19,043	新	新	墨西哥

說明:「*」,表示中國品牌。　　資料來源:Kantar BrandZ™,2024年6月12日。

品牌價值成長最多的企業

排名	品牌（中文）	品牌（英文）	品牌價值增減%比2022	領域
1	輝達	Nvidia	178%	科技業
2	Instagram	Instagram	93%	媒體／娛樂
3	臉書	Facebook	79%	媒體／娛樂
4	谷歌雲端	Google Cloud	74%	科技業
5	優步	Uber	71%	科技業
6	奧多比	Adobe	66%	科技業
7	*拼多多	Pinduoduo	61%	零售業
8	思愛普	SAP	60%	科技業
9	甲骨文	Oracle	58%	科技業
10	超微半導體	AMD	53%	科技業
11	網飛	Netflix	51%	媒體／娛樂
12	Booking.com	Booking.com	50%	科技業
13	企業雲計算公司	Salesforce	49%	科技業
14	Zara	Zara	47%	服飾業

財星500大企業　沃爾瑪穩坐榜首

美國《財星》雜誌（Fortune）2024年8月5日公布「2024年全球500大企業」排行榜（Fortune Global 500），美國零售業巨擘沃爾瑪連續11年高居榜首，且是1995年以來第19次奪冠。美國139間企業入榜，是上榜企業數量最多的國家。

「全球500大企業」是美國《財星》雜誌自1995年起每年評選的全球最大500家公司，以營業額為排名，該榜單入圍的標準是全年營業額，因此上榜企業中也有虧損企業。

2024年《財星》500強排行榜前10名依序是沃爾瑪、亞馬遜、中國國家電網、沙烏地阿拉伯國家石油公司、中國石油化工集團、中國石油天然氣集團、蘋果、聯合健康集團、波克夏哈薩威、CVS保健。

排名第一的沃爾瑪營收達6,481億美元，零售電商亞馬遜以5,747億美元緊接在後。與2023年排行榜相較，壽險業波克夏哈薩威、CVS保健分別以3,644、3,577億美元新擠進10名內；埃克森美孚、殼牌兩家石油業者，則掉出10名外。

▲全球500大企業排行榜，美國零售龍頭沃爾瑪連續11年居冠。圖為美國阿肯色州一家沃爾瑪賣場。（AP）

台灣共有5家上榜，分別是鴻海（32名）、台積電（186名）、和碩（375名）、廣達（444名）、台灣中油（465名）。較2023年7家減少2家，仁寶與緯創掉出榜外。

2024《財星》500大企業排行榜企業營業收入總和約41兆美元，相當於全球GDP的1/3。所有上榜公司的淨利總和較2023年增長2.3%，約為2.97兆美元。

Your Trusted and Reliable Global Trade Partner

中國輸出入銀行
The Export-Import Bank of the Republic of China

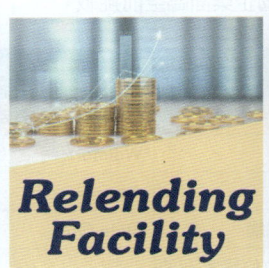

Credit Services | **Export Insurance** | **Relending Facility** | **Guarantees services**

Head Office
TEL: +886-2-2321-0511

Credit Services
TEL: +886-2-2392-5235

Export Insurance
TEL: +886-2-2394-8145

Relending Facility
TEL: +886-2-2397-1505

Kaohsiung Branch
TEL: +886-7-224-1921

Taichung Branch
TEL: +886-4-2322-5756

Hsinchu Branch
TEL: +886-3-658-8903

Tainan Branch
TEL: +886-6-593-8999

Representative Office in Bangkok, Thailand
TEL: +66-2-286-2896
TEL: +66-2-286-1038

Representative Office in Prague, Czech Republic
TEL: +420-234-107-222

Representative Office in Jakarta, Indonesia
TEL: +62-21-526-8879

https://www.eximbank.com.tw

AD

近年全球遭逢COVID-19疫情、俄烏戰爭等危機，但從排行榜來看，許多企業已走出困境，並達到發展的新高點。此500家公司除了盈利總額略低於2022年上榜企業，其他指標，包括資產總額、淨資產總額、雇用員工總數，均達到排行榜1995年創立以來的最高峰，使得進入榜門檻（最低營收）提高，從309億美元躍升至321億美元。

榜單顯示，美國共139家公司上榜，較2023年增加3家。中國有128家公司上榜，較2023年減少7家。日本上榜公司數量則排第3，共40家上榜公司，較2023年減少1家。目前，美國、中國、日本3國，為榜單貢獻了約2/3的公司、營收及利潤。

入榜美企業平均利潤大勝中國

上榜的美國企業平均淨利是88億美元，139家美國公司盈利總額高達1兆2,236億美元，占據《財星》世界500強全部盈利的41%。上榜中國（包括香港）企業平均數為39億美元，未達到全榜單500家企業的平均利潤—59億美元。

《財星》特約作者王志樂指出，2024年的排行榜反映了上榜中國企業的經營品質不及全球平均水準。目前，中國企業自身經營管理、國內經商環境存在的問題和國際供應鏈重組等問題疊加，使中國企業面臨空前挑戰。

淨利排行榜中，最賺錢公司是沙烏地阿拉伯國家石油公司，以1,206億美元獲利居冠，其次是蘋果公司，獲利超過969億美元，巴菲特（Warren Buffett）創辦的波克夏哈薩威公司，以962億美元居第3。谷歌母公司Alphabet和微軟分列第4、第5，獲利均超過700億美元。

輝達首次入榜　淨利率傲視群雄

首次進入2024年《財星》500大企業排行榜的輝達，以297億美元淨利登上淨利榜第16名，台積電獲利273億為第18名，是唯一登上淨利榜的台灣企業。若以淨利率來看，輝達、台積電則分別高居全球第2、第3名。冠軍為金融服務公司Visa。

值得注意的是，高科技領域是當今全球競爭焦點，進入2024年《財星》世界500強排行榜的高科技企業共33家，平均營收為882億美元，平均盈利達146億美元，是營業利益率最好的行業之一。

在這33家高技術企業中，美國高技術企業有16家，平均營業收入1,026億美元，盈利236億美元。

若不計算美國公司，進入排行榜的非美國高科技企業共17家，平均營業收入746億美元，平均盈利則只有63億美元。顯然，上榜美國高科技企業撐起了全球高科技產業的高業績，成為全球經濟發展的年度亮點。

財星全球500大企業

名次	公司（中文）	公司（英文）	營收／百萬美元	國家
1	沃爾瑪	Walmart	648,125	美國
2	亞馬遜	Amazon.com	574,785	美國
3	中國國家電網	State Grid	545,947.5	中國
4	沙烏地阿拉伯國家石油公司	Saudi Aramco	494,890.1	沙烏地阿拉伯
5	中國石油化工集團	Sinopec Group	429,699.7	中國
6	中國石油天然氣集團	China National Petroleum	421,713.6	中國
7	蘋果	Apple	383,285	美國
8	聯合健康集團	UnitedHealth Group	371,622	美國
9	波克夏哈薩威	Berkshire Hathaway	364,482	美國

10	CVS保健	CVS Health	357,776	美國
11	福斯汽車	Volkswagen	348,408.1	德國
12	埃克森美孚	Exxon Mobil	344,582	美國
13	殼牌公司	Shell	323,183	英國
14	中國建築集團	China State Construction Engineering	320,430.5	中國
15	豐田汽車	Toyota Motor	312,018.2	日本
16	麥克森	Mckesson	308,951	美國
17	Alphabet	Alphabet	307,394	美國
18	Cencora	Cencora	262,173.4	美國
19	托克集團	Trafigura Group	244,280.2	新加坡
20	好市多	Costco Wholesale	242,290	美國
21	摩根大通集團	JPMorgan Chase	239,425	美國
22	中國工商銀行	Industrial & Commercial Bank of China	222,484.2	中國
23	道達爾能源	TotalEnergies	218,945	法國
24	嘉能可	Glencore	217,829	瑞士
25	英國石油公司	BP	213,032	英國
26	微軟	Microsoft	211,915	美國
27	卡地納健康集團	Cardinal Health	205,012	美國
28	斯特蘭蒂斯	Stellantis	204,908.3	荷蘭
29	雪佛龍	Chevron	200,949	美國
30	中國建設銀行	China Construction Bank	199,826.1	中國
31	三星電子	Samsung Electronics	198,256.7	韓國
32	鴻海精密工業	Hon Hai Precision Industry	197,876	台灣
33	信諾集團	Cigna Group	195,265	美國
34	中國農業銀行	Agricultural Bank of China	192,398.3	中國
35	中國鐵路工程集團	China Railway Engineering Group	178,562.9	中國
36	福特汽車	Ford Motor	176,191	美國
37	中國銀行	Bank of China	172,327.6	中國
38	美國銀行	Bank of America	171,912	美國
39	通用汽車	General Motors	171,842	美國
40	偉彭醫療	Elevance Health	171,340	美國
41	寶馬	BMW Group	168,102.6	德國
42	賓士	Mercedes-Benz Group	165,637.8	德國
43	中國鐵道建築集團	China Railway Construction	160,847.4	中國
44	中國寶武鋼鐵集團	China Baowu Steel Group	157,216.3	中國

45	花旗集團	Citigroup	156,820	美國
46	Centene公司	Centene	153,999	美國
47	京東集團	JD.com	153,217.4	中國
48	家得寶	Home Depot	152,669	美國
49	法國電力公司	Electricite De France	151,040.2	法國
50	馬拉松石油公司	Marathon Petroleum	150,307	美國
51	克羅格	Kroger	150,039	美國
52	菲利普66公司	Phillips 66	149,890	美國
53	中國平安保險	Ping An Insurance	145,759.1	中國
54	中國中化控股	Sinochem Holdings	143,240	中國
55	中國移動通信集團	China Mobile Communications	142,832.4	中國
56	中國海洋石油集團	China National Offshore Oil	141,731.8	中國
57	本田汽車	Honda Motor	141,348.5	日本
58	房利美	Fannie Mae	141,240	美國
59	中國人壽保險集團	China Life Insurance	139,615.9	中國
60	華爾格林聯合博姿	Walgreens Boots Alliance	139,081	美國
61	瓦勒羅能源公司	Valero Energy	139,001	美國
62	桑坦德銀行	Banco Santander	137,244.8	西班牙
63	中國交通建設集團	China Communications Construction	136,670.7	中國
64	法國巴黎銀行	BNP Paribas	136,076.2	法國
65	三菱	Mitsubishi	135,389.8	日本
66	Meta Platforms公司	Meta Platforms	134,902	美國
67	滙豐控股	HSBC Holdings	134,901	英國
68	威瑞森電信	Verizon Communications	133,974	美國
69	中國五礦	China Minmetals	132,019.7	中國
70	阿里巴巴集團	Alibaba Group Holding	131,337.9	中國
71	中國中信集團有限公司	Citic Group	131,242.3	中國
72	中國華潤集團	China Resources	126,169.5	中國
73	現代汽車	Hyundai Motor	124,576.7	韓國
74	美國電話電報公司	AT&T	122,428	美國
75	山東能源集團	ShanDong Energy Group	122,383.2	中國
76	康卡斯特電信公司	Comcast	121,572	美國
77	德國電信公司	Deutsche Telekom	121,046.2	德國
78	中國南方電網	China Southern Power Grid	118,813.5	中國
79	Uniper公司	UNIPER	116,662.5	德國

80	富國銀行	Wells Fargo	115,340	美國
81	恆力集團	Hengli Group	114,664.5	中國
82	安聯保險集團	Allianz	113,517.7	德國
83	中國郵政集團	China Post Group	112,778.5	中國
84	中國國家能源投資集團	China Energy Investment	112,048.7	中國
85	廈門建發集團	Xiamen C&D	110,665.6	中國
86	信實工業公司	Reliance Industries	108,877.9	印度
87	高盛集團	Goldman Sachs Group	108,418	美國
88	房地美	Freddie Mac	108,050	美國
89	俄羅斯石油公司	Rosneft Oil	107,543.1	俄羅斯
90	目標百貨	Target	107,412	美國
91	Equinor公司	Equinor	107,174	挪威
92	Humana	Humana	106,374	美國
93	上海汽車集團	Saic Motor	105,195.7	中國
94	州立農業保險	State Farm Insurance	104,198.6	美國
95	印度人壽保險公司	Life Insurance Corporation of India	103,547.6	印度
96	雀巢公司	Nestlé	103,505.2	瑞士
97	義大利國家電力公司	Enel	103,311.4	義大利
98	埃尼集團	ENI	102,501.7	義大利
99	巴西石油公司	Petrobras	102,409	巴西
100	SK公司	SK	101,968.8	韓國
186	台積電	Taiwan Semiconductor Manufacturing	69,415.8	台灣
375	和碩	Pegatron	40,356.8	台灣
444	廣達電腦	Quanta Computer	34,860.2	台灣
465	台灣中油	CPC	33,903.7	台灣

資料來源：《財星》，2024年8月5日。

富比世最吸金運動員
C羅第四度奪冠

美國《富比世》雜誌（Forbes）2024年5月16日公布年度最高收入運動員排行榜（2024 The World's Highest-Paid Athletes），葡萄牙足球巨星「C羅」羅納度（Cristiano Ronaldo）以2.6億美元榮登榜首，不但成功衛冕，也是生涯第4度成為全球最吸金運動員。

富比世前50名運動員收入榜中，進榜最多的是美國職籃（NBA）球星，達19人，美式足球11人次之，並有足球8人、高爾夫球5人、拳擊3人，賽車與美國職棒大聯盟（MLB）各2人上榜。

前10名高收入運動員分別為：羅納度（Cristiano Ronaldo）、拉姆（Jon Rahm）、梅西（Lionel Messi）、詹姆斯（LeBron James）、安特托昆博（Giannis Antetokounmpo）、姆巴佩（Kylian Mbappé）、內馬爾（Neymar）、本澤馬（Karim Benzema）、柯瑞（Stephen Curry）、傑克遜（Lamar Jackson）。共有5名足球員、3名籃球員、1名高爾夫選手、1名美式足球員。

羅納度目前效力沙烏地阿拉伯艾納斯隊（Al Nassr），與2023年相較，2024年年薪翻了近3倍，高達2億美元，創下職業足球員有史以來的最高薪。加上代言等其他收入6,000

萬美元，羅納度以2億6,000萬美元（約新台幣83億元）總收入登上最吸金運動員榜首。

名列第2的是29歲西班牙高球選手拉姆，坐擁2億1,800萬美元（約新台幣69億元）收入。能從前一年的第28名竄升，主要歸功於加入LIV Golf，其場上收入高達1億9,800萬美元。此外，他還被任命為LIV Golf球隊Legion XIII的隊長，可獲得聯盟特許經營權25%的股權，使得收入持續看漲。

阿根廷足球巨星梅西以1億3,500萬美元（約新台幣43億元）收入位列第3，場上收入6,500萬美元，代言部分則包含愛迪達、蘋果等品牌，場外收入共7,000萬美元。其2023年轉投的邁阿密國際（Inter Miami）目前為美國職業足球大聯盟第2大球隊，梅西的加盟讓美國掀起足球旋風，吸引了大量觀眾。

排名第4的NBA洛杉磯湖人隊球星詹姆斯，年收入1億2,820萬美元（約新台幣40億元），連續11年居所有籃球員之冠。他的場上收入為4,820萬美元，場外收入8,000萬美元，是NBA第一位億萬富翁的現役球員。詹姆斯的場外進帳更超越所有運動員，歸功於多角化的商業投資，包括連鎖餐廳Blaze Pizza、運動營養公司Ladder、製作公司Spring Hill、芬威體育集團等。

希臘籍的NBA密爾瓦基公鹿隊球星安特托昆博排名第5，收入為1億1,100萬美元（約新台幣35億元）。其年薪4,600萬美元，場外則進帳6,500萬美元，合作品牌包括耐吉、百年靈、亞馬遜、迪士尼等，2024年1月安特托昆博創辦了Improbable Media公司，並推出個人傳記紀錄片。

另外，2023年與MLB洛杉磯道奇隊簽下7億美元合約的日籍棒球巨星大谷翔平，據富比世統計，其場上收入2,530萬美元，但挾著場外代言6,000萬美元收入，以總額8,530萬美元（約新台幣27億元）排在第13名，是棒球員中最高的名次。

富比世指出，場上收入數據包括運動員在過去12個月內獲得的所有獎金、薪水和紅利，而場外收入則是以贊助交易、出場費、授權費等進行估算。

▲《富比世》2024年5月16日公布年度最高收入運動員排行榜，西班牙高球選手拉姆竄升為全球第2名。（AP）

富比世全球收入最高運動員

排名	姓名（中文）	姓名（英文）	國籍	運動類	收入／百萬美元
1	羅納度	Cristiano Ronaldo	葡萄牙	足球	260
2	拉姆	Jon Rahm	西班牙	高爾夫球	218
3	梅西	Lionel Messi	阿根廷	足球	135
4	詹姆斯	LeBron James	美國	籃球	128.2

5	安特托昆博	Giannis Antetokounmpo	希臘	籃球	111
6	姆巴佩	Kylian Mbappé	法國	足球	110
7	內馬爾	Neymar	巴西	足球	108
8	本澤馬	Karim Benzema	法國	足球	106
9	柯瑞	Stephen Curry	美國	籃球	102
10	傑克遜	Lamar Jackson	美國	美式足球	100.5
11	巴羅	Joe Burrow	美國	美式足球	100
12	杜蘭特	Kevin Durant	美國	籃球	93.3
13	大谷翔平	Shohei Ohtani	日本	棒球	85.3
14	阿爾瓦雷茲	Canelo Alvarez	墨西哥	拳擊	85
15	馬霍姆斯	Patrick Mahomes	美國	美式足球	84.4
16	約書亞	Anthony Joshua	英國	拳擊	83
17	維斯塔潘	Max Verstappen	荷蘭	賽車	81
18	羅傑斯	Aaron Rodgers	美國	美式足球	80.8
19	麥克羅伊	Rory McIlroy	北愛爾蘭	高爾夫球	80.1
20	赫柏特	Justin Herbert	美國	美式足球	78.7
21	韓密爾頓	Lewis Hamilton	英國	賽車	69
22	博薩	Nick Bosa	美國	美式足球	68
23	老虎伍茲	Tiger Woods	美國	高爾夫球	67.2
24	柯森斯	Kirk Cousins	美國	美式足球	62.5
25	湯普森	Klay Thompson	美國	籃球	62.3
26	里拉德	Damian Lillard	美國	籃球	61.9
27	哈蘭德	Erling Haaland	挪威	足球	61
28	薛哲	Max Scherzer	美國	棒球	59.9
29	舍夫勒	Scottie Scheffler	美國	高爾夫球	59.2
30	恩比德	Joel Embiid	美國	籃球	57.7
31	巴特勒	Jimmy Butler	美國	籃球	57.5
32	約基奇	Nikola Jokic	塞爾維亞	籃球	56.1
33	哈登	James Harden	美國	籃球	55.8
34	唐西奇	Luka Doncic	斯洛維尼亞	籃球	55.1
35	畢爾	Bradley Beal	美國	籃球	54.3
36	瓊斯	Chris Jones	美國	美式足球	54.1
37	雷納德	Kawhi Leonard	美國	籃球	53.7
38	薩拉	Mohamed Salah	埃及	足球	53

39	喬治	Paul George	美國	籃球	52.7
40	馬內	Sadio Mané	塞內加爾	足球	52
41	伯恩斯	Brian Burns	美國	美式足球	51.7
42	福瑞	Tyson Fury	英國	拳擊	50
43	史密斯	Cameron Smith	澳洲	高爾夫球	48
44	楊恩	Trae Young	美國	籃球	47.3
45	華森	Deshaun Watson	美國	美式足球	47
46	蓋瑞	Rashan Gary	美國	美式足球	46.8
47	戴維斯	Anthony Davis	美國	籃球	46.2
48	威廉森	Zion Williamson	美國	籃球	46.1
49	塔特姆	Jayson Tatum	美國	籃球	45.9
50	布克	Devin Booker	美國	籃球	45.2

資料來源：《富比世》雜誌，2024年5月16日。

富比世富豪榜　阿爾諾續登全球首富

《富比世》雜誌（Forbes）2024年4月2日公布「全球億萬富豪榜」（World's Billionaires List 2024），法國酩悅軒尼詩－路易威登集團（LVMH）執行長阿爾諾（Bernard Arnault）再度擠下馬斯克（Elon Musk），連續兩年榮登全球首富。台灣首富則為廣達集團董事長林百里。

《富比世》2024年度富豪榜共2,781人上榜，數量刷新紀錄，比2023年增加141人。一年來，隨著全球股市擺脫戰爭、政治動盪和通貨膨脹影響，這群億萬富翁的總資產達到14.2兆美元。

整體榜單中只約1/4的富豪財富縮水，2/3的億萬富翁則比一年前更富有。其中14人達到千億美元財富，創歷史新高，這14位億萬富翁的總資產高達2兆美元。

根據富豪榜，精品龍頭LVMH集團執行長阿爾諾及其家族以2,330億美元（約新台幣7.4兆元）再次居冠，2023年其以2,110億美元資產首度躋身全球首富，一年間能再增長10%資產，歸功於LVMH集團2023年的高額營收。

連兩年被阿爾諾家族擠至第2名的特斯拉汽車（Tesla）、SpaceX創辦人馬斯克，資產較前一年增加150億美元，以1,950億美元緊追在後。排名第3的是亞馬遜（Amazon）創辦人貝佐斯（Jeff Bezos），因亞馬遜股票狂漲93%，其財富增加800億美元，來到了1,940億美元。

臉書（Facebook）創辦人祖克柏（Mark Zuckerberg）以1,770億美元資產位居第4；軟體科技公司甲骨文（Oracle）股價大漲34%，使得董事長艾里森（Larry Ellison）以淨資產1,410億美元排名第5。投資界傳奇人物「股神」巴菲特（Warren Buffett）身價1,330億美元，列全球第6。曾18年位居全球首富的微軟（Microsoft）創辦人比爾·蓋茲（Bill Gates）排名第7，是1992年以來的最低名次。

值得注意的是，在席捲科技界的人工智慧（AI）熱潮加持下，輝達公司（Nvidia）共同創辦人暨執行長黃仁勳首次躋身全球前20大富豪行列，2024年身家比2023年大增近560億美元。根據《富比世》，黃仁勳身家770億美元，排名第20，躍居華人首富。

2024年共有265人首次登上億萬富豪榜，大幅超越2023年新晉億萬富翁人數的150人。當中包括美國歌手泰勒絲（Taylor Swift）、美國職籃NBA前球星艾爾文·強森（Earvin Johnson）、法國時裝設計師Christian Louboutin。

至於富豪分布國家,以美國813人最多,中國473人居次,印度200人為第3。

根據排行榜,在2,781位全球富豪中,台灣共進榜51人。廣達集團董事長林百里以110億美元(約新台幣3,520億元)拿下台灣首富頭銜,擠下連3年蟬聯首富的「神祕鞋王」宏福實業張聰淵。即便如此,張聰淵資產仍呈正成長,累積86億美元(約新台幣2,752億元)身價。綜觀全球排名,林百里位居第190名,張聰淵為第295名。

同樣受惠於AI浪潮,鴻海集團創辦人郭台銘2024年資產達75億美元,名列第354名;國巨董事長陳泰銘以59億美元位居第498名。

台灣其他上榜富豪,包括旺中董事長蔡衍明、長春集團總裁林書鴻、富邦集團蔡明忠和蔡明興兄弟、中租總裁辜仲立、潤泰集團尹衍樑、國泰金控蔡宏圖和蔡政達兄弟、聯發科董事長蔡明介、寶佳集團林陳海、台積電創辦人張忠謀,共15人躋身全球前1,000名富豪。

▲《富比世》全球億萬富豪榜2024年4月2日揭曉,美國歌手泰勒絲首度上榜。(AP)

富比世全球億萬富豪榜

排名	姓名(中文)	姓名(英文)	國籍	財富來源	收入/億美元
1	阿爾諾	Bernard Arnault & family	法國	酩悅軒尼詩-路易威登集團(LVMH)	2,330
2	馬斯克	Elon Musk	美國	特斯拉(Tesla)、太空探索科技公司(SpaceX)	1,950
3	貝佐斯	Jeff Bezos	美國	亞馬遜(Amazon)	1,940
4	祖克柏	Mark Zuckerberg	美國	臉書(Facebook)	1,770
5	艾里森	Larry Ellison	美國	甲骨文集團(Oracle)	1,410
6	巴菲特	Warren Buffett	美國	波克夏哈薩威(Berkshire Hathaway)	1,330
7	比爾·蓋茲	Bill Gates	美國	微軟(Microsoft)	1,280
8	巴爾默	Steve Ballmer	美國	微軟(Microsoft)	1,210
9	穆克什	Mukesh Ambani	印度	信實工業集團(Reliance Industries)	1,160
10	佩吉	Larry Page	美國	谷歌(Google)	1,140
11	布林	Sergey Brin	美國	谷歌(Google)	1,100
12	彭博	Michael Bloomberg	美國	彭博社(LP)	1,060
13	奧蒂嘉	Amancio Ortega	西班牙	Zara	1,030
14	史林	Carlos Slim Helu & family	墨西哥	墨西哥電信大亨	1,020
15	麥爾斯	Francoise Bettencourt Meyers & family	法國	法國萊雅(L'Oreal)集團	995

16	戴爾	Michael Dell	美國	戴爾（Dell computers）	910
17	阿達尼	Gautam Adani	印度	阿達尼集團	840
18	吉姆·華爾頓	Jim Walton & family	美國	沃爾瑪公司（Walmart）	784
19	羅伯·華爾頓	Rob Walton & family	美國	沃爾瑪公司（Walmart）	774
20	黃仁勳	Jensen Huang	美國	輝達（NVIDIA）	770
21	艾莉絲·華爾頓（女）	Alice Walton	美國	沃爾瑪公司（Walmart）	723
22	湯森	David Thomson & family	加拿大	湯森路透（Thomson Reuters）	678
23	茱莉亞·科克（女）	Julia Koch & family	美國	科氏工業集團（Koch Industries）	643
24	鍾睒睒	Zhong Shanshan	中國	農夫山泉、養生堂	623
25	查爾斯·科克	Charles Koch & family	美國	科氏工業集團（Koch Industries）	585
26	喬凡尼·費列羅	Giovanni Ferrero	義大利	費列羅（FERRERO）	438
27	彭雲鵬	Prajogo Pangestu	印尼	巴里托太平洋集團（Barito Pacific）	434
27	張一鳴	Zhang Yiming	中國	字節跳動（TikTok）	434
29	柳井正	Tadashi Yanai & family	日本	優衣庫（UNIQLO）	428
30	奈特	Phil Knight & family	美國	耐吉（Nike）	409
31	馬克·馬特希茲	Mark Mateschitz	奧地利	紅牛（Red Bull）	396
32	庫恩	Klaus-Michael Kuehne	德國	國際運輸德迅集團（Kuehne+ Nagel）	392
33	黃崢	Colin Huang	中國	拼多多	389
34	蘇世民	Stephen Schwarzman	美國	黑石集團（Blackstone）	388
35	傑奎琳·馬爾斯	Jacqueline Mars	美國	瑪氏公司（Mars）	385
35	約翰·馬爾斯	John Mars	美國	瑪氏公司（Mars）	385
37	施瓦茲	Dieter Schwarz	德國	施瓦茲集團（Schwarz Group）	380
38	李嘉誠	Li Ka-shing	香港	長江集團	373
39	席夫·納達爾	Shiv Nadar	印度	HCL技術	369
40	亞綸·韋特海默	Alain Wertheimer	法國	香奈兒	368
190	林百里	Barry Lam	台灣	廣達集團	110
295	張聰淵	Zhang Congyuan	台灣	宏福實業集團	86
354	郭台銘	Terry Gou	台灣	鴻海集團	75
498	陳泰銘	Pierre Chen	台灣	國巨集團	59
511	蔡衍明	Tsai Eng-meng	台灣	旺中集團	58
522	林書鴻	Lin Shu-hong	台灣	長春集團	57
572	蔡明忠	Daniel Tsai	台灣	富邦金控	53
581	辜仲立	Andre Koo, Sr.	台灣	中租企業	52
581	蔡明興	Richard Tsai	台灣	富邦金控	52
756	尹衍樑	Samuel Yin	台灣	潤泰集團	42
785	蔡宏圖	Tsai Hong-tu	台灣	國泰金控	40

809	蔡政達	Tsai Cheng-ta	台灣	國泰金控	39
871	蔡明介	Tsai Ming-kai	台灣	聯發科技	37
920	林陳海	Lin Chen-hai	台灣	寶佳集團	35
949	張忠謀	Morris Chang	台灣	台積電	34

資料來源：《富比世》雜誌，2024年4月2日。

QS世界大學排名
麻省理工學院13連霸

英國高等教育調查機構Quacquarelli Symonds（QS）2024年6月4日公布「2025世界大學排名」（World University Rankings 2025），美國麻省理工學院蟬聯13年榜首；來自全球1,500所大學中，台灣有27所大學入選，唯一進入百大的是國立台灣大學，較前一年進步1名，名列68。

2025年QS世界大學排行榜前10名大學中，美國、英國各有4所，瑞士、新加坡各有1所。

全球大學前10強為美國麻省理工學院、英國倫敦帝國學院、英國牛津大學、美國哈佛大學、英國劍橋大學、美國史丹佛大學、瑞士蘇黎世聯邦理工學院、新加坡國立大學、英國倫敦大學學院、美國加州理工學院。

台灣有27校進入排行榜，維持前一年的數量，其中6所學校排名上升、8所排名下降、13所持平。台灣大學排名第68，是台灣唯一進入百大的大學。

台灣共有8所大學躋身全球500強，依序為台灣大學、清華大學、成功大學、陽明交通大學、台灣科技大學、台北科技大學、台灣師範大學、中山大學。較2023年多了1所，為排名第485的中山大學。

在亞洲部分，包含台大一共有23所大學進入世界大學百強排名。其中，新加坡國立大學排名第8，是亞洲表現最好的大學，其次是排名第14的北京大學、排名第15的新加坡南洋理工大學。

日本有4所大學入百大，分別是第32名的東京大學、50名的京都大學、84名的東京工業大學，以及86名的大阪大學。

韓國共5所大學入百大，包括第31名的首爾國立大學、53名的韓國科學技術院、56名的延世大學、67名的高麗大學以及98名的浦項科技大學。

香港也有5所大學進入前100，香港大學居17名，而香港中文大學、香港科技大學、香港理工大學、香港城市大學則分別是36、47、57、62名。

中國入榜百大的同樣有5校，北京大學、北京清華大學、復旦大學、上海交通大學、浙江大學分別為世界14、20、39、45、47名。

QS世界大學排名主要以9項指標評估，包括學術聲譽、雇主聲譽、師生比、論文引用率、國際教師比例、留學生比例、永續發展、就業能力、國際學術研究合作網絡。

據分析結果，台灣的大學院校在就業能力相關指標表現較佳，分別有3所和2所大學院校在「雇主聲譽」和「就業成果」進入世界前100強。但QS指出，就業相關指標之外的其他指標，台灣大學院校則有待加強。

▲QS發布的2025世界大學排名，美國麻省理工學院再度成為榜首。圖為麻省理工學院的史塔特科技中心（Ray and Maria Stata Center）。（AP）

QS世界大學排名

排名	學校（中文）	學校（英文）	國家
1	麻省理工學院	Massachusetts Institute of Technology (MIT)	美國
2	倫敦帝國學院	Imperial College London	英國
3	牛津大學	University of Oxford	英國
4	哈佛大學	Harvard University	美國
5	劍橋大學	University of Cambridge	英國
6	史丹佛大學	Stanford University	美國
7	蘇黎世聯邦理工學院	ETH Zurich-Swiss Federal Institute of Technology	瑞士
8	新加坡國立大學	National University of Singapore (NUS)	新加坡
9	倫敦大學學院	UCL (University College London)	英國
10	加州理工學院	California Institute of Technology (Caltech)	美國
11	賓州大學	University of Pennsylvania	美國
12	加州大學柏克萊分校	University of California, Berkeley (UCB)	美國
13	墨爾本大學	The University of Melbourne	澳洲
14	北京大學	Peking University	中國
15	南洋理工大學	Nanyang Technological University, Singapore (NTU)	新加坡
16	康乃爾大學	Cornell University	美國
17	香港大學	The University of Hong Kong	香港
18	雪梨大學	The University of Sydney	澳洲
19	新南威爾斯大學	The University of New South Wales (UNSW Sydney)	澳洲
20	北京清華大學	Tsinghua University	中國
21	芝加哥大學	University of Chicago	美國
22	普林斯頓大學	Princeton University	美國
23	耶魯大學	Yale University	美國
24	巴黎文理大學	Université PSL	法國
25	多倫多大學	University of Toronto	加拿大
26	洛桑聯邦理工學院	EPFL-Ecole Polytechnique Federale de Lausanne	瑞士
27	愛丁堡大學	The University of Edinburgh	英國
28	慕尼黑工業大學	Technical University of Munich	德國
29	麥基爾大學	McGill University	加拿大
30	澳洲國立大學	Australian National University	澳洲
31	首爾國立大學	Seoul National University	韓國

32	約翰霍普金斯大學	Johns Hopkins University	美國
32	東京大學	The University of Tokyo	日本
34	哥倫比亞大學	Columbia University	美國
34	曼徹斯特大學	The University of Manchester	英國
36	香港中文大學	The Chinese University of Hong Kong (CUHK)	香港
37	蒙納許大學	Monash University	澳洲
38	英屬哥倫比亞大學	University of British Columbia	加拿大
39	復旦大學	Fudan University	中國
40	倫敦大學國王學院	King's College London	英國
40	昆士蘭大學	The University of Queensland	澳洲
42	加州大學洛杉磯分校	University of California, Los Angeles (UCLA)	美國
43	紐約大學	New York University (NYU)	美國
44	密西根大學	University of Michigan-Ann Arbor	美國
45	上海交通大學	Shanghai Jiao Tong University	中國
46	巴黎理工學院	Institut Polytechnique de Paris	法國
47	香港科技大學	The Hong Kong University of Science and Technology	香港
47	浙江大學	Zhejiang University	中國
49	德爾夫特科技大學	Delft University of Technology	荷蘭
50	京都大學	Kyoto University	日本
50	西北大學	Northwestern University	美國
50	倫敦政治經濟學院	The London School of Economics and Political Science (LSE)	英國
53	韓國科學技術院	KAIST-Korea Advanced Institute of Science & Technology	韓國
54	布里斯托大學	University of Bristol	英國
55	阿姆斯特丹大學	University of Amsterdam	荷蘭
56	延世大學	Yonsei University	韓國
57	香港理工大學	The Hong Kong Polytechnic University	香港
58	卡內基・梅隆大學	Carnegie Mellon University	美國
59	慕尼黑大學	Ludwig-Maximilians-Universität München	德國
60	馬來亞大學	Universiti Malaya (UM)	馬來西亞
61	杜克大學	Duke University	美國
62	香港城市大學	City University of Hong Kong	香港
63	魯汶大學	KU Leuven	比利時
63	索邦大學	Sorbonne University	法國
65	奧克蘭大學	The University of Auckland	紐西蘭
66	德州大學奧斯汀分校	University of Texas at Austin	美國

67	高麗大學	Korea University	韓國
68	台灣大學	National Taiwan University	台灣
69	華威大學	The University of Warwick	英國
69	伊利諾大學香檳校區	University of Illinois at Urbana-Champaign	美國
71	布宜諾斯艾利斯大學	Universidad de Buenos Aires (UBA)	阿根廷
72	加州大學聖地牙哥分校	University of California, San Diego (UCSD)	美國
73	巴黎-薩克雷大學	Université Paris-Saclay	法國
74	KTH皇家理工學院	KTH Royal Institute of Technology	瑞典
75	隆德大學	Lund University	瑞典
76	華盛頓大學	University of Washington	美國
77	西澳大學	The University of Western Australia	澳洲
78	格拉斯哥大學	University of Glasgow	英國
79	布朗大學	Brown University	美國
80	伯明罕大學	University of Birmingham	英國
80	南安普敦大學	University of Southampton	英國
82	阿得雷德大學	University of Adelaide	澳洲
82	里茲大學	University of Leeds	英國
84	海德堡大學	Universität Heidelberg	德國
84	東京工業大學	Tokyo Institute of Technology	日本
86	大阪大學	Osaka University	日本
87	都柏林聖三一學院	Trinity College Dublin, The University of Dublin	愛爾蘭
88	雪梨科技大學	University of Technology Sydney	澳洲
89	杜倫大學	Durham University	英國
89	賓夕法尼亞州立大學	Pennsylvania State University	美國
89	普度大學	Purdue University	美國
92	聖保羅大學	Universidade de São Paulo (USP)	巴西
93	智利天主教大學	Pontificia Universidad Católica de Chile	智利
94	莫斯科國立大學	Lomonosov Moscow State University	俄羅斯
94	墨西哥國立自治大學	National Autonomous University of Mexico	墨西哥
96	亞伯達大學	University of Alberta	加拿大
97	柏林自由大學	Free University of Berlin	德國
98	浦項科技大學	Pohang University of Science And Technology (POSTECH)	韓國
99	亞琛工業大學	RWTH Aachen University	德國
100	哥本哈根大學	University of Copenhagen	丹麥
210	清華大學	National Tsing Hua University	台灣
215	成功大學	National Cheng Kung University (NCKU)	台灣

219	陽明交通大學	National Yang Ming Chiao Tung University	台灣
392	台灣科技大學	National Taiwan University of Science and Technology	台灣
425	台北科技大學	National Taipei University of Technology	台灣
452	台灣師範大學	National Taiwan Normal University	台灣
485	中山大學	National Sun Yat-sen University	台灣
601-610	政治大學	National Chengchi University	台灣
611-620	台北醫學大學	Taipei Medical University	台灣
631-640	長庚大學	Chang Gung University	台灣
641-650	中央大學	National Central University	台灣
661-670	中興大學	National Chung Hsing University	台灣
801-850	亞洲大學	Asia University Taiwan	台灣
1001-1200	長榮大學	Chang Jung Christian University	台灣
1001-1200	中原大學	Chung Yuan Christian University	台灣
1001-1200	中正大學	National Chung Cheng University	台灣
1201-1400	朝陽科技大學	Chaoyang University of Technology	台灣
1201-1400	逢甲大學	Feng Chia University	台灣
1201-1400	輔仁大學	Fu Jen Catholic University	台灣
1201-1400	東華大學	National Dong Hwa University	台灣
1201-1400	台北大學	National Taipei University	台灣
1201-1400	台灣海洋大學	National Taiwan Ocean University	台灣
1201-1400	淡江大學	Tamkang University	台灣
1201-1400	東海大學	Tunghai University	台灣
1201-1400	元智大學	Yuan Ze University	台灣
1401+	東吳大學	Soochow University	台灣

資料來源：Quacquarelli Symonds，時間：2024年6月4日。

泰晤士世界大學排名
台大172下滑20名

英國《泰晤士報高等教育》特刊（Times Higher Education, THE）2024年10月9日公布2025年世界大學排名，英國牛津大學連續第9年獲世界第一，台灣大學排名第172，下滑20名。

台大在2024年排名152名，較2023年（第187名）進步35名，但此次排名再度下滑，來到第172名。世界排名次佳的台灣院校是中國醫藥大學，排名位於第301至第350名區間。

其他入榜的台灣院校都在全球第401名（含）以後。排名位於第401至500名區間的有亞洲大學、台灣科技大學、清華大學、陽明交通大學、台北醫學大學；位於第501至600名的有成功大學、台灣師範大學、雲林科技大學。

台灣排名前10的大學院校之中，除了台大退步20名，其他院校的排名區間皆與上一年持平。此次入榜的台灣大學院校共有47所，較上一次增加2所。

在總排名方面，世界排名前10的大學依序為牛津大學、麻省理工學院、哈佛大學、普林斯頓大學、劍橋大學、史丹佛大學、加州理工

▲2025泰晤士世界大學排名，牛津、劍橋兩所大學分列第1、5名。兩校於泰晤士河舉行的「牛津劍橋賽艇對抗賽」已逾160年歷史，圖右為牛津隊、左為劍橋隊。（AP）

蘭鹿特丹大學、美國俄亥俄州立大學。

這是THE第21次發布世界大學排名，此次總計有來自115個國家地區的2,092所大學院校入榜。而申請參與排名的大學院校之中，因為未達門檻而未納入榜單者，占比逾25%。

在2025年世界排名前50的大學院校之中，美國有23所，英國有7所，英美合計囊括6成世界排名前50的大學院校。儘管如此，THE指出，英、美大學院校的全球聲望有下滑趨勢，其中英國主要是受大學院校的財務狀況影響。

另外，THE分析，與全球平均值相較，台灣的大學院校在「產業」此項評量指標表現突出；在「研究品質」、「教學」、「國際展望」這3項指標的表現，則有待提升。

台大此次在產業（產學合作）項目排名第一，進步28名，表現最為突出，而研究相關的多項指標，如研究收入、研究卓越性、研究網絡影響力、研究生產力等均獲得接近或超過90分的高分。

對於總名次下滑，台大校方表示，雖然多項實質面指標均有進步，但仍受一直以來的主觀聲望指標、生師比、國際化程度等影響，這些進步未能充分反映在國際聲望及排名上，但台大對各種大學排名均會虛心看待，作為提升與進步的參考。

學院、加州大學柏克萊分校、倫敦帝國學院、耶魯大學。

與2024年相較，麻省理工學院上升至第2名，超越史丹佛大學，後者跌至第6名。在亞洲地區，世界排名最高的3所大學依序是北京清華大學（第12名）、北京大學（第13名）、新加坡國立大學（第17名）。

掉出全球百強的大專院校為韓國延世大學、瑞士蘇黎世大學、英國南安普敦大學、荷

泰晤士報高教特刊全球最佳大學排名

排名	學校（中文）	學校（英文）	國家
1	牛津大學	University of Oxford	英國
2	麻省理工學院	Massachusetts Institute of Technology	美國
3	哈佛大學	Harvard University	美國
4	普林斯頓大學	Princeton University	美國
5	劍橋大學	University of Cambridge	英國
6	史丹佛大學	Stanford University	美國
7	加州理工學院	California Institute of Technology	美國
8	加州大學柏克萊分校	University of California, Berkeley	美國
9	倫敦帝國學院	Imperial College London	英國
10	耶魯大學	Yale University	美國
11	蘇黎世聯邦理工學院	ETH Zurich	瑞士
12	北京清華大學	Tsinghua University	中國
13	北京大學	Peking University	中國

14	芝加哥大學	The University of Chicago	美國
14	賓州大學	University of Pennsylvania	美國
16	約翰霍普金斯大學	Johns Hopkins University	美國
17	新加坡國立大學	National University of Singapore	新加坡
18	哥倫比亞大學	Columbia University	美國
18	加州大學洛杉磯分校	University of California, Los Angeles	美國
20	康乃爾大學	Cornell University	美國
21	多倫多大學	University of Toronto	加拿大
22	倫敦大學學院	University College London	英國
22	密西根大學	University of Michigan-Ann Arbor	美國
24	卡內基・梅隆大學	Carnegie Mellon University	美國
25	華盛頓大學	University of Washington	美國
26	慕尼黑工業大學	Technical University of Munich	德國
27	杜克大學	Duke University	美國
28	東京大學	The University of Tokyo	日本
29	愛丁堡大學	University of Edinburgh	英國
30	南洋理工大學	Nanyang Technological University, Singapore	新加坡
31	西北大學	Northwestern University	美國
32	洛桑聯邦理工學院	École Polytechnique Fédérale de Lausanne	瑞士
33	紐約大學	New York University	美國
34	加州大學聖地牙哥分校	University of California, San Diego	美國
35	香港大學	University of Hong Kong	香港
36	復旦大學	Fudan University	中國
36	倫敦大學國王學院	King's College London	英國
38	慕尼黑大學	LMU Munich	德國
39	墨爾本大學	University of Melbourne	澳洲
40	喬治亞理工學院	Georgia Institute of Technology	美國
41	英屬哥倫比亞大學	University of British Columbia	加拿大
42	巴黎文理大學	Paris Sciences et Lettres – PSL Research University Paris	法國
43	魯汶大學	KU Leuven	比利時
44	香港中文大學	Chinese University of Hong Kong	香港
45	麥基爾大學	McGill University	加拿大
46	伊利諾大學香檳校區	University of Illinois at Urbana-Champaign	美國
47	海德堡大學	Heidelberg University	德國
47	浙江大學	Zhejiang University	中國
49	卡洛林斯卡研究所	Karolinska Institute	瑞典
50	倫敦政治經濟學院	London School of Economics and Political Science	英國
50	德州大學奧斯汀分校	University of Texas at Austin	美國
52	上海交通大學	Shanghai Jiao Tong University	中國
53	曼徹斯特大學	University of Manchester	英國

53	中國科學技術大學	University of Science and Technology of China	中國
55	京都大學	Kyoto University	日本
56	德爾夫特科技大學	Delft University of Technology	荷蘭
56	威斯康辛大學麥迪遜分校	University of Wisconsin-Madison	美國
58	布朗大學	Brown University	美國
58	蒙納許大學	Monash University	澳洲
58	阿姆斯特丹大學	University of Amsterdam	荷蘭
61	雪梨大學	The University of Sydney	澳洲
62	首爾國立大學	Seoul National University	韓國
62	加州大學戴維斯分校	University of California, Davis	美國
64	巴黎-薩克雷大學	Université Paris-Saclay	法國
65	南京大學	Nanjing University	中國
66	香港科技大學	The Hong Kong University of Science and Technology	香港
67	加州大學聖巴巴拉分校	University of California, Santa Barbara	美國
67	瓦荷寧罕大學	Wageningen University & Research	荷蘭
69	聖路易斯華盛頓大學	Washington University in St Louis	美國
70	北卡羅來納大學教堂山分校	University of North Carolina at Chapel Hill	美國
71	巴黎理工學院	Institut Polytechnique de Paris	法國
72	南加州大學	University of Southern California	美國
73	澳洲國立大學	Australian National University	澳洲
73	萊登大學	Leiden University	荷蘭
75	波士頓大學	Boston University	美國
76	梭爾邦大學	Sorbonne University	法國
77	昆士蘭大學	The University of Queensland	澳洲
78	布里斯托大學	University of Bristol	英國
79	普度大學	Purdue University West Lafayette	美國
80	香港城市大學	City University of Hong Kong	香港
80	格羅寧根大學	University of Groningen	荷蘭
82	韓國科學技術院	Korea Advanced Institute of Science and Technology (KAIST)	韓國
83	新南威爾斯大學	UNSW Sydney	澳洲
84	柏林洪堡大學	Humboldt University of Berlin	德國
84	香港理工大學	Hong Kong Polytechnic University	香港
84	麻薩諸塞大學	University of Massachusetts	美國
87	格拉斯哥大學	University of Glasgow	英國
87	明尼蘇達大學	University of Minnesota	美國
89	波昂大學	University of Bonn	德國
90	加州大學爾灣分校	University of California, Irvine	美國
90	范德比大學	Vanderbilt University	美國
92	亞琛工業大學	RWTH Aachen University	德國

93	夏里特柏林醫學大學	Charité - Universitätsmedizin Berlin	德國
93	伯明罕大學	University of Birmingham	英國
95	皇家理工學院	KTH Royal Institute of Technology	瑞典
95	隆德大學	Lund University	瑞典
97	哥本哈根大學	University of Copenhagen	丹麥
98	艾莫瑞大學	Emory University	美國
98	雪菲爾大學	University of Sheffield	英國
100	賓州州立大學（主校區）	Pennsylvania State University (main campus)	美國
100	杜賓根大學	University of Tübingen	德國
172	台灣大學	National Taiwan University	台灣
301–350	中國醫藥大學	China Medical University, Taiwan	台灣
401–500	亞洲大學	Asia University, Taiwan	台灣
401–500	台灣科技大學	National Taiwan University of Science and Technology (Taiwan Tech)	台灣
401–500	清華大學	National Tsing Hua University	台灣
401–500	陽明交通大學	National Yang Ming Chiao Tung University	台灣
401–500	台北醫學大學	Taipei Medical University	台灣
501–600	成功大學	National Cheng Kung University (NCKU)	台灣
501–600	台灣師範大學	National Taiwan Normal University	台灣
501–600	雲林科技大學	National Yunlin University of Science and Technology	台灣
601–800	長庚大學	Chang Gung University	台灣
601–800	中山大學	National Sun Yat-Sen University	台灣
801–1000	高雄醫學大學	Kaohsiung Medical University	台灣
801–1000	元智大學	Yuan Ze University	台灣
1001–1200	明志科技大學	Ming Chi University of Technology	台灣
1001–1200	中央大學	National Central University	台灣
1001–1200	中興大學	National Chung Hsing University	台灣
1001–1200	台北科技大學	National Taipei University of Technology	台灣
1201–1500	朝陽科技大學	Chaoyang University of Technology	台灣
1201–1500	中原大學	Chung Yuan Christian University	台灣
1201–1500	輔仁大學	Fu Jen Catholic University	台灣
1201–1500	義守大學	I-Shou University	台灣
1201–1500	政治大學	National Chengchi University	台灣
1201–1500	中正大學	National Chung Cheng University	台灣
1201–1500	高雄科技大學	National Kaohsiung University of Science and Technology	台灣
1201–1500	台灣海洋大學	National Taiwan Ocean University	台灣
1201–1500	東海大學	Tunghai University	台灣
1201–1500	慈濟大學	Tzu Chi University	台灣

資料來源：《泰晤士報高等教育》特刊，2024年10月9日。

住宿 ｜ 泡湯 ｜ 餐飲
北投麗禧溫泉酒店

Hotels.com 最受旅客青睞大獎 & Agoda.com 金環獎
台灣唯一擁有《米其林指南Michelin Guide》入選餐廳之溫泉飯店

東方意象在空間中流光溢彩，
花草木植紛落在視覺與味覺之間，
白礦泉質純淨舒心，美饌佳餚芬馥陶然。

走入北投麗禧溫泉酒店，
擁抱質樸自然的幸福。

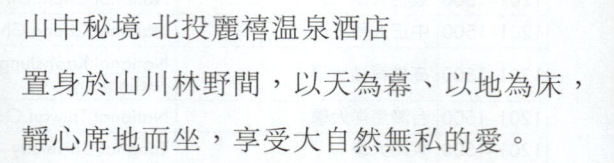

山中秘境 北投麗禧溫泉酒店
置身於山川林野間，以天為幕、以地為床，
靜心席地而坐，享受大自然無私的愛。

MICHELIN 2023　MICHELIN 2024

欣陸餐廳 C'est Bon

雍翠庭 Chinese Cuisine

隱身於北投山林的溫泉秘境
坐擁山水一方天地，入住低調奢華的66間客房

享受麗禧獨有的桂花服務學
與台灣食材打造的精緻美饌
歡迎來到北投麗禧體驗台式溫泉飯店的用心與堅持

官網 QRCODE

露天風呂

露天風呂

獨立湯屋

麗禧酒店 北投BEITOU
GRAND VIEW RESORT

台北市北投區幽雅路30號
T.+886-2-2898-8888
rsvn@gvrb.com.tw
www.gvrb.com.tw

觀光旅館業營業執照號碼交觀業字第1365號

§ 第三章　十大新聞

2024年十大新聞
（國內、國際、中國大陸）

2024年國內、國際、中國大陸十大新聞由中央通訊社評選產生，取材截至11月27日止。

國內十大新聞

一、2024總統大選暨立委選舉結果1月13日揭曉，民進黨候選人賴清德、蕭美琴以558萬票當選第16任總統、副總統。立院席次部分，民進黨守住51席，國民黨拿下52席，民眾黨搶下不分區8席，無黨籍2席。立法院正副院長選舉，國民黨韓國瑜與江啟臣分別當選立法院正副院長。新政府5月20日就任，行政院長卓榮泰、副院長鄭麗君率領內閣團隊正式上路。

二、世界12強棒球賽台灣隊迭創佳績，繼1992年巴塞隆納奧運後，32年來首度闖入成人一級賽事冠軍戰，並於11月24日金牌戰以4比0完封日本隊，首度奪下成棒世界級冠軍，也終止日本國際賽27連勝；台灣隊從不被看好到一路過關斬將、創造歷史，舉國歡騰；隊長陳傑憲攻守俱佳並獲選為最有價值球員等4大獎。

三、京華城購物中心容積率、北投士林科技園區地上權爭議遭民眾告發，台北地檢署於5月2日將前市長柯文哲列為《貪污治罪條例》被告，8月30日搜索柯文哲住處並約談，9月5日裁定柯文哲羈押禁見，另外遭到羈押禁見的還包括台北市議員應曉薇、前北市副市長彭振聲、威京集團主席沈慶京等多人。

四、巴黎奧運於7月26日至8月11日舉行，台灣代表團拿下2金、5銅的成績，金牌數追平歷屆最佳，獎牌數則是歷屆次佳，僅次於2020東京奧運。其中羽球男雙李洋、王齊麟成為奧運史上第一組衛冕成功的男雙組合，女子拳擊57公斤級林郁婷則拿下台灣史上第一面拳擊金牌。

五、花蓮縣府南南東方25公里處4月3日發生芮氏規模7.2強震，造成全台18人罹難、1,155人受傷，鐵公路都一度中斷，包括花蓮天王星大樓在內，也有多棟房舍全倒或半倒。

六、國民黨、民眾黨聯手推動國會職權修法，5月間引爆民間反國會擴權運動（亦稱青鳥行動），連日聚集抗議。立法院會歷經4天朝野表決大戰，於5月28日三讀修正通過《立法院職權行使法》、《刑法》部分條文等主要內容。總統府、行政院、民進黨立院黨團與監察院決定提釋憲，憲法法庭判決包括「總統國情報告」、「藐視國會」、「調查權」等諸多爭議條文違憲。

七、總統賴清德5月20日發表就職演說指出，中華民國與中華人民共和國互不隸屬。他上任後首度國慶致詞重申，中華民國已經在台澎金馬落地生根，和中華人民共和國互不隸屬；民主自由在這塊土地上成長茁壯，中華人民共和國無權代表台灣。

八、一年3次颱風登陸，寫下16年來的最高紀錄，其中康芮颱風10月31日在台東成功附近登陸，更是史上第一個在10月下旬登陸的強烈颱風；另外山陀兒颱風因動向飄忽不定，南部縣市連放3天颱風假，以及山陀兒10月3日登陸後迅速消散，都寫下難得一見的紀錄；凱米颱風則是7月25日於宜蘭南澳附近登陸，也是8年來第一個登陸的強颱。

九、AI商機爆發，台灣半導體產業實力與股市相輝映，台股3月衝破2萬點大關後熱度不減，輝達黃仁勳、超微蘇姿丰、英特爾季辛格等國際大廠CEO於6月初齊聚台北國際電腦展，再掀旋風，半導體龍頭台積電股價一路攀升，7月4日站上千元高點。

十、37名死囚認為死刑違憲，聲請釋憲。憲法法庭9月20日判決，死刑制度「部分合憲」，死刑僅適用犯罪情節屬最嚴重、且刑事程序符合憲法、經最嚴密正當法律程序要求的情形，如須合議庭一致決、三審要言詞辯論等。針對部分罪行之判決「唯一死刑」，憲法法庭宣判違憲。

國際十大新聞

一、美國11月5日舉行總統大選，前總統、共和

黨總統候選人川普擊敗民主黨總統候選人賀錦麗再度入主白宮，成為相隔132年後，美國史上第2位「任期不連續」的總統。本次大選過程戲劇化，歷經拜登中途退選與川普遭遇槍手暗殺未遂，吸引全球目光。

二、以哈戰爭持續不歇，以色列7月31日在伊朗暗殺哈瑪斯政治領袖哈尼雅，10月17日再擊殺接班人辛瓦，伊朗大為不悅，一度揚言報復；此外亦與北鄰黎巴嫩境內真主黨開戰，9月中於黎巴嫩全境引爆數千個呼叫器，造成至少42人死亡、3,500人受傷，續於9月27日晚間對貝魯特發動空襲，隔日真主黨證實領袖納斯拉勒死亡，其接班人薩菲丁一週後也喪命於空襲。一連串戰事加上加薩走廊人道危機，國際調停數度未果，造成中東局勢急遽上升。

三、南北韓緊張情勢升高，北韓1月正式將南韓定義為「頭號敵國」，雙方5月以來因北韓空飄垃圾氣球而互相衝突。北韓10月間指控南韓無人機兩週內3度在夜間飛到平壤上空挑釁，侵犯北韓主權與安全，平壤當局因而炸毀連接兩韓的鐵公路部分路段。

四、巴黎奧運7月26日至8月11日舉行，這是法國相隔100年後再次舉辦夏季奧運。巴黎成為繼倫敦後第2個3度舉辦夏季奧運的城市。美國以40金、總計126面獎牌排行首位，中國以40金、總計91面獎牌排名第2。

五、日本眾議院大選10月27日舉行，執政聯盟自民黨與公明黨合計席次215席，距過半數233席還差18席，是2009年來首度執政聯盟無法取得過半席次。10月1日甫就任首相的自民黨總裁石破茂，於11月11日眾議院首相指名選舉中驚險連任，不過他在第2輪得票未過半，成為1979年以來首位得票未過半的首相。

六、日本石川縣能登地區1月1日發生規模7.6地震，最大震度7。日本氣象廳一度發布海嘯高度3公尺以上的「大海嘯警報」。這次強震造成至少260人死亡、1,291人受傷、19人失蹤。

七、新加坡前總理李顯龍5月15日交棒給副總理黃循財，結束近20年的執政。黃循財成為新加坡獨立60年以來的第4位總理，也是第2位非李氏家族成員出身的領導人。

八、美國5月14日宣布將對價值180億美元從中國進口的商品加徵關稅，鎖定電動車、電池、鋼、關鍵礦物等戰略產業，其中電動車關稅率增至原來的4倍，來到100%。歐盟10月29日也宣布對中國進口電動車正式開徵最高35.3%的反補貼稅至少5年，合計一般關稅後最高將達45.3%。

九、英國7月4日舉行國會大選，工黨囊括逾6成席次大勝，黨魁施凱爾成為新首相。原執政黨保守黨慘敗，結束長達14年的執政。

十、中國與菲律賓在南海的爭端逐漸升溫，菲國指控中國海警船2月中旬在黃岩島附近阻擋菲國政府船隻為漁民補給，3月初菲國海岸防衛隊船隻於南海運補，遭中國海警以水砲襲擊，致4人受傷，中國海警更於6月17日攻擊在仁愛暗沙執行補給的菲國人員，致7名士兵受傷。

中國大陸十大新聞

一、總統賴清德5月20日發表就職演說後，中共解放軍東部戰區23日宣布，組織戰區陸、海、空軍、火箭軍等兵力，23日7時45分開始至24日在台灣及金馬周邊展開「聯合利劍－2024A」演習，宣稱這是對台獨分裂勢力謀獨行徑的懲戒，對外部勢力干涉挑釁的嚴重警告。

二、中國一艘快艇2月14日越界闖入金門海域，遭海巡署追緝後翻覆釀2死，引發陸方反制，國台辦稱「廈金海域不存在禁止、限制水域」，中國海警船數度越界巡查。事件至7月30日協商達成共識後，中國海警船依然持續越界。

三、中國民航局宣布，2月1日起取消M503航線自北向南飛行偏置，後續並將啟用連接M503航線的W122、W123航線由西向東飛行。陸委會對陸方擅改航路表示強烈抗議，直指此舉破壞兩岸關係、威脅區域飛安及區域和平穩定，要求對岸盡速透過既有機制協商。

四、總統賴清德發表國慶演說後，共軍東部戰區10月14日宣布，組織戰區陸軍、海軍、空軍、火箭軍等兵力今天在台灣海峽、台灣北部、台灣南部、台灣以東展開「聯合利劍-2024B」軍演，宣稱這是對台獨分裂勢力謀獨行徑的強力震懾。

五、中國6月21日公布實施「關於依法懲治『台獨』頑固分子分裂國家、煽動分裂國家犯罪的意見」，共有22條。其中，「分裂國家」最高可判死刑，相關「犯罪」並可缺席審

判。對此，陸委會6月27日起調升陸港澳旅遊警示為「橙色」燈號，建議民眾避免非必要旅行。
六、前總統馬英九2度赴中國大陸訪問，4月10日在北京會見中共總書記習近平。習近平稱，「兩岸同胞都是中國人，沒有什麼心結不能化解、不能商量」。馬英九提到，兩岸在1992年達成「各自以口頭方式表述『海峽兩岸均堅持一個中國原則』」的共識。
七、繼蘇州6月發生日籍母子遭砍傷，「九一八事變」紀念日當天，深圳日本人學校一名10歲學生在上學途中遭一名中國男子刺傷，隔日傷重不治，引發外界對中國社會仇日情緒的關注。
八、中國人口出現負成長，中國全國人大常委會9月13日決定，2025年元旦起延後法定退休年齡，較現行的退休年齡延後3至5歲。其中，男性由60歲延後至63歲；女性的法定退休年齡從原本的50歲、幹部55歲分別延後至55歲、58歲。未來將用15年時間逐步調整。
九、中國國務院關稅稅則委員會5月31日公布第2批中止「海峽兩岸經濟合作框架協議」（ECFA）部分產品關稅減讓的公告，6月15日起中止134項原產於台灣進口商品的關稅減讓。國台辦稱，「賴清德當局頑固堅持『台獨』立場，拒不承認九二共識」，是進一步中止ECFA部分產品關稅減讓的根本原因。
十、中國財政部9月18日宣布，因台灣單方面對大陸產品出口採取歧視性的禁止、限制等措施，嚴重阻礙兩岸經貿合作，中國國務院關稅稅則委員會公告，9月25日起停止執行對原產於台灣的鮮水果、蔬菜、水產品等34項農產品免徵進口關稅政策。

最近五年十大新聞
（國內、國際、中國大陸）

2019年

國內十大新聞

一、台灣婚姻平權運動歷經大法官釋憲與公投等階段，立法院院會5月17日三讀通過司法院釋字第748號解釋施行法，保障相同性別2人可向戶政機關辦理結婚登記，這也讓台灣成為亞洲第一個同性婚姻法制化國家。
二、中華民國9月16日與南太島國索羅門群島斷交，9月20日又宣布與另一太平洋友邦吉里巴斯終止外交關係，一週內接連失去2個太平洋友邦，邦交國降至15個。
三、宜蘭南方澳跨海大橋10月1日斷裂，造成6名外籍移工死亡，10多人受傷。
四、長榮航空空服員6月20日展開罷工行動，逾2,000名長榮空服員罷工17天，7月6日結束。造成長榮航空共取消1,439班航班、影響逾27萬8,420人次，營業損失達新台幣27.8億元。
五、肩負天氣觀測任務的福爾摩沙衛星七號，於台灣時間6月25日成功發射升空，不只是台灣科技實力向前一大步，也讓世界看到台灣航太實力。
六、7月1日，台灣口蹄疫拔針滿一年，正式成為口蹄疫非疫區，農委會也向世界動物衛生組織（OIE）申請成為口蹄疫不施打疫苗非疫區，預計2020年5月可以恢復停止23年的豬肉出口。
七、2020年1月11日將舉辦總統和立委大選，總統蔡英文在初選中擊敗前行政院長賴清德，代表民進黨競選連任。高雄市長韓國瑜也經過初選後，獲得國民黨提名參選。
八、亞洲第一部保障病人自主權利專法《病人自主權利法》1月6日正式上路，全台已有77家醫院提供預立醫療照護諮商，年滿20歲或未成年但已婚者可簽預立醫療決定，規畫人生最後一哩路。
九、總統蔡英文任內出訪，於7月首度過境美國紐約，在駐紐約辦事處出席與友邦駐聯合國常任代表會晤；國安會秘書長李大維5月底在美國與美國國安顧問波頓會晤；北美事務協調委員會6月更名為「台灣美國事務委員會」，台美關係獲致多項突破。
十、因應美中貿易戰衝擊，政府1月1日啟動「歡迎台商回台投資行動方案」，截至10月31日統計，台商回台投資累積投資金額6,236億元，預期可創造5萬4,970個本國就業機會；根留台灣加速投資行動方案總投資額超過新台幣122億元。

國際十大新聞

一、擁有850年歷史的巴黎著名地標聖母院4月15日慘遭烈焰吞噬，屋頂幾乎全毀，還有一座尖塔倒塌，法國歷史與文化珍寶面臨空前浩劫。

二、日本新天皇德仁5月1日即位，成為第126代日皇，日本正式進入令和年代。

三、美國總統川普10月27日宣布，伊斯蘭國（IS）首腦巴格達迪已在美軍於敘利亞發動的突襲行動中喪生。

四、美國總統川普10月11日宣布，美國與中國達成第一階段實質貿易協議。中國商務部網站10月22日發布，美國將從10月31日起對中國3,000億美元加徵關稅清單產品啟動排除程序。

五、為全球大氣供應20%氧氣的「地球之肺」亞馬遜雨林遭大火吞噬，火勢以破紀錄速度延燒，大到連衛星都可從太空清楚看見濃煙。科學家警告，這可能重挫對抗氣候變遷的努力。

六、英國脫歐日期遲遲難定，從原本預訂的3月29日延到10月31日，再拖到2020年1月31日，期間前首相梅伊因一直無法確保國會支持她提出的各類脫歐方案，因此於5月24日宣布下台，7月23日由強生接替。

七、美國總統川普和北韓領導人金正恩2月28日在越南河內會談，這是雙方第2度會面，未簽署任何協議；川普6月30日在分隔南北韓的非軍事區會見金正恩，並進入北韓境內，成為首位踏進北韓領土的美國總統。

八、「事件視界望遠鏡」（EHT）跨國研究計畫4月10日公布史上首張黑洞照片，被拍到的黑洞距離地球5,500萬光年，質量為太陽的65億倍，這是本世紀天文跟物理學界重大的發現之一。

九、紐西蘭基督城2座清真寺3月15日發生大規模槍擊案，造成至少50人喪命、數十人受傷。紐西蘭總理阿爾登認定這是恐怖攻擊，為紐國史上死傷最慘重的大規模射殺事件。

十、日本8月2日決定將南韓排除在適用貿易優惠的「白色名單」國家外，這是日本首度將「白色名單」國家除名。南韓不甘示弱，除宣布也把日本從適用貿易優惠名單中移除，又決定終止日韓軍事情報機密保護協定，兩國關係陷入建交以來最艱困局面。

中國大陸十大新聞

一、香港特區政府為解決陳同佳案，3月31日提出「逃犯條例修訂草案」，並於6月9日起爆發大規模社會運動；「反送中」運動並無統一領導和組織，示威者以遊行集會、武力、道路占領、圍堵建築物、針對性破壞、唱歌、吶喊、連儂牆、「三罷」行動等行為，向港府抗議與施壓。

二、中共總書記習近平1月2日在北京人民大會堂，出席「告台灣同胞書」發表40週年紀念會發表重要講話，重申「海峽兩岸同屬一個中國，共同努力謀求國家統一的九二共識」，並提出「探索『兩制』台灣方案」，更強調「制度不同，不是統一的障礙，更不是分裂的藉口」。

三、非洲豬瘟2018年8月開始在中國大陸爆發疫情，並擴及周邊國家，官方為控制疫情大規模撲殺受感染豬隻，間接導致豬肉供應劇降、物價上升；中國國務院副總理胡春華9月在東北調研豬隻生產時說，保障豬肉供應任務要「不折不扣」完成。

四、中國文化和旅遊部7月31日宣布，「鑒於當前兩岸關係」，自8月1日起暫停申請及核發赴台自由行通行證（赴台簽注），47個開放赴台自由行的省市都將停發。此為中國首度針對赴台自由行祭出限縮手段，旅遊業界估計，將影響每個月約15萬人次的陸客客源。

五、中共解放軍2架殲11戰機3月31日越過台灣海峽中線上空飛行，期間與經國號戰鬥機、F-16戰隼戰鬥機對峙後返航；此為1999年「特殊國與國」關係發表後，中共罕見派遣戰機越過中線。共軍首艘自製航空母艦11月17日航經台灣海峽，美、日軍艦尾隨在後，國防部全程派遣機艦監控。

六、香港第六屆區議會選舉11月24日舉行，泛民主派大獲全勝，452席拿下388席，囊括86%席次，親中建制派慘敗，僅獲59席。這次選舉共294萬人投票，投票率71.2%，雙創香港選舉新高。選舉結果等同向中國投下「不信任票」，影響特首林鄭月娥施政與之後的立法會議員選舉，北京面臨雙普選的高度壓力。

七、中國國家主席習近平6月20日與北韓領導人金正恩會談，這是中國最高領導人時隔14年再次訪問北韓，雙方除重申高層交往意願，也共盼北韓與有關方（美國）能採取符合各自合理關切的方案，推動朝鮮半島問題對話取得成果。

八、中國國務院副總理劉鶴率團於10月10日至11日訪問華盛頓，美方舉行第13輪中美經貿高級別磋商。會後中方通稿指，在農業、智慧財產權保護、匯率、金融服務、技術轉讓等領域取得實質性進展，並擬簽署第一階段協議。

九、中國國務院2月18日公布「粵港澳大灣區發展規劃綱要」，簡稱「大灣區」，屬灣區經濟發展戰略概念；由廣東省9個相鄰城市，廣州、深圳兩個副省級市以及香港、澳門兩個特別行政區組成，面積5.6萬平方公里，區域人口達7,000萬。

十、2019年7月8日，22個歐美國家聯名致信聯合國人權理事會，對中國新疆政策提出全球性批評，除呼籲北京結束大規模關押，也對中國「大範圍監控及限制維吾爾人」表示擔憂。7月11日，中國外交部發言人耿爽批評22國「罔顧事實真相」，並強調新疆事務純屬中國內政，不容許任何國家和外部勢力干涉。

2020年

國內十大新聞

一、武漢肺炎疫情肆虐全球，台灣超前部署防疫有成，至11月30日累計確診675例，死亡7例；中職4月12日閉門開打更領先全球。因應疫情衝擊，行政院推出「振興三倍券」，每人支付1,000元換3,000元「三倍券」，各部會推出農遊券、藝Fun券、動滋券、客庄券、國內旅遊補助等措施方案刺激經濟。

二、第15任總統副總統選舉、第10屆立法委員選舉1月11日舉行投開票，競選連任的總統蔡英文以史上最高的817萬231票連任；立委部分，民主進步黨在113席中拿下61席、中國國民黨38席、台灣民眾黨5席、時代力量3席、台灣基進1席、無黨籍5席，民進黨穩定過半，繼續完全執政。

三、高雄市長韓國瑜罷免案6月6日投開票，投票率42.14%，有效票96萬4,141票，同意罷免票數93萬9,090票，占97.4%，投票結果通過罷免，韓國瑜成為首位被罷免的直轄市市長。民進黨候選人陳其邁在8月15日補選當選高雄市長。

四、前總統李登輝7月30日因敗血性休克及多重器官衰竭辭世，享耆壽98歲，10月7日長眠五指山國軍示範公墓特勳區。

五、總統蔡英文8月28日宣布，在保障國人健康前提下，將訂定進口豬肉萊克多巴胺的安全容許值，並放寬30月齡以上美國牛肉進口；進口相關規定將在110年1月1日生效。

六、參謀總長沈一鳴1月2日搭乘UH-60M黑鷹直升機前往宜蘭東澳嶺，不幸在新北市山區失事，包括沈一鳴等8名將士殉職，是高階將領最嚴重空難。

七、通姦除罪化，司法院大法官會議5月29日做出釋字第791號解釋，《刑法》第239條通姦罪及《刑事訴訟法》第239條但書「對於配偶撤回告訴者，其效力不及於相姦人」規定違憲，立即失效。大法官認為，通姦罪限制性自主權，干預個人隱私，導致的不利益大於公益，違反狹義比例原則。

八、國民黨籍立委廖國棟、陳超明、民進黨籍立委蘇震清、無黨籍立委趙正宇同涉及貪污等罪遭搜索、羈押、起訴，創下立法院民國81年全面改選後首例。

九、美國政府一年內5度對台軍售，總額超過55億美元（約新台幣1,568億元），包括MK-48 Mod 6 AT重型魚雷、愛國者三型飛彈延壽案、海馬士多管火箭系統、增程型距外陸攻飛彈、F-16新式偵照莢艙、魚叉海岸防禦系統、MQ-9無人機等，在中國加強恫嚇台灣之際，協助增進台灣防衛能力。

十、台股創新高，7月27日由台積電漲停帶動，突破30年天花板12,682點，來到12,686.36點，其後多次改寫紀錄，11月23日收盤達13,878點，11月30日盤中來到13,969.39點，創歷史新高。

國際十大新聞

一、中國湖北武漢2019年12月傳出新型冠狀病毒疾病（COVID-19）後，迅速蔓延至全球，

至2020年11月25日，至少6,000萬例確診、141萬人死亡，疫情嚴重國家依序為美國、印度、巴西、法國與俄羅斯。

二、美國11月3日舉行總統大選，計票過程繁複冗長。民主黨候選人拜登7日發表勝選演說，誓言成為全民總統，找回美國的靈魂。不過，尋求連任的共和黨籍總統川普也宣稱勝選，並在數個關鍵州啟動法律戰，要求重新或停止計票。美國主流媒體報導，拜登將贏得306張選舉人票，遠勝川普的232張，拜登普選票也突破8,000萬張，創下歷史新高。選舉人團預定12月14日代表各州正式選出新任總統，如果拜登確定勝選，將於2021年1月20日上任。

三、2020東京奧運因武漢肺炎疫情擴大，延至2021年夏天舉行。國際奧委3月24日宣布，原定7月24日登場的2020東京奧運確定延期。原本東京被譽為舉辦這項盛會的最佳城市，不料卻遭病毒打翻布局，成為承平時期首度延辦的奧運。

四、美國非裔男子佛洛伊德（George Floyd）5月25日在明尼蘇達州明尼阿波利斯（Minneapolis）遭警察以膝蓋壓住頸部近9分鐘窒息死亡，過程遭路人拍下，再度引發「黑人的命也是命」運動。

五、日本首相安倍晉三8月28日宣布因健康因素辭去首相一職，原官房長官菅義偉9月16日正式接任。

六、在美國總統川普居間斡旋下，以色列與阿拉伯聯合大公國8月間達成歷史性和平協議，之後巴林與蘇丹也採取與以色列關係正常化的類似行動，對阿拉伯世界影響甚鉅。

七、英國1月31日正式脫離歐洲聯盟，經過數年激烈爭論，完成歷史性的脫歐程序，過渡期到2020年12月31日止。

八、美國職籃NBA洛杉磯湖人41歲退役球星布萊恩（Kobe Bryant）1月26日搭乘私人直升機時失事，包括他與13歲女兒吉安娜（Gianna Bryant）在內機上9人全部罹難。

九、黎巴嫩首都貝魯特市中心附近港區8月4日發生大爆炸，造成至少190人死亡、6,000人受傷，近30萬人無家可歸。大爆炸肇因於存放倉庫的2,750噸硝酸銨被工人維修焊接的火花引爆，但6年間海關至少6度發函請求司法部門裁定將危險硝酸銨轉運卻未獲回覆，釀成悲劇。

十、泰國民眾7月起發動2014軍事政變以來最大示威，呼籲解散國會、王室改革和修憲。

中國大陸十大新聞

一、2019年底，中國武漢出現冠狀病毒疾病，中國官方被指隱匿疫情，直到1月23日武漢才封城防疫，但病毒已擴散到全國，並迅速肆虐全球。據中國官方統計，至11月29日，中國累計確診逾8萬6,500例，死亡4,634例，但國際社會不斷質疑數據造假。

二、中國全國人大常委會6月30日以162票全數表決通過《中華人民共和國香港特別行政區維護國家安全法》，明訂分裂國家、顛覆國家政權、恐怖活動，和勾結外國或境外勢力危害國安罪。條例也將煽動宣傳入罪，且管轄權遍及全球，等同中共進一步摧毀維持「50年不變」的香港「一國兩制」承諾。

三、長江流域6月至9月因持續強降水引發嚴重洪災。洪災遍及28省區，造成271人死亡及失蹤、逾7,000萬人次受災，直接經濟損失逾人民幣2,100億元，為1998年來最嚴重水患。洪災破壞農田，恐引發大陸糧食危機，當局除宣稱確保糧食供給充足，國家主席習近平也要求整肅餐飲浪費。

四、共軍頻繁演習，共機常態越海峽中線。7月起，中國人民解放軍開始頻繁在南海、渤海、黃海和東海海域進行軍演；此外，共軍軍機也頻頻飛越海峽中線。有分析認為，共軍此舉除為製造武嚇氛圍，也為測試台美的軍事反應。

五、中美互相關閉雙方領事館。美國國務院7月21日突然要求中國駐休士頓總領事館限時72小時關閉，並稱此舉是為「保護美國人的智慧財產與美國人的個人資料」，事件引發各界關注。作為報復，中國7月24日也下令關閉美國駐成都總領事館，為緊張的中美關係再添陰霾。

六、美國國務院2月18日宣布，將新華社等5間中國官媒列為「外交使團」，視為中國政府的一部分，相關機構須提交在美人員的個資和房產清單。至11月，美國將15家中國媒體公司列為「外交使團」；中國則將紐約時報、華爾街日報和華盛頓郵報等美媒的10餘名

記者驅逐出境。
七、中美科技戰方興未艾。繼2019年美國商務部將中國通訊設備商華為放入出口管制黑名單「實體清單」，禁止美企和華為經商後；美國5月15日再宣告任何使用美國技術、設備的公司都受禁令規範。此舉重擊無力生產高階晶片的華為，引以為傲的手機業務遭重創。
八、內蒙古政府8月推行以漢語教授語文課，這項政策之後將延伸到政治、歷史課程。事件引起當地蒙古族人擔憂母語會趨於弱勢，不少民眾上街抗議，家長抵制送孩子上學。當局強硬回應，以「尋釁滋事」罪拘捕示威民眾，並究責不帶頭遵循政策的黨政幹部。
九、阿里巴巴旗下螞蟻科技集團原訂11月5日在上海及香港同步上市，計畫集資約344億美元，為全球史上最大IPO（首次公開發行）。但螞蟻集團實際控制人馬雲等人2日遭中國金管單位約談，上海交易所3日突然宣布，暫緩螞蟻集團上市；螞蟻集團隨後也宣布暫緩滬港上市，震驚全球。市場解讀，馬雲批評中國銀行還是當鋪思維的言論，是上市案受阻的原因之一。
十、中國和印度長年存在邊界爭議，6月兩國軍隊在加勒萬河谷（Galwan Valley）爆發嚴重衝突，雙方持棍棒、石頭互毆，據信共有數十人死傷。之後也傳出印軍對巡邏的共軍「鳴槍威脅」，是兩國簽訂停火協議45年以來的首次。

2021年

國內十大新聞

一、2020東京奧運延後一年舉行，台灣代表團表現亮眼，共拿下2金、4銀、6銅，在獎牌榜名列第34名，獎牌數和排名都創下歷史新高。
二、台鐵408次太魯閣列車4月2日上午在清水隧道北口因撞擊一輛從邊坡滑下侵入軌道的小貨車而出軌，造成49人死亡、200多人受傷，交通部長林佳龍請辭。
三、COVID-19疫情爆發，5月19日本土疫情暴增267例，提高至第3級警戒，至7月27日起解除3級警戒。從2020年1月全球疫情爆發至2021年11月24日，台灣累計1萬6,544人確診，本土1萬4,590例，境外1,900例，死亡848例。
四、高雄市鹽埕區城中城大樓10月14日凌晨發生大火，因為住物老舊，住戶多為老人，造成46人死亡、43人受傷，為台灣建築物火災史上死亡人數次多，僅次於1995年台中衛爾康餐廳大火。
五、車用晶片全球大缺貨，美、日、德等國都向台灣求援。為了確保晶片來源無虞，美日等國紛紛向全球晶圓代工龍頭台積電招手，台積電已決定在美國亞利桑那州以及日本設廠。
六、110年有多位民意代表陸續遭提案罷免，其中桃園市議員王浩宇案、高雄市議員黃捷案、立法委員陳柏惟案進入投開票，結果王浩宇、陳柏惟罷免案通過，兩人成為史上首位遭罷免的直轄市議員與立法委員。
七、行政院會10月28日通過111年度中央政府總預算案，決定111年度軍公教人員待遇調升4%，調幅創下25年來新高。主計總處統計，所需經費約新台幣314億元。
八、因應COVID-19疫情衝擊，行政院推出紓困振興方案，包括發給符合資格者急難救助金每人1至3萬元、自營工作者3個月共發給3萬元補助金等，總額5,000元的振興五倍券10月8日上路。
九、由國民黨提出的反萊豬公投、公投綁大選公投，以及珍愛藻礁公投、重啟核四公投，受疫情影響，中選會決議由8月28日延後至12月18日投票。
十、基本工資審議委員會在10月8日通過調漲案，決定自2022年1月1日起，月薪由新台幣2萬4,000元調漲到2萬5,250元，調幅約5.21%；時薪則由160元調漲到168元，調漲約5%，這是總統蔡英文上任以來，第6度調整基本工資，月薪調幅也是任內最高，預計有194萬名勞工受惠。

國際十大新聞

一、阿富汗民兵組織塔利班8月15日進入首都喀布爾，總統甘尼流亡海外，塔利班宣布建立阿富汗伊斯蘭酋長國。美國軍隊8月31日宣告完成阿富汗撤軍行動，結束20年的反恐戰事。

二、長榮海運貨櫃輪長賜輪3月23日卡在埃及蘇伊士運河，河道嚴重堵塞，數百艘船隻大排長龍，經搶救於3月29日脫困。經過日籍船東與蘇伊士運河管理局簽署賠償和解協議後，7月7日事件正式落幕，長賜輪獲放行。

三、受COVID-19疫情影響，延後一年舉辦的2020東京奧運於7月23日至8月8日舉行。因東京都等地疫情不斷升溫，開閉幕式與大部分比賽都未開放觀眾進場。賽事結果，美國以39金、41銀、33銅在獎牌榜3連霸，中國名列第2，地主國日本27金破隊史紀錄排第3。

四、COVID-19疫情延燒，Delta變種病毒在全球超過185個國家和地區現蹤。至11月23日，全球確診病例數逾2億5,000萬，奪走逾500萬條人命。

五、海地總統摩依士7月7日在自宅遇刺身亡，第一夫人身受重傷。台灣駐海地大使館7月8日清晨遭一群全副武裝可疑人士突破駐館防護潛入庭院，海地警方同日下午展開行動，順利逮捕11名武裝犯嫌。

六、緬甸實質領袖翁山蘇姬與她的執政黨「全國民主聯盟」（NLD）內其他要員，2月1日黎明前遭緬甸軍方以聲稱2020年大選有舞弊之嫌拘禁。軍方指派的選舉委員會2月26日表示，由於軍方已掌權，2020年選舉結果自動宣告無效。

七、英國2016年6月公投決定脫離歐洲聯盟後，2021年1月1日正式分手，邁入脫歐後新時代，同時退出關稅同盟與單一市場。

八、美國眾議院11月5日通過史上規模最大基礎建設法案，拜登政府得以挹注約1.2兆美元改善國內道路、橋梁、管路、港口和網路寬頻。白宮另計畫2022年元月投資全球5到10項大型基礎建設，作為抗衡中國「一帶一路」的一環。

九、全球億萬富豪競相投入商業太空旅行領域，維珍銀河公司創辦人布蘭森7月11日搭自家飛船上太空一遊；亞馬遜公司創辦人貝佐斯一行4人7月20日前進太空，大約10分半後成功返抵地球；馬斯克的太空探索科技公司（SpaceX）9月17日將4名平民送上太空，進行3天旅程。

十、原日本首相菅義偉9月3日宣布不參選自民黨總裁選舉，將卸任首相一職。岸田文雄10月4日當選自民黨總裁，出任日本第100任首相。

中國大陸十大新聞

一、香港《蘋果日報》在多名高層被捕、資產被凍結後，6月24日出版最後一份報紙，結束為期26年的營運。港蘋在最後的社論以「給香港人的告別書」為標題，指「蘋果死亡，新聞自由是暴政的犧牲品」。

二、中國大陸9月爆發缺電危機，受到「能耗雙控」政策壓力以及煤炭供需矛盾加劇影響，多省市陸續祭出限電限產；9月23日起，東北三省更因缺電而多次無預警停電。

三、3月24日起，H&M等多家國際服飾品牌因過去發表停用新疆棉花原料的聲明被翻出，引發中國網友抵制與電商平台下架。隨著民族主義持續發酵，至3月26日有超過40名中港台藝人宣布與相關代言品牌解約。

四、中國河南省連日暴雨，7月20日鄭州市地鐵5號線一列車遭洪水灌入，造成12死5傷。截至8月2日，河南有302人罹難，逾1,453萬人受災；其中鄭州多達292人死亡，仍有47人失蹤。

五、中國海關總署2月發布公告，暫停進口台灣的鳳梨，9月又再度公告決定暫停台灣釋迦和蓮霧輸入中國大陸，原因分別是從台灣進口鳳梨中驗出有害生物，以及在輸陸的番荔枝（釋迦）和蓮霧中檢出檢疫性有害生物介殼蟲「大洋臀紋粉蚧」。

六、中國加大對網路巨頭的反壟斷監管力度，4月10日，阿里巴巴集團因實施「二選一」壟斷行為，遭裁罰人民幣182.28億元，創實施反壟斷法以來金額最大的罰單。10月8日，外賣龍頭美團也因「二選一」條款，遭重罰人民幣34.42億元。

七、中國13屆全國人民代表大會3月11日通過「關於完善香港特別行政區選舉制度的決定」，修改香港選制，設立多項候選人審查制度，並重構特首選舉委員會和立法會。

八、9月24日，華為財務長孟晚舟與美國司法部達成緩起訴協議，結束在加拿大長達3年的引渡攻防戰，搭機返回中國。加拿大總理杜魯道在孟晚舟搭機的同時也宣布，遭中方關押的康明凱與史佩弗也獲釋返國。

九、總部位於深圳、2016年起連續5年入選《財富》世界500強的中國房地產發展商恆大集團下半年驚傳債務危機，積欠供應商、債權

人和投資人高達3,000億美元巨額債務，除引發投資人憂慮，並一度連累全球股市。

十、中國嚴控網路數據流出境外，網路叫車龍頭滴滴出行6月底才赴美IPO，中國網信辦7月2日就以「防範國家數據安全風險，維護國家安全」為由，對滴滴實施網路安全審查。其後，滴滴App被勒令下架，還遭7部門聯合進駐調查。多家中企為此放棄赴美上市。

2022年

國內十大新聞

一、美國眾議院議長裴洛西（Nancy Pelosi）8月2日訪台，是繼1997年時任美國眾院議長金瑞契（Newt Gingrich）後，25年來訪台層級最高的美國政要；中共解放軍隨即宣布在台灣東西南北周邊共6個海域進行重要軍事演訓行動，並試射飛彈越過台灣上空。

二、九合一選舉11月26日晚間揭曉，國民黨囊括13縣市，包含台北、新北、桃園、台中等4個直轄市；民眾黨高虹安攻下新竹市；民進黨僅拿下5縣市，黨主席蔡英文為敗選請辭，行政院長蘇貞昌口頭請辭但獲慰留。同日舉行台灣史上第一次修憲公民複決的「18歲公民權」公投則未過關。

三、台東池上附近9月17、18日連續發生地震，最大震度達6強，造成花蓮與台東多處災情；包括花蓮玉里一棟大樓倒塌、高寮大橋、崙天大橋斷裂，赤科山、六十石山聯外道路中斷，春日國小校舍倒塌等。

四、COVID-19疫情趨緩，經歷長達936天的隔離措施後，行政院宣布10月13日正式放寬入境隔離改為「0+7」，意味國境正式解封。

五、前新竹市長林智堅遭台大認定論文抄襲並撤銷碩士學位，宣布退出桃園市長選舉，民進黨改推立委鄭運鵬參選。論文門延燒政壇，多位縣市長參選人陷入論文和研究報告抄襲爭議，民眾黨立委蔡壁如也因德明科大認定論文不當引用被撤銷碩士學位，自行辭去不分區立委，由新光集團第3代吳欣盈遞補。

六、因應COVID-19疫情，產險業者推出防疫保單，至10月17日，防疫保單理賠達新台幣1,007.92億元，突破千億大關；若加計疫苗險，防疫雙險理賠合計1,288.04億元，國泰世紀產險、中信產險、富邦產險、新安東京上海產險、和泰產險與兆豐產險等申請增資，合計增資707億元，期間衍生諸多亂象。

七、全球受疫情及地緣政治衝擊，爆發晶片危機，台積電啟動全球布局，陸續到日本、美國設廠，亞利桑那州5奈米廠預計12月邀請客戶、供應商、學界和政府代表，慶祝首批機台設備到廠（First tool-in）里程碑。

八、8月22日上午11時，警員涂明誠、曹瑞傑追緝遭竊普通重型機車時，先後在台南市安南區北汕尾附近的第一公墓被監獄逃犯暨竊盜嫌疑人林信吾持刀攻擊，兩名警察送醫不治殉職，引起軒然大波。林信吾23日凌晨4時許，在和欣客運新竹站被警方逮捕。

九、中央銀行3月17日宣布升息1碼，終結利率連7凍，這不僅是央行睽違逾10年首度升息，更是15年來最大幅度，跌破市場眼鏡。隨後在6月16日及9月22日，宣布政策利率調升半碼，111年以來連三升；此外，央行調高存款準備率1碼，將從市場收回資金逾千億，採取價量雙軌並進，加大緊縮步調。

十、美國升息引動新台幣重貶跌破32元關卡，台股累計遭外資賣超逾1.4兆元，超越2020至2021年總和，指數由歷史高點18,619點下跌5,990點；台積電股價自688元高點跌至370元，跌幅逾46%。國安基金7月12日宣布啟動護盤，金管會10月21日再宣布實施有條件限空令的救市措施。

國際十大新聞

一、俄羅斯以「去軍事化」及「去納粹化」為由，2月24日對烏克蘭採取「特別軍事行動」，入侵烏克蘭，形成第二次世界大戰以來歐洲最大規模的軍事衝突。

二、英國女王伊麗莎白二世9月8日壽終正寢，享耆壽96歲。她是英國史上在位最久的君主，擔任元首長達70年。女王的兒子查爾斯繼位國王，正式頭銜為查爾斯三世。

三、日本前首相安倍晉三7月8日上午在奈良市演說時遭槍擊身亡，享壽67歲。凶嫌山上徹也認為安倍和統一教有關，而山上怪罪這個團體害他母親破產，因此花費數月計畫刺

殺行動。

四、韓國首爾梨泰院10月29日晚間因萬聖節活動聚集人潮引發踩踏意外，導致156人喪生，逾百人受傷。在事發前4小時就有人報案，至事件發生前有11通報案電話，警方僅依「一般申訴」處理，報案未得到妥善處置。警察廳長坦言警方因應措施不足，並為這起推擠事件致歉。

五、美國總統拜登8月9日簽署晶片法案（CHIPS and Science Act），為美國半導體生產挹注超過500億美元補貼，提高產業競爭力。官方10月8日再宣布一系列晶片出口管制措施，未經政府許可，美企不得出口先進晶片和相關製造設備至中國；運用美國技術、在他國製造的晶片也受此規範，被視為欲全面圍堵中國半導體發展。

六、英國首相2度換人。強生（Boris Johnson）7月7日因為一連串醜聞宣布辭職下台，由特拉斯（Liz Truss）於9月6日接任；特拉斯上任後推出的財政政策引發政治風暴，10月20日請辭，在位49天的她成為史上任期最短的英國首相；蘇納克（Rishi Sunak）10月25日上任，成為英國2022年第3位首相。

七、美國聯邦準備理事會（Fed）為壓制接近40年高點的通膨，3月至11月連6度決議升息，調幅多次大於傳統的1碼，截至11月2日累計升息15碼（3.75個百分點），聯邦資金利率目標區間來到3.75%～4%，是2008年1月後的最高水準，升息步調近代罕見，各國貨幣兌美元匯率應聲倒下。

八、北韓2022年發射飛彈次數創歷史新高，朝鮮半島緊張持續升溫。北韓11月2日至少發射10多枚各式飛彈，其中包括首次向南方發射的飛彈，南韓政府痛批北韓此舉是進犯南韓領土的實質行動，並隨即出動空軍戰機，向北方界線以北發射3枚空對地飛彈。

九、美國最高法院6月24日表決，以5票贊成、4票反對推翻1973年「羅訴韋德案」（Roe v. Wade）保障墮胎權的歷史性裁決，結束近50年來對墮胎的憲法保障，引發美國社會進一步分裂。

十、斯里蘭卡經濟陷入嚴重危機，引爆持續數月示威抗議，政府7月6日宣告破產，總統拉賈帕克薩（Gotabaya Rajapaksa）下台並流亡海外，9月3日結束52天的自我流放返國。

中國大陸十大新聞

一、中共20屆一中全會10月23日選出新一屆7名中央政治局常委，「習家軍」全面掌控。排名第一的習近平3度擔任總書記，其餘6人依序為李強、趙樂際、王滬寧、蔡奇、丁薛祥、李希。此前被視為準接班人的國務院副總理胡春華遭排除出政治局。

二、中共總書記習近平3月17日要求COVID-19疫情堅持「動態清零」，中國各地反覆實行嚴厲的防疫管控措施，新疆烏魯木齊市11月24日發生公寓大火，疑因不當封控阻礙逃生及搶救導致10死9傷，引發「白紙運動」，包括北京、上海、成都等多地民眾和大學生走上街頭，罕見喊出「不要做核酸要自由」、「習近平下台」等口號。

三、美國眾議院議長裴洛西8月2日抵達台灣訪問後，中共解放軍當天深夜宣布，4日中午12時至7日中午12時，在台灣周邊6個海域「進行重要軍事演訓行動」並組織實彈射擊」。4日中午起，共軍發射多枚東風飛彈與遠程火箭，還出動上百架多型戰機，以及10餘艘軍艦。

四、中共前總書記胡錦濤10月22日在20大閉幕疑似欲翻閱桌上文件但被阻止拿走後，非自願被提前帶離會場，他在過程中面露不悅，多次抗拒。畫面傳出後震驚國際，引發諸多推測；新華社官方推特稱，當時胡錦濤「身體不適」。

五、上海市3月30日深夜宣布，因應COVID-19疫情，採取「全域靜態管理」，以盡早實現社會面清零。上海為此封城兩個月，5月31日宣布解封，重創經濟民生。

六、中國大陸7月相繼出現「爛尾樓」預售屋主集體停繳房貸事件，揚言建商復工後才繳貸款，風暴迅速席捲多地數百個建案，西安還出現大型陳情抗議事件。由於停貸風暴衝擊房市與金融，中共中央政治局7月28日下令「保交樓」，各地爛尾樓相繼復工。

七、2022年冬季奧林匹克運動會2月4日至20日在北京舉行，北京冬奧組委會祭出嚴格防疫，對所有涉奧人員實施全流程、全封閉、點對點的閉環管理，與社會面完全隔開，且不公開銷售門票，組織特定觀眾現場觀賽。

八、河南和安徽5家村鎮銀行4月中旬關閉線上

系統，導致存款人取款難。存戶多次抗議遭鎮壓，還有官員違法將多人健康碼標紅碼阻撓維權。事件引發關注後，當局懲處官員，逮捕逾200名涉嫌非法吸金嫌犯，並對存戶進行墊付。事件涉及62.74萬戶，資金達人民幣273億元（約新台幣1,210億元）。

九、河北唐山市6月10日凌晨發生惡劣傷害事件，一名男子性騷擾一名女子遭拒後，夥同多名男子不斷痛毆當事人與勸架女子。畫面流出引發公憤，國際媒體廣為報導，事後中國大陸展開全國大掃黑。9月23日，河北廣陽區法院公開宣判，被告陳繼志被判有期徒刑24年，其餘27名被告判6個月至11年不等。

十、東方航空MU5735航班3月21日下午在廣西失事墜毀，機上132人全部罹難，打破中國大陸將近12年飛安零事故紀錄。失事的是波音737-800NG型客機，飛安紀錄良好，機齡只有6.8年。外界質疑墜機是人為蓄意。

2023年

國內十大新聞

一、隨著總統大選逐漸升溫，紛擾數月的藍白合協商最終宣告破局，雙方陣營各自登記參選正副總統，而鴻海創辦人郭台銘在登記截止日發布退選聲明。2024總統大選呈現民進黨賴清德配蕭美琴、民眾黨柯文哲配吳欣盈，以及國民黨侯友宜配趙少康的三腳督局面，創下最晚確定參選人的紀錄。

二、台版MeToo事件延燒，5月起由民進黨前黨工陳汗瑈、陳汶軒等人指控曾遭職場性騷擾後，延燒到各界，包括體育、影劇、藝文、政治、校園、媒體等都陸續爆出。立法院臨時會7月三讀修正通過性平三法，明定禁止未成年師生戀、權勢性騷擾等行為，並加重處分。

三、台灣自2月起雞蛋出現供不應求現象，在開放進口蛋稍微紓解缺蛋危機後，又因進口蛋過期、銷毀等議題引起爭議。農業部長陳吉仲9月19日向行政院長陳建仁請辭獲准，由農業部次長陳駿季暫代部長一職。

四、台灣首艘國產自製潛艦「海鯤號」9月28日舉行命名下水典禮，由總統蔡英文親自主持，接下來將經一連串測試，預計2024年底前交付海軍。

五、義務役役期2024年起恢復為1年，新增實彈射擊、近戰格鬥等訓練，並啟動首次女性後備軍人志願教召訓練。

六、屏東科技產業園區明揚國際科技股份有限公司9月22日傍晚發生火災，造成10人死亡、109人受傷，其中死者為4名消防員、6名員工，傷者為10名消防員、1名義消、98名民眾。

七、總統蔡英文美西時間4月5日與美國眾議長麥卡錫在美國加州雷根總統圖書館會晤，這是1979年台美斷交後，中華民國總統在美國進行的最高級別會晤。蔡麥會後不久，共軍隨即在台海周邊軍演，引發緊張情勢。

八、受地緣政治緊張局勢升溫，台積電持續擴大全球布局，除美國亞利桑那州廠將於2025年量產、日本廠於2024年底前量產，台積電也評估在日本熊本建立第2座廠，並決定於德國德勒斯登投資設廠，可望深植歐洲的供應鏈體系。

九、杭州亞運台灣代表團拿下19金、20銀、28銅，排名第6；金牌數追平1998年曼谷亞運的史上最佳成績。

十、中華民國3月26日宣布與建交長達82年的宏都拉斯斷交，宏國同日宣布與中華人民共和國建交。

國際十大新聞

一、巴勒斯坦伊斯蘭主義團體哈瑪斯10月7日從加薩地區向以色列發射逾3,000枚火箭，逾1,400人喪命。哈瑪斯另綁架240名人質。這是以色列建國75年來遭受最慘重攻擊。以色列隨後對加薩發動軍事攻擊，根據哈瑪斯統治的加薩衛生部，以色列的攻擊已造成超過1萬4,000多人死亡。

二、土耳其2月6日發生規模7.8強震，包括土耳其和敘利亞在內共造成5萬9,000人死亡，為該區域一個世紀以來最強烈地震之一。

三、中國偵察氣球1月至2月飛入美洲多國空域，導致中美關係惡化，美國國務卿布林肯訪中因而延期。北京承認是中國民用無人飛艇因不可抗力誤入美國，否認是間諜氣球。美國總統拜登2月下令擊落入侵領空的

偵察氣球，引發中國強烈不滿。
四、世界衛生組織5月5日宣布，COVID-19不再構成全球衛生緊急事件。世衛秘書長譚德塞指出，COVID-19疫情估計奪走至少2,000萬人性命。這個數字是各國官方紀錄合計不到700萬人死亡的將近3倍。
五、傭兵組織瓦格納集團首腦普里格津6月23日發動兵變，一度打算揮軍直搗莫斯科；在白俄羅斯總統魯卡申柯居中調停下，兵變事件落幕。8月23日，普里格津搭乘從莫斯科飛往聖彼得堡的座機墜毀，包括他在內的10人全數罹難。
六、美國共和黨極右派10月3日和民主黨聯手將麥卡錫拉下聯邦眾議院議長寶座，這是美國獨立建國以來，聯邦眾議院首度罷黜議長。共和黨接下來陸續推出3名候選人角逐議長皆失利，直到提名第4位候選人、國會台灣連線成員強生出線後，新任議長總算出爐。
七、美國夏威夷州毛伊島8月8日起爆發野火，在強風與附近颶風助長下，總計至少97人喪生，成為美國逾百年來最致命的野火災情。
八、有鑑於俄羅斯全面入侵烏克蘭的結果，芬蘭2022年5月18日向北大西洋公約組織提交入會申請，2023年4月4日正式成為北約第31個會員，完成北約史上最快的入會流程。
九、韓國總統尹錫悅3月16日訪問日本，這是韓國總統時隔約4年首次訪日，日韓宣布關係恢復正常。日本決定解除向韓國出口半導體材料的限制措施，韓國則將撤回向世界貿易組織提出對日本的相關告訴。
十、國際原子能總署7月公布綜合報告書，認為東京電力公司排放核處理水計畫符合國際安全標準後，日本在8月24日決定把福島第一核電廠的核處理水排入太平洋，引發一系列國際間支持與反對兩極反應。

中國大陸十大新聞

一、中共總書記習近平3月10日在第14屆全國人民代表大會第一次會議以2,952票全票贊同，當選中國國家主席、中央軍委主席，完成「三位一體」，開啟第3任期。
二、央視新聞10月27日早上報導，中國前國務院總理李克強因突發心臟病，經全力搶救無效，於10月27日0時10分在上海逝世，享年68歲。中共當晚發布訃告，指李克強的逝世是黨和國家的重大損失。李克強去世後，中共展開強力維穩，嚴防出現抗議言行。
三、中國國務委員兼外交部長秦剛失聯滿月後，全國人大常委會第4次會議7月25日決定免去秦剛兼任的外交部長職務，任命中共中央外事辦主任王毅為外交部長。秦剛因此成為任職時間最短的外交部長。
四、中國國防部長李尚福傳涉貪被查失聯近兩個月後，全國人大常委會第6次會議10月24日決定，免去李尚福的國務委員及國防部長職務，同時免去前外交部長秦剛仍留任的國務委員職務，但未任命新防長。
五、中國國家統計局1月17日公布，2022年底中國人口14億1,175萬，較2021年底減少85萬，是1961年以來首次出現人口負成長；人口出生率每千人6.77，創1949年中共建政以來最低。
六、陸媒10月22日報導，鴻海集團旗下的富士康遭中國大陸有關部門進行稅務稽查和用地情況調查。國台辦其後表示，這是正常的執法行為；台企應當承擔相應的社會責任，為推動兩岸關係和平發展發揮積極作用。
七、中國青年失業率連續多月創下新高之後，中國國家統計局8月15日以「勞動力調查統計需要進一步健全優化」為由，宣布本月起暫停發布青年人等分年齡段的城鎮調查失業率。
八、繼「白紙運動」，中國出現「白髮運動」，武漢市2月8日與15日連續出現上萬退休老人聚集抗議，要求撤回削減健康福利的醫保改革措施。15日當天，大連市政府大樓前也聚集數千民眾同樣表達不滿。
九、中國大型房地產企業接連爆雷，繼恆大集團破產、主席許家印涉嫌違法犯罪被捕後，在港股上市的碧桂園也深陷債務危機，8月18日被恆生指數成分股排除，碧桂園的一筆美元債券也在10月被認定違約，房地產系統性風險衝擊金融安全，引發經濟危機。
十、前總統馬英九3月27日率團飛抵上海，展開為期12天的中國大陸行程，是首位訪陸的中華民國卸任總統。馬英九此行定調為祭祖以及兩岸青年學子交流，會見的陸方最高層級官員是國台辦主任宋濤，他在會見中數度提到「九二共識」。

§第四章　大事紀

國內大事紀

112年11月

3日　《醫療法》第84條規定，「非醫療機構，不得為醫療廣告」，憲法法庭判決禁止醫師做醫療廣告部分違憲，立即失效。

5日　台灣桌球一哥林昀儒在WTT法蘭克福冠軍賽男單決賽，以4比1逆轉勝氣走中國名將馬龍，獲得WTT冠軍賽層級首冠。

6日　國立台灣史前文化博物館南科考古館舉行英國愛丁堡大學返還牡丹社事件排灣族4勇士遺骨安置寄藏儀式，由巫師進行傳統呼召祈福，多名族人見證。

7日　衛福部疾管署公布國內首例猴痘死亡個案，為北部30多歲男性，於11月1日死亡。衛福部在113年2月1日起修正第2類法定傳染病「猴痘」中文名稱為「M痘」。

9日　台積電創辦人張忠謀獲頒李國鼎獎，輝達（NVIDIA）創辦人暨執行長黃仁勳出席頒獎典禮致詞時表示，輝達是建構在台積電的基礎上，沒有台積電就不會有輝達，並推崇張忠謀是台灣科技教父。

10日　立法院三讀通過《義務役服役期間提繳退休金條例》。義務役服役期間，由國家為役男提繳6%退休金，使役男退伍後可與各職域退撫制度銜接。

12日　中職總冠軍賽最終戰，味全龍隊終場以6比3擊退樂天桃猿隊，奪下隊史第5冠、睽違24年的總冠軍。

14日　APEC台灣領袖代表、台積電創辦人張忠謀搭機赴美，參加APEC經濟領袖會議，傳達總統蔡英文交代，包含台灣將致力促進區域和平、打造更具韌性供應鏈等訊息。

17日　《選罷法》第69條第1項規定，只有區域立委、縣市長、原住民立委候選人落選差距票數千分之3內，可聲請重新計票。憲法法庭做出憲判字第18號判決，規定牴觸《憲法》平等權，違憲。

亞洲國際電影節（Asian World Film Festival）在洛杉磯舉行。《關於我和鬼變成家人的那件事》獲得「觀眾票選獎」，是台灣作品首度獲獎。

健力選手楊森參加世界健力錦標賽捷報，在男子120公斤級蹲舉、臥舉進帳2金，蹲舉更以452.5公斤刷新世界紀錄。

19日　上千名醫事大聯盟人員上凱達格蘭大道舉行「黑十字運動」要求教育部和衛福部將醫事人力總量管制原則入法，反對降低護理師國考門檻等訴求。

21日　立法院三讀修正通過《家庭暴力防治法》，增訂防止被害人性影像遭散布之保護措施為保護令類型；網路平台服務提供者，知有家暴被害人的性影像應先行限制瀏覽或移除，違者最重可處新台幣60萬元罰鍰。

24日　透過連署取得總統參選資格的鴻海創辦人郭台銘，在登記最後一天發布退選聲明。副手賴佩霞則在臉書發文感謝支持者。

衛福部公告，113年2月1日起，入出境許可證上註記就學，且在台灣居留時間超過6個月的中國籍學生，即自動認定具納健保資格，初估逾2,100人受惠。

25日　第60屆金馬獎，12歲的林品彤以電影《小曉》成為史上最年輕金馬影后。吳慷仁以馬來西亞電影《富都青年》首次入圍就奪得影帝。《老狐狸》包辦最佳導演等4項大獎，成為最大贏家。

29日　總統蔡英文正式任命駐歐盟兼駐比利時代表俞大㵢擔任駐美國代表；外交部政務次長李淳擔任駐歐盟兼駐比利時代表。

30日　中信金控前副董事長辜仲諒捲入紅火案纏訟17年，台灣高等法院更三審認定辜仲諒將結構債出售紅火公司，僅違反內控規範，不構成背信罪、間接操縱股價、洗錢等罪，判決無罪。可上訴。

瑞士洛桑管理學院（IMD）發布2023世界數位競爭力調查評比，台灣在全球64個主要國家及經濟體中排名第9名，進步2名；其中，每千人研發人力、4G及5G行動寬頻用戶占比等5項指標全球居冠。

2023亞洲技能競賽在阿布達比落幕，台灣國手獲得12金、6銀、4銅、3優勝，共25面獎牌，總成績排名第一，展現台灣技職實力。

112年12月

1日 駐地高雄岡山的空軍飛行訓練指揮部編成，由總統蔡英文校閱、宣讀編成命令。

國光體育獎章暨運動科學研究獎勵舉行頒獎典禮，「鞍馬王子」李智凱靠著亞運、世大運收下2金1銅進帳675萬成為獎金王，滑輪溜冰女將李孟竹以750萬獎金成為獎金后。

中研院院士蔡明道領導國際團隊，在原子解析度下直擊光解酶酵素修復DNA損傷的完整過程，研究成果登上頂尖國際期刊《科學》（Science）。

2日 「世界全壘打王」王貞治擔任亞洲棒球錦標賽開球嘉賓，為台北大巨蛋開出歷史性第一球。

4日 中研院宣布，歷史語言研究所院士王汎森獲德國宏博研究獎，為台灣人文學領域首位獲獎學者。

5日 個人資料保護委員會籌備處揭牌，行政院長陳建仁說，這是台灣推動個資保護的里程碑，展現政府推動個資保護的決心。

6日 教育部及台灣師範大學公布PISA 2022結果，台灣學生數學表現平均547分，在參與國家／地區中排名第3，比PISA 2018進步2名，並創採電腦測驗以來最高分。

非政府人權組織（CIVICUS）發布「2023年受威脅的公民力量報告」，台

▲2023亞洲技能競賽落幕，勞動部長許銘春在閉幕典禮接下會旗，由台灣主辦下一屆2025亞洲技能競賽。

▲「世界全壘打王」王貞治112年12月2日在台灣首座巨蛋棒球場開出歷史性一球。

灣連續5年被列為亞洲唯一「開放」的國家。

7日 由台東縣政府執行的「台東城市品牌加值計畫－設計導入公共政策」榮獲2023金點設計獎（Golden Pin Design Award）「年度特別獎」。

8日 立法院三讀修正通過《職能治療師法》。規定職能治療師執行業務，應依醫師開具之診斷、照會或醫囑為之。使職能治療師執業範圍貼合實務現況。

9日 道瓊永續指數（DJSI）評選結果出爐，電信三雄皆蟬聯入選道瓊永續世界指數，遠傳電信與中華電信並列世界第1，台灣大哥大也擠進全球電信業前3名，贏過韓國SK和日本軟銀。

11日 第23屆國家文藝獎揭曉，得獎者為作家夏曼·藍波安、視覺藝術家梅丁衍、表演藝術家陳鳳桂、紀錄片導演劉嵩。

12日 立法院三讀通過《最低工資法》，中央主管機關應設最低工資審議會，最低工資應參採消費者物價指數年增率擬訂調整幅度；勞工與雇主議定的工資，不得低於最低工資，違反者最重可處新台幣150萬元。

13日 勞保老年年金請領年齡再度調高，113年元旦起，勞工需滿64歲才能請領全額勞保老年年金，預估影響12萬人。

首屆行政院國防科技貢獻獎，由國家中山科學研究院系發中心主任林俊村獲獎。林俊村參與天弓計畫長達35年，主導多項飛彈武器系統研發。

亞洲公司治理協會（ACGA）公布2023年亞洲公司治理評鑑，台灣與新加坡並列第3，改寫台灣歷年最佳成績，僅次於澳洲及日本。

14日 環境部長薛富盛至立法院報告台灣代表團參與「第28屆聯合國氣候變遷大會」（COP28）成果。會議期間，台灣代表團共進行46場雙邊會談，宣介台灣推動參與聯合國氣候變遷綱要公約的訴求，向參與國表現台灣面對氣候變遷的決心。

16日 美國國防安全合作署（DSCA）宣布對台軍售「迅安系統作業維持」。這是拜登政府第12度對台軍售，展現美國政府對台灣國防需求的高度重視。

17日 台灣「羽球天后」戴資穎擊敗西班牙好手瑪琳，如願收下生涯第4座BWF羽球年終總決賽女單冠軍。

18日 為確保一年制義務役訓練成效，國防部頒布標準，官兵新訓期間不合格，即使下部隊仍無法領取約1萬元專業加給，且不能放榮譽假。

《公教人員保險法》第36條條文三讀修正通過，原被保險人繳付保險費達280天後分娩，才能請領生育給付，改為「在保險有效期間」分娩或早產，得請領生育給付。

立法院三讀修正通過《土石採取法》、《中華民國專屬經濟海域及大陸礁層法》，規範違法抽砂所用船舶或設備，不問屬於犯罪行為人與否，都可沒收。

19日 囤房稅2.0修法三讀通過，房屋稅改採全國歸戶，多數非自住持有者稅率從1.5%到3.6%，調高為2%至4.8%；建商餘屋則採全國統一標準，稅率依照持有年限不同，適用2%到4.8%稅率。

20日 台灣腎臟醫學會發表報告，國內洗腎發生率5年來首見下降。腎臟醫學會理事長吳麥斯表示「我們是腎病正在消失的國家」，顯示強化「早篩早治」的照護計畫奏效。

21日 海虎潛艦在高雄小琉球海域值勤時因浮航搶修浮標，瞬間湧浪過大，造成6人落水，其中3人失蹤。後因逾半年未尋獲，依法判定殉職。

台北文學獎公布，作家羅漪文《我當司法通譯的日子》，獲選為年金得主。

22日 台灣碳權交易所啟動首批國際碳權交易，第一波上架來自亞洲、非洲與南美洲等地區的碳權，台積電、鴻海、中鋼與台灣金控等近30家業者「搶頭香」參與交易。

房市回升。中央銀行公布11月五大銀行新承做房貸金額衝上新台幣895.62億元，寫下統計以來新高紀錄。

23日 由基層勞工團體組成的「工人鬥總統團體」完成從南到北徒步389公里的抗議行動，集結在中正紀念堂，向總統候選人提出7大訴求，包括解決低薪問題、保障勞工退休、改善工時過長、提高雇主職災保險費率等。

24日 信義誠品正式熄燈。誠品董事長吳旻潔表示，信義店對台灣而言，是民間經營最大的文化設施，對讀者的意義在於「青春和陪伴」。

25日 美國《全球金融》（Global Finance）雜誌公布2023年世界最富裕國家排名，台灣名列14，超越中國（77名）、日本（38名）和韓國（30名）。雜誌評論指出名

▲環境部長薛富盛率台灣團隊參加在杜拜舉行的第28屆聯合國氣候峰會。

▲誠品董事長吳旻潔（中）熄燈當下與現場民眾向信義店齊說「晚安」。

▲由漫畫家簡嘉誠執筆的《青空下的追風少年》，台鐵檔案為重要的創作素材。

列前茅的國家能夠穩定經濟免於COVID-19疫情影響，特別不易。

26日 日本外務省舉辦第17屆國際漫畫賞，台灣漫畫家簡嘉誠以《青空下的追風少年》勇奪金賞，林奕辰、清水分別以《二零七之骨》、《友繪的小梅屋記事簿2》獲得銅賞。

27日 第47屆金鼎獎頒獎，邱祖胤以小說《空笑夢》獲得金鼎獎文學圖書獎，媒體工作者李雪莉則以《烏克蘭的不可能戰爭：反抗，所以存在》獲得圖書編輯獎。

28日 財政部宣布，台灣與韓國《避免所得稅雙重課稅及防杜逃稅協定》自112年12月27日生效，股利、利息及權利金扣繳稅率調降為10%，113年1月1日起適用。

台北國際書展大獎公布，已故政治評論家李怡的遺作《失敗者回憶錄》與陳列《殘骸書》、吳聰敏《台灣經濟四百年》同列非小說類首獎。

教育部公布112學年大專新生註冊率，19校低於6成。各學制合計有112班的新生註冊率掛零，其中包含52個碩博班。

29日 台股封關收紅，盤中高點17,945.7點及收盤指數17,930.81點均創112年最高點，全年指數大漲3,793點，漲幅達26.7%，市值增加逾新台幣12.7兆元，推估股民平均獲利為101.99萬元。

30日 國史館發表《蔣經國日記1970-1979》，國史館長陳儀深表示，希望藉此讓學界和社會大眾更了解蔣經國的個性、決策模式，以及黨外民主運動的艱難與台灣民主化的曲折過程。

113年1月

1日 總統蔡英文發表任內最後一次元旦談話，細數8年政績外，也感謝國人體諒、包容，有些事情的社會溝通可以做得更好，例如年金改革、婚姻平權。

台灣鐵路管理局走過136個年頭，正式改制為「國營台灣鐵路股份有限公司」，並發布安全憲章，建構完善的安全管理系統（SMS）。

9日 中國發射的衛星飛越南部上空，國防部首度發布中、英文國家級警報，但英譯版本卻將衛星翻譯成missile（飛彈）；國防部承認疏忽並致歉。

財政部公布112年出口統計，對中國與香港出口衰退18.1%，創有統計以來最深跌幅，占總出口比重降至35.2%，為21年來低點；同時，全球供應鏈重組下，對美、歐出口規模均創新高。

10日 台北市政府正式發行社會責任債，為國內政府機關發行永續債首例，資金將用於支持捷運建設計畫。此次共吸引20家金融業參與投標，出現超額認購潮，決標發行總額為新台幣25億元。

內政部公布112年人口統計數據，人口數2,342萬442人，較111年增15萬5,802人，終止人口負成長；全年新生兒13萬5,571人，較111年減少3,415人，再創統計以來新低。

12日 第11屆台灣棒球名人堂開票，日籍的近藤兵太郎入選特別奉獻類。近藤教練在1931年帶領嘉義農林學校棒球隊打進日本甲子園決賽，奪得亞軍。他的故事因電影《KANO》已廣為人知。

13日 2024總統選舉結果出爐，民進黨候選人賴清德、蕭美琴以逾40%得票率當選中華民國第16任正副總統，打破8年政黨輪替魔咒。

第11屆立法委員選舉開票結果，113席中民進黨拿下51席，國民黨奪52席、台灣民眾黨在不分區獲得8席，呈現「三黨不過半」局面。

15日 前民進黨主席施明德病逝，享壽83歲。他是台灣從黨外運動到民主化的指標性人物，兩度以叛亂罪被判處無期徒刑，坐牢時間超過1/4個世紀，被譽為台灣曼德拉。

16日 高端COVID-19疫苗採購合約公開，疾管署長莊人祥重申，疫苗採購與接種計畫推動均秉持專業，以全民健康福祉為優先考量，一切依法行政。

根據財政部關務署統計，112年徵收反傾銷稅合計約新台幣7.04億元，創近6年新高，其中又以對中國鞋靴課徵約2.96億元為最大宗。

17日 成功大學團隊研製台灣百合一號Lilium-1，112年12月搭載美國太空探索SpaceX火箭發射，校方公布立方衛星滿月自拍影像，這是台灣衛星首次在太空自拍打卡紀錄。

19日 國際調查研究機構「企業騎士」（Corporate Knights）公布2024「全球百大永續企業排行榜」，台灣高鐵公司再度入榜，排名第4，在低碳、環保、永續等各項評比指標表現優異。

20日 文化部首次常態化發放16-22歲、每人1,200點文化成年禮金。

22日 台電肩負政策任務吸收國際燃料價格漲幅，截至112年底累虧達新台幣3,826億元。經濟部表示，將向政院爭取補貼支持，控制債務水位、避免累虧加劇。

主計總處公布112年全年失業率平均為3.48%，創下90年以來、長達近23年最低紀錄。

▲首梯1年制義務役男113年1月25日在台中成功嶺報到，將接受為期8週新兵入伍訓練。

23日 第96屆奧斯卡金像獎入圍名單揭曉，台裔美籍導演江松長的作品《金門》獲最佳紀錄短片提名。本片從不同的角度呈現台灣、金門與中國的關係。

26日 國安基金第8次護台股在112年12月25日順利完成退場，共買進15檔個股，涵蓋科技、傳產及金融股，其中以買賣台積電淨賺新台幣83.18億元最多，占此次處分淨利近8成。

28日 台灣名將謝淑薇包辦澳網混雙、女雙雙冠，締造台將紀錄，更是澳網近24年來首見。蔡英文總統致賀電給謝淑薇，恭喜她獲得生涯第8座大滿貫冠軍。

29日 行政院發布「2024年性別圖像」顯示，政府在110年提升育嬰留職停薪津貼到8成後，111年男性申請比例達25.2%，創下歷年新高。

2月

1日 立法院舉行正、副院長選舉，歷經兩輪投票，國民黨立委韓國瑜、江啟臣當選。尋求連任立法院長失利的游錫堃，宣布請辭民進黨不分區立委。

▲攝影藝術家張照堂獲頒第14屆台灣國際紀錄片影展（TIDF）「傑出貢獻獎」。

第14屆台灣國際紀錄片影展（TIDF）將「傑出貢獻獎」頒給現年80歲攝影藝術家張照堂。並首度頒發「特別紀念」致敬已故的紀錄片導演胡台麗，她是拍攝民族誌影像的先驅。

公務人員退撫基金管理局公布績效，截至112年底，基金實際收益數997.75億元創史上新高；收益率13.1%，僅次於98年的19.49%。

勞動部勞動基金運用局公布112年績效，截至112年底整體基金規模為6兆349億元，全年投資獲利7,193.7億元，收益率12.8%，打破108年收益

數4,735億元、收益率11.81%的紀錄，創下歷史新高。

非洲友邦史瓦帝尼王國外交暨國際合作部長戴柏莉（Pholile Shakantu）訪台，外交部長吳釗燮與戴柏莉簽署聯合聲明，強調高度重視兩國邦誼，也延續史瓦帝尼支持台灣參與國際社會的承諾。

2日 經濟部水利署首創「水利工程生命週期碳管理」，經由英國標準協會（BSI）驗證，取得國際「PAS 2080：2023建築與基礎建設碳管理標準」證書，成為國際第一個獲得認證的水利政府部門。

3日 台中市政府抽驗市售肉品動物用藥殘留時，檢出台糖安心豚梅花肉片瘦肉精西布特羅超標，依違反《食安法》開罰，這是近10年第一次在市面上抽驗到瘦肉精。

4日 世界羽球聯盟（BWF）超級300的泰國羽球大師賽男單決賽，「台灣一哥」周天成擊敗新加坡好手駱建佑，拿下2024年賽季首場冠軍。

亞太女子業餘高爾夫錦標賽最終回合，台灣好手吳純葳以4天賽程合計低於標準18桿的270桿封后，成為賽史第2名奪冠的台將。

6日 經濟部智慧財產局公布112年專利申請及發證統計排序。本國人由台積電以1,956件連續8年稱霸榜首，外國人由三星以978件首次摘下冠軍，反映半導體產業龍頭彼此較勁態勢。

7日 雲林縣衛生局檢出保欣企業有限公司自中國進口俗稱「蘇丹紅」的工業用色素，由於蘇丹紅具有潛在致癌性，不得使用於食品中，雲林縣通報各縣市衛生局，緊急要求下游通路業者下架使用該調味料的食品。

台灣舉重女將陳玟卉在亞洲舉重錦標賽女子71公斤級，以抓舉108公斤、挺舉128公斤、總和236公斤，勇奪2面銀牌，其中抓舉打破全國紀錄。

法務部表示，112年2月向波蘭請求引渡因涉詐欺遭通緝的劉姓男子，已於113年1月15日成功引渡回台，創下台灣自外國引渡台灣民眾返台首例，為台波司法合作奠下堅實基礎。

交通部觀光署宣布，由於中國未就陸客旅行團來台進行安排，又片面宣布改變M503航路運行方式，因此停止招攬前往中國的旅行團。

8日 總統蔡英文發表任內最後一次農曆新年談話指出，台灣順利完成一場國際矚目的大選，向全世界證明，民主、自由，就是台灣最珍視的價值。

10日 曾赴美接受「美國國防資訊學校」（DINFOS）軍官班訓練的國防部發言人孫立方少將，入選該校名人堂，是國軍史上首位列入DINFOS名人堂的發言人。

11日 罹患罕見疾病「先天性脊髓性肌肉萎縮症」的身障律師陳俊翰逝世，享年40歲。27日舉辦告別式，總統蔡英文頒發褒揚令。

台電表示，單日風光發電量創新高紀錄，達1,001萬瓩，首度突破總發電量的4成，相當於每2度電，就有1度是綠電。

13日 美國資安公司Trellix公布報告，在1月13日台灣總統大選前的24小時，對台灣機關的網路攻擊銳增。集中在政府辦公室、警察部門及金融機構，攻擊聚焦於內部通訊、警方報告、銀行對帳單及保險資訊。

14日 衛福部疾管署表示，台灣愛滋疫情自107年起已連續6年呈下降趨勢，112年新通報愛滋感染人數計944人，為93年以來疫情新低，顯示防治策略的成效。

15日 金管會公布，112年全年非現金支付交易金額達新台幣7.27兆元，其中信用卡刷卡額貢獻近4.2兆元，改寫歷年新高，年增率近2成。

經濟學人資訊社（EIU）發布2023民主指數，在全球167個國家地區中，台灣排名第10，居亞洲之冠。台灣也符合EIU定義的「完全民主」。

18日 陸委會公布報告，台商赴中國投資從99年83.8%，降至112年的11.4%，創歷史新低。

第31屆酷兒螢幕雪梨同性戀狂歡節電影節（MGFF）登場，台灣新銳導演蘇奕瑄執導劇情片《青春並不溫柔》為唯一入選的台灣電影。

19日 主計總處公布統計，112年全體受僱員工每月經常性薪資平均為新台幣4萬5,496元，連3年負成長，實質總薪資負成長1.04%，創11年來最大減幅。

20日 金管會統計，受惠利差擴大，112年全年本國銀行海外據點稅前盈餘達新台幣772億元，創歷史新高，年增12%，其中，國銀在新南向18國所設據點稅前盈餘合計達192.2億元，同步創歷史新

▲台灣歌仔戲大師楊麗花獲頒113年度本土語言傑出貢獻獎終身奉獻獎。

▲台積電熊本廠。

高,年增7%。

21日 衛福部食藥署長吳秀梅宣布,台灣二度叩關國際藥政主管機關聯盟(ICMRA)成功,以「Taiwan Food and Drug Administration (TFDA), Chinese Taipei」身分加入成為準會員。ICMRA由各國藥政主管機關首長為代表組成,旨在共同提升緊急公共衛生危機應對能力。

著名歌仔戲演員楊麗花榮獲教育部頒發「推廣本土語言傑出貢獻獎」。她呼籲民眾一起看歌仔戲學台語,用歌仔戲保存本土語言。

22日 美國國防安全合作署宣布出售台灣先進戰術數據鏈升級計畫與相關設備,預計總額7,500萬美元。這是台灣大選結束後、台海局勢緊張之際,美國首度對台軍售。

文化部公告重要傳統表演藝術保存者名單,「南管音樂」保存者陳嬿朱長年傳承南管音樂古樸韻味,獲指定為重要保存者。

泰雅族語又稱「馬告」的山胡椒,是台灣極具市場潛力的原生特色植物,但在野外自然繁殖率極低,林業及自然保育署嘉義分署宣布,研究團隊克服難關,首批育成6,000株苗木。

23日 台糖國產梅花肉片2月檢出西布特羅瘦肉精,行政院啟動擴大採檢未再檢出。行政院長陳建仁赴立法院專案報告時指出,本案屬於單一檢體問題,而非系統性事件。

政大選舉研究中心發布調查報告顯示,台灣民眾認同自己是中國人的比率為2.4%,創81年以來新低,認同自己是台灣人的比率則為61.7%,且近4年都在6成以上。

24日 台積電熊本廠JASM開幕,創辦人張忠謀出席表示JASM能夠提升晶圓供應鏈的韌性,並為日本半導體帶來復興。熊本廠是台積電首度與日本業者合資設廠,也是台積電全球布局中首座開幕的海外晶圓廠。

26日 依據《促進轉型正義條例》,行政院建築在228事件爆發時是台灣省行政長官公署,審定公告為不義遺址。行政院長陳建仁表示,希望藉著保留不義遺址,時刻提醒自由民主得來不易。

台灣男子體操好手「亞洲貓王」唐嘉鴻在體操世界盃科特布斯站單槓決賽,以總分14.600分連2站摘金,獲得奧運參賽資格。

總獎金180萬美元(約新台幣5,600萬元)的「快打旋風6」電競賽事卡普空盃,台灣好手Kagami在決賽以3比0擊敗香港選手Chris Wong,抱走冠軍獎盃。

27日 台灣安博公司負責人黃博詮涉與中國盜版侵權業者合作,供消費者免費觀看電視頻道,新北地院依違反《著作權法》判黃博詮有期徒刑4年,應賠償53個頻道共新台幣1億3,250萬元。

農業部水試所澎湖漁業生物研究中心自103年起在澎湖改良海草移植,種植面積由原本的60平方公尺,至113年增長50倍,期望復育海草床達到抵換碳匯等目的。

28日 228事件77周年,轉型正義推動再造里程碑,《政治檔案條例》新制修正正式施行,推動擴大徵集政治檔案、加速解密、以及強化檔案當事人權益保障。

29日 台東大學兒童文學研究所所長游珮芸與繪本作家周見信共同創作《來自清水的孩子》，榮獲法國「愛彌爾‧居美亞洲文學獎」圖像小說獎，為該獎項首屆得獎者。

3月

1日 友邦吐瓦魯新任總理泰歐（Feleti Teo）表示，吐瓦魯與台灣擁有共同民主價值觀。重申該國將與台灣保持外交關係，並且排除轉而與中國政府建交的可能性。

2日 「讀賣巨人軍90週年紀念台灣試合」在台北大巨蛋舉行，5局中場時公布滿場，共3萬7,890名觀眾，改寫台灣棒球場史上單場最多觀眾人數紀錄。

4日 《漢聲雜誌》發行人黃永松辭世，享壽81歲。《漢聲雜誌》保存許多台灣文化史料，也培養了一代的編輯人才。

▲《漢聲雜誌》是認識鄉土文化重要刊物，創辦人黃永松113年3月4日辭世。

5日 基於城鄉差距考量衛福部停止適用掛號費用調整備查制度，解除掛號費上限，若遇爭議由公平會處理。地方政府仍可自訂上限範圍，維持備查制。

6日 國科會發表量子國家隊研發成果，工研院團隊運用微波IC設計與台積電28奈米製程，並將需占滿1個房間的量子電腦，縮減體積達40%，且功率消耗低於國際大廠逾5成，創國內首例。

7日 國防部長邱國正指出，以往認定中共「第一擊」是指開砲、開槍，但國軍已更改界定，只要共軍實體航空器逾越界線，國軍就視為第一擊，將予以反制。

9日 台船公司舉辦雲林艦交船暨第4艘4,000噸級巡防艦命名下水聯合典禮，總統蔡英文致詞表示，透過「國艦國造」向全世界傳達台灣堅守民主、自由決心，並將第4艘巡防艦命名為「台北艦」。

10日 導演練建宏以電影《莎莉》榮獲第19屆日本大阪亞洲影展最具潛力創作者獎及ABC電視獎（影展贊助大獎）。

11日 國科會公布112年3大科學園區營業額新台幣3兆9,439億元，創歷年次高，其中南科呈年增格局，主因台積電3奈米先進製程投產放量，帶來支撐力道，促使南科連3年破兆元營收。

台中市老工廠活化的文創新聚落「富興工廠1962」，繼112年榮獲「德國紅點設計」及「日本GOOD DESIGN AWARD」等獎項，113年再奪「德國iF設計獎」，囊括世界3大設計獎。

12日 一歲大的男童遭兒福聯盟轉介的保母虐死，兒盟董事長林志嘉致歉，承諾檢討收出養過程，以及增加社工訪視頻率。

13日 美國啟動與台灣的重大軍事合作，其中包括部署美國陸軍特種部隊，在台灣參與持續進行的訓練行動，是雙方軍事關係的里程碑。

台東排灣族人高德義榮獲原民會頒一等原住民族獎章。高德義投入原住民族運動30多年，以原住民學者身分，擔任修憲小組成員，是原權入憲重要功臣。

14日 台灣自來水公司利用台東利嘉淨水場約54公尺落差，設置首座小水力發電設施，發電量可供200戶家庭用電，減少年碳排量約336噸。

原住民王光祿持獵槍獵獲總統特赦，但除刑不除罪，最高檢察署二度為王光祿提起非常上訴，最高法院認為，王光祿行為不適用《槍砲條例》、《野保法》的刑罰規定，改判無罪確定。

15日 《刑法》規定，無期徒刑假釋後再犯其他案件，須撤銷假釋執行殘刑25年，憲法法庭做出判決，不符比例原則，違反《憲法》第8條保障人身自由意旨，《刑法》相關規定部分違憲。

16日 國民黨不服黨產會認定458筆土地為不當黨產，並追徵新台幣8.6億元，提起行政訴訟。法院一審判國民黨敗訴，最高行政法院駁回國民黨上訴，全案確定。

17日 台灣網球名將謝淑薇與比利時搭檔梅丹斯（Elise Mertens）在印地安泉網球賽女雙冠軍戰，擊敗澳洲韓特（Storm Hunter）、捷克斯尼科娃（Katerina Siniakova）的組合，謝淑薇正式重返女雙世界球后。

19日 總統蔡英文接見首次訪台的史瓦帝尼王國總理戴羅素（H. E. Russell Dlamini），感謝史瓦帝尼長期支持台灣的國際參與，希望兩國有更多合作機會。

20日 不滿研擬增加訪視頻率，上百社工集結衛福部門口抗議，並指每3天就有1名社工遭受不當對待。衛福部公布數據回應，強調社工遭受安全危害逐年減少，近2年更從20%降到8.5%。

21日 衛福部公布《全國社區失智症流行病學調查》，全台65歲以上長者失智症盛行率近8%，共35萬人，失智類型以阿茲海默型最多，預估130年失智長者人數達68萬。

為抑制通膨預期中央銀行決議升息半碼，調整後，央行重貼現率由1.875%上修至2%，創98年1月8日以來、逾15年新高紀錄。

22日 台電虧損狀況嚴峻，經濟部電價費率審議會決議，4月起調漲電價，平均調幅約11%。住宅分成4種調整級距，其中，每月用電330度以下住宅僅調漲3%、331至700度調漲5%，共約1,250萬戶、占比93%。

25日 國防部軍備局表示，112年已完成新式抗彈板研發測評，113年進行軍種驗證，預計114年開始量產，可抵擋3發5.56公厘TC74式鋼芯彈或M855鋼芯彈不被貫穿，且油泥凹陷深度不超過44公厘。

28日 台北市「寶林茶室」食物中毒案，檢警相驗2死者結果出爐，衛福部次長王必勝表示，解剖發現其中1名死者血液中檢出罕見米酵菌酸（後更名為邦克列酸），這是台灣首次檢出這項毒素。

台灣房屋集團據金融聯徵中心資料統計，全台20歲至35歲的青年族群，112年平均背負的房貸金額為新台幣862萬元，創史上新高，且台北市青年購屋占比僅21%，居六都加新竹縣市之末，但平均房貸1,470萬元最高。

30日 中央通訊社113年成立100週年，系列慶祝活動「百年轉身・自由永續－中央社百年風華攝影暨文物展」開展，總統蔡英文表示，這些影像讓她記得台灣始終走在民主自由的道路上。

▲中央通訊社113年3月30日起舉辦「中央社百年風華攝影暨文物展」，總統蔡英文出席開幕式，祝賀中央社百歲生日快樂。

4月

3日 花蓮發生規模7.2地震，全台各地出現劇烈搖晃、餘震不斷。造成多人罹難、受傷，另有多棟房屋倒塌，其中又以東部災情最為嚴重。

7日 聯徵中心發布統計，截至113年1月，個人車貸總人數為34.19萬人，創下109年以來新高，平均每人車貸借款金額為新台幣57.3萬元。

10日 總統蔡英文接見美國智庫訪團時指出，《台灣關係法》立法滿45年，感謝美國政府、國會與民間持續與台灣深化雙邊的合作與情誼，未來台灣會繼續和美國攜手合作，守護區域和平穩定。

11日 財政部引述世界貿易組織（WTO）統計指出，台灣112年出口值4,324億美元、占全球比重1.8%，世界排名第16，與111年相比前進1名，而112年的名次，是90年有統計以來的第3高紀錄。

監察院依據王幼玲等監委提出的調查報告，對行政院提出糾正。王幼玲表示，行政院《道路交通秩序與交通安全改進方案》未見成效，難以保障民眾「行」的安全，難辭其咎，致使台灣無法擺脫「行人地獄」惡名。

12日 國道客運運價17年未變動，交通部交通費率審議會通過調漲案，國道客運4排座基本運價每延人公里漲幅不超過5%、3排座基本運

價漲幅不超過19.5%。

16日 第3屆世界原住民族旅遊高峰會在高雄展覽館開幕，以台灣原住民族語數字3的「TULU」為名，聚焦原住民族文化與生態永續的旅遊，共有來自27個國家地區、約600人參與。

17日 韓國企業研究機構CEO SCORE發布報告，台灣百大企業總市值從102年的540兆9,574億韓元（約新台幣12兆8,799億元），躍升至112年底的1,649兆8,700億韓元，增幅達205%。報告指出，台灣前百強企業近10年來總市值與營業利益，已經反超韓國百大企業。

18日 總統當選人賴清德登上美國《時代雜誌》的「2024年百大影響人物」。賴清德表示，他會以解決問題的態度、彼此信任的精神，持續捍衛台灣民主。

19日 總統蔡英文頒授「中山勳章」給台積電創辦人張忠謀，感謝他6度出任領袖代表，參與「APEC經濟領袖會議」，也感謝張忠謀以熱情和遠見讓台灣走向世界。

衛福部公告「次世代基因定序檢測」（NGS）納入健保給付，健保署預估每年約2萬多名癌症病人受惠，挹注約新台幣3億元，接軌癌症精準醫療趨勢。

20日 教育部將「玫瑰少年」葉永鋕去世的4月20日，定為「性別平等教育日」，副總統賴清德表示，打造尊重不同性別特質、性別認同及性傾向的環境，是對永鋕最好的紀念，也是對多元台灣最深切的期許。

25日 美國總統拜登簽署包括援助烏克蘭、以色列、台灣的《2024年國安緊急補充撥款法案》，使其成為法律。總統府說，感謝拜登及美國國會跨黨派議員，持續以具體行動展現對提升台美安全合作，及維持印太區域和平穩定的支持及重視。

林業署表示，「2024年黑面琵鷺全球同步普查」全球共計6,988隻，相較112年增加355隻，突破紀錄；台灣仍是全球最大黑琵度冬區，共4,135隻，維持棲地仍是關鍵。

30日 立法院三讀修正通過《電子簽章法》，數位部表示，未來符合一定條件下，可承認國際憑證機構簽發的憑證效力，跨境貿易也可用電子簽章簽署契約，盼擴大電子簽章普及與運用。

5月

1日 五一勞工大遊行，數十個工會團體上街提5大訴求，包含薪資提升要落實、工作權利要保障、勞資關係要升級、退休權益要安心與醫護血汗要解決。

2日 教育部發布「國民小學及國民中學正常教學督導辦法」，明定早自習、午休不能考試，只有國3能辦模擬考，且不能辦在寒暑假後第1週。

陸委會修正禁止國人擔任中共黨政軍職務公告附件，增列海峽兩岸關係協會（海協會）、孔子學院、中華全國青年聯合會等政治性機關（構）、團體。

▲第3屆世界原住民族旅遊高峰會113年4月16日在高雄展覽館開幕，由部落耆老帶領達吉亞勒青年會為活動祈福。

▲113年3月19日總統蔡英文接見首次訪台的史瓦帝尼王國總理戴羅素。

陸委會港澳蒙藏處長盧長水表示，近5年來，港澳人士申請在台居留獲准者近5萬2,000人，核准率逾97%，其中符合一定條件的港人（不包括就學及工作居留者），申請在台定居核准率約75%。

3日 無國界記者組織（RSF）發布2024年度「世界新聞自由指數」（World Press Freedom Index）排名，台灣由2023年第35名晉升至第27名；中國在180個國家和地區中排名第172。

4日 保母涉虐童案震驚社會，衛福部修訂「直轄市、縣（市）政府居家托育服務中心訪視工作指引」，針對訪視原則、分級訪視及觀察重點等，給予一致性的標準。

5日 為抗議原住民土地劃設辦法，原轉小教室自民國106年2月開始，在凱道、228公園持續近2,700天的紮營，宣布於新政府上任後拔營，回到原鄉持續關注原住民議題。

6日 北京田米科技公司（小米集團子公司）透過3名台灣人在台違法挖角手機晶片研發的台灣人才，新竹地院將3人依犯《兩岸人民關係條例》非法為業務活動罪，判處4至6月不等徒刑。

7日 為吸引優秀外籍人士來台，立法院會三讀修正通過《國籍法》部分條文，放寬外國高級專業人才申請歸化居留年限為連續2年。

NCC公布113年第1季有線電視戶數為447萬40戶，連續26季下滑，過去1年約流失15.3萬戶，「剪線潮」恐有加速跡象。

8日 台灣醫療照護機構口罩令已逾千日，衛福部疾管署宣布，考量國內COVID-19疫情可控，19日起醫療（事）機構、老人福利機構從強制佩戴口罩調整為建議佩戴。國內口罩令全面解除。

9日 津棧國際貿易有限公司自中國輸入辣椒粉檢出蘇丹紅成分，高雄市衛生局主動專案抽驗，3月1日移送高雄地檢署偵辦。雄檢偵結，依違反《食安法》等罪嫌起訴李姓實際負責人等6人及相關6間公司，共裁罰新台幣8,172萬元。

10日 台灣首次主辦國際「人權新聞獎」（Human Rights Press Award），端傳媒獲調查報導兩個獎項，《白紙週年》系列報導摘下首獎，《「生不能同住，死不能合葬」─香港同志在法庭的未竟之路》系列報導獲榮譽獎。

12日 2024年日本東京創新天才國際發明展揭曉成績，台灣代表團共獲得29金23銀6特別獎，總成績排名世界第1。

13日 國家衛生研究院分析國內空污狀況對民眾健康影響發現，近10年空污改善確實降低對健康衝擊，其中PM2.5濃度減量至12.5μg/m3時，權衡付出的經濟成本與改善的健康成本，可達最大效益。

14日 立法院三讀修正通過《道路交通管理處罰條例》部分條文，限縮民眾可對交通違規檢舉的項目，但保留騎機車未戴安全帽、在人行道及行穿線違停、占用身障專用車位等，仍開放檢舉。

立法院會三讀修正通過《姓名條例》部分條文，增訂台灣原住民族辦理戶籍登記、申請護照時，姓名可單列原住民族文字。

15日 中華職棒台鋼雄鷹隊總教練洪一中拿下執教生涯千勝里程碑。

違反《兒少權法》遭裁罰者，部分依規定要公告姓名或名稱，衛福部為避免跨縣市恐查不到疑慮，要求5月起統一公告在中央的聯合國兒童權利公約網站。

16日 行政院長陳建仁主持任內最後一次行政院會，通過蔡政府執政8年施政成果報告案，8年來平均經濟成長率高達3.15%，居亞洲四小龍之首；推動能源轉型，再

▲113年5月20日總統賴清德發表就職演說。

生能源發電量較105年大幅成長110%。

17日 立法院會處理國民黨與民眾黨所提國會職權修法，綠營認為程序不完備，立法院長韓國瑜數次召集協商未果，藍綠發生多次衝突。晚間表決時，民進黨立委沈伯洋頭部著地，隨後被送往醫院。韓國瑜宣布休會。

總統蔡英文任內最後一個台股交易日，加權指數終場下跌45.79點，收21,258.47點。統計蔡總統執政8年來，台股從105年5月19日的8,095.98點一路上揚，突破2萬點大關，屢創歷史新高，累計漲點13,162.49點，漲幅超過1.62倍。

19日 行政院核定5月19日為白色恐怖記憶日。多名政治受難者齊聚人權館，盼威權歷史不重蹈覆轍。

20日 總統當選人賴清德、副總統當選人蕭美琴宣誓就職。總統賴清德就職演說，訴求將「打造民主和平繁榮的新台灣」，重申中華民國與中華人民共和國互不隸屬，將依據中華民國憲政體制，帶領國家勇往前進。

21日 台中捷運車廂發生砍人事件，1名男子手持刀攻擊乘客，共有3名被害人遭刀刺傷，其中2人送醫治療，另外1人輕傷未送醫。

23日 針對總統賴清德的就職演說，中共解放軍在台灣及金馬周邊進行演習。國防部指出，截至下午2時，中共作戰艦15艘、海警船16艘，殲擊機、空中預警機等各型機42架次在台灣周邊海空域實施海空聯合軍事操演。

24日 因應中共對台軍演，

▲農業部國家作物種原中心和台灣排灣族原住民代表將台灣小米裝箱，送達挪威斯瓦爾巴世界種子庫。

國防部公布，海軍基隆級飛彈驅逐艦馬公艦監控中共飛彈驅逐艦西安艦、海軍無人機執行監控作業，以及海軍機動飛彈車進入戰術位置等影像，表示掌握共軍動態。

民國107年「卡神」楊蕙如被控侮辱外交部駐大阪辦事處，依侮辱公務員執行職務罪判刑5月確定，楊女聲請釋憲，憲法法庭判決侮辱公務員罪合憲，侮辱職務罪違憲，楊女案發回高院審理。

25日 由尹又巧與曾威量共同執導的國片《白衣蒼狗》，獲得坎城影展導演雙週競賽單元「金攝影機特別提及獎」。

28日 立法院三讀修正通過《立法院職權行使法》部分條文，被質詢人若有藐視國會行為，可處新台幣2萬元以上20萬元以下罰鍰。此外，邀請總統至立法院進行國情報告，除要常態化進行，對於立委進行口頭提問時，總統應依序即時回答。

30日 跨性別者尼莫申請變更性別由女變男，遭戶政否准興訟。法院認內政部函釋嚴重侵害性別變更者身體權，判尼莫勝訴，令戶政就尼莫申請將性別變更為男。

台灣科學團隊前往北極，將台灣第1批約170種珍貴小米種原送入全球農業的諾亞方舟「斯瓦爾巴世界種子庫」，盼有助實現農業永續性。

31日 中國公布第2批中止ECFA部分產品關稅減讓品項，經濟部表示，遭取消ECFA關稅產品2023年輸中金額估計約98億美元，占台灣對全球出口比重約2%，評估對台灣的衝擊應在可控制範圍。

《一般警員考試規則》規定身高未滿160公分女性不能報考消防員，憲法法庭認為，此規定排除高達55%女性，造成女性應考試服公職權受不利的差別待遇，判決違憲。

6月

1日 第77屆世界衛生大會（WHA）落幕，受到中國壓力，世界衛生組織（WHO）仍未邀請台灣參加，但衛福部長邱泰源依然率領團隊前往，舉辦共計43場雙邊會談。

2日 「亞洲貓王」唐嘉鴻在斯洛維尼亞港都柯柏（Koper）舉行的體操世界盃挑戰賽，於單槓決賽挑戰6.8的難度分，寫下生涯新高的15.400分摘金。

3日 據財政部初步統計，112年度綜所稅總申報件數逾683萬件，總自繳稅額減除退稅後逾新台幣2,710億元、年增超過8%；營所稅件數逾109萬件，總自繳稅額逾6,175億元、衰退超過2成；兩大所得稅收淨額總計逾8,885億元。

4日 魏哲家從劉德音手中接下董事長職位，宣告台積電結束雙首長平行領導，進入魏哲家全面掌舵時代。他曾被創辦人張忠謀譽為「準備最齊全的CEO」。

立法院三讀通過《再生醫療法》，規定執行再生技術前應完成人體試驗，但恩慈治療有條件免完成人體試驗。

六四天安門事件35週年，多個公民團體在中正紀念堂舉行紀念晚會，逾6,000人參加，創近10年以來新高。

5日 美國國防安全合作署宣布對台軍售，總價3億美元（約新台幣96億7,584萬元），包括F-16戰機的標準及非標準備用和修理零件及相關設備。這是拜登政府第14度對台軍售。

6日 行政院針對立法院會5月28日三讀修正通過《立法院職權行使法》、《刑法》部分條文等案提出覆議，呈請總統核可，這是行政院自行憲以來，第14次提出覆議。

9日 阮姓中國籍男子在外海駕駛快艇直衝淡水河防地區，並向趕赴現場的海巡署表示要投誠。11日海巡署坦承是人為疏失，共懲處10人申誡或記過。14日士林地檢署依違反《入出國及移民法》等罪起訴阮男。士院9月18日一審宣判，處阮男有期徒刑8月。

11日 總統賴清德核可行政院6日提出《立法院職權行使法》、《中華民國刑法》等修正案的覆議理由書，行政院隨後依《憲法》移請立法院覆議，並重申修法窒礙難行，盼國會再次審視法案，找出符合《憲法》與國家利益的最大共識。

12日 台北市立第一殯儀館營運近60年，因建物老舊及都市區位等因素決議拆除。拆除前舉辦灑淨法會，象徵性拆除景行廳銜牌。

13日 總統賴清德接受《時代雜誌》專訪刊出。雜誌以賴清德為封面人物，成為美國總統拜登、泰國新任總理賽塔（Srettha Thavisin）後，2024年第3位登上時代雜誌封面的國家領袖，備受國際社會關注。

退役空軍上校劉聖恩涉嫌吸收現役、退役軍官，為中國刺探台灣軍情，高雄高分院依《國家機密保護法》判處劉男有期徒刑20年，最高法院駁回上訴定讞。

14日 捷克駐台代表處成立「捷克中心台北」（Czech Centre Taipei），以推動雙方的文化及外交關係。

中央銀行公布112年底國際投資部位，對外淨資產部位達1兆7,353億美元，改寫歷史新高，並續居全球第5大淨債權國。

16日 陸軍官校舉行黃埔百年校慶活動，總統賴清德閱兵後致詞表示，中華民國在哪裡，黃埔精神就在那裡，「為中華民國生存發展而戰、為台澎金馬百姓安全福祉而戰」的才是真陸官。

17日 農業部公告，「源興牛」為新品種，是民間保種登記牛隻新品種首例。由前總統李登輝培育的「源興牛」是日本黑毛牛與台灣牛配種的「台灣和牛」，以其三芝區故居「源興居」命名。

平鎮高中強棒柯敬賢加盟美職洛杉磯道奇隊，披上道

▲台灣17歲棒球好手柯敬賢，以75萬美元簽約金加盟美國職棒洛杉磯道奇隊。

▲113年6月24日賴總統簽署立法院覆議案咨文並加註意見。

奇91號球衣，合約總值75萬美元（約新台幣2,421萬元），創台旅美外野手最高。

19日 唐獎公布第6屆生技醫藥獎得主，由發現GLP-1(7-37)為促胰島素因子的3名科學家獲得，分別是美國科學家哈本能（Joel F. Habener）、莫依索夫（Svetlana Mojsov）及丹麥科學家霍斯特（Jens Juul Holst）。

美國政府宣布對台軍售彈簧刀300及Altius 600M-V共2款攻擊型無人機。強化國軍地面部隊即時精準打擊能力，提升不對稱作戰能力。

20日 台東縣成功鎮民不滿鎮長謝淑貞浪費公帑、政見跳票，提起罷免。台東縣選委會公告第2階段連署人數達標，罷免案成立，8月3日投票，創下台東自治史上首例。投票結果罷免失敗，謝淑貞續任鎮長，且不得再於剩餘任期內對其罷免。

21日 行政院針對國會職權修法6日提出覆議，立法院投票結果否決，行政院表達將提釋憲。超過50個公民團體，重回立法院周邊集結，

「青鳥行動」再起，訴求拒絕民主倒退；國民黨立法院黨團則號召支持者組成「藍鷹行動」，力挺國會改革。

23日 根據教育部統計，實驗教育參與學生數在少子女化趨勢下逆勢成長，112學年有132校通過實驗教育計畫、學生近2.6萬人，參與學生5年增加1萬人，成長逾6成。

24日 總統賴清德簽署立法院覆議案咨文並加註意見指出，「修正條文容有違反權力分立及侵害人民基本權利之憲政爭議，宜透過聲請憲法法庭裁判及暫時處分解決」。宣布將針對國會職權修法聲請釋憲。

台灣「霹靂舞一哥」孫振征戰巴黎奧運資格賽布達佩斯站，以總排名第10名順利搶下奧運門票，成為台灣史上第1人。

27日 中國21日公布《懲治台獨22條》，最嚴重可判死刑。陸委會調升中國大陸及香港澳門旅遊警示為「橙色」燈號，建議民眾避免非必要旅行。

29日 第35屆金曲獎頒獎，

草東沒有派對成最大贏家，以相隔7年推出的專輯《瓦合》收下3獎，MC HotDog熱狗拿下華語歌王，孫盛希奪得華語歌后。年度歌曲獎頒給告五人「又到天黑」、評審團獎由大象體操拿下。

30日 響應政府節能減碳政策，3大電信業者關閉台灣3G網路，統計可能受影響用戶達53萬戶。NCC表示，關閉3G網路估計台灣全年可節省超過2.8億度電，並減少約14萬2,000噸碳排放量。

7月

2日 下午1時52分瞬時用電達4,118萬瓩，創下歷史新高。台電分析，民眾增加使用空調、冷氣，推升整體用電量，並表示備轉容量率16.86%，系統供電餘裕充足。

3日 國艦國造有「航艦殺手」稱號的沱江級艦，其中的安江（PGG-625）、萬江（PGG-626）舉行成軍典禮，正式投入戰備序列、捍衛海疆的任務。

國民黨、民眾黨立委在立法院交通、司法及法制委員會聯席會議中，聯手成立鏡電視調查小組，這是國會職權修法通過後首次啟動國會調查權。

4日 台積電股價突破新台幣1,000元大關，推升台股創高，寫下多項紀錄，包括上市、上櫃市值合計達81.87兆元，113年來增加逾19兆元，並出現「19千金」的榮景。

中研院新科院士出爐，共28名學者專家當選，最年輕者為數理科學組53歲的金政，最年長者為人文及社會科學組86歲的王澤鑑。台積

電研發副總經理余振華獲選中研院院士,是第2位獲得院士榮譽的台積電人。

5日 加拿大年度嘉年華活動－卡加立牛仔節(Calgary Stampede)開幕,中國企圖阻撓學生舉國旗進場未果,北一女樂儀旗隊不受影響,憑藉精湛演出榮獲「名人評審大獎」。

6日 阿里山林業鐵路全線通車。民國98年莫拉克風災重創阿里山林鐵,造成421處災害,歷經15年隧道與鐵道復通終於完工。

海基會董事長鄭文燦疑涉犯《貪污治罪條例》,桃園地檢署聲請羈押禁見,法院裁定新台幣500萬元交保。7日鄭文燦請辭海基會董事長。11日再遭羈押禁見,8月28日桃園地方法院裁定鄭文燦以2,800萬元交保,並限制住居及出境出海8個月。

7日 美國德州州長艾波特(Greg Abbott)宣布成立德州在台辦事處(State of Texas Office in Taiwan)並簽署合作意向書。他表示,德州與台灣站在同一陣線,將協助雙方推展經濟合作關係。

8日 國研院國網中心宣布,新一代超級電腦「創進一號」(Forerunner 1),正式開始提供服務,接替除役的台灣杉一號。

11日 共軍航空母艦山東艦在西太平洋執行「海空聯訓」,國防部偵獲共機66架次,其中56架次逾越海峽中線。空軍公布狙擊手莢艙標定共軍殲16戰機的畫面,向共軍實施「偵察性嚇阻」。

12日 為彌補持有兒少性影像罰則過輕的法律缺漏,立法院三讀修正通過《兒童及少年性剝削防制條例》部分條文,三讀條文明定,支付對價觀覽兒少性影像者,最重可處7年有期徒刑,得併科新台幣100萬元罰金。

立法院三讀通過《詐欺犯罪危害防制條例》,加重高額詐欺犯罪刑度,因詐欺獲益達新台幣500萬元,最重可處10年有期徒刑,若獲益達1億元,最重可處12年有期徒刑,併科3億元罰金。

立法院會三讀通過《海洋保育法》,明定海委會得就海洋生態系統有特別保護必要,經原民、漁民等代表組成的審議會同意,劃定海洋庇護區。海洋庇護區的核心區禁止進入,違者最高可處新台幣50萬元罰鍰。

14日 為落實轉型正義,文化部與國防部決定更改駐中正紀念堂的國軍儀隊操演方式,歷時44年的銅像大廳站哨與交接展示,正式劃下句點。

15日 解嚴紀念日,總統賴清德視察政治檔案開放應用情形,他並提出檔案局要主動徵集各項檔案,除了牽涉到國安、法律、當事人人權的部分,否則應以公開為主。

立法院三讀修正通過《勞基法》第54條條文,勞工年滿65歲者,經勞僱雙方協商後,得延後強制勞工退休年齡。以鼓勵健康且有意願的資深勞工持續貢獻職場。

16日 立法院三讀通過《新住民基本法》,明定內政部應設置新住民事務專責中央三級行政機關,統籌規畫相關事宜,並提供新住民學習語言資源以消除隔閡;地方政府也應設置新住民家庭服務中心。

立法院會三讀通過修正《地方制度法》第33條,非六都的縣市山地原住民人口在1,500人以上者,可選出山地原住民議員;無山地鄉縣市的原住民人口合計2,000人以上者,也可選出原民議員。

17日 公平會宣布不禁止統一與香港商雅虎資訊公司結合案,統一將取得Yahoo台灣電商業務8成股份,未

▲國軍儀隊自113年7月15日起移出中正紀念堂蔣介石銅像大廳。儀隊禮兵14日執勤完下午5點最後一班,下哨。

來雅虎將授權雙方合資業務，延續使用Yahoo台灣電子商務品牌。

美國共和黨總統參選人川普表示「台灣搶走晶片生意，應向美國付保護費」。對此，行政院長卓榮泰表示，維護台海與印太地區的和平與穩定，是大家共同責任與目標，台灣願意付出更多責任防衛台灣，保障安全。

19日 憲法法庭裁定《立法院職權行使法》有關「聽取國情報告」、「聽取報告及質詢」、「人事同意權行使」、「調查權行使」、「聽證會舉行」及《刑法》「藐視國會罪」等規定暫時停止適用。

24日 強烈颱風凱米襲台，台電表示，風力發電維持200萬瓩，一度突破220萬瓩，占整體發電比例為7.4%，優於傳統夏季表現，發電量相當於核三廠。

26日 新竹市長高虹安涉嫌在立委任內詐領助理費，台北地方法院認定高虹安等4人詐領12萬餘元，依貪污等罪判處高虹安7年4月徒刑，褫奪公權4年。可上訴。

國民黨立委顏寬恒涉房屋假買賣、竊占國土與詐領助理費等案，台中地院判貪污罪7年10月、偽造文書6月、竊占國土無罪，可上訴。

27日 核三廠1號機運轉40年，正式停機，核安會表示，台電將依運轉操作程序進行降載停機，落實「非核家園」。

30日 對中政策跨國議會聯盟（IPAC）年會在台北舉行。IPAC通過決議指出，聯大第2758號決議沒有提及台灣、沒有處理台灣的政治地位，也沒有主張中國對台主權。

▲2024巴黎奧運羽球男雙金牌戰，王齊麟一度打到躺在地上仍堅持回球奮戰。

▲2024巴黎奧運女子拳擊57公斤級決賽，台灣女將林郁婷為台灣打下奧運拳擊賽史首面金牌。

8月

1日 為防止業者進口大量中國零組件衝擊台灣汽車供應鏈，經濟部實施新制，若國內車廠業者規劃引進中國品牌者，須符合零件在地化採購比例，且須逐年提高，已上市車款亦須遵守相關規範。

4日 巴黎奧運羽球男雙「麟洋配」李洋、王齊麟寫下歷史，金牌賽擊敗中國組合王昶、梁偉鏗、完成衛冕，成為奧運賽史上羽球男雙第1個連霸的組合。

5日 國手山脈盃國際圍棋賽冠軍戰，台灣職業棋士賴均輔以半目之差逆轉擊敗世界第1的韓國名將申真諝，不僅抱回冠軍，更寫下台灣第1人紀錄。

8日 台灣「舉重女神」郭婞淳在巴黎奧運女子59公斤級，以總和235公斤摘下銅牌，是台灣奧運史上首名連3屆奪牌的運動員。

9日 憲法法庭做出113年憲判字第7號判決，教育部相關

函釋及新北市府相關規定不採計合格代理教師職前年資違憲。憲法法庭認為，合格代理教師職前年資提敘應由中央訂定具體規範。

10日 挺過性別質疑爭議，台灣拳擊好手林郁婷，在巴黎奧運的拳擊女子57公斤級金牌戰，擊敗波蘭選手塞琳梅塔（Julia Szeremeta），奪得金牌。

14日 文化部公布導演蕭雅全的《老狐狸》將代表台灣角逐第97屆奧斯卡金像獎最佳國際影片，推薦理由是電影帶出1980年代末期台灣社會變遷，從生活細節到人性都有深刻描畫。

15日 新北市板橋112年發生幼兒園家長質疑孩子遭餵藥案，監察委員葉大華認為新北市政府行政調查未臻確實、醫事檢驗結果說明及就學安置處理失序，有3大違失與不當，監察院通過糾正新北市政府。

16日 北市私立培諾米達幼兒園園長兒子、教保員毛畯珅涉嫌性侵、猥褻、偷拍6名女童，台北地院認定毛畯珅涉犯224罪，各罪判處刑度累積超過1,200年，應執行有期徒刑28年。

19日 交通部長李孟諺因婚外情請辭，任期僅92天，是台灣74年來任期最短交通部長。29日由行政院發言人陳世凱接任交通部長。

21日 太魯閣列車0402事故釀嚴重死傷，台鐵向施工廠商李義祥等人提起民事損害賠償訴訟。花蓮地院宣判，李義祥等人連帶負6成責任，判賠2,300餘萬元，台鐵須負4成過失責任。

22日 高等法院審結共諜案，航特部中校謝孟書被教唆陰謀駕駛「CH-47契努克」軍用直升機叛逃至中國，軍人陸駿方拍攝心戰影片表願意投降中共，謝男等人最重被判13年。

25日 前香港眾志創黨主席羅冠聰於台北舉辦新書發表會，他說《時代推著我們前行：羅冠聰的香港備忘錄》無法在失去自由的香港出版，台灣是華文世界擁有出版自由的地方，不能淪陷。

2024威廉波特世界少棒錦標賽冠軍賽爭霸，桃園市龜山國小少棒隊與美國佛羅里達隊一路戰至第8局，台灣終場以1比2惜獲亞軍。

27日 賴清德總統上任執政百日，美日歐等國共近50個國際訪團相繼抵台，創歷史新高。

30日 國防部發布《113年中共軍力報告書》指出，中共尚未完全具備全面犯台的正規作戰能力，仍以對台進行聯合軍事威懾、聯合封鎖及聯合火力打擊為主。

31日 台灣桌球女將田曉雯、林姿妤在巴黎帕運女雙WD20級勇奪銀牌，追平桌球隊史在帕運的最佳成績。

衛福部公布9月1日新增46項達文西手術，最高可省12萬元；COVID-19由嚴重特殊傳染性肺炎改名為「新冠併發重症」，僅重症、死亡須通報。

9月

1日 奇美博物館「從拉斐爾到梵谷：英國國家藝廊珍藏展」展期結束，館方統計逾42萬5,000人次觀展，創下開館以來最高參觀人次，也為英國國家藝廊首度來台寫下亮眼紀錄。

2日 中鋼子公司中鋼運通與企業工會，爆發勞資爭議。中運企業工會經投票決議罷工，是台灣海運史上船員首次取得合法罷工權。

3日 因劉姓保母涉嫌虐童致死案，原隸屬教育部管轄的「兒童福利聯盟文教基金會」改隸屬於衛福部，並刪掉名稱中「文教」2字。

4日 《最低工資法》實施元年，勞動部召開首次最低

▲台灣國寶「甘露水」前進日本，9月6日正式展出。

工資審議會，決議114年調幅4.08%，最低工資月薪為新台幣2萬8,590元、時薪190元。

5日 京華城案延燒，台北地方法院認定前台北市長柯文哲涉犯《貪污治罪條例》違背職務收賄及圖利等罪，犯罪嫌疑重大，裁定羈押禁見。

美國《時代雜誌》公布「人工智慧領域百大影響力人物」名單，台積電董事長魏哲家、輝達執行長黃仁勳被選為領導者類別；超微半導體董事長暨執行長蘇姿丰獲選為創新者類別。

6日 台灣國寶《甘露水》前進日本。國立台灣美術館與東京藝術大學共同策畫的「黃土水與他的時代」特展開幕。

第13屆工研院院士授證，5位新科院士分別是輝達執行長黃仁勳、超微董事長暨執行長蘇姿丰、環球晶董事長徐秀蘭、宏碁董事長陳俊聖及台中榮民總醫院院長陳適安。

8日 巴黎帕運閉幕，勇奪3銀2銅的台灣代表團由桌球新星陳柏諺、桌球女將田曉雯擔任男、女掌旗官，為第17屆賽會劃下完美句點。

10日 飛官謝沛勳上尉駕駛幻象戰機執行夜航訓練失事墜海、人員成功彈射，由海巡船艦救援上船，生命跡象穩定。空軍司令部下令實施天安特檢，24日恢復戰訓。

有「美食奧斯卡」之稱的英國美食大賞（Great Taste Awards）頒發最高級別獎項「金叉獎」，來自花蓮的「林俊傑茶園」以「綠蜓蜜香紅茶」奪得大獎。

11日 第48屆金鼎獎頒獎，香港作家梁莉姿《樹的憂鬱》及詩人廖偉棠《劫後書》獲得文學圖書獎；陳斐翡為圖博人發聲的《圖博千年》獲得非文學圖書獎。曾說一生僅有「雄獅美術發行人」頭銜的李賢文獲特別貢獻獎。

12日 觀光署紐約辦事處首次在紐約時報廣場連續15分鐘播放廣告，大型電子看板變成珍奶手搖杯，爭取北美與全球觀光客來台一遊。

教育部學校退場審議會，核定明道大學、大同技術學院、東方設計大學、環球科技大學等4校法人解散。

13日 德國軍艦22年來首度穿越台灣海峽，德國總理蕭茲（Olaf Scholz）指台海是國際水域。北京抗議，認為此舉危害中國主權及安全。

有「國際教育界奧斯卡」之稱的「國際先鋒獎」（The PIEoneer Awards）在倫敦舉行頒獎典禮，台灣大學勇奪最大獎「年度先鋒獎」（PIEoneer of the Year），創台灣首例。

15日 台灣滑輪溜冰女將張宥心在世界滑輪溜冰錦標賽的女子5,000公尺積分賽勇奪金牌。

16日 美國國防安全合作署宣布對台軍售空軍「開放式零附件修理回運」案，此為拜登政府任內第16度對台軍售，有助於台灣空軍機隊維持戰力，對抗中共對台灰色地帶侵擾。

19日 中央銀行祭出第7波選擇性信用管制，首次納入「有房者」不得有寬限期，堪稱史上最嚴管制措施。

世界棒壘球總會（WBSC）公布男子棒球世界排名，台灣上升1個名次到世界第2，僅次日本。

內政部表示，兩岸同性伴侶於承認同性婚姻的第三地結婚生效者，經中華民國駐外館處或國境線上通過面談，並驗證相關證明文件後，可在台灣辦理結婚登記。

20日 由37名死囚共同聲請的死刑釋憲案，憲法法庭判決，合憲但限縮適用範圍，僅適用最嚴重犯罪類型。

21日 台灣舉重小將陳冠伶在世界青年舉重錦標賽女子55公斤級，以抓舉98公斤，挺舉119公斤，總和217公斤橫掃3金，皆破青年世界紀錄。

22日 中華職棒中信兄弟球員周思齊舉行引退儀式，台北大巨蛋兩天都湧進滿場4萬人進場，打破台灣棒球單場最多入場人數。

2024巴黎奧運射下男子定向飛靶銅牌的台灣射擊好手李孟遠，登上國際射擊運動聯盟（ISSF）世界第1排名，締造台灣新猷。

23日 台中市巨業客運305號公車22日撞上跨越行人穿越道路的2名東海大學女學生，釀1死1傷。

24日 聯合國大會總辯論登場，總統賴清德以錄影方式在紐約非營利組織Concordia年度峰會上發表專題演說，重申台灣與國際夥伴撐起「民主保護傘」與「和平4大支柱」理念及行動。

台東小米粽疑食物中毒3死案，共12人送醫。衛福部疾管署公布最終檢驗結果，除1名死者沒有留存檢體可送驗外，其餘11人體內均檢

▲羽球球后戴資穎出任無任所大使。

出農藥托福松。
25日 衛福部食藥署公告，全面解除日本福島5縣食品輸入管制。日本農林水產大臣坂本哲志表示，這是支持災區重建的積極舉動。
26日 全社會防衛韌性委員會在總統府舉行第一次委員會議，會中確定全民防衛韌性工作3大主軸，包含維持政府持續運作、維持社會基本民生功能持續運用、必要時支援軍事作戰。計畫在全台培養40萬民力投入全社會防衛。

財政部表示，公益彩券從88年發行至113年，已累積超過新台幣6,000億元公益彩券盈餘，挹注社會福利措施與健保等。同時，113年截至9月25日，刮刮樂銷售額750億元，提前刷新歷年全年紀錄。
28日 中職最多勝投手、統一獅「嘟嘟」潘威倫完成引退賽，身為統一獅球迷的總統賴清德特別錄製祝福影片，感謝潘威倫從14、15歲開始代表國家征戰大小賽事，讓台灣名揚世界。

30日 美國總統拜登授權從國防部的防禦物資及服務中調撥5.67億美元（約新台幣179億元）以及軍事教育及訓練，向台灣提供援助。這是美對台史上最大筆軍援。

10月

1日 2名中國人士在西門町藉故滋擾在台港人活動，移民署3日強制將2人遣返出境。移民署指出，主管機關明確規範，大陸地區人民申請來台，期間不能有傷害台灣尊嚴及貶低台灣地位言行。
2日 美國《時代雜誌》公布年度次世代百大人物名單，民進黨立委黃捷入選，由副總統蕭美琴撰寫介紹文章中提到黃捷關心人權議題，為推動公共利益不遺餘力。
4日 海基會表示，112年1月至113年9月底，台灣人赴陸失聯案件數累計77件，僅聯繫上其中30多件，除了出於個人因素未與親友聯絡外，其他多與在中國涉及詐騙案有關。
5日 總統賴清德出席113年國慶晚會致詞時指出，中華人民共和國1日過完75歲生日，就年紀來說，中華人民共和國絕不可能成為中華民國人民的「祖國」，若要祝賀中華人民共和國生日快樂，切勿用「祖國」兩字。
7日 環境部完成碳費費率審議，建議一般費率訂為每噸碳新台幣300元，且分階段調升，並訂出優惠費率，期盼帶動廠商提出自主減量計畫，預計115年正式收費。

總統府公布「無任所大使」名單，包括醫師吳運東、數位經濟暨產業發展協會理事長陳正然、前數位發展部部長唐鳳、牧師芙厄阿布達額、台灣運動好事協會創辦人劉柏君、羽球球后戴資穎。

台灣男子職業高爾夫好手俞俊安在美國職業高爾夫協會（PGA）桑德森農場錦標賽拿下生涯美巡賽首冠，成為繼108年潘政琮後再次揚威美巡賽的台灣球員。

美國主導成立以強化國防工業為目標的「印太產業韌性夥伴」（Partnership for Indo-Pacific Industrial Resilience, PIPIR），台灣受邀擔任顧問國。
10日 總統賴清德發表首次國慶演說，他表示中華民國已經在台澎金馬落地生根，和中華人民共和國互不隸屬；民主自由，在這塊土地上，成長茁壯，中華人民共和國無權代表台灣。
13日 台灣羽球好手周天成在BWF超級500的芬蘭北極羽球公開賽擊敗世界第5的印尼好手克里斯蒂（Jonatan Christie），如願獲得113年第2座國際賽冠軍。

基隆市長謝國樑罷免案投票，投票率為50.44%，不同意票8萬6,014票（55.16%）；同意票6萬9,934票（44.84%），罷免案未通過。

14日 針對總統賴清德國慶演說，中國解放軍東部戰區宣布在台灣周邊展開「聯合利劍-2024B」軍演。國軍嚴密監控，未見實彈射擊，未逾越24浬鄰接區。

前總統蔡英文出席捷克第28屆「公元兩千論壇」（Forum 2000）並發表演說。蔡英文指出，全球民主國家須共同面對專制勢力威脅，維護來之不易的民主與自由。這是她卸任後首次出訪。

15日 退役少將臧幼俠8月在香港出席活動，疑起立聽中華人民共和國國歌。國防部表示，已違反《兩岸人民關係條例》，決議裁罰停領75%月退俸5年，並追繳註銷獎、勳章。

財政部公布新青安貸款統計報告，8大行庫自112年8月1日起截至113年9月底，累計協助8萬餘戶成家，核貸金額新台幣6,421億餘元。

16日 台灣動物保護行政監督聯盟指出，台灣寵物登記飼養量超過每年新生兒，農業部電話抽樣調查數據顯示，112年台灣貓、犬登記數合計23萬2,196隻，遠高於同年新生兒13萬5,571人。

台灣60歲超馬好手羅維銘113年第4度參加紐約3,100英里（近5,000公里）超級馬拉松賽事，以45天12小時37分55秒成績、高舉國旗衝線，拿下第3名，刷新60歲以上組的世界紀錄。

繼新德里、清奈後，駐孟買台北經濟文化辦事處揭牌，這是台灣在印度第3個據點，數量與中國相當。

17日 前總統蔡英文在布魯塞爾出席歐洲議會議員歡迎會，成為第一位到歐盟總部訪問的台灣卸任元首。蔡英文呼籲歐洲議會不能讓中國濫用「一中政策」，阻撓歐盟與台灣的合作。

國發會公布《中華民國人口推估（2024年至2070年）》，示警台灣老化趨勢再提升。2030年總人口將低於2,300萬人；到了2039年，65歲以上老年人口占比將超過30%。2070年的扶養比，將是每1名青壯年人口扶養1名老人。

18日 無國界記者組織（RSF）秘書長柏儒廷（Thibaut Bruttin）訪台，指出全球中文新聞仍由中國掌控，華語世界需要更多台灣「自由且獨立」的內容，也建議台灣媒體改革，改善缺乏編輯自主導致公信力偏低的問題。

19日 第59屆金鐘獎，導演唐福睿執導的《八尺門的辯護人》獲7獎項成最大贏家，此劇演員李銘順獲「迷你劇集男主角獎」。戲劇《有生之年》奪下戲劇節目獎、節目導演獎，吳慷仁獲戲劇節目男主角獎、楊貴媚獲戲劇節目女主角獎。

20日 為維護國際水域的航行自由，美國海軍勃克級飛彈驅逐艦「希金斯號」（USS Higgins）和加拿大海軍哈利法克斯級巡防艦「溫哥華號」（HMCS Vancouver）聯袂穿越台灣海峽。

23日 台電首次將核一廠使用過的燃料棒移至室外乾貯設施。第一批規畫執行2筒、112束燃料，並進行熱測試，完成後將測試報告送核安會進行審查，台電估計通過審查1年後清空爐心燃料。

24日 數發部展示首顆國產國造的繫留型高空氣球，用於搭載基地台，建置近地高空通訊平台，最廣可達380平方公里網路涵蓋。可應用在救災與指揮系統，強化通訊應變韌性。

25日 憲法法庭做出113年憲判字第9號判決，國會職權修法「總統國情報告」、「行政首長質詢」、「人事同意權」、「調查權」及「聽證會」、「藐視國會罪」等部分規定違憲，立法程序合憲。

美國國防安全合作署宣布對台軍售，總價為19.88億美元（約新台幣637.7億元），包括國家先進地對空防空飛彈系統（NASAMS）以及AN/TPS-77、AN/TPS-78雷達系統。這是拜登政府第17度對台軍售。

30日 歐洲分子生物組織（EMBO）在德國海德堡舉行「60週年會員年度大會」，中研院院長廖俊智代表台灣簽訂《準會員協定》，開啟台歐科學界合作新里程。

31日 2024亞洲藥學會（FAPA）年會在南韓開幕，中華民國藥師公會全聯會顧問、FAPA前會長王文甫推動亞洲藥學發展獲頒終身成就獎，是FAPA成立60年來台灣第2名得主。

在巴林舉行的2024世界中學生運動會落幕，台灣代表隊小將拿下35金21銀23銅、共79面獎牌，不論金牌數、總獎牌數都寫下歷史之最。

國際大事紀

2023年11月

1日 英國《柯林斯字典》（Collins Dictionary）選出2023年度代表詞彙，人工智慧縮寫「AI」雀屏中選。

以色列對加薩走廊最大難民營「賈巴利亞營」發動轟炸，造成數十人傷亡。再度惡化以色列和沙烏地阿拉伯的關係。

2日 巴基斯坦政府要求170萬非法居留的阿富汗人11月1日前離境，否則將予以逮捕遣返。

玻利維亞譴責以色列襲擊加薩走廊犯下「危害人類罪」，宣布斷交，是以哈衝突爆發後，第一個與以色列斷交的國家。

3日 紐西蘭國會大選結束，達成政黨輪替，由國家黨的盧克森（Christopher Luxon）擔任總理，他於27日正式上任，與行動黨及第一黨合作，合組聯合政府。

設於挪威的人權組織「伊朗人權」（Iran Human Rights）抗議伊朗當局利用死刑施行恐怖統治，並表示伊朗當局2023年處決超過600人，為8年來最多人數。

4日 以色列總理尼坦雅胡（Benjamin Netanyahu）表示，以國將持續「火力全開」進攻加薩，若未釋放哈瑪斯挾持的逾240名人質，以色列拒絕任何暫時停火。

土耳其宣布召回駐以色列大使，並中斷與以色列總理尼坦雅胡的聯絡，以抗議加薩走廊的流血事件。

7日 俄羅斯宣布退出冷戰時期的重要安全條約《歐洲常規武裝力量條約》。美國與北大西洋公約組織為回應俄羅斯的舉動，也宣布停止參與。

葡萄牙社會黨總理柯斯塔（Antonio Costa）因貪腐調查宣布辭職。中右翼領袖蒙特內哥羅（Luis Montenegro）3月20日獲任命為新總理，4月2日就職。

8日 歐洲太空總署（ESA）公布歐幾里得（Euclid）太空望遠鏡捕捉到的首批影像，內容包括馬頭形狀的星雲、前所未見的星系，還有難以捉摸的暗物質的「間接證據」。

美國演員工會宣布結束長達148天的罷工，與資方達成協議，要求在串流媒體普及的時代獲得較高的報酬，以及因人工智慧在電影產業的使用勢不可擋，必須對工會成員的權利提供保障。

9日 梵蒂岡表示，只要不造成醜聞或導致其他信徒「迷失方向」，跨性別者信徒可在天主教會受洗並擔任教父母。

美國紐約的外科醫師團隊完成全球首例全眼球移植手術。

10日 菲律賓當局指控，中國海警船艦在南海仁愛暗沙附近對菲律賓船隻進行「危險騷擾」行徑，其中包括發射水砲。

台灣與捷克簽署備忘錄，聯手促進烏克蘭重建關鍵基礎設施。此案是台捷政府合作援烏案首例。

13日 世界衛生組織秘書長譚德塞表示，在以色列持續猛攻哈瑪斯控制的加薩走廊之際，當地最大的醫院已經停止運作，患者死亡人數攀升。

尼泊爾當局宣布，由於中國短影音分享平台TikTok經常遭到濫用，有害社會和諧與善良風俗，決定禁用。

15日 拜習會登場，美國總統拜登告訴中國國家主席習近平，美中必須確保兩國之間的競爭「不會演變成衝突」，並「負責任地」管理兩國關係。

聯合國安理會呼籲在加薩走廊「延長人道暫停」。這是以色列與巴勒斯坦武裝團體哈瑪斯爆發血腥衝突以來，安理會首度打破沉默。

▲美國總統拜登2023年11月15日在費羅麗莊園與中國國家主席習近平會談。（AP）

▲巴勒斯坦人在加薩南部拉法的停屍房哀悼在以色列轟炸加薩走廊中喪生的親人。（AP）

16日 西班牙首相佩德羅·桑傑士（Pedro Sánchez）在議會選舉中贏得第二任期。
17日 中國國家主席習近平與日本首相岸田文雄在舊金山會晤。岸田會後表示，他已向習近平重申台灣海峽和平穩定極其重要。另外關於釣魚台列嶼的局勢，日本深表憂心。
19日 阿根廷總統選舉結束，經二輪投票，極右派自由主義經濟學家米雷伊（Javier Milei）勝選。《紐約時報》報導形容此次選舉為「AI試驗場」。
21日 人工智慧聊天機器人ChatGPT開發商OpenAI開除執行長阿特曼（Sam Altman），微軟隨即聘用阿特曼，成了這波人事動盪最大贏家。
22日 北韓聲稱成功將一枚間諜衛星送入軌道。南韓隨即表示，已中止一部分兩韓2018年簽署的軍事協議，並將恢復邊境沿線的監視行動。北韓國防部隔日表示完全放棄該協議。
23日 韓國總統尹錫悅訪英，英王查爾斯三世頒發英國最高榮譽之一「大英帝國員佐勳章」給隨行的韓國女團BLACKPINK成員，表揚她們倡導環保的努力。

韓國高等法院就慰安婦受害者對日本政府要求2次損害賠償的案子判處原告勝訴，日本政府應賠償每人2億韓元（約新台幣500萬元），日本外務大臣上川陽子表示遺憾並抗議。
24日 以色列和哈瑪斯在加薩走廊展開為期4天的休戰。這場摧毀加薩走廊、持續48天的戰爭首次暫停。哈瑪斯在25日釋放首批人質。

全球最大冰山A23a，30多年來首見飄移，受到洋流的推動，進入南極洲環流。
26日 烏克蘭當局表示，俄羅斯向基輔地區發射的75架無人機中，有74架被烏國擊落。是自2022年2月俄軍全面入侵烏國以來，規模最大的此類攻擊。
27日 非政府組織「人權觀察」表示，孟加拉執政當局在大選前為了「消除競爭」，對各反對黨展開全面性暴力鎮壓，逮捕近萬名運動人士。
28日 越南國家主席武文賞（Vo Van Thuong）訪日，與日本首相岸田文雄會談，並發表聯合聲明，將越日關係提升為「致力於亞洲及世界和平與繁榮的全面戰略夥伴關係」。
29日 前美國國務卿季辛吉辭世，享嵩壽100歲。季辛吉是70年代擘畫美中關係正常化的地緣戰略推手，有美國外交教父之稱。

芬蘭總理歐爾波表示，俄羅斯入侵烏克蘭後，非法移民大量湧入，因此關閉與俄羅斯接壤邊界的所有過境點。
30日 俄羅斯聯邦最高法院裁決，LGBT運動人士應被認定為「極端分子」，以此禁止國內的「國際LGBT公共運動」。

2023年12月

2日 繼北韓發射首枚軍事間諜衛星後，南韓搭載美國太空探索科技公司火箭發射第一枚軍事間諜衛星，加深朝鮮半島的太空競賽。
3日 印尼西蘇門答臘省梅拉比火山（Marapi）噴發，造成23人喪生。
6日 美國國務卿布林肯（Antony Blinken）表示，拒絕核發簽證給攻擊巴勒斯坦人的激進以色列屯墾者。藉此遏止以哈戰爭期間約旦河西岸爆發的一波暴力事件。
7日 美國內華達大學拉斯維加斯分校遭槍擊釀3死1重傷，犯嫌身亡。《華盛頓郵報》指出，2023年美國死於大規模槍擊案者與件數創新高，全年死於槍下的人超過4

萬8,000人。

第24屆歐盟－中國領導人峰會，中國國務院總理李強說，中方反對脫鉤及把經貿問題泛政治化，盼歐方審慎推出限制性經貿政策；歐盟理事會主席米歇爾及執委會主席范德賴恩則表示，歐方盼減少誤解，深化合作。

丹麥通過法案，明定在公共場所焚燒可蘭經為非法行為，以緩和與穆斯林國家的緊張關係。

9日 歐盟通過《人工智能法案》，成為全球首部特別針對AI系統提出的全面性監管架構。

10日 日籍球星大谷翔平宣布加盟洛杉磯道奇隊，同意10年7億美元（約新台幣220億元）合約，這是美國職棒大聯盟史上最鉅額合約。

諾貝爾和平獎在奧斯陸頒發，獲獎者為伊朗女權鬥士穆哈瑪迪（Narges Mohammadi），但因身陷囹圄，由她的雙胞胎兒女代為受獎和宣讀得獎感言。

11日 波蘭國會投票結果，由前歐盟理事會主席圖斯克（Donald Tusk）出任總理，

▲諾貝爾和平獎得主女權鬥士穆哈瑪迪遭伊朗關押。（AP）

圖斯克宣告將修復波蘭與歐盟的關係。

12日 聯合國公布報告，由於阿富汗「塔利班」政府取締鴉片交易，緬甸於2023年取而代之成為全球第一大鴉片生產國。

越共總書記阮富仲與中共總書記習近平會談，習近平宣布攜手構建「中越命運共同體」，而越南則強調是「未來共享共同體」。

13日 COP28聯合國氣候峰會閉幕，近200個國家的代表達成能源轉型、擺脫化石燃料的歷史性決議，是氣候峰會史上首次在決議提到應對暖化元凶之一的化石燃料。

15日 美國紐約大都會藝術博物館與美國檢方達成協議，歸還柬埔寨10多件古物，這些文物早年遭人侵吞後，非法販運成為館藏。

18日 埃及總統選舉結束，由總統塞西（bdel Fattah al-Sisi）以89.6%得票率當選，展開第3個6年任期。

19日 法國國會通過新移民法案，收緊移民規定。左派人士批評為史上最「仇外」的移民法案，右派人士表示支持，主張就業、居住、社會福利應以「國民優先」為原則。

美國人口調查與統計局公布數據，2023年美國人口增加160萬人，其中2/3以上是國際移民，這讓全美總人口成長達到3億3,490萬人。

21日 英國最高法院針對人工智慧能否擁有專利權做出判決，駁回美國電腦科學家塞勒替其人工智慧系統DABUS設計的發明申請專利案，理由是發明人必須是人類或公司，而不是機器。

22日 日本放寬武器出口限制，修改防衛裝備轉移3原則。使用他國專利的日本製造品將全面允許向專利來源國出口。這是日本自第二次世界大戰結束以來首次出口致命武器。

美國總統拜登簽署2024年國防授權法案，授權撥出創紀錄的8,860億美元用於年度軍費開支。其中包括援助烏克蘭以及在印太地區遏止中國。

25日 斯里蘭卡總統威克瑞米辛赫（Ranil Wickremesinghe）從全國各地的監獄特赦，釋放超過1,000名囚犯，以紀念耶誕節。

28日 時隔近32年，俄羅斯重啟駐布吉納法索大使館。

29日 烏克蘭總統澤倫斯基表示，俄羅斯朝烏克蘭發射大約110枚飛彈。這是烏克蘭近幾個月來遭受的最大規模攻擊，造成至少10人死亡、逾70人受傷。

30日 阿根廷總統米雷伊（Javier Milei）致函金磚五國領袖，正式拒絕加入金磚國家集團。

31日 北韓領導人金正恩表示將不再尋求與南韓和解及統一。金正恩稱華府在朝鮮半島的美韓聯合演習是刻意挑釁之舉。

2024年1月

1日 日本石川縣能登地區發生最大規模7.6地震，當局發布海嘯警報，近10萬人撤離。

韓國貿易統計顯示，2023年12月對美國出口達到110億美元（約新台幣3,376億元）新高，美國睽違20年半從中國手中奪回韓國最大出口國寶座。

2日 英國《衛報》報導，始於2021年的H5N1禽流感疫情，已導致全球數以百萬計野生鳥類和數以千計哺乳動物死亡，並出現北極熊染禽流感死亡首例。

3日 哈瑪斯電視台宣布，以色列無人機對黎巴嫩首都貝魯特南郊達希耶（Dahieh）發動炸彈攻擊，哈瑪斯政治局副主席艾魯里（Saleh al-Arouri）遇害。

5日 南韓官員表示，北韓發射逾200發砲彈，砲彈落在朝鮮半島西海岸「北方限界線」（NLL）以北的海上軍事緩衝區。

7日 孟加拉國民議會選舉投票結束，總理哈希納（Sheikh Hasina）贏得第5個任期。哈希納過去曾幫助孟加拉擺脫軍事統治，但在執政期間，她大規模逮捕政治對手，安全部隊也因涉及侵犯人權行為受到美國制裁。

第81屆金球獎頒獎典禮登場，史詩級傳記電影《奧本海默》獲頒「戲劇類最佳影片」等5項獎座，成為最大贏家。日本動畫大師宮崎駿的《蒼鷺與少年》奪下最佳動畫片，為日本首度有作品獲得該獎項。

9日 韓國國會表決通過禁食狗肉相關特別法，禁止畜養、繁殖犬隻來食用，也禁止狗肉相關食品流通販賣。終結這項具有數百年歷史的飲食文化。

厄瓜多第二大城瓜亞基爾（Guayaquil）發生蒙面武裝分子闖入電視台攝影棚，持槍挾持工作人員的事件，震驚全國。總統諾波亞（Daniel Noboa）宣布進入「國內性武裝衝突」狀態。

歐盟氣候監測機構「哥白尼氣候變化服務」表示，2023年是有紀錄以來最熱的一年，地球表面溫度升幅幾乎超過關鍵的攝氏1.5度門檻。

10日 德國火車司機工會（GDL）要求調漲工資以對抗通貨膨脹，以及調整工時，然而談判破裂，公會決議在全國各地罷工3天。這是工會有史以來最長的罷工。

13日 美國聯邦眾議院通過《不歧視台灣法案》與《台灣保護法案》2項友台法案，前者推動台灣參與國際貨幣基金，後者則是要求若台灣安全受到中國行動威脅，美應全力排除中國於國際金融體制與組織之外。

14日 丹麥女王瑪格麗特二世（Queen Margrethe II）退位，王儲繼位成為丹麥國王佛瑞德里克十世（Frederik X）。

日本海上自衛隊、美國海軍及南韓海軍在東海展開聯合軍事演習，實施彈道飛彈情報共享等各項戰術訓練。

15日 延宕9個多小時，主張反貪腐的瓜地馬拉總統當選人阿雷巴洛（Bernardo Arevalo）凌晨完成總統就職程序，他是在2023年8月勝選，但一直遭到司法陰謀阻止就職。

17日 法國2023年新生兒數降到第二次世界大戰後最低，總統馬克宏承諾徹底檢討育嬰假，提高給付薪資。

19日 受日本自由民主黨派閥的黑金醜聞影響，首相岸田文雄宣布解散他常年擔任會長的「岸田派」，隨後自民黨最大派閥「安倍派」與「二階派」也同時決定解散。

英國研發的「龍火」雷射武器在蘇格蘭赫布里底群島靶場測試，可遠距離定位目標，是面對無人機與飛彈的有效防禦手段。

20日 美國《洛杉磯時報》（Los Angeles Times）管理層宣布計劃大規模裁員以助填補巨大財務缺口後，洛時記者集體罷工，為洛時創報142年來首見。

21日 西班牙2023年器官移植數目總計高達5,861例，平均每天進行16例器捐手術，相當於每百萬居民中有122.1例，打破疫情前的歷史最高紀錄，連續32年位居全球器捐手術的領先地位。

22日 興建於印度聖城阿尤德亞（Ayodhya）的羅摩神廟（Ram temple）舉行神像開光儀式，象徵印度教的復興，但穆斯林則擔心這為新一波宗教衝突埋下隱憂。

26日 前美國總統川普性侵誹謗案敗訴，紐約曼哈頓陪審團裁定賠償作家卡洛爾8,330萬美元（約新台幣26億元）。

28日 由馬斯克共同創立的神經技術公司Neuralink為第一位人類患者植入大腦晶片，幫助癱瘓的人透過意念控制裝置。

29日 曾犯下一連串企業爆炸攻擊案，逃亡49年的「東亞反日武裝戰線」成員桐島聰自首後病逝，他的詳細身分資訊難以確認，真相恐怕永遠無法釐清。

2月

1日 國際原子能總署（IAEA）公布福島第一核電廠內「核處理水」2023年8月

開始排海後的首份驗證報告，指出排海核處理水符合國際安全標準。

日本自衛隊與美國軍方展開聯合指揮所電腦模擬演習，首度將中國列為假想敵。

2日 馬來西亞前首相納吉（Najib Razak）獲有條件特赦，刑期從12年減少為6年。他因捲入主權財富基金數十億美元的醜聞，被判犯下貪污罪及洗錢罪。

3日 為回應美國駐約旦基地遇襲事件，美國夜間對伊拉克和敘利亞發動報復性攻擊，在伊拉克造成至少16死，死者中包含平民，另在敘利亞造成23名親伊朗戰士喪生。

4日 俄羅斯太空人柯諾年科（Oleg Kononenko）創下太空飛行總持續時間近2年半的世界紀錄。

5日 科技巨擘Yandex NV宣布，以4,750億盧布（約52億1,000萬美元）的價格，把有「俄版Google」之稱的業務和資產出售給俄國的投資集團。這是俄國全面入侵烏克蘭以來，外資企業撤離俄國規模最大的案例。

美國流行樂天后泰勒絲生涯第4度贏得葛萊美最高榮譽最佳年度專輯獎，為葛萊美獎於1950年代創立以來的第一人，超越法蘭克辛納屈等樂壇傳奇的紀錄。

新加坡政府將59歲歸化港商陳文平列為「具政治影響力者」。他是新加坡2022年7月《防止外來干預法令》生效以來，首位被依此法處置的人士，須定期申報政治獻金。

6日 南韓統一部首次公開2013年以來對6,000多名脫北者的面談調查結果，指出北韓人民在金正恩統治下，生存環境更為艱困，對世襲統治的反感日漸提升。

7日 俄羅斯發射飛彈攻擊烏克蘭首都基輔，基輔研究機構13日斷定為俄羅斯首度使用極音速鋯石飛彈，射程可達1,000公里，飛行速度為音速的9倍，大幅縮短防空反應時間，對烏克蘭的防空系統構成新的挑戰。

8日 部署於日本橫濱港美軍設施「橫濱北碼頭」的美國陸軍小型登陸艇部隊正式成軍。日美兩國政府表示，若「台灣有事」發生突發事態，必須有能力向西南群島迅速運輸部隊和物資。

9日 薩爾瓦多總統大選結束，布格磊（Nayib Bukele）以83%的壓倒性得票率成功連任。布格磊2019年首次當選總統，大力掃蕩幫派，使得暴力事件大幅降低。

以哈戰爭持續。美國評等機構穆迪（Moody）下調以色列信用評級，由A1降至A2。穆迪在聲明中稱「軍事衝突會升高以色列的政治風險，也會削弱以國行政、立法與財政力量」。

10日 緬甸軍政府發布《人民兵役法》，徵召所有18至35歲男性和18至27歲女性，服役至少2年。新法實施之後，泰國駐仰光大使館擠滿欲申請簽證離開緬甸的青年。

11日 芬蘭總統大選結束，由前保守派總理史塔布（Alexander Stubb）勝選，他承諾將善用北大西洋公約組織（NATO）成員資格，在俄烏戰爭中支持烏克蘭。

14日 印尼舉行總統大選，贏得過半選票的現任國防部長普拉伯沃（Prabowo Subianto）勝出。普拉伯沃競選團隊發言人表示，印尼對台灣的友好關係將會持續。

南韓外交部宣布，與古巴恢復邦交關係。南韓與古巴曾於1949年建立外交關係，但因1959年古巴社會主義革命後斷交65年。

15日 美國聯邦眾議院通過《維吾爾政策法案》（Uyghur Policy Act）及通過

▲俄羅斯反對派領袖納瓦尼逝世，引發民眾聚集為他哀悼。（AP）

修訂《西藏政策法案》(The Tibetan Policy Act)，前者要求行政部門增設維吾爾事務特別協調員，以保護維吾爾文化與語言，後者指出美國政策是西藏法律地位未定。

16日 俄羅斯總統蒲亭頭號政敵，納瓦尼(Alexei Navalny)在北極圈流放地的監獄中逝世，享年47歲。隔日人權監督團體OVD-Info說，已有400多人在納瓦尼紀念活動中遭到拘留。

烏克蘭總統澤倫斯基出訪德法，與兩國領袖簽署雙邊安全協議，以確保在俄羅斯發動全面戰爭近兩年後獲得西方各國在軍事和經濟的持續支持。

17日 美國紐約法官判決，前總統川普因誇大自身淨資產來欺騙貸方，必須支付3億5,490萬美元(約新台幣111億元)罰金，讓川普再吞官司挫敗，這起民事案件危及川普的房地產帝國。

19日 韓國首爾5大綜合醫院上千名實習醫師和住院醫師集體罷工，抗議政府預計增加2,000名醫學院招生名額，醫師團體稱此舉將有損醫療服務品質，並可能造成公共健康保險計畫的負擔。

20日 澳洲政府宣布，預計10年內投入澳幣111億元(約新台幣2,280億元)國防預算，將澳洲海軍主要作戰艦由11艘增至26艘，以配合「澳英美三方安全夥伴關係」(AUKUS)核動力潛艦計劃。這項改革與AUKUS核動力潛艦計畫，被視為對應中國在海上的軍事集結。

21日 曾流亡海外17年的泰國前總理戴克辛(Thaksin Shinawatra)2023年返國後因貪污案坐牢，在他獲准假釋後，柬埔寨前總理洪森(Hun Sen)抵泰拜訪，成為戴克辛假釋後第一個訪客。

22日 日本股市日經指數達39,098.68點，創下收盤新高，刷新1989年日本泡沫經濟全盛時期締造的歷史紀錄，7月11日更達到42,224.02點，首度突破42,000大關。

美國公司「直覺機器」(Intuitive Machines)打造的月球登陸器「奧德修斯號」(Odysseus)從月球軌道降落，登陸月球南極附近。這是美國逾半世紀以來首次登月任務，也是歷來首艘民間太空飛行器登月。

23日 美國股市開盤後，晶片大廠輝達(NVIDIA)市值突破2兆美元(約新台幣63.1兆元)大關，成為半導體產業史上第一家市值達此門檻的企業。

24日 俄羅斯全面入侵烏克蘭屆滿2年，歐盟對俄羅斯實施第13輪制裁，把近200個實體與個人列入制裁名單。旨在限縮俄國取得無人機的管道。

28日 歐洲議會召開全體大會，表決通過針對歐盟「共同外交暨安全政策」(CFSP)及「共同安全暨防禦政策」(CSDP)的2023年度執行評估報告。內容強調台灣與中國互不隸屬、唯有台灣民選政府可在國際舞台代表台灣人民，並譴責中國試圖以武力片面改變台海和平及穩定現狀。

29日 華裔商人楊怡生因違反澳洲《反外國干預法》被判2年9個月監禁，成為該法2018年通過以來定罪首例。主要是因澳洲政府認為他進行親中遊說。

3月

1日 以《七龍珠》等作品聞名的日本漫畫家鳥山明過世，享壽68歲。東映動畫公司與刊登過鳥山明作品的集英社紛紛發布聲明致哀。

2日 海地武裝幫派突襲首都太子港(Port-au-Prince)主要監獄，爆發囚犯集體越獄。幫派宣告掌控太子港，引發暴亂的目的為迫使總理亨利(Ariel Henry)下台。

3日 瑞士公民支持每年增發第13個月養老金的提案，並否決退休年齡從65歲提高到66歲。瑞士政府表示，此公投結果將造成超過40億瑞士法郎的成本，需要增加稅收，並可能威脅社會保障制度的財務穩定性。

巴基斯坦國會選出新總理，由曾於2022年4月至2023年8月擔任總理的夏立夫(Shehbaz Sharif)當選。夏立夫新任期要面對國家經濟惡化，以及人民的貧困問題。他宣誓將大刀闊斧改革，讓巴基斯坦這艘船能「重新靠岸」。

4日 美國俄勒岡州眾議會、參議會相繼通過HCR203號友台決議，成為首份共同友台法案，期盼帶領俄勒岡州加入全球挺台行列，同時敦促恢復設立俄勒岡州駐台辦事處。

法國國會召開兩院特別會議，通過「自願終止妊娠」入憲案，成為全球首個以《憲法》保障婦女墮胎權的國家。

Spotify在2019年提出申

訴，指控蘋果公司違反串流音樂市場競爭，歐盟委員會因此首度以反壟斷對蘋果公司開罰18億歐元（約新台幣616億元）。

美國聯邦最高法院裁定恢復前總統川普的2024年總統初選資格，推翻科羅拉多州最高法院以2021年1月國會山莊暴動事件為由禁止川普參選，徹底解決川普是否有權參選的爭議。

5日 日本建築師山本理顯獲頒有「建築界諾貝爾獎」的普利茲克獎（Pritzker Prize），他在台灣的作品包括和台灣石昭永建築師聯手規劃的桃園市立美術館母館。

6日 美國現任總統拜登與前總統川普各自在「超級星期二」民主、共和黨總統初選中大獲全勝。兩黨的總統候選人正式出爐。

7日 因2022年俄羅斯全面入侵烏克蘭，迫使瑞典重新思考國安政策，瑞典正式成為北大西洋公約組織第32個成員國。

8日 美國總統拜登在國情咨文中表示，堅決反對中國不公平經濟行為，確保美國最先進技術不能用於中國武器，並堅決維護台海和平穩定。這是拜登首次在國情咨文中談及台海安全。

9日 串連約30個國家、超過250名國會議員的「對華政策跨國議會聯盟」（IPAC）發起「迷霧行動」（Operation MIST），持續敦促各國政府評估「台海有事」可能導致的國內經濟衝擊並預擬應對措施。

10日 荷蘭首座國家大屠殺博物館開幕。常設展以12個主題聚焦二戰期間荷蘭猶太人的遭遇，帶領參觀民眾直視大屠殺的暴行，也見證戰後倖存者如何跨越瘡痍、重拾日常生活。

瑞士「義大利語廣播公司」（RSI）播出教宗方濟各（Pope Francis）的訪談，他就俄烏戰爭表示，烏克蘭應該有勇氣「舉起白旗並進行談判」，並說「談判絕不是投降，而是避免讓國家走向自殺之路的勇氣。」

第96屆奧斯卡金像獎頒獎典禮在美國加州洛杉磯順利落幕，克里斯多福諾蘭（Christopher Nolan）執導的《奧本海默》奪下7獎為最大贏家。

11日 英國召開首屆「全球詐騙峰會」（Global Fraud Summit），七大工業國集團（G7）、情報分享聯盟「五眼聯盟」，及Google、Apple、Amazon等大型科技公司高階主管與會，以增進公私部門打詐合作。

日本女法官、國際刑事法院法官赤根智子被票選為國際刑事法院的院長，這是國際刑事法院自2002年成立以來首度由日本人當上院長。

12日 白宮公布2025財政年度預算案，重點包括增進美國在全球的嚇阻力，因應主要對手中國帶來的挑戰。其中國務院請求編列1億美元協助台灣強化嚇阻力，維持台海和平穩定。

加勒比海共同體（Caribbean Community）主席阿里表示，海地總理亨利已請辭，卸下海地政府領導人職務。亨利2月底出訪肯亞，但太子港暴力局勢旋即大幅攀升，因此他滯留美屬波多黎各。

13日 歐洲議會大會通過全球最早出爐的《人工智慧法》（Artificial Intelligence Act，AIA）法案，8月1日正式生效後，將根據風險高低來管理這項新科技，包括社會評分、透過網路或監視器抓取民眾臉部影像以建立人臉辨識系統等，都在禁止之列。

14日 美國眾議院通過法案，要求短影音分享平台TikTok與中國母公司「字節跳動」切割、否則不得在美國營運。

義大利競爭與市場管理局（AGCM）對中國「字節跳動」旗下三處TikTok公司處以

▲克里斯多福諾蘭指導的《奧本海默》贏得奧斯卡金像獎最佳導演及最佳影片。（AP）

總共1,000萬歐元（約新台幣3億4,489萬元）罰款，原因是未能充分檢查平台上的有害內容，可能會對未成年人或弱勢群體造成風險。

繼美國加州和科羅拉多州之後，華盛頓州也通過法案，將農曆新年列為法定假日。旨在促進亞裔美國人的社會融合。

日本札幌高等法院認定《民法》與《戶籍法》不承認同性婚姻屬於「違憲」，成為日本高院首例違憲判決。

英國公布極端主義新定義，以因應2023年哈瑪斯攻擊以色列後針對猶太人和穆斯林的仇恨犯罪。原先極端主義被定義為「公開或積極反對相互尊重與寬容等我國的基本價值」，新定義是「宣揚或推動基於暴力、仇恨或不寬容的意識形態」。

17日 俄羅斯總統大選結束，蒲亭以87%得票率邁向下個6年任期。英美各國痛斥這次選舉「不合法」。

19日 日本中央銀行日本銀行（BOJ）宣布結束負利率政策，這是自2007年2月以來首次升息，也是日銀長期貨幣寬鬆政策的轉捩點。

歐洲專利局（European Patent Office）公布資料顯示，2023年接獲的專利申請案件數量創下新高紀錄，占比最多的國家是美國、德國、日本和中國。

20日 白宮公布通過195億美元（約新台幣6,222億元）聯邦補助和貸款，支持晶片大廠英特爾公司在美國擴廠，這是拜登政府因應中國主導關鍵技術的問題，提供的最大筆補助。

愛爾蘭總理瓦拉德卡（Leo Varadkar）突然宣布因個人因素辭去總理和執政黨統一黨（Fine Gael）黨魁職務。瓦拉德卡於2017年成為愛爾蘭史上最年輕、也是首位公開出櫃的總理。

21日 加拿大移民部長米勒（Marc Miller）宣布，為遏制加拿大人口急劇增長，將限制臨時居民數量，這是加國首次設定臨時居民人數上限。

國際原子能總署（IAEA）在比利時舉辦首次全球核能高峰會，逾30國政府代表出席。峰會期間發表核能宣言，矢志透過核能強化能源安全及韌性，並讚揚COP28將核能納入全面性的潔淨能源轉型選項之中。

22日 俄羅斯首都莫斯科的音樂廳遇襲，造成137人喪生。「呼羅珊伊斯蘭國」（ISIS-K）聲稱犯案。

25日 聯合國安全理事會首度通過要求在加薩走廊「立即停火」決議案，美國曾在相關決議案動用否決權支持盟友以色列，但這次投下棄權票。

27日 諾貝爾經濟學獎得主卡內曼（Daniel Kahneman）逝世，享耆壽90歲。卡內曼被譽為行為經濟學之父，其著作《快思慢想》（Thinking, Fast and Slow）廣為人知。

29日 日本小林製藥於22日公布有民眾服用其生產的含紅麴成分保健食品後出現腎臟疾病問題，截至28日約680人就醫，社長小林章浩公開道歉，自行回收3款保健食品，承諾負擔求診及住院費用，海外受害者亦同。

31日 烏俄戰爭進入第3年，俄國總統蒲亭簽署春季徵兵令，預計徵召15萬人服役。

歷經13年漫長等待後，歐盟解除保加利亞和羅馬尼亞的海空邊界管制。申根區成員國增至29國。

4月

1日 德國聯邦政府將大麻除罪化。18歲以上德國公民得以持有娛樂用大麻，民眾也可以在自家種植大麻株，但不可在學校、幼兒園、公共遊樂場、運動設施與行人徒步區等處吸食大麻。

以色列空襲伊朗駐敘利亞首都大馬士革大使館旁邊的附屬建築。有7名軍事顧問身亡，包括3名高階指揮官。這是以色列與區域敵對國家之間戰爭的一次重大升級。

2日 烏克蘭總統澤倫斯基簽署法案，將參與作戰的動員年齡從27歲下修至25歲，有助烏克蘭產生更多戰鬥力，投入抵禦俄羅斯的戰爭。

美國總統拜登與中國國家主席習近平透過電話對談，拜登強調維持台灣海峽和平穩定、在南海遵守法治與航行自由原則的重要性。雙方同意在必要溝通時維持聯繫。

4日 巴西登革熱疫情嚴重，巴西衛生部公布數據指出，2024年前3月已有1,020例登革熱死亡病例，創下2000年以來最高紀錄；2023年同期有388例死亡。

5日 聯合國人權理事會通過決議，要求停止對以色列的所有軍售，同時要求以色列對在加薩走廊犯下的戰爭罪和違反人道罪承擔責任。

6日 斯洛伐克民族主義左派政府推派的候選人佩拉格利尼（Peter Pellegrini），在總統決選勝出，鞏固了親俄總理費科（Robert Fico）的政權。

厄瓜多警方闖入位於首都基多（Quito）的墨西哥大使館，逮捕遭通緝而藏身於館內的厄國前副總統葛拉斯。該事件促使墨西哥迅速斷絕與基多的外交關係，理由是「公然違反《國際法》與墨西哥主權」，尼加拉瓜7日宣布與厄國斷交。

7日 美國、日本、澳洲、菲律賓在南海舉行聯合海空演習，這是4國首度在主權爭議的南海聯合軍演，以實際行動支持菲律賓，並向中國表達堅信「自由開放的印太地區」的立場。

9日 愛爾蘭國會投票通過，由37歲的統一黨新黨魁哈里斯（Simon Harris）出任總理，是該國歷來最年輕的總理。哈里斯曾任衛生部長4年，歷經COVID-19疫情。

10日 在穆斯林慶祝象徵聖潔月份齋戒月（Ramadan）結束的開齋節之際，以色列照常轟炸加薩走廊。美國總統拜登對此嚴厲譴責。

瓜地馬拉森林大火從1月開始延燒，無法徹底撲滅，瓜國總統阿雷巴洛（Bernardo Arevalo）宣布全國進入「災難狀態」，政府除向國際求援，也準備動用1.1億瓜幣（約新台幣4.4億元）緊急預算投入救災。

韓國第22屆國會選舉落幕，300個席次中，最大在野黨共同民主黨及其衛星政黨拿下175席，總統尹錫悅和他所屬的執政黨國民力量及其衛星政黨僅拿下108席。這是1987年韓國開啟總統直選制以來，執政黨與在野黨席次差距最大的一次。

14日 伊朗伊斯蘭革命衛隊（Islamic Revolutionary Guards Corps）向以色列發射無人機和飛彈，此舉是在報復以方1日對伊朗駐敘利亞大馬士革使館發動的致命攻擊。歐盟譴責此舉恐致地區緊張情勢升高，美國則表示堅定支持以國。

15日 美國眾議院「中國問題特別委員會」發表報告，提出證據指控中國政府早在2018年起，就用稅收優惠直接補貼非法鴉片止痛劑芬太尼及其他合成毒品生產、出口。

18日 聯合國安全理事會表決有關巴勒斯坦申請加入聯合國的決議草案，美國動用否決權，等於是阻止聯合國承認巴勒斯坦的國家地位。

21日 斯德哥爾摩國際和平研究所（SIPRI）報告顯示，全球軍事支出在2023年上升6.8%，為2009年以來最大年增幅度，歐洲、中東和亞洲漲幅尤其顯著。

23日 歐洲議會通過禁止銷售強迫勞動產品的法案，一旦調查認定某項產品在製造供應鏈的任何環節有存在強迫勞動情形，該產品將被逐出歐盟市場。

歐盟執委會首次依據《外國補貼條例》突擊檢查一家中國企業位於荷蘭和波蘭的辦公室，調查其監視設備產品是否以國家補貼方式進入歐盟市場，顯示歐盟加大動用經濟武器對付中國的不公平貿易。

為設法遏止渡海越境的危險行為，英國通過法案將遣送尋求庇護者至盧安達，而非讓他們在英國等候程序。

24日 中國留學生吳嘯雷2022年在美國威脅海外民主運動人士後被捕，波士頓法院以「網路跟蹤纏擾罪」和「跨州傳播威脅通訊罪」，判處吳嘯雷9個月監禁。

25日 歐洲議會表決通過譴責亞塞拜然、甘比亞和香港

▲美國警方強力驅散大學校園持續數週的反以哈戰爭抗議活動，引發衝突。（AP）

人權迫害的3項決議文。針對香港情況，決議文譴責3月生效的《維護國家安全條例》是中國對香港強加《國家安全法》的擴大延伸。並要求無條件釋放黎智英、李宇軒、黃健聰等香港民主運動人士。

葡萄酒貿易國際監督觀察機構表示，由於「極端」氣候變遷因素，2023年全球葡萄酒產量減少10%，是60多年來最大降幅。其中以澳洲和義大利損失最嚴重，產量分別減少26%和23%

27日 伊拉克國會通過法案，明定同性戀關係為刑事犯罪，最高可處15年有期徒刑；此舉遭人權組織痛批為「對人權的攻擊行為」。

29日 加薩戰爭掀起美國多所大學抗議潮，呼籲加薩永久性停火、美國終止對以色列軍援等，包括哥倫比亞大學、耶魯大學和紐約大學等都有學生紮營示威，警方以影響校園生活及未經授權帶來騷亂，逮捕拒絕拔營離開校園的示威學生。

5月

1日 英國製藥大廠阿斯特捷利康（AstraZeneca，簡稱AZ）首度在法庭文件中承認其COVID-19疫苗可能引起罕見血栓副作用。

哥倫比亞總統裴卓（Gustavo Petro）宣布與以色列斷交，並形容以國總理尼坦雅胡在加薩戰爭實施「種族滅絕」。

2日 索羅門群島總理選舉結束，由親中的前外交官馬內列（Jeremiah Manele）當選總理，他承諾將延續與中國關係日益密切的外交政策。

3日 美軍帕帕羅上將（Adm. Samuel Paparo）接任印太司令，他在交接典禮時表示，中國對印太地區的侵擾及擴權行動，已超過「灰色地帶」這個標準說法，應重新命名為ICAD，意指非法（illegal）、脅迫（coercive）、挑釁（aggressive）以及欺騙（deceptive）。

5日 日本原子力產業協會彙整調查結果顯示，日本2023年度核電機組運轉率為28.9%，超過2021年度的24.4%，創2011年福島核子事故以來新高紀錄。

6日 菲律賓和美國舉行歷年規模最大的「肩並肩」（Balikatan）軍演。演習動員逾1萬6,800名美菲澳軍人，並首度有法國巡防艦參與，規模超越歷年。

7日 由於惡性通膨，阿根廷貨幣大貶，民眾購物需要帶大量紙鈔。阿根廷央行宣布，發行10,000比索面額的新版紙鈔，相當於台幣370元。

8日 全球最大的碳捕捉廠「長毛象」（Mammoth）於冰島啟用，目標每年吸除3萬6,000公噸的二氧化碳，等同減少路上8,600輛車。

能源智庫Ember發布報告指出，由於太陽能和風力發電增長，2023年再生能源占全球發電量比重達到30%的新紀錄，使得再生能源裝置容量到了2030年達到原本3倍的全球目標在望。

10日 聯合國大會通過決議認定巴勒斯坦符合聯合國憲章規定的會員國資格。但美國已於4月18日在安理會否決巴勒斯坦入聯申請，因此聯大決議只具象徵性質。不過此次決議仍提高巴勒斯坦在聯合國的實質權利。

13日 法國國會通過法案，允許居住在海外屬地新喀里多尼亞（New Caledonia）10年以上的法國居民參與當地省級選舉投票，如此將「稀釋」原住民卡納克族（Kanak）的選票，引起獨派反對者不滿及大規模抗議。6月12日法國總統馬克宏宣布暫停這項選舉改革。

14日 美國總統拜登表示，將對中國的進口商品加徵關稅，電動車稅率增至原來的4倍，來到100%；半導體稅率則將於2025年底前從25%增至50%，以促使中國消除有關技術轉移、智慧財產和創新方面的不公平貿易行徑。

15日 新加坡總理李顯龍卸任，交棒副總理黃循財。黃循財成為新加坡第2位非李氏家族出身的領導人，他發表就職演說強調，新加坡重視東協的核心地位，也希望美中關係能保持穩定。

斯洛伐克總理費科（Robert Fico）遭暗殺身中多槍，一度生命垂危，包括總統在內的斯洛伐克政界人士稱這次槍擊事件是「對民主的攻擊」。這也是20年來首次有歐洲領導人遇刺，分析認為反映了歐洲政治氣氛日益分化。

17日 日本參議院通過《民法》修正案，增加夫婦離婚後可共享孩子監護權的「共同親權」選項。

19日 伊朗總統萊希（Ebrahim Raisi）搭乘直升機墜毀身亡，機上所有乘客，包括外交部長艾密

拉多拉安（Hossein Amir-Abdollahian）及其隨行人員等，均喪生。伊朗當局宣布6月28日舉行總統選舉。

英國當局5月14日依《國安法》起訴香港駐倫敦經貿辦事處行政經理袁松彪、衛志良及前英軍崔克特（Matthew Trickett）等3名男子，指他們涉嫌在當地為香港從事情報工作，但他們交保後，崔克特被發現死於倫敦附近公園內，引發各界熱議。

20日 國際刑事法院（ICC）檢察官辦公室宣布以涉嫌戰爭罪和違反人類罪為由，對以色列總理尼坦雅胡和伊斯蘭主義組織哈瑪斯名領袖發布逮捕令。

由英國前法官蘭斯塔夫（Brian Langstaff）主持的「血液污染調查」公布報告，指英國1970、80年代數以萬計人因輸血感染愛滋病毒或肝炎，揭露醫界醜聞。英國首相蘇納克（Rishi Sunak）公開致歉，稱這是「英國的國恥日」，估計賠償費用將達100億英鎊。

日本傳奇動畫大師宮崎駿等人創辦的吉卜力工作室，成為歷來第一個在法國坎城影展獲頒榮譽金棕櫚獎殊榮的團體。

22日 《華爾街日報》母公司「新聞集團」（News Corp）與人工智慧新創公司OpenAI宣布達成歷史性的內容授權協議。OpenAI可使用「新聞集團」面向消費者的新聞產品，來回答OpenAI用戶的查詢，並訓練其發展最新技術。

23日 韓國網路公司Kakao旗下通訊軟體KakaoTalk於

▲挪威、西班牙、愛爾蘭3國外交部長2024年5月27日共同出席關於即將承認巴勒斯坦國家地位的記者會。（AP）

2023年3月爆出開放聊天室用戶個資遭非法買賣，導致6萬5,000名個資外洩，韓國個資保護委員會開罰151億4,976萬韓元（約新台幣3億4,899萬元），創史上新高。

24日 世界衛生組織發布統計指出，全球過去10年平均預期壽命逐年提升的趨勢因COVID-19大流行減少1.8年，回到2012年平均71.4歲的水準。

聯合國最高法院國際法院（ICJ）下令，要求以色列「立即」停止在拉法（Rafah）軍事行動，這是在加薩戰爭爆發之後，國際對以色列施壓的最重要裁定。

27日 立陶宛中右翼總統瑙塞達（Gitanas Nauseda）贏得連任，他曾是銀行家，在首個任期內確立了親歐盟和堅定支持烏克蘭的立場。

第9屆中日韓峰會於南韓首爾舉行，會後發表共同聲明，為維持區域穩定繁榮，日本首相岸田文雄表示3國在會中同意強化與東協（ASEAN）國家合作的重要

性，也認同北韓非核化與朝鮮半島穩定符合中日韓3國的共同利益。

28日 挪威、西班牙、愛爾蘭正式承認巴勒斯坦的國家地位；以色列抨擊這項決定是在「獎賞」巴勒斯坦伊斯蘭主義組織「哈瑪斯」。

29日 國際特赦組織表示，2023年全球死刑執行人數達1,153人，為近10年新高，其中伊朗死刑執行數量暴增。不過，數據並不包括據信在中國遭處決的「數千人」，也不包括北韓和越南。

30日 美國紐約陪審團裁定川普「封口費案」34項罪名全數有罪，川普成為美國史上首位遭到刑事定罪的前總統。

6月

2日 南非國會大選結果，執政黨「非洲民族議會」只獲國會400席中的159席，失去長達30年以來的過半優勢。

墨西哥大選結果，前墨西哥市市長薛恩鮑姆（Claudia Sheinbaum）成為該國史上首

位女總統，在這個犯罪與性別暴力猖獗的國家寫下新猷。

冰島大選結果揭曉，現年55歲的無黨籍女商人湯瑪斯杜提爾（Halla Tomasdottir）以34%選票，成為冰島第7位總統，8月1日宣誓就職。

3日 韓國總統尹錫悅批准在東海海域鑽探石油和天然氣蘊藏區，他認為這個地區的蘊藏量可能多達140億桶，將足以供給韓國4年所需石油和29年的天然氣。

4日 美國總統拜登簽署行政命令，只要美墨邊境官方入境處每日的非法移民人數超過2,500人，就會暫停受理庇護申請。

南韓總統尹錫悅批准全面中止《919軍事協議》，通報北韓後即刻生效，屆時南韓軍方將可恢復在軍事分界線（MDL）一帶進行軍事訓練，並利用擴音器喊話反擊北韓挑釁。

首屆韓國—非洲峰會在首爾舉行，多達48個非洲國家的總統、國王、總理或部長出席。南韓總統尹錫悅希望確保來自非洲的製造半導體的礦產原料供應穩定。

5日 印度第18屆國會下議院選舉落幕，以「印度人民黨」（BJP）為首的執政聯盟取得多數席次240席，但未過半。因此BJP將與小黨合作，聯合執政。

6日 丹麥、希臘、巴基斯坦、巴拿馬、索馬利亞經聯合國大會不記名投票，獲選為聯合國安全理事會非常任理事國，任期為2025至2026年。

美國航太巨擘波音公司的太空船「星際飛機」（Starliner）首度載人上太空，與國際太空站（ISS）安全對接，完成證實太空船適航性的重要考驗。

7日 韓國科技大廠三星電子工會宣布發起全國大罷工，工會先前要求資方改善績效獎金制度和多給員工1天有薪年假承諾，但是談判破裂。這是三星電子於1969年成立以來首度發生罷工。

11日 一架載有馬拉威副總統齊里瑪（Saulos Klaus Chilima）的軍方飛機10日失聯，軍方表示搜救人員尋獲殘骸，機上無人生還。

12日 歐盟宣布對中國進口電動車加徵暫時性反補貼關稅，在受調查的中國3大汽車集團中，比亞迪加徵17.4%、吉利汽車20%，上汽集團因配合調查度低，加徵最高額38.1%關稅。

13日 美國總統拜登與烏克蘭總統澤倫斯基出席七大工業國集團（G7）峰會時，簽署一份10年期雙邊安全協議，美國將提供烏克蘭一系列軍事援助和訓練，堪稱重要里程碑。澤倫斯基形容這是抗俄作戰歷史性的一天。

15日 南非執政黨「非洲民族議會」和最大對手、白人領導的親商政黨「民主聯盟」同意合組新的民族團結政府，這是南非30年來首見聯合政府，總統拉瑪佛沙（Cyril Ramaphosa）成功連任。

16日 「烏克蘭和平峰會」落幕，近80個與會國家在峰會最終公報一致同意，基輔當局應該與俄羅斯就結束戰爭進行對話，各國同時力挺維持烏克蘭的獨立和領土完整。

17日 日本、美國、加拿大、菲律賓海軍在南海共同訓練。此次是4國首度在南海聯合演習，旨在維護航行及空中巡航自由，針對強化發展海洋勢力的中國。

18日 泰國國會通過歷史性的《民事與商事法》修正案，讓同性伴侶可享有和異性戀伴侶一樣的權利。9月25日泰王簽署法案，泰國成為第3個通過同婚的亞洲國家。

▲慶祝通過同性婚姻合法化法案，泰國總理府外燃放彩虹煙火。（AP）

19日 俄羅斯總統蒲亭24年來首度到訪平壤，北韓領導人金正恩強調「全力支持俄羅斯對烏克蘭的戰爭」，並誓言與莫斯科發展更牢固的戰略關係。

20日 經濟合作發展組織（OECD）公布調查報告顯示，富裕經濟體的生育率（每名婦女平均生育子女數）腰斬，從1960年的3.3降到2022年的1.5。

23日 穆斯林前往麥加的伊斯蘭教年度盛事「朝覲」（Hajj），多人因高溫導致衰竭，沙烏地阿拉伯當局表示，已有1,301人於朝覲期間喪命，其中多數都沒向官方登記朝覲。

24日 歐盟發布對俄羅斯第14輪制裁，首度針對俄羅斯獲利可觀的液化天然氣，包括禁止俄國天然氣經歐盟轉運、禁提供俄船物流服務、新增含中國企業在內的制裁名單、禁提供俄軍火業金流服務，並要求歐盟母公司管制海外子公司不參與任何可能減弱制裁效果之活動。

為達成自身訂下的2030年減排高標，丹麥政府宣布從2030年起，農民每排放1噸二氧化碳將被徵稅300克朗（約合新台幣1,400元），5年後稅率調升至每噸750克朗（約新台幣3,500元），成為全球第一個針對農業開徵碳稅的國家。

25日 揭密網站「維基解密」創辦人亞桑傑（Julian Assange）在英國被拘留5年後獲釋。維基解密2010年揭露大批與美國在阿富汗和伊拉克戰爭有關的軍事機密文件，為了重獲自由，亞桑傑就觸犯的美國《間諜法》與美國司法部達成認罪協議。

國際刑事法院（ICC）表示，由於俄羅斯參謀總長吉拉西莫夫（Valery Gerasimov）和前國防部長蕭依古（Sergei Shoigu）涉嫌犯下指揮攻擊平民目標、以及對平民造成過度附帶傷害的戰爭罪，已對兩人發出逮捕令。

26日 世界最早的即時通訊軟體之一ICQ停止運作。ICQ最初是由以色列公司Mirabilis開發，於1996年問世。2001年的巔峰時期，曾經擁有1億多名註冊用戶。

北大西洋公約組織任命即將卸任的荷蘭總理呂特（Mark Rutte）為北約新任秘書長，預計於10月1日就職。

美國紐約聯邦地區法院裁定，宏都拉斯前總統葉南德茲（Juan Orlando Hernandez）「密謀進口古柯鹼」數百噸進入美國，走私毒品罪名成立，判處45年徒刑。

27日 烏克蘭總統澤倫斯基出席歐盟高峰會，簽署聯合安全承諾，確保先前歐盟宣布的中長期軍事援助資金、軍事訓練和軍火產業合作計畫。他也分別與立陶宛、愛沙尼亞簽署安全合作協定。

南韓、美國及日本展開為期數日的聯合軍演，代號為「自由刀刃」（Freedom Edge），聚焦於彈道飛彈、防空、反潛作戰以及網路防禦訓練。試圖因應來自北韓日益升高的威脅。

連續5天的環太平洋演習（RIMPAC）在美國主導下展開，日本、韓國、菲律賓、加拿大、澳洲、印度、英國、法國、荷蘭等盟友參與，40艘軍艦停靠在珍珠港聯合基地，以透過演習建立各國的協同作戰能力。

美國總統拜登和前總統川普進行總統大選首場電視辯論，吸引數以百萬計民眾觀看。辯論後民調顯示，67%的人認為川普表現更好，贏過拜登的33%。拜登在辯論會的災難表現讓民主黨陷入集體焦慮，黨內出現要求換將聲浪。

29日 日本首相岸田文雄上任滿1,000天，成為二戰後達此里程碑的第8人。任內岸田主導G7團結以維護國際秩序免受中國與俄羅斯的侵害，並推動與東南亞、中東、非洲、南美等新興、發展中國家的關係建設。

7月

1日 為因應大量富士山登山客衍生問題，山梨縣政府首度採取限制單日入山人數4,000人及開徵「通行費」2,000日圓（約新台幣400元）等新措施。

澳洲調漲國際學生簽證費用達1,600澳元（約新台幣3萬4,700元），這是政府為遏制破紀錄移民人數的新舉措。大量移民使得澳洲當地原已緊繃的房市更形惡化。

希臘工作新制上路，針對部分產業推行一週工作6天的制度，以提高生產力和就業率，與全球企業縮短每週工時的趨勢背道而馳。希臘成為第一個實施每週工作6天的歐盟國家。

2日 瑞典育嬰假新規定上路，除了孩子的監護人（家長）之外，祖父母與其他照顧者也能分享育嬰假，並得

到育嬰補助。

西非獅子山共和國總統比歐（Julius Maada Bio）簽署《禁止童婚法》增修條款，盼能改善女性權益。獅子山是全球童婚比率最高的國家之一，超過30%女孩與4%男孩在18歲前已經結婚，年輕孕產婦死亡比率極高。

3日 日本最高法院大法庭認定《舊優生保護法》違憲，這是二戰後，日本最高法院認定違憲第13例，過去約1萬6,500人被日政府依該法強制絕育，部分受害人從2018年起提出國賠訴訟。

4日 英國國會下議院改選，工黨在650席中取得超過400席，為保守黨長達14年的執政畫下句點。

俄羅斯頭號盟友白俄羅斯正式加入上海合作組織（SCO），成為第10個成員國。

北約峰會於7月9日至11日在華盛頓舉行前，中國軍事人員抵達白俄羅斯境內，在布雷斯特（Brest）進行名為「老鷹突擊」（Eagle Assault）的聯合軍事演習。外界揣測這是北京向華盛頓發出訊號，表明其隨時都可以使用白俄羅斯的軍事基礎設施和領土。

5日 領導工黨在4日國會大選取得壓倒性勝利，黨魁施凱爾（Keir Starmer）就任首相。他是英國2年來第4位首相，也是14年來第1位工黨的首相。

6日 伊朗總統大選結果出爐，改革派前心臟科醫師裴澤斯基安（Masoud Pezeshkian）取得勝利，擊敗極端保守派的賈立里（Saeed

▲川普出席賓州造勢活動，現場傳出槍聲，特勤人員快速將川普護送下台。（AP）

Jalili），重申反以色列立場。

7日 東京都知事選舉結果，小池百合子獲得逾40%選票，超過競爭對手石丸伸二及蓮舫，成功3連任。

8日 菲律賓與日本簽署相互准入協定（VFA），允許在對方領土部署軍隊。菲日都受中國壓力，因此有深化政治軍事合作的前提。

俄烏戰爭致使歐洲對安全受到威脅日益不安之際，中立國瑞士遞交申請加入「歐洲天空之盾」（European Sky Shield Initiative, ESSI）防空倡議計畫。

10日 北約峰會發表聯合宣言，重申支持烏克蘭建立擊敗俄羅斯的軍力，並稱中國是俄羅斯侵烏的「關鍵支持者」，也加劇俄國對鄰國的威脅，呼籲中國立即停止提供俄國戰爭物資與政治支持。

13日 美國前總統川普出席賓州造勢活動遭槍擊中右耳上方。在特勤人員護送下，川普數次高舉拳頭朝天，向支持者表示自己安然無恙。槍手被特勤局人員擊斃，但仍有1名出席造勢大會的人員身亡。

15日 美國前總統川普宣布聯邦參議員范斯（J.D. Vance）為副手搭檔。范斯於2016年出版回憶錄《絕望者之歌》（Hillbilly Elegy），描述他在俄亥俄州的工人階級城鎮的成長經歷。書中描寫的城鎮象徵美國鐵鏽帶工業衰退的現象，被認為是了解「川普現象」的必讀本。

16日 日本建商「積水房屋公司」在東京都國立市蓋好一棟10層樓住宅，但因該棟大樓遮擋富士山美景遭居民抗議，決定在交屋前拆除整棟住宅，是日本建築業少數案例。

18日 加薩衛生部和以色列衛生當局表示，在加薩地區的家庭污水樣本測出小兒麻痺病毒（又稱脊髓灰質炎病毒）。反映以哈戰爭導致加薩走廊公衛環境惡化的嚴重程度。

歐盟執委會主席范德賴恩（Ursula von der Leyen）獲歐洲議會表決同意連任主席。

她提出5年任期政綱並發表演說，強調會尋求「阻止中國」入侵台灣，以確保印太地區的穩定。

19日 全球電腦視窗作業系統（Windows）大當機，影響廣泛，數以千計的航班延誤或取消，旅客受困機場。22日微軟認定是資安公司Crowdstrike的軟體更新，導致全球預估約850萬台電腦當機。

聯合國國際法院發表諮詢意見，表示以色列對巴勒斯坦自治區的長年占領屬「非法」，呼籲以色列立即停止並結束屯墾建設。

21日 美國總統拜登6月在辯論會表現不佳備受批評，歷經同黨民主黨人士持續施壓，拜登宣布退出2024年總統大選，並表態支持副總統賀錦麗成為民主黨總統候選人。

孟加拉學生團體抗議公職配額制度，與警方爆發激烈衝突，造成逾150人死亡。最高法院裁決，將軍人子女保留職缺占比從56%縮減至7%，但學生團體仍持續抗爭。

22日 歐盟外交與安全政策高級代表波瑞爾宣布，8月原定由匈牙利主辦的外交與國防部長會議將從布達佩斯移至布魯塞爾舉行。這是對匈牙利總理奧班（Viktor Orban）的「象徵性」警告。

23日 日本小林製藥含紅麴的保健食品爆發食安問題，釀成多人健康受損死亡，小林製藥召開臨時董事會，會長小林一雅與社長小林章浩承擔責任辭職，專務山根聰接任社長，是首位非創始人家族出身的社長。

在北京舉行的巴勒斯坦各派別內部和解對話閉幕，簽署結束分裂、加強巴勒斯坦團結的《北京宣言》。中國外交部發言人毛寧表示，這是巴勒斯坦14個派別首次齊聚北京舉行和解對話，為飽受苦難的巴勒斯坦人民帶來寶貴希望。

26日 巴黎奧運開幕式隆重登場。台灣隊以字母T排序入場。法國主持人直播時特別解釋，中華台北，「就是我們熟知的台灣」。

為使各界關注敘利亞局勢，義大利外交部長塔加尼宣布，將在睽違12年後任命駐敘利亞大使。義大利是七大工業國集團（G7）中首個恢復對敘利亞外交活動的國家。

29日 委內瑞拉選舉委員會宣布，總統馬杜洛（Nicolas Maduro）以51.2%得票率再次贏得連任，這是他第3個6年任期，但外界質疑選舉結果。

8月

1日 中國電商平台拼多多旗下海外銷售平台Temu於泰國上線。泰國產業界憂心低價的中國產品大量進入，會傷害泰國的中小企業和製造業，總理賽塔（Srettha Thavisin）要求相關部門調查。

2日 菲律賓海軍與日本海上自衛隊在「西菲律賓海」舉行了首次雙邊「海事合作活動」（MCA）演習，以加強區域與國際合作，實現印太地區的「開放與自由」。菲日分別在南海和東海與中國都存在主權爭議。

印尼當局發布規定，要被認定為性侵受害者，婦女必須取得只有警方才能核發的文件。警方成為批准性侵受害者墮胎的唯一合法性依據，引發維權人士批評此舉為女性權益開倒車。

3日 越共中央會議補選出越南國家主席蘇林（To Lam）擔任越共中央總書記，接任7月19日辭世的總書記阮富仲（Nguyen Phu Trong）遺缺。

4日 烏克蘭總統澤倫斯基表示，烏克蘭已經取得首批美國製F-16戰鬥噴射機。烏克蘭已提出這項需求超過2年，盼望扭轉俄軍空優戰局。

5日 孟加拉學生團體7月15日因反對公務員職缺配額制度發起抗議，隨後引發全國性動亂，造成逾450人死亡。總理哈希納辭職下台並逃離首都達卡。同日陸軍參謀長薩曼（Waker-uz-Zaman）宣布組成臨時政府。

美國法院判決Google違反反托拉斯法，每年斥資數百億美元違法壟斷，維持Google穩佔全球預設的搜尋引擎地位。這是聯邦當局挑戰科技巨擘主宰市場地位首獲一大勝利。

6日 哈瑪斯政治領袖哈尼雅（Ismail Haniyeh）7月31日在伊朗首都德黑蘭遇刺身亡，組織哈瑪斯任命加薩走廊領導人辛瓦（Yahya Sinwar）成為新領袖。

7日 泰國新興政黨前進黨因主張修改俗稱冒犯君主罪的《刑法》112條，遭保守派反擊，泰國憲法法庭判決前進黨意圖推翻君主立憲制，裁定解散前進黨。

8日 諾貝爾和平獎得主尤努斯（Muhammad Yunus）宣

誓就任孟加拉臨時政府首席顧問，他表示，罹難的示威人士犧牲自己，讓國家「第二次獨立」。

9日 菲律賓和越南在馬尼拉灣舉行兩國歷來首次聯合海岸防衛演習，共同促進海事合作的承諾。持續對南海海域聲索主權的菲律賓和越南，都曾在南海與中國海警局發生衝突。

11日 巴黎奧運閉幕，閉幕式重頭戲為奧運主辦城市交接會旗，好萊塢巨星湯姆克魯斯從高空垂降而下，接過奧運會旗，傳往2028年第34屆奧運主辦城市洛杉磯。

14日 泰國總理賽塔任命16年前曾短暫入獄的前律師擔任總理辦公室部長，遭質疑有違憲之虞，憲法法庭裁決，解除他的總理職務。16日由前總理戴克辛的么女貝東塔（Paetongtarn Shinawatra）當選成為泰國第31任總理。

15日 世界衛生組織宣布，在非洲升溫的M痘疫情已構成「國際關注公共衛生緊急事件」。

美俄雙重國籍公民卡列琳娜（Ksenia Karelina）因捐錢給支持烏克蘭的慈善組織，遭俄羅斯法院認定叛國，被判處12年有期徒刑。

17日 巴西大法官莫瑞斯（Alexandre de Moraes）先前命令關閉數個涉嫌散播惡意假訊息的推特帳號，馬斯克認為此舉箝制言論自由，宣布結束X在巴西的營運業務。

一名女實習醫師8月9日在加爾各答一所醫院遭性侵後殺害，事件引發民眾憤慨，印度醫學會（IMA）發起24小時全國性罷工，呼籲迅速為被害者伸張正義，並制定更嚴格的法律，以防範類似案件發生。

非南開發共同體（SADC）表示，聖嬰現象引發的乾旱導致南部非洲約6,800萬人受到影響，農作物無一倖存。辛巴威、尚比亞和馬拉威等國已宣布飢餓危機為災難狀態。

18日 俄羅斯總統蒲亭訪問亞塞拜然，與總統阿利耶夫（Ilham Aliyev）展開會談，並簽署聯合文件，商討亞塞拜然和亞美尼亞衝突問題。

19日 紐西蘭統計局公布，截至6月底，過去12個月內，超過13萬人離開紐西蘭，創歷史新高，其中約4.5萬人前往鄰近的澳洲。調查顯示主因是經濟成長緩慢、生活成本高漲以及住房危機。

俄羅斯當局通過一項移民法令，自9月1日起，外國人與無國籍人士若不接受其自身國家強加之新自由主義政策，將可申請取得俄羅斯的簡化臨時居留許可。

20日 美國副總統賀錦麗的競選搭檔出爐，60歲的華茲（Tim Walz）接受民主黨提名為副總統候選人。他來自內布拉斯加州農村，是現任明尼蘇達州州長。

歐盟批准通過德國對台積電德勒斯登晶圓廠合資案50億歐元（約新台幣1,768億元）的補貼計畫，歐盟表示，德國的補貼計畫將強化歐洲的半導體製造實力，有助實現綠色和數位轉型，替高度專業就業創造機會。

21日 美國副國務卿兼西藏問題特別協調員澤雅（Uzra Zeya）在紐約會見達賴喇嘛，重申美國致力於促進西藏人權。22日中國外交部發言人毛寧說，美國任命西藏特別事務協調員是在干涉中國的內政。

澳洲聯邦參議院通過一項有關台灣地位的議案，認定聯合國1971年的第2758號決議案，並未確立中華人民共和國對台灣的主權、未決定台灣未來在聯合國的地位、未決定台灣參與聯合國機構或國際組織的問題。

23日 美國宣布，針對與俄烏戰爭有關的近400名個人和公司實施全面性制裁。包括60家俄羅斯國防暨科技公司，它們對俄羅斯國防工業的維持和發展至關重要。

26日 巴基斯坦當局表示，俾路支解放軍（Baloch Liberation Army, BLA）發動大規模攻擊，要求將資源豐富的俾路支省（Balochistan）從巴基斯坦分離出去。

澳洲當局意在遏止變相加班的「斷聯權」（Right-to-disconnect）新法生效，員工可以無視雇主週末傳來的簡訊，和下班後寄來的辦公信件。

27日 美國總統拜登的國家安全顧問蘇利文（Jake Sullivan）在北京與中國外交部長王毅等高層官員會談，目的是在11月5日美國大選登場前，緩和兩大強國間的緊張局勢。

28日 美國「股神」巴菲特旗下波克夏海瑟威公司（Berkshire Hathaway）盤中市值突破1兆美元大關，

成為首家達此里程碑的美國非科技類公司。加入蘋果、輝達、微軟、谷歌母公司Alphabet、亞馬遜及臉書母公司Meta Platforms等6家美國企業之列。

法國檢方起訴Telegram創辦人兼執行長度洛夫（Pavel Durov），他被控共謀犯下諸如放任青少妨害性自主的素材散播、販毒、詐欺及拒絕與執法單位合作等罪行。

因應韓國醫師平均年齡老化，韓國國會通過《醫護法》，允許護理師執行部分通常由醫師處置的醫療程序。

31日 因極端氣候，希臘中部港市佛羅斯（Volos）湧入爆量魚屍，宣布進入緊急狀態。

9月

1日 以巴雙方同意停火3日，讓世界衛生組織在加薩地帶為超過64萬名10歲以下的兒童接種小兒麻痺疫苗。

2日 委內瑞拉7月總統大選結果充滿爭議，委內瑞拉法院批准向反對派總統候選人龔薩雷茲（Gonzalez Urrutia）發出逮捕令，指控他涉及恐怖主義。

3日 美國紐約州州長侯可（Kathy Hochul）的前副幕僚長孫雯與丈夫胡曉因涉嫌擔任中國代理人，違反《外國代理人登記法》與洗錢、簽證詐欺等罪名被捕，孫雯在職期間曾多次阻撓台灣與紐約州政府官員會面。

俄羅斯總統蒲亭出訪蒙古國，自國際刑事法院（ICC）2023年對他發布逮捕令以來，這是他首度訪問ICC成員國。烏克蘭外交部說，蒙古國身為ICC成員不逮捕蒲亭是重擊國際刑法體系。

5日 法國總統馬克宏任命前歐盟負責英國脫歐首席談判代表巴尼耶（Michel Barnier）出任新總理。73歲的巴尼耶是現代法國史上最年長總理。

馬斯克旗下太空探索公司（SpaceX）發射21顆衛星，讓旗下人造衛星通訊網絡「星鏈（Starlink）」部署的現役衛星正式超過7,000顆。馬斯克表示，星鏈已達到所有現役地球軌道衛星約2/3。

8日 北非國家阿爾及利亞選務當局宣布，現任總統塔布納（Abdelmadjid Tebboune）在7日的大選中，以近95%得票率連任成功。挑戰陣營則就企圖「灌票」問題予以譴責。

9日 美國聯邦眾議院通過《台灣衝突嚇阻法案》，旨在透過揭露中國高層領導人在全球的資產，還有切斷他們及家人使用美國金融體系權利、凍結資產等措施，遏止中國侵略台灣。

歐盟執委會主席范德賴恩發布「歐洲競爭力的未來」報告，建議每年至少增加8,000億歐元的投資來提高生產力，以趕上與美國的差距、因應與中國的競爭。

俄羅斯聯邦國家統計局公布新生兒數據，2024上半年俄羅斯新生兒出生人數約為60萬人，比2023年同期減少1.6萬人，更是1999年以來的最低水準。加上俄烏戰爭影響，俄羅斯面臨死亡人數上升和出生率下降夾擊。

10日 德國福斯汽車宣布，正式終止自1994年起與工會簽訂的就業保障協議，自2025年7月開始，福斯可因公司營運問題進行裁員。

歐洲法院裁決蘋果、谷歌控告歐盟兩案皆敗訴，其中蘋果公司是因2016年遭到歐盟執委會裁罰補稅給愛爾蘭130億歐元（約新台幣4,620億元），違反《國家援助法》。

11日 墨西哥參議院通過全國法官須經普選產生的司法改革。主要貿易夥伴美國和加拿大警告，這項改革可能會破壞「美國—墨西哥—加

▲北韓領導人金正恩視察生產濃縮鈾的離心機。（AP）

拿大協定」(USMCA)，並對投資造成負面影響。

12日 荷蘭國會通過一項涉及台灣的動議，內容提到拒絕中國扭曲聯合國大會第2758號決議，並要求荷蘭政府在歐盟內部尋求支持。

13日 北韓首度發布其核彈燃料生產設施的照片，北韓領導人金正恩表示，面對來自美國及其盟國的核威脅，北韓必須以核武作為關鍵軸心，發展先發制人的攻擊能力。

14日 美國國務卿布林肯(Antony Blinken)與英國外交大臣拉米(David Lammy)發布「英美戰略對話」聯合聲明，重申台灣海峽的和平穩定對國際社會的安全繁榮不可或缺。

15日 描寫日本幕府時代權謀鬥爭的影集《幕府將軍》(Shogun)獲第76屆艾美獎(Emmy Awards)劇情類最佳影集獎，是首部獲得此獎項的非英語作品，並獲頒劇情類最佳影集獎和最佳男、女主角獎。

17日 黎巴嫩真主黨戰士和醫護等成員使用的呼叫器在全國多處同時爆炸，至少9人喪生，近3,000人受傷。真主黨指控以色列謀畫這起恐怖攻擊。

美國加州州長紐松(Gavin Newsom)簽署法案，保護演員在作品中的數位複製品免於遭受人工智慧侵害。

18日 美國聯邦準備理事會(Fed)宣布降息2碼，停止自2022年3月啟動疫情後大幅升息周期，反映提振就業市場的重要性超越打擊通膨。

義大利眾議院外交委員會通過決議案，提請義國政府採取積極行動，支持台灣有意義參與聯合國機構和專門組織，同時支持任何有助台灣突破外交孤立的倡議。

19日 美國職棒大聯盟MLB道奇日籍球星大谷翔平，對戰馬林魚，單場3轟、2盜，使得單季紀錄達到51轟51盜，正式成為50-50超級紀錄的締造者。

22日 斯里蘭卡總統大選結束，由年55歲、工人家庭出身的馬克斯主義領袖迪桑納亞克(Anura Kumara Dissanayaka)勝出，改寫過去斯里蘭卡由少數精英家族掌權的政治局面。

23日 美國加州指控埃克森美孚公司(ExxonMobil)欺騙消費者，讓他們相信一次性塑膠可回收且將被回收利用，而實際上它們絕大多數都被傾倒入環境中。

「亞馬遜地理屬性社會環境資訊網」(RAISG)指出，1985年至2023年間，由於採礦和農業目的之森林砍伐，已導致亞馬遜植被面積減少12.5%。損失面積相當於德國與法國總和，導致南美洲乾旱惡化。

美國1名64歲久病多年的婦人在瑞士使用名為「Sarco」的安樂死膠囊座艙後死亡。接獲檢舉的瑞士警方以涉嫌煽動、協助和教唆自殺的罪名逮捕協助自殺組織「最後的避難所」(The Last Resort)成員。

24日 聯合國大會總辯論登場，七大工業國集團(G7)外長於場邊舉行會議，並發布聯合聲明表達對烏克蘭、印太、中東、利比亞、蘇丹及海地等地局勢的立場。涉台的內容包括呼籲以和平方式解決兩岸問題。

25日 日本、澳洲及紐西蘭3國軍艦通過台灣海峽。是日本海上自衛隊成立以來首次通過台海。

新加坡潛艦長勝號、精銳號正式服役，總理黃循財表示，為了保衛海上航道暢通安全，潛艦不可或缺，讓新加坡海軍成為一支現代化的綜合部隊。

26日 美國總統拜登和烏克蘭總統澤倫斯基會談，拜登宣布軍援烏克蘭逾80億美元(約新台幣2,534億元)，這項援助包括首批射程達130公里的精準導引滑翔炸彈，讓烏克蘭人能以更安全的距離攻擊俄軍。

被日本法院認定在1966年殺害4人遭判死刑定讞的88歲被告袴田巖，靜岡地方法院再審宣判無罪，服刑48年後獲釋，是日本戰後第5起死囚重審獲判無罪的案例，也是全世界服刑時間最長的死囚。

27日 日本自民黨總裁選舉，石破茂成為第28任總裁，10月1日在眾院全體會議首相指名選舉中，當選第102任首相。

28日 黎巴嫩政治與軍事組織「真主黨」(Hezbollah)證實領袖納斯拉勒(Hassan Nasrallah)已死於以色列27日對黎巴嫩首都貝魯特(Beirut)的空襲。伊朗並在10月1日發射約200枚彈道飛彈報復以色列。

菲律賓、美國、日本、澳洲和紐西蘭在菲律賓200海里專屬經濟區展開聯合海上軍

▲西班牙球星納達爾2024年7月31日在巴黎奧運網球男雙落敗，離場前向觀眾揮手致意。（AP）

事演習（MMCA），加強協同作戰能力，並維護南海的自由航行與飛越權。

29日 越南國家主席蘇林（To Lam）簽署2024年特赦決定，特赦符合條件的3,763名囚犯，但未包含政治犯。

30日 英國正式關閉最後一座燃煤發電廠，終結這個帶動工業革命國家142年的煤電歷史，並成為G7中首個棄用煤電的國家。

10月

1日 IBM歐洲首座量子資料中心在德國啟用，總理蕭茲（Olaf Scholz）出席揭幕表示，德國的目標是成為量子科技的前沿，要讓量子電腦帶動人工智慧發展。

美國擁有8萬5,000名成員的國際碼頭工人協會（ILA）發動自1977年以來首場罷工，訴求是保障工作不受自動化影響。罷工造成大規模物流停擺。3日ILA與海運聯盟達成協議，重啟談判。

4日 巴西地質局表示，亞馬遜河左岸最大支流黑河（Rio Negro）瑪瑙斯地區河段水位僅剩12.66公尺，創下122年來新低，造成漁獲銳減，逾50萬人受乾旱影響。

6日 位於墨西哥南部格瑞羅州（Guerrero）的奇潘辛戈市（Chilpancingo），市長阿科斯（Alejandro Arcos）就任不到一週遭人殺害。該州是墨國販毒集團暴力最嚴重的州之一。

南韓總統尹錫悅訪問菲律賓，與總統小馬可仕會談，共同宣布建立戰略夥伴關係，面對中國聲索南海主權，矢言共同維護南海的和平與穩定。

7日 以哈戰爭爆發週年，以色列官方公布，哈瑪斯一年前的越境襲擊造成以國1,205人死亡，巴勒斯坦衛生部表示，一年來當地有4萬1,909人喪生。

2024諾貝爾醫學獎公布，得主是美國發育生物學家安布羅斯（Victor Ambros）和美國分子生物學家魯夫昆（Gary Ruvkun），兩人發現發現微型核糖核酸（microRNA）的後轉錄基因調控機制。

民主黨總統候選人賀錦麗參選後首度回應中國武力犯台議題，她表示美國必須確保維持一中政策，並支持台灣有能力自我防衛，以及確保台灣海峽的自由。

8日 2024諾貝爾物理獎公布，得主是美國科學家霍普菲爾德（John J. Hopfield）和有「AI教父」之稱的加拿大科學家辛頓（Geoffrey E. Hinton）。兩位奠定類神經網路的基礎，促使機器學習進展迅速。

9日 2024諾貝爾化學獎公布，生化學家貝克（David Baker）因設計出全新蛋白質獲獎；哈薩比斯（Demis Hassabis）與瓊珀（John M. Jumper）研發出AI模型能預測複雜的蛋白質結構。

北韓軍方發表聲明，要完全切斷與南韓連接的交通要道，並在北韓邊境加強防禦工事。15日南韓軍方證實北韓已炸毀兩韓聯絡鐵路。17日北韓當局表示，已修憲將南韓定義為敵對國家。

10日 2024諾貝爾文學獎公布，由韓國女作家韓江摘下桂冠，她是首位獲得諾貝爾文學獎的韓國人。

坐擁22座大滿貫賽金盃的西班牙網球名將納達爾（Rafael Nadal）宣布於11月退休。

聯合國調查人員指控以色列在加薩走廊「殘酷且蓄意攻擊」醫衛設施、醫護人員與平民，行徑構成戰爭罪及反人類罪裡的滅絕罪。

11日 2024諾貝爾和平獎公布，得主是「日本原水爆被害者團體協議會」。這是原爆受害者成立的組織，目的在於從受害者的角度呼籲廢除核武。

13日 西班牙首都馬德里逾2萬人走上街頭，抗議高房租。根據西班牙《國家報》(El País)報導，2015年至2023年間，平均房價上漲47%、租金上漲58%，但是薪資水準至2022年僅成長17%，幾乎與通貨膨脹率持平。

14日 2024諾貝爾經濟學獎公布，得主是美國芝加哥大學教授羅賓森(James A. Robinson)和美國麻省理工學院教授艾塞默魯(Daron Acemoglu)、強生(Simon Johnson)。他們研究為何有些國家富裕，而有些國家貧困，並證明自由開放的社會更有可能繁榮。

15日 國際貨幣基金(IMF)公布報告指出，全球公共債務規模2024年將達全球國內生產毛額(GDP)的93%，並於2030年逼近100%。

16日 吉薩「大埃及博物館」(Grand Egyptian Museum, GEM)首度對外開放。博物館設計原型出自台裔建築師彭士佛，他將古埃及人「生與死」的概念融入博物館建物與金字塔的關係。

「自由之家」(Freedom House)發布《網路自由度報告》(Freedom on the Net)，全球網路自由連續14年下降，緬甸與中國墊底，冰島自由度最高，台灣以79分名列第7，為亞洲最佳。

以色列當局宣布哈瑪斯領導人辛瓦(Yahya Sinwar)已經在加薩走廊遭以軍擊斃，他是2023年10月7日阿克薩洪水行動的策畫者。

17日 全球水經濟委員會(GCEW)發布報告，缺水危機將影響全球逾半數糧食生產，進而對全球經濟造成重大衝擊。報告呼籲高耗水產業應自行提出省水解決方案，而非持續依賴政府補貼。

21日 越南國會選舉國家主席，由軍人出身的越共中央書記處常務書記梁強擔任，宣告越南再次回到總書記、國家主席、總理、國會主席分別由不同人擔任的「四大支柱」集體領導。

德國成立波羅的海北約海軍指揮中心，目的在俄羅斯侵略烏克蘭之際強化波羅的海地區的防禦準備。此中心由德國海軍上將領導，提供北約此海域全天候的海事局勢圖。

愛爾蘭網路安全專員哈內特(Niamh Hodnett)表示，11月開始實施《網路安全守則》(Online Safety Code)，監管在愛爾蘭設歐盟總部的社群平台，「結束社群媒體自我監管的時代」。

22日 聯合國人口基金(UNFPA)表示，自2022年2月俄羅斯全面入侵烏克蘭，至2024年10月，烏國人口銳減800萬，原因包含出生率下滑、戰爭傷亡、難民逃離等等。

23日 日本自衛隊與美軍聯合實施每2年舉行一次的大規模演習「利劍」(Keen Sword)，日媒指出，這是憂心台灣有事(兩岸衝突)而實施的大規模軍演，共有4萬5,000人參加。

英國國防大臣希利(John Healey)與德國國防長佩斯托瑞斯(Boris Pistorius)簽署英德防衛協議。德國將在英國部屬P8反潛海上巡邏偵察機，協同維護北大西洋安全。這是30年來，首度有德國軍機進駐英國。

24日 第10屆歐洲議會通過第1個挺台決議「中華人民共和國對聯合國大會2758號決議的錯誤解讀，及其持續環繞台灣的武力挑釁」駁斥中國曲解國際規則阻礙台灣參與國際組織，並要求歐盟以外交及經濟手段遏阻中國。

27日 立陶宛反對派社會民主黨在國會選舉中獲勝，主席布林克維修特(Vilija Blinkeviciute)表示，社民黨政府執政後將提高國防支出占GDP至少3.5%，以應對來自俄國的潛在威脅。

28日 北約秘書長呂特(Mark Rutte)證實約1萬名北韓士兵已布署在俄羅斯庫斯克邊境地區，投入烏克蘭戰事。

29日 「真主黨」領導人納斯拉勒9月死於以色列對黎巴嫩首都貝魯特的空襲，真主黨宣布，選定副手卡西姆(Sheikh Naim Qassem)接任領導人。

歐盟宣布對中國進口電動車正式開徵最高35.3%的反補貼稅至少5年，合計一般關稅後最高將達45.3%。

西班牙瓦倫西亞自治區發生罕見洪災，死亡人數暴增逾200人。這是1967年以來歐洲慘重的洪災，當年的水患在葡萄牙造成至少500人喪生。

位於2011年311大地震重災區宮城縣的日本女川核電廠，在受災13年後的重啟2號機運轉，是首座重生的災區核電廠機組，也是福島核災後跟事故核電廠同型反應爐重啟首例。

中國大陸大事紀

2023年11月

1日 為逃離中國壓抑的政治環境和黯淡的經濟前景，美聯社報導，2023年1至9月美國邊境巡邏隊共逮捕2.2萬非法偷渡的中國人，是2022年同期的13倍。

北韓關閉包括香港等多個駐外使領館，中國外交部表示，尊重北韓決定。

3日 中美海洋事務首輪磋商在北京舉行，雙方強調應加強溝通，管理海上局勢，避免誤解誤判，探討互利合作。

香港1名女留學生在日本期間於社交平台發表港獨貼文，被香港法院判囚2個月。為香港《國安法》應用於境外的首例，引發關注。

4日 中國首艘國產大型郵輪「愛達·魔都號」正式命名交付，為中國造船業的里程碑。

中國地方債券2023年累計發行規模達人民幣8.6兆，較2022年增加1.2兆，創歷史新高，顯示地方政府財政窘迫。

6日 為進一步拉攏台灣民眾，中國當局對福建對台21條文件推出10項出入境措施，包括實行台胞證「網上辦」及「口岸辦」等辦證方式，及縮短在福建申請定居的時間，2024年1月1日實施。

中共政治局委員、大陸副總理何立峰出任中共中央金融委員會辦公室主任及委員會書記。他於11月9日至10日，與美國財政部長葉倫會晤，為「拜習會」舖路。

8日 中國國家主席習近平向2023年世界互聯網大會開幕式發表視訊致詞，表示要構建「網路空間命運共同體」，被視為對美宣示中國的網路主權。

10日 中國警告愛沙尼亞不得在台灣設立代表處，否則撤離中國駐愛大使，強烈表達禁止任何邦交國與台灣官方往來的決心。

中國商務部公告，延長台灣進口聚碳酸酯反傾銷調查時間。聚碳酸酯是ECFA早收清單小項之一，中國也是台灣出口該原料的主要市場。此舉是因台灣總統選舉將屆，中國對台的施壓手段。

菲律賓指控中國海警在南海採取危險行動並發射高壓水柱，攔截阻撓菲船赴仁愛暗沙運補。菲國海巡隊表示，中方在仁愛暗沙附近部署38艘船，總數創下新紀錄。

11日 因應人口老齡化，中國民政部設立老齡工作司。截至2022年底，中國大陸60歲及以上老年人口達2億8,004萬人，占總人口19.8%。

13日 陸委會發表《第3季中國大陸情勢報告》指出，隨著總統大選進入倒數，中共介選力道加大，以經濟脅迫干擾選舉；利用會見台灣人士，強調兩岸關係面臨「和平與戰爭」、「繁榮與衰退」的選擇，影響投票意向。

14日 2023兩岸企業家峰會年會在江蘇南京市舉辦，台方理事長劉兆玄說，台商實務上常被視作外資看待，期待對台措施可以落實；ECFA為台灣產業帶來利多，深切盼望鞏固這樣的合作協議。

15日 中國國家主席習近平抵達舊金山，與美國總統拜登會談，這是兩人繼2022年11月在印尼峇里島參加G20的會面，並歷經「間諜氣球事件」後，再次正式會談。

16日 中國國家主席習近平在「拜習會」中說，「台灣問題」始終是中美關係「最重要、最敏感的問題」，美方應該將「不支持台獨」的表態體現在具體行動上。

17日 中國國家主席習近平在APEC峰會表示，反對將經貿問題「政治化、武器化、泛安全化」，並要更積極地推動科技交流合作，攜手打造「開放、公平、公正、非歧視」的科技發展環境。

菲律賓總統小馬可仕在APEC峰會期間與習近平進行會談，尋求降低南海關係緊張的辦法，以及讓菲律賓漁民能再度進入漁場捕魚。

中國科技業巨擘阿里巴巴宣布取消分拆雲端運算部門的計畫，股價大跌10%，創下2023年最大跌幅。

21日 中國最高法院辦公廳發布通知，《全國法院裁判文書庫》於2024年1月上線運行，僅供全國法院幹警在內部專網查詢檢索裁判文書。中國裁判文書進入封閉時代。

22日 廣東省發布《數字灣區建設三年行動方案》，推

▲2024年3月5日中國海警對經過仁愛暗沙的菲律賓補給船發射高壓水柱。（AP）

動粵港澳政務一體化，統一3地居民身分證、電子簽名互認，實現粵港澳3地「一碼通關」。

23日 針對美菲南海聯合海空巡邏，中共解放軍南部戰區發言人田軍里聲稱，菲律賓拉攏域外勢力在南海巡航「攪局滋事」。戰區部隊對此保持高度警惕。

29日 香港最大宗的國安案件「香港47人泛民主派初選案」檢辯雙方開始結案陳詞。《華爾街日報》評論，他們的作為在各國都是正常的政治活動，卻被指「顛覆國家政權罪」，這次受審的其實是香港法律制度。

12月

1日 阿富汗塔利班政權宣布，中國正式接受阿富汗駐北京大使。中國成為塔利班2021年8月奪得阿富汗統治權以來，第一個接受阿富汗大使的國家。

中國出口管制特定「石墨」物項。由於石墨是製造電動車電池的必要材料，日本與韓國企業開始採取多元化和國產化行動，以分散依賴中國的供應鏈風險。

3日 據中國法院資料，自2020年疫情爆發，因不能償還欠款被當局列入失信黑名單者迅速攀升，至2023年11月底，共有854萬人違約，他們經濟活動受到限制，進一步拖累陷入困境的經濟。

4日 被稱為香港「民主女神」的前「香港眾志」成員周庭，在加拿大宣布，經慎重考慮後「大概一輩子不會回去了」；香港警方譴責周庭棄保潛逃。

5日 國際信用評等機構穆迪援引中國經濟成長下滑，以及房地產產業規模持續縮減等理由，調降中國政府信用評等展望，從「穩定」降至「負面」。

6日 外交部駐蒙特婁台北經濟文化辦事處4日正式揭牌運作，中國駐加使館抨擊加拿大嚴重違反一個中國原則，已提出嚴正交涉。

國際信評機構穆迪發表報告，維持香港的信用評等為「Aa3」，但將信評展望下調至「負面」，與對中國的信評展望一致。

中國國家能源局宣布，全球首座第四代核電廠—山東榮成石島灣高溫氣冷反應爐核電站，已完成168小時連續運轉考驗，正式投入運轉。

9日 中國國家統計局發布數據顯示，2023年11月全國居民消費價格指數（CPI）年減0.5%，是3年以來最大跌幅。

15日 中國商務部公布調查結果，認定台灣對中國貿易限制措施構成貿易壁壘。經濟部表示，台灣願與中方依循WTO規範，在WTO架構下協商，處理雙方貿易爭議問題。

中國央行透過「中期借貸便利」（MLF）淨投放8,000億人民幣，支持相關機構提供低成本貸款，創下有史以來最高單月投放紀錄。

18日 中國甘肅省發生規模6.2強震，災情波及鄰省青海，造成上百人傷亡，災區民房及水電、交通、通訊等設施受損及中斷。

19日 針對台北市41名里長被控接受陸方招待赴中國大陸旅遊後遭檢方搜索約談，中國國台辦發言人朱鳳蓮回應，兩岸交流的大勢不可阻擋。但她並未提到陸方是否出資招待這些里長。

21日 中國國務院關稅稅則委員會公告，2024年1月1日起對原產於台灣的丙烯、對二甲苯等12個產品，中止適用ECFA的協定稅率。

中國商務部宣布停止稀土萃取分離技術出口。稀土是製造智慧型手機晶片、液晶顯示器、離岸風機的關鍵材料，中國掌控全球約3/4的稀土生產。

22日 中國國台辦發言人朱鳳蓮說，在綜合評估整改措施的基礎上，中國海關總署決定恢復台灣石斑魚輸入，但須來自「審核合格並予以註冊登記的養殖企業」。中國是在2022年6月13日起，以檢出孔雀石綠等禁用藥物為由，暫停台灣石斑魚輸入。

25日 由中國社會科學院台灣研究所創辦的《中國台灣研究（英文）》（China Taiwan Studies）季刊在北京創刊。這是中國首份的涉台英文學術期刊。旨在國際上加強對台話語權。

26日 中國國家主席習近平在紀念毛澤東130週年冥誕座談會稱，要堅持「一個中國」原則和「九二共識」，「堅決防止任何人以任何方式把台灣從中國分裂出去」。

27日 廣西防東鐵路開通，是中國第一條直達中越邊境的鐵路。

29日 中國全國人大常委會議任命前海軍司令員董軍為新任國防部長，結束了前國防部長李尚福不明原因被解

職後兩個月的空缺懸念。

2023年中國的汽車出口量超越日本，首度躍居世界第一，歸功於中國擴大對俄羅斯與墨西哥等國出口，以及全球電動車產業持續發展。

30日 前香港學生組織「學生動源」召集人鍾翰林抵達英國尋求政治庇護。他在2021年11月因分裂國家罪及洗黑錢罪，被判囚43個月，並在2023年6月5日刑滿獲釋。

31日 中國國家主席習近平發表2024新年賀詞表示，「疫情防控平穩轉段，中國經濟回升向好」，並提到「祖國統一是歷史必然，兩岸同胞要攜手同心，共享民族復興的偉大榮光。」

2024年1月

1日 香港新當選的470位區議員宣誓就任，行政長官李家超要求他們要擁護《基本法》，維護國家安全。

中國開始實施《愛國主義教育法》，此法界定愛國教育的範圍，涵蓋思想政治、歷史文化、國家象徵標誌、《憲法》和法律、國家統一和民族團結、國家安全等方面。

7日 為反制美國軍售台灣及制裁中國，中國外交部宣布，對貝宜系統等5家美國軍工企業實施制裁，包括凍結在中國境內的動產、不動產等。

8日 中國大陸商務部、中共中央台辦（國台辦）等4單位發布福建「兩岸融合發展示範區」的14項經貿領域措施，包括支持福建加強對台招商引資，深化閩台優勢產業融合發展等。

10日 美國聯邦眾議院議長強生（Mike Johnson）會晤駐美代表俞大㵢，強調美國與台灣並肩同在，引發中國反彈；中國外交部表示，堅決反對美台官方往來，籲美方議員慎重妥善處理台灣議題。

14日 台灣總統大選由民進黨候選人賴清德勝出。中國外交部稱，堅持一個中國原則、反對台獨分裂、反對一中一台的立場不會改變，並稱一個中國原則是維護台海和平穩定的定海神針。

北京清華大學通知，已將黨委辦公室、校長辦公室合併組建為「黨政辦公室」，配合以黨領政原則。

15日 諾魯宣布與台灣斷交並與中國恢復邦交。陸委會聲明，強烈譴責中共操弄「金錢外交」利誘諾魯復交、刻意打壓中華民國的國際空間、主權地位的作法。

16日 菲律賓總統小馬可仕祝賀民進黨總統候選人賴清德當選台灣總統。中國外交部回應，已在第一時間向菲方提出強烈抗議，並建議小馬可仕「多讀讀書」，以正確了解台灣議題的來龍去脈。

17日 中國國家統計局公布，2023年全國人口14億967萬人，比2022年末減少208萬人，連續2年負成長。

18日 總部位於紐約的非政府組織「保護記者協會」（CPJ）發布2023年被監禁記者情況的年度調查，中國監禁記者人數達44名，居全球榜首。其中半數為來自新疆的維吾爾族，他們被指控從事間諜活動、煽動分離主義或顛覆國家政權。

24日 中國外交部長王毅與諾魯外交部長安格明在北京簽署復交聯合公報，兩國恢

▲北京一處關閉的恆大集團辦公大樓，外牆「恆大商業在中國」的標語掉落。（AP）

復大使級外交關係。

29日 深陷債務危機的中國房企巨頭恆大集團，遭香港高等法院頒布強制清盤令，3支恆大系股票隨即暫停交易。

《內地民商事判決相互強制執行條例》生效，容許中國內地與香港民商事案件判決互認。

30日 中國民航局宣布，2月1日起取消M503航線自北向南飛行偏置，使航路更靠近海峽中線，後續並將啟用連接M503航線的W122、W123航線由西向東飛行；國台辦稱，「符合兩岸同胞共同利益」。陸委會回應，此舉未經兩岸溝通，表達嚴正抗議。

2月

1日 中國出現全球首例人類感染禽源性H10N5流感病毒病例，且為罕見混合感染季節性流感及新型A型流感致死個案。台灣疾管署維持安徽、浙江第2級旅遊警示。

中國公民田永德及韋亞妮母子共3人，1月30日從吉隆坡來台轉機卻跳機求庇護，移民署表示，轉機旅客未依規定且不具備入境有效簽證或

許可,依法送回吉隆坡。

2日 中國央行公告,對6家評等機構共罰款人民幣3,446萬元(約新台幣1億5,160萬元);其中標準普爾(S&P Global Ratings)中國公司被罰人民幣212萬元(約新台幣930萬元),原因是未按照法定程序進行評等業務。

3日 中國官方發布2023年經濟成長率為5.2%,高於目標設定5%。史丹佛大學中國經濟與制度中心教授許成鋼直言數據不可靠。因為中國失業率大幅上升,房地產企業債台高築,他猜測「最大的可能就是0和1%之間」。

4日 中國股市連日大跌,但當局要求「唱響中國經濟光明論」,任何網路上討論股市實情的言論都會遭到刪除。股民湧入美國駐中國大使館微博留言宣洩不滿,在一條有關保護長頸鹿的貼文下留言批評中國政府,達14萬則,被戲稱為「長頸鹿事件」。

中國女權人士李翹楚被控「煽動顛覆國家政權罪」案宣判,判刑3年8個月,刑期至2024年8月3日。

5日 中國法院認定澳籍華裔作家楊恆均(又名楊軍)觸犯「間諜罪」,判處死刑緩期2年執行。澳洲總理艾班尼斯(Anthony Albanese)表示憤慨,並矢言努力爭取中國放人。

7日 中國股市自2023年下半年以來持續大跌,中國官方除連續發布多項利多消息外,並宣布更換主管機關中國證監會主席,由外號「券商殺手」的前上海市副市長吳清接替易會滿。

8日 中國股市兔年封關,滬指、深指雖單日均上漲近1.3%,但兔年全年滬指仍下跌12.22%,深指更大跌26.38%,與全球股市屢創新高的走勢背道而馳。

9日 中國央視播出春節聯歡晚會節目,首次在新疆喀什設置分會場。有分析認為,此舉是要顯示中共對新疆的治理成果。

14日 中國籍快艇越界闖入金門海域遭海巡署人員追緝,拒檢後蛇行翻覆釀2死。中國海警18日宣布,福建海警局將加強海上執法力量,在金廈海域展開常態化執法巡查行動。

17日 中國一艘快艇14日越界闖入金門海域,遭海巡署追緝後翻覆釀2死。中國國台辦稱,廈金海域傳統漁場不存在「禁止、限制水域」。台灣國防安全研究院國家安全研究所長沈明室指出,如此相當於宣稱「沒有海峽中線」,用意在於推進台灣海峽內海化,為了取得未來執行灰色地帶行動或是採取軍事行動的合法性、正當性。

18日 中國國家外匯管理局發布,2023年中國國際收支的直接投資負債增加330億美元,較2022年大減82%,意即中國新增外國投資驟降至1993年以來最低程度。

19日 台灣金門「金廈遊輪」遭中國海警強制登船臨檢,海巡署派遣10039艇趕抵現場,並伴航金廈遊輪返回金門水頭港。海委會主委管碧玲表示,這是傷害人民感情、製造恐慌,令人遺憾。

21日 中國智庫「育媧人口研究」公布《中國生育成本報告2024版》指出,在中國把孩子撫養到大學畢業,平均花費人民幣68萬元(約新台幣297萬元),相當於中國人均GDP的6.3倍,高於美日與歐洲國家。

22日 中國證監會為挽救低迷股市,限制投資者在開盤與收盤階段倒貨,更禁止機構藉由股指期貨做空,表示堅決打擊擾亂市場交易秩序的投機者。

23日 中共舉行2024年對台工作會議。中共中央政治局常委、全國政協主席王滬寧表示,要堅決打擊「台獨分裂」、遏制外部勢力干涉,同時要進一步掌握實現「祖國完全統一」的戰略主動。

25日 旅居義大利的李穎於網路平台X(原推特)經營「李老師不是你老師」帳號,在白紙運動中大放異彩,他晚間緊急警示,中國公安部正逐一清查160萬名該帳號粉絲,只要確認是中國用戶,便找人約談到案。

28日 中國國家主席習近平與獅子山共和國總統比歐(Julius Maada Wonie BIO)發布聯合聲明,聲稱台灣是中國領土不可分割的一部分、堅決反對任何形式的台灣獨立等。外交部對中國持續透過利誘脅迫方式,在國際間發表貶損台灣主權的不實論述,表達嚴厲譴責。

3月

4日 菲律賓總統小馬可仕表示,儘管菲國與中國的緊張關係升高,仍將與中國合作,但強調若菲國在南海的主權及管轄權遭忽視,菲方將予以反擊。

5日 中共14屆全國人大二

次會議在北京人民大會堂舉行,總理李強首度發表政府工作報告,他重申要堅持一中原則和九二共識,堅決反對台獨分裂與外來干涉,推動兩岸關係和平發展。與2023年報告相比,沒有出現「和平統一」,增加「反對外來干涉」的描述。

中國人大會議提交預算草案,2024年國防預算增長7.2%。在中國國家主席習近平主政10多年期間,北京當局對台灣立場變得更加強硬,國防預算也倍增。

中國「兩會」召開之際,美國海軍第七艦隊宣布,芬恩號飛彈驅逐艦例行由南向北通過台灣海峽,並強調航行自由。共軍東部戰區即通報,組織海空兵力全程跟蹤監視芬恩號,批美方「公開炒作」。

6日 中國國家主席習近平出席全國政協14屆二次會議聲稱要「壯大反獨促統力量」,共同推進中國「和平統一」進程。

8日 中國最高人民檢察院檢察長應勇在中國全國人大會議發表工作報告,2023年因維護國家安全和社會穩定,批准逮捕各類犯罪嫌疑人72.6萬人,提起公訴168.8萬人。打擊敵對勢力滲透、分裂活動,起訴1.5萬人。

10日 西藏抗暴紀念日65週年,流亡印度藏人舉辦和平遊行,要求中國「歸還家園」,爭取國際社會支持。

11日 中國全國人大會議通過《國務院組織法》修正案,是1982年實施以來首次修訂,將強化黨權、弱化政府,也讓中國國務院退化為中共

▲2024年3月11日中國國務院總理李強與總書記習近平出席在北京人民大會堂舉行的全國人民代表大會。(AP)

建政初期功能較低的「政務院」角色,擴大總書記習近平的權力。

陷入營運危機的中國房地產巨頭萬科遭信評機構穆迪降為投機級別,即市場所謂的「垃圾債」。

13日 中國國家市場監督管理總局發布,2023年召回新能源汽車160.3萬輛,占全年召回總數量23.8%,創歷史新高。發動機和電器設備是主要缺陷部件。

14日 中國西京醫院成功把多基因編輯豬的全肝,以輔助方式移植至腦死患者體內,是異種肝移植臨床研究的重大突破,創世界首例。

中國籍漁船「閩龍漁61222」在金門海域翻覆,船上6名中國漁民落海,兩岸聯合搜救,總計2失蹤2生還2死亡。

18日 西藏自治區教育廳與投資促進局聯合發布通知,凡符合在西藏首次投資人民幣300萬元以上等條件的企業法定代表人及原始股東,子女可在西藏參加高考(大學入學考試)。由於西藏的錄取門檻在中國最低,引起民眾質疑不公。

19日 香港立法會三讀表決通過《維護國家安全條例》草案,正式完成香港《基本法》23條的立法。明訂叛亂及叛國可判終身監禁。煽動意圖罪及非法獲取國家機密罪,分別可判刑7年及5年。而有關「境外勢力」的立法內容,新增境外干預罪,可判刑14年。

20日 中國國務院公布《節約用水條例》,對主要農作物、重點工業產品和服務業等實行用水定額管理;對行政區域實行年度用水總量控制。這是中國首部節約用水行政法規。

24日 「中國發展高層論壇2024年年會」在北京登場。國務院總理李強在開幕演講中強調,中國將加快發展「新質生產力」。蘋果執行長庫克出席受訪表示將繼續投資中國市場。

27日 第11屆中國網絡視聽大會登場,發布《中國網絡視聽發展研究報告(2024)》,指出截至2023年12月,中國網路視聽用戶規模達10.74億人,短影音帳號總數達15.5億個,職業主播數量已達1,508萬

人，新增用戶主要來自農村。
28日 中國最大晶片製造商中芯國際公布2023年年報顯示，淨利潤暴跌6成，是美國2020年對中芯國際祭出制裁以來，該公司淨利潤首次下滑。
30日 中國民政部公布第4批增補藏南地區公開使用地名。但中國所稱的藏南地區，實為印度實質治理的阿魯納查省（Arunachal Pradesh）。印度政府發表聲明拒絕接受命名，強調相關地區是印度「不可分割」的領土。

4月

1日 緬甸軍政府和中國駐仰光大使館宣布，兩國警方展開聯合行動，逮捕800多名涉嫌跨境電信網路詐騙的嫌疑犯，其中352位中國公民已被移交給中國當局。

由於經營困難，加上賽馬活動對遊客吸引力下降，澳門當局決定停止發放賽馬經營牌照。澳門賽馬活動成為歷史。

3日 花蓮發生芮氏規模7.2地震。中國以國台辦發言人朱鳳蓮的名義表達慰問，並表示願提供救災協助。陸委會回應表示感謝，但沒有協助救災的需求。

中國常駐聯合國代表團副代表耿爽在聯合國安理會發言，感謝國際社會對台灣強烈地震的同情關懷；台灣外交部4日譴責中國利用台灣震災，在國際上進行認知作戰的無恥行徑，凸顯中國對台灣只有政治算計，毫無善意的威權本質。

4日 香港出現首例人類感染猴疱疹病毒個案，有關部門提醒港人與猴隻保持適當距離。

5日 中國在清明連假期間加強維穩，禁止民眾祭悼2023年10月突然病逝的前總理李克強。

7日 中國人民解放軍於南海海域組織聯合海空戰巡，回應美、澳、菲、日同日在菲律賓巴拉望島西北近海的南海水域的軍演。

10日 前總統馬英九在北京與中國國家主席習近平會面，這是睽違9年，兩人再度會面，馬英九是習近平展開國家主席第3任期以來，首位正式會見的台灣政壇代表人物。

面對兩岸局勢越趨緊張，馬英九向習近平表達，兩岸應理性用智慧解決爭端，維護兩岸和平，並當面脫口向習近平說出中華民國，並提及「九二共識」，一中各表，反對台獨的立場。

13日 中國駐印度大使館不滿印度電視台「寰宇一家」（WION）專訪台灣外交部長吳釗燮，發出聲明表示，此舉嚴重違背一個中國原則，予以強烈譴責。

為拯救爛尾樓，中國國務院副總理何立峰強調，金融機構對符合「城市房地產融資協調機制」（俗稱房地產「白名單」）的合規房地產項目要積極給予資金支持。

14日 第42屆香港電影金像獎舉行頒獎典禮，台灣片《周處除三害》奪得最佳亞洲華語電影獎。

「全球能源監測組織」（Global Energy Monitor）公布研究報告，2023年全球新增的燃煤電廠裝置容量達2016年以來最高，大部分增長的發電量來自中國，占2/3。

16日 日本政府公布2024年版「外交藍皮書」，指中國在「包含釣魚台列嶼（日本稱尖閣諸島）的東海、南海，試圖透過武力片面改變現狀」。中國外交部批評日方有關文件抹黑，渲染所謂「中國威脅」，中方堅決反對。

中國國防部長董軍與美國國防部長奧斯汀（Lloyd Austin）視訊通話，這是兩國防長近18個月以來首次對話。中方重申對「台獨分裂活動和外部縱容支持」決不會聽之任之，籲美方尊重中方在南海的領土主權和海洋權益。

19日 中國商務部最終裁定，認定原產於台灣的進口聚碳酸酯存在傾銷，將徵收最高達22.4%的反傾銷稅，為期5年。台方擔憂ECFA早收清單會被取消，中國國台辦表示，若「民進黨當局」的台獨立場拒不悔改，將支持有關部門採取進一步措施。

21日 美國貿易代表署（USTR）對於中國海事、物流、造船業發起不公平貿易行為的301調查。中國貿促會表示，美國相關業別衰退是自身競爭力不夠，將組織行業、企業進行法律抗辯。

25日 搭載中國神舟18號火箭，在酒泉衛星發射中心點火發射升空，成功將載有3名太空人的神舟18號載人飛船送入預定軌道。

26日 美國國務卿布林肯在北京與中國外長王毅會談。王毅表示，台灣是中美關係第一條不可逾越的紅線，美方應「停止武裝台灣，支持中國和平統一。」

國民黨立法院黨團總召傅崐萁等17名國民黨立委前往北京訪問，會見中國全國政協主席王滬寧等。傅崐萁表示，為兩岸斷線8年後的一大步，希望中國能夠開放陸客團。中國文旅部28日宣布，將率先恢復福建居民到馬祖旅遊。

28日 中國國務院總理李強與特斯拉執行長馬斯克會面，馬斯克試圖尋求中方允許特斯拉使用全自動駕駛（FSD）軟體。中國汽車工業協會發布通知，特斯拉在上海生產的車款，4項數據安全符合規定，時間巧合引起議論。

29日 中國移民管理局宣布5月6日起推出「便民利企」出入境管理6項政策措施，其中一項是在20個城市試點，透過網路換補發入台證。

5月

1日 中國第3艘航空母艦福建號從上海江南造船廠碼頭解纜啟航，展開首次航行試驗。福建艦標榜是全球第2艘使用電磁彈射系統的航艦。

2日 美國國務卿布林肯發表聲明，強烈鼓勵世界衛生組織讓台灣以觀察員身分重返世界衛生大會（WHA）。中國外交部對此表示強烈不滿、堅決反對，敦促美方停止藉WHA炒作涉台問題。

3日 搭載中國嫦娥6號和巴基斯坦第一顆月球衛星的長征5號火箭在中國文昌太空發射中心升空。嫦娥6號主要任務是首次在月球背面採集樣本並安全帶回地球。

6日 中國國家主席習近平近5年來首度訪問歐洲，

▲法國總統馬克宏、中國國家主席習近平與歐盟執委會主席范德賴恩於2024年5月6日在巴黎出席三方會議。（AP）

也是習2024年首度出訪。歐盟執委會主席范德賴恩（Ursula von der Leyen）在法國總統馬克宏邀請下，赴巴黎與習近平進行三方高峰會。習近平表示，中歐應透過對話協商處理中歐經貿摩擦。

8日 中國國家主席習近平與塞爾維亞總統武契奇（Aleksandar Vucic）舉行會談，共同簽署「關於深化和提升全面戰略夥伴關係、構建新時代中塞命運共同體的聯合聲明」。並宣布中塞自由貿易協定於7月1日生效，他在會談中並以「鐵桿友誼」形容中塞關係。

香港特區律政司2023年6月就「反送中」示威歌曲《願榮光歸香港》申請禁制令遭高等法院原訟法庭拒絕，律政司不服提出上訴。高院上訴法庭裁定特區政府勝訴，並批出禁制令。

9日 中國福建省政府發行預儲300元人民幣（折合新台幣約1,346元）的「福馬同城通」卡，供馬祖居民在福州使用，並委託連江縣政府代辦。陸委會警告將違反

《兩岸人民關係條例》「合作行為」；縣府勸說後未配合代辦、代收。

10日 中國新任駐印度大使徐飛洪抵達新德里履新，此前出缺長達18個月，是1976年中印恢復互派大使以來出缺最久一次。但中國媒體在印度仍無常駐記者。

14日 中國教育部宣布展開「規範管理年」行動，從安全底線失守、日常管理失序、師德師風失範進行重點規範整治，並列出12項嚴禁行為的負面清單，其中包括嚴禁教師漠視、縱容學生欺凌行為。

15日 中國國台辦點名黃世聰、李正皓、王義川、于北辰、劉寶傑等5位台灣名嘴「挑動兩岸對立」，表示將對這5人及家屬實施懲戒。陸委會回應，言論自由是普世價值，中共對於表達不同意見的台灣人恐嚇威脅，顯示北京對於自身體制與治理缺乏信心。

中國騰訊、抖音、快手、微博、b站、小紅書等社交平台共同發布公告，從嚴打擊

「炫富拜金」等不良價值內容。其中，不當曬豪宅、豪車、現金、奢侈品，炫耀自己是富二代、土豪，都可能遭到清理與封禁。

16日 中俄建交75周年，中國國家主席習近平與到訪的俄羅斯總統蒲亭會談，並簽署深化新時代全面戰略協作夥伴關係的聯合聲明。習近平說，雙方將持續「不結盟、不對抗、不針對第三方」的原則深化政治互信。

17日 中國當局表示，要打好商品住房爛尾樓風險處置攻堅戰，商品房庫存較多城市，地方政府可「以需定購」，酌情以合理價格收購部分商品房用作保障性住房。中國人民銀行與國家金融監管局也調降房貸利率與頭期款比例，被稱為「517新政」。

19日 中國與柬埔寨舉行歷時15天的聯合軍演「金龍-2024」。美方擔心北京可能利用柬國的雲壤海軍基地擴大其在南海影響力。

20日 針對總統賴清德就職演說提及兩岸關係，中國國台辦發言人陳斌華稱，「台灣地區領導人」的講話，「釋放了謀獨挑釁、破壞台海和平穩定的訊號」，暴露「台獨工作者的本性」。

總統賴清德宣誓就職，中國商務部公告，將參與對台軍售的波音防務等3家美商，列入不可靠實體清單，並禁止在中國境內新增投資、高層管理人員入境等。

22日 中國外交部宣布，美國無視中方在俄烏戰爭的建設性作用，搞單邊制裁，又持續向台灣出售武器，決定對12家美軍工企業與10名軍工高階主管採取反制措施。

23日 中共宣布對台展開「聯合利劍－2024A」軍演。陸委會表示強烈抗議與不滿，要求中共停止不理性軍事挑釁作為，呼籲北京應該充分認知，威嚇無法爭取人心。

24日 瓜地馬拉出口業者公會23日表示，中國已禁止該國咖啡和夏威夷豆入境。中國外交部不證實，但譴責瓜國總統與賴清德總統視訊會談，以及瓜國外長赴台參加520就職典禮，宣稱這種局面不利於瓜國產品輸中。

中國證監會發布有關規範大股東及上市公司董事減持股份行為新規，增加大股東通過大宗交易減持前預先披露的義務。陸媒形容這是「史上最嚴」的減持新規。

27日 第9屆中日韓峰會於南韓首爾舉行，會後共同發表聲明，為維持區域穩定繁榮，日本首相岸田文雄表示3國在會中同意強化與東協（ASEAN）國家合作的重要性，也認同北韓非核化與朝鮮半島穩定符合中日韓3國的共同利益。中國國務院總理李強強調台灣議題事關中日關係，是「中國核心利益中的核心，也是一條紅線」。

30日 香港47名泛民主派人士被控串謀顛覆國家政權罪，其中16人否認控罪，法院裁定14人罪名成立，2人罪名不成立。法官裁決時稱，泛民主派舉辦「35+初選」目標清晰，足可構成顛覆國家政權。

6月

1日 中國《糧食安全保障法》生效，該法旨在實現中國主食「自給自足」，降低其對海外採購的依賴。涉及範圍包括耕地保護、糧食生產、糧食儲備、糧食流通、糧食加工、糧食應急、糧食節約、監督管理及法律責任等多個面向。

4日 六四35週年，歐洲多國駐港總領事或代表現身維園，美駐港澳總領事館亮起蠟燭。中國外交部駐港公署發表聲明，點名批評美英等駐港總領事館及歐盟駐港辦事處「翻炒已有定論的事件」，惡意抹黑中國形象。

中國財政部公布，發行總額人民幣350億元（約合新台幣1,540億元）的50年期超長期特別國債。此前已發行20年、30年超長期特別國債，規模各為400億元。中國當局擬連續數年發行超長期特別國債，專項用於重大戰略建設，不計入赤字。

上海浦東新區法院宣布，2021年成立的梧升半導體公司，因無法支付工程款項及員工薪資，強制破產清算。曾投資百億人民幣的半導體廠倒閉，反映中國半導體產業發展艱辛。

7日 香港公務員事務局頒布新守則，內容包括闡明香港的憲制秩序、公務員的憲制角色和責任，以及《維護國家安全條例》（《基本法》23條立法）。

9日 中國政府公布與巴基斯坦聯合聲明，強調聯合國大會第2758號決議權威性不容質疑和挑戰。進而聲稱「巴方重申堅定奉行一個中國原則，台灣是中華人民共和國領土不可分割的一部分，堅定支持中方為實現國

家統一所作的一切努力」。

11日 荷蘭軍艦卓普號（HNLMS Tromp）7日通過台灣海峽，引發北京不滿，派出戰機盤旋並逼近荷蘭艦載直升機。中國國防部發言人張曉剛指荷方「侵權挑釁」，宣稱中方驅離行為合法合理。

14日 吉利汽車2018年控告威馬汽車侵害其電動車底盤技術秘密案，歷時6年終審。中國最高人民法院判決威馬汽車應賠償人民幣6.4億餘元（約新台幣28.5億元），創中國智慧財產權侵權訴訟判賠金額新高。

15日 中國《海警機構行政執法程序規定》正式生效，允許對涉嫌侵入的外國人進行拘留。中國與菲律賓長期以來存在海權爭議，菲總統小馬可仕5月29日曾表示，中國海警的新規定可能造成衝突局勢升級。

17日 中國國務院總理李強在坎培拉與澳洲總理艾班尼斯（Anthony Albanese）舉行第9輪中澳總理年度會晤。這是7年來再有中國總理訪澳。李強此行也訪問紐西蘭與馬來西亞。

18日 英國恆理環球顧問事務所有限公司（Henley & Partners）發表報告，中國2024年將流失1萬5,200名高淨值人士，富豪外流人數再創世界之最，其選擇離開的首要考慮包括中國經濟的不確定性，以及地緣政治緊張局勢。

厄瓜多宣布暫停中國公民免簽入境，以遏止中國非法移民以該國為跳板「走線」進入美國。

19日 中國國務院總理李強在吉隆坡會晤馬來西亞首相安華，雙方簽署多項協議。會後雙方發布聯合聲明，稱「台灣是中國不可分割的一部分」，為中國實現國家統一，馬來西亞不支持台獨」。外交部對此不實言論予以嚴正譴責與駁斥。

21日 中國多個部門聯合公布「關於依法懲治『台獨』頑固分子分裂國家、煽動分裂國家犯罪的意見」，共有22條，即日起施行。其中，「分裂國家」最高可判死刑。陸委會回應，北京對台灣完全不具司法管轄權，這種做法只會挑起兩岸對立，無助兩岸關係良性發展。

美國5日對台灣軍售一批F-16戰機零組件，中國外交部公告，對洛克希德馬丁公司（Lockheed Martin）3名高級主管以及旗下3個單位採取反制措施。中國此前反制對台軍售，已多次制裁這家美國軍火商及旗下組織。

24日 ChatGPT開發商OpenAI向中國用戶寄發郵件，表示將從7月9日起阻止來自「非支持國家和地區」的應用程式介面（API）流量。這意味OpenAI將終止對中國提供API服務。

25日 為尋求引進更多投資，秘魯總統博魯阿爾特（Dina Boluarte）應邀訪中。中國是秘魯最大貿易夥伴、第一大出口市場和第一大進口來源國，2023年中秘雙邊貿易額376.91億美元，秘魯出口額有40%收益來自中國。

26日 北京市政府宣布，首間房貸最低頭期款比例降至20%，並調整房貸利率下限。一線城市房市政策全面鬆綁。

騰訊遊戲發布2024年暑期未成年人限玩日曆。換算下來，中國未成年人在暑假打遊戲的時間只有每週五六日晚上各1小時，總共為23小時。

29日 中國公布自10月1日起施行《稀土管理條例》，明定稀土屬於國家所有，任何組織和個人不得侵占或者破壞，並對稀土的開採、冶煉、利用、流通及進出口等實施全產業鏈監管，牢牢掌控這項戰略資源。

30日 亞馬遜宣布，自2013年6月正式進入中國市場的Kindle，全面停止雲端下載服務，完全退出經營了11年的中國市場。

7月

1日 中國國家安全部公布《國家安全機關行政執法程序規定》、《國家安全機關辦理刑事案件程序規定》生效，給予國家安全機關查驗個人、組織所持手機等電子裝備的權利。

2日 中國《新京報》報導，揭露油罐車運載化工液體之後，沒有清洗就直接混裝運送食用油，造成糧油污染。被發現油品也有混用運載問題的國企「中國儲備糧管理集團」5日發布公告，將展開專項大排查。

3日 中國國家主席習近平在哈薩克分別與哈薩克及亞塞拜然總統會談，並發表聯合聲明稱「台灣是中國領土不可分割的一部分」。外交部4日指出，任何國家無權也無法藉由發布聯合聲明，扭曲台灣主權及否認台灣客觀

存在的事實。

4日 因泰國政府對電動汽車的補貼和稅收優惠政策，中國電動車業龍頭比亞迪，在泰國的電動汽車工廠正式開業，成為該公司在東南亞的首家工廠。中國電動汽車廠已在泰國投資逾14.4億美元（新台幣約468億元）。

5日 中國洞庭湖在湖南省華容縣團洲垸潰堤，被淹面積超過47平方公里，7,680人撤離。旅居德國的中國水利專家王維洛認為，洞庭湖決堤不是雨量太多，而是上游4條河川水庫同時向洞庭湖洩洪所致。

上海市浦東新區發放首批「無駕駛人智能網聯汽車道路測試牌照」給百度智行、AutoX安途、小馬智行3家企業共15輛車，讓無人駕駛車在開放道路測試。而在北京亦莊，小範圍內也已開放無人駕駛計程車商業化經營試點。

12日 美國總統拜登簽署《促進解決西藏一中國爭議法案》，表明美國政府從未採取西藏自古以來就是中國一部分的立場，並指西藏人民是根據《國際法》享有自決權的人民。中國外交部13日發表聲明批評美國粗暴干涉中國內政，向「藏獨」勢力發出嚴重錯誤信號。

15日 中共20屆三中全會在北京登場，全會將審議「關於進一步全面深化改革、推進中國式現代化的決定」，聚焦經濟和改革，在中國經濟復甦乏力、國際地緣政治風險增加等背景下，會議內容備受關注。

21日 中共20屆三中全會通過「中共中央關於進一步全面深化改革、推進中國式現代化的決定」，共提出300多項改革措施，除了經濟領域，還包含「全過程民主」、法治、文化、生態乃至國家安全、國防等領域。

22日 中國央行宣布，下調7天期逆回購操作利率及貸款市場報價利率（LPR），減幅10個基點。保銀資產管理有限公司（Pinpoint Asset Management）首席經濟學家張智威表示，中國央行沒有等到美國聯準會先降息而自行降息，反映中國政府承認經濟面臨下滑壓力。

25日 香港法庭判壹傳媒創辦人黎智英被控「串謀勾結外國勢力」等3項國安罪名全部表面證據成立，並駁回辯方關於終止審訊的申請。黎智英自2020年12月以來，因被指控詐欺遭監禁。

26日 不敵中國電動車品牌攻勢，日系車企在中國銷售量大幅下滑，本田汽車（Honda）關閉其位於廣州的工廠；位於武漢的工廠規畫於11月停產休業。

為拉動內需，中國國務院表示，指導中央企業率先推動大規模設備更新，加快先進設備汰換、數位化轉型、綠色化改造等過程，預計5年總投資額達人民幣3兆元（約新台幣13.5兆元）。

30日 金門快艇案落幕。中國代表泉州市台港澳辦副主任李朝暉和海巡署副署長謝慶欽對於後續處理方式達成共識。國台辦發言人陳斌華表示，這並不代表兩岸出現協商新模式，只有回到九二共識，兩岸協商談判才能恢復。

2024年8月

1日 中國《網絡暴力信息治理規定》開始施行。網路服務提供者應對用戶進行真實身分訊息認證，發現涉及網暴的違法訊息，應立即停止傳輸、刪除、掩蔽，並保存記錄，向有關部門報告。

陸委會副主委梁文傑指出，外交部派駐澳門辦事處的人員結束派任返台，接任人員因不同意簽署「一中承諾書」而無法獲得簽證，駐處官員僅剩陸委會派出的兩人。

2日 加拿大皇家海軍巡防艦蒙特婁號7月31日穿越台灣海峽，重申對印太地區自由、開放和包容的承諾。中國國防部新聞發言人張曉剛批評加拿大嚴重危害台海和平穩定。

3日 中國國務院公布「關於促進服務消費高質量發展意見」相關內容，研究擴大免簽國家範圍。這是中國首度針對服務消費做出規畫，以挽救經濟疲軟。

7日 金門縣胡姓釣客3月17日出海釣魚迷航至福建泉州海域被中國海警尋獲。因胡姓釣客具軍人身分，遭中方滯留，經海基會不斷向海協會反映，終於順利返抵金門。

8日 中國律師易勝華披露盜賣屍體的黑色產業鏈。嫌犯從4家火葬場盜賣數千具遺體給山西一家生物材料公司，屍骨轉製成「同種異體移植骨」賣給醫院。涉案被告多達75人，涉案金額達人民幣3.8億元。

9日 彭博億萬富翁指數顯示，拼多多創始人黃崢以486

億美元的身價登頂中國首富，超越農夫山泉創始人鍾睒睒。

直播帶貨繁榮背後亂象叢生，北京市市場監管局發布指引，規範直播帶貨不得違反公序良俗或製造社會輿論等展開商業營銷。

13日 澎湖漁船「大進滿88號」6月30日遭中國海警登船檢扣押，逾40天，丁姓等4名船員獲釋，由小船護送至海峽中線，交由「大進滿96號」接駁返澎。

中國國家郵政局監測數據顯示，2024年全國快遞業務量已突破1,000億件，創歷史新高。

14日 中國外交部6月13日發出旅遊警示，聲稱帛琉治安類案件增多，「謹慎前往旅遊」。帛琉總統惠恕仁（Surangel Whipps Jr.）指控中國「拿觀光作為武器」，試圖讓帛琉與台灣斷交。

17日 中國籍漁船「閩龍漁60877」在金門東碇島附近遭擦撞沉沒，7名船員其中4人獲救，3人失蹤。台灣海巡署增派巡防艇擴大協尋。

19日 中國國務院總理李強主持國務院常務會議，核准江蘇徐圩一期工程等5個核電廠興建案。數據顯示，中國2022年、2023年核准裝設的核電機組數量均達10台。

20日 中國首款3A（高成本、大規模、高品質）單機遊戲「黑神話：悟空」全球同步發售，預購銷量突破450萬份。新華社報導稱這是「現象級產品」，「為全球玩家提供了解中國文化的新途徑」。

21日 中國青年失業率居高不下，路透社報導，爛尾娃成為2024年中國社群媒體流行語，概念類似自2021年來拖累中國經濟的「爛尾樓」。

美國司法部指控中國海外民運人士唐元雋、王書君從2018年開始接受中國國家安全部的指示，監視海外中國民運人士和異議人士，顯示中共滲透海外中國民運圈十分嚴重。

22日 由金門縣議會議長洪允典擔任團長的訪問團拜會國台辦主任宋濤，爭取陸客赴金門旅遊。宋濤回應，不會讓你們空手而歸。30日中國文旅部宣布盡快恢復福建居民赴金門旅遊。

25日 中國歌手王以太原定9月來台演出。但主辦單位「先賣票、後申請」，並且以「中國台北」宣傳演唱會。陸委會回應，宣傳內容已違反《大陸地區人民進入台灣地區許可辦法》規定，違背對等尊嚴，依法不予許可。

26日 日本防衛省表示，一架共軍運-9電子偵察機，進入日本長崎縣五島市的男女群島東南外海領空滯留約2分鐘，這是日方首度確認中國軍機侵犯領空。內閣官房長官林芳正隔日控訴中國侵害日本主權並威脅日本安全。

IBM宣布徹底關閉中國研發部門，裁員超過1,000人。IBM停止與金融、能源等關鍵領域的大型國企合作，轉向服務中國的民營企業及部分在中國的跨國企業。

27日 2024學年度香港教育局在初中新設立「公民、經濟與社會科」，且新增以往香港教科書沒有的「愛國教育」和「習近平思想」等內容。而中國小學、初中同時啟用的新版教材中，也全面系統推進「習近平思想」。

29日 香港法院裁定已停運的立場新聞註冊母公司、前總編輯鍾沛權和前署任總編輯林紹桐串謀發布煽動刊物罪名成立。資深媒體人劉銳紹表示，相關裁決將會對新聞界及出版界產生寒蟬效應，削弱新聞自由。

30日 第53屆「太平洋島國論壇」（PIF）領袖會議發布公報，重申台灣以「台灣／中華民國」名義參與地位不變，但在中國施壓下，PIF官網移除原公報完整檔案。

9月

2日 中國時隔2年恢復台灣文旦輸入，繞過農業部，直接跟縣市談好對象及檢疫規定，僅花蓮特定包裝場、果園文旦可輸入。

中共當局成立「西藏國際傳播中心」，西藏自治區黨委書記王君正表示要「講好西藏故事」，構建涉藏對外話語體系和敘事體系。

5日 台灣社運人士楊智淵在中國被以「分裂國家」罪名判刑9年。陸委會表示，政府、家屬均拒絕接受判決結果，嚴厲譴責中共，要求立刻公開判決書，說明相關判刑證據。

柬埔寨國防部發言人蘇潔達（Maly Socheata）表示，中國將於2025年提供柬埔寨2艘056C型巡邏艦。

中非合作論壇北京峰會開幕，中國國家主席習近平宣布將提供非方人民幣10億元（約新台幣45億元）無償軍事援助，未來3年中國政府願提供3,600億元（約新台幣

1.62兆）額度的資金支持。但未回應由「一帶一路」產生的債務減免訴求。

9日 美國聯邦眾議院通過多項對抗中國法案，包括禁用中國特定廠商的無人機、電池、限制與中國特定生物公司往來，其中特別將中國無人機製造商大疆列入黑名單，大疆無人機占美國市占率一半以上。

中國當局舉辦「全球公共安全合作論壇」，向海外推廣最先進的監控和警務系統，包括DNA檢測技術、面部追蹤軟體。中國公安部長王小洪宣布將提供3,000個外國執法人員訓練名額，以此輸出中國的警務模式。

10日 「全球能源監測組織」（Global Energy Monitor, GEM）發布研究指出，中國的新建煤礦數量占全球一半以上，年產量可達12.8億公噸，這可能導致甲烷排放大幅增加。

中國國務院首次向全國人大報告有關2023年度政府債務管理情況，披露2023年末政府法定債務超過人民幣70兆元（約新台幣315兆元）。估算中國全國政府法定負債率（政府債務餘額與GDP之比）為56.1%。

13日 中國全國人大常委會決議，從2025年起延後法定退休年齡，男性延後至63歲；女性員工延至55歲、女性幹部延至58歲。

14日 美中在北京舉行第18次國防部工作會晤。雙方談及台海及南海議題，美方關注中國近年在台海越來越多脅迫行為，並表示希望與主管台海事務的中共解放軍東部戰區領導人直接對話。

16日 曾為中國文革期間紅衛兵領袖的宋彬彬離世，享年77歲。宋彬彬晚年公開對中學副校長卞仲耘批鬥致死表示懺悔，引起社會爭論。

18日 深圳日本人學校1名10歲男童上學途中遭刺傷，搶救無效19日死亡。日本首相岸田文雄痛批犯行極為卑劣，要求中國說明。中國外交部發言人林劍表示這是一起「個案」，類似事件在任何國家都會發生。

20日 中國政府號召「過緊日子」，路透社報導，員工超過4,000人的中國民生銀行北京分行員工減薪，最高達50%，並停止相關福利。

21日 由人民出版社開發的「習近平新時代中國特色社會主義思想數據庫」上線發布。收錄習近平的重要講話、文章、指示、信函及新聞報導。

23日 澳洲「羅伊國際政策研究院」（Lowy Institute）發布2024年度《亞洲實力指數》（Asia Power Index）報告指出，自2018年以來，中國已經縮減了與美國之間超過1/4的軍事能力差距。

25日 共軍向太平洋公海海域發射1枚攜載訓練模擬彈頭的洲際彈道飛彈（ICBM），這是中國時隔44年往海上發射ICBM。中國國防部發言人張曉剛宣稱，這是例行性軍事活動，行動不針對任何特定國家與目標。

中國當局出台拓展青年就業管道、保障平等就業權利等24條促進就業相關措施，將高校畢業生和農民工列為重點群體。為中國國家主席習近平主政以來，首次由中央下達促進就業政策指示。

26日 《華爾街日報》引述美國官員的說法，證實中國武昌造船廠1艘新造核動力潛艦5月在河岸下水時沉沒，是中國海軍核潛艦計畫的重大挫敗。

28日 中國外交部長王毅於聯合國大會總辯論，稱聯大第2758號決議徹底解決台灣在內中國代表權問題。外交部29日重申，只有台灣民選政府才能代表台灣；要求中國停止誤導國際視聽，呼籲國際社會正視中國為武力犯台製造法理基礎的意圖。

10月

1日 瑞士蘇黎世發生中國公民持刀刺傷3名幼童事件，作案的范姓留學生在行凶前一週，曾不滿就讀的蘇黎世大學舉辦「台灣主權講座」，還曾上網大罵「台獨丟臉！台灣省屬於中國！」等語。

中俄海警艦艇編隊抵達北極海，這是中國海警艦艇首次進入北極海域。中國海警局2日表示，此次中俄聯合巡航「有效拓展了海警遠洋航行範圍，全面檢驗了海警艦艇陌生海域遂行任務能力。」

2日 慈善機構樂施會公布《香港貧窮狀況報告2024》，報告指出香港貧窮人口超過139萬，貧窮率達20.2%，且貧富懸殊加劇，最高與最低住戶收入差距達81.9倍。同時港府財政赤字，恐無法持續利用稅收幫助貧窮家庭。

3日 中國中央網絡安全和信息化委員會辦公室宣布對網路新聞違規行為，展開3個月的整治行動，項目包含

編發虛假不實新聞、假冒新聞機構發布新聞,以及未取得網路新聞資訊編採發布資格,違規進行新聞採訪等。

6日 中國與北韓建交75週年,國家主席習近平與北韓領導人金正恩互致賀電,矢言加強雙邊合作。

10日 歐洲議會通過對中國人權的譴責決議案,要求釋放人權活動家伊力哈木・土赫提(Ilham Tohti)等維吾爾族人民,關閉所有新疆集中營。中國駐歐盟使團稱此決議案的指控是司法個案。

11日 COVID-19疫情期間,男子彭立發2022年10月13日在北京四通橋掛出「不要核酸要吃飯,不要封鎖要自由」等抗議布條,被認為是「白紙運動」的開端。人權組織「人權觀察」(Human Rights Watch)要求釋放被警察逮捕後失聯的彭立發。

12日 中國「中華全國工商業聯合會」發表2024中國民營企業500強榜單及調研分析報告,製造業企業數量占500強比率達66.4%,占比連續3年提升。前3名分別是京東集團、阿里巴巴、恆力集團。

13日 澳門舉行第6任行政長官選舉,唯一候選人岑浩輝以得票率98.99%當選,成為首位出生於中國大陸的特首。他當選後表示,會以維護國家主權、安全和發展利益為最高原則。

14日 中國國台辦發言人陳斌華表示,經過對台獨頑固分子的事實查核,決定將民進黨立委沈伯洋、前聯電董事長曹興誠和「黑熊學院」實施懲戒,禁止沈、曹及其家屬進入中國大陸及港澳,限制他們與中國的任何合作。

15日 中國國家稅務總局公布2023年個稅匯算清繳數據顯示,年收入人民幣10萬元(約新台幣45萬1,000元)以下、毋需繳稅的人,占比超過7成;1%年收入100萬元以上的高收入者貢獻稅收5成以上。

22日 教廷宣布與中國續簽《主教任命臨時協議》,效期延長為4年。教宗的主教任命權在中國教區持續由北京當局提名人選,後提交教宗批准。

23日 美國國防情報局(Defense Intelligence Agency)公布《2024核挑戰報告》(2024 Nuclear Challenges)指出中國快速擴充核武庫,其中多數核彈頭可打擊美國本土。

金磚國家峰會在俄羅斯喀山舉行,中國國家主席習近平與印度總理莫迪(Narendra Modi)會面,這是5年以來雙方首次雙邊會談,達成「互不構成威脅」、「是合作夥伴而非競爭對手」等重要共識。

24日 2025年中國國家公務員考試報名結束,統計報名人數達325萬人,再創歷史新高。其中競爭最激烈的職位只招募1人,卻有1.67萬人報名。

28日 為了刺激生育率,中國國務院發布多項鼓勵生育的措施,地方政府為配合中央,利用先前實施的「人口動態監測」管道,撥打「催生電話」聯繫民眾,詢問是否開始生育計畫。

30日 印度國防官員表示,印度和中國已按計畫完成從喜馬拉雅爭議邊境區域2處對峙點撤軍的工作,結束4年軍事對峙。

中國神舟19號載人飛船順利發射,3名太空人已進入空間站。《華爾街日報》(WSJ)報導,此舉是為2030年前登月計畫做準備,展現與美太空競賽的企圖心。

31日 新華社報導,共軍航空母艦遼寧號完成年度遠海實戰化訓練,期間並在南海與山東號航艦編隊首次展開雙航艦編隊演練,擴大共軍航母區域聯防與作戰縱深。

▲中國國家主席習近平與印度總理莫迪(Narendra Modi)在金磚國家峰會期間會面。(AP)

2024年逝世名人錄—國內

日期	人名	職稱	享年	備註
1/1	張誌家	前職棒球員	43歲	
1/4	司馬中原	作家	90歲	
1/5	李怡嚴	清大退休教授 捐8,500萬積蓄6萬藏書嘉惠學子	87歲	
1/8	陳登立	羽球運動品牌VICTOR創辦人 贊助台灣羽球天后戴資穎近20年	89歲	
1/15	施明德	前民進黨主席	83歲	
1/23	黃永阜	彩虹爺爺	101歲	
2/1	張傳炯	中研院院士、《生醫科學雜誌》（JBS）創刊主編	96歲	
2/11	陳俊翰	罕病律師	40歲	
3/4	黃永松	《漢聲雜誌》創辦人	80歲	
3/21	鄭華娟	歌手	60歲	
3/28	齊邦媛	《巨流河》作者、作家及翻譯家	101歲	
4/2	張照堂	攝影家， 曾獲頒國家文藝獎、行政院文化獎、金馬獎終身成就獎及台灣國際紀錄片影展傑出貢獻獎。	81歲	
5/15	陳君天	資深電視製作人，獲第57屆金鐘獎節目類特別貢獻獎	92歲	
5/21	趙雅麗	前公視、華視董事長	73歲	胰臟癌
5/29	雷驤	作家、畫家	85歲	音樂人雷光夏父親
6/1	黃昭凱	前國代	82歲	
6/27	張元植	登山家	36歲	白朗峰失足墜崖
8/6	曾貴海	醫生詩人	78歲	
8/6	彭蒙惠 （Doris Brougham）	美籍宣教士，空中英語教室創辦人	98歲	2023年成為台灣公民
8/18	侯貞雄	東和鋼鐵榮譽董事長	86歲	
8/21	劉明雄	技嘉集團創辦人暨副董事長	64歲	
8/27	林聖芬	資深媒體人、清華大學前副校長	75歲	
9/5	蔡寬裕 （原名莊寬裕）	台灣戒嚴時期政治受難者關懷協會榮譽理事長	92歲	《活著說出真相》一書作者
9/17	石班瑜	配音員	66歲	
9/18	許家蓓	民進黨台北市松山信義區議員	48歲	子宮內膜癌
10/7	汪建民	藝人	56歲	肺腺癌
10/7	李金土	股市名人「阿土伯」	90歲	
10/11	瘂弦 （本名王慶麟）	詩人， 被譽為「台灣現代詩啟發者」	92歲	
10/15	詹宏達	知名音樂家， 其作品「春天的花蕊」曾被選為前總統陳水扁競選歌曲	67歲	肝癌，PChome董事長詹宏志弟弟

10/16	李來發	1992年巴塞隆納奧運棒球銀牌總教練	70歲	
10/21	聶華苓	小說家，知名作品包含《桑青與桃紅》、《千山外，水長流》等	99歲	
10/27	石英	資深藝人	82歲	自然老化

2024年逝世名人錄—國外

日期	人名	職稱	享年	備註
1/2	圖克（Riad Turk）	敘利亞異議人士	93歲	
1/4	篠山紀信	攝影大師，曾幫許多知名人物拍下經典照片，例如披頭四成員約翰藍儂、歌手山口百惠	83歲	
2/12	矢野博丈	大創百貨創辦人，有「100日圓的男人」之稱	80歲	心臟衰竭
2/16	納瓦尼（Alexei Navalny）	俄國反對派領袖	47歲	
3/1	鳥山明	日本漫畫家，《七龍珠》作者	68歲	顱內出血
3/27	卡內曼（Daniel Kahneman）	被譽為行為經濟學之父，作品《快思慢想》廣為人知	90歲	
5/10	塞門斯（James Simons）	數學家、量化之王、億萬富豪	86歲	
5/13	艾莉絲・孟洛（Alice Munro）	加拿大女作家、2013年諾貝爾文學獎得主	92歲	
7/1	伊斯梅爾・卡達瑞（Ismail Kadare）	阿爾巴尼亞知名作家，用筆對抗共產黨獨裁	88歲	
7/17	鄭佩佩	香港著名武打女星	78歲	
7/19	阮富仲	越共中央總書記	80歲	
8/4	李政道	諾貝爾物理學獎得主、中研院院士	98歲	美籍
8/10	沃潔斯基（Susan Wojcicki）	YouTube前執行長	56歲	癌症
8/18	亞蘭德倫（Alain Delon）	法國影壇傳奇演員、曾有法國第一美男子之稱	88歲	
8/30	圖黑堤亞（King Tuheitia Pootatau Te Wherowhero VII）	紐西蘭毛利王，曾於2017年來台接受台北榮民總醫院治療，成功保住一條腿	69歲	
9/1	徐少強	香港1980年代知名武俠明星	74歲	食道癌
9/11	藤森謙也（Alberto Fujimori）	前秘魯總統，因與對付叛軍有關的血腥戰爭犯下危害人類罪，入獄服刑16年	86歲	日本移民之子
9/16	細江英公（本名細江敏廣）	日本攝影大師	91歲	左副腎腫瘤
10/17	西田敏行	日本資深男星，曾出演《白色巨塔》等日劇	76歲	

Chapter **2**
國內部分

§第一章　人文與地理

台灣簡史

早期台灣

台灣目前發現最早的史前文化是「長濱文化」，距今約5萬年到1萬5,000年前，屬舊石器時代晚期。距今約1萬年至4,000年的「大坌坑文化」是台灣新石器時代的開始。距今約4,500年到3,500年前的「芝山岩文化」、「圓山文化」、「牛罵頭文化」是新石器時代中期的文化代表。距今約3,500年到2,000年前的「卑南文化」是新石器時代晚期的遺址代表。距今約1,800年至800年前的「十三行文化」則是金屬器時代的重要遺址代表。近百年來，出土的考古遺址遍布台灣全島，約有千餘處，可見台灣多處有人類遺跡。

早期居住台灣的原住民屬於「南島民族」，使用的語言屬於「南島語系」，與南太平洋區域住民的語言同屬一系。約略分為20多個族群，之後住在山區的稱為「高山族」，住在平地的稱為「平埔族」。據研究顯示，當前台灣住民中，相當比例的人具有或多或少平埔族血統。

台灣又稱福爾摩沙，可能是16世紀西班牙人或葡萄牙人航經台灣時，望見島上草木蓊鬱，綠意盎然，喊出：Ilha Formosa（美麗之島）。

15、16世紀世界進入海權時代。在海權爭霸的國際環境下，台灣被迫納入近代世界史。17世紀初，除了零星的日本人、漢人、海盜遊走進出台灣之外，歐洲重商主義國家有意據有台灣。

荷蘭在1602年成立「荷蘭東印度公司」，為了與中國貿易，荷蘭東印度公司在中國沿海尋找貿易根據地，由於受制於葡萄牙人的競爭和明朝政府抵制，荷蘭人只好轉而占據澎湖，但澎湖是中國領土，1624年明朝出兵澎湖，經調解協商後，荷蘭人從澎湖撤退，轉而占領中國之外的台灣。荷蘭人在今台南地區建立熱蘭遮城（Fort Zeelandia）及普羅民遮城（Fort Provintia）。從1624年占領台灣到1662年被鄭成功驅逐，荷蘭人統治台灣前後38年。其間西班牙人於1626年占領台灣北部淡水、基隆一帶，建立城堡，但在1642年為荷蘭人驅逐。西班牙人也在北台灣留下痕跡，例如三貂角（Cape Santiago）得名自西班牙文聖地牙哥。

荷蘭人殖民台灣除了貿易外，同時傳教布道。他們以南部平埔族為主要對象，尤其是新港社，以拉丁字母寫出新港西拉雅語文，用以譯祈禱文、十誡、新約等。到1637年平埔族原住民受洗人數達5,400人，傳教相當成功。而新港西拉雅語文在荷蘭人退出後仍使用至少150年，用以與漢人訂立契約，此即有名的「新港文書」、「番仔契」。荷人統治期間，1652年漢人郭懷一領導群眾反抗荷蘭人，數日內失敗身亡。

鄭氏治台時期

自1647年起，標舉「反清復明」的國姓爺（Koxinga）鄭成功據守閩南沿海及金門、廈門諸島，圖謀恢復明朝，為了「暫寄軍旅、養晦待時」，鄭成功於1662年攻占台灣，趕走荷蘭人，建立台灣第一個漢人政權。鄭成功來台初期，為因應2萬多名軍民糧食不足的情形，實施軍隊屯墾耕田的軍屯政策，當時以駐防各地的營丁所開墾的田園，稱為「營盤田」；承襲荷蘭時期的王田，稱為「官田」。

鄭成功擊退荷蘭人當年去世，其子鄭經繼續經營台灣，在和清朝對峙期間，清廷數度招撫鄭成功，之後鄭經派人和清廷5度和談，最後仍沒有結果。1681年鄭經過世，次子鄭克塽繼位，明鄭政局動盪，1683年7月清廷派施琅率兵攻台，鄭克塽投降，1684年台灣納入清朝版圖。

鄭氏王朝一方面繼續荷蘭人的重商政策拓展貿易，一方面加強拓墾發展農業，奠定農商並重經濟基礎。漢人人口增加10多萬人，逐漸可與原住民分庭抗禮。

清治時期

清廷雖然將台灣納入版圖,但初期治理採取「為防台而治台」的消極態度,訂下種種防範措施,頒布渡台禁令;除了須先申請外,渡台者一律不准攜帶家眷,來台的男子也不准招致家眷,造成男女人口比例失衡。由於在台灣漢人女子甚少,許多漢人男子娶平埔族女子為妻,造成平埔族人口日漸減少,台灣俗諺「有唐山公,無唐山媽」即是說明這種現象。

根據考究,取名平埔,原因是平埔有平地之意;族則指某一特定人群。亦即平埔族初期用來指「居住平地的人群」。

台灣西部平原住著許多不同文化、語言和部落的社會群體,這些人比漢族更早定居於台灣平原地帶,由於和漢人語言、文化不同,在早期台灣文獻中常被稱為「番」。

平埔番或平埔熟番這些詞,主要為了和生番與高山番區別。18世紀中期後,平埔熟番一詞就可見於清朝文獻,但在19世紀中期後的文獻裡變得比較多。當前「平埔族群」,含有「平埔」與「熟番」意思。「平埔」較流行於民間,「熟番」則屬官方用語。

儘管清廷嚴防人民渡台,但在生活壓力下,福建、廣東兩省許多貧困百姓仍排除萬難偷渡來台,一直到1874年牡丹社事件後,沈葆楨奏請解除渡台禁令,禁令才真正廢除。

清初行政區畫初設1府3縣,即台灣府,下轄台灣、諸羅、鳳山3縣;1723年在諸羅縣北部另設彰化縣、淡水廳。1885年台灣建省,劉銘傳調整行政區畫,分置台南、台灣、台北3府1台東直隸州,淡水等11縣,基隆等4廳。

渡台開墾的移民來自不同原鄉,因語言、風俗、習慣等差異,自然形成家族同鄉分類聚居,依籍貫畫分地盤的現象,也因利益衝突時起械鬥。除了分類械鬥之外,清代台灣社會號稱「三年一小反,五年一大亂」,民變頻繁。苛稅的徵收、經濟的剝削、腐敗官吏不當措施,再加上遊民及祕密會社鋌而走險,使不穩定的社會秩序更加混亂。其間大規模民變共有3次,分別是1721年朱一貴事件、1786年林爽文事件及1862年戴潮春事件。

1874年日本覬覦台灣,藉口琉球人民遇害之事,發動「牡丹社事件」,出兵恆春半島,後經交涉議和。1884年清廷為了越南主權問題與法國開戰。法軍攻打基隆、淡水,被守軍擊退,於是封鎖台灣海峽,進占澎湖。1885年,清法戰役後,清廷認為台灣地位不容忽視,乃將台灣脫離福建獨立設省。首任台灣巡撫劉銘傳積極推動台灣近代化,除了重劃行政區、開山撫番、加強防務、整頓財稅制度外,大力推行洋務運動。

1894年,清廷與日本甲午戰爭爆發,清廷戰敗,雙方於1895年4月17日訂立馬關條約,將台灣割讓日本。台灣官紳成立「台灣民主國」自救,推巡撫唐景崧為總統。但台灣民主國壽命很短,只有148天。

日治時期

日治初期各地抗日活動紛起,如北部簡大獅、陳秋菊,中部柯鐵虎,南部林少貓,至1902年才逐漸平服。其後斷斷續續仍有武裝抗日事件,如1907年北埔事件、1912年羅福星事件、1915年噍吧哖事件、1930年霧社事件等。但總括地說,殖民當局已控制全局,可以有效統治台灣。

日本採取總督體制統治台灣,設置台灣總督府,初期為了有效掌控和治理,進行了人口、土地等調查及多項基礎工程,1896年首次完成全台人口調查,1905年開始再進行人口普查,當時台灣約310萬人,到了日治末期,台灣總人口約有600萬人。台灣最早的電話是1897年設於澎湖的軍用電話,到了1919年,台灣電話已有7,146支。交通方面則在1908年完成基隆到高雄的縱貫鐵路;水利方面也完成桃園水圳、嘉南大圳等大型水利設施。

1920年代,台灣因受世界性民族自決思潮,以及日本所謂「大正民主時期」民主主義風潮影響,興起一連串社會運動。新民會、台灣文化協會、台灣民眾黨(這是台灣歷史上第一個具有現代性質的政黨)、台灣農民組合、台灣工友總聯盟、台灣共產黨等團體組織相繼成立。台灣人對民主自由的要求,逼使日本當局於1935年開放市會、街庄協議會半數民選,台灣人開始有投票的經驗。

1937年,中日戰爭爆發,日本在台推動「皇

民化」運動，試圖改造台灣人。1941年太平洋戰爭爆發後，日本開始在台灣實施募兵，繼而開始徵兵。台灣人為日本作戰，戰死的軍人及軍屬總計有3萬多人。

二戰後初期

1945年8月15日，日本裕仁天皇宣布無條件投降，盟軍最高統帥麥克阿瑟將軍命令，台灣由中國戰區最高統帥蔣中正派人接收。國民政府成立台灣省行政長官公署，由軍人出身的陳儀擔任行政長官，10月接收人員與軍隊相繼抵台，25日陳儀在台北接受日本代表投降，行政長官公署開始運作。

台灣脫離日本統治之初，民眾洋溢歡欣之情，但是陳儀與來台的國民政府官員由於不諳民情，施政偏頗，歧視台民，加以官紀敗壞，產業失調，物價飛漲，失業嚴重，民眾不滿情緒瀕於沸點。1947年爆發二二八事件，數月之間，死傷、失蹤者數以萬計，影響日後的族群關係。

中華民國在台灣

二次大戰後，中國大陸陷入國共內戰，1949年1月中華民國行憲後首任總統蔣中正下野，10月中華人民共和國成立，定都北京。12月中華民國政府遷至台灣台北，為鞏固政權，施行動員戡亂時期臨時條款及戒嚴令。1950年3月蔣中正復行總統職權。

1950年6月韓戰爆發，美軍協防台灣，美國提供軍事、經濟援助，讓台灣在經濟重整年代，能平穩物價，開展基礎建設。20世紀50年代台灣進口工業機器與原料，發展紡織、食品加工等民生工業，60年代以加工出口拓展外銷，1966年12月3日在高雄創立台灣也是全球第一個加工出口區，漸從農業經濟走向工業經濟。70年代初期，國際能源危機，政府以公共建設因應，1973年推動「十大建設」。1980年推動高科技產業，設立新竹科學工業園區。

中華民國政府遷台後，中華人民共和國主張取代中華民國在聯合國席位，並爭取世界各國承認。1971年聯合國大會通過2758號決議，由中華人民共和國取代中華民國在聯合國的中國代表權席位。1979年1月美國與中華人民共和國建交，與中華民國斷交。

1960年雷震籌組中國民主黨，被警備總部以涉嫌叛亂的罪名逮捕入獄，萌芽中的民主運動受挫。蔣中正擔任總統26年後，於1975年4月過世。

1970年代隨著社會經濟持續發展，教育水準提高，也帶動政治改革的要求，在野人士發行雜誌及參與選舉，發展出國民黨之外的「黨外」勢力。1977年發生中壢事件；1979年高雄美麗島事件，黨外菁英多人被捕，黃信介等8人以叛亂罪嫌遭軍事法庭判刑入獄。

1983年黨外人士成立「黨外中央後援會」，1984年成立「黨外公職人員公共政策研究會」，延續民主運動聲勢。1986年民主進步黨成立。台灣社會自主意識逐漸提升，在民間力量驅使下，總統蔣經國於1987年7月宣告解除長達38年的戒嚴令。

1988年1月報禁解除。1月13日總統蔣經國病逝，由副總統李登輝繼任，成為第一位台籍國家元首。1990年李登輝當選中華民國第八任總統。

1991年李總統宣告終止動員戡亂時期，同年12月31日第一屆中央民意代表全面退職。1992年立法院通過修正刑法100條，取消「陰謀內亂罪」及「言論內亂罪」，言論自由保障獲重大突破。

1996年總統改由直接民選，李登輝成為台灣第一位公民普選出來的總統。2000年民主進步黨提名的陳水扁當選總統、呂秀蓮為副總統，台灣首次出現政黨輪替，政權和平轉移，國家民主化更向前進。

2004年陳總統、呂副總統連任，並首度實施全國性的公民投票。2005年通過憲法修正案，國會選舉改採單一選區兩票制。

2008年二次政黨輪替，國民黨提名的馬英九當選中華民國第12任總統、蕭萬長為副總統。

2009年8月27日行政院核定4個改制直轄市案，經內政部9月1日發布，將原省轄部分縣市改制為新直轄市。台北縣升格改制為新北市，台中縣、市合併改制為台中市，台南縣、市合併改制為台南市，高雄縣、市合併改制為高雄市，並於2010年12月25日生效。全國於是

有5個直轄市。

配合改制直轄市，這幾個縣市之下的鄉、鎮、市亦隨之改制為區，村改為里。

2010年11月27日舉行直轄市市長、議員及里長選舉，5個直轄市市長選舉人計1,066萬3,545人，投票率71.71%。選舉結果國民黨贏得台北、新北及台中3席；民進黨獲得台南、高雄2席。總得票數，民進黨拿下377萬2,373票，占49.87%；國民黨336萬9,052票，占44.54%。無黨籍占5.59%。

2012年1月14日首次合併辦理總統、副總統與立法委員選舉。馬英九當選連任中華民國第13任總統、吳敦義為副總統。

2013年5月3日行政院核定桃園縣改制直轄市計畫，內政部於5月31日發布該計畫自即日起生效，桃園縣自2014年12月25日升格為桃園市，成為中華民國6個直轄市之一。

2014年中華民國地方公職人員選舉，又稱九合一選舉，於11月29日投開票，共有9項選舉同時進行，包括直轄市長、縣市長、直轄市議員、縣市議員、鄉鎮市長、鄉鎮市民代表、村里長、直轄市原住民區長及區代表，應選名額共計1萬1,130人，創下台灣地方自治史上選舉規模人數新高紀錄。直轄市與縣市長選舉結果，國民黨從原有15席減為6席，民進黨從6席增為13席，無黨籍則由1席增為3席。

2016年1月16日舉行總統、副總統與立法委員選舉。民進黨提名的蔡英文當選中華民國第14任總統、陳建仁為副總統。第九屆立法委員總席次113席，選舉結果，民進黨獲得68席，國民黨35席，時代力量5席，親民黨3席，無黨團結聯盟1席，無黨籍1席。本次選舉選出首位女性總統，形成第三次政黨輪替。

2018年九合一選舉合併10項公民投票案11月24日投票，11月25日凌晨3時2分完成所有開票作業，直轄市與縣市長部分，民進黨從原有13席減為6席，國民黨從6席增為15席，無黨籍從3席減為1席。根據中選會資料，九合一選舉人總數1,910萬2,502人，選票數6,721萬3,515張，選出1萬1,047名地方公職人員。

公投投票結果通過7案，這也是台灣史上首度有公投過關。國民黨提出的反空污、反核食、反深澳電廠公投的同意票都達700萬以上；下一代幸福聯盟提出愛家3公投獲得的同意票也在600萬以上；以核養綠的同意票近600萬。

東奧正名公投雖未過關，卻是不同意票與同意票數相差最近的公投案。婚姻平權2公投的不同意票壓倒性超過同意票，與愛家公投的結果幾呈反比。

依《公民投票法》第29條規定，公民投票案投票結果，有效同意票數多於不同意票，且有效同意票達投票權人總額1/4以上者，即為通過。2018年公投投票權人人數為1,975萬7,067人，各公投案過關門檻為493萬9,267張同意票。

2020年1月11日舉行總統、副總統與立法委員選舉。蔡英文當選中華民國第15任總統、賴清德為副總統。第10屆立法委員總席次113席，民進黨獲得61席，國民黨取得38席、台灣民眾黨5席、無黨籍及未經政黨推薦5席、時代力量3席、以及台灣基進1席。

國民黨籍候選人韓國瑜2018年當選高雄市市長後，在2019年宣告代表國民黨參選總統，公民團體認為此舉背棄對高雄市民的承諾，展開罷免。2020年6月6日舉行罷免案投開票，開票結果，同意票數93萬9,090票、不同意票2萬5,051票，罷免通過，韓國瑜成為史上首位被罷免的直轄市市長。

2021年1月16日舉行民進黨籍桃園市議員王浩宇罷免案投開票，開票結果，同意票數8萬4,582票、不同意票7,128票，罷免通過，王浩宇成為史上首位被罷免的直轄市市議員。

2021年10月23日舉行台灣基進立委陳柏惟罷免案投開票，投票人數為15萬2,567人，投票率為51.72%，創罷免案新高。開票結果，同意票數7萬7,899票跨過門檻，且多於不同意7萬3,433票，陳柏惟成為第一個被罷免成功的立委，台灣基進也失去在立法院唯一的一席立委。

受疫情三級警戒影響，原訂在2021年8月28日舉行的公投案，改在12月18日投票，重啟核四、反萊豬進口、公投綁大選、珍愛藻礁（17-20案）等四大公投案，依中選會12月23日公告，四案的投票權人數都是1,982萬5,468人，不同意票高於同意票，投票結果為不通過。

2022年九合一選舉合併18歲公民權修憲複

▲2024年5月20日，中華民國第16任總統副總統就職慶祝大會，總統賴清德（前中）、副總統蕭美琴（前右）宣誓就職後，與前總統蔡英文（前左）一同登台致意，邁向民進黨執政的第3任期。

決公投案11月26日投票，26日晚間約11時完成所有開票作業，直轄市與縣市長部分（排除嘉義市長12月18日重行選舉後），民進黨從7席減為5席，國民黨從15席減為13席，無黨籍從1席（無黨籍台北市長柯文哲後來創立台灣民眾黨）增為2席，台灣民眾黨1席。

根據中選會資料，2022年九合一選舉共有1萬9,825位候選人完成登記，選出1萬1,023位地方公職人員；排除「第11屆嘉義市長」重行選舉人人數後，選舉人人數為1,896萬7,771人，其中，首投族有76萬人，全台設置1萬7,649處投開票所。

「18歲公民權」修憲公民複決投票權人數為1,923萬9,392人，開票結果同意票564萬7,102張，不同意票501萬6,427張，雖同意票多於不同意票，但因同意票未達通過門檻的962萬張，因此修憲案確定不通過。我國憲法歷經7次增修，皆由國民大會通過，11月26日是史上首次修憲複決交付公民投票。

2022年九合一選舉中第11屆嘉義市長選舉，因參選人黃紹聰於11月2日死亡，依公職人員選舉罷免法規定，中選會公告此區選舉暫停，並於2022年12月18日重行選舉投票。開票結果由國民黨籍嘉義市長黃敏惠連任成功。

2024年1月13日舉行總統、副總統與立法委員選舉。民進黨籍候選人賴清德當選中華民國第16任總統、蕭美琴為副總統。第11屆立法委員總席次113席，民進黨獲得51席、國民黨取得52席、台灣民眾黨8席、無黨籍2席。

台灣地理

中華民國目前有效統治領土範圍，包括台灣地區、金馬地區、東沙島和南沙太平島。台灣地區包括台灣本島、澎湖群島、綠島、蘭嶼以及釣魚台列嶼等島嶼，面積約3萬6,000平方公里。

台灣又名福爾摩沙（Formosa），位居中國大陸東南外海約160公里處，西隔台灣海峽與福建省相望。

台灣本島南北縱長394公里，東西最大寬處約144公里。

中央山脈縱列於中央偏東，平原分布西部，東部山脈陡立，瀕臨太平洋，境內多山，森林資源豐富，可耕面積僅占1/4。

台灣本島海岸線1,240公里，因較平直，天然良港稀少，大小河川152條，均極短促，水力蘊藏豐富。總括而言，台灣概分為山地、丘陵、台地、平原及盆地5大部分。

金門和馬祖（連江縣）位居福建省外海，面積約182平方公里。

南投・好日子
打造永續宜居城市

更多旅遊資訊

南投縣政府
Nantou County Government

廣告

領海及經濟海域

中華民國明訂領海範圍,旨在維護國家主權,防止外人侵漁,保障沿海漁民生計。內政部曾於1930年12月呈請行政院擬定領海界線為12海里;嗣經行政院提21次國務會議決議,接受習慣國際法上之領海3海里規則,乃於1935年4月28日以第01975號訓令指示內政部:「領海範圍定為3海里」。這是我國明訂領海範圍之始。

聯合國第三屆海洋法會議於1974年召開,會中討論範圍牽涉甚廣,各國均謀求對其最有利之措施,而以領海與水域資源最為各國所普遍關切。1979年,我鄰近各國對於領海及捕魚問題紛紛採取積極措施。為維護我國權益,行政院爰依內政部研議結論,於1979年9月6日第1647次會議決並公開宣告:

(一)中華民國之領海為自基線至其外側12海里之海域。

(二)中華民國之經濟海域為自測算領海寬度之基線起至外側200海里之海域。

1.中華民國在本經濟海域內享有天然資源之開發、養護、利用等主權上之權利,及一切國際法上得行使之管轄權。

2.中華民國之經濟海域與他國已宣布之經濟海域重疊時,其界線由相關國家政府協議,或依公認之國際法畫定原則劃定之。

3.其他國家可在本經濟海域航行、上空飛行、敷設海底電纜與管線及其他國際法上所許可之有關航行及通訊行為。

(三)中華民國對鄰接其海岸之大陸礁層,依1958年《日內瓦大陸礁層公約》及國際法一般原則所應享有主權上之權利,不因本經濟海域之宣布及任何國家經濟海域之設置而受影響。

內政部於1980年10月研訂完成台灣地區及東沙群島領海基點基線及200海里經濟海域界線之畫定工作,送行政院審核,結果暫緩宣布。1989年7月,內政部成立《研訂我國領域基點基線經濟海域暨領海法》專案及工作小組,進行研訂我國沿海領海基點基線、重新檢討台灣地區領海基點基線,並草擬《專屬經濟海域及大陸礁層法》及《領海及鄰接區法》。

上述兩法草案於1992年6月送請立法院審議,1996年6月完成大體討論。經過一再研議,《專屬經濟海域及大陸礁層法》終於在1997年12月30日由立法院三讀通過,《領海及鄰接區法》於1998年1月2日三讀通過,完成立法。

《領海及鄰接區法》明定我國領海是從基線起到外側12海里的海域;在領海及鄰接區內的人或物有違我國法令之虞時,可緊追、登臨、檢查,必要時得扣留、逮捕或留置;我國與相鄰或相向國家間之領海重疊時,以等距中線為其分界線,若有協議,則從其協議。

《領海及鄰接區法》對於我國大陸地區船舶通行中華民國領海,除依照《台灣地區與大陸地區人民關係條例》處置外,也訂定應遵守之規定。

至於引起爭議的南海諸島等「歷史性水域」主權問題,在討論過程中,原列有關條文刪除,因此,在通過的《領海法》中沒有提及,但立委認為,不在法中明定,並不代表不能主張權利。

南海諸島

東沙群島、中沙群島、西沙群島與南沙群島4個群島,均屬珊瑚島,完全由珊瑚構成,海拔高度甚低,面積甚小,但環繞於島周之暗礁則甚多甚廣。東沙群島為南海4群島中最北之一群;中沙群島位於東沙群島之南,全部為隱伏水面下之珊瑚礁,暗礁甚多;西沙群島位於中沙群島之西,為一群廣大之低平珊瑚島礁;南沙群島則位於中沙群島之南,為南海諸島最南之一群,亦為範圍最廣,島礁最多之一群,南達北緯4度附近,其中大部分尚待探測。太平島面積0.49平方公里,為南沙群島中最大之島嶼,我派有官兵戍守。

1.東沙群島

東沙島、北衛灘、南衛灘。

2.西沙群島

(1)永樂群島:其內有甘泉島、珊瑚島、金銀島、道乾群島(琛航島、廣金島)、晉卿島、森屏灘、羚羊礁。

（2）宣德群島：其內有西沙洲、趙述島、北島、中島、南島、北沙洲、中沙洲、南沙洲、永興島、石島；其他尚有銀礫灘、北礁、華光礁、玉琢礁、盤石嶼、中建島、西渡灘、和五島、高尖石、蓬勃礁、湛涵灘、濱湄灘。

3.中沙群島

西門暗沙、本固沙、美濱暗沙、魯班暗沙、立夫暗沙、比微暗沙、隱磯灘、武勇暗沙、濟猛暗沙、海鳩暗沙、安定連礁、美溪暗沙、布德暗沙、波洑暗沙、排波暗沙、果淀暗沙、排洪灘、濤靜暗沙、控湃暗沙、華夏暗沙、石塘連礁、指掌暗沙、南扉暗沙、漫步暗沙、樂西暗沙、屏南暗沙、民主礁、憲法暗沙、一統暗沙。

4.南沙群島

（1）危險地帶以西各島礁：雙子礁（北子礁、南子礁）、永登暗沙、樂斯暗沙、中業群礁（中業島、渚碧礁）、道明群礁（楊信沙洲、南鑰島）、鄭和群礁（太平島、敦謙沙洲、舶蘭礁、安達礁、鴻庥島、南薰礁）、福祿寺礁、大現礁、小現礁、永暑礁、逍遙暗沙、尹慶群礁（中礁、西礁、東礁、華陽礁）、南威島、日積礁、奧援暗沙、南薇灘、蓬勃堡、奧南暗沙、金盾暗沙、廣雅灘、人駿灘、李準灘、西衛灘、萬安灘、安波沙洲、隱遁暗沙。

（2）危險地帶以東各島礁：海馬灘、蓬勃暗沙、艦長暗沙、半月暗沙。

（3）危險地帶以南各島礁：保衛暗沙、安渡灘、彈丸礁、皇路礁、南通礁、北康暗沙、盟誼暗沙、南安礁、南屏礁、南康暗沙、海寧礁、海安礁、澄平礁、曾母暗沙、八仙暗沙、立地暗沙。

（4）危險地帶以內各島礁：禮樂灘、忠孝灘、神仙暗沙、仙后灘、莪蘭暗沙、紅石暗沙、棕灘、陽明礁、東坡礁、安塘島、和平暗沙、費信島、馬歡島、西月島、北恆礁、恆礁、景宏礁、伏波礁、汎愛暗沙、孔明礁、仙娥礁、美濟礁、仙賓暗沙、信義暗沙、仁愛暗沙、海口暗沙、畢生島、南華礁、立威暗沙、南海礁、息波礁、破浪礁、玉諾島、榆亞暗沙、金吾暗沙、校尉暗沙、南樂暗沙、司令礁、都護暗沙、指向礁。

釣魚台列嶼

釣魚台列嶼包括釣魚台、北小島、南小島、黃尾嶼、赤尾嶼、大南小島、大北小島、飛瀨8島嶼，位於東經123度30分27秒至124度34分9秒、北緯25度44分25秒至25度56分21秒間，為太平洋之列嶼，位於台灣島東北方，距基隆港120海里，與琉球群島日本沖繩縣首府那霸距離230海里，政府核定由宜蘭縣管轄。列嶼面積約6.6平方公里，其島嶼周圍海域為我國漁民捕魚作業範圍。

釣魚台列嶼是台灣北部海底礁層向北延伸而組成，與台灣島一起，都位在水深只有200公尺的大陸棚上，亦即處於中國大陸礁層尖端，與水深2,000公尺的琉球海漕與琉球群島自然隔絕。釣魚台各島嶼上土壤與台灣、福建與廣東省土壤大致相同。

列嶼周圍漁場漁產豐富，並盛產珊瑚，向為台灣近海漁船的主要作業區，漁船經常以該列嶼主要島嶼釣魚台當避風港。在釣魚台與蛇島間有一闊約1,500公尺海峽，成為該海域捕魚漁船的天然避風港。

釣魚台是釣魚台列嶼最大的島，面積4.5平方公里，島上300餘公尺陡峰，為古代航行指標，英國人以其貌似尖塔，而稱之為Pinnacle Islands，日本意譯為「尖閣諸島」。

行政院新聞局於1997年5月26日公布的「釣魚台列嶼問題平議」說帖中指出，大陸沿岸海流與黑潮會合之後，沿琉球群島沖繩海漕向北流，到列嶼最東的小島赤尾嶼沿岸時，時速可達4海里（7.2公里），波濤淊急，形成中國大陸與琉球的天然界海。而台灣與釣魚台列嶼又同屬一個季風走廊，台灣漁民前往釣魚台列嶼是順風、順流而去，較為容易，琉球漁民前來，則較困難，這就是釣魚台列嶼為中國人所發現、命名與使用，而非琉球人或日本人的理由，也是釣魚台列嶼與台灣不可分的一個重要地理原因。

根據地質調查，在釣魚台列嶼鄰近20平方公里海域內，所積存2,500萬年前「新第三紀時代」黃河、長江沖積物，厚達2公里至9公里。各方因而推測與估計，該海域石油儲量，約有150億噸。

台灣土地面積與行政區劃

年別	土地面積（平方公里）			行政區劃	
	總　　計	陸地面積	海埔新生地	縣轄市數	鄉鎮區數
98	36,191.47			32	336
99	36,191.47			33	335
100	36,192.82			17	351
101	36,192.82			17	351
102	36,192.82			17	351
103	36,192.82			17	351
104	36,197.07			14	354
105	36,197.07			14	354
106	36,197.07			14	354
107	36,197.07			14	354
108	36,197.07			14	354
109	36,197.07			14	354
110	36,197.07			14	354
111	36,197.07			14	354
112	36,197.34			14	354

資料來源：112年統計年鑑
說明：100年及104年土地面積增加，皆因高雄市小港區配合高雄港洲際貨櫃中心工程計畫填築用地所致；112年土地面積增加，因高雄市旗津區配合高雄港第四貨櫃中心後線場地擴建工程計畫填築用地所致。

台灣重要數據一覽表

（資料時間皆為112年）

類別	種類	單位	數據
人口概況	人口數	千人	23,420
	粗出生率	千分比	5.81
	粗死亡率	千分比	8.80
經濟建設	平均每人國內生產毛額	新台幣元	1,007,685
	平均每人國內生產毛額	美元	32,319
	平均每人國民所得	新台幣元	855,846
	平均每人國民所得	美元	27,451
	經濟成長率	百分比	1.28
	國民儲蓄率	百分比	37.91
	出口總值	新台幣百萬元	13,482,497
	出口總值	百萬美元	432,432
	進口總值	新台幣百萬元	10,945,120
	進口總值	百萬美元	351,441
	外匯存底	億美元	5,706
	國人出國人數	人	11,795,834
	來台旅客人數	人	6,486,951

類別	項目	單位	數值
文教及大傳	教育總經費占國民所得毛額比率	百分比	4.14
	公立公共圖書館數	所	553
	雜誌、期刊出版業	家	–
	書籍出版業	家	–
	無線廣播事業	家	186
	無線電視事業	家	5
	衛星廣播電視事業-直播經營者	家	4
	衛星廣播電視事業-節目供應者	家	93
政治及外交	政黨數	個	92
	社會團體數	個	23,994
	職業團體數	個	585
	邦交國數	個	13
	加入國際組織數	個	3,316
勞動力概況	勞動力人數	千人	11,943
	勞動力參與率	百分比	59.2
	失業率	百分比	3.5

資料來源：112年統計年鑑

台灣戶口數與人口密度

年別	戶數(千戶)	人口數(千人) 總計	男	女	戶量(人／戶)	人口密度(人／平方公里)
98	7,806	23,120	11,637	11,483	3.0	638.8
99	7,937	23,162	11,635	11,527	2.9	640.0
100	8,058	23,225	11,646	11,579	2.9	641.7
101	8,186	23,316	11,673	11,643	2.8	644.2
102	8,286	23,374	11,685	11,689	2.8	645.8
103	8,383	23,434	11,698	11,736	2.8	647.5
104	8,469	23,492	11,712	11,780	2.8	649.0
105	8,561	23,540	11,719	11,821	2.7	650.3
106	8,649	23,571	11,720	11,852	2.7	651.2
107	8,734	23,589	11,713	11,876	2.7	651.7
108	8,833	23,603	11,705	11,898	2.7	652.1
109	8,934	23,561	11,674	11,887	2.6	650.9
110	9,007	23,375	11,579	11,797	2.6	645.8
111	9,089	23,265	11,499	11,766	2.6	642.7
112	9,241	23,420	11,553	11,867	2.5	647.0

資料來源：112年統計年鑑

台灣出生與死亡人口

單位：人

年別	出生 總計	出生 男	出生 女	粗出生率(千分比)	死亡 總計	死亡 男	死亡 女	粗死亡率(千分比)
98	191,310	99,492	91,818	8.29	143,582	88,088	55,494	6.22
99	166,886	87,213	79,673	7.21	145,772	89,152	56,620	6.30
100	196,627	101,943	94,684	8.48	152,915	93,810	59,105	6.59
101	229,481	118,848	110,633	9.86	154,251	93,618	60,633	6.63
102	199,113	103,120	95,993	8.53	155,908	94,505	61,403	6.68
103	210,383	108,817	101,566	8.99	163,929	98,733	65,196	7.00
104	213,598	111,041	102,557	9.10	163,858	98,580	65,278	6.98
105	208,440	108,133	100,307	8.86	172,405	103,144	69,261	7.33
106	193,844	100,477	93,367	8.23	171,242	101,555	69,687	7.27
107	181,601	93,876	87,725	7.70	172,784	101,931	70,853	7.33
108	177,767	92,237	85,530	7.53	176,296	103,720	72,576	7.47
109	165,249	85,704	79,545	7.01	173,156	101,468	71,688	7.34
110	153,820	79,513	74,307	6.55	183,732	106,877	76,855	7.83
111	138,986	72,097	66,889	5.96	207,230	119,920	87,310	8.89
112	135,571	70,227	65,344	5.81	205,368	118,854	86,514	8.80

資料來源：112年統計年鑑

台灣結婚及離婚統計

年別	結婚 對數(對)	結婚率(千分比)	離婚 對數(對)	離婚率(千分比)
98	117,099	5.07	57,223	2.48
99	138,819	6.00	58,115	2.51
100	165,327	7.13	57,008	2.46
101	143,384	6.16	55,980	2.41
102	147,636	6.32	53,604	2.30
103	149,287	6.38	53,190	2.27
104	154,346	6.58	53,459	2.28
105	147,861	6.29	53,837	2.29
106	138,034	5.86	54,412	2.31
107	135,403	5.74	54,443	2.31
108	134,524	5.70	54,473	2.31
109	121,702	5.16	51,680	2.19
110	114,606	4.88	47,877	2.04
111	124,997	5.36	50,609	2.17
112	125,192	5.36	53,085	2.27

資料來源：112年統計年鑑

最真實的台灣WAY

打開家門7次　塞進手裡的食物重達2kg

這一年的2136km　只為了讓媽媽一直WAY

這就是我的台灣WAY

真實相見

真實接觸　Be There｜www.thsrc.com.tw

台灣高鐵

VOCO
洲際酒店集團旗下

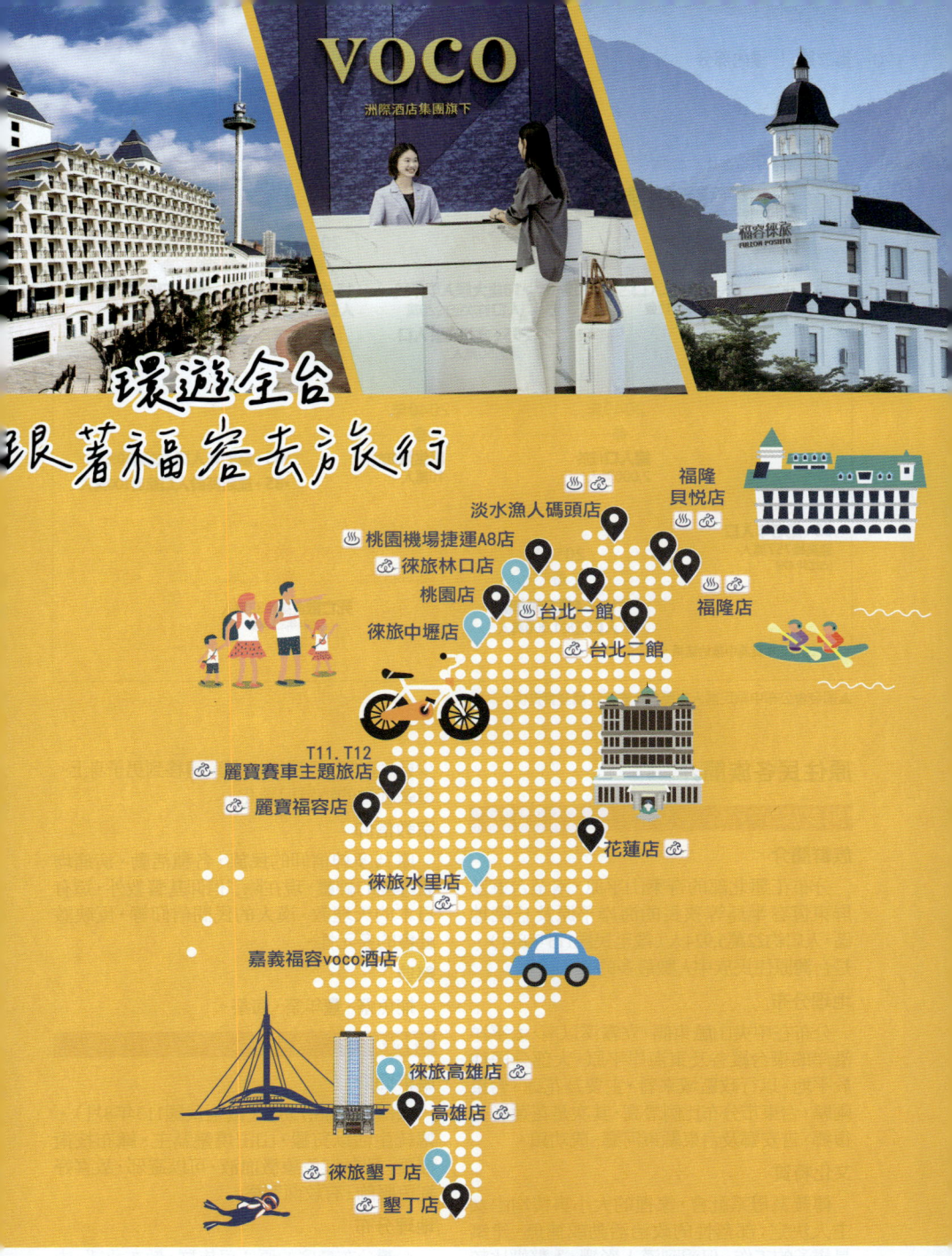

環遊全台 跟著福容去旅行

- 淡水漁人碼頭店
- 福隆貝悅店
- 桃園機場捷運A8店
- 徠旅林口店
- 桃園店
- 台北一館
- 台北二館
- 福隆店
- 徠旅中壢店
- T11.T12
- 麗寶賽車主題旅店
- 麗寶福容店
- 花蓮店
- 徠旅水里店
- 嘉義福容voco酒店
- 徠旅高雄店
- 高雄店
- 徠旅墾丁店
- 墾丁店

福容大飯店 Fullon Hotels & Resorts

福容徠旅 FULLON POSHTEL

Join us!
立即加入享福卡
獨享會員專屬優惠

官網
旅宿業登記證號

人口重要年表

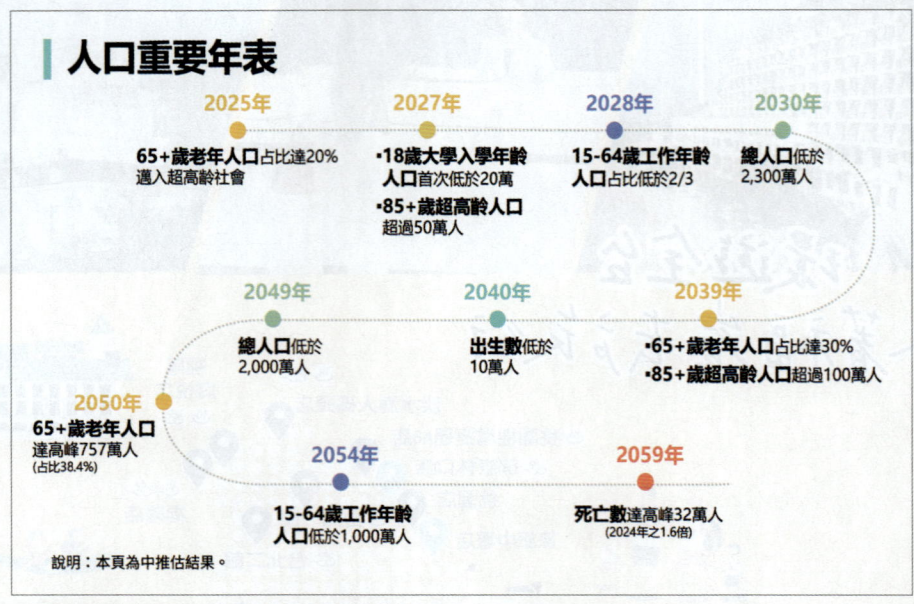

2025年
65+歲老年人口占比達20%
邁入超高齡社會

2027年
- 18歲大學入學年齡人口首次低於20萬
- 85+歲超高齡人口超過50萬人

2028年
15-64歲工作年齡人口占比低於2/3

2030年
總人口低於2,300萬人

2039年
- 65+歲老年人口占比達30%
- 85+歲超高齡人口超過100萬人

2040年
出生數低於10萬人

2049年
總人口低於2,000萬人

2050年
65+歲老年人口達高峰757萬人（占比38.4%）

2054年
15-64歲工作年齡人口低於1,000萬人

2059年
死亡數達高峰32萬人（2024年之1.6倍）

說明：本頁為中推估結果。

▲國發會公布中華民國人口重要年表。（國發會提供）

原住民各族簡介

阿美族

族群簡介
分布花蓮北部的奇萊山平原，南至台東及屏東恆春半島等狹長的海岸平原及丘陵地區，人口約22萬5,924人（截至民國113年8月），是台灣原住民族中人數最多的。

地理分布
分布在中央山脈東側，立霧溪以南，太平洋沿岸的東台縱谷及東海岸平原，大部分居住於平地。以行政區域來看，主要為花蓮、台東兩縣，台東市分布比例最高，其次是花蓮縣光復鄉、吉安鄉及台東縣東河鄉、成功鎮。

文化特質
傳統為母系社會，家裡的大小事情均由女主人決定；部落性的政治活動或捕魚、建築是男子的工作。但受到漢人影響，入贅婚比較少見，家裡的經濟權也漸漸轉移到男子身上，母系社會的特質已淡化。

宗教信仰
原為多神信仰的民族，各種活動、病痛均有專屬的神靈。現在除了信仰基督教外，還有日本的天理教、漢人的民間信仰等，反映該社會的多元性。

祭典
捕魚祭、豐年祭、海祭。

泰雅族

族群簡介
人口約9萬8,756人（截至民國113年8月）。傳統生活以狩獵、山田燒墾為主。織布技術發達，認為紅色象徵血液，可以避邪，故喜好紅色服飾，有紋面習俗。

地理分布
台灣分布最廣的原住民族群，散布北部、中

部、東部山區，包括埔里至花蓮縣以北。

文化特質

為平權社會，由具領導能力的人擔任部落領袖。遇部落重大事情，由頭目召集長老會議決策。另有祭祀團體、狩獵團體及共負罪責團體。

以面部刺紋聞名，紋面的意義除美觀外，女子代表善於織布、可論婚嫁；男子表示獵過首級、勇敢獨當一面，也是死後認祖歸宗的標誌。

宗教信仰

相信祖靈是宇宙的主宰，也是一切禍福的根源，若服從、無條件遵照祖訓，便能得到祖靈庇佑而豐收健康；反之，受到祖靈處罰，須贖罪獲赦免。

祭典

祖靈祭、豐年祭、播種祭。

排灣族

族群簡介

人口約10萬9,472人（截至民國113年8月）。以貴族頭目為各部落的領袖，自成一獨立自治單位。陶壺雕塑及梁柱木雕上，以百步蛇紋及人頭紋象徵貴族的崇高地位。

地理分布

分布於中央山脈南端及東部海岸山脈南端，以台灣南部為活動區域，北起大武山地，南達恆春，西自隘寮，東到太麻里以南海岸。人口集中屏東縣，以來義鄉最多，瑪家鄉、三地門鄉、泰武鄉、春日鄉、獅子鄉、牡丹鄉及台東縣等行政區也有分布。

文化特質

階級分明，分為頭目、貴族、勇士、平民各階級，行封建制，家族由長嗣（不論男女）承繼。

宗教信仰

超自然與多神祇的信仰。認為萬物有造物主，河流、山川各有神祇管理，家屋也有守護神。而與人最親近的則是祖靈信仰，貴族將祖靈信仰與家族起源傳說表現於家中雕柱，平民則表現在衣飾的織紋與刺繡。

祭典

五年祭、毛蟹祭、祖靈祭、豐年祭等。

布農族

族群簡介

人口約6萬3,154人（截至民國113年8月）。以父系大家族為主，重視氏族內的親屬關係，與其他不同氏族也有嚴謹的規範與秩序，而戶中人口甚至包括非血緣的同居人，故傳統家屋規模較大。

地理分布

分布於中央山脈海拔500至1,500公尺山區，廣及高雄市那瑪夏區、台東縣海端鄉，而以南投縣境為主。最早居住在南投縣仁愛鄉與信義鄉，經過幾次大遷移，往東至花蓮，往南至高雄及台東山區。

文化特質

・八部合音

由於居住環境較為疏落，聚落多沿溪流而設，所以常以歌聲呼朋引伴，且在瀑布河流呼應，而發展出複音及和聲之合唱技巧。為民族音樂學上的世界民歌寶庫之一。

・坐葬

當家中有人死亡，埋葬在家中，屋內依身體大小挖掘深約4台尺的四方形墓穴，行坐葬。葬禮在白天舉行，下葬時死者頭部面向西邊（日落方向），墓穴蓋上石板。

宗教信仰

布農人最崇拜天神，認為天神是人類一切的主宰。又認為鬼靈存在這個世界上，有善惡之分。布農族對動植物都是以人的平等態度對待。

祭典

射耳祭、嬰兒祭、（小米）播種祭。

卑南族

族群簡介

全族分居8個部落，有「八社番」之名。人口約1萬5,703人（截至民國113年8月）。傳統以長女承家及男性年齡階段組織為主。男子會所為政治中心及教育場所，未婚男性須居住

在會所接受軍事訓練以防衛部落,並依歲數分為數個年齡階級。

地理分布
分布於台東縱谷南部。

文化特質
卑南族正稱為普悠瑪,為母系社會,由於社會改變,也漸漸融入父系社會的制度。

以農耕為生,依祖先起源的神話傳說分為石生的「知本系統」及竹生的「南王系統」。部落內有祭師與頭目,前者負責祭祀活動,也可為人驅邪、治病、祈福;後者負責政治與軍事的領導。

宗教信仰
傳統宗教十分盛行,目前尚有傳統的巫師為族人治病、驅邪及執行生命禮俗。

祭典
除草祭、海祭、收穫祭、大獵祭等。

魯凱族

族群簡介
人口約1萬4,042人(截至民國113年8月)。傳統分為貴族與平民,貴族享有神話上血緣的優越性及土地所有權的經濟特權;平民則以發展個人領導能力、農產豐儲以及通婚等方法提升地位。長男優先繼承。

地理分布
分布於高雄市茂林區、屏東縣霧台鄉及台東縣卑南鄉東興村等。

文化特質
將社會群體區分貴族、世家和平民。貴族與世家階級沒有隸屬關係,甚至敵對。會所制度發達,會所裡的各種階級有個別的權力、義務和應遵守的事項。

宗教信仰
祖靈崇拜為基本信仰,頭目家族起源傳說的百步蛇,是敬重祭祀的對象。

祭典
小米收穫祭、買沙呼魯祭、搭巴嘎饒望祭(黑米祭)。

雅美族(達悟族)

族群簡介
人口約4,959人(截至民國113年8月),由於生活環境獨立,文化保存完整,部落間的糾紛都以親族群體相互協調解決,社會活動則端賴父系氏族群體及漁團組織管理。雕造板舟技術、打造銀器、捏塑陶壺泥偶等技藝具特色。祭典儀式配合捕撈飛魚的活動為主,視飛魚為神聖物。歌舞以婦女的頭髮舞獨樹一格,男士的勇士舞是力與美的表現。

地理分布
分布於台東蘭嶼島上的6個村落,為台灣唯一的海洋民族。

文化特質
傳統社會有3個主要的共作團體:漁船組、粟作團體和灌溉團體。

宗教信仰
宇宙觀共分8個層次,天界有5層,掌管陸地、海洋、食物、生命等。也相信靈魂觀,對死去的靈魂懼怕。不好的事物都歸咎惡靈作祟,因此特別害怕死亡。

祭典
飛魚祭、新船下水祭、小米豐收祭(收穫節)、飛魚終食祭。

鄒族

族群簡介
鄒族又稱曹族,人口約6,856人(截至民國113年8月)。以父系氏族組織及大、小社分脈聯合的政治性組織為主,部落事務及祭儀都以男子會所為中心。

地理分布
主要居住嘉義縣阿里山鄉,也分布南投縣信義鄉,合稱「北鄒」;分布高雄市桃源區及那瑪夏區,稱為「南鄒」。

文化特質
以長老會議為首,最大氏族的長老為頭目,是部落會議的召集人,一切重要部落事務皆由部落會議通過決定。

宗教信仰

宗教信仰屬於超自然的神祇信仰，有天神、戰神、命運之神、獵神、土地之神、粟神、家神、社神等。

祭典

播種祭、收成祭（小米收穫祭）、凱旋祭（戰祭）、子安貝祭。

邵族

族群簡介

人口約900人（截至民國113年8月）。相傳邵族祖先因追逐白鹿而遷至日月潭定居，以父系外婚氏族為其文化特徵，受漢文化影響頗深。頭目平時是部落祭儀的決策者與社會事務的仲裁者，職位由長子世襲。

地理分布

分布於南投縣魚池鄉及水里鄉，大部分邵族人居住日月潭畔的日月村，少部分原來屬頭社系統的邵人，則住在水里鄉頂崁村的大坪林。

文化特質

杵音為傳統文化，起源於婦女在收成時必須將穀物去殼，各家同時用木樁在石塊上捶打稻穗，叮叮咚咚的聲響合乎音感，且配合族中婦女此起彼落的律動美感，呈現出的和諧畫面，發展成杵音之舞。

宗教信仰

宗教信仰核心是祖靈信仰，祖靈能庇佑族人平安健康，代代繁衍生生不息。

凡重要祭儀，都以公媽籃為供奉對象，公媽籃（祖靈籃）中放置著祖先曾穿戴的衣服和飾品，是邵人祖靈信仰的具體表現。

祭典

播種祭、狩獵祭、豐年祭。

賽夏族

族群簡介

人口約7,213人（截至民國113年8月）。社會組織以父系氏族組織為主，各氏族團體傳統有其代表的圖騰象徵物。清領時期紛改漢姓，便以代表圖騰譯為其姓氏，如風、日、夏等姓。居住地鄰近泰雅族，在物質文化上受其影響。

地理分布

分布於新竹縣與苗栗縣交界的山區，又分為南、北兩大族群。北賽夏居住新竹縣五峰鄉，南賽夏居住苗栗縣南庄鄉與獅潭鄉。

文化特質

南、北賽夏族各有頭目1名，家族長老地位崇高。賽夏族的姓氏特殊，以動物、植物、自然現象做為氏族名號，每一姓氏又負責主持不同祭儀。賽夏有紋面，女子紋在前額，男子紋在前額、下巴、胸。

宗教信仰

除傳統祭儀，也深受漢人民間信仰影響。

祭典

矮靈祭、麻斯絡祭。

噶瑪蘭族

族群簡介

人口約1,653人（截至民國113年8月）。相信萬物有靈而延伸特有祭儀文化與治療儀式。

地理分布

原居宜蘭，目前居住花東海岸沿線聚落，花蓮縣新城鄉、豐濱鄉及台東縣長濱鄉等。

文化特質

母系社會，行招贅婚制，子女從母居，夫從妻居，男子長大出贅，女子繼承家產。是一個沒有階級的平等社會，頭目以推舉方式產生。

宗教信仰

雖無具體的神明形象或祖靈牌位，日常生活仍保存特殊的信仰儀式與型態，如新年祭祖儀式，及與農漁業相關的儀式，如豐年祭、新米祭、海祭等。

太魯閣族

族群簡介

人口約3萬5,163人（截至民國113年8月）。數百年前從南投縣境越過中央山脈奇萊山，克服自然環境險峻，沿立霧溪山谷東遷，發

展出和南投原鄉不一樣的民族風貌。擅長狩獵、編織，保有傳統的製刀匠和巫術。

地理分布
分布在北起花蓮縣和平溪，南迄紅葉及太平溪這一廣大的山麓地帶，即花蓮縣秀林鄉、萬榮鄉及少部分的卓溪鄉立山、崙山等地。

文化特質
由成員共同推舉聰明正直的人為頭目，為無給職，對外代表部落，對內維持部落和諧、仲裁紛爭。紋面是傳統文化特色，男子需成年及獵過敵人的頭，女子表示成年及會織布。如今只在少數的老人臉上才能看到。

宗教信仰
以祖靈為中心，巫師的醫療與祭司的祈福是重要的傳統習俗，原為疾病治療，後延伸至祖靈祭典、公祭、私祭的傳統領域。

祭典
祖靈祭。

撒奇萊雅族

族群簡介
主要分布花蓮奇萊平原，人口約1,119人（截至民國113年8月）。

地理分布
分布在台灣東部，大致在花蓮縣境內，其餘散居其他阿美族聚落，近年來隨著工業發展，遷居北部都會區的人口也不少。

文化特質
屬母系社會，採入贅婚，從妻居。部落裡同樣有與阿美族相似的年齡階級。兼有漁業及狩獵等經濟產業。近代因接觸噶瑪蘭族學習水田耕作，因此水稻種植歷史甚早。

宗教信仰
相信萬物有靈，超自然的力量無所不在，也包含祖靈的存在，只有祭司才能與祖靈溝通。

祭典
早期祭典以小米為祭祀中心，按照小米生長時節，分播粟祭、捕魚祭、收成祭、豐年祭與收藏祭。

賽德克族

族群簡介
人口約1萬1,476人（截至民國113年8月）。擁有獨特的生命禮俗和傳統習俗，因崇信祖靈的生命觀，延伸出嚴謹的生活律法系統，並發展出特有的文化，如紋面、狩獵、編織等。

地理分布
發源地為德鹿灣，在今南投縣仁愛鄉春陽溫泉一帶，主要以台灣中部及東部為活動範圍，約介於北方泰雅族及南方布農族間。其後在不斷遷徙中形成兩大聚落，以中央山脈為界線，分東、西賽德克族。東賽德克族散居東部花蓮山區，即花蓮縣秀林鄉、萬榮鄉、卓溪鄉；西賽德克族集中分布南投縣仁愛鄉。

文化特質
最具強烈族群特質的是紋面文化，男子需獵取敵首，女子要具純熟織布能力才獲紋面資格。紋面文化與堅信靈魂不滅的祖靈有密切關係，賽德克族人深信唯有紋面者，死後靈魂才能回到祖靈身邊。

宗教信仰
祖靈也就是所信仰的「神」。祖先的靈魂分善惡，善惡來自主觀認定，守護的是善神，遇到阻礙力量則為惡神作祟。

祭典
播種祭、收穫祭、祈雨祭、狩獵祭、捕魚祭及獵首祭等。

拉阿魯哇族

族群簡介
由排剪、美壠、塔蠟、雁爾4個社組成，約484人（截至民國113年8月）。拉阿魯哇為自稱，其意不可考。

地理分布
主要聚居在高雄市桃源區高中里、桃源里及那瑪夏區瑪雅里。

文化特質
部落是舉行各種傳統祭典的單位，部落首長為世襲制，由長子繼承。父系氏族，婚姻實行嚴格的一夫一妻制。採取初級農業生產方

第一章 | 人文與地理

式,山田燒墾為主,採集、捕魚、狩獵、養殖家畜等為輔。

宗教信仰

傳統的神靈信仰,包括生靈、物靈和神祇等超自然觀念。

祭典

農耕祭儀(小米耕作祭儀、稻作祭儀)、聖貝祭和敵首祭。

卡那卡那富族

族群簡介

分布高雄市那瑪夏區楠梓仙溪流域兩側,現大部居住於達卡努瓦里及瑪雅里,人口約446人(截至民國113年8月)。

地理分布

原口述傳說有東來說與西來說,前者認為舊居地在今新武呂溪台東利稻附近,而後者於清朝時期即有記載,當時稱為簡仔霧,於台南南化玉井一帶活動,後因墾殖勢力受其他族群壓迫,陸續遷移至高雄市那瑪夏區南沙魯里部落上方,後又遭襲往楠梓仙溪流域兩側台地避居,近因中央政府移住政策,分布於達卡努瓦里及瑪雅里。

文化特質

父系氏族,目前計有6氏族,子女無論居處情形變化姓氏皆從父,財產權亦僅繼承其父。

原住民族群人口數統計

年別	人口數 總計	山地原住民	按性別 男	按性別 女	按年齡別 0-14歲	按年齡別 15-64歲	按年齡別 65歲以上	原住民扶養比(%)	原住民占總人口比率(%)
95	474,919	251,307	236,000	238,919	116,688	329,658	28,573	44.1	2.1
96	484,174	256,214	239,832	244,342	116,905	337,825	29,444	43.3	2.1
97	494,107	261,345	243,997	250,110	117,250	346,688	30,169	42.5	2.1
98	504,531	266,716	248,321	256,210	117,056	356,609	30,866	41.5	2.2
99	512,701	271,187	251,679	261,022	115,696	365,821	31,184	40.2	2.2
100	519,984	275,226	254,704	265,280	113,955	374,321	31,708	38.9	2.2
101	527,250	279,208	257,888	269,362	112,644	381,810	32,796	38.1	2.3
102	533,601	282,786	260,616	272,985	111,727	387,764	34,110	37.6	2.3
103	540,023	286,307	263,252	276,771	111,134	393,296	35,593	37.3	2.3
104	546,698	289,968	266,041	280,657	110,242	399,246	37,210	36.9	2.3
105	553,228	293,581	268,929	284,299	110,219	403,673	39,336	37.0	2.4
106	559,426	297,110	271,683	287,743	110,274	407,722	41,430	37.2	2.4
107	565,561	300,460	274,238	291,323	110,968	410,855	43,738	37.7	2.4
108	571,427	303,706	276,739	294,688	111,666	413,262	46,499	38.3	2.4
109	576,792	306,826	279,070	297,722	111,913	415,092	49,787	39.0	2.4
110	580,758	309,152	280,886	299,872	111,622	416,267	52,869	39.5	2.5
111	584,125	311,328	282,130	301,995	111,214	416,878	56,033	40.1	2.5
112	589,038	314,221	284,069	304,969	111,231	418,654	59,153	40.7	2.5

資料來源:112年統計年鑑　主計總處113年9月編印

部落事務以體力分工，粗重危險由男性擔任，家務服飾則為女性工作，農事男女皆可執行。經濟生活以農耕燒墾為主，狩獵捕魚為輔。

宗教信仰

相信超自然，分為神祇與靈。神祇之最上位有天神，是世界的主宰，常在天上調節自然運行，賞罰人類行為，然為分層下達，則交由司理神權審人類，所以神祇概念有天神、祖先神、自然神與司理神。靈可分為生靈與死靈，生靈有善惡二分，分在人的右肩及頭部，控制人類行為惡善；死靈也分祖靈及泛靈崇拜，相信族人死後，死靈皆赴祖先神聚居地，對異族馘首之靈則以泛靈崇拜。

祭典

米貢祭、河祭。

（資料來源：原住民族委員會）

台灣客家族群分布地區

四縣腔

桃園市：中壢、龍潭、平鎮、楊梅。
新竹縣：關西（部分）。
苗栗縣：苗栗市、公館、頭份市、大湖、銅鑼、三義、西湖、南庄、頭屋、卓蘭（大部分）。
台東縣：池上、關山、鹿野、成功、太麻里、卑南。
屏東縣：竹田、萬巒、內埔、長治、麟洛、新埤、佳冬、高樹。
高雄市：美濃、杉林、六龜。

海陸腔

桃園市：觀音、新屋、楊梅。
新竹縣：新豐、新埔、湖口、芎林、橫山、關西（部分）、北埔、寶山、峨眉、竹東。
花蓮縣：吉安、壽豐、光復、玉里、瑞穗、鳳林。

大埔腔

苗栗縣：卓蘭（中街、內灣、水尾）。
台中縣：東勢、石岡、新社、和平。

饒平腔

桃園市：中壢（芝芭里、興南庄、三座屋、過嶺里）、平鎮（南勢庄）、新屋（犁頭洲）、觀音（新坡村）、八德（霄裡）。
新竹縣：竹北（六家）、芎林（上山）。
苗栗縣：卓蘭（老庄）。

詔安腔

雲林縣：崙背、二崙、西螺。

博愛特區抗議七年
原轉小教室宣布拔營

「原住民族轉型正義小教室」由歌手巴奈、那布、導演馬躍・比吼創立，為抗議《原住民族土地或部落範圍土地劃設辦法》，2017年2月開始，在博愛特區凱達格蘭大道、二二八公園紮營7年，是史上最長的原住民族抗爭運動，直到2024年5月20日總統蔡英文卸任、新政府上任後拔營，回到原鄉持續關注原住民議題。

2016年8月，蔡總統以總統身分正式向台灣原住民族道歉，然而2017年2月公布的《原住民族土地或部落範圍土地劃設辦法》將私有土地排除於辦法適用範圍，原轉小教室認為，施行後會造成傳統領域不完整，且限制了原住民族「諮商同意權」的行使。據原民會2002到2007年間做的傳統領域調查成果，原住民傳統領域面積大約是180萬公頃，劃設辦法中卻只剩80萬公頃，若遇到開發案，原住民也沒有權利可以表達意見。

另外，公有地部分，劃設時需要與公有地主管機關商議，原轉小教室認為此不能呈現土地被武力或政策搶奪而變成公有地的歷史。尤其，若受到機關拒絕，更斷絕了原住民將來「共管」或「使用」這些土地的機會，因此強烈反對該辦法。他們主張劃設應不分公私有，因為傳統領域是完整的空間概念。

原轉小教室初期在凱道紮營，而後長期駐紮二二八公園，以柔性抗爭方式，舉辦石頭彩繪、野餐會、演唱會等活動，用「沒有人是

▲原轉小教室於凱道舉辦「在路上的朋友派對」，巴奈（左）、那布（中）、馬躍·比吼（右）上台感謝前來支持的盟友。

局外人」口號為號召，要求「修正劃設辦法」、「推出該辦法的原民會主委下台」。

對於帳棚曾被拆除，也屢遭開罰單與驅離，那布戲稱那是在二二八公園「繳房租」，歷任台北市長都有開罰單，否則不好向市民交代，但還是感謝許多願意接納他們的台北市民。

原轉小教室2024年5月5日在凱道舉辦「在路上的朋友派對」，以音樂、短講與讀詩方式感謝大家7年來的支持，宣布2,644天的紮營告一段落。巴奈表示「所有跟文化有關的事情，最終還是要回到土地上」，決定回到台東部落，為原住民議題繼續發聲。

原住民姓名登記可單列傳統姓名 促進族群融合平等

立法院民國113年5月14日三讀修正通過《姓名條例》部分條文，增訂台灣原住民族辦理戶籍登記、申請護照時，可單列原住民文字的正式姓名（羅馬拼音）。內政部長林右昌表示，透過姓名登記促進族群融合平等，具有歷史性意義。

在《姓名條例》修正之前，原住民族姓名僅可登記「漢人姓名」、「漢人姓名並列羅馬拼音」、「中文傳統名字」或「中文傳統名字並列羅馬拼音」。「以我的族名呼喚我」行動小組批評這是以漢人為本位，儘管開放族名與漢名並列，但在填寫文件時，依然會被要求以漢名為主，然而中文無法完整表達族名的發音，且族名被中文表意時，族名的意涵也被掩蓋。

為促進族群融合平等，立法院三讀通過《姓名條例》條文增訂，台灣原住民族依其文化慣俗登記傳統姓名者，得使用原住民族文字單列為名字，並新增原住民族依其文化慣俗改名時，因非屬個人因素改名者，不列入次數計算。

另外，三讀通過條文增訂，台灣原住民族傳統姓名的文化慣俗，由原民會調查確認，其內涵意義、取用方式及其他應行注意事項之指引，由內政部會同原民會定之。原住民族出生登記及初設戶籍登記以傳統姓名登記者，得申請變更為漢人姓名；變更為漢人姓名者，得申請回復傳統姓名，但均以一次為限。

此前，泰雅族人Bawtu Payen（原名寶杜巴燕）110年赴戶政事務所申請以羅馬拼音族名變更身分證姓名遭拒，因而提起行政訴訟。他舉「免費鮭魚吃到飽改名就可以？！原住民單列族名卻是製造社會困擾？！」報導為例，主張現行法令剝奪他透過傳統名字尋求身分認同的重要權利。台北高等行政法院112年11月判其勝訴，令戶政所須將他姓名變更登記，Bawtu Payen亦成為全台首位單列羅馬拼音族名者。

立院三讀 增漢人姓氏也可取得原住民身分規定

立法院民國112年12月18日三讀修正通過

《原住民身分法》部分條文，113年1月3日公告施行，增訂原住民與非原住民通婚所生子女，若從具非原住民父或母的漢人姓氏，只要以原住民族文字並列父或母所屬原住民族的傳統名字，即可取得原住民身分的規定。

原先《原住民身分法》第4條規定，原住民與原住民結婚所生子女，以及原住民與非原住民結婚所生子女，必須從具原住民身分的父或母的姓或原住民傳統名字者，才能取得原住民身分。

新法是因應111年憲判字第4號「不得以姓氏當作取得原住民身分之唯一要件」的違憲判決結果，違憲條文必須在2年內修法或立法，逾期則違憲條文自動失效。

聲請釋憲的太魯閣族人鄭川如表示，其所生的女兒雖然具有原住民血統，卻因為從非原民的爸爸姓，無法取得原住民身分，她認為在當代社會原漢通婚的趨勢下，此不利推動原住民族的社會發展，並違反女性的平等權。

本次修法後，不論是「原住民與原住民結婚」或「原住民與非原住民結婚」所生子女，只要符合3要件之一，都可以取得原住民身分，包含取用父或母所屬原住民族的傳統名字、取用漢人姓名並以原住民族文字並列父或母所屬原住民族傳統名字、從具原住民身分之父或母姓。

其次，若是依「取用漢人姓名並以原住民族文字並列父或母所屬原住民族的傳統名字」規定，取得原住民身分者，其子女從其姓者，應依同款規定取得原住民身分。

新條文亦明定，非原住民經年滿40歲且無子女的原住民雙親共同收養，且符合「被收養時未滿7歲」及「取用或以原住民族文字並列收養者之一所屬原住民族的傳統名字，或從收養者之一的姓」規定者，取得原住民身分。另一方面，有原住民血統，但在尚未取得原住民身分時就被非原住民收養者，養子女只要並列生父或生母所屬原住民族的傳統名字，不必終止收養關係就可取得原住民身分。

此外，依原規定，已成年原住民自願拋棄原住民身分後就無法回復，過於嚴苛；這次放寬規定，讓自願拋棄原住民身分的人，可有一次恢復原住民身分的機會。

原民會指出，此次修法落實《憲法》保障原住民身分認同權及平等權意旨，也解決實務上面臨的問題，可保障原住民身分認同權，並透過姓名取用，深化個人與所屬族群的文化連結。

台南首創平埔族群認同註記

2022年10月憲判字第17號出爐，憲法法庭判決《原住民身分法》相關條文與《憲法》第22條保障原住民身分認同權、憲法增修條文規定保障原住民族文化等意旨有違，應於3年內修法或另定特別法。此結果等同判定西拉雅等平埔族可被認定為原住民族，台南市2023年12月1日響應釋憲結果，成為首創平埔族群民族別認同註記城市。

台南市政府訂定「台南市政府民政局所屬各戶政事務所受理平埔族群民族別認同註記作業要點」，協助推動台南市平埔族族人之正名，以利將來加速取得原住民身分，並落實《憲法》所保障的原住民族身分認同權。設籍台南市且戶籍資料個人記事欄有「熟」相關註記者，備妥個人文件即可至戶政事務所申請。

台南市長黃偉哲表示，因應西拉雅族釋憲案，台南市積極推動相關立法與作業要點，中央雖給予3年期限完成修法，但台南市超前部署，成為第一個有平埔族認同註記的城市。

釋憲案背景為2009年台南西拉雅族人欲依《原住民身分法》登記為「平地原住民」，被原住民族委員會以不符平地原住民登記期限規定，予以拒絕，族人遂提起行政訴訟。一審台北高等行政法院判決敗訴，經上訴後，最高行政法院撤銷原判決，發回台北高等行政法院更審。更一審認為《原民法》有違憲之虞，因而聲請釋憲。

平埔族群的身分認定，清治、日治時期都有「熟番」（高山族原住民）、「生番」（平埔族原住民）的區別；戰後，國民政府以「山胞」稱呼高山族原住民，1956年區分為「平地山胞」、「山地山胞」，並在1956、1957、1959、1963年，限期開放日治時期具「熟番」身分者

得以補登記為平地山胞，但在當時原住民受污名等因素下，實際登記者甚少。平埔族群長期不受官方承認，至1990年代，與當時展開的原住民正名運動結合，從而開啟文化復興與正名運動之路。

王光祿狩獵案無罪確定

原住民王光祿（Talum Suqluman）狩獵案纏訟多年，民國110年獲總統蔡英文特赦，但除刑不除罪，最高檢察署二度提起非常上訴，最高法院113年3月14日改判王光祿無罪確定。

全案起於，台東布農族人王光祿102年間因年邁母親想吃肉，持獵槍射殺山羌等保育動物，台灣高等法院花蓮分院依違反《槍砲彈藥刀械管制條例》及《野生動物保育法》判處3年6月徒刑，經最高法院駁回上訴定讞。

此案引起社會關注，104年檢察總長顏大和提起非常上訴；106年最高法院就王光祿案，聲請釋憲；大法官於110年間做出釋字第803號解釋，僅有部分違憲，同年5月20日蔡總統行使赦免權，特赦王光祿。

不過，最高法院認為，釋憲結果對原判決的論斷並無影響，判決駁回非常上訴。而後最高檢察署二度提起非常上訴，最高法院認為，王光祿行為不適用《槍砲條例》、《野保法》刑罰規定，改判無罪。

最高法院指出，王光祿坦承於河床拾獲土造長槍及子彈，原判決因此認定槍枝並非以原住民文化所允許的方式製造，卻未究明原住民早已使用外來的當代槍枝狩獵，而無自製獵槍的文化。

尤其，原住民並非均懂得獵槍製造技術，也非均有能力購置機床設備或委請他人製造，因此自製獵槍的解釋應包括「他製己用」、「自製他用」的情形。王光祿持有之獵槍應屬「他製己用」，加上其於原住民地區狩獵、供家人食用屬非營利目的，雖未事先取得許可，仍不適用《槍砲條例》的刑罰規定。

另外，《野生動物保育法》、《原住民族基本法》，均保障原住民基於傳統文化、祭典或非營利從事狩獵活動的文化權利，《野保法》第18條第1項第1款僅規範一般人民，原住民不受同法限制。

因此最高法院認為，原判決認定王光祿持槍狩獵的行為，應屬不罰，非常上訴認為原判決違背法令為有理由，撤銷原判，改判無罪確定。

睽違40年
大隘三鄉復辦聯合運動會

大隘三鄉聯合運動會停辦近40年後，在客委會補助下，於2023年11月25日重新登場，成為「大隘靚行式—新竹大隘文化祭」活動之一，客委會副主委周江杰表示，盼透過大隘三鄉從古至今傳承下來的故事，讓更多民眾了解在地人文，體驗浪漫台三線的好山好水。

新竹縣北埔鄉、峨眉鄉及寶山鄉，昔日為金廣福墾號之拓墾區域，因早期移民拓墾開荒與原住民衝突不斷，設置隘口防禦，故被統稱為「大隘三鄉」，傳統上為同一生活、祭祀圈。尤其為了保家衛土，大隘三鄉特別重視身體的鍛鍊，運動會更是展現客庄團結精神的盛事，後因人力物力無以為繼停辦。

這次在睽違40年後重新舉行，以寶山國中、雙溪國小為競賽場地，除了有籃球、羽球、樂樂棒球、田徑等體育項目，還有挑擔、揹穀包等客家趣味競賽。

另外，因新竹科學園區的台積電廠房大多位於寶山鄉，而台積電熊本廠設於菊陽町，為展現台日友好情誼，大會邀請日本熊本縣菊陽町與大隘三鄉代表進行拔河表演賽，以體育進行國際交流。當天並同步舉辦在地農庄市集、藝文展演活動，透過美食、八音、戲曲、山歌展現客家底蘊。往後三鄉將輪流舉辦文化祭，期待未來打響「南六堆、北大隘」的客家文化知名度。

寶山鄉長邱振瑋40年前曾參加大隘三鄉運動會接力賽跑，他表示12年前開始提倡復辦時，便深感科技產業快速發展、持續開發寶山，客家人口比例越來越低，文化傳承變得困難，於今獲得客委會補助復辦，願望成真，希望能復振客庄文化並永續傳承下去。

客家委員會
Hakka Affairs Council
佢講客

Hakka客語輸入法
APP上架囉

App Store

Google Play

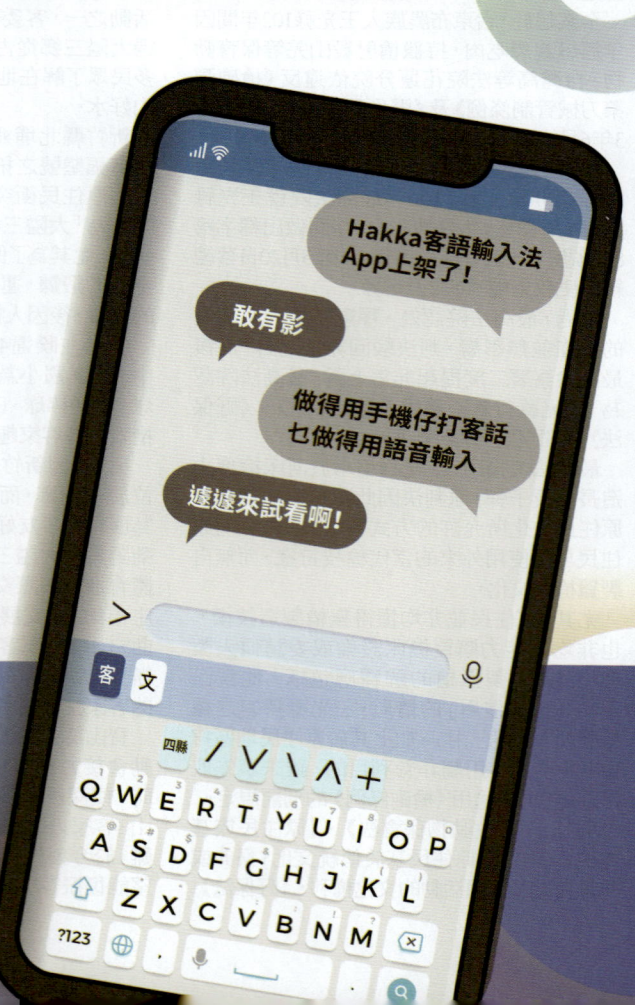

Hakka客語輸入法 App上架了！

敢有影

做得用手機仔打客話 乜做得用語音輸入

遽遽來試看啊！

▲大陴三鄉聯合運動大會舉行聖火傳遞儀式。

臺南400　慶祝活動多元齊發

　　1624年荷蘭東印度公司撤出澎湖，轉往不受明朝政府管轄的台灣，在今天的台南安平建立台灣本島信史上第一個統治政權，標誌著台灣正式加入全球大航海時代。這段歷史距2024年恰好為400年，台南市政府以「一起臺南・世界交陪」的核心概念，舉辦多元紀念活動，熱鬧一整年。

　　台南市政府透過8大策展主題—永續農業、創新城事、創意健康、全民教育、全民運動、未來生活、文化治理、城市食力，結盟台南各區館舍，2024年1至12月間進行展覽、講座、音樂、戲劇、走讀、競賽等一系列活動。並同步推出「1624講堂」，網羅歷史、考古、建築、民俗、文學界的專家學者，共9大子題、30場講座，細數400年來的台南文史風華。

　　此外，市府並爭取到台灣燈會、台灣文化創意博覽會、台灣設計展3項國家級大型活動在台南舉辦。

　　2024台灣燈會2月3日至3月10日舉行，以「龍耀臺南」為主軸，最大亮點是文化部策畫、國立傳統藝術中心主辦的《1624》歌仔音樂劇，於燈會期間首演。集結全國13個表演團隊、21位重要演員盛大演出，也是唐美雲、孫翠鳳兩大天王首次於戶外大型演出同台飆戲。

　　2010年起策辦的台灣文化創意博覽會則首度移師台南，主題為「寶島百面」，8月23日至9月1日登場，除了大台南會展中心主展場，市府推出串聯活動，呼應「台南作為台灣歷史教室」，讓整座城市化身無邊界大型學校。文化部指出，本屆文博會超過570家文創品牌參展，參觀總人數達62萬人次，創歷史新高。

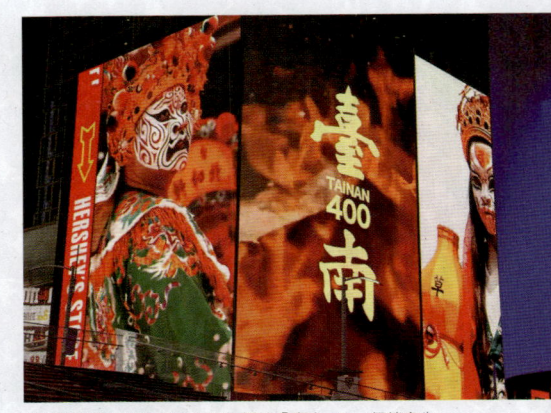

▲美國紐約時報廣場大型看板播放「臺南400」行銷廣告。

臺
TAINAN
400
南

一起臺南 世界交陪

Tainan, Where you belong

珍視傳統 × 開創當代 × 展望未來

臺南市政府文化局 廣告

2024台灣設計展10月26日在台南揭幕，為期16天，主題「是台南．當是未來」代表迎向下個400年之意。台南美術館2館、市定古蹟西市場及香蕉倉庫作為主要展場，另有藍晒圖文創園區、台南車站、321巷藝術聚落等衛星展區。市府表示，在「臺南400」重要節點上，台灣設計展不僅回顧台南源遠流長歷史底蘊，更希望透過設計力介入，看向台南逐步提升的城市美學和產業發展。

牡丹社事件150週年
屏東舉辦系列紀念活動

牡丹社事件對台灣歷史影響深遠，2024年適逢150週年，屏東縣政府5月起展開石門古戰場史蹟碑揭碑等一系列紀念活動，不只提醒後代子孫緬懷先人捍衛家園的精神，更共同見證屏東作為世界的入口，為台灣帶來的歷史意義。

牡丹社事件為1871至1874年間，從琉球漂民事件至日本出兵台灣攻打屏東恆春半島牡丹地區，台灣原住民族遭遇的一連串歷史事件，不只牽動東亞地緣政治，促使清廷轉為積極治理台灣，更是日本走向軍國主義之始。

1874年，日本藉琉球漂民事件出兵，在現今車城鄉射寮登陸，沿四重溪上溯，5月22日與牡丹社、高士佛社人發生激烈戰爭，牡丹社頭目aruqu父子等多名原住民戰士在石門之役奮戰而亡。

石門之役是牡丹社事件最重要一役，古戰場中的石門峽谷狀似門戶，地勢險要，是通往牡丹社的重要入口，排灣語稱為macacukes，有相互支撐之意，引申出抵禦外侮的意涵。「macacukes石門古戰場」經屏東縣文資審議會通過登錄為史蹟，2023年9月15日公告，成為全國第7件法定史蹟文化資產。

2024年5月22日，屏東縣政府舉行「macacukes石門古戰場」縣定史蹟碑揭碑典禮，同步啟用旅遊資訊站，民眾可從這裡開始認識牡丹社事件。原民會主委曾智勇表示，見證時代的歷史古蹟，可以成為族群和解、實現轉型正義的橋梁。屏東縣長周春米說明，紀念活動以和平為主訴求，希望從恆春半島為起點，向全世界傳遞和平信念。

牡丹社事件150週年相關紀念活動在2024年5至12月間陸續舉辦，包括「野牡丹qaculju—遙望八瑤灣藝文饗宴」、繪本暨特色教學成果展、重返歷史址蹟健走、傳統競技運動會、舞劇演出、部落小旅行及國際講座等。此外，屏東縣政府2024年建置觀光品牌「風域半島」，同步推出「琅嶠傳奇在牡丹」一日遊，帶民眾走入歷史現場，深度認識史事、文化及生態內涵。

北港進香　獲列國家重要民俗

「北港進香」泛指全台各地宮廟、信眾前往北港朝天宮刈火、會香或參拜等宗教民俗活動，不但保留傳統形式，且是台灣媽祖信仰中進香團數量最多的活動。2024年5月17日文化部發文公告為國家重要民俗，並認定「財團法人北港朝天宮」為保存者。

文化部2月17日召開第9屆民俗審議會113年度第1次會議，與會委員全數同意登錄「北港進香」為全國第23個重要民俗，北港朝天宮也成為台灣唯一傳承2項重要民俗（北港進香、朝天宮迎媽祖）的保存者。

審議委員林茂賢表示，「北港進香」反映台灣民間媽祖信仰的重要性，影響台灣民間信仰深遠，也呈現地方民眾的集體記憶與認同。審議委員戴寶村就重要民俗登錄基準，肯定「北港進香」在歷史與社會的變遷下仍具文化生命力，且是由民眾自主自發，延續進香的傳統文化模式。

文化部長史哲指出，北港朝天宮為台灣媽祖信仰中最具代表性的宮廟之一，除文化及宗教意義外，北港進香具全國性、跨縣市、形式多元的特色，且兼具信仰、文資、工藝、觀光等社會功能。

根據朝天宮統計，每年到訪的進香團數量超過3,000團以上，香客人數高達數百萬，涵蓋全台與離島地區，並及於南非、北美、東北亞和東南亞等。來自各地的進香團隨同宮廟陣頭前往北港進香，朝天宮保留傳統科儀，包含恭請神尊進殿、結紅綾、團拜、刈火、回駕等，同時也尊重各地宮廟的多元化儀式，如

▲白沙屯媽祖進香北港，快速三進三出行禮後，進入朝天宮駐駕。

交香、請水、招軍請火等。

北港進香的歷史，依目前記載最早的文獻1814年〈嘉慶19年彰化南瑤宮老大媽會合約〉，再根據道光年間一般古物「北港朝天宮進香旗（道光貳拾陸年款）」的物證，可推測其歷史脈絡長達200年。

從早期徒步、搭乘火車，到坐遊覽車進香，北港進香的流變見證台灣社會發展歷程，其傳承貫串清治、日治、戰後到當代，持續凝聚各宮廟信眾向心力，形塑出跨族群、跨地域的文化認同。

文資法修法　盼歷史建築受應有保護

過去屢發生文化資產被指定後，反遭拆除或人為縱火，立法院民國112年11月10日修正通過《文化資產保存法》第41、99條，透過指定歷史建築容積移轉與租稅優惠等，促使文化資產受到應有保護。

此修法源於新莊慈祐宮不服其所有土地上的普安堂建物，經新北市政府登錄為歷史建築，提出行政救濟被駁回後，在109年5月聲請釋憲。司法院於110年12月24日作成釋字第813號解釋，《文資法》第9條第1項及第18條第1項規定，對歷史建築所定著土地所有權人之特別犧牲，未以金錢或其他適當方式予土地所有權人相當補償，不符《憲法》第15條保障人民財產權意旨，要求文化部2年內予以修正。

修正條文明定，古蹟、歷史建築、紀念建築所定著之土地，除管理者為政府機關的情況外，因古蹟、歷史建築、紀念建築之指定、登錄、保存或劃定，致其原依法可建築之基準容積受到限制部分，得等值移轉至其他地方建築使用，或享有其他獎勵措施。另外，有關租稅減免部分亦納入歷史建築及紀念建築，明定古蹟、考古遺址、歷史建築、紀念建築及其所定著之土地，免徵房屋稅及地價稅。

民進黨立委張廖萬堅、吳思瑤等人曾在審查會中表示，基於成本考量，當前容積移轉市場仍以公共設施保留地較受青睞，致使文資座落之土地所有人難以獲得補償，導致當事人抗拒或自行拆除。為此，立委提出多項附帶決議，要求文化部會同內政部檢討文資補償機制，以提升保存獎勵誘因。

文化部強調，文化資產保存已是國際趨勢，屬保護多元文化的一環，期盼透過修法，藉由公私協力，共同守護國家無可替代的重要文資。

少子加老化　國發會推估2070年台灣人口剩1497萬

國發會2024年10月17日公布「中華民國人口推估（2024年至2070年）」，示警長期老化程度再升高。除了2025年進入超高齡社會，到了2039年，65歲以上老年人口占比將超過30%；並預估總人口從2024年的2,340萬人，2030年開始低於2,300萬人，至2070年僅1,497萬人。

國發會表示，國人壽命延長、少子化影響，65歲以上老年人口占總人口的比率預估從2024年的19.2%，提高至2070年的46.5%；同期間，年齡中位數由45.1歲提高至62.4歲；並由原3.6名青壯年扶養1名老人，減少為每1名青壯年人口即需扶養1名老人。

國發會每2年依據最新戶籍人口資料，更新不同生育情境下，未來約50年人口結構的可能發展。此次推估，持續為台灣人口結構拉響警報。

§ 第二章　政治與政府

蔡總統新年談話：
這八年世界關鍵字一定有台灣

　　總統蔡英文民國113年1月1日在總統府大禮堂發表任內最後一次元旦談話表示，這8年的關鍵字是世界，而「如果這8年世界的關鍵字是什麼，那一定有台灣」。台灣跟以往更不一樣，不再被遺忘，2,350萬台灣人參與世界、改變世界。

　　蔡總統說，一場百年大疫，不僅挑戰全世界人與人之間的互信，更考驗國與國的互助，而民主自由與威權主義的再衝突，不但牽動地緣政治板塊穩定，也衝擊國際供應鏈的版圖重整。

　　蔡總統表示，這8年來世界變得不一樣，民主自由不只是價值信仰，而是地緣政治要捍衛的堡壘，更是國際供應鏈中必須搭載的核心。

　　蔡總統在談話中指出，這8年來，台灣也真的不一樣，跟以往更不一樣的是，台灣不再被遺忘，2,350萬台灣人參與世界改變，更參與改變世界，「如果問我這8年的關鍵字是什麼，我會說是世界；如果問這8年世界的關鍵字是什麼，那一定有台灣」。

　　蔡總統指出，「我們信守承諾維持現狀，也展現決心強化國防」，並全面啟動國防改革，這個改革是現在進行式，但台灣不挑釁、不屈服，以無比堅定的信用，贏得國際社會信任，也讓台灣自信堅定的面向世界，也能自信沉穩面對中國。

　　蔡總統說，如今Taiwan Can Help是國際肯定的行動，在國際社會需要幫助時，台灣的力量一直都在，而當對岸遭逢天災危難，台灣的關懷也一直都在，而在增加國際合作同時，也期盼兩岸之間負起共同責任，期盼兩岸盡速恢復健康有序交流，期盼以和平、對等、民主、對話，共同尋求兩岸間長遠、穩定的和平共存之道。

　　經濟上，蔡總統提到，8年來透過推動「前

▲總統府舉行113年元旦升旗典禮，總統蔡英文（前左2）、副總統賴清德（前中）、立法院長游錫堃（前右1）、行政院長陳建仁（前右2）等人出席，與民眾共同迎接新的一年。

瞻基礎建設」、「五加二產業創新」,以及「六大核心戰略產業」,提升投資環境,強化經濟體質,也縮小城鄉差距,提高生活品質。

她說,台灣GDP大幅成長到112年超過23兆元,台股指數從105年上任那天的8,131點,到112年封關,已經達到1萬7,930點,不僅再創112年新高,甚至超越香港恆生指數。台灣已是全球第21大經濟體,國家的總體競爭力進步到全球第6名。

蔡總統指出,過去幾年啟動稅改,提高免稅額和扣除額,讓全台灣現在有305萬戶、大約47%的國人,不用繳綜合所得稅;長照預算,從她上任時的1年54億元,113年將超過876億元。「0到6歲國家一起養」政策,從105年的150億元預算,113年將超過1,100億元。

她說,連續8年調漲基本工資,從2萬8元調漲到113年的2萬7,470元,1月1日正式上路;《最低工資法》也在元旦正式施行。

能源轉型議題上,蔡總統說,縱然告別了前一個政府所留下的,電力備轉容量率只有1.64%的年代,縱然綠電的年度總發電量已經翻轉超越核電,但能源轉型仍然要加速進行。台灣必須持續強化能源韌性,以接軌聯合國氣候變化綱要公約會議(COP28)所設定的,2030年全球再生能源成長2倍、能源效率提高1倍的國際目標,進而邁向2050淨零轉型。

蔡總統談兩岸關係
須透過民主程序做最後決定

蔡總統回應媒體提問時表示,兩岸關係要何去何從,最重要原則是必須符合民主原則,以台灣人共同的意志來做決定,畢竟台灣是民主國家,將來要與中國形成什麼樣關係,必須透過民主程序做最後的決定,但在這其中要確保民主的優質與國人民主素養持續提升,以及對國家所處的環境能更深入了解。

對在野黨提倡的「九二共識」,蔡總統說,在兩岸情勢轉變下,「九二共識」的詮釋也在改變,中國領導人已定調,「九二共識」就是一個中國的「九二共識」,而且要推動兩岸政治協商跟實踐「一國兩制」的台灣方案,因此「九二共識、一中原則、一國兩制,就是三位一體的對台方案」。

蔡總統指出,以接受「九二共識」為起點,若一味附和「九二共識」,會將台灣人圈入在中國所定義的「九二共識」,對中華民國台灣的主權就是最大風險所在。她說,持續以「九二共識」為通關密語,向台灣人民表達可以與中國溝通,「溝通固然重要,但是以主權交換未免太沉重了一些」。

有關中國取消部分《海峽兩岸經濟合作架構協議》(ECFA)關稅優惠,蔡總統說,台灣的產業已經逐漸擺脫先走向中國、再走向世界的舊路徑,台灣向來歡迎兩岸健康有序的互動,但不能把經貿往來變成政治工具,不能把商業機制變成政治威脅。

她說,台灣與中國都是世界貿易組織(WTO)成員,如果有貿易爭議就應該透過既有機制進行協商,中國各項動作早在政府預判當中,政府會協助產業做最好的準備。

蔡總統說,ECFA以現在的規模來看,經濟效益有限,但是分散風險、布局全球,仍是台灣未來要走的路,而且是一條對的路,而不是再次走回依賴中國的這條路,尤其是中國不穩定的市場存在著不可測的風險。

媒體關切能源議題,蔡總統表示,現階段的台灣社會不該持續在核電爭議上打轉,而是應該在非核選項中大步前進。

蔡總統強調,在野黨就要發展核電,但始終都無法說出新的核電廠要蓋在哪,核廢料要怎麼處理。她說,如果有新的核電技術,能夠確保核安又能解決核廢料問題,又有足夠的社會共識,或許可以採取更開放的態度來面對,但現階段這些條件都尚未成熟。

蔡總統表示,在野黨的重點是放在缺電上,但台灣最缺電的時期是在105年5月她剛接任總統時,當時的備轉容量率低到只有1.64%,而112年備轉容量率不曾低於6%,且持續維持在6%到10%間,甚至從111年開始,台灣的綠電總發電量超過核電。

蔡總統指出,面對2050淨零轉型及國際供應鏈RE100的挑戰,全力加速再生能源發展,接軌COP28所確立的共識,即2030年再生能源成長2倍、能源使用效率提高2倍,這樣才能確保台灣產業的國際競爭力。

在野黨質疑民進黨政府的綠電弊案及貪腐

問題，蔡總統說，她不會容忍執政團隊的害群之馬跟不肖個案，該查就查、該辦就辦，也因如此，最近日本學者小笠原欣幸提到，在歷任政府中，只有蔡英文政府至今無高層官員涉及貪污被揭發案例，台灣的國際清廉指數也達到27年來最好的成績。

對於死刑存廢問題，蔡總統說，台灣沒有廢除死刑，目前的死刑犯都仍在釋憲法律程序中，她也必須要提醒，無論誰當總統都不能超越法律，因為台灣是法治國家。

蔡總統指出，死刑存廢議題在台灣有許多討論，也牽涉到情感與理性、價值與理念，每當有重大刑案發生，許多人都希望犯人受到制裁，想藉由死刑來嚇阻重大犯罪行為。

蔡總統說，這也顯示民眾不希望有犯罪發生，預防犯罪是民眾心中最大期待，這也表示政府要持續努力，建立更完善的制度，至少包括4個面向，分別是提升司法公信力以及強化治安，特別是加強查緝幫派組織，另外也要增加政府量能，強化社會安全網，以及完善收容人精神醫療服務，這些政府都在努力，「不足之處我們還需要繼續加強」。

元旦升旗　總統副總統手持小國旗出席

民國113年元旦升旗典禮在總統府前廣場舉行，由國際青年商會中華民國總會主辦，活動主題為「活力台灣 世代永續A Vibrant Taiwan, A Sustainable Future」，總統蔡英文、副總統賴清德手持小國旗出席。

清晨4時30分民眾手持國旗陸續湧進凱達格蘭大道，人潮占滿凱道及周圍街道，民眾互道早安，也有民眾從前一天跨年後直接到凱道等待日出。

5時開始，由熱情洋溢的建中樂旗隊與北一女中樂儀旗隊揭開序幕，緊接著由台灣「女神級」國樂團體─無雙樂團帶來組曲演出，演繹經典台灣流行名曲；後續登場是國際知名街舞團體FORMOSA CREW等10名台灣街舞高手領軍表演。

節目最高潮是由九天民俗技藝團壓軸，與200名童軍團成員，在凱道上舉起11公尺巨幅國旗及青商會旗。6時開始，國防部聯合樂隊暨三軍儀隊操演接著登場。

蔡總統、賴副總統手持國旗在總統府秘書長林佳龍等人陪同下進場，與會者包括行政院長陳建仁、立法院長游錫堃、台北市長蔣萬安等人。

國歌領唱團以「世代傳承」作為呼應，成員從8歲的小小青商，到70歲青商等，橫跨台灣數個世代，還有歷屆十大傑出青年代表，與現場民眾齊唱國歌。

升旗典禮結束後，蔡總統、賴副總統步上舞台，向凱道上的群眾揮手致意。

8時30分，蔡總統在總統府發表2024年新年談話，並回答媒體提問。會後與賴副總統一起在總統府，發放1,000份春聯與紅包袋給民眾。

第16任總統副總統
賴清德蕭美琴宣誓就職

中華民國第16任總統賴清德、副總統蕭美琴民國113年5月20日在總統府就職。賴總統高舉右手宣誓後，從立法院長韓國瑜手中接下中華民國之璽、榮典之璽，正式就任。

賴總統身著湛藍色為主色調的西裝，搭配「幸運紫」領帶，以及油菜花外型的春仔花工藝胸針；總統夫人吳玫如黑色洋裝搭配粉色外套。蕭副總統身穿白色上衣、黑色褲裝。

就職典禮上午9時開始，監誓人為大法官會議主席、司法院長許宗力，賴總統、蕭副總統在卸任總統蔡英文等人陪同下，唱國歌、向國旗暨國父遺像行三鞠躬禮，並高舉右手宣讀誓詞。立法院長韓國瑜依序授與賴總統「中華民國之璽」、「榮典之璽」、「總統之印」、「總統之章」。

就職宣誓完成後，賴總統、蕭副總統與蔡英文步出總統府外主舞台向群眾揮手致意。隨後3人一起返回總統府正大門車廳，賴總統與蕭副總統送別蔡英文登車離開總統府。

總統府前的就職慶祝大會由國軍聯合樂儀隊預演揭開序幕，賴總統與蕭副總統11時來到總統府前廣場主舞台，陸軍禮砲連以3秒1發方式，施放國家慶典最高規格的21響禮砲，向三軍統帥致上最高敬意。

大會國歌領唱人為地震受災的花蓮縣西寶

國小學生,以及中華職棒傳奇球星陳義信、黃平洋、謝長亨、康明杉,領唱團體包括國立實驗合唱團、國立台北教育大學音樂系學生等,賴總統也開口合唱,搭配軍方以直升機吊掛巨幅國旗飛過會場,見證民主時刻。

賴總統以「打造民主和平繁榮的新台灣」為題發表就職演說,全長30分鐘,全文5,295字,分7項議題,分別是「行政立法協調合作,共同推動國政;民主台灣,世界之光;民主台灣,世界和平舵手;民主台灣,世界繁榮推手;樂民之樂,憂民之憂;團結力量大,繼續壯大國家;台灣新世界,世界新台灣」。演說內容共提到「台灣」79次、「中華民國」9次、「中華民國台灣」3次。

賴總統從年輕立志行醫救人到從政立志改變台灣說起,並細數接下來的施政重點,其中談到國會「三黨不過半」,立法院的議事運作應該遵守程序正義,多數尊重少數、少數服從多數,才能避免衝突,維持社會的安定和諧。

談到與中國互動,賴總統說,希望中國正視中華民國存在的事實,尊重台灣人民的選擇;中華民國與中華人民共和國互不隸屬;任何一個政黨,都要反併吞、護主權,不可為了政權犧牲國家主權。

賴總統演說時手勢豐富,時而握拳,時而振臂疾呼;他展開雙臂「歡迎台商回台投資」;他右手撫上左胸,承諾「只要政府在,勞保絕對不會倒」。他強調,會積極打擊黑金、槍、毒和詐騙,贏得現場掌聲。

慶祝大會尾聲在空軍3型主力戰機與勇鷹高教機各以5機編隊實施空中分列式,向賴總統致敬,雷虎小組5架AT-3教練機施放藍、白、紅3色彩煙壓軸衝場,為520就職慶祝大會畫下完美句點。

賴總統就職後簽署的第一份公文,任命行政院長卓榮泰、總統府秘書長潘孟安及國家安全會議秘書長吳釗燮,並主持3人的宣誓典禮。

賴總統就職演說:
打造民主和平繁榮新台灣

中華民國第16任總統賴清德伉儷、副總統蕭美琴113年5月20日參加在總統府前廣場舉行的就職相關活動,賴總統並發表就職演說。

演說全文為:

蕭美琴副總統、各位友邦的元首與貴賓、各國駐台使節代表、現場所有的嘉賓,電視機前、還有線上收看直播的好朋友,全體國人同胞,大家好。

我年輕的時候,立志行醫救人。我從政的時候,立志改變台灣。現在,站在這裡,我立志壯大國家!我以無比堅定的心情,接受人民的託付,就職中華民國第16任總統,我將依據中華民國憲政體制,肩負起帶領國家勇往前進的重責大任。

回想1949年的今天,台灣實施戒嚴,全面進入專制的黑暗年代。1996年的今天,台灣第一位民選總統宣誓就職,向國際社會傳達,中華民國台灣是一個主權獨立的國家、主權在民。2024年的今天,台灣在完成3次政黨輪替之後,第一次同一政黨連續執政,正式展開第3任期。台灣也揚帆進入一個充滿挑戰,又孕育無限希望的新時代。

這段歷程,是這塊土地上的人們,前仆後繼、犧牲奉獻所帶來的結果。雖然艱辛,但我們做到了!此時此刻,我們不只見證新政府的開始,也是再一次迎接得來不易的民主勝利。

許多人將我和蕭美琴副總統的當選,解讀為「打破8年政黨輪替魔咒」。事實上,民主就是人民作主,每一次的選舉,虛幻的魔咒並不存在,只有人民對執政黨最嚴格的檢驗、對國家未來最真實的選擇。

我要感謝,過去8年來,蔡英文前總統、陳建仁前副總統和行政團隊的努力,為台灣的發展打下堅實的基礎。也請大家一起給他們一個最熱烈的掌聲!我也要再次感謝國人同胞大家的支持,不受外來勢力的影響,堅定守護民主,向前走不回頭,為台灣翻開歷史的新頁。

在未來任期的每一天,我將「行公義,好憐憫,存謙卑的心」,「視民如親」,不愧於每一份信賴與託付。新政府也將兢兢業業,拿出最好的表現,來接受全民的檢驗。我們的施政更要不斷革新,開創台灣政治的新風貌。

▲中華民國第16任總統副總統宣誓就職典禮113年5月20日在總統府大禮堂舉行，總統賴清德高舉右手宣誓。

一、行政立法協調合作，共同推動國政

今年2月上任的新國會，是台灣時隔16年後，再次出現「三黨不過半」的立法院。面對這個政治新局，有些人抱持期待，也有些人感到憂心。

我要告訴大家，這是全民選擇的新模式，當我們以新思維看待「三黨不過半」，這代表著，朝野政黨都能分享各自的理念，也將共同承擔國家的種種挑戰。然而，全民對於政黨的理性問政也有很大的期待。政黨在競爭之外，也應該有合作的信念，國家才能踏出穩健的步伐。

立法院的議事運作應該遵守程序正義，多數尊重少數，少數服從多數，才能避免衝突，維持社會的安定和諧。

在民主社會，人民的利益至上，這是民主的根本；國家的利益優先於政黨的利益，這是政黨的天職。當朝野政黨推動法案，都能夠合乎《憲法》，秉持「人民至上」、「國家優先」的精神時，國政自然順利推展。

行政院卓榮泰院長率領的內閣團隊，也將優先解決對社會有益、朝野有共識的議題，以積極行動、創新思維，解決民瘼，來回應民意、服務人民。

目前，0403災後的復原工作正在進行。我要再次向罹難者表示哀悼、慰問家屬。我也要感謝所有協助救災和重建的國人，以及再次感謝國際社會的關心和支持。中央政府已經規畫投入285.5億元，來協助重建及產業振興，幫助花蓮民眾可以儘早恢復正常生活。

我對未來中央和地方的互相合作、行政和立法的協調運作，寄予厚望，也希望跟所有國人攜手努力，一起深化台灣的民主，維護印太的和平，促進世界的繁榮。

二、民主台灣，世界之光

各位國人同胞，民主、和平、繁榮是台灣的國家路線，也是台灣與世界的連結。台灣是「世界民主鏈」的亮點，民主台灣的光榮時代已經來臨！

台灣自從總統直選以來，已經成為全球最蓬勃發展的民主國家之一。我們持續提升人權，向世界展現民主自由的價值。

台灣是亞洲第一個同性婚姻合法化的國家。台灣示範了民主防疫可以優於專制防疫。台灣不論是民主指數，或是自由度的評比，在亞洲的排名都是數一數二。民主台灣已經是世界之光，這份榮耀屬於全體台灣人民。

未來，新政府將持續善用台灣的民主活力，推動國家發展，也加深國際合作。

對內，我會用人唯才清廉勤政，並落實民主治理，建立開放政府，以「公開透明」、「人民作主」的精神，鼓勵大眾參與公共政策，繼續推動18歲公民權，共同實踐國家的願景。

對外，我們將持續與民主國家，形成民主共同體，彼此交流各領域的發展經驗，一起對抗假訊息，強化民主韌性，因應各項挑戰，讓台灣成為民主世界的MVP。

三、民主台灣，世界和平舵手

和平無價，戰爭沒有贏家。明年，第二次世界大戰結束就滿80年，台灣和各國都一樣，走過戰後艱辛的復興道路，才有今天的發展成果，沒有人願意讓戰爭摧毀這一切。

如今，俄烏戰爭和以哈戰爭持續衝擊全世界，中國的軍事行動以及灰色脅迫，也被視為全球和平穩定最大的戰略挑戰。

台灣位居「第一島鏈」的戰略位置，牽動著世界的地緣政治發展。早在1921年，蔣渭水先

生就指出,台灣是「世界和平第一關的守衛」,在2024年的今天,台灣的角色更加重要。

國際間已經有高度共識,認為台海的和平穩定,是全球安全與繁榮不可或缺的要素。為了因應當前複雜的國際情勢,世界各國已經展開積極的合作,來維持區域的和平穩定。

就在上個月,美國也完成了《印太安全補充撥款法案》的立法,將提供印太區域額外安全援助,支持台海的和平穩定。

我們感謝世界各國對台灣的重視和支持,我們也要向世界宣告:民主自由,是台灣不可退讓的堅持,和平是唯一的選項,繁榮是長治久安的目標。

由於兩岸的未來,對世界的局勢有決定性的影響,承接民主化台灣的我們將是和平的舵手,新政府將秉持「四個堅持」,不卑不亢維持現狀。我也要呼籲中國停止對台灣文攻武嚇,一起和台灣承擔全球的責任,致力於維持台海及區域的和平穩定,確保全球免於戰爭的恐懼。

台灣人民熱愛和平與人為善。我始終認為,如果國家領導人以人民福祉為最高考量,那麼,台海和平、互利互惠、共存共榮,應該是彼此共同的目標。

因此,我希望中國正視中華民國存在的事實,尊重台灣人民的選擇,拿出誠意,和台灣民選合法的政府,在對等、尊嚴的原則下,以對話取代對抗,交流取代圍堵,進行合作,可以先從重啟雙邊對等的觀光旅遊,以及學位生來台就學開始,一起追求和平共榮。

各位國人同胞,我們有追求和平的理想,但不能有幻想。在中國尚未放棄武力犯台之下,國人應該了解:即使全盤接受中國的主張,放棄主權,中國併吞台灣的企圖並不會消失。

面對來自中國的各種威脅滲透,我們必須展現守護國家的決心,提升全民保家衛國的意識,健全國安法制,並且積極落實「和平四大支柱行動方案」,強化國防力量,建構經濟安全,展現穩定而有原則的兩岸關係領導能力,以及推動價值外交,跟全民主國家肩並肩,形成和平共同體,來發揮威懾力量,避免戰爭發生,靠實力達到和平的目標。

四、民主台灣,世界繁榮推手

台灣需要世界,世界也需要台灣!台灣不只是打開世界的大門,台灣已經走到世界舞台的中心。

展望未來的世界,半導體無所不在,AI浪潮席捲而來。現在的台灣,掌握半導體先進製程技術,站在AI革命的中心,是「全球民主供應鏈」的關鍵,影響世界經濟發展,以及人類生活的幸福與繁榮。

各位,當我們主張中華民國台灣的未來,由2,300萬人民共同決定。我們決定的未來,不只是我們國家的未來,也是全世界的未來!我們要走對的路,產業要大展身手做世界繁榮的推手,讓台灣每前進一步,世界就向前一步。

過去,我擔任行政院長、副總統,到全國各地的產業拜訪,我了解產業的潛力和需求。未來,政府會跟產業界密切合作,把握3大方向,推動台灣的發展。

第1個方向是「前瞻未來,智慧永續」。

面對氣候危機,我們必須堅定地落實2050淨零轉型。面對全球智慧化的挑戰,我們站在半導體晶片矽島的基礎上,將全力推動台灣成為「人工智慧之島」,促成人工智慧產業化,加速人工智慧的創新應用,並讓產業人工智慧化,用人工智慧的算力,來提升國力、軍力、人力和經濟力。

我們也必須發展創新驅動的經濟模式,透過數位轉型,以及淨零轉型的雙軸力量,來協助中小企業升級轉型,追求包容性成長,打造智慧永續新台灣,創造台灣第二次的經濟奇蹟。

除了投資新創,培育新世代隱形冠軍之外,無論是量子電腦、機器人、元宇宙或精準醫療,各領域的前瞻科技,我們也都要大膽投資,讓年輕人可以追逐夢想,也確保台灣在未來世界的領先地位。

第2個方向是「競逐太空,探索海洋」。

我們立定目標,要讓台灣成為無人機民主供應鏈的亞洲中心,也要發展下一個世代通訊的中低軌道衛星,進軍全球太空產業。

我們更要探索海洋,發揮海洋國家的優

勢，豐富人民的海洋生活，並且投入海洋科技研究，推動海洋產業發展，提升國家競爭力。我們要讓台灣的經濟與產業，往更多面向發展，無遠弗屆。

第3個方向是「布局全球，行銷全世界」。

台灣已經申請加入CPTPP，我們會積極爭取加入區域經濟整合；跟世界民主國家簽訂雙邊投資保障協定，深化貿易夥伴關係；並解決碳關稅問題，進一步開拓發展空間。

我們也要站穩全球供應鏈的關鍵地位，好好把握地緣政治變化所帶來的商機，發展半導體、人工智慧、軍工、安控、以及次世代通訊等「五大信賴產業」，並且持續改善投資環境，歡迎台商回台投資，鼓勵在地的企業擴大投資，根留台灣。

我要向各行各業的朋友保證：各位有雄心壯志，追求頂尖，政府也有決心鼎力相助，讓台灣的產業能夠立足台灣、布局全球、行銷全世界。台灣絕對有能力成為「經濟日不落國」，無論太陽從哪裡升起，都可以照到台灣的企業，造福當地的發展，也讓台灣人民能夠有更富足的生活。

五、樂民之樂，憂民之憂

我深信，經濟發展的果實應該為全民所共享。未來，在推動「國家希望工程」、擴大社會投資之下，我要建立一個有愛和道德勇氣的台灣社會。年輕人可以看見希望，壯年人可以實現夢想，老年人可以擁有幸福，弱勢者可以得到照顧。每一個人在人生的每一個階段，都能夠獲得政府的支持。

未來，幼托、長照、社會住宅等服務要延續擴大；物價、房價、貧富差距等問題，要不斷改善；食品安全、道路安全、校園安全、社會安全網等保障，要持續強化；對於教育、司法、轉型正義等改革工作，也都要持續做下去。

我也了解國人對生活的煩惱和期待，凡是各位關心的議題、社會需要的改革，政府都會積極以對，全力以赴。

大家希望收入更高，我會推動產業升級，創造更好的薪資環境。大家期待治安更好，我會積極打擊黑金、槍、毒和詐騙。大家需要供電穩定，我會推動第二次能源轉型，發展多元綠能、智慧電網，強化電力系統的韌性。

大家關心勞保財務，我要再次強調，只要政府在，勞保絕對不會倒。大家重視交通安全，我會打造符合人本的交通環境，擺脫「行人地獄」的惡名。大家期待政府能夠幫助家庭照顧者減輕負擔，以及協助產業改善缺工的困境，這些問題，我都會積極解決。

迎向未來，我們都期待一個更強韌的台灣，可以妥善因應傳染病、天災地變等各類型災害，以及加速都市更新，解決危老建築的問題。

我們也期待一個更健康的台灣，我期許自己發揮醫師專業，集結各界的力量，打擊癌症，以及成立「體育暨運動發展部」，推展全民運動，並且確保健保永續經營，讓國人活得長壽又健康。

未來的台灣，要保有多樣性的生態環境，多元族群的文化，以實踐環境永續、文化永續，讓國家更美好。

未來的台灣會有更多元發展的創新經濟，會有更普及的數位科技應用，會有更好的競爭力和雙語力，會有更強大的公共支持服務體系，也會有更尊重性別平等的環境，讓每一位國民的權利受到保障。

未來的台灣更要讓每一個縣市依據特色發展，推動地方創生產業，落實「均衡台灣」的目標，處處可以安居，人人可以樂業。

六、團結力量大，繼續壯大國家

親愛的國人同胞，國家的未來發展需要每一分力量。面對全球化、全面性競爭的時代，沒有一個國家可以單打獨鬥，也沒有一個分裂的社會能夠成功面對。團結一致，我們的腳步就更穩；相互扶持，我們的足跡就更遠。為了國家的生存發展，我將透過民主的力量團結所有國人，壯大國家。

我們都知道，有主權才有國家！根據中華民國《憲法》，中華民國主權屬於國民全體；有中華民國國籍者為中華民國國民；由此可見，中華民國與中華人民共和國互不隸屬。

每一個人，都要團結、愛護國家；任何一個

政黨，都應該反併吞、護主權，不可為了政權犧牲國家主權。

當世界上有越來越多國家，公開支持台灣的國際參與，在在證明了，台灣是世界的台灣，台灣是全球和平繁榮值得信賴的力量。

全體國人不分族群，也不論先來後到，只要認同台灣，都是這個國家的主人。無論是中華民國、中華民國台灣、或是台灣，皆是我們自己或國際友人稱呼我們國家的名稱，都一樣響亮。就讓我們不分彼此，大家一條心，大步走向世界！

七、台灣新世界，世界新台灣

當台灣走進世界，我們也歡迎世界走進台灣。許多新住民朋友、外籍友人，從世界各地來到台灣，寫下屬於台灣的新篇章。我要感謝你們，也要向你們致敬！今天現場，也有千里來訪的國際友人，有歸國的僑胞朋友，以行動支持台灣。我們是不是用最熱烈的掌聲歡迎、感謝他們！

今晚，我們接待國內外賓客的國宴，選擇在台南舉辦。1624年，台灣從台南出發，開啟台灣全球化的開端。站在「臺南400」的歷史時刻，台灣更要展現自信，勇敢航向新世界，讓世界迎接新台灣。

我也要邀請每一位國人，和我一起為孕育你我的母親台灣喝采，我們一起用行動守護她、榮耀她，讓世界擁抱她，讓她成為國際上令人尊敬的偉大國家！謝謝大家！

賴總統國慶演說
喊話中國共同維護全球和平

總統賴清德民國113年10月10日出席中華民國國慶大會，首度發表國慶演說，他向中國喊話表示，世界各國長期支持、投資中國，無非就是期待一起為世界帶來貢獻，對內重視民生、對外維護和平。他希望中國和世界各國共同努力，結束俄烏戰爭和中東衝突，與台灣承擔國際責任，對區域和全球的和平、安全與繁榮，做出貢獻。

國慶大會上午在總統府前廣場舉行，這是賴總統任內首次雙十慶典，他以「團結台灣，共圓夢想」為題發表國慶演說，在約20分鐘的演說，總統提及8次「中華民國」、44次「台灣」、2次「中華民國台灣」。

賴總統演說時表示，要感謝一代又一代國人同胞，同舟共濟、風雨同行。現在，中華民國已經在台澎金馬落地生根，和中華人民共和國互不隸屬；民主自由在這塊土地上成長茁壯，中華人民共和國無權代表台灣；2,300萬台灣人民更要向全世界開枝散葉，迎向未來。

他向人民喊話說，大家度過了一次又一次的挑戰，中華民國始終屹立不搖，台灣人民始終堅韌不移。大家深知彼此的立場有所不同，但始終願意包容彼此；深知彼此的意見有所歧異，但始終願意攜手前進，從而凝聚成為今天中華民國台灣的樣貌。

他表示，身為總統，他的使命是維護國家生存發展，團結2,300萬台灣人民，並且堅持國家主權不容侵犯併吞。

賴總統說，他的使命也是保護全體國人生命財產安全，堅定落實「和平四大支柱行動方案」，強化國防，跟民主國家肩並肩，共同發揮嚇阻力量，靠實力確保和平，讓世世代代皆能安身立命。

總統指出，他的使命更是照顧2,300萬台灣人民的生活生計，積極發展經濟，擴大投資社會照顧，並且讓經濟發展的成功果實和全民共享。

總統國慶演說全文如下：

大會主席韓國瑜院長、蕭美琴副總統、卓榮泰院長、吐瓦魯戴斐立總理閣下佮儂，來自友邦和友好國家的慶賀團團長、海內外貴賓，現場以及收看電視和直播的國人同胞：大家好！

今天，我們齊聚一堂，慶祝中華民國生日快樂，一起為今天美麗的台灣喝采，迎向明天更美好的台灣。

113年前，一群充滿理想抱負的人，揭竿起義、推翻帝制。

他們的夢想是，建立一個民有、民治、民享的民主共和國；他們的理想是，打造一個自由、平等、博愛的國度。

▲總統賴清德（圖）113年10月10日出席國慶大會，並以「團結台灣，共圓夢想」為題發表演說。

然而，民主的夢想，曾經在熊熊戰火中被吞噬；自由的理想，長年在威權統治中被侵蝕。

但是，我們永遠不會忘記，75年前的古寧頭戰役、66年前的823戰役，我們不分先來後到，不分族群你我，守住了台澎金馬，守住了中華民國。

我們永遠不會忘記，45年前的「美麗島事件」，以及前前後後一連串的民主運動，一批批同樣懷有民主夢想、自由理想的人，無畏犧牲，前仆後繼，用生命推開民主的大門，一百多年來，人民想要當家作主的願望，終於實現。

各位國人同胞，中華民國曾經在國際社會被驅逐；但是，台灣人民從未自我放逐。

台灣人民在這塊土地上胼手胝足，但當我們的朋友遭遇天災危難，面臨百年大疫時，我們毫不遲疑，伸手援助。

「Taiwan Can Help！」不是口號，是台灣人民愛好和平、與人為善的行動！

過去，台灣人民用「一跤皮箱走遍全世界」，開創台灣的經濟成就。現在，台灣科技運用一顆晶片驅動全世界，成為繁榮發展的世界動力。

台灣人民多元無懼，我們的妮妃雅是世界皇后；台灣人民勇敢無畏，台灣的女兒林郁婷是世界拳后。

17歲的蔡昀融，用他沉穩的雙手，奪得世界第一的木工榮耀；20歲的陳思源，傳承了父親的技藝，勇奪冷凍空調的世界冠軍。新一代「台灣製造」的年輕人，再一次擦亮「台灣製造，Made in Taiwan」的招牌。

我要感謝一代又一代國人同胞，同舟共濟、風雨同行。現在，中華民國已經在台澎金馬落地生根，和中華人民共和國互不隸屬；民主自由，在這塊土地上，成長茁壯，中華人民共和國無權代表台灣；2,300萬台灣人民，更要向全世界開枝散葉，迎向未來。

各位國人同胞，我們度過了一次又一次的挑戰，中華民國始終屹立不搖，台灣人民始終堅韌不移。

我們深知彼此的立場有所不同，但始終願意包容彼此；我們深知彼此的意見有所歧異，但始終願意攜手前進，從而凝聚成為今天中華民國台灣的樣貌。

身為總統，我的使命是維護國家生存發展，團結2,300萬台灣人民；並且，堅持國家主

權不容侵犯併吞。

我的使命也是保護全體國人生命財產安全，堅定落實「和平四大支柱行動方案」，強化國防，跟民主國家肩並肩，共同發揮嚇阻力量，靠實力確保和平，讓世世代代皆能安身立命。

我的使命更是照顧2,300萬台灣人民的生活生計，積極發展經濟，擴大投資社會照顧；並且讓經濟發展的成果果實，和全民共享。

然而，國家的挑戰未曾間斷，全球的挑戰也正是台灣的挑戰。全球氣候變遷衝擊世界的永續發展；突如其來的傳染病，衝擊全人類的健康與生命；而威權主義的擴張，也在挑戰以規則為基礎的國際秩序，威脅我們得來不易的民主自由生活方式。

因此，我在總統府成立了「國家氣候變遷對策委員會」、「健康台灣推動委員會」、以及「全社會防衛韌性委員會」。這3個委員會環環相扣，都和「國家韌性」息息相關，要打造更強韌的台灣，積極應對挑戰，也加深台灣跟國際社會的合作。

我們要強化台灣因應極端氣候風險的調適機制，更會持續推動「第二次能源轉型」，確保穩定供電，並透過發展多元綠能、深度節能，以及先進儲能，來穩健邁向全球「2050淨零轉型」的目標。

我們要有效防堵國際傳染病，並且提升國人平均餘命、降低不健康年數，以及落實醫療平權，讓人民健康、讓國家更強、讓世界擁抱台灣。

我們更要提升國家整體的「國防」、「民生」、「災防」、「民主」四大韌性。台灣人民越團結，國家就更安定；台灣社會準備越充足，國家就更安全，台海也更和平穩定。

台灣有決心致力維護台海的和平穩定，成就全球的安全和繁榮，也願意和中國共同因應氣候變遷、防堵傳染病，以及維護區域安全，追求和平共榮，為兩岸人民帶來福祉。

長期以來，世界各國支持中國、投資中國，以及協助中國加入「世界貿易組織」，促進了中國的經濟發展、國力的提升，無非就是期待中國一起為世界帶來貢獻，對內重視民生、對外維護和平。

當前國際緊張情勢不斷升高，每日皆有無數的無辜人民死傷於戰火中，我們希望中國回應國際社會的期待，能夠發揮影響力，和世界各國共同努力，結束俄烏戰爭和中東衝突，也和台灣一起承擔國際責任，對區域和全球的和平、安全與繁榮，做出貢獻。

在國際情勢越混亂的時代，台灣將更沉穩、自信與茁壯，成為區域和平穩定與繁榮的力量。

我相信，一個更強大的民主台灣，不只是2,300萬人民的理想，也是國際社會的期待。

我們會持續壯大台灣，推動跨領域的經濟發展。

台灣的經濟實力不是奇蹟，而是全體國人的共同打拚。我們要以「創新經濟」、「均衡台灣」、「包容成長」為目標，把握世界趨勢的變化，繼續站穩全球民主供應鏈的關鍵地位。

未來，除了「5+2」產業創新，「六大核心戰略產業」之外，台灣的半導體、人工智慧、軍工、安控，以及次世代通訊的「五大信賴產業」，會更加蓬勃發展，布局全球；我們同時會推動中、小、微型企業的轉型發展，行銷全世界。

各位國人同胞，我們也會持續落實跨區域的均衡台灣。

明年度的中央政府總預算，對於地方政府的一般性補助款，以及普通統籌分配稅款，大幅增加895億元，總共達到7,241億元，創下新高。同時，在治水預算上，比今年度增加159億元，總共達到551億元，來協助全國各縣市因應極端氣候的挑戰。

我們也會加速提升全國路網的安全，打造「以人為本」的交通環境。

同時，我們要完善捷運網絡，串起北北基桃首都生活圈，也要進行「桃竹苗大矽谷推動方案」，打造串聯南北的中部科技聚落，啟動「智慧科技大南方產業生態系推動方案」；我們也會加速推動東部交通路網的安全，讓東部鄉親有更安全回家的道路，並且要加強離島地區的基礎建設，提升生活品質和觀光能量。

各位國人同胞，我們更要落實跨世代的照顧人民。

年輕的爸爸媽媽，我們會繼續推動「0到6歲國家一起養2.0」，並且更進一步，我們已經增加托育費用補助，也會提升幼兒園的服務品質。孩子是國家的未來，政府有責任幫忙照顧。

各位年輕同學，我們會繼續落實高中職免學費，持續補助私立大專校院學生的學費。更進一步，我們已經成立「青年百億海外圓夢基金」，年輕朋友的夢想，政府有責任幫忙圓夢。

各位青壯年朋友，明年基本工資會再調升，租金補貼戶數也會再增加。我們會擴大社會投資，在生活、工作、居住、健康、扶老攜幼等面向，提供更多的支持。青壯年朋友的家庭負擔，政府有責任幫忙減輕。

全國的阿公阿嬤，明年台灣就要邁入「超高齡社會」。我們會提早啟動「長照3.0」，逐步落實慢性病防治的「888計畫」。

我們也要成立「百億癌症新藥基金」，推動「健康台灣深耕計畫」，並且強化社會安全網，加強弱勢照顧，以及落實對青壯世代等各年齡層的心理健康支持，來具體實踐全人、全齡、全社會的照顧。

我也深深知道，大家最在乎的是高房價的生活壓力，最深惡痛絕的是詐騙橫行。

我要向國人承諾，執政團隊不會迴避這些問題，即便得罪特定團體，也在所不惜。

我們會加強「打詐」的力道，加快「打炒房」的效率；我們會擴大租屋族的照顧，平衡換屋族的需求。實現「居住正義」這條路，我們會一起走、繼續走。

今天，陳水扁前總統、蔡英文前總統，以及不同政黨的領袖，都來到現場，我要感謝各位的參與。這代表著國家一代又一代的實力累積，也代表著台灣多元民主的價值與意義。

國家要團結、社會要安定。感謝近期韓國瑜院長和卓榮泰院長，開啟朝野的合作，將促成朝野黨團會商。

民主國家的政黨對內競爭，藉由競爭推動國家進步；對外團結，爭取國家利益。無論我們來自哪一個政黨，無論我們主張什麼政治立場，國家利益永遠高於政黨利益，政黨利益永遠不能凌駕於人民的利益。

因為這正是創建中華民國的先烈拋頭顱、灑熱血，所秉持的精神；這正是衝破威權的前輩犧牲奉獻、追求民主，所帶給我們一代又一代的啟示。

賴總統國慶文告重點

兩岸	・中華民國已在台澎金馬落地生根，和中華人民共和國互不隸屬；中華人民共和國無權代表台灣 ・希望中國回應國際社會期待，能夠發揮影響力，和世界各國共同努力，結束俄烏戰爭和中東衝突，也和台灣一起承擔國際責任，對區域和全球的和平、安全與繁榮，做出貢獻
經濟	・以創新經濟、均衡台灣、包容成長為目標，站穩全球民主供應鏈的關鍵地位 ・推動中、小、微型企業轉型發展，行銷全世界 ・推動「第二次能源轉型」，透過發展多元綠能、深度節能及先進儲能，邁向「2050淨零轉型」
民生	・續推「0到6歲國家一起養2.0」 ・繼續落實高中職免學費，持續補助私立大專校院學生的學費 ・114年基本工資會再調升，租金補貼戶數也會再增加 ・提早啟動「長照3.0」，逐步落實慢性病防治「888計畫」 ・成立「百億癌症新藥基金」，推動「健康台灣深耕計畫」 ・加強「打詐」力道，加快「打炒房」效率
朝野合作	無論來自哪一個政黨，無論主張什麼政治立場，國家利益永遠高於政黨利益，政黨利益永遠不能凌駕人民利益

也正因如此，我們今天才會不分黨派，不分你我，相聚於此。

我們大家，無論喜歡稱呼我們自己的國家，是中華民國、是台灣、還是中華民國台灣，我們都要有共同的信念：

我們捍衛國家主權的決心不變。

我們維持台海和平穩定現狀的努力不變。

我們希望兩岸對等尊嚴，健康有序對話交流的承諾不變。

我們世世代代，守護民主自由生活方式的堅持不變。

我相信，這是台灣2,300萬人民的共同夢想，也是台灣社會與國際社會共同的理想。

台灣人民越堅持，全球民主就越堅韌。

台灣人民越堅韌，全球民主就越堅持。

中華民國加油，台灣加油，不分彼此，一起加油。

謝謝大家。

國慶大會　中職啦啦隊活力應援

雙十國慶大會民國113年10月10日在總統府前廣場舉行，憲兵指揮部快速反應連展現高難度的重機騎行表演；陸軍官校國旗隊則展開國旗，引領巴黎奧運、帕運等選手搭乘車隊進場，向民眾揮手致意。最後空軍雷虎小組編成7機五角隊形噴3色彩煙通過總統府上方，為活動劃下完美句點。

113年國慶主題為「中華民國生日快樂」，國慶主視覺的雙十標誌以藍色、紅色的國旗配色呈現，中間並有梅花圖案；國慶大會上午9時開始，分為序幕暖場、國慶大會、主題表演三階段。

序幕暖場表演由勇鷹高教機以5機大雁隊形低空衝場通過總統府上方開場，隨後由北一女中樂儀旗隊帶來「團結一心慶誕辰」，展現青春活力。立法院長、國慶籌備委員會主委韓國瑜在主席台上向奮力演出的學生致意。

隨後由國防部三軍聯合樂儀隊，以「樂儀飛揚展榮耀、團結同心安家邦」為主題操演，在樂曲「闊步前行」的悠揚樂聲中揭開序幕，並由聯合樂隊演奏「陸軍健兒」、「海上進行曲」、「壯志凌霄」等軍歌與進行曲，搭配儀隊精采隊形變換與秀出各式精湛槍法。

接著由陸軍專科學校戰鼓隊氣勢磅礡的鼓聲開場，李棠華雜技團揮舞旗幟入場，配合鼓樂演出一系列雜技。陸軍機步333旅「埔光龍」舞龍在演出過程中靈活變換隊形，以英文「L、O、V、E」字母進行走位，之後擺出台灣圖形，表達國軍與民眾同舟共濟。

序幕階段的壓軸，由國軍人型氣偶加上中華職棒6隊啦啦隊、中華競技啦啦隊及愛伯特啦啦隊，帶來「舞動青春、撼動世界」的動感節目，為暖場活動結尾。

前總統蔡英文、陳水扁都是首次以卸任總統身分出席，兩人比鄰而坐，媒體捕捉到兩人互動熱絡，頻頻交談、點頭、笑容滿面，兩人隨著典禮流程，唱國歌並向國旗三鞠躬。

原本預計參加國慶大典的前總統馬英九，上午出席國民黨國慶活動時，宣布因不滿賴總統主張「新兩國論」，決定不出席。

序幕暖場結束後，由古寧頭戰役歐陽鈞、藍玉璋、王華嶽等3位參戰國軍代表與尼布恩合唱團、寶來國中、苓濃國小及建山國小學生共同領唱國歌。

在眾人齊唱國歌的同時，陸軍航特部CH-47直升機，吊掛巨幅國旗飛越觀禮台，象徵中華民國的堅強意志堅韌前行。國慶禮讚則由蝦米視障人聲樂團、台越舞團演出。

▲113年國慶大會10月10日在總統府前登場，空軍雷虎小組編成7機五角隊形並施放紅藍白3色彩煙，低空通過觀禮台上方，為典禮劃下完美句點。

高雄市政府廣告

邁向淨零 永續高雄

法治
全國之先
淨零城市發展
自治條例

治理
完整碳盤查
查驗量能

技術
減碳 負碳
碳捕捉再利用

經濟
碳交易
碳平台
發行綠色債券

人才
淨零學院
人才培訓

▲113年國慶大會10月10日上午在總統府前廣場舉行，中華職棒啦啦隊帶來精彩應援曲表演。

身兼國慶大會主席的立法院長韓國瑜致詞表示，雖然很多場合沒辦法高舉中華民國國旗，但只要有骨氣、勇氣，讓世界知道中華民國是存在的。他呼籲整合各方不同思想為4句話，「中華民國是我們的國，美麗台灣是我們的家，中華文化是我們的根，自由民主是我們的寶」。

總統賴清德以「團結台灣，共圓夢想」為題發表國慶演說，在約20分鐘的演說，總統特別感謝立法院長韓國瑜和行政院長卓榮泰開啟朝野合作，將促成朝野黨團會商；賴總統點名提到，在場的陳水扁、蔡英文以及不同政黨領袖參與國慶大典，代表著台灣多元民主的價值與意義。

民眾黨主席柯文哲涉京華城案遭羈押禁見，無緣國慶大典，留下空位。民眾黨8席立委身穿印有JUSTICE（正義）的白色上衣出席，聲援柯文哲。

國民黨部分，除了國民黨主席朱立倫，國民黨立法院黨團總召傅崐萁也率領多位黨團成員出席國慶，新北市長侯友宜首度參加國慶大會。

在主題表演階段，憲兵指揮部快速反應連率先登場，這是憲兵快反連112年接裝美製印地安挑戰者重型機車後，首次在國慶活動展演，共49輛重型機車展現高難度的重機騎行表演，不斷變化隊形，精彩萬分。

隨後，陸軍官校展旗隊以40人隊形展開國旗，引領巴黎奧運、帕運、威廉波特、U17排球選手及國際技能競賽選手搭乘英雄車隊進場，巴黎奧運拳擊金牌選手林郁婷、巴黎奧運舉重銅牌選手郭婞淳等運動健將，開心向現場揮手致意。英雄車隊經過主舞台時，台上的賴總統、總統夫人吳玫如、副總統蕭美琴、立法院長韓國瑜都拿著「榮耀時刻」加油巾，熱情回應選手。

主題表演接續由花蓮縣阿勒飛斯文化藝術團帶來「Kalingko花蓮溪的風」，客家文化由客家委員會展示以「守護俚（ngai）等个台灣」為主題的嶄新表演。

活動尾聲，由莊敬高職呈現「舞莊敬話唯我特戰」舞蹈表演，陸軍特戰指揮部官兵則是展開巨幅國旗。

典禮最後，空軍雷虎小組編成7機五角隊形噴藍白紅3色彩煙低空通過總統府上方，為國慶大會劃下完美句點。

國慶焰火閃耀雲林　41分鐘史上最長

113年國慶焰火晚間在雲林縣虎尾高鐵特定區施放，總統賴清德、立法院長韓國瑜、雲林縣長張麗善和現場逾30萬人共同欣賞，近3萬發焰火秀絢麗燦爛照亮雲林夜空，民眾驚呼連連。賴總統說，此次國慶焰火施放41分鐘為史上最長。

賴總統表示，過去前總統蔡英文很支持雲林，「未來我一樣會支持」，中央與地方政府一起合作。

賴總統也請立法委員們為雲林縣政府搭起中央和地方橋梁，共同讓雲林更進步，為人民謀福祉。

賴總統說，雲林首次施放國慶焰火，且從縣長張麗善致詞可感受出縣府做足準備，要呈現給民眾最好一面。這次國慶焰火時間最長，融入大家喜愛的霹靂布袋戲元素，讓大家了解雲林和布袋戲文化。

賴總統表示，張麗善對縣政信手拈來，揭示施政成果，很高興從前雲林縣長蘇治芬開始的農業首都，到前雲林縣長李進勇傳承再到張麗善，能擴大到目前規模，相當不易。

5、4、3、2、1倒數，賴總統、韓國瑜與張麗善等人一同主持啟炮儀式，在管弦樂團演奏下，重頭戲焰火秀登場。

國慶焰火由6吋和8吋焰火組成，象徵台灣及雲林意象的布袋戲「掌中乾坤啟動焰火」首先登場，41分鐘焰火秀伴隨著音樂高潮迭起，民眾看得目不轉睛、驚呼連連，近3萬發照亮雲林夜空。

400台無人機展演接棒，多元主題包含素還真出場、神明祈福保庇台灣、雙十國慶、雲林上場台灣前進、在地文化等10款，閃耀600秒。

卓榮泰接閣揆　宣示強力打詐

行政院民國113年5月20日舉行聯合交接典禮，新任行政院長卓榮泰在副總統蕭美琴監交下，收下閣揆印信，卸任行政院長陳建仁正式結束近1年3個月任期。

蕭副總統致詞時表示，卓榮泰經歷豐富，擅長溝通、協調、整合，不僅熟悉行政立法、中央地方運作，也了解國家面臨的挑戰，且在總統賴清德擔任行政院長期間，協助推動長照2.0、前瞻基礎建設、能源轉型計畫，嫻熟政務獲得肯定。

蕭副總統說，由卓榮泰率領的行動創新AI內閣，一定能以新思維提出解方、處理爭議，也會用心傾聽基層聲音，打造民主和平、創新繁榮、公義永續的台灣，達成總統賴清德的期待。

卓榮泰致詞時宣示，未來內閣首重5打7安，鎖定打擊黑、金、槍、毒、詐，也希望立法院盡快通過打詐4法，讓行政團隊擁有打擊詐騙的工具，使得「想騙的不敢騙、已經騙的會被抓、騙到手的沒得花」。

卓榮泰還說，台灣經濟已成為國際不可或缺一部分，政府有責任打造更穩定的經濟發展環境，也會持續穩定安全供電、發展綠能，且對追求的非核家園永遠不可放棄，藉以對地球負責、對後代子孫盡責。

面對國會新局面，卓榮泰表示，外界關注未來行政、立法怎麼互動，他將秉持誠意溝通、人民優先，展現行政團隊解決問題的能力以及協調溝通的誠意，但是誠意也要互相包容、溝通要互相尊重。

卓榮泰說，為了解決民眾迫切需要，政府會優先推出福國利民沒有爭議的法案，尋求國會支持，將有爭議的、不急迫的暫時放在

▲113年國慶焰火在雲林，10月10日晚間共施放41分鐘，史上最長。（雲林縣政府提供）

▲行政院113年5月20日舉行聯合交接典禮，卸任行政院長陳建仁（左）將印信交接給新任行政院長卓榮泰（右），由副總統蕭美琴（中）主持監交。

不急迫的地方，相信若展現這樣的誠意與溝通，無論歷史、民眾、國會都能清楚看到。

他也提醒各部會首長，這次閣員中非執政黨籍者很多，不管口袋有沒有黨證、腦袋有什麼理念，務必要依法行政，落實行政中立，這樣才是捍衛民主與憲政唯一手段。

卓榮泰隨後回到行政院大禮堂，主持行政院所屬相關主管機關卸任、新任首長聯合交接典禮，會後內閣團隊循例拍攝大合照，同時宣布行動創新AI內閣啟動。

卓榮泰隨即簽署首份公文，是衛生福利部「前瞻基礎建設計畫-食品安全建設計畫」，計畫投入新台幣74億元，落實安全檢查制度，並加強食安檢查的工作與能量。

卓榮泰並開通社群平台Threads、Instagram，以及影音平台YouTube，除了是為與網路上的民眾互動，更宣示AI行動創新內閣，未來會加強行動力，適時向民眾報告各種狀況，暢通溝通管道。

卓榮泰當天稍早赴總統府宣誓就職，由總統賴清德監誓，宣誓人員還包括總統府秘書長潘孟安及國安會秘書長吳釗燮。

卓榮泰正式上任後，5月22日赴立法院拜會院長韓國瑜，為強化打擊詐騙，力邀國會支持通過打詐新4法草案。

卓榮泰5月23日主持首場行政院會，據行政院發言人陳世凱轉述，卓榮泰提醒內閣團隊逐步完成賴總統140項均衡台灣的政見。面對各界關注政府能源政策，陳世凱說，政府不會放棄追求非核家園，為打造穩定的經濟發展環境，將持續發展綠能，同時努力解決北部用電量大於發電量的情形。

賴總統對內閣1要求3期許3任務

總統當選人、民進黨主席賴清德113年4月10日宣布由前民進黨主席卓榮泰擔任新政府的行政院長，組成AI行動內閣，並交付3大任務。

賴清德表示，面對全球化的全面性競爭，台灣要占有一席之地，光靠傳承恐有不足，因此要建立一支具有積極行動、創新思維的內閣團隊，才能因應國內外挑戰，將挑戰化為機會，推動台灣前進。

賴清德說，期勉卓榮泰內閣第一，要能夠秉持行動與創新的精神，組成AI行動內閣，聽取民意、回應人民期待；第二，對於朝野有共識議題優先解決，擱置意見分歧議題，若有重大議題還未取得共識，未來應該要建立平台，擴大民眾參與廣徵民意，追求社會最大共識。

第三，賴清德表示，新內閣要積極有效落實國家希望工程，促進經濟發展、關注弱勢照顧，以及維護治安、食安、道安、公安、校安、居安、網路安全等工作，要如期如質完成0403地震後續重建工作，降低對災區民眾生活的影響。

卓榮泰致詞指出，賴清德對他有1個要求、3個期許，並交付3項任務。第1個要求是要發揮積極行動，創新思維，打造一支行動創新團隊。

3個期許部分，卓榮泰說，第一，要重溝通、多協調，以公共利益角度找出社會最大公約數；第二，要掌握從地方到中央、從立法到行政，以及民間社會各項議題，解決民眾最迫切需求；第三，要了解國政施政藍圖，建設國家、把握機會，帶領團隊繼續前進。

卓榮泰表示，賴清德交付的3項任務，第一，要發揮積極行動、創意思維的行動創新AI內閣，會站在面對問題、提出解方的第一線；創意會來自更多民間專業人士加入，提供更多新的智慧、科技知識，將它導入政府機關

及公共領域,用科技創新、服務創新、數位創新,提高政府效能,打造台灣為智慧科技島。

第二,未來面對民眾迫切需要、但還沒有形成社會共識的重大議題,要建立溝通平台,廣納民意,是解決困難問題最佳解方。

第三,會以國家希望工程為藍圖,建設國家,打造「健康台灣」的施政總體目標,推動多元、平權價值,對年輕人在意的居住正義、就學就業、育兒照顧等,擴大社會投資,協助規畫執行。

韓國瑜江啟臣當選立院正副院長

第11屆立法院民國113年2月1日開議,舉行立法委員宣誓就職,及正、副院長選舉,藍綠團進團出票票入甌,最終由國民黨立委韓國瑜當選立法院長、國民黨立委江啟臣當選立法院副院長,共掌新國會。

第11屆立委上午8時起陸續報到後,在司法院大法官呂太郎監誓下宣誓就職。全體立委推舉民進黨立委柯建銘擔任選舉會議主席,上午進行立法院長選舉,下午選舉副院長。

立法院長選舉部分,由韓國瑜、民進黨立委游錫堃、台灣民眾黨立委黃珊珊等3人角逐國會龍頭寶座。

根據立法委員互選院長副院長辦法第4條規定,立法院長、副院長選舉,均以得出席人數過半數之票數者為當選。第一次投票如無人得到過半數票數時,就得票較多的前2名重行投票,以得票比較多數者為當選。

第一輪投票結果,韓國瑜54票、游錫堃51票、黃珊珊7票、無效票1張,無人獲得過半票數,因此進入第二輪投票,由韓國瑜對上游錫堃。第二輪投票結果,民眾黨立委未進場投票,韓國瑜拿到54票、游錫堃獲得51票,韓國瑜當選第11屆立法院長。

針對這張無效票,民眾黨立委陳昭姿說,她清楚投給黃珊珊,但因投票筆沾有印污而污染手指及選票,導致被認定為廢票,要向黨團與支持者致歉。

立法院副院長選舉第一輪投票結果,江啟臣獲得54票、民進黨立委蔡其昌51票、民眾黨立委張啟楷8票,藍綠白團進團出、票票入

▲立法院第11屆立委113年2月1日報到,並投票選出立法院長,國民黨推出的立委韓國瑜(左)當選,會議主席、民進黨立委柯建銘(右)頒發證書給韓國瑜。

甌,但無人過半。

第二輪投票結果,江啟臣拿到54票、蔡其昌獲得51票,民眾黨立委並未進場投票,江啟臣當選立法院副院長。

尋求立法院長連任未果的游錫堃因個人規畫,自2月2日起辭去不分區立法委員職務。

韓國瑜與江啟臣隨後在大法官楊惠欽監誓下宣誓就職。韓國瑜宣誓後受訪表示,可以感覺到廣大民眾對於國會改革的期待與需要,會立刻啟動國會改革,協調各政黨。

被問到是否會動用警察權,韓國瑜說,立法院是講道理的地方,不是講拳頭的地方,當然不會使用到警察權。

韓國瑜表示,自己是中華民國的立法院長,謹遵中華民國憲法賦予的權力與責任,主持議事儘量超然中立,讓立法院的權責能夠得到最高程度的伸張,讓所有立委能夠符合廣大台灣人民的需求,致力一個嶄新的國會。

總統蔡英文晚間在臉書發文,恭喜新任立法院正副院長韓國瑜、江啟臣,期盼未來的新國會,能夠不分朝野黨派,以良性溝通、以理性監督,繼續推動各項對國家有利、對人民有益的法案與預算,讓台灣在既有基礎上持續向前。

賴總統領軍氣候、防衛、健康委員會

總統賴清德民國113年6月19日宣布成立

「國家氣候變遷對策委員會」、「全社會防衛韌性委員會」、「健康台灣推動委員會」3大任務型編組委員會，未來每季召開會議，總統親自召集，為國家發展擬定戰略。

賴總統由副總統蕭美琴、總統府秘書長潘孟安及國安會秘書長吳釗燮陪同，在總統府召開「信賴新政 時代新台灣」就職滿月記者會，宣布成立3大委員會及相關細節。

賴總統致詞表示，當前氣候變遷、社會韌性，以及健康促進，是全球關注，也是影響大家最重要的3大議題。為了因應這些挑戰，也為了和其他國家共同合作，他決定在總統府成立3個委員會，擔任召集人，凝聚政府和民間的力量，為國家、為世界，提出更強而有力的解方。

賴總統說，這3個委員會不只代表著執政團隊一體、跨部會同心，更代表著跨部門、跨領域、公私協力的精神。這3個委員會，將每季召開1次會議。建立有效率的溝通平台，凝聚社會共識，並且積極落實於行動。藉由產、官、學、研的通力合作，可以更有效地因應全球議題，讓台灣的策略，成為世界的解方。

被問到總統府與行政院未來要如何協調，賴總統說，國政是一體的，推動委員會過程，他跟行政院長卓榮泰有充分討論，他們都認為這3項議題是台灣的挑戰，也是國際社會關注議題，應該要全國整體視野、全球格局面對3項挑戰。

賴總統說，未來希望能達到3目標：一、加強對社會溝通，所以委員會邀請不分黨派社會人士共襄盛舉；二、加速政策落實，好比國家氣候變遷對策委員會，希望對於碳定價應該要儘速有結果來執行，健康台灣推動委員會，百億癌症新藥基金應儘速啟動；三、盼加大社會參與及驗證，好比在社會防衛韌性委員會，希望除了目標設定，也要進行小規模無劇本的演練，讓會中討論能具體落實。

賴總統：能源議題是複雜多選題

國家氣候變遷對策委員會3位副召集人分別是行政院副院長鄭麗君、中研院長廖俊智、和碩董事長童子賢，執行秘書由環境部長彭啟明擔任，副執行秘書是總統府副秘書長張惇涵。

國家氣候變遷對策委員會委員及顧問名單7月24日出爐，包括政府機關代表8人、產業代表6人、公民代表6人、學者專家4人，總計委員24人，顧問2人分別為前中央研究院長李遠哲、台灣永續能源研究基金會董事長簡又新。

國家氣候變遷對策委員會第1次委員會議8月8日在總統府舉行，賴總統致詞表示，突如其來的天災像是急性感冒，全球氣候變遷則像是慢性疾病，但無論是急是緩，我們都有責任，持續加強台灣因應極端氣候風險的調適機制，不斷強化國家永續發展的韌性。

賴總統指出，台灣的供電穩定，不僅僅是台灣社會關心的議題，更是國際供應鏈關切的焦點；這陣子各界對於核能的議題，也有很多的討論。

賴總統說，能源議題，絕對不是簡單的「反核」或「擁核」的是非題，在國家氣候治理中的每一個決策，勢必都是多元的「選擇題」，甚至是複雜的「多選題」，才能夠誠實面對問題、務實提出對策、踏實解決問題，所以有不同主張的立場，是民主的日常，有多元的意見，更是民主最難能可貴之處。

會中由環境部長彭啟明報告「氣候變遷對全球及台灣的影響衝擊評估」，台電董事長曾文生報告「台灣電力供需的轉型與挑戰」。

賴總統對於彭啟明報告內容表示，應對氣候變遷的影響要從3個方向來努力，一是持續加強台灣因應極端氣候風險的調適以及減緩機制，二是審慎思考、評估，台灣可以追求跳躍發展的機會，三是從各方面採取積極作為，預作準備。

賴總統對於曾文生的簡報裁示，要求台電原訂10年完成、已經執行2年的「強化電網韌性計畫」，能夠提早4年，也就是在2028年，優先完成關鍵的區域，以及與民生相關的關鍵工程。

在能源政策上，賴總統指出，當前政府的重要工作，一是要確保穩定供電，二是要優先努力開發多元綠電，三是不排除任何有助於淨零的能源方案，包括未來新的、先進的核能技術。

▲總統賴清德就職滿月，113年6月19日在總統府宣布成立3大任務型編組委員會，未來由他每季親自召開會議，擬定國家發展戰略。

賴總統強調，無論是面對新的核能技術，或現有核電廠存廢的問題，都必須先經過社會對話、取得社會共識，來妥善解決核安、核廢料，以及法制面等諸多問題。

會議並達成2項共識，一是積極發展再生能源是最大公約數，二是政府應充分揭露各種能源選項資訊，並建立資訊平台弭平資訊落差。

全社會防衛韌性委員會12月兵推

全社會防衛韌性委員會3位副召集人分別是副總統蕭美琴、總統府秘書長潘孟安、國安會秘書長吳釗燮，執行秘書是行政院政務委員季連成、內政部長劉世芳。委員會4位顧問包括國防安全研究院董事長霍守業、全聯實業董事長林敏雄、聯華電子創辦人曹興誠以及中國佛教會淨耀法師。

全社會防衛韌性委員會議9月26日在總統府舉行，賴總統致詞表示，政府要從3點作強化，以建構全社會防衛韌性：第1點是「居安思危、有備無患」，要進行全方位的積極整備，讓國家有更堅實的力量，人民有更堅定的信心，在面臨災難或緊急狀況時，政府和民間都能夠即時發揮力量，維持社會的正常運作。

第2點是「強化應變、有恃無恐」。總統說，要擴大民力訓練及運用，加強戰略物資的盤整與維生配送，強化能源及關鍵基礎設施的維持運作，健全社福醫療和避難設施的整備，以及確保資通、運輸和金融網絡的安全，持續精進台灣的應變量能。

第3點是「按部就班、有條不紊」。總統表示，從中央到地方政府，要進行全方位的驗證和演練，也要擴大跟民間團體和社會力量的連結，彼此攜手合作，以系統性、專業性方式，找出問題、擬定對策、落實執行，才能解決問題。

會後，賴總統表示，透過5大主軸訂定行動方案，分別是「民力訓練暨運用」、「戰略物資盤整暨維生配送」、「能源及關鍵基礎設施維運」、「社福醫療及避難設施整備」以及「資通、運輸及金融網絡安全」。

賴總統表示，這5大主軸也是重點工作，讓國家面臨災難或緊急狀況時，整個社會可以持續運作。政府部門對於這些工作，必須用

更開放的態度、引進民間人才資源,結合政府和民間的力量,才能共同因應極端情境下的挑戰,確保民眾生命財產安全。

賴總統說,凡是觸及社會與民眾,都是全社會防衛韌性的範圍。全社會防衛韌性委員會是「行動的委員會」,要落實在基層、扎根鄰里,務必要走向地方,進行無劇本、小規模的各項演練,不要怕麻煩,也不能夠怕挫折與檢討。

賴總統表示,階段性目標是在113年12月的第2次會議進行桌上兵推;114年3月的第3次會議,將舉行1次以上的地方小規模演練;114年6月的第4次會議,將會銜接漢光演習進行前導演練。

打造健康台灣　賴總統:平均餘命升至82歲

健康台灣推動委員會副召集人分別是健康台灣推動聯盟召集人、醫師陳志鴻,國家生技醫療產業策進會長翁啟惠與行政院政務委員陳時中。

健康台灣推動委員會議8月22日舉行,賴總統致詞表示,他從競選期間就不斷思考,有別於歷任總統,能為人民做出什麼不同的貢獻;他出身醫界應該發揮醫療專業,跟各界一起努力,打造「健康台灣」。

賴總統表示,推動「健康台灣」,也要落實「均衡台灣」。健康台灣推動委員會不只橫跨各領域的專業,更兼顧北中南東的區域均衡,以更加落實台灣的醫療平權。

會議由衛福部長邱泰源報告「健康台灣願景規劃」、健保署長石崇良報告「健保永續－改革及優化」。

賴總統表示,衛福部的「健康台灣願景規劃」,融合「國家希望工程」、「健康台灣論壇」十大建言及十大策略的各項重點,提出「促進全人全齡健康照顧」、「強化醫療照護一體化」及「優化環境與創新發展」等3大目標,列出11項工作重點。

賴總統說,這包括前端健康促進、慢性病預防、提高篩檢到後期醫療與長照銜接、安寧照護,以及全面優化兒童健康、顧及全民心理健康,也關注原住民健康,同時透過健保的永續經營、健康台灣深耕計畫為基石,來改善醫事人員從業環境,並導入智慧醫療、促進創新發展、優化整體醫療環境。

賴總統指出,報告提到健康台灣的目標,是在未來8年內,民眾平均餘命從79歲提升到82歲,不健康年數占平均餘命比例從10%下降到8%,兒童死亡率從5.3‰降到4‰以下,請衛福部依報告案的規畫和相關部會通力合作,落實各項工作。

總統提到,全民健保是國家重要社會保險制度,健保財務應該是健康投資,衛福部要朝健保財源多元管道研議,若涉及民眾權益,必須廣納意見、多加溝通,力求健保穩健經營。

總統指出,健保的核心價值是醫療平權、全民互助,唯有健保永續經營,全民才能獲得更好的照顧。

他強調,關注健保「點值」,也要展現健保「價值」。政府會持續精進總額制度和治理,合理配置醫療資源和穩定點值,持續優化健保財務,提升健保的效率和品質;期待跟大家一起努力,讓健保永續發展,台灣醫療更平權、醫療水準更加提升。

賴總統表示,114年度衛福部的整體預算比113年度增加新台幣318億元,達到3,702億元,當中預計投入607億元來擴大醫療及照護的投資,打造「健康台灣」。

賴總統說,「健康台灣」不是口號,已經化為具體行動,這些都是新政府團隊,上任不到100天,所具體落實、紮紮實實的行動。

國會職權修正案三讀
增訂藐視國會罪

立法院會民國113年5月28日三讀修正通過《立法院職權行使法》、《刑法》部分條文等案,明定被質詢人藐視國會最高罰20萬元。此外,邀請總統至立法院進行國情報告,除要常態化進行,對於立委進行口頭提問時,總統應依序即時回答。

第11屆立法院2月1日開議,朝野均將國會職權修正法案列為重中之重,相互攻防。

立法院司法及法制委員會4月15日初審通過國民黨立委傅崐萁、台灣民眾黨立法院黨團

所提《立法院職權行使法》部分條文修正草案等案,但全數條文保留,交黨團協商。但經立法院司法及法制委員會召委、國民黨立委吳宗憲主持的朝野黨團協商無共識下,吳宗憲宣告依規定送院會。

全案列為5月17日、5月21日、5月24日、5月28日院會的討論事項,而5月17日、5月21日、5月24日均挑燈夜戰,延長開會時間到午夜12時。5月28日院會於下午4時59分三讀修正通過《立法院職權行使法》部分條文,並於晚間10時54分許三讀修正通過《刑法》部分條文。

立法院會處理時,在野黨於開會前均在議場門口排隊卡位,朝野在5月17日的院會爆發激烈肢體衝突,藍綠都有立委受傷送醫,但在此後的院會,朝野多是隔空叫陣。

民間團體發起「青鳥行動」,多次號召民眾到立法院外抗議,要求退回法案,尤其5月24日晚間,大批民眾塞爆青島東路、濟南路及中山南路,晚間9時,主辦單位稱現場達10萬人。

立法院會5月28日開會,會議主席、立法院長韓國瑜在下午3時29分許宣布,《立法院職權行使法》全案已經過二讀,此時台下的民進黨立委,朝主席台射出象徵「青鳥」的紙飛機。

條文進入三讀時,民進黨立委在場中準備紅、藍、白的橡膠大球,上面印著「反惡法、反擴權、反黑箱」的字樣,國民黨立委不甘示弱,在場中拉起「讓陽光照進國會」的布條。

三讀條文宣讀完畢後,國民黨團提議三讀文字修正,引來民進黨立委不滿並表達異議,之後則朝主席台丟擲裝著東西的藍色垃圾袋,並高喊三讀無效等口號,國民黨立委則以手板阻擋,後來國民黨團撤銷文字修正,不再處理。

針對邀請總統至立法院進行國情報告,經舉手表決,三讀通過條文規定,除要常態化進行,對於立委進行口頭提問時,總統應依序即時回答。

至於質詢答復上,三讀條文規範不得反質詢,而被質詢人應有不得拒絕答復、拒絕提供資料等或有其他藐視國會行為的義務,違者處新台幣2萬元以上20萬元以下罰鍰。

三讀條文也明定,在立委行使人事同意權部分,規範以記名投票表決、審查期間不得少於一個月,而且被提名人違反相關規定,經院會決議者,得處2萬元以上20萬元以下罰鍰。

關於立法院行使調查權部分,三讀條文規定,得要求政府機關、部隊、法人、團體或社會上有關係人員提供相關資料,法人或社會上有關係人員等違反相關規定,得經立法院會決議,處最高10萬元罰鍰。

這次修法增訂立法院行使聽證權的規範,並規定出席聽證會的社會上有關係人員為證言時,為虛偽陳述者,得經立法院會決議,處2萬元以上20萬元以下罰鍰。

這次修法也包括《刑法》,三讀修正通過條文增訂藐視國會罪,規定公務員於立法院聽證或受質詢時,就其所知的重要關係事項,為虛偽陳述者,處1年以下有期徒刑、拘役或20萬元以下罰金。

立法院會三讀修正通過《刑法》部分條文後,國民黨立委高喊修法通過、國會重生,民進黨立委則喊釋憲挺人民等口號。

國會職權修法覆議案闖關失敗

立法院會5月28日三讀修正通過《立法院職權行使法》部分條文,並增訂中華民國《刑法》第5章之1章名及第141條之1條文,即藐視國會罪,相關函文6月5日送抵行政院。

行政院認條文窒礙難行,在6月6日提出覆議案後,並在6月11日獲得總統賴清德核可,移請立法院覆議。

立法院於6月19日及20日召開全院委員會,邀請行政院長卓榮泰說明覆議案,各黨團推派代表詢答。

立法院會6月21日開會處理覆議案,藍綠白陣營傾巢而出,為確保議事能夠順利,國民黨立法院黨團總召傅崐萁、國民黨團書記長洪孟楷等人,6月20日下午在全院委員會結束後,在立法院議場前開始排班,並在21日上午7時順利進入議場內。

立法院會上午10時開會,處理完報告事項議程後,進行覆議案的記名投票表決。會議主席、立法院長韓國瑜在上午10時12分左右宣告,投票截止時間為中午12時。

由於全體立委已完成投票,韓國瑜在上午

▲立法院會113年5月28日續審國會職權修法相關法案，民進黨與國民黨立委在議場內各自舉起布條，表達立場。

11時13分宣布提前開票，這2個覆議案都各發出113張票。

韓國瑜在中午12時13分宣布投票表決結果，關於行政院移請立法院覆議《立法院職權行使法》修正部分條文部分，「贊成維持本院原決議，即反對覆議案」有62票、「反對維持本院原決議，即贊成覆議案」為51票，無效票0票。

至於《刑法》的覆議案，「贊成維持本院原決議，即反對覆議案」有62票、「反對維持本院原決議，即贊成覆議案」為51票，無效票0票。

表決結束，傅崐萁率國民黨團成員在議場中高喊陽光國會、民主台灣等口號。台灣民眾黨8席立委也手舉反貪腐、護台灣的標語，在議場合影。

中華民國《憲法》增修條文第3條第2項第2款規範，行政院對於立法院決議的法律案、預算案、條約案，如認為有窒礙難行時，得經總統核可，在決議案送達行政院10天內，移請立法院覆議。立法院對於行政院移請覆議案，應於送達15天內作成決議。覆議案逾期未議決者，原決議失效。覆議時，如經全體立法委員1/2以上（57人以上）決議維持原案，行政院長應即接受該決議。

總統提國會職權修法釋憲

總統賴清德6月24日針對國會職權修法發表首次敞廳談話表示，他已依據《憲法》完成簽署並公布法案，但基於守護憲政秩序、保護民眾權利，他將向憲法法庭，聲請釋憲以及暫時處分。

賴總統說，立法院這次修法，除了在審議程序，引起社會高度疑慮，相關規定更對《憲法》權力分立和制衡原則，造成危害風險。

賴總統表示，確保自由民主的憲政制度、保護民眾的權利，是總統的責任和使命。自由民主的憲政制度，核心精神是「權力分立」和「監督制衡」，以及「保障人權」。分立的權力，應本於《憲法》，獨立運作，互相尊重；而監督制衡，更應該合乎《憲法》責任政治的制度設計。

因此，賴總統說，「我們反對國會擴權，不是反對國會改革」；國會理當改革，但不應該任意擴權。改革國會的方式更應該合法、合憲。尤其立法院的調查權，不能侵害司法權和監察權，最重要的是，不能侵害民眾的「隱私權」、「營業秘密」，以及「不表意的自由」等基本權利。

賴總統表示，基於守護憲政秩序、保護民眾權利，他將向憲法法庭聲請釋憲以及暫時處分。

賴總統提到，對於總統到立法院進行國情報告的問題，原有的《憲法》及《立法院職權行使法》，都已經有相關機制。立法院於集會期間，得就國家安全大政方針，聽取總統國情報告。他之前也說過，只要在合憲、合法的安排下，他願到立法院進行國情報告。

不過，賴總統說，立法院這次修法，將總統到立法院進行國情報告「義務化」、「即問即答化」，試圖改變《憲法》對於責任政治的設計，混淆行政院對立法院負責的制度，從而產生擴張《憲法》賦予立委權力的疑慮。

賴總統表示，身為總統，他不會將個人意向，凌駕在憲政秩序上，更不會將個人利益，優先於國家利益；身為醫師，他更深知，任何診斷必須謹慎面對，進行手術或器官移植，更必須就血型、體質等各種條件，進行詳細的配對評估。

賴總統說，治病如此，治國也是一樣的道理。未經審慎評估、討論的法律或制度移植，也可能對國家的憲政運作、民眾的權利保障，造成不良後果，他必須更加嚴肅以對。

賴總統認為，每一條法律都會對國家、社

國會職權相關修法重點

總統國情報告	・常態化 立法院於每年集會時邀請總統至立法院進行國情報告。總統於每年2月1日前向立法院送交國情報告書，並於3月1日前赴立法院進行國情報告。 新任總統於就職2週內向立法院送交國情報告書，並於1個月內赴立法院進行國情報告。 ・總統應依序即時回答
質詢答復	・不得反質詢 ・被質詢人不得拒絕答復、拒絕提供資料或有其他藐視國會行為。 ・違者處被質詢人新台幣2萬元以上20萬元以下罰鍰
人事同意權	・以記名投票表決 ・審查期間不少於1個月，且應舉行公聽會。 ・被提名人違反規定者得處2萬元以上20萬元以下罰鍰
調查權	・得舉行聽證 ・得要求政府機關、部隊、法人、團體或社會上有關係人員提供相關文件。 ・立法院調閱文件、資料及檔案時拒絕、拖延或隱匿不提供者，得經立法院會的決議，處1萬元以上10萬元以下罰鍰。
聽證會	・涉及外交、國防或其他依法令應秘密事項者，以秘密會議行之。除此之外，應公開舉行。 ・無正當理由缺席、拒絕表達意見、拒絕證言、拒絕提供資料者得經立法院會決議，處1萬以上10萬元以下罰鍰，並得按次處罰。 ・出席聽證會的社會上有關係人員為證言時，為虛偽陳述者，得經立法院會決議，處2萬元以上20萬元以下罰鍰。
刑法增訂藐視國會罪	公務員於立法院聽證或受質詢時，就其所知的重要關係事項，為虛偽陳述者，處1年以下有期徒刑、拘役或20萬元以下罰金。

依國民黨團與民眾黨團共提，以及民進黨團所提的再修正動議重點整理
條文於5/28修正三讀

會、還有下一代，造成深遠影響。總統是自由民主憲政的守護者，當這次修法有違憲疑慮，混淆《憲法》關於權力分立及監督制衡的規定，身為總統，他責無旁貸，必須善盡職責，採取行動。

賴總統指出，做出聲請釋憲的決定，是要透過憲法法庭的裁判，確認這次修法的合憲性和正當性，這是向國家負責、向歷史負責，也才不辜負全民所託。

總統說，《憲法》是國家的根本大法，憲法法庭更是維護憲政秩序、保障公民權利的最高司法機關。無論釋憲結果為何，朝野都必須尊重且接受，也希望社會大眾能夠支持。

賴總統提到，接下來在釋憲案的審理過程中，社會還會有許多討論與辯證。他相信這是台灣社會對民主憲政的再次確認，也會讓台灣的民主社會更加成熟。

賴總統說，民主需要捍衛、民主需要對話，民主才能深化。現在就是捍衛自由民主憲政的歷史時刻，他希望所有民眾都能一起努力，守護國家的憲政體制，深化台灣民主，讓台灣民主可以永續發展。

總統府網站發布總統令，正式公布《立法院職權行使法》、《刑法》修正案，法案公布3天後，也就是6月26日即生效。

113年度中央政府總預算三讀

立法院會民國112年12月19日三讀通過《113年度中央政府總預算案》，原列歲入總額約2兆7,092億元，審議結果增列約160億元；原列歲出總額約2兆8,818億元，審議結果共計減列約299億元。

總預算案歲出總額減列約299億元，刪減幅度1.04%，若扣除增資台電公司與撥補勞保基金後，在歷年相比較基礎下，實際刪減幅度1.12%，與歷年大致相當。

民進黨立委林楚茵指出，《113年度中央政府總預算案》，歲入總額與歲出總額都創下歷史新高，而依法編列的還債金額約1,150億元，也創下20餘年來最高，近年來國內經濟穩健成長，國家財政持續改善，蔡政府上任至今，105至112年度已還債約7,960億元。

行政院主計總處指出，《113年度中央政府總預算》，落實財政紀律並配合當前施政重點，主要用於提升國家基礎建設、產業創新淨零轉型、完備社會安全體系、友善生養環境、健全教育發展、厚植文化軟實力及強化國防等施政重點項目。

113年度中央政府總預算如果就整體歲出而言，以社會福利支出居首位，教育科學文化支出次之，經濟發展支出居第3位，國防支出居第4位。

如以歲出增列分析，社會福利支出增加，主要是增列撥補勞工保險基金及政府應負擔健保費法定下限差額等經費；教育科學文化支出增加，主要是增列科學研究計畫、少子女化對策計畫、補助各直轄市和縣(市)辦理教學研究與校園設施設備、新增拉近公私立學校學雜費差距專案減免等經費；國防支出增加，主要是增列新式高級教訓機、康定級艦戰鬥系統性能提升及天隼5號等軍事投資案等經費。

《113年度中央政府總預算案》，立法院黨團協商共識，以通刪299億元預算為目標，通刪科目包括通案減列大陸地區旅費30%、國外旅費及出國教育訓練費(不含現行法律明文規定支出)5%、委辦費(不含現行法律明文規定支出)5%、房屋建築養護費5%、車輛及辦公器具養護費5%、設施及機械設備養護費5%、軍事裝備及設施3%、一般事務費(不含現行法律明文規定支出)3%。

另外，減列媒體政策及業務宣導費(不含農業部防檢署、衛福部疾管署及1,000萬元以下機關)25%、設備及投資(不含現行法律明文規定支出、資產作價投資及增資台電公司)3.8%、對國內團體捐助及政府機關間補助(不含現行法律明文規定支出)5%、以及減列對地方政府補助(不含現行法律明文規定支出及一般性補助款)4%。

通案刪減用途別項目，如果有特殊困難無法調整者，可提出其他可刪減項目，經主計總處審核同意後予以代替補足，如總刪減數未達299億元，另予補足。

立法院朝野黨團協商總預算案時，截至12月8日收案截止後提供各黨團及相關行政部

門參考，提案總數合計2,195案，但經過協商與溝通後仍有約50個提案未取得共識，保留於12月19日院會表決，耗時約1個多小時。

行政院指出，113年度中央政府總預算是在恪遵《公共債務法》及《財政紀律法》，並兼顧國家發展與財政健全前提下審慎籌編，落實「強韌經濟，永續發展」、「溫暖家園，貼心照顧」及「守護臺灣，立足世界」3大施政主軸。

114年度總預算案付委審查

《114年中央政府總預算案》卡關，立法院長韓國瑜召集朝野協商，終於在民國113年11月8日達成共識，各黨團同意《114年中央政府總預算案》付委審查並不復議。

行政院會113年8月通過主計總處編具的《114年度中央政府總預算案暨附屬單位預算及綜計表與中央政府前瞻基礎建設計畫第5期特別預算案》，函請立法院審議，其中總預算歲入新台幣3兆1,534億元、歲出3兆1,325億元雙雙創新高，歲入歲出賸餘209億元。

立法院本會期是預算會期，但一波三折遲遲無法進入實質審查，民進黨團強調尊重《憲法》權力分立，反對逾越行政部門的預算權限。國民黨團和民眾黨團則質疑行政院未編足相關預算，聯手要求行政院重新檢視相關預算並核實編列。

朝野爭議重點包括原住民禁伐補償、公糧收購及健保點值等預算編製，其中因立法院會6月4日三讀修正通過《原住民保留地禁伐補償條例》第6條條文，原住民保留地禁伐補償金額要由3萬元調整到6萬元，但因114年預算編列不足，成為總預算案卡關癥結點。

9月20日無黨籍立委高金素梅提案退回總預算案，在藍白聯手下，以59票對46票，聯手退回《114年中央政府總預算案》。卓榮泰9月24日表示，100%調幅在任何實際政策及補貼都少見，用原民會40%預算去做單一補助，對其他原住民權益並不當，這種預算編列方式不合法、不合憲。

朝野黨團對於是否將總預算案排入院會議程無法達成共識。韓國瑜10月17日召集黨團協商，民進黨團呼籲尊重憲法權力分立原則、不要逾越行政部門的預算權限，國民黨團和民眾黨團則要求行政院把相關法定預算編列，朝野協商無共識。

對此僵局，卓榮泰10月18日在臉書貼文表示，「若不得已將思考是否聲請釋憲」，引發在野黨不滿。當天立法院會表決院會議程時，國民黨、民眾黨立委5度聯手，封殺民進黨團提案將總預算案列入院會報告事項議程，總預算案繼續擱置。

卓榮泰10月20日晚間在臉書以「餐廳點菜」為喻說，1,000元點4道菜，但老闆要求加點第5道才要上菜，雙方僵住；他說，總有方法可以行得通，餐廳也可「把我趕出去！然後一切重新再來」。外界關注，這句話是否暗喻「可以倒閣」。

10月21日朝野再度協商，對於原住民禁伐補償預算財源支應，朝野意見分歧，協商再次破局。卓榮泰22日受訪表示，隱喻被很多朋友劃錯重點，他說真正的重點是，可嘗試依《預算法》第93條規定，立法院與行政院共同指出彌補資金的來源。

韓國瑜10月24日3度召集朝野黨團協商後達成共識，行政院長、主計長等相關部會首長於11月1日及11月5日赴立院報告《114年度中央政府總預算案》及《中央政府前瞻基礎建設計畫第5期特別預算案》。

卓榮泰11月5日赴立法院進行總預算案詢答結束後，藍白立委第6度聯手擱置總預算案。

不過，韓國瑜11月5日晚間召集黨團協商，朝野達成共識，於11月7日以前，由行政院長邀請立法院在野黨團、執政黨團會面，表示解決方案及誠意。

卓榮泰11月7日下午邀請立法院朝野黨團幹部共商總預算案僵局解方，會中達成3項共識，包含禁伐補償每公頃6萬元將在114年透過追加預算方式處理，健保點值0.95目標應在114年6月底前達標，以及113年底前提出公糧收購價格方案。

韓國瑜11月8日召集朝野黨團協商，最終達成共識，各黨團同意行政院針對原住民禁伐補償、健保點值及公糧收購等案的解決方案，並請行政院依解決方案期程辦理。各黨團並同意114年總預算案納入院會討論事項，

交財政委員會分送各委員會審查,並不提出復議。

三班護病比上路　拚兩年入法

行政院會民國113年7月4日通過「護理人力政策整備12項策略計畫」,包含三班護病比預計2年入法、4年達標,以及透過人力培育、正向職場與薪資改善3大方向策略,增加執業護理人力及護理留任率等,希望至119年增加最多7萬護理人力。

衛福部在行政院會報告「護理人力政策整備12項策略計畫」,期盼透過人力培育、正向職場與薪資改善3大方向,以及12項策略改善護理職場環境,建立醫院護理留任正循環的機制,促進領照護理師執業,並要推動三班護病比入法。

根據報告,12項策略包含護理人力增額培育、國考增次題務精進、教考用協力整合平台、三班護病比達標醫院獎勵、友善護理職場典範認證、護理新手臨床導師制度、智慧科技減輕護理負荷、擴大住院整合照護計畫、夜班護理人員直接獎勵、多元彈性自主執業、公職護理師比例調升,以及護理薪資結構合理透明。

衛福部護理及健康照護司長蔡淑鳳在院會後記者會指出,現行護理人力面臨的問題包括三班輪值讓護理師無法兼顧工作與家庭、新領照護理師就業率約60%、醫院流失人力以30歲至35歲為主,加以119年超高齡照護需求也會增加,必須提出解方。

蔡淑鳳表示,在各部會協助下,12項策略計畫包含建立護理教考用一致制度、提升新領證護理師執業率,以及預計113年起至119年,每年增加10%的護理培育員額,整體增加7.1萬名護理畢業生,以就業率6成來估計,新增4.2萬執業護理人力。

蔡淑鳳說,透過政策調整正向環境與薪資改善,原領照護理「少進多出」的年約流失人力8,000人可望降為4,000人,預期至119年可增加2.8萬人留任,整體而言,至119年能增加最多7萬護理人力。

根據衛福部公告各層級醫院三班護病比標準,包含醫學中心為白班1:6、小夜1:9、大夜1:11;區域醫院白班1:7、小夜1:11、大夜1:13;地區醫院白班1:10、小夜1:13、大夜1:15。

行政院官員表示,台灣護理人力是嚴重問題,台灣1護理人力約要照護120人至130人,但美國是110人、加拿大約87人,因此增加培養護理人力與留職率勢在必行,包含持續培養學士後的護理師;推動專科護理師職場工作抵進修學分,避免考照後再轉二技,延遲進入職場的時間;以及增加職業護理師臨托、長照等措施,期盼能以提升留職率。

至於三班護病比法制化歷程,蔡淑鳳表示,總統賴清德推動健康台灣,三班護病比部分是以2年入法、4年達標為目標,衛福部也朝這方向邁進,預計2年內將三班護病比法制化,但考量目前護理人力缺口,以及策略推動後人力增加情況,預計4年後正式實施。

行政院發言人陳世凱引述行政院長卓榮泰說,為落實「擴大醫療投資,打造健康台灣」政策方向,期盼透過多元留任措施,改善現有護理人力短缺、供需失衡問題,並整備119年人口老化所需護理人力,各部會應積極協助,衛福部也應建立稽核機制,確實掌握獎勵金發放情形,確保護理人員如實領取相關獎勵,得到政策照顧。

軍公教114年加薪3%

行政院長卓榮泰民國113年7月22日宣布,已同意114年軍公教員工待遇調升3%,也期勉國內各企業因政府帶頭作用,實質調整所有員工薪資,提高國家整體競爭力。

行政院人事行政總處表示,114年度軍公教員工待遇調整案業提請「軍公教員工待遇審議委員會」審議,經與會機關代表及專家學者就相關財經指標、消費者物價指數、民間企業薪資變動情形,及政府財政收支狀況等審慎討論後,建議軍公教員工待遇宜適度調整3%。

人事總處說,經簽陳行政院核定在案,並自114年1月1日生效,這是自民國88年迄今25年來,首度連續2年調薪。

人事總處表示，待遇審議委員會考量各項財經指標均朝正向發展，預測113年經濟成長率將達3.94%，較112年增加2.66%，另預估消費者物價指數年增率達2.07%，民間薪資與基本工資均持續成長，113年稅收情況良好，經衡酌政府整體財政負擔，且113年軍公教待遇甫調整4%，因此建議114年度軍公教員工待遇應適度調增，以激勵軍公教士氣，共享經濟果實。

人事總處指出，114年度軍公教員工待遇調整項目包含本俸（年功俸）、專業加給（教師為學術研究加給）及主管職務加給等3項，影響人數約73萬人，預估經費約新台幣235億元（最後以主計總處公布為準）。

人事總處說，行政院將納入《114年度中央政府總預算案》函送立法院審議，等到《114年度中央政府總預算案》經立法院三讀通過、總統公布，完成法定程序。

立院三讀國家機密檔案不再永久保密

立法院會民國112年12月8日三讀修正通過《國家機密保護法》部分條文等案，涉及國家安全情報來源或管道的國家機密，從現行的應永久保密，改為保密期限自核定之日起算不得逾30年。

為力拚轉型正義，行政院會10月19日通過《國家機密保護法》及《政治檔案條例》部分條文修正草案，原先被列為永久保密的4,500餘件政治檔案，預計113年解禁半數，全案送立法院審議。

立法院司法及法制委員會11月初審通過《國家機密保護法》及《政治檔案條例》部分條文修正草案，但有部分條文保留，後經黨團協商，保留條文均達成共識；全案12月8日在立法院會處理，在場立委並未提出異議，三讀修正通過。

關於《國家機密保護法》部分，現行第12條第1項條文規定，涉及國家安全情報來源或管道的國家機密，應永久保密，不適用《國家機密保護法》第11條及《檔案法》第22條的規定。

審酌政府資訊應以公開為原則，限制為例外，如有限制開放必要應設有期限，以維護人民知的權利。三讀修正通過條文規定，涉及國家安全情報來源或管道的國家機密，保密期限自核定之日起算不得逾30年；解除機密的條件逾30年未成就時，視為於期限屆滿時已成就。

三讀通過條文也增訂但書規定，經原核定機關檢討後認有繼續保密的必要者，應敘明事實及理由，報請原核定機關或其上級機關有核定權責人員延長，不適用《國家機密保護法》第11條第2項等條文及《檔案法》第22條規定。

至於延長期限，三讀通過條文明定，每次不得逾10年；保密期限自原核定日起算逾60年者，其延長應報請上級機關有核定權責人員核定，每次不得逾10年。原核定機關或其上級機關有核定權責人員，應於接獲報請後2個月內為核定與否的決定，逾期視為不同意延長保密期限。

三讀通過條文也修正機關定義，將行政法人納入適用對象，並增訂涉密人員返台後的通報義務及處罰規定，以維護國家安全利益。

此外，立法院會同時三讀修正通過《政治檔案條例》部分條文，當政治檔案有《國家機密保護法》第12條核定的國家機密者，於解密前，原件暫不移轉，另也增訂屬《國家機密保護法》第12條的國家機密檔案，至遲應於屆滿40年解密的條文內容及相關但書規定。

三讀通過條文規定，若載有涉陸情報相關人員身分、國際或大陸地區情報工作部署等國家安全情報來源或管道，且其解密確有嚴重危害之虞，而有延長保密必要者，得逐次報請《國家情報工作法》主管機關核轉其上級機關同意延長保密。

三讀條文規定，每次延長期限自同意日起算不得逾3年，並定明原核定機關應於《政治檔案條例》修正施行日起6個月內重新檢討解降密，未於期限內完成者，視為解除機密。

為促進政治檔案開放應用，政府機關於政治檔案移轉檔案局前，應落實機密檔案解降密檢討作業，三讀通過條文明定，政治檔案未列密等或已解除機密者，不得改列或重新核定為機密檔案。

政府組織概述

中華民國肇建於西元1912年,為亞洲創立最早的民主共和國。政治制度係遵照國父孫中山先生所倡之三民主義、五權憲法而釐訂。

主權在民 中華民國基於三民主義為民有、民治、民享之民主共和國,主權屬於國民全體。

五權分立 中央政府組織為五權分立制,係遵照國父孫中山先生融合西方三權分立制精神與我國固有之考試、監察兩種優良制度的另一嶄新制度。

均權制度 中央政府與地方政府權力之劃分,係採均權制度。凡事務有全國一致之性質者,權屬中央;有因地制宜之性質者,權屬地方。

中華民國建國以來,遵循三民主義為建國最高指導原則。35年制定《憲法》,選舉總統,實施憲政。

總　統

總統、副總統由中華民國自由地區全體人民直接選舉,自85年第9任總統、副總統選舉實施,任期4年。總統為國家元首,對外代表國家,統率全國陸海空軍,依法公布法律,發布命令,宣布戒嚴,任免文武官員,授與榮典,行使大赦、特赦、減刑及復權之權,及依《憲法》行使締結條約及宣戰、媾和之權。總統依據《憲法》行使職權,設總統府。

五　院

一、行政院

為國家最高行政機關,設院長、副院長各1人,各部會首長若干人,及不管部會之政務委員7至9人。院長由總統任命之;副院長、各部會首長及不管部會之政務委員,由院長提請總統任命之。行政院設行政院會議,由行政院長、副院長、各部會首長及不管部會之政務委員組織之,以院長為主席,議決應行提出於立法院之法律案、預算案、戒嚴案、大赦案、宣戰案、媾和案、條約案及其他重要事項,或涉及各部會共同關係事項。

依《憲法》第61條規定:「行政院之組織,以法律定之」。《行政院組織法》於民國36年3月31日公布,於37年5月25日施行,並先後於36年4月22日、36年12月25日、37年5月13日、38年3月21日、41年11月20日、69年6月29日、99年2月3日、111年1月19日、112年4月26日等經過9次修正,本法於36年制定時設14部3會,38年3月21日修正為8部2會1處,其基本架構雖沿用,但實際上因應政務需要,已陸續增設20餘個部會機關。112年4月26日行政院部會修正為14部9會3獨立機關1行1院及2個總處(共30個機關),於112年8月1日開始施行。

內閣部會包括內政部、外交部、國防部、財政部、教育部、法務部、經濟部、交通部、勞動部、農業部、衛生福利部、環境部、文化部、數位發展部等14個部;以及國家發展委員會、國家科學及技術委員會、大陸委員會、金融監督管理委員會、海洋委員會、僑務委員會、國軍退除役官兵輔導委員會、原住民族委員會、客家委員會等9個委員會。另外1行、1院、2個總處(中央銀行以及國立故宮博物院,行政院主計總處、行政院人事行政總處)4個附屬機關。3個獨立機關則包括中央選舉委員會、公平交易委員會、國家通訊傳播委員會。

二、立法院

為國家最高立法機關,由人民選舉之立法委員組織之,代表人民行使立法權。立法院有議決法律案、預算案、戒嚴案、大赦案、宣戰案、媾和案、條約案及國家其他重要事項之權。另依《憲法》及憲法增修條文規定,立法院職權尚包括:提出憲法修正案、提出領土變更案、提出總統、副總統彈劾案,對總統提名之司法院院長、副院長、大法官、考試院院長、副院長、考試委員、監察院院長、副院長、監察委員、審計長行使同意權,對總統提名的檢察總長、行政院長提名的國家通訊傳播會委員、公平交易委員會委員、中央選舉委員會委員,行使同意權,並於每年集會時,得聽取總統國情報告。立法委員並有向行政院院長及行政院各部會首長質詢之權。

37年選出第1屆立法委員760人,81年12月選

出第2屆立法委員161人，84年12月選出第3屆立法委員164人，87年12月選出第4屆立法委員225人，90年12月選出第5屆立法委員225人，93年12月選出第6屆立法委員225人，97年1月選出第7屆立法委員113人，101年1月選出第8屆立法委員113人。105年1月選出第9屆立法委員113人，109年1月選出第10屆立法委員113人，113年1月選出第11屆立法委員113人。

立法院設院長、副院長各1人，由立法委員互選之。院長綜理院務，並為立法院會議之主席。立法院法定會期每年2至5月，9至12月，必要時得延長之。休會期間立法院遇有總統之咨請或委員1/4以上之請求，得召開臨時會。

立法院現況

第11屆立法委員選舉於民國113年1月13日舉行，與第16任總統、副總統選舉同時舉行。此次選舉為中華民國立法院採用單一選區兩票制之後的第5次選舉。全體立法委員於同年2月1日宣誓就職，選出院長、副院長。

第11屆立委選出113席，其中包括全國不分區及僑居國外國民立委34人、區域立委73人、平地原住民立委3人和山地原住民立委3人。

執政的民主進步黨在區域立委拿下36席、不分區立委13席，平地原住民1席、山地原住民1席，合計共51席。中國國民黨獲得區域立委36席、平地原住民2席、山地原住民1席，以及不分區13席，共52席。台灣民眾黨沒有拿下區域立委，但在不分區席次拿下8席。無黨籍2席。男性立委計66席，女性立委47席。

第11屆立法院之常設委員會，共設有內政、外交及國防、經濟、財政、教育及文化、交通、司法及法制、社會福利及衛生環境等8個委員會；每位委員僅得參加1個委員會，每個委員會最少13位委員，最多15位委員。各設2位召集委員，由委員互選產生。原則上委員會於每週一、三、四開會，週二、五則為院會開會時間。

在每屆立法委員選舉當選席次達3席且席次較多之5個政黨得各組成黨團，而立法委員僅能依其所屬之政黨參加黨團。第11屆立法院有民主進步黨、中國國民黨、台灣民眾黨等3黨團，各黨團均設有黨鞭，並均設有黨團辦公室。

為協商議案或解決爭議事項，得由院長或各黨團向院長請求進行黨團協商。該協商由院長、副院長及各黨團負責人或黨鞭出席參加；並由院長主持，院長因故不能主持時，由副院長主持。

三、司法院

為國家最高司法機關，掌理民事、刑事、行政訴訟之審判，以及公務員之懲戒。司法院有解釋憲法並統一解釋法律、命令之權。司法院設大法官15人，並以其中1人為院長、1人為副院長，由總統提名，經立法院同意任命，自92年起實施。大法官會議目前計有大法官15人，以司法院院長為主席。司法院設最高法院、高等法院及其分院、地方法院及其分院、行政法院及懲戒法院。

四、考試院

為國家最高考試機關，掌理考試、公務人員之銓敘、保障、撫卹、退休、任免、考績、級俸、陞遷、褒獎等事項。考試院設院長、副院長各1人，考試委員若干人，由總統提名，經立法院同意任命。

考試院院長綜理院務，並為考試院會議主席，考試院下設考選、銓敘兩部，考選部主管公務人員考試及專門職業及技術人員考試等各種國家考試，銓敘部負責公務人員之銓敘、撫卹、退休及其任免、考績、級俸、陞遷、褒獎等法制事項；另設有公務人員退休撫卹基金管理局。保訓會負責有關公務人員權利保障與訓練進修政策、法制事項等；另設有國家文官學院，由保訓會主任委員兼任院長。

立法院108年12月10日三讀修正通過《考試院組織法》部分條文，考試委員名額從19人改為7人至9人，考試院長、副院長及考試委員任期也從6年改為4年

五、監察院

為國家最高監察機關，行使彈劾、糾舉及審計權。36年選出監察委員180人，82年總統任命第2屆監察委員29人，88年總統任命第3屆監察委員28人，97年總統任命第4屆監委29人，103年總統任命第5屆監委18人，107年總

統任命第5屆監委11人，109年總統任命第6屆監委26人。監察院設監察委員29人，以其中1人為院長、1人為副院長，任期6年，由總統提名，經立法院同意任命。院長綜理院務，並為監察院會議主席。在監察院之下，設置審計部、國家人權委員會等兩個中央二級機關。

政府機關首長

（民國113年10月31日止）

總統府

總　統：賴清德
副總統：蕭美琴
秘書長：潘孟安
副秘書長：何志偉、張惇涵
侍衛長：邵智君
發言人：郭雅慧、李　問、高　適

資政：（27人）

田弘茂、吳勝雄（吳　晟）、吳灃培、李明亮、李茂盛、沈國榮、沈榮津、林　全、林信義、邱義仁、姚嘉文、夏本・嘎那恩、高英茂、張俊雄、張博雅、陳忠源、陳博志、陳繼盛、湯文萬、童　永、黃崑虎、蔡仁泰、蕭新煌、韓良誠、謝長廷、顏志發、蘇貞昌。

國策顧問：（74人）

王政松、王康秀絹、王欽鈴、白正憲、田詒鴻、江錫仁、余　天、余文儀、何美玥、何黎星、吳靜吉、呂子昌、李伸一、李沛霖、李金龍、林光義、林見松、林金超、林建滄、林桂添、林凱民、林逸民、林榮松、邱進福、施信民、柯孫達、柯富揚、洪團樟、紀　政、范振修、翁源水、康義勝、康銀壽、張田黨、張金華、張旻斌、張秋海、張輝雄、莊和子、莊振輝、莊維周、許肇祥、陳天隆、陳永昌、陳志鴻、陳旺來、陳振文、陳國欽、陳朝龍、程文俊、黃行德、黃金舜、黃俊森、黃奕睿、黃員教、黃越綏、黃銘得、楊　信、葉政彥、趙中正、廖全平、廖武治、廖美南、樊豐忠、鄭慶祥、盧博基、賴永川、賴春生、賴博司、賴維信、謝美香、簡文仁、嚴雋泰、顧忠華。

戰略顧問：（4人）

霍守業、林鎮夷、劉任遠、王信龍。

國家安全會議

主　席：賴清德
秘書長：吳釗燮
副秘書長：徐斯儉、劉得金、林飛帆
國家安全局局長：蔡明彥

中央研究院

院　長：廖俊智
副院長：周美吟、唐　堂、彭信坤

國史館

館　長：陳儀深
副館長：許瑞浩

行政院

院　長：卓榮泰
副院長：鄭麗君
秘書長：龔明鑫
政務副秘書長：王貴蓮
常務副秘書長：李國興
發言人：李慧芝
政務委員：
陳時中、楊珍妮、季連成、史　哲、林明昕、
劉鏡清（兼國家發展委員會主任委員）
吳誠文（兼國家科學及技術委員會主任委員）
陳金德（兼公共工程委員會主任委員）。

立法院

院　長：韓國瑜
副院長：江啟臣
秘書長：周萬來
副秘書長：張裕榮

第11屆立法委員：

（113年2月1日就任～117年1月31日）

一、區域立委（直轄市、縣市部分）73人：

台北市
第一選舉區	吳思瑤	（民進黨）
第二選舉區	王世堅	（民進黨）
第三選舉區	王鴻薇	（國民黨）
第四選舉區	李彥秀	（國民黨）
第五選舉區	吳沛憶	（民進黨）
第六選舉區	羅智強	（國民黨）
第七選舉區	許巧芯	（國民黨）
第八選舉區	賴士葆	（國民黨）

新北市
第一選舉區	洪孟楷	（國民黨）
第二選舉區	林淑芬	（民進黨）
第三選舉區	李坤城	（民進黨）
第四選舉區	吳秉叡	（民進黨）
第五選舉區	蘇巧慧	（民進黨）
第六選舉區	張宏陸	（民進黨）
第七選舉區	葉元之	（國民黨）
第八選舉區	張智倫	（國民黨）
第九選舉區	林德福	（國民黨）
第十選舉區	吳琪銘	（民進黨）
第十一選舉區	羅明才	（國民黨）
第十二選舉區	廖先翔	（國民黨）

基隆市選舉區　林沛祥（國民黨）

桃園市
第一選舉區	牛煦庭	（國民黨）
第二選舉區	涂權吉	（國民黨）
第三選舉區	魯明哲	（國民黨）
第四選舉區	萬美玲	（國民黨）
第五選舉區	呂玉玲	（國民黨）
第六選舉區	邱若華	（國民籍）

新竹縣
第一選舉區	徐欣瑩	（國民黨）
第二選舉區	林思銘	（國民黨）

新竹市選舉區　鄭正鈐（國民黨）

苗栗縣
第一選舉區	陳超明	（無黨籍）
第二選舉區	邱鎮軍	（國民黨）

台中市
第一選舉區	蔡其昌	（民進黨）
第二選舉區	顏寬恒	（國民黨）
第三選舉區	楊瓊瓔	（國民黨）
第四選舉區	廖偉翔	（國民黨）
第五選舉區	黃健豪	（國民黨）
第六選舉區	羅廷瑋	（國民黨）
第七選舉區	何欣純	（民進黨）
第八選舉區	江啟臣	（國民黨）

彰化縣
第一選舉區	陳秀寶	（民進黨）
第二選舉區	黃秀芳	（民進黨）
第三選舉區	謝衣鳳	（國民黨）
第四選舉區	陳素月	（民進黨）

南投縣
第一選舉區	馬文君	（國民黨）
第二選舉區	游　顥	（國民黨）

雲林縣
第一選舉區	丁學忠	（國民黨）
第二選舉區	劉建國	（民進黨）

嘉義縣
第一選舉區	蔡易餘	（民進黨）
第二選舉區	陳冠廷	（民進黨）

嘉義市選舉區　王美惠（民進黨）

台南市
第一選舉區	賴惠員	（民進黨）
第二選舉區	郭國文	（民進黨）
第三選舉區	陳亭妃	（民進黨）
第四選舉區	林宜瑾	（民進黨）
第五選舉區	林俊憲	（民進黨）
第六選舉區	王定宇	（民進黨）

高雄市
第一選舉區	邱議瑩	（民進黨）
第二選舉區	邱志偉	（民進黨）
第三選舉區	李柏毅	（民進黨）
第四選舉區	林岱樺	（民進黨）
第五選舉區	李昆澤	（民進黨）
第六選舉區	黃　捷	（民進黨）
第七選舉區	許智傑	（民進黨）
第八選舉區	賴瑞隆	（民進黨）

屏東縣
第一選舉區	鍾佳濱	（民進黨）
第二選舉區	徐富癸	（民進黨）

宜蘭縣選舉區　陳俊宇（民進黨）

花蓮縣選舉區　傅崐萁（國民黨）
台東縣選舉區　黃建賓（國民黨）
澎湖縣選舉區　楊　曜（民進黨）
金門縣選舉區　陳玉珍（國民黨）
連江縣選舉區　陳雪生（國民黨）

二、原住民部分6人
1.平地原住民選舉區
鄭天財（國民黨）、黃　仁（國民黨）、
陳　瑩（民進黨）。

2.山地原住民選舉區
高金素梅（無黨籍）、盧縣一（國民黨）、
伍麗華（民進黨）。

三、全國不分區及僑居國外國民部分34人
1.民主進步黨13人：
林月琴、沈伯洋、張雅琳、羅美玲、范　雲、
柯建銘、沈發惠、莊瑞雄、林楚茵、郭昱晴、
陳培瑜、王正旭、王義川。

2.中國國民黨13人：
韓國瑜、柯志恩、葛如鈞、翁曉玲、陳菁徽、
吳宗憲、林倩綺、陳永康、許宇甄、謝龍介、
蘇清泉、張嘉郡、王育敏。

3.台灣民眾黨8人：
黃珊珊、黃國昌、陳昭姿、吳春城、麥玉珍、
林國成、林憶君、張啟楷。

司法院
院　長：謝銘洋（代理）
副院長：待補
秘書長：待補
副秘書長：黃麟倫
大法官：
謝銘洋、呂太郎、楊惠欽、蔡宗珍、
蔡彩貞、朱富美、陳忠五、尤伯祥。
最高法院院長：高孟君
最高行政法院院長：吳東都
懲戒法院院長：林輝煌
台灣高等法院院長：高金枝

考試院
院　長：待補
副院長：待補
秘書長：劉建忻
副秘書長：周秋玲
考試委員：待補
考選部
部　長：劉孟奇
政務次長：鄭中平
常務次長：劉約蘭
銓敘部
部　長：施能傑
政務次長：張秋元
常務次長：王　玉
公務人員保障暨培訓委員會主任委員：
蔡秀涓

監察院
院　長：陳　菊
副院長：李鴻鈞
秘書長：李俊俋
副秘書長：劉文仕
監察委員：
陳　菊、李鴻鈞、王幼玲、王美玉、
王榮璋、王麗珍、田秋堇、林文程、
林郁容、林盛豐、紀惠容、范巽綠、
施錦芳、高涌誠、浦忠成、陳景峻、
郭文東、張菊芳、葉大華、葉宜津、
趙永清、蔡崇義、賴振昌、賴鼎銘、
蕭自佑、鴻義章、蘇麗瓊、林國明（8月
1日請辭生效）。
國家人權委員會主任委員：陳　菊兼任
審計部
審計長：陳瑞敏
副審計長：曾石明、李順保

行政院所屬各部會首長

內政部
部　長：劉世芳
政務次長：馬士元、董建宏
常務次長：吳堂安

警政署署長：張榮興
消防署署長：蕭煥章
移民署署長：鐘景琨
國土管理署署長：吳欣修
國家公園署署長：陳貞蓉（代理）
中央警察大學校長：楊源明
空中勤務總隊總隊長：井延淵
建築研究所所長：王榮進

外交部

部　　長：林佳龍
政務次長：吳志中、田中光
常務次長：陳立國

國防部

部　　長：顧立雄
軍政副部長：柏鴻輝
軍備副部長：徐衍璞
常務次長：楊基榮、黃佑民
參謀總長：梅家樹
陸軍司令部司令：鍾樹明
海軍司令部司令：唐　華
空軍司令部司令：鄭榮豐
憲兵指揮部指揮官：鄭禎祥
資通電軍指揮部指揮官：簡華慶
國防大學校長：劉志斌

財政部

部　　長：莊翠雲
政務次長：阮清華、李慶華
常務次長：謝鈴媛

教育部

部　　長：鄭英耀
政務次長：張廖萬堅、葉丙成
常務次長：林騰蛟

法務部

部　　長：鄭銘謙
政務次長：徐錫祥、黃世杰
常務次長：黃謀信
最高檢察署檢察總長：邢泰釗
台灣高等檢察署檢察長：張斗輝

調查局局長：陳白立
廉政署署長：馮　成

經濟部

部　　長：郭智輝
政務次長：陳正祺、何晉滄
常務次長：連錦漳
商業發展署署長：蘇文玲
產業發展署署長：楊志清
國際貿易署署長：江文若
能源署署長：游振偉
中小及新創企業署署長：李冠志
水利署署長：賴建信
智慧財產局局長：廖承威
產業園區管理局局長：楊伯耕
標準檢驗局局長：陳怡鈴
地質調查及礦業管理中心主任：徐銘宏

交通部

部　　長：陳世凱
政務次長：陳彥伯、伍勝園
常務次長：林國顯
高速公路局局長：趙興華
民用航空局局長：何淑萍
觀光署署長：周永暉
公路局局長：陳文瑞
中央氣象署署長：程家平
鐵道局局長：楊正君
航港局局長：葉協隆
運輸研究所所長：林繼國
中華郵政股份有限公司董事長：王國材
台灣鐵路管理局局長：杜　微
桃園國際機場股份有限公司董事長：楊偉甫
台灣港務股份有限公司董事長：李賢義

勞動部

部　　長：洪申翰
政務次長：許傳盛、黃玲娜
常務次長：陳明仁
勞工保險局局長：白麗真
勞動基金運用局局長：蘇郁卿
勞動力發展署署長：待補

職業安全衛生署署長：鄒子廉
勞動及職業安全衛生研究所所長：李柏昌

農業部

部　　長：陳駿季
政務次長：胡忠一、黃昭欽
常務次長：杜文珍
農糧署署長：姚士源
漁業署署長：張致盛
動植物防疫檢疫署署長：邱垂章
林業及自然保育署署長：林華慶
農村發展及水土保持署署長：李鎮洋
農田水利署署長：蔡昇甫
農業金融署署長：李聰勇
農業科技園區管理中心主任：謝勝信

衛生福利部

部　　長：邱泰源
政務次長：林靜儀、呂建德
常務次長：周志浩
食品藥物管理署署長：莊聲宏
疾病管制署署長：莊人祥
中央健康保險署署長：石崇良
國民健康署署長：吳昭軍
社會及家庭署署長：周道君（代理）

環境部

部　　長：彭啟明
政務次長：葉俊宏、施文真
常務次長：沈志修

文化部

部　　長：李　遠
政務次長：李靜慧、王時思
常務次長：徐宜君
綜合規劃司司長：魏秋宜
文化資源司司長：林宏義
文創發展司司長：江清松
影視及流行音樂發展司司長：吳宜璟
人文及出版司司長：楊婷媜
藝術發展司司長：陳春蘭
文化交流司司長：紀東陽
蒙藏文化中心主任：高玉珍

數位發展部

部　　長：黃彥男
政務次長：闕河鳴、林宜敬
常務次長：葉　寧

國家發展委員會

主任委員：劉鏡清
副主任委員：高仙桂、彭立沛、詹方冠

國家科學及技術委員會

主任委員：吳誠文
政務副主任委員：林法正、陳炳宇
常務副主任委員：蘇振綱
新竹科學園區管理局局長：陳宗權
中部科學園區管理局局長：許茂新
南部科學園區管理局局長：鄭秀絨

大陸委員會

主任委員：邱垂正
政務副主任委員：梁文傑、沈有忠
常務副主任委員：李麗珍

金融監督管理委員會

主任委員：彭金隆
副主任委員：陳彥良、邱淑貞
委　　員：莊翠雲、郭智輝、鄭銘謙、劉鏡清
銀行局局長：莊琇媛
證期局局長：張振山
保險局局長：王麗惠
檢查局局長：童政彰

海洋委員會

主任委員：管碧玲
政務副主任委員：吳美紅、黃向文
常務副主任委員：張忠龍
海巡署署長：張忠龍
海洋保育署署長：陸曉筠
國家海洋研究院院長：陳建宏

僑務委員會

委員長：徐佳青
副委員長：阮昭雄、呂元榮

國軍退除役官兵輔導委員會

主任委員：嚴德發
政務副主任委員：傅正誠、陳進廣
常務副主任委員：吳志揚

原住民族委員會

主任委員：曾智勇
政務副主任委員：谷縱‧喀勒芳安、杜張梅莊
常務副主任委員：鍾興華

客家委員會

主任委員：古秀妃
政務副主任委員：待補
常務副主任委員：范佐銘

公共工程委員會

主任委員：陳金德
副主任委員：陳為祥、李怡德

主計總處

主計長：陳淑姿
政務副主計長：蔡鴻坤
常務副主計長：陳慧娟

人事行政總處

人事長：蘇俊榮
政務副人事長：李秉洲
常務副人事長：懷敍

中央銀行

總　裁：楊金龍
副總裁：嚴宗大、朱美麗

國立故宮博物院

院　長：蕭宗煌
政務副院長：黃永泰
常務副院長：余佩瑾

中央選舉委員會

主任委員：李進勇
副主任委員：陳朝建

委　員：
李進勇、陳朝建、許惠峰、黃秀端、
陳月端、蒙志成、陳恩民、王韻茹、
許雅芬、吳容輝、游清鑫

公平交易委員會

主任委員：李鎂
副主任委員：陳志民
委　員：
李　鎂、陳志民、郭淑貞、洪財隆、
辛志中、顏雅倫、李師榮

國家通訊傳播委員會

主任委員：翁柏宗（代理）
副主任委員：翁柏宗
委　員：
王正嘉、王怡惠、陳崇樹

議會首長和議員

台灣省諮議會

第7屆台灣省諮議會
（任期：105年12月21日至107年12月31日）
諮議長：鄭永金

台北市議會

第14屆台北市議會市議員（任期：111年12月25日至115年12月25日）於111年11月26日選舉，選出議員61位（含原住民議員2位），12月25日宣誓就職，並互選議長、副議長。
議　長：戴錫欽
副議長：葉林傳
議　員：
黃瀞瑩、林延鳳、汪志冰、鍾佩玲、
侯漢廷、林杏兒、陳賢蔚、張斯綱、
陳慈慧、林世宗、陳重文、陳宥丞、
游淑慧、李明賢、何孟樺、闕枚莎、
王孝維、李建昌、吳世正、張文潔、
許淑華、詹為元、秦慧珠、戴錫欽、
洪健益、陳炳甫、顏若芳、柳采葳、
葉林傳、林珍羽、陳怡君、林亮君、
應曉薇、郭昭巖、洪婉臻、吳志剛、

徐立信、鍾小平、劉耀仁、李柏毅、
苗博雅、曾獻瑩、簡舒培、徐弘庭、
王欣儀、趙怡翔、鍾沛君、陳錦祥、
楊植斗、王閔生、耿　葳、張志豪、
李芳儒、李傅中武

高雄市議會

合併後（直轄市）第4屆高雄市議會市議員（任期：111年12月25日至115年12月25日）於111年11月26日選舉，選出議員65位（含原住民議員4位），12月25日宣誓就職，並互選議長、副議長。
　議　長：康裕成
　副議長：曾俊傑
　議　員：
林富寶、林義迪、朱信強、李亞築、
黃明太、陳明澤、宋立彬、黃秋媖、
林志誠、方信淵、陸淑美、白喬茵、
陳善慧、陳麗珍、黃文志、李眉蓁、
李雅芬、李雅慧、陳玫娟、江瑞鴻、
吳利成、張勝富、邱俊憲、黃飛鳳、
李喬如、陳美雅、簡煥宗、蔡金晏、
黃柏霖、黃香菽、康裕成、張博洋、
鄭孟洳、何權峰、曾俊傑、許采蓁、
黃文益、湯詠瑜、郭建盟、黃紹庭、
鍾易仲、李雅靜、劉德林、陳慧文、
林智鴻、張漢忠、鄭安秝、鄭光峰、
陳麗娜、曾麗燕、蔡武宏、李順進、
吳銘賜、黃彥毓、李雨庭、邱于軒、
王耀裕、黃天煌、王義雄、陳幸富、
高忠德、范織欽

新北市議會

升格後（直轄市）第4屆新北市議會市議員（任期：111年12月25日至115年12月25日）於111年11月26日選舉，選出議員66位（含原住民議員4位），12月25日宣誓就職，並互選議長、副議長。
　議　長：蔣根煌
　副議長：陳鴻源
　議　員：
陳偉杰、鄭宇恩、蔡錦賢、陳家琪、
蔡淑君、陳明義、李宇翔、宋明宗、
蔣根煌、林秉宥、翁震州、戴湘儀、
蔡健棠、鍾宏仁、陳世軒、陳啟能、
彭佳芸、王威元、黃桂蘭、李翁月娥、
邱婷蔚、李倩萍、李余典、顏蔚慈、
林國春、戴瑋姍、曾煥嘉、山田摩衣、
劉美芳、黃淑君、周勝考、石一佑、
金瑞龍、陳錦錠、邱烽堯、張維倩、
游輝穸、張嘉玲、連斐璠、陳鴻源、
許昭興、林金結、洪佳君、卓冠廷、
彭一書、黃永昌、江怡臻、廖宜琨、
蘇泓欽、呂家愷、林銘仁、黃心華、
陳乃瑜、劉哲彰、陳儀君、陳永福、
林裔綺、白珮茹、張錦豪、周雅玲、
楊春妹、宋雨蓁、蘇錦雄、馬　見

桃園市議會

升格後（直轄市）第3屆桃園市議會市議員（任期：111年12月25日至115年12月25日）於111年11月26日選舉，選出議員63位（含原住民議員7位），12月25日宣誓就職，並互選議長、副議長。
　議　長：邱奕勝
　副議長：李曉鐘
　議　員：
李曉鐘、凌　濤、詹江村、黃瓊慧、
余信憲、陳美梅、林政賢、黃婉如、
李光達、于北辰、張碩芳、黃家齊、
陳雅倫、李宗豪、孫韻璇、呂林小鳳、
朱珍瑤、楊朝偉、段樹文、許家睿、
張桂綿、錢　龍、許清順、劉勝全、
徐其萬、游吾和、李柏坊、陳治文、
邱奕勝、彭俊豪、魏　筠、梁為超、
葉明月、謝美英、吳嘉和、劉曾玉春、
張曉昀、黃崇真、徐景文、黃敬平、
舒翠玲、王珮毓、陳韋曄、劉仁照、
楊家俍、周玉琴、鄭淑方、李家興、
張肇良、劉熒隆、徐玉樹、陳睿生、
許更生、吳進昌、楊進福、林志強、
王仙蓮、張秀菊、簡志偉、陳　瑛、
蘇偉恩

台中市議會

合併後（直轄市）第4屆台中市議會市議員（任期：111年12月25日至115年12月25日）於

111年11月26日選舉，選出議員65位（含原住民議員3位），12月25日宣誓就職，並互選議長、副議長。

議　　長：張清照
副議長：顏莉敏
議　　員：
楊啓邦、施志昌、李文傑、顏莉敏、
楊典忠、張清照、王立任、陳廷秀、
吳瓊華、林昊佑、林孟令、張家銨、
曾　威、邱愛珊、陳清龍、謝志忠、
陳本添、張瀞分、周永鴻、蕭隆澤、
賴朝國、羅永珍、吳呈賢、徐瑄禮、
楊大鋐、陳淑華、黃馨慧、林祈烽、
張廖乃綸、朱暖英、何文海、吳佩芸、
劉士州、沈佑蓮、曾朝榮、謝家宜、
陳成添、賴順仁、陳政顯、陳俞融、
陳文政、張彥彤、黃守達、江肇國、
李　中、鄭功進、陳雅惠、林霈涵、
黃佳恬、賴義鍠、張玉嬿、蔡耀頡、
林碧秀、江和樹、林德宇、張芬郁、
李天生、蘇柏興、吳振嘉、蔡成圭、
吳建德、古秀英、朱元宏

台南市議會

合併後（直轄市）第4屆台南市議會市議員（任期：111年12月25日至115年12月25日）於111年11月26日選舉，選出議員57位（含原住民議員2位），12月25日宣誓就職，並互選議長、副議長。

議　　長：邱莉莉
副議長：林志展
議　　員：
蔡育輝、趙昆原、王宣貿、
張世賢（歿）、李宗翰、沈家鳳、
方一峰、蔡蘇秋金、謝舒凡、陳昆和、
蔡秋蘭、陳秋宏、尤榮智、吳通龍、
周奕齊、李文俊、林志展、余柷青、
李偉智、陳碧玉、郭信良、郭清華、
李中岑、蔡麗青、邱昭勝、黃麗招、
林燕祝、林冠維、朱正軒、李鎮國、
陳秋萍、黃肇輝、楊中成、陳怡珍、
沈震東、蔡宗豪、許至椿、邱莉莉、
周嘉韋、林美燕、林依婷、蔡淑惠、
盧崑福、李啓維、周麗津、曾培雅、

曾之婕、王家貞、蔡筱薇、李宗霖、
杜素吟、吳禹寰、郭鴻儀、鄭佳欣、
陳皇宇、穎艾達利、施余興望
註：6都議員名單以中央選舉委員會公告為準。

行憲後歷任總統副總統

任次	總統	副總統	就任年／月
1	蔣中正	李宗仁	37年05月
	李宗仁(代)		38年01月
	蔣中正		39年03月
2	蔣中正	陳　誠	43年05月
3	蔣中正	陳　誠	49年05月
4	蔣中正	嚴家淦	55年05月
5	蔣中正	嚴家淦	61年05月
	嚴家淦		64年04月
6	蔣經國	謝東閔	67年05月
7	蔣經國	李登輝	73年05月
	李登輝		77年01月
8	李登輝	李元簇	79年05月
9	李登輝	連　戰	85年05月
10	陳水扁	呂秀蓮	89年05月
11	陳水扁	呂秀蓮	93年05月
12	馬英九	蕭萬長	97年05月
13	馬英九	吳敦義	101年05月
14	蔡英文	陳建仁	105年05月
15	蔡英文	賴清德	109年05月
16	賴清德	蕭美琴	113年05月

行憲後歷任行政院院長

姓　名	就任年／月
翁文灝	37年05月
孫　科	37年11月
何應欽	38年03月
閻錫山	38年06月
陳　誠	39年03月
俞鴻鈞	43年06月
陳　誠	47年07月
嚴家淦	52年12月
蔣經國	61年06月
孫運璿	67年06月
俞國華	73年06月
李　煥	78年06月
郝柏村	79年06月
連　戰	82年02月
蕭萬長	86年09月
唐　飛	89年05月
張俊雄	89年10月
游錫堃	91年02月
謝長廷	94年01月
蘇貞昌	95年01月
張俊雄	96年05月
劉兆玄	97年05月
吳敦義	98年09月
陳　冲	101年02月
江宜樺	102年02月
毛治國	103年12月
張善政	105年02月
林　全	105年05月
賴清德	106年09月
蘇貞昌	108年01月
陳建仁	112年01月
卓榮泰	113年05月

行憲後歷任立法院院長

姓　名	就任年／月
孫　科	37年05月
童冠賢	37年12月
劉健群	39年12月
張道藩	41年03月
黃國書	50年02月
倪文亞	61年05月
劉闊才	78年02月
梁肅戎	79年02月
劉松藩	81年01月
王金平	88年02月
蘇嘉全	105年02月
游錫堃	109年02月
韓國瑜	113年02月

行憲後歷任司法院院長

姓　名	就任年／月
王寵惠	37年06月
謝冠生	47年06月
田炯錦	60年12月
戴炎輝	66年04月
黃少谷	68年07月
林洋港	76年04月
施啟揚	83年09月
翁岳生	88年02月
賴英照	96年10月
賴浩敏	99年10月
許宗力	105年11月
謝銘洋(代)	113年11月

行憲後歷任考試院院長

姓　名	就任年／月
張伯苓	37年06月
鈕永建(代)	38年11月

賈景德	41年04月
莫德惠	43年08月
孫　科	55年06月
楊亮功	62年10月
劉季洪	67年08月
孔德成	73年08月
邱創煥	82年04月
許水德	85年09月
姚嘉文	91年09月
關　中	97年12月
伍錦霖	103年09月
黃榮村	109年09月

行憲後歷任監察院院長

姓　名	就任年／月
于右任	37年06月
李嗣璁	54年08月
張維翰(代)	61年05月
余俊賢	62年03月
黃尊秋	76年03月
陳履安	82年02月
鄭水枝(代)	84年09月
王作榮	85年09月
錢　復	88年02月 94年1月31日 任期屆滿
王建煊	97年08月
張博雅	103年08月
陳　菊	109年08月

行憲後歷任內政部長

姓　名	就任年／月
張厲生	37年05月31日
彭昭賢	37年06月22日
洪蘭友	37年12月22日

第二章 | 政治與政府

李漢魂	38年03月21日
谷正綱	39年01月26日
余井塘	39年03月12日
黃季陸	41年04月17日
王德溥	43年06月01日
田炯錦	47年03月19日
連震東	49年05月30日
徐慶鐘	55年05月27日
林金生	61年05月29日
張豐緒	65年06月09日
邱創煥	67年05月29日
林洋港	70年11月25日
吳伯雄	73年05月28日
許水德	77年07月22日
吳伯雄	80年06月01日
黃昆輝	83年02月15日
林豐正	85年06月10日
葉金鳳	86年05月15日
黃主文	87年02月05日
張博雅	89年05月20日
余政憲	91年02月01日
蘇嘉全	93年04月09日
李逸洋	95年01月25日
廖了以	97年05月20日
江宜樺	98年09月10日
李鴻源	101年02月01日
陳威仁	103年03月03日
葉俊榮	105年05月20日
徐國勇	107年07月16日
林右昌	112年01月31日
劉世芳	113年05月20日

行憲後歷任外交部長

姓　名	就任年／月
王世杰	37年05月31日
吳鐵城	37年12月22日
傅秉常	未就任
胡　適	未就任
葉公超	38年10月01日
黃少谷	47年07月14日
沈昌煥	49年05月30日
魏道明	55年05月27日
周書楷	60年03月31日
沈昌煥	61年05月29日
蔣彥士	67年12月20日
朱撫松	68年12月19日
丁懋時	76年04月29日
連　戰	77年07月22日
錢　復	79年05月30日
章孝嚴	85年06月10日
胡志強	86年09月01日
程建人	88年11月30日
田弘茂	89年05月20日
簡又新	91年02月01日
陳唐山	93年04月16日
黃志芳	95年01月25日
歐鴻鍊	97年05月20日
楊進添	98年09月10日
林永樂	101年09月27日
李大維	105年05月20日
吳釗燮	107年02月26日
林佳龍	113年05月20日

行憲後歷任國防部長

姓　名	就任年／月
何應欽	37年05月31日

徐永昌	37年12月22日
何應欽(兼)	38年04月22日
閻錫山(兼)	38年06月12日
顧祝同(兼代)	39年01月26日
俞大維	未就任
郭寄嶠	40年02月20日
俞大維	43年05月27日
蔣經國	54年01月13日
黃　杰	58年06月25日
陳大慶	61年05月29日
高魁元	62年07月30日
宋長志	70年11月25日
汪道淵	75年06月18日
鄭為元	76年04月29日
郝柏村	78年12月05日
陳履安	79年06月01日
孫　震	82年02月27日
蔣仲苓	83年12月16日
唐　飛	88年02月01日
伍世文	89年05月20日
湯曜明	91年02月01日
李　傑	93年05月20日
李天羽	96年05月21日
蔡明憲	97年02月25日
陳肇敏	97年05月20日
高華柱	98年09月10日
楊念祖	102年08月01日
嚴　明	102年08月08日
高廣圻	104年01月30日
馮世寬	105年05月20日
嚴德發	107年02月26日
邱國正	109年02月23日
顧立雄	113年05月20日

行憲後歷任財政部長

姓 名	就任年／月
王雲五	37年05月31日
徐 堪	37年11月11日
劉攻芸	38年03月21日
徐 堪	38年06月12日
關吉玉	38年10月03日
嚴家淦	39年03月12日
徐柏園	43年05月27日
嚴家淦	47年03月19日
陳慶瑜	52年12月14日
俞國華	56年11月29日
李國鼎	58年06月25日
費 驊	65年06月09日
張繼正	67年05月29日
徐立德	70年11月25日
陸潤康	73年05月28日
錢 純	74年08月21日
郭婉容	77年07月22日
王建煊	79年06月01日
白培英	81年10月23日
林振國	82年02月27日
邱正雄	85年06月10日
許嘉棟	89年05月20日
顏慶章	89年10月06日
李庸三	91年02月01日
林 全	91年12月02日
呂桔誠	95年01月25日
何志欽	95年07月04日
李瑞倉(代)	97年03月13日
李述德	97年05月20日
劉憶如	101年02月01日
曾銘宗(代)	101年05月31日
張盛和	101年06月04日
許虞哲	105年05月20日
蘇建榮	107年07月16日
莊翠雲	112年01月31日

行憲後歷任教育部長

姓 名	就任年／月
朱家驊	37年05月31日
梅貽琦	未就任
杭立武	38年03月21日
程天放	39年03月12日
張其昀	43年05月27日
梅貽琦	47年07月14日
黃季陸	50年02月23日
閻振興	54年01月25日
鍾皎光	58年06月25日
羅雲平	60年03月31日
蔣彥士	61年05月29日
李元簇	66年04月19日
朱匯森	67年05月29日
李 煥	73年05月28日
毛高文	76年07月04日
郭為藩	82年02月27日
吳 京	85年06月10日
林清江	87年02月09日
楊朝祥	88年06月15日
曾志朗	89年05月20日
黃榮村	91年02月01日
杜正勝	93年05月20日
鄭瑞城	97年05月20日
吳清基	98年09月10日
蔣偉寧	101年02月01日
吳思華	103年08月06日
潘文忠	105年05月20日
吳茂昆	107年04月19日
葉俊榮	107年07月16日
潘文忠	108年01月14日
鄭英耀	113年05月20日

行憲後歷任法務部長

姓 名	就任年／月
謝冠生	37年05月31日
梅汝璈	37年12月22日
張知本	38年03月21日
林 彬	39年03月12日
谷鳳翔	43年05月27日
鄭彥棻	49年05月30日
查良鑑	56年11月29日
王任遠	59年07月01日
汪道淵	65年06月09日
李元簇	67年05月29日
施啟揚	73年05月28日
蕭天讚	77年07月22日
呂有文	78年11月27日
馬英九	82年02月27日
廖正豪	85年06月10日
城仲模	87年07月14日
葉金鳳	88年02月01日
陳定南	89年05月20日
施茂林	94年05月20日
王清峰	97年05月20日
曾勇夫	99年03月22日
陳明堂(代)	102年09月10日
羅瑩雪	102年09月30日
邱太三	105年05月20日
蔡清祥	107年07月16日
鄭銘謙	113年05月20日

註：司法行政部於106年09月15日改制為法務部

行憲後歷任經濟部長

姓　名	就任年／月
陳啟天	37年05月31日
劉維熾	37年12月22日
孫越琦	38年03月21日
劉航琛	38年06月12日
嚴家淦	39年01月26日
鄭道儒	39年03月12日
張茲闓	41年04月17日
尹仲容	43年05月27日
江　杓	44年11月04日
楊繼曾	47年03月19日
李國鼎	54年01月13日
陶聲洋	58年06月25日
孫運璿	58年10月01日
張光世	67年05月29日
趙耀東	70年11月25日
徐立德	73年05月28日
李達海	74年03月13日
陳履安	77年07月20日
蕭萬長	79年06月01日
江丙坤	82年02月27日
王志剛	85年06月10日
林信義	89年05月20日
宗才怡	91年02月01日
林義夫	91年03月21日
何美玥	93年05月20日
黃營杉	95年01月25日
陳瑞隆	95年08月09日
尹啟銘	97年05月20日
施顏祥	98年09月10日
張家祝	102年02月18日
杜紫軍	103年08月15日
鄧振中	103年12月08日
李世光	105年05月20日
沈榮津	106年09月08日
王美花	109年06月19日
郭智輝	113年05月20日

註：工商部38年5月10日改制為經濟部

行憲後歷任交通部長

姓　名	就任年／月
俞大維	37年05月31日
端木傑	38年03月21日
陳　良	39年01月26日
賀衷寒	39年03月12日
袁守謙	43年05月27日
沈　怡	49年05月30日
孫運璿	56年11月29日
張繼正	58年10月01日
高玉樹	61年05月29日
林金生	65年06月09日
連　戰	70年11月25日
郭南宏	76年04月22日
張建邦	78年05月31日
馬鎮方(代)	80年04月24日
簡又新	80年06月01日
劉兆玄	82年02月27日
蔡兆陽	85年06月10日
林豐正	87年04月01日
葉菊蘭	89年05月20日
林陵三	91年02月01日
郭瑤琪	95年01月25日
蔡　堆	95年08月22日
毛治國	97年05月20日
葉匡時	102年02月18日
陳建宇	104年01月26日
賀陳旦	105年05月20日
吳宏謀	107年07月16日
林佳龍	108年01月14日
王國材	110年05月11日
李孟諺	113年05月20日
陳世凱	113年09月30日

行憲後歷任蒙藏委員會委員長

姓　名	就任年／月
許世英	37年05月31日
白雲梯	37年12月22日
關吉玉	38年06月12日
周昆田	38年11月23日
余井塘(兼)	39年05月12日
田炯錦	40年02月22日
劉廉克	43年05月27日
李永新	47年07月14日
田炯錦	49年05月30日
郭寄嶠	52年12月14日
崔垂言	61年05月29日
薛人仰	70年11月25日
董樹藩	73年05月28日
吳化鵬	75年03月26日
張駿逸	82年02月27日
李厚高	83年12月14日
高孔廉	86年09月01日
徐正光	89年05月20日
許志雄	91年02月01日
高思博	97年05月20日
羅瑩雪	99年02月09日
陳明仁(代)	102年09月30日
蔡玉玲	102年11月06日
林美珠	105年05月20日
許璋瑤	106年02月08日～106年09月15日

註：行政院院會106年8月17日通過廢止蒙藏委員會組織法；立法院會11月28日通過廢止蒙藏委員會組織法。

行憲後歷任僑務委員會委員長

姓　名	就任年／月
劉維熾	37年05月31日
戴愧生	37年12月22日
葉公超(兼)	39年05月12日
鄭彥棻	41年03月11日
陳清文	47年07月14日
周書楷	49年05月30日
高　信	51年11月22日
毛松年	61年05月29日
曾廣順	73年05月28日
章孝嚴	82年02月27日
祝基瀅	85年06月10日
焦仁和	87年02月04日
張富美	89年05月20日
吳英毅	97年05月20日
陳士魁	102年08月01日
吳新興	105年05月20日
童振源	109年05月20日
徐佳青	112年01月31日

歷任台灣省政府主席

姓　名	就任年／月
魏道明	36年05月
陳　誠	38年01月
吳國楨	38年12月
俞鴻鈞	42年04月
嚴家淦	43年06月
周至柔	46年08月
黃　杰	51年12月
陳大慶	58年07月
謝東閔	61年06月
林洋港	67年06月
李登輝	70年12月
邱創煥	73年06月
連　戰	79年06月
宋楚瑜	82年03月

姓名	就任年／月
宋楚瑜	83年12月
趙守博	87年12月
張博雅	89年06月
范光群	91年02月
林光華	92年10月
鄭培富(代)	95年01月
林錫耀	96年12月
蔡勳雄	97年05月
張進福	98年09月
林政則	99年02月
施俊吉	105年05月
許璋瑤	105年06月
吳澤成	106年11月～107年06月

註：83年12月宋楚瑜任第1屆省長；台灣省政府組織107年7月1日完成虛級化。

遷台後歷任福建省政府主席

姓　名	就任年／月
胡　璉	38年12月
戴仲玉	44年02月
吳金贊	75年06月
顏忠誠	87年02月
陳景峻	96年11月
薛香川	97年05月
薛承泰	98年09月
陳士魁	102年02月
羅瑩雪	102年08月
薛　琦	102年09月
鄧振中	103年03月
杜紫軍	103年12月
林祖嘉	105年02月
張景森	105年05月～107年12月31日

註：福建省政府組織107年7月1日完成虛級化，成為行政院的派出機關，108年1月1日起機關預算歸零，所有員額與業務移撥予106年1月18日成立的行政院金馬聯合服務中心接手執行。

台灣各縣市縣市長

六都直轄市市長

台北市市長	蔣萬安
新北市市長	侯友宜
桃園市市長	張善政
台中市市長	盧秀燕
台南市市長	黃偉哲
高雄市市長	陳其邁

註：111年11月26日直轄市長選舉，當選市長於111年12月25日就任。

16縣市縣市長

基隆市市長	謝國樑
新竹縣縣長	楊文科
新竹市市長	邱臣遠代理（新竹市長高虹安涉貪污一審遭判有罪，113年7月26日依法停職，由副市長邱臣遠代理。）
苗栗縣縣長	鍾東錦
彰化縣縣長	王惠美
南投縣縣長	許淑華
雲林縣縣長	張麗善
嘉義縣縣長	翁章梁
嘉義市市長	黃敏惠
屏東縣縣長	周春米
澎湖縣縣長	陳光復
宜蘭縣縣長	林姿妙
花蓮縣縣長	徐榛蔚
台東縣縣長	饒慶鈴
金門縣縣長	陳福海
連江縣縣長	王忠銘

註：111年11月26日縣市長選舉，當選縣市長於111年12月25日就任。嘉義市長因參選人之一過世，延至12月18日投票。
註：最後選舉結果，以中央選舉委員會公告為準。

§ 第三章　選舉與政黨

賴蕭配558萬勝選
破八年政黨輪替魔咒

　　第16任總統副總統選舉於2024年1月13日投開票，民主進步黨正副總統候選人賴清德、蕭美琴以得票率40.05%當選，民進黨連續執政3任總統，創下紀錄。

　　從1996年首度總統民選以來，沒有政黨執政超過2任、8年，2024年總統大選由賴蕭配當選寫下紀錄，是台灣史上第一個打破8年政黨輪替魔咒的候選人與政黨。

　　中央選舉委員會約在1月13日晚間10時4分完成全部開票作業，總統、副總統選舉人數為1,954萬8,531人，投票人數1,404萬8,310人，投票率71.86%。是1996年開始總統民選以來的次低，僅高於2016年的66.27%。

　　賴清德、蕭美琴拿下最高票，共獲558萬6,019票、得票率40.05%，當選第16任總統、副總統。中國國民黨總統、副總統候選人侯友宜、趙少康以467萬1,021票、得票率33.49%居第二；台灣民眾黨總統、副總統候選人柯文哲、吳欣盈拿下369萬466票、得票率26.46%第三。

賴清德感謝蔡總統
盼與藍白團結合作

　　賴清德與蕭美琴於當晚8時30分舉行國際記者會，自行宣布當選。賴清德致詞時表示，感謝台灣民眾寫下歷史新頁、也向世界展現珍惜民主體制，這是大家永不放棄的堅持，感謝對手展現民主風度，他已分別接獲對手恭賀的電話，也恭喜國民黨與民眾黨斬獲立院席次，希望未來能一起團結合作。

　　他說，台灣大選作為2024世界大選年最矚目的首場大選，並獲得民主陣營的首場勝利，這場勝利有3個重大意義，第一台灣告訴世界，民主與威權之間，台灣選擇站在民主這邊，中華民國台灣會與國際民主盟友並肩同行；第二，民眾用行動抵禦外部勢力的介入，因為大家相信「自己的總統自己選」。

　　第三，3組候選人中，賴蕭配得到最多支持，代表國家會走在正確路上不會轉向也不會走回頭路。

　　兩人在勝選國際記者會後，赴全國競選總部前的勝選晚會，向已擠滿台北市北平東路的支持者發表談話。

　　賴清德表示，感謝總統蔡英文8年來的努力，她實現了8年前「留給我們一個更好的國家」承諾，這就是為什麼蔡總統可以成為台灣歷史上，第一個完成「民主交棒，延續執政」的總統。

　　賴清德請大家給蔡總統熱烈掌聲，並感謝蔡總統、副手蕭美琴、行政院長陳建仁、前行

總統副總統選舉結果

號次	候選人	政黨	得票數	得票率
1	柯文哲　吳欣盈	民眾黨	3,690,466	26.46%
2	賴清德　蕭美琴	民進黨	5,586,019	40.05%
3	侯友宜　趙少康	國民黨	4,671,021	33.49%

全國投票率 71.86%

資料來源：中選會

政院長蘇貞昌、立法院長游錫堃及全體競選團隊成員等人。

賴清德說，終於一起走到了這裡，「謝謝你們，用無比的勇氣，堅持到最後一刻。我們守住了民主，也守住了勝利」，這是一個屬於台灣的夜晚，讓「台灣」繼續成為世界的關鍵字。

他指出，在這場全球關注的大選，台灣告訴全世界，在民主與威權之間，台灣選擇站在民主陣營的這一邊，這就是這場選戰對全世界的意義。未來中華民國台灣也會在民主路上，和國際盟友繼續同行，「我們也做到了，沒有讓外部勢力的介選得逞，因為我們相信，自己的總統自己選」。

賴清德說，儘管選戰中難免有意見不合，甚至有衝突，但隨著選舉結束，這一切都已落幕。取而代之的是合作的開始。他將建立開放政府、公開透明；並推動溝通、協商、參與、合作的政治。團結包容，是國家進步、社會和諧，唯一的道路。

他強調，民主自由的生活方式，是共同的信仰；中華民國台灣，是共有的認同。此刻，他的心中，充滿無限的感謝，也謝謝沒有投票給他的台灣人民，一直以來對民進黨的鞭策。「你們的意見，我都聽見了」。他說，人民期待「有能力的政府」，也期待「有實力的制衡」。民進黨會誠實面對新民意，時時警惕，穩穩的跨出每一步。

賴清德表示，這場選戰，民進黨有得也有失。國會選舉不如預期，還是要檢討反省，必須把原因找出來，繼續深耕。「我們並不完美，但我們一定要做最能回應民意的政黨」。

賴清德強調，明天開始，捲起袖子在各自的崗位上，繼續打拚。也提醒大家，選戰已經過去了。身邊的親友，無論支持的是誰，都要放下對立，互相擁抱，關心彼此。「因為我們，永遠是一家人，民主，是我們的驕傲；讓我們相信民主，相信台灣，相信人民，我們繼續走下去，拚下去」。

多國政要恭賀賴清德勝選　讚台灣民主

民進黨總統候選人賴清德贏得大選後，外交部指出，總統大選圓滿完成，第一時間已

▲民進黨正副總統候選人賴清德（前左）、蕭美琴（前右）贏得2024總統大選，兩人揮手回應現場支持者熱情歡呼。

有12個友邦、美國、日本、法國、英國、德國、澳洲等超過50個國家行政部門或國會向台灣申賀，高度讚揚台灣民主成就。

美國國務院恭喜賴清德勝選，並稱讚台灣人民「再次展現其健全民主制度及選舉程序的實力」外，德國外交部也在1月14日讚揚台灣的民主價值，對台灣總統選舉表示祝賀，這是12年來德國政府首次祝賀台灣選舉，凸顯對台政策的轉變。

2012年，時任德國外交部長威斯特威勒（Guido Westerwelle）祝賀國民黨候選人馬英九當選總統，他還在聲明表達期盼兩岸關係緩和，並對台灣的民主和法治表示肯定。

此後，德國政府不再恭賀台灣選舉。在2020年舉行的總統大選，政府發言人塞柏特（Steffen Seibert）被問到是否祝賀蔡英文連任總統時，僅表示對台灣自由民主的選舉順利舉行表示歡迎，並強調德國的一個中國政策。

當時德國積極推動對中關係，對台灣態度相對保守，台灣在德國政壇因此成了敏感話題。

德國對台態度的轉捩點是2021年底舉行的大選，選後上台的社民黨（SPD）、綠黨、自民黨（FDP）聯合政府主動強化對台關係，2023年，在睽違26年後首度派部長級官員訪台，主動擴大兩國官員和公民社會交流的空間。

2024年台灣總統大選，德國外交部發布聲明，讚揚這次選舉再次展現台灣民主的深厚根基及選民對民主價值的承諾，向所有參與選舉的選民、候選人以及當選者表示祝賀。聲明中強調，德國在許多領域與台灣保持緊密關係，對在「一個中國」框架下與台灣強化關係表示期待。

國民黨檢討敗選三因素
藍白合未成功

雖然2012年到2020年3任總統大選都是「三腳督」態勢，但2012年的馬英九、2016年及2020年的蔡英文當選時，都拿下超過5成的得票率。2020年，蔡英文與賴清德搭檔獲得817萬231票，得票率57.13%，這次賴蕭配得票率僅40.05%，是繼2000年陳水扁當選總統以來，首次總統當選人得票率未過半。

國民黨方面，相比2020年韓國瑜與張善政獲得552萬2,119票，得票率38.61%，2024年侯康配獲得467萬1,021票、得票率33.49%。這是繼2000年連戰、蕭萬長獲292萬5,513票、得票率23.1%，以及2016年朱立倫、王如玄獲381萬3,365票、得票率31.04%後，國民黨在總統大選中第3低的得票率，共輸賴蕭配91萬4,998票，國民黨總統大選連3敗，基本盤持續萎縮。

另外，觀察各縣市得票狀況，賴清德在曾擔任市長的台南市拿下逾5成選票，得票率50.95%。柯文哲曾任8年市長的台北市，仍為賴蕭配得票率38.13%最高、柯文哲23.79%墊底；侯友宜執政的新北市，也是賴蕭配得票率38.59%最高，侯康配35.17%居次。

侯友宜：沒完成政黨輪替讓大家失望了

國民黨總統候選人侯友宜1月13日在開票未完成前先行宣布敗選。他在板橋第一運動場前廣場的開票現場兩度鞠躬表示，努力不夠，非常遺憾未能完成政黨輪替，「我讓大家失望了，我在這裡深深表達十二萬分歉意，抱歉，對不起大家」。現場支持者紛紛高喊加油、揮舞國旗表達支持。

國民黨中常會在1月17日提出選舉檢討報告，敗選原因包括藍白合未成功、兩岸論述及下架貪腐訴求不敵國家機器，南部4縣市大輸70多萬票等。

國民黨文傳會主委林寬裕會後表示，從事後結果驗證，確實有6成左右民眾屬於非綠，希望下架民進黨與政黨輪替，代表從一開始希望藍白能夠合作的策略是正確的，最後沒成功，以至於無法掌握到更多選票；也有人提到，國民黨提出的兩岸論述，以及下架貪腐等訴求，雖然非常充足，也很有說服力，不過不敵整個國家行政機器。

林寬裕強調，更重要的是，國民黨這次在南部4縣市大概輸了70多萬票，很清楚的是，國民黨未來在南部，一定要更持續深耕，要長期持續為地方服務。他也說，也有人提到年輕選票的問題，國民黨不是沒有年輕選票，而是還有努力空間。

國民黨中常委徐弘庭則說，中常會在會中發言多著重於國民黨無法獲得年輕族群的認

同與信任，對於黨內有人認為敗選與國民黨的兩岸政策主張以及被外界定位親中有關，他認為其實國民黨正在移動中，只是與核心支持者還有相對應的落差，如何平衡以及說服支持者，並朝中間移動，將是接下來的重中之重。

如果藍白合成功，是否會改變選舉結果？日本學者小笠原15日受訪表示，沒辦法如此斷言。國民黨和民眾黨的整合確實很吸引選民，推估有約800萬人觀看記者會，對於試圖打破民進黨長期政權的在野黨來說，發揮巨大的宣傳效果。之後，國民黨回到鞏固基本盤的戰術，在藍白合交涉過程中形象受損的柯文哲則在最終階段重新獲得年輕人支持。

對於民進黨打破8年政黨輪替魔咒，小笠原表示，民調顯示有近6成民眾認為「需要政黨輪替」，對民進黨而言「8年」確實是很大障礙。但能打破這個魔咒，似乎顯示選民對於外交和安全政策上的評價，超越對長期執政的顧慮及經濟治理上的批評。另外，民進黨政府推動同性婚姻合法化、提升社會多樣性等，也提升台灣的形象。

柯文哲：承擔敗選最大責任

1月13日總統大選開票，民眾黨柯盈配一路落後，柯文哲偕副手吳欣盈晚間8時抵達新莊競選總部，向現場支持者喊話，言談中坦言失敗但也強調不會放棄，「只要繼續努力，下個4年會贏得更多認同」。

在競總記者會中，媒體詢問，得票300多萬與自己評估是否有落差，柯文哲回應，組織方面民眾黨是靠公民運動相對弱勢，凱道造勢表面上很多人，但政治仍有世俗一面，比不上經營40年或100年政黨動員系統。他說，文宣方面證明現階段只靠自媒體，無法在傳統媒體打壓下取得優勢。

至於執政的台北市得票數輸對手，柯文哲說，數字就是數字，應檢討哪個地方讓人不滿意，他自認當市長8年認真做事，成績都可以，但不要以為做得好就有選票，他覺得前台北市長黃大洲做最好，但選舉表現差。

國民黨質疑競選總幹事黃珊珊的「假民調」成為藍白破局、無法下架民進黨的罪魁禍首，柯文哲表示，選舉輸後大家開始「找戰犯」，但他要誠懇地說，不要怪誰做不好，所有的人都是他選的，他要承擔最大責任。

媒體詢問，是否會為敗選請辭黨主席以示負責。柯文哲表示，現階段民眾黨要有檢討報告，以及處理未來立法院事務，他若一辭掉，這個黨就四分五裂，但政治上永遠要培養接班人，他會認真培養。

談及4年後是否還會參選總統，柯文哲說，民進黨以約40%得票率繼續執政，並不代表民進黨做得好。4年後發生什麼事還不知道，但要記取失敗經驗，民眾黨現在力量仍太薄弱，需要時間準備。

日專家：台灣大選鼓舞民主陣營

日本智庫「日台關係研究會」2024年1月20日以「台灣總統選舉後的台灣與世界」為題舉辦研討會，駐日副代表周學佑致詞時表示，2024年是世界的選舉年，有逾40國逾70場選舉。這次台灣的選舉受世界注目的程度堪稱空前，不僅因為是首場大選，也展現了台灣的民主成熟度、台灣人對中國的態度及站在民主陣營這一方的決心。

前日本產經新聞記者、作家福島香織表示，這次台灣大選由執政黨民進黨的正副總統候選人賴清德與蕭美琴勝選，具有4大歷史意義。首先，這是一個小國展現了民主典範的一場選舉；2024年是世界選舉年，由台灣的民主選舉拉開序幕十分合宜。

福島認為，這次台灣大選對包含日本在內的國際社會、西方國家、民主陣營而言，具有歷史意義，因為這是民主的勝利，就如民進黨在這場選舉中喊出的口號「選對的人；走對的路。」

其次是國民黨的「質變」，福島認為，國民黨已經逐漸轉向本土化，即使是國民黨總統候選人侯友宜勝選，她也覺得是台灣民主的勝利。

福島指出，這次的選舉，「九二共識」、「一個中國」並未成為選戰的焦點，實屬罕見。在選前，前總統馬英九講出「須相信習近平」，侯

友宜立刻澄清說：「任內不觸及統一問題。」

福島認為，國民黨已逐漸變成台灣人政黨，如果侯友宜當選了，他的新聞標題將是「繼李登輝之後的國民黨台灣人總統」。選舉中雖然言及為了台海安定，該如何與美、中相處的議題，但選戰的焦點擺在經濟政策、外交方針、台灣民主的走向等。

第3個歷史意義是，這是一個打破「8年魔咒」的選舉。台灣至2024年舉行了8次總統直選，執政都未能超過8年，這次選舉打破魔咒，具歷史意義。

第4個歷史意義是第三黨的出現，民眾黨到最後仍能在總統大選保持「三腳督」局面，並在立法院拿下了8席，堪稱翻開了台灣民主的新頁。

福島分析，這次的選舉是「角色競爭」。日本人認為賴清德親日，具有台獨志向；中國人批評他是台獨派。此外，賴清德是礦工之子，對此引以為傲，常說出自己出身的困苦，有一種以「吃苦當吃補」的心態。以年輕人來看，可能認為賴是頑固老爹、無趣。而蕭美琴聰慧、能力強，擔任駐美代表後的台美關係密切、有進展，成績斐然。

福島說，蕭美琴是台美混血兒，將來當了8年的副總統之後，或許會成為台美混血的女性總統。讓人懷有這樣的想像，這點堪稱「很台灣」。台灣過去包含有幾個外來政權統治的歷史在內，歷經複雜的歷史後顯得很多元，讓年輕人有期待。

賴清德勝出
外媒：台灣選民無視中國警告

2024年總統大選由代表民進黨參選的賴清德勝出，民進黨將繼續執政。外媒多以台灣選民不理會中國警告的觀點報導，認為賴清德的當選讓北京受挫。

《紐約時報》（The New York Times）報導，對台灣許多選民來說，這次總統大選焦點在於兩岸關係日益緊張對峙之際，該由誰來領導台灣，選民最後選擇了執政黨民進黨候選人賴清德。民進黨向來是希望台灣遠離北京影響力的政黨，而在野的國民黨則矢言擴大與中國的貿易關係並與北京重啟對話。這一結果可能促使北京加強對台灣施壓，加深與華府的緊張關係。

《路透社》報導，台灣選民選擇讓民進黨的賴清德接棒執政，明顯是拒絕中國先前的警告。北京在選前將台灣這次大選定位為戰爭與和平的選擇，告誡選民不要支持賴清德。

《華盛頓郵報》（The Washington Post）報導內文寫道，台灣選出賴清德作為總統，他曾是鬥志旺盛的台灣獨立倡導者，如今則是民進黨努力與北京當局維持和平、抵禦中方侵略的重要擁護者。

《日經亞洲》（Nikkei Asia）報導，賴清德在競爭激烈的三腳督選戰中拿下勝利，讓民進黨創紀錄成為1996年台灣實施總統直選以來，首個得以連續3次執政的政黨。報導中認為，雖然賴清德已承諾會延續現任總統蔡英文的兩岸政策並維持現狀，但他先前支持「台灣獨立」的立場可能導致兩岸關係更加緊張。

另外，英國《衛報》（Guardian）報導，台灣選民投票選出賴清德為下屆總統，民進黨邁入前所未見的連續第3個任期，這個結果恐觸怒北京當局，升高海峽兩岸的緊張關係。

但國際危機組織（International Crisis Group）中國議題資深分析師蕭嫣然（Amanda Hsiao）指出，賴清德當選不必然是選民對他兩岸政策的背書。但他分析，北京當局可能會加大壓力，以回應賴清德的勝選，特別是在賴清德5月宣誓就職以前。

蕭嫣然告訴《衛報》：「我認為這更加反映了國民黨幾乎無法說服選民來相信他們能夠有一個更新的作法，以適應新的地緣政治環境。自他們上一次執政以來，地緣政治出現了變化。」

美國有線電視新聞網（CNN）也指出，執政的民進黨再次贏得總統選舉，對於中國警告民進黨再度勝選將增加衝突風險，台灣選民不予理會。

《彭博新聞》以「台灣選出中國所謂『麻煩製造者』為領導人 對習近平一大打擊」（Taiwan Elects Leader China Calls 'Troublemaker' in Blow for Xi）為題，報導賴清德的當選恐觸怒中國國家主席習近平。

北京政府在選前稱賴清德是「麻煩製造者」和「分裂分子」。

英國《獨立報》報導中指出，賴清德贏得這場至關重要的選舉，將勾勒台灣未來4年的民主軌跡以及與中國的關係。

國會三黨不過半
藍52席綠51席白8席

2024年總統與立委選舉於1月13日進行投開票，民進黨的賴蕭配贏得總統大選，在第11屆113席立委席次，呈現「三黨不過半」局面。據中選會1月19日公布，民進黨在立委選舉區域立委拿下36席、不分區立委13席、平地原住民1席、山地原住民1席，合計共51席。國民黨則獲得區域立委36席、平地原住民2席、山地原住民1席，以及不分區13席，共52席。民眾黨則有8席不分區立委席次。

比較2024總統票與政黨票得票，賴蕭配共獲558萬6,019票，但民進黨政黨票為498萬1,060票，差距60多萬票；柯盈配拿下369萬466票，民眾黨政黨票僅304萬334票，少了65萬餘票，民進黨、民眾黨政黨票都低於總統票；只有國民黨的政黨票476萬4,293票，高於侯康配的467萬1,021票。

政黨得票率攸關34席不分區立委分配，這次綠藍白3黨的政黨票總票數超過1,200萬票，比例達92.81%，小黨政黨票流失，國民黨與民進黨各拿下13席、台灣民眾黨獲8席；其中國民黨提名的前立委韓國瑜，及退出時代力量加入台灣民眾黨的前立委黃國昌，均當選不分區立委，重返立法院。

藍綠政黨補助款年領逾2.3億
民眾黨1.5億

2024年大選共16個政黨登記不分區立委，僅民進黨、國民黨、民眾黨得票逾5%門檻，每年每票可獲新台幣50元政黨補助款，粗估藍綠兩黨每年可領逾2.3億元、民眾黨也可獲1.5億元。

《政黨法》規定，主管機關對於最近一次全國不分區及僑居國外國民立委選舉得票率達3%以上的政黨，應編列年度預算補助，至該屆立委任期屆滿為止。

根據中選會網站資料，民進黨在2020年不分區立委選舉，獲得481萬1,241票、得票率33.98%，2024年選舉民進黨拿下498萬1,060票政黨票，得票率36.16%，政黨票成長近17萬票。

國民黨2020年政黨票472萬3,504票、得票率33.36%，2024年選舉國民黨斬獲476萬4,293票、得票率34.58%，增加4萬多票。台灣民眾黨2020年政黨票158萬8,806票、得票率11.22%，2024年選舉大幅成長至304萬334票、得票率22.07%。

而時代力量在2020年的不分區立委選舉，獲得109萬8,100票、得票率7.75%，取得3席不分區立委。2024年選舉，時力僅拿到35萬3,670張政黨票、得票率2.57%，未跨越5%的門檻，無法分得不分區立委席次，加上區域立委候選人敗選，全軍覆沒。

另外，親民黨得票率0.51%、台灣基進0.69%、台灣綠黨0.85%、新黨0.29%，小民參政歐巴桑聯盟0.93%，均無法分配不分區立委席次。

12區域立委連任失利
北市四議員進國會

2024總統暨立委選舉結果出爐，國民黨在立委選舉中贏得52席，加上具有國民黨籍、這次以無黨籍參選的陳超明和高金素梅連任成功，國民黨掌握54席，成為國會最大黨。

綜觀區域立委選舉結果，2020年國民黨拿下22席，民進黨46席，其他黨派5席，2024年國民黨、民進黨各獲36席，其他黨有1席，國民黨一口氣增加14席，民進黨有10位區域立委被拉下馬，包括台北市立委高嘉瑜、新北市立委羅致政與賴品妤，桃園市立委鄭運鵬、黃世杰，台中市立委莊競程、林靜儀、張廖萬堅；雲林縣立委蘇治芬、南投縣立委蔡培慧連任失利。藍綠區域立委席次消長，牽動國內新政局。

此外，國民黨山地原住民立委孔文吉也連任失利。國民黨不分區立委陳以信、時代力量不分區立委邱顯智、王婉諭，及台灣民眾

黨不分區立委邱臣遠、陳琬惠、張其祿、賴香伶，均投入區域立委選舉，但全數落選。

成功連任的立委中，國民黨新北市第11選區的立委羅明才8連霸，民進黨立委林岱樺則是7連勝。

根據台北市選委會數據，2024年立委選舉台北市總投票率74.28%；被視為激戰區的幾組候選人，第3選區王鴻薇與謝佩芬在北松山區分別拿到4萬313票、2萬8,970票，較有明顯差異；在中山區兩人皆拿破6萬票，王鴻薇約多出4,000票。

第2選區部分，王世堅在士林、大同分別拿下6萬6,517票及4萬5,088票，都贏對手游淑慧約2萬票。王世堅順利拿下立委，是自2008年卸任立委後，再次重返國會。

重返國會還有國民黨李彥秀，她在2020年港湖區立委選舉，以約6,700票些微落後對手民進黨高嘉瑜落敗；這次因高嘉瑜擔任立委時對部分政策的發言及與民眾黨主席柯文哲友好的印象，引發綠營支持者不滿，加上泛綠分裂，李彥秀順利奪下立委。

至於北市中正萬華區，因藍大於綠，民進黨視為艱困選區，原無黨籍立委林昶佐不爭取連任，獲民進黨推薦的市議員吳沛憶、及無黨籍於美人、國民黨鍾小平參戰，呈現「三腳督」局面。選舉期間，吳沛憶邀林昶佐擔任競選總部主委，持續勤跑基層，最終接手中正萬華區。

當選北市松山信義區立委的徐巧芯，黨內初選引發爭議，最後仍未獲該選區原立委費鴻泰公開相挺，但此選區支持度原本就藍大於綠，雖與對手民進黨許淑華多次在議題上攻防，最終徐巧芯仍順利當選。

台北市議會指出，依《地方制度法》第81條第1項規定，直轄市議員缺額達總數3/10以上或同選區缺額達1/2以上才須補選。雖這次有王世堅、李彥秀、吳沛憶、徐巧芯等4名現任議員當選立委，依法不用補選。

新北立委版圖綠消藍長　桃園藍揮全壘打

新北市立委共12選區，民進黨、國民黨各原有9席、3席。經多日激戰，第11屆立委選舉結果揭曉，民進黨保有6席，但第7選區、第8選區、第12選區被翻轉，國民黨席次增至6席。

其中，新北市立委第1選區的國民黨洪孟楷迎戰民進黨新北市黨部主委何博文，因選前何博文論文被認定抄襲，遭淡江大學學倫會撤銷碩士學位，選情受到影響，也讓洪孟楷以將近16萬的得票拿下本屆立委全國最高票，順利連任。

三重、蘆洲選區一向被民進黨視為民主聖地，這次由民進黨林淑芬、李坤城當選，延續綠營的政治香火；樹林、鶯歌及新莊選區，民進黨蘇巧慧、吳秉叡面對強敵挑戰，仍能穩守選區票源，成功連任。

土城、三峽選區的民進黨吳琪銘再次面臨國民黨市議員林金結挑戰，但最後林金結以些微差距飲恨，吳琪銘成功連任。

新北市首府之戰的板橋2個選區，選票結構偏綠的板橋西區，國民黨資深市議員林國春捲土重來，再次挑戰民進黨立委張宏陸，由張宏陸順利連任。但在板橋東區，爭取連任的民進黨立委羅致政，選前發生桃色影片深偽及錄音檔偽造假疑雲，最後羅致政以些微差距不敵國民黨的葉元之，3連霸夢碎。

雙和、新店等選區選民結構仍是藍大於綠，新店、永和選區分別由國民黨羅明才、林德福連任，中和選區在民進黨立委江永昌不尋求連任下，由代父親前立委張慶忠出征的國民黨參選人張智倫、民進黨參選人吳崢、民眾黨參選人邱臣遠，「三腳督」選戰打得熱鬧，最後由張智倫當選，上演王子復仇記。

汐止與東北角選區由國民黨新北市議員廖先翔挑戰民進黨立委賴品妤，「政二代對決」，攻防激烈，賴品妤最後吞敗，國民黨成功讓綠地變藍天，也讓賴清德萬里老家失守。

國民黨這次在桃園市6個選區拿下全壘打，包括魯明哲、萬美玲、呂玉玲等3席連任，和市議員牛煦庭、涂權吉及邱若華等3席新人首次參選立委告捷；民進黨立委鄭運鵬、黃世杰，以及無黨籍立委趙正宇皆落敗。

藍漁翁得利拿回台東
指標戰區藍白合鎩羽而歸

台東立委選舉，從2012年第8屆立委起連

選後最新 區域立委選舉政黨版圖

2016
- 民進黨 49席
- 國民黨 20席
- 時代力量 3席
- 無黨籍 1席

時代力量 53.9%
時代力量 51.5%
時代力量 49.5%

2020
- 民進黨 46席
- 國民黨 22席
- 台灣基進 1席
- 無黨籍 4席

台灣基進 51.2%

2024
- 國民黨 36席
- 民進黨 36席
- 無黨籍 1席

圖例：國民黨 ／ 民進黨 ／ 無黨籍及未經政黨推薦
>80% <30% 各選區當選立委得票率

資料來源：中選會　註：未含原住民立委

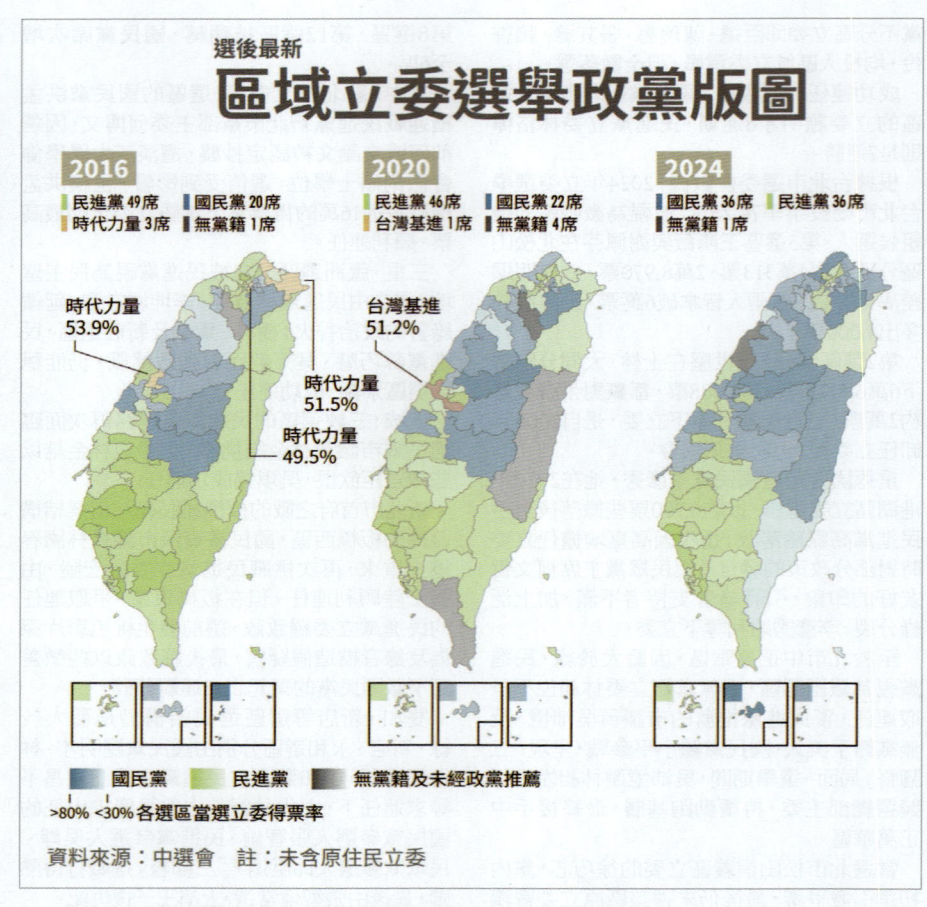

任3屆，民進黨劉櫂豪都以壓倒性選票贏過國民黨。這次因劉櫂豪初選失利退出民進黨改以無黨籍參選，造成綠營分裂。國民黨徵召台東大武鄉長黃建賓參選。選前2週老縣長、國民黨秘書長黃健庭親自回台東坐鎮，凝聚泛藍選票，讓開票結果黃建賓勝出，國民黨拿回失去14年的這席立委，台東政治版圖重回「藍大於綠」。

為挑戰基層實力雄厚的民進黨籍立委蔡其昌，國民黨選擇支持民眾黨參選人蔡壁如，台中第1選舉區（大甲區、大安區、外埔區、清水區及梧棲區）變成「藍白合」指標戰區。最後蔡其昌成功連任，未讓民眾黨攻下立委席次。

彰化縣立委選舉結果，國民黨提名的候選人謝衣鳳、民進黨提名的候選人黃秀芳、陳秀寶以及陳素月都連任成功。

其中，彰化第3選區（芳苑鄉、二林鎮、埔鹽鄉、溪湖鎮、埔心鄉、大城鄉、竹塘鄉、埤頭鄉、北斗鎮及溪州鄉）謝衣鳳面臨民進黨對手吳音寧猛攻「豪宅」議題，採冷處理策略應對勝出。

綠稱霸台南16年立委選舉
高雄續八仙過海

民進黨在台南市擋住國民黨和無黨籍的攻

勢，6名立委順利連任守住綠營鐵票防線，保持自2008年以來立委選舉無敗績紀錄。

台南版塊向來「綠大於藍」，自2008年第7屆立委選舉改採「單一選區兩票制」，民進黨在台南立委席次全拿已成常態。7、8、9屆台南5個選區立委席次悉數由綠營拿下；2020年第10屆選區調整增加1席，仍是全數囊括；2024年6個選區立委賴惠員、郭國文、陳亭妃、林宜瑾、林俊憲、王定宇成功連任，國民黨和無黨籍立委候選人無力越過綠營16年來設下的障礙。

同時，民進黨國會席次在高雄也順利「八仙過海」，尤其第3、第6選區現任立委劉世芳以健康因素不尋求連任，趙天麟宣布退選，民進黨改推李柏毅、黃捷上陣，成功守住席次，也讓國民黨高雄立委仍無法破蛋。

中選會公告第11屆立委當選人名單

中央選舉委員會民國113年1月19日公告第11屆立法委員選舉當選人名單，合計113人。審定通過名單如下：

一、直轄市、縣市選出者73人（括弧內數字代表選舉區）：

1. **臺北市**：
吳思瑤(1)、王世堅(2)、王鴻薇(3)、李彥秀(4)、吳沛憶(5)、羅智強(6)、徐巧芯(7)、賴士葆(8)
2. **新北市**：
洪孟楷(1)、林淑芬(2)、李坤城(3)、吳秉叡(4)、蘇巧慧(5)、張宏陸(6)、葉元之(7)、張智倫(8)、林德福(9)、吳琪銘(10)、羅明才(11)、廖先翔(12)
3. **桃園市**：
牛煦庭(1)、涂權吉(2)、魯明哲(3)、萬美玲(4)、呂玉玲(5)、邱若華(6)
4. **臺中市**：
蔡其昌(1)、顏寬恒(2)、楊瓊瓔(3)、廖偉翔(4)、黃健豪(5)、羅廷瑋(6)、何欣純(7)、江啟臣(8)
5. **臺南市**：
賴惠員(1)、郭國文(2)、陳亭妃(3)、林宜瑾(4)、林俊憲(5)、王定宇(6)
6. **高雄市**：
邱議瑩(1)、邱志偉(2)、李柏毅(3)、林岱樺(4)、李昆澤(5)、黃　捷(6)、許智傑(7)、賴瑞隆(8)
7. **新竹縣**：徐欣瑩(1)、林思銘(2)
8. **苗栗縣**：陳超明(1)、邱鎮軍(2)
9. **彰化縣**：
陳秀寶(1)、黃秀芳(2)、謝衣鳳(3)、陳素月(4)
10. **南投縣**：馬文君(1)、游　顥(2)
11. **雲林縣**：丁學忠(1)、劉建國(2)
12. **嘉義縣**：蔡易餘(1)、陳冠廷(2)
13. **屏東縣**：鍾佳濱(1)、徐富癸(2)
14. **宜蘭縣**：陳俊宇
15. **花蓮縣**：傅崐萁
16. **臺東縣**：黃建賓
17. **澎湖縣**：楊　曜
18. **基隆市**：林沛祥
19. **新竹市**：鄭正鈐
20. **嘉義市**：王美惠
21. **金門縣**：陳玉珍
22. **連江縣**：陳雪生

二、原住民選出者6人：

1. **平地原住民**：
鄭天財Sra‧Kacaw、陳　瑩、黃　仁
2. **山地原住民**：
高金素梅、伍麗華Saidhai‧Tahovecahe、盧縣一

三、全國不分區及僑居國外國民選出者34人：

1. **中國國民黨13人**：
韓國瑜、柯志恩（女）、葛如鈞、翁曉玲（女）、陳菁徽（女）、吳宗憲、林倩綺（女）、陳永康、許宇甄（女）、謝龍介、蘇清泉、張嘉郡（女）、王育敏（女）
2. **民主進步黨13人**：
林月琴（女）、沈伯洋、張雅琳（女）、洪申翰（11/25轉任勞動部長，由王義川遞補）、羅美玲（女）、

游錫堃（2/2請辭，由王正旭遞補）、
范　雲（女）、柯建銘、沈發惠、莊瑞雄、
林楚茵（女）、郭昱晴（女）、陳培瑜（女）
3. **台灣民眾黨8人：**
黃珊珊（女）、黃國昌、陳昭姿（女）、
吳春城、麥玉珍（女）、林國成、
林憶君（女）、張啓楷

六場公職補選
國民黨、無黨籍各拿下三勝

2024年總統、立委大選落幕，其中19位立委當選人同時是縣市議員或鄉鎮首長，內政部表示，依《地方制度法》規定，共有5個職缺須辦理補選，包括苗栗縣苗栗市長、雲林縣虎尾鎮長、台東縣大武鄉長、宜蘭縣第4選區縣議員及台中市第15選區市議員。另外，雲林縣前麥寮鄉長蔡長昆因當選無效二審定讞遭免職，也須辦理補選。

6場補選均在2024年4月13日舉行投票。選舉結果，苗栗市長補選，國民黨候選人余文忠擁藍軍基本盤優勢，在69個投開票所拿下全勝，最終以近62%得票率、1萬2,950票大勝民進黨候選人徐筱菁的6,905票。

虎尾鄉長補選，具國民黨籍的林嘉弘以無黨籍身分參選，因而以跨黨派同時獲國民黨、民眾黨支持，最終以1萬657票獲勝。

麥寮鄉長補選呈現「4腳督」，曾任麥寮鄉長的民進黨員許忠富以無黨籍身分參選，從開票後票數就遙遙領先，許忠富最終拿下9,047票贏得勝選。

大武鄉長補選，國民黨提名大武代會副主席王景昌，民進黨提名創黨黨員蕭國書，鄉民代表高春花脫離國民黨以無黨籍參選，3人競逐之下，由王景昌勝出。

宜蘭縣第4選區（員山鄉）縣議員補選，上演藍萬義、黃雯如捉對廝殺，2人都以無黨籍參選，但藍萬義是民進黨創黨元老、具民進黨籍；黃雯如的丈夫是國民黨籍員山鄉長張宜樺，黃雯如之後也申請加入國民黨，形同是藍綠對決。投票結果，黃雯如獲得3,994票勝出。

台中市第15選舉區（平地原住民）議員補選5人參選競爭，其中國民黨候選人吳建德曾在2022市議員選舉落敗，這次捲土重來，在父親前台中市議員吳顯森及哥哥現任市議員吳呈賢全力輔選下，終扳回一城，以1,060票獲勝。

議會層級首例
金門議長罷免案流會

金門縣國民黨籍議長洪允典遭9名議員串聯罷免，創下議會層級首例。民國113年9月9日在金門縣議會議事廳投票，由副議長歐陽儀雄主持，因出席人數不足流會，罷免案否決，依地方制度法規定，在這屆議長任期內不得對其再提罷免。

罷免提案起因為不滿洪允典不中立，使議事程序不正常，質疑他「一人獨大、錘子隨便敲」以及使喚議會人員開車接送妻子及打掃私人住宅等公器私用行為，影響議會整體形象。

內政部指出，這次金門縣議會議長的罷免投票，是《地方制度法》從88年實施以來議會層級的首例，議長罷免案採記名投票，且須議員總額過半數出席，出席總數2/3同意為通過。

這屆金門縣議員有19席，投票時僅許玉昭、周子傑、蔡水游、許大鴻、吳佩雯、董森堡、洪送發等8位議員到場，但其中1人簽名出錯，1人未簽，算6人完成簽到，因此罷免案未達法定（10席議員）出席門檻流會。

罷免提案人之一的國民黨議員周子傑表示，很遺憾罷免人數沒有過半，尊重議員選擇，「只有是非，沒有對錯」，公道自在人心，雖然選舉落幕，但「凡走過必留下痕跡」，希望議員眾志成城為金門服務，還原真相，讓金門明天更好。

洪允典表示，流會結果是全體議員展現高度智慧，「19名議員一家人，本是同根生，相煎何太急。」感謝過半數議員支持，守住議會尊嚴，也唾棄不理性罷免，讓他有機會繼續為議會服務。

現年73歲的洪允典是小金門人，在金門擔任議員24年，為7連霸的資深議員，他自107年起擔任金門縣議長，並於111年連任，是金門史上唯一的二連霸議長，112年藍白陣營總統競選整合過程中，洪允典也是國民黨內少數公開挺鴻海創辦人郭台銘的人。

不過，洪允典行事風格毀譽參半，這次有9名議員在8月21日向內政部提案罷免，起因為不滿洪允典不中立，使議事程序不正常，且洪允典遭爆料蓋違建招待所、使喚議會人員開車接送妻子及打掃私人住宅等公器私用行為，影響議會整體形象。

基隆市長謝國樑罷免案未通過

基隆市第19屆市長謝國樑罷免案民國113年10月13日舉行投票，投票率為50.44%，同意罷免6萬9,934票、占44.84%；不同意罷免票數8萬6,014票、占55.16%，無效票為828票，不同意罷免票數多於同意罷免票數，投票結果為否決。

公民團體於3月8日由戴瑋姍領銜發起「拆樑行動」罷免基隆市長謝國樑，原因為謝國樑上任後政見跳票、市政紛亂、基隆東岸商場爭議等，並開始發動連署。

中選會8月16日舉行委員會議，審查通過罷免案。中選會表示，基隆市第19屆市長選舉原選舉區選舉人總數30萬7,913人，法定連署人數應為3萬792人以上。該罷免案提出連署人數4萬3,137人，經查對後符合規定人數3萬6,909人，不符合規定人數6,228人，已達法定連署人人數。

通過「拆樑」考驗
謝國樑仍須面對市政爭議

10月13日晚間投票結果出爐後，謝國樑在支持者簇擁下步入國民黨基隆市黨部，他發表感言最後提及這場投票過程並不容易，感謝上帝與信仰扶持時激動落淚，並一度哽咽。

罷免案領銜人戴瑋安指出，基隆市一直以來都是藍大於綠，這次以公民的力量，在沒有任何政黨奧援下，讓國民黨傾盡全黨之力派出高層到基隆。「我們只是一般的公民，我們沒有巨大的量能來對抗國民黨，但是我們今天成功做到了」。

謝國樑驚險通過「拆樑」檢驗，成為藍營首名成功克服罷免案地方首長，但未來他仍得面對東岸商場等市政爭議，能否妥善處理，將攸關謝國樑下屆市長連任之路。

謝國樑在投票前陸續找藍營大咖相挺，雖拉高氣勢，但選前1週颱風來襲，謝國樑在決策颱風假引發爭議，加上淹水、土石流災情頻傳，也為這次投票增添變數，使得原本深具信心的謝國樑深怕引爆民怨成為破口，馬不停蹄到處勘災，因風災受阻道路也很快搶通，應對颱風災情得宜，取得中間選民信任，成了致勝關鍵。

此外，藍營主打因為綠營輸不起而發動的「惡罷」，甚至連結到立委大罷免潮，將罷免案提升為藍綠對決，不但凝聚藍營支持者，也讓厭惡藍綠惡鬥的中間選民，對罷免的正當性及主體性產生疑慮，成功操作反罷免獲得最後勝利。

國民黨表示，基隆罷免案是114年綠營可能發動國會罷免潮的前哨戰，影響重大，國民黨全黨也團結力挺謝國樑，黨籍縣市首長、立委、市議員及全體黨務人員都站在第一線戰鬥。

民進黨發言人卓冠廷則表示，在藍營強力組織動員的情況下，仍有將近7萬名的基隆市民出門投下同意罷免票，這是很不容易的一件事。更足以證明，基隆市民不滿謝國樑的聲音，不容忽視。

他說，罷免過程各種惡意的不實指控以及刻意挑起的政黨對立，甚至是各種疑似違反行政中立與選罷法的亂象，人民都看在眼裡，且即使罷免投票沒有通過並無法掩飾謝國樑上任以來連續2年施政滿意度吊車尾的事實，謝國樑不應感到歡欣，而應懷抱警惕，傾聽不同意見的民意，專心回歸市政。

同時，也有地方人士觀察，在人力、財力資源極度懸殊下，罷團猶如小蝦米對抗大鯨魚，能走到投票階段已不易，罷免雖失敗，但累積的能量仍不容小覷。

依《公職人員選舉罷免法》規定，縣市長罷免案投票結果，應由中選會審查，並在投票完畢7日內公告罷免投票結果。又依選罷法第90條規定，有效罷免票數中，不同意票數多於同意票數，或同意票數不足原選舉區選舉人總數1/4以上者，均為否決。

111年基隆市長選舉共5人參選，投票率為60.16%，謝國樑獲得9萬6,784票，以不同意票扣除謝國樑在市長選舉總得票數計算，謝國樑共減少1萬770票。

近年主要罷免案結果

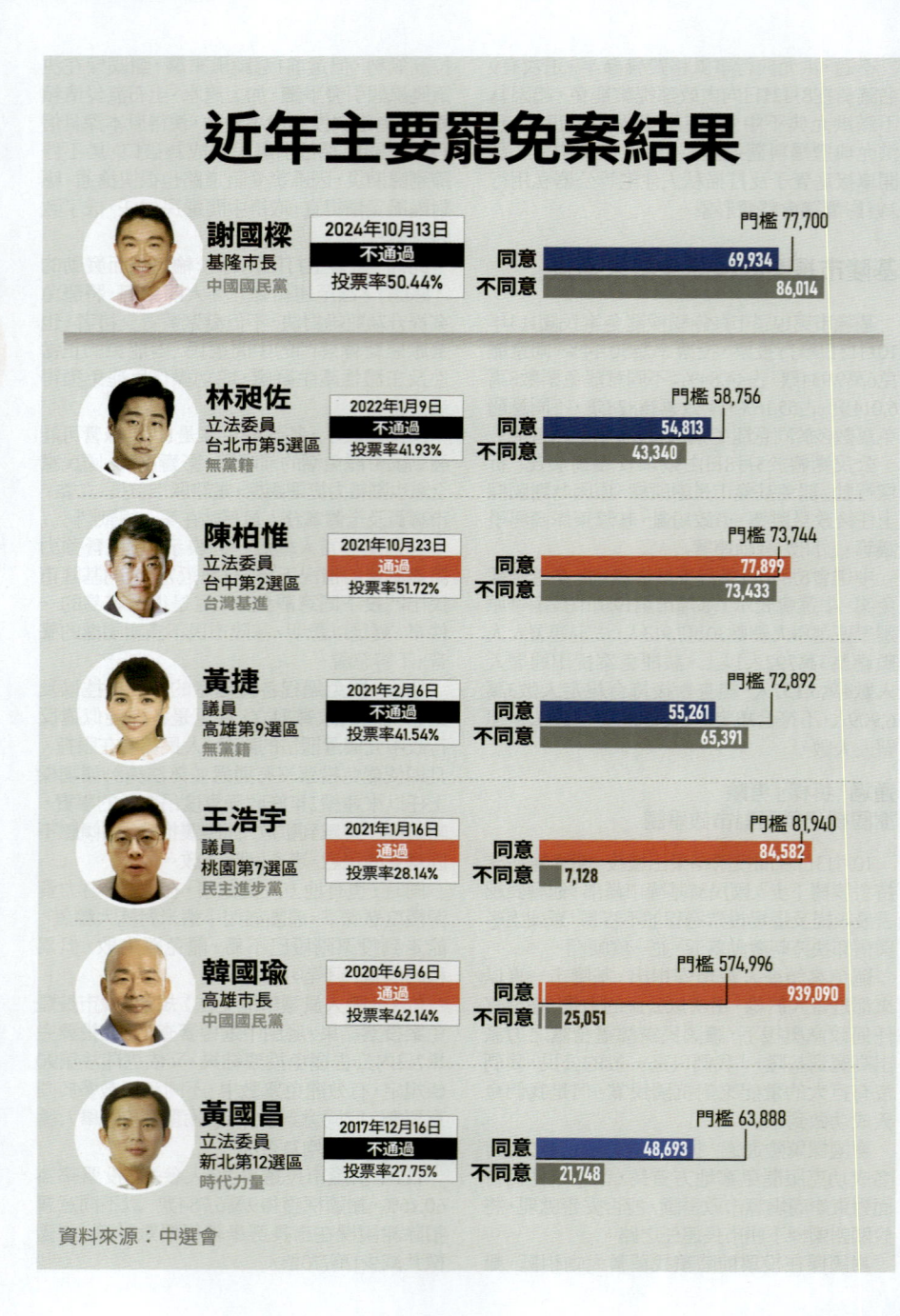

對象	日期	結果	同意	不同意	門檻
謝國樑 基隆市長 中國國民黨	2024年10月13日 投票率50.44%	不通過	69,934	86,014	77,700
林昶佐 立法委員 台北市第5選區 無黨籍	2022年1月9日 投票率41.93%	不通過	54,813	43,340	58,756
陳柏惟 立法委員 台中第2選區 台灣基進	2021年10月23日 投票率51.72%	通過	77,899	73,433	73,744
黃捷 議員 高雄第9選區 無黨籍	2021年2月6日 投票率41.54%	不通過	55,261	65,391	72,892
王浩宇 議員 桃園第7選區 民主進步黨	2021年1月16日 投票率28.14%	通過	84,582	7,128	81,940
韓國瑜 高雄市長 中國國民黨	2020年6月6日 投票率42.14%	通過	939,090	25,051	574,996
黃國昌 立法委員 新北第12選區 時代力量	2017年12月16日 投票率27.75%	不通過	48,693	21,748	63,888

資料來源：中選會

中選會在10月18日舉行委員會議，審查該罷免案投票結果，並依法公告。依《公職人員選舉罷免法》第92條第2項規定，罷免案否決者，在該被罷免人任期內，不得對其再為罷免案之提議。

民進黨全代會改選
新賴系拿六席中常委

民主進步黨2024年7月21日在台北國際會議中心舉行第21屆第1次全國黨員代表大會，改選中央常務委員、中央執行委員、中央評議委員，這是總統賴清德5月20日就職後，黨內權力結構首次重新洗牌，親賴系統拿下6席中常委過半，為最大贏家。

身兼民進黨主席的總統賴清德出席全代會，在行政院長卓榮泰致詞後，賴清德上台，全程以台語致詞，為全代會掀起高潮。前總統蔡英文因另有行程沒有出席。

賴清德：不容許台灣因民主失敗遭滅亡

賴清德致詞時表示，大家雖然來自不同的地方，但無論在哪裡出生、什麼時候來到台灣，「台灣都是我們的母親」。在母親台灣的懷抱中，有權利根據共同的理想，打造自己的國家：民主台灣。

他說，「民主台灣，團結向前」是2024年全代會主題，「民主」就是共同的信念，這次全代會進行黨職改選，代表民進黨正式進入新的階段。在台灣面對來自海內外更多更大的挑戰時，期待黨新的團隊，能為新時代承擔比以往更大的責任。

賴清德喊話要全黨團結、團結、再團結，合作、合作、再合作，發揮關鍵力量，帶領民主台灣繼續向前，絕對不能走回頭路，才不辜負人民對民進黨的再三託付。

他提出3大重要目標，包括建立台灣主體性的國家認同、深化民主憲政體制及保障自由人權。他指出，台灣自從國會全面改選以來，已歷經3次政黨輪替，但是距離成熟憲政民主的目標，仍然有許多需要努力，特別是台灣有中國的因素，處境更加特殊。

他表示，民進黨作為推動台灣民主的主要力量、改革的第一品牌，永遠堅持民主自由的憲政體制，絕對不容許台灣因民主政治的失敗，而遭受滅亡的危險。他強調，維持政黨永續發展的靈魂，人才是政黨生生不息的力量。

行政院長卓榮泰也在全代會中進行施政報告，並提出3項承諾，包括要站在和平第一線，捍衛國家安全與主權不容侵犯；站在民主第一線，全力維護憲法秩序與運作不容破壞；站在繁榮第一線，堅持經濟發展與公平分配兩者並重。

改選牽動2026縣市首長提名　中執委激戰

這次全代會重頭戲是權力核心中執委、中評委、中常委改選。中執委有39人登記參選，全國黨代表選出30席中執委；這30席中執委再互選出10席中常委。

由於2026年六都選舉，民進黨執政的台南與高雄、國民黨執政的新北與台中，市長均兩任屆滿。有意角逐台南市長寶座的立委，均表態參選中常委選舉，也讓這屆改選備受矚目。

民進黨第20屆中常委的派系分布為新潮流3席、英系2席、正國會2席、蘇系1席、湧言會1席、綠色友誼1席。改選出爐，新系拿下2席、綠色友誼連線、民主活水、湧言會、正國會各1席，親賴系統共當選6席過半；英系則靠抽籤搶下2席中常委，蘇系也固守1席。

其中，正國會在這次黨內權力改組被歸為

▲民進黨全代會登場，身兼黨主席的總統賴清德（後左6）、副總統蕭美琴（後右6）、行政院長卓榮泰（後右5）、副院長鄭麗君（後右4）與民進黨秘書長林右昌（後左4）等人出席。

親賴系統，立委陳亭妃因自行帶人馬登記參選中執委，7月5日遭正國會除名，在選情不被看好下，陳亭妃仍拿下中執委第一高票，最後靠與洪申翰、林宜瑾、蘇治芬相同票數抽籤當選中常委。

陳亭妃當選中常委，劍指台南市長選舉提名，而另外兩位市長熱門人選新科立委林俊憲、湧言會立委王定宇都擠進中常會，提前引爆台南市長提名之爭。

第21屆中常委當選名單包括，林俊憲（新）、邱志偉（新）；王世堅（英）、蘇治芬（英）、張宏陸（蘇）、洪申翰（民主活水）、鍾佩玲（綠色友誼）、王定宇（湧言）、陳茂松（正國會）、陳亭妃。

中央評議委員會改選，共有16人登記參選搶11席中評委，當選名單包括前立委洪宗熠、台南市議員李宗翰、前桃園市黨部主委張丞儀、台中市議員曾朝榮、前高雄市副議長蔡昌達、前立委呂孫綾、台北市建功里里長周志賢、前中評委黃中志、高雄市議員李雨庭、台北市議員陳怡君、立委賴瑞隆。

選舉開票結果出爐後，共同推舉賴瑞隆續任中評委主委。

國民黨全代會　聚焦國際化年輕化

國民黨於民國113年11月24日在桃園國際會展中心舉辦第21屆第4次全國代表大會暨130週年黨慶，主席朱立倫表示，展望未來，國民黨一定要大幅年輕化，讓更多年輕人代表黨參選公職、出任黨職，成為未來的骨幹。國民黨也要國際化與世界連接，並持續進行兩岸交流對話。

文傳會主委李彥秀10月23日表示，當天邀請22個縣市黨部及桃園在地的團體設置攤位，凸顯縣市特色；文傳會以及KMT STUDIO也將設置攤位，推出全新的文創商品。這次全代會將取消開幕典禮，縮短會議程序，以黨慶為主體，呈現國民黨青年培訓工作與這幾年深化國際交流的成果。

李彥秀說，130週年對國民黨來說，是一個重要的歷史里程碑。黨史館也將在11月舉辦兩場青年議題的歷史座談，從國民黨的歷史，思考未來國民黨在青年參與上的方向。

國民黨發言人楊智伃表示，「攜手共創、陽光台灣」是113年全代會的主軸，主視覺部分以中華民國的元素呈現，配色以國旗的青天、白日、滿地紅為主題，加入活力黃色調，希望在中華民國的傳統元素下，融入創新、青年與活力的感覺。設計上則帶入台灣意象，期望與台灣所有國民一起攜手努力，共創陽光的台灣。

至於全代會是否在為連任黨主席做準備？朱立倫說，國民黨就像一支球隊，他是總教練，希望這個球隊好，每一位選手的表現愈來愈好，國民黨現在沒有黨產，有的就是靠團結的力量，任何造成內部紛擾或對立，都是不應該的，「我這個主席就是希望團結大家，共同努力。」

柯文哲：深耕中南部
民眾黨不會是小藍或小綠

台灣民眾黨民國113年8月3日在高雄舉辦第2屆第2次黨代表大會及5週年黨慶，黨主席柯文哲致詞表示，這是首次跨過濁水溪舉辦，也代表民眾黨深耕中南部的決心；回顧立院表現，民眾黨8席立委發揮關鍵力量，絕對不會是小藍或小綠。

柯文哲表示，2024年總統大選，民眾黨站穩台灣第3大黨位置，民眾黨將在這個基礎上繼續成長；5年前民眾黨創黨時只有100名黨員，一路走來雖然風雨飄搖，但也一步步成長，有效黨員已有2萬2,000多人。

柯文哲並提出組織「去中心化、扁平化、E化」，指出網路時代中心型的架構已經不切實際，選後民眾黨將組織工作區分出社會發展部、青年部、國家治理學院，未來將研究以網路建構組織。

柯文哲表示，雖然民眾黨在新國會只有8席，但至今已發揮關鍵力量，在黨團總召黃國昌帶領下發揮最強戰鬥力。他強調，民眾黨絕對不會是小藍或小綠，且已逐步取回政黨的主體性、主動性。

柯文哲並指出，司法在台灣社會的破產令人憂慮，司法應是國家最後一道防線、應當被人民信任，不論是憲法法庭表現或是新竹

市長高虹安的判決，到底司法要讓人民覺得是公平正義的保證，還是政治的打手，相信民眾心中自有一把尺。

柯文哲說，20年來藍綠惡鬥給台灣造成很大問題，民眾黨要努力成為大眾喜歡的品牌，不要因為現在的挫折而沮喪，並盼黨員「以台灣為名、以民眾為本」，成為台灣社會最大公約數。

修中央委員條款
促設法律支援公關危機委員會

黨代表大會中表決通過黨章修正案，增訂立院黨團幹部和縣市議會黨團總召為當然中央委員外，也通過臨時動議，促請成立「專業法律支援及公關危機應對委員會」，以便因應民眾黨從政人員經常面臨網路攻擊與司法濫訴及法律攻防等，影響個人聲譽與黨形象。

新修正的民眾黨章程將自第3屆黨員代表大會第1次會議開始實施。

柯文哲為政治獻金風波致歉
請假暫別黨主席職務

因總統大選政治獻金風波延燒，民眾黨主席柯文哲於民國113年8月29日召開記者會向黨中央請假3個月，主動自請調查。但他9月5日因京華城案遭羈押禁見，11月1日又裁定延長羈押2個月。民眾黨11月18日決議，柯文哲繼續請假3個月。

政治評論員吳靜怡8月6日發文指控柯文哲將總統大選募款經費，轉入木可公關行銷有限公司，柯文哲拿著年輕人一點一滴的便當錢，巧立名目把經費透過多筆「授權」方式，轉入「木可公關」，而木可公關董事長跟柯文哲的私人基金會董事長都是同一位，就是柯文哲高中好同學、前台北捷運公司董事長李文宗。網紅四叉貓進一步指金額逾新台幣3,963萬元。自此引發一連串政治獻金假帳風波。

柯文哲8月12日親自召開記者會澄清，經調查，所有支出都有憑證，都用在選舉相關事務，沒有跑到任何人的口袋裡面。因為登

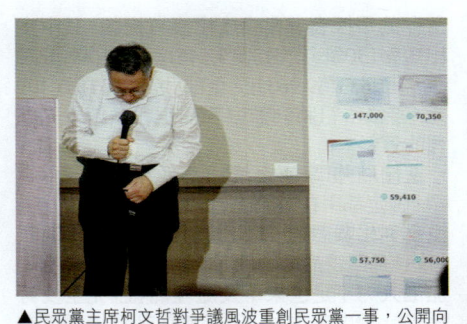

▲民眾黨主席柯文哲對爭議風波重創民眾黨一事，公開向各界支持者鞠躬致歉。

打業務外包，有人便宜行事，才造成錯誤，會用最快速度補正資料。

柯文哲8月29日再度召開記者會指出，政治獻金申報的部分，「我錯在完全的授權與信賴」，而沒有審查稽核。對於用選舉補助款購買辦公室，他表示，因為民眾黨立法院黨團需要有一個國會辦公室在立法院附近，當時才會用選舉補助款購買辦公室，供民眾黨團使用，但這是思慮不周的壞習慣。

他感嘆表示，民眾黨從創黨之初，為了節省開支，他們跟許多中小企業一開始發展時一樣，團隊當中許多人都是一人身兼多職。像是競總財務長的妹妹李文娟是木可董事長，大選期間支援她的哥哥兼任競總出納會計，「原本想要節省人力，最後變成沒有監督，我們賠掉了財政紀律，賠上民眾黨信用，也失去了大眾對我的信任。」

他說，請給台灣民眾黨優秀的黨公職一個公平發展的機會，他們都在為了更好的台灣而努力，卻因為他承受太多壓力與責難，相信大家會一起走出風暴。台灣民眾黨不會是一人政黨，一路披荊斬棘的努力也不會化為烏有。

民眾黨隨即於下午召開臨時中央委員會，宣布成立緊急應變小組，並由中央委員林富男、中評會主委李偉華及民眾黨立法院黨團總召黃國昌擔任共同召集人。

黃珊珊：柯文哲政治獻金支出短漏報逾1937萬 用於選務未挪用

澄清記者會中，民眾黨查帳善後小組負責人黃珊珊表示，經過2週清查，發現競選總部

留存的單據有非常多支出沒有提報，其中支出短報130筆，計313萬5,446元；支出漏報210筆，計1,623萬9,963元，全部共計1,937萬5,409元，善後小組將向監察院補正和撤銷原先虛報的資料。

黃珊珊強調，政治獻金專戶裡實際運用金額，確定都用在選務上，且都有實際的支出，也拿到相關憑證，當時會計師因為申報期限將屆，且競總最後一個月收到的捐款非常多，加上人力不足也來不及處理漏報，完全沒有檢查就用虛報方式，所以會計師調節帳目虛報1,916萬4,311元，經過善後小組清查有單據卻漏報、短報金額為1,937萬5,409元。

黃珊珊表示，上述2個金額幾乎是相近的，「金額相近，沒有任何一筆錢被挪用或是不見」。

針對競總與木可公司往來帳務，總統大選競選副總幹事陳智菡指出，善後小組將競總支付木可公司的費用過高，共有16筆款項進出，有1筆木可公司捐贈給競總的100萬元，因為不符捐款條件退回，其他15筆都是競總支出給木可公司，包含影音製作、租車等，以及1筆1,500萬元的授權金。

陳智菡解釋，木可公司111年成立，董事長為李文娟，柯文哲將自己肖像權授權給木可公司，委託木可公司統一對外進行授權，從112年至113年柯文哲總計收到木可給予的450萬元，並回饋給與民眾黨，捐助公益。

陳智菡表示，112年5月20日柯文哲競選總部成立，競總委託木可協助選戰相關宣傳事宜，競總也與木可簽約，約定競總「提撥小物的銷售營業總額之不高於10%」給木可做為柯文哲肖像權的授權費，但善後小組發現木可公司和競總對於授權金的理解出現非常大的落差。

陳智菡說明，落差出現在競總製作「抖內換小物」的成本，約1,399萬元，這批按照契約精神應該是提撥10%製作成本139.9萬元給木可公司，但木可主張「抖內換小物」的活動，共獲1.5億的政治獻金，木可主張1.5億的10%就是1,500萬元。

陳智菡表示，善後小組要求木可公司應退回爭議款項1,360萬元，同時也要求木可公司提出相關交易往來合約與交易明細，目前雙方律師依法律程序進行後續處理。

柯文哲晚間也透過社群平台Threads表示，關於他戶頭裡面木可匯給他的450萬元肖像授權金，這是選舉前他跟木可簽約明載事項，但是當時並沒有寫明金額，他也不清楚有多少錢匯入，這筆錢他會全數捐出，作為社會公益使用。

《政黨法》規定，政黨應於每年5月31日前，委託會計師查核簽證上一年度財產及財務狀況決算書表，報送內政部彙整公開。政黨未申報或申報不符規定，應於一定期限內申報補正，有屆期未申報、未補正或補正後仍不符規定的情形，將註記、刊登政府公報或新聞紙，並公開於電腦網路。

內政部說明，針對未申報的政黨，依法可處新台幣100萬元以上500萬元以下罰鍰；經限期補正而未補正的政黨，則處20萬元以上100萬元以下罰鍰，並得按次處罰。

民眾黨中評會懲處
黃珊珊停權三年李文宗端木正除名

民眾黨中評會先於8月16日討論政治獻金風波的黨員懲處，但無結論。8月20日再邀時任競選總幹事黃珊珊、競總財務長李文宗、會計師端木正說明，最後僅黃珊珊到場，中評會主委李偉華說，決議將黃珊珊停權3年，中央委員、立法院黨團副總召的職務等黨職全部停職；李文宗、端木正則開除黨籍。

柯文哲涉京華城案遭收押
民眾黨集體決策盼挺過風暴

台灣民眾黨主席柯文哲因涉入京華城弊案，民國113年9月5日被台北地方法院裁定羈押禁見，移送土城看守所。民眾黨緊急應變小組決議展開全台開講，首場於8日晚間在濟南路舉行，訴求對抗綠色新黨國與司法濫權。主辦單位在晚間7時宣布，現場支持者人數破萬人，人潮一路蔓延到林森南路，台北市警方則出動120人維安。

台北地檢署偵辦京華城案，8月30日展開搜索、約談行動。檢察官認定柯文哲涉犯《貪污治罪條例》的違背職務收賄及圖利等罪，

聲押禁見。但北院認為，柯文哲並非都委會的與會人員而無從直接知悉開會情形，自身亦無相關專業，檢察官舉證無法認定柯文哲犯罪嫌疑重大，裁定無保請回。

北檢不服柯文哲無保請回，3日提出抗告，台灣高等法院4日撤銷原裁定，發回台北地院更裁。高院認為，依柯文哲積極介入等客觀情狀，對京華城案是否毫無所悉或未曾懷疑仍有究明必要。

北院5日下午2時許再開羈押庭，下午5時許裁定柯文哲羈押禁見。北院指出，柯文哲經訊問後，不爭執所指部分事實，柯文哲明知增加過高、超過560%的容積予京華城一案違背法令，竟仍執意為之，貫徹意志，迥然若揭，並因此致使共犯威京集團主席沈慶京的京華城一案，獲不法利益200餘億元。柯文哲涉犯《貪污治罪條例》第6條第1項第4款圖利罪的犯罪嫌疑重大。

北院認為，考量被告權益保障及公共利益維護的動態平衡，並審酌憲法上比例原則，為保全證據，故確實無法以具保、責付、限制住居替代，而有羈押必要，因此裁定羈押於台北看守所，並禁止接見、通信。

民眾黨是第三大黨，柯文哲遭到收押，震撼政壇，民眾黨發布5點聲明，強調法官諭令單憑揣測就入人於罪，扣柯文哲以「涉犯圖利罪犯罪」嫌疑重大的罪名，已對司法嚴謹與公正性，構成嚴峻挑戰。

先前政治獻金帳務風波尚未化解，黨主席又遭羈押，讓民眾黨遭逢創黨以來最大危機。柯文哲在無保請回到二度羈押庭召開期間，曾交代秘書長周榆修「黨務要穩住」，但未進一步交代決策產生方式。

民眾黨團總召黃國昌表示，9月6日擴大會議決議，中央緊急應變小組持續運作，由秘書長周榆修持續推動民眾黨黨務，不會受到任何影響，現階段不會有代理黨主席問題，擴大會議成員鼓勵柯文哲提抗告。

選舉補助款買商辦
柯文哲：用我名字買監督力道更大

民眾黨主席柯文哲因動用總統選舉補助款購置個人辦公室，引發爭議，他表示是參考其他過去總統候選人的例子，用這筆錢設個人辦公室。但蔡英文辦公室表示，蔡英文參與選舉以來，從來不曾使用選舉補助款購置不動產，無論是登記於個人或基金會名下。

而2024年總統參選人國民黨侯友宜及民進黨的賴清德則是將補助款回捐政黨或公益使用等使用。

民進黨籍台北市議員林延鳳指出，民眾黨主席柯文哲在5月10日以個人名義，花新台幣4,300萬元購入位在立法院附近、台北市林森南路與濟南路口的濟南大樓48.76坪商辦，質疑柯文哲錢從哪裡來，應該交代清楚。

對此，柯文哲表示，選舉補助款民眾黨是參照其他黨的慣例，民眾黨的規定是1/3歸中央黨部、2/3歸個人；他也參考其他過去總統候選人的例子，要用這筆錢設個人辦公室，是長期要用的。

民眾黨8月29日舉行「柯文哲總統大選政治獻金外界疑義一次澄清記者會」時，柯文哲表示，這是他行事風格錯誤的地方，常看到有需要就去做，「坦白講，用我個人的名字買，監督力道更大」，因為只要選舉就需要財產申報。

民眾黨立法院黨團主任陳智菡8月26日指前總統蔡英文擔任民進黨主席期間也有個人辦公室。

不過，蔡英文辦公室發言人蔡舒景回應表示，蔡英文參與選舉以來，從來不曾使用選舉補助款購置不動產，無論是登記於個人或基金會名下。至於從政期間的辦公室，除擔任主席、總統有單位、機關專屬辦公室外，其餘如基金會、卸任辦公室都是租用。

蔡英文辦公室表示，蔡英文為了兌現2016年推動年金改革的承諾，原依據《卸任總統副總統禮遇條例》每月可領28萬元禮遇金，她也比照軍公教所得替代率，自砍至每月領8.6萬元，其餘16萬元捐做公益，預計8年捐出1,500萬元。

選舉補助款
藍全歸黨務綠捐公益助年輕黨員

此外，民進黨賴蕭配在總統大選獲逾1.6億元補助款，賴清德在選後宣布，選舉補助

款將分3等分使用,第1捐公益,第2為提供創黨、建黨黨員生活弱勢照顧以及年輕黨工出國歷練深造,第3是依照規定回捐給黨。

民進黨3月間已公布相關辦法,其中,4年共有近2,800萬元用在青年育才計畫獎助,支持黨工國內外短期專業進修以及國內外碩博士班進修。

國民黨發言人楊智伃則表示,國民黨財務拮据,過往總統選舉補助款皆用於黨務支出,以及支付黨工薪水。侯友宜也曾表示,選舉的補助款都回捐給國民黨,由中央黨部統籌規畫。

中選會3月21日公布3組總統候選人可獲得的競選補貼費用。民進黨的賴清德、蕭美琴獲補貼1億6,758萬570元;國民黨侯友宜、趙少康1億4,013萬630元;民眾黨柯文哲、吳欣盈則可得1億1,071萬3,980元。

依據《總統副總統選舉罷免法》第41條,各組候選人選舉得票數達當選票數的1/3以上,應補貼其競選費用,每票補貼30元。政黨推薦候選人的補貼費用,應由推薦的政黨向中選會領取。

自1996年台灣首次公民直選總統後,就依每票換算新台幣30元為標準,提供總統候選人競選補貼費用。其中,單屆總統選舉獲得最多補助款的,是2020年大選時的正副總統候選人蔡英文、賴清德,因得到高達817萬231票,獲補貼2億4,510萬元。

國民黨歷任領導人

稱謂	姓名	任期年／月
總理	孫中山	1905年08月～1925年03月
總裁	蔣中正	1938年03月～1975年04月
主席	蔣經國	1975年04月～1988年01月
主席	李登輝	1988年01月～2000年03月
主席	連戰	2000年03月～2005年08月
主席	馬英九	2005年08月～2007年02月
主席	吳伯雄	2007年04月～2009年10月
主席	馬英九	2009年10月～2014年12月
主席(代)	吳敦義	2014年12月～2015年01月
主席	朱立倫	2015年01月～2016年01月
主席(代)	黃敏惠	2016年01月～2016年03月
主席	洪秀柱	2016年03月～2017年06月
主席	吳敦義	2017年06月～2020年01月
主席(代)	林榮德	2020年01月～2020年03月
主席	江啟臣	2020年03月～2021年10月
主席	朱立倫	2021年10月～

說明:孫中山先生於民國前18年11月創立中國國民黨前身興中會,民國前7年8月同盟會在日本東京成立,公推孫中山為總理。民國27年3月國民黨舉行臨時全國代表大會,推舉蔣中正為總裁。

國民黨歷任中央委員會秘書長

任別	姓名	任期年／月
1	張其昀	1952年10月～1954年08月
2	張厲生	1954年08月～1959年05月
3	唐縱	1959年05月～1964年09月
4	谷鳳翔	1964年09月～1968年08月
5	張寶樹	1968年08月～1979年12月
6	蔣彥士	1979年12月～1985年02月
7	馬樹禮	1985年02月～1987年07月
8	李煥	1987年07月～1989年06月
9	宋楚瑜	1989年06月～1993年03月
10	許水德	1993年03月～1996年08月
11	吳伯雄	1996年08月～1997年12月
12	章孝嚴	1997年12月～1999年11月
13	黃昆輝	1999年11月～2000年03月
14	林豐正	2000年03月～2005年08月
15	詹春柏	2005年08月～2007年01月
16	吳敦義	2007年01月～2009年09月
17	詹春柏	2009年09月～2009年12月
18	金溥聰	2009年12月～2011年01月
19	廖了以	2011年02月～2012年01月
20	林中森	2012年02月～2012年09月
21	曾永權	2012年09月～2014年11月
22	洪秀柱(代)	2014年11月～2015年01月
23	李四川	2015年01月～2016年03月
24	莫天虎	2016年05月～2017年06月
25	曾永權	2017年06月～2020年01月
26	李乾龍	2020年03月～2021年09月
27	黃健庭	2021年10月～

註:1952年10月中國國民黨中央改造委員會撤銷,黨的最高組織由原中央執行委員會改為中央委員會。

民進黨歷任黨主席

任別	姓名	任期年/月
1	江鵬堅	1986年11月～1987年11月
2	姚嘉文	1987年11月～1988年11月
3	黃信介	1988年11月～1989年10月
4	黃信介	1989年10月～1991年11月
5	許信良	1991年11月～1993年11月
6	施明德	1993年11月～1994年05月
7	施明德	1994年05月～1996年03月
8	張俊宏(代)	1996年03月～1996年06月
9	許信良	1996年06月～1998年07月
10	林義雄	1998年08月～2000年07月
11	謝長廷	2000年07月～2002年07月
12	陳水扁	2002年07月～2004年07月
13	陳水扁	2004年07月～2004年12月
14	柯建銘(代)	2004年12月～2005年02月
15	蘇貞昌	2005年02月～2005年12月
16	呂秀蓮(代)	2005年12月～2006年01月
17	游錫堃	2006年01月～2007年09月
18	陳水扁	2007年10月～2008年01月
19	謝長廷(代)	2008年01月～2008年05月
20	蔡英文	2008年05月～2012年02月
21	陳菊(代)	2012年03月～2012年05月
22	蘇貞昌	2012年05月～2014年05月
23	蔡英文	2014年05月～2016年05月
24	蔡英文	2016年05月～2018年11月
25	林右昌(代)	2018年11月～2019年01月
26	卓榮泰	2019年01月～2020年05月
27	蔡英文	2020年05月～2022年11月
28	陳其邁(代)	2022年11月～2023年01月
29	賴清德	2023年01月～

民進黨歷任中央黨部秘書長

任別	姓名	任期年/月
1	黃爾璇	1986年11月～1988年11月
2	張俊宏	1988年11月～1991年12月
3	陳師孟	1992年04月～1992年07月
4	江鵬堅	1992年09月～1993年12月
5	蘇貞昌	1993年12月～1995年04月
6	邱義仁	1995年07月～1998年12月
7	游錫堃	1998年12月～2000年07月
8	吳乃仁	2000年07月～2002年03月
9	張俊雄	2002年07月～2005年02月
10	李逸洋	2005年02月～2006年01月
11	林佳龍	2006年01月～2007年10月
12	卓榮泰	2007年10月～2008年01月
13	李應元	2008年01月～2008年05月
14	王拓	2008年05月～2008年12月
15	吳乃仁	2009年04月～2009年12月
16	蘇嘉全	2009年12月～2010年05月
17	吳乃仁	2010年05月～2010年12月
18	蘇嘉全	2010年12月～2012年06月
19	林錫耀	2012年06月～2014年05月
20	吳劍雄	2014年05月～2016年05月
21	洪耀福	2016年05月～2018年11月
22	羅文嘉	2019年01月～2020年05月
23	林錫耀	2020年05月～2023年01月
24	許立明	2023年02月～2024年06月
25	林右昌	2024年06月～

主要政黨組織與人事

（依政黨成立先後排列） 資料時間：民國113年11月

中國國民黨

主　席：朱立倫
副主席：黃敏惠、夏立言、連勝文。
秘書長：黃健庭
副秘書長：江俊霆（專任）、李彥秀、謝衣鳳
第21屆第2任中央常務委員：
陳俗蓉、王伯綸、鄭正鈐、曾文培、
蔣根煌、高思博、鄭任宗、陳汪全、
侯彩鳳、張育美、徐弘庭、楊博仁、
林金結、朱珍瑤、孫健萍、許育寧、
林文瑞、黃紹庭、邱素蘭、周孟蓉、
蔡宜助、陳慶齡、吳尚鷹、卓倩慧、
游文玉、林琮翰、何鷹鷺、傅崐萁、

林思銘、邱奕勝、戴錫欽、楊文科、
張麗善、廖怡琇、羅雍勝。
政策委員會執行長：傅崐萁
組織發展委員會主委：許宇甄
行政管理委員會主委：吳清炎
文化傳播委員會主委：李彥秀
革命實踐研究院院長：林寬裕
考核紀律委員會主委：黃怡騰
KMT STUDIO 召集人：葛如鈞

民主進步黨

主　席：賴清德
秘書長：林右昌
副秘書長：楊懿珊、何博文、翁世豪
第21屆中央常務委員會
當然中常委：黃偉哲、陳其邁、柯建銘、
吳思瑤、蔡易餘、翁章梁
中常委：蘇治芬、陳亭妃、王定宇、
陳茂松、林俊憲、張宏陸、王世堅、
鍾佩玲、邱志偉、洪申翰。
第21屆中央執行委員會
當然中執委：周春米、陳光復
中執委：林益邦、林宜瑾、林岱樺、
陳淑華、呂林小鳳、李妍慧、鄭美娟、
童子瑋、何文海、鄭光峰、徐富癸、
賴秋媚、鄭孟洳、戴瑋姍、黃守達、
潘新傳、張嘉玲、鄭志宏、陳睿生、
張慈馨
第21屆中央評議委員會
賴瑞隆（主委）、蔡昌達、李宗翰、
李雨庭、張丞儀、周志賢、黃中志、
呂孫綾、洪宗熠、陳怡君、曾朝榮。
政策委員會執行長：王義川
財務委員會副執行長：陳致錚
秘書處主任：廖韶吟
組織推廣部主任：張志豪
社會運動部主任：江志銘
新聞輿情部主任兼發言人：吳崢
青年發展部主任：阮俊達
客家事務部主任：楊家俍
原住民族事務部副主任：
俄鄧·殷艾 Eteng · Ingay
台灣民主學院主任：林秉忠

國際事務部代理主任：陳文昊
中國事務部主任：吳峻鋕
民意調查中心副主任：林品清、劉秀專
新媒體中心副主任：李庭瑄、李欣芳
性別平等事務部主任：李晏榕
新住民事務部主任：羅美玲

新　黨

主　席：吳成典

親民黨

主　席：宋楚瑜

台灣團結聯盟

主　席：劉一德

時代力量

黨主席：王婉諭

社會民主黨

召集人：徐雍（2024年5月18日改選）

台灣基進

主　席：王興煥

台灣民眾黨

主　席：柯文哲

朱立倫訪美
強調透過對話穩定區域安全

　　國民黨主席朱立倫訪美，2024年8月17日在舊金山出席全美黨務幹部研習會，他受訪時簡短談及訪美目的，除凝聚美加地區黨代表力量、答謝傳統僑社長期支持，也將赴史丹佛大學胡佛研究所（Hoover Institution）與近20位學者座談，討論「美國接下來的大選」，以及美國對區域安全的一些看法。

　　他再次強調，「親美、友日、和中」是國民黨重要路線；被問及如何在美中微妙關係間取得平衡，他表示，2024年對美方十分關鍵，國民黨派代表參加共和黨及民主黨全國代表大會，讓大家深刻理解國民黨的親美路線。

▲朱立倫（前排右3）表示，國民黨與美國兩黨長期保持密切聯繫，相信美方充分理解國民黨是一個穩定的力量。

至於兩岸關係，朱立倫說，國民黨希望維護區域安定、促進兩岸和平，相信這與美方立場一致，透過交流對話、而非交惡對抗穩定區域安全是國民黨的目標，相信美方朋友能充分理解並接受國民黨是一個穩定和安定的力量。

他也提到，國民黨近年改革將重點放在年輕化，希望號召僑界新一代加入國民黨，期盼未來能有更多年輕世代成為國民黨代表。

朱立倫下午與史丹佛大學胡佛研究所專家學者閉門座談。會後，他與美國學者祁凱立（Kharis Templeman）分別接受中央社訪問。

朱立倫表示，美國學者非常關心幾個議題：第1，是兩岸關係和區域安全；第2，是能源議題；第3，是台灣各界對美國大選的想法和態度。

祁凱立指出，雙方討論北京對台政策、台灣能源議題，並觸及美國大選，即之後的美國總統當選人對台政策可能的影響。

祁凱立說，美國兩黨候選人的世界觀截然不同，對美國在全球扮演的角色，以及對傳統盟友和夥伴的態度也有極大差異；在許多外交政策議題上，他們意見極度分歧，還不清楚他們在對台議題上是否會採取不一樣的策略。

他指出，台灣理性的做法是為民主黨總統候選人賀錦麗（Kamala Harris）執政或共和黨總統候選人川普（Donald Trump）再次當選美國總統，都制定應變計畫。

朱立倫向與會專家學者表示，國民黨透過「雙D戰略」，一方面希望捍衛中華民國、保衛台灣，另一方面期盼透過交流對話降低風險以解決問題。

朱立倫說，美方專家學者認為台灣需要充分的能源供應，還有穩定的能源安全；大部分能源靠進口，在國家安全角度來看令人擔憂。就這點上，「他們看法可能跟國民黨看法是比較接近的，都是希望台灣在核電使用上面能夠三思」。

祁凱立表示，能源議題越來越受到廣泛討論，不少美國人關注到台灣能源供應，以及台灣滿足電力需求的能力。他認為，美方在這議題上沒有對個別政黨的偏好之分，但確實很多人對台灣淘汰核電提出疑慮。

結束智庫座談後，朱立倫晚間與矽谷科技人士閉門交流，17日啟程前往休斯頓，參加全美台灣同鄉聯誼會年會活動。

全國性公投電子連署系統4/10上線

中央選舉委員會民國113年4月8日舉行記者會，宣布全國性公投電子連署系統於10日上線，民眾可用自然人憑證、輸入身分證字號後，就可完成連署。提案人之領銜人可同時選擇電子、紙本併行徵求連署，也可只選擇其中一種方式。如果同時採用兩種連署方式，連署名冊送到中選會彙總後，戶政機關將進行名冊查對。

中選會綜合規劃處長張玳綺表示，民眾可透過提案人之領銜人提供的公投案連署網址，進入電子連署系統，只要插入自然人憑證、輸入身分證字號以及自然人憑證PIN碼，按下「我要連署」鍵後，就可以完成連署。如果有民眾不小心對同一公投案重複連署，系統也設有提醒機制，不可重複連署。

副主委陳朝建說，在紙本、電子連署雙軌併行情況下，如果民眾已進行電子連署後，又進行紙本連署，中選會將會勾稽並加以剔除，一樣要進行查對，不會有重複連署的問題。

至於全國性公投是否能電子投票，陳朝建說，現階段法律規定還是傳統投票方式，全國性公投電子連署是指在連署階段可採電子連署。選務辦理要循序漸進，並考慮資安問題，會以最高規格看待全國性公投電子連署系統上線。

民國108年6月21日《公民投票法》部分條文再次修正公布施行，其修正要點包括：明定

提案及連署不予受理之情事、提案及連署補提以一次為限、連署人名冊應一次提出、以及明定公民投票日定於8月第4個星期六，自110年起，每2年舉行1次。

廢止義務役一年役期公投提案不符規定 中選會駁回

中選會2024年7月18日召開委員會議，審議由領銜人季節提出的「您是否同意，民國94年次（含）以後出生須服義務役之役男，尚未服役者，義務役役男期為4個月即可，無須至1年？」全國性公民投票提案，決議予以駁回。

季節在2023年12月8日領銜提出「您是否同意，廢止2022年12月29日國防部宣布『將民國94年次（含）以後出生之役男義務役役期延長為1年』之公告？」全國性公民投票提案。

中選會說，季節所提的全國性公民投票提案，在3月15日、5月14日辦理聽證，並在6月12日函請提案人之領銜人限期補正，補正後經提7月18日委員會議審議，認定仍不符合規定，決議予以駁回。

禁山豬吊終止殘忍海上賽鴿 拚公投連署成案

113年的公投提案還包括動保團體分別於7月12、19日至中選會遞送的全面禁止山豬吊及終止殘忍海上賽鴿兩項公投提案。

由13個愛護動物相關團體所組成的台灣動物共生聯盟發起全面禁止山豬吊公投連署，7月12日赴中選會進行第1階段提案連署送件，共5,394份連署書，聯盟盼總統賴清德也能參與第2階段連署。

全面禁止山豬吊公投領銜人為台灣動物共生聯盟發言人潘翰疆，根據台灣動物共生聯盟所提供的資料，這次公投主文為「你是否同意全面禁止含金屬材質之彈簧續壓式套索陷阱（俗稱山豬吊）之使用、持有、販售、製造、陳列及輸出入。」

由台灣鳥類救援協會、台灣動物保護行政監督聯盟、台灣動物平權促進會等團體發起的終止殘忍海上賽鴿提案，領銜人為台灣鳥類救援協會秘書長吳羽仁。在7月19日公布這項公投提案的主文是「您是否同意禁止海上

▲多個動保團體前往中選會遞送終止殘忍海上賽鴿公投提案第1階段連署書，有飼主帶著鴿子到場聲援，希望大眾響應連署。

（公海）賽鴿全國性公投票案」，第1階段連署書共計8,254份。待中選會通過之後，第2階段的連署門檻是29.6萬份。

中選會9月24日上午、下午分別為禁山豬吊、終止殘忍海上賽鴿這兩項提案舉行聽證會。

黨產會成立後首例 中投欣裕台股權收歸國有

不當黨產處理委員會於民國105年11月29日對中國國民黨作出處分，其持有中央投資股份有限公司及欣裕台股份有限公司的全部股權應移轉國有，國民黨提行政訴訟救濟。一審台北高等行政法院（北高行）判國民黨敗訴，國民黨提起上訴，二審最高行政法院113年1月25日駁回上訴，約新台幣156億元資產全數充公，全案確定。

黨產會於105年11月2日作出黨產會成立以來第一個行政處分，認定中投公司、欣裕台為國民黨的附隨組織。中投公司不服這項處分，提起行政訴訟。

台北高等行政法院認為，國民黨於60年間以張心洽等自然人名義出資新台幣3,500萬元設立中投公司，但從自42年起至61年止，每年度預算都需要仰賴政府補助收入，其比例占國民黨每年收入5至9成，國民黨的自籌收入，無法支應年度支出，預算累計不足額達2億3,519萬多。歷年黨費收入、黨員特別捐等，顯不可能成立及增資中投等公司的資本。

同時，欣裕台公司的資產全部分割自中投

公司,並不是由國民黨另行出資成立,其間既無增資,就沒有國民黨以黨費、政治獻金、競選經費的捐贈、競選費用補助金及其孳息任何符合政黨本質的正當財產另外投資欣裕台公司的情形。

北高行指出,無證據足以認定國民黨出資及增資中投的資金來源,符合政黨本質與民主法治原則的財產,黨產會推定國民黨取得的中投等公司所有股權為其不當取得的財產,於法無違,判國民黨敗訴。

國民黨不服提起上訴,二審由最高行政法院審理,113年1月25日駁回上訴,仍判國民黨敗訴,全案確定。

對此,黨產會表示,欣見行政法院贊同黨產會對於事實的詳查調查及法律見解,將中投、欣裕台兩家公司所有股權判定為不當黨產,收歸國有;收歸國有的財產將用於全民,不會變成任何政黨的私產。

黨產會過去透過行政處分取得的財產清單,種類都以現金或是土地建物,以及不動產拍賣為主,此次是首次股權轉移。政院官員說,只要是被處分的不當黨產,都將依照《促轉條例》第7條規定,由促轉基金管理,並做為推動轉型正義、人權教育、長期照顧、社會福利政策及轉型正義相關文化事務用途,再循程序報行政院核定。

官員說,接管不當黨產不一定要換成現金,中投、欣裕台將被視為廣義的公有財產,初步討論將由官派董事進駐,實質接管。

同時,國民黨在民國107年6月26日申請動用中投股利、欣裕台公司減資款共計11億3,966萬多元及拍賣股權及拍賣這2家公司股權,來支付680名黨工退休金,遭黨產會決議駁回,國民黨提起行政訴訟。一審判國民黨敗訴,最高行政法院也在113年3月29日駁回上訴確定。

不滿黨產會追徵8.6億元
國民黨敗訴確定

中國國民黨不服黨產會認定458筆土地為不當黨產,並追徵新台幣8.6億元,提起行政訴訟。一審判國民黨敗訴,民國113年3月14日最高行政法院駁回國民黨上訴,全案確定。

不當黨產處理委員會調查「國民黨以轉帳撥用等方式,取得國有房屋及其基地並已移轉他人的追徵案」指出,國民黨以轉帳撥用方式取得、並已移轉給第三人的「國有特種房屋基地」,共458筆是不當取得財產,黨產會於106年6月中旬作出行政處分,向國民黨追徵獲利的新台幣8億6,488萬3,550元,法務部行政執行署並陸續查封國民黨產多筆土地。

國民黨不服,向台北高等行政法院提出行政訴訟,並聲請停止執行獲准。

北高行審理後認為,國民黨陸續於46年至50年間登記取得458筆土地所有權,過程中並未給付對價給國家、即無償取得這些土地,也非源自於黨費等一般收入而來,於105年8月10日《黨產條例》公布時,已非政黨、附隨組織或其受託管理人所有之財產,依《黨產條例》規定即應推定為不當取得財產。

北高行指出,這458筆土地現均已被徵收或已移轉予第三人而無法返還,依《黨產條例》第6條第3項規定應予追徵,因此黨產會依法對國民黨的其他財產追徵其價額總計8.6億餘元,尚無不合,判決國民黨敗訴。

黨主席朱立倫3月20日在中常會說,國民黨黨產全部被黨產會沒收,手中已經沒有任何黨產,而黨產會又透過司法判決要追徵8.6億元,換言之,未來4年,國民黨所有收入包含政黨補助款等全部沒收,讓國民黨活不下去。黨產會則回應,國民黨的合法財產收入,不會成為未來強制執行收歸國有的對象。
其他仍在訴訟中的案件如下:

案件	價額(元)	訴訟進度
中投及欣裕台公司股權	約156億	最高行政法院駁回國民黨上訴,全案確定
458筆土地	8.6億	最高行政法院駁回國民黨上訴,全案確定
救國團為國民黨附隨組織	56.1億	台北高等法院判救國團敗訴,可上訴
大孝大樓(已拆除)	7.8億	北高行更一審黨產會敗訴,可上訴
中央黨部大樓	11.3億	北高行更一審黨產會敗訴,可上訴
中廣	77.3億	行政訴訟黨產會敗訴,可上訴

§ 第四章　外交與僑務

聖克里斯多福總理訪台
賴總統軍禮歡迎

　　加勒比海地區友邦聖克里斯多福及尼維斯聯邦總理德魯（Terrance Drew）伉儷率團於2024年6月22日搭機來台，展開為期5天的國是訪問。總統賴清德6月24日在總統府前廣場主持軍禮歡迎德魯伉儷，軍禮儀式鳴放21響禮砲、演奏兩國國歌及檢閱儀隊，這是賴總統就職後首度主持軍禮歡迎國賓儀式。

　　賴總統致詞表示，他代表中華民國政府及人民歡迎德魯再次率團訪問台灣，這是德魯上任以來，第2度正式出訪台灣，展現對兩國邦誼的高度重視。台灣和聖克里斯多福及尼維斯聯邦共享民主人權價值，這些年兩國持續深化邦誼，在各領域攜手合作，創造豐碩的成果。

　　賴總統指出，他要感謝德魯在國際場域為台灣仗義執言，展現對台灣最大的支持。非常期待透過這次訪問，兩國持續推動各項合作計畫，共同為雙方人民增進更多福祉。

　　德魯致詞表示，本次訪台重要意義在於強化雙邊超過40年的穩固邦誼，藉此深化夥伴關係，共同發揮創意，攜手解決國家發展的挑戰。他並恭喜賴總統當選，相信賴總統的領導力，將為台灣寫下光明的新篇章，期盼在賴總統的協助下，持續深化兩國關係。

　　德魯指出，聖克里斯多福及尼維斯自1983年獨立以來，與台灣在科技、財政、國際倡議等雙邊合作領域，都有豐碩的成果。非常感謝中華民國台灣在農漁業、醫療、公共基礎建設、資通訊、環保等領域，提供協助，身為台灣的朋友，聖克里斯多福及尼維斯政府會持續在國際上發揮影響力，提倡與台灣共享的價值與原則。

　　他相信台灣對全球經濟繁榮扮演重要角

▲總統賴清德（前排右2）以軍禮歡迎聖克里斯多福及尼維斯聯邦總理德魯（Terrance Drew）（前排右3）伉儷。

色，因為台灣生產並出口優質商品及服務，台灣也在許多領域對國際付出貢獻，包括全球疫情、氣候變遷調適及減緩防災、糧食及民生安全、快速都市化等等。

德魯在駐台大使館接受媒體聯訪時也表示，他和賴總統都是醫師、也都曾留學美國，這是兩人的共同點。此次訪台也是發出明確信號，就是即使領導人更替，但是聖克里斯多福及尼維斯與中華民國台灣的邦誼依舊強健。

至於中國是否施壓爭取克國與台斷交，德魯重申，克國和台灣的邦誼牢固，且不依賴於其他因素，「我們不擔心其他任何事情」，兩國邦誼將會持續加深。

德魯並於6月25日到高雄與市長陳其邁會面，進行姊妹市締盟儀式，克國首都巴士地市成為高雄市第40個締盟城市。

聖克里斯多福及尼維斯是由副總理韓利（Geoffrey Hanley）來台出席賴清德總統520就職典禮，期間並在賴總統見證下，與我太平洋友邦帛琉簽署建交公報，讓我國成為友邦建立邦誼的據點。

賴總統接見捷克訪團　盼共創繁榮

總統賴清德於2024年6月14日接見率團來訪的捷克參議院首席副議長德拉霍斯（Jiří Drahoš）時表示，這次是德拉霍斯第4度訪問台灣，過去德拉霍斯協助台灣推動的台捷直航，已經在2023年7月落實。2024年第1季，台灣旅客到訪捷克相較2023年同期大幅增長75%，提升雙方在各領域的交流。

他提到，德拉霍斯這次來訪，除見證故宮博物院和捷克國家博物館簽署合作協議外，「捷克中心台北」（Czech Centre Taipei）的成立，也是讓捷克文化在台灣被看見、被聽見，促進兩國人民情誼。

賴清德指出，在政府推動「台捷韌性計畫」之下，台灣第1座IC設計海外訓練基地將落腳在布拉格。未來，台灣和捷克在產業和文化等各領域的合作勢必越來越熱絡。

他進一步指出，在德拉霍斯的帶領下，捷克參議院連續4年通過決議，支持台灣參與世界衛生組織（WHO）等國際組織，有信心在台灣和捷克攜手合作下，將為國際社會帶來更多貢獻。

德拉霍斯致詞指出，台灣與捷克擁有共同的價值觀，是真正的朋友。他感謝台灣政府對烏克蘭的持續支持。在烏俄戰爭開始之際，即針對烏克蘭難民潮提供財政援助。俄羅斯卑劣且毫無緣由的侵略行動對烏克蘭人民造成災難性的影響，他非常樂見台灣與捷克攜手合作，一起透過實質行動幫助烏克蘭。

德拉霍斯並認為，與台灣一起發展現代科技是捷克政策的重中之重，他完全同意賴總統在就職演說中所提到，要大力投資半導體、量子電腦、機器人、AI以及太空產業，這是未來的趨勢。因此，捷克已準備好成為台灣半導體生態系統的一環，特別是台積電在中歐的投資。

德拉霍斯訪問團於6月10日至15日訪台。此行除晉見正副總統，還拜會行政院長卓榮泰、國科會主委吳誠文、國家安全會議秘書長吳釗燮、教育部長鄭英耀等人，他在拜會立法院長韓國瑜時獲贈國會榮譽一等獎章及證書，12日並見證捷克國家博物館與故宮博物院簽署展覽合作協議，宣布「翠玉白菜」等百件故宮文物將在2025年9月至10月首度赴捷克博物館展出。

台捷簽署商機促進計畫
捷克中心台北成立

捷克駐台代表處2024年6月14日晚間在松山文創舉辦捷克攝影圖文展暨捷克中心台北成立酒會，蕭副總統與訪台的捷克參議院首席副議長德拉霍斯出席與會。

蕭副總統以英文致詞說，「捷克中心台北」成立，是台灣人民和捷克人民在已經非常堅固關係上的另個里程碑，這種關係建立在有共同價值觀和利益的基礎上，正如同台灣和世界各地民主夥伴的關係一樣，台灣與捷克近年來經貿、投資、科技、教育等領域有非常密切的關係，「捷克中心台北」的成立為雙邊關係增添了文化層面，「我可以向你們保證，在台灣有很多捷克文化的粉絲」。

蕭副總統說，台捷關係這幾年在患難時，

▲副總統蕭美琴（左）應邀出席捷克攝影圖文展暨「捷克中心台北」成立酒會，與捷克經濟文化辦事處代表史坦格（David Steinke）（右）互動交流。

見到真情相挺，台灣在疫情期間捐贈口罩與口罩生產線設備給捷克，捷克也捐贈疫苗給台灣人民，捷克政府、人民也對0403花蓮地震伸出援手捐助，在每一個相互支持的過程中，看到雙方更堅固的友誼。

蕭副總統最後以英文提到，捷克參議院議長維特齊（Miloš Vystrčil）先前訪台時以中文表示「我是台灣人」，仍然深深觸動著台灣人民。

德拉霍斯致詞表示，「捷克中心台北」成立是強化捷克與台灣關係的另外一步，台捷關係不只是科技與產業合作，文化也可以扮演重要角色，相信中心將能促進藝術、音樂、文學等領域的交流，以便了解彼此文化。

捷克中心台北是捷克中心在海外的第28個據點，新任捷克中心台北主任馬凱棠（Markéta Záhumenská）致詞時展現中文能力表示，「捷克中心台北」的使命是促進、加深台灣對傳統和當代捷克文化的瞭解，2024年計劃的項目反映了這一使命，未來將涵蓋一系列融合傳統和當代捷克的文化活動。

台捷兩國於2023年12月22日簽署「商機促進計畫」（Business Opportunities Enhancement Program，BOEP）瞭解備忘錄，外交部指出，「商機促進計畫」是台灣與捷克政府正在推動民主夥伴供應鏈韌性及能力建構合作計畫的一部分。

捷克參議員率團訪台　台捷關係再創高峰

捷克參議院社會政策委員會副主席賀社（Marek Hilšer）及捷克匹克羅合唱暨匹克拉管絃樂團（Piccolo Coro & PiccolaOrchestra）等28人首度訪台，外交部常務次長陳立國2024年7月1日於歡迎酒會表示，台捷合作跨足多領域，文化交流成果有目共睹，期盼雙邊關係能再創高峰。

陳立國表示，捷克匹克羅合唱暨匹克拉管絃樂團自1996年成立以來，已在捷克及世界各地演出百餘場，並獲許多音樂獎項，2024年特別將台灣選為世界巡迴演出的第一站，讓台灣民眾欣賞捷克樂團世界級的演出。他也感謝福爾摩沙管風琴文化協會主辦該樂團在台北及高雄的兩場演出。

卸任總統首訪歐洲
蔡英文為台灣國際地位固椿

蔡英文卸任總統後首次出訪歐洲，她2024年10月13日抵達捷克首都布拉格後，相繼到訪法國、比利時等地，20日結束歐洲行回台，她透過臉書發文表示，台灣走向世界的腳步不會停止，而且還要加快步伐、無所畏懼、充滿自信地告訴全世界，「台灣很重要！Taiwan matters！」

蔡英文13日晚間出席捷克「公元兩千論壇」（Forum 2000）開幕晚會，和捷克參議院議長維特齊（Miloš Vystrčil）比鄰而坐，兩人互動密切。之後捷克總統帕維爾（Petr Pavel）入場，並與蔡英文握手致意。帕維爾曾在2023年當選捷克總統後，與蔡英文通話15分鐘，並在臉書表達「希望未來有機會與蔡總統見面」，引起中國抗議。

帕維爾後來在開幕演說提到：「我一貫敦促全球主要大國，特別是中國，應利用自己的影響力，促進和平與國際合作。這代表不應該支持俄羅斯的暴力行動，並且在台海問題上展現克制，以及解決國內侵犯人權的問題。」

在帕維爾演說與討論會後，蔡英文以「透過民主團結克服威權威脅」（Overcoming Authoritarian Threat through Democratic Unity）為題上台發表15分鐘的演講，她提到，中國在當日宣布展開環台軍演，顯示中共企圖透過各種手段併吞台灣，「但台灣人民一次

▲第28屆「公元兩千論壇」（Forum 2000）登場，前總統蔡英文與捷克總統帕維爾（右）握手致意。左邊為眾議長艾達莫娃。

又一次地展示了，民主是我們不可妥協的一部分」。演說獲得全場與會者起立鼓掌。

蔡英文於2004年擔任陸委會主委時，曾獲邀赴捷克出席「第8屆公元兩千論壇」，而在任總統期間也3度為該論壇發表錄影演說。

蔡英文驚喜訪法
台歐靠攏一中政策正質變

蔡英文訪歐行程，16日的第2站受邀參訪法國參議院，會見30多位跨黨派議員。法國外交人員告訴中央社，全法國都很高興蔡英文來訪，這是法國，乃至歐洲對支持台灣民主所釋放的訊息。而各界分析，因法中關係、歐盟地位、科技合作等原因，讓蔡英文的法國之行格外具象徵意義。

爬梳地緣政治，即使在法中建交60週年、中國國家主席習近平不到半年前才剛造訪的脈絡下，法國政府仍為蔡英文開了綠燈。一位匿名的法國高級外交官就向中央社強調，「巴黎的所有人」都很高興能接待蔡英文，而「台法關係從來如此堅定」。

巴黎政治學院（Sciences-Po）研究員顧坤廷（Quentin Couvreur）也向記者表示，若政府不開綠燈，即使國會邀請蔡英文，她恐怕也不便前來，英國便是一例。「這展現了法國透過國會外交、科技經貿等途徑強化與台灣接觸的意願，同時保持與北京關係」。

台法還有另一項深具潛力的共同利益，便是經貿與科技合作。這也是蔡英文受邀法國國際企業行動聯盟（MEDEF International）「台法企業交流會」，與企業代表交換意見的原因。此外，法國在航太等創新科技領域上相當先進，雙方科技研究生態互補。蔡英文在巴黎─薩克雷大學的會面，就聚焦在兩邊如何將研究轉化為產業合作。

據法國外交人士透露，蔡英文帶著一群台灣半導體等產業代表，與法國新創公司會面，具體加速半導體合作。「法國企業能為台灣維持半導體優勢提供途徑，法國和台灣當局都會繼續鼓勵合作，包括提供經費支持」。

歐洲議會議員：
蔡英文到訪彰顯不讓中國濫用一中政策

17日蔡英文在布魯塞爾出席歐洲議會（European Parliament）議員沙龍與新一屆議員相見歡。主辦的斯洛伐克籍議員萊克斯曼（Miriam Lexmann）接受中央社採訪，談及蔡英文成為第1位到歐洲聯盟（EU）總部所在地並進入歐洲議會的台灣卸任元首的意義。

她說：「最大的意義是表明我們不能讓中國共產黨濫用『一中政策』，阻撓歐盟發展自己與台灣的合作。與台灣合作絕對是必須的，因為我們需要穩定同樣也被中國主導地位所威脅的全球經濟。」

萊克斯曼認為，由於中國共產黨採行的措施，包括在國際關係中的壓迫和惡劣行為，所以蔡英文的歐洲議會之行非常重要，「我們表明對台灣的支持以及我們對和平與民主的責任」。

蔡英文任內極力推動歐盟與台灣洽簽雙邊經貿或投資協定，但即便在上一屆歐洲議會的支持下，進展仍十分有限。在6月大選成功連任的萊克斯曼表示，歐洲議會上個會期有要求開始研究台歐雙邊協議，她相信新一屆的國會可以接續工作，現在會期才剛開始，所以還需要一點時間。

外媒：蔡英文訪歐料北京不滿
歐中齟齬恐更受考驗

「美國之音」（VOA）分析，中國可能表達

反對，但學界認為這凸顯歐洲仍是台灣外交一大關鍵焦點。

「歐洲價值安全政策中心」(European Values Center for Security Policy)在台辦事處主任葉皓勤(Marcin Jerzewski)說：「蔡英文執政8年期間追求台灣外交多元化策略，而這項策略一些最實際的結果可以從台歐關係看出。」

他認為，蔡英文此行向歐洲國家釋出有力訊號：「台灣希望被視為個別歐洲國家乃至整體歐洲的堅定夥伴」。

法國《民意報》(l' Opinion) 2024年10月8日報導，日前歐盟執委會才剛通過對中國電動車加徵反補貼稅，「然而歐中的緊張關係可能不會緩和，反而還要升溫，一切都因為一個在北京眼中更加敏感的議題，也就是台灣」。

《民意報》分析，賴清德政府希望給予台歐關係更多重要性，以避免只依賴美國的支持。但「中國很可能針對這次訪問做出激烈反應，同時提醒歐洲國家在與北京保持外交關係時承諾的一中原則」。

全球第三個 歐洲議會通過挺台決議

歐洲議會全體議員大會2024年10月24日以432票贊成、60票反對、71票棄權的壓倒性多數，通過《中華人民共和國對聯合國大會2758號決議的錯誤解讀，及其持續環繞台灣的武力挑釁》決議。

賴總統25日透過X平台指出，非常感謝歐洲議會高票通過支持台灣的決議案，表達反對中國曲解聯合國大會2758號決議文內涵，用以限縮台灣的國際參與。他說，大家共享的價值與對和平的堅持，將能團結一起，共同打造更強健的民主保護傘

外交部表示，決議案是繼2024年7月「對中政策跨國議會聯盟」(IPAC)年會通過「IPAC針對聯大2758號決議各國議會決議範本」、澳洲聯邦國會參議院通過友台動議、以及荷蘭國會眾議院通過友台動議後，全球第3個通過的國會或歐盟友台議案。

決議案內容包括聯大第2758號決議對台灣不持任何立場，強烈反對並駁斥中國試圖扭曲歷史和國際規則，並藉此阻撓台灣有意義地參與國際組織；另強烈譴責中國對台灣持續的軍事挑釁及灰色地帶戰術，並重申歐盟堅決反對任何片面改變台灣海峽現狀的行為。

決議案也指出，台灣是歐盟在印太區域的關鍵理念相近夥伴，鼓勵歐盟及會員國持續深化與台灣在經濟投資、半導體等高科技產業供應鏈、災害防救、全民防衛及反制外來訊息操弄及干預等各面向的合作與交流，並持續支持台灣有意義參與世界衛生組織(WHO)、國際民航組織(ICAO)、國際刑警組織(INTERPOL)和聯合國氣候變化綱要公約(UNFCCC)等相關國際組織。歐洲議會也歡迎台歐盟間密切的官方及民間互動與交流，包括近期前總統蔡英文訪問歐洲議會。

美前駐聯大使海利：
超前部署強化台美夥伴關係

受遠景基金會邀請首次訪台的共和黨籍美國前駐聯合國大使海利(Nikki Haley)及夫婿等人，於2024年8月22日晉見總統賴清德時表示，期盼持續強化相互依賴的台美夥伴關係，並向全世界宣揚民主的重要。

賴總統：強化國防經濟韌性
以備戰達避戰

總統賴清德致詞表示，感謝海利肯定台灣在COVID-19疫情期間的表現，強烈主張台灣的健康人權不應該被摒除在世界衛生組織(WHO)之外，尤其海利在擔任駐聯合國大使時，為台灣人民沒有辦法進入聯合國大廈感到委屈，甚至公開主張任何一個國家的人民都有權利進入聯合國大廈從事各項工作，台灣應該要加入國際社會，鼓勵聯合國以及國際組織應該要接納台灣。

賴總統指出，海利在台灣面臨極權威脅時，公開呼籲美國以及國際社會應該要支持台灣；海利也主張美國應該要跟台灣簽訂自由貿易協定，避免台灣被中國打壓、孤立，讓台灣有更大的力量，對抗中國的威脅。

賴總統表示，台灣深刻了解地緣政治變化與極權主義的興起，全球民主受到強烈威

脅，台灣也知道自己的責任，台灣在印太第一島鏈，一定會強化國防力量也會強化經濟韌性，同時也跟民主陣營站在一起，發揮嚇阻力量，以備戰來達到避戰，用實力來求得台海的和平穩定。

賴總統指出，感謝海利公開呼籲國際民主陣營應該要團結在一起，避免極權主義擴張，維持世界和平穩定；對海利的高見，台灣人民充分感受到她正義的力量。

海利：中國綁架2758號決議

中國曲解聯大第2758號決議，壓縮台灣國際空間，海利8月24日在台北媒體見面會中表示，美國應加入台灣要求聯合國召開聽證會，正視中國對該決議的誤用，「這是我們欠台灣的謝意」。

她告訴媒體記者，支持台灣、烏克蘭和以色列很重要。她說：「我不認為孤立主義的做法是健康的，我認為美國絕不能活在自己的世界，以為我們不會受到影響。」

海利致詞時表示，中國霸凌多邊組織，聯合國與世界衛生組織無視台灣近2,400萬人的存在，卻認同巴勒斯坦值得觀察員身分，「簡直是虛偽」；美方以及自由陣營國家須向各多邊組織主張，台灣應至少獲得觀察員身分。

海利說，世界應該要看見，台灣的夥伴國家都是往前行的國家，而盲從中國的國家則是被拋諸腦後，「中國不會跟你們站在一起，台灣才會」；此行讓她了解到，「不是台灣需要美國，而是美國需要台灣。」

海利重申，台灣值得成為聯合國正式成員，但聯合國缺乏道德勇氣，還因聯大第2758號決議而對台灣三緘其口，讓中國綁架該決議；她質問，「該決議到底哪裡提到台灣？」

被問及澄清2758號決議的做法，海利表示，台灣應不停敲門安全理事會、聯合國秘書長，直到得到答案，並針對該決議要求召開聽證會，美國以及自由陣營國家都應該加入台灣提出要求，這是台灣應該有的權利。

她也說，聯合國大會或是場邊活動不僅應討論台灣參與聯合國的身分，還應針對台灣如何反制中方每天的遭擾行為進行討論；她強調，若聯合國秘書長再度龜縮，聯合國所

▲美國前駐聯合國大使海利（Nikki Haley）在台北受訪表示，美國應加入台灣要求聯合國召開聽證會，正視中國對該決議的誤用。

宣稱的人權價值已蕩然無存。

海利說，若美國要給予聯合國巨額資助，那理應可要求台灣至少有觀察員身分，同時要求台灣參與WHO。

她進一步指出，美國共和黨和民主黨不應只是在「小房間」表態挺台，而是要站上演講台告訴聯合國，他們不僅支持台灣且已付諸行動，現在是時候讓台灣得到所應得的。

海利挺台加入美國防供應鏈

海利表示，台灣近2,400萬人儘管每天遭受中國在海、空域的滋擾以及數以千萬計的網路攻擊，但不抱怨、不把自己當作受害者，以行動確保其威嚇能力，包括國防預算翻倍、延長義務役至1年，這已是台灣人民集體意志，願意盡愛國責任。

她強調，她在台灣海軍基地見證台灣造艦能力，台灣正全速衝刺自我防衛能力，「美國應加入台灣」，全方位增加對台軍事訓練以及軍售。

被問及共和黨總統候選人川普（Donald Trump）表示，台灣偷走美國的半導體產業，也應為美國對台軍援「付錢」。海利回應，台灣與美國在半導體製造的強健夥伴關係須持續深化，且台灣已下了許多軍備訂單；更重要的是，要提升台美夥伴關係以及軍事訓練，確保這是美國的優先事項。

海利坦言，感受到賴政府「急迫但不慌張」的態度，台灣也表達加入美國國防產業供應鏈以加速軍備交付的意願，「這是很好且必須發生的合作。」

她進一步指出，不認為在台灣駐軍有其必要性，且台灣也沒有此要求，台灣並不尋求救濟施捨，也非任何國家的保護，台灣是在尋求夥伴，而美國與自由陣營國家都會是台灣的夥伴，尤其是在協助台灣擁有足夠的威懾能力，以及提升情資分享、網攻反制。

經濟方面，海利則說，台灣自2010年持續降低對中投資，她敦促他國跟進，「只要投資中國，就是投資中國對台灣以及中國人民的霸凌」；美國應立即與台灣簽署自由貿易協定，「這是雙贏」。

海利9月8日在美國哥倫比亞廣播公司新聞網（CBS News）「面對全國」（Face the Nation）節目專訪中也談到美國的外交政策。她表示，台灣每月面臨3,000萬次來自中國的網路攻擊，還有各種海空域挑釁行為。一旦中國拿下台灣，造成的全球經濟衝擊將比俄羅斯全面入侵烏克蘭更加嚴重得多。海利強調：「我們必須關心這個問題。」

她指出，中國和俄羅斯等外國行為者散播的惡意假消息正對美國構成重大威脅，TikTok等社群平台上的狀況尤為嚴重。

致謝海利挺台
林佳龍：台灣與世界互相需要

外交部長林佳龍8月23日午宴美前駐聯合國大使海利，他於臉書表示，海利於「凱達格蘭論壇：2024印太安全對話」專題演講內容，對在台灣努力不懈捍衛民主和自由的人們是莫大的鼓舞，感謝海利以實際行動為台灣發聲，讓台灣人感受到民主夥伴的溫暖友誼。

林佳龍指出，中國持續強化法律戰並曲解聯大第2758號決議，海利擔任美國駐聯大使期間，在第一線見證聯合國對台灣的不公平對待以及中國極盡所能的打壓，海利仍為台灣仗義執言，呼籲美國和自由陣營國家勇敢捍衛台灣。

林佳龍強調，中國威權擴張的野心不會止步於台灣，目前正處在關鍵的時期，民主國家團結一致抵抗威權主義的擴散，比過往任何時刻更加重要，感謝有海利這樣的國際友人，用行動實踐對自由、民主和繁榮的承諾。

「台灣需要世界，世界也需要台灣」，林佳龍說，台灣有意願、也有能力與國際社會共同因應挑戰，相信每一個關鍵時刻有台灣的投入參與，世界會變得更好、更安全。

谷立言就任AIT處長
盼深化台美夥伴關係

美國在台協會（AIT）台北辦事處長谷立言（Raymond Greene）於2024年7月9日就任，下午拜會外交部長林佳龍，這是谷立言上任後首場正式拜會，就台美各項重要議題與優先推動工作，包括強化台美安全及經貿合作、拓展台灣的國際空間及推動台美在第3國的合作等充分交換意見。

谷立言指出，高度肯定台美關係史上最佳，很榮幸在這關鍵時刻出任處長，並強調美國對台支持強勁且跨黨派，將持續致力強化雙方在各領域的多元合作。

AIT華盛頓總部於5月28日宣布，由精通日文與中文的谷立言接任年中任期屆滿的處長孫曉雅（Sandra Oudkirk）。AIT指出，谷立言是美國國務院高級外務體系的一員，其外交生涯28年，致力促進美國與印太地區在外交、經濟和安全上的交流。

這是谷立言第3次派駐台灣，首次駐台是在2018年至2021年擔任美國在台協會副處長，外派資歷包括美國駐中國成都和駐日本沖繩的總領事。在此之前，他曾擔任美國駐日本大使館的軍政事務組組長、AIT政治組副組長、駐日本大使館和駐菲律賓大使館的政治官，堪稱「第一島鏈」通。同時谷立言是台灣女婿，也是參加日本外務省「貝克－加藤國際交流計畫」的第1位美國外交官。

晉見賴總統
谷立言：美挺台自我防衛能力

谷立言在7月10日首度晉見總統賴清德，總統府指出，谷立言會中表示，美國、台灣正

面對愈來愈複雜的挑戰，但長期夥伴關係也不斷強化，相信在全球民主共同體的支持下，可以守護台灣民主、促進美國與台灣的繁榮，將兩國關係提升到新高度。

賴總統致詞指出，谷立言是台灣老朋友、好朋友，過去2度任職AIT台北辦事處，副處長任內促進台美密切合作交流，對於台美事務、區域情勢掌握嫻熟且十分專業，相信谷立言在台美關係最好時刻榮升返台，台美關係會好上加好。

賴總統說，2024年是《台灣關係法》45週年，感謝美國政府持續落實對台承諾，包括拜登政府15度宣布對台軍售，展現對台灣安全的支持。總統並指出，面對中國一再挑戰並試圖改變台海現狀，台灣作為國際社會負責任的一員，將致力維持現狀，同時會與美國等理念相近的國家密切合作，為區域繁榮發展貢獻心力。

賴總統指出，期待推進《台美21世紀貿易倡議》第2階段談判，以及儘速解決台美雙方課稅問題等，持續深化雙邊經貿關係。他也提到，面對全球AI浪潮，政府目標要將台灣打造成人工智慧之島，相信台美在AI、創新領域也能有更多交流合作，加以谷立言豐富經驗以及對台灣的大力支持，台美關係一定能在各領域深化夥伴關係。

谷立言致詞祝賀賴總統就職，並透露賴總統20年前擔任立委時曾接受美國國際領袖人才參訪計畫的提名邀請，當時就聽聞他非常有可能是未來的總統。現場聽聞谷立言說法，響起一片笑聲。

谷立言強調，美國會持續大力支持台灣自我防禦能力，對台灣海峽和平與穩定有共同且長遠的利益，印太地區及全球的安全與繁榮也極為重要，美國將繼續支持台灣，這也符合美國長久以來以《台灣關係法》、3個聯合公報、6項保證為指導的一中政策，期待能與賴總統合作，進一步強化堅若磐石的美台關係。

他說，台灣是美國經濟貿易，以及促進全球供應鏈韌性的關係夥伴，《台美21世紀貿易倡議》也再一次給美台深化經濟關係的機會；人才交流部分，谷立言說，在台灣的傅爾布萊特計畫是全球規模最大的計畫之一，美台教育倡議也提供另一個機制擴展語言學習教學，支持雙方共同的優先項目。

谷立言說，雖然美國、台灣正面對愈來愈複雜的挑戰，但長期夥伴關係也不斷強化，相信在全球民主共同體的支持下，可以守護台灣民主、促進美國與台灣的繁榮，將兩國關係提升到新高度。

谷立言首次記者會
三要務助台提升全社會韌性

美國在台協會處長谷立言2024年9月4日舉行上任後首場公開記者會，他以中文致詞表示，韌性、安全和連結是他的核心要務，將協助台灣提升全社會韌性以及自我防衛能力，並架構印太同盟網，「台灣不是中國脅迫、改變現狀的唯一目標」。

谷立言指出，社會要有韌性才能挺過各式威脅，包括氣候變遷、天然災害、全球疫情和地緣政治風險，而這些風險在台灣特別嚴峻；不過，台灣2024年4月發生地震時，關鍵產業仍持續運作，凸顯台灣有能力為全球經濟穩定帶來貢獻。

谷立言表示，維持台海和平穩定符合美國

▲總統賴清德（右）113年7月10日在總統府接見美國在台協會（AIT）台北辦事處新任處長谷立言（Raymond Greene）（左），兩人握手致意。

與台灣的共同長遠利益，美國將依照《台灣關係法》，持續致力支持台灣自我防衛能力；2021年至今，美國行政部門已告知國會384億美元對台軍售，其中拜登政府對台軍售超過64億美元，反映出美台關係受到跨黨派、跨政府大力支持，並首次批准對外軍事融資（FMF）以及運用總統提用權（PDA）。

谷立言強調，美國正在架構印太地區同盟網以形成嚇阻能力，「台灣不是中國脅迫、改變現狀的唯一目標」，愈來愈多國家意識到，應該與美國等理念相近國合作，共同維護基於規則的體系，這些努力不是為了戰爭作準備，而是要避免戰爭。

關於連結，谷立言則說，美國致力幫助台灣在多邊論壇分享專業，並讓台灣有機會參與國際組織，台灣是高度發展的經濟體系，各國能受惠於台灣專業；另一個重要管道則是「全球合作暨訓練架構」（GCTF），此架構不僅能凸顯台灣專業，同時協助台灣與區域夥伴建立關係，樂見加拿大8月加入此架構。

谷立言說，美國國會正努力讓《台美21世紀貿易倡議》通過生效，也透過經濟對話強調美台經貿關係至關重要，且美國企業對台灣的看重與投入堅定，「對台灣科技業掏空的擔憂並不必要」，台灣產業無法在其他地方複製。

被問及與台灣提升韌性的確切領域，谷立言表示，美方與賴總統的看法一致，提升台灣全社會韌性是首要目標，台灣面對的中國挑戰不僅在軍事層面，還有法治、資安等領域；另外也期待與台灣就能源安全進行合作，2024年秋天舉行經濟繁榮夥伴對話，將就電網管理、再生能源及電力規劃作討論。

谷立言兩次強調，提升全社會韌性還需要台灣中央、地方政府與非政府組織的合作，不僅是美國，世界上許多國家都願意增強台灣韌性，無論是人道援助或是對抗全球疫情，台灣一次又一次地展現有能力、有意願幫助解決全球危機，為國際社會出一臂之力。

谷立言：期待未來賴總統出訪 美方提供過境協助

谷立言也說，美台關係歷經前所未有的提升，「此成就讓我們無比自豪」，美國成為印太地區的力量超過一世紀，將盡一切努力體現對台灣的支持，並期待與賴總統、立法院以及各政黨領袖合作。

對於總統賴清德未來若出訪，他表示，美方在前總統蔡英文任內曾7次協助過境美國，美方期待未來賴總統出訪友邦時，也能提供相關協助。

談軍售　谷立言：不排除與台共同生產

媒體關切，美國對台軍售交付延宕的狀況和改善方式。谷立言指出，這是拜登政府與美國國會首要議題，歐洲、中東局勢複雜，亞洲和美國的防禦需求提升，導致美國國防產業運作吃緊，現正加倍投資全世界的國防產業，以「非典型」方式與非國防產業製造商合作，6月時也與日本透過新的防禦合作平台，共同加強軍事生產的產能。

谷立言強調，在美方優先順序名單上，台灣名列前茅。不管是透過外國軍事融資（FMF）、總統提用權（PDA）或動用美國軍備庫存等機制，美方政策目標為加速台灣取得所需設備，尤其是不對稱作戰戰力，而這半年已有大規模進展，「美國對台安全承諾堅持不變」。

至於台灣能否加入美國國防產業供應鏈，谷立言則回應，「不排除與台灣共同生產軍備的可能性」，對外軍售機制不僅是把武器賣出去，也希望能有共同合作生產，希望台灣也能有機會加入。

記者詢問「印太版北約」可能性，谷立言說，目前無此結盟需要，北約是歐洲是面對相同挑戰，而印太區域問題多元，「同盟網」較能彈性面對南海或台海的挑戰，美方將擴大區域內的訓練、軍備生產與採購，增加彼此協同性與溝通性，也會有更多三方聯合軍演。

被問及是否擔心中國趁美國大選期間在台海「有動作」，谷立言指出，美國國安顧問蘇利文（Jake Sullivan）才赴中國訪問，雖與中國有分歧，但有信心能管理風險。至於中國持續壓縮台灣國際空間，他表示，聯大第2758號決議未提及台灣二字，國際社會因缺乏台灣參與而有所損失。

前AIT處長孫曉雅獲頒大綬景星勳章

總統賴清德2024年7月3日頒授大綬景星勳章給即將離任的美國在台協會（AIT）台北辦事處長孫曉雅，表彰她對台美關係的卓越貢獻。

總統致詞表示，孫曉雅1992年就曾來到美國在台協會服務；30年後，孫曉雅再回到台灣，任美國在台協會處長，也是多年來首位擔任這項職務的女性。

總統提到，孫曉雅不僅與台灣淵源深厚，對台灣的感情更是堅定。孫曉雅剛到台灣接任處長時，提出4項工作目標，國防上，希望增加台灣自我防衛的力量；經濟方面，希望促成台美經濟更緊密結合，增加全球供應鏈的韌性；外交方面，協助台灣參與更多國際活動，更有意義地參與聯合國下各項組織，並希望在已經很好的台美關係基礎上，更上一層樓。

總統說，孫曉雅3年的努力已經有相當的成果。美國拜登政府已經授予台灣15次軍購，並促成國會支持總統提用權以及外國軍事融資等手段，幫助台灣提升自我防衛力量。

同時，台灣與美國完成洽簽第1階段的《台美21世紀貿易倡議》，第2階段也持續進展；外交上，每年美方都積極結合國際社會支持台灣參與世界衛生大會，以及其他國際活動的實際參與。

孫曉雅致詞表示，獲頒大綬景星勳章感到非常榮幸；擔任AIT處長是職涯上的夢想成真，並強調台美關係建基於自由、開放、民主等共享價值，即使世界不斷改變，美國與台灣面對的全球局勢也複雜許多，但美國對台灣的支持依舊非常強健、具有原則且跨黨派。

歐盟駐台代表谷力哲就任

總統賴清德8月22日頒授大綬景星勳章給即將卸任的歐洲經貿辦事處長高哲夫（Filip Grzegorzewski），感謝高哲夫對深化台歐關係的卓越貢獻，「您跟台灣的緣分不會就此結束，您永遠都是台灣的好朋友」。

總統表示，尤其2020年首次登場的投資歐盟論壇，已連續舉辦4年，不僅讓台灣對歐洲投資大幅成長，歐盟也連續多年成為台灣最大的外資來源。

賴總統指出，高哲夫除了大力推動台歐盟經貿關係，也積極提升歐盟對台灣以及對台海情勢的關注，不斷強化歐盟對台灣的支持。

歐洲經貿辦事處新任處長谷力哲（Lutz Güllner）於9月1日就任，是歐盟對外事務部（EEAS）資深外交官，這是他首次在歐盟總部布魯塞爾外的辦事處任職，前職為EEAS專責對抗假訊息、資訊戰的策略傳播組組長，也曾任歐盟執委會貿易總署（DG Trade）的通訊與公民社會對話部門負責人。

谷力哲就任後在歐洲經貿辦事處臉書貼文向台灣問好並表示，非常興奮能成為歐盟代表派任台灣，他來台前曾與台灣朋友共事，也非常期待再次與他們重聚，迫不及待想更深入了解美麗的台灣和與在台灣生活的人們。

谷力哲強調，雖然台灣距離歐盟總部數千公里，「但我們非常清楚台灣和歐盟是志同道合的夥伴」，願進一步加強與台灣的友好關係和密切合作。

總統凱達格蘭論壇致詞
中國威權擴張對象不限台灣

新政府上任後首場區域安全論壇，外交部與遠景基金會合辦的第8屆凱達格蘭論壇於2024年8月21日登場，總統賴清德出席開幕式，全程以英語致詞表示，過去幾年來，威權主義的擴張越來越具有侵略性，已經是全球性的挑戰。俄羅斯對烏克蘭發動戰爭，北韓威脅東北亞區域的和平穩定，中東地區也出現戰火。

他說，中國在東海、南海擴軍，不僅在台海進行軍事演習，也和俄羅斯在南海、西太平洋、日本海，進行海空聯合軍演，對周邊國家進行軍事恫嚇，破壞區域的和平穩定。

總統提到，中國更將貿易武器化，對台灣、日本、南韓、澳洲、立陶宛、加拿大等國家，進行施壓、恐嚇的政治操作。這種單方面的經濟脅迫行為，相信與會的澳洲和立陶宛朋友們，應該更能感同身受。

賴總統表示，中國發動混合戰，透過網路攻擊、認知作戰、假訊息、政治干預等手段，對各國進行滲透，並且試圖影響台灣和其他國家的選舉。中國也企圖利用網路與科技，擴張數位威權主義，影響全球民主發展。

賴總統強調，台灣位在第一島鏈，直接面對來自中國的威脅，台灣將無畏無懼，肩負起責任，積極推動「和平四大支柱行動方案」，維持台海的和平穩定。

第1，強化國防力量。總統說，持續推動國防改革，提高國防預算，透過國防自主與軍購併行的方式充足武器裝備，並且建立引進新興技術的機制，以及建構全民防衛韌性，增強國防實力，展現自我防衛的決心。

第2，建構經濟安全。總統表示，中國在國際社會打壓台灣的生存空間，阻撓台灣和其他國家簽署貿易協定、加入區域經濟，但台灣依然堅定地走向世界。

總統說，這些年來，台灣的經濟發展，持續布局全球、分散風險，大幅降低對中國的依賴。台灣對外投資，中國的占比，2010年是83.8%，2023年降至11.4%，創下歷史新低；台灣對外出口，中國的占比，2010年上半年是43.1%，2023年上半年降至31.2%，更是近22年以來同期新低。

他表示，希望透過新的貿易協定促成貿易多元化，有更強的經濟韌性，面對經濟脅迫。《台美21世紀貿易倡議》首批協定已經完成簽署，也進入第2階段談判；台灣和加拿大也完成簽署投資協議，這是布局北美市場重要的一環。

總統說，台灣和英國已經簽署雙邊提升貿易夥伴關係協議，這是台灣第1次跟歐洲國家建立進一步經貿關係的框架基礎。

談到新南向政策，總統表示，2024年上半年，台灣對新南向18國的出口達502億美元，創下歷年同期新高。未來台灣也會繼續爭取加入跨太平洋夥伴全面進步協定（CPTPP），希望跟區域國家創造更豐碩的經貿成果，共同提升經濟韌性。

第3，和民主國家強化夥伴關係。總統說，台灣將在各領域推動價值外交，加深跟民主夥伴的合作。這次論壇將討論台灣半導體在穩定全球供應鏈所扮演的角色。持續跟民主夥伴，一起打造「民主晶片」永續供應鏈，促進全球繁榮發展，也會在國防安全跟各國加強交流合作，跟民主國家肩並肩，發揮嚇阻力量，避免戰爭發生，靠實力達到和平的目標。

第4，穩定而有原則的兩岸關係領導能力。總統強調，身為國際社會負責任的一員，台灣會不卑不亢，維持台海現狀。只要在對等尊嚴的前提下，願意和中國進行交流合作，達到台海的和平穩定。

他表示，台灣有決心成為促進世界民主、和平、繁榮發展的關鍵力量。衷心希望民主夥伴團結一致，共同撐起民主保護傘，群策群力，一起面對威權主義的挑戰，守護共享的價值。

林佳龍：安全為全球化前提 台灣有決心守護區域和平

2024年凱達格蘭論壇除邀請日本前首相、眾議員野田佳彥（Yoshihiko Noda）、斯洛伐克前總理赫格（Eduard Heger）以及美國前駐聯合國大使海利（Nikki Haley）發表專題演講，來自11國的15名政要以及各國駐台使節、專家就台海安全、經濟戰略以及資安進行研討。

外交部長林佳龍在22日閉幕後於臉書向訪賓致謝，並指出，全球化將以「安全」為前提，而台灣是世界的台灣，在經貿與半導體的優勢外，台灣的安全與世界和平穩定密切相關，台灣有責任與決心堅守對民主的承諾，與民主夥伴團結一致，共同遏止威權主義的侵略行為與挑戰，攜手確保安全的未來。

林佳龍強調，台灣作為民主同盟夥伴的一分子，將持續推進與民主國家的關係；他上任後以民主（Democracy）、和平（Peace）、繁榮（Prosperity）的「DPP三大支柱」為基礎，提出「價值外交」、「同盟外交」及「經貿外交」的總合外交策略，期望運用台灣的經濟和科技優勢，促進友邦與理念相近國家的繁榮。

林佳龍說，凱達格蘭論壇上，多位學者強調「經濟戰略」的重要性，指出「晶片外交」是台灣深化與友邦關係的關鍵途徑，台灣引以

為傲的AI技術、半導體和晶片產業,將成為台灣與國際社會交流和深化關係的機會。

林佳龍認為,「經濟合作」是台灣應對共同安全挑戰的重要支撐,台灣將持續貢獻自身經驗、輸出知識、服務與智慧解決方案,達成「固邦」並且「榮邦」的目標。

斯洛伐克前總理:
台灣是經濟韌性模範

2024年凱達格蘭論壇8月21日午宴專題演講由外交部政務次長吳志中主持,這也是吳志中首次以外交部政次身分在台灣出席公開行程,他稱斯洛伐克前總理赫格為「台灣的朋友」。赫格則表示,台灣是經濟韌性的模範,「請繼續勇敢下去」,維持共享價值。

赫格表示,在他擔任首相期間,與台灣簽署近30項合作備忘錄,樂見台灣正擴大在中東歐的合作,尤其是半導體以及汽車產業;這展現台灣正與他國建立共同利益以及經濟韌性;他也提及,台灣透過斯洛伐克政府援助烏克蘭,讓斯洛伐克有足夠資金,給烏克蘭難民另一個家。

赫格於演講中表示,斯洛伐克曾高度依賴俄羅斯的石油與天然氣,可說是犧牲民主價值換取便宜石油、天然氣;2021年入冬後收到美方情資,俄軍正集結入侵烏克蘭,「一切已為時已晚」,天然氣、石油以及電在俄羅斯控制下翻倍漲價,而價差成了俄羅斯軍武財源。

「斯洛伐克付出代價是金錢與通膨,烏克蘭則是人命」,他強調,俄羅斯想要複製1968年對捷克斯洛伐克的閃電戰,但烏克蘭人說,「不,我們要捍衛自由民主的國家」,烏克蘭總統澤倫斯基(Volodymyr Zelensky)首次與歐洲領袖視訊時也是這麼說。

他指出,烏克蘭撐過了俄羅斯一晚的空襲,這鼓舞了歐盟並開啟對烏克蘭的援助;原先預測烏克蘭撐不了30天,如今已超過了900天,俄羅斯沒想到烏克蘭人民、政府以及歐洲國家的反制與團結;烏克蘭加入北約組織的提案也是一個例證,情勢艱困之時常是轉機發生的時刻。

赫格示警,各國須謹記威脅與挑戰再臨,要把握時間做好準備,俄烏戰爭開打時,歐洲並沒有做好準備,期望各國能吸取俄烏戰爭珍貴的經驗;儘管各國正面臨階段性的疲倦與風險,「歐洲不能慢下腳步」,持續援助烏克蘭。

他認為,常言道「想要和平,必須先有威儀」,在歐洲發生的事情也會發生在其他區域,期望各國能從歐洲低估現況、對俄羅斯長期依賴的代價得到教訓,同時建立更強健的連結。

赫格最後也說,台灣在建立經濟韌性上可說是模範,歐洲各國可與台灣學習;他鼓勵台灣,「請繼續勇敢下去並維持共享價值」,期望台灣以及其他區域都能維持和平,有天歐洲也將迎來和平。

前日相野田佳彥:
多國重申台海和平成國際共識

日本前首相、立憲民主黨最高顧問野田佳彥在2024年8月21日凱達格蘭論壇演講指出,日本將利用各種機會,向包括中國在內的其他國家,繼續不斷指出台海和平的重要性;世界各國已開始意識到台海和平穩定的重要性,已成世界的共識。

2021年美日元首峰會聯合聲明、G7聯合公報皆強調台海和平穩定的重要性,並敦促兩岸問題要以和平的方式解決。野田佳彥以「最有危機感的主題」形容此議題。

野田佳彥引用在2012年聯合國大會的演講,第1項人類睿智是考慮「未來」的能力,第2項睿智是具有俯瞰思考我們所居住及賴以維生地球的能力,第3項睿智則是糾紛發生時,能以基於法規原則、理性處理解決問題的能力。

野田佳彥表示,鑑於烏克蘭、中東、朝鮮半島、南海、東海等情勢,現在正是捫心自問第3項睿智真實價值的時刻;他對台海局勢深表憂慮,堅決反對任何單方面想透過武力或脅迫方式改變現狀的企圖。

野田佳彥指出,日本從2011年的311大地震、2024年1月能登半島地震以及近期宮崎外

▲ 前日本首相野田佳彥（圖）在台北出席第8屆「凱達格蘭論壇：2024印太安全對話」，並發表專題演講。

海地震，都收到來自台灣政府與民間的支持與援助，4月花蓮地震發生時，日本各地充滿「想對台灣報恩」的聲浪；在面對天災等艱困的情況下，日本人與台灣人之間的情誼越發堅固牢靠。

台灣連續8年被世界衛生大會（WHA）拒之門外，野田佳彥直言，「這是令人相當擔憂的事情」；日本一貫支持台灣以觀察員身分，參與WHA；讓政治及外交敏感問題，介入全球衛生健康和安全管理是錯誤的作法。

他強調，台灣從SARS到豬流感等傳染病，尤其是新冠疫情的處置措施，世界應多學習台灣的見識和成就；台灣2,300萬人若持續被屏除在外，根本無法保障全世界人民的健康，身為國會議員，將繼續堅定支持台灣以觀察員的身分參與世界衛生組織（WHO）。

對於台灣申請加入跨太平洋夥伴全面進步協定（CPTPP），野田佳彥說，自2012年9月俄羅斯海參崴APEC峰會首次實現日台領袖代表會談，他持續致力拓展台灣國際活動空間；包括在半導體產業在內，他樂見日台經貿關係能越加緊密發展，同時歡迎台灣提出申請加入CPTPP。

台灣是重要夥伴　挺台無黨派差異

野田佳彥接受中央社專訪時進一步指出，2021年美國總統拜登（Joe Biden）與時任日本首相菅義偉會面後發表日美聯合聲明，納入台海和平與穩定的重要性以及促進兩岸問題的和平解決。

他認為，日中建交以來首次將此表述放進聲明中，「這是劃時代性的舉措」；且同年G7聯合聲明也提及相同內容，日本不斷向國際社會傳遞台海和平與穩定的重要性，日本身為台灣的鄰居，用心傳遞該訊息是最為重要。

他強調，台海乃至於東亞局勢，日本都應積極讓美國、甚至國際社會了解現況，才能進而形成嚇阻力。

石破茂率團來訪　與賴總統相談甚歡

總統賴清德民國113年8月13日接見日本自民黨前幹事長石破茂率領的「思考日本安全保障議員之會」跨黨派議員訪問團，會後總統在X平台上發文，石破茂隨即轉推，感謝賴總統對九州地震的關心，也提到雙方見面就印太地區和平與穩定在內的諸多議題，進行長時間且富有意義的討論。

被視為日本下任首相熱門人選的前防衛大臣石破茂致詞表示，這次訪團由日本跨黨派組成，主要是25年前成立的「思考日本安全保障議員之會」的成員。訪團成員長年關注安全保障及外交等事務，當年成立時，剛好是冷戰結束，大家都樂觀期待世界即將邁向和平，但從這幾年發展來看，完全不是那麼一回事。

石破茂指出，最近俄羅斯侵略烏克蘭的戰爭陷入泥淖，不知何時會結束。在日本有一種說法「今天的烏克蘭是明天的東北亞可能面臨問題」，所以當務之急就是要讓「今天的烏克蘭不會變成明天的東北亞現況」，要努力防範。

熟諳台日關係的外交人士表示，自民黨主席選舉9月登場，石破茂此次來訪以外交作為起手式，選擇來到台灣，代表注重第一島鏈的防衛概念，他認為，石破茂主張日本位處第一島鏈重要位置，應積極做到台日安保、台日聯防，是真的覺得要對區域和平防衛做準備的人，若石破茂接棒首相，台日可望在國家安全有更進一步討論，相信他會積極推動。

日本首相岸田文雄8月14日拋出震撼彈，宣

布不競選連任主席,曾任自民黨「黨三役」幹事長、防衛大臣的石破茂,成為繼任主席與首相最熱門人選,人在台北率團訪問的石破茂,13日受訪公開表態有意角逐黨魁。

自民黨總裁選舉結果9月27日出爐,石破茂在第二輪投票擊敗對手高市早苗,成為自民黨第28任總裁。日本10月1日召開臨時國會,選出自由民主黨新任總裁石破茂眾議員為第102任首相。總統府發言人郭雅慧表示,賴清德總統代表我政府與國人,對石破茂首相表達誠摯祝賀,祝福石破首相所領導的日本新政府,推動各項國政順利,國家發展昌盛。

大橋光夫：日本歡迎台灣加入CPTPP 立場不會改變

日本台灣交流協會會長大橋光夫民國113年8月26日率團訪台,出席「第六屆台日海洋事務合作對話會議」,並於27日拜會外交部長林佳龍,雙方就國際情勢、能源安全及區域經濟整合等議題交換意見。

林佳龍表示,大橋光夫上任後,台日情誼的進展為國際有目共睹,感謝大橋光夫及日本政府多次公開向國際表達支持台灣加入跨太平洋夥伴全面進步協定(CPTPP)等區域性經貿合作機制。他指出,目前是台灣加入CPTPP的關鍵時刻,台灣不僅會繼續與其他會員國諮商,也期望日本能夠繼續支持台灣,讓台灣在加入CPTPP的路上再向前邁進。

對此,大橋光夫也表示,日本歡迎台灣加入CPTPP立場明確,此一立場今後也不會改變。

林佳龍說,總統賴清德提出的「價值外交」以及打造「經濟日不落國」的理念為外交核心政策之一,台灣關注到美國發起的「全球基礎建設與投資的夥伴關係(PGI)」,期待能與日本在新能源、軌道產業、廢棄物回收與智慧醫療等領域進一步合作,共同推動第三地投資。

針對安全議題,林佳龍提及,台灣與美國共同發起的「全球合作暨訓練架構(GCTF)」,日本、澳洲、加拿大皆為訓練架構中的重要夥伴,期望在此機制下,持續與日本政府合作,強化人道救援及災害防救、全社會韌性、資訊安全等領域的交流。

索巨額金援不成　諾魯突襲式斷交

台灣與諾魯共和國於2024年1月15日再度斷交,外交部表示,諾魯就澳洲關閉諾魯難民處理中心的巨額財政缺口、主辦運動會的工程經費等,向台灣索求巨額經濟援助,並比價台灣、中國援助方案;諾魯昧於中國利誘,罔顧台灣長年協助和情誼,與中國進行建交談判,政府至感痛心與遺憾。

這是蔡英文擔任總統以來第10個斷交國,我邦交國總數也降至12國,包括中美洲2國(貝里斯、瓜地馬拉)、加勒比海4國(海地、聖克里斯多福及尼維斯、聖露西亞、聖文森及格瑞那丁)和太平洋3國(馬紹爾群島、帛琉、吐瓦魯),以及南美洲1國(巴拉圭)、非洲1國(史瓦帝尼)、歐洲1國(梵蒂岡)。

2024年總統大選落幕,外交部1月14日才發新聞稿指出,太平洋友邦諾魯總統阿丁安(David Adeang)透過諾魯外交部次長、總統府秘書長轉達祝賀,但1月15日阿丁安宣布與台灣斷交。

外交部政務次長田中光在記者會中兩度表示,「這可能是煙霧彈」。他說,台灣與諾魯外交的不穩定情況非毫不知情,但諾魯宣布斷交的時間點,是台灣時間15日上午11時45分,對方當時已不願接見台灣大使、心意已決,因此斷交可說有點「突擊式」。

田中光表示,外交部鄭重聲明,台灣獲悉諾魯將以聯合國2758號決議及一中原則等理由與中華民國斷交,為維護國家尊嚴與主權,台灣決定即日起終止與諾魯共和國外交關係,全面停止雙邊合作計畫、撤離大使館及技術團等相關人員,並要求諾魯關閉其駐台大使館。

他指出,外交部2023年即已掌握情資,中國積極接觸諾魯政要,利用經濟援助誘使該國外交轉向,期間前總統昆洛斯(Russ Joseph Kun)訪台出席國慶活動及第7屆玉山論壇前態度反覆,甚至一度取消訪台;昆洛斯內閣團隊更曾研擬外交轉向,而諾魯國會2023年10月25日通過昆洛斯不信任案,10月30日改選阿丁安繼任總統及完成內閣改組,期間立場一度回穩。

田中光說明，新政府上任後，台灣即積極與諾魯接洽雙邊各項合作計畫，並於2024年1月12日指派專使，為鞏固台諾邦誼努力。但諾魯持續就澳洲關閉諾魯難民處理中心（RPC）的巨額財政缺口及主辦2026年密克羅尼西亞運動會（Micronesian Games）田徑場工程經費及澳洲Bendigo銀行關閉諾魯分行等案向台灣索求巨額經濟援助，並就台灣及中國提供的援助方案進行比價。

據知情人士指出，其中難民中心一年花費約新台幣26億元，占諾魯每年預算總額逾1/2。

田中光提到，台灣基於傳統友誼，雖秉持最大誠意，在能力範圍內提出協助方案，但諾魯仍昧於中國利誘，罔顧台灣的長年協助和情誼，與中國進行建交談判，政府至感痛心與遺憾。

田中光指出，中國歷來處心積慮謀奪台灣邦交國，與諾魯政府間建交談判早已展開，並且特別選在台灣依據民主程序完成大選後的關鍵時刻啟動，意圖打擊台灣民眾引以為傲的民主自由，因此，台灣政府對極權中國對民主台灣的強權霸凌，及其傲慢輾壓自由民主的作為，予以最嚴厲的譴責。

府：大選後北京打壓是對民主價值報復

總統府發布新聞稿表示，諾魯共和國政府在中國誘拉下擬與中華民國斷交，為維護國家利益與尊嚴，政府決定自即日起終止與諾魯共和國外交關係。

總統府發言人林聿禪說，基於珍視傳統友誼與共同民主價值，多年來台灣致力於諾魯政府助益諾魯人民利益及整體國家發展的各項工作。這次諾方在北京誘拉下，做出無助於雙方人民利益及區域穩定的錯誤決定，府方表達強烈遺憾。

她說，北京當局在全球祝福台灣順利完成大選的此刻，進行這樣的外交打壓，是對民主價值的報復，更是對國際穩定秩序的公然挑戰。

林聿禪指出，長久以來，北京當局對台灣外交空間的打壓不斷，包括一再以虛假承諾，以利益誘迫友邦、壓縮台灣外交空間，然而這一切都無法阻撓台灣人民走向世界的意志，也無法改變中華民國與中華人民共和國互不隸屬的事實。未來，中華民國台灣將持續與理念相近的國家合作，為區域、全球和平穩定及繁榮發展貢獻心力。

與諾魯貿易值僅23.7萬美元 斷交影響微乎其微

經濟部表示，台諾雙邊貿易總值僅約23.7萬美元，經貿往來相當有限，並沒有主要台商在諾魯投資或對台灣的投資案，也沒有雙邊經貿協定，斷交對經貿影響微乎其微。

中華民國12邦交國

拉丁美洲及加勒比海地區
1. 瓜地馬拉
2. 巴拉圭
3. 貝里斯
4. 海地
5. 聖克里斯多福及尼維斯
6. 聖露西亞
7. 聖文森

非洲地區
8. 史瓦帝尼

歐洲地區
9. 教廷

亞太地區
10. 帛琉共和國
11. 馬紹爾群島
12. 吐瓦魯國

資料來源：外交部

而依教育部統計處公告資料，111學年諾魯籍在台就讀學生人數共52人，在銘傳、淡江、東海等大學就讀，包括正式修讀學位外國生21人、華語生31人，其中有30名是獲外交部提供的台灣獎學金。台灣則無赴該國留學的學生。

中華民國與諾魯大事記

中華民國與諾魯在1980年建交，但諾魯在2002年與中國建交，這是兩國首次斷交；直到2005年復交後，2024年1月15日二度斷交。前總統陳水扁、馬英九、總統蔡英文，都曾訪問諾魯。

中華民國與諾魯大事記

1975年5月	諾魯在台北設立領事館。
1980年5月	中華民國與諾魯正式建立總領事關係，並設立總領事館。
1990年8月	中華民國政府將駐諾魯總領事館升格為大使館，雙方升格大使級外交關係。
1995年2月	諾魯政府因經費短絀，暫時關閉台北總領事。
2002年7月	諾魯政府決定與中華人民共和國建交，並與中華民國斷交。
2005年5月14日	中華民國與諾魯簽署復交公報，兩國恢復大使級外交關係。
2006年2月	兩國簽署「農業技術合作協定」。
2006年9月	時任總統陳水扁「群峰專案」訪問諾魯。
2010年3月	時任總統馬英九「太誼之旅」訪問諾魯。
2018年9月	兩國簽署「警政合作協定」。
2019年3月	總統蔡英文「海洋民主之旅」訪問諾魯。
2019年6月	兩國簽署「反毒合作協定」。
2019年8月	2019年8月，兩國簽署「刑事司法互助條約」。
2019年12月	2019年12月，時任諾魯總統安格明（Lionel Aingimea）率團來台進行國是訪問。
2022年11月	2022年11月，時任諾魯總統昆洛斯（Russ Joseph Kun）率團來台進行國是訪問，簽署「重申外交關係聯合公報」。
2023年9月	2023年9月，時任諾魯總統昆洛斯在第78屆聯合國大會總辯論發言，稱讚台灣是疫病控制典範，敦促聯合國體系接納台灣。
2023年10月	2023年10月，時任諾魯總統昆洛斯率團訪台，出席國慶慶典活動。
2024年1月15日	2024年1月15日，中華民國外交部獲悉獲悉諾魯將以聯合國2758號決議以及一中原則等為理由，與中華民國斷交，為維護國家尊嚴與主權，終止與諾魯共和國外交關係，全面停止雙邊合作計畫、撤離大使館及技術人員。

2016年以來斷交國家

斷交國家	時間	時機及原因
聖多美普林西比	2016.12.21	蔡英文、川普通電話
巴拿馬	2017.06.13	蔡英文就職週年
多明尼加	2018.05.01	蔡英文就職2週年
布吉納法索	2018.05.24	蔡英文就職2週年
薩爾瓦多	2018.08.21	蔡英文出訪中南美洲
索羅門群島	2019.09.16	企圖影響台灣總統大選
吉里巴斯	2019.09.20	企圖影響台灣總統大選
尼加拉瓜	2021.12.09	立陶宛台灣代表處掛牌
宏都拉斯	2023.03.26	蔡英文出訪中美洲，過境美國
諾魯	2024.01.15	賴清德當選總統

林佳龍任特使　出訪拉美五邦交國

友邦聖文森及格瑞那丁於2024年10月27日慶祝獨立45周年，總統賴清德特別指派外交部長林佳龍擔任特使前往祝賀，並順道訪問瓜地馬拉、聖露西亞、貝里斯與聖克里斯多福及尼維斯4國。

這是林佳龍首次以外交部長身分出訪。他首站來到瓜地馬拉，並在瓜國行程最後一天晉見瓜國總統阿雷巴洛（Bernardo Arévalo）時代表賴總統，邀請阿雷巴洛伉儷擇期率團訪台。

25日林佳龍參訪由台灣協助建造的聖胡安希奧斯（San Juan de Dios）醫院新生兒大樓，並與受益家庭互動，實際瞭解台瓜合作成果。

出席聖國獨立紀念日活動
感謝挺台參與國際

林佳龍26日來到聖文森及格瑞那丁，出席聖國獨立紀念日慶典活動，應聖國總理龔薩福（Ralph Gonsalves）邀請出席歡迎酒會，聖國多位閣員表達對台灣多年協助聖國的謝忱以及對台聖邦誼的支持。

林佳龍表示，台聖建交43年以來，兩國各項雙邊合作計畫成果豐碩，特別在農業、資通訊及公衛等領域外，當遭遇重大天災時，兩國均於第一時間向對方伸出援手，顯示台聖患難與共、彼此扶持的情誼。

林佳龍與聖國總督朵根（Dame Susan Dougan）舉行雙邊會談，並共同主持「阿諾斯谷急重症醫院」動土典禮，及出席台灣援建的「橘山農場」農民訓練教室與冷藏室啟用典禮。

林佳龍於28日晉見聖露西亞代理總督查爾斯（Cyril Errol Melchiades Charles）、會晤總理皮耶。他代表總統賴清德感謝聖露西亞政府與台灣的堅定友誼，以及在國際場合支持台灣爭取應有地位。

第4站林佳龍抵達貝里斯，兩國外長就台貝建交35週年召開聯合記者會。林佳龍特別提及，貝里斯白蝦輸入台灣一案已在近期邁出重要一步，目前進入實地查核階段，盼在相關程序完成後，能早日讓貝里斯水產品進入台灣。

林佳龍期待兩國在智慧農業、人才培育、公衛、資通訊技術、潔淨能源及基礎建設等領域擴大合作。30日他與貝里斯總理布里仙紐（John Briceño）進行早餐會談後，連袂搭機赴外島視察台灣援建的San Pedro醫院計畫工程進度。

11月1日林佳龍出席國際合作發展基金會駐聖克里斯多福及尼維斯技術團蛋雞種雞孵化場落成啟用典禮，並與克國農業部長杜金斯（Samal Duggins）共同為孵化場剪綵，見證兩國合作的新里程碑。

COP28友邦接連力挺
籲肯定台灣貢獻

外第28屆「聯合國氣候變化綱要公約締約方大會」（COP28）2023年11月30日起在杜拜舉行。外交部表示，共有12個友邦及42國國會為台致函，11個友邦及友好國家為台執言，其中包括德國外交部長貝爾伯克（Annalena Baerbock）在12月13日的閉幕致詞時，特別點名提到台灣。

我國由環境部長薛富盛率團，邀集公、私部門代表，以工業技術研究院等非政府組織（NGOs）觀察員名義參與COP28，並秉持「專業、務實、有貢獻」的參與原則，順利達成各項與會任務，成果豐碩。

台灣並宣布投入1,000萬美元，設立太平洋4個友邦（吐瓦魯、諾魯、馬紹爾群島及帛琉）「氣候轉型基金」，不僅呼應已開發國家協助開發中國家推動氣候調適的國際趨勢，也展現台灣貢獻國際社會的決心。

外交部說明，共有12個友邦、歐洲與拉丁美洲及加勒比亞地區「福爾摩沙俱樂部」42國共378位國會議員為台致函聯合國氣候變遷綱要公約（UNFCCC）執行秘書，呼籲國際社會將台灣納入UNFCCC及巴黎協定的談判進程與相關機制，國際友台力量聲勢浩大。

另有11個友邦及友好國家為台執言，包括巴拉圭總統潘尼亞（Santiago Peña Palacios）、帛琉總統惠恕仁（Surangel Whipps, Jr.）、聖露西亞總理皮耶（Philip Joseph Pierre）、聖克里斯多福及尼維斯總理德魯（Terrance Drew）、吐瓦魯總理拿塔諾（Kausea Natano）、史瓦帝

尼總理戴羅素（Russell Mmiso Dlamini）等6國元首或政府首長。

同時有海地、貝里斯、馬紹爾群島、瓜地馬拉及諾魯5國部長分別於「氣候執行峰會」及「高階會議」為台執言，比例及數量堪稱歷年最高。

其中，聖露西亞總理皮耶表示，「現在是世界領袖為未來世代打造更安全環境的時候，在這場戰鬥中，台灣不能被遺漏」；聖克里斯多福及尼維斯總理德魯指出，「我要提出中華民國（台灣）的情況，是氣候危機的一個可靠夥伴」，台灣作為一個島國，應被容許在攸關生存的聯合國政策驅動工具扮演有意義角色。

吐瓦魯總理拿塔諾則在會中強調，「針對我們所面對的一切挑戰，讓所有國家都參與因應誠屬必要，所以我呼籲聯合國會員國，認可中華民國（台灣）對協助因應氣候變遷挑戰、衛生議題等的貢獻」。

史瓦帝尼總理戴羅素呼籲，所有的國家都應該是氣候行動協議及承諾的一部分，如果像台灣這樣不是協議締約方國家都自願為地球和人民做出承諾，那麼其他國家可以並且必須做更多，他呼籲允許台灣未來正式參與「聯合國氣候變遷綱要公約」的討論，為使COP28發揮作用並確保所有的綠色倡議具有永續性並與經濟發展的關鍵支柱相聯，任何人都不能被遺落。

值得注意的是，德國外長貝爾伯克在「閉幕全會」感性發言指出，台灣與各國同樣關注本次會議具體成果，此為理念相近國家首度在UNFCCC COP場域公開呼籲全球環境治理機制需要國際社會包括台灣共同努力，意義非凡。

外交部強調，對於各國友人以大力聲援台灣參與全球環保治理機制表達由衷感謝，台灣願意善盡國際社會成員的責任，與友邦及理念相近的國際夥伴密切合作，共同為全球氣候變遷做出正面貢獻。

WHA歐盟及26國發言挺台
荷蘭紐西蘭以色列聲援

另外，第77屆世界衛生大會（WHA）自2024年5月27日起連續舉行一週，共有26個會員國及觀察員身分的歐盟代表公開發言挺台，其中歐洲增為10個、亞太地區5個、中東有以色列，邦交國除了梵蒂岡全部持續力挺。

相較2023年，2024年非邦交國新增荷蘭、紐西蘭、拉脫維亞、以色列及歐盟等5國，共16國（含歐盟）利用27、28日全會總討論的各國發言時段為台發聲，較2023年11國大增，挺台聲量更勝往年。

賴總統：台瓜兩國齊心協力
沒有克服不了的困難

總統賴清德2024年7月16日接見瓜地馬拉共和國國會議長羅慕斯（Nery Abilio Ramos y Ramos）所率訪團，對瓜國近來發生暴雨災情表達關切與慰問，也感謝瓜國國會多年來持續以通過決議文等方式支持台灣國際參與。賴總統說，他堅信台灣與瓜地馬拉會在成長的道路上持續攜手前進，只要兩國齊心協力就沒有克服不了的困難。

賴總統致詞表示，瓜地馬拉是台灣的堅實友邦，不僅共享自由、民主的普世價值，也都是熱愛和平的國家，瓜地馬拉國會多年來持續以通過決議文等方式支持台灣國際參與，羅慕斯也在2024年1月上任後，首次出訪就到台灣，他要向羅慕斯及國會友人表達最誠摯的感謝。

賴總統提到，羅慕斯過去擔任瓜地馬拉刑事警察局副局長以及警政署長等政府要職，為人民打拚的經驗豐富，現在承擔起議長的重責大任，相信在羅慕斯與訪賓的合作之下，瓜地馬拉國會一定能夠持續引領國家繁榮發展，創造人民更多的福祉。

總統說，2024年以來台灣已經陸續組團前往瓜地馬拉採購與考察，成員包括紡織、咖啡、海鮮與循環經濟業者共同發掘合作機會。台灣高鐵也開始販售瓜地馬拉高地小農咖啡，讓更多台灣人民可以認識瓜地馬拉的高品質咖啡，他堅信台灣與瓜地馬拉會在成長的道路上持續攜手前進，只要兩國齊心協力就沒有克服不了的困難。

羅慕斯致詞表示，瓜國非常珍惜與台灣政府的合作，更視台灣為最忠實的盟友，台灣

在瓜國面臨困難的時候伸出援手,而且瓜國對於台灣在醫療衛生的進步與發展極為推崇。5月瓜國國會批准一項決議,肯定台灣致力於實現衛生領域發展而且透過先進的高科技實現此一目標。羅慕斯並代表瓜國馬拉國會將決議文的中文、西班牙文副本交到賴總統手中,以紀念兩國的友誼堅定友好。

林佳龍投書全球各大媒體籲聯合國納入台灣

第79屆聯合國大會於2024年9月10日於紐約開議,我國持續爭取參與,包括韓國、美國、加拿大、瑞典、瓜地馬拉、秘魯、以色列、波蘭、日本等主要媒體自9月2日起陸續刊出外交部長林佳龍的投書,他呼籲聯合國重新檢討聯大第2758號決議,並且接納台灣有意義參與聯合國體系,以緩和潛在區域危機、維護台海和平穩定及增進全球繁榮。

林佳龍以〈將台灣納入聯合國體系,方可確保印太地區和平〉為標題的投書中指出,全球領袖2024年持續透過七大工業國集團(G7)、歐盟(EU)、北大西洋公約組織(NATO)及東南亞國協(ASEAN)等多個

▲外交部長林佳龍投書美國南加州「燈塔媒體新聞」(Beacon Media News)呼籲「為了確保印太地區的和平,應將台灣納入聯合國體系」。

雙邊及多邊場域強調維護台海和平穩定的重要性,但聯合國仍未採取具體措施因應中國在相關問題上造成的挑戰。

林佳龍指出,全球90%的高階半導體產品及人工智慧革命所需的多數先進晶片都在台灣製造,顯示台灣是全球供應鏈中不可或缺的夥伴;全球約半數的貨輪航經台灣海峽,台海和平穩定為國際帶來繁榮成果。

但中國持續加劇對台灣的挑釁作為,企圖片面改變台海現狀,並在印太地區擴張其威權主義,已對全球和平與安全造成嚴重威脅。

林佳龍表示,聯合國當前最迫切的工作是必須停止屈從於中華人民共和國的壓力,以及勿再扭曲聯合國大會於1971年通過的第2758號決議。

中國藉由惡意錯誤詮釋該決議,將之與「一中原則」不當連結,蠻橫打壓台灣有意義參與聯合國及其專門機構的合法權利,但中國主張的「一中原則」實際上與全球多數國家所採行的「一中政策」大相逕庭,也是北京為未來武力犯台建構法理基礎圖謀的重要一環。

林佳龍強調,北京的謬論不僅會改變台海現狀,更將危害印太地區的和平穩定,以及威脅以規則為基礎的國際秩序。北京當局近期公布的「海警法」即為灰色地帶戰術的一部分,意在強化中方不實的領域主張及擴張它的影響力,意圖控制國際水域,挑戰全球規範及主權主張。

林佳龍呼籲聯合國在即將召開的第79屆聯合國大會及「未來峰會」中討論這些攸關現今重要安全關切的問題,接納台灣有意義參與聯合國體系,這也是聯合國緩和潛在區域危機、維護台海和平穩定及增進全球繁榮的最佳選項。

聯大總辯論　友邦聲援台灣

聯合國大會於9月24日至9月30日舉行總辯論,友邦代表先後在會議中提及1971年通過的聯合國第2758號決議並未排除台灣獲納入及參與聯合國體系。多位邦交國元首也陸續發表長篇演說,說明台灣參與聯合國體系對

巴拉圭總統潘尼亞（Santiago Peña Palacios）26日議程中用長篇幅說明巴台關係。他表示，有關對多邊主義包容的承諾及不遺漏任何人，巴拉圭重申對這些國家成為聯合國體系不可或缺一員的堅定支持，雖然他們做出優秀貢獻，但被排除在國際場域之外。

潘尼亞強調，巴拉圭不僅承認並認同與中華民國台灣的共同價值，也是親近的國家，兩國有近70年健全有意義的關係，雙方友誼基於共享民主法治與自由貿易的價值，期間2個在霸權環伺地理上的小國經歷許多困難，但奮鬥精神至關重要，絕不渺小。

他表示，在本屆大會重新表達對台灣全面參與聯合國的堅定支持，「我們共有的價值與對國際社會的貢獻，應該得到其他國家一樣的認可。如果有個國家該是聯合國的一員，但現在仍不是，那就是台灣」。

馬紹爾群島總統海妮（Hilda C. Heine）25日演說指出，若認真看待不遺漏任何人，聯合國就不會無視台灣達成永續發展目標與夥伴關係的努力，只有獨立的政府與民主才可代表2,300萬人，聯大2758號決議沒有提到台灣，就不該引用做為前提來排除台灣有意義參與聯合國體系。

她表示，決議被誤用並威脅台海與區域和平安全，這不是當初的用意，無法做為合理基礎來禁止台灣公民或記者進入聯合國範圍，聯合國秘書處應維持中立，不應全面限制媒體自由。

帛琉副總統珊格鮑（Uduch Sengebau Sr.）26日表示，帛琉與台灣有堅實久遠的邦誼，支持台灣有意義參與國際組織，排除台灣參與違背聯合國原則所代表的包容合作，聯大2758號決議沒有排除台灣參與永續發展目標的各種努力，呼籲大會支持台灣正義的納入。

友邦聖文森及格瑞那丁等國代表官員27日也陸續在總辯論中發表談話，表示對台灣有意義參與聯合國體系的支持。

聯合國未來峰會　友邦接力發言挺台參與

台灣友邦9月24日也在聯合國未來峰會（Summit of the Future）分別提出，台灣有意義參與聯合國組織與第2758號決議錯誤詮釋等談話，發言獲得在場人士掌聲。

「未來峰會」由聯合國秘書長古特瑞斯（Antonio Guterres）主持，各國總統與總理等領袖就氣候變遷、戰爭暴力、科技創新與政府治理等重要議題提出見解，美國國務卿布林肯（Antony Blinken）與中國外長王毅也在會中發言。台灣友邦則陸續發言聲援台灣的聯合國訴求。

馬紹爾群島總統海妮表示，台灣仍然是馬紹爾群島的重要夥伴，台灣重要的夥伴關係必須獲得適當認可。如果大家堅信「沒有人被遺忘」，就必須提高台灣有意義參與聯合國體系。

帛琉總統惠恕仁（Surangel Whipps Jr.）表示，認知到台灣對全球持續發展與技術合作的貢獻，諷刺的是2024年聯合國大會「沒有人被遺忘」主題是鮮明的證據，聯合國大會第2758號決議錯誤詮釋，導致台灣持續被排除在聯合國及其機構之外。

史瓦帝尼總理戴羅素（Russell Mmiso Dlamini）指出，台灣對全球公共衛生、經濟發展與科技創新做出顯著貢獻，在全球需要時，排除台灣限制了世界攜手合作，呼籲讓台灣有意義參與國際組織。

巴拉圭總統潘尼亞提到，相信未來必須和平一體，遠離暴力與征服。總結一句話：「強權絕非正義。基於這理由，我們捍衛烏克蘭、以色列與台灣這些國家，他們有權獲得尊重與尊嚴對待。」

吐瓦魯總理會賴總統談2758號決議 批聯合國制度偽善

總統賴清德2024年10月8日會晤吐瓦魯國總理戴斐立（Feleti Teo）訪問團，感謝戴斐立在聯合國大會呼籲國際社會正視第2758號決議文並未排除台灣參與；戴斐立表示，聯合國制度非常偽善，雖然口口聲聲說要有包容性、不應該遺留任何人，但聯合國仍持續將台灣排拒在外。

賴總統表示，戴斐立以主賓的身分出席國

慶大典，在台灣每個重要時刻都有吐瓦魯遠道而來的祝福；台灣和吐瓦魯是兄弟之邦，未來將繼續以堅韌、勇氣，捍衛民主自由、確保太平洋區域的和平穩定與繁榮。

戴斐立指出，台灣與吐瓦魯1979年建交，是在吐瓦魯獨立之後的隔年建交，所以2024年已建交滿45週年；他說，吐瓦魯自獨立以來，唯一一個稱做China的國家就是台灣，他可以非常自豪地說，在太平洋島國當中，跟台灣建交歷史最悠久的國家就是吐瓦魯。

戴斐立表示，邦誼之所以可以這麼悠久堅實，不只是因為台灣與吐瓦魯人民都非常善良，也是因為共享許多價值，包括對法治、民主制度的尊重、權力分立概念，還有對國家主權尊重。

戴斐立說，他日前在聯合國大會發言時，大力呼籲應該讓台灣參與聯合國相關機制跟活動，他也提出聯合國的制度是非常偽善的，雖然口口聲聲說要有包容性、不應該遺留任何人，但是聯合國還是持續將台灣以及台灣2,300萬人民排拒在外、不讓台灣參與聯合國相關機制以及決策過程。

戴斐立表示，就像賴總統剛才提到，他在聯合國大會也有提出2758號決議的質疑，其實他自己有研讀過這個決議，「它其實並沒有提到台灣，也並沒有因此排除台灣在外」。

戴斐立向賴總統說，「我向你保證，只要我擔任總理的每一天，在我任內，我與吐瓦魯都會持續呼籲」，希望國際社會與聯合國可以更加接納台灣，讓台灣有意義地參與。

吐瓦魯是太平洋地區仍與台灣維持外交關係的3個國家之一，親台派的前總理拿塔諾（Kausea Natano）在2024年1月的選舉敗選後，戴斐立於2月就任總理，他7月16日在日本東京參加第10屆「太平洋島國峰會」（PALM）接受《日本朝日新聞》專訪時表示，任內維持與台灣的外交關係，不會與中國建交。

台灣首度參與美日澳　助吐瓦魯建海底電纜

白宮4月11日指出，美國與日本將與志同道合的夥伴合作，建立可信任及有彈性的網路，並將向太平洋地區海底網路電纜建設提供資金，包括為吐瓦魯及密克羅尼西亞聯邦（Federated States of Micronesia）海底網路電纜系統提供1,600萬美元。這是歷史上海底電纜首度連向吐瓦魯（Tuvalu）。

白宮也表示，台灣將參與美國、日本、澳洲，為吐瓦魯建海底網路電纜計畫提供資金。

太平洋島國論壇
外交部：感謝三友邦紐澳挺台

第53屆太平洋島國論壇（Pacific Islands Forum, PIF）在東加王國舉行，外交部2024年9月1日表示，索羅門群島試圖提案排除台灣未來參與PIF的權益時，太平洋3友邦、澳洲及紐西蘭都肯定台灣的貢獻及參與，並支持維持台灣在PIF的參與地位。

南太平洋是兩岸外交戰的主要場域之一，PIF是雙邊都有派代表參與的區域活動，台灣自1993年起以「台灣/中華民國（Taiwan/Republic of China）」名義，作為「發展夥伴（Development Partner）」持續參與論壇相關機制與活動，這一地位是根據1992年PIF領袖公報所確立，並在1999年及2010年的PIF領袖公報中得到重新確認。

台灣由外交部政務次長田中光在2024年8月24日至9月2日率團出席第53屆太平洋島國論壇。但據澳洲媒體8月26日揭露，中國擬透過區域內最親密夥伴的索羅門群島推動取消台灣在「太平洋島國論壇」的觀察員地位，阻止台灣參加2025年在索羅門首都荷尼阿拉（Honiara）舉行的太平洋島國論壇。

針對台灣參與PIF地位可能面臨挑戰，澳洲外交貿易部一名發言人回應中央社，表示澳洲重視與包括台灣在內的太平洋地區發展夥伴的持續合作。台灣是幾個太平洋國家的重要發展夥伴，尤其是吐瓦魯、馬紹爾群島共和國及帛琉。

外交部表示，在這次PIF領袖會議期間，當索羅門群島試圖提案排除台灣未來參與PIF的權益時，太平洋3友邦、澳洲及紐西蘭都肯定台灣的貢獻及參與，並支持維持台灣在PIF的參與地位。

▲太平洋島國論壇領袖會議在東加王國舉行。圖為各國領袖在開幕式合照。（圖取自facebook.com/ForumSec）

外交部指出，田中光於8月30日率團出席由PIF秘書處主辦的第29屆「台灣/中華民國與PIF國家對話會議」，由馬紹爾群島共和國總統海妮（Hilda Heine）等人主持，帛琉及吐瓦魯代表團全程與會。

田中光致詞表示，政府持續與友邦及PIF秘書處合作推動PIF所提出的「2050藍色太平洋大陸戰略」，多年來在太平洋地區推動農業、人力培育、醫療衛生、資通訊、婦女賦權、潔淨能源、基礎建設等領域計畫；更與太平洋友邦成立氣候轉型基金，這些合作緊扣2024年PIF峰會主題「轉型韌性太平洋：從現在開始建設更好的未來」。

外交部表示，PIF秘書處及3友邦皆感謝台灣在太平洋推動切合國家發展需求的計畫，成效良好。會議最後由田中光與PIF秘書處簽署2025年至2027年合作協定，具體展現台灣促進太平洋區域發展的承諾及支持，將持續透過論壇多邊機制強化與太平洋友好國家的合作關係。

中國施壓　公報移除挺台灣參與文字

第53屆「太平洋島國論壇」（PIF）領袖會議8月30日發布公報，重申台灣以「台灣/中華民國」名義參與地位不變，但在中國施壓下，PIF官網晚間移除原公報完整檔案，31日上午再次上架檔案後，重申台灣參與地位的文字竟被完全移除。外交部8月31日表示，台灣對中國蠻橫的介入，破壞區域和平及穩定的無理行為，予以最嚴厲譴責。

聯合公報內原第66條載有支持台灣參與條文：PIF重申與台灣/中華民國關係。意即重申台灣以「台灣/中華民國」名義參與地位不變。

然而，在與會的中國特使錢波向PIF及部分太平洋島國領袖施壓後，PIF移除原公報完整檔案再上架後，第66項已被更改為「領袖們歡迎確認2025年9月8日至12日在索羅門群島舉行的第54屆太平洋島嶼論壇和相關會議的日期。領袖們進一步注意到巴布亞紐幾內亞（Papua New Guinea）總理邀請參加2025年9月16日的巴布亞紐幾內亞50週年慶祝活動。」

紐西蘭國家廣播電台太平洋分部（RNZ Pacific）錄下錢波要求當時擔任主席的庫克群島總理布朗（Mark Brown）刪除台灣相關內容的片刻。錢波大發雷霆的事隨即不脛而走。太平洋地區的政治評論認為，此事凸顯北京如何作威作福，對這地區施加影響力。

PIF發言人表示，這純粹是行政錯誤，已「重新發布第53屆太平洋島國論壇公報的正確版本」。他在答覆電子郵件中說：「最終版本既

不改變，也不影響會議決定和論壇領袖的任何現行決定。公報是基於共識的文件，反映整個太平洋島國論壇同意的決定與看法。」

外交部指出，台灣在掌握有中方勢力介入後，第一時間洽請同為PIF成員國的太平洋3友邦，積極向PIF秘書處及其他成員國溝通，爭取保留友台條文，但各會員國為求和諧，最後決議以「太平洋之道」（Pacific Way）的多元及包容精神折衝各方意見，在PIF官網發布達致共識的聯合公報，在該公報中並無損及台灣在PIF的地位及排除台灣未來參與PIF的各項權益。

對此，返台的田中光9月3日回應，PIF聯合公報還在草擬階段就被放上網，提及所有領袖再次重申台灣在1992年的決定，「中國就沒辦法接受」，用盡蠻橫方法要把草案移除。

田中光坦言，2025年索羅門是PIF主辦國，2026年則是諾魯，台灣會受到很多困難和阻礙；索羅門與中國建交，第三勢力進入太平洋地區後，「有點分裂了」，造成區域安全問題，包括美國、英國、法國、澳洲、紐西蘭、日本、韓國等國都表達擔憂，認為中國勢力有負面影響力。

美：中國脅迫行為限縮台國際空間

美國國務院發言人9月4日回覆中央社郵件詢問時表示，美方正在追蹤太平洋島國論壇公報變更，以移除涉台文字的報導。

國務院重申，台灣是有能力、積極參與、民主且負責任的國際社會成員。「我們都能從台灣的專業知識受益，以因應全球當前一些最棘手的挑戰，我們將繼續支持台灣有意義地參與國際組織。」

徐佳青：僑務工作「向下扎根」

僑務委員會委員長徐佳青2024年8月23日在加東地區進行任內首度訪問，她接受中央社專訪談到僑務及僑教政策新方向指出，台灣移民從早期1960或70年代迄今已移民5、60年，代表海外移民已從第1代進入到第3、4代，如果沒有好的文化語言傳承，很多移民可能在第3、4代就不見了。因此，「向下扎根」將是僑務工作未來幾年最重要的政策方向。

在僑教方面，徐佳青強調，移民第3、4代在全新國度出生長大，不可能再使用過去傳統「注音符號」教學教材來學習華語；所以今後僑委會華語教材會轉移至「雙語教材」。

徐佳青說，僑委會目前已推出英華、法華、俄華、西班牙語、斯拉夫語、馬來語、越南語等7個版本的雙語教材，讓全球學習華語的國際友人及下一代移民方便使用。這些教材會著重學習華語的「聽和說」，而非「讀和寫」；畢竟，未來包括AI在內有很多工具可以翻譯和協助華語閱讀寫作。

徐佳青這趟北美行先後走訪美國底特律、匹茲堡、華府等地，然後到加拿大蒙特婁訪問，抵達多倫多出席台灣文化節。

徐佳青指出，在和各地僑團僑教人士及青年團體交流活動中，不論是對傳統僑社或台籍社團，她都清楚表達一個重要訊息，那就是要「往下扎根」；Move to Next Generation，將是未來幾年僑務工作最重要的政策方向。

談到多倫多甫於8月9日至11日完成的首屆「海外青年文化大使」（FASCA）新生培訓，徐佳青指出，僑委會2011年起在美加創立FASCA，鎖定14歲至17歲新一代台裔參與，13年來已培養出6、7000位FASCA；這幾年FASCA的成立範圍更持續擴展到亞洲、大洋洲等地；「多倫多是最近一個加入的FASCA分會，但絕對不會是最後一個」。

徐佳青說：「讓下一代用他們新的方式出發思考，在他們的國度學習，發揮新能量。這種僑務工作是走到新的方向，不再是走傳統路線。」

她表示，僑務工作轉移的目標，是要讓台裔第3、4代對台灣有更多認識，並在當地國家變成更有影響力、有更多貢獻的人，其中包括積極參與政治、競選公職等。

徐佳青指出，在國家公民認同上，移民理當在當地國家扮演忠貞角色；然而，大部分台灣移民同時也是中華民國國民，所以這種雙語過程，也是某種尋找認同的過程。

她說：「在全球化社會、移動的時代，如何為自己找到定位非常重要。僑委會要在未來的時代，幫助下一代尋找自己的定位；不論他

們將來是要在現在國度發展，抑或返回台灣發展，我們都非常歡迎。」

徐佳青：加強全球僑胞連結
打造經濟日不落國

徐佳青2023年1月接任僑委會委員長，2024年5月20日新內閣上任，獲得留任。她6月20日起以新內閣成員身分首次走訪北美東西岸大城市25天，7月13日在洛杉磯結束訪美行程，晚間搭機返國。她接受中央社訪問強調，僑委會致力與全球僑胞緊密連結，打造總統賴清德提出的「經濟日不落國」願景。

徐佳青回顧這趟行程，體會到美國、加拿大和台灣都是移民社會，擁有很強的創新能力，美國新創公司的能量是全球第1，台灣的創新能力也獲得全球第4的評比，這樣的成果，都來自於自由民主社會的沃土。

徐佳青觀察到，新一代台裔美國人積極參與僑界活動，扮演橋樑的角色，無論是在商業經濟、文化教育或科技領域，不同專業上與不同族裔美國人合作，讓台美關係深化不只在政府之間，更是一種有機的發展。

徐佳青表示，全世界24小時的時區都有僑胞，有僑胞在的地方，無論發展事業、學術研究都很努力打拚；總統賴清德上任之後，要求僑委會與全球僑胞緊密連結，打造台灣成為「經濟日不落國」。

▲僑委會委員長徐佳青（左）訪問洛杉磯華僑文教中心，參與「海外青年文化大使」（FASCA）與「台灣青年海外搭僑計畫」的交流活動，與僑胞擊掌。

僑務委員會議開幕
賴總統：有台灣才有中華民國

僑委會2024年9月10日至13日舉行年度僑務委員會議，總統賴清德在開幕致詞時表示，他的首要使命是維護國家的生存發展，中國提出一個中國原則的九二共識，等於要求台灣讓渡主權，一旦接受，國家就不保；有主權才有國家，「有台灣才有中華民國」。

僑委會開幕儀式，賴總統、僑委會委員長徐佳青、立委王定宇與羅美玲、監委田秋堇等出席，現場播放加入原民元素的新版國歌。

賴總統致詞時表示，感謝僑民不遠千里返台參與會議，來自世界各地的僑民都事業有成，並協助僑界進行各項建設，也是政府與僑民之間的橋梁，且在台灣遭逢天災地變時出錢出力，「僑民是國力的延伸」，都是台灣之光，讓世界看見台灣。

賴總統指出，台灣須珍惜得來不易的民主與經濟成果，而現在要侵犯這些成就的就是中國。面對中國近年對台各項統戰與滲透，範圍從高階將領到地方里長以及各行各業，台灣需要提升全社會韌性。

賴總統提出身為總統與三軍統帥的使命，首先要維護國家的生存發展，要讓國家生存發展，絕對不能放棄主權。中國提出一個中國原則的九二共識，等於要求台灣讓渡主權，一旦接受，國家就不保。

他強調，有主權才有國家，「有台灣才有中華民國」，在這關鍵時刻應要團結，堅持民主自由的憲政體制，以及中華民國台灣與中華人民共和國互不隸屬。

賴總統說，第2使命是保護全體台灣人生命財產安全，和平無價，戰爭沒有贏家，但尋求和平的方法必須正確，也非靠一紙和平協議就可以獲得。賴總統重申四大和平支柱行動方案，應強化國防力量，展現守護台灣的決心，以及發展台灣經濟韌性。

賴總統表示，第3使命是與民主陣營肩並肩站在一起，他520就職以來已接見超過50團外賓，多國堅信台海和平穩定是世界安全和繁榮的必要元素。他強調，將在前總統蔡英文過去8年建立的基礎下，繼續照顧台灣

2,300萬人民。

徐佳青則指出，這次會議以「海外合作抵抗統戰，團結僑胞護台灣」為主體。她走訪世界各地感受到全球面對威權社會高度挑戰，尤其2024年適逢全球選舉年，部分極權國家正積極干預、滲透，台灣作為民主第一線，政府努力辨識各種假訊息、假新聞、認知作戰等。

徐佳青也提及，陸續聽到各國出現中共警僑服務站在干預海外僑民，介入他國的行動，希望透過僑務委員會議的密集研討，攜手讓自由民主聯盟能維持並堅持價值。

徐佳青盼僑界協助防制假訊息

徐佳青12日在閉幕典禮感謝僑務委員、僑領在世界各地的貢獻，盼透過會議聚焦認知作戰、防制假訊息的討論，有助於僑界的資訊溝通與交流，捍衛台灣的民主自由與繁榮。

她說，此次會議的2場專題演講，分別針對認知作戰以及自我防衛強化的面向，相信全世界看到台灣的積極努力，也會更加重視，而台海和平絕對是世界的核心，唯有台海和平，世界的經濟繁榮才會持續，所以僑務委員、僑領聚集在一起，不只是為了台灣，希望能夠為世界做出貢獻。

徐佳青說，期盼僑務委員能在全球各地協助政府防制假訊息，僑委會也會強化溝通與交流，讓台灣不被認知作戰攻破，而僑務委員和僑領除了愛台灣外，也深愛著所在的國家，積極做出貢獻，未來希望不止是Taiwan can help（台灣可以幫忙），更希望是Taiwan can lead（台灣可以領導）。

徐佳青：不與中共玩零和遊戲 台灣走自己的路

北京持續對台灣「軟硬兼施」施壓，下手目標包括僑界。僑委會委員長徐佳青2024年5月9日告訴中央社，台灣已擺脫與中共玩「零和遊戲」的舊思維，過去把「忠誠度」、「認同」當籌碼喊價的玩法已行不通，台灣將自信走自己的路。

徐佳青說，不隨中共的利益收買、零和遊戲及戰狼外交起舞，中共就玩不下去。台灣不會刻意挑釁，但也絕不忍受屈辱。台灣將與所有能夠一同努力的人，一起做有意義的事；隨著僑界有越來越多新團體、新一代領導人，僑務也必須有新思維。

徐佳青5月6日清晨結束奈及利亞行程飛抵倫敦，隨即展開為期兩天半的英國僑界訪視，7日晚間，徐佳青與近50名僑界代表在倫敦餐敘，並接受中央社採訪。接著將轉往挪威、荷蘭。

在駐英代表姚金祥、僑務委員會僑商處副處長游凱全，以及駐英代表處僑務組組長陳世池陪同下，徐佳青參訪英格蘭東南部肯特郡（Kent County）績優僑校「華園中文學校」，並前往劍橋，多方瞭解「劍橋台灣人協會」的拓展規劃。

世界台灣商會聯合總會（世總）理監事聯席會議及活動4月中旬在越南舉行，原預期盛況空前，卻遇中共打壓，導致徐佳青及立法院副院長江啟臣無法赴越南出席。

徐佳青說，事實上，越南政府樂見世總活動盛大舉辦，不幸遇中共干擾，越南政府因此也是被打壓的一方。她說，這類事件應有助更多人認知到，中共沒有能力尊重別人、就事論事。各界原以為經濟活動可不受政治干擾，但中方一再擺明自己毫不尊重自由市場機制，這完全是損人不利己。

徐佳青認為，越南事件是「重要分水嶺」，可預見未來將有越來越多人對中共反感，甚至是在社會主義國家。

她說，歷經疫情，在全球六大洲僑區，僑胞的團結達「史無前例高度」。僑胞主動做了許多彰顯Taiwan Can Help的事，未來僑委會將協助僑界繼續發揮這樣的精神和良善力量，除了從事公益，也善用僑界的專業人才，在各國推展科技、醫療等各領域合作，並讓台灣的華語文教學在各國主流社會深入紮根。

國際間支持台灣加入世界衛生組織（WHO）、國際民航組織（ICAO）等多邊組織的力道增強，有越來越多人呼籲讓台灣貢獻專業，徐佳青說，僑委會將繼續聯合僑界，在國際間為台灣爭取更多支持。

國人可以免簽證、落地簽證方式前往之國家或地區

一、國人可以免簽證方式前往之國家或地區

（一）亞太地區：國家／地區	可停留天數
庫克群島 Cook Islands	31天
斐濟 Fiji	120天
關島 Guam	45/90天（有注意事項，請參閱「簽證及入境須知」）
日本 Japan	90天
韓國 Republic of Korea	90天
澳門 Macao	30天（請逕上行政院大陸委員會網站 http://www.mac.gov.tw查詢最新資訊）
馬來西亞 Malaysia	30天
馬紹爾群島 Marshall Islands	90天
密克羅尼西亞聯邦 Federated States of Micronesia	30天
紐西蘭 New Zealand	90天
紐埃 Niue	30天
北馬里安納群島（塞班、天寧及羅塔等島） Northern Mariana Islands	45天
新喀里多尼亞（法國海外特別行政區） Nouvelle Calédonie	90天（法國海外屬領地停留日數與歐洲申根區停留日數合併計算）
帛琉 Palau	90天
法屬玻里尼西亞（包含大溪地）（法國海外行政區）Polynésie française	90天（法國海外屬領地停留日數與歐洲申根區停留日數合併計算）
薩摩亞 Samoa	最多60天
新加坡 Singapore	30天（30天以上者，應於入境後申請延期）
泰國 Thailand	60天
吐瓦魯 Tuvalu	90天
瓦利斯群島和富圖納群島（法國海外行政區） Wallis et Futuna	90天（法國海外屬領地停留日數與歐洲申根區停留日數合併計算）
（二）亞西地區	可停留天數
以色列 Israel	90天（自2025年1月起，須事先至https://israel-entry.piba.gov.il/線上填報申請旅行授權電子許可（Electronic Travel Authorization, ETA-IL））
（三）美洲地區：國家／地區	可停留天數
安奎拉（英國海外領地）Anguilla	1個月
安地卡及巴布達 Antigua and Barbuda	30天
阿魯巴（荷蘭海外自治領地）Aruba	30天
貝里斯 Belize	90天
百慕達（英國海外領地）Bermuda	90天
波奈（荷蘭海外行政區）Bonaire	90天（波奈、沙巴、聖佑達修斯為一個共同行政區，停留天數合併計算）
維京群島（英國海外領地）British Virgin Islands	1個月
加拿大 Canada	180天（自2016年11月10日起，必須事先上網申請「電子旅行證（eTA）」）
開曼群島（英國海外領地）Cayman Islands	30天
智利 Chile	最多90天
哥斯大黎加 Costa Rica	最多90天
古巴 Cuba	30天（須事先購買觀光卡）

古拉索（荷蘭海外自治領地）Curaçao	30天
多米尼克 The Commonwealth of Dominica	至多3個月
多明尼加 Dominican Republic	30天
厄瓜多 Ecuador	90天
福克蘭群島（英國海外領地）Falkland Islands	連續24個月期間內至多可獲核累計停留12個月
瓜地洛普（法國海外省區）Guadeloupe	90天（法國海外屬領地停留日數與歐洲申根區停留日數合併計算）
瓜地馬拉 Guatemala	30至90天
圭亞那（法國海外省區）laGuyane	90天（法國海外屬領地停留日數與歐洲申根區停留日數合併計算）
海地 Haiti	90天
宏都拉斯 Honduras	90天
馬丁尼克（法國海外省區）Martinique	90天（法國海外屬領地停留日數與歐洲申根區停留日數合併計算）
蒙哲臘（英國海外領地）Montserrat	6個月
尼加拉瓜 Nicaragua	90天
巴拿馬 Panama	90天
巴拉圭 Paraguay	90天
秘魯 Peru	最多90天
沙巴（荷蘭海外行政區）Saba	90天（波奈、沙巴、聖佑達修斯為一個共同行政區，停留天數合併計算）
聖巴瑟米（法國海外行政區）Saint-Barthélemy	90天（法國海外屬領地停留日數與歐洲申根區停留日數合併計算）
聖佑達修斯（荷蘭海外行政區）St.Eustatius	90天（波奈、沙巴、聖佑達修斯為一個共同行政區，停留天數合併計算）
聖克里斯多福及尼維斯 St.Kitts and Nevis	最長期限90天
聖露西亞 St.Lucia	42天
聖馬丁（荷蘭海外自治領地）St.Maarten	90天
聖馬丁（法國海外行政區）Saint-Martin 聖皮埃與密克隆群島（法國海外行政區）Saint-Pierre et Miquelon	90天（法國海外屬領地停留日數與歐洲申根區停留日數合併計算）
聖文森 St.Vincent and the Grenadines	30天
土克凱可群島（英國海外領地）Turks & Caicos	30天
美國 United States of America（含美國本土、夏威夷、阿拉斯加、波多黎克、關島、美屬維京群島及美屬北馬里亞納群島。不包括美屬薩摩亞）	90天（停留天數自入境當天起算，須事先上網取得「旅行授權電子系統（ESTA）」授權許可）

（四）歐洲地區：國家／地區	可停留天數
申根區	
安道爾 Andorra	左列國家／地區之停留日數合併計算，每6個月期間內總計可停留至多90天
奧地利 Austria	
比利時 Belgium	
保加利亞 Bulgaria	1.停留天數與申根區其他國家合併計算。 2.2024年3月31日起我國旅客自其他申根國家以海、空路方式入境該國者無須證照查驗；惟以陸路方式入境該國者仍須接受證照查驗。
克羅埃西亞 Croatia	左列國家／地區之停留日數合併計算，每6個月期間內總計可停留至多90天
捷克 Czech Republic	
丹麥 Denmark	

愛沙尼亞 Estonia	左列國家／地區之停留日數合併計算，每6個月期間內總計可停留至多90天
丹麥法羅群島 Faroe Islands	
芬蘭 Finland	
法國 France	
德國 Germany	
希臘 Greece	
丹麥格陵蘭島 Greenland	
教廷 The HolySee	
匈牙利 Hungary	
冰島 Iceland	
義大利 Italy	
拉脫維亞 Latvia	
列支敦斯登 Liechtenstein	
立陶宛 Lithuania	
盧森堡 Luxembourg	
馬爾他 Malta	
摩納哥 Monaco	
荷蘭 The Netherlands	
挪威 Norway	
波蘭 Poland	
葡萄牙 Portugal	
羅馬尼亞 Romania	1. 停留天數與申根區其他國家合併計算。 2. 2024年3月31日起我國旅客自其他申根國家以海、空路方式入境該國者無須證照查驗；惟以陸路方式入境該國者仍須接受證照查驗。
聖馬利諾 San Marino	左列國家／地區之停留日數合併計算，每6個月期間內總計可停留至多90天
斯洛伐克 Slovakia	
斯洛維尼亞 Slovenia	
西班牙 Spain	
瑞典 Sweden	
瑞士 Switzerland	
以下國家／地區之停留日數獨立計算	
阿爾巴尼亞 Albania	每6個月期間內可停留至多90天
波士尼亞與赫塞哥維納 Bosnia and Herzegovina	
賽浦勒斯 Cyprus	
直布羅陀（英國海外領地）Gibraltar	90天
愛爾蘭 Ireland	90天
科索沃 Kosovo	90天（須事先向其駐外使領館通報）
北馬其頓 Macedonia	每6個月期間內可停留至多90天（自2018年4月1日至2025年3月31日止）
蒙特內哥羅 Montenegro	每6個月期間內可停留至多90天
英國 U.K.	12個月內停留不超過6個月（2025年1月8日起，我國護照持有人須事先至https://www.gov.uk/guidance/apply-for-an-electroni c-travel-authorisation-eta 線上申報「電子旅行憑證」(ETA)）

（五）非洲地區：國家／地區	可停留天數
甘比亞 Gambia	入境時由機場移民官視個案情形核定。
馬約特島（法國海外省區）Mayotte	90天（法國海外屬領地停留日數與歐洲申根區停留日數合併計算）。
留尼旺島（法國海外省區）La Réunion	
史瓦帝尼（舊稱史瓦濟蘭）Eswatini	90天

二、國人可以落地簽證方式前往之國家或地區：

（一）亞太地區：國家	可停留天數
孟加拉 Bangladesh	30天
汶萊 Brunei	14天
柬埔寨 Cambodia	30天
印尼 Indonesia	落地簽證30天亦得申請電子落地簽（eVOA）
寮國 Laos	14－30天
馬爾地夫 Maldives	30天
尼泊爾 Nepal	30天
巴布亞紐幾內亞 Papua New Guinea	60天
索羅門群島 Solomon Islands	90天
東帝汶 Timor Leste	30天
萬那杜 Vanuatu	120天
（二）亞西地區：國家	可停留天數
巴林 Bahrain	有條件式落地簽：1個月。詳情請參閱「簽證及入境須知」。
阿曼 Oman	30天。詳情請參閱「簽證及入境須知」。
卡達 Qatar	30天。相關資訊請參閱「簽證及入境須知」。
伊朗 Iran	最多90天，需先辦理預審制落地簽，詳請參閱「簽證及入境須知」
約旦 Jordan	30天。相關資訊請參閱「簽證及入境須知」。
黎巴嫩 Lebanon	最多30天（需先電郵駐約旦代表處代辦預審制觀光落地簽證，詳情請閱「簽證及入境須知」）
塔吉克 Tajikistan	最多45天。商務落地簽證須出具塔國邀請公司或組織邀請函。詳情請參閱「簽證及入境須知」。
烏茲別克 Uzbekistan	需先辦理預審制落地簽，詳情請參閱「簽證及入境須知」。
（三）非洲地區	可停留天數
維德角 Cape Verde	30天
葛摩聯盟 Union of the Comoros	最多45天
埃及 Egypt	30天
加彭 Gabon	相關資訊請參閱「簽證及入境須知」。
坦尚尼亞 Tanzania	最多90天（詳請及其他事項，請參考坦尚尼亞移民局官網 www.immigration.go.tz）
馬達加斯加 Madagascar	30天
茅利塔尼亞 Mauritania	最多30天
模里西斯 Mauritius	由移民官核給停留天數
盧安達 Rwanda	相關資訊請參閱「簽證及入境須知」。
塞席爾 Seychelles	30天。塞席爾雖無簽證制度，惟旅客落地後須獲核發「入境許可」始可入境。
聖海蓮娜（英國海外領地）St. Helena	90天
索馬利蘭 Somaliland	30天。須先辦理落地簽證函，詳情請參閱「簽證及入境須知」。
（四）美洲地區	可停留天數
牙買加 Jamaica	至多30天（必須事先向牙買加駐外使館申辦「身分切結書」(Affidavit of Identity)，方能以落地簽方式入境，否則可能遭航空公司拒載）

三、國人可以電子簽證前往之國家或地區：

（一）亞太地區	可停留天數
澳大利亞 Australia	我國護照（載有國民身分證統一編號）持有人，可透過手機應用程式「AustraliaETA」自行上網申請 赴澳簽證，效期1年，單次在澳停留期限不得逾3個月。
柬埔寨 Cambodia	30天。相關資訊請參閱「簽證及入境須知」。
印度 India	自2015年8月15日起，國人持效期至少6個月以上之中華民國護照前往印度觀光、洽商等，均可於預定啟程前至少4天上網申請電子簽證，費用為每人80美元(2018.6.19 調整)。印度政府每年調漲簽證費用，簽證政策亦時有調整情形，相關最新資訊請上印度簽證官方網站 (https://indianvisaonline.gov.in/visa/tvoa.html) 或印度台北協會(https://www.india.org.tw/)連結路徑：簽證-電子簽證-常見問題網頁查詢。
寮國 Lao	30天。相關資訊請參閱「簽證及入境須知」。
緬甸 Myanmar	國人因觀光或商務前往緬甸，得憑效期6個月以上之普通護照上網（http://evisa.moip.gov.mm）付費申辦電子簽證。
菲律賓 Philippines	菲國對中華民國國民實施「電子旅遊憑證」(Electronic Travel Authorization, ETA)，國人可於線上申獲該憑證並列印後持憑入境菲國，停留期限30天。ETA之申請網站可自馬尼拉經濟文化辦事處官網（http://www.meco.org.tw）連結進入。
斯里蘭卡 Sri Lanka	國人前往斯里蘭卡觀光、商務或轉機可先行上網（http://www.eta.gov.lk/slvisa/）申辦電子簽證（Electronic Travel Authorization, ETA）。
越南 Vietnam	越南政府頃於2023年8月14日頒布第127/NQ-CP號決議，自2023年8月15日起，允許所有國家或地區之公民申請越南電子簽證並通過越南各國際海、陸、空口岸入境越南。請參閱駐越南台北經濟文化辦事處網站說明（https://roc-taiwan.org/vn/post/27173.html）。 越南電子簽證申請網址：https://dichvucong.bocongan.gov.vn/bocongan/bothutuc/tthc?matt=26277（註：越南開放新制電子簽證之後，原來申辦簽證方式仍繼續有效。）
（二）亞西地區	可停留天數
亞美尼亞 Armenia	21天或120天。相關資訊請參閱「簽證及入境須知」。
巴林 Bahrain	至多90天。相關資訊請參閱「簽證及入境須知」。
約旦 Jordan	可至約旦電子簽證官網申請，網址為：https://eservices.moi.gov.jo/MOI_EVISA/faces/Pages/ Runnables/login.jsf 相關資訊請參閱「簽證及入境須知」。
蒙古國 Mongolia	至多30天。相關資訊請參閱「簽證及入境須知」。
阿曼 Oman	30 天。相關資訊請參閱「簽證及入境須知」。
卡達 Qatar	30 天。相關資訊請參閱「簽證及入境須知」。
俄羅斯 Russia	電子簽證效期為簽發日起60天內，入境停留期限為自入境日起16天。相關資訊請參閱「簽證及入境須知」。
沙烏地阿拉伯 Saudi Arabia	至多90天。其他申請資訊詳情請參閱「入境及簽證須知」。
敘利亞 Syria	國人以觀光事由赴敘利亞，得持憑6個月以上效期 之中華民國普通護照上網（https://evisa.sy/signin）申辦單（多）次入境，停留期限最多15天的電子簽證。相關資訊請參閱「簽證及入境須知」。
塔吉克 Tajikistan	至多60天，相關資訊請參閱「簽證及入境須知」。
土耳其 Turkey	凡我國人因觀光或商務目的欲前往土耳其，得持憑6個月以上效期之中華民國普通護照先行上網（https://www.evisa.gov.tr/en/）申辦停留30天、多次入境的電子簽證。相關資訊請參閱「簽證及入境須知」。
阿拉伯聯合大公國 United Arab Emirates	凡我國人全程皆搭乘阿聯航空並經杜拜轉機超過4小時，可於該航空公司網站申辦96小時過境電子簽證。相關資訊請參閱「簽證及入境須知」。

（三）非洲地區	可停留天數
貝南 Benin	簽證價格隨天數及單次或多次入境而異，以簽證效期30天單次入境為例約50歐元。網址：https://evisa.bj/
布吉納法索 Burkina Faso	國人持憑中華民國護照、彩色照片（3.5*4.5公分）、停留布國動機證明、未感染傳染性疾病之健康證明、停留布國期間保險證明、繳納印花稅收據，可以申請過境（5天）、短期（30-90天）或長期（90天以上）停留簽證，價格隨天數及單次或多次入境而異。以申請短期簽證為例，簽證費用隨入境目的（旅遊、商務、參加國際會議或執行合作計畫）而異，約50至118歐元。網址：https://www.visaburkina.bf/
喀麥隆 Cameroon	相關資訊請參閱「簽證及入境須知」。
吉布地 Djibouti	最長90天。相關資訊請參閱「簽證及入境須知」。
埃及 Egypt	30天。相關資訊請參閱「簽證及入境須知」。
赤道幾內亞 Equatorial Guinea	單次入境簽證至多90天。相關資訊請參閱「簽證及入境須知」。
加彭 Gabon	國人持憑6個月以上效期之中華民國護照及彩色照片（3.5*4.5公分），申辦時間至少72小時。簽證價格隨天數及入境單次或多次而異，以簽證效期30天單次入境為例約85歐元（含15歐元手續費）。網址：https://evisa.dgdi.ga/#/
幾內亞 Guinea	國人持憑護照、照片（白色背景）、返程機票、黃皮書及其他文件（視申請簽證種類而定）線上申請。另在抵達幾國機場後，需出示e-visa、實體護照、足夠在幾內亞生活的金錢、實體返程機票及住宿證明。網址：https://www.paf.gov.gn/visa
象牙海岸 Cote d'Ivoire	國人申請象國電子簽證，需於行前上網（http://www.snedai.ci/e-visa）登記、上傳基本資料及繳費（效期90天之停留簽證規費73歐元），收到象國國土管制局以電子郵件寄發之入境核可條碼後，持用該條碼及相關證明文件於象國阿必尚國際機場申辦電子簽證。
肯亞 Kenya	肯亞自2024年起實施免簽證政策，向全球旅客開放申請電子旅行准證（Electronic Travel Authorization, eTA），擬赴肯亞的國人可於啟程前至少3日至肯亞電子旅行准證（eTA）官網（http://www.etakenya.go.ke）登錄申請（eTA 均為單次入境，停留期限最多90日），並依該網站所示填載資料及繳費，相關資訊請參閱「簽證及入境須知」。
賴索托 Lesotho	相關資訊請參閱「簽證及入境須知」。
馬拉威 Malawi	相關資訊請參閱「簽證及入境須知」。
莫三比克 Mozambique	相關資訊請參閱「簽證及入境須知」。
納米比亞 Namibia	最長3個月（90天）。相關資訊請參閱「簽證及入境須知」。
盧安達 Rwanda	相關資訊請參閱「簽證及入境須知」。
聖多美普林西比 Sao Tome and Principe	相關資訊請參閱聖多美普林西比政府官網(http://www.smf.st/)
多哥 Togo	國人可持較申請簽證日期高於3個月以上效期之中華民國護照、近照、機票證明、旅遊險、預約旅館或住宿證明、邀請函及銀行存款等證明申請e-visa。簽證價格隨天數及入境單次或多次而異，以簽證效期15天單次入境為例約39歐元。網址：https://voyage.gouv.tg/
衣索比亞 Ethiopia	相關資訊請參閱「簽證及入境須知」。
烏干達 Uganda	相關資訊請參閱「簽證及入境須知」。
尚比亞 Zambia	相關資訊請參閱「簽證及入境須知」。
辛巴威 Zimbabwe	相關資訊請參閱「簽證及入境須知」。
（四）美洲地區	可停留天數
安地卡及巴布達 Antigua and Barbuda	相關資訊請參閱「簽證及入境須知」。
阿根廷 Argentine	相關資訊請參閱「簽證及入境須知」。
（五）歐洲地區	可停留天數
烏克蘭 Ukraine	至多30天，相關資訊請參閱「簽證及入境須知」。

資料來源：外交部，日期：2024年10月4日

§第五章　國安與國防

114年國防預算6470億創新高
國防部：強化不對稱戰力

行政院會民國113年8月22日通過114年度中央政府總預算案，其中國防總體預算達新台幣6,470億元，占GDP約2.45%，再創歷史新高。

國防部說明，114年所獲預算除滿足人員維持法律義務支出，並置重點於持續推動機艦國造（含潛艦國造後續艦7艘，全案預算2,840億8,080萬元，執行期程114年至127年，其中114年度編列20億元）、維持裝備妥善、加速提升不對稱作戰能力、後備戰力以及戰指管韌性，並加強官兵照護等施政要項，具體展現自我防衛決心。

其中，114年度歲出編列4,760億元，較113年度增加415億元，約增9.6%，加計新式戰機採購（F-16V block70）及海空戰力提升計畫採購特別預算904億元，共5,664億元，較113年度相同基礎增加377億元，約增7.1%。如連同非營業特種基金806億元，整體規模達6,470億元，較113年度相同基礎增加464億元，約增7.7%。

以細項來看，軍事投資1,458億元、作業維持1,487億元、人員維持1,815億元、新式戰機採購430億元、海空戰力提升計畫採購474億元。

國防部主計局局長謝其賢在行政院會會後記者會表示，作業維持費增加的100多億元，包括，主戰裝備零附件、後勤保修、彈藥籌購等項目；軍事投資增加的203億元，最主要是挹注新增案將近70億元規模，其他則是持續案的付款需求。

外媒關注國防預算創新高的考量為何，謝其賢說明，跟各項國防施政有關，加上114年付款也達到高峰，他說，預算編列是隨著付款需求以及防衛作戰的需要編列，國防部依防衛作戰需求，做整體規畫考量。

至於國防預算未來是否可能達國內生產毛額（GDP）的3%，謝其賢表示，有些人認為國防預算成長幅度太大會排擠其他施政，但國防預算有編列流程，依照作戰需求、防衛作戰所需要武器以及可獲得武器裝備，綜合考量國家財政，編列所需要預算，「我們不會跟其他國家做軍備競賽」。

針對外界憂慮國防預算有「舉債買武器比例將近4成」，以及武器裝備採購與作業維持費失衡會導致「泡沫軍購」等隱憂，國防部主計局歲計處處長辛宜聰少將於8月28日表示，檢視107年至114年的作業維持費編列，已經提升將近70%，後續也會持續檢討預算配置，讓武器效能發揮到最大。

美學者：台灣應速增軍費至GDP 5%
嚴肅看生存威脅

繼美國前總統川普任內擔任國安顧問的歐布萊恩（Robert O'Brien）呼籲台灣應增加國防支出後，外傳可能進入川普執政團隊的柯伯吉（Elbridge Colby）2024年7月30日受訪解讀川普外交政策時，也提到台灣國防開支占GDP的2.4%，「嚴重不足」。

他並未提出台灣國防開支的理想占比為何，但在川普日前拋出「台灣搶走晶片生意，應向美國支付防衛費用」後，曾在2019至2021年間擔任國安顧問的歐布萊恩受訪表示，台灣應增加國防支出至GDP的5%。柯伯吉同年5月也曾推文表示，「大家都發現台灣對自身防衛不夠重視」。

美國智庫「外交關係協會」（The Council on Foreign Relations）研究員塞克斯（David Sacks）2024年8月10日發文指出，雖然總統賴清德表示國防預算增加，顯示台灣對自身安全的承諾，但這項預算未能充分傳達急迫感。

他說，距離前總統陳水扁承諾將國防支出提高到GDP的3%已經快20年了，台灣仍未達到這個目標。3%應被視為最低標準，而非上限。

塞克斯表示，隨著中國增加壓力，台灣需要更快地增加國防支出，以向夥伴表明嚴肅看待中國威脅，並讓中國領導層不確定封鎖或入侵台灣是否會成功。

他也說，台灣增強戰鬥能力的作為應該得到肯定，包括前總統蔡英文連續7次增加國防預算，賴總統提出的預算明顯更高，如今台灣的國防支出約占GDP的2.5%，超過北大西洋公約組織（NATO）成員國設定的標準。

塞克斯指出，值得注意的是，蔡英文任內所有的國防部長都是退將，並非主打創新思維路線。有跡象表明，賴總統理解國防部需要大規模改革，因此任命曾在蔡英文任內擔任國安會秘書長的顧立雄掌國防部。

塞克斯觀察，有了國安會的經驗，顧立雄了解台灣複雜的國安處境、美台關係以及台灣政府內部及外國觀察者怎麼看台灣國防部。且顧立雄已經採取了幾項步驟，表明他將會審視國防部的運作、改變其文化並促進創新，未來還可能推出更具野心的政策。

塞克斯指出，但現實是大多數外國觀察者聚焦國防開支占了GDP多少，因為這項指標能衡量台灣有多重視自身安全。若與其他面臨類似生存威脅的國家相比，台灣的國防支出顯得不相稱。例如以色列2022年的軍費占GDP的4.5%。冷戰期間，美國通常把GDP的5%至10%花在國防上。

而中國宣布2025年將把國防預算提高7.2%，達到2,220億美元（約新台幣7.2兆元）。

塞克斯強調，台灣當然可以自行決定如何分配軍費，但領導層及民眾應該理解，這些決策將影響美國和其他國家支持台灣的程度。為此，台灣的領導人應該接受新的國防支出目標，也就是GDP的5%。

國軍M41D戰車等千項裝備將汰除 撙節32億經費

為兼具國軍任務遂行及國防資源有效運用，國防部後勤參謀次長室軍品整備處長陳春忠少將於民國113年8月13日記者會指出，為加速無效主、輔戰裝備汰除規畫，以減輕裝備維管所需人力、物力、財力負荷，M41D戰車、CM24履帶彈藥車等裝備將在5年內汰除，撙節維持費新台幣32億餘元。

陳春忠說明，國軍作業維持費編列裝備維護所需預算，近年呈現遞增趨勢，另新獲武器裝備因工藝及科技水準提升，致維持妥善成本需求增高，其中零附件購製占比約60%，因此國防部加速管制汰除老舊裝備，提升國防預算效益。

針對無效裝備汰除原則，陳春忠指出，武器裝備於建案作需文件已訂定使用年限，各式裝備於屆壽前檢討替代方案（性能提升、構改、延壽或新購）；逾壽限裝備經檢討無作戰需求、使用效益不彰及修護成本過高者，若無政策指導或實際使用需求，則納列汰除。

陳春忠表示，依照國軍5年兵整獲裝期程，已檢討113至117年計汰除「CM24履帶彈藥車」等1,459項11萬7,064件，預估撙節維持費23億2,991萬餘元，包括陸軍汰除CM24履帶彈藥車等469項、海軍汰除ATF大字型救難艦等147項、空軍汰除F-5戰鬥機等786項，其他單位汰除警備巡邏車等57項。

考量國防資源有限，國防部6月進一步召開研審會議，檢討不符作戰效益等裝備加速汰除，新增M41D戰車等305項4萬9,019件，可再撙節9億5,131萬餘元，管制納列武器裝備5年汰除計畫分年汰廢。

但由於M41D戰車仍在金門烈嶼擔任第一線戰備任務，陳春忠說，國防部都有相關規劃，汰除M41D戰車會在117年至121年有一個建案計畫替代。

至於海軍目前僅正新建1艘新型救難艦，卻要汰除大字型救難艦也引發關切；海軍參謀長邱俊榮中將表示，新型救難艦「大武艦」目前正在做海上測試，預計113年底交艦，另外幾艘大字型救難艦因為服役較久，海軍會依據大武艦的測試結果與服役後的效能，依預算及後續建案，做好完整的兵力規畫設計。

顧立雄接任國防部長 實質文人領軍里程碑

總統當選人賴清德於民國113年4月25日公布國安人事，國防部長由原國安會秘書長顧立雄接任。賴清德強調，以當前的局勢，請顧立雄擔當國防部長，可以說是「不二人選」，他對顧立雄在國防部長任內的表現「寄予厚望」。

▲總統當選人賴清德（右）宣布國安人事，國防部長由國安會秘書長顧立雄接任。

賴清德說，顧立雄是在所有人意料之外接任金管會主委，也接任國安會秘書長，但更令人驚豔的是，顧立雄每一個工作都做得非常好，在金管會主委任內，贏得社會的肯定，在國安會秘書長任內，贏得國際社會的肯定，非常難能可貴。

賴清德指出，這次特別邀請顧立雄擔任國防部部長，是著眼於未來國防的工作，不單是國防的業務，還有牽涉到國安，還有外交上面的合作，甚至於在推動全民國防的時候，也必須要進行社會溝通。

此外，賴清德強調，顧立雄過去擔任國安會秘書長，非常深入國安及國防工作。現在的國防工作不單僅是國防事務，還要肩負起國安、外交及國際合作，甚至推動全民國防的社會溝通。換句話說，現在的國防部長跟過往只專注國防事務已不同，顧立雄具備多方面的長才，因此由顧立雄擔任國防部長是現在的不二人選，也相信能有很好成績。

學者：文人領軍著重協調管理 使軍事結合國家戰略

國防部智庫、國防安全研究院學者蘇紫雲分析，總統當選人賴清德任命文人擔任他的首任國防部長，象徵軍隊改革最後一哩路，也能降低各軍種擔任部長的軍購包袱，其次是落實賴政府強調的溝通，包括國際、國內社會及國會溝通。

淡江大學國際事務與戰略研究所助理教授林穎佑表示，國防部長工作著重軍隊管理、面對國會、跨部會協調等3面向，顧立雄是國安會秘書長，能了解中華民國的整體戰略，並從這個角度著眼讓國防部發揮功能，使軍事戰略配合國家戰略。

林穎佑提到，顧立雄擔任部長後，主要工作可能在於國防組織，以及建軍備戰的「打、裝、編、訓」等國防轉型推動，由國防政策落實度看，不論後備軍人體系、全民國防、不對稱作戰等政策，細部執行均需借重顧立雄在管理和法律上的專才，對國防部進行政策改變。

他以美國國防部為例說明，多數都是文人背景，除軍隊管理及面對國會，並要擔任總統與各軍種間溝通的橋梁，況且美國國防部內，還有很多純文人背景的國防文官與文人背景的戰略研究者，這也是台灣此後要持續努力的部分。

台灣亞洲交流基金會董事長蕭新煌表示，文人部長是趨勢，顧立雄是一位「做什麼像什麼的人」，且據了解，國安會內人士認為顧立雄善於傾聽、決策明快。

蕭新煌指出，賴清德在選舉期間承諾，在國防、外交以及國際事務上將延續蔡總統路線，也就是不冒進、不挑釁、面對壓力不屈服，且採開放的態度；國安首長團隊人事除反映出賴清德的競選承諾，亦是對社會人心安定的承諾。

顧立雄小檔案

生日：1958年10月31日

學歷：美國紐約大學法學碩士、國立台灣大學法學院法律學系

經歷：國安會秘書長、金管會主委、黨產會主委、立法委員、萬國法律事務所資深合夥律師、台灣人權促進會會長、民間司法改革基金會董事長、台灣法學會理事長、中華民國律師公會全國聯合會理事長、台北律師公會理事長

顧立雄啟動軍務革新
三軍儀隊撤出中正紀念堂大廳

立法院於民國89年1月三讀通過《國防法》、《國防部組織法修訂案》（國防二法），確立軍政及軍令二元化，旨在建立「文人領軍」的目標。然而過去只有蔡明憲、楊念祖兩位文人背景的國防部長，但任期短促，僅被視為過渡性質。

顧立雄接任國防部長，是自國防二法通過以來，真正實現文人領軍的目標，被賦予期待跳脫過往國防部長均由三軍的上將退伍後轉任的軍種包袱，藉由國安會秘書長任內與美方對接的經驗，加速國軍建軍備戰、強化戰力的腳步，以應對未來可能的威脅。

其中，為落實轉型正義、去威權及個人崇拜，國防部在和文化部協調溝通，113年7月4日於「行政院轉型正義業務推動專案研商會議」報告後，三軍儀隊在7月15日、解嚴37周年紀念，移出中正紀念堂蔣介石銅像大廳，歷時44年的銅像大廳站哨與交接展示，正式劃下句點。這是69年4月5日中正紀念堂開館以來，三軍儀隊首次移出中正紀念堂堂體，儀隊演練的場所移至民主大道前方。

三軍儀隊成立於46年9月，為國家重要門面，駐防點包括「忠烈祠」、「中正紀念堂及國父紀念館」、「桃園大溪及慈湖陵寢」共3組，由陸、海、空軍儀隊每6個月輪替一次，並在規定時間實施禮兵交接、操槍及升降旗。

勇鷹高教機邁入量產
國機國造里程碑

中共對台威脅型態不斷改變，台灣除對美軍購，也強化「國防自主」應對潛在威脅。由漢翔公司生產的勇鷹新式高級教練機，民國112年底已累計交機27架，預計在115年前交機66架。

總統蔡英文105年上任後，宣示國機國造政策，勇鷹於106年正式啟動專案，首架勇鷹原型機108年9月於台中漢翔公司出廠，109年6月在台中首飛。由於勇鷹號從啟動專案到首飛僅約耗時3年，令產官學界刮目相看，也反映台灣厚實軍工產業能量。

隨著勇鷹高教機邁入量產階段，穩定交機，勇鷹高教機將陸續取代AT-3教練機及F-5部隊訓練機，司職空軍基礎飛行與部隊換裝訓練任務，同時讓飛官養成教育從「3階段（基本組、戰鬥組、部訓組）、3機種（T-34、AT-3、F-5）」精進為「3階段、2機種（T-34、勇鷹）」，有利銜接F-16V（blk20、70）先進戰機戰訓任務。

美商洛克希德馬丁（Lockheed Martin）與漢翔協力將空軍140架F-16A/B戰機升級為F-16V（Block20）；另對美採購的66架F-16V（Block70）將於115年全數交機，後者將駐防於志航基地。

原轄屬空軍官校編制的飛行指揮部，於112年12月1日獨立升格「空軍飛行訓練指揮部」，在高雄岡山空軍基地舉辦編成典禮，由總統蔡英文校閱、宣讀編成命令。勇鷹高教機正式成為飛官培訓的重要機種。

飛行訓練指揮部駐地仍維持在高雄岡山空軍官校，目前機種仍為AT-3及T-34，待AT-3汰除後，才會由勇鷹接替基礎飛訓任務，但目

顧立雄上任軍務革新一覽

項目	內容
取消傳統刺槍術	不符合近戰格鬥概念範圍、不符合戰訓本務均取消
廢除官兵休假回報	有事再回報即可
官士兵出國可自由行	須繳交護照影本、出入境文件及飯店住宿等證明
安全查核管制方式	由原本按階級改為按接觸機密等級進行安全查核及人員管制
陸官校慶免踢正步	陸軍官校100週年校慶活動原規劃聯兵旅參與，國防部通令陸軍旅回歸戰訓本務，不需出席，僅由官校學生踢正步即可
作戰與戰術層級回歸參謀總長	依照國防組織法規定，戰略層級以下的作戰與戰術層級交由參謀總長負責
正副主官留值規定	依112年經常戰備時期突發狀況處置規定執行，兼顧各級幹部家庭照顧

第五章｜國安與國防

國機國造一次看

1980年代受迫於中共，台灣採購先進戰機困難重重，但也催生國機國造代表作「經國號」，至今仍是捍衛台海安全主力機種；2020年「勇鷹」高教機成功首飛，則是逾30年後再次締造歷史性的一刻

這些戰機都是台灣自行設計或製造，一起認識這些翱翔天際的空中英雄

F-5E型戰機
1974年起

1973年與美國簽訂MOU，使用2具J58-GE-21A型渦輪噴射發動機，共生產242架；1974年首架機在台灣裝備完畢，目前為空軍部隊的訓練任務機

介壽號教練機
1968-1982年

由台灣航空發展中心自行製造的輕型教練機，使用O-320-E2A往復式發動機；截至1974年共生產58架，為空軍官校學生初級飛行教練機，於1982年除役

AT-3教練機
1980年起

由台灣航空發展中心自行研究設計與製作，使用TFE-731-2-2L渦輪扇發動機；首架在1980年出廠、共生產63架，空軍官校在1985年換裝作為高級飛行訓練使用迄今

中型運輸機
1972年

由台灣航空發展中心自行設計，採高機翼設計，使用2具T-53-L-701A型渦輪螺旋槳發動機；因未來兵力需求以自行研發噴射機為目標，最後並未量產，但也為後續研發噴射機奠定基礎

IDF型經國號戰機
1992年起

由台灣航空發展中心研發自製的高性能防禦戰機，使用2具TFE1042發動機；1988年首架出廠，共生產130架，於1992年移交空軍使用，主要任務為空對空、空對面作戰，武器系統配備自製天劍一型、二型飛彈，為捍衛台海安全主力機種

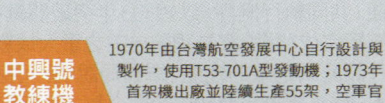

中興號教練機
1973-1993年

1970年由台灣航空發展中心自行設計與製作，使用T53-701A型發動機；1973年首架機出廠並陸續生產55架，空軍官校於1976年起用於飛行訓練，於1993年除役

AJT勇鷹新式高教機
2023年起

國防部2016年7月宣誓國機國造決心，2017年2月7日啟動新式高教機自研自製；預計2023年起交機、2026年以前生產66架

前尚未有汰除的時間表。

另外，原飛行指揮部指揮官由空軍官校少將副校長擔任，但因獨立升格為飛行訓練指揮部之後，空軍官校副校長一職調整為上校，飛行訓練指揮部指揮官則為少將編階。

勇鷹號的設計理念，結合了高教機、部訓機的雙重用途，填補未來AT-3高教機、F-5部訓機除役後的機隊戰力，同時，也能將兩種用途的訓練任務整合為一機型，可以減少一次的換訓時間，提升教學及訓練成效，加速戰力獲得。

F-5戰機交棒　守護台海逾47年卸任

空軍F-5E/F戰機守護台海空防逾47年，隨勇鷹高教機漸漸到位，F-5已正式解除戰備任務，而當年為假想敵中隊而生的「匪空優」、「匪地優」塗裝，也正式走入歷史。

F-5E/F是台灣第一款自行組裝生產的噴射戰鬥機，由空軍航空科技研究發展中心（漢翔前身）與美國諾斯洛普公司合作（Northrop Corporation），第1架於民國63年出廠，命名為「中正號」，國軍F-5E/F機隊一度超過300架，曾是全球最大用戶。

60年代駐台美軍指導引進台灣的「假想敵46中隊」，有台灣版「捍衛戰士」（Top Gun）美譽，主要任務為對中共各型戰機進行戰術戰法研究與反制，並模擬訓練及對抗。因此F-5E/F戰機除有虎斑、一般空優塗裝外，也有模擬共機的「匪地優」、「匪空優」等塗裝的出現，藉由仿真敵軍塗裝讓飛行員更有帶入感，尾翼則漆有第7聯隊46中隊隊徽，以及用紅漆來塗裝機號、機尾序號。

空軍人士提到，因科技及機種性能進步，加上花蓮空軍基地第17作戰隊成員多來自美國受訓回台飛官，假想敵任務已交由17隊擔負，除例行訓練與作戰任務外，也取代當年46中隊工作，負責擬定應對包括殲20在內等中共戰機的戰術戰法，並在適當時機配合主力部隊演練。

軍方人士告訴中央社記者，F-5戰機113年底解除戰備任務，後續僅保留部分RF-5作為偵照機，並與F-16V搭配進行偵照任務，待MS-110新式偵照莢艙、MQ-9B無人偵察機抵台，以及國造無人機陸續投入戰備任務後，RF-5偵照機將汰除。

105公厘輪型戰車具獵殲功能
展現國軍自主研發成果

雲豹八輪甲車為國車國造代表，其雲豹家族已在國軍服役的車款有CM-32、CM-33、CM-34等，由軍備局、中科院研製的105公厘輪型戰車（戰砲車）D2樣車於民國113年6月25日首度亮相，通過50%正斜坡（26.6度）、30%側斜坡（16.7度）、波浪路面、高速煞停等測試，顯示其性能無虞。

現場並展示500公厘厚度的鋼板，遭戰砲車在2,000公尺外以105公厘脫殼穿甲彈貫穿的實品，顯示戰力無虞；D2樣車砲管也已實彈驗證400枚砲彈，單一砲管壽命共可發射約800至1,000枚砲彈。

國防部軍備局獲得管理處長李健青少將表示，台灣的地形屬於南北狹長的地形、四周環海，共軍可以由任何的沿海地區登陸，國軍現役戰車都是屬於履帶型戰車，不利運用在海岸、沙灘與河川地形，而輪型戰車最高時速可達每小時100公里以上，快速機動為履帶戰車的2倍以上，可以適用在沙地、河川及城鎮作戰，滿足現有作戰需求。

軍備局於108年至112年打造2輛（D1、D2）樣車，112年2月2日完成研發測評，執行「行進間射擊」等42項測試、合格項目40項；隨即於112年8月18日完成初期作戰測評，共執行主次91項，結果為合格。國防部強調，105公厘戰車為國內首次研發，結合兵監專業充分溝通，共同執行測評，以短短5年突破關鍵技術瓶頸完成開發，實為國防自主之重大成就。

關於戰砲車的性能，軍備局說明，可搭乘4人、時速達每小時100公里以上；砲塔系統採雙軸伺服穩定可行進間射擊；觀測系統具備全天候作戰能力，可在2,000公尺外辨識車輛、1,200公尺外辨識人員。

針對砲塔的研製，軍方強調，「從砲管到砲塔，國內已有能量自製」，由於與現行M60A3、CM11戰車的砲管口徑一致，因此未來彈藥亦能共用。

廣告

整合區域資源
深化服務照顧

擴增長照量能
優化智能照護

職訓接軌產業
務實促進就業

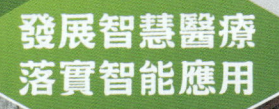

發展智慧醫療
落實智能應用

事業運用科技
促進永續經營

國軍退除役官兵輔導委員會
Veterans Affairs Council, R.O.C.

24小時服務專線：(02)2725-5700
免付費服務電話：0800-212-154、0800-212-510
(服務時間：星期一至星期五08:00~17:00)
機關地址：11025臺北市信義區忠孝東路五段222號

更重要的是，台灣研發的戰砲車與對美採購的M1A2T戰車一樣，具獵殲功能，車長可以在目標賦予並經射手識別目標後，隨即進行新一輪的搜索，達到循環接戰目標，提高攻擊效率。

不過，因樣車的高度為3.3公尺，但陸軍要求須在3公尺以下，同時進行砲塔內部配置微調，國防部預計114年完成D3樣車產製及驗證，以滿足軍種作戰需求。

雲豹甲車裂紋改善　防彈功能無虞

據國防部預算書與預算解凍報告，國軍自民國95年至112年編列新台幣611億餘元預算，量產683輛雲豹八輪甲車，分別為CM-32指揮車與CM-33戰鬥車，以及CM-34 輪型戰鬥車。CM-32與CM-33已在106年底全數解繳完成，CM-34 分別交付陸軍及憲兵部隊，最後一批於112年底前撥交給花東地區的陸軍部隊。

不過，陸軍於112年7月實施主官裝檢時，發現雲豹八輪甲車因部分銲接不良產生裂紋，經全面清查，並要求合約商中鋼機械公司（鋼板製造商），協請第三方公正單位金屬工業研究發展中心，執行車身鋼板物理性檢測，發現因部分焊接不良等因素，以致產生裂紋，即執行改善作業。截至113年8月1日止，完成2輛車身前斜板全新更換及48輛著陸板裂紋焊補修復，防彈功能無虞。

賴總統首度主持將官晉任典禮
重申互不隸屬主權不容侵犯

總統賴清德民國113年8月8日出席國防部「113年上半年陸海空軍晉任將官勗勉典禮」時重申，中華民國和中華人民共和國互不隸屬，堅持主權不容侵犯併吞，而國軍必須與時俱進，因應時代的變化，提供官兵最佳的訓練，不斷精進戰力。這是賴總統上任後首次出席晉任將官勗勉典禮。

113年1至8月共有31名將官晉任（24名晉任少將、7名晉任中將），其中晉任少將的馬防部政戰主任朱蕙芳是國軍現役第5位女性將領，海軍131艦隊艦隊長劉勝山是首位原住民阿美族海軍少將。

賴總統指出，近年來，中國對台灣的文攻武嚇不斷，經常無預警地在台海周邊進行大型演習，對區域局勢帶來不穩定的影響，台灣身為國際社會負責任的一員，會不卑不亢、維持現狀，致力維護區域的和平穩定，永遠堅持自由民主的憲政體制，堅持中華民國和中華人民共和國互不隸屬，堅持主權不容侵犯併吞，堅持中華民國台灣的前途必須由2,350萬人決定。

賴總統說，因此政府推動國防改革，恢復1年期義務役，也透過國防自主與軍購並行的方式，充足武器裝備，這些成果在7月的漢光演習進行驗證，政府目的就是要打造一支鋼

▲輪型戰車適用在沙地、河川及城鎮作戰，滿足現有作戰需求。

▲總統賴清德（前左2）致詞結束後，逐一與晉任將官握手寒暄。前左為國防部長顧立雄。

鐵勁旅，能夠以實力確保國家的生存發展，維護人民的生命財產安全。

賴總統說，在人工智慧時代，無人化智慧型去中心指管，多軍兵種聯合的擊殺鏈等，都是未來國軍要加強，也是要克服的挑戰，這一點在俄烏戰爭和以哈衝突都可以清楚看見，國軍必須與時俱進，才能夠打造堅實的戰力。

另外，國防部112年下半年共有26名陸海空軍將官晉任（19名晉任少將、7名晉任中將），晉任中將者包括陸軍政戰主任史順文、憲兵指揮官鄭禎祥等。

蔡賴聯袂見證雲林艦交船
傳承推進國艦國造

總統蔡英文與副總統賴清德民國113年3月9日出席在台船高雄廠舉行的海巡署雲林艦交船、台北艦命名典禮。相關人士表示，前後任總統共同了解國艦國造成果，行程具有傳承意味，盼讓國艦國造產業面、國防自主繼續推進。

蔡總統在典禮中致詞表示，雲林艦及台北艦是海巡署擁有噸位最大的艦型，將帶給海巡更堅強的力量，也代表著「國艦國造」的腳步持續向前邁進。巡防艦都配置手術室及負壓隔離病房，大幅提升海上醫療救難任務的能量，也代表台灣能在國際人道的緊急救援中，提供更多的援助。

蔡總統與賴副總統同登上「雲林艦」視導，並在典禮結束後，在台船董事長鄭文隆陪同下，兩人轉往台船小塢，視導正在進行泊港測試（HAT）的海鯤號潛艦。

慶祝國家海洋日
賴總統高雄主持雲林艦成軍

慶祝第5屆國家海洋日，總統賴清德民國113年6月15日南下高雄港主持4,000噸「雲林艦」成軍典禮，賴總統感謝中央、地方共同努力，繼續發揚發揮海洋國家、海洋城市優勢，讓台灣迎風起行，在通往世界的偉大航道上，走得更遠、更穩，也走得更精采。

賴總統指出，這幾年推動國艦國造，打造自己的船艦，強化台灣海域巡航能量，從107到116年之間，總共打造141艘新式海巡艦艇。「雲林艦」就是現役及建造中海巡艦最大型的4艦之一，提升海空搜救能力，擴大海域巡

▲總統蔡英文（第1排左8）、副總統賴清德（第1排左7）、國安會秘書長顧立雄（第1排右7）及高雄市長陳其邁（第1排右6）等人出席海巡署雲林艦交船典禮。

護範圍,並讓台灣在海上人道救援貢獻更多力量。

另外,《海洋產業發展條例》完成立法,《海洋污染防治法》已修正通過,《海洋保育法》也通過立法院初審程序,將持續努力讓海洋法治更加完備。

賴總統表示,人工智慧時代已經來臨,許多國際級科技達人來到台灣,而高雄市做足準備,亞洲灣區要變為「AIOT的園區」,一定可以帶給高雄未來繁榮發展力道,寄望高雄成為南台灣,甚至整個台灣下個階段發展另外一座引擎力量,帶領南台灣前進,並促進台灣經濟發展,「要跟高雄市市民恭喜」。

政府推行「國艦國造」政策,編列新台幣426億餘元,支持海洋委員會執行「籌建海巡艦艇發展計畫」。「雲林艦」是海巡署繼嘉義艦、新竹艦後,第3艘4,000噸級巡防艦,也是海巡噸位最大艦型,113年3月交船,配置南部地區機動海巡隊。

「雲林艦」可承受10級強風,續航力1萬浬,配有3組射程120公尺高壓水砲,執行海上驅離任務。船艦上設有手術室、負壓隔離病房,專業醫療設備相當野戰醫院醫療艙間;可和內政部空勤總隊配合,提供直升機起降,利用直升機甲板進行傷患後送吊掛作業。

首批高效能艦艇全數交艦
蔡總統:證明台灣自主造艦能量

龍德造船公司於民國113年3月26日在蘇澳商港12號碼頭舉辦「高效能艦艇安江、萬江軍艦」交艦典禮,象徵第一批6艘高效能艦艇正式全部交付海軍。總統蔡英文致詞表示,安江及萬江的交艦作業從原訂的114年提前完成。這些成就證明台灣自主造艦的能量,以及守護民主、自由的決心。

蔡總統致詞表示,4年前她將第一艘高效能艦艇命名為「塔江軍艦」,其中的「塔」字,象徵「國艦國造」只要堅持到底,就會積沙成塔。

蔡總統說,政府過去這幾年堅定落實國防自主,台灣自製的艦艇一艘接著一艘命名、下水、交艦,速度愈來愈快。像是110年,塔江軍

▲龍德造船公司在蘇澳商港舉辦「高效能艦艇安江、萬江軍艦」交艦典禮,總統蔡英文(前左2)與國防部長邱國正(前左)閱兵檢視國防自主成果。

艦通過作戰測評、順利成軍之後,高效能艦艇的優異性能獲得國際認同。而她月初也參加了海巡嘉義級巡防艦第3艘交船及第4艘的下水典禮。

蔡總統指出,高效能艦艇不僅具有匿蹤性、航行穩定性,更是海軍首型,具備防空能力的小型艦艇,現在第一批6艘艦艇全數交艦後,除取代即將汰除的錦江級巡邏艦,提升艦艇性能,也讓海軍弟兄姊妹在執行勤務時,有更安全的工作環境。

蔡總統感謝中科院及龍德公司的團隊共同打拚,帶動「國艦國造」相關產業升級,也促進國防科技發展,讓台灣國防戰力和韌性持續提升。

海軍高效能艦艇　隱形匿蹤設計火力強大

負責建造的龍德造船董事長黃守真致詞表示,海軍高效能艦艇突破傳統框架,採用穿浪雙船體的創新設計,具有船速快的特性,滿載最大船速達到40節以上,且吃水淺可以靠泊台灣沿海的漁港,具有隱形匿蹤設計不易被偵測,有前瞻性的自動化及數位化系統,且火力大、戰力強。

黃守真指出,高效能艦艇是當今世界上同級艦艇中,火力最強大、最有戰力的艦艇,在不對稱作戰可以實施蜂群飽和攻擊,也是航艦殺手,高效能艦艇是海軍自主設計,由民間造船廠建造的量產型艦艇,建造期間經歷長達3年疫情以及俄烏戰爭,引起供應鏈斷裂的嚴苛環境考驗下,第一批6艘全部如期、

如質、如預算,順利完成交艦,是國防自主、國艦國造政策的最佳典範。

海軍首批高效能艦艇分別為「塔江軍艦(舷號619)」、「富江軍艦(舷號620)」、「旭江軍艦(舷號621)」、「武江軍艦(舷號623)」、「安江軍艦(舷號625)」及「萬江軍艦(舷號626)」。這6艘高效能艦艇配備雄風反艦飛彈12枚、76快炮及方陣快炮,更配備由中科院研製的海劍二防空飛彈,具備對空、對海攻擊能力。

▲萬江軍艦具備機動高速、航行穩定、匿蹤及火力強大的特性,可肩負制海作戰任務。

國防部五年兵力整建計畫 秉持創新不對稱

依國防部《五年兵力整建及施政計畫報告》,未來兵力整建方向秉持「防衛固守、重層嚇阻」軍事戰略指導,致力強化國防戰力與韌性,並將無人系統及先進科技研發運用列入整建重點,秉持著「創新、不對稱」的防衛作戰思維打造堅韌國軍。

國防部民國113年8月30日將《五年兵力整建及施政計畫報告》隨同《民國114年度國防部預算書》、《113年中共軍力報告書》等送抵立法院。

據國防部報告,5年兵力整建重點分為「國防自主」、「對美軍購」兩部分,在國防自主方面,包括籌獲陸劍二野戰防空系統、提升劍龍級潛艦戰鬥系統及籌獲新一代潛艦等建造中的大型軍備,以及雄昇飛彈等遠距精準武器,此外還有籌獲劍翔反輻射無人機與自研自製的反制系統。後備部隊裝備提升與軍陣醫學培訓設施也被列為重點。

對美軍購方面,報告指出,包含籌購近年交付的拖式2B飛彈、高高空無人機、愛國者三型防空飛彈、魚叉飛彈海岸防衛系統及長程潛射重型魚雷、新一代戰術區域通信系統等。

為強化陸軍反登陸打擊範圍,無人系統是5年兵力整建不可或缺的一環,國防部於《民國114年度國防部預算書》自113年執行至115年編列115億3,640萬餘元籌購無人機,除委託中科院研製多款軍用無人機,也向美軍購無人機,包括第15波軍售的無人機彈簧刀300型及ALTIUS 600M-V,共計畫籌購人員殺傷型685架、反裝甲型291架。

前飛彈指揮部計畫處長周宇平指出,5年兵力整建重點即是對敵方的武器系統布建破解戰略,參照俄烏戰爭無人機的偵查跟攻擊方式,設想未來無人機科技的提升,將會衍生出不同的戰術戰法。

海軍重層嚇阻 國造潛艦量產計畫持續進行

依循兵力整建方向「防衛固守、重層嚇阻」軍事戰略指導,潛艦戰力可讓台灣海面防線再向外推進、擴大海上縱深,達到台灣軍事戰略中的「嚇阻」效用。國造潛艦海鯤號已進入泊港測試,預計114年底交艦。根據國防部114年度公開預算書指出,潛艦後續艦在114年度預算僅20億元,但115年起開始邁入高峰,單年執行170億餘元,並在120年單一年度達到執行321億餘元。

海軍參謀長邱俊榮中將在9月10日國防部記者會上證實,國造潛艦後續7艘量產型建造順序,原本由「3+2+2」改為「2+3+2」方式分批籌獲,逐步迎接新戰力。

此外,海軍自106年至110年共編列9億1,777萬元籌建4艘快速布雷艇,由龍德造船公司建造,4艘快速布雷艇均已成軍。海軍為縮短布雷作業時效,提高對敵航渡威脅,有效對抗兩棲進犯,自114年起至116年共編列18億餘元,籌獲快速布雷艇後續艇6艘。

海軍指出,快速布雷艇後續艦有助於執行防禦性布雷及封港布雷,提高對敵航渡威

脅，以嚇阻、阻滯兩棲攻擊行動，為國軍創造有利契機，有效對抗兩棲進犯，達成聯合防衛作戰有利態勢。

提升後備戰力
國防部採購新式步槍及手持無線電機

國防部《五年兵力整建及施政計畫報告》將提升後備戰力列為重點，據此陸軍司令部統籌建案籌購「新式步槍」及附屬裝備，以及「手持無線電機」。

新式步槍採購案共編列81億656萬4,000元，執行期程為114至118年度，計畫籌購新型步槍及附屬裝備；後備部隊手持無線電機補充案，全案計需7億6,713萬餘元，執行期程為114至117年度，計畫籌購單頻手持無線電機、雙頻手持無線電機、無線電顯控平台、無線電管理系統及基地段測檯等。

陸軍司令部指出，至113年全軍T91步槍服役已逾19年，綜觀世界各國步槍均已廣泛使用瞄準鏡、戰術握把、雷射模組等系統化裝備，但國軍僅使用傳統機械式準硯，無其他輔助套件，已不敷未來戰爭趨勢，需汰換為精度高、可快速射擊的步槍，以有效增加各類型部隊及單兵戰鬥能力，進而提升國軍整體戰力。

針對後備部隊手持無線電機補充案，陸軍司令部指出，為結合防衛作戰需求，須建構一支能「立即動員、立即作戰」的後備部隊，國軍各類型後備部隊應完整配備通信裝備，以確保後備部隊戰力有效整合與戰力發揮。

軍備局打造T112新式步槍
射擊距離精準度大幅提升

為提升後備戰力，國防部計畫淘汰國軍現役T91步槍，並於《民國114年度國防部預算書》編列81億元預算，分5個年度籌購8萬6,114把新式T112戰鬥步槍，依部隊需求配發單兵光學、內紅點瞄準鏡等裝備，規劃114年至118年分批撥交陸軍及憲兵等單位。

T112新式步槍由國防部軍備局研製，10月9日公開展示性能。相較T91步槍，T112步槍射擊距離從400公尺提高到600公尺，槍管壽限也從6,000發提升到1萬發。在射擊精度方面，T91步槍為100公尺、14公分的散布面，T112步槍為100公尺、9.8公分散布面，說明官強調射擊精度有效提升「從手掌提升到掌心」的大小。

此外，由於T112採雙邊設計（例如雙側拉柄等），使其可左右手快速變換射擊，在進行限制空間戰鬥（CQB）時更具彈性及機動性。T112的護手也改變為鋁合金的多功能護手，具有戰術滑軌，可依作戰需求搭配各式瞄準具、握把，增加配件擴充性。若加裝光學瞄準鏡，於城鎮戰訓練的狹窄昏暗環境中也能發揮戰力。

在射擊模式方面，T91為單發、三連發及全自動，T112則是單發、二連發及全自動。原因在於，根據美軍戰場經驗，步槍三連發在射擊效應性上，第1發與第2發的彈著可控，但第3發彈著散布面大過預期，徒增彈藥消耗，因此T112改為二連發，是兼顧連發射擊效益與穩定性的設計。

▲國防部軍備局113年10月9日展示新式T112戰鬥步槍。

中共對台威脅態樣
軍機艦逼近12浬列高強度威脅

國防部民國113年8月30日發布《113年中共軍力報告書》，指出中共尚未完全具備全面犯台的正規作戰能力，因此以對台進行聯合軍事威懾、聯合封鎖及聯合火力打擊為主要選項，但中共為達成徹底解決台灣問題，將

持續強化「聯合登島作戰」整備。

國防部在報告中強調,中共有多項軍事行動顯示其不放棄武力犯台意圖,包括近年中共國防預算持續增加,推動各項新式裝備研製與部署,派遣機、艦頻擾台,除擴大各軍種參演兵力外,襲擾區域延伸至台灣西南與東部海、空域,以驗證聯戰指揮機制。

113年5月中華民國第16任總統就職後,中共發布「聯合利劍-2024A」演習,是中共首次派遣海警船在我國東部海域,進行海上巡邏及模擬攔截演練,意圖阻斷我對外交通航道及形成包圍態勢,加強對台威懾力度,影響台灣軍民士氣。

報告書詳列低強度、中強度與高強度三種對台威脅態樣。低強度威脅為共軍於中國東南沿海、中線以西,進行常態化演訓及襲擾活動,中強度威脅為共軍派遣機、艦逾越海峽中線,並強化「灰色地帶」手段對台灣進行襲擾。

高強度部分,包括中共在台海周邊開設禁航區,海、空兵力採「分區同時」進入台灣應變區,企圖封控台灣對外交通航道;火箭軍部隊及遠火部隊進行實彈射擊及彈道飛彈試射,刻意飛越台灣領空;航艦編隊於台灣東部周邊海域,從事「反介入/區域拒止」戰術演練;空中、海上載台迫近並對台灣模擬攻擊,以及共軍機、艦突入24浬持續定向台灣,抵近12浬,還有網路駭侵、設施癱瘓等等。

國防部指出,中共受限台海天然地理環境、登陸載具與後勤能力不足等因素,尚未完全具備全面犯台的正規作戰能力。然而共軍持續強化聯戰指管效能、加速頒發各體系作戰準則、建構新型作戰力量、發展新興軍工科技與戰具研發,國軍必須持續關注其戰力增長及對台威脅。

國防創新小組引進民間成熟技術強化不對稱戰力

國軍在民國113年2月1日效仿美軍成立「國防創新小組」,負責創新概念評估及引進民間成熟科技,同時積極與美方交流,在美方協助下,強化專業知識與人才訓練,分享創新技術

▲由中科院自行研製的戰術型近程無人飛行載具(UAV)。

運用成果,由國防部長顧立雄親自督導,目的是投資相對成熟科技項目,確保台海防衛的不對稱作戰優勢。

顧立雄7月10日赴立院外交及國防委員會,專案報告「國軍新成立類似美軍國防創新單位(DIU)後,對建軍整備有何革新作法及未來預期成效」並備質詢。

國防部在報告書中提到,現代科技與作戰型態快速變化,過去多由軍事科技引領商用科技的發展,但近期俄烏戰爭與以哈衝突則顯示,民間新興科技在推動國防創新方面,已發揮重要作用。

為因應戰場變化,以及建立強韌嚇阻戰力,國防部參考美國「國防創新單位(Defense Innovation Unit,DIU)」作法,成立「國防創新小組」,負責創新概念評估及引進民間成熟科技,協助提升整體防衛能量。

國防部提到,國防創新小組轄屬整合評估司,區分「創新作戰發展」、「產業調研評估」、「軍民科技應用」3組,後續將遴聘產學研組成專家群,提供諮詢及協助評估方案,確保符合科技水準與具體可行。

國防院副研究員舒孝煌對國防部成立的「國防創新小組」表示贊同,他指出過去軍方現職人員怕被批評,視接觸軍火商、產業界為畏途;但當前國防發展趨勢,若不和外界接觸,將無法得知科技趨勢,更不用說引進新概念,進而由部隊實際運用。

逢甲大學通識中心兼任助理教授紀東昀,

是研究軍事管理（Military Administration）的專家，他說美國先進國防創新單位（DIU）成立於2015年，主要目的是加速國防部與商業技術公司的合作，確保美國軍方能迅速獲取，並運用最新的商業技術，以保持在全球範圍內的技術優勢。

紀東昀表示，台灣軍工產業體系規模雖不若美國，但也是錯綜複雜。台灣軍工產業分為3大體系，一是中科院，二是國防部軍備局生產製造中心的兵工廠，三是半公股的漢翔、台船，以及無人機國家隊等民營企業。

紀東昀指出，透過成立國防創新單位，將能擺脫過去各種國防科研與生產案，都由中科院變統包商的情況，而讓國防部的創新單位直接面對各廠商，可縮短溝通路徑並提高效率，亦能從使用者角度主導開發與生產。

國防創新小組聚焦無人機系統
台灣目標加入國際供應鏈

顧立雄9月18日對外說明國防創新小組進度，在了解各軍種提出的需求後，將進一步評估，規劃集中在「無人機系統」、「反制無人機系統」及「人工智慧AI運用」。

顧立雄表示，國防創新小組已與美軍DIU成立對口並深度交流，了解美方能提供的民間科技發展狀況，並與美國商務部交流，討論是否能共同生產。顧立雄提到，共同生產後台灣可藉此成為國際供應鏈一環，且台灣在晶片等先進科技上擁有強項，加上美方現在強調「去中化、去紅化」，倘若各國能結合各自長處，這對台灣來說是相當大的機會。

拜登17次對台軍售　強化國防嚇阻力

美國國防安全合作署（DSCA）2024年6月18日宣布「攻擊無人機飛彈系統」對台軍售案，將出售台灣彈簧刀300（Switchblade 300）及Altius 600M-V等2款攻擊型無人機，合計至多1,011套，總價約3億6,020萬美元（約新台幣116.65億元）。國務院19日指出，這兩筆軍售將在2024年至2025年間交貨。

DSCA於台灣1月13日總統大選結束、台海局勢緊張之際，分別於2月21日宣布對台軍售，又在總統賴清德上任後的6月5日、6月18日，兩度宣告對台軍售。統計美國總統拜登於2021年1月20日就任以來，共宣布對台軍售17次，總金額76.84億美元（約新台幣2,456.7億元），包含9月16日宣布的「空軍開放式零附件修理回運」案，以及10月25日宣布的地對空飛彈系統（NASAMS）與AN/TPS-77、AN/TPS-78雷達系統。

國防部指出，攻擊型無人機（遊盪彈藥）近年來於實戰中成為戰術新選項，國軍採取軍購及國造同步併行籌獲，期能在全球產能受限的狀況下，加速完成戰力建置，結合各類機動精準飛彈，藉高低配比構建重層嚇阻能力。

根據美國國防安全合作署資料，彈簧刀300型遊盪攻擊飛彈系統具有打擊人員和裝甲目標的能力，由位於加州錫米谷（Simi Valley）的空境公司（AeroVironment）製造，軍售內容也包括101套SB300射控系統（fire control systems）。

具反裝甲能力的ALTIUS 600M-V攻擊式無人機配有可伸展式彈頭及電光／紅外線攝影鏡頭的遊盪彈藥，另也包括訓練式無人機、氣動集成發射系統（PILS）、充電器與附件、和技術支援。由位於亞特蘭大的新創軍工企業Anduril生產。

國防安全研究院國防戰略與資源研究所長蘇紫雲指出，彈簧刀無人機是美軍大量使用的無人機，約在2011、2012年左右就投入戰場，提供連駐阿富汗、伊拉克的部隊使用，彈簧刀300的飛行距離約10公里至12公里，提供連級在戰鬥層級使用。有了美軍透過實戰驗證的無人機，可以快速讓國軍提升不對稱戰力。

國防院副研究員舒孝煌表示，這2型攻擊型無人機也稱為「滯空攻擊彈藥」，符合不對稱作戰武器定義，不需要指管系統導引，甚至能協助國軍地面部隊的指管能力，以及增加地面部隊的遠距精準打擊能力，且透過軍售讓美方在對國軍進行訓練時，增進國軍對於同類型武器的作戰能力運用。

美台商會會長韓儒伯（Rupert Hammond-Chambers）以郵件回覆中央社詢問指出，他相信這兩批軍售案的項目可以在未來18個月

內製造完成，生產產能方面不是問題，這點在決定這些項目時已經考慮進去。

韓儒伯也透過聲明指出，美國核准出售Switchblade 300、ALTIUS 600M-V這兩款無人機給台灣，將大幅提升台灣擁有這類結合機動性與智能性的先進武器庫存，這些武器可以防禦外來的攻擊，也可以攻擊台灣海岸線外的解放軍軍備。

國防部強調，「備戰才能避戰、能戰才能止戰」，本案美方同意軍售品項，將具備偵蒐及即時打擊能力，可因應敵情威脅迅速反應。美國政府基於《台灣關係法》與「六項保證」，持續協助台灣提升不對稱作戰能力，台美雙方將持續鞏固安全夥伴關係，共同維護台海及印太區域的和平穩定。

台灣對美軍購攻擊無人機飛彈系統118年前完成交運

美國對台軍售685架人員殺傷、291架反裝甲的攻擊無人機飛彈系統，政府電子採購網民國113年10月15日公布2案的決標公告，得標廠商均為美國在台協會（AIT），履約時間均為113年9月27日起，截止時間分別為118年及116年。

拜登政府17次對台軍售

宣布時間	金額（美元）	項目
2021年8月4日	7.5億	・40門M109A6自走砲車 ・20輛M99A2系列野戰砲兵彈藥補給車 ・1套先進野戰砲兵戰術數據系統（AFATDS）
2022年2月7日	1億	・愛國者飛彈工程勤務（IESP） ・飛彈效能鑑測（FSP）計畫的設備與服務
2022年4月5日	0.95億	愛國者專案人員技術協助
2022年6月8日	1.2億	海軍艦艇零附件及相關技術支援
2022年7月15日	1.08億	陸軍車、兵及戰材零附件
2022年9月2日	10.96億	・60枚AGM-84L魚叉二型反艦巡弋飛彈 ・100枚AIM-9X Block II型響尾蛇空對空飛彈 ・偵蒐雷達後續維持案
2022年12月6日	4.25億	F-16戰機、C-130運輸機、IDF戰機系統備件、消耗品、配件及修復支援系統
2022年12月28日	1.8億	火山反戰車布雷系統
2023年3月1日	6.19億	AGM-88B及AIM-120C等2型飛彈
2023年6月29日	4.4億	「30公厘機砲彈藥」及「車兵材零附件二號訂單」等2案
2023年8月23日	5億	F16戰機「紅外線搜索追蹤系統21」（Infrared Search and Track System, IRST21）與相關設備
2023年12月15日	3億	迅安系統作業維持
2024年2月21日	0.75億	先進戰術數據鏈升級計畫與相關設備
2024年6月5日	3億	F-16戰機的標準備用和修理零件及相關設備
2024年6月18日	3.6億	無人機彈簧刀300型及ALTIUS 600M-V
2024年9月16日	2.28億	空軍開放式零附件修理回運
2024年10月25日	19.88億	・地對空飛彈系統（NASAMS） ・AN/TPS-77、AN/TPS-78雷達系統

新北義消義勇當先
救人水火當仁不讓

安康義消分隊協助搶救車子路火警

自聯合國於 1985 年 12 月宣布每年的 12 月 5 日為為國際志工日（International Volunteer Day），每年的這一天是全球各地對志工們付出貢獻進行感謝與表揚的特別日子裡，同時也希望藉這節日鼓勵更多人加入志工行列。誠摯邀請您一起來加入新北市義消團隊，成為保護我們家園及社區的一份子，為安全與希望而努力。新北義消是源自於對公共安全的熱忱，集體自願協助消防部門執行災害搶救、災害應變及緊急救護等工作。透過一項又一項的專業訓練，掌握基本的消防和急救知識，能在關鍵時刻伸出援手，一同保護民眾生命和財產的安全。我們不但將一己之力貢獻社會，也學習實用技能以備不時之需（不論是初期滅火、緊急救護或災害應急處置流程），更在一次次的訓練、活動及勤務之中建立友誼與聯繫；每一支義消隊伍都是一個多元組成的團體，來自不同背景的人聚在一起，共同學習與成長。在面對不同挑戰時。學會如何在壓力下作出快速反應，進一步提升自我價值，增強自信心和領導能力。

義消的工作是以己之所能，無私奉獻來幫助和服務他人，無論您是學生、上班族，或是退休人士，只要您有心，且符合資格條件，歡迎加入本市義消團隊行列：

1. 年齡：凡中華民國國民或依法領有居留許可之外國人、大陸地區 人民、香港或澳門居民，年滿 18 歲，10 年內無有期徒刑之宣判（過失及緩刑不在此限）。
2. 身體健康：具備一定的體能和健康狀況，能夠承擔義消的工作要求。
3. 責任感與團隊精神：對消防工作、社區服務充滿熱情，願意承擔相應的責任；樂於與他人合作，具備良好的溝通與協作能力。

我們的義消夥伴依據不同專業分工，分有下列幾款：
- 救災義消、特搜義消：
  ⊙ 以火災搶救及救助技能為主，協助現場消防人員危險性較高之工作。
  ⊙ 山搜、潛搜和無人機操作等機能型義消單位，因應各式特殊災難。
- 防火宣導義消：
  ⊙ 深入社區家庭從事防火、防災宣導工作。
  ⊙ 著重於火災預防之任務，防患於未然
- 救護義消：
  ⊙ 需取得EMT1（初級救護技術員）以上證照，在救護現場發揮急救智識及技巧，以利搶救生命。
  ⊙ 提供緊急傷病患到院前緊急救護。
- 企業義消：
  ⊙ 以維護企業本身廠區安全為主，作為強化型自衛消防編組。

為確保義消團隊能順利運作，加入須配合之後服勤的訓練及完善的裝備器材：
  ⊙ 專業訓練：提供進階型的專業訓練，包括消防知識、急救技巧、救災流程等，確保每位成員都能勝任工作。
  ⊙ 裝備支援：作為義消人員，您將獲得必要的消防裝備和制服，確保在執行任務時的安全和專業。
  ⊙ 持續進修：義消團隊會定期舉辦進修課程，幫助成員持續更新知識，提升技能，保持應對各種緊急狀況的能力。

作為義消人員，不僅僅是配合消防人員執行任務，更是在傳遞一種無私奉獻的精神。許多成功的救援故事背後，都是義消人員不懈努力的結果。不論是0403花蓮地震及後續餘震，不論是山陀兒颱風還是康芮颱風接連帶來的驚人雨量造成的災情，消防人員都在義消夥伴的配合及協助，得以迅速且安全的完成任務。過去更協助了復興空難、各式大小火災搶救、本市山域搜救以及沿海或溪流落水案件等，義消團隊在在作為災害現場的急先鋒。此等無私奉獻早已感動了許多人。

不少新進的義消人員也曾是被授予幫助的對象，面對過往的慘痛教訓，不但不會怨懟反而萌生想要幫助他人度過難關的志願，讓悲劇不再發生。安全的社區以及生活環境需要每一位市民的參與。無論您是想提升自身技能，還是希望為社會貢獻力量幫助他人，新北市義消總隊將會是您最好的選擇，一起攜手前行，為每一位新北市市民打造更安全的生活環境。

特搜義消協助滅火

救護義消協助大量傷病患現場

新北市政府消防局 廣告

美國政府於美東時間6月18日公告「攻擊無人機飛彈系統」對台軍售案，並展開知會國會程序。此次對台軍售彈簧刀攻擊無人機，含685架人員殺傷（Switchblade 300）及291架反裝甲（Altius 600M）2種型號。

其中「攻擊型無人機飛彈系統，人員殺傷型」，決標金額為新台幣17億4,228萬元，履約地點為桃園中壢及龜山、台中新社、高雄旗山及花蓮，履約時間自113年9月27日起至118年11月30日止。

另一決標公告為「攻擊型無人機飛彈系統，反裝甲型」，決標金額為35億3,522萬元，履約地點為桃園中壢及龜山、台中新社、台南白河、高雄旗山及花蓮，履約時間自113年9月27日起至116年12月31日止。

陸軍說明，現代及未來作戰型態發展，不論從戰略或戰術著眼考量，無人機已成現代化部隊「標準配備」的裝備，尤其以戰鬥部隊而言，更是防衛作戰中「創新、不對稱」的作戰關鍵戰力，因此，籌購符合作戰實需的「攻擊無人機飛彈系統」有其必要性。

人員殺傷型最大航程至少20公里、滯空時間高於20分鐘、重量3.27公斤，感測系統為光學及紅外線模組，藉迫擊砲型發射器實施軟發射；反裝甲型最大航程約440公里、滯空時間4小時、重量約12公斤，除具備情監暨標定、訊號情報、電子戰或通訊中繼外也可安裝尋標器，同時由陸海空等多元儎台發射。

川普盼台灣付保護費
國務院：台灣向來自費加強防衛

美國前總統川普2024年6月25日接受《彭博商業周刊》專訪時，談到美國經濟與台灣等議題，他稱台灣搶走晶片生意，認為台灣應該向美國支付保護費。此說立即引發議論。

美國國務院發言人米勒（Matthew Miller）7月17日回應川普的「保護費」說。米勒表示，台灣一直是自費加強自我防衛。台灣從美國購買價值數十億美元的軍備，支持了美國的製造業、工業和技術。

他說，台灣向美國採購軍備，不僅攸關區域安全，對美國的經濟也很重要。過去幾十年來美國提供台灣的安全合作，都是台灣向美國購買，不是美國做慈善。兩岸和平與穩定對美國、全球經濟都至關重要，任何導致台海不穩定的因素都有可能損害美國與全球的經濟。

記者問到為何近來會軍援台灣，米勒說，這反映美國對台灣的長期承諾。美國一直在評估提供台灣必要的防禦武器，讓台灣維持足夠的自我防衛能力，評估後也認為對台灣提供外國軍事融資（FMF）是合適的。

為防範並反制中共在台灣海峽的機艦頻繁騷擾，尤其是中共常

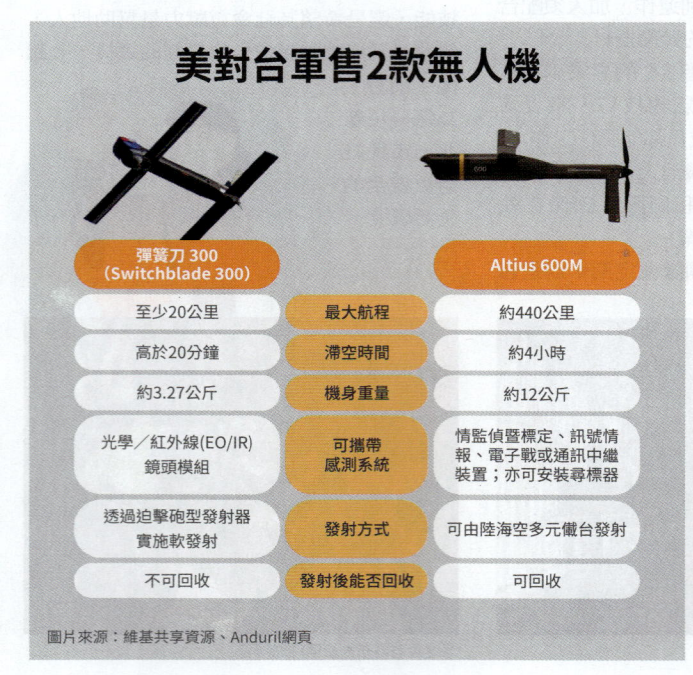

美對台軍售2款無人機

彈簧刀 300 (Switchblade 300)		Altius 600M
至少20公里	最大航程	約440公里
高於20分鐘	滯空時間	約4小時
約3.27公斤	機身重量	約12公斤
光學／紅外線(EO/IR)鏡頭模組	可攜帶感測系統	情監偵暨標定、訊號情報、電子戰或通訊中繼裝置；亦可安裝尋標器
透過迫擊砲型發射器實施軟發射	發射方式	可由陸海空多元儎台發射
不可回收	發射後能否回收	可回收

圖片來源：維基共享資源、Anduril網頁

態化的灰色地帶侵擾，造成台灣空軍機隊大量消耗，美國國防安全合作署更於9月16日宣布對台軍售「空軍開放式零附件修理回運」案。軍售內容包括飛機及相關設備備件的修理回運，美國政府和承包商提供的工程、技術和後勤支援服務，有助於維持台灣空軍各型機裝備戰備及妥善，加強台灣空軍防禦中共襲擾的能力。充分展現台美互信，落實對台安全承諾，及美國政府對台灣國防需求的高度重視，協助強化防衛與嚇阻能力。

拜登簽署5.67億美元對台軍援
學者：強化國軍戰場感知力

美國總統拜登2024年9月29日宣布提供台灣最多5.67億美元（約新台幣179億元）的防衛物資及服務，這是他第2度動用「總統撥款權」（Presidential Drawdown Authority，PDA）軍援台灣，也是史上最大筆軍援。首次是在2023年7月28日，提供台灣3.45億美元的軍事援助。

由總統援引《國外援助法》（Foreign Assistance Act, FAA）提供軍事協助，是美國外交政策的重要工具。早在俄烏戰爭2022年爆發之初，拜登政府就開始動用總統撥款權援助烏克蘭。相比軍售，須等待國防承包商生產，以總統撥款權批准的軍援，是從美方現有庫存提供給盟友，因此軍援品項的運交會更加快速。

白宮發言人尚皮耶（Karine Jean-Pierre）指出，軍援台灣的目的是為維持台海和平穩定。使用總統撥款權來支持台灣，是持續承諾幫助台灣維持足夠自我防衛能力的例子，也是拜登政府一直在持續努力的方向。這項軍援符合美國的一中政策，這個政策沒有改變，依然以《台灣關係法》、美中3公報、對台6項保證為指導原則。

美國《國防新聞》（Defense News）2024年9月20日報導，一位美國官員表示，這項安全援助將為訓練、庫存、反裝甲武器、防空和多域態勢感知（multi-domain awareness）提供經費，品項還將包括無人機，也就是不對稱戰略的關鍵。

針對多域態勢感知項目，前空軍飛彈預警中心指管長周宇平上校接受中央社訪問指出，所謂「多域」為例如預警機、地面或海上雷達，並將不同區域內的感知系統（雷達）進行整合，並建立多重路徑使其能夠藉由例如衛星等方式讓儀台間構聯，甚至不排除與北約Link-22數據鏈系統構聯。

周宇平提及，「衛星鏈結」對台灣來說相當重要，由於情報傳遞必須依靠衛星，若潛艦艦距離過遠，或執行城鎮作戰時遭建物遮蔽，恐導致通訊失聯影響戰力；而衛星是傳輸鏈路中最簡單、快速的一種方式，如何「即時傳遞」是國軍相當迫切的項目。此外，也應強化反制電子作戰，否則擁有再好的武器與儀台都沒有用。

周宇平表示，除了「即時傳遞」重要性外，亦有「時間同步」的課題待軍方克服，例如單兵的時間是否能與作戰中心同步，畢竟若發生命令延遲，不僅可能造成誤擊，也會衝擊指揮管制系統。

國防部智庫、國防安全研究院學者蘇紫雲指出，多域態勢感知指的是「3個實體」（陸地、大氣、水下或太空）及3個虛擬空間（電磁、網路及心理），而感知就是雷達等感測器數據鏈的傳遞，因此這次的軍援項目將強化國軍戰場相關偵測設備，特別是戰術通信領域或Link-16（國軍迅安系統）等。

蘇紫雲表示，此舉有助於提高預警能力，並增加戰場共同圖像、聯合作戰及指揮管制有效的兵火力等3大範疇；若以戰略及政治層面來說，台灣屢次獲得PDA，代表台灣已被視為非北約的盟國，意義不言而喻。

漢光40號演習
兩階段驗證聯合防衛戰力

國防部民國113年4月9日公布「漢光40號演習」於4、7月分兩階段實施「電腦輔助指揮所演習」與「實兵演練」，驗證三軍戰訓整備成效、聯戰指揮機制、部隊執行作戰計畫及軍民整合運作的能力。113年更將「交戰規則與國際法」列為驗證重點，訓練指揮官與部隊在武裝衝突威脅環境下，透過交戰規則培養決策與應處能力。

相比往年漢光演習具有展示性質，這次漢光40號演習採「無劇本」進行，強調「實兵、實地、實時」的實戰化訓練，並取消行之有年的假想敵部隊等創舉受到外界關注，參謀總長梅家樹因此於6月26日到立法院備詢，成為26年來第一位登上質詢台的參謀總長。

他表示，過往部隊習慣依階層行動，漢光40號演習則授權各級指揮官獨立執行任務，個別士兵也將收到不同的「接戰規則」（ROE），並於演習期間被隨時要求驗證，力求符合真實。

而4月19日至26日進行漢光40號「電腦輔助指揮所演習」，納入敵灰色地帶侵擾、對台封鎖及由演轉戰快速犯台等想定，依近年兵推研討所得指導，運用「聯合戰區層級模擬系統（JTLS）」推演平台，首度從5天4夜延長為8天7夜、連續24小時對抗演習。

梅家樹說明延長兵推演習的主因為，共軍從111年的聯合軍事行動，到113年的聯合利劍軍演，甚至他們在台灣周邊的「聯合戰備警巡」等威脅，已逐漸看出有「由演轉戰」的能力，很多專家學者都提出，這是一種「溫水煮青蛙」，或者不斷「切香腸」的戰術。

他指出，隨著中共戰力不斷增長，按照共軍攻台可能行動，漢光40號電腦兵推演習用了8天7夜，才有足夠時間把每一個階段扎實驗證。

漢光40號聚焦無劇本演練
本島採實兵不實彈

漢光40號實兵演習原定於民國113年7月22日至26日舉行，但因颱風凱米影響，提前一天半落幕。總統賴清德於7月初前往台中清泉崗基地視導空軍第三戰術戰鬥機聯隊，視察漢光演習任務前的飛機維保檢查，並首次為「國軍精神戰力專案教育」錄製勗勉談話，除勉勵國軍團結以赴，也說明台灣愛好和平，國防相關訓練是為和平、準備是為守護民主自由。

「國軍精神戰力專案教育」是自94年起，配合年度漢光實兵驗證前，為堅定官兵愛國信念、強化精神戰力，透過專案教育方式，讓全

▲國軍漢光40號實兵演習7月22日登場，總統賴清德（左3）23日視導花蓮空軍基地。

體官兵體認國軍建軍備戰的目的與重要性。113年係首次由總統實施精神勗勉。

參謀總長梅家樹上將則於7月11日赴蘇澳軍艦與官兵交流時表示，113年漢光演習取消「展示科目」，並強調「連續性狀況」而非單一項目操演。作戰不分晝夜，以往因風險而被簡化演練方式的夜間訓練，成為113年漢光實兵演習的核心項目。

漢光40號演習重點為驗證交戰規則、去中心化指揮管制、任務式指揮、取消紅軍（假想敵）及預演，聚焦全時段驗證戰力及夜間訓練等，採「本島實兵不實彈，外島實兵實彈」，同時聚焦「無劇本、實戰化」演練。在科目上，著重圍繞於中樞防衛的作戰計畫演練，以及全國各地關鍵基礎設施防護韌性的海陸空聯合演習。

不過，國防部發言人孫立方少將7月16日解釋，所謂的「無劇本」並非零預備，而是不讓官兵事先知道狀況，可以理解為有劇本但不劇透。

根據國防部公開資訊指出，演習進程可區分為「戰力保存」、「整體防空」、「聯合截擊

與反封鎖作戰能力」、「聯合國土防衛作戰韌性」等，除了國軍部隊操演與實戰化演訓，全社會防衛體系也將擴大驗證，113年的同心演習較112年增加25個參演單位，以及兵力2,032員，自強演習亦較112年增加11個參演單位，以及徵購徵用品項30萬5,294件。

中華戰略前瞻協會研究員揭仲指出，以往的漢光演習都會事先公布考題，導致部隊針對考題反覆訓練，反而對防衛作戰全貌或陣地位置，沒有太多重視；此次漢光40號的實戰化程度提升，科目設計採不縮時進行，也有許多夜間課目，要求部隊實際進入陣地，這些都比以往更貼近實戰。

憲兵華翠大橋演練橋梁檢管
阻絕敵特工突入台北

演習在衡山指揮所下達演習命令後正式展開，首日驗證「戰力保存」，為了防止開戰時重要軍事據點、關鍵基礎設施遭到癱瘓，駐防西部各型軍機緊急起飛前往花蓮佳山基地、台東志航基地的石子山「洞庫」進行戰力保存；海軍艦艇則出港前往海上指定疏泊區集結待命，海軍布雷艇並前往特定區域，在各關鍵航道防禦性布雷，遲滯共軍行動，海空軍機動飛彈車緊急機動前往特定地點待命警戒；陸軍也在包括所謂「紅色海灘」等特定區域架設阻絕設施。

同日，為防止共軍突入淡水河道侵犯中樞，陸軍53工兵群演練以M3浮橋車與突擊舟，在淡水河道設置油桶、攔截索、浮動平台共3道阻絕，確保中樞地區安全。

國防院國防戰略與資源研究所長蘇紫雲指出，「漢光40號」實兵演習最重要的是國軍在觀念文化的調整，其次才是戰術戰法的改變，此次53工兵群於淡水河道布放阻絕設置，就是工兵扮演戰場輔助角色，透過各種手段阻絕敵人，讓其他部隊以火力摧毀共軍。

蘇紫雲表示，現在都是使用各種簡易設施如油桶、浮球、漁網進行，未來可以考慮配置專業的器材進行河道攔阻、並結合既有的橋梁結構，部署水面與水下阻絕器材，更為簡易且有效。

為防範中共戰略支援部隊對台遂行電子戰，資通電軍也啟動一系列相關演練；全台後備旅上午同時動員編成，緊急召集全台後備官兵前往戰術位置集合，演練由後備部隊支援常備部隊等相關任務及臨戰訓練；特定據點展開「平封戰啟」科目，確保突發狀況來臨時，能夠發揮火力。

同時，為驗證台北衛戍區內聯外橋梁檢管及阻絕能力，憲兵202指揮部332營於深夜在華翠大橋實施「橋梁檢管暨錯假訊息處置」課目實兵演練，包含一年制義務役在內的憲兵架設阻絕設施，全面檢管人車，拒止敵特工突入衛戍區，對政軍中樞造成危害。

憲兵指揮部表示，此次演習驗證聯合作戰計畫可行性，並協同地區警力及民防團隊，共同執行橋梁與重要道路檢管作業，檢測部隊實戰化訓練成果。

賴總統軍服視察漢光演習
讓世界看見守護國家的決心

漢光第2日，總統賴清德搭乘專機親自視導，這是他就任後首度參與漢光演習，他第1站前往負責戰力保存的空軍佳山基地，F-16V演練潛力掛裝，基地也展示指揮機制運作。

第2站空軍花蓮基地，賴總統以軍服現身，視導大量傷患救護（TCCC）並模擬共軍打擊花蓮基地，官兵傷勢不斷，現場設立檢傷分類，針對傷勢狀況區分立即治療、簡易治療；也迅速啟動後送機制，透過實戰化演練，驗證戰傷救護的量能。

不過，因凱米颱風撲台，打亂演習節奏，導致後續演訓科目調整，空軍原訂在花蓮基地執行F-16、幻象2000、IDF等三型主力戰機起降及熱加油演練，基於安全考量部分取消，改執行戰備跑道開設項目。

不只本島操演逼真，同日離島金防部展開火力支援狀況演練，結合想定執行計畫火力射擊；馬防部則是在北竿展開關鍵基礎設施防護演練。

賴總統表示，113年的演習，國軍以三軍兵力現況，採實兵、實地、實時，從實戰的角度設計晝夜連續想定及輔助狀況，誘導官兵24

小時不間斷演練,著重三軍各級部隊共同執行作戰任務,驗證支援與被支援部隊採取聯合行動實施操演。

他說,看到參演官兵的演練成果與高昂士氣,對大家平時扎實訓練,隨時做好保衛國家準備的精神表達肯定,並期望在接下來的演習過程中,持續專注各項操演及訓練。

他強調,所有國軍弟兄姊妹,都是守護國家安全的重要戰力,他感謝大家的努力和付出,並希望能持續精進戰力,不僅讓國人安心,更讓世界看見台灣守護國家的決心。

颱風考驗　國軍轉換救災部隊迅速

漢光第3日,為防範中共部隊利用交通要道滲透破壞,憲兵於台北市復興北路地下道實施「橋隧檢管」課目實兵演練,由軍、警及民防聯合編組、部署,驗證關鍵基礎設施「中層阻殲」任務,強化戰時應變能量。

同日,受颱風凱米逼近影響,金防部原先的火砲實彈射擊,因為海面上有許多躲避颱風準備入港的船隻,為了安全考量只實施實兵操演。而陸軍馬祖防衛指揮部如期進行火砲實彈射擊,藉實戰化訓練,提升整體防衛作戰韌性。

馬防部指出,凌晨時分參演官兵進入各陣地備戰,依序進行裝備檢查、彈藥整補等射擊前準備,並依防衛部指揮所命令,運用M2式155公厘加農砲、105榴砲及120迫砲等各式火砲,於各據點、陣地對海、空域執行對空防護射擊、制壓作戰、灘岸火殲及防護射擊等課目。

因應凱米颱風侵襲,國防部於7月25日通令三軍部隊,中午12時結束漢光40號演習,各級部隊立即轉換任務,並協助地方政府進行災害防救。

國防部表示,雖有多項科目取消或調整為沙盤操演,但演習價值不在多寡,重點在於觀念上的改變才是核心,取消科目將在後續擇期驗證。本次演習著重「無劇本、實戰化」演練,作戰本就與氣象息息相關,因此遇到颱風也可視為演練一部分。國軍部隊遇颱風來襲轉換為救災部隊,也符合國軍所謂無劇本演練的一環。

7/22-7/26 國軍漢光40號實兵演習重點

無劇本實戰化演練	過往演習均事前知道「狀況」,並照本宣科執行;113年採「有劇本,不劇透」,部隊將臨時接獲統裁部下達的狀況,訓練應變及熟悉計畫能力。
本島實兵不實彈外島實兵實彈	考量今年為無劇本,若本島實施實彈恐有安全疑慮。
前2日下達戰前徵候	7月20日下達敵灰色地帶侵擾、集結等徵候,讓部隊開始進入「戰時情境」。
去中心化指揮管制驗證新版交戰規則(ROE)	演練部隊在通聯中斷時,依據交戰規則遂行獨立作戰能力。
取消紅軍(假想敵)	原兵歸原位,讓特戰、陸戰熟悉戰時戰術位置。
取消預演及部分展示科目	・取消預演讓官兵著重正式演習。 ・取消部分展示科目讓官兵務實針對實際狀況做演練。
24小時驗證戰力夜間訓練	敵人來犯不分晝夜,此次漢光將24小時不間斷訓練。
民眾「見軍率」將大幅提升	此次強調實戰訓練,參訓部隊將頻繁出現鄰里街道,以熟悉戰術位置。
服儀不整不會被懲處	官兵在演習間遭民眾拍攝並惡意上傳,不會被懲處。
1年期義務役恢復後首次參演	義務役男下部隊後,隨所屬部隊參與漢光演習。
著重雙北、台南及高雄防務驗證	屬攸關關鍵基礎設施、反登陸,及政經中樞防衛作戰。

海空精準飛彈射擊操演
驗證聯合作戰能力

為強化海、空軍實戰化訓練,海空軍「精準飛彈射擊」分別於民國113年8月20日至23日在屏東九鵬基地及東部海、空域展開,以實戰場景訓練各層級「去中心化運作」為重點,驗證聯合防空及制海作戰能力。

九鵬基地是國軍各式飛彈的測試與中科院廠房、設備所在地,這次的海空軍精準飛彈是自101年後,經過了12年軍方再次對媒體公開九鵬基地與精準武器射擊作業。

九鵬基地實彈射擊
愛國者、天弓飛彈精準命中

國防部長顧立雄上任後強調落實「實戰化」及「去中心化指管」。20日參加操演的防空613營及633營分別從中部及東部的駐地機動到戰力保存點,受令後連夜進駐屏東九鵬基地,進行愛國者飛彈系統、天弓飛彈系統的放列,完成發射準備。

軍方表示,兩型防空飛彈操演均為「反飛機作戰」,接戰距離約為30公里外,超越目視範圍;第1架靶機在清晨6時左右發射後,防空633營官兵受令展開接戰程序,雷達搜索到靶機後於6時20分發射第1枚愛國者二型飛彈。

第2架靶機發射後,由防空613營官兵受令展開接戰程序,並於6時55分發射1枚天弓三型飛彈攔截靶機。633營並再於7時28分左右發射第2枚愛國者二型飛彈攔截第3架靶機。3枚防空飛彈均順利命中靶機。

防空613營營長鄭詠儒中校表示,去中心化指管的操演,主要是考驗各飛彈連在獨立作戰時,連長的應變能力及指揮權責,這次操演與過去不同之處在於,以往參與操演的單位會先抵達九鵬基地整備,但此次的操演講求實戰化,各飛彈連在連長受命後,即刻執行機動作戰到達九鵬基地進行陣地占領,準備攔截目標。不但官兵感受到時間的緊湊,也考驗幹部指揮能力。

防空633營長黃亮瑜中校說,去中心化指管驗證飛彈部隊獨立搜索、識別、接戰目標的能力。633營這次以愛國者二型飛彈參與操演,部署了2個發射架,但是2枚愛國者二型飛彈都是從同1個發射架發射,黃亮瑜說,愛國者飛彈系統可透過電腦解算,以最優越的接戰成功率自動選擇發射飛彈的發射架,同時也驗證愛國者飛彈的全天候即時作戰能力。

此次操演除愛國者二型、天弓三型防空飛彈外,媒體報導傳出另有雄二E型陸攻飛彈、天弓四型等飛彈參與;國防部發言人孫立方受訪指出,國軍所有實彈射擊訓練,都是按照年度計畫執行,部分彈種的機敏、機密度比較高,所以不會針對特定彈種說明。

雄三反艦飛彈命中靶船

23日操演則由空軍幻象2000戰機、IDF戰機、F-16戰機射擊雲母飛彈、天劍二型飛彈及AIM-120中程空對空飛彈,驗證訓練成效。

國防部表示,凌晨海鋒大隊接獲命令,即派遣機動飛彈車車組,戰術機動至九鵬基地,全程由戒護兵力掩護,於陣地迅速執行射擊前整備,官兵以熟稔動作,完成飛彈車放列,待命射擊,「飛彈發射!」官兵運用指管、雷達系統,監控、搜索海面目標,鎖定後按下發射鈕,剎那間「雄風二型飛彈」噴出熾熱尾焰高速離架,朝視距外靶船飛去,展現精實訓練成果。

此外,國防部指出,海軍光六飛彈快艇22日也於東部外海,分別實施射擊及驗證海巡平戰轉換作業,確保戰時可有效納入國軍防衛作戰序列。

▲空軍於屏東九鵬基地實彈射擊愛國者二型防空飛彈,場面震撼。

空軍飛彈部隊首位女性旅長
高淑莉創下多個第一

特別的是,這次空軍「精準飛彈射擊」,安排空軍794旅旅長高淑莉上校擔任操演說明官。高淑莉111年底接任空軍防空暨飛彈指揮部第794旅旅長職務,是空軍防空飛彈旅首位女性旅長,更曾是國軍飛彈部隊第一位女性連長、營長。

104年高淑莉獲選十大傑出女青年,她接受軍聞社專訪時透露,89年自陸軍官校畢業選擇兵科時,毅然決定選擇砲兵,成為首位選擇戰鬥兵科(砲兵)的女性畢業生。

▲高淑莉上校為空軍防空飛彈旅首位女性旅長。

天馬操演實彈射擊拖式飛彈
新拖式2B儎台及發射器首度參訓

國軍「天馬操演」為年度重要演訓之一,於民國113年8月26日在屏東枋山登場,參與實彈射擊任務的是陸軍機步269旅反裝甲排等單位。新型拖2B飛彈發射車M1167抵台後第一次進行實彈操演,國防部長顧立雄視導時勉勵參演反裝甲官兵,「先求熟,再求準」。

步兵訓練指揮部副參謀長張友譯上校受訪說明,反裝甲部隊官兵平常僅能透過模擬器進行訓練,年度天馬操演不僅提供反裝甲官兵實彈射擊經驗,亦能藉由操演檢視駐地訓練成效,驗證受測官兵在處置作為、射擊程序的熟悉度。

國軍現有的拖式飛彈主要型號為拖2A,採直射方式攻擊,最大射程為3,750公尺,初速每秒67公尺,最大速度每秒311公尺,穿甲厚度102.5公分,採半自動導引射擊模式,同時具備機動性,可安裝於各型車輛或直升機上運用,善於摧毀敵方戰車等重型裝甲目標,是國軍用於反裝甲、反兩棲登陸的關鍵利器。

演訓射擊過程採新式裝備對距岸2公里、1.5公里標靶,共射擊17枚舊式拖2A飛彈,因有4發故障彈,因此射擊13發、命中10發,命中率達76%;為了驗證新型「M41A7 ITAS拖式發射系統」熱顯像及追描能力,新增夜間射擊科目,共射擊12枚拖式飛彈,命中率91.6%。

由於拖2A將逐步汰除,此次操演射擊的飛彈均為「屆壽」彈藥。國軍對美軍購拖2B新型號新式彈藥將於113年底前全數到貨,拖2B具「頂攻」能力,採用更先進無線導引,射程可達到4,500公尺以上,可強化反登陸、反裝甲本土防禦能力。

至於新舊款發射系統的夜射差異,副排長魏均霖士官長指出,舊款雖然也能外掛熱顯像儀,但新式裝備具有更良好的夜間成像能力,高解析度有利於在觀瞄、射擊過程中精確搜索並辨別目標。

▲國軍第四作戰區113年8月26日在屏東枋山靶場執行「天馬操演」任務,進行拖式飛彈實彈射擊鑑測。

中共圍台軍演
國防部:嚴密監控共軍動態

總統賴清德在民國113年5月20日的就職典禮演說,引來北京當局不滿,中共解放軍東部戰區於5月23日宣布,為懲戒台獨分裂勢力謀「獨」行徑,嚴重警告外部勢力干涉挑釁,於當天7時45分開始至24日,集結陸、海、空軍、火箭軍等兵力,在台灣及金馬周邊展開

「聯合利劍-2024A」演習,以恫嚇台灣,引起國際譁然。

美國國務院發言人透過電子郵件回覆中央社指出,美方已留意並關切解放軍在台海及台灣周邊進行聯合軍演的報導,中國的行為有升級風險,侵蝕數十年來維持區域和平穩定的長期規範。

這名發言人說,台灣的政治過渡是正常、例行的民主進程一環,中國不應藉此祭出挑釁或脅迫手段。美方對在該區域的現有兵力部署及運作充滿信心,以確保和平與穩定,並履行美國安全承諾。

國防部長顧立雄提出4項工作指導,第一時間成立應變中心,並在參謀總長梅家樹上將陪同下,在應變中心聽取敵情狀況後,交由梅家樹上將指揮。

梅家樹召開戰備指導會議,要求國軍在「備戰不求戰,應戰不避戰」的原則下,提出2點重點指示:第1點為加強聯合情監偵,提升各級應變指揮管制層級,掌握當前狀況,並有效應處各項威脅;第2點為各級維持常態危機應處,保持正常的戰備及偵巡演訓任務,視威脅程度調整戰備兵力數量位置,以及待命時限等,因應突發狀況處置。

國防部並指出,中共在台灣周遭海空域實施演習,很明顯就是針對中華民國的挑釁行為,這種行為顯然違反聯合國憲章,呼籲中共停止挑釁,避免肇生軍事誤判的風險。

就在共軍艦機全面向台海演習之際,賴總統23日下午前往桃園市龜山區的海軍陸戰隊66旅視察。他致詞時強調,面對外在挑戰與威脅,會持續捍衛自由民主的價值,守護區域的和平穩定,對國軍有信心。

海巡北部東部海域對峙、併航應對驅離共艦

國防部統計,自5月23日上午6時至24日上午6時止,偵獲共機49架次,其中35架次逾越海峽中線及進入西南空域,並偵獲共艦19艘次及海警船7艘次,持續在台灣周邊活動。

海巡署指出,共計派遣14艦、1船、61艇次協同國防部應處,其中北部機動海巡隊宜蘭艦約中午在彭佳嶼西北24浬處,跟中方548號軍艦(「益陽」號飛彈護衛艦)進行併航應對,並對其廣播驅離,之後中船向外轉向;另外,東部海域的2艦2艇也遭遇多艘中國軍艦、海警船,都採同樣對峙狀態。

值得注意的是,空軍在中共軍演期間,披露F-16V(blk20)透過AN/AAQ-33「狙擊手先進標定莢艙」(Sniper ATP,Sniper Advanced Targeting Pod)監控中共殲16、轟6型機的畫面,且在移動過程中仍持續標定共機,顯示強大的監控能力。

國防院學者舒孝煌指出,中共此次劃設的演習區域在台灣防空識別區內,逼近24浬鄰接區範圍,「挑釁意味濃厚」。

中華戰略前瞻協會研究員揭仲表示,從已公布的演習範圍與內容,可看出這是以武力犯台作戰各階段為場景的演習,且演習課目可能包括對外、離島的「封控作戰」,甚至是「近岸島嶼突擊作戰」,這是111年8月與112年4月的2次圍台軍演中,並未演練的項目。

微博公眾號「東部戰區融媒體中心」於24日發布約莫1分鐘的模擬攻台片段,以刺耳緊急動員警報聲開頭,隨即引入調度海空與火箭軍的畫面,一聲令下的嘶吼,卡接飛彈竄向天際和推進器隆隆聲大作的虛擬動畫。

海基與陸基飛彈和火箭相繼升空之後,動畫顯示,中共空軍的戰機和轟炸機也加入作戰行列,從空中陸續發射飛彈並從高空投射炸彈,最後的落點分別掉在台北、高雄與花蓮,輔以陷入火海的影像和高爆聲響。

據共軍東部戰區通報與官媒央視新聞報導,解放軍軍演首日,並未實彈射擊。香港《南華早報》23日報導,分析人士指出,藉由這次軍演可知,中共對台致力於圍困而非直接出兵,並自忖圍台不致使北京賠上高昂代價,又不致使台灣淪為焦土。

分析人士還說,諸如封鎖圍堵等強度弱於爆發戰爭的軍事行動,可降低華府遵照1979年生效的《台灣關係法》(TRA)規範而介入的可能,並有助於北京掌控局勢。

國安局:共軍對台演習趨常態化
欲建立台海新現狀

國安局則在送交立法院的書面報告中研判,共軍持續變化對台灣本島外島的軍事及

灰色地帶侵擾樣態，演習恐趨常態化，此次賦予「聯合利劍-2024」演習代號A，後續可能有B、C等系列演習。隨時序進入共軍年度演訓熱季，中共恐以國際挺台、片面聲稱台灣跨越「紅線」等藉口，結合法律戰及認知戰，實施複合式威脅，建立台海「新現狀」。

美國聯邦眾議院前議長裴洛西（Nancy Pelosi）111年8月訪台後，共軍也曾發動環台圍台軍演，當時因發射彈道飛彈穿越台灣上空最後卻落在日本專屬經濟海域，招致日本強烈抗議要求立即停止軍演。

中共軍演
美國務院罕見嚴厲回應「嚴重關切」

中國於美國前眾議院議長裴洛西民國111年訪台後實施對台軍演，美國譴責北京重大升級、毫無正當理由。在往後的軍演，美國最多只稱「深表關切（deeply concerned）」。113年10月14日中國再次軍演後，美國罕見表示嚴重關切，是裴洛西訪台後語氣最強烈的回應。

總統賴清德10日發表任內首次國慶演說，前美國在台協會（AIT）理事主席卜睿哲形容演說內容溫和，未多提中國威脅，盼北京正面回應。

前美國國安會中國事務主任杜如松（Rush Doshi）也說，國慶演說內容比就職演說更克制，但中共東部戰區仍在10月14日清晨宣布展開「聯合利劍-2024B演習」。

美國國務院發言人米勒（Matthew Miller）於美東時間13日晚間11時表示，美國嚴重關切中國人民解放軍在台海及台灣周邊進行的聯合軍演。中國以軍事挑釁作為回應台灣例行的年度演說，並無道理，還可能引發局勢升級的風險。

無論賴總統就職或是裴洛西在北京壓力下訪台後的軍演，美方回應中國都不曾使用超過「高度關切」的強度，如今使用「嚴重關切」，或許是因為美國國務院近日已兩度於回應媒體時呼籲北京勿藉機挑釁，時間點分別落在賴總統就職演說前、後。

中共東部戰區10月14日清晨指出，東部戰區組織戰區陸軍、海軍、空軍、火箭軍等兵力，位於台灣海峽、台灣北部及南部、東部展開「聯合利劍-2024B演習」，重點演練海空戰備警巡、要港要域封控、對海對陸打擊、奪取綜合制權等項目，檢驗聯合作戰能力，這是對「台獨」分裂勢力謀「獨」行徑的強力震撼。

前白宮國安會中國與台灣事務資深主任杜如松推文指出，賴總統雙十演說的措辭有所緩和。因此，中國軍演印證了無論台灣或賴總統怎麼做，中方都會升級局勢的觀點。「這不是一個明智的政策」。

共軍「聯合利劍-2024B」軍演範圍示意圖
時間：10月14日

- 2024/10/14 共軍「聯合利劍-2024B」軍演
- 2024/5/23-24 共軍「聯合利劍-2024A」軍演
- 2022/8/4-7 裴洛西訪台後共軍軍演

中國　東引　馬祖　烏坵　基隆　台北　金門　台中　花蓮　台灣　澎湖　台東　高雄　蘭嶼　海峽中線　領海外界　鄰接區外界　防空識別區

相較於前次軍演,中國海警在台灣以東海域展開綜合執法演練,這次是中國海警首次環台巡航。杜如松表示,如果這是未來中國海警於台灣周邊執法行動的前奏,將是重大升級的行為。

台灣國防部10月14日下午表示,13日便掌握可能發展並公布遼寧艦編隊動態,國防部長顧立雄、參謀總長梅家樹也主持應變會議,要求全軍官兵提高警覺,同時任務機艦依部頒接戰規則應對敵情。

國防部對中共不理性的挑釁行為強烈譴責,並依「國軍經常戰備時期突發狀況處置規定」派遣適切兵力應對,用實際行動守護自由民主,捍衛中華民國主權。

國防部指出,總統賴清德的國慶演說凸顯兩岸關係現狀,以及維護台海和平穩定與人民福祉的堅定意志;更倡議未來兩岸在應對氣候變遷與防疫等面向合作,共同追求和平共榮,均為正面與積極的主張,中共所謂「挑釁滋事」完全背離事實。

國防部提到,「加劇兩岸緊張破壞台海和平穩定」者,實為中共各項不理性挑釁行動;更不斷以恫嚇、威懾等手段,壓縮台灣國際生存空間。

國防部強調,面對敵情威脅,全體國軍官兵嚴陣以待,秉持「備戰不求戰、應戰不避戰」堅強意志,持續增強嚇阻戰力、深化官兵愛國信念,以建構可恃軍事力量及防衛韌性,有能力、有決心、有信心確保國防安全。

國安局:中共持續對台複合式脅迫多元手段認知戰

國安局則在10月5日送交立法院的書面報告中指出,中共在台海、東海、南海「三海」擴權引發國際反制,並整建台海沿海機場,藉由「聯合利劍-2024A」演習展現「軍警一體」迫台新架構,亦變換聯合戰備警巡模式對台施壓,14日再進行「聯合利劍-2024B」演習,謀展現震懾力。

國安局分析,中共持續對台複合式脅迫,520後加大對台複合式壓迫及統戰分化。軍事上舉行「聯合利劍-2024A、B」軍演,並首度納入海警編隊,執行「聯合戰備警巡」、發布攻台模擬動畫,謀以「文攻武嚇」增強威懾;經貿上對台展開「拉壓兩手」策略;外交上,扭曲「聯大2758號決議」等;法律上制頒「懲治台獨22條意見」等,意圖製造寒蟬效應,加大恫嚇邊獨力度。

針對統戰層面,國安局表示,中共為掌握兩岸關係主導權,採取區隔、分化策略,刻意營造「官冷民熱」氛圍,邀台灣基層、青年赴中,加大推動地方交流促銷及文化統戰工作,利用網路短影片等文宣品,包裝中共意識形態,混淆民眾認知。

中共4月進行軍改,獨立編成「網路空間部隊」,國安局指出,中共於網路戰領域積極整合與布局,持續擴張網路戰能量,同時加大收納民力,共同執行網駭活動,鎖定台灣中央、地方政府、高科技園區等高機敏,以及能源、交通等與民生相關領域,進行駭侵竊資或癱瘓破壞,對台灣網安形成相當威脅。

至於爭議訊息操作,國安局指出,中共在台灣「2合1」選舉後,加強運用網路水軍、異常帳號及AI技術等多元手段對台灣遂行認知戰,如在國防及外交議題上炒作爭訊,期加深民眾對政府不滿情緒。

在國防議題上,中共渲染兩岸戰力落差,另鏈結美國對台軍售延宕議題,持續散布「疑美論」爭訊;在外交議題上,則於國際擴大宣傳「一中原則」論述,謀貶抑台灣主權地位。

2024台北安全對話聚焦建構嚇阻能力的重要性

由國防安全研究院主辦的「2024台北安全對話」(Taipei Security Dialogue)於民國113年9月12日舉行,聚焦中國對全球威脅及台海安全。美國前駐聯合國大使克拉夫特(Kelly Craft)表示,波蘭購買M1A2戰車、AH-64E阿帕契攻擊直升機,並增加國防預算,讓俄羅斯知道他們不可能成功侵入鄰國。台灣應如同太平洋的波蘭,使自己成為無法被威脅的國家。

克拉夫特強調,她相信台灣有勇氣與決心抵禦中國的威脅,但重點在於應該確保中國永遠不會,也不敢威脅台灣,並清楚了解台

灣有能力、意願捍衛這座島嶼。她也對台灣有信心，確保台灣不會受到「零日攻擊」。

國防院董事長、一級上將霍守業致詞表示，國際局勢正處於動盪的時代，俄烏戰爭、以哈衝突、北韓試射飛彈等等，這些衝突與不穩定的背後，都可以看到威權國家的擴張。隨著中共在台灣海峽、南海與東海等灰色地帶持續襲擾，各界擔心印太區域與全球經貿、科技、供應鏈與安全秩序將面臨另一場衝突。

霍守業指出，期待印太及全世界愛好和平的國家，共同強化嚇阻能力與韌性，深化相互協調機制來維持和平與穩定，及以規則為基礎法治的國際秩序，抵擋威權擴張，避免印太區域及全球陷入戰爭浩劫。

霍守業表示，雖然嚇阻能力的建構有其代價與風險，但戰爭浩劫與威權勢力主導國際秩序可能帶來的衝擊，將遠大於嚇阻建構的成本，這也是「2024台北安全對話」目的所在。

此次對話邀請陸委會主委邱垂正開幕致詞，前美國駐聯合國大使克拉夫特、前澳洲國防、外交部長潘恩（Marise Payne）也應邀發表演說，並邀請美國、加拿大、澳洲、日本、韓國、菲律賓、印度、法國、捷克等9國20位專家學者，與國內專家學者進行深入對談。

2024台北安全對話
各國應聯手抵禦中國灰色地帶侵擾

建構全社會防禦韌性是近年政府國防政策重點。前日本海上自衛隊幕僚長武居智久表示贊同，他認為台灣若遭到中國入侵，美國與日本確實會幫助，但可能無法第一時間採取動作，因此台灣要有能力打消耗戰，直到美日馳援，這就是台灣所需要的韌性。

武居智久說明，韌性就是一個國家的安全脈絡，如同烏克蘭在俄羅斯侵略期間能夠讓民眾如常生活，台灣也必須建立戰爭期間政府可以穩定運作的韌性。

除了建構全社會防禦韌性，學者指出中國採取「灰色地帶行動」以及法律武器，試圖將台灣議題內政化，使美國和盟國難以第一時間介入台海衝突，因此學者建議台灣應與日本、菲律賓合作，阻止中國在各海域的灰色行動。

美國賓夕法尼亞大學當代中國研究中心主任戴傑（Jacques deLisle）指出，中國的法律戰運用的是一個中國原則，意在使國際認為台灣屬於中華人民共和國。

他說，中國長期以來試圖將兩岸問題定義為缺乏國際正當性的內部問題，例如中國近幾年將重點擺在聯合國第2758號決議，更有《關於依法懲治台獨頑固分子分裂國家、煽動分裂國家犯罪的意見》（懲獨22條）與《反分裂國家法》，試圖把台灣議題內政化。

戴傑指出，若北京成功，屆時台海開戰就會變成內戰，也會破壞美國或其他盟國干預衝突的正當性。

國防安全研究院訪問學人、前美國國防部中台蒙科長唐安竹（Drew Thompson）表示，美國不會在處於「灰色地帶」的情況下與中國開戰，而要戰爭開始才會與中國作戰，然而這條線在哪裡？在關鍵時刻至關重要。因為美國會需要花一點時間才能介入台灣的防禦，而中國會透過協商等方式去延緩美國的步調。這是中國擅長的做法。

▲「2024台北安全對話」9月12日舉行，各國專家齊聚台北探討民主國家維繫印太安全繁榮之道。

遠景基金會執行長賴怡忠則擴大至菲律賓與日本海域灰色地帶的討論。他指出，中國海警在釣魚台海域附近騷擾日本以及台灣的漁船，是值得注意的發展，在許多中國的海岸巡防灰色行動之中可以看到類似的行為模式。

賴怡忠指出，印太地區安全問題主要都來自於中國，因此台灣、日本、菲律賓應該聯合起來，共同遏止中國的灰色侵擾，而不是各自應對。若是讓中國持續按照他們的意圖，中國將持續擴大行動，直到入侵、攻擊。若想避免中國成功登島或入侵台灣，首先要有效阻止他們的灰色地帶作戰。

睽違22年
德國兩艘軍艦穿越台灣海峽

德國海軍巡防艦「巴登符騰堡號」（Baden-Württemberg）和補給艦「法蘭克福號」（Frankfurt am Main）於民國113年9月13日航經台灣海峽，前往參加環太平洋軍演。台灣海峽屬公海海域，美國、加拿大等各國軍艦為了宣示「航行自由」，定期通過台海，德國則是睽違22年後再次穿越台灣海峽。

外交部長林佳龍9月16日接見德國議員時表示，台灣海峽為國際水道，受《聯合國海洋法公約》保障，樂見各國捍衛台海自由航行權。

德國軍艦穿越台灣海峽引發北京抗議，中國外交部發言人毛寧13日表示，台灣問題不是航行自由問題，而是事關中國主權和領土完整的問題，認為「一些國家打著『航行自由』的旗號，挑釁和危害中國主權及安全」。

德國國防部長佩斯托瑞斯（Boris Pistorius）強調，德國軍艦的航行路徑完全符合《國際法》，佩斯托瑞斯進一步說明，依據氣候條件，德國艦隊選擇的是最短且最安全的航行路徑，因此通過此航道。

德國海事安全專家莫里茲布雷克（Moritz Brake）表示，中國的抗議顯示他們逾越《聯合國海洋法公約》，也超出《海事法》認可的範圍。這意味著，國際社會所堅持的價值正受到中國的挑戰。

布雷克說台灣海峽最窄的航道位置約86浬處，距離中國主權海域有12英里（約10.42浬），還有大約60浬是公海，而公海允許軍艦不受任何限制航行，無需公告也無需經過最近沿海國的批准。他強調，中國外交部的抗議言論讓人誤以為「事關台灣海峽主權」，實則中國意圖搶占海域空間，擴張自身的強權政治。

德國海軍軍艦航經台灣海峽具有重大意義，布雷克說，這是一個非常重要的象徵，讓世界知道「中國到底在那裡做什麼」，同時也表明「那裡不是孤立的」。

多國軍艦通過台海
反對中國改變現狀

民國113年美國海軍多次通過台灣海峽，勃克級驅逐艦芬恩號（USS John Finn）1月24日、3月5日穿越台灣海峽；4月17日美軍P-8A海神式巡邏機飛越台海；5月9日第七艦隊勃克級導向飛彈驅逐艦海西號（USS Halsey）例行性通過海峽。

此外，美國海軍勃克級（Arleigh Burke-class）飛彈驅逐艦強生號（USS Ralph Johnson）於8月22日例行性通過台灣海峽。第七艦隊在聲明中說，強生號例行性通過台灣海峽，行經的水域符合《國際法》的公海航行和飛越自由適用範圍。

聲明還說，強生號通過台海展現美國致力維護對所有國家航行自由的原則所作承諾，國際社會任何成員都不應該因恫嚇或脅迫而放棄自身的權利和自由。第七艦隊強調，美軍會在《國際法》允許的任何地方飛行、航行與執行任務。

國防院副研究員舒孝煌表示，強生號通過台灣海峽時，開啟船舶自動識別系統（AIS），讓各方能即時得知美國軍艦正在通過台海，除確保航行安全外，也帶有宣示台灣海峽不是中國內海的意味。

國策研究院執行長、成大政治系教授王宏仁表示，美國軍艦通過台灣海峽的目的，除了自由航行任務，也是要震懾中國，警告中國停止持續以軍機、軍艦對台灣進行不符合《國際法》規範的侵擾，而自由航行任務也是再次凸顯台灣海峽是公海。

113年除了美國與德國海軍軍艦穿越台海，還有荷蘭軍艦卓普號（HNLMS Tromp）6月7日航經台灣海峽，以及加拿大皇家海軍巡防艦蒙特婁號（HMCS Montréal）7月31日進行例行任務經過台海。9月25日，日本海上自衛隊的護衛艦「漣號」首次通過台灣海峽，同一日還有紐西蘭軍艦奧特亞羅瓦號（HMNZS Aotearoa）與澳洲軍艦雪梨號（HMAS Sydney），日、紐、澳3國軍艦經過台海前往南海舉行聯合演習。

10月20日美國「希金斯號」（USS Higgins）驅逐艦、加拿大「溫哥華號」（HMCS Vancouver）護衛艦由南向北聯袂航經台灣海峽，展現民主盟友維護台海和平的決心。各國軍艦通過海峽期間，國軍皆全程掌握周邊海、空域動態，確保狀況正常。

國防院國防戰略與資源研究所長蘇紫雲指出，近年已有美國、加拿大、英國、法國、德國、荷蘭、土耳其7國軍艦通過台灣海峽，加上日、紐、澳軍艦同一日通過台海，已經有10國軍艦通過台海，可說是前所未見，戰略意義象徵是在向中國傳遞台海和平訊號，反對中共改變現狀。

陸海空軍懲罰法三讀修正
悔過期間不計入役期與年資

為審慎處理官兵懲罰事件，確保懲罰制度更加公正，並兼顧軍紀維護與人權保障，立法院民國113年7月15日三讀通過《陸海空軍懲罰法》部分條文修正案，未來國軍因不當行為遭懲罰時，除人事懲罰外，財產懲罰將新增剝奪或減少退除給與，另紀律懲罰部分，悔過期間將不計入役期與年資。

《陸海空軍懲罰法》最早制定於民國19年，許多條文已經無法切合國軍的現實運作，又因洪仲丘案，軍法審判移轉至地方法院執行，113年國軍恢復一年制義務役，外界關注是否恢復軍事審判制度。為了有效維護部隊紀律，依法治軍，國防部自113年初開始積極推動立法工作。

本次《陸海空軍懲罰法》的修正版本大幅重寫，條文由37條變為79條。三讀條文參酌《公務員懲戒法》，將現行所列軍人應受懲罰的行為，區分為勤務上及勤務外2種類型。軍人在非執行勤務時的不當行止懲罰事由，條文皆有明文規定，如故意觸犯刑事法律、無故施用或持有毒品、酒駕，以及實施性騷擾等。

此次修法也調整懲罰種類，三讀條文明定，將懲罰種類區分為「人事懲罰」、「財產懲罰」、「紀律懲罰」。人事懲罰包括撤職、廢止起役、降階、記過及申誡；財產懲罰包括剝奪或減少退除給與、降級、罰薪及罰款；紀律懲罰包括悔過、檢束、禁足、罰勤及罰站。

其中「廢止起役」是本此修法新增的人事懲罰之一，取消志願役資格立即離營，無法服完剩下志願役役期，效果類似於軍官、士官遭撤職，並於1年至5年內不得再循其他招募管道志願入營。財產懲罰種類中新增的有「剝奪或減少退除給與」及「罰款」等作法。剝奪退除給與，由懲戒法院判決剝奪被付懲戒人已依法審定的退除給與，已支領者應追回。減少退除給與，由懲戒法院判決減少被付懲戒人已依法審定的退除給與20%至50%，已支領者應追回。罰款金額則為新台幣5,000元以上100萬元以下。

此外，已於104年刪除「禁閉」修正為「悔過」的懲罰制度，本次修法也針對悔過做出重大修改，三讀條文明定，悔過不得有禁錮、凌虐或其他非人道待遇的行為，且悔過執行期間將不計入役期與年資。

保障軍人救濟權益
立院三讀軍人權益事件處理法

為使軍人權益受到不當侵害或干預時，能夠快速獲得救濟，立法院民國113年7月15日三讀通過《軍人權益事件處理法》，將既有軍人權益救濟管道進行整合，因先前只能依《訴願法》或機關訂定的行政規則辦理，法源依據與位階不足，欠缺整合性的專法。

《軍人權益事件處理法》明定，為整合國軍多元的內部救濟管道，以妥速且專業的法定程序處理相關爭議事件，完備軍人權益保障，地方軍事法院設置「官兵權益保障委員會」，置專任、兼任委員。

軍人對於權責機關對其所為涉及軍人身分變更、公法上財產請求、獎懲或考績事項的行政處分，認為違法或顯然不當，致損害權利或法例上的利益者，得向地方軍事法院設置的「官兵權益保障會」提起復審。

國防部法律事務司長沈世偉中將表示，修訂《陸海空軍懲罰法》以及《軍人權益事件處理法》是希望管理及執行有所依據，同時也讓救濟法制化，出發點是讓國軍及人權更進步。

中國男子快艇闖淡水河海巡署坦承疏失強化防務

中國籍阮姓男子民國113年6月9日駕船闖入淡水河，並向趕抵的海巡人員表示要投誠。海巡署詢問後將阮男移送士林地檢署偵辦，檢方未發現他與台灣人士聯繫偷渡的證據，並無涉及其他軍事或國安等犯罪，依違反《入出國及移民法》等罪起訴阮男。9月18日士林地方法院依未經許可入國等罪判處有期徒刑8月。

該事件引發國安疑慮。海巡署共懲處10人並徹底檢討防務漏洞，海委會主委管碧玲6月11日說明指出，海巡沙崙雷達在9日上午於淡水外海6浬鎖定阮男所駕的9公尺長小艇。一般雷達可在3浬內偵測膠筏、小艇，9浬可偵測15噸左右船舶，12浬偵測到35噸左右船舶，可見雷達系統沒有失靈。

管碧玲表示，由於根據工作經驗，偷渡船舶是衝往岸際，但阮男所駕小艇於偵測後是往港口前進，以致雷操手誤判為台灣返港漁船來監控，並通知守望哨持續監控並辨識，但守望哨表示，海面船隻眾多，無法辨識。

管碧玲指出，當守望哨辨識出非台灣漁船後，卻沒有通報，中間有長達30分鐘的失誤，確實有人為造成破口的問題，她感到非常遺憾，未來在重要港口必須配置有經驗的人員，而科技輔勤也是重點，用熱顯像儀補充雷達只有光點的不足，減少誤判機會。

對於阮男是真的要投奔自由，還是中國刻意測試台灣海防。管碧玲表示，過去案例顯示，偵查手段不一定能看到真相，但長期累積的案例來看，不排除這是一種測試。過去一年多以來的18個案例，發現說詞經常是一致的，都說是要投奔自由，嚮往台灣生活。

國防部不排除中共灰色侵擾測防務

國防部長顧立雄6月11日表示，淡水河口在戰時是重點部署之一，平時是國防部跟海巡署協力合作，至於是否為中國使用灰色地帶手法測試底線，不排除可能性。

淡江大學國際事務與戰略研究所助理教授林穎佑提到，此事件屬灰色地帶侵擾的機率很高，亦即不觸發戰爭，而是以非武力或準軍事手段壓迫對手。台灣的近岸監控技術雖然沒有問題，但中共可藉由像是快艇這類突發事件，間接研判台灣在防務上的漏洞。

國防院中共政軍與作戰概念研究所副研究員舒孝煌強調，此次快艇事件不一定與軍事行動有關，但從軍事角度看，不能排除共軍未來會透過萬船齊發，甚至無人艇直衝淡水河口。因此，除是否再度強化河防，並部署海巡以外的輕快兵力外，海巡、警方及軍方，應深切釐清管轄權責，確保當有更嚴峻狀況發生時，能有效立即分工並予以壓制。

漢光演習防共軍沿淡水河侵犯中樞

漢光40號實兵演習民國113年7月22日登場，因6月中國快艇突入，攸關中樞防衛作戰的淡水河防演練成為焦點，此次演習由陸軍53工兵群使用油桶、浮球、漁網、浮台結合各項爆裂物等，在淡水河道設置阻絕。

為防止中共解放軍的氣墊船與舟艇透過自淡水河口直接溯河而上在萬華、大直等地登陸，國軍已多次利用漢光軍演演練在淡水河道設置阻絕設施。

53工兵群士官長張志斌指出，在河口至上游共設置油桶、攔截索、浮動平台等3道阻絕，第1道的油桶以繩索串連布放在河道中，戰時將會注入煤油與汽油，並設置爆導索引燃，讓河道形成火海，遲滯共軍船艦並迫使改變航行方向，有利河道兩岸的國軍火力進行攻擊。

至於第2道的攔截索的目的，主要是透過繩索絞住共軍小型舟艇的螺旋槳，使其無法順利航行。第3道的浮動平台則是以2個油桶、1

個塑膠棧板和1條角鋼組合而成，戰時將在角鋼上設置M3殺傷雷，透過壓發與拉發2種引爆方式，破壞共軍氣墊船或舟艇的底部，使之無法航行。

此外，軍方指出，在淡水營區外，另外設置1道以浮球串的阻絕設施，每顆浮球下方戰時會設置2磅的國軍制式TNT爆藥，必要時將會透過點火系統直接引爆，阻滯敵軍舟船繼續航行。

監院國軍反情報調查報告
中共滲透轉為要求簽署投降宣誓書

監察院外交及國防委員會民國113年8月22日通過監察委員賴振昌、賴鼎銘對國軍反情報機制系統性缺失所提出的調查報告。賴振昌表示，近年國軍保防單位查獲共諜案件大幅增加，且滲透對象、樣態都與以往不同，但保防經費編列卻不增反減，監察院促國安主管高層及行政院正視妥處，並督促國防部檢討改進。

監委賴振昌、賴鼎銘表示，近年解放軍除加速現代化的建軍整備外，也必然積極建構所謂島內策應力量，派遣共諜進行滲透蒐情，應是中共情工單位目前重點工作之一。

報告中指出，100年到112年度期間，查獲共諜案計40案，涉案軍文職人員共113人；90年到99年偵辦共諜案件13案，涉案軍文職人員共9人。兩相比較，近13年共諜案件較前10年增加為3.1倍、涉案軍文職人員增加為12.6倍，洩漏國防機密之數量增加為1.7倍。

同時，其中有多件「極機密」國防機密外洩，如再計算疫情後的111年1月1日到113年6月15日止，蒐獲中共情工單位網路勾聯情訊，更高達1,706件。

值得注意的是，賴振昌、賴鼎銘調查發現，中共情工部門從過往滲透對象，以國軍高階及機敏單位幹部為主，以旅遊招待方式在境外會晤吸收，中共近年改變為滲透對象已不分階級，且不再以「竊密」或「發展組織」為前提，轉而要求承諾「潛伏、戰時不抵抗」就給予高額報酬方式，簽署宣誓書，有別既往滲透態樣。

根據國防部113年4月3日送交立法院的《強化國軍幹部保密及軍法紀教育報告》，統計100年至112年底，國軍現退役人員涉共諜案件，由國軍官兵檢舉或線索發覺占86.8%，反映案件偵破關鍵有賴多數官兵具保密防諜、安全警覺與敵我意識，突顯保防單位的宣導成效。

監察院對國軍保防單位的努力表達肯定，然而賴振昌、賴鼎銘指出，在保防經費編列上，100年到113年政戰局的整體預算卻不增反減，且政戰局占國防部預算比率，近年來更低到難以想像的地步。這與中共傾舉國之力支持情工單位對台工作形成強烈對比，國安主管高層及行政院宜督責國防部積極增補軍保防人力，並在經費上予以充分支持。

台商父子當共諜利誘軍人
簽效忠自願書洩漢光演習機密

黃姓台商父子利誘吸收現役軍人，要求簽「效忠自願書」，再把收集到的漢光演習機密交付中共，台南高分院依違反《國安法》等罪分別判黃姓父子8年徒刑，最高法院民國113年8月29日駁回上訴定讞。

全案起於，黃姓男子於104年間前往中國廈門市經商，結識中共情報機關官員後，受對方利誘，與兒子一起在台灣發展組織，以允諾提供高額工作費方式吸收現役軍人。

黃姓父子吸收時任空軍防空暨飛彈第501營葉姓上士、空軍防空暨飛彈第301營蘇姓中尉排長，除收取軍人身分證等個人資料，並要求簽立「效忠自願書」，再安排前往外國與中共官員見面。

黃姓父子與葉男、蘇男共同收集8項關於漢光演習等軍事機密文件，再以親自攜往中國地區，或以手機通訊軟體傳送圖片影像給中共官員。黃姓父子的犯罪所得共計新台幣171萬6,000元，葉男21萬元，蘇男10萬元。

台灣高等法院台南分院認定，黃姓父子涉犯依《國家安全法》、《國家機密保護法》及《貪污治罪條例》違背職務行賄等罪，事證明確。

合議庭認為，黃姓父子涉犯多項罪名，應

從重以《國家安全法》論處，但考量黃姓父子均於偵查中自白，分別判處有期徒刑8年，並沒收其犯罪所得。案經上訴，最高法院駁回上訴定讞。

此外，合議庭審酌，葉男、蘇男均於偵查中自白，並主動繳回犯罪所得，依《陸海空軍刑法》，違背職務收賄罪等，分別判處葉男7年徒刑，蘇男6年，均褫奪公權5年，並沒收其犯罪所得。關於葉男、蘇男的判決，最高法院認為原判決調查未盡，撤銷發回台南高分院更審。

幻象戰機失事　全面停檢後恢復戰訓

一架幻象2000戰機民國113年9月11日在夜航訓練時失去動力墜毀，飛行員謝沛勳上尉彈射逃生，被後送到台中童綜合醫院急診室，總統賴清德探視慰問，代表國家感謝謝沛勳保家衛國。

謝沛勳經治療恢復狀況良好，13日出院。國防部初步調查指出，謝沛勳的總飛行時數為795小時，本機總時間為509小時，在空勤體檢航空生理及求生訓練均達合格標準。至於機務狀況，近期進廠週檢出站是在4月25日，出站後飛行時數為147小時。

空軍司令部督察長虞德忠少將表示，編號2047幻象戰機派飛前，左起落架艙門及左翼下油箱等部位有鳥類血漬，機工長鑽進氣道進行深度檢查，確認發動機葉片正常，完全符合派飛標準，當晚該批任務飛行前檢查也未再重複檢查沒問題。

空軍第2戰術戰鬥機聯隊政戰主任邱玉堂上校11日表示，新竹基地幻象戰機全面停飛檢查，執行「天安特檢」。參謀長王德揚說明，北部、中部、南部及東部都有相關部隊全天候24小時輪值戰勤，擔負警戒、作戰任務及訓練，對空軍戰力而言，短時間不會形成壓力跟影響。

空軍第2聯隊完成「天安特檢」後，24日實施特檢後首飛，由聯隊長潘東樺少將與飛行官同乘幻象2000-5型戰機飛行，驗證飛行能量無虞，幻象機隊恢復戰備任務，持續擔負捍衛領空重任。

幻象2000歷年九次事故　五人殉職

根據空軍的資料，法國達梭公司生產的幻象2000-5戰機，性能極為優越、配備精良。民國86年5月空軍接收首架幻象戰機、同年12月完成第41中隊編成典禮、87年11月舉辦第60架幻象戰機接機典禮暨第42中隊編成典禮、90年5月10日幻象機隊成軍。

截至113年9月11日，空軍計有9次幻象失事紀錄，共8人獲救、5人殉職。

第1次幻象戰機事故發生在88年10月，編號2053幻象機執行夜航訓練，起飛後不久疑因發動機遭遇鳥擊，動力消失搶救無效，墜毀新竹外海，飛行官吳彬福、吳世峰跳傘獲救。

第2次為同年12月，編號2036幻象機在蘇澳外海進行視距外攻擊戰鬥訓練時從戰管雷達消失，飛行官江金亮失蹤，屆滿6個月之後宣告因公殉職。

第3次為90年11月，編號2058幻象機自新竹基地起飛執行例行訓練任務後，雷達訊號在新竹外海消失，飛官劉浩帆、張健翔殉職。

第4次為91年11月，編號2057幻象雙座機由何威克、虞德忠駕駛例行飛行訓練任務，起飛後疑因遭遇鳥擊及座椅下方液態氧外洩，緊急迫降後仍起火燃燒，所幸飛行員均平安逃生，後來這架戰機經空軍修妥復飛。

第5次為102年5月，編號2052幻象機執行換裝訓練發生機件故障，飛行官劉永祥、鄭育騰成功跳傘獲救。

第6次為106年11月，編號2040幻象機在基隆市北北東90浬處失聯，飛行官何子雨失蹤，屆滿6個月之後宣告因公殉職。

第7次為111年3月，機號2017的幻象戰機在台東外海失事，飛官黃重凱中校平安獲救。

第8次為113年9月，編號2047幻象戰機夜航訓練時失去動力墜毀，飛官謝沛勳上尉彈射逃生。

飛官王同義99年9月至法國接受為期2年幻象戰術訓練，101年10月他駕駛法國空軍的幻象戰機自盧賽基地起飛，戰機隨即起火，為避免戰機墜落人口稠密市區，王同義放棄跳傘時機，勉力飛往500公尺外的森林墜機殉職，法方為紀念他，在失事地點設置紀念碑。

§ 第六章　經貿與科技

四年國家發展計畫
拚AI產值115年破兆

行政院會民國113年8月15日通過新一期4年國家發展計畫，其中經濟目標設定半導體新增產值新台幣2兆6,578億元、AI產值115年突破兆元、衛星通訊產值300億元、軍工無人機產值300億元等。

行政院會通過國家發展委員會提報「國家發展計畫（民國114至117年）」，綜合考量國內外主客觀條件及情勢，以及政府積極性政策作為，總體經濟目標設定114年至117年經濟成長率2.80%至3.60%、每人GDP為3萬9,105至4萬2,787美元、失業率3.2%至3.5%，以及核心消費者物價指數年增率（CPI）平均在2%以下。

國發會指出，依據未來4年經濟成長率，114年起，每人GDP可望超越南韓，並持續擴大與日韓的差距；116年每人GDP可望突破4萬美元，自3萬美元以來僅歷時6年；117年台灣名目GDP規模將接近1兆美元。

另為達到均衡台灣、包容成長目標，國發會也提出社會、經濟、環境等重要指標，社會指標部分包含4年長照服務涵蓋率達87%，以及落實8年888計畫，讓三高病人80%進入照護、80%接受生活諮商、80%有效控制，還有0歲至3歲家外送托率達OECD國家標準36%。

經濟指標部分，政府發展五大信賴產業，包含半導體新增產值2兆6,578億元、AI產值115年突破兆元、安控資安產值突破1,300億元、衛星通訊產值300億元、軍工無人機產值300億元；新創投資金額116年起每年1,500億元；翻轉弱勢產業，至少3產業達到產值增加1.5倍。

環境部分，溫室氣體淨排放量119年較94年減少24%正負1%；首次整合，構築4個地方創生廊帶，創造多元就業；能源效率年均改善率達4%以上。

AI拉抬資通訊出貨
112年出口史上第三高

財政部民國113年1月9日公布112年12月海關進出口貿易初步統計，出口年增11.8%，優於預期，帶動112年第4季翻紅年成長3.4%，全年出口4,324.8億美元、寫史上第3高；官員分析，儘管全球終端需求疲弱，但資通產品受惠AI商機熱絡，成為外銷「擎天柱」，全年出口833.6億美元、創新高。

財政部統計處長蔡美娜表示，112年第4季總出口1,155億美元、年增3.4%；全年出口4,324.8億美

總體經濟目標釐訂

綜合考量國內外主客觀條件與經濟情勢，以及政府積極性政策作為，設定114至117年總體經濟目標如下：

項　目	113年（預測值）	114至117年區間目標
經濟成長率 (%)	3.77~3.91 (中央銀行6月13日與主計總處7月31日預測數)	2.8~3.6
每人GDP (美元)	33,610 (主計總處5月30日預測數)	39,105~42,787 (2028年目標值)
失業率 (%)	3.36 (1~6月平均)	3.2~3.5
核心CPI年增率 (%)	2.00 (中央銀行6月13日預測數)	維持在2以下

投資驅動
✓ 推動大投資台灣策略：聚焦資金、產業、社會與人才大投資
✓ 擴大數位、綠色與醫療等前瞻性領域投資

創新驅動
✓ 成為全球半導體供應鏈的主導者
✓ 應用AI創新驅動百工百業轉型升級

行政院提供

元、年減9.8%，但規模仍是史上第3高，也是連續3年站穩4,000億美元以上；全年出、進口互抵後，出超805.6億美元，刷新紀錄。

至於11大主要貨品全年表現，蔡美娜直言，資通與視聽產品可謂一片慘淡當中的最大亮點，是所有貨類中唯一正成長者，全年出口833.6億美元、創歷年最高，年增28.9%，寫近13年來新高。

回顧112年外貿與出口情況，蔡美娜分析，國際間通膨、升息效應明顯壓抑終端需求，更引發整體供應鏈的庫存劇烈調整，使全球經濟疲弱不振，造成台灣出口備受衝擊，第1季跟第2季出口減幅高達19.2%、17%。

蔡美娜指出，所幸後續因AI商機引爆，加上科技產品新品鋪貨潮，第3季出口減幅收縮至5.1%，第4季正式轉向成長軌道，終結連續4個季度衰退（包含111年第4季），年增3.4%，優於主計總處預估，顯示台灣出口「應該已經走出了這一波低潮」。

進一步觀察對各市場出口的貨品，以112年全年來看，蔡美娜表示，出口市場版圖消長主要反映全球供應鏈重組，以及中國景氣疲軟。對中國出口1,522.5億美元，年減18.1%，創有統計以來的最深跌幅，使對中出口占總出口比重降至35.2%、寫21年來低點。

同時，對東協全年出口762.8億美元、年減5.4%，對日出口314.4億美元、衰退6.5%；對美出口762.4億美元、年增1.6%，對歐出口422.9億美元、年增2.9%，其中，對美、歐出口規模均創歷年新高，占總出口比重分別上升至17.6%、9.8%，分別為近21年、12年來最高。

113上半年出口2250億美元
同期次高

財政部民國113年7月9日公布上半年出口2,250.3億美元、創同期次高，年成長達11.4%，增幅優於美、日、韓等主要國家。同時，AI商機挹注上半年資通與視聽產品外銷625.1億美元，寫同期新高，年增近1.1倍。

財政部公布海關進出口貿易初步統計，累計前6月出口2,250.3億美元，年增11.4%；進口1,889.1億美元，年增7.8%。上半年出、進口規模皆為同期次高。

財政部統計處長蔡美娜表示，隨國際景氣回溫，AI創新應用遍地開花，國內半導體產業兼具產能與製程優勢，在接單上獲得加持，挹注台灣整體出口動能。

反映在11大主要外銷貨品上，資通與視聽產品前6月出口625.1億美元、年增近1.1倍，規模創歷年同期新高，表現最佳；其餘貨品方面，除紡織品微幅年增1.2%，皆呈年減格局。

此外，若與國際間主要經濟體最新出口數據相比，台灣前6月出口年增11.4%，優於南韓前6月年成長9.1%、新加坡前5月年增6.8%、中國前5月增2.7%、美國前5月增1.8%，以及日本前5月衰退2.8%，僅略遜於香港前5月年增13.9%；蔡美娜表示，這顯示台灣外銷表現在國際屬於領先族群。

前六月對美國出口521億美元　同期新高

財政部民國113年7月9日公布上半年出口金額，財政部統計處長蔡美娜表示，上半年對美國、東協出口值分別為521.1億美元、423億美元，均創歷年同期新高，年增率分別達60.6%、22.6%；同時，對其他3大地區出口呈跌勢，以對日本因受電子零組件出貨縮減，衰退21.6%較多，對歐洲、中港各年減4.4%、2.2%。

此外，台灣前6月外銷版圖出現明顯消長，對中港出口占總出口比重下降到31.2%，創22年來同期最低；同時，對美國出口占總出口比重上升至23.2%，寫近24年同期最高，也是自民國95年之後，再度超越東協，成為台灣第2大出口市場。

COMPUTEX滿血復活
九大AI科技巨頭齊集台北

第43屆台北國際電腦展（COMPUTEX）2024年6月4日至7日登場，來自輝達、超微和英特爾等9位科技巨頭來台演講，締造開展以來最多CEO參與紀錄。「矽谷AI三巨頭」來台也掀起旋風，除了各自宴請供應商，更罕見在開展當天親自造訪攤位替供應商站台，讓過去以電子貿易展起家的COMPUTEX，因AI「滿血復活」回到全球目光焦點。

▲2024台北國際電腦展（COMPUTEX）吸引許多民眾進場參觀。

外貿協會董事長黃志芳說，這次COMPUTEX展出重點以「AI串聯」為主題，共有1,500家廠商、使用4,500個攤位，展示6大主題，包括人工智慧運算、前瞻通訊、未來移動、沉浸現實、綠能永續及創新。InnoVEX創新與新創展區有超過30國、400個團隊參加，參展國家數為歷屆最多。

電腦展期間更邀請超微執行長蘇姿丰、英特爾執行長季辛格（Pat Gelsinger）、高通（Qualcomm）總裁暨執行長艾蒙（Cristiano Amon）、伺服器廠美超微電腦（Supermicro）創辦人暨執行長梁見後等科技大咖發表主題演講，聯發科、恩智浦半導體與台達等業界重要人士也受邀演講。

此外，輝達（NVIDIA）執行長黃仁勳和安謀（Arm）執行長哈斯（Rene Haas）都出席聯名活動並發表演說，共有9位AI產業領袖擔任Keynote主講人，是開展以來最多CEO的一屆。

其中黃仁勳、蘇姿丰及季辛格都踏進COMPUTEX展場，先後抵達雲達、技嘉、鴻佰等攤位逛展，並在自家產品上簽名，與高層合影互動，替台灣供應鏈夥伴按讚。

走過43個年頭的COMPUTEX曾與德國漢諾威電腦展（CEBIT）、美國拉斯維加斯秋季電腦展（COMDEX）並列為全球三大電腦展。由於參觀人數和展位預訂量持續減少，美國COMDEX於2005年率先熄燈，德國CEBIT在2018年停辦，COMPUTEX也走向沒落，甚至被中國媒體譏諷為「近乎自娛自樂的遊戲」。

不過，台灣搭上了AI浪潮，展場內人氣爆棚，2024年可說是COMPUTEX在電腦產業發展數十年中，最鼎盛燦爛的一年。蘇姿丰在離開台灣前的最後一場公開活動表示，這週COMPUTEX非常精彩，每個人都在談AI，全球科技領袖都到了台灣，談論科技和夥伴關係，也談論未來。AI是過去50年來最重要科技，有機會讓生活一切變得更好，現在生活各方面都需要算力，「台灣就是運算的中心」。

黃仁勳談AI下一步
Rubin數位人類入列

輝達（NVIDIA）執行長黃仁勳民國113年6月2日晚間在台大體育館為COMPUTEX（台北國際電腦展）發表主題演講，闡述AI生態系統的下一步發展。除了秀出台灣地圖感謝供應鏈夥伴之外，他在這場演講透露輝達最新架構Rubin，也提到數位人類、數位孿生模型等技術等。

輝達最新架構Rubin

輝達113年推出Blackwell架構，黃仁勳在主題演講表示，輝達的運作節奏是1年，Blackwell架構後的新一代GPU平台，代碼是Rubin；Rubin GPU會在114年第4季量產，115年推出。

數位人類

黃仁勳指出，輝達針對「數位人類（Digital Humans）」技術已經研究很久，數位人類將徹底改變各個行業，從客戶服務到廣告和遊戲，可以成為AI室內設計師，提供設計選項，或化身醫療工作者，提供即時且個人化的護理建議。

數位人類的基礎是人工智慧模型，基於多語言識別和合成，以及可理解並生成對話的大型語言模型（LLM），能夠在AI人類呈現逼真外觀，模擬光線在皮膚上的變化。NVIDIA ACE這套數位人類技術可以在雲端上運行，也可以在個人電腦（PC）上運行。

黃仁勳與台灣合作夥伴

BLACKWELL智慧晶片

新一代AI晶片架構,可在兆級參數大型語言模型上構建、運行即時生成式AI,成本能耗更低

華碩、技嘉、和碩、英業達、緯創、緯穎、廣達旗下雲達、鴻海旗下鴻佰科技 等

AI機器人工廠

結合 NVIDIA Metropolis 視覺AI技術、
NVIDIA Omniverse 符合物理原理的渲染與模擬技術、
NVIDIA Isaac AI 機器人開發與部署技術

鴻海、研華、雲達、盟立、廣達、巨大、廣明旗下達明、所羅門、緯創、和碩、台達電、宜鼎旗下安提國際、技嘉、宸曜 等

邊緣運算解決方案

運用Jetson AGX Orin技術,加速生成式AI以及邊緣AI和機器人技術應用的端對端開發

研華、宸曜、新漢、益登 等

企業

AAEON 研揚	Coretronic 中光電	KENMECS 廣運	SPIL 矽品
Acer 宏碁	DeepMentor 滿拓科技	KYEC 京元電	SPINGENCE 偲捷
ADLINK 凌華	DeepRad.AI 神瑞人工智慧	Lanner 立端	StarFab 飛捷
ADVANTECH 研華	DELTA 台達電	LeadTek 麗臺	STREAMTECK 澄風科技
Aetina 安提國際	DMKTZ 適着三維科技	Leda Technology 樂達科技	SUPERMICRO 美超微
AIMobile 英研智能	Dawningtech 敦新科技	LEGALSIGN.AI 律果科技	Techman Robot 達明機器人
Aira 城智科技	EDOM 益登科技	LITEON 光寶科	TRI 德律
AnHorn 安宏生醫	EverFocus 慧友	LinkerVision 鑫蘊林科	Thermaltake 曜越
APMIC 亞太智能機器	Footprint-AI	ManLi 萬利達	TRENDI 趨勢科技
APPWorks 之初加速器	FORTUNE AI	MediaTek 聯發科	TSMC 台積電
ASE 日月光	Foxconn 鴻海	MetAI 宇見智能科技	TWSC 台智雲
ASRock 華擎	Garage+	MiTAC 神達	UMC 聯電
ASUS 華碩	GIANT 巨大	MSI 微星	Unimicron 欣興
Avalanche 艾薇嵐奇	GIGABYTE 技嘉	Neousys 宸曜科技	Vecow 超恩
AVerMedia 圓剛	GliaCloud 集雅科技	NEXCOM 新漢	Wistron 緯創
Axiomyek 艾訊	GMI 弘憶股	Onyx 醫揚	Wiwynn 緯穎
BigGo 比價王	HOMEE.AI 合宜家居	PALIT 同德	YUAN 聰泰
Chenbro 勤誠	INFINITIES 數位無限軟體	PEGATRON 和碩	ZOTAC 索泰
Choozmo 集仕多	Ingrasys 鴻佰	Profet AI 杰倫智能科技	
Colorful 七彩虹	INNO3D 映眾	QCT 雲達科技	
COMPAL 仁寶	Inventec 英業達	Quanta 廣達	
Coolmaster 訊凱國際	InWin 迎廣	SOLOMON 所羅門	

大專院校

中央大學	師大	北科大	義守大學	淡江大學
成功大學	台科大	中原大學	實踐大學	東海大學
台灣大學	清華大學	輔仁大學	南台科大	元智大學
中山大學	陽明交大			

台灣中油股份有限公司

台灣中油蘭嶼站

海洋資源豐富的曙光之島
孕育著美麗、多樣化的水下生命
不論晴雨　中油始終在這默默守護
永續海洋　油你油我

官網　　廣告

▲輝達執行長黃仁勳在台大體育館發表主題演講，概述AI的下一步發展。

未來所有PC都會是AI

黃仁勳說，未來所有PC都會是AI，提供各式各樣的背景協助，PC也會運行AI強化的應用程式，例如圖片和照片編輯、寫作等，也會內建數位人類。AI會用不同方式體現在PC裡面，未來PC是非常重要的AI平台。

NVIDIA Earth-2數位孿生模型

黃仁勳派出他的虛擬AI展示NVIDIA Earth-2數位孿生模型如何更準確預測台灣氣候變化。他的數位孿生模型用中文講述旁白、咬字清晰，讓他大讚「這真是一個奇蹟」。

他說，NVIDIA Earth-2是一個生成式AI模型，以更高解析度生成，速度比傳統物理方法快1,000倍。

AI機器人工廠

黃仁勳指出，AI下一波浪潮是物理AI，懂得很多物理定律的AI、可以融入人群中工作的AI，所以它們必須瞭解工作模型及如何解讀周遭世界。未來所有工廠都會變成機器人工廠，機器人製造的產品也是機器人。

台灣AI硬體實力強
輝達超微來台布局

國際大廠輝達（NVIDIA）和超微（AMD）相繼決定在台灣設立研發中心，學者分析指出，台灣強大的AI硬體實力是主要吸引力，有別於高通與美光在台投資案，輝達與超微是全方位軟硬整合方案提供者，若能藉由兩家公司生態系，進一步引進國際軟體廠商也來台投資，將可開創台灣軟硬整合新契機。

輝達擬在台設第二個AI超級電腦中心

輝達（NVIDIA）執行長黃仁勳民國113年6月4日在台北漢來大飯店舉行全球記者會，證實將在台灣設立第2個類似高雄Taipei-1的人工智慧AI超級電腦中心，不過地點還未確定。

黃仁勳6月5日出席廣達董事長林百里邀宴，接受媒體提問輝達在台灣設立據點規畫時說，輝達的AI超級電腦中心或許在高雄，研發中心可能靠近台北附近，輝達在大台北地區已有數百名員工，輝達規畫在台灣招募上千名包括晶片設計、系統工程、AI軟體工程等專業人才。

記者提問輝達在台總部地點，黃仁勳笑說「還沒決定」，他說還沒有找到土地，黃仁勳向記者問，「如果你有價格不錯且視野良好的土地」。

超微研發據點落腳台南高雄

國際大廠超微（AMD）高層民國113年8月21日下午拜會經濟部長郭智輝，經濟部證實，超微選定在台南、高雄設立研發據點，並與台灣的大學及業者合作，擴大研發能量。

▲超微總公司資深副總裁王啟尚（右3）拜會經濟部長郭智輝（右2），經濟部會後證實，超微將於台南、高雄設置研發據點。（經濟部提供）

NVIDIA輝達在台布局

項目	地點	說明
物流中心	貿易便捷化、良好法制作業、中小企業、反貪腐、服務業國內規章	成品在台組裝完成後，直接運往全球市場，有助於培植台灣半導體、AI伺服器廠商
AI創新研發中心	內湖（研發中心） 高雄（機房）	・112年底完成建置超級電腦「Taipei-1」，目的為加強AI研發 ・113年7月起至116年2月止，NVIDIA「Taipei-1」25%的算力將免費分享台灣各界研發使用 ・設置第2座AI超級電腦中心
第2座研發中心（設計中心）	未定	地點、金額未定
台灣總部	未定	地點、金額未定

台灣具半導體產業聚落優勢條件，吸引輝達（NVIDIA）、超微等AI晶片大廠申請在台灣設立研發中心。經濟部113年7月核准超微申請A+全球研發創新夥伴計畫，計畫總經費達新台幣86.4億元，經濟部補助約33億元。

郭智輝8月21日接見超微總公司資深副總裁王啟尚等人，郭智輝表示，歡迎AMD團隊看好台灣、支持台灣，與台灣科技生態系共同創造多贏成果，讓台灣持續邁向「AI矽島」，在世界扮演關鍵角色。

針對超微申請A+全球研發創新夥伴計畫，經濟部說，由於超微的GPU和AI軟體平台，是採開放式的架構，同時也爭取AMD釋出更多的合作機會，共邀請33家國內廠商共同參與研發。總計可帶動新投資新台幣150億元，每年為台灣培育AI人才超過1,000人。

魏哲家接台積電董事長　全面掌舵

魏哲家2024年6月4日從劉德音手中接下董事長職位，宣告台積電結束雙首長平行領導，進入由魏哲家全面掌舵時代。這位曾被創辦人張忠謀譽為「準備最齊全的CEO」，首先將面對的是美、日、德海外布局的國際營運挑戰，以及對手英特爾與三星挑戰台積電全球晶圓製造龍頭地位的野心。

魏哲家曾於2024年2月在母校陽明交大名譽博士學位頒授典禮上喊話三星與英特爾，「想跟台積電競爭，門都沒有」，這也是他首度對全世界展現「武林霸主」氣勢。

魏哲家底氣十足，認為台積電贏的關鍵就是客戶信任，因為台積電不會與客戶競爭，客戶成功台積電才可能成功，這是與三星（Samsung）、英特爾（Intel）最大的不同。三星、英特爾有自己的產品，無論客戶成功與否，他們都自有生存之道，在客戶信任方面永遠趕不上台積電。

魏哲家談起專業看似霸氣，但事實上他最喜歡的座右銘卻是「不要忘了我是誰」，奉行積極做事但謙虛做人的人生哲學。

擁有美國耶魯大學電機工程博士，魏哲家1998年加入台積電之前，已是新加坡特許半導體技術資深副總經理，特許半導體之後被格羅方德（GlobalFoundries）收購。

進入台積電後，魏哲家曾任台積南廠區營運副總經理和主流技術事業資深副總經理；不過，相當賞識魏哲家的張忠謀認為，主流技術只是比較好聽的名稱而已，其實是管6吋及8吋晶圓廠的落後技術。為了培養魏哲家，張忠謀將魏哲家調任業務開發部門，與客戶、市場接觸；魏哲家經歷過台積電研發、製造和業務開發三個「主動出擊」部門，完整的歷練讓張忠謀讚譽魏哲家是「準備最齊全的CEO」。

在張忠謀交棒後的雙首長時代，魏哲家負責客戶，劉德音代表台積電對外、與政府溝通，兩人共同帶領台積電度過美中科技戰和百年大疫，一起面對地緣政治考驗。未來

▲ 魏哲家（圖）接下台積電董事長職位，宣告台積電結束雙首長平行領導，進入由他全面掌舵時代。

全球政經情勢更形嚴峻，魏哲家上任後，勢必要站上第一線，帶領台積電迎接挑戰，其中國際營運及五缺（缺水、缺電、缺土地、缺工、缺人才）問題，都考驗魏哲家的智慧。

台積電布局全球　同步擴大台灣投資

台積電日本熊本廠2024年2月24日開幕，德國德勒斯登廠8月20日動土，全球布局邁向新里程碑。除海外投資設廠外，台積電也同步擴大投資台灣，在新竹、苗栗、台中、台南及高雄等地都有擴產或新建廠計畫，展現深耕台灣的決心。

全球化環境朝向破碎化發展，台積電拓展全球製造足跡，以提升客戶信任度，並擴大未來成長潛力。台積電陸續決定前往美國、日本及德國投資設廠，除日本及德國設廠都傳來捷報外，台積電擴大美國投資，將在亞利桑那州興建第3期晶圓廠。亞利桑那州第2期晶圓廠增加提供2奈米製程技術，總投資金額達650億美元（約新台幣2兆880億元），獲得美國晶片法66億美元（約新台幣2,120億元）補助。

當全球布局即將邁向新里程碑，台積電持續不斷擴大投資台灣，位於竹科的全球研發中心2023年7月啟用，是台積電研發團隊探索2奈米、1.4奈米及以下前瞻技術的重要基地。

南科是台積電5奈米及目前最先進的3奈米製程生產重鎮，2023年第4季5奈米及3奈米合計貢獻台積電50%的營收，南科廠區是台積電營收最主要的來源。

為支援客戶需求與成長，台積電進一步擴大南科3奈米產能，預估2024年3奈米貢獻營收將激增超過3倍，是推升台積電2024年營運成長的最大動能。

台積電2奈米製程將於2025年量產，生產基地位於新竹和高雄科學園區。其中，竹科寶山二期的2奈米廠2024年4月進機；因應智慧手機及高效能運算對2奈米強勁需求，台積電評估開發高雄廠第3期廠區，擴產2奈米。

台積電原先計畫於龍潭園區三期設廠，量產2奈米以下先進製程，因當地民眾反彈而放棄設廠計畫，不過台積電1.4奈米還是留在台灣。隨著內政部都委會審議通過中科擴建二期用地，就等交付土地給台積電及施作公共工程，外界揣測台積電可能在此生產1.4奈米。

台積電不僅以台灣為先進製程生產基地，還計畫斥資新台幣900億元，在銅鑼科學園區設立生產先進封裝的晶圓廠，因應市場強勁需求。台積電持續擴大台灣投資，以實際行動展現深耕台灣的決心，立足台灣、放眼世界。

台積電熊本廠開幕
力拚成為日本最先進晶圓廠

台積電熊本廠2024年2月24日開幕，董事長劉德音表示，將致力半導體綠色製造，努力帶動半導體產業再創高峰。日本首相岸田文雄透過預錄影片致詞表示，熊本廠生產先進半導體對台日兩國半導體產業是重要的一大步，並宣布日本政府也決定支持興建二廠。

台積電熊本廠自2022年4月動工，在日本政府補助政策積極落實，以及在地建設廠商等夥伴合作下，20個月就快速完工開幕，力拚2024年底量產。

熊本廠是由台積電與日本索尼半導體和電裝株式會社合資成立的JASM所設立，這是台積電首度與日本企業合資設廠，同時也是台積電在日本的首座晶圓廠，第4季量產12奈米、16奈米、22奈米及28奈米製程，力拚成為日本最先進的邏輯晶圓廠。

第六章｜經貿與科技　345

台積電全球布局

德國
德勒斯登車用晶片廠
(預計2024年第4季興建，2027年底生產)

中國
南京晶圓16廠
(12、16、22、28奈米)
上海松江晶圓10廠
(0.11-0.35微米)

日本
熊本晶圓23廠 (12、16、22、28奈米，預計2024年第4季生產)
熊本二廠 (6、7、40奈米，預計2024年底興建、2027年底營運)

美國
華盛頓WaferTech晶圓11廠
(0.18-0.35微米)

亞利桑那晶圓21廠
- 第1期 - 4奈米，預計2025年上半年生產
- 第2期 - 2、3奈米，預計2028年生產
- 第3期 - 預計2奈米和(或)更先進製程

台灣

竹科
- 晶圓2廠 (0.45微米及更成熟)
- 晶圓3廠 (0.152-0.5微米)
- 晶圓5廠 (0.11-0.18微米)
- 晶圓8廠 (0.11-0.25微米)
- 晶圓12廠 (3奈米-0.13微米)
- 全球研發中心
- 2奈米廠 (建置中，預計2025年生產)

中科
- 晶圓15廠 (6、7、10、22、28奈米)
- 2奈米廠 (規劃中)

嘉科

南科
- CoWos先進封裝廠
- 首座2024年5月動工，2028年生產
- 晶圓6廠 (0.11-0.18微米)
- 晶圓14廠 (12奈米-0.13微米)
- 晶圓18廠 (3-5奈米)

高雄
- 2奈米廠
- (建置中，預計2025年生產)

德國總理蕭茲感謝台積電建廠：發展半導體里程碑

「歡迎TSMC來到德國！」台積電第1座位於歐洲的晶圓廠2024年8月20日在德國「薩克森矽谷」舉行動土典禮。德國總理蕭茲致詞感謝台積電選擇德國建立晶圓廠，這是對德國半導體產業發展非常重要的里程碑。

台積電2023年宣布與博世（Bosch）、英飛凌（Infineon）和恩智浦（NXP）在德國德勒斯登（Dresden）合資設廠，共同投資歐洲半導體製造公司（ESMC），總投資額達約100億歐元（約新台幣3,540億元）。

蕭茲（Olaf Scholz）、歐洲聯盟執行委員會（European Commission）主席范德賴恩（Ursula von der Leyen）皆出席台積電德國廠動土典禮。

台積電說，ESMC營運後，預計採用台積電28/22奈米平面互補金屬氧化物半導體（CMOS），以及16/12奈米鰭式場效電晶體（FinFET）電晶體技術，月產能4萬片12吋晶圓，估可創造約2,000個工作機會。台積電表示，德國廠將興建為一座綠色晶圓廠。

新竹市擘劃永續發展藍圖
落實安居科技城願景

聯合國於2015年訂定17項永續發展目標(SDGs)，指引全球共同努力，邁向永續；內容涵蓋經濟成長、社會進步、環境保護三大面向，希望全體民眾，無論其身分、背景，都有權利和責任發揮其生活潛力，在健康的環境中過著有尊嚴和優質的生活。

新竹市政府秉持「老幼共好、新竹好學、產業創新、交通暢行、青年活力、智慧治理、宜居永續、健康安心、幸福友善、美感新竹」十大施政策略，以穩健有計畫的步伐帶領團隊逐步向前，打造幸福真永遠的「安居科技城」。

全國首創 ESG 媒合平台

新竹市全國首創 ESG 媒合平台

新竹市身為科技發展重鎮，知名國內外企業進駐，為促進地方政府與企業攜手合作，共推 ESG 永續環境，於去(112)年9月率全國之先首創推出「ESG 媒合平台」，橫跨12項聯合國 SDGs 的合作議題，透過平台公開發布的機制，增加市府與企業相互了解需求的機會，攜手解決經濟、社會及環境問題，落實節能減碳，逐步完善淨零藍圖。

攜手企業 永續合作實例

統計自推出 ESG 媒合平台至113年10月，

新竹市府與企業攜手邁向永續實踐

共65項提案洽談(62件市府提案、3件企業自提)，其中成功案如：香山濕地復育計畫(元太科技)、新竹市立動物園共商 ESG 合作案(ASML、久元電子、采鈺科技)、企業認養竹市消防教育訓練基地設施(聯華電子、旺宏電子、緯創資通、瑞昱半導體、世界先、友達光電)等等，顯現市府與企業凝聚高度共識，攜手逐步落實宜居永續。

專責單位 永續辦公室

因應國際2050淨零碳排趨勢、氣候變遷因應法，新竹市於去(112)年將原「新竹市永續發展推動小組」轉型為「新竹市永續發展及氣候變遷因應推動會」及「新竹市永續發展及氣候變遷因應推動辦公室」，以作為永續發展及氣候變遷因應推動專責單位，主要綜整永續發展、氣候變遷因應重大議案之研訂審議及相關事務之協調推動，適時檢視

新竹市永續發展及氣候變遷因應推動辦公室

聯合國 SDGs 及本市政策之契合度，以掌握與結合國際趨勢、在地城市特色及市長施政願景。

脫穎而出 台灣企業永續獎雙料獎項

為提升新竹市永續城市之意象，精進永續相關政策作為，積極參與各項永續發展相關獎項，新竹市府今(113)年首度參與財團法人台灣永續能源研究基金會「TCSA 台灣企業永續獎」評選活動，以「韌性消防，永續守護」及「運動零距離，永續向前行」兩大主題，提報「社會共融領袖獎」及「創新成長領袖獎」，兩項皆榮獲評審肯定獲獎。

桃竹竹苗首座搜救犬專用訓練場 提升災害救援能量

幸福有感 永續評比深獲肯定

《天下雜誌》公布 2024 永續幸福城市大調查結果，新竹市在文教面向的表現位居非六都第一；於《今周刊》2024 永續城市大調查，新竹市連續兩年榮獲「永續城市特優獎」；透過客觀、公正的評比活動，不僅肯定市府作為，也為各縣市政府提供了改進的依據，更能幫助民眾瞭解自身所居住縣市的優缺點。

宜居永續 低碳永續家園

新竹市全數 122 里參與低碳永續家園評等認證

面對嚴峻的氣候變遷挑戰，新竹市府號召公私部門協力合作，帶領市民推動低碳永續家園，提供多項低碳社區改造相關補助，包括老屋補助、愛享冰箱及共餐據點補助、低碳永續家園補助、節電補助等，新竹市各里（社區）有效運用資源，推動低碳淨零工作，提高環境品質，落實淨零綠生活，且全數 122 里皆已參與低碳永續家園評等認證，參與率達 100%。

竹塹永續 跨域合作

為提高資源回收、再使用與再利用比率，新竹市與資深玻璃藝術家許文龍老師合作，回收平板窗戶玻璃原料，有別傳統的脫蠟鑄造技法、冷加工處理，大幅增加廢玻璃添加比例，運用藝術美學思維及創新技術做成生活茶器藝品，重新回到家戶民眾手中，體現搖籃到搖籃的循環利用。

新竹市連兩年獲頒「永續城市特優獎」

廢玻璃融入藝術美學與創新技術循環再生

新竹市政府 廣告

台積電超車三星
台灣百大企業10年市值勝韓國

韓國企業研究機構CEO SCORE發布報告，指出受到台積電與三星電子業績走勢影響，台灣前百強企業近10年來總市值與營業利益，已經反超韓國百大企業。

CEO SCORE在2024年4月17日發布報告，台灣百大企業總市值從2013年的540兆9,574億韓元（約新台幣12兆8,799億元），躍升至2023年底的1,649兆8,700億韓元，增幅達205%；同期韓國百大企業總市值則從828兆6,898億韓元增至1,565兆4,222億韓元，增幅88.9%。

台灣百大企業營業利益，則從36兆3,947億韓元增至86兆960億韓元，成長136.6%；同期韓國百大企業盈利則從88兆1,953億韓元減少至71兆6,491億韓元，縮水18.8%。

分析指出，台灣半導體產業在過去10年快速成長，韓國相較之下則陷入停滯，受到雙方半導體龍頭企業台積電與三星電子的影響尤其明顯。

比較10年來台積電與三星電子的表現，台積電市值在10年間大增571.4%，從96兆1,509億韓元成長至549兆4,057億韓元，營業利益也成長約5倍；三星電子市值則從202兆947億韓元增至266兆5,332億韓元，成長131.9%，營業利益較2013年的36兆7,850億韓元縮減至6兆5,670億韓元。

報告指出，三星電子營業利益直到2021年為止都領先台積電，但在2022年開始衰退，被台積電反超。

台灣與韓國百大企業都以半導體大廠為首的IT電子業占比最多，以市值計算的占比分別為77.4%及48.9%。

四月電價調漲
近七成一般住宅電價漲3%

新電價民國113年4月1日起上路，民生用電及產業用電全面調漲。民生用電方面，每月用電量落在330度以下的住宅漲幅最低、僅3%，影響戶數達908萬戶，占比近68%。產業年用電量未達5億度的一般產業，電價調幅也均不高於14%，逾44萬家工業用電戶適用。

台電試算，住宅用戶若每月每期電費帳單在新台幣4,500元上下，等於每月約2,300元，用電約700度，調整後每月電費增加99元，平均每天約增加3元；夏月每期電費若約1,300餘元，相當於每月700元上下，月用電度數約330度，調整後每月電費增加21元，平均每天增加不到1元。

台電背負政策任務以致虧損嚴重，電價費率審議會3月22日決議電價4月起平均調漲11%，國民黨團及民眾黨團提案建請立院決議停止調漲電價，立法院會3月29日處理提案，2項提案雖逕付二讀，但民進黨團隨即提議送交協商。針對立法院的動作，經濟部表示，電價調漲方案依法經由電價費率審議會決定，電價將於4月1日如期調漲。

根據台電公告4月1日新電價，民生用電及產業用電將全面調漲，但依用電量區分不同級距，電價漲幅將各有不同。民生用電方面，每月用電量落在330度以下的住宅及700度以下的小商店，電價調幅最低、僅3%，影響戶數各達908萬戶及55萬戶。

每月用電量落在331至700度的住宅、701至1,500度的小商店，電價調幅為5%；每月用電量落在701至1,000度的住宅、1,501至3,000度的小商店調漲7%；每月用電量達1,001度以上的住宅、3,001度以上的小商店調漲10%。

十月新電價　民生凍漲產業最高漲14%

電價費率審議會民國113年9月30日決議，民生住宅及民生內需產業，如食品、攤販集中市場、量販店、超商及超市凍漲；產業電價最高調漲14%，但用電和產值（或銷售額）衰退達一定程度產業減半調漲或凍漲，產業平均調幅12.5%，新電價10月16日上路。

經濟部9月30日召開113年第2次電價費率審議會，因台電公司目前電價仍未足額反映成本，審議會綜合考量照顧民生及穩定物價，決議本次住宅、小商店約1,452萬戶（占95.2%）累進電價各級距不調整，民生平均電價維持每度2.77元，未調足部分由政府編列預算撥補。

農漁、學校（幼兒園至大學）及社福團體漲幅部分，由目的事業主管機關循年度預算程序編列支應。

至於產業用電，為合理反映成本並兼顧產業競爭力，審議會決議產業用電調漲14%，同時針對用電或產值衰退的產業，採凍漲或減半調漲，產業平均調幅為12.5%，調價後產業用電均價為每度4.29元，仍低於主要出口競爭國家韓國工業電價；韓國112年均價4.53元、113年上半年均價4.65元。

2024/10/16起電價調漲

	對象	漲幅
產業用電	產業（如半導體、資料中心等）	7%
	・用電衰退5%以上且產值/銷售額衰退未達15%者 ・用電衰退未達5%且產值/銷售額衰退15%以上者	12%
	用電衰退5%以上且產值/銷售額衰退15%以上者	凍漲
與民生相關產業	食品（含加工及零售）、攤販集中市場、量販店、超商及超市等	凍漲
民生	住家	凍漲
其他	農漁、學校（幼兒園至大學）及社福團體	漲幅由目的事業主管機關循年度預算程序編列支應

台韓英法電價漲幅

各國2020-23電價漲幅	韓國	英國	法國	台灣
工業	87%	126%	139%	31%
住宅	49%	79%	37%	7%

資料來源：經濟部、地球公民基金會

AI帶動用電年增2.8% 經濟部盼支持電力建設

經濟部民國113年7月15日公布全國電力資源供需報告，預估AI產業帶動下，未來10年電力需求年均成長率約2.8%。能源署長游振偉強調，為此須推動3個及時建設，包含新機組、電網與變電所更新、儲能系統建置，以滿足未來用電需求，盼社會支持。

經濟部於公布「112年度全國電力資源供需報告」，揭露112年供電情勢，並預估到119年用電成長約12、13%。

能源署長游振偉指出，經濟部112年預估112至118年用電成長率2.03%，但113年度進行用電需求預測時，考量前述經濟情勢、行政院主計總處5月公布113年GDP成長率預估值為3.94%，以及未來AI科技潮帶動的半導體產業擴廠、電動車推動政策等因素，預估前5年（113至117年）全國電力需求年均成長率約為2.5%。

其中，AI科技的用電需求預估從112年的24萬瓩增加至117年的224萬瓩，增加200萬瓩，成長約8倍，後續每年以35至45萬瓩增量規畫，預估113至122年全國電力需求年均成長率約為2.8%。

游振偉強調，為因應AI產業帶動發展所增加電力需求，需要3個及時建設，第1，新機組等電源開發計畫；第2，電網（變電所）更新建設；第3，因應再生能源高滲透率，須建置儲能系統，以確保供電穩定、滿足未來用電需求，盼社會支持。

另外，經濟部長郭智輝113年7月8日接受訪問時提到，過去每年用電預估成長2%，近期AI提高用電需求，加上國際大廠來台設立數據中心和超級電腦等，總統賴清德上任後推動半導體、AI等產業，「這2個產業都是吃電怪獸」，預估119年用電將成長約12%。

為提升電力設備妥善率，郭智輝指出，檢驗用電成長、設備年限、人口成長等3項指標，之前計畫要在10年內更換設備，現在目標調整為4年內，完成更換跳電熱區的電力設備。此外，也規畫引進移工，以解決設備維修外包人力缺口問題。

AI製造用電可觀
曾文生：設廠請到支持電源開發縣市

台電董事長曾文生民國113年8月9日說，目前桃園以北地區已不再核供5MW以上資料中心，呼籲高科技產業到「支持電源開發的縣市發展」。經濟部力挺曾文生的說法表示，「要AI大廠，請支持台電電廠！」但國民黨召開記者會批評，這就是缺電的證明，政府供電還分顏色、戰南北。

AI發展仰賴資料中心，但資料中心的用電量大。曾文生8月9日接受媒體訪問表示，美國近年負載大增也是因建設AI資料中心，但幾乎都是蓋在電廠旁，原因是電網輸送量有上限，且輸電設備興建是很大挑戰，甚至比電源開發還困難。

曾文生指出，韓國和新加坡都已針對網路資料中心（IDC）進行用電量與能效管制，台灣4月調漲電價也新增資料中心類別；事實上，台電112年9月便開始進行管制，桃園（含）以北地區不再核供5MW以上資料中心，主因是現在中送北電力潮流面臨瓶頸，盼藉此引導負載和電源互相匹配。

台電以高雄大型AI資料中心為例說明，其用電約7.68MW，整體用電申請是10MW，因包含周邊附屬用電約占30%。若同樣條件設在北部，考量輸電工程成本與建置期，桃園以南較能兼顧電力系統穩定與安全。

以台灣AI發展來看，曾文生指出，生成式AI訓練的電力需求可觀，未來AI生活型態對台灣用電影響將較他國顯著，但主要在製造端、而非應用端。

他解釋，當前GPU、CoWoS、伺服器都是台灣業者生產，是AI用電大宗，製造端用電需求都已有納入未來用電預估，118年以後用電則尚未完全確認，因下一個科學園區、半導體產業基地在哪不確定，「但我的原則很簡單，請就近電源端」，他支持「高科技產業到支持電源開發的縣市發展」。

經濟部8月10日說明，台灣整體不缺電，但北部依靠其他地方送電確實有瓶頸，各縣市都想爭取AI大廠投資，「要AI大廠，請支持台電電廠！」

國民黨8月14日舉行「數據中心也要戰南北？台電戳破供電穩定謊言氣球！」記者會，呼籲總統賴清德赴立法院國情報告把供電問題說清楚講明白。桃園市長張善政說，台電應尊重產業發展及市場經濟，勿干預產業設點決定。

政院：北部電力確實不足
供需差距達200億度

行政院發言人陳世凱民國113年8月15日表示，北部確實電力不足，因為北北基桃整個北部的電力開發相對困難，以112年為例，北部供需差距約200億度，要透過南電北送或中電北送，政府會努力推行電源開發，尤其是協和電廠更新計畫攸關480萬人用電，希望地方政府全力配合。

核三廠一號機停機
核電占比降至3%

核三廠1號機運轉40年，自民國113年6月中旬開始降載，7月27日晚間10時正式停機。隨著國內核電廠陸續除役，更需正視核廢料最終處置場難尋現實，其中關鍵在法源基礎、社會溝通，經濟部與台電將兩路並進，確保高放處置不再原地踏步。

台灣持續「非核家園」政策，核一、核二已陸續展開除役，核三廠1號機也自6月中旬起，以每日功率遞減0.9%速度緩慢降載，7月27日晚間10時正式停機。

核三廠共有兩部機組，裝置容量各為95.1萬瓩，1年貢獻約150億度電力，核三廠1號機退場後，核電占比將降至2.8%，經濟部已規畫由森霸電力的豐德3號機組補上，顯見近年燃氣發電持續增長，已成供電主力。

台電表示，1號機停機後仍需進行必要檢修工作，將待環境部通過核三廠除役環評、核安會核發除役許可，才會真正進入除役階段。至於核三廠2號機運轉執照114年5月屆期，核安會已要求台電針對兩部機組狀態差異、強化電廠管理。

核電廠除役作業需要25年，最大挑戰在於最終處置場所難尋，從乾貯設施興建頻卡關

廣告

電到家
How Electricity Gets To Your House

由**大型發電廠**(如：太陽能、風電、水力發電等)產生電力後，先由**變壓器**升壓至**345kV**的超高壓。

經由『**超高壓變電所、一次變電所**』分別降壓至**161kV**與**69kV**，分別提供科學園區、工業區、高鐵、捷運等大型用電戶使用。

接著，再透過『**二次變電所**』降壓至**22/11kV**，可提供給小型、中型工業用電戶使用。

最後，經由『**變壓器**』降壓至**220V**、**110V**，即可提供一般家庭電器使用。此外，透過裝設『**智慧電表**』，除了便於台電掌控用電資料外，更可透過『**分時用電**』來達到節能、省電、省錢的目標。

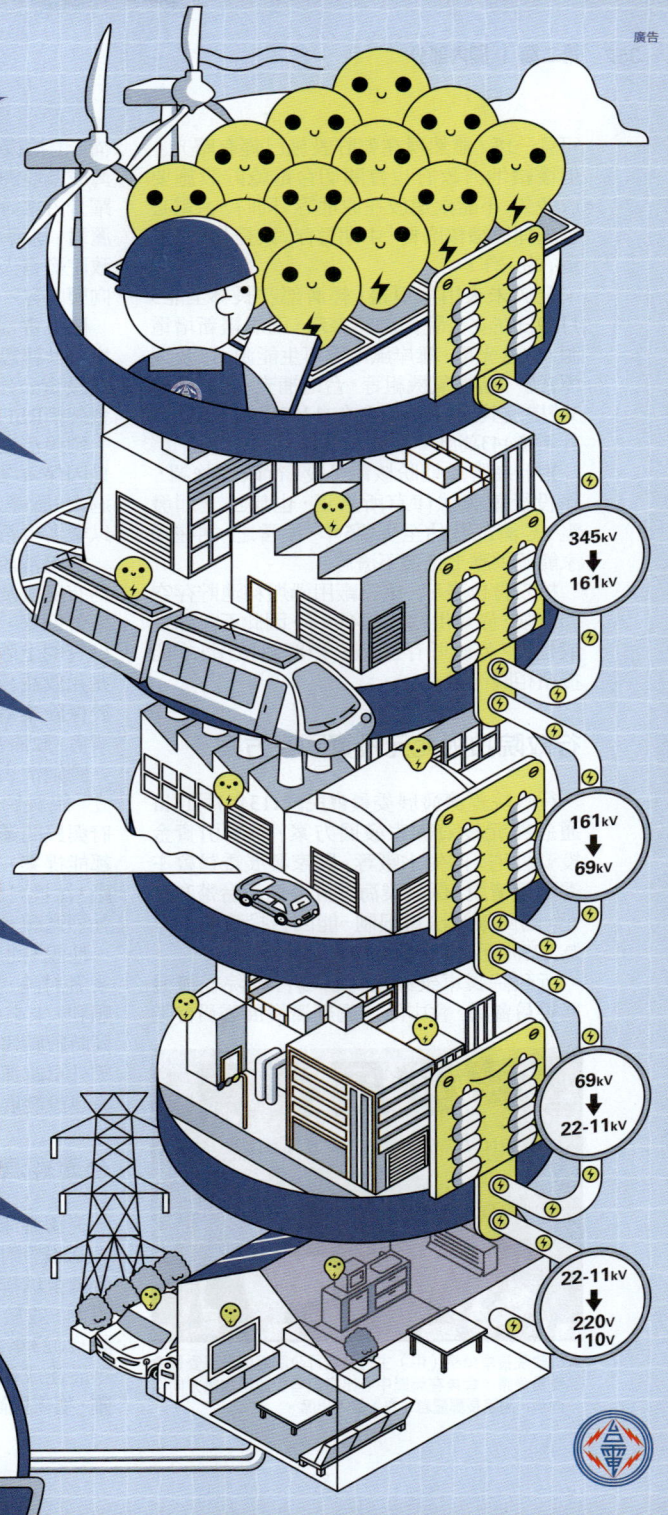

345kV ↓ 161kV

161kV ↓ 69kV

69kV ↓ 22-11kV

22-11kV ↓ 220V 110V

02050

可見一斑。雖然現在乾貯設施已經有曙光，但後續地方政府也會關切台電乾貯設施要放多久，不能永遠放在原地等；同時，台電必須處理後續核廢料「中期暫存」或是「最終處置」的工作。

至於未來用電規畫，經濟部次長林全能5月29日在立法院備詢時表示，已規畫新增電源，包含光電、離岸風電等再生能源，以及大潭7號、9號燃氣機組等。台電補充，另有豐德3號機及興達新1機皆會在113年陸續上線，合計新增443萬瓩。

對於在野黨期盼核電延役。行政院強調，除役後就算法律有所修正，也無法立即發電；經濟部評估至少要5年，換言之，站在國家能源供應上是緩不濟急。

核安會也表示，核三廠用過燃料池貯存空間有限，僅可供約運轉4年多，因此不論除役或延役，乾式貯存設施必須興建啟用，才能接續相關作業。

行政院拍板兆元投資國家方案

行政院經濟發展委員會民國113年7月18日通過兆元投資國家發展方案，盼導引資金投資社宅、再生水廠等。國家發展委員會主委劉鏡清說，保險業海外資金約新台幣22兆元，因風險及法規限制，能回台投資的部分為3.27兆元，期盼創造10兆元效益。

行政院長卓榮泰主持首場行政院經濟發展委員會議，會中除通過經濟發展委員會架構，也拍板兆元投資國家發展方案、打造台灣成為亞洲資產管理中心以及國家人才競爭躍升方案等。卓榮泰會後與行政院副院長鄭麗君、秘書長龔明鑫、國發會主委劉鏡清、行政院發言人陳世凱出席記者會，說明政策方向與內容。

國發會提出兆元投資國家發展方案，盼擴增公共建設案源導引業者投資，並鼓勵保險業投資公建型投資基金（PE），以及推動基金架構REITs。

劉鏡清表示，兆元投資國家發展方案主要是因保險業資金充裕，加上這幾年遇到利差過大、匯差過大、海外投資不穩定等情況，所以業者也希望有國內投資標的。

劉鏡清說，保險業在海外資金22兆元，因為有風險及法規限制等，資金沒有辦法說回來就回來，經過估算，保險業可以導引回台投資的上限為3.27兆元，期盼能以此創造10兆元效益；不過，劉鏡清也說，投資方案不限於保險業者參與，包含外資以及其餘有興趣業者，政府都歡迎、也會爭取。

劉鏡清表示，兆元投資國家發展方案將建立「院級跨部會投資建設推動平台」，由政府與民間業者共同討論公共建設標的，公私都能提案，像是目前已有業者對建設再生水廠、汰換自來水管、興建停車場、興建社宅有強烈意願。

他說，此次方案推出前，先由政府主動與業者討論，獲得業者承諾，後續推動會比較順利，未來會找業者共同討論作法與時程，同時啟動建立平台，兩軌並行，且平台將參考國外卓越運作中心模式（COE），力拚創造國家建設發展。

▲ 行政院長卓榮泰（中）主持首場行政院經濟發展委員會委員會議，會後在新聞中心出席記者會說明政策方向與內容，副院長鄭麗君（左）等人出席。

台灣經濟自由度全球第四

美國智庫傳統基金會2024年2月26日發布「2024經濟自由度指數」，在184個經濟體中，台灣全球排名第4，僅次於新加坡、瑞士及愛爾蘭，並於亞太地區排名第2。總統蔡英文說，2023年台灣評比名列全球第4名，創下歷年最佳成績，這證明這幾年台灣發展方向正確，獲得國際肯定和信任。

觀察台灣近年名次，2021、2022年為全球第6名，2023、2024年皆排第4。

根據「2024經濟自由度指數」排名，2024年由新加坡拿下第1，主要國家當中，韓國第14、美國25名、英國30名、日本38名，中國則為第151名。

經濟自由度指數評比12項指標，以得分區分5個等級，「自由」（Free）的分數為100至80分；而後是「大部分自由」（79.9至70分）、「中等自由」（69.9至60分）、「較不自由」（59.9至50分）、「受壓抑」（49.9至0分）。

台灣2024年平均總分80分，雖較2023年的80.7分減少0.7分，但維持連續3年受評為表現最佳的「經濟自由」（Free）國家。

2024年台灣12項評比指標中，有7項指標列為「自由」等級，分別是司法效能（94分）、政府支出（90.5分）、健全財政（90.3分）、貿易自由（86.4分）、經商自由（84.9分）、財產權（82.2分），以及貨幣自由（80.1分）。

傳統基金會並組團訪問台灣，蔡總統2月26日在總統府歡迎傳統基金會會長羅凱文（Kevin Roberts）首度率團訪問台灣；總統說，很高興再次看到台灣的老朋友、基金會創辦人佛訥（Edwin Feulner）。

蔡總統說，傳統基金會每年發布的經濟自由度報告更是台灣精進經濟政策的重要參考，2023年台灣經濟自由度的評比名列全球第4名，創下歷年最佳成績，這證明了這幾年台灣推動產業創新升級、落實環境永續的發展方向正確，不僅為企業創造良善的投資環境，更獲得國際的肯定和信任。

國發會2月27日發布新聞稿，轉述評比結果，指出司法效能是台灣近4年來得分表現最佳的指標，從2020年的70.1分，進步至2024年的94分，進步超過20分，顯見司法院近年推動司法效能的改革，獲得國際肯定。

IMD世界競爭力　台灣全球第八

瑞士洛桑管理學院（IMD）2024年6月18日公布「2024年IMD世界競爭力年報」，台灣在67個受評比國家中排名第8名，雖然退步2名，仍優於美中日韓；而在人口超過2,000萬人的經濟體中，連續4年排名蟬聯世界第1。

根據「2024年IMD世界競爭力年報」（IMD World Competitiveness Yearbook），台灣在連續5年排名爬升後，2024年轉為下滑，退步2名，降至第8名，主要受全球需求疲弱，衝擊台灣製造業表現，使得大指標「經濟表現」退步較多。

觀察全球排名，前10名依序是新加坡、瑞士、丹麥、愛爾蘭、香港、瑞典、阿拉伯聯合大公國、台灣、荷蘭、挪威；美國排名第12、中國排名第14、韓國排名第20、日本則在第38名。

IMD世界競爭力分為4大指標，分別是「企業效能」、「政府效能」、「基礎建設」、「經濟表現」。

4大指標中，台灣「企業效能」、「政府效能」與「基礎建設」分別高居全球第6名、第8名與第10名，但「經濟表現」滑落6名至世界第26名。

國家發展委員會說明，「經濟表現」退步是因2023年全球高通膨與高利率環境導致終端需求疲軟，國內製造業持續調整庫存衝擊出口，加上廠商投資動能趨於保守所致。

「企業效能」也從2023年第4名退步至第6名，國發會表示，中分類的「生產力及效率」、「勞動市場」與「經營管理」排名較2023年下降1至2名，政府將持續精進推動具國際競爭力的人才政策，以滿足人才需求。

▲總統蔡英文（右）接見傳統基金會訪問團，傳統基金會會長羅凱文（Kevin Roberts）（左）將最新的經濟自由度報告呈給蔡總統。

IMD世界競爭力排名 台灣第8

2024總排名	分項排名	經濟表現	政府效能	企業效能	基礎建設
① 新加坡 ▲3 (較前一年)		3 -	2 ▲5	2 ▲6	4 ▲5
② 瑞士 ▲1		12 ▲6	1 -	5 ▲2	1 -
③ 丹麥 ▼2		22 ▼7	5 -	1 -	2 -
④ 愛爾蘭 ▼2		10 ▲9	6 ▼3	3 -	17 ▲2
⑤ 香港 ▲2		11 ▲25	3 ▼1	7 ▲4	9 ▲4
⑥ 瑞典 ▲2		23 ▲5	10 ▲4	4 ▲2	3 ▲1
⑦ 阿拉伯聯合大公國 ▲3		2 ▲2	4 ▲4	10 ▲6	25 ▲1
⑧ 台灣 ▼2		26 ▼6	8 ▼2	6 ▼2	10 ▲2
⑨ 荷蘭 ▼4		9 ▲2	14 ▼2	8 ▼6	8 ▼3
⑩ 挪威 ▲4		30 ▼13	9 -	9 ▲9	5 ▲3

資料來源：瑞士洛桑管理學院（IMD）

台美貿易倡議第二階段談判落幕

《台美21世紀貿易倡議》第2階段談判民國113年5月3日落幕，行政院經貿談判辦公室表示，雙方針對農業、環保、勞動充分交換意見，還舉行利害關係人座談，談判圓滿落幕，盼能促進農業貿易。

行政院經貿談判辦公室總談判代表鄧振中表示，台灣爭取鳳梨、芒果、肉鬆與香腸出口到美國，其中由於鳳梨、芒果遭遇中國經濟脅迫，因此希望美方加速核准，雖然美方無法承諾台灣何時能批准，但他相信美方已接收清楚訊息。

台美112年6月在華府簽署《台美21世紀貿易倡議》首批協定，涵蓋關務行政及貿易便捷化、良好法制作業、服務業國內規章、反貪腐、中小企業等5項議題，目前仍在法規檢視階段，等待生效。

第2階段談判議題聚焦農業、勞動與環境，112年8月在華府首次實體談判，第2次實體談判於台北舉行，自4月29日起，歷經5天馬拉松式談判順利結束。

經貿辦透過新聞稿表示，負責此次談判的行政院經貿談判辦公室副總談判代表楊珍妮指出，雙方針對3議題的文本內容均有充分討論，對於彼此法律制度、行政措施都有更多理解，會議收穫豐富，對後續談判有相當大的助益。

經貿辦指出，農業議題部分，雙方討論如何透過科學、以風險為基礎的決策、採取透明完善法規作法等作法，尋求可促進農業貿易的法規。

臺中市政府積極推動檔案管理業務
健全檔案保管制度　發揮檔案功能

「檔案」是政府機關執行公務所產生的紀錄，是歷史的印記，更是政府施政的軌跡，為妥善保存檔案並發揮檔案保存價值及便捷檔案資訊開放應用，臺中市政府積極推動檔案管理業務，除提升檔案管理人員專業能力及檔案保管環境，更保障民眾閱覽、抄錄及複製檔案之權利。

市府每年依據國家發展委員會檔案管理局訂頒「機關檔案管理評鑑要點」規定，辦理所屬機關檔案管理考評作業，從檔案點收、立案編目、入庫管理、鑑定清理及檔案檢調與應用等各面向進行評比，透過評比了解各機關實際辦理情形及面臨的問題，從旁提供建議及協助機關解決問題，提升檔案管理人員實務應變能力，另透過評比獎勵及複檢機制，督促及激勵機關重視檔案管理工作及完善檔案管理作業。

為促進檔案開放利用，提升檔案管理效益，市府督促所屬機關定期辦理檔案清理作業，並推動4年屆期檔案銷毀計畫，依機關保管檔案量訂定每年屆期檔案銷毀目標值，並藉由每季追蹤管考及召開檢討會議，掌握各機關執行績效，督導機關積極辦理檔案銷毀作業，達成去蕪存菁之目標，以減少不必要的檔案保管及維護成本，並保存有歷史典藏、行政稽憑、法律及資訊價值之檔案，發揮檔案典藏的效益。

市府藉由考評、輔導及追蹤管考等機制，提升檔案管理品質，並擇優推薦機關參加國家發展委員會檔案管理局舉辦之「機關檔案管理金檔獎」及「績優檔案管理人員金質獎」評獎，爭取市府榮譽。自101年迄今，市府已有19個績優機關獲得金檔獎、18位績優檔管人員獲得金質獎殊榮，績效卓著。市府秘書處將賡續輔導機關精進檔案管理業務，促進檔案開放應用，發揮檔案保存價值，有檔案應用需求之民眾皆可至機關檔案目錄查詢網（https://near.archives.gov.tw/home）查詢機關檔案目錄，再向檔案管有機關提出申請，歡迎民眾多加運用。

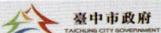

幸福永續　富市臺中
臺中市政府

臺中市政府秘書處　廣告

▲台美21世紀貿易倡議協定第2階段第2次實體談判會議落幕，行政院政務委員、經貿談判辦公室總談判代表鄧振中（右）說明會談結果。

環境議題部分，經貿辦表示，雙方討論如何深化貿易與環境議題的合作，包括推動綠色企業、綠色就業與經濟去碳化。

在勞動議題方面，雙方討論如何推動保障國際認可的勞動權益，包括消除全球供應鏈中的強迫勞動，以及企業於協助保障勞動權益所扮演的角色與責任。

林信義APEC邀請訪台
拜登親切回應I will

2024年「亞太經濟合作經濟領袖會議」11月15日至16日在秘魯利馬舉行，台灣領袖代表林信義16日會晤美國總統拜登後分享，兩人近日互動多次，他很感謝拜登長期對台支持，也歡迎拜登在不久的將來訪台，拜登親切回應「我會的」（I will）。

另外，林信義表示，此行與許多經濟體代表都有正式雙邊或場邊會談、寒暄，他也在會場和中國國家主席習近平打招呼，但並無握手，畢竟大家都很忙碌地穿梭其中，把握機會和各國領袖交流。

2024年亞太經濟合作會議（APEC）年會11月10日至16日於秘魯利馬登場，經濟領袖會議15日至16日召開，總統府10月21日宣布由林信義擔任經濟領袖會議領袖代表。

總統府11月7日舉行APEC代表團行前記者會，總統賴清德盼林信義向APEC成員傳達3個主張，包含台灣積極貢獻國際社會、台灣支持更公平與更具包容性的國際貿易秩序，以及台灣願意促進與其他經濟體之間的數位貿易發展。

林信義表示，他會向各國表達台灣願意為亞太和平穩定發展作出貢獻，展現作為國際社會中良善、可信賴、負責任的成員，為台灣爭取更多國際友人支持。

林信義在領袖會議期間與各國領袖互動熱絡，除與拜登多次交談外，也在16日會晤日本首相石破茂。石破茂重申對台海和平穩定的立場，並表達支持台灣持續參與國際組織；林信義則期待台日在半導體、AI領域深化合作，更期盼未來於第三國共同開發或投資。

除此之外，林信義也在14日與美國國務卿布林肯（Antony Blinken）晤談，兩人就台美各層面夥伴關係持續強化交換意見，並針對如何確保區域和平穩定與發展等議題交流。

林信義曾3度參與APEC會議，熟悉APEC運作及議題，2005年獲時任總統陳水扁指派，擔任領袖代表，率團參加在韓國釜山舉行的APEC經濟領袖會議，圓滿達成任務。時隔多年林信義再次接下重責大任，順利完成賴總統交付3項任務，並會晤國際領袖為台灣在國際舞台，打下一場漂亮外交戰役。

六月景氣燈號亮紅燈　兩年半首見

國家發展委員會民國113年7月29日公布6月景氣燈號亮出代表景氣「熱絡」的紅燈，為2年半以來首顆紅燈。國發會表示，景氣領先及同時指標續呈上升，國內景氣持續增溫。

6月景氣燈號綜合判斷分數為38分，較5月增加2分，突破代表「趨熱」的黃紅燈區間，轉為熱絡紅燈；前次亮出紅燈是在110年12月。

6月景氣燈號的9項構成指標中，工業及服務業加班工時由綠燈轉呈黃紅燈，分數增加1分，海關出口值由綠燈轉呈紅燈，分數

增加2分;製造業營業氣候測驗點則由黃紅燈掉至綠燈,分數減少1分;其餘6項燈號維持不變。

國發會經濟發展處長邱秋瑩指出,近2個月景氣領先指標的增高擴大,製造業採購經理人指數(PMI)的未來半年展望續呈擴張,且7月消費者信心指數(CCI)指數走揚,都傳達正面訊號,支持國發會對景氣樂觀的看法。

至於製造業產業復甦步調不一的現象,邱秋瑩說明,資通訊、半導體等出口依舊強勁,傳產方面也有起色,石化、礦產品、機械等業別出口訂單轉正,顯示產業去化庫存已經告一段落,不均衡復甦的情況有所改善。

AI及新機效應　8月景氣燈號重返紅燈

國發會9月27日發布8月景氣燈號,受惠於人工智慧(AI)需求暢旺及國際品牌新機備貨效應,綜合判斷分數大幅跳升至39分,燈號重返熱絡紅燈,顯示國內景氣持續成長。

8月景氣燈號綜合判斷分數為39分,較7月大增4分,分數創下110年11月以來、近3年高點。景氣燈號的9項構成項目中,海關出口值由綠燈轉呈紅燈,分數增加2分;工業生產指數、工業及服務業加班工時均由黃紅燈轉呈紅燈,分數各增加1分;其餘6項燈號維持不變。

國發會經濟發展處處長邱秋瑩說明,8月景氣燈號重返熱絡紅燈,主要有4大因素,包括AI應用需求熱絡、國際品牌新機備貨效應挹注,以及7月下旬颱風凱米襲台,部分出貨遞延至8月,加上傳統產業表現逐步轉好,基本金屬、機械、塑膠等都有顯著回升。

勞動部公務員疑遭職場霸凌輕生　北分署長謝宜容免職

勞動部勞發署1名公務員疑遭長官霸凌輕生,勞動部民國113年11月19日公布調查報告,但因其中一句指涉及霸凌的北分署長謝宜容「目的良善」,輿論譁然。總統賴清德20日透過臉書致歉外,行政院長卓榮泰也發表談話,為未能即時接住輕生人員,鞠躬表達最高歉意,並要求勞動部嚴加調查,同時將此案送檢調,還家屬一個公道。

勞動部並在稍後召開考績會,將謝宜容記2大過免職,勞動力發展署署長蔡孟良記1大過並調離主管職。

勞發署公務人員4日被發現在行政院新莊聯合辦公大樓的北分署輕生後,陸續有人在網路爆料謝宜容涉霸凌行為,勞動部因此展開調查。勞動部長何佩珊19日舉行記者會說明調查結果,指這名公務員長期超時工作,113年度差勤紀錄資料卻未有任何加班申請;工作量過大缺乏協助,導火線是認為所負責的系統不可行,卻無處反映,產生無力感。勞動部已將謝宜容調離原職位,降調為非主管職,並送考績委員會議處。

不過報告內容表示,根據訪談相關同仁,無法證明謝宜容有實際的職場霸凌情形,甚至說謝宜容「目的良善」,再度引發民眾怒火,各界齊聲砲轟。何佩珊20日在立法院備詢時說,「我也不適任」,行政院發言人李慧芝22日說,何佩珊21日下午當面向卓榮泰提出辭呈,卓榮泰已准辭,25日由原民進黨不分區立委洪申翰接任。

謝宜容20日發布公開聲明,願就情緒控管不佳等行為向同仁道歉;當事人因超時工作不幸身故,與她領導管理風格、行為作法無關,然未提供支援,向當事人、家屬致歉。

中小企業加薪抵稅優惠延長10年

立法院民國113年7月12日三讀修正通過「中小企業發展條例部分條文」,針對中小企業增僱、加薪減稅優惠延長10年,同時刪除啟動門檻、提高加成減除率,加薪適用對象薪資提高至新台幣6.2萬元以下。經濟部表示,修正條文自113年元旦起適用。

也就是113年有調薪、增僱員工的中小企業,只要符合修訂條文條件,114年將有機會享受減稅優惠。

立法院三讀修正通過《中小企業發展條例》部分條文,包括《中小企業發展條例》第35條研究發展支出投資抵減、第35條之1智慧財產權作價入股緩課及第36條之2增僱加薪租稅優惠,將自113年1月1日起適用,施行至122年12月31日止。

經濟部說明,這次修正重點包括刪除增僱和加薪租稅優惠啟動門檻、提高租稅優惠的加成減除率,同時延長施行期間10年。

員工加薪租稅優惠方面,條文刪除「經濟景氣指數達一定情形」的啟動門檻,並將加薪薪資費用得自當年度營利事業所得額中減除率由130%提高至175%。

中小企業若幫員工加薪1萬元,以加成減除率175%計算,可以1萬7,500元增加薪資自其年度營利事業所得額中減除。

加薪適用對象的基層員工薪資適用範疇,則由5萬元調高至6.2萬元,並納入逐年滾動調整機制。

至於增僱員工租稅優惠部分,經濟部表示,同樣刪除「經濟景氣指數達一定情形」啟動門檻,以及「創立或增資擴展達一定投資額」的適用門檻,適用對象維持增僱24歲以下,另增加納入65歲以上本國籍基層員工,薪資費用得自當年度營利事業所得額中減除,減除率均適用200%。

此外,中小企業研發投資抵減納入「有限合夥」為適用對象,以推動中小企業投入研發創新,促進升級轉型。

中小企業發展條例修法

修法重點	條文內容
增僱減稅	中小企業增僱一定人數之24歲以下或65歲以上本國籍基層員工,且提高該企業整體薪資給付總額時,得就其增僱該員工所支付薪資金額200%限度內,自其增僱當年度營利事業所得額中減除。
加薪減稅	中小企業調高本國籍現職基層員工薪資金額之175%限度內,增加薪資自其當年度營利事業所得額中減除。
社會責任	中小企業最近3年因違反環境保護、勞工或食品安全衛生相關法律且情節重大,經各中央目的事業主管機關認定者,不得申請本條例之租稅優惠。

資料來源:立法院

勞雇協商同意得延後強制退休年齡

為鼓勵健康且有意願的資深勞工持續貢獻職場,立法院會民國113年7月15日三讀修正通過《勞基法》第54條條文,三讀條文明定,勞工年滿65歲者,經勞雇雙方協商後,得延後強制勞工退休年齡。

立法院社會福利及衛生環境委員會於5月15日初審通過《勞基法》第54條修正草案,全案經審查會討論後完成初審,並於7月15日完成三讀。

對於修正《勞基法》第54條,勞動部提醒,現行中高齡及高齡者就業促進法第12條規定,雇主對求職或受僱的中高齡者及高齡者,不得以年齡為由予以差別待遇,而所謂差別待遇,包括薪資給付或各項福利措施。

勞動部說,如果勞雇雙方已依《勞動基準法》第54條規定,經協商同意延後勞工的退休年齡,雇主除非有正當事由,不可以對超過65歲繼續工作的勞工有降低薪資給付及其他勞動條件等不利對待,否則地方勞動主管機關可依法論處雇主新台幣30萬元以上150萬元以下罰鍰,並公布其姓名或名稱、負責人姓名。

另外,勞動部說,勞工延後退休,雇主仍應投保勞保及提撥勞退,至於就業保險則受法令限制,無法再續保。

不過,桃園市產業總工會秘書林莊周說,這次修法看似是回應勞資雙方延長工作時間的期待,但因現行規定本就可以勞資協商延後退休,因此這是一個象徵意義大於實質意義的修法,並沒有處理到現行勞資協商可能遇到的問題。

林莊周舉例,雖然勞動部主張,雇主如果續聘經協商延後強制退休的勞工不可以有差別對待,但實務上仍有雇主要求勞工先退休,再藉機用退休回聘方式來降低勞工原有勞動條件,勞工常常都只能被動或被迫接受雇主開出的條件。

林莊周表示,勞資協商時,勞工常處於較不利的地位,因此呼籲應該取消強制勞工65歲退休規定。

最低工資連九漲　調幅4.08%

勞動部民國113年9月4日召開最低工資審議會，決定114年最低工資月薪為新台幣2萬8,590元、時薪190元。勞動部長何佩珊說，勞資雙方討論調幅在4.05%至4.12%間，最終由她拍板裁示4.08%。

最低工資法實施元年，勞動部召開首次最低工資審議會，由勞、資、政、學四方委員歷經近4小時討論，決定114年最低工資數額。

何佩珊於會後記者會說明結論，114年1月1日起，每月最低工資調幅將由2萬7,470元調升至2萬8,590元、時薪從183元調至190元，調幅均為4.08%，後續將送行政院核定。行政院也在9月13日宣布院長卓榮泰已核定。

何佩珊表示，勞資雙方委員都沒有反對調漲，雙方也經歷充分、積極對話、理性溝通，謀求最大共識，這次調整預計有287.18萬名勞工受惠。

根據勞動部統計，最低工資調整後，在月薪部分有189.5萬名勞工受惠，其中有152.7萬為本國勞工，移工則有36.8萬人，預計每年勞、資及政府分別增加約10.20億元、202.52億元、10.63億元成本，合計約增加223.35億元。

至於時薪部分，約有67.68萬名勞工受惠，預計每年勞、資及政府分別增加約4.21億元、51億元、4.16億元，合計增加59.37億元。

另外，最低工資月薪114年為2萬8,590元，加上勞保費率將再調高，雇主、勞工與政府所要負擔的勞保費用也將隨之增加。

以114年勞保普通費率為12.5%（含就保1%）來試算，聘僱一名薪資2萬8,590元的勞工來計算保費，雇主、勞方及政府負擔比例為7比2比1，雇主負擔為2,502元，勞工自行負擔保費為715元，政府負擔358元。

除了調漲勞保費率外，健保費也隨之調整。衛福部指出，預估近771萬人每月健保費平均多繳21元，1年可增加約53億元健保收入。

在工商團體態度方面，工總贊同此次調幅，並呼籲各界正視缺工問題；商總表示，提高最低工資有助改善勞工生活，但盼政府對中小微型企業提出配套措施，降低對通膨影響以及弱勢企業衝擊。

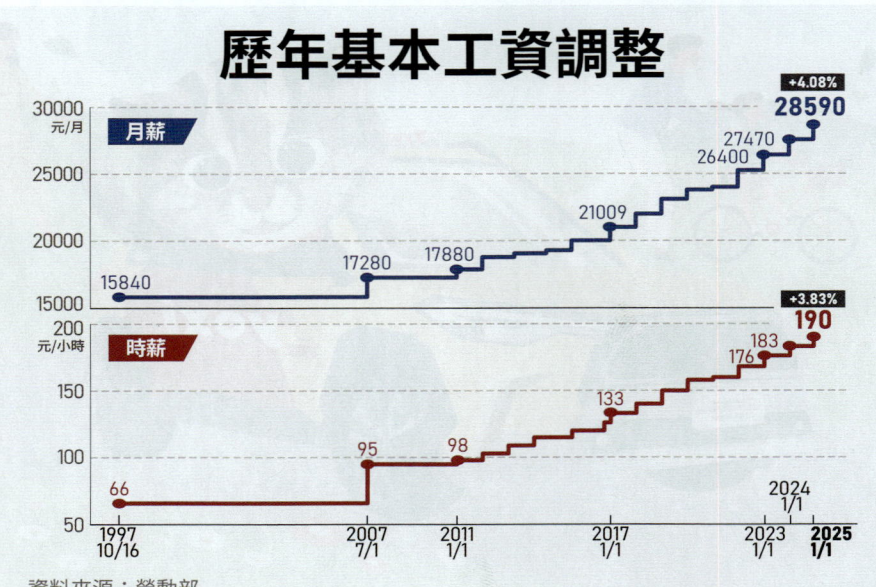

歷年基本工資調整

月薪（元/月）：
- 1997/10/16: 15840
- 2007/7/1: 17280
- 2011/1/1: 17880
- 2017/1/1: 21009
- 2023/1/1: 26400
- 2024/1/1: 27470
- 2025/1/1: 28590 (+4.08%)

時薪（元/小時）：
- 1997/10/16: 66
- 2007/7/1: 95
- 2011/1/1: 98
- 2017/1/1: 133
- 2023/1/1: 176
- 2024/1/1: 183
- 2025/1/1: 190 (+3.83%)

資料來源：勞動部

量產幸福 移動公益

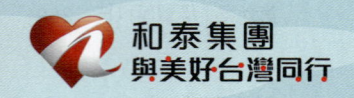

2022年起，和泰集團攜手純青社會福利基金會捐贈近萬趟yoxi接送服務與新北、臺中、臺南、高雄以及麥當勞叔叔之家慈善基金會攜手陪伴弱勢族群克服交通困難，讓就醫、就學之路更加順利

平均每人國民所得與每人國民生產毛額

年別	平均每人國民所得 元	折合美元	平均每人國內生產毛額 元	折合美元	平均每人民間消費支出 元	折合美元
98	473,259	14,315	559,807	16,933	310,358	9,388
99	524,234	16,563	607,596	19,197	323,280	10,214
100	527,186	17,889	614,922	20,866	335,222	11,375
101	537,021	18,130	630,749	21,295	344,466	11,630
102	565,198	18,985	654,142	21,973	353,073	11,860
103	607,264	19,996	694,680	22,874	367,586	12,104
104	633,367	19,849	726,895	22,780	374,530	11,737
105	650,854	20,132	746,526	23,091	386,209	11,946
106	667,945	21,943	763,445	25,080	395,902	13,006
107	677,201	22,454	779,260	25,838	407,568	13,514
108	691,326	22,351	801,348	25,908	418,844	13,542
109	730,744	24,704	844,485	28,549	407,134	13,764
110	805,883	28,761	923,086	32,944	413,574	14,760
111	838,294	28,121	972,550	32,625	444,329	14,905
112	855,846	27,451	1,007,685	32,319	489,789	15,718

資料來源：行政院主計總處統計年鑑

世界主要國家（地區）平均每人國內生產毛額

單位：美元

年別	中華民國	美國	日本	德國	法國*	英國*	韓國	新加坡	香港	中國大陸
2004	15,012	40,419	36,476	33,089	32,939	36,799	15,029	27,046	24,454	1,490
2005	16,051	42,646	35,835	33,603	33,995	37,904	17,551	29,400	26,092	1,731
2006	16,491	45,760	34,050	35,127	36,782	41,094	19,809	33,090	28,223	2,069
2007	17,154	47,339	34,043	40,240	43,195	47,021	23,281	39,224	30,596	2,651
2008	18,131	48,337	37,973	45,583	47,153	45,912	20,623	39,724	31,516	3,441
2009	16,988	46,997	39,460	41,622	43,032	37,521	18,522	38,578	30,698	3,800
2010	19,278	48,335	43,161	41,816	42,016	38,736	22,382	46,570	32,550	4,515
2011	20,939	49,864	48,068	45,935	45,204	42,060	24,540	53,233	35,143	5,634
2012	21,308	51,599	48,615	43,325	42,199	42,503	25,006	54,716	36,731	6,338
2013	21,973	53,083	40,499	46,312	43,992	43,495	27,307	56,967	38,404	7,051
2014	22,874	55,243	38,164	48,009	44,496	47,583	29,454	57,563	40,315	7,680
2015	22,780	56,681	34,591	41,384	37,919	45,086	28,916	55,647	42,432	8,063
2016	23,091	57,719	39,287	41,979	38,255	41,217	29,521	56,922	43,731	8,152
2017	25,080	60,271	38,917	44,415	39,829	40,487	31,577	60,222	46,160	8,887
2018	25,838	62,977	39,849	48,351	42,728	43,246	33,308	64,984	48,538	9,969
2019	25,908	64,375	40,555	46,801	42,018	42,686	31,873	64,981	48,539	10,215
2020	28,549	64,635	40,124	46,671	40,800	40,146	31,749	60,258	46,109	10,473
2021	32,944	71,002	40,148	51,486	45,428	46,541	35,091	76,159	49,771	12,618
2022	32,625	77,356	34,079	49,009	42,497	45,693	32,428	90,630	48,828	12,447
2023	32,319	81,674	33,839	52,486	46,310	49,097	33,329	86,451	50,697	12,609

說明：平均每人國內生產毛額＝GDP／年中人口數，折合美金。
資料來源：1.經濟部統計指標電子書 2.各國統計月報。 3.美國、日本、德國、法國、英國、韓國之數據自2008年起係依 Population Reference Bureau「World Population Data Sheet」之年中人口計算。
附註：* 為GDP資料。

國民經濟重要指標

民國年別	經濟成長率%	國民所得毛額GNI（新台幣百萬元）	平均每人國民所得毛額（美元）	平均每人國民所得（美元）	國民儲蓄毛額（新台幣百萬元）	儲蓄率
99	10.25	14,476,060	19,765	16,563	4,752,900	32.83
100	3.67	14,634,307	21,410	17,889	4,559,451	31.16
101	2.22	15,109,951	21,922	18,130	4,601,328	30.45
102	2.48	15,673,232	22,552	18,985	5,076,461	32.39
103	4.72	16,697,152	23,492	19,996	5,735,107	34.35
104	1.47	17,494,741	23,367	19,849	6,203,508	35.46
105	2.17	18,006,409	23,684	20,132	6,339,620	35.21
106	3.31	18,430,708	25,704	21,943	6,563,940	35.61
107	2.79	18,789,823	26,421	22,454	6,532,637	34.77
108	3.06	19,384,783	26,561	22,351	6,735,068	34.74
109	3.36	20,486,586	29,369	24,704	7,940,908	38.76
110	6.62	22,231,360	33,808	28,761	9,630,608	43.22
111	2.59	23,374,561	33,624	28,121	9,707,658	41.53
112	1.28	24,302,552	33,365	27,451	9,214,085	37.91

資料來源：行政院主計總處，經濟部統計處

主要國家經濟成長率

單位：%

年別	中華民國	美國	日本	英國	法國	德國	韓國	新加坡	香港	中國大陸
2014	4.0	2.5	0.3	2.9	1.0	2.2	3.3	3.9	2.8	7.3
2015	0.8	2.9	1.4	2.3	1.0	1.5	2.8	2.2	2.4	6.9
2016	2.1	1.7	0.5	1.9	1.1	2.2	2.9	3.2	2.2	6.8
2017	3.3	2.3	1.7	1.7	2.3	2.6	3.2	4.5	3.8	6.9
2018	2.8	2.9	0.6	1.7	1.9	1.1	2.9	3.7	2.8	6.7
2019	3.1	2.3	0.2	1.7	1.8	1.1	2.2	1.1	-1.7	6.0
2020	3.4	-2.2	-4.2	-10.4	-7.4	-3.8	-0.7	-3.9	-6.5	2.2
2021	6.6	6.1	2.7	8.7	6.9	3.2	4.6	9.7	6.5	8.4
2022	2.6	2.5	1.2	4.3	2.6	1.8	2.7	3.8	-3.7	3.0
2023	1.3	2.9	1.7	0.1	0.9	-0.2	1.4	1.1	3.3	5.2

資料來源：經濟部統計處，行政院主計總處「國民所得統計」，各國官方網站。

主要國家外匯存底

單位：億美元

年度	中華民國	中國大陸	日本	俄羅斯	韓國	美國	德國
2011	3,855	31,811	12,208	4,346	2,984	522	381
2012	4,032	33,116	11,931	4,719	3,177	505	380
2013	4,168	38,213	12,024	4,530	3,364	427	387
2014	4,190	38,430	12,002	3,277	3,536	419	372
2015	4,260	33,304	11,790	3,077	3,596	392	364
2016	4,342	30,105	11,578	3,080	3,612	390	369
2017	4,515	31,399	12,021	3,455	3,790	428	374
2018	4,618	30,727	12,090	3,710	3,926	419	364
2019	4,781	31,079	12,553	4,288	3,972	415	360
2020	5,299	32,165	13,122	4,381	4,295	449	369
2021	5,484	32,502	12,789	4,639	4,375	409	370
2022	5,549	31,277	11,039	4,173	3,979	363	367
2023	5,706	32,380	11,598	4,137	3,946	369	369

資料來源：經濟部統計處「經濟統計指標電子書」，中央銀行「金融統計」。
中國大陸國家外匯管理局，IMF網站。
附註：本表所載外匯存底係不含黃金資料。

世界主要國家（地區）失業率

單位：%

年別	中華民國	美國	日本	德國	英國	加拿大	韓國	新加坡	香港
2014	4.0	6.2	3.6	5.0	6.1	6.9	3.5	2.7	3.3
2015	3.8	5.3	3.4	4.6	5.3	6.9	3.6	2.8	3.3
2016	3.9	4.9	3.1	4.1	4.8	7.0	3.7	3.0	3.4
2017	3.8	4.4	2.8	3.8	4.4	5.7	3.7	3.1	3.1
2018	3.7	3.9	2.4	3.4	4.1	5.9	3.8	2.9	2.8
2019	3.7	3.7	2.4	3.2	3.8	5.7	3.8	3.1	2.9
2020	3.8	8.1	2.8	3.8	4.5	9.6	3.9	4.1	5.8
2021	3.95	5.4	2.8	3.6	4.5	7.5	3.7	3.5	5.2
2022	3.67	3.7	2.6	3.1	3.7	5.3	2.9	2.1	4.3
2023	3.48	3.6	2.6	3.0	4.0	5.4	2.7	1.9	2.9

資料來源：行政院主計總處人力資源統計。
附註：1.香港失業率係3個月（當月與前2個月）的平均值。2.我國為未季節調整之資料，其餘各國均為季節調整後資料。
3.新加坡整體失業率係含外籍就業者在內之全體失業率。

中華民國勞動力、就業及失業指標

單位：千人

年／平均	勞動參與率(%)	就業人數	失業人數	失業率(%)
98	57.9	10,279	639	5.9
99	58.1	10,493	577	5.2
100	58.2	10709	491	4.4
101	58.4	10,860	481	4.2
102	58.4	10,967	478	4.2
103	58.5	11,079	457	4.0
104	58.7	11,198	440	3.8
105	58.8	11,267	460	3.9
106	58.8	11,352	443	3.8
107	59.0	11,434	440	3.7
108	59.2	11,500	446	3.7
109	59.1	11,504	460	3.8
110	59.0	11,474	471	3.9
111	59.18	11,418	434	3.67
112	59.22	11,528	415	3.48

資料來源：勞動部統計查詢網

外籍勞工在台人數─按國籍分

單位：人

年月底	總計	印尼	菲律賓	泰國	越南	其他
98年底	351,016	139,404	72,077	61,432	78,093	10
99年底	379,653	156,332	77,538	65,742	80,030	11
100年底	425,660	175,409	82,841	71,763	95,643	4
101年底	445,579	191,127	86,786	67,611	100,050	5
102年底	489,134	213,234	89,024	61,709	125,162	5
103年底	551,596	229,491	111,533	59,933	150,632	7
104年底	587,940	236,526	123,058	58,372	169,981	3
105年底	624,768	245,180	135,797	58,869	184,920	2
106年底	676,142	258,084	148,786	61,176	208,095	1
107年底	706,850	268,576	154,209	60,764	223,300	1
108年底	718,058	276,411	157,487	59,445	224,713	2
109年底	709,123	263,358	150,786	58,135	236,835	--
110年底	669,992	237,168	141,808	56,954	234,054	--
111年底	728,081	250,114	154,806	66,796	256,182	--
112年底	753,430	272,855	149,371	67,939	263,263	--

資料來源：勞動部勞動統計查詢網。

中華民國歷年各種物價總指數銜接表

基期：105年=100

年別	消費者物價指數	生產者物價指數	國產內銷物價指數	進口物價指數①	出口物價指數①	營造工程物價指數
81年	68.75	-	71.34	66.50	108.38	50.47
82年	70.77	-	71.46	69.60	114.01	53.57
83年	73.67	-	72.71	73.16	114.65	51.39
84年	76.37	-	77.33	80.58	122.55	51.89
85年	78.72	-	75.96	78.58	124.61	51.56
86年	79.43	-	74.86	77.48	127.16	52.63
87年	80.77	-	73.57	78.05	134.24	53.94
88年	80.91	-	72.34	74.85	122.79	53.63
89年	81.92	-	73.78	78.31	121.72	53.37
90年	81.92	-	71.87	77.33	122.11	52.83
91年	81.76	-	72.56	77.65	120.29	53.95
92年	81.53	-	75.37	81.63	118.49	56.47
93年	82.84	-	83.12	88.63	120.41	64.45
94年	84.75	-	84.35	90.78	117.44	64.89
95年	85.26	-	88.79	98.78	120.37	69.60
96年	86.79	-	94.47	107.62	124.65	75.86
97年	89.86	-	102.54	117.13	121.98	86.47
98年	89.07	-	92.28	105.89	113.93	78.81
99年	89.93	-	99.14	113.34	116.23	81.33
100年	91.21	-	104.14	122.02	116.34	84.03
101年	92.97	-	103.53	120.45	114.46	84.73
102年	93.71	-	102.79	115.09	112.10	84.44
103年	94.83	-	103.08	112.69	112.21	85.99
104年	94.54	-	93.24	98.10	106.98	83.56
105年	95.86	-	90.23	95.08	104.08	82.15
106年	96.45	-	93.33	96.37	102.56	84.13
107年	97.76	-	96.81	102.28	104.05	86.95
108年	98.30	-	94.49	100.78	101.11	88.88
109年	98.07	-	89.10	90.47	93.83	90.14
110年	100.00	100.00	100.00	100.00	100.00	100.00
111年	102.95	110.51	108.37	116.07	112.06	107.36
112年	105.51	109.88	108.09	111.89	109.92	109.23

附註：係新台幣計價。
資料來源：行政院主計總處。

中華民國能源供給結構

單位：%

年別	能源供給量 （千公秉油當量）	煤及煤產品	原油及石油產品	天然氣	生質能及廢棄物	慣常水力發電	核能發電	其他
80年	58,394	22.8	53.9	5.0	0.1	0.6	17.5	0.0
90年	106,489	30.5	51.6	6.5	1.1	0.5	9.6	0.1
95年	136,715	30.1	52.1	7.7	1.2	0.3	8.4	0.1
100年	137,677	32.0	45.6	11.8	1.3	0.3	8.9	0.2
102年	142,809	30.8	47.0	11.9	1.2	0.4	8.4	0.2
103年	147,144	29.9	47.9	12.3	1.2	0.3	8.3	0.2
104年	144,859	29.9	47.7	13.3	1.2	0.4	7.3	0.2
105年	145,213	29.6	48.4	13.8	1.2	0.4	6.3	0.2
106年	145,229	30.5	48.0	15.3	1.1	0.4	4.5	0.3
107年	147,174	29.7	47.7	15.4	1.1	0.4	5.4	0.4
108年	146,722	30.2	46.3	15.1	1.2	0.4	6.4	0.5
109年	136,819	30.4	43.5	17.4	1.2	0.2	6.7	0.7
110年	142,625	31.1	42.8	18.3	1.2	0.2	5.6	0.7
111年	140,240	29.7	43.7	19.1	1.2	0.4	4.9	1.0
112年	131,589	28.8	44.0	20.3	1.3	0.3	3.9	1.4

資料來源：經濟部能源局。

中華民國發購電及售電量

單位：百萬度

年別	發購電量 總計	水力發電	火力發電	核能發電	再生能源發電	售電量 總計	工業用電	住戶及商業用電	線路損失量
99年	207,385	3,047	159,112	40,029	5,197	193,313	134,135	59,179	9,669
100年	213042	2,889	164,085	40,522	5,546	198,637	138,161	60,476	10,149
101年	211,708	2,924	162,621	38,887	7,276	198,391	139,134	59,256	9,360
102年	213,429	3,174	162,857	40,079	7,319	201,945	142,529	59,416	7,251
103年	219,224	3,108	166,527	40,801	8,787	205,956	144,579	61,377	8,960
104年	219,104	3,023	165,417	35,143	15,521	206,491	145302	61,189	8,145
105年	225,791	3,282	180,451	30,461	11,597	212,531	148,697	63,835	8,682
106年	231,080	3,322	194,952	21,560	11,246	217,213	153,116	64,097	8,827
107年	233,289	3,359	191,859	26,656	11,414	219,108	155,640	63,468	9,200
108年	232,472	3,196	184,082	31,147	14,047	218,727	155,126	63,601	8,984
109年	238,928	3,147	191,659	30,342	13,780	224,813	158,473	66,339	9,482
110年	248,808	3,173	203,039	26,818	15,777	235,341	166,378	68,936	8,816
111年	250,749	3,052	203,148	22,917	21,632	236,763	166,573	68,190	9,615
112年	245,459	3,042	200,929	17,154	24,334	233,038	164,013	69,026	7,907

說明：59年起，售電量不包括台電自用部分，致損失量不等於發購電量與售電量之差。
資料來源：台灣電力公司，行政院主計總處。

中華民國能源消費結構

單位：%

年別	國內能源最終消費量(千公秉油當量)	能源部門自用	工業	運輸	農業	服務業	住宅	非能源用
80年	38,972	9.2	37.5	20.1	2.9	7.4	9.3	13.7
90年	65,888	8.5	33.3	18.9	1.7	7.2	8.7	21.6
95年	77,958	9.0	33.7	17.7	1.1	7.7	8.2	22.7
100年	81,070	7.9	33.6	16.4	0.8	7.3	8.0	26.1
103年	84,713	8.5	32.1	15.5	0.9	7.0	7.5	28.5
104年	85,041	8.5	31.3	15.8	0.9	7.1	7.5	29.0
105年	85,348	8.4	31.4	16.2	0.9	7.1	7.8	28.3
106年	85,090	8.3	31.6	16.1	0.8	7.2	7.7	28.3
107年	86,445	8.5	32.0	15.4	1.0	6.9	7.4	28.8
108年	83,625	8.9	32.3	16.0	1.0	7.1	7.7	26.9
109年	83,878	8.4	32.4	16.1	0.9	7.1	8.1	27.0
110年	88,272	8.2	33.0	14.5	0.9	6.6	7.9	28.9
111年	83,148	8.7	33.1	15.8	1.0	7.3	8.1	26.0
112年	78,707	8.6	33.4	16.7	1.1	7.9	8.6	23.8

資料來源：經濟部能源署。

台灣工業區之開發

年別	已開發完成 工業區數(處)	已開發完成 面積(公頃)	開發中 工業區數(處)	開發中 面積(公頃)	租售情形 工業區數(處)	租售地面積(公頃)	廠商家數(家)	待租售面積(公頃)	平均出售率(%)
94	89	11,928	40	20,960	61	9,042	11,595	554	94
95	89	12,290	41	20,826	61	9,039	11,532	587	94
96	91	12,066	41	20,788	62	11,540	12,300	554	95
97	91	12,066	43	20,863	61	11,601	12,465	494	96
98	91	12,046	43	20,822	61	11,045	12,612	507	95
99	91	12,046	47	20,940	62	11,032	12,687	408	96
100	93	12,516	50	20565	62	11,196	12,609	464	96
101	55	9,515	7	17,188	63	11,811	12,786	359	97
102	55	9,515	7	17,682	63	11,808	12,895	289	98
103	55	9,515	7	17,130	63	11,761	12,964	106	99
104	56	9,522	6	17,122	62	11,821	12,772	118	99
105	56	9,507	6	22,820	62	15,810	14,211	654	96
106	56	9,530	6	8,778	62	11,573	12,990	294	98
107	56	9,529	6	8,778	62	10,076	13,070	217	98
108	56	9,529	6	22,510	62	12,117	13,299	402	97
109	56	9,529	6	22,510	62	12,252	13,481	167	99
110	56	9,529	6	22,510	62	12,317	13,684	98	99
111	56	9,529	11	22,773	65	12,429	13,906	90	99
112	56	9,529	11	22,773	66	12,501	14,907	112	99

資料來源：經濟部產業發展署，行政院主計總處。

中華民國進出口貿易值

單位：新台幣百萬元；百萬美元

年別	以新台幣計算 出口總值	以新台幣計算 進口總值	以新台幣計算 出(入)超總值	以美金計算 出口總值	以美金計算 進口總值	以美金計算 出(入)超總值
97	8,089,844	7,656,495	433,340	257,755	244,197	13,558
98	6,769,509	5,839,813	929,696	205,202	177,133	28,069
99	8,757,385	8,073,600	683,785	277,352	255,746	21,606
100	9,172,423	8,438,760	733,664	312,182	287,316	24,866
101	9,037,337	8,185,595	851,742	305,315	276,466	28,848
102	9,219,045	8,224,322	994,723	310,866	277,384	33,481
103	9,663,422	8,502,862	1,160,560	319,413	281,096	38,318
104	9,013,732	7,488,691	1,525,041	284,434	236,380	48,053
105	8,997,181	7,385,919	1,611,262	279,175	229,199	49,975
106	9,605,762	7,834,400	1,771,361	315,487	257,200	58,287
107	10,069,089	8,587,123	1,481,966	334,007	284,792	49,216
108	10,181,945	8,835,408	1,346,538	329,157	285,651	43,506
109	10,201,196	8,450,916	1,750,280	345,211	285,817	59,394
110	12,501,791	10,648,106	1,817,685	446,379	381,494	64,885
111	14,219,065	12,700,494	1,518,571	479,442	428,010	51,432
112	13,482,497	10,945,120	2,537,378	432,432	351,441	80,992

說明：本表係採一般貿易制度。
資料來源：財政部，行政院主計總處。

農牧戶戶數及人口數

單位：戶；人

年底及地區別	總計	有從事農牧業 計	戶內有農牧業為本業 高齡	戶內有農牧業為本業 非高齡	全以他業為本業	未從事農牧業	人口數
102年	774,963	-	-	-	-	-	2,799,683
103年	774,237	-	-	-	-	-	2,747,899
105年	775,472	713,654	165,442	232,195	316,017	61,818	2,818,091
106年	775,310	717,816	194,422	257,717	265,677	57,494	2,777,743
107年	775,070	717,625	200,340	244,544	272,741	57,445	2,760,296
108年	775,250	717,750	203,284	242,485	271,981	57,500	2,694,472
110年	759,472	690,658	170,572	219,920	300,166	68,814	2,391,702
111年	759,784	691,205	162,291	191,004	337,910	68,579	2,387,907

說明：本表為台灣地區資料，取自農家戶口抽樣調查，每逢4、9年因辦理農林漁牧業普查，致未辦理。
資料來源：農業部農糧署。

台灣科技產業園區發展
（一）科技產業園區進出口貿易額

單位：百萬美元

年別	總計 家數	總計 金額	楠梓園區 家數	楠梓園區 金額	前鎮園區 家數	前鎮園區 金額	潭子園區 家數	潭子園區 金額	台中港園區 家數	台中港園區 金額	其他園區 家數	其他園區 金額
56	13	8	-	-	13	8	-	-	-	-	-	-
70	799	1,589	217	426	379	772	203	391	-	-	-	-
80	1,916	3,991	1,145	2,198	440	1,094	330	698	-	-	-	-
90	4,168	6,587	2,958	4,593	633	1,036	478	836	5	1	94	121
100	9,141	11,549	5 018	6,963	884	1,361	1,100	2,202	1,892	746	246	277
103	8,468	13,545	5,535	8,839	1,046	2,749	476	845	1,180	735	231	377
104	8,124	12,984	5,465	9,450	962	1,859	406	580	1,061	687	230	408
105	8,138	13,291	5,201	9,192	1,413	2,400	265	567	1,063	710	196	422
106	8,865	15,283	5,877	10,646	1,374	2,922	293	585	1,138	761	183	369
107	9,335	15,013	6,326	10,611	1,368	2,624	260	556	1,155	797	226	424
108	8,137	13,573	5,899	10,434	849	1,537	220	484	976	668	192	449
109	8,858	14,326	6,700	11,424	768	1,467	237	479	964	525	189	431
110	11,727	16,676	9,154	13,057	918	1,822	332	611	1,038	621	286	565
111	13,189	19,983	10,982	16,672	687	1,511	274	617	970	531	277	653
112	11,595	19,009	9,728	16,216	569	1,317	235	553	862	451	201	471

（二）科技產業園區區內事業核准投資(設立)家數及金額

單位：家；百萬美元

年別	總計 家數	總計 金額	楠梓園區 家數	楠梓園區 金額	前鎮園區 家數	前鎮園區 金額	潭子園區 家數	潭子園區 金額	台中港園區 家數	台中港園區 金額	其他園區 家數	其他園區 金額
56	109	15	-	-	109	15	-	-	-	-	-	-
70	297	347	120	142	128	133	49	72	-	-	-	-
80	241	886	103	505	92	218	46	164	-	-	-	-
90	274	5,307	93	2,700	84	819	33	552	9	79	55	1,158
100	556	14,141	99	4,658	89	2,080	46	2,385	67	2,294	255	2,724
103	619	17,355	99	6,033	93	2,195	41	2,891	72	3,043	314	3,194
104	646	18,321	94	6,612	95	2,130	41	2,951	71	3,251	345	3,377
105	695	19,377	90	6,997	93	2,218	42	2,963	75	3,522	395	3,678
106	713	20,018	86	7,616	94	2,288	43	2,969	73	3,381	417	3,763
107	727	19,969	85	7,391	88	2,406	43	2,973	75	3,577	436	3,622
108	744	21,233	85	8,045	91	2,598	43	2,974	77	3,755	448	3,862
109	765	22,500	85	8,759	89	2,687	43	3,012	77	3,889	471	4,154
110	768	22,609	82	9,505	92	2,920	41	3,030	76	3,776	477	3,378
111	789	23,684	81	10,139	92	3,037	40	3,124	75	3,852	501	3,531
112	804	24,745	80	10,540	95	3,513	39	3,227	74	3,928	516	3,537

說明：1.60年及以前進出口金額係簽證資料、61年以後係通關資料。2.家數係指年底家數。
資料來源：經濟部。

僑外投資及國內企業對外投資
（一）核准華僑及外國人投資

單位：萬美元

年別	總計	華僑	外國人	農、林、漁、牧業	礦業及土石採取業	製造業	電力及燃氣供應業	用水供應及污染整治業	營造業	批發及零售業
98	479,789	890	478,899	218	60	99,060	123	323	2,443	66,053
99	381,157	1,289	379,868	408	74	132,101	2,239	1,762	3,579	38,802
100	495,544	5,153	490,390	3,087	318	146,325	1,683	7	6,476	74,899
101	555,898	1,166	554,732	74	159	142,368	467	714	4,601	101,782
102	493,345	897	492,448	295	56	175,558	393	388	3,454	78,572
103	577,002	1,881	575,121	536	1	234,600	333	398	3,582	78,466
104	479,685	1,484	478,200	194	-	133,155	285	1,695	607	107,369
105	1,103,706	1,083	1,102,623	1,607	18	756,636	94	26	2,755	123,575
106	751,319	940	750,379	3,012	4	304,823	183	1,356	3,593	89,380
107	1,144,023	1,177	1,142,846	378	9	591,883	6,239	1,724	3,165	90,536
108	1,119,597	3,875	1,115,722	593	1	429,514	47,878	532	6,087	107,328
109	914,434	805	913,628	1,964	63	168,845	109,961	681	4,679	115,009
110	747,627	448	747,179	596	0	168,665	14,319	2,066	27,681	91,245
111	1,330,327	432	1,329,899	40	17	229,105	188,360	955	6,255	190,594
112	1,125,447	812	1,124,665	314	-	138,588	155,691	1,431	5,326	100,108

年別	運輸及倉儲業	住宿及餐飲業	資訊及通訊傳播業	金融及保險業	不動產業	專業、科學及技術服務業	支援服務業	醫療保健及社會工作服務業	藝術、娛樂及休閒服務業	其他
98	3,061	3,243	5,197	223,555	25,146	8,018	1,605	-	23	41,661
99	2,980	1,147	8,598	151,492	13,606	10,996	4,178	73	73	9,049
100	1,576	2,783	11,918	182,359	24,327	22,742	1,939	-	241	14,864
101	5,507	2,818	49,883	207,769	17,515	12,398	4,296	1	482	5,064
102	12,552	3,203	7,798	130,898	48,846	15,841	19,670	3	1,716	2,414
103	7,652	6,193	8,594	157,136	48,927	19,815	7,981	8	2,086	590
104	2,065	6,887	15,447	120,671	48,330	31,562	8,874	-	2,110	432
105	2,446	3,485	18,766	122,010	31,694	32,741	5,519	91	1,552	692
106	4,216	9,709	120,881	93,970	71,703	44,584	2,791	441	237	436
107	4,397	6,176	23,956	323,978	45,265	37,866	836	-	5,879	1,736
108	8,472	35,847	124,558	217,742	28,117	103,919	2,511	9	3,479	3,011
109	2,573	13,598	36,296	278,632	47,342	130,563	2,302	-	689	1,220
110	5,573	6,243	62,325	229,150	65,348	41,234	30,417	-	875	1,892
111	6,355	7,495	49,811	553,401	36,598	49,726	3,334	-	626	7,656
112	5,693	2,732	71,267	535,079	23,772	73,475	10,993	21	265	721

說明：1.行業別自96年起採中華民國行業標準分類第8次修訂版。2.本表資料含補辦案件。
資料來源：經濟部投資審議司、行政院主計總處。

（二）核備對外投資

單位：萬美元

年別	總計	亞洲地區	日本	南韓	香港	新加坡	印尼	馬來西亞	菲律賓
98	300,555	76,546	10,275	968	24,124	3,670	152	8,354	2,183
99	282,345	139,136	4,065	335	24,446	3,270	39	37,037	52
100	369,683	172,392	25,235	2,800	25,435	44,859	114	13,020	6,917
101	809,864	715,152	108,935	2,106	29,158	449,866	1,720	18,791	1,070
102	523,227	289,458	17,050	6,099	3,1641	15,829	2,847	10,345	5,893
103	729,368	248,227	68,002	17,115	42,342	13,677	11,667	3,179	4,093
104	1,093,115	466,067	30,379	33,605	49,214	23,003	40,483	10,359	64,428
105	1,212,309	748,802	450,422	21,433	40,771	155,389	4,563	7,997	6,176
106	1,157,321	356,942	20,204	892	29,480	91,564	12,225	31,272	22,573
107	1,429,456	364,883	61,988	22,071	57,771	16,597	13,461	5,411	14,970
108	685,115	321,441	7,192	1,467	45,738	63,571	14,880	10,197	10,672
109	1,180,511	417,738	38,840	4,113	91,164	63,814	51,237	4,079	9,211
110	1,259,913	872,554	221,637	42,820	26,076	371,253	26,376	12,414	2,248
111	996,228	613,323	7,328	46,743	23,804	336,318	30,459	8,639	2,583
112	2,357,724	639,289	21,480	40,396	24,217	243,756	26,586	28,343	19,008

年別	亞洲地區 泰國	越南	印度	北美地區	歐洲地區	中南美洲	加勒比海英國屬地	大洋洲地區	非洲地區
98	1,496	24,277	316	111,438	9,954	84,469	54,366	14,390	3,759
99	868	67,012	362	50,662	5,060	78,418	56,769	8,211	858
100	1,166	45,774	6,705	73,215	3,925	104,886	80,046	12,207	3,057
101	6,124	94,400	2,093	15,781	7,149	31,089	17,583	37,036	3,658
102	7,827	173,648	6,504	41,661	16,890	40,262	23,308	133,268	1,687
103	8,282	64,650	3,349	28,994	93,630	308,395	308,395	39,456	5,454
104	77,492	122,752	7,216	36,346	69,731	309,098	289,751	7,103	4,769
105	5,473	45,193	1,494	37,712	113,697	289,759	271,871	16,048	6,291
106	55,828	68,309	3,056	85,066	23,271	609,983	592,031	78,053	4,005
107	14,638	90,141	36,122	204,544	128,742	658,970	591,426	64,401	7,916
108	32,769	91,487	7,038	56,659	76,714	153,911	131,033	73,883	2,508
109	16,597	76,744	15,262	427,329	156,738	117,130	109,533	42,290	19,241
110	34,136	106,146	17,276	48,307	73,042	237,641	118,135	20,389	7,979
111	27,522	54,908	10,859	109,504	89,758	113,318	94,747	64,759	5,567
112	92,812	103,341	16,299	970,508	539,941	139,837	127,569	59,556	8,594

資料來源：經濟部，行政院主計總處統計年鑑

§ 第七章　財政與金融

央行兩波房市管制　史上最重打炒房

房市過熱，房價飆漲，銀行信用資源向不動產相關部門過度傾斜，引發泡沫化擔憂，迫使中央銀行必須採取預防性措施。央行接連在113年6月13日和9月19日祭出第6波、第7波選擇性信用管制，其中第7波房市管制被視為史上最重房市管制政策，引發營建股重挫。

第六波房市管制
部分地區第二戶限貸六成

央行6月13日舉行第2季理監事會，考量房市火熱，祭出第6波選擇性信用管制，調降自然人六都和新竹縣市第2戶購屋貸款最高成數上限為6成，且調升新台幣存款準備率0.25個百分點。

112年8月新青安房貸上路，成功催出房市買氣，市場交易愈來愈火熱，價量齊揚。政府相關部會及行庫均動起來，央行也祭出第6波選擇性信用管制。中央銀行總裁楊金龍補充，雖然調降第2戶房貸成數上限，理事一直提醒要給換屋族配套措施，央行前次有針對換屋族提供協處措施，這次等延續上次的配套，給予1年緩衝，這樣換屋族比較不會抱怨。

此外，央行認為搭配調升存款準備率，透過加強貨幣信用數量管理，可強化選擇性信用管制措施成效，將有助進一步減緩信用資源流向不動產市場，因此調升存準率，新台幣活期性及定期性存款準備率各調升0.25個百分點，自7月1日起實施。

第七波房市管制　有房者無寬限期

央行9月19日舉行第3季理監事會，祭出第7波選擇性信用管制，被視為史上最重管制政策，其中，首次將名下有房者納入管制，針對有房子、沒房貸的族群，購屋貸款列入無寬限期，意味著繼承房產族群同步納管。

至於央行重手打炒房原因，央行總裁楊金龍提出關鍵數字，113年8月底銀行不動產集中度達到37.5%，接近98年的歷史高點37.9%，他說，台灣須以日本資產泡沫破滅、美國次貸危機等為殷鑑，儘管不動產集中度未觸及歷史新高，但目前情況比2009年（民國98年）更嚴峻。

第3季理監事會決議升準不升息，並祭出第7波選擇性信用管制，內容包括4大措施，第1，新增規範自然人名下有房屋者的第1戶購屋貸款不得有寬限期；第2，自然人第2戶購屋貸款最高成數由6成降為5成，並擴大實施地區至全國。

第3，公司法人購置住宅貸款、自然人購置高價住宅貸款及第3戶(含)以上購屋貸款的最高成數由4成降為3成。第4，餘屋貸款最高成數由4成降為3成。

央行首次將自然人名下有房屋者納入管制範圍，央行官員說明，過去央行措施多是「認貸」，也就是以名下有無房貸為標準，這次新增「認房」，只要自然人名下有房屋，第1戶購屋貸款就不得有寬限期。

楊金龍說，央行以前沒有對這塊進行管制，但現在「我們認為這樣不好」，既然名下都有房了，就應該比較嚴格，要再借錢就沒有寬限期。

關於名下有房屋者的第1戶購屋貸款，央行說明，實務上可能是繼承長輩房屋，或是以前買的房子房貸已繳清，經查這類人其實有一定比例。

央行祭出第7波選擇性信用管制後衝擊營建類股，9月20日台股上市櫃營建類股股價出現重挫，上市櫃類股指數下跌均超過7%，盤中包括海悅、三地開發、達麗等合計逾20檔打落跌停。下一個交易日（9月23日）上市櫃營建類股仍有逾5檔跌停。

中華民國不動產開發公會全聯會出面喊話，央行連續2季調升存準率，使資金更緊縮，又全面降低貸款成數，對於購屋或換屋族在貸款負擔上變得愈來愈重。

另外，第7波選擇性信用管制也引發立委質

平均地權條例新增內容重點

項目		修正前	修正後
公司法人購置住宅貸款		4成，無寬限期	3成，無寬限期
自然人	購置高價住宅貸款	4成，無寬限期	3成，無寬限期
	名下有房屋者第1戶購屋貸款	無	無寬限期
	第2戶購屋貸款	特定地區，6成，無寬限期 台北市、新北市、桃園市、台中市、台南市、高雄市、新竹縣市	全國一體適用，5成，無寬限期
	第3戶以上購屋貸款	4成，無寬限期	3成，無寬限期
購地貸款		・5成，保留1成動工款 ・檢附具體興建計畫，並切結於一定期間內動工興建	維持不變
餘屋貸款		4成	3成
工業區閒置土地抵押貸款		4成，合於以下條件之一者除外 ・抵押土地已動工興建開發 ・借款人檢附抵押土地具體興建開發計畫，並切結於1年內動工興建開發	維持不變

註：2024年9月20日生效

疑恐濫殺無辜。央行總裁楊金龍9月24日在立法院備詢時回應，這樣的懷疑是合理的，央行都有持續聆聽各方意見，會盡快在1個月內，提出相關的協助措施或排除條款。

新青安房貸亂象　每人限貸一次

新青安貸款政策催動房市買盤，卻衍生轉租、人頭戶等問題。行政院於民國113年6月27日通過「新青安貸款推動成效及優化措施」，除要求落實貸前審查防止人頭戶，即日起新貸戶也必須簽署自住切結書，且新增每人限貸一次規定，避免資源濫用。

財政部也邀集各公股銀行高層開會，要求各行庫儘速徹查新青安房貸轉租、人頭戶個案，經篩選查證疑似違規的高風險態樣案件，並輔以與政府資料勾稽情形比對查核後，財政部在7月16日公布首波清查結果，其中涉及出租情事計1,332件，人頭戶計170件。

央行啟動升息循環後，房貸利率衝破2%大關，為減輕民眾購屋負擔，財政部轄下8大行庫的青安貸款，自民國112年8月1日起放寬各項條件，雖然催出首購買盤，卻衍生轉租、人頭戶等問題，並遭質疑是近期房價上漲的關鍵因素。

行政院113年6月27日通過財政部所提的「新青安貸款推動成效及優化措施」，內容共4項，首先是落實貸前審核，關注短期內有連續買進賣出、人頭戶及出租的可能投資客態樣，同時落實銀行公會「防範投資客炒房及人頭戶申貸機制」規定。

第2，強化貸後管理及稽查，包含建物謄本查核，藉以檢視是否有所有權不得移轉的預告登記、設定次順位抵押權予第三人等，還有進行不動產購價回查、貸後繳款查證機制等。

第3是新增要求即日起，新貸戶徵提自住切結書，若違反規定，新戶將被終止利息補

第七章｜財政與金融

青安貸款辦理情形

政策目的說明

- 財政部**為協助無自有住宅家庭購屋**99年12月推出「青年安心成家購屋優惠貸款」（下稱青安貸款），**為房市健全方案之一環**。
- 符合「**成年，本人、配偶及未成年子女無自有住宅**」之條件限制者，於購置成屋時均可申貸（**不含預售屋**）。
- 自112年8月起推出精進方案（即新青安），**實施程期至115.7.31**，放寬各項條件如下：

最高貸款額度	800萬元提高至1,000萬元
最長貸款年限	30年延長至40年
寬限期	3年延長至5年
利息	公股銀行**減收半碼**，政府補貼**1.5碼**（原補貼1碼，因應升息同幅調高0.5碼）

資料來源：行政院

依《銀行法》第72條之2規定，商業銀行辦理住宅建築及企業建築放款總額，不得超過放款時所收存款總餘額及金融債券發售額的3成，俗稱銀行不動產放款天條，銀行會自行設定更嚴格的內部要求，多半以28%以上為警戒區。

113年上半年國銀房貸餘額增速猛烈，中央銀行統計，6月底銀行不動產貸款占總放款比率升為37.4%，接近歷史高點的37.9%，認為銀行放款不動產集中度偏高，央行在8月下旬提醒34家本國銀行自主管理不動產貸款總量，遭市場解讀為限貸令，引發民眾房貸卡關亂象。

中信房屋統計8月內部成交件數，全台交易量月減16.4%、年減2.5%。其中，台北市月減22.9%、年減3.9%，為衰退最嚴重區域。

中信房屋總經理張世宗指出，台北市房價位於全台之最，購屋門檻相對較高，需要的貸款金額也較大，銀行收緊房貸資金後，許多自備款有限的購屋民眾被迫延宕置產計畫，直接導致台北市交易量縮減。

他說，現在很多銀行已自主升息、自主限貸，購屋民眾「求貸無門」，解約現象頻發，成屋交易量已出現緊縮徵兆。

限貸令風波引發關注，總統賴清德9月1日接受訪問時澄清，央行並無限貸令，而是提醒金融行庫對房地產的融資不得超過本身資產30%，「金融行庫因應過量了」，已簽約、首購族都應受理貸款。

中央銀行9月2日找國銀喝咖啡，由總裁楊金龍親上火線，了解銀行業者核貸的實務情況，以及對於客訴的協處機制。金管會

貼，且要返還自違規事實發生日已撥補的補貼利息，並重新核定貸款條件；過去舊戶則依照貸後管理依個案情形，依規酌情處理。

第4是修正青安貸款原則，即日起112年8月1日以後經銀行核貸新青安優惠貸款者，不得再次申貸本優惠貸款。

行政院長卓榮泰表示，政府絕不坐視破壞房市交易秩序的亂象，後續將徹查利用新青安貸款誇大不實推銷或是揪團團購等情況。

總統澄清無限貸令　關切首購族權益

房市交易熱絡，銀行基於風險控管調控房貸業務，引發民眾申請房貸困難，驚動總統賴清德民國113年9月1日澄清並無限貸令，中央銀行、金管會先後出面釋疑。行政院長卓榮泰9月5日也說，政府施政4原則是維護金融體質安全、民眾自主首購及契約貸款優先、行庫須自主調整及管控貸款結構，並要嚴格管理新青安貸款。

銀行局長莊琇媛也在9月4日找13家銀行總經理召開會議，呼籲銀行貸款額度應優先承作3大類案件，包括首購族、自用住宅貸款及已承諾貸款案件，並應建立房貸流量控管機制。

房地合一稅連11紅
上半年實徵293億創同期新高

房市買氣熱度不減，財政部民國113年7月11日公布稅收統計，6月房地合一稅實徵約新台幣65.7億元，創歷年同月新高，年增84.6%、連11紅，帶動前6月房地合一稅實徵293.1億元，續創同期新高，年增87.9%。

財政部公布6月全國賦稅收入8,083億元、年減5.3%；累計1至6月實徵淨額2兆1,346億元、年增2%。其中，與房地交易相關的稅目，6月、前6月的土增稅、契稅、房地合一稅均呈年增格局。

財政部統計處副處長劉訓蓉表示，112年同期房市處於相對低檔，近期國內景氣持續回溫、出口表現佳，加上AI題材挹注台股價量齊揚，財富效果帶動房市買氣，同時，新青安優惠房貸以及通膨預期催化，自住買盤持續進場，延續房市熱度。

反映在稅收上，劉訓蓉指出，土地增值稅6月實徵70億元、年增5.8%，以縣市觀察，台中、台南與高雄市增加較多，台北市呈年減；前6月實徵444億元、年增24.4%，主因大額徵起案件增加，以新北、桃園及台北市增加較多。

劉訓蓉表示，契稅6月實徵15.4億元、年增20.5%，其中以高雄、新北及台中市增加較多；累計前6月實徵92.7億元、創同期新高，年增37.5%，以高雄、新北及桃園市增加較為顯著。

房地合一稅方面，劉訓蓉指出，6月實徵65.7億元、創歷年同月新高，年增84.6%，連續11個月正成長，六都以新北、桃園及高雄市增幅較高；累計前6月實徵293.1億元，寫歷年同期新高，年增87.9%，以新北、台北及桃園市增幅較大。

值得注意的是，非六都中，新竹市、嘉義縣房地合一稅表現亮眼，單6月與上半年均較112年同期呈現倍數成長，推估與科技大廠進駐，帶動當地房市有關。

全台56.3萬人囤房　年增3%

囤房稅2.0新制民國114年5月正式開徵，財政部統計顯示，113年全台有56萬3,100人持有非自住住家用房屋，年增逾1.7萬人，以持有1或2戶者增加為主，10戶以上大戶數量則呈年減。

同時，持有7戶以上者，114年可能將觸及新制的最高稅率4.8%，據統計113年有3,482人，占整體比率0.62%。

《房屋稅條例》針對住家用房屋，區分為「自住」及「非自住」，其中「自住」全國限3戶，立法院會112年三讀通過攸關囤房稅2.0的《房屋稅條例》修正草案，「非自住」住家房屋稅將採全國歸戶，法定稅率從原1.5%至3.6%，整體調升為2%至4.8%，但特定房屋除外，包含符合一定條件的出租、繼承共有、建商餘屋。

財政部財政資訊中心113年8月12日揭露全國非自住住家用房屋稅籍個人歸戶統計表，統計顯示，113年全國有56萬3,100人持有非自住住家用房屋，比112年的54萬5,586人，多了1萬7,514人。

進一步觀察113年56.3萬囤房族中，持有1戶非自住住家用房屋者，共計46萬196人、占81.73%，比112年的44萬1,841人，增加逾1.8萬人；持有2戶者113年共6萬8,340人，同樣呈年增格局。

同時，113年持有3戶以上者共3萬4,564人，年減近1,400人，其中，114年可能將觸及囤房稅2.0最高稅率4.8%、持有7戶以上的囤房大戶，113年有3,482人，年減247人；持有10戶以上的超級囤房大戶則有1,519人，比112年少89人。

全台囤房族新北八萬人最多

根據財政部統計至112年底資料顯示，全台囤房族以新北逾8萬人最多，台中市6.6萬人居次，高雄5.9萬人位列第3；同時，各縣市大致呈現囤房5戶以上者減少、囤房1戶者增加趨勢。

財政部財政資訊中心揭露「112年度非自住住家用房屋稅籍個人歸戶統計表」，採縣市歸戶、統計至112年底，全台以新北市8萬672人持有非自住住家用房屋最多，台中市6萬6,638人居次，高雄市5萬9,247人排名第3，台北市5萬7,200人位列第4，桃園市4萬2,738人、台南市4萬1,017人分居第5、6名。

同時，全台22縣市中，僅有高雄市、新竹縣、新竹市、金門縣等4縣市持有非自住住家用房屋人數呈現年減格局，其餘均是年增。

電價調漲　央行升息半碼打擊通膨

中央銀行民國113年3月21日舉行第1季理監事會議，決議升息半碼，展現打擊通膨預期決心。央行坦言，113年4月調漲國內電價，恐形成較高的通膨預期，調升政策利率有助於促進物價穩定，並協助經濟金融穩健發展。

央行宣布升息半碼，重貼現率、擔保放款融通利率及短期融通利率各調升0.125個百分點，分別由年息1.875%、2.25%及4.125%調整為2%、2.375%及4.25%，自3月22日起實施。

對於升息半碼的結果，央行總裁楊金龍不諱言，相信這讓大家很surprise，但考量台灣通膨率偏高已經維持較長時間，可能加劇通膨預期，讓政府更難對付通膨，「預防性升息」有其必要。

▲中央銀行舉行理監事會議，決議升息半碼。圖為央行總裁楊金龍（圖）出席會後記者會。

楊金龍說，市場可能會質疑美國、歐元區都開始要降息，台灣此時升息沒有跟進全球趨勢，但過去已經多次解釋，國外央行升息步調大多急速上調，台灣則是漸進溫和，做法並不相同。

另外，美國聯準會主席鮑爾曾提到，通膨可能維持較長時間，而通膨時間越久，通膨預期會更強烈，這將使央行更難對付通膨；央行認為，調升政策利率半碼，有助抑制國內通膨預期心理。

至於升息對房貸影響，房仲預估，若以貸款新台幣1,000萬元、30年期計，升息前房貸利率地板價為2.06%，升息後足額反映為2.185%，每月還款金額多631元，等於每年多繳7,572元。另有專家認為，央行這次升息，對房市仍有口頭警告意味。

另外，教育部3月22日表示，因應央行升息半碼，在學生學貸將比照過去作法，由政府補貼因升息所增加的利息，不必擔心影響；畢業生符合一定條件，也可申請緩繳本息。

美國降息央行未跟進　升準不升息

中央銀行民國113年9月19日舉行第3季理監事會議，決議利率「連2凍」，但升準1碼且擴大房市管制。央行表示，考量國內通膨緩步回降趨勢，維持政策利率不變，將有助整體經濟金融穩健發展。但工商團體呼籲，降息才能減輕企業借貸成本、刺激經濟發展。

美國聯邦準備理事會（Fed）宣布降息2碼（0.5個百分點），為2020年（民國109年）3月以來首次降息，並暗示還會降息。聯準會主席鮑爾（Jerome Powell）指出，聯準會日益具有信心，透過對政策的「適當重新調整」，可以維持就業市場的強勁勢頭。

此外，鮑爾還告訴記者，在通膨降溫之際，這次自2020年以來首度降息，標誌著更廣泛政策調整進程的「開始」。

不過，央行理監事會議並未跟進美國降息步調，決議維持政策利率不變、連2凍。央行表示，考量113年以來台灣通膨緩步回降趨勢，114年可望降至2%以下；此外，預期113下半年及114年國內經濟繼續溫和成長，113、114年產出缺口皆為微幅負值，因此央行理事

會認為維持政策利率不變,將有助整體經濟金融穩健發展。

央行理事會一致同意維持政策利率不變、調整選擇性信用管制措施及調升新台幣存款準備率0.25個百分點。央行重貼現率、擔保放款融通利率及短期融通利率,分別維持年息2%、2.375%及4.25%。

商業總會理事長許舒博表示,近年因應美國升息,台灣也加入升息行列,不過升息影響企業借貸和支出等成本,也會增加市井小民的房貸和車貸,央行的利率決策應有一套評斷標準,但老百姓也很期盼央行降息,減輕房貸和車貸等壓力。

央行數位新台幣初步規畫出爐

中央銀行跟進全球趨勢,投入研究CBDC(央行數位貨幣),民國113年6月20日宣布初步架構出爐,發行初期不計息,以維持現行貨幣政策的傳遞機制,錢包則有分級制度,依對象、開立方式及身分驗證程度,分為不記名與記名錢包。

國際貨幣基金(IMF)將CBDC推動進度分為5階段,依序是「準備」、「概念驗證」、「原型建構」、「試點」及「實際營運」。

準備階段是指初步研究CBDC可能技術、設計與應用;概念驗證是在封閉環境中進行測試項目;原型建構是指建構CBDC生態系統;試點是在真實環境中,選定特定區域試驗CBDC系統;實際營運則是正式發行CBDC並營運系統。

央行自108年起,開始研究CBDC(Central Bank Digital Currency,央行數位貨幣,也可稱數位新台幣),並完成二階段研究試驗,目前處於原型建構階段,與全球先進國家同步。

央行表示,現已規畫CBDC初步架構與設計,首先,將採雙層式架構,由央行提供CBDC平台,於平台上發行並分配CBDC至中介機構,再由中介機構提供用戶CBDC。中介機構負責為用戶開立錢包、提供錢包介面(如手機App)及其他加值應用服務。

CBDC發行初期,將不計息、以無息方式發行。央行解釋,如果CBDC大量替代銀行存款,可能影響金融穩定,進而影響貨幣政策傳遞效果;為了避免民眾將存款大量轉換為CBDC,未來如果決定要發行,初期會以無息方式發行,但保留附息功能,保持未來政策彈性。

其他設計包含錢包分級、隱私與個資保護等面向。央行表示,考量風險管理,CBDC錢包將依對象、開立方式及身分驗證程度,分為不記名與記名錢包,並依據風險等級,CBDC平台設有錢包儲值金額及交易金額上限,中介機構也可根據自身風險考量自訂限額,但不得高於平台所設的限額。

另外,央行總裁楊金龍7月10日在立法院財政委員會報告時說,推動CBDC並非國際競賽,央行沒有時間表,「貨幣體系改革是要謹慎的,我不保守但要謹慎」。

央行報告指出,正著手進行以「CBDC雛型平台」與數發部「政府機關發放共用平台」介接合作事宜;未來政府機關可透過數發部平台發放數位券,央行平台則處理用戶錢包內數位券消費後,所涉及的款項撥付與結、清算作業。

基本生活費擬升至20.9萬 逾200萬戶省稅

民國114年綜所稅申報,減稅利多齊發。根據初步試算,《納保法》保障不可課稅的「每人基本生活費用」擬調升至新台幣20.9萬元,受惠戶數粗估超過200萬戶;同時,免稅額、標準扣除額與特別扣除額等也將調高,意味民眾可免稅或扣除課稅的金額提高。

《納稅者權利保護法》106年底上路,保障國家不可對民眾維持基本生活所需費用(簡稱基本生活費)課稅,標準是依行政院主計總處最近一年全國每人可支配所得中位數的60%計算。

根據主計總處民國113年8月16日公布的「國民所得統計及國內經濟情勢展望」新聞稿,112年每人可支配所得中位數為34.9萬元。

以此設算,113年每人基本生活費用,粗估至少調升至20.9萬元,比112年的20.2萬元,再增加7,000元,將於114年5月申報綜所稅時適用。

全國農業金庫股份有限公司
Agricultural Bank of Taiwan

農金安心GO
www.ansingo.com.tw
安全農漁產品行銷服務平台

農貸真便利
從農更有力

農民貸款諮詢專線 **0972590951**

公股行庫穩健可靠
2011～2024連續14年
榮獲中華信評長期信用評等 twAAA

- ✓ 政策農業貸款
- ✓ 青壯年農民從農貸款
- ✓ 農業紮根貸款
- ✓ 農企升級研發貸款
- ✓ 新造漁船貸款
- ✓ 產銷調節週轉金

www.agribank.com.tw

總公司	臺北市中正區館前路77號6-11樓	(02)2380-5100
營業部	臺北市中正區忠孝西路一段80號	(02)2380-5238
桃園分行	桃園市桃園區中正路1296號	(03)316-8001
新竹分行	新竹縣竹北市縣政二路572號	(03)657-3958
臺中分行	臺中市中區民族路47號	(04)2223-8828
嘉義分行	嘉義市西區新民路760號	(05)283-6289
臺南分行	臺南市北區公園北路141號	(06)300-1168
高雄分行	高雄市苓雅區民權一路87號	(07)262-1020
屏東分行	屏東縣屏東市自由路188號	(08)732-2858

按過往經驗，當基本生活費調升，大致將有超過200萬申報戶受惠。

財政部強調，依法全國每人可支配所得中位數只要調高，基本生活費金額就會相應調整，但調整後的具體金額以及受惠戶數，仍須再精算，以正式公告為準。

同時，由於物價漲幅達到調整免稅額、標準扣除額與特別扣除額等門檻，民眾114年5月申報113年所得時，免稅額將調高5,000元、至9.7萬元；標準扣除額調高7,000元、至13.1萬元，有配偶者則是調升至26.2萬元；薪資特別扣除額調高1.1萬元、至21.8萬元，意味民眾可免稅或扣除課稅的金額提高。

為計算基本生活所需費用在綜所稅計算時，是否有被保障，財政部有一套對應公式，如果對應公式中的免稅額、扣除額合計數，低於「20.9萬元X申報戶內人數」金額，就可在報稅時，增加減除差額，以完整保障納稅人權益。

所謂對應公式，則為「免稅額＋標準或列舉扣除額＋身心障礙、教育學費、幼兒學前、長期照顧、儲蓄投資特別扣除額」。

減稅利多引擎同步驅動之下，安永聯合會計師事務所執業會計師楊建華舉例，以育有2名就讀大學子女的雙薪4口之家來說，若綜合所得總額140萬元（利息所得1萬元），報稅時，除免稅額38.8萬元（9.7萬元X4）、標準扣除額26.2萬元、薪資特別扣除額43.6萬元（21.8萬元X2）、教育學費特別扣除額5萬元（2.5萬元X2）、儲蓄投資特別扣除額1萬元，可再扣除基本生活費差額12.6萬元。

楊建華表示，以稅率5%初估，此家庭可因《納保法》保障基本生活費不可課稅的制度，省稅6,300元。

所得低於62.6萬
單身租屋上班族免稅

財政部長莊翠雲民國113年8月19日表示，近年政府優化稅制照顧民眾，106年到113年間，絕大多數免稅額、扣除額度均有調高，幅度10%起跳；舉例在外打拚租屋的單身新鮮人，113年所得若低於新台幣62萬6,000元，

114年報稅季就可免繳綜所稅，與106年時相比，年所得要低於30萬6,000元，才可免繳。

莊翠雲在8月19日播出的快樂聯播網廣播電台「快樂心聲」節目中，接受民進黨立委許智傑訪問，談及近年財政部推動的減稅措施以及房市協調相關政策。

她說明，台灣稅制採「量能課稅」原則，也就是依納稅人經濟負擔能力予以課稅，比如高所得者適用稅率較高。

為協助社會上需要幫助的族群，莊翠雲表示，政府近年實施所得稅制優化，提高免稅額、扣除額等，減輕民眾租稅負擔，比如增列長期照顧特別扣除額12萬元，幼兒學前特別扣除額方面，適用年齡放寬至6歲以下，扣除額額度由每名子女12萬元提高為第1名子女每年15萬元，第2名以上子女每年22萬5,000萬元。

針對租屋族，莊翠雲指出，現已修法讓租金改列為特別扣除額，額度調升至18萬元。

莊翠雲進一步試算，在外打拚租屋的單身族，113年度綜所稅可扣除總額達62萬6,000元（含免稅額9.7萬元、標準扣除額13.1萬元、薪資所得扣除額21.8萬元、租金扣除額18萬元）；換言之，113年所得若低於62萬6,000元，114年報稅季就可不須繳稅，與106年時相比，年所得要低於30萬6,000元，才可免繳稅。

至於在外租房的雙薪頂客家庭，莊翠雲指出，綜所稅相關扣除額度達107萬2,000元；若是在外租屋的四口之家（育有2名6歲以下孩童），可扣除額度達164萬1,000元。

綜觀近年免稅額、扣除額調幅，莊翠雲表示，113年度免稅額較106年度成長約10%，113年標準扣除額則成長約46%，同一期間，薪資所得、身心障礙特別扣除額度也增加70%，幼兒學前特別扣除額更是翻倍調高。

所得最窮最富差6.12倍　四年最低

主計總處民國113年8月16日公布112年家庭收支調查，並揭露外界關注的所得差距狀況，結果顯示，在112年普發現金新台幣6,000元的政策挹注下，每戶可支配所得差距倍數縮減為6.12倍，為4年來最佳表現。

根據112年家庭收支調查，全體家庭每戶

我國所得差距倍數（每戶）

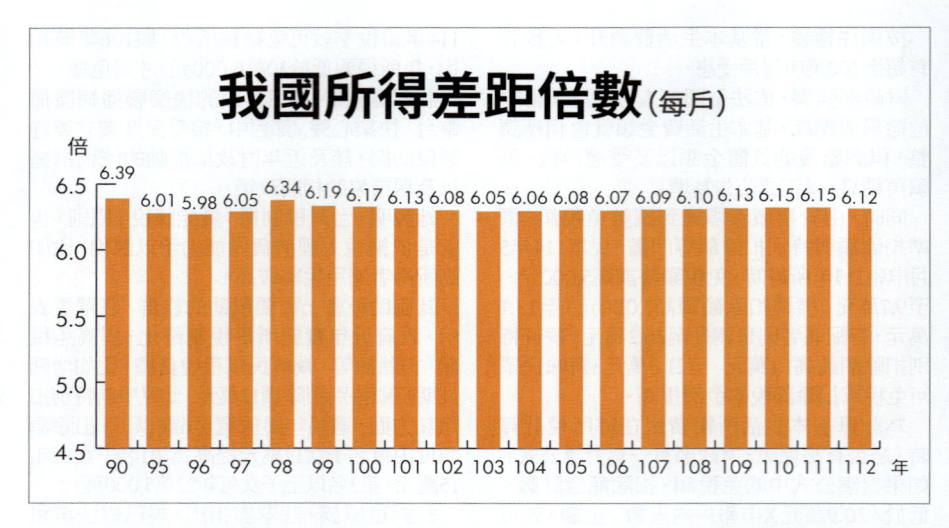

年	90	95	96	97	98	99	100	101	102	103	104	105	106	107	108	109	110	111	112
倍	6.39	6.01	5.98	6.05	6.34	6.19	6.17	6.13	6.08	6.05	6.06	6.08	6.07	6.09	6.10	6.13	6.15	6.15	6.12

可支配所得平均數為113.7萬元，較111年成長2.5%，每人平均數40.7萬元，成長4.0%。

若依每戶可支配所得高低將戶數分為5組，112年最高20%家庭每戶為230.2萬元，較111年增2.6%，最低20%家庭每戶37.6萬元，增3.0%，最高與最低的兩組差距6.12倍，較111年減0.03倍，且是109年來、近4年最佳水準，也是6年來首降。

主計總處參事李佳航表示，112年台灣經濟持續成長、失業率下降，而且最關鍵的是，112年有全民共享普發現金政策，普發現金6,000元對低所得組影響很大；由於差距倍數以最低20%家庭為分母，因此低所得組「增加一點、對倍數差距就很明顯」。

而吉尼係數（Gini Coefficient）是國際間最常用以衡量分配差距，並比較均勻程度的統計指標，係數愈大，表示分配不均等程度愈高，反之係數愈小，表示不均等的程度愈低。主計總處指出，112年吉尼係數為0.339，較111年微減0.003。

30歲以下平均所得54.5萬　創新高

主計總處民國113年8月19日公布的112年家庭收支調查顯示，在國內經濟持續成長、失業率下降、政府調升基本工資等因素助攻之下，民國112年有收入者平均所得新台幣70.9萬元創新高，其中未滿30歲的青年族群，平均所得54.5萬元、同創歷史新高。

根據主計總處112年家庭收支調查，112年「每戶」家庭可支配所得平均數為113.7萬元，較111年增2.5%，中位數為96.1萬元，增2.2%；剔除戶量因素後，「每人」可支配所得平均數為40.7萬元，較111年增4.0%，中位數為34.9萬元，增3.7%。

112年所得收入者平均所得為70.9萬元，較112年的70.4萬元成長。進一步觀察各年齡層的所得收入者平均所得，不論是低於30歲的青年族群、30歲以上的青壯世代，又或是65歲以上的高齡族群，全數呈現上揚。

至於外界關注的30歲以下青年族群所的收入狀況，主計總處統計，112年青年所得續揚至54萬5,931元，創歷史新高；換算為每月所得收入約4.5萬元。

家庭財富差距擴大至66.9倍

睽違30年，主計總處民國113年4月29日再次公布財富分配統計，110年五等分位的家庭財富差距倍數擴大至66.9倍，台灣家庭富吉尼係數則為0.606，優於其他國家，主計總處官員表示「我們財富分配比較均勻」。

主計總處曾發布民國80年的家庭財富報

告,當時五等分位的家庭財富差距16.8倍,財富吉尼係數達0.47,而後因為資料調查的困難度高,未能再次公布。

直到近年,主計總處首次運用「家庭收支訪問調查」樣本,結合資產、負債相關大數據,編製家庭財富(資產—負債,即淨值)分配統計,時隔30年後,終於再次揭露台灣的財富分配情形。

主計總處統計,110年底台灣家庭財富第5等分位組平均每戶5,133萬元,而這前20%家庭總財富占全體的62.68%,與韓國、澳洲及英國的62.06%、62.70%與62.97%相當,低於德國及法國的73.11%、67.89%。

至於財富吉尼係數愈低愈好,意味著財富分配均衡,不過主計總處數據顯示,台灣從30年前的0.47,到110年的0.606,財富分配不均的情況擴大。

主計總處國勢普查處處長潘寧馨表示,家庭財富分配隨著時間推移而擴大,是高度自由經濟發展地區必然的現象或是結果,與其他國家相比,台灣財富分配相對均勻。

110年每戶家庭平均財富1,638萬元,而前20%家庭平均財富5,133萬元,後20%家庭平均財富僅77萬元,差距高達66.9倍。

外界關注五等分位的家庭財富差距倍數,110年擴大至66.9倍,遠高於30年前的16.8倍。潘寧馨強調,就主計總處立場而言,不建議將2次數據結果相比較,因為過去是用調查,如今則是大數據,統計方法應用、資料取得差異極大,相比也會有很大誤差。

全球金融雜誌最富國排名
台灣領先中日韓

美國「全球金融」雜誌(Global Finance)公布2024年世界最富裕國家排名,台灣名列第14與2023年持平,並領先中國、香港、日本及韓國。

根據美國「全球金融」雜誌公布的2024年世界最富裕國家(World's Richest Countries 2024)排名,位列前10名的國家或地區依序為盧森堡、澳門、愛爾蘭、新加坡、卡達、阿拉伯聯合大公國、瑞士、聖馬利諾(San Marino)、美國以及挪威。

在前10名國家中,位居榜首的盧森堡以購買力平價(PPP)為基礎計算出的各國人均國內生產毛額(GDP)為14萬3,743美元,第10名的挪威則為8萬2,832美元。

台灣則為7萬6,858美元(約新台幣248萬元),名列第14、與2023年持平,並且超越香港(15名)、韓國(30名)、日本(36名)及中國(78名)。

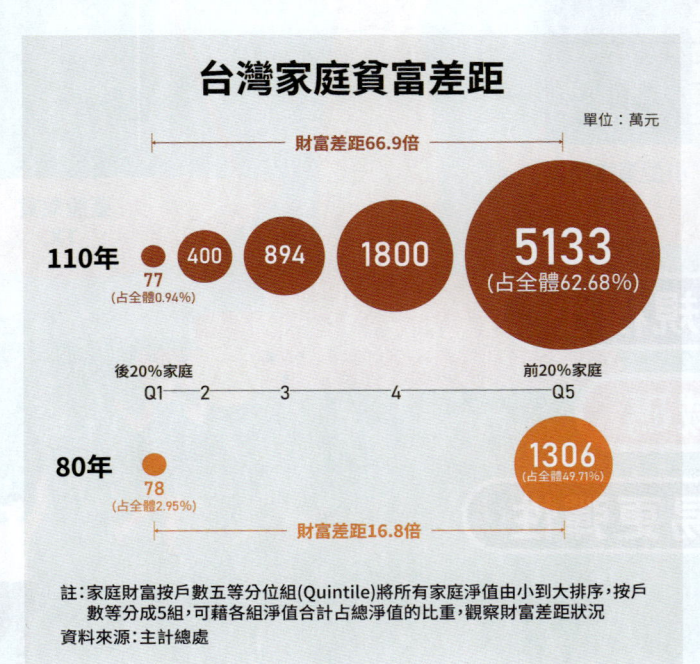

台灣家庭貧富差距

單位:萬元

財富差距66.9倍

110年
- Q1 後20%家庭:77(占全體0.94%)
- Q2:400
- Q3:894
- Q4:1800
- Q5 前20%家庭:5133(占全體62.68%)

80年
- Q1:78(占全體2.95%)
- Q5:1306(占全體49.71%)

財富差距16.8倍

註:家庭財富按戶數五等分位組(Quintile)將所有家庭淨值由小到大排序,按戶數等分成5組,可算各組淨值合計占總淨值的比重,觀察財富差距狀況
資料來源:主計總處

微型臺指期貨

TAIFEX Cares

113 上市日期
7.29 MON

微型臺指期貨 TMF ／ 小型臺指期貨 MTX ／ 臺股期貨 TX

1. 契約規模小
2. 靈活加減碼
3. 交易更彈性

修正所得稅法　保護扣繳義務人權益

立法院會民國113年7月15日三讀修正通過《所得稅法》部分條文，規範扣繳義務人範圍、延長非居住者扣繳稅款辦理期限與修正違章罰則，增進扣繳義務人的權益保護，優化扣繳制度。

行政院會在113年5月2日通過財政部擬具《所得稅法》部分條文修正草案，函請立法院審議。國民黨立委鄭天財等17人、國民黨立委顏寬恒等20人也有提案，併案審查。立法院財政委員會6月26日審查修正草案結果，均照行政院提案通過，立法院會7月15日完成三讀程序。

《所得稅法》部分條文修正重點包括規範扣繳義務人範圍，從給付所得的事業其負責人、機關或團體其責應扣繳單位主管等自然人，改為事業、機關或團體等本身。

另外，增訂非居住者扣繳稅款的繳納、憑單申報及填發期限，遇連續3日以上國定假日，得延長5日。

三讀通過的條文，並規範未依規定填報與填發憑單罰則，賦予稽徵機關得於一定裁罰金額範圍內衡酌具體個案違章情節輕重，給予不同程度處罰的裁量權。

立院三讀
未依時限上傳電子發票資訊最高罰1.5萬元

立法院會民國113年7月15日三讀修正通過《加值型及非加值型營業稅法》部分條文，要點包括定明營業人開立電子發票負有依時限將電子發票及相關必要資訊存證平台的義務；至於傳輸時限、開立電子發票及相關必要資訊的範圍，授權財政部公告。

三讀條文也增訂營業人未依時限或未據實存證電子發票及相關必要資訊者，處新台幣1,500元以上、1萬5,000元以下罰鍰，且限期未補正或補正不實，得按次處罰。

穆迪標普維持台灣主權評等

財政部民國113年5月1日表示，穆迪信評公司（Moody's）4月30日確認維持台灣主權信用評等為「Aa3」、展望「穩定」，標普（Standard & Poor's）也於5月1日指出，台灣主權信用評等為「AA+」、展望「穩定」，肯定台灣穩健財政管理及堅實財政韌性。

財政部發布新聞稿指出，穆迪認為台灣持續恪遵財政紀律及減少政府債務，提升財政效能；且有效債務管理維持債務結構穩定，有助長期財政健全。

財政部指出，標普表示儘管台灣政府支出可能因高齡化及基礎建設需求持續增加，但受惠於強勁稅收成長，財政狀況良好，預測未來3年各級政府債務淨額占GDP比率將維持穩定趨勢，有助政府強健財政表現。

中央銀行4月30日發布新聞稿表示，穆迪這次評等及展望反映台灣高所得及高財富水準，以及穩健的制度架構（institutional framework）與對外部位（external position）；此外，台灣先進晶片具領導地位且應用廣泛，科技導向的製造業支撐台灣經濟的高度韌性與高度競爭力。

穆迪的報告指出，長期以來，台灣財政與貨幣政策保持制度有效性（institutional effectiveness），有效且可信的貨幣與總體經濟政策有助於抵禦外部壓力，包括全球物價上漲、外部需求減弱及全球利率上升。

穆迪肯定台灣央行的貨幣政策表現，指出緊縮貨幣政策抑制貨幣總計數成長，使台灣通膨率持穩於2至3%之間，而央行持有充裕的國外資產有助於維持外匯市場秩序，並維護金融市場穩定。

不過穆迪預期，兩岸關係緊張帶來的地緣政治風險，仍是一項制約信用的長期因素；快速人口老化則為長期經濟成長及財政帶來挑戰。

另外，財政部8月14日引述惠譽（Fitch Ratings）新聞稿，確認維持自110年調升台灣長期主權信用評等為「AA」，展望「穩定」佳績，肯定台灣審慎財政管理及維持良好財政紀律。

政院修娛樂稅法　電影演唱會可停徵

行政院會民國113年9月19日通過《娛樂稅

法》部分條文修正草案，除高爾夫球場維持現行稅率20%外，現行稅率皆至少減半，同時授權地方政府可停徵職棒、演唱會等特定項目的娛樂稅。財政部說，盼修法通過後，地方政府能與業者溝通，讓價格適當回饋消費者。

娛樂稅是依據娛樂場所、娛樂設施或娛樂活動所收的票價或是收費額課徵稅額，且是地方稅，為地方自治重要財源，稅收全部挹注地方建設及發展。行政院會9月19日通過財政部提出的《娛樂稅法》部分條文修正草案，重點一為大幅調降娛樂稅率，其次是將授權地方政府得予停徵部分項目的娛樂稅，草案在行政院會通過後，送立法院審議。

根據草案，這次修正大幅調降娛樂稅率，除高爾夫球場稅率上限20%不變，其餘多數稅率都至少減半，首先，電影娛樂稅率將由現行最高不得超過60%（本國語言片為30%），一律調整為最高不得超過15%；其次是各種競技比賽，如職棒、職籃賽事，稅率由最高不得超過10%，調降為最高不得超過5%。

第3，包括職業歌唱、說書、舞蹈、馬戲、魔術、技藝表演及夜總會的各種表演，現行最高不得超過30%，草案調降至最高不得超過15%；第4，戲劇、音樂演奏及非職業性歌唱、舞蹈等表演，由最高不得超過5%，調降至最高不得超過2%。

第5，舞廳或舞場則由最高不得超過100%，下調至最高不得超過50%；第6，其他經財政部公告屬提供娛樂場所、娛樂設施或娛樂活動供人娛樂者，則由最高不得超過50%，調降至最高不得超過25%。另外，撞球場及保齡球館已非娛樂稅課徵項目，草案此次也刪除相關條文。

草案另一重點，就是授權直轄市及縣市政府得視產業發展、政策需要及財政狀況，停徵電影、職業性歌唱、戲劇、音樂演奏、以及職籃職棒等各種競技比賽項目的娛樂稅；但草案也要求，地方政府若要停徵個別項目的娛樂稅，應提經當地民意機關通過，報財政部備查，並且定期實施期限，以達成合理政策目的。

接軌國際
跨國企業最低稅率升至15%

為接軌OECD全球最低稅負制（GMT），財政部民國113年8月28日宣布，自114年度起，符合GMT適用門檻、即合併營收達7.5億歐元的跨國企業集團，其在台灣境內的營利事業，適用的基本稅額徵收率將由現行12%，調整為15%。粗估36間大型企業受影響，主要是金融業或享受鉅額投資抵減稅額的科技業等。

財政部指出，新制將於115年申報適用；同時，中、小型企業及有效稅率達15%的大型企業不受影響。

經濟合作暨發展組織（OECD）推動全球最低稅負制（第2支柱，GMT），堪稱國際租稅史上最大變革；未來合併營收達7.5億歐元的大型跨國集團，在全球各地的公司都至少要繳納15%的最低稅負，避免各國之間以「低稅競賽」吸引投資，讓跨國企業有空間取巧避稅。

台灣營利事業所得稅的名目稅率達20%，但在諸多租稅優惠齊發之下，近年國內企業的平均有效稅率僅約13%至14%；再者，台灣現行的營利事業所得基本稅額（AMT）徵收率也只有12%，將不足以因應來勢洶洶的全球最低稅負制。

財政部宣布，自114年度起，符合GMT適用門檻的跨國企業集團，其在台灣境內的營利事業，適用的AMT徵收率調整為15%。

所謂GMT適用門檻，財政部指出，原則上指跨國企業集團前4個財務會計年度中，任2個年度合併財務報表的全年度收入達7.5億歐元。

財政部進一步表示，這次預告修正AMT徵收率草案，是因應國際反避稅稅制改革趨勢，針對過度享受租稅優惠或減免，導致有效稅率過低的大型企業，適度調高AMT徵收率，中、小型企業及有效稅率達15%的大型企業不受影響，符合量能課稅原則，可兼顧大小型企業稅負衡平。

財政部指出，現已有60國家或地區，公開宣布採行因應GMT措施，台灣鄰近國家（如

股東e服務
資訊不漏接 永續新未來
eNotice股務事務電子通知平台
1分鐘前
全新功能
ETF收益分配電子通知!
eNotice
您有配息發放通知!
eNotice
您有配股發放通知!
體驗便捷
數位科技
接收股務通知，即時掌握股利資訊
呼應全球
減碳趨勢
展現ESG積極作為，追求企業永續發展
大幅降低
作業成本
節省紙本寄送成本，提升股務作業效率
臺灣集保結算所

中央社
全新改版
影像空間
超過 250萬 張新聞照片等你探索
立即登入
數位化授權超順手

日本、韓國、新加坡、香港）及主要貿易夥伴國（如歐盟成員國、加拿大）分別於113年或114年實施GMT，預期其餘國家也將陸續發布因應GMT的措施，顯見GMT已為不可逆及難以抵抗的國際稅制改革浪潮，營利事業繳納有效稅率15%已為國際共識。

繳稅王台積電受惠台版晶片法 營所稅額降至千億以下

112年度所得稅結算申報於民國113年5月31日截止，據財政部營所稅結算申報概況，北區國稅局轄內企業自繳稅額近新台幣2,393億元，續居五區國稅局之冠。經交叉比對企業財報等資料，台積電蟬聯繳稅王，貢獻國庫營所稅額不到千億元，與111年突破千億大關相比，有所減降，推估主因是適用「台版晶片法」租稅優惠。

報稅季落幕，財政部財政資訊中心發布營利事業所得稅結算申報統計表，全國營所稅總自繳稅額5,471.75億元、年減24.57%，且五區國稅局營所稅自繳稅額全面呈衰退格局。

究其原因，主要是112年全球經濟受通膨、高利率、地緣政治等不確定性因素影響而放緩，導致部分企業獲利下滑，牽動營所稅衰退。

五區國稅局中，北區國稅局轄區包含新北市、桃園市、新竹縣市等，有多家知名上市櫃公司與科技大廠座落，再次助攻北區國稅局營利事業自繳稅額居五區之首，達2,392.99億元、年減超過870億元，衰退26.68%。

進一步檢視北區國稅局轄區繳稅大戶，繳稅冠軍自繳稅額不到1,000億元，第2名約80億元，第3名約70億元，第4名約50億元。針對繳稅大戶身分，北區國稅局指出，基於稅法規定保密原則，無法對外揭露。

不過，經過交叉比對企業財報及營所稅申報情況，可推估全球晶圓代工龍頭台積電蟬聯繳稅王寶座，亞軍應是科技大廠鴻海，「貨櫃三雄」之一的陽明海運居第3名，晶圓代工廠聯電估計名列第4。

台積電112年度營所稅額不到千億元，與前一年度的破千億大關相比，有所減降，推估主因是俗稱台版晶片法的《產業創新條例》10條之2投資抵減租稅獎勵，113年申報首次適用。

對此，台積電表示，公司遵循全球營運所在地的稅法規定，據111年度永續報告書揭載，台積電111年的有效稅率為11.1%，且該年度在台所有繳納所得稅、約占中華民國111年營利事業所得稅實徵淨額的8.1%。

北市首發社會責任債券　用來蓋捷運

台北市政府民國113年1月10日宣布率全國之先，掛牌發行新台幣25億元政府「社會責任債券」，資金將全數用於建設捷運，減少私人運具碳排，宣告北市永續發展、淨零碳排的決心，共吸引20家金融業參與投標，出現超額認購潮。

台北市長蔣萬安出席「永續共榮，北市領先－政府首發社會責任債」記者會表示，很高興北市率先由政府機關掛牌發行永續發展債券，資金將會用於蓋捷運，減少私人運具碳排放量，打造便捷、安全、舒適的綠色旅運，並帶動捷運周邊發展。

蔣萬安指出，永續發展債相較公債利率較低，對投標企業來說，在公司治理、綠色金融等方面都是加分，這也是金管會評鑑的重要指標。

財政局表示，為落實「永續共融、希望首都」城市願景，北市府掛牌發行永續債的

▲台北市政府發行「社會責任債券」，台北市長蔣萬安（圖）致詞表示，資金將全數用於建設捷運。

社會責任債券25億元，各年期發行金額分別為2年期6億元、3年期8億元及5年期11億元，加權平均利率1.237%。

財政局指出，此次北市府捷運局發行社會責任債，吸引國內20家業者積極參與投標，所募得資金將全數用於具社會效益的捷運建設計畫。

財政局長胡曉嵐表示，這次發行社會責任債券25億元，除能將資金投入改善北市捷運建設環境外，社會責任債券計畫書還達成3項全國首例。

首先，是國內政府機關首先掛牌發行社會責任債券；同時，也是國內政府機關首例將計畫書內容與聯合國永續發展目標（SDGs）連結。

此外，也是國內首先參照國際資本市場協會（ICMA）發行社會責任債券的最新準則，用來追蹤此次債券的發行，除資金用途之外的外部成果及影響力。

台股上半年大漲28% 亞洲之冠

在人工智慧（AI）熱潮推動下，2024年上半年台灣股市大漲28%，漲幅高居亞洲之冠，日股表現次之；泰國和印尼則是區域表現最差的股市。

美國財經媒體CNBC在2024年7月1日報導，台股2024上半年的漲幅高達28%，「護國神山」台積電股價飆漲63%，另一檔權值股鴻海的漲幅更高達105%。

至於亞股中表現次佳的日股，日經225指數

▲2024年上半年台灣股市大漲28%，漲幅高居亞洲之冠。

屢創新高，2024年前6個月的漲幅約為18%。

資產管理公司普徠仕集團（T. Rowe Price Group）全球股票投資組合專家高許（Rahul Ghosh）表示：「2024年全球股市表現主要受到人工智慧與央行政策推動，這種情況可能將會延續。」

他指出，AI投資週期的潛力與規模將持續推動全球經濟活動，挹注人工智慧的投資也將擴及其他領域，包括工業、原物料與公共事業等。

儘管2024年上半年亞股大多上漲，不過泰國、印尼與菲律賓股市出現下跌，其中泰國SET指數表現最差，2024年上半年大跌8%，雅加達綜合指數跌幅為2.88%，菲律賓證交所指數也下滑0.6%。

AI熱潮帶動台股
上半年外資淨匯入寫新高

人工智慧（AI）熱潮帶旺台股，加上市場對美國聯準會（Fed）9月降息預期升溫，為市場增添正向情緒，台股6月表現強勢，吸引外資持續匯入，金管會民國113年7月5日公布，上半年整體外資累計淨匯入近323億美元，創史上同期新高。

前六月證交稅1431億創歷年同期最佳

財政部民國113年7月11日公布稅收統計，官員指出，輝達執行長黃仁勳6月訪台，點名台灣供應鏈為AI產業重要推手，相關類股聞訊價量齊飛，加上ETF高息及債券型買氣旺，帶動6月證交稅實徵新台幣276億元、創同月新高，寫連14紅，前6月證交稅實徵1,431億元、衝出同期新高紀錄。

台積電衝上千元 市值破26兆

AI熱潮、半導體產業先進製程拉抬台積電股價，台積電在民國113年7月4日股價突破1,000元大關，收在1,005元，大漲26元，市值達26.06兆元。台積電最大股東國發基金持有16.537億股，持股市值超過1.65兆元，113年來增加超過6,730億元是大贏家。台積電經營團隊中有22人持股超過百張，身價上億元。

ESG STORE
Meet in Future

ESG STORE
永續上架　媒合未來

農業是企業執行
ESG最佳場域！

企業參與農業ESG
**　　　精準對焦SDGs**

ESG STORE

農業部 MINISTRY OF AGRICULTURE

廣告

▲台積電股價民國113年7月4日突破1,000元大關，收在1,005元，躋身台股千金股之列。

台積電股價登上千元後，每檔跳動5元，估計影響大盤逾40點，台股波動將隨著加劇。

台積電董事長魏哲家在113年6月4日上任，到7月4日滿1個月，股價自6月4日收盤價839元，在7月4日衝上1,000元大關，大漲161元，漲幅高達19.2%，市值激增4.17兆元。

魏哲家上任當天強調台積電技術目前沒有人可以競爭，且每顆晶粒是最便宜，還有空間往上提。他並建議，若要投資理財就買台積電股票，因為台積電誠實、努力，績效又好。

台積電113年在AI強勁需求驅動下，營運展望樂觀，加上AI題材升溫，AI晶片龍頭輝達（NVIDIA）股價、市值屢創新高，帶動台積電113年來股價漲勢加速。從113年1月1日到7月4日以來股價大漲407元，漲幅達68.6%，市值大增10.55兆元。行政院國家發展基金管理會持有16.537億股台積電，113年來持股市值增加6,730億元，攀升至1.65兆元。

台積電創辦人張忠謀於107年6月退休前持有台積電1.25億股，他在退休後若未處分手中持股，到113年7月4日為止，市值將達1,250億元，113年來增加超過500億元。台積電前董事長劉德音持股1,291萬股，市值增加逾50億元，至129億元。魏哲家持股639萬股，市值增加26億元，至63.9億元。

台股創高19千金股報到
上市櫃市值突破81兆

台積電股價113年7月4日突破1,000元大關，推升台股創高，寫下多項紀錄，包括上市、上櫃市值合計達新台幣81.87兆元，113年來增加逾19兆元。

7月4日除台積電股價攀高至1,005元，躋身「千金股」之列，華城和亞德客-KY同步突破1,000元大關，雙雙收在1,015元，台股創下「19千金」榮景。

統計台股民國113年上半年狂漲5,101.44點，漲幅高達28.4%，在全球主要指數中漲幅僅次於費城半導體指數。

台積電股東逾133萬人躍台股第一

根據集保結算所截至7月19日統計，台積電股東人數133萬3,860人，比起前1週的124萬5,043人，單週暴增約8.88萬人。

台積電一舉超越國泰永續高股息ETF（00878）的131.56萬人，和中鋼的129.69萬人，躍居台股股東人數最多的個股。在此之前，00878搭上ETF市場熱潮，5月中才剛超越中鋼，成為台股股東人數最多的人氣王，寶座只坐了2個月，就遭台積電取代。

ADR勁揚
台積電躋身一兆美元俱樂部

人工智慧（AI）熱潮持續延燒，AI晶片龍頭輝達（NVIDIA）市值2024年6月18日攀高至3.33兆美元，登上全球第1，也帶動輝達晶片代工廠台積電獲利水漲船高，台積電美國存託憑證（ADR）7月8日在美股盤中勁揚，市值一度突破1兆美元大關，超越特斯拉成為美股第7大科技巨擘。

OpenAI推出ChatGPT，引領生成式AI快速發展，成為各行各業關注的焦點，爭相導入AI應用，包括AI電腦、AI手機、工廠、醫療等，AI成為近年金融市場最火熱的題材。

輝達為AI晶片龍頭，是各界搶建AI基礎設施的最大受惠者，不僅營運爆炸性成長，並吸引市場資金積極湧入，推升股價、市值高漲；

在完成股票1拆10後，輝達6月18日股價攀高至135.58美元，市值達3.33兆美元，超越蘋果（Apple）及微軟（Microsoft），躍居全球之冠。

台積電挾製程技術領先，加上CoWoS先進封裝領域獨霸的優勢，台積電不僅是輝達晶片主要代工廠，超微（AMD）、英特爾（Intel）、高通（Qualcomm）、聯發科及蘋果（Apple）等也都委由台積電代工生產AI晶片，台積電是AI浪潮下最大受惠者。

台積電美國存託憑證與現貨股票在市場資金追捧下，輪番創新天價；台積電ADR於6月12日攀高至172.98美元，市值達8,972億美元，超越波克夏（Berkshire Hathaway），居全球第8位。台積電漲勢未歇，更在7月8日市值一度突破1兆美元大關，超越特斯拉（Tesla）成為美股第7大科技巨擘。

投資研究公司CFRA Research分析師齊諾（Angelo Zino）指出：「半導體產業現在是標準普爾500指數（S&P 500 Index）中的領先產業。它已在過去15、18個月內取得主導地位。這一切讓大家知道世界發生了多大變化。」

台積電占比逾三成
台股落入窄基指數

台積電占台股市值比重在3個月內有45個交易日超過3成，台灣期貨交易所民國113年7月31日宣布，美國商品期貨交易委員會（CFTC）通知，台灣證交所加權指數依規定轉變為窄基指數，期交所台股期貨（TX）、小型台指期貨（MTX）及客製化小型台指期貨（MXFFX）也成為窄基指數期貨，3項商品限制美國投資者交易。

根據美國商品交易法（CEA）規定，為降低美國投資人風險，證券指數若單一成分股占整體指數權重，連續3個月中，有超過45個交易日超過30%，會被歸類為窄基證券指數，美國商品期貨交易委員會將撤銷許可，美國境內投資人包括散戶和法人機構不得交易窄基指數期貨。

期交所公布，美國商品期貨交易委員會在美國時間7月30日通知，台灣證券交易所發行量加權指數依規定轉變為窄基指數

（Narrow-based security index）。

期交所說明，台股期貨（TX）、小型台指期貨（MTX）及客製化小型台指期貨（MXFFX）標的指數，加權股價指數中，單一成份股占指數權重超過30%天數，已不符合美國廣基指數（Broad-based security index）定義，4月29日已通知CFTC。

期交所表示，依據美國規定，窄基指數期貨由CFTC與美國證券管理委員會（SEC）共同管轄，TX、MTX及MXFFX轉變為窄基指數期貨後，因未符合SEC窄基指數期貨豁免規定，期貨商應遵循SEC相關規範，包括美國投資人，含合格機構投資人（QIB）在內，皆不可交易TX、MTX及MXFFX商品。

專家分析，回顧110年4月，台股指數也曾因台積電市值比重過高，被列為窄基指數，直至111年10月才解禁。金管會證期局副局長高晶萍說，達到窄基指數門檻，並非馬上生效，會有一段過渡時間。

根據金管會統計，台股的外資交易人有9成是新加坡、香港、英國等地，美國境內交易人占比僅約0.7%；而且窄基指數的影響僅限期貨，範圍並不包括現貨市場，評估對台股整體影響有限。

至於台積電等個股期貨是否受到影響，期貨專家指出，台積電在美國有發行美國存託憑證（ADR），原來就不符合SEC「證券標的不在美國發行」的要件，因此台積電相關個股期貨，原本就不能讓美國境內投資人交易，即便台指期被列入窄基指數，對台積電等個股期貨，也無影響。

鴻海股價衝200元　創16年高點

受AI伺服器和蘋果（Apple）加入AI應用等題材激勵，鴻海股價大漲，並在民國113年6月17日收盤攻上200元，創逾16年新高點，漲幅1.01%，達到鴻海創辦人郭台銘6年前的「郭董退休價」，創下97年以來波段高點，鴻海總市值超過新台幣2.77兆元，僅次於台積電穩居台股第2大。

若以郭台銘在6月17日持股17.42億股粗估，郭台銘持股市值達到新台幣3,484億元。

第一銀行 First Bank

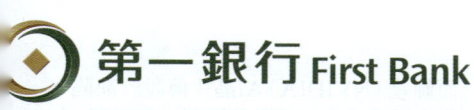

就在你左右 Always with you

首創古蹟結合「幾米裝置藝術」
宜蘭分行嶄新登場

拍照分享 送好禮

2024/12/31前，與《忘記親一下・時空旅行》裝置藝術合影，上傳個人社群(FB或IG)設定公開分享，並留言#一銀宜蘭分行幾米裝置藝術，即送限量好禮「小粉獅手機掛繩」乙份。

兌換時間：宜蘭分行營業時間(週一至週五 9:00~15:30)提供兌換，每人限領乙份，數量有限，完送為止。

圖片選自幾米作品《忘記親一下》
© Jimmy Liao. Licensed by Jimmy S.P.A. Co., Ltd. (墨色國際)

注意事項
第一銀行保留隨時修改、變更、終止本活動及替換贈品等權利，本活動如有變更或終止，將於第一銀行官方網頁公告，亦有權對本活動之所有事項做出最終解釋。若有其他未盡事宜，悉依本行相關規定或解釋辦理。

郭台銘曾在107年6月在股東會中宣示,鴻海股價要達到200元目標,否則不會退休。108年6月鴻海全面改選董事,有意參加國民黨總統初選的郭台銘卸任董事長,由劉揚偉出任,109年6月劉揚偉在鴻海股東會上重申,股價200元是集團的規畫。

在積極布局電動車事業帶動下,110年3月下旬,鴻海股價一度觸134.5元高點,不過之後在百元附近整理許久,111年5月底,劉揚偉在股東會上回應提問時為股價抱屈,指鴻海股價淨值比僅1相對低,「股價不能像不動產」。

111年底至112年1月,鴻海股價數度跌破百元大關,112年5月中旬受第1季獲利認列轉投資夏普(Sharp)投資損失衝擊,股價觸97元金融風暴以來同期次低,112全年力守站穩百元大關。

113年3月中旬開始,鴻海集團憂惠人工智慧AI伺服器和關鍵零組件爆量接單和題材帶動,股價一飛衝天,從3月11日截至6月17日收盤200元大關為止,鴻海股價大漲95元,漲幅超過9成,若以鴻海目前在外發行股數約138.63億股粗估,期間市值暴增近新台幣1.32兆元,總市值超過2.77兆元,穩居台股個股第2大。

根據統計,截至6月14日,鴻海權重占台股比重約3.83%,鴻海大漲期間,台股漲點粗估約2,719點,鴻海貢獻指數超過413點。

台股崩跌1807點　跌點跌幅創新高

美國就業報告欠佳,引發市場憂心經濟衰退,加上中東緊張局勢升溫,重創國際股市,台股民國113年8月5日上演崩跌走勢,一舉跌破20,000點大關,終場重挫1,807.21點,台積電盤中罕見亮燈跌停,台股收盤指數19,830.88點,跌幅8.35%,跌點和跌幅都創歷年最高,並跌破半年線。

權值股台積電跌破半年線,盤中曾觸及跌停813元,重挫90元,創盤中最大下跌金額,最後收815元,下跌88元,跌幅達9.75%,單日盤中及收盤跌點皆創紀錄。市值縮水新台幣2.33兆元,滑落至21.08兆元。

而輝達(NVIDIA)AI晶片傳設計缺陷,引發市場疑慮人工智慧伺服器出貨延遲,台股AI概念股下殺,鴻海也無法倖免,盤中鎖住跌停168元,成交量達21.55萬張,為僅次於ETF族群,成交量最大的個股。市值蒸發新台幣近2,565億元,跌至2.32兆元。

除鴻海受創外,人工智慧AI概念股包括廣達、緯穎、緯創、技嘉,以及散熱雙雄包括雙鴻、奇鋐全都跌停。

另外,在市場恐慌氣氛升高下,高價股成重災區,有過半的千金股跌停,聯發科等4檔跌破1,000元大關,台股剩10千金,在不到1個月時間,千金股數量自高峰的19檔幾近腰斬。

對於台股下挫,經濟部長郭智輝受訪表示,「大家要有準備,這是景氣循環的一部分」,此外,環境對景氣的影響很深,尤其受到極端氣候影響,也會連帶影響世界景氣。

金管會主委彭金隆出面信心喊話,他表示,周邊亞股8月5日跌幅均高於台灣,台灣基本面穩健、整體產業表現仍可期,若未來股市出現非理性下跌,必要時將評估採取必要措施。

台股漲794點創歷年最大漲點
連2日強彈1464點

台股民國113年8月7日開盤20,638.28點,開高續攻,盤中最高曾站上21,306.23點,上漲逾800點,最後收21,295.28點,上漲794.26點,創台股收盤歷年最大漲點,漲幅3.87%,成交值為新台幣4,433.24億元;台股連2個交易日合計1,464點,強勢反彈。

台積電扮演助攻要角,鴻海、聯發科貢獻多方漲點,集中市場電子類股上漲逾4%,金融類股上漲逾1%;代表中小型股的櫃買指數上漲逾5%。

台股歷史單日收盤跌點排行榜

日期	收盤價	漲跌
2024/8/5	19830.88	-1807.21
2024/8/2	21638.09	-1004.01
2024/9/4	21092.75	-999.46

2024/4/19	19527.12	-774.08
2024/7/26	22119.21	-752.63
2020/1/30	11421.74	-696.97
2021/5/12	15902.37	-680.76
2018/10/11	9806.11	-660.72
2021/5/11	16583.13	-652.48
2000/3/13	8811.95	-617.65

台股開戶數創新高　破1300萬人

民國113年8月初台股暴跌，投資人愈跌愈買，根據證交所統計，截至8月底，台股總開戶數衝上1,305萬973人，首度衝破1,300萬人大關，再創歷史新高。

證交所自110年3月首次公布台股開戶數統計，當時台股總開戶數約1,145萬人，直到111年11月開戶數首度突破1,200萬人，歷經約21個月，113年8月再突破1,300萬人大關，寫下新里程碑。

另外根據投資人開戶數年齡分布統計，30歲以下總開戶數達220萬5,442人，占所有開戶人數比重16.99%；對照110年3月首次公布統計時，30歲以下總開戶數僅149萬1,587人，占比13%，顯示台股投資人結構愈來愈年輕化。

113年8月的投資人開戶數年齡分布統計表，0至19歲總開戶數約54.57萬人，占比4.23%；20至30歲總開戶數約165.97萬人，占比12.76%；31至40歲總開戶數約213.81萬人，占比16.43%；41至50歲總開戶數約251.82萬人，占比19.34%；51至60歲總開戶數約228.74萬人，占比17.57%；61歲以上總開戶數約380.34萬人，占比29.19%；以及法人等其他開戶數約9.82萬人，占比0.8%。

勞動基金賺逾7000億
收益率12.8% 創新高

勞動基金民國112年投資大豐收，全年獲利新台幣7,193.7億元、收益率12.8%，創下歷史新高，勞動部勞動基金運用局副局長劉麗茹113年2月1日說，112年有46%收益數來自國內股票。

勞動部2月1日公布勞動基金運用績效，截至112年12月底止整體基金規模為6兆349億元，而整體勞動基金112年全年投資獲利7,193.7億元，收益率12.8%。

勞動基金運用局副局長劉麗茹指出，112年受通膨威脅壓力加上升息、戰爭因素等，金融市場漲跌不斷，但最後還是有一個不錯結果，全年收益數為7,193.7億元，收益率為12.8%。

劉麗茹說，若是加計受託管理的國民年金保險基金及農民退休基金，總管理規模也達6兆5,692億元，總收益數為7,847億元，收益率為12.90%，也是個不錯的成果。

劉麗茹提到，勞動基金投資分配國內外，以112年收益數來看，國內外的收益數貢獻約占各半，而股票部位因波動高，確實收益數比較高。

劉麗茹也說，整體勞動基金有20%資產配置投資在台股，而112年收益數有46%是來自國內股票，約3,309億元。

政院拍板　當沖降稅延到116年底

行政院院會113年9月12日通過《證券交易稅條例》第2條之2、第12條修正草案，當沖降稅延長3年至116年12月31日，將函請立法院審議。

當沖降稅優惠民國113年底屆期，金管會爭取延長5年。對此，財政部長莊翠雲民國113年8月8日受訪時透露，經評估認為展延3年為妥，即到116年底，以利適時調整，並兼顧投資人需求與市場流動性。行政院會9月12日通過財政部所提修法，並送立法院審議。

現股當沖稅率減半，由千分之3降至千分之1.5，最早在106年4月28日實施，為期1年；107年4月28日進入首次延長，為期至110年底止；111年1月1日起進入第2次延長，為期3年，優惠113年12月31日屆期。金管會已向財政部提出展延5年的建議方案，爭取3度延長。

莊翠雲表示，起初實施當沖降稅是為提升市場的成交量、流動性，再延長是為了穩定交易動能、降低投資人臆測，以及促進證券市場的長遠發展。

永續金融　淨無止境

三重世貿公園，臺灣臺北

中國信託打造臺灣第一座蕨類植物生態公園，依臺灣特有氣候地帶、四季變化，復育百種以上原生物種，留下彌足珍貴的生態軌跡，隨著國際版圖於全球開枝散葉，致力為永續變革做出貢獻。

www.ctbcbank.com

We are Family

中國信託
CTBC

▲當沖降稅優惠113年底屆期，金管會爭取延長5年。對此，財政部長莊翠雲（圖）受訪時透露，經評估認為展延3年為妥。

莊翠雲說，隨降稅優惠將屆期，金管會113年2月向財政部提出明確意見，認為延長有其必要性與合理性，滿足長、短期投資人的需求，有利市場發展，且以違約情況而言，當沖者沒有顯著高於非當沖者。

莊翠雲指出，經過審慎綜合評估，財政部認為這次當沖降稅展延期間以3年為妥，即到116年12月31日，「不該一次（延）這麼長」，才可以有適時調整的空間，過程中也有與金管會密切討論，達成共識。

台股ETF上半年規模2.45兆創新高

台股頻創新高，台股ETF（指數股票型基金）規模跟著水漲船高，熱門的中信上游半導體、統一台灣高息動能、元大台灣價值高息民國113年3月接力開募，基金成立規模以「三級跳」姿態頻破紀錄。而截至113年7月11日，台股ETF從56檔增加至62檔，總資產規模增加新台幣9,747.05億元，達到2.45兆元，創下新高。

國內ETF市場到底有多火熱，根據投信投顧公會及各投信官網的資料統計，歷年來國內ETF成立規模紀錄，原本紀錄保持人是112年11月成立的群益ESG投等債20+，成立規模為153億元。

不過，這個紀錄在113年3月6日被打破，新募集的中信上游半導體成立，規模為175億元，但寶座才坐2天，統一台灣高息動能3月8日宣布以531億元的巨量級規模成立，足足比原本紀錄多出2倍以上，被稱為「寫下台灣資產管理界的新傳奇」。

沒想到新聞稿才剛發布，元大台灣價值高息3月11日正式開募，募集首日，各大券商、銀行通路忙得不可開交，其中國內線上開戶第1大的國泰證一度因此發生系統延遲，統計光是國泰證單一券商單日就湧進超過5.3萬筆申購單，申購金額超過50億元。市場推估，元大台灣價值高息開募第1天募集金額就達到645億元，而成立規模也順利突破千億元新等級。

元大台灣價值高息更掀起空前搶購熱潮，甚至引發業者罕見出面提醒風險，試圖降溫。連中央銀行總裁楊金龍前往立法院備詢時都向民眾喊話說，現在大家一窩蜂投資，有點像金融市場常講的「羊群效應」，提醒大家投資還是有風險。

根據群益投信統計，113年以來截至7月11日，台股ETF從56檔增加至62檔，總資產規模增加9,747.05億元，達到2.45兆元，創下新高。

▲台股火熱，元大台灣價值高息掀起空前搶購熱潮，成立規模突破千億元。

而62檔台股ETF中，包括元大台灣50、元大高股息、國泰永續高股息、復華台灣科技優息、群益台灣精選高息、元大台灣價值高息和富邦台50，總共有7檔資產規模超過千億元。

值得注意的是，上述7檔明星ETF，113年以來規模共增加7,402.33億元，占總規模成長的75.9%，顯示市場的大者恆大趨勢。另外高股息ETF在7檔裡頭就占了5席，也顯示出國內投資人對於高股息ETF的情有獨鍾。

債券ETF規模破2.5兆　散戶也青睞

金管會揭露，截至民國113年5月底止，債券ETF（指數股票型基金）規模達新台幣2.5兆元，光前5月即大增5,168億元，值得注意的是，保險業持有市值占比僅64.57%，不再如過往遠高於9成，顯示近年一般散戶或其餘投資人不僅愛台股ETF，亦搶進債券ETF市場。

台灣掀起ETF投資熱潮，除了股權ETF外，債券ETF規模亦逐步擴增。金管會113年6月25日揭露，截至5月底止，債券ETF規模達2兆5,395億元，其中，保險業投資市值占比為64.57%。

過往債券ETF買盤主要為保險業，包括壽險、產險及再保公司，在110年底時，保險業投資債券ETF市值占比高達98.15%，至111年底時，保險業投資市值占比仍高達95.52%，直至112年債券ETF投資人結構才開始顯著翻轉。

金管會證期局主秘尚光琪指出，過往債券ETF主要為保險業在購買，到了112年底，保險業持有債券ETF市值占比顯著下降至73.69%，顯示除了保險業外，亦有其他投資人開始參與債券ETF市場，截至113年5月底止，保險業投資債券ETF市值占比更顯著降至64.57%。

尚光琪表示，近年ETF投資熱潮大爆發，除了股權ETF在成長外，從數據亦可見債券ETF買氣同步活絡，推測主因投資人對ETF了解度逐步提高，帶動ETF市場參與人變得更多樣化。

金管會開放主動式及多資產ETF

金管會主委彭金隆宣示打造台灣為亞洲資產管理中心，副主委陳彥良民國113年7月30日進一步宣布開放主動式ETF（指數股票型基金）及被動式多資產ETF。他說，過往投資人買被動式ETF類似獲得制式便當，未來如同有新餐廳，由才華洋溢的廚師替投資人買菜料理。

台灣ETF市場近年規模成長顯著，金管會統計，截至113年6月底止，共有238檔證券投資信託ETF，市場規模已達新台幣5兆2,918億元，規模已為亞洲市場第3大，占整體證券投資信託基金規模比重達62.95%，顯見具備一定發展潛力。

陳彥良出席金管會例行記者會，宣布開放主動式ETF及被動式多資產ETF。他提到，金管會推動台灣往亞洲資產管理中心目標前進，在亞洲資產管理中心願景中，市場及商品皆相當重要，尤其是商品。

陳彥良表示，觀察國外ETF發展趨勢，投資人對主動式ETF及多資產ETF均有強烈需求，台灣若要成為亞洲資產管理中心，勢必要有優質金融商品，金管會決議開放新型ETF，如同開啟一扇新的門，希望藉這一步創新，創造好的方向與開始。

主動式ETF為由基金經理人依投資目標與投資策略主動建構投資組合並進行操作調整的ETF商品，根據金管會規畫，考量國內首次引進主動式ETF，初期將開放主動式股票ETF及主動式債券ETF，投資組合採全透明，即每日向市場公告ETF實際投資組合，且不強制要求須有績效參考指標。

至於被動式多資產ETF，金管會初期開放固定比例股債平衡型被動式ETF商品，後續視實際發展，再循序漸進開放其他多資產ETF。

根據金管會調查，台灣有15家投信業者表示意願推出主動式ETF商品，另外有2家外商投信先前並未在台灣推出被動式ETF，但隨著主動式ETF問世，將更有動力嘗試。金管會初步估計，台灣主動式ETF市場規模可望超過新台幣2,000億元。

央行金融穩定報告
密切關注ETF風險

中央銀行民國113年5月31日發布第18期金融穩定報告,認為過去1年台灣金融體系維持穩定,不過台股波動幅度攀升,須留意地緣政治風險攀升等不確定性,以及ETF規模成長快速,隨著商品複雜性及投資風險上升,應密切關注相關風險。

央行發布第18期金融穩定報告,彙整112年初至113年4月間國內外經濟金融情勢發展,並分析影響台灣金融體系的風險。

央行指出,112年以來,隨著全球股市回溫及外資大幅買超台股等利多因素,台股呈上漲趨勢;112年底上市股價指數收在17,931點,全年漲幅26.83%,且股價波動率逐步回穩,12月底已回降至10.78%。

113年1至3月則因市場預期主要央行將放寬貨幣政策、科技股持續上漲,上市股價指數續創歷史新高,4月股價指數震盪整理,波動幅度攀升。

央行提醒,台股與國際股市連動性高,考量近期地緣政治風險攀升、全球通膨下降幅度有限,且主要央行貨幣政策走向仍具不確定性,均將影響全球經濟及國際股市,進而牽動台股,宜密切關注。

央行並指出,近年台股表現亮麗、美國降息預期及高股息誘因,帶動指數股票型基金(Exchange Traded Fund, ETF)規模成長快速,113年4月底達4.75兆元,隨著商品複雜性及投資風險上升,應密切關注相關風險。

央行金檢處副處長潘雅慧說明,ETF對於股市有助漲助跌的效果,央行會持續關注市場發展;管理面則屬金管會職權,金管會112年已經採取多項措施,促進金融穩定。

台中商銀逾10億公款遭挪用
金管會重罰1500萬

台中商業銀行董事長王貴鋒涉嫌夥同租賃公司負責人及子公司台中銀保經負責人花公款奢華度日,金管會民國113年2月1日令王貴鋒停職3個月、台中銀保經董事長賴麗姿及總經理許銘仁減薪5成為期3個月,並重罰台中銀新台幣1,200萬元及台中銀保經300萬元。

王貴鋒涉夥同租賃公司負責人周哲男、台中銀保經負責人賴麗姿花公款奢華度日,3人遭檢方聲押、經新北地院審理,在2月1日凌晨分別以1,500萬元至300萬元不等金額交保,並皆遭限制住居、出境與出海。

金管會公布對台中商銀及台中銀保經裁罰案,金管會說,在對台中商銀辦理一般金檢時發現,台中商銀及子公司台中銀保經與特定授信戶及其相關企業往來密切,支付該授信戶及其相關企業廣告費及飛機、公務車與招待所租金總計超過10億元。

台中商銀以為拓展海外業務為由,自109年起租用飛機,13個月租金總計達1.04億元,但期間均未使用;且台中商銀109年9月至110年9月租用高價公務車提供禮賓接送服務,每月租金達82萬元,租賃期間僅有2次客戶申請體驗。

金管會銀行局副局長林志吉指出,台中商銀在租用飛機的必要性決策顯欠妥當,且台中商銀以為提升客戶體驗為由租用高價公務車,但租賃期間僅2次客戶申請體驗,明顯不符成本效益,「事前事後兜不起來」。

至於台中銀保經在租用飛機、招待所及公務車作業,內控機制同有失當,且台中銀保經109年因未針對交際費支出建立有效內控制度等原因,已遭金管會開罰,卻仍發生此缺失,金管會認定違規情節嚴重。

▲台中商銀董事長王貴鋒(前)涉花公款奢華度日遭檢方聲押後,新北地方法院諭知王貴鋒以新台幣1,500萬元交保。

凱基金控

凱基銀行 | 凱基人壽 | 凱基證券 | 凱基投信

在乎
你的在乎

你的 全方位
金融服務專家

掃描觀看品牌影片

2024年台股走勢圖

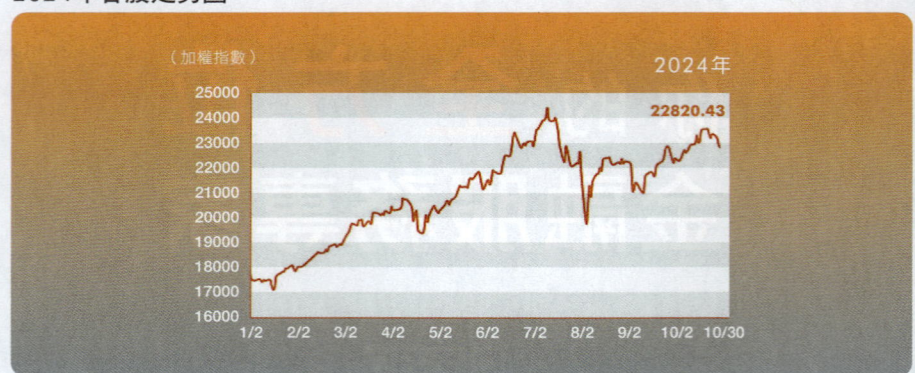

(加權指數) 2024年
22820.43

2024年匯率走勢圖

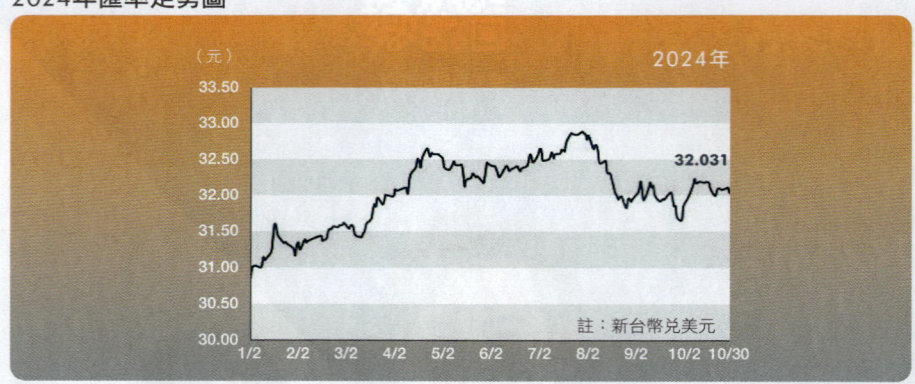

(元) 2024年
32.031

註：新台幣兌美元

2024年黃金走勢圖

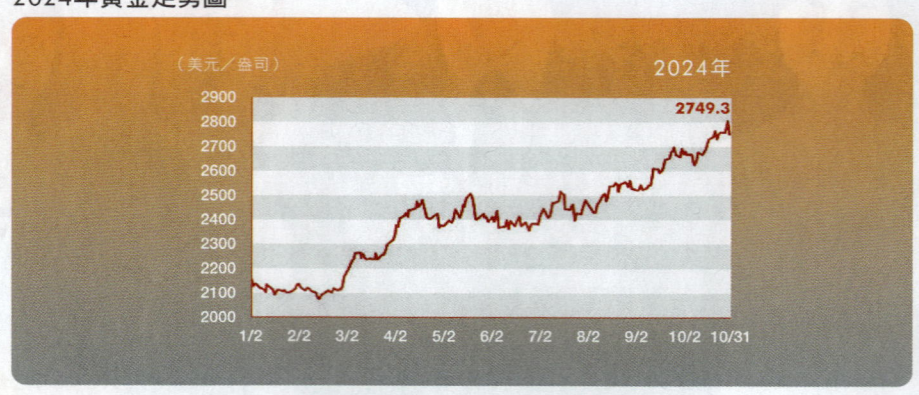

(美元／盎司) 2024年
2749.3

2024年原油走勢圖

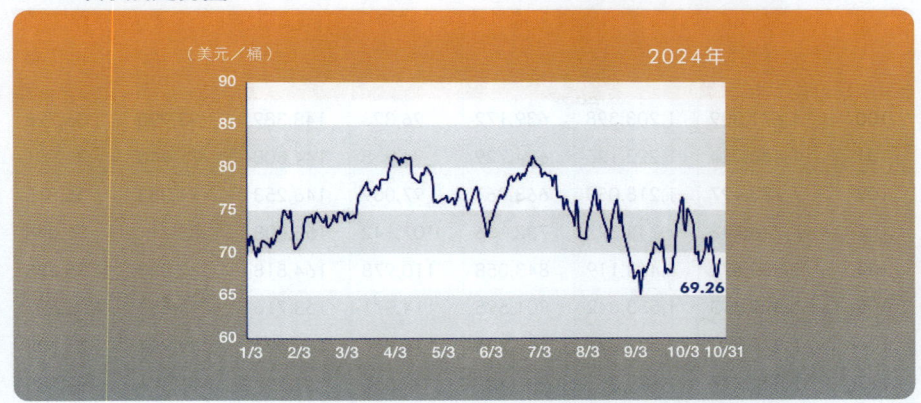

中央政府歲出總決算─政事別

單位：新台幣百萬元

會計年度別	總計	一般政務支出	國防支出	教育科學文化支出	經濟發展支出	社會福利	社區發展及環境保護	退休撫卹支出	債務支出	補助支出	其他支出
100	1,734,434	176,428	284,185	356,218	217,073	348,517	6,601	138,451	111,753	90,034	5,175
101	1,882,402	176,154	303,395	358,915	263,917	420,088	15,866	138,269	114,520	86,724	4,553
102	1,855,853	172,705	289,003	355,705	258,307	438,887	15,882	132,792	117,436	70,843	4,293
103	1,853,586	174,157	291,362	364,589	269,026	411,770	16,145	134,614	115,117	73,112	3,692
104	1,895,732	177,120	305,377	379,446	258,622	439,479	15,911	138,395	111,722	64,611	5,050
105	1,939,947	179,700	309,297	382,377	266,721	460,068	17,456	146,829	113,204	59,370	4,926
106	1,927,301	176,006	305,698	401,290	256,727	472,195	16,437	137,882	101,811	59,255	4,926
107	1,909,412	185,066	313,740	386,653	233,090	487,343	18,003	127,650	100,725	57,142	
108	1,955,807	185,368	324,121	406,952	241,661	490,250	18,543	133,836	98,208	56,869	
109	2,039,353	190,775	335,527	412,059	250,087	523,399	22,940	143,394	95,373	65,800	
110	2,089,066	195,755	346,220	411,940	250,575	556,750	20,794	145,844	88,208	72,981	
111	2,213,956	204,601	354,648	441,462	255,273	615,100	26,234	147,195	82,895	86,549	
112	2,627,776	225,545	386,964	481,842	475,938	706,864	28,196	148,662	83,267	90,499	

說明：(1) 公務人員調整待遇或加發獎金支出，66年度以前係併列其他支出項下，67年度起按其支出功能歸屬各該政事科目項下。
(2) 89年度起歲出不包括債務還本支出。
資料來源：審計部，中華民國統計年鑑。

中央政府歲入總決算—來源別

單位：新台幣百萬元

會計年度別	總計(1)	稅課收入 計	所得稅	關稅	貨物稅	證券交易稅	菸酒稅
100	1,671,309	1,203,398	639,172	96,323	148,389	93,990	35,728
101	1,668,334	1,222,126	684,729	94,918	144,808	71,940	35,951
102	1,730,497	1,218,050	668,961	97,009	146,253	71,383	35,815
103	1,726,443	1,343,377	732,136	107,142	155,608	88,711	35,048
104	1,885,672	1,465,119	843,058	110,978	164,818	82,033	35,328
105	1,895,743	1,533,842	901,595	114,971	163,716	70,855	36,501
106	1,929,819	1,522,877	869,736	114,957	160,621	89,967	35,608
107	2,020,339	1,639,217	961,791	120,057	162,100	101,171	33,080
108	2,076,530	1,686,139	1,017,843	123,042	159,190	91,205	32,688
109	2,169,607	1,605,392	869,921	121,390	153,201	150,632	33,586
110	2,386,951	2,003,782	1,079,812	133,270	162,084	275,393	32,536
111	2,713,249	2,304,002	1,464,306	142,547	138,171	175,604	34,895
112	2,907,399	2,488,278	1,595,535	152,507	147,829	197,336	33,686

會計年度別	稅課收入 營業稅	罰款及賠償收入	規費收入	財產收入	營業盈餘及事業收入	捐獻及贈與收入	其他收入(2)
100	173,737	24,356	56,679	63,996	264,745	0	58,136
101	172,472	49,234	58,925	60,126	262,537	33	15,354
102	185,460	21,541	175,785	52,246	250,962	0	11,912
103	205,074	23,836	59,890	43,734	241,046	8	14,551
104	205,523	28,601	91,654	49,347	237,970	1	12,978
105	217,088	25,480	59,697	26,634	232,076	9	18,005
106	221,517	39,835	88,908	22,649	233,523	2	22,026
107	239,317	35,398	61,830	29,738	239,466	0	14,690
108	241,587	25,038	61,258	30,692	257,157	6	16,240
109	251,280	26,038	199,025	80,936	242,978	5	14,701
110	288,351	27,913	55,597	39,293	235,319	3	25,044
111	314,585	22,040	59,390	43,174	263,627	1	21,014
112	326,506	29,149	65,715	42,320	257,518	2	24,418

附　註：（1）80年度（含）以前包括公債收入、移用以前年度歲計賸餘；90年度（含）以前包括獨占及專賣收入。
　　　　（2）80年度（含）以前包括賒借收入。
　　　　（3）109年度規費收入含NCC-5G釋照特許費1,421.91億元，扣除該數後109年規費收入數為568.34億元。
資料來源：審計部、中華民國統計年鑑。

台灣近年重要金融指標

單位：新台幣億元

年底別	外匯存底(億美元)	貨幣總計數(M1B) 金額	年增率(%)	貨幣總計數(M2)① 金額	年增率(%)	流動性負債 金額	年增率(%)	準備貨幣 金額	年增率(%)②③
98年	3,482	105,116	28.92	293,556	5.76	416,730	7.33	23,040	8.31
99年	3,820	114,571	9.00	309,544	5.45	445,203	6.83	25,018	8.57
100年	3,855	118,302	3.26	324,519	4.84	469,541	5.47	27,209	7.49
101年	4,032	124,184	4.97	335,744	3.46	496,032	5.64	29,021	6.66
102年	4,168	134,708	8.47	355,189	5.79	530,162	6.88	31,208	7.53
103年	4,190	143,101	6.23	376,968	6.13	568,299	7.19	32,633	4.57
104年	4,260	152,926	6.87	398,840	5.80	607,126	6.83	34,524	5.79
105年	4,342	161,777	5.79	413,018	3.55	638,980	5.25	36,303	5.15
106年	4,515	167,414	3.48	427,702	3.56	672,411	5.23	37,765	4.03
107年	4,618	177,160	5.82	439,052	2.65	704,974	4.84	40,545	7.36
108年	4,781	190,606	7.59	458,918	4.52	744,291	5.58	42,985	6.02
109年	5,299	222,803	16.89	501,879	9.36	803,857	8.00	48,362	12.51
110年	5,484	249,735	12.09	538,752	7.35	855,653	6.44	53,491	10.60
111年	5,549	258,054	3.33	575,086	6.74	909,301	6.27	59,278	6.60
112年	5,706	268,253	3.95	607,548	5.64	951,180	4.61	62,026	4.64

年底別	全體貨幣機構 存款③ 金額	年增率(%)	放款與投資④⑤ 金額	年增率(%)	本國銀行支票存款⑤ 借記總額	按年計算之迴轉次數	中央銀行重貼現率	利率(年息百分比率) 商業本票31~90天期次級市場利率	金融業拆款市場(隔夜拆款加權平均利率)
98年	294,486	5.66	214,823	0.71	715,295	253.8	1.250	0.24	0.11
99年	310,063	5.29	228,037	6.15	763,483	239.4	1.625	0.38	0.19
100年	323,022	4.18	241,729	6.00	808,714	240.0	1.875	0.70	0.34
101年	333,004	3.09	255,488	5.69	813,810	241.7	1.875	0.79	0.43
102年	350,624	5.29	267,206	4.59	819,204	235.3	1.875	0.69	0.39
103年	371,339	5.91	281,106	5.20	849,557	231.4	1.875	0.62	0.39
104年	393,558	5.98	294,063	4.61	818,518	224.2	1.625	0.58	0.35
105年	407,174	3.46	305,492	3.89	786,187	215.9	1.375	0.39	0.19
106年	420,940	3.38	320,227	4.82	812,686	222.7	1.375	0.44	0.18
107年	431,958	2.62	337,475	5.39	852,619	230.1	1.375	0.49	0.18
108年	450,861	4.38	354,224	4.96	845,828	221.0	1.375	0.55	0.18
109年	492,197	9.17	378,266	6.79	836,524	211.1	1.125	0.39	0.10
110年	527,570	7.19	409,996	8.39	850,851	192.9	1.125	0.26	0.08
111年	563,301	6.77	436,168	6.38	940,360	250.6	1.750	0.82	0.26
112年	594,271	5.50	464,853	6.58	941,297	213.9	1.750	1.30	0.65

附　註：(1)93年起包含貨幣市場共同基金資料。(2)以100年1月1日存款準備率及90年11月準備金乙戶成數回溯調整準備金後之年增率。(3)自90年起不含銀行承做結構型商品本金。(4)放款資料自93年起包含承做附賣回票(債)券投資資料；投資金額係指對非金融機構之証券投資金額以原始取得成本衡量。(5)90年12月以前不含中小企業銀行資料。

資料來源：中央銀行，中華民國統計年鑑。

財團法人 中小企業信用保證基金
Small & Medium Enterprise Credit Guarantee Fund of Taiwan (TSMEG)

國家經營　信用保證
助人為快樂資本

累計承保企業家數 **737,352** 家

累計協助取得融資金額 **26.92** 兆元

資料基礎為全體企業戶數
資料日期為113年09月30日止

信保半世紀　照耀全台灣

銀行是企業的金山
信保是企業的靠山

得獎之保證企業

- 小巨人獎
  得主 **305** 家
  （佔84%）

- 企業楷模獎
  得主 **320** 家
  （佔75%）

- 國家磐石獎
  得主 **285** 家
  （佔83%）

- 創新研究獎
  得主 **310** 家
  （佔33%）

茁壯之保證企業

- 保證後超過中小企業規模計
  2,532 家

- 上市企業家數
  387 家
  佔上市企業總家數38%

- 上櫃企業家數
  505 家
  佔上櫃企業總家數61%

- 興櫃企業家數
  211 家
  佔興櫃企業總家數64%

官方網站　Facebook　官方LINE

財團法人中小企業信用保證基金　廣告

§第八章　教育與體育

第34屆中研院新科院士28人獲選

中研院第35次院士會議於民國113年7月1日至4日舉行，選出第34屆新科院士28位、2位名譽院士，新科院士人數創近年新高，本屆最年輕院士為數理科學組53歲的金政，最年長者為人文及社會科學組86歲的王澤鑑。

中研院院士為終身名譽職，現有院士270人，這次新科院士共28名，其中有7名女性，院士人數增至298人。另外，名譽院士原為15人，亦增加至17人。

根據中研院院士選舉辦法，中研院院士是由院士連署或大學、研究機關主動提名，送至由院士組成的「選舉籌備委員會」審查被提名人資格及評鑑學術貢獻。被提名人名單經籌備委員會初審通過後，再提送院士會議「會前討論會」討論，後續再經中研院院士會議分組審查等，投票選出新科院士。

中研院第34屆新科院士

姓名	出生年	學歷	現職	專長
數理科學組					
王金龍	1968	美國哈佛大學數學系博士	國立臺灣大學數學系教授	代數幾何，微分幾何
邢泰侖	1955	北卡羅來納大學統計學博士	密西根大學LSA學院Michael B. Woodroofe統計學教授	極值理論，函數數據分析，時間序列分析，空間統計學
金　政	1971	美國史丹佛大學物理系博士	美國芝加哥大學物理系、詹姆斯弗蘭克研究所和恩里科費米研究所教授	原子物理
洪上程	1965	國立清華大學化學系博士	中央研究院基因體研究中心特聘研究員	醣化學、有機化學、化學生物學
馬中珮	1965	麻省理工學院物理學博士	美國加州大學柏克萊分校韋伯講座教授	天文物理及宇宙學
陳鎮東	1949	美國邁阿密大學海洋學院博士	國立中山大學約聘研究講座教授	海洋化學、全球變遷、海水酸化
葉乃裳	1961	麻省理工學院物理學博士	加州理工學院(California Institute of Technology) Thomas W. Hogan物理講座教授	實驗凝聚態物理；量子材料；納米科學；奈米科技
蔡兆申	1952	紐約州立大學石溪分校物理學博士	東京理科大學教授	低溫固態物理
工程科學組					
史　維	1955	美國密西根大學航空太空工程學系博士	亞太堅韌研究基金會國際顧問委員	航空太空氣動力學、仿生流體力學、計算力學、噴射推進
余振華	1955	美國喬治理工學院材料工程系博士	台灣積體電路公司卓越科技院士暨研發副總經理	研發先進半導體製程，研發先進封裝與異質系統整合製程
李建平	1949	美國加州理工學院應用物理博士	國立陽明交通大學電子研究所終身講座教授	半導體元件及物理，光電元件及物理，半導體奈米結構物理

姓名	年	學歷	現職	專長
金智潔	1964	美國史丹佛大學 BS EE, 1984; MS EE 1986; PhD 1994	柏克萊加州大學工學院院長、電氣工程與計算機科學系傑出教授	半導體科技
傅立倫	1950	Ph.D. in Physical Oceanography, Massachusetts Institute of Technology, Woods Hole Oceanographic Institution	JPL Fellow、資深研究員	物理海洋學、海洋雷達遙感
楊 陽	1958	麻薩諸塞大學Lowell分校物理與應用物理博士	UCLA Distinguished Professor, and The Carol and Lawrence Tannas Jr. 講座教授	下一世代薄膜太陽能電池、有機/鈣鈦礦光電材料及元件,金屬氧化物晶體管
葉均蔚	1954	國立清華大學材料科學工程學系博士	國立清華大學材料科學工程系講座教授、高熵材料研發中心主任	高熵合金及材料、輕合金材料、鍍膜科技、製造科技
裴有康	1949	明尼蘇達大學機械系博士	明尼蘇達大學校董事教授、微粒技術實驗室主任	機械工程,環境科學與工程,氣膠/微粒
生命科學組					
李純慧	1964	賓州大學醫學院醫學博士	哈佛醫學院麻薩諸塞州總醫院遺傳學教授	表觀遺傳學、RNA生物學、X染色體失活
張大元	1945	美國北卡羅南納大學 (教堂山)生化學博士	美國達特茅斯大學生化系教授	膽固醇代謝調控於人類健康與疾病的角色
黃金生	1960	康乃爾大學分子生物學哲學博士	加州大學舊金山分校病理科教授	神經科學
楊長賢	1958	美國加州大學戴維斯分校(UC Davis) 遺傳學博士	國立中興大學中興講座教授	植物分子發育、蘭花生技
廖敏妃	1967	史丹佛大學醫學院醫學博士、加州大學洛杉磯分校神經學博士	加州大學洛杉磯分校神經外科教授兼系主任	神經外科、神經科學、腫瘤、免疫學、免疫治療
蔡宜芳	1961	美國卡內基美隆大學生物系博士	中央研究院分子生物研究所特聘研究員	植物分子生物、植物營養學、電生理、細胞膜生物學
人文及社會科學組					
王澤鑑	1938	德國慕尼黑大學法學博士	國立臺灣大學法律學院名譽教授、司法院優遇大法官	民事法學、法學方法論
李艷惠	1954	美國南加州大學語言學博士	美國加州洛杉磯南加州大學語言學系語言學教授	語言學
柯志明	1956	Ph.D., State University of New York at Binghamton, Sociology	中央研究院社會學研究所特聘研究員	歷史社會學、發展社會學、農民研究、工業與勞動關係
彭信坤	1956	美國賓夕凡尼亞大學區域科學研究所博士	中央研究院經濟研究所特聘研究員	區域經濟,國際貿易
楊儒賓	1956	國立臺灣大學中國文學研究所博士	國立清華大學哲學研究所暨通識教育中心合聘講座教授	宋明理學、道家哲學、身體理論、神話思想
蕭高彥	1961	美國耶魯大學政治學博士	中央研究院人文社會科學研究中心特聘研究員	政治思想史

2024年新科名譽院士

姓名	出生年	學歷	現職	專長
數理科學組					
譚遠培	1948	哥倫比亞大學天文學博士	美國西北大學物理與天文系榮譽教授	高能及計算天文物理、雙星演化
工程科學組					
約翰・安德森 John L. Anderson	1945	美國伊利諾州大學化學工程博士	美國國家工程院院長（美國華盛頓首府）	化學工程、工程科學、學術管理

中央研究院歷任院長

任次	姓名	任期／民國
1	蔡元培	17年4月～29年3月
2	朱家驊(代)	29年9月～46年10月
3	胡適	47年4月～51年2月
4	王世杰	51年5月～59年4月
5	錢思亮	59年5月～72年9月
6	吳大猷	72年10月～83年1月
7、8	李遠哲	83年1月～95年10月
9、10	翁啟惠	95年10月～105年5月
10	王汎森(代)	105年5月～105年6月
11、12	廖俊智	105年6月～

中央研究院院士

數理科學組72人

國內25

周美吟　劉太平　吳茂昆　彭旭明　林長壽
李太楓　陳建德　林明璋　朱國瑞　李羅權
伊林　李遠鵬　王瑜　李世昌　于靖
葉永烜　鍾孫霖　牟中原　王寶貫　鄭建鴻
李定國　林麗瓊　洪上程　王金龍　陳鎮東

國外44

丁肇中　鄭洪　吳大峻　李遠哲　項武忠
丘成桐　朱經武　沈元壤　鄧大量　崔琦
毛河光　朱棣文　李雅達　翁啟惠　崔章琪
沈呂九　吳建福　姚鴻澤　趙午　蕭蔭堂
劉國平　雷干城　賀曾樸　王永雄　馮又嫦
翁玉林　翟敬立　張聖容　李克昭　何文程
張益唐　江台章　鄭清水　金芳蓉　錢嘉陵
陳驅　王建玲　彭仁傑　王慕道　馬中珮
蔡兆申　邢泰侖　金政　葉乃裳

大陸及港澳地區3

楊振寧　張翔　劉紹臣

工程科學組66人

國內11

劉兆漢　李德財　陳力俊　林本堅　李琳山
盧志遠　蘇玉本　余振華　史維　葉均蔚
李建平

國外51

葉玄　韋潛光　孔祥重　卓以和　許靖華
楊祖佑　王佑曾　梅強中　方復　黎念之
胡流源　薩支唐　林耕華　何志明　陳惠發
虞華年　蔡振水　王文一　毛昭憲　胡正明
黃鍔　胡玲　范良士　劉必治　莊炳湟
舒維都　楊祖保　李雄武　孟懷縈　李澤元
張懋中　陳剛　何文壽　楊威迦　劉立方
陳陽闓　王康隆　戴聿昌　梁錦榮　何德仲
張世富　王中林　陳自強　安介南　汪正平
郭宗杰　吳詩聰　劉金智潔　裴有康　楊陽
傅立倫

大陸及港澳地區4

姚期智　郭位　杜經寧　劉錦川

生命科學組99人

國內38

廖俊智　唐堂　吳成文　彭汪嘉康　賴明詔
廖一久　周昌弘　林榮耀　李文雄　陳建仁
王惠鈞　沈哲鯤　劉昉　吳妍華　廖運範
洪明奇　梁賡義　張文昌　王寬　陳培哲
楊泮池　王陸海　陳仲瑄　鄭淑珍　余淑美
蔡明道　魏福全　江安世　張美惠　楊秋忠
陳鈴津　葉錫東　鍾邦柱　林昭庚　司徒惠康
施明哲　蔡宜芳　楊長賢

國外59

錢煦　何潛　王倬　黃周汝吉　羅浩
簡悅威　陳長謙　蔡南海　錢澤南　黃詩厚

李遠川	李文華	伍焜玉	鄭永齊	陳良博
莊明哲	錢永佑	何英剛	葉公杼	詹裕農
何大一	龔行健	曹文凱	林重慶	陳景虹
潘玉華	賀端華	陳垣崇	吳仲義	吳以仲
姚孟肇	莊德茂	葉篤行	蔡立慧	鍾正明
趙 華	沈正韻	劉鴻文	王學荊	劉扶東
吳春放	周 芷	丁邦容	裴正康	高德輝
張元豪	歐競雄	吳子丑	郭沛恩	汪育理
傅嫈惠	陳列平	吳慶明	游景威	林慧觀
李純慧	張大元	黃金生	廖敏妃	

大陸及港澳地區2

徐立之	蒲慕明

人文及社會科學組61人

國內27

黃進興	杜正勝	張玉法	曾志朗	劉翠溶
朱敬一	管中閔	陳永發	王汎森	李壬癸
黃一農	張廣達	邢義田	何大安	黃樹民
石守謙	臧振華	吳玉山	孫天心	鄭毓瑜
李怡庭	李豐楙	楊儒賓	蕭高彥	柯志明
彭信坤	王澤鑑			

國外27

鄒至莊	刁錦寰	許倬雲	陶晉生	王賡武
郝延平	蕭 政	林 南	夏伯嘉	李龍飛
鄭錦全	蔡瑞胸	王德威	謝 宇	羅聞全
段錦泉	王 平	謝長泰	范劍青	李惠儀
孫康宜	黃正德	高彥頤	于君方	歐陽文津
何德華	李艷惠			

大陸及港澳地區7

劉遵義	王士元	金耀基	李歐梵	梁其姿
王明珂	杜維明			

逝世院士（2022年11月至2024年09月）

組別	院士	去世年月日	地點
數理科學組	徐遐生	2023.04.22	美國
	黎子良	2023.05.21	美國
	李政道	2024.08.04	美國
工程科學組	施 敏	2023.11.06	美國
	吳耀祖	2023.12.16	美國
生命科學組	蔡明哲	2023.11.29	美國
	蔡作雍	2023.12.28	台北
	張傳炯	2024.02.01	台北

人文及社會科學組	林毓生	2022.11.22	美國
	丁邦新	2023.01.30	美國
	朱雲漢	2023.02.05	台北
	梅祖麟	2023.10.14	美國

資料來源：中央研究院。

廖俊智獲選EMBO外籍院士

中央研究院院長廖俊智因合成生物學成果受國際肯定，獲選歐洲分子生物組織（EMBO）2024年外籍院士，廖俊智於2024年10月赴德國參加授證典禮。歐洲分子生物組織2024年共選出100名新科院士和20名外籍院士。

成立於1964年的歐洲分子生物學組織（EMBO）正式會員主要為歐盟成員國，總部位於德國海德堡，每年都會評選歐洲和其他各國優秀的生物學家成為其新會員。台灣在2012年以合作夥伴名義參與，並在2024年7月獲EMBO會員國全數投票通過成為偕同會員，未來台灣每年將派代表出席EMBO年會，並參與規劃EMBO跨國的學術活動，擴大合作效益。

廖俊智是全球知名的生物化學家，專長在代謝路徑的設計與演化，他深入研究微生物和植物吸收二氧化碳及其他溫室氣體的機制，探索如何利用生物系統吸收溫室氣體。

廖俊智說，中研院與EMBO已有合作基礎，中研院迄今已有9名人員獲得「EMBO全球研究學者」（EMBO Global Investigator）獎助、2人獲得「EMBO年輕研究學者」（EMBO Young Investigator）獎助。期盼將來進一步加強雙方聯繫，使台灣成為亞洲和歐洲研究人員的合作樞紐。

獎勵中生代優秀學者
中研院揭曉首屆中研學者

中央研究院民國113年4月1日公布首屆「中研學者」名單，共有包括中央大學地球科學系教授郭力維、清華大學數學系教授陳國

璋、陽明交通大學生化暨分子生物研究所教授許翱麟,以及台灣大學經濟系教授黃貞穎等4位教授獲選,獲選者最高可有每年新台幣800萬元、每期5年的研究補助經費。

中研院於112年推出「中研學者」計畫,由中研院攜手國內大學,深化實質的學術合作與交流,獎勵國內55歲以下、副研究員或副教授以上學者執行具有原創性的研究計畫,獲選者於執行計畫期間稱為「中研學者」,特別編列計畫獎助經費予院外得獎學者,並以「中研學者」之名合聘。

郭力維獲選計畫為「實驗地震滑移之斷層泥摩擦特性」,試圖模擬地震斷層及地熱地體構造的狀況,研究斷層泥產生的地震滑動與摩擦演變,了解地震破裂、地熱應用,以及淺部火山地體構造相關的物理化學作用。

陳國璋獲選計畫為「多體問題的奇異點分析與變分方法」,主要研究最小作用力解的各種定性和定量性質,期望在限制N體問題、缺乏對稱的N體系統,以及更廣泛的動力系統奇異點分析做出實質貢獻。

許翱麟獲選計畫為「解析長壽基因型動物中發生『跨世代表現型復辟』現象之表觀遺傳機制」,預計透過全基因組6mA定序(NT-Seq)和全動物單細胞核RNA定序,剖析線蟲「跨世代表現型復辟」現象及抗衰老表觀標記分子機制。

黃貞穎獲選計畫為「感知與偏好的生物基礎」,預計透過設計行為實驗研究果蠅的時間偏好,並利用人體生物資料庫或進行全基因組關聯研究(GWAS)找出與偏好相關的基因,將數據與影像結合,提供基因影響偏好機制的進一步見解。

另外,中研院也從年度「深耕研究計畫」中遴選3名學者,獲選為院內中研學者,分別為歷史語言研究所副研究員巫毓荃、資訊科技創新研究中心研究員修丕承,以及細胞與個體生物學研究所研究員許惠真。

巫毓荃獲選計畫「療癒的身體:近代日本身體本位心理治療的歷史」,將探討20世紀上半葉日本多種「身體本位」的心理治療法,包括在地化催眠療法、靜坐呼吸法、各種運動療法等,並從更多元的角度思考心理治療的可能性。

修丕承獲選計畫「間歇性微型機器學習:智慧物聯網時代的範式轉移」,將開發跨裝置且高效的模型壓縮系統,帶領間歇性微型機器學習(Intermittent tinyML)發展,預期讓複雜的深度學習模型在微型裝置上高效運行。

許惠真獲選計畫「乙醯輔酶在調節內質體運輸以促進生殖系統穩態中的分子機制」,將透過乙醯-CoA羧化酶(ACC)研究脂質代謝的機制,有望為脂質代謝和蛋白質運輸缺陷相關疾病提供治療機會。

113學年度大學申請、分發錄取率低

受少子女化影響,近年來各級學校學生人數呈現遞減趨勢影響大學招生。113學年度繁星推薦、申請入學、分發入學等入學管道中,申請入學管道統一分發缺額已連續3年破萬,頂尖大學也有不少缺額,例如台灣大學、成功大學、清華大學、陽明交通大學等校缺額都破百。

大學繁星推薦錄取率64.19%
缺額五年新高

113學年繁星推薦招生有65校、1,754個學系(組)參與招生,提供1萬5,972個名額,較112學年1萬5,989個略減少17個;繁星推薦分為8類學群,第8類學群包含醫學系和牙醫系,考生通過第1階段篩選後,還須參加第2階段指定項目甄試。

民國113年3月19日公告113學年大學繁星推薦管道第1類至第7類學群錄取結果,這7類學群有1萬5,739個名額,2萬1,851人報名,合計錄取362所高中推薦的1萬4,027名一般生,錄取率為64.19%,為歷年新高。

缺額部分,第1類至第7類學群共有1,713個缺額,是近5年最多,缺額回流至分發入學管道;另外,有1校系增額錄取1人,為陽明交通大學電機工程系甲組(電資國際組)。

另外,第1類至第7類學群僅11校招滿無缺額,但頂尖大學也招不滿,例如台灣大學缺額26人、成功大學缺額35人、清華大學缺額15

人、陽明交通大學缺額10人；另有6所私立大學缺額超過百人，以真理大學缺額171人最多，其次為文化大學163個，以及中華大學118個。但也有7所私立大學滿招，包括北醫大、中國醫大、中山醫大、馬偕醫學院等醫學類型私校外，還包括元智、中原、大同等校。

繁星推薦是為平衡城鄉差距，讓大學升學除學測成績外，也能以高中生在校成績的全校排名百分比做為一項評分指標。繁星推薦缺額將回流至分發入學管道招生。

大學申請分發率52.61%　缺額連三年破萬

113學年大學申請入學民國113年6月13日公告統一分發結果，有66所大學、2,208個系組參與招生，總名額5萬5,502個（含外加），有7萬8,187人報名，4萬1,133人獲分發，分發率52.61%，是近10年次低，僅比112學年度略高。

缺額連續3年破萬（112年1萬6,121個、111年1萬294個），113學年申請入學分發後的招生缺額有1萬1,671個（不含原住民、離島、願景計畫外加名額），比112學年減少4,450個，是近7年次高，缺額減少原因主要是招生名額比112學年減少，但報名人數增加，且完成登記志願序的考生人數也增加。

在1萬1,671個缺額中，有9校缺額比率大於50%，比112學年（11校）略減，僅台北藝術大學滿招零缺額；頂尖大學也出現不少缺額，如台灣大學有178個缺額、成功大學有230個缺額、清華大學126個缺額、陽明交通大學101個缺額。

另外，缺額最多的是銘傳大學667個（總名額2,224個）、中國文化大學591個（總名額1,742個）、淡江大學513個（總名額2,401個）；名額使用率最低的是華梵大學17.59%、中信金融管理學院28%。

大學分發錄取率94.62%　近四年最低

113學年大學分發入學管道民國113年8月15日放榜，3萬7,069人完成登記志願，錄取3萬5,076人，1,993名考生落榜，錄取率94.62%，缺額總計2,505個，錄取率和缺額都是近4年最低。1,993名落榜考生，平均只填46個志願，低於錄取生平均填寫59個志願。

113學年度大學分發入學管道有61校、1,839個系組參與招生，總招生名額3萬7,264名，比112學年少5,215名。有30校足額錄取（公立19校、私立11校），31校（公立12校、私立19校），262個系組未足額錄取，有2校缺額比率高於7成5，3校缺額比率逾5成，缺額總計2,505個，比112學年減少3,959個，也是近4年最低。

缺額比率高於7成5的2校為玄奘大學（9成5）、真理大學（7成9），缺額比率逾5成的3校為南華大學（5成7）、康寧大學（5成1）、大葉大學（5成1），如以所有管道名額合計，僅玄奘大學1校缺額比率逾5成（5成1）；如單以缺額數來比較，113學年分發管道以實踐大學296個最多，其次是長榮大學268個。

而在申請入學管道中成功大學歷史系因無人錄取掛零而引發關注，校方推測和AI（人工智慧）浪潮影響下，未來就業趨勢可能出現變化有關，但在分發管道已足額錄取。

文化真理佛光大葉四校未確實回流名額 考分會：不會重放榜

不過，113學年度分發入學後，中國文化大學（台北）先被爆料未確實回流名額，教育部後續追查，發現佛光大學（宜蘭）、真理大學（新北）、大葉大學（彰化）也有同樣的情形，總計4校違反招生規定。教育部於10月9日公布行政懲處，初犯的2校，文大校長王子奇、大葉校長方文昌各被罰新台幣40萬元；累犯的2校，真理前校長陳奇銘、佛光前校長何卓飛各被罰60萬元（兩人都已不再擔任校長）。另外，4校114學年的招生名額，合計被扣減1,405個名額，以真理被扣減565名額最多。

分發入學是多數大學最後一個升學管道，相關法規明定，繁星、申請等管道未足額錄取的名額，「應」回流到分發入學，而不是「得（在法規中指可以）」，因此大學依法不能任意低報、少報回流名額。

大學考試入學分發委員會（考分會）分發組主任黃信復8月23日接受電訪表示，主要影響是相關學校8月15日公布的缺額等統計數據失真，不會重新放榜。

109-113學年分發入學相關統計

學年度	109	110	111	112	113
分科測驗／指考報名人數	43,754	40,918	29,086	42,257	42,141
分發入學填志願人數	36,781	34,569	25,297	37,797	37,069
分發入學招生總名額(含回流)	33,278	36,327	39,350	42,479	37,264
分發入學放榜後缺額數	51	2,732	14,493	6,464	2,505
錄取率	91.14%	97.98%	98.94%	96.14%	94.62%

資料來源：大考中心、大學考試入學分發委員會

黃信復以文化大學為例，113學年度本就有245個缺額（即考生只要有填到該系，就一定會錄取），即便文大有確實回流名額，也只是讓缺額更多而已，對考生較無影響。

申請入學意外掛零
成大歷史系分發入學滿招

113學年成功大學歷史系因大學申請入學管道無人錄取，意外掛零引發關注，但在繁星計畫的8個名額招滿，分發入學管道的43個名額（含回流），也全部招滿無缺額，消弭外界疑慮。副校長李俊璋表示，證明成大歷史系在教育界仍有一席之地。

民國113年6月在大學申請入學管道統一分發結果公布時，成大歷史系分發掛零，當時校方推測在AI（人工智慧）浪潮影響下，與未來就業趨勢可能出現變化有關，掀起網路熱議。此事對系上師生帶來巨大震撼，也提供機會讓歷史系加速調整體質，思考歷史學專業如何回應高齡化、少子化、科技與環境快速變遷等重大社會議題，將檢討招生機制。

成大歷史系6月21日發表從「零」的反思聲明指出，從學生來源與選系數據來看，大多數學生仍選擇北部學校歷史系，肇因於成大歷史系招生標準與設計未及時回應社會變遷趨勢；另高教資源長期南北失衡，都會區生活環境與名校群聚效應，讓北部較具吸引力。

成大歷史系認為少子化與南北資源失衡是長期歷史發展下結構性現象，非獨力能解決，卻也是無法迴避的現實條件。成大歷史系短期將檢討招生機制，展現教研特色，長期則是持續追蹤畢業系友就業情況，了解職涯發展軌跡，掌握當代就業市場利基與區位，並強化社會溝通，以呼應公眾對歷史學的需求。

成大歷史系民國58年創立，61年增設夜間部，74年成立歷史語言研究所，包括中文、歷史兩組；82年兩組各自獨立，歷史組改名歷史研究所，招收碩士班研究生，86年博士班招生。

因應社會變遷，成大歷史系夜間部86年改為進修推廣部，89年停止招生，92年起招收夜間上課碩士在職專班，後因階段性推廣教育任務完成而停招。截至112學年度，成大歷史系設有大學部、碩士班和博士班，分別是大學部223人，研究所博士班、碩士班共69人。

世新中文、真理台文114學年停招

受少子女化的影響，世新大學中文系、真理大學台文系申請停招，教育部於113年7月30日發函確認符合程序，正式同意兩系於114學年度停招，因此113學年度為這兩系最後一年的招生，世新中文系於分發入學管道招滿5人，真理台文系則僅招到1人。

世新大學指出，學校每年皆檢討各系所各學制班別招生情形，進行策略調整；中文系碩博班已因招生與開課問題，自113學年起停招，而大學部近年各項招生指標均不理想，110學年平均休學率5.91%（全校平均3.62%）與平均退學率4.37%（全校平均2.06%）均高於校平均。

世新大學於112年11月15日召開「增設調整

院系所學位學程審查委員會」，會議依據少子女化、辦學績效、學校整體資源配置等各項評估以及2條法規，決議中文系學士班自114學年停招，112年12月送校務會議審議後，報教育部審查。

另外，真理大學為台灣第一所成立台灣文學系的學校，近年因招生率低迷，於112年傳出停招，當時有不少學生以網路連署、校內發傳單等方式反對，86年成立時的創系系主任張良澤更曾以親筆信，寫下對廢系或併入他系感到震驚與不滿，擔心會影響台灣文學的傳承。但經教育部確認符合程序同意，於114學年度停招。

四所大專校院退場
近900名學生轉校安置

教育部民國112年6月5日表示，大同技術學院、明道大學、環球科技大學等3校於112學年結束後（113年7月31日）停辦。113年加計主動申請停招的東方設計大學，4校合計898名學生轉校安置。

因少子化衝擊及財務惡化因素，教育部於民國111年8月30日召開私校退場審議會，9月首度公告名單，包括高苑科技大學、大同技術學院、中州科技大學、台灣首府大學、明道大學、環球科技大學、和春技術學院共7校被列為「專案輔導學校」，學校被列專輔後，如果沒有期限內改善，將面臨停招、停辦、解散清算。

同時，私校退審會112年3月首度引用「師資質量不合規定」條款，將東方設計大學列入專輔學校，改善期至114年3月，但東方設大因財務狀況未改善，沒有等到改善期結束主動申請全面停招，於113年7月31日停辦。

被列為專案輔導學校中，和春技術學院112年5月停辦、中州科技大學112年7月停辦、台灣首府大學112年7月停辦。

明道大學、大同技術學院、高苑科技大學、環球科技大學等4所大專的改善期限於113年5月31日到期。高苑科技大學因獲台鋼集團2.8億元捐助，於113年2月1日起改名台鋼科技大學（簡稱台鋼科大）免於退場，是私校退場條例實施後的首例。

明道大學、環球科技大學、大同技術學院、東方設計大學4校皆訂於112學年度停招，113年7月停辦。113年8月1日起退場，4校合計898名學生，陸續安置到輔大等其他學校，法人解散清算後，剩餘財產將捐給縣市政府或公立學校。

明道大學（彰化縣）有375名須安置，經核定分發到靜宜大學、亞洲大學、淡江大學、輔仁大學、嶺東科技大學、大葉大學、東海大學、逢甲大學、弘光科技大學、建國科技大學共10校。

大同技術學院（嘉義縣市）有80名學生安置到吳鳳科技大學、嘉南藥理大學、台南應用科技大學及崇仁醫護管理專科學校等校。

東方設計大學（高雄市）有123名安置到樹德科技大學、台南應用科技大學及正修科技大學等校。

環球科技大學（雲林縣）有320名學生安置到僑光科技大學、嶺東科技大學、弘光科技大學、吳鳳科技大學及台南應用科技大學等校。

教育部技職司副司長柯今尉表示，依照《專案輔導學校停止全部招生後停辦時仍在

學校名稱	創立日	所在地	現況
明道大學	民國90年	彰化縣	112學年度停招，113年7月停辦
環球科技大學	民國81年，原為環球商專	雲林斗六	112學年度停招，113年7月停辦
大同技術學院	民國52年，原為大同商專	嘉義市	112學年度停招，113年7月停辦
東方設計大學	民國55年，原為東方工藝專科學校	高雄市	112學年度停招，113年7月停辦
高苑科技大學	民國78年，原為高苑工專	高雄市	獲台鋼集團2.8億元捐助，113年2月1日改名「台鋼科技大學」

校學生分發辦法》規定，分發學校以鄰近縣市同級、同系科學校為主，學生想回戶籍地就讀或其他特殊原因，也可選擇其他縣市。學生安置到新學校後，未來就是領新學校的畢業證書。安置過去若是大二、大三，必須滿足新學校的畢業標準；大四學生只剩1年，則可適用原學校的畢業標準，如果有爭議，會盡量朝對學生有利的方向解釋。

至於4校退場後的校地歸屬，柯今尉說，大同技術學院校本部由嘉義市政府承接，太保校區則交給嘉義縣政府；東方設計大學校地將交給高雄科技大學，預計成為高科大第6個校園。另外，明道大學由留守業務處代理校長林勤敏接手校產清算等工作，智慧暨精緻農業學系將成為東海大學校外專班，改為智慧暨精緻農業學位學程，未來3年留在原校區。環球科技大學因雲林縣政府規畫接手校地用為雲林人才培育基地，但經濟部也表達接管意願；縣府說，將靜待行政院退場會議決定。

台灣第一人
邱美虹獲IUPAC化學教育終身貢獻獎

台灣師範大學科學教育研究所名譽教授邱美虹，2024年7月18日獲國際純粹暨應用化學聯合會（IUPAC）頒發化學教育終身貢獻獎，表揚她在化學教育的成就，是台灣第一位獲得肯定的學者。

「國際純粹暨應用化學聯合會（IUPAC）」由60多國化學家及科學組織代表組成，是全球重要的化學組織，負責新發現化學元素的命名，以及訂定各種科學標準。邱美虹曾於2021年獲頒「化學與化工傑出女性獎」，2024年在IUPAC於泰國舉辦的國際研討會中，再獲得推薦，獲頒終身貢獻獎。

邱美虹教授的研究專長包括運用人臉辨識、擴增實境和虛擬實境等新興科技，提升化學教育的效果。她致力於發展創新的教學策略，利用數位科技工具和多媒體技術，增強學生對化學概念的理解和應用能力。

邱美虹積極參與國際學術組織，擔任台灣在IUPAC的國家代表超過20年，也曾經擔任IUPAC化學教育委員會主席、理事會委員、8人小組的執行委員會委員等職。

值得一提的是，邱美虹於2016年至2017年間擔任美國國家科學教學研究學會（NARST）史上首名非英語系國家主席，更將兩年1次的博士生研究夏令營首次跨出美國境外，移師台灣舉辦。

邱美虹表示，能和世界各地的化學家和化學教育家一同服務，深感榮幸。她感謝化學會長期給予的機會與支持，讓她有機會為國際社群服務，更感恩一路走來給予各種支持的學術夥伴和家人。

培養專業新力軍
四大學新增學士後護理學系

護理師短缺已成為台灣醫療業系的一大隱憂，受少子化影響，大學包括護理科系等校系招生困難，但近年學士後護理學系招生卻逆勢而上，從105年弘光科大等4間學校試辦起，113學年有中台科大、輔大、慈濟大學、大葉大學等4校新增後護系。

大葉大學在民國113年3月7日舉辦揭牌典禮，宣布後護系正式啟航，校長方文昌強調，後護系課程強調實務特色，更以職能導向設計，切合護理師執照考試標準，修業3年就可以立即投入護理職場，為護理行業注入新能量。

輔仁大學於4月9日在國璽樓醫學院舉行後護系揭牌儀式，課程設計為3年，提供社會人士重回校園學習的機會。校長藍易振表示，輔大的後護系特色之一，就是與輔大醫院、新光醫院、國泰醫院、耕莘醫院等4所醫院建教合作，等於是畢業後至少有4個工作選擇，完全不必擔心畢業即失業問題。

中台科技大學則在4月26日舉行揭牌儀式，宣告全國首創的2年畢業計畫後護系正式成立，校長陳錦杏表示，新開設的後護系將提供最尖端的教學設施和臨床實作機會，讓學生能夠在優化的環境中學習護理的各項專業知識與技能，包括最新智慧化醫療與病患的照護、健康管理與醫療倫理等方面，藉由此舉體現出學校對「SDG 4優質教育」的堅定承諾。

台灣管理學會

學會宗旨與目標

提昇管理學術水準與應用價值

培育前瞻性管理人才

提昇企業經營管理績效

提昇政府行政管理效能

強化產業國際競爭力

建立以知識經濟為主軸的產業策略機制

台灣管理學會
Taiwan Management Institute

11493 台北市內湖區堤頂大道二段483號2樓
TEL：02-2658-3969　FAX：02-2659-8618
http://www.tmi.org.tw/

於8月1日合併的花蓮慈濟大學、慈濟科技大學聯手開設後護系，修業年限2年半，大學畢業對護理有興趣的一般民眾都可報考，是東台灣唯一的學士後護理系。慈濟科大校長羅文瑞說，考量東部弱勢族群人數高於全國，對護理人力的需求更加殷切，決定首度開設學士後護理學系，提供東部大學畢業生就近進修的機會。

清大首屆學士後醫學生披白袍

國立清華大學首屆學士後醫學系26級（2026年畢業）21名學生完成在校學業，民國113年3月30日舉行白袍典禮，之後安排到林口長庚紀念醫院、台北國泰綜合醫院實習2年，未來將前進偏鄉服務。

學士後醫學系跟一般6年制醫學系不同，學生入學前已具備學士學位，並通過生物、化學等科目的入學考試，分為2年在校學習、2年醫院實習，4年即可完成學業。

清大生命科學暨醫學院長高瑞和說，「穿上白袍等於進入實戰階段，準備扛起更多責任。」穿上白袍代表學習方式、身分等都要轉換，期許學生要開始轉變心態。清大學士後醫學系主任周宏學也期許學生繼續秉持醫療專業素養，要當人人尊敬的醫師。

國中小早自習午休禁考試
督導辦法八月上路

配合《國民教育法》於民國112年6月修正公布，教育部於113年5月正式發布《國民小學及國民中學正常教學督導辦法》，將已實施多年的措施明文規範，包括明定早自習、午休不能考試；只有國三能辦模擬考，113年8月1日起正式實施。

相關措施已實施多年，但分散在許多法條中，且各縣市督導方式不一，因此才由中央政府訂定統一規範。

其中考量學生多元自主學習及休憩權益，督導辦法明定學習評量（考試）以在課綱所訂學習節數內實施為原則。也就是說，早自習、午休等時間，都不能有大小考試。「模擬考」限於國中3年級辦理，且不能在寒暑假結束後第一週實施。

督導辦法並明確要求，學校辦理的課後輔導（第8節）、寒暑假學藝活動及留校自習，課程以復習為主，不得有新進度的教授，並以自由參加為原則；課後輔導應於週一至週五辦理，辦理時間每日不超過下午5時30分；寒暑假學藝活動於週一至週五上午辦理。

督導辦法並要求學校自主檢核，特別要求國中應於每學年開學前，將檢核結果公告於學校網站。主管單位將透過實地視導，包括資料審閱、課堂巡查、學生及教師代表問卷晤談等方式，監督學校是否有落實正常教學。

閩南語認證考試
114年正名「台灣台語」

教育部民國113年7月18日預告修正《閩南語語言能力認證考試規費收費標準》第2條將閩南語語言能力認證考試，自114年正名為台灣台語語言能力認證考試。

閩南語語言能力認證考試於99年起開辦，不限國籍和年齡，只要是對閩南語有興趣的人，都可報名參加。隨著報名人數增加，112年起擴大為1年2次，有超過3萬人參與。113年度的閩南語認證於3月、8月舉辦，且8月4日登場的A卷考試，是首次全面以電腦應試。

民進黨籍立委陳培瑜於113年6月立法院教育及文化委員會會質詢時，要求教育部應於非課綱活動中將「閩南語」正名為「台灣台語」。民間台語團體也公開發表聲明，要求教育部正名，以「台灣台語」為學校教學正式名稱。

教育部解釋，為配合行政院110年8月22日的國家語言發展報告函示，展現國家語言推動一致性，未來相關文書資料，應參酌國家語言整體發展方案書面用語有關規範，優先使用「台灣原住民族語、台灣客語、台灣台語、馬祖語、台灣手語」。

巴黎奧運台灣獲二金五銅　史上次佳

第33屆夏季奧運於2024年7月26日至8月11日在法國巴黎舉行。台灣代表團共有60名選

▲巴黎奧運開幕式在塞納河盛大舉行，台灣代表團首度體驗搭船遊河進場，雖然天空下著雨，仍難掩興奮情緒。

手參加16項運動競賽，其中有23位選手是首度參賽。本屆奧運台灣代表團共拿下2金、5銅，獎牌排行榜第35名，7面獎牌則為隊史次佳。台灣獎牌榜最佳排名為2004年雅典奧運的第31名。

此次為法國相隔100年後再次舉辦夏季奧運。巴黎成為繼倫敦後，第2個3度舉辦夏季奧運的城市，前兩次分別在1900年及1924年舉辦。

7月26日開幕式首創在塞納河上舉行，台灣代表團共39人參加，並由霹靂舞好手孫振、「羽球天后」戴資穎分別擔任男、女掌旗官，搭乘第74艘船亮相，開幕式雨勢不小，但無損選手們的熱情。

閉幕式8月11日在法蘭西斯體育場舉行，台灣代表團由拳擊金牌女將林郁婷、「台灣最速男」楊俊瀚掌旗，選手包括陳念琴、吳詩儀、黃筱雯、甘家葳、賴主恩、鄭怡靜、彭名揚、孫振等人。

總統賴清德和副總統蕭美琴當天都透過臉書感謝選手，賴總統表示，體育不只感動了大家，也團結了台灣，他特別感謝許多網友這段時間在社群網路上，發揮TEAM TAIWAN的精神，一起挺台灣。蕭美琴則再次恭喜所有在巴黎奧運得牌的選手們，「謝謝你們讓世界看見台灣」。

賴總統接見奧運英雄：
不論有無得獎都是台灣之光

巴黎奧運代表團最後一批返國選手於8月13日清晨返抵國門，賴總統援東京奧運前例，由空軍派遣3架F-16V戰機伴飛外，16日並在總統府接見巴黎奧運代表團，以「Our Heroes！Team Taiwan台灣英雄 榮耀同行」為主題舉辦英雄派對。

總統致詞表示，感謝每一位奧運英雄，在比賽過程當中展現無畏的勇氣，那種拚勁精神不管有沒有得獎，每一位都是台灣之光、國家英雄。他也感謝整個奧運團隊、裁判和行政團隊，特別感謝羽球選手李洋、王齊麟為國爭光贏得第1面金牌，及挺過性別質疑的拳擊好手林郁婷為國贏得第2面金牌。

林郁婷、王齊麟也代表選手們致詞。林郁婷感謝民眾的支持及鶯歌拳擊隊、國家專業團隊的支援，讓她在場上無所畏懼，創下歷史。王齊麟則說，金牌是大家的，若不是大家

▲總統府舉辦英雄派對，林郁婷（前左）拿起手機與總統賴清德（前右2）、副總統蕭美琴（前右1）、中華奧會主席林鴻道（前右3）及選手們自拍。

在電視機前徹夜加油,他們無法堅持到底。

中華奧會主席林鴻道期許未來運科中心及國訓中心合作,透過科技輔助支援選手及教練,放眼名古屋亞運及洛杉磯奧運。

之後,巴黎奧運代表團登上「台灣英雄大遊行」車隊,由總統府出發,途經重慶南路一段、襄陽路、館前路、至忠孝西路及中山南路口結束,途經位於館前路的英雄谷時,現場灑下彩蛋紙花,民眾也紛紛高舉旗幟歡呼、尖叫,為選手鼓掌,不少在2樓的上班族、民眾都打開窗戶,展現十足熱情,而田徑好手彭名揚、輕艇好手吳少璿甚至站起身,向民眾揮手致意。

奧運羽球男雙「麟洋配」奪金連霸

巴黎奧運羽球男雙「麟洋配」李洋、王齊麟寫下歷史,2024年8月4日在金牌賽以21比17、18比21、21比19擊敗中國組合王昶、梁偉鏗,奪下台灣代表團本屆奧運首金,完成羽球隊史首次男雙連霸紀錄。

總統賴清德第一時間致電王齊麟、李洋,讚許他們「冷靜、技巧純熟、搭配得天衣無縫」,強調是台灣驕傲,民眾都深深以他們為榮。他表示,謝謝李洋、王齊麟用絕佳默契,以2:1再現「聖筊」,讓我們重溫東京奧運的感動!

近五屆夏季奧運台灣奪牌成績

台灣在2024巴黎奧運拿下7面獎牌,史上第2佳,且連2屆勇奪雙金。

羽球男雙金牌二連霸,舉重郭婞淳連3屆奪牌為台灣第一人、林郁婷得金牌讓台灣拳擊登峰造極,創史上最佳成績。

	2008 北京	2012 倫敦	2016 里約	2020 東京	2024 巴黎
總數	4	2	3	12	7
金牌	1 舉重 陳葦綾		1 舉重 許淑淨	2 舉重 郭婞淳 / 羽球男雙 李洋 王齊麟	2 羽球男雙 李洋 王齊麟 / 拳擊 林郁婷
銀牌	1 舉重 盧映錡	1 舉重 許淑淨	2 射箭女團* / 舉重 郭婞淳	4 柔道 楊勇緯 / 射箭男團* / 體操鞍馬 李智凱 / 羽球 戴資穎	5 射擊 李孟遠 / 拳擊 吳詩儀 陳念琴 / 體操 唐嘉鴻 / 舉重 郭婞淳
銅牌	2 跆拳道 朱木炎 宋玉麒	1 跆拳道 曾櫟騁		6 跆拳道 羅嘉翎 / 桌球混雙 林昀儒 鄭怡靜 / 舉重 陳玟卉 / 高爾夫球 潘政琮 / 拳擊 黃筱雯 / 空手道 文姿云	
選手人數	80 (含棒壘球39)	44	58	68	60

*射箭團體成員
2016女團:雷千瑩、林詩嘉、譚雅婷 | 2020男團:鄧宇成、湯智鈞、魏均珩

第八章｜教育與體育

台灣歷屆奧運參賽成績

屆次		金牌	銀牌	銅牌	總數
16	1956年墨爾本	0	0	0	0
17	1960年羅馬	0	1	0	1
18	1964年東京	0	0	0	0
19	1968年墨西哥城	0	0	1	1
20	1972年慕尼黑	0	0	0	0
21	1976年蒙特婁	未參賽			
22	1980年莫斯科	未參賽			
23	1984年洛杉磯	0	0	1	1
24	1988年漢城	0	0	0	0
25	1992年巴塞隆納	0	1	0	1
26	1996年亞特蘭大	0	1	0	1
27	2000年雪梨	0	1	4	5
28	2004年雅典	2	2	1	5
29	2008年北京	1	1	2	4
30	2012年倫敦	1	0	1	2
31	2016年里約	1	0	2	3
32	2020年東京	2	4	6	12
33	2024年巴黎	2	0	5	7

第33屆巴黎奧運台灣隊獎牌

獎牌		項目	選手
金牌	1	羽球 男雙	李洋 王齊麟
	2	拳擊 女子57公斤級	林郁婷
銅牌	1	射擊 男子定向飛靶	李孟遠
	2	拳擊 女子60公斤級	吳詩儀
	3	體操 單槓	唐嘉鴻
	4	拳擊 女子66公斤級	陳念琴
	5	舉重 女子59公斤級	郭婞淳
獎牌國家排名：35				

「麟洋配」李洋、王齊麟在2020東京奧運奪金後，巡迴賽陷入大低潮，巴黎奧運因積分計算錯誤破例17組參賽，「麟洋配」預賽被分在要多打一場的「死亡之組」，但兩人關關難過關關過，前6戰勢如破竹挺進金牌戰，與中國組合王昶、梁偉鏗交手搶勝，最後以7戰全勝奪下台灣代表團本屆首金，也是台灣奧運史上繼舉重好手許淑淨在2012倫敦奧運與2016年里約奧運完成金牌連霸後，再有連霸紀錄。

這場金牌賽過程高潮迭起，「麟洋配」首局以21比17搶下，第2局遭對手以18比21扳平，關鍵第3局兩方多達55拍的來回，所幸「麟洋配」扛下對方多個殺球後，也以殺球得分，以21比19搶下決勝局，拿下台灣代表團本屆奧運首金，李洋、王齊麟兩人激動跪地，隨後擁抱高舉雙手向觀眾致意，李洋也再度跪地親吻地板。

當頒獎典禮升起中華奧會會旗並播放《中華奧會會歌》（《國旗歌》同曲），全場球迷齊聲大合唱的場面，讓國人熱血沸騰。愛爾達8月19日表示，「麟洋配」奪下金牌的瞬間，MOD最高收視率9.14，是這次轉播收視的最高峰。

該役並被譽為最偉大的男雙比賽之一，世界羽聯（BWF）在官網指出，兩組男雙選手即便帶著巨大的壓力正面交鋒，還是能打出接近自身的最佳狀態，尤其稱讚李洋的表現相當出色，在王齊麟第2局面臨體力下滑的情況，仍能引導著搭檔邁向勝利。

羽球從1992年巴塞納奧運被列入正式項目，僅韓國組合李東秀、柳鏞成，中國組合傅海峰、蔡贇曾連2屆闖入金牌戰，韓國組合2次都是銀牌作收，中國組合拿下1金1銀，而傅海峰在2016年里約奧運雖再次奪金，但搭檔則換成了張楠。

李洋、王齊麟以跨屆12連勝之姿稱王，成為奧運史上第3組連2屆闖入羽球男雙金牌戰組合，連2屆摘金更是史上首次。不過李洋2023年杭州亞運宣布，待奧運結束後退役，轉到幕後推廣羽球，這也代表「麟洋配」拆夥，王齊麟的新搭檔8月9日確定為21歲的土銀年輕好手邱相榤。

▲巴黎奧運羽球男雙金牌戰，台灣組合「麟洋配」王齊麟（前）、李洋（後）獲勝，男雙連霸寫歷史，賽後兩人難忍激動情緒，在場中壓力釋放。

挺過性別爭議　台灣女兒林郁婷摘金

台灣女兒林郁婷捲入性別爭議，被外界質疑參賽資格，但她頂住壓力，2024年8月10日在巴黎奧運拳擊女子57公斤級奪金，以5比0完勝波蘭選手瑟瑞梅塔（Julia Szeremeta），不僅替台灣拿下本屆奧運第2金，也是史上首面奧運拳擊金牌，並達成亞錦賽、世錦賽、亞運以及奧運金牌的「金牌大滿貫」紀錄。

身高175公分的林郁婷，比對方高了10公分，全場幾乎壓著對手打，冷靜判斷不輕易出拳，招牌的防守反擊，讓瑟瑞梅塔毫無招架之力，最終3回合都獲得裁判青睞、完勝對手摘金。

賽後林郁婷不但跪吻擂台、並且和教練曾自強一起上台致敬，波蘭對手瑟瑞梅塔賽後也在擂台上比出愛心手勢向全場致意。離場時林郁婷開心背起在場邊的教練曾自強繞場向眾人致意。

總統賴清德表示，林郁婷向世界證明自己的實力，成功打下金牌，「謝謝妳讓世界看見自信堅韌的台灣精神，為台灣帶來榮耀！」副總統蕭美琴也說，「狂賀林郁婷，台灣的女兒，謝謝妳用實力讓台灣人驕傲！」

以拳擊戰勝魔法　林郁婷頒獎台上淚崩

民國84年出生於台北縣鶯歌鎮（今新北市鶯歌區）的林郁婷，在家裡4個兄弟姐妹中排行老么，投身拳擊的理由是因為想要「保護媽媽」。

林郁婷在頒獎典禮時一度淚崩，她說：「想起人生的跑馬燈，就忍不住落淚了。」「包括開始練拳擊到現在，所有的訓練、辛苦都歷歷在目，會落淚也是因為代表著我的國家拿到這面獎牌，全台灣有這麼多人相信我、支持我到現在。」

性別爭議起因於2023年3月的世界拳擊錦標賽，林郁婷止步4強、獲得一面銅牌，但在頒獎前夕卻遭到國際拳擊總會（IBA）以不合理的檢測方式，判定她生理數值異常而被取消奪牌資格，所幸林郁婷返台後再次檢查的結果，符合國際參賽規定，之後更在杭州亞運勇奪金牌，成為首位在亞運女子拳擊奪下金牌的台灣選手，也是台灣自1958年後首面拳擊金牌，證明自己實力。

在本屆巴黎奧運會上林郁婷與另一名阿爾及利亞選手克莉芙的奧運資格再度遭到性別風波攻擊，包括前拳王麥圭根（Barry McGuigan）、《哈利波特》作者JK羅琳（J.K. Rowling）都在社群平台上提出質疑。林郁婷此次在57公斤級4強賽以壓倒性的5比0擊敗土耳其對手卡拉曼，不過賽後卡拉曼卻以雙手食指比出X，影射林郁婷性別有爭議。克莉芙和林郁婷成為本屆巴黎奧運焦點人物，也在社群媒體平台受到廣泛討論。

▲台灣拳擊好手林郁婷（紅衣）在巴黎奧運女子拳擊57公斤級勇奪金牌，賽後邀請教練曾自強（前左）一同上擂台，揮手向場邊觀眾致意。

針對質疑，國際奧會（IOC）發聲明力挺，更進一步取消認證國際拳總（IBA），指稱IBA管理不善，無法承辦奧運賽事等，最後奧運拳擊比賽改由IOC組成的拳擊工作小組負責。

體育署也表示，林郁婷是依據國際奧會規範，以杭州亞運金牌成績取得奧運參賽資格，代表台灣參加巴黎奧運，長期以來與其他運動員同樣接受運動禁藥及其他相關檢測的管制，並無任何參賽資格的爭議。

總統賴清德8月2日表示，林郁婷比賽專注、堅韌，期盼大家堅定做她的後盾。取得巴黎奧運轉播的台灣區總代理愛爾達8月19日表示，林郁婷的金牌戰，創下愛爾達開台後，半夜凌晨3點的MOD最高收視率，顯示眾多國人熬夜力挺。

行政院長卓榮泰則在2024年8月13日表示，將恢復林郁婷2023年因國際拳擊總會（IBA）不當認定取消的名次，也請教育部擬定專案，依規定頒發國光獎章和國光獎金新台幣90萬元，代表國家和人民對林郁婷長年在國際賽事優異表現的感謝和肯定。

女子拳擊戰績亮眼　吳詩儀陳念琴奪銅

除了林郁婷外，拳擊好手吳詩儀、陳念琴2024年8月3日、6日分別在巴黎奧運拳擊女子60公斤級及66公斤級，各替台灣隊摘下一面銅牌。

在2020東京奧運時，吳詩儀是台灣女拳4金釵（林郁婷、陳念琴、吳詩儀、黃筱雯）中年紀最小的，首度征戰奧運殿堂、止步16強，接下來的2年多，陷入受傷和換教練的低潮，直到2023杭州亞運，她一路殺進4強，不僅如願取得奧運門票，也順利摘下亞運銅牌。

這次在巴黎奧運4強賽對上中國選手楊文璐，首回合雙方都積極進攻，無奈吳詩儀多次被擊中頭部，後2回合戰況差距不大，吳詩儀幾乎找不到反制方法，最終5名裁判3個回合都給對手10分，以積分0比5落敗，僅收下銅牌。

三度前進奧運殿堂的陳念琴，在2016年時是台灣唯一參加奧運的拳擊選手，當時止步16強，2018年她首度獲得世錦賽金牌、氣勢正旺，沒想到東京奧運前被診斷出罹患淋巴

癌第2期，所幸當時正逢疫情，讓她可以安心治療。

經過8次化療，一度手痛到無法戴拳套，陳念琴還是堅持下來，東京奧運她闖過16強關卡，開心的對著轉播鏡頭用族語說：「我是阿美族的孩子。」讓外界看到她純樸真實的一面。

因為參加大賽心態上無法放鬆，陳念琴在這次在巴黎奧運備戰時就跟教練討論轉換心態、享受比賽，在4強賽以自信和笑容出場時更對著鏡頭比愛心，首回合強勢進攻讓她獲得裁判青睞，取得5比0的領先，沒想到從第2回合情勢逆轉，改由宿敵、中國選手楊柳占得優勢，陳念琴僅以1分積分領先。

關鍵的第3回合，雙方互有攻勢，只可惜有4名裁判給了楊柳10分，因而逆轉戰局。陳念琴說：「與其說難過、遺憾，不如說感恩，謝謝全台灣加油團的支持。」

比賽結束後，陳念琴照例親吻擂台，她表示，這是她一直以來的習慣，表示對擂台的感恩，「從我開始打拳算起，始終都圍繞著這個擂台打轉，奧運結束了，當然要跟擂台好好道別。」

射擊李孟遠摘銅　巴黎奧運台灣首面獎牌

台灣射擊好手李孟遠在巴黎奧運男子定向飛靶決賽射下45分獲得銅牌，不但替台灣隊拿下本屆奧運首面獎牌，這也是台灣在奧運史上的首面射擊獎牌。

李孟遠在資格賽第2天的50靶，繳出完美的滿分，最後和美國選手普林斯（Conner Lynn Prince）、義大利好手卡桑德羅（Tammaro Cassandro）同為124分，經過加射後，普林斯排第1、桑德羅排第2、李孟遠排第3晉級決賽。

之後在定向飛靶決賽共6人參賽，前40靶射完後，李孟遠射下37分順利晉級，可惜沒能挺進最後一輪的金牌戰，僅獲得銅牌。

唐嘉鴻摘銅　體操單槓首面獎牌

歷經3次手肘開刀、2023年2月左腳阿基里斯腱傷勢，有「亞洲貓王」之稱的台灣體操好手唐嘉鴻在休息半年後奇蹟般地迅速復出，並順利取得巴黎奧運門票，雖然2024年8月5

日在巴黎奧運單槓決賽發生掉槓的失誤，不過他堅持重新做完動作，在對手紛紛失誤情況下，最終以難度分6.500、完成分7.466、總分13.966分，和中國選手張博恆並列銅牌。

在男子體操單槓項目資格賽，唐嘉鴻以招牌「貓跳540度」繳出14.933的高分，為全場第2高，順利晉級8月5日的決賽。資格賽成績也已經超越他上屆東奧全能決賽單槓項目所得到的14.766分。

唐嘉鴻在決賽中將難度分提高到6.500，且是第一個登場，在轉體接槓時，發生嚴重掉槓失誤，但唐嘉鴻隨即站起，轉瞬整理好情緒，並在教練翁士航的扶抱下，二度上槓重新完成失誤動作，之後流暢的完成全套動作。唐嘉鴻說：「當下先想到，哇，失敗了，但隨即就恢復專注，想著要把動作做完，讓全世界看到台灣有這麼棒的選手。」

唐嘉鴻賽後表示，很喜歡第一個上場，雖然還是有點緊張，但這應該就是奧運魔力。他說，這面銅牌分量雖不太夠，但就是單槓好看的地方，選手做任何拋接都有一定失敗機率，只要堅持不放棄就有機會。

意外的是，決賽共8名選手參加，僅2人無失誤完賽，除唐嘉鴻外，日本籍選手杉野正堯、克羅埃西亞名將舍比奇都掉槓，其餘選手也出現落地時嚴重失誤狀況。這讓憑藉著強大的心理素質及奮戰到底的精神的唐嘉鴻，最終收下銅牌榮耀。這也是台灣體操單槓項目的首面獎牌。

郭婞淳連三屆奧運奪牌　台灣第一人

帶傷出征的台灣「舉重女神」郭婞淳，2024年8月8日在巴黎奧運舉重女子59公斤級，以抓舉105公斤、挺舉130公斤、總和235公斤的成績，替台灣隊拿下一面銅牌。郭婞淳在2016年里約奧運摘銅，2020東京奧運拿下金牌，本屆巴黎奧運獲得銅牌，連續3屆奧運奪牌，是台灣第一人，也是台灣史上最多奧運獎牌的選手。

總統賴清德表示，郭婞淳在東京奧運獲得金牌後，重回奧運賽場的壓力肯定無比沉重，這次出征仍有多處負傷，並面臨降級，

▲台灣「舉重女神」郭婞淳帶傷出征巴黎奧運，在59公斤級賽事挺舉項目第3次試舉137公斤失敗，終場為台灣拿下一面銅牌。

金牌老將、後起之秀等強敵環伺，依然挺住壓力，抓下生涯在奧運第3面獎牌、獲得榮耀，真的令人驕傲。

副總統蕭美琴也表示，郭婞淳儘管在上屆奧運後面臨腰部傷勢低潮，但仍成功在逆境中「婞淳」下來，在巴黎奧運完美展現力與美的結合斬獲銅牌，更在世界級的運動殿堂上，舉起了台灣的名字。

郭婞淳在2020東京奧運後，因為大腿後側、腰部傷勢，練習量不穩定，心情起起伏伏，陷入了至少1年半的低潮，後來她才慢慢找到訓練的模式和管道，並且打開心房，接受自己「回不去了」。或許是自己的堅持，也或許是訓練的成效，郭婞淳在本屆賽前的熱身相當順利，最後也再度帶回一面銅牌。

奧運最後一役　戴資穎帶傷無緣晉級

台灣羽球天后戴資穎，2024年7月31日在巴黎奧運女單預賽最終戰，面對老戰友泰國的依瑟儂（Ratchanok Intanon），帶傷上陣的戴資穎，在移動、回球都不到位的情況下，以19比21、15比21落敗，結束生涯奧運的最後一役。

巴黎奧運是戴資穎生涯第4次奧運，也是她最後一次以選手身分登上五環殿堂，戴資穎帶傷出征，首戰面對上實力差一截的比利時選手譚蓮妮（Lianne Tan）還能靠著經驗取勝，但對上實力相當的依瑟儂，顯得相當吃

▲台灣羽球天后戴資穎帶傷出征2024巴黎奧運，在小組賽最終戰與老戰友依瑟儂交手吞敗、無緣晉級，也結束生涯奧運最終章，賽後一度難掩情緒。

力。戴資穎首局雖然力拚到僅2分差距，但最後一分為了撲球疑似又讓右膝不舒服，第2局咬牙苦撐的戴資穎，很快被對手拉開比分，最後以0比2落敗。

賽後2人場中相擁，讓戴資穎淚崩，她在場邊披著毛巾低頭啜泣時，聽到全場的加油吶喊聲感動不已，她邊哭邊說：「出發前就很多人跟我說加油，要我拿金牌回來，但我知道自己根本辦不到，那種心情真的非常複雜又糾結。」

賽後，她也在IG發文謝謝大家的訊息和鼓勵，同時表示這一個月來「除了左腳的傷痛之外，我也把自己的右腳弄傷了，傷的程度就是我有幾天是沒辦法走路(拿著枴杖)」，她寫道，「看來超人有來，只是我沒能撐過去。」

戴資穎從2023年底就出現右膝傷勢，傷情反反覆覆，直到2024年4、5月間加劇，也讓她從5月底的湯優盃後就沒再出賽。出征奧運的她，雙膝戴著厚厚的護膝，整體跑動速度也大受影響。

總統賴清德同日在臉書表示，台灣精神，從不怕挑戰，戴資穎在奧運的最後一場比賽，以6分之差未能晉級，但全場「小戴加油」呼聲及賽後的擁抱，與遠在台灣的國人同在一起，「謝謝你，小戴，真的辛苦妳了。」

「小戴障礙」難超越

戴資穎從2009年開始代表中華台北出戰國際賽，在2011年的美國羽球公開賽，擊敗第8種子日本好手佐藤冴香拿下職業首冠。之後歷經各種賽事，締造了許多個人紀錄，豎立了「小戴障礙」，台灣的名字將會因這些紀錄繼續高掛在全世界：

1、女單排名前10最長連續週數紀錄，連續553週。
2、世界羽聯女單史上球后週數最長紀錄，214週。
3、首位BWF生涯勝場數破500場的女單球員。
4、國際賽奪冠次數最多的女單選手。
5、曾經締造世界羽球女單積分最高紀錄。
6、職業羽壇史上的獎金之王，至2024年2月生涯總獎金累積有219萬6,713美元（約新台幣6,894萬元）。
7、羽球女單史上最長31連勝。

扛三賽事無緣獎牌
林昀儒喊話「下個四年」

生涯第2次參加奧運，台灣桌球一哥「小林同學」林昀儒在巴黎奧運參加男子單打、混合雙打、男子團體3個項目，不過這次都止步8強，沒有機會站上頒獎台。他8月11日在IG上發文表示，賽事過程中雖有些遺憾，但也看到了些許希望，「今天又是另一個4年的起點，我將繼續拿起球拍去追尋那個夢想中的自己！」

巴黎奧運中，林昀儒與陳思羽搭檔混雙出戰中國選手王楚欽、孫穎莎以2比4落敗，男單8強交手法國選手李布隆以3比4吞敗，與莊智淵、高承睿的男團賽事強碰勁敵日本組合篠塚大登、戶上隼輔、張本智和，僅在第2點男單林昀儒和張本智和交手搶下唯一的1點，但最後以1比3吞敗。

林昀儒賽後表示，可以在這麼關鍵的一場比賽打敗張本智和「當然是滿開心的」，對接下來的比賽也會更有信心。他說，從2023年3月左手受傷，傷勢起伏，一直都在慢慢恢復中，奧運結束後會在訓練中多安排些復健的內容，把身體練得更強壯，在戰術與技術上也都更完整。

台灣行銷研究學會

學會宗旨與目標

台灣行銷研究學會是由台灣各大學行銷研究與產業界行銷工作者共同組成之非營利組織，以促進行銷研究與應用、培育行銷研究專業人才、促進行銷研究成果的傳播與應用為宗旨。

台灣行銷研究學會：http://marketing.org.tw/

創會理事長：黃營杉（經濟部前部長）　　副理事長：孫碧娟（大同大學前院長）　　常務理事：王雪梅（大地酒店董事長）
理事長：汪志堅（台北大學特聘教授）　　　　　　吳師豪（商發院前代院長）　　　　　　詹雙發（金星建設董事長）

理事：
江啟先（空中大學教授）　高登第（清華大學教授）　葉子明（金門大學院長）　袁梅玲（台電公服處長）　蕭至惠（嘉義大學教授）
梁直青（虎尾科大教授）　陳正忠（成功大學教授）　丁學勤（臺南大學教授）　楊景傅（高雄科大院長）　蕭君華（開南大學教授）

常務監事：耿慶瑞（台北科大教授）
監事：駱少康（文化大學教授）　李晶（台師範大學教授）　賴明政（北商大學教授）　吳碧珠（國防大學教授）
秘書長：周峰莎（北商）　副秘書長：張淑楨（北商）　卓建道（龍華科大）

林昀儒從國小時就加入桌球隊練習，曾創下台灣最年輕的世界桌球錦標賽國手紀錄，多次代表台灣參加國際賽事。2020東京奧運與搭檔鄭怡靜，贏得混雙銅牌。

2023年11月林昀儒首度闖進世界桌球職業大聯盟（WTT）法蘭克福冠軍賽男單決賽，對決2屆奧運金牌、中國好手馬龍，以4比1逆轉搶下勝利，締造參賽最佳成績。不過2024年WTT澳門冠軍賽、中國大滿貫賽會林昀儒都表現不佳，至2024年10月15日林昀儒世界排名第11。

▲巴黎奧運台灣桌球男團8強賽，第2點單打林昀儒與日本對手一路糾纏、激戰5局，最終勝出。

謝淑薇生涯九座大滿貫 獨缺奧運獎牌

台灣網球名將謝淑薇以女雙世界第2確定取得資格，攜手年僅20歲的小將曹家宜征戰2024巴黎奧運網球雙打，雖在8強賽止步，但謝淑薇在2023年復出後再創生涯巔峰，包辦了2023法網、2023溫網和2024澳網女雙金盃，以及2024年澳網與溫網混雙冠軍，但2024年美網雙打首輪止步，混雙打進前8強，離完成「生涯全滿貫」紀錄，僅差一步。

回顧謝淑薇生涯亞運、東亞運、世大運獎牌都拿過，就缺奧運金牌，2024年再度披上台灣隊的戰袍參加巴黎奧運，謝淑薇和曹家宜在7月20日首戰以7比6（2）、7比5擊敗羅馬尼亞組合貝古（Irina-Camelia Begu）、尼庫勒斯古（Monica Niculescu）晉級，16強對手臨時棄賽晉級，但在8月1日的8強賽碰上捷克組合穆霍娃（Karolina Muchova）、諾斯科娃（Linda Noskova）吞敗，無緣晉級。

謝淑薇與曹家宜這組搭檔相差18歲，謝淑薇8月3日在臉書發文提及，自己的考量與已逝的父親有關。她說，曾帶著她和詹詠然、黃怡萱一起練球的父親說過，「有很多人幫助過我們，我們也要把這份能量傳承下去。」

對於無緣巴黎奧運女雙4強，謝淑薇表示，沒有遺憾，也不可惜，「盡力了，一切都是最好的結果」，她更在文章最後一句話寫下「再見了奧運。」

澳網近24年首見　謝淑薇混雙女雙奪冠

現年38歲的謝淑薇，5歲開啟網球生涯，11歲便越級挑戰14歲級的東亞巡迴賽，並奪下單、雙打雙料冠軍。在其網球生涯中，不斷締造優秀成績，除了被稱為台灣網球一姐，更有「百搭女王」的響亮稱號。謝淑薇截至2024年止共拿下7座大滿貫女雙冠軍，曾兩次搭檔中國選手彭帥、捷克選手史翠可娃（Barbora Strycova）、比利時選手梅丹斯（Elise Mertens），與中國選手王欣瑜則搭檔過一次。

她與波蘭選手傑林斯基（Jan Zielinski）共搭檔4次，2024年分別在澳洲網球公開賽及溫布頓網球公開賽，拿下了2座大滿貫混雙冠軍，她也是24年來，第一位在澳網達成混雙及女雙「大滿貫雙料冠軍」的選手。

2024年1月舉辦的澳洲網球公開賽中，謝淑薇與波蘭搭檔傑林斯基在1月26日混雙決賽時，以6比7（5比7）、6比4、11比9，逆轉擊退美國的柯拉芙琪珂（Desirae Krawczyk）與英國斯庫普斯基（Neal Skupski）奪冠，收下生涯首座大滿貫混雙金盃。

同時，1月28日在女雙決賽時謝淑薇與比利時搭檔梅丹斯又以6比1、7比5擊敗烏克蘭的克奇諾（Lyudmyla Kichenok）與拉脫維亞的奧斯塔朋科（Jelena Ostapenko）拿下大滿貫女雙第7座冠軍，也是個人第8座大滿貫冠軍。

謝淑薇包攬2冠不僅締造台將紀錄，更是澳網自2000年澳洲選手史杜柏絲（Rennae Stubbs）後，24年來首見再有選手完成單屆女

雙、混雙雙冠的紀錄。總統蔡英文在第一時間致賀電給謝淑薇,恭喜獲得生涯第8座大滿貫冠軍,也寫下謝淑薇自己的歷史。

其實,謝淑薇在2021年11月打完年終總決賽後,即因傷休養長達18個月,直到2023年4月的馬德里公開賽才復出,在不到1年的時間,2024年3月17日與搭檔比利時梅丹斯組合以6比3、6比4擊敗澳洲韓特(Storm Hunter)、捷克斯尼科娃(Katerina Siniakova)組合奪冠,這不僅是謝淑薇自2014、2018和2021年以來第4度奪下印地安泉女網賽雙打冠軍,也是她職業生涯第34座雙打冠軍,更重要是謝淑薇在睽違2年又4個月後重返世界雙打球后。

謝淑薇是台灣首位,拿下世界女子雙打第1的選手,而她單打的世界最高排名是23,同樣是台灣最高紀錄的保持人。

莊智淵告別26年國家隊生涯
六朝元老續為台灣桌球奉獻

「桌球教父」莊智淵以2024年巴黎奧運告別26年國家隊生涯,此次帶著19歲徒弟高承睿拚戰具傳承意義,人生下個篇章盼繼續為桌球奉獻,6屆奧運讓他有感:「體育讓台灣人的心在一起。」

現年43歲的莊智淵17歲進入國家代表隊,

2002年釜山亞運摘下男單銀牌、同年世界年終賽男單冠軍、2012倫敦奧運男單第4名,2013年世界錦標賽男雙金牌,世界排名最高曾達第3位。

莊智淵生涯打過7次亞運,2004年雅典奧運是他首次參加奧運,之後連6屆都沒有缺席,成為台灣第1人。莊智淵細數奧運生涯,2004年雅典奧運時懵懵懂懂,2008年狀態沒有很好,最可惜的還是2012年倫敦奧運,在4強賽中不敵德國名將奧恰洛夫(Dimitrij Ovtcharov),與獎牌失之交臂。

他表示,從青少年時期就沒有拿過第1名,「我覺得老天爺不會讓我很糟,但在我最好的時候,也不會讓我得到我最想要的,反正這就是人生。」

2024巴黎奧運莊智淵僅參加男團賽事,16強首戰率台灣隊擊敗埃及,8月7日8強賽碰上日本,第一點與高承睿搭配雙打吞敗,第4點單打不敵張本智和,成為奧運生涯最後一戰。

當天現場湧入很多台灣球迷,比賽結束後球迷紛紛起立鼓掌。莊智淵認為,這不是僅為他歡呼,是為了台灣球員,他知道台灣球迷很熱情,在巴黎比賽甚至像在台灣主場打球。

高承睿奧運初體驗就是師父莊智淵最後一屆奧運,高承睿表示,可以踏上奧運的舞台就是很大收穫,整體來說比較滿意的地方是單打第1、2場時沒有太多想法,可以好好享受、拿下勝利。

遺憾的地方是,團體賽1比1扳平戰局時,沒能搶下第3點,「如果有拿下來可能還有機會,這就是需要承擔的地方。」對莊智淵感到抱歉,但也同時感謝莊智淵,無論在生活照顧、戰術準備都給他很大幫助。

26年國家隊生涯四處征戰,莊智淵有很多感觸,「台灣往往在體育方面,大家的心是在一起的。」他也說。人在台灣不會有感觸,但在國外看到台灣人感覺特別不一樣,「台灣真的是一個很好的地方,每個人都可以做得更好」,希望繼續加油,讓台灣這塊土地一起變得更好。

總統府8月16日舉辦奧運英雄派

▲2024巴黎奧運台灣桌球男團16強對上埃及組合,第1點雙打由莊智淵(右)、高承睿(左)苦戰5局以3比0搶勝拿下勝利,順利晉級8強。

桌球亞錦賽男團台灣連三屆摘銀

由林昀儒率領台灣男團2024年10月11日凌晨亞洲桌球錦標賽決賽以1比3不敵中國隊，連3屆摘銀，追平隊史最佳戰績，而21歲黃彥誠爆冷扳倒世界第5的梁靖崑，搶下唯一1點，成為此役最大驚奇。

台灣桌球男團過去2屆亞錦賽都躋身決賽，但遭遇韓國、中國都鎩羽而歸，2024年雖少了「桌球教父」莊智淵坐鎮，但在林昀儒帶領下，接連擊敗香港、印度，連續3屆前進決賽。

台灣男團與中國隊連2屆在決賽狹路相逢，台灣隊上屆以0比3遭到橫掃，這次由19歲高承睿擔任開路先鋒，挑戰中國球王王楚欽，首局上演激戰，高承睿在9比9平手時反手拉出界，並以9比11丟掉首局，次局則因反手位持續遭到施壓、出現不少失誤，以5比11讓出，並以6比11輸掉第3局。

台灣隊第2點派出林昀儒，這也是他個人單日第4場賽事，考驗其體能，對手為剛在世界桌球職業大聯盟（WTT）中國大滿貫賽男單封王、近況火熱的19歲小將林詩棟，林昀儒以局數1比3輸球。

陷入絕境的台灣隊，由世界排名第70的黃彥誠把關第3點，面對世界第5的梁靖崑，展現衝擊對手企圖心，雙方激戰5局，儘管黃彥誠一度錯過3個賽末點機會，仍頂住壓力，決勝局以13比11勝出。

第4點上演兩隊一哥對決，林昀儒開賽氣勢如虹，以11比1搶下首局，次局展現正手拍威力，以11比8再下一城，第3局未能乘勝追擊，以8比11讓出，第4、5局打得似乎有點急躁，最終以10比12、4比11飲恨。

這也是台灣男團繼2000、2003、2021、2023年後，第5度在亞錦賽收下銀牌。

另外，2組台灣混雙組合稍早都在16強失利，落入9至16名排名賽，林昀儒與陳思羽以直落3橫掃印度組合德卡（Manav Vikash Thakkar）與巴特瑞（Manika Batra），而馮翊新與鄭先知以3比1擊敗馬來西亞鍾子毅與可人，雙雙獲得2025年世錦賽參賽席次。

巴黎帕運台灣獲三銀二銅
2004年以來最佳成績

2024年夏季帕拉林匹克運動會（帕運）8月28日至9月8日在法國巴黎舉行，總統賴清德於8月23日親自授旗給帕運台灣代表團，頒發新台幣20萬元加菜金外，同時宣布自2024年帕運摘金選手，獎助金從400萬元調高到600萬元，並且可按月領終身俸，銀、銅牌也提升到210、150萬元，但限一次領取。

總統強調，政府對這屆帕運備戰和參賽資源的挹注，是歷屆最佳，未來還會更好。

巴黎帕運台灣代表團共有13名選手參加桌球、羽球、射箭、跆拳道、田徑、健力及柔道等7個項目比賽，共拿下3銀2銅共5面獎牌，創下自2004年雅典帕運以來的最佳成績，其中桌球項目就囊括3銀、1銅，是帕運的獎牌庫。

8月28日的開幕式中，台灣代表團名列第150個進場，由田徑標槍女將劉雅婷搭配代表團年紀最輕、未滿18歲的桌球新星陳柏諺掌旗，共有桌球名將程銘志等12人參加。

9月8日閉幕式在法國國家體育場（Stade de France）舉行，台灣代表團由田曉雯和陳柏諺掌旗，一同參與的選手還有羽球隊蔡奕琳、胡光秋、楊伊晨及「射箭阿公」曾隆煇。各國選手也相約2028年美國洛杉磯見。

巴黎帕運台灣隊獎牌		
選手	得獎項目	獎牌
田曉雯 林姿妤	桌球	女子雙打WD20級	銀牌
程銘志	桌球	男子單打MS5級	銀牌
陳柏諺	桌球	男子單打MS11級	銀牌
田曉雯	桌球	女子單打WS10（TT10）級	銅牌
蕭翔文	跆拳道	男子K44-58公斤	銅牌

Living Lab+

連接科技與產業,創造未來服務的創新基地

`空間租用` `創新實證` `跨域顧問`

https://livinglabs.com

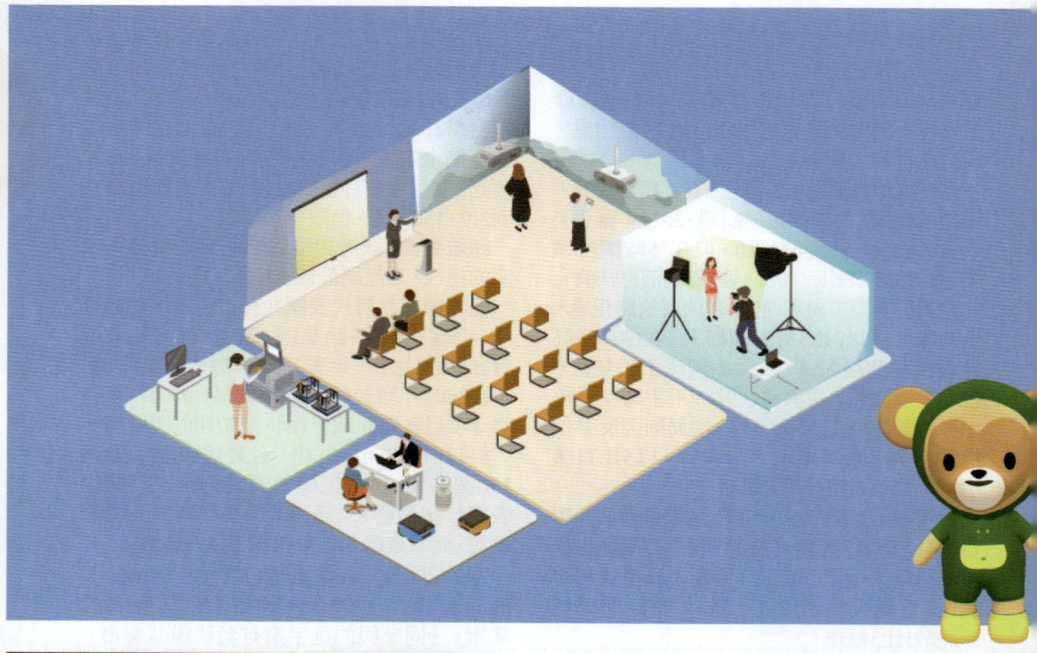

具體驗活動空間、攝影直播室、數位製作室等多功能空間,滿足講座、媒合會、展示、工作坊、發表會、動作捕捉、形象照拍攝等不同的需求。

聯絡人:陳先生/林小姐
電　　話:(02)6607-2168/(02)6607-2630
Email:joshchen@iii.org.tw/miko@iii.org.tw

數位轉型研究所
Digital Transformation Research Inst

蕭翔文巴黎帕運跆拳道摘銅
台灣隊首面獎牌

2024年8月29日台灣跆拳道好手蕭翔文在巴黎帕運男子K44級58公斤級銅牌戰以16比8擊敗西班牙選手畢雅羅勃斯，摘下一面銅牌，同時是台灣代表隊本屆帕運首面獎牌。他認為輸贏不是重點，只要與對手互相扶持，「就是運動家精神」。

從國小開始接觸跆拳道，蕭翔文一路拚戰到大學，沒想到卻在一次國手選拔前發生車禍，導致右手臂神經叢損傷，一度讓跆拳道國手夢碎。不過後來在因緣際會下，他以帕拉選手身分重回跆拳道賽場，更在2023年杭州亞帕運拿下男子K44級58公斤級金牌。

蕭翔文賽後表示，雖然沒有達到期望的金牌，但還是很開心拿到銅牌，唯一遺憾的是對戰以色列選手阿蘇爾未能即時調整好，加上一度以為電子護具出現感應不好的狀況，導致開始懷疑自己，進而變得沒有信心，「我覺得還是要把自己調整好，可惜沒辦法達到期望值。」

值得一提的是，蕭翔文在8強戰面對地主選手孔格（Bopha Kong）時，對手不慎護齒掉落，他還貼心幫對手裝上，蕭翔文認為，運動家精神就是這樣，做到的是互相扶持，而且不論輸贏彼此都是喜悅的，「因為這是運動會」。

巴黎帕運選手獎金1370萬史上最高
桌球全員奪牌

巴黎帕運台灣代表團共取得3銀2銅，寫下近4屆參賽最佳成績，在獎金全面提升情況下，預計將發出新台幣1,370萬元的選手獎金，締造史上最高紀錄。另外教練獎金則是總計210萬元。

從跆拳道好手蕭翔文在男子K44級58公斤級摘下銅牌，為台灣代表團在巴黎帕運獎牌開張後，台灣桌球代表隊包含林姿妤、田曉雯、程銘志及陳柏諺延續奪牌氣勢，更寫下全員奪牌的創舉，其中田曉雯一人包辦女雙WD20級銀牌、女單WS10（TT10）級銅牌，成為最大贏家。

威廉波特世界少棒賽
龜山國小再獲亞軍

2024年LLB世界少棒錦標賽於8月14日至25日在美國賓州威廉波特舉行，有國際組、美國組共20支隊伍參賽。台灣隊於25日出戰勁敵美國組冠軍佛羅里達州隊，終場以1比1惜敗，獲得亞軍。

這是龜山少棒隊繼2009年、2012年、2023年後第4度挑戰威廉波特，最佳成績是在2009年榮獲亞軍，也是台灣自2003年重返世界少棒聯盟（LLB）以來再度奪下亞軍，2次最佳成績都是由龜山少棒隊創下。

25日的比賽台灣隊先攻，1局上，台灣隊2打者保送上壘並進佔2、3壘，由胡諺鈞揮出1分安打，台灣隊1比0先馳得點，且一路領先至第5局結束。

6局下，美國隊擊出連續安打，雙方1比1平手。戰況僵持不下，進入延長賽，可惜台灣隊在8局上無功而返，8局下，美國隊以觸擊短打突襲，加上台灣選手傳接球失誤，美國隊以2比1搶下冠軍，台灣隊抱回亞軍，但小將們難掩失落，不禁淚灑球場。

自1969年參加世界少棒錦標賽以來，台灣少棒隊曾17次贏得威廉波特冠軍。第17次的世界冠軍是在1996年由高雄復興國小拿下的，之後台灣隊退出比賽，連續6年未參賽，直到2003年才重返比賽。最近一次闖進冠軍戰是在2009年，同樣是由龜山國小代表出賽，也是以1分之差獲得亞軍。

次青少棒世錦賽台灣三連霸
新明國中隊獲冠軍

2024年LLB世界次青少棒錦標賽於8月4日至11日在美國密西根州泰勒舉行，分國際組、美國組各6隊共12支隊伍參賽。代表台灣參賽的桃園市新明國中青少棒隊，以5比0擊敗美國組冠軍、地主密西根隊，贏得總冠軍，衛冕成功。

11日的冠亞軍賽，台灣隊派出年僅國一的投手范宸竣掛帥先發，面對得分能力優異的密西根隊，范宸竣繳出超水準表現，完投7局

無失分，僅被擊出2支安打，還狂飆7次三振，近乎完美封鎖對手打線，加上台灣隊在6局上趁著對方投手不穩，靠著連續安打追加保險分，而7局上劉桓宇再追加陽春砲，最後台灣隊以5比0拿下冠軍金盃。

值得一提的是，這座冠軍是自2010年以來，台灣隊第10度勇奪LLB次青少棒冠軍，也是COVID-19疫情後連續3年稱霸。本屆為新明國中第8度參加LLB次青少棒組世界賽，曾經拿下6座冠軍、1座亞軍，實力穩定。

U15世界盃棒球賽
台灣隊連三屆季軍

2024年世界棒壘球總會（WBSC）U-15世界盃棒球賽於8月16至25日在哥倫比亞巴蘭幾亞舉行，共有12支隊伍參賽。台灣隊在季軍戰中與尼加拉瓜交手，以7比6逆轉勝，奪得銅牌。這是台灣在這項賽事歷史上的第5枚銅牌，也是從2018年起，連續第3次獲得銅牌。

在25日的銅牌戰中，台灣隊面臨強敵尼加拉瓜，在前2局沒有得分，之後靠著保送、盜壘及連續安打，5局下將比數追到3比6。6局下台灣隊再起攻勢，吳壬睿、楊曜丞、楊至皓接連安打攻占滿壘，許育傑安打先追1分，蘇子進安打加上對手守備失誤一口氣跑回2分、扳平比數，楊竣皓敲出滾地球，送回球隊超前分。

7局上後援投手楊至皓雖再被敲出安打，但沒有多掉分數，替球隊守住勝利，奪下勝投。

U18亞青棒台灣擊敗日本
睽違17年奪隊史第三冠

2024年第13屆亞洲青棒錦標賽9月2日至8日分別在台灣的台北市立天母棒球場、新北市立新莊棒球場、桃園國際棒球場舉行。台灣隊以6比1奪冠，也拿下自2007年以來，睽違17年的亞青冠軍，這也是隊史亞青第3冠。

台灣隊在複賽時曾與日本交手以0比1吞敗，8日的冠軍戰上演復仇記，日本隊1局下靠著安打，盜壘先馳得點拿到1分。台灣隊急起直追，之後靠著安打、高飛犧牲打、對手暴投、保送等共拿到6分，最後以6比1擊敗日本獲得冠軍。

亞青台灣隊史曾在2001年、2007年奪冠，上一屆2018年亞青冠軍戰不敵韓國、獲得亞軍，這一屆的獲勝是睽違17年的亞青冠軍，也是隊史第3冠。

室外拔河世錦賽
台灣六金二銀一銅史上最佳

2024年世界室外拔河錦標賽於9月5日至8日在德國曼海姆舉行，台灣拔河代表隊共93人，參加12個級別的賽事，台灣代表隊共獲得6金2銀1銅的獎牌，締造隊史最佳成績。其中，在男子680公斤的銅牌更是別具意義，為男子隊首面國際賽獎牌。

這次比賽台灣隊還有一項重要任務，就是要取得2025年在中國成都舉辦的世界運動會門票，前提是必須闖進4強。最終在女子500公斤摘金達成目標，2025年世運將挑戰6連霸；至於男女混合580公斤拿下第8名、男子640公斤名列第9，但最後靠著遞補均取得世運會門票。

2024年世界室外拔河錦標賽參賽成績		
金牌	1	女子500公斤級
	2	U23男女混合560公斤級
	3	青少女480公斤級
	4	女子540公斤級
	5	青少年男女混合520公斤級（首度摘金）
	6	U23女子500公斤級
銀牌	1	U23男子600公斤級
	2	青少年男子560公斤級
銅牌	1	男子680公斤級（男子隊史上首面國際賽成人組獎牌）

台北羽球賽林俊易男單摘金
史上純本土第二人

2024年第41屆台北羽球公開賽於9月3日至8日在台北小巨蛋舉行。8日在男單決賽中台

灣「左手重砲」林俊易，以21比17、21比13擊敗自家人戚又仁，成為這項賽事第2個奪冠的純本土男單球員，也是他生涯第4座超級300等級的冠軍。

台北羽球賽曾在1999年由歸化的陳鋒首度拿下男單冠軍，接著周天成分別在2016、2017、2019、2022年4度奪冠。

目前世界排名第14的林俊易是台灣男單「二哥」，僅次於世界第9的周天成，他和戚又仁算是台灣中生代的接班之星，在8日的決賽中兩人交手相當激烈。首局林俊易先以11比8領先進入技術暫停，休息過後又連得6分擴大領先，如願收下首局；第2局林俊易始終維持領先，並在16比13時連得5分，包括最後一記殺球終結比賽。

李哲輝楊博軒男雙摘金
搭檔國際賽第五冠

台灣羽球男雙組合李哲輝、楊博軒9月8日在台北羽球公開賽男雙決賽中，以21比7、25比23擊敗自家人江建葦、吳軒毅，順利封王，這也是他們合拍後的第5座國際賽冠軍。

李哲輝、楊博軒從2019年開始合作，同年拿過1場超級100、1場國際挑戰賽冠軍，都是屬於低階賽事。

直到2023年底、2024年初，李哲輝、楊博軒接連包辦超級300等級韓國羽球大師賽、德國羽球公開賽冠軍，才正式破繭而出，甚至一度威脅到「麟洋配」李洋、王齊麟的奧運資格。

在台北羽球公開賽史上，台灣在2009年靠著陳宏麟、林祐瑡首度留下男雙冠軍，2017、2018年有陳宏麟、王齊麟完成連霸，在本次比賽則誕生第3組冠軍。

「麟洋配」在台最終合體
李洋引退儀式淚崩

巴黎奧運男雙金牌「麟洋配」李洋、王齊麟在台最後一次合拍參加台北羽球公開賽。李洋、王齊麟在合力完成奧運羽球男雙金牌連霸後，因為2人生涯規劃不同決定拆夥，李洋將到國體大任教，而王齊麟和新搭檔邱相榤延續球員生涯，但這次台北羽球公開賽，「麟洋配」再度合體，就是希望帶給台灣球迷最後一次感動。（止步16強）

台北羽球公開賽的5場決賽落幕後，李洋的正式引退儀式在台北小巨蛋舉行。活動上播放包括李洋過去在國際賽的重要時刻及國外好手的祝福影片外，李洋過去的搭檔，包括從國、高中開始的同學江聿偉、打國際賽的學長李哲輝，以及一同拿下2面奧運金牌的王齊麟也都到場祝福。

李洋看到這些平常征戰的對手、好友們的影片時，終於忍不住落淚。他在受訪時表示，一開始氣氛感覺很像同學會，但看到眾人的祝福後才意識到，自己好像真的到了最後一刻，再也不會回到球場了。

李洋強調，這種情緒是累積的，「我也很感謝自己堅持了這麼久，每天都晚上11點睡、早上7點20分起床，只要任何對羽球有幫助的事，我都想去做。」他強調，「希望以後外界想到我，就能想到台灣的男雙也是很強。」

▲台灣男雙好手李洋（前右）以2024台北羽球公開賽，當作在台灣的引退賽，9月8日決賽落幕後，他於引退儀式上向前搭檔們感性告白，忍不住淚崩。

台北羽球公開賽台灣隊選手成績		
項目	選手	成績
男子單打	林俊易	冠軍
	戚又仁	亞軍
男子雙打	李哲輝、楊博軒	冠軍
	江建葦、吳軒毅	亞軍
混合雙打	楊博軒、胡綾芳	亞軍

台北國際射擊大獎賽
台灣隊13金6銀4銅

2024台北國際射擊大獎賽於9月21日至30日在台灣桃園公西靶場舉辦，台灣代表隊在15個項目拿下13金6銀4銅，其中3屆奧運國手吳佳穎獲得3金1銅大豐收。

國際射擊總會（ISSF）大獎賽為僅次於世錦賽、世界盃的頂級賽事，台灣首次辦理如此高層級的射擊國際賽。

此次共有來自澳大利亞、加拿大、義大利、日本、沙烏地阿拉伯、馬來西亞、菲律賓、新加坡、泰國等國，逾120名選手參賽。台灣巴黎奧運射擊代表隊8名國手全員出戰，由李孟遠領軍，他也不負眾望包辦男子定向飛靶個人與團體金牌。

跟隨前射擊國手的父親謝志培步伐，李孟遠2024年首次登上奧運殿堂，即摘下1面男子定向飛靶銅牌，為台灣射擊寫下嶄新一頁，同時9月23日在國際射擊運動聯盟（ISSF）世界排名登上第1名寶座，超越巴黎奧運男子定向飛靶金、銀牌得主的美國漢考克（Vincent Hancock）、普林斯（Conner Prince）。

台北國際射擊大獎賽得獎名單

項目	選手	獎牌
女子10公尺空氣手槍（個人）	吳佳穎	金牌
女子10公尺空氣手槍（團體）	吳佳穎、余艾玟、劉恆妤	金牌
男子10公尺空氣手槍（團體）	張濼、林暐傑、蔡育成	銀牌
10公尺空氣手槍混合	鄭晏晴、張　濼	金牌
10公尺空氣步槍混合	宋諭婷、宋佳彥	金牌
男子不定向飛靶（個人）	楊昆弼	金牌
男子不定向飛靶（團體）	楊昆弼、陳貴鵬、莊浩珺	銅牌
女子不定向飛靶（個人）	劉宛渝	金牌
女子不定向飛靶（個人）	林怡君	銅牌
女子不定向飛靶（團體）	林怡君、劉宛渝、葉美萱	銀牌
女子10公尺空氣步槍（個人）	林穎欣	金牌
女子10公尺空氣步槍（個人）	宋諭婷	銅牌
女子10公尺空氣步槍（團體）	林穎欣、宋諭婷、陳　淇	銀牌
不定向飛靶混合	楊昆弼、劉宛渝	金牌
女子25公尺手槍（個人）	田家榛	銀牌
女子25公尺手槍（個人）	吳佳穎	銅牌
女子25公尺手槍（團體）	吳佳穎、田家榛、陳俞如	金牌
女子50公尺步槍三姿（個人）	宋諭婷	銀牌
女子定向飛靶（個人）	羅芊雅	金牌
女子定向飛靶（個人）	宋云嘉	銀牌
女子定向飛靶（團體）	羅芊雅、宋云嘉、李亦秦	金牌
男子定向飛靶（個人）	李孟遠	金牌
男子定向飛靶（團體）	李孟遠、邱泓輔、張峯齊	金牌

首屆亞青/亞青少射箭錦標賽
台灣獲十金六銀五銅

在擔任亞洲射箭總會執行委員的國體大校長邱炳坤爭取下，首屆亞洲青年/青少年射箭錦標賽於2024年9月27日至10月3日在台灣台北田徑場舉辦，共有來自19國、超過300名選手參賽，台灣代表隊共拿下10金6銀5銅，16歲小將許芯慈包辦女單、女團、混雙3金，成為最大贏家。

這項錦標賽不僅是首度在台灣舉辦，更是亞洲首屆專屬青年及青少年的射箭賽事，分為青年組（U21）與青少年（U18）組，複合弓、反曲弓賽事，身為地主國的台灣，派出32名選手參賽，可惜原訂6天賽事，颱風影響，縮短成3天。

12強棒球賽完封日本
台灣隊奪三大國際賽首座世界冠軍

2024世界12強棒球賽（2024 WBSC Premier

12）11月10日到24日舉行。24日在日本舉行冠亞軍戰，本次比賽與強敵日本隊交手2敗的台灣隊毫不畏懼，終場台灣隊以4比0擊敗日本，奪史上首次世界第一榮耀，也讓日本隊國際賽27連勝中斷。隊長陳傑憲獲選為最有價值球員，並包辦打擊王、最佳防守球員、最佳外野手等獎，成為大贏家。

總統賴清德24日隨即在臉書發文表示感謝「棒球英雄！台灣尚勇！」他指出，這是1992年巴塞隆納奧運以來，台灣睽違32年進入世界成棒的冠軍賽，更拿下了冠軍。他相信，「台灣的國球不是贏球，台灣的國球是全力以赴、永不放棄的精采好球！」為歡迎英雄們25日回家，總統除安排戰機伴飛，26日更在總統府接見國家隊，並舉辦英雄大遊行。

2024年世界棒球12強賽為墨西哥、中華民國及日本共同舉辦，由2023年終「世界棒壘球聯盟棒球世界排名」前12名的國家取得參賽資格，4月18日公布預賽分A、B兩組，各組取前2名晉級在日本東京巨蛋舉行的超級循環賽。預賽結果由美國、委內瑞拉、台灣及日本晉級複賽。

在東京的複賽中，日本隊戰績3勝0敗，台灣隊、委內瑞拉及美國都是1勝2敗，在比較對戰優質率之後，由台灣晉級冠軍戰，委內瑞拉與美國隊則是打季軍戰。

24日，在台灣與日本的冠軍賽中，台灣由左投手林昱珉先發，對上日本右投戶鄉翔征，前4局兩隊均掛蛋。5局上台灣隊突破封鎖，捕手林家正率先扛出陽春砲打破僵局，陳晨威接著敲安打、林立選到保送，陳傑憲隨後敲出石破天驚的3分彈，為台灣奠定勝基。

這屆世界棒球12強，由總教練曾豪駒領軍的台灣隊不被看好，賽前甚至遭日本媒體評為戰力倒數第2，僅勝過澳洲，但最終台灣隊在教練團、球員及後勤將士用命下，以4比0擊退日本，奪下第3屆12強賽冠軍榮耀，「創造歷史、創造奇蹟」。

2025雙北世壯運　亞洲首次舉辦

2025世界壯年運動會將於2025年5月17至30日在台灣登場，為亞洲首次舉辦，由雙北合辦的這場賽事，比賽場館包括台北市、新北市、宜蘭縣、桃園市、新竹縣、新竹市等6個縣市，開、閉幕式分別在台北大巨蛋、淡水漁人碼頭舉行。

世界壯年運動會是一國際性多項目體育賽事，首屆賽事於1985在加拿大多倫多舉辦，每4年舉辦一次，2021年日本關西世壯運因新冠肺炎疫情延至2027年舉辦，因此2025雙北世壯運成為亞洲首次舉辦。

比賽項目有射箭、棒壘球、跆拳道、籃球、水上運動、自由車、鐵人三項、運動舞蹈等共35種運動種類，和其他的國際運動會不同的是，世壯運採取「個人」報名形式，在賽程不衝突的情況下，只要年滿30歲，個人最多可以報名3種、7項賽事。

體育部114年成立
籌設會議廣邀巴黎奧運選手

台灣選手在巴黎奧運拿下2金、5銅好成績，行政院政務委員史哲民國113年8月14日宣布，體育暨運動發展部規劃於114年成立，同時成立行政法人國家運動產業發展中心，讓配套工具一併到位。

史哲說，按照教育部規劃，原本體育部將於民國115年1月1日成立，但行政院院長卓榮泰認為應加速籌設進度，因此於8月15日正式組成籌設小組，由行政院秘書長龔明鑫擔任召集人，進行法制工作，同時也成立「籌設諮詢小組」，由行政院副院長鄭麗君擔任召集人，廣邀包括巴黎奧運等體育界的選手、專家學者等參與。

9月9日「籌設諮詢小組」召開第1次會議，會議主軸為「全民運動」，與會委員認為，多元平權才能達到全民運動；諮詢委員、羽球選手李洋等人關切選手培訓議題，希望有更多資源讓選手到國外參賽，累積經驗。

史哲指出，成立體育部外將一併成立「行政法人國家運動產業發展中心」，代表不僅是新成立部會，而是將配套與工具一次到位，同時將《體育部組織法》、《行政法人設置條例》一併送抵立法院，藉此呼應外界期待。

「體育暨運動發展部諮詢小組」委員名單如下：

鄭麗君	行政院副院長
王淑音	中華民國大專院校體育總會會長
王湘惠	台北市女子足球員職業工會理事
石明謹	台灣足球發展協會理事長
向玉麟	電競選手
吳昇光	國立臺灣體育運動大學教授
吳燕妮	國立中正大學副教授/帕運教練
李洋	國立體育大學副教授/羽球選手
林佳和	中華民國手球協會理事長
林季嬋	國立高雄大學副教授/游泳選手
林郁婷	拳擊選手
林德嘉	國立臺灣師範大學教授（退休）
林鴻道	中華奧林匹克委員會主席
邱炳坤	國立體育大學校長
邱為榮	中華民國專任運動教練協會秘書
胡光秋	帕運羽球選手
胡劍峯	中華民國高級中等學校體育總會會長
徐正賢	台灣運動產業協會理事長
徐裴翊	翊起運動創辦人
高俊雄	南華大學校長
張少熙	國立臺灣師範大學教授
莊佳佳	跆拳道選手（退役）
莊智淵	桌球選手
許光麃	國立臺灣體育運動大學校長
許育修	網球選手
連珍羚	柔道選手
郭婞淳	舉重選手
陳怡君	愛爾達電視董事長
陳俊璋	就是棒社區棒球聯盟創辦人
陳傑憲	台北市職業棒球員職業工會理事長
陳智郁	國立臺東大學副教授/體操選手退役
曾文鼎	臺北市職業籃球員職業工會理事長
黃柏青	中華民國體育運動舞蹈總會委員
黃美珍	國立高雄師範大學教授
黃培閎	排球選手
黃渼茜	國立臺灣大學講師/游泳選手
黃顯祐	中華民國體育運動記者協會理事長
楊清瓏	中華職業棒球大聯盟秘書長
葉政彥	中華民國體育運動總會會長
雷千瑩	射箭選手
趙士強	台灣棒球名人堂協會理事長

劉志威	中信育樂副董事長
劉柏君	台灣運動好事協會執行長
劉湧昌	巨大（捷安特）集團執行長
蔚順華	國立陽明交通大學副校長
鄭怡靜	桌球選手
盧彥勳	盧彥勳國際網球學院創辦人
穆閩珠	中華帕拉林匹克總會會長

周思齊引退大巨蛋連二天四萬人滿場

中華職棒中信兄弟隊2024年9月21日、22日在台北大巨蛋舉辦球員周思齊引退賽，連2天吸引4萬名滿場觀眾，改寫中職例行賽觀眾人數新高紀錄，原紀錄為3萬4,506人。

周思齊曾效力過誠泰Cobras隊、米迪亞暴龍隊、兄弟象隊、中信兄弟隊，曾被捲入中職最黑暗的時期，經歷過「黑米事件」、「黑象事件」，即使遇到威脅利誘仍堅持不打假球，挺過種種困境，成為2場引退賽共8萬名球迷到場的球星。

9月22日為周思齊20年職棒生涯最後一戰，由中信兄弟在台北大巨蛋迎戰味全龍隊，周思齊先發擔任開路先鋒，為生涯第1,762場出賽，1局上選到保送，4局上順利敲出一壘安打。

賽前兄弟特別邀請吳俊億擔任開球投手、陳瑞昌擔任開球捕手，並由周思齊上場揮棒，重現當年經典場面。周思齊在2005年加入誠泰Cobras隊、開啟職棒生涯，並在當年8月23日於新莊棒球場，從兄弟象投手吳俊億手中敲出生涯首安。

同時，除了學長、學弟們，在引退儀式的祝福影片橋段中，日職東北樂天金鷲隊球星田中將大也驚喜送上祝福，2013年世界棒球經典賽周思齊在台日大戰中棒打田中將大，至今球迷都津津樂道。

台北大巨蛋2023年底舉行首場國際棒球賽事亞洲棒球錦標賽，2024年初也有舉辦日職讀賣巨人交流賽，共有3萬7,890名觀眾進場，一度創下台灣棒球場史上單場最多觀眾人數紀錄，也是大巨蛋首次全域開放。不過，每逢大雨都會出現漏水狀況，為迎接年底世界12強棒球賽，台北市政府要求遠雄10月底全面改善漏水。

§ 第九章　醫療與健保

癌症新藥百億基金　拚115年達標

癌症長居國人死因第1位，為推動健康台灣政策目標，行政院會民國113年7月11日通過衛生福利部報告的「提升癌症新藥可及性暨百億癌症新藥基金規畫」，114年起癌症篩檢預算擴大為新台幣68億元，並擴大子宮頸癌、大腸癌、乳癌、肺癌、胃癌的篩檢服務對象年齡；百億癌症新藥基金部分，政院114年將先撥50億元公務預算，指定用於癌症新藥暫時性支付；專款預計於115年達成百億元規模。

總統賴清德在健康台灣政見提出強化國家癌症防治計畫，期盼透過提升早期癌症篩檢、聚焦基因檢測與精準醫療，並成立百億癌症新藥基金，提升癌症新藥可及性，降低癌症死亡率，目標119年台灣癌症死亡人數減少1/3。

衛福部中央健保署署長石崇良出席政院會後記者會時指出，114年元旦起擴大子宮頸癌、大腸癌、乳癌、肺癌、胃癌的篩檢服務對象年齡，並調整癌症篩檢補助費用，總預算將增加40億元，達到68億元。

詳細的擴大癌症篩檢服務包含一、肺癌篩檢增列大於等於20包年吸菸史及家族史；二、乳癌篩檢年齡增列40歲至44歲及70歲至74歲；三、子宮頸癌年齡增列25歲至29歲女性；四、大腸癌篩檢增列45歲至49歲民眾、40歲至44歲具家族史者；五、新增HPV檢測服務，適用35歲、45歲、65歲族群；六、胃癌擴大全國45歲至74歲提供幽門桿菌糞便抗原檢測；七、持續強化癌症篩檢及陽性個案追蹤。

提升新藥可及性方面，石崇良說，將透過規畫成立行政法人國家醫療科技評估中心、推動平行審查機制及成立癌症新藥基金等3項重要施政基石，以滿足癌症病友的新藥需求。

優化兒童醫療照護第二期 政院砸135億

為持續完善兒童醫療照護，行政院會民國113年7月18日通過衛福部所提，將辦理第2期優化兒童醫療照護計畫，從114年起，預計4年擴大投入新台幣135億元，行政院長卓榮泰請衛福部積極整合醫療及社政系統量能，全面優化兒少醫療照護網絡，以降低台灣嬰幼兒死亡率，守護兒童安全。

行政院自109年核定實施「110-113年優化兒童醫療照護計畫」，增加兒童醫療及健康資源的挹注。

衛福部表示，第2期優化兒童醫療照護計畫將進一步精進周產期及兒童緊急醫療重點醫院分級制度，提升兒童醫療專業人力照護量能與促進其留任，也將納入更全面兒童健康照護服務，預計4年投入135億元。

衛福部說，計畫推動重點包括，核心醫院部分，以強化兒童重難症醫療照護資源整合與協調為主，聚焦核心醫院於重難罕症醫療照護及醫事人力訓練任務，並精進重難症醫療照護人才培育。

衛福部表示，為因應兒科照護人力日趨不足現況，將強化兒童重難罕症4大領域（新生兒、兒童癌症、兒童重難症及兒童遺傳）人力培訓與留任，以提升兒童重難罕症的照護量能與醫療品質。

重點醫院部分，衛福部說，完備從周產期到新生兒、兒童的醫療連續性照護，規畫重點醫院分級制度，依醫院周產期及兒科急重症加護醫療能力與量能，獎勵其維運並提升醫療照護品質，並持續辦理周產期高風險孕產婦（兒）追蹤關懷、極低及低出生體重兒居家照護，以提供從周產期到新生兒、兒童連續性醫療照護，提升母嬰健康照護品質。

在基層醫療部分，衛福部指出，落實與強化以兒童為中心的初級照護與健康管理，逐步擴大幼兒專責醫師制度照護範圍，新生兒全數納入幼兒專責醫師制度照顧，藉由醫療體系與公共衛生體系及社福體系連結，提升幼兒整體健康照護。

政院拍板六年56億 強化全民心理健康

行政院會民國113年8月29日通過衛生福利部提報的「全民心理健康韌性計畫」，預計6年（民國114年至119年）投入新台幣56.3億元，力拚擴大酒癮治療、精神病去污名化、發展網路成癮介入方案，以及布建資源降低自殺死亡等，以提升全民心理健康福祉。

衛福部心理健康司副司長鄭淑心出席政院會後記者會時說明，計畫共結合13個部會、提出6大策略、23項子策略、13項KPI，主要盼推展全方位心理健康促進、發展連續性精神照護網絡、精進家暴及性侵害加害人治療輔導、健全司法精神處遇制度，以及強化科數位心理健康基礎建設。

鄭淑心說，未來希望透過布建並普及心理衛生資源，強化民眾心理韌性，加強服務可近性，降低自殺死亡；也會發展連續性精神照護網絡，建立緊急處置機制，強化社區支持，保障精神病人權益，推動精神病去污名化；另外，將擴大酒癮治療補助，以及發展網路成癮介入方案，盼能提升介入成效。

行政院發言人陳世凱主持政院會後記者會時轉述，行政院長卓榮泰會中指出，建構更完善普及的心理健康支持系統，不僅契合總統賴清德揭示的「健康台灣」國政願景，更與「世界衛生組織」（WHO）提出的「沒有心理健康，就沒有真正的健康」策略目標完全一致，請各部會全力推動。

再生醫療法三讀　禁胎兒提供細胞

為完備台灣再生醫療法制，立法院會民國113年6月4日三讀通過有再生醫療雙法之稱的《再生醫療法》與《再生醫療製劑條例》。其中《再生醫療法》明定，執行再生技術前應進行並完成人體試驗，但恩慈治療有條件免完成人體試驗。

同時，為避免無行為能力者被迫提供細胞，代理人做決定應經公證，且胎兒禁止為細胞、組織提供者。

根據條文說明，恩慈治療是臨床上病情危急生命或嚴重失能之病人，經標準治療無效後，國內已無任何可替代藥品、醫療器材或醫療技術可供治療，或經所有可使用的治療仍沒有反應、疾病復發，或為治療禁忌，而於10大醫藥先進國家、地區已進行人體試驗者。

三讀通過的《再生醫療法》其他條文還規定，非醫療機構不得執行再生醫療，且醫療機構執行再生技術前應進行並完成人體試驗，但有兩類特例情況可以免完成人體試驗，第一是治療危及生命或嚴重失能的疾病，且台灣尚無適當的藥品、醫療器材或醫療技術的緊急需求（恩慈治療），第二則是《再生醫療法》施行前，醫療機構經中央主管機關核准執行的再生技術。

三讀條文明定，恩慈治療的條件、申請、案例數限制、倫理規範，由中央主管機關公告，但治療應排除異種細胞、組織。

新法也明定，非醫療機構不得執行再生醫

再生醫療法、再生醫療製劑條例重點

促進研究發展	・醫療機構執行再生技術前，應進行並完成人體試驗；恩慈治療有條件免人體試驗 ・政府訂定相關獎勵或補助促進研究發
細胞來源提供	・來源提供以成年人為主，但若有益於治療特定人口且未有其他對象取代，不在此限 ・胎兒不做為細胞組織提供者
管理再生技術	・執行再生技術應經中央主管機關核准 ・制定再生醫療及細胞招募廣告規範，廣告採事前審查
加重罰則	・非醫療機構不得執行再生醫療，違者處新台幣200萬元以上、2,000萬元以下罰鍰

註：恩慈治療指病情危急生命或嚴重失能的病人經標準治療無效後，國內已無任何可替代藥品、醫材或技術可供治療，或經所有可用治療仍無反應、復發，或為治療禁忌，而於10大醫藥先進國家、地區已進行人體試驗者。

療，違者處新台幣200萬元以上、2,000萬元以下罰鍰，而非醫療機構若為再生醫療廣告，也將處200萬元以上、2,000萬元以下罰鍰；若執行再生醫療前未進行或未完成人體試驗，處20萬元以上、200萬元以下罰鍰。

三讀通過的《再生醫療製劑條例》也明定再生醫療製劑定義，是指含有基因、細胞及其衍生物，供人體使用的製劑，包含基因治療製劑、細胞治療製劑、組織工程製劑以及複合製劑，若有藥商欲製造、輸入再生醫療製劑，應向中央主管機關申請查驗登記，並經核准發給藥品許可證或核予有附款許可後，始得為之。

新法明定，藥品許可證有效期間為5年，期滿仍須繼續製造、輸入者，應於有效期間屆滿3個月前至6個月間，申請核准展延，但每次展延不得超過5年；不過，若為了配合恩慈治療，再生醫療製劑在完成第2期臨床試驗，並經審查風險效益，具安全性及初步療效者，得附加附款，核予有效期間不超過5年許可，且期滿不得展延。

立院主決議　健保平均點值114年六月底達一點0.95元

立法院朝野黨團為健保點值1點新台幣1元是否入法，爭論不休。朝野黨團民國113年7月16日達成共識，罕見地在不修法前提下，於立法院會通過主決議，要求衛福部應進行健保改革具體措施，於民國114年6月30日前達到平均點值1點0.95元。

立法院同時也通過4項附帶決議，包括國民黨所提要求行政院召開跨部會醫療改革會議，並提出具體改革方案及相對應程期。

民眾黨則提出要求衛福部應修訂相關法規，規範保障健保點值、優先用於提升醫事人員薪酬待遇，並在1年內制定藥價調整機制，逐步達成合理藥價；另外針對指示藥退出健保給付、擬定時程表等，也決議3個月內須提交報告給衛環委員會。

健保點值1點1元曾是113年總統選舉的焦點話題，當時國民黨總統候選人侯友宜率先提出，民進黨總統候選人賴清德後來也表態，平均健保點值不低於0.9元，並朝1點1元的目標邁進。國民黨立委王育敏、蘇清泉等人於選後提出《健保法》第62條修正草案，主張直接入法。

不過，民進黨立委鍾佳濱指出，點值是事後管理的指標，在野黨主張點值提高醫事人員待遇是抓錯重點，為難提供服務的人去踩煞車。

朝野黨團各有意見，經多次朝野協商，朝野在7月15日幾乎要達成「不修法，提主決議」共識，但朝野對於主決議的文字沒有共識，瀕臨破局，一度要以在野黨立委的修法提案，在7月16日院會表決，最終朝野在7月16日上午達成共識。

對於立法院通過主決議，健保平均點值0.95元但不入法。8大醫事團體表示，有點遺憾仍值得肯定，並呼籲保障大、小醫院都能每點0.95元，否則恐對弱勢醫院不公。

衛福部次長林靜儀坦言，要讓健保平均點值在114年6月30日達到1點0.95元「挑戰很大」，預估健保財務缺口700億元，除持續盤點財源及向行政院爭取，可能要調整給付與審查支出。

邱泰源：114、115年不漲健保費

衛生福利部部長邱泰源民國113年9月3日受訪時證實，114年健保總額成長率低推估3.521%、高推估5.5%，總額將介於新台幣9,112億元到9,286億元之間，因安全準備金未低於水位，承諾114、115兩年內不會調漲健保費。

邱泰源認為，將擠壓健保的原公務預算項目清出，健保醫療與公務預算之間確實釐清、切割，健保總額勢必會多出很大的喘息空間，這些多出來的預算就能回歸健保、用在健保醫療。若優化體制後，健保財務仍然短絀，才可能增加民眾保費。

113年度的健保總額高達8,755.35億元，是近8年首達成長率上限，即使如此，醫界依舊面臨醫療院所經營困難、醫事人員血汗，甚至新藥納入健保緩慢，患者自費鉅額才能接受最新治療，總額協商付費者代表多次警示，115年前健保收支恐發生短絀，將面臨漲保費。

113年 臺南市政府社會局

居家安胎服務

補助對象 須符合下列所有條件

1. 經醫師診斷懷孕且須安胎或休養。
2. 設籍本市民，或與設籍本市市民辦理結婚登記之孕婦（含外縣市及外國籍配偶）。

CEDAW第十二條：締約各國應採取一切適當措施以消除在保健方面對婦女的歧視，保證她們在男女平等的基礎上取得各種包括有關計劃生育的保健服務。

性別平等政策綱領健康、醫療與照顧篇4.充權女性生育相關健康議題與自我保健，建構性別友善的生育。

補助項目與標準　每人最高補助1萬1,000元，包括下列項

回診交通費
本項目以支給孕婦回診需求時，搭乘計程車車費。

代辦勞務服務
本項目每次最高補助130元。

家務協助 餐食照顧
每案家務協助及餐食照顧補助，單次補助額度如下：
- **家務協助**：每30分鐘最高補助195元。
- **餐食照顧**：備餐1次最高補助310元。（不含食材費及代買、採買等）

居家護理訪視費
每趟1,050元，本項助上限金額為4,200元。

補助期間　安胎期間或安胎至生產日之間。

※以上三項補助，取消補助次數及單項上限金額

申請方式　本計畫為一次性申請，請於產後3個月內檢具申請表、診斷證明書、個人就醫資料查調同意書、申請人身分證正反面影本(外縣市及外國籍需附設籍本市之配偶身分證正反面影本)、申請人領款收據及存摺封面影本、申請補助項目正本收據等應備文件送社會局提出申請。

【遞送地址】永華市政中心 708201臺南市安平區永華路二段6號7樓 婦女及兒童少年福利科】

申請期限　113年1月1日起至113年12月31日止。（經費用罄，由本局公告停止受理）

詳細補助內容與規範、應備文件及相關電子檔下載，請上本局網站，QRcode
如有申請與回饋相關問題，洽詢電話：(06)299-1111 分機 5918 楊小姐

臺南市政府

面對健保改革議題，林靜儀113年8月7日受訪時表示，為解決健保點值不足困境，近期已提出非常多方案，補充保費上限增加是113年「健康台灣」論壇所討論，更是健保署計畫案一部分，涉及修法，爭取立委支持。

除了公務預算健康促進計畫不占用健保資源，健保預算確實用在醫療項目，邱泰源提到，確立政府分攤的健保經費，應實質支付健保支出36%，「過去塞了不少公務補助，這部分也得算清楚」，甚至不用到醫界提議的升至40%，相信就能增加一筆不小的金額。

林靜儀解釋，過去計算政府須負擔健保至少36%時，會將一些社福支出計入，但若依法解釋，36%應用於健康照護相關，別的東西加進來，健保實際可用額度自然變少，因此也將釐清補助弱勢等社福相關用途不可納入計算，健保才能有多一點使用空間。

衛福部已提出17大項公衛福利支出達300億元的項目，規劃以3年期間，逐步改由公務預算支應，以增加健保總額資源外，林靜儀也呼籲，民眾珍惜健保資源非常重要，希望透過資源整合，積極改善高診次問題。

口罩令全面解除
醫療老人福利機構鬆綁

衛福部疾管署民國113年5月8日宣布，台灣醫療照護機構口罩令已逾千日，考量國內COVID-19疫情可控，5月19日起醫療（事）機構、老人福利機構從強制佩戴口罩調整為建議佩戴。國內口罩令全面解除。

百年大疫COVID-19（2019冠狀病毒疾病）在109年席捲全球，台灣自當年12月1日起，包含醫療院所等8大場所需要佩戴口罩；雖然因疫情減緩，各場所陸續解禁，鄰近國家陸續大幅放鬆戴口罩規定，國內醫療照護機構仍持續口罩令。

「衛生福利部傳染病防治諮詢會-COVID-19防治組」5月8日召開專家會議。疾管署發言人曾淑慧接受媒體聯訪表示，歷經2小時會議討論，考量國內COVID-19疫情持續穩定可控，世界衛生組織（WHO）已將COVID-19列為常見呼吸道疾病，且目前國際間佩戴口罩相關規定，如美國、加拿大、紐西蘭、日本、韓國等都採取建議佩戴的方式，較少強制要求佩戴。

曾淑慧說，因此會中決議，「為防治嚴重特殊傳染性肺炎，進入醫療（事）機構、老人福利機構應佩戴口罩」公告將於113年5月19日停止適用，調整為建議佩戴口罩場所。

隨醫療照顧機構解禁，國內口罩令正式全面解除。但疾管署強調，民眾生活回歸常態仍應持續落實肥皂勤洗手、咳嗽禮節等個人衛生習慣；並籲請儘速接種COVID-19疫苗。醫師提醒，若身體不舒服、或者是高風險族群，到醫院或人潮密集處，還是建議戴口罩。

COVID-19夏季流行
七月上旬達到高峰

COVID-19掀夏季流行，第6波Omicron疫情席捲全台，衛生福利部疾病管制署發言人羅一鈞民國113年7月16日表示，原本推估疫情高峰會落在7月中，但疫情高峰提前、落在7月2日至8日，7月9日至15日就診人次最高來到11.7萬，比以前的數據下降，且幅度有10%以上。

除疫情持續下降外，羅一鈞8月20日在疫報表示，COVID-19（2019冠狀病毒疾病）疫情4年多來，觀察國際趨勢，並考量多元監測方式已能有效掌握COVID-19疫情，為降低醫院通報負荷，經諮詢專家，決議比照流感，9月1日起第4類законных傳染病「嚴重特殊傳染性肺炎」名稱修訂為「新冠併發重症」。

為何以往在秋冬盛行的COVID-19會在夏季流行？國泰醫院感染科主治醫師武定一說，流行原因包括病毒突變迅速、病毒傳染時間改變、防疫管制放鬆、天熱躲在室內居多等，接種疫苗可有效降低重症跟死亡風險，籲打好打滿。

根據疾管署7月9日公布的近4週變異株監測統計，本土及境外檢出變異株均以JN.1為多，占比分別為38%及39%，呈下降趨勢；KP.2占比為23%及24%，LB.1占比為18%及7%，以及KP.3占比為14%及20%，占比上升；另外XDV.1占比則為5%及7%。

衛福部傳染病防治諮詢會預防接種組

▲衛福部疾管署疫情中心副主任李佳琳（圖）說明COVID-19疫情。

（ACIP）會議召集人李秉穎指出，COVID-19是不穩定病毒，一直不停變化，目前最受矚目的變異株就是JN.1、KP.2、KP.3，其中KP.2、KP.3是後起之秀，可能慢慢變成主流株。

「事實上JN.1、KP.2、KP.3是同一家族。」李秉穎解釋，這3者的基因差異不大，JN.1與KP.2、KP.3都只差了3個突變位點，跟之前的XBB卻是差了好幾百個，且既然是同一個家族，用來作為疫苗所引起的免疫反應，都可以交叉保護其他2種，從小鼠實驗數據結果來看也是如此。

流感、COVID-19疫苗同步開打

114年秋冬公費流感疫苗與COVID-19同步分兩階段開打。第1階段自10月1日起，對象為65歲以上長者、55歲以上原住民、19至64歲高風險慢性病者、6個月以上嬰幼兒至高中職及專科三年級學生等11類群體。

第2階段自11月1日開始，新增50至64歲無高風險慢性病的成人納入公費流感疫苗接種範圍，而COVID-19疫苗則擴增至出生滿6個月以上的所有對象。

疾管署7月10日表示，參考相關實驗數據、世界衛生組織（WHO）建議及歐盟等國作法，COVID-19新款疫苗株選定單價JN.1疫苗。

颱風後類鼻疽大流行
確診80例創新高

衛福部疾管署發言人羅一鈞民國113年10月1日指出，統計凱米颱風後共造成80例類鼻疽確診病例，其中13例死亡，超過國內先前最大疫情，即94年海棠及泰利颱風後，南部二仁溪流域累計確診42例、其中8例死亡紀錄。

羅一鈞說，這80例病例分部在高雄61例、台南8例、屏東與台中各4例，及台北、南投、嘉義各1例。且其中有69例集中於颱風後1個月發生。

對於類鼻疽傳播，羅一鈞表示，淹水可能導致類鼻疽桿菌散布到空氣和積水中，除了清理家園時要注意防範外，具高風險的慢性病患，如糖尿病、腎臟病、癌症、肝硬化等患者，建議在颱風期間盡量關閉門窗，避免吸入懸浮在空氣中的類鼻疽，颱風期間室內或外出，也可以佩戴口罩，以免吸入帶病菌的空氣。

疾管署介紹指出，類鼻疽是第4類法定傳染病，是因感染類鼻疽桿菌引起；此菌在土壤、水池及積水環境中存在，會感染馬、羊、豬等動物以及人類。呼籲糖尿病、肺病、肝病、腎病、癌症或免疫功能受損者等高風險族群，如有發燒、胸痛、咳嗽等症狀請盡速就醫，即早診斷與治療。

面對少見、較嚴重的類鼻疽疫情出現，台大醫院小兒感染科主治醫師黃立民8月14日接受媒體聯訪時表示，鼻疽病通報數增加，可能與醫療院所提高警覺有關。

黃立民還提出另一種疫情創新高的可能性，他認為，民眾感染COVID-19（2019冠狀病毒疾病）後，導致的「免疫竊盜」也不排除是原因之一。免疫竊盜與免疫負債是不同的

▲衛福部疾管署公布本土類鼻疽病例，疾管署發言人羅一鈞（圖）說明疫情。

觀念，免疫竊盜是染疫後，體內免疫系統受損，容易再感染其他病毒或細菌，甚至重複感染。

黃立民說，免疫竊盜是否為永久性傷害，目前全世界都在觀察，大約還需要至少3年才會有結論。COVID-19多次感染，只會不斷削弱免疫系統，呼籲民眾重視COVID-19防疫規範，建議接種XBB疫苗，獲得保護力，落實勤洗手，出入人多擁擠或空氣不流通場所佩戴口罩，降低傳播風險。

10大死因　癌症榜首COVID-19第六

衛生福利部統計處民國113年6月17日公布112年10大死因，死亡人數較111年減少，主因是COVID-19死亡人數降低，從第3退至第6；癌症蟬聯首位42年，年奪逾5.3萬條命，死亡率前3名仍為肺癌、肝癌、大腸癌。

雖台灣人口持續老化，112年死亡人數20萬5,575人仍較111年減少2,863人，下降1.4%，主因是COVID-19（2019冠狀病毒疾病）死亡人數減少；死亡率為每10萬人口880.7人，下降1.5%。

112年10大死因分別為癌症、心臟疾病、肺炎、腦血管疾病、糖尿病、COVID-19、高血壓性疾病、事故傷害、慢性下呼吸道疾病，第10名為腎炎、腎病症候群及腎病變。癌症及心臟疾病持續居前2名，COVID-19從第3名退至第6名，肺炎、腦血管疾病、糖尿病恢復至疫情前排名。

衛福部統計處科長呂淑君說明，112年10大死因死亡人數合計15萬4,181人，占總死亡人數75%，與111年相比死亡人數以肺炎增加16.6%、COVID-19減少38.9%最顯著。若就年齡別觀察，1至24歲死亡人口以事故傷害居死因首位，25歲以上則以癌症排名第1。

112年癌症死亡5萬3,126人，占總死亡人數25.8%，死亡率為每10萬人口227.6人，較111年上升2.2%，8成7集中於55歲以上族群，死亡時鐘9分53秒，快轉14秒。10大癌症死因順位同111年，分別為肺癌、肝癌、大腸癌、乳癌、攝護腺癌、口腔癌、胰臟癌、胃癌、食道癌、卵巢癌。

國民健康署副署長賈淑麗表示，長期觀察，癌症標準化死亡率呈下降趨勢，112年較10年前減少16.4人，將持續推動子宮頸癌、乳癌、大腸癌、口腔癌及肺癌篩檢，112年癌症篩檢量共487萬人，篩檢陽追率88.9%，呼籲民眾善用癌篩資源，早期發現治療，降低死亡風險。

值得注意的是，雖高齡化的台灣死亡時鐘持續快轉，但肝癌死亡發生時鐘速度卻變慢，慢性肝病及肝硬化死亡人數長期顯著下降。賈淑麗認為，B、C肝篩檢功不可沒，113年元旦起篩檢補助費用由原每案新台幣200元調升至370元，提升醫療院所提供篩檢意願，增加篩檢可近性。

寶林茶室食物中毒案六死 衛福部認定邦克列酸所致

民國113年3月發生的台北市信義區寶林茶室食物中毒案件導致多人送醫，並造成6人死亡，震驚社會，衛生福利部初步認定是邦克列酸所致，6月起將邦克列酸列入稽查項目。

衛福部疾管署「寶林茶室信義A13店專案」個案通報監測在4月26日截止，累計接獲通報35例。不過後續又再增死亡，至6月5日共造成5死，另有1名個案經換肝後持續在醫院接受治療，但仍在6月11日不幸過世。

第1名呂姓死者及第2名楊姓男子的死因，經法務部法醫研究所解剖複驗後，鑑定為與邦克列酸相關；第3名來自馬來西亞的男性死者、第4名女性死者、第5名女性死者、第6名女性死者的具體死因，仍由法醫所詳細鑑定中。

根據衛福部統計，重症個案中僅49歲女性黃舒君經治療後順利出院，其餘個案皆已死亡；輕症個案則皆已出院返家。重症患者黃舒君是在4月15日出院，她表示，自己從沒生病住院過，竟成社會案件受害者，所幸已順利返家，直呼這是「生命的奇蹟」。

就刑事調查進展而言，台北地檢署已傳喚寶林茶室黎姓負責人、王姓分店店長、周姓主廚以及胡姓代班主廚等人；檢察官已諭令黎男等人請回，並限制出境、出海。全案朝違反《食品安全衛生管理法》和《刑法》過失致

▲寶林茶室食物中毒案件導致多人送醫,並造成6人死亡,震驚社會。

死罪偵辦。

消基會6月17日宣布為寶林茶室案受害消費者提起團體訴訟,含6名已亡、24名輕重傷病者,此為其食安團訟首宗涉及死亡。

此團訟案的律師團召集人暨消基會名譽董事長蘇錦霞也呼籲受害者站出來主張權益,她告訴中央社記者,訴訟對象包含企業與個人,即寶林茶室、廚師、遠東百貨、經營此案美食街的大食代公司等,總計求償金額可能超過新台幣1億元。

蘇丹紅辣椒粉風波延燒
食安危機衝擊全台

蘇丹紅辣椒粉風波橫掃全台,衛福部食品藥物管理署民國113年3月13日公布2項邊境管制措施,即起永久禁止被檢出蘇丹色素產品的境外製造廠或出口商輸入;凡查獲含蘇丹色素產品,沒入銷毀。

行政院長陳建仁也在3月14日要求成立「食安檢驗基金」,將透過政府管理、產業自律以及民間參與等三方協力合作,協助中小型業者檢驗產品是否合規,也放大食品安全管理效率。

蘇丹紅事件起因為,雲林縣衛生局1月30日在濟生股份有限公司斗六廠製售的「家用四合一調味料組合-細粉紅辣椒」檢出蘇丹色素3號18ppb。經查發現,紅辣椒粉的原料是由新北市保欣企業向中國河南三禾藥業進口,流向下游多家食品業者。

雲林地檢署調查後發現,濟生公司斗六廠將保欣企業供應的辣椒粉原料寄送SGS公司檢測報告,檢出含有蘇丹色素3號,然而郭姓研發處長為順利將公司生產的四合一調味粉出貨給下游的全聯公司,竟變造檢測報告,藉此取信、出貨給全聯公司,後聲押郭姓處長等人,雲林縣衛生局下令濟生工廠停工。

不過,保欣企業進口含有蘇丹色素3號紅辣椒原料流向下游多家食品業者。新北市於3月率先宣布學校營養午餐暫緩使用辣椒粉及咖哩粉等調味料,台北市、桃園市等多個縣市陸續跟進。

食藥署和地方政府衛生局加強查緝蘇丹紅製品,教育部也於3月8日宣布,配合清查情形,請學校午餐暫緩使用辣椒粉、咖哩粉等調味品到4月7日。

另外,食藥署與縣市衛生局擴大回溯抽驗112年12月11日前輸台的63批中國辣椒粉,3月1日公布檢驗結果,從高雄市津棧國際貿易有限公司及佳廣國際貿易有限公司驗出蘇丹色素,累計共3家業者進口的中國辣椒粉出包。

高雄地檢署深入追查津棧公司出售含蘇丹紅辣椒粉等產品發現,津棧公司李姓實際負責人等人陸續將青辣粉、辣椒粉出售給下游廠商小磨坊公司、松井公司,並被驗出蘇丹紅退貨後,不僅未將同批號食品銷毀,反而轉知員工賣給另一家下游廠商。

雄檢5月9日將李姓實際負責人等6人、相關6間公司依違反《食安法》等罪起訴,聲請沒收犯罪所得3,994萬元,建請法官對相關公司共罰新台幣12億元、從重量刑。

慢性病等五類開放線上看病
247萬人受惠

衛生福利部民國113年1月22日發布修正《通訊診察治療辦法》,新增慢性病照護計畫收案病人等5種特殊情形,有條件開放醫師以通訊方式提供醫療、放寬開立處方箋,7月1日起上路,預計247萬人受惠。

因應COVID-19(2019冠狀病毒疾病)後疫情時代未來醫療新常態發展,《通訊診察治

▲衛福部發布修正通訊診察治療辦法，圖為衛福部醫事司長劉越萍（圖）以圖表說明。

療辦法》修正擴大病人適用範圍，新增5種特殊情形，包含慢性病照護計畫收案病人、疾病末期照護、矯正機關收容照護、行動不便照護，以及災害、傳染病或其他重大變故照護。有條件開放醫師以通訊方式提供醫療服務得以開立處方。

衛福部長薛瑞元在記者會表示，新法根據《醫療法》第11條特別規定而生，並非所有病人都可與醫師約診使用通訊診療，患者須通過衛生單位審查，或收案於健保署照顧計畫，非適用範圍內使用，依法最高可罰醫師新台幣10萬元；當醫師評估病患情況不適合，同樣可不施行。

衛福部醫事司長劉越萍說明，以急性後期照顧為例，患者出院後3個月屬於病情穩定期，醫院可提出申請，通過衛生局審查後，就能透過實體門診與通訊診療交互搭配，減少患者往返醫院產生的成本，提升醫療連續性及可近性，在確保病安全前提，兼顧醫療品質及分級醫療。

至於慢性病照顧計畫收案病人能否指定通訊診療的醫療院所，甚至點名自身為龍頭醫院的台大醫院醫療團隊，劉越萍表示，搭配中央健康保險署計畫通訊診療對象，僅可與提出照顧計畫收案醫師通訊，若本身並非由台大醫院收案，除非台大醫院提供計畫，通過審核才可跨院提供服務。

新法增加醫師可透過通訊提供醫療項目，包含諮詢、會診、精神科心理治療，及開立檢查、檢驗單等。劉越萍說，符合通訊診療條件的對象，經醫師評估病人狀況穩定，放寬開立電子處方箋領藥，甚至慢性精神疾病患者或疾病末期照顧對象，有條件開放嗎啡類等管制藥品。

掛號費不設上限　醫療機構自行調整

衛生福利部民國113年3月4日公告停止適用掛號費用調整備查制度，衛福部醫事司司長劉越萍受訪時說，取消掛號費設上限，若遇爭議由公平會處理。醫改會則呼籲，應重新擬定可參考的掛號費範圍。

《醫療法》規定，醫療費用應由直轄市、縣（市）主管機關核定，掛號費則屬於行政管理費用，不須經過衛生主管機關核定。

不過，前衛生署（現為衛生福利部）為避免醫療機構收費標準差距過大，影響民眾就醫權益，在99年公告醫療機構收取掛號費參考範圍，門診上限新台幣150元；超過此範圍須報地方衛生局備查。

衛福部113年3月4日公告停止適用「醫療機構收取掛號費之參考範圍」，即起生效。劉越萍3月5日接受媒體電訪解釋，主要是停止適用99年的公告，地方衛生局仍可要求醫療機構提供資料。

消息一出，醫改會執行長林雅惠認為，醫療服務不能類比一般的商業服務，從過往相關的醫療爭議就知道，就醫行為和忠誠度、便利性、醫病關係等多面向有關，不能單純用市場機制來規範，如果要保障民眾權益，避免醫療爭議，衛福部應重新擬定可參考的掛號費範圍。

公平會主委李鎂3月11日在立法院受訪表示，醫療院所調漲掛號費屬於市場機制，但公平會會加強關注有無聯合調漲掛號費的情況，將從關係企業、科別以及地理區域等3角度觀察。

不過，衛福部公告取消醫療院所掛號費上限，外界憂心聯合哄抬。衛福部次長王必勝4月13日說，實施1個月時間以來，目前漲價的醫療院所共188家、占不到1%，將持續關注防止聯合漲價。

民進黨立委林淑芬7月1日在立法院社會福利及衛生環境委員會提到有醫療機構祭出

「新台幣6,000元掛號費可優先排病床」，衛福部長邱泰源承諾一定會進一步了解狀況。

國中男生公費接種HPV疫苗拚114年開打

立委呼籲不分性別提供國中生公費接種人類乳突病毒（HPV）疫苗，衛福部長邱泰源民國113年7月9日表示，國健署爭取到預編經費，衛福部國健署預估國中男生HPV疫苗受惠人數為9萬至11萬人，推估預算大概需要新台幣4.7億元，最快114年9月開打。

世界衛生組織（WHO）倡議90%女性於15歲前接種HPV疫苗，並在政策可行下，建議納入青少年男生為接種對象。

國民黨立委游顥7月9日在立法院質詢，國中女生公費接種HPV疫苗是很棒的政策，但是HPV感染不分男女，是不是可以不分性別提供國中生公費接種HPV疫苗。邱泰源答覆，國健署爭取到預編經費，應該是114年，「可以在國中同時在男、女來開打」。

邱泰源承諾114年起國中生公費接種HPV疫苗不分性別，國健署長吳昭軍受訪表示，國中男生HPV疫苗預算將編列於菸捐、待行政院核定，立法院通過後，將啟動疫苗採購，以開放女生施打公費HPV疫苗第1年接種率經驗，推估新制第1年可施打8成男生。

國健署癌症防治組長林莉茹進一步說明，開放國中男生公費施打HPV疫苗，粗估受惠人數約9萬至11萬人，完整接種2劑，若11萬名男生都施打了，疫苗費用與行政費用總計預算約4.7億元，再加上原本就施打的國中女生，未來公費HPV疫苗整體經費至少8億元。

未滿七歲增六次兒童發展篩檢上路

0至6歲是兒童發展重要階段，3歲前是早療黃金期。衛福部民國113年7月1日起對未滿7歲兒童加碼新增6次「兒童發展篩檢服務」，馬偕醫院早期療育評估中心主任陳慧如形容為開創一把萬能鑰匙，開啟孩子所有可能的未來。

美國疾管署建議，要掌握兒童發展與及早發現異常，需醫護人員及家長通力合作，完成兒童發展監測、篩檢、評估等3道關卡。政府原本提供一般的「兒童預防保健服務」，沒有包括「兒童發展篩檢服務」，國健署參考國際作法及國內專家建議，建立本土兒童發展篩檢模式，研製臨床醫師使用標準化篩檢工具。

衛生福利部長邱泰源6月25日召開記者會宣布，7月1日起，未滿7歲兒童新增6次「兒童發展篩檢服務」，接受標準化篩檢工具，包含粗大動作、精細動作、語言認知、社會發展等4大面向，找出關鍵原因，早期發現問題，及早轉介療育服務，落實「健康台灣」優化兒童全面照顧。

國民健康署婦幼健康組長林宇旋進一步說明，0至6歲兒童身體不斷成長，在認知、語言、動作、社會適應行為或情緒等各面向，形成一定的發展，如有發展步驟沒有跟上正常發展，就稱為「發展遲緩」，應當及早接受早期治療。

林宇旋說，掌握兒童發展與及早發現異常，需醫護及家長通力合作，兒童發展「監測」是家長運用兒童健康手冊家長紀錄事項，觀察紀錄兒童發展情形；由專業醫師提供「篩檢」，如發現疑似發展遲緩，透過衛教、追蹤或轉介兒童發展聯合評估中心，進行「評估」與診斷。

預立醫療照護諮商健保給付末期病患等四大對象適用

新簽署預立醫療決定前要先自費數千元進

▲衛福部長邱泰源（左3）宣布，未滿7歲兒童新增6次「兒童發展篩檢服務」。

行諮商，成推動門檻。衛生福利部健保署開放末期病患、輕度失智、公告重症及居家照護整合等4大類對象，民國113年7月1日起諮商將納健保給付。

隨著時代改變，生死議題不再是觸霉頭禁忌，台灣《病人自主權利法》108年1月6日上路，保障成年人成為末期病人、不可逆轉昏迷、永久植物人、極重度失智、其他經衛福部公告「無法治癒、痛苦難以忍受重症」，可選擇尊嚴善終。

《病人自主權利法》是亞洲第1部以病人為對象的專法，根據衛福部統計，截至112年底，簽署預立醫療決定（AD）人數累積6萬8,000人，僅占國內成年人比例不到1%。與末期病人簽安寧緩和無須自費相比，不少醫療機構反映自費是預立醫療意願最大門檻。

簽下預立醫療之前，需要與團隊諮商，預立醫療照護諮商費用是新台幣2,000元至3,500元不等。衛福部健保署署長石崇良6月26日說明，健保署藥物給付項目及支付標準共同擬訂會議（共擬會）同意開放4類對象「住院時」預立醫療諮商費用健保給付，新制在113年7月1日起上路，推估健保花費約1.8億元。

石崇良表示，這次開放的適用對象為符合《安寧緩和醫療條例》末期患者、有自主行為能力輕度失智症患者、衛福部公告「難以忍受、無法治癒疾病」，以及仍有自主能力的居家醫療照護整合計畫個案，預計全數約20萬人。

衛福部多次評估一口氣放寬至全民預立醫療照護諮商免費的可行性不高，器官捐贈移植登錄及病人自主推廣中心副執行長柯彤文曾提及，在健康民眾可諮商前提之下，費用不太可能全數由健保給付，將持續與臨床單位尋找預立醫療諮商自費金額調降可能性。

在宅急症照護　三類感染症患者優先

衛福部健保署擴大居家醫療照護服務的範疇，試辦在宅急症照護，針對施打長效抗生素即可控制病情的肺炎、泌尿道感染、軟組織感染等3類患者優先試行，民國113年7月1日起上路，截至8月已收案255人，以尿路感染居多。

衛生福利部中央健保署署長石崇良9月12日說，研擬擴大安寧個案為適用對象，估2萬人受惠，最快114年第1季上路。

106年12月16日開幕的台東都蘭診所，是全台第一間以「在宅」為主軸的診所，一年一度「診所祭」成為當地盛事，112年12月16日是連續第7年舉行，石崇良受訪表示，台東占台灣面積1/10，但人口占全台1/100，在高齡化的社會勢必面臨更大挑戰。

石崇良說，都蘭診所提供的在宅醫療，展現「在地安老」最好的樣貌，希望有朝一日醫院能做的醫療行為，在家裡都能完成，將逐步開放，下一個目標是擴大居家醫療照護服務的範疇，希望除了現行慢性病、安寧緩和以外，再加入急症照護居家模式。

他9月12日表示，「在宅急症照護試辦計畫」預估受惠人數約5,400人，健保挹注3.5億元。透過建立「遠距醫療」與「遠端監測」，將醫院照顧延伸到個案家中，再加上執行中心確保24小時服務不間斷，以利滿足急症個案突發的送醫需求，接受照護個案近9成可以治療完成，無須再轉急診或住院，1成需要送醫治療者以綠色通道入院。

石崇良說，這些個案過去在醫院接受同樣的治療至少需要住院10天以上，所有個案整體平均照護天數約5.4天，其中肺炎6.2天，尿路及軟組織感染約5天，照護小組會協助評

▲健保署長石崇良（左3）表示，擴大居家醫療照護服務的範疇，試辦在宅急症照護。

估，必要時調整或轉介長照服務，透過試辦計畫將健保居家醫療及長照服務資源整合。

健保署105年起已推動「全民健康保險居家醫療照護整合計畫」，由居家醫療院所組成的整合性照護團隊，提供居家醫療、重度居家醫療、安寧療護3階段連續性照護，108年擴大居家中醫及居家藥事服務，強化出院準備服務的無縫接軌。

經統計，申請參與在宅急症照護試辦計畫的團隊計有169個，健保署至7月2日核定148個團隊，遍布全台各地。

長照機構住民補助調增至12萬 6.8萬人受惠

為減輕中、重度失能家庭負擔，衛生福利部民國113年5月16日公告，7月起，住宿長照機構補助從新台幣6萬元調增為12萬元，取消排富條款，但須評估長照等級或符合身障資格，估6.8萬人受惠，經費約77億元。

衛福部108年推出住宿式服務機構使用者補助方案，凡入住一般護理之家、精神護理之家、老人福利機構（除安養床外）、身心障礙福利機構、住宿式長照機構、榮譽國民之家（自費失能養護床、自費失智養護床）及兒少安置等機構，符合資格者均可申請一年最高6萬元補助。

衛福部長照司副司長吳希文受訪指出，符合住宿機構補助申請人數預估約12.5萬人，推估中低收入戶擇優領取公費安置、身心障礙補助者約5.7萬人，扣除後可適用此方案補助約6.8萬人，預估經費約77億元。

不過，吳希文說，這次長照司將補助從6萬提高到12萬元，得先經過長照等級評估，或符合身心障礙資格。

衛福部表示，凡入住前述7類機構，且經地方政府照管中心進行長照需要評估，符合長照需要等級第4級以上的住民，或具身心障礙證明中度以上，當年度累計住滿180天者，予以年度一次性補助12萬元。

若當年度累計未達180天者，就住滿1/2日曆天的月份，每月給予補助總金額1/12（即1萬元）。

為保障既有住民權益，如於111年12月31日（含）前已入住機構，未經長照需要等級評估或經評估未達長照需要等級第4級以上，且累計住滿180天者，當年度仍予6萬元補助；如當年度累計未達180天者，就住滿1/2日曆天的月份，每月給予補助總金額1/12（即5,000元）。

化粧品管理新制 沒登錄不准賣也不能送

民國113年7月1日起化粧品管理新制上路，不再區分特定用途跟一般，並推行登錄制度，讓管理單一化，業者必須完成登錄才能製造、販售、輸入，甚至贈送等，否則最高可罰新台幣100萬元。

台灣化粧品管理6月30日前分為一般與特定用途2類，其中特定用途化粧品如染燙髮劑、防曬乳等，須查驗登記。

衛生福利部食品藥物管理署副署長王德原6月26日在例行記者會中說明，7月1日起，廢止查驗登記，未來不分類別，統稱為化粧品，並推行化粧品產品登錄制度、建立產品資訊檔案，導入化粧品安全資料簽署人員制度，讓管理更為簡單完整。

王德原強調，如手工香皂等免辦理工廠登記場域所生產的產品外，所有化粧品業者在產品上市前，要先到「化粧品產品登錄平台系統」完成登錄，否則不能製造、輸入、贈送、陳列供試用，相關用途通通不可以，違者可處1萬到100萬元罰鍰，且可連續罰。

▲衛福部食藥署副署長王德原（中）在例行記者會中說明化粧品管理新制。

日藥本舖 JPMED

人氣商品 日本直輸
限量供應 售完為止

立即搜尋！掌握最新日本藥妝資訊
線上商城 ｜ 加入好友 ｜ 讚+分享 ｜ 立即追蹤

全台最大
日本直輸藥妝販售專門店

堅持以日本精神 **嚴選優質商品**
全店六大類商品90% **日本製造**
全台駐店藥師提供 **專業服務**

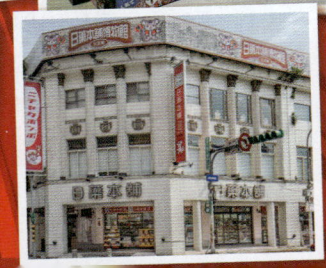

嬰幼兒食品等三類　加嚴控管重金屬

食品規範新制民國113年7月1日起上路,針對嬰幼兒食(飲)品、禽畜內臟、堅果油籽等3大類,調整加強重金屬鉛及鎘限量規定,違規最重罰新台幣300萬元。

衛生福利部112年預告食品中污染物質及毒素衛生標準修正草案,針對嬰幼兒食品規範加嚴鉛及增訂鎘限量,下修禽畜內臟鉛含量標準,堅果油籽及巧克力則首度納入鎘含量限制。

衛福部食品藥物管理署副署長林金富113年6月26日在例行記者會中,公布強化食品中重金屬限量的管制規定,自7月1日起,市面流通販售的產品,皆應符合新規定的限量,且「並非以產品的製造日期認定」。

林金富指出,嬰幼兒食品本來在管理上就更加嚴格,因為重金屬恐影響神經發育,留下終生後遺症,至於禽畜內臟、堅果油籽則是考量國人食用習慣。

不過,原本預告中的巧克力相關規定在113年7月卻不見蹤影。林金富說明,這是因為在預告評論期間,收到專家提醒與建議標準應與國際接軌,當時國際食品法典委員會(CODEX)提出在巧克力的新標準,比國內規劃更嚴,因此將重新規劃及預告。

食藥署表示,如有查獲食品業者或產品違反前述相關規定,產品應依違反《食品安全衛生管理法》第52條規定,應予沒入銷毀;業者則依法第48條規定限期改正,屆期不改正者,處3萬到300萬元以下罰鍰。

食品中重金屬標準修正重點

	特定嬰幼兒食品	
鉛	粉狀 嬰幼兒配方食品	0.050 ppm→0.020 ppm
	粉狀 較大嬰兒配方輔助食品	0.050 ppm→0.020 ppm
	粉狀 特殊醫療用途嬰幼兒配方食品	0.050 ppm→0.020 ppm
	嬰幼兒飲品	0.030 ppm→0.020 ppm
鎘	粉狀幼兒配方食品	0.020 ppm
	液狀幼兒配方食品	0.010 ppm
	嬰幼兒飲品	0.020 ppm
	禽畜內臟類	
鉛	牛、羊內臟	0.5 ppm→0.2 ppm
	豬內臟	0.5 ppm→0.15 ppm
	禽內臟	0.5 ppm→0.1 ppm
	堅果、油籽類	
鎘	松子	0.3 ppm
	其他堅果類	0.2 ppm
	油菜籽	0.15 ppm
	芥菜籽	0.3 ppm
	亞麻籽、葵花籽	0.5 ppm
	其他油籽(如芝麻)	0.1 ppm

註:自113年7月1日起,凡於市面流通販售之產品皆應符合新訂標準。
資料來源:衛福部食藥署

19類癌別適用NGS健保給付 每年兩萬癌患受惠

衛生福利部公告新增「次世代基因定序檢測」(NGS)自民國113年5月1日起納入健保給付,預估每年約2萬多名癌症病人受惠,挹注約新台幣3億元,接軌癌症精準醫療趨勢。

治療癌症的新興標靶藥物或免疫療法,多須透過生物標記檢測尋找基因突變作為治療標的。健保署舉行藥物給付項目及支付標準共同擬訂會議,同意NGS檢測納入給付,考量各癌別檢測時機不同,健保公告支付規範依癌別訂有適應症及必要檢測基因,每人每癌別終生給付1次。

健保署113年4月19日透過新聞稿說明,共有14大類實體腫瘤及5大類血液腫瘤癌別可透過單基因檢測或NGS協助挑選合適的標靶藥物,因檢測方法、基因位點多寡及病人需求等差異,採取健保定額給付、民眾自付差額方式。

NGS涵蓋的實體腫瘤,包含小細胞肺癌、三陰性乳癌、卵巢癌/輸卵管癌/原發性腹膜癌、攝護腺癌、NTRK基因融合實體腫瘤、胰

臟癌、肝內膽管癌、甲狀腺癌、甲狀腺髓質癌等。健保署表示,大腸直腸癌、泌尿道上皮癌、黑色素瘤、腸胃道間質瘤及胃癌,專家會議共識採單基因檢測。

血液腫瘤部分,健保署表示,基因檢測結果有助規劃是否適合骨髓移植等後續治療計畫,NGS納入給付急性骨髓性白血病、高風險骨髓分化不良症狀群、急性淋巴芽細胞白血病等3癌;B細胞淋巴癌及T或NK細胞血癌與淋巴癌則規劃採單基因檢測,相關醫學會已提出申請。

健保署說明3種定額給付,分別為BRCA基因檢測支付1萬點、小於等於100個基因的小套組支付2萬點,以及大於100個基因的大套組支付3萬點。限「區域級以上醫院」或「癌症診療品質認證醫院」申報,必須為衛福部核定的實驗室開發檢測施行計畫表列醫療機構。

三陰性乳癌新藥納健保
逾400人受惠

乳癌近20年蟬聯女性癌症之首,三陰性乳癌治療更是棘手,健保從民國113年2月1日起將轉移性三陰性乳癌新藥納入健保給付,有效就無使用期限,約逾400人受惠,每人每年能省新台幣400萬元藥費。

台灣年輕病友協會理事長潘怡伶3月8日在記者會中提到,三陰性乳癌因荷爾蒙接受體皆為陰性,無法使用荷爾蒙療法,治療選擇少,5年存活率僅11.5%,許多轉移性三陰性乳癌病友因高惡性、高轉移及高復發,一般情況都不樂觀,過去高昂新藥費用造成負擔,不少病友錯失生存機會。

健保署考量三陰性乳癌患者治療選項相對較少,同意納入單株抗體標靶藥物,藥物可直達乳癌細胞進行消滅,適用對象不限有無BRCA(遺傳性乳癌基因)基因突變。經過2次上全身性化療無效,腫瘤無法切除的局部晚期或轉移性三陰性乳癌患者都適用這款新藥。

每次申請健保將給付3個月,若無惡化可持續使用,衛生福利部中央健康保險署長石崇良表示,只要新藥有效,就能一直使用給

▲台灣年輕病友協會理事長潘怡伶(圖)説明轉移性三陰性乳癌新藥納入健保給付。

付藥物,不同於過去健保僅能給付半年、3個月,屬於全適應症治療。預計受惠人數大約470多人,每人每年藥費約400多萬元,可大幅減輕患者負擔。

免費心理諮商　15至45歲都適用

青壯世代心理風暴來襲,30至45歲族群每4人就有1人有憂鬱、焦慮,盛行率最高。衛生福利部民國113年8月起擴大提供3次免費心理諮商方案至45歲,服務人數從約3萬人增至6萬人。

衛福部112年8月1日起推動年輕族群心理健康支持方案,提供15至30歲民眾每人3次免費諮商。衛福部長邱泰源113年7月19日在記者會表示,112年服務2.9萬人,專業人員轉介就醫高風險者破萬人。31至45歲「三明治族群」承擔職場壓力,肩負養孩子與顧年邁父母的責任,心衛資源需強化。

「這是救命方案,不單純是免費諮商。」衛福部心理健康司長陳亮妤說,113年8月1日起每人3次的免費心理諮商方案擴大為15至45歲,補助增至新台幣3億3,600萬元,從原本方案的約3萬人增加至6萬人,保證都能完整使用3次免費諮商,新制可服務達19萬人次,補助到114年底。

陳亮妤說,113年可提供服務機構可望增至500家,單一院所由每週服務8人次,上升至12人次。有鑒於112年年輕族群詢問度踴躍,心

▲青壯世代心理風暴來襲，衛福部心理健康司長陳亮妤（右2）說明免費心理諮商擴至青壯年族群。

理諮商診所電話被打爆，113年起建置「心理健康支持方案地圖索引」，優化網路資訊平台，民眾上網即可查詢附近合作機構，及預約名額狀況。

台灣青壯世代的三明治族群約525萬人，經濟負擔、角色衝突等常是三明治族群心理耗損來源。新竹台大分院精神醫學部主任廖士程說，台灣青壯年輕生在疫後回升趨勢，根據台灣社會變遷調查發現，憂鬱、焦慮在30歲至45歲盛行率最高，達25%至27%，幾乎是每4人就有1人深受其擾。

廖士程提醒，心理健康問題已經是全國共同面臨的挑戰，過去30年，心理問題造成身體疾病，甚至失能比率增加5成以上，台灣精神科就醫數據確實有增加，成長率達27%，但憂鬱症民眾求助行為仍有瓶頸，呼籲倡導與提升主動求助的文化，建立可使用心理資源方便途徑。

健保砸3.5億　推動三高全人照護

醫療院所不再只是看病、領藥，將變身健康促進好鄰居，健保署推動全人全社區照護計畫，半年預算規模新台幣3.5億元，包含三高族群生活型態諮詢給付等。

衛生福利部中央健康保險署自民國113年起，將全民健康保險家庭醫師整合性照護計畫，升級為「大家醫計畫」，為讓患者不論習慣在醫院或診所固定就醫，都能獲得相同的以病人為中心的整合性照顧，推動「全民健康保險地區醫院全人全社區照護計畫」，包含健保給付生活型態諮詢。

健保署長石崇良說，慢性病狀況較嚴重者預計未來由地區醫院收案，包含內科、兒科與家醫科，預估30萬人受惠，地區醫院將慢性病人納入照護網，必須建檔個人健康資料，包含疾病史、家族史，同步給付生活型態諮詢，評估飲食、運動習慣，與是否有抽菸、喝酒等行為。

石崇良表示，加入「全人全社區照護計畫」的地區醫院，必須完成7項任務，包含個案健康資料建檔；比照基層診所家庭醫師計畫，提供個案預防保健、癌症篩檢、疫苗注射等提醒服務；定期追蹤個案血壓、血糖、血脂等數據；定期辦理衛教活動，提升個案自我照護能力。

石崇良說，醫院還必須建立24小時諮詢專線，提供加入「全人全社區照護計畫」個案即時得到醫療諮詢；建立轉診機制，協助個案轉介長照、居家醫療計畫；協助個案管理，如生活型態諮詢後，協助安排營養師或運動指導介入；鼓勵民眾下載健康存摺。

石崇良表示，「全人全社區照護計畫」半年預算規模達3.5億元，將支應醫院門診行為以外的給付，如收案費、個管費與照顧達標獎勵等，第1年個管費約500元、個案照顧獎勵金約550元，每名收治個案基本費用1,050元，計畫建制目標達標獎勵金15萬元。

達文西手術應用廣　擴增46項納健保

達文西手術應用廣泛，民國112年開放17項納入健保給付，衛生福利部中央健康保險署113年9月再新增46項，包括鼠蹊疝氣修補、子宮肌瘤切除等常見手術，預計超過8,400人次受益。

達文西手術時間短、傷口小，可縮短患者住院時間，近年常用於泌尿科、消化外科、胸腔外科等科別臨床治療，健保署112年3月1日起開放達文西手術納入健保給付共17項，民眾自費特材差額。

全民健康保險醫療服務給付項目及支付標準共同擬訂會議113年7月12日再通過46項，

並在9月1日實施。新增46項中包含泌尿科手術4項、消化手術20項、胸腔與心臟手術合計10項、婦科手術7項、大腸直腸外科5項。

健保署長石崇良7月13日表示，預計受益人數超過8,400人次，健保每年支出新台幣2.85億元，民眾可省下費用因開刀種類而異，達文西手術費用落差很大，疝氣修補大約3至5萬元左右，粗估最高可省10萬元以上，如胃部全切除、膀胱癌切除加上切除淋巴術。

他指出，達文西手術從簡單到複雜都有，給付不可能一次到位，且幾年前全台才20多台，現在有約70台，健保希望讓民眾在治療上有更多選擇。

健保擴大遠距醫療　新增69鄉鎮適用

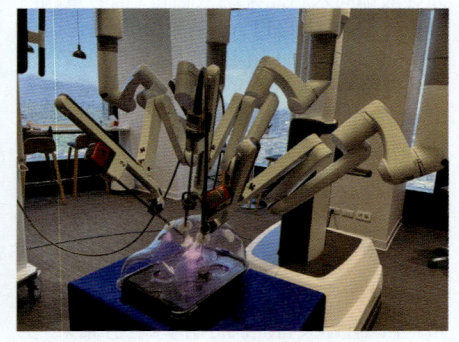

▲達文西手術應用廣泛，112年納入健保給付共17項，113年再通過增加46項給付。

健保署長石崇良民國113年7月13日受訪說，遠距醫療將擴大適用範圍，除山地、離島地區，進一步納入醫療資源缺乏區域，未來可遠距醫療鄉鎮數破百，提供五官科、緊急醫療會診。

對於偏鄉或行動不便者，衛生福利部自109年12月起通過開放遠距醫療，但僅限山地、離島地區適用，約56個鄉鎮，提供服務以遠距照會為主，包含耳鼻喉科、眼科等。

全民健康保險醫療服務給付項目及支付標準共同擬訂會議7月12日通過，同意進一步搭配通訊診察治療辦法修訂擴大，增加遠距醫療給付方案。

石崇良表示，未來全台灣醫缺地區全部納入，新增69個鄉鎮適用外，全台54個矯正機關同步適用，包括監獄、看守所等。

石崇良說，矯正機關內病人行動受到約束，部分矯正機關地處偏遠，受到地理交通限制，因此希望開放適用遠距醫療，五官科外考量矯正機關特殊性，患者可能同時是藥癮者，額外增加精神科遠距醫療。

罕病律師陳俊翰遺志
SMA健保取消給付限制

衛福部宣布罕病脊髓性肌肉萎縮症（SMA）背針及口服藥自民國113年8月1日起取消健保給付限制，預估9成患者、400人適用，首年藥費支出新台幣20億元。其餘1成非健保給付對象，為18歲以上發病或運動功能小於0的患者。

SMA是一種基因變異導致神經肌肉退化疾病，患者會不斷退化，影響獨坐、行走、說話和進食等活動的肌肉，甚至無法自主呼吸而死亡。罕病律師陳俊翰因疑似感冒引起併發症，2月11日凌晨不幸逝世，享年40歲，健保署研議SMA藥物擴大給付，3月間專家會議同意取消限制。

SMA有俗稱的背針、基因治療與口服藥3種治療藥物。背針與口服藥物健保給付條件類似，過去評估若運動功能已喪失，藥效不明顯，因此有上肢運動功能指標（RULM）大於等於15分的給付條件，約140人獲治療。這次取消給付限制的是背針及口服藥，基因治療給付規定維持原狀。

衛生福利部中央健康保險署醫審及藥材組長黃育文7月31日告訴中央社記者，給付制度擴增條件為18歲以下發病適用，大約增加250名患者受惠，可使用健保藥物接受治療SMA患者總數近400人，第1年執行藥費支出可能比較多，粗估約20億元，未來每年約維持10億元。

黃育文說，這次給付制度放寬後，已涵蓋9成SMA患者，其餘1成非健保給付對象，研判多數為第4型患者，也就是18歲以上成年發病個案，雖然帶有相關基因，但即使發病，肌

肉發展相對完整；另1類非健保對象為第1至3型未成年個案，運動功能小於0，評估為肌肉無功能者。

黃育文說明，未來SMA患者是在口服藥物與背脊注射擇一使用，但考量到可能有藥品不耐受的問題，增加背針使用患者，終生可以轉換1次改為口服藥治療；再者，因SMA藥價高昂，用藥評估很重要，當藥物對病人無效，將有下車評估機制，讓更多患者有機會使用。

全身型膿疱性乾癬生物製劑納健保

陳小姐高中時首次經歷全身型膿疱性乾癬發病，此後時不時要擔心大面積膿疱又來擾亂生活。健保自民國113年7月起以暫時性支付，有條件給付IL-36專用生物製劑，約百名病友可望受惠。

陳小姐7月31日在「全身型膿疱性乾癬藥物健保給付記者會」上分享，剛上高中的時候，身體上開始長小膿疱，到診所就醫拿藥卻持續惡化，又因發燒、意識不清到急診就醫，卻一住院就是3個月，全身上下從指甲縫、屁股縫、會陰到頭頂，都長滿整片膿疱，無法上廁所、下床走路，更不敢照鏡子，也不敢讓朋友來探望。

就算接受治療，陳小姐仍擔心疾病不時發作影響生活，前男友更因看到她發作模樣而分手。後來好不容易有了家庭，又為了避免影響胎兒暫停服藥，生完小孩後發作整整9個月，每週都要經歷全身長滿細小膿疱、乾掉、脫皮、長出好皮膚後再生膿疱的循環，甚至感染敗血症。這樣不受控制的人生，現在想起也會感到害怕。

台灣乾癬暨皮膚免疫學會理事長蔡呈芳說明，以前全身型膿疱性乾癬，只能吃類固醇藥物，後來口服A酸雖能有效讓膿疱乾掉，但會影響胎兒，不少女性患者因此無緣生育，甚至有人要領養後騙婆婆是自己的小孩。

蔡呈芳說，好在陸續有研究證實，全身型膿疱性乾癬與免疫系統中的介白素36（IL-36）相關發炎途徑異常有關；自己研究更發現，台灣全身型膿疱性乾癬患者有超過半數具此基因突變，可望以標靶藥物治療。

健保自113年7月1日起給付IL-36專用生物製劑用於全身型急性膿疱性乾癬治療，條件包含具有IL-36RN突變，為中重度，伴有膿疱紅腫部位侵犯體表面積>10%。

衛福部健保署長石崇良說，雖然英國、澳洲等國都尚未將此藥納入給付，但考量國內醫療科技評估（HTA）結果及實際迫切需要，因此以搭配112年啟動的「暫時性支付」納入健保，預估約100名病友可望受惠，每人年藥費約新台幣90萬元；半年後視實際申請，討論調整給付條件。

台灣65歲以上失智盛行率近8% 約35萬人

睽違13年，衛生福利部民國113年3月21日公布「全國社區失智症流行病學調查」結果，全台65歲以上長者失智症盛行率近8%，有35萬人，失智類型以阿茲海默型最多，預估130年失智長者人數上看68萬。

衛福部長期照顧司副司長吳希文受訪表示，上次失智症盛行率調查為100年時委託台灣失智症協會進行，這次委託國家衛生研究院調查發現長者失智盛行率7.99%，與100年的8.04%相近；依性別分析，失智症盛行率在女性為9.36%，高於男性6.35%。

台灣將邁入超高齡社會，吳希文說，預計未來每5年都會做一次失智症流行病學調查，隨著者人口數增加，依國家發展委員會人口資料推估，113年全台65歲以上失智人口數為35萬人，到民國120年可能上看47萬人，130年則會有68萬人。

▲台灣皮膚科醫學會理事、台北林口長庚醫院皮膚部主治醫師黃毓惠（左）說明全身型膿疱性乾癬。

合庫人壽

保戶加值服務
安心守護計畫

為您量身訂做家庭照顧計畫

請撥打專線
0800-50-7272

守護Plus 夢想更踏實

安心三部曲

1. **心理建設**
2. **資源盤點**
3. **服務連結**

守護五法寶

1. 照顧安排
2. 喘息服務
3. 實務指導
4. 家庭會議
5. 安心交接

合庫金控
合作金庫人壽
BNP Paribas Cardif TCB Life

詳情請見官網 ▶

調查發現,失智症類型以阿茲海默型(Alzheimer's disease)占56.88%,血管型失智症(Vascular dementia)占22.91%及巴金森氏症失智症(Parkinson disease dementia)占7.12%,且盛行率與性別、年齡具相關性。

吳希文表示,本次調查也是首次了解情緒及行為症狀(BPSD)發生情形。發現失智者有任一項症狀發生率約66%,前5名依序為是憂鬱及負性症狀(33.37%)、日夜顛倒／作息混亂(32.94%)、恐懼或焦慮(27.75%)、重複行為(25.43%)、妄想(21.19%)等。

吳希文說明,憂鬱及負性症狀為精神行為問題,包含社交能力下降、面無表情缺乏情感、講話單調沒有抑揚頓挫、對生活喪失興趣,較無行為上的正向表現等。

此次調查執行期間為民國109年至112年,以全國22縣市65歲以上人口進行分層多階段群集抽樣,並針對抽樣樣本進行二階段訪視,第1階段由訪員家戶面訪,透過問卷篩選疑似失智症者,第2階段由醫師家戶面訪,針對疑似失智症者做進一步臨床認知功能狀況評估,判定是否為失智症。

避免污名化　猴痘改名M痘

因應WHO修正猴痘(Monkeypox)英文名稱,衛生福利部民國113年自2月1日起將列為第2類法定傳染病「猴痘」中文名稱修正為「M痘」,通報規定與時效不受影響。

猴痘是由猴痘病毒所引起,傳播對象以親密接觸的人際傳播為主,台灣自111年6月23日,將猴痘列為第2類法定傳染病,迄今累計確診359例病例,包括340例本土及19例境外移入。

衛福部疾病管制署副署長羅一鈞113年1月20日指出,歐美流行期間曾進行討論,後來在世界衛生組織(WHO)會議上,專家建議改變疾病名稱,避免Monkeypox名稱造成污名化。WHO在11月28日宣布,開始使用Mpox稱呼猴痘,後續1年2種名稱可以混用,但希望1年後Monkeypox可以退場。

羅一鈞表示,疾管署在112年9月22日猴痘防治應變會議決議通過更名,之後進行預告,並於113年1月19日公告,2月1日起修正第2類法定傳染病「猴痘」中文名稱為「M痘」。

「修正名稱並不影響猴痘作為第2級法定傳染病通報規定與時效。」他說,相關指引手冊陸續修正中,2月1日起,法傳系統通報欄位、法定傳染病正式名稱都會正式改為M痘。並建議各界比照WHO在1年中,逐步把猴痘名稱改為M痘,跟進國際作法。

頑固型憂鬱症具遺傳
研究證實一等親罹病風險增九倍

北榮團隊研究發現,過去多認為頑固型憂鬱症(TRD)是壓力導致,其實跟腦部高度相關,且具家族遺傳性,一等親罹病風險增9倍,為首篇證實頑固型憂鬱症有基因遺傳風險的研究。

這項研究民國113年4月獲得精神領域國際期刊JAMA Psychiatry接受刊登,及CNN專文報導。台北榮總醫院精神醫學部情緒精準醫療中心主任李正達4月26日接受媒體電訪說明,絕大多數研究都發現,當家中有1人得到精神疾病,其他人罹病的機會是1到3倍。

這項研究進一步證實,李正達指出,當家中有頑固型憂鬱症(TRD)患者時,一等親得

▲北榮精神醫學部情緒精準醫療中心主任李正達(圖)說明頑固型憂鬱症(TRD)跟腦部高度相關,且具家族遺傳性。(北榮提供)

到其他精神疾病的機會不但增加了2到3倍，比方說焦慮症、強迫症、憂鬱症、躁鬱症甚至思覺失調症等，罹患TRD的風險更大幅增加9.16倍。

李正達表示，過去絕大多數人認為，TRD與「心理壓力」有比較大的關係，雖然越來越多研究顯示，可能是大腦出了問題，但缺乏大型的研究支持，到底是生理還是心理的占比較高。

北榮團隊透過分析國人就診資料，在串接不同資料庫後，證實TRD的基因遺傳風險。李正達說，也間接支持了TRD有著高度的生物性致因，也就是有更明顯的腦部異常。

不過，李正達表示，家有TRD患者的家庭，也不必過度擔心，只要多加注意身心健康，關注壓力耐受性，罹病風險未必會實現，且目前針對TRD已有多樣化的新穎治療方式，包括促進大腦活性的各式光、電療法，也有新型藥物能促進前額葉活化，只要及早治療後都會快速改善症狀。

腸病毒71型易引起重症
降低高血糖可減少風險

家長聞腸病毒色變，國家衛生研究院分子與基因醫學研究所研究員莊志立民國113年6月14日在成果發表記者會中指出，降低高血糖可減少腸病毒重症風險，腦幹中的微小核醣核酸（miR-206）活性是重要關鍵，提供未來治療方向。

腸病毒的傳染力強，多數病例為輕微或無併發症，但仍有少數病例發生重症或死亡，其中又以腸病毒A71型及D68型容易引發重症。促使衛院團隊展開研究，試著找出重症原因。

研究顯示，患者若產生高血糖現象，會在病毒感染後發生腦幹發炎。莊志立說明，團隊利用具有人類腸病毒71型受體的基因轉殖小鼠hSCARB2進行研究，經注射胰島素調降血糖水平後，可提高小鼠存活率，且能減少腦幹中的病毒量，顯示病毒誘導宿主產生高血糖現象，可能是病毒藉以控制宿主複製病毒的重要機制。

進一步研究後，團隊發現腸病毒感染會攻

▲腸病毒71型易引起重症致死，國家衛生研究院發表研究發現，降低高血糖可減少腸病毒重症風險。

擊胰島細胞，使其釋放胰島素的能力下降，進而導致高血糖，高血糖同時會誘發微小核醣核酸（miR-206）水平上升，產生抑制胰島素作用，結果就是高血糖變得更嚴重。

「腸病毒真的很惡毒。」莊志立說，病毒藉機在短時間內大量複製，可以更容易進入大腦，若透過抑制miR-206的活性，則可以減少病毒量和感染引起的神經損傷，顯示miR-206在此病毒的神經毒性中扮演關鍵角色。

他說，為預防幼兒感染後產生腦部併發症的發生，建議當幼兒感染時若食慾不佳，家長應控制不要給與幼兒過多的含糖飲料、布丁或果凍等，並留意幼童血糖值，避免因血糖的上升，增加重症的風險。

調查：逾65歲長者
每六人就有一人憂鬱症

台北醫學大學衛生福利政策研究中心民國113年5月31日舉行研討會，專家提醒，台灣65歲以上每6名長者中就1人有憂鬱症，但因誤認為老化現象、初期與失智症狀類似等因素而忽略，應先移除可改變的危險因子，強化社會網絡、休閒興趣等保護因子。

憂鬱症是一種常見精神疾病，隨人口快速老化，老年憂鬱成重要議題。衛生福利部心理健康司長陳亮妤在研討會中，以高齡者心理健康政策及挑戰為題簡報指出，台灣高齡化速度是亞洲之最，推估114年邁入超高齡社會，並將於125年進入極高齡社會，長者占比

陳亮妤表示，邁向健康老化過程中，心理健康是重要一環，但衛福部調查發現，台灣人平均每10人就1人罹患憂鬱症，65歲以上盛行率更高達16.7%，相當於每6名長者就1人有憂鬱症。

陳亮妤說明，3大原因導致老年憂鬱症難以察覺，首先是誤認為正常老化現象，再來就是憂鬱症在長者的年代污名化問題較嚴重，因此抗拒就醫，第3個原因則是初期與失智的症狀類似，連帶診斷機率偏低。

根據衛福部在104年到106年針對老人心理健康調查，陳亮妤表示，55到64歲有最好的心理調適，75歲以上最差，而65到74歲則介於兩者之間；值得注意的是，75歲以上的女性，尤其居住在低城市化地區者，若無非配偶同住、身為主要照顧者等，更容易憂鬱。

從衛福部自殺通報統計來看，她提到，憂鬱傾向、罹患憂鬱症或其他精神疾病，居65歲以上長者輕生原因第1名，可見預防長者憂鬱重要性，將持續整合、布建並加強連結相關資源，未來也將納入科技應用。

WHA落幕
挺台及雙邊會談數皆創疫後新高

衛生福利部長邱泰源2024年6月1日說，在第77屆世界衛生大會（WHA）中，挺台聲量更勝往年，共26個國家及歐盟為台灣執言，另外舉行43場雙邊會談，場次、深度到廣度均有所突破，為COVID-19疫後最多。

第77屆WHA於5月27至6月1日在瑞士日內瓦召開，由於受到中國壓力，世界衛生組織（WHO）已連續8年未邀請台灣參加，但邱泰源仍率領政府世衛行動團前往當地，進行一系列活動。

他於世衛行動團返國記者會中開場指出，台灣連續8年沒有收到邀請函，令人感到遺憾，2024年共有26個會員國及觀察員身分的歐盟代表公開發言挺台，其中歐洲增為10個、亞太地區5個、中東有以色列。

相較2023年，邱泰源提到，2024年非邦交國新增荷蘭、紐西蘭、拉脫維亞、以色列及歐盟等5國；其中，紐西蘭及以色列強調，世衛應強化包容性，納入台灣經驗與專業，紐西蘭更是首度明確提及台灣。

邱泰源說，這次行動團最特別之處，集結公、私、僑團、民團、青年團等各界一起討論如何發揮力量，在整個WHA期間，透過遊行、展示、專業論壇等方式表達意見。

此外，舉辦共計43場雙邊會談場次。邱泰源表示，互動內容也比以往更具體，就全民健保、傳染病防治、健康促進、癌症防治、非傳染性疾病、心理健康、醫衛人員訓練、醫藥及菸害防制等重要議題，交換經驗並尋求未來合作方向。

2024年挺台國家與雙邊會談數量均創COVID-19疫情後新高，他認為，顯示過去一點一滴累積的努力造就2024年的突破，會以專業務實的態度，持續強化與各國衛生部門與國際專業醫衛團體的合作，藉著醫療衛生議題的實質交流，讓國際社會了解台灣不能參加WHA，不僅影響台灣人民的平等健康權，也是國際社會的重大損失。

▲衛福部長邱泰源（右二）表示，2024年共有26個會員國及觀察員身分的歐盟代表公開發言挺台。

台灣解除福島五縣食品進口管制

衛福部食藥署民國113年9月25日公告，解除日本福島5縣食品輸入管制，即日起野生鳥獸肉、菇類、漉油菜等原禁止品項，採雙證管理加逐批檢驗；日本禁止流通的品項仍不准輸入台灣。日本農林水產大臣坂本哲志對此表示，這是支持災區重建的積極舉動；日本外務省也表示歡迎。

100年3月11日發生日本福島核電廠事故後，台灣禁止福島、茨城、櫪木、群馬與千葉5縣食品將近11年，直到111年行政院宣布，由禁止特定地區改為禁止特定風險品項，包括野生鳥獸肉、菇類、漉油菜及日本禁止流通品項，都不准輸入台灣。

隨國際逐漸解除對日本食品管制措施，食藥署在113年7月23日，預告修正《停止輸入查驗之日本食品品項別及其生產製造地區》（即禁止進口規定）草案，及《輸入日本特定食品應檢附輻射檢測證明向查驗機關申請查驗》草案。

由於預告期間沒有收到特殊意見，9月25日傍晚公告《輸入日本特定食品應檢附輻射檢測證明向查驗機關申請查驗》修正案生效。即起從日本福島5縣進口的食品，必須檢具雙證明，即輻射檢驗證明、產地證明，且邊境採百分之百逐批檢驗；至於日本禁止流通的品項，當然絕對不准輸入台灣。

此外，非福島5縣特定地區的水產品、菇類、茶類、乳製品及嬰幼兒食品，如靜岡縣茶葉等，未來不再要求雙證明，可以免檢附輻射檢驗證明，只要提出產地證明即可。

傳統豬瘟拔針滿週年
台拚亞洲唯一「豬瘟非疫國」

台灣傳統豬瘟拔針滿1年，農業部民國113年7月1日說，將向世界動物衛生組織（WOAH）提出申請成為豬瘟非疫國，若通過審查，有機會在114年率先成為亞洲唯一「三大豬病非疫區」的國家。

傳統豬瘟為台灣甲類動物傳染病，也是WOAH表列應通報疾病，會造成豬隻全身性出血、流死產，是高度傳染性高死亡率疾病，亞洲地區國家都遭受傳統豬瘟疫病的危害；台灣從94年於彰化縣發現最後1例案例後，未再有發現確診病例。

農業部指出，推動傳統豬瘟拔針採3階段完成，如今台灣豬隻全面停止注射豬瘟疫苗達1年，經嚴密監測未發現豬瘟野外病毒株活動跡象，符合WOAH陸生動物衛生法典所列「豬瘟非疫國」申請要件，將備妥相關資料向WOAH申請豬瘟非疫國，邁向清除口蹄疫與傳統豬瘟、防堵非洲豬瘟的「三大豬病非疫區」。

另外，台灣防疫非洲豬瘟有成，農業部113年11月1日表示，世界動物衛生組織已正式將台灣刊載於非洲豬瘟非疫國的自我聲明列表中，與日本是東亞唯二的非洲豬瘟防疫國，彰顯邊境防疫成效。

台灣抗羊痘10多年
世界動物衛生組織認非疫國

農業部民國112年12月21日表示，世界動物衛生組織（WOAH）12月19日認同台灣為羊痘非疫國，並公布於該組織網頁。對台灣年產值約新台幣13億元養羊產業的永續發展具有重大貢獻。

根據WOAH規範，需持續3年以上無羊痘病例，才能符合聲明為羊痘非疫區國家；實施撲殺政策國家，不論是否接種羊痘疫苗，最後1頭染病動物撲殺後6個月無病例。台灣112年7月彙整資料向WOAH自我聲明羊痘非疫國階段，12月19日獲認證。

農業部指出，羊痘是甲類動物傳染病，也是WOAH表列應通報疾病，此病為高度傳染性的病毒性疾病，由羊隻直接或間接與污染原接觸而傳播，特徵是頭部及身體會出現皮膚痘瘡，幼羊死亡率可高達80%、成羊約5%至10%。

▲世界動物衛生組織認同台灣為羊痘非疫國，農業部代理部長陳駿季（圖）說，將加強產業輔導升級。

農業部防檢署副署長徐榮彬說明，台灣第1起羊痘案例於民國97年在桃園發生，撲殺210頭；接著在99年大爆發，有583場發現感染案例，撲殺羊隻達2萬3,740頭，約占當時的1/4。

徐榮彬指出，為避免一直撲殺重創台灣養羊產業，因此改打疫苗，約2個月後完成，接著每年打1劑。隨後台南新化100年3月又有一起；彰化101年2月為最後一起。

農業部代理部長陳駿季表示，未來持續輔導產業升級，加強牧場生物安全，促進產業發展；銷售端則會持續輔導設置屠宰冷鏈物流設備，以及儲乳槽等儲運設施等；希望養羊產業變成國人都吃得到的一個產業，不僅是國產、在地而能減少碳足跡的產業，還有非常大的成長空間。

台大北榮揭慢性腎病關鍵兩基因

台灣洗腎率全球第1，背負洗腎王國污名，台大醫院與台北榮總民國113年7月6日發表重大研究突破，動物實驗證實基因TRPM8、DNAJB4的蛋白質表現程度，是腎臟病惡化關鍵，帶來臨床治療曙光。

台大醫院與台北榮民總醫院從96年起簽訂教學研究合作計畫，就不同醫療領域發展需求的議題合作，之前曾發表30項重大研究成果，7月6日再度舉行發表會，由台大醫學院生理所教授李宗玄與台北榮總內科部主任唐德成、台大醫院內科部腎臟科主任黃政文共同領導研究團隊，分享重要研究成果。

▲台大醫院與台北榮民總醫院發表重大研究突破，說明腎臟病關鍵2基因。

李宗玄簡報指出，腎臟的功用是將身體的廢物代謝為尿液，以及平衡體內的水分及電解質，若腎臟受損超過3個月，導致其結構或功能無法完全恢復，就稱為慢性腎臟病。

他說，過去研究顯示，TRPM8與DNAJB4這2個基因在心血管疾病、阿茲海默症等致病過程有一定影響，由於慢性腎臟疾病與這些疾病密切相關，團隊進一步應用在慢性腎臟病研究中。

「一般認為TRPM8與細胞膜上的鈣離子通道活性有關」，李宗玄解釋這2個基因的功能，至於DNAJB4則是有研究指出，在穩定體內蛋白架構上有重要作用。

然而，團隊進行動物實驗發現，在慢性腎臟病的過程中，TRPM8的蛋白質表現量上升，會導致內皮細胞功能失調，減少一氧化氮生成，並破壞保護屏障，進而加劇腎臟纖維化；DNAJB4的蛋白質表現量越高，則會吸引更多白血球浸潤，導致腎臟損傷惡化及細胞凋亡。

李宗玄表示，當這2項基因剔除後，小鼠腎功能衰退的病理變化獲得緩解，腎臟的組織變化也獲得改善，目前持續研究確認TRPM8和DNAJB4的上下游關係，有望延緩腎臟病惡化、改善患者預後。

中研院解密大規模細胞死亡之謎 有助癌症治療

中央研究院民國113年7月18日召開記者會，分子生物研究所助研究員陳昇宏的研究團隊首度發現「活性氧化物」所造成的鐵死亡觸發波（ferroptosis trigger wave），是造成大規模細胞死亡的原因，為胚胎發育提供了一種新的解釋，研究登上國際頂尖期刊《自然》。

中研院表示，從19世紀以來，科學家們發現在生命發育的過程中，細胞會迅速增生並分化出多細胞生物體上的各種組織與器官，但增生的同時為什麼會伴隨大規模的細胞死亡是一道百年未解之謎。

中研院說，有別於一般的細胞凋亡和壞死，細胞的鐵死亡為近年科學界發現的另一種細胞死亡方式，但科學家對其還認識不

▲中研院分子生物研究所助理研究員陳昇宏（右2）的研究團隊首度發現「活性氧化物」所造成的鐵死亡觸發波，是造成大規模細胞死亡的原因。（中研院提供）

多，這次研究運用化學與基因的量化調控發現，活性氧化物的「訊息回饋迴路」，是鐵死亡觸發波發生與傳播的主要機制。

陳昇宏指出，不同於單次造成兩、三個細胞死亡的擴散作用，由活性氧化物引起的鐵死亡觸發波一次可使動輒數百萬個細胞死亡，而鐵死亡觸發波的機制，是透過化學訊號將細胞的開關打開，當細胞接收到訊息後，再傳給下一個細胞，類似骨牌效應的概念。

陳昇宏說，研究團隊使用24小時不間斷的細胞縮時動態攝影，結合大數據影像分析，發現鐵死亡觸發波可藉由化學訊號的連續觸發，進行長距離、無邊際的等速傳播，「就像在雕刻一件藝術品一樣，鐵死亡觸發波引起的大規模細胞死亡，可以清除大面積的臨時組織」。

中研院表示，這項開創性的研究不僅是對細胞大規模死亡的學術探討，也提出「鐵死亡觸發波」擔任雕琢生命之手的角色，有助於為生物醫學裡的癌症治療，提供新的解方。

衛福部數位網路性別暴力調查
近六成民眾曾遭遇

數位便利加上網路無遠弗屆，為現代人交流主要媒介，卻也導致性別暴力樣態更加多元複雜，衛生福利部民國113年首度完成18到74歲數位網路性別暴力狀況調查，結果7月16日公布，近6成民眾曾遭遇數位性別暴力，又以30到39歲占7成最高；就性別及性傾向分析，以年輕男同志最多。

暨南國際大學社工系教授王珮玲簡報指出，47.4%的人112年曾遭受數位網路性別暴力，59.4%在15歲之後曾有被害經驗；而在各類數位網路性別暴力樣態中，以「騷擾」終生盛行率48.5%最高，其次依序是「羞辱與攻擊」26.0%、「跟蹤或肉搜」21.8%、「控制或限制表意」11.7%、「影像性暴力」10.4%等。

數位網路性別暴力被害人不分年齡、性別，王珮玲說明，30到39歲終生盛行率71%最高，65到74歲最低、卻也高達43.6%；如以性別及性傾向分析，非異性戀男性終生盛行率30.2%最高，其次依序為非異性戀女性15.2%、異性戀女性9.5%、異性戀男性6.1%。

王珮玲表示，調查發現，異性戀男性被害人求助比例最低，僅26.3%在最後一次受害時向他人求助，非異性戀男性次之，約42%曾求助。

調查深度訪談22名被害人，包括7名同性戀男性。政治大學傳播學院新聞學系副教授方念萱表示，有些人是在完全不知情的情況下被偷拍，例如到對方家中被所謂的貓咪監視器偷拍，這些人面臨的求助困境，包括受暴時失語、對於報警缺乏正面經驗、擔心出櫃風險、不知如何求助、社會缺乏同理共感等。

這項調查在112年10月14日至11月10日期間，透過臉書、Dcard、PTT、IG、LINE等社群平台，針對國內18到74歲民眾抽樣，共收集5,030份樣本。

▲數位便利加上網路無遠弗屆，性別暴力樣態更加多元複雜，衛福部舉行記者會，公布數位網路性別暴力狀況調查成果。

台灣醫療機構及執業醫事人員數

單位：家；人；平方公里；床

年底別	醫療院所數[1]	醫院數	每萬人口醫院數	平均每一醫院服務之人口數	平均每一醫院服務之面積	診所數	每萬人口診所數	平均每一診所服務之人口數	平均每一診所服務之面積
80	13,661	821	0.40	25,039	44.07	12,840	6.25	1,601	2.82
90	18,265	637	0.28	35,174	56.81	17,628	7.87	1,271	2.05
100	21,135	507	0.22	45,809	71.39	20,628	8.88	1,126	1.75
101	21,437	502	0.22	46,446	72.10	20,935	8.98	1,114	1.73
102	21,713	495	0.21	47,219	73.12	21,218	9.08	1,102	1.71
103	22,041	497	0.21	47,150	72.82	21,544	9.19	1,088	1.68
104	22,177	494	0.21	47,555	73.27	21,683	9.23	1,083	1.67
105	22,384	490	0.21	48,040	73.87	21,894	9.30	1,075	1.65
106	22,612	483	0.20	48,802	74.94	22,129	9.39	1,065	1.64
107	22,816	483	0.20	48,838	74.94	22,333	9.47	1,056	1.62
108	22,992	480	0.20	49,173	75.41	22,512	9.54	1,048	1.61
109	23,132	479	0.20	49,188	75.57	22,653	9.61	1,040	1.60
110	23,278	478	0.20	48,902	75.73	22,800	9.75	1,025	1.59
111	23,578	480	0.21	48,468	75.41	23,098	9.93	1,007	1.57
112	23,896	476	0.20	49,203	76.04	23,420	10.00	1,000	1.55

年底別	病床數	每萬人口病床數	每一病床服務人數	執業醫事人員數[2]	每萬人口執業醫事人員數	每萬人口執業醫師數[3]	平均每一執業醫師服務人數[3]	每平方公里執業醫事人員數
80	92,785	45.14	222	96,921	47.15	11.49	870	2.69
90	127,676	56.98	175	165,855	74.02	15.42	649	4.58
100	160,472	69.09	145	250,258	107.75	19.62	510	6.91
101	160,900	69.01	145	258,283	110.78	20.02	500	7.14
102	159,422	68.21	147	265,759	113.70	20.51	488	7.34
103	161,491	68.91	145	271,555	115.88	20.96	477	7.50
104	162,163	69.03	145	280,508	119.41	21.41	467	7.75
105	163,148	69.31	144	289,174	122.84	21.79	459	7.99
106	164,590	69.83	143	299,782	127.18	22.51	444	8.28
107	167,521	71.02	141	312,887	132.64	23.04	434	8.64
108	168,266	71.29	140	326,691	138.41	24.00	417	9.03
109	169,780	72.06	139	337,942	143.43	24.76	404	9.34
110	170,710	73.03	137	347,555	148.68	25.52	392	9.60
111	172,095	73.97	135	354,101	152.21	26.11	383	9.78
112	171,717	73.32	136	359,954	153.69	26.43	378	9.94

說明：81年(含)以前為台灣地區資料。
附註：(1)59年以前係省縣市立衛生醫療機構資料；60年起係公私立醫院診所資料；76年起不含衛生室資料。(2)係指機構暨人員開(執)業場所執業醫事人員數；自107年起非醫事機構之定義調整，擴大統計範圍。(3)含中醫師。
資料來源：衛生福利部、內政部。

國人主要死因、死亡人數及死亡率

單位：人；人／10萬人

年及性別	所有死亡原因 死亡人數	所有死亡原因 死亡率	惡性腫瘤 死亡人數	惡性腫瘤 死亡率	腦血管疾病 死亡人數	腦血管疾病 死亡率	心臟疾病 死亡人數	心臟疾病 死亡率	糖尿病 死亡人數	糖尿病 死亡率	事故傷害 死亡人數
41	76,053	950.8	2,459	30.7	3,922	49.0	10,516	131.5	3,902	48.8	-
70	86,204	479.7	13,764	76.6	7,706	42.9	2,833	15.8	14,202	79.0	1,613
80	104,461	510.7	19,630	96.0	12,026	58.8	2,644	12.9	14,137	69.1	4,210
90	126,667	567.0	32,993	147.7	11,003	49.2	3,746	16.8	13,141	58.8	9,113
100	152,030	655.5	42,559	183.5	16,513	71.2	9,047	39.0	10,823	46.7	9,081
103	162,886	696.0	46,093	196.9	19,399	82.9	10,353	44.2	11,733	50.1	9,846
104	163,574	697.2	46,829	199.6	19,202	81.8	10,761	45.9	11,169	47.6	9,530
105	172,418	733.2	47,760	203.1	20,812	88.5	12,212	51.9	11,846	50.4	9,960
106	171,857	729.6	48,037	203.9	20,644	87.6	12,480	53.0	11,755	49.9	9,845
107	172,859	733.1	48,784	206.9	21,569	91.5	13,421	56.9	11,520	48.9	9,374
108	175,424	743.4	50,232	212.9	19,859	84.2	15,185	64.4	12,176	51.6	9,996
109	173,067	733.9	50,161	212.7	20,457	86.7	13,736	58.2	11,821	50.1	10,311
110	184,172	784.8	51,656	220.1	21,852	93.1	13,549	57.7	12,182	51.9	11,450
111	208,438	893.8	51,927	222.7	23,668	101.5	14,320	61.4	12,416	53.2	12,289
112	205,575	880.7	53,126	227.6	23,424	100.3	16,702	71.6	12,371	53.0	11,625
男性	120,405	1043.5	31,158	270.0	7,143	61.9	13,530	117.3	6,301	54.6	4,823
女性	88,033	747.2	20,769	176.3	5,273	44.8	10,138	86.1	5,988	50.8	2,130

年、地區及性別	所有死亡原因 糖尿病 死亡率	事故傷害 死亡人數	事故傷害 死亡率	高血壓性疾病 死亡人數	高血壓性疾病 死亡率	慢性下呼吸道疾病 死亡人數	慢性下呼吸道疾病 死亡率	腎炎、腎病症候群及腎病變 死亡人數	腎炎、腎病症候群及腎病變 死亡率	慢性肝病及肝硬化 死亡人數	慢性肝病及肝硬化 死亡率
41	-	-	-	-	-	-	-	2,904	36.3	621	7.8
70	9.0	11,616	64.6	3,146	17.5	-	-	2,329	13.0	3,075	17.1
80	20.6	13,636	66.7	2,492	12.2	-	-	2,527	12.4	3,601	17.6
90	40.8	9,513	42.6	1,766	7.9	-	-	4,056	18.2	5,239	23.5
100	39.2	6,726	29.0	4,631	20.0	5,984	25.8	4,368	18.8	5,153	22.2
103	42.1	7,118	30.4	5,459	23.3	6,428	27.5	4,868	20.8	4,962	21.2
104	40.6	7,033	30.0	5,536	23.6	6,383	27.2	4,762	20.3	4,688	20.0
105	42.4	7,206	30.6	5,881	25.0	6,787	28.9	5,226	22.2	4,738	20.1
106	41.8	6,965	29.6	6,072	25.8	6,260	26.6	5,381	22.8	4,554	19.3
107	39.8	6,846	29.0	5,991	25.4	6,146	26.1	5,523	23.4	4,315	18.3
108	42.4	6,640	28.1	6,255	26.5	6,301	26.7	5,049	21.4	4,240	18.0
109	43.7	6,767	28.7	6,706	28.4	5,657	24.0	5,096	21.6	3,964	16.8
110	48.8	6,775	28.9	7,886	33.6	6,238	26.6	5,470	23.3	4,065	17.3
111	52.7	6,953	29.8	8,720	37.4	6,494	27.8	5,813	24.9	4,107	17.6
112	49.8	7,063	30.3	8,930	38.3	6,164	26.4	5,814	24.9	3,813	16.3
男性	51.8	4,921	42.7	4,530	39.3	4,273	37.1	2,916	25.3	2,810	24.4
女性	47.8	2,142	18.1	4,400	37.2	1,891	16.0	2,898	24.5	1,003	8.5

說明：1.82年(含)以前為臺灣地區資料。2.死亡率係指每10萬人口死亡人數。3.死因統計自97年起依國際疾病傷害及死因分類標準第10版分類(ICD-10)；108年起改採「2016年版ICD-10死因選取準則」，因選取準則不同，歷年資料需經「轉換比值」調整後始得比較。 4.死亡人數未滿20人者，易受小樣本影響，死亡率不具可靠性，爰以「*」呈現。

資料來源：衛生福利部。

國人主要癌症死亡人數及死亡率

單位：人；人／10萬人

年、地區及性別	所有癌症 死亡人數	所有癌症 死亡率	氣管、支氣管和肺癌[1] 死亡人數	氣管、支氣管和肺癌[1] 死亡率	肝和肝內膽管癌[2] 死亡人數	肝和肝內膽管癌[2] 死亡率	結腸、直腸和肛門癌[3] 死亡人數	結腸、直腸和肛門癌[3] 死亡率	女性乳房癌 死亡人數	女性乳房癌 死亡率	前列腺(攝護腺)癌 死亡人數	前列腺(攝護腺)癌 死亡率
80	19,630	96.0	3,759	18.4	3,870	18.9	1,674	8.2	664	6.7	233	2.2
85	27,961	130.4	5,439	25.4	5,794	27.0	2,642	12.3	987	9.5	463	4.2
90	32,993	147.7	6,555	29.3	6,415	28.7	3,457	15.5	1,241	11.4	693	6.1
95	37,998	166.5	7,479	32.8	7,415	32.5	4,284	18.8	1,439	12.8	957	8.3
100	42,559	183.5	8,541	36.8	8,022	34.6	4,921	21.2	1,852	16.0	1,096	9.4
103	46,093	196.9	9,167	39.2	8,178	34.9	5,603	23.9	2,071	17.7	1,218	10.4
104	46,829	199.6	9,232	39.3	8,258	35.2	5,687	24.2	2,141	18.2	1,231	10.5
105	47,760	203.1	9,372	39.9	8,353	35.5	5,722	24.3	2,176	18.4	1,347	11.5
106	48,037	203.9	9,235	39.2	8,402	35.7	5,812	24.7	2,377	20.1	1,392	11.9
107	48,784	206.9	9,388	39.8	8,222	34.9	5,823	24.7	2,418	20.4	1,377	11.8
108	50,232	212.9	9,701	41.1	7,881	33.4	6,436	27.3	2,633	22.2	1,538	13.1
109	50,161	212.7	9,629	40.8	7,773	33.0	6,489	27.5	2,655	22.3	1,730	14.8
110	51,656	220.1	10,040	42.8	7,970	34.0	6,657	28.4	2,913	24.6	1,689	14.5
111	51,927	222.7	10,053	43.1	7,781	33.4	6,853	29.4	2,834	24.1	1,830	15.9
112	53,126	227.6	10,348	44.3	7,724	33.1	6,791	29.1	2,972	25.2	1,815	15.7
男性	31,885	276.6	6,499	56.4	5,259	45.6	3,874	33.6	-	-	1,815	15.7
女性	21,241	179.8	3,849	32.6	2,465	20.9	2,917	24.7	2,972	25.2	-	-

年、地區及性別	口腔癌 死亡人數	口腔癌 死亡率	胰臟癌 死亡人數	胰臟癌 死亡率	胃癌 死亡人數	胃癌 死亡率	食道癌 死亡人數	食道癌 死亡率	子宮頸及部位未明示子宮癌(4) 死亡人數	子宮頸及部位未明示子宮癌(4) 死亡率
80	549	2.7	502	2.5	2,044	10.0	660	3.2	870	8.8
85	1,042	4.9	785	3.7	2,519	11.7	770	3.6	979	9.4
90	1,560	7.0	992	4.4	2,446	10.9	999	4.5	939	8.6
95	2,202	9.6	1,247	5.5	2,398	10.5	1,304	5.7	792	7.0
100	2,463	10.6	1,607	6.9	2,288	9.9	1,507	6.5	681	5.9
103	2,717	11.6	1,890	8.1	2,350	10.0	1,791	7.7	640	5.5
104	2,667	11.4	1,948	8.3	2,326	9.9	1,807	7.7	661	5.6
105	2,936	12.5	1,996	8.5	2,315	9.8	1,731	7.4	634	5.4
106	2,842	12.1	2,082	8.8	2,304	9.8	1,797	7.6	651	5.5
107	3,027	12.8	2,292	9.7	2,299	9.7	1,929	8.2	653	5.5
108	3,425	14.5	2,497	10.6	2,379	10.1	1,983	8.4	674	5.7
109	3,380	14.3	2,450	10.4	2,339	9.9	1,954	8.3	668	5.6
110	3,395	14.5	2,659	11.3	2,310	9.8	2,030	8.6	608	5.1
111	3,479	14.9	2,769	11.9	2,277	9.8	1,980	8.5	608	5.2
112	3,610	15.5	2,879	12.3	2,327	10.0	2,064	8.8	644	5.5
男性	3,301	28.6	1,543	13.4	1,431	12.4	1,915	16.6	-	-
女性	309	2.6	1,336	11.3	896	7.6	149	1.3	644	5.5

說明：1.82年(含)以前為臺灣地區資料。2.死亡率係指每十萬人口死亡人數。3.死因統計自97年起依國際疾病傷害及死因分類標準第10版分類(ICD-10)；108年起改採「2016年版ICD-10死因選取準則」，因選取準則不同，歷年資料須經「轉換比值」調整後始得比較。4.死亡人數未滿20人者，易受小樣本影響，死亡率不具可靠性，爰以「*」呈現。

附註：(1)96年(含)以前為肺癌。(2)96年(含)以前為肝癌。(3)96年(含)以前為結腸直腸癌。(4)96年(含)以前為子宮頸癌。

資料來源：衛生福利部。

台灣法定傳染病病例及患者統計

單位：人

年及地區別	登革熱	急性無力肢體麻痺	桿菌性痢疾	阿米巴性痢疾	急性病毒肝炎	結核病	百日咳	日本腦炎	退伍軍人病	侵襲性b型嗜血桿菌感染症
81	23	-	88	28	-	-	-	10	-	-
85	53	83	256	7	560	-	15	21	44	-
90	270	101	1,327	303	769	14,486	6	33	40	49
95	1,074	66	139	125	613	15,378	14	29	56	16
100	1,702	45	203	256	323	12,788	77	22	97	9
103	15,732	29	132	300	453	11,438	78	18	135	4
104	43,784	19	186	350	525	10,828	70	30	153	3
105	743	41	225	314	1,476	10,440	17	23	114	14
106	343	61	162	378	858	9,862	34	25	188	6
107	533	66	172	334	751	9,299	30	37	211	5
108	640	64	147	352	851	8,811	32	21	281	3
109	137	33	151	250	791	7,897	5	21	326	3
110	12	28	121	188	785	7,144	-	28	351	1
111	88	38	92	216	743	6,640	2	19	383	2
112	26,669	61	71	283	745	5,115	-	26	416	1

年及地區別	梅毒	淋病	腸病毒感染併發重症	人類免疫缺乏病毒感染(HIV)	後天免疫缺乏症候群(AIDS)	侵襲性肺炎鏈球菌感染症	恙蟲病	流感併發重症	嚴重特殊傳染性肺炎
81	2,847	-	-	149	22	-	52	-	-
85	3,172	121	-	311	162	-	156	-	-
90	4,237	443	393	689	165	-	235	-	-
95	5,808	1,437	11	2,938	579	-	384	25	-
100	6,372	1,978	59	1,967	1,075	837	322	1,481	-
103	6,986	2,622	6	2,236	1,387	587	414	1,721	-
104	7,471	3,587	6	2,327	1,440	524	494	857	-
105	8,725	4,469	33	2,396	1,412	592	488	2,084	-
106	9,835	4,601	24	2,514	1,390	454	422	1,359	-
107	9,808	4,209	36	1,992	1,091	459	386	1,196	-
108	9,397	4,523	69	1,755	1,005	447	449	2,325	-
109	8,799	7,082	6	1,390	800	228	422	444	823
110	9,412	7,381	-	1,246	689	194	292	1	16,302
111	9,707	8,015	3	1,069	657	200	276	22	8,856,169
112	10,019	8,262	14	947	590	287	204	1,035	1,371,201

說明：81年(含)以前為臺灣地區資料。
資料來源：衛生福利部疾病管制署。

§ 第十章　媒體與文化

世界新聞自由指數　台灣升至27名

無國界記者組織（RSF）2024年5月3日發布2024年「世界新聞自由指數」（World Press Freedom Index）排名，台灣由2023年第35升至第27；中國排名第172；倒數3名分別是阿富汗（第178名）、敘利亞（第179名）與厄利垂亞（第180名）。

無國界記者組織表示，台灣相當尊重媒體自由的原則，雖然遭遇假訊息和假新聞充斥的挑戰，仍持守著新聞自由模範的榜樣。台灣在亞太地區排名第4，僅次於紐西蘭、東帝汶、薩摩亞，超越澳洲、南韓、日本、泰國、印尼、新加坡、菲律賓、印度等國。

無國界記者組織並指出，中國除了囚禁記者人數居全球之冠，北京當局還嚴格箝制資訊管道，執行審查和監控政策以管理上傳至網路的訊息，並限制被視為敏感或違背黨路線的消息散布。

中國在180個國家和地區中排名第172，與2023年的倒數第2（第179名）相較略有上升。美國之音（VOA）報導引述無國界記者組織倡議專員白奧蘭（Aleksandra Bielakowsk）說，中國排名變化的唯一原因是「其他國家的新聞自由度下降」。報導顯示，同樣由於其他國家和地區的情況惡化，香港排名也由第140略微提升至第135。此外，美國向來被視為新聞自由的指標，排名下降10名來到第55。

無國界記者組織總結指出，決定世界新聞自由排名的5大指標中，政治指標的降幅最顯著，全球平均下降7.6個百分點，皆因世界各地的新聞自由正受到執政當局的威脅。而世界各地也即將舉行大選，新聞工作者面臨極大壓力。

NCC組織法三讀修正
委員限連任一次並刪除延任規定

立法院民國113年7月16日三讀通過修正《國家通訊傳播委員會（NCC）組織法》第4條條文，規定NCC委員改為「任滿得連任一次，已連任者不得再任」，及刪除延任規定，也增訂行政院長補足提名期間的規定。

立法院長韓國瑜7月11日主持黨團協商，研商NCC組織法第4條等條文修正草案，朝野無共識，7月16日全案進院會處理，最終國民黨團以52票比51票，1票之差險勝民進黨團，通過國民黨團再修正動議版本。民眾黨立委雖在場，但針對國民黨團所提再修正動議的表決，並未參與投票。

現行NCC組織法第4條條文規範，本會置委員7人，均為專任，任期4年，任滿得連任。三讀通過條文規定，本會置委員7人，均為專任，任期4年，任滿得連任一次，已連任者不得再任。

三讀通過條文也刪除現行第4條第5項條文，即「本會委員任期屆滿未能依前項規定提任時，原任委員之任期延至新任委員就職前一日止，不受第一項任期之限制」。

另增訂行政院長補足提名期間相關規定，委員出缺時，其繼任委員的任期至原任期屆滿之日為止。如因立法院不同意或出缺致委員人數未達足額時，行政院長應於3個月內補足提名。

行政院7月30日以新法尚未正式施行為由，指定NCC副主委翁柏宗從8月1日起延任並代理主委職務。此舉引發在野黨立委不滿，提出NCC組織法第16條修正案，更改法案自公布日施行；11月15日三讀通過，翁柏宗須於12月1日卸任，屆時NCC將只剩3位委員。

NCC網路傳播政策白皮書初稿出爐
促網媒成立自律組織

國家通訊傳播委員會（NCC）民國113年7月17日公布「網際網路傳播政策白皮書」初稿，提出短期與中長期方案，短期優先推動產業自律，包含網路傳播研究調查與國際合作

等；中長期擬強化他律及法律的三律共管，盼促成網路新聞業者成立自律組織。

因應網路快速發展，111年8月27日修正施行的《國家通訊傳播委員會組織法》第3條，增訂NCC掌理網際網路傳播政策與法令、網際網路內容分級制度事項，並協調各部會依其權責處理非法內容機制。

「網際網路傳播政策白皮書」初稿揭示3大願景，包括保障言論自由、維護使用者權益與建立安全可信賴環境，也說明公眾參與、透明治理、權利救濟及公私協力等4大理念；希望達到透過對話共識治理模式、促進網路平台業者自律、協力部會守護網路秩序、掌握網際網路傳播趨勢及提升公民網路傳播素養等5大目標。

NCC指出，具體方案分短期與中長期兩階段訂定。短期以推動產業自律為優先，具體事項包括網際網路傳播研究與調查、國際合作、素養培力計畫、與相關部會合作，實踐多方利害關係人治理模式等行動方案。

中長期則規劃強化他律及法律之三律共管，具體措施如推動第三方共治機制，促成網路新聞業者成立自律組織，制定共識的網路新聞倫理自律公約，同時呼籲國際合作，以應對跨境流通和全球性的網際網路挑戰。

NCC表示，希望透過公開「網際網路傳播政策白皮書」初稿，對外徵詢意見90天至10月18日，以利與各界討論與凝聚網際網路傳播治理共識。

配合打詐新法　數發部NCC推新制

為防堵詐騙，立法院民國113年7月12日三讀通過《詐欺犯罪危害防制條例》（俗稱打詐條例），數位發展部與國家通訊傳播委員會（NCC）配合打詐，積極推動網路詐騙通報查詢、3大電信與165及移民署資料庫串接、納管網路平台廣告等多項措施。

數發部建置網路詐騙通報查詢網

數發部攜手Google、LINE、Meta 3大平台，開發「網路詐騙通報查詢網」，113年第4季上線，規劃包含App及網頁版本，處理流程包含報案、分案、確認與通知平台下架等4步驟。數發部政務次長林宜敬說明，若民眾看到可疑廣告內容，可將網址貼到網站中，確認是否為詐騙訊息，在網站首頁也可以看到最多人檢視的詐騙內容等。

至於透過封閉群組進行的詐騙，也可貼上群組網址通報業者下架。但林宜敬提醒，數發部主要從源頭在平台端阻斷詐騙訊息，減少民眾接觸機會，如果已經進入封閉群組，處理上可能牽涉民眾隱私與言論自由問題，政府行事必須依法，提醒民眾提高警覺。

若無法判別或認定民眾通報的是高風險內容，將不會立刻下架，而是在查詢網上標示，提醒民眾留意。數發部也說明，查詢網是以行政處分來執行下架機制，若下架錯誤，民眾可向數發部提起訴願進行權利救濟。

NCC要求三大電信介接資料庫防詐

因應打詐條例及《電信事業用戶號碼使用管理辦法》發布施行，國家通訊傳播委員會（NCC）民國113年9月11日通過修正「電信事業提供電信服務風險管理機制指引」（KYC指引），督促電信業落實打詐措施。

NCC要求3大電信於10月底前與內政部165全民防騙網及移民署資料庫完成介接，11月可查詢出入境資料。民眾若3年內被司法機關通報停斷話達3次，就會列為高風險用戶，將遭到未來3年在單一電信公司限辦1門號或1項電信服務處分；同時，為杜絕國外漫遊預付卡（俗稱黑卡）、外籍移工來台使用預付卡（移工卡）遭到詐騙集團利用，NCC要求電信業者回溯追查221萬餘門號外籍人士使用者身分。

數發部納管Google等網路廣告平台

打詐條例規定，具一定規模的網路廣告平台業者必須配合防詐，數發部以平台是否有詐騙廣告風險與每月獨立訪客數大於台灣人口總數5%（約117萬人）為納管標準。

數發部民國113年9月16日公告納管名單，包含Google、LINE、Meta與TikTok等4大業者，經營平台分別有Google、YouTube、LINE、Facebook、Instagram與TikTok。

Smart Taoyuan

智慧桃園

獲世界肯定
2024屢奪國際大獎

〔 亞太資通訊科技應用獎 〕
ASOCIO DX Award

〔 美國智慧20大獎 〕
Smart 20 Awards

〔 全球資訊科技應用傑出貢獻獎 〕
WITSA ICT Excellence Award

〔 Gartner 政府創新服務獎 〕
Gartner Eye on Innovation Awards for Government

〔 IDC 未來企業大獎 〕
IDC Future Enterprise Awards

〔 首爾智慧城市獎 〕
Seoul Smart City Prize

消防局
透過物聯網技術建立智慧派遣、效率救災模式

《 亞太資通訊科技應用獎 》
ASOCIO DX Award
傑出科技組織獎

《 美國智慧20大獎 》
Smart 20 Awards

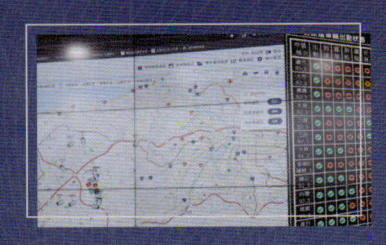

環保局
城市環境治理：AI 環境污染辨識系統

《 亞太資通訊科技應用獎 》
ASOCIO DX Award
健康科技獎

《 全球資訊科技應用
傑出貢獻獎 》
WITSA ICT Excellence Award
傑出永續發展首獎

《 Gartner 政府創新服務獎 》
Gartner Eye on Innovation Awards for Government
亞太區首獎

《 IDC 未來企業大獎 》
IDC Future Enterprise Awards
臺灣首獎　亞太區首獎

交通局、警察局、養護工程處 智慧城鄉發展委員會
不再有行人地獄–全方位行人安全 AI 防護網計畫

《 Gartner 政府創新服務獎 》
Gartner Eye on Innovation Awards for Government
亞太區二獎

《 首爾智慧城市獎 》
Seoul Smart City Prize
銅獎

桃園市政府 廣告

數發部指出，公告符合一定規模的境外網路廣告平台業者，應在10月31日前向數發部提報法律代表，及檢視其業務活動、營業或投資行為。

如果網路廣告平台未指定與提報法律代表，被通知限期補正而屆期未補正，可開罰新台幣50萬元以上、1,000萬元以下罰鍰，情節重大者，可罰250萬元以上、1億元以下罰鍰，並令其限期改正。最嚴重情況下，主管機關可召集專家審議會議，令網際網路接取服務提供者為停止解析或限制接取。

公視兒少頻道「小公視」開台

台灣首個專屬兒童與青少年的跨媒體影音平台「小公視PTS XS」民國113年8月20日正式開台，8月16日在臺北賓館舉辦開台記者會，副總統蕭美琴化身「美琴姐姐」，期待孩子透過小公視認識大世界。

記者會當天，公視將百年歷史的臺北賓館打造為孩子們的奇幻城堡，古蹟外牆由繽紛的投影照亮，更邀請了孩子、家長與老師共同參與，同時打破傳統來賓座位排序，將最前排重要位置留給小朋友。

副總統蕭美琴、行政院長卓榮泰、政務委員史哲、文化部長李遠、教育部長鄭英耀、前行政院長陳建仁與多位立法委員等貴賓皆出席力挺。

蕭美琴表示，孩子是國家未來希望，也是她最重要的一塊，希望小公視提供豐富多元內容，讓每個想找到自己文化、學習成長的小朋友，找到想要的東西，有足夠信心面對未來每項挑戰；公視董事長胡元輝也興奮分享，小公視的誕生象徵新紀元的開始，公視將用全方面、多元方式推動兒少內容製播。

卓榮泰則強調，112年《公共電視法》完成修法後，解開捐贈定額限制，行政院未來4年將補助小公視新台幣6億元，讓自製節目更加多元，並針對本土文化向下扎根，用創意創新讓兒少相關產業蓬勃發展。

迪士尼集團旗下頻道撤台 替補頻道NCC附負擔許可

迪士尼集團旗下11個頻道民國112年12月31日撤台，其中5個有線電視基本頻道包括國家地理頻道、衛視中文台、衛視電影台、STAR Movies Gold與STAR World，系統業者需要送替補頻道。

國家通訊傳播委員會（NCC）表示，凱擘、中嘉、台固、大新店民主等38家系統業者，以BBC Earth頻道替補國家地理頻道、韓國娛樂台KMTV替補衛視中文台、CATCHPLAY電影台替補衛視電影台、amc最愛電影替補STAR Movies Gold，BBC Lifestyle替補STAR World。

至於台數科集團與北港等7家系統業者，則以壹電視資訊綜合台替補衛視中文台外，其餘變更內容皆與凱擘等38家系統相同；總共45家系統業者影響市占率約71.85%，影響327.4萬戶。另有業者申請華藝MBC綜合台替補衛視中文台等。

NCC副主委翁柏宗表示，考量衛視中文台、衛視電影台主要服務本國中文視聽眾為主，系統業者除了要針對替補的5個基本頻道提出收視率報告外，也要針對衛視中文台、衛視電影台的替補頻道，附上本國節目製播比率、本國自製節目比率、投資金額與本國節目內容規劃方向及項目。

▲小公視慶祝開台記者會，副總統蕭美琴（後左）、行政院長卓榮泰（後右2）和與會小朋友及學子們開心合影留念。

112年12月25日，NCC附期限許可63家系統台的頻道異動案，期間自113年1月1日到3月31日，後再同意頻道異動延長許可期限至6月30日。

113年6月27日，NCC審議附負擔通過「有線廣播電視系統經營者申請涉及國家地理頻道等5頻道的規劃及其類型變更」，決議以附負擔方式許可62家有線電視系統經營者所提的基本頻道異動申請，要求有線電視系統經營者應持續辦理頻道收視率或滿意度調查，作為內部檢核頻道規劃與安排的依據。

三立入股中嘉
NCC開罰中嘉限期出清股權

三立上層股東入股中嘉上層公司股權，踩到中嘉交易案負擔紅線，引發媒體壟斷疑慮。國家通訊傳播委員會（NCC）民國113年1月24日針對此案，開罰中嘉旗下12個系統各新台幣120萬元，合計罰鍰為1,440萬元，並要求業者8月底前完成改正、出清股權。

有線電視系統中嘉107年投資案附負擔條款包含「參與投資受讓人事業之關係企業或自然人股東不得直接或間接經營或控制新聞頻道」，意味著中嘉上層股東不得直接或間接經營新聞頻道。

中嘉上層的泓順公司5月23日申報投資人名單，NCC以附款方式同意，而後又有變動，遭NCC開罰怠金新台幣30萬元。8月21日泓順公司再提新名單，NCC有條件通過。

NCC說明，經查泓順公司所提新名單為9家法人股東，持股比率分別為0.4%至4.5%不等，共計間接持有中嘉數位股份有限公司15%股權，名單經過查察，沒有發現違反中嘉案負擔條款規定的情形。

NCC強調，為了確保泓順公司未來能持續落實107年中嘉案附負擔條款規定，NCC要求在上述股權處分轉讓完成後，除了須按季向NCC申報各層股權架構，並要求揭露至最終自然人股東，若股權發生異動時，也應向NCC申報。

此外，NCC以附負擔要求此案許可的相關投資人，不得擔任中嘉所屬12家系統經營者、中嘉數位股份有限公司、泓順投資股份有限公司、泓勝投資股份有限公司及泓策創業投資股份有限公司的董事、監察人及經理人職務，也不得有直接或間接經營或控制公司的情形。

國巨董事長陳泰銘也在泓順公司提出的投資人新名單中，外界質疑陳泰銘也是鏡電視的股東之一，認為此狀況有壟斷或是違反中嘉案附款疑慮。對此NCC表示，已透過上述附款方式，設下防火牆。

泓順公司應於8月31日前，完成股權處分程序；但至8月28日止，NCC表示尚未收到交割函。

立院成立鏡電視調查小組
國會職權修法後首例

民國113年7月3日立法院交通、司法及法制委員會召開聯席會議，國民黨、民眾黨立委聯手成立「鏡電視調查專案小組」，調查文件的對象為國家通訊傳播委員會（NCC）及相關部會，必要時可依《立法院職權行使法》規定舉行聽證會，這也是國會職權修法通過後，首次啟動國會調查權。

聯席會議一開始，民進黨立委要求進行程序發言，認為聯席會議未經立法院會交付，不符程序、不合法，要求停止會議未果；朝野立委溝通無效，民進黨立委退席抗議。

最後由國民黨及民眾黨立委無異議通過成立「鏡電視申設及後續爭議調查專案小組」及小組運作要點，並推舉國民黨立委吳宗憲為召集人。

根據調查小組運作要點指出，小組運作期間自7月3日起至12月31日，但經小組決議得延長。調查文件的對象為NCC及相關部會，小組擬調查的文件，應經3人以上提案並經小組決議通過調取。

要點指出，小組會議召開時，得邀請被調查文件的機關首長率同有關人員列席說明，受邀者非有正當理由不得拒絕出席及說明。小組為應調查文件需要，得赴相關單位查訪，並得詢問與本案相關的人士或諮詢專家、學者。為行使調查權，必要時經小組依《立法院職權行使法》規定舉行聽證會。

中央社訊息平台　專業品牌行銷選擇

品牌可藉由定期的新聞稿刊登，提昇網路聲量及SEO，達到宣傳效益

- 新聞稿原稿照刊
- 傳播率高
- 專業編輯審核
- 引發話題
- 內容多元

中央通訊社

詳細資訊可上：http://www.cna.com.tw/postwrite
或電洽業務行銷中心：
電話 (02) 2505-1180 轉 795、792、791、786 或 785

中央社訊息平台

3G網路關閉
台灣電信邁入VoLTE時代

為響應政府節能減碳政策、提升頻譜資源使用效率，國內電信三雄中華電信、台灣大哥大、遠傳電信民國113年6月30日正式關閉3G網路服務，台灣電信市場邁向高音質4G通話（VoLTE）時代。

美國已正式進入全VoLTE時代，日本電信業者Softbank也於2024年4月15日關閉3G網路，顯示關閉3G網路已是國際趨勢。

國家通訊傳播委員會（NCC）指出，電信業關閉3G網路後，一來可減少電力消耗達到節能減碳效果，估計台灣關閉3G網路全年可節省超過2.8億度電，並減少約14萬2,000噸碳排放量，二來可以少維運一套網路、提升網路穩定度。

而電信業者關閉3G網路後，用戶語音通話將全面透過VoLTE進行。VoLTE功能是一種網路傳輸技術，與傳統語音技術相比，VoLTE語音通話可同時維持高速上網，並有超高通話音質、減少環境背景雜音，也縮短電話接通時間，最快只需1秒；另還支援透過室內WiFi打電話、發簡訊，在高樓、地下室等收訊不佳地區或國外都相當方便。

NCC說，關閉3G網路後，可能影響少數舊款手機和某些不支援VoLTE功能的手機，導致無法撥打110、119、112等緊急電話，或使用數據服務。因目前市售4G、5G手機皆支援VoLTE，業界評估多數用戶不受影響，只須開啟手機4G通話（VoLTE）設定，即可正常通話。

台灣大超額頻譜改正未完善
NCC累計罰960萬

台灣大哥大與台灣之星在民國112年12月1日正式合併，遠傳與亞太電信也於12月15日完成合併，電信業迎來三強鼎立時代。

根據國家通訊傳播委員會（NCC）許可的兩大電信合併案附款內容，兩大電信依法須在113年6月底前改正超標頻譜，遠傳電信於5月率先改正完成。

台灣大哥大在1GHz以下有10MHz超額頻譜，NCC認定台灣大未於限期內改正，7月中起連續開罰，課以30萬元怠金2次、不符網路設置計畫開罰300萬3次，截至8月14日累計罰金960萬元。

9月3日，台灣大哥大宣布已完成台灣大與原台灣之星全部基地台整併，並完成900MHz頻段的縮頻作業，正式向數位發展部申請繳回5MHz x2頻譜，但頻譜仍有7億元的帳面價值，主張不應無償繳回，維持行政法院提請救濟。

NCC發言人黃文哲表示，台灣大目前頻率使用情形符合網路設置計畫，根據業務單位查測結果，台灣大9月3日起確實沒在935MHz到940MHz使用頻率，因此針對網路設置計畫不再開罰。至於是否還會開罰怠金，仍要觀察後續執行進度。

台灣數位信任協會成立
數發部盼建安全環境減少詐騙

台灣數位信任協會（Digital Trust Association in Taiwan）民國113年8月14日正式成立，專注詐騙防治與數位安全議題，前國家通訊傳播委員會（NCC）主委、數位經濟暨產業發展協會副理事長詹婷怡獲選擔任首屆理事長。

▲台灣數位信任協會成立，圖左起數發部長黃彥男、台灣數位信任協會理事長詹婷怡與刑事警察局預防科科長林書立。

詹婷怡在成立大會致詞表示，數位信任協會有4大工作任務，包含政策倡議、產業交流、教育宣導與國際交流，協會下設數據完整性、數位信任評鑑、詐騙研究、教育宣導、AI科技防詐、資安科技、區塊鏈安全7個工作小組，協助反詐工作形成良性生態系，未來將與政府合作，盼透過公私協力建立數位信任環境。

數位發展部部長黃彥男也應邀出席，他表示，網路快速發展，非常需要打造數位信任，政府積極推動《電子簽章法》修法、「打詐四法」等，以及推出「111政府專屬短碼簡訊平台」，就是希望建立更安全的網路信任環境，讓民眾不會受到詐騙影響。

中央社百年社慶　彰顯媒體永續價值

民國113年中央通訊社成立100年暨改制28週年，以「百年轉身 自由永續」為主題，3月起展開攝影文物展、碳交易新書發表、淨零永續論壇、國際媒體論壇等系列活動，為百年社慶揭開彰顯媒體永續價值的面貌。

3月30日至5月2日規劃「中央社百年風華攝影暨文物展」，展出超過100餘幀具代表性時代新聞照片與新聞採編歷史文物，總統蔡英文於卸任前參觀攝影展，也在她105年第一次當選就任的照片前留下紀念簽名。

為響應台灣接軌國際淨零排放願景，5月特別出版新書《碳交易的28堂課》，報導各行各業減碳行動及國際碳交易機制；6月至8月舉辦新書發表會暨「邁向零碳永續新時代」北中南系列論壇，透過產、官、學界碳權專家權威交流對話，引領台灣邁向永續轉型目標；並推出「淨零永續 低碳未來」網站，以第一手國內外報導，提供最即時的淨零趨勢、法令與科技新知，帶領讀者與國際社會同步，邁向淨零未來。

7月則出版百歲紀念冊《中央社100年：自由永續之路》，內容含括中央社百年新聞故事、記者採訪實戰心法，以及百餘張經典照片，體現中央社「百年轉身 自由永續」立意精神。

為了以更多語言服務各國讀者，7月1日也推出印尼文新聞網站Fokus Taiwan（CNA Berita Bahasa Indonesia），運用AI技術提升新聞編譯效率，提供正確、有價值的新聞資訊給在台印尼讀者。

▲中央社百年社慶暨改制28週年酒會新猷儀式，右起中央社社長曾嬿卿、文化部長李遠、行政院秘書長龔明鑫、行政院長卓榮泰、副總統蕭美琴、中央社董事長李永得、總統府資政葉菊蘭、印度新聞信託社（PTI）執行長兼總編輯約希及中央社常務監事邱晃泉。

你的iPASS MONEY
還沒有連結華南銀行帳戶嗎?

小n大聲說!

怎麼連結看這裡!

iPASS MONEY APP ▶ 儲值 ▶ 銀行帳戶。
LINE ▶ LINE Pay ▶ iPASS MONEY ▶ 儲值 ▶ 銀行帳戶。

華南銀行 HUA NAN BANK

華南金融集團

7月1日,中央社在台北漢來大飯店舉辦「當今新聞界的挑戰與因應」國際媒體論壇,聚焦民主新聞自由探討與挑戰,現場超過百名來自國內外媒體與學者與會,包括印度新聞信託社(PTI)執行長兼總編輯約希(Vijay Joshi)、德國之聲國際事務部主任容佩爾特(Christoph Jumpelt)、立陶宛新聞社總編輯布維里斯(Vytautas Bruveris)以及烏克蘭獨立記者埃里斯塔維(Maksym Eristavi)等。

同日下午舉行百年社慶暨改制28週年酒會,包含副總統蕭美琴、行政院長卓榮泰、文化部長李遠、行政院秘書長龔明鑫、行政院政務委員季連成、行政院副發言人謝子涵、台南市長黃偉哲及中央、地方民代齊聚;中央通訊社董事長李永得、社長曾嬿卿等人出席。

李永得致詞時表示,回顧中央社過去百年,前70年是國民黨的文宣機構,直到立法院85年三讀通過《中央通訊社設置條例》,依法轉型為國家媒體,成為全民共有、超越黨派。未來中央社將扮演更積極角色,在全球新聞世界中呈現台灣觀點,讓台灣社會更加了解世界。

作家小野接任文化部長
提四大施政理念

李遠(筆名小野)民國113年5月20日接任文化部長,他隔日接受媒體聯訪時表示,他不會是典型文化部長,「文化部不只是發錢單位,更要是一個文化鼓吹者。」上任首要希望下修文化幣使用年齡到13歲,讓文化扎根。

5月22日李遠首度赴立法院教育及文化委員會業務報告,他表示將以總統賴清德「文化永續,世界台灣」為核心,從「生活」、「思想」、「創造」與「傳播」的文化4大面向施政。

在生活方面,將推動區域性文化保存,透過家庭、社會、學校等不同場域,落實語言復振,打造語言友善平權環境;在思想方面,鼓勵各式議題討論,用文化與藝術深化國家團結;在創造方面,將健全法規制度,整合政府與民間力量,邀請企業合作投資,培養人才;在傳播方面,持續健全及強化公共媒體及國際頻道,製作跨語言且類型多元節目及戲劇,並持續擴展TaiwanPlus的海外收視,將台灣的觀點與優質的文化內容傳播到全世界。

李遠60年代以《蛹之生》等著作成為暢銷作家,創作涵蓋小說、劇本等,至今出書超過百本;在中影任職時參與台灣新浪潮電影運動。他歷任華視總經理、台北市影視音實驗教育機構校長等職;107年獲爭取連任的台北市長柯文哲延攬擔任競辦總幹事,選後回任台北市文化基金會董事長。

在接任文化部長前,李遠擔任紙風車文教基金會董事長,為368紙風車兒童藝術工程上山下海,不遺餘力。

2024台灣文博會移師台南
逾62萬人參觀破紀錄

2024台灣文化創意博覽會8月23日登場,至9月1日落幕,展期共10天。本屆首度移師台南市,展區遍及全市場域,展現台南特有城市氛圍及豐沛文創力量。

2024年適逢台南建城400年,8月26日在主展區大台南會展中心舉行開幕記者會,成長於台南的副總統蕭美琴致詞表示,很開心能回到故鄉,感謝文化部與台南市政府合作,讓文博會能在「台南400」這個具特殊指標的年份展出。

除了人氣IP品牌商展、市集、表演藝術等活

▲李遠接任文化部長,盼文化部成文化鼓吹者。

▲2024台灣文博會吉祥物「巷仔Niau（貓）」在台南各景點驚喜現身。（台南市政府提供）

動湧入大批人潮，高人氣的吉祥物「巷仔Niau（貓）」出沒在各地景點，吸引民眾追貓打卡。巷仔Niau呼應大航海時代商船常見不可或缺的捕鼠貓，短圓尾巴折角被稱為「麒麟尾」，是擁有擅長抓捕老鼠基因的象徵。

此外，安平古堡與台南孔廟首度開放夜間參觀，安平古堡仿古「熱蘭遮市集」及赤崁樓大型沉浸式光雕投影，讓人重回400年前拍打台江內海的浪濤。

台南市政府統計，大台南會展中心商展區及321巷藝術聚落等3處台南概念展區，參觀總人數超過62萬人次，打破民國112年60萬人次紀錄。據文化部統計，此次共創造新台幣12億元產值，相較上屆11億元成長約8%。

文化奧運台灣館好評如潮
15天湧七萬人

2024巴黎夏季奧運首度推出「文化奧運」（Olympiade Culturelle），廣邀各國藝術家共同展開一場文化運動會，台灣也獲邀進駐拉維特園區（La Villette）設置台灣館，7月27日至8月10日以24組團隊及122名藝術家呈現57場演出，累計超過7萬人次造訪，並登上法國《世界報》（Le Monde）。

文化奧運台灣館以廟會形式呈現，具飛簷設計的電子花車舞台、大紅色的圓型辦桌與塑膠板凳、高掛的燈籠，還有許多台灣食物與小禮物，展演團隊以「自由之聲」、「島嶼風華」、「當代新藝」、「世界共融」4大主題，展現台灣的多元魅力。

文化部政務次長王時思期待將台灣的好客精神與世界分享，「這是我們最珍惜的日常，熱情、充滿活力，台灣的存在能帶給世界更多的愛與美好，台灣的多元與民主也將在這裡被世界理解」。

▲阿美族DJ汝妮（前左）及魯凱族鼓手Lavulrase（前右）在巴黎文化奧運帶來電音版原民古調。（文化部提供）

薪火相傳，匠心永續
攜手培育傳統匠師新力軍

文化部為保存國內古蹟、歷史建築、紀念建築及聚落建築群修復之推動，解決現階段臺灣傳統工匠培養不易、高齡化斷層等問題，於 2019 年在臺中的文化部文化資產園區成立「文資傳匠工坊」，作為培訓傳統工匠能力的專用場地。5 年多來不斷進行傳統建築修復技術傳授，已培育 552 人具備文化資產修復技能的專業人才。同時將傳統修復技術專業技能落實於技術及職業教育體系中，培訓全國技職校院之技職教師，產生 115 個教案。亦不定時辦理保存修復技術相關之研習講座、職涯體驗等課程，希冀透過培育更多修復專業技術人才，保存傳統修復技術的文化。

傅明光司阜為我國重要文化資產土水修造技術（瓦作）保存者

▼傅明光司阜傳習「會呼吸的房子」的土水修造技術（瓦作）

2024 年鑿花作班結業式合影

2024 年鑿花作班學員施作演練

傳統工匠培訓班課程成果 - 客家夥房

2024 年泥塑作班學員施作演練

文化部文化資產局以系統性推動重要文化資產保存技術保存者傳習工作，近年辦理被譽為客家傳統建築的活教科書，以無防水毯且縝密的施作工法，蓋出「會呼吸的房子」的土水修造技術（瓦作）保存者傅明光司阜傳承工作，以及傳習重要保存者莊西勢、翁水千及李清海的金門傳統建築特有修建技術。同時，輔導地方政府辦理傳統匠師培訓課程，以及鼓勵屏東、金門、臺南等縣市成立傳統修復技術人才培育基地，與在地共同攜手培育傳統匠師新力軍。（照片提供：國立雲林科技大學、鍾心怡建築師事務所）

文化部文化資產局 廣告

此次參與演出的藝術家包括台灣女DJ妖嬌、DJ林貓王、謝銘祐與麵包車樂團、風中燈牽亡歌團、ABAO阿爆、邱淑蟬、台北木偶劇團、TAI身體劇場、變裝皇后妮妃雅與瘋家等。

在美國實境節目《魯保羅變裝皇后秀》（RuPaul's Drag Race）中奪下后冠的妮妃雅，8月8日裝扮成媽祖亮相，演出〈高山青〉、〈保庇〉等多首膾炙人口歌曲，表演最後他大聲說：「我知道這裡要叫『中華台北』，但在我的世界，它就叫『台灣』。」

8月10日巴黎文化奧運台灣館閉幕夜，傳來台灣女子拳擊選手林郁婷勇奪金牌的喜訊，台上正是最後一個節目「寶島富麗秀」，正在演出的妮妃雅驚喜到立刻跪下，他隨即表演安可曲《來自福爾摩沙》，並邀請藝術家們上台，與文化部次長王時思、台灣駐法國大使吳志中、台灣女子拳擊選手吳詩儀，在音樂聲中牽手圍圈，螢幕牆上顯示所有參與巴黎奧運的台灣選手名字，場面溫馨感人，全場尖叫聲不斷，許多觀眾感動落淚，說這是最好的奧運結尾。

富邦美術館開幕
普立茲克建築獎得主在台首作

歷時近10年籌備，富邦美術館於民國113年5月4日開幕，座落於台北市信義區A25園區，占地3,000坪，由普立茲克建築獎得主倫佐・皮亞諾及其工作室（Renzo Piano Building Workshop，簡稱RPBW）與姚仁喜大元建築工場共同設計監造，為RPBW在台灣首件設計作品。

被譽為建築詩人的皮亞諾，擅長以自然採光為藝術體驗創造氛圍，代表作包括巴黎龐畢度藝術中心（Centre Pompidou）、瑞士黎恩貝耶勒基金會（Beyeler Foundation）、紐約時報大廈（The New York Times Building）、紐約惠特尼美國藝術博物館（Whitney Musueum of American Art）等，他也將此建築風格融入富邦美術館的設計當中。

開幕雙展覽備受矚目，一是「真實本質：羅丹與印象派時代」展出洛杉磯郡立美術館典藏的羅丹雕塑，以及塞尚、莫內等印象派畫家作品；二是「富邦典藏展・觸動」呈現「鎮館之寶」常玉《白蓮》及其他裸女與寫意靜物之作，以及當代藝術家趙無極、朱沅芷、江賢二等人作品。

富邦美術館為館長翁美慧與富邦金控董事長蔡明興攜手創辦，蔡明興表示，時代快速變動，儘管文化事業或許在表面上看來不具明顯經濟利益，但他們深信它在精神層面上扮演著豐富人們心靈的重要角色，更能深遠影響整個社會的價值觀和文化風貌。

妮妃雅美變裝秀奪冠　破亞洲魔咒

來自台灣的變裝皇后妮妃雅（Nymphia Wind）2024年4月19日奪下美國實境電視節目《魯保羅變裝皇后秀》（RuPaul's Drag Race）冠軍，被封為「下一位變裝巨星」的他高興大喊，「台灣，這是要送給你的禮物」。

《魯保羅變裝皇后秀》是全球最知名的變裝藝術舞台之一，自2009年開播以來，僅有7名亞洲變裝皇后闖進4強。妮妃雅在第16季奪下冠軍頭銜，不僅打破節目中的「亞洲魔咒」，更創下首次台灣人奪冠的歷史紀錄。

5月15日，總統蔡英文特別在總統府敞廳接見妮妃雅，恭喜他奪冠。妮妃雅以一身亮黃

▲變裝皇后妮妃雅在總統府帶來精彩演出。

色服裝登場,與「瘋家」一起帶來變裝秀表演。蔡英文表示,在節目中,妮妃雅的服裝融入台灣元素,驚豔了評審與全世界的觀眾,然而在華麗演出的背後,其實是在反抗社會的歧視和異樣的眼光。

妮妃雅致詞感謝總統邀請,並稱這應該會成為全世界第一個有皇后表演的總統府;也感謝蔡英文讓台灣有很多的第一,如婚姻平權,以及成為台灣第一名女總統。他要感謝他生長在台灣的母親,也感謝總統對國家的貢獻,栽培了台灣這塊土地,讓他可以成長為今天的樣子。

台片《女兒的女兒》、《鬼才之道》多倫多影展雙獲獎

第49屆多倫多國際影展(TIFF)2024年9月15日宣布得獎名單,2部台灣電影《女兒的女兒》和《鬼才之道》雙雙傳出捷報。

金馬影后張艾嘉憑藉《女兒的女兒》中的細膩演技,於「站台」(Platform)競賽單元獲得「榮譽提名獎」(Honourable Mention),是該單元2015年設立以來,首度破例頒發此獎;《鬼才之道》拿下「午夜瘋狂」(Midnight Madness)單元觀眾票選第2名(First runner-up)。這也是台灣電影歷年來首次有2部片入選多倫多國際影展並得獎。

多倫多國際影展創立於1976年,有奧斯卡獎前哨站美譽,每年吸引全球近70萬名影視產業專業人士與影迷參與,被視為全球最具規模的重要影視展會之一。2024年多倫多國際影展9月5日揭幕,9月15日閉幕。

這2部電影9月25日也再傳好消息,《鬼才之道》在美國奧斯汀奇幻影展(Fantastic Fest)奪得觀眾票選獎,成為台灣首部在該影展獲此殊榮的影片。導演徐漢強同時獲得恐怖片最佳導演獎。

由侯孝賢及張艾嘉監製、黃熙執導的國片

▲《女兒的女兒》和《鬼才之道》導演與演員在文策院於多倫多舉辦的影人見面會合影。

《女兒的女兒》則入圍東京國際影展「主競賽單元」，這是睽違20年台灣再有電影入圍東京國際影展「主競賽單元」。

《臺灣漫遊錄》奪美國國家圖書獎
史上首本台灣小說獲殊榮

美國國家圖書獎（National Book Awards）2024年11月20日舉行頒獎典禮，由楊双子著、金翎英譯的《臺灣漫遊錄》奪下翻譯文學獎項（Translated Literature），是該獎項2018年重新設立以來，第一本翻譯自華語的小說，也是台灣小說首度贏得美國文學指標性大獎殊榮。

《臺灣漫遊錄》由春山出版社出版，於2020年4月上市，2021年獲金鼎獎圖書類文學圖書獎，英譯本2024年11月由美國Graywolf Press出版。書中講述一名虛構的日本作家與一名台灣女子間的關係，探討了1930年代台灣的語言、政治及大眾文化，以及在沉重歷史下的跨文化友誼。

美國國家圖書獎分為小說、非小說、詩歌、翻譯文學和青少年文學等5個類別。9月陸續公布各類別的10部作品入圍名單，10月1日公布決選5部名單，最終於11月20日頒獎典禮宣布最後得主。

行政院文化獎
傅朝卿阮義忠林亨泰獲殊榮

第43屆行政院文化獎由建築學者傅朝卿、攝影師阮義忠及詩人林亨泰獲得殊榮，民國113年5月9日在台北市中山堂舉行頒獎典禮，由行政院長陳建仁親授文化獎章給得獎人；已故詩人林亨泰由女兒、同時也是國立臺灣文學館館長的林巾力代領。

台灣建築史與文化資產的守護者傅朝卿領獎時表示，希望台灣的文化資產能與國際接軌，也希望台灣文資可以用理性中道的方式來保存，「台灣的文資應該讓全世界知道；而偏激的文化資產保存不會持久，只有理性中道，尊重每一個世代，才會讓大家認同。」

享譽國際的攝影師阮義忠表示，拍照不是一個人的功勞，「充其量我只有一半的貢獻，我的照片有價值，是因為我拍的事物有價值。」阮義忠說，身為攝影家要隨時接好上天給的禮物，「本來希望70歲可以退休，現在在宜蘭有阮義忠台灣故事館，我要把沒有發表

▲《臺灣漫遊錄》作者楊双子（右）與英文版譯者金翎（左）出席美國國家圖書獎頒獎典禮。（AP）

的照片變成一則則台灣的故事。」

林巾力表示，父親林亨泰屬「跨越語言的一代」，在日本最殘酷的時間點當了日本人，在台灣最險峻的時代當了台灣人，「從二二八、戒嚴到白色恐怖，父親都經歷過。但這些時代的曲折也成為父親的創作養分，見證大時代的故事。」她代表父親受獎，同時也盼與已然過去的跨語言世代的詩人與作家，共享這份榮耀。

文化部長史哲表示，文化的穿透力是台灣最好的代言人，行政院文化獎表彰文化界先行者的終身成就，他們用自己一輩子的投入跟熱忱，完成了卓越的成就跟貢獻。

第23屆國家文藝獎

第23屆國家文藝獎由作家夏曼·藍波安、視覺藝術家梅丁衍、表演藝術家陳鳳桂（藝名小咪）以及紀錄片導演劉嵩獲獎，民國113年4月26日舉行頒獎典禮，總統蔡英文最後一次以總統身分出席典禮，表示卸任後將回歸藝文粉絲身分，持續支持創作。

歌仔戲「人間國寶」小咪演藝生涯超過一甲子，專注精進戲曲表演，她表示每次得獎都會向過世的母親報喜，也細數感謝演藝生涯一甲子的貴人，包含楊麗花、藝霞歌舞團、河洛歌子戲團、唐美雲歌仔戲等，感謝持續邀她演出的團隊，讓她迄今有機會學習。

視覺藝術家梅丁衍以橫跨多種媒材的藝術形式，展現了對社會、經濟與政治變遷的深刻理解，對台灣藝術界產生深遠影響。他受獎時打趣形容，國家文藝獎像安慰獎，鼓勵長年投身藝術創作、宛如跑馬拉松的他們。

紀錄片導演劉嵩作品深入探索台灣文化、歷史和社會議題，以獨特的記錄方式呈現台灣的重要景象和文化。他說他的作品來自團隊合作，他代表團隊領獎；也特別提及無垢舞蹈劇場藝術總監林麗珍，無垢劇場是他的影像啟蒙。

夏曼·藍波安是蘭嶼達悟族作家，作品兼融達悟語與漢語語法，挑戰文化霸權，開創台灣海洋文學的寬闊視野。他領獎時說，他用雙手蓋了家、寫了文章、養了小孩、造了6艘

▲總統蔡英文（左）出席第23屆國家文藝獎頒獎典禮，頒贈禮物恭喜夏曼·藍波安（右）獲獎。

船，「我也用這雙手和頭腦，讓我今天站在這邊」，真摯感言獲得全場滿滿掌聲。

文化部長史哲表示，文化是台灣走向世界的重要名片，感謝4名獲獎者持續努力與創作，在世界面前展現台灣民主自由呈現的多元文化魅力；國家文化藝術基金會董事長林淇瀁（向陽）感謝獲獎者熱愛藝術文化美學，豐富國家文藝獎內涵，肯定他們對推動文化藝術發展的貢獻。

第48屆金鼎獎

第48屆金鼎獎民國113年9月11日舉行頒獎典禮，本屆共計1,403件作品報名，33件獲獎，並由雄獅美術發行人李賢文獲得特別貢獻獎。

評審團認為，李賢文自民國60年創辦《雄獅美術》月刊，接續成立「雄獅圖書」，出版雜誌超過300期，圖書超過400冊，包含至為重要的「台灣前輩美術家系列專輯」報導，以及「家庭美術館：美術家傳記叢書」等，逾半世紀關注的眼光和實踐的行動，不僅為藝術新苗提供沃土，也為這片土地美術枝繁葉茂的風景留下珍貴紀錄。

第48屆金鼎獎得獎名單

特別貢獻獎

李賢文

▲《雄獅美術》創辦人李賢文（右）獲金鼎獎特別貢獻獎，由行政院長卓榮泰（左）頒獎表揚。

雜誌類

人文藝術類獎

雜誌名稱	出版單位
《薰風》	風月襟懷文化事業有限公司

財經時事類獎

雜誌名稱	出版單位
《天下雜誌》	天下雜誌股份有限公司

兒童及少年類獎

雜誌名稱	出版單位
《新小牛頓雜誌》	好頭腦文教事業股份有限公司

學習類獎

雜誌名稱	出版單位
《科學人》	台灣科學人股份有限公司

生活類獎

雜誌名稱	出版單位
《料理·台灣》	財團法人中華飲食文化基金會

新雜誌獎

雜誌名稱	出版單位
從缺	

專題報導獎

得獎者	專題名稱	雜誌名稱
盧沛樺、楊湛華、張玫榕、林麗珊、楊時鈞、曹凱婷	〈白領詐騙〉	《天下雜誌》

專欄寫作獎

得獎者	作品名稱	雜誌名稱
張潔平	〈張潔平專欄〉	《天下雜誌》

攝影獎

得獎者	作品名稱	雜誌名稱
安培淂	〈台灣製造的老人護理〉	《經典雜誌》

主編獎

得獎者	雜誌名稱
李依庭	《科學月刊》

設計獎

得獎者	雜誌名稱
洪于凱	《Fa 電影欣賞》

圖書類

文學圖書獎

圖書名稱	作者	出版單位
《今生好好愛動物——寶島收容所採訪錄》	馬尼尼為	新經典圖文傳播有限公司
《濃霧特報》	楊莉敏	九歌出版社有限公司
《樹的憂鬱》	梁莉姿	讀書共和國出版集團（木馬文化）
《劫後書》	廖偉棠	讀書共和國出版集團（雙囍出版）

非文學圖書獎

圖書名稱	作者	出版單位
《炭空：追尋記憶深處的煤鄉》	朱健炫	時報文化出版企業股份有限公司
《圖博千年：一個旅人的雪域凝視》	陳斐翡	心靈工坊文化事業股份有限公司
《橫斷臺灣：追尋臺灣高山植物地理起源》	游旨价	春山出版有限公司
《街頭劇場》	謝三泰	允晨文化實業股份有限公司

兒童及少年圖書獎

圖書名稱	作者	出版單位
《雨》	劉旭恭	城邦文化事業股份有限公司（水滴文化）
《黑糖的女兒》	彭素華	城邦文化事業股份有限公司（小麥田出版）
《離人》	蔡宜容、林俊明	小魯文化事業股份有限公司
《家庭代工的滋味》	鄭淑芬	蔚藍文化出版股份有限公司

圖書編輯獎

得獎者	圖書名稱
莊瑞琳	《橫斷臺灣：追尋臺灣高山植物地理起源》
盛浩偉	《一百年前，我們的冒險：臺灣日語世代的文學跨界故事》

圖書插畫獎

得獎者	圖書名稱
王妤璇	《種子和風》
吳睿哲	《有蚱蜢跳》

圖書翻譯獎

得獎者	圖書名稱
賴盈滿	《衣裳哲學》
何穎怡	《天堂》

政府出版品類

圖書獎

圖書名稱	共同合作之出版單位	共同合作出版之政府機關	作者
《山上的布農學校 ItuMamahav tu Pasnanavaan》	內本鹿人文工作室	農業部林業及自然保育署 臺東分署	劉曼儀、鄭勝文、鄭漢文、楊理博、高曉珊、Katu（柯俊雄）、黃文儀、尹顯玲

數位出版獎

圖書名稱	共同合作之出版單位	共同合作出版之政府機關
從缺		

雜誌獎

圖書名稱	共同合作之出版單位	共同合作出版之政府機關
《鹽分地帶文學》	俠客行文創顧問有限公司	臺南市政府文化局

數位出版類

數位內容獎

出版品名稱	出版單位
《寫給 Aillen 的情書：真人 vs. AI ChatGPT 互動小說計劃》X《角色‧內容‧情感‧創作： 寫給Aillen 的情書設定集》	聯經出版事業股份有限公司
《台灣卵子、中國客戶、美國配對——全球人工生殖產線裡的台灣女孩們》	財團法人報導者文化基金會

數位創新獎

出版品名稱	出版單位
《康軒歡樂聽 APP：聽出知識力》	康軒文教事業股份有限公司

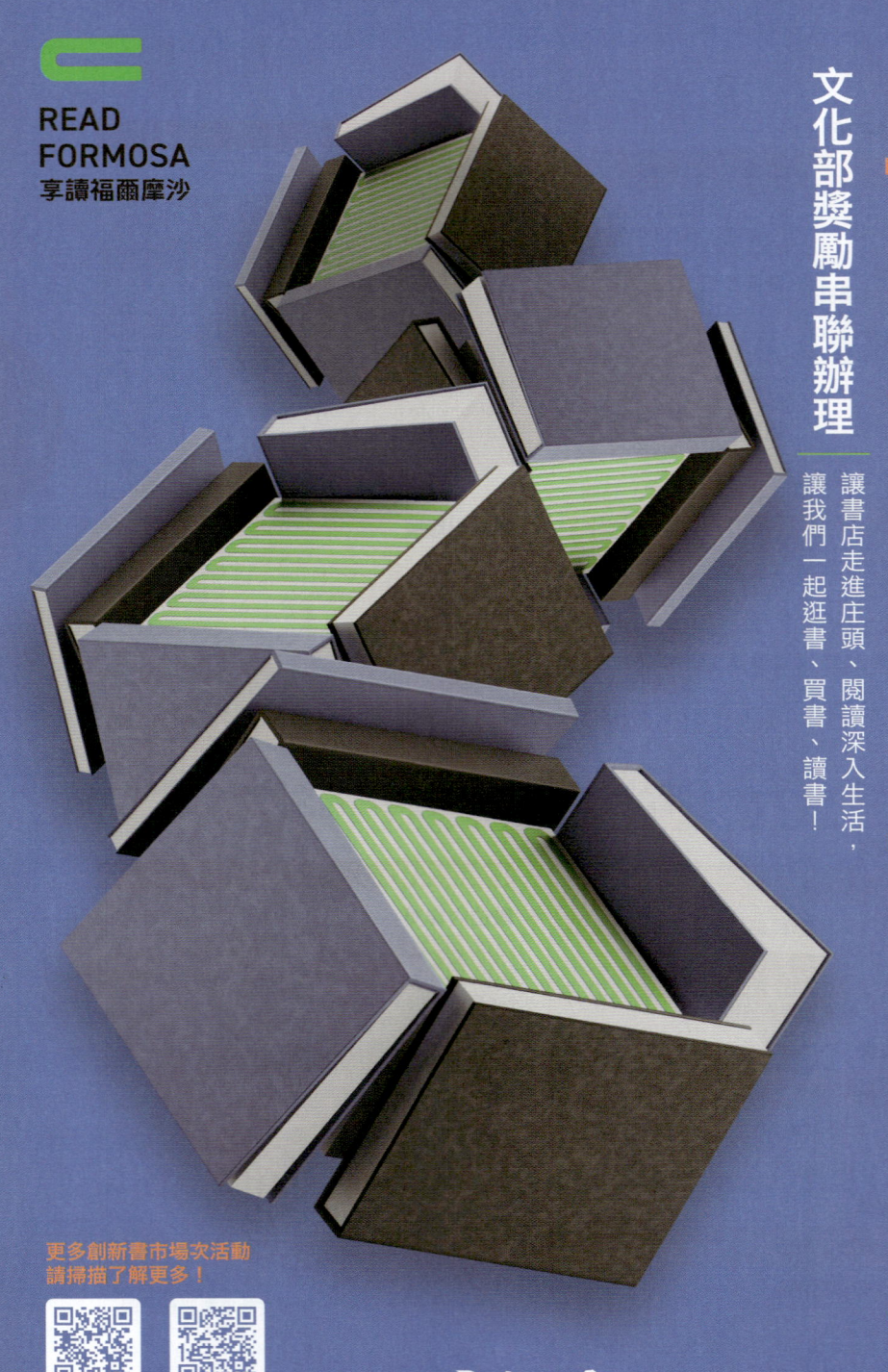

READ FORMOSA
享讀福爾摩沙

文化部獎勵串聯辦理

創新書市庄頭書展

讓書店走進庄頭、閱讀深入生活，讓我們一起逛書、買書、讀書！

更多創新書市場次活動
請掃描了解更多！

享讀福爾摩沙網站　官方Facebook

文化部 MINISTRY OF CULTURE

第15屆金漫獎

第15屆金漫獎頒獎典禮民國113年10月24日在國立臺灣美術館登場，是金漫獎首度移師台中舉行。本屆金漫獎計有164件作品報名參賽，歷經初審及複審後，入圍作品共計24件，金漫大獎得主為漫畫家阮光民作品《一桿秤仔（漫畫版）》。

漫畫家游素蘭獲特別貢獻獎，她說，「突然發現自己已從美少女漫畫家變漫畫老婆婆」，她從小跟在擔任業餘道士的爺爺身後，開始畫妖魔鬼怪，她表示首次接觸漫畫就喜歡這項藝術，永生不變，希望與同好繼續為台灣漫畫努力。

與會的文化部長李遠致詞時說，「台灣漫畫時代將來臨」，包括總統府光雕是漫畫家創意、總統府開始有漫畫展，台灣漫畫很快可打進全世界。

第15屆金漫獎得獎名單

特別貢獻獎：游素蘭
金漫大獎：《一桿秤仔（漫畫版）》／阮光民／前衛出版社
漫畫新人獎：《OKEN：詩的端倪》／吳識鴻／目宿媒體股份有限公司
跨域應用獎：音樂劇《我在詐騙公司上班》／果陀劇場／《我在詐騙公司上班》
漫畫編輯獎：陳雨柔、謝至平／城邦文化事業股份有限公司／臉譜出版副總編輯、城邦第三事業群副總經理／《直到夜色溫柔》
年度漫畫獎：
《一桿秤仔（漫畫版）》／阮光民／前衛出版社
《不可知論偵探2：惡人正機篇（上）》／鸚鵡洲、薛西斯／城邦文化事業股份有限公司（獨步文化）
《直到夜色溫柔》／廢廢子、簡莉穎／城邦文化事業股份有限公司（臉譜出版）
《性星冒險記：盧卡斯情色漫畫精選》／盧卡斯Lucas Paixão／大辣出版股份有限公司
《大貓族石橋之後》／阿寶灰灰／個人出版
《人偶3（完）》／銀甫／東立出版社有限公司

第35屆傳藝金曲獎

第35屆傳藝金曲獎頒獎典禮113年8月31日在臺灣戲曲中心登場，文化部長李遠頒發象徵終身成就與特殊貢獻的特別獎給音樂學家駱維道及戲劇學者邱坤良，感謝他們對傳統藝術的深遠影響。

第35屆傳藝金曲獎得獎名單

特別獎
音樂類特別獎：駱維道
戲曲表演類特別獎：邱坤良

音樂類　專輯獎
最佳傳統音樂專輯獎：源／臺北市立國樂團
最佳藝術音樂專輯獎：傳承與展望－江文也紀念專輯／國家表演藝術中心國家交響樂團
最佳跨界音樂專輯獎：Voco Novo爵諾歌手《古早古早Goza Goza》／風潮音樂國際股份有限公司
最佳影音出版獎：蘭芳傳／榮興工作坊

音樂類　個人獎
最佳作曲獎：顏名秀／孤塵／傳承與展望－江文也紀念專輯
最佳作詞獎：曾永義／水調歌頭／《吟詠性情‧歌樂相得─詩詞曲歌唱跨界音樂會》

▲第15屆金漫獎頒獎典禮，文化部長李遠（左）頒發獎座給特別貢獻獎得主游素蘭（右）。

▲ 戲劇學者邱坤良榮獲第35屆傳藝金曲獎戲曲表演類特別獎。

最佳編曲獎：鄭光智／民歌採集／《吟詠性情‧歌樂相得─詩詞曲歌唱跨界音樂會》
最佳專輯製作人獎：吳榮順／聽到噠仔聲就知庄中有大事
最佳演奏獎：吹笛人室內樂團／吹笛人逍遙遊－當代長笛室內樂精選
最佳演唱獎：羅惠真／問世間情是何物
最佳錄音獎：孫紹庭／聽到噠仔聲就知庄中有大事

戲曲表演類

最佳年度作品獎：鳳凰變／秀琴歌劇團
最佳編劇獎：陳健星／臥龍：永遠的彼日／唐美雲歌仔戲團
最佳導演獎：宋厚寬／國姓之鬼／臺北海鷗劇場
最佳音樂設計獎：鄭榮興、古雨玄／蘭芳傳／榮興客家採茶劇團
最佳青年演員獎：鄭紫雲／紅喙鬚的少女／挽仙桃劇團
最佳演員獎：陳清河／活捉／國光劇團
最佳偶戲主演獎：吳聲杰／得時の夢／臺北木偶劇團
評審團獎：感謝公主／窮劇場、江之翠劇場

第35屆流行音樂金曲獎

　　第35屆金曲獎113年6月29日在台北小巨蛋頒獎，MC HotDog熱狗表演時麥克風雖「失聲」，但隨後抱回華語歌王，孫盛希摘華語歌后。大贏家則是草東沒有派對，收下最佳樂團、華語專輯、年度專輯獎。

第35屆流行音樂金曲獎得獎名單

特別貢獻獎
劉清池、鄭華娟

評審團獎
大象體操（張凱翔、張凱婷、涂嘉欽）／世界World／合作藝文有限公司

演唱類 - 出版獎

年度專輯獎：瓦合／黑皮國有限公司（演唱者：草東沒有派對）
年度歌曲獎：又到天黑／帶你飛／相信音樂國際股份有限公司（演唱者：告五人）
最佳華語專輯獎：瓦合／黑皮國有限公司（演唱者：草東沒有派對）
最佳台語專輯獎：夜婆Iā-Pô／創銘實業股份有限公司（演唱者：巴奈Panai）
最佳客語專輯獎：繭的形狀／荒島文化有限公司（演唱者：邱淑蟬）
最佳原住民語專輯獎：寶藏 Treasure／那屋瓦文化有限公司（演唱者：Makav 真愛）
最佳MV獎：社交恐懼癌《CHIN UP!》／環球國際唱片股份有限公司（導演：張傑邦）

演唱類 - 個人獎

最佳作曲人獎：許鈞／歌一切《期待集》／十一音像有限公司（演唱者：許鈞）
最佳作詞人獎：MC HotDog熱狗／樓上的房東《髒藝術家》／滾石國際音樂股份有限公司（演唱者：MC HotDog熱狗）
最佳編曲人獎：許鈞／期待集《期待集》／十一音像有限公司（十一音樂）（演唱者：許鈞）
最佳專輯製作人獎：陳君豪／Flow／亞神音樂娛樂股份有限公司（演唱者：楊乃文）
最佳單曲製作人獎：片山涼太、龍玟宏／一路以來《一路以來（電影《富都青年》主題曲）》／大元娛樂有限公司（演唱者：片山涼太）

第十章｜媒體與文化　487

▲第35屆金曲獎新科華語歌王MC HotDog熱狗（左）與歌后孫盛希（右）頒獎後在後台合體留影，難掩開心神情。

最佳華語男歌手獎：MC HotDog熱狗／髒藝術家／滾石國際音樂股份有限公司
最佳華語女歌手獎：孫盛希／Boomerang／滾石國際音樂股份有限公司
最佳台語男歌手獎：蘇明淵／心內烏空／風潮音樂國際股份有限公司
最佳台語女歌手獎：黃妃／十八般武藝／華特國際音樂股份有限公司
最佳客語歌手獎：柔米／鎮妹 Zhin' Moi／親愛的音樂有限公司
最佳原住民語歌手獎：舞思愛Usay Kawlu／美感 Harateng no Pangcah／愛玩音樂有限公司
最佳樂團獎：草東沒有派對（林耕佑、詹爲筑、楊世暄、黃士瑋）／瓦合／黑皮國有限公司
最佳演唱組合獎：歐開合唱團（葉微真、李湘君、葉孝恩、馮瀚亭）／最好的日常／歐開文化創意股份有限公司
最佳新人獎：Makav 真愛／寶藏 Treasure／那屋瓦文化有限公司

演奏類 - 出版獎

演奏類最佳專輯獎：美麗的灣／好有感覺音樂事業有限公司（演奏者：邱群、黃槃雋、達卡鬧、黃威、黃韻叡、黃煜程、胡哲睿、曹昌玄、盧品穎）

演奏類 - 個人獎

演奏類最佳專輯製作人獎：余佳倫、賴二川／at one／和諧滙聚股份有限公司（演奏者：余佳倫）
演奏類最佳作曲人獎：蘇郁涵／嗨高科技 Hi-Tech Pros and Cons《自由的姿態（Liberated Gesture）》／好有感覺音樂事業有限公司（演奏者：蘇郁涵）

技術類 - 出版獎

最佳演唱錄音專輯獎：姿態／相信音樂國際股份有限公司（主要錄音人員：陸希文／主要混音人員：陸希文、周冠儒／主要母帶後製人員：陸希文）
最佳演奏錄音專輯獎：Pluto Potato／明天的歌有限公司（主要錄音人員：蔡周翰／主要混音人員：陳君豪、蔡周翰、程杰／主要母帶後製人員：Alex Gordon）

技術類 - 個人獎

最佳裝幀設計獎：吳建龍／Flow／亞神音樂娛樂股份有限公司

第59屆廣播金鐘獎

第59屆廣播金鐘獎頒獎典禮民國113年10月12日在台北流行音樂中心舉行，本屆首度增設Podcast獎項，唐綺陽以《唐陽雞酒屋》節目打敗博恩、黃豪平等人奪下生活風格節目獎；特別貢獻獎得主為資深客語廣播人張茂隆（張民），他從事廣播業超過50年，多年來在警廣、中廣、教育電台及各地民營電台製作客語節目，讓聽眾深入了解客家文化。

第59屆廣播金鐘獎得獎名單

節目獎

流行音樂節目獎：同行相記 2（參賽單位：台北之音廣播股份有限公司）
類型音樂節目獎：神曲越南 Thần khúc Vietnam（參賽單位：財團法人寶島客家廣播電台）
生活風格節目獎：台味超有港（參賽單位：財團法人中央廣播電臺）
藝術文化節目獎：有緣千里・話音樂（參賽單位：臺北廣播電臺）

教育文化節目獎：SORRY～沒有回程票喔！（參賽單位：內政部警政署警察廣播電臺）

兒童節目獎：出發吧！鱻魚練習生（參賽單位：內政部警政署警察廣播電臺）

少年節目獎：青春幫幫忙（參賽單位：正聲廣播股份有限公司）

社會關懷節目獎：那一天的情緒課（參賽單位：財團法人中央廣播電臺）

社區節目獎：部落 Tribe 一下（參賽單位：財團法人佳音廣播電台）

廣播劇獎：空中故事館—《大部分解，開始》（參賽單位：正聲廣播股份有限公司臺中廣播電臺／牛灣娛樂有限公司）

單元節目獎：大城小時光（參賽單位：高雄廣播電臺）

個人獎

流行音樂節目主持人獎：袁永興／拍律遊樂園（報名單位：國立教育廣播電臺）

類型音樂節目主持人獎：西風【吳正鎮】／音樂伸展台—古典不古典（報名單位：高雄廣播電臺）

生活風格節目主持人獎：一顆梨子【羅亦娌】、阿凱翔【張凱翔】／劇透客語（報名單位：環宇廣播事業股份有限公司）

藝術文化節目主持人獎：POLO【陳歆翰】、柚子【林品貝】／臺灣文武爿（報名單位：財團法人中央廣播電臺）

教育文化節目主持人獎：小茉莉、謝國玄／原客・好滋味（報名單位：財團法人原住民族文化事業基金會（Alian 原住民族廣播電台））

兒童節目主持人獎：小茱姐姐【施賢琴】、柏諺哥哥【黃柏諺】／Hashtag123（報名單位：國立教育廣播電臺）

少年節目主持人獎：妞妞【柳心詠】、妞爸【柳子駿】／欸，確定這可以說嗎？（報名單位：財團法人佳音廣播電台）

社會關懷節目主持人獎：姜義村／幸福理想國（報名單位：財團法人台北勞工教育電台基金會）

社區節目主持人獎：小倩／Super 午茶 Show（報名單位：大千廣播電台股份有限公司）

企劃編撰獎：屠潔、伊森【何宜憲】、洪益華、林品貝、周秀梅／開箱聲音場館 Encore Echo（報名單位：財團法人中央廣播電臺）

音效獎：安起【李明漇】／大城小時光（報名單位：高雄廣播電臺）

Podcast 獎

生活風格節目獎：唐陽雞酒屋（參賽單位：大慕影藝國際事業股份有限公司）

藝術文化節目獎：給我一個故事的時間（參賽者：婷婷【許婷婷】、彬如【李邠如】）

兒童節目獎：欖仁媽媽說故事（參賽者：欖仁媽媽【胡致莉】）

少年節目獎：就決定是你了！松松（參賽者：拉亞【張莉敏】、松松【林松駿】）

▲唐綺陽獲第59屆廣播金鐘獎Podcast生活風格節目獎。

廣告獎

商品類廣告獎：有春茶館—夏天流浪到有春篇（參賽單位：好家庭藝術股份有限公司）

非商品類廣告獎：古典音樂台—生意子難生—徵才篇（參賽單位：好家庭廣播股份有限公司）

電臺品牌行銷創新獎

HIT POP ON THE ROAD（參賽單位：台北流行廣播股份有限公司）

創新研發應用獎

財團法人客家公共傳播基金會／AI 客語語音廣播自動生成系統（報名單位：財團法人客家公共傳播基金會）

特別貢獻獎（得主）

張茂隆（藝名：張民）

第59屆電視金鐘獎

　　第59屆電視金鐘獎頒獎典禮民國113年10月18日及19日舉行，節目類率先登場，《未來少女 NEXT GIRLZ》獲綜藝節目獎，澎恰恰、許效舜、苗可麗以《超級夜總會》奪綜藝節目主持人獎。戲劇類由《八尺門的辯護人》獲7個獎項成為大贏家，《有生之年》奪下戲劇節目獎、節目導演獎，同劇演員吳慷仁、楊貴媚分別拿下男女主角獎。

▲第59屆電視金鐘獎頒獎，楊貴媚時隔25年再奪戲劇節目女主角獎。

第59屆電視金鐘獎得獎名單

戲劇類

戲劇節目獎：有生之年
戲劇節目導演獎：許肇任、林志儒／有生之年
戲劇節目編劇獎：林冠慧／不良執念清除師
戲劇節目男主角獎：吳慷仁／有生之年
戲劇節目女主角獎：楊貴媚／有生之年
戲劇節目男配角獎：鄭元暢【鄭綜騰】／有生之年
戲劇節目女配角獎：楊謹華／不良執念清除師
戲劇節目最具潛力新人獎：謝展榮／有生之年
迷你劇集獎：八尺門的辯護人
迷你劇集（電視電影）導演獎：鄭文堂、林志儒／鹽水大飯店
迷你劇集（電視電影）編劇獎：唐福睿／八尺門的辯護人
迷你劇集（電視電影）男主角獎：李銘順／八尺門的辯護人
迷你劇集（電視電影）女主角獎：許瑋甯／不夠善良的我們
迷你劇集（電視電影）男配角獎：柯震東／不夠善良的我們
迷你劇集（電視電影）女配角獎：苗可麗／愛愛內含光
迷你劇集（電視電影）最具潛力新人獎：詹子萱／愛愛內含光
電視電影獎：客家電影院-唱歌給你聽
戲劇類節目攝影獎：馮信華／客家電影院-唱歌給你聽
戲劇類節目剪輯獎：楊仕丞／客家電影院-唱歌給你聽
戲劇類節目燈光獎：莊宏彬／客家電影院-唱歌給你聽
戲劇類節目美術設計獎：鄭予舜／商魂
戲劇類節目造型設計獎：吳俊鋒／不夠善良的我們
戲劇類節目視覺特效獎：嚴振欽、陳晏平／商魂
戲劇類節目聲音設計獎：黃年永、陳奕伶、王子柔／八尺門的辯護人
戲劇類節目配樂獎：盧律銘、林孝親、林思妤／八尺門的辯護人
戲劇類節目原創歌曲獎：芬蘭距離／蔡健雅／不夠善良的我們
戲劇類節目創新獎：八尺門的辯護人

特別貢獻獎

梁修身、黃柏雄

節目類

綜藝節目獎：未來少女 NEXT GIRLZ
綜藝節目主持人獎：澎恰恰、許效舜、苗可麗／超級夜總會

益智及實境節目獎：上山下海過一夜之極島台灣
益智及實境節目主持人獎：庾澄慶、卜學亮、彭小刀、柯有倫、張庭瑚、周予天／騎吧！哈林小隊
生活風格節目獎：吉日良辰客家封
生活風格節目主持人獎：謝哲青／青春愛讀書
自然科學紀實節目獎：實習生的筆記本
人文紀實節目獎：群山之島與不去會死的他們2
自然科學及人文紀實節目主持人獎：余大榕／臺灣味
兒童節目獎：海洋日記
少年節目獎：換個爸媽過幾天
兒童少年節目主持人獎：彭浩秦、陳韻如／學學嘴學學鼻
動畫節目獎：阿甯咕大戰想像蟲！
節目類導演獎：洪淳修／紀錄觀點 那些鳥事
節目類導播獎：許志高／2023 hito流行音樂頒獎典禮
節目類攝影獎：陳韋翰、王艾如、范勝翔、程紀皓／群山之島與不去會死的他們2
節目類燈光獎：林昭言、吳育竑、林錦昌／MUSIC MAKER 音樂大主理人
節目類剪輯獎：潘信安／叫我野孩子2
節目類美術設計獎：黃有傑、蕭羽珊、陳怡伶、韓恩妮／妖果小學第二季-金鑠鑠的真相小組
節目類聲音設計獎：林先敏、高偉晏／群山之島與不去會死的他們2-EP02深淵驚現嘆息灣！
節目類節目創新獎：換個爸媽過幾天

第61屆金馬獎

　　第61屆金馬獎頒獎典禮民國113年11月23日在台北流行音樂中心登場，最佳劇情片由以偽紀錄片講述COVID-19下中國的《一部未完成的電影》拿下，婁燁也以此片獲得最佳導演；影帝、影后則分別由中國演員張志勇與香港演員鍾雪瑩奪下。終身成就紀念獎頒發給「永遠的俠女」鄭佩佩，由導演李安擔任頒獎人，她的4名子女來到台灣代母領獎。

第61屆金馬獎得獎名單
最佳劇情片：一部未完成的電影
最佳紀錄片：由島至島
最佳動畫片：從缺
最佳劇情短片：A面：我的一天
最佳紀錄短片：顏色擷取樣本.mov
最佳動畫短片：房間裡的你
最佳導演：婁燁／一部未完成的電影
最佳男主角：張志勇／漂亮朋友
最佳女主角：鍾雪瑩／看我今天怎麼說
最佳男配角：施名帥／角頭－大橋頭
最佳女配角：楊貴媚／小雁與吳愛麗
最佳新導演：曾威量、尹又巧／白衣蒼狗
最佳新演員：鄭又菲／BIG
最佳原著劇本：黃熙／女兒的女兒
最佳改編劇本：王小帥／沃土
最佳攝影：王維華／漂亮朋友
最佳視覺效果：郭憲聰、邱俊毅／鬼才之道
最佳美術設計：王誌成、梁碩麟／鬼才之道
最佳造型設計：施筱柔／鬼才之道
最佳動作設計：黃泰維／鬼才之道
最佳原創電影音樂：福多瑪／默視錄
最佳原創電影歌曲：鬼才出道（詞：陳虹任／曲：王若琳／唱：王若琳）／鬼才之道
最佳剪輯：陳合平／漂亮朋友
最佳音效：陳奕伶、黃年永、澎葉生／由島至島
年度台灣傑出電影工作者：李錫堅
終身成就獎：林文錦
終身成就紀念獎：鄭佩佩

▲香港女星鍾雪瑩以電影《看我今天怎麼說》勇奪第61屆金馬影后。

§ 第十一章　生活與環保

併排臨停等八項交通輕微違規不開放檢舉

立法院民國113年5月14日三讀修正通過《道路交通管理處罰條例》，其中併排臨時停車等8項罰鍰在新台幣1,200元以下交通輕微違規，將不開放民眾檢舉，行政院公告6月30日上路。

112年6月上路的交通新制，因記點加嚴及增加13項交通違規開放民眾檢舉，引起計程車等職業駕駛反彈。行政院會113年3月7日通過交通部提出的《道路交通管理處罰條例》部分條文修正草案，併排臨停等10項最高罰鍰1,200元以下的輕微違規，不開放民眾檢舉，立法院4月底初審及5月通過的版本，則是8項輕微違規不開放檢舉。

交通部說明，這8項不開放民眾檢舉的交通微罪，違規停車部分，包括：併排臨時停車；在橋梁、隧道、圓環、障礙物對面、騎樓、快車道臨時停車，機車於人行道、行人穿越道臨時停車；在交岔路口、公共汽車招呼站10公尺及消防車出入口5公尺內臨時停車；在橋梁、隧道、圓環、障礙物對面、騎樓、快車道、交岔路口停車，機車於人行道、行人穿越道停車；在機場、車站、碼頭、學校、娛樂、競技、市場、或其他公共場所出入口或消防栓前停車。

另外，騎機車手持行動電話通話；汽機車駕駛人手持香菸、吸食、點燃香菸致有影響他人行車安全；倒車未顯示燈光或不注意行人及大型車倒車無人在後指引，也不開放檢舉。

這項交通新制仍有5項交通微罪開放民眾檢舉，包括：機車駕駛人或附載座人未依規定戴安全帽；於身心障礙專用停車位違規停車；四輪以上汽車於騎樓外之人行道、行人穿越道臨時停車；不依順行方向臨時停車；四輪以上汽車於騎樓外之人行道、行人穿越道停車。

交通違規新制 8項輕微違規不開放檢舉

臨時停車	・橋梁、隧道、圓環、障礙物對面、騎樓、快車道臨時停車，機車於人行道、行人穿越道臨時停車 ・交岔路口、公共汽車招呼站10公尺及消防車出入口5公尺內臨時停車 ・併排臨時停車
違規停車	・橋梁、隧道、圓環、障礙物對面、騎樓、快車道、交岔路口、公車招呼站10公尺內或消防車出入口5公尺內違規停車，機車於人行道、行人穿越道停車 ・機場、車站、碼頭、學校、娛樂、展覽、競技、市場、或其他公共場所出入口或消防栓前違規停車
其他違規	・騎機車手持行動電話 ・汽機車駕駛人吸菸影響他人行車安全 ・到車未顯示燈光或不注意行人、大型車倒車無人在後指引

註：
1. 當場舉發案件始予記點，科技執法及民眾檢舉案件等逕行舉發不予記點
2. 自費參加講習可抵違規點數2點，由1年1次修正為1年2次（等同扣4點）
3. 113年6月30日起施行。
資料來源：交通部

交通部說，交通新制是以工程改善手段先替代監理執法手段，相關修法屬在人行環境及停車問題改善優化前的權宜措施，雖限縮部分輕微違規項目不予民眾檢舉，但不會因此而降低執法強度，也不會有處罰漏洞；各類駕駛人如有違反道路交通管理規定的違規行為，均須處罰鍰，並依情節依條例規定併受道路交通安全講習、記點、吊扣或吊銷駕駛執照等處罰。

立院三讀
道路固定設施妨礙通行最高罰15萬

立法院會民國113年4月16日三讀通過《行人交通安全設施條例》，規範中央及地方應訂定行人交通安全推動及改善計畫，地方政府如果查有妨礙行人通行的固定設施，未在期限內改善、拆除者，最高可罰新台幣15萬元。

《行人交通安全設施條例》是第11屆立法院首部三讀通過的法案。條文明定，為建設、改善、維護、管理及考核行人交通安全設施，建立以人為本、行人動線連續性及無障礙用路環境，特制定本條例。

條文明定，中央主管機關應訂定行人交通安全設施政策方向及推動計畫，督導地方政府辦理行人步行環境安全及便利性改善調查，行人交通安全設施推動計畫至少每4年檢討修正一次，並應納入專家學者、民間團體參與討論。

三讀條文明定，地方主管機關應訂定道路一定寬度人行道分年分期建設計畫，報請中央核定後優先實施改善，至少每4年檢討修正一次。另需訂定行人交通安全設施改善計畫，包含人行道增設、拓寬或改善、人行道障礙排除、公告設置及實施行人友善區等。

條文明定，地方主管機關查有妨礙行人通行的固定設施、設備，應以書面通知該管理機關、所有權人、使用人或管理人，在規定期限完成該設施改善、遷移或拆除，期限不得少於3個月。若未依期限改善，將按次處罰3萬元以上15萬元以下罰鍰。

行政院在提案說明指出，妨礙通行的固定設施、設備若為配電箱、郵筒、消防栓、瓦斯加壓控制閥箱等公用事業設施、設備，須由地方政府主管機關協調使用人擇定遷移位置，並要求進行改善、遷移或拆除。

條文明定，建築物騎樓及無遮簷人行道地平面，未與鄰接地平面齊平者，由地方主管機關指定路段統一重修。重修後若擅自改建而妨礙行人通行者，可要求該建築物所有權人、使用人或管理人限期2個月內自行改善，違者處5,000元以上2萬5,000元以下罰鍰，並得按次處罰。

零死亡願景
路權團體發起全台散步節

路權團體「還路於民行人路權促進會」民國113年8月24日在3縣市舉行散步節，促進會理事長吳宜蓓說，標線型人行道無意義應改為實體；交通部說，台灣地狹人稠，人行道全做實體有實務困難。

公民倡議團體「行人零死亡推動聯盟」112年發起路權遊行，獲廣大迴響，成功推動政府加速訂定《交通安全基本法》及《行人安全設施條例》，讓行人安全在法制面跨出一大步。

「行人零死亡推動聯盟」113年另成立社團法人非營利組織「還路於民行人路權促進會」，希望透過更多元的活動，增進民眾對人本城市的想像，推動步行城市的建設，讓城市不再只是為機動車輛而設。

「還路於民行人路權促進會」113年發起散步節，8月24日在台北市、桃園市及高雄市，8月25日在台中市及基隆市，邀民眾上街散步，找回步行的快樂與尊嚴，並檢驗法制的變革是否落實到各地的日常生活。

吳宜蓓說，行人才是城市的主體，政府應保障行人通行自由的權利；不過，她提到1名老奶奶走在標線型人行道上卻被車撞，認為標

▲立法院會三讀通過《行人交通安全設施條例》，圖為新北市板橋區一處人行道上設有變電箱設施。

▲「零死亡願景散步節」台北場在台北永康商圈開走，眾人從捷運東門站前出發遊行，沿途呼口號、喊訴求，希望一同重視台灣行人路權。

線型人行道不是實體人行道，並無意義，政府應建實體人行道，並有無障礙設計，才能讓行人安心走在路上。

吳宜蓓說，步行與自行車是永續運輸的重要角色，政府應努力發展，減少道路上的機動車輛。

交通部路政及道安司司長黃運貴說，實體人行道的確比較安全，但實務上將所有人行道都改實體有困難，標線型人行道就是在無法設置實體人行道時的變通做法，透過標線告知用路人應遵守相關規定，禮讓行人優先通行。

路政及道安司副司長蔡書彬說，很多地方在設置實體人行道時，需考慮一樓住家車輛進出的便利性，未來可以慢慢改進。

散步節台北場從捷運東門站出發，經過永康街、金華公園、台師大美術館再回到捷運東門站，約百餘人參加，時代力量黨主席王婉諭、民進黨立委林月琴、民進黨台北市議員何孟樺及趙怡翔也親自參與。

台鐵改制　蔡總統：這段路走了20年

走過136個年頭，台鐵局於民國113年1月1日正式改制為台灣鐵路股份有限公司，總統蔡英文在揭牌典禮中致詞表示，台鐵公司化議題從91年開始討論，經歷107跟110年的2次不幸事故，加深改革期待，讓公司化順利推動，這段路走了20年。

蔡總統說，台鐵是百年來最重要的軌道運輸，每年服務億萬人次的旅客，希望藉由這個場合，感謝台鐵所有員工的貢獻。

蔡總統指出，台鐵肩負政策跟社會責任，營運難以獲利的路段等，也成為台鐵財務負擔。藉由公司化賦予自主權跟提升營運效率，提供相關財務補助政策，讓台鐵公司財務可以正常化，將會持續協助台鐵，守護乘客的營運安全，確保員工權益，持續提升管理效能跟永續經營。

交通部長王國材表示，台鐵改革轉型從1月1日開始，未來運輸安全將是台鐵最重要的任務，車輛汰舊換新，都大幅提升安全跟服務品質，未來也不受限制，可以提升土地開發價值，提升營運收入，希望台鐵公司重新開始，持續共同努力，再造百年榮光。

台鐵公司董事長杜微表示，在增進安全方面，台鐵公司建立新的安全體系，調整組織編制、教育訓練等，也採納國內外軌道安全經驗以及外部監督團體建言，要確實降低風險，促進安全。

杜微指出，未來台鐵公司在確保安全，同時也會提升服務效能，用新車隊、新設備、新形象，新方法跟新服務，打造台鐵公司在本業運輸服務以及附屬事業與開發，一起提升公司效能，要打造黃金10年，進入下一個台鐵百年時代。

▲台鐵改制公司化，由總統蔡英文（左前5）、行政院長陳建仁（右4）等人親自拉下紅布。

安永心食館
ANYO MUSEUM

科技 × 美食 × 玩樂趣
十億打造台灣唯一鑽石級綠建築觀光工廠

從大海到餐桌，以安心、無添加的高科技規格把關，研發**全魚利用、高品質少負擔**的美味食品。運用最新技術結合玩樂體驗，歡樂且充滿驚喜的互動，帶給您無限幻想的震撼！

- 冬蒔茶屋
- 安永鱸魚精
- 鮮魚鍋物
- 海洋漁樂館
- 激流泛舟

營業時間：09:00-17:00（依官網公告）
服務專線：0800-533-699
場館地址：宜蘭縣蘇澳鎮中山路二段415號

阿里山林鐵　睽違15年全線通車

阿里山林鐵中斷15年無法全線通車，最後一哩路新建42號隧道歷經多重挑戰後完工，在眾人期盼下，民國113年7月6日恢復全線通車，沿線增設告警系統防護，加上栩悅號、福森號主題列車配合營運，整修沿途10餘車站，繼續開往下一個百年。

阿里山林業鐵路是台灣重要國寶級文化資產與世界著名登山鐵路之一，但98年莫拉克颱風造成421處災害停駛，經6年修護，原定104年全線通車，又遇到當年杜鵑颱風侵襲，於十字路站到屏遮那站間42號隧道發生2處、計55公尺長大崩塌，全線通車夢再斷。

農業部林業及自然保育署阿里山林業鐵路及文化資產管理處長黃妙修表示，經評估原址重建、橋梁及隧道復建等工法，考量生態環境等，以新建42號隧道為最可行方案。

黃妙修說，隧道工程自107年歷經環境影響評估、水土保持計畫與文化資產程序，取得嘉義縣阿里山鄉鄒族部落超過9成同意，110年1月8日動工，111年12月29日貫通，後續鋪設隧道防水膜等工程，112年12月20日完成隧道主體工程，接續鋪設軌道。

黃妙修表示，113年4月經路線檢查及改善，從北門車站行駛到阿里山車站，測試正常，5月底前完成全線試運轉並報請交通部檢查，7月6日全線通車。

阿里山林鐵目前有20站，包括嘉義、北門、鹿麻產、竹崎、木履寮、樟腦寮、獨立山、梨園寮、交力坪、水社寮、奮起湖、多林、十字路、屏遮那、二萬平、神木、阿里山、沼平、對高岳與祝山。主線從嘉義站至阿里山站，而嘉義站與台鐵嘉義車站共構。

阿里山林鐵一路從海拔30公尺嘉義市攀升至海拔2,216公尺的阿里山站後，更可駛往最高點海拔2,451公尺祝山站，海拔落差2,421公尺。

雄獅旅遊國旅暨入境總經理王岳聰說，栩悅號跟福森號每年可望帶來超過4萬人次搭乘，若每人消費1萬元計算，估每年有新台幣4億元的觀光產值。

台鐵彩繪列車西拉雅號亮相 行駛嘉義屏東區間

交通部觀光署與台鐵公司攜手合作，推出的首部主題彩繪列車「SIRAYA西拉雅號」民國113年1月22日在台鐵樹林車站亮相，彩繪列車1月23日抵達台南車站為台灣燈會加油，並舉行啟航典禮，至4月30日止，不定期行駛於嘉義至屏東的區間。

台鐵表示，氣溫驟降，西拉雅號（台鐵EMU800型電車）外觀是由設計師將毛衣彩繪套上增添一絲暖意，車廂內外更有I LOVE TAIWAN、SIRAYA、笑臉、愛心滿滿的圖

▲阿里山林鐵及文資處改建祝山車站是全台海拔最高車站，獨特醒目α棚頂設計，迎合阿里山雲海，兼含文化景觀、生態永續及友善服務概念。

▲台鐵彩繪列車「SIRAYA西拉雅號」，在台南火車站舉行啟航儀式，車廂外有I LOVE TAIWAN等紅白相間的圖樣。（台南市政府提供）

樣，車廂內海報框更呈現南部地區國家風景區的特色景點。

不過，西拉雅跨地部落聯盟發聲明表示，彩繪列車是交通部觀光署為西拉雅國家風景區的推廣及宣傳而設計，和推廣西拉雅族文化或肯認西拉雅族無關。

台鐵常客電子票證回饋 最高優惠等同八折

台鐵民國113年7月17日宣布，從8月1日起推出電子票證常客回饋優惠，依旅客每月累計搭乘次數，分為3種級距提供回饋金。回饋金於次月第1次乘車出站刷卡時，即自動加值至電子票證錢包內，可用於電子票證規定範圍內的所有消費。

根據台鐵公布的常客級距，當月累計搭乘次數11次至20次，次月回饋10%回饋金（相當於9折票價）；當月累計搭乘次數21次至40次，於次月回饋15%回饋金（相當於85折票價）；當月搭乘次數41次以上，於次月回饋20%回饋金（相當於8折票價）。

台鐵表示，另外也推出30日及60日2種電子定期票方案，旅客可在期限內無限次數搭乘。30日定期票可連續30日無限次數搭乘，以起迄站區間車票價每日2次計價，並享約6折優惠；60日定期票可連續60日無限次數搭乘，以起迄站區間車票價每日2次計價，再享約56折優惠。

台鐵指出，8月1日起旅客可選擇以台鐵常客卡或現有電子票證（悠遊卡、一卡通、愛金卡）購買登錄綁定台鐵電子定期票，電子票證每卡每次限定綁定1種月票方案，可搭乘自強號（不含3000型自強號、普悠瑪號、太魯閣號、觀光列車、團體列車等不發售無座位列車）、莒光號及區間車，透過電子驗票閘門通關可加速進出站速度。

北北桃YouBike違規記點新制 最重停權兩年

為打造行人友善交通環境，YouBike違規點新制民國113年7月1日上路，在騎樓騎乘、

▲台北市、新北市及桃園市實施YouBike違規記點制度，台北市交通局呼籲，經過騎樓請下車牽行。

在人行道未禮讓行人、闖紅燈都會被記1點，1年內累計7點停權1年，記點第1天開始計算1年後點數歸零；民眾可自備證據檢舉，雙北與桃園同步實施。

台北市5月21日舉行道路交通安全會報，宣布7月1日起，台北市、新北市與桃園市將同步實施YouBike會員違規記點新制。北市指出，雖然記點制度103年就上路，但各縣市法規不同，也沒納入會員條款，整合與開罰有難度。

台北市交通局運輸管理科長朱宸佐表示，根據交通警察大隊及交通局統計，近3年來自行車於人行道上陳情案件及事故死傷人數皆逐年增加，同時觀察到自行車與行人的衝突越來越多，因此攜手微笑單車公司推出記點制度。

7月1日起，YouBike會員在北北桃騎乘，若有闖紅燈、車道上逆向、未禮讓行人、邊騎車邊用手機、經警方或其他主管機關舉發的違規等，每次記1點，會員帳號1年內累積3點停權14天、累積7點停權1年；而若經警方單位舉發酒駕、毒駕等停權2年。

朱宸佐表示，北市YouBike違規樣態前3名分別為騎上未開放人行道、騎到騎樓與逆向。此次新制是參考道路交通管理處罰條例，採停權而非直接取消會員資格，交通局每月會派2人、8人次在違規熱點檢舉，民眾若目睹違規行為也可備好影片或照片證據檢舉；警方若有取締到違規騎士也會同步回報給交通局。

GRAND HILAI
SUN MOON LAKE
漢來日月行館

漢來日月行館
2024/11/1 正式登場

壯麗湖景與極致美食絕妙融合
詮釋湖畔奢華新定義

訂房請洽
049-221-2188 / 0800-732-266

來日月行館　GRAND HILAI SUN MOON LAKE
南投縣魚池鄉中興路139號
139, Zhongxing Rd., Yuchi Township, Nantou County 555, Taiwan
886-49-221-22188　F +886-49-234-3177
sunmoonlake.grand-hilai.com.tw

Book now

交通局並表示，依人行道淨寬區分人車分道方式，小於2公尺取消人車共道，以行人優先；大於或等於2.4公尺以上分流標線劃分行人與自行車通行空間；大於3公尺則規畫人車分道。

交通局說，持續宣導學校出入口、公車站、行人穿越道下車牽行、一般道路靠右行駛、禮讓行人不按鈴催促等自行車騎乘新文化。

北北桃YouBike違規記點制度7月1日上路後，新北市府交通局說，雙北當天共稽查30件違規，其中台北25件、新北5件，違規樣態包括違規騎乘騎樓、催趕行人及闖紅燈等。

基隆石垣海運航線
最快114年中開航

為推動基隆-石垣航線開航，日本石垣市長中山義隆偕同台灣華岡集團總經理洪郁航，於民國113年7月15日拜會交通部航港局長葉協隆，該航線預計最快在114年中開航，有助於促進台日航運發展及觀光交流，共創雙贏。

航港局指出，預計投入營運的PANSTAR DREAM渡輪，目前為韓國所有，航行於釜山至大阪間，日方規畫購入該船進行修整後投入基隆至石垣航線，預計114年中開航，每週固定航行3趟次，單趟航行約8小時。

航港局表示，PANSTAR DREAM渡輪為RO-RO客貨船，總噸位達2萬1,688噸，可載運545名乘客、70輛轎車及150噸8噸卡車（或同等體積、重量貨物）。該船客艙均為臥艙，船上並設有餐廳、桑拿、娛樂室等，可提供旅客舒適搭乘空間，充足的載貨、載車空間更可提供完善物流服務。

觀光客運部分，航港局表示，112年石垣島旅客入境人數約118萬人次，約有93%來自日本本州、四國、九州、沖繩等地，透過此航線亦可吸引日本國內旅客經由石垣轉赴台灣旅遊，為台灣帶來觀光效益，同時提供台灣民眾前往日本旅遊多一項選擇。

遊覽車114年6月起
須裝設駕駛識別功能

為加強對遊覽車客運業營運管理，交通部修正《汽車運輸業管理規則》第19條之4，明訂民國114年6月1日起，全台1.4萬輛遊覽車必須強制裝具駕駛識別功能設備，並介接至指定資訊平台，可即時掌控遊覽車和駕駛行車動態，避免駕駛超時。若未裝設，可開罰新台幣9,000到9萬元。

交通部表示，目前遊覽車客運業車輛依規定裝置具有全球衛星定位功能系統設備，並介接車輛動態資訊以提供行駛中車輛車號、即時監控位置、車輛速度、行駛時間、歷史軌跡查詢及異常狀態回報等功能統計分析資料及即時預警功能，但並未提供駕駛車輛駕駛人資訊。

交通部指出，為了加強對遊覽車客運業營運管理，以確保遊覽車駕駛人駕駛時間及駕駛行為符合法令，因此修法要求加裝駕駛識別功能，希望以科學化管理方式，強化行車安全。

此外，遊覽車客運業對車輛動態資訊及駕駛人資訊，應納入營運車輛監控管理系統內儲存，並應至少保存1年。

不過，由於不少遊覽車屬於靠行，裝設相關設備須司機本人自行負擔相關費用，新北市遊覽車駕駛員職業工會、台灣遊覽車發展協會8月26日召近50台遊覽車，約百人到交通部前抗議，訴求將遊覽車納入大眾運輸及全額補助經費，否則應取消這項規定。交通部則回應，會再跟司機討論。

酒駕處分變嚴
吊照兩次重考照須強制酒癮治療

交通部公告修正《酒駕防制教育及酒癮治療實施管理辦法》，民國113年3月1日起，酒駕累犯定義從3次以上，下修至2次以上，即可吊銷駕照；重新考照者須強制接受酒癮治療。

《酒駕防制教育及酒癮治療實施管理辦法》於109年3月1日起施行。交通部說，酒後駕車為社會各界痛惡的行為，皆盼望能透過修法杜絕酒駕違規發生；且酒駕再犯為酒精成癮高風險族群，重複酒駕者，酒癮高達63%，為有效防制酒駕行為，擴大應接受酒癮治療資格條件對象。

交通部將原本酒駕受吊銷駕駛執照處分達3次以上，於重新申請考領駕駛執照前應接受酒癮評估治療規定，修正為曾酒駕遭吊銷駕照2次以上者，就要接受酒癮評估並完成治療。

同時，修正條文明定，酒駕防制教育訓練，除完成酒駕防制教育訓練外，也要至中央衛生主管機關評鑑合格醫療機構，接受12個月且至少12次酒癮評估治療，並取得完成證明書。

修正條文指出，汽車駕駛人接受酒癮評估治療費用，由汽車駕駛人負擔；未能配合醫囑於所定時間接受評估治療超過2個月，或者對醫事人員有強暴、脅迫、恐嚇、公然侮辱或其他非法行為，妨礙醫療業務執行等，醫療機構得終止評估治療，並不發給完成證明書。

高風險駕駛須換發短期駕照

另外，自102年7月1日起，除職業駕駛人、癲癇患者、外國人及年滿75歲高齡者須定期換照外，其餘免再換發駕照，為加強較高風險駕駛人的駕駛執照管理，交通部公路局提醒，自10月31日起，受駕照吊銷禁考處分6年以上重新考照者等高風險駕駛，須在6年觀察期內領取短期駕照，未依規定申請換發者除不得駕車，也將開罰最高新台幣3,600元罰鍰。

30多年未調整
入境免稅額調高到3.5萬

出國買高單價精品包、手錶等，依現行規定，入境每人享免稅額新台幣2萬元，財政部考量額度已30多年未調整，經參考國內物價漲幅與亞鄰國家標準，調高至3.5萬元，民國113年6月26日起生效。

關務署以108年入境旅客高峰約2,900萬人次推估，調高入境免稅額度後，粗估一年稅損約305萬元。

台灣人愛出國，血拼實力驚人，但不小心買太多，入境時恐怕要多付代價。根據現行《入境旅客攜帶行李物品報驗稅放辦法》，旅客攜帶自用及家用行李物品（管制品及菸酒除外），總值在完稅價格2萬元以下免稅，但有明顯帶貨營利行為或經常出入境且有違規紀錄者，則不適用。

實務上，民眾返國入境時，海關採抽查制檢視行李物品是否超過免稅額，且查核大多是針對有違規紀錄者，但民眾若心存僥倖、未主動申報，被查出攜回貨品價格逾2萬元，海關將依法沒入。

由於2萬元入境免稅額度是在民國78年訂定，有民眾反映30多年來物價指數升高，消費力也有所提升，因此應適當檢討免稅額度，財政部關務署為此會同賦稅署研議調整幅度，把額度調高至3.5萬元，6月26日起生效。

官員指出，調升至3.5萬元主要是參考亞洲鄰近國家的入境免稅額度，包含日本規定的20萬日圓，以及韓國規定的800美元；同時，根據主計總處資料，自78年到111年、112年間，台灣消費者物價指數（CPI）漲幅接近7成，入境免稅額拍板調升至3.5萬元，調幅也與物價漲幅大致相當。

赴100國可享免簽入境
台灣護照排名全球第69位

全球簽證指南網站VisaGuide.World公布截至2024年6月的全球最強護照排名，新加坡位居榜首，日本排名第13，是亞洲表現最好的兩國；台灣排在第69名，共有100國給予免簽。

VisaGuide.World護照指數（Passport Index）以名為「目的地重要性評分」（Destination Significance Score, DSS）的機制，參照各種因素評估全球199個國家和地區護照並為其排名。

新加坡護照從3月到6月連續4個月被列為全球最強護照，持有者雖然不能免護照入境他國，但可免簽證進入159國，也能以電子旅行證（eTA）進入9國。義大利緊追其後，2023年奪冠的西班牙列居第3。

第4名到第12名依序是法國、匈牙利、奧地利、愛爾蘭、荷蘭、比利時、瑞士、盧森堡、芬蘭。日本排名第13，是亞洲第2強護照，可免簽進入143國；南韓第31名，可免簽進入139國；美國排名第42；香港第46名；澳門第58名；中國第117名。

台灣為第69名，較2023年12月前進1個排名，共有100國給予免簽、47國須先申請簽證、9國可申請電子旅行證、40國可申請電子簽、29國可申請落地簽，僅1國、喬治亞仍拒絕我國以護照入境。

全球百大機場評比
桃機第66進步16名

英國非營利獨立調查機構Skytrax於2024年4月17日公布年度最佳百大機場評選結果，桃園國際機場排名全球第66名，較2023年進步16名。

桃園國際機場公司4月18日新聞稿表示，這次調查桃機位居第66名，但在年旅客3,000萬至4,000萬區間最佳機場排名，為全球第9名。另外，在最佳證照查驗獲全球第5名、最佳安全檢查第9名、最佳行李遞送第8名，最乾淨機場全球也是第9名，也就是有5項評比進入全球前10名。

桃機公司指出，2023年度桃機客運量達3,535萬人次，恢復至COVID-19（2019冠狀病毒疾病）疫情前73%，解封後桃園機場旅運量復甦顯著，旅客出入境通關、轉機休憩、餐飲購物及聯外交通等各面需求也隨之提升，機場公司偕同警政署航空警察局、移民署國境事務大隊、關務署台北關等CIQS單位，致力打造旅客高效率、智慧化及親切的通關服務，同時也升級行李輸送及分揀系統設備。

Skytrax百大最佳機場評比範圍涵蓋全球500多個機場，根據來自100多個國家的旅客填寫超過1,300萬份調查問卷，評估在一系列機場服務和關鍵績效指標方面的體驗，包括登機手續、抵達、轉機、購物、安檢和出入境至登機等，這項評比為機場和航空公司服務品質的指標之一。

美雜誌票選
台灣再獲亞洲最佳休閒旅遊目的地

台灣2024年再度獲得美國Global Traveler雜誌（環旅世界）頒發的第12屆休閒生活風格獎（Leisure Lifestyle Awards）中的亞洲最佳休閒旅遊目的地，交通部觀光署8月7日發布新聞稿表示，這是對台灣旅遊業的肯定，也是對人民熱情好客的高度讚揚。

第12屆休閒生活風格獎由Global Traveler讀者投票選出，旨在表彰世界上最佳的休閒、生活方式、旅遊目的地、商品、服務、旅館、航空公司、機場及郵輪等，調查期間為2023年7月15日至2024年3月8日。

國際旅遊平台上半年目的地排名
台灣居第六

國際數位旅遊平台Agoda2024年7月29日公布上半年訂房排名，在國際熱門旅遊目的地部分，日本為冠軍，其次是泰國，3至5名為韓國、越南及馬來西亞，台灣排名第6，7至10名為印尼、菲律賓、美國及香港。

租屋電費新制
房東違規超收最重罰50萬元

租屋電費新制民國113年7月15日上路，內政部指出，新簽訂的住宅租賃契約將全面適用新制規定，已簽訂的舊約則不會溯及適用，但若經租賃雙方同意，可重新約定適用新制，房東若違規超收電費最高可處新台幣50萬元罰鍰。

行政院核定修正「住宅租賃定型化契約應記載及不得記載事項」，內政部辦理公告作業，並在7月15日生效上路。

內政部透過新聞稿指出，租屋電費新制主要是讓租屋電費收取更加合理公平，並減少超收電費爭議。新制規定有2大重點，第1是電費計收標準，如果是約定按「用電度數」計費，房東收取的每度電費將不可以超過電費單的「當期每度平均電價」。

如果非約定按「用電度數」計費，則房東收取的電費將不可以超過電費單的「每期電費總額」。此外，屋外公共設施的電費如果沒有分攤併入電費單內，房東也不可以額外收取。

內政部指出，新規的第2點是房東在收取電費時，需要提供當期每度平均電價、用電度數等資訊給房客知悉，房客也可自行向台電申辦查詢相關電費資訊。

通好選擇

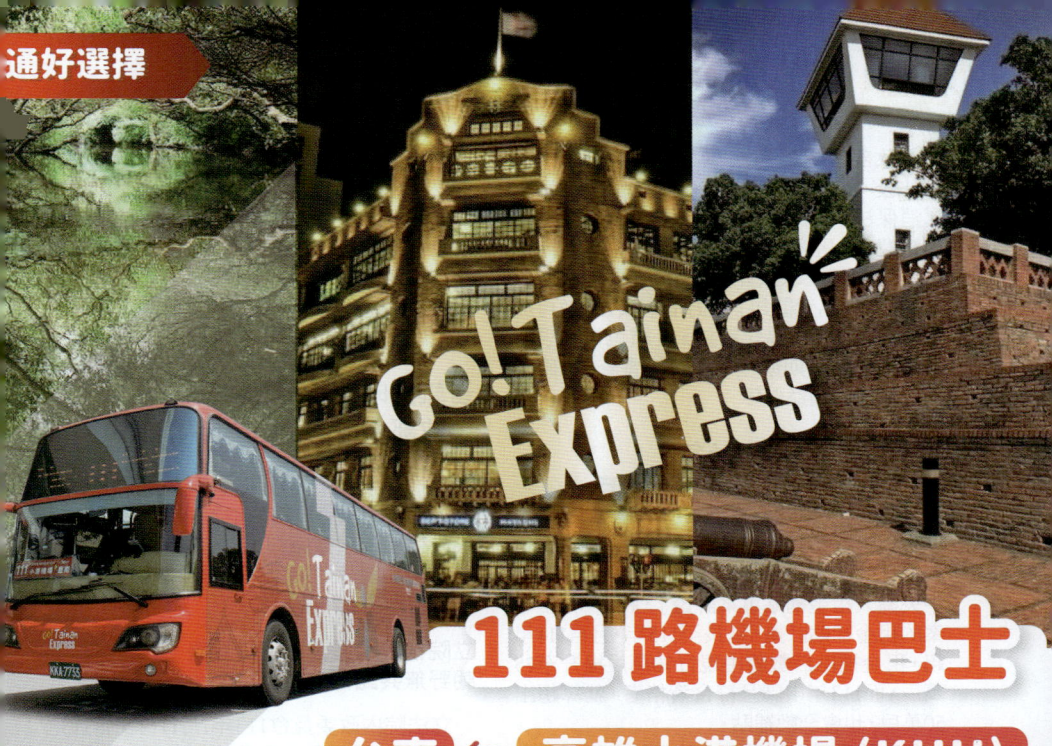

Go! Tainan Express

111 路機場巴士

台南 ⇆ 高雄小港機場 (KHH)

享受舒適、安心、便利的旅途

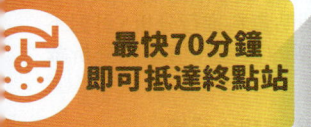

- 最快70分鐘即可抵達終點站
- 舒適高級座椅
- 加大行李空間

台南輕鬆遊 Tainan Easy Trip　klook　kkday

購買通路

主辦單位：臺南市政府 Tainan City Goverment

協辦單位：FONTRIP 豐趣科技股份有限公司　拓連

臺南市政府 廣告

內政部也提醒房東，112年《租賃條例》修法後，租屋族的租賃住宅契約已全面適用《消保法》的保護，房東若違反新制規定超收電費者，房客可向縣市政府消保或地政單位提出申訴要求改正，如果不改正者，可以處3萬至30萬元罰鍰；如仍拒不改正，並可加重處以5萬至50萬元罰鍰。後續也會要求各地方政府不定期辦理租賃契約書查核，確保租屋族電費權益保障。

租金補貼延長至115年
114年起申請戶數增為75萬戶

為呼應總統賴清德政見，行政院民國113年8月15日通過內政部擬具的調整「300億元中央擴大租金補貼專案計畫」，將原為4年專案的租金補貼計畫，延長至115年。且自114年起，租金補貼戶數將由現行50萬戶提升至75萬戶，而113年申請且符合資格者，就算超出50萬戶，也會全數補貼。

行政院發言人陳世凱主持政院會後記者會時轉述，行政院長卓榮泰院會中聽取計畫後指示，請內政部全力推動8年「百萬租屋家戶支持計畫」，須如期如質達成政策目標，租金補貼政策則應視不動產市場、租屋市場、租賃條件、居住環境的各種變化，靈活檢討因應。

內政部次長董建宏出席政院會後記者會時說，全台租屋市場約為87萬戶，75萬戶已經相當程度涵蓋有需求的青年族群與經濟弱勢。

至於擴大受惠戶數，經費是否將超過新台幣300億元，國土署長吳欣修說明，推估每年經費需達340億元至350億元之間，超出的部分，將適時由政院撥補住宅基金。

吳欣修也提到，為避免房東阻撓房客申請租金補貼，或藉此漲房租，現行申請時就不用房東同意也不須房東身分證字號，定型化契約更明定不能在契約期間漲租，且透過3年資料比對，發現租金補貼的物件租金都沒有明顯上漲，但實際未明顯漲價的原因為何，內政部會針對年輕人租屋成本、屋齡等進行交叉比對。

內政部9月24日表示，中央持續推動直接興建社會住宅、包租代管、租金補貼三大政策，特別是自111年起開辦300億元中央擴大租金補貼專案，截至113年8月底止，核定補貼戶數已從111年核准27.8萬戶到現今申請受理案件數逾80萬戶，核定件數成長至62.8萬餘戶，顯示「百萬租屋家庭政策」及配套措施確實發揮照顧及支持租屋族之效益，讓許多年輕人、大學生及新婚家庭等實質受到中央居住政策的照顧。

資訊透明化
內政部公布全台租屋市場行情

為推動租屋市場資訊透明化，民國113年8月29日內政部在不修法前提，且在去識別化、保護租屋隱私權原則下，於內政部不動產資訊平台及地政司網站「租賃條例專區」公布全台租屋市場行情資料。

立院初審租屋全面實價登錄
朝野無共識條文保留協商

立法院內政委員會113年7月11日初審通過《租賃住宅市場發展及管理條例》部分條文，租屋市場將全面實價登錄，並增設檢舉獎金制度；但因在場立委無共識，草案雖初審通過，但條文全數保留，送朝野協商。

會中通過附帶決議，建請內政部在114年1月起，針對租金補貼資料進行分析，針對不同地區、不同屋型的租金行情區間分析彙整，並定期公布。

內政部公布大學周邊租金行情
助學生校外找屋參考

因此，內政部先於113年8月15日公布全台大專院校所在的86個行政區租金行情，盼能促進租屋市場透明、協助校外租屋族。不過官員也解釋，統計是依照租屋補助樣本進行分析，雖未必能反映整體市場行情，但仍可作為參考標的。

內政部次長董建宏表示，內政部以47.8萬筆租金補貼資料分析，並套回全國140所大專院校所在的行政區，盼能協助學生與家長在校外租屋時能有合理參考，也盼青年學子多善用「300億元中央擴大租金補貼」，以減輕在外租屋學子的負擔。

租金區間統計

五股區 契約數:2,082件
25分位數	50分位數	75分位數
10,000	15,000	19,500

蘆洲區 契約數:3,747件
25分位數	50分位數	75分位數
9,000	13,000	18,000

汐止區 契約數:3,947件
25分位數	50分位數	75分位數
9,000	12,000	17,000

內湖區 契約數:4,028件
25分位數	50分位數	75分位數
8,800	12,500	17,000

松山區 契約數:2,345件
25分位數	50分位數	75分位數
11,000	15,500	24,000

圖例（元）：0-6000、6000-8000、8000-10000、10000-12000、12000-14000、14000-16000、16000-18000、18000-20000、20000-22000、22000-

資料來源：內政部地政司

舉例來說，位於新竹市東區的清華大學及陽明交通大學光復校區，該區申請租金補貼的租約樣本共4,417件，租金25分位數為新台幣6,000元，租金50分位數為7,500元，75分位數為1萬1,000元；又例如台大所在的台北市大安區，樣本數有4,126件，租金25分位數是1萬元，50分位數是1萬1,300元，75分位數為1萬8,000元。

內政部長劉世芳8月29日表示，在公布全台大學校區附近租屋行情之後，各界反應非常好，內政部進一步將全台具備統計參考價值的全台租屋行情，公布範圍高達278個行政區，涵蓋全台76%鄉鎮市區，讓未來租屋市場更加透明化。

內政部地政司司長王成機說，這次統計資料來源是利用國土署租金補貼資料，時間是113年3月31日時仍有效的租賃契約，是非常即時資料，總共47萬8,000筆資料，公布條件必須在行政區內有超過40筆以上的租約，統計上才具有穩定性及可靠性。

王成機指出，如果租賃契約比較多的區域，進一步以屋型做分類（次類別），即整戶、有門牌的獨立套房、分租雅房等3類。不過，他也提到，列入分類的標準必須滿足租約數足夠分成3大類，且有40筆租約以上，即需達到統計的樣本數，才會納入，共計公布136個鄉鎮地區，涵蓋率36%，是租屋市場需求比較高的地方，且都在都會區。

此外，統計資料也依照租金高低區分75分位、50分位（中位數），及25分位，提供不同需求及條件者參考。

王成機進一步舉例指出，在不分類狀況下，內湖、汐止租金統計資料比大安、信義區還高，跟一般認知不同，但在次分類條件下，可以發現內湖、汐止整層出租的比例達到6成，因此租金才會比較高。類似情況也會發生在其他縣市，與該區位的主要屋型，及不同房市類型、特性有關。

房東爭權益　免費租屋法律諮詢上路

同時，內政部長劉世芳113年7月31日表示，自8月1日起開辦免費提供租屋族租屋糾紛法律諮詢服務，民眾如果遇到不合理的租屋法律問題時，都可以市話直撥「住宅租賃糾紛諮詢專線」412-8518，由專業律師提供相關的法律諮詢或意見。

廣告
中華民國
法務部
Ministry Of Justice
反毒大本營
喂！不要找麻煩
大麻在台灣列為第二級毒品
運輸或種植最重可處無期徒刑
施用或持有大麻最重可處
三年以下有期徒刑
反毒大本營

劉世芳說，在租屋市場中有時聽到部分房東以提前解約等不當方式，要求房客強制搬遷，或是在租約到期後有苛扣押金等情形。對於青年學生等租屋者，常遇到不知該如何在法律上主張自身的權益，以致被迫接受不合理的要求。

內政部除委託法扶基金會，開辦免費「租屋法律諮詢」，並規畫在114年下半年提供弱勢租屋族的訴訟法律文件撰擬、法律調解、陪同出庭等扶助服務，讓租屋族獲得政府的支持與法律的保護。

劉世芳強調，加強弱勢租屋族權益的保障，是內政部住宅政策的重要一環。政府提供多元管道協助解決租屋紛爭，像是長期與崔媽媽基金會合作提供租屋諮詢服務外，也有縣市政府消費者保護申訴及鄉鎮市公所調解等方式，並在112年完成《租賃條例》修法，讓租屋族的租約都能全面適用消保法的保護，租得更安心。

國際碳交易首發8.8萬噸 金控最大買家

台灣碳權交易所民國112年12月22日舉行「啟航碳交易、引領新時代」零碳新經濟論壇，也同步啟動國際碳權交易，首批交易量8.8萬噸、總金額逾80萬美元，科技、傳產與金融共27家企業購買，其中金控業就有14家，響應熱烈；晶圓雙雄台積電與聯電也在首批認購名單。

碳交所國際碳權交易平台共有3大特色，首先是採取美元計價，接軌國際；其次為信託帳戶進行交易，保障買賣雙方交易安全；第3則是運用虛擬帳戶、法人統編及交易類型採取標準化交易作業「子帳戶」架構設計，確保有效掌握物流金流。

此外，買賣雙方僅限為法人組織，其中，買方為國內法人，自然人尚不在開放之列，而且購買碳權後不得轉賣，避免產生投機行為。

碳交所上架國際碳權共有7大專案，專案類型包括潔淨水源、風力發電與太陽能發電、沼氣發電；碳權專案場域來自於越南、印度、莫三比克、烏干達、肯亞、厄利垂亞、智利。

碳交所董事長林修銘受訪時表示，第一波8萬8,520噸碳權，每噸價格落在3.9美元至12美元，交易總金額80幾萬美元，一共27家業者參與，相比其他國家如新加坡碳權交易所（CIX）首發是售出1萬多噸碳權。

林修銘表示，這批國際碳權希望能夠滿足企業產品的碳中和以及ESG、國際供應鏈要求，參與首購的企業以金融業占大宗，購買

▲台灣碳權交易所啟動國際碳權交易平台，經濟部長王美花（前排左2起）、金管會主委黃天牧、國發會主委龔明鑫、環境部長薛富盛、碳交所董事長林修銘等與企業代表合影。

量最大戶也是金融業者，金融業攸關全企業淨零碳排發展，並扮演「火車頭」角色，藉由投資、融資帶領各界重視減碳議題。

購買5,000噸碳權的玉山金控表示，身為永續金融先行者聯盟輪值主席，主動參與首批碳權交易，購買5,000噸碳權用於自身金融產品及服務碳中和，以實際作為響應政府2050（民國139年）淨零轉型目標。

碳交所引進自然碳權
首批藍綠碳專案上架

台灣碳權交易所民國113年5月底與國際碳權核發機構Verra簽訂合作備忘錄（MoU），宣示共同推動台灣自願性碳市場，並於6月13日引進緬甸紅樹林藍碳專案，7月1日接續推出巴拉圭植樹造林綠碳專案，兩者同為移除類型（Carbon Dioxide Removal）的國際自然碳權專案。

第2批上架的國際碳權是從40個ARR專案當中挑選，並經衛星遙測後選出。ARR代表植樹造林、再造林和重新植被（Afforestation, Reforestation, Regeneration）的專案。碳交所指出，此次上架的藍碳及綠碳專案，可應用於ISO 14068-1碳中和等國際標準，也與國際自願性碳市場趨勢相符。

其中，1萬噸的緬甸紅樹林藍碳專案，獲得碳權評等機構BeZero Carbon AA評級（Very High）。碳交所表示，這次上架的藍碳專案「CP值很高」，除碳權品質高、價格合理外，以出口導向的台灣企業，購買這類符合國際供應鏈要求的碳移除產品，促上下游廠商都跟上淨零的腳步。

自台灣友邦巴拉圭引進的植樹造林綠碳專案，約1萬多噸，這也是碳交所第1批綠碳專案，用以滿足企業不同類型碳權需求。

碳交所指出，巴拉圭有很高比例的土地用於畜牧業和大豆種植，森林經營和保育方面的法規與技術尚不成熟，因此碳權專案的支持對於森林保護和推動減碳發展至關重要，國際大廠亦於巴拉圭東部投資植樹造林專案。本次上架的綠碳專案是在巴拉圭東部植樹造林，使用造林和重新造林的方法學，符合4項聯合國永續發展指標。

證交所拚永續
成全球首家碳中和交易所

台灣證券交易所2024年7月23日宣布，經過英國標準協會（BSI）的評估審核，成功通過ISO 14068-1:2023碳中和查證，成為全球首家達成此標準的交易所。

證交所全面提升在ESG各方面的運作機制和品質，增強永續韌性及國際競爭力。此次成為全球首家榮獲BSI頒發ISO 14068-1:2023碳中和證書的交易所，展現在推進永續發展及遵守國際標準上的努力與成果。

證交所2023年初響應台灣2050年淨零轉型目標，承諾並規畫碳中和路徑，諮詢安永團隊，參考科學基礎減量目標倡議，設定與控制升溫攝氏1.5度一致的近期目標，以2022年為基準年，至2030年溫室氣體減量37.8%，長期目標至2050年達成淨零排放。

2022年至2040年期間，證交所預計透過設備汰換等節能減碳措施，搭配再生能源目標進行減量，其餘留存的溫室氣體排放量則以碳權進行抵換，來達成每年度碳中和目標；2040年至2050年期間，將殘餘的溫室氣體排放持續以碳權進行抵換，來維持碳中和目標的宣告，展現證交所於2050年實現淨零排放目標的決心。

碳費一般費率300元
AB優惠費率50、100元

環境部民國113年10月7日召開第6次碳費費率委員會，經委員討論，建議一般費率訂為每噸碳新台幣300元，優惠費率A、B分別為50元、100元起；預訂114年試申報，115年正式收費。

依據環境部公布收費辦法，碳費徵收對象為溫室氣體年排放量達2.5萬公噸以上的電力、燃氣供應業及製造業，推估收費對象約500廠（計281家公司，其中有141家上市櫃公司）。業者可透過達成「行業別指定削減率」或「技術標竿指定削減率」適用優惠費率

（A、B方案）。

環境部8月29日公告《碳費收費辦法》、《自主減量計畫管理辦法》及《碳費徵收對象溫室氣體減量指定目標》等碳費3子法，10月7日敲定碳費收費辦法，正式邁入碳定價時代。

環境部指出，綜合考量台灣溫室氣體減排現況、排放源類型、排放種類、規模，以及國際間碳定價制度與價格水平，不同碳費費率對台灣總體經濟、物價及個別產業的衝擊影響等因素，多數委員提出上述建議費率。

一般費率部分，環境部說明，碳費採先低後高模式，以分階段調升為原則，建議一般費率起徵價格訂為每公噸300元，後續仍可再視自主減量情形、產業競爭力及國際碳定價水準逐年檢討。

碳費審議會議並建議，2030年（民國119年）後一般費率可考量每公噸碳費為1,200元至1,800元，可望接軌國際碳定價水準。

根據環境部氣候變遷署統計，台灣111年溫室氣體排放總量約285.967百萬公噸二氧化碳當量（MtCO2e），扣除碳匯21.83 MtCO2e後，淨排放量為264.133 MtCO2e，其中約51%屬於製造部門。

環境部完成碳費費率審議，經濟部表示，對於經濟部及產業意見未被採納表達遺憾。與會官員說明，原先爭取優惠費率B為每噸碳50元，但多數委員同意優惠費率B為每噸100元，這比日韓等國高，將持續替產業爭取權利。

▲環境部召開碳費費率委員會，公布一般費率訂為每噸碳300元，優惠費率A、B分別為50元、100元。

不過，環境權保障基金會等7個環保團體發布聯合聲明，批評優惠下每公噸碳費僅為10元、20元，「甚至比茶葉蛋還低」，難以催動企業淨零轉型，也與國際主要貿易夥伴碳定價價差日漸拉大。

國內碳權六專案上架
最低每噸2500元

台灣碳權交易所建置「國內減量額度交易平台」民國113年10月21日啟用，宣示開啟碳交易新時代。平台已有6案定價交易案上架，來自製造、住商、農業、運輸及能源等5大排碳部門，價格介於每噸新台幣2,500至4,000元，這代表國內減量額度公開交易已正式啟動。

環境部表示，台灣碳權交易所股份有限公司辦理國內額度交易及拍賣事宜，目前提出申請且已上架的減量專案均採定價交易，6個專案總上架額度為6,080公噸二氧化碳當量，價格介於每噸2,500至4,000元。

6個專案分別是：中鋼公司鋼胚熱進爐節能抵換專案、台北101大樓停車場採用高效率光源、漢寶農業可再生能源專案、漢寶農畜產第3期污水場沼氣發電計畫、奇美實業天然氣替代重油抵換專案、漢程客運電動公車抵換專案。

值得注意的是，環境部說明，上述專案包含製造程序節能、商用大樓節能、畜牧業沼氣回收與發電、能源供給燃料替代、燃油運具汰換乘電動運具等類型，為製造、住商、農業、運輸及能源等5大溫室氣體排放部門代表性減量措施，對於後續鼓勵各界參與自願減量及交易拍賣機制具帶頭示範效果。

環境部表示，隨著國內自願減量專案機制運作以及交易平台啟動，環境部鼓勵各界積極參與自願減量機制；透過減量額度交易資訊公開揭露，穩健推動自願減量碳交易作為階段策略，逐步朝2050年（民國139年）淨零排放目標邁進。

根據環境部資料，前環保署時期自104年即推動溫室氣體抵換專案，迄今已有95案通過註冊申請，37案取得減量額度，累計核發約2,559萬公噸二氧化碳當量的減量額度。

碳費三子法 正式邁入碳定價時代

01 | 收費對象

公告應盤查登錄及查驗之排放源，且全廠（場）直接及使用電力間接溫室氣體年排放量合計值達2.5萬公噸CO_2e以上之電力、燃氣供應業及製造業。

02 | 碳費正式上路 明年開徵

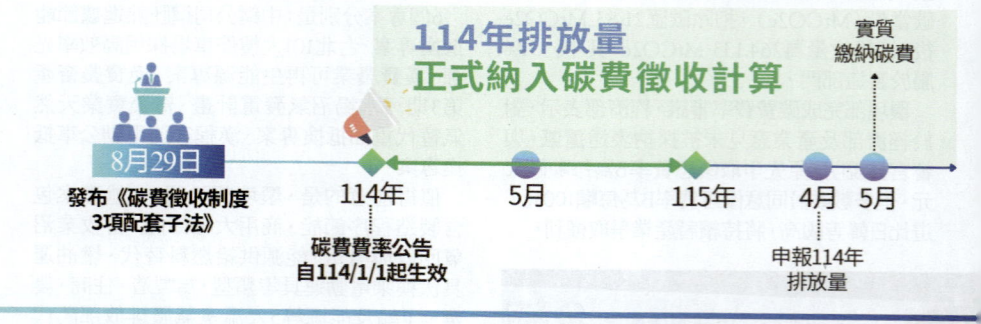

114年排放量
正式納入碳費徵收計算

實質繳納碳費

8月29日
發布《碳費徵收制度3項配套子法》

114年
碳費費率公告
自114/1/1起生效

5月

115年

4月
申報114年排放量

5月

03 | 適用優惠費率

事業須提自主減量計畫！

達指定目標，且在政府部門每年監督落實情況下，才會有取得優惠費率之機會。

碳費制度嚴謹，只有減量才有優惠!!

環境部氣候變遷署
Climate Change Administration
Ministry of Environment

廣告

04 | 碳定價將成為 臺灣綠色成長新動能

- 政府積極成為氣候淨零的整合者與推動者
- 產業體質調整 雙軸轉型 國際永續競爭力
- 綠色金融 帶動保險、創投等綠色投資
- 綠色產業/就業
- 綠領人才
- 綠色工作

綠色成長基金
爭取國發會國發基金，以100億元成立『綠色成長基金』。由環境部依據減碳量決定投資對象，以帶動國內淨零相關新興產業，加速減碳。

＋

綠色金融創新
與金管會合作，與經濟部爭取保險業及金融業資金長期投入我國各產業深度節電、淨零措施與資源循環產業，以加速我國淨零與環境永續。

＋

臺灣淨零基金
結合國內外減碳需求，與國內高碳排業者、創投業者、金融機構及能源業者合作，獲得國際級減碳新技術及實質減碳量為標的物，協助全球及台灣減碳的加速推動。

05 | 碳費徵收 對物價影響不明顯

- 113年7月5日召開第4次碳費費率審議會已針對不同費率影響進行模擬評估，顯示碳費對總體經濟及消費者物價指數所造成的影響均不明顯，不致造成嚴重的通膨。
- 不動產相關業者宣稱徵收碳費可能造成房價上漲，環境部評估**碳費對建築成本影響小於1%**。
- 民眾如聽到相關不實訊息，可透過氣候署設立之減碳專線及電子信箱，提供訊息來源，我們會轉交給相關的單位來進行查處。

<1%

碳費是經濟誘因　不是財政工具
以減量為出發點　兼顧過渡轉型

環境部設減碳專線
聽答你的碳焦慮
專線電話 (02)2322-2050
電子信箱 netzero@moenv.gov.tw

整合淨零轉型
綠色戰略辦公室揭牌

總統賴清德民國113年6月19日宣布成立「國家氣候變遷對策委員會」。環境部長彭啓明6月20日為「綠色戰略辦公室」揭牌，將承上支持氣候變遷對策，跨部會統合促行政體系執行對策，未來每季召開一次。

環境部以任務編組方式成立「綠色戰略辦公室」，由政務次長葉俊宏擔任召集人、政務次長施文真擔任副召集人，以及氣候署長蔡玲儀兼任執行長，並調派環境部及所屬機關熟悉業務者執行工作。

彭啓明曾在多次受訪時提及全球跟台灣要達到2050淨零碳排很難，需彎道超車、用新的做法努力嘗試；對於新成立「國家氣候變遷對策委員會」、「綠色戰略辦公室」，之於原已設置的行政院永續發展委員會等，他鄭重否認會疊床架屋，強調是從新的結構蓋新的大房子來涵蓋過去的一切，由上到下來做比較快。

他說，未來「綠色戰略辦公室」會扮演對環境部內部及對外跨部會的協調，例如總統府提出的綠色成長戰略包含綠色跟數位雙軸轉型，就需統合各部會來推動；綠色醫療也要跟衛福部對談做法；綠領人才則要跟教育部、勞動部協談；綠色金融則是跟金管會溝通；推動淨零，環境部是重中之重，協調、互動需要跨部會合作。

彭啓明並將之比喻為企業的永續長，他說，就跟「綠色戰略辦公室」的角色一樣，預算沒有很多，分散在所有業務單位，而永續長一定要扮演承上啟下跨部門做連結的工作，承上支持總統府上位因應氣候變遷的戰略對策，並要扮演統合各方意見、評估小組做介接的角色，這就是「綠色戰略辦公室」要做的事。

他重申，全球成功案例都由元首擘畫由上而下對策的作法，像是美國、日本、韓國、歐洲國家都有由總統或總理成立氣候變遷委員會的作法，一條鞭處理，台灣過去相關行政層級蠻多的，樂見賴總統願意跳下來做，重新架構更好的組織。

▲環境部以任務編組方式成立「綠色戰略辦公室」，並由部長彭啓明（左3）揭牌。（環境部提供）

首批國有地種碳匯
森崴能源華寶得標

因應台灣2050年淨零排放政策及產業發展需求，財政部國產署首度於國有地引進自然碳匯產業，擇定宜蘭縣三星鄉及台東縣池上鄉共2處近百公頃土地，並與長期深耕自然碳匯領域的國立中興大學合作，借重其植樹造林專業，共同推動改良利用，由得標廠商新植造林，申請取得溫室氣體減量額度（俗稱碳權）。

據開標結果，宜蘭21.66公頃土地由華新麗華與華邦電子合作成立的華寶保種育種公司得標；台東71.98公頃土地由正崴集團子公司森崴能源標下。

國產署民國113年6月24日指出，這次開創國內新植造林作溫室氣體自願減量專案國有土地活化模式，以增加碳匯量為目標，租期一期為10年，可申請續租5次，總租期最長達60年。

國產署表示，新植造林的樹種依適地適種原則以原生樹種為主，種植數量需達每公頃1,500至2,000株，每年每公頃可產生10至30噸碳匯量，預估總租期60年期間，2案合計可增加約7萬4,000噸，包含宜蘭縣三星鄉約1萬7,000噸、台東縣池上鄉約5萬7,000噸。

據規畫，新植造林產生的碳匯量，得標廠商可依規定向環境部申請碳權，取得的額度應保留10%予國產署供中央政府機關或國營事業機構等使用，以達國家淨零減碳及永續發展目標。

日月光造林　種近13萬株樹苗

封測廠日月光投控連續7年與農業部林業及自然保育署合作,在台灣山林持續造林,營運長吳田玉民國113年6月25日表示,至目前為止,日月光栽種近13萬株樹苗,幾年內預計達成15萬株,30年後將可達成40至50萬株造林成果,以提高環境變遷韌性,維護生物多樣性。

培養員工成減碳尖兵
金控導入內部碳定價機制

淨零轉型浪潮來襲,台灣多家金控業者陸續試行內部碳定價機制,依據業者揭露民國112年永續報告書,國泰金與玉山金將減碳成本訂定每噸約100美元(約新台幣3,000元),第一金則是近3年每公噸新台幣4,700元。業者表示,將排碳隱形成本反映在營運數字,落實減碳行動。

內部碳定價(Internal Carbon Pricing, ICP)是指企業訂定自身的碳排放價格,作為向內部各單位收取碳排放費用的基準,促使企業在排放量上自我節制,推動更低碳的營運、生產流程、研發技術,或重新調整內部供應鏈。

元大金早在109年導入內部碳定價機制,在112年氣候暨自然相關財務揭露報告書中指出,集團以每噸新台幣1,500元做為內部碳價的價格,112年內部碳價試行期間,集團每單位營收排碳量較基準年109年減量10.4%,高於最初設定8%的減碳目標,整體減碳量為1,590.9噸,等同碳價約238萬元。

國泰金在112年起開始籌備並施行內部碳定價專案,國泰集團計算出每噸二氧化碳減碳成本逾100美元,並由子公司國泰人壽優先導入。據國泰金綠色能源112年成果顯示,透過內部碳定價機制導入節電競賽,國壽節電量達70萬度、減碳量約343噸二氧化碳、累計新台幣485萬元的碳費基金;國泰世華銀則是節電約54.2萬度、減碳量為268噸。

第一金112年永續報告書則提到,子公司第一銀行配合內部碳定價政策,辦理國內營業單位碳管理及節電競賽,110年至112年3年節電競賽累計達135.98萬度,累計減碳約685噸二氧化碳。

第一金指出,以近3年每公噸減碳成本為4,700元計算,節省約322萬元營運成本,至於未達減碳目標的營業單位則發給碳定價報告,除了解超額碳排應支出的費用外,並要求提出減碳計畫。

玉山金在112年永續報告書指出,113年在台據點均推動內部碳定價,將排碳成本納入日常營運。玉山金計算每噸二氧化碳減碳成本單價為每噸100美元,玉山金表示,透過影子價格方式進行碳費揭露,並且採取隨收徵收的計費方式,提醒各部門預估次年度碳費預算,藉此引導各部門建立碳排管理,進而改變員工行為。

內政部推綠建築標章
逾1.3萬公私有建物取得認證

為達成2050(民國139年)淨零排放目標,內政部推動降低建物能耗及碳排,規畫由公有新建建築物帶頭做起。根據統計,截至民國113年6月底,已有1萬3,060件公私有建築物取得標章或候選證書,估計可減少CO_2排放量約159.22萬噸。

長期以來,內政部積極推廣綠建築標章制度,截至113年6月底止,已有1萬3,060件公私有建築物取得標章或候選證書,估計每年可節省用電約28.58億度、節省用水約1億4,185萬噸,減少CO_2排放量約159.22萬噸,節省水電費約達114.23億元。

內政部指出,建築淨零轉型仍有許多挑戰,需要藉由公私部門協力共同攜手合作方能達成,因此,內政部建築研究所也分別於台北、台中、高雄舉辦「低碳建築政策交流座談會」與相關公協會團體進行對話,加強產業溝通交流並蒐集產業建言,透過公民參與及社會對話,加速推動建築淨零轉型。

淨零減碳趨勢推升
上半年綠電交易10.4億度年增41%

國際淨零浪潮推升下,企業綠電需求增加,民國112年綠電交易規模達17億度,隨著政策

鬆綁、綠電建置速度加速，113年上半年綠電交易達10.4億度，年增達41%，其中綠電轉供交易和自發自用憑證的交易量也逐半上升。

經濟部標準局表示，自109年綠電轉供交易啟動，促成了能源業、售電業、電子業、金融業、生技業、美妝業、法律服務業及商辦大樓等跨領域產業共同合作，完成綠電轉供，加上新買家陸續投入綠電交易市場，綠電交易持續熱絡。

觀察歷年綠電轉供交易統計，自109年5月起截至113年6月，已累計轉供交易481萬6,929張，相當於48.16億度。111年、112年綠電交易量分別為11.25、17.21億度，皆達雙位數成長，分別年增67%、53%。

根據標準局統計，112年1月至6月綠電憑證交易約74萬張，相當於7.4億度，113年前6月累計憑證交易約104萬張，也就是說113年上半年綠電交易達10.4億度，年增幅度達41%。

政府積極發展再生能源下，經濟部預估113年台灣綠電的發電量估達356億度，根據調查，企業一年所需綠電共為221億度，每年綠電需求量評估將增加30億度，供給面則可增加7、80億度，可滿足產業綠電需求。

環境部強化四大產業沼氣發電
年供四萬家戶使用

為減少事業廢水及污泥量，並增加再生能源（沼氣發電），環境部擬擴大推動厭氧處理及沼氣再利用措施，由現行的畜牧業，增加4大類別，包含石油化學、造紙、食品製造、醱酵業等約1,064家業者。若同時利用沼氣發電，每年可發電1.6億度，提供4.1萬戶家庭用電。

環境部水質保護司長王嶽斌民國113年4月8日告訴中央社記者，上述業者主要使用的是「好氧處理」，現在則希望改變處理方式為「厭氧處理」，以醬油釀造廠為例，約可減少8成用電量及7成污泥量產生，且厭氧產生的沼氣發電量每年約29.9萬瓩。

環境部簡單說明，如畜牧業傳統堆肥方式就是所謂的好氧處理，而厭氧處理則需要密閉的環境，過程中產生的沼氣更可回收用於發電。

環境部預估上述4類潛勢事業如廢水採厭氧處理，每年可節省8,400萬度電，相當於2萬戶家庭用電，每年約可減碳4.1萬公噸；若同時利用沼氣發電，預估每年可發電1.6億度，提供4.1萬戶家庭用電。

王嶽斌指出，國內諸如上述業別的廢水有機濃度都很高，但回收沼氣再利用者卻不到1/10；國際上已積極推動高濃度有機廢水採厭氧處理，產生沼氣回收作為能源使用，因應氣候變遷，廢污水處理能源化節能又產電，是邁向淨零排放目標的新選擇。

飲料店禁一次用塑膠杯　全台上路

環境部民國113年7月29日發布新聞稿表示，全台灣自9月起飲料店不提供一次用塑膠飲料杯，估算每年可減少7.9億個塑膠一次用飲料杯；正在研議擴大補助辦理職棒賽事及封閉場域導入循環杯。

「一次用飲料杯限制使用對象及實施方式」於111年7月1日正式實施，截至113年7月，全台已有21縣市不提供一次性的塑膠飲料杯。金門縣自9月起不提供一次用塑膠飲料杯，代表9月起全國各飲料店均不得提供。

環境部表示，「一次用飲料杯限制使用對象及實施方式」實施以來，藉由自備飲料杯享5元優惠，以及連鎖速食店業、連鎖便利商店循環杯免費借用服務等措施，已減少17%一次性飲料杯使用量。

環境部正在研議擴大補助辦理職棒賽事及封閉場域導入循環杯，使未接觸過循環杯的民眾也能體驗循環杯借用服務，進而在未來消費時能將借用循環杯納入考慮，並逐步養成循環杯使用風氣。

據統計，112年連鎖便利商店及連鎖速食店業計有15個品牌業者（7家連鎖便利商店及8家連鎖速食店），實際提供循環杯門市數為1,763家，占總門市數12%，提供約19萬8,000杯循環杯借用。

另外，依據便利商店及速食店業者提供的112年減量資料，消費者自備飲料杯數量達1.6億杯次，自備率成長2.8倍，達成政策引導習慣改變目的。

漢来美食
HI-LAI FOODS

好味好食
The Pioneer of Gourmet Dining
美|食|國|度
幸福。微笑。滿足。

From the leading buffet to Michelin restaurant,
Hi-Lai Foods perfectly interprets the diversity of fine dining.

中華民國國民出國目的地人數統計

(107年至112年，單位：人次)

首站抵達地		107年 2018	108年 2019	109年 2020	110年 2021	111年 2022	112年 2023
亞洲地區	香港	1,696,265	1,676,374	158,008	12,692	52,725	743,443
	澳門	605,468	596,721	54,537	11,468	7,556	275,979
	大陸	4,172,704	4,043,686	414,634	128,637	165,895	1,761,134
	日本	4,825,948	4,911,681	697,981	14,049	354,219	4,225,804
	韓國	1,086,516	1,209,062	163,953	8,269	78,318	954,693
	新加坡	354,667	387,485	65,674	13,656	78,961	316,715
	馬來西亞	316,926	299,959	49,913	1,373	29,909	245,136
	泰國	679,145	830,166	127,693	7,976	104,892	777,326
	菲律賓	246,691	331,792	49,093	2,099	29,027	208,399
	印尼	170,013	156,060	30,237	2,177	20,793	125,899
	汶萊	1,093	6,317	1,594	49	36	6,821
	越南	659,123	853,257	158,286	11,123	133,203	853,859
	緬甸	25,101	25,071	5,374	297	2,681	7,919
	柬埔寨	93,313	89,975	16,157	3,294	17,471	46,050
	阿拉伯聯合大公國	83,158	136,603	26,801	7,915	31,884	121,767
	土耳其	83,933	87,168	15,662	7,386	29,586	78,286
	亞洲其他地區	52,483	116,096	2,925	276	706	3,084
	亞洲合計	15,152,547	15,757,473	2,038,522	232,736	1,137,862	10,752,314
美洲地區	美國	569,180	550,978	143,975	103,895	216,084	465,756
	加拿大	133,757	125,474	31,756	10,369	34,282	77,523
	美洲其他地區	7,102	68	5	75	136	184
	美洲合計	710,039	676,520	175,736	114,339	250,502	543,463
歐洲地區	法國	81,814	75,642	12,801	1,792	12,715	59,613
	德國	90,350	69,021	12,328	2,632	18,068	78,972
	義大利	44,940	27,717	2,505	24	3,183	49,904
	荷蘭	63,907	63,334	11,363	996	8,220	27,185
	瑞士	15,337	6	19	53	205	415
	英國	69,211	37,992	9,340	949	9,759	29,363
	奧地利	91,031	81,537	10,937	300	4,345	55,560
	歐洲其他地區	81,187	8,334	480	393	1,041	10,029
	歐洲合計	537,777	363,583	59,773	7,139	57,536	311,041

首站抵達地		107年 2018	108年 2019	109年 2020	110年 2021	111年 2022	112年 2023
大洋洲	澳大利亞	190,163	180,048	40,124	1,629	27,162	130,276
	紐西蘭	20,901	32,457	9,668	495	6,758	28,597
	帛琉	11,524	15,511	2,628	2,621	1,535	10,555
	大洋洲其他地區	1,686	119	68	88	127	82
	大洋洲合計	224,274	228,135	52,488	4,833	35,582	169,510
非洲	南非	2,967	13	2	19	59	84
	非洲其他地區	13,682	14	21	46	146	256
	非洲合計	16,649	27	23	65	205	340
其他		3,398	75,597	9,022	865	1,134	19,166
總計		16,644,684	17,101,335	2,335,564	359,977	1,482,821	11,795,834

註：因國人出境數據以飛航到達首站為統計原則，另含不固定包機航程等因素，故國人赴各國實際數據請以各目的地國家官方公布入境數字為準。
資料來源：內政部移民署。

空氣品質指標

年別	測定日數(站日)						測定日數百分比(%)			
	總計	良好 0-50	普通 51-100	不良 101-199	非常不良 200-299	有害 >=300	良好 0-50	普通 51-100	不良 101-199	非常不良 200-299
90年	20,699	8,985	11,011	703	-	-	43	53	3	-
95年	20,760	8,578	11,319	863	-	-	41	55	4	-
100年	20,721	9,208	11,228	285	-	-	44	54	1	-
102年	21,758	9,493	11,933	332	-	-	45	54	1	-
103年	21,884	9,838	11,758	288	-	-	52	48	1	-
104年	21,869	11,298	10,441	130	-	-	56	43	1	-
105年	21,935	12,312	9,458	165	-	-	56.13	43.12	0.75	-

年別	測定日數(站日)							測定日數百分比(%)			
	總計	良好 0-50	普通 51-100	對敏感族群不健康 101-150	對所有族群不健康 151-200	非常不健康 201-300	危害 301-500	良好 0-50	普通 51-100	對敏感族群不健康 101-150	對所有族群不健康 151-200
106年	21,876	8,690	9,231	3,334	610	11	-	40	42	15	3
107年	21,885	9,299	9,083	2,955	540	8	-	42	42	14	2
108年	21,775	10,423	8,543	2,423	383	3	-	48	39	11	2
109年	21,959	11,906	7,846	1,973	224	10	-	54	36	9	1
110年	21,887	11,329	8,416	1,920	222	-	-	52	38	9	1
111年	21,880	13,043	7,440	1,289	105	3	-	60	34	6	0
112年	21,894	11,420	8,983	1,385	106	-	-	52	41	6	0

說　明：105年(含)以前為空氣污染指標。
資料來源：環境部。

新北市廢棄物處理創新成就：邁向永續未來

環境教育-焚化廠參訪

隨著環境保護意識的提升，廢棄物管理已成為城市可持續發展的重要議題。新北市政府環境保護局在這一領域積極探索與創新，近期更在環境部舉辦的112年度焚化廠及焚化再生粒料評鑑中，榮獲1項特優獎及3項優等獎，展現了在垃圾處理及資源回收方面的卓越成就。

智能管理：科技助力垃圾處理

新北市的廢棄物處理策略以「智能管理」為主軸，運用先進的AI技術來提升焚化廠的運作效率。透過數據分析，環保局能夠即時監控焚化過程中的各項參數，並根據清潔隊的路線軌跡進行最佳化調度，確保垃圾收運的及時性和效率。此外，這些數據還可用於預測未來垃圾量的變化，進一步提升資源配置的合理性。

永續淨零：推動碳捕捉技術

環保局不僅致力於提高焚化廠的運轉效率，還積極推動碳捕捉、利用及儲存技術（CCUS），以減少焚化過程中的碳排放。透過源頭減量與飛灰的處理，打造淨零示範園區，為環保事業添磚加瓦。這一系列的永續計畫不僅旨在達成碳中和的目標，也為居民提供一個更清新的生活環境。

智能中心系統介面

廢棄物處理資源中心模擬圖

多元處理：建設資源循環中心

新北市計畫興建資源循環中心，這將成為廢棄物處理的新標竿。該中心將集合多種處理方式，確保廢棄物能夠得到妥善的管理與回收。這不僅能提升廢棄物的處理效率，還能最大限度地減少對環境的影響，實現資源的全面利用。

資源循環：再生粒料的成功運用

在焚化再生粒料方面的表現同樣出色。112年度，焚化再生粒料的去化量高達90,992.21公噸，其中80%的使用量來自市府主導的公共工程。這一成功案例展示了在資源循環利用方面的努力與成果。為了進一步提升再生粒料的質量與使用效果，環保局積極進行各項實地試驗，如「CLSM及磚品配比試拌計畫」以及「道路基底層配比計畫」，以確保再生粒料在工程應用中的可靠性與穩定性。

先進技術：提升焚化效率

新店及樹林垃圾焚化廠在技術升級方面也不遺餘力。新店焚化廠率先採用「碳酸氫鈉」作為廢氣除酸藥劑，不僅提升了除酸效率，還保持了藥劑使用量的全國最低水準。此外，樹林焚化廠在112年度運轉率達到93.7%，並推動爐管表面防蝕技術及燃燒自動控制系統，確保焚化爐的穩定運作。

安全管理：全方位保障作業環境

在焚化廠的安全管理方面同樣不馬虎。新店焚化廠結合12項救命法則與安全作業標準，並設立詳細的看板，將廠區劃分為六個巡檢區域，全面檢查操作與維修的安全性。這一系列系統化的安全管理措施，不僅提高了作業環境的安全性，也確保了每一個操作步驟的精確執行，保障員工的生命安全。

社會責任：環保教育與民眾參與

環保局深知，環保工作的推進離不開社會的支持與參與。因此，未來將持續加強環保宣導，提升市民對環境保護的認識與參與度。透過舉辦各類環保活動與講座，鼓勵居民共同參與廢棄物減量與資源回收的行動，形成全社會共同守護環境的共識。

展望未來

新北市在廢棄物處理及資源回收方面的創新成就，展示了科技與環保相結合的成功典範。未來，將繼續精進環境品質，推動更多創新措施，確保整體廢棄物的去化穩定無礙，實現循環城市的永續發展。讓我們共同攜手，為建設美好的新北市而努力！

▲樹林垃圾焚化廠
◀八里垃圾焚化廠
◀環境教育推廣活動
▲焚化再生粒料

新北市政府環境保護局　廣告

家庭主要設備普及率與自有住宅概況

單位：%

年別	彩色電視機	有線電視頻道設備(1)	家用電腦	電話機	行動電話	連網(使用電腦或其他設備)(2)	汽車	機車	冷暖氣機	洗衣機
100年	99.2	82.9	71.9	96.1	91.7	69.0	59.1	83.0	88.8	97.6
102年	99.3	84.4	72.2	94.7	92.6	73.9	58.4	82.8	90.0	98.1
103年	99.2	84.8	70.7	94.0	93.1	75.8	58.7	82.9	91.7	98.5
104年	99.2	85.4	69.3	92.9	93.5	77.9	59.1	82.8	92.5	98.4
105年	99.1	85.9	68.8	92.8	94.6	81.5	59.7	83.5	93.2	98.5
106年	99.0	86.4	68.1	91.3	95.1	84.8	60.8	83.8	93.9	98.6
107年	98.8	86.1	66.8	89.6	95.2	87.5	60.6	83.6	94.1	98.8
108年	98.7	85.9	66.7	88.2	95.6	89.2	60.8	84.2	94.7	98.7
109年	98.8	85.2	66.0	85.9	96.2	91.3	60.3	83.3	96.0	99.0
110年	98.5	85.6	67.4	84.4	96.6	93.2	60.3	83.7	95.9	98.9
111年	98.4	83.6	67.8	81.0	97.1	94.5	61.4	83.9	96.7	99.1
112年	98.3	83.4	67.7	79.9	97.3	95.3	61.2	83.5	96.9	99.1

說明：各年資料為台灣地區資料。
附註：(1)97年起含多媒體隨選視訊設備。(2)96年(含)以前為使用電腦連網之普及率。
資料來源：行政院主計總處、金門縣政府、連江縣政府。

年別	平均每戶居住坪數(坪)	平均每人居住坪數(坪)	住宅權屬分配（%）自有(1)	不住在一起的配偶、父母或子女所有	租押	配住、借用及其它
95年	42.8	12.6	87.8	-	7.3	4.9
100年	44.0	13.4	84.6	3.9	8.7	2.8
102年	43.5	13.5	85.3	3.4	8.5	2.8
103年	44.1	14.0	84.0	4.3	8.4	3.3
104年	44.0	14.2	84.2	4.2	8.2	3.3
105年	44.3	14.4	85.4	4.1	7.7	2.8
106年	45.0	14.7	84.8	4.4	8.0	2.7
107年	45.2	14.8	84.5	4.7	8.0	2.8
108年	45.1	14.9	84.7	4.6	8.0	2.6
109年	44.9	15.4	84.7	4.9	7.6	2.8
110年	45.0	15.6	85.0	5.2	7.0	2.8
111年	45.1	15.9	84.6	5.9	7.3	2.8
112年	40.1	14.4	84.5	5.6	7.0	2.9

說明：各年資料為台灣地區資料。
附註：(1)98年(含)以前係指「現住房屋所有權屬戶內成員之任何一人或其直系親屬者」，99年起修改為「戶內經常居住成員所擁有」。
資料來源：行政院主計處、金門縣政府、連江縣政府。

台灣河川污染現況

單位：公里

年及河川別	河流長度	未(稍)受污染 長度	%	輕度污染 長度	%	中度污染 長度	%	嚴重污染 長度	%
90年	2,934	1,809	62	288	10	451	15	386	13
95年	2,934	1,923	66	263	9	573	20	175	6
100年	2,934	1,870	64	292	10	616	21	156	5
102年	2,934	1,800	61	257	9	742	25	135	5
103年	2,934	1,842	63	274	9	688	23	131	5
104年	2,934	1,949	66	247	8	615	21	124	4
105年	2,934	1,940	66	229	8	690	24	74	3
106年	2,934	2,067	70	234	8	531	18	102	4
107年	2,934	1,939	66	262	9	622	21	111	4
108年	2,94	2,004	68	234	8	615	21	81	3
109年	2,934	1,998	68	274	9	567	19	96	3
110年	2,934	1,924	66	295	10	605	21	110	4
111年	2,934	1,771	60	403	14	684	23	76	3
112年	2,934	1,818	62	346	12	673	23	97	3
淡水河系	323	229	71	30	9	59	18	7	2
蘭陽溪	73	73	100	-	-	-	-	-	-
鳳山溪	45	37	81	4	8	5	11	-	-
頭前溪	63	62	99	1	2	-	-	-	-
中港溪	54	45	82	7	12	2	4	1	1
後龍溪	58	42	73	14	24	2	4	-	-
大安溪	96	90	94	6	6	-	-	-	-
大甲溪	140	120	86	20	15	-	-	-	-
烏溪	117	85	73	25	22	7	6	-	-
濁水溪	186	135	73	38	21	13	7	-	-
北港溪	82	6	7	5	6	50	61	22	27
朴子溪	76	34	45	6	8	35	46	1	2
八掌溪	81	33	41	15	18	33	41	-	-
急水溪	65	15	22	6	9	36	55	9	14
曾文溪	139	45	33	37	27	56	40	1	1
鹽水溪	41	17	41	3	8	17	40	4	10
二仁溪	65	1	1	3	5	44	68	17	27
阿公店溪	30	10	33	5	16	6	21	9	30
高屏溪	171	91	53	19	11	59	34	2	1
東港溪	47	17	37	9	19	21	44	0	1
四重溪	32	11	34	7	22	14	44	-	-
卑南溪	84	84	100	-	-	-	-	-	-
秀姑巒溪	81	30	37	11	14	40	50	-	-
花蓮溪	57	32	57	12	21	13	22	-	-
和平溪	51	51	100	-	-	-	-	-	-
南澳溪	44	36	81	4	10	4	9	-	-
老街溪	37	4	9	6	15	28	75	-	-

年及河川別	河流長度	未(稍)受污染 長度	%	輕度污染 長度	%	中度污染 長度	%	嚴重污染 長度	%
西湖溪	33	28	85	5	15	-	-	-	-
新虎尾溪	50	1	2	2	3	32	64	15	31
林邊溪	42	30	71	4	10	5	11	3	8
港口溪	31	31	99	0	1	-	-	-	-
知本溪	39	30	75	3	8	7	17	-	-
利嘉溪	38	32	84	2	4	5	12	-	-
立霧溪	58	25	43	12	20	22	38	-	-
其他河川	304	210	69	27	9	61	20	5	2

說明：淡水里數包括基隆河、新店溪支流。
資料來源：環境部。

台灣自然保護區域

單位：處；公頃

年底別	面積總計[1]	自然保留區 區數	面積	野生動物保護區 區數	面積	野生動物重要棲息環境 區數
102年	1,097,225	22	65,494	19	27,125	36
103年	1,133,347	22	65,458	20	27,440	37
104年	1,133,490	22	65,458	20	27,441	37
105年	1,133,490	22	65,458	20	27,441	37
106年	1,133,490	22	65,458	20	27,441	37
107年	1,133,490	22	65,458	20	27,441	37
108年	1,134,206	22	65,472	20	27,441	37
109年	1,210,506	22	65,472	20	27,441	38
110年	1,210,600	22	65,566	20	27,441	38
111年	1,210,657	22	65,602	21	27,853	39
112年	1,210,657	22	65,602	21	27,853	39

年底別	野生動物重要棲息環境 面積	國家公園 數目	面積	自然保護區(2) 數目	面積	國家自然公園 數目	面積
102年	325,966	8	713,106	6	21,171	1	1,123
103年	326,281	9	748,949	6	21,171	1	1,123
104年	326,283	9	748,949	6	21,171	1	1,123
105年	326,283	9	748,949	6	21,171	1	1,123
106年	326,283	9	748,949	6	21,171	1	1,123
107年	326,283	9	748,949	6	21,171	1	1,123
108年	326,283	9	749,651	6	21,171	1	1,123
109年	402,583	9	749,651	6	21,171	1	1,123
110年	402,583	9	749,651	6	21,171	1	1,123
111年	402,904	9	749,651	6	20,789	1	1,123
112年	402,904	9	749,651	6	20,789	1	1,123

說明：面積總計已將各分類自然保護區域重疊部分扣除，故與細項加總數不合。
附註：(1)因執行中央山脈保育廊道政策，89年增設多處野生動物重要棲息環境等區域數目。
　　　(2)89年因適用法源變更，部分區域改列其他類型之保護區，94年(含)以前為國有林自然保護區。
資料來源：農業部。

§第十二章　司法與人權

死刑釋憲案
部分合憲但限縮適用範圍

王信福等37名死囚認為死刑違反《憲法》平等權、生存權、比例原則，聲請法規範憲法審查並停止執行。憲法法庭民國113年9月20日做出113年憲判字第8號判決，死刑合憲，但為避免冤獄，限縮適用範圍，僅適用犯罪情節最嚴重類型，且刑事程序需符合《憲法》嚴密正當法律程序要求。有關機關應於判決宣示之日起2年內修法。

總統府表示，總統賴清德尊重憲法法庭的判決結果，為台灣司法重要的里程碑。也期待相關部門依判決意旨修正配套法規，以符合程序正義、人權價值，讓法制更加完善。

不過，這項釋憲案掀起外界質疑聲浪，除了敦促修法外，國民黨主席朱立倫更揚言，不排除杯葛大法官人事案。

憲法法庭指《憲法》雖未明文規定生命權，但生命權是每一個人與生俱來的固有權利，其存在既不待國家承認，也毋須《憲法》明文規定。生命權堪稱是最重要的《憲法》權利，且應受最高度保障。

憲法法庭表示，保障仍有例外，而非絕對不可侵犯的權利。此一例外就是犯下故意殺人，國家可以選擇以《刑法》中的死刑作為最重本刑，目的在使行為人承擔相對應之罪責、保障被害人之生命法益。至於究竟應以何種刑罰制裁故意殺人行為，「立法者原則上享有一定之形成空間」。

憲法法庭認為，死刑是剝奪被告生命權的極刑，死刑判決如有錯誤、冤抑，必然對被告造成不可回復的生命損失。為避免錯誤冤抑，並確保死刑判決的正確及正當，死刑案件的刑事調查、偵查、審判及執行程序，均應踐行最嚴密的正當法律程序。

死刑案件審查標準提高　二年內修法

憲法法庭並訂出對《刑法》故意殺人罪所涉死刑部分的刑事程序的具體審查標準，分別是：偵訊時應強制辯護、第三審要經言詞辯論、強制辯護、且合議庭法官一致決；被告行為時、審判時、或執行時有精神障礙、心智缺陷不得科處或執行死刑。有關機關應於判決宣示之日起2年內修法。

其中包括，《刑事訴訟法》未規定檢警偵辦故意殺人罪案件時，應有辯護人在場並為人民陳述意見，違反《憲法》保障人民生命權、被告之訴訟上防禦權及正當法律程序原則意旨。

同時，《刑事訴訟法》第388條、第389條第1項規定，未明定故意殺人罪案件於第三審的審判時，應適用強制辯護制度，及未明定第三審法院就故意殺人罪案應言詞辯論，才能判決死刑，均違反《憲法》保障人民生命權、被告之訴訟上防禦權及正當法律程序原則意旨。

憲法法庭認為，科處死刑之判決，應經各級法院合議庭法官之一致決。《法院組織法》就故意殺人罪案件，未明定應經合議庭法官之一致決才可以科處死刑，違反《憲法》保障人民生命權及正當法律程序原則之意旨。

另外，憲法法庭指出，故意殺人案件被告於行為時或審判時有精神障礙或其他心智缺陷者，不得科處死刑；故意殺人案被告受到死刑諭知後有精神障礙或其他心智缺陷者，不得執行死刑。

37名死囚可請求非常上訴翻案

關於個案救濟的部分，憲法法庭認為全體聲請人王信福等37名死囚在符合判決意旨下，可援引聲請檢察總長提起非常上訴，檢察總長也得依職權提起非常上訴。

憲法法庭113年憲判字第8號判決表示，88年4月21日修正公布的《刑法》第348條第1項規定，不問犯罪情節是否已達最嚴重程度，一律以死刑為唯一之法定刑規定，顯然過於嚴苛，不符《憲法》罪責原則，違反《憲法》保障生命權。

死刑有條件合憲判決重點

以死刑為最重本刑部分,僅得適用於個案犯罪情節屬最嚴重,且其刑事程序符合《憲法》最嚴密的正當法律程序要求。

犯殺人罪者,於到場接受訊問或詢問時,應有辯護人在場、陳述意見,此部分於2年內修法,已完成或終結的偵查及調查,其效力不受影響。

第三審之審判時,應有強制辯護制度之適用。現行《刑事訴訟法》第388條規定「第31條之規定於第三審之審判不適用」,此部分失其效力。

第三審審判時,應經言詞辯論始得諭知死刑或維持下級審諭知死刑之判決。現行《刑事訴訟法》第389條第1項規定「第三審法院之判決,不經言詞辯論為之,但法院認為有必要者,得命辯論」,此部分於2年內修法。

科處死刑的判決,應經各級法院合議庭法官之一致決,現行法院組織法未明定,此部分於2年內修法。

犯殺人罪之被告,行為時若有《刑法》第19條第2項精神障礙或其他心智缺陷,致辨識行為違法或依其辨識而行為之能力顯著減低的情形,不得科處死刑,此部分於2年內修法。

犯殺人罪之被告,審判時若有精神障礙或其他心智缺陷,致訴訟上自我辯護能力明顯不足,不得科處死刑,此部分於2年內修法。

憲法法庭指出,「唯一死刑」的部分,雖已非現行法律,但這是黃春棋、陳憶隆確定判決適用的法律,因此仍進行法規範憲法審查。兩人可依此請求檢察總長提起非常上訴。最高檢察署聲明,檢察總長將依職權為黃春棋及陳憶隆兩位死囚提出非常上訴。

黃春棋及陳憶隆於84年犯下綁架黃姓建商撕票勒贖案,同案被告徐自強獲再審無罪確定;黃春棋及陳憶隆於89年4月27日遭判死確定,至113年尚未執行,是等待槍決最久的死囚。

此外,釋憲聲請人37名死囚中,林于如、林旺仁、沈岐武等3人在審理時皆有精神障礙或心智缺陷,但當時法院並未停止審判,且3人均被判處死刑。憲法法庭表示,在這樣的情況下不應科處死刑,始符《憲法》保障人民生命權、被告訴訟上防禦權及正當法律程序原則之意旨。因此3人亦可聲請檢察總長提起非常上訴。

憲法法庭表示,審判中的延長羈押,若所犯最重本刑為死刑、無期徒刑或逾有期徒刑10年者,第一審、第二審以6次為限,第三審以1次為限;審判中的羈押期間,累計不得逾5年,全體聲請人王信福等37名死囚的案件,自第一審繫屬日至113年均已超過8年。

憲法法庭指出,為求各聲請人的個案救濟與原因案件實體正義間的衡平,於檢察總長提起非常上訴後,若最高法院認為非常上訴有理由而撤銷原判決,則收容中的各聲請人應由各管轄法院處理羈押事項及限制出境、出海等處分。

憲法法庭也提到,若各聲請人非常上訴成功,其依據刑事妥速審判法所規定的羈押次數、期間及8年期間,均應自最高法院撤銷原判決時起重新計算,各級法院也應盡速完成審判,避免遲延,以維護聲請人的訴訟權益。

國會職權修法釋憲案 多數條文違憲立即失效

立法院在民國113年5月28日三讀通過國會職權相關條文修正案,引發擴權爭議。總統賴清德、行政院及監察院認為有違憲之虞,先後聲請釋憲及暫時處分。憲法法庭先於7月19日裁定《立法院職權行使法》有關「聽取總統國情報告」、「聽取報告及質詢」、「人事同意權行使」、「調查權行使」、「聽證會舉行」及《刑法》「藐視國會罪」等規定,暫時停止適用。10月25日做成《113年憲判字第9號》判決,宣告上述6大部分多數爭議條文違憲。

此次憲法法庭判決書長達151頁,大法官許志雄、張瓊文、蔡彩貞、朱富美、尤伯祥提出5份「部分協同,部分不同意見書」;詹森林和黃昭元、謝銘洋則提出3份「部分不同意見書」。

其中,包括朱富美、蔡彩貞、張瓊文多位大法官對於藐視國會罪被判違憲都無法認同。而大法官許志雄也認為,與「聽證會」相關的第9章應全數違憲,不該做成「部分合憲」裁定。

關於國會職權修法期間的「立法程序」爭議，憲法法庭認為未完全違背公開透明與討論原則，立法程序雖有瑕疵但不因此牴觸《憲法》，人民可對立法委員進行民主問責。大法官仍是針對各法條的細節進行判決。

「聽取總統國情報告」部分。89年第6次修憲，《憲法》增修條文第4條第3項規定「立法院於每年集會時，得聽取總統國情報告。」而在本次修法，《立法院職權行使法》第15條之1第1項進一步規定，立法院於每年集會時「邀請」總統至立法院進行國情報告；第15條之1第2、3項規定，總統每年2月前向立法院送交國情報告書並於3月前赴立法院進行國情報告；新任總統於就職2週內向立法院送交國情報告書，並於1個月內赴立法院進行國情報告；第15條之4規定，立法委員於總統國情報告完畢後，得就報告不明瞭處，提出口頭或書面問題，總統應即時回答，書面問題，總統應於7天內以書面回覆。

憲法法庭指出，立法院的邀請對總統並無拘束力，直接民選產生的總統與立法院，均應各自對人民負政治責任，彼此間沒有《憲法》上的權力從屬關係。立法院聽取總統國情報告時，無直接向總統問責的憲法權限，因此亦無就其國情報告內容，對總統為詢問並要求答復。憲法法庭判決，相關立法逾越立法院憲法職權範圍，宣判違憲。

藐視國會罪與質詢相關罰則違憲

關於國會「聽取報告及質詢」爭議之處在於《立法院職權行使法》第25條「反質詢」的部分，新法規定立委使對行政院長及所屬各部會首長質詢權時，不得反質詢，且被質詢人經主席同意者外，不得拒絕答復、拒絕提供資料、隱匿資訊、虛偽答復或其他藐視國會的行為。而為配合新法第25條，在《刑法》增訂「藐視國會罪」，規定公務員於立法院聽證或受質詢時，就其所知的重要關係事項，為虛偽陳述者，處1年以下有期徒刑、拘役或新台幣20萬元以下罰金。此為《刑法》中首度以公務員於立法院聽證或受質詢時的表意行為，作為犯罪行為予以處罰的規定。

憲法法庭指出，「反質詢」是指原為被質詢人的行政首長於質詢程序自行易位為質詢人，向原為質詢人的立委提出質疑或詢問，並有意要求答復。憲法法庭認為，行政首長以問題或疑問句答復立委的質詢，或提問以釐清質詢問題，即便言語表達有禮儀上的爭議，性質仍屬答復立委質詢，不構成反質詢，尚不牴觸《憲法》。然而新法賦予主席《憲法》所沒有的介入行政首長憲法職權行使的權限，逾越立法院憲法職權範圍，違反權力分立與制衡原則，實屬違憲。

此外《刑法》增訂「藐視國會罪」部分，憲法法庭指出，立法目的難謂正當，行政首長的備詢與答詢均屬憲法義務，其義務不履行所引發的是政治責任問題，而非法律責任，且對於政治責任的追究尚有其他適當手段，此部分違反比例原則，牴觸《憲法》保障人身自由之意旨，因此宣告違憲。

關於「人事同意權行使」，《立法院職權行使法》第29條之1第3項規定，被提名人於提出相關資料之同時，應就絕無提供虛偽資料具結及但書，憲法法庭認為此部分無牴觸《憲法》問題。然而第30條之1第2項後段的具結不實處罰規定，逾越立法院的憲法職權，宣判違憲，同條第3項規定一併失其效力。憲法法庭強調，立法院基於其人事同意權，僅有同意或否決被提名人的人事任命案權力，並無立法課予被提名人特定義務的權限，更無於義務違反時，施以行政罰制裁的權限。

國會調查權與聽證
設調查小組、裁罰拒絕調閱違憲

「國會調查權」部分，由於93年大法官會議做成《釋字第585號解釋》，確立調查權是立法院行使憲法職權所必要的輔助性權力，可要求有關機關提供參考資料或行使文件調閱權，必要時可經院會決議，要求相關人民或政府人員陳述證言。在此基礎上，《立法院職權行使法》第45條第1項規定，立法院為有效行使《憲法》所賦予之職權，得經院會決議，設調查委員會，或得經委員會之決議，設調查專案小組，對相關議案或與立法委員職權相關之事項行使調查權及調閱權。

憲法法庭於判決中重申釋字第585號揭示立法院調查權的行使不得逾越其憲法職權範圍，且調查委員會行使調查權，若涉及其他憲法機關，應受權力分立與制衡原則的限制。因此憲法法庭認為立法院的憲法職權不得概括委託其內部委員會行使，且調查委員會就調查權的行使，尤其調查目的、範圍與課予人民協助調查義務的要件與範圍等，均應經院會決議明確授權，因此認定條文中所有涉及「調查專案小組」之部分全數違憲失效，包含第45條第1項後段、第2項、第3項後段、第46條之2第3項、第47條部分條文。

憲法法庭強調立法院調查權的文件、資料調取權是針對政府部門所行使的權力，行使對象須為立法院有監督權的政府機關及其實質指揮監督的組織，且調取文件應經立法院院會決議。因此憲法法庭認為《立法院職權行使法》第48條有關院會可對拒絕配合文件、資料調閱的公務人員及民間人士進行裁罰等規定超出憲法職權，宣判違憲。憲法法庭指出，合憲的作法，應是以法律明確規定其義務內容、範圍及義務排除事由等重要事項，且符合比例原則、正當法律程序的要求。

至於「聽證會舉行」，大法官認為此屬國會權力，不生牴觸《憲法》問題。爭議在於《立法院職權行使法》第59條規範應邀出席人員無正當理由缺席、拒絕表達意見、拒絕證言、拒絕提供資料，得經立法院會決議，最高處新台幣10萬元罰鍰；出席聽證會的社會上有關係人員為證言時，為虛偽陳述者，得經立法院會決議，處最高20萬元罰鍰。

憲法法庭認為，立法院舉行聽證會邀請行政院各部會首長及其所屬公務人員到會備詢者，雖有到會備詢的義務，但也有可以拒絕答復或提供資訊的正當事由，包括基於維護《憲法》權力分立制度、第三人基本權及國家安全與福祉等《憲法》重要公益，以及依法和依契約被詢問人有保密義務者，仍得拒絕答復或揭露相關資訊。備詢與說明義務非屬法律義務與責任，因此立法院不得以科處罰鍰或刑罰等方式，對政府人員施以法律制裁，以此方式迫使他們履行到委員會備詢的義務。所以相關立法逾越立法院憲法職權範圍，牴觸《憲法》權力分立原則，違憲失效。

總統願就憲法職權赴立院國情報告

憲法法庭113年10月25日判決國會職權修法多數條文違憲。聲請人總統賴清德、行政院與監察院皆對憲法法庭宣判敬表尊重。

行政院表示將配合判決內容行使憲法職權，共同維護憲政精神。監察院表示此次判決認《立法院職權行使法》部分條文逾越立法院調查權範圍，違反權力分立原則，無異再次向各界宣示，《憲法》縱使迭有增修並頻經大法官解釋，《憲法》所設計之權力分立、平等相維原則仍始終維持不變。

此外，憲法法庭判決，總統沒有向立法院提出國情報告的憲法義務。總統府發言人郭雅慧表示，儘管如此，賴總統也願意依照憲法法庭的判決意旨，並在立法院朝野黨團具共識前提下，就總統的憲法職權，赴立法院進行國情報告，向全體民眾報告國家發展情勢。

最後，賴總統也期待有關部門依照判決意旨，維護國家憲政體制與人民基本權利，期盼朝野各政黨能夠共同攜手，守護我國自由民主憲政體制。

刑法修正案三讀　虐童刑責加重

台北市一名1歲孩童遭保母虐死，引發社會譁然。立法院會民國113年7月16日三讀修正通過《刑法》加重虐童刑責條文，對於未滿7歲之人，施以凌虐或以他法足以妨害其身心的健全或發育者，或是因而致人於死、致重傷者等，依各項規定加重其刑至1/2。

《刑法》第286條第1項至第4項條文分別規定，對於未滿18歲之人，施以凌虐或以他法足以妨害其身心的健全或發育者，處6月以上5年以下有期徒刑。因而致人於死者，處無期徒刑或10年以上有期徒刑；致重傷者，處5年以上12年以下有期徒刑。

若意圖營利，處5年以上有期徒刑，得併科新台幣300萬元以下罰金。因而致人於死者，處無期徒刑或12年以上有期徒刑；致重傷者，處10年以上有期徒刑。

修法後的第286條條文增訂第5項，即「對

於未滿7歲之人，犯前4項之罪者，依各該項之規定加重其刑至1/2。

此外，此條文的立法說明提到，考量未滿7歲之人無行為能力，若對未滿7歲之人犯本條之罪，惡性非輕，對被害幼童身心戕害的情節尤重，現行刑度已不足反映行為人惡性，且經統計近3年各地檢署依本條起訴案件被害人年齡分布情形，超過半數被害人均未滿7歲，更證有遏止是類案件的必要。

兒少條例修正三讀
付費觀看最重關七年

為彌補持有兒少性影像罰則過輕的法律缺漏，立法院會民國113年7月12日三讀修正通過《兒童及少年性剝削防制條例》部分條文，嚴懲持有兒少性影像者，無正當理由支付對價而持有，處1年以上、7年以下有期徒刑。

藝人黃子佼被查獲持有兒少性影像，卻僅以緩起訴處分，引發社會譁然，並認為立法院在112年三讀通過的性暴力防制四法有漏洞，紛紛要求立委補破網，保障兒少被害人權益，避免憾事一再發生。

立法院社會福利及衛生環境委員會於4月29日及5月1日審查《兒童及少年性剝削防制條例》部分條文修正草案，因多項關鍵條文未有共識，朝野黨團於6月5日及6月19日進行協商，7月12日完成三讀程序。

衛福部保護司表示，這次增訂重製、支付對價持有或觀覽兒少性影像罪刑、加重行為人罪責及社區監控機制、建立被害人性影像數位鑑識資料庫減少被害人重複陳述等規定。

三讀修正通過條文的第36條，增列「無故重製」罪，並針對拍攝、製造、無故重製兒少性影像、與性相關而客觀上足以引起性慾或羞恥之圖畫、語音或其他物品，明定罰金下限，罰金從現行得併科新台幣100萬元，修正為得併科罰金新台幣10萬元以上100萬元以下，刑責並未調整。

為減少性影像犯罪產業與行為，將「支付對價」而持有兒少性影像納入犯罪行為並予以處罰，提高刑責和罰金，三讀通過條文的第44條明定，無正當理由支付對價而持有兒少性影像，處1年以上7年以下有期徒刑，得併科新台幣10萬元以上100萬元以下罰金；無正當理由「持有」兒少性影像，處3年以下有期徒刑、拘役，得併科新台幣6萬元以上60萬元以下罰金。

限時封網入法　遏止性影像散布

考量性影像犯罪具網路跨域及快速散布特性，三讀條文明定，為協助被害人處理性影像限制瀏覽或移除，中央主管機關得自行或委託民間團體成立性影像處理中心，受理性影像申訴、諮詢、查察；通知網路業者限制瀏覽或移除兒少性影像；其他性影像防制相關業務。

此外，該條文也要求中央主管機關（衛福部）得運用科技技術方式，於網路主動巡查涉兒少性影像犯罪嫌疑情事，數發部依法提供相關技術協助。網路業者對於巡查不得拒絕、妨礙或規避。

為防止兒少性影像不斷流竄，三讀條文明定，為辦理兒少性剝削行為犯罪偵查，警察機關應指定或設立專責單位建立被害人性影像數位鑑識資料庫。

針對限時封網部分，三讀條文規定，網路業者透過主管機關或其他機關，知有兒少性影像犯罪嫌疑情事，應於24小時內限制瀏覽或移除兒少性影像犯罪有關之網頁資料。性影像處理中心得知網頁資料涉有兒少性影像犯罪嫌疑情事者，應通知網路業者、警察機關及中央主管機關。

三讀條文規定，高級中等以下學校每學期應辦理兒童及少年性剝削防制教育課程，至少2小時；各級學校、幼兒園應對教職員工及教保相關人員實施兒童及少年性剝削防制教育及宣導。另外，中央警政主管機關、中央法務主管機關及司法院應適時辦理兒少性剝削防制教育訓練，以充實調查、偵查或審理兒少性剝削案件之司法警察、司法警察官、檢察事務官、檢察官或法官之辦案專業素養。

衛福部表示，本次修正《兒童及少年性剝削防制條例》，增加兒少性剝削行為態樣及罪刑，並提高刑度門檻，希望嚴懲兒少性影像犯罪，杜絕性影像再遭散布。未來將積極跨部會研修相關授權子法、行政流程與配套措施，

兒童及少年性剝削防制條例部分條文修正

增訂兒少性剝削樣態	納入「重製」（即下載）、「持有」、「支付對價」之兒少性剝削樣態
明訂性影像處理中心辦理事項	受理性影像申訴、諮詢、查察 通知網路業者限制瀏覽或移除兒少性影像 其他性影像防制相關業務
主動巡查	衛福部得運用科技技術方式，於網路主動巡查涉兒少性影像犯罪嫌疑情事，數發部依法提供相關技術協助。網路業者對於巡查不得拒絕、妨礙或規避。
被害人性影像數位鑑識資料庫	為辦理兒少性剝削行為犯罪偵查，警察機關應指定或設立專責單位建立被害人性影像數位鑑識資料庫。
限時封網	・網路業者透過主管機關或其他機關，知有兒少性影像犯罪嫌疑情事，應於24小時內限制瀏覽或移除相關資料。 ・性影像處理中心得知網頁資料涉有兒少性影像犯罪嫌疑情事者，應通知網路業者、警察機關及中央主管機關。
增列無故重製	拍攝、製造、無故重製兒少性影像、與性相關而客觀上足以引起性慾或羞恥之圖畫、語音或其他物品，處1年以上7年以下有期徒刑，得併科新台幣100萬元，修正為得併科罰金新台幣10萬元以上100萬元以下。
支付對價持有性影像	無正當理由支付對價而持有兒少性影像，處1年以上7年以下有期徒刑，得併科新台幣10萬元以上100萬元以下罰金。無正當理由持有，處3年以下有期徒刑、拘役，得併科新台幣6萬元以上60萬元以下罰金。
支付對價瀏覽	支付對價觀覽兒童與少年為性交或猥褻之行為或其性影像者，處1年以上7年以下有期徒刑，得併科新台幣10萬元以上100萬元以下罰金。

資料來源：立法院

完善性影像移除機制，並與相關部會合作，以防制兒少遭性剝削、遏止性影像散布。

家庭暴力防治法修正三讀
完整被害人權益保障

立法院民國112年11月21日三讀通過《家庭暴力防治法》修正案，共計修正21條，重點包括散布被害人性影像納保護令、同志姻親納保護對象、強化未同居親密關係暴力保護、增掌年遭受家暴的成年被害人保護措施等。

《家庭暴力防治法》自87年施行至113年已屆滿25年，這次是第7次修法，適逢聯合國11月20日國際兒童人權日及11月25日國際終止婦女受暴日之際，別具意義。

藝人炎亞綸被控拍攝持有少年私密片遭起訴，引發社會輿論。隨著數位科技發展，未經同意散布性私密影像所造成的數位性暴力案件層出不窮，成為新型態暴力及犯罪模式。為有效遏止數位性暴力造成的傷害，立法院社會福利及衛生環境委員會於11月2日初審通過行政院送請審議的《家庭暴力防治法》部分條文修正草案，立法院會21日完成三讀程序。

此次修法，重點之一在於防杜性影像遭散布之相關保護措施。三讀條文明定，為強化被害人性影像的保護措施，增列防止被害人性影像遭散布的相關保護措施為保護令類型。

防止性侵影像傳播　增網路業者下架機制

增列的類型包括，禁止相對人未經被害人同意，重製、散布、播送、交付、公然陳列，或以他法供人觀覽被害人之性影像；命相對人交付所持有之被害人性影像予被害人；必要時，並得命其刪除。以及命相對人刪除或向網際網路平台提供者、網際網路應用服務提供者或網際網路接取服務提供者申請移除已上傳之被害人性影像。

衛生福利部保護服務司長張秀鴛表示，在性影像入法部分，除了強化對被害人的保

護，也要求網際網路業者應有義務，若透過網路內容防護機構、主管機關、警察機關或其他機關，知有被害人之性影像，應先行限制瀏覽或移除與被害人性影像有關之網頁資料，且應保留相關資料提供司法及警察機關調查，違者最重可處新台幣60萬元罰鍰。

過去保護令常被詬病缺乏執行效力，張秀鴛說，這次修法也周延保護令措施及效力，增列法院核發通常保護令，得禁止相對人的特定家庭成員查閱被害人及受其暫時監護未成年子女戶籍、學籍、所得來源相關資訊；另通常保護令的變更或延長，於通常保護令期間屆滿至法院裁定前，原保護令不失其效力，以有效維護被害人人身安全。

擴大保護對象　彌補童年創傷

同時，為保障同性婚姻，這次修正家庭成員有關姻親的範圍，同性婚姻當事人與其配偶的4親等以內親屬發生家庭暴力時，均受《家庭暴力防治法》保護。

此外，針對童年曾遭受家庭暴力或性侵被害人保護措施，張秀鴛說，這次修法限增訂被害人於未成年遭受家庭成員實施家庭暴力或性侵害行為，得向戶政機關申請註記限制戶籍查閱，且其創傷經驗如持續影響其日常生活，直轄市、縣（市）政府應提供身心治療、諮商或社會與心理評估及處置。

婦女救援基金會表示，這次修法納入保護令款項後，讓性影像不會在第一時間外流出去或持續被散布，終於完成預防數位性暴力最後一個重要相關法案；同時，未同居親密關係被害人納入適用社會福利資源和刑事程序、童年目睹家暴成年適用社會資源協助修復創傷影響等，也更完善家庭、親密暴力關係預防服務。

道路交通安全基本法三讀
洗刷行人地獄目標零死亡

立法院民國112年12月1日三讀通過《道路

家庭暴力防治法修法重點

保護對象納入同性婚姻者之親屬	為保障適用司法院釋字第748號解釋施行法之同性婚姻當事人與其一方親屬之權益，於第3條增訂第5款至第7款
增列防止被害人性影像遭散布的相關保護措施為保護令類型	1.公然陳列，或以他法供人觀覽被害人之性影像 2.命相對人交付所持有之被害人性影像予被害人，必要時，並得命其刪除 3.命相對人刪除或向網際網路平台提供者、網際網路應用服務提供者或網際網路接取服務提供者申請移除已上傳之被害人性影像
保護令無空窗期	當事人或被害人聲請變更或延長通常保護令，於法院裁定前，原保護不失其效力；檢察官、警察機關或直轄市、縣市主管機關聲請延長保護令，亦同；法院受理延長保護令，應即時通知當事人、被害人、警察機關及縣（市）主管機關
強化親密關係暴力被害人遭散布性影像案件之要求網際網路平台業者移除、下架處理機制	1.網際網路平台業者知有被害人之性影像，應先行限制瀏覽或移除與被害人性影像有關之網頁資料 2.前項網頁資料與散布被害人性影像行為人之個人資料及網路使用紀錄資料，應保留180日，以提供司法及警察機關調查
被害人於未成年遭家暴之保護措施	被害人於未成年遭受家庭成員施暴或性侵行為，得向戶政機關申請註記該行為人（即加害者）、直系血親不得申請閱覽或交付被害人之戶籍資料
罰則	1.影響應先行限制瀏覽或移除，違者最重可處新台幣60萬元罰鍰 2.其餘現行條文涉及罰則部分，包括違反通常保護令、暫時保護令及緊急保護令等，此次均納入防止被害人性影像遭散布

註：2023年11月21日立法院三讀通過

交通安全基本法》，民間團體推動「交通事故零死亡願景」及「以人為本」主張，均於此次入法，並於本法第1條立法目的的立法說明清楚載明「為達中華民國139年道路交通事故零死亡之目標，制定本法」。

歷年來國內重大交通事故傷亡人數居高不下，道路交通環境更遭外媒評為行人地獄，為有效降低交通事故、回應民間團體訴求，展現政府徹底改善道安決心，行政院112年制定《道路交通安全基本法》草案送至立院審議，立法院交通委員會於11月6日初審完成，並經黨團協商，於12月1日完成三讀。

由於本法為規範涉及道路交通安全的基本法，與此相關的作用法需於本法施行後同步調整，交通部長王國材在立院審查會曾提及至少有100條以上作用法需調整，為規範各級政府屆時徹底落實，三讀條文規定，本法施行後，各級政府應依本法的規定修正、廢止或制（訂）定相關法規。

為回應民間團體「以人為本」主張，並參酌歐盟《道路基礎設施安全管理指令》第4條的6項原則，三讀條文規定，各級政府、事業及國民應共同維護改善道路交通安全，建立以人為本、傷害最低、公共運輸優先、緊急車輛可通行、無障礙設計，以及落實道路公共使用等安全之用路環境及文化。

三讀條文也明定，中央政府應制（訂）定、推動實施道路交通安全相關法規、道路交通安全政策與綱要計畫、推動計畫，並定期評估檢討及公布道路交通安全政策推動狀況；直轄市政府、縣（市）政府應訂定所屬道路交通安全執行計畫，定期評估及公布檢討道路交通安全狀況。

原先為任務編組的道路交通安全會報，此次直接入法，三讀條文規定，行政院應召開中央道路交通安全會報，由行政院長召集專家學者、道路交通安全相關民間團體、政務委員、相關機關首長或代表、直轄市政府及縣（市）政府首長組成，直轄市政府、縣（市）政府也應召開地方道路交通安全會報。

針對多起交通重大事故中，肇事駕駛多為長年重大違規的累犯，凸顯現行制度有所缺漏，三讀條文明定，中央政府為確保車輛駕駛人具備安全駕駛之技能及知識，應建立完善之駕駛人訓練、考驗及資格管理制度。

同時，該條文的立法說明中也載明，「中央政府應滾動檢討駕駛人訓練、考驗及資格管理，包括駕駛執照分類、申請考驗、知識技能測驗、持有資格、更換新照、無照駕駛處罰、優良駕駛獎勵（如日本金色駕照制度），建立完善駕駛人管理制度，並納入國家道路交通安全綱要計畫。」

有關交通安全教育部分，三讀條文規定，各級政府為充實與形塑全民道路交通安全知能及文化，應於各教育階段提供道路交通安全教育，並鼓勵道路交通安全專業機構的設立，以推廣道路交通安全宣導活動。

為讓各界了解道安執行情況，三讀條文明定，各級政府應定期公布道路交通安全相關計畫等必要資訊，包含道安會報會議紀錄、事故統計資料等。

此外，院會也通過多項附帶決議，包括要求內政部及交通部於6個月內研議檢討道路設計規範之修正、交通部應邀請學者專家及道路交通安全相關民間團體代表，參與討論國家道路交通安全綱要計畫等。

公然侮辱罪是否侵害言論自由
憲法法庭：合憲但限縮範圍

媒體人馮光遠、作家張大春等人不滿因為發表言論，被依《刑法》公然侮辱罪判刑，質疑侵害言論自由、聲請釋憲。憲法法庭民國113年4月26日做出113年憲判字第3號判決，《刑法》公然侮辱罪合憲，但限縮範圍，故意貶損他人社會名譽或名譽人格才會構成。社會上常見罵人髒話可能只是口頭禪，不一定構成公然侮辱。

《刑法》第309條第1項規定，公然侮辱人者，處拘役或新台幣9,000元以下罰金。媒體人馮光遠發表公開言論，分別被前文建會主委盛治仁、前國安會秘書長金溥聰提起刑事自訴，法院依公然侮辱罪判處有罪確定；作家張大春也因評論已故媒體人劉駿耀，被法院判處有罪確定。

馮、張及多名案件當事人、法院刑事庭認

為,《刑法》公然侮辱罪違反《憲法》言論自由、人身自由、法律明確性原則,更悖離公民與政治權利國際公約等,有違憲之虞,分別聲請釋憲或法規範憲法審查。

憲法法庭做出113年憲判字第3號判決,公然侮辱行為如按個案之表意脈絡,對於他人之社會名譽或名譽人格造成逾越一般人可合理忍受之損害,且經權衡非有益於公共事務思辯等而不具正面價值,於此範圍內處罰「合憲」。

憲法法庭認為,侮辱性言論雖然可能冒犯他人或侵害他人名譽,但也有溝通思辯、輿論批評、表達個人價值立場等功能,且侮辱性言論的表意脈絡及所涉事務領域相當複雜、多元,除可能同時具有政治、宗教、學術、文學、藝術等高價值言論的性質外,也可能兼有抒發情感或表達風格的表現自我功能。

憲法法庭強調,不能僅因髒話或具有冒犯性,一律認為是無價值或低價值言論。因此,法院在個案中適用公然侮辱罪時,仍應權衡侮辱性言論對於名譽權的影響及其可能兼具的言論價值。

憲法法庭指出,就言論表意脈絡而言,語言文字等意見表達是否構成侮辱,不得僅因該語言文字本身具有貶損他人名譽的性質即予認定,應就其表意脈絡整體觀察評價。如果脫離表意脈絡,僅因詞字文字的用語負面、粗鄙,即一律處以公然侮辱罪,這個規定成恐怕為「髒話罪」。

憲法法庭強調,語言文字等意見表達是否構成侮辱,除了參照其前後語言、文句情境及文化脈絡予以理解外,也應考量表意人的個人條件(如年齡、性別、教育、職業、社會地位等)、被害人所處地位(如被害人是否屬於結構性弱勢群體的成員等)、表意人與被害人的關係及事件情狀(如無端謾罵、涉及私人恩怨的互罵或對公共事務的評論)等因素,來做綜合評價。

網紅條款
具言論市場優勢地位者應承擔更大言論責任

憲法法庭對公然侮辱罪做出合憲解釋,但大幅限縮適用範圍,訂定兩階段審查標準,認為國家應給予言論自由最大限度保障,但不代表任何言論均受「絕對保障」,仍須權衡被侵害之人的權益、公共利益。

憲法法庭特別舉例,具言論市場優勢地位的網紅、自媒體經營者或公眾人物透過網路或傳媒,故意公開羞辱他人,由於此等言論對他人的社會名譽或名譽人格可能會造成更大影響,即應承擔較大的言論責任。

一名曾為司法官的資深律師指出,此類「網紅條款」提升對部分特定人士的刑事制裁,但不會因公然侮辱罪限縮適用範圍,而助長網路霸凌。

侵害言論自由　侮辱職務罪違憲失效

「卡神」楊蕙如被控利用網路PTT論壇侮辱外交部駐大阪辦事處,台灣高等法院依《刑法》第140條規定,侮辱公務員依法執行職務罪判處楊蕙如5月徒刑,得易科罰金確定。楊蕙如聲請釋憲,憲法法庭民國113年5月24日判決侮辱公務員罪合憲,侮辱職務罪違憲,因此廢棄楊女案判決,發回高院審理。

颱風燕子107年9月侵襲日本,導致關西國際機場淹大水關閉,楊蕙如於9月6日提供申辦的網路,供友人蔡福明連線上網登入PTT論壇,以idcc帳號發表主題「(爆卦)大阪空港疏散事件相關資訊」文章,使大阪辦事處因網路瘋傳未提供台灣人妥善協助飽受抨擊。

當天傍晚,楊蕙如再透過LINE群組,指示群組成員在網路上廣發文章,以「爛到該死的地步」、「一群垃圾老油條」等字眼,公然侮辱大阪辦事處及該處的公務員。台北地檢署於108年12月2日以侮辱公署等罪起訴楊蕙如、蔡福明。

一審台北地方法院依侮辱公署罪判楊、蔡各6月徒刑,得易科罰金;二審台灣高等法院考量侮辱公署罪已廢除,改依侮辱公務員罪判刑2人各5月徒刑,得易科罰金,全案確定。

楊蕙如認為,《刑法》第140條規定限制人

民受《憲法》第11條保障的高價值政治性言論自由，淪為箝制人民表達意見自由的工具，與法律明確性原則相悖，亦欠缺急迫且特別重要的公共利益，牴觸《憲法》第23條比例原則，聲請釋憲。

憲法法庭將楊蕙如案、5件法官聲請、4件民眾聲請案，合併為10案併案審理，並於112年12月26日進行言詞辯論，機關代表法務部認為，言論自由不應無限上綱，執行國家公務代表國家公權力運作，有特別保護必要，侮辱公務員罪並非我國獨有，未違憲。

《刑法》第140條規定，於公務員依法執行職務時，當場侮辱或對於其依法執行之職務公然侮辱者，處1年以下有期徒刑、拘役或10萬元以下罰金。

憲法法庭於113年5月24日做出113年憲判字第5號判決，指《刑法》第140條前半段規定關於「侮辱公務員罪」部分，應限於行為人對公務員之當場侮辱行為，是基於妨害公務的主觀目的，且足以影響公務員執行公務的情形，於此範圍內，與《憲法》第11條保障言論自由之意旨無違。

但《刑法》第140條後半段關於「侮辱職務罪」部分，與《憲法》第11條保障言論自由之意旨有違，自本判決宣示之日起，失其效力。

憲法法庭認為，侮辱公務員罪是為了保障公務員得以依法執行職務，以達成公務目的，但並不是任何對公務員的辱罵行為，如口頭嘲諷、挪揄等，均必然會干擾公務之執行。至於人民以肢體動作對公務員予以侮辱，不論是否觸及公務員身體，是否構成侮辱公務員罪，仍應由法院依個案認定。

同時，憲法法庭認為，人民對政府機關的異議、質疑、批評等意見及評價，本即具有監督施政、促進民主的重要功能。例如人民抽象咒罵特定政府機關的職務行使，縱使語言刻薄粗俗或顯屬發洩情緒者，應認仍屬質疑或批評公權力的言論，受《憲法》言論自由之保障。

憲法法庭強調，侮辱職務罪雖然違憲失效，但個案中侮辱職務行為，若攻擊、辱罵特定公務員，足以影響公務員執行公務，則可能構成侮辱公務員罪或公然侮辱罪。

消防員身高設限違憲
最高行政法院改判提告女勝訴

陳姓女子因身高未滿160公分被廢止消防員受訓資格，興訟敗訴確定後聲請釋憲，憲法法庭判決，相關考試規則違憲，將陳女案件廢棄發回。最高行政法院民國113年8月15日判決陳女勝訴確定。

陳女參加107年公務人員特種考試一般警察人員考試四等考試消防警察人員類別考試獲錄取，她於108年1月間到消防署訓練中心報到。不過，陳女身高只有158.9公分，不符合「一般警察人員考試規則」160公分的身高標準，遭公務人員保障暨培訓委員會廢止她的受訓資格。陳女不服，循序提起行政訴訟。

一審的台北高等行政法院審理認定，原處分及訴願決定以陳女不符合規定身高標準為由，廢止她的消防警察受訓資格，不法侵害她應考試服公職權及公民平等服公職權，因此撤銷原處分，判決陳女勝訴。

案經公務人員保障暨培訓委員會提起上訴，二審的最高行政法院認為，應沒違憲且要求身高合理，改判陳女敗訴確定。

陳女認為相關規定侵害《憲法》賦予她應考試服公職權利，向憲法法庭聲請法規範憲法審查。

女消防員身高限制
憲法法庭：排除比例明顯高於男性

憲法法庭113年5月31日做出113年憲判字第6號判決，一般警察人員考試規則第8條第1項規定違憲，宣判之日屆滿1年時失效。

公務人員特種考試一般警察人員考試規則第8條第1款規定：「本考試體格檢查有下列情形之一者，為體格檢查不合格：一、身高：男性不及165.0公分，女性不及160.0公分。但具原住民身分者，男性不及158.0公分，女性不及155.0公分。」

憲法法庭指出，根據衛福部國民健康署的國人身高統計資料，在符合應考年齡範圍內，男性平均身高約在172公分，女性約在159.5公分，相關規定將男性最低身高

限制定為165公分，遠低於國人男性平均身高7公分，排除僅約10%的男性，然而，對於女性而言，反而定為高於國人女性平均身高0.5公分的160公分，約排除55%的女性。

根據統計資料，截至111年台灣消防人力男性占比為88%，女性為12%。憲法法庭認為，一般警員考試規則適用結果加深消防人員男女人數的懸殊比例，也導致整體警消工作環境與文化，持續依男性的需求而為配置與定義，不利於女性人力的參與。

消防署與考選部主張相關規定對女性所設定的身高標準，是基於長期以來消防實務所累積的經驗及實際需求，但憲法法庭認為，消防工作相當多元，身高較高的消防人員在處理某些類型的災害搶救上固然有其優勢，身高略矮的消防人員除了可以擔任一般消防勤務外，進入空間較為狹小的災害現場，也有其優勢。

憲法法庭判決指出，一般警察人員考試規則第8條第1款規定，適用於消防警察人員類別的範圍內，其所設的身高標準，排除女性應考人之群體比例明顯高於男性，使女性應考試服公職權受不利的差別待遇，與《憲法》第7條保障平等權之意旨不符。

憲法法庭判決指出，陳女案件確定判決違憲，將判決廢棄並發回最高行政法院審理。最高行政法院在8月15日宣判，認定北高行判決並無違誤，公務人員保障暨培訓委員會提起上訴無理由，駁回上訴，即陳女勝訴確定。

內政部：警察特考身高限制將改以工作職能導向評量

內政部於113年8月6日召開性別平等教育委員會，部長劉世芳在會議中要求警政署、消防署、警大及警專盡速依113年憲判字第6號判決意旨，修正警察特考考試規則及相關招生簡章的身高限制規定，綜整相關單位意見，提供考試院研修，於114年實施新制，期透過擔任警消的工作職能為導向，進行各項體格綜合評量與檢討，以保障女性報考警校、服公職的權利。

卓榮泰主持首場中央廉政會議宣示貪瀆零容忍

行政院長卓榮泰民國113年7月15日主持上任後首次中央廉政委員會會議，重申「貪瀆零容忍」是人民對政府檢驗的唯一標準，也是政府部門互相檢驗的唯一標準，無論肅貪或掃黑，絕對沒有模糊空間，也沒有任何人可以僥倖得逞。

卓榮泰在第28次廉政委員會議上致詞指出，總統賴清德就職演說中提到，清廉勤政，持續落實民主治理，建立開放政府，是總統對行政團隊的要求。

他說，只要發現任何不法，或對國家與人民不利的事項，政府絕對會強力掃蕩並貫徹執行到底，「只有持續，沒有結束；只有盡力，還更要徹底」，這是政府對肅貪、掃黑等工作的態度，政府會持續精進各項做法，爭取人民的信賴，回應社會對政府的期待，相信全世界將會看見民主、法治、開放與廉能的台灣不斷進步發展。

卓榮泰表示，台灣持續自主遵循《聯合國反貪腐公約》，盼與世界同步，讓國際看見台灣推動反貪腐工作的決心，同時也要在既有堅實的基礎上持續向前精進。

15年來貪瀆起訴逾1.5萬人　定罪率77.7%

為達成《聯合國反貪腐公約施行法》各項反貪腐法制及政策等規定，行政院於98年7月核定「國家廉政建設行動方案」，法務部也訂頒「檢察機關執行肅貪行動方案實施要點」，努力實現廉能政府的願景。

根據最高檢察署113年8月13日公布的資料顯示，自98年7月國家廉政建設行動方案上路後，至113年7月底為止，近15年來，各地的地檢署共受理貪瀆案件1萬2,000件，其中起訴5,383件，起訴的被告達1萬5,623人，經法院判決有罪確定的定罪率高達77.7%。

其中包括縣市首長或立法委員、議員疑涉貪瀆或人頭助理費等遭起訴案件，如民眾黨前新竹市長高虹安、民進黨前桃園市長鄭文燦等司法案件均受到外界關注，以下為相關案件審判進度：

職務／姓名	黨籍	案件事由	審判進度
	已定讞			
前高雄市議員 賴文德	國民黨	104年至107年間擔任高雄市桃源區公所秘書，收受承包標案業者賄款10萬元。	高等法院高雄分院二審依《貪污治罪條例》不違背職務收受賄賂罪判刑7年8月。113年3月7日最高法院駁回上訴定讞。
前新竹縣議員 鄭昱芸	無黨籍	擔任議員期間，於107年至108年以人頭助理方式詐領助理費21萬餘元。	新竹地方法院二審依《貪污治罪條例》利用職務上機會詐取財物罪判處3年8月，褫奪公權2年。113年3月13日最高法院駁回上訴定讞。
前台東縣議員 黃碧妹	親民黨	擔任議員期間，於109年虛偽簽名，詐領議會出席費等津貼4,900元。	二審高等法院依《貪污治罪條例》利用職務上機會詐取財物罪判處1年10月徒刑，褫奪公權1年，緩刑2年。113年3月20日最高法院駁回上訴定讞。
前南投縣議員 曾振炎	國民黨	擔任議員期間，涉嫌於103年至106年間，以人頭助理方式詐領助理費199萬9,838元。	更一審依《貪污治罪條例》利用職務上機會詐取財物罪，判刑7年6月。113年3月21日最高法院駁回上訴定讞。
前新北市議員 王淑慧	民進黨	擔任議員期間，於100年至109年以人頭助理方式詐領助理費300萬4,677元。	二審高等法院判刑5年，褫奪公權3年。113年3月25日最高法院駁回上訴定讞。
前台北縣汐止市長黃建清	國民黨	擔任汐止市長期間，於96年違法核發「祭祀公業保儀大夫」派下全員證明書給蔡姓男子，讓其獲得土地補償費用6,684萬餘元。	高等法院更三審依《貪污治罪條例》圖利罪判刑6年，褫奪公權4年，113年4月10日最高法院駁回上訴定讞。
前南投縣長 李朝卿	國民黨	擔任南投縣長期間，涉嫌於94年至101年辦理莫拉克風災重建工程，向承包商收取回扣，總計1,274萬元。	111年9月29日台中高分院更二審宣判，依《貪污治罪條例》認定犯81罪各判處5年6月至6年2月徒刑，累計刑期超過400年。113年8月12日最高法院駁回上訴定讞。
	訴訟中			
苗栗縣議員 禹耀東	無黨籍	擔任議員期間，涉嫌於103年至108年，以人頭助理方式詐領助理費261萬餘元。	113年3月29日苗栗地檢署依《貪污治罪條例》利用職務上機會詐取財物及《刑法》使公務員登載不實等罪起訴。
前高雄市議員 陳粹鑾	國民黨	99年至107年擔任議員期間以人頭助理詐領助理費，又在107年服刑期間指示女兒現任高雄市議員鄭安秝製作不實助理名冊，詐領449萬助理費。	113年4月11日高雄高分院二審宣判，駁回上訴，維持高雄地方法院一審依《貪污治罪條例》等罪判刑10年5月。
前台北市議員 許富男	民進黨	92年利用議員職權要求市政府發包再生瀝青工程時，參與投標者需檢附「再生瀝青許可證」，使特定廠商順利得標。93至95年間向得標廠商收賄1,058萬元。	113年4月17日高等法院更二審依《貪污治罪條例》不違背職務收賄罪判刑6年，褫奪公權3年。可上訴。

前金門縣長 李沃士	國民黨	擔任縣長期間於100年利用職權壓低縣營金酒公司酒基售價，並讓廠商有利取得特定標案，收取廠商100萬元賄款。	113年5月29日金門高分院更一審依《貪污治罪條例》判刑7年6月，褫奪公權5年。可上訴。
新竹縣議員 張益生	國民黨	111年向有施作道路或邊坡工程需求的露營區業者索賄共54.6萬元。	113年6月14日新竹地方法院一審依《貪污治罪條例》收受賄賂罪判刑9年，褫奪公權5年。可上訴。
前宜蘭縣議員 張秋明	民進黨	聘請女兒擔任助理，但女兒於102年5月至103年12月間因車禍無法從事助理工作，涉嫌詐領助理費87萬餘元。	113年6月26日宜蘭地方法院一審依《貪污治罪條例》利用職務上機會詐取財物罪判刑2年，緩刑4年，褫奪公權2年。可上訴。
雲林縣議長 黃凱	無黨籍	109年擔任議員期間，涉成立人頭公司收受綠能廠商上千萬賄賂，協助業者取得電業執照。	113年10月18日新北地檢署依《貪污治罪條例》公務員對於違背職務上行為期約、收受賄賂、《刑法》公務員洩漏國防以外秘密、《洗錢防制法》等罪嫌起訴。新北地方法院18日裁定300萬元交保及限制住居、限制出境、出海8個月，及接受科技設備監控8個月。
新竹縣長 楊文科	國民黨	112年涉嫌利用縣長職權護航已造成公共危害的建設公司重新動工。	113年7月17日新竹地檢署依《貪污治罪條例》主管或監督事務違背法令圖私人不法利益等罪嫌起訴。
桃園市議員 張肇良	民進黨	108至109年擔任桃園市政府顧問期間，涉嫌關說龍潭區公所不要通報正在興建的違章建築。	113年7月18日桃園地方法院認為涉犯《貪污治罪條例》裁定羈押禁見。
台北市議員 陳重文	國民黨	112年利用議員職權施壓台北市社會局租用台智光網路服務，再設公司承接採購案，涉圖利自己321萬餘元。	113年7月19日台北地檢署依《貪污治罪條例》圖利罪、違反公司法的資本不實、《刑法》偽造文書罪、使公務員登載不實以及業務侵占等罪起訴。
立委顏寬恒	國民黨	擔任立委期間涉嫌以人頭助理詐領助理費108萬元。	113年7月26日台中地院一審依《貪污治罪條例》利用職務上機會詐取財物罪判刑7年10月。可上訴。
前新竹市長 高虹安	民眾黨	109年擔任立委期間，浮報助理酬金及加班費，詐領助理費46萬30元。	113年7月26日台北地方法院一審依《貪污治罪條例》利用職務上機會詐取財物罪、《刑法》偽造文書罪判刑7年4月，褫奪公權4年。可上訴。
前澎湖縣議會 議長劉陳昭玲	國民黨	106年至110年期間，利用議長職務機會，收錢安插縣府人事，共收賄176萬元。	113年8月14日澎湖地方法院一審依《貪污治罪條例》不違背職務收賄罪判刑10年2月，褫奪公權6年。可上訴。
前金門縣議員 陳滄江	無黨籍	擔任議員期間，涉嫌於101年至104年以人頭助理詐領助理費98萬8,091元，並將補助費轉存其他帳戶。	113年8月14日金門地檢署依《貪污治罪條例》、《刑法》使公務員登載不實罪、《洗錢防制法》起訴。

姓名	黨籍	涉嫌內容	司法進度
台南市立委 林宜瑾	民進黨	涉嫌自100年擔任議員至立委任內，詐領助理費。	113年8月22日台南地檢署認為違反《貪污治罪條例》、《刑法》行使偽造文書等罪嫌諭令100萬元交保，限制出海出境。
澎湖縣議員 歐中慨	國民黨	擔任議員期間，涉嫌於99年至103年不實申報請領助理補助費共111萬954元。	113年8月23日澎湖地院一審依《貪污治罪條例》利用職務上機會詐取財物罪判刑8年。可上訴。
前桃園市長 鄭文燦	民進黨	擔任桃園市長期間，涉嫌於105年至106年受賄500萬元，利用市長職權協助台塑前高層把農地變更為工業用地。	113年8月27日桃園地檢署依《貪污治罪條例》不違背職務收賄罪起訴。
立委鄭天財	國民黨	擔任立委期間，涉嫌於109年至112年收受綠能廠商賄賂，提供業者「鄭天財辦公室特助」身分，協助施壓行政單位。	113年8月27日台北地檢署認為違反《貪污治罪條例》不違背職務收受賄賂罪，諭令200萬元交保，限制出海出境。
台北市議員 應曉薇	國民黨	擔任議員期間，涉嫌於109年收受威京集團主席沈慶京賄款4,740萬元，協助施壓行政單位提高京華城容積。	113年8月29日台北地方法院認為涉犯《貪污治罪條例》違背職務收受賄賂罪，裁定羈押禁見。
前台北市副市長彭振聲	無黨籍	擔任台北市副市長期間，涉嫌於109、110年違背法令提高京華城容積，圖利威京集團200億餘元。	113年9月2日台北地方法院認為涉犯《貪污治罪條例》違背職務收賄、圖利等罪，裁定羈押禁見。
前台北市長 柯文哲	民眾黨	擔任台北市長期間，涉嫌於109、110年違背法令提高京華城容積，圖利威京集團200億餘元。	113年9月5日台北地方法院認為涉犯《貪污治罪條例》違背職務收賄、圖利等罪，裁定羈押禁見。
台南市議員 蔡淑惠	國民黨	擔任議員期間，涉嫌於98年至105年以人頭助理、低薪高報等方式，詐領助理費共533萬1,012元。	113年9月9日台南地檢署依涉犯《貪汙治罪條例》利用職務上機會詐取財物、《刑法》使公務員登載不實等罪嫌起訴。
新北市議員 白珮茹	國民黨	擔任議員期間，涉嫌於98年至113年以人頭助理詐領助理費超過1,200萬元。	113年9月19日士林地檢署依涉犯《貪污治罪條例》利用職務上機會詐取財物等罪，諭令60萬元交保，限制出海出境。
新北市議員 林銘仁	民進黨	擔任台北縣議員及新北市議員期間，涉嫌於98年至105年以人頭助理、低薪高報等方式，詐領助理費約500萬元。	113年9月20日新北地方法院認定涉犯《貪污治罪條例》利用職務上機會詐取財物等罪嫌裁定羈押禁見。
高雄市議員 黃紹庭	國民黨	擔任議員期間涉嫌以人頭助理、低薪高報等方式詐領助理費，約800萬元。	113年9月30日高雄地方法院認定涉犯《貪污治罪條例》利用職務上機會詐取財物罪、《刑法》使公務員登載不實罪裁定羈押禁見。
基隆市議員 張顥瀚	民進黨	擔任議員期間，涉嫌自108年以人頭助理、低薪高報等方式，詐領助理費70餘萬元。	113年10月23日基隆地方法院依涉犯《貪污治罪條例》利用職務機會詐取財物罪及《刑法》使公務員登載不實等罪嫌裁定羈押禁見。

備註：任何人在依法被判決有罪確定前，均應推定為無罪。

京華城容積率暴增引爭議
柯文哲遭羈押禁見

台北市京華城的容積率於柯市府任內暴增到840%，遭外界質疑護航業者。北檢分案偵辦，並於民國113年8月底展開3波搜索、約談行動，聲押民眾黨主席、前台北市長柯文哲，前副市長彭振聲、威京集團主席沈慶京、國民黨台北市議員應曉薇獲准。

台北地檢署認為柯文哲等人涉違法圖利讓鼎越開發獲容積獎勵率20%的不正利益新台幣111億多元，屬犯罪所得應沒收，10月4日向台北地方法院聲請扣押京華城土地獲准。扣押期間不得處分。

京華城容積率爭議源自於土地變更和複雜的開發過程，威京集團於76年購買京華城土地，屬第三種工業用地，依台北市土地使用分區管制規則，容積率為300%，但之後爆增為史上最高的840%容積率。

以下為京華城容積率案大事記：

80年2月13日　京華城申請由工業區變商業區，捐贈基地面積30%作公園廣場用地，計畫書記載容積率是依整個基地面積計算為392%（560%乘70%），允建樓地板面積不低於原申請執照樓地板面積（12萬284.39平方公尺）。

107年1月18日　監察院自102年起9次函詢台北市政府都市計畫事宜並提調查報告，105年提糾正意見，106年質問再提審核意見，北市府依監察院糾正及審核意見辦理都市計畫變更，並刪除保障樓地板面積規定，且載明容積率為560%。

109年3月17日　京華城向時任台北市長柯文哲陳情，提3項內容包含，80年都市計畫保障權利應包含容積率560%、大街廓整體開發、允建樓地板面積不低於原申請樓地板12萬284.39平方公尺。柯文哲19日交辦都市發展局。

4月15日　台北市都市發展局簽呈柯文哲，請求核示土地使用分區管制細部計畫案內刪除「允建樓地板面積不低於原申請樓地板12萬284.39平方公尺」，提北市都市計畫委員會研議，柯文哲親核專簽核准此案送都委會。

5月21日　台北市都委會第765次委員會議研議案，決議組京華城案專案小組。

▲京華城案，前台北市長柯文哲涉犯違背職務收賄及圖利罪。

6月20日　台北市都委會第1次專案小組會議。

6月23日、7月1日　應曉薇替京華城在議會辦公室召開2場協調會，後續出現「方案4」進台北市都委會審議。

7月16日　台北市政府與京華城的行政訴訟結果出爐，市府勝訴，京華城提上訴，台北高等行政法院駁回判決京華城允建樓地板面積12萬餘平方公尺為一次性保障。

7月30日　台北市都委會第768次會議，針對法定容積率560%無異議，尊重陳情單位與市府所提「方案4」，並送大會研議，「方案4」內容是為發揮此基地可帶動松山地區特殊性，可申請包含智慧建築等獎勵項目等，但相關容積獎勵項目應符合公益性與對價性等通案原則，並依《都市計畫法》規定及程序辦理。

8月19日　京華城函送都市計畫變更草案給台北市都發局，引用都更容獎辦法爭取容積獎勵。

9月21日　台北市都發局退回草案要京華城釐清引用法令條文的適法性。

10月12日　台北市都發局召開「為京華城公司提出修訂細部計畫案土地使用分區管制規定以增列相關容積獎勵項目」專家學者諮詢會議，要求刪除容獎項目或額度等。

10月26日　京華城函送修正後都市計畫變更草案給台北市都發局。京華城都市計畫審議期間，歷經2次專案小組及2次委員會審議。都發局隔天依都市計畫變更程序公開展覽，包含獲容積獎勵20%、容積獎勵加上容積移轉以基準容積50%為上限。

京華城原址改建容積獎勵

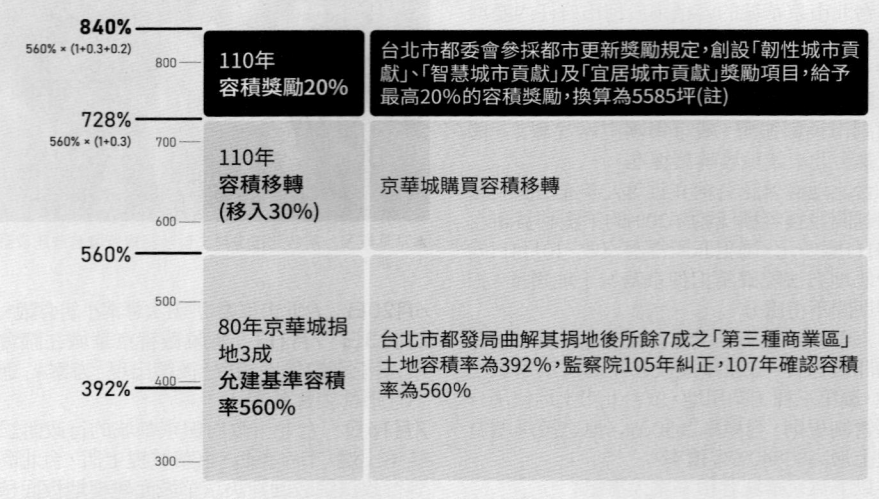

容積率	項目	說明
840% 560%×(1+0.3+0.2)	110年 容積獎勵20%	台北市都委會參採都市更新獎勵規定,創設「韌性城市貢獻」、「智慧城市貢獻」及「宜居城市貢獻」獎勵項目,給予最高20%的容積獎勵,換算為5585坪(註)
728% 560%×(1+0.3)	110年 容積移轉 (移入30%)	京華城購買容積移轉
560% 392%	80年京華城捐地3成 允建基準容積率560%	台北市都發局曲解其捐地後所餘7成之「第三種商業區」土地容積率為392%,監察院105年糾正,107年確認容積率為560%

註:監察院113年1月糾正北市府踰越法令創設容積獎勵,要求改進。　　資料來源:監察院

京華城改建案容積審議流程

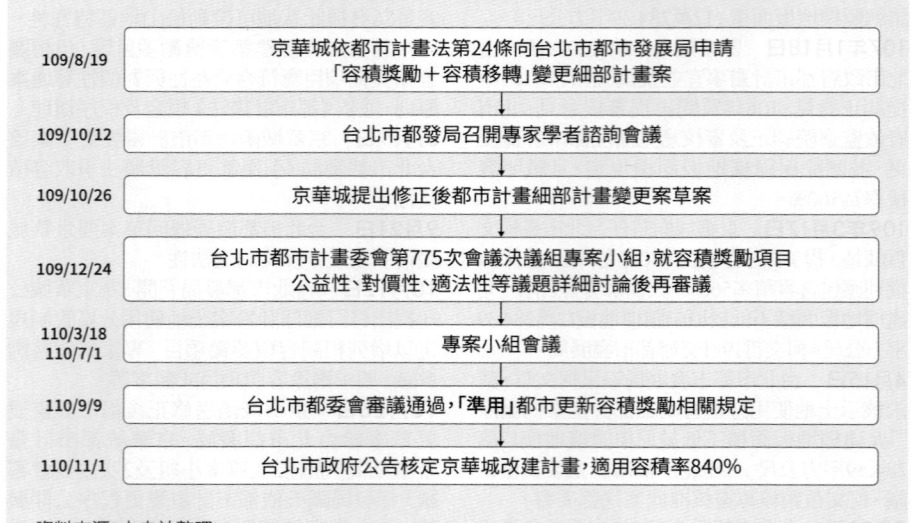

109/8/19	京華城依都市計畫法第24條向台北市都市發展局申請「容積獎勵+容積移轉」變更細部計畫案
109/10/12	台北市都發局召開專家學者諮詢會議
109/10/26	京華城提出修正後都市計畫細部計畫變更案草案
109/12/24	台北市都市計畫委員會第775次會議決議組專案小組,就容積獎勵項目公益性、對價性、適法性等議題詳細討論後再審議
110/3/18 110/7/1	專案小組會議
110/9/9	台北市都委會審議通過,「準用」都市更新容積獎勵相關規定
110/11/1	台北市政府公告核定京華城改建計畫,適用容積率840%

資料來源:中央社整理

第十二章｜司法與人權　537

11月11日　柯文哲親自簽核京華城都市變更計畫公告。

11月17日　北市府公告此案公開展覽30天。

110年9月9日　京華城案通過第783次北市都委會決議修正通過。

11月1日　申請單位京華城提案前，經北市都委會研議，市府受理後經專家學者諮詢會議，後續公告實施京華城細部計畫案。內容為申請單位依《都市計畫法》第24條提修訂都市計畫，訂定容積獎勵20%，因此，法定容積560%加容積獎勵20%為容積率672%。

申請單位另辦理容積移轉30%，總容積率達840%，也就是法定容積560%加容積獎勵112%與容積移轉168%。

113年1月29日　監察院糾正台北市府在欠缺法令依據創設容積獎勵項目。

5月12日　因京華城等案，日前遭民眾告發，台北地檢署分他字案偵辦，案由為《貪污治罪條例》，柯文哲被列被告，並指揮法務部廉政署北部地區調查組蒐證、調卷及了解。

8月29日　台北地檢署偵辦京華城案，查出陳情過程涉賄，27日拘提應曉薇；檢廉28日約談沈慶京、應曉薇助理吳順民等人。檢察官複訊後，29日將應曉薇、吳順民、沈慶京聲請羈押禁見，深夜11時許台北地院裁定應曉薇羈押禁見，30日凌晨裁定吳順民、沈慶京羈押禁見。

8月30日　台北地檢署認定前台北市長柯文哲、前副市長彭振聲涉犯《貪污治罪條例》的違背職務收賄及圖利等罪，將2人聲押禁見。台北地方法院9月2日裁定彭振聲羈押禁見，柯文哲無保請回，9月4日高院發回更裁，9月5日再開羈押庭，北院裁定柯文哲羈押禁見。

9月27日　為調查相關資金流向，9月27日指揮廉政署兵分29路搜索，並約談前鼎越董事長朱亞虎、前台北市長柯文哲辦公室主任李文宗等人，複訊後聲押禁見朱亞虎、李文宗獲准。

11月1日　台北地檢署偵辦京華城案，聲請延押前台北市長柯文哲，台北地方法院審理後，認定柯文哲涉犯《貪污治罪條例》等罪，有滅證、勾串共犯證人之虞，裁定自11月5日起延長羈押2月，並禁止接見通信。除了柯文哲外，北檢10月22日聲請延押國民黨台北市議員應曉薇、威京集團主席沈慶京，25日聲請延押前台北市副市長彭振聲獲准，3人均提起抗告，台灣高等法院均駁回確定。

鄭文燦涉華亞科土地開發貪污
桃檢起訴求重刑12年

海基會前董事長鄭文燦被控在桃園市長任內，涉華亞科技園區土地開發貪污案，歷經2度交保，民國113年7月11日被裁定收押禁見，至8月28日凌晨裁定以新台幣2,800萬元交保，並限制住居及出境出海8個月，總計收押47天。

桃園地檢署調查偵結，8月27日依《貪污治罪條例》對於職務上行為受賄罪、非公務員對公務員職務行為交付賄賂罪、詐欺取財罪、業務侵占等罪嫌起訴鄭文燦等11人，考量鄭文燦否認犯行、毫無悔意且賄款高達500萬元，建議重判有期徒刑12年。

桃檢起訴書指出，台塑企業總管理處前總經理楊兆麟、台塑企業總管理處前執行副總經理侯水文、林口工五重劃區建廠管理委員會前主任委員廖俊松合資成立「鴻展公司」，並於105年間取得「林口特定區工五工業區（華亞科技園區）」東側農業區9.12公頃土地約63.05%所有權人的自辦市地重劃同意書。

為藉「自辦市地重劃」取得能變賣獲利的「抵費地」，得先讓此處「農業區」土地的使用分區變更為「產業專用區」用地，才能與華亞科技園區相連擴大開發；「抵費地」面積約1.78公頃，若開發完成，可獲利益約新台幣24億2,190萬元。

▲前桃園市長鄭文燦疑涉貪，113年8月27日遭起訴。

當時台灣美光晶圓科技公司有意在此工業區設廠，楊兆麟等人以可與行政院國家發展委員會的「亞洲‧矽谷推動方案」結合，符合「國家重大建設計畫」為由找上時任桃園市長鄭文燦，請鄭文燦幫忙協助土地變更。

起訴書表示，鄭文燦在105年12月13日起多次在桃市府召集會議，並指示桃園市經濟發展局向行政院爭取核定為「國家重大建設計畫」，再由桃園市都市發展局辦理個案變更，但因美光公司在106年6月間確定無設廠需求，侯水文、楊兆麟因此與鄭文燦餐敘請託此土地變更開發案，席間並表示「不會失禮」。

起訴書指出，鄭文燦因此在106年9月7日在桃市府召開「林口工五工業區擴大變更案會議」，並找廖俊松等人出席發表意見，有公務員提醒，此案涉及農業區都市計畫變更，依照行政院函示，一再聲明都市計畫內農業區域土地變更為建築用地時，原則上採「區段徵收」。然而最後鄭文燦依照廖俊松等人訴求完成裁示，決議待開發完成，本案土地得以市地重劃開發。

楊兆麟等人確定鄭文燦有協助後，指派廖俊松等人在106年9月14日晚間到鄭文燦官邸，涉將裝有新台幣500萬元現金的黑色手提袋，當著鄭文燦面前放置在會客室茶桌下。起訴書指出，鄭文燦收賄後即在106年10月3日簽核決行發文，經發局因此發函，向行政院提報申請此件土地變更開發案准核定為「國家重大建設計畫」等，鄭文燦則在數日後以電話向廖俊松告知「國發會我講好了」等語。

起訴書表示，鄭文燦後來發現廖俊松電話被監聽，因此在107年間此案後續的土地開發市府會議上轉變態度，並透過廖俊松的兒子告知廖俊松被監聽，且涉於107年5月21日至廖俊松的兒子住處親取政治獻金600萬元。

起訴書指出，後續此案延宕，鄭文燦因擔心東窗事發，決意還款，在107年8月13日返還賄款500萬元及政治獻金600萬元。鄭文燦在偵查時辯稱黑色手提袋是被「丟包」在官邸，不知袋內裝有500萬元現金，但廖俊松指稱當時交付的現金是每10萬元為1紮、以銀行九分紙鈔帶捆綁，再以牛皮紙袋包裝後放入手提袋，鄭文燦返還時，錢是以橡皮筋綑綁後直接放在手提袋內。

檢方認為整袋錢重達5.53公斤且綑綁方式改變，依此研判鄭文燦知道袋中是現金。起訴書指出，廖俊松、侯水文等人在案發後均被收押禁見、無法串證，但對鄭文燦案情卻說法一致，且鴻展公司帳冊也記載此500萬元支付款項為「佣金」，另有相關監察譯文可佐證，因此認定鄭文燦犯行。

檢方認為，鄭文燦護航、附和特定私人進行土地變更開發，將全民利益坐享為私人金庫，惡性甚重，且花用賄款近1年後才因得知廖俊松被監聽、不得不返還；鄭文燦一再狡詞飾卸，毫無悔意，考量此案犯罪所得鉅額賄款高達500萬元，建請從重判處有期徒刑12年。

竹北天坑案
新竹縣長楊文科涉貪遭起訴

新竹地檢署指出，豐邑機構涉偷工減料釀天坑危及民眾安全，新竹縣長楊文科與前新竹縣政府工務處長江良淵涉圖利護航建商，民國113年7月17日竹檢依《貪污治罪條例》等罪嫌起訴楊文科等12人，建請新竹地方法院從重量刑及沒收犯罪所得共新台幣2.5億餘元。

▲竹北市豐邑建設「豐采520」建案鄰近莊敬六街道路112年4月27日坍塌，一輛停放路邊的轎車掉落坑洞。

12人包含楊文科與時任新竹縣政府工務處長江良淵、竹縣府1名人員外,還有2名技師、與1名施工廠商,另6人為豐邑機構公司人員。

檢方表示,豐邑機構明知「豐采520」基礎開挖擋土設計應打設33.8公尺H型鋼擋土樁,以保護附近地層穩定,卻涉違規縮減擋土樁長度,以便減少1億餘元費用,且為規避質疑,還改以添加劣質混凝土地質改良樁,後續還提供假資料稱縮減後設計符合安全並改設計圖,勞動部職業安全衛生署誤信並通過審查。

豐邑機構偷工減料造成坍塌釀天坑事件,111年4月3日基地內部發生坍塌,111年6月至112年4月間在附近道路坍塌達5次,也有小貨車及特斯拉電動車掉落。檢方表示,竹縣府後續發停工命令,但豐邑機構為掩蓋未按圖施工偷工減料及避免停工可能導致鉅額損失,置停工命令於不顧,仍進行違法施工。

檢方指出,楊文科明知建案發生多次坍塌且原因不明,雖公開宣示須調查清楚,卻因豐邑機構請託及提供競選總部土地等因素,透過指示江良淵等方式,同意豐邑機構所提復工要求。

檢察官於112年7月間搜查豐邑機構發現江良淵賄賂案,在江良淵親屬與住家中查獲現金1,540萬餘元,款項來源不明。另外,在楊文科官邸、縣長室也共查獲現金69萬餘元與金飾。其中,楊文科財產來源不明案,另案偵辦。

檢方表示,楊文科甚至還涉接受建商招待,於某飯店總統套房見面承諾「可直接往下做」,無視人民安全及財產風險,反而涉多次施壓下屬圖利建商,行為嚴重損害公共安全及人民信賴;江良淵未盡監督職責,包庇建商涉違法施工,並涉與楊文科合謀捏造事故原因違法復工,事後為建商掩蓋犯罪行為,違背職責。

檢方指出,楊文科與江良淵涉犯《貪污治罪條例》主管或監督事務違背法令圖私人不法利益等罪嫌起訴。

檢方表示,豐邑機構在營造行業多年,卻為謀龐大利益,違背專業與良知,施壓技術人員涉違規施工,造成公共危險,屢次違法施工、無視居民與勞工安全,將豐邑機構相關6人依《刑法》行使業務登載不實文書等罪嫌起訴。

高虹安詐領助理費案
一審判七年四月

台北地方法院審理新竹市長高虹安涉在立法委員任內詐領助理費案,原訂民國113年7月24日宣判,但因颱風襲台順延2天在7月26日宣判,北院認定,高虹安犯罪所得11萬6,514元,4人總計詐領12萬3,128元,依《貪污治罪條例》判處高虹安7年4月徒刑,褫奪公權4年。

高虹安宣布即刻退出台灣民眾黨,並在提出上訴狀最後一天,也就是8月19日提出上訴狀;內政部依法停止高虹安的市長職務,自宣判日起生效,職務由新竹市副市長邱臣遠代理。

高虹安被控自109年2月27日起至109年11月止擔任立委期間,以虛報或浮報助理每月受領酬金、加班值班費到預算上限金額,再以實施「零用金」制度為由,要求助理們將浮報多出的金額回繳,供高虹安自行決定用途及運用。依台北地檢署調查,總計詐得新台幣46萬30元。

北檢112年8月間依《貪污治罪條例》利用職務機會詐取財物罪、《刑法》使公務員登載不實等罪起訴高虹安、前助理陳奐宇、黃惠玟、王郁文、陳昱愷等5人。北院審理期間,黃惠玟、陳奐宇、陳昱愷在庭訊時均認罪,並請法官依法減刑且宣告緩刑;王郁文、高虹安則否認犯罪。

113年5月22日北院開庭實體辯論,高虹安辯稱立委助理薪資回捐是立委辦公室行之有年的作法,並非她所獨創,並坦承於零用金制度上有道德瑕疵,但不該當貪污重罪。

北院認為,高虹安位居立委要職,負責立法等公務,本應廉潔自持,並遵法自律,資為人民榜樣,竟為增加立委辦公室可運用的「零用金」,罔顧立法院編列預算支給公費助理補助費用的目的,而非法利用職務機會詐取助理補助費,敗壞官箴。

北院在判決書中表示,立委公費助理補助費用並非實質補貼立委的費用,而屬於公費

▲新竹市長高虹安涉詐領助理費案，一審判7年4月徒刑。

助理的薪資。最高法院110年度台上字第2650號刑事判決提到，立委不得任意以助理補助費支用其辦公室或服務處等開銷，縱使以浮報人頭助理薪資的方式，將詐取的公費助理補助費用於辦公室或服務處等花銷，仍算有不法所有意圖。

北院指出，高虹安等人以「低薪高報」方式向立法院申報酬金及加班費，主觀上具利用職務機會詐取財物的犯意及不法所有意圖，不因將這筆錢繳回至辦公室零用金後實際由何人保管、如何保管、供立委辦公室使用、高虹安個人私用或其他用途，甚至事後是否歸還而有不同。

高虹安涉貪遭停職
內政部：未牴觸憲法比例原則且不發薪

高虹安113年7月26日遭判刑後停職。民眾黨立委張啟楷質疑，高虹安不是在市長任內涉嫌貪污，內政部怎麼可以停止她的新竹市長職務；且《憲法》明定保障人民工作權，內政部行為已明顯違憲。

內政部表示，在《地方制度法》第78條中，民選地方行政首長停職規定目的，是考量涉案的民選地方行政首長雖判決尚未確定，但已影響國家及人民對其之信任。且若繼續執行職務，恐對地方政務的推動產生不良影響，因此以法律明定，應暫時停止其職務。

同時，內政部7月27日說明，民選地方行政首長停職期間得否發給半俸，是依據行政院人事行政總處106年6月22日總處給字第1060049606號函規定，由具有行政監督權限之上級機關審酌當事人事實情況是否足以維持基本生活及涉違法失職程度等，裁量得否發給半數俸額之決定，也就是民選地方行政首長停職期間得否發給半俸由內政部裁量。

內政部指出，考量高虹安是涉《貪污治罪條例》案件，為貫徹政府廉能政治決心，高虹安停職期間不核給半數俸額。

三寶放貸案二審加重判
何壽川：上訴捍衛清白

永豐金控前董事長何壽川等人被控違法放貸給三寶集團等案，一審依《證券交易法》加重特別背信罪判何壽川8年6月徒刑。檢方與何壽川皆上訴，二審認定何壽川另涉財報不實，民國113年8月27日改判處8年8月徒刑。何壽川委任律師余明賢表示，將繼續上訴以捍衛自身的清白。

台灣高等法院指出，何壽川等人共同使永豐餘投控公司、元太公司暨子公司，於100年度第1季合併財務報告中的「現金或銀行存款科目」各減少850萬美元，並虛增「預付款」科目各850萬美元，犯財報不實罪。二審依《證券交易法》加重特別背信罪，改判何壽川有期徒刑8年8月。

全案源於，何壽川於95年間經由三寶集團負責人李俊傑介紹，利用境外資金投資中國上海的「1788大樓」建案。大樓本由三寶集團、頂新集團魏家、美林證券為主要控股結構，美林證券於99年12月釋出持股，三寶、頂新則有優先承購權，但三寶集團負責人李俊傑的資金不夠，尋求何壽川協助填補資金缺口。

何壽川涉嫌指示安排永豐金租賃公司、永豐餘投控公司、元太科技公司提供資金填補資金缺口，貸款給李俊傑的境外Giant Crystal公司。由永豐租賃調度6,000萬美元借李俊傑，何壽川將融資款兩成1,200萬美元即新台幣3億元作為個人投資「1788大樓」的股款，得以分配出售1788大樓獲利的分配利

潤，違背身為金控公司董事長及上市公司實際負責人的忠實義務。

此外，何壽川指示永豐餘、元太科技各借850萬美元給李俊傑，作為預付租賃1788大樓辦公室的9年期租金，後再改以購買Giant Crystal可交換公司債掩人耳目，2筆共7,700萬元美金的非常規交易，損害永豐金股東利益。

台北地檢署於106年間依《金融控股公司法》不得向交易對象收受不當利益罪、特別背信罪，以及《證券交易法》特別背信等罪嫌起訴何壽川等19人，並對何壽川具體求刑12年、併科罰金新台幣3.6億元。台北地方法院審理後，109年11月20日依《證券交易法》加重特別背信罪，一審判決何壽川有期徒刑8年6月。案件上訴二審。

二審高等法院經過3年的審理，於113年8月27日宣判。高院維持一審的認定，仍認定何壽川犯下《證券交易法》加重背信罪，然而高院認為，一審認定永豐金106年4月遭金管會裁罰1,000萬元，是永豐金所受的損害，但沒將可受分配股權利得的期待利益納入，相較於一審的裁定，不法所得實際更高，因此二審加重刑度，改判有期徒刑8年8月。

辜仲諒涉掏空中信及利益輸送朱國榮無罪確定

中國信託慈善基金會董事長辜仲諒被控侵占中信金控資產約3億美元、利益輸送國寶集團總裁朱國榮等案。一、二審均判決辜仲諒無罪，民國113年9月11日最高法院駁回檢察官上訴，無罪確定。

另方面，財團法人證券投資人及期貨交易人保護中心對辜仲諒等人提起刑事附帶民事訴訟，請求給付中國信託金融控股股份有限公司新台幣1億1,755萬元；由於一、二審刑事訴訟均諭知辜仲諒等人無罪，判決免賠，最高法院駁回確定。

至於同案被告國寶集團總裁朱國榮（另案潛逃通緝中）被控炒股及內線交易罪，二審判處應執行有期徒刑16年，同日也駁回定讞。

全案起於，最高檢察署特別偵查組（已裁撤）起訴指控，辜仲諒與父親辜濂松、辜仲諒

的前妹婿陳俊哲（遭通緝）等人，於93年至96年間，以中信金控旗下中信資產管理公司投資不良債權名義，將中信金控資產透過中信商銀香港分行及台灣總行，層層轉匯至辜濂松父子投資的境外公司及陳俊哲等人帳戶，約侵占3億美元。

特偵組還指控，辜仲諒為確保中信金併購台壽保，安排中信人壽放款給朱國榮，待金管會核准併購，由中信人壽以超乎行情的新台幣15億6,755萬元，買下國寶集團所有的亞洲廣場二樓房產擔保品，讓國寶獲利9億9,000萬元，造成中信人壽1億餘元重大損失。

辜仲諒還被控將紅火案中出售結構債的部分款項2,957萬美元匯出，涉嫌洗錢。

另一方面，朱國榮被控利用掌握中信金併購台灣人壽保險的重大消息，大量購買台壽保股票獲利1億5,707萬餘元，又涉嫌炒作龍邦國際股價。

一審台北地方法院認定，有部分事實可認定中信金控部分資產遭陳俊哲侵占，但陳俊哲於104年接受檢察官遠距訊問時拒絕作證，也未隔海作證指述辜仲諒等人犯行；中信金控海外公司帳戶在辜濂松101年12月間過世前後都是由陳俊哲掌控，而非辜仲諒，其他證據也不足認定辜仲諒等人涉侵占中信金控資產。

合議庭認為，指控辜仲諒洗錢部分，檢察官重行起訴，公訴不受理；利益輸送部分，交易並無不合常規，也未造成中信人壽受損。

一審判處辜仲諒、吳豐富、張素珠、張明田、張友琛、李聲凱等中信人員無罪；朱國榮被控1次炒股及內線交易部分，則判處應執行12年4月徒刑。

案經上訴，二審由台灣高等法院審理，二審仍判決辜仲諒等人無罪；另改認定朱國榮應構成4次炒股及內線交易罪，改判處應執行16年徒刑。

二審表示，檢察官若不服判決，得上訴，但須受《刑事妥速審判法》第9條規定限制，即因此案經二個審級無罪，須指出此判決所適用的法令有牴觸《憲法》、違背司法院解釋或違背判例，才可提起上訴。

案經朱國榮、檢察官上訴，最高法院認為，

辜仲諒等人的部分不符合速審法的限制，檢察官上訴不合法，至於朱國榮的部分，二審判決並無違誤，因此駁回上訴，全案定讞。

辜仲諒紅火案更三審無罪
背信等罪部分撤銷發回

紅火案纏訟18年，前中信金副董事長辜仲諒更三審獲判無罪，檢察官提上訴。最高法院民國113年9月5日就辜仲諒被控背信及特別背信的部分撤銷發回；另被控洗錢及間接操縱股價的部分，由於檢察官無法舉證，罪證不足，因此駁回檢察官上訴，此部分無罪確定。

至於辜仲諒被控違反《銀行法》特別背信及《刑法》背信罪的部分，最高法院指出，辜仲諒出售結構債給紅火公司，是否具有背信罪的主觀不法，以及是否讓中信銀行蒙受損害，有理由欠備及調查未盡的違法，因此這部分撤銷判決，發回更審。

此外，同案被告時任中信金控財務長張明田及時任中信銀行副總經理林祥曦，被控《銀行法》特別背信及《刑法》背信罪的部分，也同樣撤銷判決，發回更審。

張明田、林祥曦被控非常規交易及《證券交易法》特別背信罪的部分，案經最高法院3次發回，第二審法院更審有3次維持第一審無罪判決，依照《刑事妥速審判法》第8條規定，不得上訴三審，檢察官上訴不合法，駁回上訴，無罪確定。

全案起於，辜仲諒被控擔任中信金控副董事長時，與張明田、林祥曦等人，為插旗兆豐金融控股公司，購入連結兆豐金控股票的結構債，在95年間未經中信銀行董事會核議，將結構債賣給紅火公司。

檢方認為，辜仲諒等人拉抬兆豐金股價，助紅火贖回結構債而獲利3,047萬4,717.12美元，但紅火非屬中信金控體系，辜仲諒等人得以任意處分紅火獲利，而損害中信金控。

一審台北地方法院依《證券交易法》、《銀行法》，判辜仲諒9年徒刑。經上訴，二審由台灣高等法院審理，依《銀行法》判辜仲諒9年8月徒刑，併科罰金新台幣1.5億元。

案經最高法院發回，高院更一審認定辜仲諒觸犯《金融控股公司法》共同背信罪，符合自白犯罪並繳交犯罪所得、《刑事妥速審判法》減刑規定，改判3年6月。

最高法院第二度將案件發回，高院更二審判決，因應最高法院刑事大法庭最新裁定縮減審理範圍後，並認定辜仲諒等人並無間接操縱股價及背信行為，改判辜仲諒等人無罪。

案經上訴，最高法院第三度發回更審，高院更三審認為，辜仲諒僅違反內控規範，不構成間接操縱股價、背信、洗錢等罪，判決辜仲諒無罪。

檢察官不服判決，提起上訴，最高法院113年9月5日就辜仲諒犯背信、特別背信罪的部分，撤銷判決並發回更審，至於洗錢及間接操縱股價的部分則駁回上訴，無罪確定。

陳水扁涉洗錢案獲判免訴
高院撤銷發回更審

前總統陳水扁被控在前台北101董事長陳敏薰買官案洗錢遭起訴，台北地方法院以陳水扁被訴之罪追訴權時效已完成，民國113年5月20日判決免訴。台北地檢署不服，6月21日提起上訴，台灣高等法院8月28日認為原審未傳喚陳水扁到庭，其當事人聽審權保障未妥適，因此撤銷發回更審。

陳水扁卸任後涉及多起弊案遭檢方起訴，自97年11月12日起被收押在土城看守所，其中龍潭購地及洗錢案、元大併復華、陳敏薰人事案等判決定讞，應執行20年徒刑，併科新台幣2.5億元罰金，陳水扁於102年4月19日移

▲前總統陳水扁。

監至台中監獄附設培德醫院,並於104年1月5日起保外就醫。

其中,陳水扁、吳淑珍夫婦被控收受陳敏薰新台幣1,000萬元賄款,幫陳敏薰取得台北101董事長的位子;陳水扁夫婦分別被依《貪污治罪條例》判刑8年定讞。但因吳淑珍將此筆賄款透過哥哥吳景茂存入人頭帳戶,高院法官認定陳水扁是洗錢共犯,北檢偵辦後,依《洗錢防制法》起訴陳水扁。

北院審理期間,根據台中榮民總醫院、高雄長庚醫院的診斷鑑定報告,陳水扁有腦神經退化症,合併中度巴金森氏症候群、語言障礙、輕度失智症等多重身體症狀,無法到庭,北院於104年5月13日依《刑事訴訟法》第294條第2項「被告因疾病不能到庭者,應於其能到庭以前停止審判」裁定停止審判。

北院認定,此案追訴權時效應自被告犯罪行為終了即95年1月25日起計算追訴權時效期間10年、因審判不能進行而停止期間2年6月,合計12年6個月;再加計檢察官行使追訴權期間4年7日、北院行使追訴權期間3月18日,共計16年9個月25天,逾10年追訴期時效而判免訴。

但北檢以判決有程序瑕疵、追訴權時效計算有違誤為由,提起上訴。

高院指出,北院於被告因疾病不能到庭而裁定停止審判,其原因消滅或因其他事由欲進行終局判決前,若無事實上的困難,應使訴訟參與者有表達意見的機會,並透過到庭陳述意見或其他適當方式,踐履保障當事人聽審權的正當法律程序。因此於8月28日撤銷原判決,發回北院。

受刑人爭取在監投票勝訴
桃選會上訴

王姓受刑人請求中央選舉委員會與桃園市選舉委員會在獄中設置投票所遭拒,提起行政訴訟爭取選舉權,經台北高等行政法院審理,民國113年7月4日獲判勝訴。桃選會主委、副會長蘇俊賓表示,將依規定提出上訴,也喊話中央應建立原則,不該由各縣市依個案解決。

中選會在113年1月13日辦理第16任總統、副總統選舉及第11屆立法委員選舉。在台北監獄服刑的王姓男子,戶籍遷入北監,於112年3月函請中選會、桃選會在北監設置投票所,讓他能投票選舉總統和立委,但遭桃選會拒絕,王男不服提起行政訴訟。

桃選會認為若在監所內設置投票所,屬於特設投票所,並主張受刑人無法行使投票權,是遭監禁的附帶效果,且受刑人可依《監獄行刑法》申請外出投票。

北高行指出,受刑人只是穿著囚服的國民,監禁期間人身自由、居住、遷徙等權利雖受限制,但選舉等基本公民權仍受《憲法》保障,王男的選舉人資格及投票權,受法律所保障。

同時,北高行認為受刑人外出制度設計,與行使投票權無關,但縱使不符外出要件,仍享有投票權,國家應以其他方式予以保障;另根據統計,設籍在北監的受刑人約271名,若外出投票,現有戒護人力無法負擔,而由桃選會在北監內設置投票所,供在籍受刑人投票,更能降低行政成本與意外風險。

北高行指出,王男等在籍受刑人因選務機關實務操作結果,導致無法行使投票權,遭系統性排除在投票人口以外,選舉基本權已受國家行政權消極不作為的侵害。桃選會身為設置及管理投票所的主管機關,依《公職人員選舉罷免法》規定,有設置投票所供王男在戶籍地投票的法定義務,於監獄設置投票所,並無超乎法定範圍,因此判決桃選會本件公告,屬於違法處分,可上訴。

蘇俊賓則指出,各縣市同類型的案件已發生多次,建議應由中選會向作為受刑人管理單位的法務部說明投票辦法,並告知各縣市應如何處理,不應該逃避問題。

生前贈與擬制為遺產規定
憲法法庭宣判部分違憲

憲法法庭民國113年10月28日針對台北高等行政法院審理後聲請釋憲的「擬制遺產課稅一案」,做出《113年憲判字第11號判決》,指出擬制遺產的受贈人如為被繼承人配偶,欠缺其與其他繼承人應如何負擔遺產稅的明確規範,並欠缺剩餘財產差額分配請求權可自

遺產總額扣除的適用規定,因此宣判《遺產及贈與稅法》第15條第1項第1款部分違憲,立法機關應於兩年內檢討修法。

此案源於106年12月3日過世的陳姓男子,生前於105年6月間將名下所有某公司股票11萬4,800股贈與周姓妻子。而在陳男死後,周女與3名子女均拋棄繼承,唯一的繼承人是陳男的非婚生女兒。

財政部北區國稅局計算陳男遺產時,依《遺產及贈與稅法》第15條第1項第1款規定,被繼承人死亡前2年內贈與配偶,應於被繼承人死亡時,視為被繼承人遺產,併入遺產總額,依規定徵稅。以此認定陳男生前2年內贈與周女的股票視為陳男的遺產,計入遺產總額,核定陳男遺產淨額3億2,435萬1,907元,應納稅額5,735萬4,847元。導致唯一繼承人的非婚生女兒,雖未受益於高額股票,依法卻要負擔全額遺產稅,使得她的應繳稅額已超過繼承所得。陳男的非婚生女兒循序提起行政訴訟,後來由接受審理的台北高等行政法院聲請釋憲。

另外,一名李姓男子於105年5月間死亡,他死前2年內將1筆上億元土地贈與游姓妻子,依法該筆土地被併入遺產總額課稅。游女提起行政訴訟救濟,要求依《遺產及贈與稅法》第17條之1行使「配偶剩餘財產差額分配請求權」,扣除部分遺產稅額。剩餘財產差額分配指的是配偶死亡後,另一方有權要求雙方各自剩餘財產差額的一半,另一半差額才併入死亡配偶的遺產總額,由此該筆土地應先視作剩餘財產進行差額分配,一定比例歸屬於游女財產。但台北高等行政法院駁回訴願,依《遺產及贈與稅法》第15條規定,該筆土地已視作遺產,不得列入剩餘財產差額分配請求權範圍。因此游女也聲請裁判及法規範憲法審查。

憲法法庭併案審理,113年10月28日判決《遺產與贈與稅法》第15條第1項第1款規定部分違憲。憲法法庭指出生前贈與「擬制遺產」規定原為防堵規避遺產稅,但因欠缺繼承人之間如何分擔遺產稅的明確規定,致使非受益之繼承人須承擔他人因受贈產生之財產增益的遺產稅,違反「租稅公平」原則,與《憲法》第7條保障平等權之意旨有違。此外租稅之課徵如使繼承權之經濟價值嚴重減損,亦侵害人民受《憲法》第15條保障之財產權。

關於剩餘財產分配請求權遭駁回,憲法法庭再次強調「擬制遺產」旨在填補遺產稅之課稅漏洞,請求剩餘財產分配並未侵害填補課稅漏洞之目的,因此不符《憲法》第7條保障平等權之意旨。

釋憲後,兩起案件原判決廢棄,發回台北高等行政法院審理。財政部表示尊重憲法法庭判決結果,在2年期限內檢討並修正遺贈稅相關法規,在新法實施前,將根據配偶從遺產中獲益的比例來分配應繳納的遺產稅額。

促轉雙法三讀修正通過
國家機密檔案不再永久保密

立法院會民國112年12月8日三讀修正通過《國家機密保護法》部分條文以及《政治檔案條例》部分條文。112年12月27日經總統公布修正,原先被列為永久保密的4,500餘件政治檔案,113年有機會半數解禁。

為了加速開放政治檔案運用,三讀修正後的《政治檔案條例》部分條文增訂屬《國家機密保護法》第12條的國家機密檔案,至遲應於屆滿40年解密。

《檔案法》自91年開始施行,旨在健全政府機關檔案管理,並促進檔案開放運用,其中第22條規定「國家檔案至遲應於30年內開放應用」。然而92年通過《國家機密保護法》第12條規定「涉及國家安全情報來源或管道之國家機密應永久保密,不適用《國家機密保護法》第11條第2項及《檔案法》第22條不得逾30年的規定。

審酌政府資訊應以公開為原則,限制為例外,如有限制開放必要應設有期限,以維護人民知的權利。三讀修正通過《國家機密保護法》第12條的規定為「涉及國家安全情報來源或管道的國家機密,保密期限自核定之日起算不得逾30年;其解除機密的條件逾30年未成就時,視為於期限屆滿時已成就。」

三讀通過條文也增訂但書規定,經原核定機關檢討後認有繼續保密必要者,應敘明事

實及理由,報請原核定機關或其上級機關有核定權責人員延長,不適用《國家機密保護法》第11條第2項等條文及《檔案法》第22條規定。

至於延長期限,三讀通過條文明定,每次不得逾10年;保密期限自原核定日起算逾60年者,其延長應報請上級機關有核定權責人員核定,每次不得逾10年。原核定機關或其上級機關有核定權責人員,應於接獲報請後2個月內為核定與否的決定,逾期視為不同意延長保密期限。

政治檔案條例新制228上路
加速開放刪除永久保密規定

228事件77周年,轉型正義推動再造里程碑,《政治檔案條例》新制修正民國113年2月28日正式施行。國家發展委員會表示,除擴大徵集81年11月6日之後檔案,也將加速解密、以及強化檔案當事人權益保障,原以國安或對外關係限制應用已解密的政治檔案即日起開放。

檔案管理局表示,《政治檔案條例》自108年施行4年多以來,多方徵集政治檔案,透過檔案整編、目錄開放、數位化與全文影像上網等措施,積極促進檔案開放應用。期間部分機關因其他法律規定或國家安全、對外關係考量,部分檔案未能解密或未全文開放,引起社會關注。

檔案局表示,威權統治不因宣告解嚴而一夕瓦解,考量案情延續性與關聯性,政治檔案徵集範圍,由原規定自34年8月15日起至81年11月6日止產生與228事件、動員戡亂體制或戒嚴體制相關檔案應持續徵集外,擴大徵集81年11月6日之後檔案。

此外,檔案局表示,刪除永久保密規定,明定屬國家機密的政治檔案至遲應於屆滿40年解密,僅限涉陸情報人員身分、國際或大陸地區情報工作部署解密有嚴重危害的3種例外情形之一,始得檢討延長。每次延長期限不得逾3年,且須逐次報送國安局陳報國安會同意;各機關應於條例施行6個月內完成解降密檢討,逾期視為解密。

檔案局表示,原以國家安全或對外關係限制應用的解密檔案,即日起開放應用;另對檔案中所載公務員、證人、檢舉人及消息來源的姓名、化名、代號及職稱,增定不適用國家情報工作法的規定。

檔案局說明,已解密檔案自施行日起,除未屆70年及當事人未同意開放的個人隱私及私人文書外,全部開放應用。就涉及國家情報來源或管道的國家機密檔案,由原暫不移轉修定為經分離機密部分後,以複製品併入原案卷先行移轉,擴大可應用範圍。

保障檔案當事人權益,檔案局已配合修法,修訂「政治檔案清查整理及開放應用作業程序」,啟動主動通知機制,對檔案中載有受監控當事人的高度隱私,如家庭關係、伴侶關係、性別關係或私領域監譯紀錄等,增定檔案局應主動通知檔案當事人具有優先近用權、附卷權及高度個人隱私紀錄拒絕開放權,並於通知6個月後,公告該人名索引及其檔案目錄。

檔案局指出,政治檔案典藏量目前約2.8公里,占國家檔案的10%;歷史記憶的完整公開是轉型正義工程的基礎,政治檔案蘊含過去威權體制時期相關紀錄,映照前人用生命譜寫自由民主的價值,是還原真相及促進社會和解的關鍵。

新住民基本法三讀 擴大新住民定義

台灣新住民加上新二代人數已突破百萬,立法院會民國113年7月16日三讀通過《新住民基本法》,明定內政部應設置新住民事務專責中央三級行政機關,統籌規畫相關事宜,並提供新住民學習語言資源以消除隔閡;地方政府也應設置新住民家庭服務中心。

條文明定,為落實《憲法》保障多元文化精神,保障新住民基本權益,協助其融入社會,建立共存共榮的族群關係,特制定《新住民基本法》。

三讀條文明定,適用對象包含經許可在台灣地區居留、依親居留、長期居留或永久居留的外國人、無國籍人民、大陸地區人民、香港或澳門居民,其配偶為居住台灣地區設有戶籍國民者,且保障對象及於新住民子女;

新住民基本法三讀通過重點

主管機關為內政部,內政部應設置新住民事務專責中央三級行政機關,統籌規畫、協調、推動相關事宜。

適用對象包含經許可在台居留的外國人、無國籍人民、陸港澳居民,其配偶為居住在台灣設有戶籍國民者,且保障對象及於新住民子女;另擴及各國來台居留的專業人士、技術移民及投資移民。

地方政府應設「新住民家庭服務中心」,提供家庭、婚姻及育兒等諮詢服務,及心理與法律諮詢資源轉介。

政府應提供新住民學習語言及文字的資源,以有效消除語言隔閡。

政府應設置新住民發展基金,基金管理會的委員應納入具新住民或新住民子女身分的代表。

政府應鼓勵相關機關、團體辦理新住民就業服務,提供就業諮詢、媒合。

資料來源:立法院

另外,新住民定義也擴及各國來台居留的專業人士、技術移民及投資移民。

三讀條文明定,本法主管機關為內政部,涉及各目的事業主管機關職掌者,由各目的事業主管機關辦理。內政部應設置新住民事務專責中央三級行政機關,以統籌規畫、研究、諮詢、協調、推動、促進新住民就學、就業、培力、關懷協助及多元服務相關事宜。

在新住民事務專責機關設立前,行政院為審議、協調本法相關事務,涉及各目的事業主管機關執掌者,必要時得召開部會首長會議,會同各目的事業主管機關辦理。

條文明定,政府應每年針對新住民總體支持事項檢討並改進。為研擬、訂定或檢討相關支持事項,政府應每5年進行調查、擬定計畫,並將結果公開於網站。

為使從事新住民領域服務的公務員具備相當新住民文化素養及語言能力,條文明定,政府應在國家考試設立新住民事務相關類科。另應設置新住民發展基金,基金管理會委員應納入新住民或新住民子女身分的代表。

鑑於新住民來台可能面臨語言、文化及生活適應問題,條文明定,政府應辦理生活適應輔導、醫療生育保健、就業權益保障、提升教育文化、協助子女教養、人身安全保護、健全法令制度及落實觀念宣導等相關措施,並致力提供多語言服務。

地方政府也應設置「新住民家庭服務中心」,對新住民家庭提供家庭、婚姻及育兒等諮詢服務,以及心理與法律諮詢的資源轉介。

為使新住民儘早適應融入生活,條文明定,政府應提供新住民學習語言及文字的資源,以有效消除語言隔閡。另應鼓勵相關機關、團體辦理新住民就業服務,提供就業諮詢、媒合及輔導取得技術士證,促進其就業。

媒體近用權部分,政府應鼓勵各媒體事業製播新住民語言文化的廣播、電視節目或影音,並給予獎勵或補助。另外,政府應獎勵或補助新住民學術研究,鼓勵大專校院設立新住民學術相關院、系、所學位學程,培育新住民專業人才。

內政部長劉世芳表示,感謝立法院朝野各黨團及立委的支持,在短時間內即通過專法,法案明確規範新住民就業、通譯、媒體近用權等各項權益保障事項,內政部將會同中央地方各相關機關積極落實推動各項工作。

劉世芳表示,這次專法的重點在於擴大新住民的定義,除了婚姻移民,還擴及專業移民和技術移民;表示政府歡迎來自世界各地的朋友來到台灣,共同努力在這片土地上一起打拚。

首次519白色恐怖記憶日 陳建仁盼轉型正義持續

因應民團倡議,行政院民國113年4月核定5月19日為白色恐怖記憶日,當天多名政治受難者齊聚人權館,盼威權歷史不重蹈覆轍,行政院長陳建仁表示,希望未來在賴清德總統團隊領導下持續轉型正義道路。

戒嚴令於38年5月19日頒布,並於隔日實施,民團特別挑選此日為「白色恐怖記憶日」。「519白色恐怖記憶日宣示大會暨人權市集」紀念活動除陳建仁外,包含國家人權

委員會主委陳菊、文化部長史哲、人權及轉型正義處處長賴俊兆、政治受難者前輩張則周、陳欽生、蔡寬裕等人也出席見證。

陳建仁表示，前立委林昶佐曾告訴他，「(林)外祖父被抓時是我爸作保，人才被保出來。」而父親也因為擔任保人而不時擔心。每人在白色恐怖年代都充滿恐懼、無限不確定性，可知在完全沒有自由、民主、開放、透明的社會中多麼可怕，而這種不確定性，就是統治者作為控制、欺壓人民的殘酷手段。

陳建仁肯定白色恐怖記憶日能讓年輕人知道現在享有的，是經由前人努力而來。自己即將卸任，「我跟所有轉型正義委員會委員說抱歉，我做得有限，但我會把任務交給接任者繼續努力。」

陳菊回顧，民團約在3月發起設立白色恐怖記憶日連署，4月就經行政院核定宣布設立，「今天看到還能參與我們白色恐怖記憶日大會的人大部分都垂垂老矣，但更多人已經是在天上。」如果說遲來正義早已不是正義，更必須去彌補受害者、推動和解，否則不知如何面對那些曾面臨白色恐怖的年輕生命。

陳菊分享，白色恐怖受難者胡子丹曾告訴她：「現在比白色恐怖更恐怖的是很多人不知過去這些事情，還以為是杜撰、是假的。」

這段血淚斑斑的歷史不能忘記，只有記憶過去，才能反省台灣經歷國家暴力，讓人們共同前進。

519白色恐怖記憶日
人權館以活動提升人權意識

行政院為回應民間對於形塑公共記憶、反省威權歷史的期待，每年5月19日訂為「白色恐怖記憶日」，文化部國家人權博物館與新台灣和平基金會等單位合作舉辦系列活動，讓白色恐怖記憶日成為社會認知過去、省察當下與思索未來的原點。

113年「519白色恐怖記憶日」系列活動於4月26日登場，由新台灣和平基金會在光點台北舉辦「白色恐怖記憶影展」揭開序幕，播放以白恐時期為主題不同創作形式的作品，如導演萬仁《超級大國民》與導演王童的《香蕉天堂》數位修復版。

5月4日人權館在白色恐怖景美紀念園區接續舉辦「人權電影放映會」，片單包括獲得2018 (民107)年柏林影展傑出藝術貢獻銀熊獎、諧謔極權世界下的文字獄故事《文字慾》等。

除此之外，人權館邀請政治受難者暨家屬於5月16日「重返記憶之島—綠島」，藉此紀念40年5月17日首批政治犯大規模登陸綠島的歷史時刻，當晚並舉行「白色恐怖記憶之夜音樂會」，以音樂向受難者前輩致敬。

5月17日並於綠島各歷史場域獻花、巡禮、分享記憶，同時舉辦新生訓導處及綠洲山莊不義遺址標示牌揭牌典禮；同日特展「在綠島，我們的世界不斷在開門」正式開展。5月19日「白色恐怖記憶日宣示大會暨人權市集」在白色恐怖景美紀念園區壓軸登場。

人權館表示，首屆

▲行政院長陳建仁113年5月19日出席「519白色恐怖記憶日」宣示大會，希望大家記得戒嚴時代慘絕人寰的歷史、記憶。

519白色恐怖記憶日系列活動，由政府與民間團體合作，透過多元活動，希望以積極再現歷史對抗遺忘、以主動實踐代替消極旁觀，引領社會大眾接近認識進而銘記歷史教訓，期待白恐事件永遠不再發生。

人權館不義遺址標示揭牌
讓白色恐怖歷史不被遺忘

國家人權博物館民國113年2月26日在白色恐怖景美紀念園區舉辦「不義遺址標示系統揭牌典禮」，文化部長史哲表示，國家人權博物館所在地白色恐怖景美園區，是偵訊、審判、羈押、執行最集中的地方，這裡被標示為不義遺址，更具意義。

國家人權博物館與促進轉型正義委員會以109年的設計案為基礎，示範性設置國內首批「不義遺址標示系統」，藉以號召串聯各處不義遺址。

史哲表示，這個標示是要提醒大家，「人權博物館重大的任務之一，就是要透過各式各樣的方法，讓社會知道，現在大家沒有真正感受的這段歷史，已經在我們的生命裡。」揭示系統是一個世代溝通的工程，也是最基礎的工作，需要大家一起繼續努力。

台灣的不義遺址除了白色恐怖景美紀念園區（原台灣警備總司令部軍法處軍事法庭與看守所／原國防部軍法局軍事法庭與看守所）之外，台南湯德章紀念公園（原民生綠園）的標示牌也在2月26日完工。

後續不義遺址還包括4月完成的高雄市立歷史博物館（原高雄市政府）標示牌；白色恐怖綠島紀念園區新生訓導處及綠島感訓監獄等2處不義遺址標示牌，則選在別具意義的517政治受難者登火燒島紀念日揭牌，文化部也呼籲各縣市政府及管理單位共同設置不義遺址標示，拓展社會了解歷史真相的管道。

文化部表示，不義遺址標示牌的設置面向大眾，位置特別選在各場域的「外部」，如圍牆外側、人行道等處，目的就是希望在當代的生活空間中，開啟民眾與威權歷史的對話，藉此喚起社會大眾對於人權、白色恐怖歷史及轉型正義的關注，帶動更多的省思與討論。

行政院建築標示不義遺址
陳建仁：提醒民主可貴

▲不義遺址標誌以石頭為象徵，裂縫有「人」的設計意涵，彰顯前人雖被石頭壓住，卻負重前行的意義。

現在的行政院在228事件爆發時是台灣省行政長官公署，衛兵曾以機槍掃射抗議民眾造成死傷，已被公告為不義遺址並於113年2月26日揭牌。行政院長陳建仁表示，謹對過往在台灣省行政長官公署傷亡的前輩，致上最誠摯敬意，沒有他們就沒有自由民主人權；希望藉著保留不義遺址，時刻提醒自由民主得來不易。

不義遺址的主視覺以石頭為象徵，石頭間的裂縫以「人」為設計意涵，彰顯前輩當年被石頭壓住，卻仍能負重乘載的意義；標示上頭會寫明事件發生時間、當時建物名稱，部分還會採QR Code讓民眾可直接掃描了解事件始末。

陳建仁指出，南非當時為推動轉型正義，將憲法法院蓋在約翰尼斯堡第4監獄原址，此監獄當時關押過曼德拉等無數民主鬥士。保留過往不義痕跡，彰顯政府永不再犯的決心。

陳建仁提到，促轉會審定的不易遺址共42處，還有64處潛在不義遺址，希望盡快在這些不義遺址都能設置不義遺址標示；保留不義遺址的目的，是讓往後民眾再走進歷史現場時能有共同記憶，時刻提醒自由民主非容易得來，有系統的保存不義遺址，政府責無旁貸，會好好轉變成為民眾傳承民主記憶教育的基地。

§ 第十三章　災難與事故

花蓮7.2強震　釀18死災損逾29億

民國113年4月3日上午7時58分，花蓮縣政府南南東方25.0公里海域發生芮氏規模7.2地震，地震深度15.5公里，屬於極淺層地震，是921地震後最大規模，全台感受明顯搖晃，最大震度為花蓮縣6強，花蓮災情慘重，多處坍方落石，北濱街、軒轅路有大樓傾倒，共造成18死、1,155傷及2失聯。

相關死亡名單為，台8線183K處1名工程人員遭落石砸中；台8線181.5K處1名駕駛遭落石砸到；得卡倫步道3名登山客遭落石砸中；欣欣和仁礦區、大清水休憩區（台9線161.3K）和台9線160.7K處分別有1男子遭落石砸中、掩埋；天王星大樓傾倒造成花蓮高農康姓女老師身亡；小錐麓步道1人遭土石中掩埋；砂卡礑步道6人遭土石砸中掩埋；中和礦場1名貨車駕駛遺體於13日尋獲；晶英酒店黃姓建教實習高三生經搶救22天後於25日逝世。2位失聯者是疑似在砂卡礑步道失聯的澳洲籍新加坡夫婦。

中橫、蘇花公路多人受困

多處傳出人員受困，包括花蓮晶英酒店50名員工搭巴士上班途中受困九曲洞；台泥子公司合盛礦業員工59人及外包商9人，因礦區對外道路中斷受困；秀林鄉和仁榮昌礦區受困6人、太魯閣國家公園白楊步道受困12人、砂卡礑步道受困14人等。

中橫便道在梨山方向共有12台車、21人受困，其中23公里處一台貨車行駛中遭落石砸中，駕駛頭部受傷、意識模糊。一輛豐原客運前往梨山地區也險些遭落石砸中，駕駛緊急煞車，車頭因撞上落石部分車損。

強震造成包括花蓮市、吉安鄉、壽豐鄉、豐濱鄉、秀林鄉多處道路邊坡坍方、路基掏空。根據公路局資料顯示，災阻路段有9處，道路災情11處。

台鐵方面，東部幹線宜蘭礁溪到花蓮鳳林間多處路段損壞，一度停駛。由於鐵公路中斷，交通部民航局協調華信與立榮航空加開台北、高雄往花蓮的加班機，航港局也先後派遣台北快輪、新台馬輪來往蘇澳港與花蓮港疏運旅客。

這起強震造成花蓮天王星大樓、北濱街5層樓透天傾斜倒塌，4月23日清晨2起規模6.0、6.3強震，也導致原本就受損的統帥大樓、富凱大飯店進一步傾倒，自強路上一棟2層樓倉庫也從2樓變1樓。

國土署長吳欣修表示，截至5月2日，勘查花蓮建築物總數逾566件，確認紅單72件、黃單67件、無須張貼危險標誌427件、已拆除11件、3件拆除中，將協助民眾儘早修繕補強。

921地震25年後最大規模地震

氣象署地震測報中心主任吳健富表示，本次地震是極淺層地震，因此全台有感。震央為菲律賓海板塊隱沒處，也是地震好發區域。

吳健富表示，這起地震是在921大地震發生25年後最大規模，當年921大地震是規模7.3，用的是舊制震度。109年起改為地震震度新制，這起地震是繼110年台東池上918地震後，第2次達震度6強。

▲花蓮市天王星大樓震後嚴重傾斜。

地震專家、前中央氣象局地震測報中心主任郭鎧紋則說，規模6.2的地震相當於1顆原子彈的威力，921大地震芮氏規模為7.3，相當於46顆原子彈威力，花蓮地震芮氏規模7.2，威力則相當於32顆原子彈。

關於中央氣象署發布海嘯警報，郭鎧紋說，根據氣象署規範，地震規模7以上就要發布海嘯警報，不過，台灣地形得天獨厚，不必太擔心。

0403花蓮地震後餘震不斷，據氣象局統計，至8月16日包含主震和餘震已發生1,653起，除主震為規模7以上外，規模6到7累計達9起，規模5到6則有85起，規模4到5有530起，規模4以下1,028起。

全台逾千校受損　災損超過29億元

教育部表示截至4月12日止，共有1,080校（包括教育館所）回報災損，損失金額29億6,803萬餘元，損失最嚴重的包括東華大學、花蓮女中等校。

東華大學理工學院一館D棟化學實驗室因地震發生火災，延燒超過20小時，損失最為慘重，校方預估全校災損重建經費高達新台幣20億餘元。

農損方面，農業部截至4月9日上午11時統計，農業產物、民間設施及公共設施估計損失計8,080萬元，其中花蓮占4,517萬元。

凱米颱風　10死2失蹤904傷

民國113年7月23日11時30分發布凱米颱風海上陸上颱風警報。颱風25日零時前後在宜蘭南澳一帶登陸，25日清晨4時從桃園新屋出海。根據消防署統計，凱米颱風共造成11人死亡、1人失蹤、904人受傷。全國有1萬5,794件災情，曾停電87萬2,311戶。

海難搜救共10件，計1死、4失蹤、65上岸、29人在船上；至於山域事故，中央山脈南二段3名登山客於颱風警報發布前已入山，27日後失聯，遺體於7月31日尋獲。

中央氣象署預報中心主任陳怡良表示，凱米這次創下多項紀錄，包含首次在2天內發布20次致災性降雨跟國家級警報、發布4次颱風強風告警，高雄平地單日降雨達887.5毫米也創下歷史紀錄。

他也表示，凱米單日累積雨量跟2009年的颱風莫拉克相比，除了屏東山區略少，高、屏平地跟山區都跟莫拉克相當；累積雨量因莫拉克影響時間較長，總雨量也較多。

豪雨侵襲　鐵公路多處中斷

交通部公路局表示，凱米7月22日至28日挾帶強風、豪雨侵台，事件總雨量超過1,900毫米，颱風期間影響公路局轄管台7甲線中橫公路宜蘭支線、台8線中橫公路、台9線蘇花公路、台18線阿里山公路、台20線南橫公路、台29線等公路，造成公路災阻共計69處。

鐵路方面，台鐵表示，包含和平＝和仁電車線倒塌，崇德＝和仁間土石流淹沒軌道，小清水溪橋西正線遭土石流沖垮，原本的西正線僅剩下2條鐵軌懸空，景象怵目驚心。

台8線中橫公路78公里梨山圓環處亦有土石流，天祥至太魯閣閣口路因0403花蓮強震邊坡受損嚴重，加上颱風影響，多處邊坡落石及土石坍滑。

南投縣信義鄉東埔村遭土石流淹沒多條道路，聯外便橋被掏空無法通行，信義鄉雙龍部落聯外道路也被掏空，加上眉溪暴漲，通車不到半年的埔里鎮守城橋便道被沖毀。

嘉義縣番路鄉和梅山鄉部分路段大崩塌，沙沙歐橋及梅嶺大橋因土石流失造成橋損；聯絡嘉義縣市的永欽二號橋梁等需要復建及改建。高雄市茂林區主要聯外道路高132線也有多處路基流失。

莫拉克等級雨量　高雄多處積淹水

高雄市政府7月25日指出，受凱米颱風及外圍環流影響，外海有螺旋雨帶持續移入，導致中南部達到超大豪雨，高雄山區日累積雨量已逾1,300毫米，超越莫拉克颱風等級，全市119條區域排水系統跟25座滯洪池全滿，加上沿海地區受天文大潮影響，高雄多處出現明顯積淹水災情。

高市災害應變中心27日統計，颱風期間通報路樹傾倒約850件、廣告招牌掉落與欲墜

約160件、交通號誌毀損約70件、積淹水約1,300件。

此外，位於桃源區的桃源國中也受土石流影響，校舍受損嚴重，聯外道路不通，救災難以進行，校方透過區公所向國軍第四作戰區指揮部提出申請協助校園災後復建。

農損32.6億元　香蕉損失逾3億最嚴重

農業部統計，截至8月5日11時止，各縣市農業產物及民間設施估計損失計新台幣32億6,345萬元。

縣市受損情形，以雲林縣損失7億940萬元最多（占22%），其次是台南市6億6,600萬元（占20%），第三是嘉義縣4億1,952萬元（占13%）。

其中農產損失累計22億2,418萬元（含養蜂損失68萬元），前5大受損作物依序為香蕉，損失金額3億440.4萬元；其次為番石榴（芭樂）、柳橙、梨以及竹筍。

畜產損失累計2億6,630萬元，主要是雞受損2億1,900萬元；其次為鴨、豬、鵝等。漁產損失累計5億8,328萬元，主要是牡蠣受損2億3,553萬元；其次為虱目魚及文蛤等。林產損失累計1,657萬元，主要是竹林受損。

民間設施損失1億7,312萬元，包含農田埋沒、農業設施損失、畜禽設施損失660萬元，漁業養殖塭堤及設備損失等。

根據水利署統計，自7月23日上午7時至28日上午7時為止，在颱風過境雨量挹注下，全台水庫降雨效益估達20億2,161萬噸。

竹市集合式住宅晴空匯火警 兩消防員殉職

新竹市慈雲路集合式住宅大樓「晴空匯」民國113年5月26日深夜發生火警，一度造成上百名住戶受困，更讓2名消防員因氣瓶氧氣耗盡不幸殉職，新竹市消防局鑑識人員經9次勘查、多次採證，6月27日完成證物初步鑑定，研判為1樓管道間電纜線短路造成。

消防局是在5月26日晚上10時55分左右接獲報案，火勢於11時35分獲得控制。當時大樓停電，傳出有民眾仍在建築內，金山消防分隊員李詠真、周立鑫11時50分奉派再次前往8樓搜索，消防局在27日凌晨零時15分收到無線電Mayday求救訊號。

新竹市消防局長李世恭說，無線電背景音同時聽到李詠真、周立鑫氣瓶發出殘壓警報聲響，研判氣量已經過低，立即啟動救援；12時55分在2至3樓梯間接觸到2人時，均已呈現OHCA（到院前心肺功能停止），立即給予CPR（心肺復甦術），1時10分送醫急救，遺憾未能搶救回生命。

求救錄音檔外流　擔心對家屬二次傷害

有媒體報導，火警錄音檔清楚聽到2名殉職警消當時除了呼喊Mayday，還明確說出自己名字和位置，卻在最後一次呼救的10分鐘後，快速救援小組才進入火場。

新竹市消防局6月3日新聞稿指出，火警相關無線電通訊內容屬於公文書，錄音檔未經正式管道流出，觸犯《刑法》第132條洩密罪，已報案積極查辦外流源頭。

消防局說明，全案已調閱數支救災現場無線電錄音檔製作譯文，並個別詢問當日配有無線電的現場救災人員，皆表示通訊不佳，未能辨識求救身分，也無法將訊息傳給現場指揮官。

李世恭則在記者會表示，即便通訊設備有錄音，也不代表外場可聽見，火警現場若有吵雜聲音或受屏蔽等狀況，都會影響收聽。

▲新竹市消防局出動雲梯車疏散晴空匯受困住戶。

對此，多位議員質疑消防局長期坐視火場通訊不良問題。至於殉職人員疑未交管制名牌，民進黨新竹市議員劉崇顯說，竹市府應檢討現場救災的標準流程。

消防稽查多項疏失　管委會遭罰12萬元

現場消防人員指出，此次火警初期灑水系統及排煙設備都有啟動，但起火點疑在配電盤，排煙系統的電路被燒毀，才會停止排煙。加上逃生樓梯間沒有窗戶、頂樓逃生門關閉，濃煙才會布滿樓梯間，不僅讓住戶無法逃生，濃煙還不斷竄入住家。

新竹市都發處副處長蘇文彬6月4日在記者會表示，市府各單位與建築師、機電技師前往「晴空匯」進行消防安檢，以違反《建築法》裁罰管委會新台幣12萬元；至於防火區劃未落實、建材線材耐燃是否合乎規定等，交由檢調進一步釐清起造人、監造人或承造人責任。

蘇文彬補充，晴空匯建案由豐邑建設股份有限公司起造、趙英傑建築師事務所設計之1幢4棟地上28層、地下4層，共596戶之集合式住宅，民國102年5月25日核發建照、103年12月8日竣工，並於104年6月18日核發使照。

李世恭表示，火警起火點位於管道間，但管道間因未落實防火填塞，導致防火區劃失效，濃煙透過橫向貫穿開口溢出，且發現濃煙透過管道間延伸的隱蔽空間直入民眾家戶。

「晴空匯」的一般電源與緊急電源線路設置在同一管道間，李世恭指出，當火舌迅速延燒後，緊急電源因而無法輸送電力至排煙系統及緊急升降梯，導致濃煙無法疏散而大量透過橫向貫穿開口溢出。

火調出爐　一樓管道間電力配線短路釀災

竹市消防局6月27日發布新聞稿表示，經9次勘查、多次採證並送內政部消防署火災證物鑑定實驗室進行分析，並於6月20日召開竹市火災鑑定會討論及決議，「晴空匯」案已調查完成，並將火災原因調查鑑定書交由警方函送新竹地檢署偵辦。

消防局指出，火調研判起火處位於D棟1樓西側管道間，起火原因排除充電樁充電或配線引發火災，研判為管道間電力配線因故短路引發火災，最終調查結果以法院判決為主。

針對先前公布起火點在地下1樓，消防局表示，根據多次勘查、採證，並透過監視器畫面、保全人員及部分住戶說詞分析，起火點是在1樓管道間的下方，靠近樓地板位置，燃燒後不斷有火星掉落地下1樓管道間上方，因此火警第一時間派員到地下1樓進行滅火。

晴空匯社區管委會則表示，社區歷年來都有通過各項消防檢測，此次是管道間內火災，緊急電力線被燒斷造成無法發揮功能，是否為消防及建物規範盲點，盼政府相關單位加速相關修法，確保民眾安全。

山陀兒颱風襲台　4死1失蹤719傷

民國113年9月29日上午8時30分，中央氣象署發布山陀兒海上颱風警報，9月30日凌晨2時30分發布陸上颱風警報，颱風中心10月3日中午約12時40分在高雄小港登陸。消防署表示，截至10月6日下午4時止，全國颱風災情通報共有9,499件，共造成4人死亡、1人失蹤、719人受傷。

經濟部表示，全國曾停電43萬5,634戶，基地台曾受損482座，市話曾中斷1萬6,511戶。自來水曾停水60萬8,073戶。全國曾淹水604處。基隆市天然氣受土石影響曾受損達57戶。

道路交通方面，新北市金山區台2甲線八煙路段土石坍方造成雙向阻斷；新北市瑞芳區「阿美家園」聯外道路邊坡崩塌，180名族人受困。高雄市桃源區台20線明霸克露橋遭溪水沖毀50公尺河床便道；台東縣海端鄉台20線向陽至初來路段道路阻斷。

山陀兒龜速前進　挾帶驚人雨勢

氣象署預報中心主任陳怡良表示，山陀兒從發布颱風警報到登陸，大約經過4天4小時，創下歷來登陸前警報最久的紀錄；也是有紀錄以來第2個在高雄登陸的颱風，第1個在高雄登陸的颱風，是47年前的賽洛瑪。

山陀兒因行進速度非常慢，從警報發布到解除，總雨量驚人，陳怡良說，台東利嘉林道1,713.5毫米排名第1，其次是屏東大漢山的1,570毫米、新北市瑞芳1,067.5毫米及花蓮清

▲基隆市環保局天外天焚化爐清潔大樓旁邊坡山崩。

水林道的907.5毫米。

颱風外圍環流帶來強陣雨，造成新北市金山、瑞芳、三芝等區域多處發生土石流或溪水暴漲，民宅嚴重受災。基隆市新豐街海中天社區前邊坡崩塌，滑落面積約5,000平方公尺，土石覆蓋新豐街約100公尺，導致雙向無法通行。基隆市環保局天外天焚化爐清潔大樓旁邊坡山崩，12輛公務車陷落，無人傷亡。

強陣風吹倒多處路樹、電桿，造成高雄多區停電，仁武區、大寮區、林園區等都有3,000戶至6,000餘戶不等戶數停電。全高雄市有2,000餘棵樹傾倒；環保局自10月3日至5日下午5時清除道路路樹及雜物約1,748.1噸。

根據市府統計，颱風山陀兒高雄災損程度，是前次凱米颱風災損的5倍。交通局指出，颱風為高雄帶來破紀錄的17級瞬間陣風，道路上的號誌、標誌牌面首當其衝，累計接獲超過550件交通號誌損害通報。

農損近4億元　屏東最傷、香蕉最嚴重

農業部統計，截至10月14日下午5時止，農業產物及民間設施估計損失計6億1,849萬元。縣市受損情形，以屏東縣損失3億3,185萬元（占約54%）最為嚴重。

農產損失部分，估計損失4億5,272萬元，受損作物主要為香蕉，其次為棗、番石榴、蓮霧及木瓜。畜產損失部分，估計損失413萬元，主要為雞、豬及鵝。

民間設施估計損失1億5,021萬元。其中農田流失及埋沒估計損失5,747萬元；農業設施估計損失1,619萬元。

畜禽設施估計損失2,277萬元，主因畜禽舍及堆肥舍倒塌。漁業設施估計損失5,378萬元，主因定置網錨碇纜繩及養殖設備損失。

強颱康芮2024年10月31日登陸台東，為有紀錄以來10月最晚登陸的颱風，且在台灣創下超過最大陣風17級的風速。截至11月4日釀3死692傷，農損達新台幣12億4,858萬餘元，以梨損失2億多元最慘。

海龍風電降壓站二氧化碳外洩 2死15傷

彰濱工業區線西區的海龍風電降壓站民國113年8月20日發生工安意外，彰縣消防局鹿港分隊、線西分隊前往搶救，將14名工人送醫，另有3名工人自行就醫，這起意外造成2死15傷。

警消人員指出，由於降壓站使用二氧化碳滅火，工地內有200多支鋼瓶，工人安裝消防設備時，疑似不慎碰觸鋼瓶開關，造成二氧化碳外洩。

勞動部職業安全衛生署中區職安中心主任李文進表示，初步勘查現場沒有防止二氧化碳外洩的設備，也沒有防止誤觸開關的標示。初步認定現場職業安全衛生設施不全，開罰負責該案場統包工程的東元公司新台幣30萬元，並勒令停工。

受傷的工人中，58歲劉男、38歲賴男、19歲簡男3人一度無呼吸心跳，就醫後皆恢復生命跡象，但簡姓準國立大學男大生於加護病房急救7天，8月26日晚間宣告不治。賴男則因情況未改善，家屬於8月27日放棄急救並同意捐贈器官。

東元8月27日發布聲明指出，對罹難者家屬表達哀痛，會安排人員在醫院協助家屬，並配合現場鑑識工作，釐清事故原因，在最短時間內全面檢討工安措施，避免類似事件重演。

彰化地方檢察署分案偵辦，檢察官朱健福指揮彰縣警察局鹿港分局於8月28日進入事故廠房勘驗，並訊問相關人員，釐清案發經過及肇事原因，同時保全相關證據。初步查證，認施工現場陳姓負責人涉有過失致死及違反《職業安全衛生法》等罪嫌，訊後以20萬元交保。

虎尾飼料廠吊車墜落　3死1重傷

民國113年9月4日下午，雲林縣虎尾鎮一間飼料廠有4名工人搭乘吊車吊籃修補屋頂時墜落地面，造成3死1重傷。

雲林縣消防局指出，下午1時47分接獲報案，救護人員到場發現3人OHCA（到院前心肺功能停止），1人重傷昏迷，送醫後3名OHCA患者最後都不治。4名工人都是本國籍、男性。

雲林縣政府指出，飼料廠委由一家起重工程行以吊車吊掛工人修補屋頂，但約在8公尺高時鋼纜斷裂造成意外，已通報勞動部職業安全衛生署中區職安中心調查。

職安中心初步調查發現4名工人未戴安全帽、也未綁安全帶，已違反《職業安全衛生法》規定，且一般吊車用籃限重200公斤，約可站2人，但事發時吊籃內有4人，明顯超重，職安署對鋼鐵公司、起重機工程行開罰及勒令停工。

高雄湖內鋁工廠氣爆　2死6傷

高雄市湖內區的佳豐鋁業民國113年3月23日上午驚傳爆炸，廠區8名員工遭700度鋁液噴濺受傷，其中2泰國籍勞工死亡，另有6人受傷送醫。

高雄市勞工局說明，業者初步表示灌模作業期間疑似控制系統異常，降溫水量不足，鋁水接觸時發生爆炸，勞工局將再檢查釐清。

勞檢處勒令工廠立即停工，並以違反《職業安全衛生法》第6條第1項及《職業安全衛生設施規則》第180條，開罰佳豐鋁業最高30萬元罰鍰。

勞工局並派員赴各醫院慰助罹災者及其家屬，協助後續補助及醫療事項，也與泰國駐台辦事處協助離世移工家屬處理後事，並確保其職災補償權益。

佳豐鋁業違法事件不斷，高雄市環保局表示，民國111年至今，稽查佳豐鋁業共23次，因違反《廢棄物清理法》開罰7張罰單，裁罰新台幣6萬元。

高雄遊覽車自撞涵洞　1死15傷

高雄市仁武區水管路民國113年3月20日晚上8時許，一輛遊覽車因司機為省時間切換車道撞上高速公路下緣涵洞，導致車頭嚴重毀損，1名男性當場喪命，15人輕重傷。

這輛遊覽車是由56歲鄧姓司機駕駛，當時車上載有阿里山一日遊旅行團共27人（含司機、領隊各1人）。仁武警局表示，鄧姓司機酒測值0，依過失致死罪嫌，將他移送台灣橋頭地方檢察署偵辦，訊後以新台幣30萬元交保。

由於事故車輛所屬的楓滿遊覽汽車有限公司對肇事駕駛行程時間、路線並未見有特別教育督導及掌握，高雄市區監理所依違反《公路法》規定，處新台幣6萬元整並停止該公司1/3車輛（5輛）營業3個月。同時，高雄市勞工局也在3月21日派員進行勞檢。

2月16日也曾發生40歲吳男駕駛自小貨車，行經該涵洞時未注意慢車道限高2米，導致撞擊卡涵洞的意外，對現場標示不夠清楚等問題，高雄市交通局表示，除在涵洞前增設「限高2米」預告標誌，放大原有的標誌外，涵洞下方也增加黑黃斜線條及反光設施，並與高公局研議在適當位置設置簡易限高架。

新自強號撞土石流　脫軌釀9傷

載運525位乘客的台鐵229班次EMU3000型新自強號列車，民國113年6月21日下午4時50分行經崇德與和仁間51K西正線（和仁隧道南口）時，因大清水溪土石溢流覆蓋軌面，撞上土石流，造成部分列車出軌，包含司機員在內共有9人受傷送醫。事故路段在隔日中午恢復雙向通車。

有媒體報導，事發前19分鐘監視拍到土石流淹到軌道，負責監視的值班人員卻沒有通報，花蓮地檢署分案調查。

主持台鐵安全改革檢討追蹤列管會議的行政院政務委員陳金德6月27日透過臉書表示，交通部針對此次事故研提短中長期改善措施，包括野溪整治、設置水位計、增設土石溢流告警系統、CCTV由人工24小時監控，以及加速盤點宜花東地區具落石及土石流高風險

路段，規畫增設阻隔設施及告警系統等。

陳金德也說，此次事故直接肇因是土石流溢流的天災因素，但既造成旅客受傷及社會不安，台鐵應深入檢討改進並真誠道歉，且正線出軌是重大交通安全事故，也已要求運安會再審視評估立案調查，徹底檢討事故根本原因，及檢討台鐵公司內部管理問題，提出具體改善建議。

監控室未即時通報　台鐵董事長自請處分

已公司化的台鐵公司7月3日下午舉行記者會，台鐵董事長杜微表示，已向交通部長李孟諺自請處分，並向社會致歉，這次事故顯示出台鐵安全改革重要性，包括風險管控及執行方式，近期會檢討並提報董事會。

根據台鐵公布的懲處名單，除基層人員外，包括總經理馮輝昇、副總經理陳宗宏等主管均記申誡；因事故處理得宜及協助旅客脫困的陳姓司機員，黃姓列車長及服務員均獲記功、嘉獎。

針對土石流淹沒軌道19分鐘無人通報，杜微說，經台鐵調查，花蓮工務段值班室規定24小時派員監看，事故當天監控人員有監測雨量，因1小時累積雨量為1.5毫米，遠低於50毫米預警值，導致監控人員疏於注意。

他並說，另有2台輔助攝影機拍攝到土石流畫面，雖有顯示在16宮格監測螢幕上，但畫面很小，值班人員未能注意到土石流溢流橋面而未通報。

北迴線增設阻隔及告警系統

台鐵表示，決定在北迴線新增8處阻隔設施及告警系統，預計114年完成阻隔設施，114年4月底完成告警系統。

另外，台鐵也將在宜花東地區30座具土石流潛勢風險的橋梁，優先設置CCTV監視及水位計，若經現勘後，無法以工程方式改善者，則規畫設置土石流溢流告警系統。

屏東安泰醫院火災釀9死

屏東東港安泰醫院動力供應中心配電室民國113年10月3日發生火災，火勢延燒約3個多小時後控制，共有9人死亡（1人死因為心臟衰竭）、116名病患轉院救治。

屏東縣政府消防局上午7時41分接獲報案，火勢在11時10分控制，下午1時8分撲滅。消防局表示，機電大樓2樓配電室有大量電器、高壓大電線路，延燒至存放大量醫療器材的3、4樓，增加搶救難度。8名已故病患分布在D棟5樓、10樓及11樓病房；1名已故員工則於動力供應中心1樓樓梯間尋獲。

屏東地檢署主任檢察官陳麗琇指揮調查醫院現場相關資料，派出3組檢察官前往醫院、民宅相驗，由消防、刑事專業鑑識人員，進場調查蒐證。

蘇清泉是安泰醫院創辦人，同時也是立法院社會福利及衛生環境委員會召委，為此事致歉。10月9日，他在委員會個人質詢時間，報告安泰醫院火災事件。他說，安泰醫院規模超過600床，是重度級急救責任醫院，創立30年來從未發生重大災難，這次事件是前所未見複合型大災難，颱風帶來大雨、13級風速，瞬間陣風達到16級，安泰醫院所在的中正路店面招牌一直飛、一直掉，風大到醫院內排煙口都倒灌，濃煙密布。

蘇清泉表示，這次出事是最新的D棟，屋齡約10年左右，無管線老舊問題，A、B棟是老舊大樓，但管線全部都已經更新，事故發生當天消防隊發現動力中心高溫達攝氏300多度，發電機都不能開，外頭風雨交加，200多名消防隊員、700多名醫護人員，通通塞在一片漆黑的ABC棟。

蘇清泉表示，醫院多是移動困難的患者，經過此次災難，期盼與內政部、衛福部合作，以模擬大樓建置出颱風天醫院火警救援模式，這次多是護理人員將病人背下樓，甚至有護理師從11樓將105公斤患者背到1樓，全身被煙燻黑，精進現行醫療防災制度勢在必行。

醫預法重大火警事故調查首例

衛生福利部3日傍晚也宣布，有鑑於屏東安泰醫院因重大火災致傷亡事件，檢調已經成立調查小組調查事故原因，衛福部也將依《醫療事故預防及爭議處理法》35條，責成

醫策會啟動調查。此為首起因重大火警事故啟動調查案件。

衛福部指出,《醫療事故預防及爭議處理法》在113年元旦上路,衛福部次長林靜儀強調,《醫預法》的精神不是為了究責,主要是希望了解是否有系統性問題並改善,同時提供其他類似狀況的醫療機構,檢視內部是否有需調整之處。

根據衛生福利部公布的區域醫院、地區醫院113年度醫院評鑑基準,醫院應指定專責人員研擬火災減災、預防與準備措施僅是試評條文,結果不納入成績計算。衛福部醫事司副司長劉玉菁說,若列為正式項目,需等待下一輪導入,最快民國116年上路。

台灣近年災害性地震

年/月/日	時/分	震央地點	規模	死亡/人	房屋全毀	說明
91.3.31	14:52	花蓮秀林地震站東方44.3公里	6.8	5*	6*	中橫公路落石、蘇花公路坍方
91.5.15	11:46	宜蘭蘇澳地震站東北方9.3公里	6.2	1		331花蓮烈震餘震
92.12.10	12:38	台東成功地震站西方3.0公里	6.6			台東成功地震
93.5.1	15:56	花蓮新城地震站西方7.4公里	5.3	2*		中橫公路落石
95.4.1	18:02	台東卑南地震站北方7.0公里	6.2		14*	台東地震
95.12.26	20:26	屏東墾丁地震站西南方38.4公里	7	2*	3*	恆春地震
95.12.26	20:34	屏東恆春地震站西方33.1公里	7			恆春地震
98.11.5	17:32	南投名間地震站南偏東方10.1公里	6.2			
98.12.19	21:02	花蓮市地震站南偏東方21.4公里	6.9			
99.3.4	08:18	高雄甲仙地震站東南方17.1公里	6.4			
102.6.2	13:43	南投縣政府東方29.3公里	6.5	4*	19*	南投地震
105.2.6	03:57	屏東縣政府北偏東方27.1公里	6.6	117	466*	美濃地震
107.2.6	23:50	花蓮縣政府東北方16.5公里	6.2	17	195*	0206花蓮地震
108.4.18	13:01	花蓮縣政府西北方9.4公里	6.3	1		0418花蓮地震
108.8.8	05:28	宜蘭縣政府南偏東方35.9公里	6.2			0808宜蘭地震
111.9.18	14:44	台東縣政府北方42.6公里	6.8	1	3*	0918池上地震

資料來源:交通部中央氣象署,「*」災情資料由消防署提供。

台灣規模六以上地震
(112年11月1日~113年10月31日)

時間-113年	震央地點	深度	規模
4月3日	花蓮縣政府南南西方14.9公里(位於花蓮縣壽豐鄉)	22.5公里	7.2
4月3日	花蓮縣政府北北東方15.7公里(位於花蓮縣近海)	13.4公里	6.5
4月3日	花蓮縣政府東北東方40.1公里(位於台灣東部海域)	26.9公里	6.2
4月23日	花蓮縣政府南方29.9公里(位於台灣東部海域)	10.0公里	6.0
4月23日	花蓮縣政府南南西方17.2公里(位於花蓮縣壽豐鄉)	5.5公里	6.3
4月23日	花蓮縣政府南南西方18.0公里(位於花蓮縣壽豐鄉)	11.7公里	6.1
4月27日	花蓮縣政府北北東方23.0公里(位於花蓮縣近海)	24.9公里	6.1
5月6日	花蓮縣政府南南西方25.6公里(位於花蓮縣壽豐鄉)	27.7公里	6.0
5月10日	花蓮縣政府東北方34.4公里(位於台灣東部海域)	7.7公里	6.0
8月16日	花蓮縣政府南南東方24.6公里(位於台灣東部海域)	19.4公里	6.3

資料來源:交通部中央氣象署。

台灣歷年有感地震次數

單位：次

民國年	總計	台北區	宜蘭區	台中區	花蓮區	嘉南區	台東區	高屏區	其他地區
41年	289	5	-	3	246	2	25	6	2
70年	134	12	-	4	66	6	41	3	2
80年	403	-	13	9	198	107	48	28	-
90年	992	1	25	129	312	187	101	236	1
100年	776	7	45	37	350	97	178	59	3
103年	975	13	31	145	395	114	169	106	2
104年	1,012	7	68	113	514	154	98	58	-
105年	1,583	13	55	85	693	196	310	228	3
106年	882	1	30	66	222	344	80	136	3
107年	2,287	9	34	138	1,448	301	231	121	5
108年	1,334	33	53	76	596	242	224	109	1
109年	1,253	15	42	144	386	317	154	194	1
110年	496	1	52	12	267	35	96	29	4
111年	836	2	43	33	229	36	460	26	7
112年	466	5	41	30	172	27	149	38	4

資料來源：交通部中央氣象署。　說明：80年以前台北區資料包含宜蘭區數據。

台灣天然災害損失

災害別 年底	發生次數 (件)	房屋全倒 (戶)[1]	房屋半倒 (戶)[1]	出動救災 人次(人次)[2]	搶救受困災民 人數(人)[2]	死傷人數(人)[2]		
						死亡	失蹤	受傷
50年	8	14,907	25,781	-	-	203	145	2,115
70年	8	1,535	660	-	-	79	17	36
80年	7	52	162	-	-	6	8	22
90年	9	646	1,978	37,496	2,472	225	129	588
100年	12	-	11	51,094	4,807	-	-	2
103年	3	7	61	46,753	674	1	-	27
104年	10	31	138	216,116	291	13	4	838
105年	9	477	716	177,866	2,209	130	-	1,603
106年	8	1	11	56,650	736	5	2	148
107年	9	195	-	82,280	1,956	24	1	348
108年	10	-	4	24,598	488	6	1	72
109年	6	-	-	16,918	3	1	1	5
110年	9	-	-	37,263	64	1	1	11
111年	4	-	34	11,138	318	1	1	114
112年	6	-	2	52,319	28	2	-	243
颱風	6	-	2	52,319	28	2	-	243
水災								
地震								
其他								

資料來源：內政部
說明：1.86年起為台閩地區資料。2.本表統計範圍除天然災害狀況已達災害應變中心成立時或有人員傷亡時，100年起增列「或僅設緊急應變小組時」。
附註：[1]88年以前為間數。[2]全國資料含消防署所屬資料

道路交通事故─肇事件數、肇事原因

年別	肇事件數(1)	肇事原因（件）					
		酒後駕車	汽（機、慢）車駕駛人過失	機件故障	行人（或乘客）過失	交通管制（設施）缺陷	其他
98年	184,749	-	180,806	709	2,676	230	328
99年	219,651	-	215,153	749	2,957	286	506
100年	235,776	-	230,892	811	3,137	307	629
101年	249,465	-	244,306	856	3,119	350	834
102年	278,388	-	272,541	930	3,635	348	934
103年	307,842	13,822	301,685	985	3,843	309	1,020
104年	305,413	12,113	299,003	946	3,895	305	1,264
105年	305,556	11,245	299,357	936	3,572	350	1,341
106年	296,826	10,054	291,073	797	3,401	357	1,198
107年	320,315	9,718	313,974	922	3,625	376	1,418
108年	341,972	9,122	335,174	922	4,145	362	1,369
109年	362,393	8,893	355,045	1,017	4,332	401	1,598
110年	358,221	8,647	351,600	992	3,852	390	1,387
111年	375,844	7,863	369,096	1,084	3,871	371	1,422
112年	403,085	7,954	396,077	1,155	3,985	228	1,640

年別	死傷人數（人）				每萬輛機動車肇事率		
	死亡（30日內）	酒後駕車	受傷	酒後駕車	件數（件/萬輛）	死亡（人/萬輛）	受傷（人/萬輛）
98年	3,232	-	245,835	-	87.01	1.52	115.78
99年	3,297	-	292,534	-	101.94	1.53	135.76
100年	3,343	-	314,003	-	107.30	1.52	142.90
101年	3,219	-	332,940	-	111.94	1.44	149.39
102年	3,072	-	372,445	-	126.80	1.40	169.64
103年	3,075	534	412,010	17,563	143.67	1.44	192.29
104年	2,942	467	408,861	15,423	143.08	1.38	191.54
105年	2,847	399	402,697	14,386	142.41	1.33	187.69
106年	2,697	332	393,046	12,829	137.37	1.25	181.90
107年	2,780	316	426,799	12,384	147.02	1.28	195.89
108年	2,865	294	455,400	11,607	155.50	1.30	207.08
109年	2,972	289	482,333	11,225	163.21	1.34	217.22
110年	2,962	311	476,304	10,891	159.58	1.32	212.19
111年	3,064	268	499,179	9,875	165.42	1.35	219.70
112年	3,023	253	539,535	10,081	175.33	1.31	234.68

附註：(1)係指警察機關統計造成人員死亡及受傷之交通事故（不含車輛財物損壞之事故）件數。
資料來源：內政部警政署、交通部。

Chapter 3
兩岸關係

§ 第一章　兩岸政策

總統：中華人民共和國75歲不可能是中華民國祖國

總統賴清德2024年10月5日在國慶晚會致詞時指出，最近鄰居中華人民共和國10月1日剛過完75歲生日，再過幾天，中華民國就要過113歲生日。因此，就年紀來說，中華人民共和國是絕對不可能成為中華民國人民的「祖國」，反倒是中華民國可能是中華人民共和國75歲以上民眾的祖國。

賴總統強調，由於中華民國在台澎金馬落地生根已經75年，不必再去談論這一層關係，但是如果有人要祝賀中華人民共和國生日快樂，特別是祝賀詞要精準，切勿用「祖國」兩字。

民進黨團幹事長吳思瑤表示，賴總統在國慶晚會的談話，把過去非常複雜、艱澀，不只是政治學，更是字斟句酌的修辭學，把非常困難、複雜的兩岸關係，用言簡意賅、淺顯易懂方式，做出一番新的詮釋。且受到民眾普遍肯定，全民共感。

民進黨立委林俊憲指出，賴總統的國慶晚會談話，事前經過精心設計，包含專訪談及《璦琿條約》的中俄領土爭端，總統的用意很簡單，就是要將中國的對台政治修辭「除魅」，點出事實的不合理之處，拆解宣傳話術；賴總統在爭的，其實是兩岸關係和台灣主權論述的國際話語權。

林俊憲說，中國在對台宣傳上，最常使用「自古以來」跟「不可分割」兩大修辭，如今都被賴總統拆解完畢，證明根本不符史實；用中國創造的話術來反問中國，這就是賴清德的戰法。

國民黨表示，國民黨是創建中華民國的政黨，延續中華民國立國精神更是國民黨一直以來的使命，國民黨熱愛中華民國，呼籲賴總統既然提到「祖國說」，就應該將中華民國的一切元素視為國家精神象徵的主體，包括國旗與國歌等，期待可以看到賴總統手拿國旗和人民一起唱國歌。

美國國務院主管東亞事務的亞太助卿康達（Daniel Kritenbrink）8日上午於電話記者會上回應相關提問時表示，美國長期以來的一中政策沒有改變。這項政策是以台灣關係法、3個聯合公報以及6項保證為指引。康達說，美國反對任何一方面單方面改變現狀，不支持台獨，期待兩岸分歧獲得和平解決。

▲2024年國慶晚會10月5日晚間在台北大巨蛋登場，總統賴清德（圖）在致詞時強調，「我們是一個主權獨立的國家」。

賴總統拋祖國說
小笠原：超越老台獨派建國論

賴總統拋出中華人民共和國絕不可能成為中華民國人民「祖國」的論述，引發國際媒體關注，並登上英國媒體《衛報》網站首頁及英國《獨立報》等媒體。

日籍學者小笠原欣幸10月5日在臉書貼文指出，許多人原以為賴總統會更偏向台灣的立場，可能會說「中華人民共和國絕不可能成為台灣人的祖國」，但賴總統卻使用「中華民國人民」一詞，並表示「中華民國可能是中華人民共和國75歲以上民眾的祖國」。

小笠原欣幸表示，賴總統使用了「中華民國是祖國」的說法，是前總統蔡英文過去演說中未出現過的表述，明顯偏向中華民國的立場，將中華人民共和國和中華民國並列，稱後者為祖國，賴總統是首位這麼做的總統。

小笠原欣幸認為，賴總統繼承蔡前總統「中華民國台灣」理念的基礎上，加入自己的詮釋，試圖化解中華民國與台灣之間的矛盾，這是非常有趣且新穎的觀點，否定並超越了老台獨派的建國論（主張解構中華民國，建立台灣共和國），同時也有消除「賴清德意圖台獨」的效果。

小笠原欣幸表示，運用「中華民國」邏輯回應近期部分台灣藝人「中國（中華人民共和國）=祖國」的言論，做法相當巧妙，且賴總統以「中華民國在台澎金馬落地生根已經75年」為祖國議題做總結，安排也相當高明。

小笠原欣幸指出，賴清德的此次發言雖仍在5月就職演說「中華民國與中華人民共和國互不隸屬」的框架內，但確實展現新意，雖是簡短演說，但能讓人感受到是經過深思熟慮的發言。

中國大陸國台辦以「一中三階段論」回應賴總統祖國論，並指儘管海峽兩岸尚未統一，但「中國主權和領土從未分割、也不容分割，大陸和台灣同屬一個中國的事實從未改變、也不容改變」。

國台辦發言人朱鳳蓮表示，賴清德的說法偷換概念，蓄意割裂兩岸歷史連結，繼續兜售其「中華民國與中華人民共和國互不隸屬」的「新兩國論」，再次暴露其冥頑不化的「台獨」立場和升高敵意對抗的險惡用心。

陸委會主委邱垂正8日表示，中華民國是主權獨立的國家，台澎金馬從未被中華人民共和國統治過，賴總統只是重申兩岸互不隸屬的歷史客觀事實與台海現狀，呼籲北京正視中華民國客觀事實的存在，要尊重台灣民意的選擇及主流民意，善意堆疊，讓兩岸正向循環，創造台海和平良性互動的條件。

總統國慶演說：
中華人民共和國無權代表台灣

總統賴清德2024年10月10日在國慶大會發表演說表示，中華民國已經在台澎金馬落地生根，和中華人民共和國互不隸屬；民主自由在這塊土地上成長茁壯，中華人民共和國無權代表台灣；2,300萬台灣人民更要向全世界開枝散葉，迎向未來。

關於兩岸關係部分原文如下：

我要感謝一代又一代國人同胞，同舟共濟、風雨同行。現在，中華民國已經在台澎金馬落地生根，和中華人民共和國互不隸屬；民主自由，在這塊土地上，成長茁壯，中華人民共和國無權代表台灣；2,300萬台灣人民，更要向全世界開枝散葉，迎向未來。

身為總統，我的使命是，維護國家生存發展，團結2,300萬台灣人民；並且，堅持國家主權不容侵犯併吞。

我的使命也是，保護全體國人生命財產安全，堅定落實「和平四大支柱行動方案」，強化國防，跟民主國家肩並肩，共同發揮嚇阻力量，靠實力確保和平，讓世世代代皆能安身立命。

我的使命更是，照顧2,300萬台灣人民的生活生計，積極發展經濟，擴大投資社會照顧；並且，讓經濟發展的成功果實，和全民共享。

然而，國家的挑戰未曾間斷，全球的挑戰也正是台灣的挑戰。我們更要提升國家整體的「國防」、「民生」、「災防」、「民主」四大韌性。台灣人民越團結，國家就更安定；台灣社會準備越充足，國家就更安全，台海也更和平穩定。

台灣有決心致力維護台海的和平穩定，成就全球的安全和繁榮，也願意和中國共同因應氣候變遷、防堵傳染病，以及維護區域安全，追求和平共榮，為兩岸人民帶來福祉。

長期以來，世界各國支持中國、投資中國，以及協助中國加入「世界貿易組織」，促進了中國的經濟發展、國力的提升，無非就是期待中國一起為世界帶來貢獻，對內重視民生、對外維護和平。

當前國際緊張情勢不斷升高，每日皆有無數的無辜人民死傷於戰火中，我們希望中國回應國際社會的期待，能夠發揮影響力，和世界各國共同努力，結束俄烏戰爭和中東衝突，也和台灣一起承擔國際責任，對區域和全球的和平、安全與繁榮，做出貢獻。

國台辦逐條批評賴總統國慶演說

中國大陸國務院台灣事務辦公室發言人陳斌華2024年10月15日指出，無論是520拋出「新兩國論」、10月初的「祖國論」，還是在國慶講話拋出「台獨新謬論」，均不斷升級挑釁一個中國原則，將「新兩國論」更加系統化、具體化，主張更加激進，對抗思維更強，挑釁意味更濃。

陳斌華聲稱，演說內容當中的「中華民國已經在台澎金馬落地生根」，是割裂兩岸歷史聯結、掏空一個中國內涵，企圖把「中華民國台獨化」，借「中華民國」之名行台獨之實。

他又稱，將「新兩國論」從抽象概念具體化、明晰化，涉及經濟、社會等多個層面，是在將其台獨主張灌輸民眾、付諸實踐，為謀求台獨分裂進行社會動員；聲稱「互不隸屬」，宣揚台灣主權獨立，是在改變兩岸關係性質、挑戰台灣是中國一部分的歷史和法理事實，企圖推動變相的法理台獨。

陳斌華宣稱，演說指出「中華人民共和國無權代表台灣」、台灣要走向世界，是在挑戰國際社會堅持一中原則的基本格局和二戰後國際秩序，加大推動「台灣問題國際化」。

賴總統發表國慶談話當天晚間，國台辦便發布新聞稿回應。10月14日，中共東部戰區宣布在台灣海峽、台灣北部及南部、東部海空域展開「聯合利劍–2024B演習」。

賴總統：
對等尊嚴下台灣願與中國交流合作

總統賴清德2024年7月30日接見推展僑務工作的「北美洲舜裔篤親總公所」回國訪問團時表示，只要對等尊嚴，台灣很願意與中國交流合作，達到和平穩定、互惠互利的目標。

賴總統致詞表示，他和年輕外交人員分享，不管友邦或是其他國家稱呼我們為中華民國、台灣或中華民國台灣，主體都是指這塊3萬6,000平方公里的土地，以及2,350萬人，「這就是國際上大家看到的我們，因此我們更要團結一致」。

賴總統指出，台灣最大的挑戰，主要來自中國的不放棄武力併吞台灣，但台灣人民會團結一致，他所率領的政府會落實「和平四大支柱行動方案」，確保台灣的安全以及台海的和平穩定。

賴總統表示，政府會秉持前總統蔡英文的國防自主以及對外軍事採購，強化國防力量；讓經濟進步、產業升級、強化韌性，以及跟民主國家肩並肩站在一起，共同發揮威懾的力量。

賴總統強調，不管是7大工業國的領袖會議，或是美國、歐盟，都不斷強調台海和平穩定是世界安全與繁榮的必要元素，台灣站在印太第一島鏈，在民主最前線，一定會盡其所能跟民主陣營站在一起，以備戰避免戰爭發生，靠實力達到和平的目標。

賴總統提到，台灣人民熱愛和平與人為善，中國每次天災地變，台灣人民都捐助大筆善款，所以，只要對等尊嚴，台灣很願意跟中國進行交流合作，達到和平穩定、互惠互利共榮的目標。

登時代雜誌封面
賴總統：兩岸互不隸屬是事實

總統賴清德接受《時代》雜誌（TIME）專訪，強調與中國「尊嚴與對等」的交往，同時邀請中國國家主席習近平，跟台灣共同承擔起區域和平穩定的責任，創造區域的繁榮，也帶給世界和平的利益。

《時代》雜誌2024年6月13日刊出賴總統的專訪內容，並以賴總統為當期封面人物，成為繼美國總統拜登、泰國總理賽塔（Srettha Thavisin）後，2024年第3位登上《時代》雜誌封面的國家領袖。

這是賴總統當選後首次接受媒體專訪。被問及與中國的「尊嚴與對等」定義，賴總統說，第一，中華人民共和國應正視中華民國的存在，也要拿出誠意跟台灣民選合法的政府進行交流合作。第二，每一個議題都應該要互利互惠，好比台灣開放觀光客到中國旅遊，中國也應開放觀光客來台灣旅遊。第三，中國和台灣進行交流合作時，都應有共同的信念，就是促進兩岸人民福祉，未來邁向和平共榮目標。

對於賴總統在就職演說中提到兩岸互不隸屬，引起中國軍事演習，賴總統說，「我講的是事實，而且這個事實我不是第一個講，我完全沒有挑釁的意思」。

賴總統指出，中華民國和中華人民共和國互不隸屬，前總統蔡英文在2021年國慶日提出的四大堅持就已經提到。前總統馬英九任內也講過，中華民國是主權獨立的國家，兩岸互不隸屬。

賴總統說，根據中華民國《憲法》第2條及第3條陳述這個事實，在台灣幾十年來有人民、土地、主權、政府，在國際法上就是主權獨立的國家，「我的目的是在團結台灣人民」。

賴總統表示，台海和平穩定是世界安全繁榮必要元素，他在就職演說明確表示，將遵循前總統蔡英文「四個堅持」路線，不卑不亢、維持現狀、善盡台灣責任。

賴總統認為，中國對台灣併吞的態度，是中華人民共和國的國策，但在台海製造爭端，影響印太地區的和平穩定，國際社會並不會接受，台灣人民、不分朝野政黨應共同面對，強調「只有團結並與國際社會連結，台灣才有辦法確保我們的主權不被侵犯，民主自由的生活方式不被破壞」。

賴總統並邀請習近平，與台灣共同承擔起區域和平穩定的責任，創造區域的繁榮，也帶給世界和平的利益。

同時，賴總統對於中國挖台灣邦交國的作法表示，中華人民共和國這種損人不利己的措施，不會影響台灣成為世界自由的燈塔、民主的堡壘。

面對中國經濟問題惡化，賴總統說，中國政府對於自由市場的控制變得更加嚴厲，長久以來對於智慧財產權的保障，也不符合國際社會的期待，中國經商環境大不如前，但「一個穩定的中國可以成就安全的台灣；一個繁榮的台灣可以帶動進步的中國」，他不樂見中國經濟變壞、社會出現混亂，「新政府願意協助中國，增進台海的和平繁榮、兩岸的和平繁榮」。

賴總統強調，不分朝野政黨，都應秉持「人民至上、國家利益優先」為原則，面對中國各項打壓，任何政黨都不可以為政權犧牲國家主權，人民利益也不應受到任何極權國家的影響。

賴總統：與民主夥伴共同撐起保護傘

總統賴清德2024年7月30日出席「對中政策跨國議會聯盟」（IPAC）年會致詞表示，中國對任何一個國家的威脅，就是對世界的威脅，台灣會盡一切力量與民主夥伴共同撐起「民主保護傘」，讓民主夥伴國家免於威權擴張的威脅，攜手促進世界的民主、和平與繁榮。

賴總統表示，台灣位於第一島鏈的戰略位置，站在世界民主防線的最前緣，有守護民主台灣的決心，更有和大家一起奮鬥、維持區域和平的堅定信念，因為深信台海的和平穩定，與全球民主、和平與繁榮發展息息相關。

賴總統提到，近年來中國在東海、南海擴軍，不僅在台海進行軍事演習，也和俄羅斯在南海、西太平洋區域進行海空聯合演習，「北約峰會」聯合宣言更指出，中國是俄烏戰爭的「關鍵支持者」。

賴總統說，中國威權主義的對外擴張，除了對周邊國家進行軍事恫嚇，也藉由外交打壓、經濟脅迫、網路攻擊、散布錯假訊息等手段，不斷提升灰色地帶侵擾，破壞區域的和平穩定。

賴總統指出，中國也經常透過法律戰或是扭曲歷史來擴權。法律是公平正義的防線，

歷史是自我反省的鏡子，絕不能拿來作為對外侵略的藉口。聯合國大會第2758號決議，就是非常顯著的例子。

賴總統感謝美國政府以及歐洲議會等國際力量，分別透過公開說明或決議反對中國錯誤詮釋聯大第2758號決議與「一中原則」的不當連結，企圖用來限縮台灣的國際參與，並建構中國武力犯台的法理依據。

賴總統強調，台灣將以「和平四大支柱行動方案」，做為行動指引。第一根支柱是強化國防力量，將持續推動國防自主，以及對外進行軍事採購，建立引進新興技術的機制，以及建構全民防衛體系。

第二根支柱是建構經濟安全。賴總統表示，台灣擁有強大的科技實力及創新能力，半導體產業也領先全球。這是台灣的優勢，也是台灣的責任，台灣將持續努力，跟理念相近國家一起打造「民主晶片」（democracy chips）永續供應鏈，促進世界的繁榮發展。

第三根支柱是加強與民主國家肩並肩站在一起，共同發揮威懾的力量，以備戰來避戰，靠實力達到和平的目標。

他說，G7領袖6月發表公報，重申台海和平穩定，對國際安全及繁榮不可或缺，並首度納入支持台灣有意義地參與國際組織。另外，IPAC啟動的「MIST行動計畫」，讓各國能夠了解，在台海地區發生的任何衝突，都將對全世界造成比俄烏戰爭和COVID-19疫情，更深遠的經濟衝擊。

第四根支柱是穩定而有原則的兩岸領導力。賴總統表示，國際友人都很關切兩岸關係，身為國際負責任的一員，台灣會致力維護區域的和平穩定，不卑不亢，維持現狀，也願意在對等、尊嚴的原則下，以對話取代對抗，交流取代圍堵，和中國進行交流，降低衝突，達到台海和平穩定。

黃埔建軍百年
賴總統：不接受首戰即終戰

陸軍官校2024年6月16日舉行黃埔百年校慶活動，總統賴清德閱兵後表示，有主權才有國家，有台灣才有中華民國，軍人是國家忠誠的守護者，務必堅持中華民國和中華人民共和國互不隸屬，絕不能敵我不分，也不能敵友不分，更不能接受「首戰即終戰」的投降主義。

賴總統致詞時強調，中華民國在哪裡，黃埔精神就在那裡，「為中華民國生存發展而戰、為台澎金馬百姓安全福祉而戰」的才是真陸官，沒有這份雄心壯志就是假黃埔。

賴總統表示，當前台海和平穩定，不僅受國際社會關注，也是全球安全和繁榮必要的元素，因此陸軍官校舉行百年校慶，全體師生應該要體認新時代的挑戰和使命。

最大的挑戰是，面對中國強勢崛起，破壞台海現狀，視併吞台灣、消滅中華民國為其民族大業之偉大復興；最高的使命是，勇敢承擔起守護台灣，維護台海和平穩定的重責大任。

賴總統對陸官學生提出3點勉勵，分別是深刻體會犧牲、團結、負責歷史意義；全心全力奉獻給國家人民；以及捍衛國家主權。

賴總統強調，有主權才有國家，有台灣才有中華民國，投身陸軍官校，就是將保衛國家的重責大任扛在肩上，絕不能敵我不分、也不能敵友不分，更不能接受「首戰即終戰」的投降主義。

賴總統指出，希望官校學生堅守國軍信念，務必要維護自由民主的憲政體制，堅持中華民國和中華人民共和國互不隸屬，堅持捍衛國家主權不容侵犯併吞，確保中華民國台灣的前途由2,300萬人共同決定，一起捍衛國家主權，維護國家尊嚴，為國家帶來光榮與繁榮。

▲2024年適逢黃埔軍校建校百年，承襲黃埔軍校傳統的鳳山陸軍官校擴大舉辦校慶活動，由總統賴清德（前中）6月16日親自閱兵。

賴總統引中俄領土爭議駁收台主張

總統賴清德上任屆滿100天，在2024年9月1日播出的電視台專訪中表示，中國並不是因為「領土關係」才想侵略台灣，真正目的是「想要改變以規則為基礎的世界秩序」以成就霸權；中國如果真正關心「領土關係」，應該也要尋求收回19世紀清朝因《璦琿條約》割讓給俄羅斯的土地。

賴總統提到，中國要攻打台灣，不是因為哪一個人或哪一個政黨，中華民國跟中華人民共和國本來就互不隸屬，而且中華民國已經在台澎金馬落地生根，民主自由也在台灣成長茁壯，更重要的是民主台灣已經在全世界開枝散葉，這是共同的成果。

賴總統說，台灣人民希望擁有的民主自由生活方式，中國不能夠視為是對其挑戰。政府有責任確保台海的和平穩定，但是方法要對，而且要有尊嚴。

賴總統表示，現在要做的事情就是厚實力量，他身為總統、三軍統帥，第一項使命就是確保國家的生存發展，有主權才有國家，有台灣才有中華民國；絕對不能接受一個中國原則的「九二共識」，因為一旦接受，等於讓渡台灣的主權，中華民國或是台灣主權不在的話，一切都是白談。

賴總統重申，中華民國台灣的前途由2,300萬人決定，這個就是台灣社會的共識，在此共識下去推動「和平四大支柱行動方案」。

賴總統指出，他上任後經常視察部隊，一是台灣面對中國軍事威脅，二是政權剛轉移，要讓國軍知道他會延續之前蔡總統的政策，關心、照顧國軍並讓訓練更現代化，讓國軍對國家更有信心。

《璦琿條約》是指西元1858年俄國乘英法聯軍進攻中國的機會，和清朝訂立的不平等條約。該條約將黑龍江以北60多萬平方公里領土割讓與俄國，是中國歷史上喪失最多領土的條約。

《璦琿條約》的要點包括：一、外興安嶺以南、黑龍江以北的地方，割給俄國；二、烏蘇里江以東的地方，由中俄兩國共管；三、允許俄國航行黑龍江及烏蘇里江。

823砲戰週年
賴總統：保護台澎金馬捍衛中華民國

總統賴清德2024年8月23日赴金門主持「823砲戰勝利66週年追思祭悼典禮」致詞表示，大家要有決心保護台澎金馬、捍衛中華民國，這也是當年823砲戰參戰官兵的決心，且要不分族群團結一致抵抗中國威脅，目的是希望兩岸和平發展，台灣要繼續過民主、自由、人權、法治的生活。

賴總統說，特別是當前台澎金馬面臨中國威脅，沒有比往年要來得少，在這種狀況下，大家一定要有守護台澎金馬、捍衛中華民國的決心。

賴總統指出，中國一定會進行各種滲透、宣傳、分化，但是要了解，中國要拿下台灣，還有一個更深遠的目標，這也是國際社會不斷強調的，中國要在西太平洋甚至於在世界，改變以規則為基礎的國際秩序，「823砲戰發生的時候，我還沒出生，民進黨還沒成立」，可見中國要拿下台灣，不是台灣哪一個人、哪一個政黨說了什麼事情，通通都不是。

賴總統表示，台灣是熱愛和平的國家，人民與人為善，「我們不再反攻大陸」，但是也不願意受共產黨統治，台灣要繼續過民主、自由、人權、法治的生活，面對中國威脅，不必憂讒畏譏，我們一定要團結一致，捍衛國家主權、維護民主與2,350萬人的生命財產安全。

賴總統指出，這幾年政府不斷提升戰力，2025年的軍事預算比2024年還要多，除了照顧官兵、保障官兵權益、有更好生活以外，也提高訓練，購買精良武器，同時和民主陣營肩並肩站在一起，就是要向國際社會展現守護國家的決心，台灣願意跟民主陣營國家合作，維護台海和平與印太的穩定發展。

紀念六四
賴總統：民主自由才能保護人民

總統賴清德2024年6月4日在臉書發文表示，紀念六四，不只是為了六四，更因為全球心繫民主自由的人們，都有著共同的信念；唯有民主自由，才能真正保護人民。

第一章｜兩岸政策

賴總統指出，35年前的今天，全世界都屏息看著天安門，那時候，民主化浪潮席捲全球，亞洲各地的青年學子們同樣站出來，追求民主自由、呼籲國家改變。

他說，台灣在前人篳路藍縷、民主前輩犧牲奉獻之下，從威權體制邁向民主化。年輕人繼承民主的火炬，持續深化民主，在這塊土地上，長出野百合、種出野草莓、開出太陽花，並讓青鳥飛揚。

賴總統表示，一個真正令人尊敬的國家，是可以讓人民大聲說話。任何政權都應該勇敢面對人民的聲音，特別是年輕的世代，因為社會的變革往往仰賴多元的意見；青年世代促進國家革新的力量，不該被壓制，而是該受到國家的保護和鼓勵。

賴總統說，六四的記憶不會在歷史的洪流中消失，他們也會持續努力，讓這段歷史記憶能夠長存人心，感動關心中國民主的每一個人。

賴總統表示，因為這提醒著，民主自由得來不易，要用民主凝聚共識、以自由回應專制、以勇氣面對威權擴張，更要憑團結面對挑戰。

他強調，未來會繼續團結所有力量，深化台灣的民主，也跟理念相近國家協力互助，一起打造更美好的世界。

1989年6月3日晚間中國人民解放軍開始用武力血腥鎮壓在北京發生的民主運動，結束長達50天的和平抗議活動，造成嚴重死傷，在六四中倖存的人士紛紛流亡海外，成為震驚中外的「六四事件」。

▲2024年6月4日在中正紀念堂前廣場舉行六四天安門事件35週年紀念晚會。

逾6000人參與　六四晚會創10年新高

華人民主書院協會與多個公民團體6月4日在中正紀念堂民主大道共同舉辦六四35週年晚會，現場湧入超過6,000人參與，創下近10年來新高。主辦單位分析，中共對台軍演、「青鳥行動」動能延續，加上港人團體積極參與，使參與人數大幅增加。

華人民主書院協會常務理事曾建元表示，2024年六四紀念活動是總統賴清德上任後的第一次，外界關注新政府如何面對此事，結果中共在520後藉由軍演等方式對台施壓，不滿中共行為的台灣民眾藉由參與六四晚會表態。

曾建元提及，因香港已沒有紀念六四的政治空間，除了在台港人團體外，也有人專程從香港搭機來台參與，而過去一段時間港府藉由法律手段打壓紀念六四的港人，反而讓更多海外港人用行動站出來紀念六四。

曾建元觀察，晚會現場還有不少年輕面孔，顯示台灣多元開放的教育，使這一代年輕學生視野更開闊，行動更直接。

BBC專訪
蔡總統：台海仍可能維持和平

總統蔡英文2024年5月18日接受英國廣播公司（BBC）專訪時表示，世界局勢如今已非常不同，許多跡象顯示一旦有相關方考慮發動侵略，各地民主政體（Democracies）有能力團結起來，形成有意義的嚇阻。因此，在審慎應對的前提下，台灣海峽維持和平的可能性依然很高。

中國對台灣的威脅日益升高，蔡總統回應，中國國家主席習近平或許對台灣有自己的計畫，但她不認為相關計畫已完全確定。無論是世界或中國的局勢都在變化，特別是在2022年烏克蘭戰爭爆發後，世界局勢已經非常不同。

不同於前總統馬英九尋求與中國合作、和談，蔡總統採取措施多方強化台灣的防衛。蔡總統表示，台灣的軍事能力提升不僅是因為台灣本身加強投資，也是因為有國際友人，特別是美國協助。

賴總統對兩岸關係重要談話摘錄（2024年1月～2024年10月）

時　　間	接見/受訪/場合	內　　容
5月20日	就職演說	中華民國與中華人民共和國互不隸屬，將依據中華民國憲政體制，帶領國家勇往前進。他呼籲中國停止文攻武嚇，希望從重啟雙邊對等的觀光旅遊以及學位生來台就學開始，一起追求和平共榮。
6月13日	《時代》雜誌（TIME）專訪	強調與中國「尊嚴與對等」的交往，邀請中國國家主席習近平，跟台灣共同承擔起區域和平穩定的責任，創造區域的繁榮，也帶給世界和平的利益。
6月16日	黃埔建校百年校慶	有主權才有國家，有台灣才有中華民國，軍人是國家忠誠的守護者，務必堅持中華民國和中華人民共和國互不隸屬，絕不能敵我不分、也不能敵友不分，更不能接受「首戰即終戰」的投降主義。
6月25日	接見美中經濟暨安全檢討委員會訪問團	中國透過各種手段不斷提升灰色地帶侵擾，台灣會持續負責任處理兩岸關係，致力維持台海及印太的區域現狀，也希望國際社會不應允許中國任意畫設紅線。
7月30日	IPAC年會	中國對任何一個國家的威脅，就是對世界的威脅，台灣會盡一切力量跟民主夥伴共同撐起「民主保護傘」，讓民主夥伴國家免於威權擴張的威脅，攜手促進世界的民主、和平與繁榮。
8月9日	台中無極三清總道院參香	對岸特別喜歡透過宗教交流，招待台灣人去中國旅遊，這對國家安全影響很大，呼籲民眾不要被「拐」去，拜託大家共同守護台灣。
8月21日	凱達格蘭論壇-2024印太安全對話開幕式	中國擴張威權主義的對象不限於台灣，中國經貿施壓的受害者也不只有台灣，中國企圖改變國際上以規則為基礎的國際秩序。區域及全球民主國家，需要更加團結，才能抵抗威權主義的擴張。
8月23日	823砲戰勝利66週年追思祭悼典禮	大家要有決心保護台澎金馬、捍衛中華民國，這也是當年823砲戰參戰官兵的決心，只要不分族群團結一致抵抗中國威脅，目的是希望兩岸和平發展，台灣要繼續過民主、自由、人權、法治的生活。
9月1日	電視專訪	中國並不是因為「領土關係」才想侵略台灣，真正目的是「想要改變以規則為基礎的世界秩序」以成就霸權；和平是最高原則，政府有責任確保台海的和平穩定，但方法要對，而且要有尊嚴。
9月10日	僑務委員會議	首要使命是維護國家的生存發展，中國提出一個中國原則的「九二共識」，等於要求台灣讓渡主權，一旦接受，國家就不保；有主權才有國家，「有台灣才有中華民國」。
10月5日	國慶晚會	最近鄰居中華人民共和國10月1日剛過完75歲生日，就年紀來說，中華人民共和國絕不可能成為中華民國人民的「祖國」，若要祝賀中華人民共和國生日快樂，切勿用「祖國」兩字。
10月10日	國慶演說	中華民國已經在台澎金馬落地生根，和中華人民共和國互不隸屬；民主自由，在這塊土地上，成長茁壯，中華人民共和國無權代表台灣；2,300萬台灣人民更要向全世界開枝散葉，迎向未來。

　　蔡總統強調，台灣的策略重點是盡可能提高對方侵略和奪取台灣的成本。為達此目標，台灣持續強化自身軍事能力，並與區域內友人合作、形成集體嚇阻。

　　蔡總統指出，拿下台灣勢必得付出重大代價；中國領導層必須仔細衡量，是否已準備好付出代價。

　　蔡總統表示，台灣當然不能排除任何軍事

衝突和侵略的可能性,但區域內各方的集體努力,事實上已對中國形成壓力。而中國面臨的壓力不僅是在軍事,還有經濟層面;戰爭將讓中國的經濟發展倒退數年、甚至數十年。因此,中國領導人必須思考「到底是拿下台灣、或是持續發展經濟和社會重要?」

對於多數台灣民眾希望維持台海現狀,蔡總統表示,現狀包括台灣自主自決,有自己的政治體系和治理系統,有自己的《憲法》和法律,也有自己的軍隊。

蔡總統指出,台灣有構成國家的所有要件,只不過沒有足夠的外交承認。中國當然會說台灣是中國一部分;至於台灣現階段代表什麼,應由人民詮釋,最重要的是台灣自主自決,是民主政體,享有自由民主和進步價值,且十分自豪。

卓榮泰:兩岸善意門已開

行政院長卓榮泰2024年8月14日接受中央社專訪表示,政府對學位生來台就學、陸生納保等都展現善意,友善的門已經打開了,不過「希望來的是觀光客、是學生、是宗教信徒,而不是軍機、軍艦跟統戰人士」。

總統賴清德就職演說向中國遞出橄欖枝,拋出「可以先從重啟雙邊對等的觀光旅遊,以及學位生來台就學開始,一起追求和平共榮」。

對此,卓榮泰指出,兩岸要用和平發展來平衡窮兵黷武,各國對賴總統520講話的評價都不錯,只有中國用有色眼光與先入為主觀念,做出很多批判以及不當的動作;之後又宣布所謂22條(懲治台獨22條意見),對所謂台獨人士有非常離譜的定義,將造成在中國大陸經商旅遊來往的人,隨時陷入不安狀態,因此政府才會提出一些警告,希望減少非必要的中國大陸旅遊。

卓榮泰強調,這絕對不是台灣表示任何惡意,因為一旦有民眾在中國受到不平等待遇或人身侵害,該設法協助的還是政府。

他認為,「我們友善的門已經打開得很大」,也沒有禁團令,台灣已組成的團客還是可以去中國,只是要小心而已;即使在這情況下,中國方面來台灣的團客,一個也沒有,最近才開始有馬祖的踩線團,但「我們各部會還是歡迎」,希望開始踩線,將來觀光能進到台灣。

卓榮泰強調,「我們沒有展現任何的拒絕或惡意,反倒是他們(中方)用政治語言或政治架構,放在我們頭上」,政府是告訴人民自己要小心謹慎,但應該要開放的態度,還是展現出來了。

他認為,未來若對岸的踩線團過來,大家都互動良好,已經在走的台灣團客繼續到當地,旅遊品質沒有受到影響,人身安全沒有受到傷害,來來回回都非常自由,也沒有任何不舒服,「我們認為只要他(陸客)能夠來,我們也願意讓我們的人(台灣團客)再繼續過去,兩岸還是可以積極互動」。

邱垂正出任陸委會主委

總統當選人賴清德2024年4月25日公布國安人事,其中海峽交流基金會副董事長兼秘書長邱垂正轉任大陸委員會主任委員。

邱垂正畢業於台灣師範大學政治學研究所,博士論文題目為《台海兩岸和平整合模式之建構》,專長於兩岸經貿關係、港澳研究、國際政治經濟學等領域。

邱垂正早於扁政府時期即在陸委會擔任機要職,2008年8月轉往學界,任教於金門大學國際暨大陸事務學系,身處兩岸關係最前線第一要地金門,期間數次赴陸參加研討會,進行學術交流。

總統蔡英文2016年5月20日上任後,閣揆林全從金門大學借調邱垂正出任陸委會副主委兼發言人。邱垂正交手中國大陸國台辦不卑不亢,在陸委會例行記者會上,經常可見他用和緩口氣展現堅定立場。

邱垂正於陸委會發言系統近7年,期間歷經張小月、林正義(代理)、陳明通、邱太三等主委。2023年2月轉任海基會副董事長兼秘書長,補充更多互動台商、陸籍配偶、陸生等實務經驗,完整兩岸事務歷練。

邱垂正任職陸委會發言人期間,對媒體「有問有答」,盡力解釋政府兩岸政策,努力達到公共溝通效果,應對議題態度也趨於開放。

總統賴清德在總統大選期間喊出延續「蔡英文路線」，重申「四個堅持」，邀請邱垂正加入賴政府，為新政府兩岸關係的起步打出穩健牌；且邱垂正個人形象溫和、沉穩，有機會為兩岸情勢添點理性、和緩。

▲總統當選人賴清德（左）2024年4月25日宣布邱垂正（右）出任陸委會主委。

沈有忠接陸委會政務副主委

行政院發言人陳世凱6月26日表示，行政院長卓榮泰核派大陸委員會政務副主委由東海大學政治學系教授沈有忠出任。沈有忠於7月1日宣誓就任。

陳世凱說，沈有忠曾任立法院「未來國會願景規劃諮詢委員會」諮詢委員，迄今擔任亞洲政經與和平交流學會理事長、海基會顧問，具備學識與實務經驗，研究涵蓋兩岸關係、國際政治、中國政治與軍事等領域，期待借助其學養和專長，為兩岸關係和健康有序交流而努力。

中國未開放團客來台觀光署停招赴陸旅遊團

交通部觀光署2024年2月7日宣布，由於中國迄今未就陸客旅行團來台進行安排，又片面宣布改變M503航路運行方式，旅行業者即日起停止招攬赴陸旅行團，但3月到5月底已招攬成團的部分，仍可出團。

交通部原本宣布3月1日起，解除台灣旅行團赴中國大陸旅遊禁令。

觀光署指出，為循序推動恢復兩岸團體旅遊，政府已完成相關準備，原規畫於春節後恢復台灣旅客赴陸團體旅遊，但因中國迄今未就陸客旅行團來台進行安排，又片面宣布改變M503等航路運行方式，衝擊飛航安全。

觀光署表示，考量情勢變更及國人旅運安全等因素，原規畫作業將不再進行，請旅行業停止招攬前往中國大陸旅行團。

觀光署說，環顧當前情勢，不利於台灣旅客赴陸，不是恢復旅行社組團赴陸的時機，呼籲中國方面能夠改變對台灣態度，釋出善意，儘速開放陸客來台團體旅遊，以落實恢復兩岸團體旅遊交流政策。

觀光署表示，已招攬成團、出發日期在3月1日至5月31日間的赴陸旅遊團，為保障旅行業與旅客消費權益，仍可出團；但6月1日之後的團，旅行社不能出團，也不能再攬客，以避免衍生旅遊糾紛。

交通部長王國材表示，3月起至5月底約有4,000團、10萬名旅客可如期到中國大陸旅遊，6月以後要視中國的善意調整。

大陸委員會指出，從2023年8月以來，一再呼籲中國盡早回應提議，開放兩岸人民組團進行雙向觀光交流，中國不僅毫無正面回應，還在兩岸刻意製造事端、惡化兩岸交流氛圍，導致原有良善提議無法推動，令人高度遺憾。

中國於2019年7月31日以「鑒於當前兩岸關係」為由，公告2019年8月1日起暫停大陸居民赴台灣自由行。2023年8月10日中國文化和旅遊部辦公廳公布第3批旅行社恢復出境團隊旅遊業務國家名單，包括美國、日本、韓國、澳洲等國家，名單仍未列入台灣。至今中國對於大陸居民赴台灣自由行與團體旅遊皆為未開放狀態。

立院決議要求解除組團赴中國觀光限制

立法院會2024年7月16日經表決通過國民黨團、民眾黨團所提修正動議，決議在維護安全、增進兩岸和平穩定發展，解除人民組團赴中國大陸觀光之限制，並優先開放中國大陸觀光客循小三通赴金馬澎等三離島縣旅遊觀光。

國民黨立法院黨團提案，為積極爭取離島經濟發展，金馬澎等三離島縣均以觀光財為主要經濟收入來源，小三通即為渠等三離島縣之主要經濟命脈。請立法院作成決議，立即解除禁止人民組團赴中國大陸觀光之限制，並優先開放中國大陸觀光客循小三通赴金馬澎等三離島縣旅遊觀光。

經過協商冷凍期1個月後，朝野黨團仍無法達成共識，立法院會進行處理。在藍白人數優勢下，朝野立委經表決，通過國民黨團、民眾黨團所提修正動議。

民進黨立法院黨團幹事長吳思瑤指出，非常遺憾通過這樣的提案，不是台灣不開放，是中國不放行。2023年台灣赴中有176萬人，中國來台只有22.6萬人，2024年上半年，台灣赴中超過100萬人，中國來台只有15萬人。

國民黨團首席副書記長王鴻薇說，2023年疫後全面恢復觀光，來台觀光人次雖達將近650萬人，但只有疫前的6成，要拿出辦法協助觀光產業。

陸委會調升陸港澳旅遊警示

大陸委員會副主委兼發言人梁文傑2024年6月27日宣布，中共發布「關於依法懲治『台獨』頑固分子分裂國家、煽動分裂國家犯罪的意見」，嚴重威脅民眾赴陸港澳之人身安全，政府經整體評估，認為有必要自即日起提升赴陸港澳旅遊警示為「橙色」，建議民眾避免非必要旅行。

陸委會對中國及香港、澳門的旅遊警示，原本是黃色（特別注意旅遊安全並檢討應否前往）。

梁文傑說，民眾應慎思赴陸港澳之必要性，並強烈建議非必要宜避免進入陸港澳。如確有赴陸港澳需求，建議應避免觸及或討論敏感議題及事務、拍攝港口、機場、軍事演習場所、攜帶政治、歷史、宗教等書籍。

梁文傑表示，燈號轉變主要是提醒國人注意，並不是強制事項。

中國大陸國務院台灣事務辦公室發言人朱鳳蓮稱，民進黨對「懲獨」意見的說法是對大陸污衊抹黑，藉提升旅遊警示進行政治操弄，是對廣大台灣同胞的威脅恐嚇。

陸委會調整中國、港澳旅遊警示

2024/06/27	中共發布「關於依法懲治『台獨』頑固分子分裂國家、煽動分裂國家犯罪的意見」，嚴重威脅民眾赴陸港澳之人身安全，建議國人避免非必要旅行
2022/10/13	COVID-19疫情邊境管制措施解除
2020/03/21	因應COVID-19疫情嚴峻，調升香港澳門旅遊警示，建議民眾不宜前往
2020/03/21	因應COVID-19疫情嚴峻，調升香港澳門旅遊警示
2020/02/05	COVID-19疫情擴大，調升中國旅遊警示、返台需居家檢疫14天。香港、澳門為黃色
2020/01/28	COVID-19疫情擴大，調升湖北省旅遊警示為紅色，其他省市為橙色
2020/01/25	COVID-19疫情擴大，調升湖北省旅遊警示為橙色，其他省市為黃色
2020/01/21	COVID-19疫情擴大，調升武漢市旅遊警示
2020/01/16	COVID-19疫情擴大，調升武漢市旅遊警示
2019/2月	雲南省、湖南省發現H9N2流感病例，發布黃色警示
2018/11/24	江蘇省增H5N6流感病例，發布橙色警示
2017/1-7月	貴州省、重慶市、西藏、吉林省、陝西省、山西省、內蒙古、新疆、遼寧省、雲南等地發現H7N9流感病例，發布黃色警示
2017/08/09	四川九寨溝發生規模7.0強震，發布橙色警示

旅遊警示燈號說明
- 灰色燈號：提醒注意
- 黃色燈號：特別注意旅遊安全並檢討應否前往
- 橙色燈號：避免非必要旅行
- 紅色燈號：不宜前往

資料來源：陸委會

國人赴陸港澳動態登錄系統

有登錄・更安心

gov.tw/rui

貼心叮嚀

① 本系統提供赴陸、港、澳國人登錄相關聯繫資訊，以利急難發生時政府即時協處。

② 國人抵達陸、港、澳後，陸委會另外發送「緊急服務關懷簡訊」，告知國人在陸、港、澳24小時急難服務專線：
香港 852-6143-9012　澳門 853-6687-2557
中國大陸請撥海基會 +886-2-2533-9995（須付費）
請國人留意接收手機訊息，並妥善保存。

大陸委員會 Mainland Affairs Council　廣告　大陸委員會　mainland_affairs_council　@roc_mac

中國開放福建陸客赴金馬旅遊

中國開放福建省居民2024年8月22日起赴馬祖旅遊,首批旅客8月23日上午搭乘兩馬小三通船班抵達南竿,連江縣長王忠銘、國民黨籍連江縣議會議長張永江等人到場歡迎。

連江縣政府表示,首批遊客共7人為福建省旅行社業者,以自由行簽證申請獲准,搭乘「安麒6號」陸籍客船,循兩馬小三通航線抵達馬祖南竿福澳港。

另外,廈門旅遊首發團共22人,9月22日搭乘新五緣輪經小三通抵達金門水頭碼頭,展開2天1夜旅程,金門縣府觀光處長許緒鑫到場歡迎並表示,藉由首發團到來,期待兩岸互動能更加順遂、順利、順行,並能常態性發展。

陸委會副主委兼發言人梁文傑指出,截至8月底,台灣團客赴陸旅遊達13.8萬人,中國來台旅遊團客則掛零。中國僅開放福建陸客赴金馬,這與台灣前往中國大陸旅遊的人數完全沒辦法相比。

中共對台工作會議
強調反台獨與戰略主動

中共對台工作會議2024年2月22日至23日在北京舉行,中共中央政治局常委、全國政協主席王滬寧表示,要堅決打擊「台獨分裂」、遏制外部勢力干涉,同時稱要進一步掌握實現「祖國完全統一」的戰略主動。

王滬寧指出,要以「習近平新時代中國特色社會主義思想」為指導,深刻領悟「兩個確立」的決定性意義,增強「四個意識」、堅

台灣方面對兩岸關係談話摘錄(2024年1月~2024年10月)

時　間	內　容
2月1日	中國民航局2月1日起取消M503航線自北向南飛行偏置,並將啟用連接M503航線的W122、W123航線由西向東飛行。陸委會指此舉破壞兩岸關係、威脅區域飛安及區域和平穩定,要求對岸盡速透過既有機制協商。
2月7日	交通部觀光署宣布停止招攬赴陸旅行團,陸委會表示,我方一再呼籲陸方開放兩岸人民組團雙向觀光交流,陸方不僅毫無正面回應,且在兩岸刻意製造事端,惡化交流氛圍。
5月22日	陸委會表示,依《兩岸條例》規定,台灣人民不得在中國設有戶籍或領用中國護照,亦不得擔任中國黨務、軍事、行政等之職務或為成員。
7月21日	海基會副董事長兼秘書長羅文嘉出席金廈泳渡開幕典禮時表示,應鼓勵兩岸雙向交流,避免像海警船、軍機、軍艦、軍演等單向亂流,才有助於達成兩岸和平的願望。
8月6日	陸委會主委邱垂正表示,中共對台「法律戰」五路並進,不僅悖離國際法及兩岸現實,部分涉及武力等非和平作為,違反自由、民主、人權普世價值,「挑起兩岸人民對立,升高兩岸敵意螺旋」。
8月14日	行政院長卓榮泰接受中央社專訪表示,政府對學位生來台就學、陸生納保等都展現善意,友善的門已經打開了,不過「希望來的是觀光客、是學生、是宗教信徒,而不是軍機、軍艦跟統戰人士」。
9月26日	陸委會指出,自2016年5月20日起,中國未依往常機制通報台灣人被限制人身自由案件,狀態持續至今,非常不樂見。
10月14日	中共宣布進行「聯合利劍-2024B」軍演。國安會秘書長吳釗燮表示,演習違背聯合國憲章的基本精神,中國無視賴總統國慶演說釋放的善意,對台施壓,國際社會不能苟同。
10月14日	共軍對台展開「聯合利劍-2024B」軍演,陸委會強烈譴責,並指這是對印太區域安全情勢,乃至於全世界民主和平的公然挑釁,凸顯對岸所謂「全球安全倡議」只是個謊言。
10月16日	國安局長蔡明彥表示,文化交流和文化統戰是兩件事,正常文化交流都尊重,但中共透過文化議題包裝文化統戰,灌輸中共政治意識形態,國安局因而警示。

▲中國第14屆全國人民代表大會第2次會議2024年3月5日在北京開幕，中國國家主席習近平（左）與國務院總理李強（右）在會上互動。（AP）

定「四個自信」、做到「兩個維護」，全面貫徹落實黨的20大和20屆二中全會精神，堅決貫徹落實「新時代黨解決台灣問題的總體方略」和黨中央對台工作決策部署，堅定不移推進「祖國統一大業」。

王滬寧表示，一年來，對台工作銳意進取、克難前行，推動兩岸關係取得新進展，鞏固擴大國際社會堅持「一個中國」的格局。要把思想和行動統一到黨中央對台海形勢分析判斷和對台工作決策部署上來，進一步掌握實現「祖國完全統一」的戰略主動。

王滬寧又稱，2024年是中共建政75年，是實現「十四五」規劃（第14個5年規劃，2021至2025年）目標任務的關鍵一年，要以高度責任感和使命感做好對台工作。要堅持「一個中國原則」和「九二共識」，推動兩岸關係和平發展、推進「祖國統一」進程。

他說，擴大兩岸各領域交流合作，深化兩岸融合發展。推動兩岸共同弘揚中華文化，促進兩岸同胞心靈契合。堅決打擊「台獨分裂」、遏制外部勢力干涉，堅定支持台灣內部愛國統一力量，廣泛團結台灣同胞，維護台海和平穩定。

王滬寧最後說，要堅持和加強黨對台工作的全面領導，鞏固拓展主題教育成果，提升對台工作合力。

中國政府工作報告談兩岸：反台獨與和平發展

中國第14屆全國人民代表大會第2次會議2024年3月5日在北京開幕，中國國務院總理李強首次發表政府工作報告，在兩岸部分談及，要堅持「一個中國原則」和「九二共識」，堅決反對台獨分裂與外來干涉，推動兩岸關係和平發展。

李強指出，要堅持貫徹「新時代黨解決台灣問題的總體方略」，堅持「一個中國原則」和「九二共識」，堅決反對「台獨」分裂和外來干涉，推動兩岸關係和平發展，堅定不移推進統一大業，維護中華民族根本利益。深化兩岸融合發展，增進兩岸同胞福祉，同心共創復興偉業。

大陸委員會回應，呼籲中共正視「兩岸互不隸屬」的客觀事實，放棄僵化政治思維，透過不設前提的溝通對話，為兩岸健康有序交流及良性互動創造有利條件。

國家安全局長蔡明彥3月11日在立法院答詢時提到，觀察中共對台工作會議及中國國務院總理李強工作報告等，政策主軸均圍繞和平統一，但對台脅迫有稍微加強力度，目的是要讓台灣出現對武統的想像空間和恐懼，以利達到武力恫嚇，但基本上還是和統路線。

政治大學東亞所特聘教授兼國際關係研究中心主任寇健文表示，中共對台政策延續性高，除了偶發性回應外，整體方向不會改變，如果只是策略性、戰術性改變，不代表大結構會改變。

寇健文說，中共正對台步步逼近，想要積小勝為大勝，以量變帶動質變；如果台灣一直想的是「何時攻台動武」，這個思考方式有缺漏，中共正用和平方式改變現狀，台灣政府強調「維持和平現狀」將面臨壓力。

中國懲治台獨規範　最重可判死刑

中國最高人民法院、最高人民檢察院、公安部、國家安全部、司法部2024年6月21日聯合公布「關於依法懲治『台獨』頑固分子分裂國家、煽動分裂國家犯罪的意見」，自發布之日起施行，「分裂國家」最高可判死刑，相關「犯罪」並可缺席審判。

出席官員表示，據中國《反分裂國家法》和《中華人民共和國刑法》、《中華人民共和國刑事訴訟法》等法律規定，對依法懲治「台獨」頑固分子分裂國家、煽動分裂國家犯罪的總體要求、定罪量刑標準和程序規範等作出具體規定，為依法嚴懲「法理台獨」、「倚外謀獨」、「以武謀獨」等分裂行徑提供明確指引。

這項意見分為4部分22條，其中第2部分「準確認定犯罪」方面明訂，「以將台灣從中國分裂出去為目的」，組織、策劃、實施下列行為之一的，依照中國《刑法》第103條第1款的規定，以「分裂國家罪」定罪處罰。

這些「分裂國家」行為包括：發起、建立「台獨」分裂組織，策劃、制定「台獨」分裂行動綱領、計畫、方案，指揮「台獨」分裂組織成員或者其他人員實施分裂國家、破壞國家統一活動；以及透過制定、修改、解釋、廢止台灣地區有關規定或者「公民投票」等方式，圖謀改變台灣是中國一部分法律地位的行為。

此外，「透過推動台灣加入僅限主權國家參加的國際組織或者對外進行官方往來、軍事聯繫等方式，圖謀在國際社會製造『兩個中國』、『一中一台』、『台灣獨立』」的作法也觸及「分裂國家」。

另外還包括「利用職權在教育、文化、歷史、新聞傳媒等領域大肆歪曲、篡改台灣是中國一部分的事實，或者打壓支持兩岸關係和平發展和國家統一的政黨、團體、人員」的行為。

至於「其他圖謀將台灣從中國分裂出去的行為」，都觸及這項意見的分裂國家罪。

這項意見並稱，在「台獨分裂犯罪集團中起組織、策劃、指揮作用的，應當認定為《刑法》第103條第1款規定的『首要分子』」。

這項意見說，有上述行為的，對首要分子或者罪行重大的，處無期徒刑或10年以上有期徒刑，其中對國家和人民危害特別嚴重、情節特別惡劣的，可判處死刑；對積極參加的，處3年以上10年以下有期徒刑；對其他參加的，處3年以下有期徒刑、拘役、管制或剝奪政治權利。

至於「以將台灣從中國分裂出去為目的」，實施「宣揚台獨分裂主張」以及其他煽動將台灣從中國分裂出去的行為，依中國《刑法》第103條第2款的規定，以「煽動分裂國家罪」定罪處罰，可處5年以下有期徒刑、拘役、管制或者剝奪政治權利；首要分子或者罪行重大的，處5年以上有期徒刑。

經定罪為分裂國家、煽動分裂國家罪的行為，可併處沒收財產。

對於「缺席審判」，中國最高人民檢察院重大犯罪檢察廳副廳長張慶彬表示，依據中國《刑法》有關規定，對於嚴重危害中國國家安全的犯罪需要及時進行審判，經過最高人民檢察院核准，可對在境外的被告人依法提起公訴。

他說，只要中國執法、司法機關認定需要及時追訴審判，經過最高人民檢察院的核准，可在犯罪嫌疑人不到案的情形下，公安機關、國家安全機關依法向人民檢察院移送起訴；人民檢察院經審查認定犯罪事實清楚，證據確實、充分，依法應當追究刑事責任，可以向人民法院提起公訴；人民法院經審查符合缺席審判程序適用條件的，應當決定開庭審判。

中國公安部法制局副局長孫萍說，「對於實施分裂國家、煽動分裂國家犯罪的台獨頑固

分子」,一經偵查機關或人民法院受理案件,「無論他們逃到何方,都將依法終身追責」。

據這項司法文件,「分裂國家、煽動分裂國家的犯罪行為有連續或者繼續狀態的,追訴期限從犯罪行為終了之日起計算。在公安機關、國家安全機關立案偵查或者人民法院受理案件以後,逃避偵查或者審判的,不受追訴期限的限制」。

中國大陸國台辦發言人陳斌華說,「意見」清晰指明,刑事懲治措施只針對「極少數涉獨言行惡劣、謀獨活動猖獗的台獨頑固分子」,不涉及廣大台灣民眾。

總統賴清德6月24日發表首次敞廳談話表示,「民主不是犯罪,專制才是罪惡」,中國沒有任何權力可以制裁台灣人民,只因為台灣人民的主張,中國更沒有跨域追訴台灣人民的權力。

賴總統呼籲中國正視中華民國的存在,與台灣民選合法的政府交流對話。他還說,這才是增進兩岸人民福祉的正確之道,如果不這樣做,台灣與中國的關係只會越來越疏遠。

大陸委員會指出,台灣2,300萬國民依據《憲法》,享有不可剝奪的自由、民主與權利,北京當局對台灣完全不具司法管轄權,中共所謂的法律與規範對台灣民眾毫無拘束力。

美國國務院譴責中國破壞穩定的言行,「威脅及法律戰無法和平解決兩岸分歧」。國務院發言人米勒(Matthew Miller)表示,美國強烈譴責中國官員升級局勢及破壞穩定的言詞和行為,「我們繼續敦促克制,勿單方面改變現狀」,美方並敦促中國與台灣進行有意義的對話。

大陸委員會副主委兼發言人梁文傑宣布,中共發布懲治台獨的意見,嚴重威脅民眾赴陸港澳之人身安全,政府經整體評估,認為有必要自6月27日起提升赴陸港澳旅遊警示為「橙色」,建議民眾避免非必要赴陸港澳旅行。

中國裁定台灣聚碳酸酯存在傾銷

中國商務部2024年4月19日公告,對原產於台灣的進口聚碳酸酯反傾銷做出最終裁定,認定被調查產品存在傾銷,且傾銷與中國聚碳酸酯產業實質損害之間存在因果關係,從4月20日起徵收反傾銷稅,為期5年。

中國商務部指出,根據《反傾銷條例》第38條的規定,國務院關稅稅則委員會據商務部的建議作出決定,自2024年4月20日起,對被調查產品徵收反傾銷稅,實施期限5年。

公告並公布對「台灣地區」公司的反傾銷稅,包含台灣化學纖維股份有限公司9.0%;台灣出光石油化學股份有限公司9.0%;奇美實業股份有限公司12.2%;奇菱科技股份有限公司12.2%;其他台灣公司22.4%。

聚碳酸酯用於電子電器、板材、汽車、光學、包裝、醫療器械、安全防護等諸多領域。

行政院發言人林子倫表示,經濟部在中國2022年調查時,便鼓勵台灣業者積極應訴,並補助業者聘律師協助應訴的部分費用,因此在業者積極配合提供有利證據下,已爭取到終判裁定較低稅率,由初判的約17%,降低至9%至12.2%。

林子倫說,2023年8月間中國公布初判結果後,經濟部立即與業者討論與評估,有業者提前布局及分散市場,或透過異業結盟,產業鏈結新興市場。經濟部也積極輔導業者升級轉型,發展高值化、差異化產品,提升台灣產品在國際市場的競爭力。

林子倫指出,中國的做法無助於兩岸貿易正常往來,也對台灣業者相當不公平,呼籲中國回到國際貿易常軌,不要以政治操作影響正常貿易關係。

▲中國商務部2024年4月19日公告,認定原產於台灣的進口聚碳酸酯存在傾銷,從4月20日起徵收反傾銷稅,為期5年。圖為高雄港區貨櫃裝卸作業。

聚碳酸酯為《海峽兩岸經濟合作架構協議》（ECFA）早收清單小項之一。外界擔憂陸方有意取消ECFA早收紅利，甚至終止ECFA。

中國大陸國台辦發言人朱鳳蓮表示，ECFA生效實施以來，給兩岸業界特別是台灣相關業界和民眾帶來實實在在的利益。

朱鳳蓮聲稱，「如果『民進黨當局』繼續頑固堅持台獨立場，拒不悔改，我們支持有關部門依據相關規定研究採取進一步措施」。

陸委會回應，ECFA有利於兩岸企業，中共對台慣用經濟施壓手段，其實沒有必要硬是為經濟賦予政治任務。

學者認為，北京在5月20日前發布這項結果並不意外，此舉是對賴政府的「壓力測試」，試圖讓台灣在兩岸議題上退讓、接受對岸的條件。

中國對台取消ECFA部分關稅減讓

中國國務院關稅稅則委員會2023年12月21日發布公告，從2024年1月1日起對原產於台灣的丙烯、對二甲苯等12個產品，中止適用《海峽兩岸經濟合作架構協議》（ECFA）協定稅率，恢復原來稅率。

2024年5月31日，中國再公布第2批中止ECFA關稅減讓產品，從6月15日起，潤滑油基礎油、競賽型自行車、部分紡織品等134個原產於台灣進口商品，中止關稅減讓。

中國財政部官網公告稱，這是針對「台灣地區單方面對大陸產品出口採取歧視性的禁止、限制等措施」。國台辦發言人陳斌華表示，「賴清德當局頑固堅持『台獨』立場，拒不承認九二共識」，是中國進一步中止ECFA部分產品關稅減讓的根本原因。

大陸委員會主委邱垂正表示，這種對台施壓、恐嚇的政治操作，只會扭曲原本互惠互利發展方向，阻礙兩岸在國際產業分工架構的分工模式，更讓兩岸的經貿漸行漸遠、脫鉤斷鏈，相關責任應由陸方全部負擔。

總統府指出，這是中國典型的經濟脅迫，不過政府對相關情況早有掌握，因此衝擊有限，呼籲中國儘快回到WTO架構下協商，共謀有序、互利的兩岸經貿關係。

行政院經貿談判辦公室說，政府對此早有掌握，並預作因應準備，中方再度中止的部分ECFA早收產品，其風險與損害都是在可控制範圍，政院已請各主管單位持續與業者溝通，並對受影響的中小企業等業者提出及時的協助與輔導機制。

外界點名台塑化首當其衝，董事長陳寶郎5月31日表示，台塑化從3年前就開始針對基礎油外銷進行市場移轉，中國市場占台塑化基礎油產品的外銷比重，從3年前高達50%至60%，2023年已經降到只剩32%，內部評估整體影響有限。

淡江大學兩岸關係研究中心主任張五岳指出，在520之後，中國必然會出現對台的「文攻武嚇」、「經貿脅迫」，北京要對內部有所交代、對外有所宣示，對台灣既要威嚇也要達到區隔對待的目的。因此中止ECFA部分產品關稅減讓，是「必然會採取的行動」。

張五岳認為，北京不會完全廢除ECFA，因為經貿只是手段，並非要中斷兩岸經貿交流，「北京的基調仍是融合發展，這些行動是為了表達對520就職演說的不滿。」

共軍時隔44年發射洲際飛彈總統府譴責

共軍2024年9月25日朝太平洋公海海域試射洲際彈道飛彈，中國國防部宣稱試射為例行性軍事活動，不針對任何特定國家。總統府與行政院譴責中國意圖破壞區域和平穩定，並呼籲中國自制，回到國際常軌。

根據中國國防部官方網站訊息，9月25日8時44分，解放軍火箭軍向太平洋相關公海海域成功發射1發攜載訓練模擬彈頭的洲際彈道導彈（飛彈），準確落入預定海域。

中國國防部發言人張曉剛指出，發射前，中方發布公告明確禁航區與禁航時間，並通過軍事外交管道向有關國家通報，這充分表明中國軍隊的「開放與透明」。

不過，中國並未公布飛彈的型號，以及具體的射程、射高、射向、軌跡與落點經緯度。

中國時隔44年往海上發射洲際彈道飛彈，張曉剛表示，中方組織洲際彈道飛彈發射實

驗，是為了檢驗武器裝備性能和部隊訓練水平，是例行性軍事訓練活動，「完全合法合理」；中國的核政策具有高度的穩定性、延續性和可預測性。

張曉剛宣稱，中方始終恪守不首先使用核武器的核政策，堅定奉行自衛防禦核戰略，不搞軍備競賽，明確承諾不對無核武器國家和無核武器地區使用或威脅使用核武器，堅持將自身核力量維持在「國家安全需要的最低水平」。

總統府發言人郭雅慧表示，對中國人民解放軍此一行為表達嚴正譴責，中國近來不斷在區域間進行各種軍事演習，威脅區域的和平現狀，呼籲中國應自制回到國際常軌，成為區域中負責任的一員，捍衛以規則為基礎的國際秩序。

行政院發言人李慧芝指出，在全球共同關注、致力於區域安全穩定時，中國持續進行威脅區域和平現狀的行為，政院除譴責中國行為外，也要呼籲中國回到國際常軌。

大陸委員會嚴正聲明，中共擴張軍武的挑釁威脅，嚴重破壞區域和平穩定，這般加劇區域緊張局勢的作為，呼籲國際社會共同譴責，審慎關注應對。

美國證實中方試射前有先知會。五角大廈發言人辛赫（Sabrina Singh）說：「我們的確在事前收到這次洲際彈道飛彈測試的通知，相信這是好事。這是朝正確方向邁出的一步，確可做到防止任何誤解或誤判。」

共軍向太平洋發射洲際彈道飛彈後，日本及紐西蘭分別表達關切。日本內閣官房長官林芳正表示，日本對中國國防預算大增及缺乏透明度的軍事動向表達嚴重關切；紐西蘭外長發言人也表示，中方此舉是「不受歡迎且令人不安的事態發展」。

國防院副研究員舒孝煌指出，中國試射洲際彈道飛彈意在美國，美國透過在印太地區持續的軍事部署，已讓中國有所壓力，所以中國與俄羅斯加強結盟，近期不斷進行聯合軍演，而在大國競爭時代，需要提升戰略嚇阻能力，才能平起平坐，因此中國目標仍是強化核嚇阻能力，要直接跟美國對抗。

淡江大學整合戰略與科技研究中心研究員楊太源分析，研判試射彈種可能是東風31AG，射程接近1萬2,000公里，而中國現有的東風41、巨浪3型洲際彈道飛彈的射程在1萬3,500公里以上，可以直接攻擊美國東岸，因此中國此次的試射是在向美國傳遞具有核報復能力，並展現若台海戰事美國欲介入，解放軍有能力拒止美軍介入。

中國稱遭國軍駭客攻擊
國安單位：做賊喊抓賊

中國國安部2024年9月23日聲稱，針對中國和港澳地區頻繁展開網路攻擊的駭客組織「匿名者64」，真實背景是隸屬台灣國防部的資通電軍，中國國安機關鎖定台方3名現役人員並依法對他們立案偵查。

中國國安部微信公眾號發文，指「匿名者64」駭客組織2024年以來針對中國和港澳地區，頻繁展開網路攻擊，試圖獲取有關門戶網站、戶外電子屏幕、網路電視等控制權限，進而上傳、插播詆毀中國政治制度和大政方針的內容。

這篇文章稱，經過調查，「匿名者64」組織的真實背景是台灣資通電軍下屬的網路戰聯隊網路環境研析中心。中國國安機關鎖定了實施網路攻擊相關人員身分，其中包括台灣資通電軍3名現役人員，已依法對他們立案偵查。

文章說，「匿名者64」組織在社群媒體上展

▲共軍2024年9月25日朝太平洋公海海域試射洲際彈道飛彈，中國國防部發言人張曉剛宣稱試射為例行性軍事活動，不針對任何特定國家。

示的各項戰果「試圖營造出大陸網絡安全防護極為脆弱的假象」，但其實「大量注水（灌水）」。中國國安部宣稱，「被攻擊的網站大多是山寨版的假官方網站，或長期無人關注的『僵屍』網站，更有甚者是該組織通過P圖等方式製作而成」。

國防部資通電軍澄清，指控內容並非事實，當前的敵情及網路威脅，共軍才是破壞區域和平穩定始作俑者

台灣國安單位表示，中國國安部做賊喊抓賊，顯然是中方刻意操作的不實訊息，透過對中國內部的認知操作，意圖堆疊仇台情緒、煽動兩岸敵意。而中國國安部指控的「匿名者64」，實際上是非常有名、專門打擊威權

的駭客組織「匿名者（Anonymous）」，中共刻意要混淆外界認知，特別加了「64」，意圖讓外界解讀是針對中國。

國防部長顧立雄表示，每天進行網攻的國家，第一名就是中國。雖然無法進一步說明細節，但中國所指控的相關內容都不實；國軍有保家衛國的信念，不會因為被中國公布而產生任何寒蟬效應。

前國防大學政戰學院院長余宗基認為，中共釋放這個訊息的政治動機在於，試圖營造中國也是遭受境外網軍攻擊的受害者形象，合理化自身網路防衛行為，轉移國際社會對於中國網軍滲透他國的關注；也製造其具備國軍個資的掌握力，達到心理威懾效果。

中國方面對兩岸關係談話摘錄（2024年1月～2024年10月）

時間	內容
1月8日	台灣大選前，中國商務部、中共中央台辦（國台辦）等4單位發布福建「兩岸融合發展示範區」的14項經貿領域措施，包括支持福建加強對台招商引資，深化閩台優勢產業融合發展等。
2月23日	中國全國政協主席王滬寧在對台工作會議表示，要堅決打擊「台獨分裂」、遏制外部勢力干涉，同時稱要進一步把握實現「祖國完全統一」的戰略主動。
3月7日	中國全國政協主席王滬寧參加全國人大「台灣代表團」審議時聲稱，要堅持「一個中國」原則和「九二共識」，堅決反對台獨與外部勢力干涉，堅定不移推進「中國統一大業」。
4月11日	中共總書記習近平在「馬習二會」說，「樂見大陸民眾多去祖國寶島看一看」，釋出兩岸觀光政策鬆綁訊號。其後，中國相繼宣布開放福建居民赴馬祖、金門旅遊。
5月15日	中國大陸國台辦點名黃世聰、李正皓、王義川、于北辰、劉寶傑等5位台灣名嘴「挑動兩岸對立」，表示將對這5人及家屬實施懲戒。國台辦官網8月增加懲獨專題欄目並提供舉報信箱，10月24日再宣布對民進黨立委沈伯洋、前聯電董事長曹興誠和「黑熊學院」實施懲戒。
9月30日	中共總書記習近平在中共建政75週年招待會上聲稱，要堅持「一個中國」原則和「九二共識」，深化兩岸經濟文化交流合作，促進兩岸民眾「心靈契合」，堅決反對台獨分裂活動。
9月30日	中國大陸國台辦發言人陳斌華表示，大陸首批共有1,256個景區，將對首次辦理台胞證的「首來族」台灣民眾，給予1年內前往景區遊覽免門票的優惠。
10月15日	針對總統賴清德國慶演說，中國大陸國台辦發言人陳斌華逐條批評，並聲稱演說是一篇更具「危害性」、「破壞性」的台獨自白。
10月16日	共軍14日進行圍台軍演後，中共總書記習近平15至16日赴福建考察，要求在探索海峽兩岸融合發展新路上邁出更大步伐，建設好兩岸融合示範區，促進兩岸文化交流，增進台灣民眾的民族、文化與國家認同。

§ 第二章 兩岸事務

吳豐山任海基會董事長

海峽交流基金會（海基會）2024年11月4日舉行第12屆董監事第5次聯席會議，正式推選吳豐山任海基會董事長。

吳豐山致詞時表示，「兩岸事務錯綜複雜，兩岸政務更是軍國大政，兩岸分立、分治已75年，我國已換過8位總統，歷任總統的兩岸政策容有差異，但防衛台灣和維護中華民國主權獨立的堅定立場，始終如一」。

吳豐山並提到，他觀察到中國國家主席習近平一再強調希望兩岸和平發展，這表示兩岸最高領導人都充分認定，和平發展、追求共榮才是兩岸人民福祉的最大保障。「本人也建議對口單位海協會同一脈動，同步堆疊善意，兩會攜手揮別柳暗迎向花明。」

吳豐山坦言，「賴總統過去邀請我到海基會時曾猶豫過，希望總統就把我當作備胎，最後還是答應了，只是因為我警覺到作為國民一分子，在國家徵召時，我沒有權利扮演逃兵。」

據海基會官網顯示，吳豐山曾擔任《自立晚報》總編輯及社長計18年，也曾二度當選國民大會代表，另擔任過公共電視董事長、行政院政務委員、監察院監察委員等職。

總統賴清德上任前，在4月25日宣布由行政院副院長鄭文燦接任海基會董座，鄭文燦6月7日上任，之後因捲入貪污案，7月7日請辭，後由海基會副董事長許勝雄代理董事長，這也是許勝雄繼2020年8月，二度回鍋代理海基會董事長一職。

羅文嘉接海基會副董事長

陸委會2024年5月24日證實，推薦前民進黨秘書長羅文嘉擔任海基會副董事長兼秘書長。陸委會指出，羅文嘉長期參與中央及地方事務，社會服務經驗豐富，憑藉羅文嘉擅於溝通協調的特質，可促成兩岸關係良性發展。

陸委會表示，海基會是政府處理大陸工作體系重要的一環，接受政府委託，負責兩岸協商、交流、服務業務，近年來持續拓展交流服務工作，責任艱鉅。將依循總統賴清德的兩岸政策及台灣主流民意，與海基會緊密合作，共同致力維護台海和平穩定現狀，並審慎推動對等尊嚴、健康有序的兩岸交流。

海基會推動台商交流互補互利

海峽交流基金會2024年9月6日舉行第12屆董監事會第4次聯席會議，代理董事長許勝雄致詞表示，中國近年經濟情勢面臨挑戰與考驗，許多台商思考轉型升級、產業發展、新產業投資、分散經營風險等，海基會看到台商的需求，也規畫為世界台商、大陸台商搭建交流平台，彼此意見交換、互補互利。

他指出，海基會秘書長羅文嘉6月陪同台商前往台南了解投資環境，這些對於台商在思考重新布局、了解投資環境等有所幫助；海

▲海基會副董事長兼秘書長羅文嘉2024年8月23日主持背景說明會。

基會未來也會繼續推動相關工作。

許勝雄提到，總統賴清德上任後，不斷釋出善意，包括希望中國大陸學位生來台求學，這些工作都是海基會欲積極推動的；近期中國也開放福建居民赴金門、馬祖旅遊，金門與馬祖是兩岸交流最前線，可以看到兩岸慢慢恢復既有運作機制。

許勝雄說，中國恢復台灣文旦出口到大陸，這些都是善意的互動，對於兩岸交流發展具有正面意義。期待兩岸心存善念，以民為本，避免不必要的猜忌，兩岸關係朝向更健康的發展。

許勝雄表示，海基會10月派員進駐馬祖行政協調中心，希望為台商、大陸配偶、兩岸觀光客提供即時服務；海基會將持續推動兩岸交流，做好溝通和平橋梁，讓兩岸不斷堆疊善意、超越障礙、進行健康有序雙向交流。

海基會2023年協處滯陸台人102案

海基會副秘書長蔡孟君2024年1月25日指出，COVID-19疫情趨緩後，滯陸台灣民眾求助案例也增加，海基會2023年全年協處滯留中國的台灣人累計102人，較2022年83人增加19人，年增22.9%；這些滯陸案例背景多與在中國經商失敗有關。

蔡孟君表示，有些台商在中國大陸經商失敗後，考量生活習慣、生活成本等條件，選擇繼續滯留中國；由於中國在疫情期間採取嚴格封控措施，導致這些滯陸台灣民眾在工作、謀生上愈加困難，甚至有流落街頭等狀況。

蔡孟君說，部分滯陸案例除了經濟困難，還有罹患重病等狀況，也無力負擔醫藥費，於是求助當地台商協會、海基會給予幫助。

蔡孟君指出，2023年海基會24小時緊急服務專線累計接聽1萬633通來電，相較2022年的4,558通，年增233.3%；主要原因為疫情邊境解封後，兩岸人民往來增加，傷病或證件等問題洽詢頻率也大幅增加。

另據海基會統計，從2023年1月至2024年9月，台灣人赴陸失聯案件數累計77件，其中30多件有聯繫上，了解原因，除了個人因素外，其他多與在陸涉及詐騙案有關。

陸委會捐助海基會增七千多萬惹議

大陸委員會民國114年度捐助海峽交流基金會預算數較113年度激增7,000多萬元，增幅40.8%。海基會秘書長羅文嘉表示，這攸關海基會財務結構調整，規畫114年度自籌款比率降為3成。

陸委會114年度預算書顯示，「捐助海基會辦理兩岸中介事務」114年度編列預算數2億5,957萬元，較113年度編列預算數1億8,435萬5,000元激增7,521萬5,000元，增幅40.8%，引起各方討論。

羅文嘉113年9月20日主持背景說明會表示，陸委會捐助款增加攸關海基會財務結構調整。海基會預算主要來自陸委會捐助款與自籌款，目前捐助款占57%、自籌款占43%。經與陸委會主委邱垂正討論後，擬將陸委會捐助海基會占比拉高為70%，自籌款占比降為30%。

羅文嘉說明，海基會接受陸委會委託執行國家相關政策事務，這些事務費用本應來自政府預算，不是每年向民間募款；再者，海基會業務事涉兩岸業務較為敏感，「人家為什麼要捐錢給你」，倘若捐款者有目的欲影響政策，「我們如何自處」。

羅文嘉說，「我覺得應以健康態度看待海基會財務結構，應該逐年調降海基會對外募款額度」，這是陸委會捐助款增加的關鍵原因。

他提到，海基會114年度整體預算數增加4,000多萬元，其中近50%是配合政府政策作人員調薪，其他新增預算用於增加台商子女活動場次、中國大陸情勢識讀等部分。

羅文嘉說明，情勢識讀很重要，不能忽視對於對岸的了解，必須更加準確地掌握中國大陸政治、經濟、社會、文化等情勢演變，才能保障民眾，提醒民眾前往中國大陸旅遊、就學、工作等可能面臨的風險和危機。

羅文嘉強調，海基會有3大任務，包括服務、交流、協商，「有人認為說，沒有協商的時候，海基會就沒有業務，這是錯的」，海基會時時都在為協商做好各種準備、想盡辦法促進兩岸交流，也希望把服務民眾的工作做得更深、更廣、更好。

海基會第12屆董監事名單

職稱	姓名	職銜	職稱	姓名	職銜
董事長	吳豊山	海基會董事長	董事	許傳盛	勞動部政務次長
副董事長	許勝雄	金寶電子工業股份有限公司董事長	董事	許顯榮	太子企業集團總執行長
副董事長兼秘書長	羅文嘉	海基會副董事長兼秘書長	董事	陳正祺	經濟部政務次長
副董事長	梁文傑	大陸委員會政務副主任委員	董事	陳冠舟	耐斯企業公司副董事長
董事	王文淵	台塑企業集團總裁	董事	陳炳宇	國科會政務副主任委員
董事	王時思	文化部政務次長	董事	陳進廣	退輔會政務副主任委員
董事	田中光	外交部政務次長	董事	焦佑衡	華新科技公司董事長
董事	朱炳昱	和鼎資產管理公司董事長	董事	辜公怡	國際中橡投資控股公司董事長
董事	江俊德	中信集團東京之星銀行董事	董事	黃崧	台灣電視公司董事長
董事	伍勝園	交通部政務次長	董事	黃永泰	國立故宮博物院副院長
董事	沈有忠	陸委會政務副主任委員	董事	黃志芳	中華民國對外貿易發展協會董事長
董事	吳東進	新光醫院董事長	董事	楊文慶	正信國際法律事務所所長
董事	吳美紅	海洋委員會政務副主任委員	董事	葉丙成	教育部政務次長
董事	吳峻鋕	民進黨中國事務部主任	董事	蔡明忠	富邦集團董事長
董事	李詩欽	英業達公司董事	董事	蔡紹中	旺旺中時媒體集團總裁
董事	李慶華	財政部政務次長	董事	蔡豐明	陽明海運公司董事長
董事	杜文珍	農業部常務次長	董事	鄧岱賢	中國國民黨大陸事務部副主任
董事	范佐銘	客委會常務副主任委員	董事	戴錦銓	長榮海運公司董事
董事	林伯實	台玻公司總裁	董事	謝世謙	中華航空公司董事長
董事	林明成	華南金控副董事長	董事	簡志誠	中華電信公司董事長
董事	林靜儀	衛生福利部政務次長	董事	羅智先	統一企業集團董事長
董事	林富男	台灣民眾黨中央委員	董事	嚴陳莉蓮	裕隆集團執行長
董事	邱淑貞	金管會常務副主任委員	監事	李成家	美吾華懷特生技集團董事長
董事	邱復生	宇鑫投資有限公司董事長	監事	李麗珍	陸委會常務副主任委員
董事	徐旭東	遠東企業集團董事長	監事	林慧瑛	中華民國全國中小企業總會榮譽理事長
董事	馬士元	內政部政務次長	監事	周成虎	中國新聞學會理事長
董事	高仙桂	國發會常務副主任委員	監事	黃謀信	法務部常務次長
董事	張平沼	燁華企業集團會長	監事	龔明鑫	行政院秘書長
董事	張忠謀	台灣積體電路製造公司創辦人			

資料來源:海基會,2024年11月4日。

中國取消34項台灣農產品免關稅

中國從2024年9月25日起停止台灣34項農產品免關稅待遇。行政院經貿談判辦公室表示,上述產品未來若恢復正常稅率後,台灣約須支付107萬美元關稅。

中國財政部9月18日宣稱,因台灣單方面對大陸產品出口採取歧視性的禁止、限制等措施,嚴重阻礙兩岸經貿合作,中國國務院關稅稅則委員會公告,9月25日起停止執行對原產台灣的鮮水果、蔬菜、水產品等34項農產品免徵進口關稅政策。

34項台灣農產品包括15項水果,分別為椰子、檳榔、鳳梨、芭樂、芒果、柚子、木瓜、桃子、梅子、釋迦、楊桃、蓮霧、棗子、柿子、枇杷。

另有11項蔬菜,分別為甘藍、花椰菜、絲瓜、青江菜、小白菜、苦瓜、洋蔥、胡蘿蔔、萵苣、芋頭、山葵。

還有8項水產品,分別為鯧魚、鯖魚、帶魚、比目魚、鮃魚、鱸魚、蝦、貽貝。

中國大陸國務院台灣事務辦公室發言人陳斌華指稱,「『賴清德當局』上台以來,頑固堅持台獨立場,不斷進行謀獨挑釁,升高兩岸敵意對抗,阻礙兩岸交流合作,至今仍單方面限制大陸1,000多項農產品輸入,嚴重損害兩岸同胞福祉。鑒此,國務院關稅稅則委員會發布公告,決定自2024年9月25日起停止執行對台34項農產品免徵進口關稅政策」,國台辦對此表示「強烈支持」。

行政院經貿談判辦公室表示,中方在2005年將15項水果、2007年將11項蔬菜,以及8項水產品共計34項農漁產品降為零關稅,而由於鳳梨、芒果等產品已被中國暫停進口,2023年上述34項產品出口中國金額為736萬美元,未來若恢復正常稅率,台灣約須支付107萬美元關稅。

經貿辦指出,政府早有掌握中國持續的經濟脅迫作為,並預作因應準備,為減少外銷市場風險、降低對單一市場依賴,已採取開拓新興市場、改善外銷產業鏈及多元通路與行銷推廣3大策略及具體措施,目前農產品外銷中國金額占比從2018年最高的23.2%,降至

▲2024年9月25日起中國取消台灣34項農產品免關稅。

2023年的10.2%,其中水果銷中金額占比更從2019年最高80.1%,至2023年降為6%。

經貿辦說,中方自2021年起陸續對台灣鳳梨、蓮霧、石斑魚等農漁產品實施片面限制措施,且僅以政治理由重新開放特定地區的品項,實屬經濟脅迫手段,政府已表達強烈抗議。

經貿辦呼籲,兩岸都是世界貿易組織(WTO)會員,更是全球經貿體系的重要成員,理應秉持負責任的態度,在WTO架構與規範下,就彼此關切的經貿議題進行協商,尋求解決方案。

國台辦發言人朱鳳蓮回應,「民進黨試圖通過WTO相關機制來商談有關問題,完全是圖謀將台灣問題國際化,包藏台獨禍心。」兩岸協商的基礎是「九二共識」,而不是WTO框架與規範。

農業部長陳駿季表示,台灣不會放棄中國這個市場,這次不是禁止,只是取消免關稅,平均關稅額度是15%,應該有信心透過市場區隔,把台灣農產品品質顧得好,影響力非常小,是在可控制的風險。

大陸委員會表示,中國停止台灣34項農產品零關稅措施是基於政治理由,顯然其將貿易當成武器,把優惠措施當成脅迫工具,事實證明中共所有「善意」都有政治目的,可以隨時取消。

致理科技大學國際貿易系副教授張弘遠分析,北京透過農產品對台施壓,評估其是針對總統賴清德對於中俄《璦琿條約》、「台灣

人民自救運動宣言60週年研討會」等相關發言而來。

張弘遠說，中國必須找到對台施壓的方式表達不滿，又不能嚇跑台商投資，於是刻意選擇影響範圍有限又不會過激的農產品下手。

中國學位生來台納入健保

行政院長陳建仁於2023年11月23日在行政院會表示，健康權是全球普世價值、基本人權，經跨部會審慎研議，學籍已完成6個月，且完成註冊的陸生應視同外籍生及僑生納入健保，衛福部依據《全民健康保險法施行細則》第8條第1項公告，2024年2月1日實施。

行政院發言人林子倫在院會記者會轉述，陳建仁在院會中聽取衛生福利部臨時動議報告後指出，健康權是全球普世價值、基本人權，中國大陸學生來台就學，進入台灣教育體制，政府應照顧其健康權，且對防疫也有幫助。

依規定，持有居留證明文件在台居留滿6個月之學僑生、外籍生可以就讀學校為投保單位申請參加健保，在國內設有戶籍而無被保險人可依附投保僑生，就讀學校可為投保單位參加健保。第6類保險對象（境外生）健保費每人每月為新台幣826元。

衛福部2023年11月24日公告，內政部移民署許可發給事由為「陸生就學」之中華民國台灣地區入出境許可證，為《全民健康保險法施行細則》第8條第1項所稱「經本保險主管機關認定得在台灣地區長期居留之證明文件」，自2024年2月1日生效。

衛福部社會保險司司長劉玉娟表示，第一階段2月1日上路，只要來台時的入出境許可證有「陸生就學」註記事由，且在台灣居留時間超過6個月，屆時就會自動認定符合資格，但不溯及既往。

劉玉娟說，6個月內陸生可出境1次，出境時間若超過30天，就要重新起算6個月，初估逾2,100人受惠。

據陸委會官網「陸生納保QA」說明，納保對象為依「大陸地區人民來台就讀專科以上學校辦法」來台長期就讀學位陸生；來台交流、研修的陸生，由於來台事由不同，主要為短期停留（6個月以下），目前未規畫為納保對象。

北京馬習二會　馬英九談九二共識

前總統馬英九2024年4月1日至11日率青年學子訪問中國，10日在北京人民大會堂東大廳，與中共總書記習近平進行「馬習二會」，這是兩岸分治75年以來，中華民國卸任總統首次在大陸地區與中共領導人會面。

馬英九11天的訪問行程，分別前往廣東、陝西與北京，均會見了當地一把手；國台辦主任宋濤在這3個地點都有陪同參訪，加深與拉高了此行的政治意涵。

馬英九多次在參訪過程中，訴諸兩岸同為中華民族、炎黃子孫的情懷，並連結兩岸有共同的抗日歷史。

馬英九此行最受矚目的是在北京舉行的「馬習二會」，他與習近平睽違9年再次見面。4月10日下午4時，在人民大會堂東大廳，習近平在王滬寧、蔡奇兩名政治局常委陪同下，與馬英九一行人會晤，地點與人員的安排規格，凸顯陸方相當重視「馬習二會」。

這次會見中，馬英九先後稱習近平為「習總書記」與「習近平先生」，但習近平僅稱馬英九為「馬英九先生」。

先致詞的習近平說，「馬先生」素有民族情懷，堅持「九二共識」，反對台獨，推動兩岸

▲前總統馬英九與中共總書記習近平2024年4月10日在北京舉行「馬習二會」。圖為台北民眾觀看電視新聞。

2015年11月7日馬習會

馬習會		時間地點	馬習二會	
2015/11/7 15:00 新加坡 香格里拉酒店			2024/4/10 16:00 中國 北京人民大會堂東大廳	
馬 中華民國總統	習 中國國家主席	身分	馬 前總統	習 中共總書記
・總統府秘書長曾永權 ・總統府副秘書長蕭旭岑 ・國安會秘書長高華柱 ・國安會諮詢委員邱坤玄 ・陸委會主委夏立言 ・陸委會副主委吳美紅	・中央政策研究室主任王滬寧 ・中央辦公廳主任栗戰書 ・中央總書記辦公室主任丁薛祥 ・國務委員楊潔篪 ・國台辦主任張志軍 ・國台辦副主任陳元豐	隨行人員	・馬英九基金會執行長蕭旭岑 ・馬英九辦公室主任王光慈 ・政大東亞所榮譽教授邱坤玄	・全國政協主席王滬寧 ・中央辦公廳主任蔡奇 ・國台辦主任宋濤 ・國台辦副主任潘賢掌

　關係和平發展，促進兩岸青年交流，致力振興中華，「我對此高度評價」。

　習近平提到，「兩岸同胞同屬中華民族」，中華民族創造了源遠流長、輝煌燦爛、舉世無雙的中華文明，每一個中國人都為之感到驕傲和榮光。

　他又說，「中華民族5,000多年的漫長歷史記載著歷代先民遷居台灣繁衍生息，記載著兩岸同胞共禦外侮，光復台灣」；「中華民族一路走來，書寫了海峽兩岸不可分割的歷史，鑴刻著兩岸同胞血脈相連的史實」。

　習近平聲稱，「兩岸同胞都是中國人，沒有什麼心結不能化解，沒有什麼問題不能商量，沒有什麼勢力能把我們分開」，海峽的距離「阻隔不斷兩岸同胞的骨肉親情」。

　他宣稱，兩岸制度的不同，「改變不了兩岸同屬一個國家、一個民族的客觀事實。外部的干涉，阻擋不了家國團圓的歷史大事」。

　習近平最後說，「兩岸同胞一路走來始終一脈相承，心手相擁、守望相擁」。青年是國家的希望、民族的未來，兩岸青年好，兩岸未來才會好。兩岸青年要「增強做中國人的志氣、骨氣、底氣，共創中華民族綿長不止，續寫中華民族歷史的新輝煌」。

　馬英九致詞時提及，兩岸在1992年達成「各自以口頭方式表述『海峽兩岸均堅持一個中國原則』」的共識，但他未提到兩岸「對於一個中國的意涵、認知各有不同」。

另外，馬英九在致詞時「口誤」將「中華民族」講成「中華民國」，但又立刻改口。

馬英九說，未來兩岸應該以確保人民福祉為最大目標，堅持「九二共識」，反對台獨，求同存異，擱置爭議，共創雙贏，共同追求和平發展。

他表示，最近兩岸情勢緊張，引發不少台灣民眾不安，但他始終記得魯迅先生說過，「渡盡劫波兄弟在，相逢一笑泯恩仇」。兩岸如果發生戰火，對中華民族都是不可承受之重，「兩岸的中國人」絕對有足夠的智慧，和平處理各項爭端，避免走向衝突。

馬英九說，中華民族過去經歷了百年屈辱，最近30年在「兩岸中國人」的努力之下，一步一步邁向「共同振興中華之路」。雖然兩岸在不同的體制下發展，但「兩岸人民同屬中華民族、都是炎黃子孫」，應該互助合作，致力振興中華。「這也是2015年我與『習先生』會面時，雙方達成重要的共同信念」。

馬英九又說，看著兩岸青年學子眼裡的熱情與善意，他進一步思考到中華民族後代子孫的幸福。對台灣來說，「沒有穩定和平的兩岸，就沒有安定進步的台灣。對中華民族來說，沒有和平共榮的兩岸，也不會有璀璨光明的未來」。

他說，誠摯地希望，雙方都應該重視人民所珍惜的價值與生活方式，維護兩岸和平，以中華文化蘊涵的智慧，確保兩岸互利雙贏。

馬英九最後稱，他誠摯期盼：兩岸互利共榮，攜手合作，振興中華，讓中華民族在全世界面前抬頭挺胸。

北京「馬習二會」，中國出席者分別是習近平、中國全國政協主席王滬寧、中共中央辦公廳主任蔡奇、中國大陸國台辦主任宋濤、國台辦副主任潘賢掌。

台灣方面出席者為馬英九、馬英九基金會執行長蕭旭岑、馬英九辦公室主任王光慈，以及前國安會諮委、政治大學東亞所榮譽教授邱坤玄。

2015年11月7日馬英九在總統任內與習近平於新加坡舉行「馬習會」，當時有600多家中外媒體報導此一歷史性會晤。這次的「馬習二會」，參與報導的僅有部分駐北京台媒與港媒，外媒無法參加。

淡江大學兩岸關係研究中心主任張五岳分析，「馬習二會」對於習近平而言，對中國大陸內部有交代，展現「對台政策卓有成效，並弱化武統聲音」；也可向國際社會宣示，「兩岸關係是屬於兩岸中國人事務，不容外力介入跟干預」；更可藉此向台灣民眾表達對兩岸現況看法，也「具體展現中共對台政策軟硬兩手都抓的區隔對待政策」。

張五岳表示，第一次「馬習會」於2015年在新加坡登場時，習近平當時考量蔡英文可能在2016年勝選後的兩岸關係；這次的「馬習二會」，習近平的講話自然也會考量到賴清德520上台之後的兩岸關係。

針對「馬習二會」對兩岸關係的影響，張五岳認為，「對兩岸的國際空間不會有任何影響、對兩岸談判協商不會有任何影響，對兩岸執政者的政治互信也不會有任何影響」，但是可能會影響對兩岸之間各式各樣的交流。

金門快艇案　兩岸協商達成共識

中國一艘載乘4人的快艇2024年2月14日越界闖入金門海域，遭海巡人員追緝，快艇拒檢後翻覆，造成2死、2人生還。事發後兩岸數度協商未有結果，直至7月30日雙方代表重啟協商並達成共識。金門檢方調查後認定巡防艇未故意衝撞，中國快艇翻覆可能出於危險駕駛、船隻不安全等，依罪證不足不起訴。

金門快艇案源於中國一艘「三無」（無船名、無船舶證書、無船籍港口登記）漁船拒檢蛇行後翻覆。

金門地檢署2月20日表示，中國船隻2月14日下午1時許駛入台灣劃設的「禁止水域」卻加速逃逸，過程中尚未出「禁止水域」即翻覆，船上4名男子經海巡隊救起送醫，其中2人死亡，檢方16日下午5時50分許接獲海洋委員會海巡署艦隊分署第九海巡隊正式報驗。

檢方指出，海巡隊表示沒有驅離及中國船隻翻覆過程的影像紀錄，為還原案發事實，檢方對巡防艇長及駕駛製作筆錄、調閱案發海巡隊通報紀錄、海巡隊撥打119通聯、相關雷達影像等資料。另外，經檢方勘查，巡防

▲海洋委員會主委管碧玲（右）、海巡署長周美伍（左）2024年3月4日赴立法院針對金門快艇案備詢。

艇上未發現有固定的監視錄影器材。

面對外界質疑，海巡署艦隊分署分署長廖德成解釋，本案發生僅歷時5分鐘，因海上追逐及時間短暫等因素，未能全程錄影，導致無法將關鍵事實完整呈現，這雖讓事證分散，但不影響事實真相始末。

為處理相關後事，2名死者的家屬由福建省泉州市紅十字會人員及律師陪同，一行10人2月20日抵達金門，海巡署及移民署人員也陪同祭拜、引魂等儀式，金門地檢署完成相驗。

另2名生還者在製作完筆錄後，均表示對海巡隊執法程序無意見，2月20日經由小三通遣返中國。但2人返回中國後翻供表示，乘坐的船隻翻覆是因台灣海巡艇衝撞頂翻。此番言論引發中國大陸輿論風波，也讓死者家屬不能接受，要求懲處道歉並求償。

金門地檢署和海巡隨即還原事發經過，強調是陸船蛇行甩尾自撞翻覆，且2名生還者在筆錄時也坦承未感覺被推撞。

由於死者家屬拒絕遺體火化，對於事發過程和賠償等也和海巡無法達成共識，兩岸代表團在金門就善後事宜歷經多次協商未果，中國籍死者家屬拒收慰問金，與中國代表團於3月5日返陸。

金門快艇案大事紀

日期	內容
2月14日	中國籍快艇下午越界闖入金門海域遭海巡署人員追緝，拒檢後蛇行翻覆釀2死。中國大陸國台辦指責台灣以粗暴和危險方式對待大陸漁民，「向台方表達強烈譴責」。
2月15日	大陸委員會表示，支持主管機關嚴正執法；對於中國籍船員拒絕配合執法工作發生不幸事件深表遺憾。
2月18日	福建海警局加強海上執法，在金廈海域展開常態化巡查行動。
2月19日	金廈遊輪遭中國海警強制登船臨檢，不少乘客受到驚嚇。海巡署派遣線上10039艇，一路伴航金廈遊輪返金門水頭港。
2月20日	金門快艇事件2名生還者經小三通搭船返回中國，但中方人員拒簽海巡署遣返人員證書。
2月21日	・金門地檢署指巡防艇上無錄影器材。海巡署說，全案僅歷時5分鐘，因擬強靠登檢而未能即時蒐證，但不影響真相；海洋委員會主委管碧玲說，海巡無隱匿動機。 ・馬祖海域下午出現3艘中國執法船隻。
2月22日	金門快艇事件2名生還者返回中國後翻供稱遭海巡艇撞翻。金門地檢署表示，生還者在海巡跟檢方訊問時均自承有加速逃逸發生碰撞，但沒感覺船被推撞。
2月25日	福建海警組織艦艇編隊在金門附近海域展開執法巡查。
3月15日	4艘中國海警船航入金門禁限制水域，全程伴航驅離監控。
5月3日	福建海警於金門附近海域執法巡查，這是繼4月29日以來一週內第2次。
7月24日	兩岸原定24日上午在金門金湖飯店就善後事宜進行討論，但受颱風凱米影響，商談延期。
7月30日	兩岸代表重啟協商取得共識，罹難者遺體、船隻歸還中方，但細節未對外透露。中方表示，希望盡快公布事件真相，對涉事人員做相應處理；海巡重申這是單純執法事件，會捍衛執法正當性。

金門快艇案發生後，兩岸金廈海域情勢升溫，引發區域緊張。中國海警2月18日宣布將在廈金海域展開常態化執法巡查行動；金門「金廈遊輪」2月19日下午遭中國海警強制登船臨檢；馬祖海域2月21日也出現3艘中國執法船隻，其中1艘海警船距離馬祖南竿島一度僅約5.5海里。中國海警部門自此在金廈海域展開常態化執法巡查行動。

　　金門快艇案事發逾5個月後，兩岸代表7月30日上午在金門金湖飯店重啟協商，中國代表泉州市台港澳辦副主任李朝暉和海巡署副署長謝慶欽會後表達雙方達成共識，但細節不便對外透露，洽談氣氛良好。

　　台灣依據協議發還2具遺體及漁船，給予兩位遇難的漁民家屬撫慰金，並由海巡署長張忠龍在公祭會場上對執法過程未錄影蒐證致歉。不過，相關協議內容細節與撫慰金額均未公布。

　　大陸委員會副主委梁文傑表示，共識內容就是大家看到的罹難者遺體、船隻歸還，讓事情圓滿落幕。

　　這起事件的海巡妨艇艇長和駕駛被依過失致死罪送辦。金門地檢署8月16日公布調查結果，認定巡防艇未故意衝撞，且快艇可能因危險駕駛和船隻不安全而翻覆，偵結後依罪證不足不起訴。

　　對此，國台辦表示「不能接受」，要求台灣公布真相，嚴懲責任人，確保不再發生類似事件。

金門釣客遭中國滯留近五個月後返家

　　金門縣兩名釣客2024年3月17日出海釣魚迷航至福建泉州，被中國海警尋獲，其中吳姓釣客3月返送金門，但胡姓釣客被滯留。時隔近5個月，立法委員陳玉珍8月7日前往中國接回胡姓釣客。

　　金門縣金沙鎮25歲胡姓、40歲吳姓釣客出海釣魚遭遇大霧，不慎迷航至福建泉州圍頭灣海域。

　　中國大陸國務院台灣事務辦公室發言人陳斌華表示，3月18日凌晨4時許，福建海警在圍頭灣海域發現一艘求救的無船名海釣船並救起2人。陳斌華稱，中國踐行「兩岸一家親」理念，連日來對2人給予醫療救助和人道關懷，並讓其致電家人報平安。

　　中國方面先將吳男送返金門，3月23日由中國海警和金門海巡隊派遣巡防艇完成吳男與船艇移交作業，吳男於金門料羅碼頭上岸。

　　國台辦表示，另一名胡姓男子為台灣軍方現役人員，未如實說明身分，且「編造虛假職業信息（訊息）有意隱瞞」，有關部門需進一步核實了解相關情況。

　　陸軍金門防衛指揮部證實，胡姓士官是金門守備大隊迫砲副班長，休假期間出海釣魚，因大霧迷航失聯，曾主動聯繫家屬及單位，回報已由中方海警尋獲，人員平安。

　　為了早日返家，胡姓士官遭對岸滯留期間，透過家屬主動申請志願退伍，並在5月8日生效。

　　胡姓釣客在中國滯留近5個月，國民黨籍立委陳玉珍經與陸方協調後，8月7日上午陪同胡男妻女搭船前往中國接人，並搭乘中午11時許的小三通船隻返回金門。

　　陳玉珍說，胡男滯留中國主因仍是「0214事件」（發生於2月14日的金門快艇案）發生後，兩岸大環境、政治氛圍趨於緊張，胡男又是現役軍人，身分敏感，造成無法及時返鄉。所幸後來經不斷溝通協調，胡男回歸老百姓身分，家屬可前往當地探視，之後「0214事件」順利落幕，才讓金廈兩岸「善意」得以循環積累，胡男得以返家。

　　大陸委員會表示，事發後即不斷透過既有管道向中國有關部門反映，要求人員應儘速且無條件安全送返，樂見中方終於採取行動。

澎湖漁船遭中國扣留　繳完罰款獲釋

　　澎湖籍漁船「大進滿88號」因違反中國「伏季休漁」規定，2024年7月2日遭中國海警扣押逾40天後，4名船員及漁工8月13日獲釋，但船長及漁船被中國扣留逾4個月，直到11月15日繳清人民幣21萬餘元罰款後，人船終獲得釋放。

　　「大進滿88號」6月30日自西嶼竹灣漁港出

海,7月2日至金門北碇島附近海域作業時,遭到中國海警船強行登檢,並以漁船違反中國「伏季休漁」規定、違規進行拖網作業為由,連人帶船扣押,洪姓船長、丁姓台籍船員,以及3名印尼籍漁工共5人被帶往泉州圍頭港。

中國相關部門7月3日通報,「大進滿88號」涉嫌「非法捕撈」,違反「伏季休漁」規定,在「底拖網禁漁區線」內違規拖網作業,且使用的網具遠小於規定的最小網目尺寸。

前後任的澎湖海峽兩岸交流協會理事長、前立委林炳坤與前副議長陳雙全等人居中協調,加上洪姓船長女兒、許姓船東、澎湖縣議員吳政杰等一行7月12日陸續前往福建,與省台辦三通處長李忠惠等人見面後,讓營救人船露出曙光。

在被扣留逾40天後,4名船員及漁工8月13日獲釋,由小船護送至海峽中線,交由「大進滿96號」接駁返回澎湖。

陳雙全說,洪姓船長與漁船由於涉及相關法律層面,要待走完法律程序後,人船才可望一併釋放。

林炳坤與陳雙全等人8月13日再與李忠惠等人見面達成共識,澎湖縣議會議長陳毓仁10月24日率訪問團在北京與中國大陸國台辦主任宋濤會面時,獲得正面回應。

陳雙全等一行11月14日聯袂再赴泉州作最後協商洽談,11月15日一早探視洪姓船長後,協請友人代為繳交人民幣21萬餘元罰款(其中人員10萬、漁船11萬餘元)。

被扣4個多月的「大進滿88號」漁船,由於這段期間未曾開動,船隻已無電力,無法啟動,海警單位連夜僱請專人檢修充電。

洪姓船長在完成身分查驗後,人船15日下午送至海峽中線,友船「大進滿8號」漁船前

台灣船隻歷年遭中國登檢事件一覽

日期	案由	案發海域	案情摘要
92年7月11日	澎湖籍漁船龍滿6號、龍得豐12號、龍順利號、龍連興8號及龍得利168號等5艘遭扣	澎湖七美西南方103浬	違反中方伏季休漁規定,繳清罰款後即予釋放,於7月13日返回澎湖。
94年7月24日	澎湖籍漁船勝大和號、昇偉祥號、金鴻財號、進財福2號、吉祥興號及財興祥2號等6艘	澎湖七美西南方89浬	違反中方伏季休漁規定,繳清罰款後即予釋放,於7月26日返回澎湖。
96年7月28日	澎湖籍漁船勝大和號、昇偉祥號、合吉利12號、金鴻昌6號、龍吉利號及龍發進1號等6艘	澎湖花嶼西方44浬	違反中方伏季休漁規定,由海巡署護航返回澎湖。
104年9月21日	金門籍貨輪德旺2號船長落海	金門復國墩外0.6浬	船長林明澹落海,遺體2天後尋獲。船員供稱,當晚有不明船舶靠近,並有身著綠色服裝、手持棍子及無線電,疑似公安之類的人員登船壓制船員。
112年3月14日	金門籍漁船大龍號引擎故障	福建大伯島淺礁內(限制水域外3浬,中方內水)	因引擎故障進入案發海域,疑似遭中國公務船登檢帶回,經過調查並未發現不法事證,完成調查程序後返抵金門。
113年2月19日	金門籍客輪初日號遭登檢	大金門烏沙角西北方2.8浬	中國海警6人登船查驗航行計畫、船長及船員證照與船長簽名後離船。

資料來源:海巡署

往接船一併返航，11月16日上午抵達澎湖竹灣漁港。

2024年起兩岸接連發生多起海上爭議事件，0214金門快艇案7月30日兩岸協商達成共識，遭中國滯留近5個月的金門胡姓釣客8月7日返台，「大進滿88號」人船被扣事件也告一段落。

楊智淵被中共控分裂國家判刑九年

台灣社運人士楊智淵在中國被以「分裂國家」罪名判刑9年，剝奪政治權利3年，此案是在2024年8月26日經由浙江省溫州市中級人民法院依法開庭審理，並經由一審公開宣判。

楊智淵在2019年接任台灣民族黨副主席，2020年代表一邊一國行動黨參選新北市永和區立委。

楊智淵是第一個被以分裂國家罪起訴及逮捕的台灣人。2022年8月3日，美國眾議院議長裴洛西（Nancy Pelosi）結束訪問台灣行程後，中國中央電視台新聞隨即報導楊智淵被「刑事拘傳」審查的消息。2023年4月，溫州市檢察院以涉嫌分裂國家罪對楊智淵批准逮捕。

中國大陸國台辦發言人陳斌華2024年9月6日指稱，「法院審理查明，2008年至2020年間，楊智淵為分裂國家、謀求『台灣獨立』，在『台灣地區』通過『台灣民族黨』、『一邊一國行動黨』等台獨組織，公開宣揚『台獨』分裂主張，積極實施制定『台獨』分裂行動計畫、圖謀推動『台灣建國』並加入聯合國等分裂國家、破壞國家統一的行為」。

陳斌華指出，法院認為，楊智淵的行為觸犯了中華人民共和國《刑法》第103條第1款的規定，構成分裂國家罪，並稱楊智淵長期參與分裂國家活動，積極宣揚『台獨』分裂主張，且在『台灣民族黨』等台獨組織中起骨幹作用，「行為性質惡劣」。

陳斌華說，從2022年8月，浙江省溫州市國家安全局依法對楊智淵採取刑事強制措施以來，「國家司法機關嚴格依法辦案，充分保障楊智淵及其辯護人依法享有的各項訴訟權利，依法公開案件辦理情況」。

陳斌華並指出，該案的判決書已送達楊智淵及其辯護人，關於家屬探視，有關部門將依法辦理。

大陸委員會副主委兼發言人梁文傑表示，中共以「分裂國家」罪名判處楊智淵有期徒刑9年，「我方政府家屬均拒絕接受此判決結果，政府在此提出嚴厲譴責，要求中共立刻公開判決書，說明相關判刑證據」。

梁文傑指出，中共指控楊智淵的罪名，其實是在指控絕大多數台灣人的生活日常，中共目的是利用這個案子恫嚇全台民眾，行長臂管轄之實。

梁文傑說，楊智淵案判決結果恰好驗證，中共發布「懲獨22條意見」，其實是針對全體台灣民眾而來，如果中共想要的話，任何台灣人都可以被定罪成「台獨分子」、「台獨頭目」。

陸委會並指出，楊智淵根本就不是中共栽贓的「台獨頭目」，在被中共違法逮捕關押前，早已不從事政治活動，長期在中國大陸以教圍棋及參加比賽為生。

海峽交流基金會秘書長羅文嘉表示，中共這些作法對於兩岸關係發展交流非常不健康，陸委會對於前往中國大陸已發出橙色旅遊警示（避免非必要旅行），中共這些作為將再度讓民眾赴陸旅行、經商、就學時心理產生害怕。

羅文嘉批評，中共隨便抓人、隨便扣上罪名等侵犯人權措施，都和台灣自由民主體制、人權普世價值大相違背；必須表達遺憾，也要告訴對岸，在主張促進交流的同時，這些作為嚴重傷害兩岸交流，中共一方面說要開放陸客赴金馬旅遊，實際上卻在恐嚇台灣人民。

巴黎長榮桂冠酒店拒掛五星旗引爭議

中國網紅「張教官」指控巴黎長榮桂冠酒店拒掛五星旗，不少中國網友表態喊抵制，要求旅遊平台下架長榮桂冠酒店，長榮集團為此發聲明致歉。

「張教官」2024年8月13日在抖音發布一段短影音，指控巴黎長榮桂冠酒店在內部懸掛奧運參賽國國旗，卻獨漏中國五星旗，他提供五星旗要求掛上卻遭拒。飯店的中國籍廚

師則稱，原本有懸掛五星旗，但來自台灣的蘇姓總經理下令剪掉，他抗議也無效。

影片發布後，不少中國網友在社群媒體號召抵制長榮桂冠酒店，宣稱「不會入住長榮旗下任何酒店了」，還稱抵制是為了「拒絕台獨」。

中國網友群起要求各大旅遊平台全面下架長榮桂冠酒店，事件越演越烈。許多中國網友在網上呼應抵制，還有網友要求全面嚴查台灣企業。

長榮集團8月23日發布聲明表示，會加強員工教育訓練，避免再發生類似情況，同時強調認同「九二共識」及「反對台獨」，集團創辦人張榮發生前對推動兩岸和平發展不遺餘力。

大陸委員會回應，「嚴正抗議並譴責中共操作民族主義及鼓動縱容情緒性網民對我企業霸凌與施壓、經濟脅迫等的不當作為」。並表示，用民族主義來干涉商業、賺流量，不會讓中國偉大，只會讓國際愈加反感。

外交部也強烈譴責中國企圖以經濟脅迫進行政治操弄，以商逼政，破壞以規則為基礎的國際秩序及正常商業行為。

事件牽動兩岸敏感神經，中國官方對此事保持低調應對，官方媒體新華社、《人民日報》、中央電視台也未報導這起事件。

中國大陸國台辦9月11日首度回應，發言人陳斌華表達希望長榮集團秉持「民族大義」，站穩立場，堅持「九二共識」，反對台獨，以實際行動維護和推動兩岸關係和平發展。

陳斌華說，中國歡迎並支持廣大台灣民眾與台企到大陸投資發展的態度是一貫的、明確的，同時也絕不允許支持「台獨」、破壞兩岸關係的人在大陸賺錢，做「吃飯砸鍋」的事。

台灣藝人在中國被迫表態
賴總統盼國人諒解

總統賴清德520上任後，中國中央電視台發文「反台獨」，不少台灣藝人跟進發文表態引起熱議。賴總統表示，台灣文化工作者在中國被迫表態，講什麼是一回事，重要的是他們內心想法，盼大家體諒。

賴總統就職演說中強調兩岸互不隸屬，中國央視官方微博2024年5月22日發文表示，「台灣從來不是一個國家也永遠不會成為一個國家，『台獨』死路一條，祖國統一勢不可擋！中國終將實現完全統一。」

台灣藝人歐陽娜娜、侯佩岑、楊宗緯第一時間轉發貼文。中國網友還製作「未表態名單」，隨後楊丞琳、張韶涵、吳克群、汪東城、陳妍希、明道、郭品超、辰亦儒、賴冠霖等台灣藝人接力表態「台灣必將回歸祖國懷抱」，引起不少台灣網友反彈。

天團五月天5月24日的北京演唱會上，主唱阿信在台上提到，「我們中國人嘛來北京一定吃烤鴨的」，此話火速登上微博熱搜，也引起台灣網友討論。

歌手蔡依林在江西南昌開唱時，向台下歌迷大喊：「我們中國南昌最熱情的」，同樣登上微博熱搜。

歌手王心凌轉發中國官媒《人民日報》發出的「國土不能分民族不可散」貼文，並表態「我是中華民族的一份子」，衝上微博熱搜第一名。藝人張鈞甯同樣轉發《人民日報》貼文，並寫下「不支持台獨」。

歌手「信」(蘇見信)在微博發文表態，「從以前到現在，我一直都是支持統一的啊！」，還說「都是同一個文化的中華民族、大家加油吧、多些善意的交流、期待和平統一的日子到來」。

▲總統賴清德（前左2）2024年5月26日表示，台灣文化工作者在中國被迫表態，盼大家體諒。

賴總統5月26日接受媒體聯訪表示，台灣文化工作者到中國被迫政治表態，不是第一次，也應不會是最後一次，對每一次台灣文化工作者在他人屋簷下承受壓力，他都感到非常不捨；但這些文化工作者在他人屋簷下講什麼內容是一回事，更重要的是他們內心想什麼。

賴總統說，希望國人諒解、體諒，將繼續努力守護國家，讓台灣繼續進步，也讓台灣文化工作者有更好發展。

文化部表示，台灣作為自由民主國家，從來不會要求任何人對自己的立場表態，更不會讓任何人因為表態或不表態受到政治威脅，這是自由台灣最可貴之處。

文化部強調，會持續努力創造更具市場規模及更好的影視發展環境，期盼藝人及所有的創作者在台灣最自由的土壤上，繼續毫不受限制的展現自我。

國安局長蔡明彥5月29日在立法院專案報告指出，中共對娛樂產業壓迫手法有3種：第1種是請藝人或經紀公司簽署相關認同書，包括認同「九二共識」、「一個中國」，或是展演過程中不能批評中國政治體制或相關事件。

第2種是中共向經紀公司威脅查稅，讓經紀公司配合中共相關的政治宣傳操作。

第3種是針對演唱會活動，以公安或安全理由，管控入場人數，讓策辦活動公司和相關單位承受壓力。

兩岸貿易依存度降　創10年新低

受到美中貿易戰、中國經營成本增加、COVID-19疫情等影響，兩岸貿易依存度呈現下滑態勢。財政部進出口統計資料顯示，台灣2023年對中國（含香港）貿易總額占對外貿易總額28.57%，創下10年來新低；2022年為29.90%，低於3成。

過往10年，台灣對中國（含香港）貿易總額對對外貿易總額占比，在2015至2021年期間連續數年高於3成，2017年、2018年分別為31.69%、31.21%；COVID-19疫情期間的2020年達34.25%，隔年降為32.97%。

台灣對中國投資件數、金額也有下降趨勢。經濟部投資審議司統計資料顯示，2023年核准對中國投資件數328件，年減率11.83%；核准投（增）資金額計新台幣911億457萬元，為2002年以來新低，年減39.83%。

台灣對中國投資金額從2002年起持續處在高於對外投資金額狀態，2010年對中國投資占整體對外投資比重一度高達84%；2016年起浮現下降態勢，2023年對中國投資占整體對外投資比重降為11%。

學者剖析，過去10年兩岸貿易依存度漸降、對中國投資金額下滑等趨勢與台商轉赴東南亞等國家布局有很大關聯，影響作出「轉赴」決定的背後原因包括中國勞動成本激增、中美貿易戰、COVID-19疫情衝擊。

致理科技大學國際貿易系副教授張弘遠表示，兩岸貿易轉折點落在2014年，中國經濟發展邁入「新常態」，有一連串經濟結構調整，導致原先看好便宜勞力、廉價土地的台商經營成本增加，於是逐漸轉往東南亞國家布局。

張弘遠指出，2018年發生中美貿易戰，助長台商轉往新的投資基地，彼時也有大量資本回流、投資台灣；COVID-19疫情間，中國實施嚴苛防疫作為，再加強台商離開中國念頭。從2014至2024年，呈現台灣資本生產漸與中國脫離結果。

張弘遠認為，兩岸關係不確定性影響直接投入當地生產的信心；中國產業也有了排他性，優先考慮扶持本土品牌，不再將最好的條件留給外資，為了接軌國際貿易規則，釋出經貿特殊性給台資的空間也在縮小。

張弘遠指出，「去中國化」讓兩岸市場逐漸脫離，政府將資本從海外拉回台灣，投注高科技產業大量資源，再透過資本市場將經濟成果分享出去，不夠的地方以提高基本工資、社福政策去彌補。在這樣的框架下，中國角色轉為補充性質，對於台灣經濟來說，可以是「充分條件」，而不是「必要條件」。

張弘遠還說，中國一再拿經濟做為對台武器，結果是經貿「紅利」反被視作威脅、惹來反感。

台灣赴中國工作人數連八年遞減

行政院主計總處最新統計資料顯示,國人赴中國工作人數連續8年減少,2013年達43萬人,2014年減為42.7萬人,COVID-19疫情爆發前1年的2019年為39.5萬人。

受到疫情衝擊,2020年、2021年、2022年赴中國工作人數相較之前驟減。主計總處統計,截至2022年,赴中國工作人數17.7萬人,相較10年前的2012年(43萬人)驟減25.3萬人。

統計顯示,2009至2013年,赴中國工作人數占赴海外工作總人數年年突破6成,2014年起逐漸下降,疫情爆發前1年的2019年為53.4%;疫情期間的2022年僅剩37.5%。

前往東南亞國家工作人數則呈成長趨勢,2013年達10.9萬人,2014年增為11.3萬人,2019年達12萬人,較10年前的2009年增加4.3萬人。

台灣大學國家發展研究所兼任副教授辛炳隆指出,中國外資政策改變,在中國的經商成本也愈來愈高,美中貿易戰、美中科技戰加速台商改變布局,加上新南向政策拉動,海外就業情勢也有了明顯變化,出現台灣赴中國工作人數遞減、赴東南亞國家工作人數漸增趨勢。

辛炳隆說,中國對於台灣年輕人就業吸引力確實下滑,一方面台灣年輕人在對岸職場已沒有特別優勢,二方面中國經濟環境現況不是很好,三方面台灣年輕人對於極權政治環境較難接受,沒有辦法「賺錢歸賺錢」。

兩岸函件往返及來去電話量

單位:件;次;分鐘

年別 (民國)	信件 總計	台灣寄大陸	大陸寄台灣	來話次數	來話分鐘數	去話次數	去話分鐘數
90	12,630,660	5,004,283	7,626,377	114,970,716	321,953,043	154,668,202	509,835,107
95	12,486,723	5,985,106	6,501,617	358,902,498	875,980,140	350,297,538	1,505,975,668
100	8,575,531	3,597,429	4,978,102	171,584,037	470,973,044	393,344,578	1,364,127,550
101	8,479,704	4,030,086	4,449,618	167,278,555	321,077,486	366,139,852	1,186,399,744
102	8,582,875	4,181,431	4,401,444	150,690,749	353,651,437	275,674,467	873,445,344
103	8,692,880	4,643,922	4,048,958	161,446,245	310,080,038	286,519,406	794,238,649
104	7,719,788	4,248,171	3,471,617	125,738,404	247,510,228	212,922,279	616,522,122
105	6,851,716	3,699,181	3,152,535	71,952,515	181,607,130	169,657,521	427,881,509
106	6,203,437	3,245,651	2,957,786	63,494,475	153,076,379	77,095,260	256,130,803
107	5,019,817	2,976,347	2,043,470	48,738,692	120,017,680	51,490,736	173,182,518
108	4,465,869	2,912,190	1,553,679	37,599,803	98,089,132	35,337,764	116,327,956
109	3,249,498	2,187,251	1,062,247	16,393,916	37,667,957	32,321,280	80,932,517
110	3,127,020	2,054,532	1,072,488	12,133,725	25,849,194	21,806,803	56,065,499
111	2,666,973	1,820,058	846,915	15,117,195	21,986,369	25,187,929	45,611,891
112	2,499,720	1,713,682	786,038	12,952,254	20,099,198	17,904,820	35,689,799

說明:1.台灣寄大陸信件自民國77年4月18日起收寄,大陸寄台灣信件自77年3月19日起遞送;另掛號函件往返自82年6月起寄送。
　　　2.兩岸電話自78年6月起開放;90年6月以前為中華電信公司資料。
資料來源:交通部、國家通訊傳播委員會。

台灣對中國大陸及香港貿易

（一）按美元計算

單位：百萬美元；%

年別	金額 總額	金額 出口	金額 進口	年增率 總額	年增率 出口	年增率 進口	比重 總額	比重 出口	比重 進口
2006	116,650	90,046	26,604	16.26	15.04	20.58	26.98	39.86	12.89
2007	131,059	101,203	29,857	12.35	12.39	12.23	27.79	40.70	13.39
2008	133,425	100,503	32,922	1.81	-0.69	10.27	26.58	38.99	13.48
2009	110,077	84,475	25,602	-17.50	-15.95	-22.23	28.79	41.17	14.45
2010	153,942	116,120	37,822	39.85	37.46	47.73	28.88	41.87	14.79
2011	171,485	125,805	45,681	11.40	8.34	20.78	28.60	40.30	15.90
2012	165,100	121,083	44,016	-3.72	-3.75	-3.64	28.38	39.66	15.92
2013	170,236	125,305	44,931	3.11	3.49	2.08	28.94	40.31	16.20
2014	179,469	128,481	50,988	5.42	2.53	13.48	29.89	40.22	18.14
2015	159,119	112,386	46,732	-11.34	-12.53	-8.35	30.55	39.51	19.77
2016	157,307	111,986	45,321	-1.14	-0.36	-3.02	30.94	40.11	19.77
2017	181,459	129,911	51,549	15.35	16.01	13.74	31.69	41.18	20.04
2018	193,098	137,899	55,199	6.41	6.15	7.08	31.21	41.29	19.38
2019	190,571	132,115	58,457	-1.31	-4.19	5.90	31.00	40.14	20.46
2020	216,228	151,439	64,788	13.46	14.63	10.83	34.27	43.87	22.67
2021	273,057	188,877	84,179	26.30	24.77	29.89	32.98	42.31	22.07
2022	271,388	185,895	85,493	-0.62	-1.58	1.54	29.91	38.77	19.97
2023	223,962	152,248	71,714	-17.47	-18.09	-16.13	28.57	35.21	20.41

（二）按新台幣計算

單位：百萬元；%

年別	金額 總額	金額 出口	金額 進口	年增率 總額	年增率 出口	年增率 進口	比重 總額	比重 出口	比重 進口
2006	3,796,825	2,930,856	865,969	17.57	16.31	22.04	26.99	39.87	12.89
2007	4,303,736	3,323,188	980,548	13.35	13.39	13.23	27.79	40.70	13.39
2008	4,181,444	3,148,616	1,032,828	-2.84	-5.25	5.33	26.56	38.92	13.49
2009	3,630,211	2,785,973	844,238	-13.18	-11.52	-18.26	28.79	41.15	14.46
2010	4,860,295	3,667,234	1,193,061	33.88	31.63	41.32	28.88	41.88	14.78
2011	5,036,784	3,695,551	1,341,233	3.63	0.77	12.42	28.60	40.29	15.89
2012	4,886,484	3,583,647	1,302,837	-2.98	-3.03	-2.86	28.37	39.65	15.92
2013	5,048,066	3,716,016	1,332,050	3.31	3.69	2.24	28.94	40.31	16.20
2014	5,429,772	3,887,248	1,542,524	7.56	4.61	15.80	29.89	40.23	18.14
2015	5,043,755	3,562,000	1,481,755	-7.11	-8.37	-3.94	30.56	39.52	19.79
2016	5,066,784	3,605,984	1,460,800	0.46	1.23	-1.41	30.93	40.08	19.78
2017	5,523,287	3,953,898	1,569,389	9.01	9.65	7.43	31.67	41.16	20.03
2018	5,821,566	4,157,285	1,664,281	5.40	5.14	6.05	31.20	41.29	19.38
2019	5,894,287	4,086,266	1,808,021	1.25	-1.71	8.64	30.99	40.13	20.46
2020	6,387,406	4,473,022	1,914,384	8.37	9.46	5.88	34.24	43.85	22.65
2021	7,647,506	5,289,832	2,357,674	19.75	18.31	23.12	32.98	42.31	22.07
2022	8,040,482	5,506,984	2,533,498	5.13	4.11	7.44	29.87	38.73	19.95
2023	6,984,342	4,746,564	2,237,778	-13.13	-13.80	-11.69	28.59	35.21	20.45

資料來源：財政部

海基會協處台商經貿糾紛案件處理統計

年度 類型	人身安全類	財產法益類 台商投訴	財產法益類 大陸人民及廠商投訴	合計
1993	17	57	4	78
1994	30	40	4	74
1995	41	43	14	98
1996	36	25	9	70
1997	35	22	13	70
1998	64	48	15	127
1999	58	35	3	96
2000	51	31	1	83
2001	67	36	1	104
2002	91	43	1	135
2003	107	32	3	142
2004	124	27	3	154
2005	133	54	5	192
2006	197	85	8	290
2007	249	42	0	291
2008	312	221	9	542
2009	353	428	15	796
2010	328	368	5	701
2011	274	328	4	606
2012	267	419	14	700
2013	216	391	11	618
2014	192	312	7	511
2015	199	392	14	605
2016	148	139	5	292
2017	163	85	1	249
2018	184	77	2	263
2019	172	77	0	249
2020	184	46	0	230
2021	201	39	0	240
2022	230	47	0	277
2023	233	44	0	277
2024（1-9月）	148	19	1	168
合計	5,106	4,088	172	9,366

資料來源：海基會，2024年10月4日。

大陸地區人民進入台灣地區（各類交流）人數統計表

單位：入境人次

項　目	健檢醫美	專業交流	商務交流	小三通（往來金、馬、澎）
2016	28,112	133,461	87,729	255,795
2017	19,614	116,242	80,663	267,529
2018	20,774	105,230	83,682	310,676
2019	35,966	90,994	102,676	312,357
2020	5,614	1,030	8,487	13,031
2021	0	73	888	0
2022	0	221	3,890	0
2023	0	5621	29,339	743
2024（1-8）	0	5,387	36,647	1,653

單位：出境人次

項　目	健檢醫美	專業交流	商務交流	小三通（往來金、馬、澎）
2016	27,935	133,151	87,427	253,591
2017	19,439	116,055	79,987	265,782
2018	20,122	108,560	82,946	309,795
2019	33,350	91,575	100,698	313,859
2020	8,621	10,043	11,422	14,034
2021	0	154	902	0
2022	0	255	3,486	0
2023	0	3,894	28,499	690
2024（1-8）	0	6,582	35,592	1,631

說明：
1. 統計範圍及對象：凡大陸地區人民符合「大陸地區人民進入台灣地區許可辦法」規定入出境台灣者。
2. 統計標準時間：以每月1日至月底之事實為準。
3. 小三通(往來金、馬、澎)：凡大陸地區人民符合「試辦金門馬祖澎湖與大陸地區通航實施辦法」第12條第1項各款之 事實，經由「小三通」往來兩岸者。
4. 健檢醫美：大陸地區人民符合下列情形之一者，得申請許可來台接受健康檢查、美容醫學服務：
   (1) 年滿20歲，且有相當新台幣20萬元以上存款或持有銀行核發金卡或年工資所得相當新台幣50萬元以上者。
   (2) 其直系血親及配偶得同時申請。
五、本表未含社會交流、觀光及其他欄位，自2019年10月起，觀光相關數據請參考交通部觀光局行政資訊網。
資料來源：內政部移民署

台灣核准對中國大陸投資金額

單位：萬美元

年別	總計	按行業別分								
		農林漁牧業	礦業及土石採取業	製造業	電力及燃氣供應業	用水供應及污染整治業	營造業	批發及零售業	運輸及倉儲業
2000	260,714	575	15	238,425	1,584	-	554	5,792	940
2001	278,415	1,039	110	251,396	742	-	2,259	11,721	1,651
2006	764,234	896	115	664,929	4,626	420	1,473	31,278	10,478
2007	997,055	1,710	332	876,600	4,778	685	3,145	41,190	3,614
2008	1,069,139	1,556	851	876,119	1,065	508	4,564	49,911	5,753
2009	714,259	719	-	589,208	1,700	280	2,596	74,315	3,121
2010	1,461,787	756	1,444	1,084,082	4,631	30	7,313	111,549	2,308

年別	總計	農林漁牧業	礦業及土石採取業	製造業	電力及燃氣供應業	用水供應及污染整治業	營造業	批發及零售業	運輸及倉儲業
2011	1,437,662	448	1,362	1,037,539	150	4,701	6,147	123,272	9,427
2012	1,279,208	923	810	751,880	-	1,151	5,340	127,179	6,331
2013	919,009	222	3,175	512,052	-	2,155	3,552	103,594	2,490
2014	1,027,657	269	1,791	657,916	1,371	910	4,318	109,557	1,881
2015	1,096,549	220	2,154	648,557	2,496	815	1,185	67,994	4,228
2016	967,073	800	921	711,222	2,930	4,605	6,790	53,511	7,197
2017	924,886	1,681	2,270	643,556	-	5,544	963	105,987	3,780
2018	849,773	2,604	-	597,553	1,500	-	5,797	118,892	15,843
2019	417,309	5,239	-	240,806	895	260	2,876	100,887	14,675
2020	590,649	8,101	8	334,141	0	6,578	5,409	140,773	20,722
2021	586,317	7,100	700	449,635	3,712	1,010	3,874	59,824	1,870
2022	504,676	2,000	-	360,715	2,286	36	1,829	36,537	14,187
2023	303,682	12	64	176,932	-	201	189	47,617	805

年別	住宿及餐飲業	資訊及通訊傳播業	金融及保險業	不動產業	專業、科學及技術服務業	支援服務業	醫療保健及社會工作服務業	藝術、娛樂及休閒服務業	其他
2000	982	5,349	-	-	767	33	-	729	4,970
2001	150	5,508	316	35	671	106	-	197	2,514
2006	1,641	8,117	8,443	1,780	12,367	3,626	1,906	4,819	7,320
2007	2,509	15,127	11,795	1,365	5,850	4,150	2,559	2,533	19,113
2008	6,896	32,446	25,562	2,896	22,406	5,646	3,262	1,456	28,242
2009	8,029	10,685	4,872	1,720	1,701	806	960	3,513	10,037
2010	6,664	33,307	50,038	112,828	20,023	6,056	824	1,832	18,103
2011	6,017	28,253	125,583	41,360	17,529	10,320	8,456	1,562	15,536
2012	17,180	11,864	172,572	133,800	27,499	2,341	7,268	5,462	7,608
2013	7,813	22,288	190,097	28,932	16,339	11,505	6,126	1,782	6,887
2014	3,778	11,327	165,895	32,530	20,994	9,785	1,111	783	3,441
2015	1,447	11,647	278,589	31,953	26,399	6,128	1,582	4,938	6,217
2016	2,442	4,934	136,291	9,363	6,857	2,636	7,203	3,758	5,613
2017	2,250	6,406	107,352	14,868	14,160	2,575	4,949	525	8,022
2018	8,480	4,711	58,904	7,947	14,442	8,566	1,182	923	2,432
2019	661	4,529	23,687	3,732	14,755	973	787	553	1,993
2020	3,097	1,773	51,659	1,526	11,525	4,139	362	387	446
2021	853	3,454	32,729	1,575	14,738	4,383	-	90	770
2022	1,137	1,430	19,445	4,318	37,484	6,209	4,371	-	12,691
2023	1,052	1,741	20,717	1,000	28,485	41	24,406	21	400

年別	按地區別分							
	江蘇省	廣東省	浙江省	福建省	上海市	北京市	天津市	其他地區
2000	93,056	101,970	6,867	9,949	32,107	5,083	4,083	7,600
2001	104,635	78,797	20,849	12,012	37,625	8,692	3,697	12,109
2006	288,725	141,518	59,100	51,994	104,179	16,399	11,331	90,988
2007	384,190	197,846	69,079	38,836	144,022	14,684	15,578	132,818
2008	422,911	150,460	61,188	80,854	170,413	16,187	16,356	150,770
2009	274,663	128,216	59,218	26,247	95,500	18,752	17,688	93,975
2010	550,183	261,887	72,262	88,165	196,134	17,798	27,805	247,552
2011	442,589	220,507	72,446	92,341	217,586	15,416	21,187	355,592
2012	345,601	141,427	100,398	110,586	214,770	13,210	35,415	317,800
2013	231,093	147,853	42,576	57,363	239,285	17,622	12,678	170,540
2014	245,788	116,103	46,333	189,140	135,267	13,923	9,571	271,532
2015	228,866	146,973	65,932	85,040	128,689	142,820	15,153	283,074
2016	288,513	98,687	33,772	99,090	110,628	48,387	5,233	282,763
2017	232,510	111,176	67,641	101,026	103,794	31,801	6,175	270,763
2018	219,304	129,743	118,955	97,673	96,377	17,894	8,379	161,448
2019	143,407	43,485	38,685	40,600	55,263	6,111	17,381	72,377
2020	208,600	36,190	41,099	145,272	80,253	15,405	2,811	61,018
2021	266,994	63,242	36,961	45,901	36,462	5,602	2,832	128,323
2022	147,465	64,477	51,525	113,086	58,925	5,264	7,146	56,788
2023	125,013	32,337	30,920	21,702	57,021	4,126	101	32,464

說明：1.行業別自2007年起採中華民國行業標準分類第8次修訂版。　2.本表資料含補辦案件。
資料來源：經濟部投資審議司。

兩岸交流統計

年別	大陸地區人民非法入境概況			大陸人民來台人數(1)(人次)	大陸人民合法來台人數(人次)		金馬小三通人員往來人數(人次)	
	收容人數(人)	遣返人數(人)	遣返次數(次)		居留許可	定居許可	我方人民前往大陸	大陸人民進入金馬
1996	1,649	2,250	10	56,545	1,047	3,950	-	-
2000	1,527	1,230	7	116,311	5,142	5,275	-	-
2001	1,469	1,948	12	133,988	3,001	3,322	11,729	1,041
2006	834	1,596	9	243,185	24,228	8,076	294,769	41,929
2007	446	595	5	320,169	21,369	7,997	338,618	53,322
2008	285	365	3	288,511	20,404	8,109	481,740	43,714
2009	246	236	5	1,064,999	32,561	28,189	568,724	108,067
2010	121	143	3	1,580,099	27,781	13,499	531,002	174,533
2011	68	53	3	1,727,294	19,849	9,794	538,781	199,801
2012	27	17	2	2,536,934	17,178	8,763	519,036	197,485
2013	59	21	2	2,848,604	16,334	8,549	500,369	163,867
2014	60	24	2	3,947,610	17,213	7,012	511,124	230,458

年別	大陸地區人民非法入境概況 收容人數(人)	遣返人數(人)	遣返次數(次)	大陸人民來台人數(1)(人次)	大陸人民合法來台人數(人次) 居留許可	定居許可	金馬小三通人員往來人數(人次) 我方人民前往大陸	大陸人民進入金馬
2015	19	7	1	4,143,836	15,581	6,460	517,847	351,170
2016	23	15	2	3,472,673	14,857	8,212	510,009	364,380
2017	23	23	4	2,695,721	12,953	6,087	515,896	365,390
2018	13	21	4	2,661,977	11,684	4,884	548,038	410,237
2019	17	-	-	2,683,093	11,283	4,399	569,163	414,705
2020	18	22	1	107,531	6,055	2,149	35,337	17,480
2021	49	-	-	13,251	5,253	2,169	-	-
2022	48	39	4	24,158	5,921	2,487	-	-
2023	-	-	-	218,017	16,034	5,508	366,434	18,038

年別	赴大陸旅遊人數(2)(萬人次)	大陸配偶結、離婚(人) 結婚登記數	離婚登記數 合計	已設籍	未設籍	港澳居民來台人數(人次) 居留許可	定居許可
1996	173	-	-	-	-	1,710	1,678
2000	311	23,297	-	-	-	1,369	1,185
2001	344	26,516	4,621	…	…	1,305	726
2006	441	13,964	7,057	…	…	1,682	481
2007	463	14,721	6,494	1,008	5,486	1,984	484
2008	439	12,274	6,482	1,336	5,146	2,421	519
2009	448	12,796	7,672	2,574	5,098	3,109	568
2010	514	12,807	9,592	4,947	4,645	2,736	498
2011	526	12,800	8,628	3,819	4,809	2,447	504
2012	534	12,093	8,322	3,211	5,111	3,169	643
2013	516	10,829	7,144	3,034	4,110	4,574	575
2014	537	10,003	6,731	2,805	3,926	7,506	697
2015	550	9,322	6,354	2,673	3,681	6,339	891
2016	573	8,673	6,092	2,716	3,376	5,829	1,273
2017	587	7,634	5,892	2,722	3,170	5,431	1,251
2018	614	6,944	5,573	2,560	3,013	5,289	1,267
2019	613	6,698	5,068	2,356	2,712	6,962	1,667
2020	…	2,363	3,428	1,881	1,547	11,815	1,710
2021	…	2,067	2,963	1,550	1,413	12,034	1,776
2022	…	2,935	2,994	1,585	1,409	9,997	1,420
2023	…	7,530	3,950	1,864	2,086	7,848	1,659

附註：(1)含經貿交流及觀光活動。
(2)1999年(含)以前為「申請台胞證前往大陸人次」資料，2020年起中國大陸官方未公布數據。
資料來源：行政院大陸委員會、內政部移民署。

§ 第三章　中國大陸地區現況

中國大陸地區政經概況

- **人口**：約14億967萬人（2023）
- **面積**：960萬平方公里
- **幣制**：人民幣Chinese yuan,
  1USD＝7.1524CNY（2024）
- **宗教**：佛教、道教、伊斯蘭教、天主教、基督教
- **政治制度**：全國人民代表大會是國家最高權力機關，全國人大常務委員會為常設機關。全國人大由省、自治區、直轄市和軍隊選出代表組成，每屆任期5年。1949年後，中國共產黨實施一黨專政，另有8個附屬共產黨的黨派。2018年3月11日全國人大會議表決通過修憲案，刪除國家主席、副主席「連續任職不得超過兩屆」規定，任期與全國人大每屆任期5年相同。
- **平均每人國內生產毛額**：約12,609美元（2023）
- **國內生產毛額**：17兆7,948億美元（2023）
- **通貨膨脹率**：0.2%（2023）
- **失業率**：5.2%（2023）
- **進口值**：2兆5,569億美元（2023）
- **出口值**：3兆3,790億美元（2023）
- **人口出生率**：6.39‰（2023）
- **人口死亡率**：7.87‰（2023）

資料來源：經濟部各國統計月報

政治組織

全國人民代表大會是最高國家權力機關，行使國家立法權，常設機關是全國人大常委會。全國人大由省、自治區、直轄市和軍隊選出的代表組成，每屆任期5年。

國務院是國家最高行政機關和國家權力的執行機關，實行總理負責制，各部、各委員會實行部長、主任負責制，每屆任期5年，總理、副總理、國務委員連續任職不得超過兩屆。

中國人民政治協商會議是在中國共產黨領導下包羅廣泛的統一戰線組織。

政黨

中國共產黨為執政黨，另有8個附屬於共產黨的黨派如下：中國國民黨革命委員會、中國民主同盟、中國民主建國會、中國民主促進會、中國農工民主黨、中國致公黨、九三學社、台灣民主自治同盟。

司法機構

人民法院是國家審判機關，分最高人民法院、地方各級法院和專門人民法院。人民法院依照法律規定獨立行使審判權。最高人民法院是最高審判機關，監督地方各級人民法院和專門人民法院的審判工作，上級人民法院監督下級法院的審判工作。最高人民法院對全國人民代表大會和全國人民代表大會常務委員會負責；地方各級人民法院對產生它的國家機關負責。

人民檢察院是國家的法律監督機關，分最高人民檢察院、地方各級人民檢察院和專門人民檢察院。人民檢察院依照法律規定獨立行使檢察權。最高人民檢察院是最高檢察機關，領導各級人民檢察院和專門人民檢察院的工作。最高人民檢察院對全國人民代表大會和全國人民代表大會常務委員會負責；地方各級人民檢察院對產生它的國家權力機關和上級人民檢察院負責。

武裝力量

中國的武裝力量基本上是由中國共產黨掌握，所謂的以黨領政、以黨領軍，因此軍事力量是由中國共產黨中央軍事委員會領導，由中共中央軍委主席、軍委副主席、軍委委員組成。中共中央軍委由中共中央委員會決定，實行主席負責制。中華人民共和國中央軍事委員會是國家軍事領導機關，負責領導全國武裝力量，由國家軍委主席、副主席、委員組成，實行主席負責制，國家軍委主席由全國人民代表大會選舉產生，對全國人民代表大會

及常務委員會負責。國家中央軍委會每屆任期5年，但沒有屆數限制。中共中央軍委會與國家中央軍委會是「一套人馬，兩塊招牌」。

中國的武裝力量由人民解放軍、人民武裝警察部隊和民兵組成。人民解放軍是常備軍；武裝警察部隊擔負國家賦予的安全保衛任務，維護社會秩序；民兵是不脫離生產的武裝群眾。

中國重要政軍人事資料：
（截至2024年10月）

- **全國人大常委會委員長**：趙樂際
- **中國人民政治協商會議主席**：王滬寧
- **國家主席**：習近平
- **國家副主席**：韓正
- **國務院總理**：李強
- **副總理**：丁薛祥、何立峰、張國清、劉國中
- **國家軍委主席**：習近平
- **國家軍委副主席**：張又俠、何衛東
- **國家監察委員會主任**：劉金國
- **最高人民法院院長**：張軍
- **最高人民檢察院檢察長**：應勇

行政區劃

中國現行的行政區劃由省級（省、自治區、直轄市、特別行政區）、地級（地級市、地區、自治州、盟）、縣級（市轄區、縣、縣級市、自治縣、旗）、鄉級（街道、鎮、鄉、民族鄉、蘇木）組成。

中國行政區劃

地名	首府	面積（萬平方公里）	常住人口（萬人）
北京市	北京	1.64	2,185.8
上海市	上海	0.63	2,487.45
天津市	天津	1.17	1,364
重慶市	重慶	8.23	3,191.43
河北省	石家莊	18.77	7,393
山西省	太原	15.60	3,465.99
遼寧省	瀋陽	14.59	4,182
吉林省	長春	18.74	2,339.41
江蘇省	南京	10.72	8,526
浙江省	杭州	10.18	6,627
安徽省	合肥	14.01	6,121
福建省	福州	12.14	4,183
江西省	南昌	16.69	4,515.01
山東省	濟南	15.71	10,122.97
河南省	鄭州	16.7	9,815
湖北省	武漢	18.59	5,838
湖南省	長沙	21.0	6,568
廣東省	廣州	17.79	12,706
海南省	海口	3.32	1,043
四川省	成都	48.50	8,368
貴州省	貴陽	17.61	3,865
雲南省	昆明	39.4	4,673
陝西省	西安	20.58	3,952
甘肅省	蘭州	42.58	2,465.48
青海省	西寧	72.0	594
黑龍江省	哈爾濱	45.48	3,099
內蒙古自治區	呼和浩特	118.3	2,396
廣西壯族自治區	南寧	23.76	5,027
西藏自治區	拉薩	122.8	365
寧夏回族自治區	銀川	6.6	729
新疆維吾爾自治區	烏魯木齊	166.49	2,598
香港特別行政區	香港	0.1114	752.79
澳門特別行政區	澳門	0.00333	68.37

註：上述省、市、自治區人口數是截至2024年3月統計數字；香港、澳門特別行政區人口數是截至2023年12月統計數字。

行政單位

中國有33個省級行政區，包括22個省、5個自治區（內蒙古、新疆、廣西、寧夏、西藏）、4個直轄市（北京、天津、上海、重慶）、2個特別行政區（香港、澳門）。

省、市、自治區主要領導人

省（區市）	書記	省（市）長自治區主席
北京	尹力	殷勇
上海	陳吉寧	龔正
天津	陳敏爾	張工
重慶	袁家軍	胡衡華
河北	倪岳峰	王正譜
山西	唐登杰	金湘軍
內蒙古	孫紹騁	王莉霞（女）
遼寧	郝鵬	李樂成
吉林	黃強	胡玉亭
黑龍江	許勤	梁惠玲（女）
江蘇	信長星	許昆林
浙江	王浩	王浩
安徽	梁言順	王清憲
福建	周祖翼	趙龍
江西	尹弘	葉建春
山東	林武	周乃翔
河南	樓陽生	王凱
湖北	王蒙徽	王忠林
湖南	沈曉明	毛偉明
廣東	黃坤明	王偉中
廣西	劉寧	藍天立
海南	馮飛	劉小明
四川	王曉暉	施小琳（女）
貴州	徐麟	李炳軍
雲南	王寧	王予波
西藏	王君正	嘎瑪澤登
陝西	趙一德	趙剛
甘肅	胡昌升	任振鶴
青海	陳剛	吳曉軍
寧夏	李邑飛	張雨浦
新疆	馬興瑞	艾爾肯·吐尼亞孜

資料來源：新華網，2024年10月

香港和澳門是中國領土的一部分。中國於1997年7月1日對香港恢復行使主權，成立香港特別行政區；1999年12月20日對澳門恢復行使主權，成立澳門特別行政區。

中共軍費七兆三千多億元　成長7.2%

中國第14屆全國人民代表大會第2次會議2024年3月5日在北京開幕，根據中國政府預算草案報告，2024年國防預算為人民幣1兆6,655.4億元（約新台幣7兆3,200億元），比2023年成長7.2%，軍費增幅與2023年持平，同為近5年來最高。

根據中國財政部提出的2024年中央和地方預算草案的報告，官方編列的2024年國防支出為人民幣1兆6,655.4億元，比2023年成長7.2%，已連續8年突破人民幣兆元。

對照2020年到2023年，中國編列的國防支出年增率分別為6.6%、6.8%、7.1%、7.2%。

預算報告草案提出，全面推進國防和軍隊現代化建設，鞏固提高一體化國家戰略體系和能力；研究完善優撫對象撫恤和生活補助標準動態調整機制，支援做好退役軍人安置、就業等工作。報告也提到，2023年編列的國防支出全數執行完畢。

近年來中國的軍費預算不斷提升，加上地域衝突加劇、國際情勢動盪等因素，2024年中國軍費如何調整引發國際關注。

中國國務院總理李強在政府工作報告中針對國防相關事項表示，要全面加強練兵備戰，統籌推進軍事鬥爭準備，抓好實戰化軍事訓練，堅定捍衛國家主權、安全、發展利益。加快實施國防發展重大工程，優化國防科技工業體系和布局，加強國防教育、國防動員和後備力量建設。

中國全國人大發言人婁勤儉3月4日在全國人大記者會指出，近年來為維護國家主權、安全、發展利益，適應中國特色軍事變革的需要，更好履行大國國際責任義務，中國在推動經濟社會持續健康發展的同時，總體保持國防支出合理穩定增長，促進國防實力和經濟實力同步提升。

婁勤儉說，與美國等軍事大國相比，中國

的國防支出無論是占國內生產總值的比重、占國家財政支出的比重，還是國民人均國防費、軍人人均國防費等，一直都是比較低的。

日本政府內閣官房長官林芳正指出，中國在缺乏足夠透明度的情況下持續增加軍事開支，是「日本和國際社會確保和平、穩定及強化國際秩序所面臨的最大戰略挑戰」。

根據國家安全局的「國家情報工作暨國家安全局業務報告」指出，共軍在經濟不振下，國防預算增幅仍高達7.2%，反映中共領導人習近平挹注高額軍費擴建太空、AI等新質戰力野心，實現2027建軍百年目標，加劇對區域乃至全球安全威脅。

淡江大學整合戰略與科技研究中心研究員楊太源表示，歷經多年增長，中國國防預算僅次於美國高居世界第2，按照用途劃分，包含裝備費（武器研發、採購、維修等）占42%、人員生活費（工資、津貼、住房公積金等）占31%、訓練維持費（訓練、教育、設施建設維護等）占27%。

楊太源說，依比率分析，中國國防預算執行重心，仍聚焦於各軍種主戰裝備的更新換代，以及調增軍人待遇與福利。

楊太源指出，中國利用「軍民融合」、「軍地共建」，將部分應由國防預算支出的經費由地方政府或政府其他部門承擔，並藉由「民參軍」、「軍轉民」等管道，將研發費用轉嫁於國企、民企。雖然中國再三強調不存在「隱藏性軍費」，但轉嫁地方、各部委、企業的經費，以及軍售收入，都未列在國防預算，顯示中國仍存在巨額地方預算型的隱藏性軍費。

▲中國2024年國防預算7.32兆元，年增7.2%。

中國歷年國防預算一覽
（2012年至2024年）

年度	金額（億元人民幣）	較上年增幅（%）
2024	16,655.4	7.2
2023	15,537	7.2
2022	14,504.5	7.1
2021	13,553	6.8
2020	12,680	6.6
2019	11,898.76	7.5
2018	11,069.51	8.1
2017	10,440	7
2016	9,543.54	7.6
2015	8,868.98	10.1
2014	8,082	12.2
2013	7,406.22	10.7
2012	6,702.74	11.2

資料來源：中國14屆全國人大第2次會議（2024年數據）

楊太源分析，中國經濟受中美貿易戰影響，各行各業都面臨減薪，共軍仍全面加薪，原因是要達成徵兵目標，而從2023年中國新頒《徵兵工作條例》分析，顯示中國社會普遍存在拒絕服兵役或逃兵情況，因此國防預算7.2%的增長，一部分就是要用於調高軍人待遇。

楊太源說，雖然2024年中國國防預算僅為美軍的1/4，若將物價指數、工作時數、隱藏性軍費、美軍長年征戰支出等項目放入計算，中國的國防預算與美軍預算實相差無幾，且中國的生產效力更勝美國，因此中國的年度國防預算運用效益將遠大於美軍，值得各界長期關注。

2024中國經濟成長目標5%左右

中國國務院總理李強2024年3月5日在第14屆全國人民代表大會第2次會議提出政府工作報告，報告中提到，2024年中國經濟成長目標訂為5%左右，消費者物價指數（CPI）漲幅目標3%左右。

這是李強在總理任內首次政府工作報告，

▲中國全國人大2024年3月5日舉行開幕式，國務院總理李強（前排站立者）進行首次政府工作報告。（AP）

他宣布2024年發展主要預期目標是國內生產總值率（GDP）增長5%左右；城鎮新增就業1,200萬人以上，城鎮調查失業率5.5%左右；居民消費價格漲幅3%左右等；財政赤字率訂在3%；地方政府專項債券人民幣3.9兆元（約新台幣17.1兆元）；另發行1兆元（約新台幣4.4兆元）特別國債，專項用於國家重大戰略實施和重點領域安全能力建設。

李強表示，提出上述預期目標，綜合考慮中國國內外形勢和各方面因素，兼顧需要和可能，經濟成長預期目標為5%左右，考慮了促進就業增收、防範化解風險等需要，並與「十四五」規劃（第14個5年規劃，2021至2025年）和基本實現現代化的目標相銜接。

李強坦言，「實現今年預期目標並非易事，需要政策聚焦發力、工作加倍努力、各方面齊心協力」；他還說，「我國經濟持續回升向好的基礎還不穩固」。

2023年中國的經濟成長率為5.2%，達成官方設定的5%左右目標。

政府工作報告起草組負責人、中國國務院研究室主任黃守宏表示，當前中國要擴大就業、增加居民收入、防範化解風險，都需要一定的經濟增速。2024年中國就業壓力比較大，城鎮新增就業要達到1,200萬人以上。根據就業與經濟成長的對應關係，或根據經濟增長對就業的拉動效應，要實現就業目標，經濟大致需要保持5%左右的增速。

黃守宏指出，中國實現5%左右的增速「完全是有可能」，中國有超大規模市場需求、產業體系完備供給、高質素勞動人才等。近年新動能快速發展，新能源汽車2023年產銷量超過900多萬輛，產銷量占全球比重超過60%。

黃守宏說，中國經濟發展面臨的國內外形勢依然嚴峻複雜，政府工作報告用了較長篇幅闡述面臨的困難和挑戰。但中國政府負債率不到60%，金融總體穩健，宏觀政策還有比較大空間。

中華經濟研究院第一研究所助理研究員王國臣表示，中國政府工作報告經濟成長目標設定5%，較法人預期來得高，顯示提振信心意圖；如何達成經濟成長目標，推估政府將再加大財政支出，例如發行特別國債。

王國臣認為，中國經濟情勢複雜，民營企業流動負債、地方政府債務等問題待解，中國政府加大財政支出恐尚不足以處理現有問題，外資也會持續採取觀望態度；北京所推經濟目標偏向「不要比2023年惡化就好」。

中國人民大學經濟學院教授聶輝華指出，5%的經濟成長率目標雖然不出意料，但仍比較困難。這個目標值和2023年一樣，但是建立在更大的GDP基數上，所以增量更大。而2023年提出5%的經濟成長目標時，各機構還認為太保守，「事後來看，5%也不容易」。

聶輝華認為，中國經濟情況不樂觀的原因在於3點：一、市場信心還是不太足夠；二、疫情造成的疤痕效應還在，很多人收入下降、預期下降；三、全球產業鏈重組，對中國不利。

防金融風險擴大　李強：優化房地產政策

中國房市低迷、許多房地產公司陷入流動性危機、建案無法完工，房地產作為「火車頭產業」，又進一步拖累中國經濟。

中國國務院總理李強在政府工作報告中提到2024年政府工作任務，其中一項是有效防範化解重點領域風險，包括房地產、地方債務、中小金融機構等風險，維護經濟金融大局穩定。

在房地產方面，李強說，優化房地產政策，對不同所有制房地產企業合理融資需求要一視同仁給予支持，促進房地產市場平穩健康發展。

李強表示，健全風險防控長效機制，適應新型城鎮化發展趨勢和房地產市場供求關係變化，加快構建房地產發展新模式。加大保障性住房建設和供給，完善商品房相關基礎性制度，滿足居民剛性住房需求和多樣化改善性住房需求。

有分析指出，2024年是中國房市限購全面放鬆的重要一年。不過，2023年中國許多地方政府已不斷鬆綁房地產政策，中央政府也多次表態支持國營及民營房企融資，但房市仍未見起色。

中國面臨通貨緊縮壓力
經濟前景難樂觀

大陸委員會2024年10月發表「大陸與兩岸情勢簡報」指出，中國經濟成長放緩，深陷通貨緊縮、國進民退（國企進，民企退）等困境，現況為內需疲軟、外資撤離，仰賴出口支撐經濟動能，年經濟成長目標5%恐難達標。

中國國家統計局統計資料顯示，2024年中國前3季國內生產毛額（GDP）年增率4.8%。以季別來看，第3季GDP年增率4.6%，創下年內最低，表現遜於第1季的5.3%、第2季的4.7%。

中國消費者物價指數（CPI）2024年1月年增率為負0.8%，接著連續數個月保持微幅成長，7月、8月、9月年增率分別為0.5%、0.6%、0.4%，顯示內需疲軟等狀況，外界普遍認為，恐有通貨緊縮風險。

簡報指出，中國經濟現狀面臨通貨緊縮、國進民退、外資撤離等問題，仰賴出口支撐經濟成長；國際組織與多家投行平均預期，2024年中國經濟成長率恐低於中國政府工作報告設定的5%左右目標。

中國國際經濟交流中心資深專家委員會委員朱民坦言，若欲達成年初政府工作報告設定全年經濟成長率5%左右的目標，第4季拉升經濟成長的壓力將很大，必須達到5.5%，這是很大的挑戰。

朱民認為，為了達成目標，必須關切兩個關鍵，一個是房地產業必須「築底止跌」。2024年前3季房地產開發投資年減率10.1%、新成屋銷售年減率17.1%，價格也下跌，如果房地產跌勢止不住，對於經濟影響很大，必須給市場信心，讓民眾願意入市。

朱民提到，必須抛出更多政策支持民眾消費，包括增加民眾收入、拉抬消費，也要在供應端提供更多高品質的服務性消費。如果消費可以拉上去，加上房地產止跌部分有效果，第4季經濟表現可有所期待。

朱民說，幫助企業解決困難也是很重要的一點，構建統一大市場、構建執法合規的經營環境，減輕企業的交易費用和成本，幫助企業活起來，整個經濟才有活力。

中國社會科學院金融研究所10月22日發布2024年第3季中國巨集觀金融分析報告指出，中國第3季經濟運作整體平穩，經濟活力不夠問題突出。政府力推消費品「汰舊換新」，試圖釋放內需潛力，不過就業和收入預期不穩降低消費信心，土地出讓收入下滑也制約了政府支出；狹義貨幣供給（M1）負成長，顯示經濟運作「氣血不足」。

中國經濟不景氣，中國民眾受就業和收入預期下滑影響，在花錢方面變得越來越謹慎。中國國家統計局數據顯示，1至7月中國社會消費品零售總額年增3.5%，增速比起1至6月下滑0.2個百分點，也比第1季下滑1.2個百分點。

上海、北京、廣州、深圳等4個一線城市的社會消費品零售總額增速下滑更明顯，據統計，6月上海、北京、廣州、深圳的消費數據出現斷崖式下跌，社會消費品零售總額年增率比5月分別下滑了11、12.8、10.2、3.2個百分點，達到負9.4%、負6.3%、負9.3%、負2.2%。

其他一線城市包括天津、杭州、廈門、寧波、南京等，上半年社會消費品零售總額年增速也偏低。

中國部分城市消費疲軟的重要因素是民眾收入增速放緩。統計顯示，第2季中國全國人均消費支出年增率降至5.0%，低於第1季的8.3%；第2季中國全國人均可支配收入年增率降至4.5%，低於第1季的6.2%。

自2023年4月以來，中國消費者物價指數已經數月負成長，內需消費持續疲軟，但官方迄今堅稱沒有通貨緊縮。在不得唱衰經濟的

陰影下,「通縮」成為中國媒體、專家學者避提的敏感詞。

前中國人民銀行(央行)行長易綱9月6日在上海外灘金融峰會直言,中國面臨內需疲軟的問題,尤其是在消費和投資方面。易綱是迄今坦承中國面臨通縮最知名的官方人士。

易綱建議,中國需要採取積極的財政政策和穩健的貨幣政策來支持增長;中國的貨幣政策應當寬鬆,同時支持實體經濟;應該聚焦於支持中小企業,因為它們創造了多數的就業。

習近平喊新質生產力　內需不足被批脫節

中國國家主席習近平2023年下半年拋出「新質生產力」這個新詞。幾個月後,習近平2024年3月在中國全國人大、政協「兩會」會議期間強調要「因地制宜發展新質生產力」。全國兩會結束後,中國各地紛紛將發展新質生產力列為重點工作。

「新質生產力」所指為何,簡單地說,習近平只是換一種方式向各級政府傳達,需要集中精力打造中國的高科技和製造業實力。而這些能力被視為中美兩強競爭格局下中國能否勝過美國的關鍵。

習近平提出「新質生產力」時,提到的新興產業涉及新能源、新材料、先進製造及資訊科技等領域。中國官媒中央電視台旗下新媒體「玉淵譚天」報導稱,包括「新能源汽車、新興氫能、新材料、創新藥、生物製造、商業航天、低空經濟、量子技術以及生命科學」等近10個與新質生產力有關的新興產業和未來產業受到廣泛關注。

習近平在「兩會」期間還指出,「發展新質生產力不是要忽視、放棄傳統產業,要防止一哄而上、泡沫化,也不要搞一種模式」。

習近平發出警示後,官媒《經濟日報》刊發評論文章加以闡述,並提到中國某些城市出爐文件將人工智慧、雲端、大數據、高端軟體和資通科技、5G通訊以及新一代物聯網、積體電路、產業互聯網等一股腦地都作為重點發展領域,而一哄而上不僅會造成部分生產「爛尾」,形成資源浪費,「我們在這方面是有過教訓的,當引以為鑒」。

中國經濟低迷下,習近平提出的「新質生產力」發展路徑被視為北京為經濟困局開出的解方,但批評者說,中國政府只著眼創造供應,卻未相對創造需求,意味著其他國家可能將被迫承擔中國為了提振製造業而造成的產能過剩問題。

英國《經濟學人》(The Economist)4月4日發文指出,中國力推新質生產力,企圖利用國家力量來加速發展先進製造業以解決停滯不前的經濟,卻忽略了中國社會的消費力仍處於低水平,終將無法解決經濟問題而讓中國人民失望,還會激怒世界。

房市低迷　中國地方財政堪憂

中國房地產市場陷入危機,嚴重打擊以出讓土地作為主要財源的地方政府。這些財政吃緊的地方政府只能尋求其他財源,包括增收罰款及租售公有資產,甚至成立「砸鍋賣鐵」小組籌資,情況堪憂,令中國經濟更加雪上加霜。

中國財政部數據顯示,2024年1至7月中國全國稅收年減5.4%,反映經濟持續低迷和減稅措施的雙重影響;同期地方政府的土地出讓收入年減逾20%。

相形之下,1至7月中國非稅收入(包括國有資產出售收入、罰款及沒收收入)反而年增12%,其中大部分流入地方政府。

野村證券研究報告指出,中國非稅收入持續保持兩位數成長,代表資金短缺的地方政府可能提高罰款,以因應土地出讓收入減少。報告並引用中國官方數據計算得出,中國7月份非稅收入年增率近15%,延續6月份的兩位數增幅。

非稅收入暫時緩解地方政府的財政壓力,但經濟學家警告,這種情形不可持續;而且非稅收入缺乏透明度,可能進一步削弱原已疲軟的消費者信心和企業信心。

中國非稅收入來源的數據不完善,一連串報導提到,一些地方政府對於民眾及企業的輕微違規行為,動輒處以高額罰款。

官員和經濟學家表示,非稅收入增加的主因是,地方政府試圖從持有的資產中獲取更多資金。2023年夏季以來,中國各地加強出售

和招租公有資產，包括閒置的建築物、停車場到礦產儲備等。

由於傳統收入來源難以為繼，新的收入來源又不確定，解決債務問題成為中國地方政府的一大挑戰。像是重慶市璧山區政府成立「砸鍋賣鐵」工作專班，字面上代表為償債不惜一切代價處置資產，引發熱議。

為解決地方財政困境，中國中央政府計畫加大對地方政府的財政轉移支付力度，並劃給地方政府更大比例的消費稅收入，還允許地方政府對更多項目徵稅。但分析人士表示，這些計畫缺乏細節，且進展甚微。

高盛（Goldman Sachs）的研究報告指出，儘管市場對中國年初的積極財政政策抱有很高期望，但中國財政狀況面臨的挑戰，似乎比往年更嚴峻和持久，令中國黯淡的經濟形勢雪上加霜。

陸股上半年表現差　激勵措施下暴漲

2023年5月初，中國滬指從3,418點的波段高點反轉向下，2024年以來跌勢加劇，2月5日盤中更跌到2,635點，創下2019年2月以來新低。這9個月來，陸股指數跌掉近23%，而股價腰斬甚至再腰斬的個股，已不計其數。

2024年全球股市頻創新高，中國A股相對表現不佳，三大指數上半年均告下跌；5,300多檔上市股票中，半年來股價上漲的不到800檔，跌幅逾10%的將近4,000檔。

中國經濟低迷，股市跌跌不休，為挽救低迷股市，中國證監會2024年2月6日連發多則公告，表態嚴懲惡意做空、限制融資融券、支持中央匯金公司入市增持以及要求上市公司注意提升投資價值等。2月7日，中國證監會主席易會滿被免職，由外號「券商殺手」的前上海市副市長吳清接替。

吳清走馬上任後，證監會連發通報，強調對公司申請首次公開發行（IPO）過程的詐欺行為以及多名證券從業人員買賣股票等違法行為開罰，釋出強監管的訊號。

陸股2月8日兔年封關，當日滬指、深指雖均帶量上漲近1.3%，但滬指兔年全年仍下跌12.22%，深指更大跌26.38%，與全球股市屢創新高的走勢背道而馳。

相形之下，台股2月5日以1萬8,096點封關，同樣的9個月，指數上漲逾16%。2月上旬，美股道瓊指數突破3萬8,000點，持續寫下歷史新高，近3個月的漲幅更超過20%。歐股的歐盟50指數（Euro Stoxx 50）攻上4,600點，創下23年來的大波段新高，近3個月的漲幅達14%。日本的日經指數突破3萬6,000點，直逼1990年代初期經濟泡沫化前的歷史高點，而過去1年的累計漲幅更超過40%。

中國股市表現欠佳，除肇因於中國經濟表現疲弱，不少投資人將矛頭指向中國企業申請IPO「過於浮濫」，導致許多體質不佳、或是經營者居心叵測的企業大量上市，擾亂股市秩序。

據統計，過去10年來，在中國股市上市的公司數量激增，7年前僅有46家公司申請IPO，2021年申請IPO的公司多達503家。

為整頓股市，中國監管機構加強淘汰機制，不少體質欠佳的上市公司因而下市。據統計，截至2024年8月21日止，共有40家公司從上海及深圳證交所下市，還有9家公司收到退市預告，2024年中國股市下市企業總數極可能創下歷史新高。

中國人民銀行行長潘功勝、中國國家金融監管總局局長李雲澤、中國證監會主席吳清9月24日共同召開記者會，宣布一連串財經激勵措施，陸股隨即出現久違的大漲走勢。

9月26日中共中央召開政治局會議，政策宣示要推出《民營經濟促進法》，幫助民企渡過難關，進一步「規範涉企執法、監管行為」，會議並指出要「努力提振資本市場，大力引導中長期資金入市」等。

在市場情緒受到振奮下，陸股當天下午應聲大漲，終場上證指數以3,000.95點作收大漲104.65點，漲幅達3.61%，深證成指漲幅高達4.44%，以8,916.65點大漲378.92點作收；而滬深二市的總成交量在多頭資金進場，以及投資人見狀追價下持續放大，合計達人民幣1兆1,624元（約新台幣4.5兆元），較前一天增加53億元。

陸股暴漲下，中國券商以「開戶如潮水」形容新開戶數量暴增景象，各券商開戶數量呈現2至4倍成長。中國網路上形容陸股走勢有

如一個人「從ICU（Intensive Care Unit，加護病房）直接轉到KTV」，不但從瀕死狀態復活，還能到KTV唱歌享樂。

中華經濟研究院第一研究所助理研究員王國臣分析，從中國股市表現來看，這波措施有些正面回應，不過將呈短多長空局面，中國經濟問題關鍵在房地產，資產負債表衰退削減了企業投資信心、民眾消費意願、外資投入吸引力。

中國房地產爛尾遍地
官方救房市難救信心

中國受COVID-19疫情衝擊經濟增長乏力，房地產業遭受重創，恆大、碧桂園等知名房地產商接連爆發財務危機，引發債務違約、爛尾樓問題，進一步衝擊經濟。為穩定房市，2024年中國官方推出各項救市政策，但都難以修復創傷。

從2016年10月起，中國官方因房市過熱、金融風險等因素，逐步限制房地產商融資，包括限制企業發債資金用於購置土地、限制信託資金投向房地產領域。

2021年1月中國實施「三道紅線」政策，限制房地產高槓桿、高負債、高周轉的開發融資模式。原本政策立意是盼望監管房地產開發商，改變資金槓桿過大的情形，並且遏止炒房，落實「房住不炒」。結果「三道紅線」推出後，房地產企業失去融資來源，開發商資金斷鏈，房子蓋到一半蓋不下去的爛尾樓問題浮現。

越來越多的爛尾樓影響買房者的信心，房地產業資金周轉來源出現問題，企業債務危機連環爆，爛尾樓從各地零星的個案，逐漸串聯成蔓延全中國的風暴。2021年底恆大公告首筆美元債違約，恆大在中國各地的建案紛紛停工，最終走上破產，負債達3,400億美元；之後碧桂園集團也涉及違約，嚴重衝擊中國經濟發展。

2023年初解除COVID-19疫情管控後，中國經濟復甦不如預期，收入不佳、房價持續下跌，民眾對買房縮手，這又造成開發商收入劇減，更多的房企紛紛傳出經營危機。

中國消費者想買房，錢必須先付給開發商，開發商蓋完後再交屋，「責任由消費者承擔」。若是開發商出事、蓋不下去了，消費者等不到交屋，仍然需要繼續還貸款。

爛尾樓延伸出屋主發起拒繳貸款的問題。2022年7月，遍及中國100多座城市的數十萬屋主聯合起來，拒絕為沒有完工的房子繳貸，並發布公開聲明決定停止支付房貸，「停貸潮」危機成為中國政府不得不正視的問題。

當時正是中共20大召開前夕，中國地方政府以各種手段打壓抗議行動、分化屋主。2022年中國各地的怒吼，以及開發商大規模停工背後揭示的嚴重金融問題，讓中央政府震動，深怕社會不穩定進一步擴大。

根據野村證券的報告，截至2022年底，中國未完工的預售房屋數量約2,000萬戶，如果要完成這些房屋的建築大約需要人民幣3.2兆元（約新台幣14兆元）。

中國銀保監會2022年7月底宣布人民幣2,000億元（約新台幣8,900億元）的紓困資金，要「千方百計推動保交樓」。透過國家力量進駐救市，防範由經濟議題引發社會危機。

被指「遍地爛尾樓」的河南省鄭州市，率先提出為房地產紓困、解決爛尾樓問題的方案，2022年9月發布「大幹30天，確保全市停工樓盤全面復工」。事後證明，官方把爛尾樓問題想得太簡單，因為很多資金仍不到位，2,000億元紓困資金遠遠不夠。

▲中國房地產開發商接連爆發債務危機，除了買房者擔憂自己買的房會爛尾，房地產低迷的連鎖效應也拖累中國經濟。（AP）

中國房市持續低迷，數據顯示，2024年1至5月，百強房企銷售金額年減44.3%。房企收入大降，影響所及，原本財務沒問題的企業也紛紛出現危機，地方政府的財政都受到影響。

中國新政救房市提振內需

為了解決房地產資金鏈斷鏈問題，促使建案能夠「保交樓」，中國住房城鄉建設部及金融監管總局2024年1月12日發布「關於建立城市房地產融資協調機制的通知」，推出房地產融資協調機制（俗稱房地產白名單機制），鬆綁融資限制，鼓勵銀行加速放款，支持優良的開發商與建案。這項機制是由地方政府針對當地建案篩選後，層層上報，再由官方推送給銀行，銀行還要審批才能決定給予融資。

截至3月底，累計有1,247個建案拿到銀行貸款，共人民幣1,554.1億元。但房地產白名單的機制被業界詬病「落地慢」，進入白名單後仍遲遲無法獲得貸款，甚至可能再被銀行剔除。

為了穩定房市，中國持續推出房市新政。中國人民銀行與國家金融監管局5月17日宣布下調住房相關貸款利率，並調整最低首付比例。中國央行也宣布設立人民幣3,000億元（約新台幣1兆3,200億元）保障性住房再貸款，支持地方政府收購「已建成未出售」的商品房，用作保障性住房。

中國人民銀行行長潘功勝9月24日宣布降低存量房貸利率，引導商業銀行將存量房貸利率降至新發放房貸利率附近，潘功勝表示，存量房貸利率下調預期平均降幅0.5個百分點，預計惠及5,000萬戶家庭，1.5億人口，平均每年減少家庭利息支出人民幣1,500億元（約新台幣6,750億元）左右。

所謂「存量房貸」，指貸新政公布前發放的個人住房貸款中，尚未還清的部分。因為新的住房貸款利率持續走低，新舊房貸之間的利差不斷擴大。

潘功勝又宣布，統一第1間及第2間房的房貸最低首付比例，將第2間房的貸款最低首付比例由25%下調至15%。

打房到救市　中國房地產政策變革大事紀

日　期	內　容
2015年	一線城市房價快速上漲，後續影響其他城市房價上漲
2016年12月	中央經濟工作會議首提「房子是用來住的，不是用來炒的」限制房企發債用於商業性房地產項目
2017年	房價仍快速上漲，多地「四限」（限購、限貸、限價、限售）政策逐步升級；要求不得違規將信託資金投向房地產
2020年8月	官方提出「三道紅線」限制開發商融資，並宣布從2021年元旦起實施，逼房企去槓桿
2021年7月	恆大集團爆發債務違約；9月，全國恆大建案紛紛停工
2022年7月	多地爆發「爛尾樓」，屋主拒繳房貸，「停貸潮」蔓延全國至少100餘個建案。7月底，中共中央政治局會議提出要壓實地方政府責任，「保交樓，穩民生」
2022年12月	信貸緊縮政策反轉。「金融16條」公布，擴大房企融資管道並明確「保交樓」的資金來自政策性銀行
2023年7月	中共中央政治局會議定調「房地產市場供求關係發生重大變化，適時調整優化房地產政策」
2024年1月	官方推出「關於建立城市房地產融資協調機制的通知」，俗稱「房地產白名單」，由地方政府推薦建案，交由銀行審核後放貸
2024年4月	中共中央政治局會議要求確實做好「保交房」，保障購房人合法權益。統籌研究「消化存量房產」和「優化增量住房」的政策措施。房市進入「去庫存」時期
2024年5月	中國央行公布「517新政」，降低頭期款比率、取消房貸利率下限，並宣布設立人民幣3,000億元保障性住房再貸款，支持地方國企收購已建成、未出售商品房，用作保障性住房

上海易居房地產研究院副院長嚴躍進說，新政策有助於減輕購屋者負擔並提振內需，是迄今為止力度最大、惠及面最廣的房貸政策。

中國青年失業率連創新高

受到房地產危機拖累，中國2023年經濟復甦不如預期，官方統計，1至6月青年失業率從17.3%一路升至21.3%，創下2018年開始統計以來的最高紀錄，國際媒體也大篇幅探討中國青年失業問題及背後的隱憂，因此中國當局自2023年8月起暫停公布分年齡段的城鎮調查失業率。

直到2024年1月，中國調整統計方式、剔除在校學生，僅以離開學校、進入社會，需要工作的青年為統計對象，才恢復公布分年齡段的失業率。據統計顯示，2023年12月，16到24歲的中國青年失業率14.9%。而據2023年各月的平均數字，中國16到24歲的城鎮人口中，在校學生約6,200萬人，非在校生占約3,400萬人。

中國國家統計局解釋，在校生剔除有利於更準確反映進入社會的青年情況，給予更加精準的就業服務，制定更加有效與針對性的就業政策。

不過，中國青年失業率依舊居高不下，據中國國家統計局2024年10月22日公布的數據顯示，9月中國城鎮16至24歲勞動力失業率為17.6%，比8月下降1.2個百分點，仍為2024年以來第2高；25至29歲勞動力失業率為6.7%，比8月下降0.2個百分點；30至59歲勞動力失業率為3.9%，與8月持平。以上統計皆不包含在校生。

中國國家統計局新聞發言人劉愛華表示，7月城鎮調查失業率比6月上升，主要是進入傳統畢業季，大專大學應屆畢業生離校進入勞動力市場的影響。官方估計，2024年大學畢業生約1,179萬人，年增21萬人。

創紀錄的1,179萬大專院校畢業生投入就業市場，勢必更稀釋原本已僧多粥少的職缺。北京首都經濟貿易大學中國新就業形態研究中心主任張成剛指出，青年就業壓力仍存在，且長期化趨勢明顯。

官方統計，2024年前3季中國城鎮調查失業率是5.1%，第1季是5.2%，第2季是5.0%、第3季是5.2%。

中國國務院總理李強3月5日在第14屆全國人大第2次會議發表的政府工作報告，將2024年城鎮新增就業目標訂在1,200萬人以上，城鎮調查失業率5.5%左右，報告還提出多措並舉穩就業促增收的政策方向。

中國國家主席習近平多次強調，青年就業仍是優先任務。中國政府呼籲建立更多管道，讓青年能接觸潛在雇主，像是就業博覽會等，並推動鼓勵企業的政策，協助提高雇用率。

大陸委員會「大陸與兩岸情勢簡報」指出，中國本土廠商、外國廠商投資下滑，導致新增就業機會減少，加上國際經貿摩擦等影響，許多電動車廠在中國以外地方設廠，使得新增就業機會空間再下降，中國就業市場前景難樂觀。

就業不易 「爛尾娃」搶當日薪工

中國青年就業難，除了報考公務人員人數屢創新高外，「緩就業」也成為另一衍生現象，近年越來越多大學將研究生學制從2年延長為3年，校方理由是「提高研究生培養素質」等，但外界認為這是因應就業壓力的權宜之計。

而隨著失業率持續攀升，迫使中國數以百萬計的大學畢業生被迫屈就低薪工作，或甚

▲中國經濟前景面臨下行壓力，在北京一次招聘市場，許多民眾前來求職。

至啃老依靠父母的退休金過活，催生出新的勞動階級「爛尾娃」。韓媒《朝鮮日報》中文網9月5日報導，這群「爛尾娃」開始出現在勞務市場，爭取平均日薪新台幣720元的零工機會。

真實案例是，廣州市殯葬服務中心招聘3名遺體火化工，最後錄取者分別是廣東工業大學高分子材料與工程系及華南理工大學建築系畢業生，以及香港中文大學哲學系佛學研究碩士畢業生，成為熱門話題。

鼎泰豐華北14家門市吹熄燈號

受到大環境以及公司董事會對營業執照到期是否展延意見不一的影響，北京鼎泰豐宣布2024年10月31日前關閉北京、天津、青島、廈門、西安等城市共14家分店。

台灣知名餐飲品牌鼎泰豐和大成集團於2004年起，合作成立北京恆泰豐餐飲有限公司，在中國華北地區和廈門經營餐飲品牌「鼎泰豐」。鼎泰豐與另一合作夥伴在華東區域經營餐飲品牌「鼎泰豐」。結束營業的主要是華北地區門市，華東、華南地區不受影響。

北京恆泰豐餐飲有限公司總經理楊炳坤表示，鼎泰豐進駐北京已經20年，營業執照8月3日到期，根據相關規定，公司5席董事必須全部同意，才能辦理營業執照續展，但因其中1席董事堅持不同意，董事會無法取得共識，因此只能解散。5席董事都是台灣人。

楊炳坤指出，中國大陸在疫情後餐飲業的整體情況確實不佳，賠錢的業者很多；不同意續展營業執照的公司董事就是不看好餐飲業整體環境。外國消費者占鼎泰豐客源的20%到30%，但疫情後鼎泰豐外國消費客源情況一直不理想。

經濟疲弱衝擊　上半年逾百萬家餐飲倒閉

經濟疲弱導致民間消費不振，嚴重衝擊餐飲業，2024上半年中國逾百萬家餐飲門市倒閉，幾乎趕上2023年全年數據，更是2022年全年餐飲註銷門市數量的兩倍。其中有近3萬家註冊有案的麵館關門。

據分析，主要是消費降級，以及中產階級及白領消費習慣改變，而除了餐飲小品牌在困頓中掙扎，中國大型餐飲品牌日子也不好過。

如茶飲「奈雪的茶」2024年上半年約虧損人民幣4.2億元至4.9億元；連鎖餐飲企業「呷哺呷哺」至少虧損2.6億元；咖啡巨頭瑞幸咖啡利潤也比2023年同期下滑50%。

同時，知名拉麵連鎖店「味千拉麵」2024年上半年財報顯示轉盈為虧，淨虧損恐達人民幣2,000萬元（新台幣約8,970萬元），在香港股市股價更經歷直線崩跌，跌幅一度達22%。味千拉麵表示，客流量下降及店面銷售負成長，是公司營業虧損的主因。

經濟不景氣，許多高級餐廳也掀起關店潮。上海多家高級餐飲（Fine Dining，一般指人均消費超過人民幣500元以上的餐飲）陷入經營困境，像是人均人民幣1,580元（約新台幣7,110元），位於外灘18號的高級餐廳L'Atelier 18突然結束營業。人均消費各在人民幣1,900元，2,300元左右的上海玉芝蘭和被稱為「川菜天花板」明路川等接連停業。

數據顯示，2023年5月，上海高級餐廳約2,700多家，2024年7月已減少1,400多家，萎縮幅度超過一半。

北京餐飲業同樣不樂觀，北京市統計局指出，2024年1至6月餐飲業營業收入年減2.9%，營業成本年減1%，利潤總額年減88.8%。

截至2024年6月30日，中國餐飲相關企業新註冊量達到134.6萬家，但註銷、吊銷量高達105.6萬家，接近2023年全年吊銷、註銷的餐飲企業總量。

中國媒體指出，隨著價格戰持續，中國餐飲業已步入微利時代，「遍地黃金」已然過去。業者分析，價格戰浪潮還未到最高點，「往後的日子還可能更難」，寒意逼人下，即使是上市的大型餐飲企業也難逃市場洗禮。

三中全會：賦予中國城市自主權取消住房限購

中國共產黨第20屆中央委員會第3次全體會議2024年7月18日在北京閉幕，全會審議通過《中共中央關於進一步全面深化改革，推進中國式現代化的決定》，內容除外界關注的

經濟領域外,還包含「全過程民主」、法治、文化、生態及國家安全、國防等領域的改革。

三中全會從7月15日起一連4天在北京召開,中共中央委員會通常在5年任期內召開7次全體會議,第3次全會多聚焦經濟和改革。在外部環境複雜嚴峻、中美競爭加劇且美國大選在即,以及貿易摩擦、科技封堵、台海緊張等背景下,外界關注三中全會將對中國發展提出哪些規畫。

會議通過的《中共中央關於進一步全面深化改革,推進中國式現代化的決定》長達2.2萬餘字,內容共分15大項共60個細項,目標是到2029年中共建政80週年時,完成決定提出的改革任務。

《決定》與中國房市政策有關的表述最受矚目。內容提到,加快建立「租購並舉」的住房制度,加快構建「房地產發展新模式」;加大保障性住房建設和供給,滿足工薪群體(受薪族群)剛性住房需求;支持城鄉居民多樣化改善性住房需求。

同時,充分賦予各城市政府房地產市場調控自主權,因城施策,允許有關城市取消或調減住房限購政策、取消普通住宅和非普通住宅標準;改革房地產開發融資方式和商品房預售制度;完善房地產稅收制度。

《決定》強調堅持和落實「兩個毫不動搖」:毫不動搖鞏固和發展公有制經濟,毫不動搖鼓勵、支持、引導非公有制經濟發展;但仍強調「推動國有資本和國有企業做強做優做大,增強核心功能,提升核心競爭力」;同時提到要制定「民營經濟促進法」,完善民營企業參與國家重大項目建設長效機制。

「國家安全」是《決定》的重要一環,其中包括「健全國家安全體系」;強化國家安全工作協調機制,完善國家安全法治體系、戰略體系、政策體系、風險監測預警體系。

中華經濟研究院第一研究所所長劉孟俊指出,三中全會主軸為「中國式現代化」,因此會持續推動共同富裕、區域均衡發展與人民幸福感,不僅是經濟發展,也強調社會公平和永續,不會太強調大規模刺激內需消費,而會採取提倡社會保障體系、強化消費信心與優化中央和地方財稅改革等措施。

免去秦剛中央委員 撤除李尚福黨籍

中共20屆三中全會7月18日閉幕,人事方面,會議決定接受前外交部長秦剛的辭職申請,免去其中央委員職務,並以「同志」稱呼秦剛。會議並確認中央政治局對前國防部長李尚福等人開除黨籍的處分。

秦剛是在2022年底接任中國外交部長,但從2023年6月起就再無公開露面,其後遭免除外交部長與國務委員職務,是任期最短的外長。

秦剛在中國外交系統30多年,曾任外交部發言人8年,2018年升任外交部副部長,2021年7月擔任中國駐美大使。2022年底,秦剛接替王毅擔任外交部部長,2023年3月當選國務委員,官至副國級,是當時最年輕的黨和國家領導人。

但短短幾個月後,秦剛仕途出現大逆轉。秦剛「落馬」的原因至今眾說紛紜,有報導指稱他涉及婚外情,也有消息稱是健康因素。不過,中國官方至今未給予具體原因。

美國智庫亞洲協會中國政治研究員牛犇表示,中共給予秦剛「同志」的稱號,表明他未被開除黨籍,可能會被重新分配到一個新的、級別較低的職位。

另一項人事案,三中全會審議並通過中央軍委關於李尚福、火箭軍前司令員李玉超、火箭軍前參謀長孫金明嚴重違紀違法問題的審查報告,確認中央政治局對這3人開除黨籍的處分。

李尚福落馬後,中央政治局會議6月27日審議通過開除黨籍,指他收受巨額錢款,涉及嚴重違紀違法,移送軍事檢察機關起訴。

中國取消兩會總理記者會
逾30年傳統中斷

中國第14屆全國人民代表大會第2次會議發言人婁勤儉2024年3月4日表示,人大會議閉幕後,國務院總理李強不會開總理記者會,若無特殊情況,後幾年也不會舉行。

婁勤儉指出,14屆全國人大第2次會議3月5日開幕,由李強進行政府工作報告,國家發展改革委、財政部受國務院委託,向大會書面提交計劃報告和預算報告。

婁勤儉說，社會的主要關切在上述3個報告中有具體回應。這3個報告經過大會通過後將公布，媒體和公眾都能方便地了解相關內容。

每年一次、合稱「兩會」的全國政協會議及全國人大會議中，重頭戲除了人大會議開幕、由國務院總理進行的「政府工作報告」外，就是人大會議閉幕後、同樣由國務院總理出席的「總理記者會」了。這兩個場合，永遠是「兩會」中出席記者最多、最聚焦的部分。

人大會議後的總理記者會，最早的一次是1988年時任總理李鵬出席的記者會，第2次是在1991年舉行，1993年起總理記者會即告常態化，直到2023年。

30多年來，李鵬、朱鎔基、溫家寶、李克強乃至李強，都曾在總理記者會曾留下身影，以及一些金句或警句。然而，李強只在2023年出席總理記者會1次，就再也無法看到他面對媒體的身影。

從中共總書記習近平上台後，國務院總理在中國政府體制及決策中的重要性日益下降，許多原屬國務院的職權，都被習近平在黨內成立、且自任組長的眾多領導小組所取代。資歷與習近平相當的已故總理李克強，處境尚且如此，資歷不如習近平的李強，處境就更不待言。

習近平上台11年來大權攬於一身，除了總理地位下降，全黨、全國定於一尊的現象更趨明顯。

▲中國第14屆全國人民代表大會第2次會議2024年3月11日下午閉幕，會後未再依例舉行總理記者會。

中國打破30餘年慣例取消總理記者會，代表中國採訪環境進一步緊縮。

政大東亞所特聘教授兼國際關係研究中心主任寇健文指出，過去10年間，中國政治發展一直有權力向黨及領導人習近平集中的趨勢。在這個背景脈絡下，總理記者會取消代表權力向黨集中，黨中央與國務院地位的落差進一步拉大，變成上下關係，因此總理不見得需要有個人秀。

寇健文說，過去李克強時期的國務院全體會議上，常常會提到「受人民監督」、「依《憲法》規定」，但自從2023年李強出任總理後，不再提到「人民監督」和「《憲法》」，加上取消總理記者會，反映黨委擴權，國務院在經濟社會事務的決策角色負責對象改變。

政大國際關係研究中心助理研究員曾偉峯分析，李強是習近平的忠實政策執行者，是上下關係而非平起平坐，從這角度來看，執行者不需要開記者會，也不需要個人舞台。

李強2023年初擔任國務院總理，是習近平欽點的人選，當年3月13日首次以總理身分出席人大閉幕會後的記者會。

中國保守國家秘密法上路緊縮國安尺度

中國全國人大常委會2024年2月27日通過新修訂的《保守國家秘密法》，5月1日起實施。法案大幅擴大「國家秘密」的定義與保密主體，法條內容模糊，具高度不確定性。

全國人大委員長趙樂際表示，修訂後的《保守國家秘密法》進一步健全保密管理制度和監管措施，為「維護中國國家安全和利益提供更有力保障」。

為進一步落實《保守國家秘密法》，中國再修訂《保守國家秘密法實施條例》，9月1日起施行。中國司法部、國家保密局負責人表示，條例增加黨管保密專門條款，堅持和加強中國共產黨對保密工作的領導，健全黨管保密體制機制，明確中央保密工作領導機構、地方各級保密工作領導機構的具體職責。

《保守國家秘密法實施條例》強化公司保密責任與對涉密人員的限制，若網路公司洩

密最高可處人民幣50萬元（約新台幣225萬）罰款，個人最高可被罰款人民幣10萬元。

《條例》還賦予警方更廣泛的權力調查違規行為，並要求私人公司採取措施保護國家機密，還會對洩密人員追究法律責任，涉及犯罪情節者可追究刑事責任。條例還規範涉密人員的出境與離職等。

《華爾街日報》分析，中國政府對內宣傳，敦促公眾對竊取國家機密的行為保持警惕，並對外國公司展開突擊搜查和法律審查，這些執法行動削弱了外企在中國經商的信心。

大陸委員會表示，《保守國家秘密法》修正版本增加「工作秘密」罪名，條文規定「不屬於國家秘密，但洩露後會造成一定不利影響的事項」也可能涉及犯罪，這種高度空泛、毫無規矩可循的條文，恐隨時令人誤觸。

陸委會指出，中共透過立法，制定或增修《反間諜法》、《境外非政府組織境內活動管理法》、《國家安全法》及《網路安全法》等國安法規，嚴格監控境外赴陸交流人員，過往已有數起台灣民眾或外籍人士赴陸交流遭羅織罪名、剝奪人身自由的案例。

中美逐步恢復軍事交流　穩中有憂

美國與中國2024年9月14至15日在北京舉行第18次國防部工作會晤，雙方談及台海及南海議題，美方關注中國近年在台海越來越多脅迫行為，並表示希望與主管台海事務的中共解放軍東部戰區領導人直接對話。

這顯示，美國總統拜登與中國國家主席習近平2023年11月舊金山峰會至今不到1年，雙方的軍事對話管道已逐步恢復，從軍方高層對話至軍區交流的破冰，兩國重拾交流溝通以管理衝突，但兩軍在台海與南海的立場與政策仍分歧，軍事交流穩中有憂。

2022年8月美國眾議院議長裴洛西（Nancy Pelosi）訪台後，中國迅速宣布取消兩國戰區領導通話，取消防務政策協調會談（國防部工作會晤）和海上軍事安全磋商機制會議。

2023年11月拜習峰會登場，同年12月21日美國參謀首長聯席會議主席布朗（Charles Q. Brown Jr.）與中共中央軍委聯合參謀部參謀長劉振立

▲第11屆北京香山論壇2024年9月13日開幕，中國國防部長董軍在會上演講。

進行視訊通話，中美兩國恢復軍事對話。

緊接著一系列軍事交流活動登場。2024年1月8至9日，防務政策協調會談在華盛頓特區恢復舉行，美國國防部負責中國事務的副助理部長蔡斯（Michael Chase）和中共中央軍委國際軍事合作辦公室副主任宋延超出席。

4月3至4日，中美在夏威夷恢復海上軍事安全磋商機制工作小組會議。4月16日，中美國防部長舉行視訊通話，美國國防部長奧斯汀（Lloyd Austin）與中國國防部長董軍談及台灣與南海等議題，這是兩國防長近18個月以來首次對話。

5月31日，中美防長在新加坡舉行的香格里拉對話期間舉行面對面會晤，奧斯汀與董軍就兩軍關係、台灣與南海議題交換意見。

至此，中美兩國恢復裴洛西訪台以前的軍事交流狀況，落實拜習峰會的共識，讓軍事關係趨於穩定。

但美方要的是更進一步的「軍事熱線」，以便危機管控；在程序上，至少是戰區司令部司令之間能夠直接溝通。

美國白宮國家安全顧問蘇利文（Jake Sullivan）8月27至29日到訪中國，罕見地與中共中央軍委副主席張又俠會面，雙方同意近期舉行戰區指揮官的通話。

9月10日，美軍印太司令部司令帕帕羅（Sam Paparo）與中國人民解放軍南部戰區司令員吳亞男視訊通話。共軍南部戰區負責

中國在南海的軍事活動,美軍印太司令部負責範圍涵蓋南海和台灣海峽,在中國與菲律賓於南海的紛爭未緩解下,戰區高層對話的意義格外重要。

美國國防部還證實,吳亞男9月訪問位於夏威夷的美國印太司令部,出席年度「印太防長會議」(CHODs)。

美國國防部多年來持續推動印太司令部司令與共軍對應戰區指揮官進行接觸,讓兩軍溝通進一步深化到戰區交流。9月12至14日北京舉行第11屆香山論壇期間,美國由蔡斯率團與會,並於14至15日舉行美中防務政策協調會談。

《美國之音》引述美國國防部一名高級官員表示,美方除關注中國近年在台海越來越多的脅迫行為,也希望與主管台海事務的中共解放軍東部戰區領導人直接對話。不過,目前尚無具體安排。

中美關係從拜習會以來趨於穩定,兩軍也恢復交流,但根本性的利益分歧,加上美國大選結果的不確定性,軍事領域的角力與競爭一直都在,中美兩軍交流穩中有憂。

美眾院通過制裁中共暴政法案

美國眾議院2024年9月25日通過《制裁中國共產黨暴政及壓迫人士法案》。內容指出,中共中央委員會委員等若損害香港自治、加劇對台灣人民的侵略,或助長壓迫維吾爾穆斯林,美國將禁止他們買賣在美資產。

聯邦眾議院以243對174票通過《制裁中國共產黨暴政及壓迫人士法案》(簡稱阻止中共法,STOP CCP Act)。

根據法案,香港2020年7月頒布的《國安法》對「一國兩制」造成嚴重且無法彌補的傷害,進一步削弱了國際社會對中國履行國際法的信心;中國持續鎮壓新疆維吾爾自治區穆斯林少數民族,還進行系統性人口控制。

法案指出,台灣前總統蔡英文2016年上任後,中國政府透過外交孤立及軍事挑釁加大對台施壓的力度。解放軍快速現代化及最近在台海及其周邊地區的軍演表明,台灣安全明顯受到威脅。

法案提到,以總書記習近平為首的中國共產黨成員應該為損害香港自治、加大對台灣人民的侵略,以及對新疆維吾爾自治區維吾爾穆斯林的壓迫負責。

制裁對象包括中共中央委員會委員,及其成年家屬、配偶或配偶的成年家屬。

法案指出,如果美國總統判定上述人士侵犯香港自治、騷擾、恐嚇,或加劇對台灣民眾的侵略,或助長對中國境內個人或社會團體(包括維吾爾族)的政治壓迫或侵犯人權行為,可依法阻止及禁止他們買賣在美資產。

制裁方式也包括取消美國簽證或入境文件的資格及撤銷現有簽證。

根據法案,在若干情況下,總統可以依照一定程序結束制裁,例如中共停止破壞香港自治、停止對維吾爾族的種族滅絕,包括以可驗證、查核的方式,停止支持維吾爾族強迫勞動及強迫絕育的作法。

終止制裁的前提還包括停止對台灣的一切形式的威脅、軍演及侵略,包括在至少1年內透過可驗證的方式證明,不曾由任何與中國或中共相關的軍事或情報人員,或其任何機構或工具,入侵台灣的空域、領海或領土。

眾議院通過這項法案後,將送交參議院審議。參院同意後,法案由總統簽署正式生效。不過,國會將休會至11月中旬,壓縮剩餘會期。下一屆國會則在新年後不久開議。

美對中國電動車加稅至100%

美國2024年5月14日宣布對中國商品祭出新一輪關稅措施,其中多項新稅率9月27日生效,包括課徵中國製電動車100%、電動車電池25%的關稅稅率。

白宮宣布對價值180億美元(約新台幣5,825億元)從中國進口的商品加徵關稅,項目鎖定電動車、電池、鋼鐵、關鍵礦物等戰略產業。其中電動車稅率將在2024年內增至原來的4倍,來到100%,電動車用鋰電池由7.5%提高到25%。2025年底前半導體稅率也將倍增,從25%增至50%。這是自前總統川普時期中美貿易戰以來,新一輪對中國產品的大幅增稅。

中國向全球輸出低價商品影響各國經濟，尤其中國電動車產能持續以驚人速度擴張。《日經亞洲》報導，中國新能源車至2025年將有近2,000萬輛的過剩產能，儘管中國政府一再否認產能過剩，各國仍擔憂中國電動車出口將大打低價割喉戰。

美國總統拜登表示，中國政府多年來對各項產業注入補貼，中國製造商過量生產不必擔心利潤，因此用低價傾銷，迫使全球其他製造商倒閉，他不容許中國產品以此方式充斥美國市場。

專家指出，拜登政府這波加稅，一方面是為拉攏美國傳統汽車製造巨頭的支持，另方面也是對美國民眾表明，將保證美國在全球新能源領域的領導權。拜登曾在關鍵搖擺州賓州向藍領階級喊話，將敦促對中國鋼鐵和鋁徵收3倍關稅。共和黨參選人川普2024年2月表示，若當選總統將再次對中國徵收關稅，稅率可能超過60%，顯見關稅政策也是美國大選的關注焦點。

中國商務部回應，美國這波關稅將嚴重影響中美合作氛圍，中方將採取堅決措施，捍衛自身權益。

墨西哥2023年取代中國，成為美國進口貨品最大來源國。《金融時報》分析，美中貿易戰時中國避免商品被徵稅或制裁，利用墨西哥繞道進入美國。海運和空運分析及物流公司Xeneta數據顯示，第1季中國到墨西哥的貨櫃運輸進口量暴增34%。白宮表示，若中國電動車製造商轉入墨西哥以規避新關稅，美國可能進一步加徵關稅。

中國方面分析，短期來看新關稅對中國產業的影響不會太明顯，因中國電動汽車和晶片產品受到重重限制，先前並未大規模進入美國市場，鋼、鋁對美國的出口量也很少，不太能達到抑制效果。

《華爾街日報》指出，禁止中國電動車進入將對拜登政府減緩氣候變遷目標帶來壓力。中國目前在太陽能板、電動車等領域居全球主導地位，美國恐面臨兩難，本地工廠若缺乏外部競爭會讓價格居高不下並拖慢能源轉型，但依賴中國工廠又有國安隱憂且危及就業機會。

彼德森國際經濟研究所資深研究員霍夫鮑爾表示，中國應該會採取有節制、非大規模的措施，可能會選具標誌性、美國出口強勁的產品，例如農產品大豆、波音飛機，加徵關稅。

加拿大政府也跟進，8月26日宣布對中國製電動車課徵100%的關稅，鋼材和鋁材徵收25%的關稅，10月15日生效。中國商務部提出反制措施，9月9日起對原產於加拿大的進口油菜籽進行反傾銷立案調查。

歐盟通過對中國電動車加稅

歐盟27國2024年10月4日對中國進口電動車加徵「反補貼稅」一案投票，儘管多達12個成員國棄權，仍在10國贊成、5國反對下通過，同意在現行進口汽車標準關稅10%外，加徵最高達35.3%反補貼稅。中國政府已採取報復行動，對歐洲其他行業(如白蘭地生產商)徵收關稅。

其中法國、義大利、波蘭、荷蘭、丹麥、立陶宛、拉脫維亞、愛沙尼亞、愛爾蘭、保加利亞等10國投票贊成；德國、匈牙利、斯洛伐克、斯洛維尼亞、馬爾他等5國反對；比利時、捷克、西班牙、葡萄牙、希臘、奧地利、瑞典、芬蘭、克羅埃西亞、賽普勒斯、盧森堡和羅馬尼亞等12國棄權。

歐洲聯盟執行委員會（European

▲中國汽車出口量在2023年首次躍居全球第一，尤以新能源汽車的迅速發展和低價讓外國感受到威脅。圖為上海萬象城內展示多品牌的電動車。

Commission）表示，除非雙方對於替代方案達成協議，否則自10月31日起對中國製電動車徵收高達45%的關稅，為期5年。

歐盟執委會2023年10月立案調查在中國生產的電動車是否受中國政府過度補貼，對象包括中國車商及在中國設廠的外商，結果發現從電池到出口物流，政府補貼涵蓋整個產業鏈，因此得以低價打進歐盟市場，造成不公平競爭。

歐盟從2024年6月12日宣布將對中國進口電動車加徵暫時性反補貼關稅，7月4日起開始執行，3大中國車商比亞迪17%、吉利汽車18.8%、國營上汽集團35.3%，其他車商在調查期間合作者將被加徵20.7%、不合作者35.3%反補貼稅。

換言之，因歐盟對進口電動車的一般關稅為10%，加計懲罰性關稅後的區間將為17.8%至45.3%。此仍遠低於美國對中國電動車加徵至100%的關稅。

中國商務部10月9日表示，為捍衛中國電動汽車產業正當發展權益，中方已在世貿組織提出強烈交涉，並將相關反補貼措施訴諸世貿組織爭端解決機制。

中國商務部從10月11日起採用保證金形式，對原產於歐盟的進口相關白蘭地實施臨時反傾銷措施，各公司保證金比率為30.6%至39.0%。

《美國之音》報導，歐盟決定對中國進口電動汽車徵收關稅後，外界就猜測北京可能會針對支持中國電動車關稅措施的歐洲國家進行報復。

日本男童深圳遇刺亡　中國：個案

中國深圳日僑學校一名10歲男童2024年9月18日上學途中遭人持刀刺死，日本首相岸田文雄痛批犯行「卑劣」，中國外交部發言人林劍卻說，此案屬於個案，類似事件在任何國家都會發生。

廣東省深圳市日本人外籍人員子女學校一名10歲男童18日與家人步行上學途中，遭犯罪嫌疑人鍾姓男子持刀刺傷，男童送醫搶救，仍於19日凌晨身亡。警方當場抓獲鍾男。

深圳日本男童遭刺事件是近3個月以來，在中國發生的第2起日本兒童攻擊事件。

深圳市公安局表示，44歲的鍾男無固定職業，曾有破壞公用電訊設施、虛構事實擾亂公共秩序等行為；犯案後，鍾男對持刀傷害日童的行為供認不諱。警方經調查認為本案屬偶發個案，鍾男是單人作案，案發後被公安機關依法採取刑事拘留強制措施。案件正在進一步偵辦中。

深圳官員說，對此次不幸事件深感痛心和遺憾，將盡快查明真相，依法嚴懲兇手。深圳市有關部門進一步加強安保措施，強化學校周邊和公共場所的保安，繼續採取有效措施保障在深圳人士，包括外國人的生命財產安全和合法權益。

由於事發的9月18日當天，正值918事變紀念日，被懷疑兩者有關。日本外相上川陽子表示，事前於「14日就向中國外交部提出要求，要確保日本人學校的安全，採取萬全的對應措施，但仍舊發生了這起事件，令人非常遺憾」。

日本首相岸田文雄19日痛批，「這是一起極為卑劣的犯罪行為，我們極為嚴正處置。首先，我強力要求中國方面說明案件實際情況，考慮到事件已經發生超過1天，我下達指示，要求中方盡快說明」。

中國外交部發言人林劍19日下午表示，中國對於這起不幸事件表達「遺憾和難過」，案發當天44歲犯嫌已落網。他還宣稱，此案屬於「個案」，類似事件在任何國家都會發生。

「類似事件在任何國家都會發生」一說，激怒許多日本民眾。網路上有日本民眾要求政府與中國斷交，也有日本民眾批評政府面對中國太軟弱，只能放「遺憾砲」。

日本外務副大臣柘植芳文9月23日赴北京與中國副外長孫衛東會談，要求中方採取具體措施保障日僑安全，徹底管控中國社群平台上「毫無根據性質惡劣的反日發帖」。

上川陽子也在紐約聯合國大會期間與中國外長王毅會面。上川陽子表示，兩國關係的重要基礎在於民眾之間的交往，希望中方妥善處理日本學生在深圳遇襲事件，保障在中國的日本人安全。

中日衝突事件（2004年至2024年）

日　期	事　件
2004年8月	・中日亞洲盃足球決賽，日本隊以3比1擊敗中國隊，第3度奪得亞洲盃冠軍，中國隊獲得亞軍。大批中國球迷感到失望，北京工人體育場場外數百名球迷情緒激動，高呼反日口號和焚燒日本國旗，日本駐中國大使當晚乘車離開體育場時，座車遭中國球迷襲擊，後車窗被打碎。 ・中國駐日大使武大偉會見日本外交大臣川口順子，表示中國已盡最大努力防止發生混亂，並向日本政府致歉。川口順子說，民眾的攻擊行為令人遺憾，日本政府也感謝中國當局對日本球員和球迷的保護。
2005年3月至4月	・中國反對日本扶桑社的歷史教科書，各地掀起一系列遊行和抗議活動，包括抵制和搶砸日貨。中國駐日大使王毅4月約見日本常務副外長谷內正太郎，就日本有關部門審定通過「美化侵略」的右翼歷史教科書提出緊急交涉。
2012年9月	・日本政府決定「國有化」釣魚台列嶼（日方稱尖閣諸島），日中關係降到冰點，中國各地掀起反日示威，日系超市和工廠遭到破壞。 ・中國召見日本駐中國大使丹羽宇一郎抗議，並公告釣魚台列嶼的領海基線，形同宣告釣魚台周邊海域為「中國領海」加以反制。中國外交部發聲明稱「中華民族任人欺凌的時代已經一去不復返了，中國政府不會坐視領土主權受到侵犯」，一切後果要由日方負擔。 ・此後中國持續派遣巡邏船在周邊海域航行，並增加大型船隻數量，日方同樣增加大型船數量警戒。
2021年12月	日本首相安倍晉三提出「台灣有事就是日本有事」，中國外交部長助理華春瑩緊急約見日本駐中國大使垂秀夫，提出嚴正交涉。她批評「台灣有事」論為「極端錯誤言論」，指責日方「粗暴干涉中國內政，公然挑釁中國主權，悍然為『台獨』勢力撐腰」。
2023年8月24日	・日本福島核處理水開始排海，中國強烈反對，並全面暫停日本水產品進口。 ・中國反日情緒升溫，東京電力公司及福島縣內地方政府、餐飲店家及學校等紛紛接到來自中國的騷擾電話，日本駐中國大使館微博湧入大批中國網友留言謾罵；青島、蘇州的日本人學校被丟擲石塊、雞蛋。日本外務省事務次官岡野正敬召見中國駐日大使吳江浩，為反日行動提出抗議。 ・2024年9月20日，中國宣布將逐步恢復符合規定的日本水產品進口。
2024年6月24日	・蘇州日本人學校校車靠站時，發生中國籍歹徒持刀攻擊事件，導致中國籍隨車女導護胡友平不治死亡，一名日本籍學生和母親受傷。 ・相關事件引發在中國的日僑不安，中國外交部強調事件屬「個案」，但迄今中方未公布犯嫌動機。
2024年9月18日	・「九一八」事變93週年當天，深圳日本人學校10歲男童在學校大門外被一名男子刺傷腹部，搶救不治死亡。 ・相關事件引發在中國的日僑不安，中國外交部強調事件屬「個案」，並否認中國有「仇日教育」。 ・日本要求中方採取具體措施保障日僑安全，並徹底管控中國社群平台上沒有根據的反日言論。

王毅表示，中方將依法調查處理這起「個案」，一如既往依法保障所有在中國的外國公民安全，並指「日方應當冷靜理性看待，避免政治化和擴大化」。

這起事件造成派駐中國的日本企業恐慌，在中國生活的日本家庭也格外不安，有些家長擔憂子女安全，除了親自接送上下課外，也取消課外活動安排，也有家長告誡子女在外暫時不要說日語。

日本母子蘇州被攻擊　中國稱偶發事件

日本駐上海總領事館指出，一對日本母子2024年6月24日在江蘇省蘇州市遭中國男子持刀攻擊，當時母親帶著學齡前兒子去接另一名孩子下課，正等待日僑學校的校車抵達公車站，這名男子突然持刀攻擊兩人。

中國籍校車隨車人員胡友平奮力阻擋，卻被嫌犯攻擊受傷，6月26日傷重不治。而日本母子僅受輕傷。兇嫌已被當局拘留。

中國官媒《人民日報》、《環球時報》相繼發出評論宣揚胡友平義舉，還抨擊外媒對於此事件以偏概全地、泛政治化地過度解讀。

中國外交部發言人毛寧6月25日在記者會上定調這是一起偶發事件，正在進一步調查，類似這樣的偶發事件在世界任何國家都有可能發生。

中國國務院副總理何立峰7月1日在北京會見日本前眾議院議長河野洋平等人組成的訪問團時表示，偶發事件不應對中日貿易合作關係造成影響；行兇男子將依據中國法律受到應有的懲處。

受到事件影響，中國各地的日僑學校加強保安工作，日本社群的擔憂情緒高漲。日本駐中國大使館提醒在中國各地的日僑，「外出時要仔細留意周圍狀況」。

四名美國大學講師吉林遇襲

美國愛荷華州康奈爾學院（Cornell College）4名外籍教師2024年6月10日與吉林省北華大學1名教師一起參觀吉林市北山公園時，遭中國籍男子持刀刺傷。嫌犯刺傷5人後被逮捕。中國外交部發言人林劍表示，警方初步判斷此為偶發事件，不會影響中美兩國人民之間的正常交流。

吉林公安局船營分局11日通報，55歲的崔姓男子在北山公園走路時與1名外籍人士發生碰撞，持刀刺傷4名外籍人士，以及上前阻止行兇的中國籍遊客。

民警趕到現場後，第一時間將傷者送醫救治，並迅速抓捕犯罪嫌疑人。

通報指出，4名外籍人士來自美國康奈爾學院，受邀在北華大學授課。傷者均得到妥善醫治，無生命危險，案件正在偵辦中。

根據愛荷華公共廣播（Iowa Public Radio）報導，其中1名遇襲者扎布納（David Zabner）說，事發時他正在下山，聽到一聲尖叫，回頭看時發現1名男子揮舞著刀衝過來，他還沒立即反應過來，後來才發現自己被刀刺傷，手臂正在流血。

北京中軸線列入世界文化遺產

聯合國教科文組織第46屆世界遺產大會2024年7月27日在印度新德里通過決議，將「北京中軸線—中國理想都城秩序的傑作」列入世界文化遺產名錄。中國的世界遺產總數累計達59項。

「北京中軸線」歷經元、明、清等朝代和近現代7個多世紀，被視為「北京老城的靈魂和脊梁」。「北京中軸線」縱貫北京老城南北，始建於13世紀，形成於16世紀，經不斷演進發展，形成全長7.8公里、世界最長的城市軸線。

中國國家文物局表示，「北京中軸線」由古代皇家宮苑建築、古代皇家祭祀建築、古代城市管理設施、國家禮儀和公共建築以及居中道路遺存等5大類遺產共同組成，其選址、格局、城市形態和設計體現了《周禮·考工記》所記載的理想都城範式，展現中國古代王朝制度和城市規畫傳統，見證北京城市的發展演變。

「北京中軸線」15個遺產構成要素為：鐘鼓樓、萬寧橋、景山、故宮、端門、天安門、外金水橋、太廟、社稷壇、天安門廣場及建築群、正陽門、南段道路遺存、天壇、先農壇、永定門，遺產區面積589公頃，緩衝區面積4,542公頃。

▲ 聯合國教科文組織2024年7月27日決議，將「北京中軸線—中國理想都城秩序的傑作」列入世界文化遺產名錄。（AP）

中國國家文物局表示，聯合國教科文組織世界遺產委員會認可「北京中軸線」符合世界遺產標準3和標準4，認為「北京中軸線」所體現的中國傳統都城規畫理論和「中」、「和」哲學思想，為世界城市規畫史作出重要貢獻（標準3）；「北京中軸線」作為中國傳統都城中軸線成熟階段的傑出典範，代表世界城市歷史中的特有類型（標準4）。

世界遺產委員會表示，「北京中軸線」的真實性體現在其作為都城核心的延續性，天安門廣場及建築群是「北京中軸線」發展的重要組成部分，認可保持其現有形式的必要性。

香港政經概況

一、基本資料

- 地理位置：中國南部，珠江口外，面臨南海
- 面積：1,114平方公里
- 人口：752萬7,900人（2023年）
- 語言：粵語、英語、普通話、其他方言
- 宗教：佛教、道教、基督教
- 幣制：港幣Hong Kong dollar，1USD=7.77HKD（2024，採與美元連動匯率）

二、歷史與現況

香港為中國領土，清朝政府在中英鴉片戰爭戰敗後，1842年簽訂南京條約割讓香港島給英國。後因英法聯軍入侵戰敗後，1860年簽訂北京條約，割讓九龍半島予英國。英國後與清廷簽訂租約，自1898年7月起租借九龍以北新界地區99年。1984年12月19日發表中英共同聲明，英國同意歸還香港。1997年7月1日香港主權交還中國，成為特別行政區，董建華為首任特區行政長官。依香港《基本法》，在「一國兩制」下，除外交及國防事務外，享有50年自治。

三、政治體制

- 政治制度：特別行政區政府由行政長官負責決策，任期5年，行政長官由各職業領域選出的1,200名代表組成選舉委員會提名及選舉。行政長官下設有行政會議，為特區的內閣組織。2017年3月特首選舉由林鄭月娥當選行政長官，2022年5月由李家超當選。

立法會是香港的立法機關，席次自2012年9月選舉起，由60席擴增為70席，其中35個議席透過分區直選產生，其餘35席透過按職業畫分的功能界別選舉產生，任期4年。

2021年3月北京出手修改香港選制，新選制選舉委員會除選出行政長官，還選出40名立法會議員。立法會選舉2021年12月19日舉行，立法會議員由原先的70席增至90席。

- 主要政黨：依政治主張分為：建制派、民主派、本土及中間派。包括民主建港協進聯盟、香港工會聯合會、新界社團聯會、港九勞工社團聯會、香港經濟民生聯盟、新民黨、自由黨、新世紀論壇、專業動力、民主黨、工黨、街坊工友服務處、香港民主民生協進會、社會民主連線、人民力量、香港本土等。

- 司法制度：根據《基本法》，設有終審法院、高等法院（含上訴法庭及原訟法庭）、區域法院、裁判法院及專門案件法庭。

四、經貿概況

- 平均每人國內生產毛額：5萬697美元（2023）

- 國內生產毛額：3,821億美元（2023）
- 通貨膨脹率：1.7%（2023）
- 失業率：3%（2023）
- 進口值：6,700.85億美元（2023）
- 出口值：6,733.05億美元（2023）

五、政府組織人事

- 政府首長：行政長官（特首）李家超
- 政府內閣：行政會議
- 立法機關：立法會（共90個議席）

　　立法會是香港特區立法機關，主要職能是制定、修改和廢除法律，審核及通過財政預算、稅收和公共開支，以及對政府工作提出質詢。立法會亦獲授權同意終審法院法官和高等法院首席法官的任免，並有權彈劾行政長官。

　　香港特區1997年7月成立後，先後於1998年、2000年、2004年、2008年、2012年及2016年舉行立法會選舉。第7屆立法會選舉原定於2020年9月6日舉行，但香港政府以COVID-19疫情嚴峻為由延期。

　　2021年3月北京出手修改香港選制。12月19日舉行選舉，立法會議員由原先的70席增至90席，30席由功能界別選出，數量不變；20席由地方分區直選產生，較原先的35席減少，另增40席由選舉委員會選出，任期從2022年1月1日開始。立法會主席由立法會議員互選1人出任。

第七屆立法會議員名單

- 主席：梁君彥
- 議員：

張宇人、林健鋒、李慧琼（女）、陳克勤、陳健波、梁美芬（女）、葉劉淑儀（女）、謝偉俊、田北辰、何俊賢、易志明、馬逢國、陳恒鑌、郭偉強、葛珮帆（女）、廖長江、盧偉國、吳永嘉、何君堯、周浩鼎、邵家輝、容海恩（女）、陳振英、陸頌雄、劉國勳、劉業強、鄭泳舜、謝偉銓、江玉歡（女）、朱國強、李世榮、李浩然、李惟宏、李梓敬、李鎮強、狄志遠、吳秋北、吳傑莊、周小松、周文港、林哲玄、林振昇、林素蔚（女）、林　琳（女）、林順潮、林新強、林筱魯、邱達根、姚柏良、洪　雯（女）、梁子穎、梁文廣、梁　熙、梁毓偉、陳月明（女）、陳仲尼、陳沛良、陳　勇、陳祖恒、陳家珮（女）、陳曼琪（女）、陳紹雄、陳凱欣（女）、陳穎欣（女）、陳學鋒、張欣宇、郭玲麗（女）、陸瀚民、黃英豪、黃俊碩、黃　國、楊永杰、管浩鳴、鄧　飛、鄧家彪、黎棟國、劉智鵬、霍啟剛、龍漢標、顏汶羽、簡慧敏（女）、譚岳衡、蘇長榮、嚴　剛、何敬康、尚海龍、陳永光、黃錦輝。

行政會議成員名單

- 主席：李家超（香港特區行政長官）
- 官守議員：

陳國基（政務司司長）、
陳茂波（財政司司長）、
林定國（律政司司長）、
卓永興（政務司副司長）、
黃偉綸（財政司副司長）、
張國鈞（律政司副司長）、
楊潤雄（文化體育及旅遊局局長）、
曾國衞（政制及內地事務局局長）、
許正宇（財經事務及庫務局局長）、
鄧炳強（保安局局長）、
謝展寰（環境及生態局局長）、
丘應樺（商務及經濟發展局局長）、
盧寵茂（醫務衛生局局長）、
林世雄（運輸及物流局局長）、
甯漢豪（女）（發展局局長）、
何永賢（女）（房屋局局長）、
楊何蓓茵（女）（公務員事務局局長）、
蔡若蓮（女）（教育局局長）、
孫　東（創新科技及工業局局長）、
麥美娟（女）（民政及青年事務局局長）、
孫玉菡（勞工及福利局局長）。

- 非官守議員：

葉劉淑儀（女）、李國章、林健鋒、張宇人、廖長江、任志剛、湯家驊、林正財、劉業強、鄭慕智、梁高美懿（女）、陳健波、陳清霞（女）、高永文、吳秋北、陳克勤

第七屆立法會議員名單變更	
議員	內容
麥美娟（女）	2022年6月19日辭去立法會議員，出任香港特區政府民政及青年事務局長。
張國鈞	2022年6月19日辭去立法會議員，出任香港特區政府律政司副司長。
林智遠	2022年6月19日辭去立法會議員，出任香港特區政府審計署長。
孫 東	2022年6月19日辭去立法會議員，出任香港特區政府創新科技及工業局長。
何敬康	2022年12月18日舉行的立法會補選中當選為立法會議員，並於2022年12月19日宣誓就職。
尚海龍	2022年12月18日舉行的立法會補選中當選為立法會議員，並於2022年12月19日宣誓就職。
陳永光	2022年12月18日舉行的立法會補選中當選為立法會議員，並於2022年12月19日宣誓就職。
黃錦輝	2022年12月18日舉行的立法會補選中當選為立法會議員，並於2022年12月19日宣誓就職。
黃元山	2022年12月27日辭去立法會議員。

資料來源：香港立法會，2024年10月。

澳門政經概況

一、基本資料：

- **地理位置**：中國南部，珠江口外，面臨南海
- **面積**：33.3平方公里
- **人口**：68萬3,700人（2023年）
- **語言**：粵語、葡萄牙語、普通話、其他方言
- **宗教**：佛教、天主教
- **幣制**：澳門幣Pataca，1USD＝8.00MOP（2024，與港幣採連動匯率，1港幣＝1.03澳門幣）

二、歷史與現況

澳門原為漁村，因周圍區域盛產蠔（牡蠣）稱為濠鏡或濠鏡澳。16世紀中葉，第一批葡萄牙人抵澳時，詢問居民當地名稱，居民誤以為指當地奉祀媽祖的廟宇，答稱「媽閣」，葡萄牙人以其音譯成Macau，成為澳門葡文名稱由來（英文Macao）。葡萄牙曾向明朝政府租借澳門。1987年3月26日中葡發表聯合聲明，認定澳門為中國領土，1999年12月20日澳門移交中國後，成為特別行政區，在「一國兩制」下實施「澳人治澳、高度自治」，維持澳門原有生活方式50年不變，享有行政管理權、立法權、獨立的司法權和終審權。

三、政治體制

- **政治制度**：特區政府由行政長官負責決策，任期5年，行政長官由各職業領域選出的代表組成選舉委員會提名及選舉。行政長官下設行政會，為特區政府行政組織。2019年8月25日賀一誠在同額競選中當選行政長官。2024年10月13日舉行第6任行政長官選舉，唯一候選人岑浩輝以得票率98.99%當選，成為首位在中國出生的特首。

  立法會是澳門的立法機關，立法會議員任期4年。2013年9月第5屆立法會選舉，總席次增加為33席，其中14席分區直選產生，12席按職業劃分的功能界別選舉產生，7席由行政長官委任。2017年9月17日選舉第6屆立法會，直選席次部分，親政府和北京的建制派取得10席，民主派4席，政治版圖基本不變。2021年9月12日第7屆立法會選舉，民主派候選人被取消參選資格。

- **主要政黨**：澳門無政黨管理法規，因此無政黨登記設立，政治團體多以社團組織形式存在。

- **司法制度**：依《基本法》設終審法院、中級法院及第一審法院。

四、經貿概況

- **平均每人國內生產毛額**：約5萬571美元（2023）
- **國內生產毛額**：約384.8億美元（2023）
- **通貨膨脹率**：0.94%（2023）
- **失業率**：2.7%（2023）
- **進口值**：約1,414.4億美元（2023）
- **出口值**：約133.4億美元（2023）

五、政府組織人事

- **政府首長**：行政長官岑浩輝
- **政府內閣**：行政會
- **立法機關**：立法會

　　立法會是澳門的立法機關，由33席組成，其中14席分區直選產生，12席按職業劃分的功能界別選舉產生，7席由行政長官委任，任期4年，最近一次立法會選舉於2021年9月舉辦。

第七屆立法會（33名議員）

- **主席**：高開賢
- **直選議員（14人）**：施家倫、高天賜、鄭安庭、李靜儀、黃潔貞、宋碧琪、梁孫旭、謝誓宏、梁鴻細、羅彩燕、林宇滔、顏奕恆、馬耀鋒、李良汪。
- **間選議員（12人）**：高開賢、崔世昌、何潤生、陳澤武、黃顯輝、崔世平、梁安琪、陳亦立、葉兆佳、李振宇、林倫偉、王世民。
- **委任議員（7人）**：馬志成、邱庭彪、胡祖杰、龐川、陳浩星、高錦輝、張健中。

澳門政府主要官員

岑浩輝（特區行政長官）、
高開賢（立法會主席）、
張永春（行政法務司司長）、
李偉農（經濟財政司司長）、
黃少澤（保安司司長）、
歐陽瑜（女）（社會文化司司長）、
羅立文（運輸工務司司長）、
陳子勁（廉政公署廉政專員）、
何永安（審計署審計長）、
黃文忠（海關關長）、
梁文昌（警察總局局長）、
葉迅生（檢察院檢察長）、
岑浩輝（終審法院院長，請辭）。

香港基本法23條立法通過

　　香港立法會2024年3月19日在10個小時內二讀辯論、審議、三讀通過《維護國家安全條例草案》（即《基本法》23條立法草案），香港政府3月23日刊憲，同日生效。相關條例與香港《國安法》一併成為港府處理國安罪行的法令。

　　《維護國家安全條例》（維安條例）的立法工作是從1月30日起展開為期1個月的諮詢，香港政府3月8日公布草案內容，並提交立法會進行一讀和二讀。3月14日，立法會法案委員會完成草案逐條審議，再交由全體議員審議並表決。

　　在北京官員多次表示要盡快立法下，立法會舉行馬拉松式會議，只花近50小時就完成審議草案內181項條文，及28條法例中67條條文的相關修訂。3月19日，立法會三讀全票通過草案，整個過程只用了50天。

　　《維安條例》3月23日生效，在立法會審議過程中，草案主要內容沒有太大修訂。根據條例，叛亂、叛國、煽惑中國武裝力量成員叛變3項罪行可被判終身監禁。對媒體或一般市民影響較大的，包括煽動意圖罪及與國家機密及間諜行為相關罪行。

　　《維安條例》的煽動意圖範圍廣泛，包括意圖引起中國公民及香港人對中國或香港政府產生憎恨、藐視或叛離，甚至是引起不同階層居民間的敵意。違法行為包括發布具煽動意圖的文字、刊物、廣播或放映等，相關罪行可被判刑7年，高於之前的2年。「管有煽動文件或物品」可被判刑3年，也高於之前的1年刑期。

　　「國家秘密」範圍同樣廣泛，包括中國或香港的重大決策、外交、經濟、社會、科技發展等秘密，以及北京中央與香港之間關係的秘密。

　　「非常獲取國家秘密」可被判監5年，「非常管有國家秘密」可被判刑3年。非法披露因間諜活動而獲得的資料可被判刑10年，非法披露「看來屬機密事項」的資料等可被判刑5年。

　　與間諜活動相關罪行中，參加或支援境外情報組織或接受其利益等，而意圖危害國家安全，可被判刑14年。

　　有關「境外勢力」貫穿23條立法內容，當中新增境外干預罪，指配合境外勢力、使用不當手段意圖帶來干預效果，可被判刑14年。

　　《維安條例》訂明「干預」是指影響中國或香港行政、立法、法院執行職能、制訂政策；干預香港的司法及選舉等。「不當手段」

包括作出關鍵失實陳述或使任何人精神受創或名譽受損。

「境外勢力」是指外國政府、境外政黨及其關聯實體，還包括國際組織。維安條例中多項罪行若涉及勾結境外勢力，都可被加刑，且有域外效力。

《維安條例》除了明列本身的罪行及刑責外，還修改多條現行法例，涉及被捕者的權益。當中包括被懷疑危害國家安全而被捕者，沒有被起訴前的羈留時間一般是48小時，但警方可以向法庭申請延長羈留時間，第一次可申請延多7天，之後可再申請延長多7天，即最長可被羈留16天。

警方可向法庭申請限制被捕人諮詢個別律師，或與該個別律師同一家律師事務所的其他律師。但被捕者可以選擇諮詢其他律師。警方甚至可以向法庭申請禁止嫌疑人被捕後的前48小時諮詢律師。

北京中央駐港聯絡辦公室、外交部駐香港特派員公署、駐國家安全公署發表聲明表示，這次立法具有里程碑意義，立法後可以讓香港「心無旁騖」，全力拚經濟。

美國國務院發言人巴特爾（Vedant Patel）表示，美方認為這類行動有可能加速關閉香港一度開放的社會，《基本法》23條「全面、而且據我們詮釋界定模糊的條款感到吃驚與憂心」。

英國外交大臣卡麥隆（David Cameron）表示，《基本法》23條草案通過將進一步重創香港的自由與權利，他敦促港府尊重《基本法》、維護香港自治及法治。

歐盟發聲明對「香港人民權利和自由的潛在影響」表達擔憂，並說法案可能嚴重影響在香港活動的歐盟辦事處以及組織和企業。

聯合國人權事務高級專員圖克（Volker Turk）聲明，未經「徹底審議和有意義的協商」就通過法案，是香港人權保障的退步。

包括前香港總督彭定康、美國聯邦眾議院「中國問題特別委員會」共和黨籍主席蓋拉格（Mike Gallagher）等近80名跨國人士呼籲各國政府團結一致，反對香港當局公然違背《基本法》、「中英聯合聲明」及國際人權法，並以政策支持海內外港人、向港府和北京相關官員究責。

Q：香港《基本法》23條是什麼？

A：《基本法》是香港的憲制性法律文件，1990年4月4日經中國全國人民代表大會通過，1997年7月1日生效，規範中共中央和香港關係、香港居民基本權利義務、各項政治和社會制度。

《基本法》23條，內容為「香港特別行政區應自行立法禁止任何叛國、分裂國家、煽動叛亂、顛覆中央人民政府及竊取國家機密的行為，禁止外國的政治性組織或團體在香港特別行政區進行政治活動，禁止香港特別行政區的政治性組織或團體與外國的政治性組織或團體建立聯繫」。

立法內容明列叛國、煽動意圖、竊取國家機密、間諜、境外干預等罪刑的定義和罰則。

Q：有《國安法》為何還需要《基本法》23條立法？

A：2020年中實施的香港《國安法》是《基本法》的附件，僅涵蓋《基本法》第23條的分裂國家和顛覆國家政權罪。《基本法》23條立法中，有5項罪名不在國安法範圍內，包括叛國、竊取國家機密、煽動叛亂、外國政治組織或團體在香港進行政治活動、以及香港政治組織或團體與外國政治組織或團體建立聯繫等。

《基本法》23條開宗明義列出，香港必須制定法律禁止顛覆行為。

Q：《基本法》23條立法為何突然通過？

A：港府2003年曾推動23條立法，遭到泛民主派反對，並發動50萬人上街遊行，迫使時任行政長官董建華放棄立法。2019年「反送中」運動，打亂行政長官林鄭月娥的立法步伐；2020年，中國全國人大代為訂定港區《國安法》，透過《基本法》附件型態，要求香港實施。

香港特首李家超2023年表示，為完善國家安全法律系統，防範間諜行為，將完成23條的立法，2024年3月更加速通過法案，3月8日港府公布草案內容，立法會9日完成一讀並進入二讀條文審議，19日上午9時二讀辯論，下午6時30分完成逐條審議，晚間7時三讀，全案通過。

《南華早報》報導，熟悉內情人士透露，這是香港當局精心謀算的策略，要讓外國勢力措手不及，「如此即可把對港制裁和詆毀的期間，以及可能造成的衝擊降到最低」。

美歐譴責香港泛民初選案裁決

歷時逾3年的香港泛民主派初選案，47名泛民主派人士被控串謀顛覆國家政權罪，有16人否認控罪，法院2024年5月30日裁定其中14人有罪，引起美歐國家關注及譴責。

香港泛民初選案共有47名被告，其中16人否認控罪，需要接受審訊。經過超過100天審訊後，香港《國安法》指定法官裁定其中14人罪成，違反《港區國安法》中的「顛覆國家政權」罪，其餘2人罪名不成立，但律政司表明擬上訴推翻無罪裁決。

香港泛民初選案是迄今最大宗涉及《國安法》案件。2019年，香港政府提出修訂《逃犯條例》，引發歷來最大規模的「反送中」抗爭運動。

同年12月底，前香港大學法律系副教授戴耀廷在報章發表「立會奪半 走向真普選重要一步」的文章，指此前區議會選舉「超高投票率」，在2020年舉行的立法會選舉，泛民主派獲得過半議席「不是夢」，可運用財政權迫使政府考慮公民的真正需要。

其後泛民主派醞釀就立法會參選名單進行初選，希望取得最多議席。

戴耀廷在2020年3月首次初選記者會上表示，泛民在立法會取得過半議席，便有如「大殺傷力憲制武器」，有助爭取當時「反送中」提出的「五大訴求」。4月，戴耀廷發表「真攬炒十步」的文章，指立法會否決財政預算案，令特首要解散立法會，甚至辭職及政府停擺。其後引發中共中聯辦譴責。

2020年5月，中國全國人大通過《港區國安法》的決定草案，泛民繼續籌辦初選及舉行論壇。6月30日《港區國安法》正式實施，港府指初選可能觸法。7月11日至12日初選舉行，逾60萬名香港市民投票，超出外界預期。港府隨後以疫情為由，將原定的立法會選舉延後1年。

2021年1月6日，香港警方國安處拘捕55人，指他們涉嫌違反《港區國安法》的「串謀顛覆國家政權」罪。同年2月28日，警方起訴其中47人，大多數未獲准保釋。

案件延至2023年2月6日才在法庭審訊。檢

Q：對媒體有什麼影響？

A：香港記者協會前主席楊健興認為，23條立法令記者承受的實際風險及心理壓力較之前大很多，特別是煽動意圖罪的刑罰，由刑期最高2年增至最高7年，且「煽動意圖」範圍廣泛，包括激起對國家機構或香港政府的仇恨、矛盾等，「可能政治時事評論都觸及煽動」。

Q：港府執法權無限擴張嗎？

A：《基本法》23條立法擴大港府的權力，叛國與叛亂最高可處以無期徒刑，間諜罪可判20年，非法揭露政府機密最重可關10年。此外，被捕人未被起訴的羈留時間由一般的2天增至16天，拘捕後48小時內可被禁止諮詢律師，保釋期間可限制其活動。

學者分析，23條立法最大的風險是令人「越來越不知道紅線在哪」。境外干預罪、非法獲取國家秘密罪、持有煽動刊物等都有很大的解釋空間。

根據立法內容，持有具煽動意圖的物品就是違法，有香港議員質疑，如果有人把《蘋果日報》當作紀念存放在家是否觸犯「管有煽動刊物」？官員回應，立法通過後仍持有即屬犯罪，不過這要取決持有人有無「合理辯解」。

Q：海外港人、台灣人會受影響嗎？

A：《基本法》23條立法允許港府對海外犯罪行為提起訴訟。

23條立法認定，國際組織是境外勢力的一種，「成員包括一個或多於一個國家、地區或地方；或受任何國家、地區或地方委以職能的實體；或藉兩個或多於兩個國家、地區或地方之間訂立的條約、公約、協議或協定而設立的組織」。

上述定義牽涉到境外干預罪，任何人若意圖帶來干預效果，而配合境外勢力作出某項作為，及使用不當手段配合境外勢力等作為時，即屬犯罪，可判囚14年。

Q：會不會溯及既往？

A：香港保安局2024年1月表示，23條立法所訂立的罪行不溯及既往。但條例提高囚犯減刑門檻，囚犯必須被認為「不會不利國家安全」才能獲得減刑，恐影響涉及《國安法》的多案被告。

香港《蘋果日報》案、泛民主派初選案等被告，甚至香港首名被法庭裁定違反《國安法》、正在服刑的唐英傑，都可能受影響。

方宣稱，初選旨在「顛覆國家政權」，是濫用立法會議員職權的一場謀劃，被告取得立法會大多數控制權，無差別否決政府預算案，逼使特首解散立法會，從而癱瘓政府運作；最終會導致特首因重選的立法會拒絕通過原預算案而辭職。

檢方指出，被告是嚴重干擾、阻撓、破壞香港特別行政區政權機關依法履行職能。首名被告戴耀廷為主腦，與區諾軒、趙家賢、鍾錦麟及吳政亨為組織者，協助舉行初選，實現戴提倡的目標。其他被告是參與者，同意戴提倡的目標。

開審前包括戴耀廷、區諾軒、趙家賢、鍾錦麟、黃之鋒、毛孟靜等31人認罪，其餘如梁國雄等16人不認罪。法庭裁決，這16人中的14人罪名成立，李予信及劉偉聰2人罪名不成立。香港律政司就李、劉2人的裁決，向法庭提出上訴。

本案共有45名被告被判有罪，年齡最大的是68歲的資深社運人士、曾任13年立法會議員的「長毛」梁國雄，年紀最輕者是護理界出身的27歲鄒家成。另包括前香港眾志秘書長黃之鋒、2019年「反送中」運動後冒起的何桂藍及於疫情期間代表公立醫院醫護組織發起罷工的余慧明，以及民陣召集人岑子杰等。

相關裁決引起國際社會關注，歐盟發表聲明表示，被定罪的14人只是參加和平政治活動，卻因此「被懲罰」，這標誌著在香港參與基本自由及民主的空間進一步惡化。

美國駐港澳總領事館發言人說，美方嚴重關注相關裁決，質疑初選案被告只因和平參與正常的政治活動而遭起訴，而且面臨監禁，呼籲當局釋放被告及其他「政治犯」。

英國外交副大臣屈維里安（Anne Marie Trevelyan）表示，裁決只會進一步損害香港的國際聲譽，呼籲香港當局停止依《港區國安法》進行起訴，以及釋放所有被指控的人。

根據《港區國安法》的「串謀顛覆國家政權罪」，案中「首要分子」、「積極參加者」及「其他參加者」有3級不同刑則。

案件由香港高等法院審理，11月19日宣判，被視為主謀的戴耀廷獲刑10年最重，黃之鋒被判4年8個月，其他被告刑期在4年多至7年多之間。

香港立場新聞前總編輯被判刑21個月

香港網路媒體《立場新聞》母公司、前總編輯鍾沛權和前署任總編輯林紹桐，2024年8月29日被法院裁定串謀發布煽動刊物罪名成立。法院9月26日宣判，鍾沛權被判刑21個月；林紹桐因法官考慮其病情，判處「可即時釋放」刑期，不需監禁。

《立場新聞》是香港1997年主權轉移中國以來，首家被判煽動罪成立的媒體機構。

香港《國安法》2020年6月30日生效，2021年12月29日香港警方國安處拘捕了《立場新聞》6名現任或前任高層，除了鍾沛權和林紹桐外，還有前董事何韻詩、吳靄儀、方敏生和周達智。《立場新聞》同日宣布停止運作。

警方起訴《立場新聞》母公司Best Pencil（Hong Kong）Limited、鍾沛權和林紹桐，3名被告被控於2020年7月至2021年12月間，涉嫌串謀發布煽動刊物，意圖引起憎恨或藐視中央或特區政府，或激起對其離叛等，控罪涉及17篇文章。

8月29日法官裁定，《立場新聞》母公司、鍾沛權及林紹桐「串謀發布煽動刊物」罪名成立，指涉案17篇文章中有11篇具煽動意圖，包括「以假消息散播憎恨」及「反政府情緒」等。而鍾、林二人「知悉並認同文章的煽動意圖」，提供《立場新聞》作為發布平台，煽動憎恨中央或香港政府等，「至少罔顧煽動後果」。

代表辯方的資深律師余若薇在法庭上表示，林紹桐患有「抗嗜中性白血球細胞質抗體血管炎」，自2024年7月起病情惡化，腎功能少於3成，擔心他若被監禁可能會延誤治療，有生命危險。

余若薇指出，《立場新聞》絕大部分文章非煽動文章，強調在時代變遷下，媒體有責任報導相關事件；並指希望法庭的量刑不超過2人已還押的日子，讓兩人即時可以獲釋。鍾沛權、林紹桐先前已分別還押349天及313天。

鍾沛權現年55歲，妻子因另一宗案件正被

還押，兩人沒有子女。鍾沛權於1995至2011年在《明報》及《香港經濟日報》工作，至2011年底離開《明報》，其後任職網媒《主場新聞》及《立場新聞》。

林紹桐現年36歲，與妻子育有一女，曾在《主場新聞》及《立場新聞》工作，鍾沛權辭任《立場新聞》總編輯後，由林紹桐擔任署理總編輯。

法官表示，被告並非執行真正傳媒工作，而是參與當時所謂的抗爭，與政府抗衡，認為判處監禁為唯一合適刑罰。

就鍾沛權的判刑，法官以監禁23個月為量刑起點，減刑2個月，最終判他監禁21個月。按一般情況，扣除鍾先前已被還押的天數，即需再服刑約10個月。

就林紹桐的判刑，法官以14個月為量刑起點，因其病情減刑3個月，法官考慮到其身體狀況，以及扣除林此前已被還押的日子，判處可即時釋放的刑期，即林可即時獲釋，不需入獄。

法官另判處《立場新聞》母公司罰款港幣5,000元（約新台幣2萬元）。

在香港《刑事罪行條例》下的「串謀發布煽動刊物」罪，首次被定罪最高可被判監禁2年。

香港記者協會發表聲明指出，兩人從早前罪成到被判刑，反映出香港新聞自由的衰落，以及傳媒工作者履行職責時面對的實際危險。

美國駐港總領館9月27日在社群X平台表示，香港法院以毫無根據的指控判處《立場新聞》前總編輯，是對媒體自由的直接攻擊，促請北京和香港當局釋放所有遭受不公平拘留的記者，尊重新聞自由，維護《基本法》保障的權利。

美國聯邦眾議院外交委員會主席麥考爾（Michael McCaul）說，法院的判決顯現北京的「政治動機和對社會無孔不入的控制」。香港已不再是過去那個充滿活力的自由城市，市民現在面對一個令人不寒而慄的現實，那就是行使公民自由（包括言論自由）都可能會遭到法律的起訴。

參議院外交委員會主席卡登（Ben Cardin）在社群X平台表示，鍾沛權被判刑21個月是

「香港曾一度擁有的新聞自由被北京和香港當局踐踏的又一跡象」。

岑浩輝當選澳門特首

澳門2024年10月13日舉行第6任行政長官選舉，唯一候選人岑浩輝以得票率98.99%當選，成為首位在中國出生的特首。

澳門特區第6任行政長官選舉投票上午10時舉行，400名選舉委員會委員中，有398人出席並參與投票，岑浩輝以394票當選，其餘4票為空白票。

岑浩輝當選後表示，根據《基本法》，行政長官需向中央政府和特區負責，自己會堅定承擔重大責任，會忠誠履行參選理念和政綱，會全面準確、堅定不移地貫徹「一國兩制」方針，「以維護國家主權、安全和發展利益為最高原則」，以加快推進經濟適度多元發展、更好融入和服務國家發展大局為使命願景。

前任澳門特首賀一誠8月以「身體健康尚未全面恢復」為由，宣布不尋求連任，盛傳他是在北京要求下放棄連任。其後，岑浩輝宣布參選特首，9月20日確定成為唯一候選人。

由於這屆澳門特首選舉只有1名候選人獲得參選資格，而且只有400名選舉委員會成員有投票權，所以選舉還沒舉行，結果已成定局。

▲岑浩輝2024年10月13日當選澳門第6任行政長官。（AP）

岑浩輝是首位在中國出生的澳門特首,自宣布參選後引發各界關注。

據《美國之音》報導,62歲的岑浩輝在廣東中山市出生長大,1980年代就讀北京大學法律系,1986年移居澳門,其後到葡萄牙的大學修讀語言及法律課程,返回澳門後參與司法和檢察工作,並於1999年12月澳門特區成立後擔任終審法院院長,直至2024年8月才因宣布參選特首而卸任。

澳門前民主派立法會議員區錦新認為,岑浩輝當選將是「京人治澳」。

廣東珠海汽車衝撞案35死43傷

中國廣東省珠海市香洲區體育中心2024年11月11日發生汽車無差別撞人慘案,造成35人死亡、43人受傷。

珠海市公安局通報,這起「重大惡性案件」發生在11日晚間7時48分,62歲的樊姓男子駕駛小型越野車,衝入許多民眾正在場內運動的珠海市香洲區體育中心,且來回衝撞輾壓,當場導致多名民眾死傷。

通報指出,肇事男子在車上持刀自殘,導致頸部等部位嚴重受傷並昏迷,警方將他送醫救治,暫時無法接受公安機關訊問。

通報提到,警方經綜合現場勘查、視頻監控、證人證言和電子證據等情況,初步查明全案因樊某不滿離婚後財產分割結果而駕車衝撞。

案發現場是當地市民健身、散步的熱門場所,被劃成行人專區,私家車無法駛入,與珠海市公安局直線距離約1公里。

事發後現場一片混亂,鞋、帽、袋散落地上。部份被撞者來自「美麗珠海徒步隊」,地上留有該組織的紅色旗幟。「美麗珠海徒步隊」是當地民間組織,定期帶領長者健步鍛煉。

據新華社報導,中共總書記習近平「高度重視」此案,並指示,案件造成重大人員傷亡,「性質極其惡劣」,要全力救治傷員,精心做好傷亡人員及家屬安撫善後工作,並要依法嚴懲凶手。各地區和有關部門要深刻汲取教訓、舉一反三,加強風險源頭防控,及時化解矛盾糾紛,嚴防發生極端案件,全力保障人民群眾生命安全和社會穩定。

中國國務院總理李強批示,要全力搶救傷員,穩妥做好善後,盡快查明案情並依法嚴懲凶手。要防控結合,確實做好風險隱患和社會矛盾排查化解,「確保社會大局穩定」。

2024年以來中國頻繁發生報復社會型暴力事件,3月19日在遼寧和浙江1天內發生2起疑似蓄意駕車撞人事件;6月至10月在長春、蘇州、深圳、上海等地發生數起持刀傷人案,造成零星死傷。中國經濟下行之時,社會治安更令人擔憂。

▲廣東珠海市2024年11月11日晚間發生汽車衝撞事件,多人死傷,圖為民眾在事發現場擺放鮮花哀悼亡者。(AP)

Chapter 4 國際部分

§ 第一章　國際焦點

全球首部AI監管法
歐盟上路

海外特派直擊

田習如／布魯塞爾

　　全球第一部《人工智慧法》（AI Act）於2024年8月1日在歐洲聯盟生效，歐盟將分階段逐步落實該法內容。其中關鍵第一步是自2025年2月2日起，被該法認定為「不可接受的風險」類別的人工智慧運用將被完全禁止。

　　歐盟在2021年提出全球最早出爐的人工智慧管理法案，並在2024年完成立法。

　　這段期間全球AI技術突飛猛進，包括生成式AI應用程式ChatGPT橫空出世。面對這個快速發展的新興科技，歐盟以風險高低分級管理，試圖將現有和未來的人工智慧應用方式都涵蓋進來。

　　依風險度低到高，共有4類：

　　第一類是「最小風險」，例如運用AI技術過濾垃圾郵件、支援AI的推薦系統。負責施行該法的歐盟執委會（European Commission）

▲2024年3月13日，歐洲議會在法國史特拉斯堡召開大會，投票通過《人工智慧法》。（AP）

指出，大多數人工智慧系統都屬於這一類，涵蓋歐盟境內85%的AI企業。

由於對民眾權益和安全沒什麼風險，歐盟《人工智慧法》對這類系統未施加義務。不過，相關企業可決定是否自願參照該法所定的行為準則，提高自律程度。

第二類屬「有限度風險」，被賦予特定的透明化責任，例如AI聊天機器人（chatbot）。這類系統必須向使用者明確表示他們正在與AI互動，包括告知他們所處環境正在使用生物識別系統或情緒識別系統；若是AI生成的內容，包括使用深偽（deepfake）技術者，須明白標示為AI生成。

另外，有限度風險系統的提供者，在設計系統時，須以機器可讀的格式標記AI合成的音訊、視訊、文字和圖像內容，使這些內容可被檢測出是由AI生成或受AI操縱。

通用型AI（General Purpose AI）沒有特定使用目的，可供多種用途，如寫文章、編曲、作報告等，包括備受關注的ChatGPT，風險度目前暫被歸於此類。

第三類為「高風險」，包括在交通等重要基礎設施使用的AI系統，或教育考試、職位錄取、貸款審核等可能經由AI工具協助決定結果者。

他們受歐盟AI法嚴格要求，包括建立內部風險管理機制、訓練AI須使用高品質的資料集（data set）、詳實活動紀錄、清楚的使用者資訊，並配備真人監督，系統還必須具備高水準的穩定性、準確性及網路安全性。

受歐盟AI法最高層級管制的是「不可接受的風險」（unacceptable risk）。由於對人民基本權利帶來清楚的威脅，該法生效日起半年後，也就是2025年2月2日起，將全面禁止此類別的人工智慧運用。

其中，包括協助政府或企業對人們進行「社會評分」，也就是類似中國政府利用AI技術監控民眾的「社會信用體系」；或忽視用戶自由意志並操縱用戶行為，例如使用語音輔助，鼓勵未成年人從事危險行為的AI輔助玩具等。

另外，部分生物識別系統的用途將被禁止，例如在工作場所使用情緒識別系統、對人們進行分類的AI系統，以及在公共場所將遠距生物識別系統用於執法等。

但也有少數例外情況被容許，包括運用生物識別系統尋找失蹤者、預防對自然人的生命威脅、識別犯罪嫌疑人等。

歐盟AI法適用對象涵蓋供應鏈階段，從技術提供者、進口商、經銷商、部署者，到歐盟境內受影響的自然人，也就是使用者，都受到該法限制或保護。

境外提供到歐盟的AI產業鏈也要符合規定。例如高風險AI系統的提供者若是位於歐盟境外的第三國，在投入歐盟市場前，須以書面任命一名位在歐盟境內的授權代表，委託其向主管機關提交文件與資訊、代辦驗證技術文件、配合主管機關針對高風險AI系統所採取的行動。

不過，有特定情況可以排除適用歐盟AI法，包括為了科學研究而開發的AI系統或模型、產品投入市場前的測試開發、非專業用途的AI個人使用等。

歐盟將在執委會內設置140人規模的AI辦公室，以協助各成員國和產業落實該法。歐盟27個國家也將派代表組成「歐洲人工智慧委員會」（EAIB），以促進各國及歐盟機構相關行政管理協調、對該法實施提供建議、促進與國際合作等。

每個歐盟成員國應設立或指定一個通知機構及一個市場監督機構作為國家主管機關，在2025年8月2日前向歐盟執委會提交機構名單，並公開該機構電子聯絡方式。

歐盟各國有兩年緩衝期全面落實歐盟AI法內容，但最高層級管制的AI先在2025年2月起禁用；通用型AI、歐盟執行單位的設立、罰款等規定，在2025年8月起適用；與高風險AI系統相關的義務規定，2027年8月起適用。

若違反此法，可能被處以企業全球營收1.5%至7%範圍內的罰款。

為了在防弊與興利間取得平衡，歐盟AI法也要求各國設置為鼓勵創新而暫免法律嚴管的監理沙盒（regulatory sandbox），以促使高風險AI系統的開發符合該法、做到負責任的創新。🅔

歐盟農民怒上街頭
農業政策改革受阻

曹宇帆／台北

歐盟因2023年開始生效的新版「共同農業政策」（Common Agricultural Policy，以下簡稱CAP），引發法國、義大利、波蘭、西班牙等國農民於2024年初紛紛上街抗議，凸顯歐盟因急切推動改革而遭遇阻力。

共同農業政策的源起可回溯至第二次世界大戰後，當時歐洲百廢待舉，穩定糧食供應更是當務之急，於是歐盟前身歐洲經濟共同體（European Economic Community）根據《建立歐洲經濟共同體條約》（TEEC）第38條和第40條，也就是共同市場應延伸至農業與農產貿易，以及應逐步研擬共同農業政策的規範而制定CAP，並於1980年代獲致成效。

但是成效太好卻反而造成產量供過於求，過剩的牛奶、穀物、肉品等以低於世界均價出口造成傾銷，引發國際間不滿，同時過度生產導致水汙染、土地貧瘠等不利環保的問題一一浮現。

因此，在新版共同農業政策中，包含了要求農民減少殺蟲劑確保生物多樣性、增加休耕土地以利於環境保護等規定，不過卻因此損及農民權益而引發反彈。

在比利時，憤怒的農民2024年1月底駕駛數十輛拖拉機緩緩通過一處重要的交流道，封鎖那慕爾（Namur）北方的E42高速公路交通。若干拖拉機掛著比利時國旗和工會旗幟，還有布條寫著，「如果我們滅亡，你們就會挨餓」、「兒時夢想變成噩夢」。

2024年2月初，法國農民示威，升高緊張局勢。農民不顧當局警告，聚集並闖入巴黎南郊生鮮批發市場杭吉斯（Rungis），警方一度逮捕近80人。

另據西班牙廣播電視公司（RTVE）2024年2月間報導，當地農業組織在經過1個月動

▲2024年1月31日，法國農民駕駛的拖拉機在封鎖的高速公路上與軍用車輛對峙。（AP）

員抗議後，4,000名身穿黃背心的農民駕駛約500輛耕耘機兵分5路進入首都馬德里市中心，自阿爾卡拉門（Puerta de Alcalá）紀念碑集合，一路前進到農業部門口示威。

農民們指責「農村就要死亡」，他們不滿歐盟令人窒息的官僚主義，一邊高舉環保法規嚴厲要求歐盟農民遵守，一邊卻自歐盟以外法規較寬鬆、價格較低廉的國家進口農產品，如此除了造成歐盟農民生產成本上漲，也迫使農民面對降價競爭。

眼看抗爭愈演愈烈，歐盟隨即於2024年3月15日提出修正方案，並於5月13日的歐洲聯盟理事會批准放寬歐盟共同農業政策的環境規範，並明訂政策將適用到2027年結束。

修訂的主要項目，包括放寬在土地利用和輪作、休耕等方面的限制，內容包括不再強制部分農田休耕以養護土壤環境，而對於主動讓部分農田休耕的農民，會員國政府應給予額外經濟補貼；放寬要求農民輪作作物（即一定週期內按順序輪換種植不同作物）的規定，農民可選擇輪作或增加作物品種多樣性；同時減輕小型農場負擔，申請歐盟農業補貼的農場如面積在10公頃以下，可免於接受共同農業政策架構下的審查和處罰措施。

另外，更新後的規則落實簡化並減少行政負擔，同時為地區差異提供更廣泛的靈活性，並可追溯至2024年1月1日。

比利時農業部長克拉林瓦（David Clarinval）表示，這次關於共同農業政策的針對性審查，關鍵在於歐盟努力減少繁文縟節，提案在執委會提交兩個月後就獲得通過，顯示歐盟致力於對歐洲農民所做的承諾。

但是歐盟修訂新版共同農業政策卻引發環保團體的不滿，據法國廣播公司（RFI）2024年3月間報導，綠黨歐洲議會議員豪斯林（Martin Hausling）表示，藉口簡化行政程序，通過快速程序的立法削弱共同農業政策，在適應氣候變化的必要性上妥協，是可恥的做法。

世界自然基金會（WWF）專案經理索諾（Anu Suono）說，盲目放棄環保措施並不能安撫農民的情緒，他們正遭受不公平的價格競爭和氣候緊急情況的影響，同時要設法長期生存下去。Ⓔ

孟加拉學潮反公職配額
暴力鎮壓釀逾千死

王嘉語／台北

孟加拉學生團體為反對公務員職缺配額制度，從2024年7月開始發起示威，隨著政府鎮壓，抗議逐漸升溫成總理哈希納（Sheikh Hasina）執政15年來最嚴重動亂，造成逾千人喪生。哈希納於8月5日倉皇下台外逃，臨時政府由諾貝爾和平獎得主尤努斯（Muhammad Yunus）領導。

孟加拉自2024年7月起幾乎天天都有遊行，要求結束公務員職缺配額制度，這項制度為特定族群保留一半以上的公務員職位，包括為參與1971年獨立戰爭退伍軍人的子女預留30%公務員職位。批評人士認為，這項制度嘉惠支持哈希納的親政府團體子女。

哈希納政府在2018年廢除配額制度，但法院於2024年6月恢復該制度。由於孟加拉全國有1,800萬名年輕人失業，因此恢復配額制度讓面臨失業危機的畢業生深感憤怒，引發全國性抗議。

示威行動持續數週後，暴力情事在7月15日突然加劇，抗議人士表示，他們在孟加拉首都達卡（Dhaka）進行和平抗議，卻遭支持執政黨的學生活動人士以棍棒、石頭、砍刀和

汽油彈攻擊，當局接獲通報稱雙方衝突的首批死者共有6人。哈希納政府隨即下令無限期關閉全國各地大學及各級院校，並加強鎮壓數週來為訴求公部門就業機會平等而發起的集會。

哈希納於7月17日呼籲民眾保持冷靜，矢言懲處示威活動中每起「謀殺案」的加害者，但學生團體拒絕接受她遞出的橄欖枝。隨著示威行動持續延燒，警方向數百名抗議者發射橡膠子彈，抗議群眾則反擊，並追趕撤退的警察至達卡的孟加拉國營電視台BTV總部，示威群眾還對電視台接待大樓和停放在外的數十輛汽車縱火。

追蹤全球網路狀態的NetBlocks指出，7月18日夜晚降臨時，孟加拉「幾乎全面」陷入網路關閉狀態。在網路中斷前，當局曾試圖限制社群媒體和行動數據服務，這些是主辦抗議活動人員主要的通訊工具。

孟加拉當局7月19日宣布全國實施宵禁，並加派軍隊維持治安，達卡警方也禁止所有公眾集會。儘管如此，示威學生仍闖入中部諾爾辛迪縣（Narsingdi）一座監獄釋放囚犯，接著對監獄放火。

孟加拉最高法院7月21日對爭議性的公務員職缺配額制度作出裁判，將保留職位的占比從所有職位的56%縮減至7%，其中為參與1971年解放戰爭退伍軍人子女保留的政府職位從30%減少到5%、1%職位將保留給原住民社群、另外1%則根據孟加拉法律保留給身心障礙或是第三性，剩下93%的政府職位採擇優錄取制。

然而，這項裁決未能成功平息大學生領袖的不滿，學生組織「學生反歧視運動」（Students Against Discrimination）表示，該組織不會放棄抗議活動。

達卡警方7月22日表示，經過連日警民衝突，包括一些反對黨「孟加拉民族主義黨」（Bangladesh National Party, BNP）領袖在內，至少已有532人在暴力示威期間被捕。自此一週間，警方更逮捕數以千計示威者，其中包括至少6名「學生反歧視運動」領袖。

哈希納面對由學生示威演變成嚴重死傷的暴亂，於8月5日辭職下台並逃離首都達卡，搭乘直升機前往印度。同日逾千名示威者闖進總理官邸，陸軍參謀長薩曼（Waker-uz-Zaman）宣布將組成臨時政府。孟加拉當地電視台Channel 24播放的影像顯示，群眾衝進首都的總理官邸，對著攝影機揮手慶祝。

▲2024年7月19日，孟加拉警方於達卡發射催淚彈驅散抗議公職配額制的學生。（AP）

哈希納請辭後，總統沙哈布丁（Mohammed Shahabuddin）決定釋放在學生抗議期間被捕的所有人，軍方也宣布8月6日結束宵禁。

總統辦公室8月6日透過聲明宣布解散國會，此外，主要警察協會孟加拉警察協會（Bangladesh Police Association）宣布進行罷工，並為暴力執法致歉：「針對警察部隊對無辜學生所為，我們乞求認錯。」

諾貝爾和平獎得主尤努斯8月8日宣誓就任首席顧問，負責領導孟加拉的臨時政府。尤努斯和他創辦的微額貸款組織「鄉村銀行」（Grameen Bank）因提供低於100美元的小額貸款給鄉村窮困民眾，協助數百萬人脫貧，於2006年獲頒諾貝爾和平獎。尤努斯因據信出於政治動機的指控，被判處6個月有期徒刑，2024年於保釋期間出國。達卡法院已宣判他無罪。

孟加拉臨時政府衛生部門首長貝岡（Nurjahan Begum）8月29日透過聲明指出，反政府示威抗議期間發生的暴力情事，造成逾1,000人死亡，還有超過400位學生失明。

領導示威的孟加拉學生要求哈希納從印度返國，為示威期間抗議人士遭殺害接受審判。在她出逃後的混亂中，孟加拉一些印度教信徒和寺廟被當作攻擊目標，學生領袖和臨時政府已對這些攻擊事件表達譴責。Ⓔ

俄朝結軍事同盟
北韓軍援俄烏戰場

海外特派直擊

廖禹揚／首爾

睽違24年，俄羅斯總統蒲亭2024年6月再度訪問北韓，與北韓領導人金正恩簽署《全面戰略夥伴關係條約》，約定當締約方之一遭個別國家或多個國家侵略而處於戰時狀態時，另一方應根據《聯合國憲章》及兩國國內法等，立即採取一切手段給予對方軍事及其他援助。

這是金正恩掌權以來，蒲亭首度訪問北韓。蒲亭在會談中感謝金正恩支持俄羅斯在烏克蘭的戰爭，並稱這項條約是「奠定我們長期關係的基礎」。

金正恩則肯定兩國關係比蘇聯時期更加深厚，並承諾「全力支持並聲援俄國政府、軍隊及人民在烏克蘭執行特殊軍事行動，以保護主權、安全利益及領土完整」。

外界分析，這項條約可能被解讀為「有事時自動軍事介入」，因此認為，北韓與俄羅斯可能時隔28年藉此恢復「同盟關係」，引起西方國家憂慮。尤其在俄羅斯對烏克蘭的戰爭中，北韓可能對俄羅斯提供更多支援。

果不其然，2024年10月下旬傳出北韓士兵被派至俄羅斯並在當地受訓，烏克蘭國防部長烏梅洛夫（Rustem Umerov）11月初接受南韓電視台專訪時證實，烏軍已首度與北韓軍隊交戰，這顯然是俄羅斯2022年全面入侵烏克蘭後，衝突態勢進一步升高。據美國五角大廈表示，庫斯克（Kursk）至少有1萬名北韓軍人，並稱北韓軍隊在俄國境內共約有1.1至1.2萬人。

不過，早在這次簽署條約前，北韓與俄羅斯的合作已經在私下開始運作。

受國際制裁加上疫情與天災影響，北韓經濟民生接連受到打擊，但政府仍堅持開發核武及軍事能力。疫情趨緩後北韓邊境解封，平壤當局與對外展現侵略野心的俄羅斯，互動明顯快速熱絡起來。

在蒲亭久違訪問北韓前，金正恩在2023年9月便應邀訪問俄羅斯，當時在俄羅斯遠東地區一處太空發射場與蒲亭會談，並參觀火箭

▲在這張由克里姆林宮媒體聯合採訪團隊分享的照片中，俄羅斯總統蒲亭（左）與北韓領導人金正恩（右）在平壤舉行的新戰略夥伴關係簽署儀式上合影。（AP）

組裝及發射設施，談及航太相關合作。金正恩後續還參觀俄羅斯的新型戰機工廠。

國際社會在兩人會面時程曝光後，就猜測北韓與俄羅斯可能在這次會談中，商議武器協議等合作。但克里姆林宮在會前公開表示，蒲亭與金正恩在會談中沒有簽署任何協議，也沒有計畫簽署任何協議，否認雙方簽署軍事或其他領域協議的可能性。

即使未簽署協議，北韓方面在這次會面後的動態，讓外界幾乎肯定這兩個國家私下已經開始進一步的軍事相關合作，其中一個可能案例就是北韓首次成功發射的軍事偵察衛星「萬里鏡一號」。

北韓在2023年兩度嘗試發射軍事偵察衛星失敗，但在金正恩訪俄後，同年11月第3次嘗試發射便成功將衛星送入軌道，較專家預計的正常改善所需時間快上許多。

南韓國家情報院報告透過北韓第2次發射衛星落下的殘骸分析，當時搭載衛星未達偵察衛星等級，質疑北韓在短期內成功發射衛星，並聲稱可拍攝到關島美國軍事基地的真實性。不具名官員透露，北韓第3次發射衛星前有大批俄羅斯工程師前往北韓，疑似幫助北韓改善衛星問題。

美國與南韓政府也持續提出北韓援助俄羅斯武器的證據。據南韓國防部提出資料，北韓自2022年中至2024年8月，約兩年期間至少向俄羅斯輸送1萬3,000個貨櫃；與南韓國防部長申源湜於2024年2月在記者會提及，北韓支援俄羅斯約6,700個貨櫃相比，北韓出口貨櫃數量在蒲亭訪問北韓前後大幅上升。

北韓與原先最大盟友中國的關係變化，也受南韓媒體關注。

分析指出，中國在美國壓力下，開始改善與南韓等美國盟友的關係，對於受國際排擠的北韓及俄羅斯主要持保守、中立立場。但蒲亭這次接連出訪北韓及越南勢必讓中方感到不滿，可能希望藉此迫使不願過度介入俄羅斯相關戰爭的中國表態，配合俄羅斯行動。

同時，2024年4月中國使團為中國與北韓建交75週年訪問北韓，但當時對北韓希望的食糧等經濟協助皆未給予確切答覆，也大幅減少發給北韓勞工簽證，使得幾乎倚靠中國生存的北韓經濟雪上加霜。相較之下，俄羅斯

開始大舉開放北韓勞工入境，可能成為北韓轉向俄羅斯靠攏的原因。

但也有學者認為，俄羅斯與北韓關係越緊密，對中國反而越有利，可藉此分散西方國家的注意力。中國官方面對外界猜測，始終表示雙邊關係未受影響，要求外界不要妄加猜測。

直至傳出北韓軍援俄羅斯，面對外媒追問，中國外交部發言人林劍冷回，北韓、俄羅斯是兩個獨立主權國家，「如何發展雙邊關係，是他們自己的事」。

南京大學國際關係學院執行院長朱鋒分析，北韓派兵援俄讓中國「尷尬」，而中國「能做的甚微」，因為俄國與北韓不會接受中國的勸誡，中國也會擔心與兩國關係因此受損。

無論中國立場為何，俄羅斯與北韓的「軍事同盟」關係已是現在進行式。北大西洋公約組織（NATO）秘書長呂特（Mark Rutte）表示：「俄羅斯與北韓加深雙邊軍事合作，對印度-太平洋與歐洲-大西洋的安全都構成威脅。」Ⓔ

印尼總統大選
普拉伯沃爭議中勝出

海外特派直擊

李宗憲／雅加達

印尼於2024年2月14日舉行總統大選，時任國防部長普拉伯沃（Prabowo Subianto）和副手吉伯朗（Gibran Rakabuming Raka）以近6成得票率取得壓倒性勝利，不需經由第2輪投票即確定當選，並於10月20日就任。

這場大選從時任總統佐科威（Joko Widodo）長子吉伯朗決定投入大選開始，即引發巨大爭議，不僅導致總統選舉籠罩在民主倒退的陰影中，也讓外界對佐科威大幅改觀，從「平民總統」逐漸蛻變為謀權政客。

總統大選登記日前，印尼憲法法院2023年10月做出裁決，使時任梭羅市（Surakarta）市長的吉伯朗得以不受年齡限制，以副手身分角逐大選。吉伯朗當時剛滿36歲，若按原規定並不能參選副總統，法院裁決等同為他掃除障礙。

此裁決備受爭議的主因是參與審理的大法官安華（Anwar Usman）是佐科威的妹婿，與吉伯朗是親戚關係而存有利益衝突，導致憲法法院公正性受質疑。印尼憲法法院道德小組2023年11月認為，安華的裁決違反道德規範，因此解除他首席大法官的職務。

不過，選前爭議並未衝擊普拉伯沃與吉伯朗的支持度，兩人從登記參選開始，民調就遙遙領先，可謂「贏到最後」。

普拉伯沃曾在2014和2019年競選總統，都敗給對手佐科威。2019年大選後，普拉伯沃受佐科威延攬進內閣，2024年與昔日競爭對手的兒子搭檔，等了逾10年，3度參選終於圓了總統夢。

普拉伯沃出身於印尼最有權勢的家庭之一，他的父親因參加革命活動曾流亡海外，因此普拉伯沃精通英語、法語和荷蘭語。他畢業後從軍，30多歲就擔任印尼特種部隊指揮官，43歲受拔擢為三星將領，擔任陸軍戰略後備司令。

然而，普拉伯沃被指在前總統蘇哈托獨裁統治期間曾侵犯人權，備受爭議的政治強人形象強烈。從他贏得大選開始，印尼民主可能倒退的討論就從未減少過。

普拉伯沃曾是蘇哈托的女婿，在蘇哈托垮台後才與妻子西蒂（Siti Hediati Hariyadi）離婚。蘇哈托獨裁統治期間，普拉伯沃曾任印尼陸軍精銳特種部隊（Kopassus）司令，掌握軍權，參與鎮壓1990年代的東帝汶獨立運動，並涉嫌綁架及拷打1998年追求民主化的反蘇哈托人士，留下人權污點。

蘇哈托下台後，普拉伯沃因人權爭議遭革除軍職，並遠赴約旦經商。2000年起普拉伯沃被

列入禁止訪問美國的黑名單,20年後才解禁。

具人權爭議的普拉伯沃當選總統,許多民運團體感到擔憂。1996年因「七二七暴動事件」(Kudatuli)入獄的民運人士哈里安托(Petrus Hari Hariyanto)曾說,他對普拉伯沃可能擔任國防部長並參選總統感到遺憾、難過,並稱這種情況顯示「印尼對侵犯人權的人仍相當寬容」。

普拉伯沃始終否認曾侵犯人權,也未曾被正式起訴。有學者認為,印尼不會因為普拉伯沃當總統就陷入獨裁或威權統治,不需過於擔心。

澳洲國立大學副教授米次納(Marcus Mietzner)曾表示,擔憂印尼可能陷入全面獨裁統治有些言過其實。他說:「印尼的民主制度現在已經夠脆弱了,普拉伯沃不需要徹底推翻它。畢竟今天他贏了。」

除了人權爭議,普拉伯沃的外交政策也引人矚目。

普拉伯沃選後首個出訪國家是中國。對普拉伯沃就任總統前受邀訪中,學界當時感到很不尋常,認為這凸顯台海情勢緊張及南海衝突升高之際,中國正積極拉攏印尼,以增加在東南亞影響力。

新華社報導,當時普拉伯沃向中國國家主席習近平說,中國是印尼「強有力的合作夥伴」,他完全支持發展更緊密的印尼與中國關係,願延續佐科威對中友好政策,堅持獨立自主,「恪守印尼政府一貫奉行的一個中國政策」。

不過,印尼學者認為,普拉伯沃雖將繼續與中國維持經濟上的緊密關係,同時也會加強與西方國家合作,在美中之間取得平衡。

普拉伯沃曾說,和西方做朋友不意味不能與中國、印度、俄羅斯結交,並稱「印尼對美中兩國都非常開放,將持續印尼傳統的外交方針,也就是不參與地緣政治結盟」。

他在2023年底一場論壇上多次強調「1,000個朋友太少,1個敵人太多」,希望與世界各國做朋友。

在對台關係上,普拉伯沃競選團隊發言人艾迪(Eddy Soeparno)選前曾表示,印尼對台灣的友好關係將持續下去。他說:「雖然我們沒有外交關係,但台灣和印尼互設經濟辦事處,且在投資、經濟、教育和旅遊領域等,雙方的關係很好。」E

▲普拉伯沃(前左)和副手吉伯朗(前右)在印尼總統大選中取得壓倒性勝利。(AP)

2024年各國總統、總理異動

就職日	國家／頭銜／姓名	附註
1月1日	瑞士／總統／阿姆赫德（Viola Amherd）	
1月3日	馬紹爾／總統／海妮（Hilda C. Heine）	馬紹爾首位女總統。
1月20日	剛果民主共和國／總統／齊塞克迪（Felix Tshisekedi）	此為齊塞克迪第2任期。
1月22日	賴比瑞亞／總統／波阿凱（Joseph Boakai）	
1月28日	不丹／總理／托杰（Tshering Tobgay）	
1月31日	馬來西亞／元首／蘇丹／伊布拉欣（Sultan Ibrahim）	
2月4日	納米比亞／總統／姆彭巴（Nangolo Mbumba）	前總統甘戈柏（Hage Geingob）去世，由副總統姆彭巴暫時接掌政權。
2月5日	葉門／總理／穆巴拉克（Ahmad Awad bin Mubarak）	
2月8日	喬治亞／總理／科巴伊澤（Irakli Kobakhidze）	
2月26日	吐瓦魯／總理／泰歐（Feleti Teo，另譯：戴斐立）	
2月27日	幾內亞／總理／烏里巴（Mamadou Oury Bah）	
3月1日	芬蘭／總統／史塔布（Alexander Stubb）	
3月4日	巴基斯坦／總理／夏立夫（Shehbaz Sharif）	
3月5日	匈牙利／總統／蘇尤克（Tamas Sulyok）	
3月10日	巴基斯坦／總統／札達里（Asif Ali Zardari）	
4月2日	葡萄牙／總理／蒙特內哥羅（Luis Montenegro）	
4月2日	埃及／總統／塞西（Abdel Fattah al-Sisi）	此為塞西第3任期。
4月2日	塞內加爾／總統／費伊（Bassirou Diomaye Faye）	
4月3日	塞內加爾／總理／桑可（Ousmane Sonko）	
4月4日	馬爾他／總統／德博諾（Myriam Spiteri Debono）	
4月9日	愛爾蘭／總理／哈里斯（Simon Harris）	37歲，為愛爾蘭史上最年輕總理。
4月9日	保加利亞／看守總理／格拉夫切夫（Dimitar Glavchev）	
5月2日	索羅門／總理／馬內列（Jeremiah Manele）	
5月7日	俄羅斯／總統／蒲亭（Vladimir Putin）	此為蒲亭第5任期。
5月12日	北馬其頓／總統／席楊諾夫斯卡-達夫科娃（Gordana Siljanovska-Davkova）	北馬其頓首位女總統。
5月15日	新加坡／總理／黃循財（Huang Xun Cai）	
5月15日	科威特／總理／阿瑪德・薩巴赫（Ahmad Al-Abdullah Al-Sabah）	
5月17日	克羅埃西亞／總理／普蘭科維奇（Andrej Plenkovic）	此為普蘭科維奇第3任期。
5月20日	中華民國／總統／賴清德	
5月26日	葛摩聯邦／總統／阿濟利（Azali Assoumani）	此為阿濟利第4任期。
5月23日	查德／總統／馬哈馬特（Mahamat Idriss Deby）	過渡總統馬哈馬特成為總統。
6月1日	薩爾瓦多／總統／布格磊（Nayib Bukele）	此為布格磊第2任期。

6月9日	印度／總理／莫迪（Narendra Modi）	此為莫迪第3任期。
6月12日	剛果民主共和國／總理／圖盧卡（Judith Suminwa Tuluka）	剛果民主共和國首位女總理。
6月15日	斯洛伐克／總統／佩拉格利尼（Peter Pellegrini）	
6月19日	南非共和國／總統／拉瑪佛沙（Matamela Cyril Ramaphosa）	此為拉瑪佛沙第2任期。
6月23日	北馬其頓／總理／米可斯基（Hristijan Mickoski）	
7月1日	巴拿馬／總統／穆里諾（Jose Raul Mulino）	
7月2日	荷蘭／總理／史庫夫（Dick Schoof）	
7月5日	英國／首相／施凱爾（Keir Starmer）	
7月5日	蒙古國／總理／奧雲額爾登（Luvsannamsrai Oyun-Erdene）	此為奧雲額爾登第2任期。
7月12日	立陶宛／總統／瑙塞達（Gitanas Nauseda）	此為瑙塞達第2任期。
7月28日	伊朗／總統／裴澤斯基安（Masoud Pezeshkian）	前總統萊希（Ebrahim Raisi）2024年5月因直升機失事遇難。
8月1日	冰島／總統／湯瑪斯杜提爾（Halla Tomasdottir）	
8月1日	茅利塔尼亞／總統／加祖瓦尼（Mohamed Cheikh El Ghazouani）	此為加祖瓦尼第2任期。
8月2日	茅利塔尼亞／總理／賈伊（Mokhtar Ould Diay）	
8月7日	突尼西亞／總理／馬杜里（Kamel Maddouri）	
8月8日	孟加拉／首席顧問／尤努斯（Muhammad Yunus）	
8月11日	盧安達／總統／卡加米（Paul Kagame）	此為卡加米第4任期。
8月16日	泰國／總理／貝東塔（Paetongtarn Shinawatra）	
8月16日	多明尼加／總統／阿比納德（Luis Abinader）	此為阿比納德第2任期。
9月5日	法國／總理／巴尼耶（Michel Barnier）	
9月15日	約旦／首相／哈山（Jafar Hassan）	
9月17日	阿爾及利亞／總統／塔布納（Abdelmadjid Tebboune）	此為塔布納第2任期。
9月23日	斯里蘭卡／總統／迪桑納亞克（Anura Kumara Dissanayake）	
9月24日	斯里蘭卡／總理／阿馬拉蘇里亞（Harini Amarasuriya）	
10月1日	墨西哥／總統／薛恩鮑姆（Claudia Sheinbaum）	墨西哥首位女總統。
10月1日	聖馬利諾／執政官／齊維奇亞（Francesca Civerchia）、里卡爾迪（Dalibor Riccardi）	
10月20日	印尼／總統／普拉伯沃（Prabowo Subianto）	
10月21日	越南／國家主席／梁強（Luong Cuong）	
10月22日	突尼西亞／總統／薩伊德（Kais Saied）	此為薩伊德第2任期。
11月1日	波札那／總統／波柯（Duma Boko）	
11月11日	日本／首相／石破茂	此為石破茂第2任期。
11月11日	海地／總理／費艾梅（Alix Didier Fils-Aime）	
11月13日	模里西斯／總理／藍古蘭（Navin Ramgoolam）	

南韓增招醫學生政策
掀起醫師罷工浪潮

海外特派直擊

廖禹揚／首爾

南韓政府為因應未來醫師需求，2024年2月宣布包括大幅增招醫學生等醫療改革方案，卻引起醫療現場最年輕的實習醫師們不滿，以罷工請辭要求政府收回成命，在雙方拒不妥協狀況下，各大教學醫院缺乏人力，門診、住院率及急救收治量能大受影響，僵局延續半年以上仍未見改善。

韓國獨立70多年來，共有9次大型醫師團體發起抗議行動，但由於醫師能力的專業性及對社會影響力，最後都是以醫界訴求取得勝利收場。

2020年醫界的抗議行動，可以視為2024年罷工的前哨戰。當時醫界同時反對醫學院學生增額、設立公立醫學大學的政策，先是住院醫師集體罷工，大韓醫師協會隨後發起更大規模的無期限總罷工，政府雖下達復工命令、提告，但在COVID-19疫情壓力下仍選擇低頭，協議暫緩推動相關政策。

疫情過去，「醫療改革」議題重新被當局列為要務，韓國政府2024年2月召開記者會指出，韓國是已開發國家中醫師人數與總人口比例最低的國家之一，加上人口快速老化，因此決定從2025學年度起，每年大幅增招2,000名醫學院學生。

初入醫界的實習醫師們對此大舉反彈，認為政府意圖藉此增加「便宜好用」的年輕醫療人力，也有不少醫學院教授擔心當前教育資源並不足以應付大幅增加的醫學生，可能損害教學品質及未來提供的醫療服務。

為促使政府撤回這項政策，韓國各地約1萬3,000名實習及住院醫師中，罷工人數超過9成，這些在100間主要教學醫院內的手術、急診治療中擔任主力的年輕醫療人力同時離開崗位，使得大型醫院過度依賴住院醫師人力

▲2024年2月，南韓醫師在總統府附近舉行集會，反對政府的醫療改革方案。（AP）

的問題浮上檯面，還留守在醫院的醫師及護理人員更因短期激增的工作量苦不堪言。

據韓媒報導，韓國醫院依法可要求住院醫師每週上班最多80小時、最長可連續出勤36小時，住院醫師年薪平均約7,000萬韓元（約新台幣167萬元），換算時薪大約一小時新台幣400元；相較於年薪2到3億韓元、工時卻相對短的專科醫師，醫院就營利考量自然更傾向僱用更大量的住院醫師，這也導致實習、住院醫師在上級綜合醫院醫師中平均占比達37.5%之高，在病患最為集中的首爾大學醫院等5大醫院，占比最高可達46%。

多數參與罷工醫師認為，比起增招醫學生，更應該透過改善工作環境來留住既有的醫療人才，指出在低薪實習、教授職缺稀少、必須時不時面對醫療訴訟等問題，才是讓年輕醫師不斷流失的原因，即使增招再多醫學生，未來仍可能因為這些問題離開醫院。此外，真正缺少人力的基本醫療科別也不受這些醫療新血青睞，若不改善相關待遇，根本無法真正解決醫療缺口問題。

面對醫界不滿，顯然不打算輕易讓步的政府，在罷工初期就祭出強硬復工令，譴責醫師未盡到法律上應盡的義務與責任，醫院也大多壓著住院醫師的辭呈不予處理。但無論當局實施扣留醫師執照處分、開放醫院處理辭呈，或是承諾期限前返回工作崗位即不予追究等軟硬兼施，住院醫師的態度仍更為強硬，

始終堅持「完全撤回」、重新討論增招政策。

為填補住院醫師持續罷工空缺，韓國保健當局提出考慮開放持外國執照行醫、醫師助理（Physician Assistant）法制化等作法，但除招來醫師批評，《護理法》修法的問題也接踵而來。

醫師助理又稱臨床助理，為可在醫師監督下從事輔助性醫療工作的專業醫事人員，但在韓國現行法上並無這種職位，尚不允許護理人員代行手術輔助等醫師業務。隨著「醫師助理法制化」議題被提出，護理師團體盼藉此機會釐清醫師與護理人員職責，但有部分護理人員認為，這種作法只是「將過去實務上默許的事放到檯面上」，只會增加護理人員工作負擔，沒任何法律保障。

直到2024年8月底韓國國會通過《護理法》修法，明定醫師助理業務範圍及相關職務教育要求等，業界仍是憂喜參半。反對意見認為這次修法太過倉促，只是為了趕快解決醫師罷工帶來的空缺問題，也有不少護理人員不滿院方以醫師罷工為由，將所有醫療責任轉嫁到醫師助理身上，甚至出現醞釀罷工的聲音。

韓國政府這次醫療改革轟轟烈烈，與醫師之間的矛盾僵持不下，申請實習、國考的醫學生人數受影響大幅下降，可能進一步帶來人力空窗期，護理人員與無辜病患的不滿也日益升高，如何在搖搖欲墜的現況找到突破口，看來還需時間摸索。Ⓔ

香港通過基本法23條
英美嚴厲譴責

海外特派直擊

張　謙／香港

2024年3月19日，香港立法會三讀通過《維護國家安全條例》（即《基本法》23條立法），港府官員及親政府建制派人士聲稱，這次立法為困擾香港近27年的國安漏洞問題劃

上句號，香港履行了憲制責任，具有歷史意義，而香港今後可以集中力量發展經濟。

《基本法》被視為香港的「小憲法」，港府有憲制責任落實當中的規定，而其中第23條

規定,「香港特別行政區應自行立法禁止任何叛國、分裂國家、煽動叛亂、顛覆中央人民政府及竊取國家機密的行為,禁止外國的政治性組織或團體在香港特別行政區進行政治活動,禁止香港特別行政區的政治性組織或團體與外國的政治性組織或團體建立聯繫」。

不過,香港自1997年回歸以來,港府一直未能就23條立法,主因是民間反對聲音強大,擔心會成為打壓自由的惡法。

2003年,時任行政長官(特首)董建華曾就此進行立法,期間港府安撫民眾指出,相關立法只針對危害國安的人,《基本法》保障港人各種自由。不過,當時社會的主流力量泛民主派並不買帳,各黨派及支持者極力反對。

不少分析指出,泛民所以對23條立法深惡痛絕,主因還是不相信香港背後的中共,擔心一旦立法後,中共即可藉此指使港府任意以國安理由進行抓捕。2003年7月1日,泛民藉著香港回歸紀念日當天發起遊行,結果有50萬人上街示威,反對立法。港人發出如此巨大怒吼,震驚北京和海外。

由於民眾反對聲音強大,當時處於弱勢的董建華政府被迫放棄立法,事件暫告一段落。但2019年「反送中」運動所掀起的「港獨」浪潮,卻令問題死灰復燃。此後,北京方面不理會美國等西方社會反對,越俎代庖,訂定《香港國安法》,把《基本法》23條的部分罪行寫進去。

《香港國安法》於2020年中生效後,港府就據此抓捕了大批泛民精神領袖,而泛民黨派和組織也紛紛自行解散,泛民力量在港一夜之間「被清零」。

2024年3月初,港府接著為《基本法》23條餘下規定的罪行進行立法,在沒有泛民力量的反對下,立法工作在11天內就完成,並於3月23日公布實施,與《香港國安法》一併成為箝制危害國安言行的法律工具。

對於港府通過23條立法,美國等西方國家反對甚烈。在23條立法草案通過後,美國、英國、日本等國家及機構先後發表聲明,憂慮香港法治、人權自由等受損害;一些西方媒體更花大篇幅報導23條立法,使香港議題成為國際焦點。

時任英國外交大臣卡麥隆(David Cameron)曾發表聲明,批評立法會倉促通過立法,將進一步損害香港的法治、自治,以及

▲「港獨」呼聲在「反送中」運動期間變得更為熾熱,這也使得香港其後急促實施《國安法》及《基本法》23條。

權利和自由,並指條例擴大解釋「國家安全」和「外部干預」,將使在港生活、工作或從商的人面對更多困難。

他同時表示,條例使言論、集會和媒體自由持續遭到侵蝕,以及破壞香港履行具有約束力的國際義務,包括中英聯合聲明、公民權利和政治權利國際公約。

美國參議院外交委員會主席卡定(Ben Cardin)也發出聲明,認為港府是繼續按北京的要求行事,並指條例定義廣泛且含糊,加上具有域外效力,將對香港僅餘的自治和自由產生寒蟬效應,同時使他對美國公民、企業和獨立媒體在港的安全和運作感到擔憂。

他說,鑑於中國持續打壓香港的基本自由,美國國會將繼續評估香港特別行政區在美國法律下獲得的優惠待遇。

聯合國人權事務高級專員圖克(Volker Turk)也發出聲明表示,「令人震驚的是,儘管各界對其中許多條款不符合國際人權法表示嚴重關切,這麼重要的立法卻是以加速審查程序,倉促闖過立法機關。」

圖克表示,此法案中定義廣泛且模糊的條款,恐導致「一連串廣獲國際人權法保障的行為都遭定調為刑事犯罪,包括言論自由、和平集會自由以及接收和傳遞訊息的權利」。

此外,歐盟發表聲明警告,該法案有可能嚴重影響在港活動的歐盟辦事處,以及相關組織和企業,並指「這同時讓各界質疑香港作為國際金融中心的長期吸引力」。

自《香港國安法》生效以來,港府據此逮捕了數十名泛民人士,有些已被監禁,有些正被控告。一向關注香港人權的美國以制裁港府官員作為回應,包括香港前任特首林鄭月娥、前保安局局長李家超(現任特首)和其他政府高官。

在《基本法》23條立法之後,監察香港人權的英國非政府組織「香港監察」也要求英國政府對港政府官員實施制裁。不過,與回應《香港國安法》的做法相比,英美等西方國家對23條立法似乎相對低調,除了譴責及發出營商警示,沒有較嚴厲及具體的懲罰措施。🅔

從對峙到衝撞
中菲南海衝突加劇

海外特派直擊

林行健／馬尼拉

2024年是中菲南海衝突急速加劇的一年,雙方的對抗自早年的海上對峙,升高為船艦的實際衝撞。

南海蘊藏著豐富的石油、天然氣與漁業資源,且是國際貿易與能源運輸的樞紐,戰略地位重要。隨著區內國家對資源的需求增加、中國海上力量的提升,加上美中地緣競爭因素,南海爭議也逐漸白熱化,特別是在中菲兩國之間。

菲律賓在地理上是中國的近鄰,在安全上則是美國的盟友,中菲南海衝突的冷熱,與菲國歷任總統的政治立場息息相關,總統友中則衝突略緩,總統親美則衝突升溫。

近代中菲南海衝突的升溫,可追溯回2012年的黃岩島(Scarborough Shoal,又稱民主礁)對峙事件。隔年,馬尼拉把南海爭議提交國際仲裁,海牙常設仲裁庭於2016年裁決,中國對南海「歷史依據」主張在國際法下無效,北京則重申不接受也不承認仲裁結果。

雖然菲律賓在仲裁案勝訴,但中國當時已實際控制黃岩島,菲國的公務船及漁船難以回到附近海域作業。

2024年,中國海警船首先在仁愛暗沙(Second Thomas Shoal)與菲國公務船爆

▲由菲律賓武裝部隊公開提供的這張圖片中，2024年6月，一名中國海警手持斧頭接近在仁愛暗沙執行補給任務的菲律賓軍隊。（AP）

發衝突，並很快擴大到仙賓暗沙（Sabina Shoal）。

3月時，中國海警船在仁愛暗沙一帶向菲方運補船發射高壓水柱，雙方船隻有輕微擦撞；6月間，中國海警船又在同一海域猛力衝撞菲國海軍運補船，並登船奪走槍枝、導航設備和其他補給品，過程中菲方士兵1人斷指、7人受傷。

仁愛暗沙之所以成為衝突點，是因為這裡是菲律賓軍艦馬德雷山號（Sierra Madre）的擱淺之地，菲律賓派軍人駐守艦上，作為主權象徵。2023年10月，菲方對這艘廢艦進行架構補強，中方為反制，升高了攔阻菲國運補作業的力道。

另一方面，菲律賓政府2024年4月間在仙賓暗沙一帶發現成堆碎珊瑚，且中方船隻數量不斷增加，懷疑中國意圖填海建造人工島，於是派遣海岸防衛隊巡邏艦馬格巴努亞號（BRP Teresa Magbanua）長駐，監看中方動向。

8月19日至31日期間，中方海警船至少4次包圍及衝撞菲國公務船，包括馬格巴努亞號在內，頻率之密集，使得仙賓暗沙成為繼黃岩島、仁愛暗沙之後，中菲兩國在南海的又一個潛在衝突熱點。

截至8月底，菲律賓小馬可仕（Ferdinand Marcos Jr.）政府已為南海衝突向中國提出176次以上的外交抗議。

根據菲律賓海軍的每週監控報告，8月27日至9月2日一週期間，有203艘中方船艦出現在南海的菲律賓索討海域，是2024年以來的最高數字，其中有12艘軍艦、24艘海警船、2艘科研船，還有165艘是疑似民兵船。

中方船艦集中在黃岩島、仁愛暗沙及仙賓暗沙海域，其中以仙賓暗沙一帶的數量最多，計71艘。

中國承襲國民政府的11段線，以「歷史依據」主張擁有南海大部分區域的主權；菲律賓則援引《聯合國海洋法公約》（UNCLOS），索討向南海延伸出去的200海里專屬經濟區，並稱之為「西菲律賓海」（West Philippine Sea）。

菲律賓軍方猜測，馬格巴努亞號長駐仙賓暗沙，中國感覺如鯁在喉，因此採取激烈手段來逼退。然而，菲律賓在黃岩島事件的前車之鑑下，已失去對北京的信任，這次顯然不會輕易撤離。

數年前，菲方資深外交官小庫西亞（Jose Cuisia Jr.）曾披露，2012年黃岩島對峙事件，菲中在美國協調下達成同時撤船的「口頭協議」，但菲方撤離後，中方船艦卻違約進駐黃岩島潟湖，順勢控制了周邊海域。

2024年，在菲律賓堅守不撤、中國又以「灰色地帶」戰略加大壓力的情況下，中菲南海衝突暫無緩和跡象，甚至可能繼續加劇，美國作為菲律賓的「相互防衛夥伴」，動見觀瞻。

馬尼拉現依2014年菲美《加強國防合作協議》（EDCA），開放境內9個戰略據點供美軍使用，其中4個是小馬可仕上任後所新增。小馬可仕說，開放美軍使用更多境內戰略據點「是為回應南海發生的事態」。

在中菲接連發生撞船事件後，美軍印太司令部（U.S. Indo-Pacific Command）司令帕帕羅（Samuel Paparo）也表示，美軍可在南海為菲國公務船護航，但菲律賓軍方強調，會在用盡一切選項都無法完成運補任務、士兵瀕臨餓死之際，才會向美軍求助。

這反映出小馬可仕政府在南海與中國對抗的策略：對中方的「灰色地帶」戰略採取極度容忍、爭取國際輿論支持，以及與北京維持溝通管道，以對話與外交手段爭取和平處理爭議。

美、日、澳等諸多西方國家，甚至同為南海主權索討國的越南，已透過支持國際法和南海航行與飛越自由等言論表態挺菲，但東南亞國家協會（ASEAN）則因部分會員國家對中國有政治或經濟依賴，而在爭議上保持謹慎立場。Ｅ

海外特派直擊

泰國歷史性修法
通過同婚合法化

呂欣憓／曼谷

泰國曾經是亞洲第一個有機會通過同婚合法化相關法律的國家，2018年底，當時的泰國軍政府內閣通過《同性伴侶法》（Civil Partnership Bill）草案，並送到國會審議；2019年3月，泰國舉行2014年政變後首次國會眾議院選舉，當時已由內閣送到國會的《同性伴侶法》草案被擱置。

2019年選舉過後，由於新國會成員上台，所有的法律程序必須重新走一輪，這使得泰國同婚或是同性伴侶合法化的進度等於重新來過。而2019年到2023年間，同婚相關法案在國會始終無法完成三讀程序。

除了專法無法通過，《民事和商事法》（Civil and Commercial Code）更是最主要原因。曾數度有同志伴侶直接到區公所登記，但遭區公所以《民事和商事法》第1448條規定婚姻是一男一女為由，拒絕同志伴侶登記結婚。

2019年11月，彭蘇（Permsup Sae-Ung）和蓬佩（Poungpet Hemkum）這對同志伴侶，前往曼谷的憲法法庭請願，主張《民事和商事法》及《家庭登記法》的規定違憲，成為泰國憲政史上第一對直接挑戰法律合憲與否的同志情侶。

但2021年11月憲法法庭20/2564號裁決出爐，憲法法庭花了12頁篇幅解釋為何《民事和

▲泰國國會2024年6月18日通過《民事和商事法》修正案，當天傍晚總理府舉辦慶祝活動，參與活動的同志伴侶激動相擁。

商事法》的規定沒有違憲，因為婚姻是一男一女自願締結協定，以丈夫與妻子的關係住在一起，婚姻的目的在於生養下一代，根據自然法則維持人類種族，並進一步在父母親、兄弟姊妹、阿姨叔舅之間傳承財富及連結，但同性婚姻無法建立起這樣細緻的連結關係。

判決也指出，如果讓同性婚姻合法化，對傳統的男女結盟關係或同性婚姻都會造成損失，進而摧毀法律本質和家庭團結，而這兩項對社會及人類生存基礎都很重要。

憲法法庭判決雖然給泰國同志運動一記重拳，但希望仍在，即便是憲法法庭也抵擋不住社會發展潮流。2023年5月泰國再度舉行國會眾議院選舉，同婚合法化成為幾大政黨如前進黨（Move Forward）和為泰黨（Pheu Thai）的主要政見。國會選舉後，前進黨成為最大黨，當時的總理候選人皮塔（Pita Limjaroenrat）承諾會直接修改《民事和商事法》。

儘管後來因政黨勢力合縱連橫，前進黨身為第一大黨卻無法組閣，第二大黨為泰黨聯合多個親軍方政黨組閣，不過為泰黨在選前承諾會推動婚姻平權法案，2023年9月賽塔（Srettha Thavisin）就任總理後也說會維持承諾。

泰國國會眾議院2024年3月27日通過《民事和商事法》修正草案，眾議員共500位，有400位投贊成票，10位投反對票。

眾議院併案審查的有內閣版本、前進黨、民主黨（Democrat）及民間團體提出的修正版本，以內閣版本為主要架構，修正68條法律，再併入其他3個版本的內容。

草案將法案內的用語「男人與女人」修改為「個人」，把「先生與妻子」修改為「婚姻夥伴」，以讓同婚伴侶可獲得和異性戀婚姻伴侶一樣的權益，包括減稅、幫伴侶簽急救同意書、繼承伴侶的遺產和領養小孩等，而同性伴侶的結婚年齡必須為18歲。

緊接著參議院於6月18日以壓倒性的130票贊成、4票反對、18票棄權，通過《民事和商事法》修正案，正式宣告泰國同婚合法化。

同婚合法化對泰國來說，除有助提升泰國的國際形象，還有背後帶來的龐大商機。泰國政府看準未來將會有更多同志伴侶到泰國旅遊或結婚，婚禮相關產業和觀光業都將受惠，而泰國正爭取2030年世界同志大遊行（World Pride），如果爭取成功，將可以帶來一波錢潮。

同運人士希利薩（Sirisak Chaited）為了同婚合法化努力15年，他認為結婚是每個人都該擁有的基本權利，不該是靠「奮鬥」而來，既然國會通過法案，還是一件值得慶祝和高興的事；爭取同婚權益的人過去曾經遭受霸凌、被拒絕，甚至被辱罵，但大家仍帶著希望努力，能夠看到同婚相關法案通過，「一切的掙扎都值得了」。

泰王瓦吉拉隆功（Maha Vajiralongkorn）9月24日簽署成法，刊登在王室公報後120天法律將生效，意味泰國第1個同性婚禮能於2025年1月舉行。一旦上路生效，泰國將成為亞洲繼台灣和尼泊爾後，第3個同婚合法化的國家。Ⓔ

蒲亭無懸念連任
將執政至2030年

李佩珊／台北

俄羅斯2024年3月舉行總統選舉，71歲的總統蒲亭（Vladimir Putin）毫無懸念再度勝出，以87%得票率贏得第5個總統任期，將繼續掌握俄羅斯政權到2030年。

1999年12月31日，葉爾欽宣布辭職，時任總理蒲亭根據憲法規定出任代理總統後，

就一直掌權至今。他於2000年首次當選總統、2004年連任，由於憲法限制每期最多連選連任一次，蒲亭無法參與2008年總統選舉，由蒲亭指定的候選人麥維德夫（Dmitry Medvedev）當選了總統，蒲亭則由麥維德夫提名出任總理，繼續掌握國家的實權。2012年，蒲亭第3度參選總統且勝出，2018年大選再度連任，任期至2024年。

麥維德夫在位期間，將總統任期由4年延至6年，2020年俄國則舉行公投修憲，限制總統任期終身不得超過2屆，但沒有溯及既往，而是將先前總統任期屆數歸零重新計算，讓蒲亭得以從2024年起再選兩次，大有可能一路做到2036年，屆時83歲的蒲亭將成俄國當代史上掌權最久之人，超過前蘇聯時期史達林（Joseph Stalin）的29年執政。

經過多次選舉，蒲亭不僅維持了其強大的政治影響力，還在國內外政策上展現出堅定的立場。他在2024年的選舉中再次勝出，顯示了他在俄羅斯政治中幾乎無可撼動的地位。

俄國官方結果顯示，在3月15日至17日為期3天的投票中，蒲亭拿下超過7,600萬張選票，以8成多的得票率壓倒性勝出。不過，所有具影響力的反對派皆被禁止參選。

選舉結果公布後，蒲亭在一次公開談話中表示，他將繼續致力於推動俄羅斯的經濟發展和國際地位提升。他強調，未來的目標包括加強國家安全、提升經濟實力及改善民生福祉。同時，他也承諾將進一步深化對外關係，尤其是在面對日益複雜的國際局勢之際。

蒲亭的長期掌權也引發了外界對俄羅斯政治未來的關注。雖然他承諾進行改革和推動現代化，但實際上，政治改革的進程可能會受到各種內外因素的影響。蒲亭的連任是否會帶來真正的政策變化，或者只是延續過去的政治模式，仍然是值得觀察的問題。

蒲亭連任的消息在國際上引發了廣泛的關注和討論。

與俄羅斯關係友好的中國國家主席習近平第一時間致電蒲亭，祝賀他當選連任。習近平在賀電中表示：「你再次當選，充分體現了俄羅斯人民對你的支持。相信在你的領導下，俄羅斯一定能夠取得國家發展建設的更大成就。」

▲俄羅斯總統蒲亭在2024年的總統選舉中毫無懸念地再度勝出。（AP）

習近平還說，「中方高度重視中俄關係發展，願同俄方保持密切溝通，推動中俄新時代全面戰略協作夥伴關係持續健康穩定深入發展，造福兩國和兩國人民」。

另外，北韓領導人金正恩、時任伊朗總統萊希（Ebrahim Raisi）、印度總理莫迪（Narendra Modi）也都祝賀蒲亭的連任。

不過西方國家對於這一結果的反應褒貶不一。部分西方國家對於蒲亭的連任表示擔憂，擔心這會進一步加劇俄羅斯與西方的緊張關係，特別是在烏克蘭問題和其他國際爭端上。

美國國務院發言人巴特爾（Vedant Patel）批評俄國選舉「是極不民主的過程」，還說不會祝賀蒲亭勝選。巴特爾說道：「他很可能會繼續擔任俄羅斯總統，但這並不能成為他實施獨裁統治的藉口。」

法國外交部表示，法國當局「已留意到」預期中的選舉結果，並表示「自由、多元和民主選舉的條件再次落空」；德國政府一名發言人表示，總理蕭茲（Olaf Scholz）不會祝賀蒲亭當選連任，因為德國政府認為這場選舉既不自由、也不公平。

歐盟外交與安全政策高級代表波瑞爾（Josep Borrell）則表示，在真正的反對派遭鎮壓、國際觀察員缺席的情況下，俄國領導人蒲亭的連任選舉「不自由也不公平」。波瑞爾在布魯塞爾告訴媒體記者：「這場選舉是根植於壓制和恫嚇。」

烏克蘭總統澤倫斯基（Volodymyr Zelenskyy）在社群媒體平台X（前稱推特）上發影片表示，蒲亭「為了維護自己的個人權力無所不用其極，世界上沒有人能倖免於難」。他也指出，此次俄羅斯總統選舉並不具有「合法性」。

整體來看，蒲亭的連任標誌著俄羅斯政治的一個重要時刻。他的再度勝出不僅確保了他對國家政治的持續掌控，也為俄羅斯未來幾年的政策方向定下了基調。在這個過程中，無論是內部還是國際上，蒲亭的領導風格和政策將繼續影響著俄羅斯的發展和國際關係。Ⓔ

金磚國家添成員
挑戰西方秩序

海外特派直擊

黃自強／吉隆坡

全球地緣政治與經貿局勢詭譎多變，「金磚國家」陣容逐漸壯大已然成形，2024年1月新增伊朗、埃及、沙烏地阿拉伯、阿拉伯聯合大公國與衣索比亞等成員國，東南亞的泰國與馬來西亞也表態加入，「金磚國家」勢力擴張。

金磚國家成立於2009年，創始之初由巴西、俄羅斯、印度與中國組成，南非於2010年加入，「金磚國家」（金磚五國，BRICS）更具規模。

多數由開發中國家經濟體組成的「金磚國家」，意欲挑戰有別於以美國為首的自由國際秩序。「金磚國家」陣營隨著2024年新成員國加入，國土面積占全球面積34%，人口達世界總人口46%，綜合實力不容小覷，代表「全球南方」試圖扮演前所未有的政治經濟整合角色。

馬來西亞默迪卡民調中心（Merdeka Center for Opinion Research）研究員李泰德（Ted Lee）指出，已開發國家多半是指「北方世界」，經濟相對發達，但開發中國家經濟發展偏弱，諸如「南方世界」、「全球南方」等則是對比形容在政治與經濟等層面分歧。

▲2024月10月23日，金磚國家峰會在俄羅斯喀山舉行，衣索比亞、埃及、南非、中國、俄羅斯、印度、阿拉伯聯合大公國、伊朗領導人和巴西外交部長皆與會。（AP）

「金磚國家」熱潮如今相繼移轉到東南亞國家，泰國與馬來西亞2024年6月申請加入，其他如印尼與越南也評估是否加入。

「金磚國家」雖然陣營擴大，新增成員國仍各有經貿與地緣政治盤算，能否從BRICS提升為BRICS+的力量加乘仍是關鍵，表態加入的東南亞國家亦復如此，美中貿易戰讓涉及國家利益的盤算更趨複雜化。

以馬來西亞為例，大馬首相安華（Anwar Ibrahim）認為，加入金磚國家等政府間平台，將開啟多元化的經濟外交目標，藉由聯合倡議和戰略夥伴關係強化共同合作。

安華以同樣是「金磚國家」成員國的印度為例，說明大馬加入可以強化與印度經貿關係，為跨產業領域與政策開啟廣泛合作空間與機會，值此「全球南方」崛起勢不可擋之際，「金磚國家」代表國際社會不容漠視的聲音與力量，促使各國團結，包容彼此多元與差異。

東南亞國家著眼多元化經濟外交角度，試圖從美中貿易戰找出第3條道路，目的恐非對抗以美國為首的自由國際秩序，而是為陷於泥淖或衰退的經濟局勢另闢蹊徑。

不過，經濟學者從深層戰略思考出發，認為「金磚國家」陣營擴大，並不等同地緣政治軸心因此轉向「全球南方」或創造新國際合作機制。馬來西亞拉曼大學（UTAR）經濟學教授黃錦榮（Chin-Yoong Wong）認為，成立近20年的「金磚國家」沒有任何一個經濟協議與關於自由貿易的協議，甚至不如以經濟為主要目標的《區域全面經濟夥伴協定》（RCEP）、《跨太平洋夥伴全面進步協定》（CPTPP）組織，東南亞國家意欲從實際達成的經濟與自由貿易協議中獲益，不無疑義。

尤有甚者，中國在「金磚國家」已然扮演主要經濟力量角色，如果去除中國之後的經濟規模不大，中國經濟規模遠大於其他所有金磚成員國總和，東南亞國家深度依賴中國，中國同時兼具東南亞多個國家的最大貿易夥伴國，以馬來西亞為例，加入與否並不會帶來任何經濟效益或有重大影響。

黃錦榮說，就地緣政治層面分析，「金磚國家」成立與目的就是要有別於以美國為首的自由國際秩序，針對性非常明確，東南亞國家申請加入「金磚國家」貌似延伸經貿觸角多元化，但無異向國際社會宣告認同其方向，難以在美中兩大貿易對抗陣營中遊走並維持中立態度。

政治效應的象徵意義大於經濟實益，成為

馬來西亞與泰國加入「金磚國家」必須面對的挑戰，特別是長期聲援巴勒斯坦的馬來西亞，是否因此提高在國際社會發聲的話語權聲量，降低招致美國制裁風險，開創新的國際平台選項，恐怕經濟並非主要考量，關鍵是地緣政治。 Ⓔ

巴黎奧運華麗落幕
駁斥質疑寫歷史新頁

海外特派直擊

曾婷瑄／巴黎

法國2024年3月一份民調顯示，只有37%受訪民眾表示「期待」巴黎奧運，近6成受訪者表示「不期待」。當時法國民眾不僅對奧運漠不關心，更對政府執行能力打上問號。

法媒對巴黎奧運頗多質疑，使得政治人物出面，懇求各方停止「奧運抨擊」（JO bashing）。奧運開幕式場地塞納河以及市中心場館周邊封路的決定，也一度讓民眾怨聲載道。

巴黎奧運的困境還不只在籌辦過程，持續超過兩年的俄烏戰爭與2023年10月起爆發的以哈衝突帶來的緊張氛圍，更使這場體育盛事籠罩在恐怖攻擊與維安威脅的陰影中。

除了國際地緣政治，法國政治也為不穩局面火上澆油。就在奧運倒數前一個多月，總統馬克宏（Emmanuel Macron）因歐洲議會選舉極右派崛起而突然決定解散國會、提前改選，導致政壇大地震、內閣總辭，抗議聲浪不絕於耳。

這一切不僅令人心累，更讓巴黎奧運拉起最高維安警戒，鄰國特勤與情報單位都前來支援。

然而，2024巴黎奧運在很多規劃上都寫下獨特的一頁，包括奧運史上首次在戶外、水上的開幕式，不僅展露出巴黎的浪漫基因，也呈現自身特色，走出與眾不同的道路。

7月26日，開幕式在古巴黎「盧泰斯」（Lutèce）文化搖籃的塞納河上拉開序幕，以碼頭取代看台、沿岸古蹟作為舞台，來自世界各地的運動員從東向西穿越巴黎，如同穿越法國歷史。

開幕式隨處可見精心設計的橋段，如結合斷頭王后安托瓦內特（Marie Antoinette）與重金屬樂團的開場、向法國10位偉大女性致敬，及傳遞聖火給資深運動員等，都以感人卻不失幽默的方式展現法國的文化底蘊。歌手席琳狄翁（Celine Dion）在艾菲爾鐵塔中的完美復出演唱更讓人動容。

法國體育政策研究員拜揚（Patrick Bayeux）開幕前就向法媒分析，巴黎奧運突破了過往規則，也就是統一的時間、空間、行動。歷屆奧運中，主辦單位都想盡量集中賽事與人潮，方便維安，如東京奧運圈內20多個會場，集中在半徑8公里範圍內。

而巴黎奧運卻把整個城市化身為運動場，從北郊塞納-聖丹尼大區（Seine-Saint-Denis）的水上運動中心、體育館，到35公里外西南郊凡爾賽宮（Château de Versailles）的馬術競賽場，分散在30個場地舉行，增加交通、維安難度。

巴黎奧運另一項目標，就是減少新建體育館，而也確實做到了。巴黎深知自身優勢，利用全球艷羨的地景，在協和廣場等知名建物的空地上搭起臨時場館，或將大型古蹟轉為比賽場地。巴黎為奧運新建的永久場館只有驚人的2個，東京奧運則為11個。

事後證明，無論是紫色調下百年歷史大皇宮的擊劍賽事照，或是在艾菲爾鐵塔下的沙

▲巴黎奧運是史上首次在戶外舉行奧運開幕式。（AP）

灘排球美照，都炒熱了話題、觀光熱度，更省下建場館所需的能源與碳排。

意外的是，瘋奧運的不只遊客，奧運開幕式在法國收視率為破紀錄的83%、2,340萬人觀看，之後賽事也熱度不減，這在之前是難以想像的。

據《巴黎人報》（Le Parisien）賽後民調，高達89%的受訪者都有在電視上看比賽，67%受訪者認為奧運投射出法國更正面的形象；54%受訪者感受到國家榮譽。

此外，順暢的大眾交通和維安，甚至充滿愉悅能量的氛圍，都讓人不禁讚嘆，豪賭換來豐碩勝利。8月11日閉幕的巴黎奧運與9月8日閉幕的帕運共售出史無前例的1,200萬張門票，打破2012倫敦奧運創下的紀錄。

儘管巴黎奧運砸了將近原本預算多1倍的經費（根據2024年10月上旬的估計是近120億歐元），但也確實藉機改善了一些積年舊疾。

最顯著成效之一就是巴黎北郊原為「化外之地」的塞納–聖丹尼大區，該區過去因建設不足而荒廢落後，如今新建的奧林匹亞游泳中心、選手村、媒體中心等皆座落於此，整個大區的輪廓與地景完全改變。

現在該區交通四通八達，街道充滿生氣。全新的選手村也將在之後成為一般社會住宅、宿舍、商家與辦公空間，為該區注入活水。

儘管奧運因開幕式橋段「褻瀆基督」、塞納河水質、選手村食物品質不佳等原因出現爭議，但各界普遍認為瑕不掩瑜。

巴黎奧運組織委員會主席艾斯堂格（Tony Estanguet）表示，法國人奧運期間展現出自信、團結、溫暖與好客，連法國人自己都難以置信。

根據巴黎觀光局8月中的初步報告，1,120萬名遊客於奧運期間湧進大巴黎地區，加上帕運時的遊客，估計共有超過1,500萬人於盛事期間造訪巴黎。

《紐約時報》（The New York Times）表示，即使深陷國會改選和政治困境，「法國不願妥協的野心造就了非凡的奧運」，給予法國「新的自信」。Ⓔ

林鐵DL-34化身交流大使
紅色火車頭搭載國旗馳騁英倫

農業部林業及自然保育署所屬的阿里山林業鐵路，2017年與同為762mm軌距的英國威爾普蘭菲爾鐵路（Welshpool & Llanfair Light Railway）締結為姊妹鐵路，即與英方積極洽談後續的交流合作項目。威爾普蘭菲爾鐵路秘書長Michael Reilly提出希望讓林鐵現有柴油機關車運行於該鐵路，臺英雙方遂開始籌備柴油機關車頭出借合作計畫。經克服新冠疫情與國際海運一位難求等困難後，DL-34機關車頭遠渡9,971公里重洋，於2023年2月順利運抵英國威爾斯。

抵達英倫大地後，英方面臨不少挑戰，從機件改裝到人員訓練，一一克服重重困難，歷經年餘整備，這輛車齡逾50年仍老當益壯的阿里山紅色火車頭，2024年5月4日在林業保育署林華慶署長、臺灣駐英代表處經濟組陳志揚組長、英國威鐵主席Steve Clews、主任Helen Ashby、秘書長Michael Reilly及曾任英國外交部長的威廉·海牙勳爵Lord William Hague、地方政要Russell George（威爾斯議員）、Craig Williams（威爾斯議員）與民眾共同見證下，於威爾斯高地啟航，經典紅色火車頭搭載著國旗，迎風在當地無垠的秀麗綠野飄揚。

在Caereinion（克萊尼恩）車站舉行的首航儀式上，英國威鐵主席Steve Clews盛讚阿里山小火車的經典紅，在威爾斯的綠色山野間奔馳特別亮眼，英國威鐵與阿里山林業鐵路相遇的美好因緣。

阿里山林業鐵路是臺灣國際外交名片，DL-34機關車頭化身臺灣鐵道文化觀光大使，如今在英國度過了第一個國慶日，威鐵與阿里山林鐵的情誼如同林鐵的火車紅、堅定且熱情。威鐵目前仍積極進行人員訓練，DL-34預期可在2025年投入威鐵的客運服務。

阿里山林鐵已於今年7月全線通車，邀請關心世界遺產鐵路的朋友們，共同來臺體驗搭乘，並期盼後續臺英雙方有更深入的互惠交流，讓更多國際友人看見阿里山林鐵的珍貴價值及臺灣得天獨厚的自然及人文底蘊。

阿里山林業鐵路及文化資產管理處 廣告

Alishan Forest Railway's national flag-adorned red locomotive in the British Isles as DL-34 becomes envoy of friendship

The Alishan Forest Railway (AFR), affiliated to Taiwan's Forestry and Nature Conservation Agency (FANCA), Ministry of Agriculture, and the UK's Welshpool &Llanfair Light Railway (W&LLR), having established a sister relationship in 2017, have been actively engaged in discussions on follow-up exchange and cooperation between the two sides, which share the same 762mm gauge. Acting on a proposal by W&LLR Secretary Michael Reilly to have the AFR's existing diesel locomotive run on the Welsh light railway, both sides began to prepare for the loan of the engine for the cooperation program. In February 2023, the DL-34 arrived in Wales after a 9,971-kilometer journey.

Then it took more than a year's hard work for the W&LLR staff to overcome numerous challenges, from parts modifications to crew training, and to put the red-colored, more than 50-year-old and still robust locomotive in service in the British Isles. On May 4, 2024, the DL-34, sporting both the flags of the Republic of China (ROC), Taiwan and Wales, began its maiden voyage in the Welsh Highland under the witness of Director General Lin Hwa-Ching of the FANCA; Director Chen Chi-Young of the Economic Division, Taipei Representative Office in the United Kingdom; W&LLR's Chairman Steve Clews, Trustee Helen Ashby, and Secretary Reilly; Lord William Hague, former Foreign Secretary of the UK; local dignitaries Russell George (Welsh MP) and Craig Williams (Welsh MP); and members of the public. In its classic red color, the flag–carrying engine raced through the seemingly endless lush greenery.

At the inaugural ceremony held at Caereinion Station, W&LLR Chairman Clews, praised the classic red of the Alishan locomotive, which was particularly eye-catching as it traversed the green hills and fields of Wales. He also voiced his appreciation for the beautiful bond that was forming between the W&LLR and the AFR.

With the AFR serving as Taiwan's diplomatic calling card, the DL-34 has become an ambassador of Taiwan's railway culture and tourism. Now that the engine has spent its first ROC National Day in the U.K., the friendship between the W&LLR and the AFR may be symbolized by the red engine, which is solid and warm. The W&LLR is now actively training its crew with the goal of putting the DL-34 in the W&LLR's passenger service in 2025.

With the AFR service back in full service in July, fans from all over the world interested in heritage railways are invited to come to Taiwan to experience the ride. It is hoped that Taiwan and the U.K. will have more and closer mutually beneficial exchanges so that more international friends can appreciate the preciousness of the AFR and the natural and cultural heritage with which Taiwan is so richly endowed.

Steve Clews, chairman of the UK's Welshpool & Llanfair Light Railway (left), and Lin Hwa-Ching, director general of the Taiwan Ministry of Culture's Forestry and Nature Conservation Agency, display a plaque symbolizing the friendship between the two light railways.

輝達寫歷史
競爭者難望其項背

海外特派直擊

廖漢原／紐約

無論AI晶片巨擘輝達（Nvidia）未來股價如何變動，是否繼續擔任推動全球人工智慧發展火車頭的角色，輝達2024年在全球資本市場與科技界創造的新紀錄都將難以超越，執行長黃仁勳（Jensen Huang）也將名留歷史。

乘著人工智慧風潮的翅膀，輝達在2024年2月14日市值超越谷歌（Google）母公司Alphabet，成為美國第3大公司；6月5日股價再創新高，市值攀升至3.01兆美元超越蘋果（Apple），躍居全球第2；6月18日超車微軟（Microsoft）成為世界第1。

輝達的高價位，使得它即使股價大幅下挫都在寫歷史。9月3日因報導傳出有關輝達壟斷的調查在司法部有新進度，股價一日間下跌9.5%，影響全球市場。美國有線電視新聞網（CNN）報導，全球只有27家企業的市值能與輝達一天消失的市價相提並論，當中包括麥當勞（McDonald's）、雪佛龍（Chevron）與百事（Pepsi）。

無論輝達股價在翻湧的股海中如何波動，一家未與一般消費者直接接觸的硬體零件製造商，能夠將品牌演變為全球政府要員追逐的對象，股票成為金融機構追逐焦點，極為罕見。

1993年，黃仁勳與同樣具繪圖處理器（GPU）與高速運算背景的工程師馬拉喬夫斯基（Chris Malachowsky）及普里姆（Curtis Priem）成立輝達，在手機遊戲和虛擬實境還是天方夜譚的年代，黃仁勳對圖像處理有高

▲輝達2024年在全球資本市場與科技界創造的新紀錄難以超越，執行長黃仁勳也將名留歷史。（AP）

度興趣，認為是未來的大趨勢。不過當時矽谷有近百家類似的「車庫」新創公司，輝達產品僅滿足了電玩愛好者希望影像變動更快速與清晰的功能，當時的電玩「顯卡」市場極為有限。

輝達創業時期的客戶與投資者包括5、6年級生熟悉的日本電玩製造業者SEGA，隨著網路與手機逐漸普及，早期輝達推出的晶片使用廣度有限，產品效能與業務推廣都面臨困難。不過輝達堅持未來影像將由2D走向3D，背後需要更強大與高速運算晶片來驅動，GPU（圖形處理器，graphics processing unit）於是誕生，當微軟推出Xbox與蘋果iMac筆電等一線產品都以裝設輝達GPU為號召時，輝達已在當時獨特的GPU市場立於不敗之地。

輝達的GPU與中央處理器（CPU）平台設計跨軟硬體，在激烈的數據市場競爭中，能應客戶需求提供優秀的跨界產品，股價在人工智慧應運而生時起飛。

由車庫新創公司飆升至全球前3大企業，背後是台積電（TSMC）等台灣科技業者不眠不休，確認產品高良率的品質堅持。輝達創業初期尋求在台灣剛站穩腳步的台積電協助，雙方在1990年代中期展開合作關係，至今已近30年。

在台灣溽暑仍穿著招牌皮衣的黃仁勳，是近期美國成功故事的新典範。他沒有如Meta執行長祖克柏（Mark Zuckerberg）一夜成名與短期致富的傳奇，也不同於社群平台X的老闆暨特斯拉執行長馬斯克（Elon Musk），梟雄般併購瀕危企業，狂妄自傲的奇才。他曾在美國速食店打工，在速食店和創業夥伴暢談理想抱負與創業，一生堅持一項專業，努力半輩子才有今天的輝達。

輝達歷經30年才遇上人工智慧爆發的機遇，過去也曾遭遇發不出薪水，裁員與苦尋客戶、投資者的慘澹過去。

2023年前全球沒多少人知道輝達和黃仁勳，也不認為硬體業者的商業價值可與產品設計及社群為重心的科技消費品牌放在同一個等級。2022年底OpenAI的ChatGPT上市供使用者免費下載，普羅大眾首次感受透過人工智慧處理更為複雜事務的經驗，而上述服務背後需具備強大運算力的晶片，市場終於才還給黃仁勳與輝達一個公道。

1963年黃仁勳於台南出生，5歲隨父母移民至泰國，9歲遷至美國中部肯塔基州的親戚家中寄住。中學期間，父母不在身旁的黃仁勳學業成績優異，16歲越級2年提前高中畢業，就讀奧瑞岡州立大學（Oregon State University），是1970與1980年代典型的美國台灣小移民。

《時代雜誌》（Time）2024百大年度人物「領導者」項目中，在眾多入選者中給黃仁勳最大的影像篇幅，形容他不僅有搖滾巨星般的地位，在台北的活動還有粉絲要他在胸部簽名，「仁來瘋」當之無愧。Ⓔ

日本再提戰略互惠
對中關係挑戰大

海外特派直擊

楊明珠／東京

日本外務省每年推出外交藍皮書。繼2019年版之後，睽違5年，2024年版《外交藍皮書》明載要推動日中兩國「戰略互惠關係」。

藍皮書指出，日中雖有很多懸而未決的議題，但要擴大雙方利益，建立具建設性的穩定關係。

但事實上，美中對立對日中關係帶來影響。美國希望日本等同盟國加強嚇阻中國，日本成了中國對抗的對象；有學者指出，日中缺乏對話管道，關係正處於結構性的停滯狀態。

日本政府於2024年公布的《外交藍皮書》，內容是根據前一年國際局勢變化及對日本的外交影響所彙整。

「戰略互惠關係」的主張是2006年時任首相安倍晉三訪中時，與時任中國國家主席胡錦濤達成的共識，被納入2008年的兩國聯合聲明，成為日中外交基礎。

之後，日中關係交惡，不再提起「戰略互惠關係」。2023年適逢《日中和平友好條約》生效45週年，時任日本首相岸田文雄與中國國家主席習近平會談，日中關係改善，因此，2024年《外交藍皮書》再度明載「戰略互惠關係」一詞。

日本認為，雖然橫在日中之間的擔憂事項多，但推動擴大雙方共同利益的「戰略互惠」關係很重要，畢竟中國是擁有14億人口的龐大市場。

中國近年在政治、經濟及軍事方面在國際社會擁有很大影響力。日本認為，中國對外姿態及軍事動向成了日本與國際社會深切擔憂的事項，是空前的最大戰略挑戰，日本將與同盟國、理念相近國家合作因應。這包括七大工業國集團（G7）、日美澳印組成的「四方安全對話」（QUAD），以及日美韓等盟國和理念相近國家的合作。

相較於與歐美的對話，日中之間的溝通層級、次數都不理想。即使日中開始高層交流，兩國間憂慮事項的解決仍無進展。

政治評論家町田穗高曾任職日本外務省。他指出，戰後日中關係憂慮事項以歷史認知

▲2023年11月，日本首相岸田文雄（左）與中國國家主席習近平（右）在舊金山舉行的APEC峰會上合影。（AP）

及台灣議題為主。但隨著中國經濟高度成長，愈發有自信，開始加強主張中國的權益，西元2000年代後半以後，日中關係的憂慮事項以有關東海資源開發、釣魚台列嶼等主權議題較明顯，這攸關主權，也與國家安全保障息息相關。

世界分裂與對立為東亞帶來影響，日中兩國走向備受關注。

對日本而言，目前釣魚台海域，中國海警船頻頻入侵「領海」；日本航空自衛隊緊急升空因應領空可能遭入侵的次數，2023年出現669次，其中7成是因應中國軍機。另外，中國近年派出偵察型無人機在日本周邊活動情形趨於活絡。

在南海、台灣周邊，中國持續試圖以武力片面改變現狀。為此，日本與菲律賓於2024年7月簽署《相互准入協定》（RAA），日本自衛隊與菲律賓軍方將擴大聯合訓練範圍，加強防衛。

鑑於「台灣有事」（兩岸衝突）的可能性，日本在其西南群島加強整備防衛據點。為牽制中國，日本正加強與美國及周邊國家合作，包括日美菲加強合作、「四方安全對話」等架構，以提高嚇阻力。

町田穗高指出，對中國而言，很難拿捏與日本的關係，因為日本曾是「侵略者」，若對日友好，在中國內部往往會成為政治問題。

他說，胡耀邦擔任中國共產黨中央總書記時，就因被認為親日而失勢。在中國發生的反日示威活動，也可能演變成反政府示威。

他表示，共產黨統治的「優點」就是不為輿論所左右，能在制高點決定、實施決策。1972年儘管中國人民反日情感仍強，但在共產黨的指導下，中日得以建交。

不過，現今中國網路、社群網站普及，很多中國人不看新聞或電視的官方報導，而是從網路獲得資訊，共產黨的教育宣傳不如以往可滲透人民。

町田說，中國國內社群平台對日本持否定看法者多，中國當局意識到網路上的「民意」，有時加以利用，因此對日關係易採強硬態度。

日本內閣府於2024年1月公布輿論調查顯示，對中國「沒親近感」以及「比較沒親近感」的日本民眾占86.7%，是1978年實施這項調查以來新高紀錄。不過，將近70%日本民眾認為日中關係發展很重要。

另一方面，相對於其他年齡層，日本年輕人對中國懷好印象者有漸增趨勢。

東京大學教授川島真表示，年輕人在學校與中國人或中國裔者接觸機會多，也熟悉中國電玩遊戲與商品。現在移居日本的中國人增加，對日本人來說，今後身邊有中國人成了很理所當然的事。這些變化能否促成日中關係友好，值得關注。E

北約公開譴責中國
深化與印太合作

海外特派直擊

鍾佑貞／華府

北大西洋公約組織（NATO）過去主打抗俄反恐，近年逐漸將地緣戰略重心轉向亞洲，對中國措辭越來越強硬，這必須放在美國2017年認定北京為「戰略競爭對手」的連動效應，及歐洲更警覺中國構成的戰略影響的脈絡下來看。

川普及拜登政府都希望擴大美歐在中國面向上的合作，推動雙邊討論因應中國帶來的地緣政治、經濟、科技及外交挑戰。北約跟進華府路線，時任秘書長史托騰柏格（Jens Stoltenberg）2021年受訪時說，對抗中國崛起構成的安全威脅，將是北約未來戰略原則的重要一環。

美國在英國支持下，一再敦促北約盟國更嚴肅地思考中國崛起的戰略影響，終於在2019年倫敦峰會上「如願」，當年北約首度將中國視為威脅，強調中國不斷擴大的影響力及其國際政策，是北約需要攜手因應的機遇及挑戰。

2019年倫敦宣言發布後，北約啟動「北約2030」（NATO 2030）改革進程，納入獨立專家小組的報告，使得起草者在中國等議題上有更大的空間。

值得注意的是，這份報告示警北約留意「中國及俄羅斯同時帶來的地緣政治和意識形態挑戰」，並將因應中國，與強化與澳洲、日本、紐西蘭及南韓等印太地區重要夥伴的合作連結。

報告也建議北約內部就與印度建立夥伴關係的可能性展開討論。布魯塞爾自由大學（Vrije Universiteit Brussel）安全外交暨戰略中心主任西蒙（Luis Simon）指出，這可以說是北約迄今影響最深遠的對中立場聲明，也為北約內部進行更實質的相關討論鋪平道路。

在2021年布魯塞爾峰會公報中，北約領導人用了整整兩段的篇幅來談中國，指「中國明確的野心和獨斷行為，對於以規則為基礎的國際秩序和北約安全相關區域，構成系統性挑戰」。

公報也拋出若干具體議題，例如核武器庫擴張、與俄羅斯逐漸強化的軍事合作、軍民戰略以及在太空、網路空間及假資訊方面的行動，同時重申與中國保持開放對話的重要性。

在布魯塞爾峰會的基礎上，北約隔年在西班牙馬德里峰會上通過「戰略構想」（Strategic Concept）報告，日本、南韓、澳洲、紐西蘭的領導人也首次受邀出席。

「戰略構想」詳細分析中國行為如何挑戰北約核心價值和利益，譴責中國利用經濟槓桿製造戰略依賴。

報告強調中俄企圖破壞以規則為基礎的國際秩序，「這與我們的價值及利益相悖」，示警需防範中國祭出脅迫性策略及分裂北約的行為。

北約2023年夏天在立陶宛首都維爾紐斯（Vilnius）舉行峰會，當時烏克蘭戰爭已經打了將近1年半，美國多次指控中國幕後支持俄羅斯。北約成員國也在峰會上呼籲中國譴責俄羅斯侵略烏克蘭、停止放大俄羅斯將侵略戰爭歸咎於烏克蘭及北約的不實說法，及遵守聯合國憲章的宗旨及原則。

2024年北約高峰會在華府登場前夕，立陶宛外長藍斯柏吉斯（Gabrielius Landsbergis）在智庫活動中預告，北約宣言涉及中國的措辭可望比以往更加強硬。

宣言文本可見「中國」出現14次，強調北京野心和脅迫性政策挑戰北約的利益、安全和價值。宣言也譴責中國挺俄，指北京是俄羅斯侵略烏克蘭的「關鍵推手」，加劇俄國對鄰國的威脅，應立刻停止提供俄國戰爭物資及政治支持。

與印太區域合作方面，隨著烏克蘭戰爭爆發及中國可能犯台的疑慮加劇，北約明顯升級與澳洲、日本、紐西蘭和南韓「印太四國」（Indo-Pacific 4, IP-4）的關係。

西蒙指出，北約與印太國家發展非正式關係可以追溯到冷戰時期，但主要是在冷戰後，北約才與第3方發展正式政治合作的機制。

1990年代，北約與前蘇聯地區、地中海及中東國家啟動區域夥伴關係對話，也與印太國家在內的其他國家進行臨時的政治對話。

而後在北約2003年介入阿富汗戰爭的背景下，促成與許多合作夥伴在政治、財務甚至行動上不斷強化的合作，其中澳洲扮演的角

▲2024年7月11日，美國總統拜登（左）和北約秘書長史托騰柏格（左二）以及其他北約領導人出席北約峰會。（AP）

色最為吃重。

2010年起,北約成立「個別夥伴合作計畫」機制,與澳洲、伊拉克、日本、南韓、蒙古、紐西蘭等建立合作。但要到2022年印太四國參加北約峰會,才更凸顯印太地區對北約的重要性。

整體而言,北約因應中國崛起帶來的挑戰及強化與印太夥伴的合作呈正相關,北約也意識到,與印太國家對話能夠更了解中國崛起帶來的挑戰。

然而,北約與印太夥伴之間的互動通常避免明確提到中國或北約在印太的角色,因為雙邊都傾向以「正面表述」的方式合作,以免讓外界有北約朝印太擴張的觀感。原本傳出北約考慮在東京設辦事處,在遭到重視與北京關係的法國等反對後,也無疾而終。Ⓔ

拉美顧經濟
平衡與中關係

海外特派直擊

唐雅陵／聖保羅

美國總體上仍然是拉丁美洲第一大貿易夥伴,但是中國與拉美的經貿關係正在迅速上升,即便是以強烈的自由主義立場和對共產主義的批評而聞名的阿根廷總統米雷伊(Javier Milei),曾在競選總統期間,聲稱不會與共產國家打交道,但在經濟壓力下,對中策略發生了重大轉變。

米雷伊在2024年9月底於電視專訪談論中國時態度180度轉變,表示「中國是一個非常有趣的貿易夥伴」,還提到2025年1月將出訪中國,參加「拉丁美洲與加勒比海國家聯盟」峰會。

米雷伊於2023年12月就任總統後,對中國保持模稜兩可的立場。一方面允許雙邊經貿往來,另一方面表示不會與共產主義在政治上結盟。阿根廷新政府主要致力於保持意識形態距離,而不影響核心商務工作。

事實上,阿根廷與中國貿易關係的重要性不容低估。阿根廷《號角報》(Clarin)報導分析,中國現為阿根廷第2大貿易夥伴,僅次於巴西。2024年阿根廷對中國的出口增長35%,特別是在大豆等農產品方面,阿根廷依賴對中國市場改善經濟。

另外,中國在阿根廷鋰礦、可再生能源及基礎設施領域的投資持續增加,投資總額達到320億美元(約新台幣1兆元),分布於至少12個省分。

除了可觀的貿易額外,兩國間還存在迫在眉睫的金融義務,即阿根廷和中國央行在2009年達成的貨幣互換協議(SWAP)。

阿根廷央行(BCRA)與中國人民銀行2024年6月上旬達成協議,兩國同意續簽規模50億美元(人民幣350億元,約新台幣1,619億元)的貨幣互換協議,將有效期延長至2026年6月,這項決定將大大減輕阿根廷外匯儲備的短期壓力,穩定總體經濟狀況。

因此,儘管意識形態複雜,但商業實用主義可能占上風,一切將取決於兩國將意識形態與商業利益區分開來的能力。

巴西作為一個區域強國,與中國的關係也面臨著微妙的平衡。2024年8月,巴西總統魯拉(Luiz Inácio Lula da Silva)在活動中表示,中國正計劃與巴西研商「一帶一路」倡議,而巴西有意願加入,以建交50週年為契機,雙方應積極探討共建經濟成長戰略,為彼此發展振興注入重要動力。

2024年是巴西與中國建交50週年。中國2009年起成為巴西主要貿易夥伴,也是巴西

▲阿根廷總統米雷伊曾在競選總統期間，聲稱不會與共產國家打交道，但在經濟壓力下，對中策略發生重大轉變。（AP）

主要外資來源國之一。

巴西是第一個對中出口突破千億美元的拉美國家，也是中國在拉丁美洲最大貿易夥伴國。巴西主要出口大宗商品，進口高附加價值商品，尋求實現出口多元化，並與中國資本合作達到再工業化。

2023年巴西總統魯拉第3任期開始後，任命副總統奧克明（Geraldo Alckmin）兼任工商服務發展部長，實現巴西新工業化，提高生產鏈密度，致力推進與中國的互惠貿易和投資，並將鐵路、公路、港口和能源等基礎設施領域新合作專案視為主要商機。

不過，魯拉指出，他不希望巴西與中國的關係發展，損害巴西與美國的關係。巴西和美國是西半球最大的兩個民主國家。

中國駐巴西大使祝青橋在慶祝中巴建交50週年活動中表示，除鞏固兩國現有關係外，中國正準備與巴西建立更多樣化的貿易夥伴關係，包括科學革命、綠色經濟、人工智慧、航空航太和衛生部門等領域，目的是使永續性和產品的高品質成為中巴合作的口號，加強中巴戰略夥伴關係的協同作用。

中國在巴西的投資主要集中在能源、採礦、技術、基礎設施、港口和鐵路等領域，例如巴西南部巴拉納瓜港（Paranagua），隨著中國需求成長和南美銷售增加，尋求直接投資運輸和倉儲基礎設施，更有效率地控制物流對中國至關重要。

根據巴西中國貿易全國委員會（CEBC），中國投資巴西的理由包括：巴西是少數幾個有能力全年出口大豆和肉類等大宗商品的國家之一；中國希望降低進口成本，與巴西出口產品產生協同效應；中國希望投資於再生能源和礦業，專注於能源轉型的戰略性礦產；中國有興趣收購巴西公司，並在巴西開設分支機構，以在戰略領域和公開招標中開展業務。

CEBC內容與研究總監卡列洛（Tulio Cariello）指出，巴西和中國的貿易關係很重要，但也存在相關風險。中國正尋求供應商多元化，避免過度依賴單一合作夥伴；而對巴西來說，尋求新市場並減少對單一合作夥伴的依賴，同樣至關重要。Ⓔ

海外特派直擊

出口導向如雙面刃
德國經濟雄風不再

林尚縈／柏林

高速公路上往復行駛的大型貨運與卡車，是一國工業與經濟活絡的象徵，但據德國聯邦統計局（Destatis）資料，德國高速公路卡車行駛總里程數有不斷下滑趨勢，2024年8月比7月少了0.3%，更比2023年同期下降0.7%。

自2019年新冠疫情爆發以來，德國經濟

即處停滯狀態，國際貨幣基金（IMF）預估，2024年德國經濟成長率將在歐盟吊車尾，剩下0.2%，並遠低於歐盟平均的2.9%，不僅過去作為「歐洲經濟火車頭」的風光不再，德國許多本土與跨國企業更陷入破產危機，面臨人才與資本流失雙重衝擊。

根據保險公司安聯（Allianz）2024年9月發布的報告，2024年德國已有40家年營收達5,000萬歐元的大型企業破產，加上中小型企業，預估總破產公司數將達2萬1,500家，比2023年增加達22%。

安聯貿易德語區執行長博加茨（Milo Bogaerts）警告，大規模破產引發的連鎖效應，將對德國工業供應鏈上下游企業造成嚴重威脅，尤其在中東歐經濟互賴、唇亡齒寒的環境中，許多長期仰賴德國企業發展的國家，如波蘭、捷克、匈牙利，都無法倖免於德企破產浪潮。

「過度依賴出口導向經濟，且政府未能隨國際局勢變動採取有效改革措施」，《明鏡週刊》（Der Spiegel）專欄作者、經濟學家穆勒（Henrik Müller）直指德國近年經濟陷入停滯的根本原因。

作為全球工業強國，德國經濟依賴汽車、機械製造和化工等傳統工業，但全球供應鏈轉移、市場結構改變及綠色轉型等快速變遷，讓德國核心工業面臨巨大挑戰。

以汽車製造業為例，穆勒指出，儘管福斯（Volkswagen）和戴姆勒（Daimler）等企業應加速電動車發展以實現脫碳目標，但他們似乎更傾向於將資本投入國際市場，而非在國內進行電池技術升級、數位創新等投資來支撐本土轉型。

出口導向經濟如同雙面刃，讓德國過去成為全球化最大的受益者之一，也使現今更加暴露在美中貿易戰與俄烏戰爭所帶來的地緣政治風險中。

過去20年，德國長期在出口上依賴新興市場作為增長動能，以福斯為例，該企業每年逾5成獲利來自中國，2023年，福斯首度失去15年來中國汽車銷售冠軍寶座。牽動關稅的貿易戰，恐將持續影響「德國製造」的全球市場。

除了海外市場萎縮，俄烏戰爭後能源供應不穩定進一步推高國內生產成本，根據「德

▲出口導向經濟讓德國暴露在美中貿易戰與俄烏戰爭所帶來的地緣政治風險中。圖為德國法蘭克福的貨運站。（AP）

國工商總會」（DIHK）調查，近4成受訪工業企業因高昂電價考慮將生產轉移至電力補貼更多，甚至擁有負電價的國家。

不僅資本與工廠，德國的人才也正大規模「出走」。德國聯邦統計局統計，每年都有約25萬德國公民移居國外，他們對國家的未來信心不足，通常選擇搬遷至稅收較低、政治穩定性高、不易受國際政治局勢影響的德語國家，如非北約成員國的瑞士與奧地利。

雖然2024年德國政府通過不少經濟振興方案，例如減輕企業稅務負擔的「成長機會法案」（Wachstumschancengesetz），也承諾補貼更多工業電價，但這些措施不僅姍姍來遲，且都僅停留在「頭痛醫頭，腳痛醫腳」階段。

穆勒認為，當前德國政府缺乏清晰的長期戰略來引導企業轉型，且未定出一個統合的經濟成長方案，才使得近年國家在面臨全球性挑戰時總是處於被動狀態。

回顧2000年初，德國也曾深陷高失業率、社會福利支出龐大導致的經濟衰退困境，時任總理施若德（Gerhard Schröder）因此推行「Agenda 2010」改革方案，透過勞動市場和社會福利系統的深度改革，成功帶領德國走出長期衰退。

穆勒建議，現今德國也需要制定一個屬於這個時代的「Agenda 2010」，透過制定長期且整合的產業改革藍圖與願景，激發民眾重拾對德國經濟的信心。Ｅ

現代鴉片戰爭
美國藥物成癮大流行

海外特派直擊

張欣瑜／舊金山

芬太尼（Fentanyl）服用過量情事激增，美國智庫外交關係協會（CFR）2023年報告指出，每週超過1,500名美國人因服用過量鴉片類藥物而死亡，芬太尼被指為罪魁禍首。美國政府全力打擊，但因供應鏈複雜面臨挑戰。

走進舊金山市中心毒品交易大本營田德隆區（Tenderloin），一群群精神渙散、衣衫不整的吸毒成癮者彎著腰喃喃自語，他們是美國毒品危機的縮影。

美國用藥成癮問題可追溯至1990年代，醫生忽視風險，替慢性病患開具鴉片類藥物處方，服藥過量死亡案例від漸增加。到2010年初，非法海洛因（Heroin）盛行，掀起第2波用藥潮；2013年開始，芬太尼用藥致死人數攀升。

根據美國疾病管制暨預防中心（CDC），2000年以來，美國超過百萬人死於用藥過量，將近台北市人口的一半，當中絕大多數是吸食鴉片類藥物。

鴉片類藥物從罌粟花提取原料。除了芬太尼外，還有氧可酮（Oxycodone）、氫可酮（Hydrocodone）、嗎啡（Morphine），它們通常被用於治療劇烈疼痛。

芬太尼藥效強且迅速，經由靜脈注射後，可在1到2分鐘內起作用，效力「比嗎啡高50至100倍」。只需要2毫克，相當於10至15粒食鹽，就足以致命。

2019年，COVID-19疫情爆發，如同為芬太尼毒品危機增添柴火。

分析指出，供應鏈中斷迫使用藥者嘗試陌生藥物，社交距離也導致更多人獨自用藥，增加過量風險。疫情之外，非法芬太尼持續流入美國更刺激情況惡化。

多項報告指出，非法芬太尼主要產自中國和墨西哥，經由走私流入美國，由於芬太尼

效力遠高過其他非法毒品，走私者可攜帶少量且易於隱藏的藥物穿越邊境。

芬太尼釀成的毒品危機，危及美國公衛、經濟及國安，也對外交政策構成棘手挑戰，部分輿論將其形容為美國的「鴉片戰爭」。

川普政府時代曾指控中國是芬太尼的主要來源國，但中國始終否認，並強調於2019年5月開始列管芬太尼。

不過，美國聯邦眾議院「中國問題特別委員會」於2024年4月發表報告指出，中國仍在補助毒品製造，形容中國用「國家力量」製造毒品。流入美國的非法芬太尼中，有97%來自中國，全球幾乎所有的芬太尼前體物質都是中國生產的。

美國曾在促進中國處理芬太尼議題上取得進展，中國2019年宣布將芬太尼類藥物列為管制品，兩國曾合作調查，起訴運毒犯。之後兩國關係惡化，雙方討論芬太尼的對話機制也受影響，直到美國總統拜登（Joe Biden）2023年11月與中國國家主席習近平舉行高峰會，中國才同意恢復合作，共同應對芬太尼議題、打擊毒品販運。

美國白宮2024年8月指出，中國表示將開始加強管制和規範3種用於製造非法類鴉片止痛劑芬太尼的化學品，稱此舉是「向前邁進的寶貴一步」。

拜登將芬太尼毒品危機列為內政和外交政策優先事項。

2021年底，拜登簽署行政命令，宣布全球非法毒品販運構成「國家緊急狀態」，授權政府採取特殊措施應對威脅。美國財政部2023年10月對被控涉及全球毒品貿易的28個個人及實體實施制裁，其中包括被控販運芬太尼的中國網絡。

內政方面，拜登政府近年試圖遏制非法鴉片類藥物擴散，除推出新的鴉片類藥物處方限制，並加強查封芬太尼，及提高公眾對藥物致命性的認識。

為減輕藥物危害，2023年3月，美國食品和藥物管理局（FDA）批准了第一款無需處方的納洛酮（naloxone）鼻噴劑Narcan，用於逆轉芬太尼過量危機。

危機待解的同時，新的合成鴉片類藥物又開始現蹤，好比用於馬匹鎮靜劑的賽拉嗪（Xylazine），藥效比芬太尼甚至更強，被稱為「喪屍毒品」。芬太尼和新毒品的高致命性及錯綜複雜的供應鏈，在在讓這場「鴉片戰爭」面臨難解困局。 ⓔ

▲過量使用芬太尼會出現身體向前或向後彎折的姿勢，被稱作「芬太尼彎折」。圖攝於美國舊金山。

吹響國際反避稅號角
全球最低稅負制上路

陳亦偉／台北

防堵國際稅制明顯漏洞的指標性稅務改革方案「全球最低稅負制」(GMT)2024年1月1日起在歐盟、英國和其他一些大型經濟體生效，對賺錢的大型跨國企業適用至少15%的稅率。

根據140個國家2021年達成的協議，2024年起全球最低企業稅率將設在15%，進而限制跨國公司在低稅國家減稅的可能。

2024年1月起首波實施全球最低稅負制的地區，涵蓋歐盟、英國、挪威、澳洲、南韓、日本、加拿大。新法規適用於年度營業額超過7.5億歐元的跨國企業。好幾個長期被視為避稅地的國家也參與行動，包括愛爾蘭、盧森堡、荷蘭、瑞士、巴貝多。這些國家的企業稅率以往只有5.5%。

此一協議是2021年在經濟合作暨發展組織（OECD）監督下制定。OECD/G20於2019年3月提出所謂的「雙柱方案」，此乃是自2013年推動的稅基侵蝕與利潤移轉（BEPS）1.0以來，國際租稅制度再次之重大變化：第一支柱要讓跨國公司（包含數位經濟企業）在營運所在地繳納更多稅款，被稱為「全球數位稅」；第二支柱是打造全球最低企業稅率，跨國企業將首次須遵循全球性的最低稅負制度，繳交稅款，被稱為全球最低稅負制。

全球最低稅負制意在降低跨國集團將利潤移轉至低稅率國家之動機，以及防止國際間進行減稅競賽及實行單方面有害稅收公平之措施。

這項制度鎖定全球營收超過7.5億歐元（約

▲全球最低稅負制將限制跨國公司在低稅國家減稅的可能。圖為紐約曼哈頓區商業大樓。（AP）

新台幣260億元）的跨國企業，要求其計算於各個國家的實質稅率，它包含幾個核心觀念，包括「所得涵蓋原則」（IIR）、「低稅支付規則」（UTPR）。根據「所得涵蓋原則」，跨國企業繳稅若低於15%，跨國企業母國有權補稅，假設實質稅率僅13%，可補2%款。同時，若跨國企業母國未立法課徵全球最低稅負制，企業子公司設立的國家可遞補課稅。而若母國及子公司設立國家都未實施「所得涵蓋原則」，則根據「低稅支付規則」，其他國家也有機會徵收。

推動此一改革的經濟合作暨發展組織估計，全球年度稅收將提高多達9%，或2,200億美元。

截至2024年6月上旬，已有45個國家通過或提出符合這一全球最低稅負制的立法，另有10個國家計劃實施但尚未提出立法；美國和中國2021年都支持最低稅負制，但兩國均未制定相關法案。整體而言全球最低稅負制雖已上路，但面臨各種挑戰。

這些挑戰包括一些國家，如愛沙尼亞、拉脫維亞等選擇推遲實施，各國需要相應調整其國內法律也是不小阻礙。另還有技術和行政障礙，例如受控外國公司（CFC）稅的分配、證券化實體的處理以及集團內融資安排的明確性等問題仍待解決。

台灣營利事業所得稅的名目稅率達20%，但在諸多租稅優惠齊發之下，近年國內企業的平均有效稅率僅約13%至14%。為避免課稅權拱手讓人，財政部2024年8月宣布，自民國114年度起，符合GMT適用門檻、即合併營收達7.5億歐元的跨國企業集團，其在台灣境內的營利事業，適用的基本稅額徵收率將由現行12%，調整為15%。Ⓔ

越南政壇動盪
一年多三國家主席下台

海外特派直擊

陳家倫／河內

越南國會於2024年10月21日選出軍人出身的越共中央書記處常務書記梁強（Luong Cuong）擔任國家主席，動盪已久的越共政壇可望在派系平衡下獲得穩定。

越南這屆政府任期從2021年4月至2026年，但自從阮春福（Nguyen Xuan Phuc）2023年1月下台推倒第一張骨牌後，梁強已經是國家主席5年任期內的第4位國家主席。

過去兩年來，越南高層政治不斷出現人事大地震，權力、地位僅次於越共中央總書記的國家主席一職角力尤其激烈。

阮春福於2021年4月當上國家主席，但越南在COVID-19（2019冠狀病毒疾病）疫情期間弊案頻傳，兩名副總理辭職後，阮春福「深知自己對黨和人民的責任」，在2023年1月17日提出申請，辭去各職務、各工作並退休。

阮春福在交接國家主席工作時強調，他和家人都沒有牟取私利，但他擔任總理任期的2016至2021年期間，包括3名部長在內的多名官員違規造成嚴重後果，他對此負有責任。

阮春福這番「自清」言論，加深外界對越南政治鬥爭的聯想。尤其時任越共中央總書記阮富仲（Nguyen Phu Trong）已破例邁入第3任總書記任期，且年屆80歲，檯面上卻仍看不出明確的接班人選。

阮春福下台後，越南國會於當年3月2日選出新國家主席，時年52歲的越共中央書記處常務書記武文賞（Vo Van Thuong）出任。武文賞在越共黨內算年輕一輩，他能順利出線，少不了阮富仲的助力，因而被視為阮富仲欽點的「儲君」。

只不過，武文賞僅當了國家主席一年，公職生涯便永遠劃上句點。越共中央2024年3月20日召開會議，同意武文賞的辭呈。根據越

共中央檢查委員會報告，武文賞違反了一些黨員所不能做的規定。

越共公報指出：「武文賞的違規和缺失已經造成負面輿論，影響黨、國家和個人的聲譽。武文賞清楚地認識到自己對黨、國家、人民的責任，因此提出辭去與退出各項職務。」隔天召開的國會會議隨即免去他的國家主席職務。

越共並未明說武文賞具體的違規與缺失，但越南公安部在武文賞下台前逮捕多名受賄涉貪官員，包括武文賞於2011至2014年在廣義省（Quang Ngai）任省委書記時的舊部。10多年前的案子被翻出，再度引來政治鬥爭聯想。

武文賞去職後，越南國會在2024年5月22日召開會議，選出時任公安部長蘇林（To Lam）出掌國家主席。

蘇林來自越南北部興安省（Hung Yen），1957年7月10日生，2016年4月開始擔任公安部長。作為公安部長，蘇林是越南反腐運動的執行者，也是中央反腐敗反消極指導委員會副主任。

高舉反腐大旗的蘇林並未享有高聲望，最引人議論的是他在2021年11月因公前往英國，期間享用每份要價1450英鎊（約新台幣6萬元）的金箔牛排。越南一家麵店老闆事後拍攝一段被認為影射該事件的短片，因此被捕，還遭判「反國家行為」罪，獲刑5年6個月。

至於蘇林當上國家主席，當時分析指出，這是為了爭奪總書記大位暖身。綜觀當時越南政壇局勢，時年80歲的阮富仲身體狀況不佳，越共又將在2026年1月召開第14次全國代表大會（越共14大），迫在眉睫的政治日程，加速推進蘇林的政治野心。

蘇林接掌國家主席不到2個月，阮富仲2024年7月19日辭世，越共中央於8月3日召開會議，補選出蘇林擔任越共中央總書記。至此，蘇林坐擁總書記與國家主席兩個頭銜，成了越南最有權勢的人。

蘇林藉著反貪掃落政敵一路登上權力高峰，又為了鞏固權力使派系間利益分布不均，加上越南集體領導的分權制度被破壞，使得國內外輿情對他總書記、國家主席「二位一體」大權總攬有許多雜音。

越南國會於2024年8月26日召開會議處理部分人事問題，越南國會秘書長裴文強（Bui Van Cuong）當時宣布，10月將選出新的國家主席。這項消息預告蘇林將讓渡出部分權力，讓越南高層政治再度回到「四大支柱」的集體領導架構，即總書記、國家主席、總理、國會主席由不同人擔任。

越南國會於2024年10月21日選出梁強出掌國家主席。梁強於1957年8月15日出生，時年67歲，越南北部富壽省（Phu Tho）越池市（Viet Tri）人。

梁強長年從軍，擁有大將軍銜，以往軍隊歷練主要從事政治與黨務工作。他在2021年進入越共中央政治局，並於2024年5月出任越共中央書記處常務書記。

隨著越南重回「四大支柱」的集體領導架構，分析指出，這有利於蘇林專心布局2026年1月越共14大的人事工作，權力相對平衡也有助越南政局穩定。Ⓔ

▲越南國會2024年10月選出梁強擔任國家主席（前排左1），讓越南高層政治再度回到「四大支柱」的集體領導架構，前排左2起為總理范明正、總書記蘇林、國會主席陳青敏。（AP）

省得自己的
紅樓夢

The Splendor of
Dream of the Red Chamber

17.2024－5.17.2026

llery 203

§第二章　世界各國簡介

亞洲 ASIA

中華民國 REPUBLIC OF CHINA

建國簡史

中華民國肇建於1912年1月1日，為亞洲第一個民主共和國。1947年12月25日施行憲政，採五權分立。1949年12月中央政府播遷至台灣，是主權獨立的國家，領土管轄範圍包括台灣、澎湖、金門、馬祖及其他島嶼。

人口約2,339萬人，含原住民、客家、閩南及新住民四大族群。★2015年11月7日總統馬英九與中華人民共和國主席習近平在新加坡「馬習會」，為兩岸分治66年後雙方領袖首次會面。★2016年1月16日蔡英文、陳建仁當選總統、副總統，於5月20日就職。★2020年1月11日蔡英文、賴清德當選總統、副總統，於5月20日就職。★截至2022年12月22日，面對國際化及全球化潮流，我國在45個政府間組織、多邊機制及其下屬機構擁有會籍，另以觀察員等其他身分參與29個政府間國際組織、多邊機制及其下屬機構。★蔡總統2023年國慶演講，她說，「和平是兩岸的唯一選項」，以維持現狀作為各方的最大公約數，就是確保和平的關鍵之鑰」，在確保主權和民主自由之際，在尊重歷史事實之下，持續建構和平穩定的兩岸關係。2024年1月13日，賴清德、蕭美琴當選總統及副總統，5月20日就職。

國際關係

我原為聯合國創始會員國及安全理事會常任理事國，於1971年10月25日退出。★至2024年8月底止共12個邦交國：一、亞太地區4國：馬紹爾群島共和國、帛琉共和國、吐瓦魯國；二、非洲地區1國：史瓦帝尼（原史瓦濟蘭）；三、歐洲地區1國：教廷；四、中南美地區7國：貝里斯、瓜地馬拉共和國、海地共和國、巴拉圭共和國、聖克里斯多福及尼維斯、聖文森及格瑞那丁、聖露西亞。★美國卡特總統於1979年4月10日簽署由國會通過的《臺灣關係法》，效期溯自同年1月1日，使台、美雙方在中止外交關係後繼續維持商務、文化及其他關係。★中華民國為亞太經濟合作會議（APEC）、亞洲開發銀行、中美洲銀行等國際組織的會員國。2001年11月11日以「臺澎金馬個別關稅領域」名義成為世界貿易組織（WTO）第144個成員。★2003年3月10日，歐洲聯盟執行委員會在台北成立「歐洲經濟暨貿易辦事處」。★2006年11月台積電董事長張忠謀代表參加越南舉行的APEC領袖峰會。★2007年9月施振榮代表參加雪梨舉行的APEC領袖峰會。★2008年1月13日陳水扁總統訪中美洲。8月馬英九總統訪中南美洲友邦。前副總統連戰出席於2008年11月於秘魯、2009年11月新加坡、2010年11月日本橫濱、2011年11月美國夏威夷及2012年9月俄羅斯海參崴各年度APEC領袖峰會。★2009年3月英國予我國民眾入境6個月內免簽待遇。5月18日衛生署長葉金川代表中華台北首次以觀察員身分出席日內瓦的世界衛生大會。7月愛爾蘭予台灣90天入境免簽待遇。★2010年11月加拿大予我國民眾6個月免簽證。★2011年1月11日起歐洲申根區免簽生效。3月18日馬來西亞為第100個予我免簽或落地簽待遇國。8月11日我國與以色列互免簽證待遇生效。★2012年10月2日我加入美國免簽計畫。★2013年3月19日，馬總統出席教宗方濟各就職彌撒，是中華民國首位參加教宗就職及會見教宗的總統。4月10日與日本簽署漁業協議，擴大我漁民在釣魚台群島周邊海域作業範圍。7月10日與紐西蘭簽署台紐經濟合作協定，為與已開發國和非邦交國首個經濟合作協定。8月15日馬總統出席巴拉圭總統就職典禮，順訪海地，回程訪問三聖。11月18日我國宣布與甘比亞終止外交關係。★2014年1月23日馬總統訪友邦聖多美普林

★資料來源：各國簡介所使用之統計資料，部分係根據美國中央情報局之「The World Factbook」資料庫。其中，人口、人口出生率、人口死亡率等主要係依2023年7月至8月估值更新。平均每人國內生產毛額係根據購買力平價（purchasing power parity）方式計算。各國幣制之匯率係參考xe.com當年7至8月的即時匯率。

西比及布吉納法索，參加宏都拉斯總統就職典禮。6月29日馬總統參加巴拿馬總統就職典禮、訪薩爾瓦多。★2015年3月24日馬總統搭專機至新加坡弔唁星前總理李光耀。5月26日馬總統提出南海和平倡議。★2016年3月14日馬總統「久安專案」訪瓜地馬拉及貝里斯。6月24日蔡總統「英翔專案」，出席巴拿馬運河拓寬竣工典禮、訪巴拿馬及巴拉圭。11月宋楚瑜任總統特使出席秘魯舉行的APEC領袖峰會。★2017年1月7日蔡總統啟動「英捷專案」，訪宏都拉斯、尼加拉瓜、瓜地馬拉和薩爾瓦多。10月28日蔡總統「永續南島，攜手共好」專案，訪馬紹爾群島、吐瓦魯和索羅門群島。11月宋楚瑜任總統特使出席越南舉行的APEC領袖峰會。★2018年4月蔡總統訪史瓦帝尼；8月「同慶之旅」出席巴拉圭新總統就職典禮、訪貝里斯。11月台積電創辦人張忠謀任總統特使出席巴布亞紐幾內亞APEC領袖峰會。至10月國人免（落地）簽進入148國或地區。★2019年3月21日至26日蔡總統「海洋民主之旅」訪問友邦帛琉、諾魯與馬紹爾群島，3月26日出席馬紹爾群島「太平洋婦女領袖聯盟會議」。7月11日至22日的「自由民主永續之旅」，蔡總統以12天11夜訪問海地、聖克里斯多福及尼維斯、聖文森國及聖露西亞等4個加勒比海友邦。2019年9月16日我國與索羅門群島斷交、9月20日與吉里巴斯共和國斷交。★2020年2月與索馬利蘭共和國同意互設代表處，8月、9月代表處在哈爾格薩與台北成立。8月30日捷克參院議長維特齊與布拉格市長賀瑞普等率90人訪台，成為有史以來訪台捷克官員層級最高者★2021年9月22日台灣申請加入跨太平洋夥伴全面進步協定（CPTPP）；11月蔡總統邀張忠謀擔任第29屆APEC經濟領袖代表。★2021年11月18日「駐立陶宛台灣代表處」正式掛牌，歐洲國家第一個以台灣為名的代表處。2021年12月尼加拉瓜宣布與台灣斷交。★2022年8月2日至3日美國眾議院議長裴洛西（Nancy Pelosi）訪台，是25年來訪台層級最高的美國政要。9月12日「立陶宛貿易代表處」在台北開設。★2023年3月25日，捷克眾議院議長艾達莫娃率團訪台。3月26日我國宣布與宏都拉斯終止外交關係。3月29日蔡英文總統訪問瓜地馬拉、貝里斯。★2024年1月15日，諾魯以聯合國2758號決議及一中原則等理由，我國與諾魯斷交。

基本資料

地理位置：亞洲東部	面積：35,980平方公里
人口：2,359.5萬人（2024）	網址：http://www.president.gov.tw/
電話國碼：886	
獨立日期：1912年1月1日	國慶日：10月10日
首都：台北（Taipei）	語言：北京語、閩南語、客家語、原住民語。
幣制：新臺幣New Taiwan dollar, 1.00USD＝32.14TWD（2024.8）	
宗教：佛教、道教、基督教、天主教、伊斯蘭教、軒轅教、一貫道。	

政治制度：中華民國政治制度係遵照孫中山先生所創之三民主義及五權憲法而釐訂，為民有、民治、民享之民主共和國。立法院為國家最高立法機關，由人民選舉之立法委員組織之，代表人民行使立法權。2022年11月26日舉行地方公職人員九合一選舉合併18歲公民權憲修複決公投，選舉結果，直轄市與縣市長部分，民主進步黨5席，中國國民黨13席，台灣民眾黨1席，無黨籍2席；18歲公民權憲修複決公投未能通過門檻。2024年總統大選，民主進步黨以40.05%的得票率再度贏得大選。

政府首長：總統：賴清德　副總統：蕭美琴　行政院長：卓榮泰

主要政黨：民主進步黨、中國國民黨、台灣民眾黨、親民黨、時代力量、台灣團結聯盟、綠黨、新黨、社會民主黨。

司法制度：地方法院、高等法院與最高法院，三級三審制。國民法官制2023年施行。

經社概況

平均每人國內生產毛額：3萬2,319美元（2023）	國內生產毛額：7,551億2,100萬美元（2023）
國內各業生產毛額結構：農業：1.41%　工業：37.74%　服務業：60.85%（2022）	
通貨膨脹率：2.5%（2023）	失業率：3.5%（2023）
進口值：3,514億4,100萬美元（2023）	出口值：4,324億3,200萬美元（2023）
主要進口：電子零組件、礦產品、機械。	
主要出口：電子零組件、資通訊設備、基本金屬。	
人口出生率：5.81%（2023）	人口死亡率：8.8%（2023）

中華人民共和國
PEOPLE'S REPUBLIC OF CHINA

建國簡史

中國於19世紀及20世紀初期，深受內亂、饑饉、軍事潰敗及外患之苦。二戰結束，1949年毛澤東領導中國共產黨成立無產階級專政的共產政權。1978年後，鄧小平實施以市場為導向的改革開放。★1989年江澤民掌中共總書記，1993年起任中國國家主席兼國家軍委主席。★2002年胡錦濤就任中共總書記，2004年9月掌國家主席、中央軍委主席與國家軍委主席。★2012年11月8日中共召開18大，習近平接總書記。★2013年3月14日第12屆全國人大1次會議，習近平為國家主席與中央軍委主席，習領導形成。★2016年10月18屆六中全會確立習核心。★2017年10月中共19大修黨章，將習近平治國理政的論述主張寫入，確立習核心歷史地位。★2018年3月17日，13屆全國人大一次會議，習近平連任國家主席、中央軍事委員會主席。★2021年7月1日，中共建黨百年，習近平宣布實現「第一個百年」目標。中共第19屆六中全會11月11日閉幕，正式通過黨史上第3份歷史決議，習近平地位定調提高。★2022年10月16日起，「中共二十大」召開，在這次換屆中，中共總書記習近平獲得第3任期，打破改革開放以來的集體領導制度。

國際關係

聯合國安全理事會和主要國際組織成員國。★2010年為全球第2大經濟體。★2013年9月、10月國家主席習近平提出「一帶一路」概念，2015年3月在博鰲論壇宣布啟動。★2015年6月30日中國倡議主導的「亞洲基礎設施投資銀行」於北京舉行章程簽署儀式，57個創始成員國；2016年1月16日開業。★2016年10月人民幣納入國際貨幣基金（IMF）特別提款權（SDR）生效，成為第5種儲備貨幣。★2019年1月2日習近平藉《告臺灣同胞書》40週年紀念會發表講話，提出探索「一國兩制」臺灣方案等5點主張。★2020年1月，美中代表達成第一階段貿易協議，5月美國官員指責北京隱匿COVID-19疫情資訊，6月底，為反制北京制訂港區國安法，美國對削弱香港自治的中國官員實施簽證限制，7月下旬，美國總統川普下令72小時內關閉中國駐休士頓總領事館，北京回以關閉美國駐成都總領事館。

基本資料

地理位置：亞洲東部，太平洋西岸。	面積：9,596,960平方公里
人口：14億1,605萬人（2024）	網址：http://www.gov.cn/
與臺北之時差：0　電話國碼：86	
獨立日期：1949年10月1日成立中華人民共和國	國慶日：10月1日
首都：北京　語言：普通話、粵語、吳語、閩北語（福州）、閩南語、客語及其他多種方言	
幣制：人民幣Chinese yuan, 1.00USD=7.18CNY（2024.8）	宗教：佛教、道教、伊斯蘭教、基督教、天主教

政治制度：全國人民代表大會是國家最高權力機關，全國人大常委會為常設機關。全國人大由省、自治區、直轄市和軍隊選出代表組成，每屆任期5年。1949年後，中共實施一黨專政，另有8個附屬共產黨的黨派。2018年3月11日全國人大會議表決通過中共修憲案，刪除國家主席、副主席「連續任職不得超過兩屆」規定。2023年3月中旬，習近平在14屆全國人大一次會議中，3度當選國家主席與中央軍委會主席，為中共建政以來，權力比肩毛澤東的領導人。李強任國務院總理。

政府首長：國家主席：習近平	總理：李強	主要政黨：中國共產黨

司法制度：人民法院是國家審判機關，分最高人民法院、地方各級法院和專門人民法院。

經社概況

平均每人國內生產毛額：22,100美元（2023）	國內生產毛額：31兆2,270億美元（2023）
國內各業生產毛額結構：農業：7.9%　工業：40.5%　服務業：51.6%（2017）	
通貨膨脹率：0.23%（2023）	失業率：4.67%（2023）
進口值：3兆1,250億美元（2023）	出口值：3兆5,110億美元（2023）

主要進口：天然氣、原油、黃金、金屬礦砂、積體電路。
主要出口：廣播設備、積體電路、服裝、電腦、機械零件。
人口出生率：10.2‰（2024）　　　人口死亡率：7.7‰（2024）

阿富汗伊斯蘭共和國
ISLAMIC REPUBLIC OF AFGHANISTAN

建國簡史

18世紀以前，阿富汗先後經歷波斯、東羅馬帝國、奧圖曼土耳其帝國及蒙古之統治，一直處於分裂狀態。18世紀，波斯奈迪爾（Nadir Shah）皇帝征服阿富汗；奈氏去世後，大將阿赫麥德（Ahmad Shah）1747年建立阿富汗王國，阿富汗自此成為一政治實體。1835年穆罕默德（Dost Mohammad）推翻阿氏王朝，自立為帝。

1838年英國入侵，穆氏被逐，不久復位，並與俄國締結同盟以對抗英國。1879年英國唯恐俄國勢力經由阿國入侵印度半島，再度出兵攻打阿富汗，阿國戰敗，雙方簽訂蓋德麥克（Gandamak）條約，阿富汗成為英國的保護國。

1880年英國廢穆氏之子阿里國王（Shere Ali），改支持拉赫曼（Abdur Rahman Khar）為阿富汗國王。拉氏雖支持英國對抗俄國，仍繼續與阿、印邊境（現今阿富汗、巴基斯坦邊境）的部落抗爭，至1893年11月，阿、印兩國邊界終依杜蘭德線（Durand Line）劃定，並獲得英國承認。1907年，英、俄簽訂協約，俄國承認英國在阿富汗之特殊利益，並保證不干涉阿富汗事務。

1919年5月阿國攻擊印度引起第3次英阿戰爭，8月戰爭結束，英、阿訂立拉瓦爾品第條約（Treaty of Rawalpindi），英國承認阿富汗獨立。阿富汗有權自行處理外交事務。

1973年7月17日前首相道得（Daud）發動政變，迫使札希爾（Zahir Shan）退位結束君主統治，成立阿富汗共和國，道得擔任總統採一黨專政，軍事獨裁。1978年4月革命推翻道得，改國號為阿富汗民主共和國。1979年8月改建阿富汗為社會主義國家，數十萬難民湧入巴基斯坦及伊朗。10月8日塔拉奇（Muhammad Taraki）總統被弒，阿敏（Hafizullah Amin）繼位總統。12月蘇聯入侵阿富汗，12月27日卡瑪爾（Barak Karmal）推翻阿敏繼任總統。1986年11月27日卡瑪爾辭職，納吉布拉（Najibullah）繼任。

1989年2月15日蘇聯部隊撤離阿富汗，阿國內戰激烈，「回教陣線」反抗軍於1992年4月28日推翻納吉布拉總統，其首領穆加迪迪（Sibghatullah Mojaddedi）擔任臨時執政委員會主席，6月28日穆氏將政權交新任總統拉巴尼（Burhanuddin Rabbani）。1994年阿富汗塔利班（Taliban）武裝異軍突起，於1996年將拉巴尼逐出喀布爾建立政權。2001年九一一事件後，美國出兵阿富汗，塔利班政權垮台；11月27日至12月5日，阿富汗四股主要勢力的代表在聯合國協助下，於德國波昂達成權力分享協議，成立由29個成員組成的臨時政府，卡賽任總統。2002年2月卡賽下令恢復1964年憲法；6月11日在喀布爾召開長老議會（Loga Jirga），13日卡賽當選過渡政府總統。2004年1月通過新憲法，實施總統共和制，並保障男女平等。2013年6月18日阿富汗部隊接管全國維安，締造重大里程碑。2021年8月15日，阿富汗民兵組織塔利班攻占喀布爾，從美國支持的前政府手中奪走阿富汗政權。2021年8月19日塔利班宣布成立「阿富汗伊斯蘭大公國」，但未獲國際廣泛承認。2021年8月31日最後一批美軍撤出，結束20年戰事。

與我關係

阿富汗與我無邦交。

基本資料

地理位置：南亞	面積：652,230平方公里
人口：4,012萬人（2024）	網址：http://president.gov.af/en/
與臺北之時差：-3.5	電話國碼：93
獨立日期：1919年8月19日（脫離英國控制）	國慶日：8月19日，塔利班政權改為8月15日
首都：喀布爾（Kabul）	語言：普什圖語（Pashtu）及波斯語。
幣制：Afghani, 1.00USD=70.80AFN（2024.8）	宗教：伊斯蘭教（遜尼派及什葉派）

政治制度：國體：曾為共和國總統制，目前為神權政治。國會：1977年至1985年立法權由革命議會行使。1985年4月召開第一次國家會議，採單一國會制。2003年5月2日，75名回教領袖組成之諮議會決議以伊斯蘭教為立法唯一根據。2004年新憲法採兩院制，下院不超過250席，直選產生，任期5年；上院102席分由地方議會間接選舉及總統任命產生。2004年12月7日舉行塔利班（Taliban）政權垮台後的首次總統直選，卡賽以55.4%得票率當選，成為首任民選總統；2009年11月獲連任。2014年6月總統選舉第2輪投票，世界銀行專家甘尼（Ashraf Ghani）公告為當選人，但對手前外長阿布杜拉（Abdullah Abdullah）自行宣布當選，經美國斡旋驗票，9月21日選委會宣告甘尼獲勝。2019年9月28日總統大選，候選人行政首長阿布杜拉要求重新計票，2020年2月18日選委會公布，甘尼獲得50.6%選票當選連任。2021年4月，美國宣布美軍自5月1日起至9月11日止從阿富汗撤離，阿富汗民兵組織塔利班隨即從5月起大舉攻城掠地，8月15日進入首都喀布爾，塔利班掌控阿富汗。阿富汗內政部長米薩卡瓦（Abdul Sattar Mirzakwal）透過預錄演說表示，國家政權將「和平轉移」給臨時政府，總統甘尼倉皇出走到阿拉伯聯合大公國。塔利班官員說將宣布建立阿富汗伊斯蘭酋長國。塔利班9月7日宣布成立新政府，由艾昆德（Mullah Mohammad Hasan Akhund）擔任新政府領導人，塔利班的共同創始人巴拉達（Abdul Ghani Baradar）擔任新政府副領導人，看守內閣職位都是暫代性質。塔利班最高領袖艾昆薩達（Hibatullah Akhundzada）要求新政府維護伊斯蘭教法。塔利班在美國領導的軍事行動瓦解，近20年後重新掌權。目前無其他政黨。

政府首長：代理總理艾昆德 Mullah Mohammad Hasan Akhund

主要政黨：2019年4月，阿富汗有72合法政黨。2010年9月18日下院選舉，獲較多席次有：普什圖族（Pashtun）贏得96席，哈札拉族（Hazaras）61席，塔吉克族（Tajik）53席，烏茲別克族（Uzbek）15席。下院議員任期2015年屆滿，2018年10月20日改選。塔利班2021年9月7日成立新政府。目前未重新選舉。

司法制度：最高法院由9至12名法官組成，由總統任命，另設高等法院及上訴法院。

經社概況

平均每人國內生產毛額：2,000美元（2022）	國內生產毛額：804億1,600萬美元（2022）
國內各業生產毛額結構：農業：33.7%　工業：16.1%　服務業：45%（2022）	
通貨膨脹率：2.3%（2019）	失業率：14.39%（2023）
進口值：69億8,300萬美元（2020）	出口值：14億7,600萬美元（2020）
主要進口：小麥、棕櫚油、包裝藥品、米、菸草。	
主要出口：煤、棉花、葡萄、樹膠酯、堅果。	
人口出生率：34.2‰（2024）	人口死亡率：11.8‰（2024）

亞美尼亞共和國
REPUBLIC OF ARMENIA

建國簡史

今日所稱之「亞美尼亞」係歷史上所謂「東亞美尼亞」的一部分，為古代文明中心之一，建築、繪畫、雕刻等文化十分發達。雖然二千多年來，亞美尼亞人先後為波斯、羅馬、奧圖曼土耳其、俄羅斯等外族所統治、壓迫，但仍保有自己的語言、文化及宗教信仰（基督教）。

19世紀初，亞美尼亞為俄羅斯帝國所統轄。19世紀末葉至20世紀初，俄、土兩帝國為爭奪此一地區統治權而爭戰不斷，1870年代爆發俄土戰爭後，在奧圖曼土耳其帝國統治下的亞美尼亞人即嘗試自治。第一次世界大戰前後（1915-1922年）西亞美尼亞人民遭土耳其軍大肆鎮壓、屠殺，或被放逐至敘利亞沙漠，死亡人數幾近150萬人。

1917年俄國10月革命後，亞美尼亞被併入外高加索共和國，1918年外高加索共和國分裂，獨立之亞美尼亞復遭土耳其入侵，被迫割讓部分領土。1921年亞美尼亞成為前蘇聯加盟共和國之一。1991年前蘇聯瓦解，亞美尼亞於9月21日舉行公民投票後宣布獨立，並於12月21日加入獨立國家國協。1995年7月頒布新憲法。2015年1月加入俄羅斯主導的「歐亞經濟聯盟」。2016年4月亞美尼亞就其所占領納戈爾諾卡拉巴赫（Nagorny Karabakh）自治區，與鄰國亞塞拜然發生1994停火協議以來首度大規模交戰。2020年9月27日，兩國在納卡區交戰，造成1300多人喪生，11月9日亞塞拜然總統和亞美尼亞總理簽署全面停火聲明。2023年9月兩國再度交戰。

第二章 | 世界各國簡介　675

與我關係

亞美尼亞與我無邦交。★2015年起，我國國民可以落地簽證入境亞美尼亞。

基本資料

地理位置：中亞高加索Kavkaz山之南	面積：29,743 平方公里
人口：297萬6,765人（2024）	網址：http://www.gov.am/en
與臺北之時差：-4　電話國碼：374	
獨立日：1918年5月28日（成立首個亞美尼亞共和國）；1991年9月21日（脫離前蘇聯，9月21日國慶日）	
首都：葉里凡（Yerevan）	語言：亞美尼亞語、庫德語。
幣制：Dram, 1.00USD＝386.63AMD（2024）宗教：使徒教會（Apostolic Church，屬非主流基督教的一支）	
政治制度：1991年6月實施總統制，10月投票選舉總統。總統為最高首長，任期5年，可連任1次。國民大會（National Assembly）為最高立法機關，共131名議員，其中41名單一選區選出，90名由政黨提名，任期5年。2015年12月修憲：國家政體改為議會制，總理掌行政權，總統為國家元首，任期7年，2017年生效。2018年3月亞美尼亞共和黨薩基相當選總統。2022年3月國民大會選出哈恰圖良擔任總統。	
政府首長：總統：哈恰圖良Vahagn Khachaturyan　　　總理：帕辛揚Nikol Pashinyan	
主要政黨：亞美尼亞共和黨（Republic Party of Armenia, RPA）、亞美尼亞發展黨（Prosperous Armenia）、亞美尼亞革命聯盟（ARF）、人民契約黨（Civil Contract）。2018年12月9日國會改選，我的步伐聯盟（My step Alliance）獲88席。2021年4月總理帕辛揚請辭，6月20日國會提前舉行選舉，總理帕辛揚贏得國會大選。	
司法制度：設有最高法院及憲法法庭，其下設有上訴法院、地方法院和行政法院。	

經社概況

平均每人國內生產毛額：20,800美元（2023）	國內生產毛額：577億2,800萬美元（2023）
國內各業生產毛額結構：農業：8.4%　工業：23.9%　服務業：59%（2023）	
通貨膨脹率：1.98%（2023）	失業率：8.59%（2023）
進口值：142億7,900萬美元（2023）	出口值：141億3,000萬美元（2023）
主要進口：天然氣、精煉石油、郵票、汽車、廣播設備。	
主要出口：黃金、銅礦、鐵合金、菸草、鑽石。	
人口出生率：10.5‰（2024）	人口死亡率：9.6‰（2024）

亞塞拜然共和國
REPUBLIC OF AZERBAIJAN

建國簡史

亞塞拜然的國情相當特殊複雜。在血緣上，人種是突厥族（土耳其後裔之一支），與土耳其關係密切，然在歷史經驗與宗教信仰上，與波斯有很深之連帶關係，屬於回教什葉派。亞塞拜然位居東西南北要衝，向為兵家必爭之地，曾遭俄羅斯與波斯瓜分，阿拉希河北岸（北亞塞）即為現今亞塞拜然共和國，南岸（南亞塞）則為伊朗境內之亞塞拜然省。

亞塞拜然在1918至1920年間是獨立國，1920年4月加入蘇聯，成為亞塞拜然蘇維埃社會主義共和國。1989年9月發表主權宣言，1991年10月18日宣告獨立，12月簽署加入「獨立國家國協」。1995年11月實施新憲法。2016年4月亞塞拜然就其被亞美尼亞所占領納戈爾諾卡拉巴赫（Nagorny Karabakh）自治區，與該國發生1994停火協議以來首度大規模交戰。2020年9月27日，兩國在納卡區交戰，造成1,300多人喪生，11月9日亞塞拜然總統和亞美尼亞總理簽署全面停火聲明。2023年9月，亞塞拜然發動閃電戰收復納卡區，引發當地12萬亞美尼亞裔居民大逃亡。

與我關係

亞塞拜然與我無邦交。

基本資料

地理位置：中亞高加索（裏海西岸）	面積：86,600平方公里
人口：1,065萬人（2024）	網址：http://www.president.az/

與臺北之時差：-4（夏令時-3）	電話國碼：994
獨立日期：1991年8月30日（脫離蘇聯）	國慶日：5月28日（1918年），獨立紀念日。
首都：巴庫（Baku）	語言：亞塞拜然語、俄語。
幣制：New Manat, 1.00USD＝1.70AZN（2024.8）	宗教：伊斯蘭教什葉派
政治制度：元首為總統，任期7年，國民直接投票並經中選會確認。2003年10月15日舉行總統選舉，前總統阿利耶夫之子伊罕‧阿利耶夫獲勝。2013年10月總統選舉，伊罕‧阿利耶夫連任。總統有權任命總理及內閣閣員，經國民大會同意後生效。國民大會（Milli Majlis）是最高立法機關，共125席，議員直選產生，任期5年。2018年4月11日提前總統選舉，伊罕‧阿利耶夫連任；下次於2025年舉行。	
政府首長：總統：伊罕‧阿利耶夫 Ilham Aliyev　總理：阿薩多夫 Ali Asadov	
主要政黨：新亞塞拜然黨、亞塞拜然陣線黨、亞塞拜然民族獨立黨。2015年11月1日國會大選，執政黨新亞塞拜然黨獲得72席，其餘由小政黨與中立派人士獲得。2020年2月9日國會大選，新亞塞拜然黨獲得69席。	
司法制度：設有憲法法院、最高法院、上訴法院及各級普通法院和專門法院。	
經社概況	
平均每人國內生產毛額：21,300美元（2023）	國內生產毛額：2,159億美元（2023）
國內各業生產毛額結構：農業：6.1%　工業：53.5%　服務業：40.4%（2020）	
通貨膨脹率：8.79%（2023）	失業率：5.64%（2023）
進口值：250億1,600萬美元（2023）	出口值：354億8,700萬美元（2023）
主要進口：原油、藥品藥材、小麥、汽車、精煉石油。	
主要出口：石油及天然氣、精煉石油、肥料、鋁。	
人口出生率：11.2‰（2024）	人口死亡率：6.4‰（2024）

巴林王國
KINGDOM OF BAHRAIN

建國簡史

巴林早期為波斯帝國的一部分，18世紀後期脫離伊朗控制，1783年宣告獨立。英國於1820年入侵巴林，簽訂波斯灣和平條約，1880年巴林為英國之保護國。1971年8月15日巴林在聯合國監督下舉行公民投票宣布獨立。

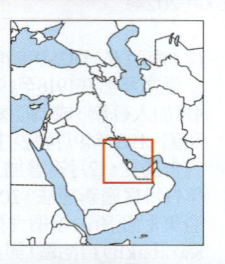

與我關係

與我無邦交。我在巴林首都設有商務代表團。★1977年4月我在巴林設立「中華民國商務代表團」。★巴林於1983年3月申請加入為世盟、亞盟會員國。★1987年2月，我國與巴林簽署農技合作協定，我派遣技術團協助巴國發展農漁業及市區規畫。★1997年7月2日民航局長蔡堆在巴林簽航權協議，使得國籍航空公司的歐洲航線除杜拜、阿布達比以外，多一個選擇性中間停靠站。★2017年7月駐處更名為駐巴林臺北貿易辦事處。

基本資料

地理位置：西亞、波斯灣中的島國。	面積：760平方公里
人口：157萬人（2024）	網址：http://www.bahrain.bh
與臺北之時差：-5	電話國碼：973
獨立日期：1971年8月15日	國慶日：12月16日
首都：麥納瑪（Manama）	語言：阿拉伯語，英語使用亦廣。
幣制：Bahraini dinar, 1.00USD＝0.376BHD（2024，與美元連動匯率）	宗教：伊斯蘭教
政治制度：採君主專制，元首授權國務會議（Council of State）掌理行政。王室為遜尼派，但國內人口主要為什葉派。國會：議員40席由選民直選，任期4年。1999年3月6日，國王伊沙心臟病去世，王儲哈麥德即位。哈麥德任命長子薩爾曼‧本‧哈麥德為新王儲。2001年12月，地方自治法生效，全國劃分為麥納瑪、木哈拉克、北區、中區及南區，每區除國防、外交外，有絕對自治權，並有自己的法律及議會，	

第二章│世界各國簡介　677

財政與行政自治，地方首長及民意代表均由民選產生，各區議會有10名民意代表。2002年2月14日改國名為巴林王國。10月24日國會第一輪選舉，遜尼派伊斯蘭教徒與獨立派人士在40席中贏得16席，投票率53.2%。10月31日第二輪選舉，獨立派人士獲12席，伊斯蘭教徒9席，40席中世俗派代表共21席。12月14日，國會27年來首度開議，由國王指派40名諮詢委員與40名任期4年可連任的民選國會議員開會。2010年國會選舉，什葉派社團Wifaq獲18席，遜尼派社團5席，無黨派人士17席。2014年11月22日及29日國會選舉，40席中親政府遜尼派獲27席，13席由包括3名婦女在內的什葉派獲得。2020年11月11日，在位50年的總理哈里發親王辭世，享壽84歲，他是全球在位最久的總理。國王隨後任命王儲為總理。
政府首長：國王：哈麥德Hamad bin Isa Al-Khalifa　總理：薩爾曼Salman bin Hamad Al Khalifa
主要政黨：巴林政府禁止任何政黨活動，但自2005年7月起容許政治性社團成立。
司法制度：司法部為掌理司法之最高機關，由地方法院及高等法院審理民刑事案件，採二級二審制。

經社概況

平均每人國內生產毛額：57,600美元（2023）	國內生產毛額：854億9,100萬美元（2023）
國內各業生產毛額結構：農業：0.3%　工業：44.5%　服務業：51.1%（2023）	
通貨膨脹率：0.07%（2023）	失業率：1.16%（2023）
進口值：323億7,400萬美元（2023）	出口值：404億美元（2023）
主要進口：汽車、鐵礦、黃金、船舶、氧化鋁。	主要出口：精煉石油、鋁、鐵礦。
人口出生率：12.2‰（2024）	人口死亡率：2.8‰（2024）

孟加拉人民共和國
PEOPLE'S REPUBLIC OF BANGLADESH

建國簡史

最早之居民為原住孟加拉人，其後來自中亞阿利安人，以及來自阿拉伯、土耳其、阿富汗、波斯等地之回教徒融合而成現今之孟加拉人。早期回教徒係為傳教及經商目的前來孟加拉，迄13至18世紀期間卻演變成當地統治者，期間有時儼然為獨立王朝，有時為印度統治者之附庸。1757年孟加拉之回教統治者Sirajuddowla與英國作戰，不幸戰敗，成為英國殖民地達190年之久。

1947年英國將其在南亞之殖民地劃分成印度及巴基斯坦兩國，孟加拉為當時之東巴基斯坦。自1952年起，東巴基斯坦不斷反抗西巴基斯坦之統治，並於1971年爆發獨立戰爭，由於印度參戰支援東巴基斯坦，同年12月16日孟加拉獲得獨立。

與我關係

孟加拉與我無邦交。★1975年10月4日孟加拉與中國建交。★1991年10月24日起孟國成為可適用中華民國稅率第二欄互惠稅率之國家。★1995年3月中華民國工商協進會與孟加拉商工總會在達卡舉行第一屆臺孟經濟合作會議。★2004年3月我國於孟加拉首都達卡設立代表處。8月2日至5日，勞委會主委陳菊訪問達卡，這是孟加拉1971年獨立以來，我國首位部長級官員到訪。★2009年6月我國外交部宣布關閉駐孟加拉代表處。★2020年8月，外貿協會捐10萬枚口罩助孟國抗疫。

基本資料

地理位置：南亞，南臨孟加拉灣。	面積：148,460平方公里
人口：1億6,870萬人（2024）	網址：http://www.bangladesh.gov.bd/
與臺北之時差：-2　電話國碼：880	
獨立日期：1971年12月16日（脫離巴基斯坦）	國慶日：3月26日
首都：達卡（Dhaka）　語言：孟加拉語、英語。	
幣制：Taka,1.00USD＝117.61BDT（2024.8）	宗教：伊斯蘭教

政治制度：1982年3月軍方政變，軍政府宣布停止憲法，戒嚴統治。1986年恢復憲，憲法之後多次修改。總理由總統任命，總統由國會選出，任期5年。國會採一院制，300名民選議員，其中45席是女性保障名額，任期5年。2013年3月20日拉曼總統病逝，國會議長哈密德代理總統，4月22日經國會選為總統。2018年2月7日哈密德（Abdul Hamid）獲選連任。2023年2月沙胡布丁贏得總統大選，成為孟加拉總統。
政府首長：總統：沙胡布丁Mohammed Shahabuddin Chuppu　首席顧問：尤努斯Muhammad Yunus

主要政黨：孟加拉自1971年獨立以來，1983至1990年軍事獨裁，民選政府有時由民盟黨（AL）及國民黨（BNP）兩大黨輪流執政。2006年10月國民黨政府任期屆滿，看守政府原本於2007年元月國會大選，遭民盟黨質疑，發動多次全國群眾運動，大選取消。看守政府人事全面改組，軍方支持肅貪，兩大黨主席及民選政府要員均被捕入獄。看守政府執政兩年，2008年12月29日國會大選，民盟黨及其聯盟贏得262席，民盟黨主席哈希納任總理。2014年1月24日國會大選，民盟黨獲234席。2018年12月30日國會大選，民盟黨獲289席，哈希納續任總理。2024年1月7日國會大選，民盟黨獲306席，哈希納續任總理。7月初學生團體持續抗議公務員配額制，8月初300人亡，示威失控，哈希納辭職逃往印度，後由諾貝爾和平獎得主尤努斯宣誓就任首席顧問，負責領導臨時政府。

司法制度：共分三級，由最高法院、高等法院及上訴法庭所組成，最高法院法官由總統任命。

經社概況

平均每人國內生產毛額：8,200美元（2023）	國內生產毛額：1兆413億美元（2023）
國內各業生產毛額結構：農業：14.2%　工業：29.3%　服務業：56.5%（2017）	
通貨膨脹率：9.88%（2023）	失業率：5.06%（2023）
進口值：731億7,200萬美元（2023）	出口值：588億8,500萬美元（2023）
主要進口：棉花、棉花纖維、肥料、精煉石油。	
主要出口：成衣、針織物、鞋類、纖維、黃麻紗線。	
人口出生率：17.3‰（2024）	人口死亡率：5.5‰（2024）

不丹王國
KINGDOM OF BHUTAN

建國簡史

7世紀時，西藏King Srongtsen Gampo將佛教引進不丹，並建立許多廟宇，從此佛教在不丹占重要地位。至17世紀始有獨立之神權政體，並演變成雙軌首長制（宗教及行政領袖）。18世紀英國勢力進入。19世紀末、20世紀初不丹為英國之保護國，1949年8月8日成為獨立國，2008年成為君主立憲國。

1907年Sir Ugyen Wangchuck被推選為第一位國王，結束雙軌首長制，不丹成為君主制國家。1926年Sir Ugyen Wangchuck之子Jigme Wangchuck繼承王位，1952年傳位其子Jigme Dorji Wangchuck，1974年Jigme Dorji之子辛希·汪曲克（Jigme Singye Wangchuck）繼位，2006年辛希之子凱薩爾·汪曲克繼位。

與我關係

不丹與我無邦交。

基本資料

地理位置：中亞，喜瑪拉雅山區。	面積：38,394 平方公里
人口：88.5萬人（2024）	網址：http://www.bhutan.gov.bt/
與臺北之時差：-2	電話國碼：975
獨立日期：1949年8月8日（脫離印度）	國慶日：12月17日
首都：定布（Thimphu）	語言：Dzongkha（近乎西藏語）
幣制：Ngultrum, 1.00USD＝83.96BTN（2024.8，不丹幣與印度盧比等值，匯率與盧比連動）	宗教：佛教

政治制度：不丹自1969年10月實行君主專制，大君（國王）為元首及行政首長，向國會負責。國會可罷免大君，及按王族繼承體系任命新大君，可否決政府法案及大君之提案。1998年6月29日，辛希·汪曲克國王在國會中宣布自削權力，國會有權以2/3票數通過不信任案要求國王遜位，讓位給王儲或順位繼承人，並決定內閣和王室顧問委員會6名成員均須由選舉產生。2005年3月，新憲法草案公布。2006年12月14日，辛希·汪曲克國王退位，放棄統治權，將建立君主立憲體制，由其子凱薩爾·汪曲克繼位為第五世國王。舉行國會大選，國會採兩院制，上議院（National Council）25席，全國20省各選出1席，5席由國王指派，任期4年。下議院（National Assembly）47席，任期5年，2008年3月24日首次民主選舉，不丹和平繁榮黨贏得下議院多數席位，廷里（Jigme Thinley）經任命為總理，成為君主立憲國。2024下議院兩輪投票，人民民主黨獲2/3席次，托杰任總理。

政府首長	國王：凱薩爾・汪曲克 Jigme Khesar Namgyel Wangchuck　總理：托杰 Tshering Tobgay
主要政黨	不丹和平繁榮黨（DPT）、人民民主黨（PDP）、不丹協同黨（DNT）、不丹緣起黨（BTP）。2018年9月15日下議院選舉，第一輪得票率：DNT 31.9%，DPT 30.9%，PDP 27.4%，BKP9.8%；10月18日第二輪選舉。2023年11月30日國會改選，隔年1月9日第二輪投票，人民民主黨獲30席，不丹緣起黨獲17席。2024年下議院兩輪投票，人民民主黨獲2/3席次，托杰任總理。
司法制度	最高上訴法庭、高等法院，8名法官其中2名由國民議會選出，其餘由國王指派。

社經概況

平均每人國內生產毛額：14,000美元（2022）	國內生產毛額：109億8,100萬美元（2022）
國內各業生產毛額結構：農業：16.2%　工業：41.8%　服務業：42%（2017）	
通貨膨脹率：4.23%（2023）　　失業率：5.65%（2023）	
進口值：17億5,400萬美元（2023）　出口值：8億1,505萬美元（2023）	
主要進口：精煉石油、電腦、電力機械、木炭、可樂。	
主要出口：水泥、鐵合金、石膏、電力、白雲石。	
人口出生率：15.3‰（2024）　　人口死亡率：5.9‰（2024）	

汶萊 BRUNEI DARUSSALAM

建國簡史

1888年成為英國保護國，由英國派駐官員監理國政。二次大戰期間曾為日本占領3年半，日本戰敗後重歸英國管轄。1983年，汶萊結束與英之間保護關係，並於1984年1月1日宣告獨立。

與我關係

與我無邦交。★中華民國於1978年6月在汶萊設立駐汶萊遠東貿易文化中心，1996年7月更名為駐汶萊臺北經濟文化辦事處。★汶萊皇家航空於1986年8月直飛汶京與台北航線，2004年後改為不定期包機。★1991年9月30日汶萊與中國建交。★2001年3月7日，我與汶萊簽署MOU，有助兩國旅客往來便利。★2006年3月至2007年2月底，駐處暫停簽證業務。★2011年6月汶萊同意中華民國護照持有人申請落地簽。★2016年1月開放汶萊等27國旅客申請電子簽證。8月1日予汶萊國民來台30天內免簽證一年，2017年延一年，2018年8月起改為14天內免簽證，延至2019年7月底。2019年、2020年7月23日均再延一年。★2018年12月3日汶萊航空復飛台灣。

基本資料

地理位置：北婆羅洲西北岸，介於馬來西亞沙巴、砂勞越兩州之間。	面積：5,765 平方公里
人口：49.2萬人（2024）	網址：http://www.brunei.gov.bn/
與臺北之時差：0　　電話國碼：673	
獨立日期：1984年1月1日（脫離英國）	國慶日：2月23日
首都：斯里巴加旺（Bandar Seri Begawan）	語言：馬來語、英語。
幣制：Brunei dollar, 1.00USD=1.32BND（2024,8，汶萊幣與新加坡幣等值，匯率與新加坡幣連動）	
宗教：伊斯蘭教、佛教、基督教。	
政治制度：馬來回教王國，蘇丹世襲為國家元首。立法會議，21席國會議員原由選舉產生，1962年人民黨武裝叛亂後，政府宣布進入緊急狀態，議員改由蘇丹任命迄今。蘇丹自任總理，下設內政、外交、國防、財政等12部，負責全國行政事務。蘇丹擁有最高行政權，並由樞密院、內閣部長會議、立法會議、宗教會議及繼承會議協助蘇丹處理國政並備諮詢。停擺20年的汶萊國會立法會議於2004年9月25日重開，蘇丹指派21位議員象徵性恢復，會中討論1959年版的憲法修正案，無固定會期。2005年8月解散國會，內閣改組，委任新國會議員29人，自9月2日起生效。2011年6月國會議員增加至36個席位（由蘇丹任命的成員，包括3名當然成員，任期5年），每年3月召開定期會。2023年1月蘇丹指定34席國會議員。	

政府首長：蘇丹兼總理：哈山納包奇亞 Hassanal Bolkiah	
主要政黨：汶萊國內政黨活動不活躍，原汶萊民族統一黨及汶萊人民覺醒黨於2007年取消政黨登記。	
司法制度：以英國的習慣法為基礎，法院分地方法庭、高等法庭及上訴法庭，以英國樞密院為民事案件終審法院，另有Sharia court依據回教律法審理回教徒訴訟。	

經社概況	
平均每人國內生產毛額：77,900美元（2023）	國內生產毛額：352億6,000萬美元（2023）
國內各業生產毛額結構：農業：1.2%　工業：56.6%　服務業：42.3%（2017）	
通貨膨脹率：0.36%（2023）	失業率：5.27%（2023）
進口值：101億600萬美元（2022）	出口值：144億100萬美元（2022）
主要進口：車輛、精煉石油、煤炭、汽渦輪機。	
主要出口：原油、天然氣、精煉石油、肥料、碳氫化合物。	
人口出生率：15.8‰（2024）	人口死亡率：3.9‰（2024）

緬甸聯邦共和國
REPUBLIC OF THE UNION OF MYANMAR

建國簡史

緬甸在公元1044年形成統一國家後，經歷蒲甘、東塢和貢榜三個封建王朝。英國1824、1825及1885年三次侵緬戰爭後占領緬甸，1886年劃為英屬印度之一省。1937年緬甸脫離印度接受英國統治。1942年5月日本占領緬甸。1945年3月翁山將軍領導「反法西斯人民自由同盟」全國起義，光復緬甸。日本投降後，英國重新控制緬甸。1947年7月英軍策動暗殺翁山等官員，同年10月英國被迫公布緬甸獨立法案。

1948年1月4日緬甸脫離英國獨立，成立聯邦政府。1962年軍人政變奪權，尼溫將軍成立軍人革命政權，1974年1月由緬甸聯邦改名為「緬甸聯邦社會主義共和國」，7月又改為「緬甸聯邦」。1989年5月27日全國大選，翁山蘇姬領導之「全國民主聯盟」壓倒性勝利，軍政府拒交政權，全面鎮壓反對團體。2010年10月21日政府依2008年新憲法更改國旗及國徽，國名變更為「緬甸聯邦共和國」。2011年軍政府將政權移轉給國會選出的總統登盛（Thein Sein）領導的半文人政府。2013年5月19日登盛訪美，這是自1966年以來緬甸元首首次訪問華府，登盛會見歐巴馬總統。12月31日，緬甸赦免釋放所有政治犯。2015年11月國會大選，翁山蘇姬領導的全國民主聯盟大勝執政。2016年8月31日緬甸召開21世紀彬龍會談，由政府、軍方、國會、政黨和武裝團體代表商討解決建國數十年來政府軍與各邦武裝勢力持續的對峙等問題。2021年2月緬甸軍方政變。總統溫敏和翁山蘇姬被軍方關押；3月軍方血腥鎮壓示威者，國際輿論譴責。

與我關係

與我無邦交。★中華民國與緬甸於1947年10月27日建交，1950年斷交。★2008年5月3日緬甸遭受納吉斯熱帶氣旋侵襲，我政府提供20萬美元賑災。★2013年外貿協會的臺灣貿易中心在緬甸開幕。★2014年4月5日，國際合作發展基金會在仰光開設海外首個辦事處。★2015年6月22日，緬甸開設駐臺北貿易辦事處。7月緬甸予持中華民國護照者「電子簽證」待遇。★2016年3月28日，「駐緬甸臺北經濟文化辦事處」取代原「財團法人國際合作發展基金會駐緬甸辦事處」。

基本資料	
地理位置：東南亞與南亞間，瀕孟加拉灣。	面積：676,578平方公里
人口：5,753萬人（2024）	網址：http://www.president-office.gov.mm/
與臺北之時差：-1.5	電話國碼：95
獨立日期：1948年1月4日	國慶日：1月4日
首都：奈比多（Naypyidaw）	語言：緬甸語、英語。
幣制：Kyat, 1.00USD=2,098.16MMK（2024.8）	宗教：佛教、基督教、伊斯蘭教。

政治制度：緬甸為聯邦共和國，政體議會共和制。總統由國會選出，任期5年。國會：人民議會於1988年9月11日修憲開放黨禁。2008年修憲改採兩院制，上議院224席，直選168席，56席軍方指派；下議院440席，含直選330席及110席軍方指派，議員任期均5年。國家設總統及2名副總統，依1994年4月9日通過之憲法草案，總統候選人須連續居住緬甸20年以上，且不得有外國國籍。2007年5月18日軍事團任命登盛（Thein Sein）中將代理總理，10月24日真除。2010年11月國會大選並釋放遭軟禁的翁山蘇姬。2011年2月4日登盛經國會選為總統。2012年6月16日翁山蘇姬補領諾貝爾和平獎；9月26日美國宣布解除對緬甸貨物進口禁令。2016年3月15日總統選舉，翁山蘇姬推派親信廷覺（Htin Kyaw）角逐，但宣布仍會領導政府。廷覺勝選，30日上任。4月4日翁山蘇姬獲任命出掌外交部和總統辦公室部長；6日國會在軍方勢力反對下，通過全國民主聯盟提案創設掌握大權的「國務顧問」，廷覺當日簽署法案，並任命翁山蘇姬擔任國務顧問。2018年3月21日廷覺辭職，國會選舉溫敏為總統，於30日就任。2021年2月1日緬甸軍方政變，軟禁翁山蘇姬。軍方承諾2023年8月前解除國家緊急狀態後舉辦大選，但承諾跳票。

政府首長：軍政府領導人敏昂萊 Min Aung Hlaing

主要政黨：聯邦團結發展黨（Union Solidarity and Development Party，USDP為軍政府黨）、全國民主聯盟（翁山蘇姬為首，National League for Democracy, NLD）、撣邦民主聯合會（SNLD）。2012年4月1日，緬甸舉行國會補選45席，全國民主聯盟角逐44個議席，在上議院贏得4席，下議院贏得37席，翁山蘇姬亦當選下議院議員，被視為緬甸近23年來首次民主選舉。2015年11月8日舉行25年來首次全國大選，翁山蘇姬生平首度投票，全國民主聯盟囊括8成席次，大獲全勝。2020年11月8日國會大選，全國民主聯盟宣稱至少贏得322席。2021年2月軍方政變，不承認大選結果。

司法制度：最高法院為中央最高司法機關，其下則有省、市及鄉鎮人民法庭，分掌各地方司法。

經社概況

平均每人國內生產毛額：5,300美元（2023）	國內生產毛額：2,905億700萬美元（2023）
國內各業生產毛額結構：農業：24.1%　工業：35.6%　服務業：40.3%（2017）	
通貨膨脹率：8.8%（2019）	失業率：2.84%（2023）
進口值：231億美元（2021）	出口值：204億美元（2021）
主要進口：精煉石油、纖維、人造纖維、原油、肥料。	
主要出口：天然氣、豆類、稻米、衣物、寶石。	
人口出生率：15.7‰（2024）	人口死亡率：7.3‰（2024）

柬埔寨王國
KINGDOM OF CAMBODIA

建國簡史

柬埔寨為中南半島古國，具有兩千年以上歷史。秦漢稱為扶南，隋稱真臘，唐稱吉蔑及水陸真臘。西元1世紀建立扶南王國，9世紀至15世紀之吳哥王朝，國勢鼎盛，文化燦爛，世界奇景吳哥窟即為當時遺跡。1863年成為法國保護國，1953年11月9日脫離法國而獨立，成立「柬埔寨王國」，施亞努（Norodom Sihanouk）為國王。

1970年3月龍諾發動軍事政變，成立「高棉共和國」，1975年4月17日高棉陷共，改名為「民主柬埔寨」，統治期間，百萬以上人民遭屠戮。1979年1月7日越南出兵攻佔金邊，驅逐赤柬波布政權，扶植成立橫山林政權，改國號為「柬埔寨人民共和國」。柬國四派領袖於1990年9月9日在雅加達接受聯合國安理會所提和平方案並成立全國最高委員會。1991年10月24日柬四派領袖與18國代表在巴黎簽署柬埔寨和平條約。1993年5月在聯合國監督下舉行大選選出國會議員120名，國號改為柬埔寨王國，施亞努重任國王。

與我關係

柬埔寨與我無邦交。★1970年3月龍諾成立「高棉共和國」，7月中華民國派代表團進駐金邊。★1971年10月，高棉派團常駐台灣。★1975年4月17日高棉共和國陷共，我關閉駐柬代表團。★1994年9月7日，中華民國駐泰代表許智偉與柬埔寨總理特使許明賢代表雙方政府，在金邊簽署互設代表處協定。★1995年1月，我國根據協定在金邊設立「駐金邊臺北經濟文化代表處」，

束國在台設立「駐臺北金邊經濟文化代表處」；雙方代表處具有領事功能。6月26日中華民國駐柬埔寨首任代表朱浙川至金邊籌設成立辦事處事宜，恢復兩國凍結20年的關係。★1997年7月23日，柬政府片面宣布關閉我駐柬代表處。7月28日我關閉駐柬代表處，撤回所有人員。

基本資料

地理位置：東南亞，中南半島。	面積：18萬1,035 平方公里
人口：1,707萬人（2024）	網址：http://www.ocm.gov.kh/
與臺北之時差：-1	電話國碼：855
獨立日期：1953年11月9日	國慶日：11月9日
首都：金邊（Phnom Penh）	語言：高棉語
幣制：Riel, 1.00USD＝4,098.08KHR（2024.8）	宗教：佛教

政治制度：1993年9月19日制憲大會通過憲法。新憲法恢復王位，規定國會之政黨議員方能保有政府職位，使赤柬無法參加政府。國會：眾議院（National Assembly）由125位民選議員組成，任期5年；參議院（Senate）62席，2席由國王指派，2席由眾議院選出，其餘58席由國會及地方議員投票選出，兩院議員任期皆為6年。1999年3月25日，首屆參議院成立並舉行第一次會議。2004年10月6日，施亞努宣布退位。10月8日，眾議院通過王位委員會組成及執行法，規定在國王去世、退休或退位7天內選舉產生新國王。10月14日，王位委員會推舉施亞努之子諾羅敦‧西哈莫尼為新國王。10月29日，西哈莫尼在金邊王宮宣誓登基。2012年10月15日施亞努於北京病逝。2022年舉行地方選舉，總理洪森領導的人民黨（CPP）大勝。2023年7月國會選舉，人民黨大獲全勝後，洪森宣布卸下總理職位，將權力交棒長子洪馬內。

政府首長：國王：西哈莫尼 Norodom Sihamoni　總理：洪馬內Hun Manet

主要政黨：柬埔寨人民黨（Cambodian People's Party）。2012年2月4日參議院選舉，人民黨獲46席，救國黨11席。2013年7月眾議院選舉，人民黨獲123席中的68席，救國黨獲55席。2018年2月25日參議院改選，人民黨獲58席；7月29日眾議院改選，人民黨贏得全部125席，洪森續任總理。2023年7月23日國會選舉，執政的人民黨125席大勝。2024年2月25日，參院選舉，人民黨亦獲57席絕對勝利。

司法制度：法院分初級法院、上訴法院和最高法院三級。

經社概況

平均每人國內生產毛額：5,100美元（2023）	國內生產毛額：859億美元（2023）
國內各業生產毛額結構：農業：25.3%　工業：32.8%　服務業：41.9%（2017）	
通貨膨脹率：2.13%（2023）	失業率：0.24%（2023）
進口值：294億2,000萬美元（2023）	出口值：277億5,300萬美元（2023）
主要進口：精煉石油、黃金、車輛零件、纖維、塑膠製品。	
主要出口：成衣、皮革鞋類、木薯、行李箱。	
人口出生率：18.2‰（2024）	人口死亡率：5.7‰（2024）

喬治亞 GEORGIA

建國簡史

喬治亞地區文化發展極早，可追溯自青銅器時代，當時各部落已形成。西元前465年遭羅馬帝國併吞，西元337年起信奉基督教，基督教傳入使古喬治亞文字消失，由希臘文及塞瑞克文（Syriac）所混合而成的新文字替代，此後300年間捲入拜占庭東羅馬帝國與波斯帝國鬥爭中。1220年蒙古大舉入侵高加索，1386年至1403年間受帖木兒侵襲。

1453年土耳其人攻陷君士坦丁堡，與西方世界聯繫自此中斷近300年之久。

1783年俄國勢力進入該區並擁有宗主權。1804年至1864年喬治亞地區諸國相繼被帝俄兼併。1921年2、3月間喬治亞蘇維埃政權建立，並於1936年併入蘇聯，改稱喬治亞蘇維埃社會主義共和國。1985年蘇聯總統戈巴契夫上台後，大力提倡開放與改革政策，各加盟共和國內民族主義風起雲湧。1990年11月4日喬治亞最高蘇維埃決議蘇聯之聯邦條約違法，並發表主權宣言，改國名為「喬治亞共和

國」。1991年4月9日宣布脫離蘇聯獨立；1993年12月加入俄羅斯等前蘇聯加盟共和國組成「獨立國家國協」。1995年8月24日通過新憲法，定國名為「喬治亞」。2008年8月與俄國因南奧賽梯衝突退出國協。

與我關係

喬治亞與我無邦交。

基本資料

地理位置：中亞高加索KAVKAZ地方之中西部	面積：69,700 平方公里
人口：490萬人（2024）	網址：http://georgia.gov/
與臺北之時差：-4　電話國碼：995	
獨立日期：1991年4月9日（脫離蘇聯）	國慶日：5月26日
首都：特比利西（Tbilisi）	語言：喬治亞語、俄語。
幣制：Lari, 1.00USD=2.69GEL（2024.8）	宗教：東正教

政治制度：1991年直接選舉選出總統，任期5年。1992年以共和國防衛隊為中心之反對派，發表成立軍事評議會，組成臨時政府。1992年10月11日，全國最高蘇維埃大選，謝瓦納茲出任軍政府國務會議主席。1995年8月24日通過憲法實施總統制，總統為國家元首及政府首長，不設總理及副總統，設國務部長。國務部長由總統任命，國會批准。單院制國會，議員任期4年，共150席，77席由超過一定得票率的政黨依比例分配，73席由全國選區各選1人。2003年11月國會選舉有舞弊爭議，民眾示威及玫瑰革命下謝瓦納茲辭去總統。2004年1月4日總統大選，薩卡希維利獲勝；2月9日恢復總理一職。2008年1月5日總統大選，薩卡希維利連任。2010年國會修憲，削弱總統權限，總理和內閣權限增強，修憲案於2013年底生效，政制改為半總統共和制。2013年10月27日總統大選，馬格雷希維利當選總統。2018年11月28日總統大選第二輪投票，前外長佐拉比契維利以59.5%得票率獲勝，12月16日就任，成為首位女總統。2024年5月18日喬治亞總統否決「境外影響法案」。

政府首長：總統：佐拉比契維利 Salome Zourabichvili　　總理：科巴伊澤 Irakli Kobakhidze

主要政黨：全國民主陣線運動（United National Movement）、喬治亞之夢（Georgian Dream, 由6個反對黨組成）。2004年3月28日國會選舉，薩卡希維利領導的全國民主陣線運動拿下150席中的135席。2008年5月國會大選，全國民主陣線運動繼續執政。2012年10月1日國會大選，喬治亞之夢獲85席，全國民主陣線運動65席。2016年10月30日國會改選第二輪，喬治亞之夢獲115席，聯合國家運動黨27席，愛國者聯盟6席。2018年6月20日，原財長巴克塔澤接任總理。2020年10月國會大選，喬治亞之夢勝選。2021年2月加里巴什維利擔任總理，2024年1月29日辭職，2月8日總統任命科巴伊澤為新總理。

司法制度：設有最高法院、上訴法院及地方法院。

經社概況

平均每人國內生產毛額：22,200美元（2023）	國內生產毛額：836億5,600萬美元（2023）
國內各業生產毛額結構：農業：8.2%　工業：23.7%　服務業：67.9%（2017）	
通貨膨脹率：2.49%（2023）　　失業率：11.62%（2023）	
進口值：177億9,100萬美元（2023）	出口值：151億6,100萬美元（2023）
主要進口：精煉石油、車輛、藥品、天然氣、銅。	
主要出口：車輛、鐵合金、銅礦砂、酒、肥料。	
人口出生率：12‰（2024）	人口死亡率：13.3‰（2024）

香港特別行政區
HONG KONG SPECIAL ADMINISTRATIVE REGION

建國簡史

香港原為中國南部珠江口外的小漁村。清政府在中英鴉片戰爭戰敗後，1842年簽訂南京條約割讓香港島予英國；與英法聯軍戰敗後，1860年簽訂北京條約割讓九龍半島予英。1898年6月，英國與清廷另簽租約，自7月起租借九龍以北新界地區99年。1941年12月日本偷襲美國珍珠港後，進軍占領香港至1945年8月二次大戰結束。

1984年12月19日英國與中國發表中英聯合聲明，同意歸還香港。1997年7月1日英國歸還香港，香港成為中華人民共和國特別行政區，董建華

為首任特區行政長官。依香港基本法，在一國兩制原則下，除外交及國防事務外，香港享有50年自治，社會主義制度不適用香港地區。2019年6月初，香港民眾反送中運動上百萬人上街示威遊行，反對特區政府修訂逃犯條例。

2019年3月「反送中」運動後，11月24日香港舉行第6屆區議會選舉，泛民主派大勝，452席拿下388席，囊括86%席次，親中建制派慘敗，僅獲59席。這次選舉294萬人投票，投票率71.2%，雙創香港選舉新高。結果等同向中共投下「不信任票」，影響特首林鄭月娥施政。2020年6月30日，北京公布施行香港特區維護國家安全法。

與我關係

香港在世界貿易組織、國際奧林匹克委員會、亞洲開發銀行及亞太經濟合作會議等國際組織中，享有中國大陸之外的獨立會員身分。★2011年7月20日，陸委會主委賴幸媛在香港主持更名後駐香港臺北經濟文化辦事處揭牌儀式，持續45年「中華旅行社」走入歷史。★2012年5月香港財政司長曾俊華以「港臺經濟文化合作協進會」榮譽主席訪台，為駐台的香港經濟貿易文化辦事處主持開幕儀式。★2013年8月內政部移民署將港澳居民居留延期年限由1年放寬為2年。★2020年7月陸委會成立臺港服務交流辦公室，為香港居民提供服務與協助。2021年5月18日，香港政府宣布駐台的香港經濟貿易文化辦事處暫停運作；6月21日起，陸委會宣布調整香港辦事處業務辦理方式，維持必要運作。

基本資料

地理位置：中國南部，珠江口外，面臨南海。	面積：1,108平方公里
人口：729萬7,821人（2024）	網址：http://www.gov.hk/
與臺北之時差：0	電話國碼：852
國慶日：10月1日（中華人民共和國國慶日）	香港特別行政區成立紀念日：7月1日
語言：粵語、英語、普通話、其他方言。	
幣制：港幣Hong Kong dollar，1USD＝7.79HKD（2024.8，與美元連動匯率） 宗教：佛教、道教、基督教	

政治制度：特別行政區政府由行政長官負責政策，任期5年，行政長官由各職業或領域選出的1,200位代表組成選舉委員會提名及選舉；下設行政會議。立法會是立法機關，任期4年。2017年3月林鄭月娥當選行政長官，7月1日就任。2021年3月北京出手修改香港選制。新選制選委會除選出行政長官，還選出40名立法會議員。立法會選舉12月19日舉行，立法會議員由原先的70席增至90席，30席由功能界別選出，數量不變；20席由地方分區直選產生，較原先的35席減少，另增40席由選舉委員會選出。特首選舉2022年5月舉行，由前政務司長李家超當選特首，他也是香港首位紀律部隊出身的行政長官。

政府首長：行政長官：李家超 John Lee

主要政黨：建制派、泛民主派、本土自決派及中間派。2016年9月第6屆立法會選舉，建制派獲得40席、泛民23席、本土和自決派6席、中間派1席；10月12日議員宣誓就任，泛民梁頌恆、游蕙禎、羅冠聰、姚松炎、梁國雄和劉小麗自改誓辭，大陸全國人大常委會11月強行釋法，前4人喪失議員資格，後2人提上訴；2018年3月11日議員補選，泛民和親政府建制派各2席；11月25日補選，建制派當選，填補劉小麗被褫奪的席位。9月24日港府刊禁主張「香港獨立」的民族黨在港運作，即時生效。2020年7月底香港政府宣布，9月舉行的立法會選舉延期一年。2020年11月11日，中國全國人大常委會通過決定，撤銷4位泛民主派議員職務，12日泛民主派另外15位議員集體辭職。2021年12月19日立法會改選，民主黨等民主派主流政黨全缺席此次選舉。

司法制度：基本法保證香港繼續實行英國普通法（Common law）制度，設有終審法院、高等法院（含上訴法庭及原訟法庭）、區域法院、裁判法院及專門案件法庭。

經社概況

平均每人國內生產毛額：64,400美元（2023）	國內生產毛額：4,855億5,900萬美元（2023）
國內各業生產毛額結構：農業：0.1%　工業：7.6%　服務業：92.3%（2017）	
通貨膨脹率：2.1%（2023）	失業率：3.93%（2023）
進口值：6,700億8,500萬美元（2023）	出口值：6,733億500萬美元（2023）
主要進口：積體電路、廣播設備、機械零件、黃金、珠寶。	
主要出口：電子和機械零件、積體電路、汽渦輪機、黃金、廣播設備。	
人口出生率：7.6‰（2024）	人口死亡率：8.1‰（2024）

印度共和國
REPUBLIC OF INDIA

建國簡史

印度古稱天竺，又名身毒，具悠久歷史文明，早期由500餘王朝分治，無統一政府。曾遭亞歷山大及回教徒占領，12世紀起受外族統治。15世紀時為蒙古人所征服；17世紀後，歐洲人逐漸入侵，1857年起，全境淪為英國殖民地。

第二次世界大戰末期民族主義興起，甘地倡導不流血革命活動，印人感泣追隨，掀起風潮，迫使英人撤離，1947年獲得獨立。1947年6月英國將印度分為印度和巴基斯坦兩個自治領；8月15日印巴分治而印度獨立。1950年1月26日成立印度共和國。

與我關係

與我無邦交。★1942年2月蔣中正委員長訪問印度，會晤甘地。4月，中華民國駐印度專員公署在新德里設立。★1943年開羅會議，我政府主張戰後應予印度獨立。★1946年10月21日，雙方使節皆升為大使。1949年12月30日，印度宣布承認中國，我與印度斷交。★1992年臺灣工商協進會與印度工商聯合會舉行雙邊經濟合作會議，嗣後每年輪流在兩國召開一次。外貿協會在新德里、孟買及清奈設有辦事處。★1995年起我在新德里設臺北經濟文化中心，印度在臺北設印度-臺北協會。★1998年8月兩國草簽投資保障協定，於2002年10月17日簽署該協定，印度是第28個與我簽署此項協定的國家。★2006年3月我與印度完成「臺印航權修約諮商」、於印度舉行第2屆「臺、印、日三國區域安全戰略對話」及「臺灣、印度媒體及資訊科技高峰會」。★2012年4月8日馬英九總統赴非訪問途中過境孟買。7月我開設駐印度清奈辦事處。★2015年8月15日起，印度提供中華民國國民電子簽證申請服務。12月第9屆臺印經濟部次長級會議在新德里召開，兩國簽署中小企業合作備忘錄和資訊通信電子產業合作備忘錄。★2016年6月印度通過與我簽署新版航空服務協定之提案。★2018年12月18日，兩國代表在臺北簽署臺印度雙邊投資協定與臺印度優質企業相互承認協定。★2024年2月16日，台印代表處視訊簽署台印度移工合作備忘錄，初評從印度東北地區基督教信仰區小額引進移工。

基本資料

地理位置：南亞	面積：3,287,263 平方公里
人口：14億2,913萬人（2024）	網址：http://india.gov.in
與臺北之時差：-2.5	電話國碼：91
獨立日期：1947年8月15日	國慶日：1月26日
首都：新德里（New Delhi）	語言：印度語、英語。
幣制：Indian rupee, 1.00USD=83.96INR（2024.8）	宗教：印度教、伊斯蘭教、基督教、錫克教。

政治制度：印度採聯邦制，全國分為28州及8個中央直轄區。總統為虛位元首，由國會兩院及地方議會組成之選舉團推舉，任期5年，副總統亦同。行政權屬總理領導之政務院（內閣），閣員須具議員資格，由總理提請總統任命，向下院負責，總理為下院多數黨領袖。國會分上、下兩院，上院聯邦院（Council of States）245席，其中至多12席由總統指派，其餘由各州選舉，任期6年，每2年改選1/3。下院人民院（People's Assembly）543席，每5年改選，由公民直接選舉，另外2席由總統任命產生。2002年7月15日，由全國和各省4,896名議員組成特別選舉人團，選舉飛彈專家卡蘭為第12任總統。2007年7月21日總統選舉，巴蒂爾（Pratibha Patil）當選為首位女總統。2012年7月19日總統選舉，國大黨的前財政部長穆克吉以69.31%得票率當選。2017年7月17日總統選舉，國家民主聯盟（NDA）的前比哈省總督柯文德（Ram Nath Kovind）當選。2022年7月18日總統改選，慕爾穆當選第15任總統。

政府首長：總統：慕爾穆 Draupadi Murmu　總理：莫迪 Narendra Modi

主要政黨：國大黨（INC）、印度人民黨（BJP）等。2014年4、5月間分9階段人民院改選，印度人民黨大勝，贏得282席，推派曾任古茶拉底省（Gujarat）省長的莫迪為新任總理。桑妮雅・甘地（Sonia Gandhi）領導的國大黨僅獲44席。2019年4、5月下院改選，印度人民黨贏得過半數的303席、

拉胡爾·甘地領導的國大黨52席、其他小黨最多獲得24席。2024年4月19日起下院改選，印度人民黨及聯盟政黨取得過半數的292席，莫迪出任第3任總理。

司法制度：設有最高法院、高等法院及地方法院。	
經社概況	
平均每人國內生產毛額：9,200美元（2023）	國內生產毛額：13兆1,040億美元（2023）
國內各業生產毛額結構：農業：15.4%　工業：23%　服務業：61.5%（2016）	
通貨膨脹率：5.65%（2023）	失業率：4.17%（2023）
進口值：8,594億8,500萬美元（2023）	出口值：7,732億2,400萬美元（2023）
主要進口：原油、黃金、煤、鑽石、天然氣。 主要出口：服裝、鑽石、藥品、珠寶、精煉石油。	
人口出生率：16.2‰（2024）	人口死亡率：9.1‰（2024）

印度尼西亞共和國
REPUBLIC OF INDONESIA

建國簡史

2世紀即有中國商人與爪哇人貿易。7世紀中爪哇已有高度文明之佛教王國；13世紀起阿拉伯人在爪哇及蘇門答臘建立伊斯蘭教王國。17世紀起荷蘭人統治印尼340餘年。印尼在二次世界大戰期間為日本占領約3年半，1945年8月17日蘇卡諾（Sukarno）在雅加達宣告獨立，但由於交通阻隔、政黨利益衝突，全國陷於割據，荷蘭政府拒不承認獨立，派兵進行4年的荷印戰爭。1949年12月27日荷蘭經聯合國調停，承認印尼獨立。1950年9月28日印尼成為聯合國會員國。1966年軍人蘇哈托（Suharto）掌權，實施獨裁統治。1997年亞洲金融危機重創印尼經濟，民眾要求政府加速政經改革。1998年5月雅加達發生學生示威，在位32年的蘇哈托總統被迫辭職下台。

與我關係

與我無邦交。★1971年5月1日，我在雅加達設立中華商會，同年6月1日印尼在臺北設立印尼商會。★1989年10月10日，雅加達中華商會易名為「駐印尼臺北經濟貿易代表處」。★1990年2月簽訂投資保障協定及避免雙重課稅備忘錄，12月簽投資保障協定。★1994年2月，李登輝總統訪問印尼，11日會晤蘇哈托總統。12月31日駐臺北印尼商會易名為「駐臺北印尼經濟貿易辦事處」。★1995年3月，兩國簽避免雙重課稅協定。★1998年1月19日，行政院長蕭萬長抵印尼友誼之旅，20日晉見蘇哈托總統。★2004年簽署漁業合作備忘錄，勞工直接聘僱備忘錄。5月印尼人民協商會議副議長Husnie Thamrin率團來台參加總統就職典禮。★2006年5月11日，陳水扁總統興揚之旅返國途中抵印尼巴丹島訪問。★2007年3月6日，印尼蘇門答臘島蘇西省巴東市發生芮氏6.3的強震，我政府捐贈3萬美元，另由台灣國際醫衛行動團隊（TaiwanIHA）派員赴災區參與救援。★2012年5月9日，兩國簽約共同研究經濟合作協議可行性。9月28日簽署移民事務與防制人口販運及人蛇偷渡合作瞭解備忘錄。12月4日兩國代表簽署備忘錄，合作印尼北部摩羅泰島開發案。★2013年5月24日，移民署長謝立功至印尼參加首屆臺印移民首長會議。★2015年8月3日，移民署長莫天虎至雅加達參加第3屆臺印尼移民事務會議。10月印尼予我國民入境免簽證待遇。12月18日我在印尼第二大城泗水設立駐泗水臺北經濟貿易辦事處。★2016年1月，我國推出印尼赴台團體簽證便捷措施。3月兩國金管會簽署銀行、證券及保險三業監理合作備忘錄（MOU）。5月雙方簽署農業協定。★2018年8月1日，印尼出席台灣舉辦的南島民族論壇。★2020年5月14日，駐印尼代表處援贈30萬片口罩給印尼政府，協助對抗2019冠狀病毒疾病疫情。

基本資料

地理位置：東南亞，太平洋與印度洋間之群島，共有17,508個島嶼。	面積：1,904,569平方公里
人口：2億8,157萬人（2024）	網址：http://www.indonesia.go.id/
與臺北之時差：-1（西部，含雅加達）/ 0（中部，含峇里島）/ +1（東部，含巴布亞省）	電話國碼：62
獨立日期：1945年8月17日	國慶日：8月17日
首都：努山塔拉（Nusantara）2024年8月17日遷都	語言：印尼語、英語。
幣制：印尼盾Rupiah, 1.00USD=15,966.70IDR（2024.8）	宗教：伊斯蘭教、基督教、天主教、印度教。

政治制度：國體：共和國，憲法1945年制定，1959年7月5日重新實施。1998年軍事強人蘇哈托下台後，開始修憲。1999年6月7日印尼舉行新一屆人民代表大會選舉。2001年7月23日，人民協商會議召開特別會議，決議罷免涉嫌貪污的總統瓦希德（A. Wahid），由印尼建國領袖蘇卡諾之女、副總統梅嘉娃蒂（Megawati Sukarnoputri）接任。2002年8月人民協商大會完成修憲，把總統改為直接選舉，人民協商大會議員改由大選產生的國會及地方議會成員組成，軍方退出政壇。政體：總統制，並設副總統，任期均為5年，可連任一次。國會：兩院制，分為人民代表大會（House of Representatives, DPR），及人民協商大會（People's Consultative Assembly, MPR）。人民代表大會：議員由公民直選產生。人民協商大會：為全國最高主權機構，由人民代表大會議員，與首都、全國各省及地區選出的地方代表共同組成。2004年7月5日舉行獨立59年來首次總統直選，9月20日第二輪投票，民主黨尤多約諾（S. B. Yudhoyono）獲勝；2009年7月連任。2014年7月9日總統大選，代表奮鬥民主黨參選的雅加達省長佐科威當選。2019年4月17日總統大選，佐科威連任。2024年總統大選，3月20日確認普拉伯沃當選總統，10月20日就任。

政府首長：總統：普拉伯沃 Prabowo Subianto

主要政黨：2004年4月5日印尼獨立後首次直選人民代表大會，蘇哈托時期的執政黨從業集團黨（GOLKAR）獲128席，為最大黨，總統梅嘉娃蒂領導的奮鬥民主黨（PDI-P）獲109席，皆未過半；建設團結黨（PPP）58席、民主黨（PD）57席。2014年4月大選，560席中奮鬥民主黨獲109席為最大黨、從業集團黨91席、大印尼運動黨73席。2019年4月17日大選，575席中奮鬥民主黨獲得128席、大印尼運動黨78席、從業集團黨85席、國民民主黨（NasDem）59席。 2024年2月14日大選，奮鬥民主黨110席，從業集團黨102席，大印尼運動黨86席，國民民主黨69席。

司法制度：最高法院為最終審法院，下設有上訴法院、地方法院及宗教法庭。另設有憲法法庭負責司法審查、選舉結果判定、審查罷免總統之決議。

經社概況

平均每人國內生產毛額：14,100美元（2023）	國內生產毛額：3兆9,060億美元（2023）
國內各業生產毛額結構：農業：13.7%　工業：41%　服務業：45.4%（2017）	
通貨膨脹率：3.67%（2023）　失業率：3.42%（2023）	
進口值：2,644億2,600萬美元（2023）	出口值：2,927億9,000萬美元（2023）
主要進口：精煉石油、原油、天然氣、塑膠製品、車輛零件。	
主要出口：棕櫚油、煤、天然氣、鐵合金、鋼鐵。	
人口出生率：14.8‰（2024）	人口死亡率：6.8‰（2024）

伊朗伊斯蘭共和國
ISLAMIC REPUBLIC OF IRAN

建國簡史

伊朗古稱波斯，屬印歐民族之一支，早在史前時期該族已移居伊朗高原，西元前533年，塞流士（Cyrus the Great）建波斯第一個帝國（Achaemenid Empire），傳至大流士，版圖東起印度河，西抵尼羅河，橫跨歐、亞、非三洲，盛極一時；西元前4世紀中葉至18世紀初，波斯國力式微，先後為希臘人、阿拉伯人、蒙古人及土耳其人所統治。

16世紀初，依斯馬依·薩法威（Ismail Safavi）抗拒奧圖曼土耳其，一度中興，建立薩法威王朝，18世紀初卡加王朝崛起，因長期戰亂，國勢

衰竭，帝俄則攫取大片領土，一次世界大戰前英俄聯手防堵德國擴張在近東之勢力，1907年協議瓜分波斯，俄國控有北部，英國占有南部，僅留中間作為緩衝區，仍由卡加王朝治理。

1921年2月李查汗（Reza Khan）上校發動軍事政變，1925年取得王位，建立巴勒維王朝，1935年改國名為伊朗。1941年李查汗之子巴勒維（M. R. Pahlavi）繼位，伊朗軍力強大儼然為波灣地區警察，與沙國同為美國穩定中東柱石。

1978年1月之後，伊朗內部局勢急遽惡化，在什葉派領袖哈米尼與反對派鼓吹下，大規模示威、罷工，國內經濟癱瘓。1978年10月16日巴勒維被迫流亡，結束37年的統治。1979年2月，流亡海外15年的哈米尼返回伊朗，成立回教政權。2015年7月14日伊朗與6強達成核協議，以遏止核計畫換取鬆綁對伊朗的經濟制裁。★頭巾革命：伊朗22歲女子艾米尼（Mahsa Amini）疑因未戴好頭巾而被道德警察逮捕，2022年9月16日在羈押期間死亡，引發80城鎮反政府示威。

與我關係

與我無邦交。★1942年，中華民國在德黑蘭設立公使館。1945年升格為大使館。★1958年5月，巴勒維國王訪華，會晤蔣中正總統。★1971年8月，伊朗承認中國，我與伊朗斷交。★我外貿協會於1993年3月起在德黑蘭設有辦事處，2006年更名為德黑蘭臺灣貿易中心。★2015年起，我國國民可以落地簽證入境伊朗。

基本資料

地理位置：亞洲西部	面積：1,648,195 平方公里
人口：8,839萬人（2024）	網址：http://www.president.ir/
與臺北之時差：-4.5（夏令時-3.5）	電話國碼：98
獨立日期：西元前530年（該年塞流士大帝征服巴比倫發布人權宣言），1979年4月1日（成立伊斯蘭共和國）。	
國慶日：4月1日	
首都：德黑蘭（Tehran）	語言：波斯語（Farsi）
幣制：Iranian rial, 1.00USD＝41,829.49IRR（2024.8）	宗教：伊斯蘭什葉派
政治制度：國體與政體：1979年12月3日通過憲法，伊朗改為伊斯蘭共和國，另有「憲法監護委員會」負責審核立法。總統：全民選出，任期4年。內閣：閣員由總統任命交國會通過。國會：現有議員290名，普選產生，任期4年。1999年2月26日舉行地方城鎮與鄉村議會選舉，4月29日地方議會正式成立，這是伊朗1979年伊斯蘭革命後成立的首屆地方議會。2013年6月14日總統改選，溫和派教士羅哈尼以50.7%得票率當選。2021年6月總統大選，極端保守派候選人萊希當選總統。2024年5月19日萊希墜機身亡。	
政府首長：伊斯蘭教革命領袖：哈米尼 Ayatollah Ali Khamenei　　總統：裴澤斯基安 Masoud Pezeshkian	
主要政黨：2013年3月2日國會選舉，遭改革派黨派抵制，被視為保守派哈米尼及當時總統艾馬丹加兩派支持者間的對決。首輪投票，支持哈米尼的陣營贏得200席中約3/4席位；5月4日對65席未決席次第二輪投票，艾馬丹加陣營僅獲得13席。2016年4月29日兩輪國會選舉，290席國會中破紀錄地選出17名女性；133名改革派；保守派125席，其餘屬獨立人士和少數團體。2020年2月21日國會選舉，敵視美國的強硬派贏得7成議席。2024年3月1日國會選舉，第一輪290席中，保守強硬派拿下200席，其餘45席。	
司法制度：伊斯蘭教革命，設立速審速結的革命法庭，總數超過1,000名的法官在全國各地巡迴審案，最高法院為終審法院。另設有教士法庭及軍法院。	

經社概況

平均每人國內生產毛額：16,200美元（2023）	國內生產毛額：1兆4400億美元（2023）
國內各業生產毛額結構：農業：9.6%（2016）　　工業：35.3%（2016）　　服務業：55%（2017）	
通貨膨脹率：44.58%（2023）	失業率：9.1%（2023）
進口值：1,024億7,000萬美元（2022）	出口值：1,108億8,200萬美元（2022）
主要進口：廣播設備、玉米、黃豆、米、汽車零件。	
主要出口：鋁、石化產品、精煉銅、天然氣、工業酒精。	
人口出生率：14.3‰（2024）	人口死亡率：5.3‰（2024）

伊拉克共和國
REPUBLIC OF IRAQ

建國簡史

伊拉克在一次大戰前為奧圖曼土耳其帝國一部分，戰後由英國委任統治，1932年宣告獨立。1958年卡塞姆發動軍事政變，推翻王室改建共和。1963年再度發生軍事政變，由社會復興黨執政。1968年巴克爾驅逐阿勒夫總統自任總統、總理及三軍總司令職位。1973年社會復興黨與共產黨合組民族進步陣線。1979年7月巴克爾辭職，副總統海珊（Saddam Hussein）繼任。2003年4月7日美英聯軍攻入巴格達市中心，4月9日海珊政權崩潰。2004年6月1日伊拉克臨時政府成立，遜尼派部族領袖雅沃任總統，伊斯蘭什葉派達瓦黨的賈法瑞與庫德民主黨的夏威出任副總統。2013年敘利亞聖戰組織伊拉克與黎凡特伊斯蘭國（ISIL）崛起，2014年6月占領北部省分及第2大城摩蘇爾（Mosul），逼近首都巴格達，並宣布在占領的伊拉克及敘利亞部分地區成立伊斯蘭國（IS）。

與我關係

與我無邦交。2004年8月伊拉克庫德地區自治政府總理巴爾札尼（Nechervan Idris Barzani）訪臺，討論經貿及石油議題，這是臨時政府成立後，第一批訪臺的伊拉克官員。

基本資料

地理位置：亞西	面積：438,317 平方公里
人口：4,209萬人（2024）	網址：http://www.cabinet.iq
與臺北之時差：-5	電話國碼：964
獨立日期：1932年10月3日	國慶日：10月3日
首都：巴格達（Baghdad）	語言：阿拉伯語、庫德語。
幣制：Iraqi dinar, 1.00USD=1,309.99IQD（2024.8）	宗教：伊斯蘭教

政治制度：聯邦國，政體是議會共和制。總統由國會議員間接選舉產生，任期4年，可連任一次。2003年7月25日在美國支持下成立執政協商會議（Governing Council），負責民主選舉，由25名成員組成，7月29日，執政協商會議組成9人主席團，含5位什葉派教徒、2位遜尼派教徒及2位庫德族人。2004年3月8日，執政協商會議25名成員一致批准伊拉克臨時憲法，規定伊拉克實施聯邦制，北部庫德族繼續自治。6月1日，臨時政府宣誓就職，執政協商會議解散。6月28日，美國領導的聯軍把伊拉克的主權交給伊拉克臨時政府，結束14個月占領。2005年4月6日，過渡國會選出庫德族領袖塔拉巴尼（Jalal Talabani）為總統。2006年1月依據憲法辦理國會選舉，5月馬里奇（Nuri al-Maliki）總理組閣完成。2010年3月7日國會改選，議員席次增為325席。塔拉巴尼於2010年11月11日總統選舉獲得連任。美軍在2011年12月18日完全撤離伊拉克。2014年7月24日，國會選出曾任伊拉克庫德斯坦自治區（Iraqi Kurdistan）首任總理的馬素姆為總統。2015年8月16日阿巴迪總理配合肅貪，內閣首長由33人減至22人。2018年10月2日國會選舉沙勒任總統。伊拉克2022年10月13日拉希德當選總統；10月27日國會同意蘇達尼出任總理。

政府首長：總統：拉希德Abdul Latif Rashid　　總理：蘇達尼Mohammed Shia al-Sudanii

主要政黨：2014年4月30日國會大選，法治國家聯盟（State of law）贏得95席，其餘各黨派瓜分。8月11日，馬素姆提名阿巴迪（Haider al-Abadi）出任總理。2018年5月12日國會大選，改革聯盟獲得54席、法塔聯盟47席、勝利聯盟42席、法治國家聯盟25席、庫德民主黨25席、國家聯盟21席等。2021年10月10日國會大選，投票率為41%，什葉派教士薩德爾所屬「薩德運動」是這次大選中的最大贏家。

司法制度：最高法院下轄上訴、初審、宗教等法庭。

經社概況

平均每人國內生產毛額：12,600美元（2023）	國內生產毛額：5,729億3,900萬美元（2023）
國內各業生產毛額結構：農業：3.3%　工業：51%　服務業：45.8%（2017）	
通貨膨脹率：4.99%（2022）	失業率：15.53%（2022）
進口值：691億6,200萬美元（2022）	出口值：1,270億7,900萬美元（2023）
主要進口：精煉石油、廣播設備、汽車、珠寶、服裝。	主要出口：原油、精煉石油、天然氣、石油焦。
人口出生率：23.7‰（2024）	人口死亡率：3.9‰（2024）

以色列
STATE OF ISRAEL

建國簡史

西元前1,000年左右，猶太人曾在巴勒斯坦建立猶太王國，所羅門王死後，猶太王國分裂成為北方以色列，南方猶太。西元前722年，以色列為亞述人所滅，西元前586年猶太為巴比倫所滅。其後該地歷經亞述人、巴比倫人、波斯人及希臘人之統治。西元132至135年間，猶太人反抗羅馬統治，受到殘酷鎮壓，死亡慘重，倖存者大多逃往他處，從此猶太人失去祖國，過著顛沛流離之苦難生活。

19世紀末葉，流亡各地之猶太人醞釀復國運動，1897年在猶太人赫塞爾（Herzl）之倡導下，在瑞士巴塞爾（Basel）召開第一次猶太復國運動大會，成立世界猶太復國組織。第一次世界大戰後巴勒斯坦經國際聯盟委由英國統治，英國協助世界各地猶太人大量遷入巴勒斯坦，激起當地阿拉伯人強烈反對，猶太人與阿拉伯人間一再衝突，英國無力維持治安，乃於1947年4月將巴勒斯坦問題提交聯合國處理。11月29日聯合國通過決議案，實施巴勒斯坦分治，由原居該地之阿拉伯人及猶太人分別成立國家，將耶路撒冷劃由聯合國委派總督管理。以色列接受此分割計畫，但阿拉伯國家力表反對。

1948年5月14日英國宣布巴勒斯坦委任統治終止，同日以色列發表獨立宣言，宣布成立以色列國，埃及、約旦、敘利亞、黎巴嫩及伊拉克等5個阿拉伯國家聯合出兵進攻以色列，即第一次以阿戰爭；經聯合國調處，以色列1949年2月24日分別與埃及、黎巴嫩、約旦、敘利亞簽停戰協定。以、阿雖暫維持和平，但敵對情勢依舊，雙方又經歷1956年10月、1967年6月、1973年10月3次及1982年6月以色列入侵黎巴嫩的黎南戰爭等4次戰爭。2023年10月7日巴勒斯坦的伊斯蘭主義組織「哈瑪斯」突襲以色列，造成1,400多人喪生，其中大多是平民。以色列封鎖加薩走廊（Gaza Strip），切斷水、電和燃料供應，並對其宣戰，戰事至2024年11月底仍未歇。

與我關係

以色列與我無邦交。★1993年我國在以設立「駐臺拉維夫臺北經濟貿易辦事處」，以色列在臺設「駐臺北以色列經濟貿易辦事處」為代表機構。★1995年4月29日，第1屆臺以經技合作會議在耶路撒冷舉行。★第2屆臺以經技合作會議1996年12月4至6日在台北舉行。★1998年2月24日經濟部次長林義夫訪以，出席第3屆臺以經技合作會議，與以國官員簽署相互投資合作意願書。6月19日，我與以色列簽署海運避免雙重課稅協定，溯自同年1月1日生效。★2011年6月，兩國簽署互免簽證協議，自8月11日起實施。★2012年1月2日，簽署航空運輸協議。6月總統夫人周美青以榮譽團長身分與雲門舞集訪問以色列。★2013年12月10日，兩國簽署4項雙邊協定。★2014年12月簽署臺以教育、青年、體育合作協定。★2015年9月16日，駐以代表季韻聲與特拉維夫大學教務長歐茲簽署「臺灣研究講座計畫」合作備忘錄。★2016年7月，桃園市與以色列拉馬甘市（Ramat Gan）締結姊妹市。★2020年8月駐以代表處援贈1萬個口罩與8,000件隔離衣給當地醫院，協助對抗COVID-19疫情。8月24日，兩國異地簽署駕照相互承認與換發協定，不必筆試路考。★2024年4月15日，以色列國會友台小組率團訪台，總統蔡英文接見。

基本資料

地理位置：亞西	面積：21,937 平方公里
人口：941萬人（2024）	網址：http://www.gov.il/firstgov/english
與臺北之時差：-6（夏令時-5）	電話國碼：972
獨立日期：1948年5月14日	國慶日：5月14日（希伯來曆）
首都：耶路撒冷（Jerusalem）	語言：希伯來語、阿拉伯語。
幣制：Shekel, 1.00USD=3.75ILS（2024.8）	宗教：猶太教、伊斯蘭教。

政治制度：政體：議會民主制，無成文憲法，只有國會法、總統法和政府法等基本法。國會（Knesset）是以色列最高權力機構，三權分立，行政權屬內閣，立法權屬國會，司法權屬各級法院。總統：由國會選舉，任期7年，不得連任，職務以典禮形式為主。內閣：由總理和各部長組成，負責執行國家決策，向國會負責，

閣員由總理任命。國會：掌立法權並選舉總統，單院制，議員共120人，由人民直接選舉產生，任期4年連選得連任，正、副議長各1人由議員互選產生，國會每年會期2次。2001年2月6日總理選舉，聯合黨領袖夏隆（Ariel Sharon）獲勝，3月7日選舉法修正案通過，廢除總理直選，改由國會最大黨領袖組閣成功後即成為總理，同日夏隆宣誓就職。2021年6月2日赫佐格當選總統。

政府首長：總統：赫佐格 Isaac Herzog　　總理：尼坦雅胡 Benjamin Netanyahu

主要政黨：右派聯合黨（Likud）、中間偏左猶太復國運動聯盟（The Zionist Camp）、主要由阿拉伯人政黨組成的聯合名單（Joint List）、未來黨（Yesh Atid）、全民黨（Kulanu）、猶太家園黨（Bayit Yehudi）、夏斯黨（Shas）、以色列家園黨（Yisrael Beiteinu）、聖經猶太教聯盟（UTJ）、梅瑞茲（Meretz）。2015年3月17日國會大選，聯合黨獲30席，猶太復國運動聯盟24席，聯合名單13席，未來黨11席，全民黨10席，猶太家園黨8席，夏斯黨7席，以色列家園黨6席，聖經猶太教聯盟6席，梅瑞茲5席。聯合黨獲全民黨、聖經猶太教聯盟、猶太家園黨、夏斯黨在國會的支持，2009年上台的尼坦雅胡贏得第4任總理任期。2019年4月、9月17日國會兩度大選後無法組成政府，2020年3月2日三度大選，聯合黨獲36席、藍白聯盟33席，兩黨協商同意聯合執政，5月17日尼坦雅胡就任總理。2021年6月右派領導人班奈特當選總理。2022年7月拉皮德（Yair Lapid）取代班奈特任閣揆。11月1日國會大選，尼坦雅胡擊敗看守總理拉皮德，再度出任總理。

司法制度：設有初級法院、地區法院與最高法院。

經社概況

平均每人國內生產毛額：48,300美元（2023）	國內生產毛額：4,710億美元（2023）
國內各業生產毛額結構：農業：2.4%　　工業：26.5%　　服務業：69.5%（2017）	
通貨膨脹率：4.23%（2023）　　失業率：3.39%（2023）	
進口值：1,375億6,700萬美元（2023）	出口值：1,561億6,500萬美元（2023）
主要進口：鑽石、汽車、原油、精煉石油、服裝。	
主要出口：鑽石、肥料、醫療器材、積體電路、精煉石油。	
人口出生率：19.1‰（2024）	人口死亡率：5.2‰（2024）

日本 JAPAN

建國簡史

日本4世紀時大和朝廷出現，7世紀前半孝德天皇實行大化改新，行律令制。中世紀出現幕府政治，先後有鎌倉、室町、江戶幕府，武家支配政治達7世紀之久。17世紀初期江戶幕府鎖國200餘年，至19世紀中葉為美國打破，其後，倒幕運動興起，還政天皇。

1868年明治天皇實施富國強兵政策，1894年中日甲午戰爭及1904年日俄戰爭，日本兩度戰勝躋身強國之林。之後軍國主義盛行，1937年發動侵華戰爭，1941年與美、英為敵，1945年8月15日戰敗。二戰結束後，日本被盟軍總司令部占領，在其指導下重訂憲法，明示「主權在民，放棄戰爭」，占領期至1952年4月28日舊金山和約生效為止。1950年韓戰爆發，日本在美國扶植下經濟力量漸強。2014年7月1日臨時內閣會議決議，同意修改憲法解釋以行使集體自衛權。2015年9月19日參議院通過安保法，日本國防政策大轉變，238票中，贊成148、反對90。首相安倍晉三稱法案是為防患戰爭於未然。2016年8月8日，82歲的日皇明仁談話，表達退位意願，「擔憂難以全心履行象徵天皇的義務」，這是1945年以來天皇第二次向國民發表演說。國會兩院2017年6月通過特別法，明仁可生前退位。2019年4月30日明仁退位，5月1日太子德仁即位日皇，年號令和。

與我關係

與我無邦交。★1972年9月29日日本與中國建交，同日我與日本斷交。★兩國1972年12月互設民間機構「亞東關係協會」及「財團法人交流協會」處理經濟、貿易、文化交流等實務。★亞東關係協會駐日各辦事處自1992年5月20日更名為東京：臺北駐日經濟文化代表處。橫濱：代表處橫濱分處。大阪：臺北駐大阪經濟文化辦事處轄下福岡分處。2007年2月那霸分處掛牌成立。2009年12月札幌分處由立法院長王金平開幕設立。★日本政府1998年6月8日起對我國民恢

復72小時過境免簽證措施,直接在護照上加蓋簽證章。★2000年5月20日,陳水扁就任中華民國第10任總統,日本國會「日華議員懇談會」和最大在野黨民主黨「日臺友好議員懇談會」都派賀團參加典禮。★2001年5月21日,亞東關係協會與交流協會簽署中日貨品暫准通關證協議,8月1日實施,日本成為第25國與中華民國相互實施貨品暫准通關制度。★2005年2月臺海議題納入美日安保條約範圍。7月臺日15次漁業談判,雙方同意設立常設機制解決紛爭。9月26日起日本給予我國民赴日免簽證待遇。★2007年3月25日,日本石川縣能登半島發生規模6強烈地震,我政府捐贈賑災慰問金500萬日圓。★我國自2008年2月1日起,給予日本國民來臺觀光停留90天免簽證待遇。6月14日日本宮城縣及岩手縣發生規模7.2強震,我政府捐300萬日圓賑災慰問金。★2010年4月前首相麻生太郎抵臺私訪。10月31日兩國航空公司復飛臺北松山機場來回東京羽田機場航線。同日前首相安倍晉三訪臺。★2011年3月11日,日本東北發生芮氏規模9.0強震,引發海嘯並造成福島核電廠核能外洩災害,我捐款逾新台幣66億元為各國之最。9月22日兩國簽署投資協議。10月9日前首相麻生太郎率團慶祝中華民國建國百年。★2012年7月1日,日本實施外籍人士居留卡新制,旅日臺僑居留卡國籍地域欄註記由中國改為台灣。★2013年5月10日臺日漁業協議生效,擴大我國漁民在釣魚台列嶼周邊作業範圍。★2015年10月民進黨主席蔡英文訪日。11月台日簽署避免雙重課稅、競爭法適用備忘錄及災防交流合作備忘錄協定。★2016年8月立法院長蘇嘉全率跨黨派立委團訪日。★2017年1月1日,交流協會更名為公益財團法人日本臺灣交流協會;5月17日,亞東關係協會更名為臺灣日本關係協會。9月17日至20日,立法院長蘇嘉全率朝野立委團訪日,參加亞洲太平洋國會議員聯合會(APPU)年度大會。★2020年8月9日,前首相森喜朗來臺弔唁故總統李登輝,9月18日率團來臺晉見總統蔡英文,19日出席李前總統追思禮拜。★COVID-19疫情嚴峻,日本於2021年6月4日提供臺灣124萬劑AZ疫苗,7月8日113萬劑、7月15日97萬劑、9月7日6.4萬劑、9月25日50萬劑、10月27日30萬劑。★2022年2月台灣宣布開放福島5縣食品有條件輸台。★2022年7月副總統賴清德前往日本弔唁遭槍擊身亡的前首相安倍晉三,創下台日斷交後赴日最高層級。7月27日,前防衛大臣石破茂、濱田靖一等率跨黨派眾議員訪台。★2022年4月台積電在熊本縣菊陽町設第一座半導體廠,並於2024年2月24日開幕。★2024年2月6日,台積電宣布透過日本子公司在熊本縣設立第二座晶圓廠。2月26日,正副總統蔡英文和賴清德出席「天皇陛下華誕慶祝酒會」,為兩國1972年斷交後,首度有正副總統出席酒會。3月16日台日同意2024年漁季作業規則。4月3日花蓮大地震,日本各界捐款相挺救助。8月12日,由眾議員石破茂、前外務大臣前原誠司率團訪台。

基本資料

地理位置:東亞,介於太平洋與日本海間。	面積:377,915 平方公里
人口:1億2,321萬人(2024)	網址:http://www.kantei.go.jp/
與臺北之時差:+1	電話國碼:81
國慶日:2月23日(日皇德仁生日)	
首都:東京(Tokyo)	語言:日本語
幣制:日圓Yen, 1.00USD=147.39JPY(2024.8)	宗教:日本神道教、佛教、基督教。

政治制度:國體:君主立憲,皇位世襲,憲法於1947年5月3日生效。政體:議會制,三權分立,立法權屬於國會,行政權屬於內閣,司法權屬於各級法院。內閣:由總理大臣(首相)與國務大臣組成,行使行政權,首相由國會推選,天皇任命。2001年1月6日起精簡政府機構成立1府12省廳。國會:分參、眾院,參議院任期6年,議員248人,每3年改選半數,不得解散,148席直選、100席依比例代表制選出。眾議院任期4年,議員465人,289席依單一選區制選出、176席依比例代表制選出,首相可解散眾院,提前改選。2015年6月17日修改公職選舉法,投票年齡降至18歲。

政府首長:國家元首:德仁天皇	首相:石破茂

主要政黨:自由民主黨、公明黨、立憲民主黨、國民民主黨、日本共產黨、日本維新會、社會民主黨。2006年9月26日首相小泉純一郎內閣總辭;新黨魁安倍晉三續任首相。2007年7月29日參院選舉,自民黨慘敗,由民主黨主導參院、自民黨控制眾院;9月12日安倍辭職,9月25日福田康夫當選首相。2008年9月1日福田辭職,24日新黨魁麻生太郎為首相。2009年8月30日眾議院改選,民主黨贏得308席,獲組

閣權，9月16日鳩山由紀夫任第93任首相。2010年6月2日鳩山辭職，6月4日鳩山內閣副總理兼財相菅直人當選民主黨黨魁繼任首相；7月12日參院改選半數，民主黨與國民新黨的聯合政府失去參院多數優勢；9月14日菅直人連任首相。2011年6月2日眾議院否決反對黨以政府處理311震災不力所提的不信任案；8月26日菅直人辭職，30日國會通過民主黨新黨魁野田佳彥為5年來第6位首相。2012年12月16日眾院改選，自民黨贏得重新執政；12月26日安倍再任首相。2013年7月21日參院改選半數席次，自民黨及盟友公明黨取得改選121席中過半數。2014年12月14日眾院改選，自民黨獲得291席、民主黨73席、維新黨41席、公明黨35席。2016年7月10日參院改選半數，自民黨123席，執政盟黨公明黨25席。2017年10月22日眾議院改選，共465席中自民黨獲84席、公明黨29席，執政聯盟取得修憲優勢；11月1日安倍當選第98任首相及個人第4任。2019年7月21日參議院改選半數，自民黨獲113席、公明黨28席（執政聯盟較改選前減少6席）、立憲民主32席、國民民主21席。2020年8月底，首相安倍晉三請辭，9月國會選出自民黨新黨魁菅義偉為首相。2021年9月29日，岸田文雄當選自民黨總裁，10月就職。2021年10月31日眾議院改選，自民黨囊括過半席次。2022年7月參議院大選，女性當選35人，創新高紀錄，自民黨取得過半改選席次。2024年9月27日，石破茂當選自民黨黨魁，10月任首相。10月27日眾議院選舉，自民黨僅獲191席，與公民黨組成的執政聯盟合計拿下215席，在野黨及無黨派共取得250席，雙方均未過半。11月11日經過首相指名選舉，第二輪投票確定石破茂仍任首相。

司法制度：設有最高法院、高等法院、地方法院、簡易法院及家庭法院，採用4級3審制。

經社概況
平均每人國內生產毛額：46,300美元（2023） 國內生產毛額：5兆7,610億美元（2023）
國內各業生產毛額結構：農業：1.1％　工業：30.1％　服務業：68.7％（2017）
通貨膨脹率：3.27％（2023）　　　失業率：2.58％（2023）
進口值：9,898億4,300萬美元（2023）　　出口值：9,207億3,700萬美元（2023）
主要進口：原油、天然氣、煤、積體電路、服裝。
主要出口：車輛、汽車零件、積體電路、精煉石油。
人口出生率：6.9‰（2024）　　人口死亡率：11.9‰（2024）

約旦哈什米王國
HASHEMITE KINGDOM OF JORDAN

建國簡史

約旦早期曾受波斯、希臘、羅馬、拜占庭、大食諸帝國統治。第一次大戰前，與現今敘利亞、黎巴嫩、巴勒斯坦同屬奧圖曼帝國之Sham省，1915年10月紅海畔之漢志（Hijaz）首長胡笙（Sherif Hussein of Mecca，國王胡笙之曾祖父），以阿拉伯民族主義為號召，起兵反抗土耳其人之統治，派遣其三子率領部隊，分別攻占約旦、敘利亞、伊拉克等地，成立臨時自治政府。1921年3月，英國允許胡笙之次子阿布杜拉一世（Abdullah Hussein，國王胡笙之祖父）入主外約旦，受英國保護，至1946年5月25日，宣告獨立。1951年約王阿布杜拉一世在耶路撒冷遇刺殞命，隨侍之長孫胡笙倖免，由長子塔拉爾（Talal bin Hussein bin Tala）繼位，但因健康不佳，1952年8月遜位，由其子胡笙（Hussein bin Talal）於1953年5月2日登基，至1999年2月7日胡笙因病過世，由其長子阿布杜拉二世（Abdullah II）繼位。敘利亞自2011年發生內戰後，約旦成為主要難民接收國。伊斯蘭國組織（Islamic State, IS）崛起後，約旦參與盟軍空襲任務。

與我關係

與我無邦交。★1957年中華民國與約旦建交，在安曼設立大使館。1977年4月14日我與約旦中止外交關係，約旦同日與中國建交。★1977年5月15日我在安曼設置駐約旦遠東商務處。雙方於1992年3月25日換文，駐處改名為中華民國（臺灣）商務辦事處；約旦在台設駐臺商務辦事處。★1995年4月1日，李登輝總統啟程訪問中東，2日訪問約旦。★1999年2月11日，李登輝總統派弔唁特使立法院副院長饒穎奇晉見約旦新王阿布杜拉，表達對胡笙國王逝世的哀悼並祝賀登基。★2000年9月11日，雙方達成促進貿易交流協議。★2013年1月20日，我駐約旦代表處新建館舍啟用，館址土地係約旦於1973年贈予我代表處使用。★2015年5月，國際合作發展基金會與美慈組織（Mercy Corps）合作修復

約旦北部2座水井，竣工啟用，每天可提供4萬多人安全飲用水。★2020年5月12日，外交部援贈20萬片醫療口罩及4組熱像儀給約旦，以對抗2019冠狀病毒疾病疫情。

基本資料

地理位置：亞西	面積：89,342 平方公里
人口：1,118萬人（2024）	網址：http://www.jordan.gov.jo/
與臺北之時差：-6（夏令時-5）	電話國碼：962
獨立日期：1946年5月25日	國慶日：5月25日
首都：安曼（Amman）	語言：阿拉伯語、英語。
幣制：Jordanian dinar, 1.00USD＝0.709JOD（2024，與美元連動匯率）	宗教：伊斯蘭教

政治制度：國體：君主立憲，國王身兼元首及三軍統帥。憲法係於1952年生效。政體：議會內閣制，三權分立，立法權屬國會，行政權屬於內閣，司法權屬於各級法院。內閣：總理由國王任命，閣員由總理提名報請國王任命。國會：兩院制，參議院（House of Notables）議員65名，全由國王指派，多為前任首相、閣員及社會賢達；眾議院（Chamber of Deputies）議員130名，其中115席直選產生，15席婦女保障名額，兩院議員任期皆4年。1999年1月26日，胡笙國王任命長子阿布杜拉為王儲。1999年2月7日胡笙國王病逝，阿布杜拉繼任為國王，並冊立同父異母弟韓薩（Hamza）為王儲。2004年11月28日阿布杜拉廢黜韓薩的王儲之位。2009年阿布杜拉二世任命長子阿里（Ali Bin Al Hussein）為王儲。

政府首長：國王：阿布杜拉二世 Abdullah II　　首相：哈山 Jafar Hassan

主要政黨：1990年約旦開放自由組黨，現有黨派計有伊斯蘭行動陣線、憲法集團、民主集團、伊斯蘭獨立派、自由集團、民族獨立派、無黨派、穆斯林兄弟會等。2010年11月9日國會眾院大選，遭最大反對黨伊斯蘭行動陣線抵制，親王室候選人獲得多數席位。2012年11月國王解散眾院，2013年1月23日提前改選，伊斯蘭行動陣線仍抵制選舉。2016年9月20日約旦改變選舉制度後首次國會大選，130席中包括女性專屬15席、基督教徒專屬9席和少數民族3席。原教育部長、經濟學家拉查茲2018年6月4日接任總理。拉查茲於2020年10月請辭總理職務，國王任命哈紹聶接任總理。2020年11月10日國會選舉，合格選民約有460餘萬人，但受COVID-19疫情等因素影響，約138萬名選民參與投票，投票率29.88%。2024年9月10日眾議員選舉，是2022年1月通過新法後首次選舉。9月15日哈紹聶請辭總理職務，國王指派辦公室主任、前計劃暨國際合作部長哈山（Jafar Hassan）接任。

司法制度：設最高法院、民刑事法院、下級法院及宗教法院。

經社概況

平均每人國內生產毛額：9,400美元（2023）	國內生產毛額：1,068億600萬美元（2023）
國內各業生產毛額結構：農業：4.5%　工業：28.8%　服務業：66.6%（2017）	
通貨膨脹率：2.08%（2023）	失業率：17.94%（2023）
進口值：299億5,500萬美元（2022）	出口值：203億3,500萬美元（2022）
主要進口：原油、車輛、精煉石油、珠寶、黃金。	
主要出口：成衣、肥料、磷酸鈣、磷酸、珠寶。	
人口出生率：22.2‰（2024）	人口死亡率：3.5‰（2024）

哈薩克共和國
REPUBLIC OF KAZAKHSTAN

建國簡史

6世紀至8世紀有突厥汗國，為突厥人和卡爾盧克人之國；9至12世紀有奧古茲族國及哈拉汗國；11世紀至13世紀初遭塞爾柱人、契丹人和蒙古人入侵。15世紀末成立哈薩克汗國，下分為老、中、小茹茲（Zhuz，部落）；16世紀初形成哈薩克部族。18世紀，中、小茹茲哈薩克人自願加入俄羅斯國籍；19世紀60年代，老茹茲哈薩克也併入帝俄，嗣後哈薩克全境併入俄國版圖。

19世紀末及20世紀初在俄共協助下，1920年成立吉爾吉斯自治共和國，屬俄羅斯聯邦，1925年4月15日改稱哈薩克自治共和國。1936年12月5日成為蘇聯之加盟共和國。蘇聯1991年9月開始解體後，哈薩克

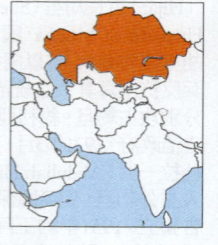

1991年12月16日宣布獨立，同月21日哈薩克總統納札爾巴耶夫宣布該國為「獨立國家國協」（Commonwealth of Independent States）之一員。原哈薩克共產黨改名為社會黨（Socialist Party）。哈國於1992年3月2日獲准加入聯合國。

與我關係

與我無邦交。★1991年4月哈薩克庫斯坦州長金維特及礦石市長土薩肯訪台。★1993年1月國會議員阿里姆札諾夫及若夫肯若夫、8月哈薩克大學校長納雷貝耶夫訪台。★1994年6月哈國奧會秘書長阿比契夫來臺出席東亞運動協會第8次會議，阿氏復於1995年3月來台出席亞奧會秘書長會議。★1995年7月經濟部副部長阿比塔耶夫及總統與內閣部長會議對外關係室主任克里莫夫訪台。★1996年10月哈國經濟部所屬經濟研究所之世界商品市場暨國際貿易部門負責人卡莎諾娃女士訪台。★2001年國科會與哈薩克國家科學院簽署科技合作備忘錄。★2003年雙方進一步簽署科學合作協議。★2013年3月14日國際奧委會執行委員暨國際拳擊總會主席吳經國獲哈薩克總統核定頒發勳章，表彰他為哈國拳擊及奧林匹克活動的貢獻。

基本資料

地理位置：中亞	面積：2,724,900 平方公里	
人口：2,026萬人（2024）	網址：http://www.president.kz/	
與臺北之時差：-2（東部，含阿斯塔納）／-3（西部）		電話國碼：7
獨立日期：1991年12月16日	國慶日：12月16日	
首都：努爾蘇丹（1997年11月8日由阿拉木圖Almaty遷都至阿克摩拉Akmola，1998年5月6日改名為阿斯塔納Astana，2019年3月20日改名為努爾蘇丹Nur-Sultan）		語言：哈薩克語、俄語
幣制：Tenge, 1.00USD＝479.52KZT（2024.8）		宗教：伊斯蘭教、東正教
政治制度：元首為總統，1991年改由國民直接選舉。2007年5月議會通過憲法修正案，眾議院席次由77席增加至107席，並授權1991年當選的首任總統納札爾巴耶夫（Nursultan Nazarbayev）可無限次連任總統，但總統任期自2012年起由7年減至5年。2022年9月再度修法，總統任期延為7年，不得連任。議會：兩院制國會，參院（Senate）47席，其中32席由地方議會選出，總統任命15席，任期6年，每3年改選半數議員；眾院（Majilis）107席，9席由哈薩克人民大會任命代表少數民族，98席由全國各選區直接選出，任期5年。1999年1月大選，納札爾巴耶夫連任。2005年12月4日大選連任。2011年2月憲法修正案將原定2012年總統選舉提前至2011年4月舉行，納札爾巴耶夫再連任。原定2016年總統大選提前至2015年4月26日舉行，納札爾巴耶夫連5任。2019年3月20日，78歲的納札爾巴耶夫辭職，由前總理、參院議長托卡葉夫代理，6月9日總統大選，托卡葉夫以71%得票率當選總統。2021年1月10日哈薩克國會大選。2022年1月時任總理馬明（Askar Mamin）因民眾抗議汽油價格高漲而下台，改由斯馬伊洛夫接任總理。哈薩克選民2022年6月公投一面倒支持修改憲法，標誌著建國領導人納札爾巴耶夫30年來掌權正式結束。托卡葉夫在11月大選中連任總統。		
政府首長：總統：托卡葉夫 Kassym-Jomart Tokayev		總理：別克提諾夫 Oljas Bektenov
主要政黨：執政黨為祖國之光黨（Nur-Otan）。2012年1月15日眾議院大選，98席直選議員中，祖國之光黨贏得83席、光明道路民主黨（Akzhol）8席、共產黨7席；2016年3月20日眾議院大選，祖國之光黨贏得84席。參院2014年改選，納札爾巴耶夫總統領導的祖國之光黨囊括所有席次。2017年6月28日參院改選，祖國之光黨獲得16席。2021年1月10日眾議院改選，祖國之光黨大獲全勝，贏得超過7成選票。2023年3月19日眾院改選，祖國之光黨拿下62席。		
司法制度：設有最高司法委員會，由憲法委員會主席、最高法院院長、總檢察長、司法部長及上院議員共同組成。		

經社概況

平均每人國內生產毛額：35,500美元（2023）	國內生產毛額：7,055億2,000萬美元（2023）
國內各業生產毛額結構：農業：4.7%　工業：34.1%　服務業：61.2%（2017）	
通貨膨脹率：14.72%（2023）	失業率：4.85%（2023）
進口值：718億1,100萬美元（2023）	出口值：901億6,700萬美元（2023）
主要進口：包裝藥品、服裝、車輛、廣播設備、塑膠製品。	
主要出口：原油、黃金、銅、鐵合金、精煉銅、放射性化學品。	
人口出生率：17.2‰（2024）	人口死亡率：8.1‰（2024）

大韓民國（南韓）
REPUBLIC OF KOREA

建國簡史

西元前1世紀新羅在韓半島中部及東南部，高句麗及百濟在半島北部及西南部建國，以迄7世紀，史稱三國時代。新羅於735年統一韓半島，至918年高句麗王國建立，及至李氏朝鮮時代（1392-1910），朝鮮逐漸邁向近代化。歷史上朝鮮與中國關係密切，19世紀末葉，列強相繼侵入朝鮮，1894年中日甲午戰爭，滿清戰敗，日本勢力入侵朝鮮。1910年日本併吞朝鮮，半島遭受35年殖民統治，韓人稱日帝強占時期，其間愛國志士紛紛從事反日及爭取獨立運動，並於1919年4月在上海成立大韓民國臨時政府。

1945年8月15日日本無條件投降後，半島以北緯38度線為界線，分由美、蘇派軍占領南北韓。半島南半部於1948年8月15日成立大韓民國政府，李承晚當選首任總統。1950年6月25日北韓南侵，爆發韓戰。1953年7月簽訂停戰協定，南北對峙。韓國歷經李承晚、朴正熙及全斗煥等總統領導之第一至第五共和時代；1987年10月頒布新憲法，同年12月國民直接選舉盧泰愚為總統，開創第六共和。其後金泳三、金大中、盧武鉉、李明博依序出任總統。2015年8月14日，總統朴槿惠大赦6,527名刑事犯；9月9日首爾安全對話（SDD）登場，主題「戰爭結束70週年、分裂70週年：挑戰與希望」。2016年12月9日朴槿惠遭國會彈劾停職，2017年3月10日憲法法院裁定彈劾成立。同年5月9日，文在寅當選總統，10日就職。2018年4月27日兩韓峰會在板門店南韓一側和平之家登場，金正恩跨越北緯38度軍事分界線，為停戰協定簽署後首位踏入南韓領土的北韓領袖，文在寅前往迎接，會談後簽署《板門店宣言》；5月26日兩人在板門店北韓統一閣二次峰會；9月19日文金在平壤百花園國賓館三次峰會後簽《平壤宣言》。

與我關係

與我無邦交。★1992年8月24日韓國與中國建交，中華民國同日宣布與韓國斷交。★兩國於1993年底恢復經貿關係，同年11月25日，我國在漢城設立「駐韓國臺北代表部」，韓國於1994年1月25日在臺北設立「駐臺北韓國代表部」。★2001年7月25日至29日，南韓前總統金泳三應陳水扁總統邀請訪台。★2004年9月1日，兩國在台北以「駐臺北韓國代表部」與「駐韓國臺北代表部」名義締結「民間航空協定」，重啟因斷交而中斷12年多的兩國領空及定期直航。12月1日兩國恢復定期民航飛行。★2005年1月31日我重開駐釜山辦事處。★2007年1月25日，南韓前總統金泳三夫婦應臺灣民主基金會之邀訪臺5天。★2010年2月16日，前副總統呂秀蓮應全球和平聯盟之邀訪南韓。11月23日兩國簽署青年打工度假簽證瞭解備忘錄，2011年1月1日生效。★2011年11月11日兩國於首爾簽新航約，2012年3月起新闢台北松山至首爾金浦航線；2015年9月17日航約修約簽署，提高桃園飛仁川容量、新增高雄飛金浦線。★2012年7月1日起，兩國互免簽證停留期限從30天延為90天。★2013年2月25日，立法院長王金平率團出席總統朴槿惠就職典禮。★2015年7月，臺北市長柯文哲參訪光州世界大學運動會。9月9日，第40屆臺韓經濟聯席會議在首爾舉行。★2016年5月，我立委訪問團接受斷交後韓國官方首次邀請參訪首爾、濟州島。10月7日，同步指數股票型基金（ETF）相互掛牌。★2019年11月28日，前副總統呂秀蓮訪韓，在首爾韓國國會議員會館發表專題演講，她也呼籲韓國國會制定韓臺關係法，加強雙邊實質關係。★2023年4月19日，南韓總統尹錫悅接受外媒訪問時指出，台海問題為全球性議題，反對武力改變現狀。

基本資料

地理位置：東北亞，朝鮮半島。	面積：99,720 平方公里
人口：5,209萬人（2024）	網址：http://www.president.go.kr
與臺北之時差：+1	電話國碼：82
獨立日期：1948年8月15日	國慶日：8月15日（光復節）
首都：首爾（Seoul）	語言：韓語
幣制：韓圜Won, 1.00USD=1,371.17KRW（2024.8）	宗教：基督教、佛教、天主教。

政治制度：國體：共和立憲，現行第六共和國憲法於1987年10月29日公布。政體：總統（大統領）制，採三權分立，總統掌行政權，由全民直選，任期5年，不得連任；立法權屬於國會；司法權屬於各級法院。國會：一院制，共300席，任期4年，246席為「地域區」議員，由全國246個選舉區選民直接投票選出，其餘54人為不分區的「全國區」議員，採政黨比例代表制選出。選民可投兩票，一票投給選區候選人，另一票投給政黨。2004年3月12日，國會以193票贊成，2票反對，通過對盧武鉉總統的彈劾案，這是南韓行憲56年來首次由國會通過對總統的彈劾案。盧武鉉暫時停止職務，由總理高建代理總統。5月14日，憲法法庭宣布，總統彈劾案證據不足，且事實不成立，判決予以駁回，盧武鉉恢復總統職務。2007年12月19日總統大選，前首爾市長、大國家黨的李明博以48.7%得票率當選，於2008年2月25日就任第17任總統。2012年12月19日總統大選，前總統朴正熙（1961年軍事政變上台，1979年10月在位時遭暗殺身亡）之女、新世界黨候選人朴槿惠以51.6%得票率當選，於2013年2月25日就任為首位女總統。2017年3月10日朴槿惠遭彈劾下台；5月9日總統補選，共同民主黨候選人文在寅以41%得票率當選，5月10日就任。2022年3月9日國民力量黨候選人尹錫悅以48.5%得票率當選總統，5月就職。

政府首長：　總統：尹錫悅 Yun Seok-yeol　　　總理：韓悳洙 Han Duck-soo

主要政黨：共同民主黨、未來統合黨（原稱大國家黨，2012年2月改為新世界黨，2017年2月改名自由韓國黨）、正未來黨（偏左的國民之黨和偏右的正黨合併而成，2018年2月成立）等。2016年4月13日國會大選，共同民主黨贏得123席、新世界黨122席、國民之黨22席。共同民主黨與國民之黨共組聯合政府。2020年4月15日國會大選，共同民主黨獲得176席、未來統合黨103席。

司法制度：司法機關分地方法院、高等法院及大法院三級。大法院係終審法院，大法院院長由總統提名外，經國會同意後任命，任期6年，不得連任。大法院大法官由大法院院長提名、總統任命。

經社概況			
平均每人國內生產毛額：50,600美元（2023）		國內生產毛額：2兆6,150億美元（2023）	
國內各業生產毛額結構：農業：2.2%　　工業：39.3%　　服務業：58.3%（2017）			
通貨膨脹率：3.59%（2023）		失業率：2.64%（2023）	
進口值：7,611億200萬美元（2023）		出口值：7,695億3,400萬美元（2023）	
主要進口：原油、精煉石油、積體電路、天然氣、煤。			
主要出口：精煉石油、積體電路、汽車、船舶、廣播設備。			
人口出生率：7‰（2024）		人口死亡率：7.4‰（2024）	

朝鮮民主主義人民共和國（北韓）
DEMOCRATIC PEOPLE'S REPUBLIC OF KOREA

建國簡史

1945年8月15日日本向同盟國無條件投降，美國與蘇聯派遣軍隊進駐朝鮮半島南北部，蘇聯在占領的半島北部建立軍政府，北部於1948年9月9日成立朝鮮民主主義人民共和國（北韓）金日成政權。金日成於1994年7月8日過世，由其子金正日掌權。2011年12月17日金正日過世，其么子金正恩接班。2015年8月1日實施大赦。8月20日北韓武力挑釁南韓，金正恩宣布前線進入「準戰時狀態」，南韓發布「珍島狗一級」指令；22日起雙方在板門店對話，歷43小時達共識：北韓對地雷事件表遺憾、解除準戰時狀態；南韓關閉邊界心戰廣播。2016年北韓多次試射飛彈，南韓暫停與北韓聯合開發的開城工業園區運作。2018年4月27日兩韓峰會在板門店南韓轄區和平之家登場，金正恩跨越北韓38度的軍事分界線，為朝鮮停戰協定簽署後首位踏入南韓領土的北韓領袖，南韓總統文在寅前往迎接，金正恩邀文在寅跨界短暫進入北韓。會談後簽署《板門店宣言》；5月26日文金在板門店北韓統一閣二次峰會；9月19日文金在平壤百花園賓館三次峰會後簽《平壤宣言》。2019年6月30日，金正恩和美國總統川普在板門店會談。

與我關係

與我無邦交。★1992年11月國民大會代表林秋山訪平壤，會見北韓國家副主席李鍾玉。12

月29日北韓中央人民委員會經濟政策委員長崔鼎根率團訪台6天。★1994年4月監察委員林秋山應邀訪問平壤,會見北韓總理姜成山。★1995年3月北韓「對外貿易經濟合作委員會」副委員長金雄烈應中華民國國際貿易協會邀請訪台。4月26日,中華航空公司旅遊包機首航平壤。★1996年北韓曾在台成立海外總代理事務所,負責觀光推廣及簽發觀光證。★1999年1月我與北韓簽署民間性質雙邊漁業合作備忘錄,我方由基隆區漁會與漁船保險合作社出面。★2012年10月朝鮮觀光局副局長趙成奎來台進行私人訪問,促銷北韓觀光。

基本資料

地理位置:東北亞,朝鮮半島。	面積:120,538 平方公里
人口:2,630萬人(2024)	網址:http://www.korea-dpr.com/
與臺北之時差:+1(於2018年5月5日起調快半小時,和南韓共用時區。)	電話國碼:850
獨立日期:1948年9月9日	國慶日:9月9日
首都:平壤(Pyongyang)	語言:韓語
幣制:Won, 1.00USD=900.0KPW(2024)	宗教:佛教

政治制度:蘇維埃制,憲法於1948年生效。最高人民會議(Supreme People's Assembly)為國家最高權力機關,行使立法權。根據「朝鮮民主主義人民共和國社會主義憲法」規定,最高人民會議由民主選舉產生的代表組成,687席,任期5年。在最高人民會議休會期間,常任委員會為最高國家權力機關,負責審議和通過法案或訂現行法令,但須得到下次最高人民會議的確認。1997年10月8日,北韓勞動黨中央委員會與軍事委員會共同宣布金正日接任勞動黨總書記。9月5日第10屆第1次最高人民會議修改憲法,尊奉金日成為「永遠的國家主席」,擁戴金正日為「總體統領政治、軍事、經濟之國家最高職權」的國防委員會委員長,完成權力接班。會中修改憲法,內閣為國家最高權力的行政執行機關。國家元首的禮儀與職責由最高人民會議常任委員會委員長負責。2012年4月11日,金正恩獲推為勞動黨第一書記、政治局常務委員、中央軍事委員會委員長。4月14日,金正恩當選國防委員會第一委員長,成為北韓領袖。2015年7月19日地方議會代表選舉,投票率91%,這是金正恩執政後首次選舉。2016年6月29日最高人民會議一致通過金正恩擔任「國家事務委員會」主席,這個新機構取代北韓國防委員會,成為國家最高部門與最高制訂政策組織。2021年1月勞動黨第8次全國代表大會推舉金正恩為總書記。

政府首長:勞動黨總書記:金正恩	最高人民會議常任委員會委員長:崔龍海
主要政黨:勞動黨、社會民主黨。	
司法制度:審判機關有中央裁判所、道(直轄市)裁判所、人民裁判所(基層法院)和特別裁判所。	

經社概況

平均每人國內生產毛額:1,700美元(2015)	國內生產毛額:400億美元(2015)
國內各業生產毛額結構:農業:22.5% 工業:47.6% 服務業:29.9%(2017)	
通貨膨脹率:不詳 失業率:3%(2023)	
進口值:23億2,000萬美元(2018)	出口值:2億2,200萬美元(2018)
主要進口:塑膠製品、沙拉油、菸草、橡膠輪胎、包裝藥品。	
主要出口:鉬礦、精煉石油、鐵合金、電力、鎢礦。	
人口出生率:13.2‰(2024)	人口死亡率:9.2‰(2024)

科威特
STATE OF KUWAIT

建國簡史

科威特之上古史可自菲臘卡(Failaki)島上之遺址,推測溯自銅器時代即有人類居住。而科威特(Kuwait)一字係由庫特(Kut)衍生而來,原意為穆斯林軍隊聚居之寨堡,自伊斯蘭時代以來,即為中國、印度及非洲之商業往來中心。科威特原係一獨立酋長國(Sheikhdom),18世紀初葉,有阿拉伯薩巴赫族(Sabah Family)由阿拉伯沙漠中部遷移至此,1756年該族首長薩巴赫一世Sheikh Sabah

Abu Abdullah被舉為科威特首任邦主Amir。1776年波斯占領巴斯拉Basrah後，一部分商人遷移至科威特，英國東印度公司亦將其在巴斯拉之機構遷往科威特，使科威特驟形繁榮。然而為了擁有自治權，科威特必須與土耳其維持良好關係，甚而承認土國對其之宗主權。1896年首長穆巴拉克Sheikh Mubarak自立為王，因恐土耳其出面干涉，央請英國保護。英國乃於1899年與科威特簽訂協定。1913年7月29日，英國與土耳其簽訂條約，科威特成為奧圖曼帝國之自治區。惟土耳其不得干涉其內政與外交，並承認1899年之英科協定。第一次大戰後，土耳其戰敗喪失對科威特之宗主權，英國事實上成為科威特之保護國。1961年6月19日英、科重訂平等條約，取消1899年之舊約，於是科威特成為完全獨立之主權國。獨立不久，伊拉克即宣布科威特為其領土，威脅以武力強占，1990年8月2日伊拉克出兵占領科威特，因聯合國對伊拉克執行經濟、軍事制裁，並由美英為首之聯軍攻打伊拉克，1991年2月26日光復科威特。

與我關係

與我無邦交。★1971年3月29日我與科威特中止外交關係。★1986年4月23日我與科國簽署協定，設中華民國駐科威特商務辦事處。1996年8月26日更名為駐科威特王國臺北商務代表處。★2007年6月2日科國會議員阿修爾（Ashour）抵台訪問6日。★2020年5月25日，臺北醫學大學附設醫院與科威特一家醫院舉行視訊會議，交流如何對抗2019冠狀病毒疾病疫情。

基本資料

地理位置：亞西、阿拉伯半島東北部。	面積：17,818 平方公里
人口：314萬人（2024）	網址：https://www.e.gov.kw/sites/kgoEnglish/Pages/HomePage.aspx
與臺北之時差：-5　　電話國碼：965	
獨立日期：1961年6月19日	國慶日：2月25日
首都：科威特市（Kuwait City）	語言：阿拉伯語、英語。
幣制：Kuwaiti dinar, 1.00USD＝0.306KWD（2024）	宗教：伊斯蘭教（多數為遜尼派）、基督教。

政治制度：國體：君主立憲，憲法1962年11月16日生效。行政：元首掌行政權，任命總理及各部部長。國會：一院制，議員65席，50席民選，15席部長官守議員，任期4年。國會可對部長投不信任票要求其辭職。國會如對總理表示不信任，元首須要求總理辭職或解散國會。2006年1月15日，國王賈柏去世，王儲薩巴赫接任。2011年12月，薩巴赫以政局日漸惡化為由解散國會，於2012年2月改選。9月政府修法將每位選民可投票數由4票降為1票，引發抗議。國王10月7日解散國會，12月1日投票改選，因反對派抵制，什葉派獲得史上最多的17席。2013年6月最高法院宣告改選無效。2020年9月國王薩巴赫去世，他的胞弟、王儲納瓦夫繼位。2022年8月阿瑪德·薩巴赫出任總理。2023年12月16日，米沙爾王儲繼位。2024年5月15日，阿瑪德·阿布杜拉·薩巴赫出任總理。

政府首長：國王：米沙爾·薩巴赫 Sheikh Mishal Al-Ahmad Al-Sabah
　　　　　總理：阿瑪德·薩巴赫 Ahmad Al-Abdullah Al-Sabah

主要政黨：法律未禁止組織政黨，但政府不允許組黨行為。1963年選出第一屆國會議員。2022年9月國會改選，第17屆國會選出50位議員。

司法制度：刑事案件分別由地方法院、巡迴審判庭及上訴法院審理。民事案件則由一般法院、高等法院及最高法院審理。輕罪案件之調查由警察負責，重罪則由檢察官署為之。

經社概況

平均每人國內生產毛額：50,800美元（2023）	國內生產毛額：2,190億6,000萬美元（2023）
國內各業生產毛額結構：農業：0.4%　　工業：58.7%　　服務業：40.9%（2017）	
通貨膨脹率：3.64%（2023）	失業率：2.08%（2023）
進口值：634億3,000萬美元（2023）	出口值：954億7,600萬美元（2023）
主要進口：汽車、黃金、服裝、藥品、珠寶。	
主要出口：原油、精煉石油、無環酒精、天然氣、工業碳氫化合物產品。	
人口出生率：17.5‰（2024）	人口死亡率：2.3‰（2024）

吉爾吉斯共和國
KYRGYZSTAN REPUBLIC

建國簡史

吉爾吉斯的前身是6世紀成立的吉爾吉斯汗國。16世紀自葉尼塞河上游遷居至現居住地。19世紀前半，西部屬浩罕汗國，19世紀60至70年代，吉爾吉斯全部領土併入俄國，1876年被沙皇俄國併吞。1924年10月成為俄羅斯聯邦的一個自治州，1926年升格為自治共和國，1936年12月5日發表宣言成立Kyrgyz蘇維埃社會主義共和國，成為蘇聯之一員。1990年最高會議改國名為Kyrgyzstan社會主義共和國，不久又改名為Kyrgyzstan共和國。1991年8月31日宣布脫離蘇聯獨立，改國名為吉爾吉斯共和國。1991年10月18日簽署「經濟共同體」協議，12月21日加入獨立國家國協。1992年3月2日加入聯合國。2013年6月20日，吉爾吉斯國會終止美軍基地合約。

與我關係

吉爾吉斯與我無邦交。★1992年2月，吉爾吉斯國家對外經濟關係委員會主席潘雷什庫拉來台訪問。★1993年11月，行政院衛生署署長張博雅赴吉國出席中亞地區疫苗供應計畫會議。★1994年7月，吉國奧會主席庫特曼那利夫來台訪問。★1995年3月，吉國奧會秘書長彼得來台出席亞奧會秘書長會議。★2012年11月，臺灣兒童暨家庭扶助基金會在吉爾吉斯開設繼蒙古後第二個海外家扶中心。

基本資料

地理位置：中亞、天山山脈北側。	面積：199,951 平方公里
人口：618萬人（2024）	網址：http://www.gov.kg/
與臺北之時差：-2	電話國碼：996
獨立日期：1991年8月31日（脫離前蘇聯）	國慶日：8月31日（獨立紀念日）
首都：比許凱克（Bishkek）	語言：吉爾吉斯語、俄語。
幣制：Kyrgyzstani som, 1.00USD＝85.39KGS（2024.8）	宗教：伊斯蘭教遜尼派、東正教、天主教。

政治制度：1990年導入總統制，由最高會議選舉，1991年總統改由國民直接投票選出，任期5年。1995年12月25日，阿卡耶夫當選總統。國會：最高會議，原為兩院制，立法會議有60席，45席直選，15席依比例代表制分配。人民代表會議由直選產生45席。國會議員任期均為5年。2005年3月國會大選，因選舉不公，引發民眾反抗風潮，總統阿卡耶夫流亡俄羅斯，遭國會罷黜，辭職下台。2007年起改為單一國會，2010年10月國會選舉，席次由90席增為120席，選舉採政黨比例代表制，議員任期5年。2005年7月10日總統大選，臨時總統巴基耶夫（Kurmanbek Bakiyev）以近9成得票率當選。2006年11月反對派聯盟「支持改革」發動大規模示威，巴基耶夫迫於現勢，簽新憲法草案，將總統制改為議會–總統制。12月巴基耶夫利用國會黨派間矛盾再度修憲，將制度恢復為總統制。2009年7月巴基耶夫連任總統，卻因國內經濟、貧窮及政府貪污腐敗未改善，且南北發展差異過大，2010年4月7日再出現大規模示威抗議流血事件，造成數百人死傷，巴基耶夫因政變流亡國外。2011年10月30日總統大選，阿坦巴耶夫以63.2%得票率當選，12月1日就任。2017年10月秦貝科夫當選為第5任總統。2020年10月國會大選，之後民眾大規模抗議，衝入政府大樓，秦貝科夫16日辭職，由總理賈帕洛夫代理總統。2021年1月10日總統大選，賈帕洛夫勝出。2021年10月，阿克爾別克·賈帕羅夫（Akylbek Japarov）出任總理。2021年11月國會選舉，執政黨在選舉中贏得15席，居於領先。

政府首長：總統：賈帕洛夫 Sadyr N. Japarov　　總理：阿克爾別克·賈帕羅夫 Akylbek Japarov

主要政黨：2015年10月國會選舉，社會民主黨（SDPK）38席，共和國祖國黨（Respublika-Ata-Jurt）28席，吉爾吉斯黨（Kyrgyzstan Party）18席。家園黨、社會民主黨與其他小黨組聯合政府。2018年4月20日，前副總理阿布加濟耶夫（M Abylgaziev）接任總理，2020年6月15日因涉貪辭職。6月17日副總理鮑羅諾夫接任總理。10月4日國會大選，選後民眾大規模示威抗議，6日中央選委會宣布大選無效，鮑羅諾夫和國會議長請辭。2021年10月阿克爾別克·賈帕羅夫出任總理。

司法制度：設有憲法法院、最高法院及軍事法院。

經社概況

平均每人國內生產毛額：6,400美元（2023）	國內生產毛額：454億6,100萬美元（2023）
國內各業生產毛額結構：農業：14.6%　工業：31.2%　服務業：54.2%（2017）	
通貨膨脹率：10.75%（2023）	失業率：4.04%（2023）
進口值：106億5,500萬美元（2022）	出口值：36億2,800萬美元（2022）
主要進口：精煉石油、鞋、成衣、汽車、纖維。	
主要出口：黃金、貴金屬、豆類、精煉石油、服裝。	
人口出生率：18.7‰（2024）	人口死亡率：6‰（2024）

寮人民民主共和國
LAO PEOPLE'S DEMOCRATIC REPUBLIC

建國簡史

1353年Fa Ngum建立之瀾滄王國為其國力昌盛時期，1893年淪為法國保護國。1940年9月被日本帝國占領，1945年12月12日宣布獨立。1946年法國入侵，1954年7月簽署日內瓦和平協議，法國撤軍，之後美國勢力進入。

中立派、共黨及保守派武裝衝突，1962年6月經14國調停在日內瓦簽訂協定，三派成立聯合政府，由中立之溥瑪親王（Prince S. Phouma）任總理。1964年愛國陣線退出聯合政府後，美國支持的寮皇家政府及越南支持的愛國陣線（Pathet Lao）爆發內戰，愛國陣線軍事上勝利，控制全國。1975年12月2日寮國最高人民議會通過廢除君主專制制度及聯合政府，並將「寮王國」國號改為寮人民民主共和國（Lao People's Democratic Republic）。2013年2月加入世界貿易組織，成為WTO第158個會員國。

與我關係

寮國與我無邦交。★1989年我國開放對寮國直接貿易。★1996年6月下旬，中華民國全國工業總會首度組團訪問寮國、柬埔寨、緬甸等中南半島新興市場，在寮國拜會寮國外商投資管理委員會主任、工業部長、交通部長，寮國最大私人銀行永珍商業銀行負責人，並獲寮國副總理Tan Muongchanh接見。★2011年12月14日，經濟部國際貿易局長卓士昭與寮國工商部次長Khemmani Pholsena於布魯塞爾簽署加入世界貿易組織雙邊協議。寮國於1997年向WTO申請入會。★2014年，第一銀行及國泰世華銀行分別獲准於永珍開設分行。

基本資料

地理位置：東南亞、中南半島。	面積：236,800 平方公里
人口：796萬人（2024）	網址：http://www.laogov.gov.la/
與臺北之時差：-1	電話國碼：856
獨立日期：1949年7月19日（脫離法國）	國慶日：12月2日（1975年12月2日改為現國號）
首都：永珍（Vientiane）	語言：寮語、法語。
幣制：Kip, 1.00USD=22,197.30LAK（2024.8）	宗教：佛教

政治制度：寮國為社會主義國家。1975年12月初，全國人民代表264人集會宣布寮國為人民民主共和國，委任最高人民議會制定新憲法。中央政府下設13省，省政由寮國人民革命黨控制，行政命令由中央委員會透過各級人民革命委員會執行。寮國人民革命黨為唯一合法政黨。1991年8月15日寮國最高人民議會通過共黨統治16年以來首部憲法，共80條，強調「人民民主」、私有財產制、人民自由權，確保寮人與外國人的投資利益與經濟改革，堅持寮國人民革命黨的一黨專政制度等。根據憲法，立法機關為國會，議員任期5年。1998年2月24日，國會在秘密選舉中推選堪泰將軍出任總統，任期5年，席沙瓦出任總理。2006年6月8日寮國第6屆國會選舉人民革命黨中央委員會主席周馬利為總統。2011年4月30日選舉第7屆國會，共選出132名代表，並推選周馬利連任總統。2016年3月20日選舉國會，選出149名議員，人民革

命黨占144席；4月20日國會推選沃拉吉為總統。2021年1月，寮國共產黨第11次全國代表會選出總理宋倫西索李斯擔任新任總書記，2021年3月，寮國國會選出宋倫西索李斯擔任總統。

政府首長：國家主席：宋倫西索李斯 Thongloun Sisoulith	總理：西潘敦 Sonexay Siphandone
主要政黨：寮國人民革命黨。2016年3月20日舉行國會選舉，寮國人民革命黨144席，獨立人士5席。2021年2月21日國會大選，人民革命黨在總席次164席中贏得158席，獨立人士6席。	
司法制度：最高人民法院為最高司法機關	

經社概況

平均每人國內生產毛額：8,400美元（2023）	國內生產毛額：641億7,300萬美元（2023）
國內各業生產毛額結構：農業：20.9%　工業：33.2%　服務業：45.9%（2017）	
通貨膨脹率：31.23%（2023）	失業率：1.18%（2023）
進口值：77億7,200萬美元（2022）	出口值：86億400萬美元（2022）
主要進口：精煉石油、黃金、電動機械、粗糖、塑膠製品。	
主要出口：電力、銅、黃金、橡膠、肥料、紙。	
人口出生率：19.8‰（2024）	人口死亡率：6.2‰（2024）

黎巴嫩共和國
LEBANESE REPUBLIC

建國簡史

黎人先祖為長於經商及航海之腓尼基人，曾建立迦太基王國，稱雄地中海，後為羅馬帝國所滅；至7世紀阿拉伯帝國興起，占據今黎巴嫩部分地區，始將回教傳入此原為馬龍派基督徒所屬之地，及至奧圖曼回教帝國興起，1517年被奧圖曼帝國占領。

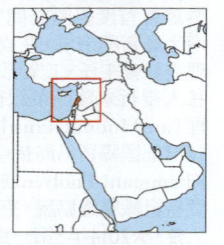

第一次世界大戰導致奧圖曼帝國崩潰後，黎巴嫩淪為法國的委任統治地。1941年6月，英軍在自由法國部隊協助下攻占黎巴嫩，同年11月法國宣布終止對黎巴嫩的委任統治。1943年11月22日宣布獨立，成立黎巴嫩共和國。1946年12月，英、法兩國部隊全部撤出。

與我關係

與我無邦交。★1971年11月9日我與黎巴嫩中止外交關係。★1973年6月我在貝魯特設「遠東貿易服務中心」駐黎巴嫩辦事處，1978年9月因黎國戰亂結束該處業務。★2020年8月4日貝魯特港區化學品大爆炸，造成200多人喪生，我外交部28日捐款15萬美元表達慰問。

基本資料

地理位置：亞西、西臨地中海。	面積：10,400 平方公里	
人口：536.4萬人（2024）	網址：http://www.Presidency.gov.lb/	
與臺北之時差：-6（夏令時-5）	電話國碼：961	
獨立日期：1943年11月22日	國慶日：11月22日	
首都：貝魯特（Beirut）	語言：阿拉伯語、法語。	
幣制：Lebanese pound, 1.00USD=91,135.6LBP（2024.8）		宗教：伊斯蘭教、基督教、天主教。

政治制度：國體：共和國，憲法於1926年5月23日生效。政體：議會共和制，三權分立。內閣：總統由國會選舉，任期6年。據1989年10月22日在沙國通過的黎巴嫩協和憲章規定，總理由總統任命，徵求總理意見後發布命令籌組內閣。國會：據「全國協和憲章」一院制國會「國民議會」議員增為128席，民選，任期4年。1998年10月15日，拉赫德中將獲選為黎巴嫩第11任總統，11月24日宣誓就職。2004年9月3日，國會以93票對29票通過決議，將拉赫德總統任期延長3年；拉赫德10月21日授權奧馬卡拉米籌組新政府。拉赫德2007年11月23日結束9年任期。2008年5月25日國會選出蘇雷曼為總統，2014年5月25日任期屆滿，國會多次投票未選出繼任者。2016年10月31日，國會選出基督教政黨自由愛國運動創始人、議員奧恩為總統。

政府首長：總理：米卡提 Najib Mikati	總統：空缺

主要政黨：3月14日聯盟，由未來運動黨（Future）、長槍黨（基督教派系，Kataeb）及民主重建運動（Democratic Renewal Movement）等黨派組成；3月8日聯盟，以真主黨（Hezbollah）為首，包含巴斯黨、什葉派組織阿瑪爾（Amal）、自由愛國運動（基督教派系，Free Patriotic Movement）、敘利亞民族社會黨。另有社會進步黨等。2009年6月7日國會選舉，親西方3月14日聯盟71席，親敘利亞3月8日聯盟57席。2013年3月22日，因真主黨抵制國會選舉法案，米卡提（Najib Miqati）宣布總辭，成為看守內閣，3月31日，政府宣布國會選舉延至2014年11月。2013年4月6日西方國家支持的薩萊姆經任命為總理。2014年11月，國會因政情動盪，通過法案延長任期至2017年6月。2016年底奧恩就任總統，12月18日任命哈里里為總理。2018年5月6日國會大選，阿瑪爾和真主黨35席，自由愛國運動24席，未來運動黨19席，黎巴嫩力量黨13席，進步社會黨9席。2022年5月國會大選，包括真主黨的執政聯盟受挫，獨立候選人意外取得突破，6月米卡提擔任總理；10月31日總統奧恩（Michel Aoun）卸任，但截至2023年8月20日止，繼任人選仍未有共識。黎巴嫩總統由國會選出，任期6年，不得連任，權力包括任命新總理等。

司法制度：3個民商法院及1個刑事法院、憲法法院與最高委員會（負責涉及總統與總理案件）。

經社概況

平均每人國內生產毛額：12,300美元（2023）	國內生產毛額：658億1,800萬美元（2023）
國內各業生產毛額結構：農業：1.1％　　工業：2.4％　　服務業：47.7％（2023）	
通貨膨脹率：221.34％（2023）	失業率：11.57％（2023）
進口值：233億1,300萬美元（2022）	出口值：117億7,000萬美元（2023）
主要進口：精煉石油、車輛、廣播設備、黃金、珠寶。	
主要出口：珠寶、黃金、鑽石、廢鐵、塑膠。	
人口出生率：12.6‰（2024）	人口死亡率：5.6‰（2024）

澳門特別行政區
MACAU SPECIAL ADMINISTRATIVE REGION

簡史

澳門原為漁村，因周圍區域盛產蠔（即牡蠣），本稱為濠鏡或濠鏡澳。16世紀中葉，葡萄牙人抵澳門，詢問居民當地名稱，居民誤以為指當地奉祀媽祖的廟宇，答稱「媽閣」。葡萄牙人以其音而譯成Macau，成為澳門葡文名稱的由來（英文為Macao）。其後葡萄牙向明朝租借澳門地區。

1987年3月26日，中華人民共和國和葡萄牙發表聯合聲明，認定澳門為中國領土，中國自1999年12月20日恢復對澳門行使主權。12月20日澳門成為中華人民共和國的特別行政區。在一國兩制政策下，澳門實行自治，享有行政管理權、立法權、獨立的司法權和終審權。

國際關係

澳門於1995年成為世界貿易組織會員，1999年後仍是獨立於中國大陸之外的會員。★2011年7月19日，大陸委員會主任委員賴幸媛在澳門主持更名後駐澳門臺北經濟文化辦事處揭牌儀式。★2012年5月13日，澳門經濟文化辦事處在台北開幕。★2013年8月2日，內政部移民署將港澳居民居留延期年限由1年放寬為2年。★2015年12月，我與澳門簽航空業避免重複課稅協議，從效期5年的備忘錄改為永久有效的協議。★2021年6月16日，澳門政府宣布19日起，在台灣澳門辦事處暫停運作。

基本資料

地理位置：中國南部，珠江口外，面臨南海。	面積：28平方公里
人口：64.4萬人（2024）	網址：http://www.gov.mo/
與臺北之時差：0　　話國碼：853	
國慶日：10月1日（中華人民共和國國慶日）	澳門特別行政區成立紀念日：12月20日
語言：粵語、葡萄牙語、普通話、其他方言。	

幣制：澳門幣Pataca，1USD＝8.03MOP（2024.8，與港幣採連動匯率，1港幣＝1.03澳門幣）
宗教：佛教、天主教。

政治制度：特別行政區政府由行政長官負責決定政策，任期5年，行政長官由各職業及領域選出的代表組成選舉委員會提名及選舉。行政長官下設行政會，為特區行政組織。立法機關-立法會有33席，14席分區直選產生、12席按職業劃分的功能界別選舉、7席由行政長官委任，任期4年。2009年7月26日崔世安在同額競選當選中當選行政長官，12月20日就任。2014年8月31日崔世安連任。2019年8月25日，選舉委員會400名委員選出62歲的前立法會主席賀一誠為特區行政長官，12月20日就任。2024年10月13日，岑浩輝當選為第6任特首。

政府首長：行政長官：岑浩輝

主要政黨：2013年9月第5屆立法會選舉，總席次增加為33席，其中14席分區直選產生，12席按職業劃分的功能界別選舉產生，7席由行政長官委任。2021年9月12日立法會選舉，產生新一屆立法會中的26名議員，但本次選舉的投票率只有42.38%，創澳門1999年政權移交後歷史新低。

司法制度：依基本法設有終審法院、中級法院及第一審法院。

經社概況

平均每人國內生產毛額：102,000美元（2023）	國內生產毛額：718億3,700萬美元（2023）
國內各業生產毛額結構：農業：0%（2016） 工業：6.3% 服務業：93.7%（2017）	
通貨膨脹率：1.05%（2022）	失業率：2.25%（2023）
進口值：217億9,500萬美元（2022）	出口值：209億8,500萬美元（2022）
主要進口：珠寶、服裝、電力、廣播設備、行李箱。	
主要出口：廣播設備、珠寶、手表、行李箱、稀有金屬。	
人口出生率：8.6‰（2024）	人口死亡率：4.9‰（2024）

馬來西亞 MALAYSIA

建國簡史

馬來西亞包括馬來半島、沙巴和砂勞越，是由13州及吉隆坡、布特拉加亞、納閩島三聯邦直轄區組成。20世紀初為英國殖民地，二戰時被日本占領，1945年英國恢復殖民統治。馬來亞聯合邦1957年8月31日宣布獨立。1963年9月16日，馬來亞聯合邦與新加坡、砂勞越和沙巴合併為馬來西亞。（新加坡1965年8月9日退出）

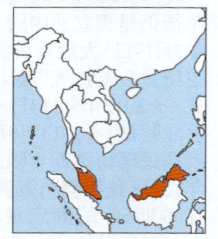

與我關係

馬來西亞與我無邦交。★1974年底我在吉隆坡設立駐吉隆坡遠東貿易旅遊中心，1988年易名為「駐馬來西亞臺北經濟文化中心」。1992年7月13日獲馬國同意易名為「駐馬來西亞臺北經濟文化辦事處」。★馬國先在馬航駐臺分公司設一行政部負責簽證業務，1984年在臺增設Friendship and Trade Exchange Centre，1987年7月改組為馬來西亞友誼及貿易中心。★1997年5月23日，我與馬來西亞就加入世界貿易組織問題完成雙邊磋商，簽署雙邊協定。臺馬第1屆部長級經濟合作會議於5月22、23日在臺北舉行，研商簽署智慧財產權保護協定，商務仲裁協定等多項議題。★1998年3月4日，副總統連戰抵馬來西亞訪問4天。★1999年7月14、15日，臺馬經貿諮商會議在臺北舉行，經濟部長王志剛與馬來西亞貿工部長拉菲達分享中小企業經驗。★2002年我國給予馬國遊客14天免簽入境。★馬來西亞東南部發生嚴重水災，我政府2007年1月9日捐贈1萬美元人道救援。★2009年馬來西亞開放我國民眾申請落地簽證，此措施2010年8月15日取消。★2011年3月，馬來西亞給予我國旅客入境15天免簽措施。★2012年6月20日，兩國簽訂學歷資格互認聲明，馬來西亞擴大承認我國157所大學校學歷。★2015年7月，國家圖書館與馬來亞大學簽署「臺灣漢學資源中心」合作備忘錄。9月15日起我國遊客赴大馬免簽證停留增至30天。★2018年8月1日，馬來西亞出席臺灣舉辦的南島民族論壇。★2023年4月7日，馬來西亞台灣高等教育展有78所台灣大專院校參展，並赴5座城市招生。

基本資料

地理位置：東南亞、馬來半島、北婆羅州島。	面積：329,847 平方公里
人口：3,457萬人（2024）	網址：http://www.malaysia.gov.my/EN/
與臺北之時差：0	電話國碼：60
獨立日期：1957年8月31日	國慶日：8月31日
首都：吉隆坡（Kuala Lumpur）	語言：馬來語、英語、華語。
幣制：Ringgit, 1.00USD＝4.45MYR（2024.8）	宗教：伊斯蘭教為國教，佛教、基督教、天主教與印度教。

政治制度：國體：君主立憲，元首及副元首由9個蘇丹州之蘇丹互選產生，任期5年。政體：聯邦議會制，三權分立，立法權屬國會，行政權屬內閣，司法權屬於各級法院。內閣：由眾議院多數黨組閣。國會：分參、眾兩院，眾院由222名議員組成，民選，任期5年。參院由70名議員組成，任期3年，其中26名由13州議員產生，每州2名，另44名（包括聯邦直轄區2名）由元首任命。2016年10月統治者會議選出穆罕默德五世為元首，12月13日就職，2019年1月辭職。統治者會議選出蘇丹阿布杜拉，1月24日就職。2003年10月阿布杜拉任首相，2009年4月3日副首相納吉（Najib Razak）接任首相。2018年5月10日馬哈地（Mahathir Mohamad）再任首相，2020年2月24日馬哈地辭職，3月1日慕尤丁（Muhyiddin Yassin）就任首相，但2021年8月16日失去國會多數支持辭職，國家元首8月20日任命依斯邁沙比利為首相。2022年11月19日完成第15屆國會大選，由前副首相安華‧伊布拉欣（Anwar bin Ibrahim）出任第10任首相。2023年10月27日，馬來西亞馬來統治者理事會召開特別會議，選出柔佛州蘇丹伊布拉欣（Sultan Ibrahim Sultan Iskandar）為第17任國家元首，2024年1月就任。

政府首長：元首（蘇丹）：伊布拉欣 Sultan Ibrahim Sultan Iskandar
　　　　　首相：安華‧伊布拉欣 Anwar bin Ibrahim

主要政黨：國民陣線長期執政。2013年5月5日國會大選，國民陣線雖取得過半席次，但席次由2008年選舉的140席降為133席，前副首相安華（Anwar Ibrahim）為首、3個反對黨組成的人民聯盟89席。2018年5月9日國會大選，在野的希望聯盟獲得過半數的113席，國民陣線79席，馬來西亞伊斯蘭黨（PAS）18席。2023年吉打、吉蘭丹、登嘉樓、檳城、雪蘭莪及森美蘭等6個州議會改選。

司法制度：司法獨立，其法院分為地方法院、高等法院及聯邦最高法院。

經社概況

平均每人國內生產毛額：33,600美元（2023）	國內生產毛額：1兆1,520億美元（2023）
國內各業生產毛額結構：農業：8.8%　工業：37.6%　服務業：53.6%（2017）	
通貨膨脹率：2.49%（2023）	失業率：3.86%（2023）
進口值：2,836億100萬美元（2022）	出口值：3,128億5,700萬美元（2022）
主要進口：積體電路、精煉石油、原油、車輛零件、煤。	
主要出口：積體電路、精煉石油、天然氣、原油、棕櫚油。	
人口出生率：14.2‰（2024）	人口死亡率：5.8‰（2024）

馬爾地夫共和國
REPUBLIC OF MALDIVES

建國簡史

西元前4世紀，來自南印度之Dravidian族首先移民至馬爾地夫珊瑚礁群，約2000年前，從印度及錫蘭移民之阿利安人（Aryans）控制馬爾地夫各島。1558年，葡萄牙人占領各該島並統治至1573年始被馬爾地夫人所逐出。1887年至1965年為英國屬地。1965年脫離英國保護宣布獨立，由民選之蘇丹統治，1968年11月廢除蘇丹改建共和政體。第二次世界大戰時期為盟國空軍基地，戰略地位重要，直到1967年盟軍始撤離。

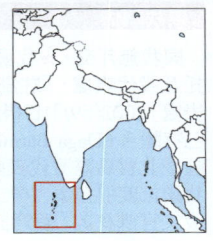

與我關係

與我無邦交。★馬爾地夫1966年7月與中華民國建交，1972年4月15日與我斷交。★馬爾地夫自1991年10月24日起成為可適用我國完稅率第二欄互惠稅率之國家。★2013年6月，高雄市與馬爾地夫首都瑪萊簽約締結姊妹市，馬爾地夫外交部以奉行「一中政策」為由拒絕承認。

基本資料	
地理位置：印度洋中之群島國，位在斯里蘭卡西南方。	面積：298平方公里
人口：38萬8,858人（2024）	網址：http://www.presidencymaldives.gov.mv/
與臺北之時差：-3	電話國碼：960
獨立日期：1965年7月26日	國慶日：7月26日
首都：瑪萊（Male）	語言：Dhivehi語、英語。
幣制：Rufiyaa, 1.00USD=15.41MVR（2024.8）	宗教：伊斯蘭教
政治制度：總統共和制，憲法於1968年11月11日生效。總統民選，掌行政權。一院制國會（Majlis）議員50人，總統任命8人，其餘民選，任期5年。根據憲法，總統是國家元首與政府首長，由國會選出，須獲半數以上的選票，任期5年。2013年9月選舉經判定無效；11月16日選舉，雅門於第二輪以51%得票當選。2015年9月28日，雅門返國時快艇爆炸，幸未受傷；10月24日副總統阿迪布因涉嫌暗殺總統被捕；11月4日雅門宣布進入緊急狀態30天。2016年6月22日前任經濟部長吉哈德（Abdulla Jihad）經總統指派就任副總統。2018年9月23日總統選舉，馬爾地夫民主黨索里勝出。2023年11月7日總統大選，穆伊祖第二輪過半數當選總統。	
政府首長：總統：穆伊祖 Mohamed Muizzu	
主要政黨：馬爾地夫民主黨（MDP）、共和黨（Jumhooree, JP）、人民國會黨（PNC）等。2014年3月22日國會改選，馬爾地夫進步黨33席，馬爾地夫民主黨26席，共和黨15席。2019年4月6日國會選舉，馬爾地夫民主黨65席、共和黨5席、馬爾地夫進步黨5席、獨立派人士7席。2024年4月21日馬爾地夫國會選舉，人民國會黨拿下66席，民主黨獲12席，獨立派人士11席。	
司法制度：設有高等法院及地方法院	

經社概況	
平均每人國內生產毛額：22,400美元（2023）	國內生產毛額：116億5,100萬美元（2023）
國內各業生產毛額結構：農業：4.9%　工業：10.3%　服務業：73.3%（2022）	
通貨膨脹率：2.33%（2022）	失業率：4.13%（2023）
進口值：49億400萬美元（2022）	出口值：50億9,600萬美元（2022）
主要進口：精煉石油、船、飛機、廣播設備、塑膠製品。	
主要出口：漁產、天然氣、廢鐵、飛機、精煉石油。	
人口出生率：15.1‰（2024）	人口死亡率：4.3‰（2024）

蒙古國 MONGOLIA

建國簡史

清末稱外蒙古。1203年成吉思汗統一各部落建立蒙古汗國，1271年忽必烈改國號為大元，成為一個橫跨歐亞大陸的帝國。1368年元朝退回塞北，史稱北元，數十年後滅亡，之後分為韃靼和瓦剌。17世紀前半，蒙古大汗降後金皇太極擊敗，自此臣屬滿清。1911年12月蒙古王公在俄國支持下宣布「自治」，1919年放棄自治回歸中國統治。

1921年蒙古共產黨革命成功，7月10日成立君主立憲政府。1924年11月26日廢除君主立憲，成立蒙古人民共和國。1945年2月，蘇、美、英三國領袖簽署雅爾達協定，規定「外蒙古（蒙古人民共和國）現狀須予維持」。並以此做為二戰末期蘇聯參加對日作戰的條件之一。1945年10月20日經公民投票宣布獨立。1946年1月5日，中華民國政府承認外蒙古獨立，1953年2月，推翻承認外蒙古獨立。1961年10月27日加入聯合國。1992年2月12日頒布憲法，改國名為蒙古。

與我關係

與我無邦交。★我國與蒙古在台北與烏蘭巴托互設代表處，「駐烏蘭巴托臺北貿易經濟代表處」2002年9月1日掛牌運作；蒙古於12月任命巴特睦合（Daga Batmunkh）為蒙古「烏蘭巴托駐臺北貿易經濟代表處」首任代表。★2004年我國首度引進蒙古勞工。★2005年雙方推動高級文官訓練的「蒼穹計畫」。★2006年雙方推

動司法和文化交流，蒙古派員來臺接受司法檢察官訓練。★2007年1月蒙古國會對外友好小組主席塞朗卡德議員訪台。同年，蒙古國前總統彭薩勒瑪·奧其爾巴特抵台參加全球新興民主論壇。★2014年2月17日雙方簽署「再生能源與能源管理領域合作瞭解備忘錄」。★2016年6月於烏蘭巴托舉辦「2016-2018年臺灣-蒙古科技共同研究計畫與研討會評選會議」。

基本資料	
地理位置：亞洲中部的內陸國，北鄰俄羅斯，東、南、西三面與中國接壤。	
面積：156萬4,116平方公里	
人口：328.1萬人（2024）	網址：http://www.pmis.gov.mn/
與臺北之時差：0（中部及東部，含烏蘭巴托）/-1（西部）	電話國碼：976
獨立日期：1921年3月13日	國慶日：7月11日
首都：烏蘭巴托（Ulaanbaatar）（庫倫），全國分為21省。	語言：蒙古語、土耳其方言、俄語。
幣制：Tughrik, 1.00USD＝3,398.55MNT（2024.8）	宗教：佛教
政治制度：國會一院制的國會「國家大呼拉爾」是國家最高權力機關，擁有立法權，有76名議員，其中48席直選，28席依政黨比例代表制，任期4年。1990年3月，第11屆大呼拉爾決定設立總統職位。總統為國家元首，政府總理由執政黨主席擔任，政府成員由大呼拉爾任命。總統：2009年5月24日總統大選民主黨提名國會議員額勒貝格道爾吉以3萬5,000票之差距擊敗人民革命黨提名、尋求連任的恩克巴雅爾，當選第5屆蒙古總統；2013年6月26日大選以50.2%得票率連任。2017年7月7日，巴圖勒嘎在第2輪投票中以55.2%得票率當選總統，2021年6月9日蒙古總統大選，呼日勒蘇赫勝選贏得總統寶座。	
政府首長：總統：呼日勒蘇赫 Ukhnaa Khurelsukh　　總理：奧雲額爾登 Luvsannamsrai Oyun-Erdene	
主要政黨：2016年6月29日舉行國會選舉，蒙古人民黨（MPP）在總數76席國會中囊括65席，原執政黨民主黨（DP）僅獲9席。2017年9月7日，總理艾爾登巴（J. Erdenebat）遭國會解職，10月4日，副總理呼日勒蘇赫出任總理。2020年6月24日國會大選，蒙古人民黨獲得62席，民主黨11席。2023年5月，憲法公投將國會席次增為126席。2024年6月28日，國會大選，蒙古人民黨獲68席，奧雲額爾登出任總理。	
司法制度：設有最高法院及各級地方法院	
經社概況	
平均每人國內生產毛額：16,300美元（2023）	國內生產毛額：563億美元（2023）
國內各業生產毛額結構：農業：12.1%　工業：38.2%　服務業：49.7%（2017）	
通貨膨脹率：10.35%（2023）	失業率：6.13%（2023）
進口值：135億4,500萬美元（2023）	出口值：155億100萬美元（2023）
主要進口：精煉石油、車輛、卡車、生鐵棒、拖車。	
主要出口：銅、黃金、鐵、煤、動物毛。	
人口出生率：14.9‰（2024）	人口死亡率：6.4‰（2024）

尼泊爾聯邦民主共和國
FEDERAL DEMOCRATIC REPUBLIC OF NEPAL

建國簡史

1769年以前，尼泊爾由無數小公國組成，1769年Prithvi Narayan Shah征服加德滿都谷地，並將首都遷至加德滿都，奠定近代尼泊爾基礎。1846年至1951年尼泊爾實際係由世襲總理蘭納（Ranas）家族統治，並與英國在印度殖民勢力密切合作，由於受到尼泊爾國大黨（Congress Party）要求採行更民主政治，引起效忠皇室人士革命，並由垂部萬（Tribhuvan）重掌政權。1960年底馬漢達登基後解散內閣，實行獨裁統治。1972年其子畢蘭德拉繼承，並於1975年加冕為王。

1979年畢蘭德拉宣布尼國政體以投票決定，1980年5月2日舉行公民投票，原已賡續20年的無黨派議會制度險勝，因而僅在政治體制略作改革，王室仍擁有極大權力。1990年4月民眾支持民主改革運動，畢蘭德拉宣布解除黨禁。同年11月9日國王頒布新憲法，採君主立憲政

體,並實施多黨政治。1996年尼泊爾共產黨激進派反政府武力展開「人民戰爭」,與軍警爆發衝突,約8,000人死於戰亂,政府曾與反對勢力進行三次談判均無解。2001年11月國王宣布全國進入緊急狀態。2004年底共黨毛派游擊隊圍城加德滿都。共黨毛派與政府軍對抗10年後,2006年簽署和平協議,並於2008年4月制憲國會選舉拿下逾1/3席次。制憲國會2008年5月28日首次開議,廢除240年歷史的王室,罷黜國王賈南德拉。2012年5月27日解散第1屆制憲議會。2013年11月19日選出第2屆制憲議會。2015年9月通過新憲法,規定議會成員中女性須占1/3,總統或副總統至少1名女性。

與我關係

與我無邦交。2015年4月25日發生規模7.9強震,我政府援贈30萬美元賑災。

基本資料

地理位置:中亞喜瑪拉雅山脈南麓之內陸國	面積:14萬7,181 平方公里
人口:3,113萬人(2024)	網址:http://www.nepal.gov.np、http://www.welcomenepal.com
與臺北之時差:-2小時15分	電話國碼:977
獨立日期:1923年　共和國日:5月28日	國慶日:9月20日(2015頒布)
首都:加德滿都(Kathmandu)	語言:尼泊爾語(Nepali)
幣制:Nepalese rupee, US$1= 134.40NPR(2024.8)	宗教:印度教、佛教。

政治制度:尼泊爾原為君主立憲,2008年成為聯邦議會共和制。行政權原屬於國王,有裁決法案之權,制憲後行政權歸總理及其內閣。國會為最高立法機構,由上議院(The National Assembly)及下議院(The House of Representatives)組成。2001年6月1日,尼泊爾王室發生槍擊意外,畢蘭德拉國王、艾斯瓦利亞王后共12位王室成員喪生,王儲狄潘德拉重傷;6月2日,狄潘德拉繼位,畢蘭德拉國王之弟賈南德拉出任攝政王;6月3日狄潘德拉去世;6月4日賈南德拉加冕為新王;7月26日賈南德拉國王任命德巴為首相。2002年10月4日賈南德拉國王宣布罷黜德巴首相與內閣,暫時接管行政權。2004年6月2日賈南德拉國王任命德巴為首相。2006年底共黨毛派分子結束10年的暴亂,但2007年9月突然退出臨時政府,12月底臨時政府與毛派達成協議,毛派重新加入政府,政府同意廢除君主制度。2008年4月大選選出制憲國會,宣布尼泊爾成為聯邦共和國;選舉制憲國會修改憲法,5月27日制憲國會就職,28日開議,賈南德拉國王偕王后離開王宮。憲法規定總統由選舉人團間接選出,任期5年,連選得連任一次。2008年7月21日選舉總統,雅達夫當選;8月15日毛派領袖普拉查達出任總理。2013年3月14日最高法院大法官芮格米(Khil Raj Regmi)受命組成過渡政府。2015年10月28日共黨領袖班達里以327票比214票勝選,成為首位女總統。2018年連任,3月14日宣誓就職。2023年3月9日鮑德爾當選尼泊爾總統。

政府首長:總統:鮑德爾 Ram Chandra Paudel　　總理:奧利 Khadga Prasad Sharma Oli

主要政黨:2008年4月10日舉行制憲國會選舉,共產黨(毛派)220席、國大黨110席、共產黨(馬列聯合陣線)103席。2013年舉行制憲國會改選,601席中國大黨獲196席、共產黨(馬列聯合陣線)175席、毛派80席。2014年2月10日制憲議會票選寇瑞拉為總理。2015年10月11日共產黨籍奧利當選總理。2016年7月24日奧利在國會不信任投票前請辭;8月3日達哈爾(P.K. Dahal)同額競選當選總理。2017年5月25日達哈爾辭職,德烏帕(S.B. Deuba)接任總理。2018年2月15日,奧利再任總理。2021年7月12日,最高法院罷黜奧利,由德巴擔任總理,德巴7月18日贏得重要的國會信任投票。2022年11月國會大選,德巴領導執政聯盟贏得多數席位。

司法制度:設有最高法院、上訴法院及地方法院三級。

經社概況

平均每人國內生產毛額:4,700美元(2023)	國內生產毛額:1,443億1,000萬美元(2023)
國內各業生產毛額結構:農業:27%　工業:13.5%　服務業:59.5%(2017)	
通貨膨脹率:7.11%(2023)　　失業率:10.69%(2023)	
進口值:140億9,800萬美元(2023)　　出口值:29億9,900萬美元(2023)	
主要進口:精煉石油、黃金、沙拉油、天然氣、米。	
主要出口:棕櫚油、成衣、地毯、沙拉油、人造纖維。	
人口出生率:17‰(2024)　　人口死亡率:5.69‰(2024)	

阿曼王國
SULTANATE OF OMAN

建國簡史

阿曼歷經葡萄牙、伊朗統治，1743年阿布‧薩伊德王朝驅走伊朗人，統治該國迄今。1951年12月20日與英國簽訂友好通商條約，獲完全獨立，官方名稱為Muscat and Oman，1970年8月改國名為Sultanate of Oman。

阿曼王國原為政教分立，國王與教主時生衝突，1955年教主被王軍擊敗後逃往國外，直到1959年國王權威始完全再建。

2011年初阿曼民眾受阿拉伯之春運動影響，進行示威遊行要求終結貪污，並爭取更多參政權。2至3月間，阿王承諾政治及經濟改革，增加社會福利，頒令授予國會下院立法權。

與我關係

阿曼與我無邦交。★1979年9月6日，中華民國在阿曼首都設置遠東貿易服務中心駐阿曼代表處。★1991年6月，阿曼在台設立阿曼王國駐臺商務辦事處。7月1日我駐處改為臺北經濟文化辦事處。★2013年5月25日，台灣太陽光電中東拓銷團赴阿曼等中東國家，拓展商機，進行經貿外交。★2015年5月首次於阿曼舉行「臺灣觀光推廣會」旅展。

基本資料

地理位置：西南亞、阿拉伯半島東南端。	面積：309,500 平方公里
人口：391萬人（2024）	網址：http://www.oman.om/
與臺北之時差：-4	電話國碼：968
獨立日期：1951年12月20日	國慶日：11月18日（蘇丹生日）
首都：馬斯開特（Muscat）	語言：阿拉伯語、英語。
幣制：Omani rial, 1.00USD=0.384OMR（2024，與美元連動匯率）	宗教：伊斯蘭教

政治制度：國體與政體：君主專制，由世襲之國王（蘇丹）統治。無憲法，僅有1996年蘇丹喀布斯（Qaboos bin Said Al Said）頒布的基本法。1981年成立「國民參政會」，87席代表之職權僅限於經濟計畫與社會福利事業，向國王提供建議，可邀請閣員到會報告並備質詢。喀布斯於1990年宣布籌組「國民諮詢委員會」（上院），1991年12月成立，71位成員全由王室指派。2003年10月4日舉行國民參政會（下院）首次選舉，議員任期4年。2011年10月15日下院選舉，84位當選者包含3位年初示威領袖及1位女性。2012年12月，舉辦首次地方選舉。2015年10月25日下院改選，近600名候選人，包含20名女性，角逐85席，只有1位女性當選。2019年10月27日下院改選，84席男性，2席女性。2020年1月10日蘇丹喀布斯逝世，11日海賽姆繼任蘇丹。2023年10月29日下院改選，90席男性，0席女性。
政府首長：蘇丹兼總理：海賽姆 Haitham bin Tariq bin Taimur Al Said
主要政黨：阿曼禁止政治性集會、結社及遊行等。媒體監控嚴格。
司法制度：最高法院、上訴法院、初審法院、地方法院及裁判法院；另設宗教法庭，遵行伊斯蘭法。

經社概況

平均每人國內生產毛額：40,000美元（2023）	國內生產毛額：1,859億6,000萬美元（2023）
國內各業生產毛額結構：農業：1.8％　工業：57％　服務業：44.5％（2022）	
通貨膨脹率：0.94％（2023）　失業率：1.46％（2023）	
進口值：463億2,600萬美元（2022）	出口值：697億100萬美元（2022）
主要進口：車輛、精煉石油、牛奶、鋼管、鐵礦。	
主要出口：原油、天然氣、精煉石油、鐵製品、肥料。	
人口出生率：21.1‰（2024）　人口死亡率：3.2‰（2024）	

巴基斯坦伊斯蘭共和國
ISLAMIC REPUBLIC OF PAKISTAN

建國簡史

巴基斯坦原與印度斯坦同稱印度，有數千年歷史。公元前237年馬其頓亞歷山大大帝率兵入侵印度，他在印度期間雖短，影響卻甚深，使印度自此與西方接觸，8世紀回教由阿拉伯傳入今巴基斯坦，至10世紀由喀布爾山口及印度高原進入東巴基斯坦(今孟加拉)，使當地數百萬人信奉回教。11世紀回教徒征服印度，統治印度達800年之久。16世紀歐洲強國勢力東漸，英國於7年戰爭(1756至1763年)中擊敗法國，取得印度獨占地位，1877年建立印度帝國，由英國女王維多利亞皇后兼攝，印度為英國藩屬。

第二次世界大戰結束，英國政府鑑於印度殖民地民族主義高張，於1947年公布印度獨立法案，決定依據印度教徒及回教徒之居住區，將印度分為印度及巴基斯坦兩自治區，巴基斯坦於1947年8月15日獨立。東、西巴基斯坦為懷有敵意之印度分隔，相距約1,000哩，彼此種族、文化、語言均不同，地理環境迥異，東巴人民多主張脫離西巴基斯坦獨立建國。1971年布托(Z. A. Bhutto)當政，東巴發生暴動，宣告脫離西巴基斯坦獨立，成立「孟加拉人民共和國」，孟加拉獨立後普獲各國承認，巴基斯坦於1974年2月承認孟加拉獨立，至此巴基斯坦一分為二。

與我關係

巴基斯坦與我無邦交。★2013年7月4日，我國首度與巴商工總會簽署合作備忘錄，促進雙邊經貿關係。

基本資料

地理位置：南亞、伊朗與印度之間，南臨阿拉伯海。	面積：796,095 平方公里
人口：2億5,237萬人(2024)	網址：http://www.pakistan.gov.pk
與臺北之時差：-3	電話國碼：92
獨立日期：1947年8月14日	國慶日：3月23日
首都：伊斯蘭馬巴德(Islamabad)	語言：旁遮普語(Punjab)、烏爾都語(Urdu)。
幣制：Pakistani rupee, 1.00USD= 278.48PKR (2024.8)	宗教：伊斯蘭教

政治制度：伊斯蘭共和國。政體：議會共和制。內閣：總理及各部部長組成內閣。國會：兩院制，包括下院國民議會(National Assembly)，342席，272席直選產生，10席保留給非穆斯林，婦女60席，任期5年。上院參議院(Senate)104席，任期6年。1999年10月12日總理納瓦茲‧夏立夫(Nawaz Sharif)解除陸軍總司令穆夏拉夫(Pervez Musharraf)將軍職務。軍方發動政變，穆夏拉夫取得政權。在全國實行緊急狀態，中止憲法，解散聯邦和省議會，自任首席執行官，總統根據首席執行官建議行使職權。2001年6月20日穆夏拉夫就任總統。2002年4月30日公民投票，同意穆夏拉夫在同年10月大選後再任5年總統。8月21日穆夏拉夫片面修改憲法，將任期延長5年，有解散國會權。2007年11月28日穆夏拉夫辭軍職，29日就任文職總統，展開第二個5年任期。2008年8月18日穆夏拉夫確知執政聯盟將提案彈劾後辭職，結束9年執政；參院主席蘇姆洛代理總統，國會議員和省議員組成選委會9月6日總統選舉，由遇刺前總理碧娜芝‧布托女婿札達里當選。2013年7月胡笙當選總統。2018年9月4日選出艾維為總統。2022年4月國民議會改選夏巴茲‧夏立夫任總理，接替因不信任而下台的前總理伊姆蘭汗(Imran Khan)。2023年8月，卡卡爾擔任看守總理監督選舉。2024年3月3日下院選出夏立夫任總理，9日札達里當選總統。

政府首長：總統：札達里 Asif Ali Zardari　總理：夏立夫 Shehbaz Sharif

主要政黨：巴基斯坦人民黨(PPP)、Muttahida Qaumi運動黨(MQM)、納瓦茲巴基斯坦穆斯林聯盟(PML-N)、巴基斯坦穆斯林聯盟(PML)。2015年3月5日參議院選舉，巴基斯坦人民黨27席，納瓦茲巴基斯坦穆斯林聯盟26席，運動黨8席。2013年5月11日國民議會大選，納瓦茲巴基斯坦穆斯林聯盟126席，巴基斯坦人民黨31席。納瓦茲巴基斯坦穆斯林聯盟領袖夏立夫(Nawaz Sharif)任總理。2017年7月夏立夫遭最高法院罷黜，8月阿巴西就任總理。2018年5月25日國民議會大選，巴基斯坦正義運動黨(PTI)獲得116席，納瓦茲巴基斯坦穆斯林聯盟64席，人民黨43席；8月18日，伊姆蘭汗就任總理。上院於2021年3月3日選舉，共改選48個席次。選委會3月10日公布，正義運動黨贏得18席，加上原有議席成為上院第一大黨。2024年2月8日下院大選，穆斯林聯盟拿下75席，人民黨獲54席，獨立席次101席。

司法制度：司法機關分地方法院、高等法院與最高法院三級，行傳統的伊斯蘭法。	
經社概況	
平均每人國內生產毛額：5,600美元（2023）	國內生產毛額：1兆3,470億美元（2023）
國內各業生產毛額結構：農業：24.4%（2016）　工業：19.1%（2016）　服務業：56.5%（2017）	
通貨膨脹率：30.77%（2023）　失業率：5.5%（2023）	
進口值：578億600萬美元（2023）　出口值：364億4,200萬美元（2023）	
主要進口：精煉石油、原油、天然氣、棕櫚油、棉花。	
主要出口：紡織品、米、成衣、精煉石油、棉纖維。	
人口出生率：25.5‰（2024）　人口死亡率：5.9‰（2024）	

巴勒斯坦國
STATE OF PALESTINE

建國簡史

西元前20世紀，閃族的迦南人定居在巴勒斯坦沿海和平原。前13世紀腓力斯人在該地沿海建國。前13世紀末希伯來部落遷入。前11世紀猶太人建立希伯來王國，其後亞述、巴比倫、波斯等曾占領該地。前1世紀羅馬帝國入侵，猶太人流散世界各地。

7世紀巴勒斯坦納入阿拉伯帝國，移入的阿拉伯人和當地土著居民同化，形成現代巴勒斯坦民族。16世紀起巴勒斯坦成為鄂圖曼土耳其帝國一部分。1920年英國以約旦河為界把巴勒斯坦分為東西兩部，西部英國委任統治地仍稱巴勒斯坦（即今以色列、約旦河西岸和加薩走廊），東部稱外約旦（即今約旦王國）。19世紀末，猶太人大量移入巴勒斯坦，經常與當地阿拉伯人發生流血衝突。

第二次世界大戰後，在英、美支持下，聯合國1947年決議巴勒斯坦在1948年英國統治結束後分別建立猶太國和阿拉伯國，耶路撒冷定位為聯合國管轄的國際城市。1948年5月以色列建國，多次對周遭阿拉伯國家發動戰爭，占領耶路撒冷，100多萬巴勒斯坦人淪為難民。1964年5月巴勒斯坦解放陣線成立。1974年巴解取得聯合國觀察員身分。1988年11月15日巴解在阿爾及爾通過獨立宣言，宣布在巴勒斯坦土地建立首都為耶路撒冷的巴勒斯坦國。1988年12月，巴解主席阿拉法特承認以色列的生存權。1993年9月13日在挪威協調下，以色列和巴解簽署奧斯陸協定，提出巴勒斯坦自治計畫。1994年7月12日，阿拉法特結束27年流亡生活返回加薩。

2000年9月，決定約旦河西岸和加薩走廊永久地位的談判陷入僵局後，以巴間爆發流血衝突。2003年4月，美國、歐盟、聯合國和俄羅斯提出和平藍圖。2004年11月阿拉法特過世，2005年1月總理阿巴斯當選巴勒斯坦自治政府總統，2月在埃及夏姆席克與以色列總理夏隆召開的高峰會中達成停火協議。2005年9月，以色列撤出西、北部4個屯墾區居民和軍隊，並自加薩走廊撤軍，將該地區移交巴勒斯坦自治政府。

2006年1月，巴勒斯坦的伊斯蘭主義組織「哈瑪斯」贏得自治議會大選。2007年6月哈瑪斯武力接管加薩，巴勒斯坦分裂，以色列及埃及嚴格管制加薩走廊人貨進出。2011年9月阿巴斯總統向聯合國提出入會申請。2012年11月聯合國大會通過提升巴勒斯坦為非會員觀察國。2014年4月巴解與哈瑪斯達成協議並組聯合政府；6月在3名以國少年遇害及1名巴勒斯坦少年疑遭報復殺害後，以巴衝突再升高，以國空襲加薩走廊，哈瑪斯以砲彈反擊，雙方透過埃及數次調停，但和談進度數度停滯。2014年教廷將與巴的外交關係由「巴勒斯坦解放組織」改為「巴勒斯坦國」。2015年6月梵巴簽署條約，承認巴勒斯坦為獨立國；9月30日巴勒斯坦旗幟在聯合國總部升起。2022年8月以色列與巴勒斯坦伊斯蘭聖戰組織（Islamic Jihad）達成停火協議。

2023年10月7日「哈瑪斯」突襲以色列，以色列立即還擊，轟炸並封鎖加薩走廊，正式宣戰。根據外電2024年10月14日報導，據信至少有加薩平民逾4.2萬人死亡。

與我關係

巴勒斯坦與我無邦交。

基本資料

地理位置：亞洲西部，含約旦河西岸至1949年停火線間土地，及以色列南部連接埃及之加薩走廊地區。
面積：約旦河西岸5,860平方公里、加薩走廊360平方公里。
人口：約旦河西岸325萬人、加薩走廊214萬人（2024）。　網址：http://www.palestinecabinet.gov.ps/
與臺北之時差：-6（夏令時-5）　　電話國碼：970
獨立日期：1988年11月15日（阿拉法特於阿爾及爾發表獨立宣言）
首都：耶路撒冷（Jerusalem）　　語言：阿拉伯語、希伯來語。
幣制：主要流通貨幣為以色列幣Israeli shekel, 1.00USD＝3.75ILS（2024.8)、約旦幣Jordanian dinar, 1.00USD＝0.709JOD（2024,與美元連動匯率）及美元。　宗教：伊斯蘭教、猶太教、基督教。
政治制度：沒有憲法，自治議會1997年通過、阿拉法特總統2002年簽署實施基本法。巴勒斯坦自治政府依1993年以巴簽署協議成立階段性、過渡性的自治機構，負責管理自治區內除外交、安全外所有民事。總統為國家元首，任命總理組成內閣。議會：自治議會，2006年1月舉行議員選舉，哈瑪斯大勝，但因哈瑪斯不承認以色列，在無法與巴解達成協議組聯合政府後，議會未召開行使職權。2013年6月無黨籍哈姆達拉赫（Rami Hamdallah）任總理。2014年6月哈瑪斯與巴解組聯合政府，但2015年6月再度決裂，政府垮台，哈姆達拉赫留任。2017年法塔和哈瑪斯組織達成團結協議，12月1日起巴勒斯坦自治政府全面接管加薩走廊。2021年4月底，阿巴斯下令延後原訂5月22日的議會大選與7月31日的自治政府主席選舉。
政府首長：總統：阿巴斯 Mahmoud Abbas
主要政黨：巴勒斯坦解放陣線法塔（Fatah，控制約旦河西岸）、伊斯蘭抵抗運動哈瑪斯（Hamas，控制加薩走廊）。2016年12月阿巴斯連任法塔主席。2017年5月13日約旦河西岸佔領區舉行地方選舉，選出145個地方議會的代表。加薩走廊（Gaza Strip）地區沒有一起舉行選舉。
司法制度：依基本法設有憲法法庭及最高法院，最高法院下轄審理人民控告政府案件的高等法院及負責法律審的上訴法院。

經社概況

平均每人國內生產毛額：約旦河西岸5,300美元（2023）；加薩走廊5,300美元（2023）
國內生產毛額：約旦河西岸274億1,800萬美元（2023）；加薩走廊274億1,800萬美元（2023）
國內各業生產毛額結構：約旦河西岸　農業：2.9%　工業：19.5%　服務業：77.6%（2017）
　　　　　　　　　　　加薩走廊　農業：3.0%　工業：21.1%　服務業：75%（2017）
通貨膨脹率：約旦河西岸5.87%（2023），加薩走廊5.87%（2023）
失業率：約旦河西岸24.42%（2022），加薩走廊24.42%（2022）
進口值：約旦河西岸：122億5,700萬美元（2022）；加薩走廊：122億5,700萬美元（2022）
出口值：約旦河西岸：35億3,300萬美元（2022）；加薩走廊：35億3,300萬美元（2022）
主要進口：約旦河西岸：電力、動物糧食、汽車、燃油、水泥；加薩走廊：電力、動物糧食、汽車、燃油。
主要出口：約旦河西岸：建築石材、廢鐵、家俱、塑膠品；加薩走廊：建築石材、廢鐵、家俱、塑膠品。
人口出生率／死亡率：約旦河西岸27.8‰／3.3‰（2024），加薩走廊26.8‰／2.9‰（2024）

菲律賓共和國
REPUBLIC OF THE PHILIPPINES

建國簡史

菲國今日人種以馬來人為主，約西元前500年到1500年間陸續移民至此。1521年葡萄牙人麥哲倫率西班牙遠征艦隊登陸宿霧，西班牙國王腓力二世即以其本人名字命名菲律賓。1565年西班牙進據，開始330年殖民時代。1890年代菲人反西情緒高張，1898年美西戰爭爆發，西國戰敗，美國統治菲律賓近50年；1946年菲國獨立實施美式民主憲政。1965年馬可仕（Ferdinand Marcos）當選總統，於1972年至1981年實施戒嚴。1986年總統選舉舞弊致群眾抗議，馬可仕流亡夏威夷。2014年3月27日，菲政府與分離組織莫洛伊斯蘭解放陣線（MILF）簽署和平協定，總統艾奎諾三世將「莫洛國基本法」送國會審議，取代「民答那峨島穆斯林自治區」，但法案在卸任前未通過。2016年7月25日，總統杜特蒂在

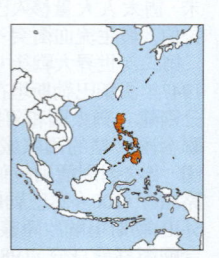

國會發表首次國情咨文,承諾持續與菲南數個分離組織和談。2017年5月23日,杜特蒂以鎮壓叛亂為由宣布民答那峨島戒嚴,戒嚴令兩度延期至2018年12月31日;這是菲國自1972年以來第2次的大範圍戒嚴。2018年7月國會兩院通過,杜特蒂簽署莫洛國基本法生效。

與我關係

與我無邦交。★中華民國與菲律賓於1947年4月18日建交,1975年6月9日斷交。我於7月28日在菲律賓設「太平洋經濟文化中心駐馬尼拉辦事處」,菲於1976年3月16日在台設「亞洲交易中心」。★1989年12月20日我「太平洋經濟文化中心駐馬尼拉辦事處」更名為「駐菲律賓臺北經濟文化辦事處」,菲國「亞洲交易中心」更名為「馬尼拉經濟文化辦事處」。★1991年7月7日兩國簽訂海道通行協定暨農漁業合作備忘錄。★1992年2月28日簽臺菲投資保證協定,並自1992年起,每年在台北或馬尼拉召開部長級經濟合作會議。★2000年9月26日,在台北達成復航修約協議。★2002年5月29日,在台北簽署避免所得稅雙重課稅及防杜逃稅協定。★2006年3月簽署臺菲直接聘僱計畫瞭解備忘錄。★2009年7月28日在馬尼拉簽署關務人員培訓、交流暨合作協議備忘錄。★2011年9月15日我國捐贈15座自動化氣象站啟用。★2012年8月8日衛生署長邱文達訪菲衛生部,雙方簽7項合作協議。★2013年4月19日簽署刑事司法互助協定。5月9日屏東琉球籍漁船廣大興28號在臺菲重疊經濟海域作業,遭菲方海巡船掃射,船員洪石成身亡,兩國關係陷入低點。8月8日馬尼拉經濟文化辦事處理事主席培瑞茲代表總統艾奎諾三世赴洪家道歉;我國次日宣布解除11項制裁措施。★2015年7月1日菲實施台灣遊客電子簽。8月簽署「臺菲航權協定修約」。11月5日兩國簽署臺菲有關促進漁業事務執法合作協定。★2016年1月菲律賓總統參選人、納卯市長杜特蒂訪台3天。4月菲律賓前總統羅慕斯訪台,拜會馬英九總統及總統當選人蔡英文。★2017年11月1日起,我試辦予菲律賓國民14天免簽證待遇,至2018年7月底,其後每年7月延期1年,延至2021年7月底。★2019年9月18日馬尼拉地區初審法院宣布朝漁船廣大興28號案8名開槍射擊的菲律賓海岸防衛隊人員殺人罪成立,刑期8年至14年。★2020年4月15日與6月11日,政府援贈菲律賓口罩及其他醫療設備,協助對抗疫情。★2024年1月15日,菲國總統小馬可仕在X發文祝賀賴清德獲選下任總統。4月3日小馬可仕在X發文對花蓮大地震表達「我們的心與台灣人民同在,他們經歷了今天的災變」。

基本資料	
地理位置:東南亞,呂宋群島。	面積:300,000 平方公里
人口:1億1,828萬人(2024)	網址:http://www.gov.ph/
與臺北之時差:0	電話國碼:63
獨立日期:1946年7月4日(脫離美國)	國慶日:6月12日(1898年脫離西班牙)
首都:馬尼拉(Manila)	語言:菲律賓語、英語。
幣制:菲律賓披索Philippine peso, 1.00USD=57.32PHP(2024.8)	宗教:天主教
政治制度:總統制、三權分立,行政權屬總統,參、眾兩院制國會。前總統艾奎諾的夫人柯拉蓉(Corazon Aquino)在馬可仕流亡美國後,1986年2月宣布成立臨時政府,3月宣布廢除馬可仕體制下憲法,解散國會並頒布臨時憲法。同年5月25日成立制憲委員會,起草新憲法,10月新憲法草案制定完成。1987年2月舉行新憲法公民複決獲贊成通過,確認艾奎諾夫人總統任期至1992年6月30日。新憲法採總統制,任期6年,不得連任;國會採兩院制,參議員24席任期6年,半數每3年改選;眾議員316席任期3年,其中253席依單一選區制選出,63席依比例代表制分配。2001年1月艾斯特拉達總統(Joseph Estrada)涉貪被罷黜,副總統雅羅育(Gloria Macapagal Arroyo)接續總統任期。2004年雅羅育當選連任總統。2010年艾奎諾三世(Benigno S. Aquino III)當選總統。2016年杜特蒂(Rodrigo Duterte)當選總統;自由黨羅貝多(Leni Robredo)當選副總統。2022年5月小馬可仕當選總統,前總統杜特蒂長女薩拉(Sara Duterte)當選副總統。	
政府首長:總統:小馬可仕Ferdinand "Bongbong" Marcos Jr.	
主要政黨:政黨個人色彩濃厚,2013年國會選舉後,自由黨的艾奎諾三世成為菲國第一個在國會有明顯多數的總統。2016年5月9日國會大選,杜特蒂的自由菲人-國民力量黨(PDP-Laban)在7月25日開議前,與人民改革聯盟(NPC)、國家統一黨(NUP)、國民黨(NP)、與前總統雅羅育所屬的Lakas-CMD及多位自由黨議員達成協議,掌握國會多數席次。2019年5月13日國會大選,眾議院300席中,自由菲人-國	

民力量黨、國民黨、人民改革聯盟、國家統一黨組成的執政聯盟贏得160席過半數。2022年5月9日，國會大選，國民力量黨拿下66席，國民黨36席，人民改革聯盟35席，國家統一黨33席。
司法制度：設有最高法院及依法設立之上訴法院、地方法院等三級制。南部自治區設有伊斯蘭法院。

經社概況

平均每人國內生產毛額：9,700美元（2023）	國內生產毛額：1兆1,380億2,600萬美元（2023）
國內各業生產毛額結構：農業：9.6%　工業：30.6%　服務業：59.8%（2017）	
通貨膨脹率：5.98%（2023）	失業率：2.23%（2023）
進口值：1,502億6,900萬美元（2023）	出口值：1,036億100萬美元（2023）
主要進口：積體電路、精煉石油、車輛、煤、塑膠製品。	
主要出口：積體電路、辦公機械/零件、半導體、電線、黃金。	
人口出生率：22.1‰（2024）	人口死亡率：6.2‰（2024）

卡達
STATE OF QATAR

建國簡史

自16世紀以來，卡達先後為葡萄牙、西班牙、英國等國的殖民地。1872年後，併入奧圖曼土耳其帝國。1916年後，土耳其勢力為英國逐出，卡達被迫與英國簽定保護條約，除內政自主外，其外交、國防、領土等皆由英國負責，至1971年英國始撤離海灣地區。英軍撤離海灣地區後，沙烏地阿拉伯原提議卡達、巴林及海灣諸邦成立聯邦，惟因巴林、卡達互爭領導權而未果，卡達遂於1971年9月3日宣布獨立。2013年，卡達新國王塔米姆接掌大權，延續父王大業。卡達於2010年12月贏得2022年世界盃足球賽主辦權，但自2011年起，因遭行賄指控而風波不斷。

與我關係

卡達與我無邦交，獨立時我國曾予外交承認。★2015年起，卡達予中華民國國民電子簽證申請服務。2011年以來，我天然氣進口最大來源國為卡達，約占3成。

基本資料

地理位置：波斯灣西岸的半島國	面積：11,586平方公里
人口：256萬人（2024）	網址：http://www.gov.qa/wps/pork/
與臺北之時差：-5	電話國碼：974
獨立日期：1971年9月3日（脫離英國）	國慶日：12月18日
首都：杜哈（Doha）	語言：阿拉伯語
幣制：Qatar riyal, 1.00USD＝3.64QAR（2024，與美元連動匯率）	宗教：伊斯蘭教

政治制度：國體與政體：君主專制，政治與宗教合一，原以可蘭經為國憲。2004年6月8日，國王公布2003年公投通過的憲法，依憲法實施行政、立法、司法三權分治，行政權由國王總攬。內閣：由總理、副總理、各部部長及國務大臣組成，皆由國王任命。國會：協商會議擁有有限的立法權，45名成員其中30人原訂2013年下半年選舉產生，另15人由國王任命。2013年6月25日，在位16年的國王哈邁德（Hamad bin Khalifa Al-Thani）宣布退位，由塔米姆繼任。2016年6月17日協商會議選舉，45席中有4席女性。2021年10月2日，協商會議選舉，女性僅2名。

政府首長：國王：塔米姆 Tamim bin Hamad al-Thani
　　　　　總理（兼外交部長）穆罕默德 Muhammad bin Abd al-Rahman Al Thani
主要政黨：禁止組黨結社
司法制度：國王任命大法官掌管全國司法，並任命委員3人、主席1人，成立司法監察委員會，以監察各級法院。法院分三級：上訴法院、中級法院及下級法院。另設有伊斯蘭法庭。

經社概況

平均每人國內生產毛額：113,200美元（2022）	國內生產毛額：3,049億7,300萬美元（2022）
國內各業生產毛額結構：農業：0.2%　工業：50.3%　服務業：49.8%（2017）	

通貨膨脹率：3.03%（2023）	失業率：0.13%（2023）
進口值：721億7,400萬美元（2023）	出口值：1,287億2,600萬美元（2023）
主要進口：飛機、汽渦輪機、車輛、珠寶、成衣。	
主要出口：天然氣、原油、精煉石油、石化產品、肥料。	
人口出生率：9.2‰（2024）	人口死亡率：1.4‰（2024）

沙烏地阿拉伯王國
KINGDOM OF SAUDI ARABIA

建國簡史

7世紀時，伊斯蘭教創始人穆罕默德的繼承人建立阿拉伯帝國，8世紀全盛期版圖橫跨歐、亞、非三大洲。11世紀時由盛轉衰，16世紀為奧圖曼土耳其帝國統治。18世紀末，內志（Najd）迪里雅德地區之紹德（Saud）家族與瓦哈比宗教改革運動結合，將勢力擴張至漢志（Hijaz）。1818年土埃聯軍擊敗瓦哈比信徒，紹德家族改在利雅德建立新都與Hail之拉希德家族衝突。1891年紹德首領阿布都拉曼流亡科威特，其子阿布都阿濟茲（Abdul Aziz Al-Saud）1902年1月收復利雅德，1916年11月自立為內志蘇丹。1921年11月消滅拉希德家族。1924年3月5日漢志統治者胡笙自封為哈里發，阿布都阿濟茲不服，出兵征服漢志後，於1926年1月8日自封為漢志國王。1932年9月23日漢志及內志兩王國合併為沙烏地阿拉伯王國。2017年6月21日，沙烏地阿拉伯國王沙爾曼將兒子穆罕默德·沙爾曼（Mohammed bin Salman）立為王儲，完成取消前王儲穆罕默德·納衣夫權力的程序。

與我關係

與我無邦交。★1946年11月15日沙國與中華民國簽訂友好條約，兩國建交。1990年7月22日，我宣布中止與沙國外交關係。★據1991年1月6日締結，回溯至1990年7月19日生效的兩國設置新機構備忘錄，我於利雅德設立「駐沙烏地阿拉伯王國臺北經濟文化代表處」，另在吉達設立分處。沙國則於台北設立「沙烏地阿拉伯商務辦事處」後於2017年關閉。★1998年10月10日至12日，第16屆經濟合作會議在利雅德召開，經濟部次長林義夫率團出席，並簽署投資保障協定備忘錄。★2005年8月3日外長陳唐山訪沙悼唁法赫德國王逝世，並祝賀新王阿布杜拉登基。★2007年5月31日，沙國瓦利德親王率團訪臺。★2022年11月3日，鴻海與沙國PIF合資企業Ceer正式成立，打造沙國第一個電動車品牌，Ceer品牌車預計2025年上市開賣。

基本資料

地理位置：西南亞、阿拉伯半島。	面積：214萬9,690 平方公里
人口：3,655萬人（2023，根據聯合國，移民占人口38.3%）	網址：http://www.saudi.gov.sa/wps/portal/
與臺北之時差：-5	電話國碼：966
獨立日期：1932年9月23日（全國統一）	國慶日：9月23日
首都：利雅德（Riyadh）	語言：阿拉伯語
幣制：Riyal, 1.00USD=3.75SAR（2024，與美元連動匯率	宗教：伊斯蘭教
政治制度：國體與政體：君主專制，政治與宗教合一，事實上以可蘭經為國憲，國王於1992年頒布基本法。內閣：由總理、副總理、各部部長及國務大臣組成。總理由國王兼任，第一副總理由王儲兼任，並設第二副總理，閣員由元首任命。國會：沒有議會，僅設立諮詢會議，150位諮詢委員由國王任命，任期4年，提出諮詢及建議供參考，2013年國王任命30席女性諮詢委員。2015年12月12日市議員選舉，首次開放女性投票和參選，978名女性首度參選，20人贏得議員席次；登記投票的女性約13萬人。2022年9月27日政府改組，王儲穆罕默德·沙爾曼（Mohammed bin Salman）任總理，總理傳統上是由國王出任。	
政府首長：國王：沙爾曼 Salman bin Abd al-Aziz Al Saud 　　　　　總理：穆罕默德·沙爾曼 Mohammed bin Salman	
主要政黨：禁止組黨結社	
司法制度：設有最高法院（High Court），其下有上訴法院（Court of Appeals）及初審法院（first-degree courts）。	

經社概況

平均每人國內生產毛額：49,600美元（2023）	國內生產毛額：1兆8,310億美元（2023）
國內各業生產毛額結構：農業：2.6%　工業：44.2%　服務業：53.2%（2017）	
通貨膨脹率：2.33%（2023）	失業率：4.88%（2023）
進口值：2,915億6,500萬美元（2023）	出口值：3,709億7,400萬美元（2023）
主要進口：車輛、廣播設備、精煉石油、服裝、黃金。	
主要出口：原油、精煉石油、塑膠、肥料、石化產品。	
人口出生率：13.6‰（2024）	人口死亡率：3.5‰（2024）

新加坡共和國
REPUBLIC OF SINGAPORE

建國簡史

1819年英人萊弗士爵士（Sir Stamford Raffles）發現新加坡地處南中國海要衝，河川交通便利，乃與當時之酋長蘇丹訂約取得海港管理權，設立貿易站。1824年8月，蘇丹與東印度公司締約，將新加坡全島割予該公司，此後新加坡漸繁榮，人口漸增加，中國、印度移民紛至。1867年新加坡從海峽殖民地（Straits Settlements）改制為皇家殖民地，歸英政府殖民部統治。

第二次大戰期間，新加坡遭日本占領3年之久，戰後新加坡開始有民選議員，但大多數議員仍由官方派任。1959年新加坡改為自治領，51席議員全部改為民選；人民行動黨（People's Action Party, PAP）在當年大選中取得43席，成為執政黨迄今。1963年新加坡加入馬來西亞聯邦，由於聯邦政府立法賦予馬來人各項特權，刻意扶植馬來人政經地位，李光耀領導之人民行動黨堅決反對，與聯邦當局發生摩擦，並於1965年8月9日退出聯邦，成為獨立的共和國。

2015年3月23日前總理李光耀辭世。8月新加坡慶祝建國50週年。

與我關係

新加坡與我無邦交。★1968年11月14日中華民國與新加坡互設商務代表，我駐星商務代表團1969年3月成立。★1979年6月新加坡駐臺北商務代表辦事處成立。★1984年元旦星國對持中華民國護照旅客實施二週免簽證措施，星旅遊促進局4月在台設立辦事處。★1990年4月8日第一屆臺星部長級經技合作會議在台北舉行，雙方簽署投資保證及暫准通關兩協定；嗣後每年一次的臺星部長級經合會議分別在新加坡與台北舉行。★1990年9月30日起「中華民國駐新加坡商務代表團」易名為「駐新加坡臺北代表處」，星國「新加坡駐臺北商務代表辦事處」易名為「新加坡駐臺北商務辦事處」。★2009年12月17日外貿協會董事長王志剛至星主持新加坡臺灣貿易中心開幕儀式。★2013年5月17日駐新加坡代表處宣布臺星經濟夥伴協議完成實質協商，11月7日台星簽署經濟夥伴協定（ASTEP），2014年4月19日生效。★2015年3月24日，馬英九總統專程至新加坡弔唁星前總理李光耀。★2020年3月29日，全球疫情大流行，55名台灣旅客搭商用包機離開秘魯，助14名新加坡公民及家屬同機離境。★2023年4月19日，新北市長侯友宜訪星，與副總理黃循財會晤。

基本資料

地理位置：東南亞、馬來半島南端。	面積：719.2平方公里
人口：603萬人（2024）	網址：http://www.gov.sg/
與臺北之時差：0	電話國碼：65
獨立日期：1965年8月9日（脫離馬來西亞）	國慶日：8月9日
首都：新加坡（Singapore）	語言：英語（官方語言）、馬來語（國語）、華語、印度坦米爾語。
幣制：Singapore dollar, 1.00USD＝1.32SGD（2024.8）	宗教：佛教、基督教、伊斯蘭教、印度教。

政治制度：國體：共和國。政體：議會共和制。總統為國家元首，由國會選舉；1993年9月改全民直接選舉並賦予部分實權，任期6年。2011年8月27日陳慶炎當選總統，9月1日就任。內閣為行政機關，計14部，向國會負

責。2004年8月12日李光耀之子李顯龍就職第3任總理。國會一院制（Parliament），2015年起選區重劃，議員增為89人，民選，任期5年；議長由議會推選，人選不限議員。另有「官委議員」9人。2020年國會選舉首度增設12席予反對黨，確保政治多元性。2017年9月13日總統選舉，前國會議長哈莉瑪同額參選，自動當選為首位女總統。2023年9月總統選舉，由前國務資政尚達曼當選。2024年5月15日，副總理黃循財就任總理。
政府首長：總統：尚達曼Tharman Shanmugaratnam　　總理：黃循財 Lawrence Wong
主要政黨：人民行動黨（People's Action Party）、工人黨（Workers' Party）。2015年9月11日國會大選，人民行動黨贏得83席，蟬連執政。工人黨贏得6席，阿裕尼集選區、後港單選區獲勝；其他小黨囊括17.66%選票。2020年7月10日國會大選，人民行動黨在93席中贏得79席，工人黨10席，獨立人士9席。
司法制度：設有最高法院和檢察總署，最高法院由高等庭和上訴庭組成。1994年4月8日起廢止向英國樞密院提出上訴，改向上訴庭提出。

經社概況

平均每人國內生產毛額：127,500美元（2023）	國內生產毛額：7,547億5,800萬美元（2023）
國內各業生產毛額結構：農業：0%　工業：24.8%　服務業：75.2%（2017）	
通貨膨脹率：4.82%（2023）	失業率：3.47%（2023）
進口值：6,866億5,600萬美元（2023）	出口值：8,739億8,900萬美元（2023）
主要進口：積體電路、精煉石油、原油、機械、黃金。	
主要出口：積體電路、精煉石油、機械、渦輪機、黃金。	
人口出生率：8.8‰（2024）	人口死亡率：4.3‰（2024）

斯里蘭卡民主社會主義共和國
DEMOCRATIC SOCIALIST REPUBLIC OF SRI LANKA

建國簡史

斯里蘭卡原稱錫蘭。約在2,500年前，來自印度之僧伽羅人建立辛哈勤王朝，辛哈勤意即獅族，現斯國國旗上之「獅子」，可說與古代「獅族」王朝有關。15世紀初，錫蘭曾為中國屬地，1505年葡萄牙人航抵並占領錫蘭，1602年荷蘭海軍上將皮伯格（Van Spilberg）率領航艦驅逐葡人，至1818年英人前來殖民，建立行政系統。

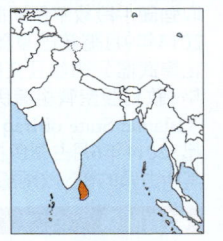

1946年始制定憲法，翌年成立自治政府，1948年2月4日獨立為錫蘭（Ceylon）。1972年修憲更名為「斯里蘭卡共和國」。1978年再度修憲，改國號為「斯里蘭卡民主社會主義共和國」並廢除英女王代表，仍為大英國協一員。2013年2月4日斯里蘭卡紀念脫離英國獨立65週年，赦免約1,270名罪犯。

與我關係

斯里蘭卡與我無邦交。★1979年開放與我直接貿易，並予國人赴斯觀光兩週免簽證待遇。★我國於1991年11月裁撤駐斯里蘭卡辦事處。★2005年6月慈濟基金會在斯里蘭卡建大愛村並發放物資，救援海嘯災民。

基本資料

地理位置：南亞，印度東南方之島國。	面積：65,610 平方公里
人口：2,199萬人（2024）	網址：http://www.gov.lk/
與臺北之時差：-2.5	電話國碼：94
獨立日期：1948年2月4日（脫離英國）	國慶日：2月4日
首都：可倫坡（Colombo）	語言：僧伽羅語（Sinhala）、泰米爾語（Tamil）、英語。
幣制：Sri Lankan rupee, 1.00USD=299.29LKR（2024）	宗教：佛教、印度教、伊斯蘭教、基督教。

政治制度：1978年10月公布新憲法，改採總統制，任期5年，可連任一次。國會（National Assembly）採一院制，225席，其中196席由選民直接選舉，其餘29席依參選政黨得票多少按比例分配，任期5年。總統為國家元首，並為行政首長及三軍統帥。在挪威政府調停下，斯里蘭卡政府與坦米爾之虎叛軍簽署停火協議，於2002年2月23日凌晨零時起生效。斯國政府於2002年9月4日解除對叛軍坦米爾之虎的禁令，使其成為合法政治組織。2006年政府軍與叛軍衝突轉劇，2007年政府軍開始控制東部沿海原叛軍占據之省份。2009年5月政府軍徹底擊潰叛軍殘餘勢力，結束30年內戰。2015年1月總統選舉，席瑞塞納獲選為新任總統。

2019年11月總統大選，戈塔巴耶·拉賈帕克薩（Gotabaya Rajapaksa）當選總統。2022年7月14日戈塔巴耶·拉賈帕克薩因民眾大規模示威出奔海外後辭職，威克瑞米辛赫當選總統。2024年9月22日，經過兩輪投票，馬斯克主義領袖迪桑納亞克贏得總統大選，23日宣誓就職。

政府首長	總統：迪桑納亞克 Anura Kumara Dissanayake　　總理：阿馬拉蘇里亞 Harini Amarasuriya
主要政黨	2010年4月8日舉行國會選舉，自由聯盟在225席的國會中贏得144席，聯合國家黨60席，坦米爾民族聯盟14席，民主全國聯盟7席。2015年8月17日國會改選，總理威克瑞米辛赫所屬的統一國民黨贏得106席，成為第一大黨；自由黨95席、坦米爾民族聯盟16席。第九屆國會大選，總統戈塔巴耶與擔任總理的哥哥馬辛達·拉賈帕克薩（Mahinda Rajapaksa）帶領的斯里蘭卡人民陣線（SLPP）政黨以壓倒性票數勝出。2020年8月5日大選，執政黨在225席中拿下145席，大獲全勝。
司法制度	設有最高法院、上訴法院、高級法院及地方法院。
經社概況	
平均每人國內生產毛額：13,000美元（2023）	國內生產毛額：2,872億美元（2023）
國內各業生產毛額結構：農業：7.8%　　工業：30.5%　　服務業：61.7%（2017）	
通貨膨脹率：16.54%（2023）　　　　失業率：6.36%（2023）	
進口值：188億2,300萬美元（2023）　　出口值：173億2,700萬美元（2023）	
主要進口：精煉石油、紡織品、纖維棉、人造纖維。	
主要出口：成衣、茶葉、橡膠、二手輪胎、寶石。	
人口出生率：14.5‰（2024）　　　　人口死亡率：7.5‰（2024）	

敘利亞阿拉伯共和國
SYRIAN ARAB REPUBLIC

建國簡史

1918年奧圖曼帝國崩潰以前，Sham（敘利亞古名）一詞是指敘利亞、黎巴嫩、巴勒斯坦（以色列）及約旦各國所構成之廣大地區。敘利亞曾為波斯及東羅馬帝國所征服。第二次世界大戰期間敘人曾起而反抗法國維琪政府統治，得恢復部分自治權。1941年6月盟軍進駐敘利亞，自由法國政府應允終止委任統治，9月17日承認敘利亞獨立，但法軍仍留駐敘國，至1945年敘人暴動，英國出兵干涉，法軍撤出。

1946年英軍亦撤出，敘利亞至4月17日完全獨立。1965年敘利亞接受蘇聯援助，傾向社會主義。1966年恪遵馬列主義路線的復興黨採取強硬手段敉平伊斯蘭教領袖之反抗而執政。2013年9月總統巴夏爾·阿塞德宣示加入禁止化學武器公約並且交出化武由國際監管。2013年，敘利亞聖戰組織伊拉克與黎凡特伊斯蘭國（Islamic State of Iraq and the Levant, ISIL）崛起，2014年6月占領伊拉克北部省分，並宣布在其所占領的伊、敘兩國地區成立伊斯蘭國。

與我關係

敘利亞與我無邦交。★2013年3月中華民國外交部捐組合屋援助在約旦的敘利亞難民。★2020年6月，駐土耳其代表處捐贈10萬片口罩給敘利亞非政府組織馬拉姆基金會，協助敘國民眾對抗2019冠狀病毒疾病疫情。

基本資料

地理位置：西亞、西臨地中海。	面積：187,437平方公里
人口：2,387萬人（2024）	網址：http://www.egov.sy/
與臺北之時差：-6（夏令時-5）	電話國碼：963
獨立日期：1946年4月17日	國慶日：4月17日
首都：大馬士革（Damascus）	語言：阿拉伯語
幣制：Syrian pound, 1.00USD＝13,024 SYP（2024）	宗教：伊斯蘭教、基督教。

政治制度：國體：共和國，1971年2月16日公布「臨時憲法」。政體：總統制，總統必須是伊斯蘭教徒，由人民每7年普選產生。採三權分立，立法權屬於人民大會（People's Council），行政權屬內閣，司法權隸屬各級人民法庭。人民大會：議員計250人，每4年改選1次，但總統有權解散國會而重新選舉，總統對

於國會之決議案亦有否決權，但國會可以其2/3通過之票數推翻總統之否決權。內閣：總理及閣員均由總統任命，閣員共34名。1999年2月10日舉行公民複決投票，阿塞德總統獲得99.98%的選民支持，贏得第5個7年總統任期。2000年6月老阿塞德（Hafez al-Assad）總統病故。7月10日舉行公民投票，選舉巴夏爾·阿塞德為敘利亞總統；7月17日巴夏爾·阿塞德在國會宣誓就職，並於2007年5月27日公民投票中獲勝連任。2011年3月中旬爆發民眾示威遊行，要求改革，遭到政府強力鎮壓。2012年2月，聯合國前秘書長安南（Kofi Annan）受命出任聯合國及阿拉伯聯盟敘利亞危機特使。7月紅十字會稱敘國暴動已達內戰規模。8月安南在中俄多次於安理會中否決和平提案後，宣布辭任特使職位，前阿爾及利亞外長布拉希米（Lakhdar Brahimi）接任，改稱特別代表。2013年3月27日敘利亞反對派聯盟在獲多國承認後在卡達首都杜哈開設第一個大使館。2014年6月3日，敘國在政府軍掌控的地區辦理總統選舉，巴夏爾·阿塞德以壓倒性得票率贏得選舉。2021年5月26日總統大選，巴夏爾·阿塞德連任成功。

政府首長	總統：巴夏爾．阿塞德Bashar al-Asad　　總理：阿爾努斯 Hussein Arnous
主要政黨	執政黨為阿拉伯社會主義復興黨（巴斯黨），其餘為左翼小黨，如敘利亞共產黨、敘利亞阿拉伯社會主義聯盟、阿拉伯社會主義黨與。2012年2月阿塞德總統主導修憲公投通過，5月7日舉行國會選舉，容許反對黨參選。2016年4月13日政府軍掌控地區辦理國會改選，執政聯盟贏得250席中的200席。2020年7月19日國會大選，贏得170席。2024年7月15日國會大選，執政的巴斯黨囊括169席。
司法制度	設有最高憲法法院、高等法院、最高法院及國家安全法院、反恐法庭。

經社概況		
平均每人國內生產毛額：2,900美元（2021）		國內生產毛額：621億5,100萬美元（2021）
國內各業生產毛額結構：農業：20%　　工業：19.5%　　服務業：60.8%（2017）		
通貨膨脹率：28.1%（2017）		失業率：13.54%（2023）
進口值：65億5,300萬美元（2021）		出口值：22億2,400萬美元（2021）
主要進口：菸草、塑膠、麵粉、葵花油、塑膠製品。		
主要出口：橄欖油、磷酸鹽、堅果、棉花、服裝。		
人口出生率：21.7‰（2024）		人口死亡率：4‰（2024）

塔吉克共和國
REPUBLIC OF TAJIKISTAN

建國簡史

西元前1,000年左右，塔國境內已有大夏國。前6世紀至4世紀先後受伊朗阿契美尼德王朝及馬其頓亞歷山大統治。前3世紀起，阿姆河（Amu Darya）流域之巴克特利亞人（Bactria）及粟特人（Sogdiana）推翻馬其頓人統治，在巴克特利亞建立屬於巴克特利亞人之王國。稍後粟特人及其他中亞地區均加入巴克特利亞王國，另成立貴霜王國，其後受突厥人統治，8世紀為回教阿拉伯人統治。9世紀至10世紀，該區曾建立塔赫里王朝和薩曼王朝，塔吉克民族於焉形成。

10至13世紀，建有伽色尼王朝、哈拉汗王朝和花剌子模王國。13至16世紀，蒙古人入侵，建立帖木兒王朝。16世紀起蒙古衰退，該地建有布哈拉王國及其他小封邑。1868年，塔吉克併入俄國，南部布哈拉汗國則為俄國之屬國。

20世紀初，塔吉克共產黨在俄國扶持下成立。1918年塔吉克北部地區建立蘇維埃政權，加入土庫曼自治共和國。1924年10月14日成立塔吉克自治共和國，1929年10月16日升格為塔吉克共和國，12月5日加入蘇聯。

蘇聯瓦解時，塔吉克1991年9月9日宣布獨立，12月21日加入「獨立國家國協」。1992年3月2日獲准加入聯合國。國際危機組織2013年2月28日公布中國的中亞問題報告，檢視中國與混亂中亞地區鄰國的密切關係，塔吉克等中亞區可能逐漸變不穩定。

與我關係

塔吉克與我無邦交。★1995年3月塔國奧會秘書長麻瑪薩佛耶夫來台出席亞奧會秘書長會議。7月我同意動支「臺灣歐銀合作基金」經費，協助塔國金融訓練計畫。★2015年10月塔國給予中華民國護照落地簽證待遇。

基本資料

地理位置：中亞	面積：144,100 平方公里
人口：1040萬人（2024）	網址：http://www.prezident.tj/
與臺北之時差：-3	電話國碼：992
獨立日期：1991年9月9日（脫離蘇聯）	國慶日：9月9日
首都：杜桑貝（Dushanbe）	語言：塔吉克語、俄語。
幣制：Somoni, 1.00USD= 10.54TJS（2024.8）	宗教：伊斯蘭教（遜尼派為主）

政治制度：元首為總統，國民直接選舉，任期7年。國會：兩院制，為國家最高立法機關，上院34席，其中8席由總統直接任命，其餘席次經選舉產生。下院63席，其中41席選民直接選舉，22席由選舉中得票率超過5%的政黨推選；兩院議員任期皆5年。2006年11月6日總統選舉，1994年上台的拉赫蒙以79.3%的得票率連任；2013年11月6日總統選舉拉赫蒙又連任，2020年10月11日大選再度連任。

政府首長：總統：拉赫蒙 Emomali Rahmon　　總理：拉蘇爾佐達 Qohir Rasulzoda

主要政黨：2015年3月1日國會選舉，下院63席中，拉赫蒙領導的人民民主黨獲51席，農民黨5席，經濟改革黨（PERT）3席，共產黨2席，社會主義黨1席，民主黨1席。2020年3月1日國會大選，人民民主黨獲得47席、農民黨7席、經濟改革黨5席、共產黨2席，63席中女性占17席。

司法制度：設有憲法法院、最高法院、最高經濟法院、軍事法院及地方法院。

經社概況

平均每人國內生產毛額：4,600美元（2023）	國內生產毛額：464億6,700萬美元（2023）
國內各業生產毛額結構：農業：28.6%　工業：25.5%　服務業：45.9%（2017）	
通貨膨脹率：7.7%（2019）	失業率：6.98%（2023）
進口值：59億3,100萬美元（2023）	出口值：21億500萬美元（2023）
主要進口：精煉石油、小麥、天然氣、服裝、汽車。	
主要出口：鋁、棉花、黃金、銅礦、寶石。	
人口出生率：25.8‰（2024）	人口死亡率：4.7‰（2024）

泰王國
KINGDOM OF THAILAND

建國簡史

1370年獨立，古稱暹羅（Siam），16世紀時，葡、荷、英、法西方殖民勢力相繼入侵。1896年英法兩國簽約，規定暹羅為英屬緬甸和法屬印度支那間的緩衝國，暹羅因此成為唯一未淪為殖民地的東南亞國家。19世紀末，泰王拉瑪四世實施對外開放政策，拉瑪五世借重西方經驗進行社會改革。1932年革命後，施行君主立憲，仍以泰王為國家元首。1939年定國名泰王國（Kingdom of Thailand）。1946年泰王蒲美蓬登基為節基王朝第九世王。2014年5月22日軍方發動自1932年以來，第12次成功政變。2016年10月泰王蒲美蓬辭世，樞密院主席普瑞姆任攝政王，12月1日瓦吉拉隆功繼位「拉瑪十世」。

與我關係

與我無邦交。★1975年7月1日泰國與中國建交，中華民國與泰國中止外交關係，9月10日在曼谷設立「中華航空公司駐泰國代表辦事處」。★1980年2月14日更名為「駐泰國遠東商務處」，1991年9月3日易名為「駐泰國臺北經濟貿易中心」，1992年3月4日獲泰內閣通過更名「駐泰國臺北經濟貿易辦事處」，5月28日實施。★1997年10月3日在台北簽署投資協定。★1998年7月30日我與泰國簽署加入世界貿易組織雙邊協議書。10月30日兩國在曼谷草簽免除雙重課稅協定。★1999年7月7日第10屆臺泰經濟合作會議在曼谷舉行；9日在台北簽署交換航權協定與避免所得稅雙重課稅及防杜逃稅協定。★2002年12月2日勞委會主委陳菊在曼谷見證簽「聘僱泰籍勞工協定」。★2015年9月泰國對我國旅客開放落地簽。★2016年8月1日

起我對泰國試辦免簽入境，適用停留30日內的旅客，至2017年7月底止，試辦期一年。★2017年4月，我宣布對泰國旅客免簽，試辦延至2018年7月底；2018年7月宣布，改為14日以內免簽，試辦延至2019年7月底，之後又逐年宣布延至2024年7月底。★2024年3月27日，泰王次子瓦差勒宋訪台，了解台泰產業合作現況，盼促進投資機會。7月15日，台灣旅客免簽入境泰國延長至60天。

基本資料

地理位置	東南亞
面積	513,120 平方公里
人口	6,992萬人（2024）
網址	http://www.thaigov.go.th/
與臺北之時差	-1
電話國碼	66
獨立日期	1238年
國慶日	7月28日（泰王生日）
首都	曼谷（Bangkok）
語言	泰語
幣制	泰銖Baht, 1.00USD＝35.26THB（2024.8）
宗教	佛教、伊斯蘭教、基督教。

政治制度：國體：君主立憲。政體：議會制，三權分立，立法權屬於國會，行政權屬於內閣，司法權屬於各級法院。內閣：由總理及閣員組成，行使行政權，對國會負連帶責任。總理由國會通過，呈請國王任命；閣員由總理任命。 國會：分參、眾兩院，參議院（Senate）200席，任期5年，每兩年更換1/3，由總理提名，呈請國王任命。眾議院（House of Representatives）500席，任期4年，其中400人直接民選，另外100名依政黨比例代表制選出。2006年9月19日軍方於總理戴克辛（Thaksin Shinawatra, 2001年上任）訪美時政變，全國戒嚴，戴克辛滯留海外。2007年7月6日制憲議會通過新憲草案。12月23日大選，支持戴克辛的人民力量黨擊敗民主黨，取得組閣主導權。2008年1月20日國會補選，人民力量黨大勝。1月28日國會推選人民力量黨黨魁薩瑪出任總理。9月9日憲法法庭判定薩瑪就任後仍主持電視節目違憲，必須辭職。9月17日國會選舉宋才為總理，反戴克辛之黃衫軍持續示威抗議，並自11月25日起占據曼谷國際機場8日，宋才於12月2日下台。12月o2日民主黨籍阿披習（Abhisit Vejjajiva）就任總理。2011年7月國會大選，為泰黨取得眾議院過半席次，與其他小黨合組聯合內閣。為泰黨盈拉（Yingluck Shinawatra，戴克辛之妹）8月8日獲泰王任命，為泰國史上首位女性總理。2013年，因農民補貼計畫暨執政黨提出特赦2006年政變後政治犯法案，再度引發街頭衝突。12月盈拉在反對黨議員集體辭職後宣布提前改選。2014年2月大選，在反對黨抵制及街頭暴動不斷，政治動盪，5月20日軍方戒嚴，暫停憲法；8月7日國家立法議會成立，21日推選陸軍總司令帕拉育為總理，成立過渡政府。2015年4月1日泰王批准解除戒嚴。2016年8月7日軍政府新憲法草案經全民公投通過；2017年4月6日泰王簽署，是1932年來第20部憲法。參議院250席，全由軍方指派。眾議院500席，其中375席以單一選區由公民直選，125席由政黨比例代表制依得票比例分配。總理由參眾議院聯合選出。2023年8月22日國會進行第三次總理選舉，第二大黨為泰黨領軍的11黨聯盟推出地產大亨賽塔獲眾議院過半數支持，當選泰國第30任總理。2024年8月14日，賽塔因任命部長案被判違憲而丟官。16日眾議院選出前總理戴克辛的么女貝東塔接任總理，18日獲泰王任命。

政府首長：泰王：瓦吉拉隆功 Maha Vajiralongkorn　　總理：貝東塔 Paetongtarn Shinawatra

主要政黨：2014年軍事政變前，主要勢力：為泰黨（Pheu Thai Party），主要支持者來自泰國北部和東北部鄉村和都市對不滿現狀的紅衫軍。民主黨（DP）的選民是以曼谷為基礎的菁英，包括官員、法官、軍隊和親近王室的團體，近20年來贏過全國大選。保皇派組織「人民民主聯盟」（People's Alliance for Democracy），以黃衫軍群眾抗爭促成2006年反戴克辛政變知名。2019年5月24日眾議院大選，為泰黨贏得136席、親軍政府的公民力量黨（PPP）116席、未來前進黨（FFP）81席、民主黨53席、泰自豪黨（PJT）51席等。2024年8月7日，前進黨在2023年眾院選舉中主張修改冒犯君主罪，憲法法庭判違憲解散政黨。

司法制度：司法機關分為地方法院、高等法院及最高法院。

經社概況

平均每人國內生產毛額	21,100美元（2023）
國內生產毛額	1兆5,160億美元（2023）
國內各業生產毛額結構	農業：8.2%　工業：36.2%　服務業：55.6%（2017）
通貨膨脹率	1.23%（2023）
失業率	0.91%（2023）
進口值	3,280億900萬美元（2023）
出口值	3,368億7,100萬美元（2023）
主要進口	原油、積體電路、天然氣、車輛零件、黃金。
主要出口	機械零件、車輛零件、積體電路、貨車、汽車。
人口出生率	9.9‰（2024）
人口死亡率	8‰（2024）

東帝汶民主共和國
DEMOCRATIC REPUBLIC OF TIMOR-LESTE

建國簡史

東帝汶於1515年被葡萄牙人占據成為殖民地，1974年4月葡萄牙發生政變，葡駐東帝汶總督允許東帝汶人民成立政黨並自行決定前途。1975年8月16日葡萄牙放棄東帝汶，當時東帝汶已成立之5個政黨，對是否獨立或併入印尼發生嚴重爭論，爆發內戰。1975年11月堅決主張獨立之東帝汶獨立革命陣線（FRETILIN）突然宣布東帝汶獨立，成立「東帝汶民主共和國」。

印尼政府擔心東帝汶內戰戰火延伸至印尼，乃派遣「志願軍」支援願與印尼政府合作之其他4個政黨聯軍，共同擊敗獨立革命陣線，估計東帝汶約1/3人口（約20萬人）在印尼軍事鎮壓及饑荒中喪生。1975年12月，東帝汶成立臨時政府及東帝汶人民會議。1976年5月東帝汶人民會議提出要求，印尼政府同意將東帝汶併入印尼；7月5日印尼國會通過法案，由蘇哈托（Suharto）總統於7月17日宣布東帝汶成為印尼第27省。

1975年印尼派兵進入東帝汶後至1982年間，聯合國大會及安全理事會均通過決議案反對印尼對東帝汶之統治權。1983年在印尼運作下，將東帝汶問題淡化，不再列入聯合國大會議程討論，並在聯合國支持下展開印尼、葡萄牙及聯合國之「三邊會議」。

1996年，流亡海外獨立革命陣線成員、堅決主張東帝汶獨立之霍塔（Jose Ramos-Horta）獲諾貝爾和平獎。1998年5月1日哈比比任印尼總統，逐漸放寬對東帝汶政策。1999年1月印尼同意予東帝汶特別自治地位；2月27日古斯茂籲聯合國組織過渡政府，並以國際警察部隊為支援引領東帝汶朝向獨立；5月5日印尼外長阿拉塔斯、葡萄牙外長賈瑪和聯合國秘書長安南在聯合國總部簽署東帝汶前途自決協議，在數次延期後1999年8月30日在東帝汶舉行公民投票；2002年5月20日獨立。2017年3月20日舉辦聯合國維和部隊撤出後首度總統選舉。

與我關係

東帝汶與我無邦交。★我在東帝汶曾設領事館，於1975年12月28日關閉。★1998年11月26日，諾貝爾和平獎得主霍塔訪台，在桃園機場被拒絕入境。

基本資料

地理位置：位於印尼群島東部、距澳洲西北角400公里。東帝汶包括帝汶島東部和西部北海岸的歐庫西地區及附近的阿陶羅島等，西部與印尼西帝汶相接，東南隔阿帝汶海與澳大利亞相望。 **面積**：14,874平方公里

人口：151萬人（2024）　　**網址**：http://www.easttimorgovernment.com

與臺北之時差：+1　　**電話國碼**：670

獨立日期：2002年5月20日（聯合國結束託管統治）　　**國慶日**：11月28日

首都：狄力（Dili）　　**語言**：德頓語、葡萄牙語。

幣制：聯合國東帝汶行政當局決定，從2001年8月20日起，東帝汶境內所有交易均須使用美元。

宗教：天主教、基督教（新教）、伊斯蘭教。

政治制度：民主共和國，半總統共和制。總統：民選，任期5年，可連任1屆。國會：一院制，議員經政黨比例代表制選出，任期5年。2001年8月30日，在聯合國東帝汶過渡行政當局的主持下舉行制憲會議大選，88名議員中的75名透過選舉產生，另外13名由13個縣各選1名代表擔任。領導東帝汶邁向獨立的東帝汶獨立革命陣線贏得12席縣代表席位，及75席中的43席。2002年3月22日，東帝汶制憲會議開會通過東帝汶的第一部憲法。4月14日舉行總統選舉，獨立英雄古斯茂（Kay Rala Xanana Gusmao）以83%得票率獲勝，5月20日就職為獨立後首任總統。2007年4、5月總統大選二輪投票，原總理霍塔（José Ramos-Horta）以得票率69.2%獲勝。霍塔8月8日任命古斯茂為總理。2012年3、4月總統大選二輪投票，魯安克以61.23%得票率獲勝。古斯茂在領導國家重建黨贏得7月國會大選後，續任總理。2015年2月，古斯茂請辭，副總理艾拉烏喬經總統任命為總理。2017年3月20日總統大選，古特瑞斯以57%的得票率獲勝。2022年大選霍塔獲勝，5月出任總統。

政府首長：總統：霍塔Jose Ramos-Horta　　總理：古斯茂 Xanana Gusmao

主要政黨：進步變革聯盟（AMP，含國家重建黨、人民解放黨、帝汶人民團結繁榮黨、國家重建黨（CNRT）、東帝汶獨立革命陣線（FRETILIN）、民主黨（PD）。2012年7月國會選舉，65席中國家重建黨30席、獨立革命

陣線25席、民主黨8席、東帝汶國家重建陣線(Frenti-Mudanca)2席。2018年5月12日國會改選，進步變革聯盟獲34席，獨立革命陣線23席，民主黨5席，民主發展陣線(DDF)3席，由AMP的魯安克出任總理。2023年5月23日國會選舉，「東帝汶重建全國大會黨」以41.5%得票率勝出，古斯茂出任總理。

司法制度：設有初級法院、上訴法院及最高法院。

經社概況

平均每人國內生產毛額：4,600美元(2023)	國內生產毛額：62億6,500萬美元(2023)
國內各業生產毛額結構：農業：9.1%　工業：56.7%　服務業：34.4%(2017)	
通貨膨脹率：0.96%(2019)	失業率：1.52%(2023)
進口值：11億7,900萬美元(2023)	出口值：7億181萬美元(2023)
主要進口：精煉石油、米、汽車、煤、起重機。	主要出口：原油、天然氣、咖啡、啤酒、建築車輛。
人口出生率：29.7‰(2024)	人口死亡率：5.5‰(2024)

土耳其共和國
REPUBLIC OF TURKEY

建國簡史

10世紀末，突厥人進入安那托利亞高原。11世紀末，塞爾柱突厥在此建立王國，至14世紀安那托利亞高原徹底土耳其化，伊斯蘭教也取代基督教。塞爾柱衰微，奧圖曼突厥興起，至1453年攻占君士坦丁堡，建都於此並改名為伊斯坦堡。17世紀衰相畢現，18世紀領土相繼為列強鯨吞蠶食。19世紀採一系列維新改革，雖有成效但難挽頹勢。20世紀初少年土耳其黨執政提倡革命精神，制定憲法建立現代化政府，但採軍事獨裁。後凱末爾領導土耳其民族主義運動，1919年7月21日召開第一屆國民會議，以安卡拉為總部對抗奧圖曼蘇丹，宣布國民公約，解散奧圖曼帝國，放棄非土耳其人省份，並主張土耳其人居住的地區無條件獨立。1920年3月19日全民投票要求蘇丹退位。1922年11月蘇丹Vahdeddin退位。1923年10月29日成立土耳其共和國。2022年5月31日宣布向聯合國和其他國際組織正式提交信函將國名改為Türkiye。

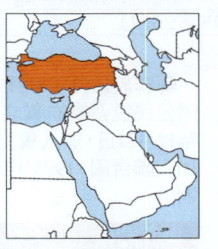

與我關係

與我無邦交。★1934年4月土耳其與中華民國建交，訂立中土友好條約。1971年8月土耳其與中國建交，我國宣布與土斷交。★1989年8月1日我在安卡拉成立「臺北經濟文化辦事處」。★1993年12月土耳其在臺設立「駐臺北土耳其經濟辦事處」。★2013年5月15日，土耳其給予中華民國國民電子簽證待遇，我國也同時給予土耳其國民落地簽證待遇。★2020年10月中華民國政府出資在土耳其興建的台灣雷伊漢勒世界公民中心完工揭幕。★2023年2月6日土耳其東南部發生規模7.8強震，造成嚴重死傷，台灣搜救隊分2梯次，出動130人馳援。3月6日土耳其賑災捐款專戶關帳，衛福部公布，短短28天，總計接獲善款超過新台幣11.8億元。

基本資料

地理位置：小亞細亞、東南歐。	面積：783,562 平方公里
人口：8,412萬人(2024)	網址：http://www.tccb.gov.tr/
與臺北之時差：-6(夏令時-5)	電話國碼：90
獨立日期：1923年10月29日	國慶日：10月29日
首都：安卡拉(Ankara)	語言：土耳其語、庫德語、阿拉伯語。
幣制：Lira, 1.00USD= 33.55TRY(2024.8)	宗教：伊斯蘭教

政治制度：國體：共和國。政體：政府原採議會共和制，總統由國會選舉，任期7年，不得連任；2007年10月土國公民投票通過總統改為直選，任期5年，可連任一次，2018年大選後廢除總理。國會：一院制，國會議員550名(原450名，1995年6月修憲增為550名)，全部按各省人口比例由公民直接選出，任期5年。2007年8月28日國會選舉總統，執政的正義發展黨候選人莒內在550席中獲得339票，當選總統。2011年6月12日國會大選，艾爾段3連任總理。2014年8月10日首次總統直選，總理艾爾段以51.79%得票率當選。2017年4月16日修憲公投，內閣制改為總統制。2018年6月24日，艾爾段以52.6%得票率連任

總統。另外，艾爾段在2023年5月28日舉行的總統決選中贏得52.5%的得票率，展開新的5年任期，也是他第三任總統任期。

政府首長	總統：艾爾段Recep Tayyip Erdogan
主要政黨	2002年11月3日國會大選，正義發展黨（AKP）在550席中贏得363席，成為土耳其國會第一個有穩定多數席位的政黨，共和人民黨（CHP）178席，無黨籍9席。2015年6月7日國會大選，正義發展黨獲256席、共和人民黨132席、民族行動黨（MHP）80席、人民民主黨（HTP）82席，未能談成組閣協議，11月1日國會重選舉，正義發展黨獲317席，掌握國會多數；共和人民黨134席。2017年修憲後，國會增為600席。2018年6月24日國會大選，正義發展黨獲295席與極右派民族行動黨49席組成「人民聯盟」，以344席占過半數；最大反對黨共和人民黨146席、人民民主黨67席，好黨（Iyi）45席。2024年5月14日國會大選，人民聯盟拿下過半數323席。
司法制度	初審法院（分司法、軍事、行政三類）、高等法院（上訴法院）及最高法院（終審）。另設有憲法法庭。

經社概況

平均每人國內生產毛額：34,400美元（2023）		國內生產毛額：2兆9,360億美元（2023）	
國內各業生產毛額結構：農業：6.8%　工業：32.3%　服務業：60.7%（2017）			
通貨膨脹率：53.86%（2023）		失業率：9.41%（2023）	
進口值：3,868億2,800萬美元（2023）		出口值：3,525億1,400萬美元（2023）	
主要進口：黃金、精煉石油、塑膠、汽車、廢鐵			
主要出口：汽車、精煉石油、塑膠製品、珠寶、成衣。			
人口出生率：13.8‰（2024）		人口死亡率：6.1‰（2024）	

土庫曼 TURKMENISTAN

建國簡史

15世紀時，土庫曼民族已具基本雛型。19世紀60年代以後，俄國逐漸入侵土庫曼，1924年10月27日建立土庫曼蘇維埃社會主義共和國，成為蘇聯加盟共和國之一。

蘇聯於1991年8月政變後，同年10月27日經全國公民投票宣布獨立並改國名為土庫曼。1991年12月21日，加入獨立國家國協。1992年3月2日加入聯合國。1995年12月12日，獲得永久中立國地位。

與我關係

土庫曼與我無邦交。★1994年6月土庫曼奧會主席Aman Shaniyazov率運動員來台參加比賽，並與中華臺北奧會簽訂兩會運動合作暨交流備忘錄。★1995年6月，土國總統前科技顧問安納蒙科哈美多夫來台訪問。

基本資料

地理位置：中亞西南部	面積：488,100 平方公里
人口：575萬人（2024）	網址：http://www.turkmenistan.gov.tm/
與臺北之時差：-3	電話國碼：993
獨立日期：1991年10月27日	國慶日：10月27日
首都：阿什加巴特（Ashgabat）	語言：土庫曼語、俄語、烏茲別克語。
幣制：Manat, 1.00USD=3.50TMT（2024.8）	宗教：伊斯蘭教遜尼派

政治制度：元首為總統，由國民直接選舉。國會：採一院制，2008年9月新憲法擴充國民議會席次至125席，任期5年，並廢除2,000餘席之人民委員會。尼雅佐夫於1990年10月27日當選總統。2002年8月8日，尼雅佐夫在人民委員會第12次會議被推舉為「終身總統」。2006年12月總統尼雅佐夫因心臟病逝世，由副總理別爾德穆哈梅多夫（Gurbanguly Berdymukhamedov）暫代總統。別爾德穆哈梅多夫贏得2007年2月總統選舉，並於2012年2月12日改選中連任。2016年9月憲法修正案通過，總統任期改為7年。2017年2月12日總統選舉，別爾德穆哈梅多夫以97%之得票率連任。2022年3月總統大選別爾德穆哈梅多夫兒子塞達爾勝選出任總統。

政府首長	總統：塞達爾Serdar Berdymukhamedov
主要政黨	土庫曼民主黨（DPT）。依2012年實施的法律，政黨須登記始合法，惟無任何政黨登記。反對黨或地下化或流亡海外。2012年8月，馬梅多夫（O. Mammedov）登記成立新法施行後首個政黨「工業及企業家黨」（PIE），並在2013年6月國會補選中贏得1席。2013年12月15日國會選舉，土庫曼民主黨贏得47席，同業公會組織33席，婦女聯盟16席，工業及企業家黨14席。2018年3月25日國會選舉，民主黨獲得55席、農業黨（APT）11席、工業及企業家黨11席、獨立派人士48席。女性議員31席，占24.8%。2023年3月26日國會大選，民主黨獲55席，獨立派48席，農業黨與工業及企業家黨各11席。
司法制度	設有最高法院，其下設有地方各級法院。另設有最高經濟法院及軍事法院。

經社概況

平均每人國內生產毛額：14,700美元（2022）	國內生產毛額：947億9,000萬美元（2022）
國內各業生產毛額結構：農業：7.5% 工業：44.9% 服務業：47.7%（2017）	
通貨膨脹率：8%（2017）	失業率：4.12%（2023）
進口值：62億5,000萬美元（2021）	出口值：102億8,200萬美元（2021）
主要進口：鐵製品、汽車、小麥、廣播設備、電腦。	
主要出口：天然氣、原油、精煉石油、電力、肥料。	
人口出生率：16.8‰（2024）	人口死亡率：6‰（2024）

阿拉伯聯合大公國
UNITED ARAB EMIRATES

建國簡史

7世紀時為阿拉伯帝國一部分，16世紀初葉，葡萄牙人獨占該國商業利益，旋為荷蘭勢力取代。荷蘭勢力式微後，英國影響力漸增，19世紀中葉，各邦先後與英國簽訂保護條約，英國並建議各邦組成休戰委員會（Trucial Council），為達成聯邦舖路。

1968年1月，英國宣布於1971年底前撤退蘇伊士運河以東，包括阿拉伯灣地區之駐軍，阿聯7邦及巴林、卡達等國同年2月在杜拜協商籌組聯邦，並擬於3月底宣布獨立；但因各邦未能達成協議，巴林及卡達乃於1971年8、9月間分別宣告獨立。7邦邦長於1971年7月18日再次集會杜拜，除拉斯海瑪邦外之6邦簽署聯邦憲法草案，同意成立聯邦。同年12月2日阿拉伯聯合大公國宣布獨立建國。拉斯海瑪邦至1972年2月始宣布加盟，成為現今由7邦聯合組成之阿聯大公國。

與我關係

與我無邦交。★中華民國於1971年12月6日承認阿聯，1979年5月在杜拜設立名譽領事館，1980年7月升格為名譽總領事館。1984年11月阿聯與中國建交，我與阿聯斷絕關係。★1988年我領館改為中華民國駐阿拉伯聯合大公國杜拜商務辦事處。★中華民國外貿協會在杜拜以遠東貿易中心名義設立辦事處。★2005年9月30日陳水扁總統在中美洲訪問結束後，回程經過首都阿布達比，受到阿聯政府高層禮遇。★2014年2月10日，阿聯親王、阿聯酋航空董事會主席Sheikh Ahmed bin Saeed Al Maktoum搭乘該公司首航台北客機來訪。★2015年阿聯開放持中華民國護照者電子簽證待遇。★2017年6月阿國政府要求下，我代表處更名為駐杜拜臺北商務辦事處。★2019年8月阿聯的阿布達比酋長國親王，阿布達比主權基金董事局主席阿列德訪台。

基本資料

地理位置：西亞南部、波斯灣東南岸	面積：83,600 平方公里
人口：1,004萬人（2024，根據聯合國資料，移民占人口88%以上）	網址：http://www.uae.gov.ae/
與臺北之時差：-4	電話國碼：971
獨立日期：1971年12月2日	國慶日：12月2日
首都：阿布達比（Abu Dhabi）	語言：阿拉伯語、英語、波斯語。
幣制：Emirati dirham, 1.00USD＝3.67AED（2024.8，與美元連動匯率）	宗教：伊斯蘭教

政治制度：國體：臨時憲法於1971年頒布，奠定聯邦體制基礎，1975年設一委員會草擬永久憲法，但次年國會決定延長臨時憲法效期5年，並在1981年、1986年及1991年各延長5年。1996年12月最高聯邦會議（Federal Supreme Council）通過決議，將臨時憲法變為永久憲法。政體：採行政、立法、司法三權分立制度，實際大權操於行政部門，最高權力機關為最高聯邦會議，由7邦長組成。正副總統依憲法規定5年一任，由最高聯邦會議選舉，沒有連任限制。內閣：由23人組成，依各邦人口及財富比例由各邦邦長推薦，再由總統依程序任命，故在體制上是總統制。國會：立法機構為聯邦國家議會，負責審核內閣會議提出之法案，共有議員40名。議席依各邦土地面積、人口與財富比例分配。2004年11月2日，大公國國父扎耶德總統（Sheikh Zayed bin Sultan Al Nahyan）在掌權30多年後因病去世。11月3日，最高聯邦會議一致推舉哈里發為國家元首。2005年哈里發總統宣布詔令，40席國會議員之半數20席議員由民選產生。大公國第一次聯邦國民議會民選議員於2006年12月16日舉行。2015年10月3日第3次選舉議員，選民由上次的12萬人擴增為22萬人。2019年10月5日國會大選，選出的20席中7席為女性。哈里發總統2022年5月過世後，隔天7個大公國統治者組成的聯邦最高委員會選出哈里發的同父異母弟弟穆罕默德為繼任元首。

政府首長：總統：穆罕默德 Muhammed bin Zayed al-Nahyan
主要政黨：無政黨組織
司法制度：1978年6月9日總統那哈揚依據臨時憲法第953條規定簽署法律，成立聯邦最高法院，並在各邦成立聯邦初級法庭。阿布達比及杜拜兩邦另設有上訴法庭。

經社概況
平均每人國內生產毛額：75,600美元（2023）	國內生產毛額：7,197億3,300萬美元（2023）
國內各業生產毛額結構：農業：0.9%　工業：49.8%　服務業：49.2%（2017）	
通貨膨脹率：4.83%（2022）	失業率：2.71%（2023）
進口值：2,469億美元（2020）	出口值：3,352億美元（2020）
主要進口：黃金、廣播設備、汽車、精煉石油、鑽石。	
主要出口：精煉石油、原油、黃金、天然氣、廣播設備。	
人口出生率：10.7‰（2024）	人口死亡率：1.7‰（2024）

烏茲別克共和國
REPUBLIC OF UZBEKISTAN

建國簡史
烏茲別克在19世紀後半成為俄羅斯（帝俄）殖民地，1924年成立Uzbek蘇維埃社會主義共和國，1924年建立烏茲別克並加盟蘇聯。

1990年6月20日發表主權宣言，1991年8月31日脫離前蘇聯獨立，改國名為烏茲別克共和國。1992年3月加入聯合國。

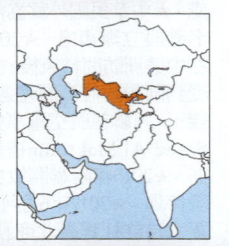

與我關係
烏茲別克與我無邦交。★1992年11月烏茲別克塔什干大學校長伊伯拉基莫夫應國立臺灣大學邀請來台訪問。★1993年9月烏國健力選手來臺參加亞洲男女健力錦標賽。★1994年6月，烏國奧會主席率團來台參加比賽。9月烏國奧會副主席巴羅班應我奧會邀請來台訪問。★1995年3月，烏國奧會秘書長利加依來台出席亞奧會秘書長會議。

基本資料
地理位置：中亞	面積：447,400 平方公里
人口：3,652萬人（2024）	網址：http://www.gov.uz/
與臺北之時差：-3	電話國碼：998
獨立日期：1991年9月1日	國慶日：9月1日
首都：塔什干（Tashkent）	語言：烏茲別克語、俄語。
幣制：Uzbekistani som, 1.00USD=12,654.39UZS（2024.8）	宗教：伊斯蘭教遜尼派

政治制度：元首：1990年改為總統制，1991年國民直接投票選舉，任期5年，2002年修憲，總統任期延長為7年，2011年後任期回復為5年，2023年修憲，總統任期增為7年。國會：兩院制，上院100席，其中

84席由各州議會選出，16席由總統指派，任期5年。下院120席，普選選出。2009年下院增至150席，任期5年。2009年12月27日下院選舉，全國135個選區有39個選區無候選人過半數達到法定當選標準，2010年1月10日這39個選區舉行第2輪選舉。2015年3月29日總統大選，總統卡立莫夫壓倒性勝利贏得連任，得票率高達90.4%，2016年9月辭世，國會指派總理米爾濟約耶夫代理總統。12月4日米爾濟約耶夫在總統大選中贏得88.6%選票，當選總統。2021年10月24日、2023年7月10日米爾濟約耶夫贏得第二、第三任期。

政府首長：總統：米爾濟約耶夫Shavkat Mirziyoyev	總理：阿里波夫Abdulla Aripov

主要政黨：烏茲別克自由民主黨（LDPU），人民民主黨（NDP，前共黨），烏茲別克民主黨（National Rebirth Party），民族復興民主黨（MTP），公正社會民主黨（Adolat）。2014年12月21日與2015年1月4日舉行國會下院兩輪選舉，烏茲別克自由民主黨52席、民族復興民主黨36席、人民民主黨27席、公正社會民主黨20席、烏茲別克生態運動15席。2019年12月22日與2020年1月5日下院大選，烏茲別克自由民主黨獲得53席、民族復興民主黨36席、公正社會民主黨24席、人民民主黨22席。

司法制度：設有國家憲法法院、最高法院、仲裁法院及最高經濟法院。

經社概況

平均每人國內生產毛額：8,800美元（2023）	國內生產毛額：3,191億7,400萬美元（2023）
國內各業生產毛額結構：農業：17.9% 工業：33.7% 服務業：48.5%（2017）	
通貨膨脹率：11.45%（2022）	失業率：4.53%（2023）
進口值：420億9,800萬美元（2023）	出口值：245億3,600萬美元（2023）
主要進口：汽車和車輛零件、包裝藥品、精煉石油、汽車、小麥。	
主要出口：黃金、天然氣、棉紡紗、服裝、精煉銅。	
人口出生率：20.5‰（2024）	人口死亡率：5.1‰（2024）

越南社會主義共和國
SOCIALIST REPUBLIC OF VIETNAM

建國簡史

越南古稱文郎、安南、大瞿越，曾為中國藩屬近1,000年。其後受法國統治80餘年。1945年9月2日宣布獨立，成立越南民主共和國，同年9月法國入侵。1954年法軍奠邊府戰役失敗，7月簽訂日內瓦停戰協定，分裂為南北越，北方成立越南民主共和國，南方成立越南共和國，在美蘇強權介入下，越戰持續多年，1975年4月30日北越攻陷西貢，全國統一。

1976年4月選出統一的國會，7月2日南北越合併，改國名為越南社會主義共和國。2015年8月31日實施大規模特赦，分批釋放1萬8,292名人犯、包括34名外籍犯，不含政治活躍人士。

與我關係

與我無邦交。★我國於1975年4月30日關閉在西貢駐越南共和國（南越）大使館。★1991年3月中華民國對外貿易發展協會在越南胡志明市及河內市設立辦事處。★1993年7月越南在臺北設立經濟辦事處。★1998年4月6日兩國簽署租稅協定。★2002年9月3日至9日，越南勞動社會部副部長阮良朝訪台，洽談勞務合作。9月5日，首屆臺越勞工會議在行政院勞委會召開。★2005年9月8日經濟部長何美玥與越南簽署貿易協定、越南WTO入會協議及「標準化、度量衡及符合性評估備忘錄」。★2006年11月17日張忠謀代表出席在河內舉辦亞太經濟合作會議（APEC）峰會。★2012年5月10日在河內簽署觀光合作瞭解備忘錄。11月21日第1屆臺越觀光合作會議在臺北舉行。★2014年5月13日越南民眾因與中國南海主權爭議上街示威，後演變為排華暴動，造成400多家臺商5億多美元損失。雙方政府協調後，越方7月同意給予台商便捷措施。★2015年7月我國重新開放凍結10年的越南家庭看護和漁工。11月我對越南實施簽證便捷措施。★2020年4月駐越南代表處贈越南30萬片醫療口罩；10月政府捐贈越南40萬美元賑濟中部9月底以來的水患風災。★2021年11月政府和民間基金會捐贈1.5萬個立體醫療口罩、1,000件個人防護用具、40副耳溫槍、兩台空氣消毒機給越南。★2023年8月15日越南將台灣列入電子簽證適用名單。

基本資料

地理位置：東南亞，中南半島東南部。	面積：331,210 平方公里
人口：1億576萬人（2024）	網址：http://www.gov.vn/
與臺北之時差：-1	電話國碼：84
獨立日期：1945年9月2日（脫離法國）	國慶日：9月2日
首都：河內（Hanoi）	語言：越語、英語、法語。
幣制：越南盾Dong, 1.00USD=25,095.58VND（2024.8）	宗教：佛教、天主教。

政治制度：社會主義共產國家，一黨主政，越南共產黨中央政治局為政治最高機構，成員19人，並設政治局常務委員會，國家主席為虛位國家元首，內閣為最高行政機關，向國會負責，分17部及32個相當部會級機構與直屬政府之機關。最高政治職務依次為：共黨總書記、國家主席、總理、國會主席。國會每5年改選一次，有500席，並委派最高人民法院首席法官與最高人民監察長，每年4月及10月召開會議。

憲法：制定於1946年，歷經3次修正。1992年4月15日，第8屆國會11次會議通過第四部憲法。全國行政區劃分為58省及河內、胡志明市、海防及峴港4個直轄市。2016年4月2日陳大光當選國家主席。2018年9月陳大光辭世，副主席鄧氏玉盛代理主席；10月24日國會選出越共中央總書記阮富仲當選國家主席。2021年4月5日，國會通過由阮春福接國家主席。阮春福2023年1月自請退休，3月2日，越南國會選出中央書記處常務書記武文賞出任國家主席，武文賞被視為越共總書記阮富仲人馬。2024年3月武文賞涉違反黨員規定請辭，5月22日越南國會選出公安部長蘇林接國家主席，7月19日總書記阮富仲去世，8月3日蘇林接任總書記。10月21日國會選舉梁強為國家主席。

政府首長：國家主席：梁強 Luong Cuong　　總理：范明正 Pham Minh Chinh

主要政黨：越南共產黨（1930年2月3日成立）及其外圍組織：越南祖國陣線、胡志明共產黨青年聯盟。1997年12月，黎可漂獲選為越共中央總書記。2002年5月19日第11屆國會選舉，角逐498席的795名候選人中，有633名是越南共黨黨員，另外125位候選人是「無黨派」；當選的498名代表中，有447人是共黨代表。同年7月24日，陳德良獲選連任國家主席，在498席國會中獲得97%選票支持。2011年5月22日國會選舉，越南共黨獲458席，共黨支持的黨外人士38席，自行參選者4席。國會7月25日選舉張晉創（Truong Tan Sang）為國家主席。2016年5月22日國會改選，越南共黨獲得500席中的475席。阮春福經國會投票以99.48%得票率成為總理。2021年5月23日國會改選，越南共黨囊括486席，無黨籍14席。

司法制度：分地方人民法院、高等人民法院及最高人民法院。

經社概況

平均每人國內生產毛額：13,700美元（2023）	國內生產毛額：1兆3,540億美元（2023）
國內各業生產毛額結構：農業：15.3%　工業：33.3%　服務業：51.3%（2017）	
通貨膨脹率：3.25%（2023）	失業率：1.6%（2023）
進口值：3,397億6,700萬美元（2023）	出口值：3,742億6,500萬美元（2023）
主要進口：積體電路、電話、精煉石油、紡織品、廣播設備。	
主要出口：廣播設備、電話、積體電路、機械零件、服裝。	
人口出生率：14.9‰（2024）	人口死亡率：5.8‰（2024）

葉門共和國
REPUBLIC OF YEMEN

建國簡史

葉門是阿拉伯世界文化發祥地之一，已有3,000餘年歷史。西元前14世紀時即成立麥因王朝。1918年建立獨立王國。1934年英國強迫葉門承認英國占領葉門南部，因此葉門被分割為南北葉門。1962年北葉門軍方發動革命推翻王朝，成立阿拉伯葉門共和國。1967年南葉門擺脫英國殖民統治成立葉門民主人民共和國。南北葉門由於政治體制及路線不同，關係欠佳。

1972年9月發生嚴重邊界武裝衝突，經阿拉伯聯盟調解始獲解決。同年10月在埃及開羅簽訂和約並同意兩國合併，

雙方總統於同年11月在利比亞商討合併事宜，並應允統一，當時即成立小組委員會研究實施辦法。惟雙方立場不同，利益相左，統一的葉門無法實現。1979年2月，南北葉門又發生武裝衝突，經阿拉伯聯盟召開緊急會議，通過伊拉克等國所提議案，要求停火，開放邊界以及恢復正常關係等。3月17日雙方同時停火及撤軍。3月28日兩國總統在科威特會晤，並簽訂協議同意合併，並籌設憲法委員會負責研究合併計畫。

1989年北葉門總統沙雷訪問南葉門，並與南葉門總統阿塔斯宣布統一國家的願望。1990年2月26日沙雷參加在安曼召開之阿拉伯合作理事會（ACC）高峰會議後飛抵沙國訪問，並與沙王舉行會談，沙王表示沙國支持葉門統一。5月22日南北葉門宣布統一，成立葉門共和國。

1994年5月爆發內戰，同年7月北葉門軍隊攻占亞丁後平息，國會於9月28日通過新憲法。2001年2月20日舉行公民投票修改憲法，73%選民同意將總統任期從5年延長至7年，國會議員任期從4年延長至6年，修憲案也同意成立兩院制國會。近年葉門因為境內蓋達組織與什葉派叛軍恐怖攻擊頻仍，局勢動盪不安。

首都沙那在反叛組織青年運動控制下，近6年來首架商業航班2022年5月16日起飛，象徵和平進程邁出重大一步。

與我關係

葉門與我無邦交。

基本資料

地理位置：阿拉伯半島西南端	面積：527,968 平方公里
人口：3,214萬人（2024）	網址：http://www.yemen.gov.ye
與臺北之時差：-5	電話國碼：967
獨立日期：1990年5月22日（南北葉門合併統一）	國慶日：5月22日
首都：沙那（Sanaa）	語言：阿拉伯語
幣制：Yemeni rial, 1.00USD＝250.21YER（2024.8）	宗教：伊斯蘭教（遜尼派、什葉派）

政治制度：政體：1991年5月，葉門舉行統一憲法的公民投票，98.3%選民投贊成票。1994年9月28日國會通過憲法修正案，取消總統委員會，改為總統制，以伊斯蘭法為法源。1999年9月23日舉行總統選舉，沙雷（Ali Abdullah Saleh）以96.3%的得票率獲勝，任期7年。2001年修憲成為兩院制，上院111席，由總統任命；下院301席，選舉產生，任期6年。2006年9月20日舉行總統大選，沙雷當選連任，得票率77.2%。

國會：由原南葉門最高人民委員會159名議員與北葉門人民制憲會議111名委員，另加總統提名31名代表組成，共301席，議員任期4年。2011年1月葉門民眾受阿拉伯之春運動影響，開始於首都沙那及其他城市舉行示威抗議，並逐漸演變為暴動。3月反對黨一致要求沙雷總統下台，11月沙雷同意下台，將部分權力轉移給副總統哈迪（Abd-Rabbu Mansour Hadi），同時任命反對派領袖巴辛達瓦擔任總理。哈迪於2012年2月21日同額競選總統當選，任期至2014年。總統及國會原訂於2014年2月改選。2015年1月20日政府軍與什葉派武裝團體青年運動（Houthi）爆發衝突，1月22日叛軍挾持的葉門總統哈迪宣布辭職，但國會拒絕其辭呈。2月21日，哈迪逃脫軟禁前往亞丁（Aden）並撤回辭呈在亞丁恢復總統職務。3月中旬，判軍攻入亞丁，哈迪政府流亡沙烏地阿拉伯。4月13日總理巴哈（Khaled Bahah）於利雅德宣誓就任副總統。2016年4月3日哈迪指派達格爾為新任總理、阿瑪將軍（Ali Mohsen al-Ahmar）接任副總統職。流亡政府與青年運動叛軍經多次和談仍無法達成停火協議。總統哈迪2022年4月宣布辭職並將職權委派給總統議會，由總統議會執行國家領導之責，4月19日阿里米（Rashad al-Alimi）擔任總統議會主席。

政府首長：總統議會主席：阿里米Rashad al-Alimi	總理：穆巴拉克Ahmad Awad bin Mubarak

主要政黨：2019年4月國會選舉，全國人民大會黨（GPC）贏得301席中的238席，葉門改革黨（Islah）獲46席，其餘席位由各小政黨及中立派人士獲得。

司法制度：設有最高法院

經社概況

平均每人國內生產毛額：2,500美元（2017）	國內生產毛額：736億3,000萬美元（2017）
國內各業生產毛額結構：農業：20.3%　工業：11.8%　服務業：67.9%（2017）	
通貨膨脹率：24.7%（2017）	失業率：17.22%（2023）
進口值：40億7,900萬美元（2017）	出口值：3億8,450萬美元（2017）
主要進口：小麥、服裝、生鐵、稻米、牛奶。	主要出口：原油、黃金、魚、廢鐵、貝類。
人口出生率：23.4‰（2024）	人口死亡率：5.5‰（2024）

大洋洲 OCEANIA

澳大利亞聯邦 COMMONWEALTH OF AUSTRALIA

建國簡史

澳洲原為當地原住民世居之地，1770年英國航海家詹姆斯庫克抵澳時宣布澳洲為英國殖民地。1787年英海軍菲利浦船長（Arthur Phillip）率領第一艦隊，正式以英王喬治三世之名登陸澳洲，並將其納入英國殖民地版圖。1788年1月26日首批英國移民抵澳，因此當天被訂定國慶日。19世紀，澳洲共成立6個英殖民地，均採行英國議會制，分別成立自治政府。1901年1月1日6個殖民地改稱為州並組成澳大利亞聯邦，成為英國的自治領。1931年成為大英國協內的獨立國家。

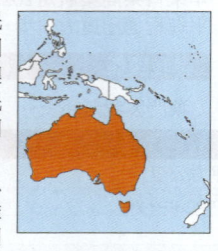

與我關係

與我無邦交。★1972年12月22日中華民國與澳洲中止外交關係。★我在澳洲原設駐墨爾本遠東貿易公司，並在雪梨設置分公司；駐澳代表處1991年11月11日易名為臺北經濟文化辦事處，並在坎培拉設駐澳大利亞臺北經濟文化辦事處；在墨爾本及雪梨設分處，2005年12月增設布里斯本辦事處。澳商業總會於1981年10月在台北設澳大利亞商工辦事處，2012年5月更名為澳洲辦事處。★1996年5月29日兩國代表在澳洲簽署避免雙重課稅及防杜逃漏稅協定。★1999年3月30日至31日第4屆臺澳次長級雙邊經貿諮商會議在坎培拉召開，經濟部次長林義夫與會。★2005年2月25日，澳洲政府贈送兩棵已存活2億年的瓦勒邁杉給國立自然科學博物館。★2015年9月6日至10日，經濟部長鄧振中訪澳，洽簽經濟合作協定。★2016年1月澳洲外交暨貿易部代表澳洲政府首度發布聲明，恭賀我總統大選結果。5月駐澳洲代表李大維返國接任外交部長。★2018年10月4日台澳互惠使用自動查驗通關系統（e-Gate）啟用，我開放澳洲旅客使用我國自動通關系統，是繼美國、韓國後的第3國；我國旅客從2017年11月起可使用自動通關系統（SmartGate）入境澳洲。★2020年4月，澳洲與臺灣達成協議，以100萬公升酒精為乾洗手原料，交換3公噸生產口罩的材料。8月27日，總統蔡英文在智庫澳洲戰略研究所的印太領袖對話中發表視訊演說。★2023年9月立法院長游錫堃接見澳洲參眾議員團盼支持台灣加入跨太平洋夥伴全面進步協定（CPTPP）。9月25日6位澳洲跨黨派參眾議員訪台，討論區太地緣政治與台澳關係等。11月27日新任澳洲駐台代表馮國斌上任。★2024年4月2日，台澳簽署「運輸安全合作與資交流瞭解備忘錄」。

基本資料

地理位置：南大洋洲	面積：7,741,220 平方公里	
人口：2,677萬人（2024.7）	網址：http:// www.australia.gov.au/	電話國碼：61
與臺北之時差：0（西部，含伯斯）/ +1.5（中部，含阿得雷德）/ +2（東部，含坎培拉） [夏令時各加1小時]			
獨立日期：1901年1月1日	國慶日：1月26日	
首都：坎培拉（Canberra）	語言：英語	
幣制：澳元 Australian dollar, 1.00USD=1.49AUD（2024.7）	宗教：基督教、天主教。

政治制度：國體：聯邦制，奉英王為元首，以總督為其代表，總督由總理推薦，英王任命，享有名義上最高之權力，得視需要解散國會改選，為三軍統帥。1999年11月6日舉行公民投票，在澳洲1,236萬選民中54.22%投票反對修憲成立共和國，另有44.87%投票支持成立共和國，改由國會選出的總統取代英王為國家元首。政體：責任內閣制。內閣：由總理及其任命的閣員組成行政會議（Executive Council），內閣

總理由眾議院多數黨領袖擔任。國會：參眾兩院，參議員共76人，代表各州及2個特區，任期6年；眾議員共151人，代表各地方選區，任期3年。2008年9月5日前昆士蘭省省長布萊斯（Quentin Bryce）就任為澳洲首位女總督。2014年3月28日前澳洲國防軍司令柯茲葛洛夫就職第26任總督。2019年7月1日前國防軍司令赫爾利就任第27任總督。 2014年7月1日,莫斯廷就任總督。

政府首長：國家元首：查爾斯三世 Charles III　　總督：莫斯廷 Samantha Mostyn
　　　　　總理：艾班尼斯 Anthony Albanese

主要政黨：工黨（ALP）、自由黨、國家黨、綠黨（Australian Greens）。2010年8月21日國會大選，朝野兩大陣營均未在眾議院取得組閣所需席次，在17天談判協商後，綠黨及獨立議員支持工黨，工黨所組成聯盟取得76席，由工黨黨魁吉拉德（Julia Gillard）出任總理。2013年6月，曾於2007年帶領工黨贏得執政、但在2010年黨魁選舉落敗的陸克文（Kevin Rudd）第2度向吉拉德挑戰黨魁並獲勝，回任總理。8月5日陸克文提請總督解散國會，2013年9月7日國會提前大選，自由黨與國家黨聯盟獲得國會過半席次，自由黨黨魁艾波特（Tony Abbott）成為新任總理。2015年9月艾波特在黨內選舉遭前黨魁、交通部長滕博爾擊敗後下台，滕博爾接任總理。2016年5月滕博爾在參議院否決營建業監理機關法案後，宣布解散參眾兩院，7月2日改選。7月19日，滕博爾就任新任總理，但自由黨與國家黨聯盟在下院僅以1席領先，維持執政地位。2018年8月24日自由黨黨魁改選，莫里森（Scott Morrison）勝出、接任總理。2022年5月國會大選，中間偏左的勞工黨擊敗執政近10年的保守派政府，艾班尼斯出任總理。

司法制度：聯邦高等法院是最高司法機關，下設聯邦法院，州法院及地區法院。

經社概況

平均每人國內生產毛額：59,500美元（2023）	國內生產毛額：1兆5,840億美元（2023）
國內各業生產毛額結構：農業：3.6%　工業：25.3%　服務業：71.2%（2017）	
通貨膨脹率：5.6%（2023）	失業率：3.67%（2023）
進口值：3,675億美元（2022）	出口值：4,650億美元（2022）
主要進口：精煉石油、汽車、服裝、卡車、塑膠製品。	
主要出口：煤、鐵礦砂、黃金、天然氣、小麥。	
人口出生率：12.1‰（2024）	人口死亡率：6.8‰（2024）

澳洲的海外領域

1. 諾福克島 Norfolk Island　　與臺北之時差：+3.5
位於澳洲東方的南太平洋，面積36平方公里，人口1,748人（2016），1774年英國科克船長發現此島，1914年成為澳洲屬地，1979年起內政自治，設地方議會。2015年5月12日，澳洲議會通過《諾福克島立法修正案》，5月26日簽署，廢除自治政府，改為新南威爾斯省管轄的一個地方委員會。2016年7月，諾福克島正式隸屬新南威爾斯省。2024年澳洲政府正與諾福克島商議新的自治政府。

2. 阿希摩及卡提爾群島 The Ashomre and Cartier Islands
位於澳洲西北方的印度洋中，面積5平方公里，1931年成為澳洲的屬地。

3. 澳屬南極領域 The Australian Antarctic Territory
面積5,896,500平方公里，位於南緯60度以南的各群島，散布於東經45度至160度之間，1936年成為澳洲的屬地。

4. 赫爾島及麥唐納群島 Heard Island and the McDonald Islands
接近南極，面積412平方公里，無人居住，1947年成為澳洲的屬地。

5. 聖誕島 Christmas Island　　與臺北之時差：-1
面積135平方公里，位於印度洋，靠近印尼，1958年成為澳洲的屬地，人口2,205人（2016）。

6. 珊瑚海群島 Coral Sea Islands
位於澳洲東北部的珊瑚海域內的島嶼，在1969年成為澳洲的領土，面積不到3平方公里，沒有永久居民。

斐濟共和國
REPUBLIC OF FIJI

建國簡史

斐濟原住民世居島上，1643年荷蘭航海家塔斯曼首先抵達斐濟，自1724年以後歐洲人始陸續前往。1857年英國派領事駐斐濟，1874年成為英國殖民地。以後數十年間，大批印度人被英國的製糖公司派遣至斐濟種植甘蔗。1954年英國頒行斐濟事務敕令，斐濟原住民逐漸擔任政府重要職位。1965年制定憲法，1970年10月10日正式獨立，同年10月13日加入聯合國，1987年10月7日改制共和。1987年斐濟發生第一次軍事政變，斐濟脫離國協改稱共和國（Republic of the Fiji Islands）。1990年修正憲法，並依據憲法於1991年由印度裔無法參與之「大酋長會議」（Grand Council of Chiefs）選出第一屆斐濟總統、副總統；1996年斐濟發生第2次軍事政變，1997年重新加入國協，但同年修憲將「斐濟群島共和國」國號正式納入憲法；2000年及2006年斐濟分別發生第3、4次軍事政變，主要源於斐濟族與印度裔領導者間之政爭，斐濟由政變成功之軍政府掌權，醞釀再度更改憲法，標榜要落實真正一人一票民主、消除憲法中種族隔離與分治條款，確實懲治貪污腐敗等，軍政府宣告預定2008年10月進行「人民憲章」公投，2009年3月舉行大選，但皆未實踐；2009年4月前總理卡拉瑟控告軍政府罷黜其總理職務係為非法之訴訟，於上訴法院獲勝訴之後，軍政府即發布緊急命令，宣布廢除1997年憲法，並將大選延至2014年。2011年2月再度更改國名為「斐濟共和國」（Republic of Fiji）。

與我關係

斐濟與我無邦交。★中華民國於1971年在斐濟設立商務代表團，斐濟與中國於1975年11月5日建交後，我代表團於1976年2月29日關閉，改設臺東貿易中心。1987年12月21日斐濟主動將該中心正名為「中華民國駐斐濟共和國商務代表團」。★1978年9月我國派遣農技團赴斐濟；1990年4月簽訂臺斐農技合作協定及製糖工業技術合作協定，1991年8月簽訂臺斐糖技合作協定。農技協定於1999年3月續約3年。糖技合作協定於1995年9月14日起續約3年。★1994年11月、12月總統馬拉（Kamisese Mara）兩度來台訪問。★1996年10月4日中華民國與斐濟簽署相互承認協定，斐濟是萬那杜、巴布亞紐幾內亞後，在該地區第3個與我國相互承認的國家。★1997年12月15日，斐濟駐臺貿易暨觀光代表處開幕。★1998年3月19日，行政院會通過我與斐濟糖業技術合作協定續約。★1999年3月4日，總統馬拉率團抵臺訪問6天，這是他第3度訪台。★2005年總統陳水扁訪南太平洋回程過境斐濟。★2010年10月2日，斐濟政府同意給予持中華民國護照者停留期限4個月非工作性質免簽證待遇。★2014年我派遣行動醫療團至斐濟。★2016年2月，斐濟航空開辦臺灣-斐濟間直航包機。★2017年5月，斐濟裁撤駐臺代表處。★2023年6月，因中國施壓，台灣在斐濟代表機構「中華民國（台灣）駐斐濟商務代表團」，改回台北原名「駐斐濟台北商務辦事處」。

基本資料

地理位置：南太平洋	面積：18,274平方公里，由332個島組成。
人口：95.4萬人（2024.7）	網址：http:// www.fiji.gov.fj/
與臺北之時差：+4（夏令時+5）	電話國碼：679
獨立日期：1970年10月10日	國慶日：10月10日
首都：蘇瓦（Suva）	語言：英語、斐濟語、印度語。
幣制：Fijian dollar, 1.00USD=2.25FJD（2024）	宗教：基督教、印度教。

政治制度：國體：共和國。政體：內閣制。內閣：由20位內閣成員組成。依據2013年9月頒布憲法，總統由國會選出，任期3年，得連任一次。國會採一院制，議員任期4年。50名（2018年起為51名）議員公開選舉，國會議長共2名，1名由總理推薦，另1名由反對黨領袖推薦。2021年10月卡托尼莫瑞當選總統。2022年12月國會大選，結束了前總理巴依尼馬拉馬長達16年的統治，新總理拉布卡上任。

政府首長：總統：卡托尼莫瑞 Ratu Wiliame Maivalili Katonivere.
　　　　　總理：拉布卡 Sitiven Rabuka

主要政黨：2006年5月眾議院選舉，團結斐濟黨（SDL）獲得36席，斐濟勞工黨（FLP）31席，聯合人民黨（UPP）2席，無黨派人士2席。但同年12月前武裝部隊司令巴依尼馬拉馬（Frank Veroqe Bainimarama）發動軍事政變，軍政府解散國會。2014年9月17日過渡政府舉辦國會選舉，巴依尼馬拉馬的斐濟第一黨（Fiji First Party）贏得59.2%選票，在50席新國會中獲得32席，社會民主自由黨（SODELPA）15席，全國聯合黨（National Federation Party）3席，巴依尼馬拉馬於9月22日宣誓就任總理。2022年12月國會大選，巴依尼馬拉馬結束長達16年的統治，新總理拉布卡上台。

司法制度：分為4級，即分設於城鎮之地方法院（Magistrates Courts，在轄區內處理有限定程度之民、刑事案件）以及設於首都蘇瓦之高等法院（the High Court，掌理民、刑事及個人基本自由及權利問題）、斐濟上訴法院（Fiji Court of Appeal）、最高法院（the Supreme Court）。另1991年開始設有小額仲裁庭（Small Claims Tribunal），以分擔地方法院之工作。

經社概況

平均每人國內生產毛額：12,400美元（2022）	國內生產毛額：115億1,800萬美元（2022）
國內各業生產毛額結構：農業：13.5%　工業：17.4%　服務業：69.1%（2017）	
通貨膨脹率：4.52%（2022）	失業率：4.56%（2022）
進口值：34億3,400萬美元（2022）	出口值：23億7,600萬美元（2022）
主要進口：精煉石油、塑膠製品、塑膠、小麥、服裝。	
主要出口：水、魚、精煉石油、寶石、糖、成衣、木材。	
人口出生率：15.9‰（2024）	人口死亡率：6.5‰（2024）

吉里巴斯共和國
REPUBLIC OF KIRIBATI

建國簡史

1892年英國在吉爾伯特群島（Gilbert Islands）16個珊瑚礁島嶼成立保護國，1915年改稱為殖民地。二次大戰時，該島成為日、美在南太平洋戰役最激烈之處。1971年1月1日成立自治政府，1979年7月12日脫離英國宣布獨立，並將吉爾伯特群島改名為吉里巴斯，共有33個主要島嶼，另有數百個無人珊瑚礁島。

與我關係

吉里巴斯與我無邦交。2003年11月7日，中華民國與吉里巴斯建交。吉國與中共1980年6月25日建交，中共2003年11月29日與吉國斷交。★2004年1月9日，外長簡又新率團訪問吉里巴斯。2月9日至13日，總統湯安諾率團抵臺訪問；2月13日，總統陳水扁與湯安諾簽署聯合公報，強調發展長期友誼。★2005年5月陳總統南太平洋之旅，訪問吉里巴斯。8月15日台灣與吉里巴斯簽署雙邊衛生合作。★2006年5月20日總統湯安諾率團抵臺訪問。★2009年7月10日立法院長王金平率團前往吉里巴斯參加獨立建國30週年活動。★2010年3月21日至27日馬總統展開國是訪問，代號太誼專案，22日抵吉里巴斯訪問。12月30日總統湯安諾應邀訪臺參加建國百年慶典。★2012年5月20日總統湯安諾出席總統馬英九就職典禮。★2013年5月31日湯安諾為吉里巴斯駐中華民國大使館揭牌，該館是吉國在南太地區以外設立的第一個大使館。★2014年8月3日至8日總統湯安諾抵臺參加「亞洲太平洋國會議員聯合會」第44屆年會。★2015年1月1日兩國間全面性所得稅協定實施。★2016年5月吉里巴斯總統馬茂出席總統蔡英文就職典禮。9月，第71屆聯合國大會，包括吉里巴斯在內有13個友邦在聯大總辯論替台灣發聲。★2017年9月，第72屆聯合國大會總辯論，吉里巴斯等15個友邦為臺灣發聲，要求讓台灣參與聯合國永續發展議程。★2018年1月30日至2月5日，原住民族委員會主任委員夷將‧拔路兒奉蔡總統指派以特使身分率團致賀諾魯共和國50周年獨立紀念日，並訪吉里巴斯。6月，我國與吉里巴斯簽署漁業合作瞭解備忘錄。9月第73屆聯合國大會總辯論，吉里巴斯等12個友邦為台灣發聲，表達支持台灣參與聯合國體系的立場。★2019年

9月20日，中華民國與吉里巴斯斷交，結束16年外交關係，外交部長吳釗燮譴責吉里巴斯曾向中華民國索取高額贈款以購買民航機。

基本資料

地理位置：中南太平洋，國際換日線經過該國	面積：811平方公里
人口：11萬6,545人（2024.7）	網址：http://www.parliament.gov.ki/
與臺北之時差：+4	電話國碼：686
獨立日期：1979年7月12日	國慶日：7月12日
首都：塔拉瓦（Tarawa）	語言：吉里巴斯語、英語
幣制：澳元Australian dollar, 1.00USD=1.49AUD（2024）	宗教：天主教、基督教。

政治制度：國體：共和立憲。政體：總統制，三權分立，立法權屬國會，行政權歸內閣，司法權隸屬法院。內閣：總統候選人由國會自國會議員中選出，但總統由人民直接選舉，任期4年，最多連任兩次；內閣由總統、副總統及不超過12名之閣員組成，閣員由總統自國會議員中任命。2003年2月25日總統大選，總統狄托（Teburoro Tito）以50.4%得票率勝選連任。2003年3月28日，國會通過對狄托的不信任案，政府被國務會議（Council of State）接管。7月4日總統大選，真理黨候選人湯安諾（Anote Tong）以47.4%得票率獲勝，7月10日宣誓就職。湯安諾於2007年10月、2012年1月兩度成功連任。2016年3月9日總統大選，11日反對黨候選人馬茂經公告當選，成為第5任總統。2020年6月22日馬茂連選獲勝。

政府首長：總統：馬茂 Taneti Maamau

主要政黨：2016年1月國會兩輪選舉後，原先的兩個反對黨合併為關懷黨（Tobwaan Kiribati, TKP）並執政，真理黨（Boutokaan te Koaua）淪為在野黨。2020年4月國會改選，關懷黨22席，由真理黨和另一黨合併成立的保護吉里巴斯黨（BKM）22席。

司法制度：分地方法院、高等法院及上訴法院3級。高等法院設大法官1人，由總統經由內閣提名，公務員委員會諮詢後任命。

經社概況

平均每人國內生產毛額：2,000美元（2022）	國內生產毛額：2億6,282萬美元（2022）
國內各業生產毛額結構：農業：23%　工業：7%　服務業：70%（2016）	
通貨膨脹率：2.05%（2021）	失業率：30.6%（2010）
進口值：2億5,444萬美元（2022）	出口值：1,968萬美元（2022）
主要進口：船、精煉石油、米、繩子、即食肉品	主要出口：魚、椰子製品、船、糖。
人口出生率：19.7‰（2024）	人口死亡率：6.9‰（2024）

馬紹爾群島共和國
REPUBLIC OF THE MARSHALL ISLANDS

建國簡史

考古學家考據，密克羅尼西亞人於2,000年前已移民至馬紹爾群島。1592年西班牙人「發現」並占領馬紹爾，開始殖民，但於1899年賣給德國。日本於1914年第一次世界大戰後占領馬紹爾，後獲得國際聯盟（League of Nations）承認，開始殖民並建立軍事基地做為前進南太平洋根據地。二次世界大戰末，美軍在激烈的戰鬥後於1945年占領馬紹爾，戰後聯合國於1947年成立太平洋託管理事會，將包括馬紹爾在內之密克羅尼西亞群島等島群委由美國託管。1979年5月馬紹爾自治國會通過自治憲法，成立馬紹爾自治政府而實質獨立。1986年10月21日正式宣告獨立，並與美國簽訂自由加盟協約（COFA），國防由美國負責。2023年10月16日兩國續簽上述協約。

與我關係

我國曾在馬紹爾群島派駐農業技術團，1990年11月10日馬國承認中國，我農技團撤回。
★1998年11月20日，中華民國與馬國宣布建交。
★1999年2月5日，馬國總統卡布亞率團訪台6天。

4月24日，外交部長胡志強率團慶賀馬國20週年國慶。★2002年5月12日馬國總統諾特仇儸應邀訪台6天。★2004年1月11日，外長簡又新以總統特使身分參加總統諾特的就職慶典。★2005年5月總統陳水扁南太平洋之旅訪問馬紹爾群島。6月15日國會議長湯敏彥夫婦率團訪台4天。★2006年4月10日總統諾特訪臺。11月16日諾特訪台6天。★2007年5月1日，總統特使前總統府資政辜寬敏4月26日赴馬國祝賀28週年國慶。10月11日總統陳水扁訪馬國，出席第2屆台灣與太平洋邦峰會。★2008年1月29日副總統呂秀蓮訪馬紹爾群島2天，晉見總統湯敏彥。3月10日總統湯敏彥來臺國是訪問5天。4月27日至5月3日總統特使立法院長王金平參加5月1日的馬國29週年國慶。5月18日至22日總統湯敏彥訪臺，出席我第12任總統就職典禮。9月16日馬國與其他友邦國共同提案促請聯大通過決議，建議聯合國專門機構接納台灣人民參與活動。★2009年5月1日，外長歐鴻鍊擔任特使前往恭賀馬紹爾群島30週年國慶。8月總統湯敏彥出席立法院主辦的亞洲太平洋國會議員聯合會(APPU)第40屆年會。★2010年3月22日，總統馬英九抵馬紹爾群島訪問；宣布捐贈新台幣400多萬元的醫療物資給馬國。5月17日中華民國駐美代表袁健生在雙橡園宴請訪美的馬國總統查凱爾。★2012年5月20日，馬國總統羅亞克出席總統馬英九就職典禮。★2013年3月26日羅亞克總統仇儸與外長穆勒等10人訪台。★2014年11月羅亞克總統仇儸抵台訪問並贈馬總統象徵馬國最高榮譽的「傳統酋長勳章」。★2016年5月20日總統海妮出席總統蔡英文就職典禮。9月，第71屆聯合國大會，包括馬國在內有13個友邦在聯大總辯論替台灣發聲，呼籲聯合國納入臺灣參與。★2017年9月，第72屆聯合國大會總辯論，馬國等15個友邦為台灣發聲，要求讓台灣參與聯合國永續發展議程。10月28日至11月4日，總統蔡英文展開「永續南島，攜手共好」太平洋友邦之旅，訪問馬國、吐瓦魯和索羅門群島。★2018年7月26日至8月1日馬國海妮總統仇儸來臺國是訪問。7月27日兩國簽署國民互免簽證協定及海巡合作協定，強化雙方民間交流。9月第73屆聯合國大會總辯論，馬國等12個友邦為臺灣發聲，支持臺灣參與聯合國體系。★2019年3月下旬總統蔡英文海洋民主之旅走訪太平洋三友邦，26日至27日在馬國出席「太平洋婦女領袖聯盟會議」並與總統海妮會談。5月1日，外交部政務次長徐斯儉和我海軍敦睦遠航訓練支隊官兵出席馬國獨立40週年國慶典。★2020年1月，馬國舉行新任總統柯布亞就職典禮，外交部政務次長徐斯儉率團前往慶賀。4月，我國捐贈馬國等4個太平洋友邦共8萬片口罩。9月，馬國總統柯布亞於第75屆聯合國大會總辯論發言，呼籲讓臺灣參與聯合國體系的相關活動。10月12日馬國前總統湯敏彥在美國過世，我國政府向馬國及湯敏彥家屬致哀。11月18日我國捐贈馬國兩艘巡防艇。10月6日，馬國前總統湯敏彥過世，外交部表哀悼。2021年9月22日，馬國總統柯布亞在聯合國大會總辯論會敦促聯合國終結「可恥沉默」，讓台灣平等參與。2022年3月21日，馬國總統柯布亞首度訪台。9月馬國總統柯布亞在聯合國大會譴責中國在台海軍事行動危害區域和平，並直言聯合第2758號決議錯誤詮釋，該丟進歷史墳墓。2024年1月2日，馬國新總統海妮上任，外交部次長田中光率團祝賀就職。5月17日，海妮仇儸來台慶賀總統賴清德就職。

基本資料

地理位置：北太平洋島嶼近赤道	面積：181 平方公里
人口：82,011人（2024.7）	網址：https://rmiparliament.org/
與臺北之時差：+4	電話國碼：692
獨立日期：1986年10月21日（美國結束託管）	國慶日：5月1日（1979年5月1日宣布建國）
首都：馬久羅（Majuro）	語言：馬紹爾語、英語。
幣制：美元	宗教：基督教、天主教。

政治制度：國體為總統制，總統係由下院（Nitijela）議員推選，政體為三權分立制。行政權在內閣，10名閣員由總統任命。議會為兩院制，上院（Council of Iroij）有12名大酋長，下院有33名議員，每4年改選一次。2016年1月4日由新任參議員互選總統，參議員內姆拉（Casten Nemra）以17票比16票當選第7任總統；惟國會同月26日通過對內姆拉總統之不信任投票案，並於27日以24票選舉前教育部長、無黨籍參議員海妮（Hilda Heine）為第8任總統。2019年11月18日，國會改選。2020年1月6日，新任國會開議推選出參議員柯布亞為新任總統。2024年1月2日，新任國會開議，推選前總統暨參議員海妮為新任總統。

政府首長：總統 海妮 Hilda Heine

主要政黨	無正式政黨，近年主要為聯合民主黨（United Democratic Party, UDP）與吾島黨（Aelon Kein Ad Party, AKA）在競爭。
司法制度	設最高法院、高等法院、地方法院與社區法院、傳統權利法院。

經社概況

平均每人國內生產毛額：6,000美元（2022）	國內生產毛額：2億4,960萬美元（2022）
國內各業生產毛額結構：農業：4.4%　工業：9.9%　服務業：85.7%（2013）	
通貨膨脹率：0%（2017）	失業率：不詳
進口值：2億603萬美元（2021）	出口值：1億3,002萬美元（2021）
主要進口：船、精煉石油、機械設備、離心機、鐵結構。	
主要出口：船、漁產、精煉石油、鐵製品、木製品。	
人口出生率：21.21‰（2024）	人口死亡率：4.3‰（2024）

密克羅尼西亞聯邦 FEDERATED STATES OF MICRONESIA

建國簡史

密國為由Pohnpei、Kosrae、Yap、Chuuk 4州組成之聯邦共和國。1947年成為太平洋島嶼聯合國託管地之一部分，受美國監管。1978年通過密克羅尼西亞聯邦憲法，1979年成為內部自治之聯邦。1982年聯邦與美簽訂「自由加盟協約」。該協約於1983年經公民投票複決同意，1985年經美國法律認可，1990年12月經聯合國採行生效。1991年9月17日加入聯合國。2023年5月兩國續簽「自由加盟協約」。

與我關係

我與密國無外交關係。★2005年12月12日中西太平洋鮪類保育委員會在密國召開年會，臺灣區遠洋鮪魚公會代表參加。★外媒報導，密克羅尼西亞總統帕努埃洛有意與台灣建交。外交部長吳釗燮2023年3月10日在立法院備詢表示，他確實有跟密國總統交換意見。

基本資料

地理位置：北太平洋	面積：702平方公里
人口：99,603人（2024.7）	網址：http://www.fsmgov.org/
與臺北之時差：+3	電話國碼：691
獨立日期：1986年11月3日	國慶日：5月10日
首都：帕里克爾（Palikir）	語言：英語
幣制：美元	宗教：天主教、基督教。
政治制度：國體與政體：國體為聯邦共和國，政體為總統制。總統：總統與副總統由一院制之國會於4席比例代表制議員中選出。國會：採一院制，14席，其中10席為非政黨議員由單一選區制選出，任期2年；4席由全國4州各依比例代表制選出，任期4年。最近一次國會選舉於2019年3月舉行。地方政治制度：4個州政府各有人民選出之州長及一院制議會。2019年5月11日國會選舉帕努挨洛（David W. Panuelo）為總統。2023年5月11日國會選出西米納為總統。	
政府首長：總統：西米納 Wesley Simina	
主要政黨：無	
司法制度：設有最高法院及州法院	

經社概況

平均每人國內生產毛額：3,300美元（2022）	國內生產毛額：3億260萬美元（2022）
國內各業生產毛額結構：農業：26.3%　工業：18.9%　服務業：54.8%（2013）	

通貨膨脹率：5.41%（2022）		失業率：16.2%（2010）	
進口值：1億2,600萬美元（2021）		出口值：1億7,900萬美元（2021）	
主要進口：塑膠製品、船、家禽、精煉石油、漁產。			
主要出口：魚、整合電路、服裝、飛機零件、廣播設備。			
人口出生率：17.8‰（2024）		人口死亡率：4.2‰（2024）	

諾魯共和國
REPUBLIC OF NAURU

建國簡史

諾魯於1798年為英人費爾恩（Captain J. Fearn）發現命名為Pleasant Island，惟島上部族間常生摩擦，1878年至1886年發生內戰，島民僅剩約900人。1888年德國占領後改稱諾魯（Nauru），致力消弭內爭，安定社會秩序。第一次世界大戰時，諾魯為澳大利亞所占領，戰後由英、澳、紐共管，實際由澳洲負責統治。第二次世界大戰時，日、美、澳3國軍隊先後占領該島，戰後聯合國委由英、澳、紐3國託管。1966年1月22日諾魯舉行首次大選，成立立法暨行政委員會。1967年10月澳洲宣布諾魯於1968年1月31日獨立；同年11月22日聯合國託管理事會向聯大建議諾魯託管協定應於1968年1月30日終止。

與我關係

與我無邦交。1975年5月諾魯在臺北設立領事館，8月16日與我國簽署交換航權協定。★1980年4月27日我國在諾魯設立總領事館。5月4日諾魯與中華民國建交。★1990年8月17日我駐諾魯總領事館升格為大使館。★2002年7月21日，諾魯與中國代表在香港簽署聯合公報，宣布與中華民國斷交。7月23日中華民國政府發表聲明，宣布中止與諾魯的外交關係。★2005年5月14日我國與諾魯恢復邦交。5月27日中國與諾魯斷交。★2006年3月6日諾魯總統史可迪應總統陳水扁邀請來台國是訪問。8月30日總統史可迪過境訪問台灣。9月6日陳總統訪問諾魯。★2008年1月31日副總統呂秀蓮擔任總統特使參加諾魯國慶。5月17日總統史蒂芬伉儷率團抵臺出席我第12任總統就職典禮。8月4日至8日史蒂芬率團來台國是訪問。9月第63屆聯合國大會開議，諾魯等友邦為臺灣發聲。★2010年3月總統馬英九抵諾魯國是訪問。★2011年10月10日總統史蒂芬來台參加中華民國建國100年國慶活動。★2012年5月20日諾魯總統達比杜出席總統馬英九就職典禮。★2013年12月5日諾魯總統瓦卡抵台訪問6天。★2014年12月瓦卡總統伉儷二度訪台。★2015年12月9日至12日瓦卡總統訪台。★2016年5月總統瓦卡參加總統蔡英文就職典禮。9月第71屆聯合國大會，諾魯等13個友邦在聯大總辯論替台灣發聲。★2017年3月6日至11日總統瓦卡伉儷訪台。★2018年9月2日至8日外交部長吳釗燮訪問諾魯，出席第49屆太平洋島國論壇年會。9月我與諾魯簽署警政合作協定。第73屆聯合國大會總辯論，諾魯等12個友邦為台灣發聲。★2019年3月總統蔡英文海洋民主之旅走訪太平洋3友邦，24日至26日國是訪問諾魯，與總統瓦卡會談，在國會發表演說，兩國簽署海巡協定。8月7日兩國在臺簽署刑事司法互助條約。12月諾魯總統安格明（Lionel Aingimea）首度來台國是訪問，兩國簽署航空服務協定。★2020年4月我國捐贈諾魯等4個太平洋友邦共8萬片口罩。9月諾魯總統安格明於第75屆聯合國大會總辯論呼籲聯合國確保中華民國2,350萬人與其他國家人民相同權利。★2022年9月諾魯駐聯合國代表團在第77屆聯大總辯論為台發聲，呼籲聯合國承認台灣。諾魯總統昆洛斯11月14日率團抵台，進行6天國是訪問。★2024年1月15日諾魯承認中國，我國與諾魯斷交。

基本資料

地理位置：南太平洋,赤道以南41公里		面積：21平方公里	
人口：9,892人（2024.7）		網址：http://www.naurugov.nr/	
與臺北之時差：+4	電話國碼：674		
獨立日期：1968年1月31日		國慶日：1月31日	
首都：雅連（Yaren）	語言：諾魯語、英語。		

幣制：澳元Australian dollar, 1.00USD=1.49AUD（2024）	宗教：基督教、天主教。

政治制度：國體：民主共和。政體：責任內閣制，行三權分立，憲法自1968年1月31日起生效。內閣：由總統及其他4位閣員組成，總統由國會議員互選產生，任期3年，連選得連任，其他閣員由總統自國會議員中指派，均向國會負責。國會：採一院制，議員19人，直接民選，任期3年，為國家最高權力機構。2004年6月22日，國會選舉史可迪（Ludwig Scotty）為總統。同年9月30日，在國會未能通過政府預算後，史可迪宣布解散國會和全國進入緊急狀態。10月23日史可迪在大選中獲勝，史可迪於10月26日再度出任總統。2007年12月19日總統史可迪被18席國會議員以過半數通過不信任案下台，並隨即選出總統史蒂芬（Marcus Stephen）。2011年11月15日諾魯國會反對派於國會開議時通過對史蒂芬政府不信任案，嗣後選出國會議員達比杜（Sprent Dabwido）為新任總統。2013年6月8日國會改選後，達比杜下台，新任國會改選教育部長瓦卡（Baron Divavesi Waqa）為新任總統。2016年7月國會改選後，瓦卡再度獲選為總統。2019年8月國會議員選舉，選出19位國會議員，並由議員互選安格明（Lionel Aingimea）擔任總統。2022年9月昆洛斯當選總統，國會大選執政聯盟在19個席次取得14席、在野派3人連任、2人連任失利、新當選者2人。2023年10月，諾魯國會議員表決通過對總統昆洛斯的不信任案，30日選出亞定為新任總統。

政府首長：	總統：亞定 David Adeang
主要政黨：	無政黨，僅有執政派與反對派之分。
司法制度：	法院有最高法院、地方法院、家事法院。
經社概況	
平均每人國內生產毛額：11,000美元（2022）	國內生產毛額：1億3,966萬美元（2022）
國內各業生產毛額結構：農業：6.1%　工業：33%　服務業：60.8%（2009）	
通貨膨脹率：5.1%（2017）　　失業率：23%（2011）	
進口值：9,420萬美元（2021）　　出口值：1億8,700萬美元（2021）	
主要進口：糧食、燃料、船、塑膠製品、汽車。	
主要出口：漁產、磷酸鹽、汽渦輪機、電力設備、塑膠製品。	
人口出生率：20.2‰（2024）	人口死亡率：6.5‰（2024）

紐西蘭
NEW ZEALAND

建國簡史

紐西蘭原為毛利人所居，1642年為荷蘭東印度公司航海家塔斯曼（Abel Tasman）所發現。1769年英國皇家海軍船長庫克（James Cook）登陸紐西蘭。遲至19世紀初，英國才開始在紐殖民。當歐洲人初抵紐時，毛利人約100萬，19世紀初發生多次戰爭，人口大減，一度曾減少約30萬，2021年約61萬。1833年紐西蘭被置於澳洲紐修威省管轄下，1840年2月6日英政府與毛利首長簽訂維坦基條約（Treaty of Waitangi），承認紐西蘭之主權屬於英國，從此紐西蘭正式成為英國之殖民地。紐西蘭亦以2月6日為其國慶日（Waitangi Day）。1852年英國國會通過紐西蘭憲政（Newzealand Constitution Act），允許紐西蘭自治，1907年9月26日紐西蘭成為英屬自治領，在內政上完全自治。1919年紐西蘭亦獲邀派員參加巴黎凡爾賽和會，開始成為國際社會之一份子。1947年紐西蘭接受英國西敏寺法（Westminster Act Of 1931），正式成為一個完全主權國。2016年3月紐西蘭舉行國旗公投，57%民眾投票支持保持目前國旗。

與我關係

與我無邦交。★1903年滿清在威靈頓設立領事館，1935年中華民國將領事館升格為總領事館，1961年再升為大使館。★我於1972年12月22日與紐西蘭斷交。在首都威靈頓設有臺北經濟文化辦事處，另在第一大城奧克蘭設有分處。紐西蘭與中國於1972年12月建交。★紐西蘭於1989年10月在臺北設「紐西蘭商工辦事處」，並於1990年4月起在臺北開辦簽證業務。★1996年7月11日，行政院院會通過臺紐通航協定，新約效期由5年修定為永久有效。11月11日兩國代表簽署避免雙重課稅及防杜逃稅協定。★1997年12月18日，兩國在威靈頓簽署臺紐競

爭法合作協議。★1998年6月16日，紐西蘭首位農業部長史密斯拜會經濟部長王志剛。★2002年4月23日，第9屆臺紐經濟諮商會議在臺北舉行，雙方同意完成簽署臺紐電機電子產品相容檢驗相互承認協定。★2006年5月19日，紐西蘭國會外交、國防暨貿易委員會籲請政府支持我國成為世界衛生大會WHA觀察員。★2012年3月5日，行政院經濟建設委員會與紐西蘭商工辦事處簽署創業投資基金策略合作協議。★2013年7月10日，兩國在威靈頓簽署臺紐經濟合作協定，這是我國與已開發國家及非邦交國簽署的第一個經濟合作協定。協定於12月1日生效。★2016年4月9日，前副總統呂秀蓮應邀出席「國際職業婦女協會」（IFBPW）在奧克蘭舉行的亞太區域會議。★2018年8月1日，南島民族論壇在台北舉辦，紐西蘭派代表出席。★2020年7月16日，紐西蘭商工辦事處連續第3年在台北陽明山慶祝毛利新年Matariki，紐西蘭代表涂慕怡（Moira Turley）說，臺灣2020年取代英國，成為紐西蘭第六大貨物出口國。★2023年5月31日，紐國兩位國會議員不懼團員缺席及中國壓力訪台。★2024年4月中，紐國國會議員訪團來台，晉見總統蔡英文，籲紐台合作發展AI人工智慧等先進技術，以因應跨國資安問題。4月22日，紐國總理盧克森表示欲與台灣強化貿易連結。

基本資料

地理位置：南太平洋	面積：268,838 平方公里
人口：516萬人（2024.7）	網址：http://www.govt.nz/
與臺北之時差：+4（夏令時+5）	電話國碼：64
獨立日期：1907年9月26日	國慶日：2月6日
首都：威靈頓（Wellington）	語言：英語、毛利語。
幣制：New Zealand dollar, 1.00USD＝1.4NZD（2024.7）	宗教：基督教、天主教。

政治制度：國體：君主立憲。以英王為國家元首，總督為其代表。政體：議會內閣制。國會多數黨黨魁為總理組成內閣，內閣閣員向國會負責。國會：原有參眾兩院，1950年廢除參議院，成為一院制國會，議員民選，任期3年，通常約120名。

政府首長：國家元首：查爾斯三世 Charles III	總督：辛迪‧基羅 Cynthia Kiro
總理：盧克森 Christopher Luxon	

主要政黨：國家黨（National Party）、工黨（Labor Party）、綠黨（Green Party）、紐西蘭第一黨（NZ First）、毛利黨（Maori Party）。2014年9月20日國會選舉，國家黨獲62席，凱伊續任總理。2016年12月5日，凱伊以家庭因素為由辭職。國家黨12月12日推舉財政部長英格利許為新任總理。2017年9月23日國會大選，無政黨獲過半數席次，國家黨56席、工黨46席、紐西蘭第一黨9席、綠黨8席。工黨黨魁阿爾登（Jacinda Ardern）取得綠黨、紐西蘭第一黨支持，籌組聯合政府，37歲的阿爾登10月26日宣誓就職總理，成為當時全世界最年輕的女性政府領袖。2020年10月17日國會大選，工黨獲得過半數的65席，繼續執政。2023年1月19日阿爾登無預警請辭，工黨選出44歲的希金斯接替黨魁，成為總理。10月14日國會大選，右翼主要政黨國家黨（National Party）獲壓倒性勝利，組聯合政府，由黨魁盧克森擔任新任紐西蘭總理。

司法制度：設有最高法院、高等法院、地方法院及上訴法院。

經社概況

平均每人國內生產毛額：45,000美元（2022）	國內生產毛額：2,316億美元（2022）
國內各業生產毛額結構：農業：5.7%　工業：21.5%　服務業：72.8%（2017）	
通貨膨脹率：7.17%（2022）	失業率：3.3%（2022）
進口值：713億5,000萬美元（2022）	出口值：574億8,500萬美元（2022）
主要進口：石油、塑膠製品、車輛及汽車零件、電氣機械、紡織品。	
主要出口：乳製品、肉類、木材與木製品、乳製品。	
人口出生率：12.6‰（2024）	人口死亡率：6.9‰（2024）

紐西蘭的海外領域

1.庫克群島 The Cook Islands

網址：http://www.pmoffice.gov.ck/

位於南太平洋，面積236平方公里，人口7,939人（2023），1900年成為紐西蘭領土，1965年自治，內政自主，外交及國防由紐西蘭負責，首府設於拉羅同卡島（Rarotonga）。庫克群島的物產包括水果、紡織品。紐西蘭是主要貿易夥伴。★2023年9月美國承認庫克群島的主權，將與其建交。

2. 紐埃島Niue
位於南太平洋，居民2,000人（2022），北為美屬薩摩亞，西為東加王國。紐埃島面積260平方公里，首府是阿羅菲（Alofi），1901年以前屬於庫克群島一部分，1901年單獨設立行政區，1974年10月19日獲自治，但與紐西蘭保持聯合關係，為南太平洋論壇成員。椰乾、蜂蜜等是島上特產，主要與紐西蘭貿易。★2023年9月美國總統拜登表示，承認紐埃為「主權和獨立」國家，將與其建交。

3. 紐屬羅斯The Ross Dependency
位於南極地區，面積450,000平方公里，1923年成為紐西蘭的屬地。

4. 托克勞Tokelau
位於南太平洋，面積12平方公里，曾隸屬於吉爾伯特及愛麗絲群島（Gilbert and Ellice Islands），1925年成為紐西蘭的領土，人口1,647人（2019）。

帛琉共和國
REPUBLIC OF PALAU

建國簡史

葡萄牙人1783年發現帛琉群島，未幾為西班牙統治，西班牙人於美西戰爭失敗後於1899年將帛琉售予德國。第一次世界大戰後由日本託管，二次世界大戰後，1947年由聯合國授權美國託管，1981年獲准成立自治政府，稱為「帛琉共和國」，並制定禁止貯藏及攜入核武之「非核憲法」。

1986年美國以15年內分期提供4億5,000萬美元經濟援助及准許其獨立為條件與帛琉簽訂50年之「自由加盟協約」（Compact of Free Association），依據協定，帛琉享有內政自治權並得與他國政府、區域暨國際組織簽訂條約及協定，涉外事務需與美諮商，國防亦由美國掌管，美國有權派遣核子軍艦及軍機至帛琉領域，美無義務承認或否認在帛琉部署核武。美方此一條件有違帛琉憲法中「非核條款」，故要求帛琉暫時凍結此一憲法條款。此「協定」先後7次遭帛琉公民投票否決，直至1993年11月第8次公民投票始獲通過，帛琉於1994年10月1日獨立，內政外交自主，國防安全由美國掌控。2023年5月美國與帛琉續簽「自由加盟協約」。

與我關係

帛琉1994年獨立前，即與我維持良好關係，1999年12月與中華民國建交。★1989年7月6日兩國發表公報，在帛琉獨立後建交。★帛琉總統中村國雄1995年3月21日來台訪問4天。★1999年12月2日，交通部長林豐正與帛琉商業部長戴吉東簽署雙邊航空協定。12月29日，帛琉與中華民國簽署建交公報。★2001年1月16日，司法院長翁岳生代表總統參加1月19日的帛琉總統雷蒙傑索就職典禮。★2002年2月雷蒙傑索總統抵台訪問5天。★2003年4月帛琉副總統皮蘭朵茲女士訪台5天。★2005年1月陳水扁總統訪問帛琉。4月29日雷蒙傑索總統伉儷抵台。6月27日副總統呂秀蓮前往帛琉訪問3天。8月17日基隆市與帛琉熱切隆州締結為姊妹市。★2006年9月3日陳總統訪問帛琉。4日與帛琉、諾魯、吐瓦魯、馬紹爾群島、索羅門群島與吉里巴斯等6國領袖舉行「第一屆臺灣與太平洋友邦元首高峰會」。★2007年1月雷蒙傑索總統訪台5天。★2008年9月帛琉等友邦在第63屆聯合國大會為台發聲。★2009年2月22日帛琉總統陶瑞賓率團訪台6天。★2010年3月26日總統馬英九抵帛琉國是訪問。★2011年10月10日總統陶瑞賓來台參加中華民國建國100年國慶活動。★2012年5月20日陶瑞賓總統出席總統馬英九就職典禮。★2013年3月26日中華民國政府與帛琉政府間引渡條約生效。★2014年9月30日，外交部政務次長高振群率團參加帛琉獨立20週年慶。★2015年10月帛琉駐聯合國常任代表奧托大使訪臺。★2016年5月20日帛琉總統雷蒙傑索出席總統蔡英文就職典禮。9月第71屆聯合國大會，帛琉等13國友邦在聯大總辯論替台灣發聲。★2017年1月18日至21日，外交部長李大維以總統特使身分出席該國第10任正副總統就職典禮暨酒會。5月22日聖文森與帛琉代表在日內瓦世界衛生大會（WHA）提案，邀請台灣以觀察員身分參與WHA，大會決定不列入議程。9月第72屆聯合國大會總辯論，帛琉等15國

友邦為臺灣發聲，要求讓臺灣參與聯合國永續發展議程。★2018年9月第73屆聯合國大會總辯論，帛琉等12個友邦為臺灣發聲。★2019年3月下旬總統蔡英文海洋民主之旅走訪太平洋三友邦，21日至24日國是訪問帛琉，與雷蒙傑索總統會談，兩國簽署海巡合作協定。12月，副總統陳建仁出訪帛琉，慶祝兩國建交20週年。★2020年3月海軍敦睦艦隊訪問帛琉。4月新光醫院和帛琉國家醫院視訊會議，分享台灣在邊境防疫、醫院檢驗隔離等流程；同月我國捐贈帛琉等4個太平洋友邦共8萬片口罩。9月帛琉總統雷蒙傑索在第75屆聯合國大會總辯論指出，台灣在許多國際議題和聯合國體系的國際組織都能提供貢獻，不應遭受限制。★2021年1月21日外交部長吳釗燮率團參加總統惠恕仁就職典禮。3月17日台帛共同宣布「旅遊泡泡」。3月28日總統惠恕仁抵台宣傳帛琉觀光，美國駐帛琉大使倪約翰（John Hennessey Niland）隨行。30日總統蔡英文接見總統惠恕仁。4月1日總統惠恕仁與臺帛旅遊泡泡首發團旅客搭機返帛琉。★2022年10月總統惠恕仁國是訪問臺灣，期間簽署臺帛財政合作協定。11月1日副總統賴清德出訪帛琉3天「帛旅專案」。★2023年7月，台灣海研船「勵進號」首訪帛琉拓展科技外交。12月聯合國氣候變化綱要公約締約方第28次會議，台帛舉行場邊論壇，盼永續轉型團結合原民知識。★2024年4月3日，花蓮震災，總統惠恕仁表達慰問。5月17日，總統惠恕仁偕僚來台參加總統賴清德就職典禮。6月5日總統惠恕仁指帛琉政府遭竊兩萬份文件，矛頭指向中國，台灣表示幫助帛琉數位防衛。

基本資料

地理位置：北太平洋	面積：459平方公里
人口：21,864人（2024.7）	網址：http://www.palaugov.org/
與臺北之時差：+1	電話國碼：680
獨立日期：1994年10月1日（美國託管結束）	國慶日：10月1日
首都：恩吉魯穆德（Ngerulmud）	語言：帛琉語、英語、菲律賓語。
幣制：美元	宗教：天主教、基督教。
政治制度：國體：民主共和。政體：總統制。總統、副總統由人民直選，任期4年。國會：分參眾兩院，參議員共13名按人口比例由參議員選區選出，眾議員共16名由16個行政區各選出1名，議員任期均為4年。2012年11月6日總統選舉，前總統雷蒙傑索（Tommy E.Remengesau）擊敗尋求連任的陶瑞賓，第3度當選，並於2016年連任。2020年11月3日國會、總統大選，前參議員惠恕仁當選總統，於2021年1月就任。2024年11月5日國會、總統大選，惠恕仁11日宣告連任成功。	
政府首長：總統：惠恕仁 Surangel Whipps Jr.	
主要政黨：無政黨組織	
司法制度：法院分最高法院、國民法院及土地法院。	

經社概況

平均每人國內生產毛額：14,100美元（2021）	國內生產毛額：2億5,437萬美元（2021）
國內各業生產毛額結構：農業：3%　工業：19%　服務業：78%（2016）	
通貨膨脹率：12.35%（2022）	失業率：1.7%（2015）
進口值：2億1,669萬美元（2022）	出口值：2,448萬美元（2022）
主要進口：燃料、鐵金屬、船、精煉石油、塑膠製品。	主要出口：船舶、電腦、機械零件。
人口出生率：11.6‰（2024）	人口死亡率：8.4‰（2024）

巴布亞紐幾內亞獨立國
INDEPENDENT STATE OF PAPUA NEW GUINEA

建國簡史

巴布亞紐幾內亞係由巴布亞（Papua）及紐幾內亞（New Guinea）兩殖民地合併組成。巴布亞原為英屬紐幾內亞（British New Guinea），1906年澳大利亞接管後改名為巴布亞。紐幾內亞原為德國殖民地，二次大戰後兩地由聯合國交予澳大利亞託管合併治理，而改名為巴布亞紐幾內亞。1973年12月1日成立自治政府，除國防、外交及內部治安外，完全自治。1975年9月16日結束澳洲託管，成為

獨立國。2023年6月，巴紐國會首度公開和美軍簽署為期15年的「國防合作協議」（DCA），允許美軍「暢通無阻地」出入主要防禦設施。

與我關係

與我無邦交。★1990年2月我在巴國首都設「中華民國駐布亞紐幾內亞商務代表團」，另派駐有技術團。★1995年5月22日巴紐副總理海維達在台北簽署與我聯合公報，依國際法給予相互承認，巴國是繼幾內亞杜後，第2個與中華民國相互承認但無邦交的國家。★1999年7月5日，外交部長胡志強與巴國外長亞基在臺北簽署建交公報。7月21日，新當選的莫羅塔總理宣布撤回對臺灣的外交承認。★2001年2月2日，臺灣區遠洋鮪漁公會理事長柯清芳與巴國漁業部長Dalanbo在高雄簽署入漁合作協定。★2003年8月22日巴國駐臺名譽總領事館在高雄成立。★2014年5月19日外交部確認巴國予中華民國護照持有人落地簽證待遇。★2015年6月22日，我與巴國簽署中華民國、巴紐漁業合作備忘錄。12月31日巴國駐臺商務代表處在臺北開幕。★2018年2月12日，巴國政府屈於中國壓力，強迫駐處更名並摘除駐處館牌及領事車牌，將原名的「中華民國（臺灣）駐布亞紐幾內亞商務代表團」，改名為「駐布亞紐幾內亞臺北經濟文化辦事處」，外交部向巴紐外交部及駐臺代表處抗議。★2018年11月亞太經濟合作會議（APEC）年會暨領袖峰會在巴紐舉行，總統特使代表張忠謀偕夫人張淑芬出席。★2023年1月，巴紐稱因無經濟效益，關閉駐台商務代表處。11月，駐巴紐代表推動癌友赴台治療。

基本資料

地理位置：南太平洋	面積：462,840 平方公里
人口：1005萬人（2024.7）	網址：http//www.parliament.gov.pg/
與臺北之時差：+2	電話國碼：675
獨立日期：1975年9月16日	國慶日：9月16日
首都：莫士比港（Port Moresby）	語言：英語、Tok Pisin語、Hiri Motu語。
幣制：Kina基那，1.00USD=3.88PGK（2024.7）	宗教：基督教、天主教。

政治制度：國體：君主立憲。以英王為國家元首，而由國會選舉經英王任命之總督代行職權。政體：三權分立。內閣：為最高行政機構，由所有部長組成，總理為主席。國會：採一院制，議員由全民直接選出，任期5年。2002年8月5日，索馬利在109席的國會中獲88票，獲選為總理，這是他第3度擔任總理。2011年索馬利因病赴新加坡就醫，代理的副總理亞貝爾因養子被控謀殺，反對黨8月對亞貝爾政府提出不信任案通過，後推舉歐尼爾出任總理。2017年6月24日至7月8日國會改選，歐尼爾續任總理。2019年5月，馬拉普就任總理。2022年7月國會大選，馬拉普獲新國會支持連任，8月宣誓就職。

| 政府首長：國家元首：查爾斯三世 Charles III　　總督：達達 Bob Dadae |
| 總理：馬拉普 James Marape |

主要政黨：全民黨（People's National Congress Party, PNC）、巴紐聯合黨（Papua and Niugini Union Party, PANGUL PATI）、巴紐黨（Papua New Guinea Party, PNGP）、聯合資源黨（United Resources Party, URP）、國家聯盟黨（National Alliance Party, NAP）。

司法制度：區法院、地方法院權力有限，受地方行政官管轄。鄉村法院處理簡易案件。其上為國家法院，最高法院為全國最高司法機構。

經社概況

平均每人國內生產毛額：3,800美元（2022）	國內生產毛額：380億6,500萬美元（2022）
國內各業生產毛額結構：農業：22.1%　工業：42.9%　服務業：35%（2017）	
通貨膨脹率：5.25%（2022）	失業率：2.78%（2022）
進口值：63億300萬美元（2021）	出口值：116億2,500萬美元（2021）
主要進口：挖掘機、精煉石油、米、塑膠製品、卡車。	
主要出口：石油、黃金、銅礦砂、棕櫚油、天然氣。	
人口出生率：28.1‰（2024）	人口死亡率：5.4‰（2024）

薩摩亞獨立國
INDEPENDENT STATE OF SAMOA

建國簡史

1997年以前稱西薩摩亞（Western Samoa），1700年有歐洲人來到西薩摩亞，但至1830年始有英國傳教士來此居留傳教。其東方諸島（即現在美屬薩摩亞）於1904年讓予美國，而西薩摩亞則於1914年被紐西蘭占領（前為德國殖民地）。國際聯盟於1920年將西薩摩亞交由紐西蘭託管。

二次大戰後，聯合國託管理事會於1946年將西薩摩亞委由美國託管，並由紐西蘭負統治之責。隨後由於國內要求自治呼聲高漲，終於在1960年10月制定獨立憲法，並於1961年5月在聯合國派員監督下舉行全民投票，1962年1月1日正式宣布獨立。1997年7月3日，國會表決通過修改憲法，將國名改為薩摩亞，12月15日加入聯合國。

與我關係

與我無邦交。★1972年5月29日西薩摩亞與中華民國建交。★1975年11月6日與中國建交，我同日中止與西薩摩亞之外交關係。

基本資料

地理位置：南太平洋	面積：2,831 平方公里
人口：20.8萬人（2024.7）	網址：http://www.samoagovt.ws/
與臺北之時差：+5	電話國碼：685
獨立日期：1962年1月1日	國慶日：1月1日
首都：阿庇亞（Apia）	語言：英語、薩摩亞語。
幣制：Tala塔拉，1.00USD＝2.74WST（2024.7）	宗教：基督教、天主教。

政治制度：國體：部落及議會民主混合制，憲法訂有國家元首，由國會選出，任期5年，元首不積極負責行政。政體：三權分立，行政會議（內閣）掌行政權，國會掌立法權，司法權屬各級法院。內閣：由總理及12名內閣部長組成，總理由國會議員選出，閣員由總理任命。國會：議員49名，任期5年。2016年選舉增加一名女性議員保障名額，國會共50席。2019年修憲，國會增為51席。2021年11月29日選委會增加2席婦女名額，國會增為54席。2007年5月11日塔努馬菲利二世去世，6月15日國會選舉圖拉爾阿為國家元首。2012年7月，圖拉爾阿連任。2017年7月21日，國會選舉蘇阿勞維二世出任國家元首。2021年7月馬塔法正式就職，成為首位女總理。2022年8月蘇阿勞維二世當選續任國家元首。

政府首長：國家元首：蘇阿勞維二世 Tuimaleali'ifano Va'aleto'a Sualauvi II
　　　　　總理：馬塔法 Fiame Naomi Mata'afa

主要政黨：2016年3月國會選舉，人權保衛黨（HRPP）獲得44席，服務薩摩亞黨（Tautua Samoa Party）2席，無黨派人士3席。選後HRPP占47席，反對派3席。2021年4月國會改選，人權保衛黨占18席，2020年7月成立的信仰統一黨（FAST）35席，另1席為獨立人士。

司法制度：分地方法院、最高法院、上訴法院及土地繼承法院，後者僅處理土地繼承糾紛問題。

經社概況

平均每人國內生產毛額：5,200美元（2022）	國內生產毛額：11億4,700萬美元（2022）
國內各業生產毛額結構：農業：10.4%　工業：23.6%　服務業：66%（2017）	
通貨膨脹率：10.96%（2022）	失業率：10.04%（2022）
進口值：5億1,200萬美元（2022）	出口值：1億7,128萬美元（2022）
主要進口：精煉石油、平板鋼、漁產、家禽、船。	
主要出口：椰油、整合電路、絕緣電線、柑橘、電力設備。	
人口出生率：18.8‰（2024）	人口死亡率：5.4‰（2024）

索羅門群島
SOLOMON ISLANDS

建國簡史

索羅門群島於1568年被西班牙人發現，北索羅門群島於19世紀末成為英、德兩國保護地，隨後德國放棄保護權，整個地區遂改為英屬索羅門群島保護地，即索國現有疆域。

二次大戰期間索羅門曾遭日軍占領，戰後美軍收復該島。1976年索羅門頒行憲法，成立自治政府。1978年7月7日正式獨立，成為國協第37個會員國。1978年9月19日加入聯合國。

與我關係

與我無邦交。★1983年3月24日索羅門與我建交，建立領事關係。2019年9月16日，中華民國與索羅門斷交。21日索國與中國建交。★1983年10月11日中華民國與索國簽訂農業技術合作及漁業合作協定，同年12月派遣農技團赴索國協助發展農業。★1985年9月16日我駐索京荷尼阿拉總領事館升格為駐索羅門群島大使館。建交後，我對索國提供許多援助項目，如代訓索國交通警察、租稅人員與郵政官員等，並援助興建索國中央醫院工程。★2000年10月19日，臺灣區遠洋鮪漁公會與索羅門群島簽訂的入漁合作協定正式生效。10月30日，索國總理蘇嘉瓦瑞伉儷來台訪問一週。★2002年5月3日，索國總理凱馬凱薩爵士伉儷抵台訪問5天。5月17日，索國總督拉卜立爵士伉儷抵台訪問6天。★2005年1月29日陳水扁總統訪問索羅門群島。★2006年8月11日索羅門群島總理蘇嘉瓦瑞來台訪問。★2007年4月2日索國發生規模8.1強烈地震，造成嚴重災情，我政府捐贈賑災慰問金20萬美元協助搜救及重建。5月15日索國總理蘇嘉瓦瑞伉儷率團來台訪問。★2008年2月1日副總統呂秀蓮抵達索國訪問1天，拜會瓦伊納總督。3月2日索國總理西庫瓦伉儷率團來台國是訪問3天。5月18日至22日西庫瓦伉儷出席我第12任總統、副總統就職典禮。索國於7月7日舉行獨立30週年慶典，立法院長王金平以總統特使身分率領特使團出席。9月16日第63屆聯合國大會開議，索國等友邦共同提案促請聯大通過決議，建議聯合國專門機構接納臺灣2,300萬人民有意義參與其活動。★2009年5月6日索羅門總理西庫瓦率團訪臺7天。★2010年3月24日總統馬英九抵索羅門國是訪問。10月10日索羅門總理費立普出席中華民國國慶大會。★2011年10月10日費立普總理來台參加中華民國建國100年國慶活動。★2012年5月20日索羅門總理里諾出席總統馬英九就職典禮。★2013年索國政府宣布3月18日至24日為「索羅門群島與中華民國（臺灣）友誼週」，慶祝兩國建交30週年。★2015年7月7日至10日外交部政務次長高振群率團參加索國獨立37週年國慶活動。★2016年1月中華民國對索國施行電子簽證。5月索羅門總理蘇嘉瓦瑞出席蔡英文總統就職典禮。9月，第71屆聯合國大會，索羅門等13個友邦在聯大總辯論替台灣發聲。★2017年6月，臺灣與索羅門群島國會議員友好聯誼會在立法院成立。兩國在台北簽署兩國政府間開放天空協定。6月20日至23日外交部長李大維應邀率團往訪。9月第72屆聯合國大會總辯論，索羅門等15個友邦為台灣發聲，要求讓台灣參與聯合國永續發展議程。9月25日至29日，索羅門總理蘇嘉瓦瑞伉儷訪台。10月28日至11月4日總統蔡英文展開「永續南島，攜手共好」太平洋友邦之旅，訪問馬紹爾群島、吐瓦魯和索羅門群島。★2018年5月20日至25日索羅門總理何瑞朗伉儷率團訪問台灣。9月第73屆聯合國大會總辯論，索羅門等12個友邦為台灣發聲，表達支持台灣參與聯合國體系的立場。★2019年9月16日索羅門執政的民主進步執政聯盟（DCGA）召開黨團會議，決定與中華民國斷絕外交關係，隨後索羅門內閣同意此項決議。當晚，中華民國政府在索羅門群島正式公布斷交前，宣布與索羅門群島斷交，終止30年的外交關係。★2020年6月8日索國馬萊塔省長蘇達尼感謝台灣捐贈防疫物資。

基本資料

地理位置：南太平洋	面積：28,896 平方公里
人口：72.7萬人（2024.7）	網址：http://www.parliament.gov.sb/
與臺北之時差：+3	電話國碼：677

獨立日期：1978年7月7日　　國慶日：7月7日
首都：荷尼阿拉（Honiara）　　語言：英語、美拉尼西亞語混雜。
幣制：Solomon Islands dollar, 1.00USD＝8.31SBD（2024.7）　　宗教：基督教、天主教。

政治制度：國體：君主立憲，以英王為國家元首，由國會推選經英王任命之總督代表國家元首。政體：沿襲英國政體，為國會民主制。內閣：總理由國會投票選舉產生。閣員必須具國會議員身分，並由總理推薦、總督任命，內閣會議為政府最高決策機構。國會：採一院制，國會由民選的50名議員組成，任期4年，但依憲法規定，由國會議員選出的議長為公職，不得同時具有議員身分。

政府首長：國家元首：查爾斯三世 Charles III　總督：卡普 David Kapu
　　　　　總理：馬內列 Jeremiah Manele

主要政黨：索國採行政黨政治，惟因部落意識強烈，社會流動性低，故政黨意識模糊。立國以來，歷任政府均係聯合政府，總理常無法任滿4年任期。國際部隊10年維和任務於2013年結束後，2014年11月19日舉行國會選舉，無黨籍人士獲得32席。2014年12月9日選舉總理，由曾於2000至2001年與2006至2007年間擔任總理的蘇嘉瓦瑞以31票獲勝，並組成聯合政府。2017年10月，執政的「追求改變民主聯盟」（Democratic Coalition for Change）部分成員倒戈，國會11月6日以27票對23票，通過對蘇嘉瓦瑞的不信任投票。11月15日國會選出何瑞朗為新任總理。2019年4月24日，國會選出前總理蘇嘉瓦瑞再度出任總理。原於2023年國會改選，延至2024年。2024年5月2日，國會選出新總理馬內列。

司法制度：採取英國制，全國共分4區設置初級法院、高等法院，以大法官為首，1982年成立索羅門上訴法庭。此外為襄助初級法院，各主要島嶼均設有地方法庭，其上並設有專司世襲部落土地爭議更審事宜之土地上訴法院（Land Appeal Court）。

經社概況

平均每人國內生產毛額：2,200美元（2022）　　國內生產毛額：16億2,800萬美元（2022）
國內各業生產毛額結構：農業：34.3%　工業：7.6%　服務業：58.1%（2017）
通貨膨脹率：5.52%（2022）　　失業率：1.61%（2022）
進口值：7億6,464萬美元（2022）　　出口值：4億1,136萬美元（2022）
主要進口：精煉石油、塑膠製品、漁產、鋼結構、建築用車輛。
主要出口：木材、漁產、棕櫚油、金、椰子油。
人口出生率：22‰（2024）　　人口死亡率：3.9‰（2024）

東加王國 KINGDOM OF TONGA

建國簡史

東加於公元前1140年已有人居住，屬玻里尼西亞族。1616年為荷蘭航海家所發現。1845年King George Tupou一世在內戰中勝利，為現王朝之開始。1875年成為君主立憲國。至1970年6月4日始獨立，稱東加王國。2023年5月，美國開設駐東加大使館。

與我關係

與我無邦交。★1972年4月10日我與東加建交。1975年6月，中華民國在東加設立大使館。1998年10月30日東加王國宣布與我斷交。10月31日外交部發表聲明，中華民國自1998年11月2日起中止與東加王國的外交關係。★1980年10月9日兩國簽訂漁業合作協定。★兩國於1997年簽署農業技術合作協定，我派農技團協助東加發展農畜牧業。★1997年7月30日至8月2日，東加國王杜包四世率團來台訪問4天，這是他第8度來訪。★1998年7月2日至4日，行政院長蕭萬長率特使團至東加，參加國王杜包四世80大壽慶典。7月29日杜包四世伉儷抵台訪問4天，這是杜包四世伉儷第9度訪台。

基本資料

地理位置：南太平洋、換日線左側。	面積：747 平方公里
人口：104,889人（2024.7）	網址：http://www.gov.to/
與臺北之時差：+5　電話國碼：676	
獨立日期：1970年6月4日	國慶日：11月4日
首都：努瓜婁發（Nuku'alofa）	語言：英語、東加語。
幣制：Pa'anga, 1.00USD=2.36TOP（2024.7）	宗教：基督教、摩門教。

政治制度：國體：君主立憲，王位世襲。現行憲法於1875年公布。政體：三權分立。內閣：由國王任命10人分任總理、副總理及各部部長之職，另兩人分任哈拜省長與瓦伐烏省長，共計12人組織內閣，並為當然議員。除對國會負責之外，更對國王負責。國會：由議員26人組成，包含貴族議員9人，由貴族29人互選，及民選議員17人，任期為4年。前任國王杜包五世（George Tupou V）2012年3月18日病逝於香港，由其弟王儲Tupouto'a Lavaka繼任為杜包六世，成為東加王國第24任君主。2017年8月25日國王杜包六世下令解散國會，將總理波伊瓦（Akilisi Pohiva）革職。2017年12月18日國會選出波伊瓦再度為總理，2019年9月病逝，由圖伊奧內托阿（Pohiva Tu'i'onetoa）出任總理。2021年11月大選，由索瓦蘭尼出任總理。

政府首長：國王：杜包六世Tupou VI　總理：索瓦蘭尼 Siaosi Sovaleni

主要政黨：2021年11月18日國會選舉，友善島嶼民主黨（Democratic Party of the Friendly Islands）獲得3席，無黨派人士13席，東力人民黨（Tonga People's Party）1席，貴族議員0席。

司法制度：法院分地方法院、土地法院、最高法院及上訴法院。

經社概況

平均每人國內生產毛額：6,100美元（2021）	國內生產毛額：6億5,126萬美元（2021）
國內各業生產毛額結構：農業：19.9%　工業：20.3%　服務業：59.8%（2017）	
通貨膨脹率：10.97%（2022）	失業率：2.43%（2022）
進口值：3億2,915萬美元（2022）	出口值：5,962萬美元（2022）
主要進口：精煉石油、塑膠製品、家禽、羊肉、汽車。	
主要出口：漁產、廢銅、甲殼類動物、蔬菜、香料植物。	
人口出生率：19.7‰（2024）	人口死亡率：5‰（2024）

吐瓦魯 TUVALU

建國簡史

吐瓦魯原名艾利斯群島（Ellice Islands），於1568年為西班牙探險家所發現，但未開發利用。1819年復為英國商船發現。英國1877年在斐濟設立西太平洋高級專員公署兼理艾島事務。1892年艾島與其北方之吉爾伯特群島（Gilbert Islands）同時成為英國保護地，1916年改為殖民地。艾利斯群島先於1978年10月1日獨立建國，取名為吐瓦魯（Tuvalu），意為「八島聯合」，因當年9島中，有一島無人煙。吉爾伯特群島於1979年獨立，改名吉里巴斯。

與我關係

1979年9月19日吐瓦魯與中華民國建交。★1981年11月5日在台北簽署漁業合作協定及入漁許可協定。★1997年6月26日，吐瓦魯新任駐華大使索本嘉呈遞到任國書。10月5日，吐瓦魯總理潘恩紐伉儷一行8人抵臺訪問8天。★1999年5月18日，吐瓦魯總督布阿布阿爵士伉儷抵台訪問4天。★2001年6月18日，總理盧卡伉儷抵台訪問5天。★2002年4月16日，吐瓦魯總理陶樂凱伉儷抵臺訪問7天。★2003年3月1日，吐國總理兼外交部長索本嘉偕夫人抵台訪問6天。★2005年5月總統陳水扁南太平洋之旅，訪問吐瓦魯。★2006年1月21日吐國總督特里托訪台。12月9日吐瓦魯總理葉雷米亞夫婦抵台訪問6天。★2007年10月13日總統陳水扁出

訪馬紹爾，與吐瓦魯總理葉雷米亞舉行雙邊會談。★2008年5月18日至21日吐瓦魯總理葉雷米亞伉儷等人來臺，出席我第12任總統副總統就職典禮。9月16日第63屆聯合國大會開議，吐瓦魯等友邦共同提案促請聯大通過決議，建議聯合國專門機構接納臺灣有意義參與活動。★2009年2月14日吐瓦魯總理葉雷米亞訪臺5天。★2010年3月23日總統馬英九訪問吐瓦魯。★2012年5月20日吐瓦魯泰拉維總理出席總統馬英九就職典禮。★2013年3月13日泰拉維總理伉儷抵台訪問5日。11月2日吐瓦魯總理索本嘉抵台訪問6天。★2015年1月25日總統索本嘉再次訪台。★2016年5月兩國簽署漁業協定。9月第71屆聯合國大會，吐瓦魯等13個友邦在聯大總辯論呼籲納入台灣參與。★2017年7月吐瓦魯國會議長陶希（H.E. Otinielu Tausi）伉儷一行應邀訪台，9月第72屆聯合國大會總辯論，吐瓦魯等15個友邦為台灣發聲，要求讓台灣參與聯合國永續發展議程。10月8日至14日，吐瓦魯總理索本嘉伉儷一行人來台國是訪問，並出席我國國慶典禮。10月28日至11月4日總統蔡英文展開「永續南島，攜手共好」太平洋友邦之旅，訪問馬紹爾群島、吐瓦魯和索羅門群島。★2018年5月11日至17日，吐瓦魯總理索本嘉率團來訪。6月，我予吐瓦魯國民來臺免簽證待遇。★2019年12月，吐瓦魯總理拿塔諾參加於西班牙馬德里的聯合國氣候變化綱要公約第25次締約方會議期間，發言支持讓我國成為氣候變遷社群的完整會員。★2020年4月我國捐贈吐瓦魯等4個太平洋友邦共8萬片口罩。9月，吐瓦魯總理拿塔諾於第75屆聯合國大會總辯論發言，支持中華民國以聯合國創始成員身分重返聯合國，並參與世衛（WHO）與國際民航組織（ICAO）等。★2022年9月總理拿塔諾伉儷率團來台訪問，5日舉行「臺吐重申外交關係聯合公報、警政合作協定、海巡合作協定暨海洋科學及工程研究中心合作備忘錄簽署儀式」。★2023年7月台灣捐贈吐瓦魯2艘多功能巡防艇。★2024年3月4日，外交部次長田中光以總統特使身份率團赴吐國祝賀新總理泰歐就任。

基本資料

地理位置：西南太平洋	面積：26平方公里
人口：11,733人（2024.7）	網址：http://www.tuvaluislands.com/
與臺北之時差：+4	電話國碼：688
獨立日期：1978年10月1日	國慶日：10月1日
首都：富納富提（Funafuti）	語言：吐瓦魯語、英語。
幣制：澳元Australian dollar與吐瓦魯幣，兩國貨幣等值 1.00USD=1.49AUD（2024.7）	宗教：基督教

政治制度：國體：君主立憲。以英王為國家元首，由總督代行職權（總督須為吐瓦魯公民，由總理推薦，經英王任命，任期4年）。政體：國會民主制，三權分立。內閣：總理選自議會，下設4部，由總理及總理自議員中選任部長；另設檢察長1人，為政府的法律顧問。國會：一院制，由16席議員組成，直接民選產生，議員任期4年，議長由議員互選。2013年8月國會大選，反對派領袖索本嘉（Enele Sopoaga）當選總理。2015年3月31日國會大選，選出15位國會議員，索本嘉續任總理。2019年9月9日國會選舉，索本嘉連任議員職位，但國會選出拿塔諾為新任總理。2024年2月26日，經國會議員全數推舉泰歐為新任總理。

政府首長：國家元首：查爾斯三世 Charles III	總督：法拉尼 Tofiga Vaevalu Falani
總理：泰歐 Feleti Teo	

主要政黨：無政黨組織。

司法制度：法院分最高法院、高等法院、地方法院及島嶼法院，對高等法院判決不服時，可向斐濟上訴法院提出上訴，或席請英國樞密院司法委員會作最終審判。

經社概況

平均每人國內生產毛額：4,600美元（2022）	國內生產毛額：5,194萬美元（2022）
國內各業生產毛額結構：農業：24.5% 工業：5.6% 服務業：70%（2012）	
通貨膨脹率：4.1%（2017）	失業率：不詳
進口值：5,739萬美元（2022）	出口值：224萬美元（2022）
主要進口：船、精煉石油、鋼結構、引擎零件、塑膠製品。	主要出口：漁產、船、整合電路、電腦。
人口出生率：22‰（2024）	人口死亡率：7.8‰（2024）

萬那杜共和國
REPUBLIC OF VANUATU

建國簡史

萬那杜原住民世居當地，1606年西班牙探險家首先發現。1768年法國人抵達。1774年英國庫克船長抵此後將該島命名為New Hebrides。1906年10月，英法簽署共管條約，萬那杜成為英法共管的殖民地。二次大戰後，New Hebrides島民燃起參與當地政治之欲望。1972年島民在教會及英國暗中協助下成立New Hebrides Nations Party（NHNP）。

1974年法國為保護其利益亦宣布成立Union des Communautes Neo-Hebrides以對抗NHNP。1976年NHNP改為Vanuaaku Party（VP）。1977年並與英、法兩國取得協議，將由全民選舉所有的議會代表。1978年共39席之議會舉行選舉並通過自治政府之議案。1979年9月集會制訂憲法。1980年7月30日New Hebrides改名為萬那杜，宣布獨立。

與我關係

與我無邦交。★1992年9月24日萬那杜與中華民國相互承認。但1982年3月26日萬那杜已與中國建交。★2004年11月3日，我宣布與萬那杜建交，外交部長陳唐山在台北與萬那杜總理渥荷（Serge Vohor）簽署聯合公報。12月10日，萬那杜國會以渥荷未經國會同意逕與我建交為由，對渥荷提出不信任案，國會表決通過，渥荷下台，內閣解散。國會選舉李尼（Ham Lini）為新任總理，李尼與中國復交。

基本資料

地理位置：南太平洋，介於澳洲與斐濟之間。	面積：12,189 平方公里
人口：31.8萬人（2024）	網址：https://www.gov.vu/
與臺北之時差：+3　　電話國碼：678	
獨立日期：1980年7月30日（脫離法國與英國）	國慶日：7月30日
首都：維拉港（Port Vila）	語言：英語、法語、萬那杜語。
幣制：Vatu, 1.00USD=118.86VUV（2024.7）	宗教：基督教、天主教。
政治制度：國體：民主共和國。政體：議會內閣制，三權分立，行政權屬內閣，立法權屬國會，司法權屬法院。總統：由國會議員及地方政府首長組成選舉人團投票選出，任期5年。內閣：總理由議員投票選出，內閣包括總理在內，不超過國會議員的1/4，閣員由總理任命。國會：一院制、任期4年。2022年7月武羅巴拉武當選總統，11月選出總理卡爾薩考。2023年8月，反對黨不滿卡爾薩考和澳洲簽安全協議，遭不信任投票，國會9月4日投票選出親中的反對黨候選人基explanation曼為總理，旋即也遭不信任投票。	
政府首長：總統：武羅巴拉武 Nikenike Vurobaravu	總理：薩威 Charlot Salwai
主要政黨：土地正義黨（GJP）、萬那庫黨（VP）、重新團結運動黨（RMC）、溫和黨聯盟（UMP）、人民進步黨（PPP）。2011年10月最高法院判包含副總理卡凱塞斯（M. Carcasses Kalosil）等14位國會議員涉賄賂有罪，國會於11月提前解散。2016年1月國會改選，萬那庫黨贏得8席、人民進步黨6席、溫和黨聯盟5席。2月重新團結運動黨黨魁薩威以46票支持當選新任總理。2020年3月19-20日國會改選，土地正義黨獲得9席、重新團結運動黨7席、萬那庫黨7席、溫和黨聯盟5席、萬那杜黨領袖黨（LPV）5席、民族團結黨（NUP）4席。4月萬那庫黨領袖拉夫曼以31票當選總理。2023年，國會選出薩威為總理。	
司法制度：設上訴法院、最高法院和負責傳統事務的地方法院。首席法官由總統任命。	

經社概況

平均每人國內生產毛額：2,800美元（2022）	國內生產毛額：9億1,027萬美元（2022）
國內各業生產毛額結構：農業：27.3%　工業：11.8%　服務業：60.8%（2017）	
通貨膨脹率：7.1%（2022）	失業率：5.22%（2022）
進口值：5億7,733萬美元（2022）	出口值：1億4,056萬美元（2022）
主要進口：精煉石油、船、塑膠製品、家禽、廣播設備。	主要出口：椰乾、漁產、可可豆、貝、香料植物。
人口出生率：20.8‰（2024）	人口死亡率：4‰（2024）

歐洲 EUROPE

阿爾巴尼亞共和國
REPUBLIC OF ALBANIA

建國簡史

阿爾巴尼亞人為伊利里亞人（Illyrian）後裔，公元前1,000年即居於巴爾幹半島，公元前2至4世紀間統一為獨立之伊利里亞王國，公元前167年起先後為羅馬帝國、拜占庭帝國、西哥德人、匈族、保加利亞人、塞爾維亞人及土耳其人統治。1912年11月28日宣布獨立，但獨立2年即多次被義大利占領，二次大戰義大利戰敗後阿國遭德軍出兵占領。

1941年由共產黨領導之國家自由陣線（National Liberation Front）崛起抗敵，並擊敗其他非共的反抗軍組織取得領導地位，終在1944年10月德軍撤走後，控制全國。1945年11月共黨領袖霍查（Enver Hoxha）組臨時政府，同年12月大選，共黨獲勝，宣布成立阿爾巴尼亞人民共和國。1976年阿國制訂新憲法，改稱為阿爾巴尼亞社會主義共和國。1991年3月舉行自由選舉後，於4月29日改國號為阿爾巴尼亞共和國。2014年6月27日，歐洲聯盟給予阿國候選成員國資格。2018年至2019年間，阿國歷經數次地震，其中以2019年11月26日規模6.4強震最為嚴重，死亡51人，數千人受傷。

與我關係

阿爾巴尼亞與我無邦交。★1990年3月，我始將阿國列為直接貿易國家。★2011年6月，阿國給予持中華民國護照者免簽入境90天待遇。★2015年10月阿爾巴尼亞友台協會於地拉那成立。

基本資料

地理位置：東南歐	面積：28,748平方公里
人口：310萬人（2024）	網址：http://president.al/
與臺北之時差：-7（夏令時-6）	電話國碼：355
獨立日期：1912年11月28日（脫離奧圖曼帝國）	國慶日：11月28日
首都：地拉那（Tirana）	語言：阿爾巴尼亞語
幣制：Lek, 1.00USD＝92.49ALL（2024）	宗教：伊斯蘭教、天主教、東正教。

政治制度：國體：共和國。政體：內閣制。總統為國家元首，由人民代表大會選舉產生，任期5年，得連任一次，當選後不得隸屬任何政黨。國會一院制，稱人民代表大會，共140席，100席直接民選，40席依比例代表制產生，任期4年。內閣為部長會議，由主席（即總理）、1位副主席及15位部長組成，向人民代表大會負責。2002年6月國會選舉總統，由執政的社會黨與在野之民主黨共同推薦莫伊修（Alfred Moisiu）當選。2007年7月，執政黨民主黨副黨魁托比（Bamir Topi）獲85票當選。尼沙尼在2012年5月底至6月11日的4輪總統選舉中勝出。2017年4月19日至28日4輪投票結果為梅塔當選總統。2022年6月第4輪投票，參謀總長貝加伊以78票當選，在野黨杯葛選舉。7月24日就任總統。

政府首長：總統：貝加伊 Bajram Begaj　總理：拉瑪 Edi Rama

主要政黨：2013年6月國會選舉，社會黨（Socialist Party）贏得65席，民主黨（PD）50席，社會整合運動黨（SMI）16席。由社會黨領導的歐洲阿爾巴尼亞聯盟（AEA）執政，該黨領袖拉瑪9月就任總理。2017年6月25日國會大選，社會黨獲74席、民主黨43席、社會整合運動黨19席，拉瑪續任總理。2021年4月25日國會大選，社會黨獲74席，在野的民主黨領導的聯盟59席，社會整合運動黨4席。

司法制度：設有地方法院，上訴法院，最高法院及憲法法院。

經社概況

平均每人國內生產毛額：15,500美元（2022）	國內生產毛額：430億3,200萬美元（2022）
國內各業生產毛額結構：農業：21.7%　工業：24.2%　服務業：54.1%（2017）	
通貨膨脹率：6.73%（2022）	失業率：11.63%（2022）

進口值：90億1,600萬美元（2022）	出口值：70億5,700萬美元（2022）
主要進口：煉製油品、汽車、鞣製的生皮、包裝的醫療用品、鞋零件。	
主要出口：皮鞋及其零件、原油、鐵合金、衣服、電力、香水。	
人口出生率：12.3‰（2024）	人口死亡率：7.4‰（2024）

安道爾侯國
PRINCIPALITY OF ANDORRA

建國簡史

公元988年，西班牙Urgel主教自西班牙巴塞隆納公爵取得安道爾自由地，成為其世俗領主。1000年左右，Urgel主教將安道爾授予Caboet侯爵，幾經世襲及婚姻關係，安道爾成為Foix公爵之領邑。1278年，Foix公爵與Urgel主教協議共管安道爾。1419年安道爾成立國會但並無實權。1589年Foix公爵成為法國國王亨利四世，1607年亨利四世將安道爾共同統治權歸入法國王權，此後，法國元首自然成為安道爾共同君主，與西班牙Urgel主教共管。1993年3月14日舉行公民投票通過第一部憲法，成為獨立國，7月28日成為聯合國會員。2020年1月，安道爾申請加入國際貨幣基金。

與我關係

安道爾與我無邦交。★2018年7月，民進黨與國際自由聯盟於台北共同發表「2017安道爾自由宣言」中文版。

基本資料

地理位置：西南歐、介於法國與西班牙之間	面積：468平方公里
人口：8萬5,370人（2024）	網址：http://www.consellgeneral.ad/
與臺北之時差：-7（夏令時-6）	電話國碼：376
獨立日期：1278年	國慶日：9月8日
首都：老安道爾（Andorra la Vella）	語言：加泰隆尼亞語、法語、卡斯提爾語、葡萄牙語。
幣制：Euro, 1.00USD＝0.92EUR（2024）	宗教：天主教
政治制度：國體與政體：安道爾為法國與西班牙共管之侯國，法國元首與西班牙Urgel主教為共同君主，主權屬於全體人民。內閣：1982年起設立行政會議，由政府主席（Cap de Govern）及9名部長組成，行使行政權。政府主席由全國委員會選任，部長由政府主席任命。國會：國會稱為全國委員會，最少28席，任期4年，半數席次直產生，另半數由選民所投政黨票結果，依比例分配。	
元首：西班牙烏爾主教席西利亞 Joan-Enric Vives i Sicilia及法國總統馬克宏 Emmanuel Macron	
政府主席：薩莫拉 Xaviar Espot Zamora	
主要政黨：2019年4月7日國會大選，安道爾民主黨得11席，社會民主黨（PS）7席，安道爾自由黨4席。2023年4月2日大選，安道爾民主黨獲16席，安道爾自由黨1席，社會民主黨3席，康科德黨5席，前鋒黨3席次。	
司法制度：仲裁法院、最高法院及憲法法庭。	

經社概況

平均每人國內生產毛額：64,500美元（2023）	國內生產毛額：51億6,800萬美元（2023）
國內各業生產毛額結構：農業：0.5%　工業：11.4%　服務業：78.6%（2023）	
通貨膨脹率：-0.9%（2015）	失業率：3.7%（2016）
進口值：21億4,300萬美元（2021）	出口值：24億1,400萬美元（2021）
主要進口：汽車、煉製油品、香水、刮鬍用品、烈酒。	
主要出口：積體電路、醫療用品、精油、汽車、鞣製的生皮。	
人口出生率：6.9‰（2024）	人口死亡率：8.1‰（2024）

奧地利共和國
REPUBLIC OF AUSTRIA

建國簡史

奧匈帝國於1918年崩潰，原屬帝國版圖的匈牙利及捷克各自獨立，奧地利維持中世紀後期哈布斯堡（Habsburg-Lothringen）家族所統治之領土，1945年成立第二共和。1929年世界經濟大恐慌影響奧國政局至鉅，1933年德國納粹掌權，奧國納粹分子亦呼應建立大德意志，但執政的基督教社會黨反對與德意志合併，並嚴厲鎮壓國內的納粹黨員。1938年3月13日德國納粹軍隊壓境，奧國被迫與德意志合併，成為德意志第三帝國之一州，並參與第二次世界大戰。

1945年大戰結束，奧地利由英、美、法、蘇四強分區占領10年，迄至1955年5月15日四強與奧地利締結主權恢復條約，終止占領並承認奧國獨立，國土面積與1938年以前相當。奧國國會於同年10月26日通過法案，宣布奧地利為永久中立國。1995年奧地利加入歐洲聯盟。

與我關係

奧地利與我無邦交。★1913年，中華民國在維也納設駐奧匈帝國公使館，1938年改為總領事館，1947年改為駐奧地利代表公署，1971年5月28日奧地利與中國建交，我國同日與其斷交。★我國在維也納設有駐奧代表處。奧地利在台設有「奧地利台北辦事處」。★1995年6月16日，行政院長連戰訪奧地利。★1998年7月15日，台奧民間經濟合作會議在維也納舉行，經濟部在我駐奧代表處設立經濟組。★2014年11月18日兩國簽署度假打工計畫聯合聲明，自2015年1月26日起受理申請。★2016年5月奧地利國會友台小組主席艾蒙參加我總統就職典禮。★2020年4月，台灣援贈奧地利30萬片醫用口罩。★2023年3月，台奧經貿對話會議簽署MOU。

基本資料

地理位置：中歐	面積：83,871平方公里
人口：896萬人（2024）	網址：https://www.bundeskanzleramt.gv.at/
與臺北之時差：-7（夏令時-6）	電話國碼：43
獨立日期：1156年（脫離巴伐利亞）	國慶日：10月26日
首都：維也納（Vienna）	語言：德語
幣制：Euro, 1.00USD＝0.92EUR（2024）	宗教：天主教、東正教、伊斯蘭教、基督教。

政治制度：國體：聯邦共和體制，全國9個邦。現行憲法於1945年12月19日生效。政體：採內閣制，總統民選，任期6年。立法權屬於國會，司法權屬於各級法院。內閣：內閣總理由國會多數黨黨魁擔任並由總統任命，任期4年。國會：採兩院制，包含下院與上院。下院國民議院183席，由人民按比例代表制直接選舉，任期5年；上院聯邦議院62席，由各邦議會選舉代表組成，任期5年或6年。內閣總理由總統任命國會多數黨黨魁擔任，總統依總理之建議任命內閣閣員，內閣之任期與國會下院議員相同。2016年5月22日總統選舉，綠黨支持、以無黨籍參選的范德貝倫在第2輪投票中以50.3％之得票率當選。但自由黨（FPOe）向法院提出選舉程序違規，奧地利最高法院7月宣告選舉無效。12月4日重新舉行第2輪投票，范德貝倫獲得53.8％選票，當選總統，於2017年1月26日就職。2022年10月9日總統大選，范德貝倫以56％得票率贏得連任。

政府首長：總統：范德貝倫 Alexander Van Der Bellen	總理：內哈默Karl Nehammer

主要政策：庫爾茨2017年5月接掌人民黨黨魁後，終結與社民黨10年的聯合政府。10月15日國會改選，人民黨取得31.5％得票率，社民黨26.9％居次，第3高是極右派自由黨26％。總統范德貝倫授權31歲庫爾茨組閣，成全球最年輕總理。2019年5月庫爾茨內閣因醜聞垮台，9月29日大選，人民黨以37％得票率勝出，庫爾茨重返執政。2021年10月9日，庫爾茨因貪腐疑雲請辭，外相查倫柏先接任，12月6日由內政部長內哈默接任。2024年9月29日，極右翼的奧地利自由黨在國會大選贏得歷史性勝利。

司法制度：司法機關分為最高法院、高等法院及地方法院三級；另有憲法法院及行政法院分別主管解釋憲法與行政訴訟。

經社概況

平均每人國內生產毛額：55,900美元（2022）	國內生產毛額：5,051億4,300萬美元（2022）

國內各業生產毛額結構：農業：1.3%　工業：28.4%　服務業：70.3%（2017）
通貨膨脹率：8.55%（2022）　　　　失業率：4.99%（2022）
進口值：2,902億7,700萬美元（2022）　　出口值：2,920億1,200萬美元（2022）
主要進口：汽車、車輛零件、廣播設備、煉製油品、包裝的醫療用品。
主要出口：汽車、包裝的醫療用品、車輛零件、醫用疫苗與培養物、調味水。
人口出生率：9.3‰（2024）　　　人口死亡率：9.9‰（2024）

白俄羅斯共和國 REPUBLIC OF BELARUS

建國簡史

20世紀初以前，白俄羅斯未發展成一個具特殊歷史和意識之國家，此地區在9至14世紀間，由獨立之公國或與基輔羅斯聯盟之公國所統治，13至14世紀成為立陶宛大公國之部分，1569年起屬波蘭立陶宛公國，18世紀末至1918年由俄羅斯帝國統治。俄國於1917年10月革命後，白俄羅斯亦於1919年成立「白俄羅斯蘇維埃社會主義共和國」，1922年加盟蘇聯。

1991年8月19日前蘇聯發生流產政變，白俄羅斯國會於同月25日議決宣布獨立，並於9月18日改國號為「白俄羅斯共和國」（Republic of Belarus）。12月8日白俄羅斯與俄羅斯、烏克蘭三國領袖在明斯克簽署成立獨立國家國協（Commonwealth of Independent States），聲明「終止視蘇聯為國際法上之主體」。

與我關係

白俄羅斯與我無邦交。★1996年1月24日行政院副院長徐立德與白俄羅斯前副總理悉尼強於台北代表兩國政府簽署中白設處議定書。雙方6月28日宣布該協議，我於7月4日宣布在明斯克設立駐明斯克台北經濟貿易代表團；我於2006年關閉該代表處。★2018年1月15日，台灣期貨交易所與白俄羅斯商品交易所在台北簽署合作暨資訊交換備忘錄。★2023年3月中國、白俄聲明反台獨。

基本資料	
地理位置：東歐，前蘇聯西部與波蘭毗鄰	面積：207,600平方公里
人口：950萬人（2024）	網址：https://www.belarus.by/
與臺北之時差：-5	電話國碼：375
獨立日期：1991年8月25日（脫離蘇聯）	國慶日：7月3日
首都：明斯克（Minsk）	語言：白俄羅斯語、俄語。
幣別：白俄羅斯盧布Belarusian ruble, 1.00USD＝3.27BYN（2024）	宗教：東正教
政治制度：國體：共和國。政體：總統制，總統由直選產生，任期5年。內閣：設總理兼部長會議主席。國會：兩院制，共和會議64席，其中8席由總統指定，56席由間接選舉選出，任期4年，眾議院110席，由選民直選，任期4年。2001年9月9日總統大選，魯卡申柯以76.6%得票率連任。2004年10月17日公民投票，通過憲法修正案，取消總統連任限制。2006年至2015年，魯卡申柯皆以接近或超過80%得票率連任。2020年6月20日魯卡申柯在8月總統大選前任命曾任國家軍事工業委員會主席的高羅夫欽科為新總理，反對派人士或遭逮捕入監，或遭阻撓無法參選。8月9日總統大選，選舉委員會宣布魯卡申柯以近8成得票率當選，引發民眾抗爭，競選對手季哈諾夫斯卡婭逃至立陶宛，8月19日歐盟領袖召開特別峰會，決議不承認大選結果。9月26日魯卡申柯宣誓就任。10月11日國營媒體報導魯卡申柯與受監禁的異議人士晤談，此舉遭反對派視為他態度軟化徵兆。預計2025年大選。	
政府首長：總統：魯卡申柯 Alexander Lukashenko　　總理：高羅夫欽科 Roman Golovchenko	
主要政黨：雖白俄為多黨政治，眾議院近年多屆選舉皆由支持魯卡申柯人士當選，2019年11月兩院選舉，並無反對派人士獲選為眾議院議員，歐洲安全暨合作組織並自1995起認定該國多屆選舉違反自由公正原則。2024年2月國會上院選舉，獨立黨人士獲58席。	
司法制度：設有憲法法院，最高法院，最高經濟法院和檢察院。	

經社概況

平均每人國內生產毛額:19,100美元(2022)	國內生產毛額:1,761億8,300萬美元(2022)
國內各業生產毛額結構:農業:8.1%　工業:40.8%　服務業:51.1%(2017)	
通貨膨脹率:15.21%(2022)	失業率:3.57%(2022)
進口值:422億8,000萬美元(2022)	出口值:468億4,600萬美元(2022)
主要進口:原油、天然氣、汽車與車輛零件、包裝藥品、廣播設備。	
主要出口:煉製油品、肥料、乳酪、貨車、原油。	
人口出生率:8.3‰(2024)	人口死亡率:13.3‰(2024)

比利時王國
KINGDOM OF BELGIUM

建國簡史

比利時原為一封建采邑,自9世紀查理曼帝國至18世紀間,歷經不同王朝統治。1815年6月18日滑鐵盧戰役,拿破崙帝國滅亡。維也納會議中,為鞏固荷蘭,防止法國入侵,列強迫使比利時與荷蘭合併,比利時人群起反抗,謀求獨立。1830年10月4日比利時人脫離荷蘭王朝統治,宣告獨立,同年11月3日成立臨時議會,起草憲法,經8個月之激辯,決定國體採君主立憲制。1951年比利時簽署歐洲煤鋼共同體條約,成為歐洲聯盟6個創始國之一。

與我關係

比利時與我無邦交。★1913年,中華民國在布魯塞爾設立駐比利時王國公使館,1937年升格為大使館,1971年10月25日比利時承認中國並建交,我國同日與其中止外交關係。★我在比國設有「台北經濟文化辦事處」,後改制為駐歐盟兼駐比利時代表處。比國在台設有「比利時台北辦事處」。★2003年2月13日,比利時眾議院通過決議案,籲請歐盟會員國核發簽證給私人訪問比利時及歐盟國家的中華民國總統與政府高層官員。3月4日,參議院表決通過「有關中國與台灣停止軍備競賽,籲彼此撤除部署台海軍備」決議案。★2007年4月26日比國眾議院通過「台灣在世界衛生組織之地位」決議案,要求政府促請世衛組織研究適合台灣參與方式。★2012年8月14-18日立法院外交暨國防委員會召集委員陳唐山及其他委員等訪問比利時及盧森堡,參訪歐洲議會和比利時國會。★2013年3月我與比利時簽署實施度假打工計畫。★2015年3月比利時國會友台小組共同主席勒克斯訪台。★2017年10月17日,外交部政次吳志中在比利時與佛拉蒙區外事部簽署永續能源合作備忘錄。★2020年4月,我國捐贈比利時50萬片口罩,提供COVID-19疫情所需。★2021年10月24日外交部長吳釗燮出訪歐洲,29日在布魯塞爾與歐洲議會議員交流。★2023年5月中旬,比利時議員訪台拜會政治和經濟相關首長。★2024年8月6日,駐處與比利時台灣商會舉辦台商經貿座談。

基本資料

地理位置:西歐,西臨北海	面積:30,528平方公里
人口:1,197萬人(2024)	網址:http://www.belgium.be
與臺北之時差:-7(夏令時-6)	電話國碼:32
獨立日期:1830年10月4日(脫離荷蘭)	國慶日:7月21日
首都:布魯塞爾(Brussels)	語言:荷語、法語、德語。
幣制:Euro, 1.00USD=0.92EUR(2024)	宗教:天主教、基督教、伊斯蘭教。
政治制度:國體:君主立憲,王位採嫡長子繼承制,憲法於1831年2月7日公布。政體:責任內閣制,採三權分立,立法權由國王、眾議院及參議院共同行使,行政權屬國王,但國王「御而不治」而由總理及內閣行使行政權,司法權屬各級法院。內閣:為最高行政機關,設總理、副總理、部長及國務大臣,向國會負責。國會:分參、眾兩院,參議院(Senate)於2014年政府改造後席次由71席減為60席,從直選改由各地區及省議會間接遴選。眾議院(Chamber of Deputies)150席,直接民選,議員任期均為5年,可同時或分別解散,重新改選。2013年7月21日,79歲的國王艾伯特二世(Albert II)於在位將屆20年時遜位,	

王儲菲力普登基為新王。2019年10月27日，比利時國王任命威爾梅斯（Sophie Wilmes）出任總理，她是比國史上首位女總理，接任於12月轉任歐盟理事會主席的原看守政府總理米歇爾。2020年3月17日，威爾梅斯經各政黨支持，正式宣誓就任總理，領導當時的看守政府迄新政府籌組完成；同年9月，由時任副總理德克魯出線成為新總理，組新聯邦政府。2024年6月，歐盟、全國和地方三合一選舉，7黨執政聯盟失利，德克魯請辭。

政府首長：國王：菲力普 Philippe	看守總理：德克魯 Alexander de Croo

主要政黨：荷語區：新佛拉芒連線、荷語基督教民主黨、荷語自由民主黨、荷語社會黨。法語區：社會黨、改革運動黨、人道民主中心黨、生態黨等。2010年5月內閣倒閣，國會提前於6月13日改選，由主張漸進獨立與自由經濟之新佛拉芒連線贏得參院9席、眾院27席，取代荷語基民黨（參院4席、眾院17席），成為荷語區第一大黨，法語區則由主張現行聯邦制之社會黨獲勝，在參眾院分別取得7席及26席。由於兩區政黨立場南轅北轍，組閣困難，由勒德姆內閣以看守政府處理聯邦政務。經一年半協商，由6個主要政黨（荷語區的基民黨、自民黨及社會黨，與法語區的社會黨、改革運動黨及人道民主中心黨）於2011年12月組閣，法語區社會黨領袖迪賀波任總理，結束500多天無政府狀態。2014年5月25日眾議院改選，新佛拉芒連線贏得33席，維持國會最大黨地位，各黨為組閣協商4個多月，10月7日，新佛拉芒連線、基督教民主黨與開放自由民主黨等3個中間偏右的政黨，和法語區改革運動黨合組聯合政府，由改革運動黨、38歲的米歇爾出任總理，創下比利時174年來最年輕總理紀錄。2019年5月26日國會改選，各政黨未能完成籌組政府協商，考量疫情，2019年10月27日通過信任投票支持首位女總理威爾梅斯領導的看守政府。經500天協商後，2020年9月30日7個政黨達成共識，德克魯10月1日接任總理。2024年6月選舉，由獲得最多選票的新法蘭德斯聯盟帶頭組聯合政府。

司法制度：法官屬終身職，法庭分初審、高等及最高法院。

經社概況	
平均每人國內生產毛額：53,300美元（2022）	國內生產毛額：6,227億美元（2022）
國內各業生產毛額結構：農業：0.7%　工業：22.1%　服務業：77.2%（2017）	
通貨膨脹率：9.6%（2022）	失業率：5.56%（2022）
進口值：5,671億6,400萬美元（2022）	出口值：5,582億7,100萬美元（2022）
主要進口：汽車、煉製油品、包裝藥品、醫療疫苗及培養物、鑽石、天然氣。	
主要出口：汽車及車輛零件、煉製油品、包裝藥品、醫療疫苗及培養物、鑽石、天然氣。	
人口出生率：10.8‰（2024）	人口死亡率：9.5‰（2024）

波士尼亞與赫塞哥維納
BOSNIA AND HERZEGOVINA

建國簡史

中世紀的波士尼亞國（包含現今波赫）於1463年被奧圖曼帝國征服，時至1908年始被納入其版圖。1946年成為前南斯拉夫聯邦6個成員共和國之一。1990年回教民主黨贏得國會多數席次，此共和政體在1991年10月15日發表一主權聲明。1991年12月20日波國宣布脫離前南斯拉夫聯邦獨立。1992年2月29日及3月1日的公民投票中大多數回教徒及克羅埃西亞人均支持脫離前南斯拉夫獨立。波境塞裔則聯合抵制公民投票。1992年4月7日美國及歐盟正式承認其獨立。1995年底波國內戰各方在美國調停下於11月21日達成達頓協議草簽，並於12月14日於巴黎正式簽署生效。2016年2月，波國向歐洲聯盟遞交入盟申請書。直至2024年3月21日，歐盟同意展開入盟資格談判。

與我關係

波士尼亞與赫塞哥維納與我無邦交。★2012年7月波士尼亞與赫塞哥維納給予持中華民國護照之國民免簽證入境待遇。

基本資料	
地理位置：東南歐	面積：51,197 平方公里
人口：379萬人（2024）	網址：http://www.mvp.gov.ba/

與臺北之時差：-7（夏令時-6）	電話國碼：387
獨立日期：1992年3月1日	國慶日：11月25日
首都：塞拉耶佛（Sarajevo）	語言：波士尼亞語、克羅埃西亞語、塞爾維亞語。

幣制：Convertible marka, 1.00USD＝1.80BAM（2024，波赫幣採與歐元連動匯率，1.00EUR＝1.95583BAM）
宗教：伊斯蘭教、東正教、天主教。

政治制度：國體：聯邦共和國。政體：議會共和制。國會：兩院制：由42名議員組成之眾議院（House of Representatives），眾議院議員由波赫聯邦選出28席及塞爾維亞共和邦選出14席；由15席議員組成之民族院（House of Peoples），民族院議員由波赫境內之3大族裔各占5席。上述兩院議員任期均為4年。3人總統團由公民直選，任期4年，連選得連任一次，波赫聯邦選出2人，塞爾維亞共和邦選出1人，3人輪流擔任總統，每次8個月。2014年10月12日選舉總統團，選出伊茲貝戈維奇Bakir Izetbegovic（波裔）、柯維奇Dragan Covic（克裔）及伊瓦尼奇Mladen Ivanic（塞裔）。2018年10月7日改選總統團，選出多迪克、柯姆希奇、札菲洛維奇。2022年10月選出5位總統，包括3人總統團奇維賈諾維奇、柯姆希奇、貝西羅維奇和波赫聯邦總統以及塞族共和邦總統。

政府首長：3人總統團為奇維賈諾維奇Zeljka CVIJANOVIC（塞裔）、柯姆希奇Zeljko Komic（克裔）、貝西羅維奇Denis BECIROVIC（波裔）。　　部長會議主席：克里斯托 Borjana Kristo

主要政黨：2014年10月12日眾議院選舉，波裔民主行動黨（SDA）10席、塞裔獨立社會民主聯盟（SNSD）6席、塞裔民主黨（Serb Democratic Party, SDS）5席、民主陣線（Democratic Front）5席、波赫社會民主黨（SDP BiH）3席。2018年10月國會改選，眾議院波裔民主行動黨贏得9席、塞裔獨立社會民主聯盟6席、社會民主黨（SDP）5席。

司法制度：設有憲法法院及最高法院。

經社概況
平均每人國內生產毛額：16,700美元（2022）	國內生產毛額：541億2,000萬美元（2022）
國內各業生產毛額結構：農業：6.8%　工業：28.9%　服務業：64.3%（2017）	
通貨膨脹率：1.98%（2021）	失業率：12.66%（2022）
進口值：151億6,200萬美元（2022）	出口值：117億9,400萬美元（2022）
主要進口：煉製油品、汽車、包裝藥品、煤、電力。	主要出口：電力、座椅、皮鞋、家具、絕緣電線。
人口出生率：8.2‰（2024）	人口死亡率：10.3‰（2024）

保加利亞共和國
REPUBLIC OF BULGARIA

建國簡史

保加利亞之名源於游牧民族突厥人之一支，保加人（Bulgars）原居住在裏海（Caspian Sea）北方大草原，公元7世紀末沿黑海岸西遷至多瑙河口一帶並征服較早移民至該地之斯拉夫民族，由於人口比例懸殊，保加人逐漸為斯拉夫人所同化而失去原有之語言及特徵，僅殘留保加利亞之名。

古保加利亞王國建國初期為巴爾幹半島強權之一，迄11世紀淪為拜占庭帝國統治，13世紀中期蒙古西征，保加利亞備受蹂躪，1393年以後淪為土耳其奧圖曼帝國之領域長達500年之久，1878年俄土戰爭結束後，在俄國及羅馬尼亞協助下，保加利亞建立公國（Principality），並於1885年與羅馬尼亞南部聯合成立王國，版圖與目前之保國相當。

1913年第二次巴爾幹半島戰爭，保加利亞被希臘、塞爾維亞、羅馬尼亞等國聯軍擊敗，獲得愛琴海沿岸領土及出海口之願望落空，乃於第一及第二次世界大戰中均加入德國陣營，但兩次都戰敗。1946年全民投票，廢除君主制度，成立保加利亞人民共和國。1990年11月國名改為保加利亞共和國（Republic of Bulgaria）。2007年保加利亞加入歐洲聯盟。

與我關係

保加利亞與我無邦交。★2007年7月保加利亞前總統哲列夫一行4人應台灣民主基金會邀

請抵台訪問5天。★2012年5月20日前保國總統哲列夫參加總統馬英九就職典禮。★2019年9月新聞機構世界大會會長敏切夫率保國媒體訪問團，抵台參訪5天。★2024年3月31日起，保加利亞入申根區，享180日內可停留90日免簽待遇。

基本資料

地理位置：東南歐	面積：110,879平方公里
人口：678萬人（2024）	網址：http://www.government.bg/
與臺北之時差：-6（夏令時-5）	電話國碼：359
獨立日期：1908年9月22日（脫離奧圖曼帝國）	國慶日：3月3日（1878年）獨立紀念日
首都：索菲亞（Sofia）	語言：保加利亞語（Bulgarian）	宗教：東正教、伊斯蘭教。
幣制：Lev, 1.00USD=1.80BGN（2024，保幣採與歐元連動之固定匯率，1.00EUR=1.95583BGN）		

政治制度：國體：共和體制。政體：議會共和制。國民大會（National Assembly）：一院制國會共240席，代表由普選產生，任期4年，為最高立法機關。部長會議：係最高行政機關，由總理、3位副總理及14位部長組成，向國民大會負責。總統為虛位元首，全民直選產生，任期5年。2016年11月總統選舉，親俄羅斯的前空軍司令雷得夫獲勝，擊敗較傾向西方的查奇瓦。2021年11月14日總統大選，總統雷得夫連任。2024年4月，由格拉夫切夫任看守總理。

政府首長：總統：雷得夫 Rumen Radev　看守總理：格拉夫切夫 Dimitar Glavchev

主要政黨：公民歐洲發展黨（GERB）、保加利亞社會黨（BSP）、人權與自由運動黨（MRF）、愛國者聯盟（UP）。波瑞索夫成立之公民歐洲發展黨贏得2007年歐洲議會議員及地方行政首長選舉後，在2009年7月大選獲勝，得117席，出任總理並組閣。波瑞索夫2013年辭職，5月12日改選，公民歐洲發展黨仍為最大黨，獲97席未過半，由席位次多的社會黨及人權與自由運動黨組成聯合政府，無黨籍的奧利夏斯基任總理。2014年10月6日大選，公民歐洲發展黨拿33%選票，獲84席，波瑞索夫回任總理。社會黨39席，人權與自由運動黨38席。2017年3月26日國會改選，95席的公民歐洲發展黨與27席的愛國者聯盟合組政府，波瑞索夫三度擔任總理。2021年4月大選，未談成政黨聯盟，波瑞索夫5月辭職，7月11日改選。有這樣一個民族黨（ITN）獲65席，未談成政黨聯盟。11月14日一年內第三度國會改選，新成立的反貪政黨「我們繼續變革」（We Continue The Change）贏得選舉。2022年6月國會通過不信任動議，內閣倒台，10月2日提前國會大選。公民歐洲發展黨獲24.5%選票，「我們繼續變革」19.5%選票。2023年6月「我們繼續變革」獲64席，組閣成功。2024年6月因「我們繼續變革」垮台辦選舉，GERB獲68席，拿下組閣權。

司法制度：設有憲法法院、最高法院、上訴法院及地方法院。

經社概況

平均每人國內生產毛額：27,000美元（2022）	國內生產毛額：1,743億700萬美元（2022）
國內各業生產毛額結構：農業：4.3%　工業：28%　服務業：67.4%（2017）	
通貨膨脹率：15.33%（2022）	失業率：4.27%（2022）
進口值：602億5,200萬美元（2022）	出口值：607億1,200萬美元（2022）
主要進口：原油、銅、汽車、包裝藥品、煉製油品。	主要出口：煉製油品、包裝藥品、銅、小麥、電力。
人口出生率：7.9‰（2024）	人口死亡率：14.2‰（2024）

克羅埃西亞共和國
REPUBLIC OF CROATIA

建國簡史

斯拉夫人於6世紀末移居至巴爾幹半島，克羅埃西亞在10世紀初曾為獨立王國，但於1102年遭匈牙利入侵。1918年以前為奧匈帝國之一部分。1918年12月，克羅埃西亞人與塞爾維亞人、斯洛維尼亞人組成獨立王國，1929年改稱南斯拉夫王國。1941年，德、義部隊入侵，扶植成立克羅埃西亞獨立國。

1945年，納粹德國戰敗，11月29日成立南斯拉夫聯邦共和國，克羅埃西亞為6個共和國之一。1991年5月15日南斯拉夫聯邦總統委員會改選，塞爾維亞因恐總統梅西奇一旦掌權，斯洛維尼

亞、克羅埃西亞獨立將成事實，故加以阻撓，而發生聯邦總統虛懸之憲政危機，5月21日克國公民以全民表決高票贊成獨立，6月25日克國國會通過決議，宣布脫離南斯拉夫而獨立。梅西奇出任總統後宣布南斯拉夫問題必須改變聯邦體制，以解決斯、克兩國獨立問題，但稍後克國境內爆發大規模流血衝突，美國及歐盟為遏止動亂，承認斯、克兩國獨立。歐盟於1992年1月15日與之建交。1992年5月25日加入聯合國。2011年12月9日克羅埃西亞簽署入盟條約，在獲得歐盟27個會員國立法機關批准後，2013年加入歐洲聯盟（EU），成為第28個會員國。

與我關係

與我無邦交。★1991年9月底克羅埃西亞財政部副部長Loncarevic Darko及內政部副部長Jagar Ante等一行4人率團訪我。★2011年1月1日起，克羅埃西亞給予中華民國免簽證待遇，凡持有效中華民國普通護照的國民，可在6個月內停留該國90天。

基本資料

地理位置：東南歐，瀕臨亞得里亞海	面積：56,594平方公里
人口：415萬人（2024）	網址：https://vlada.gov.hr/
與臺北之時差：-7（夏令時-6）	電話國碼：385
獨立日期：1991年6月25日（脫離南斯拉夫）	國慶日：10月8日（1991）
首都：薩格勒布（Zagreb）	語言：克羅埃西亞語
幣制：Euro,1.00USD＝0.92EUR（2024）2023年1月加入歐元區前為1.00USD＝6.91HRK	宗教：天主教

政治制度：國體：共和體制。政體：議會共和制。總統由全民直選產生，任期5年，連選得連任一次。國會：一院制國會，議員直接民選，共151席，任期4年。總理由總統提名國會最大黨或政黨聯盟領袖擔任，須經國會同意。2015年1月11日總統選舉，季塔洛維奇在第2輪投票中以50.7%得票率當選，為克羅埃西亞第一位女總統。2020年1月5日，前總理米蘭諾維奇在第2輪投票中以52.7%得票率擊敗季塔洛維奇，於2月18日宣誓就職。

政府首長：總統：米蘭諾維奇 Zoran Milanovic　　總理：普蘭柯維奇 Andrej Plenkovic

主要政黨：社會民主黨（Social Democrats, SDP）、保守派的民主聯盟（HDZ）、人民黨（HNS）、工人黨（HL）、依斯特利亞民主聯盟（IDS）、退休者聯盟（HSU）。2016年3月8日國會選舉，各黨均未過半，奧雷什科維奇上任，但旋於6月16日因不信任案離任，9月11日國會改選。10月19日，民主聯盟主席普蘭柯維奇出任總理。2017年8月民主聯盟擁有55席，中間偏左的社會民主黨擁有37席。2020年7月國會改選，主要執政黨民主聯盟贏得66席，左派的社會民主黨及其盟黨獲得41席。2024年4月國會大選，執政黨民主聯盟贏得60席，是連續第3次贏得國會選舉。

司法制度：最高法院下設有高等法院及各級地方法院，另設有憲法法院和行政法院。

經社概況

平均每人國內生產毛額：34,300美元（2022）	國內生產毛額：1,322億5,600萬美元（2022）
國內各業生產毛額結構：農業：3.7％　　工業：26.2％　　服務業：70.1%（2017）	
通貨膨脹率：10.78%（2022）	失業率：6.96%（2022）
進口值：463億700萬美元（2022）	出口值：419億5,300萬美元（2022）
主要進口：原油、汽車、煉製油品、包裝藥品、電力。	
主要出口：煉製油品、包裝藥品、汽車、醫用疫苗及培養物、木材。	
人口出生率：8.5‰（2024）	人口死亡率：13.1‰（2024）

賽普勒斯共和國
REPUBLIC OF CYPRUS

建國簡史

賽普勒斯曾先後隸屬於埃及、希臘、波斯及羅馬帝國之版圖，1571年為奧圖曼土耳其帝國所統轄。19世紀初，土帝國式微，希臘獨立，賽島希裔曾要求與希臘合併而未果。1878年土國為防帝俄南侵，將賽島行政權讓給英國，但仍保有宗主權。1925年英土簽訂洛桑條約，賽島正式成為英國殖民地。英國統治期間，希裔人民不斷從事

與希臘合併運動，1955年成立地下組織，從事恐怖活動以求達到目的；土裔人民則要求分治以保障本身利益。

1959年2月11日，希、土在蘇黎士簽訂關於解決賽島問題原則性協定，2月19日在英國會商，簽訂倫敦協定，同意賽普勒斯獨立。賽國1960年8月16日獨立，定名賽普勒斯共和國。獨立以來希裔與土裔不斷衝突。1964年，聯合國派遣和平部隊進駐賽島中線。1974年7月土耳其派軍進駐賽島北部，之後分裂至今。1997年7月20日，土耳其與賽島北部的土裔當局，宣布北賽與土耳其合併計畫，土耳其將與土裔北賽維持特別關係，除外交與國防由土耳其掌管外，其餘經濟與所有行政事務均由北賽當局全權自治。歐洲聯盟及聯合國都希望協助解決賽島問題，但2004年聯合國所提賽島和平解決方案，遭南賽人民以公民投票方式拒絕。2008年2月克里斯托非亞斯（Dimitris Christofias）當選南賽及歐盟國家第一位共產黨籍總統後，極力推動賽島和平方案，以統一全島為最優先之施政目標，國際間亦全力協助並鼓勵。2014年雙方簽署公報，表達共享統一願景，但實質進展有限。

與我關係

賽普勒斯與我無邦交。★2019年11月北賽普勒斯土耳其共和國首度參加台北國際旅展。

基本資料

地理位置：中東、地中海東北部島國	面積：9,251 平方公里（土裔賽人控制面積3,355平方公里）
人口：132萬人（2024）	網址：http://www.cyprus.gov.cy/（南賽）、https://mfa.gov.ct.tr/（北賽）
與臺北之時差：-6（夏令時-5）	電話國碼：357
獨立日期：1960年8月16日（脫離英國）	國慶日：10月1日（土裔賽人國慶日：11月15日）
首都：尼柯希亞（Nicosia）	語言：希臘語、土耳其語、英語。
幣制：歐元Euro, 1.00USD＝0.92EUR（2024）	宗教：希臘東正教

政治制度：國體：共和國。政體：總統制。總統及副總統分別由希裔及土裔選出，任期5年，副總統自1974年至今空缺。聯合國和平部隊駐賽島分隔希、土二裔人民，兩區由180公里長的綠線隔開；1983年11月土裔賽人宣布成立「北賽普勒斯土耳其共和國」，僅獲土耳其承認。國會：採一院制，議員原為50人，1985年6月國會決議增為80席，任期5年，希土裔各為56及24席，但土裔議員已退出。土裔區：一院制國會50席，任期5年，直接民選。2004年4月24日希土兩族就聯合國秘書長安南（Kofi Annan）提出的賽島統一方案舉行全民公投，希族以絕對多數拒絕該方案，賽島繼續分裂局面。同年5月1日賽普勒斯共和國（希裔區）加入歐洲聯盟，成為歐盟成員國，希裔賽人享有歐盟公民身分，但歐盟立法暫不適用於北賽地區。2008年1月1日，賽國加入歐元區。2013年2月17日及24日舉辦兩輪總統選舉，民主大會黨的阿納斯塔西亞迪斯獲勝當選。2018年2月4日總統選舉決選，阿納斯塔西亞迪斯獲勝連任。2020年10月土裔區政府強開雙方邊境荒廢46年的海邊度假區瓦洛沙（Varosha），希區政府要求聯合國安理會介入此一在雙方未能恢復和談前挑釁行為。2023年2月總統大選由克里斯托多里底斯於第二輪當選。

政府首長：總統：克里斯托多里底斯 Nikos Christodoulides	

主要政黨：共產黨（AKEL）、民主大會黨（DISY）、民主黨（DIKO）、社會民主運動黨（EDEK）。2016年5月希裔區國會大選，民主黨9席、共產黨16席、民主大會黨18席、社會民主運動黨3席。2021年5月國會大選，民主大會黨獲得17席、共產黨15席、民主黨9席、社會民主運動黨4席。預定2026年國會大選。

司法制度：分為地方法院、高等法院與最高憲法法院3級，法官由總統任命。

經社概況

平均每人國內生產毛額：45,000美元（2022）	國內生產毛額：410億6,800萬美元（2022）
國內各業生產毛額結構：農業：2%　工業：12.5%　服務業：85.5%（2017）	
通貨膨脹率：8.4%（2022）	失業率：6.78%（2022）
進口值：276億5,800萬美元（2022）	出口值：277億2,000萬美元（2022）
主要進口：煉製油品、船舶、汽車、煤焦油、包裝藥品。	
主要出口：船舶、煉製油品、包裝藥品、乳酪、原油。	
人口出生率：10.2‰（2024）	人口死亡率：7‰（2024）

捷克共和國
CZECH REPUBLIC

建國簡史

捷克人與斯洛伐克人曾於9世紀共同建立大摩拉維亞帝國（Great Moravian Empire）。第一次世界大戰結束，奧匈帝國瓦解，兩族於1918年聯合建立捷克斯洛伐克共和國（Republic of Czechoslovakia）。1938年英、法、義三國與納粹德國簽訂慕尼黑協定，將捷克斯洛伐克之德語區蘇台德省割予德國，另一部分領土割予匈牙利及波蘭。1939年德國入侵占領捷克斯洛伐克。

1945年第二次世界大戰結束後，捷克斯洛伐克恢復獨立並於1946年舉行全國選舉，共產黨獲得多數票而組織聯合政府，1948年贏得大選，獲得全面控制權，同年6月9日建立捷克斯洛伐克人民共和國，1960年7月通過新憲法，改國號為捷克斯洛伐克社會主義共和國。1968年1月捷共第一書記杜布契克領導社會、政治、經濟改革，強調「人性的社會主義」，世稱「布拉格之春」，但蘇聯率華沙集團駐軍坦克於同年8月21日入侵、鎮壓並占領捷克，自由化運動失敗。同年捷共政府修訂憲法，於1969年1月1日建立聯邦體制，斯洛伐克與捷克兩共和國皆設置獨立的政府與國會。

1989年11月捷克民間大規模示威，迫使捷共政府與民主人士分享政權，12月29日國會選舉哈維爾為總統，數月間捷克快速民主改革，共黨對政府之控制瓦解，稱為「絲絨革命」（Velvet Revolution）。由於斯洛伐克人要求政治地位平等，經過激烈辯論後，國會1990年4月20日通過決議，更改國名為「捷克暨斯洛伐克聯邦共和國」，後因聯邦政府採行激進經濟改革措施，對經濟發展較落後之斯洛伐克帶來嚴重打擊，導致斯人不滿，兩共和國間之關係成為政壇主要爭議。1993年1月1日聯邦解體，捷克與斯洛伐克成為兩個獨立國。2004年捷克加入歐洲聯盟。

與我關係

與我無邦交。★我國於1991年12月在布拉格設立駐捷克台北經濟文化辦事處（TECO），捷克於1993年11月在台設立辦事處。★1995年6月18日，行政院長連戰訪問捷克，會晤總統哈維爾及總理克勞斯。★1998年4月，雙方簽訂關務合作備忘錄。★2007年10月，雙方民航局長簽署航約，客運每週14班，貨運無限制，客貨都享有第五航權。★2015年12月，簽署青年度假打工備忘錄，2016年4月起實施。★2016年5月簽署「教育合作共同聲明」。6月簽署繼1993年後，新版科學合作協定。★2017年5月22日，捷克參議院副議長霍絲卡一行訪台會見副總統陳建仁。12月12日，兩國代表在布拉格簽署避免所得稅雙重課稅及防杜逃稅協定。★2019年3月，布拉格市長賀瑞普率團訪台，拜會台北市長柯文哲。10月14日，到布拉格參加「公元兩千論壇」會議的外交部次長徐斯儉，會晤布拉格市長賀瑞普。★2020年2月，外交部宣布「台灣捷克避免所得稅雙重課稅及防杜逃漏稅協定」於2021年生效。8月捷克參議院議長維特齊率團訪台，賀瑞普隨行。★2021年10月24日外交部長吳釗燮出訪歐洲，27日在布拉格會晤捷克參議院議長維特齊與市長賀瑞普。★2022年7月18日至21日，立法院長游錫堃率團訪布拉格，參訪參議院。★2023年1月，捷克總統當選人帕維爾與總統蔡英文通話，3月眾議長艾達莫娃訪台，簽署合作MOU。★2024年6月，布拉格與台灣加強文化及外交關係，捷克中心台北揭幕。★2024年8月30日，國安會秘書長吳釗燮率團訪捷出席「全球安全論壇」。★2024年10月，台灣助捷克建構半導體研究中心營運。

基本資料

地理位置：中歐	面積：78,867平方公里
人口：1,083萬人（2024）	網址：http://www.vlada.cz/
與臺北之時差：-7（夏令時-6）	電話國碼：420
獨立日期：1993年元月1日（捷克與斯洛伐克分別獨立）	國慶日：10月28日
首都：布拉格（Prague）	語言：捷克語
幣制：Koruna, 1.00USD=23.28CZK（2024）	宗教：天主教、基督教。

政治制度：國體：共和體制。政體：總統為國家元首，任期5年，對外代表國家，任命總理、中央銀行總裁和法官，政務由總理及內閣負責。總統原由國會投票選舉，2012年修正的憲法改為直選。國會：採兩院制：參議院（Senate）81席，任期6年，每兩年改選1/3席次。眾議院（Chamber of Deputies）200席，直選產生，任期4年。2013年1月總統選舉，經過兩輪投票，左派前總理齊曼當選首位直選總統。2018年1月總統選舉，齊曼在第2輪投票中以51.4%得票率連任。2023年1月總統大選，由前北約將帕維爾於第二輪以56.9%選票勝出。

政府首長：總統：帕維爾 Petr Pavel　　總理：費亞拉 Petr Fiala

主要政黨：2013年6月公民民主黨總理內恰斯（Petr Necas）因幕僚涉貪醜聞而總辭。總統齊曼任命魯斯諾克為總理，但未通過國會8月的不信任投票。社會民主黨（CSSD）領袖索布卡2014年1月29日經總統任命為新總理組成3黨聯合政府。眾議院2017年10月20日改選，億萬富豪巴比斯（Andrej Babis）領導的「不滿公民行動」（ANO）以反貪腐、反歐元、反移民政見贏得29.6%選票，在200席國會中78席，排名第2是右翼「人民民主黨」（ODS），11.3%選票（25席），極右派「自由與直接民主黨」（SPD），靠反歐盟、反移民與反伊斯蘭，獲10.6%得票（22席）。齊曼12月6日任命巴比斯為總理，63歲巴比斯成為捷克最老最富的總理。2020年10月參議院改選1/3席次，反對派各黨取得27席中的26席。2021年10月8、9日眾議院大選，人民民主黨魁費亞拉領導的政黨聯盟「一起」（SPOLU）獲71席，「海盜與市長」聯盟37席，合起來取得過半席次。費亞拉出任總理。2022年9月23、24日參議院改選1/3席次。

司法制度：憲法法庭負責保障憲法之執行。司法機構有最高法院、高等法院、地區法院等。

經社概況

平均每人國內生產毛額：41,100美元（2022）	國內生產毛額：4,381億1,900萬美元（2022）
國內各業生產毛額結構：農業：2.3%　工業：36.9%　服務業：60.8%（2017）	
通貨膨脹率：15.1%（2022）	失業率：2.22%（2022）
進口值：2,180億美元（2022）	出口值：2,177億3,100萬美元（2022）
主要進口：廣播設備、汽車及車輛零件、辦公室設備及零件、電腦、包裝藥品。	
主要出口：汽車及車輛零件、電腦、廣播設備、辦公室設備及零件、座椅。	
人口出生率：9.8‰（2024）	人口死亡率：12‰（2024）

丹麥王國
KINGDOM OF DENMARK

建國簡史

公元1375年，在瑪格麗特女王領導下，奠定建國基礎，當時轄區包括今瑞典、挪威、冰島等地，幅員極廣。1523年瑞典人民反抗丹麥統治成功而脫離控制。1813年丹麥雖與拿破崙結盟，卻在瑞典戰敗，而於基爾條約中，將挪威控制權讓與瑞典。一次大戰後，丹麥給予冰島獨立，但直到1944年冰島始正式脫離。二次大戰後，丹麥先後於1945年加入聯合國，1949年加入北大西洋公約組織，並於1973年加入歐洲共同市場。現歐盟成員國。

與我關係

丹麥與我無邦交。★1950年1月9日丹麥承認中國，5月11日建交，1月14日與中華民國斷交。★我在丹麥設有台北經濟文化辦事處，1995年4月改名為駐丹麥台北代表處。★丹麥有商務辦事處駐台北。★2007年9月10日丹麥國會「友台協會」成員訪台。★2009年3月18日丹麥民間組織「台灣壹角」主席、社會民主黨中央黨部國際關係委員會主委丹尼爾森投書《資訊報》籲中國勿打壓台灣，指逾80%民眾不希望成為中國的一部分。★2020年6月，總統蔡英文以視訊參與丹麥前總理拉斯穆森主辦的哥本哈根民主峰會。★2023年1月，拉斯穆森訪台拜會蔡英文。

基本資料

地理位置：西北歐	面積：43,094平方公里
人口：597萬人（2024）	網址：http://www.denmark.dk/
與臺北之時差：-7（夏令時-6）	電話國碼：45
獨立日期：1849年成為君主立憲國家	國慶日：6月5日（行憲日）
首都：哥本哈根（Copenhagen）	語言：丹麥語
幣制：Krone, 1.00USD= 6.89DKK（2024）	宗教：基督教路德福音教派、伊斯蘭教。

政治制度：國體：君主立憲。政體：議會制。國會：國會（Folketing）議員民選，採比例代表制，任期4年。國會掌立法權，各級法院掌司法權。國會一院制，議員179人，任期4年，由人民直接選舉產生。其中包括法羅群島及格陵蘭島選出之議員各2席。

政府首長：佛瑞德里克十世 King Frederik x　　總理：佛瑞德里克森 Mette Frederiksen

主要政黨：2015年6月18日大選，179席中，自由黨獲34席、社會民主黨47席、丹麥人民黨37席、紅綠聯盟獲13席、自由聯盟獲14席，社民黨籍總理桑寧-施密特領導的中間偏左執政聯盟承認失敗。右派自由黨與丹麥人民黨組閣協商失敗，由自由黨組少數政府，2009年至2011年擔任總理的拉斯穆森任新總理。2019年6月5日大選，社民黨48席、自由黨43席、丹麥人民黨16席、社會自由黨16席、社會主義人民黨14席，41歲的社民黨黨魁佛瑞德里克森成為最年輕總理。2022年國會大選。由佛瑞德里克森的紅色集團獲87席，並於法羅群島和格陵蘭贏另3席。

司法制度：法院設有最高法院、高等法院及地方法院。

經社概況

平均每人國內生產毛額：59,900美元（2022）	國內生產毛額：3,538億美元（2022）
國內各業生產毛額結構　農業：1.3%　工業：22.9%　服務業：75.8%（2017）	
通貨膨脹率：7.7%（2022）	失業率：4.43%（2022）
進口值：2,356億8,000萬美元（2022）	出口值：2,799億3,900萬美元（2022）
主要進口：汽車、煉製油品、包裝藥品、原油、廣播設備。	
主要出口：包裝藥品、發電機、豬肉、煉製油品、醫用疫苗及培養物。	
人口出生率：11.3‰（2024）	人口死亡率：9.6‰（2024）

丹麥的海外領域

1.格陵蘭 Greenland

基本資料

網址：https://naalakkersuisut.gl/	人口：5萬7,751人（2024）
面積：2,166,086平方公里	首府：戈薩普 Nuuk（Godthaab）
地理位置：北美洲東北方，冰島西北方，靠近北極	

政經概況

格陵蘭是世界最大島，985年被挪威航海家艾利克發現，丹麥人18世紀占領島西岸，1917年掌控全島。1941年美國與丹麥簽訂協定，雙方同意在二戰期間格陵蘭由美國保護，但主權屬丹麥。1951年丹麥與北大西洋公約組織簽約共同防衛格陵蘭。1953年美國空軍基地在述利建成。1953年丹麥修憲，將格陵蘭列入版圖。1979年5月格陵蘭獲自治。自治議會有31席，議員任期4年。1982年2月，格陵蘭公民投票決議退出歐洲共同體。格陵蘭是世界最大的冰晶石產地，冰晶石是煉鋁所需礦石。主要出口漁產品和冰晶石，進口加工食品、石油、機器為主，與丹麥、瑞典貿易。2014年9月就任的契爾森領導的前進黨於2018年4月改選後席次減少，但仍為最大黨，5月與其他3黨達成協議，契爾森續任總理。2021年4月議會改選，因紐特人共同體黨獲最多的12席，34歲黨魁艾格德出任總理。

2.法羅群島自治領 Faroe Islands

基本資料

網址：https://www.government.fo/	人口：5萬2,933人（2024）
面積：1,393平方公里	首府：梭夏紋（Torshavn）

地理位置：位於英國北方、冰島東南與挪威西部間的北大西洋海域

政經概況

法羅群島包括18個主要島嶼與數個小島，距離蘇格蘭東北的謝德蘭群島322公里，1386年成為丹麥領土。第二次世界大戰期間德國占領丹麥後，法羅群島被英軍占領，戰後歸還丹麥。1948年法羅群島獲得自治。自治議會有33席，議員任期4年，依比例代表制選出。畜牧和漁業是法羅群島經濟的主要項目，輸出以魚蝦及漁產品為主，輸入以機器、食品、石油、運輸設備為主，貿易對象包括丹麥、美國、英國、德國。目前總理為Aksel Vilhelmsson Johannesen 阿克賽爾.V.約翰尼生（2022年12月22日就任）。

愛沙尼亞共和國
REPUBLIC OF ESTONIA

建國簡史

愛沙尼亞在一次大戰前原為帝俄之一省，1918年2月24日成為獨立國，1940年8月6日為蘇聯併吞，成其加盟共和國之一。

1991年8月20日趁蘇聯政變之際宣布獨立。1992年9月20日舉行50年來的首次選舉。1994年8月31日境內俄軍撤出。2004年愛沙尼亞加入歐洲聯盟。

與我關係

愛沙尼亞與我無邦交。★2012年5月立法院成立「中華民國與波羅的海三國國會議員友好協會」。★2016年5月愛國會友台小組主席拉內特在台出席總統就職典禮。★2020年4月，COVID-19大流行，我政府捐贈8萬片口罩。★2021年11月底，愛沙尼亞國會友台小組主席楊森與波羅的海三國議員訪台。★2023年5月下旬，愛沙尼亞於WHA首度發言挺台。★2023年11月愛沙尼亞同意台灣設代表處。

基本資料

地理位置：東歐，濱波羅的海	面積：45,228平方公里
人口：119萬人（2024）	網址：http://www.eesti.ee/eng/
與臺北之時差：-6（夏令時-5）	電話國碼：372
獨立日期：1991年8月20日（脫離蘇聯）	國慶日：2月24日（1918年獨立建國）
首都：塔林（Tallinn）	語言：愛沙尼亞語、俄語。
幣制：Euro, 1.00USD=0.92EUR（2024）	宗教：東正教、基督教路德派與其他教派。

政治制度：國會為國家最高立法機構，行使立法權，一院制共101席，議員由公民選出，任期4年。內閣：總理為最高行政首長，由總統提名，經國會同意後任命，由在國會超過半數席次之政黨執政。總統為虛位元首，由國會選出，任期5年，連選得連任一次。2006年9月23日總統選舉，易維斯當選，2011年8月連任。2016年10月國會選出無黨派的卡尤萊德（Kersti Kaljulaid）為愛沙尼亞首位女性總統。2021年8月底國會選出卡里斯為總統，10月11日就任。預計2026年總統改選。

政府首長：總統：卡里斯 Alar Karis　　總理：卡拉斯 Kaja Kallas

主要政黨：改革黨、中央黨、祖國黨暨共和黨聯盟、社會民主黨。愛沙尼亞自1991年重獲獨立，實行多黨制度。2015年3月大選，改革黨贏得最多的30席，中央黨27席，社民黨15席，祖國黨暨共和黨聯盟14席，自由黨8席。新政府由改革黨、祖國黨暨共和黨聯盟、社民黨聯合組閣。2016年11月國會通過不信任投票，中央黨與原改革黨組聯合內閣，11月23日拉塔斯任總理。2019年3月3日改選，中央黨主席拉塔斯續任。2021年元月拉塔斯辭職，43歲的改革黨黨魁卡拉斯26日上任，成首位女總理。2023年3月國會大選，由總理卡拉斯的中間偏右改革黨，擊敗極右翼愛沙尼亞保守人民黨。

司法制度：設有最高法院、上訴法院、地方法院。

經社概況

平均每人國內生產毛額：37,700美元（2022）	國內生產毛額：508億6,700萬美元（2022）
國內各業生產毛額結構：農業：2.8%　工業：29.2%　服務業：68.1%（2017）	

通貨膨脹率：19.4%（2022）		失業率：5.57%（2022）	
進口值：326億7,100萬美元（2022）		出口值：324億6,100萬美元（2022）	
主要進口：汽車、煉製油品、煤焦油、廣播設備、包裝藥品。		
主要出口：廣播設備、煉製油品、煤焦油、汽車、組合式建築。		
人口出生率：8.2‰（2024）		人口死亡率：13.2‰（2024）	

芬蘭共和國
REPUBLIC OF FINLAND

建國簡史

芬蘭人之祖先發源於西伯利亞俄羅斯東部大平原之頓河－伏爾加河流域（Don-Volga River），其後逐漸向西遷移，一部分定居於今日之芬蘭（另一部分南移至今日之匈牙利）。瑞典王國勢力於12世紀中期入侵並統治長達650年，故深受瑞典文物典章及風俗習慣之影響，且接受瑞典傳入之基督教路德會信仰。俄羅斯勢力崛起並於1808年入侵芬蘭而逐出瑞典統治，1809年俄羅斯依照哈米那條約而正式占有芬蘭並改為大公國。

芬蘭於1917年趁俄國發生10月革命自顧不暇之際，於12月6日宣布獨立為民主共和國並獲新成立蘇維埃聯邦實際掌權之列寧所承認。芬蘭於1919年頒布第一部憲法並實施民主政治迄今。在納粹德國於1939年8月入侵波蘭而引發第二次世界大戰後，史達林旋於1939年11月30日出兵攻打芬蘭，芬蘭因戰敗而與俄方簽訂莫斯科條約並割讓東部地區卡瑞里亞（Karelia）予俄；芬蘭在二次世界大戰開始後，被迫在納粹德國與蘇聯兩惡之間擇一結盟，因芬蘭忌憚蘇聯侵襲且志在收復失地而不得不轉與希特勒結交，惟並非完全聽命德方指揮。

1944年芬蘭與蘇聯單獨簽署終戰條約，芬蘭不僅償付鉅額賠款（約占全國總生產5%），亦須割讓土地，總計國土面積1/12被迫割予蘇聯；1947年簽訂之二次大戰後巴黎和約將蘇、芬和約納入其中，此等同為蘇聯占領芬境背書。1948年4月蘇聯又迫芬蘭簽訂芬蘇友好互助條約，芬蘭雖未如其他淪入鐵幕之東歐國家一般成為蘇聯附庸而與西方對抗，但被迫採取軍事不結盟政策，長期籠罩在蘇聯專橫威勢之不安氣氛下。1955年加入聯合國，並採中立政策迄今。1991年蘇聯解體後，該條約終於廢止。1992年1月芬蘭與俄羅斯重訂新友好條約，並於2001年5月再度延長5年。1995年加入歐盟。2023年4月4日，芬蘭正式加入北約組織，成為第31個會員國。

與我關係

與我無邦交。★中華民國於1990年3月在芬蘭設台北貿易文化辦事處，1992年12月更名為「駐芬蘭台北經濟文化辦事處」。★芬蘭於1992年2月1日在台設芬蘭工業暨運輸辦事處。1995年7月1日更名為「芬蘭商務辦事處」。★1998年4月4日，行政院國家科學委員會主任委員黃鎮台與芬蘭科學院院長維耶克簽署雙邊科技合作協議。★2014年7月，總統夫人周美青隨台北愛樂管弦樂團抵芬蘭訪問。★2020年2月芬蘭國會友台小組跨黨派成員，聯名致函世衛組織秘書長譚德塞，籲給台灣觀察員地位。★2023年2月芬蘭國會訪團見總統蔡英文。★2024年5月，芬蘭量子科技重量級訪團來台，共商未來合作。

基本資料

地理位置：北歐		面積：338,145平方公里	
人口：562萬人（2024）		網址：http://valtioneuvosto.fi/	
與臺北之時差：-6（夏令時-5）		電話國碼：358	
獨立日期：1917年12月6日（脫離蘇聯）		國慶日：12月6日	
首都：赫爾辛基（Helsinki）		語言：芬蘭語、瑞典語。	
幣制：Euro, 1.00USD=0.92EUR（2024）		宗教：基督教路德教派	

政治制度	國體：民主共和國。政體：議會共和制。國會：一院制，由200位議員組成，依比例代表制直接民選，任期4年。總統由直接民選獲過半數票者擔任，任期6年。2012年2月5日總統選舉第2輪投票，國家聯合黨的尼尼斯托當選。2018年1月28日總統選舉，尼尼斯托以62.7%得票連任。2024年2月大選，由前總理史塔布當選總統。
政府首長	總統：史塔布 Alexander Stubb　　總理：歐爾波 Petteri Orpo
主要政黨	社會民主黨（SDP）、中央黨（Kesk）、國家聯合黨（Kok）、芬蘭人黨（The Finns）、左翼聯盟（Vas）、綠黨（The Greens）、瑞典人民黨（SFP）及基督民主黨（KD）。2015年4月19日國會選舉，在野的中央黨獲49席，成為國會最大黨，芬蘭人黨38席，國家聯合黨37席，社會民主黨34席。中央黨與芬蘭人黨及國家聯合黨組成聯合政府，由中央黨黨魁席比拉（Juha Sipila）出任總理。2019年4月14日大選，社會民主黨獲40席、芬蘭人黨39席、中央黨31席、國家聯合黨38席、綠黨20席，社會民主黨領導組成聯合內閣，由黨魁李納（Antti Rinne）出任總理；12月李納因處理罷工事件引起爭議而辭職，由同黨34歲的馬林接任總理，成為世界最年輕女總理。2023年4月國會大選，國家聯合黨贏得48席成最大黨，且由其領導人歐爾波於6月20日起擔任總理。
司法制度	設有最高法院與最高行政法院。

經社概況

平均每人國內生產毛額：49,400美元（2022）	國內生產毛額：2,745億7,600萬美元（2022）
國內各業生產毛額結構：農業：2.7%　工業：28.2%　服務業：69.1%（2017）	
通貨膨脹率：7.12%（2022）	失業率：6.72%（2022）
進口值：1,347億2,100萬美元（2022）	出口值：1,278億3,000萬美元（2022）
主要進口：原油、汽車及車輛零件、煉製油品、廣播設備、包裝藥品。	
主要出口：煉製油品、紙與木漿產品、汽車、不鏽鋼、木材。	
人口出生率：10.2‰（2024）	人口死亡率：10.4‰（2024）

法蘭西共和國
FRENCH REPUBLIC

建國簡史

5世紀時法蘭克人移居至此，843年成為獨立國，17、18世紀時國力盛極一時。1789年7月14日法國革命，推翻王朝，成立臨時政府。1792年建立第一共和，1804年拿破崙稱帝，建立第一帝國。1814年拿破崙戰敗，法國恢復王朝。1848年法國人民再度推翻王朝，建立第二共和。1852年拿破崙之姪路易拿破崙（拿破崙三世）稱帝，成立第二帝國。1870年路易拿破崙於普法戰爭中戰敗，法國人民推翻帝國，建立第三共和，從此奠定法國共和政體。1946年及1958年建立之第四、第五共和，國會得修改憲法及政治制度，但均維持共和體制。1951年法國簽署歐洲煤鋼共同體條約，成為歐洲聯盟6個創始國之一。

與我關係

與我無邦交。★法國1913年10月承認中華民國，1964年1月27日承認中國並建交，我國同日與法斷交。★我國在法設有法華經濟貿易觀光促進會（ASPECT）。1995年5月9日更名為「駐法國台北代表處」（La Delegation de Taipeh en France）。法國在台設法亞貿易促進會及法國在台協會。★第8屆台法工業科技合作會議於1999年5月3日在台北舉行。此一兩國政府間的官方會議，自1991年3月召開首屆會議以來，每年輪流在台北和巴黎舉行。★2002年3月26日，國科會副主委謝清志在法國與國家資訊及自動化科技研究院簽署合作備忘錄，加強通訊與科技交流。★2010年12月24日兩國簽署避免所得稅雙重課稅及防杜逃稅協定，自2011年1月1日起生效。★2013年6月19日交通部長葉匡時訪法，拜會法國交長居維利耶，這是兩國交長首度會晤。★2015年7月文化部長洪孟啟抵法出席台法文化獎頒獎典禮，並參訪亞維儂藝術節。★2016年7月法國在台協會及外交部宣布，台法航權完成新協議，台北巴黎直飛航班將從每週4班

增到每天1班。8月台法度假打工計畫生效。★2018年7月,立法院長蘇嘉全率團參訪法國國民議會。★2019年7月,金管會主委顧立雄率團赴歐與法國簽署金融科技合作協議。★2020年2月,文化部長鄭麗君訪法主持頒授首屆文化獎章儀式。12月14日我在法南部揭牌設立「駐普羅旺斯台北辦事處」,使法成為第4個有超過一個我代表機構的歐洲國家。★2022年7月24日至28日,立法院長游錫堃率團參訪法國民議會。★2023年4月,法總統馬克宏因台海言論引議論,同月台灣立委團與法上下院議員不受影響會面。

基本資料

地理位置:西歐	面積:551,500平方公里		
人口:6,837萬人(2024)	網址:http://www.service-public.fr/		
與臺北之時差:-7(夏令時-6)	電話國碼:33		
獨立日期:公元486年Clovis統一法國,1792年9月22日建立共和		國慶日:7月14日(1789年)	
首都:巴黎(Paris)	語言:法語		
幣制:Euro, 1.00USD=0.92EUR(2024)	宗教:天主教、伊斯蘭教。		

政治制度:國體:民主共和,現行憲法於1958年10月4日生效。政體:半總統共和制,總統為國家元首,直接選舉,任期5年,任命總理。立法權屬國會,採兩院制。上院為參議院(Senate),共348席,任期6年,每3年以間接選舉方式改選1/2席次。下院為國民議會(National Assembly),議員577人,直接民選,任期5年。國民議會可對政府提出不信任案。司法權屬各級法院。2000年9月24日公民投票通過修改憲法,自2002年起,總統任期7年改為5年。2002年5月總統大選第2輪投票,人民運動聯盟黨的席哈克(Jacques Chirac)以82.21%得票率連任。2007年5月6日總統大選,人民運動聯盟黨的沙柯吉(Nicolas Sarkozy)勝出,得票率53.69%,但在2012年5月大選中以48.4%選票連任失利,成為30年來首位爭取連任失敗的法國總統。社會黨候選人歐蘭德以51.6%得票率獲勝,成為17年來法國首位社會黨總統。2017年5月7日,中間派候選人馬克宏在第2輪決選大勝,5月14日就職。2022年4月24日總統大選第2輪投票,馬克宏以58.2%得票率獲選連任。5月16日,61歲的柏納就任總理,成為法國第二位女總理。2024年7月國會選舉,艾塔爾續任總理;同年9月總統馬克宏終於做出第26屆總理人選決定,由前歐州議會議員、73歲政壇親歐老將巴尼耶擔任新總理。

政府首長:總統:馬克宏 Emmanuel Macron　　總理:巴尼耶 Michel Barnier

主要政黨:中間派:共和前進(La Republique En Marche!)、民主運動黨(MoDEM)、民主獨立聯盟(UDI);右派:共和黨(LR,2015年5月30日以前稱人民運動聯盟UMP);左派:社會黨、綠黨;極右派:民族陣線/國民聯盟(National Rally);極左派:共產黨。2012年6月10、17日國民議會選舉,社會黨獲280席,人民運動聯盟194席,其他左派政黨獲22席,綠黨獲17席,其他右派政黨獲15席,新中間黨12席。2014年9月28日參議院改選半數席次,右派奪回多數席位,極右派民族陣線取得2席。2017年6月11、18日國民議會改選,共和前進308席、民主運動黨42席、共和黨112席,社會黨29席,民主獨立聯盟18席,極左的不屈法國(FI)17席,共產黨10席,民族陣線8席。本屆選出223名女議員,創法國歷史新高。2022年6月中旬國民議會大選,執政的共和前進獲38.6%選票250席,未過半數。左翼的新民眾生態和社會聯盟(NUPES)150席,國民聯盟89席,共和黨62席。本屆選出215名女議員,比例略遜上屆。2024年7月國會改選,左翼聯盟178席勝出,執政中間派150席居次,極右派國民聯盟淪第三位。

司法制度:法院分為初審、上訴及最高法院三級,憲法規定總統保證司法獨立,法官不得被罷免。

經社概況

平均每人國內生產毛額:45,900美元(2022)	國內生產毛額:3兆1,200億美元(2022)
國內各業生產毛額結構:農業:1.7%　工業:19.5%　服務業:78.8%(2017)	
通貨膨脹率:5.22%(2022)	失業率:7.31%(2022)
進口值:1兆1,030億美元(2022)	出口值:1兆130億美元(2022)
主要進口:汽車、原油、煉製油品、包裝藥品、航空機械。	
主要出口:飛機、包裝藥品、汽車和車輛零件、燃氣渦輪機、葡萄酒。	
人口出生率:10.9‰(2024)	人口死亡率:10‰(2024)

法國的海外領域

1.法屬波里尼西亞French Polynesia

基本資料

地理位置：南太平洋，散列於南緯7-29度，西經131-156度之間。	
網址：http://www.presidence.pf	人口：30.3萬人（2024
面積：4,167平方公里　語文：法語	
首府：帕皮蒂（Papeete），在主島大溪地（Tahiti）島上	宗教：基督教、天主教。

政經概況

法屬波里尼西亞包括曼格里瓦（Mangarvea，又稱Gambier）、馬卡提（Makatea）、馬奎薩斯群島（Marquesas Islands）、拉帕（Rapa）、路路吐（Rurutu）、里馬塔拉（Rimatara）、社會群島（Society Islands）、突摩吐群島（Tuamotu）、突白伊（Tubuai）、雷瓦瓦（Raivavae）、和克里派頓（Clipperton）等130個大小島嶼，1842年成為法國保護地，1903成為法國殖民地。波里尼西亞由法國派遣的行政長官（High Commissioner）統治，下轄政府委員會（Council of Government）和民選的地方議會。首府設在社會群島中最著名的大溪地島上。1958年波里尼西亞居民投票接受法國第五共和憲法，繼續為法國的海外領土。莫魯洛亞（Mururoa）是法國在1966年設立的太平洋核子試驗中心，距大溪地1,200公里。1999年1月23日，大溪地副總督費契（Edouard Tereore Fritch）抵台私人訪問，這是大溪地高層官員首次訪台。2014年費契於前總督因貪污案辭任後，經議會間接選舉為總督，於9月12日上任，並於2018年獲選連任。2023年5月大選，布洛勒森為總督。

2.聖皮里及米圭隆 St. Pierre and Miquelon

基本資料

地理位置：北美洲	
網址：http://www.spm-tourisme.fr	人口：5,132人（2024）
面積：242平方公里　首府：聖皮里（St.Pierre）	

政經概況

聖皮里島及米圭隆島是法國在北美洲剩下的唯一殖民地。這些島嶼1604年被法國占領，現在是法國的大西洋鱈魚捕撈基地。1976年7月19日這些島嶼正式成為法國的海外領土。

3.瓦里斯及福塔納群島 Wallis and Futuna Islands

基本資料

地理位置：南太平洋斐濟與薩摩亞之間	
網址：https://www.wallis-et-futuna.wf	人口：1萬5,964人（2024）
面積：142平方公里　首府：馬塔尤塔（Mata-Utu）	

政經概況

瓦里斯群島和福塔納群島於19世紀開始成為法國人殖民之地，1880年代成為法國保護地。1950年12月兩個群島的居民投票同意正式成為法國的海外領土，1961年法國才正式將兩個島列為海外領土。

德意志聯邦共和國
FEDERAL REPUBLIC OF GERMANY

建國簡史

德意志民族於962年建立神聖羅馬帝國，1871年建立統一的德意志帝國。1914年發動第一次世界大戰，1919年建立威瑪共和國，1939年發動第二次世界大戰。德意志第三帝國於1945年5月戰敗投降後，由美、蘇、英、法四強在德國分別設占領區。1949年5月23日美、英、法占領的西部德國制定頒布基本法，8月14日舉行大選，德意志聯邦共和國成立，通稱西德。同年10月7日，蘇聯占領區宣布成立德意志民主共和國（German Democratic Republic），通稱東德。

1951年西德簽署歐洲煤鋼共同體條約，成為歐洲聯盟6個創始國之一。

1972年12月21日東、西德簽訂基本條約，雙方同意在平等基礎上，發展睦鄰關係，放棄使用武力或以武力為威脅，促進歐洲之合作，效力國際裁減軍備，相互尊重其獨立主權並共謀解決實際及人道上問題。1989年11

月9日柏林圍牆為德國人民推倒。1990年5月18日，東西德簽署關於貨幣、經濟暨社會同盟的「國家條約」，同年7月1日該約生效。同年8月31日兩德政府實現政治統一的「統一條約」。1990年10月3日，東德根據西德基本法第23條加盟德意志聯邦共和國，在長達半世紀的對峙後，德國和平統一。

與我關係

與我無邦交。★第一次世界大戰後，中華民國1921年5月與德國恢復邦交，1941年7月與納粹德國斷交。西德與中國1972年10月建交。★我在德國設有非官方「台北代表處」，總處原在西德首都波昂，於德國政府1999年遷往柏林時隨之東遷柏林。另在法蘭克福、漢堡及慕尼黑設有辦事處。德國在台設有「德國在台協會」及「德國文化中心」。★2001年9月，經長林信義與德國經長穆勒出席在柏林的第9屆台德經濟部長會議與第5屆台德民間經合會議。★2003年7月16日總統夫人吳淑珍抵達「珍藏台灣,文化睦誼」之旅，為故宮博物院柏林「天子之寶」特展致詞。★2006年11月德國巴伐利亞邦議會副議長甘策率團訪台。★2007年8月德國基民黨暨基社黨青年聯盟代表團訪台。★2008年9月德國國會「柏林–台北友好小組」代表團訪台。★2009年4月德國歐柏哈佛縣贈台灣1塊柏林圍牆遺跡，民主基金會11月9日，即柏林圍牆倒塌20週年，舉行遺跡揭幕典禮及民主與人權展覽。★2010年10月11日台德青年打工度假計畫生效。德國是第一個與我國相互實施青年打工度假計畫的歐洲國。★2011年12月28日德國在台協會處長紀克禮在台北簽署台德避免雙重課稅協定，2013年1月生效。★2013年11月兩國簽署「移交受刑人及合作執行刑罰協議」，這是我與歐洲國家首簽署雙邊司法合作協議。★2014年1月馬英九總統出訪，過境法蘭克福。★2015年9月兩國簽署官方教育合作意向書。10月德國勞動與社會部政務次長柯樂眉訪台。同月簽署藥品及醫療器材合作聯合宣言。★2016年5月德國會議員兼世盟分會主席費雪等人出席蔡英文總統就職典禮。★2020年1月，台德免試互換駕照上路。5月德國與美、加等「友台聯盟」國家致函世衛組織秘書長譚德塞，支持我國以觀察員參與世衛大會。★2022年10月初，德國會友台小組主席威爾許一行人訪台。★2023年1月，總統蔡英文會見德國資深議員代表團，7月13日公布首度「對中戰略」文件，提及重視台海安全、支持台灣務實參與國際組織活動。★2024年5月德國會友台小組主席出席總統賴清德就職，挺台國際參與。

基本資料	
地理位置：中歐（位於歐洲心臟地帶）	面積：357,022平方公里
人口：8,411萬人（2024）	網址：http://www.bund.de/
與臺北之時差：-7（夏令時-6）	電話國碼：49
獨立日期：1871年1月18日（德國帝國統一）	國慶日：10月3日（1990）德國統一日
首都：柏林（Berlin）	語言：德語
幣制：Euro, 1.00USD=0.92EUR（2024）	宗教：天主教、基督教新教派、伊斯蘭教。
政治制度：國體：聯邦共和國，共16邦。政體：議會共和制。內閣：由大選中獲勝的政黨組閣，黨魁出任總理，任命部、次長向國會負責。總統為虛位元首，任期5年，連選得連任一次。國會：分參議院（Federal Council）及聯邦議會（Federal Parliament）兩院，參議院由各邦政府依憲法規定，視各邦人口多寡指派3至6名代表組成，共69席，議長每年改選，由各邦總理輪流擔任。聯邦議會為最高立法機關，以混合比例代表制經民選產生，任期4年。目前736席，選舉採兩票制，選民在選區直接投給候選人，另一票投給政黨。政黨需獲得5%的選票才能取得國會席位。聯邦政府：由內閣總理及其閣員組織。總理由總統提請聯邦議會選舉。閣員由總理提請總統任免。鑑於威瑪共和時代，在野黨容易倒閣使政局不穩，基本法採行「建設性不信任投票」辦法：聯邦議會擬對總理表示不信任時，必須同時以多數決選出繼任人；動議與選舉之間，須間隔48小時。2004年5月23日，有1,204席的聯邦大會（Federal Convention，由聯邦議會議員及各邦議會推派的代表組成）選舉柯勒（Horst Kohler）為德國第9任總統。沃爾夫（Christian Wulff）2010年當選總統，但遭控涉貪，2012年2月辭職。高克在2012年3月以991票當選。現任總統史坦麥爾於2017年3月19日就任，2022年2月13日當選連任。預計2027年改選總統。	
政府首長：總統：史坦麥爾 Frank-Walter Steinmeier	總理：蕭茲 Olaf Scholz

主要政黨：基督教民主黨（CDU）、基督教社會黨（CSU）、自由民主黨（FDP）、社會民主黨（SDP）、90年代/綠黨聯盟（B90/Grune）。2013年9月國會大選，基民/基社聯盟得票率41.5%，社民黨25.7%，綠黨8.4%，左派黨8.6%。各黨在新國會的席次：基民/基社聯盟311席，社民黨193席，左派黨64席，綠黨63席。梅克爾領導的基民/基社聯盟經2個月談判後，與社民黨達成組閣協議，2005年上台的梅克爾3度獲選為總理。2017年9月國會大選，基民/基社聯盟得票率32.9%，社民黨20.5%，德國的另類選擇黨（AfD）12.6%，自民黨10.8%，左派黨9.2%，綠黨8.9%，各黨席次：基民/基社聯盟246席，社民黨153席，自民黨80席，左派黨69席，綠黨67席。梅克爾4度當選總理。2021年9月26日國會大選，社民黨得票率25.7%（206席），基民/基社聯盟24.1%（196席），綠黨14.8%（118席），自民黨11.5%（92席），德國的另類選擇黨10.3%（84席）。擔任16年總理的梅克爾下台。由社民黨、綠黨、自民黨三黨合組執政聯盟，社民黨領袖蕭茲12月8日就任總理。預計2025年9月大選。

司法制度：司法權由聯邦憲法法院、各聯邦法院及各邦法院分別行使。

經社概況

平均每人國內生產毛額：54,000美元（2022）	國內生產毛額：4兆5,230億美元（2022）
國內各業生產毛額結構：農業：0.7%　工業：30.7%　服務業：68.6%（2017）	
通貨膨脹率：6.87%（2022）	失業率：3.14%（2022）
進口值：1兆9,730億美元（2022）	出口值：2兆600億美元（2022）
主要進口：汽車及車輛零件、包裝藥品、原油、煉製油品、醫用疫苗及培養物。	
主要出口：汽車及車輛零件、包裝藥品、飛機、醫用疫苗及培養物、工業機械。	
人口出生率：8.9‰（2024）	人口死亡率：12‰（2024）

希臘共和國
HELLENIC REPUBLIC

建國簡史

希臘為歐洲文明的發源地，公元146年併入羅馬帝國。15世紀中葉被奧圖曼帝國統治。1821至1830年希人起而反抗土耳其人統治，得到英、法、俄支持獲得獨立，在列強安排下，於1832年恢復帝制，由巴伐利亞王子Otto為首任國王。二次大戰時為同盟國一員，戰後共產黨叛亂，賴美、英援助，化險為夷。1967年發生軍事政變，國王Constantine被黜，改制君主共和，由軍人執政。1974年7月土耳其入侵賽普勒斯島導致軍政府下台，恢復文人統治。同年12月8日全國公民投票，以69.18%多數通過廢棄君主制度，改採共和政體。1981年希臘加入歐盟前身的歐洲共同體。

與我關係

與我無邦交。★1972年6月5日中華民國與希臘中止外交關係。我在雅典設有「駐希臘台北代表處」，希臘未在台設處。★2023年4月前總統馬英九赴希臘參與論壇演講，遭主辦方將頭銜矮化。

基本資料

地理位置：南歐、巴爾幹半島南端	面積：131,957平方公里
人口：1,046萬人（2024）	網址：http://www.primeminister.gov.gr/
與臺北之時差：-6（夏令時-5）	電話國碼：30
獨立日期：1830年（脫離奧圖曼帝國）	國慶日：3月25日（1821年，宣布進行獨立戰爭）
首都：雅典（Athens）	語言：希臘語
幣制：Euro, 1.00USD＝0.92EUR（2024）	宗教：希臘東正教（Greek Orthodox Church）

政治制度：國體：憲法規定總統任期5年，為虛位元首，由國會選舉，得連任一次。政體：議會共和制，三權分立，立法權屬國會，行政權屬內閣，司法權屬各級法院。內閣：由大選中獲勝的政黨組閣，其黨魁出

任總理,並任命部、次長向國會負責。國會:一院制,共300名議員,由人民直選,任期4年。2020年1月,國會選出資深法官薩克拉洛普魯為總統,成為希臘史上第一位女總統。預計2025年舉行總統大選。

政府首長:總統:薩克拉洛普魯 Katerina Sakellaropoulou　　總理:米佐塔基斯 Kyriakos Mitsotakis	
主要政黨:泛希社會黨(PASOK)、新民主黨(New Democracy)、共產黨(Communist Party of Greece)、極左派聯盟(SYRIZA)。1974年至2015年初,希臘大選多由新民主黨及泛希社會黨囊括近9成席位,大致為兩黨輪流執政。2015年1月25日國會大選,極左派聯盟獲149席,新民主黨76席,金色黎明黨17席,共產黨15席,獨立希臘人黨13席,泛希社會黨13席。極左派聯盟與右派獨立希臘人黨組成聯合政府,極左派聯盟黨魁齊普拉斯(Alexios Tsipras)出任總理。8月20日齊普拉斯在黨內分裂、國會通過國際紓困計畫後辭職。9月20日國會改選,齊普拉斯贏得大選,再次與獨立希臘人黨合組執政聯盟。2019年7月7日國會改選,在野的新民主黨獲158席、極左派聯盟86席、爭取變革運動黨22席、共產黨15席。新民主黨魁米佐塔基斯7月8日就任總理。2023年6月25日國會大選,米佐塔基斯率新民主黨取得過半席次,連任成功。	
司法制度:設有初級法院、上訴法院及最高法院3級。	
經社概況	
平均每人國內生產毛額:31,700美元(2022)	國內生產毛額:3,305億7,900萬美元(2022)
國內各業生產毛額結構:農業:4.1%　 工業:16.9%　 服務業:79.1%(2017)	
通貨膨脹率:9.65%(2022)	失業率:12.43%(2022)
進口值:1,278億2,000萬美元(2022)	出口值:1,061億8,900萬美元(2022)
主要進口:原油、煉製油品、包裝藥品、汽車、船舶。	
主要出口:煉製油品、包裝藥品、鍍鋁、電腦、棉。	
人口出生率:7.4‰(2024)	人口死亡率:12‰(2024)

教廷
THE HOLY SEE

建國簡史

公元60餘年,聖彼得殉難後,基督宗教逐漸流傳,4世紀成為羅馬帝國國教,476年西羅馬帝國滅亡。之後歷任教宗以教會領袖之身分,領導義大利境內各族,逐漸成為全區精神及文化傳承中心,並在羅馬城附近施行政教合一之統治,形成教皇國,垂1,000餘年,12-13世紀時教皇國勢力達顛峰。1870年義大利王國出兵羅馬,統一義大利,宣布羅馬為首都,教宗退居梵蒂岡城堡,拒絕與義大利王國政府妥協。

1929年,義大利法西斯政府與教廷簽訂拉特朗條約(Lateran Treaty),承認教廷在國際社會之特別自主權及對羅馬城內梵蒂岡區之主權,於是教廷以梵蒂岡城(Vatican City)為其領土,成為一獨立之主權國家,不過教廷主權還包括羅馬城內多幢建築及世界各地之天主教會。

與我關係

中華民國與教廷於1942年7月建交,1943年我在羅馬設立公使館,1959年6月升格為大使館。★1966年教廷駐台公使館升格為大使館。1971年我國退出聯合國後,教廷召回駐台大使葛錫迪主教,改派公使銜代辦。1974年改派參事銜代辦駐台迄今。★1997年1月14日,副總統兼行政院長連戰訪教廷,會晤教宗若望保祿二世及國務院長索達諾樞機主教。★2000年1月18日至24日,教廷一心委員會主席高德士總主教訪台,主持天主教東亞地區人權會議。6月26日外長田弘茂訪梵蒂岡,由戴瑞明大使陪同拜會國務院長蘇達諾,並與外長陶然與柴力總主教會談。★2002年3月19日,造訪匈牙利的副總統呂秀蓮在梵蒂岡會晤教廷外長陶然。5月31日,外長簡又新在羅馬拜會陶然。9月3日,教長黃榮村拜會教廷教長葛可列文斯基及次長畢陶。★2003年7月19日,總統夫人吳淑珍率團抵達羅馬訪問,代表總統祝賀教宗若望保祿二世就任25週年銀慶。7月20日,吳淑珍晉見教

宗，並捐款10萬美元供伊拉克戰後救助工作。★2005年4月2日若望保祿二世去世，陳水扁總統出席4月8日的殯葬彌撒。4月24日新任教宗本篤十六世就職，內政部長蘇嘉全參加就職彌撒。★2007年3月14日教廷移民暨觀光委員會及正義暨和平委員會主席馬丁諾樞機主教訪台。12月4日至8日教廷駐日內瓦聯合國代表團大使鐸瑪士總主教訪台。★2008年6月10日總統馬英九接見將卸任的教廷大使館代辦安博思及新任代辦陸思道。★2009年9月4日教廷一心委員會主席高德士抵台，代表教宗來台祈福並對88水災罹難者表達哀悼追思。高德士曾於2000年1月來台探視921震災災民，並獲授予大綬景星勳章。11月18日由教宗本篤十六世委任的教廷特使、前傳信部長董高（J. Tomko）樞機主教抵台，主持「天主教在台宣教150週年」活動閉幕式。★2011年5月1日特使內政部長江宜樺出席前教宗若望保祿二世的宣福禮大典，這是這位前教宗「封聖」前的重要步驟。11月30日至12月4日教廷教長高澤農樞機主教應外交部邀請訪台，12月2日與教育部簽約相互承認學歷。由於全球天主教大學聯盟是聯合國教科文組織成員，中華民國所有的大學都可以國名Republic of China參加教科文組織的活動。★2012年5月20日教廷特使暨駐韓國大使帕迪拉（O. Padilla）總主教來台出席總統馬英九就職典禮。8月22日樞機主教單國璽辭世，教宗本篤十六世致唁電悼念。★2013年3月17日馬總統伉儷出訪教廷，出席19日新任教宗方濟各的就職彌撒。★2014年4月27日副總統吳敦義率特使團抵羅馬，參加先教宗若望二十三世及若望保祿二世封聖典禮。★2016年4月教廷駐台代辦陸思道（Paul Russell）蒙席獲頒大綬景星勳章。5月教廷派特使車納德（Joseph Chennoth）出席蔡英文總統就職典禮。9月4日副總統陳建仁擔任總統特使，出席在梵蒂岡舉行的德蕾莎修女封聖儀式。★2017年5月12日文化部長鄭麗君訪問教廷。5月18日我國與教廷簽署防制洗錢合作備忘錄。★2018年5月8日至14日，天主教會台灣地區主教團赴梵蒂岡，14日向教宗方濟各述職。上次述職是10年前。10月11日至16日，陳副總統率團訪梵蒂岡，參加先教宗保祿六世封聖儀式。★2019年10月10日至15日，陳副總統訪教廷，參加英國紐曼樞機主教等人封聖典禮，覲見教宗方濟各。★2020年初，2019冠狀病毒疾病大流行期間，我捐贈教廷多批醫療物資，含口罩、額溫槍等。★2022年9月3日至10日，前副總統陳建仁訪教廷，參加先教宗若望保祿一世榮列真福品大典，及中華民國與教廷建交80年紀念活動。★2024年5月，教宗方濟各指派駐菲律賓大使布朗總主教擔任特使來台，出席總統賴清德就職典禮。

基本資料

地理位置：南歐，義大利羅馬市內		面積：0.44平方公里	
人口：1,000人（2022）		網址：http://www.vatican.va/	
與臺北之時差：-7（夏令時-6）		電話國碼：39	
獨立日期：1929年2月11日（脫離義大利）		國慶日：3月13日	
首都：梵蒂岡（Vatican City）		語言：義大利語、拉丁語、法語。	
幣制：Euro, 1.00USD=0.92EUR（2024）		宗教：天主教	

政治制度：教廷雖為主權獨立之國家，但其存在乃建立在全世界教友之信仰基礎上，其政治制度不同於一般世俗國家。中樞組織以輔助教宗管理普世教會及傳播福音為主。教宗為管理普世教會，設立下列機構：
一、國務院：綜理教廷行政，並掌理教宗之樞密事務，其首長為國務院長。國務院下設一般事務及對外事務兩部門，即通稱之內政部與外交部。一般事務部由國務院副院長主司其責。
二、16個部會：福音傳播部、信仰教義部、愛德服務部、東方教會部、聖事禮儀部、封聖部、主教部、聖職部、修會和使徒生活團體聖部、平信徒、家庭和生命部、促進基督徒合一部、宗教對話部、文化教育部、促進人類整體發展部、法典條文解釋部及傳播部。
三、財政機關：經濟委員會、經濟秘書處、宗座遺產管理處、審計室、機密資金委員會及投資委員會。
四、事務局：教宗府、禮儀事務辦公室及總務事務局。
五、學術機構：聖座檔案室、聖座圖書館、聖伯多祿大殿、聖座考古委員會、聖座外交學院等。
教宗為治理梵蒂岡城邦，另設有「梵蒂岡城邦管理委員會」。教廷之工作人員共有2,800餘位。2013年2月11日本篤十六世（Benedict XVI）在就任近8年後宣布退位。3月13日樞機主教團在第2天秘密選舉會議中選出阿根廷布宜諾斯艾利斯總主教伯格里奧（Jorge Bergoglio）為新任教宗，使用「方濟各」之名號，是首位出身美洲的教宗。

政府首長：教宗：方濟各 Pope Francis

匈牙利 HUNGARY

建國簡史

公元9世紀，遊牧民族馬札爾人從烏拉河西部和伏爾加河一帶向西遷移，896年開始在多瑙河盆地定居，1000年8月20日建立封建王國。1699年由哈布斯堡王朝統治。1849年4月建立匈牙利共和國，但不久即被俄奧聯軍封殺。1867年與奧地利共組奧匈帝國。1919年3月21日成立匈牙利蘇維埃共和國。1949年8月20日宣布匈牙利人民共和國憲法。1956年10月爆發「匈牙利抗暴事件」。1989年10月23日改國號為「匈牙利共和國」(The Republic of Hungary)。2004年匈牙利加入歐洲聯盟。2011年4月國會通過新憲法，更改國名為匈牙利(Hungary)。

與我關係

匈牙利與我無邦交。★中華民國於1990年4月在匈牙利首都布達佩斯設立台北商務辦事處(Taipei Trade Office)。1995年10月更名為台北代表處(Taipei Representative Office)，經濟部、新聞局派員合署辦公。★1997年2月，行政院院會通過「中匈貨品暫准通關證協定暨執行議定書」。★1998年5月18日至20日，經濟部長王志剛赴日內瓦參加世界貿易組織第2屆部長會議時，與匈國於20日簽署「台、匈入會雙邊協議書」。5月31日，首任「駐台北匈牙利貿易辦事處」處長鄒以敬來台設處履任，7月23日辦事處成立，匈牙利國會外交委員會主席聖帝凡尼率團參加辦事處開幕儀式。★1999年6月15日，匈牙利經濟部政務次長嘉伯率團訪台，參加「Eurogate '99」。7月28日，經長王志剛率團抵匈訪問4天。7月29日，經濟部投資業務處長林能中與匈投資貿易發展局長柏拉加在布達佩斯簽署投資合作備忘錄。★國際自由聯盟第51屆年會於2002年3月21日起在布達佩斯舉行，副總統呂秀蓮率團參加。★2011年1月1日台匈簽署的「避免雙重課稅協定」生效。★2012年8月匈牙利國會議員兼友台小組主席艾克許率領友台小組國會議員團，訪台5天。★2014年2月21日台匈簽度度假打工計畫協議。★2016年5月匈國會議員佛杜爾出席蔡英文總統就職典禮。6月3日第一屆台匈農業合作會議在布達佩斯舉行。★2020年5月，政府捐贈10萬片口罩，由匈牙利外交貿易部政次布岱(Gyula Budai)代表接受。★2022年7月1日，立法院台匈國會友好聯誼會6位立委訪問匈牙利。★2023年9月，匈牙利動能黨主席挺台參與聯合國。

基本資料

地理位置：中歐	面積：93,028平方公里
人口：985萬人(2024)	網址：https://www.kormany.hu/
與臺北之時差：-7(夏令時-6)	電話國碼：36
獨立日期：1000年(史帝芬一世統一匈牙利)	
國慶日：8月20日(紀念史帝芬一世公元1000年的加冕典禮)	
首都：布達佩斯(Budapest)	語言：匈牙利語
幣制：Forint, 1.00USD=363.62HUF(2024)	宗教：天主教、基督教

政治制度：國體：共和。政體：議會共和制。總統：由國民大會選出，任期5年。國會：一院制，國民大會，為最高立法機關，席次自2014年起由386席減為199席，106席直選產生，另93席依比例代表制產生，任期4年。部長會議：即內閣，為最高行政機關，向國民大會負責，內閣閣員均由總統提名推薦，再經國民大會選舉產生。部長會議主席即總理。2012年4月2日，2010年就任的總統施密特在博士論文遭指控涉抄襲後辭職。同年5月2日總統選舉，阿德爾由國會票選為總統。2017年3月13日阿德爾當選連任。2022年3月，前家庭政策部長諾瓦克當選總統，44歲的諾瓦克5月10日就任，成為首位女總統。2024年2月國會選出新總統蘇尤克。

政府首長：總統：蘇尤克 Tamas Sulyok　　總理：奧班 Viktor Orban

主要政黨：青民黨(Fidesz)、社會黨(MSZP)、綠黨(LMP)。2010年4月國會選舉，青民黨贏得263席，取代僅48席的社會黨執政，領袖奧班受命為總理組閣。2014年4月國會改選，青民黨贏得133席，奧班續任總理，社會黨及其盟黨38席，匈牙利運動黨23席，綠黨5席。2018年4月8日國會改選，青民黨贏得117席，匈牙利運動黨26席，基督教民主人民黨(KDNP) 16席，社會黨15席，綠黨9席，奧班續任總理。2022年4月3日國會大選，青民黨與基督教民主人民黨聯盟獲135席執政，奧班續任總理，匈牙利團結聯盟獲得57席。

司法制度：設有憲法法院、最高法院、地方上訴法院3級。

經社概況

平均每人國內生產毛額：35,400美元（2022）	國內生產毛額：3,409億4,700萬美元（2022）

國內各業生產毛額結構：農業：3.9%　工業：31.3%　服務業：64.8%（2017）

通貨膨脹率：14.61%（2022）　　　失業率：3.61%（2022）

進口值：1,691億9,900萬美元（2022）　　出口值：1,617億6,100萬美元（2022）

主要進口：汽車及零件、積體電路、包裝藥品、廣播設備、原油。
主要出口：汽車及零件、包裝藥品、火星點燃式發動機、影像顯示器、廣播設備。

人口出生率：9.1‰（2024）　　　人口死亡率：14.5‰（2024）

冰島共和國
REPUBLIC OF ICELAND

建國簡史

公元870年Arnason率領部分挪威人到冰島定居，並於930年建立世上最早之議會（Althing）。1200年議會為停止內戰，接受挪威王為冰島統治者，並隨挪威於1380年併入丹麥王國。1918年成為自治王國，仍為丹麥之屬國。1944年6月17日成立冰島共和國。1999年冰島與挪威共同與歐盟加入申根協議區。2009年冰島國會通過申請加入歐盟案。2013年5月，新上任的右派政府暫停入盟協商。2015年3月，冰島宣布撤銷申請加入歐洲聯盟，但維持歐盟單一市場與自由貿易區成員國身分。

與我關係

冰島與我無邦交。★1997年2月28日，經濟部次長許柯生在日內瓦世界貿易組織總部，與冰島政府代表簽訂加入世界貿易組織協議書。10月，副總統連戰率團訪問冰島，歐德松總理（David Oddsson）以晚宴歡迎。

基本資料

地理位置：北歐、大西洋中之島國	面積：103,000平方公里
人口：36.4萬人（2024）	網址：https://www.government.is/
與臺北之時差：-8	電話國碼：354
獨立日期：1944年6月17日（脫離丹麥）	國慶日：6月17日
首都：雷克雅維克（Reykjavik）	語言：冰島語
幣制：Icelandic krona，1.00USD=137.78ISK（2024）	
宗教：基督教路德教派（Lutheran Church of Iceland）	

政治制度：國體：共和。政體：議會共和制，總統為虛位元首，直選產生，任期4年，可連任。行政首長為總理，由國會多數黨領袖擔任。國會一院制，共63席，議員任期4年。2016年6月26日約翰尼森以39.1%得票率當選總統，接替在位20年的葛林姆松（Olafur Ragnar Grimsson），並於2020年6月28日以92.2%得票率連任。2024年6月選舉，無黨籍女商人湯瑪斯杜提爾成為下一任總統。

政府首長：總統：湯瑪斯杜提爾 Halla Tomasdottir　　總理：貝尼狄克遜 Bjarni Benediktsson

主要政黨：2016年4月6日因巴拿馬文件總理甘勞格森離任，原農業部長約翰松接任。8月朝野達共識解散國會。10月29日國會改選，獨立黨得21席，占最多席次，總理約翰松請辭。總統請獨立黨主席貝尼狄克遜（Gudni Johannesson）籌組政府。貝尼狄克遜因隱匿父親所涉法律爭端，使政治盟友退出聯合政府，2017年10月28日國會改選。獨立黨得16席，左派綠色運動（Left Green Movement）11席，社會民主聯盟（SDA）7席、海盜黨（Pirate Party）6席。11月30日41歲的左派綠色運動黨魁雅各斯多提爾出任總理，為冰島第二位女總理。2021年9月25日大選，執政聯盟的獨立黨獲16席，進步黨（PP）13席，左派綠色運動8席，在野的社會民主聯盟、人民黨、海盜黨各6席，女性席次占總數47.6%。預計2025年大選。

司法制度：設有最高法院與8個地方法院。

經社概況

平均每人國內生產毛額：55,600美元（2022）	國內生產毛額：212億2,700萬美元（2022）
國內各業生產毛額結構：農業：5.8%　工業：19.7%　服務業：74.6（2017）	
通貨膨脹率：8.31%（2022）	失業率：3.79%（2022）
進口值：131億4,600萬美元（2022）	出口值：130億4,400萬美元（2022）
主要進口：煉製油品、氧化鋁、碳石墨電子產品、汽車、包裝藥品。	
主要出口：漁產、鋁及鋁製品、飛機、鐵合金、動物飼料。	
人口出生率：12.6‰（2024）	人口死亡率：6.6‰（2024）

愛爾蘭共和國
IRELAND

建國簡史

愛爾蘭民族大半為克爾特人（Celts），中世紀曾為獨立國。12世紀英王亨利二世征服並統治該地，但愛爾蘭人仍保有其生活方式與信仰。因愛爾蘭人長期不斷反抗，英國國會終於1920年12月通過「愛爾蘭法案」，在北部及南部分設地方議會，並分別選派代表出席英國國會。翌年又依英愛條約（The Anglo-Irish Treaty）承認南部愛爾蘭26郡為愛爾蘭自由邦（The Irish Free State），擁有自治權，北部仍由英國統治。

愛爾蘭國會於1922年1月7日批准愛英條約，是年制訂憲法，但自由邦甫成立即因對英條約之意見不和而陷入內戰，傷亡無數，至1923年5月雙方握手言和，1937年，愛爾蘭憲法改制為共和國，仍為大英國協之一員。愛爾蘭憲法迄今未放棄對北愛6郡之主權主張。1948年12月21日脫離大英國協。1949年英國承認愛爾蘭獨立，但拒絕歸還北愛6郡。1973年愛爾蘭加入歐盟前身的歐洲共同體。1998年4月英愛兩國簽署耶穌受難日協議（The Good Friday Agreement），愛爾蘭放棄對北愛6郡之憲法主張。5月22日愛爾蘭及北愛爾蘭分別舉行公民投票通過該項協議。

與我關係

與我無邦交。1979年6月22日愛爾蘭與中國建交。★1988年8月我在愛爾蘭設立「自由中國中心」，1991年5月更名為「駐愛爾蘭台北經濟文化辦事處」，1995年再更名為「駐愛爾蘭台北代表處」。★1989年8月愛爾蘭在台成立「愛爾蘭投資貿易促進會」，2012年裁撤。★1997年1月16日副總統兼行政院長連戰抵達都柏林非正式訪問1天，創下行政院長訪問西歐無邦交國先例。★2007年1月15日愛國國會友台小組主席費奈隆眾議員訪台。★2009年6月11日金管會副主委李紀珠於出席在以色列舉行的國際證券管理機構組織年會時，與愛爾蘭金融服務監理機關簽署監理MOU。7月1日愛爾蘭開放我國民眾旅遊、洽商90天免簽證待遇。★2013年1月1日台灣與愛爾蘭打工度假計畫生效施行。★2014年5月21日第一屆台灣愛爾蘭經濟合作會議在都柏林舉行。★2016年5月愛爾蘭國會友台小組主席馬基尼士出席蔡英文總統就職典禮。★2020年4月，監察委員張武修接受《愛爾蘭時報》專訪，談論台灣因應2019冠狀病毒疾病的防疫經驗。★2023年6月27日，愛爾蘭國會跨黨派訪團抵台進行文化和經濟交流，並持續支持挺台入WHA、WHO等組織。★2024年7月，愛爾蘭參議院訪團抵台，晉見副總統蕭美琴。

基本資料

地理位置：西歐	面積：70,273平方公里
人口：523萬人（2024）	網址：http://gov.ie/
與臺北之時差：-8（夏令時-7）	電話國碼：353
獨立日期：1921年12月6日（脫離英國）	國慶日：3月17日（St.Patrick's Day）
首都：都柏林（Dublin）	語言：愛爾蘭語、英語。
幣制：Euro, 1.00USD=0.92EUR（2024）	宗教：天主教

政治制度	國體：共和國，憲法於1937年12月29日生效。總統民選，任期7年，連選得連任一次。政體：議會共和制，三權分立。國會：分參眾兩院，議員任期皆為5年。眾議院（Dáil Éireann）議員由全國43個選區直接選出，每一選區3至5位議員，2011年選出的眾議院共166席。依2011年修正的選舉法，自下屆選舉起，總席次將降為最多160席、最少153席。參議院（Seanad Éireann）議員60名，11名由總理指派，其餘49名由地方議員及職業團體代表間接選出。參議院性質特殊，往往成為落選眾議員及職業團體代表歇腳處。2011年10月29日總統選舉，詩人兼人權運動人士、勞工黨籍的希金斯擊敗其他6位參選人當選。2018年10月27日總統大選，希金斯獲勝連任。預定2025年11月總統大選。
政府首長	總統：希金斯 Michael D. Higgins　　總理：哈里斯 Simon Harris
主要政黨	統一黨（Fine Gael）、勞工黨（Labor Party）、共和黨（Fianna Fáil）、新芬黨（Sinn Féin）。2016年2月3日總理肯尼解散眾議會，於26日改選。結果統一黨贏得50席，共和黨44席，新芬黨23席。5月6日統一黨黨魁肯尼經各黨協商後續任總理，組成少數黨政府。2017年肯尼退休後，由統一黨新黨魁瓦拉德卡（Leo Varadkar）接任總理。2020年2月9日國會改選，新芬黨與統一黨在眾議院皆拿下39席，共和黨35席，綠黨12席，統一黨、共和黨與綠黨組成聯合政府，協議由共和黨黨魁馬丁出任總理至2022年12月，再由瓦拉德卡接任。2024年4月國會投票通過由37歲的統一黨新黨魁哈里斯出任總理，成為愛爾蘭史上最年輕總理。預定2025年國會大選。
司法制度	法院分為地方法院、高等法院及最高法院3級。

經社概況

平均每人國內生產毛額：112,400美元（2022）	國內生產毛額：5,765億2,700萬美元（2022）
國內各業生產毛額結構：農業：1.2%　工業：38.6%　服務業：60.2%（2017）	
通貨膨脹率：7.81%（2022）　　失業率：4.48%（2022）	
進口值：5,160億8,400萬美元（2022）	出口值：7,291億3,500萬美元（2022）
主要進口：飛機、電腦、包裝藥品、煉製油品、醫用疫苗及培養物。 主要出口：醫用疫苗及培養物、氮化合物、包裝藥品、積體電路、香精混合物。	
人口出生率：11.1‰（2024）　　人口死亡率：7.4‰（2024）	

義大利共和國
ITALIAN REPUBLIC

建國簡史

歐洲的文明古國，12世紀時分裂成許多小國與封建領地。1861年3月成立義大利王國。1870年義國軍隊攻進羅馬完成統一，實施君主立憲。1922年10月31日墨索里尼上台，實施20餘年的法西斯統治。1938年10月23日與納粹德國結盟為軸心國。1943年9月二戰戰敗投降，1946年6月2日公民投票，廢除君主改行共和，6月25日制憲大會成立並選舉Enrico De Nicoca為臨時總統。1948年1月1日新憲法生效。1951年義大利簽署歐洲煤鋼共同體條約，成為歐洲聯盟6個創始國之一。

與我關係

與我無邦交。★1913年中華民國在羅馬設立公使館，1934年升格為大使館，1970年11月6日義大利承認中國並建交，我國於同日與義大利斷交，只在米蘭留設經濟部遠東貿易中心（現為外貿協會米蘭台灣貿易中心）。★1989年9月義大利來台設立義大利貿易推廣辦事處。1994年義大利外交部派參事級職業外交官來台設處，1995年1月「義大利經濟、文化推廣辦事處」成立，首任代表為畢尼（F. M. Pini）。★1990年8月我國在羅馬設立「台北文經協會」，1996年7月更名為駐義大利台北代表處。★1996年7月17日中華航空公司首航羅馬，兩國通航。★1996年10月義國合併在台兩駐處，更名為義大利經濟貿易文化推廣辦事處。★2001年10月義大利友台小組改組，小組主席由藍帝議員擔任。★2002年3月19日和24日，呂秀蓮副總統兩度過境羅馬，與義大利政要會面。4月29日義大利國會外交委員會主席謝爾瓦訪台，接受陳水扁總統頒授勳

章。9月2日教育部長黃榮村抵達義大利訪問，並與留學生會談。★2003年1月8日義大利國會友台小組主席藍帝率國會議員與工商界成員抵台訪問6天。★2007年10月行政院國家科學委員會與義大利國家研究委員會在羅馬簽訂科學研究合作協定。★2010年11月兩國簽署有關智慧財產權的合作備忘錄。★2011年11月我與義國海關簽署關務合作協定。★2015年4月15日義大利國會通過法案，避免對台雙重課稅。★2016年1月1日兩國簽署避免所得稅雙重課稅及防杜逃稅協定。3月義大利前總理蒙蒂受邀來台演講。★2020年7月，由義大利產官學界菁英組成的「哥白尼協會」邀請行政院政務委員唐鳳擔任線上座談主講人，主題是台灣對抗COVID-19的成功經驗，駐義代表李新穎應邀參加。5月，來自義大利西西里島的神父歐大福，因家鄉疫情嚴重，請求我政府協助，我駐教廷大使館於6月送交20萬片口罩。★2023年4月17日，外交部宣布新增駐米蘭台北辦事處，此為第二個義大利代表處。★2024年9月20日，義大利眾院外委會通過決議案，籲挺台參與國際組織。

基本資料

地理位置：南歐、義大利半島	面積：301,340平方公里
人口：6,096萬人（2024）	網址：http://www.italia.gov.it
與臺北之時差：-7（夏令時-6）	電話國碼：39
獨立日期：1861年3月17日（義大利王國成立）	國慶日：6月2日（1946年）共和國紀念日
首都：羅馬（Rome）	語言：義大利語
幣制：Euro, 1.00USD=0.92EUR（2024）	宗教：天主教

政治制度：國體：共和國，總統為國家元首，任期7年，無連任限制，由參、眾議員和省區代表聯席會議秘密投票選舉產生。政體：議會共和制，三權分立。行政權屬內閣，立法權屬國會，司法權屬各級法院。內閣：由總理及部長組成。總理由總統在各主要政黨諮商後提名國會多數黨領袖，經參眾兩院同意後任命，部長由總理提名後報請總統任命。國會兩院制，參議院315席（含民選議員及由總統指派最多5名終身議員）及眾議院630席，議員任期皆為5年。自2022年9月起，參議院減為200席，眾議院減為400席。2005年國會修改選舉法改採選人不選之「純粹比例代表制」，並分配高於得票比例的席次給最大黨或政黨聯盟，希望遏止二戰後小黨林立，多黨聯合政府常垮台的現象。2011年11月12日貝魯斯柯尼（Silvio Berlusconi，2008年5月任總理）迫於惡化的主權債務而辭職。同月16日總統任命參議員經濟專家蒙蒂（Mario Monti）為新總理，並組成技術官僚內閣的團結政府。2013年4月總統選舉，在5輪投票無結果下，87歲的納波里塔諾（Giorgio Napolitano）4月20日同意參選，高票當選，成為義大利史上首位連任的總統。納波里塔諾協調自2月國會大選後，因沒有政黨取得多數席次而難以組閣的政治僵局。4月24日中間偏左民主黨的雷塔（Enrico Letta）受命為新任總理，2014年2月22日民主黨魁倫齊（Matteo Renzi）接任總理。2015年1月14日納波里塔諾請辭總統，1月31日經過4輪投票後，馬達雷拉以665票當選。2020年公民投票，近7成票數贊成將參眾兩院席次減為約2/3，自下次大選起實施。2022年1月下旬改選總統，馬達雷拉以759票連任。預計2029年改選總統。

政府首長：總統：馬達雷拉 Sergio Mattarella　　總理：梅洛尼 Georgia Meloni

主要政黨：中間偏右派有貝魯斯柯尼領導的自由人民黨、義大利兄弟黨、國家聯盟及聯盟黨（Lega Nord/Lega）；中間偏左派政黨有民主黨（PD）、義大利價值黨等。中間派政黨有蒙蒂2013年組的公民選擇黨，及其盟黨基督民主聯盟。2013年2月下旬大選，中間偏左聯盟在眾議院選舉險勝，贏得345席，中間偏右聯盟125席，新興政黨「五星運動」（M5S）109席，中間派47席。2016年12月12日倫齊辭職，由簡提洛尼接任總理。2018年3月4日國會改選，中間偏右聯盟在眾議院贏得151席，五星運動133席，中間偏左聯盟88席，由聯盟黨和五星運動聯合執政，6月孔蒂（Giuseppe Conte）出任總理。2019年8月執政聯盟內鬨，8月20日孔蒂辭職，中間偏左的民主黨和五星運動8月28日組成新的聯合政府後，孔蒂再任總理。2021年1月，孔蒂辭職。2月13日，前歐洲央行總裁德拉吉就任總理。2022年7月，五星運動不支持政府法案，德拉吉請辭總理，國會提前9月25日大選，右翼的義大利兄弟黨獲得26%選票，在眾議院取得119席，連同右翼的聯盟黨和自由人民黨等4黨得43.8%選票，共237席，義大利兄弟黨黨魁梅洛尼10月20日就任總理成為首位女總理。

司法制度：司法機構分為地方法院、上訴法院及最高法院3級。法官具有超然地位，其任免等事項由「高等司法委員會」掌理。共和國總統兼該委員會主任委員。

經社概況

平均每人國內生產毛額：44,300美元（2022）	國內生產毛額：2兆6,110億美元（2022）
國內各業生產毛額結構：農業：2.1%　工業：23.9%　服務業：73.9%（2017）	
通貨膨脹率：8.2%（2022）	失業率：8.07%（2022）
進口值：7,810億8,300萬美元（2022）	出口值：7,510億9,200萬美元（2022）
主要進口：原油、汽車、包裝藥品、天然氣、煉製油品。	
主要出口：包裝藥品、汽車及車輛零件、煉製油品、閥、行李箱旅行袋、葡萄酒。	
人口出生率：7.1‰（2024）	人口死亡率：11.2‰（2024）

科索沃共和國
REPUBLIC OF KOSOVO

建國簡史

12世紀科索沃位處奈馬尼亞王朝統治下塞爾維亞帝國的心臟地帶，這時期興建許多塞爾維亞東正教堂與修道院。1389年6月28日奧圖曼軍隊在科索沃波列之役打敗塞爾維亞部隊，開啟數世紀的土耳其統治，這改變科索沃的種族平衡，穆斯林與阿爾巴尼亞人占優勢地位。1946年科索沃併入共產獨裁者狄托的南斯拉夫社會主義聯邦共和國。28年後在塞爾維亞國內取得自治地位。1989年6月28日南斯拉夫總統米洛塞維奇在科索沃波列之役600週年紀念會上向100萬左右塞爾維亞人發表演說。他之後縮減科索沃的自治權限。

1990年7月科索沃的阿爾巴尼亞裔秘密公投宣布獨立，塞爾維亞拒絕承認結果。1998年3月初，米洛塞維奇的部隊鎮壓新成立的科索沃解放軍及支持者。衝突奪走數千人性命，其中大部分是阿爾巴尼亞裔民眾。1999年3月24日，北大西洋公約組織空襲塞爾維亞部隊。塞國部隊同時將80萬阿爾巴尼亞人逐出科索沃。78天後，北約行動結束，約20萬塞爾維亞裔擔心遭報復逃離科索沃。2004年3月17日，北約維和部隊無法弭平阿爾巴尼亞裔民眾發動的3天反塞爾維亞暴亂，造成19人喪生、約900人受傷及數十個塞爾維亞裔宗教設施遭摧毀或破壞。2007年1月26日，聯合國特使阿提沙利領導科索沃與塞爾維亞進行13個月的談判，在毫無成果之後提出一項計畫，設想科索沃在「國際監督」下獨立。2007年12月10日科索沃與塞爾維亞另一回合談判以失敗結束後，科索沃表示將開始與美國及歐洲聯盟協商脫離塞爾維亞獨立的議題。2008年2月17日阿爾巴尼亞裔主導的科索沃議會宣布獨立。2020年9月4日科索沃與塞爾維亞在美國居中斡旋下，於華盛頓簽署經濟關係正常化協議。

與我關係

與我無邦交。★2008年2月17日科索沃宣布獨立建國，中華民國外交部表示恭賀。★2013年12月科索沃貿易暨工業次長柏納來台招商。★2021年12月，「台灣-科索沃國會聯誼會」成立，並與「科索沃-台灣國會友誼小組」成為友好團體。★2023年3月科索沃跨黨派議員訪台。

基本資料

地理位置：位於南歐巴爾幹半島	面積：10,887平方公里
人口：197萬人（2024）	網址：https://www.mfa-ks.net/
與臺北之時差：-7（夏令時-6）	電話國碼：381
獨立日期：2008年2月17日	國慶日：2月17日
首都：普里斯蒂納（Pristina）	語言：阿爾巴尼亞語、塞爾維亞語。
幣制：Euro, 1.00USD＝0.92EUR（2024）	宗教：伊斯蘭教、天主教、東正教。
政治制度：議會共和制，國會為一院制，共120席，100席由直選產生，10席保留給塞爾族群，10席為少數族裔保留名額，任期3年。總統由國會選出，任期5年，連選得連任1次。總理由國會推選，為最高行政	

首長。2010年9月27日總統塞迪（Fatmir Sejdiu）在被憲法法庭裁定其兼任黨主席違憲後辭職，空缺由國會議長代理。2011年2月國會在53位議員杯葛下選舉新科索沃聯盟領袖帕喬利（B. Pacolli）為總統，但選舉在3月底被宣告違憲。經朝野協商後，無黨籍的高階女警官亞雅加（Atifete Jahjaga）當選過渡時期總統。2016年2月國會以71票選舉前總統塔其（Hashim Thaçi）為總統，4月就任。2021年4月改選總統，38歲的法學教授奧斯曼尼以71票當選，4月4日就任。預計2026年改選總統。

政府首長：總統：奧斯曼尼 Vjosa Osmani-Sadriu	總理：庫提 Albin Kurti

主要政黨：科索沃民主黨（PDK）、科索沃民主聯盟（LDK）。2019年7月19日總理哈拉迪納辭職。8月22日，表決通過解散國會，提前大選。10月6日大選，自決運動黨（VV）和科索沃民主聯盟得票率領先，籌組聯合政府。庫提（Albin Kurti）依據自決黨與科索沃民主聯盟黨共治協議出任總理，第一副總理由科索沃民主聯盟黨之霍蒂出任；自決黨之阿巴齊（Haki Abazi）任第二副總理。庫提自2020年2月就任後，對於塞爾維亞所採行路線，與總統塔其及科索沃民主聯盟黨等政黨不合。科索沃民主聯盟於3月在國會通過不信任投票，庫提政府成為看守內閣。塔其未解散國會，另請霍蒂聯合其他黨組閣。2020年6月國會投票通過由科索沃民主聯盟、科索沃未來同盟黨、科索沃利益黨以及塞爾維亞與土耳其兩少數族裔政黨聯合組閣。2021年2月14日國會大選，自決運動黨獲得58席、科索沃民主黨19席、科索沃民主聯盟15席、塞爾維亞人黨（Serb List）10席，由自決運動黨主席庫提出任總理。預計2025年國會大選。

司法制度：分為最高法院、上訴法院、地方法院等3級。

經社概況

平均每人國內生產毛額：12,700美元（2022）	國內生產毛額：223億3,300萬美元（2022）
國內各業生產毛額結構：農業：11.9%　工業：17.7%　服務業：70.4%（2017）	
通貨膨脹率：11.58%（2022）	失業率：30.5%（2017）
進口值：66億6,100萬美元（2022）	出口值：35億7,900萬美元（2022）
主要進口：食品、家畜、木、石油、化學品、機械、紡織品、礦產、石、陶器與玻璃製品、電氣設備。	
主要出口：礦業與加工金屬製品、廢金屬、皮製品、機械、家電、預製食品、飲料菸草、蔬菜、紡織品。	
人口出生率：14.4‰（2024）	人口死亡率：7.2‰（2024）

拉脫維亞共和國
REPUBLIC OF LATVIA

建國簡史

拉脫維亞在一次世界大戰前原為帝俄之一省，1918年11月18日成為獨立國，1940年8月5日為蘇聯併吞，成為其加盟共和國之一。1990年5月4日，國會最高蘇維埃通過主權獨立的宣言。1991年8月21日趁蘇聯政變之際宣布恢復獨立。

1991年9月6日，蘇聯承認拉脫維亞獨立，9月17日加入聯合國。1994年8月31日俄羅斯部隊撤出該國。2004年拉脫維亞加入歐洲聯盟。

與我關係

拉脫維亞與我無邦交。★1936年6月25日與中華民國簽訂友好條約。★1991年11月6日與我簽署經濟合作備忘錄及互設貿易代表團協定，同年12月15日經換文改名為代表團。★1992年1月29日兩國發表建立總領事館聯合聲明。2月4日，我駐里加總領事抵里加開館。1994年7月28日與中國簽署聯合公報，同日與我中止領事關係。★1996年1月我駐處更名為「駐拉脫維亞台北代表團」。★1997年簽署科學合作協議。★2000年8月簽署三邊共同科技合作基金綱領。★2012年5月立法院成立中華民國與波羅的海三國國會議員友好協會。★2016年5月拉脫維亞國會友台小組副主席暨波羅的海議會主席伏贊（Janis Vucans）出席蔡英文總統就職典禮。★2020年4月20日，2019冠狀病毒疾病全球大流行，駐拉脫維亞代表金星代表政府捐贈7萬片口罩給拉脫維亞衛生局。★2021年11月底，拉脫維亞國會友台小組主席福燦（Janis Vucans）等波羅的海三國議員10多人訪台。

基本資料

地理位置：東歐，濱波羅的海	面積：64,589平方公里
人口：180萬人（2024）	網址：http://www.mk.gov.lv/
與臺北之時差：-6（夏令時-5）	電話國碼：371
獨立日期：1918年11月18日	國慶日：11月18日
首都：里加（Riga）	語言：拉脫維亞語為主
幣制：Euro, 1.00USD＝0.92EUR（2024）	宗教：基督教路德教派、東正教。

政治制度：1991年拉脫維亞回復施行1922年2月15日制定之共和國憲法，憲法近年來多次修改，政體為議會共和制。總統：虛位元首，由國會選舉產生，任期4年，有解散國會的權力。國會：一院制，共100席，由得票率超過5%的政黨依比例分配席次，任期4年。內閣：部長會議為最高行政機關，主席即為總理，向國會負責。2015年6月3日國會選舉總統，綠黨暨農民聯盟的國防部長維永尼斯以55票當選，7月8日宣誓就職。2019年5月29日李維茲以61票當選總統，7月就任。2023年6月總統大選第三輪，林克維奇斯以52票當選，成為首位公開出櫃的同志元首。

政府首長：總統：林克維奇斯Edgars Rinkevics　　總理：西利尼亞Evika Silina

主要政黨：聯合黨（Unity）、改革黨（Reform Party）、民族聯盟、和諧中央聯盟（SC）及綠黨暨農民聯盟（ZZS）、和諧黨（Harmony）、國家屬於誰（KPV LV）、新保守黨（New Conservatives）。拉國政黨林立，少有一黨擁有國會過半席位，由3、5個政黨組成聯合內閣係政治常態。自1990年5月以來更換15屆政府。2011年9月17日國會大選，和諧中央聯盟獲31席，聯合黨20席，改革黨16席，民族聯盟14席，綠黨暨農民聯盟13席。聯合黨的杜姆布羅夫斯基斯與改革黨及民族聯盟組成他自2009年3月就任總理後所領導的第3任聯合政府。2013年11月杜姆布羅夫斯基斯在一場造成50多死的超市屋頂坍塌意外後辭職。2014年1月，史特勞朱瑪（Laimdota Straujuma）成為首位女性總理。10月5日，拉脫維亞大選，總理史特勞朱瑪領導中間偏右執政聯盟勝選，續掌政權。2015年12月7日，史特勞朱瑪因聯合政府內爭議而請辭。2016年1月13日，維永尼斯提名綠黨暨農民聯盟的庫辛斯奇斯為總理，於2月11日上任。2018年10月國會改選，親俄的和諧黨拿下19.9%選票，成為第一大黨。民粹政黨國家屬於誰及反貪腐新保守黨成為第2大和第3大政黨。2019年1月23日，新團結黨（JV）領袖卡林斯（Krisjanis Karins）就任總理。2022年10月1日大選，總理卡林斯率領的新團結黨得票最高，聯合政府各黨在100席中取得42席。2023年8月15日卡林斯請辭；9月15日起由西利尼亞擔任總理。

司法制度：設有最高法院及其下各地方法院，另設有憲法法院。

經社概況

平均每人國內生產毛額：33,000美元（2022）	國內生產毛額：620億500萬美元（2022）
國內各業生產毛額結構：農業：3.9%　工業：22.4%　服務業：73.7%（2017）	
通貨膨脹率：17.31%（2022）	失業率：6.81%（2022）
進口值：312億1,300萬美元（2022）	出口值：293億7,400萬美元（2022）
主要進口：煉製油品、廣播設備、汽車、包裝藥品、飛機。	
主要出口：木材、廣播設備、威士忌等烈酒、小麥、包裝藥品。	
人口出生率：8.3‰（2024）	人口死亡率：14.7‰（2024）

列支敦斯登侯國
PRINCIPALITY OF LIECHTENSTEIN

建國簡史

　　1699年及1712年列支敦斯登Johana Aclam侯爵購入Schellenberg莊園及瓦都茲郡。神聖羅馬帝國時期1719年1月23日合併兩地以列支敦斯登侯爵之姓氏建國。1806年以主權國身分加入萊茵聯盟。1815年維也納會議後加入日耳曼邦聯，1852年與奧匈帝國簽訂關稅條約，與奧匈帝國建立密切關係。1866年退出日耳曼邦聯，1919年奧匈帝國崩潰後關稅條約終止。1923年與瑞士簽訂關稅條約，以瑞士法郎為官方貨幣，兩國成為共同經濟區，在兩次世界大戰中均保持中立。2011年加入申根協議區。

與我關係

列支敦斯登與我無邦交。★1999年6月15日，財政部核准列支敦斯登商列支敦斯登銀行股份有限公司在台灣設立代表人辦事處。

基本資料

地理位置：中歐、介於瑞士與奧地利之間	面積：160平方公里
人口：4萬人（2024）	網址：http://www.fuerstenhaus.li/
與臺北之時差：-7（夏令時-6）	電話國碼：423
獨立日期：1719年1月23日（列支敦斯登侯國成立）	國慶日：8月15日（聖母昇天節）
首都：瓦都茲（Vaduz）	語言：德語
幣制：Swiss franc, 1.00USD=0.89CHF（2024）	宗教：天主教

政治制度：國體：君主立憲，王位世襲。憲法於1921年10月5日生效，2003年9月通過修憲案，賦予王室否決法案及解散國會的權力。政體：三權分立。立法權屬國會，行政權屬內閣，司法權屬各級法院。單院制國會（Landtag），議員25人，民選，採比例代表制，任期4年。內閣由元首任命，向國會負責。2004年8月15日，漢斯亞當二世宣布移交管理國家事務的權力給王儲阿洛伊斯。

政府首長：國家元首：漢斯亞當二世Prince Hans Adam II
王儲：阿洛伊斯Prince Alois　　總理：里契 Daniel Risch

主要政黨：愛國聯盟黨（VU）、進步人民黨（FBP）、自由陣線（FL）及無黨籍聯盟（DU）。2013年2月大選，進步人民黨獲10席，該黨海斯勒就任總理，愛國聯盟黨8席。2017年2月大選，進步人民黨獲9席，海斯勒續任總理，愛國聯盟黨8席，無黨籍聯盟5席，自由陣線3席。2021年2月7日國會大選，進步人民黨獲10席，由該黨原副總理里契就任總理，愛國聯盟黨10席，自由陣線3席。預計2025年2月大選。

司法制度：設有最高法院及其下的上訴法院與初審法院，另設有憲法法庭。

經社概況

平均每人國內生產毛額：13萬9,100美元（2009）	國內生產毛額：49億7,800萬美元（2014）
國內各業生產毛額結構：農業：7%　工業：41%　服務業：52%（2014）	
通貨膨脹率：-0.4%（2016）	失業率：2.4%（2015）
進口值：22億3,000萬美元（2014）	出口值：32億1,700萬美元（2015）
主要進口：農產品、原物料、能源產品、機械、金屬品、紡織品、食品、車輛。	
主要出口：小型特製機械、音響與錄影機接頭、汽車零件、牙醫產品、小五金、電子產品、光學產品。	
人口出生率：10.3‰（2024）	人口死亡率：8.2‰（2024）

立陶宛共和國
REPUBLIC OF LITHUANIA

建國簡史

1240年成立立陶宛大公國，1795年被帝俄兼併，1918年2月16日成為獨立國，1940年8月3日為蘇聯併吞，成為其加盟共和國之一。1990年3月11日趁蘇聯政變之際宣布獨立。1991年9月6日，蘇聯國務委員會承認立陶宛獨立，9月17日加入聯合國。2004年立陶宛加入歐洲聯盟。

與我關係

立陶宛與我無邦交。★1991年11月7日兩國簽署互設貿易代表團協定。2021年11月18日駐立陶宛台灣代表處在維爾紐斯設立。2022年9月12日立陶宛駐台北經貿代表處設立。★1997年8月29日兩國簽署促進投資合作協議，同年簽署科技合作協議。★2000年，簽署三邊共同科技合作基金綱領。★2003年3月2日，立陶宛國會外交委員會主席吉爾吉拉斯一行4人訪台。★2011年10月前立陶宛總統亞當庫斯來台參加建國100年國慶活動。★2012年8月5至9日立陶宛國會議員團訪台，含友台小組副主席維瑟特。★2016年1月立陶宛國會友台小組議員一行3人訪台，5月國會議員慶格里斯出席蔡英文總統就職典禮。★2020年4月我政府捐贈10萬片口罩。

★2021年7月31日,立陶宛政府捐贈2萬劑AZ疫苗抵台。11月在立陶宛首都維爾紐斯正式掛牌設立「駐立陶宛台灣代表處」,11月底,立陶宛國會友台小組主席馬爾德基斯與波羅的海三國議員共10多人訪台,參加12月2日舉行的開放國會論壇。★2022年7月24日至28日,立法院長游錫堃率團參訪立陶宛國會大樓。9月立陶宛首任駐台經貿代表盧百利抵台到任,辦事處開始運作。★2023年1月,立陶宛跨黨派國會訪團來台,各領域官員多次來台深化交流。★2024年6月21日,台灣與立陶宛合作打造反輻射防空設施,持續合作協助烏克蘭重建。

基本資料

地理位置:東歐,濱波羅的海	面積:65,300平方公里
人口:262萬人(2024)	網址:http://www.lrs.lt/
與臺北之時差:-6(夏令時-5)	電話國碼:370
獨立日期:1990年3月11日(脫離前蘇聯)	國慶日:2月16日
首都:維爾紐斯(Vilnius)	語言:立陶宛語為主
幣制:Euro, 1.00USD=0.92EUR(2024)	宗教:天主教、俄羅斯東正教。

政治制度:憲法:新憲法於1992年10月25日通過。總統:由人民直接選舉,任期5年。國會:一院制,共141席,任期4年,71席由單一選區選出。70席由獲5%以上選票的政黨和7%以上的聯盟按比例分配。內閣:部長會議為最高行政機關,主席為總理,向國會負責。2004年4月6日,國會表決通過對巴克薩斯總統(Rolandas Paksas)的彈劾案,是歐洲史上第一位被彈劾罷免的總統。2009年5月17日總統選舉,格里包斯凱特(Dalia Grybauskaite)以69.1%得票勝出,成為立陶宛首位女總統,2014年5月25日以59%得票連任。2019年5月26日第2輪決選瑙塞達以66.7%得票獲勝,7月12日就任。2024年5月選舉,瑙塞達以75%得票連任。

政府首長:總統:瑙塞達 Gitanas Nauseda　　總理:帕魯克斯 Gintautas Paluckas

主要政黨:立陶宛1990年重獲獨立後,形成多黨政治,聯合政府執政為常態。2016年10月24日國會選舉,走中間路線的農民和綠黨聯盟(LVZS)贏得54席,祖國聯盟—立陶宛基督教民主黨(Homeland Union-Lithuanian Christian Democrats)31席,社會民主黨(Lithuanian Social Democratic Party)17席淪為反對黨,12月,思科威爾內里(Saulius Skvernelis)出任總理。2020年10月國會大選。祖國聯盟—立陶宛基督教民主黨、自由運動(Liberal Movement)和自由聯盟(Freedom parties)總計拿下國會74席,協議組成中間偏右政府,由曾任財政部長的席莫尼特出任總理。2024年10月國會大選,反對派社會民主黨獲勝,贏得52席。

司法制度:設有最高法院、上訴法院及地方法院,另有憲法法院。

經社概況

平均每人國內生產毛額:40,000美元(2022)	國內生產毛額:1,131億3,900萬美元(2022)
國內各業生產毛額結構:農業:3.5%　工業:29.4%　服務業:67.2%(2017)	
通貨膨脹率:19.71%(2022)	失業率:5.96%(2022)
進口值:628億5,300萬美元(2022)	出口值:614億4,400萬美元(2022)
主要進口:原油、汽車、包裝藥品、精煉油品、電力。	
主要出口:精煉油品、家具、香菸、小麥、聚乙烯。	
人口出生率:8.9‰(2024)	人口死亡率:15.2‰(2024)

盧森堡大公國
GRAND DUCHY OF LUXEMBOURG

建國簡史

盧森堡在10世紀為侯國,1354年升為公國,1555年被西班牙統治,1795年被法國併吞,1815年維也納會議升為大公國,在日耳曼聯盟內受荷蘭統治。1839年依據倫敦條約,將大公國華龍區大部分割予比利時。日耳曼聯盟解體後,盧森堡1867年獨立,由列強共同保證其中立地位。

兩次世界大戰期間,盧森堡中立皆遭德軍破壞。1944年9月10日德軍撤退,盧國恢復自

由。1948年放棄中立，翌年參加北大西洋公約組織。1951年盧森堡簽署歐洲煤鋼共同體條約，成為歐洲聯盟6個創始國之一。

與我關係

盧森堡與我無邦交。★1972年11月14日中華民國與盧森堡終止外交關係，同月16日盧森堡宣布承認中國並建交。★我在盧國原設有台北經濟文化辦事處，自2002年10月起關閉。★1997年5月23日，章孝嚴外長訪問盧森堡，會晤17位國會議員。★2002年9月3日，盧森堡國會議員柏席及魏日烈夫婦訪台6天。★2007年9月10日盧森堡國會議員安馬可抵台訪問5天。★2009年10月新任盧森堡台北辦事處處長閔子雍宣布該處成立運作。★2014年7月盧森堡國會通過與台簽訂避免雙重課稅協定，協定2015年生效。★2018年8月，兩國簽署青年度假打工計畫協議。★2019年10月28日，總統蔡英文接見盧森堡國會議員訪問團。★2020年4月台灣啟動援外口罩捐贈行動，運送700萬片口罩至盧森堡等11個歐洲國家。★2023年3月，台灣與荷蘭、比利時和盧森堡國會友好協會成立，促政府與民間交流；6月，外交部長吳釗燮訪歐行，會見盧森堡國會議員。★2024年4月盧森堡國會通過友台動議，支持台灣國際參與。

基本資料

地理位置：西歐內陸（毗鄰法國、德國、比利時3國）		面積：2,586平方公里
人口：67萬人（2024）	網址：http://www.gouvernement.lu/	
與臺北之時差：-7（夏令時-6）	電話國碼：352	
獨立日期：1839年脫離荷蘭	國慶日：6月23日（1896年，盧森堡大公誕辰）	
首都：盧森堡市（Luxembourg）	語言：盧森堡語、葡萄牙語、法語、德語。	
幣制：Euro, 1.00USD=0.92EUR（2024）	宗教：天主教、伊斯蘭教。	

政治制度：國體：君主立憲，王位世襲，大公國憲法於1868年10月17日生效。2000年10月7日，季恩大公（Grand Duke Jean）退位，由長子亨利繼任國家元首。政體：三權分立，立法權屬於國會，行政權屬於內閣，司法權屬於各級法院。內閣：行政權由大公和部長會議（Council of Ministers）行使。部長會議由總理與至少3位部長組成，皆由大公任命，對國會（Chamber of Deputies）負責。國會：一院制，議員60人，任期5年，分4個選區依比例代表制直接民選，可依法解散。另Council of State由大公任命21位終身委員組成，具部分上議院權力，可行使若干立法功能，惟國會有權否決其意見，亦為全國最高行政法庭。

政府首長：國家元首：亨利大公 Grand Duke Henri	總理：佛利登 Luc Frieden

主要政黨：基督社會黨（CSV）、民主黨（DP）、盧森堡社會主義工人黨（LSAP）、綠黨（Green Party）、輪替民主改革黨（ADR）。盧森堡政局穩定，大多由基督社會黨與社會主義工人黨或民主黨聯合執政。2009年6月7日國會選舉，基督社會黨23席與第2大黨社會主義工人黨（13席）合組政府，1995年就任總理的榮科（Jean-Claude Juncker）續任。2013年7月，在爆發秘密情報機構違法瀆職的醜聞導致聯合政府破裂後，亨利大公10月7日解散國會，10月20日大選，民主黨獲13席，社會主義工人黨13席，綠黨6席，3黨共32席超過國會半數，基督社會黨23席成最大在野黨。12月4日，民主黨黨魁貝特爾就任總理。2018年10月國會改選，民主黨12席，社會主義工人黨10席，綠黨9席，3黨續聯合執政，基督教社會黨仍在野。2023年10月選舉，CSV獲21席，亨利大公任命CSV的佛利登組政府，佛利登與民主黨達共識。

司法制度：設有治安法院、行政區法院、高等法院、行政法庭、行政法院、憲法法院、地方法院。

經社概況

平均每人國內生產毛額：117,700美元（2022）		國內生產毛額：769億100萬美元（2022）
國內各業生產毛額結構：農業：0.3%　工業：12.8%　服務業：86.9%（2017）		
通貨膨脹率：6.34%（2022）	失業率：4.58%（2022）	
進口值：1,417億6,100萬美元（2022）		出口值：1,721億4,500萬美元（2022）
主要進口：汽車、煉製油品、廣播設備、廢鐵、飛機。		
主要出口：鐵與鐵製品、輪胎、汽車、廣播設備、衣服及成衣。		
人口出生率：11.6‰（2024）	人口死亡率：7.1‰（2024）	

馬爾他共和國
REPUBLIC OF MALTA

建國簡史

馬爾他於1814年成為英國的殖民地，1947年成立自治政府，1964年9月21日宣布獨立，仍為大英國協之一員，並與英國簽署效期10年之國防及財政援助協定，自1971年勞工黨執政，宣布中立及不結盟政策，與義大利、利比亞、突尼西亞、前蘇聯及東歐國家、美國、中國等締結文化經濟及貿易合作協定，並接受利比亞技術援助，同時宣布1964年與英國訂定之國防暨財政援助協定無效，1974年12月13日改制為共和國。2004年馬爾他加入歐洲聯盟。

與我關係

馬爾他與我無邦交。★2011年1月11日起，持中華民國護照者可在180天內在馬爾他停留90天，適用申根簽證規定。

基本資料

地理位置：南歐、地中海之島國		面積：316平方公里	
人口：46.9萬人（2024）		網址：http://www.gov.mt/	
與臺北之時差：-7（夏令時-6）		電話國碼：356	
獨立日期：1964年9月21日（脫離英國）		國慶日：9月21日	
首都：法勒他（Valletta）		語言：馬爾他語、英語。	
幣制：Euro, 1.00USD＝0.92EUR（2024）		宗教：天主教	

政治制度：國體：共和國。政體：議會共和制。總統由國會選出，任期5年。單一國會制，稱「國民代表大會」（House of Representatives），通常為65席，以普選結果按比例代表制產生，若國會多數黨領先席次不多，可獲額外席次，最多4席，以確保政局穩定。議員任期5年，總統可在總理建議下提早解散國會。2009年12月1日國會選舉工黨的阿貝拉（G. Abela）為總統。2014年4月工黨的普雷卡（M.-L. C. Preca）當選為總統。2019年4月工黨候選人維拉當選總統。2024年4月改選總統，曾任議長的德博諾成為新總統。

政府首長：總統：德博諾 Myriam Spiteri Debono　　總理：阿貝拉 Robert Abela

主要政黨：馬爾他政壇由中右派之國民黨（PN）及左派之馬爾他工黨（PL）兩黨輪流執政。歷次選舉兩黨所獲票數均相差無幾。小黨（在國會無席次）有社會正義聯盟（成員有綠黨「Alternativa Demokratika, AD」、自由派「Imperium Europa」及改革派「Alpha Liberal Democratic Party」）。2003年4月大選，國民黨以推動加入歐盟為訴求勝選連任。國民黨積極改善國內經濟，順利於2008年1月加入歐元區。2013年3月9日大選，馬爾他工黨以39席擊敗30席的國民黨，由工黨領袖慕斯凱特（Joseph Muscat）出任總理。2017年6月3日國會改選，馬爾他工黨以37席擊敗30席的國民黨，繼續執政。2019年12月，慕斯凱特因2017年記者遭刺殺風波辭職。2020年1月，阿貝拉在工黨領袖選舉中勝出，接任總理。2022年3月26日大選，馬爾他工黨獲得38席繼續執政，國民黨29席。預定2027年國會大選。

司法制度：法律主要承襲拿破崙法典，商事及海商法則採英國制。民刑事管轄屬高等法院及憲法法院。

經社概況

平均每人國內生產毛額：48,600美元（2022）	國內生產毛額：258億3,400萬美元（2022）
國內各業生產毛額結構　農業：1.1%　工業：10.2%　服務業：88.7%（2017）	
通貨膨脹率：6.15%（2022）　　失業率：2.92%（2022）	
進口值：238億8,300萬美元（2022）　　出口值：254億1,700萬美元（2022）	
主要進口：煉製油品、遊艇、船舶、飛機、煤焦油。	
主要出口：積體電路、煉製油品、包裝藥品、兒童玩具與毛絨玩具、郵票。	
人口出生率：9.4‰（2024）	人口死亡率：8.8‰（2024）

摩爾多瓦共和國
REPUBLIC OF MOLDOVA

建國簡史

摩爾多瓦自古即為羅馬尼亞、俄羅斯、土耳其必爭之地，第一次世界大戰後列入羅馬尼亞版圖，1924年在Ukraine共和國內成立自治共和國，1940年蘇聯占領羅馬尼亞的一部分，與其合併為Moldavia蘇維埃社會主義共和國，成為蘇聯之一員。1990年最高會議選舉，民主、民族派獲勝，最高會議發表主權宣言，1991年5月23日改國名為摩爾多瓦共和國，同年8月27日宣布獨立。

與我關係

摩爾多瓦與我無邦交。

基本資料

地理位置：東歐，北、東、南三面毗鄰烏克蘭、西邊以普魯特(Prut)河與羅馬尼亞為界	
面積：33,851平方公里	
人口：360萬人（2024）	網址：http://www.moldova.md/
與臺北之時差：-6（夏令時-5）	電話國碼：373
獨立日期：1991年8月27日（脫離蘇聯）	國慶日：8月27日
首都：基希涅夫（Chisinau）	語言：摩爾多瓦語、羅馬尼亞語、俄語。
幣制：Moldovan leu, 1.00USD=17.79MDL（2024）	宗教：東正教、基督教。

政治制度：議會制共和國。總統由公民直選產生，任期4年，連選得連任一次。議會：最高會議自1991年改稱國會，一院制，101席議員，民選任期4年。總理為部長會議主席，由總統任命。2012年3月，3名議員脫離共產黨並加入「融入歐洲」執政聯盟，使聯盟有足夠國會席次選出新總統蒂莫夫蒂。2016年10月總統直接民選，親俄的多東（Igor Dodon）以52.2%得票獲勝。2019年6月9日，法院下令解除多東總統一職，由菲利普代理。但菲利普6月14日受俄國與西方壓力辭職，多東回任。2020年11月15日總統大選，桑杜在第2輪以57.7%得票勝出，12月24日成為該國首位女總統。2024年10月大選，桑杜因僑民選票彌補國內得票率，擊敗對手連任。

政府首長：總統：桑杜 Maia Sandu　　　總理：雷奇安 Dorin Recean

主要政黨：共產黨、社會黨、民主黨、自由民主黨、行動團結黨（PAS）。2009年由民主黨、自由民主黨、自由黨組成的聯盟擊敗共產黨後執政，但內部不合，國會數次解散改選。2014年11月30日國會改選，社會黨獲25席，自由民主黨23席，共產黨21席，民主黨19席，由民主黨、自由民主黨組成執政聯盟，自民黨籍的加布里奇2015年2月任總理，6月辭職，由原外長格爾曼代理。同年7月斯特里任總理，10月29日國會以65票通過不信任案。2016年1月20日菲利普出任總理。2019年2月24日大選，社會黨獲35席，民主黨30席，行動團結黨與友黨合組的現在平台（ACUM）26席，出現僵局國會。6月8日，現在平台領袖桑杜任總理。11月12日，社會黨提出不信任投票，桑杜下台，奇庫接任總理。2021年7月11日國會大選，行動團結黨獲63席，共產黨人與社會主義黨人聯盟（BECS）32席，疑歐的索爾黨（Sor）6席。2023年2月，摩爾多瓦國通過總統桑杜所提名的雷奇安作為新總理。預定2025年改選。

司法制度：設有憲法法院、最高法院與最高檢察院。

經社概況

平均每人國內生產毛額：13,300美元（2022）	國內生產毛額：337億8,900萬美元（2022）
國內各業生產毛額結構：農業：17.7%　工業：20.3%　服務業：62%（2017）	
通貨膨脹率：28.74%（2022）	失業率：0.91%（2022）
進口值：102億6,500萬美元（2022）	出口值：59億8,100萬美元（2022）
主要進口：煉製油品、汽車、絕緣電線、包裝藥品、廣播設備。	
主要出口：絕緣電線、葵花籽、葡萄酒、玉米、座椅。	
人口出生率：8.4‰（2024）	人口死亡率：14.2‰（2024）

摩納哥侯國
PRINCIPALITY OF MONACO

建國簡史

1297年起由Grimaldi王朝統治，1524年至1641年接受西班牙保護，1814年重回Grimaldi王朝，1861年與法國締結關稅同盟，並成為獨立國家。1911年頒布第一部憲法成為君主立憲，1918年與法國締約，規定不論以婚姻、收養或其他方式繼承摩納哥王位者必須為摩納哥或法國人，此一約定及摩納哥之獨立地位曾獲1919年凡爾賽和約及1973年赫爾辛基協定認定。1954年與法國簽署睦鄰及行政互助協定。1962年頒布新憲法。

與我關係

摩納哥與我無邦交。★2005年11月2日摩納哥旅遊局長Bertani來台開拓旅遊市場。

基本資料

地理位置：西歐、法國東南濱地中海	面積：2平方公里
人口：3萬1,813人（2024）	網址：http://www.gouv.mc/
與臺北之時差：-7（夏令時-6）	電話國碼：377
獨立日期：1419年	國慶日：11月19日
首都：摩納哥市（Monaco）	語言：法語、英語、摩納哥方言、義大利語。
幣制：Euro, 1.00USD=0.92EUR（2024）	宗教：天主教

政治制度：國體：君主立憲，王位世襲，憲法於1962年12月17日生效。政體：三權分立。但行政權及立法權由摩納哥國王與內閣及國會分享。內閣：政府委員會（Council of Government）由國務卿（Minister of State）及6名部長組成。國務卿為法籍公務員，由摩納哥國王選任，與國王共同行使行政權。國會：國民議會（National Council），議員共24人，民選，任期5年。

政府首長：國王：艾伯特二世 Prince Albert II　國務卿：達荷杜 Pierre Dartout

主要政黨：摩納哥聯盟、摩納哥團結行動黨、復興黨、摩納哥優先黨（Priorite Monaco）。2013年2月10日大選，摩納哥聯盟20席，摩納哥團結行動黨3席，復興黨1席。2018年2月11日國會大選，摩納哥優先黨獲21席，摩納哥聯盟2席，摩納哥團結行動黨1席。2023年2月國會大選，摩納哥民族聯盟24席全數拿下。

司法制度：設有初審法院、上訴法院、再審法院、刑事法院及最高法院各一，負責保障人民的權利與自由，並防止行政權濫用。

經社概況

平均每人國內生產毛額：11萬5,700美元（2015）	國內生產毛額：76億7,200萬美元（2015）
國內各業生產毛額結構：工業：12.3%　服務業：87.7%（2022）	
通貨膨脹率：1.5%（2010）	失業率：2%（2012）
進口值：13億7,100萬美元（2017）	出口值：9億6,460萬美元（2017）
主要進口：珠寶、遊艇、汽車及零件、一般商品。	主要出口：珠寶、香水、手錶、包裝藥品、塑膠產品。
人口出生率：6.5‰（2024）	人口死亡率：11.1‰（2024）

蒙特內哥羅
MONTENEGRO

建國簡史

蒙特內哥羅共和國位於巴爾幹半島西南部，亞得里亞海東岸，是個多山小國。其東北為塞爾維亞，東為科索沃共和國，東南為阿爾巴尼亞，西北為波士尼亞與赫塞哥維納以及克羅埃西亞，西南則為地中海的亞得里亞海。

蒙特內哥羅原為南斯拉夫的6個加盟共和國之一，1990年代早期，南斯拉夫分裂為波士尼

亞、克羅埃西亞、馬其頓以及斯洛維尼亞，這些國家均宣布並贏得獨立地位。1992年4月27日塞爾維亞與蒙特內哥羅組成南斯拉夫聯邦，取代共產國家南斯拉夫。1992年5月至1996年10月，南斯拉夫強人米洛塞維奇政權遭到聯合國制裁，蒙特內哥羅同樣受害。1999年8月5日蒙特內哥羅提議結束南斯拉夫聯邦，並以一個鬆散的組織替代。2000年3月6日兩國關係惡化，塞爾維亞封鎖與蒙特內哥羅的邊界。6月5日，蒙特內哥羅通知聯合國，該國不想由南斯拉夫代表。10月17日，蒙特內哥羅總理朱卡諾維奇要求承認蒙特內哥羅為一獨立國家。2003年2月南斯拉夫國體改為一個鬆散的「塞爾維亞與蒙特內哥羅聯邦」，此協議包括一項條款，允許成員在3年之後尋求獨立。

2006年元月，歐洲聯盟與蒙特內哥羅討論獨立公投。5月21日蒙特內哥羅舉行公民投票，決定是否獨立，結果投票選民中55.5%支持獨立，超過蒙特內哥羅公投法規定的55%門檻。6月3日，蒙特內哥羅議會在首府波哥里卡舉行特別會議，宣布獨立。蒙特內哥羅成為歐洲的獨立國，並恢復其在第一次世界大戰之前的獨立地位。塞爾維亞於12天後正式承認蒙特內哥羅為獨立國。

2006年6月28日聯合國表決通過蒙特內哥羅入會申請案，蒙特內哥羅共和國成為第192個會員國。蒙特內哥羅入會後，首都位於貝爾格勒的塞爾維亞，繼承前南斯拉夫在聯合國的席位。2010年12月17日，歐盟給予蒙特內哥羅候選成員國資格。

與我關係

蒙特內哥羅與我無邦交。★2011年2月，蒙特內哥羅給予中華民國護照持有者7天免簽證待遇，2016年3月起，可免簽入境90天。

基本資料
地理位置：東南歐	面積：13,812平方公里
人口：59.9萬人（2024）	網址：http://www.gov.me/
與臺北之時差：-7（夏令時-6）	電話國碼：382
獨立日期：2006年6月3日	國慶日：7月13日
首都：波哥里卡（Podgorica）	語言：塞爾維亞語、蒙特內哥羅語。
幣制：Euro, 1.00USD＝0.92EUR（2024）	宗教：東正教、伊斯蘭教、天主教。

政治制度：國會採一院制，共81席，採直接民選，任期4年。總理為最高行政首長，由總統提名，經國會同意後任命。總統由人民直接投票選出，任期5年，連選得連任1次。2013年4月7日總統大選，執政黨蒙特內哥羅民主黨籍的總統伏加諾維奇（Filip Vujanovic）以51.2%得票率當選連任。2018年4月15日總統大選，前總理朱卡諾維奇以53.9%得票率當選，5月20日就任。2023年4月總統選舉第二輪投票，米拉托維奇當選。

政府首長：總統：米拉托維奇 Jakov Milatovic　　總理：史帕奇 Milojko Spajic

主要政黨：蒙特內哥羅民主黨（Democratic Party of Socialists）、社會民主黨（Social Democratic Party）、新塞族民主黨（New Serb Democracy）、改變運動（PZP）。2012年10月14日大選，蒙特內哥羅民主黨及社會民主黨為首的親歐洲聯盟獲39席，新塞族民主黨及改變運動為主的民主陣線聯盟20席。蒙特內哥羅民主黨黨魁朱卡諾維奇取得少數民族議員支持，出任總理組閣。2016年10月16日大選，社會民主黨獲36席，差5席過半數。11月28日馬柯維奇出任總理。2020年8月大選，3個反對黨組成的親塞爾維亞聯盟「為了蒙特內哥羅的未來」聯盟（For the Future of Montenegro）獲41席，領袖克里沃卡皮奇（Z. Krivokapic）出任總理。2022年2月初，國會通過不信任動議，原副總理阿巴佐維奇4月28日接任總理。2023年11月國會大選，親歐的新興政黨歐洲現在黨Europe Now（PES）組新政府，並由黨主席史帕奇擔任總理。

司法制度：設有最高法院、憲法法院、行政法院、基層法院等。

經社概況
平均每人國內生產毛額：22,100美元（2022）	國內生產毛額：136億4,600萬美元（2022）
國內各業生產毛額結構：農業：5.6%　工業：11.9%　服務業：62.4%（2023）	
通貨膨脹率：13.04%（2022）	失業率：15.25%（2022）
進口值：46億1,400萬美元（2022）	出口值：31億7,800萬美元（2022）
主要進口：煉製油品、汽車、包裝藥品、遊艇、香菸。	主要出口：鋁、包裝藥品、汽車、鋅、葡萄酒。
人口出生率：10.9‰（2024）	人口死亡率：10.3‰（2024）

荷蘭王國
KINGDOM OF THE NETHERLANDS

建國簡史

荷蘭在中世紀以尼德蘭（The Netherlands）為名，10世紀至16世紀初與現今之比盧合稱低地國（Low Countries），1555年歸西班牙統治，1568年荷蘭人群起反對西班牙國王菲力普二世暴政統治，爆發延續80年的反抗西班牙戰爭。威廉王子於1579年領導北部各省成立邦聯，1581年北部7省成立荷蘭共和國，於1648年擊敗西班牙獲得獨立。

17世紀大力拓展海外貿易及船隊，著名之東印度公司及西印度公司成立於此時，是黃金時代。1795年為拿破崙征服，1801年併入法國版圖。1814年由威廉一世領導獲得獨立，1815年成立荷蘭國，1848年成為君主立憲國。在荷蘭王國內的比利時王國及盧森堡大公國分別於1839年及1890年脫離荷蘭獨立。荷蘭在第一次世界大戰保持中立，1940年5月德軍入侵，荷蘭王室與內閣出走英國成立流亡政府。二戰後放棄中立政策，加入北約及歐盟。1951年荷蘭簽署歐洲煤鋼共同體條約，成為歐洲聯盟6個創始國之一。

位於加勒比海的荷屬安地列斯（Netherlands Antilles）2010年10月解體，當中較小的3個島嶼Bonaire、Sint Eustatius與Saba成為荷蘭王國直接管轄的縣市。而Curacao與Sint Maarten則成為與Aruba一樣的自治領地。

與我關係

與我無邦交。★1950年3月27日荷蘭承認中國，中華民國同日與荷蘭斷交。1972年5月18日中國與荷蘭建交。★我國於海牙設「台北經濟文化辦事處」；荷蘭在台灣則設「荷蘭貿易暨投資辦事處」。★2000年2月27日兩國在海牙簽訂避免雙重課稅協定。★2002年4月29日荷蘭國會議員兼國際自由聯盟副主席范伯倫夫婦訪台4天。4月30日陳水扁總統贈予紫色大綬景星勳章。5月18日荷蘭參議員戴比爾訪台6天。★2005年11月30日荷蘭眾議院通過決議支持台灣成為世界衛生組織（WHO）觀察員。★2006年5月28日荷前總理范艾格抵台訪問。10月25日荷蘭國會自由黨外交事務發言人戴思參議員等人抵台訪問5天。★2007年2月6日荷蘭國會眾議院外交委員會主席兼國際自由聯盟副主席范伯倫來台訪問4天。★2011年9月13日台北市長郝龍斌拜訪工業設計及科技大城恩荷芬市。9月23日恩荷芬市長范海索與郝龍斌簽署城市交流備忘錄。★2015年8月荷蘭眾議員、社會黨外交事務發言人馮博默訪台主講講座。★2016年2月荷蘭阿納姆市長與那梅亨市長率團訪台參加全球自行車城市大會。5月荷前總理范阿格特（A. Van Agt）偕前國防部長范艾克倫（W. Van Eekelen）一行3人出席蔡英文總統就職典禮。★2018年1月27日至31日台北市長柯文哲訪問荷蘭烏特勒支市（Utrecht）和恩荷芬市。★2020年4月，荷蘭貿易暨投資辦事處宣布，名稱簡化為「荷蘭在台辦事處」（Netherlands Office Taipei）。★2024年9月10日，荷蘭新國會接待台灣立法院訪問團；12日國會通過動議，拒絕中國扭曲聯大2758號決議。

基本資料

地理位置：西歐，臨北海		面積：41,543平方公里	
人口：1,777萬人（2024）		網址：https://www.government.nl/	
與臺北之時差：-7（夏令時-6）		電話國碼：31	
獨立日期：1579年1月23日（脫離西班牙）		國慶日：4月27日（國王誕辰）	
首都：阿姆斯特丹（Amsterdam），政府所在地為海牙（The Hague）			語言：荷蘭語
幣制：Euro, 1.00USD=0.92EUR（2024）		宗教：天主教、基督教、伊斯蘭教。	

政治制度：國體：君主立憲，王位世襲由長子（無子由長女）繼承，現行憲法於1814年制訂，曾數度修訂。政體：三權分立，內閣掌行政權，國會掌立法權，司法權屬各級法院。內閣：由總理、副總理及各部長組成，行使政權，向國王負責。國會（States-General）：上院（First Chamber）75席，由省議會選舉，任期4年。下院（Second Chamber）150席，直接民選，任期4年。國王得分別解散國會兩院。2013年1月29日女王畢翠克絲（Queen Beatrix）在位33年後宣布將退位。4月30日46歲的亞歷山大登基，成為荷蘭120多年來首位男性君主。

政府首長：國王：亞歷山大 King Willem-Alexander　　總理：史庫夫 Dick Schoof
主要政黨：自民黨（VVD）、勞工黨（PvdA）、基民黨（CDA）、社會黨（SP）、自由黨（PVV）、綠色左翼（GL）、民主論壇黨（FvD）。下院2012年9月選舉，親歐洲統合且支持政府撙節措施的自民黨和勞工黨勝出，分獲41席及38席，兩黨組聯合政府，自民黨的呂特續任總理。極左的社會黨和極右派反伊斯蘭的自由黨各15席。2017年3月大選，自民黨獲33席，自由黨20席，基民黨19席，D66黨19席，綠色左翼14席，社會黨14席。10月26日呂特續任。2021年1月15日呂特辭職，3月17日下院改選，自民黨獲34席，D66黨24席，自由黨17席，基民黨15席，綠色左翼8席，社會黨9席，勞工黨9席。經10個月協商，由自民黨、D66黨、基民黨和基督教聯盟4黨組聯合政府，呂特續任總理，內閣2022年1月就職。2023年7月，聯合政府垮台，呂特成為看守總理，11月22日國會改選，占有過半席次的右派聯盟組閣，前情報局長史庫夫擔任總理。
司法制度：分地方法院、高等法院及最高法院3級。最高法院確保司法行政之一貫性，有權撤銷下級法院裁決，但無權宣布與憲法條款不同之法令無效。另設國家委員會（Council of State）供國王諮詢。

經社概況		
平均每人國內生產毛額：59,200美元（2022）		國內生產毛額：1兆美元（2022）
國內各業生產毛額結構：農業：1.6%　　工業：17.9%　　服務業：70.2%（2017）		
通貨膨脹率：10%（2022）		失業率：3.52%（2022）
進口值：8,354億7,000萬美元（2022）		出口值：9,444億2,100萬美元（2022）
主要進口：原油、煉製油品、廣播設備、電腦、汽車。		
主要出口：煉製油品、包裝藥品、廣播設備、攝影器材、電腦。		
人口出生率：10.6‰（2024）		人口死亡率：9.7‰（2024）

荷蘭的海外領域

1.荷屬阿魯巴 Aruba
網址：http://www.gobierno.aw/　　與臺北之時差：-12
位於加勒比海。1986年脫離前荷屬安地列斯，成為荷蘭王國底下的海外自治國。首府：Oranjestad；面積：180平方公里，人口：12萬5,063人（2024）。觀光與海外銀行業為當地主要產業。

2.荷屬庫拉索 Curacao
網址：http://gobiernu.cw/　　與臺北之時差：-12
位於加勒比海。與Sint Maarten、Bonaire、Saba與Sint Eustatius為前荷屬安地列斯。2010年10月荷屬安地列斯解體後，成為荷蘭王國底下的海外自治國。
首府：Willemstad；面積：444平方公里，人口：15萬3,289人（2024）。觀光與煉油為當地主要產業。

3.荷屬聖馬丁 Sint Maarten
網址：http://www.sintmaartengov.org/　　與臺北之時差：-12
位於加勒比海的聖馬丁島南半部，該島的北半部為法國領土。與Curacao、Bonaire、Saba與Sint Eustatius為前荷屬安地列斯。2010年10月荷屬安地列斯解體後，成為荷蘭王國底下的海外自治國。
首府：Philipsburg；面積：34平方公里，人口：4萬6,215人（2024）。

北馬其頓共和國
REPUBLIC OF NORTH MACEDONIA

建國簡史

歷史上的馬其頓（Macedonia）目前分屬保加利亞、希臘及馬其頓3國。保加利亞的部分稱皮林馬其頓（Pirin Macedonia），希臘占一半以上土地稱愛琴馬其頓（Aegean Macedonia），另有38%土地曾由塞爾維亞管轄，世稱瓦達爾馬其頓（Vardar Macedonia），即現在之北馬其頓共和國。20世紀初馬其頓被瓜分後，馬其頓民族一度不被鄰國所承認，保加

利亞把馬其頓人視為保加利亞民族一部分；塞爾維亞則視馬其頓民族為「南部塞爾維亞人」。二戰後，馬其頓成為前南斯拉夫聯邦成員之一。希臘則不承認境內約16萬馬其頓人之少數民族地位，僅視其為「講斯拉夫語的希臘人」。

馬其頓王國建立於公元前6世紀。亞歷山大大帝前336年即位後建立一橫跨歐、亞、非之大帝國。前168年為羅馬帝國所敗，成為帝國轄下一省。6、7世紀間斯拉夫人，即現保加利亞人先祖與一支土耳其人陸續遷入馬其頓省，9世紀該省已為保加利亞人掌握。12世紀起，拜占庭帝國、保加利亞、塞爾維亞三方爭逐控制權，塞爾維亞14世紀初漸占優勢，1317年回教鄂圖曼土耳其帝國興起遭征服直至19世紀。鄂圖曼土耳其帝國瓦解後，保加利亞、希臘、塞爾維亞三方續爭奪此一區域，1912年至13年巴爾幹戰爭，由塞爾維亞、希臘、保加利亞瓜分占領，1944年南斯拉夫總統狄托將所占之部分成立馬其頓共和國，與克羅埃西亞、斯洛維尼亞、塞爾維亞、波士尼亞、蒙特內哥羅合組為南斯拉夫社會主義聯邦共和國。1991年南斯拉夫解體，馬其頓共和國經過外交折衝，於9月8日宣布獨立，同年11月17日馬其頓共和國制定新憲法。1993年4月8日以「前南斯拉夫馬其頓共和國」Former Yugoslavia Republic of Macedonia（FYROM）之名加入聯合國。2005年12月16日，歐洲聯盟給予馬其頓候選成員國資格。2019年2月12日，馬其頓共和國經公民投票更名為北馬其頓共和國。2020年4月北馬其頓成為北大西洋公約組織第30個成員國。2024年5月12日，新上任的首位女總統達夫科娃不承認新國名，因而激怒希臘。

與我關係

北馬其頓與我無邦交。★1999年1月27日，外交部長胡志強與馬其頓外長狄米托夫在台簽署建交公報，決定自當日起建立外交關係。3月胡志強率團訪馬期間，兩國簽署經濟發展合作備忘錄。★2001年6月18日，我外交部宣布與馬其頓斷交，撤回外交及技術人員，同日馬其頓與中國簽署恢復外交關係之聯合公報。★2012年4月1日馬其頓政府給予中華民國護照持有者免簽證待遇一年，並於2013年4月延長5年。★2016年1月我國開放馬其頓等27國旅客申請電子簽證。★2018年與次年，馬其頓兩度延長我國民免簽證待遇一年。★2020年1月，我外交部宣布該項措施經兩國政府同意延長5年至2025年3月31日。

基本資料

地理位置：東南歐、希臘北邊	面積：25,713平方公里
人口：213萬人（2024）	網址：http://www.vlada.mk
與臺北之時差：-7（夏令時-6）	電話國碼：389
獨立日期：1991年9月8日（脫離南斯拉夫）	國慶日：9月8日
首都：史高比耶（Skopje）	語言：馬其頓語、阿爾巴尼亞語、土耳其語。
幣制：Macedonian Denar, 1.00USD=56.81MKD（2024）	宗教：東正教、伊斯蘭教。

政治制度：憲法1991年11月17日制定，並於2001、2005及2009年3次修正，議會共和制。總統由全民直選，任期5年，連選得連任一次。國會一院制，共123席，任期4年，擁立法、解釋法令、決定稅率、閣員任用、審核預算、發表宣戰或和平宣言及舉行公民投票等權。2001年5月13日，馬其頓國會特別會議批准成立全國團結政府，以化解阿爾巴尼亞裔游擊隊叛亂。8月13日，馬國馬其頓族簽署一項西方國家支持的和平協定。2004年2月26日，特拉伊克夫斯基總統飛機失事喪生。2004年4月總統大選第2輪投票，總理克芬柯夫斯基獲勝。2009年5月總統選舉第2輪投票，執政黨「馬其頓內部革命組織-馬其頓民族統一民主黨」伊凡諾夫（G. Ivanov）以63.1%得票勝出。2014年4月總統選舉，伊凡諾夫第2輪投票以55.3%得票連任。2019年5月總統選舉第2輪投票，親西方的潘達洛夫斯基以53.6%得票率當選，並於5月12日就任。2024年4月總統大選，達夫科娃以69%得票率當選，成為首位女總統。

政府首長：總統：達夫科娃 Gordana Siljanovska Davkova　總理：米可斯基 Hristijan Mickoski

主要政黨：馬其頓內部革命組織-馬其頓民族統一民主黨（VMRO-DPMNE）、社會民主黨（SDUM）、整合民主聯盟（BDI）。馬其頓國會2011年6月5日提前改選，執政的馬其頓內部革命組織-馬其頓民族統一民主黨獲56席，較2008年之63席略少，執政夥伴阿裔之整合民主聯盟15席，兩黨維持聯合執政，由內

部革命組織主席谷耶夫斯基續任總理。在野的社會民主黨為首的聯盟42席,阿裔民主黨(PDSh)8席,國家民主復興黨2席。2014年4月27日國會選舉,執政黨VMRO-DPMNE贏得61席,整合民主聯盟19席,社會民主黨34席,其餘席次由3小黨取得。2016年1月總理谷耶夫斯基因監聽醜聞下台,1月18日迪米特里耶夫經國會投票任過渡時期總理。2017年5月,社會民主黨魁柴伊夫(Zoran Zaev)獲選為總理。2020年7月大選,柴伊夫所領導的政黨聯盟獲勝組閣,8月任總理。2021年10月地方選舉,執政的社會民主黨失利,柴伊夫辭黨魁與總理,科瓦切夫斯基當選黨魁,2022年1月就任總理。2024年5月國會大選,在野黨VMRO-DPMNE獲勝,由黨主席米可斯基擔任總理。

司法制度:採3級制,分為地方法院,上訴法院及最高法院,另設有憲法法院。法官之任免係由最高司法委員會掌理,共有7位成員,由國會中具有律師資格者中遴選之。

經社概況

平均每人國內生產毛額:17,100美元(2022)	國內生產毛額:352億4,500萬美元(2022)
國內各業生產毛額結構:農業:10.9%　工業:26.6%　服務業:62.5%(2017)	
通貨膨脹率:14.2%(2022)	失業率:14.43%(2022)
進口值:130億美元(2022)	出口值:101億2,600萬美元(2022)
主要進口:鉑、煉製油品、實驗室陶瓷、汽車、絕緣電線。	
主要出口:負載型催化劑、離心機、絕緣電線、巴士、座椅、汽車零件。	
人口出生率:10.2‰(2024)	人口死亡率:9.6‰(2024)

挪威王國
KINGDOM OF NORWAY

建國簡史

挪威在11世紀建國,其後常為丹麥所統治。1274年至1276年Magnus頒行法律。1349至50年挪威發生黑死病,居民死亡過半。1397年瑞典、丹麥、挪威組成聯合王國,時分時合,至1521年止。1814年瑞典迫丹麥割讓挪威,但為挪威拒絕,同年5月17日挪威召開國民會議頒布憲法,推舉丹麥王子為挪威國王。旋與瑞典戰爭失利,挪威國王去位,挪威國會同意與瑞典聯合。

1866年至1873年,1900至1910年挪威兩度發生海外移民潮,主要移往美國。1905年與瑞典之聯合解體,丹麥王子Carl被推舉為挪威國王,是為Haakon VII。第一次世界大戰挪威保持中立。1940年4月9日納粹德國入侵,挪威與政府高層官員赴英組成流亡政府。挪威被占領期間愛國志士不斷進行小型抗敵戰爭,以迄1945年5月8日納粹德國投降止。同年秋季國王還都,11月16日挪威國會批准聯合國憲章。1999年挪威與冰島共同與歐洲聯盟簽約加入申根協議區。

與我關係

與我無邦交。★中華民國1950年1月14日與挪威斷交。挪威同年1月7日宣布承認中國,1954年10月與中國建交。★我在挪威曾設有台北商務辦事處;該處於2017年裁撤。★挪威於1989年在台設立挪威商務辦事處。該處於1992年年底升格為挪威半官方之貿易理事會駐外機構,惟現已裁撤。★1997年1月24日兩國就加入世界貿易組織問題達成協議,挪威接受我國所提漁產品市場開放提案。★1999年8月1日,經濟部長王志剛率團訪挪3天,在奧斯陸參加台挪經貿研討會。★2003年2月23日,挪威國會副議長隆寧率國會議員訪問團一行6人訪台5天。★2004年2月23日,挪威國會議員偉雷斯率團訪台5天。★2010年10月29日中華民國國際經濟合作協會(CIECA)在奧斯陸合辦「第一屆台挪經濟合作會議」,議題涵蓋再生能源與環保科技等產業合作,並簽署聯合聲明。★2011年1月3至7日挪威國會議員寶薇(Laila Davoy)率國會議員訪問團訪台。★2014年6月挪威前總理布倫

特蘭女士（Gro Harlem Brundtland）獲得首屆唐獎永續發展獎得主。★2016年7月我國受邀為挪威原住民藝術節主賓。★2020年9月行政院政務委員唐鳳線上參與「奧斯陸自由論壇」，分享「台灣模式」如何戰勝疫情與假消息。

基本資料

地理位置：北歐、斯坎地納維亞半島西部	面積：323,802平方公里
人口：550萬人（2024）	網址：http://www.norge.no/
與臺北之時差：-7（夏令時-6）	電話國碼：47
獨立日期：1905年10月26日（脫離瑞典）	國慶日：5月17日（1814年，憲法節）
首都：奧斯陸（Oslo）	語言：挪威語
幣制：Norwegian krone, 1.00USD=10.74NOK（2024）	宗教：基督教路德教派、伊斯蘭教、天主教。

政治制度：國體：君主立憲，憲法於1814年5月17日生效，曾數次修訂。政體：內閣制，由國會多數黨組內閣（Statsrad）；國王無政治實權，為挪威之國家象徵，王位世襲，傳長子，不傳女。內閣：由總理、副總理及各部長組成，向國王負責。三權分立制，國王之行政權經由國務委員會（Council of State）行使，委員會成員包括國王、總理及內閣部會首長。國務委員會須將預算案及法案草案提交國會審查，總理及內閣成員之任命由國會同意。立法權由國會（Storting）行使。為提升議事效率，挪威國會自2009年10月後改為一院制，國會由選自19個郡（counties）之議員共169人組成，由人民直選產生，任期4年。

政府首長：國王：哈拉德五世 Harald V	總理：斯托爾 Jonas Gahr Store

主要政黨：工黨、保守黨、中央黨、基民黨、社會主義左翼黨、進步黨及自由黨。2009年9月大選，工黨獲得64席，進步黨41席，保守黨30席，社會主義左翼黨11席，基民黨10席，中央黨11席，反對黨陣營與左派執政聯盟之差距僅3席。2013年9月大選，保守黨擊敗長期執政的工黨，保守黨黨魁瑟爾貝克出任總理。保守黨結合反對移民的極右派進步黨聯合執政。2017年9月大選，保守黨總理瑟爾貝克險勝。2021年9月13日國會大選，左派的工黨獲得48席，與中央黨28席合組少數政府，保守黨36席、進步黨21席、社會主義左翼黨13席。工黨黨魁斯托爾10月14日就任總理。預計2025年9月底大選。

司法制度：設有最高法院、高等法院與初審法院。最高法院法官由國王任命。	

經社概況

平均每人國內生產毛額：67,500美元（2022）	國內生產毛額：3,681億3,900萬美元（2022）
國內各業生產毛額結構：農業：2.3%　工業：33.7%　服務業：64%（2017）	
通貨膨脹率：5.76%（2022）	失業率：3.23%（2022）
進口值：1,568億9,200萬美元（2022）	出口值：3,210億9,300萬美元（2022）
主要進口：汽車、煉製油品、廣播設備、天然氣、原油。	
主要出口：原油、天然氣、魚、煉製油品、鋁。	
人口出生率：10.4‰（2024）	人口死亡率：8.4‰（2024）

挪威的海外領域

挪威的海外屬地有5處：斯瓦伯德群島（Svalbard）位於北極海，面積：62,045平方公里，1925年成為挪威領土，人口：2,926人（2021.1）。鮑威特島（Bouvet Island）位於南大西洋，面積：49平方公里，1928年成為挪威領土，無人居住。珍瑪煙島（Jan Mayen Island）位於北歐，面積：377平方公里，位於挪威與格陵蘭之間的北極海，1929年成為挪威領土，無永久居民。彼得一世島（Peter I Island），面積：249平方公里，位於南極白令毫森海（Bellinghausen Sea），1931年成為挪威領土。茂德皇后島（Queen Maud Island），位於南極，1939年成為挪威領土。

波蘭共和國
REPUBLIC OF POLAND

建國簡史

公元966年接受基督宗教；9、10世紀建立封建王朝，14世紀建都克拉科夫，1364年創立克拉科夫大學；1385年與立陶宛結盟；1410年戰勝德國騎士團後成為中歐強國，14、15世紀極盛時擁有今日波蘭全境、波海三國大半、烏克蘭、白俄羅斯大部，曾數度遠征莫斯科；16世紀遷都華沙；17世紀末國勢開始衰落，1772、1793、1795年三次遭奧地利、普魯士、俄羅斯瓜分而亡國。一次世界大戰後，波蘭1918年11月11日宣布獨立建國。1939年9月，德國納粹部隊入侵波蘭，二次世界大戰爆發。二次大戰期間再遭納粹德國及蘇聯瓜分。

二戰後依據波茨坦協定（Potsdam Agreement）獲得現今領土。1947年2月成立波蘭人民共和國，由蘇聯扶植之統一工人黨（即波共）執政；由於政經策略失當且政府專制，反抗此起彼落，政局不穩；1970年代末期經濟政策嚴重失誤致民眾抗議四起。1980年團結工聯發起全國大罷工。1989年4月，國會通過團結工聯合法化，實行總統與議會式民主制度之決議。

1989年6月全國大選提前舉行，團結工聯獲勝成立政府。1989年12月29日國會通過憲法修正案，改國號為波蘭共和國（Republic of Poland）。1997年5月25日公民投票，選民以52.71%贊成票通過新憲法。新憲法明訂西式民主制度與經濟改革，取代1952年的基本法。1999年3月加入北約，2004年5月加入歐洲聯盟。

與我關係

與我無邦交。★1992年12月我在華沙設立「台北經濟文化辦事處」，波蘭於1995年在台北設立「華沙貿易辦事處」，2018年6月更名為「波蘭台北辦事處」。★1994年10月在華沙舉行第一屆台波經濟合作會議，雙方同意輪流於台北及華沙舉辦。★1996年7月經濟部商品檢驗局與波蘭測試驗證中心簽署瞭解備忘錄。前總統華勒沙10月31日訪台。★1997年6月國科會與波蘭國家科學院簽訂科學合作協議。★外長胡志強1998年6月24日赴華沙，26日發表演說。9月30日外貿協會在華沙的台灣貿易中心開幕。★1999年6月14日中歐貿易促進會與波蘭商業總會在台北舉辦第5屆台波經濟合作會議。★2007年1月25日前總統華勒沙伉儷應邀訪台。★2009年7月22日在台北簽署台灣海關與波蘭海關間打擊關務詐欺行為瞭解備忘錄。★2012年9月1日波蘭參議院外交委員會主席西莫斯柴威茲訪台。★2014年11月5日簽署打工度假協定。★2015年3月簽署空運協定。★2016年1月簽署藥品醫療器材合作備忘錄。2月簽署瞭解備忘錄，免簽相互承認駕照。3月總統當選人蔡英文會晤來訪的前波蘭總統克瓦希涅夫斯基。10月18日我國於波蘭設立首座台灣研究中心。★2019年6月，兩國簽署台波刑事司法合作協定，波蘭是我在歐首度簽署之國家。★2020年4月，波蘭航空首航台灣載運醫療物資，其後並飛航數趟客運包機。★2021年9月5日，波蘭政府捐贈的40萬劑AZ疫苗抵台。★2022年5月17日，波蘭發展暨技術部政次皮丘沃克率貿易團訪台。台灣學術商業技術專家9月底訪波蘭簽署合作備忘錄，建立半導體產業台波工作小組。★2023年6月19日，波蘭眾院外委會訪團會見總統蔡英文，強化各方合作。

基本資料

地理位置：中歐	面積：312,685平方公里
人口：3,874萬人（2024）	網址：http://www.poland.pl/
與臺北之時差：-7（夏令時-6）	電話國碼：48
獨立日期：1918年11月11日	國慶日：5月3日（1791年，憲法節）
首都：華沙（Warsaw）	語言：波蘭語
幣制：Zlotych, 1.00USD=3.92PLN（2024）	宗教：天主教

政治制度：國體：共和國。政體：議會共和制。總統：由全民直選產生，任期5年，連選得連任一次。國會：二院制，為最高立法機關，代表普選產生，任期4年。上院（Senate）100席，負責審核下院通過的法律案。下院（Sejm）460席，職權為制定法律、選舉總理及對內閣人選行使同意權並監督內閣施政。部長會議：即內閣，為最高行政機關，向國會下院負責，閣員由總統依據總理建議提名，須獲下院同意。憲法規定，

總統任命的新政府若被國會否決，總統還有一次任命新政府的權力。2015年5月10日總統大選，24日第2輪投票，法律正義黨保守派候選人杜達以51.55%得票率擊敗現任的科莫羅斯基（Brinislaw Komorowski）當選，8月6日上任。2020年7月12日總統大選第2輪投票，杜達以51%得票率擊敗華沙市長佐薩斯科斯基（Rafal Trzaskowski）連任，8月就任。預定2025年中舉行總統大選。

政府首長：總統：杜達 Andrzej Duda　　總理：圖斯克 Donald Tusk
主要政黨：公民論壇黨（Civic Platform）、法律正義黨（Law and Justice）、帕里考特運動（Palikot's Movement）、波蘭人民黨（Polish People's Party）、民主左派聯盟（Democratic Left Alliance）。2011年10月9日國會大選，執政黨公民論壇黨在下院獲207席，法律與正義黨157席，帕里考特運動40席，波蘭人民黨28席，民主左派聯盟27席，1席保留予德裔少數民族。上院總席次100席中，公民論壇黨63席，法律正義黨31席，波蘭人民黨2席。公民論壇黨繼續與波蘭人民黨組成聯合政府，這是自1989年共產政權垮台以來，波蘭執政黨首次連續執政，總理圖斯克（Donald Tusk）續任。2014年9月9日，圖斯克因獲選為歐洲理事會主席而辭去總理，同月22日由公民論壇黨黨魁科帕奇（Ewa Kopacz）接任。2015年10月25日國會大選，卡臣斯基（Jaroslaw Kaczynski）領導的法律正義黨贏得下院460席中的235席；公民論壇黨138席。法律正義黨的席多（Beata Szydlo）11月就任總理。2017年12月席多辭職，由財長莫拉維茨奇接任總理。2019年10月14日國會大選，執政黨法律正義黨勝選，再度執政。2023年10月國會大選，由圖斯克領導的公民聯盟與其他政黨獲逾53%選票，組成聯合政府，並由圖斯克擔任總理。
司法制度：設有最高法院、憲法法院、地方法院與上訴法院等。

經社概況

平均每人國內生產毛額：37,700美元（2022）	國內生產毛額：1兆3,880億美元（2022）
國內各業生產毛額結構：農業：2.4%　工業：40.2%　服務業：57.4%（2017）	
通貨膨脹率：14.43%（2022）	失業率：2.89%（2022）
進口值：4,212億2,600萬美元（2022）	出口值：4,340億美元（2022）
主要進口：汽車及零件、原油、包裝藥品、廣播設備、辦公室設備及零件。	
主要出口：汽車及零件、座椅、家具、電腦、影像顯示器。	
人口出生率：8.4‰（2024）	人口死亡率：12.2‰（2024）

葡萄牙共和國
PORTUGUESE REPUBLIC

建國簡史

葡萄牙君主政體建立於11世紀。15、16世紀時為海上強國，在美、亞、非洲擁有許多殖民地。16、17世紀間，一度為西班牙統治。

1891年王室被推翻建立第一共和後，政局極不穩定，1910年10月成立第二共和。1926年5月成立軍人政府。1932年薩拉查出任總理，實施法西斯獨裁統治。1955年以前葡政府雖致力參與國際社會，均未為聯合國所接受。二次世界大戰期間葡國保持中立。1968年9月蓋他諾接掌政權，實施較自由開放的政治，反對黨一度合法化，但1970年10月國會選舉後又視為非法而遭禁止。1974年4月25日，一批中下級官員組成「武裝部隊運動」，在「救國委員會」主席史賓諾拉將軍領導下，推翻蓋他諾獨裁政權，先後建立6屆臨時政府，實施憲政後政府頻頻更迭16次。1987年由社會民主黨執政，政局漸穩定。

1986年葡萄牙加入歐盟前身的歐洲共同體。

與我關係

與我無邦交。★1975年1月6日葡萄牙承認中國，我駐葡公使館於5月31日關閉。★1992年7月我在里斯本設立台北經濟文化中心。★2002年9月10日，葡國國會副議長郭納拉率團訪台5天。★2007年7月5日葡國國際醫療援助基金會創辦人兼主席諾柏瑞（Nobre）訪台7天。★2013年6月5日葡萄牙國會議員訪問團訪台。★2014年6月6至10日葡萄牙國會友台小組主席歐卡娜（Carina Joao Reis Oliveira）率4位國會議員訪台。★2016年5月葡萄牙國會友台小組主席奧利維拉（Paulo Rios De Oliveira）一行2人出席蔡英文總統就職典禮。★2020年6月，我駐葡萄牙代表張俊菲捐贈葡萄牙紅十

字會等醫療機構10萬片口罩。葡萄牙國會友台小組主席奧利維拉（Paulo Rios de Oliveira）出席捐贈儀式見證。★2023年4月，葡萄牙跨黨派議員團訪台，晉見副總統賴清德。

基本資料

地理位置：西南歐、伊比利半島	面積：92,090平方公里
人口：1,020萬人（2024）	網址：http://www.portugal.gov.pt/
與臺北之時差：-8（夏令時-7）	電話國碼：351
獨立日期：1143年獨立，1910年10月5日成立共和	國慶日：6月10日（1580年，葡萄牙日）
首都：里斯本（Lisbon）	語言：葡萄牙語
幣制：Euro, 1.00USD＝0.92EUR（2024）	宗教：天主教

政治制度：國體：共和國。政體：半總統共和制，三權分立，立法權屬國會，行政權屬內閣，司法權屬各級法院。總統：由全民直選產生，任期5年。內閣：內閣由總理、副總理及部長、副部長、次長等組成，行使行政權，對總統及國會負責。總理由總統任免，內閣閣員由總理提名並經總統任命，新總理任命後須於10天內將政府施政計畫送國會審議。國會：國會（Assembly of the Republic）一院制，由全民普選產生，共230席。議員之當選係按政黨在各選區推出之候選人名單順序，依各黨得票比例產生，任期4年。2016年1月24日法學教授德索沙在直選首輪投票以52%的得票率獲勝，3月就任總統。2021年1月24日總統大選首輪投票，德索沙以60.7%得票率當選連任。預定2026年1月總統大選。

政府首長：總統：德索沙 Marcelo Rebelo de Sousa　　總理：蒙特內哥羅 Luis Montenegro

主要政黨：社會民主黨（Partido Social Democrata, PSD）、社會黨（Partido Socialista, PS）、社會民主中心／民眾黨（Centro Democratico Social／Partido Popular, CDS／PP）、共產黨（Portuguese Communist Party, PCP）、左翼聯盟（Bloco de Esquerda, BE）、綠黨。2015年10月國會大選，社會民主黨獲102席，社會黨86席，社會民主中心／民眾黨24席，左翼聯盟19席，共產黨及綠黨聯盟5席，愛好自然及動物黨1席。社民黨黨魁、總理庫艾留的中間偏右執政聯盟「葡萄牙出頭」（Portugal Ahead）勝選，但未過半數，庫艾留政府10月30日宣誓就職。左派在野聯盟11月10日在國會投票中獲勝，執政聯盟倒台，是1974年葡萄牙結束獨裁以來最短命的政府。11月24日社會黨黨魁柯斯塔就任總理。2019年10月6日大選，社會黨獲得108席，但席次未過半，與其他政黨合組聯合政府，總理柯斯塔連任。2022年1月30日國會提前大選，執政的社會黨贏得120席繼續執政，社會民主黨72席。2024年3月，民主聯盟擊敗執政的社會黨，由中右翼領袖蒙特內哥羅獲任命為總理。

司法制度：司法機關分為地方法院、高等法院及最高法院，另有軍事法院及審計法院。

經社概況

平均每人國內生產毛額：35,800美元（2022）	國內生產毛額：3,723億3,100萬美元（2022）
國內各業生產毛額結構：農業：2.2%　工業：22.1%　服務業：75.7%（2017）	
通貨膨脹率：7.83%（2022）	失業率：6.01%（2022）
進口值：1,316億2,700萬美元（2022）	出口值：1,265億4,100萬美元（2022）
主要進口：汽車及車輛零件、原油、飛機、包裝藥品、煉製油品、天然氣。	
主要出口：汽車及零件、煉製油品、皮製鞋類、紙製品、輪胎。	
人口出生率：8‰（2024）	人口死亡率：10.9‰（2024）

羅馬尼亞
ROMANIA

建國簡史

羅馬尼亞原為王國，二次大戰為軸心國之一。1947年羅馬尼亞共黨（RCP）與社民黨合併為羅馬尼亞工人黨（RWP），12月30日米哈伊一世（King Michael）被迫退位，同日羅馬尼亞人民共和國成立。

1948年共黨人士領導的人民民主陣線（PDF）掌權，至1952年以蘇聯模式制定新憲法，羅馬尼亞工人黨於1965年6月

更名為羅馬尼亞共產黨（RCP）。1989年12月22日，希奧塞古領導的羅馬尼亞共產黨政府被推翻，救國陣線委員會接掌政權。1990年5月20日改國名為羅馬尼亞。1991年11月依法國模式制定新憲法。2007年羅馬尼亞加入歐洲聯盟。

與我關係

與我無邦交。★中華民國與羅馬尼亞於1939年建交並設公使，1941年7月羅國承認汪精衛國民政府與滿洲國，我與其斷交。★1988年3月我開放對羅國直接貿易，雙邊貿易成長甚速。★2005年10月，中華民國對外貿易發展協會在首都布加勒斯特設立台灣貿易中心，發展經貿交流和觀光商展活動。★2008年1月24日，陳水扁總統接見來台參與會議的羅馬尼亞前總統康斯坦司古。★2024年3月，羅馬尼亞國會友台小組主席費連坵訪台。★3月31日起羅馬尼亞加入申根區，享180日內可停留90日免簽證待遇。

基本資料

地理位置：東南歐	面積：238,391平方公里
人口：1,814萬人（2024）	網址：http://www.gov.ro/
與臺北之時差：-6（夏令時-5）	電話國碼：40
獨立日期：1881年3月26日宣布獨立，1947年12月30日成立共和	國慶日：12月1日（1918年）
首都：布加勒斯特（Bucharest）	語言：羅馬尼亞語
幣制：Romanian leu, 1.00USD＝4.58RON（2024）	宗教：東正教、基督教、天主教。

政治制度：國體：共和體制。總統：為國家元首，普選產生，任期5年，連選得連任一次，當選後不得隸屬任何政黨。國會：兩院制，議員任期4年，由直選及比例代表制產生，政黨須贏得5%以上選票才能分配席次。眾議院（Chamber of Deputies）412席，參議院（Senate）176席，2016年改選後席次分別縮減為326席及140席。2014年11月2日總統大選，16日第2輪投票，伊爾哈尼斯當選總統。2019年11月10日總統大選，24日舉行第2輪投票，約翰尼斯與代表社會民主黨參選的丹西拉決勝負，約翰尼斯勝選連任。

政府首長：總統：約翰尼斯 Klaus Iohannis　　總理：喬拉庫 Marcel Ciolacu

主要政黨：民主自由黨（PDL）、社會民主黨（PSD）、國家自由黨（PNL）、匈牙利裔民主聯盟（UDMR）。2016年12月眾議院改選，社會民主黨贏得154席，與20席的自由民主聯盟黨（ALDE）合組執政聯盟；國家自由黨69席。社會民主黨2017年初執政以後，試圖讓數件貪污行為合法化，以致示威抗議不斷。2017年6月29日任總理的圖多塞（Mihai Tudose）在2018年辭職。1月29日，丹西拉（Viorica Dancila）接任總理，成為羅國7個月來第3位總理，也是第一位女總理。2019年11月國家自由黨的奧班（Ludovic Orban）受命組閣。2020年12月6日大選，國家自由黨在眾議院330席中獲93席，拯救羅馬尼亞暨自由團結聯盟（PSD）55席，匈牙利裔民主聯盟21席，三黨聯合執政，在野的社會民主黨110席，羅馬尼亞聯盟（AUR）33席。國家自由黨的科楚出任總理。2021年10月國會通過不信任案，科楚下台。11月25日丘克出任總理。2023年6月12日，由普瑞杜任臨時總理，6月15日喬拉庫就職總理。

司法制度：設有憲法法院、審計法院、最高法院和總檢察院，最高法院下設地方法院。

經社概況

平均每人國內生產毛額：32,500美元（2022）	國內生產毛額：6,189億5,000萬美元（2022）
國內各業生產毛額結構：農業：4.2%　工業：33.2%　服務業：62.6%（2017）	
通貨膨脹率：13.8%（2022）	失業率：5.61%（2022）
進口值：1,492億900萬美元（2022）	出口值：1,292億8,600萬美元（2022）
主要進口：汽車及零件、原油、包裝藥品、絕緣電線、廣播設備。 主要出口：汽車及零件、絕緣電線、煉製油品、電器設備控制板、座椅。	
人口出生率：8.5‰（2024）	人口死亡率：14.6‰（2024）

俄羅斯聯邦
RUSSIAN FEDERATION

建國簡史

862年奧列格（Oleg）建立基輔大公國，並定希臘正教為國教，後以莫斯科為中心，建立中央集權式之莫斯科公國。1241年蒙古人入侵並統治俄羅斯240年，1481年莫斯科大公伊凡三世推翻蒙古統治，建立沙皇國。17世紀初，公國因內憂外患而式微，1613年羅曼諾夫受擁戴為沙皇，建立羅曼諾夫王朝，統治俄羅斯3個世紀至1917年。其間俄羅斯帝國有計畫地向東、向西擴張版圖，成為歐亞強國。

1917年11月列寧領導之布爾什維克共產黨人發動武裝革命奪取政權，建立俄羅斯民主聯邦共和國，1922年12月30日聯合其他11個共和國和若干自治區建立蘇維埃社會主義共和國聯邦（1922年至1991年），簡稱蘇聯，共有15個加盟共和國。蘇聯實施共產主義，歷經列寧、史達林、赫魯雪夫及布里茲涅夫等人專制統治後，在軍事上與美國分庭抗禮，但經濟困窘，民生凋敝，迫使戈巴契夫於1985年主政後，改採自由開放政策。1990年6月12日，俄羅斯國會最高蘇維埃發表「國家主權宣言」，宣布俄羅斯在其境內擁有絕對主權。1991年8月19日，蘇聯共黨中之保守勢力聯合軍中反改革將領發動政變，葉爾欽率領首都莫斯科軍民抵抗，政變失敗，葉氏率先宣布蘇聯共黨為非法組織，進而促成蘇聯各加盟共和國各自宣布獨立。

1991年12月25日，俄羅斯聯邦國旗在克里姆林宮升起，同日戈巴契夫宣布辭去蘇聯總統，12月26日蘇聯最高蘇維埃共和國院舉行最後一次會議，宣布蘇聯停止存在，蘇聯瓦解。俄羅斯聯邦雖於1991年12月21日倡議成立架構鬆散之獨立國家國協（Commonwealth of Independent States CIS），但愛沙尼亞、拉脫維亞、立陶宛等3國拒絕加入，僅有前蘇聯12個獨立之加盟共和國加入。1991年12月蘇聯解體，由俄羅斯繼承前蘇聯之國際法人地位，成立俄羅斯聯邦，葉爾欽在1991年6月12日當選俄羅斯第一任總統。

蘇聯解體後，俄羅斯成為獨立國並為蘇聯的唯一繼承國。1993年12月12日，公民投票通過俄羅斯獨立後的第一部憲法。2022年2月24日，總統蒲亭宣布對烏克蘭展開特別軍事行動，入侵烏克蘭東部與南部。

與我關係

與我無邦交。★1913年10月，沙俄承認中華民國，我在聖彼得堡設立公使館。1949年10月，蘇聯與中國建交，與中華民國斷交。★外交部次長章孝嚴1992年1月及4月訪俄。我政府1992年1月致贈俄羅斯10萬噸食米人道援助。★台北—莫斯科經濟文化協調委員會駐莫斯科代表處於1993年7月11日成立。★俄羅斯部次長級官員及自治共和國總理等多人曾訪台。1995年4月27日，俄羅斯下議院委員會主席隨獨立國協訪問團訪台。★1996年12月15日，莫斯科—台北經濟文化協調委員會駐台北代表處成立。★談判3年後，台北–莫斯科航線從1997年9月4日簽署通航協定。★1998年1月9日，台俄海運通航議事錄在莫斯科簽署，1月20日在台北換函確認，台俄海運通航。2月10日，俄羅斯遠東航運公司沙托瓦號貨輪，滿載鉻鐵礦首航高雄港。5月，教育部與俄國教育主管單位，透過莫斯科台北經文委員會簽署兩國交換留學生協定，從1998年6月30日起，兩國各自遴派5名學生交換學習。10月18日，俄羅斯自民黨主席吉里諾夫斯基搭專機率十餘位國會議員與自民黨幹部訪台，這是兩國斷航50年後首度直航。★1999年4月18日，俄羅斯聯邦喀爾瑪共和國總統伊律諾夫訪台。7月8日，中華民國工商協進會與俄羅斯聯邦商工總會在台北簽署合作協議書，加強經貿關係。★2000年7月19日，工業技術研究院與俄羅斯國家科學院簽訂技術合作備忘錄與合作意向協議書，就光電與材料科技合作。★兩國首度直航商務客機，海參崴航空公司包機於2001年4月30日降落桃園中正機場，5月1日凌晨搭載約150名乘客直飛海參崴。★2002年8月24日，中華航空公司客機首航莫斯科。9月1日，俄羅斯全祿航空公司包機飛抵中正機場。★2004年9月9日，台俄協會俄羅斯經貿科技參訪團在莫斯科舉行商務及技術延攬洽談會，隨後舉辦第2屆台俄合作論壇。★2006年5月我與俄羅斯科技合作備忘錄於莫斯科簽署。★2010年6月9日總統夫人周美青以榮譽團長身分隨雲門舞集赴俄羅斯公演，受到俄方通關禮遇。★2011年8月30日，中華民國國家圖書館贈書俄羅斯國家兒童圖書館，兩館簽署館際合作協議。10月4日，國家教育研究院與俄羅斯教育科學院（RAE，

前身為蘇聯教育科學院）簽署合作備忘錄。雙方派遣學者互訪，進行教育比較研究與交流，互派學者駐點訪問。★2013年10月16日，兩國在台北簽署台灣與俄羅斯聯邦間航空服務協定。★2017年11月14日，工業技術研究院與俄羅斯國家科學院在新竹縣竹東鎮簽署合作備忘錄，13日舉辦首屆台俄高科技論壇。★2018年9月6日，外交部試辦俄羅斯國民來台14天免簽證措施，至2019年7月31日止。★2019年7月4日，外交部宣布俄國國民免簽證放寬至21天，延長一年至2020年7月底止。★2020年4月，我駐俄羅斯代表處為兩國醫界人士舉行兩場2019冠狀病毒疾病台灣防疫抗疫經驗交流視訊會議。10月7日，俄羅斯公告全球統一電子簽證適用對象，台灣列入首波名單。★2021年1月5日，我外交部表示，中華民國護照持有者可網路申辦通行俄羅斯全境的簽證，效期60天，停留期限16天。由於新型冠狀病毒疫情，此項措施須待俄國政府發布特別命令後實施。★2022年2月24日，俄軍入侵烏克蘭，25日我外交部宣布將加入國際社會對俄國的經濟制裁。★2022年3月，台灣被俄羅斯列入不友善國家。★2024年9月3日，總統賴清德引中俄領土爭議駁收台主張，認為中國若真正關心這點，應也要尋求收回19世紀割讓給俄羅斯的土地。

基本資料	
地理位置：歐亞大陸北部	面積：17,098,242平方公里
人口：1億4,082萬人（2024）	網址：http://www.gov.ru/
與臺北之時差：-4（最西：莫斯科、聖彼得堡）/+3（最東：海參崴）[俄國橫跨8個時區]	電話國碼：7
獨立日期：1991年12月25日（脫離蘇聯）	國慶日：6月12日（1990）
首都：莫斯科（Moscow）	語言：俄語
幣制：Russian ruble, 1.00USD=87.80RUB（2024）	宗教：東正教、伊斯蘭教。
政治制度：總統：由國民直接選舉，任期6年，連選得連任一次，半總統制聯邦國家。國會：聯邦議會（Federal Assembly）分上、下兩院，由上院聯邦院（Federation Council）及下院國家院（State Duma）組成。上院166席，任期4年，權限包括批准俄聯邦邊界修改；宣布緊急狀態的總統令；俄聯邦武裝力量境外派兵；俄聯邦總統選舉；彈劾總統；任命俄聯邦憲法法院、最高法院、最高仲裁法院院長；任免俄聯邦總檢察長。國家院450席，自2011年選出的新一屆國家院起，任期由4年改為5年，自2016年選舉起，半數席次直選產生，另一半由政黨比例代表制選出，權限包括對總理人選投票表決可否，決定是否信任政府的議案，任免中央銀行行長，通過聯邦法律和命令。內閣直屬總統，總理1人，經總統提名，國會同意後任命，總理負責提出內閣名單。蒲亭2000至2008年擔任2任總統後，推派親信麥維德夫（Dmitriy Medvedev）參選2008年總統選舉。2008年5月7日麥維德夫就職，任命蒲亭為總理。麥維德夫在位時修憲，將總統4年任期自新一屆起延長為6年。2012年3月4日總統大選，蒲亭以63%得票獲勝，5月第3度就任總統，任命麥維德夫為總理。2018年3月18日總統大選，蒲亭以77%選票獲勝，5月就職，任命麥維德夫續任總理。2020年1月蒲亭宣示憲政改革，提名聯邦稅務局長米舒斯京接任總理，獲國會通過。6月，俄羅斯舉辦涵蓋206項改革範圍的修憲公投，獲近8成投票民眾支持，涉及退休年金等社會議題，另外規定日後的總統任期，改為總計只能當兩任，但現任總統不受修憲條款拘束，意思是蒲亭理論上還可再競選2次；國會則獲得更多任命官員的權力。2024年3月總統大選，蒲亭以87%得票率迎向下一個6年任期。	
政府首長：總統：蒲亭 Vladimir Putin　　總理：米舒斯京 Mikhail Mishustin	
主要政黨：統一俄羅斯黨（United Russia, EP）、俄羅斯共產黨（CPRF）、正義俄羅斯黨（A Just Russia Party）、自由民主黨（LDPR）。2011年12月4日國家院大選，由總理蒲亭領導之執政黨統一俄羅斯黨以49.54%得票率在450席國會下院取得238席，遠低於2007年315席，續保下院最大黨地位，但喪失修憲所需國會2/3多數席次。其餘3大黨依得票率高低排序分別為俄羅斯共產黨（19.2%占92席）、正義俄羅斯黨（13.2%占64席）及自由民主黨（11.7%占56席）。2016年9月下院國家院大選，統一俄羅斯黨贏得54.3%選票，在國會450席中拿下343席，其餘為俄羅斯共產黨13.5%，自由民主黨13.2%，正義俄羅斯黨6.2%。2021年9月17至19日國家院大選，統一俄羅斯黨票50.9%獲324席，俄羅斯共產黨得票19.3%獲57席，正義俄羅斯黨得票7.6%獲27席。預計2026年9月大選。	
司法制度：設有聯邦憲法法院、聯邦最高法院、聯邦最高仲裁法院。	

經社概況

平均每人國內生產毛額：27,500美元（2022）	國內生產毛額：4兆美元（2022）
國內各業生產毛額結構：農業：4.7%　工業：32.4%　服務業：62.3%（2017）		
通貨膨脹率：6.69%（2021）	失業率：3.87%（2022）
進口值：3,473億7,500萬美元（2022）	出口值：6,406億8,800萬美元（2022）
主要進口：汽車及零件、包裝藥品、廣播設備、飛機、電腦。		
主要出口：原油、煉製油品、天然氣、煤、小麥、鐵。		
人口出生率：8.4‰（2024）	人口死亡率：14‰（2024）

聖馬利諾共和國
REPUBLIC OF SAN MARINO

建國簡史

為歐洲最古老的共和國，根據傳統，聖馬利諾於301年，由信奉基督教的石匠Marinus建國，在中世紀早期即發展為城市國家，為義大利在19世紀統一前唯一存在的獨立城國，曾於1862年與義大利簽訂友好合作條約，該約於1939年重新訂定，並於1971年再度修訂。聖馬利諾的外交政策與義大利保持一致。

與我關係

聖馬利諾與我無邦交。★1999年起，聖馬利諾雖非申根公約國，但接受中華民國護照持有者適用以免申根簽證待遇入境，每6個月可停留申根區90天。聖馬利諾公民持護照也可免簽證入境我國，最多停留90天。

基本資料

地理位置：南歐、義大利境內東部	面積：61平方公里
人口：3萬5,095人（2024）	網址：http://www.sanmarino.sm/
與臺北之時差：-7（夏令時-6）	電話國碼：378
獨立日期：301年9月3日	國慶日：9月3日
首都：聖馬利諾（San Marino）	語言：義大利語
幣制：Euro, 1.00USD=0.92EUR（2024）	宗教：天主教

政治制度：國體：共和國。政體：議會共和制。內閣：每年4月及10月由國會選出2位「攝政官（Captains Regent）」，職權如歐美國家的總統，另由國會推選10人分掌各部。國會（General Grand Council）：一院制，大公議會議員60人，直接選舉，任期5年。

政府首長：攝政官：齊維奇亞 Francesca Civerchial、里卡爾迪 Dalibor iccardi （2024年10月1日至2025年3月30日）

主要政黨：2019年12月8日國會大選，基督教民主黨（PDCS）獲21席、明日行動聯盟（Tomorrow in Action）15席、自由黨（Free San Marino）10席、共和黨（We for the Republic）8席、未來共和（Future Republic）6席。

司法制度：設有第一及第二審法院，並另設司法委員（Council of Twelve），該委員會委員由國會選出12人組成，負責保護人民權利、審核外國人購地、監護遺孀及孤兒的財產。

經社概況

平均每人國內生產毛額：61,600美元（2021）	國內生產毛額：20億7,900萬美元（2021）
國內各業生產毛額結構：農業: 0.1%　工業: 39.2%　服務業: 60.7%（2009）		
通貨膨脹率：1.05%（2017）	失業率：8.1%（2017）
進口值：29億3,400萬美元（2021）	出口值：34億2,000萬美元（2021）
主要進口：電、汽車、鋁、鞋類、天然氣、鐵管。　主要出口：工業洗裝瓶機、包裝藥、木工機、食品、飛機。		
人口出生率：9‰（2024）	人口死亡率：8.9‰（2024）

塞爾維亞
REPUBLIC OF SERBIA

建國簡史

原南斯拉夫社會主義聯邦共和國，係由塞爾維亞(Serbia)、蒙特內哥羅(Montenegro)、斯洛維尼亞(Slovenia)、克羅埃西亞(Croatia)、馬其頓(Macedonia)、波士尼亞－赫塞哥維納(Bosnia-Herzegovina) 6個共和國，以及科索沃(Kosovo)、弗伊弗丁納(Vojvodina)兩自治省組成。自1991年6月內戰爆發以來，境內克、斯、馬、波4共和國陸續宣告獨立。塞、蒙兩共和國遂於1992年4月27日另組南斯拉夫聯邦共和國。中世紀的塞爾維亞是巴爾幹半島最強的國家，塞人7世紀自北方移至現居地，14世紀下半葉被土耳其統治，1389年因抵抗土耳其兵敗科索沃之英雄事蹟至今仍被歌頌，成為史詩般的民族神話。1830年塞爾維亞人爭得自治團體地位，1878年在柏林會議上獨立地位被承認，1882年成為獨立王國。

1914年6月28日，奧匈帝國皇儲斐迪南大公在塞拉耶佛遭塞爾維亞政府派人刺殺，引發第一次世界大戰，戰後的凡爾賽條約及特利安農條約將南斯拉夫地區各民族聯合，1918年成立「塞爾維亞－克羅埃西亞－斯洛維尼亞王國」，1928年改奉塞爾維亞Karadjordjevic王朝為正朔，改國號為南斯拉夫王國，如此安排引起其他民族怨恨，1934年克族恐怖分子在墨索里尼政權支持下暗殺國王Aleksandar，政局動盪。二次世界大戰期間，德國占領南斯拉夫，南斯拉夫共產黨總書記狄托(Josip Borz Tito)組織反抗軍打游擊戰，獲盟軍援助。1945年11月29日，共黨控制下選出的臨時國會宣布成立南斯拉夫人民聯合共和國，1963年更名為南斯拉夫社會主義聯邦共和國，狄托獲選為終身總統。1950、60年代南斯拉夫遭受蘇聯東歐集團威脅，各族尚能齊心對外，但自1980年狄托去世後，各共和國間摩擦不斷。

1989年與1990年間，非共化浪潮席捲東歐，早在1950年代進行改革的南斯拉夫也受時代潮流的衝擊。1991年6月，斯洛維尼亞和克羅埃西亞宣布獨立之次日即引發南斯拉夫內戰。斯洛維尼亞獨立戰爭歷時短暫，但稍後在克羅埃西亞之戰事相當激烈，1992年爆發之波士尼亞內戰尤為慘烈，歷時3年半，直至1995年達頓協定簽署後才恢復和平。1998年起科索沃族群衝突升高，南斯拉夫聯邦軍隊對該區軍事鎮壓，且罔顧國際間的和平努力。1999年3月，北大西洋公約組織對南斯拉夫聯邦展開空中攻擊，南聯米洛塞維奇政權驅離阿裔居民，造成成千上萬阿裔難民走避鄰國，6月南聯低頭，接受北約條件，部隊撤出科索沃，由國際部隊接管，但名義上仍擁有科索沃主權。南聯部隊撤出科索沃後，大部分難民重返家園，以北約為骨幹之國際維和部隊進駐科省，由聯合國負責科索沃過渡時期之政務。2002年3月14日，南斯拉夫聯邦，塞爾維亞與蒙特內哥羅領袖在貝爾格勒簽署未來關係協議。未來共同國名改為「塞爾維亞與蒙特內哥羅」。根據協議，共同國的組成成員在簽署3年後有權退出。4月8日，南斯拉夫聯邦政府通過協定，以一個「塞爾維亞與蒙特內哥羅」國取代南斯拉夫聯邦。4月9日，南斯拉夫聯邦的塞爾維亞和蒙特內哥羅兩個共和國的國會均通過協定，以「塞爾維亞與蒙特內哥羅」國取代南斯拉夫聯邦政府。5月31日，南斯拉夫聯邦國會上下兩院通過決議，以「塞爾維亞與蒙特內哥羅」國取代南斯拉夫。2003年2月4日，南斯拉夫國會以84票贊成，31票反對，通過解散南斯拉夫的決議案，以新邦聯「塞爾維亞與蒙特內哥羅」取代。新憲法保證這兩個共和國均享有高度自治，並授權塞爾維亞與蒙特內哥羅舉行獨立公投。

2006年5月21日蒙特內哥羅公民投票，55.5%支持獨立，6月3日蒙特內哥羅宣布獨立，成為歐洲的獨立國，塞爾維亞於12天後承認蒙特內哥羅為獨立國。科索沃於2008年2月17日宣布獨立，引發塞國內部政治危機，塞國認為科索沃為該國不可分割之一部分，其獨立為非法。2012年3月1日，歐洲聯盟給予塞爾維亞候選成員國資格。2020年6月總統武契奇所屬塞爾維亞進步黨在國會選舉大勝後，展開會晤，希望重啟與前交戰對手科索沃停擺超過1年的會談。9月4日塞爾維亞與科索沃在美國居中斡旋下，於華盛頓簽署經濟關係正常化協議。

與我關係

與我無邦交。★2012年4月26日，外交部宣布，塞爾維亞為加入世界貿易組織，同意簡化中華民國國民申辦簽證程序及縮短核發時程。★2013年9月26日至10月27日，國立台灣美術館所策畫的「凝視自由：台灣當代藝

術展」於塞爾維亞佛伊弗迪納當代美術館展出。★2016年6月，中國國家主席習近平訪問塞國期間雙方簽署聲明，塞國在聲明中重申支持「一個中國」原則，承諾「不與台灣當局建立任何官方關係和進行任何官方往來」。★2024年5月9日，外交部駁斥塞爾維亞與中國發表台灣主權地位之聯合聲明。

基本資料

地理位置：東南歐	面積：77,474平方公里
人口：665萬人（2024）	網址：http://www.srbija.gov.rs
與臺北之時差：-7（夏令時-6）	電話國碼：381
獨立日期：2006年6月5日（脫離聯邦國家「塞爾維亞與蒙特內哥羅」）	國慶日：2月15日
首都：貝爾格勒（Belgrade）	語言：塞爾維亞語
幣制：Serbian dinar, 1.00USD=107.84RSD（2024）	宗教：東正教、天主教、伊斯蘭教。

政治制度：國體：根據1992年4月制定的憲法，聯邦共和制。總統：由全民直選產生，任期5年。國會：一院制，共250席，任期4年。2002年10月、12月及2003年11月塞爾維亞舉行3次總統選舉，皆因無人獲得50%以上選票而未選出，議會2004年2月修正總統選舉規定，同意第2輪投票改以簡單多數決選出。2004年6月第4次總統選舉，民主黨籍的塔迪奇（Boris Tadic）在第2輪投票中獲勝。科索沃於2008年2月17日宣布獨立，引發塞國政治危機，執政聯盟因立場不同而崩解，解散國會，提前於5月11日改選。此後塞國政局數度輪替，在歐盟調停下，持續與科索沃協商。2008年1、2月塞國總統大選，塔迪奇以50.5%得票連任，2012年4月5日辭職。同年5月20日大選，塞爾維亞進步黨的尼可立奇在第2輪投票中以51%得票獲勝。2017年4月2日總統大選，總理武契奇以55.1%得票率獲勝，5月31日就任。2022年4月3日大選，武契奇以60%得票率獲勝連任。預計2027年4月總統大選。

政府首長：總統：武契奇 Aleksandar Vucic　　總理：武切維奇 Milos Vucevic

主要政黨：塞爾維亞進步黨（SNS）、民主黨（DS）、塞爾維亞社會黨（SPS）、塞爾維亞民主黨（SDPS）、及自由民主黨（LDP）。2016年4月大選，塞爾維亞進步黨主導的政黨聯盟獲131席，塞爾維亞社會黨29席，塞爾維亞激進黨22席，塞爾維亞進步黨黨魁武契奇（Aleksandar Vucic）連任總理。2017年4月武契奇當選總統後，前公共行政部長布納比奇（Ana Brnabic）6月29日接任總理，成為塞國首位女性及同志總理。原定2020年4月國會大選，因2019冠狀病毒疾病疫情延至6月21日，塞爾維亞進步黨聯盟For Our Children獲188席，塞爾維亞社會黨與聯合的塞爾維亞32席，塞爾維亞民主黨11席。女性共85席，占30%。2022年4月3日提前大選，執政的塞爾維亞進步黨領導的Together we can do everything聯盟獲120席，持續執政，UZPS黨38席，SPS-JS-ZS聯盟31席。女性共100席，占40%。2023年12月國會大選，塞爾維亞進步黨取得勝利繼續執政，黨主席武切維奇出任總理。

司法制度：設有憲法法院、聯邦法院、普通法院、高等法院、最高法院。

經社概況

平均每人國內生產毛額：20,900美元（2022）	國內生產毛額：1,391億9,300萬美元（2022）
國內各業生產毛額結構：農業：9.8%　工業：41.1%　服務業：49.1%（2017）	
通貨膨脹率：11.98%（2022）	失業率：8.68%（2022）
進口值：473億9,500萬美元（2022）	出口值：399億美元（2022）
主要進口：原油、汽車、包裝藥品、天然氣、煉製油品。	
主要出口：絕緣電線、輪胎、玉米、汽車、鐵製品、銅。	
人口出生率：8.8‰（2024）	人口死亡率：14.9‰（2024）

斯洛伐克共和國
SLOVAK REPUBLIC

建國簡史

斯洛伐克為斯拉夫民族，歷史可追溯到9世紀，當時與捷克共同建立大摩拉維亞帝國（Great Moravian Empire），80年後解體。907年捷克建立波西米亞（Bohemia）王國，斯洛伐克則被匈牙利統治。

自1526年起奧地利哈布斯堡王朝（Hapsburg）統治匈牙利，1867年奧匈更名奧匈帝國，斯洛伐克為隸屬匈牙利之地區，1848年成立國家委員會，並向奧匈帝國爭取更多自治權。

第一次世界大戰後奧匈帝國瓦解，斯洛伐克人馬薩里克（Tomas G. Masaryk）遊說西方領袖支持建立捷克斯洛伐克國，1918年斯洛伐克與波西米亞－摩拉維亞獨立為捷克斯洛伐克共和國（Republic of Czechoslovakia），首任總統馬薩里克。1938年英、法、義3國與納粹德國簽訂慕尼黑協定，將捷克斯洛伐克之德語區蘇台德省（Sudeten）割給德國，另有領土劃予匈牙利及波蘭。1939年德國入侵占領捷克斯洛伐克。

1945年第二次世界大戰結束後，捷克斯洛伐克恢復獨立並於1946年全國選舉，共黨獲得多數票組織聯合政府，復於1948年贏得大選，獲得全面控制權，6月9日建立捷克斯洛伐克人民共和國（People's Republic of Czechoslovakia）。1960年7月通過新憲法，改國號為捷克斯洛伐克社會主義共和國（Czechoslovak Socialist Republic）。

1968年初捷共第一書記杜布契克（Alexander Dubcek）領導社會、政治、經濟改革，強調人性的社會主義（Socialism with a Human Face），但「布拉格之春」改革運動旋遭蘇聯率華沙集團聯軍於同年8月21日入侵、鎮壓並占領捷克而失敗。同年政府修訂憲法，於1969年1月1日建立聯邦體制，斯洛伐克與捷克兩共和國皆設置獨立的政府與國會。1989年11月捷克民間大規模之示威運動，迫使捷共政府與民主人士分享政權，12月29日聯邦國會選舉哈維爾為總統，其後數月捷克快速進行民主改革，共黨對政府之控制完全瓦解，此即「絲絨革命」（Velvet Revolution）。

由於斯洛伐克人要求政治地位平等，經過激烈的辯論後，聯邦國會於1990年4月20日通過決議，把國名改為「捷克暨斯洛伐克聯邦共和國」（The Czech and Slovak Federal Republic）。後因聯邦政府採行之激進經濟改革措施嚴重打擊經濟發展較落後之斯洛伐克，使兩國於1993年1月1日分裂，捷克與斯洛伐克成為分別的獨立國。兩國於2014年5月皆成為歐洲聯盟成員國。

與我關係

與我無邦交。★1996年7月11日，行政院通過國科會所提，我與斯洛伐克共和國科學院簽署的科學合作協定。★2003年8月1日，我在布拉第斯拉瓦成立駐斯洛伐克台北經濟文化辦事處。11月「斯洛伐克經濟文化辦事處」於台北開幕。★2007年7月23日，簽署航空運輸服務協定。★2011年8月10日，簽署避免所得稅雙重課稅及防杜逃稅協定，是我與非邦交國間租稅協定使用正式國名首例。★2014年4月15日，簽署度假打工瞭解備忘錄。★2016年5月斯洛伐克前總理芮狄秋娃（Iveta Radicova）出席蔡英文總統就職典禮。★2020年4月，駐斯洛伐克代表曾瑞利轉交我政府捐贈斯國的20萬片口罩。★2021年9月26日，斯洛伐克政府捐贈16萬劑疫苗直運抵台灣。10月24日外交部長吳釗燮出訪歐洲，26日在斯洛伐克智庫「全球安全論壇」上發表專題演說。★2022年6月，斯洛伐克訪團拜會立法院。★2023年6月，斯國經濟部政次率團來台舉辦經濟合作諮商會議。★2024年8月21日，斯國前總理赫格在凱達格蘭論壇發表演講，談曾犧牲民主依賴俄羅斯，指台灣是經濟韌性模範。★2024年9月4日，台灣與斯洛伐克簽第2期半導體合作協議，強化斯國車用技術。

基本資料

地理位置：中歐，北臨波蘭	面積：49,035平方公里
人口：556萬人（2024）	網址：http://www.government.gov.sk/
與臺北之時差：-7（夏令時-6）	電話國碼：421
獨立日期：1993年元月1日	國慶日：1月1日

首都：布拉第拉瓦（Bratislava）	語言：斯洛伐克語
幣制：Euro, 1.00USD=0.92EUR（2024）	宗教：天主教、基督教。

政治制度：國體：共和國。政體：議會共和制。總統為國家元首，由公民直選，任期5年。國會：一院制，共150席，比例代表制決定席次，任期4年。政府：最高行政機關，總理由總統任命，下設4名副總理及14名閣員。2004年4月第2輪總統選舉，前國會議長蓋斯巴洛維奇獲勝，2009年連任。2014年3月29日總統選舉，富商基斯卡以59.4%得票率擊敗方向-社會黨的總理費佐，當選總統。2019年3月30日第2輪總統選舉，律師查普托娃以58.4%得票率獲勝，6月15日就任，成為斯洛伐克首位女總統。2024年4月大選，親俄派佩拉格利尼勝出，鞏固總理費佐之政權。
政府首長：總統：佩拉格利尼 Peter Pellegrini　　總理：費佐 Robert Fico
主要政黨：方向-社會黨（Smer-Social Democracy）、基督民主黨（KDH）、平民黨（OLaNO）、斯洛伐克民族黨、自由團結黨（SaS）。2016年3月5日大選，左派的方向-社會黨獲49席、自由團結黨21席、平民黨19席、斯洛伐克民族黨15席、我們的斯洛伐克黨14席、橋黨11席。3月23日方向-社會黨、斯洛伐克民族黨、橋黨與網絡黨（Network）組成聯合政府，費佐連任總理。2018年3月15日費佐辭職，3月22日副總理佩拉格利尼（Peter Pellegrini）接任總理。2020年2月29日大選，平民黨贏得53席、方向-社會黨38席；平民黨與我們是一家黨（Sme Rodina）、自由團結黨、服務人民黨（Za L'udi）共同組閣。平民黨撥馬托維奇（Igor Matovic）任總理，2021年3月辭職，由副總理赫格接任總理。2023年9月30日，國會大選由親俄政黨方向-社會黨獲42席勝出，費佐當總理。
司法制度：司法機構包括憲法法院、最高法院及特別法院，尚無地方法院。法官經斯洛伐克「司法會議（Judiciary Council）」推薦提請總統任免。

經社概況	
平均每人國內生產毛額：33,200美元（2022）	國內生產毛額：1,802億美元（2022）
國內各業生產毛額結構：農業：3.8%　工業：35%　服務業：61.2%（2017）	
通貨膨脹率：12.77%（2022）	失業率：6.14%（2022）
進口值：1,206億2,200萬美元（2022）	出口值：1,146億7,800萬美元（2022）
主要進口：汽車及零件、廣播設備、原油、天然氣、絕緣電線。	
主要出口：汽車與零件、影像顯示器、廣播設備、輪胎、煉製油品。	
人口出生率：10‰（2024）	人口死亡率：11.2‰（2024）

斯洛維尼亞共和國
REPUBLIC OF SLOVENIA

建國簡史

前南斯拉夫加盟共和國之一，1991年5月15日南斯拉夫聯邦總統委員會改選，塞爾維亞唯恐總統梅西奇一旦掌權，斯洛維尼亞、克羅埃西亞獨立將成事實，故加以阻撓，而發生聯邦總統虛懸之憲政危機。5月21日克國公民以全民表決高票贊成獨立，6月25日宣布獨立。梅西奇出任總統後宣布南斯拉夫問題必須改變聯邦體制，以解決斯、克兩國獨立問題。但稍後克國境內爆發大規模流血衝突，美國及歐洲聯盟為遏止動亂，承認斯、克兩國獨立。歐盟於1992年1月15日與斯洛維尼亞建交。1992年成為聯合國會員，2004年3月獲准加入北大西洋公約組織（NATO），同年5月1日成為歐盟會員國。

與我關係

與我無邦交。★中華民國未在斯洛維尼亞設處，由駐奧地利代表處兼轄。★1992年6月初，斯洛維尼亞科技部長湯西奇訪台3天。同年11月9日，外貿協會與斯國簽署貿易合作協議書，加強雙邊貿易之推廣。★1993年7月5日，我將斯國列入適用我第二欄優惠關稅稅率國。★1997年5月，斯國國會議員楊沙（Janez Jansa）訪台。10月台斯友好協會成立。★2020年4月，駐奧地利代表史亞平捐贈斯國15萬片口罩，由該國國民防救災總署副署長洛特里希接收。

基本資料

地理位置：中歐南部，與奧地利、匈牙利接壤。	面積：20,273平方公里
人口：209萬人（2024）	網址：http://www.gov.si/
與臺北之時差：-7（夏令時-6）	電話國碼：386
獨立日期：1991年6月25日（脫離南斯拉夫）	國慶日：6月25日（1991年）
首都：盧比安納（Ljubljana）	語言：斯洛維尼亞語、塞爾維亞-克羅埃西亞語。
幣制：Euro, 1.00USD＝0.92EUR（2024）	宗教：天主教、伊斯蘭教、東正教。

政治制度：政體：議會共和制。總統：公民直選產生，任期5年。兩院制國會，國民議會（National Assembly）為主要立法機構，議員90名，直選產生，其中2席為義裔及匈裔少數民族保留席，任期4年。參議院（National Council）為諮詢性機構，議員40名，代表地方、勞資與自營業主等，任期5年。2017年11月12日總統大選第2輪決選，總統巴荷獲得約53%選票，成功連任。2022年10月23日總統大選。11月13日第2輪投票，皮耶茨穆沙以53.8%得票率當選。

政府首長：總統：皮耶茨穆沙 Natasa Pirc-Musar　　總理：高洛伯 Robert Golob

主要政黨：斯洛維尼亞積極黨、斯洛維尼亞民主黨（SDS）、社會民主黨（SD）、退休者民主黨（DeSUS）。2011年12月大選，盧比安納市長揚柯維奇（Z. Jankovic）的斯洛維尼亞積極黨獲28席，斯洛維尼亞民主黨26席，原執政黨社會民主黨10席。揚柯維奇未取得國會多數支持，斯洛維尼亞民主黨主席詹沙（Janez Jansa）在5黨支持下於2012年1月28日組閣。2013年2月27日國會通過閣不信任案，由斯洛維尼亞積極黨黨揆布拉圖舍克（Alenka Bratusek）出任首位女總理。2014年5月布拉圖舍克在黨魁選舉失利後辭職，國會提前於7月13日改選，法學教授塞拉爾領導的新黨以35%得票成為最大黨，取得國會90席中的36席，斯洛維尼亞民主黨21席，退休者民主黨10席。8月25日塞拉爾就任總理。2018年3月14日塞拉爾請辭，6月3日大選，斯洛維尼亞民主黨獲25席，沙瑞克名單黨13席，社會民主黨10席，現代中心黨（SMC）10席，左黨（Levica）9席，新斯洛維尼亞黨（NSi）7席。8月17日40歲的沙瑞克（M. Sarec）任總理。2020年初，沙瑞克的少數黨政府垮台，詹沙聯合其他3個政黨組閣，3月回任總理。2022年4月24日國會大選，新成立的政黨自由運動（GS）獲34.5%選票41席，與社會民主黨7席和左黨5席合組執政聯盟，前能源公司執行長高洛伯5月25日就任總理。反對黨斯洛維尼亞民主黨27席、新斯洛維尼亞黨8席等。

司法制度：設有憲法法院、普通法院（地方、高等及最高）、勞工及社會法院。

經社概況

平均每人國內生產毛額：41,000美元（2022）	國內生產毛額：866億2,400萬美元（2022）
國內各業生產毛額結構：農業：1.8%　工業：32.2%　服務業：65.9%（2017）	
通貨膨脹率：8.83%（2022）	失業率：4.01%（2022）
進口值：551億5,800萬美元（2022）	出口值：565億1,000萬美元（2022）
主要進口：包裝藥品、汽車及零件、煉製油品、貨車、電。	
主要出口：包裝藥品、汽車及零件、煉製油品、電器照明信號設備、電。	
人口出生率：8‰（2024）	人口死亡率：10.5‰（2024）

西班牙王國
KINGDOM OF SPAIN

建國簡史

西班牙國名可溯至羅馬帝國，原為帝國之伊斯班尼亞省（Hispania），自古即為各民族紛爭之地，先後為腓尼基人、希臘人、羅馬人、日耳曼人、摩爾人所占據。1479年北部卡斯蒂亞國女王伊莎貝爾一世（Isabel I）與阿拉貢國王費南多五世（Fernando V）聯姻，奠定西班牙的統一基業，1492年將統治西班牙800年之久的摩爾人擊敗，同年10月12日哥倫布發現美洲大陸。

16世紀國力鼎盛，為西班牙的黃金時代。17世紀國勢轉衰，1898年美西戰爭，西班牙失去殖民地古巴及菲律賓，政治在左右兩派交替掌權下鮮少建樹。1939年佛朗哥元帥（Francisco

Franco Bahamonde)贏得內戰（1936-39年），執政至1975年11月20日逝世，11月22日由波旁王朝王儲璜‧卡羅斯一世宣誓就任國王。1986年西班牙加入歐洲聯盟前身的歐洲共同體。

與我關係

與我無邦交。★1973年3月10日中華民國與西班牙中止外交關係。3月9日西班牙與中國建交。★我國在馬德里設有「台北經濟文化辦事處」。★1974年3月，西班牙在台設立塞萬提斯中心，1982年更名為西班牙商務辦事處。★2019年11月，西班牙眾議員訪問團來台，獲副總統陳建仁接見。★2020年4月，2019冠狀病毒疾病全球大流行，政府啟動口罩援外，運送700萬片口罩至西班牙等11個歐洲國家。★2023年1月，西班牙國會議員團抵台訪問。

基本資料

地理位置：西南歐、伊比利半島	面積：505,370平方公里
人口：4,728萬人（2024）	網址：http://www.lamoncloa.gob.es/
與臺北之時差：-7（夏令時-6）	電話國碼：34
獨立日期：1492年（驅逐摩爾人，全國統一）	國慶日：10月12日（Day of the Hispanidad）
首都：馬德里（Madrid）	語言：西班牙語
幣制：Euro, 1.00USD=0.92EUR（2024）	宗教：天主教

政治制度：國體：君主立憲制，王位世襲，憲法1978年12月27日生效。政體：議會制，三權分立，立法權屬於國會，行政權屬內閣，司法權屬於各級法院。內閣：由政府主席（總理）、副主席（副總理）、部長及法定之成員組成，行使行政權，向國會負責，總理候選人由國王與國會政黨代表會商後經眾議院議長向眾院提出，眾院以過半數票通過後，由國王任命。內閣閣員經總理提議，由國王任命。國會：分參、眾兩院，任期均為4年，眾議院（Congreso de los Diputados）350席，議員由比例代表制選出。參議院（Senado）257席，議員分兩類，208名直接民選，另49人由各自治區推選。2014年6月2日國王璜‧卡羅斯一世（Juan Carlos I）宣布退位，6月12日及17日眾院及參院通過國王遜位案，6月19日菲利佩六世在國會宣誓就職。2017年10月1日加泰隆尼亞舉行獨立公民投票，贊成票過半數，自治區議會10月27日宣布獨立，參議院批准依西班牙憲法由中央政府接管，自治區領袖普伊格蒙特（C Puigdemont）被解職。

政府首長：國王：菲利佩六世 Felipe VI	總理：桑傑士 Pedro Sanchez

主要政黨：社會勞工黨、民眾黨、眾志成城黨。2015年12月大選，無政黨席次過半，組閣不成，2016年5月國王解散國會，6月26日改選，民眾黨134席，社會勞工黨84席，反撙節政黨聯盟「我們可以」（Podemos）67席，市民黨32席。10月30日，民眾黨黨魁、2011年上台的保守派總理拉荷義贏得國會信任投票，再任總理。2018年6月1日，眾議院通過對拉荷義的不信任投票，2日由46歲的社會勞工黨黨魁桑傑士接任總理，內閣有11名女部長。2019年4月28日國會提前改選，社會勞工黨在眾議院贏得123席、民眾黨66席、市民黨57席、政黨聯盟「我們可以」2016年後轉型成立的眾志成城黨（Unidas Podemos）42席、極右派民聲黨（Vox）24席。7月25日，桑傑士輸掉國會的信任投票。11月10日國會大選，社會勞工黨得票最高，贏得120席，民眾黨52席。最終社會勞工黨與左派眾志成城黨33席組成聯合政府。桑傑士2020年1月8日續任總理。2023年7月參眾議院選舉，因4政黨組閣席次未達到，結果未卜。11月桑傑士特赦獨派換取支持，連任成功。

司法制度：最高法院、憲法法院。司法權由司法官獨立行使，非因正當理由，法官應受法律保障，不得被革職，停職，調任或強迫退休。

經社概況

平均每人國內生產毛額：40,200美元（2022）	國內生產毛額：1兆9,220億美元（2022）
國內各業生產毛額結構：農業：2.6%　　工業：23.2%　　服務業：74.2%（2017）	
通貨膨脹率：8.39%（2022）	失業率：12.92%（2022）
進口值：5,614億9,000萬美元（2022）	出口值：5,780億3,900萬美元（2022）
主要進口：原油、汽車及零件、包裝藥品、天然氣、煉製油品。	
主要出口：汽車及零件、煉製油品、包裝藥品、貨車、衣服及服飾。	
人口出生率：7.1‰（2024）	人口死亡率：10‰（2024）

瑞典王國 KINGDOM OF SWEDEN

建國簡史

1100年左右形成獨立國家，1157年兼併芬蘭，1379年與丹麥、挪威組成聯盟後由丹麥統治。1523年瑞典貴族Gustavus領導瑞典人民反抗丹麥統治成功而獨立（領土包括芬蘭）。1809年，瑞典戰敗於帝俄，被迫將芬蘭屬地讓與俄國，但從基爾條約取得挪威控制權。1809年頒布憲法，將政權分隸於國王及國會，其後逐漸演進至1917年的內閣制。1905年挪威宣布獨立而脫離瑞典。第一、二次世界大戰瑞典採中立政策，戰後於1946年加入聯合國。1995年瑞典加入歐洲聯盟。2024年3月7日，瑞典正式加入北約成為第32個成員國，結束2個世紀中立不結盟之立場策略。

與我關係

瑞典與我無邦交。★我國在瑞典設有「台北商務觀光暨新聞辦事處」，1994年元月更名為「駐瑞典台北代表團」。瑞典亦在台設有「瑞典貿易暨投資委員會台北辦事處」。★1999年7月，經濟部長王志剛率團訪問瑞典，參加第15屆台瑞雙邊經濟合作會議。★2004年10月，第20屆台灣瑞典經濟合作會議在台北舉行，瑞典工業就業通訊部次長Ms.Lotta Fogde率團參加。★2008年5月20日，「瑞台國會議員協會」主席吉赫斯特隆致函馬英九，祝賀就職總統。★2010年9月瑞典原住民薩米議會議長麥可森及行政委員會主席拉森2人應邀訪台。11月15日前瑞典貿易委員會台北辦事處代表畢恆利申請在台永久居留獲准。★2016年1月「台灣瑞典國會議員協會」主席賽柏等人訪台。★2019年9月瑞典成為第一個參與台美於2015年所成立「全球合作暨訓練架構」的歐洲國家。★2020年4月，政府第二波運送130萬片醫用口罩至瑞典等8個歐洲國家。★2023年5月，瑞典國會議員團訪台，晉見總統蔡英文。★2024年8月15日，瑞典駐台代表任荷雅正式就任；8月26日至9月1日，瑞典跨黨派議員團訪台並晉見副總統蕭美琴。

基本資料

地理位置：北歐	面積：450,295平方公里
人口：1,058萬人（2024）	網址：http://www.sweden.se
與臺北之時差：-7（夏令時-6）	電話國碼：46
獨立日期：1523年6月6日	國慶日：6月6日
首都：斯德哥爾摩（Stockholm）	語言：瑞典語、英語。
幣制：Swedish Kronor, 1.00USD=10.52SEK（2024）	宗教：基督教路德教派

政治制度：君主立憲，議會制，內閣向國會負責，內閣總理由國會議長提名，經半數國會議員同意後任命。立法權由國會Riksdag行使，採一院制，349名議員直選比例制產生，任期4年。

政府首長：國王：卡爾十六世·古斯托夫 Carl XVI Gustaf　　總理：克里斯特森 Ulf Kristersson

主要政黨：社會民主黨（SAP）、溫和黨（M）、中央黨（C）、自由黨（L）、基督教民主黨（KD）、左黨（V）、綠黨（G）、瑞典民主黨（SD）。2010年9月19日大選，溫和黨籍總理賴因費爾特領導之非社會主義聯盟（含溫和黨、中央黨、自由黨及基督教民主黨）連任。社會民主黨獲112席、溫和黨107席、綠黨25席、自由黨24席。2014年9月15日大選，中間偏左聯盟獲勝，社民黨領袖勒夫文10月3日就任總理。2018年9月9日大選，社會民主黨獲100席，綠黨16席，2019年1月勒夫文以這兩黨在國會349席1/3席次的少數聯盟執政，仰賴31席中央黨、28席左黨等友黨支持，在野黨溫和黨70席、瑞典民主黨62席。執政聯盟與友黨席次略過半數。2021年6月21日，國會在史上首次通過不信任案，總理勒夫文數日後下台，7月7日，國會通過信任投票，勒夫文回任總理，11月辭去總理，同月由社民黨新黨魁安德森接任總理。2022年9月11日大選，右派4黨獲約49.5%選票，在國會349席中取得176席過半數，由第三大黨溫和黨與第二大黨瑞典民主黨、基督教民主黨、自由黨組合政府。社民黨總理安德森15日下台。10月18日由克里斯特森接任。

司法制度：設有最高法院、上訴法院與初審法院。

經社概況

平均每人國內生產毛額：55,300美元（2022）	國內生產毛額：5,800億9,900萬美元（2022）

國內各業生產毛額結構：農業：1.6%　工業：33%　服務業：65.4%（2017）	
通貨膨脹率：8.37%（2022）	失業率：7.39%（2022）
進口值：2,965億5,200萬美元（2022）	出口值：3,140億1,900萬美元（2022）
主要進口：汽車及零件、原油、煉製油品、廣播設備、電腦	
主要出口：汽車及零件、包裝藥品、煉製油品、廣播設備、木材	
人口出生率：10.7‰（2024）	人口死亡率：9.6‰（2024）

瑞士聯邦
SWISS CONFEDERATION

建國簡史

1291年8月1日，現今瑞士中部三邦Unterwalden、Uri及Schwyz，為對抗神聖羅馬帝國哈布斯堡王朝組成聯盟，是瑞士邦聯之始，1513年聯盟擴大為13邦。1648年西發里亞條約結束30年戰爭，條約承認瑞士獨立地位。1798年為拿破崙所率的法軍占領並建立瑞士共和國（Helvetic Republic），1803年拿破崙恢復邦聯政體，但受法國管轄。1815年維也納會議確定瑞士獨立及永久中立國際地位，1848年行憲，1874年制定憲法，成立聯邦委員會，成為統一的聯邦制國家。瑞士在兩次世界大戰中均保持中立。

與我關係

瑞士與我無邦交。★我原設洛桑之「台北文化經濟代表團」於1994年7月遷至伯恩，我在日內瓦設「台北文化經濟代表團日內瓦分處」及位於伯恩的「常駐世界貿易組織代表團」。原「駐蘇黎世台北貿易辦事處」關閉。★瑞士1982年11月起在台設立「瑞士商務辦事處」。★2001年10月7日，瑞士國會議員訪問團在下院議員蒙內琦的率領下抵台訪問6天。★2011年11月15日行政院國家科學委員會主任委員朱敬一抵達瑞士訪問。12月13日「駐瑞士台北文化經濟代表團與瑞士商務辦事處避免所得稅雙重課稅協定」生效。★2014年6月6日文化部長龍應台抵達瑞士訪問。★2015年8月瑞士日內瓦邦邦議會議員梅棟等人應邀訪台。★2020年1月，駐瑞士代表處和瑞士民主基金會在伯恩合辦「台灣總統選舉及立委選後兩岸關係及亞太安全展望」研討會。4月台灣啟動口罩援外，運送700萬片口罩至瑞士等11歐洲國家。★2023年2月瑞士跨黨派國會議員團訪台，晉見總統蔡英文。★2024年2月，瑞士下議院通過友台議案。

基本資料

地理位置：中歐	面積：41,277平方公里
人口：886萬人（2024）	網址：http://www.admin.ch/
與臺北之時差：-7（夏令時-6）	電話國碼：41
獨立日期：1291年8月1日	國慶日：8月1日
首都：伯恩（Bern）	語言：德語、法語、義語。
幣制：Swiss franc, 1.00USD=0.89CHF（2024）	宗教：天主教、基督教、伊斯蘭教。

政治制度：國體：聯邦共和國，高度分權，憲法1874年修訂生效。政體：集體領導之委員制，三權分立，立法權屬國會，行政權屬聯邦委員會及各州政府，司法權屬各級法院。內閣：聯邦總統、副總統為聯邦委員會（Federal Council）正、副主席，每年由國會推選聯邦委員會委員輪流擔任，任期1年，不得連任。聯邦委員會為最高行政機關，委員7人分掌7部，由國會選舉，任期4年。立法：國會（Federal Assembly）分兩院，下院國民院（National Council）議員200名，各州按人口比例由人民直接選舉產生，任期4年。上院聯邦院（Council of States）46席，每州2席，議員任期3至4年不等，由各州自行決定。2022年1月起總統由卡西斯擔任。由於任期1年且不可連任，2023年1月起由柏塞茲擔任總統，12月柏塞茲卸任，由首位女性國防部長阿姆赫德擔任總統。

政府首長：聯邦委員會主席（總統）：阿姆赫德 Viola Amherd

主要政黨：瑞士有15個政黨，較重要的是：瑞士人民黨（Swiss People's Party, SVP）、社會民主黨（Social Democratic Party, SPS）、自由民主黨（Radical Free Democratic Party, FDP）、基督教民主黨（CVP）。2011年10月23日國會選舉，下院200席中，偏右反對移民的瑞士人民黨（在法語區稱為中央民主聯盟，Democratic Union of the Centre）獲54席較上屆少，仍為國會最大黨；社會民主黨46席，自由民主黨30席，基督教民主黨28席。在上院46席中，基督教民主黨13席，自由民主黨11席，社會民主黨11席，瑞士人民黨5席。2015年10月18日國會大選，瑞士人民黨勝選，下議院200席中拿下68席，社會民主黨43席，自由民主黨33席，基督教民主黨30席，綠黨12席。2019年10月20日國會大選，瑞士人民黨53席蟬聯第一大黨，社會民主黨39席，自由民主黨29席，綠黨28席升為第4大黨，基督教民主黨25席。2023年10月底國會下院大選，右翼民粹主義政黨瑞士人民黨獲勝。

司法制度：聯邦最高法院為最高司法機關，其下設有聯邦刑事法院及聯邦行政法院。各邦皆有自己的法院系統。

經社概況

平均每人國內生產毛額：72,300美元（2022）	國內生產毛額：6,342億9,600萬美元（2022）
國內各業生產毛額結構：農業：0.7%　工業：25.6%　服務業：73.7%（2017）	
通貨膨脹率：2.84%（2022）	失業率：4.3%（2022）
進口值：5,184億5,100萬美元（2022）	出口值：6,275億4,000萬美元（2022）
主要進口：金、包裝藥品、珠寶、汽車、醫用培養物及疫苗。	
主要出口：金、包裝藥品、醫用培養物及疫苗、手錶、珠寶。	
人口出生率：10.1‰（2024）	人口死亡率：8.5‰（2024）

烏克蘭
UKRAINE

建國簡史

1240年被蒙古人征服，13至16世紀時受波蘭統治，1654年以主權為代價向莫斯科求援，17世紀東部被俄羅斯占領並獲自治權，1783年被俄羅斯直接管轄，俄羅斯革命後被紅軍占領，1919年成立烏克蘭蘇維埃社會主義共和國，1922年加盟蘇聯。1939年、1940年蘇聯合併Ukraine等地區。1990年7月16日發表主權宣言。1991年8月24日宣布獨立。2022年2月24日，俄羅斯總統蒲亭派兵入侵烏克蘭。

與我關係

與我無邦交。★1991年烏克蘭輕工業部長G.Nikitanko、文化部第一副部長S.Kolfunyuk訪台。★1992年元月22日外交部次長章孝嚴訪烏克蘭。★1993年4月烏國經濟部副部長L.Minin訪台。★1996年8月18日，副總統兼行政院長連戰訪基輔，20日接受謝夫成柯大學國關學院頒贈榮譽博士學位，並在克里米亞共和國首都辛費羅波與共和國副總理鮮前克及議會副議長會談。★1997年11月教育部長吳京率大學校長訪問團訪烏。★1998年11月烏經濟次長L.Minin率經貿考察團訪台。★2001年2月9日，陳水扁總統在台北接見來訪的烏前總統克拉夫丘克。★2006年6月14日我與烏克蘭在日內瓦簽署烏國入WTO雙邊議定書。★2022年2月24日俄烏戰爭，我國民援贈582噸物資。★2023年6月，台灣與立陶宛宣布合作協助烏克蘭重建。

基本資料

地理位置：東歐	面積：603,550平方公里
人口：3,566萬人（2024）	網址：http://www.kmu.gov.ua/
與臺北之時差：-6（夏令時-5）	電話國碼：380
獨立日期：1991年8月24日（脫離蘇聯）	國慶日：8月24日
首都：基輔（Kiev）	語言：烏克蘭語、俄語。
幣制：Hryvnia, 1.00USD＝40.94UAH（2024）	宗教：烏克蘭東正教

政治制度：元首為總統，直接投票選舉，任期5年。國會：單一國會（Supreme Council），共450席，任期5年，半數由選區直選，半數由政黨比例代表制產生。烏克蘭憲法修正後，2006年大選後政治體制由「總統-內閣」制變為「閣總統-」制，政黨掌握國會過半席次或與他黨相多數聯盟可推選總理及籌組內閣，總統保留提名外交與國防部長的權力並新增解散國會權。2010年2月總統大選第2輪，地區黨的亞努科維奇（V Yanukovych）擊敗總理提摩申科（Yulia Tymoshenko）。3月國會通過對提摩申科內閣的不信任案，亞努科維奇任命同黨的阿扎洛夫（M Azarov）為總理。提摩申科下台後遭控任內濫權，2011年10月遭判刑。2013年11月阿扎洛夫政府宣布中止與歐洲聯盟的談判，放棄與歐盟簽訂貿易協定的計畫，這項決定使親西方及親俄兩派民眾在基輔示威對立，引發政府暴力鎮壓。2014年2月22日，國會表決罷黜總統，亞努科維奇流亡俄國。2月27日國會任命耶森尤克為總理，同日親俄的部隊占領南部克里米亞首府辛費羅波議會及政府大樓。3月16日克里米亞公投通過加入俄羅斯聯邦，烏克蘭東部與南部城市陸續爆發血腥衝突。5月25日富商波洛申科（P Poroshenko）當選總統，6月27日與歐盟簽署引發爭議的合作協議。7月17日馬來西亞航空客機在飛經烏克蘭時疑遭親俄叛軍擊落，機上298人全數喪生。美歐對俄採取經濟制裁，烏克蘭東部持續動亂。2016年8月俄於克里米亞部署新防空飛彈，俄烏關係緊張升高。2019年4月21日第2輪總統大選，演員出身的澤倫斯基以73.2%得票率獲勝，5月20日就任。原訂2024年3月舉行總統大選，但因烏克蘭仍處戰爭和戒嚴狀態，議會決定延遲投票。

政府首長：總統：澤倫斯基 Volodymyr Zelenskyy　　總理：什米哈爾 Denys Shmygal

主要政黨：地方黨、全烏克蘭祖國聯盟（提摩申科支持者）、烏克蘭民主改革聯盟、自由黨、烏克蘭共產黨。2012年10月28日大選，地區黨贏得450席中的185席，阿扎洛夫續任總理；全烏克蘭祖國聯盟101席，烏克蘭民主改革聯盟40席，自由黨37席、首次進入國會，共產黨32席。2014年7月25日執政聯盟瓦解，10月26日國會改選，人民陣線（People's Front）贏得大選，2月上任的耶森尤克（Arseniy Yatsenyuk）續任總理。2016年4月10日耶森尤克因支持度下跌辭職。總統提名格羅伊斯曼，在國會以257票對50票通過，4月14日上任總理。2019年7月21日大選，人民公僕黨（Servant of the People）獲過半數253席、反對平台為了生活（Opposition Platform for Life）44席、歐洲團結黨（European Solidarity）25席、全烏克蘭祖國聯盟25席、聲音黨（Voice）20席。2020年3月，上任6個月的總理洪查魯克（Oleksiy Honcharuk）辭職，副總理什米哈爾經國會通過接任總理。

司法制度：設有憲法法院、最高法院、上訴法院及各地方法院。

經社概況

平均每人國內生產毛額：10,700美元（2022）	國內生產毛額：3,798億9,300萬美元（2022）
國內各業生產毛額結構：農業：12.2%　工業：28.6%　服務業：60%（2017）	
通貨膨脹率：20.18%（2022）	失業率：9.83%（2022）
進口值：832億5,400萬美元（2022）	出口值：575億1,700萬美元（2022）
主要進口：煉製油品、汽車、包裝藥品、煤、天然氣。	
主要出口：玉米、葵花籽油、鐵和鐵製品、小麥、絕緣電線、油菜籽。	
人口出生率：6‰（2024）	人口死亡率：18.6‰（2024）

大不列顛與北愛爾蘭聯合王國（英國）UNITED KINGDOM OF GREAT BRITAIN AND NORTHERN IRELAND

建國簡史

大不列顛島東南部1至5世紀為羅馬帝國統治，7世紀形成封建王朝。829年英格蘭統一，史稱盎格魯－撒克遜時代。1066年北歐之諾曼第公爵威廉征服英國，諾曼族人開始與當地之克爾特人、德國人及盎格魯撒克遜人混合。英國地區包括大不列顛（英格蘭、蘇格蘭及威爾斯）及愛爾蘭兩主要部分，1172年英王亨利二世渡海征服愛爾蘭。1707年5月，英格蘭（含威爾斯）和蘇格蘭合併成立大不列顛王國。1800年英國首相以金錢賄賂及武力威脅，迫使愛爾蘭國會與英國國會合併，國名改為「大不列顛與愛爾蘭聯合王國」，但愛

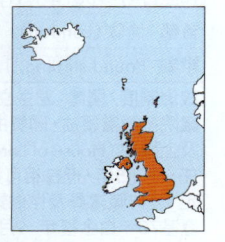

爾蘭人反抗不休，拒絕合併，英國被迫於1921年承認愛爾蘭南部26郡為獨立自由邦，但北部仍屬英國統治，國名改為「大不列顛與北愛爾蘭聯合王國」。1973年英國加入歐洲聯盟前身的歐洲共同體。2014年9月18日，蘇格蘭獨立公投未通過。2016年6月23日英國舉行公民投票，52%選民支持英國脫離歐盟。2021年1月1日，英國正式脫離歐盟。2023年3月，英國加入跨太平洋夥伴全面進步協定。

與我關係

英國與我無邦交。★1950年1月6日中華民國與英國中止外交關係；同日英國承認中國，1954年6月17日互換代辦，1972年3月13日升格為大使級關係。★我在英國設有「駐英台北代表處」。英國在台設有「英國在台辦事處」。★1999年9月23日第8屆台英經貿諮商會議在台北舉行，雙方同意未來簽署避免雙重課稅協定，加強經貿合作，保護智慧財產權。★2000年11月21日至24日，中央研究院院長李遠哲訪英，代表中研院與英國人文暨社會科學院簽署學術交流協議。★2001年9月25日，兩國在倫敦簽署教育文化協定。★2002年4月8日，兩國在倫敦簽署避免雙重課稅協定，這是我國與各國簽署的第17項全面性租稅協定。★2008年5月19日英方「台英國會小組」兩位共同主席溫特頓下議員（保守黨）及福克納上議員（工黨）率國會議員訪問團訪台6日。★2009年2月10日內政大臣史密斯（J. Smith）在提交給國會一份與外相米勒班（D. Miliband）共同發表的書面聲明中宣布，自同年3月3日起我國公民赴英國觀光旅遊，停留不超過6個月將可享有免簽證待遇。英國是第一個給予我國公民免簽證待遇的歐美大國。★2012年1月1日台英青年交流計畫（Youth Mobility Scheme）生效，英國每年提供1,000個名額給18到30歲我國青年打工度假。英國是繼紐、澳、日、加、德與韓之後，與我簽署類似協定的第7國。★2012年5月20日英國台英國會小組共同主席史蒂爾勳爵率國會議員團9人出席總統馬英九就職典禮。★2015年5月26日英國駐台機構「英國貿易文化辦事處」更名為「英國在台辦事處」。★2016年1月英國將我國納入「登記旅客快速通關計畫（RTS）」，開放符合資格我國公民申辦享快速通關便利。5月英國對台貿易特使暨台英國會共同主席福克納勳爵、伊凡斯與史蒂爾勳爵等7人出席蔡英文總統就職典禮。同月兩國簽署跨國移交受刑人協議。★2018年7月18日至20日，立法院長蘇嘉全率團訪英，會晤國會上議院議長佛勒與下議院第一副議長霍伊爾，並參訪大英博物館。★2020年4月政府運送700萬片口罩至英國等11個歐洲國家。5月英國與美、加等「友台聯盟」國家致函世界衛生組織秘書長譚德塞，支持我國以觀察員身分參與世衛大會。7月牛津市自民黨議員高達德提案要求市議會研擬與台灣城市締結姊妹市，經議會投票通過。兩國間尚未有城市締結姊妹市。★2023年5月，英國前首相特拉斯（Liz Truss）訪台，展現對台支持。★2023年11月8日，兩國簽署提升貿易夥伴關係協議（ETP）。

基本資料

地理位置	西歐島嶼、大西洋與北海之間	面積	243,610平方公里
人口	6,845萬人（2024）	網址	http://www.gov.uk/
與臺北之時差	-8（夏令時-7）	電話國碼	44
獨立日期	1801年1月1日（聯合王國成立）	國慶日	6月的第二個星期六（女王誕辰慶典）
首都	倫敦（London）	語言：英語	宗教：英國國教（Church of England）、天主教、伊斯蘭教。
幣制	Pound sterling, 1.00USD= 0.77GBP（2024）		

政治制度：國體：君主立憲，王位世襲，無成文憲法。政體：議會制，三權分立。內閣：掌行政權，首相即下議院多數黨領袖，閣員由首相提名，經君主任命，內閣向國會負責。國會：分下議院（House of Commons）及上議院（House of Lords）兩院。下議院由民選議員組成，共650席，採單一席次選區制，議員得連選連任，任期5年，但首相可提前解散國會並改選。上議院議員由政府提名社會賢達送呈君主任命，人數不固定，分神職議員及世俗議員2大類，2022年8月，上議院有759位議員。2022年6月，伊莉莎白二世女王慶祝登基70年白金禧年，9月8日女王在蘇格蘭巴爾莫勒爾堡逝世，19日在倫敦西敏寺國葬，超過百位國家元首約2,000人參與儀式。隨後，查爾斯三世即位英國國王。

政府首長	國王：查爾斯三世 Charles III　　首相：施凱爾 Keir Starmer

主要政黨：工黨(Labor)、保守黨(Conservative)、自由民主黨(LibDem)為3大政黨。2016年6月24日反對脫歐的首相卡麥隆(David Cameron)因脫離歐盟的公投通過，辭去保守黨魁。7月13日梅伊(Theresa May)贏得保守黨魁選舉，就任首相。2019年6月7日梅伊辭去黨魁，7月24日新任黨魁強生接任首相。10月29日下議院通過提前於12月12日改選，保守黨拿下過半的365席，是自前首相佘契爾夫人(Margaret Thatcher)1987年帶領保守黨獲勝以來最大勝利。工黨203席，大減59席，嚐到1935年以來最大敗績。蘇格蘭民族黨(SNP) 48席、大增13席。自由民主黨11席，較上屆選舉少1席。北愛爾蘭的民主聯盟黨(DUP) 8席，依傳統當選但不赴任議員職位的北愛新芬黨(Sinn Fein) 7席，威爾斯國民黨(Plaid Cymru) 4席。2022年7月7日，首相強生因保守黨副黨鞭醜聞而請辭黨魁，9月5日，47歲的外相特拉斯當選保守黨魁，6日就任首相。10月20日請辭黨魁。42歲印度裔的蘇納克24日當選保守黨魁，25日就任首相。2024年7月大選，工黨取411席，黨魁施凱爾成為新的首相。

司法制度：法院分為地方法院、高等法院、上訴法院及國會上院。法官之任用及升遷自成系統。

經社概況
平均每人國內生產毛額：47,600美元(2022)	國內生產毛額：3兆1,870億美元(2022)
國內各業生產毛額結構：農業：0.7%　工業：20.2%　服務業：79.2%(2017)	
通貨膨脹率：7.92%(2022)	失業率：3.73%(2022)
進口值：1兆1,120億美元(2022)	出口值：1兆美元(2022)
主要進口：金、汽車、原油、煉製油品、廣播設備。	
主要出口：汽車、燃氣渦輪機、金、原油、包裝藥品。	
人口出生率：10.8‰(2024)	人口死亡率：9.2‰(2024)

英國的海外領域

1.安圭拉Anguilla

基本資料

網址：http://www.gov.ai/	面積：91平方公里	
人口：1萬9,416人(2024)	首府：山谷市(The Valley)	與臺北之時差：-12

政經現況

安圭拉位在加勒比海，原為聖啟斯－尼維斯與安圭拉三角聯盟之一，1967年安圭拉脫離聯盟，英國派兵占領。1969年安圭拉公民投票通過斷絕與英國關係，成為獨立共和國，1969年3月英軍進駐安圭拉，3月30日簽約停火。1971年7月安圭拉成為英國屬地，英軍2個月後撤退。1976年2月，安圭拉新憲法生效，行政獨立，政府民選。1980年12月19日聖啟斯─尼維斯─安圭拉三角聯盟結束，總督由英國指派。

2.百慕達Bermuda

基本資料

地理位置：北美，百慕達位於北卡羅萊納州以東580哩處，由約360個小島組成

網址：www.gov.bm/	面積：54平方公里	
人口：7萬2,800人(2024)	首府：漢米爾頓(Hamilton)	與臺北之時差：-12(夏令時-11)

經濟概況

平均每人國內生產毛額：81,200美元(2022)	國內生產毛額：51億5,700萬美元(2022)
農產品：香蕉、蔬菜、柑橘、花卉、奶製品。國際商務、觀光業、輕製造業為主要產業。	
進口額：19億2,500萬美元(2021)	出口額：11億3,600萬美元(2021)
主要出口：藥品再出口。	
主要進口：船舶、煉製油品、郵票、遊艇、飛機。	
主要貿易伙伴：美國、南韓、德國、牙買加、盧森堡等。	

政治概況

16世紀初西班牙船員百慕德斯發現此地，1684年成為英國殖民地。1940年百慕達若干地區租給美國當空軍與海軍基地，租約99年。百慕達是英國皇家海軍在西印度群島與大西洋中隊的總部。1968年，百慕達頒行新憲法，首次選出總理，除了外交關係、國防與國內安全外，享有自主權。以白人為多數的聯

合百慕達黨在4次選舉中都擊敗由黑人領導的進步自由黨，掌握權力。1973年百慕達總督夏普烈斯被黑人暗殺後，暗殺事件層出不窮。1977年兩名黑人被處以絞刑，同年12月爆發嚴重的種族暴亂，英軍奉派維持秩序。百慕達群島1995年8月17日舉行公民投票，73%的投票者拒絕獨立，並選擇繼續做英國的殖民地。力主脫離英國獨立的百慕達總理史旺在獲知投票結果後辭職。

3. 英屬南極領地 British Antarctic Territory

基本資料
面積：170.9萬平方公里　　人口：沒有永久居民

政經現況
英屬南極屬地由南謝德蘭群島、南奧克尼群島與南極大陸的格雷安所組成。大部分無人居住。列入英國殖民地福克蘭群島的附屬地，1962年英國指定福克蘭總督為南極屬地的高級長官，治理這塊屬地。

4. 英屬印度洋領地 British Indian Ocean Territory

基本資料
面積：60平方公里

政經概況
英屬印度洋領地，包括查戈斯群島與其他小島，原為英國殖民地模里西斯之一部分，1965年成為英國海外領地，其中3個島嶼已讓予1976年獨立的塞席爾共和國，原約有1200名農民居住，於1960、1970年代遷居模里西斯或塞席爾。英國與美國在島嶼上維持駐軍，約有3,000名軍人或民間人士常駐。

5. 英屬維京群島 British Virgin Islands

基本資料
網址：https://bvi.gov.vg/　　面積：151平方公里

人口：4萬102人（2024）　　首府：羅德鎮（Road Town）　　與臺北之時差：-12

政經概況
由波多黎各東北，及背風群島以西的加勒比海內約36個島組成。經濟上，英屬維京群島與南方的美屬維京群島各自獨立，行政上兩者以前都屬於背風群島管轄。1956年成為英國直轄殖民地。1967年頒布新憲法，採行內閣制政府，總督為最高首長。主要島嶼包括托士拉島、維京戈達等。

6. 開曼 Cayman Islands

基本資料
網址：http://www.caymanislands.ky/　　面積：264平方公里

人口：6萬6,653人（2024）　　首府：喬治城（George town）　　與臺北之時差：-13

政經概況
開曼群島係由大開曼、開曼布拉克及小開曼3個島嶼組成，位於牙買加西北方約180哩處，原為牙買加屬地，1959年成為西印度聯盟的屬員之一。1962年西印度聯盟解散，開曼群島成為英國屬地。英國於1970年代將開曼群島設置為免稅自由港，吸引許多銀行與企業來此設立分支機構。

7. 福克蘭群島及其屬地（馬維納斯群島）Falkland Islands（Islas Malvinas）

基本資料
網址：http://www.falklands.gov.fk/　　面積：12,173平方公里

人口：3,662人（2021）　　首府：史丹利（Stanley）（東福克蘭島）　　與臺北之時差：-12（夏令時-11）

政經現況
南大西洋一群島嶼，位於南美大陸以東約402公里，人口稀少，97%居民祖籍英國。最大島是東福克蘭島和西福克蘭島。屬地有南喬治亞島，南三明治島群和其他小島。3個以前的屬地—葛蘭姆島，南西特蘭島群和南歐克尼島群，已於1962年成為英國屬地，稱為英國南極領地。阿根廷稱該島為馬維納斯群島，宣稱擁有該島主權。1982年4月2日入侵該島群，英國迅即出兵，兩軍交戰，5月21日英軍攻克福島，阿軍於6月14日在福島首府史丹利向英軍投降。2013年3月11日福克蘭群島公民投票，1,672名合格選民中約有92%投票，其中98.8%投「贊成」票，支持繼續作為英國自治領地。

8.直布羅陀Gibraltar

基本資料

網址:http://www.gibraltar.gov.gi/	地位:自治屬地	面積:6.5平方公里

人口:2萬9,683人(2024)　　與臺北之時差:-7(夏令時-6)

政經現況

位於伊比利半島南端的直布羅陀是岩石海岬,控制地中海西端入口。除了具戰略重要性以外,它也是海軍基地和煤產地。公元前711年,阿拉伯人從非洲進入西班牙,占領直布羅陀。15世紀,落入格瑞那達統治者摩爾人手中,稍後成為西班牙領土。1704年,在西班牙王位繼承戰爭中被英軍占領,並在1713年簽訂的烏翠特條約中交給英國。直布羅陀居民大多是西班牙人、義大利人和馬爾他人的後裔。2002年11月7日舉行是否由英國與西班牙共享主權的全民投票,投票民眾以99%絕大多數否決由英國提出的與西班牙共享主權的計畫。一院制議會,共17席,由公民以連記法投票選出,任期4年。2011年12月8日大選,2015年11月26日大選。2019年10月17日議會改選,社會主義勞工黨(Gibraltar Socialist Labor Party)贏得7席,與3席的自由黨(Gibraltar Liberal Party)第三次在大選中獲勝,中間偏左的這兩黨聯盟繼續執政,社會民主黨(Gibraltar Social Democrats)6席,新政黨Together Gibratar取得1席,皮卡杜(Fabian Picardo)續任總理。2023年10月議會改選,皮卡杜連任,其領軍的聯盟獲9席,社會民主黨則取得8席。

9.蒙席雷特島Montserrat

基本資料

網址:http://www.visitmontserrat.com/	面積:102平方公里

人口:5,468人(2024)　　與臺北之時差:-12

政經現況

蒙席雷特島位於西印度群島的小安第列斯群島,1956年以前原屬於背風群島,1969年西印度聯盟成立時,並未加入。蒙島的主要輸出品是沙、鐵製品、座椅、醫療器材、漁產。

10.庇開恩島Pitcairn Island

基本資料

網址:http://www.government.pn/	面積:47平方公里	人口:50人(2021)	與臺北之時差:-17

政經現況

庇開恩島位於南太平洋,大溪地與復活節島之間,1767年由英國探險家發現,1838年成為英國殖民地,1902年英人掌控鄰近3個無人小島,1938年併入庇開恩島。行政由英國駐紐西蘭專員公署掌理。

11.聖赫倫那島、阿森松島與特里斯坦達庫尼亞群島
　　St. Helena, Ascension, and Tristan da Cunha

基本資料

網址:www.sainthelena.gov.sh/	面積:394平方公里	人口:7,943人(2024)	與臺北之時差:-8

政經現況

聖赫倫那島位於南大西洋、非洲西海岸外約1,770公里,因拿破崙19世紀初放逐於此而著名。1659年英國東印度公司取得管轄權,1834年由英國政府直接統治,1869年蘇伊士運河通行後,作為靠泊港的重要性下降。阿森松島約在聖島西北方700公里,特里斯坦達庫尼亞群島為火山岩群島,約在聖島南南西方1,000多公里,在南非與巴西東南部之間大西洋。島民移自英國,由聖赫倫那島管轄。

12.特克斯與凱克斯群島Turks and Caicos Islands

基本資料

網址:http://www.turksandcaicostourism.com/

面積:948平方公里　　人口:6萬439人(2024)　　與臺北之時差:-13(夏令時-12)

政經現況

這兩個島群位於巴哈馬東南方,1959年以前屬於牙買加,1959年西印度聯盟成立後為聯盟成員。牙買加獨立後,成為英國直轄殖民地。1969年制訂憲法實施至今。主要輸出漁產品。

美洲 AMERICA

安地卡及巴布達
ANTIGUA AND BARBUDA

建國簡史

1623年起英國人從鄰近的聖克里斯多福前往安地卡，開啟殖民時代，為產製蔗糖外銷歐洲，英國人自非洲大批進口黑奴。1666年法國人曾短暫占領該島，其餘絕大部分時間安地卡均為英國殖民地，歷經300年停滯不前的殖民時代。1938年一個英國皇家委員會成立，調查英屬加勒比海地區社會經濟狀況，鼓勵工人成立工會。1943年柏德（V.C. Bird）出任第一位工會領袖，為工人爭取權益，並主導安地卡邁向獨立。1951年安地卡人民獲得普選權，1956年成立部會型政府。1967年成為自治邦，內政自主，外交及國防由英國管轄，1981年11月1日獨立建國。

與我關係

安地卡與我無邦交。★2017年4月5日，安地卡及巴布達政府宣布，即日起給予中華民國護照持有者電子簽證待遇。

基本資料

地理位置：東加勒比海，小安地列斯群島中背風群島南部。	面積：442.6平方公里
人口：102,634人（2024.7）	網址：http://www.ab.gov.ag
與臺北之時差：-12	電話國碼：1-268
獨立日期：1981年11月1日（脫離英國）	國慶日：11月1日
首都：聖約翰（Saint John's）	語言：英語
幣制：East Caribbean dollar, 1.00USD=2.70XCD（固定匯率）	宗教：英國國教，天主教

政治制度：國體：君主立憲。奉英國國王為國家元首，以總督為其代表。政體：議會民主制。內閣：由總理、副總理及各部會首長組成，執行全國行政事務。議會：分參、眾兩院，眾院17席，每5年改選一次。參院17席，由總督根據總理及反對黨之提名任命。

政府首長：元首：英國國王查爾斯三世Charles III	總督：威廉斯Rodney Williams
總理：布朗Gaston Browne	

主要政黨：執政黨為安地卡勞工黨，另有聯合進步黨、巴布達人民運動黨。2014年6月12日舉行眾院選舉，17席中，安地卡勞工黨14席，聯合進步黨獲3席。2018年3月21日眾院選舉，勞工黨15席，巴布達人民運動黨1席，聯合進步黨1席。2023年1月18日眾院改選，勞工黨9席，聯合進步黨6席，巴布達人民運動黨1席。

司法制度：採英國普通法，設有地方法院、簡易裁判法院，並受管於聖露西亞之東加勒比海最高法院、高等法院及上訴法院管轄。

經社概況

平均每人國內生產毛額：22,300美元（2022）	國內生產毛額：20億9,300萬美元（2022）
國內各業生產毛額結構：農業：1.8%　工業：20.8%　服務業：77.3%（2017）	
通貨膨脹率：7.53%（2022）	失業率：11%（2014）
進口值：11億7,600萬美元（2022）	出口值：10億2,100萬美元（2022）
主要進口：石油化學產品、船舶、汽車、引擎零件、塑膠製品。	
主要出口：船舶、石化產品、貴金屬廢料、稻米、玉米。	
人口出生率：14.9‰（2024）	人口死亡率：5.69‰（2024）

阿根廷共和國
ARGENTINE REPUBLIC

建國簡史

西班牙於1526年在阿根廷移民設治，1810年阿根廷出現獨立運動，1816年7月9日宣布成立阿根廷共和國，1826年利華達維亞出任首任總統，1862年米特芮就任首任憲法所產生之總統。兩次世界大戰期間，阿國保持中立，國勢日漸強盛。1946年貝隆崛起，厲行獨裁政治9年，1955年被軍人推翻，之後軍人政府與文人政府交互執政。

1982年4月英阿福克蘭戰役，阿國戰敗，阿軍政府被迫於1983年10月舉行大選還政於民。1989年5月，貝隆黨於大選中獲勝，孟年於同年7月8日就職，復於1995年5月當選連任。1999年10月24日阿國大選，結果反對黨（激進黨）候選人德拉路亞獲勝，於同年12月10日就職。2001年末阿國因嚴重外債引發金融失序，社會政治情勢不穩，創下兩週內更迭5位總統首例。2003年4月完成之總統大選，正義黨候選人基西納獲勝。2010年，阿國慶祝獨立革命200週年。2023年8月24日，阿根廷加入金磚國家行列。

與我關係

與我無邦交。★1972年2月阿根廷與中國建交，中華民國同年8月關閉大使館。★1973年1月我設立駐阿根廷臺灣商務辦事處，1996年1月改為臺北商務文化辦事處。★阿國1992年7月9日在臺北設立阿根廷商務文化辦事處。★1993年11月，雙方簽訂貿易促進及投資保護協定。兩國決定分組臺阿、阿臺經貿委員會，每年定期輪流召開聯席合作會議，首屆會議1994年6月在臺北舉行。★1997年9月6日，我國與阿根廷就加入世界貿易組織達成雙邊協議，農委會與阿根廷就牛肉檢疫議題簽署諒解備忘錄。★1998年6月26日，兩國在阿根廷農牧部簽訂水果檢疫諒解備忘錄，允許阿根廷生產的水果等農產品銷臺。6月30日，我國與阿根廷代表在日內瓦簽署世貿組織的雙邊入會議定書，結束4年入會諮商。★1999年6月15日阿根廷監察長麥蘭諾訪臺並與監察院長錢復共同簽署「中華民國監察院及阿根廷共和國國家監察組織雙邊監察機構暨技術合作協定」。★2000年4月4日，第4屆臺阿經濟聯席會議在布宜諾斯艾利斯舉行，會後簽署聲明，同意致力發展雙邊貿易。★2020年8月13日，為協助對抗2019冠狀病毒疾病疫情，駐阿根廷代表謝俊得贈2萬片醫療用口罩給阿根廷明愛基金會。★2024年5月15日，台灣觀光協會與阿國觀光旅遊企業協會聯合會簽署意向書。

基本資料

地理位置：南美洲南部	面積：3,780,400平方公里（含南極洲領土約100萬平方公里）
人口：4,699萬人（2024.7）	網址：http://www.argentina.gob.ar/
與臺北之時差：-11　　電話國碼：54	
獨立日期：1816年7月9日（脫離西班牙）	國慶日：5月25日（革命紀念日）
首都：布宜諾斯艾利斯（Buenos Aires）	語言：西班牙語
幣制：阿根廷披索Argentine peso, 1.00USD＝924ARS（2024.7）	宗教：天主教

政治制度：國體：聯邦制共和國，憲法1853年5月11日生效，1994年8月1日修憲完成。政體：總統制，三權分立，司法權屬於各級法院，行政權屬於總統。總統民選，任期4年，可連選連任1次。內閣：內閣總協調長1人，部會首長均由總統任命。國會：分參眾兩院，參院72席任期6年，每2年改選1/3。眾院257席任期4年，每2年改選1/2。眾議院對失職或違法的總統、副總統、部長及法官，可向參議院提出彈劾。眾議院對稅捐及徵兵法案有先議權。2003年5月總統選舉，基西納（Nestor Kirchner）當選。基西納之妻費南德茲（Cristina Fernandez de Kirchner）則於2007年及2011年兩度當選總統。2015年10月大選，11月22日第二輪決選，共和提案黨（Republican Proposal）領導的中間偏右「變革聯盟」（Cambiemos）候選人、布宜諾斯艾利斯市長馬克里（Mauricio Macri）獲勝，12月10日就任，結束正義黨12年執政。2019年10月總統大選，左翼基西納派的反對黨候選人艾柏托·費南德茲（Alberto Fernández）聯手前總統克莉絲蒂娜·費南德茲（Cristina Fernandez de Kirchner）以48%得票率擊敗現任總統馬克里，當選總統。2023年總統大選，米雷伊當選總統，12月10日就職。

政府首長：總統：米雷伊 Javier Milei

主要政黨：2015年10月25日國會改選，由共和提案黨、激進黨及公民聯盟組成的變革聯盟（JxC）在眾議院擁91席。偏左貝隆派正義黨-凱旋陣線及盟黨在眾議院有117席。2019年10月27日國會改選，全民陣線（FdT）在眾院獲120席，參院41席，變革聯盟在眾院獲116席，參院30席。2021年10月24日國會部分改選，全民陣線在眾院獲118席，變革聯盟116席。2023年10月22日國會部分改選，全民陣線在眾院獲58席，變革聯盟獲31席。

司法制度：司法機關分為地方法院、高等法院及最高法院，法官為終身職，僅受憲法及法律約束，非依法不得減俸。

經社概況

平均每人國內生產毛額：22,500美元（2022）	國內生產毛額：1兆390億美元（2022）
國內各業生產毛額結構：農業：10.8%　工業：28.1%　服務業：61.1%（2017）	
通貨膨脹率：94.8%（2022）	失業率：6.81%（2022）
進口值：975億5,800萬美元（2022）	出口值：1030億200萬美元（2022）
主要進口：汽車、石油製品、車輛零件、天然氣、肥料。	
主要出口：黃豆製品、玉米、貨車、小麥、冷凍肉、黃金。	
人口出生率：15.2‰（2024）	人口死亡率：7.28‰（2024）

巴哈馬
COMMONWEALTH OF THE BAHAMAS

建國簡史

1492年哥倫布登陸巴哈馬群島中的薩爾瓦多島，當時僅有阿瓦克（Arawak）印第安人居住該地。1647年英國開始移民該島，並於1717年宣布巴哈馬群島為其殖民地。1783年英國與西班牙簽署凡爾賽和約，巴哈馬成為英國屬地。1964年巴哈馬獲得自治，1973年7月10日完全獨立並加入大英國協。巴哈馬約有700個小大島嶼，其中29個有人居住。主要產業為國際銀行業與觀光業。

與我關係

與我無邦交。★1989年1月10日巴哈馬與中華民國建交。1997年5月18日，我國宣布與巴哈馬斷交，中止兩國各項協定及合作關係。5月24日，巴哈馬與中國建交。★1990年3月6日，兩國簽署農業技術合作協定。

基本資料

地理位置：加勒比海東北部	面積：13,880平方公里
人口：41萬人（2024.7）	網址：http://www.bahamas.gov.bs/
與臺北之時差：-13（夏令時-12）	電話國碼：1-242
獨立日期：1973年7月10日（脫離英國）	國慶日：7月10日
首都：拿索（Nassau）	語言：英語
幣制：Bahamian dollar,1.00USD=1.00BSD（與美元採連動匯率）	宗教：基督教、天主教、英國國教

政治制度：國體：君主立憲。奉英國國王為元首，以總督為其代表。政體：議會民主制。內閣：設總理及各部會首長。議會：分參眾兩院，參院16席由總督任命。眾院39席，每5年改選。

政府首長：元首：英國國王查爾斯三世 Charles III　　總督：普拉特 Cynthia A. Pratt
　　　　　總理：戴維斯 Philip Davis

主要政黨：自由進步黨（PLP）、國家自由運動黨（FNM）。2012年5月眾院大選，自由民主黨獲30席，原執政黨國家自由運動黨8席。2017年5月眾院選舉，國家自由運動黨獲35席，黨魁米尼斯任總理，自由進步黨獲4席。2021年9月16日眾院選舉，自由進步黨獲32席，黨主席戴維斯出任總理，國家自由運動黨7席。

司法制度：採英國制度，分地方法院與最高法院及上訴法院。

經社概況

平均每人國內生產毛額：34,700美元（2022）	國內生產毛額：142億美元（2022）
國內各業生產毛額結構：農業：2.3%　工業：7.7%　服務業：90%（2017）	
通貨膨脹率：5.61%（2022）　　失業率：10.09%（2022）	
進口值：56億9,200萬美元（2022）　　出口值：47億4,400萬美元（2022）	
主要進口：船舶、石化產品、原油、汽車。	
主要出口：船舶、、石化產品、鋁、郵政文件、塑膠製品。	
人口出生率：13.1‰（2024）　　人口死亡率：5.6‰（2024）	

巴貝多 BARBADOS

建國簡史

巴貝多島於1536年被葡萄牙人發現，但並未占領，1627年為數80人的拓荒團登陸該島並進行開發。該島的主權之後曾數度易手，至1652年落於英人之手。其後二百年間由巴貝多總督統治該島，1958年加入西印度聯邦，直到1962年因牙買加退出，致使該聯邦解體後始自行分離。1954年成立內閣制政府，1961年獲內政自主，1966年11月30日脫離英國獨立。同年12月加入聯合國，為聯合國第122名會員國。2020年9月16日宣布將取消英國女王伊麗莎白二世的國家元首地位，成為共和國。2021年9月28日及10月6日，眾議院及參議院分別通過法案，廢除英國女王巴貝多國家元首地位，11月30日改制為共和國，原任總督梅森獲選為改制後首任總統。

與我關係

與我無邦交。★巴貝多1967年9月4日與中華民國建交。巴貝多1977年1月11日與我中止外交關係，同年6月與中國建交。

基本資料

地理位置：東加勒比海小安地列斯群島中，向風群島東南岸外海的北大西洋中。	面積：430平方公里
人口：304,139人（2024.7）	網址：http://www.barbados.gov.bb/
與臺北之時差：-12　　電話國碼：1-246	
獨立日期：1966年11月30日（脫離英國）	國慶日：11月30日
首都：橋鎮（Bridgetown）	語言：英語
幣制：Barbados dollar, 1.00USD=2.00BBD（與美元採連動匯率）	宗教：英國國教

政治制度：原為君主立憲，2021年改為共和國。政體：議會共和制，總統由參眾兩院選舉人團選出，任期四年。總理為內閣行政首長，向國會負責。內閣：由內閣總理、副總理及5名以上部長組成，總理由眾院多數黨領袖擔任。部長由總理從國會議員中選出。國會：分參、眾兩院，參議院（Senate）21席，其中12人由總理推薦，2人由反對黨領袖推薦，其餘7人由總統選擇，均由總統任命。眾議院（House of Assembly）議員30人，由公民以單一選區選舉產生，任期5年。

政府首長：總統：梅森 Sandra Mason　　總理：莫特里 Mia Mottley

主要政黨：民主勞工黨（DLP）、巴貝多勞工黨（BLP）。2013年2月21日眾院大選，執政之民主勞工黨獲16席，巴貝多勞工黨14席，總理史都華連任。2018年5月24日眾院選舉，巴貝多勞工黨獲30席，黨魁莫特里出任總理，成為巴貝多第一位女總理。2022年1月19日眾院選舉，巴貝多勞工黨獲30席。

司法制度：司法制度與英國類似，司法裁判權則分由巴貝多最高法院及即決裁判法院掌理。

經社概況

平均每人國內生產毛額：15,400美元（2022）	國內生產毛額：43億4,200萬美元（2022）
國內各業生產毛額結構：農業：1.5%　工業：9.8%　服務業：88.7%（2017）	

通貨膨脹率：4.1%（2019）　　　失業率：8.5%（2022）
進口值：21億2,000萬美元（2021）　　出口值：3億5,700萬美元（2021）
主要進口：石化產品、船舶、汽車、貨櫃、包裝藥品。
主要出口：烈酒、船舶、標籤紙、包裝藥品、烘焙食品。
人口出生率：10.7‰（2024）　　人口死亡率：8.1‰（2024）

貝里斯
BELIZE

建國簡史

公元前16世紀初，馬雅人（Maya）建立的高度文明之馬雅帝國，領土曾包括此地，10世紀後馬雅人盡離此地。目前貝國的馬雅人係於19世紀遷移至此。16世紀初，貝里斯與瓜地馬拉同屬西班牙殖民地，但當時沒有西班牙移民在貝里斯。直至1783年，西人將貝里斯之使用收益權讓與在該地居住多年之英人。瓜國對貝里斯主權要求，根據為1821年中美洲各國獨立前，該地原由西班牙劃歸瓜地馬拉總督統管，因此瓜國認為西班牙殖民結束後，鄰接之貝里斯應歸瓜國主權管轄，認為英國在貝里斯之300年實際占領為非法。

1895年英國承諾建築連接瓜國Peten至貝里斯之鐵路，瓜國則同意英國在貝里斯享有一切主權。其後英國違約，遲不履行此項築路義務，瓜國遂認英國係無理取得該地之一切權利；自此雙方失和，爭辯不已。最後英國決定讓貝里斯於1981年9月21日獨立，貝里斯於同年9月25日加入聯合國。瓜地馬拉1991年9月6日始承認貝里斯。貝瓜兩國於2003年10月在美洲國家組織總部就貝瓜同年2月簽署之「過渡程序及信心建立措施」協議之執行情形舉行檢討會議，積極尋求以和平方式解決爭端。貝里斯為加勒比海共同體及中美洲統合體成員。

與我關係

1989年10月13日貝里斯與中華民國建交。同月24日中國與貝國斷交。★1989年10月25日我在貝里斯設大使館。1992年9月貝里斯在臺設大使館，1993年8月貝里斯因財政拮据而關閉大使館，於1999年復館。★1990年10月15日兩國簽農技合作協定。★1998年10月26日，穆沙總理訪臺7天。10月27日，李登輝總統頒特種大綬景星勳章給穆沙。9月6日布里仙紐副總理抵臺參加7日第二屆中華民國與中美洲元首高峰會。★2004年9月2日陳水扁總統率團抵貝，與穆沙總理簽署聯合公報。★2006年10月9日貝里斯總督楊可為率團來臺參加雙十慶典。★2008年9月16日第63屆聯合國大會開議，貝里斯等友邦共同提案促請聯大通過決議，建議聯合國專門機構接納臺灣人民有意義參與活動。★2009年5月27日至29日馬英九總統訪貝，與總理巴羅高峰會談，並於貝里斯國會參、眾兩院聯席會議演講。★2016年1月我國開放含貝里斯等27國旅客申請電子簽證。3月16日馬總統抵貝，與貝里斯、聖克里斯多福及尼維斯、聖文森、聖露西亞等4國總理分別會談並共同舉行圓桌茶敘。9月第71屆聯合國大會，貝里斯等13個友邦在聯大總辯論替我國發聲。★2017年7月12日起，我給予貝里斯及拉美加勒比海等9友邦國民免簽證入境30天待遇。9月第72屆聯合國大會總辯論時，貝里斯等15個友邦為我發聲。★2018年8月16日至18日，蔡英文總統首度訪問貝里斯，17日蔡總統在貝里斯國會發表演說並會晤巴洛總理與楊可為總督。9月29日，第73屆聯合國大會總辯論，貝里斯替我發聲。★2019年7月2日至5日，貝里斯總督楊可為訪臺。9月17日，聯合國大會開議，貝里斯等11友邦連署遞函挺臺灣。9月24日，貝里斯等12個友邦致函國際民航組織（ICAO）會議挺臺參與。10月11日，副總理兼教育部長法博（P. Faber）率團來臺參加國慶活動及兩國建交30週年慶祝活動。★2020年4月16日，駐貝里斯大使館援贈貝里斯6萬片防疫口罩，助對抗Covid-19。11月中旬，貝里斯等中美洲4友邦遭颶風重創，我援贈醫療物資。★2022年3月8日，總理布里仙紐伉儷一行8人訪臺5天，9日總統蔡英文頒特種大綬卿雲勳章給布里仙紐。★蔡總統2023年4月展開「民主夥伴共榮之旅」，4月3日在貝里斯見證兩國外長簽署雙邊技術合作協定暨筆電贈交儀式，並與布里仙紐總理會談。★2024年1月22日，

第二章│世界各國簡介　817

台貝兩國舉行經濟合作協定行政管理委員會。5月27日，貝里斯等4友邦衛生部長在WHA會議與中國代表辯論，力挺台灣以觀察員身分參與WHA。

基本資料

地理位置：中美洲東北部濱加勒比海	面積：22,966平方公里
人口：41.6萬人（2024.7）	網址：http://www.belize.gov.bz/
與臺北之時差：-14　　電話國碼：501	
獨立日期：1981年9月21日（脫離英國）	國慶日：9月21日
首都：貝爾墨邦（Belmopan）	語言：英語、西班牙語
幣制：Belize dollar 1.00USD＝2.01BZD（與美元採連動匯率）	宗教：天主教

政治制度：國體：君主立憲。奉英國國王為元首，以總督為其代表。政體：議會民主制。內閣掌行政權，國會掌立法權，法院掌司法權。內閣：由總理與各部長組成，行使行政權，對國會負責。總理由國會多數黨領袖擔任，部長由總督任免。閣員包括總理、副總理、部長及國務部長共18人。國會：分參、眾兩院。參院14席，其中6席由總理推薦，3席由反對黨領袖推薦，另保留4席由諮詢會議決定，1位為參院主席，均由總督任命。眾院32席，由公民直選，任期5年，對內閣有不信任投票權。

政府首長：元首：英國國王查爾斯三世 Charles III　　總督：查蘭 Froyla Tzalam
總理：布里仙紐 Juan Antonio Briceño

主要政黨：聯合民主黨（UDP）、人民聯合黨（PUP）。2008年2月7日國會選舉，原反對黨聯合民主黨取得25席，黨魁巴洛擔任總理，人民聯合黨6席。2015年11月4日國會改選，執政黨聯合民主黨取得19席勝選，人民聯合黨12席，巴洛續任總理。2020年11月11日眾議院改選，在野12年的人民聯合黨贏得26席大勝，黨魁布里仙紐出任總理，聯合民主黨5席。預定2025年11月大選。

司法制度：設有上訴法院，最高法院和地區法院。

經社概況

平均每人國內生產毛額：9,500美元（2022）	國內生產毛額：38億3,900萬美元（2022）
國內各業生產毛額結構：農業：10.3%　工業：21.6%　服務業：68%（2017）	
通貨膨脹率：6.28%（2022）　　失業率：8.67%（2022）	
進口值：15億7,400萬美元（2022）	出口值：13億6,900萬美元（2022）
主要進口：原油、船、菸草、成衣、塑膠製品。	
主要出口：原糖、香蕉、麩類、漁產、原油。	
人口出生率：17.7‰（2024）	人口死亡率：5‰（2024）

玻利維亞共和國
PLURINATIONAL STATE OF BOLIVIA

建國簡史

玻利維亞西部之Collas族自6至9世紀已有相當高度之文化，10世紀初Quechua人自庫茲科（Cuzco在秘魯西南部）入侵並占有其地，至此玻境之土人即受印加（Inca）帝國統治。1538年西班牙人自秘魯侵入，印加帝國衰亡，玻境淪為西班牙殖民地，稱為上秘魯（Alto Peru），1745年西人在玻多錫（Potosi）發展銀礦，不顧農業並迫原住民為礦奴。18世紀中葉，原住民開始反抗，曾於1809年5月及7月兩度宣告獨立，但均為西班牙人所鎮壓。1824年12月9日南美獨立運動領袖西蒙·波利瓦（Simon Bolivar）麾下大將蘇克瑞在阿亞古秋（Ayacucho）大敗西軍，玻利維亞獨立始成定局。1825年8月6日玻國宣布獨立。

與我關係

與我無邦交。★玻利維亞於1985年7月9日承認中國，我國11日宣布與玻國中止外交關係。★1990年10月30日我在玻國設立中華民國商務領務辦事處。★1992年4月29日玻國在臺設立玻利維亞駐華商務暨金融代表處。★2001年6月21日，行政院新聞局長蘇正平抵玻利維亞訪問3天。★2004年5月駐處更名為臺灣商務辦事處。★2009年7月28日，外交部宣布關閉我駐玻利維亞代表處。

基本資料

地理位置：南美洲中部（內陸國）　　**面積**：1,098,581平方公里
人口：1,232萬人（2024.7）　　**網址**：http://www.bolivia.gob.bo/
與臺北之時差：-12　　**電話國碼**：591
獨立日期：1825年8月6日（脫離西班牙）　　**國慶日**：8月6日
首都：憲法首都：蘇克瑞（Sucre）　　行政首都：拉巴斯（La Paz）　　**語言**：西班牙語
幣制：Boliviano, 1.00USD＝6.90BOB（2024.7）　　**宗教**：天主教

政治制度：國體：共和國，憲法於2009年生效。政體：總統制，由直選產生，任期5年。政府採三權分立，立法權屬於國會，國會分參眾兩院，參院36席，任期5年。眾院130席，任期5年，行政權屬於總統與內閣，司法權屬於各級法院。2003年9月，玻國爆發大規模示威，抗議政府擬經由智利向北美洲出口天然氣，衝突造成數百人傷亡。10月17日，2002年8月當選的桑傑士（Gonzalo Sánchez de Lozada）總統辭職，由副總統梅沙（Carlos Mesa）接任。2005年3月6日梅沙因各地反對國會通過的新能源法稅率方案，辭職獲國會慰留。6月6日梅沙再次辭職，由最高法院院長羅德里格斯（Eduardo Rodríguez）於6月9日繼任總統，並籌組過渡政府。同年7月6日頒布憲法修正案，12月18日舉行總統、副總統、國會議員及省長三合一選舉。社會主義運動黨總統候選人莫拉萊斯以53.7%得票率獲勝，2006年1月22日就任。2009年12月依新憲進行總統、副總統暨國會議員大選，莫拉萊斯以64%得票率連任。2014年10月18日總統大選，總統莫拉萊斯以61%得票率勝選，3度蟬連。2019年10月20日總統大選，總統莫拉萊斯以些微差距跨越當選門檻，選舉結果遭各界質疑舞弊，引發示威遊行。莫拉萊斯11月11日請辭，赴墨西哥尋求政治庇護。由於副總統和國會兩院領袖隨莫拉萊斯一起辭職，玻國在野黨籍國會參議院副議長艾尼茲（Jeanine Anez）成為憲法規定的繼任者。艾尼茲11月12日宣告她為玻利維亞臨時總統，表示會盡快重新舉行大選。2020年10月18日總統大選，左翼候選人阿爾斯（Luis Arce）獲得壓倒性勝選。2024年6月26日軍事政變未遂。預計2025年10月舉行總統大選。

政府首長：總統：阿爾斯 Luis Arce

主要政黨：社會主義運動黨（MAS）、公民社群聯盟（ACC）、我們相信聯盟（Creemos）等。2020年10月18日國會選舉：參議院，社會主義運動黨贏得21席、公民社群聯盟11席、我們相信聯盟4席；眾議院，社會主義運動黨75席、公民社群聯盟39席、我們相信聯盟16席。預計2025年國會選舉。

司法制度：司法機關分為地方法院及高等法院、最高法院三級，依法審理各類民刑案件。

經社概況

平均每人國內生產毛額：8,200美元（2022）　　**國內生產毛額**：1007億7,800萬美元（2022）
國內各業生產毛額結構：農業：13.8%　工業：37.8%　服務業：48.2%（2017）
通貨膨脹率：1.75%（2022）　　**失業率**：2.55%（2022）
進口值：145億7,700萬美元（2022）　　**出口值**：144億6,700萬美元（2022）
主要進口：汽車、石化產品、貨車、殺蟲劑、塑膠製品。
主要出口：天然氣、黃金、鋅、黃豆及其製品。
人口出生率：17.6‰（2024）　　**人口死亡率**：6.6‰（2024）

巴西聯邦共和國
FEDERATIVE REPUBLIC OF BRAZIL

建國簡史

1500年4月22日葡萄牙遠征隊抵達巴西，16世紀時葡萄牙在巴西建立殖民地。法國大革命後，葡萄牙本土被拿破崙軍占領，葡后瑪麗亞（Maria）與攝政太子約翰（Don Joao）於1808年避難巴西，1816年瑪麗亞逝世，約翰即被推為葡萄牙王，1821年返葡就位，太子彼得（Pedro）留在巴西攝政。後於1822年9月7日宣布脫離葡萄牙獨立，繼又宣布為巴西帝國皇帝，稱彼得一世，此帝國延續67年傳其子彼得二世。1889年11月15日軍方發動政變，推翻帝制成立巴西合眾國。

1964年3月31日，軍方政變後實施獨裁統治。1967年改國名為巴西聯邦共和國。1985年軍政

府和平還政於民。1990年首任民選總統柯樂（Fernando Collor de Mello）上任，但因貪瀆案遭彈劾，1992年底下台，由副總統伊達瑪·佛朗哥（Itamar Franco）繼任。★巴西位於南美洲，領土遼闊，境內亞馬遜河是世界第二長河流，亞馬遜雨林是世界面積最大、物種最多的熱帶雨林。

與我關係

與我無邦交。★1974年8月15日巴西與中國建交，中華民國16日與巴西斷交。★1975年7月14日我在聖保羅設立遠東貿易中心，1990年2月15日更名為臺北商務中心，同年在里約熱內盧設立分處。★1990年3月巴西駐臺商務中心成立。★1991年9月巴西同意我國在巴西利亞設處，我在巴西辦事處增為3個，更名為臺北經濟文化辦事處，分設於巴西利亞、聖保羅及里約。★2002年12月20日駐里約辦事處關閉。★2015年2月5日，巴西ICT產業協會與中華民國資訊軟體協會簽署多方合作備忘錄。★2020年7月14日，為協助對抗2019冠狀病毒疾病疫情，駐巴西代表張崇哲援贈10萬片口罩給瑪瑙斯市政府。★2022年10月4日，第13屆臺灣巴西經濟聯席會議線上加實體舉行。★2024年3月21日，巴西聯邦眾議院友台小組訪問團拜會立法院長韓國瑜。5月10日台灣捐款5萬美元援助巴西洪災。

基本資料

地理位置：南美洲東半部	面積：8,515,770平方公里
人口：2億2,006萬人（2024.7）	網址：http://www.brasil.gov.br/
與臺北之時差：-11（夏令時-10）	電話國碼：55
獨立日期：1822年9月7日（脫離葡萄牙）	國慶日：9月7日
首都：巴西利亞（Brasilia）	語言：葡萄牙語
幣制：Brazilian real, 1.00USD=5.54BRL（2024.7）	宗教：天主教

政治制度：國體：聯邦共和國。總統制，設總統、副總統，任期4年。政體：三權分立，立法權屬國會，行政權屬總統，司法權屬聯邦各級法院。國會：分參、眾兩院，參院81席任期8年，每4年改選1/3或2/3，眾院513席任期4年，屆滿改選。工黨候選人魯拉（Luiz Inácio Lula da Silva）2002年10月總統選舉決選獲勝，2006年10月連任。2010年10月大選，工黨羅賽芙（Dilma Rousseff）第二輪選舉中勝出，成為巴西首位女總統。羅賽芙2014年10月26日大選第二輪以得票率51.57%連任，開創工黨自2002年魯拉起連續執政的紀錄。2016年4月12日羅賽芙因違反預算規定被彈劾，立刻停職，由民主運動黨籍副總統泰梅爾代理。8月31日參院以61票贊成，20票反對，罷免羅賽芙，代總統泰梅爾接任總統。2018年10月28日，總統大選第二輪投票，自由社會黨籍候選人波索納洛以55.21%有效票當選，2019年元旦就任。2022年10月2日總統大選，10月30日第二輪投票，前總統魯拉以50.9%得票勝出，2023年元旦就任。2026年10月4日舉行總統大選。

政府首長：總統：魯拉 Luiz Inácio Lula da Silva

主要政黨：工黨（PT）及巴西民主運動黨（PMDB），民主黨（DEM）及巴西民主社會黨（PSDB）。2014年10月5日國會選舉，眾院：工黨70席，巴西民主運動黨66席，巴西民主社會黨54席。2018年10月7日國會選舉，參院：巴西民運黨7席，進步黨（PP）5席，可持續性網路（REDE）5席；眾院：工黨56席，社會自由黨52席，進步黨37席，民主運動黨34席。2022年10月選舉，右派在眾院大有斬獲，自由黨（PL）99席，巴西聯盟黨59席，工黨等三黨組成的巴西希望81席。

司法制度：分聯邦地方法院、聯邦高等法院及聯邦最高法院三級，聯邦最高法院法官由總統提名徵求參院同意，最高法院法官有法令審查權，決定一切法令是否合憲。

經社概況

平均每人國內生產毛額：15,100美元（2022）	國內生產毛額：3兆2,500億美元（2022）
國內各業生產毛額結構：農業：6.6%　工業：20.7%　服務業：72.7%（2017）	
通貨膨脹率：9.28%（2022）　失業率：9.23%（2022）	
進口值：3,760億8,400萬美元（2022）	出口值：3,806億1,900萬美元（2022）
主要進口：精煉石油、汽車零件、原油、肥料、殺蟲劑。	
主要出口：黃豆、原油、鐵、玉米、汽油產品。	
人口出生率：13.2‰（2024）　人口死亡率：7‰（2024）	

加拿大 CANADA

建國簡史

原為印第安人及因紐特人居住地。英、法兩國分別於1497年及1534年起移民加拿大、各自沿海岸及向內陸建立殖民地,時相衝突。1759年魁北克一戰,英人獲勝,地入英屬。1837年英、法裔政爭,由英政府促成安大略及魁北克省結合。1867年7月1日,聯邦制的加拿大自治領成立,以7月1日為國慶日,稱加拿大日。1931年英國通過西敏法令,成為獨立國。

1949年紐芬蘭加入而完成今之聯邦,英國放棄北美洲法管轄權,加拿大通過權利憲章,取得自行修憲權力。1999年4月1日,加拿大成立努納戊特(Nunavut)行政特區,這是加拿大第3個行政特區,也是加拿大行政區域50年來首度改變。

與我關係

與我無邦交。★1970年10月13日,加拿大與中國建交,中華民國與加拿大中止外交關係。★加拿大全國總商會於1968年10月在臺北設立加拿大駐臺北貿易辦事處(CTOT),該處自1990年10月1日起以加國駐香港專員公署名義在臺北核發簽證,自1994年2月1日起由加拿大駐臺辦事處直接核發簽證。★我於1991年3月在多倫多成立駐加拿大臺北經濟文化代表處,同年4月在溫哥華設立「駐溫哥華臺北經濟文化辦事處」,1992年7月在渥太華設立「駐渥太華臺北經濟文化辦事處」。★1993年8月我駐加拿大代表處由多倫多移駐渥太華並對外運作,原駐渥太華辦事處裁撤,另設駐多倫多辦事處。我駐加各處於1994年3月起改以Taipei Economic and Cultural Office(TECO)之名核發簽證。★2008年3月17日加拿大國會議員及學者觀選團訪臺,觀察我第12任正副總統選舉。★2010年11月22日,加拿大宣布開放持中華民國護照民眾入境最長6個月免簽證。★2016年1月,兩國簽署避免雙重課稅合約。★2017年6月9日,加航復飛臺北溫哥華航線。★2019年9月24日至10月4日,第40屆國際民航組織(ICAO)大會在加拿大蒙特婁總部舉行,臺未獲邀請。加國參眾兩院56位議員聯名或個別致函外交部,呼籲加國支持臺灣參與ICAO。★2020年4月22日,外交部援贈加拿大政府50萬片口罩,協助對抗2019冠狀病毒疾病疫情。10月,加拿大一艘護衛艦由南向北航經臺灣海峽。★2021年6月17日,加拿大國會一讀通過「加臺關係架構法」。★2022年10月9日,加拿大眾議院國貿委員會主席史葛洛一行5人訪臺6天,晉見總統蔡英文。★2022年11月27日,加拿大政府首次發布「印太戰略」文件,明確指出「中國是個日益具破壞性的全球強權」,反對任何威脅台海現狀的片面行徑,並指出加拿大持續深化與台灣在經貿、科技、民主治理等領域的合作。★2023年7月駐蒙特婁台北經濟文化辦事處啟用。★2023年12月22日台灣與加拿大簽署投資促進及保障協議(FIPA)。★2024年5月17日,加國國會議員組團參加賴清德總統就職。

基本資料

地理位置:北美洲	面積:9,984,670平方公里		
人口:3,880萬人(2024.7)	網址:http://www.gc.ca/		電話國碼:1
與臺北之時差:-13(東部時區,含渥太華、多倫多)/-16(太平洋時區,含溫哥華) [加拿大橫跨6個時區,夏令時:東部時區-12/太平洋時區-15]			
獨立日期:1867年7月1日(脫離英國)		國慶日:7月1日	
首都:渥太華(Ottawa)		語言:英語、法語	
幣制:加元Canadian dollar, 1.00USD= 1.37CAD(2024.7)			宗教:天主教、基督教
政治制度:國體:聯邦制,憲法於1867年7月1日生效。政體:議會民主制,行政權名義上屬總督及樞密院,實權歸內閣,向國會負責,立法權屬於國會,司法權屬於各級法院。內閣:由總理及各部首長組成,行使行政權,對國會負連帶責任,總理由執政黨黨魁擔任。國會:國會分上下兩院,上院參議院議員105席,由總理建議總督任命之,1965年6月2日前任命者,任期終身,其後任命者,任期至75歲為止。下院眾議院議員由人民選舉,原有308席,總額每10年隨人口普查結果比例調整、一般任期4年,但總理得視政治情況建議總督解散並改選。眾議院席次2015年10月選舉後增為338席。			
政府首長:元首:英王查爾斯三世 Charles III　總督:西蒙 Mary Simon　總理:杜魯道 Justin Trudeau			

主要政黨：2011年5月2日第41屆國會選舉，保守黨在308席眾議院中贏得166席，左派新民主黨103席，自由黨34席，魁北克政團4席。2015年10月19日國會大選，在野的自由黨大勝，在眾議院338席中贏得184席，自由黨黨魁杜魯道出任總理，組多數黨政府。保守黨席次減至99席，新民主黨44席，魁北克政團10席。2019年10月國會大選。總理杜魯道（Justin Trudeau）續任，但自由黨席次未過半，減至157席，保守黨121席，魁北克政團32席，新民主黨24席，綠黨3席。2021年9月21日國會提前大選，杜魯道贏得第3任任期，自由黨席次減至159席，保守黨119席，新民主黨25席。預計2025年10月大選。

司法制度：採三級制，分為地方法院、上訴法院及最高法院。法官行使職權僅受憲法及法律拘束，最高法院有法令審查權，也是決定一切法律、命令或處分是否違憲之終審法院，大法官由總理提名而由總督任命，亦得經同一程序免除之。

經社概況

平均每人國內生產毛額：49,000美元（2022）	國內生產毛額：1兆9,070億美元（2022）
國內各業生產毛額結構：農業：1.6%　　工業：28.2%　　服務業：70.2%（2017）	
通貨膨脹率：6.8%（2022）	失業率：5.28%（2022）
進口值：7,193億3,900萬美元（2022）	出口值：7,228億3,100萬美元（2022）
主要進口：汽車及車輛零件、貨車、原油、煉製油品、汽車。	
主要出口：原油、汽車及車輛零件、黃金、煉製油品、天然氣。	
人口出生率：10.01‰（2024）	人口死亡率：8.2‰（2024）

智利共和國
REPUBLIC OF CHILE

建國簡史

1450年時智利北部由印加帝國統治，南部由原住民阿拉烏柯人占據。1535年西班牙征服秘魯後，於1541年南下占領至智利中部，開始殖民，並逐漸平服南部原住民。1810年智利人在奧希金斯領導下革命，宣布獨立，獲阿根廷聖馬丁將軍協助，驅逐西班牙人。1837至38年及1879至82年兩度戰勝秘魯與玻利維亞聯軍，國土向北延伸至現今領域。

20世紀以來實施民主，1970年大選，左派人民陣線獲選執政，屬行馬克斯主義及國有化政策，經濟破產民不聊生，1973年陸海空警聯合政變，推翻阿言德政權，成立軍政府，1990年還政於民。2000年1月16日總統大選第2輪投票，執政聯盟候選人拉哥斯獲勝，3月11日拉哥斯宣誓就職，成為1990年以來第3位文人總統，任期6年。2006年1月15日總統大選第2輪投票，左派聯盟社會黨之前衛生、國防部長巴舍萊（Michelle Bachelet）當選總統，成為智利建國195年來首位女總統。

與我關係

與我無邦交。★1915年智利與中華民國建交，1971年1月5日智利與中國建交，我國同日與其斷交。★1975年我在聖地牙哥設遠東商務辦事處，1990年12月更名為臺北經濟文化辦事處。智利於1989年在臺北設智利商務辦事處。★2018年7月30日，智利復活節島市長暨拉帕努依族（Rapa Nui）族長艾德門茲（P.P. Edmunds P.）訪臺，出席2018年南島民族論壇，8月4日訪問蘭嶼，與雅美（達悟）族代表蘭嶼鄉長夏曼·迦拉牧簽署合作交流瞭解備忘錄，締結姊妹部族。

基本資料

地理位置：南美洲西側南部	面積：756,102平方公里
人口：1,867萬人（2024.7）	網址：http://www.gobiernodechile.cl/
與臺北之時差：-12（夏令時-11）	電話國碼：56
獨立日期：1810年9月18日（脫離西班牙）	國慶日：9月18日
首都：聖地牙哥（Santiago）	語言：西班牙語
幣制：智利披索Chilean peso, 1.00USD=934.46CLP（2024.7）	宗教：天主教

政治制度：國體：共和國，新憲法於1980年9月11日全民投票通過，1981年3月11日實施。政體：總統制，總統由公民直選，任期4年，不得連選（可隔一任再選）。三權分立，立法權屬國會，行政權屬總統與內閣，司法權屬各級法院。內閣：閣員由總統任命。國會：兩院制，參議院50席（其中38人為民選參議員，10人為指定參議員，卸任總統均為終身參議員），參議員任期8年，每4年改選半數。眾議院155席，議員任期4年。2010年1月17日總統大選第二輪投票，右派改革聯盟候選人皮涅拉當選。2013年12月15日總統選舉第二輪投票，智利首位女總統巴舍萊以62%得票率擊敗右派對手，2014年3月11日回任總統。2017年12月17日總統大選第二輪投票，中間偏右派的皮涅拉以54.6%得票率獲勝，2018年3月11日回任總統。2021年5月，公民選出155位制憲會議代表，很多是無黨籍政治素人。2021年12月19日，左派的波里奇以55.9%得票率獲勝，2022年3月11日就任。

政府首長：總統：波里奇 Gabriel Boric

主要政黨：左派聯盟（基督民主黨、社會黨、民主黨、社會民主激進黨及共產黨組成）及右派聯盟（國家革新黨及民主聯盟黨等組成）。2013年11月國會改選，左派聯盟在參議院21席、眾議院67席，右派聯盟在參議院16席、眾議院49席。2017年11月19日參、眾議院改選，右派聯盟「智利前進」（Let's go Chile）參議院15席、眾議院47席，左派聯盟「新多數」（New Majority）參議院19席、眾議院68席。2021年11月21日國會改選，右派聯盟「智利我們能更好」獲眾院53席，左派的贊成尊嚴37席，新社會協定37席。

司法制度：司法獨立，以最高法院為最高司法機關。

經社概況

平均每人國內生產毛額：25,900美元（2022）	國內生產毛額：5,074億6,500萬美元（2022）
國內各業生產毛額結構：農業：4.2%　工業：32.8%　服務業：63%（2017）	
通貨膨脹率：11.64%（2022）	失業率：8.25%（2022）
進口值：1180億9,400萬美元（2022）	出口值：1,070億7,800萬美元（2022）
主要進口：煉製油品、原油、汽車、服裝、貨車。	
主要出口：銅礦、精煉銅、漁產、碳酸鹽、。	
人口出生率：12.4‰（2024）	人口死亡率：6.6‰（2024）

哥倫比亞共和國
REPUBLIC OF COLOMBIA

建國簡史

印第安人世居當地，1536年淪為西班牙殖民地。1781年爆發首次反對西班牙統治的起義，1810年獨立革命運動開始，1819年革命成功，成立大哥倫比亞共和國，領土包括現今之哥倫比亞、巴拿馬、委內瑞拉、厄瓜多。1830年大哥倫比亞國父波利瓦逝世，同年委內瑞拉及厄瓜多成為獨立國。1886年哥倫比亞採中央集權之憲法，定國名為哥倫比亞共和國，領土包括現今之巴拿馬，1899年至1903年保守黨及自由黨爆發「千日戰爭」黨爭，1903年巴拿馬宣布獨立，哥國至1921年始予承認。1953年發生軍事政變，1956年恢復民主，為免黨爭，保守黨及自由黨協議自1958年起兩黨每4年輪流執政一次，至1974年取消該項協議。

哥國政府長期陷於與哥倫比亞革命軍（FARC）的內戰，該左派游擊隊成立於1964年，原先為共產黨武裝部隊，80年代成為獨立組織。雙方自2012年10月起展開和談，2016年8月達成共識停火，於9月簽署和平協議。但哥國選民10月2日公投否決。

與我關係

與我無邦交。★中華民國1947年11月在哥設公使館，1961年4月6日升格為大使館。★1972年5月20日在巴蘭幾亞設領事館，1979年11月升格為總領事館。★1980年2月8日，哥國與中國建交，我國與其斷交，並關閉駐哥國大使館及總領事館。8月26日我駐哥倫比

亞遠東商務辦事處成立。★1990年8月，駐處改名為臺北商務辦事處，並在巴蘭幾亞設分處，但分處於1991年7月關閉。★1993年5月7日，哥國在臺北設哥倫比亞商務辦事處，後於2002年關閉。★2007年4月1日哥國國會友臺協會主席克羅巴朵夫斯基參議員一行9人訪臺。★2016年5月，中華民國外貿協會與哥國電商協會簽署合作瞭解備忘錄。

基本資料

地理位置：南美洲北部頂端		面積：1,138,910平方公里	
人口：4,959萬人（2024.7）		網址：http://www.gobiernoenlinea.gov.co/	
與臺北之時差：-13	電話國碼：57		
獨立日期：1810年7月20日（脫離西班牙）		國慶日：7月20日	
首都：波哥大（Bogota）		語言：西班牙語	
幣制：哥倫比亞披索Colombian peso, 1.00USD= 4,037.16COP（2024.7）			宗教：天主教

政治制度：國體：共和國。憲法1991年7月5日生效。政體：總統制，三權分立，行政權屬總統，立法權屬國會，司法權屬於法院。總統：直接民選，任期4年，得連選連任。國會：分參議院及眾議院，兩院議員均直接民選，連選得連任，參議院108席，眾議院188席，任期皆為4年。2002年5月總統選舉，獨立派候選人、哥倫比亞第一運動領袖烏力貝（Á. Uribe V.）在首輪選舉中以53%得票獲勝，百年來保守黨和自由黨兩大黨輪流執政就此結束。2006年大選，烏力貝以62%得票連任。2010年大選，執政之U黨候選人桑托斯當選，2014年獲勝連任。2018年6月總統選舉第二輪投票，右翼律師杜克以54%得票勝出，8月7日就任。2022年6月19日總統選舉第二輪投票，左翼的前波哥大市長裴卓以50.4%得票率當選，8月7日就職。

政府首長：總統：裴卓Gustavo Petro

主要政黨：2014年3月9日國會選舉，眾院：自由黨（PL）39席、U黨37席、保守黨（PC）27席、民主中心黨（CD）19席、激進改變黨（CR）16席。2018年3月11日國會改選，眾院：自由黨35席、民主中心黨32席、激進改變黨30席、U黨25席、保守黨21席、綠黨9席。2022年3月13日國會改選，這次選出眾議院188席，裴卓領導的左派聯盟哥倫比亞歷史協定（PHxC）獲27席、自由黨32席、保守黨25席、激進改變黨16席、民主中心黨16席、U黨15席、綠色聯盟11席。

司法制度：司法獨立，不受總統或國會干涉，司法機關分為「審訊法院」（僅調查犯罪事實及建議初級法院應判若干刑期，無直接審判權）、「初級法院」、「高等法院」及「最高法院」，採陪審制度。

經社概況

平均每人國內生產毛額：15,600美元（2022）	國內生產毛額：8,101億40萬美元（2022）
國內各業生產毛額結構：農業：7.2%　　工業：30.8%　　服務業：62.1%（2017）	
通貨膨脹率：10.18（2022）	失業率：10.55%（2022）
進口值：895億4,000萬美元（2022）	出口值：731億1,200萬美元（2022）
主要進口：精煉油品、汽車、廣播設備、包裝藥品、玉米。	
主要出口：原油、煤、精煉油品、咖啡、黃金。	
人口出生率：14.9‰（2024）	人口死亡率：8‰（2024）

哥斯大黎加共和國
REPUBLIC OF COSTA RICA

建國簡史

1502年9月18日哥倫布第4次赴新大陸時，途遇颶風，船被吹至卡里阿利（Cariari）灣，乃登陸探測，發現當地原住民印第安人似甚富有，哥倫布乃稱該地為哥斯大黎加（Costa Rica），意為「富庶之海岸」。最早移往哥斯大黎加之一批移民，卜居於太平洋沿岸洋大連港（Puntarneas），未及3年即行撤退。至1564年西班牙人始於卡塔哥（Cartago）等地建立城市，與原住民和平相處，達2世紀之久。

1822年成為墨西哥帝國的一員，一年後帝國瓦解，哥斯大黎加參加中美洲聯邦，1824年11月

22日頒布基本憲章。聯邦有共同元首，各邦另有其元首。

1838年11月14日哥國退出聯邦，至1848年8月31日宣布建立共和，選出Jose Maria Castro為首任總統。1948年大選曾引起內戰，由費蓋雷斯重建秩序，召開國是會議，產生第二共和，頒布新憲法，廢除軍隊。

與我關係

與我國無邦交。★1941年中華民國與哥斯大黎加建立公使級外交關係，1959年兩國互設大使館。★2007年6月1日哥國與中國建交，7日我國與哥國斷交。★我與哥斯大黎加曾簽友好條約（1944年）、文化專約（1958年）、貿易協定（1964年）、技術合作協定（1971年）、漁業技術合作協定（1980年）、竹工技術合作協定（1980年）、技術合作新協定（1984年）、引渡條約（1984年）、換文協議。★1989年11月我國在哥國設立加工出口區。★1999年9月5日，哥國第一副總統菲謝爾女士抵臺參加第2屆中華民國與中美洲國家元首高峰會。★2000年8月18日，陳水扁總統抵達哥國訪問2天。★2002年5月7日，立法院長王金平率領慶賀團抵聖約瑟參加總統巴奇可就職典禮。8月11日，行政院長游錫堃率團訪問哥國3天。10月7日至11日，巴奇可總統伉儷率團訪臺。10月11日，陳總統與巴奇可簽署聯合公報。★2004年8月23日哥國總統府部長托雷多訪臺5天。★2005年8月14日哥國總統巴奇可來臺參加「民主太平洋聯盟」成立大會。並與陳總統簽署聯合公報。★2006年5月8日陳總統參加哥國總統阿里亞斯就職典禮。

基本資料

地理位置：中美洲	面積：51,100平方公里
人口：527萬人（2024）	網址：http://www.casapres.go.cr/
與臺北之時差：-14	電話國碼：506
獨立日期：1821年9月15日（脫離西班牙）	國慶日：9月15日
首都：聖約瑟（San Jose）	語言：西班牙語
幣制：Colon,1.00USD=522.08CRC（2024.7）	宗教：天主教

政治制度：國體：民主共和。政體：總統制，總統由公民直選，任期4年，副總統2名。行政權：總統為國家元首與行政首長，部長由總統任命。國會：立法權屬一院制國會，57席，任期4年，正副議長每年改選。2006年2月總統大選，奧斯卡・阿里亞斯（Oscar Arias）以40.8%得票率獲勝。2010年2月總統大選，執政之國家自由黨候選人秦奇亞女士（Laura Chinchilla Miranda）以46.7%得票率當選，為哥國首位女總統。2014年4月市民行動黨候選人索里士在第二輪投票中以77.81%得票率當選。2018年4月總統選舉第二輪投票，38歲的前勞動部長阿瓦拉多以60.7%得票勝出，5月8日就任，是哥國近代史上最年輕的總統。2022年4月3日總統大選第二輪投票，前財政部長查維斯以52.8%得票率勝出，5月8日就任。

政府首長：總統：查維斯Rodrigo Chaves

主要政黨：國家自由黨（PLN）、國家復興黨（PRN）、基督社會聯合黨（PUSC）、自由行動黨（ML）、寬廣陣線（Frente Amplio）。2014年2月2日國會選舉，國家自由黨18席、市民行動黨13席、寬廣陣線9席、基督社會聯合黨8席、自由行動黨4席。2018年2月4日國會選舉，國家自由黨17席、國家復興黨14席、市民行動黨10席、基督社會聯合黨9席。2022年2月6日國會選舉，國家自由黨獲19席、社會民主進步黨10席、基督社會聯合黨9席、新共和黨7席、自由進步黨6席、寬廣陣線6席。

司法制度：最高司法機關為最高法院，編制22名大法官，任期最短8年，由國會選舉。其他尚有地方法院，高等法院，勞工法院。最高選舉法院為獨立機關，負責選舉事宜。

經社概況

平均每人國內生產毛額：22,100美元（2022）	國內生產毛額：1,143億6,600萬美元（2022）
國內各業生產毛額結構：農業：5.5%　工業：20.6%　服務業：73.9%（2017）	
通貨膨脹率：8.27%（2022）	失業率：11.32%（2022）
進口值：266億200萬美元（2022）	出口值：286億9,200萬美元（2022）
主要進口：精煉油品、廣播設備、汽車、醫療器材、塑膠製品。	
主要出口：醫療器材、香蕉、熱帶水果、骨科矯型裝具、其他食物。	
人口出生率：10.8‰（2024）	人口死亡率：5.3‰（2024）

古巴共和國
REPUBLIC OF CUBA

建國簡史

古巴之原住民為印第安人，1492年哥倫布首航發現此地後發展為西班牙主要殖民地之一，自1526年起引進非洲黑奴，種植甘蔗及菸草兩大作物，至1850年代獨立運動興起。1868年至1878年Carlos Manuel de Cespedes領導10年革命，不幸失敗，為古巴人民尊為國父。1892年古巴民族英雄Jose Marti創立古巴革命黨，1895以Grito de Baire為口號展開獨立戰爭，旋即陣亡。1898年2月15日停泊在哈瓦那港內保護僑民之美國戰艦Maine號遭炸沉引發美西戰爭，至同年12月10日美、古雙方簽訂「巴黎協定」，西班牙將古巴讓給美國，1902年5月20日古巴獨立成立古巴共和國，首任總統為Tomas Estrada Palma。1903年美國向古巴租借兩處海軍基地，其中關塔那摩至今仍為美軍基地。1952年至1959年古巴採行專制，政治腐敗，1959年革命成功，革命領袖卡斯楚取得政權後採行社會主義共產制度，並與蘇聯等共產國家建交。2008年卡斯楚辭職，交棒給弟弟勞爾‧卡斯楚。2014年12月17日美國與古巴關係解凍。2015年7月20日古巴與美國復交。

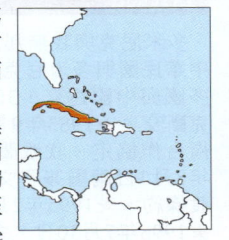

與我關係

古巴與我無邦交。★2012年2月23日高雄市長陳菊率團從美國至古巴觀摩有機農業，全團以落地簽證入境古巴，但陳菊遭拒入境。★2016年6月蔡英文總統「英翔專案」訪問中南美洲，總統專機首度飛越古巴領空。

基本資料

地理位置：加勒比海區	面積：110,860平方公里
人口：1,097萬人（2024）	網址：http://www.cubagob.cu/
與臺北之時差：-13	電話國碼：53
獨立日期：1902年5月20日	國慶日：1月1日（Liberation Day）
首都：哈瓦那（Havana）	語言：西班牙語
幣制：採雙軌幣制，當地居民使用的古巴披索Cuban peso, 1.00USD=23.96CUP（2024.7），及可與外幣兌換、與美元等值的古巴披索代幣Cuban convertible peso（CUC	宗教：天主教
政治制度：國體：共和國。政體：共產黨一黨專政。內閣：有副總理8位及其他閣員27位。國會：全國人民代表大會為國家最高權力機關，有修憲權及立法權，任期5年。2019年2月24日，新憲法公民投票通過，4月10日生效，恢復總理一職。2008年2月19日卡斯楚辭去國務委員會主席（即總統）和革命武裝部隊總司令職務，結束近50年的統治。2月24日人民代表大會推選他弟弟勞爾‧卡斯楚接任主席。2013年2月24日勞爾‧卡斯楚經人民代表大會選舉連任。2018年4月19日，人民代表大會以603票選出57歲的狄亞士-卡奈，同日就任總統。2023年4月19日，唯一候選人，狄亞士-卡奈連任總統，展開第二個5年任期。	
政府首長：總統：狄亞士-卡奈 Miguel Diaz-Canel	總理：馬雷羅Manuel Marrero Cruz
主要政黨：共產黨為唯一合法政黨。2013年2月3日選出議員614人。2018年3月11日選出議員605人。2023年3月26日，選出全國人民權力大會（National Assembly）470名代表。該機構是古巴立法機關。	
司法制度：人民最高法院係司法最高機構，下設各級法院，惟革命簡易法院擁有實權。	

經社概況

平均每人國內生產毛額：12,300美元（2016）	國內生產毛額：1,370億美元（2017）
國內各業生產毛額結構：農業：4%　工業：22.7%　服務業：73.4%（2017）	
通貨膨脹率：5.5%（2017）	失業率：1.25%（2022）
進口值：80億6,700萬美元（2020）	出口值：87億6,900萬美元（2020）
主要進口：家禽肉、小麥、黃豆油、塑膠製品、煉乳。	
主要出口：雪茄、原糖、鎳產品、蘭姆酒、鋅。	
人口出生率：9.99‰（2024）	人口死亡率：9.5‰（2024）

多米尼克
COMMONWEALTH OF DOMINICA

建國簡史

多米尼克係因哥倫布於1493年星期日發現而得名。17、18世紀英、法兩國數度爭奪該島，1763年依照巴黎條約規定劃歸英國管轄。但法國於1778年攻占該島，1783年才歸還英國。1805年法國再度入侵並焚毀首府羅梭，英國支付法國1萬2,000鎊後法軍撤退。1958年1月多島加入西印度聯邦（Federation of the West Indies），一直至聯邦於1962年5月23日解體後脫離。1967年3月1日，多島成為大英國協成員，內政自主，外交及國防由英國代理。1978年11月3日成為主權獨立的國家。

與我關係

多米尼克與我無邦交。★1983年5月10日中華民國與多米尼克建交，2004年3月23日多國與中國建交，30日我國宣布與多米尼克斷交。★1983年9月22日兩國簽署農業技術合作協定，我派農技團赴多國。★1990年8月3日兩國簽署文化協定。11月簽署引渡條約。★1995年2月11日簽署友好條約。★1998年7月30日，多國外交貿易部長查爾斯抵臺參加第二屆「中華民國與東加勒比海四國外長會議」。★2015年9月14日，我捐10萬美元助多國自艾瑞卡風暴災後重建。

基本資料

地理位置：東加勒比海小安地列斯群島中，向風群島的北部。	面積：751平方公里
人口：74,661人（2024.7）	網址：http://www.dominica.gov.dm/
與臺北之時差：-12	電話國碼：1-767
獨立日期：1978年11月3日（脫離英國）	國慶日：11月3日
首都：羅梭（Roseau）	語言：英語
幣制：East Caribbean dollar, 1.00USD=2.70XCD（固定匯率）	宗教：天主教

政治制度：國體：共和國，總統由國會選出，任期5年，無實權。政體：議會共和制，總統任命國會多數黨領袖組織政府，立法權屬國會，司法權屬各級法院。內閣：由總理、各部長及檢察長組成，對國會負連帶責任，部長須自國會議員中選出，由總理呈請總統任命。國會：一院制（House of Assembly）有32名議員，其中21名由選民選舉，任期5年。2023年10月總統選舉，柏頓當選，成為該國第一位女總統。

政府首長：總統：柏頓 Sylvanie Burton　　總理：史卡利 Roosevelt Skerrit

主要政黨：2009年12月18日大選，執政之勞工黨奪下18席，在野的聯合工人黨減為3席。2014年12月8日大選，勞工黨獲15席，在野黨聯合工人黨6席。2019年12月6日國會大選，勞工黨獲18席，聯合工人黨3席。2022年國會改選，勞工黨獲19席，無黨派2席。預計2027年國會改選。

司法制度：分地方法院、高等法院及上訴法院，重大案件可上訴至英國樞密院。

經社概況

平均每人國內生產毛額：11,500美元（2022）	國內生產毛額：8億3,383萬美元（2022）
國內各業生產毛額結構：農業：22.3%　工業：12.6%　服務業：65.1%（2017）	
通貨膨脹率：-0.73%（2020）　失業率：23%（2000）	
進口值：3億4905萬美元（2022）	出口值：1億9,228萬美元（2022）
主要進口：煉製油品、天然氣、原油、塑膠製品、汽車。	
主要出口：電力設備、肥皂、生鐵、天然氣、熱帶水果。	
人口出生率：13.3‰（2024）	人口死亡率：8.1‰（2024）

多明尼加共和國
DOMINICAN REPUBLIC

建國簡史

哥倫布於1492年首先發現伊斯巴紐拉島（Hispaniola，現今多明尼加及海地共享之島）後，西班牙人開始征服原住民，建立殖民地政府。1795年法國征服全島，1804年海地脫離法國獨立。1809年西班牙人驅逐聖多明哥區的法國人，恢復殖民統治。1821年多明尼加宣布獨立，數月後，海地出兵占領，統治22年。1844年2月27日多國第二次宣布獨立，定名為多明尼加共和國。1916至1924年間美國占領多國。1930年杜琦樂當選總統，之後其家族獨裁統治多國，至1961年杜氏被刺身亡為止，共計30年。1962年大選，革命黨領袖波希當選總統，於1963年被右派軍人推翻。1966年改革黨領袖巴拉格當選總統，連任兩次，執政12年。1978年革命黨古斯曼當選總統。1982年5月革命黨賀耶布朗哥當選總統。

與我關係

多明尼加與我無邦交。★1940年5月11日多明尼加與中華民國簽訂友好條約。2018年5月1日，多明尼加與中國建交，同日我與多國斷交，結束長達77年的外交關係。★1963年兩國簽技術合作協定，1964年貿易協定，1975年文化協定，1982年開發小水力發電計畫技術合作協定。1990年引渡條約。★1996年8月18日副總統連戰參加費南德茲（L. Fernández）總統就職典禮。★1997年1月16日，中國宣布與多明尼加達成設立商務處協議。3月8日，多國外長拉托雷訪臺。6月23日，多明尼加宣布於7月與中國建立經濟關係，北京在首都聖多明哥設立商務辦事處。★1998年11月5日，我與多國簽訂投資促進及保障協定、工業合作協定及電腦捐贈協定。★1999年9月6日海梅‧費南德茲（Jaime Fernández）副總統抵臺，參加第2屆中華民國與中美洲國家元首高峰會。9月27日，費南德茲總統應邀訪臺，29日與李登輝總統簽署聯合公報。★2000年8月14日陳水扁總統訪問多國，參加梅西亞（H. Mejía）總統就職典禮。★2001年3月及2002年12月，梅西亞總統兩度率團訪臺。★2004年8月16日行政院長游錫堃率領特使團參加費南德茲再度當選總統的就職大典。★2005年9月24日陳總統率團訪問多明尼加，與費南德茲總統簽署聯合公報。★2006年6月26日費南德茲總統抵臺訪問。★2008年8月15日馬英九總統率團抵達多明尼加，參加費南德茲總統連任就職典禮。★2010年1月28日馬總統抵達多明尼加，會見總統費南德茲及海地總理貝勒理福（Jean-Max Bellerive），捐贈10噸物資並商討1月12日海地震災後援助計畫。★2011年10月多國副總統阿布爾格爾格訪臺。★2012年8月13日吳敦義副總統率團至多國參加新任總統梅迪納就職典禮。11月6日兩國簽署防制洗錢與反恐情資交換備忘錄。★2013年4月21日我海軍敦睦遠航訓練支隊抵達多明尼加訪問3天。★2015年7月13日馬總統率團抵達多明尼加，會見梅迪納總統，並於多國國會演說。★2016年1月我國開放多明尼加等27國旅客申請電子簽證。6月蔡英文總統於訪問巴拿馬時會晤多國總統梅迪納。8月陳建仁副總統赴多國出席梅迪納總統連任就職典禮。★2017年7月12日，我給予多明尼加國民免簽證入境30天待遇。

基本資料

地理位置：加勒比海區	面積：48,670平方公里
人口：1,082萬人(2024.8)	網址：http://www.presidencia.gob.do/
與臺北之時差：-12	電話國碼：1-809
獨立日期：1844年2月27日（脫離海地）	國慶日：2月27日
首都：聖多明哥(Santo Domingo)	語言：西班牙語
幣制：多明尼加披索Dominican peso, 1.00USD=59.17DOP（2024.7）	宗教：天主教

政治制度：國體：共和國。憲法1966年生效。政體：總統制，三權分立，立法權屬國會，行政權屬總統，司法權屬各級法院。總統：為國家元首，行使行政權。正副總統均為直接民選，任期4年。國會：分參眾兩院。參議院(Senado)議員32人，眾議院(Camara de Diputados)議員190人，議員直接民選，任期4年。2012年5月20日，自由黨梅迪納(Danilo Medina Sanchez)以51.2%得票獲勝，接替在位8年同黨的

費南德茲，2016年5月15日總統選舉中以61.7%得票率連任。2020年7月5日總統大選，現代革命黨候選人阿比納德以52.5%得票率獲勝，8月16日就任。2024年5月19日總統大選，阿比納德連任。

政府首長	總統：阿比納德 Luis Abinader
主要政黨	2016年5月15日國會選舉，眾院由多明尼加自由黨（PLD）106席，現代革命黨（PRM）42席，基督社會改革黨（PRSC）18席，多明尼加革命黨（PRD）16席；在參院席次，由PLD獲得26席為最多。2010年當選的議員任期由4年延為6年，以使國會及總統選舉自2016年起一致。2020年7月5日國會大選，在眾院由現代革命黨贏得86席，多明尼加自由黨75席。2024年國會選舉，現代革命黨拿下142席，人民力量黨（FP）拿下28席。
司法制度	司法機關分為地方法院、上訴法院及最高法院。

經社概況

平均每人國內生產毛額：19,300美元（2022）	國內生產毛額：2,171億4,300萬美元（2022）
國內各業生產毛額結構：農業：5.6%　工業：33%　服務業：61.4%（2017）	
通貨膨脹率：8.81%（2022）	失業率：5.5%（2022）
進口值：363億6,000萬美元（2022）	出口值：751億200萬美元（2022）
主要進口：煉製油品、汽車、塑膠製品、天然氣、原油。	
主要出口：黃金、醫療器材、雪茄、低電壓保護設備、服裝。	
人口出生率：17.3‰（2024）	人口死亡率：7.1‰（2024）

厄瓜多共和國
REPUBLIC OF ECUADOR

建國簡史

厄瓜多地居赤道，有「赤道國」之稱。15世紀中葉後，印加帝國軍隊占厄瓜多，1530年印加帝國老王去世後，兄弟鬩牆，內訌不止，適逢西班牙遠征軍自巴拿馬南侵，1533年淪為西班牙殖民地。18世紀時，厄國開放對外貿易，人民逐漸感染爭自由風氣，1809年8月10日發起獨立革命運動，1822年5月革命軍擊潰西班牙皇軍，西班牙駐厄總督投降。同年6月，波利瓦與南美洲另一革命領袖聖馬丁在惠夜基會晤，組成大哥倫比亞共和國，包括今哥倫比亞、巴拿馬、委內瑞拉與厄瓜多等國。1829年委內瑞拉退出，1830年5月13日厄瓜多亦宣告獨立，分別組成共和國。

與我關係

與我無邦交。★1971年11月17日厄瓜多承認中國，中華民國中止與厄國外交關係。★1974年9月1日我國在惠夜基設立「臺灣領務代理處」。★1977年5月1日我國在基多設立「中華民國駐厄瓜多商務處」，同時將惠夜基「臺灣領務代理處」改為「中華民國駐厄瓜多商務處惠夜基分處」，處理政治、經濟、貿易、領務等實質關係，惠夜基分處1998年關閉。★1978年9月兩國簽署技術合作協定，我在厄國設立的農技團更名為技術團。★1983年厄國在臺設立駐華商務處，後因財務關係於1988年7月關閉。★2016年1月我國開放含厄瓜多等27國旅客申請電子簽證。★2017年6月我代表處遭厄國政府要求更名為「臺北駐厄瓜多商務處」。★2019年5月，世界衛生大會（WHA），臺灣再度缺席。厄瓜多國會14名議員聯名致函世界衛生組織（WHO），支持臺灣以觀察員身分參與WHA。

基本資料

地理位置：南美洲西北部	面積：283,561平方公里
人口：1,831萬人（2024.7）	網址：http://www.mmrree.gob.ec/
與臺北之時差：-13	電話國碼：593
獨立日期：1822年5月24日（脫離西班牙）	國慶日：8月10日
首都：基多（Quito）	語言：西班牙語	宗教：天主教
幣制：2000年9月10日，厄瓜多正式實施幣制美元化，以美元取代蘇克雷Sucre。	

政治制度：國體：共和國。現行憲法於1978年1月5日生效。政體：總統制，三權分立，立法權屬於國會，行政權屬於總統與內閣，司法權屬於各級法院。總統：總統、副總統任期4年，由人民直接選舉。內閣：由總統任命的各部會首長組成，奉總統之命行使治權。國會：一院制，共137席，採政黨比例代表制，任期4年。政府2007年4月15日公投決定制憲，於9月30日選出130名制憲代表成立制憲大會，制憲大會於2008年7月20日完成新憲草案，公告新憲，並依據新憲法於2009年4月26日舉行總統及國會選舉；柯利亞以52%得票率當選連任。2013年2月17日總統及國會選舉，柯利亞以57.2%得票率再次連任。2017年2月19日總統及國會選舉，副總統莫雷諾於4月2日第2輪投票中以51.1%得票率當選總統。2021年2月7日總統及國會選舉，銀行家拉索於4月1日第2輪投票中以52.5%得票率當選總統。2023年5月17日，總統拉索解散議會，提前於8月20日舉行總統大選，競選期間主打反貪腐的總統候選人維拉維森修8月在離開造勢活動時遭槍殺喪命。10月16日厄瓜多商業帝國繼承人諾瓦亞贏得總統大選，矢言提振疲軟的經濟，解決不斷攀升的犯罪問題。

政府首長：總統：諾波亞 Daniel Noboa

主要政黨：國家聯盟黨（Alianza PAIS, Patria Altiva i Soberana）、創造機會黨（Creando Oportunidades, CREO）、基督社會黨（Partido Social Cristiano, PSC）、左翼民主黨（Izquierda Democrática, ID）、愛國社會黨（Partido Sociedad Patriótica, PSP）。2017年2月國會大選，國家聯盟黨獲74席，繼續執政，創造機會黨及其聯盟獲34席。2021年2月國會大選，希望團結聯盟（UNES）49席、原住民政團Pachakukit、左翼民主黨18席、基督社會黨16席、創造機會黨12席。2023年5月17日，總統拉梭解散議會，立法和總統選舉8月20日舉行，公民革命行動黨（RC5）拿下52席、建設行動黨28席、國家民主行動黨（ADN）及社會基督黨各14席。2025年2月回歸正常選舉。

司法制度：司法機關分為地方法院、高等法院及最高法院三級，依法審理各類民刑案件。另設憲法保障法庭，負責監督憲法之執行。

經社概況

平均每人國內生產毛額：10,900美元（2022）	國內生產毛額：1,954億7,700萬美元（2022）
國內各業生產毛額結構：農業：6.7%　工業：32.9%　服務業：60.4%（2017）	
通貨膨脹率：3.47%（2022）	失業率：3.76%（2022）
進口值：360億5,100萬美元（2022）	出口值：359億2,000萬美元（2022）
主要進口：煉製油品、煤焦油、汽車、天然氣、黃豆製品。	
主要出口：原油、甲殼類動物、香蕉、漁產、煉製油品。	
人口出生率：17.7‰（2024）	人口死亡率：7.2‰（2024）

薩爾瓦多共和國
REPUBLIC OF EL SALVADOR

建國簡史

1512年西班牙人占領薩爾瓦多為殖民地，1821年薩國獨立，次年加入墨西哥帝國，1823年7月加入中美洲聯邦，1841年薩爾瓦多成為獨立之共和國。薩國地小人稠，財富集中少數家族，階級對立，社會不安，獨立以來政權時有更迭。1979年底開始，7萬餘人喪生、歷時12年的血腥內戰於1992年初結束，政府軍與左派叛軍簽署協定終止內戰，成立政府並進行軍事與政治改革。

與我關係

薩爾瓦多與我無邦交。★薩爾瓦多1933年與中華民國建交。2018年8月21日，我宣布與薩國斷交，停止雙邊合作並撤離大使館、技術團，同日薩國宣布與中國建交。★1941年我派駐巴拿馬公使兼任駐薩公使，1961年升格為大使館。★1954年兩國簽署友好條約，1961年文化專約，1964年貿易協定，1971年農業技術合作協定，1978年農業技術合作協定，1982年科技技術合作協定。★1995年9月6日薩國國會議長薩爾蓋洛女士訪臺7天。★1996年8月27日賈德隆總統訪臺4天。★1997年9月13日，我國與中美洲6國領袖在聖薩爾瓦多舉行元首高峰會並簽署聯合公報，宣布我將與中美洲成立合作發展策略聯盟及加入中美洲統合體，同意為中美洲國家成立3億美元的經濟發展基金，中美洲6國是哥斯大黎加、薩爾瓦多、瓜地馬拉、宏都拉斯、尼加拉瓜與貝里斯。3

億美元中2億4,000萬由我國籌措。★1999年9月3日佛洛瑞斯總統抵臺參加9月7日的第2屆中華民國與中美洲元首高峰會。★2001年5月23日陳水扁總統率團訪問薩爾瓦多4天,25日參加第3屆中華民國與中美洲國家元首高峰會。8月24日兩國在臺北簽署貨品暫准通關協定。★2003年8月25日,陳水扁總統與來臺參加第4屆中華民國與中美洲國家元首高峰會的薩爾瓦多總統佛洛瑞斯簽署聯合公報。★2004年8月11日,薩國總統薩卡率官員與工商界領袖訪臺6天,參加第2屆民主太平洋大會。★2005年3月12日副總統呂秀蓮訪問薩爾瓦多。4月12日薩國副總統艾思柯芭訪臺。★2006年4月1日薩爾瓦多副議長葛哈瓦訪臺。10月17日薩國總統薩卡率團訪臺。★2007年5月7日,經濟部長陳瑞隆在薩爾瓦多與薩國經濟部長與宏都拉斯工商部長簽署薩宏自由貿易協定,協定於翌年生效。★2008年5月20日薩國總統薩卡參加馬英九總統就職典禮。★2009年5月31日馬總統率團抵薩爾瓦多,參加薩國總統傅內斯就職大典。★2012年8月23日立法院長王金平抵薩爾瓦多參加「中美洲暨加勒比海盆地國議長論壇」特別會議。10月29日薩爾瓦多第一夫人兼總統府社會融合部長碧娜多(Vanda Pignato)女士訪臺。★2013年4月8日我海軍敦睦遠航訓練支隊抵達抵薩國阿卡胡特拉(Acajutla)港訪問3天。★2014年6月1日特使行政院長江宜樺參加薩國總統桑契斯就職典禮。7月2日馬總統抵薩訪問。★2015年7月外交部長林永樂抵薩訪問。9月6日薩國副總統歐帝茲訪臺5日。★2016年1月我國開放薩爾瓦多等27國旅客申請電子簽證。6月蔡英文總統於訪問巴拿馬時會晤薩國副總統奧蒂茲(O. Ortiz)。★2017年1月7日至15日,蔡總統英捷專案訪問中美洲宏都拉斯、尼加拉瓜、瓜地馬拉和薩爾瓦多4國。3月19日薩國國會議長葛耶哥斯一行9人訪臺5天。7月12日起,我給予薩爾瓦多國民免簽證入境90天待遇,拉美與加勒比海另9個友邦也獲得類似待遇。★2018年7月12日,外交部長吳釗燮抵達薩爾瓦多訪問,深化兩國實質關係。★2022年11月薩爾瓦多片面公告廢除與我國的FTA,2023年5月15日經濟部停止施行台薩FTA。

基本資料

地理位置:中美洲	面積:21,041平方公里
人口:663萬人(2024.7)	網址:http://www.rree.gob.sv/
與臺北之時差:-14	電話國碼:503
獨立日期:1821年9月15日(脫離西班牙)	國慶日:9月15日
首都:聖薩爾瓦多(San Salvador)	語言:西班牙語
幣制:2001年薩爾瓦多國會通過貨幣整合法案,決定改採美元為貨幣。2021年宣布使用「比特幣」為另一種官方貨幣。	宗教:天主教
政治制度:國體:民主共和,1983年12月23日新憲法生效。政體:總統制,立法權屬國會,行政權屬總統,司法權屬各級法院。總統:直接民選,任期5年。國會:一院制,直接民選,共84席,任期3年。2014年3月總統大選,副總統桑契斯(Salvador Sanchez)在第二輪以50.11%得票獲勝。2019年2月3日總統選舉,前首都市長布格磊以53.1%得票率獲勝,6月1日就任。2024年2月4日總統選舉,布格磊以84.7%得票率續任。	
政府首長:總統:布格磊 Nayib Bukele	
主要政黨:馬蒂民族解放陣線黨(FMLN)、新理念黨(NI,執政黨)、國家共和聯盟黨(ARENA)、國家團結聯盟陣線黨(GANA)、國家協調黨(PCN)、希望黨(PES)及民主變革黨(CD)等。2015年3月1日舉行國會議員及全國鄉鎮市長選舉,國會84席中,馬蒂民族解放陣線黨31席、國家共和聯盟黨32席、國家團結聯盟陣線黨11席。2018年3月4日國會選舉,國家共和聯盟黨獲得37席、馬蒂民族解放陣線黨23席、國家團結聯盟陣線黨11席、國家協調黨8席。2021年2月28日國會選舉,新理念黨56席、國家共和聯盟黨14席。2024年2月19日國會選舉,新理念黨大勝,取得60席中的54席。	
司法制度:司法機關包括最高法院、二審法院及初審法院,獨立行使司法權。	

經社概況

平均每人國內生產毛額:9,400美元(2022)	國內生產毛額:595億3,700萬美元(2022)
國內各業生產毛額結構:農業:12% 工業:27.7% 服務業:60.3%(2017)	
通貨膨脹率:7.2%(2022)	失業率:3%(2022)
進口值:180億7,000萬美元(2022)	出口值:101億2,900萬美元(2022)
主要進口:煉製油品、衣服、塑膠製品、天然氣、塑膠。	
主要出口:紡織品及成衣、電容器、塑膠製品、原糖、纖維。	
人口出生率:17.1‰(2024)	人口死亡率:5.9‰(2024)

格瑞那達
GRENADA

建國簡史

格瑞那達於1498年8月15日為哥倫布發現，命名為「Conception」，1609年被英國占領，1650年淪入法國之手，1762年又被英國奪回，1779年法國再度占領，1783年依凡爾賽條約劃歸英國版圖。1958年起逐漸獲得自治。1967年為大英國協之會員國，內政自主，外交國防由英國代掌，1974年2月7日宣布獨立，由聯合勞工黨領袖Sir Eric Gairy出任總理。1979年3月13日左派人民革命黨發動政變，驅逐Sir Gairy，由該黨領袖畢夏普擔任總理，廢止憲法，解散國會。1983年10月13日副總理柯爾聯合陸軍司令奧斯汀發動政變，畢夏普及三位部長被殺害，美國與加勒比海國家，應總督史恭之籲請出兵干預救平內亂，由總督任命9人臨時政府治理國事，1984年12月3日國會大選，由三派聯合的新國家黨以14比1多數獲勝。

與我關係

格瑞那達與我無邦交。★1989年7月20日格瑞那達與中華民國建交，7月31日我在格京設立大使館。2005年1月格國與中國建交，1月27日我與格國斷交。★1991年2月兩國簽訂農技合作協定，1992年8月簽署引渡條約，1994年5月簽署友好條約。★1995年9月19日，密契爾總理訪問臺灣一週。★2000年5月，格國總督威廉斯爵士夫婦訪臺，參加我第10任總統、副總統就職大典。9月27日，行政院新聞局與格瑞那達新聞部簽訂「中華民國與格瑞納達新聞交流協定」。★2001年9月7日，行政院長張俊雄率團抵達格瑞那達訪問。★2002年3月26日，中華民國駐格瑞那達大使館與格國國家發展基金會簽署「小額貸款計畫」。

基本資料

地理位置：東加勒比海小安地列斯群島中，向風群島之南端。
面積：344平方公里
人口：11萬4,621人（2024.7）
網址：http://www.gov.gd/
與臺北之時差：-12
電話國碼：1-473
獨立日期：1974年2月7日（脫離英國）
國慶日：2月7日
首都：聖喬治市（Saint George's）
語言：英語
幣制：East Caribbean Dollar, 1.00USD=2.70XCD（2024.7 固定匯率）
宗教：天主教、基督教

政治制度：國體：君主立憲，奉英國國王為元首，以總督為其代表。政體：議會民主制，三權分立，立法權屬國會，行政權屬於內閣，司法權屬於各級法院。內閣：由總理及各部部長組成，總理由眾院多數黨領袖出任，為全國最高行政首長，內閣對國會連帶負責。國會：分參、眾兩院，參議院（Senate）13席，10名由政府任命，3名由反對黨領袖任命；眾議院（House of Representatives）15名議員由普選產生，任期5年。兩院議長均由總理推薦再由總督任命。

政府首長：元首：英國國王查爾斯三世 Charles III　總督：葛瑞納德 Cecile La Grenade
　　　　　總理：密契爾 Dickon Mitchell

主要政黨：新國家黨（NNP）、國家民主黨（NDC）等。2018年3月13日眾議院選舉，新國家黨以58.9%得票率贏得15席。2022年6月23日臨時國會大選，國家民主黨以51.84%得票率，睽違9年後重新執政。

司法制度：採行英國的習慣法及成文法，司法機關分為最高法院、高等法院、上訴法院及地方法院。

經社概況

平均每人國內生產毛額：14,500美元（2022）
國內生產毛額：18億1,400萬美元（2022）
國內各業生產毛額結構：農業6.8%　工業：15.5%　服務業：77.7%（2017）
通貨膨脹率：2.56%（2022）　**失業率**：24%（2017）
進口值：8億257萬美元（2022）　**出口值**：8億1,654萬美元（2022）
主要進口：家禽肉、汽車、煉製油品、塑膠製品、小麥。
主要出口：漁產、荳蔻、水果、衛生紙、冷凍水果。
人口出生率：13.3‰（2024）　**人口死亡率**：8.4‰（2024）

瓜地馬拉共和國
REPUBLIC OF GUATEMALA

建國簡史

哥倫布發現新大陸後，墨西哥的征服者Hernan Cortes在1524年派Pedro Ed Alvarado率騎兵、步兵各100名，藉Cachiquel人之助，次第征服馬雅各族，成立瓜地馬拉王國，為西班牙殖民地，範圍包括今墨西哥南部與中美洲各國。Alvarado最初以Lximche為總部。瓜地馬拉王國建都於安提瓜（Antigua）。1773年大地震，安提瓜城被毀，遷都至現今瓜地馬拉城。19世紀初，西班牙在中南美洲之殖民地紛紛獨立。1821年9月15日瓜地馬拉宣布獨立，先是墨西哥帝國一部分，兩年後分開，1846年分裂成中美洲5國。20世紀時，瓜國歷經多次軍事政變，政權數度易手。

與我關係

1935年中華民國在瓜國設立總領事館，1954年設立公使館，1960年10月將公使館升格為大使館。★兩國於1964年及1979年兩次簽署貿易協定，1971年及1977年文化專約，1971年及1977年第一次暨第二次農業技術合作協定。1982年農業技術合作協定附加議定書。1983年貿易協定補充議定書。1985年農技合作協定續約，同年12月礦業技術合作協定。★1999年9月5日，阿爾蘇（Álvaro Arzú）總統抵臺，參加第2屆中華民國與中美洲元首高峰會議。★2001年5月，陳水扁總統率團訪問瓜國3天。★2002年4月6日波狄優總統率團抵臺國是訪問。4月9日兩國簽署聯合公報。★2003年3月10日，陳總統接見來訪的瓜國副總統雷耶斯（J F Reyes Lopéz）。8月21日，波狄優總統抵臺參加中華民國與中美洲元首高峰會議。★2004年1月14日，總統特使監察院長錢復參加貝爾傑（Óscar Berger Perdomo）總統就職典禮。★2007年6月19日貝爾傑總統夫婦訪臺4天。7月10日呂秀蓮副總統訪問瓜國3天。★2008年1月14日陳總統出席瓜國總統柯隆（Álvaro Colom Caballeros）就職典禮。10月7日柯隆總統來臺參加國慶活動。★2009年5月馬英九總統伉儷率團訪瓜。★2012年1月外交部長楊進添擔任特使出席瓜國總統培瑞斯（Otto Perez）就職典禮。★2013年6月16至18日培瑞斯總統率團訪華。★2015年2月18日兩國簽署移民事務與防制人口販運合作協定。★2016年1月我國開放瓜國等27國旅客申請電子簽證。3月14日馬總統抵達瓜國，並於中美洲議會及該國國會演說。6月蔡英文總統訪問巴拿馬時會晤瓜國副總統卡培拉（J Cabrera Franco）。★2017年1月7日至15日，蔡總統訪問中美洲宏、尼、瓜和薩4國。11日抵達瓜國，會見莫拉萊斯總統。12日在瓜國國會演說。7月12日起，我給予瓜國、拉美與加勒比海另9個友邦國民免簽證入境30天待遇。★2018年3月26日，蔡總統接見瓜國外長何薇。9月5日，瓜國國會議長阿爾蘇伉儷訪臺，晉見蔡總統。★2019年8月，瓜國新任大使葛梅斯（W A Gomez Tirado）呈遞到任國書。9月，聯合國大會總辯論，瓜國首度在聯大發聲挺臺。10月21日，瓜國總統當選人賈麥岱（Alejandro E. Giammattei）訪臺，邀請蔡總統出席就職典禮。賈麥岱向全世界發出明確訊息，「我們會站在臺灣這一邊」。10月8日到12日，瓜國副總統卡培拉（J E Cabrera Franco）伉儷來臺出席雙十國慶活動。★2020年3月22日，賈麥岱總統推文感謝我國援建臨時醫院，對抗Covid-19疫情，4月14日推文感謝我國援贈18萬片口罩。11月中旬，瓜國等中美洲4友邦連遭颶風重創，我國援贈各式醫療物資。★2021年5月24日，瓜國代表在世界衛生大會（WHA）呼籲世衛組織邀請臺灣參加WHA。★2022年1月21日，瓜國駐台商務參事處揭牌。★2023年3月3日，總統蔡英文訪問瓜國，瓜國總統賈麥岱贈勳蔡總統。4月25日，賈麥岱總統訪台，並赴立法院演說。★2024年5月21日，總統賴清德與瓜國總統阿雷巴洛視訊談話，感謝阿雷巴洛總統堅定支持台灣。

基本資料

地理位置：中美洲北部，鄰墨西哥	面積：108,889平方公里
人口：1,826萬人（2024.7）	網址：http://www.guatemala.gob.gt/
與臺北之時差：-14	電話國碼：502
獨立日期：1821年9月15日（脫離西班牙）	國慶日：9月15日

首都：瓜地馬拉市（Guatemala City）	語言：西班牙語
幣制：Quetzal, 1.00USD=7.76GTQ（2024.7）	宗教：天主教

政治制度：國體：共和國，新憲法於1985年5月31日制訂，1986年1月14日生效。1994年1月通過修憲案生效。政體：總統制，總統為元首兼行政首長。總統、副總統直接民選，任期4年，不得連任。國會：一院制，直接民選，160席，任期4年。1996年12月29日，瓜國政府與左派游擊隊領袖簽署歷史性和平條約，結束36年內戰，血腥內戰造成15萬人喪生和5萬人失蹤。根據和約，「瓜地馬拉全國革命團結組織」（Guatemalan National Revolutionary Unity, URNG）成為一政黨。2011年11月6日愛國黨培瑞斯贏得總統大選，於2012年1月14日就職。2015年瓜國爆發貪污弊案，5月8日副總統芭爾德蒂（Roxana Baldetti）請辭，隨後遭逮捕羈押；9月1日國會剝奪總統培瑞斯的豁免權，培瑞斯兩日後辭職並被法院逮捕；9月6日總統大選，政治素人、前喜劇演員及電視藝人莫拉萊斯（Jimmy Morales）首輪獲最高票；10月25日決選以67.4%得票率當選，2016年1月14日就任。2019年6月總統大選，8月11日決選由奮起黨（Vamos）總統候選人賈麥岱（Alejandro Giammattei）及副總統候選人卡斯提佑（Cesar Guillermo Castillo）以58%的得票率當選，2020年1月14日就任。2023年8月20日瓜國舉行總統、副總統選舉第二輪投票，「種子運動黨」（Movimiento Semilla）總統候選人阿雷瓦洛以反貪腐訴求，爆冷當選總統。

政府首長：總統：阿雷巴洛 Bernardo Arevalo

主要政黨：愛國黨（PP）、全國希望聯盟（UNE）、全國改變聯盟（UCN）、自由民主革新黨（Líder）、全國大聯盟黨（GANA）。2011年9月大選：愛國黨57席、全國希望聯盟與聯盟之全國大聯盟黨48席、自由民主革新黨14席、全國改變聯盟14席。2015年底大選，新任總統莫拉萊斯所屬「國家整合前鋒黨」（FCN）僅獲11席，愛國黨17席，自由民主革新黨44席，全國希望聯盟36席，Todos獲18席。2019年6月16日國會大選，國家整合前鋒黨獲37席、全國希望聯盟32席，改革運動（MR）20席，Todos獲17席。2023年6月25日，國會大選，奮進黨拿下39席、全國希望聯盟28席、種子運動黨23席、CABAL黨18席。

司法制度：分地方、高等及最高法院，負責審理民刑案件。

經社概況

平均每人國內生產毛額：9,200美元（2022）	國內生產毛額：1,590億美元（2022）
國內各業生產毛額結構：農業：13.3%　工業：23.4%　服務業：63.2%（2017）	
通貨膨脹率：6.89%（2022）	失業率：3.05%（2022）
進口值：339億3,800萬美元（2022）	出口值：181億2,700萬美元（2022）
主要進口：煉製油品、廣播設備、塑膠製品、汽車、貨車。	
主要出口：香蕉、原糖、咖啡、服裝、棕櫚油。	
人口出生率：21.4‰（2024）	人口死亡率：4.9‰（2024）

蓋亞那合作共和國
COOPERATIVE REPUBLIC OF GUYANA

建國簡史

因盛傳產黃金，西班牙人及荷蘭人相繼來此尋寶，荷人建立喬治城（Georgetown，今蓋亞那首都）為據點，之後因連遭西班牙侵擾，荷人乃轉向今之蘇利南發展；17世紀，英、法兩國聞訊來此地建立殖民地，法國大革命期間，英國重回該地逐走法人，並與荷蘭瓜分全蓋亞那地區，之後法國再奪回一部分；1814及1817年荷蘭、英國、法國分訂界約，各據一方。英屬蓋亞那於1961年8月改為英屬自治領，原定1962年8月獨立，但因當地印度人及黑人不和，種族糾紛迭起，乃延至1966年5月26日宣告獨立。國名蓋亞那，1970年2月23日改制為共和、國號改稱「蓋亞那合作共和國」，為大英國協成員。

與我關係

蓋亞那與我無邦交。2021年蓋亞那原定在台設立「台灣辦公室」，但因中國打壓終止協定。

基本資料

地理位置：南美洲東北部	面積：214,969平方公里
人口：79.4萬人（2024.7）	網址：http://www.minfor.gov.gy/

與臺北之時差：-12	電話國碼：592
獨立日期：1966年5月26日（脫離英國）	國慶日：2月23日
首都：喬治城（Georgetown）	語言：英語
幣制：Guyanese dollar, 1.00USD=208.7GYD（2024.7）	宗教：基督教、印度教、天主教、伊斯蘭教。
政治制度：國體：合作共和國，憲法於1966年頒布；1970年修憲，元首由英王改為儀式性總統；1980年修憲，改為實權總統。政體：議會共和制，三權分立，總統由國會大選獲勝黨候選人擔任，任期5年。內閣：由總理及部長組成，合計24人，行使行政權。國會（National Assembly）：一院制，任期5年，議員70席，40席直接民選，25席由多席次選區選出。非選舉的部長及國會秘書各2人，發言人1人。總統由總統指派，得建議解散國會改選。1997年12月15日大選，人民進步黨贏得36席，認黨候選人珍娜．賈根（Janet Jagan）當選，成為蓋亞那第一位女總統。1999年8月8日，賈根健康欠佳辭職，由財長賈格狄歐（Bharrat Jagdeo）代理，同月11日宣誓就職，並於2001年與2006年大選獲勝連任。2011年8月大選，拉莫塔（Donald Ramotar）當選。2015年5月11日大選，格蘭傑（David Granger）當選。2020年大選，阿里當選。	
政府首長：總統：阿里 Mohammed Irfaan Ali　　總理：菲力普斯 Mark Phillips	
主要政黨：人民進步黨（PPP），國家聯合夥伴黨（APNU）。2015年5月11日國會大選，國家聯合夥伴黨獲得33席獲勝，人民進步黨32席。2020年3月2日國會選舉，人民進步黨獲50.69%選票，33席勝出，國家聯合夥伴黨31席。預計2025年國會改選。	
司法制度：分地方法院、上訴法院、高等法院及最高法院。	
經社概況	
平均每人國內生產毛額：35,600美元（2022）	國內生產毛額：288億1,900萬美元（2022）
國內各業生產毛額結構：農業：15.4%　工業：15.3%　服務業：69.3%（2017）	
通貨膨脹率：6.12%（2022）	失業率：12.3%（2022）
進口值：70億6,700萬美元（2022）	出口值：115億3,600萬美元（2022）
主要進口：煉製油品、閥門、鋼管、建築車輛、汽車。	
主要出口：金、烈酒、鋁礦石、米。	
人口出生率：16.7‰（2024）	人口死亡率：7‰（2024）

海地共和國
REPUBLIC OF HAITI

建國簡史

1492年哥倫布發現伊斯巴紐拉島（Hispaniola）後，西班牙向該地殖民，逐漸占領全境。原土著阿拉華克族（Arawak）印第安人約30萬人在逐次抵抗中被殺殆盡，由於西國移民不足，殖民政府自1512年起自非洲輸入黑奴，17世紀法國流犯及冒險家來此發展，勢力漸強。1679年西班牙根據呂斯威克條約將該島西部（即今之海地）割讓法國，1795年西班牙依據貝樂條約復將島之東部（即今之多明尼加）讓與法國。

法國占據該島後一個世紀間，先後自非洲輸入約近百萬黑奴，由於統治手腕殘酷，黑人反抗時起，1801年11月在法軍服役之黑人將領戴沙林（J.-J. Dessalines）會同其他黑人將校，在今海地角外緣一次決定性戰役中推翻法國統治，於1804年1月1日宣布獨立，成為美洲新大陸第二個獨立國，1844年島之東部經過多次革命後，脫離海地統治，獨立為多明尼加共和國。

與我關係

1956年4月25日海地與中華民國建交。★1966年2月25日兩國簽署友好條約。1971年友好暨合作協定及補充協定。1983年文化技術暨科學合作協定。★1986年1月海地政變後，各項合作暫時中止。★1996年2月7日李元簇副總統赴海地參加浦雷華總統就職典禮。8月7日兩國重簽農業技術合作協定。★1998年4月22日，浦雷華總統訪臺4天，與李登輝總統簽署聯合公報。★2000年10月9日，浦雷華總統訪臺7天。★2003年3月31日，海地公共衛生部長福爾泰（H C Voltaire）訪

臺5天。9月16日，海地參議院外交委員會主席包博浪（E Beauplan）率參眾議員一行4人訪臺5天。★2004年5月海地外長施梅翁（Yvon Simeon）率團參加我第11任總統就職典禮。★2006年5月14日總統特使外交部次長黃瀧元出席海地總統浦雷華就職典禮。★2008年5月20日海地特使總統府秘書長龍向（F Longchamp）率團參加我第12任總統就職典禮。★2010年1月28日馬英九總統於多明尼加會見海地總理貝勒理福（Jean-Max Bellerive），捐贈10噸物資並商討1月12日海地震災後援助計畫。★2011年5月11日總統特使行政院副院長陳冲參加總統馬德立就職典禮。★2012年5月20日海地國務員卡希米荷（P-R Casimir）率團參加我第13任總統就職典禮。★2013年8月13日馬總統訪問海地，會晤馬德立總統。★2014年4月馬德立總統蒞華國是訪問。★2015年7月14日馬總統訪海地會晤馬德立總統。★2016年1月開放海地等27國旅客申請電子簽證。5月海地第一夫人普利韋爾（Ginette M. Privert）出席蔡英文總統就職典禮。9月第71屆聯合國大會，海地等13個友邦在聯大總辯論替臺灣發聲。★2017年2月5日至10日總統特使外交部長李大維訪海地，7日出席總統摩依士（J. Moise）就職典禮。7月12日起，給予海地國民免簽證入境90天待遇。拉美與加勒比海9個友邦也獲類似待遇。★2018年5月29日，摩依士總統訪臺國是訪問，與蔡總統雙邊會談。★2019年7月13日至19日，蔡總統出訪加勒比海海地、聖克里斯多福、聖文森、聖露西亞四國，13日抵達海地，與摩依士雙邊會談。★2020年4月15日，駐海地大使館贈海地18萬片口罩，對抗Covid-19疫情。★2021年7月7日凌晨，摩依士遇刺身亡，蔡總統表達哀悼與悲痛。8月14日早上海地發生規模7.2強震，中華民國政府捐助50萬美元及緊急救援物資賑災。★2023年6月初豪雨成災，我捐10萬美元賑災。

基本資料	
地理位置：加勒比海區	面積：27,750平方公里
人口：1,147萬人（2023.7）	網址：http://www.visithaiti.gouv.ht/
與臺北之時差：-13（夏令時-12）	電話國碼：509
獨立日期：1804年1月1日（脫離法國）	國慶日：1月1日
首都：太子港（Port-au-Prince）	語言：法語、Creole語
幣制：Gourde, 1.00USD=131.92HTG（2024.7）	宗教：天主教、基督教、巫毒教
政治制度：國體：共和國。政體：總統制，總統任期5年，不得連任。內閣：總理由參眾兩院多數黨提名，總統任命，閣員由總理報請總統任命。國會：兩院制，參院30席，任期6年，連選得連任，每2年改選1/3。眾院每縣市至少1人，共119人，任期4年。2006年2月7日總統大選，浦雷華（Rene Preval）以51%得票當選。2010年11月總統及國會大選，馬德立（Michel Martelly）於2011年3月第二輪投票大勝，5月14日就職。2015年10月25日總統大選，隔年6月卻發現前一年10月的首輪選舉舞弊而使結果無效，因此訂於2016年10月和2017年1月重新舉行，10月9日大選又因颶風馬修來襲而延後。2016年2月14日國會選出參議院議長普利韋爾為過渡時期總統。2016年11月20日總統大選，海地光頭黨（PHTK）候選人摩依士得票55.6%獲勝，2017年2月7日就職，2021年7月7日凌晨遇刺身亡，原定11月7日舉行總統選舉，已延期數次。2021年7月20日，亨利就任總理。2024年3月11日，亨利請辭下台。2024年4月成立「過渡總統委員會」，6月3日，新總理康尼爾宣誓就職。11月11日過渡總統委員會決定開除康尼爾，並任命商人出身的費艾梅出任總理。	
政府首長：總理：費艾梅 Alix Didier Fils-Aimé　過渡總統委員會主席：勒布朗費斯 Edgard Leblanc Fils	
主要政黨：海地政黨林立，合法登記之政黨有100多個；2006年時較重要的有：團結聯盟（INITE）、交替聯盟（ALTENATIV，由大社會黨（FUSION）及人民奮鬥組織（OPL）合組之政黨聯盟）。2010年國會選舉：參院：希望聯盟11席，大社會黨5席；眾院：團結聯盟32席，交替聯盟11席。2015年8月9日國會選舉，受暴力介入，須舉行第二輪國會選舉，延至總統大選一併舉行。2016年3月尚查爾斯接任總理。2017年3月總理換成海地民主聯盟的拉豐唐。2017年1月29日舉行國會大選與地方選舉，完成一再延宕的大選。2018年7月14日，總理拉楓丹辭職，席恩特接任。2021年7月20日，亨利就任總理。下次國會大選未定。	
司法制度：仿法國制，分初級法院、上訴法院及最高法院。	

經社概況	
平均每人國內生產毛額：2,800美元（2022）	國內生產毛額：324億2,800萬美元（2022）
國內各業生產毛額結構：農業：22.1%　工業：20.3%　服務業：57.6%（2017）	
通貨膨脹率：33.98%（2022）	失業率：14.78%（2022）
進口值：54億5,100萬美元（2022）	出口值：13億5,500萬美元（2022）

主要進口：煉製油品、米、服裝、棉纖維、塑膠製品。
主要出口：成衣服裝、廢鐵、寢具、熱帶水果。
人口出生率：21.2‰（2024）　　人口死亡率：7.3‰（2024）

宏都拉斯共和國
REPUBLIC OF HONDURAS

建國簡史

1821年宏都拉斯脫離西班牙統治，宣布獨立。1822年與中美洲鄰國均臣屬於墨西哥帝國，1823年墨西哥帝國傾覆，翌年各國組成聯邦，由宏都拉斯領袖莫拉桑（Francisco Morazan）出任聯邦總統。1838年宏都拉斯退出聯邦，自成獨立共和國。

與我關係

宏都拉斯與中華民國於1941年建交，如今宏國與我無邦交。★2023年3月26日宏都拉斯外交部在社群網站推特（Twitter）發文，宣布與台灣斷絕外交關係。外交部當天上午召開記者會，宣布與宏國斷交。★宏國曾於1964年派駐公使兼駐臺灣，1985年在臺設立大使館。★1964年兩國簽署貿易協定。1971年農業技術合作協定。1974年漁業技術合作協定，同年臺北市與宏京德古西加巴市結為姊妹市。★1999年9月5日佛洛瑞斯總統抵臺，參加7日在臺北舉行之第2屆中華民國與中美洲元首高峰會。★2000年6月1日，陳水扁總統率團訪問宏國。★2002年10月20日，宏國總統馬杜洛伉儷率團訪臺5天。★2005年9月25日陳總統與宏國總統等中美洲5國元首舉行高峰會。10月9日馬杜洛總統訪臺。★2006年10月9日宏國總統賽拉亞來臺參加國慶。★2007年5月7日，經濟部長陳瑞隆在薩爾瓦多與薩國經濟部長與宏國工商部長簽署臺薩宏自由貿易協定，協定於翌年生效。陳總統8月21日抵達宏國訪問3天，出席第六屆「中華民國與中美洲國家暨多明尼加元首高峰會」。★2008年1月14日陳總統在瓜地馬拉與宏國總統賽拉亞會面。5月20日賽拉亞率團參加我第12任總統就職典禮。7月15日我大使賴建中與宏國外長歐雷亞那簽署臺薩宏自由貿易協定並生效。9月16日第63屆聯合國大會開議，宏國等友邦共同提案，建議聯合國專門機構接納臺灣人民參與活動。★2010年1月25日馬英九總統率團出訪宏國，參加總統羅柏就職典禮。11月15日羅柏總統抵臺是訪問。★2014年1月26日馬總統抵達宏國參加總統葉南德茲就職典禮。★2015年7月24日葉南德茲總統率團訪臺2天。★2016年1月我國開放宏國等27國旅客申請電子簽證。6月蔡英文總統在訪問巴拿馬中會晤宏國總統葉南德茲。7月兩國簽署技術合作協定。★2017年1月7日至15日，蔡總統訪問宏國、尼加拉瓜、瓜地馬拉和薩爾瓦多4國。7月12日起，我給予宏國國民免簽證入境90天待遇。拉美與加勒比海另9個友邦也獲得類似待遇。10月9日，宏國副總統葛芭拉訪臺參加國慶慶典。★2018年8月16日，蔡總統訪巴拉圭，與宏國副總統阿瓦拉朵女士會談，確定兩國合作聚焦農業領域。★2019年3月宏都拉斯第一夫人葉安娜訪臺，晉見蔡總統。★2020年4月18日，駐宏國大使館贈18萬片口罩。葉南德茲總統6月16日確診2019冠狀病毒疾病，我援贈1萬劑快篩試劑協助抗疫。11月中旬，宏國等中美洲4友邦遭颶風重創，我援贈醫療物資。★2021年4月10日蔡英文總統為兩國建交80年致賀辭。11月12日到14日宏國總統葉南德茲伉儷應邀訪臺，13日在總統府拜會蔡總統。★2023年3月26日台灣與宏都拉斯宣布斷交，台宏FTA於年底失效。

基本資料

地理位置：中美洲中部	面積：112,090平方公里
人口：953萬人（2024.7）	網址：http://www.presidencia.gob.hn
與臺北之時差：-14	電話國碼：504
獨立日期：1821年9月15日（脫離西班牙）	國慶日：9月15日
首都：德古西加巴（Tegucigalpa）	語言：西班牙語
幣制：Lempira, 1.00USD＝24.74HNL（2024.7）	宗教：天主教

政治制度：國體：共和國，憲法於1982年1月20日生效。政體：總統制，三權分立，立法權屬於國會，行政權屬總統，司法權屬於各級法院。總統：總統及3名總統候補人由選民直接選舉，任期4年，行使行政權。國會：一院制，為最高立法機關，128席議員直接民選，任期4年。2005年11月27日宏國大選，這是宏國自1981年結束軍人統治以來第7次全國大選。自由黨候選人賽拉亞（Manuel Zelaya）以50.79%得票率獲勝，當選總統。2009年6月28日，最高法院宣告賽拉亞主導的修憲公投違法，軍方據此罷黜賽拉亞。2009年11月29日總統及國會大選，羅柏（P. Lobo Sosa）以56.3%得票率當選。2013年11月24日總統選舉，國家黨候選人葉南德茲以36.9%得票率當選。2017年11月26日總統選舉，葉南德茲以43%得票率獲勝。2021年11月28日總統大選，左派候選人秀瑪拉・卡蘇楚以51.1%得票率獲勝，2022年1月27日就任。預計2025年11月底總統大選。

政府首長：總統：秀瑪拉・卡蘇楚 Iris Xiomara Castro

主要政黨：國家黨（PNH）、自由黨（PL）、聯合革新黨、基督民主黨（Christian Democratic Party）、自由重建黨（Libre）。2013年國會改選，國家黨得48席，自由重建黨37席，自由黨27席。2017年11月國會改選，國家黨贏得61席，自由重建黨30席，自由黨26席，其餘由小黨取得。2021年11月28日大選，秀瑪拉・卡蘇楚的自由重建黨獲51席、宏都拉斯救世主黨（PSH）14席、國家黨40席、自由黨21席，其餘為小黨席次。預計2025年11月底國會改選。

司法制度：司法機關分為地方法院、上訴法院及最高法院三級，最高法院由法官15人組成，均由國會選出，任期7年。

經社概況

平均每人國內生產毛額：5,700美元（2022）	國內生產毛額：595億6,200萬美元（2022）
國內各業生產毛額結構：農業：14.2%　工業：28.8%　服務業：57%（2017）	
通貨膨脹率：9.09%（2022）	失業率：7%（2022）
進口值：179億5,700萬美元（2022）	出口值：93億8,500萬美元（2022）
主要進口：煉製油品、衣服成衣、棉花、人造纖維、塑膠製品。	
主要出口：咖啡、衣服成衣、絕緣電線、香蕉、棕櫚油。	
人口出生率：19.9‰（2024）	人口死亡率：5.4‰（2024）

牙買加 JAMAICA

建國簡史

1494年哥倫布抵達牙買加後，西班牙人逐漸來此開發，1655年為英國占領，1670年英、西簽訂馬德里條約劃歸為英國屬地；1944年牙買加成立自治政府，1958年加入西印度群島聯邦，翌年聯邦解體，牙買加於1962年8月6日宣告獨立，並加入大英國協。

與我關係

與我無邦交。★1962年8月牙買加獨立，8月9日與中華民國建交，9月3日我設立大使館並派使節常駐京斯敦。★1972年11月，牙買加與中國建交，我同月與牙買加斷交，撤使閉館。★1991年11月牙買加來臺設立牙買加商務暨貿易辦事處，推展經貿投資交流。★1992年我在京斯敦設立中華民國商務代表團。★1993年因牙國未守信諾，不同意我以國名設處，我中止設處並撤銷牙國在臺設處。

基本資料

地理位置：加勒比海區	面積：10,991平方公里
人口：282萬人（2023.7）	網址：http://www.jis.gov.jm
與臺北之時差：-13	電話區碼：1-876
獨立日期：1962年8月6日（脫離英國）	國慶日：8月6日
首都：京斯敦（Kingston）	語言：英語
幣制：Jamaican dollar, 1.00USD=156.17JMD（2024.7）	宗教：基督教（與英國國教同）

政治制度	國體：君主立憲。奉英國國王為國家元首，以總督為代表，（總督由英王徵詢總理意見後任命）。政體：議會民主制，憲法1962年8月6日生效。國會：兩院，眾議院議員63名，直接民選，任期5年。參議員21名，任期5年，總理提名13人，反對黨提名8人，再由總督任命。國會多數黨領袖為總理，閣員由其任命。2016年初大選後，勞工黨黨魁霍尼斯3月出任總理。
政府首長	元首：英國國王查爾斯三世Charles III　　總督：艾倫Patrick Linton Allen 總理：霍尼斯Andrew Holness
主要政黨	人民國家黨（PNP）、牙買加勞工黨（JLP）。2011年12月大選，人民國家黨得41席眾議員，取得執政權，勞工黨22席。2016年2月25日大選，勞工黨贏得32席，人民國家黨31席。2020年9月3日大選，勞工黨獲48席，人民國家黨15席。預計2025年國會選舉。
司法制度	設有最高法院、上訴法院及地方法院。

經社概況

平均每人國內生產毛額：10,100美元（2022）	國內生產毛額：285億7,900萬美元（2022）
國內各業生產毛額結構：農業：7%　工業：21.1%　服務業：71.9%（2017）	
通貨膨脹率：10.35%（2022）	失業率：5.5%（2022）
進口值：97億2,600萬美元（2022）	出口值：64億2,400萬美元（2022）
主要進口：煉製油品、汽車、原油、天然氣、塑膠製品。	
主要出口：鋁礬土、煉製油品、鋁、蘭姆酒、天然氣。	
人口出生率：15.6‰（2024）	人口死亡率：7.5‰（2024）

墨西哥合眾國
UNITED MEXICAN STATES

建國簡史

印第安人曾在墨西哥創造燦爛的文化，西班牙人發現墨西哥後，1521年第一批西班牙天主教傳教士抵墨，對墨殖民。1810年，天主教司鐸Miguel Hidalgo宣布釋放奴隸，發動第一次獨立戰爭，同年9月16日宣布獨立。1821年Agustin Iturbide提出「平等計畫」，建立墨西哥帝國，脫離西班牙獨立。1824年10月，成立墨西哥合眾國聯邦。1848年，割讓亞利桑那、上加州及新墨西哥予美國。

1876年起，Porfirio Qiaz獨裁專政35年，1910年為Traneiseo Madero推翻。1917年頒布新憲法，改國名為墨西哥合眾國。

與我關係

與我無邦交。★1971年11月6日墨西哥與中華民國斷交，1972年2月與中國建交。★1989年中華民國外貿協會在墨西哥市設立辦事處，墨西哥企業家國際事務協會同年7月以墨西哥駐華商務辦事處之名在臺設處。★墨西哥政府自1991年6月起，在臺核發簽證。★1993年5月，墨政府同意我在墨京設立「駐墨西哥臺北經濟文化辦事處」。駐處首任代表藍智民1994年4月抵任。★1998年5月18日起，世界貿易組織在日內瓦舉行3天的第2屆部長會議，5月20日經濟部長王志剛與墨西哥工商部長布朗柯簽署「中、墨入會雙邊協議書」。★2000年11月6日，第12屆臺墨經濟聯席會議在臺北舉行，墨西哥對外貿易商務協會組團與會。★2002年10月25日，中央研究院長李遠哲抵墨西哥，代表中華民國出席亞太經濟合作會議經濟領袖會議。★2017年9月19日墨西哥發生規模7.1強震，造成200多人死亡，包括4名臺僑。9月22日中華民國政府宣布捐款10萬美元，協助墨國救災及後續災區重建工作。

基本資料

地理位置：北美洲南部	面積：1,964,375平方公里	
人口：1億3,074萬人（2024.7）	網址：http://www.presidencia.gob.mx/	電話國碼：52
與臺北之時差：跨3個時區：-14（中部時區，含墨西哥城）/-15（太平洋時區，含索諾拉州及南下加利福尼亞州）/-16（西北時區，含下加利福尼亞州）　[夏令時：中部-13/太平洋-14/索諾拉州及西北-15]		

獨立日期：1810年9月16日（脫離西班牙）	國慶日：9月16日
首都：墨西哥市（Mexico City）	語言：西班牙語
幣制：墨西哥披索Mexico peso, 1.00USD＝18.01MXN（2024.7）	宗教：天主教

政治制度：國體：合眾國。政體：總統制。憲法1917年2月5日生效。三權分立，行政權屬總統及內閣，立法權屬國會，司法權屬各級法院。內閣：部長由總統任免。總統直接民選，任期6年，終生不得連任。國會：分參眾兩院。參議院由31州及一特區（聯邦政府與國會所在地）選任代表4人組成，共128席，任期6年；眾議院500席，300席由全國選舉區產生，200席由各政黨產生，任期3年，兩院議員均由人民直接選舉，不得連選連任，2014年2月憲法修改後，2018年選舉起國會議員可連任。2000年7月2日大選，改革聯盟的佛克斯獲勝，革命制度黨71年的執政結束。2006年7月2日大選，國家行動黨賈德隆以35.89%得票率獲勝，12月1日就職。2012年7月1日大選，革命制度黨候選人潘尼亞尼托以38.21%得票率獲勝，12月1日就任。2018年7月總統大選，左翼羅培茲歐布拉多以53.2%得票率當選，12月1日就任。2024年6月2日總統大選，國家復興運動黨薛恩鮑姆以59.4%得票率獲勝，10月1日就任。

政府首長：總統：薛恩鮑姆 Claudia Sheinbaum

主要政黨：國家復興運動黨（MORENA），國家行動黨（PAN），社會結集黨（PES），革命制度黨（PRI），綠黨及工黨。2015年6月7日眾議院改選，革命制度黨獲203席，國家行動黨108席，綠黨47席，民主革命黨僅56席。2018年7月眾院改選，左翼的國家復興運動黨贏得193席，與61席的工黨和58席的社會結集黨合組執政聯盟，國家行動黨79席、革命制度黨42席、公民運動黨26席，民主革命黨23席等。2021年6月6日眾院改選，國家復興運動黨197席，國家行動黨111席，革命制度黨69席，綠黨44席。2024年6月2日兩院改選，參院以國家復興運動黨獲60席為最多。眾院選舉，國家復興運動黨236席，綠黨77席，國家行動黨72席，工黨51席，革命制度黨35席，公民運動黨27席等。

司法制度：分聯邦最高法院及地區法院，各州有高等法院。爭議司法案—法官由民選產生，將使墨西哥成為全球唯一各層級法官皆由民選產生的國家，引發大規模示威。

經社概況

平均每人國內生產毛額：20,300美元（2022）	國內生產毛額：2兆5,830億美元（2022）
國內各業生產毛額結構：農業：3.6%　工業：31.9%　服務業：64.5%（2017）	
通貨膨脹率：7.9%（2022）	失業率：3.26%（2022）
進口值：6,685億9,000萬美元（2022）	出口值：6,262億9,800萬美元（2022）
主要進口：積體電路、煉製油品、汽車及零配件、機器零件、卡車、天然氣。	
主要出口：汽車及車輛零件、電腦、貨車、原油。	
人口出生率：14.3‰（2024）	人口死亡率：6.5‰（2024）

尼加拉瓜共和國
REPUBLIC OF NICARAGUA

建國簡史

西班牙人入侵前，尼加拉瓜之居民均為印第安人，多以狩獵為生，首領名為「尼加勞」（Nicarau），當地因而得名。1821年9月15日，尼加拉瓜與中美洲鄰近4國同時宣布脫離西班牙統治而獨立，但基礎未定，5國於1822年加入墨西哥帝國，1823年參加中美洲聯邦。之後尼國自由黨人士主張脫離聯邦獨立，與保守黨紛爭不息，1838年演成內戰，結果自由黨獲勝，同年4月20日建立尼加拉瓜共和國。

1855年美軍入侵尼國，至1857年被擊退。1956年起（1963年除外）由蘇慕薩家族擔任總統，到1979年桑定民族解放陣線革命推翻蘇氏政權，廢止憲法，成立參政會及5人執政團。1984年選舉，選出總統、副總統及96名國民大會代表。

與我關係

與我無邦交。★1985年12月7日尼加拉瓜與中國建交，1990年11月5日與中華民國復交，北京與尼國斷交。2021年12月10日，尼國與我國斷交，我外交部宣布與尼國斷交，同日尼國與中國復交。★1930年中華民國於馬拿瓜設立總領事館，1955年升格為公使館，1967年升格為大使館。★1992年7月29日兩國簽署投資保證協

定，我國透過美洲開發銀行對尼國貸款3,000萬美元。★阿雷曼總統伉儷1997年8月5日至9日訪臺，8月8日，行政院新聞局與尼國總統府新聞局簽訂中華民國與尼加拉瓜新聞交流協定，這是我首次與邦交國簽署新聞交流協定。★2000年8月17日，陳水扁總統抵達尼國訪問2天。★2002年4月23日，外長簡又新抵馬拿瓜參加第10屆中華民國與中美洲國家外長會議，及簽署中美洲統合體接納中華民國為區域外觀察員的協議。5月20日，尼國總統博拉紐訪台4天。★2003年3月13日，經濟部長林義夫與尼國工商部長史拉納在台北簽雙邊保護智慧財產權協定，並簽署自由貿易協定意向書。★2004年8月28日，行政院長游錫堃率團訪問尼國，見證兩國經長簽署自由貿易協定諮商總架構，宣布FTA諮商啟動。★2005年9月陳總統率團訪問尼國，並參加「第5屆中華民國與中美洲國家及多明尼加元首高峰會」。★2006年5月7日陳總統訪哥斯大黎加與尼國總統雙邊會談。6月16日我與尼國簽訂自由貿易協定。尼國會12月13日通過。★2007年1月8日陳總統率團訪問尼國，10日參加總統奧蒂嘉就職典禮。8月26日陳總統抵尼國國是訪問3天，贊助尼加拉瓜零饑餓等計畫。★2008年1月13日陳總統參加瓜地馬拉總統柯隆就職典禮，並在瓜國與尼國總統奧蒂嘉會談。9月16日第63屆聯合國大會開議，尼國等友邦共同提案促請聯大通過決議，建議聯合國專門機構接納台灣人民有意義參與活動。★2009年7月3日馬英九總統率團訪尼國。★2012年5月20日副總統阿耶斯雷門斯（M. O. Halleslevens A.）率團參加我第13任總統就職典禮。★2013年4月11日我海軍敦睦遠航訓練支隊抵達尼國，展開3天友好與軍事訓練訪問。★2014年7月24日兩國在台北簽署防制洗錢及資助恐怖主義犯罪與大規模毀滅性武器擴散犯罪合作協定。★2015年7月15日馬總統率團抵達尼國，會晤總統奧蒂嘉。★2016年1月我國開放尼國等27國旅客申請電子簽證。3月兩國簽署航空服務協定。9月第71屆聯合國大會，尼國等13個友邦在聯大總辯論替臺灣發聲。★2017年1月7日至15日，蔡英文總統訪問宏都拉斯、尼加拉瓜、瓜地馬拉和薩爾瓦多4國。10日蔡英文出席尼國奧蒂嘉總統就職典禮。7月12日起，我給予尼國國民免簽證入境90天待遇。拉美與加勒比海另9個友邦也獲得類似待遇。國防部長馮世寬9月2日與尼國三軍總司令阿比烈斯續簽軍事交流合作備忘錄，參加尼國建軍38週年慶祝活動。9月第72屆聯合國大會總辯論時，尼國等15個友邦為臺灣發聲。★2018年3月12日，蔡總統接見尼國三軍總司令阿比烈斯並贈勳。4月10日，中華民國海軍敦睦艦隊抵達尼國，參與尼國軍方聯合訓練活動。★2019年2月尼國國會接受我政府的1億美元貸款案。外交部表示，尼國動亂嚴重毀損基礎建設，基於人道考量提供重建貸款。3月26日，我與尼國的免除外國公文書重複驗證協定生效，簡化兩國間的跨境文件驗證程序。9月台灣與索羅門斷交，尼國大使達比亞出席中美洲198週年獨立紀念日酒會致詞脫稿挺臺。★2020年3月中旬至5月14日，駐尼國大使館贈42萬多片口罩及防護衣等以對抗Covid-19。11月中旬，尼國等中美洲4友邦遭颶風重創，我援贈各式醫療物資。★2023年8月21日中美洲議會（PARLACEN）強行通過尼加拉瓜黨團提出的「排台納中」案，外交部次日表達最嚴正抗議，並決定即日起退出中美洲議會。

基本資料			
地理位置：中美洲		面積：130,370平方公里	
人口：668萬人（2024.7）		網址：http://www.presidencia.gob.ni/	
與臺北之時差：-14		電話國碼：505	
獨立日期：1821年9月15日（脫離西班牙）			國慶日：9月15日
首都：馬拿瓜（Managua）		語言：西班牙語	
幣制：Cordoba, 1.00USD=36.78NIO（2024.7）			宗教：天主教
政治制度：國體：共和國。政體：總統制，任期5年，行政、立法、司法三權分立。內閣：由總統、副總統及各部首長組成，對國會負責，行使行政權。國會（Asamblea Nacional）一院制，國會議員92人，任期5年，為最高權力機關，除立法權外，對預算及條約有審議權。2006年11月5日總統大選，前左派桑定政權領袖奧蒂嘉以38.07%得票率獲勝，次年1月10日宣誓就職。2011年11月6日總統選舉，奧蒂嘉連任。2016年11月6日總統選舉，奧蒂嘉連任，贏得第3個任期，他的夫人穆利優（Rosario Murillo）當選副總統，2017年1月就職。2021年11月7日總統大選，奧蒂嘉贏得第4個5年總統任期，引起國際批判。			

政府首長	總統：奧蒂嘉 Daniel Ortega
主要政黨	2011年11月國會選舉，桑定全國解放陣線黨（FSLN）64席，獨立自由黨及桑定改革運動黨聯盟26席，自由憲政黨（PLC）2席。2016年11月國會選舉，桑定全國解放陣線黨71席，自由憲政黨14席。2021年11月國會選舉，桑定全國解放陣線黨75席、自由憲政黨9席。
司法制度	司法機關分為地方法院、上訴法院及最高法院。最高法院由16名大法官組成，任期5年。

經社概況

平均每人國內生產毛額：5,800美元（2022）		國內生產毛額：404億5,600萬美元（2022）	
國內各業生產毛額結構：農業：15.5%　工業：24.4%　服務業：60%（2017）			
通貨膨脹率：10.47%（2022）		失業率：4.99%（2022）	
進口值：102億1,300萬美元（2022）		出口值：78億7,000萬美元（2022）	
主要進口：煉製油品、成衣、原油、纖維、塑膠製品。			
主要出口：成衣與衣服、黃金、絕緣電線、咖啡、牛肉。			
人口出生率：16.4‰（2024）		人口死亡率：5.1‰（2024）	

巴拿馬共和國
REPUBLIC OF PANAMA

建國簡史

1501年西班牙人首先抵達巴拿馬，次年哥倫布4度西行航抵該地。1513年西班牙人巴爾波發現太平洋岸，並在南部殖民。1514年西班牙國王派阿里亞斯為首任總督。1821年11月10日宣布脫離西班牙，併為哥倫比亞的一省。其後局勢不穩，屢次發生革命，企圖脫離哥倫比亞統治，終在美國支持下於1903年11月3日宣布獨立。巴、美同年11月18日簽署開鑿運河之協定，運河於1914年8月15日竣工通航。1977年9月7日與美國簽訂「巴拿馬運河永久中立及營運條約」，規定美國於1999年底將巴拿馬運河區主權歸還巴國，美軍撤出巴國領土。美國前總統卡特1999年12月14日在巴拿馬市簽署文件，將巴拿馬運河交給巴拿馬總統莫絲柯索。

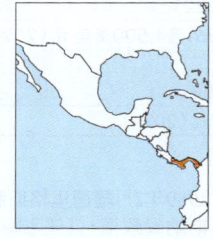

與我關係

與我無邦交。★1910年巴拿馬與清朝建交，清廷在巴拿馬市設立總領事館。1922年中華民國設立公使館，1952年升格為大使館。2017年6月13日巴拿馬與中國建交，同日我與巴國斷交。★1972年我在巴國箇郎市設立領事館，1989年6月19日升格為總領事館。★巴國1933年6月在我國設館，1978年10月在臺北設立大使館，巴國大使兼任總領事。★1960年兩國簽訂文化專約。1962年貿易協定。1969年技術合作協定。1973年漁技合作協定。1981年新貿易協定。★1991年兩國簽訂備忘錄，由我貸款780萬美元，協助巴國興建加工出口區。★1994年8月兩國簽訂航約。★1995年9月13日巴雅達雷斯總統抵臺訪問。★2003年8月21日簽署自由貿易協定，於2004年1月1日生效。★2004年8月31日陳水扁總統率團訪問巴拿馬，出席陶瑞賀士總統就職典禮。★2005年9月26日陳總統在尼加拉瓜會晤巴國總統陶瑞賀士。★2006年5月7日陳總統在哥斯大黎加與巴拿馬總統會談。★2007年7月9日呂秀蓮副總統安邦之旅訪問拉丁美洲，過境巴拿馬與第一副總統兼外長路易斯會談。★2008年5月18至22日巴拿馬第二副總統阿羅賽梅納伉儷訪臺，參加我國第12任總統就職典禮。8月13日馬英九總統出訪中南美，包機在巴拿馬加油，在機場與陶瑞賀士總統會談。★2009年6月30日馬英九總統率團參加巴國總統馬丁內利就職典禮，並於巴國國會發表演說。★2010年10月21日馬丁內利總統抵臺國是訪問。★2011年5月16日蕭萬長副總統訪問巴拿馬，拜會馬丁內利總統。★2014年6月30日馬英九總統抵達巴拿馬，參加次日總統就職典禮。★2016年3月兩國再度簽署新版技術合作協定。6月26日蔡英文總統抵達巴拿馬出席巴拿馬運河拓寬峻工儀式，次日會晤巴國總統瓦雷拉，並簽署「有關移民事務與防制人口販運合作協定」。

基本資料			
地理位置：中美洲		面積：75,420平方公里	
人口：447萬人（2024.7）		網址：http://www.presidencia.gob.pa/	
與臺北之時差：-13		電話國碼：507	
獨立日期：1903年11月3日（脫離哥倫比亞）			國慶日：11月3日
首都：巴拿馬市（Panama City）		語言：西班牙語	
幣制：Balboa, 1.00USD=1.00PAB（與美元採連動匯率）			宗教：天主教
政治制度：國體：共和國。憲法1972年由巴拿馬國民區域代表會制訂，於1978及1983年修訂。政體：總統制，總統由人民直接選舉，任期5年，不得連任，部長由總統任命。國會：立法議會（Asamblea Legislativa），議員71名，與總統同日民選產生，任期5年。2009年5月大選，變革聯盟（包含民主變革黨、巴拿馬人黨及國家共和自由黨）總統候選人馬丁內利以60%得票率當選。2014年5月大選，巴拿馬人黨的副總統瓦雷拉以39%得票率當選。2019年5月5日大選，民主革命黨的柯狄索以33.3%得票率獲勝，7月1日就任總統。2024年5月5日大選，實現目標黨（RM）的穆里諾以34.2%得票率獲勝，7月1日就任。			
政府首長：總統：穆里諾 José Raúl MULINO Quintero			
主要政黨：民主變革黨（CD）、巴拿馬人黨（PAN）、人民黨（PP）、國家共和自由黨（MOLIRENA）及民主革命黨（PRD）。2014年5月4日大選，民主變革黨獲25席、巴拿馬人黨12席、民主革命黨30席。2019年5月5日國會大選，民主革命黨獲35席、民主變革黨18席、巴拿馬人黨8席。2024年5月5日國會大選，無黨籍21席，民主革命黨及實現目標黨各13席。			
司法制度：中央司法機構設最高法院，大法官9名，任期10年，其下分設各級地方法院。			
經社概況			
平均每人國內生產毛額：33,300美元（2022）		國內生產毛額：1,466億5,800萬美元（2022）	
國內各業生產毛額結構：農業：2.4%　工業：15.7%　服務業：82%（2017）			
通貨膨脹率：2.86%（2022）		失業率：8.2%（2022）	
進口值：356億9,200萬美元（2022）		出口值：361億4,500萬美元（2022）	
主要進口：船舶、煉製油品、原油、服裝、包裝藥品。			
主要出口：煉製油品、銅、香蕉、船舶、煤焦油、包裝藥品。			
人口出生率：17.41‰（2024）		人口死亡率：5.7‰（2024）	

巴拉圭共和國
REPUBLIC OF PARAGUAY

建國簡史

　　1524年葡萄牙人首先發現巴拉圭，1537年西班牙人在亞松森建城，進行殖民統治，1811年巴國宣布獨立。1864年至1870年與巴西、阿根廷、烏拉圭聯軍戰爭敗北，傷亡慘重，割讓領土，國力大傷。1933年至1935年與玻利維亞發生廈谷戰爭，雖獲勝國力卻更弱。1947年共黨份子乘機內亂，政局動盪。1954年史托斯納爾將軍發動政變，推翻文人政府，進行紅黨清黨，使政權統一，發展經濟。1989年2月羅德里格斯將軍發動政變，推翻史托斯納爾政權，就任臨時總統，隨後於5月1日大選中當選總統。1993年5月9日巴拉圭舉行首次民主選舉，由紅黨候選人汪慕西當選總統並於8月15日就職。

與我關係

　　1957年7月8日建交。★1961年8月18日簽訂文化專約，1962年5月11日貿易及經濟合作條約，1968年6月7日友好條約，1973年2月15日經濟技術合作協定，1974年8月3日經技合作議定書，1975年9月25日觀光協定及投資協定，1986年4月24日引渡條約，1987年3月9日臺北與亞松森締結姊妹市，1992年4月相互投資保證協定。1994年4月28日避免雙重課稅協定。1995年9月貿易暨經濟合作條約修訂議定書、亞松森新城規畫研究合作意向書、推動巴拉圭共和國一工業區之瞭解備忘錄、外貿協會與中巴企業聯盟

協會合作備忘錄及加強農業技術合作計畫瞭解備忘錄。★2001年5月30日，陳水扁總統率團訪問巴拉圭。★2003年8月15日，副總統呂秀蓮率特使團出席巴國新任總統杜華德、副總統賈司迪優尼就職典禮。★2006年5月4日陳總統出訪巴拉圭，6日與杜華德總統簽署聯合公報。★2007年7月7日副總統呂秀蓮抵巴國訪問，8日與副總統賈司迪優尼主持兩國建交50週年慶祝大會。10月7日杜華德總統率團出席雙十國慶大典。★2008年5月18至22日巴國總統府秘書長羅梅洛夫婦訪台，參加第12任總統就職典禮。8月13日馬英九總統率代表團抵巴拉圭，參加總統就職典禮。★2011年3月11至17日巴拉圭總統魯戈抵台國是訪問。5月13日副總統蕭萬長率特使團抵巴拉圭參加巴國獨立200年慶祝活動。★2012年5月20日魯戈總統參加第13任總統就職典禮。★2013年7月9日國防部長高華柱捐贈UH-1H直升機；巴拉圭頒贈高華柱「偉大軍人大綬軍功勳章」。8月13日馬總統率團抵巴圭，參加卡提斯總統就職典禮。★2015年9月13日至17日，巴國眾議長韋拉斯格斯率團訪台。★2016年1月我國開放巴拉圭等27國旅客申請電子簽證。5月巴國總統卡提斯率團訪台，出席第14任總統就職典禮。6月27日蔡英文總統抵達巴拉圭。28日接受總統卡提斯贈勳、簽署聯合聲明，見證兩國外長簽署航空運輸協定。9月第71屆聯合國大會，巴拉圭等13友邦在聯大總辯論替台灣發聲。★2017年7月11至13日卡提斯總統抵巴國是訪問，參加兩國建交60週年慶祝大會，並簽署經濟合作協定及免除外國公文書重複驗證協定。蔡總統7月12日宣布給予巴拉圭國民免簽證入境90天待遇。同日中美洲與加勒比海另10個友邦也獲得類似待遇。9月第72屆聯合國大會總辯論，巴拉圭等15友邦為台發聲。★2018年8月12日至20日，蔡總統同慶之旅訪問巴拉圭和貝里斯，14日抵達亞松森，15日出席阿布鐸總統就職典禮，並與宏都拉斯副總統阿瓦拉朵會談。9月第73屆聯合國大會總辯論，巴拉圭新任總統阿布鐸替台灣發聲，以「國家」稱呼臺灣。10月7日至11日，巴拉圭總統阿布鐸偕夫人來臺國是訪問並出席國慶活動。★2019年1月臺巴簽署5年1.5億美元合作備忘錄，以社會救助、教育、住宅、基礎設施等計畫為主。7月，經濟部長沈榮津率企業訪問巴國。8月，國防部長嚴德發訪巴拉圭，援贈直升機與悍馬車，與總統阿布鐸會面。★2020年4月援贈巴拉圭28萬片口罩，協助對抗2019冠狀病毒疾病疫情。★2021年第76屆聯合國大會總辯論為臺發聲。★2022年3月31日第21屆台灣巴拉圭經濟合作會議在台北召開，簽署非洲豬瘟（ASF）診斷技術及人員培訓及投資暨出口推廣合作瞭解備忘錄（MOU）等。2022世界衛生大會（WHA）巴拉圭等13友邦提出「邀請臺灣以觀察員身分出席WHA」案。★2023年7月11日，巴拉圭總統當選人潘尼亞率團訪台。8月12日至18日賴清德副總統以特使身分，率團出席巴拉圭新任總統潘尼亞就職典禮。潘尼亞就職演說兩度提到台灣，並指出台巴兩國是兄弟之情。★2024年5月18日，潘尼亞總統率團來台參加總統賴清德就職典禮。

基本資料	
地理位置：南美洲中部（內陸國）	面積：406,752平方公里
人口：753萬人（2024.7）	網址：http://www.presidencia.gov.py/
與臺北之時差：-12（夏令時-11）	電話國碼：595
獨立日期：1811年5月14日（脫離西班牙）	國慶日：5月14日
首都：亞松森（Asuncion）	語言：西班牙語、瓜拉尼語
幣制：Guarani, 1.00USD=7,556.15PYG（2024.7）	宗教：天主教

政治制度：國體：共和國。現行憲法於1992年6月20日頒布生效。政體：總統制。副總統1人，均由公民直接投票選出，任期5年，不得連任，總統卸任後擔任終身參議員。總統兼任三軍統帥。內閣：由總統任命17位部長組成，部長由總統任免，不得兼任國會議員。國會：參、眾兩院。議員民選，任期5年，連選得連任。眾議員80人，由首都及各省依人口多寡選出，每省至少1人。參議員45人，全國一次選出。2008年4月20日總統大選，左派前主教魯戈（Fernando Lugo）以41%得票率勝出，8月15日就職。2012年6月參眾議院通過對魯戈總統之罷免案，由副總統佛朗哥（Federico Franco，藍黨）繼任，由參眾議院聯席會議依憲法規定，表決由藍黨參議員丹尼斯（Oscar Denis）出任副總統。2013年4月21日總統大選，卡提斯當選並於8月15日就任，紅黨重新執政。2018年4月22日總統大選，46歲的紅黨候選人阿布鐸當選總統並於8月15日就任。2023年4月總統大選，紅黨候選人潘尼亞當選總統並於8月15日就任。

政府首長：總統：潘尼亞 Santiago Peña Palacios

主要政黨：國家共和協會（ANR，紅黨）、正統激進自由黨（PLRA，藍黨）、親愛祖國黨（Patria Querida）、全國道德公民聯盟黨（UNACE）。2018年4月22日國會大選，參院：紅黨17席，藍黨13席；眾院：紅黨42席，藍黨17席，Ganar聯盟13席。2023年4月30日國會大選，參院：紅黨23席，藍黨12席；眾院：紅黨49席，藍黨21席。

司法制度：巴拉圭採行大陸法（即以拿破崙之1804年法典為準），並融合了西班牙之1794年民法，設有最高法院、高等法院及地方法院，按1992年修改之憲法，自1993年8月起，法官由獨立之法官選任委員會提名最高法院9名大法官人選，經參議院同意後任命；其他法官由選任委員會提名，經最高法院選任，均為終身職。

經社概況

平均每人國內生產毛額：13,500美元（2022）		國內生產毛額：917億5,300萬美元（2022）	
國內各業生產毛額結構：農業：17.9%　　工業：27.7%　　服務業：54.5%（2017）			
通貨膨脹率：9.77%（2022）		失業率：6.75%（2022）	
進口值：171億4,200萬美元（2022）		出口值：149億7,100萬美元（2022）	
主要進口：廣播設備、汽車、農藥、精煉石油、肥料。			
主要出口：大豆和豆製品、電力、牛肉、玉米。			
人口出生率：15.9‰（2024）		人口死亡率：4.9‰（2024）	

秘魯共和國
REPUBLIC OF PERU

建國簡史

昔日印加帝國位居秘魯，帝國延續400餘年，後為西班牙人所滅亡，1533年淪為西班牙殖民地。19世紀初，聖馬丁將軍率領革命軍解放南美洲，秘魯在聖馬丁征服下於1821年7月28日在利馬宣告獨立。1835年秘魯與玻利維亞合併，稱為秘魯-玻利維亞邦聯，1939年邦聯瓦解。1879年至1883年，秘魯與玻利維亞因反對智利攫取其硝礦產區，爆發「太平洋戰爭」。秘魯戰敗，喪失擁有阿里卡港（Arica）的塔拉巴卡省（Tarapaca）。

與我關係

秘魯與我無邦交。★1971年11月2日秘魯與中國大陸建交，同日中華民國與秘魯斷交。★1978年5月19日，我駐秘魯遠東貿易中心在利馬成立，1990年11月5日改名為臺北經濟文化辦事處。★秘魯於1994年7月在臺設立秘魯駐臺北商務辦事處。★2007年4月1日，秘魯全國正義黨主席薩利納斯抵台訪問5天。8月15日秘魯發生規模8強震，我國撥贈人道救助款10萬美元協助救災，「臺灣國際醫療行動團隊」派醫療隊於8月17日趕赴地震災區協助救援。★2008年7月4日，馬英九總統接見來訪的秘魯前總統托雷多伉儷。★2015年1月14日，兩國簽署公開金鑰基礎建設（PKI）合作備忘錄。★2016年1月，我國開放秘魯等27國旅客申請電子簽證。11月16至20日，親民黨主席宋楚瑜代表我國出席秘魯利馬亞太經濟合作會議峰會。★2017年10月，秘魯國會議員梅佳蕊荷及羅曼訪台參加雙十國慶慶典。★2019年5月，秘魯前國會議長、現任外委會主席卡拉瑞達（Luis Fernando Galarreta Velarde）訪台晉見蔡總統。蔡總統說，卡拉瑞達和其他50位秘魯國會議員連署挺台參與WHA，是近幾年來秘魯對台最大規模聲援。★2022年5月世界衛生大會（WHA）期間，秘魯議員聲援台灣參與WHA。

基本資料

地理位置：南美洲西北部	面積：1,285,216平方公里
人口：3,260萬人（2024.7）	網址：http://www.peru.gob.pe/
與臺北之時差：-13	電話國碼：51
獨立日期：1821年7月28日（脫離西班牙）	國慶日：7月28日
首都：利馬（Lima）	語言：西班牙語、Quechua語
幣制：Nuevo sol, 1.00USD＝3.74PEN（2024.7）	宗教：天主教

政治制度：總統制共和國。1993年制定憲法，三權分立。正副總統直接民選，任期5年。內閣：由總理及各部部長組成，行使行政權，對國會負責，由總統任命。國會：一院制，130席，議員任期5年，依比例代表制選出。2016年6月5日「秘魯變革黨」提名的庫辛斯基(P.P. Kuczynski G.)當選總統。2017年9月15日，內閣在反對黨控制的國會輸掉信任投票後辭職，庫辛斯基陷入政治危機，2018年3月辭職，第一副總統比斯卡拉(Martin Vizcarra)3月23日接任總統。2020年11月9日國會以曾收受賄賂彈劾比斯卡拉，彈劾案通過，比斯卡拉當晚離職，國會議長梅禮諾(Manuel Merino)10日宣誓就任總統，15日辭職，國會16日選出國會議員薩加斯蒂擔任臨時總統，就任到2021年7月底。2021年6月第2輪總統選舉投票由卡斯蒂約(Pedro Castillo)贏得大選，7月28日宣誓就職。卡斯蒂約上任後1年內挺過2次彈劾投票，並遭多次刑事調查。2022年12月7日，卡斯蒂約因試圖解散國會，遭國會罷黜下台，博魯阿爾特繼任總統。

政府首長：總統：博魯阿爾特Dina Boluarte

主要政黨：自由秘魯黨(Free Peru)、人民力量黨(Fuerza Popular)人民行動黨(Partido Accion Popular, AP)等。2016年6月6日國會改選，人民力量黨73席，秘魯變革黨18席，廣泛陣線20席。總統比斯卡拉2019年9月30日解散國會，2020年1月26日國會大選，任期到下次改選的2021年4月。2021年4月國會改選，自由秘魯黨32席、人民力量黨24席、人民行動黨15席、爭取進步聯盟(APP)15席。

司法制度：設有最高法院、高等法院、一審法院及調解法院。

經社概況

平均每人國內生產毛額：12,700美元(2022)	國內生產毛額：4,339億2,600萬美元(2022)
國內各業生產毛額結構：農業：7.6%　工業：32.7%　服務業：59.9%(2017)	
通貨膨脹率：8.33%(2022)	失業率：3.85%(2022)
進口值：695億600萬美元(2022)	出口值：711億9,700萬美元(2022)
主要進口：精煉石油、原油、汽車、廣播設備、貨車。	
主要出口：銅礦、金、精煉石油、天然氣、精煉銅。	
人口出生率：16.7‰(2024)	人口死亡率：10.9‰(2024)

聖克里斯多福及尼維斯
FEDERATION OF SAINT KITTS AND NEVIS

建國簡史

聖克里斯多福是哥倫布於1493年第二次航行時所發現，1623年英人開拓為殖民地。法人一度登陸該島，惟依1783年凡爾賽條約劃歸英國管轄。1958年1月加入西印度聯邦，其後聖啟斯、尼維斯及安吉拉組成三角聯盟。1967年安吉拉宣布脫離聯盟，聖島於1967年根據「西印度群島法案」獲得內政上完全自治權，外交及國防由英國代掌，1983年9月19日脫離英國獨立。

與我關係

1983年10月9日與中華民國建交。★我於1984年8月在克國設立大使館，是第一個常駐克國的外國使館。克國1986年3月派任駐中華民國大使。★1999年6月2日行政院長蕭萬長率團訪問克國，6月3日蕭萬長與東加勒比海聖克里斯多福、多米尼克、格瑞那達、聖文森4國總理舉行高峰會。★2004年5月外長哈里斯訪台參加總統就職大典。★2005年6月道格拉斯總理第5度訪台。9月陳水扁總統率團訪克國。★2008年1月27日道格拉斯總理率外交部長哈里斯等訪台。9月16日第63屆聯合國大會，克國等友邦共同提案促請聯大決議接納我人民參與專門機構活動。★2012年5月20日克國代總督勞倫斯夫婦參加我第13任總統就職典禮。★2013年8月18日馬英九總統抵達聖克里斯多福國是訪問，兩國簽署引渡條約。★2015年8月18日至22日克國總理哈里斯訪台。★2016年1月我國開放克國等27國旅客申請電子簽證。5月19日總理哈里斯訪台，參加蔡英文總統就職典禮。9月第71屆聯合國大會，克國等13友邦在聯大總辯論替台發聲。★2017年6月8日蔡總統接見3度訪台的總理哈里斯一行。7月12日起，我給予克

國國民免簽證入境30天待遇，拉美與加勒比海另9個友邦獲類似待遇。9月第72屆聯合國大會總辯論，克國等15友邦為台發聲，要求讓台灣參與聯合國永續發展議程。★2018年9月28日，第73屆聯合國大會總辯論，克國替台灣發言。10月8日至12日，克國總督席頓率團來台參加雙十慶典活動。★2019年4月，克國總理哈里斯訪台，總統蔡英文軍禮歡迎並頒贈「特種大綬卿雲勳章」。5月，外長吳釗燮訪問克國，提升雙邊邦誼與合作關係。7月13日至16日，蔡總統訪問克國，會晤總理哈里斯，見證簽署技職教育暨職業訓練合作協定，獲總督席頓致贈聖克里斯多福及尼維斯勳章。10月11日，克國國會議長柏金斯（Anthony Michael Perkins）伉儷訪臺，蔡總統接見。★2020年4月15日，我駐克國大使館援贈4萬片口罩給克國政府，協助對抗2019冠狀病毒疾病疫情。2021年第76屆聯合國大會總辯論為台灣發聲。★2022年世界衛生大會（WHA）克國等13友邦提出「邀請台灣以觀察員身份出席WHA」案。11月8日，新任總理德魯訪台，蔡總統軍禮歡迎。★2023年5月8日，克國副總理韓利率團訪台，副總統賴清德接見。5月24日，克國衛生部長艾淇伯德在WHA大會上大力挺台以觀察員身份參與WHO所有會議活動。9月16日，外交部長吳釗燮率團參加克國建國40週年慶。9月底聯合國大會，克國總理德魯挺台灣參與聯合國，10月9日，克國總督萊柏來台參加國慶活動。★2024年5月18日，克國副總理韓利率團訪台參加總統賴清德就職。5月底，WHA大會，克國等友邦再度發言挺台。

基本資料

地理位置	東加勒比海小安地列斯群島中，背風群島的北部
面積	261平方公里
人口	5萬5,133人（2024.8）
網址	http://www.gov.kn/
與臺北之時差	-12
電話國碼	1-869
獨立日期	1983年9月19日（脫離英國）
國慶日	9月19日
首都	巴士地（Basseterre）
語言	英語
幣制	East Caribbean dollar, 1.00USD＝2.70XCD（固定匯率）
宗教	英國國教、天主教、基督教

政治制度：國體：君主立憲。奉英王為元首，由其任命的總督代表之。政體：議會民主制，三權分立。內閣：由總理、副總理、檢察總長、各部部長及不管部部長組成，總理為實際的行政首長，由國會多數黨領袖擔任，並由總督任命。國會：National Assembly一院制，議員分參議員與眾議員，共計14名，眾議員11名直接民選（聖克里斯多福選出8名，尼維斯3名），每5年改選，參議員3名由總督任命，其中2名由總理推薦，另1名由反對黨領袖推薦。1998年8月10日舉行公民投票，61.7%尼維斯選民同意脫離聖克里斯多福獨立，但未達到憲法規定的2/3即66.6%的門檻，獨派人士承認失敗。

政府首長：元首：查爾斯三世 King Charles III　　總督：萊柏 Marcella Liburd
總理：德魯 Terrance Drew

主要政黨：勞工黨（Labour Party, SKLP）、人民行動黨（People's Action Movement, PAM）、尼維斯改革黨（NRP）、關切公民黨（Concern Citizen Movemert, CCM）、人民勞工黨（People's Labour Party, PLP）。2022年8月5日國會大選，11個國會選區中，勞工黨獲6席勝選，黨魁德魯接任總理；關切公民黨獲3席，人民行動黨及原執政黨人民勞工黨分別獲1席。

司法制度：克國法律沿襲英國習慣法，設有地方法院、簡易裁判法院，並受設於聖露西亞的東加勒比海最高法院、高等法院及上訴法院管轄。

經社概況

平均每人國內生產毛額	28,800美元（2022）
國內生產毛額	13億7,100萬美元（2022）
國內各業生產毛額結構	農業：1.1%　工業：30%　服務業：68.9%（2017）
通貨膨脹率	2.67%（2022）
失業率	4.5%（1997）
進口值	5億3,117萬美元（2022）
出口值	5億3,141萬美元（2022）
主要進口	精煉石油、珠寶、船舶、汽車、塑膠製品。
主要出口	廣播設備、測量儀器、變壓器、船舶、電子控制板。
人口出生率	11.8‰（2024）
人口死亡率	7.4‰（2024）

聖露西亞
SAINT LUCIA

建國簡史

聖露西亞於何時發現，史無記載。當地人稱12月13日為發現日，每年此日皆盛大慶祝。聖島在17及18世紀間曾為英法兩強相互奪占14次，1803年英國占領該島，以單獨行政單位統治。

1838年英國將其併入「向風島政府」，1960年1月新憲法實施後，聖島再度成為單獨的行政單位，由英國派遣一行政官統治。1967年新憲法下，內政完全自治，外交與國防由英國代掌，1979年2月22日宣布脫離英國獨立。

與我關係

1984年5月政務委員林金生率團訪聖露西亞，5月7日與康普頓總理簽署建交公報。6月7日中華民國駐聖露西亞大使館成立。★1984年5月簽訂農技合作協定，我派技術團。★1997年8月29日，我中止與聖露西亞外交關係。9月聖露西亞與中國建交。★2005年9月28日至29日陳水扁總統率團訪聖露西亞。★2007年4月30日外長黃志芳與露國外長布斯吉（R Bousquet）簽署建交公報，恢復邦交。★2008年1月15日陳總統訪聖露西亞，與總理金恩會談。6月12日金恩率農業部長喬瑟夫等8人訪台。9月16日第63屆聯合國大會，露國等友邦提案建議接納台灣人民參與活動。★2012年5月20日露國副總理皮耶（P. J. Pierre）參加我國第13任總統就職典禮。★2013年8月15日，馬英九總統抵聖露西亞國是訪問。11月26日露國總理安東尼訪臺。★2015年6月4日安東尼總理來訪，主持露國駐中華民國大使館揭牌儀式。11月聖露西亞首任特命全權大使艾曼紐（H. Emmanuel）抵華。★2016年1月我開放露國等27國旅客申請電子簽證。★2017年7月12日起，我給予聖露西亞國民免簽證入境30天待遇。9月第72屆聯合國大會總辯論，聖露西亞等15友邦要求讓臺灣參與聯合國永續發展議程。★2018年9月28日，第73屆聯合國大會總辯論，聖露西亞替臺發聲。10月7日至10日，露國總理查士納來臺參加國慶慶典。★2019年2月，立法院長蘇嘉全代表總統赴露國參加獨立40週年紀念日大典。5月外長吳釗燮訪露，拜會總理查士納。7月17日至19日，蔡總統訪問聖露西亞，會晤總理查士納。★2020年4月25日，我駐露大使館援贈4萬片口罩給露國政府，協助對抗2019冠狀病毒疾病疫情。★2022年3月捐露國1萬劑AZ疫苗。世界衛生大會聖露西亞等13友邦提出「邀請臺灣以觀察員身分出席WHA」案。11月29日，露國總理皮耶率團訪臺，總統蔡英文以隆重軍禮迎接。★2023年8月台灣與聖露西亞簽署刑事司法互助條約，明定雙方在刑事調查、犯罪防制等相互協助。9月22日露國總理皮耶在聯合國大會總辯論敦促聯合國接納台灣。10月5日露國等11國友邦聯合致函聯合國秘書長古特瑞斯，籲支持台灣參與聯合國體系。★2024年5月18日，露國總理皮耶來台參加賴清德總統就職。5月29日，露國等友邦在WHA大會公開發言挺台。

基本資料

地理位置：東加勒比海小安地列斯群島中，向風群島的中部。	面積：616平方公里
人口：16萬8,038人（2024.7）	網址：http://www.stlucia.gov.lc/
與臺北之時差：-12	電話國碼：1-758
獨立日期：1979年2月22日（脫離英國）	國慶日：2月22日
首都：卡斯翠（Castries）	語言：英語、Patois（通用土語）
幣制：East Caribbean dollar, 1.00USD=2.70XCD（固定匯率）	宗教：天主教及英國國教

政治制度：國體：君主立憲。奉英王為元首，以總督為代表。政體：議會民主制。內閣：由總理及各部部長組成。國會：眾議院（House of Assembly）民選議員17人，任期5年。參議院（Senate）有11名任命的議員，其中總理推薦6名，反對黨領袖推薦3名，總督自薦2名，均經總督任命，任期5年。

政府首長	元首：查爾斯三世 King Charles III　　總督：查理士 Errol Charles（代理）
	總理：皮耶 Philip Joseph Pierret

主要政黨：聯合工人黨（United Workers Party, UWP）、聖露西亞勞工黨（St. Lucia Labour Party, SLP）。2021年7月26日改選國會，聖露西亞勞工黨獲13席，黨魁皮耶出任總理。

司法制度：兼採英國的習慣法及成文法，由東加勒比海最高法院、簡易裁判法院及地方法庭分別執行法律。設有檢察總長，為政府的主要法律顧問。

經社概況

平均每人國內生產毛額：15,100美元（2022）	國內生產毛額：27億1,600萬美元（2022）
國內各業生產毛額結構：農業：2.9%　工業：14.2%　服務業：82.8%（2017）	
通貨膨脹率：6.38%（2022）	失業率：15.77%（2022）
進口值：11億7,900萬美元（2022）	出口值：12億900萬美元（2022）
主要進口：精煉石油、汽車、禽肉、天然氣、調味飲料。	
主要出口：啤酒、寶、精煉石油、萊姆酒、紙容器。	
人口出生率：11.4‰（2024）	人口死亡率：8.3‰（2024）

聖文森及格瑞那丁
SAINT VINCENT AND THE GRENADINES

建國簡史

聖文森於1498年為哥倫布所發現，西班牙人以守護神Saint Vincent命名，稱之「降福之地」。先後被西班牙、法國、英國占領，1783年依凡爾賽條約劃歸英國，1969年10月20日成為大英國協會員國，內政自主，外交國防由英國代掌。1979年10月27日宣布獨立。

與我關係

1981年8月15日聖文森總理卡拓在臺北簽署建交公報，1982年4月28日我派駐多明尼加大使董宗山為兼駐聖國大使，1983年3月在聖國首都設大使館。★2003年8月6日，外長簡又新抵聖文森，參加第7屆中華民國與東加勒比海4友邦外長會議。9月8日，龔薩福總理訪台。★2005年9月陳水扁總統率團訪聖文森。★2008年7月20日龔薩福總理訪台。★2013年8月17日馬英九總統抵聖文森國是訪問。★2016年1月我開放聖文森等27國旅客申請電子簽證。6月7日兩國簽署新資訊通信技術合作協定及電子文件暨檔案管理計畫。9月第71屆聯合國大會，聖文森等13友邦在聯大總辯論為臺發聲。★2017年7月12日起，我給予聖文森國民免簽證入境30天待遇。拉美與加勒比海另9個友邦獲類似待遇。9月第72屆聯合國大會總辯論，聖文森等15個友邦為台發聲。★2018年3月28日，總統蔡英文接見聖文森副總理兼外長史垂克訪問團。9月27日，第73屆聯合國大會總辯論，聖文森替台發聲。★2019年5月，外長吳釗燮訪問聖文森，拜會總理龔薩福。5月，聖文森衛生部長布朗在世界衛生大會為台發聲。7月16日至17日，蔡總統訪聖文森，會晤總理龔薩福。8月，首位駐中華民國大使柏安卓到任履職。8月，大使館開幕，總理龔薩福來台主持揭牌儀式。★2020年4月22日，我駐聖文森大使館援贈4萬片口罩，協助對抗2019冠狀病毒疾病疫情。★2022年3月捐聖文森1萬劑AZ疫苗。世界衛生大會聖文森等13友邦提出「邀請臺灣以觀察員身分出席WHA」案。7月27日總理龔薩福在官方推感謝臺灣提供6,000萬美元貸款支持聖國港口發展。8月7日至12日在中共對臺軍演期間，龔薩福第12次訪臺。★2023年9月，總理龔薩福聯合國大會總辯論挺台國際參與。10月7日，聖文森總督佘根來台參加國慶活動。★2024年5月18日，總理龔薩福來台參加總統賴清德就職典禮。5月29日聖文森及友邦在WHA大會公開發言挺台。

基本資料

地理位置：東加勒比海小安地列斯群島中，向風群島之中部。		面積：389平方公里
人口：10萬647人（2024.8）	網址：http://www.gov.vc/	
與臺北之時差：-12	電話國碼：1-784	
獨立日期：1979年10月27日（脫離英國）		國慶日：10月27日
首都：京斯鎮（Kingstown）	語言：英語	
幣制：East Caribbean dollar, 1.00USD=2.70XCD（固定匯率）		宗教：英國國教、基督教浸信會、天主教

政治制度：國體：君主立憲，奉英王為國家元首，以總督為其代表。政體：議會民主制。內閣：由總理與閣員組成，總理由國會多數黨領袖出任。閣員由總理提請總督任免。國會：一院制，眾議院（House of Assembly）成員共23名，其中15人直接民選；6名委任，由總理及國會反對黨領袖各提4名及2名經總督任命；2名當然成員為檢察總長和議長，任期皆為5年。

政府首長：元首：查爾斯三世 King Charles III　　總督：度根 H.E. Susan Dougan
　　　　　總理：龔薩福 Ralph E. Gonsalves

主要政黨：新民主黨（NDP）、聯合勞工黨（ULP）。2020年11月5日國會大選，聯合勞工黨以9席第五度勝選，龔薩福總理獲連任。新民主黨6席。預計2025年國會大選。

司法制度：沿襲英國普通法，將全國分為三個司法行政區，各設司法行政官一名，受轄於設在聖露西亞之東加勒比海最高法院、高等法院及上訴法院。

經社概況	
平均每人國內生產毛額：14,600美元（2022）	國內生產毛額：15億1,500萬美元（2022）
國內各業生產毛額結構：農業：7.1%　工業：17.4%　服務業：75.5%（2017）	
通貨膨脹率：5.66%（2022）	失業率：19.55%（2022）
進口值：5億840萬美元（2022）	出口值：2億6,236萬美元（2022）
主要進口：精煉石油、船舶、禽肉、粗糖、塑膠製品。	
主要出口：精煉石油、船舶、漁產、小麥。	
人口出生率：11.9‰（2024）	人口死亡率：7.7‰（2024）

蘇利南共和國
REPUBLIC OF SURINAME

建國簡史

蘇利南係於1593年被西班牙人Domingo de Vera占領，為西班牙屬地，其後荷蘭、法國及英國人相繼爭奪該地；1630年代，英國實際占領，至1667年英國與荷蘭簽訂Breda和約，該地區劃歸荷蘭屬地，其後荷、英、法三國時有領域衝突。1863年荷皇Guillermo三世下令取消蘇利南的奴隸制度。1948年，蘇利南成為荷蘭之領地（Territory），內政上享有相當的自治權。1954年12月29日荷蘭新憲章承認蘇利南為自治邦，內政上完全自立。1975年11月25日獨立，成為蘇利南共和國。1981年3月25日9名陸軍士官在包特西領導下發動流血政變，成立軍事委員會，任命新內閣，同時下令停止憲法實施，解散國會。1991年民選四黨聯合政府上台。

與我關係

蘇利南與我無邦交。

基本資料	
地理位置：南美洲東北部	面積：163,820平方公里
人口：64.7萬人（2024.7）	網址：http://www.gov.sr/
與臺北之時差：-11	電話國碼：597
獨立日期：1975年11月25日（脫離荷蘭）	國慶日：11月25日
首都：巴拉馬利波（Paramaribo）	語言：荷蘭語、Sranan Tongo語
幣制：Surinamese dollar, 1.00USD=29.4SRD（2024.7）	宗教：印度教、伊斯蘭教、天主教

政治制度：依1975年11月20日憲法，蘇利南是總統制共和國。總統與副總統由國會選出，任期5年。總統之下設內閣，稱部長會議（Council of Ministers），由總統及各部長組成，向國會負責。國會一院制，議員51名，由人民直接票選，任期5年。1991年恢復民主選舉，強人包特西（D. D. Bouterse）影響力漸微。2000年蘇利南國家黨之維納勳（R. Venetiaan）贏得總統選舉，2005年連任。2010年5月國會大選，由國家民主黨及其聯盟（Mega Combination）獲勝，重新執政。2010年7月包特西當選總統。2015年7月連任。2020年5月25日選舉國會，進步改革黨勝出，7月13日該黨領袖桑托希當選總統。預定2025年5月國會大選。

政府首長	總統：桑托希 Chandrikapersad Santokhi
主要政黨	2010年5月25日國會大選，在51席中，國家民主黨及其聯盟23席，蘇利南國家黨及其聯盟14席，A聯盟7席，其餘席位由小黨獲得。2015年5月25日大選，國家民主黨及其聯盟26席，蘇利南國家黨及其聯盟18席，A聯盟5席。2020年5月25日大選，進步改革黨（VHP）獲得20席，國家民主黨（NDP）16席，大眾解放發展黨（ABOP）9席。2025年5月國會大選。
司法制度	設有最高法院及地方法院。

經社概況

平均每人國內生產毛額：15,000美元（2022）	國內生產毛額：93億5,200萬美元（2022）
國內各業生產毛額結構：農業：11.6%　工業：31.1%　服務業：57.4%（2017）	
通貨膨脹率：52.45%（2022）	失業率：8.23%（2022）
進口值：23億4,200萬美元（2022）	出口值：26億美元（2022）
主要進口：精煉石油、挖掘機械、汽車、塑膠製品、菸草。	
主要出口：黃金、木材、精煉石油、魚、挖掘機械。	
人口出生率：14.9‰（2024）	人口死亡率：6.7‰（2024）

千里達及托巴哥共和國
REPUBLIC OF TRINIDAD AND TOBAGO

建國簡史

1489年哥倫布抵達時，命名為Trinidad；1532年西班牙派總督治理。之後連遭荷蘭及法國侵擾，1797年由英國占領，1802年，英法簽訂亞眠和約（The Treaty of Amiens），劃歸英國版圖。托巴哥島歷經西、荷、法統治，1814年亦劃歸英國版圖，1888年英國將托巴哥島與千里達島合併統治，1958年兩島先與加勒比海諸小島組成西印度聯邦，之後由於千、托兩島於1962年8月31日獨立，該聯邦解體；1976年8月1日改稱千里達暨托巴哥共和國，仍是大英國協會員國。

與我關係

千里達及托巴哥與我無邦交。

基本資料

地理位置：東加勒比海小安地列斯群島中，向風群島的南端	面積：5,128平方公里
人口：141萬人（2024.8）	網址：http://www.gov.tt
與臺北之時差：-12	電話國碼：1-868
獨立日期：1962年8月31日（脫離英國）	國慶日：8月31日
首都：西班牙港（Port of Spain）	語言：英語
幣制：Trinidadian dollar, 1.00USD＝6.78TTD（2024.7）	宗教：天主教、印度教、英國國教
政治制度：國體：共和國。政體：議會共和制，三權分立，立法權屬國會，行政權屬於內閣，司法權屬於各級法院。內閣：總理、各部部長、總檢察長及不管部政務委員等所組成。國會：分參、眾二院，參院（Senate）議員31人，其中16人由總理推薦，6人由反對黨領袖推薦，9人由總統自選，均經總統任命。眾議院（House of Representatives）議員42人，由民選產生，任期5年。2013年2月15日總統選舉，卡孟納同額競選，由選舉人團選舉為總統，於3月18日就職。2018年1月19日總統選舉，維克斯同額參選，由選舉人團選為總統，3月19日就職，是首位女總統。2023年1月20日總統大選，克莉絲汀·康加洛當選總統。	
政府首長：總統：克莉絲汀·康加洛 Christine Carla Kangaloo　　總理：羅利 Keith Rowley	

第二章│世界各國簡介　851

主要政黨：2010年5月24日眾院改選，人民夥伴聯盟（PPC）贏得29席，原執政之國家行動黨（PNM）只得12席。2015年9月7日眾議院大選，國家行動黨拿下眾院42席中過半數的23席，該黨領袖羅利成為新任總理，聯合國家黨（UNC）得17席。2020年8月10日眾議院選舉，國家行動黨贏得過半數的23席，繼續執政，聯合國家黨19席。2025年國會選舉。

司法制度：採英國的普通法及習慣法，全國司法裁判權分由最高法院、高等法院、上訴法院及地方法院掌理。

經社概況

平均每人國內生產毛額：23,300美元（2022）	國內生產毛額：356億6,700萬美元（2022）
國內各業生產毛額結構：農業：0.4%　工業：47.8%　服務業：51.7%（2017）	
通貨膨脹率：5.83%（2022）	失業率：3.81%（2022）
進口值：106億9,400萬美元（2022）	出口值：175億8,400萬美元（2022）
主要進口：精煉石油、挖掘機械、塑膠製品、鐵礦、汽車。	
主要出口：天然氣、工業酒精、原油、氨、肥料。	
人口出生率：10.5‰（2024）	人口死亡率：8.6‰（2024）

美利堅合眾國
UNITED STATES OF AMERICA

建國簡史

1492年哥倫布發現美洲新大陸後，1497年英人登陸東岸，此後歐洲移民漸多，各國移民相互間及與原住民印第安人間常有衝突。1759年英法魁北克戰後，英國取得法國在美屬地，為徵稅問題與移民發生戰爭，東部13州發表權利宣言（1764）及獨立宣言（1776），與英軍奮戰，終於1783年與英國簽訂和約，獨立地位獲英國承認。1787年5月完成憲法草案，翌年生效，首任總統華盛頓於1789年4月就任。

1861年至1865年因黑奴解放問題爆發南北戰爭，北軍勝利，終止分裂。之後以購買土地及戰爭等方式，版圖逐漸擴充。20世紀參加兩次世界大戰，冷戰時期與蘇聯對峙，1991年冷戰結束後，成為唯一的超級強國。2008年全球金融危機後，損及美國國力。

與我關係

美國與我無邦交。★1913年美國與中華民國建立公使級外交關係。1954年12月簽訂中美共同防禦條約。★1979年1月1日，美國與中國建交並與我斷交，共同防禦條約於1979年底終止，美國國會同年3月通過臺灣關係法，4月10日由卡特總統簽署生效，作為美國與臺灣人民維持經濟、文化等非官方關係的法律基礎。★1979年3月1日美國大使館由美國在臺協會（AIT）臺北辦事處取代，我國相對機構北美事務協調委員會在華府設立駐美代表處，同時在紐約、芝加哥、亞特蘭大、休士頓、洛杉磯、舊金山、西雅圖及檀香山設立辦事處，1982年至1991年間陸續增設波士頓、堪薩斯、邁阿密及關島辦事處。★1994年9月7日，柯林頓總統公布斷交後第一份對華政策檢討報告，據此同意北美事務協調委員會更名為「駐美國臺北經濟文化代表處」，並允許雙方高層官員經濟、貿易與文化交流，准許臺北訪美官員進入美政府辦公室洽公，但對我首到美國作私人訪問仍持保留態度。★1999年7月9日李登輝總統接受德國之音訪問，表示兩岸為特殊國與國關係，遭北京指控意圖分裂中國。7月下旬美方派助理國務卿陸士達和AIT理事主席卜睿哲赴兩岸呼籲雙方自制。7月21日柯林頓在白宮說，美對臺海兩岸關係的3個支柱是「一個中國」政策、兩岸對話、和平解決歧見。9月11日柯林頓和大陸國家主席江澤民在亞太經濟合作會議場邊晤談，12日我方領袖代表江丙坤說，特殊國與國關係論為李總統提出為兩岸談判的基礎，是無法撤回的現狀。★2000年2月1日眾院通過「臺灣安全加強法案」，但到第106屆國會於11月7日改選前未在參院通過。2000年2月21日，北京發表「一個中國的原則與臺灣問題」白皮書，一面主張和平統一，但也增列「臺灣當局無限期拒絕通過談判和平解決兩岸統一問題」作為對臺動武的條件。大陸以此回應李總統特殊國

與國關係發言。美國政府表示，根據臺灣關係法，任何以非和平方式解決臺海問題的企圖，美方都嚴重關切。3月18日，民進黨候選人陳水扁當選中華民國第10任總統，美國政府派特使漢米爾頓傳達美方希望臺北自制及兩岸復談的訊息。約同時，美國駐聯合國大使郝爾布魯克和陸士達在北京訪問，白宮國家安全顧問柏格也在3月底訪問北京，他們表達希望北京與陳水扁打交道。5月20日，陳水扁總統在就職演說中表示不會更改國號和特殊兩國論不入憲。美國派白宮經濟顧問泰森女士率團出席陳總統就職。9月8日，柯林頓在紐約與江澤民會晤時，對兩岸對話迄未恢復表達關切。美國同意出售長程預警雷達給臺灣，並於9月28日宣布對臺出售200枚先進中程空對空飛彈。★2002年4月9日，美國國會友臺議員在華府成立「臺灣連線」，到華府訪問的立委訪問團成員與美方國會議員簽署友好合作聲明，雙方將依臺灣關係法努力提升雙方經濟和戰略合作關係。★2005年2月27日至28日前總統柯林頓訪臺。★2006年陳總統1月、5月、9月三度過境美國關島、邁阿密、舊金山。★2007年1月8日陳水扁總統訪問尼加拉瓜，參加尼國總統奧蒂嘉就職典禮。去程過境舊金山，回程過境洛杉磯。★2008年8月4日新任駐美代表袁健生抵達華府履新。8月馬英九總統出訪中南美洲友邦，過境洛杉磯、舊金山，與31位參眾議員接觸。★2009年5月26日至6月3日馬總統出訪貝里斯、瓜地馬拉及薩爾瓦多，去程經美國洛杉磯，返程過境西雅圖並過夜。6月29日至7月6日馬總統出訪多明尼加及巴拿馬，去返程過境舊金山和夏威夷。8月28日AIT臺北辦事處新任處長司徒文抵台赴任。★2010年1月25至30日馬總統出訪宏都拉斯及多明尼加，去程過境舊金山，返程過境洛杉磯。1月30日美行政部門通知國會，軍售臺灣64億美元武器。★2011年9月21日美國政府將協助我國F-16A/B型戰機性能提升案送到國會審查。12月22日AIT宣布台灣將納入美國免簽證計畫候選國。★2012年5月8日AIT華府辦事處宣布，國務院東亞局資深官員馬啟思（C. J. Marut）自8月起，接替司徒文出任AIT臺北辦事處長。5月20日眾院外委會主席羅斯雷提能率團抵臺，祝賀馬英九總統連任。10月2日美國土安全部長納波里塔諾宣布，臺灣納入美國免簽證計畫，成為第37個參與國。★2013年3月10日兩國在台北重啟自2007年7月暫停的貿易暨投資架構協定（TIFA）會議。7月12日美國總統歐巴馬簽署支持台灣參與聯合國國際民航組織（ICAO）的法案。8月11日至22日馬總統訪問巴拉圭及加勒比海4友邦，去程過境紐約，會晤紐約市長彭博及美國前勞工部長趙小蘭；返程過境洛杉磯。11月陸軍接收向美採購的30架AH-64E阿帕契直升機的首批6架。★馬總統於2014年1月及6月至7月間出訪行程中，分別過境洛杉磯、夏威夷、舊金山，會晤當地政壇人士及僑胞。★2015年2月經長鄧振中訪美，為11年來首度訪美的經濟部長。4月駐堪薩斯辦事處遷至科羅拉多州丹佛市，更名為駐丹佛臺北經濟文化辦事處。7月馬總統出訪，去程過境波士頓，訪問哈佛大學，回程過境洛杉磯。★2016年5月20日，美國貿易代表署前貿易代表柯克率團來台祝賀總統蔡英文就職。6月24日至7月2日，蔡總統訪問巴拿馬和巴拉圭，去回程過境邁阿密、洛杉磯。12月2日蔡總統致電祝賀美國總統當選人川普。★2017年1月7日至15日，蔡總統訪問中美洲4友邦，去回程過境休士頓、舊金山。前行政院長游錫堃以特使身分參加1月20日川普總統就職典禮。★2018年1月9日，美眾院無異議通過「臺灣旅行法」，2月28日參院一致同意通過，3月16日總統川普簽署後生效，為臺美間官員互訪訂立法律基礎。3月20日至22日，國務院東亞暨太平洋事務局副助卿黃之瀚訪台，黃是15年來抵台最資深、最重要官員。3月27日，蔡英文總統接見美眾院外委會主席羅伊斯，他是臺灣旅行法主要推手。6月10日至14日助理國務卿馬利‧羅伊斯訪台；6月11日至16日AIT主席莫健訪臺，兩人皆出席AIT內湖新館落成典禮。8月11日，AIT新任處長酈英傑抵台履新。8月12日至20日，蔡總統出訪巴拉圭與貝里斯，去回程過境美國洛杉磯與休士頓。★2019年3月21日到28日，蔡總統出訪大洋洲友邦，回程過境夏威夷，視訊出席華府智庫論壇，首度與美軍將領會面。4月15日，AIT搬遷內湖新館酒會。5月，北美事務協調委員會更名為「臺灣美國事務委員會」（Taiwan Council for U.S. Affairs, TCUSA），象徵臺美關係緊密。7月9日美宣布售臺M1A2T艾布蘭戰車、可攜式刺針防空飛彈。7月11日蔡總統出訪加勒比海友邦，去程過境美國紐約，回程過境丹佛首度在紐約辦事處會見友邦聯合國代表。8月19日美宣布售臺66架F-16V型戰機及75具發動機。10月，國務院亞太副助卿孫曉雅以美國資深APEC官員身分訪台，代表總統川普參與10月7日臺美太平洋對話首屆會議。★2020年3月4日美眾院通過「臺北法」（TAIPEI Act），3

月11日參議院一致同意通過，3月26日總統川普簽署後生效。臺北法全名「臺灣友邦國際保護及加強倡議法」（Taiwan Allies International Protection and Enhancement Initiative Act，簡稱TAIPEI Act）。臺北法是繼臺灣旅行法後，美國再一個以台灣為名的國內法。5月21日美宣布售臺18枚MK48重型魚雷。8月10日，美國衛生部長艾薩（Alex Azar）抵臺訪問3天。9月17日，國務院主管經濟發展與環境能源的次卿柯拉克（Keith Krach）訪台，出席19日的前總統李登輝追思禮拜。10月12日我駐關島辦事處正式營運。10月21日美宣布售臺海瑪斯多管火箭、增程型距外陸攻飛彈及F-16新式偵照莢艙。10月26日宣布售台100枚魚叉海岸防禦系統。11月3日宣布售台4架MQ-9B無人機。★2021年1月9日，國務院宣布取消美臺交往限制。4月9日國務院宣布最新對台交往準則。6月6日，美方宣布供臺75萬劑疫苗；19日AIT宣布再捐贈175萬劑疫苗。7月15日，美國在臺協會處長孫曉雅抵臺履新。10月31日，AIT宣布再捐150萬劑莫德納疫苗。★2022年1月25日至30日副總統賴清德出訪宏都拉斯、過境美國洛杉磯及舊金山，1月28日在宏都拉斯總統就職典禮上與美國副總統賀錦麗（Kamala Harris）互動。美國總統拜登（Joe Biden）上任後首趟亞洲行，訪日的5月23日，對媒體問及若台灣發生與烏克蘭同樣狀況，美國是否會軍事介入時，拜登答說：「會」。他說：「這是我們做過的承諾。」6月1日臺美21世紀貿易倡議啟動；6月27日首次會議在華府舉行。

8月2日眾議院議長裴洛西（Nancy Pelosi）搭乘專機抵台，總統蔡英文3日接見並頒授「特種大綬卿雲勳章」。裴洛西是繼1997年眾院議長金瑞契（Newt Gingrich）後，25年來訪台層級最高的美國政要，也是自1971年8月眾院議長艾伯特（Carl Albert）到訪立法院後，睽違51年再度有美國眾議院議長造訪立院。裴洛西3日傍晚離台。共軍4日起在台灣周邊共6個海空域軍演射擊。★2023年7月美國聯邦眾議院通過「台灣國際團結法案」（Taiwan International Solidarity Act），明確指出聯合國大會第2758號決議，「並未處理台灣或其人民在聯合國或其他相關組織內的代表權問題」。11月13日美國總統拜登與中國國家主席習近平在舊金山APEC會議碰面，拜登會前重申助台自我防衛。11月底，俞大㵢出任我駐美代表。★2024年1月9日，美國眾議院議長強生首度會晤我駐美代表俞大㵢，彰顯美國會跨黨派挺台。2月22日，美眾院「中國問題特別委員會」主席蓋拉格率團訪台，展現對台支持。4月11日為台灣關係法45週年，美參眾兩院提決議重申對台承諾。5月19日，前白宮國家經濟會議總監狄斯率團慶祝總統賴清德就職。6月20日美宣布售台1011套彈簧刀300型及ALTIUS 600M-V等攻擊型無人機。7月9日，新任AIT台北辦事處處長谷立言就任，並於10日晉見賴總統，7月13日，美國總統大選之共和黨參選人川普遇襲輕傷，賴總統及外長林佳龍在社群關切，並致電AIT表達關心。

基本資料

地理位置：北美洲		面積：9,833,517平方公里	
人口：3億4,197萬人（2024.8）		網址：http://www.usa.gov/	
與臺北之時差：-16（西岸）、-13（東岸），（夏令時+1）			電話國碼：1
獨立日期：1776年7月4日（脫離英國）		國慶日：7月4日	
首都：華盛頓特區（Washington, D.C.）		語言：英語	
幣制：美元U.S. dollar, 1.00USD＝32.14TWD（2024.8）		宗教：基督教、天主教	

政治制度：國體：聯邦制，1789年實行憲法。政體：聯邦共和制，三權分立，立法權屬國會，行政權屬總統，司法權屬各級法院。內閣：總統掌行政權，由副總統同由各州人民選出與該州國會議員同數的總統選舉人（Presidential Electors）另加哥倫比亞特區的選舉人選出，任期4年，連選得連任一次。副總統為參議院主席。部長由總統提名經參議院同意後任命，向總統負責，不得兼任國會議員。國會（Congress）：分兩院；參議院（Senate）議員由每州選代表2人組成，共100人，任期6年，每2年改選1/3。眾議院（House of Representatives）議員435人，由各州依人口多寡選出，任期2年。2002年11月25日，小布希（George W. Bush）總統在白宮簽署成立國土安全部的法案，是美國聯邦政府部門50年來最大的重組。國土安全部整合22個部門，僱員近17萬，於2003年1月24日成立，是政府第15個內閣部門，也是聯邦政府最大的部門。2004年11月2日總統大選，小布希當選連任。2008年11月4日大選，民主黨候選人歐巴馬當選，2012年連任。2016年11月8日，

共和黨總統候選人川普以選舉人票56.9%得票擊敗對手希拉蕊·柯林頓當選。2020年11月3日總統大選，7日媒體報導民主黨候選人拜登贏得逾270張選舉人票，拜登同日發表勝選演說。總統川普在數州訴訟，不承認失敗。2021年1月20日拜登就職。2024年總統大選，川普捲土重來，民主黨陣前換將，由賀錦麗取代拜登，最終川普拿下312張選舉人票獲選總統。

政府首長：總統：拜登 Joe Biden；川普 Donald Trump於2025年1月20日就職
主要政黨：共和黨、民主黨。2018年11月6日國會選舉，改選眾議院435席、參議院35席及36州州長。民主黨在眾院拿下225席，超過半數，睽違8年，重新奪回眾院。參院共和黨51席確定過半，民主黨為46席。州長部分，共和黨共有25個州，民主黨執政州為22個。2020年11月3日國會選舉，民主黨在眾院取得221席，超過半數門檻，共和黨211席，3席從缺。參院共和黨與民主黨各50席。2022年11月8日期中選舉，共和黨取得眾議員多數，民主黨保住參院多數控制權。2024年11月5日國會選舉，共和黨取得參議院53席過半數席次；眾議院部分，截至11月14日，共和黨拿下過半席次的218席。
司法制度：採三級制，分為地方法院、上訴法院及最高法院，大法官由總統提名經參院同意而任命，為終身職。

經社概況
平均每人國內生產毛額：64,600美元（2022）	國內生產毛額：21兆5,380億美元（2022）

國內各業生產毛額結構：農業：0.9%　工業：19.1%　服務業：80%（2017）

通貨膨脹率：8%（2022）	失業率：3.65%（2022）
進口值：3兆9,700億美元（2022）	出口值：3兆180億美元（2022）

主要進口：汽車、原油、電腦、廣播設備、服裝。
主要出口：精煉石油、原油、汽車及汽車零部件、積體電路、天然氣。

人口出生率：12.2‰（2024）	人口死亡率：8.5‰（2024）

（一）自治領域

1.波多黎各自治領 Commonwealth of Puerto Rico

基本資料

網址：http://www.pr.gov/	人口：305.73萬人（2023.8）
面積：9,104平方公里	語言：西班牙語、英語

地理位置：位於加勒比海臨北大西洋處，多明尼加共和國東方的島嶼

首府：聖胡安（San Juan）	與臺北之時差：-12

政經概況

波多黎各於哥倫布1493年第二次航行至美洲後成為西班牙殖民地。西班牙殖民400年間，當地原住民族幾近滅絕。西班牙1898年美西戰爭戰敗後將其割予美國。波多黎各居民自1917年起享有美國公民身分，1948年起直接民選總督。1952年起實施自治。於1967年、1993年及1998年3次公投中，結果皆支持與美國維持現行關係。2012年11月6日舉辦無拘束力公投，61%選民支持波多黎各成為美國一州，33%維持現狀，5%獨立。2017年6月11日五度公投，逾97%選票支持成為美國第51州，但投票率僅23%。

2.關島自治領 Guam

基本資料

網址：http://www.guam.gov/	人口：16萬9,330人（2023.8）
面積：544平方公里	語言：英語、當地方言

地理位置：太平洋中，馬里亞納群島中的最大島嶼

首府：阿卡納，Hagatna（Agana）	與臺北之時差：+2

政經概況

1898年美西戰後被美國占領，1941年12月11日被日軍攻占，1944年7月21日美軍奪回關島，1947年由聯合國委託美國代管。1950年8月1日總統杜魯門簽署法案，准許關島設立自治政府，關島居民可成為美國

公民,但關島人不能參加美國大選。1972年關島選出首位美國眾議院代表。1970年11月首次選出關島總督。1997年9月10日,連戰副總統接見來訪的關島副總督鮑大流女士(Madeleine Z.Bordallo)。美軍軍事基地和觀光業是關島經濟兩大支柱,近年來吸收外來投資,發展工商業。關島議會15席,任期2年。2009年11月28日起,我國民眾入境關島享有免簽證待遇。2012年4月18日關島總督卡佛(Eddie Calvo)訪台4天,晉見總統馬英九,辦招商會。2018年8月1日,台灣舉辦南島民族論壇,關島總督卡佛與會。2020年10月10日,我駐關島辦事處揭牌,12日營運。2021年12月15日桃園與關島締結姊妹城市。

(二)非自治領域

1.美屬薩摩亞American Samoa

基本資料

網址:http://www.government.as/	人口:20萬7,501人(2023.8)
面積:224平方公里	語文:英語、當地方言
地理位置:南太平洋	
首府:巴哥巴哥(Pago Pago)	與臺北之時差:-19

政經概況

5個火山島和2個珊瑚礁組成,位於南太平洋,距離夏威夷以南2,600英里。1899年12月2日柏林條約規定美國對東經171度以東、格林威治以西的薩摩亞群島擁有管轄權。1900年至1904年間各島酋長陸續將領土交給美國管轄,1929年2月20日美國會立法接受對薩摩亞的領土主權,1951年7月1日起由內政部管轄。1960年4月27日制訂薩摩亞憲法。兩院制國會,眾議院21席議員直選,任期2年;參議院18席議員由各島酋長選出,任期4年。1981年美國國會同意薩摩亞選出一位代表出席眾院會議,但無投票權。主要產品:鮪魚罐頭、漁製品、手工藝品等。2022年5月28日與中國簽雙邊協議,承諾將「擴大合作」。

2.貝克、豪蘭及捷維斯群島Baker, Howland, and Jarvis Islands

1936年5月13日美國總統羅斯福將這些島嶼正式列入美國管轄之列。貝克島距離夏威夷約1,000公里,面積:只有1.4平方公里。豪蘭島在夏威夷東北約24公里處,面積:約1.6平方公里。捷維斯島只有4.5平方公里。1942年以來這些島嶼都沒有人居住。1974年這些島嶼由美國內政部管轄。

3.坎吞、恩得伯利Canton and Enderbury Islands

坎吞和恩得伯利島是鳳凰群島(Phoenix Group)中最大的兩個島嶼,位於夏威夷西南方1,000公里的太平洋中。18世紀美國捕鯨人發現這些島嶼,1939年4月6日英美簽約共管,第二次世界大戰後成為航空補給站,後來成為飛彈追蹤站。1979年9月20日英美與吉里巴斯(Republic of Kiribati,1979年7月12日獨立)簽訂友好條約,談判確定坎吞和恩得伯利兩島仍由英美共管。

4.京斯頓珊瑚礁Johnston Atoll

京斯頓珊瑚群包括4個珊瑚礁小島,位於夏威夷西南方約1,000公里處,散布區域約15公里長,面積:2.8平方公里。1807年這些礁群由京斯頓船長(Capt. Charles J. Johnston)發現。1858年由夏威夷統轄,隨後由美國占有。京斯頓島屬於海軍防衛區及太空追蹤站,不對外開放,由美國海軍部管轄,有數百名美軍官兵及民間工程人員。

5.京曼暗礁Kingman Reef

京曼暗礁是范寧船長(Capt.E.Fanning)在1798年發現的,位於夏威夷南方1,600公里處。1853年京曼船長(Capt.W.E.Kingman)再度發現此一暗礁。京曼珊礁只有東北角,東南角露出水面,長約16公里,寬約8公里,南北部分均為海水淹沒,露出水面面積:約1平方公里。京曼暗礁也屬於美國海防地區,不對外開放,所有船隻非經美國海軍部允許不得進入京曼暗礁5公里海域內。

6.中途島Midway Islands

網址:http://www.midwayisland.com/

中途島位在夏威夷西北西約1,800公里,1859年7月5日夏威夷船長布魯克(N.C.Brooks)駕駛小帆船發現此島。1867年列為美國領土,面積:5.2平方公里。中途島附近有2個小島,東南方的是東島(Eastern Island),在南邊的是沙島(Sand Island)。中途島由美國海軍部管轄,屬於美國海防地區。

7.美屬維爾京群島 U.S. Virgin Islands

基本資料
網址：http://www.gov.vi　　人口：10萬4,917人（2023.8）
面積：346平方公里　　地理位置：美洲加勒比海波多黎各東北97公里處
首府：查洛特阿曼利（Charlotte Amalie）　　與臺北之時差：-12

政經概況
維爾京群島由9個大島和75個小島組成，1493年由哥倫布發現。英國自1666年以來占領6個大島，其他3個大島（聖克羅斯、聖湯瑪斯、聖約翰）和50個小島則由丹麥占領並命名為丹屬西印度群島（Danish West Indies）。1917年美國以2,500萬美元向丹麥買到，改稱維爾京群島。1927年國會通過將美國公民權授給維爾京群島人民，1936年能讀寫英文的維爾京公民獲投票權。1970年維爾京群島首次普選出總督（Governor），美國眾院同意維爾京群島選出一名代表出席眾院會議，無投票權。參議院為一院制，共15席，議員由選民直選，任期2年。此地居民80%是黑人，主要產品有甜酒、寶石、手錶、磷酸鹽、石油產品等。觀光業發達，是維爾京群島的重要收入。維爾京群島總督史耐德於1997年5月首度訪問中華民國，11月6日再度抵華，訪華3天，推動維爾京群島與臺灣縣市結為姊妹縣市。

8.威克島 Wake Island

威克島位於中途島與關島之間，是由威爾基（Wilkes）、皮勒（Peale）和威克（Wake）3個珊瑚礁島組成的島群，面積：6.5平方公里，1568年西班牙航海家首先發現，1796年再由英國人發現，1899年由美國取得。1938年泛美航空公司曾在威克島設立航空站，1941年12月8日日軍進攻威克島，至12月23日完全占領，至1945年9月4日投降。1972年6月威克島改由美國空軍授權陸軍人員管理。

9.北馬里亞納群島 Commonwealth of the Northern Mariana Islands

基本資料
網址：http://gov.mp/　　人口：5萬1,118人（2024.8）
面積：464平方公里　　語文：英語、當地方言
地理位置：北太平洋，菲律賓之東，日本之南　　首府：塞班（Saipan）
宗教：基督教　　政治地位：自治聯邦　　與臺北之時差：+2

政經概況
北馬里亞納群島包括關島、羅塔（Rota）、塞班（Saipan）、提尼安（Tinian）等16個島嶼，最大島關島已成美國的自治領。1975年6月17日居民投票贊成加入美國聯邦。1976年3月24日北馬里亞納群島在福特總統簽署文件後，正式成為美國的自治聯邦，實施自治，而由美國提供國防與外交協助。1978年成立自治政府，總督由選民直接選舉，任期4年。北馬里亞納以觀光業、農漁業為經濟主體。主要農產品有椰乾、水果、蔬菜。1986年觀光客16萬餘人，80%來自日本，多屬甩甩性質。馬里亞納群島在1521年由麥哲倫（Ferdinand Magellan）發現，此後相繼被西班牙、德國和日本占有，第二次世界大戰時，美日兩國軍隊曾在塞班島發生激戰，傷亡慘重。2009年11月28日起，我國民眾入境北馬里亞納聯邦群島享有免簽證待遇。2022年8月22日馬里亞納觀光局首度在臺灣對大專觀光科系教師舉辦3場研習營。

烏拉圭共和國
ORIENTAL REPUBLIC OF URUGUAY

建國簡史

16世紀以前，烏境原屬勇敢善戰、強悍不馴之印第安民族之天下，1516年為西班牙探險家迪亞斯（Juan Diaz Ed Solis）所發現，但因無貴金屬礦而未受歐人重視，至1776年始被西班牙人吞併，歸屬西駐銀河總督轄區，1811年烏國父阿爾提格斯（Jose J. Artigas）領導革命，旋因葡人南侵，內部傾軋，阿氏逃亡巴拉圭（幽居30年後病逝），獨立運動由拉瓦耶哈（Juan Antonio Lavalleja）率領之33位義士繼續鼓吹倡導，終於1825年8月25日宣布獨立，定為國慶日。

與我關係

烏拉圭與我無邦交。★1992年7月我國在烏國首都蒙特維多設立「臺北經濟文化辦事處」，重新建立經貿交流管道。該處於2002年關閉。

基本資料

地理位置：南美洲東南部、瀕大西洋	面積：176,215 平方公里
人口：342.5萬人（2024.8）	網址：http://www.presidencia.gub.uy/
與臺北之時差：-11（夏令時-10）	電話國碼：598
獨立日期：1825年8月25日（脫離巴西）	國慶日：8月25日
首都：蒙特維多（Montevideo）	語言：西班牙語
幣制：烏拉圭披索Uruguayan peso, 1.00USD＝40.25UYU（2024.7）	宗教：天主教

政治制度：總統制共和國，三權分立。內閣：由各政黨聯合組閣，總統任命閣員。國會：參、眾兩院，眾議院議員99人，參議院議員30人，民選，任期5年。2014年10月26日總統大選，無人得票過半，11月30日第2輪投票，左派進步聯盟—廣大陣線的瓦茲蓋斯以56.53%得票率擊敗中間偏右白黨的拉卡耶（Luis Alberto Lacalle Pou），2015年3月1日就職。2019年10月27日總統與國會選舉，無人得票過半，11月24日第二輪決選，中間偏右白黨拉卡耶（Luis Lacalle Pou）以50.6%得票獲勝，2020年3月1日就任。預定2024年10月總統及國會大選。

政府首長：總統：拉卡耶 Luis Lacalle Pou

主要政黨：政黨林立，主要有：進步聯盟—廣大陣線（EP-FA）、紅黨（Partido Colorado）、白黨（Partido Blanco）。2014年10月26日國會選舉，參院：進步聯盟—廣大陣線15席，白黨10席，紅黨4席，獨立黨（Independent Party）1席。眾院：進步聯盟—廣大陣線50席，白黨32席，紅黨13席，獨立黨3席，人民大會（Popular Assembly）1席。2019年10月27日國會選舉，眾院：廣大陣線（FA）獲得42席，成為最大在野黨，白黨30席，紅黨13席、公開市政黨（Open Cabildo）11席，三黨聯合執政。

司法制度：司法權獨立，設有最高法院及行政訴訟法院，各有法官5人，任期10年，由總統提名並經參眾兩院聯席會議表決任命。

經社概況

平均每人國內生產毛額：24,400美元（2022）	國內生產毛額：836億700萬美元（2022）
國內各業生產毛額結構：農業：6.2%　工業：24.1%　服務業：69.7%（2017）	
通貨膨脹率：9.1%（2022）	失業率：7.87%（2022）
進口值：188億9,400萬美元（2022）	出口值：225億6,500萬美元（2022）
主要進口：原油、包裝藥品、汽車、廣播設備、肥料。	
主要出口：木漿、牛肉、大豆、濃縮牛奶、米。	
人口出生率：12.6‰（2024）	人口死亡率：9.1‰（2024）

委內瑞拉波利瓦共和國
BOLIVARIAN REPUBLIC OF VENEZUELA

建國簡史

1498年8月1日，哥倫布抵達委國東北海岸，其後西班牙人移民者日眾，並於1521年派兵至委建立古馬那城（Cumana）。1567年建卡拉卡斯城（Caracas），其後移民自沿岸逐步深入內地。委內瑞拉的獨立運動始於1797年。1811年7月5日米蘭達（Francisco Miranda）革命成功，宣布脫離西班牙獨立，同年12月頒布憲法。1812年被推為委國元首，後為西班牙王軍所俘，1816年病死獄中。1819年西蒙‧波利瓦（Simon Bolivar）擊潰西班牙王軍，建立大哥

倫比亞聯邦共和國，1830年委內瑞拉脫離聯邦，自建共和國。

與我關係

委內瑞拉與我無邦交。★1943年中華民國首任駐委公使李迪俊抵卡拉卡斯呈遞國書。1944年8月，我在卡拉卡斯設館，派代辦常駐。1966年7月1日，兩國宣布互將公使館升格為大使館。★1974年6月28日，委國承認中國並建交，29日我宣布與委國中止外交關係。斷交後在卡拉卡斯設立商務辦事處，1992年改名為「臺北經濟文化辦事處」，2009年6月關閉辦事處。★2022年世衛大會（WHA）期間，委國議員挺台參與WHA。

基本資料

地理位置：南美洲北部	面積：912,050平方公里
人口：3,125萬人（2024.7）	網址：http://gobiernoenlinea.gob.ve
與臺北之時差：-12	電話國碼：58
獨立日期：1811年7月5日（脫離西班牙）	國慶日：7月5日
首都：卡拉卡斯（Caracas）	語言：西班牙語
幣制：Bolivar, 1.00USD=3,656,130.00VEF（2024.7長年惡性通膨）貨幣面額從2021年10月1日起砍掉6個零，為13年來第3次刪零，總計2008年以來已砍掉14個零。	宗教：天主教

政治制度：1961年1月23日公布憲法，三權分立民主政府，採總統共和制。1999年12月通過新憲法，國名改為委內瑞拉波利瓦共和國，總統任期由5年改為6年，國會由兩院制改為一院制國民議會，設167席（另有3席原住民保障席次）。2020年國家選舉委員會宣布國民議會增至277席。2001年4月5日，最高法院宣布，查維斯總統（Hugo Chavez）任期至2007年1月10日，新憲法規定，查維斯可連任一次。2002年4月12日，在抗議民眾爆發流血衝突後，查維斯受軍方壓力下台。4月14日，在支持者擁護下，查維斯重任總統。2006年12月3日總統大選，查維斯連任。2007年12月2日修憲全民公投，以些微差距否決修憲。2009年2月15日通過「是否取消官員和議員連任次數」修憲公投，使查維斯仍可參選總統，並於2012年10月7日連任成功；因癌症復發至古巴治療，無法宣誓就職，由副總統馬杜洛代理。查維斯2013年2月回國，3月5日病逝。4月14日重新總統大選，馬杜洛以50.6%得票率當選，4月15日就職。2018年5月20日總統大選，反對派杯葛拉低投票率至46%，馬杜洛以68%得票率連任。部分國際社會不承認馬杜洛勝選，2019年1月10日起反對派領導人瓜伊多（Juan Guaido）與馬杜洛爭位，馬杜洛實際控制委內瑞拉政府，美國承認瓜伊多為臨時總統。美國川普政府國安顧問波頓（John Bolton）2022年7月接受美國有線電視新聞網（CNN）節目訪問時公開承認曾協助委內瑞拉發動政變。2024年7月29日總統大選，馬杜洛宣稱得票率51.2%連任總統，反對派及國際社會多所質疑。

政府首長：總統：馬杜洛 Nicolas Maduro Moros　臨時總統：瓜伊多 Juan Guaido（美英等50多國承認）

主要政黨：民主團結聯盟，民主行動黨，社會主義運動。2000年7月30日舉行總統、國會議員、23州州長及市長選舉，第五共和國運動候選人查維斯獲勝連任，8月19日宣誓就職，任期6年。國會選舉，查維斯領導的愛國聯盟獲76席，民主行動黨29席，社會主義運動21席。2005年12月4日舉行167席國會議員選舉，在反對黨杯葛退出選舉下，執政黨及友黨囊括國會全部席位。2010年9月26日國會選舉，165席中，親政府黨派取得98席，反對黨取得65席，無黨派人士2席。2015年12月6日國會選舉，167席中，反對黨共取得109席，親政府黨派取得55席。2020年12月國會選舉，執政黨獲253席。

司法制度：司法機關分地方法院、高等法院及最高法院。而最高法院法官共32名，任期12年，每3年改選1/3，由國會及總統提名，但均由國會票選。

經社概況

平均每人國內生產毛額：7,704美元（2018）	國內生產毛額：2,690億6,800萬美元（2018）
國內各業生產毛額結構：農業：4.7%　工業：40.4%　服務業：54.9%（2017）	
通貨膨脹率：146,101.7%（2019）	失業率：5.62%（2022）
進口值：184億3,200萬美元（2018）	出口值：834億100萬美元（2018）
主要進口：大豆油、大米、玉米、塑膠製品、小麥（2019）。	
主要出口：原油、精煉石油、工業酒精、鋁、鐵（2019）。	
人口出生率：16.7‰（2024）	人口死亡率：6.5‰（2024）

非洲 AFRICA

阿爾及利亞人民民主共和國
PEOPLE'S DEMOCRATIC REPUBLIC OF ALGERIA

建國簡史

1848年起阿爾及利亞成為法國殖民地，1954年民族運動興起。1958年5月，阿境法軍支持民眾叛離法國政府。1961年7月法阿談判，1962年2月達成協議，同年7月1日公民自決投票，3日公布結果贊成獨立，法總統戴高樂同日宣布承認其獨立。

1963年9月，阿國公民投票通過的憲法規定，阿爾及利亞為人民民主共和國，屬北非集團、阿拉伯世界及非洲國家一分子。1991年軍方為防止回教基本教義派取得政權，迫使首次國會選舉停止，軍方與回教基本教義派開長期流血鬥爭，社會動盪不安，嚴重影響經濟發展，政府軍至1990年代末期才取得上風。2011年初阿拉伯之春運動引發阿國國內民眾示威活動，迫使政府宣布多項改革措施，包含結束已施行19年的戒嚴狀態。

與我關係

阿爾及利亞與我無邦交。

基本資料

地理位置：北非、北濱地中海。	面積：2,381,740平方公里
人口：4,702萬人（2024）	網址：https://portail.mtpt.gov.dz/
與臺北之時差：-7	電話國碼：213
獨立日期：1962年7月5日（脫離法國）	國慶日：11月1日（Anniversary of the Revolution）

首都：阿爾及爾（Algiers）
語言：阿拉伯語、法語、柏柏語（Berber），1998年7月5日，政府宣布阿拉伯語為唯一的官方語言。
幣制：Algerian dinar, 1.00USD=134.65DZD（2024）　　宗教：伊斯蘭教

政治制度：總統制共和國。國會：兩院制國會，國民大會（National People's Assembly）及參議院（Council of the Nations）兩院。國民大會462席，人民直選，任期5年。參議院144席，1/3由總統提名，餘2/3由間接選舉，任期6年，憲法規定每3年重選半數參議員。內閣：總理由總統任命，閣員由總理任命。1976年11月憲法規定，民族解放陣線（FLN）為唯一政黨，有國家機構的權力。總統為元首、三軍統帥、政府首長。由FLN提名後經全民投票選出，任期5年。1989年3月頒新憲法，國家、政黨分離。1995年11月16日，舉行首次多黨自由選舉，澤魯爾（L. Zeroual）當選總統。1997年6月5日，國會大選，選出380席議員。澤魯爾的全民民主聯盟贏得155席，親政府的民族解放陣線64席，親政府黨派獲勝。1999年4月15日總統大選，獲軍方支持的包特夫里卡獲勝，當選第7任總統。包特夫里卡於2004年大選獲勝連任，並於2008年11月憲法修正案取消總統任期限制後，於2009年及2014年兩次改選中獲勝。2016年2月7日，國會投票以499對2的票數通過包特夫里卡總統兩任任期限制條款。2019年4月2日，82歲的包特夫里卡在失去軍方支持後辭職，9日上院議長班沙勒（Abdelkader Bensalah）代理總統。12月12日，在選民杯葛、投票率約4成下，前總理塔布納在5位曾在包特夫里卡手下任職或支持前總統的候選人中以58.1%得票率當選總統。2024年9月7日，塔布納以約95%得票率連任，但卻遭挑戰陣營則就企圖「灌票」問題予以譴責。

政府首長：總統：塔布納 Abdelmadjid Tebboune　　總理：拉爾巴奧 Nadir Larbaoui

主要政黨：民族解放陣線（FLN）、全國民主聯盟（RND）、民族改革運動（MRN）、爭取和平社會運動（MSP）。2017年5月4日國民大會改選，FLN164席，RND97席。2019年3月，總理歐亞希雅（Ahmed Ouyahia）在多日民眾示威後辭職，3月11日內政部長貝都伊任看守內閣總理。2019年12月28日，新任總統塔布納任命前外交官傑拉德（Abdelaziz Djerad）接任總理。2021年6月12日，國民大會改選，減為407席。6月30日，班奈布迪拉姆就任總理。2022年2月5日參議院部分改選，FLN 54席，RND 22席。

司法制度：設有最高司法委員會、最高法院、省級法院和市鄉法庭。

經社概況

平均每人國內生產毛額：11,200美元（2022）	國內生產毛額：5,028億美元（2022）
國內各業生產毛額結構：農業：13.3%　工業：39.3%　服務業：47.4%（2017）	
通貨膨脹率：9.27%（2022）	失業率：12.49%（2022）
進口值：466億1,700萬美元（2022）	出口值：690億5,800萬美元（2022）
主要進口：精煉石油、小麥、牛奶、汽車零組件。	主要出口：原油、天然氣、精煉石油、化肥、氨。
人口出生率：20.2‰（2024）	人口死亡率：4.4‰（2024）

安哥拉共和國
REPUBLIC OF ANGOLA

建國簡史

安哥拉原為葡萄牙的屬地，二次世界大戰後，當地反抗殖民主義的風潮風起雲湧，反抗行動逐漸演變成有組織的民族主義陣線，主要的民族運動組織計有1956年成立的安解MPLA，1962年成立的安陣線FNLA及1966年成立的安盟UNITA。

1974年葡萄牙發生軍事政變，Spinola將軍上台，主張放棄葡屬非洲領土，1975年元月葡政府與三組織簽訂Alvor協定，同意安哥拉於同年11月11日正式獨立，在未獨立以前由三組織成立聯合過渡政府。不料協定墨瀋未乾，三組織間的武裝衝突已起。MPLA在蘇聯及古巴支持下，擊敗由南非支持之FNLA及UNITA組織獲得政權，成立安哥拉政府，此後FNLA組織武力逐漸消散，UNITA組織退守安國東南角，繼續向政府武裝鬥爭。雙方雖曾一度停戰並於1992年9月舉行大選，但選舉結果不為UNITA接受，內戰再起。

1993年11月起，雙方在聯合國調停下於尚比亞路沙卡展開和平會談。1997年4月11日，安哥拉官員與前安哥拉獨立聯盟叛軍同意成立全國和解政府。2002年2月22日，安哥拉政府宣布，UNITA的叛軍領袖薩文比在政府清剿行動中被射殺。3月30日，安哥拉政府與安哥拉獨立聯盟的叛軍在首都魯安達簽署停火協定，結束長達27年的內戰。

與我關係

安哥拉與我無邦交。★1992年3月14日我與安哥拉簽署協議，並於同年9月在安京魯安達設立駐安哥拉代表處；該處於2000年8月30日裁撤。

基本資料

地理位置：西南非海岸	面積：1,246,700平方公里
人口：3,720萬人（2024）	網址：https://www.governo.gov.ao/
與臺北之時差：-7	電話國碼：244
獨立日期：1975年11月11日（脫離葡萄牙）	國慶日：11月11日
首都：魯安達（Luanda）	語言：葡萄牙語
幣制：Kwanza, 1.00USD=864.70AOA（2024）	宗教：天主教、基督教。

政治制度：總統制共和國。總統由國會選舉獲勝黨或聯盟之候選人擔任，立法權屬於國民大會，行政權屬於總統，司法權屬於各級法院。內閣：由總統任命。國會：國民大會（National Assembly）220席，任期5年。首任總統為安解MPLA黨籍之倪托（Agostinho Neto）。1979年9月倪托病逝，桑托斯繼任，後於2012年8月31日國會選舉連任。2017年8月23日國會改選，新國會選舉勞倫科（Joao Lourenco）為總統。2022年8月24日國會大選，不到一半的登記選民參與。連續執政近50年的安哥拉解放人民組織（MPLA）獲51%選票繼續執政，勞倫科連任；長年在野黨安盟（UNITA）得票率44.5%，主張計票有明顯差距，拒接受開票結果。

政府首長：總統：勞倫科 Joao Lourenco

主要政黨：安哥拉解放人民組織（安解；People's Movement for the Liberation of Angola, MPLA）、安哥拉獨立聯盟（安盟；National Union for the Total Independence of Angola, UNITA）、安哥拉民族解放陣線（FNLA）、社會革新黨（PRS）、安哥拉廣泛救助同盟（CASA-CE）。2022年8月24日國會大選，安解獲150席，安盟獲51席，CASA-CE獲16席，PRS獲2席，FNLA獲1席。

司法制度：以葡萄牙民法及習慣法為基礎，設有最高法院及各省法院。

經社概況

平均每人國內生產毛額：5,900美元（2022）	國內生產毛額：2,101億9,300萬美元（2022）
國內各業生產毛額結構：農業：10.2%　工業：61.4%　服務業：28.4%（2011）	
通貨膨脹率：25.75%（2021）	失業率：14.48%（2022）
進口值：285億6,400萬美元（2022）	出口值：501億美元（2022）
主要進口：精煉石油、廢船、肉類、米、棕櫚油（2019）	
主要出口：原油、鑽石、天然氣、精煉石油、船舶（2019）	
人口出生率：41.1‰（2024）	人口死亡率：7.6‰（2024）

貝南共和國
REPUBLIC OF BENIN

建國簡史

因地形及部族因素，原名達荷美王國（Dahomey）的貝南在獨立前即分為西南、東南、北部三大派系，相互傾軋。1960年獨立建國後紛爭愈烈，首任總統Mage於1963年欲藉軍方力量彈壓反對派，反遭罷黜。軍方還政文人後至1972年止，先後發生5次政變，政權6度易手，而1970年所設由三地區領袖每2年輪任總統的制度，是各類妥協方法試用後的不得已對策，亦未收效。1972年10月26日柯瑞格（Kerekou）中校發動政變，採用馬列主義，1975年12月1日改國號為貝南人民共和國，實行軍事集權。1989年12月7日因經濟瀕臨崩潰，宣布放棄馬列主義，改採經濟自由主義。1990年3月1日再改國號為貝南共和國。

與我關係

貝南與我無邦交。★1962年1月18日貝南與中華民國建交，1965年4月8日斷交。1966年4月21日復交，又於1973年1月19日斷交。同年1月10日與中國復交。

基本資料

地理位置：西非洲、濱南大西洋。	面積：112,622平方公里
人口：1,469萬人（2024）	網址：http://www.gouv.bj/
與臺北之時差：-7	電話國碼：229
獨立日期：1960年8月1日（脫離法國）	國慶日：8月1日
首都：新港（Porto Novo）	語言：法語
幣制：West African franc, 1.00USD=610.44XOF（2024）	
宗教：天主教、伊斯蘭教、基督教、伏都教（Vodoun）。	

政治制度：國體：共和國。政體：總統制。國會：一院制國會有83席，任期自2023年改為5年，依比例代表制選出。1975年12月1日改國號為貝南人民共和國時，成立貝南人民革命黨（PRPB, Parti de la Revolution Populaire du Benin），實行一黨專政。立法權由13人組成的共和國最高委員會（Haut Conseil de la Republique）掌理（過渡性質至1991年1月27日）。1991年3月總統大選，索格洛當選總統，任期5年。1996年3月18日總統大選，前軍事強人柯瑞格獲52.49%選票，再度出任總統。1998年5月14日柯瑞格重組政府，廢除憲法未規定之總理一職，並提名13位新政府閣員，反對勢力被大幅排除。2001年3月

22日第二輪總統大選，柯瑞格擊敗對手，連任5年。2006年3月19日總統大選，無黨籍的波尼（Thomas Yayi Boni）當選，得票率74.5%，2011年3月13日以53.1%得票率連任。2016年3月20日塔羅於第二輪票選以65%得票率當選。2021年4月總統大選，塔羅以86%得票率連任。

政府首長	總統：塔羅 Patrice Talon
主要政黨	貝南新興黨（FCBE, 2007年1月由波尼總統支持者成立）。2015年國會大選，貝南新興黨獲33席，Union Makes the Nation黨13席，民主革新黨（PRD）10席。2019年國會大選，政黨聯盟Union Progressiste獲47席，另一個聯盟Bloc Repuclicain獲36席。2023年1月國會大選，進步復興聯盟53席，共和黨聯盟28席，民主黨28席。
司法制度	設有憲法法院、最高法院、高等法院。
經社概況	
平均每人國內生產毛額：3,400美元（2022）	國內生產毛額：458億6,900萬美元（2022）
國內各業生產毛額結構：農業：26.1%　工業：22.8%　服務業：51.1%（2017）	
通貨膨脹率：1.35%（2022）	失業率：1.48%（2022）
進口值：49億2,500萬美元（2021）	出口值：41億美元（2021）
主要進口：米、汽車、棕櫚油、電力、棉。	主要出口：棉、精煉石油、黃金、腰果、銅。
人口出生率：40.3‰（2024）	人口死亡率：7.6‰（2024）

波札那共和國
REPUBLIC OF BOTSWANA

建國簡史

波札那之札那（Tswana）族共有8個主要部落，約於11世紀起定居於水源充沛、土壤肥沃之南非杜省（Transvaal）西南部一帶，從事農耕活動。19世紀初始發展定居於現今之波札那，當時波札那為英國向非洲內陸發展之要衝。1885年9月30日英國宣布波札那為其保護國。1948年因南非與英國對非洲之立場不一，英國轉而支持波札那獨立，1963年7月1日舉行波札那制憲會議，先成立自治政府，1966年9月30日宣布獨立。

與我關係

波札那與我無邦交。★1966年12月30日波札那與中華民國建交，1974年3月25日波札那承認中國，4月5日與我斷交。

基本資料	
地理位置：南部非洲內陸	面積：581,730平方公里
人口：245萬人（2024）	網址：http://www.gov.bw/
與臺北之時差：-6	電話國碼：267
獨立日期：1966年9月30日（脫離英國）	國慶日：9月30日
首都：嘉伯隆里（Gaborone）	語言：英語、Setswana語。
幣制：Pula, 1.00USD＝13.54BWP（2024）	宗教：基督教

政治制度：國體：共和國。政體：議會共和制。根據憲法，總統由國會選舉產生。內閣：由總統、副總統及10位部長組成，對國會負責。國會：稱為國民大會（National Assembly），共63席，其中57席民選，議員任期5年。另設酋長會議（House of Chiefs），有35名成員，為部落事務的諮詢機構。1997年修改憲法，規定總統的任期最多兩屆，每屆5年。新憲法規定成立獨立的選舉委員會，負責辦理大選。1998年3月1日，總統馬錫瑞宣布退出政壇，副總統兼財政部長莫哈埃於4月1日宣誓繼任總統，直到1999年大選。

1999年及2004年兩屆總統選舉皆由莫哈埃勝出。2008年4月1日莫哈埃於在位10年後退位,由副總統哈瑪(Ian Khama)繼任。2009年10月20日選舉總統,哈瑪當選,並於2014年10月24日連任成功。2018年4月1日,哈瑪於就任10年後宣布退位,由副總統馬西西接任總統。2019年10月25日,馬西西在執政黨贏得國會選舉後,續任總統。

政府首長:總統:波柯 Duma Boko

主要政黨:波札那民主黨(BDP)、波札那獨立黨(BIP)、波札那自由黨(BLP)、波札那民族陣線(BNF)、波札那人民黨(BPP)及波札那進步聯盟(BPU)等小黨。2014年10月24日舉行國民大會選舉,執政黨波札那民主黨贏得國會57席中的37席,剩餘席次由其他各政黨獲得。2019年10月23日國會大選,波札那民主黨獲得國會57席中的38席,剩餘席次由其他各政黨獲得。2024年10月大選,執政黨掌握58年一夕變天,輸掉國會多數,馬西西承認敗選,在野黨聯盟「民主變革之傘」的人權律師波柯(Duma Boko)將成為下一任總統。

司法制度:在洛巴集(Lobatse)設一高等法院,以首席大法官掌理全國司法審理工作。在每一行政區設有地方法院,另設一上訴法院。

經社概況

平均每人國內生產毛額:15,500美元(2022)	國內生產毛額:408億1,900萬美元(2022)
國內各業生產毛額結構:農業:1.8%　工業:27.5%　服務業:70.6%(2017)	
通貨膨脹率:11.67%(2022)	失業率:23.62%(2022)
進口值:87億美元(2022)	出口值:89億美元(2022)
主要進口:鑽石、精煉石油、汽車、貨車、電力。	
主要出口:鑽石、絕緣電線、黃金、牛肉、碳酸鹽。	
人口出生率:19.6‰(2024)	人口死亡率:8.9‰(2024)

布吉納法索
BURKINA FASO

建國簡史

布吉納法索原稱上伏塔(Upper Volta),係西非歷史重要之摩西(Mossi)王朝發源地,自1919年淪為法國殖民地,1932年被劃分為三,分別併入法屬之象牙海岸、尼日及馬利,1947年法國國會考慮西非各獨立運動過於左傾,立法恢復上伏塔以削弱其勢力。自1947年9月4日起為法屬上伏塔領地,1959年5月上伏塔政府成立,首任總統為亞梅歐果(Yameogo)。

1960年8月5日上伏塔共和國獨立。1966年拉米薩上校接受示威者請求掌理國政。1974年至1983年間發生多次政變,後由桑卡拉(Sankara)上尉執政。1984年8月4日國名改為布吉納法索,意為「正人君子之國」。龔保雷(Blaise Compaore)於1987年10月15日推翻桑氏取得政權,宣布以人民陣線(Front Populaire)取代全國革命會議(Conseil National de la Revolution)為新權力中心。1990年3月10日,布國宣布放棄馬列主義,6月2日新憲獲公民複決通過,組成過渡政府。同年12月舉行總統大選,龔保雷為唯一候選人並當選。1992年5月24日國會選舉,龔氏之政黨大獲全勝,取得107席中78席。2014年10月,龔保雷在提案修憲延長總統任期引發民眾示威、軍方接管政府後,宣布辭職,結束其27年的統治。2024年1月退出西非經濟共同體(ECOWAS)。

與我關係

與我無邦交。★1961年12月14日上伏塔與中華民國建交。1973年9月15日上伏塔與中國建交,同年10月23日我與上伏塔斷交。1994年2月2日,已改國名的布吉納法索再度與我建交。2018年5月24日,布吉納法索宣布與我斷交,外交部長吳釗燮宣布與布國斷交。26日布國外長在北京與中國復交。★1994年7月18日,布國龔保雷總統於訪台時表示,布國支持中華民國加入聯合國。★1996年6月6日行政院通過與布國有關相

互免費提供使館館舍議定案，雙方同意以互惠方式，分別在兩國首都提供對方使館館舍。★2000年8月21日，陳水扁總統訪問布國3天。龔保雷總統頒贈陳總統象徵布國最高榮譽的大十字國家勳章。★2001年3月15日，龔保雷總統率團訪台6天，這是他第4次訪台。★2003年11月17日至19日，中華民國與布吉納法索政府間合作混合委員會在布國瓦加杜古舉行，外交部常次杜筑生率團參加。★2005年3月布國國會議長卡波雷訪台。12月司法院長翁岳生以總統特使率團赴布國參加龔保雷總統連任就職大典。★2006年11月19日龔保雷總統率團訪台5天。★2010年12月20日行政院長吳敦義出席布國總統龔保雷就職典禮。★2011年10月10日龔保雷總統來台參加中華民國建國一百年延慶活動。★2012年4月7日馬英九總統訪問非洲友邦，次日抵達首站布吉納法索，兩國元首會談，簽署聯合公報，雙方重申致力深化合作，確保兩國人民和諧與進步。5月20日布國總理狄奧（B.L.A. Tiao）率團參加總統馬英九就職典禮。★2014年1月25日馬總統結束訪問聖多美普林西比，抵達布國訪問5小時並會晤龔保雷總統。★2015年2月10日外長林永樂率團訪問布國。5月6日布國過渡委員會主席席爾（Chériff Sy）率團訪台。6月22日至26日布國過渡政府總理兼防長席達率團訪台。12月考試院長伍錦霖以總統特使率團赴布國，參加總統卡波爾就職典禮。★2016年1月我國開放布吉納法索等27國申請電子簽證。5月20日布國總理齊耶鈜出席蔡英文總統就職典禮。6月10日布國國家調解使陶蕾（A.D. Traore）一行4人訪台，並簽署「中華民國監察院與布吉納法索國家調解使公署合作協定」；布國國家調解使公署成立於1994年，功能與我監察院相似，兩單位皆為國際監察組織（International Ombudsman Institute）會員。同月24日立法院長蘇嘉全接見布國會議長狄亞羅（S.E.M.Salif Diallo）。7月立法院成立台灣與非洲國會議員聯誼會。★2017年1月9日至13日布國衛生部長魏瑪勒（S. Ouedraogo）一行5人訪台，行程包括台中童綜合醫院與埔里基督教醫院。6月19日至23日布國會友台小組主席莫賽（A. Mosse）一行8人訪台。

基本資料

地理位置：西非內陸	面積：274,200平方公里
人口：2,304萬人（2024）	網址：http://www.gouvernement.gov.bf
與臺北之時差：-8	電話國碼：226
獨立日期：1960年8月5日（脫離法國）	國慶日：12月11日
首都：瓦加杜古（Ouagadougou）	語言：法語
幣制：West African franc, 1.00USD=610.44XOF（2024）	宗教：伊斯蘭教、天主教、傳統信仰、基督教

政治制度：總統制共和國。依2015年修憲，總統直選，任期5年，得連任一次。單一國會制，127席依政黨比例代表制選出，任期5年。1987年上台的總統龔保雷2014年計畫修憲延長任期時引發人民示威，在軍方施壓下辭職。軍方擁中校席達（Isaac Zida）為臨時總統，但席達在還政於民壓力下把政權交給文人總統。11月前外交部長卡芳多（Michel Kafando）被任命為過渡政府總統兼外交部長，席達為總理兼國防部長。2015年9月16日總統府衛隊發動政變扣留卡芳多、席達及2位部長。談判後，政變領袖與軍隊簽署協議，終結政變；9月23日，卡芳多重掌政權；11月29日總統和國會大選，1990年代曾任總理的卡波雷贏得總統大選。2020年11月總統大選，卡波雷連任。2022年1月24日軍事強人、中校達米巴（Paul-Henri Sandaogo Damiba）領導軍事政變推翻民選總統卡波雷（Roch Marc Kabore），憲法委員會決定由達米巴擔任總統、國家元首及武裝部隊最高司令，2月16日宣誓就任總統。同年爆發第2次政變，9月30日，34歲的新軍事強人、陸軍上尉卓爾（Ibrahim Traore）推翻達米巴；在宗教和部落領袖調解後，10月2日卓爾接受達米巴提出的有條件請辭，達米巴逃到多哥共和國。10月5日卓爾獲任命成為國家元首、武裝部隊最高統帥。2024年5月通過新黨規，過渡時期延長5年。

政府首長：過渡總統：卓爾 Ibrahim Traore　過渡總理：坦貝拉 Appolinaire Joachim Kyelem de Tambela

主要政黨：2015年國會改選，卡波雷於龔保雷下台前共同創立的人民進步運動黨（MPP）獲55席；進步暨改變聯盟（UPC）33席，為最大在野黨；龔保雷時的執政黨民主暨進步議會（CDP）18席。由於未取得國會過半數席次，MPP與小黨結盟組成聯合內閣。2016年1月7日經濟學家齊耶鈜（P. K. Thieba）出任總理，2019年1月辭職，1月24日達比雷接任總理。2020年11月國會大選，MPP獲56席，CDP獲20席。軍政府提議2024年12月憲法公投，2025年2月國會和總統大選。

司法制度：最高司法機關依管轄案件類別分為最高法院、憲法法院、行政法院和審計法院。

經社概況

平均每人國內生產毛額：2,200美元（2022）	國內生產毛額：489億4,900萬美元（2022）
國內各業生產毛額結構：農業：31%　工業：23.9%　服務業：44.9%（2017）	
通貨膨脹率：14.29%（2022）	失業率：5.07%（2022）
進口值：58億3,500萬美元（2021）	出口值：62億3,400萬美元（2021）
主要進口：精煉石油、貨車、藥品、電力、飛機。	主要出口：黃金、棉、鋅、腰果、芝麻。
人口出生率：31.9‰（2024）	人口死亡率：7.3‰（2024）

蒲隆地共和國
REPUBLIC OF BURUNDI

建國簡史

17世紀以前，圖西族曾在蒲隆地建立封建王國，1890年成為德國的東非領土，第一次世界大戰後由國際聯盟委託比利時管理，第二次世界大戰後聯合國將其置於託管制度下，仍由比利時管理。1961年獲得自治，1962年7月1日蒲隆地獨立為君主立憲國。1966年11月發生政變，推翻王室，改制共和。首任民選總統恩達戴在1993年10月的政變中遇刺身亡後，蒲隆地陷入胡圖族與圖西族的長期暴力衝突中。2001年7月，雙方簽署協議，組成過渡政府。

與我關係

蒲隆地與我無邦交。

基本資料

地理位置：非洲中部的內陸國	面積：27,830平方公里
人口：1,359萬人（2024）	網址：https://www.presidence.gov.bi/
與臺北之時差：-6	電話國碼：257
獨立日期：1962年7月1日	國慶日：7月1日
首都：吉特加（Gitega）	語言：Kirundi語、法語。
幣制：Burundian franc, 1.00USD=2,871.74BIF（2024）	宗教：天主教、基督教、伊斯蘭教。

政治制度：總統共和制，蒲隆地獨立之初採君主立憲議會政體，以Nwambutsa四世為國王，1966年7月被其子查理推翻，同年11月首相Mibel Micombero發動政變推翻君主政體，改建共和自任總統。1976年11月巴加薩（J. B. Bagaza）政變，自任總統。1981年11月18日經由公民複決通過蒲隆地共和國新憲法。規定國家進步黨（Union pour le Progres National）為唯一合法政黨，總統任期5年，由人民直接選舉，唯一候選人由執政黨提名。國會為兩院制，分國民大會（Assemblee Nationale）及參議院（Senate）。國民大會最少100席，由人民直選，60%胡圖族，40%為圖西族。參議院共54席，兩院議員任期皆為5年。1984年8月31日，巴加薩經由人民直接選舉，當選總統。1987年9月3日，布約亞少校發動軍事政變。1991年2月15日公民投票通過布約所訂Uprona之國家統一憲章，布約亞於3月21日設立憲法委員會研究恢復憲政起草新憲，並於1992年3月前舉行公民投票。1993年6月首次民主的總統大選，思達戴當選，旋於政變中遇害，繼任者思達亞米哈亦死於空難，由國會議長暫代總統職務。1996年7月25日蒲隆地軍方宣布發動「和平政變」，布約亞少校宣布再度成為國家元首。布約亞於1996年9月27日宣誓就職。2000年8月28日，蒲隆地和平協議在坦尚尼亞阿魯夏簽署，但內戰中若干重要派系並未參與。2001年7月11日，蒲隆地19個政治組織在南非普勒托利亞達成協議，同意組成過渡時期政府。在3年的過渡政府時期，蒲隆地總統分為兩個任期，前18個月由圖西族總統布約亞繼續擔任，胡圖族的恩達伊齊耶（D. Ndayizeye）任副總統，後18個月對調。2001年11月1日，由多部族聯合執政的過渡政府成立。2003年4月30日，恩達伊齊耶宣誓就任總統。2004年10月15日，非洲各國領袖

在肯亞奈洛比舉行高峰會,將蒲隆地應於11月1日卸任之臨時政府的任期延長,選舉也告延後。2005年6月蒲國舉行內戰後首次國會選舉;8月由國會間接選舉總統,國家民主保衛委員會黨主席恩庫倫齊薩(Pierre Nkurunziza)當選總統,臨時政府結束。2010年6月,總統由全民直選,恩庫倫齊薩以91.6%得票率當選連任。2015年4月25日,恩庫倫齊薩宣布尋求再連任,各地傳出暴動。5月14日,軍方將領趁恩庫倫齊薩出訪鄰國時發動政變失敗。由於國內局勢混亂,原定於6月5日的國會及總統大選均延後。7月21日,恩庫倫齊薩以69.41%得票率於總統選舉中獲勝,連任成功。2020年5月,代表執政黨的前軍事將領恩達依希密耶以71.5%得票率贏得總統大選。預定2025年5月總統大選。

政府首長	總統:恩達依希密耶 Evariste Ndayishimiye
主要政黨	2005年6月蒲隆地舉行內戰後首次國會選舉,由國家民主保衛委員會(CNDD-FDD)獲過半席次。該黨於2010年7月23日國會選舉中贏得81席。2015年6月29日,國會改選,執政黨國家民主保衛委員會獲77席,Burundian's Hope Independent聯盟獲21席,剩餘席次由其他各黨獲得。2020年5月,國家民主保衛委員會在國會選舉於國民大會中獲得86席,全國自由大會(National Congress for Liberty ,CNL)32席。本屆總統、國會選舉雖經憲法法院認可,但一如往年,國內外仍對其公正性有所質疑。
司法制度	設有最高法院、憲法法院、上訴法院、商業法庭、勞工法庭及省級法院。

經社概況

平均每人國內生產毛額:700美元(2022)	國內生產毛額:91億2,800萬美元(2022)
國內各業生產毛額結構:農業:39.5% 工業:16.4% 服務業:44.2%(2017)	
通貨膨脹率:18.8%(2022)	失業率:0.91%(2022)
進口值:9億美元(2018)	出口值:2億8,500萬美元(2018)
主要進口:精煉石油、藥品、水泥、原糖、汽車。	主要出口:黃金、咖啡、茶、金屬原礦、小麥粉。
人口出生率:34.6‰(2024)	人口死亡率:5.7‰(2024)

喀麥隆共和國
REPUBLIC OF CAMEROON

建國簡史

喀麥隆原屬德國在西非的殖民地。一次大戰後,凡爾賽和約將其委託英法統治。二次大戰後,聯合國亦將該地交英法託管,英管西喀、法管東喀。1960年1月1日法屬東喀宣布獨立,並獲聯合國及法國支持,成為聯合國託管下第一個獨立的非洲國家,成為聯合國會員國,並定名為「喀麥隆共和國」。1961年英管西喀舉行公民投票,結果西喀南部贊成與喀麥隆共和國合併,遂於同年10月1日共組「喀麥隆聯邦共和國」。1984年元月改國名為「喀麥隆共和國」(西喀北部則與奈及利亞合併)。

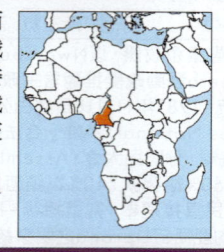

與我關係

喀麥隆與我無邦交。★1960年2月19日喀麥隆與中華民國建交。1971年3月26日喀麥隆與中國建交,4月3日我國宣布與喀麥隆中止外交關係。

基本資料

地理位置:中非洲、西臨大西洋。	面積:475,440平方公里
人口:3,096萬人(2024)	網址:https://www.prc.cm/
與臺北之時差:-7	電話國碼:237
獨立日期:1960年1月1日	國慶日:5月20日
首都:雅恩德(Yaounde)	語言:法語、英語。
幣制:Central African franc, 1.00USD=610.44XAF(2024)	宗教:天主教、基督教、伊斯蘭教。

政治制度：喀麥隆原為聯邦共和國（Federal RC），1972年5月21日公民複決投票通過改為聯合共和國（United Republic），同年7月24日生效。憲法於1972年6月2日公布施行，並於1975、1979、1984、1988、1991、1993與1995年7次修改。總統制，總統經全民選舉產生，任期7年，為國家元首兼三軍統帥。2013年參議院成立，國會成為兩院制，議員任期皆5年；國民議會（National Assembly）議員180人由普選產生，參議院（Senate）100席，其中70席民選（7區，每區10名），30席為總統任命。1990年12月立法許可成立新黨。畢亞於1982年接任總統後，1997、2004、2011及2018年總統大選獲連任。

政府首長：總統：畢亞 Paul Biya　　總理：恩古特 Joseph Dion Ngute

主要政黨：喀麥隆人民民主運動黨（CPDM）、社會民主陣線（SDF）。2013年參院選舉，CPDM獲56席，SDF14席；9月國民議會選舉，CPDM獲148席，SDF18席。2018年參院改選，CPDM獲63席，SDF獲7席。在任最長的總理楊（Philemon Yang）2019年1月卸任，恩古特接任。2020年2月9日國民議會改選（現任總統延長任期），CPDM獲139席，民主暨進步國家聯盟（UNDP）7席，SDF獲5席。憲法法院令英語地區國民議會部分重選，日期待定。參院2023年改選，執政黨贏得全部70席次。

司法制度：設有最高法院、上訴法院及其他各級法院。

經社概況

平均每人國內生產毛額：3,700美元（2022）	國內生產毛額：1,039億4,100萬美元（2022）
國內各業生產毛額結構：農業：16.7%　　工業：26.5%　　服務業：56.8%（2017）	
通貨膨脹率：6.25%（2022）	失業率：3.78%（2022）
進口值：97億5,900萬美元（2022）	出口值：86億4,100萬美元（2022）
主要進口：原油、廢船、米、特殊用途船、藥品。	主要出口：原油、可可豆、木材、黃金、天然氣、香蕉。
人口出生率：34.7‰（2024）	人口死亡率：7.4‰（2024）

維德角共和國
REPUBLIC OF CABO VERDE

建國簡史

維德角人口大都係黑白混血，葡萄牙基於血緣，對該國人民福利頗為關切。早年該國人民安於現狀，主張獨立者渡海前往幾內亞比索，1956年組織PAIGC黨。經過10年苦戰，葡國終於允許各殖民地獨立。

維德角獨立後即與幾內亞比索討論合併事宜。此一計畫因幾內亞比索於1980年發生政變告終，維德角將執政黨全名中之幾內亞比索國名去除，成為維德角非洲獨立黨（PAICV）。

與我關係

維德角與我無邦交。★2014年5月19日，中華民國外交部宣布維德角給予我國國民落地簽證待遇。

基本資料

地理位置：西非外海（距塞內加爾400公里）	面積：4,033平方公里
人口：61萬人（2024）	網址：http://www.governo.cv/
與臺北之時差：-9　　電話國碼：238	
獨立日期：1975年7月5日（脫離葡萄牙）	國慶日：7月5日
首都：普拉伊亞（Praia）	語言：葡萄牙語
幣制：Escudo, 1.00USD=102.64CVE（2024）	宗教：天主教

政治制度：議會共和制。全國人民大會（National People's Assembly）是最高權力機構，由全國人民投票選出72名代表組成，任期5年。總統由全國人民大會選出，任期5年，為國家元首。總理由全國人大提名，

並經總統任命,總理向大會負責。2011年8月總統選舉,民主運動黨候選人方塞卡以53.4%得票率當選。2016年10月2日總統選舉,方塞卡以74%得票率連任。2021年10月17日總統選舉,維德角非洲獨立黨候選人前總理尼佛斯以51.5%得票率當選。

政府首長	:總統:尼佛斯 Jose Maria Neves　　總理:柯瑞亞 Ulisses Correia e Silva
主要政黨	:維德角非洲獨立黨(PAICV),民主運動黨(MPD)。2016年3月國會改選,民主運動黨贏得40席過半數,黨魁柯瑞亞受命組閣,4月22日任總理,15年來執政的維德角非洲獨立黨29席。2021年4月18日國會選舉,民主運動黨獲38席,維德角非洲獨立黨30席;女性共28席,占37.5%。
司法制度	:設有最高法院、地區法院及分區法院。
經社概況	
平均每人國內生產毛額:7,400美元(2022)	國內生產毛額:43億7,700萬美元(2022)
國內各業生產毛額結構:農業:8.9%　工業:17.5%　服務業:73.7%(2017)	
通貨膨脹率:7.93%(2022)	失業率:12.44%(2022)
進口值:13億100萬美元(2022)	出口值:8億5,500萬美元(2022)
主要進口:精煉石油、貨車、煤焦油、汽車、米。	主要出口:魚貨、軟體動物、成衣、廢鐵。
人口出生率:17.9‰(2024)	人口死亡率:5.7‰(2024)

中非共和國
CENTRAL AFRICAN REPUBLIC

建國簡史

9至16世紀時曾建立部落王國,1891年淪為法國殖民地,1901年成為法屬非洲殖民地。1906年與查德聯合組成烏班基與夏里河流域(Oubangui-Chari)組織,1910年與加彭及剛果合稱法屬赤道非洲。第二次世界大戰後,中非「黑色非洲社會進化運動」創始人波甘達(Barthelemy Boganda)領導中非人民爭取獨立,1958年12月1日成立自治共和國。1959年2月頒布憲法,1960年8月13日正式宣告獨立。1976年12月成立中非帝國,1979年9月廢除帝制恢復共和。2013年3月政變、12月武裝攻擊事件,之後數年國家動盪,全國大部分區域籠罩在恐怖主義威脅下,基督教及回教衝突不斷。

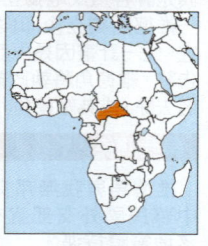

與我關係

中非與我無邦交。★1962年4月13日中非與中華民國建交,1964年9月29日與中國建交後,同年11月5日與我國斷交。1966年1月6日中非與中共斷交,1968年5月6日與我國復交。1976年8月20日中非與中共復交,我國於8月23日與中非斷交。1991年7月8日中非與我復交,同日中共宣布與中非斷交。★1997年6月26日,行政院通過我與中非共和國農業技術合作協定。★1998年1月29日,中非與中共復交,外交部宣布中止和中非的外交關係。★我國營的中國輸出入銀行2015年12月在美國地方法院提告中非共和國積欠貸款未還,求償1億5,490萬美元官司,2017年1月法院判決勝訴。

基本資料	
地理位置:非洲中部	面積:622,984平方公里
人口:565萬人(2024)	網址:http://presidence.govcf.org/
與臺北之時差:-7	電話國碼:236
獨立日期:1960年8月13日(脫離法國)	國慶日:12月1日
首都:班基(Bangui)	語言:Sangho語、法語。
幣制:Central African franc, 1.00USD=610.44XAF(2024)　2022年4月27日總統辦公室宣布,通過比特幣和中非法郎(CFA franc)並列為法定貨幣,成為全球第二個以比特幣為法定貨幣的國家。	
宗教:基督教、伊斯蘭教。	

政治制度：中非共和國獨立後行共和政體，三權分立，總統制。總統為行政首長，由國會選舉，對國會負責，任期5年。國會採單一國會制105席，議員任期5年，由全民直接選舉。1961年12月31日發生軍事政變，左傾的第一任總統達可（David Dacko）被推翻，由三軍參謀長卜卡薩（J. B. Bokassa）繼任總統，成立革命委員會，1966年6月停止憲政，解散國會，1976年12月4日改制為中非帝國，宣布君主立憲，卜氏自封為卜卡薩一世。1979年9月卜氏被推翻，達可復任總統。1981年9月參謀總長柯林巴發動不流血政變，達可被迫辭職。柯氏取得政權後，組織23人的國家復興軍事委員會行使立法權和行政權，並停止憲法運作，禁止政黨活動。1991年8月8日開始實施多黨政治，1993年8月19日及9月19日國會大選，選出85名議員。1993年9月19日中非人民解放運動黨巴塔塞（A.-F. Patasse）當選總統。1997年1月26日，巴塔塞總統與叛軍簽署和平協定，結束兵變與流血衝突，成立全國團結政府，宣布特赦並恢復憲法。1999年9月19日，巴塔塞以近52%得票率擊敗9名對手，當選第二任總統，留任總理杜洛果勒組成新內閣。2003年3月15日，武裝部隊總參謀長博齊澤（F. Bozize）將軍發動軍事政變後宣布自任總統，暫停憲政，解散國會和政府。3月31日過渡政府成立。2005年5月13日中非舉行總統大選第二輪投票，博齊澤當選。博齊澤總統自5月當選以來面臨北部反叛軍的威脅。2007年2月經利比亞總統格達費調停，總統與反叛軍領袖A. Miskine及巴塔塞簽署和平協議，但未帶來實質和平。2011年1月博齊澤連任總統。2012年12月叛軍塞勒卡（Seleka）聯盟展開攻勢，進逼首都。2013年3月博齊澤流亡海外；4月13日叛軍領袖裘托狄亞獲全國過渡委員會選為臨時總統，但於2014年1月在多國壓力下辭職並出國。1月20日，過渡國會選出首都班基女市長桑巴潘薩（Catherine Samba-Panza）為臨時總統，任期至2015年舉行普選時。原定2015年10月18日的總統與國會大選因動亂而推遲。2016年2月20日圖瓦德拉在第二輪總統選舉中以62.7%得票率當選，3月30日宣誓就任。2020年12月27日總統大選，圖瓦德拉在第一輪投票中以59.3%得票獲勝連任。總理東德拉（Henri-Marie Dondra）2022年2月2日辭職，莫洛阿2月7日接任。2023年7月修憲，總統任期由5年延長至7年，並取消連任限制。

政府首長：總統：圖瓦德拉 Faustin-Archange Touadera　　總理：莫洛阿 Felix Moloua

主要政黨：國家聯盟（National Convergence "Kwa Na Kwa"-KNK）、中非民主聯盟（Rassemblement démocratique centrafricain, RDC）、中非人民解放運動（Mouvement pour la liberation du people centrafricain, MLPC）、民主進步聯盟（Alliance pour la démocratie et le progrès, ADP）、自由民主黨（Parti liberal démocrate, PLD）。2020年12月國會大選第一輪投票日，許多選區的投票遭武裝團體擾亂。

司法制度：設有最高法庭、憲法法庭、上訴法庭、犯罪法庭、下級法院。

經社概況

平均每人國內生產毛額：800美元（2022）	國內生產毛額：45億9,700萬美元（2022）
國內各業生產毛額結構：農業：43.2%　工業：16%　服務業：40.8%（2017）	
通貨膨脹率：5.58%（2022）	失業率：6.34%（2022）
進口值：7億8,400萬美元（2022）	出口值：2億9,300萬美元（2022）
主要進口：精煉石油、藥品、天然氣、廣播設備、二手衣（2019）。	
主要出口：木材、黃金、鑽石、船、可可醬（2019）。	
人口出生率：31.9‰（2024）	人口死亡率：11.3‰（2024）

查德共和國　REPUBLIC OF CHAD

建國簡史

查德為內陸國，北部為沙漠型氣候，南部地處熱帶。該國歷史可追溯至西元9世紀於該地建立之Kanem政權。13世紀，伊斯蘭教統治該區。奴隸交易於當時非常盛行，直至法國殖民勢力於19世紀末介入查德始廢除奴隸制度。法國人主要經營天然資源較豐富之查國南部，從事棉花生產；天然資源較貧乏之查國北部則為法國人忽視，使得該區教育、經濟程度皆不如查南。

二次世界大戰期間，查德北部邊界Aouzou被利比亞併吞，兩國因此長年陷入邊境紛爭，直

至1998年衝突才改善。1960年8月11日獨立後，查國南部人掌握政權，卻不為查國北部人所接受，加上1960年起乾旱不斷及人民以木材為主要燃料，致樹木遭大量砍伐，全國沙漠化問題日趨嚴重，查國從此常發生政爭及軍事政變。查德係法國在非洲最後占領之殖民地，為前法屬赤道非洲獨立4國（中非、剛果、加彭、查德）中，位置最北、面積最大及人民最多之國家。傳統上，查德為撒哈拉沙漠與赤道雨林非洲間往來必經之孔道，地位重要。

與我關係

查德與我無邦交。★1962年1月31日查德與中華民國建交。1972年11月28日查德與中國簽署建交公報，我國於12月27日宣布中止與查德外交關係。1997年8月12日，我國與查德簽署建交公報，恢復外交關係。2006年8月6日，我國宣布和查德斷交，查德同日與中國復交。★1997年10月26日，查德總統德比抵台訪問6天。★1998年11月5日，查德總理拿舒抵台訪問7天。★1999年3月18日，查德議長卡穆格率團抵台訪問6天。★2000年8月23日，陳水扁總統抵達查德訪問1天。德比總統頒贈象徵查德最高榮譽的國家大十字勳章。★2002年3月12日，德比總統率團訪台4天。★2003年2月23日，查德國會議長拿舒一行6人抵台訪問6天。★2004年5月總理法吉率團參加我總統就職典禮。★2005年1月，德比總統第3度訪台，4月能源暨礦業部長哈山一行2人訪台。★2006年1月，中油公司透過轉投資的「海外石油及投資公司」與查德政府簽約合作開發石油。★2020年2月，中油查德礦區開始正式生產。12月第一艘船95萬桶原油運回台灣。

基本資料			
地理位置：非洲中北部		面積：1,284,000平方公里	
人口：1,909萬人（2024）		網址：https://www.presidence.td/	
與臺北之時差：-7		電話國碼：235	
獨立日期：1960年8月11日（脫離法國）			國慶日：8月11日
首都：恩加米那（N'Djamena）		語言：土語、阿拉伯語、法語。	
幣制：Central African franc, 1.00USD=610.44XAF（2024）			宗教：伊斯蘭教、基督教、天主教。

政治制度：根據1964年修改的憲法，為總統制共和國。總統為國家元首兼最高行政首長，任期5年。國會（National Assembly）188席，由人民直選產生，任期4年。司法權由法院獨立行使。1975年4月13日軍事政變推翻董巴貝（N. Tombalbaye）政權，廢除憲法，解散國會，成立最高軍事委員會（Supreme Military Council）執政，由馬隆（F. Mallum）將軍任總統。馬隆1979年3月24日被迫下野去國，8月19日查德各派系在奈及利亞拉哥斯簽訂協定，共組臨時過渡政府聯盟，由固庫尼（Gouk-oouni）任主席，哈布赫（Habre）為國防部長。1982年10月21日，哈布赫攻占恩加米那，組織新政府，出任總統，固庫尼在利比亞軍支持下退據查北。1990年底，前陸軍總司令德比（Idriss Deby）上校在利比亞協助下，領軍推翻哈布赫政權，成為新總統，1991年3月就職。1993年1月5日召開國是會議，4月5日依過渡時期憲章進入1年「過渡時期」。1994年3月查德最高過渡委員會（臨時國會）延長過渡時期2年。1996年7月3日舉行獨立後首次總統大選，德比當選。1997年4月4日，獨立後首次民選國會成立，共125席。2001年5月20日總統選舉，德比以67%得票獲連任。2005年6月6日舉行制憲後第一次修憲及公民複決投票，取消總統連任限制獲65.7%選票通過，德比得競選連任。2006年4月及2008年2月叛軍兩度攻入恩加米那，皆被法軍支持的政府軍擊退。德比於2011年4月與2016年4月兩次大選獲連任。2021年4月10日總統大選，德比以61.6%得票連任，但因與叛軍作戰受傷4月20日傷重逝世，由兒子馬哈馬特出任臨時總統，18個月過渡期結束時，2022年10月1日馬哈馬特宣布選舉時程延後2年。2024年5月馬哈馬特贏得總統大選。

政府首長：總統：馬哈馬特·德比 Mahamat Idriss Deby

主要政黨：愛國拯救運動（MPS）、國家發展及進步聯盟萬歲黨（Viva-RNDP）、全國民主復興聯盟（UNDR）及民主進展運動（RDP）。2011年國會大選，MPS獲117席，UNDR獲10席，RDP獲9席。下屆國會改選已多次延期。原定2015年選舉缺資金，國民議會任期延長至2020年，後因2019冠狀病毒疾病（COVID-19）疫情再延期，臨時總統馬哈馬特·德比2021年9月任命臨時議會93名成員，稱為「全國過渡委員會」（NTC）。據馬哈馬特的說法，NTC屬過渡議會，直到下一次選舉舉行。

司法制度：設有最高法庭、上訴法庭、犯罪法庭、司法法庭。

經社概況

平均每人國內生產毛額：1,400美元（2022）	國內生產毛額：250億3,700萬美元（2022）
國內各業生產毛額結構：農業：52.3%　工業：14.7%　服務業：33.1%（2017）		
通貨膨脹率：5.79%（2022）	失業率：1.1%（2022）
進口值：50億2,800萬美元（2022）	出口值：65億300萬美元（2022）
主要進口：貨車、油漆、藥品、飛機、廣播設備（2019）。		
主要出口：原油、黃金、牲口、芝麻、阿拉伯樹膠、昆蟲標本（2019）。		
人口出生率：39.2‰（2024）	人口死亡率：9‰（2024）

葛摩聯邦
UNION OF THE COMOROS

建國簡史

葛摩群島由大葛摩（Grande Comore）、安樹昂（Anjouan）、馬約特（Mayotte）及莫愛利（Moheli）4島嶼組成，原為法國屬地，1958年成為法國海外領土後實行內政自治。1974年12月22日葛摩群島居民就獨立問題舉行公民投票，結果95%選民贊成獨立，但馬約特島64%居民反對獨立，堅持該島仍歸屬法國。1975年7月6日葛摩地方議會通過贊成獨立，推舉議長阿布達拉（Ahmed Abdallah）為國家元首，結束法國的統治。馬約特仍為法國海外領土。

1990年3月舉行首次民主選舉，卓哈獲選為總統。獨立之後，安樹昂島對大葛摩島的中央政府不滿，安樹昂島於1997年8月片面宣布獨立。在非洲統一組織調解下，三島代表於2001年2月簽署和解協議。同年8月制訂新憲法，成立葛摩聯邦。

與我關係

葛摩與我無邦交。★2014年5月19日，外交部宣布葛摩聯邦給予我國民落地簽證待遇。

基本資料

地理位置：馬達加斯加西北端東非海岸	面積：2,235平方公里
人口：90萬人（2024）	網址：http://www.beit-salam.km/
與臺北之時差：-5	電話國碼：269
獨立日期：1975年7月6日（脫離法國）	國慶日：7月6日
首都：莫洛尼（Moroni）	語言：法語、阿拉伯語。
幣制：Comorian franc, 1.00USD＝453.73KMF（2024）	宗教：伊斯蘭教

政治制度：總統制聯邦共和國。憲法於1978年10月由公民投票通過，1982、1985、1989年修改，1990年修憲允許多黨制。2001年12月23日公民投票通過修改憲法，把原來的中央集權制，改為包括大葛摩島、安樹昂島與莫愛利3個島的葛摩聯邦，給予各島更大的自治權。1992年6月經全民投票通過總統由民選產生，任期6年。葛摩於3島分設總督（Governor）管理地方事務，由總統任命，總督任期6年。1978年起實施一黨制，1987年允許反對黨參選聯盟議員，1989年阿布達拉遇刺後，一黨制不再實施，且於1990年修憲設多黨制。1992年1月11日執政黨與反對黨聯盟組過渡政府，並任命塔吉（Mohamed Abdoulkarim Taki）負責籌備國會選舉與起草新憲法。國會聯盟議會為國家最高立法機構，共33位議員，任期5年。1999年4月30日，陸軍參謀長阿濟利上校發動政變，宣布解散政府，接管政權，這是該國獨立以來第18次政變。5月6日阿濟利依據他頒布的新憲法宣誓就任國家元首，任命由12人組成的國務委員會代行政府職能。12月7日宣布成立新政府。阿濟利在

2002年4月14日第二輪總統選舉中獲勝，當選總統，5月26日宣誓就職。2005年初，葛摩通過法律界定3個自治政府及聯合政府的權責劃分。2006年5月14日第二輪總統選舉，山比當選，得票率58%。2007年7月舉行大選，安樹昂島在巴卡上校單方面印製選票並稱獲得壓倒性勝利後，與主島葛摩所在的中央政府對峙。在非洲聯盟介入後，中央政府軍隊於2008年3月奪回安樹昂島。2010年11月7日及12月26日兩輪投票後，杜瓦尼納（Ikililou Dhoinine）當選總統，2011年5月26日宣誓就任。2016年4月10日前總統阿濟利於第二輪票選以41%得票率當選總統，5月26日就任。2019年3月24日，阿濟利當選連任。2024年1月大選，阿濟利以62.97%得票率再次當選。

政府首長：總統：阿濟利 Azali Assoumani

主要政黨：2020年2月23日舉行第2輪議會選舉，24席需獲得絕對多數的直選議員席次中，葛摩維新黨（Convention pour le Renouveau des Comores, CRC）獲得20席，橘黨（Orange Party）獲2席，剩餘席次由其他各黨及獨立人士取得，另9席由各島地方議會選派。預定2025年選舉。

司法制度：設有最高司法委員會、最高法院及憲法法院。

經社概況

平均每人國內生產毛額：3,200美元（2022）	國內生產毛額：27億1,600萬元（2022）
國內各業生產毛額結構：農業：47.7%　工業：11.8%　服務業：40.5%（2017）	
通貨膨脹率：1%（2017）　失業率：5.75%（2022）	
進口值：4億7,900萬美元（2022）　出口值：1億6,534萬美元（2022）	
主要進口：米、雞肉製品、精煉石油、水泥、汽車。	
主要出口：丁香、精油、保溫瓶、香草、廢船。	
人口出生率：21.6‰（2024）　人口死亡率：6.4‰（2024）	

剛果民主共和國
DEMOCRATIC REPUBLIC OF THE CONGO

建國簡史

原為比利時殖民地，1960年6月30日脫離比國獨立，國號剛果共和國（Repubique du Congo），又稱雷堡市剛果（Congo Leopoldville）。1964年8月改國號為剛果民主共和國（Republique Democratique du Congo）。1966年首都雷堡市（Leopoldville）改名為金夏沙（Kinshasa），1971年10月27日再改國號為薩伊共和國（Republique du Zaire）。1997年5月再改為剛果民主共和國。

由於幅員廣大、天然資源豐富，且地處非洲中部，極具戰略價值；加以種族複雜，地方勢力割據，使剛果動亂頻仍。1967年莫布杜總統平定卡坦加憲兵在基山加尼（Kisangani）外籍傭兵支持下所發動之第二次叛變後，政局始獲穩定。但1977年及1978年兩度爆發叛軍入侵南部夏巴省（原稱卡坦加省）事件，幸賴法、比、摩洛哥援助，始將叛軍逐出境內。

1990年4月莫布杜總統宣布實施多黨民主政治，進入過渡時期，由於政治僵局無法突破，加之1991年9月及1993年1月兩次大搶劫事件，使薩伊元氣大傷。1996年10月住在南基霧省原屬盧安達Tutsi族之Banyamulenge人叛亂，叛軍在卡比拉（L.D. Kabila）領導下於1997年5月17日攻陷首都金夏沙，推翻莫布杜政權，自封為總統，改國號為剛果民主共和國。

1998年8月2日屬盧安達Tutsi族之Banyamulenge軍人因不滿卡比拉總統專斷攬權，在盧安達及烏干達支持下進行武裝叛亂，並曾一度逼進首都，卡比拉幸有辛巴威、安哥拉、納米比亞等國軍事支持，始將叛軍勢力圍堵在東部地區，由於周邊國家基於各自利益紛紛介入剛國內戰。1999年7月10日，與剛果內戰有關的6個非洲國家在尚比亞首都路沙卡簽署停火協議，8月31日，反政府武裝剛果民主聯盟的46個創始人在路沙卡簽署停火協議，內戰衝突各方均在停火協議簽字。

與我關係

剛果民主共和國與我無邦交。★1960年8月10日剛果與中華民國建交。1972年11月改名為薩伊的該國與中國建交，1973年1月30日我與薩伊中止外交關係。★1991年6月10日薩伊與中華民國簽署「特別協議」，同意互設代表團，我代表團於7月23日成立於金夏沙。★1998年8月16日改名為剛果的該國內戰，我暫時撤離代表人員，11月15日正式撤離。★我國營的中國輸出入銀行2015年12月在美國地方法院提告剛果民主共和國積欠貸款未還，求償5,730萬美元官司，2017年1月法院判決勝訴。

基本資料

地理位置：非洲中部	面積：2,344,858平方公里
人口：1億1,540萬人（2024）	網址：https://presidence.cd/
與臺北之時差：-7	電話國碼：243
獨立日期：1960年6月30日（脫離比利時）	國慶日：6月30日
首都：金夏沙（Kinshasa）	語言：法語、Lingala語。
幣制：Congolese franc, 1.00USD=2,846.69CDF（2024）	宗教：天主教、基督教、伊斯蘭教。

政治制度：1997年5月17日，卡比拉（L. D. Kabila）在烏干達、盧安達支持下，以武力推翻莫布杜政府，自任總統，恢復「剛果民主共和」國名與獨立時之國旗國歌。1997年5月28日卡比拉頒布法令禁止政黨活動，自兼國防部長，實施「總統制」。2000年卡比拉任命300人成立國會。2001年1月16日，金夏沙爆發政變，卡比拉遇刺身亡。1月24日，剛果臨時國會舉行特別會議，決議由卡比拉之子約瑟夫·卡比拉（Joseph Kabila）將軍擔任總統。1月26日，他在金夏沙宣誓就職。2002年12月17日，參加民主剛果前途談判的各方代表在南非普勒托利亞簽署和平協議，結束4年內戰。2003年4月2日，剛果政府、叛軍集團、反對黨派及民間團體代表，在南非太陽城簽署「剛果談判最終協定」，同意成立過渡政府，以2年準備舉行民主選舉。2003年6月30日，新的過渡政府成立，2005年12月公民投票通過「新憲法」。新憲法採總統制，總統民選產生，任期5年，得連任一次。國會採兩院制，國家議會（National Assembly）500席，其中61席由單一選區選出，439席採政黨比例代表制選出；參議院（Senate）109席，其中108席由省議會按比例代表間接選舉產生，議員任期5年。2006年及2011年兩次總統大選皆由約瑟夫·卡比拉獲勝連任。2016年5月，最高法院裁定若原訂11月的總統選舉未如期辦理，卡比拉可續任；8月，選委會宣布選舉人名冊至2017年7月始能完成。政府與反對黨協商後，大選延期至2018年底。2018年12月30日總統大選，齊塞克迪以38.6%得票率獲勝，2019年1月24日就任。2024年1月，齊塞克迪宣布連任總統。

政府首長：總統：齊塞克迪 Felix Tshisekedi　　總理：圖盧卡 Judith Suminwa Tuluka

主要政黨：2018年12月30日國家議會改選，民主復興人民黨（PPRD）獲62席、社會民主進步黨（UDPS）41席、和平民主人民黨（PPPD）29席、更新社會運動黨（MSR）27席、解放剛果運動22席、小黨及其他共214席。原定2012年舉辦的參議院選舉推遲至2019年3月舉行，前總統卡比拉領導的政黨聯盟剛果聯合陣線（Common Front for Congo, FCC）獲得80席次，總統齊塞克迪所領導的社會進步民主黨僅獲得3席，雙方協商組成聯合政府。2024年4月，齊塞克迪任命規畫部長圖盧卡為總理，成為剛果民主共和國史上首位女性總理。

司法制度：憲法規定設有各級法院及法庭。

經社概況

平均每人國內生產毛額：1,100美元（2022）	國內生產毛額：1,121億4,400萬美元（2022）
國內各業生產毛額結構：農業：19.7%　工業：43.6%　服務業：36.7%（2017）	
通貨膨脹率：41.5%（2017）	失業率：4.69%（2022）
進口值：221億9,300萬美元（2021）	出口值：223億5,400萬美元（2021）
主要進口：藥品、精煉石油、硫酸、石材加工機械、貨車。	
主要出口：銅、鈷、原油、鑽石。	
人口出生率：39.2‰（2024）	人口死亡率：7.6‰（2024）

剛果共和國
REPUBLIC OF THE CONGO

建國簡史

法國占有剛果，係原籍義人歸化法國的Brazza於1880年探險始得之，為今日剛果首都布拉薩市之由來。1946年法國總統戴高樂宣布對非洲殖民地給予民主自治，成立區議會，剛果遂於1947年推舉代表，先組代表委員會籌辦地方選舉。1958年法國實施新憲法後，剛果議會在黑尖港宣布剛果為共和國，仍為法國集團分子，迨陸續釐定立憲法律及體制後，遂於1960年8月15日宣布為完全獨立的共和國。1970年1月3日改為現稱之國名。

與我關係

剛果共和國與我無邦交。★1960年9月10日剛果與中華民國建交，1964年2月22日與中國建交，4月17日我國宣布與剛果斷交。

基本資料

地理位置：非洲中部、西臨大西洋。	面積：342,000平方公里
人口：609萬人（2024）	網址：https://gouvernement.cg/
與臺北之時差：-7	電話國碼：242
獨立日期：1960年8月15日（脫離法國）	國慶日：8月15日
首都：布拉薩市（Brazzaville）	語言：法語、Lingala語、Monokutuba語。
幣制：Central African franc, 1.00USD=610.44XAF（2024）	宗教：天主教、基督教、伊斯蘭教。

政治制度：總統制，總統民選產生，任期7年。2009年撤除總理職位，以內閣會議（council of ministers）代替，成員由總統任命，2015年憲法公投，以總理為政府首長。國會分國民議會及參議院。國民議會151席（2022年），人民直選產生，任期5年。參議院72席，間接選舉產生，任期6年。恩格索（Denis Sassou-Nguesso）2009年總統大選以78%得票連任；2016年3月以60%得票連任；2021年3月21日總統大選以88%得票獲勝連任。

政府首長：總統：恩格索 Denis Sassou-Nguesso　　總理：馬科索 Anatole Collinet Makosso

主要政黨：團結民主力量（FDU）、剛果勞工黨（PCT）、泛非社會發展聯盟（UPADS）等。2017年7月、8月國民議會、參議院選舉，剛果勞工黨獲國民議會96席、參議院46席；泛非社會發展聯盟獲國民議會8席。2022年7月國民議會改選，PCT獲96席、UPADS獲8席。

司法制度：設有最高法院及地方法院。另設有大法官委員會，由總統指揮。

經社概況

平均每人國內生產毛額：3,700美元（2022）	國內生產毛額：219億1,300萬美元（2022）
國內各業生產毛額結構：農業：9.3%　工業：51%　服務業：39.7%（2017）	
通貨膨脹率：3.04%（2022）	失業率：20.48%（2022）
進口值：32億7,900萬美元（2020）	出口值：46億7,000萬美元（2020）
主要進口：船舶、雞肉產品、精煉石油、加工魚、藥品（2019）。 主要出口：原油、銅、木材、船舶、精煉石油（2019）。	
人口出生率：28.7‰（2024）	人口死亡率：4.8‰（2024）

象牙海岸共和國
REPUBLIC OF CÔTE D'IVOIRE

建國簡史

1893年法國人建立象牙海岸殖民地，1898年法人控制全境。1904年象牙海岸加入法國西非聯邦，1957年9月非洲民主聯合組織分裂後，伍弗布尼即與主張組西非聯邦的塞內加爾領袖桑果（Senghor）及主張急進獨立的幾內亞領袖杜瑞分道揚鑣，伍氏藉象牙海岸民主黨及其Baoule族人的支持與法國妥協，經局部自主（1958年12月）後，1960年8月7日正式獨立，建國過程平穩順利。伍氏1960年任象國總統時，主張以自由經濟制度建國，力求政局穩定。象國首都原為阿必尚，1983年3月10日遷都至伍氏家鄉雅瑪索克羅。阿必尚仍為行政、經濟中心，各國使館亦多設於此。

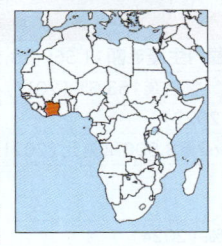

象牙海岸國名自1986年1月1日起，不論使用何種語言，一律書寫為Côte d'Ivoire。

與我關係

與我無邦交。★1963年7月20日象牙海岸與中華民國建交。1983年3月2日象國與中國建交，我國於3日宣布中止與象國外交關係。經濟部國貿局所轄的遠東貿易服務中心駐象牙海岸辦事處仍留在阿必尚。★1993年9月，象國外長在聯合國大會公開發表支持我加入聯合國。★2015年，象牙海岸開始提供我國國民電子簽證服務。★2022年11月，台灣恢復駐象牙海岸代表處。

基本資料

地理位置：非洲西部	面積：322,463平方公里
人口：2,998萬人（2024）	網址：http://www.gouv.ci/
與臺北之時差：-8	電話國碼：225
獨立日期：1960年8月7日（脫離法國）	國慶日：8月7日
首都：雅瑪索克羅（Yamoussoukro）為法定首都，阿必尚（Abidjan）為行政中心	語言：法語
幣制：West African franc, 1.00USD=610.44XOF（2024）	宗教：伊斯蘭教、天主教、基督教。

政治制度：1960年10月31日憲法，經1980、1985、1986、1990年數度修改。象牙海岸採總統制，總統直接民選，任期5年，連選得連任，原不設副總統及總理。1990年11月6日修憲設總理一職。國會一院制（National Assembly），議員225人，直接民選，任期5年。象牙海岸民主黨（PDCI）原為唯一合法政黨，1990年5月3日允許政黨合法存在，象牙海岸民主黨也扶植附庸小黨，打擊反對黨。伍弗布尼總統1993年12月7日逝世，法定代理人國會議長貝狄耶接任。1995年10月總統大選，貝狄耶在反對黨抵制下高票當選，11月國會大選，執政黨民主黨獲149席。1999年12月23日，軍方在阿必尚發動政變，24日政變領袖蓋伊宣布解除總統職務，解散國會和政府，成立全國救國委員會接管政權。2000年1月5日成立過渡政府，蓋伊自任總統兼國防部長，7月23日舉行修改憲法與選舉法的全國公民投票，以壓倒性多數通過新憲法，回歸文人統治。2000年10月總統大選，象牙海岸人民陣線領袖巴波以59%得票當選。2002年9月19日，對政府不滿的軍民在若干地區發動武裝政變，不久敗平。10月1日，叛軍宣布成立象牙海岸愛國運動（MPCI），欲推翻巴波總統的政府，聲稱控制40%土地。2003年1月26日，巴波總統在國際壓力下與叛軍達成協議，任命狄拉為總理領導全國團結政府，但國內動盪不安，反對派武裝勢力控制北部，與政府軍南北對峙。2005年12月5日巴波指定貝尼任總理。2007年4月4日索羅任總理。巴波總統任期原至2005年10月，惟因北部軍隊叛變，局勢緊張，選舉六度延期。2010年10月31日象國10年來首次總統大選，巴波與經濟學家暨前總理烏阿塔哈11月28日第二輪投票，烏阿塔哈以54%得票獲勝並獲聯合國承認，但巴波不接受結果，兩派對峙造成數千人死亡及百萬人流離失所，聯合國安理會派駐象國之維和部隊2011年1月時達1萬1,500人。2011年4月11日，支持烏阿塔哈之軍隊生擒巴波夫婦，結束政爭，5月5日烏阿塔哈宣誓就職。2015年10月25日總統大選，烏阿塔哈以83.66%得票率連任。2016年11月的新憲法將國會改為兩院制，上院參議院99席，66席由國會下院議員和地方議會議員選出，33席由總統指派。2020年10月總統大選，遭反對派抵制，烏阿塔哈高票3度連任，反對派領袖不承認正當性，要求成立過渡政府。預定2025年10月大選。

政府首長：總統：烏阿塔哈 Alassane Ouattara	總理：孟貝 Robert Beugre Mambe

主要政黨：共和聯盟（RDR）、民主黨（PDCI）、人民陣線、民主與發展聯盟（VDC2）、勞工黨（PIT）。2011年12月11日國會選舉，225席中，共和聯盟獲127席，民主黨76席，民主和平聯盟7席。2016年12月

18日國會大選，共和聯盟、民主黨與勞工黨合組的伍弗主義者的民主和平聯盟（RHDP）167席，無黨派76席。2018年3月25日參議院首次選舉，聯盟RHDP獲50席、獨立人士16席。2021年3月國會下院改選，255席中，執政的RHDP聯盟137席，反對黨共91席，獨立派26席。2023年9月16日參議院改選，RHDP聯盟贏得64席中的56席次。

司法制度：設有最高法院及憲法法院。

經社概況

平均每人國內生產毛額：5,500美元（2022）	國內生產毛額：1,559億3,500萬美元（2022）
國內各業生產毛額結構：農業：20.1%　工業：26.6%　服務業：53.3%（2017）	
通貨膨脹率：5.28%（2022）　　失業率：2.49%（2022）	
進口值：161億9,100萬美元（2021）　　出口值：162億3,000萬美元（2021）	
主要進口：原油、米、冷凍魚、精煉石油、藥品。	
主要出口：可可、黃金、橡膠、精煉石油、原油。	
人口出生率：27.5‰（2024）　　人口死亡率：7.3‰（2024）	

吉布地共和國
REPUBLIC OF DJIBOUTI

建國簡史

吉布地歷史可溯至史前時代，9世紀時阿法爾人皈依回教，13世紀至17世紀與信奉基督教的衣索匹亞人發生多起聖戰。16世紀初，葡萄牙人首先來到此地，建立阿比西尼亞高原地區貿易連絡站。1862年，法人占領塔珠拉灣岸之奧波克（Obock）為其歐亞航路之加煤港，1881年並與海灣沿岸之阿法爾人與依薩人簽定保護協定，隨後並逐步向內陸發展。1888年成立法屬索馬利蘭殖民地，並於1896年興建吉布地港為其首府。1917年法國興建完成衣索比亞鐵路，使吉布地成為東非重要港口。1957年法國給予此一領土部分自治權。1967年自治政府改組，由法國及阿法爾族支持之阿瑞夫（Ali Aref）出任政府會議主席。1975年2月葷磊（Hassan Gouled Aptidon）聯合反對黨組成「非洲人民獨立同盟」，主張立即獨立，聲勢龐大，Aref被迫辭職。1977年5月8日吉布地舉行公民投票，同年6月27日宣布獨立。

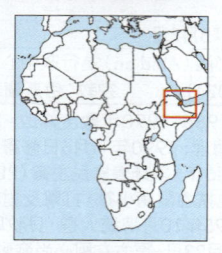

與我關係

吉布地與我無邦交。

基本資料

地理位置：非洲東北角，濱紅海南端出口	面積：23,200平方公里
人口：99.4萬人（2024）	網址：http://www.presidence.dj/
與臺北之時差：-5	電話國碼：253
獨立日期：1977年6月27日（脫離法國）	國慶日：6月27日
首都：吉布地（Djibouti）	語言：阿拉伯語、法語、Afar語、Somali語。
幣制：Djiboutian franc, 1.00USD=178.35DJF（2024）	宗教：伊斯蘭教

政治制度：總統制，總統直選產生，任期5年，2010年通過的修憲案取消連任限制。一院制國民議會由65名議員組成（索馬利人26名，阿法爾人23名，阿拉伯人16名），任期5年。1981年制憲，以人民進步聯合黨（Rassemble-ment Populaire pour le Progres）為唯一合法政黨，政治局主席由總統兼任，共有成員15名。1992年12月國會大選，1993年5月首次舉行多黨制總統選舉。全國劃分5個行政區。1999年4月9日總統大選，執政聯盟候選人蓋雷以74%得票率獲勝，成為獨立以來第2任總統。2005年4月8日總統大選，蓋雷以唯一候選人當選連任。他並於2011年4月8日及2016年4月8日以80.6%及86.7%得票率獲勝連任。2021年4月9日總統大選，蓋雷以97.4%續當總統。

政府首長：總統：蓋雷 Ismail Omar Guelleh　　總理：穆罕默德 Abdoulkader Kamil Mohamed

主要政黨：人民進步聯盟（Rassemblement populaire pour le progrès, RPP）、民主團結復興陣線（Front pour la restauration de l'unité et de la démocratie, FRUD）。2013年2月22日國會選舉，執政聯盟獲49席。2018年2月23日國會選舉，總統多數聯盟（UMP，含RPP和FRUD）獲57席。2023年2月選舉，UMP獲58席。

司法制度：設有最高法院、上訴法院及地方法院。

經社概況

平均每人國內生產毛額：5,000美元（2022）	國內生產毛額：55億9,200萬美元（2022）
國內各業生產毛額結構：農業：2.4%　工業：17.3%　服務業：80.2%（2017）	
通貨膨脹率：5.18%（2022）	失業率：26.67%（2022）
進口值：50億9,600萬美元（2022）	出口值：56億7,400萬美元（2022）
主要進口：精煉石油、化肥、鐵皮、汽車、棕櫚油。	
主要出口：各種動物、氯化物、豆類、工業脂肪酸/油、咖啡、鷹嘴豆。	
人口出生率：21.8‰（2024）	人口死亡率：7‰（2024）

埃及阿拉伯共和國
ARAB REPUBLIC OF EGYPT

建國簡史

埃及是世界四大文明古國之一，在5,000年前已建立帝國，國王稱為法老，640年阿拉伯人入侵後推行阿拉伯化，成為阿拉伯語國家，1517年被土耳其人征服，成為奧圖曼土耳其帝國之行省，1882年被英國占領，成為英國的保護國。1922年2月28日Fuad國王宣告埃及為獨立君主國。1952年7月23日，以納瑟為首的軍官推翻法魯克王朝，掌握政權。1953年6月18日廢除帝制，成立「埃及共和國」。1958年2月與敘利亞合併，成立「阿拉伯聯合共和國」。1961年9月敘利亞脫離「阿拉伯聯合共和國」。1971年9月改國名為「埃及阿拉伯共和國」。1981年10月副總統穆巴拉克（Hosni Mubarak）於總統沙達特遇刺身亡後，接替總統職位，並經5次大選高票連任。2011年「茉莉花革命」蔓延至埃及，2月11日穆巴拉克在全國大規模示威數週後，宣布下台。2023年8月24日，埃及加入金磚國家。

與我關係

與我無邦交。★中華民國於1934年在埃及設領事館，1942年6月升為公使館，1948年9月升為大使館。1956年5月16日埃及承認中國，30日建交，我國於5月17日與埃及斷交。★埃及工業部政務次長韓第（H.E. Ashraf Hamdi）於1994年3月中旬訪台，洽談雙邊經貿合作。

基本資料

地理位置：非洲東北部	面積：1,001,450平方公里
人口：1億1,124萬人（2024）	網址：https://www.presidency.eg/
與臺北之時差：-6	電話國碼：20
獨立日期：1922年2月28日（脫離英國）	國慶日：7月23日（革命紀念日）
首都：開羅（Cairo）	語言：阿拉伯語
幣制：Egyptian pound, 1.00USD=47.95EGP（2024）	宗教：伊斯蘭教

政治制度：總統制共和國。2011年2月13日穆巴拉克下台後，接管國家權力的「武裝部隊最高委員會」（Supreme Council of Armed Forces）解散國會並中止憲法，3月19日舉行憲法修正案公投。同年11月28日至2012年1月3日間舉行三階段下議院選舉，伊斯蘭政黨獲2/3席位。2012年6月24日公布第二輪總統選舉結果，穆斯林兄弟會（Muslim Brotherhood）候選人穆希（Mohammed Mursi）51.7%得票率當選，6月30日就職，擊敗軍方支持候選人、前總理沙菲克（Ahmed Shafiq，得票48.3%）。11月穆希自行宣布擴張總統職權，引起民眾示威抗議。2013年6月穆希就職週年前，反對及支持穆希民眾於各地集會示威，暴力衝突頻傳。7月3日埃及武裝部隊最高委員會主席暨國防部長塞西將軍將穆希免職並軟禁，暫停實施憲法，並指派憲法法庭首席大法官曼蘇爾（Adly Mansour）擔任國家臨時元首。2014年1月新憲法

經公民投票通過，總統採絕對多數制選舉，任期4年，得連任一次。國會採一院制，總席次596席，其中448席民選，120席保障名額，28席總統任命。2019年4月公投修憲，國會改兩院制，參議院（Senate;Majlis Al-Shiyoukh）300席（100席直選，100席依政黨票比例選出，100席總統指派），眾議院（House of Representatives;Majlis Al-Nowaab）由原「人民議會」596席下修為450席，2020年選舉後實施。2014年5月總統大選，塞西以96.6%得票率當選。2018年3月26至28日總統大選，塞西以97.8%得票率連任。2023年選舉，塞西以89.6%得票率展開第三任期。

政府首長：總統：塞西 Abdel Fattah El-Sisi　　總理：馬德布利 Mostafa Madbouly

主要政黨：穆巴拉克下台後崛起的穆斯林兄弟會2013年遭埃及當局列為恐怖組織。2015年12月19日國會選舉投票率僅28.3%，親政府候選人在沒有反對黨挑戰下，大獲全勝。席次最多的三大黨為自由埃及人黨（Free Egyptians Party）、國家未來黨（Nation's Future Party）、新華夫托黨（New Wafd Party）。2016年1月10日新國會開議，是埃及自2012年來首次國會開議。參議院第一輪選舉2020年8月舉行，超過5000萬選民杯葛，投票率僅約15%；第二輪選舉9月舉行，國家未來黨獲100席，無黨籍100席。眾議院選舉2020年10月及11月舉行，國家未來黨獲316席，共和人民黨（Republican People's Party）50席。

司法制度：以伊斯蘭法及民法為基礎，設有最高憲法法庭（Supreme Constitutional Court）。

經社概況

平均每人國內生產毛額：12,800美元（2022）	國內生產毛額：1兆4,190億美元（2022）
國內各業生產毛額結構：農業：11.7%　工業：34.3%　服務業：54%（2017）	
通貨膨脹率：13.9%（2022）	失業率：6.4%（2022）
進口值：971億4,400萬美元（2022）	出口值：762億9,500萬美元（2022）
主要進口：精煉石油、小麥、原油、汽車、藥品。	
主要出口：原油、精煉石油、黃金、天然氣、化肥。	
人口出生率：19.5‰（2024）	人口死亡率：4.3‰（2024）

赤道幾內亞共和國
REPUBLIC OF EQUATORIAL GUINEA

建國簡史

赤道幾內亞自1778年起，即成為西班牙殖民地。1959年西班牙正式命名為赤道區，並改制為西班牙兩個海外省，即費南多波省Fernando Poo（Bioko）及里約慕尼省。1960年，西班牙政府決定遵照聯合國第1514號決議，承認所有被殖民民族爭取獨立之權利。1963年，西班牙允許此兩個海外省組織自治政府，並將「赤道區」更改為「赤道幾內亞」。1968年10月12日赤道幾內亞宣告獨立。

與我關係

赤道幾內亞與我無邦交。

基本資料

地理位置：非洲中西部，西臨大西洋	面積：28,051平方公里
人口：179萬人（2024）	網址：https://www.guineaecuatorialpress.com/
與臺北之時差：-7	電話國碼：240
獨立日期：1968年10月12日（脫離西班牙）	國慶日：10月12日
首都：馬拉波（Malabo）	語言：西班牙語、法語、Fang語、Bubi語。
幣制：Central African franc, 1.00USD=610.44XAF（2024）	宗教：基督教、天主教、伊斯蘭教。

政治制度：總統制共和國，總統由直選產生，任期7年。恩格瑪（Macias Nguema）自1968年12月10日起擔任總統，1972年7月14日自行任命為終身職總統。1979年8月3日政變，恩格瑪侄子歐必昂取而代之，恩格瑪被處死。1982年8月頒布新憲法。歐必昂保證在7年過渡期後，還政於民。1991年修改憲法，載明實施多黨政治，並於1992年成立過渡政府。國會：兩院制，參議院，共70席，其中55席由直選產生，15席由總統指派；人民代表大會（Camara de Representantes del Pueblo），共100席。由人民直選產生，任期5年。1996年2月25日舉行首次多黨制總統民選，歐必昂獲連任，並於2002年12月、2009年11月、2016年4月及2022年11月高票連任，在位超過43年。

政府首長：總統：歐必昂 Teodoro Obiang Nguema Mbasogo　　總理：羅卡 Manuela Roka Botey

主要政黨：執政黨赤道幾內亞民主黨（PDGE），主要反對黨為進步黨（PP）、人民聯盟（UP）、社會民主聚合黨（CPDS）、社會民主聯盟（CSD）及社會民主暨人民同胞（CSDP）等。2013年5月26日國會選舉，赤道幾內亞民主黨贏得參議院54席，人民議會99席。2017年11月12日國會選舉，赤道幾內亞民主黨獲得人民議會99席。2023年1月選舉，赤道幾內亞民主黨獲得100席。

司法制度：以西班牙民法及部落習慣為基礎，並設有最高法院。

經社概況

平均每人國內生產毛額：14,900美元（2022）	國內生產毛額：249億8,700萬美元（2022）
國內各業生產毛額結構：農業：2.5%　工業：54.6%　服務業：42.9%（2017）	
通貨膨脹率：4.79%（2022）	失業率：8.58%（2022）
進口值：42億9,700萬美元（2022）	出口值：62億3,100萬美元（2022）
主要進口：燃氣渦輪機、啤酒、船舶、工業機械。	主要出口：原油、天然氣、工業酒精、木材。
人口出生率：29‰（2024）	人口死亡率：8.9‰（2024）

厄利垂亞
STATE OF ERITREA

建國簡史

厄利垂亞於1890年至1941年為義大利屬地，1941年至1951年成為英國保護領土，二次大戰後與衣索比亞成立聯邦，1962年遭衣國兼併，成為其第14省。厄利垂亞人民解放陣線在蘇丹、索馬利亞、葉門等國扶持下武裝抗爭。經過30年努力，於1991年5月與衣國達成停戰協定，5月中下旬，阿夫瓦基宣告成立臨時政府。並於1993年4月23日至25日在聯合國監督下舉行公民投票，結果以99.8%同意，通過脫離衣國獨立，公民投票結果於1993年4月27日宣布，並於同年5月24日獨立。厄利垂亞與衣索比亞長期處於敵對，兩國因邊界問題在1998年至2000年間發生戰爭，戰後歷經多年對立。2018年7月，兩國簽署恢復雙邊關係的協議。

與我關係

厄利垂亞與我無邦交。

基本資料

地理位置：非洲東部，濱臨紅海。	面積：117,600平方公里
人口：634萬人（2024）	網址：http://www.shabait.com/index.php
與臺北之時差：-5　電話國碼：291	
獨立日期：1993年5月24日（脫離衣索比亞）	國慶日：5月24日
首都：阿斯馬拉（Asmara）	語言：阿拉伯語、英語、Tigrinya語。
幣制：Nakfa, 1.00USD＝15.00ERN（2024）	宗教：伊斯蘭教、基督教、天主教。

政治制度：厄利垂亞獨立後，1993年6月8日選舉阿夫瓦基為總統，成立過渡政府，原定任期不超過4年，主要任務是草擬憲法及建立多黨選舉制度。1997年5月憲法通過，但未完全實施。2014年起，草擬新憲法，至2017年仍在進行中。行政權由總統及國務委員會共同行使，國務委員包括14位內閣部長及10位省長均

由總統任命產生。國民大會150席,議員由普選產生,任期5年。1997年成立過渡政府時期國民大會後,由於與衣索比亞的戰爭,厄利垂亞未曾辦全國性選舉,至今沒有立法機構。

政府首長	總統:阿夫瓦基 Isaias Afwerki
主要政黨	唯一合法政黨為人民民主正義陣線(People's Front for Democracy and Justice, PFDJ)。
司法制度	設有29個地方法院、10個省級法院、1個最高法院。

經社概況

平均每人國內生產毛額	1,600美元(2017)	國內生產毛額	97億200萬美元(2017)
國內各業生產毛額結構	農業:11.7% 工業:29.6% 服務業:58.7%(2017)		
通貨膨脹率	9%(2017)	失業率	5.97%(2022)
進口值	11億2,700萬美元(2017)	出口值	6億2,430萬美元(2017)
主要進口	機械、石化產品、糧食、製造品。		
主要出口	黃金、礦物、家畜、高梁、紡織品、糧食、小型工業製品。		
人口出生率	26.3‰(2024)	人口死亡率	6.5‰(2024)

史瓦帝尼王國
KINGDOM OF ESWATINI

建國簡史

原稱史瓦濟蘭王國(Swaziland),史瓦濟人與祖魯人同為「恩古尼」(Nguni)系之「班圖」(Bantu)黑人,於16世紀時自非洲中部南遷,至1750年始定居於目前之史國境內。

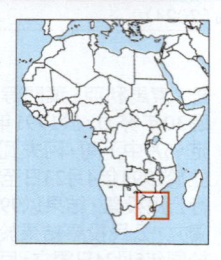

1815至1845年,祖魯帝國興起,荷裔白人亦由南向北遷徙、拓殖。Mswazi糾集不願臣服於祖魯的弱小部落與祖魯抗衡,其部眾稱為Swazi。其後英國及荷裔白人爭相控制史瓦濟蘭。1902年荷裔在二次波爾戰爭中失利,英國統治南非全境包括史瓦濟蘭。

1968年9月6日,英國允許史瓦濟蘭完全獨立。2018年4月19日改名為史瓦帝尼王國。

與我關係

1968年9月6日史瓦濟蘭與我建交。★1969年8月19日簽訂兩國農技合作協定。1986年7月簽訂手工藝技術合作新協定實施地方化方案,1988年、1991年續約。★1995年5月10日國王恩史瓦帝三世王妃訪台。★1997年1月25日史國副總統恩朱瑪羅夫婦訪台。第3屆台史經技合作會議4月22日至24日在台北舉行。4月24日至30日總理德拉米尼率團訪台。10月3日至8日國王恩史瓦帝三世訪台。10月8日,恩史瓦帝三世與李登輝總統在台北簽署聯合公報,強調致力增進兩國利益。★1998年2月1日,外交部長胡志強訪問史瓦濟蘭兩天。10月26日,我外貿協會與史瓦濟蘭投資促進署簽署合作協議書,加強經貿往來,促進投資與定期舉行經貿會議。★2001年7月1日至5日恩史瓦帝三世抵台訪問5天。★2002年7月7日至9日陳水扁總統率團訪問史瓦濟蘭,7月9日陳總統與國王恩史瓦帝三世簽署聯合公報,重申加強合作。★2003年9月15日史國王之母恩彤碧抵台,赴台大接受脊椎手術後複檢。★2004年5月18日國王恩史瓦帝抵台參加陳水扁總統520就職典禮。10月8日總理德拉米尼暨夫人來台參加國慶大典並接受陳總統頒贈「特種大綬景星勳章」。★2005年5月台史第9屆經技合作會議在台北舉行。★2006年6月15日國王恩史瓦帝三世訪台。★2007年9月8日恩史瓦帝三世訪台參加「第一屆台非元首高峰會」。★2008年1月4日,外交部長黃志芳與史國外長馬田德列簽署效期10年合作議定書。9月6日史國舉行獨立40週年及國王恩史瓦帝三世40歲華誕雙慶活動,副總統蕭萬長率特使團出席。9月第63屆聯合國大會,史國等友邦共同提案,促請聯大決議專門機構接納台灣人民參與其活動。★2011年10月10日,史國王之母恩彤碧參加中華民國建國一百年國慶活動。★2012年4月,馬總統抵達史瓦濟蘭訪問。5月20日總理戴巴尼率團參加總統馬英九就職典禮。10月26日,恩史瓦帝三世率團訪台。★2014年5月18日至24日,戴巴尼總理應邀訪台,晉見馬總統並參訪國際合作發展基金會、農業委員會屏東生物科技園區。★2015年5月17日至21日,恩史瓦帝三世來台國是訪問。★2016年1月我國開放史國等27國旅客申請電子

簽證。5月恩史瓦帝三世偕瑪香谷王妃率團來台出席第14任總統就職典禮。6月兩國簽署警政合作協定。★2017年3月26日至29日，總理戴巴尼及經濟部長項古聖親、外交部長甘梅澤一行13人訪台，這是戴巴尼第8次訪台。9月第72屆聯合國大會，史瓦濟蘭等15個友邦在總辯論時為台灣發聲，要求讓台灣參與聯合國永續發展議程。★2018年4月17日至21日，總統蔡英文「同心永固」專案訪問史國，與恩史瓦帝三世簽署聯合公報，這是蔡總統首訪非洲。6月6日至12日，恩史瓦帝三世訪台，賀兩國建交50週年。★2020年協助史國防疫，就地採購防護衣等，援贈6萬片台製醫療口罩。★2021年第76屆聯合國大會總辯論為台灣發聲。★2022年世界衛生大會史瓦帝尼等13友邦提出「邀請台灣以觀察員身分出席WHA」案，10月恩史瓦帝三世即位後第18度訪台。2023年9月蔡總統率團出訪。★2024年3月史瓦帝尼王國總理戴羅素訪台；5月史瓦帝尼國王恩史瓦帝三世訪台，簽署「聯合聲明」、「有關建立數位商務計畫瞭解備忘錄」及「中央銀行合作備忘錄」等3項合作文件，深化台史邦誼的意願與決心。★2024年5月，史瓦帝尼國王恩史瓦帝三世第19度率團訪台，期間並出席總統賴清德就職典禮。

基本資料

地理位置：非洲南部，介於南非與莫三比克間。	面積：17,364平方公里
人口：113萬人（2024）	網址：http://www.gov.sz/
與臺北之時差：-6　　電話國碼：268	
獨立日期：1968年9月6日（脫離英國）	國慶日：9月6日
首都：姆巴巴內市（Mbabane）	語言：英語、史瓦濟語。
幣制：Lilageni, 1.00USD＝18.21SZL（2024，史瓦帝尼幣與南非幣等值）	
宗教：Zionist（基督教與當地祖先崇拜）、天主教、伊斯蘭教。	

政治制度：絕對君權，王位世襲，前有1968年、1978年版憲法，2005年通過新憲法，行絕對君權制。國王經內閣執行政務，採傳統與現代雙重政治組織；傳統有部落會議、酋長及最高諮議會議「史瓦濟民族大會」（Swazi National Council）。現代採三權分立。內閣：由總理、副總理及18位部長組成，對國會及國王負責。總理及閣員為當然國會議員，閣員由總理提名，國王任命。國會：參、眾兩院，議員任期5年。參議院（House of Senate）議員30人，眾議院（House of Assembly）73人。總理戴安柏（Ambrose M. Dlamini）2020年12月染疫病逝。人民多支持王室，晚近受西方國家要求改革壓力及鄰國南非民主觀念影響，部分社團自主意識抬頭。2021年6月爆發獨立以來最大規模要求民主改革反政府示威，警方鎮壓造成傷亡；為平息動亂，史王10月宣布2022年召開牛棚國民會議（Sibaya）以展開全國性對話。

政府首長：國王：恩史瓦帝三世 King Mswati III	總理：戴羅素 Russell Dlamini

主要政黨：有政治性社團，沒有政黨制度。2023年9月29日國會大選，選出59名議員，另10名由國王直接任命；11月恩史瓦帝三世任命戴羅素為總理。

司法制度：分傳統式「史瓦濟法庭」（Swazi Court）及現代式三級法院，即地方法院、高等法院及上訴法院。傳統式「史瓦濟法院」由酋長及地方長老主持，審理民間簡易民事糾紛或婚姻仲裁等，重大案件仍移送現代法院。

經社概況

平均每人國內生產毛額：9,100美元（2022）	國內生產毛額：108億8,500萬美元（2022）
國內各業生產毛額結構：農業：6.5%　工業：45%　服務業：48.6%（2017）	
通貨膨脹率：2.6%（2019）　　失業率：22.64%（2022）	
進口值：22億8,800萬美元（2022）	出口值：20億9,500萬美元（2022）
主要進口：車輛、機械、運輸設備、食品、石油產品、化學品。	
主要出口：飲料濃縮液、糖、木材、棉紗、冰箱、柑橘、罐頭水果。	
人口出生率：22.3‰（2024）	人口死亡率：9.4‰（2024）

衣索比亞聯邦民主共和國
FEDERAL DEMOCRATIC REPUBLIC OF ETHIOPIA

建國簡史

衣索比亞為世界古國之一，除1936年至1941年被義大利強占外，一直保持獨立。1941年衣皇塞拉西一世自英國流亡回國，重建國家並致力改革。1974年衣國陸軍發動政變，空軍、海軍旋即加入，罷黜塞拉西一世，組織臨時軍政府處理各項行政。自1977年起，此一最高委員會操在馬里安中校手中。1991年5月28日，衣索比亞人民革命民主陣線推翻馬里安專制統治。1995年制憲成為民主共和國，並舉行多黨制民主選舉。2023年8月24日，衣索比亞加入金磚國家。

與我關係

衣索比亞與我無邦交。

基本資料

地理位置：非洲東部，臨紅海。	面積：1,104,300平方公里
人口：1億1,855萬人（2024）	網址：www.ethiopia.gov.et/english/
與臺北之時差：-5	電話國碼：251
獨立日期：西元前200年	國慶日：5月28日（推翻馬里安政權）
首都：阿迪斯阿貝巴（Addis Ababa）	語言：阿姆哈拉（Amharic）語、泰古林亞語、阿拉伯語、英語。
幣制：Birr, 1.00USD＝57.66ETB（2024）	宗教：東正教、伊斯蘭教、基督教。

政治制度：衣索比亞原為君主立憲，1955年制憲後，成為議會制聯邦共和國，採三權分立，由總理掌行政權，任命閣員。虛位總統為國家元首，由人民代表院提名，經聯邦院和人民代表院2/3多數同意後通過，任期6年，連選得連任一次。1974年9月軍事政變推翻塞拉西一世，廢除帝制，中止憲法，成立軍事委員會統治全國，實行社會主義。1977年2月馬里安中校攫取政權後，實行馬列主義。1987年2月1日公民投票通過新憲法，取消軍事委員會，還政於文人。1994年6月大選，邁向多黨民主體制。1994年12月頒布新憲法，兩院制國會，上議院為聯邦院（House of Federation）共108席，由各州議會選出，任期5年。下議院人民代表院（House of People's Representatives）共547席，由全民直選，任期5年。1995年舉行首次多黨制民主選舉。1998年1月10日，梅勒斯（Meles Zenawi）在執政黨衣索比亞人民革命民主陣線（民陣）第三次會議中獲選為該黨書記，這次會議同時選出由60人組成的中央委員會和由20人組成的執行委員會。2000年10月10日，國會推舉梅勒斯為總理，任期5年。2001年10月8日，國會兩院選舉葛瑪（Girma Woldegiorgise）為總統，任期6年。葛瑪2007年10月連任。2012年8月20日，總理梅勒斯病逝，9月21日哈勒瑪利恩宣誓就職總理。2013年10月國會選舉慕拉圖（Mulatu Teshome Wirtu）為總統，慕拉圖2018年10月25日辭職，同日國會選舉68歲的前外交官祖德為總統，是衣國首位女總統。

政府首長：總統：塔耶 Taye Atske Selassie　　總理：阿比 Abiy Ahmed

主要政黨：衣索比亞人民革命陣線（EPRDF）是主要的政黨聯盟，在野黨是團結民主聯盟（CUDP）。2010年5月國會選舉，人民革命陣線獲499席。2015年5月國會選舉，人民革命陣線獲501席。2018年2月總理哈勒瑪利恩（Hailemariam Desalegn）辭職，人民革命陣線新黨魁阿比4月2日就任總理。阿比因「致力實現和平及國際合作，特別是解決衣索比亞與鄰國厄利垂亞間的邊界衝突」獲得2019年諾貝爾和平獎。2021年6月國會下院大選，執政黨2019年底改名為繁榮黨（PP），在大選中贏得410席，繼續執政。

司法制度：設有聯邦最高法院、聯邦高等法院和初審法院。

經社概況

平均每人國內生產毛額：2,400美元（2022）	國內生產毛額：2,937億8,800萬美元（2022）
國內各業生產毛額結構：農業：34.8%　工業：21.6%　服務業：43.6%（2017）	
通貨膨脹率：33.89%（2022）	失業率：3.42%（2022）
進口值：241億8,700萬美元（2022）	出口值：109億7,100萬美元（2022）
主要進口：飛機、燃氣渦輪機、藥品、電燈絲、汽車（2019）。	
主要出口：咖啡、芝麻、黃金、切花、鋅（2019）。	
人口出生率：29.6‰（2024）	人口死亡率：5.8‰（2024）

加彭共和國
GABONESE REPUBLIC

建國簡史

加彭18世紀淪為法國殖民地，1888年劃歸法屬剛果，1910年成為法屬赤道非洲領地，1911年被法國轉讓給德國，一次世界大戰後復歸法國。1960年8月17獨立。2022年加入大英國協。

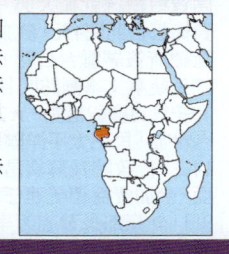

與我關係

加彭與我無邦交。★1960年12月9日中華民國與加彭建交。1974年3月5日加彭承認中國，4月20日建交。4月30日我國與加彭斷交。

基本資料

地理位置：非洲西岸，西臨大西洋。	面積：267,667平方公里
人口：245萬人（2024）	網址：https://presidence.ga/
與臺北之時差：-7	電話國碼：241
獨立日期：1960年8月17日（脫離法國）	國慶日：8月17日
首都：自由市（Libreville）	語言：法語
幣制：Central African franc, 1.00USD=610.44XAF（2024）	宗教：基督教、天主教、伊斯蘭教。

政治制度：加彭獨立後，行總統制，1961年2月21日公布施行憲法，其後數度修訂。總統民選，任期7年，為元首兼行政首長，可任命總理及各部部長。兩院制國會：參院102席，國民大會120席，議員由直接民選，任期5年。加彭民主黨成立於1968年，行一黨政治。1990年3月22日在反對派強烈壓力下，召開國是會議，4月19日恢復多黨政治，反對黨合法化，新黨紛紛成立。國是會議議決修憲，1990年5月頒布臨時憲法，1991年3月15日通過新憲法與選舉法。新憲法採「半總統制」（regime semi-presidential），授總理較大權力。但總統彭戈（Omar Bongo）未貫徹國是會議的決議，仍攬大權。彭戈於1998年12月總統大選中以66%得票率連任。2003年5月國會修憲，取消總統任期限制，2005年12月總統大選，彭戈連任總統，得票率79%。2009年6月8日彭戈逝世，同年8月30日大選，彭戈長子阿里·彭戈以41.73%得票率當選總統。彭戈自1967年起執政40多年，留下嚴重貪污問題。阿里·彭戈就任後，起初受反對黨激烈抗議，但憲法法院判定他當選有效。2016年8月27日總統大選，阿里·彭戈以49.8%得票率擊敗得票48.2%的反對黨候選人平恩（Jean Ping），引發自由市街頭暴動。2018年10月24日，彭戈在沙烏地阿拉伯中風後緊急送醫，在摩洛哥住院數月，2019年3月底才回國。2023年9月原預定舉行總統大選，但因發生加彭政變，阿里·彭戈遭軟禁，由政變領袖恩古瑪就任臨時總統，結束了前總統阿里·彭戈長達55年的家族統治。預計2025年選舉。

政府首長：臨時總統：恩古瑪 Brice Oligui Nguema	總理：希瑪 Raymond Ndong sima

主要政黨：執政黨為加彭民主黨（Gabonese Democratic Party, PDG），在野黨為加彭人民聯盟黨（Union of Gabones Patriot, UPG）、加彭進步黨（Gabonese Party for Progress, PGP）等。2014年12月參院選舉，執政黨贏得81席。2018年10月國民大會選舉，加彭民主黨獲98席。2019年1月，發生流產政變，在國外療養的阿里·彭戈任命貝克爾（Julien N. Bekale）為新總理，接替自2016年擔任閣揆的恩貢戴（E. Issoze-Ngondet）。2020年7月原國防部長哈龐達受命組閣，成為加彭首位女總理。2023年9月，由軍政府任命希瑪為新總理。

司法制度：設有憲法法庭、司法法庭、行政法庭、高等法院及地方法院。

經社概況

平均每人國內生產毛額：13,900美元（2022）	國內生產毛額：333億200萬美元（2022）
國內各業生產毛額結構：農業：5%　工業：44.7%　服務業：50.4%（2017）	
通貨膨脹率：4.23%（2022）	失業率：20.61%（2022）
進口值：34億9,900萬美元（2022）	出口值：129億3,500萬美元（2022）
主要進口：禽肉、挖掘機械、藥品、汽車、米。	主要出口：原油、錳、木材、單板、精煉石油。
人口出生率：25.7‰（2024）	人口死亡率：5.5‰（2024）

甘比亞共和國
REPUBLIC OF THE GAMBIA

建國簡史

15世紀葡萄牙航海人來甘比亞，17世紀英人來甘並建立據點經商貿易，其後英法等歐洲國家多次爭奪對甘比亞控制權，18世紀後英國在該地之地位始漸穩固。1783年凡爾塞條約確定英國對甘比亞之宗主權。甘比亞於1963年10月4日獲得自治權，1965年2月18日始獲獨立，但為大英國協一員。1970年4月24日改制共和，同日憲法生效，1994年7月22日賈梅發動不流血政變，推翻執政30年之賈瓦拉總統（Sir Dawda Kairada Jawara），成立軍事臨時執政委員會（Armed Forces Provisional Ruling Council）。1996年9月26日總統選舉，賈梅當選總統，成為第二共和首任總統。2013年10月2日宣布退出大英國協。2015年12月10日賈梅宣布改國名為「甘比亞伊斯蘭共和國」，以符合甘比亞的宗教信仰和價值觀。2016年，賈梅敗選下台，出逃海外。

與我關係

甘比亞與我無邦交。★1968年1月12日甘比亞與中華民國建交，我於1971年設館。1974年12月14日甘比亞與中國建交，12月28日我與甘比亞中止外交關係。1995年7月13日我與甘比亞復交，北京於7月25日與甘比亞斷交。2013年11月18日我宣布與甘比亞終止外交關係。2016年3月17日中國宣布與甘比亞復交。★1996年11月20日至25日甘比亞賈梅總統來台訪問，雙方簽署聯合公報。★1998年7月22日，兩國簽署「中甘租稅協定」。★1998年11月19至25日，賈梅總統率團抵台訪問。★2000年8月20日，陳水扁總統抵達甘比亞訪問1天。★2001年1月8日，賈梅總統率團抵台訪問6天，1月12日，陳總統與賈梅簽署聯合公報，重申加強雙邊關係。12月20日至22日，呂秀蓮副總統率領特使團訪問甘比亞，21日出席賈梅總統就職大典。★2003年10月8日，總統賈梅抵台訪問4天，參加雙十國慶典活動並與陳總統簽署聯合公報。★2004年7月21日，考試院長姚嘉文率團訪問甘比亞並參加甘國第二共和紀念日慶祝活動。★2005年10月，賈梅總統來台參加「民主太平洋聯盟」大會。★2006年12月14日，行政院長蘇貞昌夫婦率特使團抵達甘比亞，參加賈梅總統連任就職典禮。★2007年7月9日，外交部長黃志芳率特使團，出訪甘國晉見賈梅總統，遞交陳總統親簽的第一屆台非元首高峰會邀請函。9月8日甘國副總統賈莎迪（Njie Saidy）抵台參加台非元首高峰會議。12月4日賈梅總統率多位政府首長抵台訪問5天。★2008年9月16日第63屆聯合國大會開議，甘比亞等友邦共同提案促請聯大通過決議，建議聯合國專門機構接納台灣2,300萬人民有意義參與其活動。10月9日甘比亞國會議長西塞率團訪台5天，參加我國慶活動。★2009年4月20日，賈梅總統抵台訪問。8月28日副總統賈莎迪代表甘國政府與人民，致贈內政部莫拉克風災慰問金70萬美元，駐甘比亞大使石瑞琦代表接受。★2010年7月22日，立法院長王金平率團出席甘國「722革命紀念日」慶祝大會。10月10日甘國國會議長芮內（Elizabeth Renner）訪台參加雙十國慶大會。11月甘比亞副總統賈莎迪來台參加2010台北國際花卉博覽會開幕。★2012年1月19日，外交部長楊進添參加總統賈梅就職典禮。4月11至14日馬英九總統訪問甘國。5月20日甘比亞外長賈義率團參加總統馬英九就職典禮。6月26日至30日總統賈梅率外交部長賈義、貿易部長突瑞（Kebba Touray）、石油部長賈帖（Teneng Jaiteh）等76人來台國是訪問。★2013年6月25日甘比亞資通訊部與中華民國資策會簽署資通訊科技合作備忘錄。

基本資料

地理位置：非洲西部，面臨大西洋。	面積：11,300平方公里
人口：252萬人（2024）	網址：http://www.gambia.gov.gm/
與臺北之時差：-8	電話國碼：220
獨立日期：1965年2月18日（脫離英國）	國慶日：2月18日
首都：班竹（Banjul）	語言：英語
幣制：Dalasi, 1.00USD＝67.75GMD（2024）	宗教：伊斯蘭教、天主教。

政治制度：總統制，1996年8月8日公民投票通過第二共和憲法，同年10月18日總統賈梅（Yahya Jammeh）宣誓就職。總統任期5年。一院制國會，共53席，48席直接民選，5席由總統任命，立法權在國會。2001年10月18日、2006年9月22日及2011年11月24日三屆總統選舉中，賈梅分別以52.96%、67%及71%得票率獲勝連任。2016年12月1日總統大選，反對派巴羅（Adama Barrow）以43.3%得票率擊敗掌權22年的賈梅，當選總統，2017年1月19日就任。2021年12月4日總統大選，巴羅以53.2%得票率連任。

政府首長：總統：巴羅 Adama Barrow

主要政黨：2016聯盟（2016 Coalition）：選舉聯盟，包括聯合民主黨（United Democratic Party,UDP）、獨立社會主義人民民主組織（People's Democratic Organisation for Independence and Socialism, PDOIS）、國家和解黨（National Reconciliation Party, NRP）、甘比亞道德議會（Gambia Moral Congress,GMC）、甘比亞民主議會（Gambia Democratic Congress,GDC）、人民進步黨（People's Progressive Party,PPP）和甘比亞民主進步黨（Gambia Party for Democracy and Progress, GPDP）；愛國導正建設聯盟（Alliance for Patriotic Reorientation and Construction,APRC）；國家人民黨（National People's Party , NPP）。國會2022年4月改選，國家人民黨獲18席，聯合民主黨15席，獨立人士12席。

司法制度：設有最高法院及各級地方法院。

經社概況

平均每人國內生產毛額：2,100美元（2022）	國內生產毛額：57億1,900萬美元（2022）
國內各業生產毛額結構：農業：20.4%　工業：14.2%　服務業：65.4%（2017）	
通貨膨脹率：11.51%（2022）	失業率：4.27%（2022）
進口值：8億2,951萬美元（2022）	出口值：2億6,737萬美元（2022）
主要進口：成衣、精煉石油、米、原糖、棕櫚油。	主要出口：木材、腰果、精煉石油、魚油、花生油。
人口出生率：27.3‰（2024）	人口死亡率：5.6‰（2024）

迦納共和國
REPUBLIC OF GHANA

建國簡史

迦納舊名黃金海岸。1471年，葡萄牙人率先登陸黃金海岸，其後，其他歐洲人陸續來到黃金海岸。1844年，英國與方迪（Fanti）地區的酋長簽署協議，英國勢力正式侵入迦納，1874年，黃金海岸成為英國屬地。1957年3月6日，黃金海岸在恩克魯瑪（Kwame Nkrumah）領導下，立法會議投票通過獨立，並改名為迦納共和國，係非洲殖民地中首先獨立者。1960年7月1日改制為共和國。

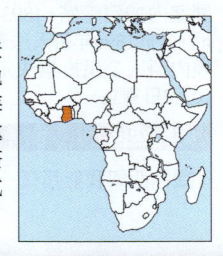

與我關係

迦納與我無邦交。

基本資料

地理位置：非洲西部	面積：238,533平方公里
人口：3,458萬人（2024）	網址：http://www.ghana.gov.gh/
與臺北之時差：-8	電話國碼：233
獨立日期：1957年3月6日（脫離英國）	國慶日：3月6日
首都：阿克拉（Accra）	語言：英語
幣制：Cedi, 1.00USD=14.65GHS（2024）	宗教：基督教、天主教、伊斯蘭教。

政治制度：依1960年憲法規定，迦納採總統制，設軍一國會，275席，議員直接民選，任期4年。1972年1月13日軍事政變成功，即解散國會，停止憲法，禁止政黨活動，國家由國家拯救委員會統治。1975年10月

9日重組政府，設7人最高軍事委員會（SMC）為國家最高決策機構。1978年7月5日發生不流血政變，由艾庫福將軍（Gen. F.W. Akuffo）掌權。1979年6月4日由羅林士上尉（Jerry Rawlings）領導下級軍官政變成功，由軍事革命委員會執政。1979年6月18日大選，9月24日還政於民，由民選總統李曼（Hilla Limann）組閣執政，結束軍事統治。1981年12月31羅林士上尉領導下級軍政變推翻李曼總統，由臨時國防委員會（PNDC）執政。1992年5月18日廢除黨禁，選舉總統，羅林士當選總統。1996年12月7日總統選舉，羅林士獲選連任。2000年12月28日總統選舉，新愛國黨總統候選人庫佛（John Agyekum Kufuor）獲勝，2001年1月7日宣誓就職，並於2004年12月7日總統選舉獲勝連任。2009年國家民主議會黨提名的米爾斯（John Evans Atta Mills）當選總統。2012年7月米爾斯病逝，副總統馬哈馬接任總統職位。2012年12月7日總統選舉，馬哈馬以50.7%得票率獲勝。2016年12月7日總統大選，阿庫佛艾杜得票53.8%當選，2017年1月7日就職。2020年12月總統大選，阿庫佛艾杜以51.3%得票率獲勝連任。

政府首長	總統：阿庫佛艾杜 Nana Addo Dankwa Akufo-Addo
主要政黨	新愛國黨（NPP）、國家民主議會黨（NDC）、人民大會黨（PCP）、人民全國大會黨（PNC）。2012年12月7日及8日國會選舉，國家民主議會黨獲150席，新愛國黨120席，無黨籍3席。2016年12月7日國會選舉，新愛國黨獲171席，國家民主議會黨104席。2020年12月7日國會大選，新愛國黨獲得137席，國家民主議會黨137席，其他1席，獨立人士1席。
司法制度	以英國習慣法為基礎，設有最高法院、高級法院、上訴法院。

經社概況

平均每人國內生產毛額：5,500美元（2022）		國內生產毛額：1,834億5,900萬美元（2022）	
國內各業生產毛額結構：農業：18.3%　工業：24.5%　服務業：57.2%（2017）			
通貨膨脹率：31.26（2022）		失業率：3.52%（2022）	
進口值：263億2,900萬美元（2022）		出口值：257億4,400萬美元（2022）	
主要進口：金屬管、船舶、汽車、精煉石油、米。			
主要出口：黃金、原油、可可製品、錳、腰果。			
人口出生率：27.6‰（2024）		人口死亡率：5.9‰（2024）	

幾內亞共和國
REPUBLIC OF GUINEA

建國簡史

幾內亞於西元初原分隸西非各古老帝國，15世紀初，葡萄牙在該地區從事貿易與捕販黑奴。18世紀，樸拉人改奉回教，繼猛丁哥帝國建立霸權，因與其他族群無法共存而戰事不斷。

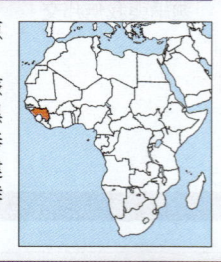

法國於1838年開始入侵幾內亞，1842年設法屬南河區（Comptoirs des Rivires du Sud），歸法屬塞內加爾管轄。1893年幾內亞成為法國殖民地，並於1899年併入法屬西非。1958年9月28日，幾內亞人公民投票決定脫離法蘭西國協，同年10月2日獨立。

與我關係

幾內亞與我無邦交。

基本資料

地理位置：非洲西部	面積：245,857平方公里
人口：1,398萬人（2024）	網址：http://gouvernement.gov.gn/
與臺北之時差：-8　電話國碼：224	
獨立日期：1958年10月2日（脫離法國）	國慶日：10月2日
首都：康納克立（Conakry）	語言：法語
幣制：Guinean franc, 1.00USD=8,609.58GNF（2024）	宗教：伊斯蘭教、基督教、拜物教。

政治制度：幾內亞於1984年政變後中止憲法，1991年12月23日恢復憲政。新政府以「國家復興軍事委員會」（Comite Militaire de Redressement National）為權力中心，設內閣掌管各部行政，成員17人。1984年12月取消總理一職，但1996年7月孔德總統未修憲即任命杜爾為總理。1988年11月3日外長托拉奧瑞受命草擬憲法，1990年12月23日，公民複決贊同「國家復興軍事委員會」所提基本法，以5年為過渡期，設立過渡之國家復興諮議會（Un Conseil Transitoire de Redressement National），建立兩黨政治與恢復文人政治，1991年1月17日諮議會成立，由總統任主席，並任命37名委員，軍人文職各半，國家復興軍事委員會形同解散。10月3日孔德總統宣布恢復多黨制。1993年12月舉行首次多黨選舉，孔德當選，於1994年1月宣誓就職。2003年12月21日總統大選，孔德以95.3%得票率獲勝連任。2008年12月22日，孔德病逝，軍方發動政變並解散政府和議會，卡馬拉（Moussa Camara）上尉暫代總統，後於2009年12月4日遭親信暗殺，身受重傷。幾國成立「國家獨立選舉委員會」，於2010年6月27日總統大選，無人得票過半，11月第二輪投票，顧德當選總統，自軍政府手中接掌政權。2015年10月11日總統大選，顧德以57.85%得票率連任。2020年3月，國會改選並舉辦憲法修改公投，通過取消總統任期限制。2020年總統大選，顧德贏得第3任。2021年9月，特種部隊領袖中校頓波雅（Mamady Doumbouya）奪權並拘捕總統顧德，10月宣誓就任過渡總統。2021年軍事政變後，憲法暫停，政府和人民國民議會（People's National Assembly）解散。過渡總統頓波雅2022年1月22日任命81名全國過渡委員會成員。

政府首長：過渡總統：頓波雅 Mamady Doumbouya　　過渡總理：烏里巴 Mamadou Oury Bah

主要政黨：執政黨幾內亞人民聯盟黨（RPG）、反對派政黨組成全國捍衛憲法陣線(National Front for the Defense of the Constitution, FNDC)。2008年12月國會遭軍事政變解散。2010年2月設立過渡議會。國會採一院制，議員任期4年。2020年3月，國會於社會動亂期遭反對黨杯葛下改選並辦理公投。2021年軍事政變後，至今尚未宣布辦理國會選舉。古穆自2022年7月16日起接替因健康因素請辭的過渡總理貝阿沃吉。

司法制度：設有最高法院、上訴法院、初審法院及治安法庭。

經社概況

平均每人國內生產毛額：2,700美元（2022）	國內生產毛額：374億800萬美元（2022）
國內各業生產毛額結構：農業：19.8%　工業：32.1%　服務業：48.1%（2017）	
通貨膨脹率：10.49%（2022）	失業率：5.53%（2022）
進口值：57億4,900萬美元（2022）	出口值：88億9,800萬美元（2022）
主要進口：米、精煉石油、藥品、貨車、汽車。	
主要出口：鋁、金、鋁土礦、鑽石、魚、腰果。	
人口出生率：35.3‰（2024）	人口死亡率：7.8‰（2024）

幾內亞比索共和國
REPUBLIC OF GUINEA-BISSAU

建國簡史

1466年，葡萄牙人首次登陸海岸，1878年的柏林條約將幾內亞比索列為葡萄牙殖民地。其獨立運動始於1961年，領導組織係「幾內亞比索與維德角非洲獨立黨」（PAIGC），由Amilcar Cabral所創立。1973年9月，PAIGC於游擊區內召開第一屆全國人民大會，通過憲法，並於9月24日宣布獨立，該國並尊創黨人Luis Cabral為國父，以其生日為國慶日。1974年4月葡國政變後於9月10日承認幾內亞比索獨立。1980年11月14日時任國防部長維拉（Joao Bernado Vieira）發動政變，推翻維德角人首任國家元首卡巴拉（Luis Cabral），自任總統迄1994年8月7日當選首任民選總統。

與我關係

與我無邦交。★1990年5月26日幾內亞比索與中華民國建交。1998年4月24日，我國宣布中止與幾國外交關係，停止兩國間合作。★幾國1974年3月15日與中國建交，1990年5月31日斷交；1998年4月23日與北京復交。

基本資料	
地理位置：非洲西部，濱大西洋。	面積：36,125平方公里
人口：213萬人（2024）	
與臺北之時差：-8　　電話國碼：245	
獨立日期：1973年9月24日　　國慶日：9月24日	
首都：比索（Bissau）　　語言：葡萄牙語	
幣制：West African franc, 1.00USD＝610.44XOF（2024）　　宗教：伊斯蘭教、基督教、拜物教。	
政治制度：半總統制共和國。1984年4月，比國修憲，重建全國人民大會，組成國家委員會，為總統之政治諮詢機構，1985年5月17日由維拉總統任命國會議長、總理、反對黨領袖在內之13位委員。國會為一院制102席，直接民選，任期4年。1991年5月9日頒布新憲法實施多黨民主制度，開放黨禁報禁，新聞自由及罷工權利，一時政黨林立。社會更新黨主席雅拉2000年1月16日第二輪總統選舉中獲勝，2月17日就職，成為1974年獨立以來第三任總統。2003年9月14日軍方政變，總參謀長塞亞布拉組成軍事委員會並自任臨時總統，之後任命羅沙為過渡政府總統，阿杜‧森哈為過渡政府總理。2004年5月9日，朱尼爾受命為總理。2005年7月24日舉行第二輪總統大選，維拉當選總統，得票率52.4%，10月就職。2009年3月維拉遭暗殺身亡，同年6月補選總統，森哈當選。2012年3月18日總統選舉，軍方在第二輪投票前的4月12日政變，在西非經濟共同體調停下，前國會議長尼亞馬喬5月被任命為過渡政府總統。原訂2013年11月的總統選舉延至2014年辦理，4月及5月兩輪投票，前財政部長瓦茲（Jose Mario Vaz）當選。2020年1月2日，反對黨恩巴洛以53.55%得票率贏得總統大選，執政黨「幾內亞和維德角非洲獨立黨」（PAIGC）白瑞拉（D. S. Pereira）得票率46.45%。	
政府首長：總統：恩巴洛 Umaro Sissoco Embalo　　總理：德巴羅士 Rui Duarte de Barros	
主要政黨：幾內亞和維德角非洲獨立黨（PAIGC）、社會更新黨（PRS）、團結社會民主黨。2014年國會選舉，102席中，PAIGC獲57席、PRS獲41席。2019年國會大選，PAIGC獲47席、民主交替運動黨（Madem G-15）27席、PRS獲21席。總統恩巴洛2022年5月16日解散國會，2023年6月立法選舉PAIGC獲54席、民主交替運動黨29席、PRS獲12席；12月德巴羅士任總理。	
司法制度：最高法院全國最高司法機關。	

經社概況	
平均每人國內生產毛額：1,900美元（2022）	國內生產毛額：39億600萬美元（2022）
國內各業生產毛額結構：農業：50%　工業：13.1%　服務業：36.9%（2017）	
通貨膨脹率：9.39%（2022）　　失業率：3.24%（2022）	
進口值：5億1,816萬美元（2021）　　出口值：3億3,490萬美元（2021）	
主要進口：精煉石油、米、小麥製品、湯/肉湯、麥芽精。　主要出口：腰果、黃金、魚、木材、鋁礦石。	
人口出生率：36‰（2024）　　人口死亡率：7.2‰（2024）	

肯亞共和國
REPUBLIC OF KENYA

建國簡史

英國東非公司（British East African Company）於1884年在目前的肯亞及烏干達地區設立，從事解放肯亞印度洋岸的黑奴，同時以英皇名義與當地酋長協議取得土地。英政府於1894年取代該公司，1896年宣布肯亞為其保護地，又於1920年改為殖民地。

1900年代白人為保護既得利益，立法限制亞、非人取得土地及種植咖啡。1920年代肯亞的民族主義者先是要求解除此等限制，二次大戰後，政治代表權的要求愈殷，遂發生毛毛反抗殖民統治運動，達8年之久，計有10萬人為此陣亡。甘耶達（Jomo Keayatta）支持毛毛運動被殖民政府監禁7年，釋放後，領導獨立談判，肯亞終在1963年12月12日獲得獨立，仍留在大英國協內。

與我關係

肯亞與我無邦交。★2006年10月起，肯亞東北部嚴重水患，行政院衛生署與外交部合組

「台灣國際醫衛行動團隊」於12月19日派遣緊急醫療隊赴肯亞協助救援。★2007年1月14日「台灣國際醫療行動團隊」派遣專家團前往肯亞參與控制裂谷熱疫情。★2009年2月台灣路竹會與台北醫學大學及台南奇美醫院等醫療人員與志工組成醫療團，前往肯亞義診。★2016年4月起，肯亞在北京政府要求下將多位於該國境內逮捕的台籍嫌犯分批遣送至中國，我政府抗議並派駐南非人員赴當地斡旋。該案於2018年經中國法院判決定讞，被告敗訴並於當地服刑。★2020年7月，國立成功大學醫院和肯亞奈洛比大學、肯亞塔國立醫院共同舉辦視訊研討會，提供台灣防疫經驗供當時線上約1,000人參考，並維繫與肯亞的國際合作。

基本資料

地理位置：非洲東部，東南瀕印度洋。	面積：580,367平方公里
人口：5,824萬人（2024）	網址：https://www.president.go.ke/
與臺北之時差：-5　電話國碼：254	
獨立日期：1963年12月12日（脫離英國）	國慶日：12月12日
首都：奈洛比（Nairobi）	語言：英語、Kiswahili語。
幣制：Kenyan shilling, 1.00USD=128.12KES（2024）	宗教：基督教、天主教、伊斯蘭教。

政治制度：總統制共和國，1963年6月1日憲法生效，1964年12月12日改制共和，1969年修訂憲法。總統掌行政權，任期5年，副總統及內閣閣員由總統任命，向國會負責。兩院制國會，參議院（Senate）67席，國民大會（National Assembly）349席，由全民直選，任期5年。肯亞非洲民族聯盟（KANU）原為全國唯一政黨，1991年12月憲改後，實施多黨政治。1992年12月29日選舉，肯亞非洲民族聯盟獲勝。1997年12月總統與國會選舉，莫伊當選總統，他領導的肯亞非洲民族聯盟也贏得國會多數席位。2002年及2007年總統大選，莫伊任內的副總統齊貝吉勝選。2013年3月總統選舉，肯亞國父甘耶達之子烏魯·甘耶達以50.1%得票率獲勝。2017年8月8日總統大選，甘耶達獲過半數票，對手歐丁嘉（Raila Odinga）認為計票系統遭駭，向法院提起選舉無效之訴，法院裁定10月重行選舉。10月26日在反對派杯葛下，烏魯·甘耶達以98.3%得票連任。2022年8月9日總統大選，選舉委員會宣布現任副總統魯托（William Ruto）以不到2個百分點的些微差距擊敗反對派領袖歐丁嘉，第5度競選總統失利的歐丁嘉提出選舉無效訴訟。

政府首長：總統：魯托 William Ruto

主要政黨：，朱比利黨（Jubilee Party）、改革與民主聯盟（CORD，包括橙色民主運動ODM等黨）、全國彩虹聯盟（NARC）、全國彩虹聯盟-肯亞黨（NARC-K）、橙色民主運動-肯亞黨（ODM-K）、肯亞非洲民族聯盟（Kenya African National Union）、自由民主黨（LDP）。2022年8月9日國會改選，參議院：肯亞第一聯盟（Kenya Kwanza coalition）34席、團結宣言（Azimio La Umoja）33席；國民大會：團結宣言173席，肯亞第一聯盟161席，獨立人士12席，其他3席。

司法制度：設有地區法院、上訴法院、高等法院和最高法院。穆斯林人口眾多地區另設伊斯蘭法院。

經社概況

平均每人國內生產毛額：4,900美元（2022）	國內生產毛額：2,637億3,700萬美元（2022）
國內各業生產毛額結構：農業：34.5%　工業：17.8%　服務業：47.5%（2017）	
通貨膨脹率：7.66%（2022）	失業率：5.64%（2022）
進口值：244億600萬美元（2022）	出口值：138億5,900萬美元（2022）
主要進口：精煉石油、汽車、藥品、小麥、鐵製品。 主要出口：茶、切花、精煉石油、咖啡、鈦。	
人口出生率：25.6‰（2024）	人口死亡率：4.9‰（2024）

賴索托王國
KINGDOM OF LESOTHO

建國簡史

1818年在首長莫修修一世（Moshoeshoei）領導下，巴索托族成為國家，稱巴索托蘭（Basutoland）。1843年12月13日巴索托蘭成為英保護地。1871年至1884年，巴索托蘭併歸好望角殖民地政府管轄，當時巴索托蘭強烈反對。1884年5月13日巴索托蘭恢復英國保護地之地位。1959年9月21日英伊莉沙白女王二世批准巴索托蘭新憲法，除國防外交、安全及公營事業外，巴索托蘭逐步獲得自治。

1962年12月17日聯合國大會通過決議，確認巴索托蘭有獨立權利。1963年7月26日聯合國有關殖民地委員會決議：對於英國所屬在南非境內三保護地，要求英政府召開憲法會議，舉行民主選舉，為獨立預作準備。1963年10月21日憲法委員建議，於1964年底以前，巴索托蘭內政自治，1965年獨立，仍參加大英國協，改名為「賴索托」（Lesotho）。該委員會草擬之新憲法，主要為獨立後之元首為國王（代替英女王），國王由酋長莫修修（Paramount Chief Moshoeshoe）擔任。其下為內閣總理及其內閣，國會採兩院制。

1964年8月1日英政府宣布賴索托由領地（Territory）改為殖民地（Colony），英駐在專員改為總督。1965年4月29日賴索托根據新憲法舉行第一次大選，由約拿旦（Leabua Jonathan）領導之賴索托國民黨因得南非政府在財政及組織上之幕後支持，擊敗國會黨而贏得多數席次。1966年10月4日巴索托蘭宣布獨立，定名賴索托王國（Kingdo of Lesotho），以國王莫修修二世（Moshoeshoe II）為元首，由國民黨主席約拿旦出任總理。

1990年2月22日，在一項反政變行動中，軍事委員會主席賴侃亞少將逮捕多位內閣閣員，並將國王莫修修二世放逐至英國。王子賴濟三世繼任為新王。1991年4月底賴國發生不流血政變，賴侃亞少將被迫下台，拉麥瑪（E.P.Ramaema）繼任為軍事委員會主席。

1997年10月31日，賴索托新國王賴濟三世的加冕典禮，在賴國首都馬賽魯舉行。

與我關係

與我無邦交。★1966年10月31日賴索托與中華民國建交，1983年5月14日斷交，1990年4月5日宣布復交，1993年12月24日再度中止外交關係。我於1994年1月12日宣布中止對賴關係。

基本資料
地理位置：在南非共和國境內	面積：30,355平方公里
人口：222萬人（2024）	網址：http://www.gov.ls/
與臺北之時差：-6	電話國碼：266
獨立日期：1966年10月4日（脫離英國）	國慶日：10月4日
首都：馬塞魯（Maseru）	語言：英語及巴索托語（均為官方語言）
幣制：Loti, 1.00USD＝18.20LSL（2024，賴索托幣與南非幣等值）	宗教：基督教、天主教。

政治制度：國體：君主立憲。1993年4月2日頒布新憲法。政體：內閣制。依1993年憲法，內閣由總理及16位部長組成，總理由多數黨領袖擔任。國會：依1993年憲法，國會兩院制，國民大會120人，其中80席由民選產生，40席按政黨比例產生；參議院議員33人由酋長22人及國王任命11人組成，任期5年。1998年10月2日，賴索托各黨談判，決定於15至18個月內重行大選。反對黨以大選舞弊為由抗議，使賴國幾乎陷於無政府狀態。南非在賴國總理莫西西里請求下，派兵進入賴國協助維持秩序，卻受到支持反對黨的賴國軍隊反抗，引發戰事。情勢穩定後，雙方談判，1998年10月14日，雙方同意成立大選過渡機構，負責準備重選，並在1998年內改組獨立選舉委員會。2002年賴國會選舉，過程平和，但2007年國會改選後，發生政黨比例分配名額爭議。2012年國會選舉有18個政黨參與，全巴索托會議黨的塔巴尼結盟多個政黨組成賴國首個聯合政府。2014年8月賴索托疑似發生政變，經「非洲開發共同體」成員國調停後，塔巴尼同意下台，國會提前於2015年2月改選，民主協會主席、前總理莫西西里擊敗現任總理塔巴尼當選新總理。2017年初，國會通過對莫西西里不信任投票，莫西西里宣布解散國會，6月改選，塔巴尼回任總理。2022年7月14日國王賴濟三世解散2017年選出的第10屆國會。

政府首長：國王：賴濟三世 Letsie III　　總理：馬特卡內 Samuel Matekane

主要政黨：2015年2月28日國民大會選舉，民主國會黨（DC）47席，全巴索托會議黨（ABC）46席，賴索托民主議會黨（LCD）12席。民主國會黨主席、前總理莫西西里再度執政。2017年6月3日國民大會選舉，全巴索托會議黨獲48席，民主國會黨30席，賴索托民主議會黨11席，前總理塔巴尼當選總理，6月16日就任。2020年1月，塔巴尼夫婦遭指控涉嫌他前妻槍殺案，造成國內動盪。5月，塔巴尼辭職，由財政部長馬約洛接任總理。2022年10月國會改選。議員馬特卡內組繁榮革新黨贏得最多席次，並由同時擔任黨魁的馬特卡內出任總理。

司法制度：司法分由地方法院、司法委員會、初級法院、高等法院及上訴法院管轄，上訴法院為一切訴訟案件之終審。

經社概況

平均每人國內生產毛額：2,200美元（2022）	國內生產毛額：51億6,600萬美元（2022）
國內各業生產毛額結構：農業：5.8%　工業：39.2%　服務業：54.9%（2017）	
通貨膨脹率：8.27%（2022）　　失業率：16.75%（2022）	
進口值：22億4,400萬美元（2022）　　出口值：10億7,000萬美元（2022）	
主要進口：精煉石油、成衣、藥品、貨車、禽肉。	
主要出口：鑽石、成衣、低電壓保護設備、小麥製品、鞋類。	
人口出生率：22.9‰（2024）	人口死亡率：10.8‰（2024）

賴比瑞亞共和國
REPUBLIC OF LIBERIA

建國簡史

16世紀起，販賣黑奴的風氣盛行非洲，賴國因受英、挪、瑞典等國反奴役慈善家之助，故其際遇與其他非洲國迥然不同。19世紀，美國為解放黑奴，乃選擇賴國為黑人遷徙地。歷經美國政府的鼓勵及宗教慈善機構的努力，美國殖民協會始得於1822年達成協助首批黑人遷居賴比瑞亞之願望。1847年7月26日賴比瑞亞正式宣布獨立，為非洲最早的共和國，英國首先於次年承認。

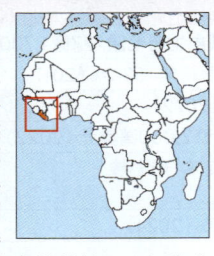

與我關係

賴比瑞亞與我無邦交。★1957年8月19日賴比瑞亞與中華民國建交。1977年2月21日賴比瑞亞與中國建交，我於23日中止外交關係。★1989年10月9日我與賴國復交，北京宣布與賴國斷交後，復於1993年8月10日唆使即將下台之索耶政權與我復交，惟因未與各派諮商，賴國最大派系領袖泰勒乃發表聲明駁斥該決定無效。2003年10月12日，我宣布終止與賴的外交關係。★1997年2月20日至23日，賴國過渡政府共同總統泰勒佁儻來台訪問，2月24日，賴國過渡政府發表聲明，聲稱賴國與中華民國的關係不具官方代表性。8月2日，泰勒就職，行政院政務委員蘇起以特使身分參加典禮。9月9日，賴國宣布與台海兩岸皆維持外交關係，北京抗議不成，便宣布與賴國斷交。11月5日，泰勒以賴國總統身分二次訪台。★1998年4月24日，外交部次長吳子丹率團前往賴比瑞亞，參加中華民國與賴比瑞亞混合委員會第一次會議。★2001年3月28日，賴國總統泰勒佁儻應陳水扁總統邀請，率團抵台訪問7天。

基本資料

地理位置：非洲西部，面臨大西洋。	面積：111,369平方公里
人口：543萬人（2024）	網址：http://www.emansion.gov.lr/
與臺北之時差：-8	電話國碼：231
獨立日期：1847年7月26日	國慶日：7月26日
首都：蒙羅維亞（Monrovia）	語言：英語與當地族語
幣制：Liberian dollar, 1.00USD= 194.74LRD（2024）	宗教：基督教、伊斯蘭教。

政治制度：國體：共和國，政體：總統制，直接民選產生，任期6年，得連任一次。國會兩院制，參院30席，任期9年；眾院73席，任期6年。1980年4月11日士官長杜耶發動政變，至1983年3月始由人民拯救委員會公布新憲法，並於1984年7月公民投票通過，採行政、立法、司法三權分立制。1985年全國大選，杜耶及其領導之國民黨獲勝。1990年由前軍閥泰勒領導之民族愛國陣線叛變，攻陷首都，杜耶總統遇害，賴國陷入內戰。其後各派於聯合國及西非國家經濟體（ECOWAS）調停下簽署20餘次和平協議，卻未實行。1994年3月成立5人國務委員會，5月過渡政府閣員確定，並簽訂Akosombo協議及Abuja協議。1997年7月19日全國大選，民族愛國黨領袖泰勒以超過75%得票率獲勝，8月2日就任總統。2003年6月5日，叛軍逼進蒙羅維亞，7月中旬叛軍與政府軍在蒙羅維亞激戰。聯合國安理會8月1日決議，授權成立國際維和部隊，落實政府與叛軍7月17日停火協議。8月11日泰勒辭職，副總統布拉就職，成為賴國第22位總統。8月18日臨時政府與兩個反叛團體簽署和平協定，終止4年內戰。2003年10月14日，賴比瑞亞行動黨領袖布萊恩particularly出任臨時政府總統，任期2年。2004年11月3日，各交戰派系解散，結束14年內戰。2005年11月8日舉行內戰結束後首次總統大選，67歲女候選人瑟利夫以近6成得票率成為非洲首位女總統。2011年10月11日及11月8日總統選舉兩輪投票，瑟利夫以90.7%得票連任。2017年10月10日及12月26日總統大選兩輪投票，前國際足球明星維阿以61.5%的得票率勝出，2018年1月22日，51歲維阿就任總統。2023年10月大選，曾任副總統的波阿凱當選總統。

政府首長：總統：波阿凱 Joseph Boakai

主要政黨：民主變遷聯盟、聯合黨、國家愛國黨、民主改革大會黨、人民統一黨、自由黨、和平民主聯盟等。2011年10月11日舉行國會兩院改選，參院30席中，聯合黨10席，國家愛國黨6席，民主改革大會黨3席，任期9年；眾院73席中，聯合黨24席，民主改革大會黨11席，自由黨7席，任期6年。2017年10月10日國會大選，眾院73席中，維阿領導的民主變遷聯盟取得21席，聯合黨19席，人民統一黨5席，獨立人士12席，其他是小黨席次。2020年12月參院選舉，聯合黨13席，民主改革大會黨5席，獨立人士7席。預定2023年10月國會兩院大選，民主改革大會黨於參院取得6席、眾院25席。

司法制度：設有地方法院、高等法院及最高法院。

經社概況

平均每人國內生產毛額：1,500美元（2022）	國內生產毛額：77億4,700萬美元（2022）
國內各業生產毛額結構：農業：34%　工業：13.8%　服務業：52.2%（2017）	
通貨膨脹率：23.56%（2018）	失業率：3.03%（2022）
進口值：19億6,100萬美元（2022）	出口值：12億2,000萬美元（2022）
主要進口：船舶、精煉石油、鐵結構（造船）、船用螺旋槳、離心機。	
主要出口：船舶、鐵、金、橡膠、原油。	
人口出生率：32.4‰（2024）	人口死亡率：8.3‰（2024）

利比亞
LIBYA

建國簡史

利比亞自16世紀後二度被土耳其所占領，1912年被義大利併吞為殖民地，二次大戰淪為戰場，戰後由英、法分占，後經聯合國決議於1951年12月24日宣布獨立，成立聯邦制聯合王國，後改名為利比亞國。1969年9月1日格達費等軍官發動政變，推翻國王，改制共和。1977年3月2日通過民權宣告，創設全國人民大會，並改國名為「利比亞阿拉伯人民社會主義群眾國」，簡稱利比亞群眾國。復於1986年再改為「大利比亞阿拉伯人民社會主義群眾國」（Great Socialist People's Libyan Arab Jamahiriya）。2011年2月15日國內爆發嚴重反政府示威，反抗軍於3月5日建立利比亞「國家過渡委員會」（National Transitional Council）臨時政權，並宣布包含33名來自主要城市和鄉鎮代表組成。同年9月聯合國承認利比亞國家過渡委員會為利國合法過渡政府，在聯合國的席位也改名為「利比亞」（Libya）。2012年8月8日，委員會將政權

移交給新選出的國民議會（General National Congress），象徵推翻格達費（Moamer Kadhafi）40年獨裁後政權和平轉移。

與我關係

利比亞與我無邦交。★1959年利比亞與中華民國建交。1978年8月9日利比亞與中國建交，我於9月14日宣布中止與利國外交關係。★1980年3月19日我在首都的黎波里設「中華民國駐利比亞商務辦事處」，1997年9月12日關閉。★2006年5月10日陳水扁總統首度訪問利比亞，洽談互設代表處及擴大兩國經貿事宜。同年5月雙方簽署設處備忘錄。★2008年2月13日我駐利比亞商務代表處在的黎波里掛牌運作。但自2011年2月起因利國動盪暫時關閉，由我駐約旦代表處兼轄。★2011年9月16日我承認利比亞「國家過渡委員會」為利國合法政府。

基本資料

地理位置：非洲北部，臨地中海，東接埃及。	面積：1,759,540平方公里
人口：736萬人（2024）	網址：https://www.gia.gov.ly/
與臺北之時差：-6	電話國碼：218
獨立日期：1951年12月24日（脫離義大利）	國慶日：9月1日（解放紀念日）
首都：的黎波里（Tripoli）	語言：阿拉伯語、英語。
幣制：Libyan dinar, 1.00USD＝4.85LYD（2024）	宗教：伊斯蘭教

政治制度：過渡政府。2011年10月20日格達費死亡，政權遭推翻後，2012年8月8日利比亞過渡政府移交政權給同年7月7日選出的國民議會（GNatioCongress）。國民議會共200席，成員包括政黨和無黨派代表，在依新憲法辦理大選前為利比亞人民的合法代表。2014年6月25日為將取代國民議會的國民代表大會（House of Representatives）大選，但伊斯蘭派掌控的國民議會拒絕承認自由派與聯邦主義者主導的新國會的合法性。8月總理薩尼（Abdullah al-Thinni）和國民代表大會被迫遷往東部城市多布魯克（Tobruk）。9月利比亞西部民兵團體和以伊斯蘭派為主的聯盟「利比亞黎明」（Fajr Libya）占領首都並恢復國民議會。11月首都的利比亞最高法院裁定位於多布魯克的新國會違憲，國際間則不承認的黎波里政府的合法性。2015年12月利國各派系簽署聯合國斡旋的「利比亞政治協議」（Libyan Political Agreement），同意成立聯合政府，由國民代表大會議員薩拉吉（Fayiz al Saraj）任總理組閣。2016年4月薩拉吉抵達的黎波里，但組閣過程被控制國民代表大會的沙雷伊薩阻擾。2016年8月，美國應聯合政府要求，空襲伊斯蘭國（Islamic State）根據地。2020年2月，控制首都的黎波里、獲國際承認的全國團結政府（GNA）與位於東部城市班加西（Benghazi）、自封利比亞國民軍（LNA）的軍閥哈夫塔（Khalifa Haftar）結盟的多布魯克政府停火談判破局。哈夫塔獲阿拉伯聯合大公國、埃及、俄羅斯支持，土耳其是的黎波里政府的主要盟友。2021年2月5日，聯合國領導的利比亞政治對話論壇選出曼菲（Mohammed Al Menfi）和德貝巴為總統委員會主席與總理。原定2021年12月24日利比亞首次總統直選沒有舉行。此後，首都的黎波里與東部城市班加西各自出現政府，雙方都有武裝團體與外國政府支持，國家陷入混亂。

政府首長：總統委員會主席：曼菲 Mohammed Al Menfi	總理：德貝巴 Abdul Hamid Dubaybah

司法制度：原設有地方法院、最高法院及革命法院，未來司法體制未定。

經社概況

平均每人國內生產毛額：19,800美元（2022）	國內生產毛額：1,348億6,100萬美元（2022）
國內各業生產毛額結構：農業：1.3%　工業：52.3%　服務業：46.4%（2017）	
通貨膨脹率：4.51%（2022）	失業率：19.3%（2022）
進口值：254億美元（2021）	出口值：323億8,000萬美元（2021）
主要進口：精煉石油、汽車、廣播設備、菸、珠寶。	主要出口：原油、天然氣、黃金、精煉石油、廢鐵。
人口出生率：20.3‰（2024）	人口死亡率：3.5‰（2024）

馬達加斯加共和國 REPUBLIC OF MADAGASCAR

建國簡史

馬達加斯加於16世紀被葡萄牙人Diego Diaz發現，18世紀起該島由Merina王國統治，1810年傳教士入境設立學校，之後法國即開始移民，至1895年法國完全控制該島，1946年成為法國海外領土。1958年10月該島6個省分的議員投票選擇自治，成立馬拉加西共和國，仍為法國國協一員，直到1960年6月26日獨立，首任總統齊拉納（Philibert Tsiranana）。1975年12月30日芮齊拉卡（Didier Ratsiraka）當選總統後，改國名為馬達加斯加民主共和國，是為第二共和。1992年9月12日馬國通過第三共和憲法。

與我關係

與我無邦交。★1963年6月26日馬達加斯加與中華民國建交。1972年11月6日馬國與中國建交，12月15日我與其中止外交關係。★1990年10月31日我與其簽訂互換特別代表團特別協議，1991年6月17日我駐馬國特別代表團成立。★1998年9月9日，馬達加斯加內閣片面廢止兩國互設代表處協議。

基本資料

地理位置：非洲東南方印度洋島國	面積：587,041平方公里
人口：2,945萬人（2024）	網址：http://www.presidence.gov.mg/
與臺北之時差：-5	電話國碼：261
獨立日期：1960年6月26日（脫離法國）	國慶日：6月26日
首都：安塔那那利佛（Antananarivo）	語言：法語、馬拉加西語、英語。
幣制：Malagasy Ariary, 1.00USD＝4484.50MGA（2024）	宗教：基督教、原住民信仰、伊斯蘭教。

政治制度：1992年通過第三共和憲法。2010年11月17日過渡政權推動全民公投通過第四共和憲法，總統可連任次數由三屆改為兩屆，該版本憲法沿用至今。半總統制共和國。總統：直接民選，任期5年。總理由國民議會提名，總統任命。國會：兩院制，國民議會151席，直選，任期4年；參議院18席：2/3地區和省級領導人選舉期間接選舉產生，1/3總統任命，任期5年。1993年3月9日過渡時期「國家最高當局」主席查飛（A. Zafy）擊敗競選連任的芮齊拉卡，當選總統，宣布取消國名中「民主」二字，更為「馬達加斯加共和國」；6月國會大選，8月成立新政府，結束兩年過渡期。2001年12月16日總統選舉，反對黨領袖拉瓦羅馬納納（M. Ravalomanana）自稱獲過半選票並指控當局選舉舞弊，雙方爆發流血衝突。2002年4月29日憲法法院宣布，拉瓦羅馬納納得票51.46%，前總統芮齊拉卡35.9%。5月6日拉瓦羅馬納納就任總統。2006年12月3日總統選舉，拉瓦羅馬納納以54.8%得票率連任。2009年1月拉瓦羅馬納納關閉由首都市長拉喬利納（Andry Rajoelina）經營的廣播電台，拉喬利納發起反政府示威，引發暴力衝突。3月軍方與反對黨發動政變，拉瓦羅馬納納辭職，拉喬利納接任總統。8月馬國各方協議，定出15個月政治過渡期，國會於過渡期結束後改選，惟協議未落實。2013年1月拉喬利納與流亡的拉瓦羅馬納納在調停下達成協議，兩人同意不參加7月舉行的總統大選。該協議因拉瓦羅馬納納前妻於5月登記參選而破局，總統選舉延期投票，拉喬利納支持的前財長拉喬納里（Henry Rajaonarimampianina）以53.3%得票率擊敗拉瓦羅馬納納支持的候選人，2014年1月就任總統。2018年12月19日第二輪總統大選，拉喬利納以55.7%得票率獲勝，2019年1月21日就任總統。2023年11月總統大選，拉喬利納續任。

政府首長：總統：拉喬利納 Andry Rajoelina　　總理：恩特賽 Christian Ntsay

主要政黨：馬達加斯加新生黨（HVM）、我愛馬達加斯加黨（TIM）、堅定馬達加斯加青年黨（TGV）。執政聯盟「與拉喬利納總統一道」（IRD又稱IRK、IRMAR）由TGV、爭取變革民主和人士聯盟（UDR-C）等政黨和政黨聯盟組成。2019年國民議會選舉，執政聯盟IRD贏得多數席次。2020年參院選舉，IRD獲10席，馬達加斯加團結共進黨（Malagasy Miara Miainga, MMM）2席。2024年5月國民議會選舉，執政聯盟獲得多數席次。

司法制度：設有最高司法委員會、最高法院、最高司法法院及高等憲法法院。

經社概況

平均每人國內生產毛額：1,500美元（2022）	國內生產毛額：444億9,100萬美元（2022）
國內各業生產毛額結構：農業：24%　工業：19.5%　服務業：56.4%（2017）	
通貨膨脹率：8.16%（2022）　　失業率：1.9%（2022）	
進口值：60億4,100萬美元（2022）	出口值：46億8,900萬美元（2022）
主要進口：精煉石油、米、汽車、藥品、成衣。 主要出口：香草、鎳、黃金、成衣、寶石。	
人口出生率：27.6‰（2024）	人口死亡率：5.8‰（2024）

馬拉威共和國
REPUBLIC OF MALAWI

建國簡史

馬拉威原名尼亞薩蘭（Nyasaland），1891年起成為英國保護地，1953年英國政府將尼亞薩蘭與南北羅德西亞合併成立羅尼聯邦（Federation of Rhodesia and Nyasaland）；但受到尼亞薩蘭人反對。1958年起尼亞薩蘭人在班達博士（Hastings Kamuzu Banda）領導下積極爭取自治，1963年12月羅尼聯邦解體，尼亞薩蘭獲英國同意於1964年7月6日獨立，改名為馬拉威，1966年7月6日頒行共和憲法，定名為馬拉威共和國。

馬拉威1993年舉行公民投票，廢除一黨政治，改行多黨制。1994年5月17日舉行首次多黨大選，聯合民主陣線（United Democratic Front, UDF）贏得大選，原執政黨馬拉威國會黨（Malawi Congress Party, MCP）落敗，班達總統30年的一黨專政時代結束。

與我關係

馬拉威與我無邦交。★1965年8月20日我與馬拉威簽訂技術合作協定。1966年7月11日馬拉威與中華民國建交。2007年12月底，馬國與中國建交。2008年1月14日，我與馬拉威中止外交關係。★1994年11月，馬拉威政府任命Tipu Vareta擔任駐日兼駐台大使。★1995年4月19日，馬拉威總統莫魯士伉儷訪台5天。★1998年6月5日，我駐馬拉威大使麥石承仁與馬拉威新聞部長姆帕書代表中央通訊社與馬拉威通訊社簽署新聞交流合作協定。★1999年11月30日，莫魯士總統率團抵台訪問5天。★2002年7月5日至7日，陳水扁總統率團訪問馬拉威，與莫魯士總統簽署聯合公報，重申繼續加強合作。★2004年5月24日，司法院長翁岳生率領中華民國特使團出席莫泰加總統就職典禮。10月8日馬國國會議長姆年捏貝抵台訪問5天。★2005年1月10日，馬拉威總統莫泰加伉儷訪台5天。9月20日莫泰加總統在聯合國大會為台灣加入聯合國發言。★2007年7月5日外交部長、總統特使黃志芳飛抵馬拉威訪問，晉見莫泰加總統，面呈陳總統之「第一屆台非元首高峰會議」邀請函。9月8日莫泰加總統來台參加這場高峰會議。

基本資料

地理位置：非洲東南部內陸	面積：118,484平方公里
人口：2,176萬人（2024）	網址：http://www.malawi.gov.mw/
與臺北之時差：-6　電話國碼：265	
獨立日期：1964年7月6日（脫離英國）	國慶日：7月6日
首都：里朗威（Lilongwe）	語言：英語、Chichewa語。
幣制：Malawian kwacha, 1.00USD= 1733.19MWK（2024）	宗教：基督教、天主教、伊斯蘭教。
政治制度：國體：總統制，憲法於1966年7月6日生效。1994年5月通過新憲法，於次年實行。總統直接民選，任期5年。國會一院制，稱為「國民議會」（National Assembly），193席，民選產生，任期5年，內閣	

閣員由總統任命，國會議員得兼內閣閣員。1994年5月17日馬國首度總統直選，莫魯士（Bakili Muluzi）當選總統。莫魯士1999年6月15日連任，他所屬的聯合民主陣線在國會193席贏得93席，馬拉威國會黨獲66席，民主聯盟黨29席。2004年5月20日大選，執政黨聯合民主陣線候選人莫泰加（Bingu wa Mutharika）以36%得票率獲勝，5月24日就職。2005年莫泰加總統脫黨自組民主進步黨，並於2009年5月以66%得票贏得大選，連任總統。2012年4月5日莫泰加驟逝，副總統班達（Joyce Banda，與已故總統班達無血緣關係）4月7日接任。她也是馬拉威首位、非洲第2位女總統。2014年5月大選，莫泰加之弟穆薩里卡（Peter Mutharika）以36.4%得票當選總統。2019年5月21日大選，穆里卡以38.6%得票率獲勝連任。2020年2月，憲法法庭引據諸多流傳廣泛的違規行為，撤銷總統穆薩里卡獲勝的投票結果，下令重新舉行選舉。2020年6月23日，代表馬拉威國會黨競選的查克維拉以59%得票率擊敗穆薩里卡當選，6月就任總統。預定2025年總統大選。

政府首長：總統：查克維拉 Lazarus Chakwera

主要政黨：民主進步黨（DPP）、聯合民主陣線（UDF）、馬拉威國會黨（MCP）、人民黨。2014年5月國會大選，在193席中，民主進步黨51席，馬拉威國會黨48席，人民黨26席。2019年5月21日大選，民主進步黨獲62席、馬拉威國會黨55席、獨立派人士55席。

司法制度：設有最高上訴法院、高等法院和地方法院。

經社概況	
平均每人國內生產毛額：1,500美元（2022）	國內生產毛額：299億3,200萬美元（2022）
國內各業生產毛額結構：農業：28.6%　工業：15.4%　服務業：56%（2017）	
通貨膨脹率：20.95%（2022）	失業率：5.11%（2022）
進口值：35億8,200萬美元（2021）	出口值：15億3,800萬美元（2021）
主要進口：郵票、精煉石油、藥品、化肥、辦公設備。	
主要出口：菸葉、茶葉、粗糖、豆類、豆製品、成衣。	
人口出生率：26.6‰（2024）	人口死亡率：4.5‰（2024）

馬利共和國
REPUBLIC OF MALI

建國簡史

馬利獨立採和緩漸進方式，與許多西非國家相同。獨立領袖凱塔（Modibo Keita）與象牙海岸伍弗布尼等第一代非洲領袖，均屬非洲民主聯合組職（Rassemblement Democratique Africain）。19世紀中葉後為法國統治，改名為法屬蘇丹，為法國西非聯邦之一。第二次世界大戰後，民族自治之風大盛，聯邦終告瓦解。法屬蘇丹於1946年成立地方議會，選舉代表出席法國聯邦會議。1958年成為法蘭西邦協會員國，享有全部自治權。1959年與塞內加爾合併成立馬利聯邦。1960年8月塞內加退出聯邦，9月22日馬利共和國宣布成立，由凱塔出任總統。

1960年9月22日獨立後宣布以社會主義建立馬利共和國，主張絕對主權論，取消法國軍事基地，創馬利法郎，但於1967年再度加入西非法郎集團。1968年11月19日青年軍人政變，穆沙·特拉奧雷（Moussa Traore）自此主政，仍以社會主義為號召，實行軍人專制。1991年3月軍事政變，特拉奧雷被捕下台。1992年通過新憲法，實施多黨政治制度並舉行總統選舉。

與我關係

馬利與我無邦交。★1960年6月20日馬利聯邦宣布成立，同日中華民國宣布與馬利建立外交關係；10月21日馬利承認中國並於27日建交，我與馬利斷交。

基本資料

地理位置：西非內陸	面積：1,240,192平方公里
人口：2,199萬人（2024）	網址：http://primature.ml/
與臺北之時差：-8	電話國碼：223
獨立日期：1960年9月22日（脫離法國）	國慶日：9月22日
首都：巴馬科（Bamako）	語言：法語、Bambara語及其他多種土語。
幣制：West African franc, 1.00USD＝610.44XOF（2024）	宗教：伊斯蘭教、基督教、拜物教。

政治制度：半總統制共和國。1992年1月公民複決通過新憲法，多黨政治，總統直選，任期5年，由獲過半數票者出任。單一國會，147席，任期5年，直接民選產生。2002年4月總統選舉第二輪投票，1991年政變後過渡時期領袖托赫（Amadou T. Toure）以65％得票率獲勝，2007年4月以71.2％得票率連任。2012年3月22日軍人政變，罷黜托赫，國會議長特拉奧雷（D. Traore）於4月就任臨時總統；4月穆斯林叛軍及圖阿雷格族（Tuareg）分離分子侵襲，占領北部，但馬利政府軍在國際支援下收復被占領區；雙方於2015年6月簽署停火協議。2013年8月12日總統大選第二輪投票，前總理凱塔（Ibrahim B. Keita）當選。2018年8月12日總統大選第二輪投票，凱塔以77.6％得票率獲勝連任。2020年8月18日軍方政變，凱塔遭推翻。9月12日，軍方通過建立18個月的過渡政府憲章。9月25日，前國防部長恩多（Bah Ndaw）就任臨時總統，希望在18個月後重建文人政府，並任命前外交部長瓦恩（Moctar Ouane）為過渡政府總理。2021年5月25日副總統戈伊塔奪權，6月7日就任臨時總統並任命前工商與交通部長邁加為臨時總理。2022年2月過渡政府允許當局執政5年。2023年6月軍政府推動全民公投鞏固總統權力，創造無限期掌權。2024年3月起恢復文官統治。

政府首長：過渡總統：戈伊塔 Assimi Goita　　過渡總理：邁加 Choguel Maiga

主要政黨：馬利團結黨（RPM）、馬利民主同盟（ADEMA）、民主共和聯盟（URD）等。原定2018年國會改選，延至2020年3、4月兩輪投票，凱塔的執政黨取得最多席次，引發民眾連月示威抗議。8月軍方政變，國民議會解散。過渡政府成立全國過渡委員會（CNT）作為立法機構，121名成員由當時過渡副總統戈伊塔選出。2022年2月CNT增至147席，但尚未填補席位。

司法制度：設有最高法院、憲法法院、高等法院、行政法院、上訴法院、重罪法庭及一審法院。

經社概況

平均每人國內生產毛額：2,100美元（2022）	國內生產毛額：481億8,400萬美元（2022）
國內各業生產毛額結構：農業：41.8％　工業：18.1％　服務業：40.5％（2017）	
通貨膨脹率：9.62％（2022）	失業率：3.14％（2022）
進口值：75億9,600萬美元（2021）	出口值：53億8,100萬美元（2021）
主要進口：精煉石油、成衣、藥品、水泥、廣播設備。	主要出口：黃金、棉、芝麻、木材、植物油。
人口出生率：40‰（2024）	人口死亡率：8.1‰（2024）

茅利塔尼亞伊斯蘭共和國
ISLAMIC REPUBLIC OF MAURITANIA

建國簡史

茅利塔尼亞人多數屬摩爾人，11世紀後半葉，摩爾人曾毀滅迦納帝國，征服摩洛哥，橫跨直布羅陀海峽，擊敗西班牙，聲威遠震伊比利半島。15世紀葡、西、荷人相繼前往茅利塔尼亞，法國人至19世紀始抵該地。茅利塔尼亞1904年成為法國海外屬地，1920年成為法國殖民地，1945年成為法國海外屬地，1947年成立地方議會，1957年5月20日成立地方政府，1958年11月28日成立自治政府，1959年3月20日通過憲法，1960年11月28日獨立。獨立建國後，茅國於1960年至1978年由文人總統Moctar Ould Daddah領導，實行一黨執政，法定唯一政黨為茅利塔尼亞人民黨（Parti du Peuple Mauritanien）。此後，茅國政治發生多次軍人政變。

與我關係

與我無邦交。★1960年11月28日茅利塔尼亞與中華民國建交。1965年7月19日茅國與中國建交，9月11日我與茅國斷交。

基本資料

地理位置：非洲西北部		面積：1,030,700平方公里	
人口：432萬人（2024）		網址：http://primature.gov.mr/	
與臺北之時差：-8	電話國碼：222		
獨立日期：1960年11月28日（脫離法國）		國慶日：11月28日	
首都：諾克少（Nouakchott）		語言：阿拉伯語、法語、Pulaar語、Soninke語、Wolof語。	
幣制：Ouguiya, 1.00USD＝39.82MRU（2024）			宗教：伊斯蘭教

政治制度：國體：伊斯蘭共和國。原憲法於1961年5月生效。現行憲法於1991年頒行。政體：總統制，總統任期5年，直接民選，獲過半數票者出任，得連任一次。國會原採兩院制。參議院（Senate）56席，間接選舉，任期6年；國民議會（National Assembly）146席，直接民選產生，任期5年。2007年國會及總統大選後，國內種族情勢仍緊張。2008年8月6日發生政變，由總統侍衛長阿濟茲推翻民選總統阿不德拉希（S. O. C. Abdallahi），成立軍事執政團，阿濟茲擔任主席。2009年5月，阿濟茲、前總統阿不德拉希成立之「捍衛民主全國陣線」、茅國反對政變奪權之「民主力量聯合會」三大派系在塞內加爾達卡協商並簽署達卡協議，同意同年7月18日舉行大選。2009年總統大選，阿濟茲（M. O. A. Aziz）以52.6%選票獲勝。結果揭曉前，反對黨參選人瓦爾上校（E.O.M. Vall）表示不承認此次大選，並呼籲國際介入調查。2014年6月，阿濟茲在多數反對派抵制的總統選舉中，獲得81.9%選票連任。2017年8月憲法修正案公民投票，廢除參議院改為國會一院制。2019年6月22總統大選，加祖瓦尼以得票率52%當選，8月1日就任。2024年6月總統大選，加祖瓦尼獲56.12%得票率再度連任。

政府首長：總統：加祖瓦尼 Mohamed Cheikh El Ghazouani　　總理：賈伊 Moctar Ould Diay

主要政黨：2013年11-12月國民議會選舉，共和聯盟（UPR）贏得75席，與盟黨組成執政聯盟。伊斯蘭主義政黨塔瓦蘇爾（Tewassoul）獲16席，成為最大反對黨。改為單一國會後，首次在2018年9月舉行2輪國民議會選舉，共和聯盟在157席中贏得97席。2023年國會選舉，因政黨數量少，執政黨成功獲得多數席位。

司法制度：設有最高法院、上訴法院、初審法院三級。

經社概況

平均每人國內生產毛額：5,300美元（2022）	國內生產毛額：252億4,500萬美元（2022）
國內各業生產毛額結構：農業：27.8%　工業：29.3%　服務業：42.9%（2017）	
通貨膨脹率：9.53%（2022）	失業率：10.79%（2022）
進口值：57億7,000萬美元（2022）	出口值：41億3,200萬美元（2022）
主要進口：船舶、飛機、小麥、粗糖、精煉石油。	
主要出口：鐵礦石、魚製品、黃金、軟體動物、加工甲殼類動物。	
人口出生率：27.2‰（2024）	人口死亡率：7.2‰（2024）

模里西斯共和國
REPUBLIC OF MAURITIUS

建國簡史

模里西斯島是中古時代由阿拉伯人發現。1507年至1512年間葡萄牙人曾登陸該島，稱為Swan島。1598年荷蘭人占領，以當時總理納桑模里斯王子之名命之。1715年法國占有，開始移民，另名為法國之島。

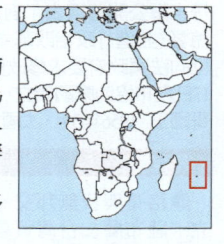

英國軍隊於1810年拿破崙戰爭中占領該島，1814年法國在維也納條約中將此地讓予英國，但約文第8條協定島上居民得保有原有之法律、風俗習慣與宗教，因此法語及法國習俗至今行於模里西斯。1825年模島成立政府、議會並設總督。由於當時禁販黑奴，印度勞工乃於1842年至1910年間來此工作，此後構成模國現今主要人口。華裔人口約占3%，多為19世紀來自廣東的廣東人或客家人後裔。1968年3月12日模里西斯宣布獨立，並成為大英國協中之一員。1992年3月12日模國改國體為共和國，不再奉英國女皇為元首。

與我關係

與我無邦交。★1984年9月21日我在模國首都路易港設立「中華民國駐模里西斯商務代表團」。外交部於2002年7月31日關閉該駐處。農委會漁業署在該國派有漁業專員★1988年3月模國在台設立「模里西斯外銷發展投資局駐華辦事處」，後因功能未發揮而於1992年12月關閉。

基本資料

地理位置：非洲東南方印度洋之島國	面積：2,040平方公里
人口：131萬人（2024）	網址：https://www.govmu.org/
與臺北之時差：-4	電話國碼：230
獨立日期：1968年3月12日（脫離英國）	國慶日：3月12日
首都：路易港（Port Louis）	語言：英語、法語、克里奧語（Creole）。
幣制：Mauritian rupee, 1.00USD＝47.12MUR（2024）	宗教：印度教、天主教、伊斯蘭教。

政治制度：國體：共和國。政體：議會內閣制，總統由國會選出，任期5年，得連任一次。國會一院制，共70席，其中62席直接民選，其餘保留給少數民族，議員任期5年。行政權歸部長會議，內閣由總理及最多20名閣員組成，總理由國會多數黨黨魁擔任，閣員由總理提請總統任命。2015年5月29日，於2012年7月上任的總統普雅（Rajkeswur Kailash Purryag）辭職。6月4日國會選出生物學家古瑞柏-法金（Ameenah Gurib-Fakim）為新任總統，是模里西斯首位女總統。2018年3月古瑞柏-法金因涉入舞弊醜聞辭職，23日起由副總統維亞普里（P. Barlen Pillay Vyapoory）代理總統。2019年12月國會選出前文化部長魯篷為新任總統。

政府首長：總統：魯篷 Prithvirajsing Roopun　　總理：普拉文·賈諾斯 Pravind Jugnauth

主要政黨：勞工黨、3M黨（Mauritian Militant Movement, MMM）、社戰黨（MSM）及查威徐灣黨（PMXD）、社會民主黨。2014年12月6日國會解散，12月10日大選。社戰黨為首的人民聯盟（Alliance Lepep）獲得47席，勞工黨及3M聯盟獲得13席。2014年12月起擔任總理的賈諾斯（Sir Aneerood Jugnauth）2017年1月辭職，其子普拉文·賈諾斯獲任命為總理。2019年11月7日國會選舉，社戰黨獲38席，勞工黨14席，剩餘由其他政黨獲得。

司法制度：設有最高法院、民事上訴法院、刑事上訴法院及地區法院。

經社概況

平均每人國內生產毛額：22,800美元（2022）	國內生產毛額：288億3,800萬美元（2022）
國內各業生產毛額結構：農業：4%　工業：21.8%　服務業：74.1%（2017）	
通貨膨脹率：10.77%（2022）	失業率：6.32%（2022）
進口值：80億3,700萬美元（2022）	出口值：50億500萬美元（2022）
主要進口：精煉石油、汽車、水產、飛機、藥品。	
主要出口：水產、粗糖、服裝和服飾、鑽石、精煉石油。	
人口出生率：9.8‰（2024）	人口死亡率：9‰（2024）

摩洛哥王國
KINGDOM OF MOROCCO

建國簡史

1859年法國迫使摩國訂立不平等條約，取得摩國部分國土之殖民特權，1894年摩國發生民變後英國介入，並在摩國取得30年自由貿易之權利。摩國撤除在丹吉爾（Tanger）所設之要塞，開放直布羅陀海峽。1905年德皇親率艦隊抵丹吉爾，摩國邀德皇會談，雙方同意召開國際會議。1906年法、德、摩國三方會談後通過摩洛哥公約，德國取得在丹吉爾建港權，摩國由國際共管。

1911年11月4日法德條約，摩洛哥成為法國保護國。1947年4月，穆罕默德五世（Mohammed V）在丹吉爾公開演講表示對法國不滿，法國更換駐摩總督，並進行政治改革。1952年3月14日穆罕默德五世向法國政府要求修改保護國規章；法國政府7月17日宣布協助摩國獨立，承認穆罕默德五世為摩洛哥國王。1956年3月，法國承認摩洛哥為獨立國家。

與我關係

摩洛哥與我無邦交。★外貿協會於1993年設立卡薩布蘭加台灣貿易中心。該中心於2009年裁撤。

基本資料

地理位置：非洲西北部，隔直布羅陀海峽與西班牙相對。	面積：446,550平方公里
人口：3,738萬人（2024）	網址：http://www.pm.gov.ma/
與臺北之時差：-8（夏令時-7）	電話國碼：212
獨立日期：1956年3月2日（脫離法國）	國慶日：7月30日（Throne Day）
首都：拉巴特（Rabat）	語言：阿拉伯語、法語。
幣制：Moroccan dirham, 1.00USD=9.87MAD（2024）	宗教：伊斯蘭教

政治制度：議會君主立憲。國王有任免總理及內閣、頒布國會之立法、解散國會、宣布緊急狀態、修憲等權力，且為三軍統帥。國會：1996年9月修改憲法，兩院制，參議院（Chamber of Counselors）270席，任期9年，1/3席次每3年改選。眾議院（Chamber of Representatives）395席，直接選舉，任期5年。1998年3月14日，社會主義聯盟領袖尤索夫組成左派和中間派政黨的聯合政府。1999年7月23日穆罕默德五世哈山心臟病去世，36歲的王儲西地·穆罕默德即位，稱穆罕默德六世。2011年2月民眾受阿拉伯之春運動影響於各地示威，要求民主，政府3月設立修憲委員會，7月全民公投通過新憲法。11月眾議院改選，正義發展黨成為首個贏得國會多數席次的伊斯蘭教派政黨。2016年10月7日眾議院選舉，正義發展黨贏得最多席次但未過半。2017年7月30日穆罕默德六世登基18週年特赦1,178人。

政府首長：國王：穆罕默德六世 Mohammed VI　　總理：阿克哈努什 Aziz Akhannouch

主要政黨：全國獨立人士聯盟（RNI）、獨立黨（PI）、正義發展黨（PJD）、憲政聯盟（UC）、人民運動（MP）、人民力量社會聯盟（USFP）等。2011年11月25日眾院選舉，正義發展黨107席，獨立黨60席，全國獨立人士聯盟52席。2016年10月眾院選舉，正義發展黨125席，真實與現代黨（PAM）102席。2017年3月前外長奧特瑪尼就任總理。2021年9月8日眾議院大選，全國獨立人士聯盟獲得102席，真實與現代黨87席，獨立黨81席，人民力量社會聯盟34席，正義發展黨僅13席。10月7日全國獨立人士聯盟黨魁阿克哈努什就任總理。

司法制度：設有最高法院、上訴法院及初級法院。

經社概況

平均每人國內生產毛額：8,100美元（2022）	國內生產毛額：3,074億4,200萬美元（2022）
國內各業生產毛額結構：農業：14%　工業：29.5%　服務業：56.5%（2017）	
通貨膨脹率：6.66%（2022）	失業率：9.99%（2022）
進口值：737億8,300萬美元（2022）	出口值：585億5,600萬美元（2022）
主要進口：精煉石油、汽車及汽車零組件、天然氣、煤炭、低電壓保護設備。	
主要出口：汽車、絕緣電線、化肥、磷酸、服裝和服飾。	
人口出生率：16.8‰（2024）	人口死亡率：6.6‰（2024）

莫三比克共和國
REPUBLIC OF MOZAMBIQUE

建國簡史

16世紀時，莫三比克是葡萄牙的殖民地，1951年成為葡國的海外省。

葡國對莫三比克採取愚民及高壓政策，終導致當地住民的反殖民主義流血革命。莫境游擊組織「莫三比克解放陣線」展開武裝抗爭，葡軍無力剿平。

1975年葡萄牙政變後，改變政策，經多次和談，莫三比克遂於6月25日獨立。

其後Frelimo政府與Renamo叛軍纏鬥不休，1992年雙方在羅馬簽署和平協定，才結束長達17年的內戰。

與我關係

莫三比克與我無邦交。

基本資料

地理位置：非洲東南岸	面積：799,380平方公里
人口：3,335萬人（2024）	網址：http://www.portaldogoverno.gov.mz/
與臺北之時差：-6	電話國碼：258
獨立日期：1975年6月25日（脫離葡萄牙）	國慶日：6月25日
首都：馬布托（Maputo）	語言：葡萄牙語
幣制：Metical, 1.00USD＝63.88MZN（2024）	宗教：天主教、伊斯蘭教、基督教。

政治制度：總統制共和國。莫三比克獨立日即宣布憲法，1978年曾修憲。人民大會係全國最高機構，得視情況召開緊急會議，1977年12月選出210名代表，1986年12月第二次大選。實施馬列共產主義式政治及經濟政策。1987年後，長期內戰，經濟瀕臨破產，改採親西方國家及自由市場的經濟制度。總統：直接民選，任期5年，可連選連任一屆。國會：1990年7月31日放棄一黨專政。同年11月30日頒布憲法，國會一院制，共和議會250席，直接民選，任期5年。1999年12月國會及總統大選，總統齊沙諾獲勝連任。2004年12月總統大選，蓋布薩以得票率63.7%當選，並於2009年10月選舉中以76.3%得票率勝選連任。2014年10月15日總統大選，莫三比克解放陣線的紐西以57%得票率贏得選舉，2015年1月16日就職。2019年10月15日總統與國會大選，紐西（Filipe Nyusi）以73%得票率連任。2024年10月總統大選，執政黨候選人查波贏得70.67%選票當選。

政府首長：總統：紐西 Filipe Jacinto Nyusi

主要政黨：莫三比克解放陣線（FRELIMO），莫三比克民族抵抗運動（RENAMO）、莫三比克民主運動黨（MDM）。1999年12月3日至5日國會選舉，在250席中，莫三比克解放陣線獲133席，反對黨聯盟（Renamo-UE）獲99席，其餘席位由各小政黨獲得。2004年12月1、2日國會選舉，莫三比克解放陣線獲160席，反對黨聯盟獲90席。2014年10月15日舉行總統、國會及省議會三合一選舉，國會250席次中，莫三比克解放陣線贏得144席，莫三比克民族抵抗運動89席，莫三比克民主運動17席。2019年10月15日國會大選，總統紐西隸屬的執政黨莫三比克解放陣線在250席國會席次中奪下184席。2024年10月國會大選，執政黨莫三比克解放陣線黨贏得議會250個席位中的195席，繼續執政。

司法制度：設有最高法院及省、縣、區級地方法院。

經社概況

平均每人國內生產毛額：1,300美元（2022）	國內生產毛額：412億3,700萬美元（2022）
國內各業生產毛額結構：農業：23.9%　工業：19.3%　服務業：56.8%（2017）	
通貨膨脹率：10.28%（2022）	失業率：3.79%（2022）
進口值：159億1,300萬美元（2022）	出口值：94億美元（2022）
主要進口：精煉石油、鉻、鐵、鋁土礦、電力。	
主要出口：煤炭、鋁、天然氣、菸草、電力、黃金、木材。	
人口出生率：36.5‰（2024）	人口死亡率：9.6‰（2024）

納米比亞共和國
REPUBLIC OF NAMIBIA

建國簡史

納米比亞1884年成為德國保護國（德屬西南非），1915年德國戰敗投降，德屬西南非由南非軍隊占領，1920年國際聯盟委由南非統治。

1945年聯合國成立後，南非企圖建省，但被聯合國所拒。1987年聯合國安全理事會通過第435號決議，要求納米比亞經由自由公平選舉而獨立。1989年11月在聯合國監督下舉行獨立大選，西南非人民組織（SWAPO）贏得57%選票，取得政權。1990年2月9日制憲國民大會通過納米比亞憲法，同年3月21日獨立。

1999年11月30日至12月1日，舉行獨立以來第三次國會及總統選舉，西南非人民組織贏得國會2/3以上席位，西南非人民組織的紐朱瑪贏得總統選舉。

與我關係

與我無邦交。★納米比亞在獨立過渡期間，我國曾派遣「觀察員代表團」駐在溫荷克，觀察獨立選舉與制憲工作。

基本資料

地理位置：非洲西南部	面積：824,292平方公里
人口：280萬人（2024）	網址：http://www.gov.na/
與臺北之時差：-6	電話國碼：264
獨立日期：1990年3月21日（脫離南非統治）	國慶日：3月21日
首都：溫荷克（Windhoek）	語言：英語、德語、斐語。
幣制：Namibian dollar, 1.00USD=18.21NAD（2024）	宗教：基督教

政治制度：總統制共和國。納米比亞採行政、立法、司法三權分立制，行政權歸總統，以內閣輔之，總統任期5年，人民直接選舉，得連任一次。國會：兩院制。全國委員會（National Council）42席，間接選舉，由14地方議會各選出3席組成，任期5年。國民議會（National Assembly）104席，直選產生，任期5年，另有由總統指派的8席無投票權成員。2014年11月28日大選，為非洲首次採用電子投票。執政黨西南非人民組織在國會中勝出，總理甘戈柏以86%得票率當選總統。2019年11月30日，甘戈柏挺過貪腐醜聞、經濟衰退和執政黨分裂，以56%得票率連任。2024年2月，總統府發聲明宣布甘戈柏病逝，由副總統姆彭巴暫時接掌政權。

政府首長：總統：姆彭巴 Nangolo Mbumba

主要政黨：執政黨西南非人民組織（SWAPO）一黨獨大。小黨成員通常來自單一種族，難有機會取得政權。其他黨包含民主議會（Congress of Democrats）、監督行動團體（Monitor Action Group）及聯合民主陣線（UDF）等。2014年11月28日國民議會選舉，西南非人民組織獲77席。2015年11月27日全國委員會選舉，執政的西南非人民組織獲40席。2019年11月，國民議會改選，直選的96席中，執政黨丟失原本掌握的2/3多數，滑落到63席。

司法制度：設有高等法院及特別革命法院，在北部地區施行伊斯蘭教法。

經社概況

平均每人國內生產毛額：9,800美元（2022）	國內生產毛額：250億6,100萬美元（2022）
國內各業生產毛額結構：農業：6.7%　工業：26.3%　服務業：67%（2017）	
通貨膨脹率：6.08%（2022）	失業率：19.99%（2022）
進口值：73億1,300萬美元（2022）	出口值：50億9,900萬美元（2022）
主要進口：銅、精煉石油、貨車、鑽石、汽車。	
主要出口：銅、鑽石、鈾、鈦、黃金、放射性化學品、魚。	
人口出生率：24.3‰（2024）	人口死亡率：7.1‰（2024）

尼日共和國
REPUBLIC OF NIGER

建國簡史

第7世紀時，尼日河畔已有宋海（Songhai）帝國存在，1806年蘇格蘭人首先進入尼日，1890年以後，法國人進入尼日，1896年法國軍隊在尼日設立前哨站，實施軍事統治，1921年成立法殖民地行政系統，1944年改為法海外屬地，1956年組織自治政府，1960年8月3日由進步黨狄奧里（Hamani Diori）領導宣布獨立。

尼日在過渡政府主政期間，先後通過第三共和憲法，舉行國會及總統大選，結果AFC聯盟贏得國會多數席次，其候選人烏斯曼（Mahamane Ousmane）亦獲選為總統，並於1993年4月16日就職。1999年11月24日舉行總統及國會選舉，譚加（Mamadou Tandja）在總統選舉中獲勝。2010年2月18日，軍方發動政變，譚加遭罷黜並被逮捕。

與我關係

與我無邦交。★1963年7月22日尼日與中華民國建交。1974年7月20日尼日與中國建交，29日我與尼日斷交。★1992年6月19日尼日與我復交。尼日總統烏斯曼於1994年6月2日訪問台灣。★1996年8月19日尼日與中國復交，我中止與尼日外交關係，撤離大使館。

基本資料

地理位置：非洲西部內陸	面積：1,267,000平方公里
人口：2,634萬人（2024）	網址：https://www.presidence.ne/
與臺北之時差：-7	電話國碼：227
獨立日期：1960年8月3日（脫離法國）	國慶日：12月18日（共和國日）
首都：尼阿美（Niamey）	語言：法語、Hausa語、Djerma語。
幣制：West African franc, 1.00USD=610.44XOF（2024）	宗教：伊斯蘭教、當地信仰、基督教。

政治制度：半總統制共和國。行政：依照2010年11月的憲法規定，總統由人民普選，任期5年，得連任一次。總理及內閣成員由總統提名任命。立法：一院制國民議會（National Assembly）171席，議員由普選產生，任期5年。2021年2月總統大選出爐，貝佐姆（Mohamed Bazoum）在第二輪投票以55.75%得票率勝出，4月2日就職。2023年7月26日，因總統衛隊發動政變，貝佐姆遭推翻，由衛隊首長、陸軍將軍查尼擔任新的領導人。預計2025年大選。

政府首長：代理總統：馬蘇杜 Hassoumi Massoudou	總理：贊恩 Ali Mahaman Lamine Zeine
政變後領導人：查尼 Abdourahamane Tchiani	

主要政黨：尼日民主社會主義黨（PNDS-Tarrayya）、國家社會發展運動（MNSD-Nassara）、尼日非洲聯邦民主運動（Nigerien Democratic Movement for an African Federation, MODEN/FA Lumana）、共和國愛國運動黨（MPR-Jamhuriya）。2020年國民議會改選，PNDS-Tarrayya 79席, MODEN/FA Lumana 19席, MPR-Jamhuriya 14席, MNSD-Nassara 13席

司法制度：有最高法院、高等法院及各地方分院等機構執行司法審判權。

經社概況

平均每人國內生產毛額：1,300美元（2022）	國內生產毛額：334億美元（2022）
國內各業生產毛額結構：農業：41.6%　工業：19.5%　服務業：38.7%（2017）	
通貨膨脹率：4.23%（2022）	失業率：0.57%（2022）
進口值：40億2,700萬美元（2021）	出口值：14億8,700萬美元（2021）
主要進口：米、藥品、棕櫚油、汽車、水泥。	主要出口：黃金、芝麻、鈾、天然氣、精煉石油。
人口出生率：46.6‰（2024）	人口死亡率：9.5‰（2024）

奈及利亞聯邦共和國
FEDERAL REPUBLIC OF NIGERIA

建國簡史

1849年英國為禁止船隻載運黑奴並在奈國卡拉巴（Calabar）設立領事館，負責檢查。

1861年英國占領拉哥斯。1884年「柏林會議」後，英國在奈國統治地位確立。1898年英國占領奈國全境，將其分三區。1913年始稱「奈及利亞」。

1960年10月1日脫離英國獨立。巴勒瓦（A.T. Balewa）為獨立後首位總理。1963年10月1日改制共和，史稱第一共和。其後奈國經多次政變至1999年頒布第四共和憲法。近年伊斯蘭激進分子博科聖地（Boko Haram）在東北內陸勢力壯大，多次發動攻擊，並於2014年4月綁架219名少女，震驚全球。

與我關係

奈及利亞與我無邦交。★1971年2月10日奈國與中國建交。★1991年4月我派羅明元赴奈國籌設中華民國商務代表團。★1992年11月，奈國在台北設立駐華商務辦事處。★1993年8月，我在卡拉巴設總領事館，隨後於1997年關閉。★1994年4月，雙方簽訂投資及保護協定和加工出口區經濟合作協定。★2017年1月，奈國公開限期我駐奈代表處搬離首都，代表處現設於最大城拉哥斯。2018年外交部要求奈國駐處搬離台北。

基本資料

地理位置：非洲西部、濱大西洋	面積：923,768平方公里
人口：2億3,674萬人（2024）	網址：http://nigeria.gov.ng/
與臺北之時差：-7	電話國碼：234
獨立日期：1960年10月1日（脫離英國）	國慶日：10月1日
首都：阿布加（Abuja）	語言：英語、Hausa語、Yoruba語、Igbo語。
幣制：Naira, 1.00USD=1,503.94NGN（2024）	宗教：伊斯蘭教、基督教、土著信仰。

政治制度：國體：聯邦共和國，現行憲法為第四共和。政體：總統制，由全民直選，需獲過半數選票並在全國2/3州取得至少25%票數，任期4年，連選得連任一次。國會：參議院（Senate）及眾議院（House of Representatives）兩院制。參議員109席，由全國36州各選出3名及首都特區1名；眾議院360席，全民直選，議員任期皆4年。1993年11月17日國防部長阿帕查（Sani Abacha）選舉舞弊疑雲引發政局動盪下發動政變，解散國會，停止政黨活動，改由聯邦執行委員會（Federal Executive Council）為最高行政機關並恢復1979年憲法。1998年6月8日阿帕查去世，軍方任命三軍參謀長阿布貝卡（A. Abubakar）為元首兼武裝部隊總司令；7月8日，阿布貝卡解散軍政府；8月10日奈及利亞獨立選舉委員會成立；8月22日阿布貝卡在首都主持新內閣宣誓就職儀式。1999年2月27日總統大選，前軍事執政者、人民民主黨領袖奧巴山約（O. Obasanjo）獲勝；5月5日，阿布貝卡頒布第四共和憲法，結束奈國連續15年的軍人統治；5月29日奧巴山約宣誓就職。2003年4月19日總統選舉，奧巴山約獲勝連任。2007年4月21日總統選舉，艾杜瓦（U. M. Yar'adua）當選，但於2010年5月5日病逝，副總統強納森（Goodluck Jonathan）繼位，並於2011年4月16日代表人民民主黨以58.9%得票率贏得總統大選。2015年3月28日總統大選，在野全民進步黨布哈里以53%得票率勝選，5月29日就職。2019年2月23日總統大選，布哈里以53%得票率獲勝連任。2023年2月總統大選，由政壇長青樹提努布勝選。

政府首長：總統：提努布 Bola Tinubu

主要政黨：人民民主黨（People's Democratic Party, PDP）、全民進步黨（APC，於2013年初由行動議會黨（ACN）、奈及利亞全民黨（ANPP）及其他數黨組成）、民主聯盟（AD）、全民民主黨（NDP）。2015年3月28日國會選舉，全民進步黨分別在參議及眾院贏得60及225席，成為執政黨。人民民主黨分別獲49及125席，成為最大在野黨。2019年2月23日國會大選，全民進步黨分別在參議及眾院贏得65席及217席，人民民主黨分別獲39席及115席。2023年2月國會大選，全民進步黨在參眾院分別贏得59席及178席，人民民主黨則為36席及114席。

司法制度：聯邦設有最高法院、上訴法院和高等法院，各州設有高等法院、地方政府設有地方法院。

經社概況

平均每人國內生產毛額：5,000美元（2022）	國內生產毛額：1兆850億美元（2022）
國內各業生產毛額結構：農業：21.1%　工業：22.5%　服務業：56.4%（2017）	
通貨膨脹率：18.85%（2022）	失業率：3.83%（2022）
進口值：770億4,900萬美元（2022）	出口值：690億9,100萬美元（2022）

主要進口：精煉石油、汽車、小麥、實驗室玻璃器皿、藥品。
主要出口：石油與石化產品、可可、橡膠。

人口出生率：33.8‰（2024）	人口死亡率：8.4‰（2024）

盧安達共和國
REPUBLIC OF RWANDA

建國簡史

盧安達最早為特瓦族人棲息地，16世紀初圖西族人由北方入侵占領盧安達並建立封建王國，以少數民族統治多數之胡圖族及特瓦族。

19世紀歐洲殖民帝國入侵非洲，盧安達於1890年被德國併吞納入德屬東非。第一次世界大戰德國戰敗，1919年由國際聯盟委託比利時託管並納入比屬剛果。

1959年盧安達獲得自治權並舉行選舉，由胡圖族人組織臨時政府。1960年1月28日舉行國是會議，廢除君主封建王朝，建立盧安達共和國，之後由胡圖族人組成之「胡圖人民解放黨」（Parti du Mouvement de l'emancipation pour le Peuple Hutu）贏得選舉，黨領導人卡益邦達（Gregoire Kayibanda）當選首任總統，並於1962年7月1日獨立建國。

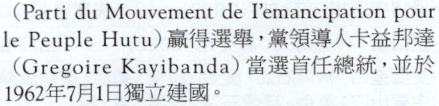

1973年7月5日陸軍政變，推翻政府，解散議會，中止部分憲法，成立第二共和。

1990年10月，住在烏干達的圖西族難民組成盧安達愛國陣線與胡圖族政府軍激戰。1993年8月4日，政府與愛國陣線在坦尚尼亞簽署和平協定。1994年4月6日，胡圖族總統哈比里馬那空難喪生，內戰再爆發並引起種族大屠殺。同年7月19日，愛國陣線獲勝後取得政權。2009年11月29日盧安達加入大英國協，為國協第54國，也是國協第2個非前英國殖民地成員國。

與我關係

與我無邦交。★1962年7月1日盧安達與中華民國建交。1971年11月盧安達與中國建交，1972年5月13日我與盧安達斷交。

基本資料

地理位置：非洲中部	面積：26,338平方公里
人口：1,362萬人（2024）	網址：http://www.gov.rw/
與臺北之時差：-6	電話國碼：250
獨立日期：1962年7月1日（結束比利時統治）	國慶日：7月1日
首都：基加利（Kigali）	語言：Kinyarwanda語、法語、英語。
幣制：Rwandan franc, 1.00USD＝1,308.68RWF（2024）	宗教：天主教、基督教、伊斯蘭教。

政治制度：總統制共和國。2003年5月26日公投通過憲法，多黨制，總統為國家元首兼軍事統帥；任期7年，得連選連任一次。2015年12月憲法修正案通過，總統任期改為5年，自2024年起生效。國會：分參議院（Senate）眾議院（Chamber of Deputies）上下兩院，眾院80席，議員任期5年，其中53席民選，24名婦女代表由地方議會選出，3名青年與殘障代表由全國青年協會與全國殘障協會選出。參院26席，議員任期8年，其中12席由地方議會選出，8席由總統任命，4席由政治團體任命，2席由大學教職員中選出。1994年6月愛國陣線取得政權後，於7月成立新政府，胡圖族的畢濟穆谷（Pasteur Bizimungu）擔任總統，

圖西族的卡加米擔任副總統及國防部長。2000年畢濟穆谷辭職,卡加米接任。2003年8月15日總統選舉,卡加米以95.1%的得票率獲勝,並於2010年8月9日以93.1%得票率當選連任。2017年8月4日總統大選,卡加米得票98.8%當選連任。2024年7月總統大選,卡加米以99.5%壓倒性得票率勝出,邁向第4任期。

政府首長	總統:卡加米 Paul Kagame　　總理:恩吉倫特 Edouard Ngirente
主要政黨	盧安達愛國陣線(Rwandan Patriotic Front, RPF)、社會民主黨(Social Democratic Party, PSD)、自由黨(Liberal Party, PL)。2018年9月3日國會下院改選,愛國陣線獲40席、社會民主黨5席、自由黨4席。2019年9月,參院新選任20名參議員。
司法制度	設有最高司法會議、最高法院、上訴法院、初審法院及縣法院。

經社概況

平均每人國內生產毛額:2,400美元((2022)		國內生產毛額:325億7,900萬美元(2022)	
國內各業生產毛額結構:農業:30.9%　工業:17.6%　服務業:51.5%(2017)			
通貨膨脹率:17.69%(2022)		失業率:15.08%(2022)	
進口值:49億8,000萬美元(2022)		出口值:29億9,300萬美元(2022)	
主要進口:精煉石油、黃金、粗糖、藥品、廣播設備。			
主要出口:黃金、精煉石油、咖啡、茶、錫。			
人口出生率:25‰(2024)		人口死亡率:5.7‰(2024)	

聖多美普林西比民主共和國
DEMOCRATIC REPUBLIC OF SAO TOME AND PRINCIPE

建國簡史

葡萄牙於1471年開始經營聖多美及普林西比兩島,1522年宣布為殖民地,1951年成為葡萄牙海外省,1973年獲准自治。1950年代,島民開始爭取獨立運動,1960年成立「聖多美及普林西比解放委員會」,1972年改名為「聖多美及普林西比解放運動」(Movement for the Liberation of Sao Tome and Principe, MLSTP),由賓多(Manuel Pinto da Costa)領導。

1974年葡萄牙政變,允許非洲殖民地獨立,經多次談判,葡國終同意要求,該兩島乃於1975年7月12日宣布獨立。聖國獨立後,殖民時代領導革命之「聖多美普林西比解放運動」實行一黨專制,總書記賓多成為首任總統且於1985年連任。1989年公布建立多黨政治之新憲,並於1990年8月經公民複決通過。1991年3月舉行首度多黨制總統選舉及國會大選。

與我關係

聖多美普林西比與我無邦交。★聖國1975年與中國建交,1997年7月斷交。1997年5月4日,楚沃達總統派遣薩瓦德拉外長來台,簽署建交協定與醫療協定。5月6日,聖國宣布與中華民國建交,5月24日我在聖都首設立大使館。2016年12月21日我宣布與聖多美斷交。12月底,聖國與中國復交。★1998年6月15日至19日,楚沃達總統率團訪台5天,薩瓦德拉外長同行,這是建交後聖國總統首度訪台。6月16日,胡志強外長與薩瓦德拉外長在台北簽署醫療合作特別協定。6月19日,李登輝總統與楚沃達總統簽署聯合公報,聲明繼續加強合作。★1999年6月28日,外交部政務次長李大維與聖國外長保利羅在聖多美簽署「中、聖核資兩國持外交、公務暨普通護照人士簽證協定」。★2000年1月9日,聖國總理柯士達率團訪台6天。1月13日,柯士達總理與行政院長蕭萬長簽署「中、聖兩國政府間第二階段合作計畫備忘錄」。★2001年8月30日,外交部次長吳子丹以總統特使身分率團前往聖國參加9月3日梅尼士總統就職大典。12月10日梅尼士總統率團抵台訪問5天。★2002年7月3日至5日,陳水扁總統率團訪問聖國。兩國外交部長在聖國首都聖多美簽署聯合公

報，重申加強合作。★2003年3月10日聖國總理奈維斯率團抵台訪問5天。★2004年1月5日至9日總統梅尼士率團抵台訪問，於1月9日與陳總統簽署聯合公報。★2006年10月9日總統梅尼士率團來台參加雙十國慶慶典。★2007年7月11日外交部長黃志芳以總統特使身分率團抵聖國訪問，參加聖國獨立32週年紀念慶典。9月8日梅尼士總統訪台參加台非元首高峰會議。★2008年9月6日聖國總理布蘭柯抵台訪問6天。9月16日第63屆聯合國大會開議，聖多美等友邦共同提案促請聯大通過決議，建議聯合國專門機構接納台灣2,300萬人民有意義參與其活動。★2010年10月7日至12日聖國總統梅尼士率團訪台，參加我國慶慶祝活動。★2012年5月20日聖國總統陀沃達率團參加我國第13任總統就職典禮。★2013年11月17日聖國總統賈布列（Gabriel Arcanjo Ferreira da Costa）抵台訪問並辦理招商活動。★2014年1月24日馬英九總統抵聖進行首次訪問。★2015年6月聖國國會議長狄歐古訪台。7月9日外交部政務次長柯森耀率團訪問聖國，代表我參加聖國獨立40週年紀念慶典。★2016年1月我國開放含聖多美普林西比等27國旅客申請電子簽證。7月立法院成立「台灣與非洲國會議員聯誼會」。

基本資料

地理位置：非洲西海岸、幾內亞灣內。	面積：964平方公里
人口：22.3萬人（2024）	網址：http://www.parlamento.st/
與臺北之時差：-8	電話國碼：239
獨立日期：1975年7月12日（脫離葡萄牙）	國慶日：7月12日
首都：聖多美（Sao Tome）	語言：葡萄牙語及多種方言
幣制：Dobra, 1.00USD＝22.64STN（2024）	宗教：天主教

政治制度：半總統制共和國。原總統權力大，2002年底修憲並自2006年正式生效後，改向總理傾斜，總統僅有國防、外交及任命總理等權力。總統全民普選產生，任期5年。國會：國民議會（National People's Assembly）55席議員由全民直選，任期4年。總理由國民議會推舉，總統任命。普林西比自1995年4月29日起成立自治政府。1989年總統賓多公布建立多黨政治之新憲法草案，為國會採納並於1990年8月經公民複決通過。1991年3月首次多黨總統及國會大選，賓多放棄參選，流亡海外多年之楚沃達（Miguel Trovoada）當選，1996年連任。2001年梅尼士（Fradique de Menezes）當選總統，2006年連任。2011年總統大選兩輪投票，前總統賓多勝選。2016年7月總統大選，獨立民主行動黨支持的獨立候選人、前總理卡瓦留（Evaristo Carvalho）初步計票50.14%，但調查後發現票數沒過半，最高法院判進入第二輪投票。競選連任的賓多以第二高票24.83%進入第二輪選舉，但指控選舉舞弊而棄選；8月7日卡瓦留在同額選舉中獲勝。2021年8月29日總統大選第二輪投票，反對黨領袖比拉諾瓦以57.5%選票當選，10月2日就任。

政府首長：總統：比拉諾瓦 Carlos Manuel Vila Nova　　總理：特羅瓦達 Patrice Trovoada

主要政黨：聖多美普林西比解放運動-社會民主黨（原MLSTP，1990年改名MLSTP-PSD）、獨立民主行動黨（ADI）、民主運動改革勢力（PCD）、民主運動改革力量黨（MDFM）。2014年10月國會選舉，獨立民主行動黨贏得33席，解放運動-社會民主黨16席，民主運動改革勢力5席，2018年10月國會大選，獨立民主行動黨獲25席、解放運動-社會民主黨23席。2022年10月國會大選，ADI獲30席，MLSTP-PSD獲18席，同年11月特羅瓦達擔任總理。

司法制度：設有最高法院及下級法院。

經社概況

平均每人國內生產毛額：3,400美元（2022）	國內生產毛額：7億8,192萬美元（2022）
國內各業生產毛額結構：農業：11.8%　工業：14.8%　服務業：73.4%（2017）	
通貨膨脹率：18.01%（2022）	失業率：14.35%（2022）
進口值：2億1,932萬美元（2022）	出口值：9,697萬美元（2022）
主要進口：精煉石油、汽車、米。	主要出口：燃氣渦輪機、可可豆、飛機零件、鐵製品（2019）。
人口出生率：26.7‰（2024）	人口死亡率：6‰（2024）

塞內加爾共和國
REPUBLIC OF SENEGAL

建國簡史

1864年淪為法國殖民地，塞國獨立過程與多數西非國家的和緩漸進方式相同，先於1958年11月25日公民投票決定自主建國，但仍為原法屬國家聯盟會員。革命領袖桑果（Leopold Sedar Senghor）是主張西非國家組成聯邦的重要人物，在反對派（如象牙海岸的伍弗布尼）占優勢下，該計畫失敗後轉而極力促成塞國與法屬蘇丹組成馬利聯邦，但該地又於1960年宣告獨立成為馬利，故塞國亦於1960年8月20日宣告獨立。

塞國係西非少有的多政黨制國家，為杜絕多黨制政局紛亂之弊，憲法曾多次大幅修改。狄伍夫總統（Abdou Diouf）自1980年12月就任以來分別於1983、1988、1993年連任總統。1980年以來，卡薩曼斯民主力量運動MFDC組織在卡區造成之武裝衝突成為內政一大隱憂。1993年7月塞政府與該組織在法國見證下簽署停火協議。1996年11月塞國為實施地方分權，首次舉行改制後之全國地方選舉，社會黨在10個地區30省大獲全勝。

與我關係

塞內加爾與我無邦交。★1960年9月23日與中華民國建交，1964年11月8日斷交；1969年7月16日與我復交，1971年12月7日與中國建交，1972年4月12日我關閉大使館改設「經濟暨技術合作辦事處」，駐處於1976年11月關閉。1996年1月3日與我復交，我設大使館，大使為杜筑生，並派駐農技團。2005年10月25日塞國與中國復交，我宣布與塞國斷交。★1996年7月，狄伍夫總統伉儷率團來台。兩國於1996年簽署農業合作、道路工程合作、化石業工程合作、經濟合作4項協定。★1997年10月20日，狄安總理率團訪台6天，商討雙方農業技術合作計畫。★1999年9月17日，李登輝總統接見塞內加爾外交暨僑務部長波丹。★2001年6月30日塞國總統瓦德伉儷率團訪台5天。★2002年7月1日陳水扁總統率團抵達卡訪問2天，與瓦德總統簽署聯合公報，重申加強交流合作。

基本資料

地理位置：非洲西部	面積：196,722平方公里
人口：1,884萬人（2024）	網址：http://www.gouv.sn/.
與臺北之時差：-8	電話國碼：221
獨立日期：1960年8月20日（脫離法國）	國慶日：4月4日
首都：達卡（Dakar）	語言：法語、Wolof語。
幣制：West African franc, 1.00USD＝610.44XOF（2024）	宗教：伊斯蘭教、天主教。

政治制度：總統制共和國。總統直接民選，任期5年，連選得連任一次。單一國會：國民議會165席，議員由直接民選及依政黨得票比例產生，任期5年。1963、1968及1991年分別修改憲法，加強總統職權。1981年4月修憲保障多黨政治型態。2000年3月19日總統大選，在野20多年的塞內加爾民主黨領袖瓦德（A. Wade）擊敗狄伍夫獲勝，成為塞內加爾獨立以來第3位總統。2007年2月25日總統選舉，瓦德以55%得票率連任。2012年3月25日總統大選第二輪投票，共和聯盟的薩爾以65.8%得票率獲勝，4月2日就任。2019年2月24日總統大選，薩爾以58.3%得票率連任。2022年9月18日，薩爾任命前外交部長阿馬杜巴出任總理。2024年2月總統大選，由44歲最年輕的費伊當選，並任命其主要支持者桑可為總理。

政府首長：總統：費伊 Bassirou Diomaye Faye　　總理：桑可 Ousmane Sonko

主要政黨：共和聯盟（Alliance for the Republic-Yakaar）、社會黨（Parti Socialiste）、塞內加爾民主黨（PDS）、進步力量聯盟、民主陣線、勞工獨立黨與塞內加爾革新民主聯盟。2022年7月31日國會大選，國民議會165席中，包括執政黨共和聯盟與其他政黨的執政聯盟共獲82席；反對黨獲80席；其餘3席由3個小聯盟取得，朝野席次差距非常接近。

司法制度：塞國設有憲法委員會、國家委員會、最高法院、地方法院等司法機關。

經社概況

平均每人國內生產毛額：3,600美元（2022）	國內生產毛額：617億2,700萬美元（2022）
國內各業生產毛額結構：農業：16.9%　工業：24.3%　服務業：58.8%（2017）	
通貨膨脹率：9.7%（2022）	失業率：3.01%（2022）
進口值：122億7,800萬美元（2021）	出口值：67億8,000萬美元（2021）
主要進口：精煉石油、原油、大米、汽車、麥芽精、服裝和服飾。	
主要出口：黃金、精煉石油、磷酸、魚、花生。	
人口出生率：30.2‰（2024）	人口死亡率：4.9‰（2024）

塞席爾共和國
REPUBLIC OF SEYCHELLES

建國簡史

塞席爾原為無人荒島，在葡萄牙人於1502年發現前，阿拉伯航海家及馬爾地夫漁夫即曾造訪。1756年法國宣稱占有該群島，並將它劃歸法國之島（Ile De France）（即今模里西斯）管轄。

拿破崙戰爭時遭英國占領，1814年巴黎和約將模里西斯與塞席爾群島一併割讓給英國。英國在該地設立立法會議及行政會議，1975年10月1日成立聯合自治政府。

1976年6月29日塞席爾宣布獨立，由92個小島組成，首都設在最大的Mahe島上，是大英國協會員國，由孟肯（James Mancham）擔任首任總統，反對黨領袖雷內（France-Aibert Rene）為內閣總理，但孟肯就任不久，即於1977年6月4日被雷內發動政變推翻。1979年3月23日通過憲法，採行一黨制的社會主義路線。

與我關係

塞席爾與我無邦交。

基本資料

地理位置：印度洋島嶼，位於馬達加斯加島東北方。	面積：455平方公里
人口：9萬8,187人（2024）	網址：http://www.egov.sc/
與臺北之時差：-4　　電話國碼：248	
獨立日期：1976年6月29日（脫離英國）	國慶日：6月18日（1993年新憲法頒布）
首都：維多利亞（Victoria）	語言：英語、法語、Creole語。
幣制：Seychelles rupee, 1.00USD=14.69SCR（2024）	宗教：天主教、英國國教。

政治制度：國體：共和國。政體：總統制，直接民選產生，任期5年。國會：稱國民議會，一院制，34名議員（25席選民直選，9席依比例代表制產生），任期5年。主要政黨為塞席爾人民進步陣線（SPPF）。1991年底雷內宣布開放多黨政治。1992年7月組成制憲委員會草擬新憲法，公民複決後，舉行大選。流亡英國的前總統孟肯返國組成塞席爾民族黨，1993年7月大選後為主要反對黨。2001年8月31日與9月2日總統大選，雷內以54.2%得票率獲勝連任。2004年2月，在位27年的雷內宣布退休，副總統米歇爾4月接任總統。2006年7月2日總統大選，米歇爾當選，2011年5月連任。2015年總統選舉，米歇爾於第二輪投票以50.2%得票率連任。2016年10月16日米歇爾辭職，由副總統福爾繼任。2020年10月22至24日總統大選，拉姆卡拉萬當選。預計2025年10月舉行大選。

政府首長：總統：拉姆卡拉萬 Wavel Ramkalawan

主要政黨：人民黨（原人民進步陣線）、塞席爾民族黨（SNP）、新民主黨（NDP）。2011年9月底至10月1日國會提前改選，反對黨抵制，執政的人民黨在34席中獲31席，3席從缺。2016年9月11日國會選舉，人民黨在33席中獲14席，反對黨聯盟獲19席。2020年10月22至24日國會選舉，2016年成立的塞席爾民主聯盟（LDS）贏得25席，2018年底由人民黨改名的聯合塞席爾黨（United Seychelles）獲10席。

司法制度：上訴法院（Seychelles Court of Appeal）為終審法院，其下設最高法院（Supreme Court）、治安法庭（Magistrates' Courts）及家事法仲裁委員會。另設有憲法法庭，由3位最高法院法官組成。

經社概況	
平均每人國內生產毛額：25,200美元（2022）	國內生產毛額：30億2,200萬美元（2022）
國內各業生產毛額結構：農業：2.5%　工業：13.8%　服務業：83.7%（2017）	
通貨膨脹率：8.28%（2020）　　　失業率：3%（2017）	
進口值：22億9,800萬美元（2022）　　出口值：22億4,700萬美元（2022）	
主要進口：休閒船、精煉石油、魚、飛機、汽車。 主要出口：精煉石油、魚、休閒船、香菸、動物飼料。	
人口出生率：11.8‰（2024）　　人口死亡率：7‰（2024）	

獅子山共和國
REPUBLIC OF SIERRA LEONE

建國簡史

1460年，葡萄牙探險家辛特拉首次於旅程日誌上使用獅子山（Sierra Leone）之名，此名來源一說葡萄牙人在山間雷雨中聽見巨響，認為是獅子吼叫，一說該國山巒起伏，形似巨獅，因而得名。1787年，解放黑奴運動領袖格蘭菲爾·夏普決定在非洲為英國解放之黑奴建一領土，於是派移民到該地，建立自由市。1808年，獅子山成為英國殖民地，英國政府設置總督及顧問委員會管理獅子山，並成為大英國協之會員國。

1961年4月27日獅子山從英國獨立。1967年獅國大選，在野的全民國會黨獲勝，但該黨黨魁史蒂芬（Siaka Stevens）宣誓就職時，軍人發動政變，宣布選舉無效，並成立「國家改造委員會」。1968年，獅國軍警發動政變推翻該委員會，史蒂芬重出組閣，但政局不穩，政變頻起。1971年，獅子山宣布成為共和國，史蒂芬總理成為共和國首任總統。

1976年總統大選，史蒂芬再度當選。1978年，公民投票通過一黨制新憲法，全民國會黨成為唯一合法政黨。1985年10月，獅國大選，莫摩將軍（J.S. Momoh）當選總統。1987年11月，莫摩總統宣布獅國在經濟上進入緊急狀態，並採取緊急措施，挽救財經危機，但成效不彰。1991年3月，莫摩總統為安撫國內民主要求，提出修憲草案，承諾建立多黨政治。1992年4月史特拉瑟上尉（V.E. Strasser）發動軍事政變，罷黜莫摩總統，由軍政府統治。1996年還政獅子山人民黨卡巴總統（A.J. Kabbah）的文人政府，1997年再次發生軍事政變，引發西非國家干預。卡巴於1998年3月回國重組新政府，並在聯合國協助下在2002年結束10年的內戰。

與我關係

獅子山與我無邦交。★1963年9月28日獅子山與中華民國建交。1971年7月獅子山與中國建交，8月20日我與獅子山斷交。

基本資料	
地理位置：非洲西部，臨大西洋。	面積：71,740平方公里
人口：912萬人（2024）	網址：http://www.statehouse.gov.sl/
與臺北之時差：-8　　　電話國碼：232	

獨立日期：1961年4月27日（脫離英國）	國慶日：4月27日
首都：自由市（Freetown）	語言：英語、Krio語。
幣制：Leone, 1.00USD=22,530.09SLL（2024）	宗教：伊斯蘭教、基督教。

政治制度：國體：共和國。政體：總統制，總統由公民投票直選，任期5年，可連任一次。一院制國會（Parliament），議員149名，其中135名民選，14名由酋長擔任，任期5年。2007年8月總統選舉，全民國會黨的柯洛瑪勝出，接替任滿卸任的卡巴。柯洛瑪並於2012年11月以得票率58.7%當選連任。2018年3月總統大選，獅子山人民黨的比歐以51.8%選票當選，4月4日就任總統。2023年總統大選，比歐連任。2024年1月宣布以叛國罪嫌起訴前總統柯洛瑪。

政府首長：總統：比歐 Julius Maada Bio

主要政黨：全民國會黨（APC）、獅子山人民黨（SLPP）、改變民主人民行動黨（PMDC）。2012年11月7日國會大選，全民國會黨獲69席，獅子山人民黨獲43席。2018年3月7日國會大選，全民國會黨獲得68席，獅子山人民黨49席，改革聯盟（C4C）8席。2023年國會大選，獅子人民黨獲81席，全民國會黨54席。

司法制度：法院分上級法院和下級法院，上級法院有最高法院、上訴法院及高等法院，下級法院包括地區治安法院及酋長領地的地方法院。

經社概況

平均每人國內生產毛額：1,600美元（2022）	國內生產毛額：140億6,800萬美元（2022）
國內各業生產毛額結構：農業：60.7%　工業：6.5%　服務業：32.9%（2017）	
通貨膨脹率：27.21%（2022）	失業率：3.27%（2022）
進口值：18億6,900萬美元（2021）	出口值：11億1,400萬美元（2021）
主要進口：米、塑膠、藥品、調味料、汽車。 主要出口：鈦、木材、鑽石、鋁、可可。	
人口出生率：30.8‰（2024）	人口死亡率：9‰（2024）

索馬利亞聯邦共和國
FEDERAL REPUBLIC OF SOMALIA

建國簡史

索馬利人約於西元750年開始遷入索國西北角Zeila地區，逐漸擴張版圖。16世紀，勢力達摩加迪休與Juba河之間地帶，1885年擊敗衣索比亞東部Galla族，1902年遠征至肯亞Tana河，逐出原居民Masai族，控制整個非洲之角。10世紀初，阿拉伯人自北侵入沿海地區，索國深受阿拉伯文化影響，改奉伊斯蘭教。

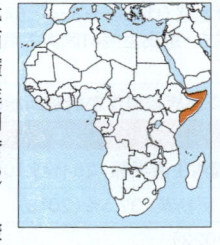

19世紀中期，歐洲勢力進入索國。1884年至1886年英國與索馬利亞各領袖簽訂條約使北索馬利成為英保護地，1889年至1905年間義大利取得索馬利亞南部之保護權，1896年法屬索馬利蘭（Somali-Land）邊界劃定，同時衣索比亞強占奧加登（Ogaden）地區，肯亞西北之索馬利亦淪為英國統治，索馬利亞自此分為5部分。索國國旗之五角星即象徵此5部分。

1960年7月1日義屬索馬利蘭與北方之英屬索馬利蘭合併，成立索馬利民主共和國。1991年獨裁總統巴瑞（M. S. Barre）下台，引發內戰，原英屬索馬利蘭片面宣布獨立為索馬利蘭共和國（Republic of Somaliland），至今未獲國際承認。2000年8月，索馬利亞全國和會在吉布地舉行，通過過渡憲章，選出內戰以來首屆總統，但遭各派軍閥聯合抵制。2001年5月索馬利蘭公民投票通過獨立的憲法。2004年索馬利亞過渡全國議會及過渡政府在肯亞成立。2005年6月，過渡政府遷回國內，但缺乏實力，只在南部城市拜多阿波（Bayhabo）辦公。2006年6月5日伊斯蘭法庭聯盟（Union of Islamic Court）控

制首府摩加迪休。12月28日過渡政府部隊擊退伊斯蘭法庭聯盟，進駐摩加迪休。

2007年2月20日聯合國安理會通過第1744號決議，授權非洲聯盟在索馬利亞部署維和部隊。3月12日索馬利亞過渡議會批准過渡政府從拜多阿波遷回摩加迪休。2009年1月索馬利亞過渡政府在和談後被新的聯合過渡政府取代。2012年8月索馬利亞頒行新憲法改行聯邦制。

與我關係

索馬利亞與我無邦交。我與索馬利蘭互設代表處。★2015年8月索馬利蘭給予中華民國國民免簽證入境90天待遇。★2015年我駐歐盟代表處與一個地球未來基金會（OEFF）簽署「海洋通訊倡議合作備忘錄」，提供聯合國毒品暨犯罪辦公室等國際組織「海洋無海盜計畫」（Oceans Beyond Piracy）16.6萬美元，在5個索馬利亞港口建立海洋安全中心。★2020年2月，索馬利蘭外交部長穆雅辛（H.E Yasin Hagi Mohamoud）於台北簽署「中華民國（台灣）政府與索馬利蘭共和國政府雙邊議定書」，同意互設代表處。8月17日，我駐索馬利蘭代表處成立。9月9日，索馬利蘭駐台代表處於台北揭牌。★2022年2月8日至12日索馬利蘭外交暨國際合作部長瑞格薩（H.E. Dr. Essa Kayd Mohamoud）率團訪台。5月23日經濟部長王美花與索馬利蘭能源及礦業部長阿布迪（Abdilahi Farah Abdi）簽署「能源及礦產資源合作協定」。8月8日索馬利蘭國會發表聲明，指責中國因美國眾議院議長裴洛西（Nancy Pelosi）訪台在台灣四周軍演「可能破壞區域和平」。

基本資料

地理位置：東非、臨印度洋。	面積：637,657平方公里
人口：1,301萬人（2024）	網址：http://www.opm.gov.so/
與臺北之時差：-5	電話國碼：252
獨立日期：1960年7月1日	國慶日：7月1日
首都：摩加迪休（Mogadishu）	語言：索馬利語、阿拉伯語、英語、義大利語。
幣制：Somali shilling, 1.00USD＝571.06SOS（2024）	宗教：遜尼派伊斯蘭教

政治制度：2012年8月通過臨時憲法改聯邦制，面臨極端伊斯蘭好戰團體青年黨（Al Shabab）挑戰，局勢動盪。採複雜的間接選舉，先由州議會與部落代表選出國會議員，再由國會議員投票選出總統。兩院制國會，下院275席議員由代表索國所有氏族、部落與派系的耆老會選出，2012年8月21日在非洲聯盟（African Union）部隊維持秩序下宣誓就職，但議員擔憂在國會大廈舉行首次會議恐遭青年黨叛軍攻擊，直到9月10日國會選出大學教授穆哈莫德為總統，結束自1991年巴瑞下台後缺乏穩定中央政府的局面。2017年2月8日總統大選，法馬喬獲國會184票當選。原訂2021年10月10日總統大選，2021年4月國會下院投票通過總統任期展延2年，但國會上院議長宣稱不合憲。總統與國會大選延期。2022年5月15日選出曾任第8屆總統穆哈莫德（Hassan Sheikh Mohamud）為第10屆總統。

政府首長：總統：穆哈莫德 Hassan Sheikh Mohamud	總理：巴瑞 Hamza Abdi Barre

主要政黨：無（均為交戰派系）。臨時憲法規定的國會上院（Upper House, 54席）於2016年10月10日選舉成立，下院（Lower House）於同年10月、11月選舉成立，選出上院41席與下院242席議員。原定2020年12月舉行的國會大選因故延期。

司法制度：因內戰導致中央政府停止運作，多數地區以傳統習慣作為調解糾紛的原則。

經社概況

平均每人國內生產毛額：1,400美元（2022）	國內生產毛額：254億9,100萬美元（2022）
國內各業生產毛額結構：農業：60.2%　工業：7.4%　服務業：32.5%（2013）	
通貨膨脹率：1.5%（2017）	失業率：19.29%（2022）
進口值：944億3,000萬美元（2018）	出口值：8億1,900萬美元（2014）
主要進口：香菸、原糖、米、廣播設備、紡織品（2019）。	
主要出口：黃金、綿羊、山羊、芝麻、昆蟲樹脂標本、牛（2019）。	
人口出生率：37.4‰（2024）	人口死亡率：11.2‰（2024）

南非共和國
REPUBLIC OF SOUTH AFRICA

建國簡史

1488年葡萄牙人迪亞士發現非洲最南端好望角。1623年荷蘭東印度公司派人定居好望角。1806年英人由荷蘭人手中奪取並占領開普敦後開始移民，1835年荷蘭人被迫向南非內陸遷徙。1880至1881年及1899至1902年，英、荷兩次波爾戰爭，之後英國完全占領南非。

1910年英、荷人士同意合作建立南非聯邦。1961年5月31日聯邦政府決定脫離大英國協，改名為南非共和國，採內閣制，1983年9月通過新憲法草案，採總統制。總統任期5年，得任命內閣部長。國會為三院制，白人議院178名議員、雜色人議院85名議員、印度人議院45名議員。

1948年起南非採行種族隔離政策，造成白人與非白人在生活條件、政治權利、社會福利及就業機會各方面懸殊差別，長期遭國際輿論譴責與抵制，在國際上相當孤立。為改善國際形象，經三任總統伏斯特、波塔、戴克拉克（Frederik Willem de Klerk）持續改革，1991年6月南非國會通過「廢除種族隔離政策」法案。同年12月及1992年5月政府兩度邀請獨立與自治家邦、各政黨代表在約堡舉行民主南非大會（CODESA），共商未來憲政改革。

1993年6月15日多黨談判委員會決議於1994年4月27日舉行全國首次多種族參與之民主大選，選後成立全國團結臨時政府（Interim Govt of National Unity）。1993年10月15日，曼德拉與戴克拉克因推動南非民主、和平中止種族隔離政策而共同獲得當年諾貝爾和平獎。

與我關係

與我無邦交。★1976年4月南非共和國與中華民國建立大使級外交關係。1996年11月27日，總統曼德拉宣布將於1997年12月31日調整對華關係，1998年元旦承認中國，與我斷交。1998年元旦，南非與中國建交，我與南非斷交。★1991年11月14日總統戴克拉克訪台。★1993年7月30日非洲民族議會主席曼德拉首度訪台。★1994年5月李登輝總統率團出訪南非，出席曼德拉總統就職典禮。★1998年1月起，在普勒托利亞成立台北聯絡代表處，原總領事館改為聯絡辦事處，並設駐約翰尼斯堡台北聯絡辦事處及駐開普敦台北聯絡辦事處。駐約堡辦事處2009年9月關閉。★2001年5月4日，兩國在台北舉行次長級經濟諮商會議。★2007年1月24日前總統戴克拉克抵台訪問4天。4月18日南非總主教、1984年諾貝爾和平獎得主屠圖（D. Tutu）訪台8天。★2013年7月24日在南非舉行的「第8屆台斐論壇」會議簽署「駐南非共和國台北聯絡代表處與南非聯絡辦事處刑事司法互助協議」。★2016年1月南非對持中華民國護照經該國機場轉機鄰國之旅客取消過境簽證，改採生物特徵識別。★2020年7月，駐開普敦辦事處代表中華民國捐贈南非西開普省政府醫療防疫物資。★2021年11月25日外貿協會、台灣非洲經貿協會和南非聯合企業總會線上簽署2份合作備忘錄，結合雙方產業互補性，開拓商機。

基本資料

地理位置：非洲南部		面積：1,219,090平方公里	
人口：6,044萬人（2024）		網址：http://www.gov.za/	
與臺北之時差：-6	電話國碼：27		
獨立日期：1910年5月31日（脫離英國）		國慶日：4月27日（1994），自由日	
首都：普勒托利亞（Pretoria）	語言：憲法規定的官方語言包括：英語、斐語（Afrikaans）、祖魯語（isiZulu）、科薩語（isiXhosa）、索托語（Sesotho）、扎那語（Setswana）等共11種。		
幣制：Rand, 1.00USD＝18.23ZAR（2024）		宗教：基督教、天主教、伊斯蘭教。	

政治制度：南非在廢除種族隔離制度後，1994年4月舉行首次不分種族大選，非洲民族議會（African National Congress, ANC）勝選執政，國會選舉曼德拉（Nelson Mandela）擔任總統，姆貝基（Thabo Mbeki）與戴克拉克受任命為副總統。1996年5月制憲會議通過新憲法，同年12月開始實施。憲法規定總統為國家元首及政府首長，由國民議會（National Assembly）選舉產生，任期5年，最多兩任。在國民議

會中擁有至少80席的政黨有權提名1位副總統，國會可通過不信任案罷免或彈劾總統。國會兩院制，國民議會400席，按政黨得票比例分配。省聯院（National Council of Provinces）90席，全國9省每省10席，依各省議會政黨比例各推派10席組成，議員任期皆為5年。內閣制，內閣由總統、副總統及總統任命的27位部長組成，總統和內閣成員共同行使行政權。1999年大選後，南非依比例分享權力改為由大選中的多數黨執政。6月2日舉行第二次不分種族民主大選，全國1,820萬合格選民，16黨角逐，執政黨非洲民族議會獲66.35%選票，民主黨（DP）9.56%選票，印卡塔自由黨（Iakatha Freedom Party）8.58%，新國家黨（NNP）6.87%，聯合民主運動（UDM）3.42%。依比例代表制，非洲民族議會獲266席，民主黨38席，印卡塔自由黨34席，新國家黨28席，聯合民主運動14席，小黨都未超過3席。國民議會於6月14日集會，推選執政黨魁姆貝基擔任總統，於6月16日就職，次日任命新內閣，包括副總統朱瑪及27位部長。2000年6月，民主黨與新國家黨宣布合併為民主聯盟。2004年4月24日總統大選，姆貝基連任。之後非洲民族議會黨內權力傾軋日趨嚴重，姆貝基以涉嫌貪瀆罷免副總統兼副黨魁朱瑪。但朱瑪在黨內反姆貝基陣營及執政盟友南非共產黨（SACP）、全國總工聯（Cosatu）支持下擺脫貪瀆案及強暴案的糾纏，於2007年12月擊敗姆貝基當選ANC黨魁，執政黨要求總統姆貝基下台，2008年9月21日姆貝基辭職。由副主席莫特蘭德（K. Motlanthe）代理總統。2009年4月大選，朱瑪（Jacob Zuma）當選總統，並於2014年5月以同額競選當選連任。2018年2月14日朱瑪辭職，15日由ANC副主席、副總統拉瑪佛沙接任總統。2019年5月22日總統選舉，拉瑪佛沙獲勝當選。2024年5月總統大選，拉瑪佛沙成功連任。

政府首長：總統：拉瑪佛沙 Matamela Cyril Ramaphosa

主要政黨：2014年5月國會大選，非洲民族議會249席、民主聯盟（DA）89席。2019年5月8日國會大選，非洲民族議會在國民議會中獲得230席、民主聯盟84席、經濟自由鬥士黨（EFF）44席，400席議員中，有163名女議員，占41%。2024年國會大選，執政黨非洲民族議會和對手、白人領導的民主聯盟組新的民族團結政府，這是30年來首見。

司法制度：設有憲法法院、最高法院、高等法院及地方法院。

經社概況	
平均每人國內生產毛額：13,500美元（2022）	國內生產毛額：8,072億9,500萬美元（2022）
國內各業生產毛額結構：農業：2.8%　工業：29.7%　服務業：67.5%（2017）	
通貨膨脹率：7.04%（2022）　失業率：28.84%（2022）	
進口值：1,275億9,600萬美元（2022）　出口值：1,361億1,200萬美元（2022）	
主要進口：原油、精煉石油、汽車及汽車零組件、黃金、廣播設備（2019）。	
主要出口：黃金、白金、汽車、鐵製品、煤炭、錳、鑽石（2019）。	
人口出生率：17.7‰（2024）　人口死亡率：6.9‰（2024）	

南蘇丹共和國
REPUBLIC OF SOUTH SUDAN

建國簡史

19世紀末英國占領南蘇丹，1899年英國和埃及共同統治蘇丹。由於種族、宗教、文化等差異，英國原希望統合南蘇丹和烏干達，但1947年朱巴會議決定統合南、北蘇丹。

1955年南、北蘇丹衝突，第一次蘇丹內戰爆發。1972年的「阿迪斯阿貝巴協定」給予南部有限度自治權，內戰暫時中止。1983年蘇丹總統尼梅瑞（Jaafar Nimeiry）宣布全國實施伊斯蘭律法（Sharia），引起南部人民不滿，成立「蘇丹人民解放軍」（SPLA）開始對抗政府，蘇丹第二次內戰爆發。2005年南、北蘇丹簽署全面和平協定（Comprehensive Peace Agreement），結束21年的內戰。該協定賦予蘇南自治權，北部之伊斯蘭律法在南部不適用，並訂於2011年舉行南蘇丹獨立公投。

南蘇丹由蘇丹南部10省組成，依據南、北蘇丹簽訂之和平協議，南蘇丹獲得自治，並於2011年1月9日舉行獨立公投，98.83%參加公投

者支持獨立。2011年1月23日成立之「獨立後政權執行委員會」宣布南蘇丹於7月9日獨立，國名定為南蘇丹共和國。世界各國陸續宣布承認南蘇丹，包括埃及、印度、聯合國安理會5個常任理事國、非洲聯盟及其他30多個國家。2011年7月南蘇丹經安理會提案推薦，聯合國大會通過，加入成為第193個會員國。

與我關係

南蘇丹與我無邦交。

基本資料

地理位置：非洲東北部，東臨衣索比亞。	面積：644,329平方公里
人口：1,270萬人（2024）	網址：http://www.goss-online.org/
與臺北之時差：-5	電話國碼：211
獨立日期：2011年7月9日（脫離蘇丹）	國慶日：7月9日
首都：朱巴（Juba）　語言：阿拉伯語、英語。	宗教：泛靈論、基督教、伊斯蘭教。
幣制：South Sudanese pound, 1.00USD=130.26SSP（2024）。	

政治制度：總統制共和國，總統由全民直選，任期4年。兩院制國會：國家立法大會（National Legislative Assembly）及全國委員會（Council of States），任期4年。2010年總統及國會選舉，基爾以93%得票率當選總統；國家立法大會332席由新選出議員與原蘇丹人民大會及新指派席次組成。全國委員會由原蘇丹國家議會及新指派議員組成。2013年12月，效忠7月被撤職的前副總統馬查爾（Riek Machar）的部隊發動政變失敗，國家陷入內戰，100多萬人流離失所。2015年8月26日，基爾與支持馬查爾的叛軍在聯合國協調下簽署停火協議。2016年7月雙方在首都再度交戰；8月12日聯合國安全理事會通過美國提案，授權在南蘇丹部署軍隊4,000人干預。2018年9月雙方簽署「南蘇丹和平協議」，2019年5月開始3年政治過渡期，但部分地區動亂未歇。聯合國安全理事會2022年3月15日通過延長南蘇丹維和任務1年至2023年3月15日。總統大選數度延期。

政府首長：總統：基爾 Salva Kiir Mayardit

主要政黨：蘇丹人民解放運動（SPLM）、蘇丹人民解放運動民主改革黨（SPLM-DC）、國家議會黨（NCP）。2010年4月國會選舉，蘇丹人民解放運動獲國家立法大會251席、蘇丹人民解放運動民主改革黨6席、NCP黨3席、獨立參選人及其他黨派72席。

司法制度：分為地方法院（County Court）、高等法院（High Courts）、上訴法院（Courts of Appeal）、最高法院（Supreme Court）。

經社概況

平均每人國內生產毛額：1,600美元（2017）	國內生產毛額：200億1,000萬美元（2017）
國內各業生產毛額結構：不詳	
通貨膨脹率：-6.69%（2022）	失業率：12.44%（2022）
進口值：64億200萬美元（2022）	出口值：58億1,100萬美元（2022）
主要進口：汽車、貨車、藥品、食品、成衣。	主要出口：原油、黃金、飼料作物、木材、昆蟲標本樹脂。
人口出生率：36.4‰（2024）	人口死亡率：8.9‰（2024）

蘇丹共和國
REPUBLIC OF THE SUDAN

建國簡史

1882年埃及總督征服蘇丹，1885年蘇丹武士麥哈地攻占喀土木，是蘇丹史上第一位統治蘇丹的蘇丹人。1898年英埃聯軍征服蘇丹，1899年英埃在開羅簽署協定共管蘇丹，實際統治權操在英國手裡。

1922年埃及獨立，英埃簽訂20年同盟條約，重申共管蘇丹。二次大戰結束後，埃及宣布廢除英埃同盟條約，要求英國交還蘇伊士運河，並由埃及國王兼任蘇丹國王，後經折衝，英埃兩

國同意蘇丹人民自決，1955年12月19日蘇丹國會決議建立蘇丹共和國，英埃兩國同時予以承認，1956年1月1日蘇丹獨立。

1989年6月30日巴席爾將軍發動政變，推翻米加尼馬迪政府，成立15人組成之革命指揮委員會（RCC）治理國事。1993年10月，委員會解散，巴席爾改任總統後多次連任。由於長期內戰，在聯合國調解下，南、北蘇丹於2005年1月簽訂「全面和平協定」，確認南蘇丹人民擁有自治權，於2011年1月9日至15日舉行南蘇丹獨立公投，98%民眾要求獨立。蘇丹政府於2011年7月9日承認南蘇丹共和國。2023年4月中旬，蘇丹正規軍與「快速支援部隊」爆發內亂持續至今。

與我關係

蘇丹與我無邦交。

基本資料

地理位置：非洲東北部，東臨紅海。	面積：1,861,484平方公里
人口：5,046萬人（2024）	網址：http://www.sudan.gov.sd/
與臺北之時差：-5	電話國碼：249
獨立日期：1956年1月1日（脫離埃及與英國）	國慶日：1月1日
首都：喀土木（Khartoum）	語言：阿拉伯語、英語。
幣制：Sudanese pound, 1.00USD＝598.91SDG（2024）	宗教：遜尼派伊斯蘭教

政治制度：總統制共和國，總統自1996年起全民直選，任期5年。國會：兩院制，國家議會50席及人民大會（National Assembly）450席，任期6年。國家議會議員由立法機關間接選出；人民大會議員60%席位直選，25%為婦女代表，15%為政黨代表，兩類代表皆間接選舉產生。蘇丹共25個部族，時起衝突，2003年2月，西部達佛地區因阿拉伯人與非洲黑人利益衝突，爆發內戰，大量難民逃至查德，造成蘇丹與查德關係緊張。2005年1月，在聯合國斡旋下，蘇丹政府與南部叛軍「蘇丹人民解放軍」（SPLA）達成停火協議，結束21年內戰，確立南部自治權及2011年1月9日南蘇丹獨立公投的法源依據。南蘇丹獨立後，南、北兩國仍須解決石油利益分配、邊界劃分等問題。聯合國安理會通過1769號決議，在達佛地區部署維和部隊，但仍無法阻止蘇丹內戰蔓延。2015年總統大選，巴席爾以94.1%得票率連任。2019年4月11日軍方接管政府，巴席爾下台，由軍方與反對派人士組成的主權委員會（Sovereign Council）掌政，軍方人士柏罕（Abdel Fattah al-Burhan）為主席；8月，經濟學者哈姆達克（Abdalla Hamdok）任總理。2020年2月，蘇丹政府同意將巴席爾交給國際刑事法院審判。2021年10月25日軍方政變，柏罕解散主權委員會，又於11月11日恢復，但改用軍方選擇的平民取代文職成員，主權委員會改由5名軍方任命的平民、5名將軍和3名由前武裝反對派團體選出的代表組成。主權委員會主席兼蘇丹武裝部隊總司令柏罕為國家實際元首。主權委員會形同內閣。2022年1月2日哈姆達克辭總理職，1月19日起胡笙（Osman Hussein）代理總理。

政府首長：總統：懸缺。柏罕 Abdel Fattah al-Burhan為實質元首	代理總理：胡笙 Osman Hussein

主要政黨：國大黨（NC）、蘇丹人民解放運動（SPLM）、民主聯盟黨（DUP）。2015年人民大會選舉，國大黨獲323席，SPLM獲25席。根據成立過渡政府的2019年8月憲法宣言，過渡立法委員會（TLC）在過渡期間擔任國家立法機構，直到可以舉行選舉。

司法制度：設有憲法法庭（Constitutional Court）、國家高等法院（National Supreme Court）及國家上訴法庭（National Court of Appeal）。

經社概況

平均每人國內生產毛額：3,600美元（2022）	國內生產毛額：1,673億6,900萬美元（2022）
國內各業生產毛額結構：農業：39.6%　工業：2.6%　服務業：57.8%（2017）	
通貨膨脹率：138.81%（2022）	失業率：17.59%（20
進口值：115億7,500萬美元（2022）	出口值：59億800萬美元（2022）
主要進口：原糖、小麥、藥品、珠寶、輪胎、汽車和汽車零件。	
主要出口：黃金、原油、芝麻、綿羊、山羊、棉、花生。	
人口出生率：33.1‰（2024）	人口死亡率：6.1‰（2024）

坦尚尼亞聯合共和國
UNITED REPUBLIC OF TANZANIA

建國簡史

1616年葡萄牙人進入坦干伊加（Tanganyika即坦尚尼亞本土），與阿拉伯人互爭雄長。

19世紀末期，坦干伊加成為德國屬地。第一次世界大戰時英德軍隊在坦發生衝突，英軍於1916年占領坦干伊加，並於凡爾賽和約中取得合法占領效力，1946年坦干伊加成為聯合國託管地。

1964年4月26日坦干伊加與尚西巴（Zanzibar Archipelago）合併為坦尚尼亞聯合共和國，27日正式獨立。

與我關係

坦尚尼亞與我無邦交。

基本資料

地理位置：非洲東部，東臨印度洋。	面積：947,300平方公里
人口：6,746萬人（2024）	網址：http://www.tanzania.go.tz/
與臺北之時差：-5	電話國碼：255
獨立日期：1964年4月26日	國慶日：4月26日（Union Day）
首都：杜篤馬（Dodoma）	語言：Swahili語、英語。
幣制：Tanzanian shilling, 1.00USD=2,652.51TZS（2024）	宗教：基督教、伊斯蘭教、當地信仰。

政治制度：總統制共和國。憲法由1965年的坦干伊加憲法修改而成，原坦干伊加總統任新共和國總統，並設兩位副總統，由原尚西巴總統任第一副總統。國會：一院制國會（National Assembly）設393席，其中264席民選，113席婦女名額由總統任命，5席由尚西巴議會（House of Representatives）所推舉之代表擔任，10席由總統任命，1席由司法部長任命，任期5年。1984年10月採用新憲法，總統任期5年，得連任，國會有權監督政府，另設總理、副總理等職。1992年執政黨全國會議通過改採多黨政治，允許反對黨成立。1995年舉行首度多黨大選，由革命黨的恩卡巴當選總統。2005年12月總統大選，革命黨的基克維特當選，得票率80.3%。2010年10月基克維特以61.2%得票率連任。2015年10月25日大選，革命黨的馬古富利（John Magufuli）以58.5%得票率當選。2020年10月28日總統大選，馬古富利以84.4%得票連任。2021年3月17日，馬古富利病逝，由副總統哈山接任總統。哈山為東非國家第一位女性元首。預定2025年10月總統大選。

政府首長：總統：哈山 Samia Suluhu Hassan

主要政黨：革命黨（Revolutionary Party, CCM）、民主與進步黨（Party for Democracy and Progress, CHADEMA）、公民聯合陣線（Civic United Front, CUF）及民族建設與改革會議（National Convention for Construction and Reform–Mageuzi, NCCR–Mageuzi）等。2015年10月25日國會選舉，革命黨再度獲勝，但選舉結果遭反對黨質疑。2020年國會大選，馬古富利領導的革命黨獲97%席次。

司法制度：設有憲法特別法院、上訴法院、高等法院及地方法院。

經社概況

平均每人國內生產毛額：2,600美元（2022）	國內生產毛額：1,665億9,700萬美元（2022）
國內各業生產毛額結構：農業：23.4%　工業：28.6%　服務業：47.6%（2017）	
通貨膨脹率：4.35%（2022）	失業率：2.6%（2022）
進口值：91億8,100萬美元（2020）	出口值：85億5,500萬美元（2020）
主要進口：精煉石油、棕櫚油、藥品、汽車、小麥。	
主要出口：黃金、菸草、腰果、芝麻、精煉石油。	
人口出生率：32.5‰（2024）	人口死亡率：5‰（2024）

多哥共和國
TOGOLESE REPUBLIC

建國簡史

歐洲人自18世紀起陸續殖民多哥，1884年德國在多哥建立多哥蘭（Togoland），1885年柏林會議正式承認為其勢力範圍。一次大戰又為英、法取代，瓜分局面為國際聯盟以託管方式承認，自此英法兩國各自經營所轄地區。

英國代管之多哥1958年併入英屬黃金海岸，1959年3月6日成立迦納共和國。法國託管之多哥於1960年4月27日獨立。獨立運動兩大勢力中以Sylvanus Olympio為首的多哥聯盟委員會勝選獲政權，1963年Olympio遇刺，另一勢力多哥進步黨領袖Nicolas Grunitzky繼而主政，派系傾軋劇烈。1967年1月12日軍人政變，由艾雅迪瑪中校領導，治理採軍政為主、憲政為輔，至2005年，統治多哥長達38年。

2022年加入大英國協。

與我關係

多哥與我無邦交。★1960年4月27日多哥與中華民國建交。1972年9月26日多哥與中國建交，10月4日我與多哥中止外交關係。★2014年5月19日，外交部確認多哥給予我國國民落地簽證待遇。

基本資料

地理位置：非洲西部		面積：56,785平方公里	
人口：891萬人（2024）		網址：http://www.republicoftogo.com/	
與臺北之時差：-8		電話國碼：228	
獨立日期：1960年4月27日（脫離法國）		國慶日：4月27日	
首都：洛美（Lome）		語言：法語、Ewe語、Kabye語。	
幣制：West African franc, 1.00USD=610.44XOF（2024）			宗教：基督教、當地信仰、伊斯蘭教。

政治制度：國體：共和國。政體：總統制，任期5年，多黨制。國會：一院制國會（National Assembly），國會議員直接民選，任期5年。1993年8月25日多哥首次民主總統大選，艾雅迪瑪連任，並於1998年及2003年大選中以過半得票率連任。2005年2月艾雅迪瑪過世，4月總統大選，艾雅迪瑪之子格納辛貝在軍方支持下當選，得票率60.2%。格納辛貝隨後於2011年3月以60.9%得票率、2015年4月以58.8%得票率及2020年2月以72.4%得票率連任總統。預定2025年2月總統大選。2024年4月國民議會通過憲法修正案，由總統制改為議會制，被形容為憲法政變。

政府首長：總統：格納辛貝 Faure Gnassingbe　總理：多貝 Victoire Tomegah Dogbe

主要政黨：多哥人民聯盟（RPT）自1969年起一直為執政黨，2012年被格納辛貝成立的共和聯盟（UNIR）取代，主要在野黨為變換力量聯盟（UFC）。原定2012年舉辦之選舉數次延期後，於2013年7月25日舉行，國會席次由81席增至91席，執政黨獲得62席，10個反對黨取得25席。2018年12月20日國會大選，共和聯盟獲得59席、變換力量聯盟6席、獨立派人士18席。因2019冠狀病毒疾病疫情，原定2020年2月總統大選後辭任的總理克拉蘇（Komi Klassou）延至9月辭職，格納辛貝任命前青年就業部長多貝為新任總理，多貝成為多哥首位女性總理。2024年4月國會選舉，執政黨共和聯盟贏得108席，格納辛貝可持續掌權。

司法制度：設有最高法院、憲法法院及各級法院。

經社概況

平均每人國內生產毛額：2,200美元（2022）	國內生產毛額：194億9,100萬美元（2022）
國內各業生產毛額結構：農業：28.8%　工業：21.8%　服務業：49.8%（2017）	
通貨膨脹率：7.97%（2022）	失業率：3.85%（2022）
進口值：23億8,900萬美元（2020）	出口值：17億2,200萬美元（2020）
主要進口：精煉石油、摩托車、原油、米、廣播設備。	主要出口：精煉石油、原油、電力、磷酸鈣、棉。
人口出生率：30.9‰（2024）	人口死亡率：5.1‰（2024）

突尼西亞共和國
TUNISIAN REPUBLIC

建國簡史

突尼西亞古時為迦太基國，1574年成為奧圖曼土耳其帝國一省。根據1881年5月21日簽署之條約，突尼西亞自1883年起成為法國的保護國。

1951年突尼西亞自治政府要求獨立，遭法國拒絕，1954年突國人民武裝起義，1956年3月20日法國承認其獨立。

1957年7月25日制憲會議決議廢黜國王，成立突尼西亞共和國。2011年1月突國爆發有史以來最嚴重反政府示威，迫使在位25年強人總統賓阿里（Zine El-Abidine Ben Ali）下台，史稱「阿拉伯之春」。

與我關係

突尼西亞與我無邦交。

基本資料

地理位置：北非、濱地中海。	面積：163,610平方公里
人口：1,204萬人（2024）	網址：http://www.pm.gov.tn/
與臺北之時差：-7	電話國碼：216
獨立日期：1956年3月20日（脫離法國）	國慶日：獨立日3月20日／革命青年日1月14日（2011年茉莉花革命）
首都：突尼斯（Tunis）	語言：阿拉伯語、法語。
幣制：Tunisian dinar, 1.00USD＝3.12TND（2024）	宗教：伊斯蘭教

政治制度：總統制共和國。總統任期5年。1959年立憲時，採單一國會眾議院（Chamber of Deputies），直選產生，任期5年。2002年修憲增設上院「諮詢議會」（Chamber of Advisers），自2005年8月起運作。阿拉伯之春後，2011年10月23日舉行首次民主選舉，選出217位制憲議會（Constituent Assembly），12月選出共和國國會黨的馬佐基（M. Marzouki）為過渡政府總統。2013年7月反對黨領袖布拉米遇刺身亡，引發暴動，議會停擺。2014年1月26日制憲議會通過新憲法。同年12月21日總統大選，突尼西亞呼聲黨的艾塞布西（Beji Caid Essebsi）以55.7%得票率擊敗馬佐基，於12月31日就任。2019年7月25日，92歲的艾塞布西病逝，由國會議長納賽爾代理總統。同年10月13日總統大選第二輪決選，薩伊德（Kais Saied）以72.7%得票率當選。2021年7月25日總統薩伊德將總理麥奇齊（Hichem Mechichi）免職，並且凍結國會與擴張行政權力，對手稱為「政變」的舉措引發大規模示威。9月底，薩伊德任命政治素人、地質學家拉馬丹（Najla Bouden Romdhane）擔任該國首位女性總理。薩伊德2022年2月6日解散最高司法委員會，3月30日解散國民代表大會（Assembly of Representatives of the People，2014年起取代制憲議會）；7月25日新憲法公投，投票率30.5%，95%有效選票支持新憲法，擴大總統權力，削弱國會職能。在薩伊德擴權下，總理的行政權力非常有限。2023年8月2日，總統薩伊德解除總理拉馬丹職務，由前央行行政主管哈查尼取代。2024年10月總統大選，薩伊德以近90%選票壓倒性連任。

政府首長：總統：薩伊德 Kais Saied　　過渡總理：哈查尼 Ahmed Hachani

主要政黨：2011年制憲議會選舉，伊斯蘭派復興運動黨（Al-Nahda）獲89席，共和國國會黨（CPR）29席，人民請願黨（Popular Petition）26席。2014年10月26日首次國會選舉，217席中，世俗派政黨突尼西亞呼聲黨獲得86席，復興運動黨69席，自由愛國聯盟16席，共和國會黨4席。2019年10月6日國會大選，伊斯蘭復興運動黨獲52席，突尼斯之心38席；伊斯蘭復興運動黨大選後雖為國會最大黨，但其提出的內閣名單遭國會否決。2022年12月國會選舉，投票率8.8%創新低，選民抵制國會。

司法制度：設有最高司法委員會、最高法院、上訴法院、一審法院及地方法庭。

經社概況

平均每人國內生產毛額：10,600美元（2022）	國內生產毛額：1,305億9,200萬美元（2022）
國內各業生產毛額結構：農業：10.1%　工業：26.2%　服務業：63.8%（2017）	
通貨膨脹率：8.31%（2022）	失業率：17.76%（2022）

進口值：225億3,600萬美元（2022）	出口值：172億8,800萬美元（2022）
主要進口：精煉石油、天然氣、低電壓保護設備、汽車、絕緣電線。	
主要出口：絕緣電線、服裝和服飾、原油、橄欖油、汽車零件。	
人口出生率：13.5‰（2024）	人口死亡率：6.4‰（2024）

烏干達共和國
REPUBLIC OF UGANDA

建國簡史

英國勢力於1860年代進入烏干達，1888年此地區由英王室授權英國東非公司接管，1894年英國宣布烏國境內之Buganda、Bunyoro、Toro、Ankole等王國為其保護地。

1956年烏國若干意見領袖受天主教農民支持組成民主黨（Democratic Party, DP），該黨以建立統一、獨立之烏干達為目標，惟布干達（Buganda）族人希望仍能於獨立後維持其王國體制。繼民主黨之後成立之政黨有UNC、烏干達人民議會（Uganda People's Congress, UPC）等。民主黨、烏干達人民議會及布干達議會（Buganda Council）為60年代烏國三大政治勢力。

1962年烏干達獨立，由民主黨黨魁Benedicto Kiwanuka出任總理，但他不受布干達政治菁英歡迎，且因同年4月之國會選舉烏干達人民議會贏得多數，烏干達人民議會乃與代表布干達議會利益之Kabaka Yekka黨組聯合政府，由烏干達人民議會黨魁奧波特（Milton Obote）擔任總理。1963年烏干達改為單一共和國，由布干達王Mutesa II擔任虛任元首。

1967年9月廢除王國和聯邦制，成立烏干達共和國。1971年1月陸軍參謀長阿敏（Idi Amin）發動政變後，該國經歷數次軍事政變及反抗軍奪回執政的過程。

與我關係

烏干達與我無邦交。

基本資料

地理位置：東非內陸	面積：241,038平方公里
人口：4,928萬人（2024）	網址：https://www.gou.go.ug
與臺北之時差：-5	電話國碼：256
獨立日期：1962年10月9日（脫離英國）	國慶日：10月9日
首都：康培拉（Kampala）	語言：英語、Swahili語、Luganda語。
幣制：Ugandan shilling, 1.00USD=3695.77UGX（2024）	宗教：基督教、天主教、伊斯蘭教。

政治制度：國體：共和國。政體：總統制，任期5年，直選需獲過半數選票。1986年1月26日全國反抗軍游擊組織攻入首都康培拉，1985年7月政變後成立的軍事委員會瓦解，全國反抗軍領袖穆塞維尼任臨時政府總統。國會：一院制，共427席，其中290席由全民直選，另112席保障婦女名額，25席由法律保障之特殊團體提名（軍隊10名，身心障礙人士5名，青年5名，勞工5名），任期5年。1989年10月臨時政府宣布繼續執政5年。1994年大選，穆塞維尼政府獲選連任，並於2001、2006、2011與2016年四度勝選連任。2021年1月14日總統大選，穆塞維尼以58.6%得票率連任。

政府首長：總統：穆塞維尼 Yoweri Kaguta Museveni　　總理：納巴尼亞 Robinah Nabbanja

主要政黨：執政黨為全國抵抗陣線（NRM）占國會多數席次；民主改革論壇黨（FDC）是主要在野黨。2016年2月18日國會選舉，全國抵抗陣線獲293席，民主改革論壇黨獲36席。2021年2月國會大選，全國抵抗陣線獲得292席，民主改革論壇黨37席。6月，51歲的納巴尼亞就任總理，成為烏干達首位女總理。

司法制度：設有上訴法院及高等法院。

經社概況

平均每人國內生產毛額：2,300美元（2022）	國內生產毛額：1,077億3,300萬美元（2022）
國內各業生產毛額結構：農業：28.2%　工業：21.1%　服務業：50.7%（2017）	
通貨膨脹率：7.2%（2022）　　失業率：2.94%（2022）	
進口值：111億4,500萬美元（2022）　　出口值：60億5,800萬美元（2022）	
主要進口：藥品、飛機、貨車、汽車、小麥。 主要出口：黃金、咖啡、牛奶、魚和魚製品、菸草。	
人口出生率：39.6‰（2024）　　人口死亡率：4.7‰（2024）	

尚比亞共和國
REPUBLIC OF ZAMBIA

建國簡史

尚比亞原稱北羅德西亞，18世紀時，阿拉伯販奴者入侵，英國傳教士相繼而來。英國南部非洲公司（British South African Company）獲英政府授權，自1889年起將北羅德西亞列為保護地，直至英政府於1924年派駐總督設立行政與立法會議（Legislative Council）為止。

1953年北羅德西亞根據英樞密院令與尼亞薩蘭（Nyasaland，今之馬拉威）及南羅德西亞（Southern Rhodesia，今之辛巴威）組成中部非洲聯邦（Central African Federation），至1963年12月該聯邦宣告解散。

1964年1月舉行選舉，聯合國家獨立黨（UNIP）獲勝，成立自治政府，該黨領袖卡翁達（Kenneth D Kaunda）為首任總理，同年5月獲得英政府允許，於10月24日脫離英國獨立，定名尚比亞共和國，卡翁達擔任首任總統，同年12月1日加入聯合國，並加入大英國協及非洲團結組織（OAU）。被譽為「尚比亞國父」的卡翁達2021年6月17日逝世，享壽97歲。

尚比亞於卡翁達執政時期，曾於1972年起禁絕其他政黨活動，並宣布由UNIP施行一黨專政。1990年6月，糧食短缺引起獨立後規模最大的暴動。1991年舉行選舉，一黨專政就此結束。

與我關係

尚比亞與我無邦交。

基本資料

地理位置：非洲中南部	面積：752,618平方公里
人口：2,079萬人（2024）	網址：http://www.zambia.co.zm/
與臺北之時差：-6	電話國碼：260
獨立日期：1964年10月24日（脫離英國）	國慶日：10月24日
首都：路沙卡（Lusaka）	語言：Bemba語、Nyanja語、Tonga語、英語。
幣制：Zambian Kwacha, 1.00USD=24.55ZMW（2024）2013年1月1日啟用新Kwacha，貨幣代碼由ZMK改為ZMW，1元新幣=1,000元舊幣	宗教：基督教、天主教、伊斯蘭教、印度教。

政治制度：國體：共和國。政體：總統制：直接民選，任期5年。憲法1964年10月24日生效。自1972至1990年聯合國家獨立黨（UNIP）為唯一合法政黨。卡翁達總統（T Kaunda）執政至1991年10月止。1991年8月制定新憲法，改行多黨民主政治，憲法復於1996年5月修改。國會：國民議會共159席，150席由人民直選，餘8席由總統任命，1席為議長，任期5年。1991年10月總統大選，「多黨民主運動黨」領袖齊魯巴（Frederick Chiluba）當選。2001年12月27日總統及國會大選，執政黨「多黨民主運動黨」候選人姆瓦納瓦薩（Levy Mwanawasa）以些微差距贏得總統選舉，2002年1月2日就任第3任總統，2006年9月總統選舉連任。

2011年9月20日總統選舉,愛國陣線的薩塔以43.3%得票率勝出。薩塔2014年10月28日逝世,由副總統史考特(Guy Scott)代行職務。2015年1月20日總統補選,愛國陣線的倫古(Edgar Lungu)以48.8%得票率勝出,繼續未完任期。2016年8月11日總統選舉,倫古以50.4%得票率獲勝。2021年8月總統與國會大選,第6度參選的59歲企業家希奇萊馬以57.9%得票率擊敗倫古,8月24日就任總統。

政府首長:總統:希奇萊馬 Hakainde Hichilema

主要政黨:愛國陣線(Patriotic Front, PF)於2011年9月大選獲勝取得執政。其他主要政黨有多黨民主運動黨(MMD)、國家發展聯合黨(UPND),以及自原執政黨MMD分裂出之民主發展論壇(FDD)。2016年8月11日國會選舉,愛國陣線獲80席,國家發展聯合黨58席。2021年8月12日國會大選,國家發展聯合黨獲得82席,愛國陣線59席。

司法制度:最高法院為終審機關,下設高等法院,負責審理各項民、刑事案件,具有無限制之管轄權。地方法院雖可受理一般民、刑事案件,惟管轄權相當有限。

經社概況

平均每人國內生產毛額:3,400美元(2022)	國內生產毛額:673億7,700萬美元(2022)
國內各業生產毛額結構:農業:7.5%　工業:35.3%　服務業:57%(2017)	
通貨膨脹率:10.99%(2022)	失業率:4.37%(2022)
進口值:100億美元(2022)	出口值:124億4,400萬美元(2022)
主要進口:精煉石油、原油、貨車、黃金、化肥。 主要出口:銅、金、寶石、硫酸、原糖、菸草。	
人口出生率:34.1‰(2024)	人口死亡率:5.9‰(2024)

辛巴威共和國
REPUBLIC OF ZIMBABWE

建國簡史

辛巴威原為英國在南部非洲的殖民地。1923年10月1日白人移民成立自治政府稱南羅德西亞(Southern Rhodesia),但英政府仍有最高之否決及監督權。

1965年11月11日執政的史密斯政府因反對英國當局對待黑人之寬容政策,片面宣布獨立,英國亦宣布對羅進行經濟制裁。同時黑人民族運動組織辛巴威非洲民族聯盟ZANU及辛巴威非洲人民聯盟ZAPU亦自1966年起以尚比亞及莫三比克為基地對羅進行武裝恐怖活動,以圖推翻白人政權。史密斯政府在內憂外患之下,企圖與內部溫和派黑人妥協。

1978年3月史密斯政府同意於一年內舉行大選。1979年4月溫和派領袖莫索勒瓦(Muzorewa)在ZANU及ZAPU拒絕參加大選的情形下,獲選出任總理,將國名改為辛巴威羅德西亞(Zimbabwe-Rhodesia)。當時ZANU及ZAPU的游擊活動正如火如荼,並獲得大部分農村地區的支持。同年英國出面調停羅國內爭,召開蘭卡斯特宮會議(Lancaster House Conference),各方同意1980年2月重新選舉。

大選結果,ZANU領袖穆加比大勝,取得政權就任總理,1980年4月18日,羅德西亞改名為辛巴威共和國,正式獨立建國。穆加比掌權後逐漸建立一黨專政,1987年經國會同意就任總統,並進一步擴大職權。

與我關係

辛巴威與我無邦交。

基本資料

地理位置:非洲南部內陸	面積:390,757平方公里
人口:1,715萬人(2024)	網址:http://www.zim.gov.zw/
與臺北之時差:-6	電話國碼:263

獨立日期	1980年4月18日（脫離英國）　　國慶日：4月18日
首都	哈拉雷（Harare）　　語言：英語、Shona語。　　宗教：基督教、天主教、傳統信仰、伊斯蘭教。
幣制	Zimbabwean dollar, 1.00USD＝361.9ZWD（2024）2009年改採包含美元、歐元、英鎊、南非幣rand及波札那幣pula等的多國貨幣制；辛巴威儲備銀行進一步宣布2015年6月15日起，棄用本國貨幣辛巴威幣。2019年2月宣布貨幣變革，計畫發行紙本與電子貨幣Real Time Gross Settlement (RTGS) dollar，或稱Zimdollar。同年6月24日，禁用原先在市面流通的各國貨幣。11月起，新版辛巴威幣紙鈔開始分階段發行。
政治制度	國體：共和國。政體：總統制，任期5年，可連任。內閣：內閣閣員，由總統任命。國會：二院制。參議院共93席，60席民選產生，任期5年。眾議院共210席，民選產生，任期5年。2008年3月國會大選，反對黨民主改革運動黨贏得眾院過半數109席，但因辛巴威政局混亂，穆加比（Robert Mugabe）堅不放棄總統一職，導致反對黨反彈，引發激烈政爭。非南開發共同體（Southern African Development Community）授權南非前總統姆貝基（Thabo Mbeki）擔任調解人，於7月協調辛國兩派簽署和解備忘錄，並促成兩派於9月15日在非洲10國元首見證下簽署權力分享協議，以結束政爭。但10月權力分享協商因辛國兩派對內閣人事相持不下而失敗，兩派在國際斡旋下於2009年2月組成聯合政府，由崔凡吉萊（Morgan Tsvangirai）擔任總理組閣。2013年3月，辛巴威公民投票通過新憲法，規定總統僅能連任1次，任期5年，並削減總統權力。7月31日全國大選，總統穆加比以61%選票當選連任，擊敗3度參選、拿下34%選票的崔凡吉萊。穆加比當選後，廢除總理。2016年8月，因穆加比自2015年推動國會修法讓他可參選2018年總統大選，而反對派發起的選舉改革法案遲遲無法在國會通過，引發大規模民示威。2017年11月6日，93歲的穆加比解除第一副總統姆南加瓦的職務，軍方15日政變，包圍軟禁穆加比。穆加比21日辭職，由姆南加瓦接任總統。2018年7月30日總統大選，姆南加瓦以50.8%得票率當選。2019年9月，執政37年的一代強人穆加比過世。2023年8月27日總統大選，姆南加瓦以52%得票率贏得第二任期。
政府首長	總統：姆南加瓦 Emmerson Mnangagwa
主要政黨	辛巴威非洲民族聯盟-愛國陣線（Zimbabwe African National Union-Patriotic Front, ZANU-PF）、民主改革運動黨（MDC）、辛巴威非洲人民聯盟（ZAPU）。2008年3月28日國會大選，主要反對勢力民主改革運動黨贏得勝選。參院：民主改革運動黨獲30席，愛國陣線30席；眾院：民主改革運動黨獲109席，愛國陣線獲97席，其他4席。2013年7月31日全國大選，穆加比的愛國陣線在眾院贏得150席，崔凡吉萊的民主改革運動黨49席。2018年7月30日大選，眾議院270席中，辛巴威非洲民族聯盟-愛國陣線獲得179席、民主改革運動黨88席，其餘3席為小黨或獨立派人士。2023年8月27日大選，愛國陣線於國民議會以176席次獲得多數席位。
司法制度	設有最高法院及高等法院。採德國及英美混合式司法制度。

經社概況	
平均每人國內生產毛額：2,200美元（2022）	國內生產毛額：360億3,500萬美元（2022）
國內各業生產毛額結構：農業：12%　工業：22.2%　服務業：65.8%（2017）	
通貨膨脹率：104.71%（2022）	失業率：9.26%（2022）
進口值：101億2,600萬美元（2022）	出口值：76億5,000萬美元（2022）
主要進口：精煉石油、貨車、藥品、化肥、曳引機（2019）。 主要出口：黃金、菸草、鐵合金、鎳、鑽石、珠寶（2019）。	
人口出生率：28.8‰（2024）	人口死亡率：6.5‰（2024）

§ 第三章　國際組織

聯合國
The United Nations
網址：https://www.un.org/

聯合國有193個會員國，總人口數達世界總人口的99%以上。

中華民國原是聯合國1945年5個創始會員國之一，至1971年10月25日被中華人民共和國取代而退出。1990年代以來，中華民國不斷申請加入聯合國，都因「一中政策」遭拒。

2024年台灣的聯合國參與案主推3大訴求，第一，聯大第2758號決議遭惡意扭曲，已對台海現狀及印太區域之和平穩定構成嚴重威脅，聯合國應予正視，並採取積極作為。第二，聯合國應尋求適當方式接納台灣，讓台灣為實現「永續發展目標」（SDGs）做出貢獻。第三是聯合國秘書處應嚴守中立，停止錯誤援引聯大第2758號決議，以及不當剝奪我國人及媒體進入聯合國參訪、出席或採訪會議與活動之權利。

此外，也持續洽請友邦駐聯合國常任代表聯名致函聯合國秘書長古特瑞斯（António Guterres），以及請友邦在總辯論等聯大場域為我國發聲。

外交部長林佳龍以「將台灣納入聯合國體系方可確保印太地區和平」為題投書國際媒體，強調台灣在半導體及海運的關鍵地位，並警告中國對台挑釁，威脅全球和平及穩定，呼籲聯合國納入台灣，確保印太地區穩定。

林佳龍強調，過去數十年來，台灣已對外證明為負責且可靠的夥伴，最近也就落實聯合國永續發展目標做出重要貢獻。接納台灣有意義參與，無疑是聯合國緩和潛在區域危機、維護台海和平穩定及增進全球繁榮的最佳選項。

外交部也發布推案短片「台灣晶緣」（IC You），透過日常生活經驗，呈現台灣以半導體及科技優勢，在全球發展各領域扮演不可或缺的角色，藉以呼籲國際社會基於確保核心價值及共同利益，應支持台灣參與聯合國，共同追求更和平繁榮的世界。

一、聯合國主要機構

（一）大會
General Assembly
網址：https://www.un.org/en/ga/

第79屆聯合國大會2024年9月10日在紐約聯合國總部開議，9月24日至30日舉行總辯論，主題為「不遺漏任何人：共同促進當前及未來世代的和平、永續發展及人類尊嚴」。

中國國家主席習近平與俄羅斯總統蒲亭都沒有出席本屆聯大總辯論，由兩國外長代打。

美國總統拜登發表任內最後一場聯大演說，除了呼籲團結及對俄烏戰爭、中東情勢保持樂觀。拜登也表示美國需堅守原則，負責任地管理與中國的競爭，確保競爭不會演變成衝突。他並強調，各領導人今天做出的選擇，將決定幾十年的未來。

烏克蘭總統澤倫斯基以英語發表演說，指控俄羅斯總統蒲亭計畫攻擊烏克蘭核電廠，並示警將出現災難性的後果。澤倫斯基並質疑中國及巴西推動與俄談判的動機，表示烏克蘭永遠不會接受外部強加的協議。

▲9月24日美國總統拜登在任內最後一次聯合國大會發表演說。（AP）

中國外交部長王毅發言時表示，這屆聯大期間，中國、巴西等「全球南方」國家成立「和平之友」小組，秉持聯合國憲章宗旨和原則為政治解決危機（俄烏戰爭）匯聚共識，為實現和平前景貢獻力量。他也提及，聯大第2758號決議徹底解決包括台灣在內全中國在聯合國的代表權問題，明確不存在「兩個中國」，不存在「一中一台」；在這原則問題上，沒有灰色地帶，沒有模糊空間。

我國友邦巴拉圭、馬紹爾群島、帛琉、聖文森及格瑞那丁等國代表官員陸續發言，支持台灣有意義參與聯合國體系。巴拉圭總統潘尼亞（Santiago Peña Palacios）更表示，「如果有個國家該是聯合國的一員，但現在仍不是，那就是台灣。」

聯大總辯論前夕，駐紐約辦事處舉辦「台灣友誼之夜」，駐美代表俞大㵣強調，聯大第2758號決議不斷遭曲解濫用，長期限縮台灣參與聯合國體系的空間，也剝奪國際社會由台灣貢獻中受益的機會。在世界面臨威權擴張主義日益猖獗威脅之際，支持民主台灣更有助彰顯民主夥伴團結一致捍衛共同價值的決心。

聯合國大會由聯合國全體會員國組成，是聯合國主要的審議、監督和審查機構。大會每年9月第3個星期二到12月舉行常會。大會會提出有助推展世界和平與安全的建議，但沒有執行決定的權力。

（二）安全理事會
Security Council
網址：https://www.un.org/securitycouncil/

聯合國秘書長古特瑞斯（António Guterres）2024年4月18日在聯合國安全理事會表示，以色列在加薩6個多月的軍事攻擊已讓這塊巴勒斯坦領土成為「人道煉獄」；他再次呼籲以色列立即停火，應採取更多措施允許援助進入加薩。

聯合國安理會當天表決有關巴勒斯坦申請加入聯合國的決議草案，12個理事國投贊成票，英國和瑞士棄權，美國則否決，等於是阻止聯合國承認巴勒斯坦的國家地位。

巴勒斯坦在2011年曾申請加入聯合國，當年由巴勒斯坦自治政府主席阿巴斯（Mahmoud Abbas）遞交申請，但聯合國安理會未就此案進行表決。聯合國大會則是於2012年11月賦予巴勒斯坦觀察員國地位。

聯合國安理會2024年6月10日通過由美國總統拜登在5月31日提出的3階段以色列與哈瑪斯（Hamas）停火協議，並敦促雙方結束長達8個月的戰爭。除了俄羅斯棄權外，安理會其餘14國均贊成。

在14個理事國中，阿爾及利亞是唯一的阿拉伯會員國，阿爾及利亞駐聯合國大使本賈馬（Amar Bendjama）說「是時候停止殺戮了」，相信該協議可以朝著永久停火邁出一步，也給巴勒斯坦人一絲希望。

申請加入聯合國的國家須經安理會推薦，再由聯合國大會同意，才能獲得會員國資格。這代表安理會15個理事國中至少有9個投贊成票，且5個常任理事國都沒動用否決權，而且之後必須獲得聯合國大會2/3多數支持。

安全理事會主要職權是維護國際和平與安全，根據聯合國憲章，安理會有權派遣聯合國部隊對抗侵略。安理會由15個理事國組成，其中只有美國、法國、英國、中國和俄羅斯5個常任理事國擁有否決權；其餘10個非常任理事國席位平均分配給所有地區，各有2年任期，每年重新選出5國更替。

安理會2024年6月6日改選非常任理事國席位，由丹麥、希臘、巴基斯坦、巴拿馬、索馬利亞獲選，這5個國家將接替厄瓜多、日本、馬爾他、莫三比克和瑞士，任期自2025年元旦起算，為期2年。

（三）經濟與社會理事會
Economic and Social Council, ECOSOC
網址：https://www.un.org/ecosoc/

經濟與社會理事會（ECOSOC）於1945年依照聯合國憲章設立，是聯合國推動永續發展—經濟、社會和環境3大層面的核心機構，同時負責聯合國各次主要會議和高峰會的後續活動。

經濟與社會理事會2023年7月27日選出智利駐紐約聯合國大使兼常任代表保拉・納爾瓦茲（Paula Narváez）為第79屆主席。ECOSOC共有54個理事國，其中18個每年由聯合國大

會選舉而出，任期3年。

聯合國永續發展大會2012年決定建立一個永續發展高階政治論壇（High-Level Political Forum on Sustainable Development，簡稱HLPF）以取代永續發展委員會，該論壇在經濟與社會理事會贊助下每年召開一次部長級會議。

（四）秘書處
Secretariat
網址：https://www.un.org/en/about-us/secretariat

聯合國秘書長古特瑞斯（António Guterres）2024年6月28日警告，由於戰爭與資金短缺，聯合國旗艦發展目標的進度受阻。

2015年聯合國成員國採行「永續發展目標」（Sustainable Development Goals）計畫，要在2030年前達成改變世界的17項目標，包括徹底消除赤貧和消減飢餓。

古特瑞斯表示：「我們必須加快行動以實現永續發展目標，目前只有17%的目標能符合進度。」

法新社報導，為實現這些目標所投注的資金和關注一再受挫，包括遭遇COVID-19疫情、烏克蘭戰事、加薩戰爭、蘇丹衝突、氣候災難惡化，以及民眾生活費急劇攀升。

古特瑞斯表示，要採取行動為全球各地的重大衝突帶來和平，還要努力邁向必要的綠色轉型。他說：「這意味要增加多邊開發銀行的貸款能力，為氣候行動和永續發展提供更多資源。」

聯合國秘書處是聯合國的主要行政機構，有紐約聯合國總部與聯合國日內瓦、奈洛比、維也納3個辦事處。

聯合國秘書長由安理會推薦，經大會通過任命之，任期5年，可連任，被視為聯合國的象徵，秘書長古特瑞斯為前葡萄牙總理，他也是首位政府領導人出身的聯合國秘書長。

（五）國際法院
International Court of Justice, ICJ
網址：https://www.icj-cij.org/home

南非政府2023年12月向聯合國國際法院（ICJ）提告，呼籲國際法院命令以色列中止在加薩走廊的軍事行動，2024年5月10日再次指控以色列持續違反「聯合國防止及懲治滅絕種族罪公約」，並呼籲國際法院命令以色列「立即撤出並停止軍事進攻」加薩南部的拉法市（Rafah）。

國際法院2024年5月24日罕見地採取緊急措施，下令以色列「立即」停止在拉法的軍事行動，裁定以色列必須讓人道主義援助「不受到阻礙」地進入拉法，並敦促哈瑪斯「無條件」釋放2023年10月7日襲擊以色列時劫持的人質。

國際法院7月19日表示，以色列占領巴勒斯坦領土和屯墾區屬非法行為，應盡速終止。這是以巴衝突爆發以來，國際法院最強有力的裁決。但美國批評這個諮詢意見的「廣泛性」，將導致解決衝突的努力更加複雜。

國際法院設在荷蘭海牙，1945年成立，為聯合國主要司法機關，依國際法解決國家間的法律爭端，其裁決具有約束性，不得上訴。國際法院由任期9年的15位法官組成，每3年改選1/3法官並得連任。聯合國會員國當然為國際法院當事國，非聯合國會員國經安全理事會通過後，也可成為國際法院的當事國。國際法院1947年5月受理第一件國際紛爭。

（六）託管理事會
Trusteeship Council
網址：https://www.un.org/en/about-us/trusteeship-council

託管理事會於1945年根據聯合國憲章成立，是聯合國負責監督託管領土行政管理的機構。適用國際託管的土地是第二次世界大戰結束時尚未獨立的前國際聯盟委任統治地和戰後割離自敵國的土地。

在聯合國初期，共有11塊託管領土置於託管制度之下，其中7個在非洲、4個在大洋洲。隨著聯合國最後一個託管領土帛琉於1994年10月1日獨立並成為聯合國第185個會員國後，託管理事會使命已達成，同年11月1日暫停運作，但仍繼續「存在」。如今，託管理事會已修訂議事規則，僅在必要時舉行會議。

二、聯合國專門機構

（一）國際貨幣基金
International Monetary Fund, IMF
網址：https://www.imf.org/

國際貨幣基金（IMF）2024年7月16日發布《世界經濟展望》報告，對全球國內生產毛額（GDP）成長的預測值維持在3.2%，2025年可望略升至3.3%。

IMF並警告，2024年許多選舉都可能導致經濟政策出現擺盪，從而對世界其他地區產生負面影響，如財政揮霍風險將惡化債務狀況，對長期殖利率產生不利，並加劇保護主義。

另外，IMF總裁喬治艾娃（Kristalina Georgieva）於2024年6月19日陸家嘴論壇宣布在上海開設區域中心。她強調，上海區域中心能促進IMF成員以及更廣泛的利益相關者、國際金融機構、學術界、智庫、民間社會組織和私營部門等有更為深入的接觸。

國際貨幣基金於1945年創立，職責為促進國際金融穩定和貨幣合作，推動國際貿易發展、促進高水準就業和可持續經濟成長及減少貧困，目前有191個成員國，總部設於美國華盛頓特區。

（二）世界銀行
The World Bank, WB
網址：https://www.worldbank.org/

根據世界銀行（WB）2024年6月11日公布《全球經濟展望》報告，由於美國經濟強勁擴張，上修1月對2024年全球經濟成長預測至2.6%，不過也警告，到2026年整體經濟成長仍遠低新冠疫情前的水準，且氣候變遷、戰爭和高債務將損害占全球大多數人口的較貧窮國家。

按世銀說法，若排除因COVID-19疫情衰減的2020年，2024年經濟成長很可能是2009年金融海嘯以來最弱的。

另外，世銀2024年8月發行價值2億2,500萬美元的9年期保本型債券，是其歷來規模最大的結果導向債券（outcome bond）。收益用於資助世銀在各地的永續專案，將近3,600萬美元直接用於支持巴西企業Mombak的再造林行動。這項債券100%保本，最低保證年報酬率為1.745%，若表現符合預期，最高可達4.362%。

世界銀行由國際復興開發銀行（IBRD）與國際開發協會（IDA）組成，成立於1944年，總部設在美國華盛頓，是為開發中國家資本項目提供貸款的國際金融機構，致力於減少貧窮並建立共同繁榮。

（三）聯合國糧食暨農業組織
Food and Agriculture Organization of the United Nations, FAO
網址：https://www.fao.org/

聯合國糧農組織（FAO）2024年7月25日表示，亞太地區人類和動物感染禽流感案例增加，情況「令人擔憂」。聲明說，H5N1禽流感病毒擴散範圍比過去更廣，遠達南美洲和南極洲，還感染新的野生動物與家禽畜物種。

據統計，2023年底以來，柬埔寨已傳出13起新的人類感染案例，中國和越南也有新增病例。糧農組織表示，正加強注意大湄公河次區域、印尼及菲律賓的情況；印尼、尼泊爾、孟加拉也在對抗疫情。至於泰國和緬甸已多年未通報爆發禽流感。

聯合國糧食暨農業組織成立於1945年，旨在幫助發展中國家與轉型國家實現農、林、漁業現代化，努力戰勝飢餓，總部設於義大利羅馬，有195個成員。

（四）國際農業發展基金
International Fund for Agricultural Development, IFAD
網址：https://www.ifad.org/

國際農業發展基金（IFAD）等5個聯合國機構2024年7月24日發布《世界糧食安全和營養狀況》年度報告，指出2023年全球約有7.33億人面臨飢餓，在非洲更有20.4%的人處於飢餓狀態。

根據報告，全球消除飢餓進度嚴重落後，食物不足狀況甚至倒退15年，難以在2030年達到零飢餓的永續發展目標（SDG2）。

至於各區域的發展，非洲的飢餓人口比例

仍在上升，亞洲降低到8.1%，拉丁美洲則降低至6.1%，西亞、加勒比海和非洲大多數次區域的飢餓情況仍有加劇的趨勢。

國際農業發展基金1977年在義大利羅馬成立，是聯合國向發展中成員國提供糧食和農業發展貸款的金融機構，致力於消除發展中國家的農村貧困，有178個成員國。

（五）國際勞工組織
International Labour Organization, ILO
網址：https://www.ilo.org/

國際勞工組織（ILO）2024年1月表示，COVID-19疫情後經濟復甦的步伐已放緩，與此同時，地緣政治緊張情勢和持續的通貨膨脹促使各國央行採取激進舉措。國際勞工組織秘書長洪博（Gilbert Houngbo）表示，「更深入的分析顯示，勞動市場失衡的情況正在加劇，在多重和交互影響的全球危機背景下，這正在阻礙實踐社會正義的進程」。

國際勞工組織8月12日發布《2024年全球青年就業趨勢》報告指出，2023年全球失業年輕人總數為6,490萬人，是本世紀最低，全球青年失業率為13%，則是15年來最低，少於2019年疫情前的13.8%，「預期2024、2025年將進一步下降至12.8%」，「然而各個地區的狀況並不相同。在阿拉伯國家、東亞、東南亞與太平洋地區，2023年青年失業率高於2019年。」

並非所有地區都已從COVID-19疫情造成的低迷中恢復。未就業、未就學或未接受職業訓練的15至24歲年輕人，也就是所謂的「尼特族」（Not in Education, Employment, or Training, NEET）數量令人擔憂。

國際勞工組織成立於1919年，總部設於瑞士日內瓦。二戰後，ILO成為聯合國系統的第一個專門機構，以追求社會正義為目標，建立國際勞動基準，有187個成員國。

（六）國際海事組織
International Maritime Organization, IMO
網址：https://www.imo.org/

國際海事組織（IMO）海洋環境保護委員會第82屆會議（MEPC82）於2024年10月4日結束。此次會議針對航運業最關切的溫室氣體減排議題展開漫長討論，IMO預計於防止船舶污染國際公約（MARPOL）附錄VI新增第5章，增訂溫室氣體減排中期措施，該規定預計適用國際航線總噸位5,000以上所有船舶，未來將再評估延伸適用至總噸位400以上的船舶。

海運占全球溫室氣體排放約2.9%，然而長久以來因公海不隸屬任何國家管轄，使海運業得以免於大部分相關稅費。但海運業這種「課稅化外之地」情況已開始轉變，2024年起船舶在歐盟地區內作業都須購買排放許可，往返歐盟與其他國家地區間也得買一半額度。

國際海事組織前身為政府間海事諮詢組織，1959年成為聯合國下的專門機構，主要負責海上航行安全和海運造船技術等相關工作，制定和修改對海洋產業有重大影響的國際規定，總部設於英國倫敦，有176個會員國與3個附屬會員，秘書長是巴拿馬籍的瓦萊斯科（Arsenio Dominguez Velasco）。

（七）世界衛生組織
World Health Organization, WHO
網址：https://www.who.int/

世界衛生組織（WHO）成立於1948年，為聯合國體系內負責衛生事務之國際組織，有194個會員國，秘書長為衣索比亞籍的譚德塞（Tedros Adhanom Ghebreyesus）。世界衛生大會（WHA）是世衛最高決策機構，每年在瑞士日內瓦舉行。

第77屆世界衛生大會於2024年5月27日至6月1日展開，主題為「健康至上，全民均健」（All for Health, Health for All）。

世衛會員國就因應未來流行病做法的全球協議談判為期2年，在大會達成最終協議未果，主因是COVID-19疫情期間，富裕國家和孤立無援的國家之間存在分歧，在最後一天議程中，同意將協商展延一年。

受到中國壓力，世衛已連續8年未邀請台灣參加WHA，但衛福部長邱泰源仍率領政府世衛行動團前往，與各國代表團及專業組織交流。

台灣爭取參與所獲的國際支持再創新高，

2024年除了11個具世衛會員身分的友邦在大會為台灣發聲，美、日、英、加等16個理念相近國家也發聲助台，聲量更勝往年。

值得注意的是，世衛8月14日宣布，在非洲升溫的M痘（mpox，舊稱猴痘）疫情已構成「國際關注公共衛生緊急事件」（PHEIC）。此為世衛發出的最高級別警示。

M痘疫情席捲多個非洲國家，特別是剛果民主共和國。根據世衛資料，該國2024年截至8月28日累計超過1萬8,000起疑似第一分支和Ib型M痘病例，615例死亡。在8月4個非洲國家也有222起Ib型確診病例，瑞典和泰國也各通報1起有非洲旅遊史的病例。

國際關注公共衛生緊急事件設立於2005年。自2009年以來共有8次宣布。分別是：2009年H1N1新型流感疫情、2014年小兒麻痺疫情、2014年西非伊波拉疫情、2015年至2016年茲卡病毒疫情、2018年至2019年剛果伊波拉疫情、2019年新型冠狀病毒疫情、2022年猴痘疫情，以及2024年8月14日宣布的M痘疫情。

（八）聯合國教科文組織
United Nations Educational, Scientific and Cultural Organization, UNESCO
網址：https://www.unesco.org/

聯合國教科文組織（UNESCO）2024年2月13日表示，自俄國於2022年2月底開始侵略烏克蘭以來，烏國的文化、旅遊和娛樂業合計損失了190億美元營收。

教科文組織核定的兩處世界遺產也遭俄軍猛烈攻擊，分別是西部城市利維夫（Lviv）的中世紀中心和南部城市敖德薩（Odesa）。

教科文組織2024年8月14日發表聲明，塔利班接管阿富汗屆滿3年，小學入學率較3年前減少了110萬人，2021年至今大學生人數也銳減53%。

聲明指出，「由於塔利班實施禁令，自2021年以來，至少有140萬名女孩被剝奪接受中等教育的權利」。教科文組織統計，阿富汗有近250萬名女孩遭剝奪受教權，佔全國學齡女孩的80%。阿富汗也是世界上唯一禁止女孩和婦女就讀中學與大學的國家。

聯合國教科文組織成立於1945年，使命是透過教育、科學、文化、溝通與資訊促進和平、消除貧窮、建立可持續性發展及跨文化對話，有194個會員、12個準會員，總部設在法國巴黎。

（九）聯合國兒童基金會
The United Nations Children's Fund, UNICEF
網址：https://www.unicef.org/

聯合國2024年7月15日表示，2023年全球衝突增加，導致約1,450萬名兒童未能接種白喉、破傷風、百日咳三合一疫苗（DTP），高於2022年的1,390萬人，但低於COVID-19大流行期間。

全球該疫苗接種覆蓋率下降幅度最大的國家是蘇丹，因15個月的內戰，覆蓋率從2022年的75%降至2023年的57%。

另外，位於雷馬拉（Ramallah）的加薩衛生部2024年8月16日宣布，加薩走廊一名未接種疫苗的10個月大嬰兒感染小兒麻痺症。

聯合國表示，加薩已有25年沒有通報小兒麻痺個案，但6月在加薩走廊廢水採集的樣本中，發現小兒麻痺病毒第2型。世衛與聯合國兒童基金會（UNICEF）8月底開始，在加薩走廊各地實施小兒麻痺病毒第2型疫苗接種。

聯合國兒童基金會創立於1946年，總部設於美國紐約，旨在提供疫苗及人道救援措施，守護全世界生命與生活受威脅的兒童與青少年生存、成長的權利。

（十）國際民航組織
International Civil Aviation Organization, ICAO
網址：https://www.icao.int/

國際民航組織（ICAO）成立於1947年，旨在發展國際飛航的原則與技術，並促進國際航空運輸的規畫和發展，總部設在加拿大蒙特婁，現有193個會員國。

中華民國為ICAO創始會員國之一，但自1971年退出聯合國後，被ICAO體系排除，2013年曾應ICAO理事會主席邀請，以「特邀貴賓」身分參加大會，隨後因中國打壓，都未能再受邀與會。

ICAO於2022年確立航空業2050年淨零

排放目標，並制定「國際航空業碳抵換及減量計畫」(CORSIA)，以2019年碳排為標準，2021至2023年維持零成長，2024年到2035年降至2019年的85%，並於2050年達到淨零目標。

交通部民用航空局2024年1月3日表示爭取「國際航空業碳抵換及減量計畫」認可的國際碳權在交易所上架，推動國籍航空在台灣買碳權。

另外，中國民航局2024年1月30日晚上宣布，2月1日起取消M503航路自北向南飛行偏置措施、啟用M503航路的W122、W123銜接航路由西向東飛行，該航路更貼近台灣的空域。

陸委會表達嚴正抗議及強烈不滿，並要求中國立即停止不負責任的飛航行動。陸委會副主委兼發言人詹志宏表示，中國2015年向ICAO申請開通，政府透過民航小兩會告知此舉嚴重影響飛安，就此溝通多達5次，獲得稍微西偏的結論。中國這次突然宣布變更，詹志宏強調，已透過航空小兩會表達關切。

（十一）聯合國政府間氣候變遷問題小組
Intergovernmental Panel on Climate Change, IPCC
網址：https://www.ipcc.ch/

聯合國政府間氣候變遷問題小組（IPCC）成立於1988年，旨在研究由人類活動所造成的氣候變遷，主要工作是發表與執行《聯合國氣候變化綱要公約》（UNFCCC）相關的專題報告。

聯合國氣候變化綱要公約第28屆締約方大會（COP28）主辦國阿拉伯聯合大公國，和預計2024、2025兩年舉辦締約方大會的亞塞拜然及巴西合組「氣候三巨頭」，推動一項國際協議，設法使全球暖化的升溫幅度控制在攝氏1.5度內。

聯合國估算，即使計入現有氣候承諾，全球在本世紀結束前仍預料升溫攝氏2.5度至2.9度。另外根據IPCC資料，全球可能在2030年至2035年間達到攝氏1.5度的升溫幅度限制。

第29屆締約方大會2024年11月在亞塞拜然首都巴庫（Baku）登場，主要任務是批准為開發中國家提供氣候融資設定的新全球目標。

三、聯合國相關機構
（一）國際原子能總署
International Atomic Energy Agency, IAEA
網址：https://www.iaea.org/

國際原子能總署（IAEA）2024年6月13日提出報告指出，伊朗正在境內的納坦茲（Natanz）和福爾多（Fordow）地區的核設施安裝離心機（Cascade），以提升濃縮鈾能力。

IAEA在2023年的報告中提出，伊朗所持的濃縮鈾足夠製造數枚核彈，已背離2015年與世界各國達成的核協議承諾。據法新社2024年2月報導，伊朗的濃縮鈾庫存估計已達到協議規定上限的27倍。

2018年美國時任總統川普退出協議並恢復對伊朗的經濟制裁後，此協議宣告破裂。自此之後，伊朗與IAEA的緊張關係一再升級。美國總統拜登2021年上台後，嘗試重返2015年協議，談判截至2024年6月毫無進展。

另外，2024年3月21日IAEA在比利時布魯塞爾舉辦首次全球核能高峰會。歐洲聯盟執行委員會主席范德賴恩（Ursula von der Leyen）坦言歐盟內部對核能有不同意見；但對接受核能的國家而言，核能科技在潔淨能源轉型上扮演重要角色，並表示有核能的協助，再生能源可望在2050年前成為歐盟電力生產的主幹。

IAEA成立於1957年，是聯合國核子監督機構，促進核子的安全與和平用途，現有178個會員國，總部設於維也納。

（二）世界貿易組織
World Trade Organization, WTO
網址：https://www.wto.org/

第13屆世界貿易組織（WTO）部長級會議（MC13）2024年2月26日至3月2日在阿拉伯聯合大公國阿布達比舉行，共有164個會員國及受邀的重要國際組織與會，我國由行政院政務委員鄧振中率團與會。

歐盟貿易事務執行委員杜姆布羅夫斯基斯（Valdis Dombrovskis）表示，2024年2月27日WTO正式通過新規則簡化服貿許可流程，使每年全球服貿省下約1,190億美元的成本。

新規則適用於已簽署服務業國內規章（Services Domestic Regulation）聯合聲明倡議（Joint Statement Initiative）的71個WTO成員國，包括中國、美國、歐盟而不包括印度和南非；但其餘成員國的業者也能受惠。

值得注意的是，歐洲聯盟執行委員會2023年10月發動調查中國進口電動車是否接受政府過度補貼，對歐盟製產品造成不公平競爭。

2024年10月30日起，歐盟對中國進口電動車正式開徵最高35.3%的反補貼稅，至少5年，合計一般關稅後，最高達45.3%。

中國商務部對此表示，不接受裁決結果，已向WTO提出訴訟。

世界貿易組織成立於1995年1月1日，前身是關稅暨貿易總協定，總部位於瑞士日內瓦。葛摩聯邦（Comoros）、東帝汶（East Timor）於2024年8月加入後，現有166個會員。台灣2002年1月1日以「台澎金馬個別關稅領域」（簡稱為「中華台北」）名義加入WTO。世貿組織通過其爭端解決機制，可授權對不遵守貿易協議的成員國施行貿易制裁。

（三）國際刑事法院
International Criminal Court, ICC
網址：https://www.icc-cpi.int/

國際刑事法院（ICC）是依據1998年通過的《國際刑事法院羅馬規約》，於2002年7月在荷蘭海牙成立，是全世界唯一的常設戰爭罪法院。國際刑事法院有權審判在國際社會犯下重大罪行的個人，包括種族屠殺、侵略、戰爭、反人道等罪行，最重刑罰為無期徒刑，但美國、俄羅斯及中國等目前不是會員。

67歲日本女法官、ICC法官赤根智子2024年3月11日當選國際刑事法院院長，成為ICC首位日籍院長，也是2023年3月ICC裁定對蒲亭發出國際逮捕令的法官之一。

另外，ICC首席檢察官卡林汗（Karim Khan）2024年5月20日以涉嫌戰爭罪和危害人道罪，申請對以色列總理坦雅胡（Benjamin Netanyahu）、國防部長葛朗特（Yoav Gallant）以及辛瓦（Yahya Sinwar）及哈尼雅（Ismail Haniyeh）等巴勒斯坦伊斯蘭主義組織「哈瑪斯」（Hamas）高層領袖發出逮捕令。對此，以色列抨擊是「歷史性的恥辱」。

（四）國際移民組織
International Organization for Migration, IOM
網址：https://www.iom.int/

國際移民組織（IOM）2024年6月18日發布報告指出，海地有近58萬人流離失所，約占其總人口的5%。IOM駐海地負責人布蘭查特（Philippe Branchat）表示：「我們今天看到的數字是多年來暴力不斷升級及其災難性人道主義影響的直接後果。」

位於加勒比海的海地共和國是美洲最貧窮國家，數十年來飽受政治動盪、貧窮、地震、颶風等天災與猖獗的黑幫困擾。聯合國統計約有200個幫派在海地活動，其中首都太子港有23個主要幫派，涵蓋該市80%領土，暴力事件切斷食品和燃料的供應路線，導致民生必需品及醫藥價格不斷攀升，民不聊生。

國際移民組織前身是1951年在比利時布魯塞爾成立的歐洲移民問題政府間委員會，提供因二戰流離失所的人重建居住地與其他人道援助。國際移民組織在2016年9月正式加入聯合國系統，透過與各國合作處理移民問題，促進人道並確保移民有序地移居接收國，有175個成員國與8個觀察國，總部設於瑞士日內瓦。

其他國際組織

〔軍事篇〕

（一）北大西洋公約組織
North Atlantic Treaty Organization, NATO
網址：https://www.nato.int/

北大西洋公約組織（NATO）領袖峰會2024年7月9日至11日在美國華盛頓召開，是日韓紐澳等4個印太夥伴國家第3度參加北約峰會。

峰會發表聯合宣言，重申支持烏克蘭建立擊敗俄羅斯的軍力，並稱中國是俄羅斯侵烏的「關鍵支持者」。時任北約秘書長的史托騰柏格（Jens Stoltenberg）在記者會表示，「我們清楚界定中國在支持俄羅斯對烏克蘭發動戰爭的責任。」

北約宣言提及，中國作為聯合國安理會的常任理事國，負有維護聯合國憲章宗旨的責任，應立即停止提供俄羅斯用於戰爭的物資與政治支持。

前荷蘭總理呂特（Mark Rutte）10月1日正式接任北約秘書長，10月3日閃電出訪基輔，展現對烏克蘭抗俄的支持，他指出，已向烏克蘭人民和世人傳達北約持續力挺烏克蘭的明確訊息，確保烏克蘭戰勝。

北大西洋公約組織是由美國與西歐國家於1949年成立，是冷戰時期對抗蘇聯共產集團的主力，冷戰結束後，於1999年和2004年兩次「東擴」，共招納10個前蘇聯集團成員國，現有32個成員國，包括2024年3月新加入的瑞典。

俄羅斯入侵烏克蘭，使長期保持中立的芬蘭和瑞典感到不安，申請加入北約，並分別於2023年和2024正式加入，是北約數十年來最重要的一波擴張。

（二）美日安保條約
US-Japan Security Treaty
（1960年1月19日簽署，同年6月23日生效）

2024年4月10日，美國總統拜登和日本首相岸田文雄在華府會面，兩人矢言開啟美日戰略合作「新時代」。拜登稱這是自美日1951年簽署舊版安保條約以來，兩國安全同盟的最大升級。

在聯合聲明中，日本承諾將國防開支增加一倍，達到國內生產毛額（GDP）的2%，可望成為全球第3大軍費開支國。

美日計畫升級國防通訊網絡，並與澳洲建構飛彈與防空系統，以應對日益增長的空中與飛彈威脅，也將建立國防工業合作論壇，確立共同研發、生產飛彈以及維修美國軍艦和軍機。

聯合聲明還說，澳英美三方安全夥伴關係（AUKUS）成員正考慮在量子運算、海底、極音速、AI和網路技術等領域與日本合作。

美日安保條約是1960年1月19日由時任日本首相岸信介與美國總統艾森豪在美國白宮簽署，規範美國有義務防衛日本，並在日本境內設置美軍基地。

〔政治篇〕

（一）歐洲聯盟
European Union, EU
網址：**https://europa.eu/**

歐洲議會2024年6月改選，隨後歐盟峰會6月27日至28日在比利時布魯塞爾召開，共同表決下屆5年任期的「三巨頭」要職人選，同時對未來5年的戰略議程和強化國防投資達成共識。

烏克蘭總統澤倫斯基也應邀出席歐盟峰會，並簽署聯合安全承諾（Joint security commitments）。自2022年2月俄羅斯入侵烏克蘭以來，歐盟和成員國已合計援烏1,080億歐元（約新台幣3.8兆元），其中軍事援助為390億歐元。

歐盟峰會決議，12月1日起，歐盟理事會主席由葡萄牙前總理柯斯塔（Antonio Costa）接棒，歐洲外交暨安全政策高級代表由愛沙尼亞總理卡拉斯（Kaja Kallas）接任，歐洲聯盟執行委員會主席范德賴恩（Ursula von der Leyen）則連任，宣示將把歐盟防衛能力列為下個任期重心。

立場偏保守的范德賴恩2019年起擔任歐盟執委會主席，本屆又獲連任，中間偏左的柯斯塔來自歐盟西南邊緣，被認為可與范德賴恩領導的團隊在政治和地理上互相平衡。

2024年7月16日歐洲議會舉行投票，現年45歲的梅特索拉（Roberta Metsola）獲得562票絕對多數連任議長，任期2年半，是歐洲議會第3位女性議長。新一屆歐洲議會也在7月18日以401票贊成、284票反對，通過范德賴恩連任歐盟執委會主席，票數較5年前的383票更多。

值得注意的是，纏訟多年後，歐盟最高上訴機構的歐洲法院2024年9月10日裁決蘋果（Apple）、Google控告歐盟兩案皆敗訴，宣告

最終結局。

蘋果補稅案是科技巨頭與歐盟執委會最激烈的法律戰之一。歐盟執委會2016年指控愛爾蘭為吸引蘋果設立歐洲總部提供補貼造成不公平競爭，要求補稅130億歐元（約新台幣4,620億元）。2020年歐盟普通法院撤銷要求蘋果繳納欠稅的命令，歐盟對此提出上訴。

另外，歐盟執委會依反托拉斯法調查Google搜尋引擎利用演算法偏好自家購物網站，對Google罰款24.2億歐元（約新台幣860億元）。

主管競爭法的歐盟執行委員維斯塔哲（Margrethe Vestager）表示，這不只是歐盟的勝利，也是賦稅正義、公平競爭的勝利。

歐盟是由27個歐洲國家組成的政治及經濟聯盟，創建於第二次世界大戰後。成員國之間可自由流通貨物、服務和資金；歐盟公民可在歐盟境內任何地方生活和工作。目前27個成員國之中，有20國、超過3.4億人使用歐元這項單一貨幣。

（二）大英國協
The Commonwealth
網址：https://thecommonwealth.org/

英國國王查爾斯三世（King Charles Ⅲ）2024年10月18日出訪澳洲和薩摩亞，並於10月21日至26日間出席在薩摩亞舉行的大英國協（The Commonwealth）成員政府首長會議，這是他首次以君主身分出訪大英國協國家。

另外，前英國殖民地、大英國協成員國蓋亞那，2023年末因富含石油的艾瑟奎波（Essequibo）地區而與鄰國委內瑞拉爆發邊界爭議。2024年5月3日，委內瑞拉總統馬杜洛（Nicolas Maduro）頒布《艾瑟奎波保衛組織法》，要在蓋亞那領土內建立一個委內瑞拉地區。

英國2023年12月24日宣布派遣皇家海軍巡邏艦「特倫特號」（HMS Trent）保護蓋亞那。對此，馬杜洛28日下令5,600多名軍人到邊境進行防禦演習。

大英國協目前有56個成員國，大多數曾為英國殖民地或保護國，範圍涵蓋全球五大洲、27億人口，當中英國與另外14國承認英王為國家元首，但此職位僅為象徵性並無實權。

（三）美洲國家組織
Organization of American States, OAS
網址：https://www.oas.org/en/

瓜地馬拉政治人物阿雷巴洛（Bernardo Arevalo）以反貪腐為政見主軸，在2023年8月總統大選決選中爆冷勝出。但檢察機關企圖廢止選舉結果，一度造成阿雷巴洛所屬的種子黨（Semilla）遭停權。法庭於2023年12月8日裁決選舉結果「不可改變」。

美洲國家組織（OAS）秘書處聲明譴責瓜地馬拉國家總檢察署政變未遂，表示「意欲廢止2023年大選的企圖是民主崩壞最糟糕的形式，也強化了違反人民意願的政治詐騙」。

2024年1月15日凌晨，阿雷巴洛在把持國會的反對黨阻撓下，延宕9個多小時才宣誓就職。

另外，2024年6月26日下午，玻利維亞行政首都拉巴斯（La Paz）發生裝甲車衝撞總統府入口。玻利維亞總統阿爾斯（Luis Arce）抨擊這是一場針對政府的未遂「政變」，呼籲國際社會和國民共同捍衛民主。

美洲國家組織秘書長阿爾馬格羅（Luis Almagro）呼籲軍隊服從合法選舉產生的政權，支持阿爾斯與他領導的政府。

美洲國家組織創立於1951年，總部設在美國華盛頓，有35個成員國，是美洲重要的區域外交組織。

（四）非洲聯盟
African Union, AU
網址：https://au.int/

布吉納法索、馬利和尼日2024年1月28日聯合聲明退出西非經濟共同體（ECOWAS）。這3國是1975年成立的西非經濟共同體創始成員，但發生推翻民選政府的軍事政變後，西非經濟共同體對它們實施制裁。非洲聯盟（AU）委員會主席馬哈馬特（Moussa Faki Mahamat）呼籲地區領袖加強西非經濟共同體領導層與上述3國間的對話。

另外，《紐約時報》中文網報導，多年來中

國企業及其承包商在非洲屠殺數百萬頭驢，為的是從驢皮提煉明膠，製成傳統藥物和美容產品。日益成長的需求使非洲驢子以驚人速度減少，非洲聯盟2024年2月通過非洲大陸驢皮出口禁令，期望恢復驢子數量。

非洲聯盟由前身非洲統一組織於2002年7月改組建立，是繼歐洲聯盟之後，全世界第二個重要的區域國家聯盟，有55個成員國。

為確保實現非洲一體化、繁榮與和平的泛非願景，《2063年議程》被制定為非洲長期社會經濟和一體化轉型的戰略框架。《2063年議程》呼籲加強對非洲主導倡議的合作和支持，以確保實現非洲人民的願望。

（五）阿拉伯聯盟
Arab League
網址：https://www.lasportal.org/

第33屆阿拉伯聯盟峰會2024年5月16日在巴林首都麥納瑪（Manama）舉行，主要討論以哈戰爭，阿拉伯領導人在會中強調支持巴勒斯坦人民有合法權利。

開羅大學政治學教授暨杜拜智庫「未來高階研究與調查中心」（Future for Advanced Research and Studies，FARAS）研究員阿邁德（Ahmed Youssef Ahmed）認為，此次峰會各阿拉伯領導人的談話有效延續2023年11月在利雅德針對以巴衝突召開的緊急峰會，並讚揚峰會後的行動。

利雅德緊急峰會特別成立部長級理事會和法律及媒體監測單位，此次峰會則設立兩個法律監測機構，記錄以色列自2023年10月以來的罪行，並在15天後提交報告給組織內的外交部長理事會。

1945年成立的阿拉伯國家聯盟簡稱「阿拉伯聯盟」或「阿盟」，總部設在開羅，是阿拉伯世界最具代表性的組織，有22個成員國。

（六）南美洲進步論壇
Forum for the Progress and Development of Latin America, PROSUR
網址：https://foroprosur.org/

2019年3月22日，阿根廷、巴西、智利、哥倫比亞、厄瓜多、巴拉圭、圭亞那和秘魯8國代表在智利聖地牙哥簽署《聖地牙哥宣言》，成立南美洲進步論壇（PROSUR），取代南美國家聯盟（UNASUR），作為未來實現南美洲一體化的組織。

南美洲進步論壇對南美洲所有國家開放，但根據《聖地牙哥宣言》，有基本的要求，即國家必須充分發揮民主的力量，尊重國家權力的分立、自由、人權以及主權和領土完整性。

《聖地牙哥宣言》規定，論壇的目標是持續對話和協調聯合行動，以促進區域的發展，同時以靈活的方式處理基礎設施、能源、衛生、國防、安全和打擊犯罪以及預防和管理自然災害的一體化問題。

2022年4月，智利總統波里奇（Gabriel Boric）認為南美洲進步論壇之組織過度官僚和意識形態化，決定暫時停止參與PROSUR活動。同年，蘇利南宣布加入PROSUR。

〔經濟篇〕

（一）亞洲基礎設施投資銀行（亞投行）
Asian Infrastructure Investment Bank, AIIB
網址：https://www.aiib.org/

加拿大副總理兼財政部長方慧蘭（Chrystia Freeland）2023年12月8日聲明表示，與一些最密切的國際合作夥伴協商後，決定擴大對亞洲基礎設施投資銀行（簡稱亞投行）的審查，加拿大對亞投行的參與也將無限期暫停。

亞投行加拿大籍公關主管畢卡德（Bob Pickard，又名畢加博）2023年6月辭職後指控，亞投行被中國共產黨把持並作為謀利工具，放貸給中國一帶一路倡議鎖定的國家。中國外交部聲明指出，有關個人對亞投行的言論「純屬譁眾取寵的炒作，是徹頭徹尾的謊言」。

另外，亞投行行長金立群2024年7月16日在越南會見越南總理范明正（Pham Minh Chinh），表示將提供約50億美元的優惠貸款，建造越南南北高鐵、連接中國的鐵路及捷運建設等。

亞洲基礎設施投資銀行成立於2015年，2016年1月16日正式開業，是一個官方性質的

亞洲區域多邊開發機構，也是中國推動「一帶一路」建設的其中一環。亞投行有109個成員，包括96個正式成員和13個意向成員，總部設於中國北京，行長是金立群。

亞投行法定資本額1,000億美元，前三大股東依序是中國、印度、俄羅斯，最大股東中國的投票權占總投票權的26.6%，代表在重大事務上具有關鍵否決權；亞投行的重要決議需要75%的絕對多數支持票才能獲得通過。

（二）20國集團
Group of Twenty Finance Ministers and Central Bank Governors, G20
網址：https://www.g20.org/

20國集團（G20）財政首長2024年7月在巴西里約熱內盧舉行會議，在26日通過的聯合公報表示，全球經濟可能邁向「軟著陸」，但警告戰爭與衝突升級可能危及這個前景，而更多的全球合作可讓經濟成長更穩健，並承諾抵制貿易保護主義，強調減少經濟不平等的必要性。

為期2天的G20財長會議也圍繞著處理億萬富豪避稅的棘手話題，雖各國已同意共同努力讓超級富人繳納該付的稅款，卻沒有提出更為具體的協議。G20峰會於2024年11月18日至19日在里約熱內盧舉行。

20國集團1999年12月16日在德國柏林成立，當時由八大工業國集團（英、美、日、法、德、俄、加、義）、11個重要新興工業國家（中國、澳洲、巴西、印度、印尼、南韓、土耳其、阿根廷、墨西哥、沙烏地阿拉伯、南非）加上歐盟、非盟所組成，集團涵蓋世界最大的已開發和新興經濟體，占世界國內生產毛額（GDP）逾80%、全球貿易75%、全球人口60%。

（三）東南亞國家協會
Association of South-East Asian Nations, ASEAN
網址：https://asean.org/

第44暨第45屆東南亞國家協會（ASEAN）峰會2024年10月6日至11日在寮國永珍舉行，主題為「強化連結性與韌性」（Enhancing Connectivity and Resilience）。

南海爭端是東協領導人討論的焦點議題，菲律賓總統小馬可仕（Ferdinand Marcos Jr.）10日在峰會中，就菲中船隻在南海發生碰撞事件向中國提出質疑。

中國國務院總理李強表示，中方始終致力於遵守包括「聯合國海洋法公約」在內的國際法，始終恪守「南海各方行為宣言」，並表示當前中國和東協國家正積極推進「南海行為準則」磋商，爭取早日達成。

會後東協峰會主席發布聲明指出，密切關注南海緊張情勢的後續發展，呼籲各方保持自我克制，並遵守1982年「聯合國海洋法公約」在內的相關國際法規範；聲明並表示，東協「期待及早達成一項有效且具實質性」，並符合聯合國海洋法公約等國際法的行為準則。

同時，對不斷升級的緬甸內戰，東協呼籲「立即停止」暴力行動，打造有利環境，以運送人道援助，及召開由緬甸自主領導、具包容性的全國對話。

印尼總統佐科威（Joko Widodo）2024年未出席東協峰會及相關會議，是2014年當選總統以來，除2020和2021年因疫情無法出國外，首次缺席。印尼外交部表示，佐科威缺席東協峰會絕不代表印尼政府對東協的立場。

東南亞國家協會簡稱「東協」，1967年8月在曼谷成立，5個創始會員國為印尼、馬來西亞、菲律賓、新加坡及泰國。其後汶萊、越南分別於1984年和1995年加入，寮國和緬甸於1997年加入，柬埔寨於1999年加入，形成東協10國，持續至今。

根據1967年5國簽署的東協宣言，東協的宗旨與目標在於加速地區的經濟成長、社會進步與文化發展，並在持續尊重地區各國的法律規範，以及固守聯合國憲章的原則下，促進區域的和平與穩定。

（四）跨太平洋夥伴全面進步協定
Comprehensive and Progressive Agreement for Trans-Pacific Partnership, CPTPP
（2018年3月8日簽署，同年12月30日生效）

「跨太平洋夥伴全面進步協定」（CPTPP）前身為「跨太平洋夥伴協定」（TPP），最初是由亞太經濟合作會議成員發起，旨在促進亞

太區的貿易自由化。歷經多年談判及美國退出的挫折，2018年3月8日在智利完成協定簽署，同年12月30日生效。

CPTPP屬自由貿易協定，旨在削減成員國之間的關稅，包括承諾降低達95%以上產品關稅。CPTPP現有包括日本、加拿大、澳洲、越南、紐西蘭、新加坡、墨西哥、秘魯、汶萊、智利、馬來西亞及英國等12個成員國。

其中，英國於2021年2月申請、2023年簽署協議加入，2024年12月15日入會協定正式生效。台灣2021年9月正式提出申請，行政院經貿談判辦公室總談判代表楊珍妮2024年10月2日表示，CPTPP經濟規模達15.4兆美元、占全球比重約15%，若台灣無法加入，長期來看恐將損失GDP額外成長1.6%機會，CPTPP成員也無法獲益於台灣具有的獨特產業優勢，例如台灣半導體與ICT產業於全球供應鏈扮演關鍵角色，可為CPTPP成員貢獻製造業能力和人才。

澳洲將於2025年擔任CPTPP的輪值主席國。我方已開始爭取澳洲支持台灣入會，並期盼澳洲能儘快成立工作小組，審查台灣的入會資格。

（五）區域全面經濟夥伴協定
Regional Comprehensive Economic Partnership, RCEP
（2020年11月15日簽署，2022年1月1日生效）

香港行政長官李家超2024年8月2日結束訪問寮國、柬埔寨和越南，稱此行有5項成果，包括3國都表示支持香港加入「區域全面經濟夥伴協定」（RCEP）。

自從香港因實施國安法遭美國等西方國家制裁後，港府致力爭取加入RCEP，但自2022年1月申請加入後仍無進展。

據傳受地緣政治影響，日本是香港加入RCEP的最大阻力。儘管香港獲得北京中央支持，但加入RCEP必須全部成員國同意，只能繼續遊說。

作為全球最大經貿協議的RCEP是2012年由東協10國發起，以及中國、日本、韓國、澳洲、紐西蘭5國參與制定，共計15個締約方所構成的高級自由貿易協定，2022年1月起正式生效。RCEP占全球GDP約3成、涵蓋約23億人口，但沒有包括美國與印度。

這項協定免除數千項商品關稅，簡化貿易程序，替成員國帶來多項互惠，並涵蓋電子商務、智慧財產權和政府採購等議題，但對勞工和環境的要求，則沒有歐盟或跨太平洋夥伴全面進步協定（CPTPP）要求的那麼嚴格。CPTPP與RCEP的成員國大多重疊，但前者沒有中國。

（六）經濟合作暨發展組織
Organization for Economic Cooperation and Development, OECD
網址：https://www.oecd.org/

經濟合作暨發展組織（OECD）2024年7月9日在《2024年就業展望報告》指出，OECD國家勞動市場總就業人口高於COVID-19疫情前，失業人口接近2001年來的最低水平。

報告中也分析2050淨零排放目標對國際勞動市場的影響。OECD秘書長柯曼（Mathias Cormann）表示，「氣候轉型會將勞動市場從高排放產業，轉移到環保導向的新工作機會。政策重點應促成必要的就業流動。」

另外，OECD推動全球最低稅負制（第2支柱，GMT）堪稱國際租稅史上最大變革；未來合併營收達7.5億歐元的跨國集團，不管是母公司或其海外子公司，在全球各地要繳至少15%的最低稅負。

澳洲2024年3月21日公布針對跨國企業徵收最低稅負15%的計畫。財政部部長莊翠雲8月8日受訪時指出，許多國家已開始訂定全球最低稅負制，台灣如果不做，課稅權就會拱手讓人，「我們的目標就是盡快（接軌）」。

經濟合作暨發展組織成立於1960年12月14日，旨在協助會員國制定適當政策，以促進會員國經濟與社會福祉，並協調會員國力量，協助開發中國家發展，總部設於法國巴黎，現有38個會員國。

台灣2002年以中華台北為名，正式成為OECD架構下「競爭委員會」觀察員，積極參與會議，實際參與制定國際競爭規範，並使台灣公平交易法之執行與國際接軌，目前以「參與方」身分參與鋼鐵、競爭、漁業等3個委員會。

（七）石油輸出國組織
Organization of the Petroleum Exporting Countries, OPEC
網址：https://www.opec.org/

化石燃料是目前導致全球暖化的最大溫室氣體排放來源，但2023年舉行的聯合國氣候變化綱要公約第28次締約方會議（COP28）於12月13日發布最終氣候協議擬議文本，並未提及將「逐步汰除」化石燃料。

會中有100多國敦促協議提及「逐步汰除」化石燃料字眼，但遭到石油輸出國組織（OPEC）成員國與其盟國抵抗。最終協議的新草案是由阿聯負責起草。

另外，OPEC於2023年11月30日宣布，巴西於2024年加入石油輸出國組織和結盟油國（OPEC+）。巴西是全球排名前10的產油國，且自2016年起一直是拉丁美洲最大產油國。

2016年底，俄羅斯及其他9個油國與OPEC聯手支撐下滑的油價，OPEC+應運而生。

非洲西南部國家安哥拉2023年12月21日宣布，由於對於生產限額意見不合，退出OPEC。安哥拉石油日產量約110萬桶，相對較少。

石油輸出國組織成立於1960年9月，宗旨為維持原油價格安定，控制全世界石油供需，維護產油國利益，共有12個成員國。

（八）亞太經濟合作會議
Asia-Pacific Economic Cooperation, APEC
網址：https://www.apec.org/

亞太經濟合作會議（APEC）峰會2024年11月10日至16日在秘魯利馬（Lima）舉行，主題為「賦權、包容、成長」（Empower. Include. Grow.），3大政策優先領域包括「以貿易及投資促進包容且互連之成長」、「以創新及數位化促進正式及全球經濟轉型」，以及「永續成長促進韌性發展」等。

即將卸任的美國總統拜登與中國國家主席習近平11月16日在APEC峰會場邊會晤，這是川普重返白宮前，拜登與習近平最後一次會面。拜登呼籲停止在台灣周邊進行破壞穩定的軍事行動，重申美國反對任何一方單方面改變現狀，台海和平穩定符合全球利益。

習近平則表示，過去4年中美關係雖然歷經跌宕起伏，也展開了對話和合作，但是「不能挑戰紅線、底線」。台灣問題、民主人權、道路制度、發展權利是中方的4條紅線，也是中美關係最重要的防護欄和安全網。

日本新任首相石破茂11月15日上午首度與席習近平進行約35分鐘會談，雙方基於「戰略互惠關係」確認全面合作外，石破對中國軍事活動表達憂慮，要求中國方面確保旅居當地日僑安全及履行恢復中斷進口的日本產水產品協議等，石破並表達訪中意願。

台灣由總統府資政林信義代表總統賴清德出席，賴總統期盼林信義向APEC成員傳達3項主張，包含台灣積極貢獻國際社會，台灣支持更公平、更具包容性的國際貿易秩序，以及台灣願意促進與其他經濟體之間的數位貿易發展。

林信義出身企業經理人，曾擔任經濟部長、行政院副院長，現為總統府資政，曾3度參與APEC，2000年、2001年代表國家參加APEC雙部長年會，2005年擔任領袖代表，率團出席韓國釜山APEC經濟領袖會議，與時任中國國家主席胡錦濤握手寒暄，成為歷史畫面。此次是他睽違19年再以領袖代表身分與會。

林信義此行與各國領袖互動熱絡，並邀請拜登訪台。他也與石破茂用日文寒暄，雙方進行正式雙邊會談，確立台日未來在半導體、AI領域深化合作格局。

另外，中國爭取主辦2026年APEC，承諾將遵守APEC的規定、慣例及實踐，確保各會員平等尊嚴與會的權利，並妥善維護所有與會人員的人身安全，最終所有經濟體達成共識，同意中國舉辦2026年APEC。2025年APEC則由韓國主辦。

亞太經濟合作會議成立於1989年，為亞太區域最重要的經貿合作論壇，由21個太平洋沿岸的經濟體組成，總體經濟規模達全球GDP的60%，覆蓋逾29億人口市場。

（九）金磚國家
Brazil, Russia, India, China, and South Africa, BRICS
網址：https://brics-russia2024.ru/

金磚國家（BRICS）峰會2024年10月22日至24日在俄羅斯喀山（(Kazan)）舉行，主題為「加強多邊主義，促進公平的全球發展與安全」。外界分析，俄羅斯總統蒲亭（Vladimir Putin）想藉由舉辦峰會展現俄羅斯未被孤立。

現年78歲的巴西總統魯拉（Luiz Inácio Lula da Silva）因跌倒導致輕微腦出血取消赴俄，以視訊方式參加峰會。

中國國家主席習近平與印度總理莫迪（Narendra Modi）自2020年中印軍隊發生邊界衝突後首度正式會晤，倍受矚目。雙方達成「3個同意」。

第一，發揮好兩國邊界問題特別代表會晤機制作用，共同維護好邊境地區和平安寧，尋求公平合理的解決方案。第二，兩國外長和各層級官員開展對話，推動兩國關係早日重回穩定發展軌道。第三，在多邊場合加強溝通和合作，維護發展中國家共同利益。

此外，俄羅斯正推動建立跨境支付系統，代替因入侵烏克蘭受西方制裁，而被排除在國際資金清算系統SWIFT之外。金磚國家會後宣言提出創建「金磚之橋」（BRICS Bridge）新金融支付平台。

「金磚國家」始於高盛2001年提出的概念及研究報告，並取巴西、俄羅斯、印度、中國的英文國名第一個字母BRIC為名。2006年起，4國外長等官員逐漸形成定期會晤機制，並自2009年起每年舉行元首峰會至今，2010年同意南非成為第5個會員國，並改名為BRICS。

金磚國家2023年8月24日在南非峰會上宣布，邀請阿根廷、埃及、衣索比亞、伊朗、沙烏地阿拉伯、阿拉伯聯合大公國等6國在2024年起加入該組織。但阿根廷總統府2023年12月29日宣布，新任總統米雷伊（Javier Milei）已致函金磚五國領袖，婉拒加入邀請。

米雷伊在競選期間曾表示：「我們的地緣政治立場是與美國和以色列結盟。我們不會與共產黨結盟。」

不過，在中國試圖提升國際影響力推動下，至2024年8月，包含土耳其及馬來西亞、泰國等國，曾表達加入金磚國家的意願。

（十）美國-墨西哥-加拿大協定（美墨加協定）
United States-Mexico-Canada Agreement, USMCA
（2018年11月30日簽署，2020年7月1日生效）

由美國、墨西哥和加拿大簽署的「美國-墨西哥-加拿大協定」（USMCA）2020年7月1日起生效，這項協定取代1994年「北美自由貿易協定」（NAFTA），關係單一市場近5億消費者。

相較於NAFTA共22個章節，USMCA包含34個章節、附件及附函，議題廣泛，包含汽車及零配件之原產地及勞動價值要求、爭端解決機制、智慧財產權、數位貿易、勞工、貨幣、日落條款及防止締約方與非市場經濟體洽簽FTA之機制等。美國貿易代表認為USMCA堪稱21世紀高標準協定，為貿易協定新典範。

花旗台灣董事長安孚達（Aftab Ahmed）表示，墨國已晉升美國最大貿易夥伴，對於以美國市場為目標的企業，墨國更具備近岸外包供應鏈優勢。根據美國商務部2024年2月公布的數據，2022年至2023年美國從墨西哥的進口額增加近5%，達4,750億美元以上；從中國的進口額下降20%，跌至4,270億美元。

另外，台商電子代工業者也赴墨設廠或擴產。財政部統計，台灣對墨西哥出口自美中貿易爭端以來，由2018年24.8億美元上升至2023年47.5億美元，5年間增加91%。

（十一）南方共同市場
Southern Common Market, Mercado Comun del Sur, MERCOSUR
網址：https://www.mercosur.int/

南方共同市場（MERCOSUR）國家元首峰會2024年7月8日在巴拉圭亞松森（Asunción）舉行，焦點著重於南錐經濟體的農業綜合企業產品出口。

巴西總統魯拉（Luiz Inácio Lula da Silva）積極推動歐盟與南方共市達成協議，但遇到主要來自法國總統馬克宏（Emmanuel Macron）的阻力，理由是南美洲出口的糧食將危及歐洲農民。

南方共市與歐盟的協定自1999年開始談判，在2019年、巴西前總統波索納洛（Jair Bolsonaro）任內完成貿易協商，之後談判陷入僵局，協議從未生效。

2023年歐盟提出對未能實現2015年「巴黎協定」氣候目標的國家制裁的補充條款，加上「歐盟零毀林法案」（EU Regulation Deforestation Regulation, EUDR）規定2020年12月31日之後於砍伐區域生產的牛肉、大豆等7種大宗商品不能在歐盟銷售，都是南方共市的出口隱憂。

由於無法與歐盟達成協定，南方共市國家加快與其他地區的自由貿易談判。峰會前完成與阿拉伯聯合大公國代表團的第一輪談判，巴拿馬新任總統穆里諾（Jose Raúl Mulino）也應邀參加峰會。

南方共同市場1991年成立，是由南美洲國家阿根廷、巴西、巴拉圭、烏拉圭、玻利維亞組成的區域性貿易協定，其中玻利維亞於2024年7月8日成為正式成員，共代表約3億人口市場，領域涵蓋逾1,480萬平方公里。

（十二）美洲開發銀行
Inter-American Development Bank, IDB
網址：https://www.iadb.org/

美洲開發銀行（IDB）第64屆理事年會2024年3月6日至10日在多明尼加迦納角（Punta Cana）舉行，台灣外交部、財政部及中央銀行等相關單位均派員與會，本次年會主要討論氣候變遷、公民安全及永續發展等議題。

美洲開發銀行由美國和拉丁美洲19個國家於1959年成立，是世界上最早成立、最大的區域性多邊開發銀行，也是金援拉丁美洲與加勒比海開發的主要財源，總部設在美國華盛頓，有48個會員。台灣與IDB自1991年建立合作關係，密切合作推動各項發展計畫，為西半球民主國家透明、可信賴及永續的發展做出貢獻。

（十三）亞洲開發銀行
Asian Development Bank, ADB
網址：https://www.adb.org/

第57屆亞洲開發銀行（ADB）理事會年會2024年5月2日至5日在喬治亞提比里斯（Tbilisi）舉行，主題為「橋接未來」，討論亞銀新營運模式、氣候變遷、糧食安全及區域合作等議題。

我國財政部長莊翠雲以亞銀理事身分率團出席，發言聚焦氣候變遷相關議題，談及強化氣候融資重要性及支持亞銀資本管理改革，也表達期待亞銀在性別平等、女性經濟賦權等領域持續進步。

另外，2024年適逢亞洲開發基金（ADF）4年一度的資金補充，莊翠雲指出，台灣全力支持亞銀對小型島嶼開發中國家（SIDS）等的重視，以及在氣候變遷調適、災害風險減輕等策略上，提供更多資金。

中華民國雖為亞銀創始會員國之一，但自1986年以來受到中國施壓，會籍名稱遭改為「中國台北」。莊翠雲持續表達抗議，重申台灣要求更正會籍名稱的立場，呼籲亞銀及所有會員國彼此尊重、確保參與亞銀活動能獲公平待遇以及平等機會。

亞銀由聯合國亞洲與遠東經濟委員會倡導籌組，1966年成立，總部設於菲律賓馬尼拉，中華民國為創始會員國之一，有69個會員國，其中49個來自亞太地區，現任總裁為日本籍的淺川雅嗣。

（十四）中美洲銀行
Central American Bank for Economic Integration, CABEI
網址：https://www.bcie.org/

第64屆中美洲銀行（CABEI）理事會年會2024年5月9日至10日在宏都拉斯德古西加巴（Tegucigalpa）舉行，台灣由財政部長莊翠雲率團出席，討論銀行年度營運事項、機構策略及治理改革進展等議題。

中美洲銀行成立於1960年，總部設於宏都拉斯首都德古西加巴，為中美洲地區區域性開發援助機構，旨在透過融資推動中美洲地區經濟發展與整合，現有15個會員國，包括5個創始會員國、3個區域內非創始會員國，以及7個區域外會員國。

台灣1992年以區域外會員國身分加入CABEI，現為最大持股會員國。為深化與台

夥伴關係及強化與亞洲市場連結，中美洲銀行2021年7月設立駐台「國家辦事處」，為該行在亞洲第一個分支機構。2021年11月，台灣在中美洲銀行成立「台灣－CABEI夥伴關係信託基金」，持續與CABEI共同合作協助中美洲友邦的國家發展，並從中協助台灣廠商拓展中美洲市場的貿易布局。

（十五）南太平洋區域漁業管理組織
South Pacific Regional Fisheries Management Organization, SPRFMO
網址：https://www.sprfmo.int/

南太平洋區域漁業管理組織（SPRFMO）第12屆委員會2024年1月29日至2月2日在厄瓜多曼塔舉行。我國由行政院農業部漁業署專門委員吳明峯率團，外交部亦派員參與。會中就秘書長遴選程序、智利竹筴魚養護管理措施、勞動標準及主席選任等議案進行討論。

南太平洋區域漁業管理組織是2012年8月成立的區域性政府間國際漁業組織，旨在保育及管理其他區域性漁業管理組織尚未納入管理的非高度洄游魚類（非鮪類）漁捕活動。

SPRFMO秘書處設在紐西蘭威靈頓，目前共有17個會員。台灣以「捕魚實體」身分及「中華台北」名稱，2012年9月23日正式加入為會員，並自2013年起出席SPRFMO委員會會議。

（十六）北太平洋漁業委員會
North Pacific Fisheries Commission, NPFC
網址：https://www.npfc.int/

北太平洋漁業委員會（NPFC）第8屆委員會會議2024年4月9日至18日在日本大阪舉行。我國由農業部漁業署組長林頂榮率團參與。會中就漁獲控制規則及轉載養護管理措施等議案進行討論。

北太平洋漁業委員會是由美國、日本、韓國及俄羅斯4國於2006年發起，為管理太平洋公海底層漁業及該海域其他國際漁業管理組織尚未管轄魚種的國際漁業組織。

NPFC秘書處設在日本東京，成立該組織之公約2015年7月19日生效，台灣於同年8月25日加入成為會員。NPFC目前共有9個會員，分別為日本、韓國、俄羅斯、加拿大、中國、美國、歐盟、萬那杜及台灣。

〔媒體篇〕

無國界記者組織
Reporters Sans Frontières, RSF
網址：https://rsf.org/en

無國界記者組織（RSF）2024年5月3日發布「2024世界新聞自由指數」報告，台灣由2023年的第35名升至第27名；中國在180個國家和地區中排名第172。

RSF指出，國名中華民國的台灣是自由民主國家，雖然面臨假訊息和假新聞的挑戰，仍持守新聞自由，在亞太地區排名第4，僅次於紐西蘭、東帝汶、薩摩亞。

RSF並指出，新聞自由指數排名第172的中國，除了囚禁記者人數居全球之冠，還嚴格箝制資訊管道，並限制被視為敏感或違背黨路線的消息散布。

2024年倒數3名是阿富汗、敘利亞與厄利垂亞，2023年則是越南、中國與北韓。

美國之音（VOA）引述無國界記者組織倡議專員白奧蘭（Aleksandra Bielakowsk）說，中國排名變化的唯一原因是「其他國家的新聞自由度下降」。她表示：「中國沒有任何改善，仍然是世界上關押記者人數最多的國家，截至2024年5月關押了119名記者，其中包括10名香港記者。」

RSF總結指出，決定世界新聞自由排名的5大指標中，政治指標的降幅最顯著，全球平均下降7.6個百分點，皆因世界各地的新聞自由正受到執政當局的威脅。

無國界記者是一個捍衛自由、多元價值與新聞獨立的國際非營利組織。1985年由4名記者成立，總部位於法國巴黎。

〔其他篇〕

（一）國際刑警組織
International Criminal Police Organization, INTERPOL
網址：https://www.interpol.int/

國際刑警組織（INTERPOL）秘書長史托

克（Jürgen Stock）2024年3月27日在新加坡辦公室的新聞簡報會表示，人口販運和電信詐騙活動的組織犯罪圈，已從東南亞擴大成一個全球犯罪網，一年收入上看3兆美元。

國際刑警組織執行委員會2024年6月25日投票選出美洲副主席、巴西候選人伍基沙（Valdecy Urquiza）成為新一任秘書長，是首位來自開發中國家的秘書長。

2024年11月7日在蘇格蘭格列斯哥市舉行的第92屆國際刑警組織全體大會中得到正式批准後，伍基沙接替德國的史托克，任期為2025年到2030年。

國際刑警組織1923年9月成立，是僅次於聯合國的全球第二大政府間國際組織，也是全球最大打擊與防制犯罪警察合作平台，有196個成員國，總部位於法國里昂，全球有7個區域辦事處，另在美國紐約及比利時布魯塞爾設有聯絡處，現任主席為阿拉伯聯合大公國的阿萊希（Ahmed Naser al-Raisi）。

中華民國曾是國際刑警組織一員，1984年中國申請加入後，名稱被改為「中國台灣」，因而拒絕且退出組織。台灣作為國際社會的一員，有意願與能力參與如INTERPOL之國際安全體系，以具體行動及專業參與，為全球打擊恐怖主義及跨國犯罪貢獻心力。

（二）國際奧林匹克委員會
International Olympic Committee, IOC
網址：https://olympics.com/ioc

第33屆夏季奧林匹克運動會2024年7月26日至8月11日在法國巴黎登場。時隔百年，本屆是巴黎第3次舉辦夏季奧運，共邀請203個國家參與，新增霹靂舞、運動攀登、滑板及衝浪等4個自選運動。

因俄烏戰爭，被禁止參與國際體育賽事的俄羅斯和白俄羅斯運動員，經國際體育聯盟及國際奧會雙重檢查後，可以「個人中立運動員」（Athlètes Individuels Neutres）參賽，但不得穿著展示母國顏色的隊服，無法出席開幕式，也不會出現在獎牌榜上。

奧運期間，土耳其拳擊選手克莉芙（Imane Khelif）和我國拳擊選手林郁婷捲入性別風波，引發爭議。

國際奧林匹克委員會（IOC）2023年6月取消對國際拳擊總會（IBA）的認證，IBA成為史上第一個被IOC除名的國際單項運動總會。奧運拳擊比賽改由IOC的拳擊工作小組負責。

國際奧會主席巴赫（Thomas Bach）2024年8月9日重申克莉芙、林郁婷有權參加奧運。巴赫也透露，國際奧會2025年上半年將決定2028年洛杉磯奧運是否還會納入拳擊項目，稱只要有可靠的夥伴，國際奧會就會在洛杉磯奧運安排拳擊賽。

世界拳擊聯盟（World Boxing）主席范德佛斯特（Boris van der Vorst）2024年8月10日呼籲，為確保2028年洛杉磯奧運納入拳擊，加入世界拳擊聯盟，是各國拳擊協會唯一能採取的行動。

世界拳擊聯盟於2023年成立，成員遠少於國際拳擊總會，也未獲國際奧會承認。

（三）國際紅十字會
International Committee of the Red Cross, ICRC
網址：https://www.icrc.org/

國際紅十字會（ICRC）2024年7月23日公布《2023年年度報告》表示，「在ICRC邁入160週年之際，我們持續幫助及保護有需要的人。我們為受衝突影響的社群提供應對措施，也和紅十字會與紅新月會國際聯合會的夥伴合作，並利用數位科技擴大影響力。」

國際紅十字會起於1859年6月法、奧兩國在義大利北部蘇菲利諾的一場戰爭；瑞士人杜南目睹生靈塗炭的情景，深感為了人類前途，必須儘速組織一個「不分敵我救護傷患軍民的團體」。

1863年10月，16個歐洲國家代表在日內瓦開會，一致確認「傷病者不問其國籍為何，均應一律受到充分照顧和看護」，翌年各國代表分別簽署國際紅十字公約。國際紅十字會總會設在瑞士日內瓦，以「白底紅十字」為標誌。

國際紅十字會包括「紅十字國際委員會」、「紅十字會與紅新月會國際聯合會」與「國家紅十字會」3個組職，每4年召開一次國際紅十字會議。

全世界經紅十字國際委員會承認的國家紅十字會或紅新月會有191個，中華民國紅十字會非國際紅十字成員，但仍實質參與相關國際會議與活動，及國際賑災、救災與重建工作。

（四）國際特赦組織
Amnesty International, AI
網址：https://www.amnesty.org/en/

國際特赦組織2024年5月29日公布《2023年死刑報告》指出，2023年全球有紀錄的處決人數達到1,153人，與2022年的883人相比，上升31%，達近10年新高。然而2023年執行死刑的國家來到有紀錄以來的新低，僅16國。

其中數據並不包括據信在中國遭處決的「數千人」，也不包括北韓和越南，因為欠缺相關數據。

報告提及，「有紀錄以來最少的國家，卻執行了近10年來已知最多的死刑」，並將原因指向伊朗死刑執行數量「令人憂心」的暴增，2022年有576人，2023年則達至少853人。其中24人為女性，5人犯罪時尚未成年，並表示這項刑罰對伊朗俾路支族（Baluch）的影響不成比例的高。

除了伊朗，2023年執行死刑最多的4個國家為中國、沙烏地阿拉伯、索馬利亞和美國。

報告點出，2023年全球判處的死刑數量增加了20%，但記錄執行死刑的只有16國。其中巴基斯坦廢除了毒品相關犯罪的死刑；馬來西亞則是取消了多項罪行的強制死刑。

在美國，死刑執行數量連兩年增加，從18人來到24人。有5個州執行處決，且全數採用注射死刑。美國已有23州完全廢除死刑，另有14州至少10年沒有執行過死刑。

國際特赦組織1961年成立，總部在英國倫敦，每年發行「世界各國人權狀況報告」，對開發中國家與第三世界國家人權狀況常有強烈批評。

（五）世界動物衛生組織
World Organisation for Animal Health, WOAH
網址：https://www.woah.org/

世界動物衛生組織（WOAH）第91屆年會2024年5月26日至30日在法國巴黎舉行。

台灣2024年7月1日達成全國豬瘟疫苗拔針滿1年，7月時農業部提交詳實的自我聲明資料給WOAH，說明台灣已符合非洲豬瘟非疫國的標準，經WOAH審核並多次補充資料說明，10月31日WOAH正式將台灣刊載於非洲豬瘟非疫國的自我聲明列表中，與日本是東亞唯二的非洲豬瘟防疫國。

這是繼口蹄疫（2020年6月14日）及羊痘（2023年12月19日）非疫區認定後，我國努力成果再度獲得國際肯定。

另外，台灣於2013年發生鼬獾狂犬病後，獸醫所與國際合作、簽訂WOAH狂犬病偶合計畫，檢測能力獲肯定，2024年6月25日揭牌成立全球第14個WOAH認可的狂犬病參考實驗室，也是亞洲區第4個狂犬病參考實驗室。

世界動物衛生組織成立於1924年，總部設在法國巴黎，為維護國際動物及其畜產品之貿易安全、促進國際間動物衛生合作的國際組織，有183個成員，台灣於1954年加入。

（六）國際捕鯨委員會
International Whaling Commission, IWC
網址：https://iwc.int/

國際捕鯨委員會是根據《國際捕鯨管制公約》成立的國際捕鯨管制機構，總部設於英國劍橋，會員國88國。公約於1946年12月在美國華盛頓簽署，以維護鯨魚的適當數量，使捕鯨工業得以正常發展。

國際捕鯨委員會鑑於一些鯨魚物種幾近滅絕，在1986年實施商業禁捕令。但冰島、挪威和日本都已恢復商業捕鯨。

日本內閣官房長官林芳正2024年5月9日宣布，日本水產廳針對鯨魚資源量進行調查後，確認北太平洋有足夠的長鬚鯨族群，因此研擬將長鬚鯨列入捕撈對象。與先前被允許捕撈的鯨魚一樣，捕撈限額將透過IWC認證的方法計算，捕撈區域僅限日本領海和專屬經濟區（EEZ）。

日本在2019年退出國際捕鯨委員會，恢復中斷30年的商業捕鯨。當時規定的捕鯨對象為小鬚鯨、布氏鯨和塞鯨3種。

（七）瀕臨絕種野生動植物國際貿易公約（華盛頓公約）
Convention on International Trade in Endangered Species, CITES
網址：https://cites.org/

「華盛頓公約組織」是「瀕臨絕種野生動植物國際貿易公約組織」的俗稱，目的在建立野生動植物輸出及輸入國間合作管道，以防止公約指定名錄內物種的非法國際貿易危害到物種生存。《華盛頓公約》於1975年7月生效，目前締約國家或組織共184個。

截至2023年初，《華盛頓公約》對超過4萬零900種動植物提供了不同程度的保護。締約方每3年召開一次大會，第20屆華盛頓公約大會預定2025年舉行。

（八）國際綠色和平組織
Greenpeace International, GI
網址：https://www.greenpeace.org/

巴西綠色和平組織（Greenpeace Brasil）2024年3月11日發布Planet衛星圖像調查數據指出，2023年有高達1,000多公頃的原住民領地被開闢用於非法採礦。

巴西的非法採礦活動主要集中在北部亞馬遜地區，根據MapBiomas數據，2022年92%的非法採礦活動都在亞馬遜雨林，其中位於巴拉州（Pará）的卡亞波原住民領地受影響最大，累計入侵面積達1.54萬公頃。

國際綠色和平組織成立於1971年，為全球性環保組織，總部設於荷蘭阿姆斯特丹，在超過55個國家設有25間全國或區域辦公室；擁有船隻、熱氣球、直升機、數百艘橡皮艇和最新通信設備。

（九）生物多樣性公約
Convention on Biological Diversity, CBD
網址：https://www.cbd.int/

《生物多樣性公約》第16次締約方大會（COP16）2024年10月21日至11月1日在哥倫比亞卡利市（Cali）舉行。

與會196國開會近2週後，11月1日同意創立一個「輔助機構」專責於「原住民和地方聚落相關事務」。原住民和環保倡議人士表示，這個新諮詢機構的突破之處，在於認可原住民在全球自然保育扮演的角色，也有助於把原住民和地方聚落的傳統知識和做事方式融入自然保育行動。

《生物多樣性公約》以維持地球物種完整為成立宗旨，1992年在巴西里約熱內盧簽署通過，1993年12月29日生效，每2年召開締約國大會，共有196個締約國。台灣目前由「中華民國自然生態保育協會」以設籍於台灣之國際NGO觀察員身分組團參與會。

2024年台達電透過基金會取得觀察員資格，成為首家取得聯合國生物多樣性公約大會觀察員的台灣企業。

（十）無國界醫生組織
Medecins Sans Frontieres, MSF
網址：https://www.msf.org/

無國界醫生組織（MSF）2024年1月29日在開羅召開記者會，醫務人員瓦拉佩塔（Enrico Vallaperta）見證表示，加薩當地嚴重缺乏食藥民生物資和醫護人員，加上以色列的軍事活動且拒絕或延遲輸入物資，使得傷害治療、常規護理、疾病傳播和日益嚴重的營養不良問題，都面臨巨大挑戰。

無國界醫生組織緊急協調員派特森（Helen Ottens-Patterson）指出，加薩地區高血壓和糖尿病等慢性疾病患者完全無法獲得妥善藥物照護，最廣泛的腹瀉和呼吸道問題，也造成公共衛生的隱憂。

根據世界衛生組織（WHO）2024年1月公布的報告，加薩36間醫院僅剩13間可維持部分運作，其餘全被炸毀，且醫院的負荷量遠超出原有的病床數容量。

無國界醫生組織成立於1971年，是致力為受武裝衝突、疾病和天災，或被排拒在醫療體系外的人群提供緊急醫療援助的非政府人道救援組織，總部設在瑞士日內瓦，1999年獲諾貝爾和平獎。

（十一）國際扶輪社
Rotary International, RI
網址：https://www.rotary.org/

第115屆國際扶輪年會2024年5月25日至29日在新加坡舉行，主題為「和世界分享希望」（Sharing Hope with the World）。

國際扶輪社總社長葛登‧麥金納利（Gordon R. McInally）在開幕致詞中，表達他對和平、教育、公共衛生及環境的關注。「我真心相信我們有能力從根本打造和平，從源頭阻止戰爭及衝突，方法是：預防及治療疾病、改善水資源及用水衛生、改善母親及兒童健康、基礎教育與識字、社區經濟發展以及環境永續。」

另外，總統賴清德2024年8月28日接見2025-2026年度國際扶輪社社長當選人甘瑪葛（Mario de Camargo）一行人。

賴總統表示，國際扶輪社是全球重要的NGO，在公衛領域推動根除小兒麻痺、提供潔淨水資源等計畫，且長期致力於消除貧窮、增進婦女賦權、追求環境永續等工作，讓人非常欽佩。賴總統也表達歡迎2026年6月國際扶輪年會再度來台舉辦。

國際扶輪也稱國際扶輪社，總部位於美國芝加哥北郊的艾凡斯頓（Evanston），主要在全球各地提供社會服務，有超過120萬社員及超過4萬6,000個扶輪社。

2024-2025年度國際扶輪總社長是美國的歐琦珂（Stephanie A. Urchick），第116屆國際扶輪年會將於2025年6月21日至25日在加拿大卡加利（Calgary）舉行。

（十二）艾格蒙聯盟洗錢防制組織
Egmont Group of Financial Intelligence Units of the World, EG
網址：https://egmontgroup.org/

艾格蒙聯盟第30屆年會於2024年6月2日至7日在法國巴黎舉行，共有約362名來自125個司法管轄區金融情報中心（FIU）與11個觀察員國際組織代表與會。

法務部調查局洗錢防制處副處長戴春成及調查官陳妍均代表我國FIU出席。會議期間與直布羅陀FIU及巴哈馬FIU簽署「關於涉及洗錢、相關前置犯罪及資助恐怖主義金融情報交換合作瞭解備忘錄」，亦就FIU組織架構、資料網絡安全維護、資產返還最新趨勢等議題，與各國FIU人員交換意見。

艾格蒙聯盟1995年在比利時成立，旨在透過情資交換、訓練及專業分享等加強國際洗錢防制合作，提供各國洗錢防制及打擊資助恐怖分子的平台，秘書處設於加拿大渥太華，有177個會員。

台灣於1998年加入為會員，積極參與年會及各項工作小組會議，與各會員國互動良好，除擔任「聯絡發展工作小組」成員，並為越南、柬埔寨、寮國及尼泊爾之入會輔導國，提供相關技術協助，並自2014年起同意捐助艾格蒙聯盟「訓練工作組」與相關區域性反洗錢組織合作舉辦教育訓練計畫。

（十三）國際透明組織
Transparency International, TI
網址：https://www.transparency.org/

國際透明組織亦稱透明國際，是致力於打擊貪污腐敗的國際非政府組織，由世界銀行前區域總監彼得‧艾根（Peter Eigen）發起，1993年5月成立，總部在德國柏林。

國際透明組織1995年開始建構並公布清廉印象指數（CPI），針對世界各國公部門貪腐情況評比，指數滿分是10分，2012年起滿分改為100分。分數愈高愈清廉，愈低貪腐愈嚴重，排名愈前面國家愈廉潔。

國際透明組織2024年1月30日公布「2023年全球清廉印象指數」，全球180個國家和地區中，丹麥獲得90分，是最廉潔的國家，芬蘭以87分排名第2，第3則是紐西蘭的85分，第4名是挪威（84分），第5名是新加坡（83分）。

台灣得到67分，排名28名，2022年則是68分、25名，在東亞次於新加坡、香港和日本。

全球平均分數為43分，西歐和歐盟國家平均65分為最廉潔的區域，亞太地區國家平均分數45分次之，美洲國家平均43分，其他區域平均則處於40分以下。在2012到2023年間，在全球180個國家中，只有28個國家的廉政狀況有改善，118個國家原地踏步，34個國家的貪腐狀況則是惡化。

另外，國際透明組織特別指出，2024年亞太地區多個國家面臨大選，選後的反貪腐措施與作為值得關注。

§ 第四章　獎賞與紀錄

第96屆奧斯卡金像獎

第96屆奧斯卡金像獎（Academy Awards）頒獎典禮2024年3月10日在美國加州洛杉磯舉行，愛爾蘭男星席尼·墨菲（Cillian Murphy）從影逾20年，以《奧本海默》（Oppenheimer）一片首度入圍奧斯卡，就順利抱回最佳男主角大獎；美國影星艾瑪·史東（Emma Stone）則憑藉《可憐的東西》（Poor Things）精湛演出，繼2017年《樂來越愛你》（La La Land）之後第2度登上奧斯卡影后寶座。

《奧本海默》是本屆最大贏家，入圍13項共奪7獎，抱走最佳影片、最佳導演、最佳男主角、最佳男配角、最佳配樂、最佳攝影以及最佳剪輯獎。小勞勃·道尼（Robert Downey Jr.）第3度角逐奧斯卡終於順利鍍金，拿下最佳男配角獎；此片也是克里斯多福·諾蘭（Christopher Nolan）執導生涯中首次摘下最佳導演及最佳影片獎殊榮。

《奧本海默》改編自「原子彈之父」奧本海默的真人實事，席尼·墨菲上台領獎時說「我們都活在奧本海默的世界裡」，並表示想將此獎獻給各地致力於和平的人士。

日本動畫大師宮崎駿以《蒼鷺與少年》獲頒最佳動畫片獎，繼2003年《神隱少女》之後，時隔21年再度抱回小金人；《哥吉拉-1.0》擊敗多部好萊塢大片，拿下最佳視覺效果獎，成為第一部奪下這座獎的日本電影，寫下新紀錄。

第96屆奧斯卡金像獎得獎名單：

最佳影片：《奧本海默》
最佳導演：克里斯多福·諾蘭／《奧本海默》
最佳男主角：席尼·墨菲／《奧本海默》
最佳女主角：艾瑪·史東／《可憐的東西》
最佳男配角：小勞勃·道尼／《奧本海默》
最佳女配角：達芬·喬伊·藍道夫Da'Vine Joy Randolph／《滯留生The Holdovers》

▲以《奧本海默》勇奪奧斯卡獎最佳男主角的席尼·墨菲（右1）、最佳男配角小勞勃·道尼（左1），以及2度拿下最佳女主角的艾瑪·史東（右2）和最佳女配角達芬·喬伊·藍道夫（左2）。（AP）

最佳原創劇本：《墜惡真相Anatomy of a Fall》
最佳改編劇本：《美式小說American Fiction》
最佳國際影片：《夢想集中營The Zone of Interest》／英國
最佳原創歌曲：《What Was I Made For?》／《Barbie芭比》
最佳原創配樂：《奧本海默》
最佳動畫片：《蒼鷺與少年The Boy and the Heron》
最佳動畫短片：《War Is Over! Inspired by the Music of John and Yoko》
最佳攝影：《奧本海默》
最佳剪輯：《奧本海默》
最佳音效：《夢想集中營》
最佳視覺效果：《哥吉拉-1.0 Godzilla Minus One》
最佳美術設計：《可憐的東西》
最佳服裝設計：《可憐的東西》
最佳妝髮設計：《可憐的東西》
最佳紀錄短片：《最後的樂器維修師The Last Repair Shop》
最佳紀錄長片：《戰場日記20 Days in Mariupol》
最佳實景短片：《亨利‧休格的神奇故事The Wonderful Story of Henry Sugar》

第77屆英國電影金像獎

有「英國奧斯卡」之稱的英國影藝學院電影獎（BAFTA Awards）結果在2024年2月18日出爐，克里斯多福‧諾蘭（Christopher Nolan）執導史詩電影《奧本海默》（Oppenheimer）拿下最佳影片、最佳導演等7項大獎，影星席尼‧墨菲（Cillian Murphy）奪下影帝，小勞勃‧道尼（Robert Downey Jr.）也以同片獲頒最佳男配角獎。

超現實黑色喜劇《可憐的東西》（Poor Things）囊括最佳女主角、最佳服裝設計、最佳視覺特效、最佳美術設計、最佳妝髮5個獎項，演員艾瑪‧史東（Emma Stone）奪下影后，她在2017年就曾以《樂來越愛你》（La La Land）摘下同個獎項。

第77屆英國影藝學院電影獎得獎名單：

最佳影片：《奧本海默》
最佳導演：克里斯多福‧諾蘭／《奧本海默》
最佳男主角：席尼‧墨菲／《奧本海默》
最佳女主角：艾瑪‧史東／《可憐的東西》
最佳男配角：小勞勃‧道尼／《奧本海默》
最佳女配角：達芬‧喬伊‧藍道夫Da'Vine Joy Randolph／《滯留生The Holdovers》
最佳原創劇本：《墜惡真相Anatomy of a Fall》
最佳改編劇本：《美式小說American Fiction》
最佳動畫片：《蒼鷺與少年The Boy and the Heron》
最佳紀錄片：《戰場日記20 Days in Mariupol》
最佳外語片：《夢想集中營The Zone Of Interest》
最佳選角：《滯留生》
最佳攝影：《奧本海默》
最佳服裝設計：《可憐的東西》
最佳剪輯：《奧本海默》
最佳妝髮：《可憐的東西》
最佳原創音樂：《奧本海默》
最佳美術設計：《可憐的東西》
最佳聲音效果：《夢想集中營》
最佳視覺特效：《可憐的東西》
最佳英國電影：《夢想集中營》
傑出英國編劇、導演、製作人處女作：《大地母親Earth Mama》
最佳英國動畫短片：《蟹之日Crab Day》
最佳英國短片：《Jellyfish and Lobster》
最佳新人：米雅‧麥琪娜-布魯斯Mia McKenna-Bruce

第81屆金球獎

第81屆金球獎（Golden Globe Awards）於2024年1月7日舉行頒獎典禮，電影類由《奧本海默》（Oppenheimer）摘下5獎，是最大贏家；電視類則由《繼承之戰》（Succession）抱回4獎最風光。

莉莉·葛萊史東（Lily Gladstone）憑藉《花月殺手》（Killers of the Flower Moon）中的精湛演出，成為金球獎劇情類影后，是首位獲得電影類別最佳女主角的美洲原住民演員；日本動畫大師宮崎駿的《蒼鷺與少年》奪下金球獎最佳動畫片，為日本首部獲得此獎項的作品。

第81屆金球獎主要得獎名單：

電影類

劇情類最佳影片：《奧本海默》
音樂或喜劇類最佳影片：《可憐的東西Poor Things》
電影票房成就獎：《Barbie芭比》
劇情類最佳男主角：席尼·墨菲Cillian Murphy／《奧本海默》
劇情類最佳女主角：莉莉·葛萊史東／《花月殺手》
音樂喜劇類最佳男主角：保羅·吉馬蒂Paul Giamatti／《滯留生The Holdovers》
音樂喜劇類最佳女主角：艾瑪·史東Emma Stone／《可憐的東西》
最佳男配角：小勞勃·道尼Robert Downey Jr.／《奧本海默》

▲莉莉·葛萊史東為首位登上金球獎劇情類影后后座的美洲原住民演員。（AP）

最佳女配角：達芬·喬伊·藍道夫Da'Vine Joy Randolph／《滯留生》
最佳導演：克里斯多福·諾蘭Christopher Nolan／《奧本海默》
最佳劇本：《墜惡真相Anatomy of a Fall》
最佳非英語片：《墜惡真相》／法國
最佳動畫片：《蒼鷺與少年》
最佳原創配樂：《奧本海默》
最佳原創歌曲：《Barbie芭比》

電視類

最佳戲劇類影集：《繼承之戰》
最佳戲劇類影集男主角：基倫·克金Kieran Culkin／《繼承之戰》
最佳戲劇類影集女主角：莎拉·史努克Sarah Snook／《繼承之戰》
最佳喜劇或音樂類影集：《大熊餐廳The Bear》
最佳喜劇或音樂類影集男主角：傑瑞米·艾倫·懷特Jeremy Allen White／《大熊餐廳》
最佳喜劇或音樂類影集女主角：艾尤·伊蒂柏利Ayo Edebiri／《大熊餐廳》
最佳迷你影集或電視電影：《怒嗆人生Beef》
最佳迷你影集或電視電影男主角：史蒂芬·元Steven Yeun／《怒嗆人生》
最佳迷你影集或電視電影女主角：黃艾莉Ali Wong／《怒嗆人生》
最佳影集男配角：馬修·麥費狄恩Matthew Macfadyen／《繼承之戰》
最佳影集女配角：伊莉莎白·戴比基Elizabeth Debicki／《王冠The Crown》

第74屆柏林影展

第74屆德國柏林影展2024年2月24日揭曉得獎名單，法國-塞內加爾導演瑪蒂·迪歐普（Mati Diop）執導電影《達荷美：祖靈回家》（Dahomey），記錄法國將殖民時期掠奪文物歸還西非的過程，獲頒最佳影片金熊獎，是繼上一屆的《塞納河上的船屋》（Sur l'Adamant）之後，連續2屆將此獎頒發給紀錄片。

曾連續在2020到2022年於柏林影展獲獎的韓國導演洪常秀，本屆再以《旅行者的需求》（A Traveler's Needs）獲評審團大獎殊榮。這是他第7度來到柏林，2023年就曾以《小說家電影》奪下評審團大獎。

因漫威電影角色「酷寒戰士」紅遍全球的塞巴斯汀·史坦（Sebastian Stan）以《非常男人》（A Different Man）成為新科影帝，也是他人生第一座影帝獎項。

第74屆柏林影展主要得獎名單：

榮譽金熊獎：馬丁·史柯西斯Martin Scorsese
金熊獎最佳影片：《達荷美：祖靈回家》／導演瑪蒂·迪歐普
銀熊獎評審團大獎：《旅行者的需求》／導演洪常秀
銀熊獎評審團獎：《腥際大帝國The Empire》／導演布魯諾·杜蒙Bruno Dumont
銀熊獎最佳導演：尼爾森·卡洛·德·洛斯桑托斯·阿里亞斯Nelson Carlo De Los Santos Arias／《河馬佩佩的魔幻漂流Pepe》
銀熊獎最佳主角：塞巴斯汀·史坦／《非常男人》
銀熊獎最佳配角：艾蜜莉·華森Emily Watson／《像這樣的小事Small Things like These》
銀熊獎最佳劇本：馬提亞斯·甘斯勒Matthias Glasner／《我去死一下Dying》
傑出藝術貢獻銀熊獎：馬汀·吉斯拉特Martin Gschlacht（攝影）／《惡魔的洗禮The Devil's Bath》

第81屆威尼斯影展

第81屆威尼斯影展得獎名單2024年9月7日出爐，奧斯卡影后妮可·基嫚（Nicole Kidman）憑藉在情慾驚悚電影《我的寶貝》（Babygirl）中的精湛演技，獲頒最佳女演員獎，但她因母親猝逝而無法親自到場領獎。最佳男演員獎則由在《安靜的兒子》（The Quiet Son）中飾演單親爸爸的法國資深演員文森·林頓（Vincent Lindon）奪下。

西班牙導演阿莫多瓦（Pedro Almodóvar）

▲塞巴斯汀·史坦勇奪柏林影展最佳主角銀熊獎。（AP）

以《隔壁的房間》（The Room Next Door）榮獲威尼斯影展最佳影片金獅獎。這是阿莫多瓦的第一部英語長片，由蒂妲·史雲頓（Tilda Swinton）和茱莉安·摩爾（Julianne Moore）擔綱演出。他5年前曾獲頒威尼斯影展終身成就獎。

第81屆威尼斯影展主要得獎名單：

最佳影片金獅獎：《隔壁的房間》／西班牙導演佩卓·阿莫多瓦
評審團大獎：《沒有煙硝的山村Vermiglio》／導演莫拉·德佩洛Maura Delpero
最佳導演銀獅獎：布拉迪·科貝特Brady Corbet／《粗獷派建築師The Brutalist》

▲阿莫多瓦以首部英語長片《隔壁的房間》榮獲威尼斯影展最佳影片金獅獎。（AP）

評審團特別獎：《四月勿語April》／導演德亞‧庫倫貝加什維利Dea Kulumbegashvili
最佳劇本獎：繆利洛‧豪瑟Murilo Hauser、海托‧洛雷加Heitor Lorega／《我仍在此I'm Still Here》
最佳女演員獎：妮可‧基嫚／《我的寶貝》
最佳男演員獎：文森‧林頓／《安靜的兒子》
最佳新演員獎：保羅‧珂雪Paul Kircher／《他們之後的孩子And Their Children After Them》

第77屆坎城影展

第77屆坎城影展在2024年5月25日揭曉得獎名單，劇情片《艾諾拉》（Anora）獲頒影展最高獎項金棕櫚獎，該片講述一名年輕舞孃與俄羅斯寡頭之子的故事；評審團大獎則頒給印度女導演派雅‧卡帕迪亞（Payal Kapadia）作品《你是我眼中的那道光》（All We Imagine As Light），這也是睽違30多年首次入選主競賽的印度電影。

最佳女主角獎由卡拉‧蘇菲亞‧賈斯康（Karla Sofía Gascón）、柔伊‧莎達娜（Zoe Saldana）、席琳娜‧戈梅茲（Selena Gomez）、

亞德蓮娜‧帕茲（Adriana Paz）以歌舞片《毒王女人夢》（Emilia Perez）共同獲得，同時誕生4位影后，難得一見。

而由台灣、新加坡、法國合製的國片《白衣蒼狗》，故事講述台灣偏鄉出現勞力短缺的問題，只能靠非法移工補足人力缺口，奪金攝影機獎特別提及。

第77屆坎城影展主要得獎名單：

榮譽金棕櫚獎：喬治‧盧卡斯George Lucas、吉卜力工作室Studio Ghibli、梅莉‧史翠普Meryl Streep
金棕櫚獎最佳影片：《艾諾拉》／導演西恩‧貝克Sean Baker
評審團大獎：《你是我眼中的那道光》／導演派雅‧卡帕迪亞
最佳導演獎：米格爾‧戈麥斯Miguel Gomes／《壯遊Grand Tour》
最佳女主角獎：卡拉‧蘇菲亞‧賈斯康、柔伊‧莎達娜、席琳娜‧戈梅茲、亞德蓮娜‧帕茲／《毒王女人夢》
最佳男主角獎：傑西‧普萊蒙Jesse Plemons／《憐憫的種類Kinds of Kindness》
最佳劇本獎：柯洛里‧法吉特Coralie Fargeat／《懼裂The Substance》
評審團獎：《一念菩提The Seed of the Sacred Fig》／導演穆罕默德‧拉索羅夫Mohammad Rasoulof
金攝影機獎特別提及：《白衣蒼狗》／導演尹又巧、曾威量

▲西班牙跨性別女星卡拉‧蘇菲亞‧賈斯康，代表4位影后接受坎城影展最佳女主角獎。（AP）

第75屆艾美獎

第75屆艾美獎（Emmy Awards）於2024年1月15日舉行頒獎典禮，《繼承之戰》（Succession）和《大熊餐廳》（The Bear）分別贏得最佳劇情類影集和最佳喜劇類影集等6獎，成為兩大贏家。

本屆艾美獎頒獎典禮原應於2023年9月舉行，但因好萊塢演員與編劇發動罷工而延期登場。艾美獎上一次延期是在2001年，當年由於發生911恐怖攻擊事件，導致頒獎典禮延期。

第75屆艾美獎主要得獎名單：

劇情類最佳影集：《繼承之戰》
劇情類最佳男主角：基倫‧克金Kieran Culkin／《繼承之戰》
劇情類最佳女主角：莎拉‧史努克Sarah Snook／《繼承之戰》
劇情類最佳男配角：馬修‧麥費狄恩Matthew Macfadyen／《繼承之戰》
劇情類最佳女配角：珍妮佛‧庫里姬Jennifer Coolidge／《白蓮花大飯店The White Lotus》
喜劇類最佳影集：《大熊餐廳》
喜劇類最佳男主角：傑瑞米‧艾倫‧懷特Jeremy Allen White／《大熊餐廳》
喜劇類最佳女主角：昆塔‧布倫森Quinta Brunson／《小學風雲Abbott Elementary》
喜劇類最佳男配角：艾邦‧摩斯-貝克許Ebon Moss-Bachrach／《大熊餐廳》
喜劇類最佳女配角：艾尤‧伊蒂柏利Ayo Edebiri／《大熊餐廳》
最佳迷你影集：《怒嗆人生Beef》
迷你影集／電影最佳男主角：史蒂芬‧元Steven Yeun／《怒嗆人生》
迷你影集／電影最佳女主角：黃艾莉Ali Wong／《怒嗆人生》
迷你影集／電影最佳男配角：保羅‧華特‧豪澤Paul Walter Hauser／《黑鳥Black Bird》
迷你影集／電影最佳女配角：奈西‧娜許Niecy Nash-Betts／《食人魔達默Dahmer - Monster: The Jeffrey Dahmer Story》

第76屆艾美獎

第76屆艾美獎（Emmy Awards）於2024年9月15日舉行頒獎典禮，描寫日本幕府時代權謀鬥爭的影集《幕府將軍》（Shogun）橫掃18座獎項創下紀錄，並成為首部贏得艾美獎劇情類最佳影集獎的非英語作品。

擔任《幕府將軍》製作人與男主角的日本資深演員真田廣之，獲頒劇情類影集最佳男主角獎，成為獲得艾美獎的首名日本演員；卡司之一的日本女星澤井杏奈，獲頒劇情類影集最佳女主角獎。

▲《幕府將軍》獲第76屆艾美獎劇情類最佳男女主角獎，女主角澤井杏奈（左）與男主角真田廣之（右）高舉獎盃開心合影。（AP）

第76屆艾美獎主要得獎名單：

劇情類最佳影集：《幕府將軍》
劇情類最佳男主角：真田廣之／《幕府將軍》
劇情類最佳女主角：澤井杏奈／《幕府將軍》
劇情類最佳男配角：比利‧克魯德普Billy Crudup／《晨間直播秀The Morning Show》
劇情類最佳女配角：伊莉莎白‧戴比基Elizabeth Debicki／《王冠The Crown》
喜劇類最佳影集：《天后與草莓Hacks》
喜劇類最佳男主角：傑瑞米‧艾倫‧懷特Jeremy Allen White／《大熊餐廳The Bear》
喜劇類最佳女主角：珍‧史瑪特Jean Smart／《天后與草莓》
喜劇類最佳男配角：艾邦‧摩斯-貝克許Ebon Moss-Bachrach／《大熊餐廳》
喜劇類最佳女配角：麗莎‧科倫-扎亞斯Liza Colon-Zayas／《大熊餐廳》
最佳迷你影集：《馴鹿寶貝Baby Reindeer》
迷你影集／電影最佳男主角：理查‧蓋德Richard Gadd／《馴鹿寶貝》
迷你影集／電影最佳女主角：茱蒂‧福斯特Jodie Foster／《無間警探：闇夜國度True Detective: Night Country》

迷你影集／電影最佳男配角：拉蒙尼・莫里斯Lamorne Morris／《冰血暴Fargo》
迷你影集／電影最佳女配角：潔西卡・甘尼Jessica Gunning／《馴鹿寶貝》

第66屆葛萊美獎

第66屆葛萊美獎（Grammy Awards）2024年2月4日在美國加州洛杉磯圓滿落幕，美國流行樂天后泰勒絲（Taylor Swift）生涯第4度贏得年度專輯獎，改寫紀錄。

女性歌手橫掃本屆重要獎項，麥莉・希拉（Miley Cyrus）和怪奇比莉（Billie Eilish）分別獲得年度製作及年度歌曲獎，最佳新人則由維多利亞・莫奈（Victoria Monet）拿下。

葛萊美獎自1959年成立以來，首度推出新類別「最佳非洲音樂表演獎」，由南非歌手泰拉（Tyla）奪得獎項。

第66屆葛萊美獎主要得獎名單：

年度製作：《花束Flowers》／麥莉・希拉
年度專輯：《午夜Midnights》／泰勒絲
年度歌曲：〈What Was I Made For?〉／怪奇比莉
最佳新人：維多利亞・莫奈
最佳流行個人演出：〈花束〉／麥莉・希拉
最佳流行組合／團體表演：〈Ghost in the Machine〉／詩莎SZA、菲比・布里傑斯Phoebe Bridgers
最佳流行歌唱專輯：《午夜》／泰勒絲
最佳搖滾表演：〈Not Strong Enough〉／天才男孩樂團boygenius
最佳搖滾歌曲：〈Not Strong Enough〉／天才男孩樂團
最佳搖滾專輯：《追根究柢This Is Why》／帕拉摩爾樂團Paramore
最佳節奏藍調表演：〈ICU〉／可可・瓊斯Coco Jones
最佳節奏藍調歌曲：〈瞇一下Snooze〉／詩莎
最佳節奏藍調專輯：《Jaguar II》／維多利亞・莫奈
最佳饒舌表演：〈Scientists & Engineers〉／殺手麥克、André 3000、未來小子Future、

▲泰勒絲生涯第4度贏得葛萊美年度專輯獎。（AP）

艾恩・艾倫・凱恩Eryn Allen Kane
最佳旋律饒舌表演：〈我這一生All My Life〉／小杜克Lil Durk、傑寇J. Cole
最佳饒舌歌曲：〈Scientists & Engineers〉／殺手麥克、André 3000、未來小子、艾恩・艾倫・凱恩
最佳饒舌專輯：《麥可Michael》／殺手麥克
最佳鄉村專輯：《Bell Bottom Country》／萊妮・威爾森Lainey Wilson
最佳非洲音樂表演：〈水Water〉／泰拉
最佳視覺媒體原聲配樂：《奧本海默Oppenheimer》原聲帶／魯德溫・葛瑞森Ludwig Göransson
最佳音樂錄影帶：〈I'm Only Sleeping〉／披頭四樂團The Beatles

第108屆普立茲獎

美國新聞界最高榮譽「普立茲獎」（Pulitzer Prize）2024年5月6日公布得獎名單，其中以2023年爆發的以哈衝突相關報導最受

關注,《紐約時報》(The New York Times)廣泛報導巴勒斯坦武裝組織哈瑪斯(Hamas)2023年10月以來對以色列發動致命攻擊,拿下國際報導獎;路透社憑藉以哈戰爭相關的強烈影像,抱回突發新聞攝影獎;「特別褒揚獎」則頒給在加薩戰地的記者與媒體工作者,以表彰他們的勇敢。

第108屆普立茲獎新聞類得獎名單:

公共服務獎: 非營利新聞機構ProPublica／揭露美國最高法院大法官接受金主禮物和旅行招待。

突發新聞報導獎: 地方數位新聞網站Lookout Santa Cruz／報導2023年1月侵襲美國加州的災難性洪水。

調查報導獎:《紐約時報》／漢娜・德瑞爾Hannah Dreier／報導移民童工對美國的影響。

解釋性報導:《紐約客The New Yorker》／莎拉・史蒂爾曼Sarah Stillman／報導美國法律制度對於重罪謀殺指控的依賴,及其對有色人種社群造成的毀滅性影響。

地方報導獎: 莎拉・康威Sarah Conway(City Bureau)、崔娜・雷諾斯-泰勒Trina Reynolds-Tyler(Invisible Institute)／調查芝加哥黑人女孩、婦女的失蹤案件,揭示當地的結構性種族歧視及警方的忽視。

國際新聞報導獎:《紐約時報》／廣泛而深刻地報導哈瑪斯對以色列南部的致命攻擊。

全國性報導獎: 路透社Reuters／針對馬斯克(Elon Musk)的汽車及航空事業進行系列調查報導;《華盛頓郵報The Washington Post》／AR-15步槍相關調查與其在美國槍枝暴力中扮演的角色。

特稿寫作獎:《紐約時報》／凱蒂・恩格爾哈特Katie Engelhart／描繪一家人與失智症奮戰的故事。

評論獎:《華盛頓郵報》／弗拉迪米爾・卡拉姆扎Vladimir Kara-Murza／在獄中持續撰文批評俄羅斯時政。

批評獎:《洛杉磯時報Los Angeles Times》／賈斯汀・張Justin Chang／以橫跨各種類型的影評,反映當代豐富的電影觀影經驗。

社論寫作獎:《華盛頓郵報》／大衛・E・霍夫曼David E. Hoffman／以系列報導探討專制政權如何在數位時代壓制異議。

圖解報導與評論獎:《紐約客》／梅達・德拉・克魯斯Medar de la Cruz／以黑白圖像描繪紐約里克斯島(Rikers Island)監獄的囚犯與工作人員對書籍的渴望。

突發新聞攝影獎: 路透社／以強烈影像記錄2023年10月7日以哈爆發戰爭以來的初期情況。

特寫攝影獎: 美聯社Associated Press／記錄大規模移民從拉丁美洲長途跋涉到美國邊境的過程。

有聲報導獎: Invisible Institute、USG Audio／探討1990年代芝加哥的一起仇恨犯罪。

特別褒揚獎: 報導加薩戰爭的新聞記者和媒體工作者／表揚其為了報導加薩地區的故事,在惡劣條件中勇敢工作,甚至犧牲生命。

第67屆世界新聞攝影獎

第67屆世界新聞攝影獎(World Press Photo of the Year)於2024年4月18日公布4大獎項得主,本屆有超過6萬件作品、3,851名攝影師參賽,範圍涵蓋加薩戰爭、失智症到移民等議題。最受矚目的年度照片總冠軍由路透社攝影記者沙列姆(Mohammed Salem)拍攝的《抱著外甥女遺體的巴勒斯坦女人》拿下。

2023年10月,一枚飛彈擊中薩莉(Saly)在加薩走廊(Gaza Strip)南部城市汗尤尼斯(Khan Younis)的家,她的母親和一位姊妹也因此喪命。10月17日,沙列姆在汗尤尼斯的納瑟醫院(Nasser Hospital)裡見到身著藍罩袍和黃頭巾的馬麥爾(Inas Abu Maamar),她蹲在太平間地上緊抱著用白布包裹的5歲女孩薩莉遺體啜泣,儘管沒有露出任何臉龐,悲痛情緒卻不言而喻。

世界新聞攝影獎引述沙列姆說:「那是深具感染力且悲傷的一刻。我感覺,這張照片體現加薩走廊當時情況更廣泛的意義。」

世界新聞攝影獎評審委員會主席席爾茲(Fiona Shields)表示,沙列姆的照片「確實

是一幕具有深刻感染力的畫面」，她說：「一旦你看過，它就會烙印在你的腦海。它就像一道兼具字面和比喻意涵的訊息，實際上傳達出衝突的恐怖與徒勞。」

席爾茲並指出，「這是一個極為強有力的支持和平論證。」

全球「年度圖片故事」大獎，由南非女記者奧瓦格（Lee-Ann Olwage）為德國雜誌《GEO》拍攝的《Valim-babena》系列奪得，記錄一個馬達加斯加家庭中，41歲女兒照護91歲失智父親的生活，揭露該國對於失智症缺乏了解的問題。

全球「長期項目」大獎，由《紐約時報》（The New York Times）、彭博社（Bloomberg News）攝影師塞加拉（Alejandro Cegarra）的作品《兩道牆》（The Two Walls）獲得。塞加拉根據他從家鄉委內瑞拉搬到墨西哥的第一手經驗，自2018年起開始以一系列黑白照片記錄美墨邊境非法移民的故事。

全球「開放形式」大獎，由烏克蘭攝影師科契托娃（Julia Kochetova）的《戰爭是個人的》（War is Personal）獲得，作品結合新聞攝影與個人日記，將關於烏克蘭生活的紀實影像，穿插詩作、插畫、錄音和音樂多種媒介，向世界展示生活在戰爭中的日常。

2023《時代》雜誌風雲人物：泰勒絲單獨獲選　演藝圈第一人

美國《時代》（Time）雜誌2023年12月6日揭曉年度風雲人物，由美國人氣女歌手泰勒絲（Taylor Swift）獲得殊榮，她也是《時代》雜誌評選年度風雲人物96年來，第一位單獨獲選的藝人。

《時代》雜誌總編輯賈可布斯（Sam Jacobs）在介紹泰勒絲的長文中，深入闡述她獲選的理由：「泰勒絲找到超越邊界的方式，成為光之源。當今地球上沒有其他人能像她讓這麼多人如此感動。我們常把達成這種成績歸因於行星排列和命運，但過於歸功星象忽略了她的本領與實力。泰勒絲是罕見之人，不僅創作歌曲，也是她自身故事的英雄。」

▲泰勒絲獲選為《時代》雜誌2023年度風雲人物。（《時代》雜誌官網）

《時代》雜誌每年都會選出年度風雲人物，無論獲選人或團體影響力正面或負面，都對過去12個月的時事及世界脈動有著重大影響。2022年度風雲人物為烏克蘭總統澤倫斯基（Volodymyr Zelenskyy）以及「烏克蘭精神」，2021年獲選者為特斯拉（Tesla）執行長馬斯克（Elon Musk）。

泰勒絲是在9組決選者中脫穎而出，其他8組為：英國國王查爾斯三世（King Charles III）、中國國家主席習近平、參與罷工的好萊塢演員與編劇、人工智慧（AI）新創公司OpenAI執行長阿特曼（Sam Altman）、美國聯邦準備理事會（Fed）主席鮑爾（Jerome Powell）、俄羅斯總統蒲亭（Vladimir Putin）、起訴美國前總統川普的檢察官們，以及啟發同名熱門電影的芭比（Barbie）娃娃。

《時代》雜誌2024百大人物

美國《時代》雜誌2024年4月17日公布2024年百大最具影響力人物名單，台灣副總統暨

總統當選人賴清德、輝達（NVIDIA）執行長黃仁勳都上榜。

總統府發言人林聿禪指出，賴清德將承擔捍衛台灣民主、與理念相近國家共同維持區域和平穩定及繁榮發展的重大責任，並將以解決問題的態度、信賴的精神，持續團結國家，帶領台灣穩健向前走，為國人創造更多福祉。

2024年百大最具影響力人物名單（The 100 Most Influential People of 2024），分為「藝術家」（Artists）、「時代象徵」（Icons）、「巨人」（Titans）、「領袖」（Leaders）、「革新者」（Innovators）、「先鋒」（Pioneers）等6項類別，賴清德被列在領袖類別。

賴清德的介紹專文由前美國猶他州長洪博培（Jon Huntsman）執筆，洪博培曾擔任美國駐新加坡、中國、俄羅斯等大使。

文中寫道，賴清德於2024年5月就職，成為台灣下一任總統。他是礦工之子，也是美國哈佛大學（Harvard University）訓練出來的公衛專家。然而2,300萬台灣人民的健康只是他未來龐大任務的一部分，他必須確保台灣政府在中國擴大對台行動的情況下，能夠堅持下去。

文中提到，台灣充滿活力的公民社會正蓬勃發展，而且貿易興盛，全球一半以上的重要晶片都是由台灣提供，然而隨著與北京的關係日益緊繃，台灣面臨的風險極高。

對於在大選中贏得40%選票的賴清德而言，這種情況猶如希臘神話中的擎天神「阿特拉斯」（Atlas）扛起世界，他的選擇不僅會影響情勢緊張的全球，更會牽動亞洲民主的未來。

菲律賓總統小馬可仕（Ferdinand Marcos Jr.）、中國國務院總理李強也在領袖類別榜上有名；黃仁勳（Jensen Huang）上榜革新者類別；日本動畫大師宮崎駿則入列時代象徵類別。

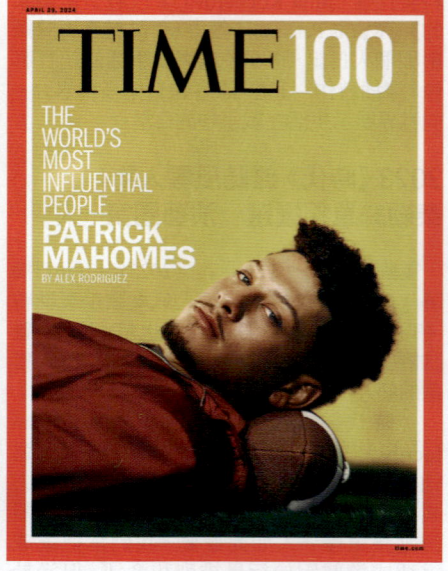

▲《時代》雜誌為2024年全球百大最有影響力人物製作多款封面，包含英國歌手杜娃‧黎波及美國足球明星四分衛派屈克‧馬霍姆斯。（《時代》雜誌官網）

《時代》雜誌2024百大人物

組別	人物	職業或事蹟
藝術家（15人）	杜娃・黎波Dua Lipa	英國及阿爾巴尼亞創作歌手。
	戴夫・帕托Dev Patel	印度裔英國演員。
	21 Savage	美國出道的英國籍饒舌歌手。
	艾莉雅・巴特Alia Bhatt	印度裔英國演員。
	珍妮・霍札爾Jenny Holzer	美國新觀念藝術家。
	科爾曼・杜明戈Colman Domingo	美國演員。
	達芬・喬伊・藍道夫Da'Vine Joy Randolph	美國演員。
	蘿倫・葛洛芙Lauren Groff	美國小說家。
	傑弗瑞・萊特Jeffrey Wright	美國演員。
	范塔莎・波里諾Fantasia Barrino	美國演員及歌手。
	小萊斯利・奧多姆Leslie Odom Jr.	美國演員及歌手。
	拉托亞・露比・佛瑞澤LaToya Ruby Frazier	美國藝術家及攝影師。
	亞歷克斯・艾德曼Alex Edelman	美國喜劇演員。
	詹姆斯・麥布萊德James McBride	美國作家。
	布魯克斯・海德利Brooks Headley	美國音樂家及廚師。
時代象徵（16人）	塔拉吉・P・漢森Taraji P. Henson	美國演員及歌手。
	凱莉・米洛Kylie Minogue	澳洲歌手。
	艾略特・佩吉Elliot Page	加拿大演員。原名艾倫・佩姬（Ellen Page），曾以《鴻孕當頭》（Juno）獲奧斯卡金像獎最佳女主角獎提名。2014年出櫃為女同性戀，2020年再公開跨性別男性身分，並改名艾略特。
	博納男孩Burna Boy	奈及利亞歌手，是第一位在葛萊美獎頒獎典禮演唱的非洲節奏（Afrobeats）藝術家。
	米高・福克斯Michael J. Fox	加拿大裔美國演員。1991年被診斷罹患巴金森氏症，此後積極推動巴金森氏症治療研究，並成立基金會協助疾病研究。
	賽爾瑪・戈爾登Thelma Golden	美國藝術策展人、紐約哈林工作室博物館（Studio Museum in Harlem）館長，致力推廣非裔美國人藝術。
	蘇菲亞・柯波拉Sofia Coppola	美國導演及編劇。
	延妮・艾爾莫索Jenni Hermoso	西班牙職業女子足球員。
	法蘭克・穆吉沙Frank Mugisha	烏干達LGBT權利倡議者。
	莫塔茲・阿扎伊扎Motaz Azaiza	出身加薩的巴勒斯坦攝影記者，因在社群媒體Instagram上記錄以哈衝突而知名。
	薩克希・馬里克Sakshi Malik	印度首位拿下奧運獎牌的角力女將。對印度國會議員、角力協會主席辛赫（Brij Bhushan Singh）的不當性行為提出指控，引發印度體壇的MeToo運動。
	馬克・庫班Mark Cuban	美國職業籃球聯盟（NBA）達拉斯獨行俠隊老闆。
	宮崎駿Hayao Miyazaki	日本動畫導演。
	蘇珊・希瑪爾Suzanne Simard	加拿大科學家，是研究森林有機體網路的先驅。
	茱莉安・盧森吉Julienne Lusenge	剛果人權運動家，致力於支援戰爭性暴力倖存者及捍衛婦女權利。
	羅姍娜・弗萊默-卡爾德拉Rosanna Flamer-Caldera	斯里蘭卡LGBTIQ權利倡議者。

巨人（15人）	派屈克・馬霍姆斯Patrick Mahomes	美式足球運動員，效力於堪薩斯酋長，司職四分衛。
	薩帝亞・納德拉Satya Nadella	微軟（Microsoft）執行長。
	阿賈・威爾森A'ja Wilson	美國職業女子籃球運動員。
	凱莉・瑞帕Kelly Ripa	美國脫口秀主持人。
	傑克・安多夫Jack Antonoff	美國音樂製作人。
	塔桑達・布朗・杜克特Thasunda Brown Duckett	美國教師退休基金會執行長。
	唐娜・蘭里Donna Langley	環球影業（Universal Studios）董事長。
	貝絲・福特Beth Ford	美國農業綜合企業和食品公司藍多湖（Land O'Lakes）執行長，為美國500大企業首位公開出櫃的女性執行長。
	王傳福Wang Chuanfu	中國電動車公司比亞迪創辦人。
	凱利・羅賓森Kelley Robinson	美國LGBTQ民事權利倡導團體「人權戰線」（Human Rights Campaign）主席。
	上野千鶴子Chizuko Ueno	日本女性主義社會學家。
	傑斯珀・布勞汀Jesper Brodin	宜家家居（IKEA）執行長。
	賴瑞・艾里森Larry Ellison	科技軟體公司甲骨文（Oracle）共同創辦人。
	喬安妮・克雷沃伊瑟拉特Joanne Crevoiserat	美國奢侈品集團掛毯公司（Tapestry）執行長。掛毯旗下有蔻馳（Coach）及凱特絲蓓（Kate Spade）兩大精品。
	麥克斯・維斯塔潘Max Verstappen	一級方程式賽車（F1）車手，效力於紅牛車隊。
領袖（24人）	尤莉雅・納瓦納亞Yulia Navalnaya	俄羅斯反對派領袖納瓦尼（Alexei Navalny）遺孀，誓言繼承其遺志。
	納爾吉斯・穆哈瑪迪Narges Mohammadi	伊朗女性人權運動者，2023年諾貝爾和平獎得主。
	唐納・圖斯克Donald Tusk	波蘭總理。
	賴清德William Lai	台灣副總統暨總統當選人。
	葛瑞格・艾波特Greg Abbott	美國德克薩斯州州長。
	瑪琳娜・席瓦Marina Silva	巴西環境部長。
	威廉・伯恩斯William Burns	美國中央情報局（CIA）局長。
	E・珍・卡洛爾E. Jean Carroll	美國記者、專欄作家，控告美國前總統川普性侵及誹謗勝訴。
	陳惠菁Rena Lee	新加坡海洋和海洋問題大使。
	哈維爾・米雷伊Javier Milei	阿根廷總統。
	小斐迪南・馬可仕Ferdinand "Bongbong" Marcos Jr.	菲律賓總統。已故菲律賓獨裁者斐迪南・馬可仕（Ferdinand Marcos）和伊美黛・馬可仕（Imelda Marcos）之子，通稱「小馬可仕」。
	穆罕默德・本・阿卜杜勒拉赫曼・阿勒薩尼Mohammed bin Abdulrahman Al Thani	卡達總理。
	埃莉斯・史蒂芬尼克Elise Stefanik	美國共和黨籍眾議院議員。
	黛安娜・沙拉薩・門德斯Diana Salazar Méndez	厄瓜多總檢察長。
	傑克・史密斯Jack Smith	美國司法部特別檢察官，負責監督對川普的刑事調查。
	瑞秋・高德柏格-波林Rachel Goldberg-Polin	美國-以色列行動主義者，2023年兒子被哈瑪斯（Hamas）綁架到加薩後，致力於關注人質危機。
	彭安杰Ajay Banga	世界銀行（World Bank）總裁。
	蓋文・紐松Gavin Newsom	美國加利福尼亞州州長。

	威廉・魯托William Ruto	肯亞總統。
	喬吉婭・梅洛尼Giorgia Meloni	義大利總理。
	李強Li Qiang	中國國務院總理。
	吉加・夏哈Jigar Shah	美國能源部貸款計畫辦公室（Loan Programs Office）主任
	蘿倫・布勞維特Lauren Blauvelt	美國俄亥俄州生育權聯盟（Ohioans United for Reproductive Rights）聯合主席，推動俄亥俄州墮胎權。
	安德里・葉爾馬克Andriy Yermak	烏克蘭總統辦公室主任。
革新者（15人）	黃仁勳Jensen Huang	台裔美籍企業家，輝達（NVIDIA）執行長。
	瑪雅・魯道夫Maya Rudolph	美國喜劇女星。
	蕭恩・范恩Shawn Fain	美國聯合汽車工會（United Auto Workers）主席。
	席亞・柯利西Siya Kolisi	南非職業橄欖球員。
	岩崎明子Akiko Iwasaki	日裔美國免疫學家，為「新冠長期症狀」（long COVID）研究提供重要見解。
	伊農・克瑞茲Ynon Kreiz	美泰兒公司（Mattel）執行長。美泰兒是玩具製造龍頭，以芭比娃娃聞名。
	托瑞・伯奇Tory Burch	美國時尚設計師，以同名品牌聞名。
	瑞秋・哈德曼Rachel Hardeman	美國公共衛生學者，研究種族主義對健康的影響，特別關注非裔美國孕產婦。
	林克彥Katsuhiko Hayashi	日本遺傳學家，從公鼠身上培養出卵子，並成功孕育小鼠。
	多米尼克・克倫Dominique Crenn	美國第一位獲得米其林三星的女廚師。
	戴夫・里克斯Dave Ricks	美國製藥公司禮來（Eli Lilly）執行長。
	康妮・沃克Connie Walker	加拿大原住民族記者，曾獲普立茲新聞獎。
	茱莉・史威特Julie Sweet	跨國諮詢公司埃森哲（Accenture）執行長。
	強納森・安德森Jonathan Anderson	愛爾蘭時尚設計師，精品品牌羅威（Loewe）創意總監。
	瑪麗娜・塔巴瑟姆Marina Tabassum	孟加拉建築師。
先鋒（12人）	艾美莉卡・弗瑞娜America Ferrera	美國演員。
	蕾斯利・洛可Lesley Lokko	蘇格蘭-迦納學者及小說家。
	奧菲利亞・達爾Ophelia Dahl	美國非營利組織「健康夥伴」（Partners in Health）創辦人，致力於為貧困人口提供醫療。
	甘迺迪・奧德德Kennedy Odede	肯亞社會企業家，致力改善社區貧困及環境問題。
	約書亞・班吉歐Yoshua Bengio	人工智慧（AI）研究先驅，蒙特婁機器學習演算法研究所（Montreal Institute for Learning Algorithms）科學總監。
	阿斯瑪汗Asma Khan	生於印度的英國廚師。
	凱莉・索耶・派屈夫Kelly Sawyer Patricof、諾拉・溫斯坦Norah Weinstein	非營利組織Baby2Baby聯席執行長。該組織主要為美國災區兒童提供尿布、奶粉等必需品。
	普里揚瓦達・那塔拉揚Priyamvada Natarajan	印度天體物理學家，任教於耶魯大學。
	喬爾・哈本能Joel Habener、司維特蘭那・莫依索夫Svetlana Mojsov、丹・屈拉克Dan Drucker	科學家團隊，發現能誘導胰臟釋放胰島素的因子GLP-1，進而開發抗糖尿病與抗肥胖藥物。
	山姆・森伯里斯Sam Tsemberis	非營利組織Pathways to Housing創辦人。該組織旨在為精神疾病患者及長期無家可歸者提供住房。
	莎朗・拉文尼Sharon Lavigne	美國環境運動者，反對路易斯安那州石化廠設廠。
	斯圖亞特・奧金Stuart Orkin	美國學者，其研究有效治療血液疾病。

資料來源：《時代》雜誌官網

第六屆唐獎

第6屆唐獎4大獎項於2024年6月18日至21日陸續揭曉,永續發展獎由奧馬爾‧亞基（Omar M. Yaghi）獲獎,生技醫藥獎得主為喬爾‧哈本能（Joel Francis Habener）、司維特蘭那‧莫依索夫（Svetlana Mojsov）及延斯‧祖爾‧霍斯特（Jens Juul Holst）3人,漢學獎得主為許倬雲,法治獎由瑪麗‧羅賓遜（Mary Robinson）獲得。

唐獎每2年一屆,為潤泰集團總裁尹衍樑於2012年創辦。由專業獨立評選委員會遴選得主,每個獎項獎金為新台幣5,000萬元,包含1,000萬元研究補助費,藉此延伸及推廣得主影響力及貢獻。

唐獎第六屆（2024）得獎名單：

永續發展獎

唐獎永續發展獎得主為美國化學家奧馬爾‧亞基,他開創網格化學新領域,以一種新的合成方式生成材料,將有機和無機單元編結成為堅固的多孔結晶金屬有機骨架（MOFs）及共價有機骨架（COFs）材料,用來捕捉、集中及利用二氧化碳、氫氣、甲烷及水等4種對地球永續發展最大影響的氣體分子,解決當今世界邁向永續發展所面臨迫切的能源、環境及水資源問題。

至今全球有數百個實驗室,藉由亞基發展出的材料及技術,積極投入清潔能源、清潔空氣和純淨飲用水等應用；一些國際化學、材料及汽車製造集團及30多家新創公司也推出相關方案及產品,目前估計全球由網格化學所產出的MOFs及COFs材料超過10萬種。

唐獎基金會指出,亞基出生於約旦安曼郊區沙漠中的難民家庭,最早來自於巴勒斯坦,因此對於缺水、貧窮的切身之痛,讓他深刻體認到科學與研究對改變機會匱乏地區生活的重要性。

亞基現為加州大學柏克萊分校化學系詹姆斯與內爾蒂崔特講座教授、柏克萊勞倫斯國家實驗室資深科學家、柏克萊全球科學學院首任主任,也是柏克萊巴卡學院首任共同主任及首席科學家,曾獲頒17個國家的重要獎項及擁有60項美國專利。

生技醫藥獎

生技醫藥獎由美國科學家喬爾‧哈本能、司維特蘭那‧莫依索夫及丹麥科學家延斯‧祖爾‧霍斯特3人共同獲得,肯定其發現能誘導胰臟釋放胰島素的GLP-1(7-37)「類升糖素胜肽-1(7-37)」,並開發基於此物質的抗糖尿病與抗肥胖藥物。

目前已有至少13種GLP-1 RA（GLP-1受體促效劑）藥物經核准用於治療糖尿病、肥胖。中研院院士龔行健指出,這是將基礎研究轉譯至製藥成功,並對人類健康產生重大影響的典範故事。這3名科學家的發現,為學、業界進一步研發奠定了基礎,共同開創基於GLP藥物治療糖尿病的時代,也為全世界帶來前景可期的重磅藥物。

漢學獎

漢學獎由美國匹茲堡大學榮休校聘講座教授許倬雲獲獎,他善於發掘長期歷史的本質問題,除了學術專論外也有通史著作,是一名博雅兼具的學者,也是在嚴格定義下首名台灣出身的得主。

許倬雲在台灣大學取得碩士學位後赴美深造,1962年順利取得芝加哥大學博士學位,隨即回到台大任教,並於1965年到1970年擔任歷史系主任,期間主導課程轉型,大力提倡以社會科學方法治史,引進心理學、文化人類學、社會學等,強調歷史不僅要「敘述」,而且要「解釋」,為台灣史學界帶來深遠的影響。

▲漢學獎得主許倬雲。

倫敦AI公司DeepMind的科學家。

諾貝爾化學獎委員會透過聲明指出：「貝克成功達成幾乎不可能的壯舉，設計出全新蛋白質。」並補充道，貝克的成果創造出「可用於製藥、疫苗、奈米材料和微型感應器」的蛋白質。

哈薩比斯與瓊珀於2020年推出AI模型AlphaFold2，迄今有190個國家逾200萬人使用這個模型，研究人員現在因此更能深入了解抗生素抗藥性，還有研發能分解塑膠的酶。

根據委員會，領導Google DeepMind的哈薩比斯與瓊珀研發出的AI模型能實現一個50年來的夢想：根據胺基酸序列預測複雜的蛋白質結構。

委員會強調，這3名獲獎者的發現都具有龐大潛力，開展許多可能性。

文學獎

文學獎由韓國女作家韓江摘下桂冠，她是首位獲得諾貝爾文學獎的韓國人，也是該獎項史上第18位女性得主。瑞典學院（Swedish Academy）指出，韓江「在作品裡面對歷史創傷與無形規則，並在每部創作中揭示人類生命的脆弱。她對身體與靈魂、生者與死者之間的連結具有獨特認知，並以她富有詩意及實驗性的風格，成為當代散文的創新者」。

這不僅是史上首次由韓國作家獲得諾貝爾文學獎，也是繼韓國前總統金大中2000年獲頒和平獎後，韓國第2位諾貝爾獎得主。

韓江1970年生於韓國光州，9歲時隨家人遷居首爾。她來自有文學淵源的家庭，父親是知名小說家韓勝源。除了寫作之外，韓江也醉心於藝術和音樂，這反映在她的文學創作中。

現年53歲的韓江在台灣已出版《素食者》、《少年來了》、《永不告別》、《白》等著作，其中《素食者》於2016年獲頒英語文學界大獎「布克國際獎」（International Booker Prize），是韓國獲得該獎第1人。

和平獎

和平獎由日本原水爆被害者團體協議會獲得殊榮，表彰它致力實現一個無核武世界。這是日本第2度由個人或組織獲得諾貝爾和平獎。

1956年，廣島與長崎原爆的倖存者（日文：被爆者，Hibakusha）協會與太平洋核武試驗受害者共組「日本原水爆被害者團體協議會」（Japan Confederation of A- and H-Bomb Sufferers Organisations，簡稱日本被團協、Nihon Hidankyo），後成為日本規模及影響力最大的原爆倖存者組織。

日本被團協提供數以千計份見證者證詞，發布決議與公開呼籲文件，並每年派代表團至聯合國及各種和平會議，提醒世人必須廢除核武的迫切性。

根據挪威諾貝爾委員會（Norwegian Nobel Committee），日本被團協獲獎理由為「致力實現一個沒有核武的世界，並透過見證者證言表明絕不能再使用核武」。

委員會指出，這些歷史見證者透過講述個人故事、根據自身經歷籌辦教育活動、示警核武擴散及使用等方式，協助激發並鞏固全球各地對核武的廣泛反對聲浪。

藉由將和平獎頒給日本被團協，委員會希望向所有倖存者致敬，他們儘管承受著身體的痛苦與悲痛回憶，仍選擇善用自己慘痛的經歷，培育對和平的希望與參與。

日本首位諾貝爾和平獎得主是已故首相佐藤榮作，他因簽署「禁止核子擴散條約」（Nuclear Non-Proliferation Treaty）於1974年獲頒該獎項。

經濟學獎

經濟學獎由美國麻省理工學院教授艾塞默魯（Daron Acemoglu）、強生（Simon Johnson），以及美國芝加哥大學教授羅賓森（James A. Robinson）共享殊榮，表彰他們研究社會制度如何影響國家繁榮及各國間財富不均現象。

諾貝爾獎評審團指出，3名經濟學獎得主透過研究歐洲殖民者引進的各種政治和經濟制度，進而證明這些制度與國家繁榮息息相關。

這3位經濟學獎得主在研究工作中以橫跨美墨邊境的城市諾加里（Nogales）為例。儘管擁有相同地理位置、氣候、文化及許多共同的

祖先,但美墨邊境兩端的生活卻大不相同。

位於美國亞利桑那州的邊境城市諾加里,當地居民相對富裕、也較長壽,許多孩子都擁有高中學歷;相形之下,位於墨西哥索諾拉州(Sonora)的同名邊境城市諾加里,「當地居民普遍而言明顯較窮……有組織的犯罪導致創辦和經營企業風險大增。貪腐的政治人物難以清除。」

他們發現,2座城市不同之處在於,美國的制度保障財產權,並且賦予公民對政府的發言權。

諾貝爾經濟學獎委員會主席史文森(Jakob Svensson)發布聲明說:「持續縮小不同國家間龐大的所得差距,是我們這個時代遭遇的最大挑戰之一。得獎者已證明社會制度在實現此一目標方面有其重要性。」

第33屆夏季奧運
達到歷史性的性別平等

第33屆夏季奧林匹克運動會2024年7月26日至8月11日於法國巴黎展開,4月16日先在奧運發源地希臘奧林匹亞(Olympia)點燃聖火,中華奧會睽違60年再次參加聖火傳遞,逾萬名火炬手接力,7月26日將聖火傳遞至巴黎奧運會場,象徵奧運會正式揭幕。開幕式在塞納河上舉行,各國代表團以遊河方式登場,這是奧運開幕式首次走出體育場,儘管遇上大雨,仍不減觀禮民眾熱情。

本屆巴黎奧運在性別平等上締造多項創舉,自1900年巴黎奧運第一次有女性運動員登上賽場以來,歷時124年首度實現性別平衡,在1萬1,000多名運動員中,男女選手參賽比例約占各半,寫下紀錄。而奧運LOGO設計融合金牌、聖火及法國國家象徵瑪麗安娜(Marianne)元素,是奧運史上首個以人臉為形象的LOGO,更呼應了女性參與奧運的歷史。

本屆奧運共有32個運動項目,此次巴黎的自選項目除保留2020東京奧運新增的運動攀登、滑板及衝浪,並首度納入霹靂舞(Breaking),希望透過在地優勢、年輕世代的運動,吸引更多觀眾。

經過17天賽事,美國在女籃決賽笑納最後

▲阿爾及利亞選手克莉芙在巴黎奧運女子拳擊66公斤級項目摘金。(AP)

一金，追平中國的40面金牌，以總獎牌數126面搶回獎牌榜龍頭地位；中國以總獎牌數91面居次；日本延續上屆主辦東京奧運氣勢，獲第3；地主國法國則奪得64面獎牌，創逾100年以來最多。

巴黎奧運爭議不少，先是開幕式中一段模仿世界名畫《最後的晚餐》的表演，表演者包含變裝皇后及跨性別者，引發褻瀆宗教爭議；而在南韓運動員進場時，現場廣播竟鬧烏龍誤報成北韓選手。

此外，因大雨影響塞納河水質，鐵人三項及馬拉松游泳多次取消，後來水質雖達標，但瑞典游泳選手約翰松（Victor Johansson）仍有疑慮，退出男子10公里馬拉松游泳比賽。

台灣拳后林郁婷、阿爾及利亞好手克莉芙（Imane Khelif）捲入性別風波，最終成功挺過壓力，分別在女子拳擊57公斤級、66公斤級勇奪金牌，用精彩表現回應外界誤解。

賽場上還有許多選手的亮眼表現令人難忘，塞爾維亞名將喬科維奇（Novak Djokovic）終於一圓金牌夢，以37歲高齡成為最年長奧運網球男單冠軍；古巴角力選手羅培茲（Mijain Lopez）成為首位連5屆奧運同個項目連霸奪金的運動員，打破美國田徑名將劉易士（Carl Lewis）與泳壇傳奇「飛魚」費爾普斯（Michael Phelps）等奧運明星的紀錄；土耳其射擊選手迪凱奇（Yusuf Dikec）拿下銀牌，比賽時以極簡裝備上陣，一手握槍、一手隨興插口袋的從容態度，讓人印象深刻。

羽球賽事在巴黎奧運備受關注，台灣羽球男雙組合「麟洋配」李洋、王齊麟以全勝之姿蟬聯金牌，在奧運羽球男雙賽史上達成史無前例的2連霸。被合稱為「女單F4」的台灣球后戴資穎、中國一姐陳雨菲、日本名將山口茜陸續落馬，僅有韓國天才少女安洗瑩闖入決賽，為韓國拿下時隔28年的羽球女單金牌；中國好手何冰嬌奪銀，她在頒獎台上手拿西班牙國旗徽章，向在4強戰中因傷退賽的西班牙前球后瑪琳（Carolina Marín）致意，溫暖舉動展現超越勝負的運動家精神。

奧運結束後，國際羽壇隨即迎來連串動盪，安洗瑩在奪金後控訴長年未受南韓羽球協會重視，甚至暗示可能退出國家代表隊；何冰嬌宣布退出國際賽事，衛冕失利的陳雨菲也宣告暫別球場；日本老牌混雙「東渡組合」渡邊勇大、東野有紗拆夥；泰國頭號女雙吉迪特拉恭（Jongkolphan Kititharakul）、芭宗哉（Rawinda Prajongjai）也高掛球拍。

8月11日舉行閉幕式，奧運五環會旗由巴黎市長伊達戈（Anne Hidalgo）交給國際奧林匹克委員會（IOC）主席巴赫（Thomas Bach），再由美國洛杉磯市長巴斯（Karen Bass）接下，巴斯成為首位接下奧運會旗的黑人女性。之後壓軸登場由好萊塢巨星湯姆克魯斯（Tom Cruise）重現電影《不可能的任務》的經典空降橋段，帶走會旗，接著穿插預錄好的影片，將會旗送抵洛杉磯，宣告2028奧運洛杉磯見。

第17屆夏季帕運

第17屆夏季帕拉林匹克運動會2024年8月28日至9月8日在法國巴黎舉行，為期12天，涵蓋22個運動項目，代表團來自169個國家地區，約有4,400名運動員參賽。帕運大國中國以94金76銀50銅共220面獎牌，蟬聯帕運金牌和獎牌雙榜第1名；英國、美國分別奪下第2及第3。

第33屆夏季奧運金牌數前10名代表團及中華台北代表團獎牌數統計

排名	隊伍	金牌	銀牌	銅牌	總獎牌數
1	美國	40	44	42	126
2	中國	40	27	24	91
3	日本	20	12	13	45
4	澳洲	18	19	16	53
5	法國	16	26	22	64
6	荷蘭	15	7	12	34
7	英國	14	22	29	65
8	韓國	13	9	10	32
9	義大利	12	13	15	40
10	德國	12	13	8	33
35	中華台北	2	0	5	7

資料來源：2024巴黎奧運官網

▲阿富汗跆拳道獨臂女將胡達迪（前）摘銅，是帕運難民隊史上第一面獎牌。（AP）

第17屆帕運金牌前五名國家地區和中華台北代表隊獎牌統計					
排名	國家地區	金牌	銀牌	銅牌	獎牌總數
1	中國	94	76	50	220
2	英國	49	44	31	124
3	美國	36	42	27	105
4	荷蘭	27	17	12	56
5	巴西	25	26	38	89
68	中華台北	0	3	2	5

資料來源：2024巴黎帕運官網

　　本屆是巴黎首次主辦帕運，見證許多激勵人心的瞬間。阿富汗跆拳道獨臂女將胡達迪（Zakia Khudadadi）在女子K44級47公斤級競賽中摘下銅牌，是帕運難民隊史上第一面獎牌，也是首位在奧運與帕運中奪牌的阿富汗女性；英國射箭運動員葛林翰（Jodie Grinham）在女子複合弓個人賽項目中勇奪銅牌，成為帕運首位奪牌的懷孕運動員。

　　不過，在閉幕前的馬拉松賽上，西班牙視障選手孔戈斯特（Elena Congost）在抵達終點線前2公尺時，因領跑員抽筋差點摔倒，孔戈斯特伸手攙扶時鬆開領跑繩幾秒遭判違規，失去銅牌，改由日本選手道下美里（Misato Michishita）遞補。

歐洲足球錦標賽
西班牙踢倒英格蘭四度封王

　　2024年歐洲國家盃（Euro 2024，歐洲足球錦標賽）足球賽2024年6月14日在德國揭幕，這是德國自2006年世界盃以來首次舉辦大型男子國際賽事。

▲西班牙「紅色軍團」在歐洲國家盃足球賽4度奪冠。（AP）

西班牙國家隊勢如破竹，7月14日在柏林奧林匹克體育場（Olympiastadion）的冠軍戰對上英格蘭，現場湧入約6萬5,600名觀眾。雙方上半場都繳出白卷，易邊再戰後，西班牙先攻進第1球，英格蘭雖然一度扳平，但西班牙終場前再次破網得分，以2比1踢倒英格蘭，成為唯一在這項賽事4度封王的球隊，硬是讓捲土重來的英格蘭再度飲恨，連續兩屆屈居亞軍。

西班牙在本屆歐國盃踢出7連勝，成為賽史上首支全勝奪冠隊伍，陣中小將亞馬爾（Lamine Yamal）在冠軍戰前1天甫滿17歲，創下歐國盃史上出賽、助攻進球及進球等3項最年輕球員紀錄。

美洲盃足球賽　阿根廷衛冕冠軍

2024年美洲盃足球賽（Copa America）決賽於2024年7月14日落幕，阿根廷靠馬蒂內茲（Lautaro Martinez）於延長賽第112分鐘進球，終場1比0擊敗哥倫比亞完成美洲盃2連霸，拿下傲視群雄的第16座冠軍。

法新社報導，阿根廷巨星梅西（Lionel Messi）第36分鐘帶球突破底線，但被對方鏟倒一度在場邊接受治療，第66分鐘時梅西在中場跑動時並未與人身體接觸而倒地，並在疼痛中退場。

鑑於這可能是梅西球員生涯最後一場重大國家隊賽事，他傷退後坐在替補席上淚流滿面，難以抑制自己的情緒。兩軍踢完正規賽都無法突破對方進入延長賽，第112分鐘馬蒂內茲終於破門，梅西在贏球後破涕為笑。

繼2021美洲盃封王、2022世足賽封王後，阿根廷再次拿到重大國際賽事金盃。也讓最後一次披國家隊戰袍的阿根廷另一球星迪馬利亞（Angel Di Maria）圓滿告別國家隊。

澳網

辛納奪冠　10年來三巨頭外第一人
謝淑薇包辦混雙、女雙雙冠寫紀錄

澳洲網球公開賽於2024年1月14日至28日

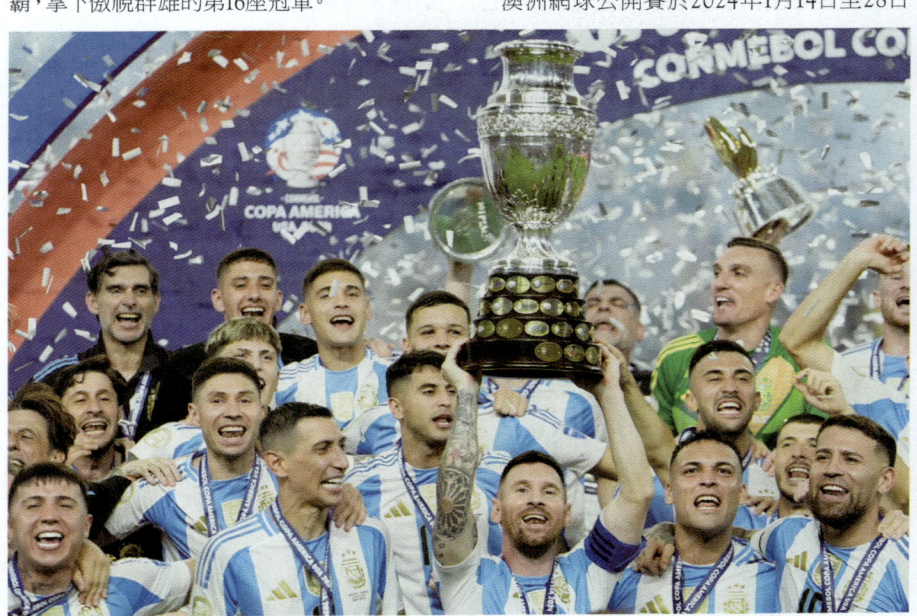

▲阿根廷奪下美洲盃冠軍，傷退的梅西在贏球後破涕為笑。（AP）

在澳洲墨爾本公園舉行，義大利好手辛納（Jannik Sinner）在男單決賽上與俄羅斯名將梅迪維夫（Daniil Medvedev）鏖戰5局後，奪下生涯首座大滿貫賽冠軍，成為10年來男網「三巨頭」以外拿下澳網冠軍第一人。

這場比賽也是2005年以來澳網男單決賽首度「三巨頭」全都缺席，這3人分別是來自塞爾維亞的現役球王喬科維奇（Novak Djokovic）、因傷退賽的西班牙名將納達爾（Rafa Nadal）和已退役的瑞士好手費德瑞（Roger Federer）。

辛納本屆澳網勢如破竹，在準決賽爆冷淘汰衛冕者喬科維奇，讓他中斷澳網33連勝紀錄，決賽時還上演逆轉勝，他先輸掉2盤再倒趕3盤，最後以3比6、3比6、6比4、6比4、6比3贏得勝利。

來自白俄羅斯的莎芭蓮卡順利衛冕女單冠軍，是2013年以來第一位蟬聯澳網女單冠軍的球員。

謝淑薇在與波蘭搭檔傑林斯基（Jan Zielinski）合力奪得混雙冠軍後，成為首位拿下澳網混雙冠軍的台灣選手，並在女雙項目與比利時女將梅丹斯（Elise Mertens）攜手登頂，在同一屆大滿貫賽事包攬雙冠，是個人生涯第8座大滿貫冠軍，締造台將紀錄，更是24年來再有選手完成單屆女雙、混雙雙冠王殊榮。

2024澳洲網球公開賽主要冠軍名單

比賽項目	姓名	國籍
男子單打	揚尼克．辛納 Jannik Sinner	義大利
女子單打	阿依娜．莎芭蓮卡 Aryna Sabalenka	白俄羅斯
男子雙打	羅翰．波柏納 Rohan Bopanna 馬修．伊布登 Matthew Ebden	印度 澳洲
女子雙打	謝淑薇 愛麗絲．梅丹斯 Elise Mertens	台灣 比利時
混合雙打	謝淑薇 揚．傑林斯基 Jan Zielinski	台灣 波蘭

資料來源：澳洲網球公開賽官網

▲謝淑薇（右）與梅丹斯拿下澳網女雙冠軍。（AP）

法網

艾卡拉茲奪三種場地大滿貫金盃
斯威雅蒂封后　完成三連霸

　　法國網球公開賽2024年5月20日至6月9日在法國巴黎舉行，21歲的西班牙新生代好手艾卡拉茲（Carlos Alcaraz）在男單決賽擊敗德國名將茲韋列夫（Alexander Zverev），奪下生涯首座法網冠軍，成為在硬地、草地和紅土3種場地都稱王的最年輕選手。

　　波蘭籍世界球后斯威雅蒂（Iga Swiatek）在女單奪冠，是5年內第4度在法網封后、順利收下個人第5座大滿貫金盃，同時她也成為繼比利時名將艾寧（Justine Henin）於2005年至2007年法網3連霸之後，首位連續3度贏得法網女單冠軍的球員。

▲斯威雅蒂在法網女單奪冠後親吻獎盃。（AP）

2024法國網球公開賽主要冠軍名單

項目	冠軍	國籍
男子單打	卡羅斯・艾卡拉茲 Carlos Alcaraz	西班牙
女子單打	伊加・斯威雅蒂 Iga Swiatek	波蘭
男子雙打	馬切羅・阿雷巴洛 Marcelo Arévalo González 馬特・帕維奇 Mate Pavic	薩爾瓦多 克羅埃西亞
女子雙打	科科・高夫 Coco Gauff 卡特琳娜・斯尼科娃 Kateřina Siniaková	美國 捷克
混合雙打	蘿拉・席格門 Laura Siegemund 愛德華・羅傑-瓦賽林 Édouard Roger-Vasselin	德國 法國

資料來源：法國網球公開賽官網

溫網

艾卡拉茲男單二連霸
卡雷茨科娃生涯首度封后

　　溫布頓網球錦標賽於2024年7月1日至7月14日舉行，西班牙網壇新星「小蠻牛」艾卡拉茲（Carlos Alcaraz）擊敗塞爾維亞名將喬科維奇（Novak Djokovic），達成溫網男單2連霸。

　　法新社報導，繼2023年溫網男單決賽之後，再演相同爭冠戲碼，喬科維奇的冠軍夢被21歲的西班牙新星艾卡拉茲粉碎，無緣生涯第25座大滿貫金杯，也讓眾人又一次見證網壇世代交替。

　　英國凱特王妃（Kate）現身男單決賽，這是她於2024年1月診斷罹癌後第2次公開露面。比賽結束後，凱特走進賽場安慰決賽落敗的喬科維奇並頒發亞軍銀盤，然後將冠軍獎杯頒給艾卡拉茲。

2024溫布頓網球錦標賽主要冠軍名單

項目	冠軍	國籍
男子單打	卡羅斯・艾卡拉茲 Carlos Alcaraz	西班牙
女子單打	巴博拉・卡雷茨科娃 Barbora Krejčíková	捷克
男子雙打	哈里・赫利厄瓦拉 Harri Heliövaara 亨利・帕特恩 Henry Patten	芬蘭 英國
女子雙打	卡特琳娜・斯尼科娃 Kateřina Siniaková 泰勒・湯生 Taylor Townsend	捷克 美國
混合雙打	謝淑薇 揚・傑林斯基 Jan Zielinski	台灣 波蘭

資料來源：溫布頓網球錦標賽官網

▲英國凱特王妃（右）現身溫網男單決賽，頒發冠軍獎杯給艾卡拉茲（左）。

捷克好手卡雷茨科娃（Barbora Krejčíková）擊敗義大利選手鮑里尼，摘下生涯首座溫網女單后冠，這也是她個人第2座大滿貫賽單打冠軍。

「百搭女王」、台灣一姊謝淑薇和波蘭搭檔傑林斯基（Jan Zielinski）抱走混雙冠軍，這是他們在澳網公開賽拿下混雙冠軍後，2人搭檔的第2座大滿貫金盃。

美網

辛納歷經禁藥爭議後奪冠
莎芭蓮卡擊敗地主好手封后

美國網球公開賽2024年8月26日至9月8日舉行，男單世界排名第1的義大利好手辛納（Jannik Sinner）擊敗地主選手佛里茲（Taylor Fritz），笑納本季第2座大滿貫金盃，成為首位在美網摘冠的義大利男選手。

賽前辛納藥檢兩度呈現陽性，後來證實沒有過失而未遭到禁賽，辛納隨後也以喪失信任為由，開除了物理治療師納迪（Giacomo Naldi）和防護員費拉拉（UmbertoFerrara）。他賽後表示：「這座冠軍意義重大⋯⋯我生涯近期不好過，但是我的團隊和家人都對我力挺。」

繼21歲的艾卡拉茲贏得法網和溫網冠軍後，這是自1993年以來首次，同一年的所有4項大滿貫賽男單均由23歲或以下的球員贏得。

這也是自2002年以來第一個網球賽季，「三巨頭」喬科維奇、納達爾和費德勒都沒有贏得大滿貫。

白俄羅斯選手莎芭蓮卡（Aryna Sabalenka）在高潮迭起的女單決賽中擊敗地主好手皮古拉（Jessica Pegula），繼澳洲公開賽後拿下本季第2座大滿貫金盃。

烏克蘭女網選手克奇諾（Lyudmyla Kichenok）與拉脫維亞搭檔奧斯塔朋科（Jelena Ostapenko）聯手贏得女雙冠軍。法新社報導，現年32歲的克奇諾本來計劃9月4日與男友赫馬爾斯基（Stas Khmarsky）結婚，但後來闖進冠軍賽，婚禮因而暫時喊卡。

2024美國網球公開賽主要冠軍名單

項目	姓名	國籍
男子單打	揚尼克．辛納 Jannik Sinner	義大利
女子單打	阿依娜．莎芭蓮卡 Aryna Sabalenka	白俄羅斯
男子雙打	馬克思．普賽爾 Max Purcell 喬登．湯普森 Jordan Thompson	澳洲
女子雙打	柳德米拉．克奇諾 Lyudmyla Kichenok 葉蓮娜．奧斯塔朋科 Jelena Ostapenko	烏克蘭 拉脫維亞
混合雙打	莎拉．艾拉妮 Sara Errani 安德烈亞．瓦瓦索里 Andrea Vavassori	義大利

資料來源：美國網球公開賽官網

▲辛納挺過禁藥風波，在美網封王。（AP）

§第五章　災難與事故

2023年11月～2024年10月
全球極端天候與重大天災

2023年11月2日　風暴「夏蘭」（Ciaran）挾帶時速200公里強風襲擊西歐，同時引發洪水，法國西北沿岸約有120萬戶停電，並嚴重干擾交通。至3日造成西歐各地死亡人數增加到至少16人，其中包含比利時、法國、荷蘭、西班牙、德國等7人死亡，義大利中部的托斯卡尼大區（Tuscany）至少有6人死亡，葡萄牙里斯本北部海岸一艘遊艇翻覆造成3人喪生。

2023年11月8日　聖嬰（El Nino）現象為澳洲帶來炎熱又乾燥的天氣，澳洲氣象局（Bureau of Meteorology）表示，10月寫下20年來最乾燥紀錄，降雨量比1961年至1990年的平均值低65%，並衝擊小麥產量。

2023年11月15日　被列入世界遺產名錄的觀光勝地越南古城順化因大雨而陷入汪洋，數以千計房屋被淹在水中、道路交通中斷。中部廣治省有3人失蹤、超過2,000人撤離家園。據官方統計，洪水、山崩等天災2023年已經奪走136條人命。

2023年12月3日　印尼西蘇門答臘省（West Sumatra）海拔2,891公尺的梅拉比火山（Marapi）爆發，至6日止至少造成23人死亡。當局在火山口周圍3公里設立禁區，2024年1月14日梅拉比火山再度噴發，當局將警戒狀態升到最高級別。

2023年12月5日　強烈氣旋米昌（Michaung）肆虐印度東南部坦米爾那都省（Tamil Nadu）大城清奈（Chennai），截至5日中午已有8人死亡。省政府設置了236個臨時避難中心，收容了9,000多人。19日再次暴雨成災，至少3人喪生、數人失蹤，將近7,500人棲身於臨時收容中心。

2024年1月11日　異常暴雨造成非洲剛果河（Congo River）水位10日達到6.20公尺，逼近1961年創下的史上最高紀錄6.26公尺，過去幾個月來釀成的洪災已在剛果民主共和國及剛果共和國合計奪走300多條人命、30萬戶受災，數萬間住宅被毀。

2024年1月14日　一場暴風雨重創巴西里約熱內盧（Rio de Janeiro）北部地區，短短24小時便降下1月整個月的平均雨量，市區街道變成河流，造成至少11人喪生，民眾死於山崩、溺水和觸電。里約熱內盧市長派希（Eduardo Paes）宣布進入「緊急狀態」。

2024年1月14日　哥倫比亞西北部的喬科省（Choco）豪雨不斷，導致土石流將美德殷（Medellin）和基布多（Quibdo）間的一條高速公路掩埋，至14日止造成至少36人死亡，死者大多為兒童，另有7人失蹤。

2024年1月27日　正值夏天的南美洲國家哥倫比亞和阿根廷受到野火侵襲，大火過去3個月蹂躪了哥倫比亞約1.7萬公頃土地，且至少有20處野火仍在燃燒。哥國總統裴卓（Gustavo Petro）24日宣布全國進入緊急狀態，並要求聯合國和歐洲聯盟成員國出手協助。阿國消防人員則奮力撲滅南部國家公園的火勢，其中獲聯合國教科文組織（UNESCO）列為世界遺產的盧斯阿萊爾塞斯國家公園（Los Alerces National Park），已有約600公頃土地被燒成焦土。

2024年2月3日　因聖嬰現象引發的夏季熱浪及乾旱造成智利森林大火，火勢自2日開始愈燒愈烈，至5日止死亡人數至少123人，數百人下落不明，是智利史上死傷最慘重的火災。智利總統柏瑞克（Gabriel Boric）4日宣布進入緊急狀態。這波森林大火集中於比納薩瑪（Vina del Mar）和瓦巴萊索（Valparaiso）旅遊區。當局指出，瓦巴萊索地區的火災延燒面積約有7,000公頃。

2024年2月5日　東北季風及低壓帶為菲律賓南部民答那峨島（Mindanao Island）地區帶來驚人雨勢，引發致命洪災及山崩，至5日止造成至少20人喪生，逾81萬2,000人受影響。同時，6日晚上納卯德奧羅省馬科鎮（Maco）發生土石流，多棟民宅和交通車遭

▲2024年2月4日因熱浪及乾旱造成智利森林大火，野火蔓延到智利比尼亞德爾馬（Vina del Mar）的社區後房屋被燒毀，居民在廢墟中互相擁抱。（AP）

掩埋，至15日死亡人數至少92人，36人失蹤。

2024年2月19日　阿富汗多地降下大雪，18日晚上紐里斯坦省塔亭山谷（Tatin）的納克雷村（Nakre）發生雪崩，民宅遭到掩埋，造成至少25人死亡、8人受傷。

2024年3月9日　豪雨導致的洪水及土石流重創西蘇門答臘省（West Sumatra）柏希希爾（Pesisir Selatan）行政區。這場洪災始於7日，至10日死亡人數至少21人，有6人失蹤，7萬5,000多人被迫疏散。

2024年3月10日　玻利維亞首都拉巴斯（La Paz）豪雨成災，河流潰堤，切斷了道路、供水與電力系統，摧毀許多房屋，導致多座社區與部分地區處於孤立狀態，總統亞瑟（Luis Arce）宣布首都進入緊急狀態。官方數據顯示，自2024年1月雨季開始以來，玻利維亞全國已有近50人死於洪災。

2024年3月24日　風暴和大雨襲擊巴西里約熱內盧州（Rio de Janeiro）和聖埃斯皮里圖州（Espirito Santo），山崩和洪水造成混亂，至少28人死亡，聖埃斯皮里圖州約有8,000人流離失所。

2024年3月28日　熱帶風暴加馬內（Gamane）侵襲非洲東南部的印度洋島國馬達加斯加，大風吹倒樹木、暴洪沖過村莊，造成11人喪生，全島約有7,000人受到影響。由於加馬內移動緩慢，破壞性影響隨之增強。

2024年4月1日　印度西孟加拉省（West Bengal）雅北古利鎮遭強烈颶風侵襲，造成至少5人死亡、100多人受傷，多棟草屋、木屋以及大面積農田被破壞，農作物損失慘重。

2024年4月15日　大雨引發印尼蘇拉威西島（Sulawesi）山崩，造成塔納托拉雅（Tana Toraja）兩個村莊至少18人死亡、2人失蹤，數棟房屋被夷為平地，前往災區的道路中斷。

2024年4月16日　位於西亞地區的阿曼王國14日遭受猛烈的雷電、暴雨和強風襲擊，至16日已造成至少18人死亡。風雨也在隔天轉至阿拉伯聯合大公國（阿聯），該國17日出現75年來最大降雨量，部分地區在不到24小時內

降雨量超過250毫米，缺乏排水系統的道路嚴重積水，機關學校關閉，杜拜國際機場運作大亂，上千航班取消。

2024年4月17日 巴基斯坦4月降雨量倍增，12日到15日的傾盆大雨引發暴洪，至少有65人死於雷擊等暴風雨相關事件，其中死亡人數最多的是西北部的開柏普赫圖赫瓦省（Khyber Pakhtunkhwa），共有包括15名兒童在內的32人死亡，1,300多棟房屋受損。

2024年4月25日 4月通常是泰國和其他東南亞國家一年中最熱的月份，2024年的聖嬰現象加劇高溫情況，2024年1月1日至4月17日期間，泰國有至少30人因中暑死亡，至5月10日更累計有61人死於中暑，遠超過2023年全年因中暑死亡37人。首都曼谷當局也發出極端高溫預警，當地酷熱指數（heat index，即體感溫度）預計超過攝氏52度。

2024年4月25日 東非國家坦尚尼亞總理馬嘉里瓦表示，與氣候聖嬰現象有關的猛烈降雨在當地造成洪水氾濫及土石流，已在全國奪走至少155條人命。約有20萬人受到災情影響，全國有數個地區受災情況嚴重，住宅、基礎設施和農作物被摧毀。

2024年4月27日 東非國家肯亞當局表示，季風暴雨帶來的洪災淹沒道路和社區，導致2萬4,000個家庭、13萬餘人流離失所，至5月5日在洪災中死亡人數已增至228人，21萬2,630人流離失所。首都奈洛比（Nairobi）成為重災區。4月29日奈洛比以北約60公里的裂谷（Rift Valley）麥馬休鎮（Mai Mahiu）附近發生水壩決堤，造成至少45人死亡，數十人失蹤。

2024年5月3日 巴西南大河州（Rio Grande do Sul）因豪雨引發洪水和土石流，當局宣布進入緊急狀態，至11日至少造成136人死亡。南大河州將近500個市鎮因暴風雨侵襲蒙受損失，有超過53萬7,000人流離失所。州長雷特（Eduardo Leite）表示，南大河州正在因應「史上最嚴峻的災難」。災區已有數以十萬計的民眾沒水、沒電，南大河州全境已停課。

2024年5月11日 阿富汗多個省分發生暴洪，在北部的巴格蘭省（Baghlan），造成315人死亡，1,600多人受傷。另有數千間房屋遭到摧毀或損壞。當局宣布進入緊急狀態，同時展開緊急救援行動。自然災害頻繁的阿富汗，被聯合國（UN）列為最容易受到氣候變遷影響的國家之一。

2024年5月12日 印尼西蘇門答臘省（West Sumatra）因大雨引發暴洪和火山泥流造成阿加姆縣（Agam Regency）、丹那達塔縣（Tanah Datar Regency）2個地區發生洪災，至15日至少有67人死亡，20多人失蹤，另有超過3,300人被迫撤離災區。

2024年5月18日 新一波大雨及洪水侵襲阿富汗中部戈爾省（Ghor），造成當地至少50人喪生。戈爾省的省會菲羅茲科（Firoz Koh）有2,000棟房屋完全被毀、4,000棟房屋部分受損，還有超過2,000間商店遭洪水淹沒。

2024年5月24日 南太平洋國家巴布亞紐幾內亞恩卡省（Enga）暴發大規模土石流，至少侵襲6座村莊，1,100多棟房屋被掩埋。27日，巴紐國家災害中心表示，由於土石流發生在凌晨3時左右，許多村民正熟睡，約2,000人恐遭活埋。

2024年5月27日 美國中南部地區被龍捲風和大規模冰雹襲捲，至5月28日包括德克薩斯、阿肯色、奧克拉荷馬、密蘇里和肯塔基在內多州造成至少23人死亡，數十萬用戶無電可用。

2024年5月27日 強烈氣旋雷馬爾（Remal）挾帶強風豪雨侵襲孟加拉南部蒙格拉港（Port of Mongla）周邊地區，以及鄰近的印度西孟加拉邦（West Bengal）薩格爾島（Sagar Islands），造成至少16人死亡，數百萬人無電可用。兩國共有近100萬人移往風暴避難所。至29日，兩國總計至少65人死亡。

2024年5月28日 熱帶風暴艾維尼（Ewiniar）侵襲菲律賓首都馬尼拉以南的省分，至少7人死亡，導致機場、海港關閉，電力供應中斷，影響近2萬7,000人。

2024年5月31日 北印度包括首都德里在內遭熱浪籠罩，氣溫最高飆到攝氏50度以上，造成至少54人死亡。6月2日是印度大選最後一個投票日，高溫席捲全國，至少33名選務人員中暑身亡。氣象局官員說，印度正經歷自1951年以來最漫長的熱浪。援助街友的非政府組織「全人發展中心」在6月20日表示，在

過去的9天內，有將近200名遊民因酷熱天候死於街頭。

2024年6月13日 印度東北部錫金邦（Sikkim）曼岡縣（Mangan）連日暴雨，多地發生土石流，至少6人喪生，許多民宅、道路被掩埋，電線桿倒塌，一條連接知名觀光景點的大橋也被沖垮，部分地區電力及手機訊號中斷。大約1,500名遊客因聯外交通阻絕而受困。

2024年6月16日 厄瓜多南部旅遊勝地巴尼奧斯德阿瓜桑塔市（Banos de Agua Santa），大雨引發山崩，造成至少6人死亡、19人受傷。

2024年6月22日 土耳其東南部地區遭受野火肆虐，導致12人死亡、78人受傷。邊境城市迪亞巴克爾（Diyarbakir）與馬定（Mardin）間因野火延燒而淪為焦土，數以百計的牲畜也因此不幸殞命。根據歐洲森林火災資訊系統（European Forest Fire Information System）的數據，土耳其2024年至今已發生74起野火，延燒的土地總面積達到1萬2,910公頃。

2024年6月27日 尼泊爾季風暴雨在加德滿都（Kathmandu）以西的藍容城（Lamjung）地區引發山崩，3棟房屋被沖走，4人被活埋遇難，其中2人是兒童。其他因山崩、閃電擊中、溺斃等，共造成至少14人死亡。

2024年7月2日 加勒比海出現罕見的超級颶風「貝羅（Beryl）」，成為觀測史上最早形成的5級颶風，肆虐牙買加、格瑞那達、聖文森和格瑞那丁以及委內瑞拉北部，留下滿目瘡痍，至少有11人喪生後，9日橫掃美國南部，在德州及路易斯安那州造成至少8人死亡。德州有200萬戶家庭因電網受損而斷電。

2024年7月7日 尼泊爾因豪雨引發土石流與洪水氾濫，造成至少11人死亡、8人失蹤，道路交通中斷。

2024年7月7日 暴雨導致印尼蘇拉威西島（Sulawesi）哥羅塔洛省（Gorontalo）蘇瓦瓦區（Suwawa）一座非法開採的金礦山崩，至9日止已造成23人死亡，另有35人仍下落不明。

2024年7月9日 日本受到猛暑侵襲，超過100個地點記錄到超過攝氏35度高溫，據東京都檢察醫務院確認，東京都從6日至8日，累計6人死於中暑。

2024年7月10日 南韓忠清南道的錦山、忠清北道的秋風嶺和全羅北道的群山地區被200年一遇的大雨襲擊，時雨量創新高，造成4人死亡。

2024年7月13日 越南北部山區發生土石流殃及路過車輛，車輛與乘客共11人死亡、4人受傷。倖存乘客表示，大家看到車胎陷入泥淖就下來推車，未料土石再次崩落壓垮眾人。

2024年7月16日 暴風雨肆虐阿富汗東部查拉拉巴（Jalalabad）以及南加哈省（Nangarhar）部分地區，造成至少47人死亡、350人受傷、400棟房屋受損，省會查拉拉巴暫停供電。

2024年7月17日 每年6月至9月，西非國家尼日（Niger）雨季時常造成傷亡。尼日民防機構指出，截至9月23日，洪水已影響超過110萬人，造成339人死亡，另有383人受傷。尼日在2022年洪災最為慘烈，造成195人死亡，影響40萬人。

2024年7月22日 衣索比亞西南部戈法區（Gofa Zone）因大雨發生2起土石流，聯合國人道事務協調廳（UNOCHA）表示，這個毀滅性山崩實際死亡數恐高達500人，有超過1萬5,000人受影響需要撤離。

2024年7月24日 在菲律賓被稱為「卡麗娜」（Carina）的颱風凱米（Gaemi），雖未在菲律賓登陸，卻加劇了在北部的季風降雨，首都馬尼拉釀成水患，並引發山區土石流，造成至少12人罹難，60萬人流離失所。

2024年7月25日 越南北部地區遭逢大雨引發暴洪和土石流，有部分房屋被沖走或受損，造成7人死亡、10人失蹤。

2024年7月25日 美國北加州在遭受熱浪之後，爆發被稱為「公園大火」（Park Fire）的野火並迅速蔓延。加州森林防火廳（Cal Fire）表示，至27日大火已燒毀近14.2萬公頃的土地，是加州史上規模第7大的野火。29日已有2萬多名居民撤離。

2024年7月25日 加拿大知名景點西部亞伯達省（Alberta）的賈斯坡鎮（Jasper），在22日時因雷擊引發野火，多達50%的建築物被毀，至29日約2萬5,000名居民和遊客被撤離。

2024年7月26日 受到梅雨鋒面停滯影響，

日本山形縣與秋田縣降下大雨並陸續傳出土石流、淹水等災情，至29日造成3人死亡，山形縣、秋田縣各約1,100棟、164棟民宅淹水，山形新幹線因大雨區間停駛。

2024年7月28日 受全球極端氣候影響，北非摩洛哥部分地區的氣溫達到攝氏48度，中部城市貝尼邁拉勒（Beni Mellal）在25日一天內有21人死於熱浪，其中多數是慢性病患者和老年人，主因為高溫導致健康狀況惡化。

2024年7月29日 北韓官媒中央通信社（KCNA）報導，北韓西北部地區因大雨造成洪災，約5,000多名居民受困，經當局協助撤退至安全地帶。

2024年7月30日 印度南部克勒拉邦（Kerala）瓦亞納德縣（Wayanad）山區茶園午夜發生土石流，至8月1日約282人死亡，另有數目不明的村民受困或遭到掩埋。這是自2018年以來當地最嚴重的災情，當時因洪患，將近400人不幸喪命。

2024年8月2日 熱浪席捲韓國，韓國行政安全部統計，5月20日至7月31日，全國共1,195人出現中暑症狀，7人死亡；其中91人都是在7月31日中暑。自6月11日至8月1日，韓國境內共有近1萬9,000多頭豬、23萬多隻家禽暴斃，養殖魚則有3,567尾暴斃。

2024年8月3日 根據日本東京都監察醫務院數據，東京23區2024年7月有123起疑似死於中暑的案例，比2023年同期增加28人，更是2018年以來時隔6年突破百人。消防廳7月的緊急出動救援9萬1,614件，比2023年7月增加2,592件，創下歷史新高。

2024年8月5日 颶風黛比（Debby）登陸美國佛州，造成佛羅里達州和喬治亞州至少6人死亡，之後朝東南部前進。黛比從颶風減弱為熱帶風暴，並在喬治亞州與南卡羅來納州沿岸降下暴雨。

2024年8月11日 天氣炎熱，希臘各地自5月以來頻生野火，當局表示，2024年夏季野火數量比2023年增加了50%。其中最嚴重的火災是從首都雅典（Athens）東北方約35公里處的伐那法斯鎮（Varnavas）延燒的野火，重創雅典東北部區域，至少1萬公頃的土地遭到火舌吞噬。當局下令雅典附近歷史古鎮馬拉松鎮（Marathon）逾3萬居民撤離。

2024年8月11日 烏干達首都康培拉（Kampala）北部基提茲地區（Kiteezi）因豪雨過後，一座大型垃圾掩埋場發生坍方，民眾、房屋和牲畜都被掩埋，造成19人喪生，估計約有1,000人流離失所。

2024年8月13日 印度和尼泊爾自6月以來遭到暴風雨襲擊，引發洪水與土石流，造成數以百計民眾死亡。官方統計顯示，北阿坎德邦（Uttarakhand）自6月以來至少51人因洪水死亡。尼泊爾則自6月中旬以來有171人喪命，當中包括109人死於土石流。

2024年8月17日 非南開發共同體（SADC）表示，聖嬰現象引發的乾旱導致南部非洲約6,800萬人受到影響，重創農作物和牲畜生產，導致糧食短缺，這是南部非洲多年來最嚴重的乾旱，也影響到更廣泛的經濟。辛巴威、尚比亞和馬拉威等國已宣布飢餓危機為災難狀態，而賴索托和納米比亞則呼籲提供人道支持。

2024年8月22日 泰國北部，季節性暴雨引發的洪患造成5人死亡，超過2,000公頃的農田淹沒，1萬2,777個家庭成為受災戶。泰國總理貝東塔（Paetongtarn Shinawatra）下令提供援助給清萊省（Chiang Rai）、難省（Nan）和帕夭省（Phayao）等受災最嚴重地區。

2024年8月23日 孟加拉遭到突發的暴洪嚴重侵襲，18人死亡，520萬人受洪水影響，逾30萬7,000人被撤出避難收容所。

2024年8月25日 蘇丹國內遭受大雨與洪水襲擊，有10州受到影響，12萬9,650人受災，迄今至少有132人喪生。另外，位於東部紅海州的阿爾巴特（Arbaat）水壩24日在豪雨過後崩塌，導致洪水灌入附近住宅，至少造成13人死亡，210人失蹤。

2024年8月29日 印度連續多日遭暴雨襲擊，暴雨帶來的洪患在古茶拉底邦（Gujarat）造成28人死亡。有2萬8,495人被要求遷移，另有1,856人在洪水中被救出。德里的降雨量也達269.9毫米，創下近10年新高紀錄。印度氣象局（The India Meteorological Department, IMD）對古茶拉底邦11個地區發布降雨紅色警戒。

2024年9月1日 被日本視為「史上最大颱風」的珊珊帶來狂風暴雨，在登陸日本前，已在8月27日造成愛知縣土石崩落重創民宅釀3死2傷。登陸後在九州地方等地導致6人死亡，逾百人受傷，並在靜岡縣、宮崎縣造成多棟民宅受損。神奈川平塚市廣泛地區變成澤國，九州和關東逾12萬戶停電，陸空交通受阻。

2024年9月2日 熱帶風暴摩羯（Yagi）吹襲菲律賓呂宋島東岸，造成至少11人死亡，畢科爾區與菲國中部的維薩亞斯（Visayas）地區，有2萬4,043人因淹水或土石流而流離失所。

2024年9月2日 印度南部安德拉邦（Andhra Pradesh）和泰倫加納邦（Telangana）因為持續大雨造成大規模洪患，已知有19人死亡，4人失蹤，超過1萬7,000人被疏散，有27.6萬人受到影響，多處公路中斷，另有約140班列車停駛。

2024年9月9日 颱風摩羯（Yagi）在越南北部山區帶來豪雨，引發土石流及洪水，首都河內市的紅河水位越過11公尺，創20年來紀錄。當局統計，至15日止，共281人死亡、23.2萬間房屋受損，約27萬公頃的水稻、農作物及果樹被淹沒，260萬隻家禽與家畜死亡。估計災損達40兆越南盾（約新台幣522億元），全年國內生產毛額（GDP）成長將減少0.15個百分點。

2024年9月11日 美國南加州洛杉磯以東山脈的3場大型野火迅速蔓延，短短數天內焚燒超過4萬公頃的土地，摧毀數十棟民宅，至少有13人受傷，並迫使數以千計民眾撤離家園。加州才剛進入野火季，但燒毀面積已是2023年全年的近3倍。

2024年9月12日 受到季節性暴雨襲擊加上颱風摩羯的影響，泰北清邁和清萊遭受近30年來最嚴重水災，截至12日早上止，清萊府（Chiangrai）和清邁府（Chiangmai）共有9人死亡、多人受傷和行蹤不明，軍警和救援人員出動船隻和水上摩托車協助撤離受困民眾。

2024年9月17日 緬甸多日來因摩羯颱風肆虐，引發大規模洪災，死亡人數已激增至226人，77人失蹤，近26萬公頃稻田及其他農作物被洪水沖毀，23萬5,000人被迫離開家園。聯合國（UN）警告，恐有多達63萬人需要援助。

▲2024年9月17日緬甸多日來受到摩羯（Yagi）颱風肆虐，首都內比都居民沿著被洪水淹沒的道路搬運物品。（AP）

第五章｜災難與事故　975

2024年9月21日　日本石川縣降下破紀錄大雨，截至中午為止的12小時累計雨量，遠遠超過往年8月一整個月的雨量，創當地觀測史上新高紀錄。氣象廳對此發布「大雨特別警報」。石川縣內災情頻仍，至10月4日已造成14人死亡，逾3成的地震臨時住宅（組合屋）位於洪水高風險區，導致1月初遭遇強震的災民再度遭殃。

2024年9月26日　印度東北部比哈邦（Bihar）若干地區在慶祝印度教節日「吉提亞節」（Jitiya Parv，音譯，這是母親為子女健康舉行的儀式）時，於近期洪水氾濫的河流及池塘進行宗教沐浴儀式，忽略了水位（高漲）的危險性不慎溺斃，自24日起陸續接獲民眾通報，至少46人死亡，當中包括37名兒童。

2024年9月29日　位於喜馬拉雅山脈的尼泊爾連續兩天的豪雨引發土石流和洪水災情，至28日有14個縣的氣象站測到24小時內累積降雨量破歷史紀錄，首都加德滿都（Kathmandu）累積雨量達240毫米，這是2022年以來最高降雨紀錄，附近高速公路的土石流造成至少35人被活埋。截至10月3日災情已導致至少225人死亡、31人失蹤。

2024年9月30日　颶風海倫（Helene）26日晚間以4級颶風強度從墨西哥灣東北部的佛羅里達州沿岸登陸，風速達每小時約225公里。豪雨在佛州、喬治亞州、北卡羅來納州、南卡羅來納州和田納西州造成破壞，至10月3日已奪走212條人命，近200萬戶住宅商家停電。北卡州長古柏（Roy Cooper）說，當地有數百條道路被摧毀，許多社區「從地圖上消失」，「這是個空前的風暴」。

2024年10月4日　巴爾幹半島國家波士尼亞中部的亞布拉尼察（Jablanica）地區近日降下豪雨，還引發土石流，造成至少16人死亡，約10棟房屋被毀。

2024年10月7日　從喜馬拉雅山脈奔流而下的大水在印度和孟加拉引發洪水和山崩，在印度加羅丘陵區（Garo Hills）造成15人死亡，而在地勢低窪的孟加拉自5日以來已有5人死亡。

2024年10月24日　菲律賓當地稱為強烈熱帶風暴克莉絲汀（Kristine）的颱風潭美，在菲律賓東北方海岸登陸，造成至少26人喪命，並迫使超過16萬人撤離家園在收容中心避難。

2024年10月30日　西班牙南部和東部遭到暴雨和狂風襲擊，導致南部安達魯西亞（Andalusia）和瓦倫西亞（Valencia）地區發生致命洪水，瓦倫西亞部分地區29日在8小時內就降下1年的雨量。至11月2日洪水已造成211人喪生，地方當局表示，這可能是西班牙近30年最致命的洪災。

極端高溫下朝覲　麥加朝聖死亡破千

2024年6月14日至19日伊斯蘭教舉行年度盛事麥加「朝觀」（Hajj），約有180萬人參加，但當地氣候炎熱，聖城麥加（Mecca）17日氣溫曾飆升至攝氏51.8度，許多儀式都在戶外進行，對老年人而言是巨大挑戰。當局6月24日表示，已有1,301人於朝觀期間死亡，其中83%的民眾未向沙國官方登記朝觀，並在陽光直射下長途跋涉。有658位死者為埃及人。

踩踏武裝攻擊等致命災難
曾困擾麥加朝觀

前往沙烏地阿拉伯聖城麥加朝觀是伊斯蘭教最神聖的朝聖儀式，為全球最大的宗教集會之一，也是伊斯蘭教的五功（念証、禮拜、天課、齋戒和朝觀）之一，所有有能力的穆斯林一生必須至少參加一次。但近幾十年來，

▲2024年6月16日聖城麥加附近的米納，一名穆斯林朝觀者中暑，醫護人員將他抬上擔架。（AP）

這項活動卻受到踩踏事故和武裝攻擊等致命災難的困擾。

以下是朝聖事故：

踩踏	2015年9月24日	在靠近麥加的米納（Mina）舉行的「擲石驅魔」儀式期間發生踩踏事件，多達2,300名朝聖者死亡，是有史以來最嚴重的朝觀災難。
	2006年1月12日	約364名朝聖者在米納的「擲石驅魔」儀式期間因踩踏喪生。
	1994年5月24日	在米納的「擲石驅魔」儀式中，踩踏事故造成270人死亡，當局當時將事故歸因於「創紀錄的參與人數」。
	1990年7月2日	一座隧道的通風系統發生故障，引發大規模踩踏，導致1,426人喪生，死者多來自亞洲。
攻擊	1979年11月20日	數百名槍手占領大清真寺（Grand Mosque）要求沙國王室退位，並劫持數十名朝聖者為人質。官方統計，這起攻擊和發生在朝觀儀式後的戰鬥造成153人死亡、560人受傷。
抗議	1987年7月31日	沙國安全部隊鎮壓伊朗朝聖者未經批准的示威活動，根據官方公布的數字，共有超過400人死亡，其中包括275名伊朗人。
大火	1997年4月15日	由瓦斯爐引起的火勢蔓延米納的朝聖者營地，造成343人死亡，約1,500人受傷。
	1975年12月14日	一處靠近麥加的朝聖者營地因瓦斯罐爆炸引發大火，導致200人喪命。

格陵蘭冰川融速20年來加快五倍

哥本哈根大學（University of Copenhagen）地球科學暨自然資源管理系助理教授比約克（Anders Anker Bjork）2023年11月11日指出，20年來格陵蘭（Greenland）冰川融化速度增快了5倍令人擔憂，因為這片古老的冰蓋萬一全部融化，足以使海平面上升至少6公尺。

科學家透過衛星影像和20萬張老照片研究130年來冰川演變過程後得出結論，這1,000座冰川如今平均每年縮減25公尺，而大約20年前每年僅縮減5、6公尺。

比約克說：「我們在地球上感受到的溫度，和我們觀察到冰川融化速度變化之快，兩者間存在非常明顯的關聯。」

丹麥阿爾胡斯大學（Aarhus University）氣候研究所所長歐里森（Jorgen Eivind Olesen）說，需要全球努力把大氣中溫室氣體量減到最低，才能為地球降溫。

科學家憂亞馬遜森林歷史性乾旱

赤道東太平洋水域異常增溫的聖嬰現象和北熱帶大西洋變暖，造成2023年亞馬遜（Amazon）出現嚴重乾旱，威脅生態環境和居民的生活。科學家擔心這類事件正在將地球上最大的熱帶雨林，推向不可逆轉的地步。

亞馬遜的雨季通常從10月開始，但在2023年到了11月底，天氣仍乾燥炎熱。巴西國家亞馬遜研究所（INPA）生物學家柯斯塔（Flávia Costa）指出，這是由於氣候變化加劇了週期性聖嬰現象（El Niño）。

亞馬遜森林除擁有豐富的生物多樣性外，還儲存約1,500億噸碳。許多科學家擔心亞馬遜雨林將會到達草原化的臨界點，一旦雨林變成草原，將釋出900億噸二氧化碳，加劇全球氣候變化，人類也將徹底失去亞馬遜雨林。

亞馬遜雨林能吸收大量二氧化碳，防止氣候暖化速度加快。約有2/3的亞馬遜雨林位於巴西境內，這個世界上最大雨林覆蓋的面積是印度2倍大。亞馬遜地區還擁有世界上約20%的淡水，以及科學家都尚未完全瞭解的生物多樣性，其中包括至少1萬6,000種樹種。

巴西氣象學家諾布雷（Carlos Nobre）在2018年最先提出草原化的理論，根據他和其他科學家的研究，如果亞馬遜的毀林率達25%，全球溫度上升攝氏2至2.5度，亞馬遜將

達到草原退化的生態危機臨界點。

國家自然災害監測警報中心指出，2024年9月因巴西面臨有紀錄以來最嚴重乾旱，使得亞馬遜河（Amazon）流域的河流水位降至歷史低點，有些以前可通航的河床如今已經乾涸。乾旱的主要原因包括聖嬰現象影響降雨，使乾旱提早開始；北熱帶大西洋水域異常變暖，2023年及2024年南美洲海域氣溫上升攝氏1.2至1.4度；以及全球氣溫創歷史新高，為更強的熱量創造形成條件。

巴西亞馬遜半年上萬起野火 20年同期最嚴重

根據衛星資料顯示，巴西亞馬遜地區2024年上半年發生1萬3,489起野火，為20年來同期最嚴重。專家認為這是世界最大熱帶雨林亞馬遜雨林遭遇歷史性乾旱的結果。而到了8月火災次數更激增至3萬8,266起，是2010年以來同月份最高數字，8月通常是巴西旱季發生火災最頻繁的月份。

自巴西國家太空署（INPE）1998年開始編制紀錄以來，只有2003年（1萬7,143起）與2004年（1萬7,340起）的1月到6月經歷更多野火。

綠色和平（Greenpeace）巴西分部發言人巴蒂斯塔（Romulo Batista）認為，氣候變遷正導致野火數量增加，巴西大部分生物群落或獨特的自然區域因缺乏降水而面臨壓力，環境更乾燥，因此植被更乾燥，更容易發生火災。

森林砍伐、火災以及氣候變遷，是近年來巴西亞馬遜流域水文變化加劇的主要原因，重要支流黑河的水位降至百年新低，影響巴西各地在更短時間內發生更嚴重的乾旱和洪水。

巴西科學促進會（SBPC）第76屆年會7月7日至13日在巴拉州首府貝倫市（Belém）巴拉聯邦大學（UFPA）舉行。亞馬遜國家研究所（INPA）研究員桑加特（Jochen Shöngart）指出，氣候變遷影響亞馬遜洪水潮汐幅度發生變化，導致洪水暴漲暴落，對依賴森林資源的河岸居民和經濟活動產生巨大影響。

巴西Mamirauá可持續發展研究所研究員佛萊希曼（Ayan Fleischmann）說，由於水文循環失去平衡，2024年可能再度發生嚴重乾旱。他表示，這正是亞馬遜河流域存在的悖論，雖然擁有豐富的水資源，卻未能有效開發與利用，一旦發生類似2023年久旱不雨的情況，馬上面臨水荒危機。

根據巴西國家太空署（INPE）的數據，2024年8月巴西總計發生6萬8,635起火災，為14年來單月最嚴重情況。當局預測2024年火災數量將超過16.7萬起。且受到氣候變遷的影響，巴西面臨70年來最嚴重乾旱，導致災情雪上加霜。

橫跨9國的亞馬遜雨林是世界最大森林，由於它能從大氣吸收導致地球暖化的二氧化碳，因此對因應氣候變遷至關重要。然而研究人員表示，2024年創紀錄的野火將大量二氧化碳釋回大氣之中。

2024年9月11日巴西一天內發生2,909起火災，逾4成集中在亞馬遜雨林，達1,246起；塞拉多熱帶草原（Cerrado）排名第2，發生1,035起火災，占總數的35.5%。至9月15日，單是9月記錄到的火災就多達5萬5,517起，高於2023年同期的4萬6,498起。

亞馬遜雨林和巴西其他地區強烈野火所產生的煙霾，讓聖保羅和里約熱內盧等大城市民眾呼吸困難，並且還一路飄入阿根廷和烏拉圭等鄰近國家。

甲烷排放創新高　全球抗暖不容忽視

聯合國日內瓦辦事處在2024年3月18至21日主辦「2024全球甲烷論壇」，專家們在會議中敦促各國減少能源產業的甲烷排放，這是減緩全球暖化的一種快速且相對低廉的方法。甲烷在氣候變遷上是僅次於二氧化碳的第2大禍首，約占全球暖化的30%。

根據2015年的巴黎氣候協定（Paris Agreement），締約國同意將全球平均氣溫升幅限制在「遠低於」1850年到1900年平均值的攝氏2度以內，並努力將氣溫升幅控制在1.5度內。

法新社報導，第2大溫室氣體甲烷造成的溫室效應比二氧化碳更強，但在大氣滯留的時間較短。若找到削減甲烷排放的方法，可以抑制全球氣溫上升，並為氣候投資帶來高回報。

國際能源總署（IEA）指出，化石燃料業的甲烷排放連續3年攀升，2023年創新高。聯合國氣候專家們表示，甲烷雖只會在大氣中存在約10年，卻比二氧化碳更易造成暖化衝擊。若以100年來看，甲烷造成暖化的效應比二氧化碳強28倍，若是20年則更高達80倍。

60%的甲烷排放與人類活動有關，剩下40%主要來自溼地的自然排放。其中人為甲烷排放以農業活動為最大宗，占當中約1/4，主要是來自牲口的消化與排泄過程；此外，水稻種植時浸滿水的稻田，則是排放甲烷菌類的溫床。煤礦、石油與天然氣等能源領域則是人為甲烷排放的第2大宗，多從天然氣管線與其他能源基礎設施逸出，設備維修期間還得刻意排出。

暖化使珊瑚礁出現第四次大規模白化

美國國家海洋暨大氣總署（NOAA）2024年4月15日表示，全球正出現近30年來第4次大規模珊瑚白化現象，在海洋連月突破高溫紀錄後，從澳洲到美國佛羅里達州的珊瑚礁體系正瀕臨災難。

珊瑚與共生藻之間關係緊密，共生藻生存在珊瑚組織內部，為珊瑚供應主要養分來源。當海水過暖，珊瑚會驅逐共生藻，開始白化，並面臨患病和死亡風險。

NOAA熱壓力監測計畫是依據1985年迄今的衛星測量。目前的珊瑚白化現象是有紀錄以來第4次，前3次分別在1998年、2010年、2016年發生。

自2023年初以來，整個熱帶地區都證實出現大規模珊瑚礁白化現象，包括美國佛州、加勒比海、巴西和熱帶太平洋東部。澳洲大堡礁（Great Barrier Reef）是全球最大珊瑚礁系統，也是唯一可從太空看見的珊瑚礁，但也受到重創，南太平洋大片地帶、紅海等地也一樣。

珊瑚白化造成的後果相當深遠，不僅影響海洋狀態，也波及人類生計、糧食安全和地方經濟。酷熱或長時間的高溫壓力會導致珊瑚死亡，但若溫度下降，並削減過度捕撈和污染等其他壓力來源，就仍有希望復原。

世界自然基金會（WWF）表示，全球約有8.5億人的糧食和工作要仰賴珊瑚礁，也需要珊瑚礁保護海岸線不受風暴和侵蝕威脅。NOAA估計，全球已喪失30%到50%的珊瑚礁，若不採取行動實質介入，珊瑚礁可能在本世紀末徹底消失。

澳洲大堡礁正經歷有史以來最嚴重白化

澳洲大堡礁海洋公園管理局（GBRMPA）2024年4月17日表示，壯觀的大堡礁正經歷有史以來最嚴重的白化現象。大堡礁常被稱為世界上最大的生物結構，綿延2,300公里，擁有令人驚嘆的生物多樣性，包括600多種珊瑚和1,625種魚類。

澳洲聯邦政府資助的大堡礁海洋公園管理局說，科學家進行空中調查指出，大堡礁1,000多個珊瑚礁中，約730個已經白化。這是過去8年來，第5次大規模珊瑚白化事件。

大堡礁海洋公園管理局首席科學家畢登（Roger Beeden）表示，氣候變遷對全球珊瑚礁構成最大威脅。澳洲已投資約50億澳元（約新台幣1,043億元）用於改善水質，減少氣候變遷影響，以及保護受威脅物種。

澳洲大堡礁因環境狀況，發生嚴重珊瑚白化危機，2015及2021年曾遭聯合國教科文組織（UNESCO）建議將列為「瀕危世界遺產」，引起了澳洲政府的激烈反彈。

40年來1.35億人早死應與空污有關

新加坡南洋理工大學（Nanyang Technological University）2024年6月10日表示，人為排放與野火等其他來源造成的污染，與1980年到2020年全球約1億3,500萬人過早死亡有關。

刊登於《國際環境》（Environment International）期刊的南洋理工大學研究聲明說，研究人員發現，諸如聖嬰現象（El Nino）與印度洋偶極（Indian Ocean Dipole）等天氣現象，會導致污染物在空氣中的濃度升高，進而加劇污染物造成的影響。

南洋理工學院表示，人們因空氣污染死亡的年齡，比罹患可以治療或預防的疾病或症

狀的平均預期壽命還早。亞洲「歸因於PM2.5污染的過早死亡病例數最高」，超過9,800萬人，其中病例最多是在中國與印度。巴基斯坦、孟加拉、印尼與日本也有大量的過早死亡病例，為200萬到500萬例之間。

稱為PM2.5的細懸浮微粒被吸入時會對人類健康有害，因為PM2.5小到可以進入血液，來源為汽車與工業排放以及火災和沙塵暴等自然來源。

這是迄今關於空氣品質與氣候最廣泛的研究之一，使用40年的數據，以助全面了解懸浮微粒對健康造成的影響。

全球20大首都變熱 35度以上天數增52%

總部設於英國倫敦的智庫國際環保開發研究所（IIED）2024年6月28日發布分析結果顯示，德里、雅加達和布宜諾斯艾利斯等全球20大首都，氣溫達到攝氏35度以上的天數在過去30年間增加52%。

路透社報導，全球20個人口最多的首都共住有逾3億人，他們特別容易受到氣候變遷造成氣溫上升的影響，因為道路的瀝青和建築物會吸收和保留熱度。

印度德里、孟加拉達卡和菲律賓馬尼拉等首都2024年已受危險的熱浪侵擾，導致大量跟高溫相關的死亡事件以及學校被迫停課。

根據氣象站數據，德里已遭遇74年來最長、最嚴重的熱浪，從5月14日至6月21日之間，連續39天最高溫達到或超過攝氏40度。

印尼雅加達的攝氏35度以上天數增加最多，從1994年至2003年的28天，增加到最近10年的167天，韓國首爾從9天增至58天，阿根廷布宜諾斯艾利斯則從7天變成35天。

南極洲罕見冬季熱浪　具高風險

南極洲是地球上最冷、風最大、人口最少的大陸，但也難逃全球暖化影響。英國國家極地研究機構「英國南極勘測」（British Antarctic Survey, BAS）2024年8月表示，正逢冬季的南極洲，正經歷異常漫長的熱浪。

極地氣候科學家哈里森（Thomas Caton Harrison）表示，南極大陸溫度異常並不罕見，但「溫暖期的持續時間長，卻是少見」。初步數據顯示，2024年7月全南極地區近地表平均溫度比正常值高出攝氏3.1度。這是1979年有紀錄以來，南極洲7月第2熱的紀錄。南極最熱的7月紀錄，出現在1981年。

根據美國緬因大學（University of Maine）線上發布的數據，7月15日的日平均氣溫為攝氏-34.68度，7月31日為攝氏-28.12度。8月7日南極洲平均溫度為攝氏-26.6度。Dronning Maud Land部分地區和威德爾海（Weddell Sea）東部近海部分地區，7月均溫異常，甚至達到攝氏9到10度。

南極洲極端高溫具有很高的風險，特別是會引發更大的冰層消失。據6月發表在英國期刊《自然地球科學》（Nature Geoscience）的研究，科學家發現南極冰蓋「失控融化」的新臨界點，這是由於溫暖的海水侵入冰層和其所在的陸地之間造成。

2023年野火創新高 加拿大成第四大碳排國

根據2024年8月28日發表在英國《自然》（Nature）科學雜誌的一份研究，2023年加拿大破紀錄的野火數量，1,500萬公頃森林燒毀，占加拿大森林總面積約4%，從衛星數據觀察2023年5月至9月火災產生的煙霧，研究人員判定排放出23.71億噸二氧化碳和一氧化碳，讓加拿大在全球碳排國家排名從第7名躍升至第4名，僅次於中國、美國和印度，也引起人們懷疑加拿大森林未來捕獲或儲存二氧化碳的能力。

被燒光的森林在數十年間會重新生長，野火造成的二氧化碳通常會被重新吸收。但每年火災規模與數量激增，加上部分地區發生乾旱，可能意味著森林需要更長時間才能復原。根據這篇研究，這最終「會抑制森林對碳的吸收力」。

研究總結指出，加拿大將不得不下修對化石燃料的允許排放量，為「森林減少碳吸收做出補償」。

研究人員更警告，造成野火的乾熱天氣，預計在2050年代成為常態，且「可能導致火災活動增加。」

2023年11月～2024年10月
全球強震

2023年11月4日 尼泊爾西部賈賈科特（Jajarkot）地區3日深夜發生規模6.4強震，至5日搜救行動結束，至少有157人喪命、超過100人受傷。地震發生時離震央約600公里遠的印度新德里都可以感受到搖晃。賈賈科特是丘陵地區，人口有19萬人，村莊散落於偏遠的山丘上。

2023年12月2日 菲律賓南部民答那峨島（Mindanao）南蘇瑞高省（Surigao Del Sur Province）希納特萬（Hinatuan）東北方約21公里處發生震源深度32公里，規模7.6強震，造成至少2人喪命、數人受傷。菲國當局警告恐發生「毀滅性海嘯」，呼籲沿海地區民眾撤離。

2024年3月22日 印尼爪哇島（Java Island）北部外海巴韋安島（Bawean）附近，發生震源深度約8公里規模6.4地震，首都雅加達民眾也可感受到搖晃。之後又發生規模5.3及6.5地震，地震造成土班縣2名居民受傷、2間房屋倒塌。

2024年3月23日 巴布亞紐幾內亞發生震源深度為10公里規模6.9地震，至少5人死亡，約千棟民宅損毀。巴布亞紐幾內亞坐落在「環太平洋火山帶」（Ring of Fire）上，經常遭受地震侵襲。

2024年4月18日 日本四國地區17日晚間發生規模6.6地震，最大震度6弱出現在愛媛縣及高知縣。截至18日上午總共8人受傷，部分地區傳出土石崩落與水管破裂等災情。

2024年6月18日 伊朗禮薩呼羅珊省發生4.9級地震，震央位於卡什馬爾地區，震源深度10公里。造成至少4人死亡、120人受傷。

2024年8月8日 日本九州外海發生規模7.1地震，地震震源位於日向灘、深度約30公里，最大震度6弱出現在宮崎縣。宮崎縣、高知縣、大分縣、鹿兒島縣、愛媛縣已接獲「海嘯注意報」，預想海嘯高度為1公尺。至9日經統計後有14人受傷，其中1人意識不明。

2024年8月18日 俄羅斯最東邊的堪察加半島（Kamchatka Peninsula）東部外海清晨發生芮氏規模7.2地震，地震深度51公里。地震震央位於堪察加半島外海，在彼得羅巴甫洛夫斯克市（Petropavlovsk-Kamchatsky）以東約90公里處。包括堪察加首府彼得羅巴甫洛夫斯克市在內的沿海地區都能感受到搖晃。

日本石川強震281死
宮崎地震14人傷

日本石川縣能登地方2024年1月1日下午4時10分左右接連發生地震，最大規模7.6，當局發布海嘯警報。這起地震造成281人死亡，有超過7萬5,000棟民宅受損，超越2016年熊本地震的276人。

1月1日地震發生造成石川縣七尾市道路出現深深裂縫，裂縫沿著道路中央線一路延伸，長度至少50公尺，隆起高度至少30公分，許多汽車受困。接著在下午4時21分、4時35分、4時36分，海嘯陸續抵達石川縣輪島市、富山縣、新潟縣柏崎市。

至1月3日，因海嘯侵襲淹水面積約100公頃，相當於21座東京巨蛋。災區有約3萬3,700個家戶停電，各地也陸續出現停水狀況。石川、新潟、富山等3縣總計120座高齡者設施（老人院）受災，石川縣內共開設355個避難所，收容逾3萬3,000人。1月6日，石川縣珠洲市正院町川尻地區，一名90多歲受困女性獲救。

日本首相岸田文雄7月1日前往石川縣災區視察，出席跨部會支援震災的「能登創造復興專案組」成立儀式。當時災區仍有超過1,000人居住在體育館等避難所，是2016年熊本地震後的5倍多。

同時，日本在8月8日下午4時42分左右，宮崎縣南部觀測到規模7.1地震，震央在宮崎縣外海的日向灘，地震深度30公里，根據日南市政府統計，強震造成電線桿倒塌、道路隆起、土石崩落等各種災害。日本氣象廳晚間發布「南海海槽地震臨時情報」（注意巨大地震），首相岸田文雄宣布取消中亞訪問行程，留守國內坐鎮。

▲2024年1月1日，日本石川縣能登地方發生致命地震後，居民查看道路、車輛受損情況。（AP）

2023年11月～2024年10月
全球重大空難

2023年11月4日 一架輕型飛機在澳洲昆士蘭州（Queensland）首府布里斯本以北約1,500公里的內陸城鎮麥金利（McKinlay）附近墜毀。機上3名消防員喪生。這架輕型飛機是由昆士蘭州消防與緊急服務局（Queensland Fire and Emergency Services）承包，用於進行火災測繪。

2023年11月12日 美軍歐洲司令部（US European Command）表示，一架軍用飛機10日在地中海訓練期間墜毀，造成機上5名美軍殉職。

2023年12月4日 印度空軍一架皮拉塔斯（Pilatus）PC-7 Mk-II型螺旋槳教練機從海德拉巴市（Hyderabad）空軍官校起飛執行例行訓練任務時失事墜毀，機上1名教官與1名學員罹難。

2023年12月4日 美軍1架搭載8人的CV-22魚鷹型運輸機11月29日墜落日本鹿兒島縣屋久島外海，當天發現1名機上人員遺體。12月4日美國空軍發表聲明表示，發現另5具遺體，還有2名機上人員下落不明。

2024年1月4日 美國空軍表示，南達科他州艾爾斯渥空軍基地（Ellsworth Air Force Base）一架B-1轟炸機在執行訓練任務時墜毀，機上4名機員彈射全部逃生。

2024年2月6日 74歲的億萬富豪、智利前總統皮涅拉（Sebastian Pinera）搭乘的一架直升機在首都聖地牙哥（Santiago）附近的熱門度假勝地拉戈朗科（Lago Ranco）發生空難，皮涅拉喪生，機上另外3人受傷。皮涅拉曾2度擔任智利總統，分別是在2010年到2014年及2018年到2022年。

2024年2月9日 一架載有5人的龐巴迪挑戰者600型（Bombardier Challenger 600）飛機墜毀在美國佛州小鎮那不勒斯（Naples）不遠處的75號州際公路（I-75），當場起火燃燒，造成2人死亡。

2024年2月13日 馬來西亞雪蘭莪州加埔（Kapar）一架小飛機墜落在甘榜篤慕達（Kpg Tok Muda）油棕園，機師與副駕駛2人死亡。

2024年3月4日 一架小型私人飛機在美國田納西州圖恩機場（John C. Tune Airpor）附近墜毀，機上5人死亡。

2024年3月8日 一架隸屬美國國民兵（National Guard）的UH-72拉科塔（Lakota）直升機，於美國與墨西哥的邊境附近墜毀，造成2名軍人、1名美國邊境巡邏隊（Border Patrol）人員死亡，另有1名軍人受傷。

2024年4月18日　肯亞軍方一架直升機在首都奈洛比（Nairobi）西北方約400公里處的埃爾格約馬拉奎特郡（Elgeyo Marakwet County）墜機，造成10人死亡。死者包括肯亞國防軍（KDF）總長奧古拉（Francis Omondi Ogolla）和其他9位高階軍官。

2024年4月20日　日本海上自衛隊兩架SH-60K海鷹直升機在鳥島東方約280公里處參加反潛訓練時發生碰撞墜毀，兩機各搭載4人、總計8人全數殉職。

2024年4月23日　馬來西亞兩架直升機在西部霹靂州（Perak）魯穆（Lumut）海軍基地，為馬來西亞皇家海軍（Royal Malaysian Navy）活動進行排練時在空中相撞，這2架直升機分別載有7人與3人，全數死亡。

2024年5月19日　印尼一架教練機在雅加達近郊唐格朗（Tangerang）的公園旁墜毀，造成2名機上人員、1名地上人員，共3人死亡。

2024年5月19日　63歲的伊朗總統萊希（Ebrahim Raisi）與外長阿布杜拉希安（Hossein Amir-Abdollahian）在參加一場聯合大壩計畫的落成典禮後，搭乘美製貝爾式212直升機（Bell 212）返回，在西北部的瓦爾扎甘（Varzaghan）市附近墜機，2人雙雙罹難。

2024年5月21日　一架從英國倫敦飛往新加坡的星航波音（Boeing）777-300ER型班機，機上載著211名乘客和18名機組人員，因遭遇嚴重亂流，緊急迫降在泰國曼谷的機場，造成機上1名乘客死亡、30人受傷。

2024年6月2日　葡萄牙在南部貝雅（Beja）空軍基地舉行的航空展發生兩架特技飛機空中相撞意外，造成其中一架墜毀並且爆炸起火，1名西班牙籍的飛行員喪生，另1名受傷。

2024年6月30日　法國一架小型觀光飛機墜毀於首都巴黎以東近郊城鎮諾瓦謝勒（Noisiel）的A4高速公路（A4 motorway）路段，機上3人死亡。

2024年7月12日　俄羅斯一架搭載3名機組人員的蘇愷超級噴射機100（Sukhoi Superjet 100）的區域航線客機進行試飛，在首都莫斯科附近柯羅納市（Kolomna）附近墜毀，機上無人生還。

2024年7月20日　1架雙引擎飛機比奇60（Beechcraft 60）於美國俄亥俄州揚斯敦-沃倫地區機場（Youngstown-Warren Regional Airport）附近墜毀，造成1名機師和2名乘客

▲2024年8月9日，巴西Voepass航空公司2283號航班的飛機在維涅杜市（Vinhedo）住宅區墜毀，機上61人全數死亡，失事現場飛機殘骸。（AP）

死亡。

2024年7月24日 尼泊爾蘇里亞航空（Saurya Airlines）一架搭載包括機組人員共有19人的小飛機，在首都加德滿都機場起飛時衝出跑道起火，僅機師1人生還。

2024年7月28日 日本一架隸屬於SGC佐賀航空公司的觀光直升機在福岡縣柳川市一處農田墜毀，48歲駕駛和70歲維修技師，2人均罹難。

2024年8月7日 尼泊爾一架從加德滿都國際機場起飛，前往薩普魯貝希鎮（Syaprubeshi）的直升機在首都加德滿都西北部山區墜毀，機上5人全數罹難，其中4人為中國公民。

2024年8月9日 1架巴西Voepass航空公司2283號航班的飛機，在距離聖保羅市約80公里的維涅杜市（Vinhedo）住宅區墜毀，造成機上61人全數死亡，包括57名乘客和4名機組人員。

2024年8月9日 智利1架派珀納瓦荷（Piper Navajo）小型飛機從智利南部城市科海丘（Coyhaique）起飛後不久墜毀於山區，導致機上7人全數死亡，包括1名機師和6名乘客。

2024年8月14日 法國2架飆風戰機在法國東北部科隆貝萊貝勒鎮（Colombey-les-Belles）上空相撞，造成2名飛行員死亡，1名飛行員逃生。

2024年8月22日 泰國1架國內線小型客機，從曼谷主要機場起飛後，在北柳府（Chachoengsao）一處紅樹林沼澤墜毀，機上含2名機師共有9人，救難人員未發現生還者。

2024年8月31日 1架雙引擎賽斯納421C（Cessna 421C）小型飛機，在美國俄勒岡州波特蘭以東勞特代爾機場（Troutdale Airport）附近住宅區墜毀，現場引發大火，至少有2人在失事飛機上，加上連棟房屋內1人，共3人下落不明。

日航降落意外379人全員脫困獲卓越飛安管理獎

日本羽田機場1架日本航空空中巴士A350班機，2024年1月2日在降落時擦撞海上保安廳JA772A固定翼飛機，隨後起火燃燒。機上367名乘客加上12名機組員共379人全員從3個緊急出口成功逃出機外，乘客至少有17人受傷。保安廳飛機機長受傷，機上另5人死亡。

日航機上乘客全數脫困，海內外讚譽「奇蹟」，因此得到各國或地區推薦，獲得國際團體「飛行安全基金會」（Flight Safety Foundation）的卓越飛安管理獎（The Richard Teller Crane Founder's Award），這是該獎項自2002年設立以來，首度有日本企業或團體獲獎。

在日航的這起事故發生之後，日本媒體統整日本國內機場著陸時發生過的重大事故，其中包含1994年的華航名古屋空難。

日本國內機場著陸時重大事故

日期	事件
1982年2月	日航1架從福岡起飛的客機，在羽田機場降落時，墜落到跑道前的海中，造成機上24人死亡。
1994年4月	1架從台灣飛往名古屋機場的華航班機，在降落時發生事故，機上264人不幸罹難。
2007年8月	華航1架客機降落在日本琉球那霸機場，停泊於停機坪時突然起火，當時飛機上157名乘客（包括兩名嬰兒）和8名機組員均安全逃出。
2015年4月	韓亞航空1架從南韓仁川機場起飛的班機，在廣島機場降落時低於正常高度撞上跑道前方的天線，之後滑出跑道停在一旁的草地上，造成機上34名乘客受傷。
2021年2月	1架日本貨物航空（NCA）的貨機，降落在成田機場時，發生機尾擦地事件，事後地勤檢查貨機時，發現機體底部後方有長達3公尺、寬90公分的擦傷。所幸機上2人都沒受傷。

2023年11月～2024年10月 全球重大恐怖暴力攻擊

2023年11月18日 美國田納西州爆發家暴相關死亡槍擊事件，1名52歲男子克里斯汀二世（Mavis Christian Jr）涉嫌槍殺3名婦女及1名青少女，另有1名青少女受到重傷。警方指稱，克里斯汀二世是受害者們的親屬，19日凌晨找到嫌犯，但已明顯自戕身亡。

2023年12月2日 巴基斯坦控制的克什米爾（Kashmir）的齊拉斯城（Chilas）地區發生恐怖攻擊，身分不明的武裝分子向一輛巴士無差別開槍，導致9人死亡、25人受傷。

2023年12月3日 菲律賓南部馬拉韋市民答那峨州立大學（Mindanao State University）體育館在舉行彌撒期間發生爆炸，造成至少4人喪生、數十人受傷。武裝激進聖戰組織伊斯蘭國聲稱犯案。

2023年12月5日 奈及利亞陸軍1架無人機3日在西北部卡杜納州（Kaduna）進剿民兵時誤襲，造成至少85平民喪生。這是奈及利亞最致命的軍方轟炸意外事故之一。

2023年12月17日 墨西哥瓜納華托州（Guanajuato）薩爾瓦鐵拉鎮（Salvatierra）發生槍擊事件，1個武裝團體向參加墨西哥傳統派對「波沙達」（posada）派對的人開槍，造成至少12人死亡，另有12人受傷。

2023年12月21日 1名槍手在捷克首都布拉格市中心查理大學（Charles University）內，殺害超過15人，並導致至少24人受傷，當局宣布凶嫌已經死亡。這是1993年捷克與斯洛伐克分別成為獨立國家後，捷克境內發生的最嚴重槍擊案。

2023年12月23日 非洲國家蒲隆地的叛亂分子22日晚間在境內西部靠近剛果民主共和國邊界的伏吉佐鎮（Vugizo），發動襲擊，導致20人死亡，其中大多數是平民婦孺。蒲隆地主要叛亂組織「爭取蒲隆地法治抵抗運動」（RED-Tabara）已坦承犯案。

2024年1月1日 印度東北部曼尼普爾省（Manipur）索巴爾縣（Thoubal）的里隆（Lilong）地區，一群身穿迷彩服的槍手朝當地村民開火，造成至少3人死亡、5人重傷。

2024年1月3日 美國紐澤西州1名伊瑪目（伊斯蘭教長），在紐瓦克（Newark）馬斯吉德-穆罕默德清真寺（Masjid-Muhammad Mosque）附近遭遇槍擊，身中多槍後送醫不治死亡。

2024年1月4日 美國中西部愛荷華州培里中學發生槍擊事件，造成1死5傷，1名17歲學生持手槍和霰彈槍犯案。

2024年1月11日 巴布亞紐幾內亞警察和公共部門抗議減薪於10日展開抗爭，首都莫士比港出現大規模搶劫與縱火，連北部拉埃（Lae）在內已有15人死亡。總理宣布首都莫士比港進入14天的緊急狀態。

2024年1月28日 在伊斯坦堡薩勒耶爾區（Sariyer）義大利聖瑪麗亞天主教堂（Italian Santa Maria Catholic Church）發生槍擊案，1名土耳其公民參加禮拜時遭到擊斃。2月2日當局已逮捕25名與槍擊案有關聯的嫌犯。

2024年2月11日 美國德州1名30多歲婦女在著名牧師奧斯汀（Joel Osteen）的湖木教會（Lakewood Church）開槍，造成2人受傷，包括1名5歲男孩。犯案女子被在教會負責維安的員警開槍擊斃。

2024年2月12日 美國紐約市布朗克斯區（Bronx）一處地鐵站發生槍擊事件，造成1死5傷。

2024年2月14日 職業美式足球聯盟NFL超級盃贏家堪薩斯市酋長（Kansas City Chiefs）舉辦封王慶祝遊行，期間爆發槍擊事件，導致1人死亡、21人受傷。

2024年2月17日 伊朗發生罕見的大規模槍擊案，1名30歲男子持槍殺害12名親人，其中包含他的父親和兄弟。凶嫌後來在中南部的克爾曼省（Kerman）被安全部隊開槍擊斃。

2024年2月19日 在巴布亞紐幾內亞首都莫士比港西北方600公里處的瓦巴格（Wabag）附近發生殺戮事件，64人陳屍野外。這起事件被認為與Sikin、Ambulin和Kaekin部落成員之間的衝突有關。

2024年2月25日 西非國家布吉納法索北部天主教會的1名牧師表示，在埃薩卡內村（Essakane）主日彌撒期間遭遇「恐怖攻擊」，造成至少15位平民喪生，2人受傷。

2024年3月7日 西非國家奈及利亞西北部1所學校遭到持槍歹徒攻擊，至少287名學生被綁架。這是奈及利亞一週內第2起大規模綁架事件。

2024年3月17日 美國華府白宮東北方約十幾個街區的地方發生槍擊事件，造成2人喪生5人受傷。

2024年3月22日 俄羅斯莫斯科近郊的番紅花城市大廳（Crocus City Hall）音樂廳發生恐怖攻擊事件，槍手闖入朝民眾開槍，之後縱火焚燒建築，至28日至少143人死亡。伊斯蘭國（Islamic State）出面宣稱犯案。這是伊斯蘭國宣稱在歐洲犯下的恐攻案中迄今死亡人數最多的一起，也是俄羅斯20年來最嚴重的一起恐攻。

2024年3月24日 厄瓜多為打擊日益猖獗的幫派暴力發布緊急狀態近3個月，但其聖維森特（San Vicente）市長賈西亞（Brigitte Garcia）與通訊主管魯爾（Jairo Loor）清晨被發現遭人槍殺，陳屍車內。

2024年3月26日 巴基斯坦北部開柏普赫圖赫瓦省（Khyber Pakhtunkhwa）香拉縣（Shangla）貝沙姆市（Besham）發生自殺炸彈攻擊，炸彈客駕著裝滿炸藥的車輛，撞向載有中國籍工程師的汽車，5名乘客當場死亡，汽車司機送醫後傷重不治。

2024年3月30日 厄瓜多港市瓜亞基爾（Guayaquil）及海濱度假景點阿仰培（Ayampe）發生武裝分子朝人群開槍事件，造成至少8人死亡、8人受傷。

2024年3月31日 由親土耳其勢力控制的敘利亞北部阿勒坡省（Aleppo）阿薩茲（Azaz）市場發生汽車炸彈爆炸事件，造成8人喪生、20多人受傷。

2024年4月4日 伊朗疑似為遜尼派穆斯林的激進分子，攻擊位於東南部希斯坦-俾路支省的伊朗革命衛隊總部，造成至少11名維安部隊人員死亡，另有16名激進分子喪命。

2024年4月10日 美國首都華盛頓特區的卡佛藍崩頓區（Carver Langston）傳出槍擊事件，造成1人死亡、5人受傷，傷者之中包含2名孩童。

2024年4月13日 澳洲雪梨市的大型商場「西田龐迪購物中心」（Westfield Bondi Junction）發生駭人的隨機砍人案，有6人死亡、多人受傷。凶嫌遭警方擊斃。

2024年4月15日 緬甸中部城鎮彬烏倫（Pyin Oo Lwin）發生由反叛組織發動的火箭砲攻擊，共造成4人死亡、12人受傷，傷者包括軍政府頂尖軍校的學生。

2024年4月19日 墨西哥選舉暴力頻傳，市長候選人拉莫斯（Noe Ramos）在街上會見支持者時，遭一名男子持刀攻擊傷重不治身亡。另一名市長候選人賈西亞（Alberto Antonio Garcia）失蹤數日後，在19日被發現時已遇害。2名市長候選人接連不幸遇害身亡。

2024年4月20日 美國田納西州曼菲斯東南的「橘丘公園」（Orange Mound Park），一場有200多人參加未經許可的街頭派對中發生槍擊事件，造成2人死亡、6人受傷。

2024年5月11日 在厄瓜多聖艾倫納省的1間酒吧發生槍擊事件，造成8人死亡。由於黑幫氾濫，近來該國的暴力問題不斷升級。

2024年5月14日 因法國國會可能通過引發爭議的投票制度變革，自13日起激起法屬太平洋群島新喀里多尼亞獨派勢力憤怒，有數輛安全部隊的車輛遭到開槍及縱火焚燒，商店遭到洗劫，有80多人被逮捕。至18日，已6人死亡。這是自1980年代發生致命動亂後至今最嚴重的暴動。

2024年5月17日 阿富汗首都喀布爾（Kabul）約180公里遠的山城巴米揚發生襲擊事件，造成3名西班牙遊客與3名阿富汗人喪命。

2024年5月19日 印度國會下議院選舉，聯邦屬地查摩與克什米爾（Jammu and Kashmir）在18日晚間發生兩起槍擊事件，造成1名前村長喪生、2名印度遊客受傷，警方定調為恐怖攻擊。

2024年5月19日 墨西哥南部奇亞帕斯州（Chiapas）的維拉寇索（Villa Corzo）和馬帕斯特皮克（Mapastepec），發生兩起攻擊市長候選人事件，造成9人死亡。尋求連任的維拉寇索市長歐洛斯科（Robertony Orozco）雙腿受傷。而在馬帕斯特皮克市長候選人諾瑞嘉（Nicolas Noriega）毫髮無傷。

2024年5月19日 聖戰組織「伊斯蘭國」

（Islamic State）聲稱在山區城市巴米揚（Bamiyan）持機槍向基督教遊客及其什葉派同伴開槍，造成3名西班牙人和3名阿富汗人死亡。塔利班逮捕7名嫌疑犯。

2024年5月30日 美國明尼蘇達州明尼阿波利斯（Minneapolis）發生槍擊案，造成3人死亡，6人受傷，其中包括2名警察。

2024年6月7日 巴拿馬大學學生在位於維拉瓜斯（Veraguas）的學校農業科學地區中心從事田野工作時，1名身分不明槍手朝學生開火，造成1死1傷。

2024年6月9日 印度1部搭載朝聖印度教徒的巴士，在印度控制的克什米爾遭到疑為好戰分子的槍手伏擊而墜入深谷，造成至少9人喪生、33人受傷。

2024年6月21日 美國阿肯色州1名持槍者在小岩城（Little Rock）以南112公里處的福代斯（Fordyce）1家超市開槍，造成3人死亡，11人受傷。

2024年6月22日 哥倫比亞左翼叛亂組織「中央參謀部」（Estado Mayor Central，EMC）活動的地區發生汽車炸彈事件，造成3人死亡。另外在西南部那里諾（Narino）也發生爆炸案，造成2名警察和6名平民受傷。

2024年6月23日 俄羅斯反恐機構與警方指出，有多名槍手襲擊了達吉斯坦共和國（Republic of Dagestan）首府馬哈奇卡拉（Makhachkala）和沿海城市德本（Derbent）的兩座東正教教堂、一座猶太會堂和一處交警檢查站，造成1位神父及多名警員至少19人死亡。

2024年6月25日 數以千計不滿加稅的抗議群眾闖入肯亞國會大樓，警方朝示威民眾發射實彈和扔擲催淚瓦斯罐，包含肯亞醫學協會（Kenya Medical Association）和國際特赦組織肯亞分會（Amnesty Kenya）在內的數個非政府組織（NGO）發布聯合聲明說，全國各地至少有30人死亡。

2024年6月29日 奈及利亞東北部地區緊鄰喀麥隆邊境的果札鎮（Gwoza）發生一連串自殺攻擊，造成至少18人死亡、42人受傷。

2024年7月2日 印度北方邦（Uttar Pradesh）哈特拉斯縣（Hathras）一場印度教宗教集會湧入超過許可人數3倍的人潮，釀成印度10多年來最慘重的踩踏事件，造成至少121人死亡。

2024年7月5日 美國7月4日獨立紀念日週末假期槍擊案頻傳，造成至少33人喪生，數十人受傷。其中包括芝加哥地區暴力案件奪走11條人命，55人受傷，最為嚴重。

2024年7月14日 索馬利亞首都摩加迪休（Mogadishu）一間咖啡館外，被哈瓦利吉（Kharijite）恐怖分子安置的汽車炸彈在深夜被引爆，造成5人喪生，約20人受傷。「哈瓦利吉」是用來形容與蓋達組織（Al-Qaeda）有勾結的青年黨（Al-Shabaab）聖戰組織。

2024年7月16日 阿曼首都馬斯開特（Muscat）阿爾瓦迪阿爾卡比爾（Al-Wadi Al-Kabir）地區一座清真寺附近發生槍擊事件，造成4人死亡，多人受傷。

2024年7月16日 印度聯邦屬地查摩與克什米爾（Jammu and Kashmir）發生槍戰，印度士兵隊在多達縣（Doda）山區執行任務時，遭武裝分子伏擊，雙方交火持續20分鐘，包括1名少校在內的4名印度士兵死亡，另1名警員受傷。印度軍方將此定調為恐怖攻擊。當地激進組織「克什米爾之虎」（Kashmir Tigers）聲明負責；「克什米爾之虎」自2021年開始出現後，聲稱犯過不少恐怖攻擊事件。

2024年7月19日 孟加拉首都達卡及多個城市，6月起因公務員招募規定引發抗議示威，至23日，至少有174人死亡，被逮捕的人數超過2,500人。

2024年7月27日 剛果民主共和國首都金夏沙（Kinshasa）舉行的一場演唱會發生踩踏事故，導致7人死亡、多人受傷。

2024年8月3日 索馬利亞首都摩加迪休（Mogadishu）的一家海灘餐廳2日晚間發生爆炸，造成37人死亡、212人受傷。這是數月來當地死亡最慘重的攻擊行動之一。索國政府將這次襲擊歸咎於伊斯蘭激進組織「青年黨」所為。

2024年8月5日 英國北部一個兒童舞蹈班7月29日舉行活動時，發生男子持刀砍人事件

後，社群媒體上的假訊息誤稱凶手為伊斯蘭移民，引發騷動，多座城市隨後發生暴動，一週來已逮捕378人。

2024年8月12日 一架無人機攻擊正在逃離緬甸的洛興雅人，造成數十人死亡，其中包括帶著孩子的家庭。倖存者在堆積成山的屍體間徘徊，尋找死傷的親人。3名倖存者表示，已有200多人死亡。

2024年8月12日 阿富汗首都喀布爾（Kabul）一處什葉派穆斯林占多數的社區內，一輛小型巴士遭到炸彈攻擊，造成1人死亡、11人受傷。聖戰組織「伊斯蘭國」（Islamic State）宣稱犯案。

2024年8月12日 委內瑞拉總統馬杜洛聲稱在7月的大選贏得連任，但國內外都認為這場選舉是一個騙局。不滿選舉結果的委國民眾發起致命抗議。官方統計在示威抗議中死亡的人數已上升至25人。

2024年8月23日 德國西部索林根市（Solingen）慶祝建城650週年的節慶活動上一名男子持刀隨機攻擊路人，造成至少3人死亡、8人受傷。

2024年9月3日 奈及利亞東北部尤比州（Yobe State）發生攻擊事件，造成至少81人死亡和數人失蹤。尤比州警方發言人鄧古斯（Abdulkarim Dungus）指出：「事件發生在1日下午4時許，約150名騎乘超過50輛摩托車、配備步槍和火箭推進榴彈的疑似博科聖地（Boko Haram）恐怖分子襲擊馬法村（Mafa）。」

2024年9月4日 美國喬治亞州首府亞特蘭大（Atlanta）附近溫得市（Winder）的阿巴拉契中學（Apalachee High School）爆發校園槍擊案，至少造成4人死亡、9人受傷，凶嫌為同校就讀的14歲青少年。

2024年9月16日 巴布亞紐幾內亞最大金礦之一的波爾蓋拉（Porgera）附近，敵對部落因8月的一起事件發生衝突，數百名高地部落戰士間槍戰，造成至少30人死亡，安全部隊已獲得平息動亂的緊急權力。

2024年9月17日 馬利首都巴馬科（Bamako）爆發憲兵訓練中心和機場遭到聖戰士攻擊事件，造成70多人死亡、200多人受傷，成為近年來傷亡人數最多的攻擊事件之一，對執政的軍政府造成沉重打擊。

2024年9月21日 美國阿拉巴馬州伯明罕市（Birmingham）五點南方區（Five Points South）深夜發生一起大規模槍擊案，有多名槍手朝群眾開了多槍，至少4人死亡、數十人受傷。

2024年10月2日 以色列商業中心鄰近特拉維夫雅法區的1個輕軌車站1日發生槍擊和刺人恐怖攻擊，死亡人數增至7人。哈瑪斯武裝支翼「艾茲丁·卡薩姆旅」聲稱犯案。

2024年10月11日 巴基斯坦一群身分不明的槍手凌晨闖入西南部俾路支省（Balochistan）杜契地區（Duki）的朱耐德煤業公司（Junaid Coal Company）礦場，他們將礦工排成一列並開槍掃射，造成至少20人喪命、7人受傷。

2024年10月23日 位於土耳其安卡拉附近國營的土耳其航太工業公司（TUSAS）場址遭歹徒引爆發生爆炸並開槍攻擊，造成4人死亡、14人受傷，2名歹徒斃命。土耳其內政部長耶里卡亞（Ali Yerlikaya）表示，這是一起「恐怖攻擊」。

美國職業美足封王遊行槍擊事件不斷

美國職業美足NFL堪薩斯市首長隊（Kansas City Chiefs）2024年2月11日在超級盃封王，但在14日舉行勝利遊行時不幸發生槍擊事件，但這不是單一個案，美國近10年來球隊贏得冠軍當晚或在隨後遊行期間類似槍擊事件層出不窮，以下為列表：

2016年6月	克里夫蘭騎士隊（Cleveland Cavaliers）	克里夫蘭騎士隊舉行美國職籃NBA總冠軍遊行，1名男子腿部中了2槍，所幸沒有生命危險。
2019年6月	多倫多暴龍隊（Toronto Raptors）	在多倫多市中心舉行的NBA暴龍隊封王慶祝活動中，有4人遭到槍擊。

時間	球隊	事件
2020年10月	洛杉磯道奇隊（Los Angeles Dodgers）	美國職棒大聯盟MLB洛杉磯道奇隊贏得世界大賽當晚，加州希爾馬市（Sylmar）有2人遭槍殺。
2021年7月	密爾瓦基公鹿隊（Milwaukee Bucks）	公鹿隊贏得50年來首座NBA總冠軍的當晚，密爾瓦基市中心發生2起槍擊事件，造成3人受傷。
2023年6月	丹佛金塊隊（Denver Nuggets）	NBA金塊隊奪冠遊行結束後，丹佛市中心發生槍擊事件，造成2人受傷，但警方表示，他們不認為這起事件與慶祝活動有關。
2023年11月	德州遊騎兵隊（Texas Rangers）	MLB遊騎兵隊在世界大賽封王後，冠軍遊行地點附近的一座停車場爆發爭吵，進而引發槍擊，但無人受傷。

近25年美重大校園槍案 可倫拜高中最致命

美國喬治亞州阿巴拉契中學2024年9月4日發生校園槍擊事件，造成2名學生和2名教師死亡、9人受傷，警方逮捕14歲的少年嫌犯葛瑞（Colt Gray），葛瑞早在2023年便因在網路上威脅要進行校園槍擊而被當地執法部門訊問；隨著校園槍枝氾濫議題再次升溫，於11月迎來總統選舉的美國社會，再次關注槍械管制和安全問題。

在過去的25年，美國最致命的校園槍擊事件發生在1999年4月20日的科羅拉多州傑佛遜郡可倫拜高中，共奪走13條人命。這起事件引起了有關美國槍械暴力問題的爭論，2名少年殺人魔哈里斯（Eric Harris）與克萊伯德（Dylan Klebold）成了反社會心理與暴力殺戮的偶像。

可倫拜的名字已成為校園槍擊事件的代名詞，它是美國最早發生的此類槍擊事件之一，而且仍然是最致命的槍擊事件之一。

近25年美重大校園槍案

時間	地點	事件
2022年5月24日	德州洛伯小學	1名18歲槍手衝進德州尤瓦爾迪市（Uvalde）洛伯小學（Robb Elementary School）開槍，導致19名學生和2名教師遭到槍殺。
2018年5月18日	德州聖塔菲高中	1名17歲學生手持獵槍和左輪手槍朝同學開槍，造成10人死亡，其中包括8名學生。
2018年2月14日	佛州道格拉斯中學	1名因紀律問題被退學的佛州派克蘭（Parkland）道格拉斯中學（Marjory Stoneman Douglas High School）19歲槍手，返回學校開槍，共殺害14名學生和3名教職人員。
2012年12月14日	桑迪胡克小學	1名有心理健康問題病史的20歲男子，在康乃狄克州新鎮（Newtown）殺害母親後，衝進桑迪胡克小學（Sandy Hook Elementary School）開槍，20名6至7歲的兒童以及6名成人遭槍殺，槍手自戕。
2007年4月16日	維吉尼亞理工暨州立大學	維吉尼亞理工暨州立大學（Virginia Tech）1名韓裔學生在校園開槍，殺害32名學生和教授後自戕。這名槍手顯然崇拜1999年科羅拉多州可倫拜（Columbine）慘案的槍手，還在郵寄給警方的影片中稱他們為「烈士」。
1999年4月20日	科羅拉多州可倫拜高中	科羅拉多州2名青少年攜帶各種武器和自製炸彈，在可倫拜高中開槍濫射，12名學生和1名教師被殺，24人受傷，其中至少3人終生癱瘓。

黎巴嫩真主黨遭呼叫器爆炸攻擊

2024年9月17、18日黎巴嫩武裝團體真主黨（Hezbollah）成員間彼此聯絡使用的呼叫器和對講機在全國多處發生爆炸，造成至少39人死亡、近3,000人受傷，包括真主黨戰士和醫護人員。這起前所未見攻擊規模超越近年來一系列暗殺與網攻，專家稱以色列似在逼迫真主黨屈服。

據美國當局估計，受惠於伊朗長達數十年的支持，在當前衝突爆發前，真主黨是全世界裝備最精良的非正規軍隊之一，擁有15萬枚火箭彈、飛彈和無人機等。

以色列估計則顯示，與2006年戰爭期間相較，如今真主黨的軍械庫規模是當年的10倍大。過去1年裡，更多武器以及大量金援從伊朗流入黎巴嫩。

值得注意的是，距離真主黨通訊裝置連環爆事件僅有1週時間，黎巴嫩真主黨總書記納斯拉勒（Sayyed Hassan Nasrallah）在27日空襲行動中身亡，這次「斬首行動」堪稱一連串快速攻擊行動的高峰，這些攻擊行動消滅了真主黨領導委員會的半數成員，也重創其最高軍事指揮部，令真主黨面臨巨大挑戰。

真主黨戰士開始使用呼叫器是因為他們相信能以此躲避以色列追蹤定位。爆炸的呼叫器是真主黨近幾個月引進的最新型號。由於行動電話網絡可能遭遇服務中斷、連線問題或通訊攔截，而呼叫器繞過行動網絡，使用自己的頻率，因此被認為更加可靠。巴勒斯坦伊斯蘭主義組織「哈瑪斯」（Hamas）2023年10月7日對以色列發動攻擊引發加薩戰爭後，真主黨要求成員停止使用智慧型手機，以避免以色列監控。

黎巴嫩外交部稱爆炸事件是「以色列網路攻擊」所致，但未說明如何得出這個結論。美國則表示事先並不知情，也未涉入其中。

自2023年10月以色列和巴勒斯坦伊斯蘭主義組織「哈瑪斯」在加薩走廊（Gaza Strip）爆發戰爭以來，以色列和真主黨多次在邊境交火。

聯合國9月21日表示，黎巴嫩手持通訊裝置連環爆炸事件恐構成戰爭罪。黎巴嫩外交部長布哈比（Abdallah Bou Habib）指控以色列策劃這起「恐怖」攻擊，但遭到以色列總統赫佐格駁斥，並稱他的國家擁有自衛的「固有權利」。11月10日以色列總理尼坦雅胡首次承認批准參與黎巴嫩真主黨通訊設備爆炸攻擊。

2023年11月～2024年10月全球火車重大意外事故

2023年11月19日 印尼一列從巴紐旺宜（Banyuwangi）開往泗水（Surabaya）的火車在盧馬姜縣（Lumajang）撞上1輛高速行駛的小巴，小巴車體嚴重變形，造成11死、4傷。

2023年12月14日 印尼萬隆（Bandung）1輛載有6名乘客的休旅車，在平交道遭到接駁雅萬高鐵（Whoosh）的區間車撞上後，被拖行500公尺，車上3名乘客死亡，強大撞擊力導致汽車的車頭和車身幾乎全毀。

2023年12月21日 斯洛維尼亞首都盧布里雅納（Ljubljana）西南方約50公里的波斯托伊納（Postojna），進行鐵軌維護作業的工人遭到火車撞上，造成2人死亡、數人受傷。

2024年1月4日 美國紐約市曼哈頓上西城（Upper West Side）中心地區地下鐵一列1號線列車和一列大都會運輸局（Metropolitan Transportation Authority）工程列車發生擦撞，導致24人受傷，出軌的載客列車疏散約300人，3條地鐵線服務嚴重中斷，在將近下班尖峰時間造成通勤混亂。

2024年1月5日 印尼從泗水（Surabaya）開往萬隆的P65A車次的火車，以及從帕達拉朗（Padalarang）開往奇卡倫卡（Cicalengka）的區間車發生相撞事故，造成列車出軌，多節車廂翻覆。火車司機、助理司機和員工等3人喪生，乘客全數離開車廂。

2024年1月17日 據美國自由亞洲電台報導，2023年12月26日北韓一列從平壤出發的火車開往咸鏡南道金溝站途中，行經端川路段時因鐵軌老舊及供電不足，發生翻覆意外，造成400多名乘客死亡，脫軌的7節車廂內乘客幾乎全墜落山谷。當時適逢北韓勞動黨全體會議前夕，消息完全被當局封鎖。

2024年5月10日 阿根廷巴勒摩（Palermo）

區的火車鐵橋1輛開往布宜諾斯艾利斯城外皮勒(Pilar)的客運列車，撞上1輛維護貨車，車廂脫軌漏油爆炸，導致90人受傷。《國家報》(La Nacion)報導，意外發生原因有兩種可能，信號系統的電纜被盜或車站間的調度失敗，以致客運列車與車站通訊無法溝通。

2024年6月6日 捷克中部城市巴多比契(Pardubice)火車總站附近發生一列從布拉格出發，預計前往烏克蘭西部城鎮喬普(Chop)的火車與運輸易燃化學物電石的貨運列車相撞事故，一節車廂脫軌，造成4死、26傷。

2024年6月17日 印度東北部產茶及觀光重鎮大吉嶺(Darjeeling)發生火車相撞事故，疑未遵守鐵道號誌的貨運列車，從後面追撞客運列車，至少5人死亡、近30人受重傷。貨運列車多節車廂脫軌、散落，客運列車有1節車廂被撞至懸空。

2024年6月27日 一班從捷克布拉格(Prague)出發，準備前往匈牙利布達佩斯(Budapest)的跨國列車，在斯洛伐克首都布拉第斯拉瓦(Bratislava)以東110公里的新絮姆基鎮(Nove Zamky)附近發生列車與巴士相撞事故，造成至少5死、5傷。

2024年7月18日 印度北部一列從昌迪加爾(Chandigarh)至狄布魯加(Dibrugarh)的特快車在靠近印度教聖城阿尤德亞(Ayodhya)發生車廂脫軌，造成至少2死、24傷。

2024年7月29日 俄羅斯南部一列載運800人的火車，與1輛闖入平交道的卡車相撞出軌，造成至少52人受傷，8節車廂脫軌，像是積木相互堆疊。

2024年7月30日 印度豪拉-孟買快線(Howrah-Mumbai Express)列車在東北部加爾克漢德省(Jharkhand)東部的詹雪坡市(Jamshedpur)發生脫軌意外，多節車廂翻覆，造成至少2死、20傷。

2024年9月14日 埃及北部夏基雅省(Sharqiya)首府薩加吉格(Zagazig)發生一起載客火車相撞事故，導致至少3人身亡，40人受傷，一節火車車廂因撞擊變形。

2023年11月～2024年10月全球重大船難

2023年11月4日 葡萄牙首都里斯本(Lisbon)以北大約60公里聖克魯斯(Santa Cruz)的外海約1公里處，1艘懸掛丹麥國旗的遊艇翻覆並擱淺在海灘上，造成4人死亡。

2023年12月16日 1艘船隻從利比亞西北沿海城鎮祖瓦拉(Zwara)出海後在外海沉沒，船上有86名移民，25人獲救，61名移民下落不明並推定喪命。

2024年1月14日 一群移民試圖在嚴寒氣溫中從法國北部跨海前往英國，他們在接近度假小鎮維姆赫(Wimereux)外海的1艘船時，小船因海浪與漲潮而「翻覆」，有5人死亡，1人情況危急，另有超過30人獲救。

2024年3月11日 印尼雅加達北部外海的千島群島(Pulau Seribu)1艘快艇翻覆，船上包含10名外國人的32名乘客和3名船員落海，34人成功獲救，1名台灣籍乘客在15日被發現遺體。千島群島是雅加達外海著名的旅遊景點，許多國內外遊客都會在假日搭乘

▲2024年6月17日，印度東北部產茶及觀光重鎮大吉嶺(Darjeeling)所在地西孟加拉邦(West Bengal)，一列貨運車撞上了另一列客運列車，造成5人死亡、近30人受重傷。(AP)

觀光船前往各小島度假。

2024年3月13日　一艘載著至少35名船員的漁船，9日碰上印尼雨季的惡劣天候，在南蘇拉威西省（South Sulawesi）偏遠的塞拉亞群島（Selayar Islands）附近海域翻覆，11名印尼漁民緊緊抓住翻覆的船隻，在海上漂流3天後獲救，2人死亡，22人失蹤。

2024年3月20日　日本山口縣下關市六連島的西邊外海，停泊中的1艘870噸韓國船籍KEOYOUNG SUN號化學品船翻覆。來自韓國、印尼及中國的11名船員中1人獲救，8人死亡，2人失蹤。

2024年3月22日　聯合國難民事務高級專員公署（UNHCR）表示，搭載約151名洛興雅難民的船隻本週在印尼最西部外海翻覆，75人獲救，其他人據推斷已經罹難或失蹤。以穆斯林為主的洛興雅人在緬甸遭受嚴重迫害，每年都有數以千計人冒著生命危險，試圖前往馬來西亞或印尼。統計從2023年11月中到2024年1月底，共有1,752名洛興雅難民在印尼亞齊省和北蘇門答臘省上岸，大部分是婦女和兒童。

2024年4月7日　非洲東南沿海國家莫三比克當地官員表示，載有約130人的1艘改裝渡輪，在北部海岸外海沉沒，造成至少91人死亡。

2024年4月9日　非洲之角國家吉布地（Djibouti）東北部貢多瑞亞（Godoria）海岸200公尺處附近海域，1艘載著約60名衣索比亞移民的船隻發生船難，至少有包括兒童在內的38人死亡。23日，吉布地外海再度發生移民船翻覆災難，至少有16人死亡、28人失蹤。船上有77名移民，當中包括兒童。

2024年4月20日　中非共和國首都班基（Bangui）發生船隻翻覆事故，1艘載約300多人的木船在姆波科河（Mpoko River）沉沒，導致至少58人死亡。這些乘客原本要搭船前往馬科洛（Makolo），出席1名村長的葬禮，但船隻因超載傾斜，從碼頭出發後不久就翻覆。

2024年6月6日　1艘名為F/B布萊恩國王（F/B King Bryan）的漁船，在菲律賓中部宿霧省（Cebu）外海近3公里處發生爆炸起火，造成至少6名船員喪生、6人獲救。

2024年8月7日　1艘搭載21名船員的油輪伊莉莎白號（Elisabeth），駛往西努沙登加拉省（West Nusa Tenggara）途中，在峇里島卡朗阿森縣（Karangasem）的吉利特皮孔島（Gili Tepekong）起火，造成5名船員喪生、15人受傷。

2024年8月19日　英國科技業大亨林奇（Mike Lynch）搭乘的1艘豪華遊艇「貝氏號」（Bayesian），在義大利西西里島首府巴勒摩（Palermo）外海遭猛烈風暴襲擊沉沒，船上搭載22人，15人獲救。經過多日搜尋，至24日另7人死亡。死亡者包括林奇和他18歲女兒漢娜（Hannah）以及摩根士丹利國際公司（Morgan Stanley International）董事長布魯莫（Jonathan Bloomer）和他的妻子茱蒂（Judy），林奇的妻子巴卡雷斯（Angela Bacares）獲救。

2024年9月3日　1艘載著數十人的船隻在法國北部維姆勒鎮（Wimereux）外海試圖橫渡英吉利海峽（English Channel）時發生船難，至少12名移民死亡，2人下落不明。維姆勒鎮距離法國沿岸的濱海布洛涅（Boulogne-sur-Mer）約5公里。這是英吉利海峽2024年死傷最慘重的移民偷渡災難。

2024年9月14日　奈及利亞西北部的贊法拉州（Zamfara）1艘木船，載著70名農民跨河前往古米（Gummi）附近農田耕作時翻覆，至少有64人死亡。當地每天有超過900名農民需要跨河去農田耕作，但由於只有2艘船可供載運，往往導致超載。

2024年10月2日　在非洲國家吉布地外海附近有100多名移民被私運移民的船東強迫跳海，造成48人死亡。這些移民是要從葉門返國的衣索比亞人。聯合國轄下的國際移民組織（IOM）表示，這起事故是這條航線上2024年第2嚴重的災難，也使2024年成為東非和葉門間的渡海移民航線上，有史以來死亡人數最多的一年。

2024日10月13日　印尼北摩鹿加省12日下午1艘載有包括省長候選人班尼（Benny Laos）在內共33人的快艇，在港口旁突然起火後爆炸，造成班尼等共6人死亡。當時班尼正要乘船去參加競選活動。

2025 世界年鑑
THE WORLD ALMANAC

國家圖書館出版品預行編目(CIP)資料

世界年鑑. 2025 = The world almanac / 中央通訊社編.
-- 初版. -- 臺北市：中央通訊社，民113.12
面；　公分

ISBN 978-626-98461-6-0 （精裝）

1.CST：世界地理　2.CST：年鑑

716.058　　　　　　　　　　　　　　113017240

有著作權　侵害必究　　　中華民國113年12月初版

出 版 者	中央通訊社
董 事 長	李永得
社　　長	胡婉玲
副 社 長	陳正杰
總 編 輯	王思捷
出版委員	梁惠玲、黃瑞弘、吳協昌、黃淑芳、陳家瑜、萬淑彰 宋育泰、許雅靜、蘇聖斌、梁君棣、吳素柔、陳靜宜
編　　者	中央通訊社
編　　輯	林孟汝、林沂鋒、任紋儀、高美娟、陳姿伶、楊迪雅 蘇筱雯、林立恆、王勝雨、韋　樞、張芷瑄
美術編輯	張瓊尹、范育菁、郭秀文、楊文婷、劉姿嘉
印 刷 廠	上海印刷廠股份有限公司 新北市土城區大暖路71號
定　　價	新臺幣490元
ISBN	978-626-98461-6-0
eISBN	9786269846177
訂 購 處	1.中央通訊社資訊中心出版組 104472臺北市松江路209號8樓 電話：（02）2505-1180#817 傳真：（02）2515-2766 2.國內各大書局

郵政劃撥帳號／15581362財團法人中央通訊社
中央通訊社網址／https://www.cna.com.tw
讀者服務E-mail／books@cna.com.tw
廣告專線／（02）2505-1180#792、785、798

中央社電子書城